XI'AN YEARBOOK

西安年鉴

2021

西安市人民政府　主办
西安市地方志办公室　编

世界图书出版公司
西安　北京　广州　上海

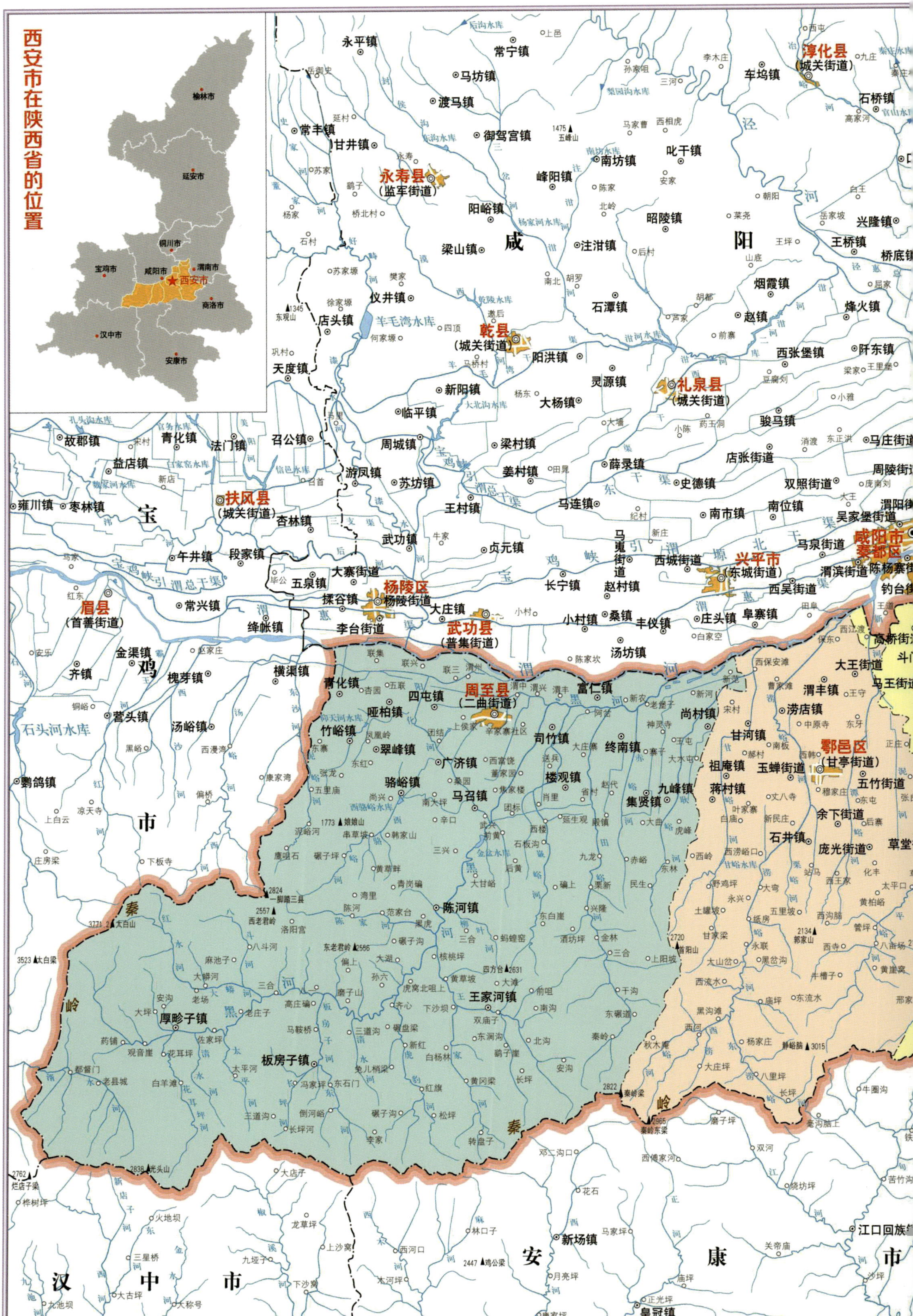

西安市在陕西省的位置
榆林市
延安市
铜川市
宝鸡市
咸阳市
渭南市
西安市
商洛市
汉中市
安康市
咸阳市
宝鸡市
汉中市
安康市
淳化县
(城关街道)
永寿县
(监军街道)
乾县
(城关街道)
礼泉县
(城关街道)
扶风县
(城关街道)
兴平市
(东城街道)
咸阳市秦都区
眉县
(首善街道)
杨陵区
杨陵街道
武功县
(普集街道)
周至县
(二曲街道)
鄠邑区
(甘亭街道)
永平镇
常宁镇
马坊镇
渡马镇
御驾宫镇
常丰镇
甘井镇
峰阳镇
南坊镇
叱干镇
车坞镇
石桥镇
阳峪镇
昭陵镇
兴隆镇
王桥镇
梁山镇
注泔镇
石潭镇
烟霞镇
赵镇
烽火镇
仪井镇
店头镇
羊毛湾水库
阳洪镇
灵源镇
西张堡镇
阡东镇
天度镇
新阳镇
大杨镇
临平镇
骏马镇
故郡镇
青化镇
法门镇
召公镇
周城镇
梁村镇
马庄街道
益店镇
游凤镇
苏坊镇
姜村镇
薛录镇
店张街道
周陵街道
史德镇
双照街道
雍川镇
枣林镇
杏林镇
王村镇
马连镇
南市镇
南位镇
渭阳街道
吴家堡街道
武功镇
贞元镇
马嵬街道
西城街道
马泉街道
午井镇
段家镇
大寨街道
长宁镇
赵村镇
渭滨街道
西吴街道
五泉镇
揉谷镇
大庄镇
常兴镇
绛帐镇
李台街道
小村镇
桑镇
丰仪镇
庄头镇
阜寨镇
汤坊镇
金渠镇
齐镇
槐芽镇
横渠镇
营头镇
汤峪镇
青化镇
四屯镇
哑柏镇
竹峪镇
翠峰镇
广济镇
司竹镇
终南镇
尚村镇
富仁镇
楼观镇
骆峪镇
马召镇
集贤镇
九峰镇
鹦鸽镇
甘河镇
祖庵镇
玉蝉街道
五竹街道
蒋村镇
余下街道
石井镇
庞光街道
草堂镇
大王街道
渭丰镇
涝店镇
马王街道
陈河镇
王家河镇
厚畛子镇
板房子镇
石头河水库
新场镇
皇冠镇
江口回族镇
秦岭

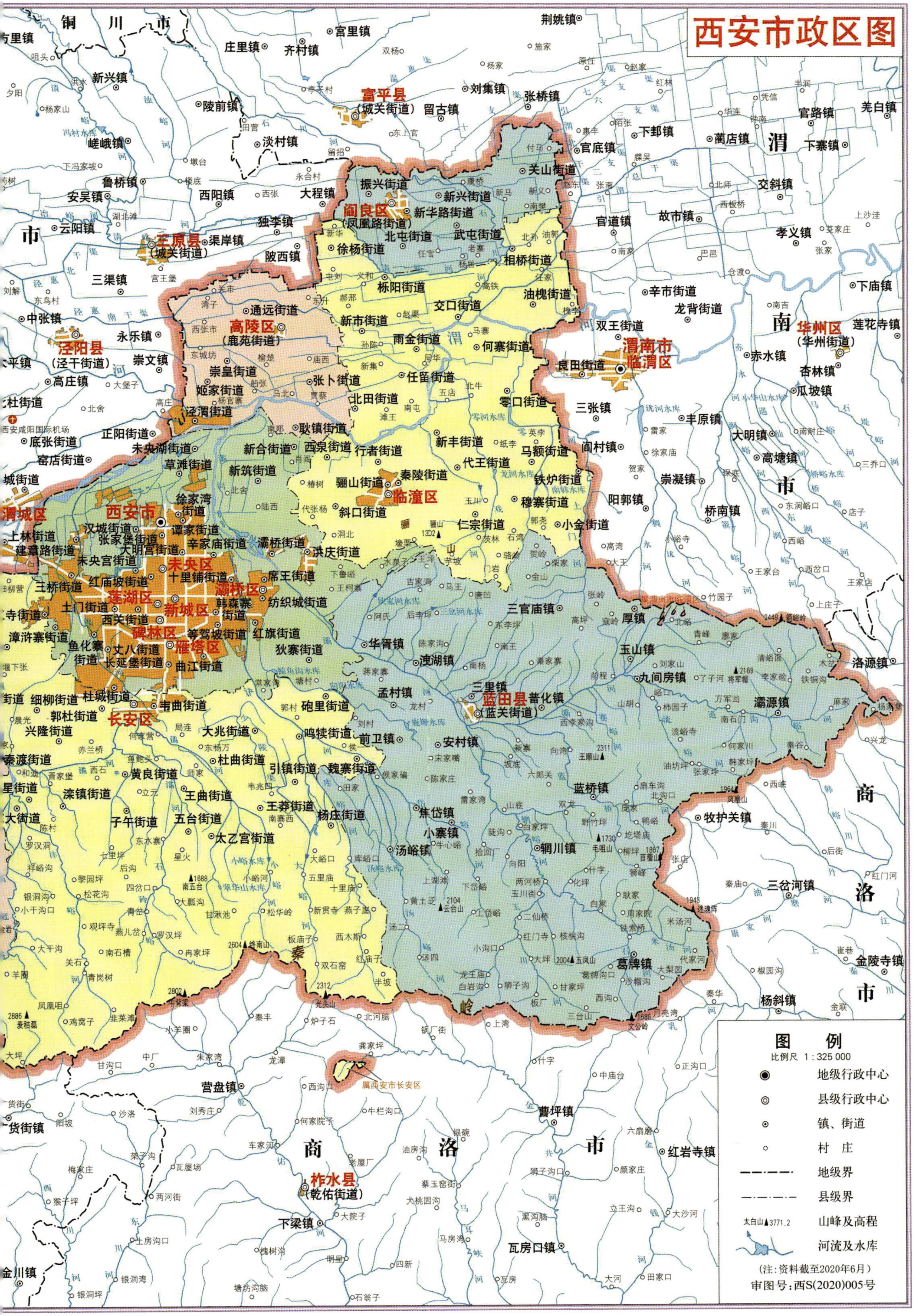

西安市政区图
图 例
比例尺 1 : 325 000
地级行政中心
县级行政中心
镇、街道
村 庄
地级界
县级界
山峰及高程
河流及水库
(注:资料截至2020年6月)
审图号:西S(2020)005号
西安市
阎良区
(凤凰路街道)
高陵区
(鹿苑街道)
临潼区
未央区
莲湖区
新城区
碑林区
雁塔区
灞桥区
长安区
蓝田县
(蓝关街道)
富平县
(城关街道)
三原县
(城关街道)
泾阳县
(泾干街道)
渭城区
渭南市
临渭区
华州区
(华州街道)
柞水县
(乾佑街道)
属西安市长安区
铜 川 市
渭 南 市
商 洛 市
秦 岭

咸阳市
西安经济技术开发区
西安现代农业综合开发区
汉长安城遗址
连霍高速公路
福银高速公路
机场高速公路
西宝客运专线
六村堡街道
汉城街道
建章路街道
未央宫街道
三桥街道
枣园街道
桃园路街道
土门街道
环城西路街道
西关街道
张家村街道
王寺街道
章讲寨街道
鱼化寨街道
丈八街道
电子城街道
长延堡街道
阿房宫遗址前殿
秦阿房宫遗址
镐京遗址
汉长安城遗址
汉长安城横门遗址
感业寺庙
唐代西市遗址
木塔寺遗址
劳动公园
丰庆公园
奥林匹克公园
唐长安城墙遗址公园
高新区管委会
渭河
皂河
太平河
沣惠渠
市政府
大兴
朱宏路
六村堡
石桥
直城门
建章
后围寨
三桥
红光路
阿房宫
太白路
丈八
河池寨
里花水
西高新
地铁1号线
地铁3号线
地铁4号线
地铁5号线
地铁2号线

西安市城区图
图　例
省委、省政府
市委、市政府
区政府
街道办事处
开发区管委会
学校　企事业单位
医院　酒店
银行　汽车站
邮局　景点
街　区
地级界
城　墙
街　道
铁　路
高速铁路
地　铁
高速公路
快速公路
国道及编号
绿　地
(注:资料截至2020年6月)
审图号:西S(2020)005号

01 XI'AN'S TITLES 荣耀西安

全国副省级城市 1994 年
国家卫生城市 2008 年
综合性国家高新技术产业基地 2008 年
国家园林城市 2009 年
中国最具文化底蕴城市 2009 年
中国最具幸福感城市 2009 年 2012 年 2013 年 2014 年 2015 年 2017 年 2018 年 2019 年 2020 年
海外高层次人才创新创业基地 2009 年
全国社会治安综合治理优秀城市 1997 年 2001 年 2005 年 2009 年
中国国际形象最佳城市 2010 年
十大中国最关爱民生城市 2010 年
中国十大创新型城市 2011 年 2012 年
国家知识产权示范城市 2012 年
全国双拥模范城市 1988 年 1992 年 1996 年 2000 年 2004 年 2008 年 2012 年 2016 年 2020 年
中国形象最佳城市 2013 年
中国十佳品牌会展城市 2013 年
中国最具投资吸引力城市 2013 年
国家下一代互联网示范城市 2013 年
中国领军智慧城市 2014 年
中国最具文化软实力城市 2014 年
全球最具发展潜力新兴城市 2014 年
中国十大区域性金融中心城市 2014 年
最佳国内旅游城市 2014 年

中国十大影响力会展城市 2014 年
国家电子商务示范城市 2014 年
国家跨境贸易电子商务服务试点城市 2014 年
国家现代服务业综合试点城市 2014 年
国家食品安全示范城市 2014 年
国家质量强市示范城市 2014 年 2016 年
中国最佳营商环境十大城市 2014 年
全国文明城市 2015 年 2017 年
国家系统推进全面创新改革试验区 2015 年
国家自主创新示范区（西安高新区） 2015 年
国家森林城市 2016 年 2017 年 2020 年
中国旅游城市数字资产榜 Top10 2016 年
全国科普示范区（西安新城区） 2016 年
国家全域旅游示范区（西安临潼区） 2016 年
中国最具投资潜力城市 2017 年
国家食品安全示范城市 2017 年
国家中心城市 2018 年
东亚文化之都 2018 年 2019 年
中国全面小康特别贡献城市 2018 年
中国书店之都 2018 年
全球最具发展潜力新兴城市 2018 年
全国十大正能量城市 2018 年
中国国际化营商环境建设标杆城市 2019 年 2020 年
外籍人才眼中最具吸引力的中国城市 2019 年
2019 国际物流大通道建设突出贡献城市 2019 年
国家公交都市建设示范城市 2019 年
国家文化和科技融合示范基地十强城市 2019 年
夜间经济十强城市 2019 年
中国快递示范城市 2020 年
2020 年度中国最具影响力会展名城 2020 年

02 RAW DATE OF XI'AN 数字西安

土地面积	10752 平方千米
年末常住人口	1295.29 万人
生产总值	10020.39 亿元
第一产业增加值	312.75 亿元
第二产业增加值	3328.27 亿元
第三产业增加值	6379.37 亿元
人均 GDP	9.82 万元
进出口总值	3473.84 亿元
全体居民人均可支配收入	35783 元
城镇常住居民人均可支配收入	43713 元
农村常住居民人均可支配收入	15749 元
地方财政一般预算收入	724.13 亿元
地方财政一般预算支出	1352.69 亿元
全社会总用电量	415.02 亿千瓦时
全社会货物运输总量	25712.81 万吨
全社会旅客运输总量	14337.59 万人次
房屋施工面积	16916.07 万平方米
房屋竣工面积	834.55 万平方米
商品房销售面积	2559.79 万平方米
金融机构人民币存款余额	25730.51 亿元
金融机构人民币贷款余额	25559.04 亿元
普通高等学校	63 所
普通中学	495 所
全年申请专利量	68353 件
医院床位数	75007 张
卫生技术人员数	117659 人
城乡居民人民币储蓄存款余额	10913.05 亿元
城镇居民人均消费支出	25813.1 元
农村居民人均消费支出	12958 元
实际利用外商直接投资	767703 万美元
城镇非私营单位就业人员年平均工资	99315 元

疫情防控：2020年1月22日，西安市启动重大突发公共卫生事件Ⅰ级响应，调集最强医疗资源救治患者，用不到1个月时间遏制住疫情传播，2个月时间实现本地确诊病例“清零”。图为2月19日，西安市召开新型冠状病毒感染的肺炎疫情联防联控工作新闻发布会（市发改委　提供）

市长特别奖：2020年，中共西安市委、西安市人民政府把做实、做强、做优实体经济特别是先进制造业作为推动追赶超越的重要抓手，通过设立“市长特别奖”每年表彰一批贡献突出的企业家和团队，在全市形成加快建设先进制造业强市的鲜明导向和浓厚氛围。图为8月5日晚，西安市首届“市长特别奖”颁奖典礼现场（西安日报社　提供）

1. **十四运**：2020年，西安市围绕“办一届精彩圆满的体育盛会”目标，坚持只留经典、不留遗憾，强力推进赛事场馆及配套建设，承建的8所场馆和全运村78栋建筑全部竣工，灞河区域环境整治效果明显。图为西安奥林匹克体育中心一场两馆（国际港务区　提供）

2. **一件事一次办**：2020年，西安市深化“放管服”改革，累计取消和下放行政事权114项，整合推出105个“一件事一次办”主题服务。图为5月26日，阎良区在全省率先实现出生“一件事一次办”，市民递交1份材料，在1个窗口便完成7类新生儿证件的办理，时间由过去的至少5天缩短至半天之内（西安日报社　提供）

3. **扫黑除恶**：“扫黑除恶”专项斗争开展以来，截至2020年12月18日，西安市公安局共接收各类群众举报线索23867条。其中，举报涉及黑恶及其他犯罪嫌疑类问题线索10988条，全部按期查结。图为西安市扫黑除恶专项斗争领导小组第11次（扩大）会议现场（市委政法委　提供）

4. **全域治水**：2020年3月1日，中共西安市委、西安市人民政府正式印发《全域治水碧水兴城西安市河湖水系保护治理三年行动方案》，按照“治、用、保、引、管”的总体思路，统筹水生态、水环境、水安全，形成“堤固、岸绿、水清、洪畅、景美、管理长效”的水系治理新格局。图为梁家滩运动公园实景（西安日报社　提供）

一码通： 因抗击新冠疫情需要，以个人健康数据为基础，由个人申报、后台大数据信息对比生成个人专属二维码。2020年3月1日起，西安地铁开始全面实行“一码通”市民扫码乘车。（西安日报社　提供）

复工复产： 2020年2月22日，经过一个月的不懈努力，西安市疫情防控工作取得阶段性成效，企业开始复工复产。图为2020年2月17日，西咸新区泾河新城法士特沃克公司复工复产，员工排队测温进厂（西咸新区　提供）

刷脸乘车： 2020年1月21日，西安地铁刷脸乘车系统正式上线。乘客通过下载“智惠行”App，开通刷脸乘车功能即可体验刷脸乘车。图为乘客在地铁4号线大唐芙蓉园站刷脸进站乘车（西安日报社　提供）

名校+： 2020年，西安市通过“公办+公办”“公办+民办”“民办+公办”“民办+民办”等方式，跨办学体制、跨城乡区域组建“名校+”教育联合体；积极探索委托管理、兼并融合、集团化办学、“一长多校”、结对提升等“名校+”管理模式。图为12月15日，陕西师范大学陆港小学、西安国际港务区（新合中心校）水流中心小学签署《“名校+”教育联合体合作协议》

2020年1月25日，为积极应对新冠疫情，莲湖区在辖区城西客运站、西安市汽车站组织相关部门开展疫情防控和排查工作（西安日报社　提供）

2020年1月26日下午，由137名队员组成的陕西省援助湖北医疗队启程奔赴湖北武汉，支援湖北省新冠疫情防控工作，其中西安市有7家医院28名医护人员参加医疗队（西安日报社　提供）

2020年1月28日，新城区太华路街道“我是党员+我带头”行动持续进行，在基层党组织的引领下，辖区党员居民、楼门栋长自发参与逐户排查，共同防控疫情（西安日报社　提供）

2020年1月29日，西安市鄠邑区沣京工业园西安住邦无纺布制品有限公司员工在制作口罩（西安日报社　提供）

2020年2月13日，西安市公共卫生中心项目举行交接仪式。该项目占地33.33公顷，位于高陵区东南，北接310国道，东接210国道，周边配套建设城市绿地和公园，首期建设的应急隔离病房提供床位500张（市委党史办　提供）

5

1. “十四运”马术场馆（西咸新区 提供）

2. 2020年9月10日，西安“迎十四运”全民活动在西安奥体中心正式启动，图为“相约西安 筑梦全运”全民系列活动启动仪式（西安日报社 提供）

3. 2020年5月27日，“十四运”重要交通设施配套工程——西安地铁14号线洞通（市轨道集团 提供）

4. 2020年8月7日，西安市妇女联合会在西安世博园组织开展“喜迎十四运 巾帼文明行”主题系列全民健步走活动（市妇联 提供）

5. 2020年，西安奥林匹克体育中心重大配套项目灞河提升改造工程启动建设（国际港务区 提供）

西安中蜂养殖带动产业发展、助推脱贫增收（市扶贫办　提供）

鄠邑区石井镇移民安置社区（市扶贫办　提供）

周至县通村道路（市扶贫办　提供）

1. 2020年9月11日，西安市举行陕西省“十市百城联展”·西安市扶贫产品展销活动启动暨消费扶贫生活馆开馆仪式（市扶贫办　提供）

2. 西安市扶贫产品展销活动中部分第一书记为贫困村扶贫产品带货（市扶贫办　提供）

3. 2020年3月17日，西安市烟草专卖局（公司）扶贫干部在对口帮扶点蓝田县东香村直播助销樱桃（市烟草局　提供）

4. 2020年7月17日，西安市妇女联合会第五、第六党支部全体党员到对口帮扶的蓝田县薛家村开展“党建+脱贫攻坚”主题党日活动（市妇联　提供）

5. 2020年8月19日，共青团西安市委、西安市青年联合会主办“青春迎全运，文明我先行——小葵花看西安”活动。图为来自蓝田县的70余名贫困家庭青少年走进曲江书城（团市委　提供）

07 XI'AN IN AN AERIAL VIEW 印象西安

高新区创业咖啡街区（西安日报社　提供）

小寨商圈
（西安日报社　提供）

1. 樊川公园（西安日报社　提供）
2. 曲江池遗址公园（西安日报社　提供）
3. 长安公园（西安日报社　提供）
4. 秦岭终南山（西安日报社　提供）
5. 秦岭国家植物园（西安日报社　提供）
6. 渼陂湖夜景（鄠邑区　提供）

2020年8月30日，第二届中国国际化营商环境高峰论坛暨《2020中国城市营商环境投资评估报告》发布会在京举行。西安市再次蝉联“中国国际化营商环境建设标杆城市”；西安市未央区获评“中国营商环境质量十佳县（市、区）”，西咸新区空港新城获评“中国国际化营商环境建设示范县（市、区）”（西安日报社　提供）

2020年9月9日，2020全球创投峰会开幕式在西安举行。大会发布《2020中国城市科技金融发展指数》《西安高新区经济生态生产总值》和“西安未来之星TOP100”“西安龙门榜TOP20”及“投资界硬科技TOP100”榜单。2020中国城市科技金融发展指数中，西安居第9（西安日报社　提供）

1. 2020年10月18日，中欧班列“长安号”开行当年第3000列（国际港务区　提供）

2. 2020年10月30日，2020年“一带一路”人工智能创新联盟高峰论坛在西安举行（西安日报社　提供）

3. 2020年11月5日，2020丝路国际商业航天产业联盟大会在西安航天基地召开（航天基地　提供）

4. 2020年11月19—20日，2020西安国际创业大赛决赛举办。63个海内外项目参加大赛，高功率工业飞秒激光器及其核心器件产业化项目等20个优秀项目分获特等奖和一、二、三等奖（西安日报社　提供）

5. 2020年10月24日，“一带一路”陕西西安·2020城墙国际马拉松赛鸣枪开跑（市体育局　提供）

09 TOWARDS A VIGOROUS XI'AN

活力西安

2020年1月，国务院批复设立陕西西咸空港综合保税区。12月25日，西咸空港综合保税区（一期）通过国家验收（西安日报社　提供）

2020年3月9日，科技部网站公开发布《科技部关于支持西安建设国家新一代人工智能创新发展试验区的函》，明确支持西安市建设国家新一代人工智能创新发展试验区。图为4月9日上午，“西安·国家新一代人工智能创新发展试验区”启动建设大会在高新区举行（西安日报社　提供）

2020年3月17日，西安市2020年第一季度重点项目集中开工仪式举行。本次集中开工项目162个，总投资1503亿元，年度投资500亿元（市发改委　提供）

1．2020年6月7日凌晨，从韩国首尔起飞的KE279货机降落在西安咸阳国际机场，装卸货后飞往美国洛杉矶，标志着陕西首条第五航权货运航线“首尔—西安—洛杉矶”成功开通（西安日报社 提供）

2．2020年6月30日，国家科技重大专项课题项目——国产首台1200吨大型蒙皮拉伸机正式签约落户航空基地（航空基地 提供）

3．2020年7月31日，由科技部指导，科技部火炬中心联合陕西省科技厅、西安市人民政府主办的第五届中国创新挑战赛（西安）硬科技发展专题赛启动（西安日报社 提供）

1. 2020年9月25日，京东陕西电商直播大赛启动仪式暨京东航天直播基地落成签约仪式举行（西安日报社　提供）

2. 2020年9月6日，西安交通大学校友校地校企合作座谈会暨校友经济专场活动在创新港举行（市科技局　提供）

3. 2020年10月15日，由西安市人民政府主办，西安市商务局、西安市贸促会承办的2020中国（西安）电子商务博览会在西安国际会展中心开幕（西安日报社　提供）

4. 2020年9月25日，碑林区在骡马市兴正元步行街举办“人才夜市”系列活动（碑林区　提供）

5. 2020年10月23—25日，由中国旅游研究院和无锡市人民政府等共同主办的2020中国夜间经济论坛在无锡举行，西安市入选“2020夜间经济20强城市”。图为端午小长假的西安回民街夜市（西安日报社　提供）

6. 2020年12月4日，第12期“中国金融中心指数（CDICFCI）”排名中，西安跻身区域金融中心十强榜单。图为西安高新区俯瞰图（西安日报社　提供）

2020年7月1日，《西安市秦岭生态环境保护条例》公布施行。图为栖息在秦岭山脉中的国家一级保护动物朱鹮（西安日报社　提供）

西安航天基地第一净水厂项目建设现场（西安日报社　提供）

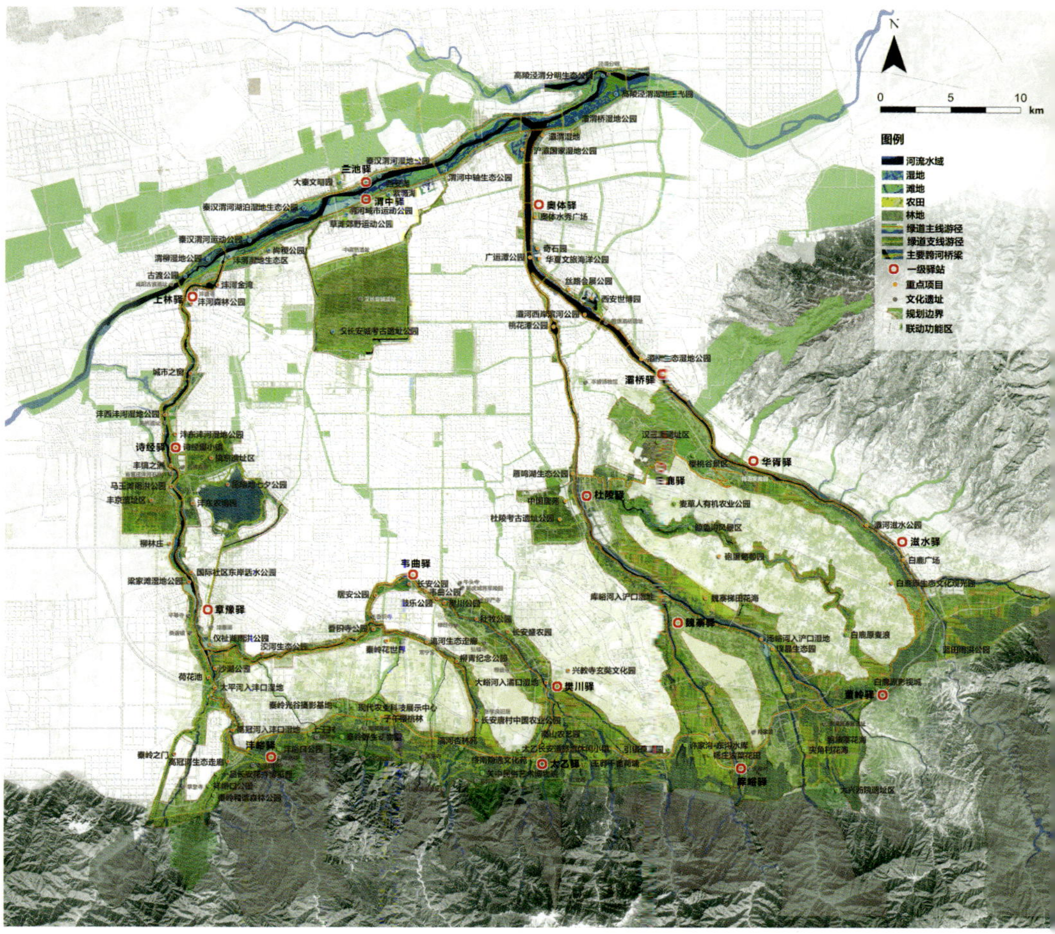

2020年，西安市自然资源和规划局牵头组织编制《“三河一山”绿道详细规划及重点区域城市设计（2020—2035年）》（市自然资源和规划局　提供）

1. 高陵厨余垃圾处理项目（市城管执法局　提供）

2. 灞桥区香槐一路道路绿化建设（市城管执法局　提供）

3. 2020年6月5日是第49个“世界环境日”，未央区张家堡街道开展“保护环境　共享绿色”主题宣传活动（西安日报社　提供）

4. 斗门水库（西咸新区　提供）

5. 2020年10月1日，西安护城河及环城公园（东门—北门—西门）综合改造工程一期建成开放（曲江新区　提供）

2020年6月24日，儿童剧《二十四个奶奶》在西安儿童艺术剧院演出。图为演出剧照（市委宣传部　提供）

2020年11月1日，“相约西安·筑梦全运·遇见临潼”迎十四运《长恨歌》公益专场演出在华清宫九龙湖畔上演（西安日报社　提供）

2020年10月11日，第七届丝绸之路国际电影节在西安盛大开幕。图为开幕式现场通过科技手段演绎“凤凰飞天”（西安日报社　提供）

2020年9月19日，“全球最佳书店”方所文化中心正式开业（莲湖区 提供）

2020年9月19日，由莲湖区委、区政府主办的“‘喜迎十四运·书香潮长安’——莲湖区时尚阅读文化月”在老城根Gpark西安方所书店正式启动。图为市民在方所书店内选购书籍（西安日报社　提供）

西安少陵原十六国墓（市文物局　提供）

2020年11月，《西安市志（1991—2010）》出版发行。全书8卷本，包含34分志、1总述、1大事记、1附录，共计783万字，内含图表近3000幅，记录人物400余人（市地方志办　提供）

1．2020年5月，西安市丈八街道志愿者以及辖区各社区、村及文明单位的志愿者共同开展“文明出行　规范共享单车停放”志愿服务活动（西安日报社　提供）

2．2020年6月30日，西安“交房即交证”改革在浐灞启动，不动产登记实现西北首例“交房即交证”（市自然资源和规划局　提供）

3．2020年7月22日，西安市司法局在行政中心地铁口开展《中华人民共和国民法典》学习宣传活动（市司法局　提供）

4．2020年8月1日，西安市农村留守儿童和困境儿童关爱保护“政策宣讲进村（居）”活动启动仪式暨首场示范宣讲大会召开（市民政局　提供）

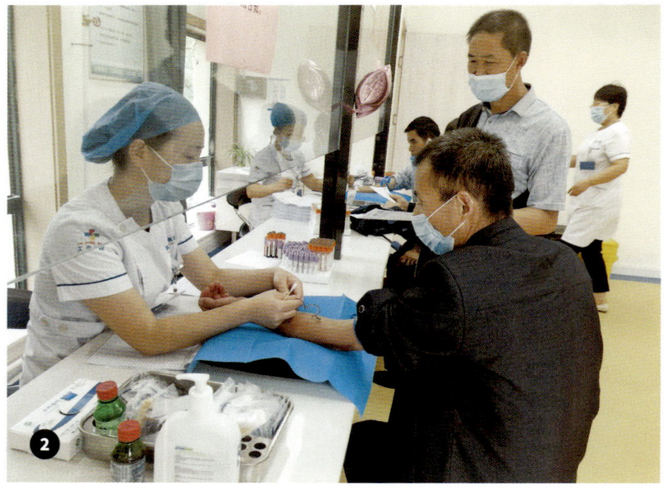

1．2020年8月30日，未央区青东社区联合汉城街道关工委及妇联开展“传承优良家风 共享文明家园”的家风教育戏剧活动（西安日报社　提供）

2．2020年9月15日，雁塔科技产业园工会组织辖区企业农民工在西安市职工医院免费体检（雁塔区　提供）

3．2020年10月10日“世界宁养日”当天，陕西省人民医院宁养院与碑林区中医医院联合举办义诊、业务培训等活动，为晚期癌症患者提供镇痛和心理疏导（西安日报社　提供）

4．2020年10月17日，西安市人力资源和社会保障局、西安市扶贫开发办公室、长安区人民政府在长安区太乙·长安道联合举办2020年雁归西安返乡入乡创业暨就业扶贫日专项活动（西安日报社　提供）

2020年，曲江第一小学新校区建成投用（曲江新区　提供）

2020年5月，航天基地智慧城市系统投入试运行，包括智慧交通、智慧公园、智慧社区、智慧工地、智慧环保等五大领域，相关数据实时联动，航天基地相关职能部门可随时掌握基层动态（航天基地　提供）

2020年5月21日，西咸新区沣河综合治理人行景观桥建成通行，打通沣河能源金贸区段两岸5.5千米的交通，为周边居民往来提供新通道（西安日报社　提供）

1. 2020年6月20日，西安火车站南站房站前广场及进站口适应性工程改造完成投入使用，旅客进站更加方便、快捷（西安日报社　提供）

2. 2020年8月29日，国网西安供电公司组织实施长安区农网改造工程，全面提升农村电网运行品质（国网供电公司　提供）

3. 2020年12月26日，银西高铁开通运营。图为西安机务段动车组司机在西安北站做好银西高铁首发列车D4355次安全值乘准备（中国铁路西安局集团　提供）

4. 2020年，西安市加快老旧小区和背街小巷改造力度，着力为居民打造优美有序的宜居环境。图为新城区自强路街道依法拆除违法建筑（西安日报社　提供）

5. 2020年10月9日，东南二环立交三条主线桥（WE主线、NS主线、EW主线）全部实现贯通（市住建局　提供）

编辑说明

一、《西安年鉴》是西安市人民政府主办、西安市地方志办公室承编的地方信息资料性文献。1993年创刊，每年编辑一卷。《西安年鉴（2021）》为第二十九卷。

二、《西安年鉴（2021）》以坚持辩证唯物主义的立场、观点和方法，以马克思列宁主义、毛泽东思想、邓小平理论、“三个代表”重要思想、科学发展观和习近平新时代中国特色社会主义思想为指导，旨在准确、科学、权威、系统地记载2020年西安地域内政治、经济、文化和社会发展的基本情况，为社会各界读者了解和研究西安提供基本的信息资料。自2017卷起，《西安年鉴》同时出版有英文版。

三、本卷年鉴采用分类编辑法，大部分栏目设“类目—分目—条目”3个层次，部分类目设有二级分目。全卷共有类目37个、分目181个、二级分目6个、条目1588个。不同层次的标题，字体、字号和版式设计有明显区别；有些内容较多的条目，文内用楷体标出相应的层次。

四、本卷年鉴记述的地域范围一般以2020年西安市行政区划为界，一些发生在外地，但与西安关系密切的信息亦予以收录。区域名称“西安市”“全市”指西安市和所辖各区（县），“城三区”指新城、碑林、莲湖3区，“城六区”指新城、碑林、莲湖、灞桥、未央、雁塔6区。

五、本卷年鉴所载录的内容和数据一般限于2020年，分别由西安地域内各有关部门、区（县）、开发区和行业提供，并经撰稿单位负责人审定。其中，主要数据采用西安市统计局提供的快报数据，引用时请注意。

六、本卷年鉴正文涉及的单位名称和文件名称，在条目中首次出现一般采用全称，再次出现的则采用习惯简称；需要解释的名词，除“特载”类目在正文后集中注释外，一般采取括注形式。

七、本卷年鉴有目录、索引2种检索途径，目录在卷前，索引在卷尾。

八、本卷同时出有电子版，可登陆西安地方志网（网址：http://xadfz.xa.gov.cn）免费浏览下载。

目　录

特　载

专　文

大事记

西安概貌

中国共产党西安市委员会

综　述

组　织

宣　传

统一战线

政策研究

机构编制

外　事

侨　务

老干部工作

党史工作

西安市人民代表大会

西安市人民政府

中国人民政治协商会议西安市委员会

纪检监察

民主党派·工商联

群众团体

法　治

开发区建设

农业和农村经济

工业·建筑业

信息产业

交通运输·邮政快递

商贸服务业·会展业

科学研究和技术服务

文　化

综　述

专业文艺

公共文化

文物博物

新闻出版

广播·电视·电影

地 方 志

区（县）概况

人　物

附　录

统计资料

索　引

Contents

Non-CPC Parties · Federation of Industry & Commerce

Mass Organizations

Rule of Law

Military Affairs

Urban-Rural Construction & Management

Eco-environment Conservation

Construction of Development Zones

Agriculture & Rural Economy

Industry & Construction Sector

Information Industry

Transport, Postal Services & Express

Commerce & trade Service Industry · Convention & Exhibition Industry

Tourism

Economic Management & Supervision

Market Supervision & Administration

Financial Industry

Real Estate Sector

Education

Scientific Research & Technical Services

Culture

Sports

Health Care

People' s Livelihood

Districts (Counties) Profiles

Famous People

Appendix

Statistics

Index

牢记嘱托　感恩奋进　只争朝夕　真抓实干 奋力谱写西安新时代追赶超越新篇章

——在市委十三届十一次全体会议上的讲话

中共陕西省委常委、西安市委书记　王　浩

（2020年5月14日）

市委十三届十一次全会的主要任务是：高举习近平新时代中国特色社会主义思想伟大旗帜，专题研究部署学习贯彻习近平总书记来陕考察重要讲话，审议通过《中共西安市委关于深入学习贯彻习近平总书记来陕考察重要讲话精神　奋力谱写西安新时代追赶超越新篇章的决定》，全面开启奋力谱写西安新时代追赶超越新篇章的新征程。

4月20日至23日，习近平总书记来陕考察指导工作并发表重要讲话。习近平总书记所到之处，干部群众欢欣鼓舞，发自内心地向习近平总书记问好，发自内心地感恩习近平总书记，发自内心地爱戴习近平总书记。特别是，最近一段时间来，习近平总书记重要讲话在全市广大干部群众中引起强烈反响。大家一致认为，习近平总书记重要讲话通篇闪耀着马克思主义真理光芒，彰显了恢宏的战略思维、强烈的历史担当、朴素的家国情怀，为我们干好新时代各项工作指明了前进方向、提供了思想武器、注入了强大动力。大家一致感到，习近平总书记作为党的核心、军队统帅、人民领袖，对西安工作十分关心、赋予重托，对西安干部群众满怀深情、寄予厚望，我们必须牢记嘱托、感恩奋进，始终在思想上政治上行动上衷心拥护和爱戴习近平总书记。大家一致谈到，这次全会通过的《决定》既从政治上、全局上全面考量，又立足当前、着眼长远作出具体部署，是贯彻习近平总书记重要讲话的施工图、任务书、时间表，要逐项抓实抓紧抓细，确保《决定》确定的各项目标任务全面落实到位。大家一致表示，西安作为陕西省会城市、正在建设的国家中心城市和"一带一路"核心区，必须以勇立潮头、争当时代弄潮儿的志向和气魄，在贯彻落实习近平总书记重要讲话上只争朝夕、真抓实干，干在实处、走在前列，以优异成绩回报习近平总书记的巨大关怀和厚爱。

下面，我讲5点意见。

一、充分认识习近平总书记来陕考察重要讲话的重大意义，切实增强奋力谱写西安新时代追赶超越新篇章的责任感、使命感、紧迫感

2020年是具有里程碑意义的一年，我们将全面建成小康社会，实现第一个百年奋斗目标。在这样一个特殊年份以及统筹推进疫情防控和经济社会发展工作的关键时期，习近平总书记亲临陕西考察指导工作并发表重要讲话，具有重大的政治意义和现实意义。我们要切实提高政治站位，深入学习贯彻习近平总书记重要讲话精神，在大考之年交出西安夺取疫情防控和经济社会发展工作"双胜利"的优秀答卷，在新时代交出奋力谱写西安追赶超越新篇章的优秀答卷，以实际行动增强"四个意识"、坚定"四个自信"、做到"两个维护"。

第一，奋力谱写西安新时代追赶超越新篇章是重大政治责任，我们必须立足新方位、开创新局面。奋力谱写新时代追赶超越新篇章，是习近平总书记站在"两个一百年"奋斗目标的历史交汇点上，放眼中华民族伟大复兴的战略全局，把陕西的过去、现在和未来贯通起来，把陕西与全国和世界紧密联系起来，提出的新目标、新定位，深刻指出了陕西在全国发展大局中的地位和作用，赋予了奋力谱写新时代追赶超越新篇章新的内涵和要求。

奋力谱写新时代追赶超越新篇章，我们必须立足中国特色社会主义进入新时代的历史方位，自觉把西安的发展放到我国新时代“三步走”战略中来审视谋划推进，紧盯实现“两个一百年”奋斗目标、实现中华民族伟大复兴的中国梦，牢牢把握2020年全面建成小康社会、2035年基本实现社会主义现代化、2050年把我国建成富强民主文明和谐美丽的社会主义现代化强国目标的战略安排，勇于担当国家赋予西安的责任使命，科学确定谱写西安新时代追赶超越新篇章的阶段任务和长远目标，始终保持西安工作与党和国家事业目标同向、进程同频、行动同步。

*第二，奋力谱写西安新时代追赶超越新篇章是重大历史使命，我们必须贯彻新要求、扛起新使命。*习近平总书记来陕考察重要讲话提出奋力谱写陕西新时代追赶超越新篇章和“五项要求”，是“五位一体”总体布局和“四个全面”战略布局在陕西的具体化。奋力谱写新时代追赶超越新篇章是总体目标，“五项要求”以及加强文物保护和文化建设是科学路径。“五项要求”与“五个扎实”一脉相承，在目标方向上是一致的，在精神要义上是契合的，在具体要求上是拓展的，是新时代的新要求。“五项要求”既各有鲜明指向，又相互联系，是一个有机整体，推动经济高质量发展迈出更大步伐是谱写新时代追赶超越新篇章的标志，打造内陆改革开放高地是谱写新时代追赶超越新篇章的动力，推动生态环境质量持续好转是谱写新时代追赶超越新篇章的内在要求，加强民生保障和社会建设是谱写新时代追赶超越新篇章的目的，推动全面从严治党向纵深发展是谱写新时代追赶超越新篇章的根本保证。

能不能实现奋力谱写新时代追赶超越新篇章的总体目标，关键要看“五项要求”落实得怎么样。我们必须坚持统筹推进，把“五项要求”谋划到工作思路上、量化到发展目标上、落实到具体举措上、贯彻到衡量标准上、体现到实际成效上，推进“五项要求”之间形成比学赶超的浓厚氛围、协同发力的并进势头、一体见效的整体局面，以统筹兼顾之谋、组织实施之能、责任担当之勇，推动“五项要求”全面落地见效。

*第三，奋力谱写西安新时代追赶超越新篇章是重大现实考验，我们必须彰显新担当、展现新作为。*习近平总书记要求奋力谱写新时代追赶超越新篇章，分量非常之重、要求非常之高、责任非常之大，绝不是轻轻松松、敲锣打鼓就能实现的，必须用非常之力、下非常之功，创造性地开展工作。

特别是，当前国际国内形势更趋严峻复杂，不确定因素显著增多。世界正处于百年未有之大变局，受新冠肺炎疫情影响，世界经济正面临严峻考验，可能出现深度衰退，我国经济发展也面临前所未有的挑战，这给我们谱写新时代追赶超越新篇章带来了新的重大考验。但同时我们也要清醒地看到，百年未有之大变局伴生着百年未有之机遇，我国经济承受住了疫情冲击的压力测试，展现出巨大韧性，长期稳定发展的坚实基础和长期向好的基本面没有改变。从我市看，一季度经济总量在全国主要城市排名第16位，1—4月份预计规模以上工业增加值增长4%左右、固定资产投资增长5.8%左右，进出口总值1096.6亿元、增长1.5%，主要经济指标在全省的占比不断提高，呈现稳步恢复增长的良好势头。这些成绩来之不易，是全市广大党员干部和市民群众共同奋斗的结果。同时，西安拥有文化、科教、旅游、军工、区位、交通、人才、生态、产业和政策等十大优势，我们谱写新时代追赶超越新篇章完全是有基础、有条件的。

同志们！一代人有一代人的使命，一代人有一代人的担当。我们能够赶上伟大的新时代，见证和参与谱写西安新时代追赶超越新篇章的宏伟事业，无上光荣、十分自豪。我们要不忘初心、牢记使命，做奋力谱写西安新时代追赶超越新篇章的坚定者、奋进者、搏击者，决不做畏难者、犹豫者、懈怠者，以奋斗和实干开路，用实践和事实说话，努力向习近平总书记交出奋力谱写西安新时代追赶超越新篇章的优异答卷。

二、对标对表习近平总书记重要讲话，进一步明确奋力谱写西安新时代追赶超越新篇章的思路目标

习近平总书记重要讲话明确提出“奋力谱写陕西新时代追赶超越新篇章”的总体目标，我们要认真学习、深刻领会，自觉把奋力谱写西安新时代追赶超越新篇章作为全市工作最鲜明的主题、最精准的指引、最重大的责任，全面对标对表，理清发展思路，明确方向路径，整体谋划推进。

主要思路是：高举习近平新时代中国特色社会主义思想伟大旗帜，以习近平总书记来陕考察重要讲话精神为指针，坚持稳中求进工作总基调，坚持新发展理念，坚持以供给侧结构性改革为主线，扎实做好“六稳”工作、落实“六保”任务，全面落实“五项要求”，以十项重点工作率先突破推动高质量发展迈出更大步伐，着力构建“6+5+6+1”现代产业体系，只争朝夕、真抓实干，勇立潮头、争当时代弄潮儿，加快国家中心城市建设步伐，奋力谱写西安新时代追赶超越新篇章。

2020年，是全面建成小康社会和“十三五”规划收官之年、迎全运加快国家中心城市建设攻坚之年、十项重点工作突破之年，必须高标准、高效率地完成好各项任务，夺取疫情防控和经济社会发展工作“双胜利”，为谱写西安新时代追赶超越新篇章开好局、起好步。

到2022年，“三中心二高地一枢纽”六维支撑体系更加稳固，国家中心城市建设取得突破性进展，对陕西、对西北发展带动能力明显提升，形成推动高质量发展的区域增长极，奋力谱写西安新时代追赶超越新篇章迈出更大步伐。

在推动经济高质量发展迈出更大步伐上，“6+5+6+1”现代产业体系基本形成，先进制造业强市建设取得突破性进展，规模以上先进制造业总产值年均增长15%以上，形成5个以上千亿元支柱产业；服务业年均增速6%左右，文化和旅游产业增加值占GDP比重15%以上；经济总量达到1.15万亿元，全社会研发投入强度达到5%以上，科技进步对经济增长贡献率达到65%。

在打造内陆改革开放高地上，全面创新改革试验区、“一带一路”综合试验区、临空经济示范区、新一代人工智能创新发展试验区等建设成效显著，建成中欧班列（西安）集结中心、内陆地区效率高成本低服务优的国际贸易通道，落户世界500强企业总数达到250家以上，进出口总值突破5000亿元，占GDP比重40%以上。

在推动生态环境质量持续好转上，全市空气质量优良天数比率力争达到75%，排名稳定退出全国168个重点城市后30位；

全面完成“85316”水系综合治理工程，生态水面达到4.8万亩以上，三环内河流和渭河西安段水质稳定达到Ⅳ类，实现河河相连、河湖相通、“八水绕长安”；建成“三河一山”超级环线绿廊、护城河绿廊和幸福林带。

在加强民生保障和社会建设上，市域治理体系和治理能力现代化水平明显提升，教育、医疗、人居环境、交通等民生保障工作取得重要进展，新建、改扩建中小学幼儿园430所、新增学位38.95万个，加快建设国家区域医疗中心，建成公共卫生中心等10所医疗卫生机构，新增床位1万张，“三改一通一落地”任务全面完成，城乡居民人均可支配收入与经济发展同步增长，城镇登记失业率控制在4%以内。

在推动全面从严治党向纵深发展上，党的建设水平进一步提高，基层党组织政治功能和组织力、战斗力进一步增强，形式主义、官僚主义得到有效遏制，政治生态风清气正，社会风气积极向上，各项事业发展得到坚强保障。

实现上述目标任务，我们要坚持以习近平总书记来陕考察重要讲话精神为指导，重点把握以下原则和路径。

第一，站在新时代、谱写新篇章，必须坚持新发展理念，走创新发展、高质量发展之路。要树牢新发展理念，坚持以新发展理念引领高质量发展。坚持质量第一、效益优先，深化供给侧结构性改革，加快新旧动能转换，构建“6+5+6+1”现代产业体系，实现量的合理增长和质的稳步提升，推动经济高质量发展迈出更大步伐。要以全面创新改革试验区为牵引，大力实施创新驱动发展战略，推进科技创新、产业创新、模式创新为核心的全面创新，提高科技成果就地转化率，在创新驱动发展方面迈出更大步伐。

第二，站在新时代、谱写新篇章，必须进一步深化改革，为发展注入强劲动力。全市上下必须把改革作为关键一招，加强系统集成、协同高效，抓住重点领域和关键环节，加快人才、金融、技术等要素市场改革，激发和释放市场主体活力。要深化“放管服”改革，持续推进“一张网、一扇门、一次办”工作，着力打造国际化一流营商环境。要推进市域社会治理现代化城市试点工作，统筹规划、建设、管理和生产、生活、生态等各方面，发挥好政府、社会、市民等各方力量，努力实现社会治理体系、社会治理工作布局、社会治理方式现代化。

第三，站在新时代、谱写新篇章，必须强化开放意识，坚持向开放要活力。要进一步解放思想、更新观念，坚决打破思想观念、体制机制的阻隔，以开放的思维寻求发展，以开放的胸怀拥抱世界，以开放的产业体系参与全球分工，深度融入共建“一带一路”大格局，大力发展“三个经济”，加快建设中欧班列（西安）集结中心，形成面向中亚南亚西亚国家的通道、商贸物流枢纽、重要产业和人文交流基地，进一步提升西安在“一带一路”乃至世界格局中的地位。

第四，站在新时代、谱写新篇章，必须践行习近平生态文明思想，走绿色发展之路。生态文明建设是党的十八大以来，党中央作出的最重要的决策之一，也是党的执政宗旨、执政纲领的重要组成部分，与中华民族永续发展息息相关，与构建人类命运共同体息息相关。要充分认识抓生态文明建设就是讲政治、就是抓转型升级、就是抓高质量发展、就是抓民生福祉，加快建设内陆生态文明先行区。要站在人与自然和谐共生的高度谋划和推动经济社会发展，协调好生态建设与产业发展和城市发展的关系，走出一条生产发展、生活富裕、生态良好的文明发展之路。

第五，站在新时代、谱写新篇章，必须强化机遇意识，找准差距扬长补短借势发展。要深刻认识西安拥有共建“一带一路”、新时代推进西部大开发形成新格局、黄河流域生态保护和高质量发展、建设国家中心城市、举办“十四运”等战略机遇，国家推进新基建和水利、交通、能源等领域投资的政策机遇，以及疫情催生的新业态新模式新需求，加快补齐调优民生服务、城市管理、经济结构、生态环境等短板，积极策划包装落地一批重大产业、民生和基础设施项目，真正把机遇抢在先、把工作干在前，展现西安人的胆识和锐气。

第六，站在新时代、谱写新篇章，必须强化国家中心城市意识，坚持世界眼光、国际标准、西安特色。深刻认识国家中心城市是国家城镇体系规划设置的最高梯队，是位居国家要津、肩负国家使命、引领区域发展、参与国际竞争、代表国家形象的现代化大都市。全市上下特别是党员领导干部，要深刻认识建设国家中心城市是我们的政治任务、历史责任和重大机遇。要坚持世界眼光，善于从世界百年未有之大变局和全球城市竞争大格局中审视西安发展，用市场化的思路和手段来经营城市，以创新之策破解万难之事。要坚持国际标准，强化精品意识，以更高定位、更高水平、更高追求，统筹做好规划设计、城市管理、基础设施建设，体现国家中心城市的水准，确保只留经典、不留遗憾。要坚持西安特色，牢固树立保护文物也是政绩的理念，发挥好西安历史文化独特优势，承古开新、开放包容，彰显中国元素、古都风貌、人文底蕴，充分展示世界历史名城的独特魅力。

第七，站在新时代、谱写新篇章，必须树牢以人民为中心的发展思想，不断提升市民群众的获得感、幸福感和满意度。要坚持把人民满意作为根本标准，作为一切工作的出发点和落脚点，把为民办事、为民造福作为最重要政绩，始终同人民群众想在一起、干在一起，带领人民不断创造美好生活。要充分尊重人民群众主体地位，坚持人民城市人民建、人民城市人民管、人民城市为人民，最大限度发动人民群众力量，推动城市管理向全民共建共治共享的城市治理转型。要坚持民有所呼、我有所行，及时解决好教育、医疗、人居环境、交通、住房、就业等人民群众普遍关心的问题，扎实办好民生实事，补齐民生短板，让发展成果惠及全体市民。

三、以十项重点工作率先突破，全面推动“五项要求”落地落实、开花结果

习近平总书记来陕考察重要讲话指出：要推动经济高质量发展迈出更大步伐、打造内陆改革开放高地、推动生态环境质量持续好转、加强民生保障和社会建设、推动全面从严治党向纵深发展。我们要全面对标对表习近平总书记提出的“五项要求”，结合西安实际，扎实做好“六稳”工作、全面落实“六保”任务，进一步提升、丰富、完善十项重点工作，以十项重点工作率先突破确保“五项要求”全面落实，为奋力谱写西安

新时代追赶超越新篇章提供强力支撑。

一是在大力发展“三个经济”上实现新突破。这是落实习近平总书记“补齐开放不足短板”要求的具体举措。要大力发展“三个经济”，建好载体、做大平台、做强支撑产业，打造开放型经济体系。今年，中欧班列“长安号”开行2500列以上，国际客运航线达到80条、全货运航线达到30条，陆港集装箱吞吐量达到30万标箱，航空货运量达到42万吨，地铁累计通车里程突破200公里；数字经济规模达到3500亿元，金融业增加值达到1000亿元。

二是在推进绿色发展、建设生态西安上实现新突破。这是落实习近平总书记“推动生态环境质量持续好转”要求的具体举措。要坚决扛起保护秦岭的历史责任，编制完成《西安市秦岭生态环境保护规划》，切实做到整治到位、修复到位、保护到位，让秦岭美景永驻、青山常在、绿水长流。深入贯彻黄河流域生态保护和高质量发展战略，实施全域治水、碧水兴城三年行动计划，加快推进“85316”水系综合治理，今年主要河流消除劣Ⅴ类，渭河西安段水质稳定达到Ⅳ类，护城河水质提升达到地表水Ⅲ类标准，完成70%污水处理厂提标改造，沣河堤防全线贯通。把打好蓝天保卫战作为重中之重，集中开展为期半年的“冬病夏治”集中攻坚，坚持一月一调度，以铁的决心、铁的措施、铁的手腕，确保空气质量排名退出全国168个重点城市后30位。要坚决打好净土保卫战，加快推进“三河一山”和护城河绿廊建设，新建绿道不少于100公里，新增城市绿地不少于600万平方米。加快推进和完善3个餐厨垃圾处理项目、5个垃圾焚烧项目和1个固体废弃物综合处置场项目建设运营，实现垃圾分类和无害化处理。

三是在全力迎接“十四运”、加强城市规划建设管理上实现新突破。这是落实习近平总书记“办一届精彩圆满的体育盛会”要求的具体举措。要加快推进22个场馆和周边配套设施建设，全面启动会展中心二期项目，确保奥体中心、会议中心、会展中心今年7月1日前试运行，全方位展示西安时尚、现代、绿色的崭新形象。着眼提升城市承载能力，加快完善地铁、公交、绿化等配套设施，加快灞河生态廊道、中央文化商务区、高铁新城等重点片区建设，加快跨渭河3座桥梁和跨灞河5桥2隧建设，完善与西咸新区25条道路连接，加强供水、供气、供电、污水处理等设施建设。加快编制大西安国土空间规划，统筹推进关中平原城市群协同发展，提升西安对陕西、对西北发展的带动能力。

四是在优化营商环境、推进重大项目建设上实现新突破。要以营造国际化一流营商环境为目标，深化“放管服”改革，着力打造审批项目最少、收费标准最低、办事效率最高、服务水平最优的“四最”西安品牌。今年，市、区两级政务服务事项网上可办率达90%以上、“一网通办”率达80%以上。紧紧抓住国家推进“新基建”和水利、交通、能源等领域投资的政策机遇，不断强化招商引资、招才引智，全力推动今年453个市级重点项目建设，确保上半年投资完成年度计划的50%，新开工项目超过80%。

五是在发展实体经济、建设先进制造业强市上实现新突破。这是落实习近平总书记“把实体经济特别是制造业做实做强做优，构建具有陕西特色的现代产业体系”要求的具体举措。要以“五强”为目标，聚焦我市11条重点产业链，围绕产业链部署创新链、围绕创新链布局产业链，加快建设先进制造业强市，落实22条支持政策，依托高新区、经开区、西咸新区等产业园区，加快推进三星、吉利、比亚迪、华为、中兴、三一重工、恒大、宝能汽车等重大产业项目建设，加快发展电子信息制造、汽车、航空航天、高端装备、新能源新材料、生物医药等先进制造业产业集群。做大做强6大支柱产业、做大5大新兴产业、做优6大生产性服务业、做精文化旅游产业，推动“6+5+6+1”现代产业体系壮大成势，构筑支撑经济高质量发展的“四梁八柱”。

六是在扎实加强文化建设、促进文化旅游融合发展上实现新突破。这是落实习近平总书记“对历史负责、对人民负责、对未来负责”要求的具体举措。要坚定文化自信，传承好历史文脉，推进文旅产业深度融合，自觉扛起加强文物保护和文化建设的政治责任和使命担当。全面加强文物保护和科学利用，挖掘周秦汉唐等历史文化蕴涵的精神价值、时代意义，加强文明交流互鉴，在讲好中国故事、传播中华优秀传统文化方面发挥西安独特作用。大力宣传“千年古都•常来长安”的城市口号，用好支持文旅深度融合发展的27条政策措施，加快易俗文化旅游片区、小雁塔片区、曲江CCBD、三学街历史文化街区等建设，推动文旅产业转型升级、快速发展。

七是在扎实保障改善民生、建设教育强市上实现新突破。这是落实习近平总书记“加强民生保障和社会建设”要求的具体举措。要打好补齐民生短板的组合拳，扎实办好教育、医疗卫生、人居环境和交通出行等民生实事，建设人民满意的幸福城市。加快建设教育强市，今年秋季开学前，完成170所学校新建改扩建和33所公办初中改造提升任务，新增学位16.4万个，招聘教师7172名。加快医疗卫生体系建设，改革完善疾病预防控制体系、重大疫情防控救治体系，加快推进公共卫生中心、市儿童医院经开院区等10所医疗卫生机构建设，新增床位1万张，把西安打造成国家区域医疗中心。加快优化提升中心城区交通，抓好10大类78项重点任务落实，新增中心城区公共停车位5000个以上，提升改造地铁和常规公交系统。加快改善城乡人居环境，大力推进“三改一通一落地”，2021年6月前，完成绕城高速以内80%以上老旧小区、42个城中村（棚户区）、599条背街小巷的改造，58条断头路的打通，840条路段1145.2公里的架空线落地。要把稳就业作为重中之重，做好全市近23万名高校应届毕业生就业工作，抓好下岗失业人员、返乡农民工等重点群体就业帮扶，确保充分就业，兜住民生底线。

八是在实施乡村振兴战略，促进城乡融合发展上实现新突破。这是落实习近平总书记“健全城乡融合发展体制机制，抓好农村人居环境整治等工作，促进农业强、农村美、农民富”要求的具体举措。要大力实施乡村振兴战略，不断优化城乡空间布局，加快构建现代都市农业体系，确保第一产业增加值增速达到3%以上。大力开展农村人居环境整治，抓好污水处理、垃圾分类、厕所改造等工作，今年累计建成示范村400个以上，农村生活垃圾无害化处理率不低于80%，生活污水有效治理行政村比例达到60%，建设无害化卫生户厕12.5万座以上。全面推进农村改革，不断激发农村活力，推动乡村产业、人才、文化、生态等全面振兴。坚决打好脱贫攻坚战，确保5424户8769人全部如期高质量脱贫。

九是在大力推进军民融合发展上实现新突破。这是落实习近平总书记“推进军民融合深度发展”要求的具体举措。深化“军转民”“民参军”，围绕参得进、转得出、接得住，瞄准航空、航天、兵器、军工电子和新兴产业“五大领域”，着力搭建军民融合新平台，优化协同创新模式，推动资源开放共享，提高产业综合竞争力，争取国家重大项目落地，推动军民融合由传统领域向新兴领域拓展，打造以军民融合为特色的国家创新高地、军民深度融合发展的西安样板。重点抓好300个以上军民融合项目，军民融合固定资产投资年均增速15%以上。

十是在强化人才队伍及科技创新上实现新突破。这是落实习近平总书记“在创新驱动发展方面迈出更大步伐”要求的具体举措。要坚持把人才资源开发放在科技创新优先位置，持续壮大创新人才队伍，优化人才发展环境，让各类人才安心创新创业、舒心工作生活。今年引进培养国内外顶尖人才、国家级领军人才、地方级领军人才500名。持续推进创新驱动发展战略，积极培育创新主体，促进科技、金融、产业、人才有机结合，推动科技、人才优势向创新优势、产业优势转化，提高科技成果就地转化率。今年，全社会研发投入强度保持在4.5%以上，新增国家高新技术企业1000家以上。

四、只争朝夕、真抓实干，勇立潮头、争当时代弄潮儿

习近平总书记在来陕考察重要讲话中，引述毛泽东同志当年概括延安的“十个没有”和“延安作风”与“西安作风”的巨大反差，要求坚持不懈用延安精神滋养初心、淬炼灵魂，勉励陕西广大干部要有勇立潮头、争当时代弄潮儿的志向和气魄，只争朝夕、真抓实干，在新时代各项工作中取得新气象、新作为。但从我市干部队伍的现状看，我们还存在不小差距，突出表现为“庸、懒、散、慢、虚、粗”。

一是“庸”。主要是思想庸碌，不思进取，浑浑噩噩，缺乏创大业、干大事、争一流的精气神，精神上处于“亚健康”状态；工作平庸，四平八稳、缩手缩脚，怕出事宁可不干事，搞明哲保身；做人庸俗，不会干事、很会“来事”。

二是“懒”。主要是缺乏担当，缺少勇于干事的锐气和勇气。表现为“心懒”，懒于思考，以会议落实会议，以文件落实文件；“腿懒”，懒于深入，只抓宏观不抓微观，只讲原则不讲具体，安排工作遥控指挥，调查研究坐而论道，督查落实不到现场；“身懒”，守摊子、占位子、混日子，懒于干事，该抓的不抓，该干的不干。

三是“散”。主要是纪律松弛，不讲规矩，重大事项不请示报告，自由散漫、我行我素，什么都敢说、什么都敢做；工作懒懒散散、松松垮垮，不在状态，作风涣散；缺乏全局观念和协作意识，各自为政，遇事推诿扯皮，揽功推过。

四是“慢”。主要是缺乏干事激情，万事不着急、凡事等等看，工作慢半拍；主动性不强，服务意识差，工作“耍滑头”、办事“踢皮球”，该办不办、急事慢办，能缓则缓、能拖则拖，导致一些规划项目迟迟不能开工，一些在建项目迟迟不能完工，一些矛盾问题迟迟不能解决。

五是“虚”。主要是作风漂浮、工作不实，落实上级部署要求口号喊得震天响，行动起来轻飘飘；深不进去、沉不下去、只知其一不知其二；图虚名、做虚功，把“痕迹”当“政绩”，报喜不报忧，虚报浮夸，甚至弄虚作假。

六是“粗”。主要是工作不精准、不精细、标准低，满足于一般化、“过得去”；制定政策搞“上下一般粗”，执行政策和审核把关不严，工作不认真，大而化之，粗枝大叶。

这些问题，虽然发生在个别单位、个别干部身上，但影响的是西安形象，耽误的是西安事业、损害的是群众利益，我们一定要高度警觉、认真对待，下功夫加以解决。

一是要涵养绝对忠诚、一心为民的初心。坚持从延安精神、西迁精神中汲取力量、滋养灵魂、锤炼党性。要筑牢忠诚之心，把对党的忠诚视为政治生命线，把增强“四个意识”、坚定“四个自信”、做到“两个维护”落到行动上。要坚定为民初心，坚持以人民为中心的发展思想，把为老百姓做了多少好事实事作为检验政绩的重要标准，扎实办好民生实事。

二是要昂扬只争朝夕、时不我待的斗志。当前，西安面临的发展机遇前所未有，能不能抓住机遇乘势而上，主动权完全在我们手中。要有“等不起”的紧迫感，坚持马上就办、办就办好，对各项决策部署，第一时间贯彻、第一时间执行。要有“慢不得”的危机感，紧盯目标不动摇、抓住机遇不放松。要有“坐不住”的责任感，保持永不懈怠的精神状态和一往无前的奋斗姿态，创造不辜负时代、不辜负人民的业绩。

三是要强化勇立潮头、舍我其谁的气魄。始终保持陕西人的那股“拧劲儿”，敢与强的比、敢与高的攀、敢与快的赛，比作风、比奉献、比精神状态、比工作效率，以创唯一、争第一的进取精神，努力推动各项事业突破发展。

四是要砥砺真抓实干、务求实效的作风。要撸起袖子加油干、扑下身子抓落实，低调务实不张扬，埋头苦干，用进度说话、用数据说话、用项目说话、用结果说话。要抓铁有痕、踏石留印，对已经明确的各项任务一个节点一个节点地往前推，一件事情一件事情地认真抓，努力把国家中心城市的宏伟蓝图变为美好现实。

五是要提振直面问题、勇于担当的精神。必须把敢于担当作为政治品格、从政本分，敢于直面问题，不畏难事、勇担大事、善于成事，强化斗争精神，做到有什么问题就解决什么问题，什么问题突出就解决什么问题，真正奔着问题去、迎着困难上、干到点子上。要勇于担当尽责，领导干部要有成事的真本领、担当的宽肩膀，扛起该担的担子，落实应尽的责任，竭尽全力抓好每一项工作。

六是要彰显精益求精、追求极致的境界。牢记习近平总书记的嘱托，带着对西安这座城市的情怀、对西安人民的情怀、对历史负责的情怀，在更高的参考系中找准发展坐标，奋勇争先、追求卓越，干则干成、干则干好、干则一流，努力把每一项工作做到极致、做成精品。

五、推动全面从严治党向纵深发展，营造风清气正的政治生态

习近平总书记强调：各级党委（党组）要切实落实全面从

严治党主体责任，把全面从严治党的要求落实到党的建设全过程。我们要牢固树立抓好党建是最大的政绩的理念，聚焦主责主业抓好落实，为各项事业发展提供坚强保证。

一是深刻汲取秦岭违建问题教训，坚决做到“两个维护”。习近平总书记来陕考察首站选择秦岭，有着深远用意。习近平总书记从更广阔的历史和时空坐标出发，语重心长地指出：秦岭和合南北、泽被天下，是我国重要的生态安全屏障，是天然空调，是黄河、长江流域的重要水源涵养地，是我国的“中央水塔”，是南北分界线，是生物基因库，也是中华民族的祖脉、中华文化的重要象征。保护好秦岭生态环境，对确保中华民族长盛不衰、实现“两个一百年”奋斗目标、实现可持续发展具有十分重大而深远的意义。并强调：秦岭违建是一个大教训。从今往后，在陕西当干部，首先要了解这段历史、这个教训，警钟长鸣，明白自己的职责，履行好自己的职责，当好秦岭生态的卫士，切勿重蹈覆辙。要求各级党委和领导干部要自觉讲政治，对国之大者一定要心中有数，要时刻关注党中央在关心什么、强调什么，深刻领会什么是党和国家最重要的利益、什么是最需要坚定维护的立场，要身体力行“四个意识”“四个自信”“两个维护”，而不能只停留在口号上。

党的十八大以来，习近平总书记就一些严重损害生态环境的事件作出重要指示批示，要求严肃查处，如陕西延安削山造城、浙江杭州千岛湖临湖地带违规搞建设、秦岭北麓西安境内违规圈地建别墅、新疆卡山自然保护区违规“瘦身”、腾格里沙漠污染、祁连山生态保护区生态环境被破坏、洞庭湖区下塞湖非法矮围等，同时就三江源生态环境保护、长江流域共抓大保护不搞大开发、黄河流域生态保护和高质量发展等作出部署。习近平总书记强调：抓这些事，都是着眼于确保中华民族长远发展、确保实现“两个一百年”奋斗目标，都是全局之计、长远之计，都是国之大者。生态文明建设并不是说把多少真金白银捧在手里，而是为历史、为子孙后代去做。这些都是要写入历史的。要以功成不必在我的胸怀，真正对历史负责、对民族负责，不能在历史上留下骂名。

秦岭违建事件最大的教训就是不讲政治、阳奉阴违，没有从“两个维护”的高度贯彻落实习近平总书记重要指示批示，没有把讲政治落实到具体的人、事和行动上。作为西安的党员干部，我们必须首先深刻汲取秦岭违建事件这个大教训，自觉把讲政治落到行动上，时刻关注党中央在关心什么、强调什么，深刻领会什么是党和国家最重要的利益、什么是最需要坚定维护的立场。要痛定思痛、警钟长鸣，必须严明党的政治纪律、政治规矩，必须着力克服形式主义、官僚主义，必须敢于担当负责，必须履行管党治党政治责任，真正把增强“四个意识”、坚定“四个自信”、做到“两个维护”融入血脉、见诸行动，进一步树立和营造良好的党风政风。

二是坚决肃清赵正永流毒和恶劣影响，营造风清气正的政治生态。习近平总书记在来陕考察重要讲话中强调：秦岭违建问题整而未治、禁而不绝，根子就在赵正永自身腐、难担当，遇人遇事讲“交换”，选人用人“小圈子”，严重污染破坏了陕西政治生态。

党中央彻底查处赵正永案，是秦岭违建别墅问题专项整治由“事”及“人”的进一步深化，充分体现了以习近平同志为核心的党中央坚定不移推进全面从严治党的鲜明态度和反腐败无禁区、全覆盖、零容忍的一贯立场，充分彰显了我们党自我净化、自我完善、自我革新、自我提高的强大能力。

全市各级党组织和党员干部要切实提高政治站位，清醒认识赵正永政治上做“两面人”、经济上搞“全家腐”、政治问题与经济问题相互交织的本来面目，清醒认识赵正永流毒和恶劣影响的严重危害性，清醒认识开展以案促改工作的重要性和紧迫性，自觉把思想和行动统一到中央的决策部署上来，统一到省委、市委的具体要求上来。一要认真“查”，对照秦岭北麓违建别墅问题和赵正永严重违纪违法事实，把自己摆进去、把思想摆进去、把工作摆进去，认真开展“四个查一查”。二要坚决“改”，通过检视不足，查找党性差距，高质量开展专题民主生活会，扎实开展“四个专项治理”。要结合实际、举一反三，联系魏民洲、聂仲秋、和红星、田党生、张永潮等严重违纪违法案件，搞好警示教育，强化震慑效果。三要及时“立”，强化制度建设与刚性执行，不断拓展以案促改的广度和深度。通过肃清赵正永流毒和恶劣影响，切实把纪律规矩挺起来。

三是深化标本兼治，一体推进不敢腐、不能腐、不想腐。习近平总书记强调：一体推进不敢腐、不能腐、不想腐，不仅是反腐败斗争的基本方针，也是新时代全面从严治党的重要方略。要保持惩治腐败高压态势，坚持有案必查、有腐必反，加大大案要案查处力度，严肃查处重点领域、关键环节，以及发生在群众身边的腐败问题，使党员干部在党纪国法面前心生戒惧、收敛收手，持续释放“不敢腐”的强力震慑。要完善“三重一大”决策监督机制，加强审批监管、工程建设、资源开发等重点领域监督制度建设，加强日常监督管理，持续强化“不能腐”的硬约束。要筑牢思想道德防线，巩固和发展主题教育成果，把理想信念教育、政德教育、党纪国法教育贯穿管党治党工作始终，引导党员干部知敬畏、存戒惧、守底线，打牢“不想腐”的思想根基。

四是坚持正确的选人用人导向，充分调动和激发干部干事创业的积极性。始终把政治标准放在第一位，树立重担当重实干重实绩的鲜明选人用人导向，用好“三到三看三破”选用干部办法，严格执行“四个一线”机制，特别是要在统筹推进疫情防控和经济社会发展工作、推动十项重点工作和重点项目建设一线考察识别干部，对表现突出的，要大力褒奖、大胆使用，对不担当不作为、存在“庸懒散慢虚粗”问题的，该调整的果断调整，该问责的严肃问责，激励全市干部在新时代各项工作中取得新气象新作为。

同志们，奋力谱写西安新时代追赶超越新篇章，是习近平总书记对我们的殷切期望，充分体现了党中央对西安新时代发展的战略要求，全面擘画了西安未来发展的美好蓝图，集中表达了全市人民的共同愿望。我们一定要牢记习近平总书记嘱托，只争朝夕、真抓实干，勇立潮头，争当时代弄潮儿，在奋力谱写西安新时代追赶超越新篇章的征途上阔步前进！

政府工作报告

——在西安市第十六届人民代表大会第六次会议上

西安市人民政府市长 李明远

（2021年2月2日）

各位代表：

现在，我代表西安市人民政府向大会报告工作，请予审议，并请各位政协委员和其他列席人员提出意见。

一、2020年及“十三五”工作回顾

2020年，是极不平凡的一年。在决胜全面建成小康社会、决战脱贫攻坚的关键时刻，习近平总书记再次来陕西考察并发表重要讲话，给我们以巨大关怀和极大鼓舞。一年来，面对突如其来的新冠肺炎疫情和错综复杂的严峻形势，我们坚持以习近平新时代中国特色社会主义思想为指导，深入学习贯彻习近平总书记来陕考察重要讲话，在市委的坚强领导下，坚持稳中求进工作总基调，坚持新发展理念，贯通落实“五项要求”“五个扎实”，统筹疫情防控和经济社会发展，聚焦“六稳”“六保”，突出抓好10项重点工作，推动经济高质量发展迈出坚实步伐，地区生产总值突破1万亿元、增长5.2%，规模以上工业增加值增长7%，全社会固定资产投资增长12.3%，3项指标增速均位居副省级城市前列，取得疫情防控和经济社会发展的双胜利。

（一）坚持生命至上，全力抗击新冠肺炎疫情。果断启动重大突发公共卫生事件Ⅰ级响应，采取“三个一切、五个所有”，严格落实“四早”“四集中”，调集最强医疗资源救治患者，用不到1个月时间遏制住疫情传播，用2个月时间实现本地确诊病例“清零”。积极落实进京航班分流任务，主动承担西安咸阳国际机场全部入境人员集中隔离任务，截至12月底共筛查管控7.13万人次入境人员，未发生一起境外关联病例。坚持“外防输入、内防反弹”，完善常态化防控措施，全市疫情防控形势总体平稳。在这场严峻斗争中，全市上下同心协力、共克时艰，涌现出一大批先进典型和抗疫模范，市疾控中心等6个先进集体和郭雅玲等9名先进个人受到国家表彰。

（二）着力稳定产业链供应链，“6+5+6+1”现代产业体系逐步壮大成势。积极建立与疫情防控相适应的经济社会运行秩序，密集出台稳岗就业、税费减免、纾困解难等政策措施，共计拨付稳岗返还资金54.81亿元，为市场主体减免税费280亿元左右。

大力推进先进制造业强市建设，6大支柱产业总产值突破4000亿元、增长23.7%，5大新兴产业和6大生产性服务业营业收入分别增长8.5%和7.5%。成立11个产业专班开展育链、补链、强链、延链工作，推动三星二期、奕斯伟硅产业基地等69个重大工业项目顺利投产，法士特、陕鼓、西部超导等企业获得“中国工业大奖”。新增规模以上工业企业200家，规模以上高技术制造业产值增长23.4%，规模以上战略性新兴产业产值增长13.3%。加快发展科技服务、金融物流等现代服务业，中兴科创园、大华研发中心等项目加速推进，新增上市公司和“新三板精选层”企业5家、过会3家，创历史新高。荣获“中国快递示范城市”称号。评选首届“市长特别奖”，对作出突出贡献的20位优秀企业家（团队）进行隆重表彰。

坚持以创新驱动引领高质量发展，启动建设国家新一代人工智能创新发展试验区和国家硬科技创新示范区，国家超算（西安）中心建设进展顺利，高新区、西安交大、西工大国家大学科技园入选第三批国家双创示范基地，累计建成市级以上科技企业孵化器、众创空间285个，入孵企业4万余家。新增国家级企业技术中心1家、省级14家。新建院士工作站10个、博士后创新基地12个，万人发明专利拥有量47.6件，净增国家高新技术企业1500余家，全社会研发投入强度达5.17%、位列副省级城市第一。

入选2020年全球人工智能最具创新力城市，在2020年国家创新型城市创新能力排名中进至全国第六。

围绕“千年古都·常来长安”主题，综合施策促进文化旅游市场加快复苏。小雁塔、碑林历史文化片区和易俗社文化街区、西安文化商务区等重大文旅项目进展顺利，电视剧《装台》《大秦赋》和纪录片《从长安到罗马》持续推高城市热度，大明宫景区成功晋升5A级，大唐不夜城获评全国首批示范步行街，北院门风情街位列全国十大回暖夜市榜首，大唐西市文旅小镇创建经验在全国推广。西安上榜全国夜经济影响力十强城市，入选首批国家文化和旅游消费试点城市。

（三）全力以赴抓项目扩投资，持续增强经济发展后劲。坚持“以项目看发展论英雄”，积极推行项目审批业务网上办、预约办，开辟净地出让、文勘前置、容缺受理等绿色通道，建立“一月一调度一考核、一季一观摩一开工”推进机制，328个市级重点在建项目完成投资3696.7亿元、达年计划的131.5%，项目投资进度和开工率均创近年最好水平。“长安行”招商云平台上线运行，成功举办39场线上、线下签约活动，引进世界500强企业投资项目23个、过百亿元项目6个；签约“央企进陕”项目51个、总投资2232亿元，落地开工38个、完成投资226亿元。实际利用外资73.77亿美元、增长8.8%，引进内资3748亿元、增长8.9%。

（四）深入推进改革开放，不断聚集发展新动能。深化“放管服”改革，累计取消和下放行政事权114项，整合推出105个“一件事一次办”主题服务。探索开展政务服务事项“跨区联办、全城通办”，市区两级网上可办率90%以上。政务服务、企业开办两项改革经验和西咸新区“三服四化”改革

举措在全国推广，获评“中国营商环境标杆城市”。完成市属全民所有制企业公司制改制和企业退休人员社会化管理，获批全国第二批区域性国资国企综合改革试验城市。扎实推进农村土地征收改革试点，全面完成农村集体产权制度改革试点任务，阎良区被列为全国农村承包地确权颁证工作典型。

着力稳外资稳外贸，全市进出口总值增长7.2%，中欧班列（西安）集结中心纳入国家示范工程。“长安号”常态运行15条干线，全年开行3720列，开行量、货运量、重箱率均居全国第一。机场三期全面开工建设，开通首条洲际第五航权货运航线，西咸空港综合保税区通过国家验收。国际商事法律服务示范区建设步伐加快，西安“一带一路”国际商事争端解决中心等“三中心一基地”揭牌成立。领事馆区建设全面推进，新增3个国际友好城市。成功举办全球硬科技创新大会、全球程序员节、全球创投峰会、丝绸之路国际电影节和西安国际马拉松等节会赛事，获评“2020年度中国最具影响力会展名城”。发挥世界城地组织联合主席作用，广泛开展线上交流合作，在服务国家总体外交中贡献西安力量。

（五）聚焦“办好一次会，搞活一座城”，全面提升城市建设管理水平。围绕“办一届精彩圆满的体育盛会”目标，坚持只留经典、不留遗憾，强力推进赛事场馆及配套建设，我市承建的8所场馆和全运村78栋建筑全部竣工，灞河区域环境整治效果明显。地铁三期规划项目全部开工，5号线、6号线一期、9号线通车运营，年度新增通车里程83公里，超过“十三五”前4年新增通车里程总和。朱宏路、昆明路、广安路主线桥和西南二环立交等一批交通节点工程和快速路建成通车，幸福林带、北客站枢纽、火车站站改、跨浐灞河5桥2隧等重大工程建设加速推进。330千伏奥体变电站等17项电网项目建成投运，新建5G基站10826个，开工建设公共停车位2.1万个。扎实开展“三改一通一落地”，完成1316个老旧小区改造、32个城中村（棚户区）征收和527条背街小巷改造，打通32条断头路，落地架空线缆792.6公里，均创历年之最。实施572个城市绿化提升项目，启动“三河一山”环线绿道建设，新建和改造口袋公园、城市公园、绿地广场161个，新增城市绿地1095万平方米。

（六）积极践行“两山”理念，生态环境质量持续好转。修订实施《西安市秦岭生态环境保护条例》，编制完成《西安市秦岭生态环境保护规划》，所有矿权企业和小水电站全部关闭退出或拆除，完成15条峪口峪道综合治理，农家乐实现总量控制、动态监管。坚持铁腕治污减霾，全面完成燃煤锅炉“煤改洁”，PM2.5平均浓度降至51微克每立方米以下，同比下降10.5%，全年优良天数250天，较上年增加25天。实施全域治水、碧水兴城行动，新建、提标改造污水处理厂35座，完成主城区雨污水混接点改造2049处，护城河改造提升工程全线完成并免费开放，全市新增生态水面1695亩，成功创建国家节水型城市。完成餐厨垃圾处理厂二期扩建，高陵、蓝田、沣西厨余垃圾厂加快推进。建成市级美丽宜居村庄503个、农村人居环境整治示范村400个，高陵区被评为全国人居环境整治激励区（县），我市农村人居环境整治经验做法被全国人居办推广。

（七）聚焦民生关切，扎实办好惠民实事。剩余建档立卡贫困户5304户8533人全部脱贫，周至县顺利通过国家普查和第三方评估。建立四级联动防返贫预警监测和帮扶机制，及时消除脱贫监测户、边缘户致贫返贫风险，联村党委、助农保险等十大典型案例在全省推广，消费扶贫“三专”建设和“扶贫超市”做法走在全国前列。及时出台稳就业23条举措，发放创业担保贷款9.34亿元，为8.3万人发放失业保险金、补助金4.7亿元，“点对点”帮扶97.4万名农民工有序返岗，城镇新增就业15.31万人，城镇登记失业率3.64%。实施基础教育提升行动，新建、改扩建学校195所，新增学位19.4万个，是我市新建学校、新增学位最多的一年。组建“名校+”教育联合体1052个，惠及学生107万人。全力打造高标准区域卫生健康中心，启动市公共卫生中心等13个重点医院项目建设，市儿童医院获批国家儿童区域医疗中心。新增养老机构7个、社区居家养老服务站32个、镇街综合养老服务中心30个，新增养老床位7029张，免费体检惠及63.3万名老年人。落实“房住不炒”要求，建设和筹集保障房2.03万套，使用住房公积金为68万余户家庭改善住房条件，全面推行住房租赁合同网签备案和资金监管，获批中央财政支持住房租赁市场发展试点城市。深化“平安西安”建设，深入推进扫黑除恶专项斗争，完善安全生产、防灾减灾机制，生产安全事故起数、死亡人数分别下降29.3%和8.3%，未发生重特大生产安全事故。全国文明城市测评群众满意度大幅提升，“菜篮子”工程名列省会、副省级城市优秀，连续9年被评为“中国最具幸福感城市”。

一年来，面对艰巨任务和复杂形势，我们坚持“打铁还需自身硬”，严格落实全面从严治党各项要求，坚决贯彻中央八项规定及其实施细则精神，扎实开展赵正永严重违纪违法案“以案促改”，深入推进党风廉政建设和反腐败工作，从严纠治“庸懒散慢虚粗”等作风问题。全面推进法治政府建设，全年提请市人大常委会审议地方性法规议案4件，清理政府规章94部，莲湖区获评全国法治政府建设示范区。自觉接受市人大及其常委会法律监督、工作监督和市政协民主监督，394件人大代表建议、722件政协提案全部办结。建立政务服务“好差评”系统，群众满意率99.5%。12345市民热线共受理工单近430万件，回复率99.5%以上，获评全国城市政务热线服务质量总体评估A+等级。

大力支持国防和军队建设，扎实做好双拥共建和退役军人服务保障，荣获全国双拥模范城“九连冠”。顺利完成第七次全国人口普查任务。国家安全、民族宗教、防震减灾、妇女儿童、普法宣传、审计、档案、侨务、气象、残疾人、地方志、供销社等工作取得新进步。

各位代表！2020年各项任务的完成，标志着我市“十三五”圆满收官，标志着全面建成小康社会目标如期实现，标志着西安国家中心城市建设踏上新的历史征程。

——这五年，综合实力跨上大台阶。经济总量连续跨越五个千亿级台阶，达到10020.39亿元，实现历史性突破。财政总收入超过1500亿元，较2015年增长38.3%。技术市场合同成交额累计达到5600亿元，位居副省级城市第一。在册各类市场主体达到243.3万户，“五上”企业达到8869家，分别是2015年的3.8倍和1.8倍。粮食生产实现“十七连丰”。

——这五年，经济发展质效实现大提升。先进制造业强市建设全面提速。培育形成百亿级工业企业10家、瞪羚企业221家、独角兽企业2家，建成电子信息、汽车、航空航天三大千亿级产业集群，航空产业集群入选全国首批先进制造业集群。境内外上市公司达到80家，国家高新技术企业突破5000家，分别是2015年的1.3倍和3.8倍。

——这五年，改革开放迈出大步伐。全面创新改革试验、西咸新区创新城市发展方式和高新区国家自主创新示范区建设取得丰硕成果，自贸试验区发展势头良好。中欧班列（西安）集结中心建设上升为国家战略。西安咸阳国际机场航线通达全球37个国家和地区，客货吞吐量分别居全国第8和第10，获批第五航权。进出口总值突破3400亿元，是2015年的1.9倍。世界500强企业及其分支机构落户达到242家。当选世界城地组织联合主席城市，国际友好城市达到37个。入选改革开放40年经济发展最成功40个城市。

——这五年，城乡面貌发生大变化。城市能级实现新提升，获批建设国家中心城市，户籍人口突破1000万人，预计城镇化率达到75.1%。综合交通枢纽建设成效明显，“米”字形高铁网基本建成，“四主一辅”铁路客运站布局加速形成，高速路网结构日益优化，地铁开通里程达到215公里、在建里程177公里，分别是2015年的4倍和2倍。基础设施补短板力度空前，城市有机更新成果丰硕，综合保障能力大幅提升。农村人居环境明显改善，公共服务水平大幅提高，美丽乡村建设取得显著成效。

——这五年，生态环境质量显著改善。秦岭北麓西安境内违建别墅问题得到彻底整治，长效保护机制基本建立。大气环境质量持续改善。基本消除建成区黑臭水体，主要河流消除劣Ⅴ类。新增生态水面1.26万亩、湿地面积2.54万亩，全市森林覆盖率达到48.03%。预计单位生产总值能耗累计下降24%左右。获评“国家森林城市”。

——这五年，人民生活水平显著提高。高标准打赢脱贫攻坚战，73721户250414人建档立卡贫困户全部脱贫，6630名易地扶贫搬迁群众住进新家。用于民生领域的财政支出超过4500亿元，是“十二五”时期的1.6倍。城镇新增就业累计达72.84万人，城乡居民人均可支配收入较快增长。累计完成1486个老旧小区改造，惠及群众28万户。12.59万名拆迁安置群众顺利回迁。新建、改扩建中小学幼儿园522所、新增学位36万个，“上学难”问题得到有效缓解。新增三级医院11家，新增床位20371张，达到75079张，一批群众家门口的好医院正在加快建设。社会保障水平不断提高，社会救助体系更加完善，更高水平“平安西安”建设深入推进，人民群众获得感、幸福感、安全感显著提升。

各位代表！“十三五”取得一系列重大成就，这是习近平新时代中国特色社会主义思想指引的结果，是省委、省政府和市委坚强领导的结果，是市人大及其常委会和市政协监督支持的结果，是全市上下团结一心、砥砺奋斗的结果。在此，我代表市政府，向各位代表和各位委员，向全市广大干部群众，向各民主党派、工商联、人民团体和社会各界人士，向所有关心支持西安发展的中央和省属驻市单位、高校院所，解放军、武警部队官兵、消防救援队伍指战员，以及海内外同胞、侨胞、友人，表示衷心的感谢！向奋战在抗疫一线、脱贫攻坚一线的白衣战士、公安民警、社区工作者和扶贫干部，致以崇高的敬意！

各位代表！在肯定成绩的同时，我们也清醒看到，“十三五”部分指标未达预期，发展中还面临不少困难和挑战，特别是与国家中心城市的定位相比，我们的经济规模还不够大，产业竞争力和区域带动力不强，经济外向度不高，科教资源优势还没有充分发挥，城市规划建设管理仍有短板，教育、住房、交通、医疗、养老、生态等方面与群众期待还有差距，政府作风建设还需加强。我们将努力改进工作，用心履职尽责，不负全市人民重托。

二、关于“十四五”规划和二〇三五年远景目标纲要

“十四五”是我市深入贯彻习近平总书记来陕考察重要讲话精神、奋力谱写西安新时代追赶超越新篇章的关键时期。根据市委建议，市政府编制《西安市国民经济和社会发展第十四个五年规划和二〇三五年远景目标纲要（草案）》，提请大会审议。经大会批准后，市政府将认真组织实施。

（一）指导思想。高举中国特色社会主义伟大旗帜，深入贯彻党的十九大和十九届二中、三中、四中、五中全会精神，坚持以马克思列宁主义、毛泽东思想、邓小平理论、“三个代表”重要思想、科学发展观、习近平新时代中国特色社会主义思想为指导，认真落实习近平总书记两次来陕考察重要讲话精神，统筹推进“五位一体”总体布局，协调推进“四个全面”战略布局，贯彻落实“三项要求”“五个扎实”，坚持新发展理念，坚持稳中求进工作总基调，以高质量发展为主题，以深化供给侧结构性改革为主线，以改革创新为根本动力，以扩大开放为突破，以生态环境改善为前提，以满足人民群众日益增长的美好生活需要为根本目的，统筹发展和安全，积极融入以国内大循环为主体、国内国际双循环相互促进的新发展格局，加快构建创新引领的现代产业体系，推进城市治理体系和治理能力现代化，实现经济平稳致远、生态环境优美、社会和谐稳定，加快国家中心城市和具有历史文化特色的国际化大都市建设步伐，开启全面建设社会主义现代化新征程，奋力谱写西安新时代追赶超越新篇章。

（二）发展目标。到2025年，经济高质量发展迈出更大步伐，创新驱动发展走在全国前列，先进制造业强市建设取得突破性进展，经济总量达到1.3万亿元以上。打造内陆改革开放高地，国际门户枢纽城市和全面创新改革试验区、“一带一路”综合试验区、自由贸易试验区、临空经济示范区等建设取得显著成效，建成中欧班列（西安）集结中心。生态环境质量持续好转，秦岭生态环境得到全面有效保护，大气污染治理取得明显成效。民生保障和社会建设取得显著成效，就业更加充分、更有质量，居民收入增长与经济增长保持同步。文化建设迈上新台阶，社会主义核心价值观深入人心，公共文化产品和服务供给更加丰富，城市文化影响力和软实力显著增强。治理效能大幅提升，共建、共治、共享社会治理新格局基本形成，市域治理体系和治理能力现代化水平明显提高。

到2035年，人均国民生产总值达到中等发达国家水平，法治西安、法治政府、法治社会基本建成，生态环境根本好转，城乡区域发展和居民生活水平差距显著缩小，全面建成具有国际影响力竞争力的国家中心城市和具有历史文化特色的国际化大都市。

（三）基本原则。一是坚持党的全面领导；二是坚持以人民为中心；三是坚持新发展理念；四是坚持深化改革开放；五是坚持系统观念；六是坚持国家中心城市定位；七是坚持真抓实干。

（四）重点任务。一是坚持创新驱动发展，建设丝路科创中心；二是构建现代产业体系，推动经济高质量发展迈出更大步伐；三是优化国土空间布局，提升国家中心城市辐射带动能力；四是突出扩大内需，打造国内大循环战略支点；五是加快补齐对外开放短板，打造内陆改革开放高地；六是扎实加强

文化建设，打造丝路文化高地；七是推动生态环境质量持续好转，建设生态西安；八是深入实施乡村振兴战略，推动城乡融合发展；九是扎实保障和改善民生，建设宜居幸福城市；十是统筹发展和安全，加快建设更高水平的平安西安；十一是加强党的全面领导，强化规划实施保障。

各位代表！发展蓝图已经绘就，只要我们始终保持追赶超越的精气神，咬定青山不放松，坚定信心、埋头苦干，"十四五"宏伟目标就一定能够实现！

三、2021年政府工作安排

今年是建党100周年，是"十四五"开局之年，是全运年。市委十三届十二次全会明确提出，今年主要任务就是办好"十四运"，实现十项重点工作新突破，全力抓好疫情防控工作。今年政府工作的总体要求是：以习近平总书记来陕考察重要讲话为指针，全面贯彻党的十九届五中全会、中央经济工作会议，省委十三届八次全会、省委经济工作会议和市委十三届十二次全会精神，贯通落实"五项要求""五个扎实"，坚持稳中求进工作总基调，立足新发展阶段，贯彻新发展理念，融入新发展格局，以推动高质量发展为主题，以深化供给侧结构性改革为主线，巩固拓展疫情防控和经济社会发展成果，扎实做好"六稳"工作、全面落实"六保"任务，加快构建"6+5+6+1"现代产业体系，推动十项重点工作实现新突破，全力办好第十四届全运会，加快国家中心城市建设步伐，奋力谱写西安新时代追赶超越新篇章，以优异成绩庆祝建党100周年。

今年经济社会发展的主要预期目标：地区生产总值增长7%以上；规模以上工业增加值增长8%以上；全社会固定资产投资增长10%以上；社会消费品零售总额增长9%以上；城乡居民收入稳定增长；城镇登记失业率控制在4.5%以内；物价涨幅控制在3%以内；主要污染物排放总量削减完成省上下达任务。

（一）强化科技创新引领，推动形成高质量发展新优势。

加快高水平创新平台建设。大力推进国家超算（西安）中心、国家分子医学转化科学中心建设，积极参与陕西秦岭国家实验室建设，支持科研院所、高校加强关键核心技术协同攻关。支持西部科技创新港加快发展，推进国家新一代人工智能创新发展试验区和国家硬科技创新示范区建设，鼓励科研机构建设共性技术研发平台。主动参与"一带一路"科技创新行动，加快建设关中平原城市群创新共同体，打造区域协同创新发展新样板。

完善科技创新体制机制。扎实推进国家知识产权强市和国家知识产权运营服务体系重点城市建设。支持碑林、雁塔、长安等建设环大学创新创业街区，构建"众创空间+孵化器+加速器+园区"的全链条服务体系，打造双创"升级版"。健全统一、开放的硬科技要素市场，全面提升西安科技大市场服务功能，技术市场合同成交额保持在1500亿元以上，全社会研发投入强度保持在5%以上。创新人才引育、激励机制，设立5亿元市级人才发展基金，发放硕博人才奖和求职创业生活补贴，年内引进各类人才10万人以上。

提升企业技术创新能力。强化企业创新主体地位，鼓励引导企业加大研发投入，力争规模以上国家高新技术企业研发机构全覆盖，规模以上工业企业研发经费支出增长7%以上。支持领军企业牵头组建创新联合体，加快建立以龙头企业为主体，上下游中小企业、高校院所集成配套的科技创新与产业发展协同对接机制，推动产业链与创新链良性互动、融合发展，新增30家以上企业技术中心、10家以上技术创新示范企业。实施创新型企业倍增计划，培育市级以上瞪羚企业50家，净增国家高新技术企业2000家。

促进科技与金融深度融合。积极申报全国科创金融改革创新试验区。拓宽科创企业融资渠道，发挥政府引导基金作用，促进"天使投""风投""创投""产投"机构与科创企业开展常态化对接，争取国家中小企业投资基金落地西安。深入实施企业上市"龙门行动"计划，年内新增上市企业10家，实现金融业增加值1150亿元。

（二）大力发展实体经济，加快建设先进制造业强市。

做大做强优势产业。围绕龙头企业，完善"链长制"和"一链一专班"工作机制，实施产业基础再造和产业链提升工程，着力构建"龙头企业+产业链配套"产业集群生态。推进6大支柱产业做强成势，推动电子信息、汽车、航空航天产业集群加快发展，力争高端装备产业产值突破1000亿元，积极参与国家先进制造业产业集群竞赛。推进5大新兴产业积厚成势，着力培育和发展人工智能、增材制造、机器人、大数据、卫星应用等新兴产业，全年营业收入突破400亿元。推进6大生产性服务业联动成势，促进现代金融、现代物流、研发设计、检验检测认证、软件和信息服务、会议会展等向专业化和价值链高端延伸，全年营业收入达到3000亿元。

培育壮大企业队伍。深入实施大企业、大集团扶持计划，支持比亚迪智能终端、西飞民机新舟系列、陕汽重卡扩能等重大产业项目加快建设。推进中小企业成长工程，培育更多"专精特新"小巨人企业和细分领域单项冠军。开展质量标杆、工业品牌培育试点示范，推动标准、质量、品牌联动建设，支持光伏、增材制造等行业领军企业提质扩能，打造具有国际影响力的"西安制造"品牌。新增百亿级工业企业2户、规模以上制造业企业130户以上。

持续优化产业布局。按照"布局集中、主业突出、产业集聚、土地集约"原则，推动工业园区依托资源禀赋，实现错位发展。鼓励支持开发区、工业园区按照产业定位，引进培育龙头企业，提升入驻企业竞争力，促进产业集聚发展。强化园区标准厂房等基础设施建设，不断完善要素配置，利用物联网、云计算、大数据等手段，提升园区运营管理水平。

深入推动融合发展。抓好"两业"融合试点，大力发展智能制造、个性化定制、协同制造、服务型制造等新模式，培育智能工厂、共享生产平台等新业态。推广普及"两化"融合管理体系，推动传统产业智能化、数字化转型，新增"两化"融合管理体系贯标试点企业35户。深化央地合作，围绕航空、航天、兵器等特色优势产业，以重大项目为牵引，构建"依托一个央企、建立一个基地、形成一批产业集群"生动局面，打造央地融合发展新模式。

（三）深入挖掘和释放内需潜力，筑牢经济发展基本盘。

持续抓项目稳投资。坚持市级重点项目"一月一调度一考核、一季一观摩一开工"，完善"并联审批""容缺受理"等机制，营造"大抓项目、抓大项目"良好氛围。根据项目贡献率配置要素资源，统筹协调项目用地、用水、用电、用气保障及物资运输等，积极争取各类资金支持项目建设。做好专项债券项目谋划、储备和申报，鼓励符合条件的企业发行公司信用类债券。发挥政府投资引导和撬动作用，激发社会投资活力，全力抓好740个市级重点项目建设，确保完成年度投资3950亿元以上。

扎实做好招商引资。紧盯世界500强、行业100强企业，持续招大引强，着力招引一批区域总部、研发中心、结算中心和重大产业项目。强化招商引资市级统筹和投行思维，依托龙头企业和各类产业园区，开展产业链招商、以商招商、精准招商，提高本地配套率。坚持招商与营商并重，实行招商优惠政策审慎承诺和刚性兑现，做到诚信招商、服务留商。全年引进内资3900亿元以上，实际利用外资突破80亿美元。

加快建设国际消费中心城市。优化消费供给，提升大唐不夜城、北院门风情街、高新嘉会坊等“夜长安”地标性聚集区水平，新增5个夜经济示范街区。抢抓“十四运”机遇，推进“体育+”多业态融合发展，创建国家体育消费试点城市。加快品牌连锁便利店、社区便民服务中心建设，精心组织服装、家电、汽车、成品油等促销活动。建设“国际美食之都”，推动西安名吃、中华老字号创新发展，举办2021购物美食节等重大活动。推动传统商业数字化转型，举办云上购物节，电子商务交易额达到5500亿元。

促进农村消费提档升级。完善农村流通体系，加强乡镇商贸设施和到村物流站点建设。打造县域电商产业集聚区，引导农村商贸企业与电商深度融合，优化工业品下乡网络。鼓励大型商贸企业在乡镇布点，推动农、商、文、旅消费集聚。开展新能源汽车下乡活动，组织家电消费节、家电惠民行动等线上线下促销，充分释放农村消费活力。

（四）统筹规划建设管理，着力提升城市能级和品质。

进一步优化城市发展格局。实施“南控、北跨、西融、东拓、中优”城市空间发展战略，高标准编制国土空间总体规划和控制性详细规划，健全“三级三类”国土空间规划体系，精致做好重点区域和节点的城市设计。加快编制关中平原城市群核心区城市轨道交通线网规划，构建轨道上的西安都市圈。加快西安—咸阳一体化进程，支持西咸新区在创新城市发展方式上先行先试。加强与周边城市规划衔接、融合发展，协力建设富阎产业合作园区，不断提升对陕西、对西北发展的带动能力。

持续推进基础设施补短板、促升级。加快机场三期和蓝田通用机场建设。启动西安东站、新西安南站建设，6月底前火车站“三路一广场”建成投用、北客站枢纽一期工程全面完成。积极推动西延、西十、西康高铁和西户铁路改造、西安车站至临潼火车站“绿巨人”旅游专线等工程建设。加快推进外环高速南段、鄠周眉等高速公路，西户路、西沣路等干线公路，雁南二路、西铜路等快速路建设。加快地铁8条在建线路建设，确保6月底前14号线开通运营。加快引蓝济李等工程建设，建成西南郊水厂引水工程，新增日供水能力40万吨。协调推进蓝田330千伏输变电工程等电网项目建设。加快打造高品质城市绿道，“五一”前“三河一山”205公里绿道全线贯通，新增城市绿地面积600万平方米。

扎实推进新基建和新型城镇化。开展智慧服务提质、新兴产业赋能等行动，加快5G网络、数据中心等工程建设，新增5G基站7000个，构建智能化、数字化、网络化新型基础设施体系。加快城市更新步伐，全面完成“三改一通一落地”任务，5月底前打通经九路和红庙坡路，做到断头路动态清零，建立老旧小区改造长效管理机制。精致打造奥体中心、会展中心、高铁新城、灞河左岸、幸福林带等城市片区，展示西安现代时尚新形象。统筹推进远郊区和县城基础设施提档升级，吸引县域人口向县城集中、产业向园区集中，提升远郊区和县城综合承载能力。

加强城市精细化智慧化管理。继续抓好中心城区交通优化提升，合理增加交通设施供给，加强交通堵点综合治理和秩序管理。加快厨余垃圾和固体废弃物综合处置场建设，推动市场化保洁，提高垃圾分类投放准确率，打造“清洁之城”。持续加大违建拆除整治力度，6月底前完成全市重点区域和道路沿线整治提升。完善智慧城市架构体系，基本实现城市运行“一网统管”、生活服务“一码通城”、风险防控“一体联动”，让城市更智慧、治理更高效、生活更便捷。

（五）持续优化营商环境，着力打造内陆改革开放高地。

深入推进重点领域改革。坚持政企分开、政资分开，明晰市属国有企业统一监管和行业业务指导边界，进一步理顺管理体制。加强国有资本布局和监管，做实做强西安城投集团、水务集团、安居集团等市属国有企业。推进财政资金“拨改投”改革和国有金融资本管理体制改革，做好政府债务化解。构建常态化风险排查机制，守住不发生系统性金融风险底线。

持续深化“放管服”改革。全面推行证明事项和涉企经营许可事项告知承诺制，大幅提升企业开办、土地供给、水电气报装、项目竣工验收、不动产登记等办事效率，企业开办“1日办结”，政府类和社会投资类项目审批时限分别压缩至60个、35个工作日内，试行新建商品房“交房即交证”。深化“一件事一次办”改革，推进政务服务“好差评”和电子监察系统全面应用。

激发市场主体活力。破除制约民营企业发展的各种壁垒，积极支持民营企业参与重大项目、重大工程、重大活动。开展政策落地落实专项行动，加大清理拖欠民营企业账款工作力度，持续整治违规涉企收费行为。优化亲商助企服务，搭建银政企对接平台，帮助企业解决融资难融资贵问题。发挥“市长特别奖”等激励作用，弘扬企业家精神和工匠精神。

高水平推进自贸试验区建设，进一步探索投资、贸易、资金、运输、人员从业“五个自由”和数据安全有序流动，形成一批可复制、可推广的制度创新成果。加快中欧班列（西安）集结中心建设，推进“长安号”实现由“增量”向“提质”跃升，拓展承载和辐射聚集的能力。大力发展临空经济，积极申报建设空港型、生产服务型、商贸服务型国家物流枢纽。扎实推进“一带一路”综合试验区、中国（西安）跨境电子商务综合试验区建设，全面深化服务贸易创新发展试点，进出口总值实现3500亿元以上。加快建设西安“一带一路”国际商事法律服务示范区，依托“西法庭三中心一基地”，吸引更多法律服务机构落户。积极发挥世界城地组织、东亚文化之都、东盟中日韩“10+3”文化城市网络等平台作用，广泛开展人文交流活动，高水平办好欧亚经济论坛、丝博会等品牌展会活动，组建丝绸之路旅游城市联盟，参与澜湄旅游城市合作联盟，持续扩大国际“朋友圈”。

（六）加强文化建设，持续提升城市文化软实力。

加强文物保护利用。提升考古工作科学化、现代化水平，开展太平遗址等重要史前遗址考古发掘工作，实施中华文明探源工程。坚持文保优先，实施汉长安城遗址等重要文物保护工程，延续历史文脉。围绕建党100周年，实施重点革命文物保护展示工程，加强大革命时期、土地革命时期、抗日战争时期和解放战争时期重要遗址、史迹调查，弘扬革命精神，传承红色基因。落实“四严”要求，实施文物平安工程，守好文物安全底线。加强文物合理利用，推进秦文化博物院、隋唐长安城博物院等主题博物馆建设，深入挖掘西安历史文化遗产中蕴含的文化内涵和时代价值，让历史文物“活”起来。

加快文化产业提质升级。实施文化产业原创力提升计划，以创意设计、传媒影视、动漫游戏、信息服务、电子竞技为重点，打造附加值高、创造性强、成长性好的现代文创产业。推进国家级文化产业示范园区建设，带动文化企业聚集发展，年内建成省级文化产业“十百千”园区（基地）12个、市级文化产业示范园区（基地）30个，新增文化领军型企业2家、骨干型企业15家、高成长型企业20家。办好中国国际原创动漫大赛、西安文化创意设计大赛等文创展演活动。

推动文旅融合发展。叫响做实“千年古都·常来长安”品牌，推动旅游产品扩容提质，不断提升城墙、大明宫、未央宫、杜陵等遗址公园保护和展示水平。高标准推进文化旅游重点片区建设，4月小雁塔遗址公园建成开放，打造展示西安历史文化的新地标；以保护历史风貌为主，对三学街柏树林街区实施“微改造”，打造全国历史文化街区保护新样板；6月完成兴庆宫公园提升改造，打造展示大唐文化的新亮点；8月建成易俗社文化街区，打造展示秦腔艺术的新窗口；加快推进西安文化商务区建设，打造现代科技体验、当代文化艺术、图书和会议会展四大中心。持续推进高品质酒店和特色民宿建设，积极培育壮大文化和旅游消费新业态新模式，扎实做好国家文化和旅游消费试点城市建设工作。

构建公共文化服务体系。加强公共文化产品和服务供给，加快推进长安云、长安乐、长安书院等重大文化设施建设，优化公共文化资源配置。加快区（县）“两馆”设施建设和等级达标，建成一批群众喜闻乐见的读书屋、阅读吧。支持西安广播电视台建设高清、超高清电视频道。加强文艺精品创作，推出《大浪淘沙》《功勋》《红星耀陕甘》等一批文艺新品，推进文艺创作再攀高峰。创新实施文化惠民工程，办好中国秦腔艺术节，开展“西安读书月”“红五月音乐会”等群众性文化活动，发放“西安文化惠民卡”，组织文化惠民演出1000场。

（七）全面实施乡村振兴战略，推动城乡融合发展。

巩固拓展脱贫攻坚成果。健全防返贫监测和常态化帮扶机制，严格落实“四个不摘”要求，保持现有帮扶政策总体稳定，加大易地扶贫搬迁后续扶持力度，确保不返贫和防止发生新的贫困。推动扶贫产业全面融入区域特色主导产业，增强抗风险能力和市场竞争力。完善龙头企业与农户利益联结机制，让农民有持续稳定的收入来源。规范扶贫资产管理和监督，确保公益性资产持续发挥作用、经营性资产不流失或不被侵占。推动太仓与周至扶贫帮扶向经济合作升级。

大力发展都市型现代农业。推进农村一、二、三产业融合发展，积极培育智慧农业、创意农业、休闲农业、体验农业等乡村经济新业态。牢牢把握粮食安全主动权，突出抓好粮食、蔬菜等重要农产品稳产保供。开展农业科技及种质提升行动，健全动物防疫和农作物病虫害防治体系。加大龙头企业培育力度，加强农产品冷链物流体系建设。坚持最严格的耕地保护制度，坚决遏制耕地“非农化”、防止“非粮化”，稳妥推进农村乱占耕地建房问题清理整治。开展节约粮食行动，制止餐饮浪费。

扎实开展乡村建设行动。合理优化村庄布局，科学安排村域生产、生活、生态空间，逐步形成规范整洁、各具特色的乡村风貌。持续推进农村人居环境整治，年内打造美丽村庄60个，培育不少于10个美丽村庄片区。调整完善土地出让收入使用范围，确保土地出让收益更多用于农村建设。着力建好乡镇，提升对农业、农民的服务功能。

全面深化农村改革。健全城乡融合发展机制，推动城乡要素平等交换、双向流动，增强农业农村发展活力。稳妥推进第二轮土地承包到期后再延长30年试点，探索宅基地“三权分置”和集体经营性建设用地入市改革。加快发展新型农村集体经济，推动城中村集体经济股份化、公司化改造。支持高陵、阎良、西咸新区建设国家城乡融合发展试验区。创新乡村人才培育引进使用机制，大力培育新型农民，推动乡村人才振兴。

（八）坚决打好污染防治攻坚战，扎实推进生态西安建设。

依法保护秦岭。严格落实省市秦岭生态环境保护《条例》《规划》，严守生态红线，加大系统保护修复力度，实施15条峪口峪道综合治理，造林7500亩，治理小流域10000亩，秦岭范围农村生活垃圾无害化处理率达到95%。建成数字秦岭平台，健全网络化与网格化相结合的监管体系，筑牢国家生态安全屏障。

铁腕治污减霾。加快高排放企业关、停、并、转、搬，持续加大“散乱污”企业治理。启动实施长距离供热，制定能源替代方案，加快实现三环内“无煤化”。构建绿色物流运输体系，开展绿色出行创建行动，城市物流转运车辆、新增公交车和出租车全部实现纯电化。用好智慧环保指挥平台，坚持颗粒物与臭氧污染协同控制，做好重污染天气应急管控和联防联控，空气质量排名力争退出全国168个重点城市后30位。

加快全域治水。持续推进“全域治水、碧水兴城”河湖水系保护治理，年内完成101个治水项目。实行水源一级保护区全封闭管理，确保水源水质安全。强化河湖水环境治理，新增生态水面5500亩、湿地2000亩。加快第十三污水处理厂等12座污水处理厂建设，完成鱼化等6座污水处理厂提标改造，建成临潼等6座污泥处置厂。

防治土壤污染。持续推进农用地分类管理，加强农业面源污染治理。做好危险废物、医疗废物收集处理，严控固体废物对生态环境造成危害。严格落实“禁限塑令”，强化白色污染治理。加强对土壤污染重点单位的环境监管，做好风险管控与修复。

（九）加强民生保障和社会建设，持续增加群众获得感幸福感安全感。

多措并举促就业。坚持经济发展就业导向，加快动态精准就业服务系统建设，着力稳定现有就业，积极增加新的就业，促进失业人员再就业。突出做好高校毕业生、农民工、退役军人等重点群体就业，为残疾人、零就业家庭提供“一对一”就业服务，完成企业职工和农民工技能培训12万人次，城镇新增就业14万人以上。

加快建设教育强市。统筹推进城乡教育一体化发展，年内新城、阎良、高陵达到国家义务教育优质均衡验收标准。实施“新优质学校成长计划”，推进“三名+”工程深化升级。126所新建、改扩建学校秋季开学前建成投用，新增学位10.8万个。加强校长和教师队伍建设，完善绩效工资分配办法。积极发展职业教育，支持建设高陵产教园区。进一步推进学前教育优质普惠，支持高等教育内涵发展。

推进健康西安建设。聚焦打造高标准区域卫生健康中心目标，加快市公共卫生中心等13个医院和21个区（县）、开发区疾控机构建设，积极创建呼吸、传染病等8个国家区域医疗中心。深化医药卫生体制改革，落实“两个允许”要求，加强多类型医联体建设。创建全国积极应对人口老龄化综合创新试点，新建社区养老服务站40个、镇街综合养老服务中心40个，新增养老床位7000张，在城市社区加快设立老年餐桌等多种形式的便老服务设施。大力培育养老产业，推进养老与健康、养生、旅游、休闲、互联网等产业融合发展。

促进房地产市场平稳健康发展。坚持房子是用来住的、不是用来炒的定位，加快构建以保障性租赁住房和共有产权住房为主体的住房保障体系。积极做好住房租赁市场发展试点，推动土地供应向租赁住房建设倾斜，探索利用集体建设用地和企事业单位自有闲置土地建设租赁住房。加大人才住房保障力度，新筹集共有产权住房10000套、公租房5000套，新增分配公租房5000套。

创建国家安全发展示范城市。深化安全生产专项整治行动，常态化开展道路交通、消防、建筑施工、危险化学品等重点领域隐患排查整治，坚决遏制重特大生产安全事故。落实“四个最严”要求，确保食品药品安全。高度重视防灾减灾工作，提高灾害预警、应急处置和社会动员能力。

提高社会治理水平。坚持和发展新时代“枫桥经验”，推进基层治理网格化管理、联动式共建、智慧化服务。加大社区基础保障投入，健全社区工作者职业体系，持续提升基层服务能力。加快推进市域社会治理现代化，推动扫黑除恶斗争机制化、常态化、法治化，建设更高水平平安西安。着力打造“民有所呼、我有所行”基层党建品牌，有序完成村和社区“两委”换届工作。加强国防动员、人民防空和后备力量建设，做好退役军人服务保障工作。推进民族、宗教、外事、气象、地方志等工作，支持工会、共青团、妇联、侨联、科协、残联、慈善等事业发展。

（十）聚焦“精彩圆满”总目标，举全市之力办好全运会。

加快场馆配套设施建设。强化精品意识，严格质量管理，倒排工期、挂图作战，高标准完成火炬塔建设和奥体中心体育场、主新闻中心改造提升，7月底前完成跨浐灞河5桥2隧建设，确保场馆周边道路畅通。抓紧做好奥体中心周边夜景提升和全运马拉松线路环境整治工作。加快推进全运村各项建设，全力做好全运村管理运营，努力打造“家”一样的全运村。

强化组织提升保障能力。精心策划火炬传递、开闭幕式等重大活动，周密组织我市承担的10个全运会和4个残运会比赛项目，加强运动员备战训练，充分展示西安体育健儿的实力和风采。全面提升接待、住宿、餐饮、交通、医疗等服务能力。持续开展治安、消防、食品、环境等领域隐患排查和专项治理，扎实做好疫情防控、志愿服务、安全保卫等工作，确保全运会绝对安全。

营造热情友好全运氛围。叫响“全民全运·同心同行”口号，深化“相约西安·筑梦全运”系列活动，围绕倒计时200天、100天、50天和春节、“五一”“七一”等重大节点，精心组织宣传推介。开展全运惠民活动，办好“我要上全运”百场马拉松和西马、城马等群众性体育活动，充分动员全市上下参与全运、服务全运、奉献全运，做到城市让全运更精彩、全运让城市更出彩。

各位代表！当前，境外新冠肺炎疫情持续蔓延，我国局部地区聚集性疫情和零星散发病例不断出现，必须毫不松懈抓好常态化疫情防控工作。全面落实“外防输入、内防反弹”要求，坚决做到“五个全覆盖”，坚持“人”“物”同防，严格落实入境人员闭环管理，突出抓好进口货物和冷链食品监测消毒等环节，切断散发病例传播扩散途径。加强重点场所、重点区域、重点人群、重要时间节点防控，严防出现聚集性疫情，有序做好疫苗接种工作。关心关爱防控一线工作人员，切实做好防疫物资和生活服务保障。完善重大疫情预防控制、医疗救治、应急物资保障体系，统筹抓好新冠肺炎与流感等传染病防控，切实维护人民群众生命安全和身体健康。

四、切实加强政府自身建设

强化政治统领。坚持以习近平新时代中国特色社会主义思想为指导，认真学习贯彻习近平总书记重要讲话、重要指示批示精神，不断提高政治判断力、政治领悟力、政治执行力，善于用政治眼光观察和分析经济社会问题，坚决贯彻执行党中央决策部署，始终把党的领导贯穿政府工作全过程，以实际行动增强“四个意识”、坚定“四个自信”、做到“两个维护”。

坚持依法履职。深入学习贯彻习近平法治思想，大力推进法治政府建设“六大工程”，积极创建全国法治政府建设示范市。有效发挥政府法律顾问作用，推进科学决策、民主决策、依法决策。全面落实行政执法“三项制度”。依法接受人大及其常委会的监督，自觉接受政协的民主监督，主动接受社会和舆论监督，加强审计监督，打造阳光政府。

提升行政效能。持续推进数字政府建设，加大部门信息整合力度，强化大数据、区块链、人工智能等技术手段应用，推动数字信息技术与政府治理广泛深度融合。加强以资产管理为基础的集中统一管理，以高质量服务保障机关高效运转，持续推进节约型机关建设。加强和改进政务督查，确保各项任务高质高效落实。

勇于担当作为。坚持以人民为中心，以发展为己任，增强勇立潮头、争当时代弄潮儿的志向和勇气，矢志追赶超越，埋头苦干、争创佳绩。把解决实际问题作为打开工作局面的突破口，不断提高把握新发展阶段、贯彻新发展理念、融入新发展格局的履职本领。全面落实干部正向激励和容错纠错机制，旗帜鲜明地为担当者担当、为负责者负责，充分激发广大干部干事创业热情。

恪守清正廉洁。严格落实党风廉政建设责任制，坚持依法用权、为民用权、廉洁用权，从严查处侵害群众利益的不正之风和腐败行为。严格执行中央八项规定及其实施细则精神，深入查纠“庸懒散慢虚混”等作风问题，坚决反对形式主义、官僚主义。牢固树立过“紧日子”思想，今年一般性支出压减18%以上，政府花的每一笔钱都要用在刀刃上，都要精打细算、依法合规。

各位代表！百舸争流，奋楫者先；追赶超越，志坚者胜。让我们更加紧密地团结在以习近平同志为核心的党中央周围，牢记嘱托、真抓实干，勠力同心、开拓奋进，全面加快国家中心城市和国际化大都市建设，奋力谱写西安新时代追赶超越新篇章！

习近平在陕西考察

中共中央总书记、国家主席、中央军委主席习近平近日在陕西考察时强调，要全面落实党中央决策部署，坚持稳中求进工作总基调，坚持新发展理念，扎实做好稳就业、稳金融、稳外贸、稳外资、稳投资、稳预期工作，全面落实保居民就业、保基本民生、保市场主体、保粮食能源安全、保产业链供应链稳定、保基层运转任务，努力克服新冠肺炎疫情带来的不利影响，确保完成决战决胜脱贫攻坚目标任务，全面建成小康社会，奋力谱写陕西新时代追赶超越新篇章。

四月的三秦大地，到处春意盎然。4月20日至23日，习近平在陕西省委书记胡和平和省长刘国中陪同下，先后来到商洛、安康、西安等地，深入自然保护区、贫困山区、社区、学校、企业等，了解秦岭生态环境保护、脱贫攻坚、复工复产等情况，就统筹推进新冠肺炎疫情防控和经济社会发展工作、打赢脱贫攻坚战进行调研，看望慰问干部群众。

秦岭山脉是我国重要的生态安全屏障。党的十八大以来，习近平总书记多次就查处秦岭北麓西安境内违建别墅问题、加强秦岭生态保护作出重要指示批示。20日下午，习近平抵达商洛市柞水县，首先来到位于秦岭山脉东段的牛背梁国家级自然保护区，步行进入羚牛谷察看自然生态，称赞这里是“养在深闺人未识的天然氧吧”。

随后，习近平乘车来到海拔1700米的月亮垭，远眺秦岭牛背梁主峰，听取陕西省吸取秦岭北麓违建别墅问题教训、抓好生态保护等工作汇报。习近平强调，秦岭和合南北、泽被天下，是我国的中央水塔，是中华民族的祖脉和中华文化的重要象征。保护好秦岭生态环境，对确保中华民族长盛不衰、实现“两个一百年”奋斗目标、实现可持续发展具有十分重大而深远的意义。陕西要深刻吸取秦岭违建别墅问题的教训，痛定思痛，警钟长鸣，以对党、对历史、对人民高度负责的精神，以功成不必在我的胸怀，把秦岭生态环境保护和修复工作摆上重要位置，履行好职责，当好秦岭生态卫士，决不能重蹈覆辙，决不能在历史上留下骂名。要自觉讲政治，对国之大者要心中有数，关注党中央在关心什么、强调什么，深刻领会什么是党和国家最重要的利益、什么是最需要坚定维护的立场，切实把增强“四个意识”、坚定“四个自信”、做到“两个维护”落到行动上，不能只停留在口号上。

离开保护区，沿着陡峭的山路，习近平乘车前往柞水县小岭镇金米村考察脱贫攻坚情况。金米村位于秦岭深处，曾经是极度贫困村，近年来通过发展木耳、中药材、旅游等产业实现整村脱贫。习近平步行察看村容村貌，走进村培训中心、智能联栋木耳大棚，了解木耳品种和种植流程，询问木耳价格、销路和村民收入等，夸奖他们把小木耳办成大产业。习近平指出，发展扶贫产业，重在群众受益，难在持续稳定。要延伸产业链条，提高抗风险能力，建立更加稳定的利益联结机制，确保贫困群众持续稳定增收。脱贫摘帽不是终点，而是新生活、新奋斗的起点。接下来要做好乡村振兴这篇大文章，推动乡村产业、人才、文化、生态、组织等全面振兴。

安康市地处秦巴山区集中连片特困地区的核心区。21日上午，习近平来到安康市平利县老县镇锦屏社区。锦屏社区累计安置搬迁贫困群众1346户4173人。习近平实地察看社区电子加工厂、毛绒玩具厂、服饰公司产品展示厅，对当地“山上兴产业，山下建社区，社区办工厂”的发展思路给予肯定，勉励企业努力克服疫情带来的不利影响，积极拓展国内市场。习近平强调，今年是脱贫攻坚决战决胜之年，解决好贫困群众就业问题非常重要。各级党委和政府要加大扶持力度，通过各种方法保障贫困群众就业。镇上的群众听说总书记来了，纷纷来到街上，高声向总书记问好。习近平祝乡亲们幸福安康！

在搬迁户汪显平家，习近平同一家老少围坐在一起拉家常。汪显平告诉总书记，以前在山里，住的是土房，走的是山路，干啥都不方便，搬到社区后，一家人住进三室两厅的楼房，夫妻两人就近务工，还能照顾老人，过上了过去做梦都想不到的好日子。习近平听了十分高兴。他强调，易地搬迁是解决一方水土养不好一方人、实现贫困群众跨越式发展的根本途径，也是打赢脱贫攻坚战的重要途径。搬得出的问题基本解决后，后续扶持最关键的是就业。乐业才能安居。解决好就业问题，才能确保搬迁群众稳得住、逐步能致富，防止返贫。易地搬迁群众来自四面八方，加强社区建设很重要。基层党组织要发挥领导核心作用，把社区管理和服务工作抓好，求真务实，让人民群众获得实实在在的好处。

随后，习近平来到老县镇卫生院，了解基层卫生防疫、医疗保障工作，并向坚守在基层防疫抗疫一线广大医务人员表示亲切慰问。习近平指出，要加快补齐公共卫生服务短板，加强农村、社区等基层疫情防控能力建设，把各项防控措施常态化。

镇中心小学四至六年级学生已于4月20日开学。习近平走进教室，孩子们齐声向习爷爷问好。习近平询问孩子们学习和生活情况。他强调，要推进城乡义务教育一体化发展，缩小城乡教育资源差距，促进教育公平，切断贫困代际传递。习近平接着来到学校食堂，了解学生伙食和复学后疫情防控情况，叮嘱他们加强学校重点场所消毒，为复学复课提供安全的环境。

位于老县镇蒋家坪村的女娲凤凰茶业现代示范园区，属于苏陕扶贫协作项目，通过“党支部+龙头企业+贫困户”的模式，带动100多户贫困户年人均增收千元以上。深山之中，春雨淅沥，云雾缭绕。习近平拾级而上，步入茶园，沿途察看春茶长势，同茶农们亲切交谈，仔细询问茶叶收成、价格和村民土地流转、参加分红、务工收入等情况。他指出，人不负青山，青山定不负人。绿水青山既是自然财富，又是经济财富。希望乡亲们坚定不移走生态优先、绿色发展之路，因茶致富、因茶兴业，脱贫奔小康。

22日，习近平在西安考察复工复产和经济社会恢复运行等情况。陕西汽车控股集团有限公司是西北地区有影响力的制造企业。习近平详细了解产品研发、生产、销售和复工复产情况，对他们克服疫情影响创产销历史新高表示赞赏。总装车间内一片繁忙景象。习近平察看内饰生产线、总装配生产线，饶有兴致登上装配完成的民用重型卡车驾驶室，向技术人员询问产品性能和操作流程。习近平强调，制造业是国家经济命脉所系。国有大型企业要发挥主力军作用，在抓好常态化疫情防控的前提下，带动上下游产业和中小企业全面复工复产。习近平指出，新时代陕西要有勇立潮头、争当时代弄潮儿的志向和气魄，既要抓住西部大开发、共建“一带一路”等重大机遇，又要善于从眼前的危机和挑战中抢抓和创造机遇，不断发展新模式、新业态、新技术、新产品，创造新的更大业绩，迈上新的台阶。

交大西迁博物馆坐落于西安交通大学兴庆校区。20世纪50年代，一批交大人响应党的号召，“打起背包就出发”，从上海迁至西安。博物馆二层和三层展厅，分别呈现了交大西迁的创业历程和辉煌成就。习近平仔细端详一张张照片、一件件实物。在一层大厅，习近平亲切会见14位西迁老教授，祝愿他们身体安康、家庭幸福。习近平指出，“西迁精神”的核心是爱国主义，精髓是听党指挥跟党走，与党和国家、与民族和人民同呼吸、共命运，具有深刻现实意义和历史意义。要坚持党对高校工作的全面领导，坚持立德树人，建设高素质教师队伍，努力培养更多一流人才。习近平勉励广大师生大力弘扬“西迁精神”，抓住新时代新机遇，到祖国最需要的地方建功立业，在新征程上创造属于我们这代人的历史功绩。

傍晚时分，习近平乘车来到毗邻大雁塔的大唐不夜城步行街。疫情发生以来，昔日熙熙攘攘的步行街一度空荡无人，现在又开始热闹起来。习近平走进步行街，了解步行街恢复经营状况。沿途游客看见总书记，惊喜地欢呼起来，习近平频频挥手致意。他走进老字号西安饭庄，同店员和正在就餐的顾客热情交谈。习近平强调，要在科学防控疫情的前提下，有序推动各类商场、市场复商复市，努力恢复正常生活秩序。

23日上午，习近平听取陕西省委和省政府工作汇报，对陕西各项工作予以肯定。习近平指出，今年是全面建成小康社会和“十三五”规划收官之年，也是脱贫攻坚决战决胜之年，突如其来的新冠肺炎疫情给我们完成既定目标任务带来挑战。希望陕西广大干部群众只争朝夕、真抓实干，在新时代各项工作中取得新气象新作为，为实现“两个一百年”奋斗目标、实现中华民族伟大复兴的中国梦贡献力量。

习近平强调，我国经济稳中向好、长期向好的基本趋势没有改变。要坚定信心、保持定力，加快转变经济发展方式，把实体经济特别是制造业做实做强做优，推进5G、物联网、人工智能、工业互联网等新型基建投资，加大交通、水利、能源等领域投资力度，补齐农村基础设施和公共服务短板，着力解决发展不平衡不充分问题。要围绕产业链部署创新链、围绕创新链布局产业链，推动经济高质量发展迈出更大步伐。

习近平指出，要围绕推进国家治理体系和治理能力现代化，突出基础性、根本性、全局性重大改革举措，打造内陆改革开放高地。要深度融入共建“一带一路”大格局，加快形成面向中亚南亚西亚国家的通道、商贸物流枢纽、重要产业和人文交流基地，构筑内陆地区效率高、成本低、服务优的国际贸易通道。

习近平强调，陕西生态环境保护，不仅关系自身发展质量和可持续发展，而且关系全国生态环境大局。要牢固树立绿水青山就是金山银山的理念，统筹山水林田湖草系统治理，优化国土空间开发格局，调整区域产业布局，发展清洁生产，推进绿色发展，打好蓝天、碧水、净土保卫战。要坚持不懈开展退耕还林还草，推进荒漠化、水土流失综合治理，推动黄河流域从过度干预、过度利用向自然修复、休养生息转变，改善流域生态环境质量。

习近平指出，民生是人民幸福之基、社会和谐之本。要坚持以人民为中心的发展思想，扎实办好民生实事。要瞄准突出问题精准施策，做好剩余贫困人口脱贫工作，因地制宜发展区域特色产业，加快建立防止返贫监测和帮扶机制，加强易地扶贫搬迁后续扶持，多措并举巩固脱贫成果。要做好高校毕业生、农民工、退役军人等重点群体就业工作，多渠道促进就业创业。要加强和创新社会治理，坚持和完善新时代“枫桥经验”，深化扫黑除恶专项斗争。

习近平强调，这次抗击疫情斗争是一次大考，充分彰显各级党组织的强大战斗力，彰显广大党员、干部的先锋模范作用，同时也暴露出一些党组织组织领导力不强，一些党员干部能力不足、作风不实等问题。各级党委（党组）要切实落实全面从严治党主体责任，把全面从严治党的要求落实到党的建设全过程。

习近平指出，延安精神培育了一代代中国共产党人，是我们党的宝贵精神财富。要坚持不懈用延安精神教育广大党员、干部，用以滋养初心、淬炼灵魂，从中汲取信仰的力量、查找党性的差距、校准前进的方向。要把政治建设摆在首位，严肃党内政治生活，严格落实中央八项规定及其实施细则精神，坚决破除形式主义、官僚主义，构建一体推进不敢腐、不能腐、不想腐体制机制，为各项事业发展提供坚强保障。

习近平强调，陕西是中华民族和华夏文明重要发祥地之一。要加大文物保护力度，弘扬中华优秀传统文化、革命文化、社会主义先进文化，培育社会主义核心价值观，加强公共文化产品和服务供给，更好满足人民群众精神文化生活需要。

丁薛祥、刘鹤、何立峰和中央有关部门负责同志陪同考察。

（摘自《陕西日报》2020年4月26日第二版）

西安市扶贫开发、脱贫攻坚历程

改革开放以来，尤其是实施西部大开发后，陕西省组织实施了有计划大规模的扶贫开发，贫困群众生活水平显著提高，贫困地区的面貌发生翻天覆地的变化，经济快速发展，基础设施建设、社会事业发展和生态环境建设得到明显加强。西安市的扶贫工作始于1984年，从解决贫困人口温饱问题到增强贫困地区"造血"功能实施开发式扶贫促致富，再到党的十八大以来，实施精准扶贫精准脱贫方略实现全面小康，西安市扶贫开发工作历经36年。

一、扶贫历程

（一）扶贫起步阶段（1984—1990年）

西安市的扶贫工作始于1984年，根据实际情况，当时界定山区人均年收入在100元以下的，塬岭地区人均在120元以下的，平川地区人均在150元以下的为贫困户。按此标准，全市约有51990户被列为需要扶持的对象，占全市农户总数的7%。1984年市、区（县）、乡镇三级相继成立"扶贫领导小组"，并对扶持对象进行调查摸底，逐户建立扶贫档案或卡片，采取多种形式扶持其发展生产，增加收入，提高生活水平，摆脱贫困。1984年全市扶持困难户12060户，至年底有4801户脱贫。1985年扶持17550户，年底脱贫的13241户，其中1778户成为专业户，走上富裕道路。1986年西安市的扶贫工作有了很大发展，出现了新格局，即由民政部门独家扶持发展变为农林、金融、财政、文教、卫生、供销、商业、物资、科技各部门积极参与，齐抓共管，由乡村干部"包户扶持"发展到县级干部"包乡""包村""包户"。1984年全市有6334人参与扶持帮困，1985年增加到9787人，1988年全市共有12219名干部与12000户贫困户建立了包户联系，其中县级干部45人。在扶贫帮困过程中，一些富裕户或脱贫致富户，还提供资金或提供技术，帮助其他贫困户发展生产，周至县贫困户吴全仓经扶持脱贫致富后，先后给370多户群众提供无息借款3万多元帮助脱贫。扶贫资金也由民政救济单一渠道发展到多渠道集资。1985年除民政部门拨扶贫款36.4万元外，乡、镇自筹资金286.77万元，区（县）财政拨款7万元，农行贷款184.63万元，其他部门支援3.9万元。至1990年，累计筹集扶贫资金1700万元。一些区（县）基层组织发动群众，自愿成立"互助扶贫基金会"和"互助储金会"，集腋成裘，壮大资金。至1990年，全市共建立扶贫基金会160个，互助储金会322个。扶贫项目从单一的种植业和养殖业拓宽到工业、商业、运输业等。扶贫内容由资金、人力扶持，逐渐发展到智力投资、科技扶贫，高陵县（现高陵区）举办有贫困户87人参加的食用菌（白平菇）和葡萄栽培技术训练班，全市有9个区（县）举办治穷致富技术培训班。有4000多贫困户成员参加学习，各县区还向贫困户发送各种科技资料1.2万多份。科技扶贫见效快、易巩固，深受欢迎，有2215户从中获益。7年中，全市5万多户贫困户得到扶持，累计脱贫户已达38809户，占应扶持总户数的76.6%，初步解决了贫困户的温饱问题，其间尚有12181户在继续接受扶持。

（二）开发式扶贫阶段（1992—2001）

西安市的贫困乡镇主要分布在蓝田县的贫困山区，周至、长安、户县（现鄠邑区）、临潼、灞桥等区（县）的山区也散布着部分贫困乡村。实行家庭联产承包责任制以后，西安市通过贴息贷款、县办企业贷款、支援不发达地区发展资金、推广适用技术、发展多种经营、完善基础设施等方式对贫困乡镇予以扶持，贫困地区的经济有了较快发展。但是，封闭的地理位置和恶劣的自然条件，以及落后的教育文化，较差的人口素质，使得贫困山区的落后面貌并没有从根本上得到改变。

为进一步解决农村贫困问题，缩小地区差距，1994年4月，国务院印发《国家八七扶贫攻坚计划》，提出从1994年到2000年，集中人力、物力、财力，动员社会各界力量，力争用7年左右的时间，基本解决8000万名农村贫困人口的温饱问题。根据《国家八七扶贫攻坚计划》，市委、市政府提出了西安市扶贫工作的总体思路，即明确一个目标，实行两种办法，搞好三个结合。"一个目标"是要稳定地解决"温饱"，实现脱贫致富。到2000年，贫困山区的农民人均纯收入达到1000元；粮食人均占有800斤，多种经营总收入人均600元。"两种办法"：一是改救济型扶贫为开发型扶贫。对那些凡是有生存条件的地区，结合当地资源优势，抓好基础设施建设，包括改

1984—1990年西安市农村社会救济统计表

单位：元

年 份	救济总金额	五保户救济	困难户救济	麻风病人救济	敬老院补助
1984	3361986	71045	229431	575	35935
1985	168000	14000	153000	1000	
1986	193000	17000	175000	1000	
1987	148000	19000	128000	1000	
1988	93000	25000	67000	1000	
1989	130000	46000	84000		
1990	180000	76000	102000	2000	

注：1984年后含蓝田、临潼、周至、户县（现鄠邑区）、高陵。

造中低产田，保护森林植被，治理水土流失，加快山区道路、小水电和人畜饮水工程建设等积极发展生产，脱贫致富。二是适当推行易地扶贫。对那些确无生存条件的深山区，可有计划、有步骤地向浅山区、交通要道、平原、集镇上搬迁。“三个结合”：一是扶贫开发要与发展山区的文化教育、推广应用科学技术工作结合起来。各级扶贫、科技等部门，要重点引进和推广先进适用技术，对贫困户和山区干部进行技术培训、示范和指导，促进科技成果转化，发展新的生产力。各级教育行政部门、各类学校，要采取倾斜政策和开展“希望工程”，提高贫困地区人口的文化素质，为贫困地区培养各类人才。二是扶贫开发要与组织发达地区的对口支援结合起来。要组织省市内外发达地区和贫困地区，通过“结对子”、定目标、包项目，实行对口支援。三是把扶贫工作与贫困地区的计划生育、医疗保健工作结合起来，坚持一手抓发展生产，一手抓计划生育，切实做好宣传教育、落实节育措施，降低人口自然增长率。同时搞好乡镇卫生院和村级合作医疗机构建设，努力解决好山区和贫困地区缺医少药的问题。

依据这一扶贫思路，1994年4月，市委、市政府组织区（县）及市级有关部门，实行城郊6区带6县，县级部门包村，结对子联县帮扶。还组织市乡镇企业30强深入乡村一帮一，助教助医，科技下乡；造田修路、送电，实施温饱工程、甘露工程；建设林、果、药、菜、畜、禽基地。1987年，蓝田县被确定为国定贫困县，为了加大对蓝田县的帮扶力度，1994年10月，确定由中组部实行定点帮扶。1996年4月，在中组部的协调组织下，江苏省锡山市（现锡山区）、武进市（现武进区），山东省荣成市、招远市，广东省南海市（现南海区）、台山市，北京市顺义区，天津市北辰区，上海市青浦县（现青浦区），浙江省鄞县（现鄞州区）全国经济“十强县（市、区）”来蓝田实施联手扶贫，对口帮扶蓝田县葛牌、红门寺、草坪、玉川、辋川、蓝桥、灞源、张家坪、九间房、三官庙共10个扶贫困乡。到1997年，蓝田县农民人均收入上升到1053元，越过了温饱线。全市贫困人口从1986年的36万人减少到1998年底的4万余人。

此后，按照陕西省扶贫开发攻坚计划的总体部署，西安市计划1999年解决1.5万名贫困人口的温饱问题，2000年基本解决剩余贫困人口的温饱问题。为此，1999年8月，市委、市政府出台了《关于进一步加强扶贫开发工作的决定》，提出要坚持以解决贫困人口温饱为中心，以贫困村为主战场，以贫困户为对象，以改善基本生产生活条件和发展种养业为重点，增加扶贫投入力度，确保2000年底基本解决全市贫困地区4万多名贫困人口的温饱问题，全面实现西安市扶贫攻坚目标。《决定》还提出了把扶贫开发的措施落实到贫困村和贫困户、实行分工责任制、加大扶贫开发投入力度、广泛深入地动员社会各界参与扶贫开发工作、加强领导等措施。另外，从1998年起，西安市开始对不宜居住的高寒山区贫困人口进行移民搬迁，到2001年的4年时间，共移民搬迁4991人。

西安市通过开发式扶贫，改变了贫困地区生产和生活条件，坚定了脱贫致富的信心，增强了“造血功能”，在全市经济快速发展的同时，贫困山区的工农业生产相应得到发展，人民生活水平逐步提高。

2001年西安市在巩固蓝田县脱贫成果的基础上，继续加大对面上（国定贫困县以外的贫困乡村）贫困地区的扶持力度。在对秦岭北麓调查研究的基础上，上报了《关于我市秦岭北麓贫困地区基本状况的汇报》，争取纳入国家和省上扶持范围。继续实施温饱工程，扶贫投入力度继续实施以乡村道路、灌溉工程、人畜饮水、小流域综合治理和基本农田建设等以工代赈项目，实施建设了一大批农村基础设施和扶贫开发工程，贫困地区的生产和生活条件得到进一步改善。

（三）扶贫渐进式探索阶段（2002—2012）

2001年西安市制定《关于我市三县确定今后10年扶贫规划的意见和建议》。西安市扶贫开发工作重点转向以解决贫困人口温饱，巩固温饱成果和增加贫困人口收入为目标，不断加大工作力度。2002年，西安市秦岭北麓五县区被纳入省扶贫范围，省定秦岭北麓扶贫开发县（周至县、户县（现鄠邑区）、长安区、临潼区和灞桥区），西安市扶贫开发工作步入新时代。

从2003年开始，西安市主要通过三个方面的工作来实践新的扶贫思路。一是以建设扶贫开发重点村为抓手，采取突出外迁、限制内迁，组织整建制搬迁等办法，加大扶贫移民搬迁力度。截至2010年，完成全省十年规划确定的390个重点村建设任务，组织实施移民搬迁3297人，实施贫困地区劳动力转移技能培训4200人，实施贫困人口农业实用技术培训1.1万人。二是组织实施“千企千村扶助行动”，截至2010年全市共有376个企业与376个低收入村对接，284个企业与284个低收入村确定帮扶意向，92个企业对贫困地区49个乡镇490个村实施帮扶。10万个贫困户完成建档立卡，初步形成了扶贫到户的基础性资料库。三是成立农民专业合作经济组织，2004年西安市积极发展各类新型的农民专业合作经济组织。并于2004年7月正式出台《关于加快发展农民专业合作经济组织的意见》，加强对农民专业合作组织的规范管理。总结“龙头企业＋协会＋农户”的新模式，探索农民与企业建立利益共同体的形式。共巩固发展农民专业合作经济组织117个。其中，种植业73个，养殖业31个，加工与服务业13个，协会会员达到2.14万户，带动农户5万多户。

2006年11月2日，由国务院扶贫办和商务部共同举办的“发展中国家扶贫部门研讨会”的三个发展中国家政府扶贫部门30多人考察九峰乡耿西村扶贫开发工作。考察团参观了九峰乡耿西、虎峰、永丰村几个扶贫开发重点村并了解贫困户危房改造、沼气池、改灶、改厕、人畜饮水管网和街道水泥硬化、路灯安装、绿化等村庄环境整治建设工作，并对这些村扶贫开发工作给予充分肯定。

2012年，西安市扶贫工作向扶贫对象精准、扶贫质量更高迈进。按照“领导扶贫、单位扶贫、企业扶贫、家庭扶贫”要求，坚持区域发展与扶贫攻坚同步推进，实施“一村一策、一户一法”方略，以增加贫困人口收入和提高发展能力为目标，加快构建“专项扶贫、行业扶贫、社会扶贫”三位一体大扶贫格局，解决了6万名贫困人口脱贫问题。实施“雨露计划”培训4660人，1013名贫困家庭应届大学生获得专项扶贫资金资助，贫困人口素质不断提高；通过“两联一包”（分别联系一个扶贫开发重点县、重点乡，包扶一个重点村）扶贫工程，组织全市36名市级领导干部、77个市级机关、6个区、8个开发区、22个企事业单位帮扶280个低收入村的扶贫工作，组织7047名处（科）级以上领导干部包户扶贫，帮助低收入村、贫困户制定扶贫计划，截至2013年底，西安市“两联一包”实现全市贫困户全覆盖，初步探索西安扶贫工作的精准化道路。

（四）精准扶贫精准脱贫阶段（2013—2020）

党的十八大以来，以习近平同志为核心的党中央把扶贫开发工作纳入“五位一体”总体布局和“四个全面”战略布局，实施精准扶贫精准脱贫，扶贫开发工作呈现新局面。2015年11月27日，习近平总书记在中央扶贫开发工作会议上明确要求，我国“十三五”期间脱贫攻坚的总目标是，到2020年实现“两不愁，三保障”。2012年陕西省委、省政府印发《关于贯彻〈中国农村扶贫开发纲要（2011—2020年）〉的实施意见》和《陕西省农村扶贫开发条例》，2012年3月19日，中共西安市委、市政府印发关于《西安市农村扶贫开发规划（2011－2020年）》的通知（市发〔2012〕5号），对扶贫开发工作提出了具体目标和要求。2012年，周至县被确定为国定秦巴山区集中连片特困地区县；蓝田县、户县（现鄠邑区）、长安区、临潼区被纳入省定秦岭北麓重点区域扶贫开发重点区（县）；面上有扶贫任务的灞桥区和高陵县（现高陵区），被西安市纳入扶贫开发工作重点区域。西安市开启扶贫攻坚新征程。

1.精准扶贫起步阶段（2013—2015）

从2013年开始，西安市扶贫工作步入快车道，《西安市扶贫工作三年行动计划实施方案》的出台，把扶贫方向和目标转向着力改善贫困地区发展条件，逐步提高贫困人口自我发展能力，不断增加贫困群众收入。具体目标为：到2013年底，全面消除绝对贫困，完成55万名绝对贫困人口脱贫任务；到2015年底，完成366万名贫困人口脱贫，全面完成脱贫任务年度目标任务是：2013年完成10万人脱贫，消除绝对贫困；2014年，完成13万人脱贫，2015年完成13.6万人脱贫。按脱贫途径分解为：移民搬迁工程、整村推进工程和社会扶贫工程脱贫13.2万人；能力提升工程脱贫15万人；产业增收工程脱贫8.4万人；逐年提高低保标准，做到应保尽保。

西安市围绕《西安市扶贫工作三年行动计划实施方案》，统筹推进专项扶贫、行业扶贫、社会扶贫3项重点，强力推进移民搬迁、整村推进、产业扶贫、能力提升、驻村联户扶贫开发五大工程。

一是通过移民搬迁解决发展受限地区的贫困人口生存状况、改善贫困人口教育医疗等基本公共服务条件；按照“政府引导，群众自愿，统一规划，分步实施”的原则，加大市级财政投入力度，用3年时间，对生存在环境较差地区、需要移民搬迁的21579户84174人实施搬迁。

二是通过产业扶贫带动贫困人口自主脱贫致富能力，坚持“政府统筹、资源整合、综合开发、整体推进”的原则，对贫困人口居住相对集中的低收入村，以基础设施建设为突破，以产业发展为重点，以贫困户增收为目标，整合资金、集中投入，实施整村推进扶贫。“十二五”期间，省上安排西安市整村推进贫困村项目110个，2013年开始组织实施“雨露计划”培训项目。

三是坚持“一村一策、一户一法”方略，对贫困人口居住相对集中的391个贫困村，充分发挥整村推进、“两联一包”和社会扶贫的联动作用，加大脱贫力度。2012年11月9日西安市委、市政府印发《关于进一步做好全市“两联一包”扶贫工作的通知》（市办发〔2012〕14号），对“两联一包”扶贫工作的具体深化实施提出了明确要求；同时把行业扶贫作为政府部门扶贫的重要形式，建立长效机制；动员社会扶贫，尤其是动员更多的企业家参与社会扶贫，形成多元帮扶机制。2014年出台《关于促进社会扶贫工作的意见》，成千家民营企业投身扶贫，帮助99个贫困村发展。

四是整合农业、林业、水利、旅游等业扶持资金，引进各类社会资本，提高产业发展组织化程度，使每个低收入村、移民搬迁安置社区有2－3项稳定增收产业，每个贫困农户有1—2项稳定增收来源。继续加大专项扶贫资金对产业发展的扶持力度，通过扶贫贷款贴息、产业发展补助、互助资金、农户参股、土地流转等形式，支持贫困户发展优势特色产业，持续增加贫困户收入。

五是坚持扶贫开发与农村低保两项制度有效衔接、两轮驱动。逐年提高农村低保标准，对于符合农村低保条件的无劳动能力贫困户，全部纳入低保范围，应保尽保；对于因多种特殊原因造成基本生活出现临时性、突发性困难的贫困家庭要给予临时性救助，减少返贫人口。

西安市扶贫资金投入力度也逐年加大，2013年全年各类扶贫资金投入10.3亿元，比2012年增加7.5亿元，增长268%。2014年，中央、省、市财政扶贫专项投入5.48亿元，2015年中央、省、市财政扶贫专项资金投入3.4亿元。2013年西安市财政局编制《西安市移民搬迁规划（2013—2017年）》，印发《西安市移民搬迁安置补助资金筹集与管理暂行办法》，加强移民搬迁资金管理。2015年西安市政府制定印发《关于进一步做好扶贫开发工作的实施意见》，扶贫专项资金的有力支持以及不断完善的扶贫工作机制，为西安市精准扶贫精准脱贫提供了有力支撑。

截至2015年底，西安市扶贫开发工作的扶助、救助体系基本形成，贫困地区群众生产生活条件得到明显改善。贫困人口人均可支配收入增长幅度超过当地农民人均收入水平，贫困村农民人均纯收入均达到5000元左右，特困群众实现兜底脱贫。同时，贫困地区基础设施基本完善，公共服务水平显著提升，全市贫困村农村客运至行政村通车率达到100%，安全用水普及率达到95%，农网改造和3电网络（电视、电话、电脑）基本全覆盖。

2.脱贫攻坚决胜阶段（2016—2020）

从2016年开始，西安市扶贫工作从“温饱型”扶贫转变为“发展型”扶贫，明确2016—2018年全面脱贫，实现小康主要指标；2019—2020年全面完善，实现小康。西安市委市政府始终把脱贫攻坚作为首要政治任务，用“脱贫攻坚”统揽全市经济社会发展全局。

在机构设置方面，2016年中共西安市委、西安市人民政府发文将西安市扶贫开发领导小组更名为西安市脱贫攻坚领导小组，并组织成立了由西安市农业林业委员会等委（局）牵头的产业脱贫、就业创业、教育脱贫等8个脱贫办公室。2017年将市扶贫办升格为市政府工作部门，建立脱贫攻坚作战指挥部，将市扶贫办单设，升格为市政府工作部门，党政同责同抓，优选市扶贫办主任（兼任市委副秘书长），选派4名优秀干部高挂市扶贫办副主任，安排26名青干班学员到市扶贫办锻炼。各涉农区（县）和“八办两组”成员单位分别成立领导小组。县级单设扶贫机构，镇街增设扶贫专干，扶贫力量得到全面加强。

在紧扣“精准”破解传统扶贫开发工作中底数不清、目标不准、效果不佳等问题方面，西安市委市政府紧紧把握好新形势下扶贫工作的重要指导方针，围绕贫困人口数据信息的“实”和“准”的目标，全面核实扶贫对象信息，精准建档立卡数据，自2016年开始，先后开展了6次动态调整工作。编制《西安市脱贫攻坚基础数据手册》，按照2017年《全省脱贫攻坚问题整改暨建档立卡信息数据调整补录工作视频培训会》部署、《陕西省2018年度扶贫对象动态管理及信息更新工作方案》要求，开展扶贫对象动态管理及信息更新工作。西安市把绘制“民情大数据地图”作为促脱贫攻坚的重要抓手，绘制“1+5+X”“民情地图”14826张，建立649505户民情档案，引导基层党员干部沉下身子、吃透民情，打通了干部服务群众“最后一米”。

在做好扶贫数据采集精准化和民情数据精细化的基础工作后，西安市通过驻村联户扶贫模式，制定《驻村联户工作管理细则（试行）》，做到“一村一策、一户一法”，2016年全市组建驻村工作队499支，2017年全市驻村工作队497支，由于全市村镇改革，部分行政村合并，2017年10月，市脱贫攻坚领导小组对帮扶力量进行调整，全市驻村工作队380支，市县两级选派联户干部24020名，第一书记380人，对在册贫困户实行“一对一”帮扶。将“两区扶一县”扩展为“多区扶一县”，重点对周至县和蓝田县加大政策资金倾斜力度，安排多个经济发达的开发区、城区全面帮扶一个贫困县，即由曲江新区、雁塔区、莲湖区和航天基地对口帮扶周至县，高新区、未央区、碑林区、新城区、经开区、港务区、航空基地对口帮扶蓝田县。村级层面由剩余的7个区（县）、开发区分别包抓142个贫困村，帮扶到户、到人。

在扶贫资金充分保障，合理规划使用以及长效保障机制建设方面，西安市从确保打赢脱贫攻坚大局出发，聚焦“两不愁，三保障”在经济下行压力不断加大的情况下，筹措资金加大脱贫攻坚投入力度，“十三五”期间各级财政共计安排西安市专项扶贫资金29.37亿元。其中，争取中、省资金6.98亿元，市本级投入15.29亿元。在投入方式上，主要根据扶贫部门的资金分配意见，采取因素法分配方式将资金全部切块下达区县，由区（县）围绕脱贫攻坚任务在政策框架内自主安排项目。在具体投向上，精确瞄准建档立卡贫困村和贫困人口，主要用于贫困村、贫困群众发展特色产业、改善生产生活设施条件。在使用范围上，主要于贫困村基础设施建设、贫困村村集体经济发展壮大、开展资产收益扶贫、支持金融扶贫等。在制度完善上，制定西安市《财政专项扶贫资金监督检查工作办法》《财政专项扶贫资金管理办法》《财政专项扶贫资金项目日常督导检查方案》，先后出台西安市《加快财政扶贫资金支出进度的通知》《扎实开展集中整改做好扶贫资金结转结余消化工作》《进一步加强小额信贷风险补偿金管理的指导意见》及《财政专项扶贫资金监管及责任追究办法》等文件。通过强化责任落实、强化制度保障、强化督导检查、强化公示公告、强化监督举报，不断提高扶贫资金使用效益。2017年之前，扶贫资金主要用于产业扶贫项目和移民搬迁，2018年开始，西安市初步构建扶贫产业基金，牵头金融扶贫，支持金融机构严格落实扶贫小额信贷政策要求。截至2020年11月21日，累计发放扶贫小额信贷贫困户18087户，确保符合贷款条件、有发展意愿的贫困户能贷尽贷。

截至2020年9月，西安市建档立卡贫困户人均纯收入由2017年的6568元增加到2020年的12060元，年均增幅22.45%。2018年脱贫退出户2019年家庭人均纯收入达到12916元，较2017年增加6341元。全市2.65万户7.22万人纳入低保保障。西安市农村低保标准连续多年提标，从2017年的每人每年3600元提高到2020年的每人每年6000元。截至2020年9月1日，剩余在册贫困户5338户8606人，全市脱贫进度符合预期，绝对贫困问题基本消除。

二、精准扶贫的“西安路径”

精准扶贫精准脱贫战略源于中国特色社会主义的制度优势。在实现脱贫攻坚目标的攻坚战中，西安市委、市政府结合西安扶贫实际情况，成立市级“八办两组”（产业脱贫办公室、生态补偿脱贫办公室、就业脱贫办公室、教育脱贫办公室、健康脱贫办公室、易地搬迁脱贫办公室、社会保障兜底脱贫办公室、危房改造脱贫办公室、公共和基础设施协调组、资金保障组）统筹推进脱贫攻坚工作的具体落实，建立“1+N”（《西安市关于巩固脱贫成果提升发展水平全面推进小康社会建设的实施意见》和各行业、部门围绕《意见》的实施制定的多个专项方案）政策体系，教育扶贫、健康扶贫、就业扶贫、兜底扶贫等政策全面落地。落实市、县、镇、村“四级书记”责任，派驻驻村工作队499个、联户干部9960人、第一书记814人，实现贫困村全覆盖。确定“不能搬”“必须帮”的帮扶对象，“自愿搬”“必须搬”的移民搬迁对象，“不能改”“必须改”的危房改造对象。

通过“八个一批”政策（产业脱贫一批、就业脱贫一批、教育脱贫一批、健康扶贫脱贫一批、生态补偿脱贫一批、易地搬迁脱贫一批、社会保障兜底一批、危房改造脱贫一批）的实施，为解决贫困问题，提供了“西安经验”。

（一）产业扶贫

西安市在2016年出台《西安市产业扶贫指导意见》，2017年西安市把发展产业作为脱贫增收的根本举措，在市、区（县）两级均成立产业（生态）脱贫办公室，推进农业供给侧结构性改革。西安市政府制定《西安市产业生态扶贫规划纲要（2017—2020年）》《西安市2017年产业生态扶贫工作方案》等系列指导性文件，各区（县）、镇、村everybody制定《产业扶贫专项规划》，并不断探索带动式发展模式，按照“两嵌入、一强化、两提高”（把贫困户嵌入集体经济，把贫困户脱贫产业嵌入产业链条，强化利益联结机制，提高贫困户生产资料参与度，提高贫困户增收能力）的思路，因地制宜，大力发展特色优势产业，持续推进“十百千万”产业扶贫工程，重点发展猕猴桃、奶山羊、葡萄、石榴等10个扶贫主导产业，积极推进食用菌、中草药、草莓、花椒、蓝莓等小众特色产业，每个贫困村都有主导产业，每个贫困户都有增收产品，形成了以大带小、大小互促的产业扶贫格局。实现产业脱贫对象10811户29503人帮扶项目、扶持资金、技术服务全覆盖。

主要做法：一是做实三县产业。坚持“因地制宜、分类指导、精准施策”的原则，用足用活“1+5”（1万元产业扶持资金和5万元小额贷款）产业扶贫资金。截至2018年底，全市享受1万元资金扶持的在册贫困户达1.7万余户。推行“龙头企业+合作社+贫困户”带动式发展模式。涌现出周一村猕猴桃合作社、胡家庄村葡萄合作社以及君地牧业、润德公司等一批产业扶贫典型。二是培育经营主体。引导新型主体通过入股分红、利润返还、带动就业等方式，与贫困户建立稳定的产业帮带关系。三是开展技术培训。成立7支技术服务队，采取“农民需求、专家上门，菜单式服务”方式，对有劳动能力和发展意愿的贫困户开展“定点、定向、订单”式免费培训。四是加强市场对接。扶持46家农产品加工企业，鼓励农产品从生产向加工延伸、由粗加工向精加工升级。通过中国绿色食品博览会、中国国际农产品交易会等平台，宣传推介优质农产品品牌。五是推进生态脱贫。拓宽生态补偿领域，全面落实生态效益补偿增收、林业产业发展致富等脱贫措施，优先在贫困户中选聘护林员。2017年，西安市农业林业委员会整合扶贫专项和都市农业资金，投入4.65亿元用于种养殖业、农民实用技术培训、扶贫小额信贷贴息、光伏、旅游等11大类1031个项目，产业扶贫投入占扶贫总投入的70%以上。联合西安市脱贫攻坚领导小组办公室、西安市旅游局联合印发《2017年产业扶贫精准到户全覆盖指导意见》，为有能力、有意愿发展产业的贫困户每户提供1万元扶持资金，用于购买生产资料、入股分红等。通过争取财政资金扶持、贴息贷款、申请省级产业扶贫投资基金等方式，市级层面重点扶持周至佰瑞猕猴桃、蓝田众天蜂业等46家农产品加工企业，鼓励农产品从生产向加工延伸、由粗加工向精加工升级，把贫困户嵌入产业链条。组建市、区（县）产业脱贫技术服务“110”指挥中心，解决贫困户技术问题。成立技术服务队76支，建立“专家+基地+农技人员+示范户+贫困户”的农技服务推广模式。整合职业农民、农村能人、产业园区、龙头企业等技术资源，开展“四个一”（一名带头人、一名指导员、一名组织者、一名营销者）乡土人才培育工作。落实组建生态护林员、公益林生态效益补偿、退耕还林等生态扶贫政策，2018年，建立产业扶贫对象信息库、项目库和技术专家信息库，设立总规模25亿元的市产业扶贫（农业）投资基金。成立现代农业园区产业联盟，引导更多新型农业经营主体参与产业扶贫工作。全市142个贫困村集体经济组织实现全覆盖，为每个贫困村落实集体经济发展启动资金50万元，印发《关于加强支持贫困村农村集体经济组织发展财政补助资金使用管理有关工作的通知》，确保资金规范高效使用，全市43个贫困村集体经济收入超万元。成立西安市产业扶贫基金公司。

2017年，西安市编制《西安市旅游产业扶贫行动计划（2017—2020年）》，出台《旅游产业扶贫工作指导意见》，建立旅游产业脱贫长效机制，开展“美丽城区”“美丽县城”“美丽镇（街）”“美丽村庄”建设。西安市旅游发展委员会对省定390个建档立卡贫困村逐个摸底，确定50个优先扶持对象。针对贫困村干部和贫困人口，围绕乡村旅游中的“农家乐”经营、观光采摘、农事体验等内容培训800人次。加强项目带动，统筹1000万元乡村旅游发展专项资金重点支持贫困村发展乡村旅游，对开办“农家乐”的贫困户给予资金奖励。评选表彰市级“乡村旅游示范村”，组织西安市旅游行业协会前往鄠邑区马坊村开展帮扶。将贫困村乡村旅游产品作为各级旅游宣传营销的重要内容，在西安旅游网、西安微信公众号开辟宣传专栏。

2019年开始强力推进消费扶贫，推广“电商+产业+贫困户”模式，积极发挥电商带贫作用，建立县、镇、村三级电商服务体系，截至2020年9月，设立贫困村电子商务服务站130个，面对2020年上半年新冠肺炎疫情影响，电商农产品网络销售额达15.6亿元。扶贫超市创新经验，成为全省扶贫工作创新的“西安经验”。

（二）就业扶贫

2019年，西安市制定《2019年就业扶贫六项工程实施方案》（市人社函（2019）157号），积极推进以贫困劳动力转移就业、创业、技能培训和就业援助为主要内容的精准扶贫。降低扶贫培训机构准入门槛，全面落实职业培训补贴政策，加大就业扶贫公益专岗开发力度，精准推送就业信息，不断拓宽贫困劳动力就业创业渠道。

主要做法：一是启动“六大工程”。以“就业一人，脱贫一户”为目标，启动实施转移就业拓展、自主创业扶持、职业培训赋能、社保能力提升、人才智力支撑和公共服务优化等6大工程。贫困劳动力端稳就业“铁饭碗”。截至2020年9月，累计转移就业11.83万人，公益专岗就业6262人。二是开展就业招聘。组织开展以“促进转移就业、助力脱贫攻坚”的专项招聘活动，举办“就业援助月”“春风行动”“技工教育赋能工程暨就业扶贫专项活动”。组织专场招聘会109场，开展创业服务1300人，组织参加职业技能培训5100人，为5312人提供劳动维权和法律援助。三是开发公益专岗，落实特设公益性援助岗位，安置“三无”人员（无法离乡、无业可扶、无力脱贫）。2017年征集就业扶贫公益专岗1090个，1145人实现就业；开发利用特设公益性援助岗位，1047人实现就业。2018年开发公益专岗岗位645个，特设公益性援助岗位累计上岗1793人。2019年开发公益专岗404个，累计上岗2216人；特设就业扶贫公益性援助岗位，累计上岗1668人。四是做好创业帮扶。积极推荐“投资少、风险低、见效快”的项目，对缺乏创业资金的，提供担保贷款。并依托信用乡（村）降低贫困人员创业融资门槛，免除反担保。2018年培植创业孵化基地13家、扶贫基地15家。2019年建社区工厂10家、就业扶贫基地10家，吸纳贫困劳动力就业104人。五是通过政策吸引、资金扶持、项目带动等方式，吸引大学毕业生、外出务工人员、退伍复转军人、致富能手等回乡创业发展，发展一个产业、辐射一个片区、帮扶一批群众，培养了一支带不走、有经验、后劲足的本地脱贫致富“工作队”。

（三）教育扶贫

2017年西安市教育局作为西安市扶贫办“八办两组”成员单位牵头成立西安市教育脱贫办公室，设立教育脱贫攻坚指挥部，实行挂图作战。自2017年起，西安市落实“七长”责任制（区/县长、区/县教育局局长、乡/镇长、村主任、校长、家长、师长）等制度，全面落实“两不愁三保障”政策，截至2020年9月全市共资助建档立卡家庭学生11.72万人次、资助资金1.11亿元。全市1.99万名建档立卡家庭义务教育阶段学生无一人辍学，通过发展教育斩断贫困代际传递。

主要做法：一是持续改善乡村学校办学条件。实施“义务教育薄弱环节改善和能力提升”工程，对“两类学校”校园设施、校舍环境、教师队伍、教育教学等进行全方位改造提升，完成了“两类学校”标准化建设，惠及学生63020人。二是重点提升薄弱校教学质量。持续指导城六区优质学校精准对口帮扶涉贫乡镇学校，全市145个涉贫区（县）学校与城六区优质学校建立结对帮扶，不断提高涉贫乡镇学校教育水平。按照“一校一策”原则，市级遴选202所相对薄弱学校、乡村学校作为重点对象大力改造提升。三是落实“义务教育阶段贫困家庭学生营养改善计划”，截至2020年9月，西安市营养改善计划已覆盖全市所有区（县）、开发区。2017年、2018年、2019年分别下达资金1.8亿、1.2亿元、1.2亿元，惠及学生由38.9万人提高到41.5万人，实现了营养改善计划试点区（县）、农村义务教育学校学生、建档立卡户学生、低保户学生和残疾学生五个全覆盖。2018年学校食堂（企业配餐）供餐覆盖率达到64.53%，2019年达到85.33%，2020年年底达到100%。四是对义务教育阶段残疾学生，建立“随班就读、入特教学校、送教上门”等三重保障体系，坚持轻度残疾学生随班就读，中度残疾学生特殊教育学校就读，重度残疾学生送教上门的安置原则，科学评估安置，建立“一生一案、精准施教”工作机制，确保义务教育阶段残障学生全部接受义务教育。2020年秋季学期，全市建档立卡户义务教育阶段残疾学生422人（其中，随班就171人、入特教学校142人、送教上门109人）。五是以“三支队伍”为骨干，全面推进“一校帮一村、一班帮一户”专项行动。2018年，西安市遴选城5区142所中小学结对帮扶142个贫困村3471户贫困户。各帮扶学校建立红烛帮扶队、青年团员帮扶队、红领巾帮扶队3支队伍，紧扣扶志扶智、控辍保学、政策宣传、交流关爱4个主题。2019年2月西安市教育局发布《西安市教育系统开展“一校帮一村”“一班帮一户”扶志扶智专项行动实施方案》，发布西安市教育系统“一校帮一村”扶志扶智结对名单。2019年，大力推广“研学旅行”“以购代捐”等帮扶模式，开展帮扶951次，投入资金52.8万元。2020年，以“消费扶贫显真情、助力脱贫暖人心”为主题，深入开展“消费扶贫”活动，切实增加贫困群众收入。

（四）健康扶贫

西安市充分发挥经济社会发展相对较好和优质医疗资源集中等优势，以提高农村贫困人口健康水平为着力点，优化完善各类医疗保障项目，整合强化医疗帮扶力量，构建政府主导、部门牵头、基层实施、社会参与的健康扶贫大格局，2017年6月开始，出台《西安市健康脱贫医疗保障制度实施方案》等系列政策文件，形成以“四个推动”“三重保障”

（基本医保、大病保险、医疗救助）“两个聚焦”“一张大网”和“零距离服务”为核心的“43210”健康扶贫模式，破解因病致贫返贫难题，巩固健康扶贫工作成果。截至2020年9月，建档立卡贫困人口基本医疗保险、大病保险和“一站式”即时结算服务全覆盖，因病致贫户由6380户降至1122户。从2017年到2019年底，西安市因病致贫率也由31%降至20.6%，下降了10.4%，大病救治率稳定保持在95%以上，健康扶贫工作取得显著成效。

主要做法：一是西安市发挥资源优势，提出“四个推动”，推动政府投入。加快推进贫困地区（县）、镇、村医疗卫生机构标准化建设，持续加大医疗投入，改进硬件设施。各涉贫区（县）医院和中医院均达到二级医院水平；每个乡镇均建有1所政府举办的标准化乡镇卫生院；每个行政村建成1个标准化村卫生室，并推进村卫生室公有化建设，如蓝田县通过多种形式建设集体产权卫生室188个，在行政村中占比达到56%，在贫困村中占比100%。全市涉贫区（县）、镇街、行政村医疗机构全部达到基本医疗有保障工作标准，乡村医疗卫生机构和人员无“空白点”。推动对口帮扶。组织三级医院对口帮扶县级医院11所，组团式帮扶周至县医院、蓝田县医院，打造县属三级医院和县域医疗中心，帮扶乡镇卫生院（卫生服务中心）65所，对142个贫困村卫生室实行挂牌帮扶责任制，在全省率先落实医疗帮扶工作村级层面全覆盖。县域内就诊率达到90%以上，实现大病不出县。推动专家下沉。2017年以来累计下派869名专家长期驻点帮扶，开展手术示教、业务讲座，培训基层医务人员9000余名，服务群众19万余人次；推动人才培养。制定《西安市全科医师使用激励机制方案》，西安医学院及陕西省中医药大学作为西安市转岗培训基地，2017年至2019年涉贫区（县）参加全科医生转岗培训284人，实现贫困地区每个乡镇卫生院至少有1名全科医生。二是完善“三重保障”制度。建立起大病保险、民政医疗救助和政府保障构成的“三重保障”制度，贫困人口实际2017年医疗费用报销比例达到90%以上，2018年报销比例达到94.40%。三是西安市在调查核实农村贫困人口患病情况的基础上，实施分类分批救治，聚焦“大病专项救治”“慢病签约服务”，解决因病致贫的存量问题，截至2020年5月，西安市管理大病患者7081人，大病救治病种增加到30种，救治率稳定保持在95%以上，实施“三个一批”（大病集中救治一批、慢病签约服务管理一批、重病兜底保障一批）分类救治。将38种慢性病患者门诊报销封顶线提高20%，建立贫困户健康档案，每人开展1次免费健康体检。四是开展健康知识普及、健康促进、基本公共卫生服务补短板、重点传染病专病专防、慢性病地方病综合防治、妇幼保健、农村环境卫生整洁、全民健身普及等医疗卫生行动，加强疾病防控，织牢健康扶贫的一张大网。

（五）生态补偿脱贫

2016年5月国务院印发《关于健全生态保护补偿机制的意见》指出，“结合生态补偿推进精准扶贫，对于生存条件差、生态系统重要、需要保护修复的地区，结合生态环境与治理，探索生态脱贫新路子”。这是推进生态保护补偿体制机制创新的重要举措。从2016年起，西安市由原市农林委承担生态脱贫工作，组建产业生态脱贫办公室。2016年西安市出台《西安市生态扶贫实施意见》，在秦岭北麓实施护林、保洁、特色种养殖、乡村旅游、退耕还林、移民搬迁“六大工程”。2019年1月，西安市机构改革启动，因单位撤并、职能划转，按照《西安市脱贫攻坚领导小组关于调整市脱贫攻坚领导小组及市脱贫攻坚指挥部组成的通知》（市脱贫发〔2019〕3号）要求，由西安市自然资源和规划局牵头成立西安市脱贫攻坚领导小组生态脱贫办公室，作为西安市脱贫攻坚指挥部下设行业脱贫“八办三组”成员，负责制定脱贫攻坚政策措施，履行林业行业牵头责任，推动生态脱贫工作落实，开启探索西安生态脱贫的新征程。

陕西省先后出台《陕西省林业精准脱贫实施方案》《陕西生态脱贫攻坚三年行动实施方案（2018—2020年）》，随后为确保精准施策，用好、用活、用足国家各类生态扶贫政策，进一步理清工作思路，明确“路线图”、划好“责任田”，西安市制定《西安市生态脱贫工作要点和重点抓工作方案》《西安市2020年生态脱贫行动计划》，明确生态脱贫工作的指导思想、任务目标、具体措施和职责分工。

主要做法：一是选聘贫困人口就地转化为生态护林员，2016年以来，深入贯彻落实中央“利用生态补偿和生态保护工程资金，使当地有劳动能力的部分贫困人口转为护林员等生态保护人员”的要求，综合考量贫困人口脱贫需求和森林资源管护的需要，在贫困县选聘具有一定劳动能力，但又无业可扶、无力脱贫的贫困人口担任生态护林员。累计争取中央生态护林员专项资金263万元，选聘建档立卡贫困户担任生态护林员135人，按月足额发放劳务补助，实现“一人护林，全家脱贫”。二是落实退耕还林补助及公益林生态效益补偿兑现政策，严格按照中央和省上要求，及时足额兑现到户，“十三五”期间退耕还林补助政策累计兑现面积42.61万亩，兑现资金3829.93万元，惠及贫困群众4948户18676人；森林生态效益补偿累计兑现资金15627.[illegible]万元，惠及贫困群众11520户40033人。三是优先吸纳贫困人口参与生态保护，认真贯彻落实习近平总书记“让有劳动能力的贫困人员实现生态就业”重要讲话精神，激发贫困群众的内生动力，在天保工程管护、公益林管护、防火瞭望哨等生态保护用工中，优先聘用当地有劳动能力的建档立卡贫困户担任地方护林员，让贫困群众参与到生态保护中去。2016年以来累计聘用建档立卡贫困户担任地方护林员573人，月补助500—2000元不等，实现山上就业、家门口脱贫，享受到了保护绿水青山带来的实惠。四是创新开展生态脱贫“三个一批”开放工作，根据省市脱贫攻坚再发力指示精神，创新生态脱贫思路，在全市开放一批森林公园、一批国有林场、一批花木园、一批林业管护站、一批生态文明教育基地，通过增设公益岗位、开放经营场所、鼓励多种经营等措施吸纳贫困人口脱贫增收。2019、2020年全市累计开放森林公园等基层单位20个，吸纳贫困人口参与林业生产、开展多种经营活动507人次，带动贫困人口增收595.55万元，人均年增收1.2万元，推动生态脱贫工作取得了新成效。

（六）异地扶贫搬迁

易地扶贫搬迁是按照“政府主导、群众自愿”原则，将居住在生存条件恶劣、生态环境脆弱、自然灾害频发等“一方水土养不起一方人”地区的农村贫困人口搬迁到生存发展条件较好地方，并通过产业、就业、培训、教育、健康、社会保障等系列帮扶措施，使其摆脱贫困状况，实现稳定脱贫的综合性扶贫方式。西安市涉及易地扶贫搬迁的群众几乎全部来自秦岭生态环境保护区内，易地扶贫搬迁工程既有利于优化人口和村镇布局、加快脱贫致富，也有利于秦岭生态环境的恢复与治理、促进可持续发展。2016年5月[illegible]日，西安市政府成立以市政府主要领导为组长的全市易地扶贫搬迁工作领导小组，负责“十三五”全市扶贫、避灾移民搬迁工作，标志着西安市“十三五”易地扶贫搬迁工作正式拉开帷幕。

西安市建立“市级统筹、部门协同、区（县）抓落实”

的领导机制和“区（县）委书记担责、区（县）长负责、常务副区区（县）主抓、分管副区（县）长一线推进”的责任机制，在市区（县）设立“两级四个”移民搬迁指挥部，实行“挂图作战”“对账销号”等工作制度，推进工作开展。2016年以来，西安市制定《“十三五”移民（脱贫）搬迁工作实施方案》，科学编制《移民（脱贫）搬迁安置规划》，细化跨区域搬迁、资金管理办法等政策文件，搬迁工作步入规范化运行轨道。2017年以来，西安市认真落实精准理念，多次核实全市“十三五”期间易地扶贫搬迁总规模，最终确定为1860户6638人，集中安置项目19个。截至2020年9月，共建设移民搬迁安置住房1860套，完善安置社区水、电、路、视、讯、污水处理等基础配套设施，解决1860户6638名搬迁群众的住房问题。在易地搬迁工作实践中总结成功经验：联合多部门开展机动督查、驻点督查、突击夜查等方式，督促区（县）加快推进；通过集中创建易地扶贫搬迁安置项目示范点，创造典型、树立样板，统筹推进社区管理水平。2020年，国家发改委对全国“十三五”时期易地扶贫搬迁典型案例进行通报，西安市自然资源和规划局移民办当选“搬迁工作担当有为集体”，西安市周至县马召镇安富园社区当选“美丽搬迁安置区”，西安市自然资源和规划局移民办干部许城当选“奋进易地搬迁干部”。

主要做法：围绕扶贫搬迁要实现“搬得出，住得稳，能脱贫，并逐步能致富”的目标，西安市一是精准识别搬迁对象，坚持政策全覆盖，不留盲区；编制并印发1万余册《易地扶贫搬迁口袋书》。坚持实地遍访，摸准实情；采取“五看一宣两填写”（避开地质灾害易发区、洪涝灾害威胁区、生态保护区和永久基本农田，靠近城镇、中心村、农村新型社区和产业园区、旅游景区，达到房产能升值、增收有保障、基础配套强、公共服务好）工作方法，对扶贫部门提供的易地扶贫搬迁对象，逐户开展精准核实和入户政策宣讲，尊重群众意愿，不搞强制搬迁，核定西安市易地扶贫搬迁对象1860户6638人。二是科学规划选址，加强安置点建设。坚持“四避开、四靠近、四达到”的要求科学选址、适时调整，多次修改完善《安置规划》，安置点均靠近城镇或中心村，依托镇区配套有幼儿园、中小学、卫生院、银行等，极大改善搬迁群众就医就学环境，方便群众就近就医就学；坚持规范建设项目。实行人房对接、先人后房、以人定建，逐户签订“三项协议”，建立“一户一档”，严格项目管理“四制”，落实“五方责任主体”质量终身责任制，严守“人均面积不超过25平方米”红线；将日常督导和专项督导相结合，扎实开展工程质量“回头看”，确保19个安置项目选址立项、规划许可、用地手续、施工许可等各类前期手续齐全完善，并通过住房质量验收和工程决算审计。三是统筹谋划后续帮扶，确保群众安居乐业。坚持“眼前抓就业落实，中期促商业培育，长远强产业配套”思路，指导区（县）统筹力量，整合资源，抓就业落实，一方面对有劳动能力的搬迁群众进行生产实用技术培训，使其掌握至少1—2门致富实用技术；另一方面发动搬迁群众积极参加“春风行动”等就业招聘会，精准开展人岗对接工作。促商业培育。在建设安置房的同时，积极配建商业门面房等社区工厂，为搬迁群众脱贫拓宽渠道。如：鄠邑区石井镇和蓝田县玉山镇、三官庙镇等4个集中安置点均配建商业门面房，既可由有能力搬迁户自行经营用于脱贫，又可出台优惠政策鼓励吸纳搬迁户就业；又如：蓝田县灞源镇、临潼区小金街办等集中安置点已配建了豆腐工厂、金山笤帚加工厂等社区工厂，为搬迁群众就业提供充分载体。强产业配套。指导区（县）将脱贫产业向移民搬迁集中安置社区靠拢。截至2020年7月，建成周至县集贤产业园，蓝田县灞源镇豆制品加工厂及共享农场、厚镇草莓园和核桃加工园，临潼区穆寨街办西王坡村中药材产业示范园、玉山镇“双创特色”街区、辋川镇五味子种植园等其他集中安置点的配套产业。四是规范化腾退旧宅，统筹开展复绿复垦工作。制定印发《西安市“十三五”易地扶贫搬迁旧宅基地腾退摸排核查工作方案》，按照“镇际交叉户户过、县际交叉镇镇到、边查边改边推进”的总体要求，组织各区（县）开展县域内各镇街交叉检查、市域内各区（县）交叉核查的旧宅基地腾退全面摸排核查工作；规范全市旧宅腾退、拆除、复垦等各类台账格式，及时指导区（县）补充完善，建立台账；按照“宜耕则耕、宜林则林、宜草则草”的原则开展复绿复垦工作，修复生态环境，全力保护秦岭北麓生态环境。

（七）社会保障兜底脱贫

“低保兜底”是精准扶贫的最后一道屏障，最低生活保障制度在惠民生、解民忧、保稳定、促和谐等方面具有独特优势，保障困难群众的基本生活。2017年，西安市委、市政府成立由市政府分管领导任组长，民政、人社、卫健、医保、住建、应急等29个部门参加的社会救助工作协调领导小组，形成“党委领导、政府负责、民政牵头、部门协同、社会参与”的工作机制，统筹社会救助资源，强化综合救助效能。西安市民政局作为市脱贫攻坚领导小组“八办两组”成员单位牵头成立兜底保障工作领导小组办公室，印发《西安市民政系统打赢脱贫攻坚战三年行动实施方案》和《在脱贫攻坚三年行动中切实做好社会救助兜底保障工作实施方案》，对全市兜底保障工作任务进行全面细化分解，精准识别农村贫困人口，立足“精准扶贫、保障基本”的原则，以“兜得准、兜得住、兜得好”为工作目标，开启西安市社会保障兜底脱贫工作的新征程。

主要做法：一是做好农村低保制度与扶贫开发政策的有效衔接。2017年7月西安市制定出台《关于做好农村最低生活保障制度与扶贫开发政策有效衔接实施方案》，从政策、对象、标准、管理四个方面强化农村低保与扶贫开发政策的有效衔接。实施低保“渐退帮扶”政策，对低保家庭实现就业或接受扶贫开发项目取得收入后收入超出低保标准的农村低保，给予12个月的延长期，确保其家庭收入稳定后再退出低保。2020年2月印发《关于调整我市城乡低保分类施保对象及标准的通知》，将城乡低保分类施保对象及标准进行调整，同时充分运用社会救助动态监控系统分类施保异常提醒功能进行实时监测，实现动态管理下的“应保尽保、应助尽助”。二是加快居民家庭经济状况核对平台建设。2015年12月，西安市正式成立低收入家庭经济状况核对中心，2016年1月开始启动核对平台建设工作，2017年1月底，完成市级低收入家庭经济状况核对中心信息核对平台的开通运行。截至2020年7月，西安市核对平台已同市级10个部门建立信息共享机制，并同省核对平台及15个区（县）（含西咸新区）核对平台完成系统对接，实现纵向省、市、区三级联网，横向跨10部门15项数据共享模式，信息核对项目包括城乡低保户、低收入家庭、医疗救助、教育资助五项社会救助业务，有效实现数据共享和居民基本经济信息全覆盖。为精准救助、精准脱贫提供准确、规范的信息支撑，为开展兜底保障和社会救助工作提供可靠的依据。三是建立、健全“救急难”主动发现机制，充分发挥临时救助的救急救难和“急诊”作用，围绕打通社会救助“最后一公里”，对陷入生活困境的困难群众做到早发现、早干预、早救助。在全市各区（县）、镇街全面实行社会救助“一门受理、协同办理”服务模式，对新申请低保等各类救助的困难群众，实行随时受理、及时审核审批，通过部门信息互通，工作人员网上办理，让困难群众“最多跑一次”。四是推行社会救助入户调查购买服务，提高兜底保障精准度，社会救助购买服务工作即通过购买第三方服务的方式将社会资源引入社会救助服务工作领域。截至2020年5月，西安市已全面开展购买服务业务，服务项目涉及入户调查、困难帮扶、心理疏导等多个方面，加强各项救助政策的落实，有效解决基层社会救助工作人力少、设施设备不足、服务能力薄弱问题，提高低保保障准确率，增加摸底排查的厚度，更加有效的发挥社会兜底保障作用。五是建成“1+N”救助体系，“1+N”新型社会救助体系，即以城乡最低生活保障制度为主体，特困人员供养制度、临时救助制度、教育资助（困难大学生资助、困难中学生救助）制度、残疾人两项补贴制度（困难残疾人生活补贴、重度残疾人护理补贴）、高龄老人生活保障补贴制度、困难失能老人护理补贴制度、流浪乞讨人员救助制度、渐退帮扶制度、分类施保制度等为补充的救助制度体系。建立社会救助标准自然增长长效机制，实现社会救助标准逐年科学化、制度化、合理化增长。自党的十八大以来，城市低保标准由400—430元/（人•月），提高到目前的700元/（人•月）；农村低保标准由2100—2220元/（人•年），提高到目前的6000元/（人•年）。六是发挥社会力量，社会组织参与脱贫攻坚。2019年10月西安市印发《关于进一步推进社会组织参与脱贫攻坚工作的通知》，为参与西安市脱贫攻坚的社会组织和来本地投资和服务的社会组织给予政策支撑和服务保障。主动对接苏陕扶贫项目，签订《对口帮扶合作框架协议》。2019年10月10日召开苏陕扶贫协作推进会，号召西安市苏籍商会争做苏陕扶贫协作先锋，号召西安市社会组织以“以购代捐”“旅游消费”或其他形式公益活动，助力脱贫攻坚。2019年以来，西安市共有483家社会组织参与脱贫攻坚工作，累计投入扶贫资金1.1亿元，受益人数近7万人（不含整村）。其中市本级共281家社会组织参与脱贫攻坚，累计投入扶贫资金1.08亿元，受益人数3万余人（不含整村）。七是建设爱心超市。西安市印发《西安市“爱心超市”运行管理办法（试行）》，在全市所有贫困村和贫困人口多的行政村建设“爱心超市”，引导广大贫困群众牢固树立“积分改变习惯、勤劳改变生活，环境提振精气神、全民共建好乡村”的理念，“爱心超市”的有效运营，树立扶贫先扶志的西安样本，为西安市脱贫攻坚、创建文明乡风、建设美丽乡村、接续乡村振兴战略积累实践经验。

（八）危房改造脱贫

西安市将农村危房改造工作与脱贫攻坚工作相结合开始于2016年。是年，西安市按照中央精准扶贫政策要求重点对建档立卡贫困户、低保户、分散供养特困人员、贫困残疾人家庭等四类重点对象实施农村危房改造。2017年，西安市住建局作为市扶贫办“八办两组”成员单位牵头成立农村危房改造脱贫办公室。随后结合中央、全省有关农村危房改造安排部署和政策文件精神先后印发《西安市加强建档立卡贫困户农村危房改造工作实施方案》（2017年）、《西安市农村危房改造脱贫攻坚三年行动方案》（2019年）、《西安市农村危房改造脱贫巩固提升实施方案》（2019年）等一系列政策文件，围绕“帮扶谁”“谁来扶”“怎么扶”“如何退”4个关键环节，对全市74174户建档立卡贫困户和97.7万户一般农户的住房安全情况逐户进行拉网式排查，做到底数清、情况明、数据准，为打好、打赢住房安全有保障攻坚战奠定坚实基础。截至2020年9月，全市完成建档立卡户农村危房改造5158户，启动实施美丽宜居村庄619个，建成美丽宜居村庄373个，人居环境示范村300个。

主要做法：一是对象精准到户。按照住建部《农村危险房屋鉴定技术导则（试行）》，逐户精准认定改造对象。结合扶贫部门数据动态调整和脱贫计划调整，先后7次对建档立卡贫困户农村危房改造对象进行再核查、再精准。二是技术保障到位。2017年至2020年，西安市住建局先后编印下发《西安市农村住宅设计图集》《西安民居设计图集》《农村C级危房修缮加固施工参考图例》《农村D级危房拆除重建户型参考图例》《新关中民居设计图集》《关中民居风格农房改造技术导则》等技术性指导材料2.4万余册，为农村建房提供有力的技术支持。并逐区县、按类别、分波次对村镇建设管理人员、农村建筑工匠进行集中培训。截至2020年9月，累计培训4000余人次，培养一大批农村专业技术骨干，全市村镇建设施工水平和技艺有了极大提升。三是提高补助标准。西安市将省上制定的补助标准提高到了户均3.08万元，各区（县）又结合实际测算，分别组织制定了各自的分类补助标准，D级拆除重建每户的补助标准普遍达到5万元，有的区（县）达到6万元，危房改造基本做到少花钱，甚至不花钱。并在危房改造实施过程中，探索建立补助资金预付制度，有效解决贫困户农村危房改造启动困难的问题。如：周至县先期预付80%危改补助资金帮助农户启动建设，剩余20%补助资金待竣工验收合格后予以足额拨付。四是统筹规划建设。探索建立“低成本改造与保留传统风貌相结合、危房改造与改善农村人居环境相结合”等试点。按照乡村振兴战略要求，将危房改造与生态保护、全域旅游相结合，引导群众综合利用改造建房。例如：推广蓝田县将军村危房改造修缮加固与美丽村庄建设、传统村落保护、美居工程等三结合的做法和经验，对有条件、有基础的村统一规划、整体打造，体现民居特色，促进民宿经济发展。

（九）“水电路网”基础设施建设

农村地区基础设施建设扶贫达标、提档升级是打赢脱贫攻坚战、全面建成小康社会、扎实推进乡村振兴战略的坚实基础和有力支撑。西安市农村基础设施重点工程集中在“水电路网”的建设。2015年脱贫攻坚工作开展以来，西安市委、市政府对标打赢脱贫攻坚战行动部署，制定年度工作方案，明确各阶段目标任务，在全面实现“577”脱贫退出标准的基础上，着力推动农村地区基础设施建设提档升级、提质扩面。西安市在2017年启动实施基础设施和基本公共服务建设“三达标三补齐”工程。在贫困村、贫困户全面通水、通电的基础上，专项安排43个大型动力电提升项目、贫困村机井通电项目、10千伏农网改造项目，满足贫困地区产业发展用电需求。截至2020年9月，累计投入20亿元，建成农村供水设施2364处，实现饮水安全全覆盖、水质水量双达标；截至2020年5月，西安市共有农村公路11667.23公里，全市累计投资18亿元，实施行政村通畅工程157.2公里，整治“油返砂”通村公路1244.5公里，硬化通村路586.1公里，改造危桥11座，为1200多公里的农村公路设立安全生命防护设施，全市43个乡镇、1746个建制村已全部通硬化路、通客车；2015年以来，累计投资15.76亿元，实施1784个农村电网改造升级项目，截至2020年5月，西安市实现电力入户全覆盖、行政村全部通动力电，农网供电可靠率、综合电压合格率、户均配变容量等指标大大幅提升，贫困村4G、宽带网络全覆盖。

主要做法：一是在交通设施管护方面西安市建立“四好农村路”建设联席会议制度，由分管副市长任召集人，分管副秘书长、市交通运输局局长任副召集人，市编办、发展改革委等12个市级相关部门为成员单位，统筹全市“四好农村路”建设工作。2017年3月，西安市印发《西安市推进“四好农村路”建设实施意见的通知》，同年5月，印发《西安市“四好农村路示范县”评选方案（试行）的通知》，2019年西安市政府出台《关于加快推进“四好农村路”建设的意见》（市政发〔2019〕15号），为西安市农村公路提质增效、科学发展提供了制度保障。在财政资金保障方面，明确“市、县（区）政府原则上按照二级及以上农村公路每年每公里不低于30000元，县道、乡道、村道每年每公里不低于15000元、9000元、3000元的标准足额落实日常养护资金，并建立养护经费增长机制”，对比陕西省政府确定的县道、乡道、村道每年每公里日常养护标准，分别高出5000元、3000元、1000元。2016年开始，西安市通过创建“四好农村路”示范县，树立农村公路工作标杆，各区（县）借鉴创建“四好农村路”的成功经验，采用“交通+农业”“交通+旅游”等模式，以点带面提升全市农村公路建养管运水平。二是在农村饮水设施管护方面，注重制度健全、基金保障、机制创新相结合，先后出台《西安市农村安全饮水巩固提升及维修养护项目建设与资金管理办法》《关于进一步加强和规范农村供水运行管护实施方案》，健全完善责任机制，确立经费保障制度，创新实践如：临潼区采取“先进”管理“后进”的办法；蓝田县成立城乡供水服务公司，统一管理单村集中供水工程，有效解决工程管理难问题；阎良区解决水费收缴难问题采用“全区联网、城乡互补”模式等成功经验。三是在农村电网运维管理方面，通过加强配网改造、改善供电质量，加强“两率”管理、提升供电服务，加强配网运维、提升运行能力，提升应急能力、保障安全供电，持续提升农村电网运维保障水平，为农村经济社会发展提供有力支撑。

三、精准扶贫的“西安经验”

（一）“联村党委”联创脱贫攻坚

随着农村城镇化、产业化进程加快，部分偏远地区村村之间因地域分割导致发展不均衡、资源分散、规模效益差等问题。西安市按照“地域相邻、产业相同、优势互补、做强做大”原则，打破传统乡镇、村落区域限制，联合7个贫困村，于2017年9月27日，组建丹阳联村党委，构建以联村党委为核心，下联竹峪镇张龙村、丹阳村、鸭沟岭村、民主村、中军岭村、北西沟村和翠峰镇农林村7个村，形成互为支撑、联动发展的党建新格局。成立以来，联村党委严格落实“五级书记抓扶贫”要求，推动以党组织为核心的基层组织体系，创建推广“联村党委+脱贫攻坚”模式，以抓党建促发展、抓产业促增收、抓基础建设促提升、抓扶志扶智促内生动力，取得了非常显著的效果。辖区内总人口2107户8538人，其中党员234人，贫困人口177户514人，总面积36345亩，其中林地15835亩，耕地17236亩，退耕还林1584亩，居住以及其他面积1690亩。截至2018年底，7个村全部实现脱贫退出，155户脱贫户2017年人均收入6013元，2018年人均收入11534元，年增长率91.8%。

主要做法：一是坚持“三不变”“三统一”“三独立”原则（行政区域不变、自治主体不变、集体资产产权不变，统一规划、统一部署、统一落实，独立建账、独立核算、独立管理），建立“大事共议、实事共办、要事共决、急事共商”协调议事机制，明确权责边界和程序规范，提升联村党委统筹推进联村发展的控制力、影响力和抗风险能力。二是把农村沉睡的资源唤醒。针对村子小、劳力少、产业弱的实际情况，丹阳联村党委以“三变”改革为抓手，深入推进农村综合改革，完成土地确权登记颁证工作，采取“联村党委+公司+合作社+贫困户+农户”模式，推动农村“四荒地”、村集体建设用地、废弃厂矿、村民闲置土地“入股入社”，按照49%∶51%的比例进行分红，有效保障群众收入、收益。三是把传统产业发展制约打破。破解产业规模小、不成体系等难题，把7个村的土地资源集中“打包”，及时确立精品苗木、精品花卉和猕猴桃等集约化发展方向，引进红梅、早樱、桂花、玉兰等苗木新品种，在脱贫项目建设、产业发展等方面统一规划布局、统一推进落实，不断增强联村产业发展的系统性、整体性、协同性。四是化解乡村旅游困境。围绕“农旅一体化”发展的理念，推动道德文化高地、旅游度假胜地、绿色人居福地、脱贫致富示范区、“五美”建设样板区“三地两区”建设，实施农村人居环境专项整治行动，加快传统产业转型升级，推动以特色民宿、农业观光、农家乐为代表的乡村旅游蓬勃发展。五是搭建龙阳沟电商平台，推进镇级电商服务站和村级电商服务点建设，打造农副产品收储、加工、销售产业链，确保当地土特产、山泉水、精品苗木等搭乘电商快车进城入户。同时，设立农副产品展销大厅，加大线下宣传推广。六是增强内外联动，强化协调性。一方面统筹城区、开发区和市、县两级职能部门的帮扶力量，实行驻村联户结对帮扶；另一方面，积极对接各类社会帮扶力量，特别是加强同瑞安商会、温岭商会、宁波商会等商会和企业的沟通联系，齐心协力打好丹阳联村脱贫攻坚战。七是以农家庭院“板凳会”的形式解难议事；举办“故事会”“大讲堂”提振村民脱贫信心，通过培植文化氛围，激发村民内生动力。

（二）“1+N”社会救助体系织牢兜底保障大网

2005年，西安市全面实施农村低保制度。2015年之前，西安市各项救助制度“自成一体”。为了解决救助“碎片化”问题，2017年开始，西安市将“社会救助”与“脱贫攻坚”相结合，构建起“1+N”社会救助体系，“1”即以最低生活保障制度为主；“N”即包括特困人员供养、医疗救助、临时救助、教育资助、家庭困难中学生资助、残疾人两项补贴、困难失能老人护理补贴以及分类施保等制度。形成衔接无缝隙、保障无盲区的救助体系，帮助更多困难群众渡过难关。

主要做法：一是纵向建立提标长效机制，不断提高社会救助的质量和有效性。西安市着眼城乡居民消费水平，会同相关市级部门调研评估市场行情和物价层次，建立社会救助标准自然增长长效机制，实现社会救助标准逐年科学化、制度化、合理化增长。2018年7月，将农村低保标准调整为5400元/（人·年），城市低保标准提高至660元/（人·月），农村特困人员供养标准由2006年的每人每年826元提高到2019年的每人每年8400—15840元（分散供养每人每年8400元，集中供养每人每年15840元）。在医疗救助方面，将城乡低保对象个人自付费用救助比例从原来的65%，提升为5万元以内救助70%、5万元以上救助80%；教育资助本科给予7000元、大专给予5000元、中专技校给予3000元的一次性资助；家庭困难高中生每生每年给予2000元生活补助；对困难失能老人给予每人每月260—390元的护理补贴；各类救助标准的提高，有效提升了救助质量水平，增强了民政服务对象的获得感。二是横向持续拓展救助范围，不断扩充社会救助的内容和覆盖面。西安市先后出台多个专门配套文件，力争将各类困难群体纳入全市大救助范围。将扶贫办认定的贫困户全部纳入医疗救助、临时救助、教育资助范围；对低保户、在册贫困户等困难家庭中学生发放生活困难补贴；为困难残疾人和重度残疾人分别发放生活补贴、护理补贴；对65—69周岁丧失劳动能力、生活困难的农村老人每人每月发放50元补助金；积极推行了老年人意外伤害保险和养老机构综合责任保险两项制度，由政府补贴为城乡低保对象、城镇“三无”人员、农村“五保”户等六类60周岁以上老人购买老年人意外伤害保险。三是围绕打通社会救助服务群众的“最后一公里”，推进“救急难”工作机制。在全市172个镇街全部建立社会救助“一门受理、协同办理”窗口，实行随时受理、及时审核审批；建立健全救助对象主动发现机制，对陷入生活困境的困难群众做到早发现、早救助；建立临时救助分级审批制度，将一定数额的临时救助金审批权限下放至镇街一级，对急需救助群众实行先救助后审批，及时有效保障急难群众基本生活不受影响；完善精准扶贫“渐退帮扶”政策，对城市和农村低保家庭其收入超出低保标准，按政策分别给予6个月和12个月的延长期，在确保其家庭收入稳定后再退出低保；落实社会救助“三公开”公示制度，积极推行社会救助购买服务制度，确保社会救助信息长期公示到位，使各类救助的审核、审批做到公开、公正、透明，社会救助政策真正惠及困难群众。

2018年11月26日，国务院通报表扬西安市“建立完善‘1+N’社会救助体系、织牢织密兜底保障网”典型经验和做法。

（三）“3+X”帮扶体系的西安实践

2017年，陕西省在充分发挥民营企业、群团组织作用的基础上，组建国有企业、高教系统和医疗卫生三大帮扶体系。截至2019年底，西安市在落实全省“3+X”帮扶体系工作中已动员112家社会组织、102家个体企业和3865名青年及各级工会、妇联广泛参与到精准扶贫，共计投入资金2000万元以上，实施帮扶项目368个，2万余人直接受益。

主要做法：一是西安市创新实践“百企联百村”“一校结对一村”和“一院帮一村”活动，截至2019年底，全市已动员城区284所学校和医院参与脱贫攻坚工作，115家民营企业及商会、30家市属国有企业、9家招商引资企业进村开展帮扶，全力推动脱贫攻坚、美丽乡村、文化阵地建设。有11所市属医院、4所高校深入陕西省其他地区开展帮扶，与省上安排的5所高校对接西安市帮扶工作，共建立产学研一体化示范基地4个、定点扶贫实训基地1个，签订6个合作协议。二是充分发挥社会组织、个体企业、群团组织等社会力量作用，制定《西安市“群团组织合力工作队助力脱贫攻坚战”行动实施方案》《关于推进社会组织参与脱贫攻坚工作的实施方案》《关于组织全省个体私营企业参与精准扶贫工作实施方案》等文件，开展“工会精准扶贫行动”“脱贫攻坚青春建功行动”“三秦巾帼脱贫行动”等活动，形成了全市推动扶贫的合力和浓厚氛围。

（四）“扶贫超市”助力产业脱贫

2018年，西安市为解决产业扶贫从“买难”到“卖难”的“最后一公里”问题，按照“实体店+电商+合作社”模式，组建运营“西安扶贫超市”，在旅游景区建设实体店，通过电商扩大销路，为山区贫困村特色农副产品销售提供平台，同时带动当地产业合作社发展，走市场化道路助力产业脱贫。自2018年1月15日首家“西安扶贫超市”（周至店）投入试运营，淘宝网店同日上线，截至2019年底“西安扶贫超市”开设4家，产品已达13大类、200余个品种，供货体系涵盖全省10个设区市、30余个合作社，带动7000余名贫困户，销售额度200余万元，先后推出“徐光来家的土蜂蜜”“陈西海家的三米拶”等知名“网红”品牌产品。

主要做法：一是构建“政府+企业+贫困户”的组织模式。“西安扶贫超市”构建形成“政府+企业+贫困户”的组织模式。通过政府发挥职能，提供政策、资源、经营场所等支持；由企业负责日常运营，派出专业经营团队，负责产品运输、办理检验、策划包装、营销宣传、店面销售、售后服务等工作，坚持走市场化道路，确保长期可持续发展。联系动员全市各涉贫区县、合作社、贫困农户及涉贫企业积极参与，精选地域代表性强、质优价廉的特色产品，形成稳定供货渠道。二是搭建大数据多维平台。“西安扶贫超市”不但搭建起线上、线下产销对接平台，同时建立起“扶贫产品销售大数据库”，对销售数据进行分析研判：哪种商品卖得好、多大的重量便于消费者购买携带、什么样的包装更符合目前消费审美、不同区域和类型消费者对产品的定位要求，等等。通过对日常消费数据的研究分析，得出市场对扶贫产品的一致需求情况，并按市场需求和利润细分出5个不同等次，通过“以销定产”，引导制定更精准的产业扶贫举措，使产业帮扶项目更好地与市场接轨，切实增强贫困地区的“造血”功能和贫困户自我发展能力。截至2019年底，“西安扶贫超市”销售大数据分析已覆盖在售的200余种产品，同时，向供货的贫困村及贫困户反馈市场数据50余次，让产业扶贫有了“千里眼”和“顺风耳”。三是打造“消费就是扶贫”消费观。“西安扶贫超市”的每个产品都在显著位置标明“由某某村，某某贫困户生产。按照目前的脱贫标准，只要销售多少份，该贫困户就可以达到脱贫标准。”让消费者在买到好产品的同时，也能直观看到自己的购买行为奉献了爱心。通过宣传“在这里，消费就是扶贫”的理念，吸引市民群众主动参与消费扶贫，为精准帮扶工作凝聚社会力量。四是创新“政府+贫困户+扶贫超市”的集体经济扶持模式。在“西安扶贫超市”的运营过程中，由西安市扶贫办牵头组织制定“政府+贫困户+扶贫超市”的集体经济扶持模式：即超市负责销售，贫困户负责供货，对于市场反响好、需求大的产品，就扶持当地成立合作社，由致富能手牵头，贫困户和一般农户加入，合作社负责生产和质量把控，一方面确保了供货稳定，另一方面推动了当地村集体经济的发展，形成更强的脱贫致富带动力。按照这种机制，扶持成立手工艺品制作、特色种养殖等专业合作社，带动贫困户及农户加入，有效提升贫困村、贫困户发展产业的积极性。

（五）建立长效机制　接续乡村振兴战略

2019年党的十九届四中全会明确指出“建立解决相对贫困的长效机制”，2020年《中共中央国务院关于抓好“三农”领域重点工作确保如期实现全面小康的意见》提出“扶贫工作重心转向解决相对贫困”“研究建立解决相对贫困的长效机制”，标志着解决“相对贫困”会成为未来扶贫工作的核心内容。2019年西安市制定出台《西安市脱贫攻坚巩固提升工作实施方案》（市字〔2019〕73号），依托市级脱贫攻坚大数据平台，建立四级联动防返贫监测预警机制，重点对已脱贫户、在册贫困户、非建档立卡低保户等三类人群，对重点提升户、兜底保障户、脱贫稳定户等已脱贫户三种情况，实施分类帮扶、动态管理，形成了抓实“大三类”、攻坚“小三类”点面结合、长短结合的成果巩固长效机制。2020年，在落实好《西安市脱贫攻坚巩固提升实施方案》的基础上，按照国家和省上最新要求，西安市健全分类管理四级联动防止返贫致贫监测预警和帮扶机制，梳理收入型、保障型、发展型3大类29个致贫返贫风险点，确定农户申报、村级研判、单位监督和“12317”扶贫监督电话、行业部门重点监测、大数据平台监测5条问题排查报送渠道，确保对脱贫不稳定户和边缘易致贫户的动态管理和实时监测。未来构建“解决相对贫困”与“乡村振兴”相互配合的贫困治理新体系，标志着西安市农村扶贫工作即将步入新的阶段迎来新的挑战。

（李宛菡）

西安市新冠肺炎疫情防控工作综述

在全国性的新冠肺炎疫情防控工作中，中共西安市委、市人民政府以对人民生命健康高度负责任的态度，深入贯彻执行习近平总书记指示精神，早动手、早部署、早防控，带领全市各级干部职工和广大市民群众层层布控，群策群力，充分发挥现代科技手段和基层组织力量，筑起了疫情防控的铁壁铜墙，把疫情控制在最低限度，并在较短时间内，实现了复工、复产、复学，促进社会秩序常态化，为全市人民交出了一份出色的答卷。

敏锐的中枢指挥

2019年12月31日，武汉局部疫情刚刚出现的时候，西安市政府便以“网传武汉发现疑似SARS病例”为题编报《舆情快报》，第一时间发出预警。随着疫情扩散，对相关疫情舆情进行24小时不间断监测，第一时间转达相关机构。2020年1月22日，市委召开专题会议，认真学习习近平总书记关于疫情防控的重要指示和李克强总理的批示精神，传达学习国务院联防联控机制电视电话会议和省委专题会议部署要求，研究安排西安市疫情防控工作，要求把疫情防控作为重要政治任务。

1月23日，西安市出现第一例病例，市委、市政府立即启动Ⅰ级应急响应，成立市疫情防控指挥部。市委书记王浩、市长李明远任总指挥长，市委副书记韩松任常务副总指挥长。指挥部在西影路西口西安市疾病预防控制中心对面市委党校全天候集中办公。下设办公室和综合协调组、医疗救治组、物资保障组、安全稳定组、宣传舆情组、监督检查组、交通查控组等“一办八组”（2月15日，市委将市疫情防控部工作机构调整为“一办十二组”，即办公室、综合协调组、医疗救治组、疫情防控组、新闻宣传组、涉外协调组、交通查控组、市场监管组、社区防控组、执法监督组、物资保障组、信息简报组、监督检查组。2月20日，为适应统筹疫情防控和经济发展工作需要，增设复工复产组，形成“一办十三组”工作机构）。各工作组设立联络员，加强之间的联系，并派1名副组长常驻指挥部集中办公。各区（县）、开发区委派1名得力干部常驻指挥部办公，加强区（县）、开发区与指挥部的联系。市政府秘书长、多名副秘书长、办公厅领导进驻市疫情防控指挥部、咸阳机场指挥部等关键岗位、重要场所，确保全市疫情防控指挥体系高效顺畅运作。1名副秘书长专门驻守高陵区，统筹调度市公共卫生中心建设工作，确保工程保质保量按时交付。指挥部成立后即成立由市委常委、秘书长、疫情防控指挥部副指挥长杨晓东负责的信息简报组，上与省疫情防控领导小组信息简报组建立联系，下与各区（县）、开发区以及“一站两场”指挥部建立联系，确保第一时间掌握第一手情况并及时传送，做到上情、下达下情上达畅通无阻。1月23日至5月8日，共编发工作简报158期、政务专报41期、疫情信息快报79期、安防情况快报14期。

指挥部研究制定新冠肺炎疫情《预防控制实施方案》《应急预案》《医疗救治方案》《联防联控工作机制》等文件，建立起联防联控信息共享、协调会商、分析研判、市级部门及各区（县、开发区）严格执行落实的疫情防控指挥运行机制。各工作组和各区（县、开发区）联络员每日按时收集汇总及时上报各区（县、开发区）、“一场五站”、各交通卡口工作信息，及时掌握疫情防控工作信息，为市委、市政府和指挥部领导决策提供第一手资料。

根据疫情形势和工作任务发展变化，及时调整工作重点和防控策略。指挥部先后推行“链长制”“西安疫情防治网格化管理系统”，对社区防控和院感防控、推行“一码通”、复产复工、复学复课、境外来返人员管控等工作作出统一安排部署，有力保证全市疫情防控工作高效运转。指挥部内部建立健全并严格落实24小时值班值守、日报告、日调度、日督查督办等工作制度，形成全面系统的内部管理工作机制，确保各项工作扎实有序推进。

从3月初开始，疫情防控工作向“外防输入，内防反弹”转变，复工复产复学、促进社会秩序常态化成为指挥部主抓的工作重心。按王浩书记批示，5月8日后，市疫情防控指挥部日常工作由副市长徐明非和市卫健委主任刘顺智负责。市指挥部机制不变，领导分工不变，工作组职责不变，联络员制度不变。各成员单位继续参与疫情防控工作。除综合协调组、医疗救治组、疫情防控组、社区防控组外，其他各组不再集中办公。各区（县）、开发区联络员回各自指挥部办公，继续做好沟通联络工作。工作模式由应急状态逐步转为常态化防控。

严密的防控网络

年初疫情刚刚扩散时，为防止疫区人员入市，市公安局统一指挥，交通部门密切配合，在全市各路口设置检查点。各区（县）、开发区公安部门负责登记、检查，配备必要的检查器材和卫生技术人员，每天千余人次民警和卫生技术人员坚持24小时值守，确保不漏一车，不漏一人，每车消毒每人消毒。机场、火车站对进入西安的人员进行全面检查消毒。疫情紧张时期，全市停止一切聚集性娱乐活动。市域内地铁、公交车、出租车每天消毒两次，对乘客严格实行测温措施。1月26日起，暂停市内巡游出租车、网约车和进出西安市的跨省、市长途客运车、旅游车运营；29日起，暂停市区内139条公交线路。同时组织9支500余辆出租车参加的“爱心车厢”交通抗疫支援队，对口为医护人员和媒体记者免费服务。截至2月25日撤卡，本市各卡口共检查车辆120多万辆，其中湖北省271辆；累计检查人员209.8万，其中湖北武汉1053人。全市第三方机构累计检测734455人次，排查出本地无症状感染者25人。

全市各社区、村委会充分发挥基层组织作用，组织群众群防群治，在做好居家隔离的同时管好自己家门，严格消毒，戴口罩，严防陌生人出入。对外地返回居住地人员及密切接触者建立“监测台账”．24小时监测；对有发热等症状者立即上报启动诊断、隔离等应急措施。首次排查全市人员30.9万人次，设置排查点1.29万个，排查社区、村组2755个，1121万人次。市委组织部指导全市在疫情防控指挥部、联防联控监测点、车站机场等建立临时党组织2332个，组建党员突击队、巡逻队、服务队7810个。与市脱贫攻坚办联合发出《关于动员全市脱贫攻坚帮扶力量积极做好新型冠状病毒感染的肺炎疫情防控工作倡议书》。从1月27日起，全市共有240688名党员、干部深入社区、农村投身疫情防控工作。疫情紧张期间，为防止医疗机构内发生感染，全市各类门诊部、诊所全面停诊，各医院口腔科、五官科、整形科、体检科暂停营业。卫生监督检查组对全市100余家医疗机构发热门诊、院感控制、网上诊疗服务内容进行了5次全面检查，要求全面落实“9个一律”，特别是新入院患者必须进行核酸检查。

西安市出现首例确诊病例后，疫情防控组在流行病学调查的基础上，建立8条“重点传播链”，找出本市疫情传播的源头、途径和路线，为阻断疫情传播提供理论支持。由市疾控中心、医疗机构、公安机关抽调的人员组成的流调组通过优化流程，将流调报告撰写时间从国家规定的24小时压缩到8小时以内。在本地疫情传播期间，全市累计开展流行病学调查970人，共派出流调队998次，累计追踪密切接触者3969人，向外地、市发函协查5473人，建立疫情形势定期研判会商制度。通过对流调报告的分析研判，梳理出聚集性疫情23起，涉及确诊病例88例，占全市确诊病例的73.33%。市疾控中心对公共交通设施和场所进行7次核酸检测，采样19741份，经实验室检测结果均为新冠病毒核酸阴性。2月26日，西安市手机扫码“一码通”实现全市公共场所全覆盖，绿色通行，黄色限制，红色隔离。到3月9日，注册用户总数突破1000万人。“一码通”这一市民出行唯一有效的健康状况判别依据，与公安部门“一场五站”信息平台数据融合，在抗疫时期发挥着“天眼”的作用。市民出入商店、公园、银行、影剧院等公共场所，乘坐公交车、地铁、出租车必须刷码、佩戴口罩。至2月19日，西安发现第120个确认病例后，再未出现感染者、无症状感染者和疑似病例。疫情防控取得阶段性成效。

从3月开始，国外感染者入境日益增多，“外防输入”成为西安市疫情防控工作重点，机场、高铁站、火车站防控力量进一步加强。对经口岸入境人员，均实行集中隔离14天加2次核酸检测制度。尤其是从3月23日西安作为目的地为北京的国际航班的入境点之一后，西安外防输入的压力骤增。从3月23日起至5月10日，在咸阳机场检查入境航班20个，隔离观察4504人，核对由其他口岸入境和转乘人员信息15710人。全市境外输入确诊病例累计60例，治愈49例，境外输入无症状感染者15例。

国内疫情防控步入常态化之后，西安市除应对接二连三的境外输入性病例外，还面临着国内部分地区小规模疫情反弹的防控压力，以及进口食品包装检测阳性事件的挑战。以进口冷冻生鲜为例，截至11月底，西安市已发生3起涉及进口冷冻生鲜的事件。第一次是8月12日晚9时，市卫健委接疾控部门报告，在对农贸市场每周例行采样检测中，发现西安方欣冷冻副食品批发市场从青岛港进口的厄瓜多尔冷冻生南美白虾外包装部分样本新冠病毒核酸检测结果阳性。第二次是11月14日，阎良区对本辖区进口冷冻食品开展常规检查时，在新兴街道邰家村金东组王某利家冷库和邰家组李某平家冷库中检出可疑样本，市疫控中心复检结果为弱阳性。第三次是11月下旬，天津涉疫进口冷链猪前蹄共1733件流入西安市和天津市搬运工龚某某（新冠核酸检测阳性）装卸的56件奶品货物经快递邮寄至西安市的事件。在几次事件中，西安市均第一时间开展排查，对现场作业环境、货物、人员开展消杀、核酸检测和流调，并及时向全市通报情况。由于发现及时、处理得当，均未造成人员感染。为进一步加强进口冷链食品源头治理，西安市决定健全常态化疫情防控下“人、物同防”的长效机制，对所有冷链食品凡进必报、凡进必检，对所有冷链物品经营者和场所每周一次全覆盖核酸检测，对所有进口冷链食品经营者一律实名制销售。

针对国内部分地区小规模疫情反弹的情况，西安市高度重视，号召各级各类防控机构严防死守，杜绝疫情在本地扩散。10月29日，市疫情防控指挥部召开专题会议，安排部署秋冬季疫情防控工作。指挥部向各区（县）、开发区疫情防控指挥部、市卫健委发出紧急通知，对此前发出的《关于提前做好全市居民核酸采样必须设备应急储备工作的通知》做出调整，要求储备足量采样管，建立流动核酸采样应急队伍，充分利用各行业卫生资源，检测不漏一人。

科学的救治体系

市卫健委在新冠疫病毒防控和救治工作中与时间赛跑，与病魔较量，立足“四早”，坚持“四集中”，建立科学、合理、有序的救治体系，使所有感染者得到及时收治，收到治愈率高，死亡率低的良好效果。疫情初期，在选派500名医务人员驰援武汉的同时，全市设置并公示45个发热门诊定点医院，实行24小时开诊、服务咨询电话24小时开通。通过全市各媒体3次发布发热门诊定点医院信息，引导发热患者前往就近门诊就诊。建立全市抗击新冠肺炎首道防线，确保实现“四早”，使疑似病例在发现后3小时内实现隔离，严格执行首诊负责制，对所有发热患者严格管理，详细询问每一名患者流行病学史、严格查体和各项检查，对可疑患者立即就地隔离、排查、会诊，做到应留尽留，应隔尽隔，实行全流程管理。对于未设立发热门诊的医疗机构，要求对所有就诊患者测量体温，询问流行病史，发现可疑患者立即转往就近发热门诊进行筛查，全力守好筛查第一关。46所发热门诊实现关口前移，均设置预检分诊和2个发热门诊（普通发热门诊，新冠肺炎专用发热门诊），合理划分就医区域，设置留观隔离病房，入院人员一律测温、戴口罩，严防院内感染。截至5月9日，全市发热门诊累计接诊患者93159名，市级专家组累计会诊1637名。确定唐都医院、省结核病防治医院、交大一附院、交大二附院、市第八医院、胸科医院、中心医院和纺织医院、儿童医院、第四医院为定点收治医院。2月17日，位于高新区的西安市公共卫生中心建成投入使用，为新冠肺炎患者收治提供新的基地。定点医院总收治床位1400余张，有一线医护人员3800余名。医疗救治组对疑似病例，轻型、普通型、重型、危重型确诊病例，特殊患者病例实行分类救治。远郊区（县）疑似病例由区（县）定点医院集中收治；城六区疑似病例、全市确诊病例由省、市定点医院集中收治；重型、危重型确诊病例由唐都医院、交大一附院收治；儿童患者由市第八医院、儿童医院收治；孕产妇患者由交大二附院、市第四医院收治。医疗队伍也实行梯队式配备，在第一批次医护人员投入救治一线的同时，从全市二、三级医院抽调医生175名、护士253名，组建医疗救治第二梯队后备力量，开展全面轮训备战一线救治。

疫情发生后，医疗救治组迅速开建全市新冠肺炎医疗救治信息上报平台，系统于1月24日正式上线运行，涵盖驻地部队医院、部属、省属医院、市属市管医院及区（县）医院。各医院按照全市统一要求，及时上报医疗救治各项数据，为领导决策、安排部署工作、对外发布信息提供依据。建立信息共享机制，将上报的疑似病例、确诊病例信息，第一时间共享给疫情防控组、社区管控组相关机构。由疫情防控组开展流行病学调查，由社区管控组落实属地管控，确保疫情防控工作整体迅速推进。根据疫情防控变化，于3月2日开通全市发热患者就诊信息上报平台，每日实时上报发热患者个案信息，发现高危患者立即向指挥部发出预警提示，指挥部立即进行研判，采取针对性措施，全面加强发热患者管理。医疗救治组统一数据出口，每日0时和14时分别更新一次数据，由负责人审核把关后统一推送给各级领导、市指挥部各工作组、各区（县），确保全市数据一致、工作步调一致。专家组每天对患者病情进行研判，及时调整最优治疗方案，及时上报病情变化，对市第八医院、市胸科医院病情较重患者，由西京医院专家团队进行指导，提升救治效果。医疗救治组在市第八医院、市胸科医院成立中医治疗团队，建立中西医会诊制度。采用中医内服及外治方法进行治疗干预，收到良好效果。发挥新冠肺炎康复患者血浆治疗作用，安排市中心血站采集新冠肺炎康复患者血浆1600ml，输注给2名重症患者，提升治疗效果。视频连线李兰娟院士团队等国家专家组，对危重型患者进行多学科会诊，按照专家指导意见积极调整治疗方案，全力挽救危重患者生命。医疗救治组还成立新冠肺炎疫情紧急心理危机干预专家组，为住院治疗的确诊患者、疫情防控一线医护人员提供心理辅导。

为了规范全市疑似患者、确诊患者转运工作，医疗救治组征用西安市城北医院作为医疗救治转运基地，抽调32辆救护车、96名医务人员组成新冠肺炎转运车队，及时将患者转运至定点医院。转运一次患者，做一次全面消毒，切断传染源。随着境外输入病例增多，医疗救治组协调省卫健委，从省属省管13家医院抽调救护车组22个、市属市管32家医院抽调救护车组37个，加强机场发热人员转运能力，共准备救护车组103组，其中常备50辆，后备53辆。

确诊患者出院后，统一集中医学隔离观察14天，解除医学隔离观察后继续居家隔离观察14天，指定专人负责患者的健康监测和管理。出院后2周、4周各进行一次全面复查，所有确诊患者出院后，继续给予康复性治疗，由全国名中医团队，根据出院患者康复需要，开具中药汤剂进行调理。截至12月31日，西安地区累计有确诊病例379例，其中本土确诊病例120例、境外输入确诊病例259例；累计有无症状感染者175例，其中本土无症状感染者25例、境外输入无症状感染者150例；本地确诊病例治愈率97.5%，死亡3例；境外输入确诊病例已治愈出院246例，现有住院13例；境外输入无症状感染者已解除医学隔离143例，现有在院医学隔离7例。

稳定的社会秩序

疫情期间，西安市各级政府一手抓疫情防控，一手抓正常社会秩序维护，保障了市场货源充足，供需两旺，除满足人民群众一般医疗卫生防护用品需求外，日常生活也不受影响。疫情初期，社会物资小组摸排全市防护及消杀类物资生产企业数量、产能、布局等情况，选派干部一对一驻守25家生产企业，敦促在保证质量的前提下开足马力生产。截至4月30日，累计生产口罩2200万个、防护服51万套，消毒液（剂）1万余吨、酒精270吨，红外测温仪700套。在全市设立66家定点门店，每天向市场固定投放6万个口罩供市民采购，尽力满足市场需求。疫情发生后，先后有4个国际友好城市、4个社团企业向本市捐赠医用口罩、防护服、酒精等防护物资共计250万元。国外疫情暴发后，本市又以市长名义先后分2批向34个国家的54个城市、地区捐赠了N95口罩、医用防护服、护目镜、消毒液、额温枪、呼吸机等价值930万元防疫物资。

为平抑物价，保障市场供应，西安市出台保民生保供应5条措施，从1月29日起，开辟蔬菜运输绿色通道，在全市设立58个蔬菜投放点，每日集中投放1200吨储备蔬菜。对进市场车辆免收管理费，对每辆运输蔬菜车辆发放5000元补贴，确保西安市蔬菜批发价格下降、零售价格稳定。1月31日起又新增55个蔬菜投放点，至3月31日，全市共设立175个蔬菜供应点，投放政府储备菜63天，累计供应蔬菜总量36211吨，补贴运菜大货车15834辆，总计6453.5万元。各区（县）、开发区还结合自身实际，制定办法对辖区超市、便利店予以补贴。为避免交叉感染，市财政拨付1286万元，用于支持市、区（县）各类商店出店门经营。交通运输部门按照“一断三不断”“三不一优先”原则，在全市收费公路开通绿色通道。成立由629辆客货车组成的“应急运输保障队”，免收车辆通行费206.9万元，向省内外10多个地区运送物资5000余吨。

这些措施的实施，使全市疫情紧张期间物价稳定，人民生活有条不紊，也为复工、复产、复学提供了可靠保证。2月20日，市疫情防控指挥部成立复工、复产工作组，负责统筹协调推进疫情防控期间全市“五上”企业、龙头企业及其配套企业、疫情防控必须企业和全市重点项目复工、复产工作。复工、复产组把推进重点项目建设作为夺取“双胜利”的关键举措，聚焦“4个100%”目标，千方百计推进复工，加快实现达产达效。加强统筹调度，帮助企业解决实际困难。及时了解摸清并建立重点项目开复工中存在的问题清单，分别赴航天基地、高新区等地深入调研，协调解决施工材料、防疫物资、务工人员、渣土清运等方面的问题，对尚未办结手续的147个重点项目建立台账，挂账督办，用足、用活、用好政策。市发改委向金融机构推荐118个项目、17383亿元。对269个市级重点项目和95个省级重点项目，建立专人联络机制，变“被动受理”为“主动服务”，进行一对一服务，重点帮助企业协调解决复工、开工的具体问题。

西安市交通部门从3月3日起，恢复7家一级客运站、355条公交线运营，开启地铁出入口316个。出租车和网约车首创“安全舱”，在全国大力推广，受到交通部肯定。率先在全国免除出租车2个月零20天承包费，共计1.6亿元。购买2.3万份疫情险，调动行业抗疫复工积极性。16家客运企业、128辆大型客车为复工返岗人员提供免费包车247次。开通31条通勤专线，接送2.3万人次。为13家医院1200余名医务人员提供点对点免费接送服务，接送1.6万余人次，累计运输里程30余万公里，为复工、复产开辟通道。

2月22日起，全市医疗卫生机构“一手抓疫情防控。一手抓医疗服务”，保证其他重症、急症患者救治的同时，开通线上诊疗、线上预约就诊服务，严禁任何医院以疫情防控为由无故停诊停业。疫情防控监督检查组采取“三不一直”（不打招呼，不听汇报，不要陪同，直奔现场）方式，截至5月初，共组织6380人次检查26轮次，检查点位6182个，问责617人，其中县处级95人，乡科级以下250人，村社区干部272人。严肃党纪政纪，为疫情防控和复工、复产、复学保驾护航。截至4月17日，全市“五上”企业总计复工率97.1%规模以上工业企业复工率100%，复产率97.6%。至5月初，全市2597家商贸企业复工2538家，复工率97.7%。各行各业基本实现正常运转，社会秩序安定祥和，防控管理有条不紊。

西安市近一年来的防控工作取得了显著成绩，同时也暴露出一些问题：一是疫情早期，部分医院对院内感染防控工作重视不够，面对突如其来的疫情，因准备不足、培训不到位、院感防控措施落实不力导致个别医院出现院内感染，造成不良影响；二是市属医院与驻地部队医院、省属、省管医院之间的协调配合仍存在障碍，政令不畅、步调不一致的现象时有发生；三是本市物资储备机制不健全，防疫物资产业链不够完整等。这些问题有的已经改进，有的正在改进或亟待改进。

新冠疫情是人类社会共同面对的新的健康难题，与新冠病毒作长期斗争已成为世界各国的共识。在今后的疫情防控工作中，我们要在市委、市政府的坚强领导下，巩固已有的成绩，弥补存在的不足，牢固树立全国一盘棋意识，立足本地，放眼世界，坚定不移地执行以习近平同志为核心的党中央的各项指示精神，扎牢“外防输入，内防反弹”篱笆，杜绝一切可能的传播途径，全力维护健康、安定、祥和、繁荣的社会秩序，促进国民经济增长指数和人民生活幸福指数稳步提高。

（胡军辉）

1月

1日至2月9日　庚子年春节“中国年•看西安”系列文化旅游活动举行。

2日　西咸新区召开综合行政执法体制改革试点动员大会，陕西省首个综合行政执法体制改革试点工作启动。

3日　中国共产党西安市第十三届委员会第十次全体会议举行。审议通过《中共西安市委关于深入贯彻党的十九届四中全会精神高质量推进市域治理能力和治理水平现代化的实施方案》。

4日至2月28日　西安市人民代表大会常务委员会面向市民公开征求《西安市生活垃圾分类管理条例（草案）》的意见建议。

6日　西安市第十六届人民代表大会常务委员会召开第二十九次会议。听取和审议西安市十六届人大常委会代表资格审查委员会关于个别代表的代表资格的报告；采用无记名投票的方式补选陕西省第十三届人民代表大会代表。

△西安市公共交通总公司推出新型公共交通模式——“定制公交”，乘客可通过手机来进行首批6条预售定制公交线路的查询和预订，享受一人一座、快速直达、舒适便捷的优质化定制出行服务。

8日　西安市2020年文化科技卫生“三下乡”集中服务活动在灞桥区狄寨街道西车村举行。

△“一带一路”西安国际电子竞技大会暨首届国际数字娱乐产业发展高峰论坛在西安国家民用航天产业基地召开。

9日　11时，西安至延安高速铁路宜君至延安段控制性工程——新延安隧道开工建设，标志着西延高铁进入施工阶段。

10日　2019年度国家科学技术奖励大会在北京举行。陕西省28项科技成果获国家科学技术奖励；在全省20个获奖通用项目中，西安市独占19项。

△7时40分，安康开往西安南的T4232次直达特快列车首发。

16日　西安市第一家“遗体器官捐献宣教基地”在雁塔区东仪社区成立。

17日　《西安日报》报道：国务院批复设立陕西西咸空港综合保税区。

21日　西安地铁刷脸乘车系统上线。乘客通过下载“智惠行”App，开通刷脸乘车功能即可体验刷脸乘车。

25日　结合新型冠状病毒感染的肺炎疫情防控形势，西安市执行突发公共卫生事件Ⅰ级应急响应。

26日　西安市教育局发出《关于做好2020年春季学期延期开学有关工作的通告》，要求全市中小学、幼儿园、中等职业学校2020年春季学期延期开学，暂停全市校外培训机构线下培训活动。寒假期间，严禁全市中小学校和教师组织学生线下补课。

△乘客进站乘车时必须佩戴口罩，否则车站工作人员将予阻止劝离。

27日　西安市商务局下发《关于在全市商贸行业开展新型冠状病毒感染肺炎防控措施督导检查的紧急通知》。酒店、餐饮、旅馆、民宿等建议暂停营业，确需营业的，必须在各区（县、开发区）新型冠状病毒感染肺炎防控指挥部进行备案，提供入住、就餐人员信息。

29日　西安地铁实行乘客实名登记，运营服务时间及行车间隔适当调整，并关闭车站部分出入口。

△7时开始，暂停营运西安市106条公交线路，临时缩线1条公交线路，并调整西安市公交总公司所属的市区所有公交线路运营时间。

2月

3—13日　西安市公共卫生中心项目施工。16日，首批医护工作者进驻。

7日　《西安日报》报道：陕西师范大学团队研制出新型冠状病毒核酸快速检测试剂盒，15分钟可完成检测。

8日　西安市政府印发《关于有效应对疫情促进经济平稳发展若干措施（暂行）》。

△自上午9点开始，所有通过“一场五站”（西安咸阳国际机场、西安火车站、西安北站、西安南站、鄠邑站、阿房宫站）进入西安的人员（无论是否西安本地居民），都必须通过扫描二维码登录“西安疫情防治网格化管理系统”完成信息填报，并自觉执行居家或宾馆留观14天的规定。

△即日起，西安市域内各类门诊部、诊所（含中医、中西医结合）全面停诊。

10日　西安市十六届人大常委会召开第三十一次会议。会议审议并通过《西安市人民代表大会常务委员会关于全力做好新型冠状病毒肺炎疫情防控工作的决定》。

△西安市23所中小学校，270余名教师共同参与，并由西安教育电视台负责录制的“停课不停学——西安名校名师优课”每天向全市师生定时推送，课程内容涵盖小学一年级到高中的所有学科，通过西安教育电视台微信公众号“西安eTV”、西安市优质教育资源共享平台及其微信公众号进行直播。

17日　《西安日报》报道：西安市34家重点收费旅游景区、博物馆自恢复运营之日起至2020年12月31日，对全国所有医护工作者实行免费参观游览政策。

18日　西安市个人电子识别码（简称“一码通”）上线试运行。

20日　西安市新冠肺炎疫情防控指挥部下发《关于有序恢复生产生活秩序的通知》。

21日　西安市内公交线路全面恢复正常运营，并将适时根据客流和市民需求，加密公交车班次和运营密度。

26日　西安市公共场所实行“一码通”，社区单位自行发放的个人通行证明一律停用。

△教育部发展规划司发布《关于拟同意设置本科高等学校的公示》名单，同意西安市2所独立学院转设为独立设置的民办本科学校。分别是：西北工业大学明德学院申请转设为西安明德理工学院；西安工业大学北方信息工程学院申请转设为西安工商学院。

27日　西安市2020年招商引资网络集中签约仪式在西安市投资合作局举行，27个项目签约，总投资额195.16亿元。

3月

1日　中共西安市委、西安市人民政府印发《全域治水 碧水兴城 西安市河湖水系保护治理三年行动方案》，将按照“治、用、保、引、管”的总体思路，统筹水生态、水环境、水安全，形成“堤固、岸绿、水清、洪畅、景美、管理长效”的水系治理新格局。

5日　西安市首例防疫物资诈骗犯罪案通过“云上法庭”依法公开审理。被告人王某因诈骗罪被判处有期徒刑2年3个月，并处罚金2万元。

△西安市第八医院新冠肺炎确诊患者全部治愈出院。

6日　西咸新区发布公告，西安地铁5号线二期工程车站及停车场命名审议通过，其中包含13座车站及1个停车场。

9日　国家科技部网站公开发布《科技部关于支持西安建设国家新一代人工智能创新发展试验区的函》，明确支持西安市建设国家新一代人工智能创新发展试验区。

△国务委员、公安部部长赵克志签署命令，追授西安市公安局灞桥分局民警乔锦仁等4名牺牲在新冠肺炎疫情防控一线的公安民警“全国公安系统二级英雄模范”称号。

25日　陕西省第十三届人民代表大会常务委员会第十六次会议表决通过《西安市秦岭生态环境保护条例》，该条例于7月1日起施行。

30日　“学习强国”西安学习平台上线。

31日　西安国际会展中心项目通过竣工验收。

4月

1日　西安市启用小型汽车（新能源汽车除外）陕U汽车号牌。

7日　西安市初三和中职学校毕业班开学复课，302所学校的初三年级和60所中等职业学校10.48万名学生重返校园。

8日　《西安市“市长特别奖”实施办法》印发，中共西安市委、西安市人民政府决定设立“市长特别奖”。

△首趟西安至巴塞罗那中欧班列开行。

9日　“西安国家新一代人工智能创新发展试验区”在西安高新技术产业开发区启动建设。

△西安市市场监管综合执法支队挂牌成立。

12日　西安至达卡国际全货运航线开通。

13日　西安至十堰高铁项目可行性研究报告获得国家发展和改革委员会批复。

16—17日　西安市第十六届人民代表大会常务委员会第三十二次会议召开。

△中国（西安）知识产权保护中心揭牌。

18日　陕西省西安汽车站开通西安到高陵班线。

20日　西安各中学非毕业年级学生开学。

24日　由西安市人民政府主办的“花开长安——2020西安云上购物节”启动，各区（县）、西咸新区、各开发区分别设立的分会场也同步启动。此次活动设置10项主题活动，持续全年。

25日　西安至法兰克福“客改货”包机首航，运载12.3吨防疫物资。

29日　西安铁一中教育联合体大明宫中学分校签约揭牌。

30日　西安蓝田通用机场项目通过陕西省发展和改革委员会核准批复。

△西安高新技术产业开发区分别在鱼化至国际会议中心段和国际社区段、洨河段、仪祉湖段设主、分会场举行沣惠绿道开放仪式，西安首条复合型生态智慧休闲绿道走廊启用。

5月

4日　西长安街（陕师大）人行天桥工程全面竣工并交付使用。

6日　由西安交通大学第二附属医院完成全国首例七轴协作机器人辅助全髋关节置换手术。

8日　国务院办公厅印发《关于对2019年落实有关重大政策措施真抓实干成效明显地方予以督查激励的通报》，对2019年落实有关重大政策措施真抓实干成效明显地方予以督查激励。其中，在“开展农村人居环境整治成效明显的地方”中，西安市高陵区名列其中；在“财政预算执行、盘活财政存量资金、国库库款管理、推进财政资金统筹使用、预算公开等财政管理工作完成情况好的地方”中，西安市名列其中。

△西安市卫生健康委员会召开纪念“5•12”国际护士节暨抗击疫情、优质护理服务先进集体和个人表彰视频会议，对西安市优质护理服务55个先进集体和198名先进个人进行表彰，并邀请医务工作者讲述抗疫一线感人故事。

11日　西安市中小学各年级全部返校复课。

12日　大西安新中心中央商务区举行首批企业入驻仪式，京东健康、中核华辰、中国系统、日海智能、网库集团等32家企业集中入驻。

16—17日　中国人民政治协商会议西安市第十四届委员会第四次会议在陕西宾馆召开。

17—18日　西安市第十六届人民代表大会第五次会议在陕西大会堂召开。

19日　空军军医大学西京医院举行加速康复外科数字化示范病房挂牌仪式，这一新的数字化医疗系统在外科诊疗单元的全面应用在我国属首次。

21日　西安市人民政府与陕西汽车控股集团签署共建商用汽车产业集群合作框架协议。

△西安招商云平台及2020年重点招商项目发布仪式在曲江宾馆举行，仪式采取现场召开+互联网线上直播双模式面向全球发布。

22日　中欧班列西安至加德满都南亚班列首开。

30日　西安奥林匹克体育中心体育馆通过竣工验收。

31日　黑河国家森林公园景区首次拍摄到大熊猫。

6月

1日　秦岭国家植物园与周至县共建的周至县中小学生科普教育基地揭牌仪式在秦岭国家植物园举行。

3日至8月5日　由西安市人力资源和社会保障局、西安高新技术开发区管理委员会共同举办的2020年西安创业创新大赛暨第四届“中国创翼”创业创新大赛西安地区选拔赛举行。

5日　西安市在蓝田县垃圾焚烧厂举办“世界环境日”主题宣传实践活动，活动现场为10家首批西安市生态环境教育基地授牌。

7日　陕西省首条洲际第五航权全货运航线首尔—西安—洛杉矶开通。

8日　西安至石家庄全货运航线开通。

9日　西安工商学院揭牌。经教育部批准，西安工业大学北方信息工程学院转设为西安工商学院，成为陕西省首家成功转设的高校。

10日　西北大学应急管理学院成立大会暨揭牌仪式举行。

△西安市第二十六中学太乙分校挂牌。

12日　西北工业大学、北方置业集团有限公司、兵器工业卫生研究所三方举行兵器工业卫生研究所（简称521所）整体移交签约仪式。根据协议，521所由西北工业大学进行管理，521医院将作为西北工业大学直属附属医院。

△西北工业大学附属中学含光校区挂牌。

14日　西安市第三中学第二分校举行更名揭牌仪式。原西安市第二中学更名为西安市第三中学第二分校，成为市三中“名校+”教育联合体新成员。

15日　西安市全面启动创建首个国家级硬科技创新示范区。

16日　北京汽车集团有限公司国家新能源汽车技术创新中心新能源汽车技术创新园与动力电池产业园项目签约仪式在西安经济技术开发区举行。

18日　中国系统西咸新区数字产业基地签约落户西咸新区能源金贸区。该项目总投资3亿元，包括产业基地、研发中心和区域总部。

20日　西安火车站改扩建项目——南站房站前广场及进站口适应性工程改造完成投入使用。

23日　《西安日报》报道：国家科技重大专项课题项目——国产首台1200吨大型蒙皮拉伸机签约落户西安阎良国家航空高技术产业基地。

△西安市人大常委会召开新闻发布会，公布《西安市秦岭生态环境保护条例》，该条例于7月1日起施行。

28日　《西安日报》报道：人民日报海外网数据研究中心发布的《中国城市形象宣传片海外传播影响力指数报告（2020）》数据显示，在列入评价名单的31个具有国际影响力的国内城市中，西安城市形象宣传片海外传播影响力排名跻身十强。

28日至10月17日　由西安市人民政府主办，西安市体育局及相关区（县）政府、开发区管委会承办的“迎全运、惠民生、我要上全运”西安市首届全民健身大会举行。本届大会设置第九套广播体操、5人制笼式足球、3×3篮球、乒乓球、羽毛球、啦啦操、公开水域游泳、跳绳、武术套路、围棋、中国象棋、柔力球、广场舞13个比赛项目。

29日　《西安日报》报道：西安市“南横线”“北横线”2条道路名称论证、公示等程序完成，西安南横线定名“终南大道”，北横线定名“秦川大道”。

30日　西安—徐州全货运航线开通。

△西安国家民用航天产业基地广电西路（星云路）竣工。

7月

1日　西安、榆林两地间首次开行时速160公里“复兴号”动车组。当天，西安铁路局集团公司也首次开行西安至鄂尔多斯双层旅客列车。

△陕西地区单体最大的高效电池工厂——隆基乐叶5吉瓦单晶光伏电池项目在西安经济技术开发区投产。

△斗门水库工程项目开工。

△朱宏路主线桥通车放行。

△西安地铁10号线一期工程开工。

△陕西省大熊猫国家公园周至管理分局挂牌成立。

1—6日　第十一届西安国际汽车工业展览会在西安浐灞生态区西安国际会展中心举行。

2日　《西安日报》报道：国家发展改革和改革委员会办公厅公布特色小镇典型经验和警示案例，西安大唐西市小镇聚力发展主导产业作为“第二轮全国特色小镇典型经验”被推广。

△《西安日报》报道：按照“市级统筹、重心下移、权责对等”原则，西安市人民政府下放36项行政事权。

△西安交通大学胰腺疾病诊疗中心在西安交通大学第一附属医院揭牌成立。

△《西安日报》报道：西安首家楼宇社区党委在碑林区长安路街道成立。

3日　国内首台二代独立撬装式气井带压作业修井装置和国内首个超大直径铝锂合金整体旋压箱底在西安阎良国家航空高技术产业基地下线。

△陕西金宇航空科技有限公司成功获批国家首批CCAR-66R3执照培训试点，成为西北地区唯一的执照试点机构，也是全国唯一拥有全部执照培训类别的试点机构。

△西安市“三中心”文化设计艺术专家委员会成立。

△西安楚信投资建设有限公司领到西安市首张电子施工许可证。

△西安老字号、西安名吃授牌表彰大会暨西安老字号产业促进会成立仪式举行。盛志望、全盛斋、老孙家牛羊肉泡馍、柳巷面等43家西安老字号和51家西安名吃被授牌表彰。

4日　《西安日报》报道：先锋南北二号路（龙湖北侧规划路—凤城五路）通车。

6日　西安市人力资源和社会保障局、西安市财政局印发通知，提高失业保险稳岗返还标准，将失业保险的保障范围扩大到所有参保人员，落实延长大龄失业人员领金期限、失业补助金、临时生活补助政策等。

△西安市出动西北第一台5G脑卒中救护车赶赴渭南转运患者。

7日　国内首例第四代机器人辅助自体肾移植手术在西安交通大学第二附属医院实施。

9日　西安市人民政府推出经过全新改造升级的西安招商云平台2.0版。

△国家文化和旅游部发布《关于公示第二批全国乡村旅游重点村名单的公告》，长安区王曲街道南堡寨村为西安唯一上榜村。

10日　世界城地组织在联合国可持续发展高级别政治论坛框架下举行“地方和区域政府日”网络视频会议，围绕“疫情之下地方政府的加速变革”主题进行探讨。世界城地组织联合主席、西安市人民政府市长李明远作发言。

△西安市人民政府原副市长强小安涉嫌严重违纪违法，接受纪律审查和监察调查。

11日　西安市教育局在西安市公证处进行2020年民办义务教育学校电脑随机录取系统及学生报名数据公证监督领取工作。

13日　当日起，西安市参保人员在完成异地就医备案后，可在咸阳市、杨凌示范区、安康市、汉中市四地直接使用社保卡进行普通门诊就医和药店购药。

△《西安日报》报道：西安交警雁塔大队试点建设第一批300个“海绵停车位”。

△《西安日报》报道：西咸新区能源金贸区正七大道（沣泾大道—乘风路段）通车。

14日　《西安日报》报道：首届自贸片区党建创新案例发布会（线上）在深圳前海自贸试验区举行。由中国（陕西）自由贸易试验区西安区域报送的《探索“一委四化”基层治理机制全面提升基层社会治理水平》《充分发挥党建引领作用助推自贸试验区高水平建设高质量发展》2项案例入选自贸片区党建创新典型案例。

△《西安日报》报道：全国高校人工智能与大数据创新联盟公布“智能科学与技术”专业及“人工智能”专业教育教学综合实力排行榜。西安电子科技大学相关专业分别位列“智能科学与技术”专业排行榜的第二名及“人工智能”专业排行榜的第三名。

15日　西安市民政综合执法支队挂牌成立。

17日　陕西省科学技术奖励大会召开。中国兵器工业第203研究所杨绍卿、中国科学院地球环境研究所安芷生、西安电子科技大学郝跃获得2019年度陕西省最高科学技术奖。

△中煤航测遥感集团云平台大数据中心在西安国家民用航天产业基地落成。

△西咸新区秦汉新城与陕西省人民医院签署合作协议，共建陕西省人民医院西咸院区（陕西省西咸新区人民医院）。

20日 西安市及西北工业大学附属中学、西安高新第一中学、西安市铁一中学入选教育部公布的普通高中新课程新教材实施国家级示范区和示范校名单。

△西咸新区泾河新城泾河大道上跨G65W高速跨线桥建成通车。

21日 国家发展和改革委员会批复引汉济渭二期输配水工程可行性研究报告，引汉济渭二期输配水工程正式立项、进入实施阶段。

△华勤丝路总部项目在西安高新技术产业开发区开工。

22日 西安咸阳国际机场三期扩建工程破土动工。

△西安大唐不夜城步行街被商务部确认为首批全国示范步行街。

23日 2020年（第二届）全国政务热线发展高峰论坛发布全国政务热线联盟服务质量评估报告，西安“12345”市民服务热线获全国城市政务热线服务质量总体评估优秀单位（等级A+）和全国政务热线服务质量评估“服务创新”优秀单位称号。

24日 西安市入围住房租赁市场发展试点城市。

△首趟西安至基辅中欧班列从西安新筑车站发车。

25日 资源三号03星在太原卫星发射中心成功发射。中国航天科技集团五院西安分院为该卫星研制数传分系统和数传天线分系统等关键性有效载荷系统产品。

25—27日 西安大唐不夜城步行街举办以“外贸优品汇 扮靓步行街”为主题的出口产品转内销系列活动（西安）。

26日 《西安日报》报道：住房和城乡建设部印发《关于公布第一批全国美好环境与幸福生活共同缔造活动培训基地名单的通知》，蓝田县入选第一批全国美好环境与幸福生活共同缔造活动培训基地。

29日 西安市创建“文明餐桌”示范街区、示范店授牌仪式暨“一勺一筷见文明 文明餐桌你我行”文明餐桌创建活动在西安高新技术产业开发区益田假日里购物中心启动。

△大型民族音乐电影《半个月亮爬上来》在世界民族电影节上获得最高奖项——最佳故事片奖。

△阿里云创新中心（西安高新）开园仪式暨“智能+”云产业发展高峰论坛在阿里巴巴丝路总部举行。

30日 《西安日报》报道：长安区王莽街办清水头村柿树古树群和滦镇街办内苑村板栗古树群新增保护标志挂牌立碑。

△西安市多个区域普降暴雨，3小时内降雨量达50毫米以上。

31日 天津市第一中级人民法院公开宣判第十二届全国人大内务司法委员会原副主任委员、中共陕西省委原书记赵正永受贿案，对被告人赵正永以受贿罪判处死刑，缓期2年执行，剥夺政治权利终身，并处没收个人全部财产，在其死刑缓期执行2年期满依法减为无期徒刑后，终身监禁，不得减刑、假释。

31日至11月5日 第五届中国创新挑战赛（西安）硬科技发展专题赛举行。

8月

1日 《入境货物检验检疫证明》电子化在陕西省启动实施。

△西安市全面实施启用“个体工商户线下登记人证实名核验及代办人员管理系统”。

△2020年西部园林景观企业家高峰论坛在西安举行。

3日 《西安日报》报道：西安市科技局公布2020年第一批市级众创空间，认定华为云（西北）联合创新中心等16家众创空间为市级众创空间；公布2020年第一批市级科技企业孵化器，认定西安汽车零部件产业园科技企业孵化器等10家单位为市级科技企业孵化器。

4日 首届黄河几字弯地区文化协同发展和战略传播高峰论坛在西安交通大学举行。黄河几字弯文化协同发展联盟成立。

5日 西安市“市长特别奖”颁奖典礼举行，对获得“市长特别奖”及提名奖的50名企业家和团队进行表彰奖励。

△西安首支少年交警公益先锋队成立。

△西安市社区24小时自助图书馆开馆投入运营。

△2019中国文化和旅游总评榜颁奖典礼在浙江嘉善西塘举行。西安首届昆明池•七夕公园“乞巧文化节”被评为2019中国文化和旅游推广创新优秀案例；陕西华清宫文化旅游有限公司姚新垣获“2019中国文旅年度风云人物”称号；西安曲江文化旅游股份有限公司获“2019中国创新型文旅集团”称号；西安秦岭野生动物园获“2019中国文旅融合示范景区”称号；世园婚庆文旅小镇获“2019中国人气文旅小镇”称号。

△由北京大学文化产业研究院学术支持，新华网、北京九州一方文化创意院联合发布“2019中国城市文化创意指数排行榜”，西安新晋十强，排名第七位。

5—9日 陕西省2020年全民健身日体育技能大展示活动在西安举行。

6日 “网聚时代正能量 争做西安好网民”2020年西安好网民活动启动仪式暨云上发布会在西安交通大学丝路报告厅举行。

11日 国务院发布关于同意全面深化服务贸易创新发展试点的批复，原则同意商务部提出的《全面深化服务贸易创新发展试点总体方案》，同意在西安、西咸新区等28个省、市（区域）全面深化服务贸易创新发展试点。

△《西安日报》报道：陕西省首个全地下污水处理厂——西安第三污水处理厂扩容项目进入调试试运行阶段。

△微信支付发布《8•8智慧生活日消费数据报告》，西安“夜经济”活跃度位居全国第六位。

12日 未来年产值超千亿元的西北安全应急产业园落户西咸新区。

13日 2023年亚洲杯比赛场馆西安国际足球中心开工仪式在西咸新区沣东新城举行。

14日 中国机械工业企业管理协会分支机构授牌仪式在陕西鼓风机（集团）有限公司临潼工业园区举行，陕鼓集团成为中机企协重要的分支机构和专委会单位之一。

14日 陕西省首家楼宇法律服务中心——西安市碑林区长安国际楼宇法律服务中心挂牌成立。

14—23日 “美美长安——2020西安国际啤酒节”在西安国际会展中心南广场举行。

16—17日 鄠邑区局地大到暴雨，最大降水量出现在鄠邑朱雀森林公园，达到46.9毫米。

18日 中国经济信息社、中国信息协会和中国城市规划设计研究院联合发布《中国城市数字治理报告（2020）》，西安成为前十中唯一西部城市。

△全国首个自主研发的13价肺炎球菌多糖结合疫苗在未央区张家堡社区卫生服务中心完成陕西省首针接种。

△《西安日报》报道：西安农民音乐人杜鹏作曲、作家李晶作词的歌曲《妹妹》，获得全国十大原创词曲作品银奖。

19日 中共中央宣传部、国家卫生健康委员会联合发布2020年“最美医生”先进事迹，西安交通大学第二附属医院护理部主任、援鄂医疗队副队长、陕西首位“南丁格尔奖章”获得者杨惠云获2020年“最美医生”称号。同日，由中国医师协会主办的2020年“中国医师节”庆祝大会暨第12届“中国医师奖”颁奖大会在京召开，西安市胸科医院结核病合并症科主任毛晓，空军军医大学唐都医院麻醉科副主任姚立农，空军军医大学西京医院重症医学科主任张西京，陕西省人民医院党委副书记、主任医师易智获第12届“中国医师奖”。

20日 中欧班列“长安号”中东欧线路班列首发。

△第五届“玉猴奖”揭晓。西安市文创企业陕西李唐牧马文化创意有限公司李向宇创作的“唐富贵”获2020年度十大最具商业价值文旅吉祥物；西安桥合动漫科技有限公司乔乔创作的“唐妞”获2020年度十佳授权主题项目，同时“唐妞”作者乔乔获“2020年度十佳授权精英”称号。

21日 陕西国华融合产业发展基金签约落户西咸新区。

21—24日 第十四届中国西安国际茶业博览会在西安国际会展中心举行。

23—29日 西安市2020年科技活动周举行。

26日 西安钟楼抢险加固修缮项目全面竣工。

△首列“唐西欧”国际货运班列从河北唐山曹妃甸港通用码头铁路场站驶出。

27—30日 第四届中国西安留学回国人才招聘节在西安曲江新区举行。

28日 首列“永西欧”国际班列开行。

△香槐六路跨灞河桥项目主桥合龙。

29日 西咸公共交通集团开通1182路（崇文二路•崇文五路口—智慧农业园）公交线路。

30日 第二届中国国际化营商环境高峰论坛暨《2020中国城市营商环境投资评估报告》发布会在京举行。西安市再次蝉联“中国国际化营商环境建设标杆城市”称号；未央区获评“中国营商环境质量十佳县（市、区）”；西咸新区空港新城获评“中国国际化营商环境建设示范县（市、区）”。

△西安国际会展中心一期C区开工。

31日 首列“渭西欧”国际货运班列从西安港开行，

△西安交通大学附属泾河医院签约落户西咸新区泾河新城。

△西安市体育中心外围提升改善道路PPP项目（一标段）2个重要节点工程——北辰大道凤城五路立交、凤城八路立交全面贯通。

△西安国家民用航天产业基地航腾路断头路打通。

△西安公共交通集团开通全运1号线公交线路。

△西咸公共交通集团开通834路（西咸大厦—凤城九路西口）公交线路。

9月

1日 西安海关开始试点跨境电商B2B出口业务。

△国际港务区保税四路断头路完工通过验收，并放行通车。

3—5日 第十届中国西部国际物流产业博览会在西安国际会展中心举办。同期举办第四届中国（西安）智慧交通博览会。

4日 首趟中欧班列长安号“韩国LG专列”开行。

5日 《西安日报》报道：一套拥有自主知识产权、全球最大的AV140轴流压缩机组在陕西鼓风机（集团）有限公司试车成功。

6日 《西安日报》报道：《文化和旅游部、国家发展改革委员会关于公布第二批全国乡村旅游重点村名单的通知》，长安区王曲街道南堡寨村为西安唯一上榜村。

7日 西安至榆林开行时速160千米复兴号长编组动车组。

△阿里巴巴天天正能量发布《2019—2020年度正能量报告》，西安市获“十大正能量城市”称号。

8日 全国抗击新冠肺炎疫情表彰大会在北京人民大会堂举行。西安市第八医院党委副书记、院长、主任医师郭雅玲等25人获得全国抗击新冠肺炎疫情先进个人表彰，西安市胸科医院等10个集体获得全国抗击新冠肺炎疫情先进集体表彰，西安大兴医院韩丽春等3人获得全国优秀共产党员表彰，西安市第八医院党委等3个集体获得全国先进基层党组织表彰。

8—10日 2020全球创投峰会在西安召开。

9日 清科研究中心发布《2020中国城市科技金融发展指数》，西安市跻身榜单前十名。

△2020全球创投峰会重点项目集中签约暨西安市上市企业协会揭牌仪式在西安高新技术产业开发区举行。

11日 陕西省“十市百城联展”西安市扶贫产品展销活动启动暨消费扶贫生活馆开馆仪式在莲湖区举行。

△“西安人才服务银行”在西安银行总部揭牌。

△西安市自然资源和规划局官网发布《西安市自然资源和规划局关于公布西安市城区基准地价的通告》，公布西安Ⅰ类住宅用地：主要集中在西安曲江新区、西安高新技术产业开发区，基准楼面地价4550元/平方米。这也是西安时隔8年后再次更新基准地价。

12日 首届中国金融四十人曲江论坛在西安曲江新区举行。

△西安市总工会农民工子女关爱诊疗中心暨西安工会医院儿科医学中心开业。

15日 中华人民共和国第十四届运动会、中华人民共和国第十一届残疾人运动会暨第八届特殊奥林匹克运动会组委会成立大会在西安举行。全国第十一届残运会暨第八届特奥会会徽、吉祥物在西安奥林匹克运动中心公布。

△《西安日报》报道：西安市被交通运输部命名为“国家公交都市建设示范城市”。

15—17日 2020西安全球硬科技创新大会在西安举办。

17日 2020年度西安市“百名文明小公民”表彰大会召开。

19日 2020年关中平原城市群合作与发展联席会议在西安召开。

21日 陕西省首家商会妇联——西部企业家商会妇联成立。

22日 西安秦华天然气有限公司更名暨西安秦华燃气集团有限公司成立揭牌仪式举行。

22日 中国出租汽车暨汽车租赁协会在西安市举行“全国出租租赁汽车行业抗击新冠疫情表彰大会”。西安出租汽车协会、西安前进出租汽车（集团）有限公司、西安市出租汽车集团有限公司以及王武、李苏敏、张海、周勇、黄春海、张晓丽等分别获得表彰。

23日 《西安日报》报道：住房和城乡建设部认定西安市为第二批“装配式建筑范例城市”；陕西金泰恒业房地产有限公司为第二批“装配式建筑产业基地”。

23—25日 2020中国（西安）国际3D打印博览会暨高端论坛在西安高新国际会议中心举行。

24日 陕西省生态环境厅发布全省水环境质量状况：黄河干流陕西段水质良好，渭河干流西安段水质优。

△西安首座全地下净水厂——航天第一净水厂进入调试。

25日 首列“贵西欧”（贵阳—西安—塔什干/明斯克）国际货运班列发车。

△第七届“西安青年科技人才奖”颁奖典礼举行。

△《西安日报》报道：陕西省工业和信息化厅联合扶贫企业、电商企业和金融机构打造的工信扶贫电商平台“叮

咚严选”上线运行。该平台是全国首个工信扶贫电商平台。

△第十一届中国曲艺牡丹奖揭晓，西安市青年演员卢鑫获“新人奖”。

25—27日 住房和城乡建设部会同国家发展和改革委员会对西安市创建“国家节水型城市”进行考核验收。认定西安市达到“国家节水型城市”考核标准要求，通过现场考核。

26日 《西安日报》报道：全国第二家、中西部首家获批申建启动的欧美同学会海归小镇（西安•信息技术）项目审批通过，进入开发建设期。

28日 西安地铁15号线开工建设。

△西安市警示教育基地建成开放。

△沣东虹桥科技产业园项目签约落地西咸新区。

△西安市楼宇经济促进会成立。

28—29日 2020世界文化旅游大会在西安浐灞生态区召开。

29日 西安国际港务区融创冰雪世界项目和华润万象城商业综合体项目开工建设。

△航天北路（雁塔南路—神舟四路）断头路完成道路施工。

△西安交通大学第一附属医院肝脏移植手术突破1000例。

10月

1日 西安市城市居民最低生活保障标准月提高40元，即由每人每月700元提高到每人每月740元；农村居民最低生活保障标准月提高60元，即由每人每月500元提高到每人每月560元。

△《西安市水环境保护条例》实施。

△护城河改造及环城林带公园项目完工，并对外开放。

△灞河左岸生态公园对外开放。

8日 加拿大金枫叶国际电影节官宣获奖名单。由中共陕西省委宣传部、中共西安市委宣传部等单位联合摄制的电影《半个月亮爬上来》获得加拿大金枫叶国际电影节的“最佳音乐故事片奖”和“最佳导演奖”2项大奖。

9日 《西安日报》报道：《西安市自然资源统一确权登记总体工作方案》印发，对全市范围内除自然资源部、陕西省自然资源厅直接开展确权登记之外的自然保护区、自然公园（包括森林公园、地质公园、湿地公园）等各类自然保护地、河流湖泊、生态功能重要的湿地、国有林区等具有完整生态功能的自然生态空间和全民所有单项自然资源开展统一确权登记。

△新兴南路项目东南二环立交标段北主线桥合龙。至此，整个东南二环立交三条主线桥（WE主线、NS主线、EW主线）全部贯通。

10日 中国标准工业集团临潼生产基地交付暨搬迁启动仪式在渭北工业区临潼现代工业园举行。

△西安市公共排水设施统一划转至西安水务（集团）有限责任公司。

△西安市台湾工作办公室、西安市台商协会在西安医学院第一附属医院举办“台胞就医绿色通道”授牌仪式。

11日 零时起，全国铁路实施2020年第四季度列车运行图。中国铁路西安局集团有限公司开行旅客列车373对。其中，跨省客车316对，省内客车50.5对。西安至安康、西安至韩城首次开行时速每小时160千米的“复兴号”动车组。

△第七次全国人口普查开始入户摸底工作。

△农业农村部发布第二批“全国农业社会化服务典型案例”，西安市长丰农机专业合作社入选。

11—16日 第七届丝绸之路国际电影节在西安举办。14日，陕西青年电影制片厂成立。16日，西北大学西安电影学院揭牌。

14—15日 华山论剑•2020网络安全大会（第三届全国信息安全企业家高峰论坛暨第五届SSC安全峰会）在西安高新国际会议中心举办。

14—20日 2020年全国青年体操U系列冠军赛在西安举行。

15—17日 2020中国（西安）电子商务博览会在西安国际会展中心举办。

16日 国家发展改革委发布我国营商环境评价领域的首部国家报告《中国营商环境报告2020》，西安市跻身中国营商环境15个标杆城市行列。

△临潼石榴区域公用品牌形象对外发布。

△西安市教育科学研究院成立。

17日 西安电子科技大学举行建校90周年（1931—2021）庆祝活动。

18日 长安区第八小学开工建设。

19日 中共中央组织部、人力资源社会保障部、中国科学技术协会、共青团中央委员会联合发布《关于表彰第十六届中国青年科技奖获奖者的决定》，中国科学院地球环境研究所黄汝锦，西北工业大学朱继宏、邱强，西安交通大学雷亚国榜上有名。其中，黄汝锦获得中国青年科技奖特别奖项。

△由中共西安市委宣传部指导，西安广播电视台、西安广播电视台艺术中心有限公司联合出品的文艺电影故事片《一日父子》登陆中央电视台电影频道黄金时段播映。

△“西安发布”客户端获“年度全国城市报业十佳融合创新客户端”荣誉称号。

20日 全国双拥模范城（县）命名暨双拥模范单位和个人表彰大会在北京举行。西安市第九次被授予“全国双拥模范城”荣誉称号。

△西安市应邀参加金砖国家友好城市暨地方政府合作论坛视频会议。

△《西安日报》报道：西安市承担建设任务的西安奥体中心“一场两馆”、西安秦岭国际高尔夫球场、西安城市运动公园体育馆、阎良攀岩、滑板等8个场馆全部竣工，正完善配套设施。

△深化“西安好课堂”建设教学研讨活动暨西安市教育科学研究院创新实验学校揭牌仪式在西安国际港务区陕西师范大学陆港小学举行。陕西师范大学陆港小学成为“西安市教育科学研究院创新实验学校”，这是西安市教育科学研究院在全市设立的唯一小学实验学校。

20—21日 西安市第十六届人民代表大会常务委员会第三十七次会议举行。

21—22日 2020中国汽车供应链大会在西安召开。

21—24日 中国农工民主党全国副省级城市第二届第七次工作联席会议在西安举行。

22—26日 第二十七届杨凌农业高新科技成果博览会在杨凌示范区举行。本届农高会西安展团喜获后稷奖26个、后稷特别奖9个，洽谈确定农业合作项目29个，项目金额88亿元。

23日 在由中国信息协会主办的2020年政府信息化大会上，由西安大数据资产经营有限责任公司研发的“西安市车位身份码信息管理系统”，首创“车位身份码”，获“2020政府系信息化方案案例创新奖”；由西安市大数据资源管理局牵头组织实施的“智慧西安”时空大数据平台获“2020地理信息产业优秀工程金奖”。

△西安市灞桥区投资控股集团有限公司发行20亿元的公司债券在深圳证券交易所亮相，填补了西安市城区在资本市场上的空白。

△西北大学附属医院•西安市第三医院二期扩建项目开工。

23—24日 2020第四届全球程序员节在西安举行。

23—25日 由中国旅游研究院和无锡市人民政府等共同主办的2020中国夜间经济论坛在无锡举行。西安市入选“2020夜间经济20强城市”；大唐芙蓉园景区入选“2020游客喜爱的十大夜景区”；《长恨歌》入选“2020游客喜爱的十大夜间演艺”，西安市成为西部获奖最多的城市。

24日 “一带一路”陕西西安（三星）•2020城墙国际马拉松赛开赛。

24—31日 全国男子水球冠军赛及U17锦标赛西安奥林匹克体育中心举行。

25日 《西安日报》报道：公式河入渭口滩区整治项目完工，并对游人开放。

△西交康桥安诚小学动工建设。

26日 陕西省生态环境厅发布全省水环境质量状况：渭河干流西安段水质优，黄河干流陕西段水质优，与上年同期相比水质明显改善。

29日 在2020携程集团全球合作伙伴峰会上，西安市获得“2020最佳时尚目的地”称号。

△即日起西安市全面推行住房租赁合同网签备案制度。

△在2020中国民航四型机场建设发展大会暨成果展上，西安咸阳国际机场获“中国民用机场服务质量评价优秀奖”，在获此荣誉的17家机场中位列第五位。

30日 IFAM第六届优秀青年科学家论坛在西安国际会议中心举行。

△2020年“一带一路”人工智能高峰论坛在西安举行。

△西安市公共卫生中心建设项目誓师大会在高陵区举行。

是月 西安市分批启用社会保障卡发放企业职工基本养老金。

11月

1日 第七次全国人口开始普查登记。

△中国丝路科创谷发展战略规划研讨会在西咸新区召开。

△西安火车站改扩建控制性工程——西安太华路跨陇海铁路立交桥主体及桥面系工程全部完成。

△西安市公交集团开通111路公交车。

2日 东南二环立交由北向南、由北向东2条线路通车放行。

4日 商务部等9部门宣布，中国决定设立10个进口贸易促进创新示范区，西安国际港务区名列其中。

5日 第五届中国创新挑战赛（西安）硬科技发展专题赛在陕西星河湾酒店举行。

6日 西安市与长三角地区外资企业合作交流会在上海市举行。

△纪录片《从长安到罗马》第二季在中意两国媒体全面播出。

△西安市住房租赁交易服务平台上线运行。

6—7日 第九届世界大学女校长论坛在西安工业大学举行。

8日 2020西安国际马拉松赛在永宁门鸣枪开跑。

9日 工商注册、纳税服务、公证服务、公积金业务等258项政务服务事项在西安高新技术产业开发区、西安经济技术开发区、西安浐灞生态区、西安国际港务区实现“四区通办”。

10日 《西安日报》报道：陕西省首张沿黄河流域“跨省通办”营业执照，在西安市市场监督管理局经开分局办结。

△太华路立交放行通车。

△西安市公交集团开通146路公交车。

10—16日 2020“一带一路”中国跆拳道公开赛在西安城市运动公园体育馆举行。

11—12日 2020首届全国省会城市西安“浙商杯”乒乓球赛在陕西网球中心举行。

12—13日 第三届中国（西安）丝路经济带人力资源发展高峰会在西安举行。此次峰会上，西安市人力资源和社会保障局发布《2020年度西安市“6561”现代产业急需紧缺岗位人才需求目录》。

13日 西安市住房和城乡建设局公布第五届“长安建筑大工匠”名单，18人获得“长安建筑大工匠”称号。

△陕西省考古研究院发布首例考古发掘出土的颜真卿书丹墓志。

14日至2021年1月 第十九届西安国际音乐节在西安举行。

16日 光明日报社和经济日报社在北京联合发布第十二届“全国文化企业30强”名单，西安曲江文化产业投资（集团）有限公司入选。

18日 “2020中国最具幸福感城市”榜单在杭州揭晓，西安连续9次获评“中国最具幸福感城市”。

19日 西安市首家“两代表一委员”工作室在新城区西一路街道兴乐社区挂牌运行。

19—20日 2020西安国际创业大赛决赛举行。

20日 中央精神文明建设指导委员会在北京召开全国精神文明建设表彰大会，表彰第六届全国文明城市、文明村镇等。周至县楼观镇周一村入选全国文明村镇。

21日 2020博鳌国际旅游奖宣布获奖名单。西安市位居2020中国文旅城市品牌传播力排行榜第五位。

△西安市第五届“丝绸之路”（四联绿能）拳击争霸赛在西安城市运动公园体育馆举行。

22日 西安市公交集团开通113路公交车。

24日 西安市与西班牙瓦伦西亚市结为友好城市。

△西安市城市安全与应急管理研究院、西安市应急管理学院揭牌仪式在西安科技大学举行。

25日 2020西安世界知识产权大会在西安举行。

△西安青年抗疫志愿服务先进典型表彰大会暨西安市首届城市志愿服务项目大赛启动仪式在西安国际港务区举行。

△西安市公交集团开通283路公交车。

△浐灞公交8号线试运行。

27日 西安市举行塑料污染治理启动仪式，全面开启“禁限塑”模式。

△首列“芜西欧”国际货运班列开行。

△第五届中国中药材物流大会暨中药供应链数字化国际研讨会在西安曲江国际会展中心召开。

28日 中国民族建筑研究会宜居城市与城乡治理专业委员会发布《2020中国宜居宜业城市榜》，西安市榜上有名。

△西安市公交集团开通115路公交车。

△西安高新技术产业开发区G1路通车放行。

29日 由西安电影制片厂联合摄制、反映西安市井人物的电视连续剧《装台》在中央广播电视总台综合频道黄金时间播出，引起全国强烈反响。

30日 西安市住房和城乡建设局、西安市金融工作局、西安住房公积金管理中心、西安市自然资源和规划局联合下发《关于进一步加强房地产市场调控的通知》，规定购买第二套住房面积在144平方米以上的，商业贷款首付比例最高升至70%

△阿房一路至西三环立交工程建成通车。

是月 全国首座共享驿站在西安浐灞生态区投入运行。

是月 西安印象城科维奇足球主题运动公园二期工程完工。

12月

1日 2020腾讯全球数字生态大会首个城市峰会在西安举行。腾讯云计算（西安）有限责任公司揭牌。腾讯研究院智慧产业研究中心发布《数字共生带动区域新发展——数字中国2020陕西篇》，显示：西安跻身全国数字化十大城市。

△西安“一带一路”国际商事法律服务示范区中国—上合组织法律服务委员会西安中心、“一带一路”律师联盟西安中心、西安“一带一路”国际商事争端解决中心和国家生物安全证据基地在西安国际港务区揭牌。

△《西安日报》报道：在西安市人民医院（西安市第四医院）眼科手术室开展西北地区首例3D模式下青光眼手术。

2日 企查查大数据研究院推出《中国“抢企大战”20强城市榜单》，西安居第一梯队第一名。

△西安发出首张与兰州的“跨省通办”营业执照，实现与兰州的商事登记互通互办。

3日 由西安城墙提议并联合意大利威内托大区古城墙城市联盟、英国约克市城墙管理机构共同发起的国际古城墙（堡）联盟签约仪式在西安城墙景区通过线上视频会议举行。

3—7日 2020世界机器人大赛在中国佛山潭州国际会展中心举行。西安交通大学派出“西交之星”和“小交队”参加AI探索赛、XJTU1与XJTU4队参加VEX机器人比赛。在AI探索赛项中，西安交通大学2支代表队包揽总冠军、总亚军、物品寻找赛冠军、物品分类赛冠军等所有赛项冠军；VEX机器人2支队伍进入八强。

4日 第12期“中国金融中心指数（CDI CFCI）”在深圳举办的“2020•中国地方金融发展论坛”上正式发布。在本期指数排名中，西安市跻身区域金融中心十强榜单。

△中车株洲电力机车研究所有限公司产业基地项目落户西咸新区。

4—6日，“一带一路”陕西西安•2020年世界女子国际象棋大师巅峰赛在西安市举行。

5日 《西安日报》报道：中华联合集团保险股份有限公司（CIC）中国西北国际科技创新中心项目在西安高新技术产业开发区集贤园举行开工仪式。

△西安公共交通集团开通118路公交车。

7日 《西安日报》报道：中华人民共和国海关总署发布公告，西安咸阳国际机场进境植物种苗指定监管场地获批。

8日 首列“安西欧”国际货运班列从安康东站始发。

△西安地铁首次在郭杜西站打造“智慧车站”。

8—9日 西安市学生联合会第八次代表大会召开。

10日 国家儿童区域医疗中心（西北）建设启动会在西安市举行。

△西安仲裁委员会临空经济仲裁院揭牌仪式在西咸新区举行。

△西安市公共交通集团开通全运2号线、全运3号线。

11日 西安国际会展中心二期展览中心项目主体封顶暨首批劳动证书颁发仪式举行。

△丝绸之路传统文化保护开发利用国际产学研用合作研讨会在西安市举办。

12—14日 自然资源部中国地质调查局西安地质调查中心联合西部地区相关单位在西安市召开西部绿色发展研究院成立暨西北地质科技创新与黄河中上游流域高质量发展2020年学术交流会。会上“中国地质调查局西部绿色发展研究院”成立。

15日 西安市引蓝济李引水工程举行开工仪式。

△西安市公共交通集团开通291路公交车。

15—18日 2020西安市人才高峰论坛举行。

16日 文化和旅游部公示新一批国家AAAAA级景区，西安市大明宫旅游景区入选。

△全国“扫黄打非”工作小组办公室公示第四批全国“扫黄打非”进基层示范点及示范标兵，西安曲江新区大唐不夜城步行街区榜上有名。

△《西安市网络生态文明公约》发布会举行。

17日 西安市红会医院开通陕西省首家超声“空中诊室”。

18日 《西安日报》报道：西安市实施阿房宫前殿、唐长安城明德门遗址等重要遗址保护工程以及小雁塔荐福寺明清建筑群、鄠邑区公输堂等重要古建筑保护修缮工作。

19日 西安国际港务区“交房即交证”服务模式首次落地，并在全市首创房产证“单件受理”模式。

21日 《西安日报》报道：西安市文物局公布秦汉栎阳城遗址2018—2020年度考古收获，首次发现战国秦汉时期“后宫”区域。

△西安市公安局举行“扫黑除恶”3年成果新闻发布会。侦办恶势力团伙以上案件215起，其中，黑社会性质组织案20起、恶势力犯罪集团案53起、恶势力团伙案142起。

22日 西安—连云港全货运航线开通。

23日 第十四届全国运动会和第十一届残运会项目竞委会成立大会在西安市举行。

△2020中国冷链设备产业发展与技术论坛暨陕西省农副食品商会西部冷链物流专业委员会成立大会在西安举行。同时，陕西省农副食品商会“西码通”农副食品全链溯源管理平台项目启动。

24日 西安市首宗工业“标准地”挂牌出让。

25日 西咸空港综合保税区（一期）通过国家验收。

△陕西省首针新冠病毒疫苗在西咸新区空港新城底张中心卫生院完成接种，陕西省重点人群及因公、留学、入境人员新冠病毒疫苗接种工作全面启动。

25日至2021年6月30日 西安兴庆宫公园全面封闭改造。

26日 《西安日报》报道：国务院办公厅印发《关于建设第三批大众创业万众创新示范基地的通知》，公布92家入选国家第三批双创示范基地名单，西北工业大学国家大学科技园、西安交通大学、西安高新技术产业开发区3家单位入选。

△银川至西安高速铁路开通运营，银川至西安间最快行驶时间由11小时45分缩短至3小时4分。

26—27日 西安市第十六届人民代表大会常务委员会第四十次会议举行。授予杉山龙雄、黄得圭、邓予立“西安市荣誉市民”称号。

28日 西安地铁5号线、6号线一期、9号线开通运营。

△《西安日报》报道：西安国家民用航天产业基地通用机场获得西北民航局颁发的“通用机场使用许可证”，开始运营。

29日 《西安日报》报道：科技部和中国科学技术信息研究所公布《国家创新型城市创新能力监测报告2020》和《国家创新型城市创新能力评价报告2020》。在2020年国家创新型城市创新能力排名中，西安位列全国第六位。

△西安市公交集团开通293路公交车。

△西安市劳动南路转盘全面通车。

30日 由我国自主研制的直径最大、装药量最大、工作时间最长的固体分段式助推器——民用航天3.2米3分段大型固体火箭发动机在西安市实现地面热试车成功。

△英格卡购物中心（原宜家购物中心）在西部地区首个项目——西安荟聚中心在雁塔区举行建设启航典礼。

31日 《西安日报》报道：西安市入选国家首批60个文化和旅游消费试点城市。

是年 西安咸阳国际机场年货邮吞吐量首次进入全国前十，排名第十位。

西安概貌

责任编辑：曹毅强

基本情况

◆历史沿革 西安古称长安，位于中国内陆腹地黄河流域中部关中盆地，是中华民族和东方文明的发源地之一。早在100万年前，蓝田古人类就在这里建造了聚落；7000年前的仰韶文化时期，这里已经出现了城垣雏形。西安有3100多年的建城史和1100多年的国都史，先后有西周、秦、西汉、东汉、新、西晋（愍帝）、前赵、前秦、后秦、西魏、北周、隋、唐13个王朝在此建都，又为赤眉、绿林、大齐（黄巢）、大顺（李自成）等农民起义政权都城。自西汉起，西安就成为中国与世界各国进行经济、文化交流和友好往来的重要城市。“丝绸之路”就是以长安为起点，西至古罗马。西安是闻名世界的历史名城，与罗马、雅典、开罗齐名，也是中国六大古都中建都历史最长的一个，长安文化代表着中华文化的主干。“西安”之名始于明代。元至元九年（1272），元世祖封三子忙哥剌（la，音“腊”）为安西王，镇守这里，改京兆府为安西路。元皇庆元年（1312），改安西路为奉元路。明洪武二年（1369），改奉元路为西安府，府城简称西安，名称一直沿用至今。

历史上，西安也是地方行政机关——州、郡、府、路、省和长安、咸宁两县的治所。1911年辛亥革命爆发后，西安是全国最早响应的省会城市之一。20世纪20年代，随着西安现代工商业的发展和城市人口的增加，诞生并逐步形成了不同于历史上任何行政建制的新型地方行政建制，即市级建制。1927年11月25日，陕西省政府议决设立西安市。1930年11月8日，陕西省政府撤销西安市建制，辖区复归长安县。1932年3月5日，国民党确定长安为陪都，定名西京，并成立西京筹备委员会，但西京市政府始终未成立，后西京筹备委员会撤销。1944年9月1日，西安市政府正式成立，为陕西省辖市。1947年8月1日，西安市升格为国民政府行政院直辖市，为全国12个院辖市之一。

1936年12月12日，这里发生了震惊中外的“西安事变”。事变之后，设在西安的国民革命军第八路军驻陕办事处，为延安革命根据地输送了大批青年知识分子和军需物资。党和国家领导人周恩来、邓小平、叶剑英等都曾在此领导过革命斗争。1949年5月20日西安解放。之后，西安是中央西北局和西北行政委员会所在地，中央人民政府的直辖市；1954年6月改为省辖市；1984年10月被国务院列为计划单列市；1992年被批准为内陆开放城市；1994年被批准为全国综合配套改革试点城市和副省级城市；2018年被确定为国家中心城市。

西安以强大的科技实力、门类齐全的工业体系和日益成熟的城市服务体系成为中国重要的科研、高等教育、国防科技工业和高新技术产业基地及辐射北方中西部地区的金融、科技、

西安建都年代

朝代	首都名称	首都地点	起止年份	前后历时
西周	丰镐	西安市 长安区境	武王元年（前1046） 至幽王十一年（前771）	276年
秦	栎阳	西安市 阎良区武屯镇	秦献公二年（前383） 至孝公十二年（前350）	178年
	咸阳	西安市 未央区境	秦孝公十二年（前350） 至子婴元年（前206）	
西汉	长安	西安市 未央区境	汉高祖元年（前206） 至孺子婴初始元年（8）	214年
新	长安	西安市 未央区境	王莽始建国元年（9） 至地皇四年（23）	15年
东汉（献帝）	长安	西安市 长安区境	东汉初平元年（190） 至兴平二年（195）	6年
西晋（愍帝）	长安	西安市 未央区境	西晋建兴元年（313） 至建兴四年（316）	4年
前赵	长安	西安市 未央区境	前赵光初二年（319） 至光初十二年（329）	11年
前秦	长安	西安市 未央区境	前秦皇始元年（351） 至太安元年（385）	35年
后秦	长安	西安市 未央区境	后秦建初元年（386） 至永和二年（417）	32年
西魏	长安	西安市 未央区境	西魏大统元年（535） 至西魏恭帝三年（557）	23年
北周	长安	西安市 未央区境	北周闵帝元年（557） 至静帝大定元年（581）	25年
隋	大兴	西安市区	隋开皇元年（581） 至大业十四年（618）	38年
唐	长安	西安市区	唐武德元年（618） 至天授元年（690）	272年
	长安	西安市区	唐神龙元年（705） 至天祐元年（904）	
合 计				1129年

注：根据2000年11月9日夏商周断代工程正式公布的《夏商周年表》和最近历史研究成果对西安十三朝建都起止年份和前后历时进行了修订。

教育、旅游、商贸中心。

◆地理位置、面积 西安市位于黄河流域中部关中盆地，东经107°40′—109°49′和北纬33°42′—34°45′之间。东以零河和灞源山地为界，与渭南市、商州市、洛南县相接；西以太白山地及青化黄土台塬为界，与眉县、太白县接壤；南至北秦岭主脊，与佛坪县、宁陕县、柞水县分界；北至渭河，东北跨渭河，与咸阳市区、杨凌区和三原、泾阳、兴平、武功、扶风、富平等县（市）相邻。辖境东西长204千米，南北宽116千米。总面积10108平方千米，其中市区面积3582平方千米。

地质 西安市的地质构造兼跨秦岭地槽褶皱带和华北地台两大单元。距今1.3亿年前燕山运动时期产生横跨境内的秦岭北麓大断裂，自距今约300万年前第三纪晚期以来，大断裂以南秦岭地槽褶皱带新构造运动极为活跃，山体北仰南俯剧烈降升，造就秦岭山脉。与此同时，大断裂以北属于华北地台的渭河断陷继续沉降，在风积黄土覆盖和渭河冲积的共同作用下形成渭河平原。

地貌 西安市境内海拔高度差异悬殊位居全国各城市之冠。巍峨峻峭、群峰竞秀的秦岭山地与坦荡舒展、平畴沃野的渭河平原界线分明，构成西安市的地貌主体。秦岭山脉主脊海拔2000—2800米，其中西南端太白山峰巅海拔3867米，是大陆中部最高山峰。渭河平原海拔400—700米，其中东北端渭河河床最低处海拔345米。西安城区便建立在渭河平原的二级阶地上。

◆自然资源

河流、水资源 西安地区自古有“八水绕长安”之美称。市区东有灞河、浐河，南有潏河、滈河，西有皂河、沣河，北有渭河、泾河，此外还有黑河、石川河、涝河、零河等较大河流。其中绝大多数属黄河流域的渭河水系。渭河横贯西安市境内约150千米，年径流量25亿立方米。西安地下水储量估算，总计19.91亿立方米。还另辟有较理想的水源基地。2001年12月，黑河水利枢纽主体工程建成，每年向西安供水4亿立方米，形成日供水能力120万吨，加上地下水资源，市区日供水能力172万吨，基本满足城市生产生活用水。

土壤 西安市土壤分布形成南北两个差异明显的区域，北部的渭河平原以黄褐土、褐土为代表，南部的秦岭山地以黄棕壤、棕壤为代表。据1980—1986年土壤普查，全市有12个土类24个土壤亚类50个土属，计181个土种。土壤类型的复杂多样，为区内农作物的多品种组合提供了有利条件。

动植物 西安的自然植被未遭受第四纪大陆冰川直接侵袭，尚保留若干第三纪古老的孑遗植物，如银杏、水青树、连香、马甲子等。秦岭山地从高海拔向低海拔垂直分布有高山灌丛草甸、针叶林、针阔叶混交林和落叶阔叶林等自然植被类型。自然植被中野生植物资源丰富，计有野生植物138科681属2224种，为中国种子植物的重要基因库之一。渭河平原主要为大田农作物、蔬菜、果园和城市绿化等栽培植物类型。野生动物资源主要分布在秦岭山地，有兽类55种、鸟类177种，包括有大熊猫、金丝猴、扭角羚秦岭亚种、鬣羚、大鲵、黑鹳、白冠长尾雉、血雉、金鸡等珍稀动物。为保护自然生态系统和珍稀动植物资源，境内已建立3个国家级自然保护区。

矿产资源 西安境内地层发育复杂，构造类型多样，为各种矿产资源的形成提供了有利条件。已发现的矿产资源共47种，其中金属矿产21种、非金属矿产22种、能源矿产2种、其他矿产2种。大部分金属和非金属矿产分布在南部秦岭山区。秦岭以北平原地区具有良好的储存地热水的地质条件，仅城区可以开发的地热面积约780平方千米，地下热水可采储量5.39亿立方米。

（鲁　夫）

◆气候 西安市属暖温带半湿润大陆性季风气候，冷暖干湿四季分明。冬季寒冷、风小、多雾霾、少雨雪；春季温暖、干燥、多风、气候多变；夏季炎热多雨，伏旱突出，多雷雨大风；秋季凉爽，气温速降，秋淋明显。年平均气温13.1℃—14.3℃，最冷1月平均气温-1.2℃—0.5℃，最热7月平均气温26.5℃—27.0℃，年极端最低气温-21.2℃（蓝田1991年12月28日），年极端最高气温43.4℃（长安1966年6月19日）。年降水量528.3—716.5毫米，由北向南递增，7月、9月为两个明显降水高峰。年日照时数1595.6—2035.8小时。年主导风向各地有差异，西安市区常年盛行东北风，周至、鄠邑、长安为西风，高陵、临潼为东北偏东风，蓝田为东风。年内主要气象灾害有干旱、高温、大风、沙尘、雷电、冰雹、暴雨、低温冻害、连阴雨、雾和霾。

·气候特点及评价·

2020年，西安市年平均气温14.3℃，比历年（1981—2010年）均值偏高0.5℃，冬季、春季偏高，分别为1961年以来历史同期第三、第五偏高年，夏季正常略偏低，秋季正常略偏高。降水量691.3毫米，比历年均值偏多1成，分布不均，夏季异常偏多，为1961年以来历史同期第二偏多年，冬季、春季、秋季偏少。全年灾害性天气多发，主要有雾和霾、干旱、高温、低温冻害、暴雨、冰雹、大风、连阴雨等。春季首场透雨出现时间较常年偏晚，有阶段性旱情；气温波动明显，出现寒潮天气；出现冰雹天气2天3站次。初夏汛雨出现时间较常年偏晚，强度偏强。国家气象站出现暴雨日3天3站次；出现高温日20天106站次。华西秋雨出现日期较常年偏晚，强度偏弱。出现区域性连阴雨天气7次，最长持续日数16天。综合评定，2020年属正常年份。

气温 2020年，西安市平均气温13.6℃—15.3℃，蓝田最低，西安市区最高。与历年同期（1981—2010年）相比，周至偏低0.1℃，其余区（县）偏高0.2℃—1.1℃，西安市区偏高1.0℃（图1）。全市年平均气温14.3℃，比历年均值偏高0.5℃，属正常略偏高年份（图2）。年极端最高气温39.4℃（6月5日西安市区）；年极端最低气温-14.2℃（1月31日蓝田），西安市区-8.7℃（12月31日）。由各月份来看，3月平均气温显著偏高，1—2月、4—5月、9月、11月偏高，其余月份偏低。由各季节来看，冬季、春季偏高，夏季正常略偏低，秋季正常略偏高。

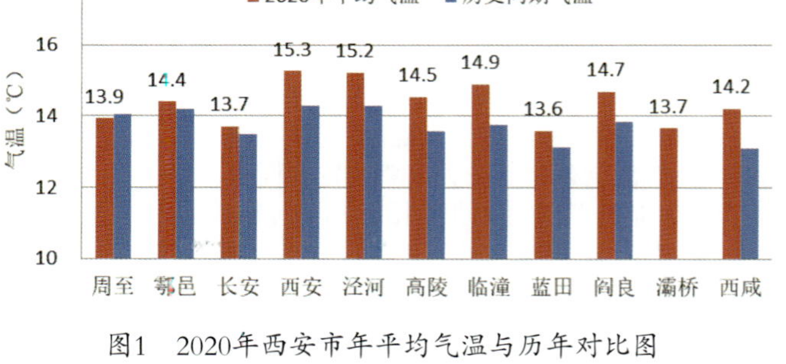

图1　2020年西安市年平均气温与历年对比图

注：灞桥2013年建局，无历史资料

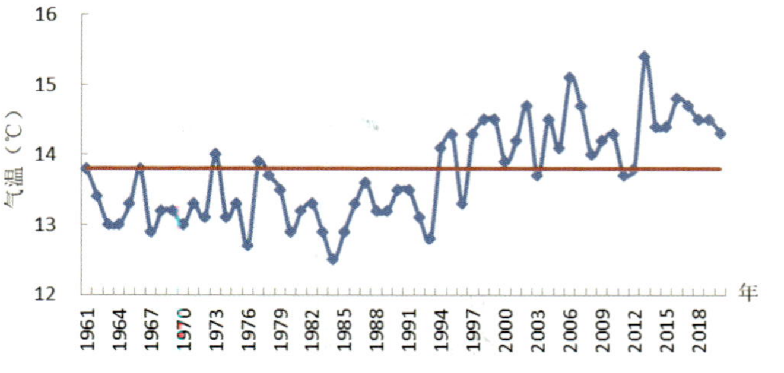

图2　1961年来西安市逐年平均气温变化曲线

冬季（2019年12月至2020年2月）平均气温2.2℃—4.2℃，与历年同期比较，全市均偏高，偏高0.9℃—2.4℃；全市平均气温3.1℃，比历年同期偏高1.6℃，为1961年以来历史同期第三偏高年。其中1月、2月全市平均气温1.6℃、5.1℃，比历年同期偏高1.8℃、1.7℃，均为1961年以来历史同期第六偏高年。春季（3—5月）平均气温15.2℃—17.4℃，与历年同期比较，全市均偏高，偏高1.1℃—2.5℃；全市平均气温16.2℃，比历年同期偏高1.7℃，为1961年以来历史同期第五偏高年。其中3月、5月全市平均气温11.4℃、21.9℃，比历年同期偏高3.0℃、1.9℃，分别为1961年以来历史同期第四和第二偏高年。夏季（6—8月）平均气温23.1℃—25.5℃，与历年同期比较，全市均偏低，偏低0.3℃—1.4℃；全市平均气温24.7℃，比历年同期偏低0.8℃，为1994年以来历史同期最低年份。其中6月、7月全市平均气温24.3℃、25.2℃，比历年同期偏低0.7℃、1.6℃，分别为1994年以来历史同期第三和第二低值年。秋季（9—11月）平均气温13.1℃—14.9℃，与历年同期比较，周至偏低0.5℃，长安持平，其余区（县）偏高0.1℃—1.2℃；全市平均气温14.0℃，比历年同期偏高0.3℃，属正常略偏高年份。其中，10月平均气温12.9℃，比历年同期偏低1.1℃，为1961年以来历史同期第九偏低年；11月平均气温8.3℃，比历年同期偏高1.3℃，为1961年以来历史同期第八偏高年。

降水　2020年，西安市降水总量611.8—847.8毫米，高陵最少，周至最多。与历年同期比较，长安、鄠邑、蓝田基本持平，其余区（县）偏多1—5成（图3）。日最大降水量80.2毫米（6月16日周至），西安市区日最大降水量71.[illegible]毫米（7月10日）。全市年平均降水量691.3毫米，比历年同期偏多1成（图4）。由各月份来看，6月、8月、11月降水量显著偏多，7月、10月偏多，5月持平，1—3月、12月偏少，4月、9月显著偏少。由各季节来看，夏季显著偏多，冬季、春季、秋季偏少。

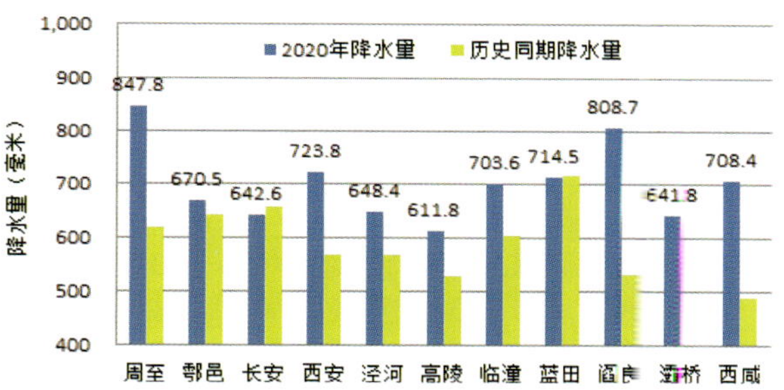

图3　2020年西安市年降水量与历年对比图

注：灞桥2013年建局，无历史资料

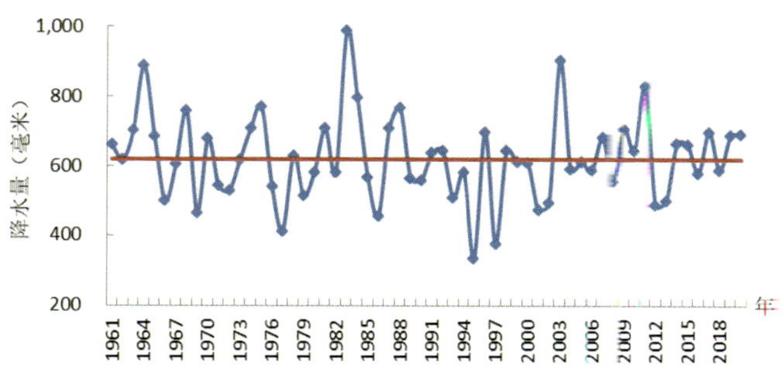

图4　1961年来西安市逐年降水量变化曲线

冬季（2019年12月至2020年2月）降水量10.8—28.4毫米，与历年同期相比，长安基本持平，其余区（县）偏少2—6成；全市平均降水量18.4毫米，比历年同期偏少近3成，属偏少年份。春季（3—5月）降水量54.1—106.3毫米，与历年同期相比，全市均偏少，偏少1—5成；全市平均降水量89.9毫米，比历年同期偏少3成，为1961年以来历史同期第七偏少年。其中，4月全市平均降水量9.4毫米，比历年同期偏少近8成，为1961年以来历史同期第二偏少年份。夏季（6—8月）降水量339.8—579.0毫米，与历年同期相比，全市均偏多，偏多2成至1.3倍；全市平均降水量413.0毫米，比历年同期偏多5成，为1961年以来历史同期第二偏多年。其中，6月、8月全市平均降水量均为148.4毫米，比历年同期分别偏多近1.1倍、5成，为1961年以来历史同期最多和第九偏多年份。秋季（9—11月）降水量143.0—192.3毫米，与历年同期相比，西安市区、临潼、阎良偏多1—2成，西咸持平，其余区（县）偏少1—2成；全市平均降水量166.7毫米，比历年同期偏少1成。其中，9月全市平均降水量44.7毫米，比历年同期偏少近6成，为1961年以来历史同期第九偏少年。

日照　2020年，西安市总日照时数1700.6—2827.2小时，泾河最少，蓝田最多。与历年同期相比，临潼偏少204.9小时，其余区（县）偏多71.3—817.7小时（图5）。全市年平均日照时数2035.6小时，与历年同期相比偏多186.1小时，属正常略偏多年份。

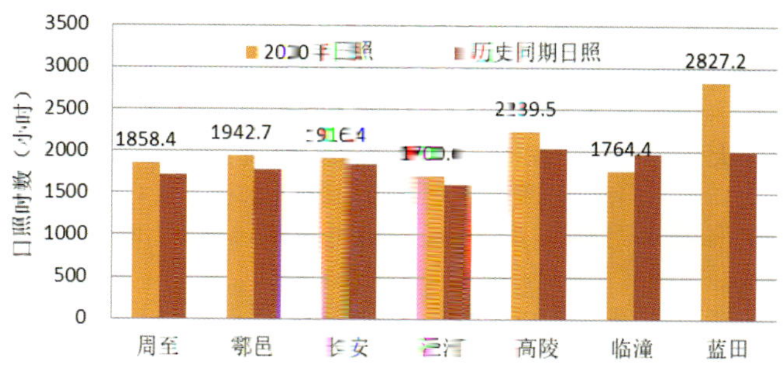

图5　2020年西安市年日照时数与历年对比图

·重要天气气候事件·

雾、霾　2020年，西安市共出现大雾45天85站次，比上年偏少8天29站次。其中，1月最多，为15天35站次，3—5月无大雾天气。从空间分布来看，周至最多，为20天；临潼、长安次之，为15天；泾河、高陵10天；蓝田9天；鄠邑6天。10月7日周至最小能见度达76米。

2020年西安市共出现霾79天[illegible]8站次，比上年偏少18天109站次。其中，1—2月和11—12月较多，4月、6月和8月无霾天气。从空间分布来看，周至最多，为49天；泾河次之，为42天；高陵、蓝田27天；临潼26天；长安12天。

强暖冬年　2019/2020年冬季（2019年12月1日至2020年2月29日），全市平均气温3.1℃，比历年同期偏高1.6℃，为1961年以来历史同期第三暖冬年份。区域分布看，除周至外其余区（县）气温均偏高1℃以上，西安市区、泾河、临潼、西咸偏高2℃以上。

主要冷空气　2020年2月14—16日全市出现2019—2020年冬季最强冷空气过程，周至、鄠邑、长安、蓝田48小时降温幅度达9.0℃—9.6℃，其余区（县）为6.6℃—7.6℃，过程最低气温达-9.9℃，出现在蓝田（15日）。3月25—30日西安市出现强冷空气过程，强度指数为1.39，影响范围广、降温幅度大，除周至、泾河2站外，其余区（县）均出现寒潮天气，过程最低气温达0℃，出现在蓝田（30日）。4月20—24日西安市48小时日最低气温降温幅度为7.5℃—9.5℃，除西安市区为中等强度冷空气外，其余区（县）为较强冷空气，日最低气温达1.8℃，出现在蓝田（24日）。12月23—31日出现2020—2021年入冬以来最强冷空气过程，48小时日最低气温降温幅度为7.4℃—9.6℃，日最低气温达-11.2℃，出现在蓝田（31日），西安市区、鄠邑、蓝田3站突破近10年同期最低气温极值。

干旱　2020年3月3日至5月6日全市平均气温14.4℃，比历年同期偏高2.1℃，为1961年以来历史同期第五偏高年；平均降水量23.9毫米，与历年同期（79.5毫米）比较偏少70.6%，属显著偏少年份，为1961年以来历史同期最少年份。高温少雨导致大部区（县）出现不同程度旱情，不利于农作物及经济林果等生长。

首场透雨、初夏汛雨和秋雨　2020年5月7—9日，全市国家气象站累计降水量32.3—73.3毫米，周至最大，高陵最少，各区（县）均达到透墒雨标准，出现日期较常年（4月11日）显著偏晚。

初夏汛雨开始时间为7月10日，比历年（6月30日）偏晚，7月18日结束，平均降水量78.3毫米，比常年同期偏多近1成。

秋雨于10月1日开始，10月17日结束。秋雨期平均降水量为75.8毫米，比历年秋雨量偏少4成，秋雨长度为16天，比历年秋雨长度（24天）偏短8天，比历年偏晚18天，秋雨综合强度指数-0.53，属偏弱等级。

高温　2020年全市国家气象站监测到≥35℃的高温日20天106站次，比上年明显偏少，偏少14天41站次。其中，5月5天29站次、6月7天41站次、7月4天26站次、8月4天10站次。从空间分布来看，长安、鄠邑17天，泾河16天，临潼、蓝田15天，高陵14天，周至12天。37℃以上的高温日9天30站次。其中，5月2天5站次、6月4天15站次、7月3天10站次。

大风、冰雹　2020年8月3日，周至出现大风天气，极大风速为18.1米/秒。西安市国家气象站出现冰雹天气4日5站次，其中周至（5月7日、8月3日），泾河、鄠邑（5月31日），临潼（8月6日）。

暴雨　2020年全市国家气象站共出现暴雨日3天3站次。分别为6月16日、8月3日周至，7月11日临潼，日最大降水量为80.2毫米（6月16日周至），为1961年以来历史同期第四高值。区域气象站出现暴雨日15天66站次。其中，5月1天2站次、6月2天18站次、7月6天17站次、8月6天29站次，日最大降水量为111.3毫米（8月6日阎良北屯）。

连阴雨　2020年全市共出现区域性连阴雨7次，降水持续日数6—16天（10月1—16日），过程最大降水量140.5毫米（6月12—17日）。分别为6月12—17日、7月10—18日、7月21—26日、7月30日至8月7日、8月12—19日、10月1—16日、11月20—25日。

·气候影响及评价·

气候对农果业的影响　1月气温偏高，大部墒情适宜，有利于冬小麦越冬及设施蔬果生长。5—9日出现持续低温雨雪天气，不能满足冬春茬设施蔬果光热需求，导致生长放缓且蔬果着色差。2月气温偏高，光照充足，降水偏少且分布不均，中东部有轻旱发生，气象条件利于冬小麦返青生长及设施果蔬稳健生长。

3月气温显著偏高，降水偏少且分布不均，光照充足，前期墒情较好，后期西部区（县）出现轻—中度气象干旱，导致冬小麦发育期提前，遭遇晚霜冻的概率加大。25—30日出现明显降温天气过程，但受灾程度较轻，并未表现出受灾症状；对猕猴桃影响轻微，局地叶片有轻微受冻症状，总体影响不大。4月上中旬气温正常略偏高，降水偏少，日照偏多，西部区（县）出现中到重度缺墒，由于前期底墒较好，对作物及经济林果等影响不大。10—13日、17—19日出现明显降温天气过程，经调查未显现灾情。下旬气温偏高，无降水，日照充足，大部地区出现不同程度缺墒，不利于农作物及经济林果等生长。5月上旬气温异常偏高，降水显著偏多，日照充足，对夏粮、春播作物及经济林果生长发育有利。1—3日出现区域性高温天气，高温干旱对于开花期果树正常生长不利，局地部分果园出现“焦花”现象。中下旬冬小麦气温偏高，降水偏少，日照充足，部分区（县）出现不同程度的气象干旱，气象条件利于夏粮作物成熟、收晒及春播作物、经济林果等正常生长。

6月上旬前期出现大范围高温晴热天气，无降水，大部区县出现不同程度旱情，利于冬小麦成熟收晒，影响猕猴桃等幼果发育，易产生高温热害及果实日灼；上旬后至中旬多阴雨天气，对夏收工作较为不利，但有利于缓解前期旱情，对春播作物生长、夏播出苗及经济林果果实膨大有利。下旬气温偏低，降水大部偏少，土壤墒情较好，利于夏播作物苗期和春播作物生长，以及经济林果果实膨大和幼梢生长。7月上旬气温偏高，降水偏少，日照充足，西部区（县）出现不同程度旱情，对玉米苗期生长和经济林果果实膨大不利；中下旬气温偏低，降水偏多且分布不均，有效解除前期旱情，利于夏玉米拔节生长和猕猴桃等果实膨大，但长时间阴雨利于喜湿病害滋生蔓延。8月出现持续强降水天气过程，地势低洼的土壤持续过湿或积水，出现渍害，导致根系缺氧，影响作物正常生长，部分地区玉米等秋收作物不同程度受灾。同时持续阴雨寡照造成处于开花吐丝期玉米无法正常授粉，降低灌浆期玉米的光合作用，不利于干物质积累；也不利于经济林果糖分积累，影响果实品质提升和产量形成；成熟期的葡萄因吸水过多出现裂果现象。下旬中后期天气转好，光温条件适宜，有利于秋收作物及经济林果恢复生长及开展灾后补救工作。

9月气温偏高，降水偏少，日照充足，土壤底墒较好，气象条件利于秋粮作物灌浆生长和成熟，适宜经济林果果实膨大生长、果实成熟和品质形成。10月上中旬气温偏低，日照偏少，降水偏多，土壤底墒足，利于小麦出苗及生长，但阴雨寡照导致部分秋粮贪青晚熟，成熟秋粮收晒困难，影响秋收秋种进度；也不利于成熟期果实着色、糖分转化。下旬天气晴好，利于秋播作物出苗生长和猕猴桃等经济林果果实采收。11月上中旬气温偏高，光照资源较好，土壤墒情适宜，对秋播作物及设施蔬果生长有利。下旬低温多雨寡照，20—24日雨雪过程有利于小麦冬前根、蘖的生长及壮苗形成；对设施棚体威胁不大，整体光热条件较差，不利于设施蔬果生长发育。

12月气温偏低，日照偏少，土壤墒情适宜，利于冬小麦抗寒锻炼及冬前生长，但持续低温寡照和月末的寒潮天气过程对设施农业和露地蔬菜等生长不利。

气候对交通及居民生活的影响　7月10—12日西安市出现强降雨天气过程，其中10日7时至11日7时，主城区出现短时暴雨，最大降水量出现在汉城湖公园83.3毫米。受短时强降雨影响，西安城区的新城、莲湖、灞桥、未央等4区以及经开区管委会共40余处路段出现严重的城市内涝，城市交通受阻。

8月短时强降雨和持续降雨天气，导致西安市临潼、阎良、鄠邑、周至、蓝田5个区（县）、51个镇（街办）不同程度遭受洪涝灾害。据西安市应急局统计，截至8月24日西安市受灾人口36669人，因灾死亡1人（阎良），紧急转移安置643人，农作物受灾面积4540.09公顷（其中农作物成灾面积2669.9公顷，绝收面积621.6公顷），因灾倒塌农房屋1户3间，严重损坏农房屋21户52间，一般损坏房屋1402户1692间；灾害直接经济损失10932.06万元。　（曲　静）

◆**行政区划**　中华人民共和国成立后，西安市的行政隶属关系和行政区划设置有过几次较大的变动和调整。1949年5月20日西安解放，属陕甘宁边区辖市；1950年改由西北军政委员会领导，1953年1月27日，西北军政委员会改由西北行政委员会管辖，西安市属西北行政委员会；1953年3月12日，改为中央直辖市，为全国12个中央直辖市之一；1954年6月19日改为省辖市。

中华人民共和国成立初期，西安市设12个区，其中城区8个、郊区4个，城区未设立街道行政建制，郊区下设有19个乡。1954年调整行政区划，将12个区和部分新划入的乡镇合并调整为9个区，定名为新城区、碑林区、莲湖区、长乐区、雁塔区、阿房区、未央区、草滩区、灞桥区。1957年4月撤销长乐、未央两区建制，市辖区减为7个。1958年11月将长安、蓝田、临潼、鄠县划归西安市。1960年撤销莲湖、碑林、新城区建制。1961年8月将蓝田、临潼、鄠县划出。1962年恢复新城、碑林、莲湖区建制。1965年撤销灞桥、雁塔、阿房、未央区建制，辖地合并为一个郊区，市辖区减为4个。1966年6月，将临潼县所属阎良镇划归西安市组建为阎良区，将咸阳市（县级市）划归西安市。1966年11月，新城、碑林、莲湖、阎良区更名为东风、向阳、红卫、东红区，1972年恢复原名。1971年11月，经国务院批准，又将咸阳市划出。1980年3月，撤销西安市郊区，恢复灞桥、未央、雁塔区建制。1983年10月，经国务院批准，将渭南地区所属蓝田、临潼县和咸阳地区所属户县、周至县（1964年9月10日，陕西省人民委员会报国务院批准，将鄠县改为户县，盩厔改为周至）、高陵县划归西安市，西安市共辖新城、碑林、莲湖、灞桥、未央、雁塔、阎良7区，长安、蓝田、临潼、周至、户县、高陵6县。1997年8月5日，经国务院批准，撤销临潼县，设立临潼区。2002年6月2日，经国务院批准撤销长安县，设立长安区后，西安市共辖9区4县。2014年12月13日，《国务院关于同意陕西省调整西安市部分行政区划的批复》公布；2015年8月4日，高陵“撤县设区”，并正式挂牌，从此结束了2365年的县制历史。2016年12月23日，根据《国务院关于同意陕西省调整西安市部分行政区划的批复》（国函〔2016〕188号），陕西省人民政府发布《关于同意西安市调整部分行政区划的批复》，同意撤销户县，设立西安市鄠邑区，西安市行政区划由10区3县变为11区2县。截至2017年年底，西安市有120个街道、52个镇、1021个社区和2074个行政村（以上数字均含西咸新区），有7个国家级开发区（西安高新技术产业开发区、西安经济技术开发区、西安曲江新区、西安浐灞生态区、西安阎良国家航空高技术产业基地、西安国家民用航天产业基地、西安国际港务区），并代管一个国家级新区，即西咸新区，总面积10752平方千米。

（齐 铭）

◆**人口** 2020年，西安市常住人口1296万人，比上年年末净增加275.65万人。城镇人口1026.43万人，占常住人口比重（常住人口城镇化率）79.2%；农村人口269.57万人，占20.8%。

（朱晓航）

◆**民族** 2020年，西安市有52个民族成分（没有怒族、德昂族、独龙族、珞巴族），民族常住人口9.56万人，占全市常住人口的1.1%，占全省民族总人口的半数以上，其中人口过万的民族有回族（6.53万人，占全市民族总人口的68.7%）、满族（1.08万人），人口上千的民族有6个，分别是蒙古族、藏族、壮族、土家族、苗族、维吾尔族，在公安部门有登记的民族流动人口87918人，估算民族流动人口总数约15万人。各区（县）均有民族分布，新城、碑林、莲湖、雁塔四区民族人口相对集中，形成了大分散小聚集的格局。

全市有12所民族教育学校，其中幼儿园3所，小学4所，中学2所，职业学校1所，内地藏族班、维吾尔族班各1所。中小学民族学生17200多名，其中回族学生10184名、满族学生2240名、蒙古族学生1023名、土家族学生595名、藏族学生549名，维吾尔族学生327名，其他民族学生2282余名。

全市有民族企业114家，个体工商户2141家，从业人员2万余人，年生产销售额近40亿元。全国“十三五”民族特需商品定点生产企业2家。少数民族市人大代表19名，市政协委员25名。

◆**宗教** 西安市五大宗教俱全，文化底蕴深厚。2020年，西安市（包含西咸新区）经政府登记设立的宗教活动场所共460所（佛教138所、道教[illegible]6所、伊斯兰教27所、天主教100所、基督教159所）；备案的宗教教职人员2466人（佛教1275人、道教321人、伊斯兰教120人、天主教512人、基督教238人）；信教群众约45.8万人（佛教[illegible]万人、道教6万人、伊斯兰教6.8万人、天主教6万人、基督教[illegible]0万人）；宗教团体26个（市级6个，区（县）级13个），另有带有宗教性质的社会团体2个；宗教活动场所文物保护单位[illegible]7处（国家级重点文物保护单位9处，省级重点文物保护单位1处，市级重点文物保护单位5处，县级2处）。

（延 续）

国民经济和社会发展

◆**经济概况** 2020年，西安市实现地区生产总值（GDP）10020.39亿元，比上年增长5.2%。其中第一产业增加值312.75亿元，比上年增长3.0%；第二产业增加值3328.27亿元，比上年增长7.4%；第三产业增加值6[illegible].37亿元，比上年增长4.2%。全市万元GDP能耗比上年下降[illegible]%以上。非公经济增加值占GDP比重53.1%。2020年，西安市财政一般公共预算收入724.13亿元，比上年增长3.1%，其中税收收入571.60亿元，比上年下降1.6%。全年全市财政一般公共预算支出1352.69亿元，比上年增长8.5%。

◆**固定资产投资** 2020年，西安市全社会固定资产投资比上年增长12.3%。其中，固定资产投资（不含农户）增长12.8%，农户投资下降25.0%。在固定资产投资（不含农户）中，第一产业投资下降43.6%；第二产业投资增长[illegible]5.5%，其中，工业投资增长15.2%；第三产业投资增长12.[illegible]%。民间固定资产投资增长7.7%，基础设施投资增长5.5%，高技术产业投资增长2.9%。全年房地产开发投资增长[illegible].5%。其中，住宅投资下降1.3%，办公楼投资增长19.0%，商业营业用房投资增长21.1%。商品房销售面积2559.79万平方米，下降[illegible]%。年末，商品房待售面积149.51万平方米，比上年末下降[illegible]%。

◆**农业生产** 2020年，西安市粮食总产量144.58万吨，比上年增长3.4%。肉类产量4.56万吨，比上年下降11.4%；奶类产量14.03万吨，比上年增长13.4%；禽蛋产量5.22万吨，比上年下降3.0%；蔬菜产量3[illegible]1.31万吨，比上年增长0.7%；园林水果产量100.93万吨，比上年增长3.[illegible]%。粮食种植面积272100公顷，比上年下降0.4%；蔬菜种植面积72966公顷，比上年增长1.6%；瓜果种植面积95[illegible]3公顷，比上年下降2.5%；油料种植面积3466公顷，比上年增长11.7%；[illegible]种植面积53.33公顷，比上年下降35.0%。

◆**工业和建筑业** 2020年，西安市完成工业增加值1828.59亿元，比上年增长5.8%。规模以上工业增加值增长7.0%。规模以上工业总产值增长2.[illegible]%。规模以上工业企业营业收入6255.80亿元，比上年增长4.7%。实现利润总额[illegible]36.00亿元，比上年增长46.9%。

西安市完成全社会建筑业增加值1547.44亿元，比上年增长9.3%。全市具有资质等级的总承包和专业承包建筑业企业完成建筑业总产值5124.[illegible]7亿元，比上年增长13.5%。其中，国有及国有控股企业产值40[illegible].19亿元，比上年增长15.4%。所有资质等级企业签订合同额1[illegible]107.3[illegible]亿元，比上年增长11.3%。

◆**服务业** 2020年，西安市批发和零售业增加值795.83亿元，比上年增长1.8%；交通运输、仓储和邮政业增加值353.59亿元，比上年增长0.8%；住宿和餐饮业增加值159.97亿元，比上年下降16.6%；金融业增加值1069.98亿元，比上年增长6.9%；房地产业增加值849.84亿元，比上年增长0.8%；其他服务业增加值3069.00亿元，比上年增长6.8%。全年规模以上服务业企业营业收入3179.93亿元，比上年增长5.1%。

◆交通运输和邮政电信 2020年，西安市货物运输总量25712.81万吨，比上年增长5.6%；货物运输周转量502.69亿吨公里，比上年增长5.1%。旅客运输总量14337.59万人次，比上年下降45.5%；旅客运输周转量231.46亿人千米，下降40.3%。国际（地区）航线92条，境外航班通航架次5524架。截至年底，全市机动车保有量398.01万辆，比上年年末增长10.7%，其中私人汽车保有量360.50万辆，增长11.2%。

邮政业务总收入91.25亿元，比上年增长14.9%。快递业务量6.71亿件，快递业务收入75.71亿元。全年电信业务总收入154.71亿元，比上年增长5.6%。年末，移动电话用户1792.82万户，固定互联网宽带接入用户480.05万户。

◆金融 截至2020年年底，西安市金融机构本外币存款余额26045.87亿元，比上年年末增长11.6%；人民币存款余额25730.51亿元，比上年增长11.5%，其中住户存款余额10913.05亿元，比上年增长14.2%。金融机构本外币贷款余额25792.89亿元，比上年增长15.0%；人民币贷款余额25559.04亿元，比上年增长14.8%。

全年证券市场各类证券交易总额58526.64亿元，比上年增长29.4%。年末，全市拥有境内上市公司42家，比上年新增5家，总股本648.05亿股，总市值10794.33亿元。

年末，全市共有保险机构67家。全年保费收入550.77亿元，比上年增长5.3%，全年赔款给付支出158.79亿元，比上年增长11.5%。

（田旭鹏）

◆科技 2020年，西安市印发《建设国家新一代人工智能创新发展试验区行动方案（2020—2023年）》，支持6个人工智能创新平台和32个人工智能产业专项，依托航天基地承建国家超算西安中心。建成市级以上重点实验室243个、工程技术研究中心418个，众创载体285家。开展产学研金协同创新活动109场，推进303个科技成果就地转化项目，新增复合型技术经理人184名，全市技术合同交易额突破1400亿元。围绕鲲鹏生态创新链，累计发展195家企业、300多个项目加入鲲鹏生态。2020年全市新增国家高新技术企业1539家，比上年增长41.9%。连续4年举办西安全球硬科技创新大会。西安交大、西工大国家大学科技园、西安高新区入选国务院批准建设的第3批双创示范基地。科技部《国家创新型城市创新能力评价报告2020》中，西安居副省级城市第6、西部第1。

◆体育 2020年，西安市高标准建成渭河全民健身长廊临潼段全民健身园区，全年共实施社区全民健身路径260个、农民体育健身工程124个、多功能运动场12个、室内健身房5个，新建社会足球场地98块。积极策划实施“我要上全运”西安市首届全民健身大会、舞动长安2020年西安市全民健身技能大赛等40余项精品赛事活动，全年累计举办各类群众性体育比赛和健身活动600项（次），参与人数累计超过400万人次。围绕打造赛事名城的目标，先后举办2020西安马拉松赛、2020“一带一路”中国跆拳道公开赛、2020年全国青年体操冠军赛等20余项大型体育赛事。积极申办并成功获准成为2023年亚足联中国亚洲杯承办城市之一，成立了西安赛区组委会，积极做好赛事各项筹备工作。积极申报并成功入选国家体育消费试点城市。西安马拉松赛线路被评为2020年中国体育旅游十佳精品线路。

◆文化旅游 2020年，西安市发布推动文化旅游快速发展《工作方案》和《政策实施细则》，坚持主动上门送政策、送服务，“一企一策”帮助企业特别是中小企业纾难解困，退付旅行社质保金1.17亿元、拨付首批奖补资金9572万元，争取省级文旅专项资金6714.3万元，文旅企业复工复产率超过95%，重点景区免费开放3个月。《千年古都·常来长安》城市宣传片，在海外传播影响力跻身全国十强。“中国年·看西安”系列文化旅游话题阅读量破亿。举办集云游直播、营销推广、带货预售为特色的雁塔樱花节、莲湖直播节、“花开长安——云上购物节”，销售额达95.79亿元。新增24小时书店3家，举办西安首届全民健身大会，组织惠民演出1000余场。《长安第二碗》入选2020年度全国舞台艺术创作重点创作剧目名录、2020年度国家舞台艺术精品创作扶持工程重点扶持剧目。41家企业、23家园区基地通过首批省级文化产业“十百千”认定，培育农业观光园23个。组织“长安夜·我的夜”夜游经济嘉年华，推出10大板块、28类产品、86项活动，西安位居全国城市夜游人气指数第5。

◆卫生 2020年，西安市人民医院全面试运行；市儿童医院经开院区、市红会医院高铁新城院区、市公共卫生中心等13个医院建设项目，主体封顶1个、主体结构开始施工4个、完成EPC招标进入实质性基础施工阶段4个、正在进行基础土方开挖并推进EPC工程招标2个、其余2个项目正在进行相关筹备工作；21个疾控机构建设项目已动工6个；16个区（县）、开发区疾控机构完成核酸检测实验室建设；138个基层医疗卫生机构项目，已完成新迁建项目52个、改扩建项目47个。推进8类健康细胞示范建设，形成了一批具有典型示范作用的健康细胞，全市建成健康医院21个、区（县）级健康机关70个、省市县三级健康社区385个、健康家庭5000个。推进现代医院管理制度试点，市儿童医院、市第四医院试点工作入选中国现代医院管理典型案例，市第四医院得到国家卫生健康委充分肯定。深化医联体内涵建设，全市建成城市医疗集团8个，16家牵头医院与124个镇卫生院（社区卫生服务中心）组建县域医共体，覆盖范围达到100%。扎实开展剩余贫困人口信息比对核查、“三排查三清零”百日冲刺、健康扶贫“对标补短”专项活动，大病专项救治病种从25种增加到30种，救治管理患者7443人，救治率达99.8%。流感、狂犬病、手足口病病例数分别较上年下降83.51%、22.27%、41.58%。市儿童医院成为国家儿童区域医疗中心。

◆城市建设 2020年，西安市完成城建投资1050亿元，总投资规模和完成量突破历史之最。提前完成小寨区域海绵城市14个子项目。完成931条路段、1223千米架空线落地及归顺整理任务。全年净增建筑企业71家、开发企业93家。地铁5号线、6号线一期、9号线通车运营，新增里程83千米。广安路、新兴南路、朱宏路、昆明路主线桥和北辰大道东幅主线，以及西南二环立交，西三环—阿房一路立交，北三环—太华路立交，北辰大道—凤五、凤八立交等10个快速路和重要节点工程按期建成通车。实施老旧小区改造1861个、2539万平方米，已完工1131个、1490万平方米。完成通信和电力架空线管沟建设700.5千米。开工建设公共停车位2.1万个。全市建设和筹集保障房2.03万套，新增分配6623套。新增城市绿地1095.52万平方米，建成开放公园14座，新建和改造提升绿地广场、口袋公园147个，新建绿道366.78千米。获批开展全国住房租赁财政补贴试点。房地产开发投资2624.48亿元，比上年增长6.5%。商品房销售面积2559.79万平方米。全年建筑业总产值为5124.37亿元，增速为13.5%，建筑业增加值为1549.63亿元，增速为13.1%。完成599条背街小巷改造提升方案设计，已开工562条，527条已完成提升改造。全市24家集中供热企业，供热面积达2.95亿平方米，比2019年新增4170万平方米。

◆**教育** 2020年，西安市教育强市建设机制、教育“一元管理”体制机制进一步健全，市级相关部门先后印发58份政策文件，支持保障教育优先发展。全市财政教育支出210.53亿元，5项教育国家重点交账任务全面完成，超额完成国家“公办园和公办园在园幼儿占比达到50%”的任务（不含西咸新区）。2020年，全市新增公办幼儿园309所，新认定普惠性民办园109所，普惠性幼儿园达到1858所，覆盖率达到94%（含西咸新区）。全市义务教育学校招生27.8万人，共投用新建、改扩建学校195所，新增学位19.4万个，是西安历史上新建学校、新增学位最多的一年。推行“1+X”证书改革，23所学校33个专业进入“1+X”证书制度试点序列。加强中高职衔接，13个中职学校23个专业与高职院校开展了“3+2”联合办学。线上推出名师直播精品课3376节，累计浏览量4.19亿人次，有力保障全市学生“停课不停学”。（戴晓云）

◆**对外经济** 2020年，西安市进出口总值3473.8亿元，比上年增长7.2%。其中，出口总值1776.0亿元，比上年增长2.6%；进口总值1697.8亿元，比上年增长12.3%。对“一带一路”沿线国家进出口546.2亿元，比上年增长33.0%。在进出口总值中，加工贸易进出口2094.5亿元，比上年增长3.1%，占进出口总值的60.3%；一般贸易进出口744.3亿元，比上年增长13.2%，占进出口总值的21.4%。主要进口商品中，机电产品进口1327.8亿元，比上年增长8.6%。主要出口商品中，机电产品出口1624.4亿元，比上年增长2.0%；农产品出口21.7亿元，增长16.3%；基本有机化学品出口13.9亿元，比上年增长2.0%。全年实际使用外资76.77亿美元，比上年增长8.8%。

◆**脱贫攻坚** 截至2020年年底，西安市73721户250414人建档立卡户全部脱贫，291个贫困村全部出列，周至县顺利摘帽，517户1770人脱贫监测户和373户1141人边缘户的致贫、返贫风险全面消除，贫困户人均年纯收入由2015年的3788元，增至12613元，年均增幅27.2%。全面认领中央、省级反馈的12个批次158个问题，已全部整改到位或取得阶段性成效。抓实抓细“三排查三清零”和“对标补短”，对全市1631个涉贫村、73721户建档立卡户、373户边缘户开展全面排查，实现脱贫任务、整改任务、漏点短板清零和“账账相符、账实相符”目标。11.97万名贫困劳动力实现就业，比上年增长19.7%。疫情期间连续6次启动社会救助和保障标准与物价上涨挂钩联动机制，为全市城乡低保对象、特困人员发放价格补贴资金3377.74万元。创新推进消费扶贫，建成消费扶贫线上线下专馆75个、专区174个；整合投放运营专柜2642台，扶贫产品销售额达61.65亿元。落实控辍保学“七长责任制”，全市19930名建档立卡家庭义务教育阶段学生实现零辍学，资助建档立卡家庭学生1.93万人次、1712.94万元，教育资助政策应享尽享。健康扶贫方面，大病专项救治病种增加到30种，大病患者专项救治率稳定保持在95%以上，建档立卡贫困人口100%参加基本医疗保险和大病保险。安全住房方面，建立危房改造“四清一责任”改造机制，实现农村危房动态清零。安全饮水方面，全年实施农村饮水安全工程150处，完成投资1.2亿元。兜底保障方面，农村低保标准提高至6720元/（人·年），全市农村低保覆盖率达到2.67%。强化资金保障，争取中央、省级财政专项扶贫资金17002万元，及时下达拨付中央、省级、市级预算资金5.47亿元。扎实做好对口帮扶，向陕南8个深度贫困区（县）投入帮扶资金3500万元，在46个产业项目上深度合作，航天雁塔帮扶团与安康市白河县、西咸高陵帮扶团与汉滨区，共完成土地增减挂钩指标流转交易2.14亿元。

◆**乡村振兴** 2020年，西安市农村人居环境整治三年行动目标任务全面完成，7个涉农区（县）均顺利通过陕西省一、二类县农村人居环境整治三年行动省市联合验收。高陵区获得全国农村人居环境整治工作激励县，得到国务院和省政府的表彰和奖励，被列入免检。高陵区、阎良区无害化卫生厕所普及率超过90%，其余区（县）、开发区无害化卫生厕所普及率超过85%，灞桥区创新改厕机制，加强后续管护，[illegible]建西北首家、陕西第一个农村卫生厕所智能管护平台。农村生活垃圾集中收集覆盖率达99%、无害化处理率达[illegible]、分类覆盖率达35%，100%的村庄开展了清洁行动。全市完成农村道路建设路面416.9千米，2020年度通村公路“[illegible]”建设任务全面完成。农村电网改造升级工程全年累计改造村庄[illegible]个，电网改造率达到100%。农村饮水安全巩固提升工程全面实施。

◆**深化“放管服”改革** 2020年，西安市印发《全面推行相对集中行政许可权改革工作实施方案》，在市级层面做实“三集中三到位”，在区（县）、开发区积极推进事项划转。市级层面已有29个市级部门、19个公共服务机构进驻市级大厅。区（县）、开发区层面均已划转事项，累计承接事项2624项。坚持精准放权、充分赋能，累计将市场准入、工程建设、民生保障等领域114个事项委托或下放至区（县）、开发区。不断完善事项库建设，公布《市级部门政务服务事项目录清单（2020年版）》《西安市区（县）、街道（镇）政务服务事项通用参考目录》，其中市级目录事项715项、区（县）目录事项531项、镇街目录事项[illegible]项。设立重大项目建设审批“绿色通道”，全年市政务大厅累计为[illegible]个市级重点项目办结审批事项609项。全市“一网通办”总门户累计注册量超79万，市级政务服务事项网上可办率达到[illegible]%。推广“一窗受理、集成服务”模式，市政务大厅7[illegible]5个事项已纳入综窗受理，90.6%事项实现“一窗受理、集成服务”。加大网上中介服务超市推介力度，入驻中介机构[illegible]家，可提供技术审查、检验检测、勘察设计等3[illegible]类106项中介服务，相关经验在全国推广。开展“一件事一次办”系统集成改革，在全市统筹推出“我要开餐馆”“出生一件事”等主题服务105个，累计办件3.8万件，平均实现减环节81.6%、减材料30.6%、减跑动75.1%、减时限50%。打造“15分钟政务服务圈”示范点154个，70%公民个人事项实现“身边事身边办”。

◆**就业与社会保障** 2020年，西安市新增城镇就业15.31万人，城镇登记失业率为3.64%。全年城镇新增就业15.31万人，城镇登记失业率3.64%。组织[illegible]万名企业职工参加补贴性技能培训，“点对点”运输97.[illegible]万名农民工有序返岗复工。组织高层次人才网络洽谈会、重点行业精准对接会等活动，引进专业技术人才4.79万人。截至年末，全市城乡居民医疗保险参保人数684.04万人，城镇职工基本医疗保险（含生育保险）参保人数378.60万人。基本养老保险参保人数768.98万人，其中城镇企业职工养老保险参保人数[illegible]93万人，失业保险参保人数240.75万人，工伤保险参保人数[illegible]0.19万人。减免企业养老、失业、工伤三项社会保险费[illegible]亿元，拨付稳岗返还资金54.81亿元、创业担保贷款8.9[illegible]亿元。

◆**安全生产** 2020年，西安市发生各类生产安全事故227起，死亡177人，比上年分别下降29.3%和13.3%。其中，道路运输事故180起、死亡123人；工矿商贸事故45起、死亡53人；农机事故2起、死亡1人。未发生重特大事故。高标准创建安全发展示范城市，印发《西安市国家安全发展示范城市创建实施方案》。开展“双随机、一公开”执法检查和“互联网+执法”试点工作，共发现违法行为6052起，下达责令整改指令书3431份，停产停业整顿144家，关闭企业15家。开设“西安市复工复产安全教育培训班”，线上免费培训企业1110家，学员47830名。开发危险化学品安全监管“一码通”，开展“百名专家进千企，助力安全监管服务”，组织108名专家深入全市11个重点行业领域1052家企业开展上门服务，帮助企业查治风险隐患。

◆国内贸易 2020年，西安市社会消费品零售总额4989.33亿元，比上年下降2.9%。其中，限额以上企业（单位）消费品零售额2512.61亿元，比上年下降1.3%。电子商务交易额5050.71亿元，比上年增长17.1%。按消费形态统计，商品零售额2418.67亿元，比上年下降0.4%；餐饮收入93.94亿元，下降20.7%。出台《关于应对新型冠状病毒性肺炎疫情影响促进商贸业健康发展的38条措施》《西安市应对新冠肺炎疫情影响促进市场消费若干措施》，累计兑付各类政策资金5.5亿元，全年净增限上批零住餐企业415户。组织“花开长安——2020西安云上购物节”活动等40场大型促消费活动。积极推进国际消费中心城市建设，新增商业综合体12个，截至年底，各类商业综合体达116个，商业面积约860万平方米，奥特莱斯购物商场7个，星巴克、喜茶等品牌咖啡饮品店突破1000家。创建1个市级夜经济示范商圈，5个市级夜经济示范街区，大唐不夜城步行街获批全国首批5家示范步行街之一。瞭望智库联合腾讯编写的《中国城市夜经济影响力报告（2020）》显示，西安位列2020年夜经济影响力十强城市第6位。

◆招商引资 2020年，西安市实际利用外资76.77亿美元，比上年增长8.78%。实际引进内资3748.1亿元，增长8.86%。共签约招商项目547个、总投资9381亿元，其中签约工业项目108个、外资项目20个、世界500强企业投资项目36个，北汽“双园”、荣民新材料、恒大汽车基地、苏宁丝路总部等百亿项目9个。修订完善《西安市支持总部企业发展若干政策》，为11家企业兑现奖励资金9618万元。积极对冲疫情影响，发布“长安行——招商云平台”开展云上丝博、云端重点招商项目发布会等系列云推介、云洽谈、云签约活动，组织线上、线下签约活动30余场。举办西安市与长三角地区外资企业合作交流会、CBRE世邦魏理仕西安主题日、西安与澳门企业家线上交流会等招商活动。（朱晓航）

◆西安全面创新改革试验区建设 2020年，西安市按照国务院对全面创新改革试验最新要求，积极开展新一轮改革任务谋划工作，共征集改革举措33条，经过研究筛选，将“校企、校地联合培养成果转化工程师队伍”“探索有利于市场化推动高校科技成果转化的财务管理模式”等5条改革建议上报国家发展改革委。动员驻市高校积极承担，勇于揭榜国家全面创新改革任务，推动西北工业大学、西北大学、西安理工大学、西安建筑科技大学、西安石油大学5家高校积极承接国家任务，在“高校和科研院所职务科技成果单列管理试点”“科研机构技术转移人才评价和职称评定制度”“横向科研项目结余经费出资科技成果转化”等3方面开展先行先试工作。按照中共陕西省委、省政府对国务院已授权改革举措复制推广工作要求，遴选西安交通大学、西安光机所等35家高校科研院所，对科技成果转化、人才激励培养等领域8项改革举措进行复制推广，为推动西安由科教强市向经济强市发展提供有力支撑。在理论研究方面，按照中央全面深化改革委员会第十次会议有关加强改革系统集成、协同高效的会议精神，以及国家发展改革委关于深入推进全面创新改革工作总体思考，形成并向国家发展改革委上报了《西安市关于深化全面创新改革深入推进大中小企业融通创新的思考建议》，为全市推动全面创新改革试验工作向纵深发展提供了有力支撑。

◆西安高新区国家自主创新示范区建设 2020年，西安高新技术产业开发区形成并推广与西安电子科技大学等高校院所的院地校地融合发展模式，以国家技术转移西北中心建设为依托，建立了技术经理人“1+3”特色服务体系、制定科技成果挂牌交易等管理制度和规范化流程，技术经理人模式被国务院办公厅列入推广支持创新改革举措；全年完成创新案例85项，9项创新成果入选全省复制推广第二批自贸试验区改革创新成果，8项入选陕西自贸区制度创新案例汇编，15项入选全省“最佳实践案例”，在全国率先设立西安军民通用标准化研究院，建设国家知识产权运营军民融合特色试点平台，打通军民融合协同创新通道。加快硬科技创新示范区建设步伐，持续推进高精度地基授时系统等重大科技项目建设，支持组建陕西高端装备与智能产业研究院等重要科创平台，累计集聚重点实验室、工程技术中心等研发平台311个，其中国家级44个；全年获批国家科技重大专项、国家重点研发计划10余项，与区内10家高校院所挖掘待转化优秀项目150余项，全年专利申请量32922件，授权量20916件，国家知识产权服务业集聚发展试验区通过国家知识产权局验收。打造全链条式创业孵化体系，双创载体累计164家，总面积达904.57万平方米；集聚海外高层次人才39名、全球顶尖人才55名、产业领军人才460名和高端专业技术人才4685名，设立院士工作站11个、博士后工作站（创新基地）29个；推进丝路金融中心、丝路前海园建设，成功举办全球创投峰会，制定硬科技企业上市政策，全年资本市场直接融资246.74亿元，同比增长21.7%。加快“走出去”步伐，在美国、以色列等国家设立离岸创新中心等国际化平台18个。

◆陕西自由贸易试验区西安区域建设 2020年，自由贸易试验区西安区域培育创新案例80项，国家级创新成果6项。“证照分离”全覆盖试点工作全面展开，惠及市场主体17554户；深入推进“放管服”改革，积极探索“互联网+中介服务”模式，设立行政审批中介超市；启动3.5小时企业开办标准化服务，便利市场主体准入；推出外国人来华“一件事一次办”便民举措，实现外国人来华工作许可和居留许可一站式联办、一体化服务；开展“水电气暖”综窗业务，提升企业和群众办事效率；“一带一路”国际商事法律服务示范区“三中心、一基地”揭牌，为“一带一路”建设提供法治保障和法律服务；全面落实《自由贸易试验区外商投资准入特别管理措施》，在医药制造、装备制造、金融领域等方面进一步扩大开放，施耐德（西安）创新技术有限公司、陕西瑞鼎再生医学有限公司等外资企业先后在自贸试验区落地；创新“货站前移”“舱单归并”等海关监管举措，企业通关时间大为缩短，采用“先进区后报关”“批次进出集中申报”等模式，比传统模式节约2.5天以上，简化进出口环节监管证件和随附单证，监管证件从86种减至46种；搭建“通丝路”跨境电商人民币结算服务平台，提高结算效率，节省汇兑费用，平台入驻180家企业，跨境人民币结算交易额1900万元；率先开展国际保理美元融资业务，为上海、浙江、广东等地150余家中小微企业提供美元融资，平均节省融资成本3%以上；与三门峡市、兰州市建立联动发展机制，达成全面合作共识，将西安区域创新经验率先向两市复制推广；与47个片区共同发起设立特殊经济区域自由贸易创新联盟，加强在经贸往来、基础设施建设、金融服务等方面合作。通过一系列深化改革，自贸试验区西安区域保持较好发展趋势，吸引聚集大量市场主体，全年新增注册资本1663.93亿元，比上年增长43.9%，注册资本亿元以上企业123家，比上年增长18.3%。

◆**会展业** 2020年，西安市加快“一带一路”国际会展名城建设步伐，高水平打造国际经贸交流合作新平台，西安国际会展中心一期建成投运。成功举办8期西安会展网上沙龙，创新举办“云车展”“金博会—云展览”等线上展会，举办各类展会活动307场次。西安市获得“2020年度中国最具影响力会展名城”“2020年中国具有发展潜力会展城市”等殊荣，欧亚经济论坛荣获“2019—2020年度中国品牌展览会金奖”。根据国际大会与会议协会（ICCA）以及《中国展览指数报告》发布的排名，西安举办国际会议和展览的次数分别排名全国第4位和第11位。（李 明）

政治文明建设

◆**法治建设** 2020年，西安市人民政府常务会议集体学法6次，出台《关于建设更高水平法治西安的实施意见》。修订、完善《西安市生活垃圾分类管理条例（草案）》《西安市查处车辆非法客运若干规定（草案）》《西安市机动车和非道路移动机械排气污染防治条例（修订草案）》《西安市城市地下综合管廊管理条例（草案）》地方性法规4部，《西安市人民政府关于修改和废止部分政府规章的决定》《西安市城市更新办法（草案）》政府规章2部。国家级“三个中心”（中国—上海合作组织法律服务委员会西安中心、“一带一路”律师联盟西安中心、建设西安“一带一路”国际商事争端解决中心）顺利挂牌运行，17家国内外知名法律服务机构和研究机构初步签约入驻。（朱晓航）

◆**政府信息公开** 2020年，西安市人民政府网站主动发布信息37337条、地方法规6条、市政府规章4条、规范性文件3件、市政府和市政府办公厅文件115件，开设专栏及时转载国务院、省政府重大政策信息，发布各类政策解读信息98条，开展各类征集调查15次，开展“在线访谈”7期。2020年，西安市人民政府网站的访问量为1112万次，在全国15个副省级城市政府门户网站中排名第4。在市政府网站开设“利企便民政策一码通”专栏，公布302项核心政策、129张落地流程图，明确各项政策办理要素，方便企业群众办事查询。通过“千人千网”服务功能，使网民实现在线信息可查、问题可问、事项可办、评服能评。（彭 磊）

◆**“12345”市民热线** 2020年，西安“12345”市民热线呼入呼出总数4291649个，呼入接通数1762748个，振铃接通率达97.01%；产生“工单”2011083件，回复2000223件，回复率99.46%。获评全国城市政务热线服务质量总体评估A+等级、全国政务热线服务质量评估“服务创新”优秀单位、全国政务热线“服务之星奖”。全年累计受理营商环境（含复工复产）类诉求41481件，座席直接回复33075件，座席一次解决率79.74%，营商环境类诉求市民满意率为91.65%。（李 明）

精神文明建设

◆**概况** 2020年，西安市精神文明建设工作坚持以培育和践行社会主义核心价值观为主线，贯彻落实《新时代公民道德建设实施纲要》《新时代爱国主义教育实施纲要》，紧紧围绕文明城市创建这根主线，着力在精准化、实效化、常态化上下功夫，着力推动创文实地督导和群众满意度提升工作上台阶、提水平。坚持典型引领，着力推进新时代公民道德建设。起草《市委、市政府关于贯彻落实〈新时代公民道德建设实施纲要〉的实施方案》，印发《市委文明办关于抓好新时代公民道德建设重点工作的通知》。深入推进群众性精神文明创建活动、积极推进建设新时代文明实践中心试点工作、稳步推进农村精神文明建设、推进学雷锋志愿服务制度化、深化诚信制度化建设。截至11月28日，全市实名注册志愿者近130万人，占全省的46%；注册团体495[illegible]个，占全省的20%；发布志愿服务项目39375个，占全省的22%，服务时长记录超过2325.4万小时，约占全省的65%。

◆**群众性精神文明创建** 2020年，西安市印发《西安市深化新时代文明单位创建工作实施方案》，修订完善《测评体系》。扎实做好全国、省级、市级三级各类精神文明建设先进集体查核和推荐工作，全市40个单位荣获全国精神文明建设先进集体荣誉称号。广泛动员各类精神文明先进集体积极参与抗疫一线工作，带头复工复产，被中国文明网和中央文明办《精神文明建设》连续刊发。推动行业精神文明创建，指导开展“最美城管人”“公交文明示范先锋”等丰富多彩的活动，受到社会广泛关注。广泛发动群众在精神文明创建中广泛开展爱国卫生运动，“五一”期间，先后动员组织近2[illegible]0家文明单位以及志愿服务组织走上街头，集中整治卫生死角和一些长期存在的“老大难”问题，全面恢复并持续改善复工复产后的城乡环境，《人民日报》《光明日报》《陕西日报》等中央、省主流媒体相继进行宣传报道。

市文明办印发《关于巩固深化文明餐桌行动的通知》《关于开展“制止餐饮浪费 培养节约习惯”主题实践活动的方案》，联合市商务局、市场监管局等区县委文明办召开5次专题推进会议，推动全域工作落实。首批创建全市“文明餐桌”27个示范街区、118个示范店，引领推动就餐服务“三提示”（即餐前提示合理点餐不铺张、餐中提示公筷公勺讲卫生、餐后提示饭菜打包不浪费），印制宣传册200余万册，组织1000余家餐饮门店签订承诺书，1万余家餐饮单位实现“节约粮食”“公勺公筷”提示标语全覆盖。利用“一平台两中心”进行文明餐桌系列宣传。组织陕西省暨西安市“公筷公勺”安全卫生“文明餐桌”一语千金宣传行动现场推进活动。在大唐不夜城、永兴坊等热门景点和美食街区组织50余场主题示范活动，300余万人参加，引导公众认同使用“公勺公筷”、反对餐饮浪费的社会风尚。新华社、人民网、中国文明网等20余家中央、省级媒体对西安市“文明餐桌”工作报道30余篇。

制定印发《西安市2020“迎十四运 创文明城”城市文明交通提升行动实施方案》，举办全市“文明交通 绿色出行”活动大型启动仪式、122全国交通安全日宣传活动和45场区县、开发区专场活动，组织策划打造以“迎十四运 创文明城”为主题的“文明号”“榜样号”“文明健康号”3条地铁专列和“城市文明之窗”主题车站，在“五一”“9·22世界无车日”“双节”期间，多次举办“文明交通 绿色出行”大型主题宣传活动。持续深化“车让人·人守规”主题实践活动品牌，联合市交警支队依托全市20处文明示范路口、20处文明提升路口、60处文明创建路口开展交通秩序整治活动，收效明显。《陕西日报》《文明交通成为西安幸福底色》对西安市“车让人·人守规”文明交通实践工作开展三周年以来取得成效进行整版宣传报道。全年共有3[illegible]余家中央、省媒体平台及刊物对西安市文明交通工作进行近20[illegible]篇报道。

◆**未成年人道德建设** 2020年，西安市持续开展“扣好人生第一粒扣子”主题教育实践活动，深化社会主义核心价值观培育，利用复学第一课，开展爱国主义思政课教育，通过开展“云升旗”仪式、重温习近平总书记“文明其精神、野蛮其体魄”嘱托、组织抗疫英雄进课堂宣讲活动，引导青少年感悟抗疫精神、凝聚爱国共识、增进家国情怀，相关做法在中共中央宣传部《宣传工作》第31期刊载。广泛开展“学习抗疫英雄 争做时代新人”“童心永向党 筑梦新时代”“向国旗敬礼”“美育云端课堂”“迎十四运、创文明城”，以及劳动美社会实践、阳光成长心理健康教育等教育实践活动，与市教育局联合举办2期未成年人心理健康辅导教师培训，800多名中小学校专兼职教师参加培训，依托西安市未成年人心理健康辅导中心组建100余人的心理健康辅导队，先后开展6场“阳光成长”暑期未成年人心理教育进社区系列活动，教育引导广大未成年人阳光健康成长。

结合“我们的节日”主题活动，组织开展“学道德模范、诵中华经典、做有德之人”主题经典诵读活动；联合市教育局以迎“十四运”为契机，广泛开展传统体育进校园活动，教导中小学生修德砺志、健体强身。通过政府采购、志愿服务等方式，让秦腔戏曲、书法等传统文化进农村、进社区、进校园，让传统节日成为展示和传播中华优秀民族文化的重要阵地。全市1600余所学校每逢传统节日都会组织开展丰富多彩的文化体育活动，传承历史文化，弘扬民族精神。

组织开展“寻找 学习 宣传 争做新时代好少年”活动，评选表彰31名西安市“新时代好少年”，推荐入选4名陕西省“新时代好少年”、2名提名奖，高陵区三年级学生赵泽华荣获全国“新时代好少年”，全省唯一。举办“2020年西安市新时代好少年”表彰颁奖活动，组织线上、线下宣传发布，在全市中小学校开展学习宣传活动，发挥示范引领作用，引导广大青少年崇德向善、担当有为。

◆公民思想道德建设 2020年，西安市持续开展“我推荐、我评议身边好人”活动，全年全市评选发布4期209名西安好人，其中有抗“疫”先进典型97名，脱贫攻坚先进典型45名，发布人数比往年增加400%以上，有力营造崇德向善、见贤思齐的社会风尚。推荐68人入选“陕西好人榜”，12人荣登“中国好人榜”，入选人数稳居全省首位。在西安晚报公众号建立“灯火·温暖这座城”寻找推荐身边好人平台，先后报道推荐“千里送货驰援武汉的周至货车司机——赵涛”等身边好人。西安市身边好人评选活动受到中央电视台新闻中心关注，先后两次来西安进行实地采访报道，扩大并提高了“千年古都，好人之城”的影响力和美誉度。

加大典型的宣传引导力度，制作完成22期《道德讲堂》微课堂，组织抗疫英雄广泛开展抗疫精神宣讲，设计定版道德模范和身边好人地铁专列车厢，持续开展“我推荐、我评议身边好人”活动，以“灯火·温暖这座城”好人线索征集宣传平台为载体，加强身边典型培树宣传。组织陈若星等全国和省级道德模范、身边好人走进社区、走进学校、走进书城，在全市开展10场传承中华优秀传统文化系列宣讲活动。开展“周末哪里去 道德模范身边好人带你做公益”志愿服务示范活动，邀请数十位道德模范做客西安新闻广播“党风政风热线”“崇廉尚德•好家风润西安”专栏，已播出8期。

◆农村精神文明建设 2020年，西安市聚焦移风易俗、示范引领，进一步激发农村精神文明建设活力。文明村镇创建提质扩量。全市50%以上村、镇获评区（县）级以上文明村、镇。西安市获国家级文明村6个、省级文明村4个，省级文明镇1个，达历届最多。加大“美丽乡村•文明家园”建设。在临潼区、高陵区召开全市观摩会，全市90%以上的村完成“十个一”建设任务，建成社会主义核心价值观文化墙57万平方米。推进“美丽人家”建设工程。全市85%以上的村开展悬挂家风家训和“十星级文明户”创建评选活动，75%以上的村建成乡风文明一条街并设立“善行义举榜”。评选出区（县）级以上文明家庭1634户，挂牌“十星级文明户”4万余户。

◆志愿服务 2020年，西安市坚持目标导向、问题导向、结果导向，在新冠疫情防控、迎“十四运”创文明城及参与社会治理等重要工作中，常态化、高频次、多领域组织开展各类志愿服务活动。新型疫情发生后，及时组建市、区（县）、街道、社区四级志愿服务网络体系，专项招募医护、应急、心理疏导志愿者4万余名，科学有序参与抗疫活动。先后开展新冠病毒防控网络宣传、社区防控检查和消杀、网上心理疏导、关爱空巢老人、推行公勺公筷共建文明餐桌、绿色健康生活、爱国卫生运动等志愿服务系列主题活动，全市累计有19.7万名志愿者参与疫情防控期间志愿服务工作。企业复工复产后，开展“你复工，我服务”志愿活动，组织志愿者走上街头为商户讲解政策，主动联系开复工企业，帮助企业和员工解决实际问题。针对返乡农民工就业服务问题，推行“不见面”线上推送就业信息服务，做好“点对点”服务保障。

“周末哪里去，一起做公益”志愿服务系列实践活动 通过“关爱做公益、社区做公益、环保做公益、公园做公益、马路做公益、节日做公益、网上做公益”七大主题，将公益服务渗透到社会各个角落。全年全市开展“周末公益”1500余场，参与志愿者近30万人次，吸引和带动数百万市民群众积极参与。多场活动开启“沉浸式”互动志愿服务模式探索，邀请道德模范、公众人物和“网红”明星等直接参与公益活动，引领和带动广大市民关心关注关爱城市发展，共享城市文明成果。

“暖阳在XIAN（线）”关爱空巢老人志愿服务行动 针对老年人，尤其是空巢老人在疫情中免疫力差、日常生活不便、更需要关心关爱的现状，建立9支市级行业系统专业志愿服务队，组建600余支小分队，采取“互联网+”线上即时服务、线下“敲门行动”的形式，为老人提供生活照料、心理抚慰、应急救助、卫生保健等常态志愿服务，确保老人生活有保障、健康有人管、居家不孤单。全年全市开展“暖阳在XIAN”志愿服务活动约20万次，为7000余位空巢老人提供常态生活帮助。

◆网络精神文明建设 2020年，西安市建强载体、拓展渠道，信息宣传工作取得了新突破。组织召开专题协调会议8次，建立月度考核机制，常态化对区（县）、开发区开展网络文明传播活动进行打分排名。2020年文明网等“两微一端”发布稿件4000余篇，其中194篇被中国文明网首页采用，45篇登上中国文明网头条，比上年提升40%，500余篇被陕西文明网采用。9篇微信稿件被中国文明网微信公众号采用，比上年提升90%，近200篇被陕西文明网微信公众号采用。开展《致敬最美逆行者》《“条例在心 文明同行”》等网络文明传播活动20余次，3000余万人次通过文明西安微博、微信公众号参与活动，文明西安微信粉丝20万人，比上年翻了一番，单篇稿件阅读量最高达10万次以上。文明西安微博粉丝8万人，比上年增长60%，常居政务微博文明办榜前5名。现场直播《2020年“文明交通 绿色出行”活动启动仪式》，1万余人次观看；《被拐32年，母子终重逢》《有丰富灭火经验的西安志愿者周先生自愿带领队伍进入西昌火场灭火》抖音点击量分别为52.7万次、32.5万次，抖音粉丝12万人，比上年增长20%。

印发《关于建立大事记报送制度的通知》，建立精神文明建设大事记报送制度。规范大事记选材范围、撰写要求及报送要求。编写每月中共西安市委文明办大事记，已出10期。围绕创文工作举措、亮点特色、先进典型等内容对各区（县）、开发区及市级有关部门创文工作信息及进行收集整理，编写《创文工作专报》63期，为市委领导及时了解创文工作进展，区（县）互学创文工作进展提供有效载体。

做好信息整合。印发《市委文明办关于加强信息报送工作的实施方案》，每月定期统计市委文明办各处室在中央省级媒体或内部刊物刊发情况，月度信息刊播统计表已出7期。综合协调处在中央级媒体累计刊播刊载信息67条，在中央及省级有关部门内部刊物刊载信息6条，在省级媒体刊播刊载信息53条。

（史　帆）

生态文明建设

◆环境保护　2020年，西安市优良天数250天，比上年增加25天，其中优级天56个，超历史最佳纪录14天；重度及以上污染天数共15天，比上年减少13天，其中严重污染为0天，自2013年以来首次消除严重污染天。空气质量六项指标全面下降，综合指数5.24，同比改善9.8%。制定《西安市蓝天保卫战2020年工作方案》，明确12大类56项重点任务，细化178条具体工作措施。完成97台燃气锅炉低氮改造，29台工业炉窑治理，2家企业低VOCs物料源头替代试点；8家供热企业30台燃煤锅炉全部完成改造任务。在全市开展VOCs专项整治行动和秋冬季大气污染综合治理攻坚行动。在全市350余辆出租车上安装道路颗粒物走航监测系统，对全市4000余条路段PM10、PM2.5浓度进行实时监控，科学调度指导全市道路保洁工作。对374家重点涉气工业企业启动实施“环保用电工况监管”。加大力度实施市、县级地下水源地和乡镇级“千吨万人”水源地保护区内环境问题整治，57个环境问题已全部完成清理整治。2020年，渭河西安段水质稳定达到Ⅲ类，9个省考补偿断面总体优于考核目标，西安市3个国考断面渭河新丰镇大桥、灞河三郎村和灞河口断面水质分别达到Ⅲ类、Ⅲ类和Ⅱ类，均优于省考指标要求。全面完成重度污染耕地严格管控工作，市辖9个区（县）、2个开发区以及市本级耕地土壤环境质量类别划分工作全面结束，并顺利通过省级评审。2020年，全市出动执法人员34780人次，检查企业15725家次；对707件环境违法行为进行立案调查，处罚604家次，罚款5220.74万元。

（彭　磊）

◆全域治水　2020年，西安市累计完成全域治水重点项目107个，完成项目投资180亿元。新增生态水面1.3公顷、湿地151.33公顷和渭河滩区整治面积435.06公顷。总长14.6千米的护城河改造提升工程全线完成并免费开放。皂河中央公园、潏河长安公园、沣河风雅杨林、灞河左岸综合治理等一批重点项目建成开放。3个国考断面中，浐灞交汇口水质达到Ⅱ类，灞河入渭口和渭河出境断面达到Ⅲ类。23个污水处理厂完成提标改造任务，完成主城区雨污水混接点改造2049处，城市、县城污水集中处理量合计达到9.0亿立方米，污水处理率分别为96.9%、85.5%，污泥无害化处置量达到79.3万吨。落实最严格水资源管理制度，顺利通过国家节水型城市创建验收。

秦岭生态环境保护

◆概况　2020年，西安市深入学习贯彻习近平总书记来陕考察重要讲话精神，全面践行习近平生态文明思想，牢固树立绿水青山就是金山银山的理念，深刻汲取秦岭违建事件教训，坚决当好绝对忠诚的秦岭生态卫士，持续推进整治到位、修复到位、保护到位。健全了秦岭生态环境保护制度体系，完成79项长效机制建设任务，“长远上规范”的目标基本实现。制定贯彻省、市《秦岭生态环境保护条例》的责任分工，进一步夯实秦岭保护的责任体系。制定印发《西安市秦岭生态环境保护专项资金奖补使用暂行办法》，落实年度秦岭保护专项资金5000万元。信息化监管平台建设进一步加快，截至2020年底“1+7”平台建设已形成雏形（1个市级平台+7个沿山区（县）、开发区平台）。坚持“工作再一周、核查面对面、督导硬碰硬、考核实打实”的原则，市秦岭保护局会同有关部门开展专项督察和联合检查20余次，召开秦岭保护工作调度会9次，在全市年度考核中市秦岭保护局承担的各项指标全面完成。秦岭生态环境保护工作取得了显著成效。

◆秦岭生态保护长效机制建设　2020年，西安市秦岭生态环境保护局配合市资源规划局制定《西安市秦岭生态环境保护规划工作方案》，积极推进《西安市秦岭生态环境保护规划》编制，协调召开成员单位座谈会，听取专家人士意见建议，参与完成沿山区县（开发区）外业调研，及时补充统计秦岭保护区内增加的村庄人口数量，向沿山区（县）、开发区印发《加快推进秦岭生态环境保护实施方案编制工作的通知》，推动该项工作进一步深化。

民主政治 18
人民日报
守护美丽秦岭 有了更严法规

2020年7月30日《人民日报》第18版报道西安市秦岭保护条例颁布

◆秦岭北麓综合整治　2020年，西安市围绕秦岭生态环境保护，开展以下重点工作。

违建专项整治　按照“责任不松、一抓到底”的要求，全面完成了违建别墅专项整治16项后续工作任务，“拉网式”排查发现的3035个疑似点位和“曝光台”交办的2035个问题线索全部完成整治销号。

小水电站整治　按照“全面拆除、应拆尽拆”的要求，全市52座小水电站整治进度（截至2020年底已拆除50座）位列全省第一。

峪口治理　在全省率先开展峪口峪道治理工作，年度15条治理任务已全面完成。11座智慧化保护站建设（长安8座，高新1座，周至2座）和“三色管理”机制等创新做法被央视新闻宣传报道。

农家乐整治　不断加大督导检查和监管力度，巩固农家乐整治成果，实施动态监管，登记在册的1552户农家乐实现规范经营和污水垃圾有效处置。

开山采矿整治　剩余5个矿权已完成注销工作，结束我市秦岭范围矿产开发的历史。

垃圾污水治理　截至2020年底：西安市秦岭区域农村生活垃圾处理水平全面提升，保护区内行政村全部实现了垃圾集中收集清运，无害化处理率达到91%；2019年全面启动农村生活污水治理工程以来，秦岭保护区域已建成运行污水处理厂（站）87座；农家乐在2019整治的基础上，进一步强化动态监管，修订《西安市秦岭生态保护区农家乐管理办法》，农家乐经营户基本实现规范经营和垃圾污水有效处置。

景区整治　在全省率先开展秦岭区域景区试点工作，制定印发《西安市秦岭生态环境保护范围景区建筑物（构筑物）清查整治试点工作方案》，联合资源规划、文化旅游、住建等部门成立工作专班，按月开展督导指导。10月底，长安、蓝田两区（县）完成28个景区试点任务，对排查保留的1702处建筑物实现一张图信息化监管，为秦岭全域智慧化监管奠定坚实基础。同时放大整治试点效应，对秦岭保护范围内的建筑物（构筑物）全面开展清查建档工作，182068处建筑物（构筑物）清查建档。

◆完善秦岭地区网格化管理　2020年，西安市进一步完善四级网格管理体系，围绕及时发现问题、及时处置问题和各级网格长履职情况开展季度考核，发挥考核“指挥棒”作用；率先在全省建立秦岭生态环境保护专业化、职业化网格员队伍建设和实现网格员“亮证”巡检查。截至目前，区（县）网格员日常巡查检查207468次，发现、上报“五乱”等破坏秦岭生态环境问题3878个，整改完成3858个，办结率99.48%，区（县）上报巡查检查周小结报告308份，形成专报11期，网格员在省信息化网格化监管平台上线率达100%，常态化电话抽查各级网格员履职情况1286人次，基本实现“网格管山、常态巡山”的目标。

2020年9月30日西安市秦岭保护现场会

◆峪口峪道生态环境综合治理　2020年，西安市印发《关于扎实做好峪口峪道生态环境综合治理和环山路绿化美化亮化工作的通知》《峪口峪道综合治理工作指南》，明确治理任务，召开工作推进会，签订目标责任书；实行“峪长制”，采取周检查、月调度工作机制，压实治理工作责任，形成综合整治力量；在全市召开秦岭保护工作现场会，推广长安区峪口峪道治理经验，有效推进整治工作，带动区（县）、开发区形成峪口峪道治理“比、学、赶、超”的良好氛围；建成15个保护站，其中11个具有智能化管控功能，对人车实行智能化、全域化管控，成为全省涉秦岭6地市首家开展峪口峪道治理工作单位。目前，15条峪口峪道治理全部完成（蓝田4条、长安4条、高新2条、鄠邑2条、周至3条）。

◆综合协调联合执法检查　2020年，西安市按照《陕西省秦岭生态环境保护条例》《陕西省秦岭生态环境保护联合执法工作实施方案》，积极协调市自然规划局对媒体反映的涉秦岭区域内疑似违法建设问题进行联合执法、调查并处置；并就上述问题整改情况和群众反映的2起违法建设项目整改问题，与市级相关部门开展联合执法检查，督促落实省市《条例》，建立常态化巡查执法、网格员全域巡查报告、群众监督举报的监督执法体系。

◆秦岭环境保护宣传　2020年，西安市坚持把习近平生态文明思想、习近平总书记关于秦岭保护重要批示指示精神和来陕考察重要讲话精神以及省市《秦岭生态环境保护条例》作为宣传主要内容，把提高“政治站位”贯穿宣传全过程。在中、省、市各级媒体发布信息61篇，制作播出《秦岭守护人》《秦岭之美》专题片，在地铁80块广告栏和11048块电视屏开展宣传；组织省市《秦岭生态环境保护条例》网上知识竞赛2次，开展当好秦岭生态卫士线上签名和点亮秦岭活动。举办3期培训和秦岭大讲堂系列活动，向群众发放省市《条例》宣传彩页、应知应会手册等资料11.4万份；与市委宣传部等5部门共同开展“迎接绿色十四运，当好秦岭生态卫士”志愿者服务行动8次。沿山各区（县）、开发区以宣传省市《条例》为主题，演出具有地方特色的快板、戏剧，绘制农民画，制定秦岭保护村规民约上墙。

省市《秦岭生态环境保护条例》宣传

◆全面落实《优化营商环境条例》　2020年，西安市按照《优化营商环境条例》，督促指导沿山区（县）、开发区加快初审、严格把关，优化审批事项，将行政把关审批10余项缩减为1项，审批时限由20个工作日减少到12个工作日，项目单位提交材料由10份以上减少至4份；积极推进“互联网+”政务服务，在门户网站公开准入审批流程及所需材料，进驻市政务大厅，为企业提供全方位绿色服务；截至6月底，共受理项目准入文件20份，办理准入手续15个，不予准入项目5个。7月1日，新修订《西安市秦岭生态环境保护条例》颁布实施，明确取消项目准入审批权限后，我局全面落实《条例》精神，及时废止项目准入相关制度文件，减少审批程序环节，进一步优化秦岭保护区内营商环境。

（张　笠）

中国共产党西安市委员会

综　述

◆概况　2020年是西安发展进程中极不平凡的一年。面对异常严峻的挑战和前所未有的压力，中共西安市委常委会深入学习贯彻习近平总书记来陕考察重要讲话精神，坚定不移贯彻新发展理念，贯通落实“五项要求”“五个扎实”，统筹推进疫情防控和经济社会发展，扎实做好“六稳”工作、全面落实“六保”任务，突出抓好十项重点工作，推动高质量发展迈出坚实步伐，经济发展稳中向好，疫情防控取得重要成果，补齐民生短板实现重大突破，生态环境质量持续好转，党风、政风和干部队伍精神状态展现新气象。

◆确保正确的政治方向　2020年，中共西安市委常委会坚持提高政治站位、忠诚践行“两个维护”，坚定不移把习近平总书记来陕考察重要讲话作为西安工作的根本遵循和行动纲领，进一步理清奋力谱写新时代追赶超越新篇章的基本思路、总体目标、重点任务，全市上下迸发出感恩奋进、只争朝夕、真抓实干的激情和活力，加快国家中心城市建设步伐更加坚定。深刻汲取秦岭违建事件教训，严明政治纪律和政治规矩，全面彻底肃清赵正永、魏民洲等流毒和恶劣影响，巩固风清气正的政治生态。坚持重担当、重实干、重实绩、重基层的鲜明导向，激励全市上下勇立潮头、争当时代弄潮儿的志向和气魄，提振想干事、能干事、干成事的精气神，凝聚谱写西安新时代追赶超越新篇章的磅礴力量。

◆统筹疫情防控和经济社会发展　2020年，中共西安市委坚决落实习近平总书记“坚定信心、同舟共济、科学防治、精准施策”总要求，果断采取“三个一切、五个所有”防控措施，用短短1个月时间控制住疫情传播，本地确诊病例在湖北周边省会城市和国家中心城市中最少。坚决扛起进京国际航班分流政治责任，未发生一起境外关联病例。同时，坚持目标不变、任务不减、标准不降，大力推动复工复产和经济社会加快发展，在大战大考中取得优异成绩。

◆推动高质量发展　2020年，中共西安市委常委会全面对表对标习近平总书记来陕考察重要讲话，牢牢把握西安的政治责任和使命担当，以十项重点工作率先突破推动“五项要求”“五个扎实”落地见效。坚持“以项目看发展论英雄”，一月一调度、一季一观摩，全市上下形成大抓项目、抓大项目的浓厚氛围，为高质量发展注入强劲动能。围绕筹办“十四运”和建设国家中心城市，强力推进城市基础设施建设。西安承建的8所全运会场馆全部竣工，西安奥体中心、国际会展中心一期、国际会议中心建成运营，全运村主体竣工，灞河区域环境整治效果明显。西安咸阳国际机场三期开工建设，西安火车站改扩建主体工程封顶，高铁北站枢纽提升工程加快推进。地铁5号线、6号线一期、9号线建成通车，新增通车里程83千米，总运营里程突破215千米，创造西安市一次性通车里程最高纪录；轨道交通三期规划从正式获批到全部开工仅用15个月时间，在建里程[illegible]77千米，形成7线运营、8线共建的生动局面。实施17条重点道路和大型互通立交建设，北辰大道、昆明路、广安路和东南二环立交、西南二环立交、凤城五路立交、凤城八路立交建成通车，跨浐灞河5桥2隧等重点工程将在全运会前建成投用。实施572个城市绿化建设提升项目，拆除违建792.86万平方米。

先进制造业强市建设迈出坚实步伐。“6+5+6+1”现代产业体系逐步壮大成势，预计6大支柱产业总产值突破4000亿元、增长24%，占规上工业总产值67%左右，其中电子信息产业增长52%，汽车产业增长15%，新材料、新能源产业增长33%，航空航天产业增长12%；5大新兴产业和6大生产性服务业营业收入分别增长9.7%和7%。新增规上工业企业200家、规上服务业企业4[illegible]3家、上市企业10家。预计新增国家高新技术企业1500家以上、总数突破5000家，技术市场合同交易额1400亿元以上。

◆重点项目拉动投资增长　2020年，西安市45[illegible]个市级重点项目实现投资3696.7亿元，项目投资进度和开工率均创近年最好水平。其中，55个先进制造业项目、85个服务业项目、22个文旅项目、34个生态环保项目、43个城建和基础设施项目、89个社会事业和民生保障项目，均完成年计划的120%以上，一批重大项目竣工投产，为全市高质量发展提供坚强支撑。

◆保障和改善民生　2020年，中共西安市委常委会始终坚持人民至上，把市民群众的冷暖安危放在心中最高位置，下真功、动真情解决好市民群众普遍关注的就业、教育、医疗、出行、居住、环保等重点问题。坚持民有所呼、我有所行，把群众的小事当作市委工作的大事，持续不断解民忧、纾民怨、暖民心，进一步增强市民群众的获得感、幸福感、安全感，民生福祉得到明显改善。实施基础教育提升三年行动，新建、改扩建学校[illegible]95所、新增学位19.4万个，改造提升公办义务教育学校202所，招聘教师78[illegible]3名，超额完成第一年目标任务，计划投用的126所学校全面开工建设，新增学位10.8万个。加快打造高标准区域卫生健康中心，14天建成投用公共卫生中心应急院区，开工建设市红会医院高铁新城院区等13家医院，将新增床位1.6万张以上，市儿童医院获批西北首家国家区域医疗中心。扎实开展“三改一通一落地”，完成1316个老旧小区改造、32个城中村（棚户区）征收、51[illegible]条背街小巷改造任务，打通57条断头路，落地架空线缆792.62千米。坚持用最好的位置、最好的规划、最好的设计、最好的配套安置征迁群众，开工建设安置房2.6万套。高质量如期完成新时代脱贫攻坚任务，全市73721户250414人建档立卡户全部脱贫退出。推进乡村振兴城乡融合发展形成新局面，农业稳产保供能力和自给率显著提高，“菜篮子”工程名列省会城市和副省级城市优秀行列。

◆生态环境质量持续好转 2020年，秦岭生态环境保护向纵深推进，西安市修订实施《西安市秦岭生态环境保护条例》，秦岭北麓西安段采矿权全部退出，秦岭生态保护长效机制初步建立，基本实现整治到位、修复到位、保护到位。实施全域治水、碧水兴城行动，系统推进“85316”水系综合治理〔“85316”治理工程：渭河、泾河、灞河、浐河、潏河、滈河、沣河、涝河8水全流域治理工程；黑河、新河、皂河、清河、石川河5条重要河流全流域治理工程；斗门水库（昆明池）、渼陂湖生态修复、白鹿原水库（鲸鱼沟水库）3个湖库治理工程；护城河水系提升工程。污水处理、水系连通、水源涵养、应急水源、再生水管网、智慧水务6项重点治理工程〕，开工治水项目219个、完工107个，改扩建污水处理厂27座，全面开工建设斗门水库，完成护城河改造、水质达到Ⅲ类，渭河水质优于Ⅳ类，市域主要河流全部消除劣Ⅴ类水。开展大气污染防治“冬病夏治”集中攻坚，严控污染源、严管重点区域和企业、严惩破坏环境违法行为，空气质量六大核心指标均大幅改善，PM2.5年平均浓度下降到51微克/立方米以下，全年优良天数250天，其中优级天数56天，均创近年来最佳纪录，首次消除严重污染天气。启动建设“三河一山”环线绿道，建成城市公园14座，新增城市绿地1095.52万平方米，生活垃圾无害化处理率达99.95%。

◆改革开放 2020年，西安市预计实际利用外资76.7亿美元，比上年增长8.7%；实现进出口总值3400亿元，比上年增长5%。中欧班列长安号开行3670列，运送货物278万吨，分别是2019年的1.7倍和1.6倍，质量评价指标居全国第一。累计取消、下放行政事权114项，市区两级政务服务事项网上可办率达90%以上，超过600个高频事项实现“一网通办”，市场主体总量达243.34万户，西安“一带一路”国际商事争端解决中心等“三中心一基地”揭牌成立，蝉联全国营商环境标杆城市。

◆文化旅游融合发展 2020年，西安市扎实开展全国文明城市创建，城市文明程度和群众满意度大幅提升。加强公共文化产品和服务供给，推出《路遥》《大秦赋》等精品力作，成功举办第七届丝路国际电影节。积极应对疫情影响，召开推动文化旅游产业快速发展大会，出台22条政策措施，全力促进文旅产业市场复苏、快速发展。坚持文物保护优先，召开全市文物保护大会，出台文物保护改革利用实施方案，努力守护好西安的历史文化遗产。紧紧围绕“千年古都·常来长安”主题，大力开展城市宣传推介活动，小雁塔历史文化片区、碑林历史文化片区、易俗社文化旅游片区、西安文化商务区等重点片区建设加快推进，长安云、长安乐、长安书院等22个文旅重大项目启动建设，大明宫旅游景区成功创建国家5A级景区，大唐不夜城入选首批全国示范步行街，西安入选首批国家文化和旅游消费试点城市。

◆全面推进依法治市 2020年，西安市法治西安建设取得新进步，莲湖区被评为首批全国法治政府建设示范单位，市域社会治理现代化水平不断提升。推动扫黑除恶专项斗争向纵深发展，共侦办涉黑案件20起、恶势力犯罪集团案件53起，打击恶势力团伙143个。西安连续9年被评为中国最具幸福感城市。

◆全面从严治党 2020年，中共西安市委深入开展赵正永严重违纪违法案以案促改工作，扎实推进“四个查一查”和“四个专项工作”，召开市委常委班子专题民主生活会和全市警示教育大会，设立警示教育基地，引导广大党员干部知敬畏、存戒惧、守底线。坚持用“三到三看三破”选拔干部，坚持在“四个一线”培养干部，推动形成干部为事业担当、组织为干部担当的良好局面。大力加强党的基层组织建设，召开全市社区基层组织建设现场会，打造“民有所呼、我有所行”基层党建品牌，全市社区办公场所新增面积9.5万平方米，社区工作者平均每月涨薪1200元，实现党建引领、队伍建设、薪酬待遇、场所保障、制度机制“五个新提升”。深入推进正风肃纪，着力整治“庸懒散慢虚粗”作风问题，查处形式主义、官僚主义问题675件，党纪政务处分739人。全市纪检监察机关处置问题线索6474件，立案2995件，处分2548人，移送检察机关118人，持续巩固和发展反腐败斗争压倒性胜利。

◆存在问题和短板 2020年，西安市的发展取得一些成效和进步，但还存在一些问题和短板：从产业结构看，工业经济不大不强，先进制造业占比较低，民营经济活力不足，现代产业体系对高质量发展的支撑作用不够。从创新驱动看，创新能力不适应加快国家中心城市建设和推动高质量发展要求，企业研发投入占全社会研发投入的44.2%，有研发投入的规上工业企业只有32.4%，技术合同成交额本地吸纳率仅为21%。从对外开放看，开放不足仍是突出短板，自贸区等平台作用发挥不充分，“一带一路”沿线国家和地区进出口占比仅为15.4%；外资外贸发展不均衡，外商直接投资占利用外资比重较低，加工贸易占比六成以上，仍处于全球价值链中低端。从生态环保看，推动生态环境质量持续好转还需加力，产业结构、能源结构、交通运输结构亟须调整优化，秦岭生态保护修复、大气污染防治任重道远。从民生保障看，与市民群众对美好生活的向往还有差距，在基础教育、医疗卫生、人居环境、交通出行、养老体系等方面还有不少短板，城乡融合发展还不够。从城市规划建设管理看，综合承载能力不强，规划相对滞后，基础设施欠账较多，管理粗放问题较为突出，城市管理科学化智能化水平还不高。从党的建设看，肃清赵正永等流毒还需持续用力，彻底整治“庸懒散慢虚粗”作风问题办法还不多，反腐败斗争形势依然严峻复杂。

◆中国共产党西安市第十三届委员会第十次全体会议 2020年1月3日，中国共产党西安市第十三届委员会第十次全体会议举行。全会深入学习贯彻习近平新时代中国特色社会主义思想，认真贯彻党的十九届四中全会和中央经济工作会议精神，全面落实省委十三届六次全会部署，总结2019年工作，分析形势，安排2020年任务。达到统一思想、明确目标、团结奋进的目的。全会由市委常委会主持。中共陕西省委常委、西安市委书记王浩讲话。市委副书记、市长李明远部署经济工作。审议通过《中共西安市委关于深入贯彻党的十九届四中全会精神高质量推进市域治理能力和治理水平现代化的实施方案》。市委常委在主席台就座。市委委员、市委候补委员出席会议。全会认为，2019年，全市上下深入学习贯彻习近平新时代中国特色社会主义思想，认真落实党中央决策部署和省委要求，紧扣追赶超越定位和“五个扎实”要求，攻坚克难、砥砺实干，推动经济社会发展和党的建设取得新进展新成效。2020年是西安高质量全面建成小康社会和“十三五”规划收官之年，是迎“十四运”加快国家中心城市建设的攻坚之年，是十项重点工作的突破之年，要以习近平新时代中国特色社会主义思想为指导，全面贯彻党的十九大和十九届二中、三中、四中全会及中

中国共产党西安市第十三届委员会第十次全体会议

央经济工作会议精神，深入贯彻习近平总书记来陕视察重要讲话精神，认真落实省委十三届六次全会部署，坚持稳中求进工作总基调，践行新发展理念，坚持以供给侧结构性改革为主线，全面做好“六稳”工作，突出抓好十项重点工作，着力构建“6+5+6+1”现代产业体系，统筹推进稳增长、促改革、调结构、惠民生、防风险、保稳定，全面加快国家中心城市和具有历史文化特色的国际化大都市建设步伐。现职市级领导同志，西咸新区管委会主任，西安文理学院院长；市级部门及市属单位主要负责同志；党的关系在市上的省属部门、部分驻市单位主要负责同志；不是市委委员、市委候补委员的区（县）、开发区、西咸新区各新城负责同志，各镇（街）党（工）委书记；市级各民主党派主委、市工商联主席；西安市党的十九大代表；市第十三次党代会基层一线代表等列席会议。

◆疫情防控和经济社会发展工作大会 2020年2月24日下午，西安市召开统筹推进新冠肺炎疫情防控和经济社会发展工作大会，深入学习贯彻习近平总书记在统筹推进新冠肺炎疫情防控和经济社会发展工作部署会议上的重要讲话精神，传达落实省委常委会会议要求，分析研判形势，对全面夺取疫情防控和经济社会发展工作“双胜利”进行安排。中共陕西省委常委、西安市委书记王浩出席并讲话。市人大常委会主任胡润泽，市政协主席岳华峰，市委副书记韩松出席。市委副书记、市长李明远主持会议。全体市级领导，市级相关部门，涉及疫情防控和经济社会发展相关部门主要负责同志在主会场参会。会议以电视电话会议形式召开，各区（县）、西咸新区、各开发区设分会场。

◆中国共产党西安市第十三届委员会第十一次全体会议 2020年5月14日，中国共产党西安市第十三届委员会第十一次全体会议在西安国际会展中心举行。全会高举习近平新时代中国特色社会主义思想伟大旗帜，深入学习习近平总书记来陕考察重要讲话精神，专题研究部署贯彻落实工作，审议通过《中共西安市委关于深入学习贯彻习近平总书记来陕考察重要讲话奋力谱写西安新时代追赶超越新篇章的决定》，达到统一思想、坚定目标、鼓舞干劲的目的。全会由市委常委会主持。中共陕西省委常委、西安市委书记王浩讲话。市委副书记、市长李明远做《决定》说明。市委常委在主席台就座。市委委员、市委候补委员出席会议。全会认为，在全面建成小康社会的收官之年和统筹推进疫情防控和经济社会发展工作的关键时期，习近平总书记来陕考察并发表重要讲话，具有重大而深远的里程碑意义。习近平总书记的重要讲话站在“两个一百年”奋斗目标的历史交会点上，提出奋力谱写新时代追赶超越新篇章的总体目标和五项要求，是新时代的新要求，是干好西安各项工作的总纲领总遵循。我们要按照习近平总书记指引的方向砥砺前进，将奋力谱写新时代追赶超越新篇章作为重大政治责任、重大历史使命和重大现实考验，立足新方位、开创新局面，贯彻新要求、扛起新使命，彰显新担当、展现新作为，交出奋力谱写西安新时代追赶超越新篇章的优秀答卷，以实际行动增强“四个意识”、坚定“四个自信”、做到“两个维护”。全会号召，奋力谱写西安新时代追赶超越新篇章，是习近平总书记对我们的殷切期望，充分体现党中央对西安新时代发展的战略要求，全面擘画西安未来发展的美好蓝图，集中表达全市人民的共同愿望。我们一定要牢记习近平总书记的嘱托，只争朝夕、真抓实干，勇立潮头、争当时代弄潮儿，在奋力谱写西安新时代追赶超越新篇章的征途上阔步前进。现职市级领导同志，西咸新区管委会主任，西安警备区政委，西安文理学院院长；市级部门及市属单位主要负责同志；党的关系在市上的省属部门、部分驻市单位主要负责同志；不是市委委员、市委候补委员的区县、开发区、西咸新区各新城负责同志，各镇（街）党（工）委书记；市级各民主党派主委、市工商联主席；西安市党的十九大代表；市第十三次党代会基层一线代表等列席会议。

◆卫生健康大会 2020年8月24日上午，西安市召开卫生健康大会，深入学习贯彻习近平总书记来陕考察重要讲话精神和关于卫生与健康重要论述，研究部署全面建设健康西安、打造高标准区域卫生健康中心工作，为加快建设国家中心城市、奋力谱写西安新时代追赶超越新篇章提供强大支撑。中共陕西省委常委、西安市委书记王浩讲话。市长李明远主持会议。市委副书记韩松出席。市委常委卢力群、王苏甫江·麦麦提、康军、尹洪江、李晓东、张琳、马希良、杨广亭、王晓林参加。副市长徐明非就《全面建设健康西安 打造区域卫生健康中心的意见》和《西安市卫生健康事业重点项目建设三年行动方案（2020—2022年）》作说明，安排部署全市秋冬季疫情防控工作。市卫健委、长安区、高新区、经开区负责同志做表态发言。市人大常委会副主任、市政府副市长、市政协副主席，市中级人民法院院长，市人民检察院检察长，西安文理学院党委书记、院长；市级有关部门、各人民团体，各区（县）、开发区、西咸新区各新城党（工）委主要负责同志；部分驻市部属、省属、部队医院和西安市卫生健康部门、疾控中心、市属医疗卫生单位、市管医院负责人参会。

◆教育强市建设推进大会 2020年9月10日，西安市召开庆祝2020年教师节暨教育强市建设推进大会，深入学习贯彻习近平总书记来陕考察重要讲话和9月9日习近平总书记向全国广大教师和教育工作者致以节日祝贺和诚挚慰问时的重要指示精神，全面贯彻党的教育方针，坚决落实教育优先发展战略，表彰建设教育强市先进集体和个人，总结回顾2019年建设教育强市工作情况，安排部署全市基础教育提升三年行动计划第二年度工作任务。中共陕西省委常委、西安市委书记王浩，省委教育工委书记董小龙讲话。市人大常委会主任胡润泽，市政协主席岳华峰出席。市长李明远主持。市委副书记韩松宣读表彰决定。全体市级领导，市级有关部门主要负责同志，各区县、西咸新区、各开发区党政主要负责同志、分管负责同志、教育部门负责同志，获得省市表彰的校长、教师，部分“两代表一委员”，校（园）长、教师、家长和学生代表等700余人参加大会。

◆第十四届全运会西安市执委会全体会议 2020年9月14日上午，第十四届全运会西安市执委会召开全体会议暨誓师大会，以全运会倒计时一周年为契机，全面安排部署市执委会各项工作，动员全市上下为筹办好全运会而努力奋斗。中共陕西省委常委、西安市委书记、第十四届全运会西安市执委会主任王浩讲话。市政协主席岳华峰出席。市委副书记韩松主持。中国铁路西安局集团董事长张海涛，国网西安供电公司总经理钟筱军参加。会上，市执委会各工作组和承担筹办任务的相关部门、开发区主要负责同志做了表态发言。市领导卢力群、玉苏甫江·麦麦提、钟洪江、张琳、马希良、徐明非、肖西亮、和文全，有关市级部门和区（县）、开发区负责同志，市执委会全体工作人员等参加。

◆文物保护大会 2020年12月10日上午，西安市召开文物保护大会，深入贯彻落实习近平总书记来陕考察重要讲话和党的十九届五中全会精神，全面落实习近平总书记关于文物工作重要论述和对西安市文物保护的重要指示批示，安排部署当前和今后一个时期文物工作。中共陕西省委常委、西安市委书记王浩，省文物局党组书记、局长罗文利讲话。市人大常委会主任胡润泽、市政协主席岳华峰、市委副书记韩松出席。市长李明远主持会议。大会发布《西安市关于加强文物保护利用改革的实施方案》，明确全市文物保护工作14个方面38项重点任务。市文物局、市资源规划局、临潼区、曲江新区主要负责同志作表态发言。全体市级领导，市级有关部门、各区（县）、西咸新区、各开发区主要负责同志，市文物局领导班子成员，文博行业单位代表及媒体代表参加会议。

（*石康桥*）

中共西安市委常务委员会委员

（*以2020年年底在职为准*）

书　　记 王　浩
副 书 记 李明远　韩　松
常　　委 卢力群　玉苏甫江　康　军
胡　泽　钟洪江　杨晓东
张　琳　马希良　杨广亭
王晓林
秘 书 长 杨晓东
副秘书长 张友社　郝生旺　陈晓军
孙怀国　蒋　炜

市委工作机构

中共西安市委办公厅
主　　任 蒋　炜
副 主 任 濮斌锋
市委督查专员 吕哲民　周晓飞

中共西安市委组织部（市委非公有制经济组织和社会组织工作委员会、市公务员局、市人才工作局）
部　　长 王晓林
副 部 长 姜建春
梁晚晴（女，兼）
李继红（女，兼）
张　勇　闻其伟
张海舟
纪检监察组长 许　浩

中共西安市委宣传部〔市新闻出版局（市版权局）、市政府新闻办〕
部　长 张　琳
副部长 廉宏伟　董兆为　刘新锋
纪检监察组长 马小莉（女）

中共西安市委统一战线工作部（市政府侨务办公室、市委台湾工作办公室、市政府台湾事务办公室）
部　长 杨广亭
副部长 张少纯　孙杏娟（女）
李永奇（兼）　杨社会
纪检监察组长 刘凯军

中共西安市委政法委员会
书　记 韩　松（兼）
副书记 常　青　陈　哲（兼）
何　林（女）　刘云山
靳拥军
纪检监察组长 尉爱金

中共西安市委政策研究室
主　任 孙怀国
副主任 李传顺　严　磊　畅新征

中共西安市委网络安全和信息化委员会办公室（市互联网信息办公室）
主　任 边雅妮（女）
副主任 张晓宁　袁永君

中共西安市委军民融合发展委员会办公室
主　任 张　驰
副主任 施　萍（女）　彭新宁
岳智宏

中共西安市委外事工作委员会办公室
主　任 强　盛
副主任 李晓燕（女）杨　桢

中共西安市委机构编制委员会办公室
主　任 梁晚晴（女）
副主任 张忠芳　苏立群（满）
机构编制督查专员 顾　蕾（女）

中共西安市直属机关工作委员会
书　记 杨晓东（兼）
副书记 苏俊良　张军利　刘培宏
纪工委书记 白望绪（女）

中共西安市委巡察工作领导小组办公室
主　任 陈　武
副主任 周教育

中共西安市委老干部工作局
局　长 李继红（女）
副局长 陈世祥　汪虎乾

中共西安市委平安建设工作办公室
主　任 陈　哲
副主任 蒙　斌　梁　慧（女）

中共西安市委机要和保密局（市国家保密局）
局　长 王晓军
副局长 张世教　刘元成

中共西安市委党校（市行政学院、西安社会主义学院）
校（院）长 韩　松
常务副校（院）长 张鹏飞
副校（院）长 史晓英　范建军
徐　来

中共西安市委党史研究室
主　任 刘伯雅
副主任 张　瑞

西安报业传媒集团（西安日报社）
党委书记、董事长、社长 张　哲
党委副书记、总编辑、副社长 张更武
党委副书记 缑发世

西安市档案馆
馆　长 崔　林
副馆长 黄海绒（女）　吴立民

组　织

◆概况 2020年，中共西安市委组织部坚持以习近平新时代中国特色社会主义思想为指导，全面贯彻落实新时代党

的建设总要求和新时代党的组织路线，深入学习贯彻党的十九届三中、四中、五中全会精神和习近平总书记来陕考察重要讲话精神，围绕中心、服务大局，聚焦主责主业、积极担当作为，组织工作质量和水平进一步提高，为夺取新冠肺炎疫情防控和经济社会发展“双胜利”提供坚强组织保证。截至年底，全市有党的基层组织21258个，其中党委941个，党总支1070个，党支部19247个；有党员595713人，其中女党员206703人。

◆突出政治引领，加强思想理论武装

2020年，中共西安市委组织部坚持将学习贯彻习近平新时代中国特色社会主义思想和习近平总书记来陕考察重要讲话精神作为首要任务，组织实施习近平总书记来陕考察重要讲话专题学习班，开展专题学习、研讨、宣讲、党课、主题党日、组织生活会，使之系统权威进教材、生动有效进课堂、刻骨铭心进头脑。结合常态化疫情防控实际，依托“一体两翼”平台和驻市高校开设在线培训、“互联网＋”直播课堂8期，举办十项重点工作系列培训等线下班次60余期，分级分类培训干部10万余人次。

◆开展“推动全面从严治党向纵深发展”专题调研 2020年，中共西安市委组织部制定《市委关于推动全面从严治党向纵深发展的实施意见》等7个配套文件。以赵正永、魏民洲等违纪违法案例为镜鉴，特别是把秦岭北麓违建别墅问题作为教学案例，深入开展警示教育和以案促改。严格执行《党委（党组）落实全面从严治党主体责任规定》，完善全面从严治党主体责任清单，从严从实开展书记抓基层党建述职评议考核，着力提高“三会一课”、主题党日、民主生活会质量，进一步提高组织生活严肃性和实效性。

◆巩固拓展“不忘初心、牢记使命”主题教育成果 2020年，中共西安市委组织部认真贯彻落实中央《关于巩固深化“不忘初心、牢记使命”主题教育成果的意见》，持续抓好问题整改工作，做到“当下改”和“长久立”相结合。开展“弘扬延安精神、净化政治生态”“六个一”学习活动，教育引导全市党员干部守初心担使命。加强八路军驻西安办事处、碑林廉政教育基地、蓝田葛牌红二十五军军部纪念馆等党性教育示范基地建设，增设5类12个干部教育培训基地和现场教学点，制作一批高质量党史教育视频，切实把西安丰富的党史资源用好、用活。

◆干部队伍建设 2020年，中共西安市委组织部强化重担当重实干重实绩的鲜明导向，坚持好干部标准，突出考准考实干部政治素质。研究起草“三到三看三破”选用干部办法，探索干部在一线培养、一线推优、一线考察、一线使用“四个一线”工作机制，确保精准识别选用干部。向市委常委会报批干部任免15次388人。向市人大、市政协做人事安排说明32人次。做好全省担当作为“好班子”“好干部”的推选工作。注重在脱贫攻坚、疫情防控、十项重点工作等重大任务中发现识别和选拔使用干部，下硬茬运用“三项机制”调整干部772人，其中鼓励激励729人、能上能下43人，推动形成干部为事业担当、组织为干部担当“两个担当”良性互动。

做好干部队伍日常分析研判 2020年，中共西安市委组织部开展市管领导班子运行状况和领导干部履职尽责专题调研，收集掌握能力素质好且担当作为的优秀领导干部、年轻干部以及“庸懒散慢虚粗”干部等情况，为领导班子和干部队伍建设特别是下一步换届工作奠定基础。探索建立市管干部综合评价量化积分和静态分析制度，梳理形成区（县）、开发区和市级部门党政班子副职综合评价和使用参考指数。健全市属企业领导人员管理制度，进一步完善国有企业法人治理结构。深入开展换届调研、静态分析，全面了解掌握13个区（县）领导班子运行情况和区（县）党政班子成员履职情况，提前做好换届前基础准备工作。

加强公务员队伍建设 2020年，中共西安市委组织部全面落实公务员职务与职级并行制度，统筹职数向脱贫攻坚、污染防治等基层一线倾斜，审核完成7个区（县）、79个市级部门548名一级调研员职级晋升工作。深入贯彻《公务员法》及配套法规，规范办理383名公务员调转任、2283名公务员登记，稳慎处置历史遗留问题。招录公务员1024名，统筹做好公务员培训、考核、奖励、福利等工作。扎实推进司法体制改革和5个领域综合执法改革人员分类管理。有序做好市文物局等4个机构改革单位、95名人员转隶审核。

培养选拔优秀年轻干部 2020年，中共西安市委组织部拓宽选拔视野，开展日常月研，将123名42岁以下优秀年轻干部、357名优秀中层正职纳入后备干部信息库，丰富年轻干部储备。持续推进“育苗墩苗”工程，先后选派300余名年轻干部参加教育培训、参与重点工作，让思想淬炼、政治历练、实践锻炼、专业训练有机结合。制定《加强和改进选调生管理培养使用的十六条措施》，开展选调生到村任职专项检查，接收2020年“双一流”大学选调生149名，持续做好跟踪培养、动态管理、服务保障等工作。

加强干部日常管理监督 2020年，中共西安市委组织部严格贯彻执行领导干部报告个人有关事项“两项法规”，全市实际报告10583人，实际报告率达99.93%。重点抽查1037人，16人因查核结果与本人报告事项内容不一致被诫勉或取消考察对象资格。用好巡视巡察成果和12380“四位一体”举报平台，受理各类举报件249件，办结227件，办结率91.1%，加强干部选拔任用监督，修订完善《干部选拔任用全程纪实手册》，从33个环节规范选人用人工作，认真做好“一报告两评议”工作，受理有关事项请示报告40批次63人。推进干部人事档案专项审核全覆盖和干部人事档案数字化工作，干部人事档案管理更加规范。

以案促改工作 2020年，中共西安市委组织部围绕“四个查一查”，细化涉及组织部门的三项任务，在全市范围组织开展十八大以来选人用人自查自纠和专项检查。严督实导各区（县）“以案促改”工作，全面排查选人用人、干部“转作风”等情况。进一步强化《党委（党组）讨论决定干部任免事项守则》、党委（党组）书记和纪委书记（纪检监察组组长）“双签字”等制度落实，强化“凡提四必”“八个不上会”和干部全程纪实等要求刚性执行，不断提升选人用人制度化、规范化水平。

◆党的基层组织建设 2020年，中共西安市委组织部加强党的基层组织建设，不断完善基层党组织政治功能。

党支部标准化规范化建设 修订市委常委会抓基层党建责任清单，建立党委（党组）书记党支部工作联系点制度，推动党支部履行好直接教育、管理、监督党员重要职责。制定《党支部标准化规范化建设指导意见》，分9个领域推进基本队伍、基本活动、基本阵地、基本制度、基本保障“五基建设”，推动基层党组织全面进步、全面过硬。2020年创建第二批省级标准化示范村44个，“美丽党建”示范村[illegible]个，“五化”标杆社区党组织72个。规范党组织设置和隶属关系，新（改）设、撤销、划转34个。开展“线索清仓”市级直查工作，市委组织部被评为“全省扫黑除恶先进集体”。

提升农村基层党建工作质效 深化抓党建促脱贫攻坚“四大行动”，全覆盖开展“四个一”工作，全面排查全市291个省定“建档立卡”贫困村，推动脱贫攻坚决战决胜任务高质量完成。持续加大“四支队伍”管理力度，轮训镇（街）村干部、驻村工作队员、第一书记7540人次。推行村级小微权力清单制度、村党组织书记备案管理制度，进一步提升全市农村基层治理规范化水平。

对照“五类村”标准，排查确定121个软弱涣散整顿对象，“一村一策”整顿提升。按照中央和省委要求，扎实做好村（社区）“两委”换届前期准备工作。

深化城市基层党建系统建设　召开全市社区基层组织建设现场会，以城市基层党建引领基层治理为重点，制定印发“三个意见、两个方案、一个办法”，打造“民有所呼、我有所行”基层党建品牌。组织开展“社区集中建设活动月”活动，实施社区建设提升行动奖补，分3年累计安排不少于3.6亿元经费对所有社区进行提升，2020年全市社区办公用房新增面积9.5万平方米。稳步推进社区工作者职业体系和薪酬体系建设，筹建西安市社区学院，面向社会公开招录社区工作者170人，建立社区工作者职业资格信息库，推行公开招聘社区工作者职业资格备案管理和“三岗十八级”薪酬体系，社区工作者平均每月涨薪1200元左右。

统筹抓好非公企业和社会组织党建工作　深入开展新一轮“两个覆盖”摸底排查，指导市网信办成立互联网行业党委，在园区、楼宇、商协会等薄弱领域新建党组织和发展党员，组织有效覆盖率明显提升，工作保持覆盖率100%。深化“评星晋级、争创双强”活动，44个非公企业和社会组织党组织被省委组织部评为“五星级”党组织，总量位居全省第一。针对非公企业和社会组织特点，纵向整合部门服务、横向打通行业资源，建成运行49家“红色会客厅”，充分发挥优秀党建品牌辐射带动作用。

◆人才工作　2020年，中共西安市委组织部完善人才政策机制。出台《人才队伍建设及科技创新工作行动计划（2020—2022年）》和《深化人才发展体制机制改革、打造“一带一路”人才高地若干政策措施》，制定6方面29条措施，启动建设校地对接、成果转化、人才发展3类平台，实施西安英才梯次引育、创新主体培育2项工程。构建人才发展闭环工作机制，形成人才引进培养、项目扶持、跟踪服务、考核问效全流程管理模式。出台支持基层人才发展的《六条措施》，鼓励引导人才向基层流动。开展“爱国奋斗+”系列主题活动，在全市知识分子中掀起弘扬践行“西迁精神”热潮。建立人才表彰激励机制，评选出50名“市长特别奖”及“市长特别奖提名奖”个人和团队、30名“青年科技人才奖”以及210名高技能人才技术能手和标兵，政治引领成效明显。

改进人才引育方式　实施“西安英才计划”，遴选支持一批产业发展贡献突出、创新创业潜力大的高层次人才及团队，2020年全市吸引集聚各级各类人才10.4万人，新建院士工作站10家、博士后创新基地12个。印发《吸引集聚硕博研究生若干措施》，为在西安创新创业的硕博人才发放“硕博人才奖”及生活补贴，支持重点企业招引硕士以上人才5000余人。编制发布《2020年度西安市“6561”现代产业急需紧缺岗位人才需求目录》，实施先进制造等7个领域人才培养专项，引进重点产业领域高精尖人才263人，培训急需紧缺人才36万人次。建立“双招双引”联动工作机制，举办“清华大学专家学者西安行”及校友经济专场活动。成立“西安高校院所科技转化联盟”“西安校友校地合作创新发展联盟”，认定5家新型研发机构，推进科技成果就地转化项目300余个，科教资源优势进一步释放。

提升人才服务水平　印发《西安市“一对一”联系服务院士工作机制》，构建立体式“四类服务专员”体系，探索实施省市高层次人才服务一体化模式。加强市区联动和资源统筹，启动市人才交流活动中心、人才培养研究中心和高端人才服务基地“两中心一基地”项目建设。出台《高层次人才子女就学实施细则》，优化人才子女就学保障条件和范围，重点解决88名高层次人才及团队核心成员子女入学问题。加大人才安居保障力度，建设和筹集人才安居房32163套，交付使用468套市级人才公寓，发放人才安居补贴1487万元。建立“西安人才服务银行”，实施西安“人才贷”，兑现人才个人所得税奖励，发放奖补经费68.4万元，激发优秀人才投身西安国家中心城市建设的“精气神”。

◆目标考核　2020年，中共西安市委组织部坚持以考促干导向，落实《党政领导干部考核工作条例》，重点聚焦习近平总书记重要指示批示、“六稳”“六保”、脱贫攻坚、秦岭生态环境保护等工作，细化考核标准，严格考核程序，推动“五项要求”落细落实。严密组织实施2019年度市考，提出全市129个单位、1191名市管干部的考核等次评定意见，表彰优秀单位、追赶超越奋斗奖单位和争先进位奖单位。抓好省考争优和市考组织两项重点工作，印发《提升公众满意度增强群众幸福感考核工作六条措施》，在2020年全省满意度调查中，西安市人民群众满意度较上年提升3.65个百分点，“两代表一委员”满意度提升1.84个百分点，两项数据均为近年来最高。

优化考核指标体系　全面承接省考指标，突出十项重点工作，强化差异特色考核，科学构建2020年度考核指标体系。优化考核分类，将区（县）分为城市品质提升区、产业结构多元区、生态发展优先区三类进行考核，把开发区拉通评比、统一考核，增强考核的公平性和实效性。落实高质量发展理念，坚持创新驱动，聚焦重点工作，依据资源禀赋、地域特点和发展现状，对考核指标进行差异化权重分配，因地制宜凸显区（县）、开发区和市级部门工作特色，着力构建导向清晰、目标明确、特色突出的考核指标体系。

创新考核方式方法　建立十项重点工作考核指标体系、计分细则、分级考核工作机制，综合运用平时考核、年度考核、专项考核、任期考核“四种方式”，通过一月一通报、一季一排名、现场观摩测评、一线考核研判等手段，同步建立1200多名市管领导干部实绩考核档案，切实以精准有力考核激励干部担当作为，推动十项重点工作率先突破，统筹推进全年各项目标任务完成。加快建设“目标责任考核指挥管理系统”“十项重点工作日常考核信息系统”“公众满意度评价调查系统”，努力提升考核工作信息化水平。

◆新冠疫情防控　2020年，中共西安市委组织部在新冠疫情发生后，第一时间成立市委组织部疫情防控应急指挥部，统一指挥、统一协调、统一调度，指导各级党组织在各疫情防控指挥部、联防联控监测点、援鄂医疗队、车站机场、老旧小区等点位建立联合党支部、临时党支部1171个。按照“战时动员”要求，将各社区、村、非公企业和社会组织党组织书记吸纳进临时党支部，统筹调动各方面力量资源，形成尽锐出战的防控格局。

党员干部冲在一线　组建7819支党员突击队、巡逻队、服务队，广泛设置党员“先锋岗”和“责任区”，6822名党员医务人员主动请战奔赴“火线”，3859人在抗疫一线递交入党申请书，128名同志光荣入党。党员干部带头分片包干、包组联户，社区党员、机关党员、村（居）组长、楼（院）长、驻村工作队、大学生村官、志愿服务队员编组设队，扎实做好监测、排查、登记、跟踪、服务等基础工作，构筑联防联控、无缝对接的“铜墙铁壁”。

激励关爱用在一线　成立专项考察组，赴市疫情防控指挥部“一办九组”和区（县）、开发区等22个单位，对疫情防控一线领导班子和领导干部进行专项考察，提拔重用、职级晋升186人。全市划拨专项党费6158万元，支持基层党组织开展疫情防控工作。会同市人社局、市财政局印发《关于进一步激励关怀党员干部在疫情防控一线担当作为的六条措施》，走访慰问一线医务人员和驰援武汉医务人员家属6319人次，协调解决后顾之忧。

整合力量聚在一线　把防控力量向一线下沉，组织发动3600多名市直机关党员干部及区（县）、开发区1.8万余名机关企事业党员干部到所居住地社区、村报到，有效缓解基层人员不足、疲劳应战压力。向驻市院士专家等高层次人才发送慰问信，倡议各类人才建言献策。动员全市非公企业和社会组织参与疫情防控，发动社会各界奉献爱心，累计捐款捐物2亿余元，奏响全民抗疫主旋律。央视新闻、《中国组织人事报》等做相关报道。（田　雨）

宣　传

◆概况　2020年，西安市宣传思想文化战线坚持以习近平新时代中国特色社会主义思想为指导，深入学习宣传贯彻习近平总书记来陕考察重要讲话重要指示精神，认真落实中央决策部署和省委、市委工作要求，围绕决胜全面小康、决战脱贫攻坚主题主线，聚焦战“疫”壮阔历程，紧盯“十项重点工作”生动实践，为夺取疫情防控和经济社会发展“双胜利”、奋力谱写新时代西安追赶超越新篇章提供有力的思想保证和强大的精神力量。

◆理论武装　2020年，西安市始终把学习宣传习近平新时代中国特色社会主义思想作为首要政治任务，发挥“关键少数”引领作用，完善党委（党组）理论学习中心组《学习制度》《指导意见》，及时跟进学习习近平总书记最新重要论述和指示要求，中共西安市委中心组开展集体学习7次，各区（县）党委理论学习中心组召开专题学习会430次，推动党员干部解放思想、更新观念、增长本领。组织习近平新时代中国特色社会主义思想常态化宣讲，积极发挥党委主师团、“时代新人”宣讲团等作用，以党的十九届五中全会精神、《习近平谈治国理政》第三卷、习近平总书记来陕考察重要讲话精神等为重点，深入基层一线开展宣传宣讲9800余场，听众83万余人，把党的创新理论送到千家万户。整合各类宣传资源，用好融媒体，让新思想牢牢占据首页首条首屏。推动“学习强国”西安学习平台及时策划推出专题专栏，累计发稿9000余篇，被“学习强国”总平台采用700余篇，总浏览量超过2亿次，让党的声音传得更开更广更深入。

◆新冠疫情防控宣传舆论　2020年，西安市面对突如其来的新冠肺炎疫情，全市宣传战线主动担当、迎难而上，第一时间进驻指挥部，新闻记者深入一线，文艺界迅速投入创作，宣传党中央重大战略部署和市委重要举措，宣传疫情防控工作重大成果，讲好抗疫故事，弘扬抗疫精神。市属媒体推出重点专题报道，各融媒体制作发布精短平快的资讯和新媒体产品6万余条，生产1亿+产品4条、千万+产品42条。举办抗疫专题发布会21场，及时回应社会关切。策划开展武汉西安“心连心、共抗疫情”两地美术网络展等活动，创作推出各类文艺作品3000余部，歌曲《最美的温暖》入选中宣部主题公益歌曲，《美文——共同战“疫”》文学专刊入选中宣部重点推介的6部抗疫主题文艺作品。选树乔锦仁同志为全市重大先进典型，推荐为“三秦楷模”，组建先进事迹宣讲团，开展线上宣讲。开设“西安战‘疫’英雄谱”专栏，宣传170个身边英雄和110个英雄集体先进事迹，凝聚全市干部群众攻坚克难、砥砺前行的信心力量。

◆新闻舆论引导　2020年，西安市聚焦“决胜全面小康、决战脱贫攻坚”，组织市属新闻媒体记者深入扶贫一线，采访报道200多位自强奋进人物、优秀帮扶干部和致富带头人的先进事迹。精心组织迎“十四运”加快国家中心城市建设、十项重点工作、文明城市创建、秦岭生态环境保护等重大主题宣传，中央、省媒体2020年发稿4700余篇（条）。全方位提升改进舆论监督类节目质量，《每日聚焦》等节目更加聚焦中心、赢得人心，《电视问政》转型为《长安 我的城》融媒体栏目，既反映和解决问题，又推动改进干部作风，树立党委、政府的公信力和良好形象，得到各方认可。《每周一看》直击城市建设管理的堵点难点痛点，有力推动工作开展。系统谋划城市外宣工作，叫响“千年古都·常来长安”文旅品牌。开展主题歌曲和形象宣传片征集活动，进一步扩大城市影响力。充分利用丝绸之路国际博览会、丝绸之路国际电影节等高端平台，开展城市形象宣传推广。加大民心工程宣介，西安市连续9届荣获“中国最具幸福感城市”殊荣。

◆社会主义核心价值观和精神文明建设　2020年，西安市聚焦聚力培养担当民族复兴大任的时代新人，出台贯彻《新时代公民道德建设实施纲要》和《新时代爱国主义教育实施纲要》的实施方案。交大西迁博物馆等5个博物馆被命名为陕西省爱国主义教育基地，广泛开展抗战胜利75周年、中国人民志愿军抗美援朝出国作战70周年群众性庆祝活动，激发爱国情怀。完善典型选树机制，突出“好人越多越好”理念，树立“好人有好报”导向，2020年共入选中国好人13人、陕西好人68人、陕西省第六届道德模范7人、陕西省“新时代好少年”4人。坚持共建共治共享，扎实开展精神文明建设。2020年全国文明城市复审测评得分90.66，名列28个省会及副省级城市第11名。40个先进获第六届全国精神文明建设表彰，蓝田县成功创建省级文明县城。5个志愿服务先进典型荣获全国学雷锋志愿服务“四个100”先进典型表彰。广泛开展听民声解民忧大走访活动，组织动员各级干部深入1300多个社区（村）、7200多个小区，走访群众320余万户，开展宣传宣讲活动1万余场，听取意见建议，收集问题4万多个，解决群众集中反映的停车难、夜间噪音、环境卫生等问题2.6万余件，群众主动参与、积极支持文明城市创建的热情进一步高涨。（史　帆）

2020年1月8日，中共西安市委宣传部等单位在灞桥区狄寨街道西车村举办“服务脱贫攻坚 推进乡村振兴 2020年西安市三下乡集中服务活动”

统一战线

◆概况 2020年，中国共产党西安市委员会统一战线工作部坚持以习近平新时代中国特色社会主义思想为指导，认真学习贯彻习近平总书记来陕考察重要讲话精神，坚决落实中央决策部署和省委、市委要求，凝共识、聚人心，集众智、助发展，强优势、促和谐，圆满完成年度工作任务。

◆多党合作和政治协商 2020年，中国共产党西安市委员会统一战线工作部组织市级民主党派、市工商联主要负责同志和无党派人士代表赴重庆、遵义开展暑期读书谈心活动，与党外人士座谈交流，增进友谊，进一步凝聚共同团结奋斗、服务新时代追赶超越的思想共识；制定《中共西安市委2020年度政党协商计划》，就“两会”人事安排、《西安市秦岭生态环境保护规划》等召开协商会、通报会、座谈会5次，召开与市级民主党派季度联系会3次，围绕市委、市政府中心工作，提出年度重点调研课题，组织各民主党派开展专项调研，形成91份调研报告，在知情明政中建言献策；走访18家党派成员企业、21名民主党派代表人士和11家民主党派基层组织，组织召开基层组织建设示范观摩交流会、开发区基层组织建设对接会和市级民主党派主界别对口联系政府部门座谈会，协调解决调研发现的5个方面问题；支持民主党派加强自身建设，指导协调市级民主党派成立9个基层组织，调整12个基层组织领导班子成员，各民主党派通过举办骨干代表人士、基层负责人、新成员和市委会机关干部专题培训班，切实加强自身建设，提高履职能力，共计培训1056人次；协助成立监督委员会、召开领导班子民主生活会等，在强身健体中推动事业发展。

◆非公经济统战 2020年，中国共产党西安市委员会统一战线工作部认真贯彻落实习近平总书记关于做好新时代民营经济统战工作重要指示精神、《关于加强新时代民营经济统战工作的意见》和中央民营统战工作会议精神，制定《西安市加强新时代民营经济统战工作重点任务分工方案》，并以办公厅名义印发，形成促进民营经济发展的强大合力；与20名非公经济代表人士开展“一对一谈心活动”，开展“走进航空基地”“青年创业大讲坛”“新生代企业家座谈会”活动，与市国资委联合举办民企参与国企混改合作推进会，完成新生代企业家联谊会换届工作等，引导企业家坚定自信，增强信心；在行业主管部门和各区（县）、开发区推荐的基础上，建立兼顾不同行业、不同规模的全市民营经济代表人士人才数据库，掌握全市民营企业500强及各行业龙头民营企业的基本信息，为下一步做好选人用人、评选表彰、政治安排等工作夯实了基础。

2020年7月28日，中共西安市委统战部组织市级民主党派、市工商联主要领导和无党派人士代表在重庆果园港参观学习

◆民族宗教 2020年，中国共产党西安市委员会统一战线工作部制定《西安市民族团结进步创建工作发展规划（2020—2024）》《关于创造良好环境进一步促进新疆少数民族群众在陕交融发展的实施意见》，召开少数民族流动人口服务管理工作经验交流会等，深入开展民族团结进步创建活动，扎实做好少数民族流动人口服务管理，积极培育中华民族共同体意识；认真开展中央宗教工作督查“回头看”反馈意见整改工作，召开5次工作推进会，组成4个工作组进行明察暗访，涉及西安市的17项问题全部整改到位；深入开展农村宗教工作问题专项治理，开展秦岭北麓违建专项整治涉宗教问题“回头看”等，确保各专项工作有序推进；制定《西安市宗教界后备人才教育培养规划（2021—2023年）》，指导市佛协、市道协、市基督教“两会”和市基督教青年会、女青年会做好换届工作，支持爱国宗教团体加强自身建设和后备人才培养。

◆党外知识分子 2020年，中国共产党西安市委员会统一战线工作部制定出台《关于加强和改进新时代党外知识分子思想政治工作的实施意见》；按照《陕西省无党派（代表）人士认定工作细则》，在摸底调研和各方推荐情况下，认定300名无党派重点人士和100名无党派代表人士，下发认定告知书，完成登记造册工作；组织召开西安党外知识分子联谊会、留联会成员学习市委十三届十次全会精神和统战部长会议精神座谈会，加强思想引导，广泛凝聚共识，汇聚无党派人士服务经济社会发展的智慧和力量；组织开展第四届海归创业大赛，吸引汇聚更多留学人员投身创业创新的发展大潮；举办2020年“中国梦·中国心”西安地区海归暨高层次人才新春联谊会，团结引导西安地区留学人员为西安经济社会发展多做贡献；制定出台《市属高校统战工作联席会议制度》，组织召开市属高校统战工作座谈会，组织学习《省委统战部、省委高教工委关于加强新形势下高校统一战线工作实施意见》精神。

◆港澳台侨和海外统战 2020年，中国共产党西安市委员会统一战线工作部走访香港、澳门企业、社团组织，组织港澳人士参观“全域治水碧水兴城”重点项目治理建设情况、考察“三中心”建设项目情况等，在联络联谊中壮大大陆范围内、外两个联盟；新增泰国陕西总会“西安海外侨务工作联络点”，举办3期海外华裔青少年“亲情中华·网上西安夏令营”，在西安广播电台《法制进行时》栏目开展《侨法》和侨务政策解读，开展“新时代·新丝路”侨界人士广播访谈、“创业中华+”等活动；承办“长安一片月·相约大西安”2020陕台婚姻家庭交流联谊活动，举办“秦岭北麓西安行”“丝路行”两岸记者采访等活动，制定《关于促进西安与台湾经济文化交流合作的实施意见》，协助解决12名台胞子女就学、升学问题，处理6起台胞台商投诉问题等，在交流交融中增进民族认同、文化认同、国家认同。

◆党外队伍建设 2020年，中国共产党西安市委员会统一战线工作部成立“西安市统一战线文化交流中心”，增加事业编制8名，设置主任、副主任各1名；协调五区一港两基地健全统战机构，采取或成立统战部，或加挂统战机构牌子的方式，推进全市8个开发区健全统战机构、明确专人负责；认真贯彻落实《西安市党外干部队伍建设五年规划》，采取层层推荐、择优比较的方式，建立200多名局级、处级党外后备干部队伍，初步形成一支素质优良、结构合理、层次分明的党外后备干部队伍。采取分析研判、谈话调研、逐级推荐的方式，经征求市委组织部意见，报市委主要领导同意，并经三方协商，形成106名各民主党派市级层面代表人士队伍名单，为市级各民主党派2021年换届乃至今后10年长远发展奠定坚实的人才基础；举办11期培训班，培训学员872人次，晋升统战系统干部职务职级67人，为统一战线持续发展奠定基础。

◆统战宣传信息调研 2020年，中国共产党西安市委员会统一战线工作部全年发布微信161期，编辑《西安统战情况交流》12期、《统战信息专报》3期；《中国统一战线》专题报道西安市工作6篇，《朋友》专题报道9篇；向中央和省委统战部上报各类信息173条，采用51条（中央统战部6条、省委统战部45条）；中央统一战线网站采用西安市稿件15篇，向省委统战部推荐11篇重点调研课题，较好地宣传西安统战工作。（陆 艳）

政策研究

◆概况 2020年，中共西安市委政策研究室在中共西安市委的坚强领导下，深入学习贯彻习近平新时代中国特色社会主义思想、习近平总书记来陕考察重要讲话和党的十九届五中全会精神，紧盯市委中心工作和市委主要领导关注点，以巡察整改和以案促改为契机，着力在“强化文稿服务、提升调研质量、推动改革创新、发挥智库作用”上下功夫，以文辅政、调查研究、深化改革和信息服务迈出新步伐，作风建设和工作质量取得新成效，较好地完成全年各项目标任务，为市委科学决策提供高质量的服务保障。

◆建言献策 2020年，中共西安市委政策研究室紧紧围绕全市追赶超越大局，充分发挥参谋助手作用，高质量起草完成重要文稿15篇，起草市委主要领导在市委深改会、市委财经会等重要讲话3篇，全力做好迎接习近平总书记来陕考察、配合中央巡视组巡视、参与新冠疫情防控、迎接中央改革办督察等市委重大任务服务保障工作，服务中心的主动性、实效性不断增强。

高质量完成市委两次全会决定的起草 年初，起草市委《关于深入贯彻党的十九届四中全会精神高质量推进市域治理体系和治理能力现代化的实施方案》，明确西安市贯彻落实的指导思想、主要目标和具体举措，经市委十三届十次全会审议后以市委名义印发。5月份，起草市委《关于深入学习贯彻习近平总书记来陕考察重要讲话精神奋力谱写西安新时代追赶超越新篇章的决定》及《任务分工》，围绕西安市贯彻落实“五项要求”，从八个方面提出具体工作措施，经市委十三届十一次全会审议后，分别以市委和市委办公厅名义印发。

高质量完成市委出台重要文件的制定 研究制定《中共西安市委关于新时代加强人大工作和建设的意见》《中共西安市委关于新时代加强和改进政协工作的实施意见》，分别经市委人大、政协工作会议讨论通过，为加强和改进西安市人大、政协工作提供重要依据。牵头起草《西安市国民经济和社会发展第十四个五年规划和二〇三五年远景目标纲要》，拟在市委十三届十二次全会上讨论。

高质量完成中央巡视工作相关文件的起草 配合市委办公厅起草完成《西安市委工作汇报》《中共西安市委全面从严治党主体责任清单》《中共西安市委关于学习贯彻习近平新时代中国特色社会主义思想和党的十九大精神特别是习近平总书记重要指示批示情况的调研报告》《关于推进西安国家中心城市建设存在问题的情况报告》《西安市贯彻落实〈中共中央 国务院关于新时代推进西部大开发形成新格局的指导意见〉情况汇报》等多篇重要文稿，得到中央巡视组的认可。

◆调查研究 2020年，中共西安市委政策研究室紧紧围绕十项重点工作和市民群众关注的热点、难点问题，充分发挥调查研究辅政作用，组织全体干部和智库专家委员积极建言献策，共形成调研报告和理论文章[illegible]1篇。其中，关于教师队伍建设、全市十项重点工作回顾与展望、完善基层医疗卫生体系、打造中欧班列西安集结中心等23篇报告得到市级领导的批示并转化为治市决策，咨政辅政的智囊智库作用得到充分展现。

围绕全市十项重点工作开展调研 深入有关区（县）、开发区和市级部门，就西安市十项重点工作推进情况开展深入扎实调研，形成《重点突破增动能 追赶超越谱新篇——全市十项重点工作回顾与展望》调研报告。报告梳理总结西安市在加快产业集群建设、不断优化政务服务、全面推动城市精细化管理、全力推进教育强市建设、持续提升人才服务水平等34项工作中亮点成效，研究提出下一阶段需重点突破的19项具体工作。市委主要领导将该报告批转给各专项工作组学习阅研。

围绕破解西安市发展难题开展调研 起草完成市委主要领导调研报告《只争朝夕 真抓实干 奋力谱写西安新时代追赶超越新篇章——关于加快西安国家中心城市建设的调研与思考》。着眼新冠疫情常态化防控，就全市做好“六稳”工作、落实“六保”任务、建设先进制造业强市、大力发展文旅产业等问题开展调研，形成《关于做好我市企业复工复产工作的对策建议》《把疫情当作西安加快追赶超越起飞平台的建议》《精准施策助推创新链与产业链深度融合》《关于

2020年11月20日，中共西安市委政研室在安康调研学习社区工厂经验

提升我市基层医疗卫生服务能力的调查与思考》等调研报告。其中，撰写的《大力推进产业扶贫坚决打赢脱贫攻坚战——关于西安产业扶贫的调研与思考》，在省委刊物《调查参阅》上发表。

围绕群众关注的热点难点问题开展调研　围绕中心城区交通优化提升，深入小寨、尚德路等城市交通重点拥堵区域实地调研，形成《对我市交通治堵工作的几点建议》《关于恢复公共道路停车泊位正常收费的建议》《关于我市道路通行状况的调查》《对破解西安停车难问题的几点建议》等系列调研报告。深入三星二期、火车站北广场、幸福林带等重点项目现场进行调研，起草完成《对我市重点项目建设情况的调研》报告，加快推动全市重点项目建设。与市教育局组成联合调研组，对西安市教师队伍建设情况开展调研，形成《关于我市教师队伍建设中几个问题的调查与思考》，得到市委主要领导批示肯定。

围绕全市财经工作开展调研　充分发挥市委财经办职能作用，组织召开市委财经委第二次会议，制定《市委财经委员会2020年工作要点》《市委财经委员会第二次会议纪要》并印发执行，起草《关于落实中央财经委员会第七次会议主要任务分工方案的实施方案》。深入各区（县）、开发区相关职能部门开展调研，形成《关于我市发展“三个经济”情况的调研》《关于我市制造业重点大企业发展情况的调研》《关于我市空闲土地情况的调研》等报告，为解决西安市财经方面的突出问题积极建言献策。

◆深化改革　2020年，中共西安市委政策研究室紧紧围绕用好改革这个“关键一招”，充分发挥改革办职能作用，认真谋划推进全市改革工作，全年78项改革任务进展顺利，全面创新改革试验14个优秀案例入选全国百佳案例，自贸区10项改革案例得到国务院和国家部委通报表扬，20项创新成果在全省复制推广，《基础教育优质均衡发展“曲江实践”》入选中国改革2020年度50个典型案例，高陵区宅基地试点做法得到中央领导同志的肯定，西安市改革工作经验做法在中国改革（2020）年会上做交流发言。

突出自主抓谋划　聚焦西安经济社会发展问题短板，以“十项重点工作”率先改革突破，系统谋划制定78项年度改革任务，以《工作要点》形式印发全市执行。对十八届三中全会以来中央、省委安排部署的改革任务进行全面梳理检查，形成6本工作台账，对合计1400余项任务实施挂账销号动态管理，确保每项改革任务落细落实。突出自主改革创新，在市行政审批局、莲湖区开展“一件事一次办”、基层社会治理系统集成改革试点，推动改革目标集成、政策集成、效果集成。

协调指导抓推进　认真筹备召开市委全面深化改革委员会会议，协调解决各领域重大改革问题，审议通过《关于鼓励引导人才向基层流动支持基层人才发展的六条措施》《西安报业传媒集团（西安日报社）深化体制机制改革方案》《西安市残疾人联合会改革方案》等改革事项。认真做好拟上会改革方案前期评估工作，先后对防灾减灾救灾体制机制改革、残联改革、国企改革等方案进行预审，指导提出修改意见，确保改革方案合法合规。充分利用改革信息平台，每季度末依据台账对各专项小组、牵头部门改革进展情况进行对账盘点，对进展缓慢的及时预警提醒。

督促检查抓落实　研究制定《西安市全面深化改革工作督察落实和考核评价办法》《市委全面深化改革第三方评估办法（试行）》等10余份法规文件，不断完善推进改革落实制度体系。8月24日至9月11日，采取听取汇报、查阅资料、随机提问等方式，就党的十八届三中全会以来中央改革部署落实情况开展全面督察，形成全面督察报告并提交市委主要领导，组织召开联络员会议进行通报，发出整改通知22份，要求责任单位逐项整改并报告。

推广典型抓宣传　注重案例教学、典型引路，组织全市各区（县）、开发区在莲湖区、雁塔区、曲江新区召开全面深化改革现场推进会，交流改革工作经验，实地观摩改革成效，这种以典型带动改革全面推进的做法，得到省委改革办主要领导的高度肯定，并提出全省系统集成改革试点都可借鉴西安改革现场推进会的方式加以推动。在《今日西安》开辟专栏，及时刊发交流全市各领域、各地区改革经验和创新性做法。联合《西安日报》、西安发布，以及部分官方媒体微信公众号，发布改革政策、宣传改革成效。组织挖掘全市改革特色亮点，收集整理创新改革案例150余篇，并择优57篇形成《年度改革案例》汇编，西安市莲湖区关于加强基层社会治理的改革经验得到省政法委主要领导同志的重要批示，“三服四化”等4项改革经验入选国家部委的研究报告，建设网上中介服务超市等3项改革经验在全国推广，“自然人和法人生命树”等6项改革经验在全省推广。

◆内刊编辑　2020年，中共西安市委政策研究室坚持把信息工作作为服务全局的重要平台，编发《今日西安》12期，每期紧扣十项重点工作确定宣传主题，先后围绕深入学习贯彻市委全会精神、战“疫”一线党旗飘扬、打造乡村振兴西安样板、建设生态西安、办好“十四运”等主题，多角度深入报道，积极反映全市各领域改革创新经验，展示全市各级各部门推进十项重点工作取得的新成就新亮点，为贯彻落实市委决策部署营造良好舆论氛围。围绕加快建设国家中心城市、三改一通一落地、全域治水、秦岭生态环境保护等全市重点工作，精选刊发24期《调研参阅》针对性、前瞻性较强的调研报告，供全市各级领导决策参考，促进调研成果的转化应用。组织参加全省优秀调研成果评选，向全市征集处级以上领导干部参评调研成果78篇，经审核遴选后向省委政研室报送参评调研成果68篇。西安市共获得二等奖7篇、三等奖8篇，其中市委政策研究室撰写的《关于西安市扎实推进特色现代农业的调研与思考》荣获二等奖。　（刘　菊）

机构编制

◆概况　2020年，中共西安市委机构编制委员会办公室深入学习贯彻习近平总书记来陕考察重要讲话精神，认真践行习近平总书记关于机构改革和机构编制工作的重要论述，主动适应体制调整优化、归口管理的新形势，立足深化改革主战场，以持续巩固和深化机构改革为重点，坚持盘活存量与创新管理相结合，不断解放思想，主动作为，围绕中心服务大局，以过硬的作风、过硬的举措为全市重点工作提供机构编制保障。以落实全市十项重点工作为抓手，以改革创新精神肩负起优化配置执政资源的政治责任，推动机构编制各项工作落地落实。

◆教育强市保障　2020年，中共西安市委机构编制委员会办公室针对西安市教育事业均衡发展的短板难题，规范核编标准，科学核定编制总量。加大统筹调剂力度，推动人员编制跨区域、跨学段动态调整、合理配置，完成全市96所新建及改扩建公办中小学审批设立及教职工编制核定配备工作，做到“应保尽保、应编尽编”。建立教育编制周转池，从市级向编制较为紧张的8个区（县）一次性下达周转编制1200名。积极探索人员总量控制备案管理，强化服务保障支撑，为53所“名校”核增事业编制260余名，有效促进优质教育资源合理流动。全市共新增学位19.4万个，新增教师7800余名，教育质量得到明显提升。

◆健康西安建设　2020年，中共西安市委机构编制委员会办公室在疫情期间以“战时”状态落实市委要求，第一时间完成市公共卫生中心（市应急医疗中心）机构设置及核编工作。对市疾控、急救、血站、精神卫生等公共卫生机构

西安市市场监管综合执法支队挂牌

进行调整加强。认真研究制定公立医院实行人员总量控制备案管理的实施意见，为各区（县）疾控中心、卫生监督所调剂增加事业编制333名，进一步充实加强基层公共卫生服务力量。

◆综合行政执法改革　2020年，中共西安市委机构编制委员会办公室制定印发市级及远郊7个区（县）五大领域综合执法改革实施方案，多次召开专题会议，加强指导督促力度，着力解决改革推进中的难点问题。截至2020年年底，全市五个领域综合执法机构均已挂牌成立，“三定”规定全部印发，切实提高行政执法能力水平。

◆“十四运”服务保障　2020年，中共西安市委机构编制委员会办公室为市体育局增加1名副局级领导职数，在市公安局交警支队增设港务浐灞大队，设立市交通发展研究中心，从人员力量配备、优化交通出行等方面更好地服务保障“十四运”。

◆机构改革　2020年，中共西安市委机构编制委员会办公室贯彻新发展理念，推动改革从“物理变化”到“化学反应”，扎实做好机构改革“后半篇文章”。

对市及区（县）部门“三定”规定执行情况分两轮进行全面评估和督促检查，指导做好建章立制、完善内部机制和人员定岗等机构改革规定动作的落实工作，确保改革取得实效。

进一步强化党的领导，优化派驻纪检监察机构设置，确保纪检监察工作在开发区全覆盖。优化组织、宣传等党委部门职责及内设机构，强化对相关领域、行业、系统工作的领导。以两办名义印发《西安市秦岭范围内生态环境保护责任清单》，明确29个部门和沿山区（县）政府、开发区管委会在秦岭生态环境保护方面127条责任事项，切实将保护监管责任落地落实。

严格落实中央和省委部署要求，贯彻落实习近平总书记关于加强文物工作的重要论述，完成市文物局单设工作，加强文物保护水平。制定印发市人大、市政协机关“三定”规定，完成生态环境、资源规划等垂直管理机构在区（县）、开发区派出机构设置和职能调整工作，不断拓宽改革覆盖面。

紧紧围绕构建科学规范高效的机构职能体系的目标任务，加大重点领域体制机制创新力度，持续在机构设置、职能转变、编制调整等方面下功夫。

制定《西安市深化街道体制机制改革指导意见》，集中对13个区（县）和2个开发区的实施方案进行审核批复，及时督导调研，解决改革中的难点问题。截至2020年年底，全市13个区（县）和高新区、国际港务区共计122个街道“三定”规定已全部印发实施，圆满完成全市街道体制机制改革。

全面完成生产经营类事业单位改革。如期完成全市40家生产经营类事业单位改革任务，同步推进承担行政职能事业单位改革，防止事业单位承担行政职能“回潮”。调研深入了解公益类事业单位运行现状、存在问题和主要诉求，在新建幼儿园、医院实行人员总量控制备案管理，为全面启动公益类事业单位改革打牢基础。

理顺开发区管理体制机制。先期制定印发市市场监督管理局各开发区分局“三定”规定，建立开发区范围内市场实行市级统一监管的管理体制。赴重庆、成都等地进行学习调研，对西安市开发区管理机构情况进行全面摸底统计，为下一步规范开发区工作奠定基础。

◆机构编制管理　2020年，中共西安市委机构编制委员会办公室以机构编制实名制信息为依托，坚持统筹使用、重点保障和动态调整相结合，充分挖掘现有人员编制潜力，持续提高编制使用效能。

推进事业单位登记管理。克服疫情影响，完成2019年度事业单位法人年报公示工作，全市共受理法人年报3545家；加大监管力度，完成2700余家事业单位法人年度报告的评估工作，对277家事业单位进行实地核查；优化登记服务，通过规范登记流程、精简证明材料，登记业务办理时限由10个工作日压缩到5个工作日。

抓好机构编制实名制管理。在做好实名制信息日常更新、网上名称管理、网络信息安全的基础上，严格审核认真统计，圆满完成2019年度全市机构编制实名制统计年报工作。精准管控深入挖潜，提升统计信息利用广度，先后完成2020年度公务员和参公人员招录计划、事业单位招聘计划、教师招聘计划等的审核工作。

◆机构编制法治化建设　2020年，中共西安市委机构编制委员会办公室以习近平法治思想为指引，从提升法治意识、再造内部流程、加强编制约束等方面着手，全面提升机构编制工作法治化水平。

深入学习贯彻《中国共产党机构编制工作条例》。制定印发贯彻落实意见，开展“六个一”学习宣传系列活动。对照《条例》梳理完善现有政策规定，制定印发《编委工作规则》《编办工作细则》，推进机构职能、权限、程序、责任法定化。重新修订《市委编办会议制度》，制定印发《机构编制事项合法合规性审查暂行办法》《关于规范机构编制工作程序的通知》，进一步健全完善机构编制内部制度和监督管理机制。

扎实开展机构编制监督检查。通过开展超审批权限设置机构等问题自查自纠工作，积极推进机构编制事项纳入巡察、审计工作，对区（县）重点领域改革落实情况等多项内容进行检查评估和通报等方式，进一步严肃机构编制纪律，切实维护机构编制的严肃性、权威性。

（贾　赛）

外　事

◆概况　2020年，西安市外事工作认真贯彻落实中央对外战略部署和中共陕西省委、西安市委对外工作安排，集中精力打好疫情防控“外防输入”阻击战，创新国际交流合作方式，统筹推进对外交往中心建设，打造高效能服务型学习型机关，较好地完成年初确定的各项主要工作任务，为建设国际化大都市和国家中心城市做出积极贡献。

◆重大外事活动 2020年，在新冠肺炎疫情在全球肆虐的情况下，西安市外事工作充分利用世界城地组织平台，积极创新对外交往方式，加强对外交流与合作。

在全球共同抗疫背景下，西安市委外事办精心准备，积极参加世界城地组织筹备的多边国际合作视频线上会议50余次（其中市长参加会议6次），参加城地组织亚太区经验分享会议3次，分享城市治理经验，讲好中国故事，推动多边合作交流。特别是在联合国高级别政治论坛、主席团会议和理事会大会上，西安市主要领导积极发声，利用西安市作为联合主席城市的有利地位，扩大西安国际朋友圈，提升西安国际影响力，在国际上获得广泛好评。全球首个青年教育与对话港、文化领域“七个要点”项目已落户西安。西安市荣获世界城地组织墨西哥文化奖“优秀实践奖”。

举办首届西安国际友城（尼泊尔布特瓦尔市）公务员培训班　通过专题讲座、学习交流、参观考察和文化体验等主题鲜明、内容丰富的学习培训，增进了解，加深中尼两国人民的友谊。培训报告受到习近平总书记的圈阅和汪洋等国家领导人的批示肯定。

外事服务全市经济社会发展　圆满完成柬埔寨西哈努克国王等2人次高级别来访接待工作，协助举办“丝路友好 共建未来”菲律宾国家主题活动，协助日本等13国驻华大使考察雁塔区红专南路社区和“长安号”中欧班列。安排市委、市政府主要领导会见三星中国区总裁、霍尼韦尔中国区总裁、东芝中国总代表，以及韩国驻西安总领事等外事会见活动22批166人次。

举办首届中外学生乒乓球培训及友谊赛　48个国家中外学生参与培训及比赛，传播中国文化，使更多的中外学生关注“十四运”，宣传“十四运”，助力“十四运”。

◆涉外疫情防控 2020年，西安市外事工作坚决贯彻落实外交部和省、市新冠肺炎疫情防控指挥部工作部署，严密防范境外疫情输入，落实好“外防输入，内防反弹”各项措施，坚决守住第一道防线。

开展国际抗疫合作　61个国际友好城市、国际机构致电慰问，9个国际友好城市、社团企业、国际友人捐赠250万元

2020年7月31日，西安市捐赠抗疫物资搭乘“长安号”中欧班列驶向哈萨克斯坦奇姆肯特市

防疫物资，为我们战胜疫情增添信心和力量。利用世界城市和地方政府组织平台，向国外城市分享抗疫经验、捐赠抗疫物资，在守望相助中建立起更加深厚的国际友谊。

做好疫情防控涉外工作　以中英文双语通过官网和微信公众号每日向外国人发布西安市疫情情况。积极做好入境航班和北京分流国际航班外籍人士、使领馆人员入境防疫检查和管理服务工作。全年分流北京国际航班198架次，直飞西安航班152架次，累计隔离留观7745人次，筛查确诊15例，无症状感染者3例，隔离留观使领馆人员61批174人次，闭环转运3批3人次，未发生一起境外关联本地病例。

推动复工复产　建立中韩“快捷通道”，实行“点对点”转接，加快韩方有关人员返岗进度，协助三星员工来华工作。牵头组织召开防疫物资生产及销售座谈会，并组织邀请外国驻西安总领事馆领事官员、西安新丝路国际交流促进会代表等考察西安医疗物资生产企业，积极协助西安企业走出去，开拓国际市场。

◆涉外管理 2020年，西安市加强因公出国（境）管理，印发《关于进一步重申疫情期间因公出访来访有关要求的通知》，进一步优化审批程序，对因公出国（境）人员政审权限进行调整。全年审核审批因公出国（境）团组19批73人次，受理办证153批295人次，办理签证37批102人次。进一步健全涉外突发事件处置机制，妥善处理涉外案（事）件15起。授予日本通运株式会社常务执行董事杉山龙雄、三星大中华区总裁黄得圭、香港亨达集团名誉主席邓予立3位国际友好人士为“西安市荣誉市民”。加强领事保护宣传和外谋记者采访，协助处理市民领事保护事件8起、外媒记者采访事2起。进一步提升涉外环境水平，出台《西安市公共服务领域英文译写指南》，完成“爱上西安”手机App项目建设，并上线运行。“爱上西安”被市委网信办评为“2020年度数字西安建设优秀成果和最佳实践案例”，并作为数字西安建设优秀成果和最佳实践案例代表西安市参展。

◆涉外服务 2020年，西安市外事工作部门积极为西安市企业“走出去”提供便捷服务，运行APEC商务旅行卡网上申报新系统，加大APEC商务旅行卡宣传，组织举办APEC商务旅行卡线上推介会，制作完成宣传片和宣传彩页，广泛开展宣传推介活动。进一步优化营商环境，降低企业申办门槛，重新修订《西安市申办APEC商务旅行卡企业资质量化标准》。全年代办领事认证58人次，首次受理非特定国家外国人来华签证邀请40批125人次，办理APEC商务旅行卡16批26人次，比上年增长36%。

◆友好城市交流与合作 2020年，西安市外事工作认真贯彻落实习近平总书记关于友城工作“三个一批”的指示精神，分类推进，精准施策。在疫情特殊时期，积极克服困难，加强联系沟通，全国友协批准同意西安市与比利时布鲁塞尔、西班牙瓦伦西亚、韩国安东3个城市缔结友好城市协议，总体获批达到39对，居全国副省级城市第1位；采取视频或邮寄交换文本形式，正式签署缔结友好城市达到37对，居15个副省级城市第2位。积极创新对外交往形式，加强对外友好交流。在全球疫情肆虐背景下，先后与奥尔登堡、马雷市、安东市及世界历史都市联盟等6个友好城市和国际组织

开展视频线上会议，参加2020金砖国家友好城市暨地方政府合作论坛、伊朗电影节、瓦伦西亚海鲜饭世界杯等网上交流活动，西安与日本京都市举办国际友城少儿绘画作品互展活动。（范鹏军）

侨　务

◆概况　2020年，西安市归国华侨联合会以习近平新时代中国特色社会主义思想为指导，深入学习贯彻党的十九大、十九届二中、三中、四中、五中全会精神和习近平总书记来陕考察重要讲话精神，围绕新冠肺炎疫情防控、“十项重点工作”，坚持目标导向，强化责任担当，全年工作呈现出良好的发展势头。

◆新冠疫情防控　2020年，西安市归国华侨联合会坚决贯彻习近平总书记关于疫情防控工作的重要讲话和重要指示精神，及时成立疫情防控工作领导小组，在对机关全体人员进行排查，配备口罩、酒精、84消毒液、体温计等防疫物资的基础上，13名党员干部下沉社区配合做好疫情防控。在侨联官网发布《致全市归侨、侨眷及侨务工作者的一封信》，利用线上渠道，实时向服务对象发布最新疫情动态。海外疫情严重后，及时在官方网站和《西安日报》发布《致西安海外侨胞的温馨提示》，协助中国华侨公益基金会向海外侨胞和留学生捐赠侨爱心防疫包。积极引导所联系的海内外侨胞向全市、国内各城市、住在国捐赠防疫物资，进行互帮互助，据不完全统计，各类捐赠物资总价值约1000万元人民币，西安发布、西安新闻和《西安政协》给予专题报道。

◆亲商助企　2020年，西安市归国华侨联合会利用电话和微信与近20家侨资企业进行沟通联系，及时征求复工复产侨资企业的意见建议和困难需求，发送优惠政策、税务减免信息，帮助扩大宣传、扩大销路。深入陕西中侨丝路科技发展有限公司等8家侨资企业走访，实地了解情况，联系政府有关部门协调解决复工复产遇到的实际问题。组织20余名侨商到西咸新区参观考察，2家侨商企业与空港新城招商局达成合作意向。积极开展“创业中华+”品牌活动，授予华为云（西北）联合创新中心、未来彩蛋创业谷为“西安市侨联新侨创新创业基地”。在陆桥沿线城市侨联服务“一带一路”合作联盟联席会议上推介永兴坊、中侨丝路科技发展有限公司、陕西青年电影制片厂3家企业。

◆为侨服务　2020年，西安市归国华侨联合会积极开展“请益”走访活动，先后走访诗经里小镇、锦业美术馆、西安民间金融协会等7家组织机构，调研陕哈集团公司、西安恒坐标教育科技集团等10余家外资企业，共商侨联发展规划。慰问归侨侨眷和德高望重的侨界人士115人，发放慰问金97000元。开展“归侨侨眷看西安”活动，组织50余名老归侨侨眷参观“三中心”。妥善解决3名侨商维权事宜，及时解决侨眷来信求助，受到专程感谢。

2020年9月23日西安市归国华侨联合会组织“归侨侨眷看西安”活动

◆联络联谊　2020年，西安市归国华侨联合会组织30余名新侨企业代表考察曲江创客大街创意盒子，召开新侨座谈交流会。组织市侨联海外委员座谈会，向20余名海外委员介绍西安发展形势，征求意见建议，考察恒坐标科技集团，研讨“华裔少年看中国”“中国心·世界眼”等文创项目。组织侨界人大代表、政协委员和侨联委员到温州、丽水、金华市等重点侨乡考察调研，学习借鉴先进工作经验，筹划加强对侨界群众思想引领，加强基层侨联组织建设，加强与海外侨胞的联络联谊，拓展侨联工作领域等工作。

◆弘扬文化　2020年，西安市归国华侨联合会组织“新时代、新丝路”侨界人士访谈，大力宣传12名侨胞的爱国心、故乡情，在陕西省交通广播电台和喜马拉雅平台播出，《西安日报》对部分侨界人士专题采访。承办3期“亲情中华·为你讲故事”网上夏令营西安营，组织美国、加拿大、墨西哥等9个国家645名海外华裔青少年参与“古城之旅”。拍摄制作4个视频故事，3个在中国侨联“开问网”官方平台发布。举办“侨界讲堂”，向侨界代表宣讲习近平总书记到陕西考察重要讲话精神和“十项重点工作”，解读《民法典》及《香港特别行政区维护国家安全法》。新开通微信公众号，面向侨界群众发布100多篇信息，宣传党和国家最新的路线方针政策和各级侨联的工作。

◆公益事业　2020年，西安市归国华侨联合会牵线陶行知教育基金会向西安市爱心捐赠价值242万元的教育信息化软硬件设备，惠及全市范围内500人以上的义务教育阶段中小学校316所。

◆夯实基础　2020年，西安市归国华侨联合会学习贯彻习近平新时代中国特色社会主义思想、党的十九大和十九届二中、三中、四中、五中全会精神，习近平总书记来陕考察重要讲话和最新重要指示批示精神，认真学习习近平总书记对侨务工作的重要论述和党内重要法规，组织中心组集中学习13次，研讨交流8次。扎实开展贯彻落实习近平总书记来陕考察重要讲话和“弘扬延安精神、净化政治生态”专题培训，邀请讲师团成员解读《习近平谈治国理政（第三卷）》、党的十九届五中全会精神。把抓好巡察整改工作作为重大政治责任，落实到侨联各项工作和建设，反复对标反馈意见，深入研究讨论，精心制定具体整改措施，强化建章立制、注重督促问效，受到市委巡察办较好评价。紧密结合赵正永严重违纪违法案以案促改和第三个纪律教育学习宣传月活动，开展警示教育18次。认真组织学习习近平总书记在十九届中央纪委四次、五次全会上的重要讲话精神以及中央和省委、市委纪委全会精神，观看《肃清流毒正风纪》《利剑高悬、警钟长鸣》警示教育片，传达学习典型案例，参观陕西省以案促改警示教育图片展和西安市警示教育基地，组织赴廉政博物馆参观见学，让党员干部受到廉政文化熏陶。

（李新磊）

西安市归国华侨联合会第十一届委员会

主　席　杨　庆
副主席　肖王民
副主席（兼）　戴慧敏　禹　燕（女）
陈振茂　常建国
陈　婧（女）
杜　强　邱慧灵
秘书长　肖王民（兼）

老干部工作

◆概况　2020年，中共西安市委老干部局以习近平新时代中国特色社会主义思想为指导，深入贯彻落实习近平总书记关于老干部工作的重要指示精神和来陕考察重要讲话精神，始终坚持围绕中心、服务大局，以“让党委放心、老干部满意”为标准，全面加强离退休干部党的建设，注重发挥老同志优势和作用，精准做好离退休干部服务管理，坚持不懈推动老干部工作信息化、精准化、规范化建设，持续强化干部队伍自身建设，在守正创新、务实奉献中彰显出老干部工作部门的政治责任和使命担当。

◆离退休干部党的建设　2020年，中共西安市委老干部局坚持把政治建设作为首要任务，组织引导广大离退休干部深入学习领会习近平新时代中国特色社会主义思想的科学内涵和核心要义。建立“不忘初心、牢记使命”主题教育长效机制，开展支部学习、送学上门，举办“古城金秋大讲堂”系列讲座，线上热点推送，赴延安接受红色教育，组织4批次167人次参观考察全市重点建设项目等，积极引导老同志深刻认识这一强大思想武器的真理力量和实践伟力，不断增强“四个意识”、坚定“四个自信”、做到“两个维护”。在组织离退休干部参观考察火车站北广场改造、“三中心”建设、灞河桥梁和隧道等全运会配套工程中，市委主要负责同志高度重视，亲自安排部署、审定方案、考察路线、讲解项目建设情况，老同志们对市委、市政府的工作纷纷点赞，对成功举办“十四运”、加快建设国家中心城市充满信心，中组部“离退休干部工作”、《中国老年报》等媒体对此进行报道。离退休干部党建融入城市基层党建、向社区延伸实现点面突破，离退休干部党的建设得到全面加强。按照“一方隶属，多重管理”的原则，在莲湖区、长安区的15个社区，开展发挥离退休干部优势促进城市基层党建试点，构建以社区党组织为核心的“1+X”组织体系，新建离退休党支部10个、临时党支部29个、党小组21个，创建离退休党建品牌39个，新增各类志愿者团队、公益服务团队73个。莲湖区、长安区的经验做法在全省离退休干部党建现场会上进行介绍，其他区（县）也普遍结合实际探索实践，广大老党员主动到社区报到，参与学习、发挥作用的积极性显著增强，为城市基层治理做出老干部应有的贡献。同时，以《关于加强离退休干部党支部标准化规范化建设的实施办法（试行）》为抓手，推动离退休干部党支部标准化规范化建设。

◆离退休干部发挥作用　2020年，中共西安市委老干部局引导离退休干部在服务疫情防控大局、助力脱贫攻坚、喜迎“十四运”、助推“十项重点工作”、点赞经济社会新成就中贡献智慧力量，彰显离退休干部“老有所为”的时代风采。疫情防控期间，全市共有27000余名离退休干部自觉自愿下沉基层、街道、社区，参与值班值守、巡查排查、宣传引导、志愿服务，累计捐赠善款280多万元。通过“声援武汉、众志成城”线上诗朗诵、“手心相握、共抗疫情”在线书画展等形式为联防联控、复工复产、复市复课贡献力量。落实市委“民有所呼，我有所行”要求，积极引导离退休干部发挥优势，推进志愿服务。市委老干部局联合市委组织部、市文明办、市财政局、市人社局印发《关于进一步加强新时代离退休干部志愿服务工作的指导意见》，召开“促进城市基层党建引领基层治理工作现场交流会”进行动员部署，拍摄《不老人生不了情》专题片，在《西安日报》刊发《志愿服务我添彩，晚霞余晖耀古城——致全市离退休干部的倡议书》，建立离退休干部“银发人才”专家信息库，收录离退休干部300余人，离退休干部积极响应，再次发出“不忘初心、牢记使命”助力西安追赶超越最强音。莲湖区劳动一坊社区离退党支部被评为“全国离退休干部先进集体”，市关工委被评为“全国关心下一代工作先进集体”，李尚俭等8名老同志被评为“全国关心下一代工作先进工作者”。

◆离退休干部服务管理　2020年，中共西安市委老干部局切实做好困难离退休干部精准帮扶。全年累计为65名生活困难离退休干部和离休干部遗属发放帮扶资金32.5万元，为162名市属企业离休干部无工作遗属发放生活困难补助费198.72万元。慰问152名参加抗战的老同志和713名特困离休干部和离休干部无工作遗属。主动回应老同志需求，全面提升亲情化、精准化服务水平。印发《西安市离休干部定点医疗机构优先就医实施办法》，保障离休干部挂号、诊治、交费、取药、住院“五优先”。编印共计35万字的《老干部养生保健知识参考》《老年常见病居家预防与应急知识参考》和《离退休干部就医问诊参考》系列丛书，为全市离退休干部居家保健和疾病预防提供科学参考。全面落实“六联六送六必看”工作机制，全年联系看望离休干部24781人次，听取意见建议1664条，解决困难问题299件。建立“月问候”市级离退休干部制度，全年问候市级老领导871人次和6名易地安置离休干部，修订《西安市市级离退休干部重要事项报备实施办法》，进一步提高服务离退休干部的针对性和有效性。信息化带动精准化规范化建设初现成效，老干部工作高质量发展迈出坚实步伐。“三秦夕阳红”信息平台、“西安老干部”微信公众号推广使用，使老干部工作搭上网络快车，广大离退休干部自觉学网用网，通过网上获取知识、了解时代成为习惯。

◆老年教育　2020年，中共西安市委老干部局全力以赴抓好疫情防控。第一时间通过微信平台向全市老年大学师生发出《倡议书》，开展“党旗飘飘，西安老年大学在行动”“老年大舞台——抗击疫情，你我同行”等网络展览活动，380余名师生创作700多件书画、诗歌、朗诵等文艺作品，以实际行动支持抗疫。开通网络直播教学课堂，加强品牌专业建设，推动疫情常态化下教学管理工作。开通“网上老年大学”、抖音网络课堂、腾讯直播课堂等，开设舞蹈、书法、太极拳、朗诵、保健按摩课、声乐精讲、瑜伽、国画赏析等近20门课程，3万余人次老年学员观看直播课，每天观看网络课程回放的学员超过1万人次，为全社会老年人群搭建起无障碍学习课堂。编印书法、摄影、声乐、瑜伽、葫芦丝、按摩等6门专业教材，推动品牌专业建设再上新台阶。积极开展各类公益性文艺展演。举办第三届文化周“丹青绘蓝图 携手奔小康——助力打赢脱贫攻坚战”书画大赛，参演“老年大舞台——2019致敬祖国”文艺展演等一系列主题活动，引导老同志弘扬主旋律。全力推进西安老年大学西大街新校址建设。

◆老干部活动　2020年，中共西安市委老干部局举办丰富多彩的老干部活动。举办老干部“重阳节”健步走活动，用实际行动为办好“十四运”加油点赞；“西安故事”“丹青绘蓝图携手奔小康——助力打赢脱贫攻坚战”书画摄影展共计展览436幅作品，通过离退休干部的视角，集中宣传展示西安市城市发展新变化；“文化进社区义写春联”和“文化下乡送春联”活动，为群众送上春联2000余幅；赴驻陕部队举办“八一慰问，声行军营”慰问演出等活动集中展示活动中心艺术团队和老年大学教学成果；发起“让爱伴随孩子成长”家庭教育公益直播讲堂；开展“家校共育·幸福家庭校园”全市青少年心理健康网上关爱、“疫情无情人有情、六一关爱暖童心”关爱百名困境青少年捐助等活动，各项活动既丰富广大离退休干部的业余文化生活，也充分展示老同志的新追求、新风貌。（薛　丹）

党史工作

◆概况　2020年，中共西安市委党史研究室深入开展学习贯彻习近平新时代中国特色社会主义思想，特别是习近平总书记关于党史和文献工作的重要论述，全面贯彻落实党的十九大，十九届二中、三中、四中、五中全会精神和习近平总书记来陕考察重要讲话精神，紧扣“追赶超越”和“五项要求”，围绕西安市十项重点工作，不断深化党史研究，着力创新拓展党史宣传教育方法手段，取得丰硕的成果。全年编辑出版党史图书3册，组织党史“七进”宣讲44场次，举办“播火古城——纪念中共西安组织成立95周年”巡回展。

◆党史图书编辑出版　2020年，中共西安市委党史研究室编辑出版3册党史图书，为全市持续深入开展党史学习和“不忘初心、牢记使命”主题教育常态化提供鲜活教材。

出版《西安脱贫攻坚纪实》　该书全面、客观、真实地记载市委、市政府领导人民在扶贫开发、决战脱贫攻坚、决胜全面小康“扶贫战略”的壮丽画卷，为国家精准扶贫的理论提供实践典型，为贯彻落实习近平总书记精准扶贫精准脱贫战略思想、总结“中国式扶贫”成就贡献“西安经验”。全书30万字，2020年12月印刷出版。

出版《西安执政纪实（2019）年卷》　该书以时间顺序为主线，对2019年市委做出的重大决策、重要会议、重大活动、特色亮点等资料进行收录和汇集。全书200万字，2020年12月印刷出版。

出版《西安抗击新冠肺炎疫情纪实》（综合卷、区县卷二册）　该书认真贯彻落实习近平总书记关于疫情防控工作重要讲话、指示批示精神和党中央的各项决策部署，主动谋划，密切协调相关部门，征集全市疫情防控工作史料，记录疫情防控斗争一线各级党组织和各条战线党员干部冲锋在前、顽强拼搏的感人事迹，讲好西安抗疫故事。全书50余万字，2020年12月出版。

◆党史研究　2020年，西安市党史研究工作牢固树立和创造性贯彻落实“五大发展理念”，坚持“一突出、两跟进”基本要求，不断深化中国特色社会主义时间段历史研究。

大力推进市级党史基本著作编写　2020年，西安市党史研究室根据中央和省委党史部门要求，制定《修订西安党史三卷初稿计划》，完成《中国共产党西安历史第三卷（1978—2012）》初稿的修改和统稿任务。

强力推进区（县）党史基本著作编写　2020年，西安市党史研究室领导带头深入区（县）和开发区具体指导党史基本著作编写、党史资料征集指导帮带等工作。积极组织力量审稿并逐一提出修改意见。举办党史三卷、开发区史编写工作培训会。目前，区（县）党史一、二卷基本著作编写任务基本完成，正在启动三卷的编写工作。

及时跟进省市委中心工作开展研究　2020年，西安市党史研究室强化对习近平新时代中国特色社会主义思想研究，深入开展“坚持以人民为中心”新时代中国特色社会主义根本立场的研究；紧跟习近平总书记关于开展“四史”学习教育的步伐，深入开展红色文化立德树人研究；不断深化新民主主义革命时期和改革开放时期西安地方史研究。相关理论研究文章在省社科院主办的《新西部》杂志、《陕西党史》杂志、《西安日报》等发表。

◆党史宣传教育　2020年，西安市党史研究工作围绕宣讲十九大精神、深入学习贯彻宣传习近平新时代中国特色社会主义思想和习近平总书记来陕考察重要讲话精神，宣传推介西安“三大遗址群”，服务全市十项重点工作开展等积极开展党史宣教活动，突出西安特色，讲好“西安故事”。

全力完成好“西安记忆”重大项目工作　“西安记忆”是西安市庆祝建党100周年的献礼工程，是全市重点文旅建设项目。中共西安市委党史研究室作为全市“西安记忆”项目内容征集组组长单位，及时制定《西安记忆项目内容征集工作方案》《关于在全市范围征集文物、实物的工作方案》，全力做好“西安记忆”项目的内容征集、策划布展工作，完成全市1921年至2020年各类重要文献资料、年度工作计划、总结、报告等各类资料共计5000余万字资料的收集工作，编制档案资料目录清单及画册45册，整理并编制印刷画册18册等。

多措并举推进党史宣教阵地和平台建设　2020年，中共西安市委党史研究室在市委领导的支持下，启动新建中共西安历史展览馆筹建工作，目前正在对项目主体进行选址。在市图书馆、地铁行政中心站、西安“八办”纪念馆、市委党校、西安工业学院图书馆设立5处红色书架，制定《市委党史研究室红色书架管理制度》，定期更新书目，不断扩大党史学习教育覆盖面。着力构建大党史工作格局。制定《西安中共党史专家库管理暂行办法》，建立全市党史专家库，充分挖掘老党史干部队潜力，整合调动社会资源，进一步深化党史研究，加强与党校、高等院校、宣传出版、互联网站的合作，着力构建大党史工作格局。

举办《播火古城》图片展　2020年“七一”前夕，西安市党史研究室在中共西安市委、市政府、市人大、市政协大院，西安“八路军办事处”、钟楼及各区（县）组织“播火古城——纪念中共西安组织成立95周年巡回展”82场，展览时间累计22天，1197个部门、单位，12万余名干部群众参展。

高度重视意识形态工作，加大党史宣传教育　2020年，西安市党史研究室组织开展党史宣传教育“七进”活动44场次。与市教育局联合下发《关于印发中小学党史辅导员工作职责的通知》，指导全市575名中小学校党史辅导员开展宣传教育400余场，参与师生20多万人次。编辑《西安党史》期刊6期，对党史期刊进行全面改版升级，提升内容质量，扩大宣传影响。加强西安市党史网络平台建设，丰富“西安党史”微信公众号内容，向“学习强国”“西安发布”推送党史宣教文章100余篇，宣传效果良好。

扎实开展大学生书写党史故事活动　2020年7月，中共西安市委党史研究室向55所高校团委发送征文启事，共收集大学生征文283篇。12月，联合省委党史研究室、省委教育工委、共青团陕西省委等，向全省87所高校党委发送举行大学生书写党史故事大赛活动通知，拟定于2021年“七一”前组织专家评审会、大赛颁奖典礼并出版获奖作品集。

◆革命遗址保护及党史教育基地建设　2020年，西安市党史研究室对全市党史教育基地和革命遗迹遗址进行广泛调研，指导区（县）加强革命遗迹遗址保护和开发利用以及场馆提升建设工作，三是丰富主题教育学习实践基地建设，发挥好党史纪念场馆育人功效。加强革命遗迹遗址保护和开发利用工作。指导市委党校、西咸新区、高新区、莲湖区等“红色会客厅”的布展设置、资料审定工作；指导西北人民革命大学旧址博物馆、葛牌镇红二十五军军部旧址等党史纪念场馆建设提升工作。

◆区（县）党史工作 2020年，西安市党史研究室修订《室领导和处室联系区（县）工作制度》，落实室领导和处室联系区（县）工作。通过以会代训、实地参观学习、挂钩区（县）帮带等形式，组织全市党史工作人员参加各类专题培训10多次；11月，组织召开全市党史工作培训会。具体指导和推动区（县）抓好党史基本著作和区（县）党委工作纪事编纂、在中小学校设立党史辅导员、革命遗址保护等大项党史工作任务，区（县）党史工作稳中有进。 （张金海）

党校工作

◆概况 2020年，中共西安市委党校（西安市行政学院）以习近平新时代中国特色社会主义思想和习近平总书记来陕考察重要讲话精神为指导，贯彻落实《中国共产党党校（行政学院）工作条例》，坚持党校姓党，全面从严治校，充分发挥干部培训、思想引领、理论建设、决策咨询作用，扎实开展巡查整改、全力做好防疫保障，圆满完成各项工作任务。

◆干部教育培训 2020年，中共西安市委党校（西安市行政学院）举办市级领导干部学习习近平总书记来陕考察重要讲话专题学习班、市管干部学习习近平总书记来陕考察重要讲话专题学习班、“弘扬延安精神 净化政治生态”专题培训班、青年干部培训班、处级领导干部任职培训班、优秀科级干部培训班、“提升干部专业化能力”专题培训班、习近平新时代中国特色社会主义思想专题研修班等主体班次29期，培训党员领导干部2421人次。举办市卫健委处级领导干部学习习近平总书记来陕考察重要讲话专题培训班、提升法治思维与依法行政能力培训班、市管干部军民融合发展专题培训班、雁塔区直机关基层党组织书记和党务干部培训班、全市人才工作综合能力提升班等委托班次16期，培训1256人次。按照《中国共产党党校（行政学院）工作条例》要求，持续强化主业主课，党的理论教育和党性教育课程占比达总课时的80%。不断优化“习近平新时代中国特色社会主义思想”教学单元，新开设“习近平总书记来陕重要讲话精神解读”“学习《习近平谈治国理政》”“四史学习”“十项重点工作”教学单元，及时跟进深入学习习近平总书记在中央党校中青班讲话精神，积极更新课程。大力推动领导干部上讲台，先后邀请中央党校（行政学院）、省内高校的专家学者，以及市级部门领导干部授课、做报告39人次，外请课时达到总课时的20%。不断创新教学方式，新开发高陵区“红色熔炉”干部培训基地、陕鼓集团、隆基股份等现场教学点，正在开发和完善案例教学专题12个。围绕习近平总书记来陕考察重要讲话和党的十九届五中全会精神，选派6名专家参加市委宣讲团，组织骨干教师走出校门，开展基层宣讲百余场。建好、用好“网络学院”，增加、更新党政类课程102门，开展网络助学班次7期，学习人数605人次。围绕中央和省委、市委决策部署，录制“深入学习贯彻习近平总书记来陕考察重要讲话精神”“延安精神”“西迁精神”“年轻干部要提高七种能力”“《民法典》解读”等12个系列35期微课，在学校门户网站、“学在西安”客户端、微信公众号发布，其中3期被“学习强国”收录。“中共西安市委党校”微信公众号被中宣部表彰为“基层优秀理论宣讲公众号”，是我省唯一获此殊荣的公众号。

◆科研咨政 2020年，中共西安市委党校（西安市行政学院）共立项省部级课题7项、省级部门课题13项、校级课题73项、横向课题6项，结项省部级课题7项、省级部门课题8项、校级课题58项。组织教研人员参加中央党校及各级学术研讨会10余次，论文获奖19篇，其中2篇入选中央党校“习近平总书记关于党校办学治校重要指示精神理论研讨会”优秀论文集。紧跟党的理论创新，全年公开发表学术论文、理论文章125篇，出版专著8部，《以延安精神为引领加强党的政治建设》《坚定文化自信加快西安发展》《不断探索高质量发展的有效路径》等29篇理论文章在《陕西日报》《西安日报》发表。成立马克思主义学院，积极开展当代中国马克思主义、21世纪马克思主义学术研究，进一步推进马克思主义中国化最新成果进教材、进课堂、进头脑。广泛开展学术交流，举办“大力弘扬延安精神助力西安新时代追赶超越”“推进国家治理体系和治理能力现代化”等学术研讨活动6次。注重加强与市级部门、地方高校科研合作，与市政协建立首个“西安市政协理论研究基地”，与西工大共建“西安发展与智力研究联盟”，与西影集团签订战略合作协议并建立教学科研基地。成立决策咨询研究室（智库），编撰报送《咨政快讯》7期，《法治化视域下的服务型政府建设研究》获市政府主要领导批示，《发挥红色文化在乡村振兴中的引领作用》获省政府领导批示。

◆学员管理 2020年，中共西安市委党校（西安市行政学院）严格落实中央八项规定、中组部《干部教育培训学员管理规定》和《学员管理“十不准”》，严格执行请销假制度、考勤制度和班主任跟班制度，督查学员认真参加学习，学员出勤率大幅增长、全勤率不断提升。坚持学员课前课后列队，周二、周四早操与课间操，持续扎实开展撰写党性锻炼计划、进行党性分析、学习党章党规、重温入党誓词等党性教育“六个一”活动，强化学员党性修养。组织各班次学员开展辩论赛、经典诵读、文艺汇演及研讨交流活动，丰富学员党校生活、增强教育培训效果。促进“教学相长”“学学相长”，多次开展研讨式教学、学员座谈会等，党校师生深入交流、统一思想、提高认识、明确方向。习近平总书记在中央党校中青班开班式上发表重要讲话后，及时组织学员进行学习讨论，8位学员结合学习体会和工作实际，录制2期“年轻干部要提高七种能力”系列微课，在党校网络平台发布。组织学员撰写咨政报告，编纂2期《咨政快讯》，将学员学习成果呈报市委、市政府。

◆师资队伍建设 2020年，中共西安市委党校（西安市行政学院）先后开展“中青年教师‘用学术讲政治’专题培训班”、精品课评选和讲课比赛，组织教学观摩、讲课评课、教学研讨等活动，着力提升教师能力水平。将组织需求与个人申报相结合，按照“老中青互帮互助、跨学科互补互促”原则成立课题组，采取教师个人、教研部（课题组）、全校集体备课的三级备课模式，提高教学专题质量。制定《推进“用学术讲政治”工作方案》，建立资金资助、职称晋升等方面的奖励制度，充分调动教研人员积极性。1门课程获全省党校系统精品课程，9门课程入选省社院核心课程，2门课程获全省干教系统优秀案例教学课程。选派7名同志到市级部门、基层一线实践锻炼，选派100余人次参加中央党校、中央社院、省委党校、西北大学、文理学院和其他各类机构组织的培训。引进博士研究生1名、硕士研究生4名，推荐2名教师在职攻读博士学位。

◆巡查整改 2020年，中共西安市委党校（西安市行政学院）扎实开展巡查整改工作。成立校巡察整改工作领导小组，制定《整改方案及责任分工》，细化分解具体问题，研究制定整改措施，并实行台账管理、办结销号。召开校委会、推进会、研讨会，对习近平新时代中国特色社会主义思想、习近平总书记来陕考察重要讲话精神和党章党规党纪进行系统学习，不断深化认识、持续推进落实。积极运用监督执纪“四种形态”，汲取教训杜绝类似问题再次发生。着眼建立长效机制，先后制定、修订《办公用房动态管理办法》《关于进一步规范教学秩序和严肃教学纪律的规定》《高级专业技术职务任职资格评审量化推荐暂行办法》等22项管理制度，切实堵塞漏洞、严格规范管理。

◆防疫保障 2020年，中共西安市委党校（西安市行政学院）全力做好防疫保障工作。1月22日，中共西安市委决定将“市新冠肺炎疫情防控指挥部”办公地点设立在党校。党校上下立即行动，抽调工作人员，筹集设备用品，腾挪改造场地，第二天上午就初步保证指挥部办公需要。23名同志组成保障小组，从1月22日至5月中旬，连续奋战110多天，持续为指挥部提供办公场所25处、电话32部、宿舍159间，保障办公用品近300批次、电视电话会议200余场、餐饮服务2万余人次，以及大量人员进出、车辆管理等工作。在疫情防控转入常态化运行后，继续为指挥部提供各项保障服务。同时，党校105名党员干部第一时间下沉到70多个社区，克服各种困难，参与疫情协防。（王　强）

网络安全和信息化

◆概况 2020年，中共西安市委网络安全和信息化委员会办公室（简称中共西安市委网信办）坚持以习近平新时代中国特色社会主义思想，特别是习近平总书记关于网络强国的重要思想为指导，全面学习贯彻习近平总书记来陕考察重要讲话精神，落实党中央关于网信工作的决策部署和省委、市委工作要求，旗帜鲜明坚持党管意识形态、党管互联网，紧紧围绕决胜全面建成小康社会、决战脱贫攻坚、统筹推进疫情防控和经济社会发展、迎“十四运”和十项重点工作等中心工作，着力加强网络内容建设、网络空间综合治理、网络安全保障，加快推进信息化和数字经济发展，为奋力谱写西安新时代追赶超越新篇章提供强大网上舆论支持、可靠网络安全保障和有力信息化支撑。

◆主流思想舆论网上传播 2020年，中共西安市委网络安全和信息化委员会办公室持续深化习近平新时代中国特色社会主义思想宣传阐释，紧扣习近平总书记来陕考察重要讲话精神主线，策划“总书记·我在西安”“听总书记的话”“只争朝夕看西安”等网上专题活动和报道，推出《习近平总书记来陕西考察，让我们更有干劲了》《十位专家学者解读习近平总书记来陕考察重要讲话精神》等稿件3600余篇，微博话题“只争朝夕 真抓实干 奋力谱写西安新时代追赶超越新篇章”阅读量达到971.8万人次。精心策划的“小布帮你学”小程序打卡活动，引领全市10万名党员干部在线即时学习习近平总书记重要讲话精神，参与人数达659万人次。

◆城市形象网上宣传展示 2020年，中共西安市委网络安全和信息化委员会办公室围绕“双统筹”“十项重点工作”等主题主线，不断深化与人民网、新华网、西部网、华商网和凤凰、新浪、搜狐等11家中央和省级主流媒体、全国性商业网站合作，推出“硬核西安 从内陆腹地到门户城市”“国际化大都市支撑项目巡礼”“5G带你看长安”等55项网络专题活动，活动数量是上年的2.1倍。主流网络媒体持续首屏、首页、首条推送宣传西安市十项重点工作及高质量发展实践，“西安战‘疫’日记三部曲”阅读量百万人次，“统筹推进双胜利”稿件阅读量70亿人次，“千年古都·常来长安”“遇见美好西安”微博话题阅读量达7亿人次。全网推送西安市新媒体稿件83万余篇，是上年的1.3倍，中央网媒刊发西安市正面报道稿件3.7万余篇，是上年的3.7倍。“壮丽70年·光影瞰西安”无人机航拍影像大赛活动，荣获全国第五届‘五个一百’网络正能量专题活动奖，是全省唯一获奖作品。

◆网络舆情应对处置 2020年，中共西安市委网络安全和信息化委员会办公室坚持全天候、全时空和全员全网信息监测，用好“1主2辅”监测系统，全面提高网上信息监测能力和水平。精准把握舆论引导时效，向涉事单位提出处置建议2100条，参与20余个市级专班并负责网上信息监测和舆情应对保障工作，有效指导涉事单位稳妥应对处置重大网络舆情。推动全市网络舆论环境持续好转。设立互联网信息举报官方微博，发动全网举报涉西安市的虚假和不良信息。人民网等中央媒体点评推广西安市相关舆情处置经验，中共西安市委网信办被中央网信办确定为全国应急指挥中心规范化建设试点单位。

◆网络治理体系建设 2020年，中共西安市委网络安全和信息化委员会办公室印发《西安市贯彻落实〈关于加快网络综合治理体系的意见〉实施方案》，分解任务，明确责任，加快构建涵盖党委领导、政府管理、企业履责、社会监督、网民自律等多主体参与，经济、法律、技术等多手段结合的网络综合治理体系。深入组织开展“清朗”“互联网站基础管理”“网络恶意营销”等专项整治行动，摸排全市网站、微博账号和微信公众号基础信息，分级分类处置6100余家异常网站，清理无效网站1.9万余家，清理有害信息千余条。创新开展“西安市网络生态文明公约”征集发布，关注人数1500万人，引导网民依法用网、绿色建网、文明上网。组建市互联网行业党委，强化互联网企业连接网上网下的关键节点和重要“阀门”作用。推进“好网民”工程和网络公益工程，评选的13位“西安好网民”、9项“好网民精品活动”、6个“网络公益优秀项目”获全省表彰。组织国内50余位正能量网络大V走进西安、宣传西安、推介西安，相关话题占据微博热搜榜近50小时，点击量近亿次。

◆网络安全保障 2020年，中共西安市委网络安全和信息化委员会办公室制定《党委（党组）网络安全工作责任制落实考核办法（试行）》《西安市网络安全工作协调机制（试行）》。依托国家计算机网络与信息安全管理中心陕西分中心，加强网站系统和关键信息基础设施远程监测，发出预警提示145次，整改风险漏洞160个。高水平举办2020年国家网络安全宣传周开幕式活动，全市组织各类主题展、讲座、论坛、文艺汇演等活动100余场，培训班20余次，发放宣传资料25万份，覆盖人群100万人次以上。组队参加2020年陕西省第六届党政机关网络安全技能大赛，荣获团体和个人三等奖。成功申办2021年国家网络安全宣传周活动开幕式及重要活动，已全面启动筹备工作。

◆信息化和数字经济发展 2020年，中共西安市委网络安全和信息化委员会办公室制定下发《西安市贯彻落实〈网络强省建设行动计划（2020—2022年）〉实施方案》，提出并实施网络强市建设“七大行动”。中共西安市委网信办与市发改委、市工信局、市大数据局联合制定《西安市数字经济示范区园平台认定管理办法》，认定首批市级示范区（园、平台）79家，评选数字西安建设优秀成果和最佳实践案例70件，35件入选全省最佳。举办2020年西安数字经济产教融合论坛，积极参加“数字中国”“数字陕西”活动，充分展示西安市数字经济发展成果。坚持总体规划、分步实施，逐年逐项对照，全面完成网络扶贫三年行动计划，全市贫困地区实现网络、信息、服务、队伍、机制‘五个覆盖”。西安市被认定为“省级数字经济示范区”（含5个开发区），5个园区被认定为“省级数字经济示范园”，8个项目认定为“省级数字经济示范平台项目”，数字经济发展水平排名全省第一。（宇文鸿儒）

西安市人民代表大会

责任编辑：曹毅强

综　述

◆概况　2020年，西安市人民代表大会及其常务委员会在中共西安市委的坚强领导下，全面贯彻党的十九大及十九届二中、三中、四中、五中全会精神和习近平总书记来陕考察重要讲话精神，认真落实省委、市委工作要求，坚持党的领导、人民当家作主、依法治国有机统一，强化政治建设、发挥“两个作用”、健全“三个机制”、推进“四个全覆盖”、突出“八个聚焦”，围绕中心、服务大局、依法履职，为奋力谱写西安新时代追赶超越新篇章作出了积极贡献。

◆监督工作　2020年，西安市人大常委会常委会围绕做好“六稳”工作、落实“六保”任务和全市十项重点工作，打好监督“组合拳”，推动党中央决策部署和省、市委要求落到实处。

聚焦生态环境保护。听取审议秦岭生态环境保护工作情况的专项报告，对新修订的省市《秦岭生态环境保护条例》开展执法检查，提出加快形成完备的规划制度体系等建议。检查《野生动物保护法》及全国人大常委会相关决定的落实情况，筑牢保护野生动物法治防线。持续开展《环境保护法》《土壤污染防治法》执法检查，检查《全国人大常委会关于全面加强生态环境保护、依法推动打好污染防治攻坚战的决议》落实情况，组织视察全域治水、水污染防治工作情况，督查河湖长制落实情况，助力打好蓝天、净土、碧水保卫战。

聚焦经济高质量发展。听取审议重点项目建设专项报告，提出打造精品项目、做好项目储备等建议。听取审议“十三五”规划执行和“十四五”规划编制情况专项报告，开展“十四五”规划编制专题调研，针对先进制造业、数字经济、村庄规划等9个方面形成调研报告，提出具体建议42条。组织视察文旅融合发展情况，听取审议专项报告并开展专题询问，提出深入挖掘资源内涵、提升产业发展水平等建议，促进文化和旅游深度融合。检查《西安市人大常委会关于进一步优化提升营商环境的决议》落实情况，增强城市吸引力。

聚焦乡村振兴。听取审议精准扶贫工作专项报告，开展专题视察，促进责任落实、政策落实、任务落实。听取审议农村人居环境整治专项报告，提出加大政府投入、完善村庄规划、创新融资模式等建议，推进美丽乡村建设。组织开展《种子法》执法检查，视察粮食生产，专题调研珍惜粮食、反对浪费情况，切实保障粮食安全。

聚焦民生保障和社会建设。听取审议基础教育提升工作情况专项报告，组织视察平安校园和基础教育设施建设情况，围绕教师队伍建设、学校布局优化、提高教育质量等建言献策，助推办好人民满意教育。听取审议医疗保障改革创新专项报告，组织视察卫生健康事业重点项目建设，提出优化卫生资源配置、加快完善公共卫生服务体系建设等建议。持续开展《食品安全法》执法检查，确保人民群众“舌尖上的安全”。听取审议人民调解专项报告，维护社会和谐稳定。受全国人大常委会委托，开展安全生产制约因素课题调研和《体育法》实施情况调研，为全国人大常委会修改相关法律提供参考。

聚焦城市规划建设管理。围绕提升城乡规划水平，持续开展《城乡规划法》执法检查，针对国土空间规划编制、项目审批实施等提出建议。围绕“三改一通一落地”，听取审议专项报告，组织专题视察、专题询问，助推改善城市形象、提升城市品质。围绕中心城区交通优化提升三年行动，组织视察城市轨道交通建设运营管理、交通拥堵治理专题询问反映问题整改落实情况，专题调研停车场规划建设管理情况，助力解决市民出行难的问题。

聚焦法治西安建设。制定《西安市人大常委会监督司法工作实施办法》，规范监督程序，强化结果运用，增强监督司法实效。听取审议“一府两院”开展扫黑除恶专项斗争情况的报告，推动扫黑除恶向纵深发展。听取审议市政府关于公安机关执法规范化建设、市法院关于民事审判、市检察院关于执行公益诉讼决议情况的专项报告，对部分审结办结的司法案件进行评查，开展司法机关工作人员法律知识测试，组织代表旁听评议法院庭审工作，促进公正司法。加强人大信访工作，依法受理群众来信来访1000余件次，推动解决了一批涉法涉诉问题。

◆决定重大事项　2020年，西安市人大常委会依法行使决定权，认真讨论决定重大事项。

助力疫情防控。及时作出《西安市人大常委会关于全力做好新型冠状病毒肺炎疫情防控工作的决定》《西安市人大常委会关于全面禁止非法猎捕、交易、食用野生动物的决定》《西安市人大常委会关于加强公共卫生应急管理体系建设的决定》，切实以法治力量守护人民生命健康安全。

严格审查财政预决算。听取审议计划执行、预算执行、审计工作、决算、审计查出突出问题整改、财政教育资金投入分配和使用情况等专项报告，作出相关决议，利用预算联网监督平台按季度分析预算执行情况，监督管好人民的“钱袋子”。听取审议国有资产管理情况年度综合报告及行政事业性国有资产、国有自然资源（资产）管理专项报告并开展专题询问，基本实现国有资产监督全口径、全覆盖，推进国有资产保值增值。

认真做好选举任免工作。坚持党管干部原则与人大依法选举任免相统一，确保党委推荐的人选通过法定程序成为国家机关工作人员。一年来依法任免国家机关工作人员76人次。强化干部任后监督，常委会听取8名任命干部的履职情况报告，不断强化任命干部的法律意识，充分发挥了地方国家权力机关的作用。

促进城市对外交流。决定授予杉山龙雄先生、黄得圭先生、邓予立先生3名国际友好人士“西安市荣誉市民”称号，扩大对外文化和经济合作交流。

◆联系人大代表和人民群众 2020年，西安市人大常委会积极创新代表工作，尊重代表主体地位，服务保障代表依法履职，不断提升代表工作水平。

增强代表履职实效。充分发挥履职平台作用，制定《关于深化新时代全市人大代表工作室建设的具体办法》，建设规范化代表工作室372个，各级人大代表全部编入工作室开展活动，推行挂牌接待、民情日记、问题交办、结果反馈、群众评议“五步工作法”。丰富代表活动，持续开展“保护秦岭·人大代表在行动”主题活动，邀请代表500余人次参与常委会视察、检查、调研活动，组织代表开展集中视察和专题调研，形成专题调研报告13篇。完善代表履职激励约束机制，召开开发区代表工作推进会，表彰优秀代表工作室32个，429名市人大代表向原选举单位述职。

提升建议办理质量。落实代表建议督办制度，回应人民群众关切。对部分建议实行重点督办，通过督办“关于提高西安市社区工作人员薪酬待遇”的建议，推动全市社区工作者薪酬待遇普遍提高。组织对加强公共卫生体系建设、规范物业管理、优化交通信号灯设置、加快国家中心城市建设、推进智慧城市建设等5件建议的办理情况进行绩效评估，确保代表建议落地见效。完善人大代表履职App功能，实现代表在线查看建议办理情况、进行满意度测评，着力解决建议办理“被满意”问题。

优化代表履职服务。强化代表培训，举办代表培训班4期，集中学习培训《民法典》《代表法》、秦岭生态环境保护等内容，现场培训各级人大代表500余人次、线上培训5300余人次。组织120余名代表列席市人大常委会会议、参加政情通报会，为代表寄送常委会公报、人大期刊，服务代表知情知政。坚持代表接待日、走访代表、召开座谈会等制度，听取代表意见建议，收集社情民意，进一步密切常委会与代表的联系。

网络代表大讲堂开班式

◆人大自身建设 2020年，西安市人大常委会认真贯彻落实习近平总书记关于新时代地方人大工作的新要求，突出提升能力、健全机制、改进作风，为依法履职提供保障。

抓能力提升。举办习近平法治思想、《民法典》《野生动物保护法》、省市《秦岭生态环境保护条例》讲座，开展“人大领导讲人大”，常委会领导围绕如何做好新时代地方人大的立法、监督、代表工作等作专题报告，采取“请进来”学习经验、“走出去”开阔视野，提升人大干部思想境界、创新意识和能力素养。用心用情做好老干部工作，落实老干部政治生活待遇。加快推进人大信息化建设，完善会议、预算联网监督、人大网站等平台。

抓机制创新。充分发挥人大代表和各委员会“两个作用”，建立市区（县）人大常委会主任季度联席会、市区（县）人大上下联动监督、常委会全体会议通报审议意见“三个机制”，持续推进市人大代表向原选举单位述职、规范性文件备案审查、代表工作室规范化建设、预算联网监督“四个全覆盖”，做到重点工作重点推进。

加强作风建设。坚持求真务实，深入开展调查研究，形成调研报告30余篇。严格落实中央八项规定及其实施细则精神，坚决反对形式主义、官僚主义，加强党风廉政建设和反腐败斗争。大力倡导激情干事、认真干事、用心干事、创新干事，展现了人大干部的良好精神风貌。

重要会议

◆西安市人民代表大会会议 2020年西安市人民代表大会共召开会议1次。

西安市十六届人民代表大会第五次会议 2020年[illegible]月17—18日在陕西宾馆召开，会期1天半。会议听取和审议了李明远市长作的西安市人民政府工作报告；审查和批准西安市2019年国民经济和社会发展计划执行情况与2020年国民经济和社会发展计划草案的报告，批准西安市2020年国民经济和社会发展计划；审查和批准西安市2019年预算执行情况和2020年预算草案的报告，批准西安市2020年市级预算；听取和审议胡润泽主任作的西安市人民代表大会常务委员会工作报告，李洪涛院长作的西安市中级人民法院工作报告，张民生检察长作的西安市人民检察院工作报告。会议作出关于西安市人民政府工作报告的决议、关于西安市2019年国民经济和社会发展计划执行情况与2020年国民经济和社会发展计划的决议、关于西安市2019年预算执行情况和2020年预算的决议、关于西安市人民代表大会常务委员会工作报告的决议、关于西安市中级人民法院工作报告的决议、关于西安市人民检察院工作报告的决议；选举韩强为西安市第十六届人民代表大会常务委员会秘书长，刘海成、李堪社、李德文、倪广天、蒋少宁为委员。

◆西安市人大常委会会议 2020年，西安市人民代表大会常务委员会共召开会议12次。

西安市十六届人大常委会第二十九次会议　2020年1月6日举行，会期半天。会议听取和审议西安市十六届人大常委会代表资格审查委员会关于个别代表的代表资格的报告，补选王浩、卢建军、卢力群、王琳同志为省十三届人大代表。

西安市十六届人大常委会第三十次会议　2020年1月21日举行，会期半天。会议听取和审议西安市十六届人大常委会代表资格审查委员会关于个别代表的代表资格的报告；审议并表决通过市十六届人大五次会议议程（草案）、市十六届人大五次会议主席团和秘书长名单（草案）、列席人员名单、市人大常委会工作报告；作出关于接受刘铁泉辞去西安市第十六届人民代表大会常务委员会委员职务的请求的决定。会议决定免去杨广亭市政府副市长职务，免去杨宁市人大财经委副主任委员职务。

西安市十六届人大常委会第三十一次会议　2020年2月10日举行，会期半天。会议审议市人大常委会主任会议关于提请审议《西安市人民代表大会常务委员会关于全力做好新型冠状病毒肺炎疫情防控工作的决定（草案）》的议案，作出西安市人民代表大会常务委员会关于全力做好新型冠状病毒肺炎疫情防控工作的决定。

西安市十六届人大常委会第三十二次会议　2020年4月16日举行，会期2天。会议审议《西安市生活垃圾分类管理条例（草案修改稿）》及市人大法制委关于该条例（草案）修改情况的汇报，市政府关于提请审议《西安市查处车辆非法客运若干规定（草案）》的议案，市人大常委会主任会议关于提请审议《西安市人民代表大会常务委员会关于全面禁止非法猎捕、交易、食用野生动物的决定（草案）》、关于提请审议《西安市人民代表大会常务委员会关于接受李炎辞去西安市第十六届人民代表大会常务委员会委员、城乡建设环境资源保护委员会主任委员职务的请求的决定（草案）》、关于提请审议《西安市人民代表大会常务委员会关于接受鲜选玉辞去西安市第十六届人民代表大会常务委员会委员职务的请求的决定（草案）》3个议案；听取和审议西安市十六届人大常委会代表资格审查委员会关于个别代表的代表资格的报告，市政府关于西安市行政事业性国有资产和国有自然资源（资产）管理情况的专项报告、关于2019年环境状况和环境保护目标完成情况的报告。会议还审议市政府关于市人大常委会执法检查组检查西安市实施《中华人民共和国食品安全法》情况报告的研究处理情况报告、关于市人大常委会执法检查组检查西安市实施《西安市秦岭生态环境保护条例》情况报告的研究处理情况报告、关于市人大常委会执法检查组检查西安市实施《中华人民共和国城乡规划法》《陕西省城乡规划条例》《西安市城乡规划条例》情况报告的研究处理情况报告、关于市十六届人大常委会第二十七次会议对全市扫黑除恶专项斗争工作情况报告审议意见的研究处理情况报告、关于市十六届人大常委会第二十七次会议对行政机关负责人出庭应诉情况报告审议意见的研究处理情况报告、关于市十六届人大常委会第二十八次会议对交通拥堵治理工作情况报告审议意见的研究处理情况报告、关于市十六届人大常委会第二十八次会议对西安市“15分钟便民服务圈”工作开展情况报告审议意见的研究处理情况报告、关于市十六届人大常委会第二十八次会议对西安市生活垃圾分类管理情况报告审议意见的研究处理情况报告及市法院、市检察院关于市十六届人大常委会第二十七次会议对扫黑除恶专项斗争工作情况报告审议意见的研究处理情况报告并对上述10个报告进行满意度测评。会议对西安市国有资产管理情况进行专题询问。

会议作出关于全面禁止非法猎捕、交易、食用野生动物的决定，关于接受李炎辞去西安市第十六届人民代表大会常务委员会委员、城乡建设环境资源保护委员会主任委员职务的请求的决定，关于接受鲜选玉辞去西安市第十六届人民代表大会常务委员会委员职务的请求的决定。会议决定免去强晓安市政府副市长职务，任命贠笑冬、和文全同志为市政府副市长；决定免去王碧辉同志市民政局局长、李平伟同志市城管局局长职务，任命李平伟同志为市民政局局长、张水利同志为市城管局局长、贾轶昊同志为市人社局局长；免去张湘等4名同志、任命张凯等16名同志相关法律职务。

西安市十六届人大常委会第三十三次会议　2020年5月9日举行，会期半天。会议传达学习习近平总书记来陕考察时的重要讲话，审议市人大常委会主任会议关于提请审议《西安市人民代表大会常务委员会关于召开西安市第十六届人民代表大会第五次会议的决定（草案）》的议案，市十六届人大五次会议议程（草案）、主席团和秘书长名单（草案）、列席人员名单（草案），听取和审议市十六届人大常委会代表资格审查委员会关于个别代表的代表资格的报告，表决通过西安市人民代表大会常务委员会关于召开西安市第十六届人民代表大会第五次会议的决定，市十六届人大五次会议议程（草案）、主席团和秘书长名单（草案）、列席人员名单。

西安市十六届人大常委会第三十四次会议　2020年6月29日举行，会期1天半。会议审议《西安市生活垃圾分类管理条例（草案修改稿）》及市人大法制委关于该条例（草案修改稿）审议结果的报告，《西安市查处摩托车和非机动车非法载客若干规定（草案修改稿）》及市人大法制委关于《西安市查处车辆非法客运若干规定（草案）》审议结果的报告，市政府关于提请审议《西安市机动车和非道路移动机械排气污染防治条例（修订草案）》的议案，市人大常委会主任会议关于提请审议《西安市人

西安市第十六届人民代表大会第五次会议开幕

民代表大会常务委员会关于加强公共卫生应急管理体系建设的决定（草案）》的议案；听取和审议市十六届人大常委会代表资格审查委员会关于个别代表的代表资格的报告，市政府关于公安机关执法规范化建设工作情况的报告、关于市级重点项目建设进展情况的报告、关于2019年审计工作报告反映问题整改情况的报告、关于第十四届全国运动会筹备工作情况的报告、关于西安市精准扶贫工作情况的报告，市检察院关于执行市人大常委会《关于加强和支持检察机关依法开展公益诉讼工作的决议》情况的报告及市科技局局长李志军、市法院副院长赵海峰、市检察院副检察长高选良的述职报告。

会议表决通过《西安市生活垃圾分类管理条例》《西安市查处摩托车和非机动车非法载客若干规定》，提请省人大常委会批准，作出关于加强公共卫生应急管理体系建设的决定。会议决定免去王琳同志市政府副市长职务，任命玉苏甫江、沈黎萍同志为市政府副市长；决定免去倪广天同志市农业农村局局长职务，任命裴靖瑜同志为市农业农村局局长、孙超同志为市文物局局长；免去崔春香等4名同志相关法律职务。

西安市十六届人大常委会第三十五次会议　2020年8月14日举行，会期半天。会议补选程福波同志为省十三届人大代表。

西安市十六届人大常委会第三十六次会议　2020年8月27日举行，会期2天。会议审议《西安市机动车和非道路移动机械排气污染防治条例（修订草案修改稿）》及市人大法制委关于该条例（修订草案）修改情况的汇报，市政府关于提请审议《西安市城市地下综合管廊管理条例（草案）》的议案，市人大常委会主任会议关于提请审议《西安市人民代表大会常务委员会关于许可洛南县公安局对西安市第十六届人大代表曹喜照采取强制措施的决定（草案）》的议案；听取和审议市人大常委会执法检查组检查西安市实施《中华人民共和国环境保护法》情况的报告、检查西安市实施城乡规划"一法两条例"情况的报告、检查西安市实施《中华人民共和国土壤污染防治法》情况的报告，市政府关于人民调解工作的报告、关于西安市2020年上半年国民经济和社会发展计划执行情况的报告、关于西安市2019年决算草案和2020年上半年预算执行情况的报告、关于西安市2019年度市级预算执行和其他财政收支的审计工作报告、关于西安市基础教育提升工作情况的报告、关于西安市医疗保障改革创新情况的报告、关于西安市农村人居环境整治工作情况的报告，市人大财经委关于2019年决算草案的审查结果报告，市法院关于民事审判工作的报告及市资源规划局局长冯涛、市交通局局长张健、市医疗保障局局长张军的述职报告。会议还审议了市政府关于市十六届人大常委会第三十二次会议对2019年环境状况和环境保护目标完成情况报告审议意见的研究处理情况报告并对该报告进行满意度测评，对西安市农村人居环境整治工作进行专题询问。

会议作出西安市人民代表大会常务委员会关于批准2019年决算的决议、关于许可洛南县公安局对西安市第十六届人大代表曹喜照采取强制措施的决定。会议决定免去邢宏锋同志市秦岭保护局局长职务，任命张蔚同志为市信访局局长、王建同志为市秦岭保护局局长；免去赵晓林、李堪社的市监察委员会副主任职务，何林的市监察委员会委员职务；免去张桂春等5名同志，任命魏妍等6名同志相关法律职务。

西安市十六届人大常委会第三十七次会议　2020年10月20日举行，会期2天。会议审议《西安市机动车和非道路移动机械排气污染防治条例（修订草案修改二稿）》及市人大法制委关于该条例（修订草案）审议结果的报告，《西安市城市地下综合管廊条例（草案修改稿）》及市人大法制委关于《西安市城市地下综合管廊管理条例（草案）》修改情况的汇报，市人大常委会主任会议关于提请审议《西安市人民代表大会常务委员会关于修改〈西安市保护消费者合法权益条例〉等65部地方性法规的决定（草案）》的议案、关于提请审议《西安市人民代表大会常务委员会关于废止〈西安市预防职务犯罪条例〉的决定（草案）》的议案，市政府关于2019年度国有资产管理情况的综合报告；听取和审议市人大常委会执法检查组检查西安市实施《中华人民共和国食品安全法》情况的报告，市人大常委会调研组关于"十四五"规划编制专题调研工作情况的报告，市政府关于2020年新增地方政府债券收支安排及预算调整方案草案的报告、关于"三改一通一整地"工作情况的报告、关于扫黑除恶专项斗争工作情况的报告，市法院、市检察院关于扫黑除恶专项斗争工作情况的报告，市人大财经委关于市政府关于2020年新增地方政府债券收支安排及预算调整方案草案的审查结果报告及市财政委主任邢欣和市国资委主任刘三民的述职报告；会议还审议了市政府关于市十六届人大常委会第三十四次会议对公安机关执法规范化建设工作情况报告审议意见的研究处理情况报告、对市级重点项目建设进展情况报告审议意见的研究处理情况报告、对第十四届全国运动会筹备工作情况报告审议意见的研究处理情况报告、对西安市精准扶贫工作情况报告审议意见的研究处理情况报告及市检察院关于市十六届人大常委会第三十四次会议对执行市人大常委会《关于加强和支持检察机关依法开展公益诉讼工作的决议》情况报告审议意见的研究处理情况报告并对以上5个报告进行满意度测评。会议对西安市"三改一通一整地"工作情况进行专题询问。

会议表决通过《西安市机动车和非道路移动机械排气污染防治条例》《西安市人民代表大会常务委员会关于修改〈西安市保护消费者合法权益条例〉等65部地方性法规的决定》《西安市人民代表大会常务委员会关于废止〈西安市预防职务犯罪条例〉的决定》，提请省人大常委会批准，作出西安市人民代表大会常务委员会关于批准2020年新增地方政府债券收支安排及预算调整方案的决议。会议决定免去姜建春同志市教育局局长和贾轶昊同志的市人社局局长职务，任命贾轶昊同志为市教育局局长；任命赵雪东同志为市人大常委会副秘书长，张拴仓同志为市人大常委会办公厅副主任；免去张传鲁等2名同志，任命温鸿沂等12名同志相关法律职务。

西安市十六届人大常委会第三十八次会议　2020年10月23日举行，会期半天。会议审议市人大常委会主任会议关于提请审议《西安市人民代表大会常务委员会关于许可宝鸡市公安局对西安市第十六届人大代表王发友采取强制措施的决定（草案）》的议案，表决通过西安市人民代表大会常务委员会关于许可宝鸡市公安局对西安市第十六届人大代表王发友采取强制措施的决定。

西安市十六届人大常委会第三十九次会议　2020年11月26日举行，会期半天。会议听取审议，并表决通过西安市第十六届人民代表大会常务委员会代表资格审查委员会关于个别代表的代表资格的报告。

西安市十六届人大常委会第四十次会议　2020年12月26日举行，会期2天。会议审议《西安市城市地下综合管廊条例（草案修改二稿）》及市人大法制委关于《西安市城市地下综合管廊管理条例（草案）》审议结果的报告，市政府关于提请审议授予日本通运株式会社常务执行董事杉山龙雄等三人"西安市荣誉市民”称号的议案、市人大民宗侨外委关于该议案审议结果的报告及相关决定（草案），市人大常委会主任会议关于提请审议《西安市人民代表大会常务委员会关于召开西安市第十六届人民代表大会第六次会议的决定（草案）》的议案、关于提请审议《西安市人民代表大会常务委员会监督司法工作实施办法（草案）》的议案，市法院、市人大常委会代联委关于西安市第十六届人民代表大会第五次会议以来代表建议、批评和意见办理情况的报告；听取和审议市人大常委会执法检查组检查西安市实施《陕西省秦岭生态环境保护条例》《西安市秦岭生态环境保护条例》情况的报告，市人大财经委关于西安市第十六届人民代表大会第五次会议主席团交付审议的第1号议案审议结果的报告，市政府关于西安市“十三五”规划执行情况和“十四五”规划编制情况的报告、关于西安市财政教育资金投入分配和使用情况的报告、关于西安市文化旅游融合发展情况的报告、关于秦岭生态环境保护工作情况的报告、关于西安市第十六届人民代表大会第五次会议以来代表建议、批评和意见办理情况的报告及市人大常委会法工委关于2020年备案审查工作情况的报告。会议还审议市政府关于市人大常委会执法检查组检查西安市实施《中华人民共和国环境保护法》《中华人民共和国城乡规划法》《陕西省城乡规划条例》《西安市城乡规划条例》《中华人民共和国土壤污染防治法》的研究处理情况报告，市政府关于市十六届人大常委会第三十六次会议对西安市农村人居环境整治工作情况、基础教育提升工作情况、医疗保障改革创新工作情况、人民调解工作情况4个报告审议意见的研究处理情况报告及市法院关于市十六届人大常委会第三十六次会议对民事审判工作报告审议意见的研究处理情况报告并对以上8个报告进行满意度测评。会议对西安市文化旅游融合发展情况进行专题询问。

会议表决通过《西安市城市地下综合管廊条例》，提请省人大常委会批准，作出西安市人民代表大会常务委员会关于召开西安市第十六届人民代表大会第六次会议的决定；关于授予杉山龙雄先生“西安市荣誉市民”称号的决定、关于授予黄得圭先生“西安市荣誉市民”称号的决定、关于授予邓予立先生“西安市荣誉市民”称号的决定。会议还表决通过西安市人民代表大会常务委员会监督司法工作实施办法。会议决定免去王勇同志西安市副市长职务、张华俊同志的市司法局局长职务、吕恒军同志的市商务局局长职务、唐宁的市人防办主任职务，任命卢光文同志为市人社局局长、张选民同志为市商务局局长；免去常青同志的市法院副院长、审判委员会委员、审判员职务及李光同志的相关法律职务。（赵 航）

西安市十六届人大常委会第四十次会议开幕式

西安市第十六届人民代表大会常务委员会

主　　任　胡润泽

副 主 任　卢　凯　韩宝生　王凤萍（女）　薛振虎　李宁君

秘 书 长　韩　强

副秘书长　贺简政　贾砚平（女）　赵生龙　张庆东　赵雪荣（女）

委　　员　于海夫　马文宝（回）　马　震　王延宏　王武平　王晓萍（女）　王浩公　牛　犁　孔令国　史鹤亭　白世峰　乔安涛　刘海成　严鉴铂　李　军（女）　李英才　李顺德　李堪社　李德文　杨　军　杨宗科　张　宁　张建学　张春莹（女）　张钢胜　张爱萍（女）　陈光德　赵　卫　郝定均　姜长智　贾养勋　倪广天　崔荣华（女）　蒋少宁　惠敏莉（女）　雷英杰　解少波　蔡全发　颜学柏　戴宏科　魏大宝珠（女）

市人大常委会办公厅

主　任　韩　强

副主任　张拴仓

市人大监察和司法委员会

主任委员　贾养勋

市人大法制委员会

主任委员　牛　犁

市人大财政经济委员会

主任委员　李英才

市人大教育科学文化卫生委员会

主任委员　张　宁

副主任委员　屈胜文

市人大民族宗教侨务外事委员会

主任委员　张钢胜

市人大社会建设委员会

主任委员　蔡全发

市人大常委会法制工作委员会

主　任　牛　犁（兼）

副主任　王海安

市人大常委会预算工作委员会

主　任　李英才（兼）

副主任　姚　远

市人大常委会农业农村工作委员会

主　任　史鹤亭

副主任　郭海顺

市人大常委会人事代表联络工作委员会

主　任　解少波

副主任　王雨涵　赵喜莲（女）

市人大常委会研究室

主　任　王武平

副主任　王晓萍（女）

西安市人民政府

责任编辑：曹毅强

综　述

◆市政府全体会议　2020年，西安市人民政府召开全体会议1次。2020年1月21日，李明远市长主持召开市政府第六次全体会议，讨论拟提请市第十六届人民代表大会第五次会议审议的《政府工作报告（讨论稿）》《西安市2019年国民经济和社会发展计划执行情况与2020年国民经济和社会发展计划（草案）》《西安市2019年财政预算执行情况和2020年财政预算安排意见（草案）》《2020年市政府拟办惠民实事重点工作任务（讨论稿）》，安排部署疫情防控和春节期间有关工作。

◆市政府常务会议　2020年，西安市人民政府召开常务会议24次（2020年第1次至第24次）

第1次常务会议　1月8日召开。传达学习《李克强总理在研究南水北调后续工程有关工作会议上的讲话》，研究西安市贯彻落实意见。学习《中共中央 国务院关于深化改革加强食品安全工作的意见》，听取西安市贯彻落实情况汇报。审议并原则通过《西安市生活饮用水二次供水管理和卫生监督规定（修正草案）》《2020年度立法计划建议项目》。审议并原则同意《西安渼陂湖水系生态修复工程调整方案》。审议《西安市工业遗产保护与利用规划》和《西安市工业遗产评定导则》。

第2次常务会议　2月24日召开。会议通报了市政府领导分工调整情况。学习近期习近平总书记系列重要讲话精神和李克强总理重要指示精神，安排部署近期重点工作。审议并原则通过《西安市大力发展“三个经济”支持政策实施细则》《西安市行政机关负责人出庭应诉规定》《关于推进防灾减灾救灾体制机制改革的实施意见》。

第3次常务会议　3月3日召开。研究调整市政府议事协调机构事项。审议并原则通过《西安市加快5G系统建设与产业发展的实施意见》《西安市通信设施专项规划（传输、局房、管线部分）》《2020年西安市城市建设维护项目投资计划》《西安丝绸之路金融中心建设规划》《西安丝绸之路金融中心建设行动计划（2020—2022年）》。审议并原则同意市财政局《关于疫情防控支出相关事项的请示》

第4次常务会议　3月16日召开。组织法制学习，西北大学法学院张炜达教授以《在疫情防控中提升依法行政的能力和水平》为题，做了专题讲座。传达学习省政府办公厅《关于统筹推进新冠肺炎疫情防控和经济社会发展精准有序扎实推动复工复产的通知》。审议并原则通过《西安市支持知名企业设立研发基地的若干政策》。审议并同意市医疗保障局《关于阶段性减征职工基本医疗保险费的请示》

第5次常务会议　3月30日召开。传达学习习近平总书记对稳就业工作重要指示、李克强总理批示、胡春华副总理讲话精神以及省政府稳就业工作会议精神，听取西安市稳就业工作汇报，安排部署贯彻落实工作。传达学习李克强总理在研究部署“十四五”规划编制专题会议上的讲话精神，审议并通过《西安市“十四五”发展规划基本思路（送审稿）》。审议并原则同意《关于加强统筹推进招商引资工作的实施意见》。传达学习习近平总书记对气象工作重要指示、李克强总理批示、胡春华副总理讲话精神以及省政府相关会议精神，听取西安市气象工作汇报，安排部署贯彻落实工作。审议并原则同意《西安市党政机关公务用车管理办法（送审稿）》《雁塔第五污水处理厂项目实施方案》。审议并通过《西安市人民政府关于修改和废止部分政府规章的决定（草案）》。

第6次常务会议　4月13日召开。审议并原则通过《2020年市预算内基本建设投资计划安排意见》并做适当调整。

第7次常务会议　4月26日召开。传达学习习近平总书记来陕西考察时的重要讲话重要指示精神，以及省委、省政府、市委有关会议精神，安排部署贯彻落实工作。传达学习4月17日中央政治局会议精神，分析一季度经济形势，安排部署下一步重点工作。审议《西安市引进教育高层次人才引进的若干政策措施》。听取市秦岭保护局关于秦岭生态环境保护工作情况汇报和市场监管领域、国土资源领域扫黑除恶专项整治工作进展情况汇报。

第8次常务会议　5月6日召开。组织法制学习，西北政法大学李瑰华教授以《开展法治政府建设示范创建 不断提升城市核心竞争力》为题，做了专题讲座。审议并原则通过《西安市安居建设管理集团有限公司组建方案》《西安市基准地价更新情况》《高铁新城路网专项规划》《西安北站高铁起步区修规深度城市设计及控规调整》《西安北客站项目交通枢纽规划设计概念方案》《西安市体育训练中心深化设计方案》。审议并原则同意市政府与陕汽集团共建商用车集群有关事项。

第9次常务会议　5月11日召开。传达学习国务院安委办、应急管理部关于加强疫情防控常态化条件下安全生产工作的通知，听取市安委办关于一季度安全生产工作情况汇报，安排部署下一步重点工作。传达学习全国扫黑除恶专项斗争领导小组第8次会议、全国扫黑办第9次主任会议、省扫黑除恶专项斗争领导小组2020年第一次（扩大）会议和全省第13次视频调度会议精神，研究西安市贯彻落实工作。审议并原则通过《关于加快推进卫生与健康事业改革发展的意见（送审稿）》《西安市卫生健康事业重点项目建设三年行动方案（2020—2022年）（送审稿）》《灞河沿线景观提升详细规划》。审议并原则同意市发改委《关于上报2020年新增市级重点项目的请示》。

第10次常务会议　6月9日召开。传达学习十三届全国人大三次会议和全国政协十三届三次会议精神。传达学习全国生活无着的流浪乞讨人员救助管理服务质量大提升专项行动动员部署电视电话会议精神，听取西安市贯彻落实意见的汇报，研究部署相关工作。听取市扶贫办关于全市脱贫攻坚工作情况的汇报，安排部署下一步工作。审议并原则通过《关于构建现代产业体系的意见（送审稿）》《西安市突发事件应急指挥与处置管理办法（送审稿）》《西安市采暖季天然气保障工作方案（2020年版）（修订稿）》《西安市采暖季天然气保障应急预案（2020年版）（修订稿）》。

第11次常务会议　6月18日召开。传达学习省委书记胡和平和市委书记王浩在省委办公厅《要情快报》第353期上的批示，研究贯彻落实意见。审议市公安局关于“智慧公安”项目资金安排意见的请示。审议并原则通过《西安市机动车和非道路移动机械排气污染防治条例（修订草案）（送审稿）》。审议并原则通过《西安市推进数字化城市管理工作实施方案》。审议并原则同意市“十四运”执委会关于对省筹委会《第十四届全国运动会第十一届残运会暨第八届特奥会火炬传递总体方案（征求意见稿）》修改意见的请示。审议《西安市城市再生水利用工作实施方案（2020—2021年）》。审议市轨道集团关于地铁14号线车站和停车场名称的请示。

第12次常务会议　7月2日召开。传达学习习近平总书记、李克强总理关于防汛救灾工作重要指示批示精神，研究西安市贯彻落实意见。传达学习习近平总书记在中央政治局第二十次集体学习时的重要讲话精神，并组织法制学习，西北政法大学民商法学院教授李康宁以《中国民法典基本问题阐释》为题进行了专题辅导。听取市司法局关于法治政府建设示范创建自查情况的汇报。审议并原则通过《西安市2020年稳投资实施方案（送审稿）》《关于推动工业用地供给侧结构性改革的实施意见（试行）》《高新区中央创新区（城市客厅）控制性详细规划》《西安市防范化解重大金融风险工作实施方案（送审稿）》。审议并原则同意市财政局关于建立市对城三区激励性转移支付的请示。

第13次常务会议　7月27日召开。传达学习习近平总书记在7月21日企业家座谈会上的重要讲话和李克强总理关于做好新增财政资金直达市、县基层直接惠企利民工作的重要讲话，研究西安市贯彻落实措施。听取2020年上半年安全生产工作汇报，原则同意市应急管理局对下半年安全生产重点工作的安排部署。听取全市食品安全工作汇报，原则同意市食安委办对全市食品安全重点工作的安排部署。审议并原则通过《西安市贯彻落实“追赶超越”定位加快国家中心城市建设行动方案（2020年）》《西安市推进新能源汽车充电基础设施建设三年行动方案（2020—2022年）》《2019年度西安市总部企业资格及奖励实施意见》。审议并原则同意市农业农村局《关于西安市农产品物流城（名称待定）建设项目有关情况的请示》、市人社局《关于“市长特别奖”评选有关工作的请示》和市医疗保障局、市财政局《关于调整西安市城镇职工大额医疗补助保险政策有关问题的请示》。

第14次市常务会议　8月12日召开。传达学习习近平总书记关于禁毒工作重要指示，听取西安市禁毒工作汇报，研究部署下一步工作。听取交通运输行业、城市建设领域扫黑除恶专项整治工作进展情况汇报，安排部署下一步扫黑除恶工作。审议并原则通过《关于加强文物保护利用改革的实施方案》《西安市城市地下综合管廊管理条例（草案）》《关于深入学习贯彻习近平总书记来陕考察重要讲话精神全面打赢脱贫攻坚战的实施方案》《西安市2020年“蓝天、碧水、净土、青山”四大保卫战工作方案》。审议并原则同意市文化旅游局《关于以市政府名义公布我市第六批非物质文化遗产代表性名录项目的请示》。审议并同意市政府办公厅（市参事室）关于新聘、续聘市政府参事的请示。

第15次常务会议　9月3日召开。传达学习习近平总书记重要批示精神和陕西省村庄撤并问题排查工作会议精神，安排部署西安市村庄撤并排查整改工作。传达学习《中共中央国务院转发〈国家发展和改革委员会关于上半年经济形势和做好下半年经济工作建议〉的通知》，安排部署贯彻落实措施。传达学习国务院和省委、省政府领导关于文物安全工作的批示精神，听取市文物局贯彻落实情况汇报。审议并原则通过《关于建立健全消费扶贫工作机制助力决战决胜脱贫攻坚的通知》《西安市国家安全发展示范城市创建实施方案（送审稿）》《西安市城市体检评估工作实施方案》《西安市政务服务便利化实施意见（送审稿）》。审议并同意市文物局《关于签署〈国际古迹遗址理事会西安国际保护中心发展与管理相关问题备忘录〉有关工作的请示》和市住建局、市财政局《关于落实支持建筑业高质量发展财税措施的请示》。

第16次常务会议　9月14日召开。组织法治学习，观看行政审理活动。传达学习《防范和惩治统计造假弄虚作假重要文件选编》，研究西安市贯彻落实措施。传达学习全省改革完善医疗卫生行业综合监管领导小组（扩大）会议精神，研究西安市贯彻落实措施。审议并同意市民政局、市人社局、市卫生健康委关于提请市政府批准印发《西安市老年人患病住院治疗期间子女享受带薪护理时间实施办法（试行）》的请示。

第17次常务会议　9月23日召开。审议并通过市委提名的马希良等28人拟任免职事项。

第18次常务会议　9月29日召开。传达学习全省当前重点工作和“十四五”规划编制工作会议精神，研究西安市贯彻落实措施，安排部署节日期间工作。审议并原则通过《西安市现代产业布局规划（送审稿）》《坚持创新驱动引领高质量发展　加快建设丝路科创中心的实施意见（送审稿）》《西安市住房租赁试点工作实施方案》《西安市关于贯彻落实中央和陕西省委文件精神做好下一步经济工作的措施（送审稿）》。审议并原则通过《新建铁路西安东站站房建筑方案》。审议并原则同意市财政局《关于拨付高新区专项补助的请示》、浐灞生态区管委会《关于提请审议西安国际会展中心二期方案设计有关事项的请示》和市资源规划局《关于提请审定市规委会有关事项的请示》。审议并同意《西安市2020—2021年非居民天然气季节性差价实施方案（送审稿）》和《西安市2020—2021年采暖季补贴方案（送审稿）》。

第19次常务会议　10月20日召开。传达学习全省三季度经济形势分析会议精神，研究分析西安市三季度经济形势，安排部署下一步重点工作。听取市安委办关于三季度安全生产工作情况汇报，安排部署第四季度安全生产重点工作。审议并原则通过市总部办《西安市支持总部企业发展若干政策（修订版）》。审议并原则同意市民政局《关于西安市火葬区范围调整的请示》和市发改委、市住建局、市市场监管局关于印发《西安市物业服务收费管理办法（送审稿）》的请示。

第20次常务会议　11月2日召开。传达学习中共十九届五中全会精神，安排部署贯彻落实工作。传达学习习近平总书记关于加强文物保护工作的重要批示精神和在中央政治局第二十三次集体学习时的重要讲话精神，以及中央领导有关批示精神和省委、省政府有关批示、会议精神，研究西安市贯彻落实措施。传达学习李克强总理在研究分析当前经济形势和部署下一步经济工作时的重要讲话精神，听取市发改委关于抓好全市四季度经济工作措施建议的汇报。听取市发改委关于2021年省级、市级重点项目征集情况的汇报。安排部署第七次全国人口普查有关工作。审议并原则通过《西安市落实〈陕西省秦岭生态环境保护条例〉重点任务分工（送审稿）》和《〈西安市秦岭生态环境保护条例〉重点任务分工（送审稿）》《西安市城市更新办法（送审稿）》《西安市加快新型基础设施建设促进实体经济与数字经济融合发展行动方案（2020—2023年）》。审议并原则同意市外办《关于授予日本通运株式会社常务执行董事杉山龙雄等三人“西安市荣誉市民”的请示》和市发改委《关于西安市地铁临潼线（9号线）一票制票价的请示》、市市场监管局《关于在全市推行“证照分离”改革全覆盖的请示》。审议《西安市临潼区人民政府与西安曲江新区管理委员会深化合作实施方案》。

第21次常务会议　11月16日召开。组织法制学习，市政府法律顾问、炜衡（西安）律师事务所主任王小涛对《中华人民共和国外商投资法》和《〈中华人民共和国外商投资法〉实施条例》。传达学习10月23日省委常委会会议有关精神，研究西安市贯彻落实措施。审议并原则通过《关于推动高质量发展的实施方案（送审稿）》《关于公布行政规范性文件清理结果的决定》《西安市推进国家城乡融合发展试验区实施方案（送审稿）》和《西安市关于建立健全城乡融合发展体制机制和政策体系的实施方案（修改稿）》《关于推进健康西安行动的实施方案》。书面审议并原则通过《西安市贯彻落实〈陕西省建设现代化经济体系实施方案〉的措施（送审稿）》。听取全市农村乱占耕地建房问题整治工作进展情况汇报。审议并同意市民政局、市财政局《关于提高我市城乡低保标准的请示》。

第22次常务会议　11月30日召开。传达学习习近平总书记对供销合作社工作的重要指示和李克强总理的批示精神，以及省委常委会、省政府常务会会议精神，研究西安市贯彻落实措施。审议并原则通过《关于进一步加强房地产市场调控的通知》、市大数据局《西安“12345”市民热线综合服务平台升级扩能方案》和市财政局、市金融工作局、市发改委、市科技局、市工信局、市商务局、市文化旅游局《西安市小微企业融资担保增信基金设立方案》。审议并原则通过《西安市纳税人跨区县迁移财税利益调整办法（修订稿）》。审议并确定2018—2019年度工业、仓储物流项目专项补助资金的分配原则。

第23次常务会议　12月7日召开。审议并原则通过《西安市建设世界赛事名城加快发展体育产业促进体育消费实施意见》《西安市房地产市场平稳健康发展长效机制工作方案》。

第24次常务会议　12月22日召开。传达学习中央全面依法治国工作会议精神，并组织开展法治学习。西北政法大学王周户教授以《习近平法治思想引领法治政府建设》为题做专题讲座。传达全省秋冬季铁腕治霾工作推进视频会议精神，安排部署我市大气污染防治年终冲刺工作。审议并原则通过《关于修改和废止部分政府规章的决定（草案）》《关于新时代推进西部大开发形成新格局的贯彻落实方案》《关于深化改革加强食品安全工作的措施》《西安市秦岭生态环境保护规划》《西安市居住区规划设计指导意见》《西安市市级新增教育建设奖补资金管理办法》和市爱卫办《关于命名2020年度市级卫生先进单位、卫生村的通报》《关于对国卫复审工作先进集体和先进个人进行表扬的请示》。审议并同意市医疗保障局、市财政局《关于调整公务员（含参公）、全额事业单位医疗保险缴费基数和个人账户计入标准有关政策的请示》和《西安市市级国家公务员医疗补助办法（修订稿）》。　（田旭鹏）

◆重要决定及举措　2020年，西安市人民政府实施以下重要决定及举措。

全力抗击新冠肺炎疫情　果断启动重大突发公共卫生事件Ⅰ级响应，采取“三个一切、五个所有”，严格落实“四早”“四集中”，调集最强医疗资源救治患者，用不到1个月时间遏制住疫情传播，用2个月时间实现本地确诊病例“清零”。积极落实进京航班分流任务，主动承担西安咸阳国际机场全部入境人员集中隔离任务，截至12月底，共筛查管控7.13万入境人员，未发生一起境外关联病例。建立全市疫情防控综合管理系统，累计核查人员110.36万人，管控国内中高风险地区来返人员27.5万人，在全市57个收费站设置进口冷链运输车查验卡点，对进入西安市的进口冷链食品“逢进必检”，严防输入。全面加强交通公路、客运站场、公交和出租的管控。组织“爱心车厢”、通勤客车免费运送医护人员6万余人次，全市公共交通累计运送旅客8.3亿人次，未发生通过交通工具传播疫情事件。积极推进复工复产，免收车辆通行费815.68万元，在全国率先减免出租车承包服务费超过2亿元。做好全市医学留观区生活垃圾应急处理任务，累计处理留观场所垃圾454[illegible]73吨，有效切断新冠病毒潜在传染途径。疫情防控期间，在全国率先出台蔬菜运输车辆补贴、鼓励出店经营、保供企业用工补贴等5项政策，疫情封禁期间，协调发放外地运菜大车通行证2.9万个，采购外省蔬菜26万余吨，投放政府储备蔬菜[illegible]万吨，组织全市3000个生活必需品供应点开展出店经营，有力保障了市场供应。市场监管系统迅速行动，出动27万余人次，检查农贸市场、餐饮、商店等5[illegible]万余家次，确保全市重点商品均价低于全国36个重点监测城市平均水平。全市[illegible]个公安检查盘查点，累计检查车辆[illegible]35万辆，检查205.93万人。抽调2669名警力全覆盖进驻“一场五站”，累计核查流入和过境旅客936.[illegible]万人，发现涉高风险地区2.1万人。疫情严重期间，市国资委用29天时间建成口罩生产线12条，日均生产口罩30万只，保证应急供应。免费开通13家医院医务医护公交专线和“抗疫警务直通车”，共运送[illegible]3万人次。

有序扎实推动复工复产　启动援企平台，围绕税费减免、稳岗就业、金融支持、纾困解难等，密集出台56个援企惠企文件，顶格兑现落实，累计为企业减负超过105亿元。优先推进产业链协同复工复产，3月11日全市1521家规上工业企业全部复工，4月9日196个重点续建项目全部复工，“十四运”场馆、三星二期等[illegible]个重点项目疫情期间没有停工，为经济快速复苏奠定了基础。密集出台和创新实施企业用工保障10条措施、稳就业23条举措等惠企利民政策，打出援企、稳岗、扩就业“组合拳”。召开全市推动文化旅游产业快速发展大会，发布西安市推动文化旅游快速发展《工作方案》和《政策实施细则》，“一企一策”帮助企业特别是中小企业纾难解困，退付旅行社质保金1.17亿元、拨付首批兰补资金9[illegible]万元，争取省级文旅专项资金6[illegible]14.[illegible]万元，用“真金白银”加速市场复苏、提振发展信心，文旅企业复工复产率超过95%，重点景区免费开放3个月。组织开展全市大型商场出店占道促销活动，组织出店占道促销商场196家，客流量940万人，促进消费4593万元。出台《关于应对新型冠状病毒性肺炎疫情影响促进商贸业健康发展的38条措施》，推动出台《西安市应对新冠肺炎疫情影响促进市场消费若干措施》，累计兑付各类政策资金5.5亿元，有力有序推动商务行业恢复发展。坚持“快审、快批、快建、快产”，开辟行政审批绿色通道，办理医疗器械产品、生产备案300多件，保障防疫物资应急生产。全市开通复工复产定制公交46条。出台《支持和支持企业有效应对疫情促进国有经济平稳发展若干措施》，印发《市属国有企业减免非国有企业房租的实施细则》，减免3417户企业和个体工商户租金1.2亿元。

国企改革发展稳步推进　西安市

被列为国务院第二批区域性国资国企综合改革试验城市。出台《西安市属国有企业混合所有制改革操作细则》，印发了《关于市属国有企业混合所有制改革2020年的工作安排》《国有企业混合所有制改革相关法律法规与政策文件汇编》等相关文件，完成36户市属竞争类国有企业混改，混改企业数量为历年之最。市属监管企业通过股权投资等方式进入其他类型公司50余户。处置市属“僵尸企业”55户。完成81户市属全民所有制企业公司制改制，实现市属全民所有制企业“清零”目标。充分发挥“国企之家”信息共享、解决问题、强化合作三个功能作用，积极协调相关部门帮助11户驻地中央企业解决道路规划、科研立项等13项影响企业发展的问题。推动31户中央企业与我市签约合作项目51个，投资总额2232亿元，已落地37个，投资额1848.87亿元。

中心城区交通优化提升　编制《中心城区交通优化提升三年行动方案》，其中2020年78项任务全部完成年度指标，15项2021年任务已超前开展。治理全市交通拥堵点段54处，打通断头路52条，打开封闭大院30个，完成351条背街小巷改造提升。建成停车位8082个、错时共享停车位31545个，有效缓解“停车难”问题。中心城区占道施工项目783处，全部采用通透式透明围栏，并建立电子档案，中央和省级媒体先后报道宣传20余次。加快推进“十四运”交通保障方案编制工作。组建交通治理专家咨询委员会，为城市交通治理提供专家技术支持。

有序推进第十四届全运会筹备　突出抓好场馆建设、基础设施提升等重大工程，涉及迎“十四运”建设521项任务均达到预期目标。西安市成立西安奥体中心和西安丝路国际会议会展中心建设指挥部，负责统一指挥协调全运会场馆及相关配套工程建设，及时督促建设单位按清单要求施工，邀请国家体育总局、省体育局专家现场解决体育工艺难题，开展工艺审查和竞赛业务对接。全市承担的“一场两馆”、西安城市运动公园体育馆提升改造工程等5个场馆建设任务于6月30日前全部竣工，第十四届全运会滑板攀岩比赛场地工程、西安城市运动公园三人制篮球场地工程于9月30日前全部竣工，西安全运村78栋高层全部封顶。密集开展竞赛业务培训和工作对接，精心组织竞赛项目全流程桌面推演，认真制定测试赛工作方案，不断强化反兴奋剂工作，加强重点环节管控。在全市体育行业广泛开展“迎全运盛会、展文明风采”主题实践活动。精心组织“我要上全运”全民健身系列活动和全运知识竞赛答题活动。“十四运”涉赛“17+25”沿线环境整治提升有序推进，从沿线建筑外立面、城市家具、园林绿化、广告牌匾、夜景照明、道路桥梁、违法建设等7个方面对42条、500多千米的重点路段沿线环境进行逐一整治。

营商环境改革持续深入推进　营商环境纳入全市“十项重点工作”，建立市营商办统筹协调、市级牵头单位分指标负责、各相关单位紧密配合的工作推进机制。制定《西安市优化营商环境推进重大项目建设三年行动方案（2020—2022年）》等相关文件，坚持深化“放管服”改革、优化营商环境、“互联网+政务服务”三位一体协同推进，建立月调度、季考核、年总评工作机制。开展“一件事一次办”集成改革试点，推出主题服务套餐105个，平均实现减环节81.6%、减时限50%。建成“工程建设项目审批管理系统2.0版”，全市工程建设项目审批时间由388天减少至平均58天。建成“一网通办”总门户，市级政务服务事项网上可办率达91.9%。企业开办实现“一窗通办、一日办结”，市场主体累计达到243.34万户，比上年增长12%。全力帮助企业抗击疫情影响，先后出台助企帮扶政策40余项，为企业减税降费280亿元，发放奖补资金260亿元。在2020年全国营商环境评价中，西安市再次获评“全国营商环境标杆城市”，10项指标进入全国标杆，成为全国营商环境改善幅度最大的城市之一。在省营商办向全省复制推广的优化营商环境典型经验举措中，西安市占到2/3，相关工作始终走在全省前列。

推动扫黑除恶专项斗争圆满收官　坚持以中央部署的“一十百千万”工程和“六清行动”为主线，以“五大行动”为重点，强化“七项举措”，确保专项斗争顺利实现既定目标。线索清零方面，群众举报的涉黑涉恶线索10988条，全部按期查结。案件侦办方面，共侦办恶势力团伙以上案件216起。逃犯清零方面，抓获部、省督办涉黑恶目标逃犯76名，落网率100%。打伞破网方面，共追责484人；其中定性为“保护伞”的97人。黑财清底方面，共查封、冻结、扣押涉案资金约25.3亿元。行业整治方面，对吉祥村等24个重点区域进行整治。全市侦办“黄赌”刑事案件133起、行政案件860起，刑事拘留284人、行政拘留1389人，有效净化了社会治安环境。

（石敬才）

西安市人民政府

（以2020年年底在职为准）

市　　长　李明远
副 市 长　玉苏甫江　王　勇
徐明非　肖西亮
马鲜萍（女）　沈黎萍（女）
和文全　负笑冬
秘 书 长　陈长春
副秘书长　肖争光　王西京　杨国胜
王学超　黄晓华　樊军荣
张　蔚

市政府办公厅和政府组成部门

市政府办公厅（市政府参事室）
党组书记　陈长春
主　　任　王建东
副 主 任　张峰虎　刘新社　田　地
杨佐涛
纪检监察组长　刘援秦

西安市人民政府驻外办事处
驻沪办　副主任　张　琦
驻深办　副主任　杨　霄

市发展和改革委员会（市粮食局和物资储备局、市物流业发展办公室）
主　任　邢欣（女）
副主任　贺卫涛　赵寅科　冉红斌
王　凯　魏　峰
纪检监察组长　谢　涛

市教育局
局　长　贾轶昊
副局长　王　纲　程军安　刘　红
纪检监察组长　唐世广

市科学技术局（市外国专家局、市硬科技产业发展局）
局　长　李志军
副局长　任　晖　楼文晓

市工业和信息化局
局　长　李初管
纪检监察组长　李潘平

市民族宗教事务委员会
主　任　李永奇
副主任　李海林　平　丽（女，回）
王　胜
纪检监察组长　刘凯军

市公安局
局　　长　肖西亮
副 局 长　高　威　连　智　赵亚平
周军户　殷　浩　魏重光
政治部主任　连　智
纪检监察组长　杜育峰

市民政局
局　长　李平伟
副局长　朱友明　孔　宏
纪检监察组长　党　浩

市司法局
党组书记　赵　夏
副 局 长　史　伟　王安军　张兴平
　　　　　张成群

市财政局
局　　长　李西宁
副 局 长　王　琦　阎金平
纪检组长　庄　军

市人力资源和社会保障局
局　长　卢光文
副局长　冯立文　王晓杰
市人才服务中心主任　巩　军
纪检监察组长　喻惠霞（女）

市自然资源和规划局（市林业局）
局　　　　长　冯　涛
党 委 副 书 记　焦莉丽（女）
副　局　　长　王　刚　席保军　王　闯
纪检监察组长　王学军

市生态环境局
局　　　　长　刘　军
党 委 副 书 记　郑西胜
副　局　　长　张炳淳　王　韬　李　博
纪检监察组长　刘　波

市住房和城乡建设局（市轨道交通建设办公室）
局长（主任）　苗宝明
副　局　　长　翟金海　贾　强　张彦庆
　　　　　　　张小波
纪检监察组长　谢　巍

市城市管理和综合执法局
局　　　长　张水利
党委副书记　张军刚
副　局　长　董埃孝　王　军
　　　　　　杨卫华（回）
纪检监察组长　强海滨

市交通运输局
局　长　张　健
副局长　张永民　李斌科　王　伟
纪检监察组长　孙增贤

市水务局
局　长　吕　强
副局长　王　俊　王谷石

市农业农村局
局　长　裴靖瑜（女）
副局长　李岁会
纪检监察组长　刘　胜

市商务局〔中国（陕西）自由贸易试验区管理委员会〕
局　长　张选民
副局长　吴慧娟（女）　陈建锋
　　　　宋晓勤（女）
纪检监察组长　聂　虹（女）

市投资合作局
局　长　黄瑜晖（女）
副局长　景政彬　杜岩岫

市文化和旅游局（市文物局）
局　长　王庆华（女）
副局长　孙　超　余亚军　王　晓
纪检监察组长　王　琢

市卫生和健康委员会
主　任　刘顺智
副主任　王红艳（女）　荣　亮
　　　　王永鹏
纪检监察组长　骞智峰

市退役军人事务局
局　长　秦应吉
副局长　李建斌　闫亚林

市应急管理局
局　长　黄会强
副局长　宋选良　张　钧　段胜利
　　　　姜洪耀　王　俊（兼）
纪检监察组长　焦　军

市审计局
局　长　徐琳茹（女）
副局长　马少民　王建军

市国有资产监督管理委员会
主　　　　任　刘三民
党 委 副 书 记　任晓今（女）
副　主　　任　胡建新　李宏军
　　　　　　　白宏伟（挂职）
纪检监察组长　岳民安

市市场监督管理局（市知识产权局）
局　　　　长　陈吉利
党 委 副 书 记　谢　莹（女）
副　局　　长　冯　超　吴　繁　丁景玺
纪检监察组长　王小青（女）

市体育局
局　长　马　锐（回）
副局长　徐　岗　邵芳（女）

市统计局
局　长　张民伟
副局长　秦来生　李　红（女）

市政府研究室
主　任　崔玉凤（女）
副主任　左　东　刘新社

市人民防空办公室
副主任　陈　博　邱卫华　连拥军

市信访局
局　长　张　涛
副局长　王增武

市医疗保障局
局　长　张　军
副局长　王晓东　张群力（女）

市扶贫工作办公室
主　任　张友社
副主任　朱玉荣（女）李英杰

市行政审批服务局
局　长　段重利
副局长　张新鳌

市大数据资源管理局（市新经济产业发展局）
局　长　刘　军
副局长　张信明

市金融工作局
副局长　王　丽（女）　李　鹏
　　　　庞　波（挂职）

市秦岭生态环境保护管理局
局　长　王　健
副局长　李春晖　李君亭
纪检监察组长　刘泽林

市文物局
局　长　孙　超
副局长　唐　龙

直属事业机构

市地方志办公室
主　任　姚集杰
副主任　张　帆

市社会科学院（市社科联）
院　长（主　席）　高东新
副院长（副主席）　张永强

市地震局
局　长　汪　涛
副局长　邢青汉

西安住房公积金管理中心
主　　任　刘晓民
副 主 任　马　涛（回）
总会计师　张亚军

市博览事务中心
主　　　任　王国根（兼）
常务副主任　王宏联
副　主　任　肖　勇　张云平

市城中村（棚户区）改造事务中心
主　任　刘　强
副主任　李根成　袁海林

市机关事务服务中心
主　任　高继平
副主任　吴鹏飞　张宝林　徐海民

西安广播电视台
台　　长　惠　毅
副 台 长　赵和平　解　炜
纪检监察组长　王　钊

派出机构

陕西省西咸新区开发建设管理委员会
党工委书记　岳华峰
主任、党工委副书记　康军
副　主　任　李肇娥（女）　刘优军
　　徐军前　陈　辉　姚海军
总 规 划 师　陈　默
纪工委书记　姜志华
西咸建设开发公司董事长　周　东
沣东新城管委会主任　柳　政
空港新城管委会主任　贺　键
秦汉新城管委会主任　杨占文
沣西新城管委会主任　刘宇斌
泾河新城管委会主任　张宏伟

西安高新技术产业开发区管理委员会
党 工 委 书 记　钟洪江（兼）
主任党工委副书记　齐海兵
党工委副书记　王宽让
副　主　任　韩红丽（女）　郭晓辉
　　顾海文　杨　华
　　王海若（女）　祝鹏翘
　　张　煜（挂职）
纪 工 委 书 记　董明炎
高新综合保税区管委会专职副主任
　　史康度
高科（集团）公司董事长　贾长舜
高科（集团）总经理　杜万坤

西安经济技术开发区管理委员会
党 工 委 书 记　马希良
主 任 副 书 记　钱虎威
党 工 委 副 书 记　张兴华
副　主　任　邓选印　陈　迪
　　蔺建文　张　俊
　　刘明利　杨　军
　　李　清（挂职）
纪 工 委 书 记　李晓岚
经发集团董事长　彭晓晖

西安曲江新区管理委员会
党工委书记、主任　姚立军
党工委副书记　王小育
副主任　常文芝　陈共德（瑶）
　　顾育英（女）　但华喜
　　葛淑英（女）　李耀杰
　　张邯玥（女，挂职）
纪工委书记　王胜彦
曲江文化产业投资（集团）有限公司
董事长　李铁军
演艺（集团）有限公司
董事长、党委书记　寇雅玲（女）
总经理、党委副书记　樊大可

西安浐灞生态区管理委员会
党工委书记　杨六齐
主任、党工委副书记　门　轩
党工委副书记　李新霞（女）
副　主　任　丁学俊　黄秦政
　　谢慧莹（女，锡伯）
　　王永兵　邹晓鹏（女）
纪 工 委 书 记　贾振东
浐灞河发展有限公司董事长　樊彦平
浐灞河发展有限公司总经理　曹兆民

西安阎良国家航空高技术产业基地（陕西航空经济技术开发区）管理委员会
主任、党工委书记　姚　涌
党 工 委 副 书 记　郭凤鹏
副　主　任　仝秀丽（女）
　　杜崇壮　胡广鑫
　　崔　庆　王建飞
纪　工　委　书　记　李会林
航空城建设发展（集团）有限公司
总经理　张立伟

西安国家民用航天产业基地（陕西航天经济技术开发区）管理委员会
党工委书记、主任　牛　恺
党工委副书记　逯雁春（女）
副　主　任　史晓峰　刘顺利　赵　舰
　　张　营　贺延光　蒋　阳
　　李　雷（挂职）
纪工委书记　李超来
航天城投资发展集团公司
总经理　冯　霈

西安国际港务区管理委员会
党工委书记、主任　孙艺民
党工委副书记　苗　吉
副主任　李　翔　苏国峰
　　杨　祎（女）　韩利敏
纪工委书记　王东伟
国际陆港投资发展集团有限公司
总经理　屈锦薇（女）

富阎产业合作园区管理委员会
主任、党工委副书记　胡广鑫
副主任　李　博　夏　清　权利军（兼）

西安高铁新城管理委员会
党工委书记、管委会主任（兼）　马希良
党工委副书记、管委会副主任　刘　可

西安灞河新区管委会
党工委书记（兼）　苗志忠
主任、党工委副书记（兼）　邹晓刚
副主任　高　波

西安汉长安城国家大遗址保护特区管理委员会
党工委书记（兼）　杨建强
主任、党工委副书记（兼）　刘国荣
党工委副书记、纪工委书记　席正赢
副主任　张云伟

西安广播电视大学
党委书记　李　彬
校长、党委副书记　赵丽玲（女）
党委副书记兼纪委书记　初亚莉（女）
副校长　宋　军（女）　李福海

西安文理学院
党委书记　问向荣
党委副书记、院长　陈　刚
党委副书记、副院长　李忠良
副院长　韩　权　王晓萍（女）
　　邬连东（女）
工会主席　范　宏
纪委书记　王　鹰

西安职业技术学院
党委书记　张　理
党委副书记、院长　李教社
党委副书记兼纪委书记　王　莉
副院长　符虎刚

西安铁路职业技术学
党 委 书 记　施利民
党委副书记院长　赵春平
党委副书记　邓耀斌
副　院　长　安学武　赵六杰
党委副书记兼纪委书记　邓　轩

其他单位

市供销合作联社
党组书记、常务理事　高　伟
主　任　肖　琦（女）
副主任　肖　刚　成　斌

市物资总公司
副总经理　刘军安　雷春龙
纪委书记　戴　之

市工业合作联社
副主任　段忠明　杨希军

西安工业投资集团有限公司
董事长、党委书记　金　辉
党委副书记　吴　农
副 总 经 理　陈　红（女）　任广斌
　　胡治刚

纪 委 书 记　常以卓（女）

市机电化工国有资产管理公司（市轻纺建材国资管理公司）
副总经理　赵长利　郭　梅（女）

西安城市基础设施建设投资集团有限公司
董事长、党委书记　马胜利
党委副书记、纪委书记　桑中玲（女）
副总经理　徐　龙　孔建辉
工会主席　傅　丽（女）

西安建工（集团）有限责任公司
董　事　于　玮　周　伟（女）

西安水务（集团）有限责任公司
董事长、党委书记　石卫平
总经理、副董事长、党委副书记　贺瑞林
党委副书记　陈顺利
副 总 经 理　王禄仕　陈大为　周文汉
总 工 程 师　张西前
纪 委 书 记　张大为

西安银行股份有限公司
董事长、党委书记　郭　军
监　事　长　刘志顺
副　行　长、党委副书记　王　欣
副　行　长　李富国　张成喆　狄　浩
工 会 主 席　李文琦（女）

西安市轨道交通集团有限公司
党委书记、董事长　宋　扬
党委副书记　雒继锋
副 总 经 理　祁国俊　王　超　马　钢　杨　军

西安航空航天投资有限公司
党委书记董事长　李振高
党委副书记总经理　马　强
纪委书记　扈广杰
财务总监　王双文
副总经理　林少恒

西安市安居建设集团公司
董事长　薛建华

（市委组织部）

决策服务

◆**概况**　2020年，西安市人民政府研究室深入学习贯彻习近平总书记来陕考察重要讲话精神，围绕“十项重点工作”，深入一线调研，开展课题研究，圆满完成各项工作任务。截至年底，完成2020年《政府工作报告》、6项课题研究和35篇调研报告，参与起草完成市委、市政府各类文稿340余篇，共计140余万字。

◆**服务决策**　2020年，西安市人民政府研究室积极参与西安市政治、经济、社会发展等重大决策研究。按照中共西安市委工作部署，共同牵头起草《中共西安市委关于深入学习贯彻习近平总书记来陕考察重要讲话奋力谱写西安新时代追赶超越新篇章的决定》和中央巡视组反馈问题调研材料等重要文件、文稿；参与市委6项专题调研，建立工作专班，先后完成“打造内陆改革开放高地”调研报告、推动经济高质量发展的指标体系研究，协助修改加强民生保障和社会建设等调研报告；按照市委领导要求，深入调查研究，完成《关于推进西安国家中心城市建设存在问题的调研报告》。按照政府工作安排，与市政府办公厅共同牵头起草完成2020年《政府工作报告》；参与“十四五”规划纲要的调研、起草、修订工作；参与完成西安市向中央办公厅、国务院办公厅报送的《西安市统筹推进新冠肺炎疫情防控和经济社会发展工作情况汇报》；牵头负责落实国务院发展研究中心与西安市共建经济运行监测合作机制工作，协调组织市发改委、市统计局等11个部门开展经济运行监测合作机制相关工作，完成全三四季度企业生产经营状况数据采集工作，受到国务院发展研究中心来信表扬。参与国务院发展研究中心中国城市群一体化发展评估，完成《关中平原城市群一体化政策及进展》。2020年，西安市人民政府研究室还完成市政府主要领导参加全国人民代表大会代表建议、大会发言等相关材料，在市委全会及季度经济工作重点工作分析会上的讲话，全市教育大会、重点项目推进动员大会、文物保护大会等全市性会议、讲话，中央媒体关于疫情后宏观经济形势访谈材料，世界城地组织多次视频会议发言材料以及年度课题《推进关中平原城市群一体化发展研究》等文稿；对市政府拟出台文件进行政策性审核92次。西安市人民政府研究室认真对全市经济形势进行跟踪研究，开展西安市第一季度、上半年经济形势分析工作，形成分析报告，完成《2020上半年西安市经济运行情况及下一步工作建议》，并报送市人大常委会。

◆**调查研究**　2020年，西安市人民政府研究室落实习近平总书记来陕考察重要讲话精神，积极开展调查研究，完成《关于西安市“围绕产业链部署创新链，围绕创新链布局产业链”的调研报告》《关于加快西安市工业互联网发展的对策建议》《西安推进5G及相关配套产业建设调研报告》《西安推进人工智能发展的调研报告》《以国家新一代人工智能创新发展试验区建设为抓手统筹推进人工智能新基建》《关于在黄河流域生态保护和高质量发展大格局下渭河西安段生态保护与开发利用的调研报告》《关于西安经济高质量发展的调研报告》等系列调研报告。持续加大民生领域相关问题研究，完成《西安市劳动力市场监管现状及分析》《西安市人力资源服务业调研报告》《西安市优化农村教育布局促进教育均衡发展的建议——以蓝田、周至为例》《上半年我市就业总体情况及分析——基于劳动力市场需求及市场主体运行的角度》《西安市加强城乡社区现代化建设的调研报告》《西安市加快文旅融合的调研报告》《2019年陕西省人力资源市场供求分析与2020年展望》《关于采用物联网停车技术缓解“停车难”的调研报告》和《关于全面推进中心城区交通优化提升的调研报告》以及农村居民养老情况等领域课题研究。深入开展疫情对西安市经济社会发展影响分析研究，完成《新冠疫情对我市经济影响及政策建议》《关于应对新冠肺炎疫情冲击推动我市经济持续健康发展的政策建议》等调研报告。积极开展优化营商环境调研，完成《关于我市企业“获得电力”情况的调研报告》《关于西安市企业获得信贷情况的调研报告》；组织调研组前往长沙、海口等地开展实地调研，起草完成《关于推进我市政务服务改革调研报告》《以新视角促进营商环境质效再提升的对策建议》等调研报告；编印西安市优化营商环境《简报》16期，向省政府研究室报送营商工作经验材料28份，其中，《西安国际港务区疫情防控与经济发展两不误》《西咸新区以小网格促进大治理提升管理服务“软环境”》2篇被省优化营商环境调研问效《简报》转发。

◆**内刊编辑**　2020年，西安市人民政府研究室认真办好《经济观察》《西安发展研究》，对西安国民经济和社会发展中的难点、热点、堵点进行分析研究，提供具体可行的解决措施和意见建议。2020年，《经济观察》出刊6期，涉及相关领域研究[illegible]0余篇，约60万字；《西安发展研究》编辑发行37期，约30万字。

（崔　博　董　梅）

行政审批

◆**概况**　2020年，西安市行政审批服务局深入贯彻落实习近平总书记来陕考察重要讲话精神，在中共西安市委、市政

市政府研究室调研西安市医疗健康服务保障情况

府的正确领导下，按照中央和省委关于深化“放管服”改革部署要求，聚焦全市“十项重点工作”，紧扣“一网、一门、一次”改革和打造“四最”西安营商品牌，着力提升行政审批和政务服务水平，各项工作取得新的成效。制定《关于认真学习宣传贯彻习近平总书记来陕考察重要讲话精神的实施方案》《关于习近平总书记重要指示批示贯彻落实规定》，全面完成巡察整改落实情况监督检查反馈问题。扎实开展以案促改。成立专班并制订工作方案，围绕“全面从严治党”等内容组织学习培训会，以反面典型为镜鉴，开展警示教育。严格落实意识形态工作责任制，定期对意识形态工作进行分析研判，坚持每日开展舆情监测。围绕全市行政审批服务亮点成效，在各主流媒体开展正面宣传2708篇。召开现场会对政务大厅创文标准进行实地讲解，深入创文一线开展听民声解民忧大走访，落实文明创建各项任务。修订完善机关党建制度7项，改造提升市政务大厅书吧等党建阵地。市政务中心被授予“西安青年五四奖章集体”称号。

2020年10月，国家发改委发布《中国营商环境报告2020》，西安被评为中国营商环境标杆城市，政务服务指标被评为全国标杆指标。“15分钟政务服务圈”建设等3项改革举措在全国复制推广，跨区通办等11项亮点做法被确定为在全省可学习借鉴的经验。“一件事一次办”系统集成改革被省委深改委确定为全省改革试点。西安市“好差评”经验做法在全省交流发言。省职转办专门刊发西安市开展“七办”服务推进企业复工复产情况。“机关微讲堂”被评为“西安市级机关党建优秀品牌十佳案例”。

◆行政审批制度改革 2020年，西安市相对集中行政许可权改革持续推进。印发《西安市全面推行相对集中行政许可权改革工作实施方案》，在市级层面做实“三集中三到位”，在区（县）、开发区积极推进事项划转。市级层面已有29个市级部门、19个公共服务机构进驻市级大厅。区（县）、开发区层面均已划转事项，累计承接事项2624项。成功举办全省相对集中行政许可权改革业务培训班。

高标准推进简政放权。按照“市级统筹、重心下移、权责对等”原则，坚持精准放权、充分赋能，累计将市场准入、工程建设、民生保障等领域114个事项委托或下放至区（县）、开发区。

持续强化政务服务事项标准化管理水平。不断完善事项库建设，公布《市级部门政务服务事项目录清单（2020年版）》《西安市区（县）、街道（镇）政务服务事项通用参考目录》，其中市级目录事项715项、区（县）目录事项531项、镇街目录事项52项。对全市25个业务系统、镇街380项政务服务事项目录清单、584项政务服务事项实施清单、9344个事项要素进行规范统一。清除办事材料中涉及的“其他材料”“有关材料”等兜底材料和模糊条款95项。在此基础上，全市80%以上区（县）、开发区开始探索推行“跨区通办”。

◆全力保障“十项重点工作” 2020年，西安市行政审批服务局围绕西安市“十项重点工作”，集中力量做好重大项目审批服务，全面助力企业复工复产。

设立重大项目建设审批“绿色通道” 在市、区两级政务大厅全面开设重大项目建设审批“绿色通道”，集中力量做好重大项目审批服务保障。紧盯项目审批关键环节，通过推行审前服务、联合辅导、并联审批、告知承诺等进一步压缩审批时限，提升项目落地速度。2000年，市政务大厅累计为114个市级重点项目办结审批事项609项。

强化帮办代办和协调对接 组织市级相关审批部门，围绕地铁9号线、西安奥体中心等项目召开现场协调会11次，有效解决手续办理难题。发挥市重点建设项目行政审批代办服务中心作用，组建市、区两级230余人专业队伍，为重大项目提供精准帮办代办。年内全市代办机构为538个投资项目提供帮办代办，办结项目339个、审批事项759个。

助力企业复工复产 新冠疫情期间，西安市行政审批服务局在抓实抓细各级大厅疫情防控基础上，以防疫物资企业生产经营、公共卫生应急工程建设为重点，推行“不见面审批”，通过线上办理、预约服务等全力满足企业群众办事需求。疫情防控以来，市、区两级线上、线下累计办件超1000万件。在西安政务服务网上线“三个经济”“支持企业复工复产”模块，开展“送政策送服务送保障”，在各级大厅设置复工复产和“六稳六保”咨询专窗，提供精准服务保障。

◆“互联网+”政务服务 2020年，西安市行政审批服务局以“一网通办”改革为引领，全面推进“互联网+”政务服务深度融合。

完善一体化在线服务平台建设 坚持一周一研判，召开周例会28次，持续用力推进“一网通办”各项工作落地见效。全市“一网通办”总门户运行平稳，功能逐步完善，累计注册量超79万户，市级政务服务事项网上可办率达到91.9%。

推进系统打通和数据共享 与市职转办、市大数据局协同联动，实现31种电子证照数据共享互认，认真梳理并积极推进7个部门17个政务服务信息化系统、13类政务数据以及全量办件数据互联互通。

推广“一窗受理、集成服务”模式 依托综合受理系统和统一审批系统，在市、区两级政务大厅全面实行综窗改革，实现“前台综合受理、后台分类审批、综合窗口出件”。市政务大厅755个事项已纳入综窗受理，90.6%事项实现“一窗受理，集成服务”。

规范网上中介服务 发布《2020年西安市行政审批中介服务事项目录》，加大网上中介服务超市推介力度，入驻中介机构601家，可提供技术审查、检验检测、勘察设计等31类106项中介服务，相关经验在全国推广。

2020年11月27日，西安市行政审批服务局举行“15分钟政务服务圈”现场观摩活动

政务服务“好差评”制度　出台《西安市政务服务“好差评”制度建设实施方案》和《西安市政务服务好差评管理办法（试行）》，“好差评”系统已覆盖市、区、街三级政务大厅，累计产生评价数据超93万条。全市政务服务电子监察系统上线试运行。

◆审批服务便利化　2020年，西安市行政审批服务局全力推进习近平总书记提出的“全生命周期管理”理念落地见效，统筹推进政务服务便利化，完善四级政务服务体系建设推动实体大厅规范化建设，审批服务创新实践取得新突破。

统筹推进政务服务便利化　牵头做好国家营商环境（政务服务指标）第三方评估参评和填报。出台全市《进一步推进政务服务便利化的实施意见》，从5个方面提出20条便利化措施，确保政务服务工作“服出便利、服出实惠”。

“一件事一次办”系统集成改革　按照习近平总书记关于“系统集成、协同高效”要求，出台《“一件事一次办”主题服务指导意见》，在全市统筹推出“我要开餐馆”“出生一件事”等主题服务105个，累计办件3.8万件，平均实现减环节81.6%、减材料30.6%、减跑动75.1%、减时限50%，着力打造西安“最多跑一次”改革升级版。

建立全生命“周期树”模型　为推进习近平总书记提出的“全生命周期管理”理念落地见效，借鉴莲湖区相关经验做法，在市级层面推出法人和工程建设项目全生命“周期树”模型，在西安政务服务网上线并提供服务。

完善四级政务服务体系建设　印发《关于深化“15分钟政务服务圈”建设着力打造“民有所呼、我有所行”服务品牌实施方案》，高标准完成市政务大厅改造，新城、碑林、雁塔等新政务大厅投入使用。全市94个镇街、418个社区、21个驿站达到标准化便民服务站点建设标准，打造“15分钟政务服务圈”示范点154个，70%公民个人事项实现“身边事身边办”。

审批服务创新实践取得新突破　开展全市审批服务改革“十佳”创新案例评选。组织各区（县）、开发区及“改革体验官”参加审批服务改革现场观摩会、“15分钟政务服务圈”观摩等活动，全市行政审批服务系统的创新热情和工作动力持续释放，“交房即交证”“一业一证”“告知承诺制”等改革受到企业群众广泛关注。

（王邓会）

应急管理

◆概况　2020年，西安市应急管理局坚持以习近平新时代中国特色社会主义思想为指导，深入学习贯彻习近平总书记来陕考察重要讲话精神和关于应急管理工作重要指示批示，全面落实市委、市政府决策部署，全力防范化解重大安全风险，扎实推进应急管理体系和能力建设，全面提高防灾减灾救灾能力，全市安全生产和防灾减灾形势整体稳定向好。

◆防范化解重大安全风险　2020年，西安市应急管理局扎实开展安全生产专项整治三年行动，形成“1+2+17”总体框架，建立工作制度8项，确保专项整治高效推进。疫情期间成立12个复工复产督导检查组，为15家重点物资生产企业以及83家规模以上企业开展安全监管服务。开展“百名专家进千企，助力安全监管服务”活动，组织108名专家深入全市11个重点行业领域1052家企业开展上门服务，帮助企业查治风险隐患。协调市政府21个安全生产督导组督导各区县、开发区207次，对6个区（县）10起事故进行督办，对2017年以来12起较大生产安全事故调查处理清理整治“回头看”，扎实做好迎“十四运”应急安全综合保障工作，编制“十四运”突发事件总体预案，开展督查检查，确保全运会用水、用电、用气、消防安全。紧紧围绕排查整治目标任务，组织全市各级各部门、各行业领域，紧盯重点单位场所、关键环节安全风险隐患进行排查治理，全市市级层面成立检查组519个，开展督查检查5[illegible]次，检查单位8600家，督导问题538[illegible]项，累计排查隐患27273项（其中重大隐患[illegible]0项），责令停产整顿企业175家，关闭取缔企业20家，罚款62[illegible]8.[illegible]9万元。2020年全年发生生产安全事故227起，死亡177人，同比分别下降29.3%和8.3%，事故起数和死亡人数“双下降”。

◆推进应急管理体系建设　2020年，西安市应急管理局出台《西安市突发事件应急指挥与处置管理办法》，修订《西安市突发事件应急预案管理办法》，举办全市应急预案管理专题培训，建立[illegible]4名包含自然灾害、安全生产、应急管理等类别的应急专家库。有序开展应急指挥平台二期升级改造，成立西北空中应急救援中心，指导建立森林防灭火半专业队伍、村民业余队伍150余支4500余人，建立防汛抗旱应急抢险和应急救援队伍[illegible]0余支8000余人，落实甘肃、新疆两批次450名森林消防指战员驻西安市备勤，应急力量不断加强。完成“西安市自然灾害救助应急预案演练”“西安市大面积停电事件应急预案演练”“危险化学品罐区泄漏事故应急演练”“2020年度地铁工程建设突发事件应急综合演练”等市级大型应急演练活动，组织协调相关部门有效处置“5·3”观音山山火、“8·7”108国道山体塌方等各类突发事件128余起。统筹防灾减灾救灾。

2020年[illegible]月29日，西安市应急管理局在周至县[illegible]镇红旗村组织“2020年西安市自然灾害救助应急演练”。

◆提升防灾减灾救灾能力　2020年，西安市应急管理局按照《西安市办好第十四届全运会加强城市规划建设管理加快国家中心城市建设步伐项目工作方案》要求，编制完成《西安市综合防灾规划》。认真做好全市风险点危险源普查摸底，加强双重预防机制建设，组织编制《西安市城市安全风险点危险源管控手册》，[illegible]200余家市级管控企业风险源1000多个，按照企业分布区域和风险等级，制定“市级管控企业风险点分布图”。制定《西安市提高自然灾害防治能力三年行动实施方案（2020—2022年）》，将主要任务细化为灾害风险调查和重点隐患排查、防汛抗旱水利提升工程等8类69项。对全市历年128个全国和省级综合减灾示范社区进行复审，对14个示范社区进行抽查，推荐1个行政区24个社区参加国家和省级综合减灾示范社区创建评比工作。开展线上减灾知识普及活动，做客连线“疫情防控•西安在行动”“应你所急”、应急广播等栏目开展应急科普100余场次，举办“提升基层防灾减灾能力”专题培训班，大力提升基层干部减灾能力。建立全市4级灾害信息员队伍体系，夯实各级应急救灾工作责任，建立三级救灾物资储备体系，满足3万人紧急转移安置救助需求，储备生活类救灾物资20个品种19万余件，确保受灾人员12小时内得到基本生活救助。

◆夯实应急管理保障基础 2020年，西安市应急管理局与应急管理部培训中心共同签署教育培训合作框架协议，依托西安科技大学安全监管监察学院挂牌成立西安市应急管理学院。分局级、处级两个层次在清华大学和西安科技大学组织全市应急能力提升专题培训班，开办“全市应急管理干部业务提升大讲堂”，累计培训人员3000余人次。精准聚焦应急管理体系和能力现代化建设人才需求，公开招录紧缺专业人才2名，积极协调调任和军转干部19人。坚持“宁可备而无用、不可用而无备”原则，补充采购救灾单帐篷350顶、毛巾被5000条、防寒服1万件。大力开展“安全生产月暨安全生产万里行”、安全生产“五进”宣传活动，在西安广播电视电台、西安日报开设宣传专栏，2020年被中国应急管理报社评为“应急管理新闻宣传暨学报用报先进单位”。清理失效政府规章和行政规范性文件3项，编印《安全生产执法手册》，开展行政执法“三项制度”示范创建和3个月集中执法行动。推进“互联网+监管”“互联网+执法”工作，加大“放管服”改革优化营商环境力度，深化减证便民措施，明确证明事项取消、提升行政服务效能。

2020年10月12日，西安市应急委员会办公室联合西安市委组织部、清华大学公共管理学院在北京举办西安市应急管理体系和能力现代化建设专题研修班。（张　拓　王　骁）

人力资源

◆教师招聘与管理 2020年，西安市人力资源和社会保障局聚焦教育强市建设，紧紧抓住教师招聘这个关键，在全国率先启动招聘工作、率先组织笔试面试、率先开展进校园活动，全年共组织教师专场招聘活动11场次，招聘教师7833人，比上年增长202.37%。降低招聘门槛、放宽招聘条件，为周至县补充教师276人，为打赢脱贫攻坚战提供有力支撑。西安市人社局被省政府表彰为“全省义务教育基本均衡发展先进单位”，被市委、市政府表彰为“西安市教育强市建设先进单位”。

通过校园招聘、公开招聘、人才招聘、公费师范招聘、定向招聘、自主招聘等多种渠道开展事业单位公开招聘工作。开展“先面试、后笔试”试点工作，全市19个试点学校共招聘105人。开展市级“名校”自主招聘高层次和急需紧缺人才工作，全市4所“名校”合计招聘6名工作人员。下放教师面试权限。从面试组织实施、测评方式、考官选定、考务安排、考生管理、成绩计算、纪律监督、经费保障等8个方面制定具体要求，面试下放工作总体平稳有序。为进一步提升招聘效率，将资格审核、面试、体检考察等环节授权主管部门和区（县）组织实施。校园招聘采取“面试签约”快捷服务，聘用手续实行“即来即办”。大幅提高中小学教师工资收入，建立健全义务教育教师工资收入随当地公务员工资收入动态调整长效机制，提前实现“义务教育教师平均工资水平不低于当地公务员平均工资水平”。实施单列班主任津贴政策，统一公办中小学幼儿园班主任津贴标准，设立三类六档津贴标准，鼓励引导广大教师积极承担班主任工作。督促义务教育学校搞活“二次分配”，健全业绩与绩效挂钩的分配激励机制，树立多劳多得、优绩优酬的鲜明导向。印发《进一步深化中小学、幼儿园人事制度改革的通知》，支持学校自主设岗、动态调岗，促进职称评审和岗位聘用有效衔接。提高教师中高级岗位比例，在全省标准的基础上，增加10%以内的动态调整比例，大幅优化了岗位结构比例。

◆人才队伍建设 2020年，西安市始终坚持把人才资源作为第一资源，按照“扩量、提质、激活”的思路，统筹推进各类人才引进、培养、激励等工作。截至2020年年底，全市有各类人才344万人，其中专业技术人才达到107万人，“6+5+6+1”现代产业人才突破72万人。

创新驱动加快引才聚才 聚焦“高、精、尖、缺”人才及西安市重大项目、重点单位和相关主导产业人才需求，依托人才中心“春、秋两季赴外引才”“高端人才西安行”“留学回国人才招聘节”三大招才引智活动品牌，高频出击、内邀外联，助力西安企事业单位引才聚才、复工复产。全年先后组织举办各类云招聘活动及现场招聘活动72场，提供各类岗位4万余个，收到各类人才投递简历10万余份，新聘请校园引才特使31名，设立招才引智工作站4个。举办高端人才西安行活动及博士人才精准对接交流会，赋能西安重点单位高端人才储备；在第四届中国西安留学回国人才招聘节活动中，通过开展不同主题活动，吸引海归人才。围绕西安市重点企业、重点项目发展，举办吸引集聚硕博人才政策宣讲会，并通过制定相关政策、建立专业服务岗等系列措施，进一步吸引集聚博士和重点紧缺硕士人才。

高技能人才培养体制机制不断完善 “5515”评选工作有序展开，评选西安市高技能人才培训基地5个、技能大师工作室5个、首席技师10人。创建5所市级高水平技工院校，建成5个市级技工院校重点专业，建成5个高水平专业产教融合实训基地。高技能人才技能大赛成效显著。西安市人社局联合市总工会等单位，举办全市“强本领 促发展”技能人才竞赛，评选出西安市技术标兵105名、技术能手105名、优秀组织单位30家、优秀组织个人38名。有序开展技能人才等级评价工作，首批发放4235人技能等级证书，其中初级工3350人、中级工575人、高级工283人、技师27人，涵盖16个工种。推进职业培训机构放管服工作。2020年12月，西安市人力资源和社会保障局与市民政局联合印发《关于调整市属民办职业培训机构管理权限有关问题的通知》，将原先有西安市人社局审批监管的141所民办培训机构按属地划分管理的原则，交由相应区（县）、开发区管理。推进“简便办”，通过大数据核验、申请人书面承诺等方式，取消14项办事证明材料。

大力发展人力资源产业 截至2020年年底，全市人力资源服务机构已突破2000家，从业人员15000余人，2019年营收规模285亿元。西安市人力资源市场供需两旺，形成政府部门依法监管、市场主体公平竞争、中介机构规范服务的运行格局，呈现出市场主体快速增加、产业规模逐渐扩大的良好态势。

（尉国刚）

信　访

◆概况 2020年，西安市信访工作坚持以习近平总书记来陕考察重要讲话精神为指导，对表全市“十项重点工作”，落实“迎十四运，解百姓难”主线；对照“民有所呼、我有所行”要求，对标市域社会治理现代化，落地信访领域“十项举措”，坚守“平时突出解决问题、重要节点夯实稳定责任”的底线思维，全力维护群众合法权益和社会稳定大局，全市信访形势总体平稳可控，信访工作质效明显提升。被省信联办、省信访局表彰为“2020年信访工作先进单位”。

◆领导干部接访约访下访 2020年，西安市市级领导带头执行中央有关规定，全面落实各级领导干部接访下访工作。1月至12月，全市1800名领导接访下访2765次，包案1349件，化解345件。其中，市级7名领导接访下访9次，区（县）1503名领导接访下访2161次，开发区290名领导接访下访595次。

建立市信访局领导干部网上公示坐班接访制度，制定《局领导接访约访工作方案》，做到提前公示、每日接访、件件督办、重点吸附。同时，带动各区（县）、开发区信访工作机构落实每日局领导坐班接访工作，努力弥补教育疏导等工作短板，竭力降低群众到中央巡视组驻地上访风险，全力将群众吸附在属地化解矛盾、解决问题。2020年，市信访局领导接待251批307人次，甄别重点信访事项114件，全部重新研判、重新梳理、重新交办、重新回复，群众反响极好。

◆化解各类信访问题 2020年，西安市扎实开展信访矛盾化解攻坚战和3年以上信访积案“大起底、大排查、大化解”活动，坚持书面交与网上交、线上办与线下督相结合，落实信访形势定期研判、突出问题领导包抓、重点案件联办联督联查和动态通报进展情况等机制，严把梳理甄别、责任交办、督办审核、总结考评关，努力做到“事心双解、案结事了、息诉息访”。全年共化解各类信访问题1714件。其中，信访矛盾攻坚战化解295件；集中治理重复信访化解信访积案专项工作化解1402件（化解中央信联办交办891件，化解率33.55%；化解省信联办交办511件，化解率32.40%）；化解特殊疑难信访问题17件。

◆加强重复信访治理 2020年，西安市召开全市集中治理化解专项工作案件交办会，印发实施方案，开展集中治理重复信访、化解信访积案专项工作，进一步厘清进京和到省市上访事项及时办理、协调化解、教育疏导、依法处理等工作责任，建立处长牵头、专人负责、精准办理、统筹协调提级研判督办4项机制，交办重复信访事项3231件，逐个认领《交办事项台账》、逐人签订治理化解责任书，以责任落实推动专项工作开展。同时，注重加强初信初访初投信访事项办理，不断压实首接首办责任，提高一次性化解率，全面推行让群众“最多访一次”。截至12月31日，在集中治理重复信访化解信访积案专项工作中，中央信联办交办2656件，化解891件，化解率33.55%；省信联办交办1577件，化解511件，化解率32.40%。

◆市民投诉 2020年，西安市信访局投诉受理处共收到网上投诉信访事项240■■件，办结24002件。其中，国家信访局国家投诉受理办公室网上转送信访投诉事项14306件，陕西省信访局网上投诉受理平台转送信访投诉事项5121件，西安市信访局网上投诉受理平台收到信访投诉事项4288件，国家、省信访局交办网上信访投诉事项287件，均全部办结。

◆全面提升信访基础业务水平 2020年，西安市信访局开展信访业务大讲堂和网上信访工作视频培训会7次，组织业务骨干下基层面对面培训指导10余次。自下而上开展形式多样的比武竞赛活动，区分层级、重点培养，通过岗位练兵、业务轮训、集中培训等方式，为区（县）、开发区、信访量大的部门各培养了1至2名专业工作人员。2020年，全市网上信访“四率一占比”明显提高。网上信访事项信访部门及时受理率为99.84%，责任单位及时受理率为99.■■%；按期答复率为99.95%；信访部门参评满意率为98.75%，责任单位参评满意率为98.77%；群众参评率为93.■8%；网信占比为87.29%；重复信访占比27.86%。

◆信访信息管理 2020年，西安市信访局重视加强信访信息管理，坚持日登记、周汇总、月分析，重要时期落实“零报告”制度，突出及时性、准确性、实效性。先后向中共西安市委信息处上报信访信息131期，编发《西安市信访工作日通报》216期，未发生一起误报、漏报、错报现象。推动各区（县）、开发区依托基层网格化管理，建立信访工作信息员队伍，明确信息排查、矛盾调解等工作职责，实施动态管理，真正打通“最后一公里”。截至2020年年底，已组建信访工作信息员队伍2139人。

◆落实《推行信访事项处理群众满意度评价工作机制的实施意见》 2020年，西安市信访局全力落实《推行信访事项处理群众满意度评价工作机制的实施意见》，定领导、定人员、定指标，抓通报整改、抓业务规范、抓约谈问责，做到群众不参评不放松、评价不全不放松、评价不满意不放松，稳步提升各项考核指标。对照《陕西省信访系统人民满意窗口创建工作规范》要求，在全市开展“人民满意窗口”创建活动，修订完善创建工作规范，坚持每月通报考核驻中心部门业务工作、作风纪律和工作动态，先后5次召开驻厅部门经验交流座谈会，并在大厅增设“便民等访室”，配置雨伞、老花镜等便民物品，从细节入手，内强素质、外树形象。西安市碑林区、莲湖区、未央区、临潼区、鄠邑区、周至县、国际港务区、浐灞生态区被省信访局授牌“人民满意窗口”。

◆重大活动、会议信访保障 2020年，西安市信访工作联席会议召集人按照中共西安市委、市政府的统一部署，亲自主导、指挥调度全国“两会”、党的十九届五中全会等重要会议期间信访工作，召开会议部署安排，要求公安机关依法处理违访违法人员，组织协调全市信访工作。市信访联席会议办公室认真落实公安、法院、信访“三位一体”工作机制，以精干高效为原则，协调联动，不断加强驻京劝返工作。全市信访战线坚持远端防范与值守排查相结合、信息引领与属地联动相结合，圆满完成重要信访保障任务。

◆推进市域社会治理 2020年，西安市信访局把贯彻落实中央、省、市部署要求与开展《信访条例》修订实施15周年宣传活动相结合，组织全市信访系统学习借鉴安吉县新时代“枫桥经验”，持续推广网上信访“临潼模式”、阎良区“枫桥式安宁场所”、鄠邑区“信访超市”经验做法，用微视频展示、用典型案例诠释、用门户网站发声，以点代面，推动“枫桥经验”整体发展。对标对表市域社会治理现代化工作要求，探索推进处级干部联系包抓、信访案件建档立卷、重点事项交办督办、重复事项分析研判、考核业务无缝对接、帮扶救助困难群众、信件办理流程规范、健全完全信访机构、驻京劝返规范管理、打造信访文化特色等信访领域的“十项举措”。赴合肥、徐州考察，立足实际、着眼长远，以真智慧、真方便、真有用为目标，积极探索建设西安“智慧信访”。（市信访局）

中国人民政治协商会议西安市委员会

责任编辑：曹毅强

综 述

◆概况 2020年，中国人民政治协商会议西安市第十四届委员会及其常务委员会，坚持以习近平新时代中国特色社会主义思想为指导，深入贯彻落实中共十九大和十九届二中、三中、四中、五中全会精神，深入学习贯彻习近平总书记来陕考察重要讲话，扎实贯彻落实中央和省委、市委政协工作会议精神，增强“四个意识”、坚定“四个自信”、做到“两个维护”，紧扣全市十项重点工作，坚持发扬民主和增进团结相互贯通、建言资政和凝聚共识双向发力，认真履行职能，投身疫情防控，助力脱贫攻坚，为奋力谱写西安新时代追赶超越新篇章作出政协贡献。

◆党的建设 2020年，政协西安市第十四届委员会毫不动摇坚持党的全面领导，深入贯彻新时代党的建设总要求，以政治建设为统领，夯实团结奋斗的共同思想政治基础，确保正确政治方向。坚持把加强思想政治引领、广泛凝聚共识作为中心环节，在做好政治协商、民主监督、参政议政工作的同时，把学习贯彻中央政协工作会议精神作为政协工作主线，把建言资政、凝聚共识作为政协重要职能，贯穿履职全过程，持续在学懂弄通做实上下功夫。始终坚持党对人民政协工作的全面领导，全面加强全市政协系统党的建设，成立各专门委员会分党组，制定专门委员会分党组工作规则，将229名中共党员委员编入19个临时党支部，明晰政协党组、机关党组和专门委员会分党组的职责，指导区（县）政协成立机关党组，全市政协系统党的建设稳步推进。扎实推动市政协党组、机关党组、各专门委员会分党组主体责任层层落实，制定印发《全面落实党建工作责任制实施方案》《全面从严治党主体责任清单》，先后4次召开党建工作专题会议，细化落实工作责任，完善和落实政协党建工作“两个全覆盖”制度，出台《市政协党组成员联系中共党员委员、中共党员委员联系非中共党员委员工作的意见》，实现党的组织对党员委员的全覆盖、党的工作对政协委员的全覆盖。切实抓好市委巡察市政协机关整改落实，扎实开展赵正永严重违纪违法案“以案促改”工作，把学习教育、调查研究、检视问题、整改落实贯穿始终，着力营造风清气正的政治生态。

◆全面深化改革 2020年，市政协深入贯彻党的十九大和十九届二中、三中、四中、五中全会精神，认真学习习近平总书记关于加强和改进人民政协工作的重要思想，围绕贯彻落实中央和省委、市委政协工作会议精神，扎实推动《中共西安市委关于新时代加强和改进政协工作的实施意见》落地落实。研究制定市政协贯彻落实中央和省委、市委政协工作会议精神的具体安排意见，细化分解66项工作任务，其中，长期任务48项，2020年度要求完成的任务16项，2021年度要求完成的任务2项。9月3日，岳华峰主席主持召开专题会议，听取任务落实进展情况的汇报。聚焦加强专门委员会建设，发挥专门委员会基础性作用、推进委员“全员入会”，制定《西安市政协专门委员会工作通则》；聚焦加强调查研究工作，以市委、市政府、市政协办公厅名义联合下发《关于进一步做好市委市政府各部门与市政协各专门委员会对口协商工作的通知》；聚焦加强协商成果转化落实，由市政协制定、市委办公厅印发《2020年度中共西安市委政治协商工作计划》，把助力全市十项重点工作率先突破作为政协工作着力点，制定《市政协2020年围绕十项重点工作开展协商的安排意见》，实现调研视察、专题协商、民主监督三者都百分百覆盖十项重点工作。按照中央政协工作会议关于“重点解决市、区（县）政协基础工作薄弱、人员力量薄弱的问题”的要求，由市政协分管领导牵头带队，多次与市委办公厅、市委组织部、市委编办进行对接协商，推动落实从机构编制上支持政协机关建设的有关政策规定，就“在区（县）政协设秘书长”“各区（县）政协主席、驻会副主席及驻会常委编制单列，不占区（县）政协机关行政编制”“建立区（县）、开发区、镇街政协委员联络机构，推动政协工作向基层延伸”等问题，达成共识。按照中央政协工作会议关于健全和完善人民政协工作制度、推动人民政协制度更加成熟更加定型的要求，对115项履职制度进行全面梳理修订，有效发挥政协制度整体优势，制定《市政协协商议政质量评价工作办法（试行）》《市政协常委履职报告提交办法》《市政协委员履职档案管理办法》《创建“让党中央放心、让人民群众满意”的模范机关的实施意见》等工作制度，打造政治过硬、服务优质、协调顺畅、作风优良的政协机关。

◆政协其他工作 2020年，政协西安市第十四届委员会认真贯彻落实中央和省委、市委安排部署的各项工作任务，积极配合完成全国政协、陕西省政协以及其他省市政协之间合作交流项目。

参加全国会议 2020年5月20日至27日，市政协党组书记、主席岳华峰赴京参加全国政协十三届三次会议；8月24日至27日，市政协党组书记、主席岳华峰赴京分别参加全国地方政协工作经验交流会和全国政协十三届十三次常委会议；12月7日，市政协党组副书记、副主席吴键和研究室主任任莉娟赴京参加中国人民政协理论研究会第三届理事会第二次会议。

理论研究 2020年6月9日及23日，“西安市政协理论研究基地”分别在市委党校和西安文理学院正式挂牌成立。这是市政协首次与院校共建理论研究基地，是贯彻中央和省委、市委政协工作会议精神、加强政协理论研究的重要举措，也是服务政协履职和全市发展的积极尝试，为建设应用型“智库”提供基础。同时，市政协首次制定印发《2020年度西安市人民政协理论研究计划》《西安市政协理论研究课题管理办法》，首次面向理论研究基地和区县政协征集理论研究课题，确立11项合作研究课题，并形成《2020年度西安市政协理论研究课题成果汇编》。积极向全国政协、省政协理论研讨会报送理论成果，入选省政协理论研讨会大会发言。

新闻宣传　2020年，政协西安市委员会全年在各级主流媒体刊发政协履职宣传稿600余篇，其中，《人民政协报》10篇、《陕西日报》3篇、《各界导报》53篇、《华商报》12篇、《三秦都市报》3篇、《西安日报》和《西安晚报》共234篇。编发《西安政协》12期，用稿470余篇、图片100余幅，共50余万字。全年向全国政协和省政协报送社情民意信息78篇，其中6篇被全国政协采用，6篇被省市有关部门采用。

文史研究　2020年，政协西安市委员会邀请陕西省文物局原局长赵荣和著名历史文化学者李郁主编，编撰出版《西安文化遗产辑录》（第一辑）简明通俗读本。全书共20万余字、100余幅图片。为省政协文史馆征集报送市政协系统文史资料和布展资料，共计文史资料图书1220本、文史资料光盘26张、文史资料电子文档60余份。按照市委要求，为“西安记忆”项目建设收集整理报送市委、市政府重点工程“西安记忆——百年巨变 走向复兴”展览工作项目相关资料，共计文史资料图书48本、1253万字，文史资料光盘1张、时长28分钟，文史资料电子文档20余份。

疫情防控　2020年，面对突如其来的新冠肺炎疫情，政协西安市委员会党组加强领导、夯实责任，迅速成立以主席为组长、副主席为副组长的疫情防控领导小组，下设委员联络组、宣传舆情组、专家咨询组、建言资政组、监督检查组、综合协调组等6个专项小组，先后7次召开会议，对全市政协系统疫情防控进行安排部署。全市政协组织和政协委员积极投身疫情防控阻击战，倡议发起“我为防疫做奉献”活动，先后组织16次调研视察，提交提案7件，报送社情民意信息89篇、委员意见建议120条。450余名政协委员累计捐款679万元、捐献防疫物资4万余件，协调22名医护人员支援医疗薄弱区域，200余名委员以医疗救治、志愿服务、文化宣传等方式投身疫情防控工作，以实际行动服务人民、奉献社会。　　（张虎峰）

中国人民政治协商会议
西安市第十四届委员会

主　　席　岳华峰
副 主 席　吴　键　史晓红（女）
李佐成（九三）　张　宁
张建政　王欢畅（工商联）
李改草（女，无党派）
王国根（农工）
秘 书 长　庞阿平
副秘书长　严　石　任立新
张雪琴（女，民盟）
蔺孝民
办公厅主任　庞阿平（兼）
研究室主任　任莉娟（女）
委员工作委员会主任　夏俊山
提案委员会主任　邢宏锋
经济委员会主任　杨明瑞
农业和农村委员会主任　邓福喜
人口资源环境委员会主任　张　铁
港澳台侨和外事委员会主任
郭艳文（女）
社会法制和民族宗教委员会主任
李健彪（回）
科教卫体委员会主任　纪　刚
文化文史和学习委员会主任
曹永辉（女）

政协会议

◆中国人民政治协商会议西安市第十四届委员会第四次会议　2020年5月15日至17日在陕西宾馆召开，会期3天。应出席委员566人，实到464人。会议审议批准岳华峰主席代表政协西安市第十四届委员会常务委员会所做的工作报告和张建政副主席代表政协西安市十四届委员会常务委员会所做的提案工作情况报告；列席西安市第十六届人民代表大会第五次会议开幕式，听取省委常委、市委书记王浩传达学习习近平总书记来陕考察重要讲话精神，听取并赞同市长李明远所做的政府工作报告，赞同市中级人民法院工作报告、市人民检察院工作报告及其他有关报告；选举史晓红为政协西安市第十四届委员会副主席。会议期间，委员们通过小组讨论、大会发言、提交提案等形式，围绕推动西安市经济高质量发展、加快国家中心城市建设、全面打赢脱贫攻坚战、加强生态文明建设、保障和改善民生等问题展开协商讨论，形成3个方面48项意见建议，围绕《政府工作报告》提出130余条意见建议，市委、市政府有关领导到会与委员们共商西安发展大计。大会编发简报9期，收到大会发言材料56篇，其中，市级各民主党派、工商联28篇，区（县）政协6篇，市政协各专门委员会10篇，委员个人12篇。围绕统筹推进“五位一体”总体布局和协调推进“四个全面”战略布局，紧扣“六稳”“六保”和“五项要求”，聚焦统筹推进疫情防控和经济社会发展、打赢脱贫攻坚战、秦岭北麓生态环境保护等工作全面履行职能，重点就“抓好西安国家中心城市建设，加快西安—咸阳一体化进程，提升对陕西、对西北发展的带动能力”等各项目标任务提出意见、建议。

◆政协西安市第十四届委员会常委会会议　2020年，政协西安市第十四届委员会把助力全市一项重点工作作为履职主攻方向，紧扣“六稳”“六保”和“五项要求”，坚持发扬民主与增进团结相互贯通、建言资政和凝聚共识双向发力，围绕中心、服务大局，充分发挥专门协商机构作用，共召开6次常委会议。

1月9日　政协西安市第十四届委员会常务委员会第二十一次会议召开，会期半天。会议传达学习市委政协工作会议精神，听取市政府关于市政府系统提案办理情况的通报，审议通过市政协十四届委员会常务委员会工作报告（草案）以及报告人；审议通过十四届三次会议以来提案工作情况的报告（草案）以及报告人；审议通过市政协2020年工作要点及市政协十四届四次会议议程（草案）、日程（草案）、决定（草案）等；审议通过关于授权主席会议确定政协西安市第十四届委员会常务委员会第二十一次会议未尽事宜的决定；听取各专门委员会2019年工作总结汇报。会议决定，接受尤晓民辞去政协西安市第十四届委员会委员、常委职务，接受袁建安辞去政协西安市第十四届委员会经济委员会副主任职务。

5月16日，召开政协西安市第十四届委员会常务委员会第二十二次会议，会期半天。会议听取市委组织部副部长安少纯代表中共西安市委关于人事安排情况的说明，市委研究决定史晓红为市政协副主席人选；审议通过《政协西安市第十四届委员会第四次会议选举办法（草案）》；审议通过政协西安市第十四届委员会第四次会议候选人建议名单；审议通过政协西安市第十四届委员会第四次会议总监票人、副总监票人建议名单；审议通过《政协西安市第十四届委员会第四次会议政治决议（草案）》；审议通过《政协西安市第十四届委员会第四次会议关于常务委员会工作报告的决议（草案）》；审议通过《政协西安市第十四届委员会第四次会议关于十四届三次会议以来提案工作情况报告的决议（草案）》；审议通过《政协西安市第十四届委员会第四次会议期间提案审查情况的报告（草案）》。

5月17日，召开政协西安市第十四届委员会常务委员会第二十三次会议，会期半天。会议听取市政协十四届四次会议综合情况汇报；听取委员讨论《政协西安市第十四届委员会第四次会议选举办法（草案）》、酝酿候选人、总监票人、副总监票人建议名单和推举监票人情况的汇报；审议通过《政协西安市第十四届委员会第四次会议选举办法（草案）》；审议通过政协西安市第十四届委员会第四次会议总监票人、副总监票人名单（草案）、监票人名单；审议通过政协西安市第十四届委员会第四次会议总计票人、副总计票人名单；审议通过政协西安市第十四届委员会第四次会议候选人名单；审议通过《政协西安市第十四届委员会第四次会议政治决议（草案）》；审议通过《政协西安市第十四届委员会第四次会议关于常务委员会工作报告的决议（草案）》；审议通过《政协西安市第十四届委员会第四次会议关于十四届三次会议以来提案工作情况报告的决议（草案）》；审议通过《政协西安市第十四届委员会第四次会议期间提案审查情况的报告（草案）》。

6月16日，召开政协西安市第十四届委员会常务委员会第二十四次会议，会期1天。传达学习全国“两会”精神，并就贯彻落实会议精神进行安排部署，会议还协商决定有关人事问题，决定接受白湘霖、张新民辞去政协西安市第十四届委员会委员、常委职务。

7月6日，召开政协西安市第十四届委员会常务委员会第二十五次会议，会期半天。会议专题协商“巩固脱贫攻坚成果，深入实施乡村振兴战略”问题。会议听取副市长负笑冬关于全市脱贫攻坚情况的通报，举办专题学习讲座，审议通过《关于巩固脱贫攻坚成果，深入实施乡村振兴战略的调研报告》。会议审议通过《中国人民政治协商会议西安市委员会全体会议工作规则》《中国人民政治协商会议西安市委员会常务委员会工作规则》和《中国人民政治协商会议西安市委员会提案工作条例》。

10月16日，召开政协西安市第十四届委员会常务委员会第二十六次会议，会期半天。会议专题协商“强化创新驱动，建设先进制造业强市”问题。会议听取副市长和文全关于建设先进制造业强市情况的通报，举办专题学习讲座，会议审议通过《关于强化创新驱动，建设先进制造业强市的调研报告》。会议决定，接受樊华辞去政协西安市十四届委员会委员、常委和提案委员会主任职务，田周民辞去政协西安市十四届委员会委员、常委职务，增补邢宏锋为政协西安市十四届委员会委员和提案委员会主任。

政协履职

◆调研视察 2020年，政协西安市第十四届委员会按照《组织视察十项重点工作项目建设的安排意见》，围绕“三改一通一落地”、学校建设、迎“十四运”、文旅融合发展、全域治水、“一网通办”、先进制造业发展、农村人居环境整治、创新人才队伍建设等重点工作和重点项目，开展50余次专项视察，覆盖全市各区（县）、各开发区以及160个重点建设项目，参与市政协常委和委员达600多人次，向市委报送9份客观翔实的专项视察报告，圆满完成市政协历史上规模最大、范围最广、扎实深入的集中视察。其中，《“三改一通一落地”重点项目建设情况报告》得到市委主要领导批示。经济委员会围绕“加快西安国际航空枢纽建设”开展专题调研；围绕“落实疫情期间惠企政策、扶持中小企业渡过难关”“三改一通一落地”“学校建设”“三个经济重点项目建设”“先进制造业和军民融合重点项目建设”进行5项专题视察。其中，《关于加快培育壮大规上工业企业，推动西安经济高质量发展的调研报告》荣获全省党政领导干部优秀调研成果二等奖；《关于强化创新驱动，建设先进制造业强市的调研报告》荣获全省政协系统优秀调研成果奖。农业和农村委员会围绕“实施乡村振兴战略”这一主题，形成《巩固脱贫攻坚成果，深入实施乡村振兴战略》的调研报告，报市委、市政府做决策参考；围绕推进乡村振兴过程中乡村发展用地的问题，深入高陵、临潼等区（县）及相关部门调研，形成《关于我市乡村发展用地的调研报告》，针对性地提出4条畅通农村产业发展用地的对策建议；围绕全市十项重点工作，靶向聚焦“农村人居环境整治示范村建设”等重点工作，形成《关于推进我市人居环境整治的六点建议》的视察报告。人口资源环境委员会围绕秦岭生态环境保护、城市生活垃圾分类等内容，先后3次开展联动视察；围绕“城市污水厂污泥处理与利用”进行专题调研，形成专题报告，所提意见建议被市政府相关部门认真研究、吸收采纳；围绕“城市公园建设情况”进行专项视察，针对公园发展情况，重点提出优化公园结构类型，大力建设便民“口袋公园”等意见建议，被市住建、城管等部门研究落实。港澳台侨和外事委员会围绕“强化创新驱动、建设制造业强市”，进一步推进西安市国际教育发展等课题开展专题调研，并向市政府报送调研报告；围绕全市学校建设、迎“十四运”“三改一通一落地”重点项目建设情况及数字技术促进文旅产业发展情况等进行专项视察，向市委、市政府报送视察报告，为委员参政议政、建言献策搭建平台，其中《关于组织市政协常委和委员视察我市“三改一通一落地”重点项目建设情况的报告》得到市委主要领导批示。社会法制和民族宗教委员会围绕“加强居民小区管理，提升服务水平”展开专题协商调研活动，形成《关于完善居民小区管理，提升服务水平的调研报告》报送市政府；围绕优化营商环境，组织委员对全市“一网通办”工作落实情况进行调研，形成《关于我市“一网通办”工作落实情况的调研报告》，提出5个方面的问题，7条具体建议报送市委；围绕全市养老工作进行深入调研，形成《关于我市养老服务工作的调研报告》报送市政府。教科卫体委员会围绕“2020年西安市义务教育学校招生入学政策调整情况”开展专题调研，形成《关于我市义务教育学校招生入学政策调整情况的调研报告》，市委主要领导作出批示，市教育局等职能部门采纳有关意见建议，调研报告获全省政协系统优秀调研成果表彰；围绕学校建设重点项目建设情况、创新人才队伍建设情况、养老机构食品安全保障情况集中开展专项视察，形成专项视察报告，报送市委、市政府决策参考。文化文史和学习委员会围绕加强文化建设，组织开展“工业遗产保护利用”“妇女儿童文化活动场所建设”“演艺市场发展”“文化旅游深度融合重点项目建设”“丝路文化高地建设”“公共文化产品和服务供给”等专题调研，组织撰写调研报告报送市委、市政府。

◆协商议政 2020年，政协西安市第十四届委员会始终把协商放在重要位置，聚焦市委、市政府中心工作，按照“党政所思、群众所盼、政协所能”原则，坚持“切口小、求实效、出精品”要求，精选28项重点议题，报经市委批准后，纳入《2020年度中共西安市委政治协商工作计划》印发实施，有力加强市政协协商议政工作。组织召开1次全体会议、2次专题议政性常委会议、9次专门委员会对口协商会议、5次重点提案办理专题协商会议，完善以全体会议为龙头，以常委会议、对口协商会、提案办理协商会为重点的协商议政格局。7月6日，围绕“巩固脱贫攻坚成果，深入实施乡村振兴战略”问题，召开政协西安市第十四届委员会常务委员会第二十五次会议进行专题协商。10月16日，围绕“强化创新驱动，建设先进制造业强市”问题，召开政协西安市第十四届委员会常务委员会第二十六次会议进行专题协商。各专门委员会认真组织开展对口协商活动，经济委员会围绕“关于强化创新驱动，建设先进制造业强市”组织专题协商，邀请西安石油大学曾昭宁教授在常委会议上做《坚定实施工业强市战略，构建现代化产业体系》的专题辅导。农业和农村委员会针对受疫情重创，脱贫攻坚战能否打赢的担忧，将原定的视察议题及时调整为专题协商议题 组织委员深入脱贫攻坚一线调研，从更高层面、更大范围、更深程度去了解全市打赢脱贫攻坚战的信心、决心、

2020年7月30日，市政协常委和部分委员，围绕西安市十项重点工作项目建设等情况开展专项视察

措施、方略，并通过委员影响联系界别群众，更为广泛地凝聚全社会在大疫之年打赢脱贫攻坚战的共识。人口资源环境委员会围绕“城市生活垃圾分类及无害化处理”开展专题协商，先后5次赴社区、垃圾分拣中心、末端处理厂等进行视察，邀请市政协委员、专家学者、群众代表、示范街区代表、一线工作人员代表、市级职能部门等30余人参加协商座谈会，达到通报情况、听取意见、增进共识的目的。港澳台侨和外事委员会围绕发挥港澳委员优势、促进西安市招商引资，首次举办远程协商会议；围绕口岸经济信息化建设，开展网络议政活动，拓展协商形式，收到良好效果。教科卫体委员会围绕“加强疾病防控体系建设，夯实西安市公共卫生安全基础”议题，做足商前准备并形成方案，线上、线下结合，分阶段组织政协委员进行专题学习、开展实地调研，在此基础上召开对口协商座谈会，形成对口协商情况报告，为市委、市政府解决有关问题提供决策依据。社会法制和民族宗教委员会围绕“加强小区管理，提升服务水平”召开专题协商会，先后2次召开由市民政局、市住建局等相关部门参加的座谈会，听取全市社区治理及居民住宅小区物业管理情况介绍，邀请部分长期关注此项工作的委员参与，提出的建议具有较强的针对性，达到协商效果，形成《关于完善居民小区管理，提升服务水平的调研报告》报送市政府，作为协商成果之一的《西安市物业服务收费管理办法》于2021年1月1日起实施，同时推动解决多年来困扰社区工作人员的工资待遇问题。文化文史和学习委员会围绕“进一步促进文旅融合，加快推进全市文化旅游产业发展”组织对口协商，组织委员深入实际调查研究，邀请相关专家及市政府有关部门，与委员进行深入座谈交流，提出对策建议，形成《关于进一步促进文旅融合，加快推进我市文化旅游产业发展的调研报告》。

提案办理协商会。10月22日，市政协创新提案办理协商形式，围绕“在城市社区设立老年餐桌”相关提案的办理召开协商座谈会，市政协党组书记、主席岳华峰出席会议并讲话，这次协商旨在通过老年餐桌这个小切口协商，推动解决居家养老大问题。12月3日，市政协围绕“加强全民健身场地设施建设，发展群众体育”相关提案的办理开展调研视察和专题协商，市政协党组书记、主席岳华峰出席会议并讲话，这次协商旨在通过全民健身这个小切口推动提案办理协商，营造喜迎全运良好氛围，推动西安市“十四五”时期全民健身场地设施进一步补短板、强弱项、提质量。此外，由市政协各分管副主席领衔，各专门委员会分别围绕4个方面14件提案进行重点协商办理，组织协调有关专家、政协委员、群众代表和市级相关部门召开重点提案办理协商会议。

◆**民主监督** 2020年，政协西安市第十四届委员会坚持把民主监督作为政协履行职能的重要内容，聚焦民生领域突出问题开展协商式监督，在保障和改善民生上精准发力、跟踪问效。围绕秦岭北麓植被恢复与保护，省、市、区（县）政协三级联动，连续3年开展专项民主监督，持续用力推进秦岭北麓生态环境系统性保护修复。围绕夏粮生产和设施农业建设、食品安全保障、城市水源建设、妇女儿童文化场所建设、宗教场所去商业化等，组织委员采取随机抽查、明察暗访、座谈交流等方式，扎实开展民主监督。围绕西安市义务教育招生入学政策调整情况，邀请教育专家、中小学校长、家长代表召开座谈会，商讨有关政策，听取各方意见，形成的调研报告受到市委、市政府高度重视，推动民主监督问题有效解决。围绕“西安市学习建设落实情况”，组织所联系的政协专委和部分政协委员，邀请有关专家，会同相关职能部门，开展民主监督视察活动，并形成民主监督视察报告，提出[illegible]意见、建议，得到市委、市政府有关部门重视。围绕“进一步推进友城之间沟通联系合作”“西咸新区战略性新兴产业发展基金”等主题开展专题民主监督活动。为推进《关于针对海归创业群体持续推进“放管服”改革的建议》重点提案督办，组织相关部门和部分委员深入高新区留学人员创办企业视察，召开专题督办座谈会议，助力优化营商环境，提升服务引进海外高层次人才工作，为西安经济社会发展和国际化大都市建设提供智力支撑和人才保障。

◆**提案办理** 2020年，政协西安市第十四届委员会认真落实中央和省委、市委政协工作会议精神，紧扣追赶超越定位和“五个扎实”要求，围绕扎实做好“六稳”工作、落实“六保”任务、推动“一项重点工作”率先突破中的重点问题，统筹疫情防控和复工复产中的重要问题和群众普遍关心的民生问题，积极建言履职建言。一年来，共提交提案783件，经审查立案747件。立案提案中，委员提案586件，各民主党派、工商联提案146件，有关人民团体提案2件，专门委员会提案13件，分别交由93家承办单位办理。在疫情防控方面，围绕疫情防控、防控物资保障、社会稳定、复工复产等提出提案24件，占总数的3.2%。在经济发展方面，围绕加快转变经济发展方式、做实做强做优实体经济、推进高水平对外开放等，提出提案118件，占总数的15.8%。在城市建设方面，围绕加快国家中心城市建设、推进城市治理能力现代化、筹备好“十四运”等，提出提案185件，占总数的24.7%。在生态治理方面，围绕推进绿色发展、建设生态西安等，提出提案132件，占总数的17.7%。在保障和改善民生方面，围绕脱贫攻坚、教育、医疗、就业、养老等，提出提案232件，占总数的31.1%。在文化建设方面，围绕加大文物保护力度、促进文旅融合发展等，提出提案56件，占总数的7.5%。截至年底已全部办复。提案工作坚持创新发展思路，积极探索推动提案工作提质增效的方式方法，首次联合市委办公厅、市政府办公厅印发年度市级领导领衔督办重点提案安排，首次开展提案质量和办理质量“双向评议”，推动提案质量和办理质量双促进、共提高。全年评选优秀提案[illegible]件、先进承办单位18个，首次表彰[illegible]名提案工作先进个人。

◆**概况** 2020年，西安市各级纪检监察机关在陕西省纪委监委和市委坚强领导下，牢记初心使命，忠诚履职尽责，在学思践悟中坚定政治方向，在大战大考中彰显使命担当，在破立并举中净化政治生态，在固强补弱中提升治理效能，有力推动了全市纪检监察工作高质量发展。

◆**中共西安市纪委五次全会** 2020年3月18日，中共西安市纪委五次全会召开。全会传达学习习近平总书记重要讲话和十九届中央纪委四次全会、十三届省纪委四次全会精神，审议通过市委常委、市纪委书记卢力群代表市纪委常委会所做的《完善监督体系、提升治理效能，为西安追赶超越全面建成小康社会提供坚强保障》工作报告，省委常委、市委书记王浩到会并讲话。

◆**强化政治监督** 2020年，中共西安市纪委监委面对疫情形势坚持闻令而动，第一时间建立信访线索快速处置等5项工作机制，紧盯防控措施落实、重点人群稳控、民生保障等连续1个月巡回督导，一线发现问题、当场督促解决，对责任落实不力等问题及时调查并处置通报。围绕统筹疫情防控和经济社会发展跟进监督，推动复工复产、十项重点工作落实落地。成立"十四运"筹办监督领导小组，紧盯建设、运行、资金"三大领域"，筹办、赛时、总结和残特奥"四个阶段"，开展驻点监督、全程监督，督促整改问题774个，立案查处51人，省纪委对西安市做法给予充分肯定。加大对人防系统、历史文化遗产保护领域、统计数字造假、农村乱占耕地建房、冒名顶替上大学等问题的执纪执法力度，确保政令畅通、令行禁止。全市共查处违反政治纪律问题56件，处分52人。

◆**以案促改警示教育** 2020年，中共西安市纪委监委组织拍摄《肃清流毒正风纪》专题片，协助中共西安市委召开警示教育大会，建成2600平方米的警示教育基地。以案促改以来，发现问题线索596件，处分210人，移送检察机关17人。通过以案促改，曾经被带坏的风气初步修复，被误导的价值观念逐渐扭转，风清气正的政治生态正在形成。

2020年6月，市纪委监委召开以案促改工作会议

◆**中共西安市第十三届委员会第八、第九轮巡察** 2020年，中共西安市纪委监委围绕"三个聚焦"，扎实开展中共西安市十三届委员会第八、第九轮巡察，对24个市级部门（单位）和企业党组织开展常规巡察，对12个单位开展十项重点工作推进情况专项巡察，市本级巡察全覆盖达到88.9%。扎实做好巡察"后半篇文章"，探索建立"六步法"整改标准和"四协同"督导机制，督促整改问题1283个，立案36件，处分72人，追缴违规违纪资金2829万元。指导雁塔等5个区（县）对20个村级党组织提级巡察，组织周至、蓝田开展巡察上下联动，全年区（县）延伸巡察2160个村，发现重点问题1990个，移交问题线索358件。

◆**日常监督** 2020年，中共西安市纪委监委扎实开展信访举报宣传年活动，加强对市管干部信访举报综合分析，动态管理、精准处置。严把选人、用人政治关、作风关、廉洁关，市纪委监委机关回复党风廉政意见592人次。充分发挥派驻监督"探头"作用，全市141个派驻纪检监察组共立案643件，处分598人，比上年增长14.8%、4.7%。把思想政治工作贯穿监督执纪全过程，开展"同志式"谈话1.4万人次，运用"四种形态"处理9559人次，其中第一、第二种形态8983

2020年11月，“崇廉尚德·好家风润西安”系列活动总结会

人次，占93.9%。

◆**纠治四风问题** 2020年，中共西安市纪委监委对“庸懒散慢虚粗”问题精准画像，深入治理表态调门高行动落实差、不担当不作为等问题，配合推进“景观亮化工程”过度化等“政绩工程”“面子工程”问题整治，全市共查处形式主义官僚主义问题675件，处分739人，通报曝光97起。强化对餐饮浪费行为的监督检查，全市共查处违反中央八项规定精神问题888件，处分1029人。

◆**专项整治漠视群众利益问题** 2020年，中共西安市纪委监委围绕“入学难”，加强对基础教育提升三年行动计划落实情况的监督检查，督促各级各单位加大投入保障力度，超额完成第一年目标任务；严明招生入学纪律，组织领导干部签订招生入学不说情、不打招呼承诺书，人民群众对教育的满意度显著提升。围绕“出行难”，对全市道路拥堵状况开展调研，对道路围挡整治情况进行监督，推动职能部门主动作为，最大限度还路于民、保障道路畅通。对市机动车停放服务中心原主任杨某等90人立案调查，涉案金额2554万元，有效维护停车收费秩序。强化扫黑除恶专项斗争监督执纪问责，严肃查处葛七宝、张仲谋等全国扫黑办挂牌督办案件，全市共立案查处涉黑涉恶腐败和“保护伞”问题204件，处分185人，移送检察机关34人。

◆**惩治腐败** 2020年，中共西安市纪委监委严肃查处多起领导干部严重违纪违法案件。全市纪检监察机关受理信访举报17849件，处置问题线索6474件，立案2995件，处分2548人，移送检察机关118人。在高压震慑和政策感召下，全市共有35人主动投案。坚持受贿、行贿一起查，建立行贿人员“黑名单”，将76名企业老板纳入行贿企业人员数据库。扎实开展追逃追赃和政策劝返，追回在逃人员6人。积极配合中央纪委国家监委、省纪委监委，严肃查处西安音乐学院钢琴系党支部原书记梁某等19起案件。

◆**宗风廉政教育** 2020年，中共西安市纪委监委扎实开展纪律教育学习宣传月活动，深化任前考廉制度，编发警示教育资料，引导党员干部知敬畏、存戒惧、守底线。大力开展廉政文化精品创作，指导创编的话剧《路遥》完成首演、《家风》被纳入“陕西省2020年三秦之”巡演剧目。在全市开展“崇廉尚德·好家风润西安”系列活动，产生了良好反响，该做法被省纪委在全省推广。

◆**纪检监察体制改革** 2020年，中共西安市纪委监委带头规范请示汇报工作，制定请示报告报备事项清单，全年向省纪委监委和市委请示报告91次。在长安区、周至县开展试点，探索纪委加强对同级党委及其班子成员监督的有效方式。配齐配强纪检监察机构主要负责人，对市纪委监委派驻纪检监察机构及其负责人履职情况进行全覆盖考核，赋予市纪委派出开发区纪工委、市管企业和市属院校纪委监察职能和监察权限，实现监察监督全覆盖。

◆**基层纪检监察机构“三化”建设** 2020年，中共西安市纪委监委以设施标准化为基础，推进区（县）纪委监委优化机构设置，完成检举举报平台搭建，所有镇街实现电子政务外网全接通、谈话场所全覆盖。以工作规范化为根本，对镇街纪检监察机构办案程序等进行明确，组织开展“三查五看”活动，提高基层办案质量。以队伍专业化为支撑，脱产培训区县、镇街干部1445名，推行派驻机构“人财物”统一管理、镇街纪（工）委单独考核。通过“三化”建设，解决一批长期困扰基层的“老大难”问题，基础保障能力不断增强，工作质效不断提升，西安市做法在全省介绍推广。

◆**纪委监委自身建设** 2020年，中共西安市纪委监委深化全员培训，全年培训干部2158人次。加强纪检监察信息化建设，推动市、区（县）两级纪委监委组建信息中心，建立“监务通”移动办公平台。加强基层党支部规范化建设，扎实做好老干部工作，落实年休假、定期体检、走访慰问等制度，营造团结和谐干事氛围。邀请特约监察员参加重大活动、列席重要会议，自觉接受监督。对近3年查处的纪检监察干部问题线索进行“回头看”，制定打听、干预监督检查审查调查工作和请托违规办事报告报备制度“八条措施”，全市共处置纪检监察干部问题线索89件，立案3件，处分2人，组织处理15人次，严防“灯下黑”。（王小红）

中国共产党西安市第十三届纪律检查委员会

书　记　卢大群
副书记　王　勇　李红雨（女）
　　　　陈　武
常　委　房青平　孙宝锋　王　雷
　　　　杨　帆

西安市监察委员会

主　任　卢大群
副主任　王　勇　李红雨（女）
　　　　陈　武
委　员　房青平　孙宝锋　王　雷
　　　　杨　帆　王清宇

中国国民党革命委员会西安市委员会

◆**概况**　2020年，中国国民党革命委员会西安市委员会有社会和法制工作委员会、教科文卫工作委员会、祖国统一工作委员会、妇女工作委员会和经济建设与社会发展工作委员会5个专门工作委员会，8个区级工作委员会，2个总支，7个直属支部，共110个支部。至年底，党员总数2003人，平均年龄53.2岁，其中大专及以上学历者1777人，占党员总数的88.7%；具有中高级专业技术职称的541人，占党员总数的27%。党员中有191人次分别担任全国、省、市、区的人大代表或政协委员。其中担任市人大常委会副主任1人，担任区（县）级人大常委会副主任3人，担任区（县）级政协副主席5人。2020年发展新党员86人，平均年龄38.3岁。

◆**参政议政**　2020年，中国国民党革命委员会西安市委员会紧紧围绕中共西安市委、市政府中心工作，按照上下联动、横向联合的方法，与民革陕西省委会、西安市政协和外地民革组织开展联合调研；积极发挥教科文卫工作委员会等五个专委会的作用，围绕军民融合发展等5项重点课题开展9次专项调研活动。向中共西安市委统战部报送调研报告16篇，其中《打造地铁文化推动西安旅游文化产业发展的调研报告》和《关于推动西安文创产业发展的建议》，分别获得中共西安市委统战部2020年重点课题优秀调研成果一等奖、二等奖。民革西安市委会积极参加西安市人民政府召开的关于制定《西安市秦岭生态环境保护规划》的政党协商会，并提出切实可行的意见和建议。尹洁提交的《守正创新，筑牢高校思想政治教育“生命线”》、石航提交的《以国际港务区为抓手，全力推进陕西自贸区法律服务体系建设》和张萌提交的《大力推进社区+居家智慧养老模式的建议》3篇材料被选为陕西省政协月度协商会议交流材料。民革西安市委会在各级“两会”上共提交提案、议案318件。在西安市政协十四届四次会议上，提交大会发言材料3篇、提案107件，其中集体提案18件。集体提案《关于推进老旧小区改造工作的建议》和王效梅的提案《关于优化提升营商环境的建议》分别被列为市委书记、市长督办提案，张明华撰写的《关于提升城市精细化管理水平，缓解市区停车难的建议》、刘朋撰写的《关于构建和谐劳动关系，助力优化营商环境的建议》、朱红斌撰写的《关于培育壮大本土制造业企业，将西安建设成为先进制造业强市的建议》分别被列为副市长督办提案。《关于全力推进我市农产品品牌的建议》等3件集体提案获市政协优秀提案，卢兢等5名同志的提案获得个人优秀提案。全年共征集反映社情民意信息38条，被民革省委会采用5条，市政协采用20条。尤其是疫情期间，《关于完善应急体系建设的建议》等15条建议被市政协采纳，移交政府有关部门，为科学防控、精准施策提供智力支持。民革西安市委会被民革陕西省委会评为2020年参政议政工作先进集体和社情民意信息工作先进集体，尹洁等3名同志被评为参政议政先进个人，王选被评为社情民意信息先进个人。

2020年5月30日，中国国民党革命委员会西安市委员会召开七届七次全体会议

◆**民主监督**　2020年，中国国民党革命委员会西安市委员会认真履行民主监督职能，对口鄠邑区扎实开展脱贫攻坚民主监督工作。市委会制定《鄠邑区脱贫攻坚民主监督工作方案》，多次研究部署，广泛深入动员，先后有56人次深入到区、到镇、到村组，入户走访群众，并与区上有关方面座谈交流，形成《脱贫攻坚与乡村振兴深度融合》的报告，提出意见、建议，为脱贫攻坚发挥积极作用。

◆**组织建设**　2020年是中国国民党革命委员会组织建设年，民革西安市委会按照民革中央和省委会工作部署，制定《民革西安市委员会2020年组织建设年工作方案》和《民革西安市委会工委（总支）、直属支部班子调整实施方案》，调整2个区级班子，新组建蓝田、航天基地等8个支部。5月30日，中国国民党革命委员会西安市委员会召开第七届七次全体委员会议，王选当选为第七届委员会主任委员。12月30日至31日，召开第七届八次全体委员会议。市委会在西安市社会主义学院、西安交通大学等地举办3期培训班，组织274名党员参加各级各类培训班。全市开展示范支部和党员之家创建工作以来，36个示范支部和26个党员之家获得表彰。民革西安市委会根据《各民主党派中央关于加强内部监督工作座谈会纪要》等文件精神，成立民革西安市委员会监督委员会，制定《民革西安市委员会内部监督工作条例》，进一步规范程序，加强监督，为加强自身建设提供有力的制度保障。

◆**思想宣传** 2020年，中国国民党革命委员会西安市委员会始终把思想政治建设工作摆在首位，深入学习习近平新时代中国特色社会主义思想，学习中共十九大和十九届二中、三中、四中、五中全会精神，学习习近平总书记来陕考察重要讲话和全国“两会”精神；组织领导班子成员和党员赴延安、交大西迁博物馆等爱国主义教育基地，开展弘扬“延安精神”“西迁精神”等教育活动；赴民革前辈故居及民革党史教育基地，持续开展“观故居，走多党合作之路”活动，传承民革优良传统，深化主题教育成果。通过开展多种形式的学习教育活动，进一步提高政治站位，坚定自觉接受中国共产党领导的政治共识，切实把增强“四个意识”、坚定“四个自信”、做到“两个维护”落实到行动上。扎实推进宣传工作，以西安民革网站、《西安民革》刊物为基础，积极加强与《团结报》社、团结网、西安发布、西安统一战线等主流媒体的联系，全年刊发各类稿件、信息490余篇（条），其中疫情防控信息230余条。《夯实组织建设基础，开创长远发展新局》《凝心聚力求实效 开拓创新结硕果——民革西安市委员会加强组织建设显成效》及《党员订阅有激情，联系单位有影响》等文章在《团结报》上刊登。制作《不忘合作初心、继续携手前进——西安民革》专题宣传片，全面展示西安民革近年来在自身建设、参政议政、民主监督、社会服务、祖国统一工作等方面所取得的成绩。民革西安市委会获得《团结报》2020年全国（地市）征订工作先进集体一等奖。积极培养、调动广大党员学习参政党理论，参与理论研究的意识和热情，不断深化理论研究，提高政策水平，向中共西安市委统战部报送理论文章6篇，李建波撰写的《新时代视线下新型政党制度的发展和完善路径研究》获得市委统战部二等奖，吴红斌、仲爱青、常倩同志撰写的《[illegible]问答社区生态及统战工作切入点浅析》获三等奖。

◆**对台联谊** 2020年，中国国民党革命委员会西安市委员会选派干部参加民革中央祖统工作网络培训班和市台办对台干部综合素质能力提升研修班，学习中共中央对台工作方针政策，提升祖统干部工作能力。继续秉持“两岸一家亲”的理念，祖统委承办中秋节“三胞”亲属座谈会、联谊会，共叙两岸同胞亲情友谊。

◆**社会服务** 2020年，中国国民党革命委员会西安市委员会充分发挥人才智力和社会资源优势，组织和发动全体党员在疫情防控、扶贫帮困、法律援助等社会公益方面积极工作，无私奉献，赢得社会各界的广泛赞誉。

新冠疫情防控 新冠肺炎疫情发生后，民革西安市委会高度重视，第一时间组织机关人员和广大党员认真学习习近平总书记关于疫情防控的重要讲话、重要指示精神，及时传达落实中共西安市委、市政府和有关疫情防控的会议、文件要求，印发《民革西安市委会关于做好新冠肺炎疫情防控工作的通知》，统筹协调和指导各级组织开展抗疫工作。全市各级组织和广大党员积极投身抗疫一线，发挥行业优势，为疫情防控贡献力量。据不完全统计，市委会各级组织和党员通过各种渠道捐款捐物合计169.3万元。西安中山书画院的李艳秋、王文业、孙波、段焱培4名书画家的作品入选“同呼吸、共命运——民革中央画院抗疫主题作品网络展”。西安生物医药技术专修学院的学生发挥专业特长，坚守抗疫岗位，展示白衣天使的责任与担当。由于在抗击新冠疫情工作中作出突出贡献，市委会被民革中央授予“民革抗击新冠肺炎疫情先进集体”荣誉称号，未央区工委陈媛同志荣获“陕西省三八红旗手”称号，雁塔区工委刘洁同志荣获“西安青年五四奖章”。

扶贫帮困 民革西安市委会全市各级组织和党员响应国家号召，积极开展“消费扶贫月”活动，消费金额达5万余元；坚持慰问看望历届老领导、老党员和困难党员，送去民革组织的温暖。与此同时，碑林区工委开展“名师引领、筑梦乡村”送教下乡活动；莲湖区工委开展“听民声访民意”大走访活动；临潼区工委聂莨同志和机关支部张伟同志一直坚守在扶贫一线，展示民革的良好形象。长安区工委参加“末梢治理、为民服务”社区公益活动；高新区总支调研周至县猕猴桃产业，开展“扶贫进乡村”活动；曲江新区总支、经社委开展“爱心助学”活动；高陵区支部连续多年[illegible]；阎良区支部开展“[illegible]人”等活动，慰问辖区[illegible]老人和困难居民；妇委会积极开展关爱留守儿童活动；西安中山书画院到[illegible]开展“文化下乡送春联”活动。

法律援助 民革西安市委会社法委[illegible]社会提供法律咨询援助，并联合灞桥区工委开展“法制课堂入校园”活动。疫情期间，社法委大力开展疫情防控公益法律服务活动，面向社会和我市广大民革党员开展疫情防控公益法律服务活动。碑林区工委陶锦翔同志被中共陕西省委宣传部评为“陕西省第六届诚实守信道德模范”荣誉称号；莲湖区工委[illegible]同志被中共陕西省委文明办推选为“最美志愿者”；航天基地支部李海超被中共西安市委宣传部授予“西安好人”荣誉称号，并登2020年第五期“西安好人”榜。

（王　京）

中国国民党革命委员会
西安市第七届委员会

主　委　王　进
副主委　王冬梅（女）　惠占学
　　　　尹　洁（女）　刘　朋
秘书长　赵　辉（女）

中国民主同盟西安市委员会

◆**组织** 2020年，中国民主同盟西安市委员会（简称民盟西安市委会）发展盟员[illegible]人。全市共有盟员3155人。本科以上学历盟员占82%，具有中高级职称盟员占[illegible]，中青年盟员占80%，具有民盟界别特色的教育、科技、文化界别盟员占70%。盟员中担任民盟中央委员1人，省人大代表[illegible]人，省政协委员3人。市人大常委[illegible]人，市人大代表4人。市政协常委4人，委员[illegible]人。副区（县）长2人，区（县）政协副主席[illegible]人。

2020年，民盟西安市委员会被授予“中国民主同盟抗击新冠肺炎疫情先进集体”，被民盟陕西省委授予“思想宣传”“参政议政”“社会服务”“理论研究”先进单位。

◆**参政议政** 2020年，中国民主同盟西安市委员会开展参政议政能力提升工程，围绕中心履职尽责，助力西安奋力谱写新时代追赶超越新篇章。积极参加中共西安市委、市政府召开的协商会、座谈会、通报会。参加全市党风廉政建设和反腐败工作情况通报会，主要领导代表盟市委发言。参与市人大《西安市秦岭生态环境保护条例》《西安市生活垃圾分类管理条例》等地方法规的制定，参加市人大常委会对西安市“三改一通一落地”等工作视察活动。积极参加市政府同市级民主党派政党协商会，围绕《秦岭生态环境保护规划》进行民主协商，参加市政协召开的“加强疾病防控体系建设，夯实我市公共卫生安全基础”的对口协商座谈会。同市自然资源和规划局就西安市国土空间总体规划编制进行座谈。在市政协十四届四次会议做《深入实施“名校+”工程推动西安教育优质均衡发展》大会发言，提交《关于改善我市农村劳动力断代 确保乡村振兴战略实施的建议》《关于加快西安“博物馆之城”建设的建议》等5篇书面发言，提交集体提案25件，委员个人提案48件。其中《关于深入推进我市垃圾分类工作的建议》《关于改善我市乡村旅游产品同质化 提升乡村旅游服务质量的建议》等3件集体提案被列为市政协“五位一体”督办提案，并被评为市政协十四届四次会议优秀提案。《关于加强秦岭生态文明建设的几点建议》《关于把西安打造成“一带一路”国家创新创业中心的建议》等3件集体提案被评为市政协十四届三次会议优秀提案。《关于提升我市教师队伍专业化水平的建议》等4件个人提案被评为市政协十四届四次会议优秀个人提案。参加市政协“巩固脱贫攻坚成果 深入实施乡村振兴战略”“进一步促进文旅融合 加快推进我市文化旅游产业发展”“提升产品质量 促进先进制造业发展”等重点提案督办活动。全年完成各类调研报告50余篇。各基层组织高质量完成一批调研成果，其中文理学院委员会《关于加强文化遗产数字和科技创新应用的调研报告》，高新工委《关于推进硬科技与实体经济发展深度融合》，新城工委《创新民主党派基层组织工作的探索与思考》，雁塔工委《智慧城市建设调研报告》，灞桥工委《关于完善医养结合政策 大力发展养老服务产业》，莲湖工委《关于实施创新驱动战略促进科技型小微企业发展的建议》，未央工委《定位国家战略 立足国际视野保护和利用汉长安城遗址》，长安工委《西安市“名师+共同体”工程运行现状研究》，鄠邑工委《统筹城乡区域公共卫生服务资源配置促进公共卫生服务均衡发展调研报告》，阎良工委《新时期社区管理工作的调研与思考》，蓝田总支《关于我县义务教育均衡发展情况的调研报告》，经开支部《关于打造提升“15分钟便民服务圈”的建议》等一大批调研成果转化成提案建议，成效显著。成立农业农村专委会和法治专委会。各专委会分别承担重点调研课题。教育专委会一组围绕教育信息化建设开展调研；教育专委会二组围绕西安文旅产业发展开展调研；科技专委会围绕科技成果转化开展调研；妇女儿童专委会就民办幼儿园现状开展调研；生态环境专委会围绕绿色发展、城市生态建设开展调研；文化专委会围绕文化旅游产业融合发展开展调研；经济专委会围绕先进制造业强市开展调研；青年专委会聚焦老旧小区改造开展调研；参政议政专委会就社区治理体系建设开展调研；医卫专委会围绕西安市基本公共卫生服务体系建设开展调研。高质量完成《西安市数字经济与实体经济融合发展调研报告》《疫情防控常态化下西安中小企业健康发展》《大力发展会展经济扩大对外交往》《科教人才资源与成果转化》《优化营商环境推进重大项目实施》《发挥互联网和信息化技术推进实施乡村振兴战略》《加强基本公共卫生服务》《加快提升公办中小学办学质量》《坚持绿色发展建设“生态西安”》《先进制造业强市》等15项重点调研课题。到汉长安城遗址就文物保护利用、文化和旅游深度融合发展开展调研；邀请智库专家围绕发展数字经济、疫情防控常态下中小企业健康发展进行座谈、调研，形成高质量调研报告。在中共西安市委统战部2020年度重点课题评比中，民盟西安市委获重点调研组织奖。《统一战线服务民营经济发展研究》《我市数字经济与实体经济融合发展调研报告》《西安绿色发展城市生态建设调研报告》3篇调研成果获一等奖，《关于加快提升公办中小学办学质量的调研》《关于进一步加强我市基本公共卫生服务的建议》《优化营商环境 推进重点项目建设》《西安市“名师+共同体”工程运行现状研究》《西安市水资源可持续利用调研报告》《疫情防控常态化下西安中小企业健康发展对策建议》6篇调研成果获二等奖，《夯实先进制造业强市基础 推进我市产业高质量发展》《汇聚会展经济新动能 做大做强西安“门户经济”》2篇调研成果获优秀奖。盟员唐惠、王毅撰写的《浅析应急物资筹集存在的问题与立法完善》《校园应急管理体系法治建设的探析——以“新冠肺炎”下的校园为例》分别荣获2020民盟中央法治论坛二等奖、三等奖。盟市委领导带队先后到陕西健驰生物药业有限公司、陕西南剑自动化门业有限公司、西安新概念幼教集团、陕西德祥企业管理咨询有限公司等十余家盟员企业走访调研，关注盟员成长，助力企业发展。举办信息员培训班，提升社情民意信息工作水平。全年共向盟中央、盟省委上报社情民意信息200余篇，向中共西安市委统战部报送意见建议4篇。其中李佳南、陈曦撰写的《毕业生们，来社区工作吧！》《积极稳妥做好高校2019年未毕业学生换取毕业证学位证工作》被人民政协报采用。唐惠、牛宝茹等撰写的《尽快完善〈破产法〉预重整机制 帮扶困境企业复产重生》《红碱淖国家级自然保护区应加强规划治理》等16篇被盟省委采用。按照中共西安市委安排，积极到临潼区开展脱贫攻坚民主监督，组成监督小组，前往临潼区开展脱贫攻坚专项民主监督，入户走访全覆盖，形成脱贫攻坚民主监督报告，促进有关问题及时解决。

◆组织建设 2020年，中国民主同盟西安市委员会认真贯彻落实《中共中央关于加强中国特色社会主义参政党建设的意见》等3个重要文件精神，努力建设政治坚定、组织坚实、履职有力、作风优良、制度健全的中国特色社会主义参政党组织。制定《民盟西安市委关于加强组织建设的实施方案》，通过加强分类指导、建立健全工作制度机制、发挥“示范支部”作用。制定《民盟西安市委关于加强基层代表人士队伍建设的意见》，通过工委班子、专委会调整等，使一批素质高、年富力强、群众基础好、有代表性的盟员进入领导班子。增补文静等15位在抗疫工作中表现突出的盟员为各基层组织班子成员。规范建设“盟员之家”，制定《“盟员之家”管理办法》和《“盟员之家”规范建设实施方案》。开展双百人才培训。全年组织、推荐盟员骨干、基层负责人和新盟员参加各类培训200余人次，参加市委统战部组织的党外代表人士“云培训”班，举办新盟员及宣传工作骨干盟员培训班和“不忘合作初心、继续携手前进”井冈山专题培训班，联合西安社院举办的骨干盟员及新盟员培训班。建立内部监督机制，成立民盟西安市委监督委员会。出台《民盟西安市监督委员会工作条例》和《监督委员会会议规则》等制度开展“讲政治、敢担当、改作风”专题教育活动。参观西安市警示教育基地，大力弘扬延安精神、西迁精神。进一步提高忠诚、干净、担当的政治品质。

◆思想建设 2020年，中国民主同盟西安市委员会深入开展政治素质提升工程，团结带领全市各级盟组织和广大盟员筑牢共同思想政治基础。全年共召开理论中心组学习会议30余次，主委办公会专题学习23次，主委会专题学习7次，常委会专题学习5次。带领全市各级盟组织和广大盟员深入学习贯彻习近平新时代中国特色社会主义思想，深入学习中共十九大和十九届二中、三中、四中、五中全会精神、习近平总书记来陕考察重要讲话精神和《习近平谈治国理政》（第三卷）、习近平总书记关于新型政党制度的论述和对民主党派提出的“四新”“三好”要求，贯彻落实《中共中央关于加强中国特色社会主义参政党建设的意见》等3个文件精神，深入学习民盟十二大精神，贯彻全国、省市两会精神、省市委全会精神。进一步巩固“不忘合作初心，继续携手前进”主题教育活动成果。领导班子和基层组织班子成员赴交大西迁博物馆参观学习，回顾西迁历程，感悟“西迁精神”；举办“弘扬延安精神 净化政治生态”专题培训班；举办“不忘合作初心，继续携手前进”井冈山专题培训班；举办思想宣传骨干培训班；持续开展走基层、访盟员、听意见活动。碑林、莲湖、高新工委先后组织工委班子及盟员代表前往重庆学习；文理学院委员会组织盟员赴洛川会议纪念馆参观学习；灞桥工委组织盟员前往爱国主义教育示范基地——习仲勋陵园参观学习；蓝田总支组织盟员代表赴西柏坡开展活动。加强统战理论研究，高质量完成关于《新时期归国留学人员统战工作现状和对策研究》《统一战线在防范和化解重大风险中的作用研究》《发挥西安历史文化特色，做好港澳台海外统战工作研究》等5篇理论研究成果。《网络统战工作研究》《民主党派成员思想状况调研分析与思考》分别荣获2019年度全市统战理论研究一、二等奖。加强思想宣传工作，充分发挥“一刊一站一号”平台作用。全年出版《西安盟讯》4期，“西安民盟”公众号推送123期270篇，民盟西安市委网站刊发各类稿件200余篇。中央统战部网站、人民政协网、团结报刊发4篇，陕西电视台报道2次，民盟中央网站刊发35篇，西安网刊发4篇，西安统一战线公众号刊发23篇、陕西民盟公众号刊发30余篇、陕西政协公众号刊发2篇、《各界导报》质量专刊公众号刊发40余篇。参加“脱贫攻坚 奋斗有我”陕西统一战线随手拍短视频活动，拍摄的短视频《助力脱贫攻坚 西安民盟在行动》获“最佳网络人气奖”。

◆社会服务 2020年，中国民主同盟西安市委员会充分发挥人才智力和社会资源优势，组织和发动全体盟员在疫情防控、扶贫帮困等社会公益方面积极工作，无私奉献，赢得社会各界的广泛赞誉。

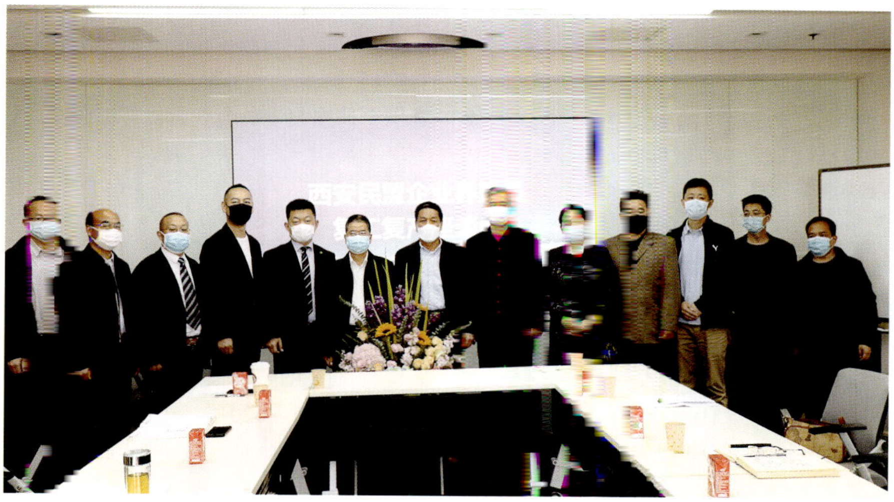

召开民盟企业家联谊会复工复产座谈会

抗击新冠肺炎疫情 坚决贯彻“坚定信心、同舟共济、科学防治、精准施策”的要求，按照中共西安市委各项决策部署，围绕疫情防控和促进经济社会发展履职尽责。成立民盟西安市委会疫情防控领导小组。先后发出《关于协力打赢新型冠状病毒感染肺炎疫情防控战的倡议书》《致广大医卫界盟员的一封信》《关于开展“盟员携手凝智聚力献爱心”活动的通知》《关于开展“盟员携手 共抗疫情 翰墨献爱心”主题书画创作活动的通知》等通知，动员全市广大盟员围绕打赢疫情防控阻击战献计出力。全市广大盟员奋战在防控疫情一线，[illegible]0余位医卫界盟员全部放弃休假，坚守岗位，盟市委开展“百人下沉社区”活动，机关全体干部职工第一时间下沉社区，基层组织近百位盟员下沉社区，全面参与一线防控值守；文化艺术界盟员创作抗“疫”文艺作品30余篇、书画作品80余幅，为抗疫加油鼓劲；企业界盟员以实际行动助力疫情防控和经济发展双胜利。各基层组织和广大盟员捐款捐物价值共计390余万元。出版《民盟西安市委会抗击疫情图文集》。围绕抗击疫情积极建言献策，累计向盟中央、盟省委、市委统战部和市政协提交《关于改进各地新冠病毒防控防疫临时检查点登记方式的几点建议》《建议各省会城市抓紧规划预留建设大规模传染病疫情隔离区用地》等社情民意信息46篇。其中提交给市疫情防控指挥部的《关于规划预留我市大规模传染病疫情隔离区建设用地的建议》，受到有关部门高度重视。盟员何煜、张凯华被授予“中国民主同盟抗击新冠肺炎疫情先进个人”。

助推脱贫攻坚 积极组织各基层组织开展脱贫攻坚活动。新社会阶层支部在长安区王莽街道韦兆南村开展“连心拉手”帮扶贫困活动，为韦兆南村贫困户和老党员送上价值1.5万元慰问品；高新工委和[illegible]多年扶贫帮困事迹被全国政协报道；莲湖工委向临潼区新寺养老院捐赠10万余元；未央工委在临潼区穆寨街道三庙村开展消费扶贫活动；灞桥工委到纺织公园开展助力创文迎“十四运”活动，给环卫工人送去慰问品；长安工委盟员向东大庆镇小学捐赠价值[illegible]万余元“六一”节日礼物；阎良工委组织盟员到善果养老院开展慰问活动；企业家联谊会携手陕西省[illegible]协会走进渭南市儿童福利院开展“金秋十月暖心行”活动。各基层组织开展[illegible]扶贫和其他公益活动共40余次，[illegible]捐赠款物折合人民币30余万元。[illegible]展消费扶贫。组织周至工委、企业家联谊会帮助周至农户销售猕猴桃[illegible]000余斤，价值4万余元。共开展各类消费扶贫活动[illegible]0余次，消费扶贫金额累计达[illegible]元。春节前夕，书画家联谊会及各区（县）工委积极开展义写春联活动，为群众义写春联3000余幅。盟市委赴[illegible]县富仁镇第一幼儿园开展“农村教育促进行动”，未央工委向幼儿园捐赠价值[illegible]00元学习用品。高新工委赴山阳县城区第三小学开展“农村教育促进行动”。（王耿平）

中国民主同盟西安市委员会

主　委　[illegible]

副主委　[illegible]　王晓如（女）

　　　　[illegible]（女）　李　煦（女）

　　　　[illegible]

中国民主建国会西安市委员会

◆概况 2020年，中国民主建国会西安市委员会有基层组织146个、区级工作委员会[illegible]个、专门委员会7个，会员

2710人，平均年龄54.2岁，经济界会员1582人，新的社会阶层会员489人，具有中高级职称者1216人。当年新发展会员118人，平均年龄38.1岁，大学以上文化程度102人，具有中高级职称者30人。调整改选基层组织15个，中国民主建国会高新区总支升格为中国民主建国会高新区工作委员会。现有省人大代表3人、省政协委员7人（其中常委1人）；市人大代表11人（其中常委1人）、市政协委员34人（其中常委5人）；各区人大代表19人、区政协委员135人，担任区人大常委会副主任1人，担任区政协副主席2人，担任政府及其组成部门、司法机关县处级以上职务34人。2020年，中国民主建国会西安市委员会被中国民主建国会中央委员会授予“全国先进集体”称号，被中国民主建国会陕西省委员会评为2020年组织建设工作先进单位一等奖、2020年新闻宣传工作先进单位、2020年全省参政议政工作先进单位一等奖和2020年社会服务工作先进单位一等奖。在2019年度全市年度目标考核中，中民主建国会西安市委员会获得“争先进位奖”。

◆参政议政 2020年，中国民主建国会西安市委员会坚持围绕中心，服务大局，认真履行参政党职能。参加中国人民政治协商会议西安市十四届委员会第四次会议，提交大会发言2篇，界别联组发言5篇，集体提案19件，民建界别政协委员个人提案51件。涉及促进民营经济发展、创新秦岭保护机制、智慧旅游建设等主题。以《大力支持供应链金融发展缓解西安中小企业融资难题》为题做大会发言。对地方性法规提出修改意见累计30余条。围绕十项重点工作开展、民营企业如何快速渡过难关、疫情物资储备和运输提出意见建议，上报《关于发挥社区卫生服务中心防疫战线作用的建议》等社情民意40余篇，其中《关于解决〈保障农民工工资支付条例〉的建议》《对中美经贸摩擦的一点认识》《关于香港近期乱象的几点思考》被民建中央采用。深入开展调查研究，召开参政议政工作会议2次，研究确定“推进我市社会治理能力现代化建设”“西安乡村旅游高质量发展”等重点调研课题6个，先后赴云南、广西、海南、安康和阎良等地，就构建国家中心城市、西安市供应链金融发展、自贸区建设、生态环境保护、文化产业开发、自贸区建设以及民营养老机构运行情况、公共卫生系统建设和乡村旅游高质量发展等开展调查研究。完成《打通经济运行四大环节 实现国际国内经济双循环》《关于西安港特色化发展的研究》等调研报告16篇。在中共西安市委统战部参政议政成果评选活动中，中国民主建国会西安市委员会报送的调研报告5篇获得一等奖、4篇获二等奖、3篇获三等奖，中国民主建国会西安市委员会获得优秀组织奖。

◆民主监督 2020年6—7月，中国民主建国会西安市委员会赴长安区就脱贫攻坚产业发展开展民主监督9—10月针对国家城市建设开展监督调研活动，根据调研结果提出改进意见、建议，受到相关部门的好评。

◆组织建设 2020年，中国民主建国会西安市委员会认真贯彻落实《中共中央关于加强中国特色社会主义参政党建设的意见》等3个文件精神，按照新时代参政党建设的任务和要求，不断加强组织建设。全年发展118名新会员，其中，大学本科以上96人，占83.5%；具有中高级职称的24人，平均年龄38.1岁，会员总人数达2710人。调整支部15个，新成立支部2个，基层组织结构得到进一步优化。中国民主建国会西安市委员会被中国民主建国会中央委员会授予“全国先进集体”称号，闫光辉、樊明2名会员被中国民主建国会中央委员会授予“全国优秀会员”称号，新城区工委等12个区工委和基层组织被中国民主建国会陕西省委员会授予“先进集体”称号，白秋分等35名会员中国民主建国会陕西省委员会授予“优秀会员”称号。积极同各地方党委联系，主动走访中共临潼区委统战部、中共阎良区委统战部、西咸新区、西安高新开发区党委统战部，沟通协调基层组织建工作。加强作风建设，成立中国民主建国会西安市委员会加强作风建设领导小组，制定《民建西安市委员会全面加强作风建设实施方案》，在民建全省作风建设工作推进会上分享交流加强作风建设经验。加强领导班子建设，召开以领导班子自身建设为主题的民主生活会，领导班子成员从政治建设、思想建设、组织建设、制度建设以及作风建设等方面对照检查，开展批评与自我批评。做好后备干部队伍建设和培养工作，先后组织100余名会员在河南省社会主义学院和西安社会主义学院开展培训，选派近50名基层组织负责人和骨干会员参加各类专题培训班。开展作风建设专项监督工作，全年组织安排监委会委员参加民主生活会1次，列席全委会议1次，常委会议3次，主委会议4次。加强机关建设，提升机关服务质量。加强机关建设，组织机关干部参加省委会、市委统战部以及市委会举办的各类学习培训活动10余次，中国民主建国会西安市委员会获得2019年度全市目标责任考核“争先进位奖”。

◆思想建设 2020年，中国民主建国会西安市委员会深入推进思想建设。认真学习习近平新时代中国特色社会主义思想、中共十九大、十九届四中全会、十九届五中全会精神和习近平总书记来陕重要讲话，教育和引导广大民建会员树牢“四个意识”，坚定“四个自信”，坚决做到“两个维护”。制定并下发《关于学习贯彻习近平总书记来陕重要讲话重要指示精神的通知》《关于学习贯彻中共十九届五中全会精神的通知》，召开主委会、常委会以及中心组学习会共计10余次进行传达学习和安排部署。领导班子成员参加中共西安市委统战部组织的谈心会和理论研修班并撰写《关于延安精神的几点思考》《坚定政治信念 加强自身建设》等学习心得体会文章。举办纪念中国民主建国会西安市委员会成立70周年活动，召开纪

中国民主建国会西安委员会成立70周年纪念大会

念西安民建成立70周年大会，对35个先进集体、150名优秀会员以及60名先进专项工作者进行表彰；召开纪念西安民建成立70周年暨纪念李象九先生座谈会；举办网络书画摄影展，展出作品61幅；出版纪念专刊1册；拍摄制作纪念专题片1部；采访史料征集对象18人。开展“我是民建会员”主题征文活动，收到主题征文21篇，其中《不忘合作初心 增强履职水平》《70与7记录我心中的民建》2篇征文被中国民主建国会中央委员会评为优秀作品。在中国民主建国会陕西省委员会举办的主题征文活动中，中国民主建国会西安市委员会被评为优秀组织奖，4篇征文获优秀作品奖。深入开展理论研究，下发《关于做好2020年理论研究工作的通知》，向中共西安市委统战部上报理论课题8篇，中标1篇。在市委统战部组织的理论研究评比中，取得1篇一等奖、1篇二等奖、1篇三等奖。坚持做好宣传工作，编辑《西安民讯》4期，70周年纪念专刊1期。在民建中央网站、省委会网站、《各界导报》、《西安日报》及中国民主建国会西安市委员会网站等媒体发布会务活动报道514篇次，在“脱贫攻坚，奋斗有我”短视频拍摄创意大赛活动中，2篇作品获中共中央统战部三等奖，1篇作品获陕西省委统战部二等奖。

◆**社会服务**　2020年，中国民主建国会西安市委员会积极做好疫情防控、脱贫攻坚等社会服务工作。在疫情防控工作中，共计捐款118.3万元，会员和会员企业以减免租户房租、提供保障生活物资及捐赠抗疫物品等形式，为抗击疫情贡献335.2万元，会员权智泰、李志山被中国民主建国会中央委员会授予“抗击新冠肺炎疫情先进个人”称号。参与民建中央定点扶贫点河北丰宁满族自治县的帮扶工作，为丰宁县160多所学校建设数字图书馆价值960万元，为河北丰宁县募集近4万元的定向爱心捐款。走访会员企业10余次，组织“会员企业项目推介展演活动”、企业家迎新春联谊会等活动。在雁塔区、鄠邑区、长安区、三原县、高陵区、丹凤县、灞桥区开展送健康进社区、健康知识讲座、扶贫帮困、帮助特殊儿童、留守儿童等活动近30次，捐助现金、学习文体用具、生活用品等12万元。在杨庄科学发展服务基地开展春节慰问村上21户贫困户，开展“文化、科技、卫生”三下乡及葡萄采摘等活动。加强对外联络，组织会员赴云南、广西、海南等地，就生态环境保护、文化产业开发以及自贸区建设等主题进行专题调研交流考察。接待云南省、湖南益阳、河北丰宁、酒泉、都江堰等地方民建组织来西安调研交流。

（丁　鑫）

中国民主建国会西安市委员会

主任委员　姜长智
副主任委员　白秋分（女，回）
王　季　张阿利

中国民主促进会西安市委员会

◆**概况**　2020年，中国民主促进会西安市委员会有区工委9个、直属工委1个、总支2个、基层支部111个、专门委员会6个。会员总数2112人，平均年龄57岁，年内新发展会员20人，平均年龄35.8岁。会员中教育界1505人，科技、文艺界180人，其他界别427人；有大专及以上学历者1800人，占会员总数的85.2%；具有中高级职称者1515人，占会员总数的71.7%。会员中担任省人大代表2人，市、区（县）人大代表35人，其中区（县）人大常委会副主任1人；省政协常委1人，省政协委员1人，市、区（县）政协委员138人，其中区（县）政协副主席6人。在政府各部门担任处级以上职务者[illegible]3人。王宝海等17名同志被民进陕西省委会授予突出贡献会员荣誉，万世涛等[illegible]1名同志被民进陕西省委会授予优秀会员荣誉。高杨杰被授予“民进全国履职能力建设先进个人”“全省义务教育基本均衡发展先进工作者”“西安市2020年基础教育突出贡献校长”荣誉。王小令、梁文辉被授予“全省义务教育基本均衡发展先进个人”“西安市教育强市建设先进个人”荣誉。贺三宁、倪侃、张丽萍荣获“西安市劳动模范”称号，雷晓静同志被评为全市优秀班主任。章学锋荣获第30届中国新闻奖、入选市委宣传部首批“西安市百名优秀青年文艺人才”。康雁同志被授予“西安好人”荣誉称号。马超等3名同志获优秀预备役军官荣誉奖章。

◆**参政议政**　2020年，中国民主促进会西安市委员会以“履职能力建设”主题年工作为中心，深入一线调查研究，积极主动参政议政，扎实开展民主监督，在服务大局中贡献新作为、展现新面貌，荣获“民进全国履职能力建设先进集体”称号。

民进西安市委会坚持将“两会”作为建言发声重要平台，向市政协十四届四次会议提交集体提案14件、大会发言3篇，其中《关于提高我市青少年体质健康水平的建议》被列为主席重点督办提案。民进界别委员提出的“完善教育体系，推进家庭和学校教育相结合”“推进老旧小区改造，让老旧小区不光‘好看’更要‘好住’”“呼吁施工围挡‘瘦身’”“依托重大考古发现，打造西安特色文旅融合”等建议受到各大媒体关注。《关于进一步加快我省现代职业教育发展的建议》等2个提案获民进陕西省委员会表彰。围绕“十四五”规划、提案督办等主题，在党外人士座谈会、提案督办会上提出建议。继续加强反映社情民意信息工作，全年有9条社情民意信息被中国民主促进会陕西省委员会采用，1条被陕西省政协采用。

中国民主促进会西安市委员会紧紧围绕省市党委与西安新时代追赶超越新篇章和“五项要求”“五个扎实”，紧扣全年十项重点工作，抓实加强文化建设、建设教育强市等重点工作，筛选重点课题20项。按照任务不减，目标不变的要求，坚持贯彻“追赶超越”精神，积极开展课题调研：5月分别赴新城区、灞桥区走访开展“以‘十四运’为契机，民进走进文旅单位创建活动”和“发挥文物资源优势促进文化旅游产业整合发展”专题调研；6月就“秦岭生态环境保护规划（纲要）”和“关于稳步推进城市垃圾分类工作”2个课题，走访专家学者，在市城管局支持下赴未央区幸福里社区、西咸新区垃圾焚烧处理厂开展专题调研。[illegible]月，中国民主促进会西安市碑林区工作委员会组织会员中的人大代表、政协委员深入社区，开展“迎十四运创文宣传”和“听民声解民忧大走访”活动。在深入调研的基础上认真总结，形成多份调研报告，其中6篇调研报告受到中共西安市委统战部表彰。同时积极协助云南、上海等兄弟城市民进组织开展专题调研，就彼此关心的课题共同研讨。各工委、总支部、直属支部按照工作计划，聚焦基础教育、职业教育、城市管理、乡村环境治理等领域，积极调研，在区（县）“两会”上提交意见建议百余件，助推参政议政工作走向深入，进一步提升民进的影响力。

◆**民主监督**　2020年6月中旬，中国民主促进会西安市委员会按照中共西安市委统战部第三轮专项民主监督工作安排，组织工作组赴灞桥区席王、洪庆、狄寨3个街道、4个[illegible]村28户贫困户，通过座谈交流、查阅资料、听取汇报，与帮扶干部当面交流等方式，坚持问题导向，群策群力，助力全市脱贫攻坚工作。10月，中国民主促进会西安市委员会就“基础教育提升三年行动计划”落实情况开展专项民主监督，走进中小学幼儿园，与一线教职工广泛交流，听取意见、建议，提出具体举措，把脉教育强市建设。

◆**组织建设** 2020年，中国民主促进会西安市委员会认真贯彻落实中共中央关于加强中国特色社会主义参政党建设的有关文件精神，聚人心，谋长远，强素质，抓服务，自身建设稳步推进。市委会机关不断加强作风建设，认真落实双周学习制度，坚持开展读书年活动，全年集体学习15次，学习型机关氛围更加浓厚。修订干部考核、联系基层等制度，完善办事程序，提升服务效能。严格落实中央八项规定精神，组织机关全体干部参观西安市警示教育基地，切实增强法治思维、纪律意识，树立良好形象，荣获“民进全省机关建设工作先进单位”称号。

全年举办2期新会员入会仪式，通过签订《入会承诺书》、颁发《入会通知书》的方式增强新会员的政党意识。在西安市社会主义学院举办1期骨干会员及新成员培训班，让年轻会员深入了解党史、会史、新中国史和中国特色社会主义民主政治制度，尽快在政治上成熟起来。充分发挥新媒体作用，解读参政党有关知识，帮助全市会员加深对中国特色社会主义参政党的历史、使命、职能的认识。完成中国民主促进会西安市高新区总支部成立、雁塔区工委和文理学院总支部班子调整的筹备工作，建成未央、碑林、莲湖、长安4所“会员之家”；修订完善涉及组织活动、经费管理等工作制度，完善办事程序，理顺工作关系，提升服务会员的效率。中国民主促进会西安市委员会和莲湖区工作委员会等10个基层组织被评为民进全省先进集体。

为进一步提高全会凝聚力，中国民主促进会西安市委员会开展内容丰富的组织活动。春节前，集中开展迎新春慰问活动，班子成员分别登门看望市委会老同志，向他们送去节日问候，各工委、总支、直属支部统一行动，看望慰问老会员和生活困难会员200多名。教师节，组织教师会员代表召开庆祝第36个教师节座谈会，畅谈从教心路历程，共话西安教育发展大计，谋划建言重点，各工委、支部通过集中座谈交流、个别拜访等多种形式慰问百余名优秀教师会员。重阳节组织40多名老会员参观考察西安奥林匹克体育中心，实地感受西安发展变化，为“十四运”喝彩加油。组织会员开展“传承红色基因，守护生态秦岭”活动。举办庆祝民进成立75周年系列活动，成立西安民进“开明书院”“开明大讲堂”，召开庆祝民进成立75周年大会，民进中央和民进陕西省委会对相关活动给予高度肯定。中国民主促进会西安市企业界联谊会组织部分理事们参观考察农夫山泉太白工厂。中国民主促进会西安市长安区工作委员会组织会员参加“爱长安·看公园·迎全运”健步走活动。中国民主促进会西安市临潼区工作委员会组织会员参观国家授时中心。

◆**思想建设** 2020年，中国民主促进会西安市委员会深入学习领会习近平新时代中国特色社会主义思想，全面学习中共十九大和十九届二中、三中、四中、五中全会精神，认真落实习近平总书记来陕考察重要讲话和指示批示精神，严格贯彻民进中央十二大和十四届三中全会精神，深化“不忘合作初心，继续携手前进”主题教育活动，保持高度政治自觉，全方位推进思想建设工作，引领全市会员不断增强“四个意识”，坚定“四个自信”，做到“两个维护”，进一步筑牢多党合作政治基础。

主委班子始终把学懂、弄通、做实习近平新时代中国特色社会主义思想作为首要政治任务，全面学习贯彻民进中央会议文件精神。自觉用习近平总书记来陕考察重要讲话精神指引思想建设重点，查找问题差距、校准前进方向、鼓舞精神斗志，在全市广大会员中形成学讲话、知奋进的浓厚氛围。班子成员认真学习《关于新时代组织发展工作座谈会纪要》《关于建立健全领导班子民主生活会制度座谈会纪要》《关于加强内部监督工作座谈会纪要》等3个文件精神，不断提升领导班子的政治站位和政治把握能力。审议通过领导班子民主生活制度及方案，筹备召开民主生活会。审议通过《监督委员会工作条例》，积极筹备成立监督委员会。主要领导向全体委员宣讲中共十九届四中全会精神。在主委会、常委会上认真学习习近平总书记在全国抗击新冠肺炎疫情表彰大会上的讲话、习近平总书记在科学家座谈会上的讲话、民进中央主席蔡达峰在民进十四届十次中常会上讲话等精神。中共十九届五中全会后，中国民主促进会西安市委员会认真组织开展各类学习活动，在全市会员中掀起学习热潮，班子成员参加中共西安市委统战部的专题培训，全市民进组织通过网络和座谈交流等方式深入学习，主要领导向会员做专题辅导报告。

中国民主促进会西安市委员会组织会员和机关干部到西安交通大学西迁博物馆、中国西部创新港开展习近平总书记来陕考察讲话精神暨交大西迁精神学习活动。在延安大学泽东干部学院举办“学习延安精神 坚守合作初心 提升履职能力”培训班。中国民主促进会西安市灞桥区工作委员会组织会员参加区委统战部“西迁精神”理想信念主题教育活动；中国民主促进会西安市企业界联谊会举办“学习习近平总书记重要讲话精神，做新时代文化自信的民进人”专题讲座；中国民主促进会西安市八十五中学支部开展“学习‘两山理论’，践行绿色发展”主题教育活动。不断增强思想宣传工作政治学习、思想引领、会员教育功能，发挥新媒体优势，微信公众号增设权威发布、“疫情防控·西安民进在行动”“同心同行”“全面小康·统战心声”等专栏，增加信息发布频次，全年发布信息210多篇，关注人数和浏览次数迈上新高。会刊《西安民进》编印3期，在民进中央期刊、网站刊载信息36篇。不断深化“不忘合作初心，继续携手前进”主题教育活动，将红色教育与会史教育紧密结合，将“四史”学习与会史学习有机统一，中国民主促进会西安市委员会荣获“民进全国会史工作先进集体”。杨宗科主委赴联系点临潼区开展主题宣讲活动。中国民主促进会西安市莲湖区工作委员会开展“缅怀革命先烈，牢记使命担当”主题活动。中国民主促进会西安市灞桥区工作委员会组织会员参加“不忘初心，携手奋进”理想信念教育专题培训班。

◆**社会服务** 2020年，中国民主促进会充分利用会员优势，积极做好疫情防控，大力开展各项社会服务活动，受到社会各界群众的称赞。

抗击新冠疫情 民进西安市委员会面对突如其来的新型冠状病毒性肺炎疫情，第一时间向全市会员发出《抗击新型冠状病毒肺炎疫情的倡议书》，号召全体会员投入疫情防控工作。工作在学校、医疗卫生、街道社区等行政事业单位的数百名会员，在西安市疫情防控战打响的那一刻起，就参与到市、区、县的疫情防控工作中。教育战线的会员，严格落实国家教育部下达的“停课不停学”要求，在街办和社区工作的会员，和中共党员一道，不分昼夜，走在前列，干在实处。文化艺术界会员，通过创作文艺作品，网上书画义卖等形式助力疫情防控。机关干部积极响应市委号召，主动下沉，参与社区疫情防控工作。会员们慷慨解囊，累计捐款超过40万元，捐助各类物资价值超过30万元。向中共西安市委统战部、西安市政协报送相关社情民意信息和意见、建议10余条。廉娟雯同志荣获“民进全国抗击新冠肺炎疫情先进个人”，在抗疫过程中表现突出的71名同志受到中国民主促进会西安市委员会表彰，程琳等多名同志受到区（县）表彰。

扶贫帮困 2020年春节前，西安市企业界联谊会开展向困难群众送温暖活动，为部分贫困群众送去过节物资。书画界会员走进乡村和社区，积极参与“春联万家”活动。12名书法家在西

安市长安区杨庄街道井塬村，现场为群众书写对联2660副，送“福”字近2000副。中国民主促进会西安市莲湖区工作委员会、中国民主促进会西安市雁塔区工作委员会、中国民主促进会西安市灞桥区工作委员会、中国民主促进会西安市碑林区工作委员会为辖区居民、企业开展春联义写活动。“六一”前夕，中国民主促进会西安市委员会邀请来自蓝田县山区九间房中心学校的30名贫困学生到西安，举行“乐游西安看发展 立志读书做栋梁”主题活动，向孩子们赠送学习生活用品，带领孩子们参观红色教育基地德育馆，游览西安古城墙，极大激发孩子们热爱祖国、努力学习、奉献社会的热情。会员贺三宁向高陵药惠中学捐赠图书700册、电脑10台。会员高杨杰先后组织三批教师赴大凉山区支教。会员、西安市首批“名师+研修共同体”主持人李可赴周至骆峪参加陕西省教育厅三级三类骨干教师定点帮扶骆峪九年制学校大教研活动。中国民主促进会西安市鄠邑区工作委员会组织骨干教师会员在区农展馆举办“助力中高考”的公益活动。（任海峰）

中国民主促进会西安市委员会

主 任 委 员 杨宗科
副主任委员 孙润璋 陈 宏（女） 任佳琳（女） 梁 倩（女）
秘 书 长 张冰甫

中国农工民主党西安市委员会

◆概况 2020年，中国农工民主党西安市委员会有区级工作委员会5个、基层组织64个、专门工作委员会9个。党员总数1589人，其中新党员79人，医药卫生等主界别占67%，科技、教育、文化界占17%，中高级以上职称占86.60%。担任各级人大代表、政协委员共142人，其中，中国人民政治协商会议西安市委员会副主席1人，区（县）政协副主席4人，区（县）人大常委会副主任1人。

◆参政议政 2020年，中国农工民主党西安市委员会积极履行参政党职能，各级人大代表、政协委员提交提案、议案和建议案100余件。在西安市政协十四届四次会议上，向市政协十四届四次全会提交大会发言8篇，界别联组发言2篇，集体提案18件，委员个人提案44件。其中李建平副主委代表市委会所做的《关于加强我市疾病预防控制体系建设的建议》大会发言得到好评。《关于做好我市新能源汽车产业的建议》等4件集体提案被列为市级领导领衔督办重点提案，《加快城市15分钟养老圈的建议》被列为市政协岳华峰主席牵头的协商办理提案。《关于推进城市居民最低生活保障制度的建议》等3件集体提案和董补怀委员个人提案被评为优秀提案，明涛委员个人提案获省政协优秀提案奖。各区级组织和各级人大代表、政协委员提交议案、建议案、提案200余件，数十件被评为优秀提案。完成有关智慧医疗、绿色发展、推进文旅产业融合发展等调研报告[illegible]篇，报送社情民意信息16篇。其中，《关于加强新冠防治工作的建议》农工党中央以《信息专报》形式报全国政协，《关于做好民宿旅游的建议》被省政协采用。

◆民主监督 2020年，中国农工民主党西安市委员会根据中共西安市委要求和统战部安排，及时制定《脱贫攻坚民主监督工作实施方案》。先后组织骨干党员近[illegible]0人次7次深入蓝田县8个乡镇33个省定贫困村，对未脱贫的236户377人，采取“听、看、查、问、访”的方式开展监督调研，入户实地走访蓝田三官庙、三里镇的部分贫困户。对发现的问题认真剖析原因，有针对性地提出意见和建议，通过民主监督合力攻坚。在“脱贫攻坚·奋斗有我”短视频创新创意大赛中，市委会被省委会评为优秀组织奖。

◆组织建设 2020年，中国农工民主党西安市委员会全年发展新党员73名，其中，硕士及以上新党员6人，博士和留学归国人员4人。截至11月底，全市共有党员1655名，其中医药卫生界占63%，人口资源、生态环境领域占3.8%，相关的科技、教育领域占13%，党员结构逐步优化，发展层次进一步提升。举办参政议政骨干、基层组织负责人、骨干党员和新党员培训班，班子成员带头讲党课、讲党史。近200名骨干党员和新党员分别参加农工党中央、省委会和各级统战部门的培训。进一步完善代表人士队伍数据库，紧扣选拔培养、推荐使用等关键环节，向农工党中央专委会积极举荐，多渠道推荐5名骨干党员和机关干部挂职锻炼，1人被聘为市政府参事。代表人士队伍建设持续加强，履职能力不断提高。

设立灞桥区、临潼区工委，新成立市红会医院基层委员会和鄠邑区总支，组建、调整17个基层组织，积极筹建高新区工委和部分区域组织，组织结构进一步优化。持续创先评优，深化星级支部创建。通过召开基层工作会议、参加全省组织工作现场观摩会、统战部主要领导走访党委，承办农工党副省级城市工委会，进一步推动组织建设和“党员之家”建设，基层组织的活力和凝聚力不断增强。

10月份，在农工党中央的关心和市委统战部的大力支持下，积极承办农工党全国副省级城市二届七次联席会议，学习落实3个文件精神，交流组织建设工作经验。全国人大常委会常委、农工党中央副主席[illegible]、龚建明以及副省级城市组织的三十多位代表出席会议，通过全国会议交流平台，极大地推动组织建设工程。同时，开展推动文旅产业融合发展研讨，[illegible]宣传推介西安。

◆思想建设 2020年，中国农工党西安市委员会以纪念农工党成立90周年为契机，不断创新思想政治教育和宣传形式，通过开展征文、观影、编印专刊、举办纪念大会、宣传党员抗疫事迹、组织党员参观革命教育基地、参与思想建设问卷调研等形式，不断深化“不忘合作初心，继续携手前进”主题教育活动成果。在农工党中央和省委会纪念农工党成立90周年表彰活动中，农工党西安市委员会荣获“全国优秀地市级组织”称号，灞桥区和红会总支以及5名党员获农工党中央表彰，12篇论文被评为农工党中央理论研究优秀论文，4件书画和1件摄影作品荣获“美在中国”书画摄影大奖。[illegible]个基层组织、74名党员荣获省委会表彰，50名党员荣获全省“党史知识竞赛一等奖”，农工党西安市委员会荣获理论、征文、党史竞赛优秀组织奖。

◆社会服务 2020年，中国农工民主党西安市委员会发挥专委会、工委和基层组织自身优势，多形式开展社会服务活动。新城区、雁塔区、未央区、碑林区工委以及灞桥区、高陵区、高新区、经开区、[illegible]支部等基层组织积极开展抗疫捐赠慰问活动，莲湖区工委举办“与创文同行”义诊和法律咨询活动，临潼区、市一院、市中医院等基层组织开展脱贫攻坚健康义诊活动，机关参与助销贫困地区农产品，书画支部参加省委会脱贫攻坚书画义卖等社会服务活动，精准助力脱贫攻坚，荣获农工党中央社会服务先进集体。（孙龙飞）

中国农工民主党西安市委员会第十三届委员会

主 任 委 员 王国良
副主任委员 王 鹏 齐 靖（女） 孔令国 周 媛（女） 李建平

秘 书 长 张国隆

中国致公党西安市委员会

◆概况 2020年，中国致公党西安市委员会有8个总支部，31个支部（含总支部所属支部），党员总数445名。具有“侨”“海”关系的党员占69%，中高级职称党员占61%，退休党员占23%，女党员占50%，民营经济中的党员占34%。有省、市、区各级人大代表、政协委员42人次，有市级特邀陪审员、监察员7名、智库专家11人。

◆参政议政 2020年，中国致公党西安市委员会聚焦中心，深入调研，扎实推进履职能力建设。向政协西安市十四届四次会议大会发言、联组发言、书面发言以及集体提案，共计25篇，向省、市“两会”提交个人提案、议案35件；向区政协提交个人提案24件。提案内容涉及西安市开放经济、国际化建设、城市管理、教科文卫、脱贫攻坚、生态建设等方面，其中《关于进一步促进城市轨道交通规划建设的建议》《关于针对海归创业群体特殊性，深化“放管服”改革的建议》《关于西安港品质建设的建议》等3篇提案被政协西安市委员会评为优秀提案；《关于规划建设陕南城际铁路环线的建议》的社情民意被省上主要领导批示。围绕学习贯彻落实习近平总书记来陕考察重要讲话精神，结合中共西安市委“三个经济”和“十项重点任务”工作大局，市委会在2020年度重点调研课题招标工作会议上确定11篇专题调研课题，并由市委会领导班子成员分别认领，课题组先后赴海南、广东等省及市住建局、经开区、航天基地和西安维尔利环保科技有限公司等地，就加快西安市自贸区及龙头企业培育建设、对外开放新格局、地下管网资源做好架空落地工作、推进西安市军民融合深度发展，餐厨垃圾减量化、无害化和资源化处理工作等课题，开展系列调查研究。其中，选送的《推进西安市军民融合深度发展 打造全国性深度发展核心高地的建议》《加快西安市文旅融合的调研》分获市级各民主党派2020年度重点课题调研成果一、二等奖，《充分利用现有地下管网资源做好架空落地工作》《关于发展西安航空物流 加速临空经济示范区建设的建议》《关于扶持建设我市回收再利用产业链的建议》《关于加快我市自贸区及龙头企业培育建设的建议》获市级各民主党派2020年度重点课题优秀奖。

◆民主监督 2020年，中国致公党西安市委员会组织党员30余人赴高陵区开展脱贫攻坚民主监督，通过召开座谈会，实地检查等方式，发现脱贫攻坚问题2处，提交建议6条，受到有关部门的重视。

◆组织建设 2020年，中国致公党西安市委员会以贯彻落实“三个文件”精神为中心，按照政治坚定、组织坚实、作风优良、制度健全的目标推进组织建设。领导班子按照建设新时代参政党的要求，在市委统战部的具体指导和帮助下，不断增强“四个”意识，坚定“四个”自信，切实加强提高“五种”能力建设和水平。认真组织学习贯彻落实“三个文件”，修改完善《市委会领导班子民主生活会制度》；把加强基层组织建设放在突出位置，领导班子深入基层组织调查研究，与基层组织班子成员、普通党员座谈，并与所在地及单位中共党委和统战部门沟通；成立曲江新区总支部，调整雁塔区总支领导班子，进一步增强基层总支的活力；围绕增强基层组织凝聚力建设，带领基层支部领导班子赴南京开展培训；为增强履职能力，推荐部分人大代表和政协委员、骨干党员赴成都、杭州参加市委统战部举办的培训班；与市农工党、市九三学社共同举办1期新党员培训班。各总支、支部在市委会的指导下，在参政议政和社会服务领域支部横向联系交流更加丰富多彩。全年有党员45人次参加省、市委社会主义学院学习。2020年，市委会加强基层组织活动场所建设，进一步完善“致公之家”制度建设和实施细则，对“致公之家”现有活动场所进行整体提升改造，统一配发制度牌，制作文化墙，提供学习资料。全年新增1个“致公之家”，目前已授牌4个。

致公党西安市委员会围绕“西安市军民融合产业发展”赴航天基地开展调研

◆思想建设 2020年，中国致公党西安市委员会把深入学习贯彻中共十九大精神，贯彻落实本党十五大部署，作为全年的首要政治任务。围绕贯彻落实习近平总书记来陕考察重要讲话精神，举办“致公大讲堂”，邀请党内外专家为基层组织及机关干部做专题讲座。从而用习近平新时代中国特色社会主义思想武装头脑，自觉与中共中央在政治立场、政治方向、政治原则、政治道路上保持高度一致。充分发挥微信公众号、微信群等新媒体优势。对内开展国情、省情、市情和参政党意识教育，对外展示致公党在工作中取得的各项成绩。全年刊发《西安致公》4期，发布各类文章、信息近150条，图片300余幅，有效扩大致公党的社会影响力；市委会围绕中国致公党成立95周年，组织参加省委会“建党95周年寻根之旅活动”，赴广东参观致公党中央党部旧址、辛亥革命纪念馆、广州七十二烈士陵园、广州起义烈士陵园、司徒美堂故居等地；组织部分基层支部和专委会负责人赴南京参观中山陵、总统府等爱国主义教育基地；邀请专家举办《中国致公党的创建及转变》党史专题讲座，通过开展学习实践活动和专题教育活动，旨在推动全体党员在学习致公党党章党史，重温历史中深化政治共识，不断夯实新时代多党合作的共同思想政治基础，引导党员切实承担起中国特色社会主义亲历者、实践者、维护者、捍卫者的政治责任。向中共西安市委统战部报送“关于信息化背景下，民主党派健全网络工作”等5篇统战理论文章；根据中央统战部的统一部署，按照致公党中央工作要求，为进一步了解党员思想状况、有针对性地开展党员思想政治工作，市委会有关负责同志参加全省党员思想政治工作调研座谈会，并结合自身活动开展情况，逐一对思想政治建设工作和党员思想态势情况的9个方面的问题进行发言交流。

◆社会服务 2020年，中国致公党西安市委员会鼓励和支持广大致公党员积极参加社区建设、科技咨询、扶贫助学等社会服务活动。致公党员在全省“脱贫攻坚奋斗有我”创新创意大赛上获得表彰；2名党员参加致公党中央公益慈善培训班暨企业家座谈会；为进一步响应全市统战系统消费扶贫月活动的开展，市致公党在“致公之家”举办消费月活动启动仪式，并在致公中央、省、市等各级对口扶贫点农特产品消费平台累计采购近2.5万余元。重视发挥专委会作用。做好对口帮扶点“双寨村”的慰问工作，1月份开展“暖冬行动”入户看望生活特困户、残障人士；“六一”儿童节来临之际，“致公关爱”志愿者购买约6000余元的慰问品，向在长安儿童康复医院治疗的各类病患儿童表示关怀和慰问；在杨庄中心小学持续开展“致公关爱”书法进校园，并前往西安市第八中学、雁塔区残障中心开展书法培训与交流。

新冠疫情防控 中国致公党西安市委员会认真贯彻落实习近平总书记对防控疫情工作的重要指示精神和中央、省委、市委关于疫情防控工作的决策部署，第一时间发出倡议，号召全市致公党员要坚定防控疫情的必胜信心，提高政治站位，牢记初心使命，秉承“致力为公”宗旨，在特殊时期重要时刻体现民主党派的政治自觉和责任担当。抗击疫情期间，共收到各专委会、各支部及党员意见建议110余条，经过市委会整合编辑，报送相关部门社情民意15条。截至2020年3月底，市委会近百名致公党员通过多形式、多渠道捐款近12万元，捐赠防护服、口罩、消毒液等应急物资53万余元；向海外侨胞和留学生认捐“致公爱心小包裹”近3万元。在中国致公党西安市第六届委员会第五次全体会议上，共表彰抗疫先进集体10个、先进个人47名；在全市所有致公党员的共同努力之下，致公党市委会被致公党中央表彰为抗击疫情先进集体。

◆海外联谊 2020年，中国致公党西安市委员会发挥专委会工作职能，把海外联络工作融入参政议政工作中去，组织致公党市区两级政协委员参加市政协港澳台侨和外事委员会致公界别联组活动，围绕《关于针对海归创业群体特殊性深化“放管服”改革的建议》重点提案进行协商；组织党员参加第二届“一带一路”侨商侨领交流合作大会；积极参与市委统战部侨务工作培训班，配合完善侨务工作制度；受省政协港澳台侨和外事委员会邀请，联合走访调研留创企业；号召党员充分发挥侨海优势，通过跨境交流、互联网等方式为中国抗疫贡献力量。海外联谊工作委员会积极参与“百名博士西安行”互动活动；组织党员参加2020年第四届中国—西安海归创业大赛决赛活动；积极参加西安市海外联谊会活动，从而关注留学生群体，关心关爱留学生。 （孔 阳）

中国致公党西安市委员会

主任委员 张华俊

副主任委员 杨 军 来 克 崔安庆 崔孟娜（女） 张红林

秘 书 长 崔安庆（兼）

九三学社西安市委员会

◆概况 2020年，九三学社西安市委员会共有4个区级工作委员会（雁塔、莲湖、新城、碑林），8个专门委员会，基层组织56个，（包括基层委员会1个，支社45个），社员总数1132人，平均年龄56.3岁。社员中本界别852人，占总数的76%，其他界别270人，占总数的24%。其中，具有中、高级职称者980人，占社员总数的87.3%。离退休社员338人，占总数的30.1%。各级人大代表13人，政协委员83人，共计96人（其中，全国政协委员1人；省人大代表2人；市人大代表2人；省政协委员2人，市政协委员19人）；政府特邀人员4人，市政府参事1人；西安市青联委员2人；西安地铁监督员1人。市级职务1人，局级职务10人，处级以上干部35人。

◆参政议政 2020年，九三学社西安市委员会围绕全国、陕西省、西安市“两会”主题，广泛开展提案征集工作。在全国政协十三届三次会议上，全国政协委员、社市委主委王晓萍提交的《关于把秦岭生态建设纳入国家战略层面利用高科技建立长效管理机制的建议》《关于进一步引导推动各地学前教育普及普惠安全优质发展”写入国家“十四五”规划的提案》等8个提案立案。《关于提高医务人员身心健康和从业环境的建议》《关于加快推进西安市供热企业直管到户的建议》等4个提案被省政协十二届第三次会议选用。《关于加强我省社会保障卡推广和应用的建议》被评为优秀提案；《关于建秦岭主要生态补偿机制 推进全省生态文明建设》提案被省政协十二届三次常委会选用。《以科技创新为引领推动我国交通建设企业技术创新体系建设》在社中央第十五届“九三论坛”上做大会发言，《关于推进陕西中医药事业健康发展的建议》荣获社省委青工委参政议政论坛一等奖。在市政协十四届四次会议上，社市委有89件提案立案，其中集体提案13件；以《关于加快建立现代服务业发展步伐 做大做强我市经济发展和高质量的建议》为题做了大会口头发言，《关于西安国家中心城市建设完善旅游服务的建议》等2件提案被录入大会发言材料；《关于加快构建现代产业体系 夯实国家中心城市产业基础的建议》等7件提案被评为优秀提案；《关于推进西安大数据产业发展的建议》等一个提案列为市级领导督办提案。围绕高质量发展、绿色发展、教育、医疗等社会民生热点问题，向社中央、社省委报送信息15条，其中《关于着力加强学校心理健康教育工作的建议》等7条信息被社中央采用。

2019—2020年度，社市委和5名社员分获“九三学社陕西省委参政议政工作先进集体和先进个人”。

◆民主监督 2020年，九三学社西安市委员会赴周至县开展脱贫攻坚民主监督调研，总结5项工作亮点、发现3个方面7个问题，提出8条意见、建议，真实客观、实事求是地向市委统战部和周至县委作了反馈。建立“全域治水专项民主监督”课题，制订《九三学社西安市委员会全域治水专项民主监督工作实施方案》，组织十九三界别政协委员、社内专家及机关同志等42人次组成专题民主监督调研组，分3次赴长安区、鄠邑区、高陵区、高新区等地开展全域治水专题民主监督调研。形成《九三学社西安市委员会全域治水专题民主监督工作报告》，提交市政协和市委统战部。

◆组织建设 2020年，九三学社西安市委员会指导建立新“九三学社社员之家”，指导雁塔区工委、西电公司支社等个基层组织完成换届工作；成立西安市三会医疗工作委员会。友谊支社和西电公司支社的组织建设工作得到充分肯定。全年下拨省、市基层组织活动经费16.55万元。就中国特色社会主义参政党地方组织建设议题，参加九三学社全国副省级城市第十四次工作联席会议。制定《九三学社西安市委员会领导班子民主生活会制度》，召开专题民主

2020年11月12日，九三学社西安市委员会在阎良开展全域治水民主监督调研

生活会。向市委统战部推荐市级层面代表人士建议人选17名和报送代表社员共计191名；向市检察院推荐西安市人民监督员4名。组织10名青年社员参加社中央第六期全国青年骨干（网络）培训班；选派9名骨干社员参加市委统战部第一期党外代表人士云培训班；举办骨干社员暨新社员培训班，对50名社员进行为期5天的全脱产培训。持续跟踪2名挂职区（县）领导职务的社员的政治表现和工作动态。全年发展社员55名，其中科技医卫界47人，占比85%；具有中高级职称的46人，占比84%；女性29人，占比53%；博士1人，占比1.8%；研究生30人，占比55%。

◆思想宣传 2020年，九三学社西安市委员会持续推进“不忘合作初心，继续携手前进”主题教育活动。成立以领导班子、常委和机关处级领导干部为组成人员的理论学习中心组。推荐7名骨干社员参加九三学社全国新闻宣传骨干网络培训班。参加中共西安市委“弘扬延安精神，净化政治生态”干部专题培训；举办全市骨干社员理论专题培训。学习领会全市党外人士学习全国“两会”精神通报会精神；组织学习《习近平谈治国理政》第三卷和习近平总书记来陕考察重要讲话精神。全年开展各类学习活动34次。完成统战理论和社史研究小组换届，聘任36名骨干社员为第二届统战理论和社史研究小组研究员；参与市政协和市委统战部理论课题招标，撰写11篇高质量理论研究成果。参与社中央建社75周年征文和网络书画展活动，4位社员的书画作品入选社中央“庆祝建社75周年网络艺术展”。《九三学社，星光灿烂——九三学社创建75周年有感》获社中央庆祝九三学社创建75周年征文三等奖。2篇理论研究成果获2019年度西安市统战理论研究优秀成果一等奖和三等奖。利用微信公众号、《西安九三》、社市委网站、短信推送系统等媒体平台，开辟11个专栏板块，推送图文信息520条，其中10条信息被社中央网站采用；编发社讯《西安九三》4期。

2019—2020年度，社市委荣获“九三学社陕西省委宣传思想工作先进集体”，4名社员荣获“九三学社陕西省委宣传思想工作先进个人”，1名社员荣获“社中央宣传思想工作先进个人”。

◆调查研究 2020年，九三学社西安市委员会全面贯彻新发展理念，认真学习贯彻习近平总书记来陕重要讲话精神，以中共市委党代会确定的十项重点工作为切入点，围绕先进制造业、全域治水、双招双引、文旅融合、文物保护等，选定15项重点调研课题，其中9个课题被确定为市委统战部重点调研课题；《关于做足水文章提升城乡发展魅力的调研》等4项重点调研课题被评为中共西安市委统战部优秀调研成果；《关于西安市外国人才引进情况的调研》等2项重点调研课题成果在《今日西安》刊发。围绕民主党派职能建设、陕西制造业高质量发展研究等4个议题，与九三学社陕西省委开展联题调研，形成《关于民主党派通过“直通车”形式提高履职尽责的能力的建议》等3篇调研报告报送社省委。围绕国家中心城市建设，组织领导班子成员及社内相关领域专家，赴临潼区、曲江新区参加由市政协主要领导牵头的实地调研，以《加快我市文化和旅游融合步伐 促进我市经济高质量发展》为题在市政协常委会上做交流发言；就《西安市秦岭生态环境保护规划》《以建设先进制造业强市为目标，大力发展我市实体经济》等议题，在季度协商会上做专题发言。

◆社会服务 2020年，九三学社西安市委员会开展周至县脱贫攻坚民主监督工作，参加社陕西省委2020年度省市脱贫攻坚民主监督4次季度联席会议，交流西安市及社市委脱贫攻坚民主监督工作开展情况。响应党中央、国务院和省、市开展消费扶贫月活动的号召，16个社基层组织和广大社员通过线上平台下单、线下入户采购、联系农业合作社集中采购等方式，消费扶贫金额累计55528.16元。赴市级统战系统服务科学发展实践基地长安区杨庄街办高庙村等地开展慰问活动21次。赴临潼区、商洛市镇安县等地开展“阳光助学”等助学活动6次，累计捐款捐物价值31.1万元。赴宝鸡市扶风县召公镇中心卫生院、渭南市富平县张桥镇等地开展义诊、“新冠”疫情防控知识讲座等活动6次，受惠群众累计达1000余人。做客陕西新闻广播《说法时间》栏目，专业解读民法典继承篇；通过新华社现场云和微赞直播平台，讲授农业创业新思路《一亩三分地换个“种”法》，受众超过7000人；推进“十四运”夜景亮化工作，参加碑林区迎“十四运”亮化方案听证会；走访环城西路街道，开展“走进居民会客厅，共商身边文明事”委员日双走进活动；在西安兴庆宫公园花萼相辉楼举办“迎端午览国医品文化”主题活动；举办“短视频营销及直播电商科普”讲座活动。

2019—2020年度，社市委荣获“九三学社陕西省委社会服务工作先进集体”。

抗击新冠疫情 九三学社西安市委员会响应中央、省市的号召，积极主动参与疫情防控阻击战。强化舆论引导，广集民意建言，发布公众号以及报送各级社情民意信息97条，其中3篇被陕西政协各界新闻网采用，3篇被西安统一战线公众号采用，1篇被市妇联采纳转载；《设立以提高重大疾病诊治水平为导向的研究和评奖机制的建议》被《人民政协报》及学习强国App节选转载，《关于做好社区当前防疫工作的几点建议》受到市委常委、统战部部长的批示，并被省政协采纳，《关于防疫期间保障农资供应不误农时的建议》被市政协采纳并向中共西安市委专报，《关于稳住零增长态势 打赢复工（学）潮防守线的建议》等11篇针对疫情防控的意见建议分别报送社省委、市政协、市委统战部等部门。全市基层组织和广大社员自觉服从疫情防控大局，29名医卫界别社员分别参与驰援武汉雷神山医院、制定陕西省“抗击新型冠状病毒感染肺炎”的

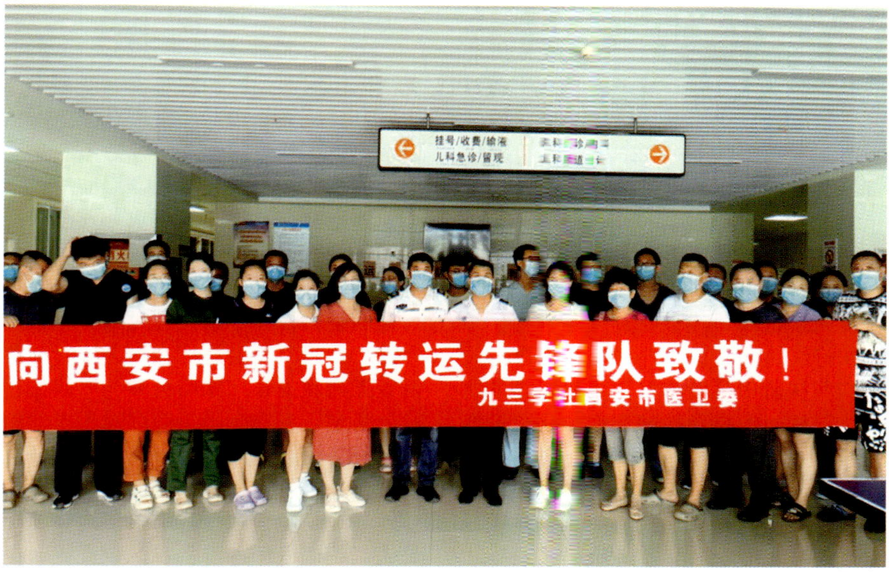

2020年8月5日，九三学社西安市委员会医卫委赴西安急救中心慰问新冠转运先锋队

中医防治方案、组建高陵“小汤山”医疗队、进驻隔离病区等一线抗疫工作。在社市委主要领导带领下，先后16次赴西安急救中心“新冠转运先锋队”、大兴医院等地慰问防疫工作人员。累计捐款、捐物折合人民币共计600227元，其中，防疫物资价值301863元，向九三王选关怀基金捐款110584元，向中华慈善总会、红十字会等捐款187780元。广大社员还创作大量的诗词歌曲和书画作品，表达抗疫的决心和信心，凝聚起众志成城、共克时艰的强大力量。

一大批社员受到中央、省市的表彰，其中田玉梅被九三学社中央评为“抗击新冠肺炎疫情湖北抗疫一线优秀社员”，被九三学社省委评为“援鄂抗疫最美践行者”；李建军被九三学社中央评为“抗击新冠肺炎疫情先进个人”；王克平被评为“三秦最美医务工作者”和“西安市抗疫巾帼标兵”，白丽君等32名社员被评为“九三学社西安市委抗疫先锋社员”。（李瑞环）

九三学社西安市委员会

主　委　王晓萍（女）
副主委　赵玉涛　赵生龙　陈　慧（女）
秘书长　封　蒨

西安市工商业联合会

◆概况　2020年，西安市工商业联合会以习近平新时代中国特色社会主义思想和中共十九大及十九届二中、三中、四中、五中全会精神为指导，认真学习贯彻习近平总书记来陕考察重要讲话和在企业家座谈会上重要讲话精神，强化政治引领。把握“两个健康”工作主题，深入开展调查研究和参政建言，服务复工复产。创新非公有制经济人士教育培训，推进民营经济高质量发展、构建新发展格局。坚决打赢抗疫阻击战和脱贫攻坚战。助力谱写西安新时代追赶超越新篇章。圆满完成年度各项目标任务。先后被全国工商联评为抗击新冠肺炎疫情以来民营企业调查点工作先进单位、2020年度民营企业调查点基层先进示范单位，被陕西省工商联评为调查点工作先进单位、“会务工作先进单位”。陕西东民集团有限公司、新山海源人力资源集团有限公司、西安大明宫建材家居股份有限公司、今正药业（集团）有限公司等会员企业被全国工商联评为“抗击新冠肺炎疫情先进民营企业”。

至2020年年底，西安市工商业联合会共有会员12279个（注：2020年重新登记入库数），直属行业异地商会125家。其中，企业会员11219个、个人会员803个、团体会员251个，行业商会29家，异地商会96家。

◆政治引领与宣传教育　2020年，西安市工商业联合会深化主题教育，坚定发展信心。及时传达学习全国民营经济人士理想信念教育推进会议精神，制定实施方案，联合西安企业家学院举办民营经济人士理想信念教育报告会暨参观见学活动，走进西迁博物馆开展现场教学，接受“西迁精神”传承教育；举办24期线上大讲堂，培训人数约5万余人次。以企业家综合素质能力提升为重点，联合组织部、统战部等举办5期企业家高级研修班。及时印发学习宣传贯彻习近平总书记来陕考察重要讲话精神实施方案，指导非公有制经济人士强化学习、凝聚共识。先后举办传达学习习近平总书记在企业家座谈会上重要讲话精神专题会议，参加市政府领导主持的专题座谈会，主办会、话发展，凝心聚力。充分发挥工商联宣传工作主阵地作用，宣传党和国家的有关方针政策以及民营经济方面工商联信息，提升工商联的影响力、凝聚力。全年编发会刊《西安工商联》杂志三期，“西商总会微信公众号”3期，刊登文章260余篇。加深与《中华工商时报》、《人民日报》民生周刊、西安电视台等主流媒体合作，大力宣传非公经济人士先进典型，发挥好示范引领作用。

◆参政议政与调查研究　2020年，西安市工商业联合会积极组织征集、撰写并上报全国工商联团体提案初稿3篇，其中《关于增强妇女二孩家庭的获得感、幸福感的建议》初稿，被全国工商联采用报送全国政协，并作为全国工商联口头发言稿在全国政协大会上发言；上报市政协团体提案5件、大会发言4篇、界别联组发言2篇，其中2件提案评为市委副书记、市政协主席重点督办提案、3件被评为优秀提案；完成市政协常委会关于先进制造业强市的大会发言材料的撰写工作，收集材料汇编；经多方联系，创新建立协调联系市委政法委、市场监管局等16家提案承办市级部门到提案初稿起草建立上下面对面协商，答复提案，受到提案初稿人、承办单位和市政协提案委的一致好评。积极发挥界别委员作用，组织30余名界别委员考察我市重点项目高新区陕西奥体中心体育馆项目、西咸新区马术比赛场及配套设施项目暨参政议政工作座谈会，传达学习中共中央办公厅《关于加强新时代民营经济统战工作的意见》，就做好提案和社情民意工作进行专题培训。

积极围绕市委“十项重点工作”、新冠肺炎疫情影响民企复工复产及热点难点问题，深入走访27个商协会、12个企业、6个村镇，开展民企复工复产情况、先进制造业强市、乡村振兴等情况调研，开展民营企业抗击疫情政策落实情况调查，精准掌握民营企业复工复产和就业情况，完成《依托先进制造业龙头企业加快搭建我市工业互联网平台建设》《新冠疫情对我市民营企业生产经营情况的调查》等5篇调研报告和理论文章。其中由[illegible]个人撰写的《用心用情做好调查研究工作》获全国工商联新时代调研工作主题征文优秀奖。积极指导区（县）工商联、所属商会开展调查研究，以[illegible]计分的方式，组织优秀调研成果评比通报，共评比表扬一等奖3篇、二等奖7篇、优秀奖13篇及7个先进组织单位。积极协助全国工商联、陕西省工商联开展调查研究，圆满完成民企复工复产、民企运行状况、万企评营商环等境调查点8次问卷组织填报，均超额完成填报任务，共填报813份民企调查问卷。

◆疫情防控与复工复产 新冠疫情发生后，西安市工商业联合会第一时间成立疫情防控领导小组，发出倡议书。积极动员民营企业踊跃捐款捐物、加强物资生产保障、加速复工复产，众志成城、主动担当，涌现出很多可歌可泣的感人故事，彰显出作为党领导的人民团体和商会组织强大的组织凝聚力、广泛的社会影响力和过硬的工作执行力。有的民营医院冲锋在抗击疫情第一线，组建抗疫应急队伍，做好各项救治准备及物资储备，先后组织数批援鄂医疗队奔赴武汉一线。据不完全统计，各区（县）工商联、广大民营企业累计捐款捐物3.3亿元，其中向西安地区捐款捐物约1.2亿元；同时应湖北省十堰市工商联的请求，市工商联组织捐款25万元。

加强政策服务，助力复工复产。成立5个调研组开展“助民企复工复产、多举措推动发展”走访活动，积极协调解决民营企业在生产经营、劳动用工、融通资金等方面的困难，并与民生银行联合发布民营企业金融关怀“十问”，联合市金融工作局及时在线上推送43家银行机构《抗击疫情金融服务优惠政策汇编》，联合发出《关于加强民营企业金融服务的通知》，针对疫情发生前生产经营良好、没有违法违规或失信行为的优先支持类、重点支持类、普惠支持类三类企业开展“金融助万企纾困行动”，帮助民营企业进一步坚定复工复产信心。先后印发《关于做好新型冠状病毒感染肺炎疫情防控期间，稳定劳动关系支持企业复工复产的意见》《深入开展民营企业“法治体检”活动服务疫情防控和企业复工复产工作方案》，指导企业有序组织复工复产，稳定就业岗位。同时，还成立“抗击疫情法律服务志愿团”，助推企业复工复产、高质量发展。

◆脱贫攻坚与精准扶贫 2020年，西安市工商业联合会继续开展“万企帮万村”和“百企联百村”扶贫活动，加大消费扶贫工作力度。9月16日、23日分别组织百家民营企业、商会和永辉超市、真爱中国餐馆等多个大型连锁商超、酒店，赴临潼、鄠邑、蓝田、周至开展考察直采活动，签订意向采购协议60份，采购金额约300万元；现场采购涉贫企业园区、合作社及贫困群众的农产品60多万元。召开“千企万村联动”消费扶贫展销推进会，签订购买扶贫产品意向协议5份，涉及金额达170万元。持续做好对口帮扶陕南深度贫困区（县）工作，先后举办2020年“精准扶贫·与爱同行”陕南农特产品展销会，销售农特产品110余万元；协调苏州市、太仓市、西安市、周至县4家工商联共同出资115万元共建“工商联苏陕扶贫光彩超市”。

持续加强驻村联户帮扶，结合机关对口帮扶蓝田县上陈村，主要领导多次亲临帮扶一线指导扶贫工作，联户干部紧紧围绕“两不愁三保障”，出主意、想办法、抓落实，积极开展“我帮扶，我帮销”活动，帮助销售蔬菜、核桃、家禽等1万余元。同时，针对上陈村基础薄弱，产业滞后的现状，积极协调爱心企业和省济困协会捐助110万元用于种植“花椒”产业和建设“文化广场”项目。

◆经济与联络服务 2020年，西安市工商业联合会助力护航民企健康发展，组织举办“支持民营经济发展政策法规系列解读网络直播课”7期，培训人数11058人次，成立西安市总商会人民调解委员会，先后与相关部门联合印发《关于建立企业和行业协会商会参与涉企政府规章行政规范性文件制定机制的通知》和《关于建立健全检察机关与工商联沟通联系机制的工作措施》，形成行政规范性文件起草、审查部门（机构）应当与工商联、行业协会、商会建立联络沟通机制，征求企业意见一般不少于6家，征求行业协会、商会意见不少于3家；组织人大代表、政协委员到市检察院、省检察院西安铁路运输分院开展服务“护航民企发展”检察开放日活动。深化校企合作，以实地考察、座谈会等形式，组织部分企业和商协会负责人与西安文理学院就研究所科研项目、文旅项目在民营企业的转化应用进行洽谈合作。联合文理学院赴陕西国元正风文化有限公司进行交流，初步达成利用文理学院师资力量提升和完善项目的意向。同时，加强产教融合，建立企业科技需求与高校科技资源对接机制，加快高校科研成果有效转化，为企业高质量发展提供科技、智力支撑。强化对外联络合作，联合有关部门开展“APEC商务旅行卡的宣传推广”“西安企业走进航空基地综保区”等活动，先后召开“引导服务民营企业参与‘一带一路’建设”暨国际合作工作推进会，与英中贸易协会西安代表处就食品类项目进行对接，与市贸促会共同举办茶叶及食品对接会，促成7组茶叶类中外企业签约、2组食品类企业签约。

◆商会组织建设 2020年，西安市工商业联合会认真落实《西安市社会组织党组织规范化建设标准》《社会组织党组织“评星晋级、争创双强”活动星级党组织评定标准》等文件要求，发出《西安市工商联关于推荐认定2019—2020年度“四好”商会工作的通知》，收集38家商会的自评申请，并对部分参评商会的“四好”商会进行实地考察，向陕西省工商联推荐15家商会参与“四好”商会认定，完成全国工商联对所推荐的“四好”商会的交叉互评。同时，开展摸底调查，及时掌握所属商（协）会的基本情况及党组织设置、隶属关系、党员人数、班子配备等情况，建立“两个覆盖”台账，制定所属商会成立党的基层组织的程序和《组建“拓展型”党组织的情况说明》，组织参加评星晋级活动，举办党建培训活动，推进强化党组织标准化规范化建设、党员发展程序、党费收缴等方面的党务知识培训，不断推进商会组织建设水平再上新台阶，全年发展直属会员8家，企业会员7家，团体会员3家。

◆西安市工商联成立70周年纪念大会暨十四届四次执委会 2020年12月18日，西安市工商业联合会成功举办市工商联成立70周年纪念大会暨十四届四次执委会议。会议结合宣传贯彻十九届五中全会精神，进一步回顾市工商联70年辉煌发展历程，表彰一批新时代优秀民营企业家和商会组织、区（县）工商联，发布民营企业百强榜单等，强调立足新发展阶段，不忘初心、牢记使命，秉承优良传统，继续凝心聚力、砥砺奋进，奋力谱写西安民营经济新时代追赶超越新篇章。市委常委、市委统战部部长发表重要讲话。省、市领导到会祝贺并致辞。

（朱　钊）

西安市工商业联合会

主　　席 王欢畅

党组书记 孙杏娟（女）

副 主 席 张春莹（女）　王田华（女）　马　震　史历荣　刘　进　吕浩平　许　亮　孙桂宇　孙晓超　曲家琪　闫　伟　何志方　吴联配　张建华　张勇敢　杜渭松　杨　忠　杨永明　陈大为　陈立强　陈　笑（女）　周建玲（女）　屈庆国　范俊峰　贺增林　钟宝申　郭建雄　魏　博

秘 书 长 马　杰（女）

西安市总工会

◆概况 2020年，西安市总工会辖区（县）总工会13个，机械冶金建材、建设交通工会等产业工会7个，高新区总工会等开发区工会9个、西安银行等单列管理工会3个，工人文化宫6个，职工大学、西安工会医院、劳动者报社、网络中心等13个直属事业单位。截至2020年年底，全市基层工会40281家，涵盖单位69911家，工会会员238万人，其中农民工会员103万人。

◆西安市总工会十五届三次全委会 2020年6月11日，西安市总工会十五届三次全委会召开，会议审议并通过《西安市总工会十五届三次全委会工作报告》《西安市总工会经费审查工作报告》和有关人事事项。

◆工会改革 2020年，西安市总工会成立党组深化改革领导小组，召开深化改革会议10次，启动推进产业工会、工人文化宫、工会医院、建强公司、职工大学5项重点改革任务。加快智慧工会建设，设计“西安工会网”，开发“中国职工保险互助会西安办事处网站”等子网站，设立“信访服务平台”“法律服务平台”“新媒体管理平台”等栏目；开发提供“素质提升”“文体在线”“消费扶贫”“爱心驿站”查询“云招聘”就业等线上服务，打造西安指尖工会基本平台。工会医院探索医养结合养老服务新模式，省委、市委、市政府主要领导先后到工会医院调研并给予充分肯定。

◆困难职工救助 2020年，西安市总工会开展“四送”活动，全市工会筹集发放款物5264万余元，走访慰问企业6200余家、慰问职工6万余人，帮扶救助15323人次。做好帮扶救助，为301名全国级建档职工、460名地市级建档职工发放救助金145.8万元，为113户困难职工子女发放助学金60.6万元，实现建档困难职工全覆盖。新建爱心驿站37个、母婴关爱室[illegible]4个，规范提升142个服务站点，服务群众40万余人次。

◆职工及进城务工人员维权 2020年，西安市总工会在全国首批开展“工会+法院”多元化调解劳动争议案件试点，挂牌成立市总工会与市中级人民法院劳动案件调解工作室，全市工会受理案件868件，调解成功200余件。接待受理职工来信来访666件、11106人次，接听职工热线电话和信访热线电话298人次，来信11件，办结率98%；上级转办交办案件4件，“12345”市民热线交办案件1件，办结率100%。受理法律援助案件43件，结案[illegible]2件，为职工追索赔偿金100余万元，补缴社保292个月，挽回损失约30万元。广泛开展“安康杯”竞赛活动，深化夏季“送清凉、送健康、送安全”活动，全市工会筹集送清凉慰问金1582万余元，走访慰问企业、工地近3000家，慰问职工1.8万人次，督促企业整改安全隐患1736件。

◆新冠疫情防控 2020年，西安市总工会迅速成立疫情防控领导小组，设立450万元专项资金，班子成员第一时间进行专项调研慰问，81名党员干部下沉社区参与一线防控。包抓市第八医院医务人员及家属生活保障，购买防护物资和生活用品36万余元，并为50对英雄情侣组织“最美战疫情侣”公益集体婚礼。全市工会筹集资金2484.4万元，全市劳模捐款捐物1511.5万元，用于疫情防控和复工复产。印发《西安市助力疫情防控推动复工复产工作的意见》等文件，全市工会返还小微企业工会经费2000余万元。

◆脱贫攻坚 2020年，西安市总工会联合开展西安市消费扶贫月活动，组织“一市三城三区”扶贫产品展销，举办西安市消费扶贫生活馆开馆仪式，全市工会消费扶贫546[illegible]万余元。牵头做好蓝田县吉家村包扶扶贫工作，投入40余万元，种植樱桃10亩，安装太阳能路灯3[illegible]盏、广播1[illegible]套，帮扶贫困大学生10名，[illegible]户贫困家庭实现脱贫。

◆职工素质建设 2020年，西安市总工会深化“中国梦·劳动美”宣传教育，开展“学党史、学新中国史、学改革开放史，坚定中国特色社会主义制度自信”宣传教育活动。利用西安市职工素质教育网，更新学习平台，增加新微课，在线学习5.9万余人。实施职工读书“百千万”工程，累计建成市级以上职工书屋示范点2[illegible]2家。投入近100万元，为全市人流量密集的重要商场、客运站、购物中心、政务服务中心等赠送电子职工书屋，助力西安书香城市建设。西安市总工会获全国职工主题阅读活动优秀组织单位。发挥劳模工匠示范引领作用，开展职工（劳模）创新工作室结对共建提升活动。

◆就业创业服务 2020年，西安市总工会举办“民生就业送真情，攻克疫情促发展”春季大型网络视频招聘会，参会用人单位[illegible]家，提供就业岗位15万余个，应聘求职人员8.4万余人次。从5月起，实行常态化、动态化招聘就业服务，每天参会企业均在1000家以上，提供就业岗位[illegible]万个以上，在线求职人员万人以上。

◆劳动关系协调 2020年，西安市总工会开展“同舟共济促和谐，共克时艰谋发展”集体协商特别要约行动，新建集体协商机制企业1[illegible]7家，行业或区域10家；签订集体合同1307份，覆盖1329家企业；签订工资专项集体合同160份，覆盖[illegible]家企业。已建会企业集体合同制度覆盖率达到92%。指导阎良区总工会开展“饿了么”网约送餐员线上集体协商，被全总推广学习。牵头成立西安市厂务公开民主管理协调小组，举办厂务公开民主管理工作推进会，开展实地观摩、经验交流、模拟培训等活动。与西北政法大学联合举办“携手筑梦 共创和谐”线上模拟集体协商竞赛，评选出12位优秀协商员，在全国首创线上模拟集体协商竞赛模式。

◆劳动和技能竞赛 2020年，西安市总工会围绕全市十项重点工作，聚焦校建工程、脱贫攻坚等开展多项主题劳动和技能竞赛，全市建会规模以上企业竞赛覆盖面85%以上，职工参与率87.7%。联合举办西安市高技能人才技能大赛，推动竞赛向高科技、硬科技、先进制造业和战略性新兴产业等领域延伸，将竞赛项目拓展至12大类35个工种，表彰105名“技术能手”、105名“技术标兵”和30家优秀组织单位、38名优秀组织个人。

◆劳模表彰及管理服务 2020年，西安市劳动模范和先进集体表彰大会召开，表彰全市各行各业涌现出的499名劳模和100个先进集体。省委常委、市委书记王浩亲切会见6名全国劳模和先进工作者，出席大会并发表讲话。组织2020年新当选的全国劳模和先进工作者深入机关、企业宣讲，组织150名全国、省、市劳模参观西安奥体中心、国际会展中心等重点建设项目。做好劳模服务工作，为1043名省部级劳模发放专项补助资金215万余元，为2043名市级劳动模范发放“双节”慰问金67万余元。

◆工会组织建设 2020年，西安市总工会出台《西安市总工会关于加强基层工会组织建设的十条措施》，规范街道（乡镇）工会、区域性行业性工会联合会建设，制定模范职工之家动态跟踪评估管理和奖励制度，为170个街道（乡镇）总工会拨付经费补助142.5万元。创新开展以“八大群体”为主的农民工建会入会项目化管理工作模式，吸收农民工、货车司机等32123人，服务会员42628人，拨付126.99万元经费补助。举办西安市重点项目工会农民工集中入会仪式暨服务关爱活动，现场向500多名农民工发放会员证、爱心大礼包和1000张体检卡。全市新建工会组织涵盖单位2377个，发展会员161673人，其中“八大群体”会员26772人。实名制信息采集工会组织75966个、工会会员1975609人，入库率分别达102.17%和82.19%。

◆职工文体活动 2020年，西安市总工会举办“咱们工人有力量”——西安市职工在抗击疫情中全力投身复工复产纪实摄影活动，5000余名职工摄影爱好者参加。举办“百万职工迎全运，工间运动最激情”2020年全市工间操大赛，33支代表队、1350人参加。在西安奥体中心举办职工环卫工趣味运动会，500余名环卫工参加。举办第八届西安市职工乒乓球大赛，32支代表队、350人参加，营造“全民全运、同心同行”的浓厚氛围。

◆“致敬建设者”活动 2020年，西安市总工会举办农民工爱心专列“平安返乡”、千名单身职工联谊会、万名农民工免费体检等“致敬建设者”系列活动，成立全国首家“农民工子女关爱诊疗中心”，设立100万元诊疗关爱专项基金，对农民工子女和特困职工子女进行健康帮扶。开展“致敬城市美容师——工会暑期关爱季”活动，关爱服务环卫工4万余名，全总原党组书记李玉赋书面批示：“西安市总推动环卫工人劳动权益保障工作的做法值得肯定。” （刘国云）

全国首家“农民工子女关爱诊疗中心”成立

西安市总工会第十五届委员会

主　　席 薛振虎
常务副主席 王　军
副 主 席 冯增权
魏大宝珠（藏族，女）
童　帅
兼职副主席 王晓杰　夏复山
经费审查委员会主任 陈　曦

共青团西安市委员会

◆概况 2020年，中国共产主义青年团西安市委员会（简称共青团西安市委）辖区（县）团委14个、团工委9个、直属单位团组织29个。截至年底，全市团员总数187674人；基层团委729个，团总支177个，团支部7314个；专职团干部97人、兼职团干部17704人，发展新团员1.7万人。

◆党的建设 2020年，共青团西安市委始终把政治引领作为根本任务，用习近平新时代中国特色社会主义思想指导实践，引导党员干部不断树牢“四个意识”，坚定“四个自信”，坚决做到“两个维护”。组织党员干部收听“崇廉尚德好家风润西安”专题讲座，通过收看警示教育片《利剑高悬 警钟长鸣——陕西省以案促改警示录》、红色电影《金刚川》等形式，传承革命精神，有效筑牢党员拒腐防变思想防线。结合“以案促改”主题教育要求，全年组织中心组学习13次，开展不同形式的集中学习研讨9次，各支部学习90余次。组织党员赴“三中心”建设现场、柳青纪念馆、秦岭违建别墅廉政教育基地实地观摩。通过“学讲话、记嘱托，感恩奋进谱新篇”大家谈活动、“学习西迁精神、不忘初心使命、汲取前行力量”主题党日活动等，围绕习近平总书记来陕考察重要讲话精神，进一步强化党员荣誉感、归属感、责任感、使命感，用延安精神和西迁精神净化政治生态。

◆西安市学生联合会第八次代表大会 2020年12月8日至9日，西安市学生联合会第八次代表大会顺利召开。大会审议通过工作报告，选举产生西安市学生联合会第八届委员会，制定西安市学生联合会章程，明确今后三年市学联工作的基本任务。大会号召广大青年学生深入学习贯彻习近平新时代中国特色社会主义思想，把个人理想奋斗融入党和人民的共同理想奋斗之中，练就过硬本领、担当时代重任，奋力谱写新时代的青春之歌。

◆共青团助力新冠疫情防控 2020年，新冠肺炎疫情发生后，共青团西安市委按照统一部署和相关要求，以“最高政治站位、最强政治担当、最严政治纪律”为标尺，组织动员全市各级团组织、团属协学会和广大团干部、团员青年积极行动，主动投身疫情防控工作。成立西安共青团疫情防控指挥部，面向全市团员青年发布倡议书，组织开展“绽放战疫青春 坚定制度自信”主题宣讲示范活动，线上、线下分享战“疫”故事，覆盖近10万人次。开辟“西安青年在行动”“青春战‘疫’”等专栏，发布先进事迹36期，发布抗疫信息1296条次，阅读量突破2200万人次；开展“小手拉大手 用爱传递 为祖国加油”抖音公益活动和“战‘疫’少年情”征文活动，收到3225个视频作品和3001篇征文作品；积极动员新兴青年群体，创作抗疫歌曲《武汉加油》《忠诚》《中国医生》，发起“备战春耕”网络公益课7期。募集价值445万余元的护目镜、隔离衣、消毒水以及米面油等医用、生活物资，成立货拉拉、UU跑腿、每一天超市3支防疫物资配送青年志愿服务车队，多渠道慰问坚守一线的医护、民警、记者、环卫工人等防疫人员。筹集20万元陕西特色美食送往武汉慰问援鄂医护人员。招募应急储备志愿者4400余名，深入一线开展物资配送、防疫消杀、便民服务等工作。与市胸科医院361户一线医务人员家庭结对帮扶，做好一线医务人员家属保障工作；组织1390名青年志愿者为4766名一线医护人员子女开展线上服务，累计时长2.8万小时，实施青少年心理干预300例。制定共青团助力企业复工复产“五项服务措施”，前往多家企业开展调研，及时了解所想所需，帮助解决难点、痛点，助力企业复工复产工作有序开展。积极成立“金融青年服务团”“法律青年服务团”，以专业汇聚战“疫”力量。

◆基层团组织建设 2020年，共青团西安市委按照《共青团陕西省委基层组织改革综合试点工作方案》，主动协调督导，推进莲湖区、鄠邑区、蓝田县3个省级改革综合试点工作。加强对区域、系统、行业共青团组织的领导，改进组织设置方式，指导高新区团工委改设团委，赋予开发区团组织更多自主权和领导权。主动争取市委非公和社会组织工委、市场监管局等部门支持，成立市非公经济组织团工委，联合市委非公和社会组织工委制定了加强全市非公经济组织和社会组织党建带团建工作指导意见。推进“一站两联”工作机制，7个区（县）建立团代表联络站。加强区（县）团干部队伍协管机制，培训全市各级团组织负责人1000余人次。完成9个区（县）少工委换届，成立2个开发区少工委。

共青团西安市委依托网上共青团“智慧团建”系统，改进团员团籍信息管理、组织关系转接、团费收缴等基础团务，推进团员管理规范化、信息化。先后组织市、区县、街道专兼职团干部和“智慧团建”系统管理员培训，共计500余人次。提升街道“流动团员团支部”建设，完善流动团员的管理办法，不断提升团员管理的科学化水平，加强对基层团组织推进“学社、升学衔接”工作指引。截至年底，“学社衔接”率达93.7%、“升学衔接”率达99.4%。

共青团西安市委开展第九届“西安青年五四奖章”评选活动，表彰马一博等30名“西安青年五四奖章”个人、西安大兴医院急诊科等30个“西安青年五四奖章集体”和王锋等40名“西安青年五四之星”。选树一批在新冠肺炎疫情防控、脱贫攻坚、西安市“十项重点工作”、重大项目建设中作出突出贡献的先进青年个人和先进青年集体。指导各区（县）、开发区及各系统团组织开展“绽放战疫青春、坚定制度自信”“致敬抗美援朝、争做时代新人”等系列主题团日活动，覆盖近10万人次。

◆青年就业创业行动 2020年，共青团西安市委以“智慧农业的发展历程及其在乡村振兴中的实际应用”“短视频直播电商实战课”等为主题，举办西安青年创业大讲坛6期，传播创业知识，传递创新文化。举办2020“走进灞桥”西安市农村青年就业创业培训班，80余名农村创业青年参加。举办西安市农村青年致富带头人培养计划启动仪式暨2020年西安市农村青年创业致富“领头雁”培训班，70余名青年致富带头人、青年电商参加，并与7家单位建立农村青年致富带头人培养计划公益合作伙伴关系。举办“创青春”陕西省青年创新创业大赛、“青彩青农”陕西省乡村振兴青年创业大赛西安市选拔赛，推报24名选手参加2020年陕西省青年职业技能大赛，共青团西安市委获“优秀组织单位”称号。推荐项目参加2020年西安创业创新大赛暨第四届“中国创翼”创业创新大赛西安市区选拔赛。积极动员广大青年参与共青团陕西省委组织的“千校万岗”线上交流会暨网上招聘专场、就业指导课、青年就业意向调查。大力推广“秦青聚力”青年就业服务平台，不断引导用人单位发布实（见）习、就业岗位信息。助力西安文理学院、倍格生态联合打造西安文理学院大创中心和倍格文理项目。组建西安市金融青年服务团，积极引导西安市金融青年投身助力企业复工复产等工作，密集举办“金融青年助企沙龙”“走进开发区”等活动11场，面对面服务企业50余家，线上网络宣讲宣传活动3场，受众达11万人。积极推动“秦青优惠贷”项目，促成项目首单落地西安，已支持1989户青创企业或青年个体工商户发展，融资金额达12.74亿元。

◆青年志愿者行动 2020年1月10日，共青团西安市委正式启动“青春志愿行 温暖回家路”春运志愿服务，联合市委文明办、市交通运输局招募700多名春运志愿者。志愿者们在西安火车站、西安北站、西安南站广场、纺织城客运站、城西客运站、城南客运站、城北客运站及客流量较大的地铁站内为广大旅客提供列车班次信息咨询、安全宣传、文明引导、送春联等志愿服务，活动持续13天，服务时长20432.9小时。活动期间，学会组织、志愿者们前往西安心心特殊儿童发展中心，看望患有自闭症、智力障碍、唐氏综合征的孩子们，志愿者与孩子们亲切交流，为他们送上新春的祝福。

共青团西安市委以“迎接绿色十四运，当好秦岭生态卫士”为主题，利用世界地球日、世界环境日、陕西省秦岭生态环境保护日等时间节点，常态化开展秦岭生态环境保护等宣传志愿活动。4月24日，联合长安区团委、长安区秦岭局在子午峪秦岭保护总站成立西安市秦岭生态保护青年志愿者工作站；5月22日，联合市委秦保委办、市委宣传部等单位在蓝田县葛牌镇红色广场举行“迎接绿色十四运，当好秦岭生态卫士”西安市国际生物多样性日主题活动，200多名青年志愿者和行业代表参与；7月4日，团市委联合市委秦保委办、市委宣传部、市生态环境局等单位主办的“迎接绿色‘十四运’，当好秦岭生态卫士”首场户外宣传活动在鄠邑区栗元坡村顺利举行，活动进一步宣传《西安市秦岭生态环境保护条例》，引导全社会共同参与秦岭生态环境保护工作。

共青团西安市委联合市交警支队、市委文明办先后在8月和11月分别举行“青春迎全运 文明我先行”小斑马少年交警公益先锋队活动，80名孩子加入小斑马少年交警公益先锋队队列中，通过角色扮演、手势操训练、交警支队指挥中心参观体验、站岗执勤等安全趣味互动，让小交警们掌握交通文明知识。活动持续走进学校、社区，让“小斑马”们做一名交通知识的宣传者，带动身边的人遵守交通规则，文明出行。

共青团西安市委积极推进十四运和残特奥会相关筹备工作，成立西安赛区志愿服务领导小组，制定“十四运”志愿者总体方案和三个分类方案，完善“十四运”志愿服务各项工作机制。9月20日起，开展西安赛区赛会志愿者招募工作，从报名的5万人中初选5133人并着手启动城市志愿者和社会志愿者相关招募工作；成立首支西安奥体中心志愿服务队，共开展讲解服务180余场次，接待各级参观8000余人次，服务时长近1万小时；常态化开展“青春迎全运 文明我先行”为主题宣传活动50余场次；举办“全民助力全运会 志愿服务青春行”社区运动会，覆盖全市8个区（县）、开发区的25个社区，参与群众达5000余人；策划“志愿精彩·悦动全运”2020年西安市青年全运达人秀活动网上冲关打卡活动，参与青年15.6万人；举办西安市首届城市志愿服务项目大赛，广泛征集文明交通、秦岭生态环境保护、城市生活垃圾分类、阳光助残助老等多个类别的志愿服务项目，着力打造具有西安特色的“十四运”和残特奥会志愿服务品牌。

2020年，共青团西安市委招募4800余名青年志愿者服务于城墙国际马拉松赛、西安国际马拉松赛等大型赛会活动。10月，500余名西安文理学院的青年志愿者以昂扬的姿态等待着4000余名来自全国各地的城墙国际马拉松赛参赛选手检阅，向他们展示西安青年的精神风貌。11月，西安理工大学、西安文理学院、西京学院、欧亚学院、西安航空学院、西安美术学院和西安培华学院的3300余名高校志愿者和943名社会志愿者组成西安马拉松赛志愿服务队伍，为2.4万名参赛选手进行物资发放、防疫检测等志愿服务保障工作，保证赛事的顺利进行。

◆青少年文化建设 2020年，共青团西安市委按照“择优善讲、适合青年、动态管理”原则成立60余名优秀青年组成的“西安市青年讲师团”，围绕“五四”、国庆等重要时间节点开展百余场主题宣讲示范活动，覆盖团员青年近60万人次。7月，在全市共青团系统先后开展“青春迎全运 文明我先行”迎“十四运”助力文明城市创建主题实践活动、“青春迎全运 文明我先行”集中活动月行动等，累计开展市级主题示范活动27场。

共青团西安市委、西安市青年联合会组织开展“市青联委员走进市重点项目”“西安青年走进历史文化”“西安青年走进秦岭”“西安青年传统文化之旅——市青联委员参访高新区锦业路清真寺”“青春见证新时代 全力迎接十四运”“学习习近平总书记贺信及全国青联十三届委员会全体会议暨市青联委员走访调研西安硬科技”等西安青年看西安系列活动，加强青联委员之间的横向联系，提升履职体验和责任担当。

8月，共青团西安市委在西安浐港运动公园举行“致敬！抗疫好青年”的发布仪式，涵盖党政机关、企事业单位、教育、卫生、政法综治、社会公益组织及新兴领域的100位优秀抗疫青年、40家优秀抗疫集体接受。12月，由团市委联合市委宣传部（市委文明办）、市委网信办、市直机关工委等单位共同举办的2020年西安市“青春建功国家中心城市建设——寻找身边好青年”活动发布仪式举行，经过层层推荐、评审、考察和公示，100位“西安好青年”和30个“西安好青年集体”脱颖而出。活动现场，获得殊荣的好青年们讲述西安青年弘扬社会主义核心价值观的感人事迹，彰显新时代西安青年不辱使命、不负重托的担当精神，为广大青少年做出表率。

◆青少年新媒体宣传 2020年，共青团西安市委员会官方网站主要发布团省委和团市委重要信息、团市委主要工作并积极对接各区（县）团委，定期搜集、审核、上传基层信息，及时优化网站栏目、更新工作。“西安青年聚”微博全年发布推送9053条次信息，累计阅读量近1.8亿次，转评赞总数11.3万次，粉丝22.6万余人；微信全年发布推送1136条次信息，累计阅读量136万次，粉丝也增长到22.5万余人。抖音从6月开始试运营，已发布131条作品。同时认真做好舆情监测和上报工作，未发现带有苗头性、倾向性的舆情问题，此外还积极配合团省委及市委网信办开展舆情引导工作31次。10月27日，团市委举办西安市团属新媒体工作培训，共近50名团属新媒体工作者参加。

◆“共青团与人大代表、政协委员面对面”活动 2020年1月16日，2020年西安市“共青团与人大代表、政协委员面对面”座谈会顺利举行。市人大代表、政协委员、农村青年致富带头人和农村青年电商代表等20余人围绕“加强乡村青年人才建设建设，助力乡村振兴和城乡融合发展”内容进行探讨交流。团市委在集中座谈讨论的基础上，认真梳理与会代表、委员的意见建议，广泛凝聚共识，最终形成《关于加强乡村人才“四支队伍”建设助力乡村振兴和城乡融合发展的建议》的政协提案。团市委还联合专业力量以“发挥青年社会组织在城乡社区治理中的积极作用”为主题，通过召开座谈会、发放调查问卷、开展实地调研等形式，充分了解青年社会组织在推进实现城乡社区治理现代化、推进社会治理现代化中发挥的重要作用，形成《发挥青年社会组织在城乡社区治理中的积极作用调研报告》。

◆青少年权益保护项目建设 2020年，共青团西安市委结合青少年迫切需要解决的热点、难点问题，面向社会组织征集青少年公益项目，为广大未成年人提供成长指导、权益维护、预防犯罪、司法救助等领域的专业社会服务，最终确定“防止校园欺凌 共建平安西安”等11个项目为团市委2020年政府购买公益服务项目。在疫情期间，共青团西安市委充分发挥西安“12355”青少年服务台的专业优势，积极组织开展“轻松备考·‘12355’与你同行”中高考心理辅导活动，服务全市近万名中高考考生。同时，西安“12355”青少年服务台与西安广播电台《市民热线》栏目联合开展“疫情期间爱陪伴·电波连着中高考”活动，自4月13日至7月27日，每周1小时，对广大学生和家长进行考前、考中、考后心理辅导，邀请专家开展志愿填报和政策解读专项栏目。团市委还结合“青春自护”持续开展青少年心理咨询及法律咨询专项服务，工作经验被共青团中央作为优秀案例在全团线上推广；以“青春灯塔”公益巡讲活动为载体，以青少年自护、远离校园欺凌等为主题，将法治教育送进校园。

◆青少年法治宣传活动 2020年，共青团西安市委以宪法、民法典等为重点，把对青少年的法治教育经常化、具体化。联合市司法局、市青联举行“西安市青年法律服务团民法典宣讲公益行”活动，整合专业法律宣讲团队，通过线上讲解的方式开展民法典宣讲。以“6·26”国际禁毒日为契机，联合市禁毒办共同举办“汇聚禁毒力量 共创绿色家园”禁毒主题宣传活动，同时在全市开展禁毒宣传语、海报、视频征集评选活动，共收到来自100多个单位和个人的300余份主题鲜明、形式多样，创意新颖的作品，进一步激发广大市民群众尤其是青少年参与禁毒宣传的热情。团市委联合市委政法委、市平安办、市教育局、市司法局、市中级人民法院、市检察院共7家单位在全市开展“红领巾法学院”创建活动，引导全市384所中小学参与“红领巾法学院”创建，累计开展模拟法庭活动200余次，法治宣传教育活动400余场次，创作视频短片60余部，校园剧60余场，举行法治校园文化专题展示200余场次，设立校内法治实践活动固定场所100余个，覆盖青少年15万余人次。在全市范围开展全市法治知识以及法治宣传作品大赛，征集书法、绘画、手抄报、手工等作品2600余件。

◆青少年事务社会工作专业人才队伍建设　2020年9月，2020年西安市青少年事务社会工作专业人才队伍建设专题培训班在陕西省荣军服务中心举行，全市近150名青少年事务社会工作者通过授课、实操体验以及案例分析等方式，全面系统了解我国青少年社会工作的历史、现状与挑战，并通过青少年社会工作游戏式体验及实务工作坊、社区治理视角下的青少年参与、共建青少年参与公益空间、未成年人成长中的心理危机及其干预等相关课程学有所思、学有所悟。

◆少先队建设　2020年，共青团西安市委持续深化“争做新时代好队员”主题实践教育。“六一”期间，先后在沣西一小、西安烈士陵园、新城区后宰门小学举办全市示范性活动3场，拍摄少先队员入队示范片1部，开展各级少先队系列活动1000余场。

10月11日，由共青团西安市委、西安市教育局、西安市少工委主办的“红领巾迎全运 争做新时代好队员”2020年西安市少先队鼓号队展演活动在西安市经开第一学校举行。来自各区（县）、开发区的17支鼓号队、1298名少先队员精神饱满，昂首阔步，以整齐的步伐、多彩的队列、响亮的口号、雄壮激越的鼓声、振奋人心的号声展现西安市少先队员“德智体美劳全面发展”的精神风貌。

10月13日，“传承红色基因，从小学先锋，长大做先锋”西安市纪念少先队建队71周年主题示范活动在高新第四小学举办，2200余人参加。原国旗护卫队的叔叔们与高新四小国旗护卫队的孩子们一起举行特殊的升国旗仪式。活动还特别邀请西安交通大学西迁教授卢烈英、第二十三任雷锋班副班长曲宗明、疫情期间援鄂的西安市高新医院重症医学科医生刘娟、全国德育专家王芳，为孩子们分享西迁往事、讲述雷锋故事、回顾援鄂经历。建队日期间，全市各级少先队开展国旗下讲话、少先队鼓号队展示、少先队基本知识和标志礼仪教育等活动100余场次。

10月27日，西安市“致敬抗美援朝 争做时代新人”纪念抗美援朝出国作战70周年主题队日活动在灞桥区东城第三小学召开。少先队员们以说快板、舞蹈、合唱等形式介绍抗美援朝历史背景和其中的经典战役，再现邱少云、黄继光、杨根思等抗美援朝英雄的英雄事迹。85岁高龄的王春治老人和83岁高龄的吴耀臣老人讲述他们参加抗美援朝战争的亲身经历，激励少先队员们铭记革命历史，传承革命精神，争当民族复兴大任的时代新人。

共青团西安市委持续开展“红领巾迎全运 我是文明小使者”主题队日活动。先后开展“红领巾迎全运 我是小小讲解员”——2020年“全运小使者”风采大赛、“红领巾迎全运 我是文明小使者”红领巾大讲堂等300余场活动，全市万余名少先队员参与其中。

12月16日至18日，2020年西安市骨干少先队辅导员培训班在高陵区新时代党性教育基地成功举办。全市各区（县）教育系统团组织负责人、骨干少先队辅导员等50余名学员齐聚一堂，聆听《话说党史》《初心使命》等特色党课，参观“红色熔炉”干部培养主题展馆、富平爱国主义教育基地，锻造理论素养，传承红色基因。

为推动将少先队活动纳入学科带头人培养，共青团西安市委举办2020年度西安市少先队活动展示暨教学能手评选活动，25名少先队辅导员获得市级“教学能手”称号。为展现和弘扬西安市优秀青少年的精神风貌，发挥典型示范作用，共青团西安市委开展2020年度“西安市优秀少先队员”“十佳中学生”“优秀中学生”评选活动，谢明俊等100名少先队员获得“西安市优秀少先队员”称号，丁柯欣等10名同学获得第十四届西安市“十佳中学生”荣誉称号，董笃诚等89名同学被评选为第十四届西安市“优秀中学生”。

◆共青团助力脱贫攻坚和乡村振兴建设　2020年，共青团西安市委持续实施“共青团助力脱贫攻坚‘345’工程”和“秦青年下乡计划”。助力产业和消费扶贫，举办“团团大集”线上直播带货和线下展销活动30余场次，销售“团团大集新春大礼包”5000份，价值120余万元。蓝田厚镇东咀村对口帮扶成效显著，协调引进资金近百万元，实施水路改造、核桃加工生产设备提升等项目，成立“青年扶志实践队”开展暑期支教活动，获得帮扶村群众认可，东咀村流动少年宫建设受到媒体广泛关注。积极开展陕南三市脱贫攻坚对接工作，向三地团组织捐赠500个“小葵花微心愿”、5个“小葵花爱心书屋”、“团团大集”农特产品展销、青年致富带头人培训等价值60万元的帮扶项目。启动农村青年致富带头人培养计划，推荐农村青年致富带头人参加和君商学院乡村振兴产业班为期一年的免费学习培训。联合开展“青春助力乡村振兴”西安首届美丽乡村青年创意设计大赛，46支团队的356名青年设计师报名参赛。募集资金20万元、物品10万元捐建周至黄家湾社区、蓝田秀岭2个移民搬迁社区青少年综合服务中心。争取团中央全国试点项目，投入16.6万元在蓝田普化镇建立童心港湾，全年开展活动60场，覆盖2400余名留守儿童。

持续开展小葵花关爱行动。春节期间，西安共青团助力脱贫攻坚“暖冬行动”为全市在册贫困户义务教育阶段子女募集发放“爱心暖冬包”500份、“运动暖冬包”5000份，总价值60万元。暑假期间，举办“小葵花看西安”活动21场次，覆盖8个涉农区（县）和2个开发区的100多个自然村，2000余名“小葵花”参与活动。

开展希望工程行动。持续开展“法律援助走进希望工程”活动，实施“西格玛”“爱心100”等资助项目，全年发放33万余元资助64名建档立卡贫困大学生。开展“‘5·11’希望工程图书室”项目，为鄠邑区、长安区、临潼区、蓝田县等区县4所学校募集图书4400余本，价值9万余元。组织开展2020年西安市希望小学、偏远山村小学骨干教师培训班，培训骨干教师50名，提高希望小学、偏远山村小学师资水平。向陕西希望工程圆阿里少年科技梦项目捐款10万元。动员青联委员、各协学会参与“秦青筹”公益活动，募集25万余元资助困境青少年。

实施红领巾关爱行动。实施“筑梦教室进乡村”等服务项目，坚持每周末为贫困家庭少年儿童、农村留守儿童、进城务工人员子女和残疾等困境儿童开展街舞课堂、绘画课堂等服务活动。启动“2020年红领巾公益活动童步益行——给乡村孩子一双运动鞋”活动，全市广大少先队组织积极参与公益筹款。

◆西安青年公益交友　2020年，共青团西安市委在各节庆日组织开展“邂逅端午·一见‘粽’情”“丝路青缘·致爱99”“青春迎全运 文明我先行”“丝路青缘·为爱宣唱”“聚爱七夕·共迎‘十四运’”等6场单身联谊活动，搭建既有文化底蕴、互动活泼的交友平台，为来自全市各行各业3000多人次单身青年朋友们提供相遇、相识、相知的机会。

◆青年经济工作　2020年，共青团西安市委积极开展“助力经济回暖·市青企协在行动”系列活动。启动“新锐西商”青年企业家扶持计划，召开“新

2020年4月14日，团市委在中国国际丝路中心大厦项目施工现场举行“青年勇担当、建功新时代”中建八局第一建设有限公司青年突击队授旗仪式

锐西商”青年企业家扶持计划研讨会。举办“走进荣民·探寻城市荣耀”“与Z时代青年共鸣，传统模式企业营销破局”“智领科创·感受未来”“走进秦岭之美”等活动，通过走进不同类型的企业，学习先进管理理念及优秀经营模式。带领青年企业家走进全国民营企业500强单位，学习优秀管理经验。邀请国内专业分析师为青年企业家授课，探索发展新思路。

共青团西安市委在全市重点项目中建立首批“三到三服务”行动服务点，深入一线青年职工开展调研，全面推进“岗号队手”创建评选，在25个重点工程、重大项目上组建青年突击队48支，充分发挥广大青年的生力军和突击队作用。命名2019年度西安市“青年文明号”93家，授予71名同志西安市“青年岗位能手”称号。积极开展2020年度西安市“青年文明号”创建活动，组织2020年西安市“青年文明号”创建集体负责人开展业务培训，近百人在破冰训练、凝聚力课程、风采展示等活动中不断提高创建水平。共青团西安市委联合市应急管理局在幸福林带项目现场命名表彰35家青年集体为2020年西安市青年安全生产示范岗。联合市营商办命名国家税务总局碑林区税务局第一税务所等100家青年集体为2020年西安市营商环境优化提升青年示范岗。（田　烨）

中国共产主义青年团
西安市第十八届委员会

书　记　汪国栋
副书记　徐　辉　王　飞
　　　　尤　婷（女）　李显昱
　　　　叶雨桐（女）　周　远

西安市学生联合会第八届委员会

主席团单位　西安文理学院学生会
西安铁路职业技术学院学生会
西安职业技术学院学生会
西安外国语大学研究生会
西京学院学生会
西安翻译学院学生会
西安市卫生学校学生会
西安市第一中学学生会
蓝田县焦岱中学
西北大学附属中学学生会
西安铁一中学学生会

西安市妇女联合会

◆概况　2020年，西安市妇女联合会辖区县妇联、国际港务区妇联、高新区妇联15个、镇（街道）街妇联196个、村（社区）妇联3127个，妇工委10个，党政机关、科教文卫系统妇委会91个，团体会员3个。市级民主党派建有妇委会7个。市、区（县）妇联专职妇联干部118人，镇（街道）、村（社区）专兼职妇联干部3397人。2020年，全市各级妇联组织坚持以习近平新时代中国特色社会主义思想为指导，深入学习贯彻党的十九届五中全会精神和习近平总书记来陕考察重要讲话精神，贯通落实“五项要求”“五个扎实”，紧紧围绕中央重大决策部署，落实省委、市委和上级妇联工作要求，紧扣全市十项重点工作，认真履行引领服务联系职责，投身疫情防控，助力脱贫攻坚，推动实施《西安市妇女发展规划（2011—2020年）》《西安市儿童发展规划（2011—2020年）》。

◆西安市妇女联合会第十五届七次执委会（扩大）会议　2020年7月16日，西安市妇女联合会第十五届七次执委会（扩大）会议召开。会议选举薛林莉同志为市妇联主席，张建茹同志为市妇联第十五届常务委员会委员，替补王睿娜等7名同志，增补刘迎同志为市妇联第十五届执行委员会委员；会议审议通过《只争朝夕抓落实，不负韶华谋新篇，为推动西安追赶超越高质量发展贡献巾帼力量》的工作报告。

◆妇女思想政治引领　2020年，西安市妇女联合会坚持正确的舆论导向，加强妇联宣传阵地建设，做好重大活动宣传报道工作，引领广大妇女坚定不移听党话跟党走。依托各级新时代文明实践中心、妇女儿童之家、女性大讲堂、家庭教育云课堂等阵地、载体和各级妇联微信公众号，以线上与线下相结合的形式，开展“百千万巾帼大宣讲”和“巾帼心向党·奋进新时代”群众性教育宣传活动，市、区（县）妇联领导带头深入基层宣传宣讲十九届五中全会精神，组织动员各界妇女热议党的十九届五中全会、畅谈“两会”感想、学习习近平总书记来陕考察重要讲话和在联合国大会纪念北京世界妇女大会25周年高级别会议上的重要讲话精神，引领广大妇女坚定不移听党话跟党走，夯实党的执政基础。西安市妇女联合会严格落实党组意识形态工作责任制和网络安全责任制，组织学习习近平总书记关于意识形态工作重要论述及指示批示精神，举办意识形态工作专题培训，定期开展意识形态工作研判，加强妇联宣传阵地建设和网络舆情监控，筑牢思想防线，清朗网络空间。以“三八”国际妇女节110周年、建会70周年为契机，举办“芬芳三月，巾帼如歌——我们的网上妇女节”系列活动，集中展播最美巾帼逆行者，举办e路诗语线上直播诗歌分享、揭晓10名西安市三八红旗手标兵和百名最美女性；开展“弘扬家国情怀，寻找战疫最美家庭”活动，揭晓西安“战疫最美家庭”283户，弘扬真善美。5月20日，西安市总工会、西安市妇联、西安市公安局、华商传媒集团联合主办的“最美战疫情侣”2020西安大型公益集体婚礼在西安永宁门文化庆典广场举行，50对因疫情推迟婚礼的新人参加。10月23日，西安市妇联召开“芳华七十载共话妇联情”庆祝省市妇联成立70周年座谈会，邀请市妇联老领导、老中青妇联干部和各界优秀妇女代表，共同回顾妇联发展历程，共叙妇联情谊，展望妇联未来，凝聚建功新时代的巾帼力量。组织各界妇女观看原创音乐剧《花木兰》，各级妇联通过举办庆祝活动，共同回顾妇运历史，激发奋进之志。2020年，市妇联新媒体平台发布宣传稿件8069条，阅读量3000余万人次；中央及省市媒体宣传报道西安妇女工作100余篇。开展第四期中国妇女社会地位调查，圆满完成40个社区和600份个人问卷任务。

◆**新冠疫情防控** 2020年，西安市妇女联合会面对突如其来的新冠肺炎疫情，成立疫情防控工作领导小组，及时传达中央、省委、省政府、市委、市政府及全国妇联省妇联疫情防控决策部署，全天候在线沟通、指导、安排疫情防控工作，第一时间向全市妇联组织和全市妇女发出倡议动员，1.6万余名妇联干部、执委、巾帼志愿者一呼百应，迅速投入村、社区疫情防控最前沿，协助做好防控知识宣传、走访排查、值守检测和隔离观察人员关爱服务等工作。各级妇联组织和社会爱心人士共捐赠物资395万余元，以“她”力量展示大爱无疆。市妇联抗击疫情一线医务人员及其家属保障专班工作领导小组，采取一对一联系方式开展医务人员家属关爱行动，通过送生活物资、网络课程、志愿服务、生活照料等关爱活动，切实将党和政府的关怀和娘家人温暖传递到一线医务人员及家庭。累计对接医务人员及其家属418户，配送生活物资共3批762份，价值22.86万元，为外地家庭发放慰问金57人次共计1.71万元，及时协调解决困难问题13个，为8户家庭送去“订单式”家政服务。依托各级妇联官微官网大力宣传讲述在防疫抗疫、复工复产、常态防控中涌现出来的妇女先进典型和感人事迹。在“西安女性”微信微博开设致敬她记录、最美逆行、暖心行动、家书等栏目，讲好防疫抗疫中西安女性故事，传播正能量，凝聚众人心。在这次严峻斗争中，涌现一大批先进典型，白璐等3名先进个人受到全国妇联表彰；未央区徐家湾街道“小蜜蜂”志愿服务队等5个先进集体和薛梅等15名先进个人受到省妇联表彰。

◆**助力妇女发展** 2020年，西安市妇女联合会深入开展“巾帼脱贫圆梦”行动，发挥社会组织力量，举办新媒体运营培训，助力复工复产。全年举办线上妇女社交电商培训和家政培训，受益5000余人。开通直播带货间，助力消费扶贫68.35万元。积极宣传小额担保贷款政策，发放贷款12273万元，扶助妇女9795人。加强妇女就业创业示范基地建设，按标准建设省市级巾帼示范基地15个。实施117万元妇女儿童事业发展专项资金项目。做好“两联一包”驻薛家村扶贫工作，投入18万元打造村家风馆和光伏发电项目。举办“第四届丝绸之路女性创新设计大赛”、妇女手工艺大赛、家政技能展演以及女性双创分享活动，搭建妇女人才合作发展平台；开展妇女“岗位建功”活动，获得省级先进典型评选表彰31项。

◆**“喜迎十四运·巾帼文明行”系列主题活动** 2020年，西安市妇女联合会在全市广大妇女中组织开展“喜迎十四运·巾帼文明行”系列主题活动，组团参加陕西省第二届妇女运动会暨三秦妇女健身活动展示大赛，举办各界妇女健步走、迎“十四运”家庭主题公园定向嘉年华健康跑、女子半程马拉松、全运知识网络答题等活动，激发妇女和家庭参与健身运动的热情。依托“女性大讲堂”开展“展巾帼风采·树文明形象——百万妇女学礼仪、学健康”活动，举办“女性大讲堂”22场，广泛宣传文明健康知识，受益群众近万人。

◆**美丽庭院创建** 2020年，西安市妇女联合会组织全市各级妇联以农村人居环境整治行动目标任务，主动争取党政支持、发动群众参与，上下联动抓推进，落实责任抓落实，创建市级美丽庭院示范村10个，挂牌市级示范户500户，区（县）级示范户15216户。先后在灞桥、户县召开创建工作现场推进会，承办陕西省“五美庭院”建设现场推进会，西安经验在全省推广。在“西安女性”开设专栏，播报工作动态，展播美丽庭院，拍摄美丽庭院宣传片，印发指导手册、创意大赛集锦等资料3.6万册。举办第三届美丽庭院创意大赛，60户家庭获创意奖。举办“美丽庭院”大讲堂线上、线下培训6期，4.3万名群众受益。

◆**家庭文明建设** 2020年，西安市妇女联合会以家庭文明、家庭教育、未成年思想道德建设为重点，建设好家庭、涵养好家教、培育好家风。举办首届线上家校共育云论坛，累计点击量100余万次。举办“家庭教育阳光云课堂”线上公益讲座30场，争取省市级民生项目资金85万元，创建家庭教育指导中心5个，家风馆2个。表彰西安最美家庭283户、“绿色家庭”142户。联合市卫健委揭晓“健康家庭”500户，在全市少年儿童中开展“特殊时期、特别家风”网上书法征集活动，共征集作品210幅，在西安文明公众号进行展播。指导西安市家庭教育研究会举办“新时代陕西省家庭教育专家论坛”。开展“崇廉尚德·好家风伴百安”活动142场，各级妇联主席、最美家庭代表诵读经典家风家训，在西安发布等平台播出，形成热议优良家风、家训的浓厚氛围。推动寻找“最美家庭”活动向党政机关拓展延伸，在全市各级党政机关中开展寻找推荐“崇廉尚洁最美家庭”活动，教育党员干部树立良好家风。积极参与创建文明城市工作，通过陕西移动、联通，出租车显示屏向广大市民宣传好家风好家训。开展关爱秦岭、垃圾分类、文明交通、文明餐桌等巾帼志愿服务活动；开展“我们的节日”活动，与市文明办、退役军人事务局、市总工会、团市委等部门联合举办三场青年联谊活动，2400余名单身青年参与活动，倡导全市广大家庭和妇女健康祭扫、绿色祭扫、文明祭扫。

2020年8月7日在西安世博园组织开展“喜迎十四运·巾帼文明行”主题系列全民健步走活动

◆**维护妇女儿童合法权益** 2020年，西安市妇女联合会做好源头维权关爱，履行代表和维护妇女合法权益、促进男女平等和妇女全面发展基本职能，坚持依法依规为妇女儿童全面发展营造良好环境，不断增强妇女儿童的获得感幸福安全感。10月14日，西安市人民政府妇女儿童工作委员会召开2020年度全体委员（扩大）会议，安排部署妇女儿童发展“两规划”冲刺收官和全面启动新一轮妇女儿童发展规划编制工作。10月20日至21日，陕西省人民政府妇女儿童工作委员会第二督导组对西安市实施《陕西省妇女发展规划（2011—2020年）》《陕西省儿童发展规划（2011—2020年）》工作进行终期评估。积极参与省、市法律法规政策制定修改工作。提交办理政协提案3件。7月31日，西安市妇联举办以“民法典之对家庭的关怀与守护”为主题的首场《民法典》讲座，通过讲座帮助妇女群众了解《民法典》对家庭文明建设的重要意义，增强自觉尊法、学法、守法、用法意识。9月30日，西安市妇联在未央区方新小学举办“女童保护儿童防性侵”首场公益讲座，讲授儿童防性侵家长版课程，帮助家长如何教育孩子预防性侵害，让儿童防性侵教育理念深入家庭。12月25日，市妇联举办《民法典》宣讲进万家活动暨“七五”普法成果汇报展演。2020年，全市各级妇联共组织“千村行”普法讲座129场，受众13000余人。坚持每年为全市妇女儿童办好“十件实事”，为167名贫困妇女发放“两癌”救助金83.5万元。探索建立西安市包括妇女儿童维权关爱、发现报告、联防联动、舆情应对、工作督查等方面的预防性侵未成年人、维护女童人身权益工作五项机制。创新反家庭暴力介入机制，实施“让爱回家——反家庭暴力深度援助”项目，探索形成“社工师+心理咨询师+律师+志愿者”多方位帮扶模式，完成个案服务150例。深化市妇女儿童维权服务中心分站项目改革，全年共接待处理全市各类信访案件3069件次，办理法律援助35例，挽回经济损失106.5万元。将“平安家庭”创建和婚姻调解委员会建设纳入市域社会治理和平安建设现代化试点内容，充分发挥婚姻调解委员会矛盾纠纷排查化解功能，积极协调解决各区（县）在婚姻调解委员会组织、人才队伍建设中的瓶颈问题，推动建立婚姻调解委员会在区（县）的全覆盖，全市现有专兼职调解员164人，调解案件1652起。

◆**妇联组织建设** 2020年，西安市妇女联合会深入推进妇联基层组织改革。成立“妇联基层组织改革破难行动”工作专班，建立工作机制，召开专题部署会议和“破难行动”现场推进会，安排部署，总结推广经验。推动将“破难行动”纳入各级党建工作总体部署，推动碑林区、临潼区、蓝田县妇联完成换届，高新区成立妇联，区（县）妇联基本落实人均一元钱工作经费。推动成立首家律师行业领域妇联、西部企业家商会妇联、国际医学中心妇联、西安文理学院妇联，新建妇女微家165个，省级妇女儿童之家示范点12个、市级示范点17个。推进妇女参选参政工作。抓住村（社区）两委换届契机，市妇联、市委组织部、市民政局联合印发《关于在全市村（社区）换届选举中推进女性进“两委”和做好妇联同步换届工作的意见》，成立工作专班，召开视频部署会，坚持试点先行与全面推进并重，调研督导与宣传教育并行。加强妇联干部教育培训。制定落实《2020年西安市妇联干部教育培训方案》，在文理学院设立“西安市妇女干部教育培训基地”，加大对妇联干部、妇联执委、基层妇联组织领头雁培训力度，据不完全统计，2020年，全市各级妇联共培训33017人次。注重在疫情防控、脱贫攻坚、重点工作中锤炼干部，疫情期间先后组织50名党员干部下沉社区投身疫情防控。加强妇联统战工作。9月11日，召开市妇联与民主党派妇女工作者座谈会，加强与各民主党派的合作及联系，更好地发挥各民主党派妇女的作用。推动全面从严治党。以巡察整改和深化赵正永严重违纪违法案以案促改工作为契机，强化“三重一大”事项报告和日常监督，对妇联履职工作、组织管理、内部运行等方面的制度进行全面梳理，将全面从严治党要求落实到各项工作中。加强机关干部作风建设，着力解决“庸懒散慢虚粗”问题，营造干事创业良好氛围。市妇联获得全国家庭工作先进集体、全国妇女宣传舆论阵地建设突出贡献奖、全省基层改革优秀单位、全省新媒体传播优秀单位、平安建设工作先进集体等多项先进。（曹显宁）

西安市妇女联合会第十五届委员会

主　　席　薛林莉（女）
副 主 席　岳　岚（女）
兼职副主席　魏　军（女）　米　莹（女）

西安市科学技术协会

◆**概况** 2020年，西安市科学技术协会围绕中共西安市委确定的十项重点工作，推进科协系统全面深化改革，切实履行“四服务”职责定位，着力把开放型、枢纽型、平台型组织优势有效转化为服务全市中心工作的内在动力，团结带领广大科技工作者投身疫情防控、助力脱贫攻坚，为谱写西安新时代追赶超越新篇章作出科协贡献。截至年底，西安市科学技术协会所属社会组织78个（社会团体77个、民办非企业单位1个），区（县）科协8个，企事业单位科协53个，联系全市近17万名科技工作者。

◆**院士、专家决策咨询** 2020年，西安市科学技术协会发挥院士、专家在创新驱动发展中的高端引领作用，主动听取院士专家对西安经济社会发展的意见建议，形成《院士专家建言》6期，报送中共西安市委、市政府领导参阅。其中《关于加强（新型冠状病毒感染的肺炎）疫区生活垃圾处置》《促进航空物流参与主体互联互通、加快空港新城航空物流信息平台建设》得到市委、市政府主要领导批示，并已批转相关部门予以落实。组织广大科技工作者围绕全市经济社会发展的突出问题，尤其是产业转型升级调整中的难点问题、深化改革中行业或领域遇到的关键性问题开展决策咨询课题研究，为市委、市政府科学决策发挥西安科技思想库作用，经专家评审，确定由西安理工大学等13个单位的14个课题组承担2020年度决策咨询课题的研究工作，按照评审等级获得项目资助，所有课题均已按期结题。

◆**《科学素质纲要》实施及科普** 2020年，西安市科学技术协会取得中央、陕西省、西安市三级专项资金总量为370万元。经专家评审公示，确定科普惠农计划项目19项、社区科普益民计划项目14项、社区科普大学建设与管理项目132项、科普中国e站建设项目25项、科技助力精准扶贫项目8项、西安市主题科普活动项目2项。

组织西安市青少年科技创新大赛，遴选推荐的西安市第35届青少年科技创新大赛78个项目中33个荣获陕西省大赛一等奖，13个项目入围全国大赛，3个项目申请实用外观专利；举办西安市第36届青少年科技创新大赛，评选一等奖263项、二等奖510项、三等奖668项。

开展主题科普活动，组织第28届“科技之春”宣传月活动，征集重点活动137项，开展科技集市、街头宣传咨询19次，实用技术培训45期；开展全国科普日宣传活动，举办170余项线上、线下活动，吸引540多家单位参与，网络点击量15万人次；开展科普大篷车“三进”活动累计47场次，科普大篷车科技志愿者服务队荣获“2020年度西安市优秀科技志愿服务工作典型”荣誉

2020年9月25日，西安市第十七届学术金秋活动主会场报告会暨第七届西安青年科技人才奖颁奖典礼在陕西省止园饭店举办

称号。开展“科学实验挑战赛”活动，在全市征集参赛作品500余部，遴选8部优秀作品参加全国赛获“科学创意星奖”。

开展防疫抗疫科普宣传，制作原创科普作品84部（含原创宣传视频两部），更新30座科普画廊；联合西安市教育局、西安市卫健委依托“西安科普”微信公众号，在全市开展“新冠肺炎防控科普知识线上、线下有奖竞答”，参与人次达670万。

◆承接政府职能 2020年，西安市科学技术协会指导西安医学会承担医疗事故、预防医学接种异常反应和医疗损害的技术鉴定工作。全年共收到鉴定委托案例35例，召开鉴定会18场，退案、撤案14例；完成市级继续医学教育讲课33场，听课人数2万余人次；完成有省级学分的继续教育项目6场，听课人数近1000人次。西安化工医药学会获得西安市人力资源和社会保障局批复的西安市化工和医药行业工程系列专业技术任职资格评审权，开展全市化工医药行业企事业单位工程系列中级职称评审工作。西安无线电通信学会承担业余无线电台操作技术能力验证考试。

◆西安市第十七届学术金秋活动 2020年9—11月，西安市科学技术协会举办以“促进科技经济融合，服务经济高质量发展”为主题的西安市第十七届学术金秋活动。活动围绕西安经济社会高质量发展的关键领域，整合优质学术资源，突出学科交叉融合，搭建高端、前沿、跨学科的学术交流平台。主会场邀请中国科学院李应红院士做题为《面向人民生命健康，建立等离子体健康产业创新链》的专题报告。同时设立71个专题分会场，数万名专家学者参加开展学术交流。

◆“全国科技工作者日”系列活动 2020年，西安市科学技术协会围绕“科技为民、奋斗有我”主题开展2020年“全国科技工作者日”活动，联合陕西省科协共同在西安市地铁4号线开通“致敬科技工作者”主题科普专列；召开“科技界践行社会主义核心价值观”座谈会；组织“科技为民 奋斗有我——唱响科创中国最强音”文艺展演活动，引导全市科技工作者主动践行核心价值观。

◆民间国际（地区）科技交流 2020年，西安市科学技术协会针对抗击新冠肺炎疫情实际，探索线上国际科技交流渠道，邀请以色列、埃及、土库曼斯坦、蒙古、巴基斯坦、加纳、日本、俄罗斯等国外学者围绕防疫抗疫、高新技术、粮食安全、国际青少年交流等内容，开展国际新冠感染经验交流暨川崎病网络会诊会议、上海合作组织医院合作联盟抗疫国际远程研讨会等国际民间科技交流活动8次，完成“国际民间科技交流服务提升行动计划”项目10个。

◆联系服务院士专家 2020年，西安市科学技术协会加强院士联系服务工作，联合市委组织部制定“一对一”联系服务院士工作机制，成立“一对一”联系服务院士工作领导小组；疫情防控期间，落实中共西安市委、市政府对院士的关心，协助市委人才办做好疫情防控期间慰问院士专家工作；推进院士专家工作站建设，全年新创建10家院士专家工作站，全市工作站总数达到90家；邀请驻西安两院院士参加市委市政府主办的迎春团拜会，做好元旦、春节期间市级领导走访慰问62位院士、37位专家的沟通协调、联系服务等工作。

◆科技人才培养推荐表彰 2020年，西安市科学技术协会强化对优秀科技人才的培养举荐工作。组织实施青年人才托举计划项目，在全市学会、高校、企事业单位科协中评选出30名青年人才进行周期为2年的资助培养；开展第七届“西安青年科技人才奖”评选，30名优秀青年科技人才获奖，在凤凰网陕西等媒体上对获奖人员的先进事迹进行宣传；组织西安市第十八届自然科学优秀学术论文评选，评选出优秀学术论文160篇，其中，一等奖40篇，二等奖50篇，三等奖70篇；开展“寻找陕西最美科技工作者”活动，推荐的西安交通大学第二附属医院急诊科张正良主任获得“陕西最美科技工作者”荣誉称号。

◆技术创新培训服务 2020年，西安市科学技术协会针对新冠疫情防控对企业复工生产的实际影响和要求，全力助推企业创新发展，在科技型企业中开展技术创新培训活动。先后在西安印钞有限公司、陕西华秦科技实业有限公司、西安华григ能源工程有限公司等单位开展高质量院士专家企业行活动5次，举办创新培训活动5场，培训科技人员近200人次；成立西安市学会科技服务中心，开展协同创新、技术攻关、产品开发、学术交流、人才培训、咨询论证、技术推广、成果鉴定等8项工作，为企业等经济主体提供科技服务和产学研合作。

◆基层科协组织和学会建设 2020年，西安市科学技术协会新建立企业科协组织11家，在高校和科技园区中创建科协基层科协取得突破，成功在西安文理学院和西北工业大学大学科技园区成功创建基层科协组织，恢复健全区县科协组织，批准成立西安市数字新媒体协会、西安市青少年劳动实践教育研究会、西安市人工智能机器人学会、西安市充电桩协会、西安市智能制造与数字经济协会、西安市青少年科技教育协会等6个学会；打造“科创中国”品牌国家级“样板间”——西安“学会智创园”。组织实施2020年西安市科协学会服务能力提升计划，培养树立15个优秀科技社团；落实重点学术项目资助制度，立项支持学会开展重点学术交流项目25项，立项完成学会“企会协作、科技服务”项目15个。

◆社区科普大学建设 2020年，西安市科学技术协会按照新冠肺炎疫情防控形

2020年2月17日，友好交流城市阿塞拜疆共和国苏姆盖特市通过西安市红十字会向西安市捐赠4万只口罩、5万双医用手套和4吨医用酒精，价值105000马纳特，折合人民币43万余元

势要求，联系市级优秀讲师，制作社区大学科普教学视频，利用网上教学和远程授课等方式开展授课；通过微信群和全市建立的68个“科普中国e站”大屏终端，面向社区居民学员开展防疫科普宣传；在全市56个社区共开展各类主题科普活动76场次；举办2020年度社区科普大学开学典礼暨第二课堂活动；新创办社区科普大学教学点4所，截至年底，全市教学点总数增加至145所。

◆西安科技馆筹建 2020年，西安市科学技术协会根据中共西安市委、市政府及巡察整改要求，成立以党组书记为组长的筹建工作领导小组，积极推进科技馆筹建的选址工作；经与西安市自然资源和规划局、西安市财政局及幸福林带管委会、曲江新区管委会、高新区管委会、国际港务区等部门就科技馆事宜进行多次实地走访座谈后，形成《关于西安科技馆选址调研情况的报告》上报市委分管领导，建议将国际港务区作为首选方案，曲江新区作为次选方案。

◆科技助力精准扶贫 2020年，西安市科学技术协会筹措资金370万元，实施“科技助力精准扶贫工程”项目8个，“陕西省农业专家服务站建设”项目2个，“陕西省科技志愿服务试点”项目1个，支持8个“优秀农技协”和8个“农村科普示范基地”的基础设施建设。协调资金193万元，扶持周至县二曲镇下孟家村创建优质猕猴桃科普示范基地155亩，建设5座1.7万平方米的现代化车厘子园，帮助全村及周边乡镇果农销售猕猴桃累计185千克，用工1000余人次。

（梁西安）

西安市科学技术协会第八届委员会

主　席　樊代明
副主席　卫军水　马远良　王晓红
王润孝　朱恪孝　刘建华
李佩成　耿占军　黄　翔
韩　权　舒德干

西安市红十字会

◆概况 2020年，西安市红十字会有所属区（县）红十字会13个，教育系统红十字会1个，乡镇（街道）、社区（村）、学校等基层红十字组织1208个，团体会员单位77个，红十字志愿服务队伍54支；会员47341人，志愿者13462人。

◆新冠肺炎疫情防控捐赠 2020年，西安市红十字会依法接受国内外组织和个人的捐赠。1月28日，发布接收社会捐赠的公告，在市疫情防控指挥部统一部署下做好接受爱心企业、单位、人士的捐赠和发放工作，作为联防联控成员单位，全市红十字会系统累计接收捐赠款物价值1.43亿余元，全部按照捐赠方意愿和市、区（县）疫情防控指挥部要求及时拨付至抗疫一线和指定单位，物资“零库存”，并主动向社会公开信息，接受陕西省红十字会、民政部门、审计和纪检监督。2020年，西安市红十字会获得中国红十字会抗击新冠肺炎疫情先进集体。

◆西安市红十字会改革 2020年，西安市红十字会贯彻落实中共中央和中共陕西省委、中共西安市委群团工作改革精神，参照《中国红十字会总会改革方案》《陕西省红十字会改革方案》要求，推动西安红十字会改革发展，征求省红十字会、13个区（县）红十字会和市委办公厅、市委组织部、市委编办等25个市级部门意见建议，多次修改完善，报请中共西安市委办公厅、西安市人民政府办公厅印发《西安市红十字会改革方案》。

◆红十字人道救助 2020年，西安市红十字会开展“红十字博爱送温暖”活动，募集27.36万元款物慰问全市1700余户困难家庭。开展红十字“小天使”（救助14周岁以下白血病患儿）和“天使阳光”（救助14周岁以下先天性心脏病患儿）项目，拨付89.5万元救助30名患儿。与三秦都市报社联合开展“2020陕西阳光助学”活动，募集63万元资助陕西省126名品学兼优的贫困大学新生圆梦大学。开展“情满冬日平安融爱”红十字暖冬行动，15万元关爱60户特殊困难家庭。4.1万元一次性关爱82户受新冠肺炎疫情影响导致暂时困难家庭。联合爱心企业陕西建工第一建设集团有限公司募集20.52万元定向救助蓝田县汤峪河烫伤留守儿童李郁嘉术后治疗。

◆红十字应急救护 2020年，西安市红十字会联合西安市精神文明建设指导委员会办公室开展“奔跑的红十字‘救’在你身边，急救知识万人学”活动，结合疫情防控、“迎十四运、创文明城”，在街道、社区、广场等场所开展“助力疫情防控、急救知识万人学、安全教育带回家”户外宣讲活动159期，现场为2.2万余名市民群众普及自救互救知识。执行156.62万元西安市福利彩票公益金项目，开展应急救护师资培训班1期、急救员培训班18期。9月16日，西安市华清宫景区红十字救护站举行落成启动仪式，标志着西安市首个红十字救护站正式投入使用。组织参加中国红十字会总会2020年“抗击新冠肺炎疫情暨红十字应急救护知识竞赛”，西安市红十字会获得最佳组织奖一等奖。

◆红十字组织建设 2020年，西安市红十字会坚持依法建会、依法治会、依法兴会。12月18日，西安市红十字会第七届理事会第五次会议聘请陕西省委常委、西安市委书记王浩为西安市红十字会第七届理事会名誉会长。自8月份以来，先后到13个区（县）进行走访调研，取得区（县）委书记支持，鄠邑区、未央区、碑林区等12个区（县）红十字会召开会员代表大会，依法设立理事会、监事会，聘请区县委书记、区（县）长为名誉会长。新城区栖枫社区召开社区红十字会员代表大会，成为西安市首家成立监事会的社区。西安市新城区自强路街道栖枫社区、西安市雁塔区昆明路小学被中国红十字会总会表彰为"全国红十字模范单位"。

◆红十字精神宣传 2020年，西安市红十字会壮大主流思想舆论，以疫情防控、主题活动为载体构建红十字大宣传格局，营造红十字人道工作社会氛围。疫情期间，设计制作《您若爱心相托，我必全力以赴——西安市红十字会抗击新冠肺炎疫情接受社会捐赠工作纪实》宣传册，传播社会爱心抗击疫情正能量。5月8日，在八路军西安办事处纪念馆举办"助力疫情防控，红十字'救'在身边"第73个世界红十字日主题宣传活动，现场为工作人员和游客讲解红十字运动知识和世界红十字日的由来，并教授心肺复苏等应急救护技能。在"'5·12'国家第12个防灾减灾日"，在革命公园开展"提升基层应急能力，筑牢防灾减灾救灾的人民防线"宣传活动，向市民群众传授防灾避险和自救互救知识技能。在"世界急救日"，联合西安急救中心在汉城湖景区封禅广场举办"疫情下的急救"第21个世界急救日宣传活动，向过往群众教授心肺复苏、止血包扎、伤处固定、海姆立克急救法等救护措施，让更多的人掌握急救技能。在"'12·1'世界艾滋病日"，在曲江新区中和广场参加由西安市艾滋病防治工作领导小组办公室主办的"携手防疫抗艾，共担健康责任"主题宣传活动，向群众发放艾滋病防治宣传资料和药具，普及应急知识，赠送红十字急救包。全年西安市红十字会官网发布新闻稿件322篇，西安市红十字会微信公众号发布消息188条，西安市红十字会新开通官方微博发布消息95条，各级各类媒体报道西安红十字工作480余次。2020年，西安市红十字会获得中国红十字会总会"报刊宣传先进集体特等奖"和陕西省红十字会"宣传工作先进集体特等奖"。

◆人体器官捐献 2020年，西安市红十字会参与推动遗体和人体器官捐献的宣传动员、报名登记工作，现场登记成为遗体器官捐献志愿者860人，网络和书面登记合计1.3万余人，其中11月份开展遗体器官捐献10周年宣传活动登记1839人。全年成功实施器官捐献44例，器官121个，受益人数121人；成功捐献眼角膜89人，受益人数200余人；成功实施遗体捐献75例。3月31日，在网上发起"为生命礼赞——红十字清明节缅怀纪念遗体及人体器官捐献者活动"，市民通过"献花""献蜡烛""点孔明灯"方式进行缅怀纪念，表达对遗体器官捐献者最崇高的敬意。4月2日，通过陕西广播电台《秦风热线》栏目向听众介绍遗体和人体器官捐献意义，讲解报名登记方式、捐献原则、捐献现状、捐献程序流程以及对捐献者家庭关爱救助等工作。10月22日，联合陕西省红十字会遗体捐献中心、西安交通大学医学部遗体捐献办公室、陕西省红十字会眼库在渭河、黄河、洛河交汇处的潼关县秦东镇三河口举行"2020陕西省遗体器官捐献者骨灰抛撒仪式"，以特殊的方式祭奠和纪念30位平凡的遗体器官捐献者回归母亲河的怀抱。

◆红十字志愿服务 2020年，西安市红十字会开展8次红十字志愿服务活动。1月8日，参加在灞桥区狄寨街道西车村文化礼堂广场举行的西安市2020年文化科技卫生"三下乡"集中服务活动，为50户困难群众送上"家庭温暖包"，普及应急救护知识，宣传"天使计划"救助项目和人体器官捐献工作。1月11日，参与"青春志愿行，温暖回家路"春运志愿服务活动，在西安北站南广场为车站工作人员和旅客教授心肺复苏等应急救护知识，并为20个志愿服务点配备急救包。3月1日至5日，邀请著名教育、应用心理学专家李豫成老师团队共同开展学雷锋心理咨询志愿服务，根据受疫情影响各类人群的需求和实际困难提供社会与心理支持。5月28日，联合爱心企业陕西建工机械施工集团有限公司开展"与爱同行·情暖童心——关爱留守儿童"活动，15名陕建志愿者到鄠邑区祖庵镇元马店小学给孩子们送去图书、文具、体育用品等儿童节的温暖与祝福，红十字志愿者现场教授应急救护知识。2020年下半年，参加西安市蓝精灵应急救援与安全志愿服务总队"迎十四运，创文明城"志愿服务活动，组织志愿者在银池丽舍云端小区、白桦林居小区、华宇时间城小区、高新万达广场等地向群众宣传城市文明创建知识，普及日常生活应急救护技能与安全常识。西安市红十字会组织开展的"奔跑的红十字'救'在你身边，急救知识万人学"宣教培训志愿服务项目获得中共中央宣传部、中央文明办等14个部门全国学雷锋志愿服务'四个100'最佳志愿服务项目。

（薛　平）

西安市红十字会第七届理事会

名誉会长　王　浩
会　　长　徐明非
专职副会长　崔锦绣（女）
兼职副会长　[illegible]　王　伟
　　　　　[illegible]（女）　关相林
　　　　　[illegible]　张　卫　闫秀斌
　　　　　[illegible]　罗红林
　　　　　[illegible]（女）　刘晓民
　　　　　[illegible]（女）　张春莹（女）
秘 书 长　[illegible]

西安市文学艺术界联合会

◆概况 西安市文学艺术界联合会下设办公室、协（学）会工作部、组织联络部3个部门，并有西安市文学艺术创作研究室、美文杂志社、西安书学院3个直属事业单位。西安市文学艺术界联合会拥有作家、戏剧家、美术家、书法家、音乐家、舞蹈家、曲艺家、摄影家、电视艺术家、评论家、文艺志愿者协会等11个全市性文艺家协会，24个艺术学会、研究会、企业文艺协会，以及长安、碑林、雁塔、周至、鄠邑、临潼、未央、新城、蓝田、莲湖、阎良、灞桥、高陵13个区县级文联，高新1个开发区文联和西安市检察官文联，共50个团体会员，汇集着西安地区各艺术门类的众多人才。

◆艺术采风活动 2020年，西安市文学艺术界联合会深入学习贯彻习近平总书记来陕考察重要讲话精神。

7月17日，西安市书协组织30余位书法家开展走进秦岭采风慰问活动，先后深入到柞水县营盘镇、金米村和长安区秦岭千峪保护站等地进行文化采风慰问。

11月27日，西安市文联组织13个区（县）文联及高新区文联开展"守望秦岭"采风活动，全市各区（县）文联负责人、文艺工作者10多人来长安区参加采风活动。采风团走进长安文化生态公园、秦岭和谐森林公园、西安风雷仪表厂旧址及石砭峪新村。在石砭峪新村，市文联副主席张立志为采风团全体成员就党的十九届五中全会精神进行宣讲，来自全市的文艺工作者进行现场创作，把所见、所感用艺术的方式展现出来并赠送给当地村民。12月4日，市文联组织30余位艺术家走进西安国际港务区奥体中心开展采风活动。艺术家们在感慨建筑宏伟之余，纷纷在场馆内合影留念、拍抖音视频，记录自己在奥体中心的精彩时刻，由衷地为西安的发展感到自豪。

◆文化艺术传播交流 2020年，西安市"书法进校园活动"共有17所学校参与，组织书法导师到学校进行授课。5年来，累计已有9000多名中小学生受益。2020年11月6日《光明日报》刊登董建平院长在西安高新第二学校书法授课的报道，并就西安书学院多年来坚持书法进校园系列活动做出宣传报道。西安书学院组织书法专家学者编写中小学书法教育系列丛书《历代经典碑帖临写与鉴赏》第一卷已出版。

8月7日，西安市旗袍艺术研究会31名优秀会员从古都西安出发，到革命圣地延安参加首期“走进革命圣地，传承延安精神”红色教育活动；9月20日，由西安市书法家协会、西安市新城区委宣传部主办的“文明城市有你有我、迎全运庆国庆”书法篆刻作品展暨西安市书法家协会书法创作基地挂牌仪式隆重举行；10月30日，由陕西省摄影家协会指导，中国艺术摄影学会、陕西文化产业协会、西安市文联、西安市商务局主办的第五届丝路影像博览会暨西安国际影像艺术节在大唐西市开幕；11月8日，由西安市吟诵学会发起指导，全国各地《道德经》吟诵爱好者组织联办的“81万人共吟《道德经》公益活动”启动仪式在西安举行；西安市书协开展“走进秦岭”采风慰问活动。

5月23日，由西安市委宣传部、西安市委文明办、西安市文学艺术界联合会、西安市美术家协会、西安市书法家协会主办，长安区委宣传部、长安区委文明办、长安区文联、子午街办联合承办的西安市新时代文明实践“周末哪里去•一起做公益”暨“5•23”“新长安•新秦岭”文艺志愿服务活动启动仪式在长安区子午街道东台新村举行。

◆区县文联建设 2020年，灞桥区文联和高陵区文联成立。1月15日，灞桥区召开文学艺术界联合会第一次代表大会，标志着灞桥区文学艺术界联合会正式成立，会议表决通过《灞桥区文学艺术界联合会章程》《灞桥区第一届文学艺术界联合会委员选举办法》《灞桥区第一届文学艺术界联合会主席团成员选举办法》，选举产生灞桥区文学艺术界联合会第一届委员会委员、主席团成员，李剑君当选区文联主席。7月29日上午，西安市高陵区召开文学艺术界联合会第一次代表大会，标志着该区文学艺术界联合会正式成立。会议听取高陵区第一次文代会筹备工作报告，审议通过《高陵区文学艺术界联合会章程（草案）》和《高陵区文学艺术界联合会第一次代表大会选举办法（草案）》；选举产生高陵区文学艺术界联合会第一届委员会委员、主席团成员。高陵区委宣传部常务副部长雷彬当选区文学艺术界联合会第一届委员会主席，区文化馆馆长甄陵、区作协主席刁枭武、区文协主席龚平、区美协主席张时奇、区叶浓文化艺术研究会主席来宁、区民间传统文化艺术协会主席吴瑛当选为副主席，区文联服务中心负责人贺宏涛当选秘书长。

◆文艺人才队伍建设 2020年6月12日，西安市文联在西安文理学院书院校区，举办西安文艺界学习宣传贯彻习近平总书记来陕考察重要讲话精神专题培训班。协（学）会拓展型党支部书记、协（学）会负责人及业务骨干50余人参加会议。9月27日，西安市文联党员、艺术骨干培训班在西安文理学院（书院校区）顺利开班。来自各协（学）会的60名文艺骨干与文联的党员干部一起参加为期2天的理论、党建、廉政与业务培训学习。12月3日上午，西安市文联在莲湖区委党校举办党的十九届五中全会精神宣讲报告会和协（学）会工作例会。宣讲会由党组书记、常务副主席王晓锋作辅导宣讲。

◆文化阵地建设 2020年，《美文》杂志按时完成全年出版任务，超过30篇文章被“学习强国”《人民日报》《新华文摘》《收获》《文艺报》公众号转载转发；与孔子学院共同开办“孔子学院汉风专刊”，截至2020年年底共出刊62期；与西安市教育局、西安市河湖长办（水务局）、高科集团联合在西安市青年学生、志愿者中开展第二届“西安高科我爱家乡河”主题征文大赛，于9月24日评奖结束；10月16日邀请汪曾祺学校校长及骨干教师在西安举办“第三届汪曾祺散文奖”筹备会暨《美文》杂志发行工作会；《美文》杂志被北京师范大学文学院授予“2020年未来青少年文学文化公益计划年度最佳合作伙伴奖”。

《文艺西安》2020年推出西安市文艺界学习贯彻习近平总书记来陕考察重要讲话精神情况；挖掘秦岭祖脉文化、西安根脉文化、红色文化；编发西安市近年来扶贫攻艰工作取得的成效和先进事迹；宣传文化下乡系列活动；选登西安市文艺界开展“抗疫”创作；介绍西安文化之星、国展入展情况以及西安市文联系统最美志愿者。

◆协（学）会活动 2020年，西安市文学艺术界联合会完成2019年度协（学）会年审工作，表彰2018—2019年度先进协（学）会和2018—2019年度优秀会员。成立西安市秦筝学会、西安市硬笔书法学会、西安市文艺志愿者协会。西安市模特艺术学会和西安市曲艺家协会完成换届工作。

7月15日，西安市秦筝学会第一次会员代表大会在西安市碑林区大学东路陕西秦筝艺苑召开，选举产生以周胜为会长的主席团成员，裴培担任专职秘书长，董珊珊等4位同志担任副秘书长。7月21日，西安市硬笔书法学会第一次会员代表大会召开，选举产生学会第一届理事会和监事会，会长由张庆元担任，副会长由刘虎民、刘兵、周翠娟、刘蕤凤担任，刘娇任秘书长，祁硕森任硬笔书法学会艺术顾问。8月20日，西安市文艺志愿者协会第一次会员代表大会召开，惠敏莉当选为西安市文艺志愿者协会会长，侯红琴、石瑞芳、赵潇松、于海涛、李新平、李国庆、杨莹、麻天阔、孙茵、李岁全、韦花云当选为副会长，雷好明当选为秘书长，呼延小舟、冯晓伟、刘云3人当选为监事会监事。

8月14日上午，西安市模特艺术学会第四次会员代表大会在西安市云龙大厦星榜样传媒有限公司举行。会议选举产生第四届领导班子和理事会成员。9月3日，西安市曲艺家协会第四次会员代表大会举行，会议选举产生第四届西安市曲艺家协会理事会成员，于海涛担任第四届西安市曲艺家协会理事会会长，苗阜、任丹峰、卢鑫、吕华、马静、杨锦龙担任副会长。苗阜同时兼任理事会秘书长。

◆西安市书法家协会 2020年1月11日，西安市书协与华润万家陕西公司联合举行“翰墨长安、华润万家”——西安市书协百名书法家“送万福•进万家义写春联”活动，活动在西安华润万家桃园路店总会场和韩森寨店、渭滨路店、三桥店、太白南路店、含光路店、未央路店、纺六路店、纺西街店、文艺路店、兴庆路店等10家分会场同时拉开。1月20日，西安市书协与蓝溪丝路文化影视传媒有限公司、蓝溪书院共同组织“文化惠百姓，福送千万家”新春送福活动，市书协主席石瑞芳一行8人为企业和园区职工书写春联、“福”字300余幅。6月1日，西安市书协举办2020年“西安市优秀书法少年”和“西安市书法少年”评选活动暨书法作品网络展，本次活动共收到作品600余幅，通过主席团评审委员会认真、严格评选，评出“西安市优秀书法少年”作品90余幅，“西安市书法少年”作品180余幅。7月28日，西安市书协主席石瑞芳一行8位书法家走进陕西武警工程大学，以赠送书法作品的形式，慰问武警官兵、学员，在建军93周年之际为他们送上一份特殊的礼物。7月29日，西安市书协副主席兼秘书长石心剑一行10余位书法家带着对人民子弟兵的深情厚谊来到32035部队，现场书写书法作品100余幅。7月31日，西安市书协石瑞芳主席带领10余位书法家走进解放军61068部队，为广大官兵书写书法作品120余幅。9月20日，西安市书协与新城区委宣传部主办，陕西省画廊行业协会，新城区民乐园文化街管理办公室，新城区书画协会协办的“文明城市有你有我、迎全运庆国庆”书法篆刻作品展暨西安市书法家协会书法创作基地挂牌仪式隆重举行，本次展览共征集到书法作品360幅，经过评审最终确定入展作品140余件。10月21日，西安文理学院师范学院、西安市书法家协会合作协议签订仪式在西安文理学院明德楼报告厅举行。11月25日，西安市书协在新城区文化街西安市书协书法创作基地召开主席团工作会议，会议批准270余人成为西安市书协2020年新会员。

◆西安市美术家协会 2020年1月7日，西安市美协与灞桥区美协共同在灞桥歇驾新村举办“中国年 看西安”迎春文化下乡活动。参加此次活动的画家与群众共500余人，义务给群众书写春联及书画作品3000余幅。1月10日，西安市美协组织会员赴长安区王曲街道长安唐村——中国农业公园，举行“中国年 看西安”——西安市美协百名画家文艺志愿服务活动，书写春联及书画作品2000余幅。1月17日，“中国年 看西安 来雁塔”2020春联进万家暨迎新春书画展在西安市美协雁塔美术馆举行。参加义务书写春联的艺术家有50余人，书写绘画作品近千余幅。2月1日至3月9日，西安市美协共举办17期“众志成城 抗击疫情”西安市美术家协会艺术家作品网络展。西安市美术家协会3000多会员参与创作，展出入选作品1000余幅；从中遴选精品120余幅于5月25日在西安雁塔美术馆举办“以画动情 战疫同心——西安美术家在行动”美术作品展览。4月8日上午，由西安市委宣传部指导，陕西省慈善联合会、西安市文学艺术界联合会主办，西安市美术家协会、陕西广播电视台公共文艺频道承办的以“疫情无情人有情笔墨丹青致英雄”为主题的慰问活动在陕西省人民医院举行。此次慰问活动，共捐赠给抗疫在一线的医护人员书画作品150幅。4月29日，西安市美协在西安市公安局交警支队举行“疫情无情人有情 笔墨丹青致英雄”为主题的慰问活动，为讴歌抗疫在一线的交警同志们赠送美术作品150幅。9月24日在西安市美协主席杨霜林的带领下，来到桂林举行“西安、桂林两地文化交流暨战略合作签约仪式”，期间美协的20位画家在八桂书画院进行为期5天的艺术交流，增强两地的艺术交往与交流，留下20余幅作品。9月30日上午，在西安市美协雁塔美术馆举办“创建文明城市•喜迎十四运”西安市美术家协会优秀美术作品展的开幕式。展览由线上、线下同步举行，本展览共征集作品700幅，从中遴选作品300余幅进行网络展览，127幅优秀作品在雁塔美术馆展出，此展览约有400余人参加开幕式。

◆西安市摄影家协会 2020年1月18日，西安市摄影家协会在陕西省人民政府综合服务楼五楼会议厅隆重举办西安市摄影家协会第五届“金朱雀奖”颁奖典礼及新春联谊会。6月6日上午，信念•未来2020西安全民战役专题摄影作品展，在蓝海风•漫巷城市展厅举办。6月，市摄影家协会与陕西地方电力集团有限公司共同出版《西安市公共卫生中心（电力保障）战疫记录画册》。8月8日，由西安市摄影家协会主办，陕西国际丝路影像博览会承办的首届“禧福祥”中国人家摄影大展正式征稿。9月29日，协会理事张天柱“记录奇迹”图片展在秦始皇帝陵博物院文物陈列厅开幕。10月30日，首届“禧福祥”中国人家全国摄影大展在第五届丝路影像博览会暨西安国际影像艺术节上颁奖、展出。10月30日，第五届丝路影像博览会暨西安国际影像艺术节在大唐西市隆重开幕。10月30日，市摄协副主席王润年专题作品“白鹿原最后的窑洞人家”在陕西国际丝路影像博览会展出。

◆文艺志愿服务 2020年，西安市文联为更好地营造春节节日氛围，让广大人民群众过一个祥和快乐的中国年，结合西安市主要工作及市文联目标任务，元月2日（腊八节），在阎良区千禧广场举行“中国年•看西安”“书书福福”过大年西安市文艺界到人民中去文艺志愿服务活动启动仪式。截至1月21日，市文联组织实施7场“中国年•看西安”“书书福福”过大年文艺志愿服务活动，书写春联3000余幅，“福”字1000多张，书画作品10余幅，全家福寿星照近200张。2020年1月，赴阎良区、周至县等地组织艺术家开展文艺演出2场。1月8日，由西安市委宣传部、市文明办、市文广新局、市文联等单位联合主办，灞桥区委、区政府承办的西安市暨临潼区2020文化科技卫生“三下乡”集中服务活动在灞桥区西车村拉开帷幕。市文联副主席袁志愿带领20余位市书协、市美协、市摄协的艺术家出席开幕式。书法家们为大家义务书写春联近500幅，市美协的艺术家们为群众创作国画作品，市摄影家协会的摄影家自带设备和背景板，为乡亲们拍全家福，并为群众免费打印照片200余张。

◆文艺助力十四运 2020年8月13日，西安市文联召开机关干部、区（县）文联和各协（学）会负责人以及事业单位处级干部“助力十四运工作推进会”。为助力文明城市创建，扎实做好“迎十四运、创文明城”，进一步丰富人民群众精神文化生活，文联积极策划倡导市属13个区县文联和高新区文联，于8月28日至9月27日，组织广大文艺家协会的艺术家及志愿者“文艺轻骑兵”，深入街道、社区开展“文明城市有你有我”主题文化活动，分别举办8场书画义写活动和5场文艺演出。活动共为基层群众赠送书画作品近2000幅，1500多人次观看演出。

◆艺术展览活动 2020年1月20日，由西安市文联主办，市书协、市美协、市摄协承办的“中国年 看西安”书法、美术、摄影作品展在[illegible]美术馆开幕。共展出200余幅书法作品、150余幅美术作品和200余幅摄影作品。9月14日，由中共西安市纪委、市委宣传部主办，经开区党工委、管委会、纪工委、西安报业传媒集团、市文联、市书法家协会承办的“崇廉向德——好家风润西安”系列活动之“写家训、抄家书”书法展在市政府一楼大厅举行。本次活动紧扣“经典家规、家训、家书，传承孝廉文化、廉洁文化，宣扬新时代党风廉政建设”等相关内容，100多幅作品参展。10月10日，在全国第七个扶贫日即将到来之际，由中共西安市委宣传部指导，西安市扶贫开发办公室、西安市文联主办，市书法家协会、市美术家协会、市摄影家协会、市各区（县）文联、高新开发区文联共同承办的西安市文艺界“奔小康 迎全运”书法美术摄影作品展在亮宝楼开幕，共展出130余幅作品。后续在灞桥区、长安区进行巡展。

◆新冠疫情防控 2020年1月28日，西安市文联党组向全市各协（学）会及广大文艺工作者发出《西安市文联关于众志成城打赢疫情防控攻坚战倡议书》。2月10日晚，接到市委组织部《关于市直机关党员干部到社区、村报到参与疫情防控工作的通知》后，文联党组高度重视，及时安排部署，8名党员干部投身防疫一线，助力街道社区、帮扶村疫情防控工作。制定《疫情期间加强协学会管理的暂行办法》，提出5条特殊时期管理措施，号召各协（学）会组织开展“战疫情”主题文艺作品创作，其中，市美协发起主办的“众志成城抗击疫情——西安市美术家协会艺术家作品网络系列展”用优秀的绘画作品，鼓舞士气。举办“疫情无情人有情 笔墨丹青致英雄”美术作品捐赠活动，向援鄂医疗队员及省人民医院捐赠书画作品150幅。市书协举办“翰墨凝心聚力，众志防控疫情”书法作品网络展，共展出书法作品160多件，组织30多幅书法作品参加“团结一心共克时艰——陕西省书法界凝心聚力共抗疫情书法作品网络展”；市剧协、曲协组织艺术家用演唱、说唱形式录制小视频，讴歌平凡英雄，礼赞时代精神。各协学会、研究会开展形式多样的抗疫活动，为推动全市凝心聚力、打赢疫情防控战作出贡献。（胡江梅）

西安市文学艺术界联合会

主　席　贾平凹
副主席　王晓锋　张青艳（女）　张龙愿　李伯钧　于孝军　吴克敬　陈兆朋　叶广芩（女）　王西京　侯红琴（女）　方　明　石瑞芳（女）　杜爱民
秘书长　陈兆朋（兼）

西安市残疾人联合会

◆概况　2020年，西安市残疾人联合会决战脱贫攻坚、决胜全面小康，开展残疾人康复服务、培训就业、社会保障、组织建设、法律维权、宣传文体、残运会筹备等工作，各项目标任务全面完成。截至年底，下辖区残联11个、县残联2个、开发区残疾人工作机构2个；有市级残疾人专门协会5个、区（县）级残疾人专门协会65个。

◆残疾人就业　2020年，西安市残疾人联合会与市财政局联合出台《西安市残疾人就业援助活动实施方案》，将自强绿色行动补贴标准由2000元/（人·年）提升至3000元/（人·年），全年扶持1500名农村残疾人从事种植、养殖及农产品手工业加工。修订出台《西安市残疾人就业扶贫基地办法》，全年共创建残疾人就业扶贫基地10个，省级农村残疾人扶贫示范基地4家，辐射带动约350名残疾人通过产业脱贫致富。开展残疾人就业创业援助，推动建成5个残疾人创业孵化基地，为56个残疾人创业团队提供孵化服务，带动232名残疾人自主创业就业；创建西安市残疾人网创空间，依托未来易货平台搭建残疾人直播带货窗口；全年共完成创业就业补贴1356名，举办各类残疾人招聘洽谈会5次，扶持残疾人就业实体111家，新增残疾人就业1280名，就业创业工作受到中残联周长奎理事长高度赞扬，在全省做经验介绍，并受到中央、省级媒体广泛关注。强化职业技能培训，开展线上残疾人就业培训服务，先后举办3次网络视频招聘会，开设网络直播课、直播带货培训、就业服务微课堂等在线就业创业服务课程，线上、线下共培训残疾人4101名，其中贫困残疾人1247名。

◆残疾人康复服务　2020年，西安市残疾人联合会实施精准康复行动，全年完成残疾少年儿童康复救助5738名，其中持居住证的外地残疾儿童1768名，儿童康复工作在全省做经验介绍；精神病服药救助13298名，住院救助2640名；运动功能障碍康复救助3551名；为322名符合救助条件的听障少年儿童进行听力言语康复训练，为有康复需求且符合救助条件的42名听障少年儿童提供人工耳蜗产品及人工耳蜗植入手术。开展残疾人辅助器具适配工作，为8169名残疾人适配各类辅助器具10006件，为下肢障碍残疾人补贴机动轮椅车1576辆。扎实开展残疾人家庭医生签约服务工作，全市残疾人家庭医生签约综合服务率94.38%。积极推进残疾预防工作并开展残疾预防日宣传活动，三级预防工作体系不断完善。持续推进互联网+残疾人康复服务，已实现网上申报、审批监管、数据统计汇总、项目资金结算一条龙服务，真正让数据多跑路，让残疾人少跑腿。

◆残疾人教育资助　2020年，西安市残疾人联合会落实《残疾人教育条例》和特殊教育提升计划，依法保障残疾人受教育权利，为儿童、青少年实施包括学前一年免费教育、义务教育“两免一补”、普通高中教育免学费在内的免费教育政策。开展自行助学活动共资助898名残疾少年儿童和困难残疾人家庭子女就学，标准为每生每年不少于1000元。开展残疾人远程学历教育资助活动，资助42名残疾学生，其中本科23名，每人7000元；专科19名，每人5000元。

◆扶贫助残　2020年，西安市残疾人联合会联合西安市民政、财政、人社、扶贫部门印发《关于扎实做好疫情防控常态化背景下残疾人基本民生保障工作的实施意见》，形成任务分工明确、目标责任到位、项目齐抓共管的工作格局；定期组织召开市残疾人脱贫攻坚领导小组办公会议和涉农区（县）脱贫攻坚工作分析会、任务部署会，不断完善工作推进机制。扎实开展“三排查三清零”行动和“回头看”，筛查建档立卡残疾人27148名。全面落实行业精准帮扶措施，实施贫困残疾人阳光增收扶贫项目，帮助40名建档立卡残疾人贫困户家庭至少有一人实现就业增收；实施低保应纳尽纳，配合民政部门做好兜底保障工作；开展元旦、春节慰问困难残疾人活动，全市各级残联共走访慰问8370户，送慰问金（品）价值314.7317万元。积极推进苏陕扶贫协作，江苏太仓市投入1000万元支持周至县康复中心建设，资助10万元购置残疾人康复器械，在2020年新冠疫情的特殊情况下协调10名贫困残疾人在太仓稳定就业。扎实开展驻村帮扶工作，争取90万元建成480平方米养牛基地，发展村集体经济，带动全村贫困户就业，并为27家贫困户现金分红；协调实施新联村下水管网建设和污水治理，修建完善通村道路2300米。帮扶村周至县翠峰镇新联村被评为“陕西省村级党组织标准化建设示范村”，驻村第一书记柏华同志荣获“2020年陕西省脱贫攻坚奖”。

◆残疾人托养服务　2020年，西安市残疾人联合会开展政府购买托养服务，为2865名城乡重度残疾人提供居家安养服务，为303名有一定自理能力的智力、精神残疾人提供日间照料服务，为965名智力、精神及重度肢体、视力残疾人提供集中托养服务。开展助力脱贫攻坚重度残疾人集中托养行动，投入240万元，重

2020年7月22日至9月4日，25名盲人学员在西安市周至县劳动职业技能培训学校学习保健按摩技能

点保障200名有寄宿制托养服务需求贫困残疾人和有长期照护需求的重度残疾人的集中托养服务，缓解家庭支出和长期照护负担。开展残疾人托养机构检查督导工作，新冠疫情期间指导全市各机构全面防控、安全运行。

◆残疾人社会保障 2020年，西安市残疾人联合会配合西安市民政局为39485名困难残疾人发放生活补贴2742.55万元，为59783名重度残疾人发放护理补贴6410.51万元，实现建档立卡残疾人“两项补贴”全覆盖。落实特困残疾人城乡最低生活保障，根据残疾程度对残疾人养老、医疗社会保险个人缴费部分给予减免。推进无障碍进家庭，投入433万元，完成家庭无障碍改造1609户，其中建档立卡残疾人家庭1417户，在全省率先实现建档立卡贫困残疾人家庭无障碍改造全覆盖。

◆残疾人维权维稳 2020年，西安市残疾人联合会完善《信访接待制度》和《信访数据分析制度》，积极开展信访维权工作，全年共接访455人次，转办办理各类残疾人信件31件，5人以上残疾人集体访8次；“12345”热线工单办理75个，办结率达100%，满意率98%以上；办理人大代表建议和政协委员提案共7件。扎实做好法律服务，结合残疾人节日，开展残疾人普法“三到”和法律进机关活动；积极开展法律援助，全年提供法律咨询300余人次，市办理案件20余件。利用多种载体平台开展防范电信网络新型违法犯罪宣传工作，增强残疾群众识骗意识，维护社会和谐平安。

◆残联组织建设 2020年，西安市残疾人联合会扎实推进残联系统改革，市及区（县）残联改革方案全部印发执行。加强残疾人证核发、使用、管理等工作的指导和监督检查，认真完成关于脱贫攻坚“三排查三清零”工作中的有关残疾人证问题和全市残联系统违规持有残疾人证核查清理“回头看”工作。积极推进第三代残疾人证（智能化）的制作发放工作，为5个试点区制作发放33057张第三代残疾人证（智能化）及相关配套器材。全面实施《西安市残疾人专职委员管理办法（暂行）》，指导区（县）残联选聘残疾人专职委员2995名，落实残疾人专职委员工作补贴、养老医疗保险补贴和意外伤害保险等待遇。指导各专门协会在残疾人重大节日期间，组织开展适宜各类别残疾人特点的活动。常态化做好残疾人基本服务状况和需求信息数据动态更新工作，参与动态更新残疾人合计193844人，移动终端App采集比例达98.45%。

◆残联宣传及文体活动 2020年，西安市残疾人联合会大力宣传残疾人事业和残疾人先进典型，通过中央、省、市主流媒体与网络媒体等先后采访报道10位残疾人自强不息创业典型事迹，在新闻媒体播发宣传稿件185篇。积极开展各种宣传文体活动，隆重举行主题为“助残脱贫 决胜小康”的第三十次“全国助残日”活动；组织策划“喜迎十四运 牵手残疾人 走进残运会”西安市残疾人“我要上残运”系列活动，举办残疾人太极拳培训，羽毛球、象棋、乒乓球比赛，残健融合健步走和残疾人体育健身、健康线上打卡等活动；开展以“参与特奥，促进健康”为主题的特奥日、残疾人健身周和以“决胜小康，奋斗有我”为主题的残疾人文化周等活动；在“全国助残日”“扶贫日”等重要时间节点通过地铁宣传媒体、市级网站、微信公众号开展脱贫攻坚励志典型宣传，全年组织开展全市性残疾人文化体育活动7次。

◆残运会筹备 2020年，西安市残疾人联合会全力配合国家及陕西省开展全国第十一届残运会各项筹备工作，印发《〈全国第十一届残疾人运动会暨第八届特殊奥林匹克运动会无障碍建设与改造指南〉实施方案》，积极指导残运会场馆及全市无障碍建设改造工作；研究制定《全国第十一届残疾人运动会暨第八届特殊奥林匹克运动会西安市工作方案》，指导开展全市残运会筹备工作；积极开展残疾人体育活动，组队参加“我要上残运”陕西省各项比赛，向省残奥中心报送群体项目运动员52名。

（苟旭峰）

西安市残疾人联合会执行理事会

理 事 长　安文中
副理事长　何永国

中国国际贸易促进委员会西安市分会

◆概况 2020年，中国国际贸易促进委员会西安市分会党组坚持以习近平新时代中国特色社会主义思想为指导，深入学习习近平总书记来陕考察重要讲话精神，全面贯彻落实“五项要求”，以加快形成以国内大循环为主体、国内国际双循环相互促进的新发展格局为指导，统筹推进疫情防控和经济社会发展，持续抓好“六稳”工作、全面落实“六保”任务，强化贸易投资促进平台、代言工商平台、涉外商事法律服务平台、政策保障平台等平台建设，推动西安市十项重点工作率先突破，大力发展“三个经济”，优化营商环境，圆满完成全年工作目标任务。

◆搭建贸易投资促进平台 2020年，中国国际贸易促进委员会西安市分会严格按照西安市疫情防控指挥部工作要求，在开展疫情防控工作的同时，根据中共西安市委、市政府“追赶超越”总目标，按照“超前策划、主动作为、把握工作主动权”的总体思路有序推进2020年各项目标任务工作。制定下发《西安市贸促会应对疫情做好贸易与投资促进工作方案》《西安市贸促会关于统筹抓好新冠肺炎疫情防控和当前重点工作的若干措施》《西安市贸促会2020年促进服务贸易发展工作要点》等，确保全年贸易投资促进工作的顺利开展。6月23—24日，市贸促会与市工商联联合举办西安茶叶及食品企业以及西安机械、医疗产业企业“走出去”2场线上对接活动。西安茶叶及食品企业“走出去”线上对接活动，共有来自7个国家的茶叶、食品类超过50家企业参会。西北国际茶城、西安市西商茶文化协会、陕西景福源茶业贸易有限公司、宁强县山高茶叶公司等企业进行重点推介，向外方展示中国的各类茶叶产品及丰富的茶文化。洽谈会促成茶叶类中外企业签约7组，食品类企业签约2组。西安机械、医疗产品企业“走出去”线上对接活动，线上、线下共有来自中外机械、医疗类超过50余家企业参会。洽谈会促成机械类中外企业签约4组，医疗类2组完成在线签约。6月23日，由俄罗斯会展联盟、华司国际商务咨询机构、俄罗斯国际会展公司共同主办的“危机下及危机后的国际合作”线上会议召开，来自中国、俄罗斯等国的10余家农业企业参会。市贸促会特别邀请西安知名农业企业——西安亚澳农机股份有限公司销售总经理在线推介。6月25—26日，由市贸促会主办、陕西蓝装网络科技有限公司承办的“西安第42届蓝装家博会”在西安国际会展中心举办。此次家博会展出面积达3.2万平方米，汇集300家一、二线家装品牌，展出近万款家装产品，2天时间参观人数近20000人次，现场交易额达1亿元。6月30日，市贸促会与英中贸易协会共同举办“英国食品品牌线上对接会”，邀请陕西华润万家生活超市有限公司、西安市人人乐超市、西安卜蜂莲花超市有限责任公司等龙头超市和西安市便利店以及商贸公司60余家企业参会。英方品牌6家企业进行在线推介。7月1—6日，市贸促会在浐灞西安国际会展中心举办2020第十一届西安国际汽车工业展览会，本届西安国际车展参展品牌突破80个，700余辆新车参展。车展期间共有32万人观展，展出面积46000平方米，订购新车18616辆（含摩托车5400辆），销售额突破21.6亿元。7月9日，市贸促会与英中贸易协会、西安文化创意产业协会、陕西动漫游戏行业协会等共同举办“中英文化创意产业项目对接会”，共有来自英国、中国的10余家企业和机构参会并推介。8月31日，市贸促会联合中东国际展览集团（迪拜MIE集团）举办2020—2021西安品牌线上展，旨在通过“互联网+外贸”的创新展会模式，为西安企业打造更周全、更经济、更便捷的贸易机会，帮助企业开拓海外市场，谋得商机。共有60余家企业参会。9月3日，市贸促会参加“内地澳门商会联席视频会议”，会议由中国贸促会张少刚副会长主持，高燕会长致辞，澳门贸促局、澳门中华总商会、澳门厂商联合会、澳门出入口商会、澳门纺织商会、澳门付货人协会分别致辞，并就全球产业链重构背景下企业面临的机遇与挑战、智慧经济推动企业创新与发展进行专题交流。9月3—5日，市贸促会在西安国际会展中心举办第10届中国西部国际物流产业博览会，本次展会参展面积2.6万平方米，参会单位200余家，设有中欧班列、集装箱、空港、临空型经济、航空物流、智能停车解决方案等展区。山东港口、国家能源集团、中国五矿、中国中车、中铁集装箱等知名企业重装亮相，特装展出率达75%。10月15—17日，市贸促会在西安国际会展中心举办2020西安电子商务博览会，本届博览会以“新时代•共享新发展”为主题，旨在为政企、企企和行业单位提供全面、专业对话交流平台。展会设1500个国际标准展位，总展览面积约3万平方米，300多家企业组团参展参会，30000多专业观众到场。同期举办的2020中国（西安）跨境电子商务大会、第二届中国（西安）智慧城市建设论坛暨首届中国（西安）区块链产业发展论坛、第二届中国“互联网”精准扶贫论坛暨第三届中国西部县域经济电子商务发展市（县）长论坛等主题论坛和多项活动取得圆满成功。会期签订各种合同、协议20多项，总金额超过2亿元。10月16—18日，市贸促会与陕西省贸促会在西安国际会展中心联合主办中国西部国际采购展览会，本届展览会为期3天，展出面积1.6万平方米。邀请到来自俄罗斯、巴基斯坦、哈萨克斯坦、埃及等51个国家和地区190余家采购商携订单参会，采购清单涉及农副产品、工程机械、防疫物资、纺织服装等行业，国内32家大型央企、民企采购主管参会洽谈。西安市34家企业参展并参加“供应链”推动“双循环”论坛、大型企业采购对接洽谈会等系列活动，展会期间，西安市有12家企业签订合作项目，意向成交额近300万元，达成意向合作项目20个。11月17—18日，市贸促会与西咸新区管委会、秦商百人会共同承办由中共西安市委、市人民政府主办的“‘活力西安 共享未来’高端产业论坛暨秦商百人会年会”活动。会议邀请浙商总会、楚商联合会、川商总会、深商总会以及秦商百人会等全国著名商帮参加，冯仑、陈东升、刘永好、王石、郭广昌、汪力成、赵依芳等160余位商界精英应邀出席，论坛围绕“人工智能”和“5G”主题邀请全国知名业界人士进行主旨演讲，开展浙商秦商手牵手对话走进西咸新区活动。市贸促会与秦商百人会签署战略合作协议书，将秦商百人会年会址永久设在西安，并邀请楚商、川商、深商等商协会共同参与合作打造全省唯一的西安全球泛秦商基地，为西安市开拓新的招商引资工作平台。通过与秦商百人会合作，2020年引入涉及高科技、房地产等领域项目3个，投资金额约为66.3亿元人民币。

◆搭建代言工商平台 2020年年初，中国国际贸易促进委员会西安市分会通过直接发放问卷调查表及线上开展问卷调查相结合的方式对200多家企业进行《关于新冠肺炎疫情对企业影响的问卷调查》，并对调查情况进行分析研判，依据分析结果，就做好“六稳”工作向市政府报送《关于加大支持企业力度稳外贸稳外资的请示》，建议在支持企业的房屋租金、金融、税收、财政、社会保障和防护用品保障等方面出台可操作、更精准的政策支持。疫情期间，帮助赛思科西安分公司复工复产，该企业于2020年2月17日复工。帮助西安艾拓进出口有限公司复工复产，该企业于2020年2月27日复工。帮助西安贝复康医疗有限公司解决出口消毒用品许可证办理问题。4月8日，市贸促会组织召开西安市外贸企业座谈会，听取全球疫情暴发背景下西安市外贸企业面临的问题和希望得到的政策支持，西安银桥乳业集团、陕西建设机械股份有限公司、西安爱拓进出口有限公司、西安标准国际贸易有限公司、西安龙跃尧海实业发展有限公司、西安楚登生物科技有限公司、西安兆龙食品有限公司、西安安捷通达国际贸易服务有限公司、英中贸协西安代表处、中东国际展览集团西安办事处等10余家企业和机构的12人参加座谈会。市贸促会收集整理座谈会上反映的9个共性问题和2个个性问题，向西安市人民政府上报《西安市外贸企业座谈会意见建议报告》，帮助企业解决实际困难。4月30日，市贸促会举办APEC商务旅行卡办理流程及外贸商品报关知识线上培训会，邀请到西安市委外办李艳女士就APEC商务旅行卡办理流程进行讲解、关中海关综合业务三科副科长秦鑫就海关通关流程及支持企业复工复产有关措施进行讲解，此次培训会共有60多家外贸企业参加。8月25日，市贸促会与俄罗斯联邦总商会驻华代表处一行对接三星（中国）半导体有限公司，双方就俄罗斯联邦总商会如何采购三星半导体的产品，以及国际贸易形势对三星的影响等话题进行交流。8月28日，市贸促会与市工商联、西安航空基地管委会共同举办“企业赴航空基地综保区实地调研”活动，西安市商协会、企业代表100余人参加该活动，企业家及商协会负责人先后参观标准厂房、保税仓库及通关服务中心等，并听取航空基地及综保区基本情况的介绍。关中海关向大家解读综保区入区项目指引及综保区21条新政，航空基地税务局解读综保区一般纳税人资格试点及出口退税政策。9月21日下午，市贸促会与市工商联共同组织西安市商业联合会、西安市福州商会、西安市金华商会、西安市台州商会、西安市浙江东阳商会、西安市商洛商会、西安市紫阳商会、西安市丹凤商会、西安市澄城商会、西安市西商茶叶文化协会、西安市文化创意产业协会、西安佰分佰服饰有限公司等商协会、企业家代表近百人走进阿里巴巴集团丝路总部，阿里巴巴（陕西）跨境服务中心营销总监杨蒙以“实力领跑 弯道超车，跨境电商新机遇”为主题，重点介绍跨境电商在陕西省、西安市发展的情况，讲解企业如何做跨境电商、跨境电商的发展优势、加入阿里巴巴国际站的流程等内容。10月14日，市贸促会邀请西安市企业参加中国贸促会办公室在线举办的企业“走出去”培训暨境外企业产业园推介会（东盟专场），向企业解读中央、省和市“六稳”的相关政策措施，帮助企业寻找新机遇，开拓新领域，发展新动能。

◆搭建涉外商事法律服务平台 2020年，中国国际贸易促进委员会西安市分会为积极应对新冠肺炎疫情对西安市进出口企业造成的不利影响，于2月10日建立线上涉外商事法律服务平台，依托中国贸促会涉外商事法律综合服务专家团队资源，开通法律服务热线，帮助企业处理相关涉外商事法律问题，提供相关法律咨询，维护企业合法权益。自2019年10月获得中国贸促会自贸协定（西安）服务中心授牌以来，一方面市贸促会明确专人负责此项工作，获得总会认可的审核授权，另一方面通过举办

FTA培训会向企业宣传自贸协定应用规则，引导企业享受自贸协定带来的关税减免和海外市场准入红利。在2020年7月份总会FTA表彰总结中，市贸促会被评为突出进步集体。根据国际市场变化和企业的需求，2020年市贸促会先后举办了《新冠肺炎疫情下支持外贸企业政策解读培训会、商标注册与使用》培训会、《商标纠纷与应对》培训会、防疫物资出口欧美市场法规及相关认证要求线上培训会、“一带一路”知识产权保护研讨会、企业商事法律调解培训会等讲座、培训会议共计13场次，为国内外经贸企业和组织提供有关国际贸易、金融投资、技术转让等方面的法律咨询、法律顾问等服务，强化外贸企业交易的风险防范意识。市贸促会分别与中国国际贸易促进委员会专利商标事务所、西安市知识产权保护中心、中国国际贸易仲裁委员会丝绸之路仲裁中心、西安海关、陕西省贸促会签署相关框架合作协议，为西安市外贸企业进行国际贸易搭建全方位的法律服务。市贸促会还邀请中国国际贸易仲裁委员会丝绸之路仲裁中心参与西安“一带一路”国际商事争端解决中心筹建工作，共同构建调解、仲裁、诉讼有机衔接的争端解决平台，形成“一站式”国际商事争端解决机制，培育和发展国际商事争端解决产业链、生态链，将西安争端解决中心打造成为立足西部地区、面向中西南亚、辐射“一带一路”国家和地区的国际商事法律服务开放高地。12月，市贸促会与中国贸促会调解中心签署合作协议，建立商事调解合作机制和信息共享机制，搭建起中西部地区首家涉外商事纠纷调解平台，更好地帮助企业在“走出去”“引进来”过程中妥善化解遇到的涉外商事纠纷，推动西安多元化纠纷解决机制发展，助力法治营商环境建设。为帮助企业及时做好相关经贸摩擦和法律风险防范，特别是在2020年年初疫情期间，市贸促会通过商务部、总会法律事务部、全国各兄弟贸促会等渠道，及时把受疫情影响各国实施的限制性措施、防疫物资出口规定第一时间发送给西安市外贸企业，帮助企业分析和应对来自全球疫情带来的经贸摩擦风险2020年全年市贸促会门户网站、企业群共发布预警信息1186条，具体针对对华经贸摩擦案件678起、企业走出去风险267条和全球经贸动态241条，涉及美国、印度、阿根廷、巴西、土耳其、越南等100多个国家。

◆搭建政策保障平台　2020年11月，经过近8年的持续努力，中国国际贸易促进委员会西安市分会与西安市财政局联合印发《西安市贸易促进活动补助资金管理办法》，参照成都市政策基本实现与国际接轨的支持西安市企业“走出去、引进来”的财政支持政策保障的目标，增加西安市企业赴国内其他城市参加国际性展览会的资金补助内容，提高西安市企业赴境外参展参会的资金补助标准，加大政策扶持力度，有效促进西安市企业参加境内外展会等贸易投资促进活动的积极性。6月29日，市贸促会联合西安市人社局、西安投融资担保有限公司等[illegible]家单位共同举办涉外企业政策解读网上培训会，市人社局有关负责人对“西安市人民政府关于进一步稳就业有关政策”进行详细解读，西安投融资担保有限公司主讲“开展疫情防控专项融资担保服务，扶持中小微企业共渡难关相关措施”，袋鼠云贸公司用鲜活和具体的事例生动地诠释“传统企业如何做到线上线下相结合”，市贸促会也对最新的《西安市境外经贸对接活动补助专项资金管理办法》的内容以及表格填写进行详细解答，观看规模达到70余人次。积极主动做好境外经贸对接活动资金审核与拨付工作。2020年完成境外经贸对接活动企业补助资金审核36家，拨付资金共计74.95万元，缓解相关企业特别是中小企业的资金压力。

◆出证认证　2020年，中国国际贸易促进委员会西安市分会为减少西安市涉外企业经济损失，共为35家企业出具不可抗力事实性证明书38份，涉及阿塞拜疆、哈萨克斯坦、埃塞俄比亚等20多个国家，合同金额约1.94亿人民币。为方便企业办理原产地证，做到少跑路、零跑签，全年西安市共102家外贸企业实现自主打印原产地证书。2020年，市贸促会共审理一般原产地证3733份，优惠原产地证536份，商事证明书1078份，代办领事认证299份，ATA单证册8份。

（汪　锋）

中国国际贸易促进委员会西安市分会

会　长　龙晓华

副会长　张庚元　夏　鹏

西安市法学会

◆概况　2020年，西安市法学会围绕中共西安市委、市政府和市委政法委工作部署，把握职能定位，发挥自身优势，有效履职尽责，团结、组织、引领法学法律工作者以学习贯彻党的十九届五中全会精神和深入学习领会习近平总书记来陕考察重要讲话精神为契机，深入贯彻落实中办《关于进一步加强法学会建设的意见》（中办13号文件）和宣传贯彻《民法典》《政法工作条例》为工作主线，扎实做好疫情防控、法学研究、法学交流、法治宣传等工作，各项工作均取得新进展和新成效。

◆疫情防控　2020年年初，新冠肺炎疫情暴发，对法学会开展法学研究和学术研讨交流活动等带来一定的冲击和影响，市法学会不等不靠，组织引领全市法学界法律界主动担当、积极作为，在依法防控疫情方面做了大量富有成效的工作。向全市法学法律界印发《关于转发中国法学会〈关于做好新型冠状病毒感染的肺炎疫情防控工作的通知〉》，各区（县）法学会、研究会和团体会员单位进一步提升政治站位，统一思想认识，强化政治责任和使命担当。在法学法律界组织开展“法治战‘疫’”主题征文活动，征集论文15篇，并将市法学会航空航天产业法研究会会长、西北工业大学法学系主任[illegible]的《新冠肺炎疫情防控中个人信息保护的建议》编入《长安法治论坛》和《法学会动态》，专报市委、市政府领导决策参考。集中组织力量编写《新冠肺炎疫情防控工作法律法规参考资料汇编》《新冠肺炎疫情防控工作法律知识口袋手册》（企业用工篇、企业合同篇、社区居民篇、学校篇）等共计4000余册，分别向西安市部分社区、学校和企业赠送，受到广大群众普遍欢迎。通过下发《关于积极开展社区（村组）法治服务与心理援助志愿活动的倡议》，号召全市法学法律工作者充分发挥自身优势和专业特长，走进社区、走进村组、走进群众，争当疫情防控的宣讲员、宣传员、服务员和心理辅导员，在第一时间普及防疫法律知识，助力疫情防控和企业复工复产贡献法学法律界的智慧和力量。

◆法学研究　2020年，西安市法学会按照中央、省法学会等工作安排，结合西安市实际，制定《市法学会2020年度工作要点》，细化分解为5大项、26小项具体工作任务，统筹全年法学研究工作。积极参与法治西安和更高水平平安西安建设，组织召开2019年度法学研究课题结项评审会议，“人民法院附设一站式多元解纷体制机制构建研究”“知识产权司法服务‘一带一路’建设路径探索——以西安地区为例”“市域社会治理现代化研究——以西安市政务服务‘一网通办’为例”“城市社会治理视域下社会稳定风险评估效能提升研究——以土地征收项目为例”“西安市智慧城市建设法治保障研究”等5项课题经专家委员会评审顺利结项，其中2项课题被评定为优秀等次。弘扬中华法治历史文化，积极推进法治文化建设。按照西安市建设“一带一路”国际商事法律服务示范区的要求，为满足人民群众日益增长的法治文化需要，积极建议推动在示范区内筹划建设法治主题公园、法治文化博物馆等，努力让社会各界能直观了解我国法治发展历程、核心内容、制度框架等，更好地理解、遵守和运用法律，在潜移默化中达到对内熏陶和对外传播的效果。向市委专题报送《关于学习贯彻习近平总书记来陕考察重要讲话重要指示精神 打造中华文明根脉城市有关情况的报告》。加强社会治理理论研究，扎实开展实地调研和考察。组织专家学者就《〈吕氏乡约〉对现代乡村社会治理的启示》《秦岭北麓生态环境治理中检察职能研究》等7项法学研究课题进行期中检查；安排市委党校《吕氏乡约》课题组赴蓝田县开展实地调研和考察，充实研究课题相关素材。

法学交流 2020年，西安市法学会积极推动研究会开展法学学术研讨交流活动。市法学会房地产法研究会举办《民法典》与房地产法实务问题学术研讨会；市法学会经济法学研究会举办企业债务危机化解暨重整法律对策研讨会，对相关领域问题深入探讨，寻找相关对策及工作建议。按照中国法学会各大法治论坛组委会要求，组织开展论文征集与评选活动。先后组织全市法学法律工作者参加第32届“全国副省级城市法治论坛”、第15届“西部法治论坛”、第8届“董必武青年法学成果奖”、第8届“关中—天水经济区法治论坛”、第3届“法治陕西论坛”等征文活动，并向各大法治论坛进行优秀论文筛选与推荐。全年，共征集论文132篇，分获一等奖5篇、二等奖5篇、三等奖4篇、优秀奖14篇；论文征集优秀组织单位4个。

◆法治宣传 2020年，西安市法学会按照中共西安市委政法委统一安排，积极策划，采取多种方式，扎实做好《中国共产党政法工作条例》的学习贯彻活动。组织召开专家学者研讨座谈会。结合近年来习近平总书记关于政法工作的重要论述，组织召开全市法学法律界学习贯彻《条例》座谈会，组织20余名法学法律专家对《条例》进行更深入的理论解读和研讨交流。邀请专家学者进行系统授课和讲解阐释。邀请西北政法大学褚宸舸教授为政法系统处级以上领导干部作《条例》辅导讲解，助推《条例》在市委政法委机关的深学、普学、精学和促学工作。配合做大做强学习宣传声势。在《长安法治论坛》杂志上开辟专栏，陆续转载《法治日报》解读《条例》的相关理论文章，相继刊登委机关处以上领导干部的10余篇理论解读文章，持续掀起学习宣传热潮。同时，将征集到的市委政法委、市法学会、法制教育培训中心全体机关党员干部撰写的60余篇个人学《条例》、用《条例》的心得体会文章，精心编印成册，供全体机关党员在工作和学习中交流参考。

◆组织体系建设 2020年，西安市法学会贯彻落实中办印发《关于进一步加强法学会建设的意见》，及时向市委政法委报告，并起草《关于进一步加强西安市法学会系统建设的具体措施》。针对市法学会系统组织体系建设的薄弱环节，以中办《意见》为契机，组织召开区（县）法学会暨专业研究会工作推进会议，举办区（县）法学会、专业研究会秘书长培训班，要求各区县法学会、各专业研究会以中办《意见》精神为引领，努力推动法学会工作在新时代取得新发展、实现新跨越。莲湖区、未央区、新城区等区县法学会积极向区委报告工作，各区（县）委分别召开常委会议，就深入贯彻落实中办《意见》，推动法学会工作再上新台阶进行安排和部署。各区（县）法学会主动围绕新冠疫情防控、市域社会治理、多元化矛盾纠纷化解等工作，采取“法治课堂”进社区等措施，普及宣传法律法规，推动法学会会员参与到人民调解、法律咨询等工作中去，为建设更高水平的法治西安和平安西安贡献基层法学会的智慧和力量。未央区法学会由于工作成绩突出，被陕西省法学会表彰为“全省法学会系统先进集体”。各专业研究会按照《市法学会关于规范学术研讨及宣传教育活动，推动法学研究领域意识形态工作责任制落实的意见》，对市法学会开展学术研讨活动进行规范。推动市法学会房地产法研究会完成换届。携手高校组建市法学会社会治理法律研究中心。围绕市域社会现代化治理工作，聘请西北政法大学“枫桥经验与社会治理研究院”执行院长、市法学会禁毒法学研究会会长褚宸舸教授担任中心主任，聘任12位年轻有为的法学专家和研究骨干为特约研究员，组建成立市法学会社会治理法律研究中心。这是市法学会参照浙江诸暨“枫桥经验”的相关做法，主动参与市域社会治理现代化工作的一次有益探索和尝试。

◆思想政治建设 2020年，西安市法学会机关始终把保持和增强法学会政治性、先进性、群众性，增强“四个意识”、坚定“四个自信”、坚决做到“两个维护”作为自身建设的根本。一年来，学会机关在人少、事多的情况下，以加强自身建设为抓手，努力在机关形成良好的工作作风。学会机关干部勤奋工作、锐意进取、开拓创新，各项工作均取得新成效和新进展。学会机关按照市委政法委工作安排，创新推行学会项目管理责任制和AB交叉岗工作模式，对照年度工作计划和业务分工，将学会机关的重点工作和任务细化分解，责任明确到人，使大家工作责任清晰，持续改进工作作风，提高工作效率，机关作风更加勤勉务实，机关建设水平稳中有升。学会机关分别以学习贯彻习近平法治思想、《政法工作条例》《民法典》等为主题，编辑出版《长安法治论坛》（双月刊）6期、《学会动态》4期，在西安法学微信公众号、《西安法学网》编辑、刊发各类稿件共80余篇，有效提升法学会工作的影响力。

（陈汉虎）

市法学会秘书长培训班

社会治安综合治理

◆概况 2020年，西安市政法系统坚持以习近平中国特色社会主义思想为指导，认真学习贯彻习近平总书记来陕考察重要讲话和关于政法工作的重要指示批示精神，聚焦谱写新时代西安追赶超越新篇章目标，强化底线思维、发扬斗争精神，忠诚履行使命、锐意担当作为，圆满完成政法工作任务，为全市经济社会发展创造安全的政治环境、稳定的社会环境、公正的法治环境、优质的服务环境。

◆维护社会大局稳定 2020年，西安市政法系统坚持把维护政治安全和社会稳定作为重大政治责任，强化底线思维，加强风险防控，妥善处置各类群体性事件，确保全市社会大局持续稳定。

不断加强防范预警，牢牢把握维稳工作的主动权。对苗头性、内幕性、行动性情报信息，坚持第一时间核查报告、研判预警、交办处置，重要敏感时节实行“日报告、零报告”制度。严格落实重大政策风险评估，重点组织“一带一路”文化交流中心、“临港产业园”等20余个“十四运”配套项目评估，有效防控风险隐患。深入开展涉稳风险源头防控，组织涉稳风险常态化摸排11轮次，专项摸排2轮次，排查消除隐患7类35个，妥善解决处置华西大学非法集资案件，挽回涉案资产414万元。

积极构建新维稳工作体系。认真研究新形势下维护社会稳定工作体制机制，制定《防范化解和妥善处置群体性事件实施细则》，建立维稳责任实、工作职责清、保障制度全的“833”维稳工作体系，落实“属事”“属地”双稳控责任，圆满完成疫情防控、党的十九届五中全会、国庆中秋双节等重要敏感时节维稳安保工作。

不断壮大主流阵地，深入开展疫情防控、扫黑除恶、平安建设、《中国共产党政法工作条例》贯彻落实等主题宣传活动，落实成效被中央政法委《长安》杂志2次报道，市委政法委被表彰为“《长安》杂志宣传通联先进地市”。着力建强、做优、做响政法新媒体，调动全市372个政法新媒体同频发声，80余篇优质稿件被“中央政法委长安剑”“学习强国”“西安发布”等新媒体推送，“周至政法，守护你的平安”等3个账号获评中央政法委第二届“四个一百”优秀政法新媒体，“西安政法”头条号荣获陕西政法“优秀新媒体账号”，16部作品在第四届平安陕西“三微”比赛中获奖，市委政法委荣获优秀组织奖。举办全市140名政法宣传骨干参加的能力提升培训班，建立覆盖全市政法系统的通讯员队伍。

◆扫黑除恶专项斗争 2020年，西安市持续深入学习贯彻习近平总书记重要指示精神，坚持以扫黑除恶专项斗争“六清”（线索清仓、逃犯清零、案件清结、伞网清除、黑财清底、行业清源）行动和“六建”（建立健全源头治理的防范整治机制、建立健全智能公开的举报奖励机制、建立健全打早打小的依法惩处机制、建立健全精准有效的督导督办机制、建立健全激励约束的考核评价机制、建立健全持续推进的组织领导机制）工作为抓手，持续提升站位、固强补弱、攻坚克难，不断推进扫黑除恶向纵深发展。保持政治站位不减。始终把推进扫黑除恶专项斗争作为重要政治任务，市委常委会专题听取扫黑除恶工作汇报，市级领导亲自挂帅督办重点涉黑案件，确保扫黑除恶高位推进。全市共办理涉黑社会性质组织案20起，涉恶集团案53起，涉恶团伙案143起，办结涉黑、涉恶腐败和“保护伞”案件44件240人，查封、扣押、冻结涉案资产28[illegible]7亿元，案件办理数量居全省前列。市扫黑办被表彰为全市2020年劳模先进集体。紧抓“六清”行动不松。坚持把“六清”行动作为推进扫黑除恶的重要抓手，全市政法机关会同纪检监察、金融、国土、市场监管等部门，集中开展线索清仓、逃犯清零、案件清结、伞网清除、黑财清底、行业清源行动。全年共查结涉黑、涉恶线索10964条，按期查结率100%；抓获公安部督办涉黑、涉恶目标逃犯1名，追逃率100%，受到省公安厅通报表彰；办结涉黑、涉恶案件179件，办结率84%；公检法纪等机关共发出“三书一函”1[illegible]16份，整治到位率100%。盯住行业整治提质。坚持把重点行业领域专项整治作为扫黑除恶决战决胜的重要战场，督促指导组织、民政、建委、交通运输、资源规划等部门对标对表中央专项整治《意见》《方案》，制订1[illegible]个行业领域整治方案，持续增强整治工作的针对性。集中开展打击“沙霸矿霸”“黑车黑导”等行业乱象专项整治行动，共立行政刑事案件21605件，行政、刑事拘留4927人，责令停产停业3628家，查封场所、设施405处，罚款2.75亿元。行业整治经验做法被省扫黑办刊发推广。围绕“六建”工作增效。坚持把建立完善扫黑除恶长效机制作为巩固专项斗争成果的有效抓手，对照中央“六建”工作要求，研究制定长效机制建设《责任清单》，建立健全防范整治、举报奖励、依法惩治、督导督办、考核评价、组织领导等6大类33项制度机制。大力推动行业部门建立完善联席会议、联络督导等配套机制144项，进一步提升全市扫黑除恶专项斗争法治化、规范化、专业化水平，为推进扫黑除恶常态化和营造“黑不出、恶不生”环境提供有力支撑。

◆社会治安综合治理 2020年，西安市政法系统始终把保护人民生命安全摆在首位，不断创新社会治安综合治理形式，人民群众获得感、安全感、满意度进一步提升。深入开展打击整治。紧盯影响群众安全感的“盗抢骗”“黄赌毒”等违法犯罪，深入开展“云剑2020”“雷霆2020”“秦鹰2020”和“蓝剑”专项行动，先后破获盗抢案件8705起，起诉盗抢嫌疑人1200名，盗窃车财和电动自行车案件立案数分别下降23.2%和36.6%。严厉打击新型网络犯罪，关停疑似涉诈电话卡34万张，破获电信网络诈骗案件2786起，抓获犯罪嫌疑人3062名，止付、冻结涉案资金4.2亿元。不断加强寄递物流安全管理，查获禁运品919件，毒品49.1千克。加强治安防控体系建设。制定印发《西安市创新完善社会治安防控体系工作方案》，召开任务部署会和推进会，立项推进“一平台九系统”建设。加快推进综治视联网建设，建成综治视联网点位（平台）310个，接入视频大数据资源32315路。深入推进社会治安突出问题和重点区域整治工作，先后排查城乡接合部235个、城中村412个、重点场所或部位7531个，整改治安突出问题123个。深入开展六类特殊人群筛查管控专项行动，逐人落实“五人管控小组”措施，全年未发生一起肇事肇祸案事件。持续夯实基层基础。下大力推进综合治理和网格化服务管理中心规范化建设，市、区（县）、街镇三级综合治理和网格化服务管理中心挂牌成立。坚持和发展新时代“枫桥经验”，研究制定府院联动的矛盾纠纷源头治理、多元解纷机制建设《实施意见》和建立大调解工作格局《实施方案》，搭建矛盾纠纷多元化解机制体系框架，全市共摸排各类矛盾纠纷31317件，化解30940件，化解率达98.8%。

◆**服务经济社会发展**　2020年，西安市政法系统充分发挥法治固根本、稳预期、利长远的重要作用，以法治建设助推西安经济社会高质量发展。不断优化营商环境。坚持法治是最好的营商环境，制定出台《政法机关服务保障营商环境25条措施》，建立涉营商环境案件绿色通道，依法办理涉营商环境敏感案件，西安市中级人民法院审理“闻天科技集团房屋买卖合同案”被最高人民法院评为弘扬社会主义核心价值观十大典型案例，西安市人民检察院办理“陕西鹏豪公司等公证执行虚假诉讼监督案”被最高检评为第14批指导性案例。深入推进“一带一路”国际商事法律示范区建设，协调司法部在全市挂牌成立上合组织法律服务委员会西安中心、“一带一路”律师联盟西安中心、西安“一带一路”国际商事争端解决中心，逐步构建形成具有国际影响力的商事法律服务高地。深度参与脱贫攻坚。充分发挥政法综治信访6个专班助力脱贫攻坚作用，先后调处涉贫领域矛盾纠纷1009起，办理涉农涉贫案件932件，起诉985件1161人，累计为107案贫困当事人缓免减诉讼费1138万余元。扎实开展驻村联户帮扶工作，市委政法委帮助鄠邑区柳泉口村按照“企业+合作社+农户+建档立卡户”模式，打造秦岭生态农业科技产业园，完成1000万的一期项目建设，产业园培育的“秦乡红草莓番茄”品种获得第27届中国杨凌农业高新科技博览会“后稷”奖。利用地利优势，积极推进特色乡村旅游，为“柳泉沟景区”申报AA级景区，打造“农业观光+户外旅游+户外运动”为一体的乡村旅游，推动村民持续增收。全面加强执法监督。积极发挥执法监督、纪律作风督查巡查作用，加强案件协调督办，全年共转办督办各类案件252件，取得良好的社会效果和法律效果。扎实开展案件评查工作，对622件市法院发回重审、直接改判的民商事案件集中开展案件评查，评出瑕疵案件32件、优秀案件20件，有效规范执法司法行为。依法打击侵犯公民个人信息犯罪专项行动，办理侵犯公民个人信息犯罪案件16件，抓获犯罪嫌疑人44名。深入开展纪律作风督查巡查和执法司法规范化检查活动，对发现的18个问题进行限期整改，工作经验被《陕西政法》转发。持续深化司法体制改革。注重发挥司法体制改革专项小组统筹协调、督促检查、推动落实作用，统筹推进司法责任制综合配套改革，全面系统梳理党的十八届三中全会以来全市司法体制改革任务推进情况、落实成效，集中汇编改革文件200余份，进一步巩固深化改革实践成果。主动解决司法体制改革的困难问题，先后2次召集组织、编办、财政、人社、医保等市级有关部门，召开专题会议研究解决全市法院检察院人财物统管改革后涉及的有关问题。扎实推进民事诉讼程序繁简分流改革试点，坚持简案快审、繁案精审，全市法院适用简易程序案件4.6万余件，受理小额诉讼案件4131件，审判效率稳步提升。组织开展优秀改革案例评选活动，13项改革案例入选全省《政法领域改革优秀案例汇编》。

2020年12月1日“一带一路”国际商事法律服务示范区“三中心”揭牌

◆**新冠疫情防控**　2020年，西安市政法系统深入贯彻落实中共西安市委“三个一切、五个所有”要求，启动战时机制，精细落实防控措施。公安机关累计排查1029.8万人次、122.3万车辆、入境航班50架次，发现移送高风险地区人员2.1万人次。公检法机关建立涉疫案件快速通道，办理案件13起，侦破全省首例涉疫情案件。广大政法干警冲锋在前、不怕牺牲，涌现出“抗疫英雄”乔锦仁、“全国抗击新冠肺炎疫情先进集体”市公安局特警支队等先进典型。

◆**政法队伍建设**　2020年，西安市政法系统认真贯彻落实习近平总书记关于加强政法队伍建设重要指示要求，深入开展政治轮训、业务培训和纪律作风整顿，努力建设信念坚定、执法为民、勇于担当、清正廉洁的新时代政法铁军。扎实开展教育培训。严格落实政治轮训制度，举办全市政法系统学习习近平总书记来陕考察重要讲话暨2020年正处级领导干部政治轮训班，分两批对全市政法系统320名正处级以上领导干部进行脱产集中培训。补齐配强镇街政法委员，举办全市首届培训班，165名镇街政法委员全员参训，有效提升镇街政法委员履职能力。调整优化队伍结构。认真贯彻落实《党政领导干部选拔任用条例》和省委市委“三项机制”，树立正确的选人、用人导向，配合组织部门为市级政法单位配备70后党组（党委）班子成员5名，选拔任用政法系统正处级领导干部56名，进一步激发干部队伍活力。坚持全面从严治警。积极协助市委和纪检监察机关做好政法干部的监督检查、审查调查工作，建立违纪违法案件协查机制，落实典型案例通报制度，共查处政法干警违纪违法案件373起418人，通报典型案例18起22人，全市政法系统违法违纪案件数量比上年下降26个百分点。认真贯彻落实中央和省、市政法队伍教育整顿部署要求，准确把握教育整顿重大意义，不断压实各级党委（党组）工作责任，坚决打好刀刃向内、刮骨疗毒，正风肃纪、铸魂扬威攻坚战，努力打造一支党和人民信得过、靠得住、能放心的政法铁军。（市委政法委）

立法工作

◆概况 2020年，西安市人大常委会始终遵循“党委领导、人大主导、政府依托、社会参与”的立法原则，发挥人大立法主导作用，做到“立得住、行得通、真管用”。

◆突出重点领域立法 2020年，西安市人大常委会落实习近平生态文明思想，修订《西安市秦岭生态环境保护条例》《西安市机动车和非道路移动机械排气污染防治条例》，用最严格的法规保护秦岭生态环境、加强大气污染防治。围绕提升城市品质，制定《西安市生活垃圾分类管理条例》《西安市城市地下综合管廊条例》《西安市查处摩托车和非机动车非法载客若干规定》，促进城市高质量建设、规范化管理、可持续发展。

◆切实维护法制统一 2020年，西安市人大常委会按照上位法规定，主动适应改革发展需要，对西安市现行有效法规进行评估，对65部法规进行集中清理，废止《西安市预防职务犯罪条例》，对涉及野生动物保护和《民法典》的地方性法规进行专项清理。加强备案审查制度和能力建设，开展专题培训、调研和检查，对报备的规范性文件进行严格审查。

◆完善立法机制 2020年，西安市人大常委会坚持党对立法工作的领导，年度立法计划、立法重大事项、表决的法规及时向中共西安市委请示报告。坚持科学立法，落实立法责任，完善法规立项、调研、起草、审议、表决机制，法规审议由“两审制”改为“三审制”，立法程序更加规范。坚持民主立法，充分发挥人大代表、立法专家库、基层立法联系点和高校作用，完善法规草案征集意见反馈制度，每部法规草案都广泛征求公众意见，把体现人民利益、反映人民愿望、维护人民权益、增进人民福祉落实到立法全过程。

◆扩大立法宣传 2020年，西安市人大常委会及时召开法规公布暨实施动员会，宣传解读法规，中央电视台、《人民日报》多次报道西安市修订秦岭生态环境保护条例、制定养老服务促进条例的情况。丰富法规宣传形式，组织秦岭生态环境保护条例网络知识竞赛，制作电子法规口袋书，实现法规随身带、随时用，提升法规知晓率，营造法规实施的良好氛围。（赵 航）

公 安

◆概况 2020年，面对突如其来的新冠肺炎疫情防控和艰巨繁重的维护稳定任务，西安市各级公安机关全面贯彻中央和省委政法工作会议和全国、全省、全市公安工作会议精神，特别是遵照习近平总书记来陕考察重要讲话精神，紧紧围绕维护国家政治安全和社会稳定总任务，坚持“担当、勇为、奋进”主基调，统筹做好疫情防控、维护稳定、服务发展等重点工作。紧扣“六清行动”主线，持续深化发力，坚持案件侦办、打伞破网、黑财清底、行业整治同步发力，推动扫黑除恶专项斗争圆满收官；紧盯全年十项重点工作任务，强化组织推动，助推西安经济加快高质量发展；准确把握群众对更高水平平安西安建设的新期待，严打强震慑、严防促和谐，公众安全感和社会治安满意度连续4年保持上升；深化改革强警和大数据战略，“一窗通办”“一窗办理”服务模式得到社会各界广泛点赞；超前谋划部署，高标准推进建设，“十四运”安保各项筹备工作有力有序。

◆抗击新冠疫情 2020年，面对新冠疫情重大考验，西安市各级公安机关扎实落实中共西安市委“三个一切、五个所有”（“三个一切”：采取一切可以采取的措施，动员一切可以动员的力量，调动一切可以调用的资源，群防群治，共同做好疫情防控工作；“五个所有”：在进出西安各路段设立检查点，对所有进入城区的车辆、人员进行全面检查；对所有高发疫区进入西安的人员一律先隔离、再检查；对市域内所有公共交通工具全面消毒，地铁、公交、出租车每天进行两次消毒作业，对乘坐地铁的所有乘客，严格落实测量体温等措施；对所有社区、村庄进行全面消毒作业，公共场所每天消毒一次；对所有确诊病例一律在指定专业医院隔离治疗，对疑似病例实施定点医院隔离医学观察，开展实验室排查，经实验室诊断排除的，可解除隔离，对密切接触者及可疑暴露者实行集中或居家隔离医学观察。要全力救治感染患者，对其亲密接触者准确排查，做好留置观察工作，对其生活环境进行全面消毒，确保病毒没有残留，不再扩散）工作要求，全警动员、积极应战，全面启动战时机制，落实各项疫情防控措施。西安市公安局党委召开疫情防控会议18次，召开调度会议68次，市局党委成员24小时坚守岗位，市局8个督导组、2[illegible]个专项督导组随警作战，以最强的力度确保防控措施落地。全局2.3万余名警力放弃休假，市局疫情防控指挥部每天2次会商研判，印发各类方案通知4[illegible]份，下达疫情指令462条，确保全市疫情防控工作扎实推进。围绕重点涉疫人员排查，坚持“一日一汇总、一日一研判”，先后研判分析数据33余万条，为全市疫情实现精准化管控提供有力支撑。先后涌现出“全国抗击新冠肺炎疫情先进集体”市局特警支队、“全国抗击新冠肺炎疫情先进个人”、“全国优秀共产党员”灞桥分局民警乔[illegible]仁同志、荣记集体一等功的交警支队等先进典型。

防疫排查管控 2020年，西安市各级公安部门以外防输入、内防扩散为重点，全力查控、严格管控，做到“不漏一航班、不漏一车、不漏一人”。外防输入方面：检查站全天查控。全市74个公安检查站盘查点[illegible]800名警力，累计检查车辆[illegible]万辆，检查205.93万人。研发“西安疫情[illegible]化管理系统”，建立市级、区县、政府（管委会）、街镇三级工作专班141个，抽调2669名警力全覆盖运转“一[illegible]五[illegible]”，累计核查流入和返城旅客56.7万人次，发现移送高风险地区2.1万人次。研发搭建西安市疫情防控数据库，开展8轮次数据核查会战，核查117.6万条数据信息。抽调60名特警驻守机场入境口岸排查入境航班，共排查旅客和机组共计1.15万人次，累计发现确诊病例75例，牢牢守住防境外输入防线。在内防扩散方面：西安市公安局共组织593名民警带队组成工作专班，对全市所有社区、小区、城中村全覆盖走访，累计排查316万户805.3万人。出动安保力量[illegible]900余人次，对地铁、公交乘客进行测温，共排查出386名重点人员，发现27名发热人员，集中隔离10人。对发现的52万余名高风险地区及发热症状人员，落实居家、住院等留观措施。组建37人的特战队，对全市确诊、疑似患者深度调查，有力配合全市疫情防控大局。

防疫维稳安保 2020年，西安市公安局持续加大社会面管控力度，为全面打赢疫情防控攻坚战创造安全有利环境。全市启动二级加强型巡逻防控模式，每天出动巡逻警力7124人次，加大64个党政机关、10[illegible]个繁华街区的巡逻盘查力度。抽调1053名警力，对55个封闭楼宇、83个集中留观点和定点医院实行封闭式管控，严防交叉感染。累计处置涉及疫情的敏感信息4262条，打击处理69人，其中行政拘留11人。

打击涉疫犯罪 西安市公安局联合市场监管、卫生等部门累计检查农贸市场267家，餐饮药店212家，疫情期间，全市累计侦破销售假冒伪劣口罩等涉疫情类刑事案件105起，取保候审65人，刑事拘留14人；侦破涉疫类治安案件206起，行政拘留116人，罚款97人，警告45人，为群众挽回损失290万元。

严控监管场所 全市20个监管场所启动战时机制，制定应急预案19个，看护警力执行3班次15天轮班模式，确保全市监管场所9964名在押、收治人员无一感染。

保障复工复产 西安市各级公安部门在严格检查防控的基础上，全力做好服务保障，有序稳妥推进复工复产。建立四级响应机制，以“三类车辆”（应急运输保障车辆、物流配送服务车辆、农产品等物资运输车辆）为重点，累计保障18.7万吨生活物资、293万件医疗防疫物资顺利运输。4月份，全面复工复产后，及时开通“122”应急运输热线，完成京东物流等9家企业16.5万吨电煤生产物资运输保障任务，圆满完成10批次援鄂医疗队返陕护卫任务，得到一致好评。为统筹做好复工复产和疫情防控工作，复工复产以来，部署1140名警力在全市高速出入口设立53个交通观察点，累计对高风险地区1210辆车、2054人进行实时监测和精准跟踪，为全市顺利复工复产守住风险防线。

◆公安改革 2020年，西安市各级公安机关深化公安改革，坚定不移走改革强警、科技兴警之路，加快推进警务机制改革与现代科技应用深度融合，努力在提升公安工作整体效能和核心战斗力上实现新突破。强化7个方面22项本地化工作措施落地见效；派出所用房、公安机关主要负责同志进班子、基层警力增补等19项重点任务目前已全面落地。深化机构编制改革，重新组建并设立法纪处、森林警察支队、交警浐灞大队等单位；推动对地铁分局11个派出所的管辖范围进行调整和重新划分，整合编制资源成立网络安全保卫大队，推动新城等15个分局在相关科队加挂“境外非政府组织管理办公室”牌子，切实盘活机构、激发活力。深化民警职级改革，推动“1+3”职务职级序列体系改革常态化落地，全年共有4095名民警实现职级晋升。制定《西安市公安局民警职级晋升激励办法》，疫情防控期间有934名优秀民警提前晋升，极大地调动民警工作积极性。深化辅警管理改革，为市局机关、交警支队及新城、雁塔、碑林、莲湖等单位招聘辅警890余人，4000余名辅警顺利晋升层级。建立辅警经费动态调整机制，有力推动辅警队伍规范化、制度化、正规化建设。

◆维护社会治安稳定 2020年，西安市各级公安机关牢固树立总体国家安全观，扎实担当新时代公安机关维护国家政治安全、服务保障经济社会发展的职责使命，坚决实现公安部提出的“五个严防、三个确保”工作目标，确保国家政治安全和西安城市安全。

扫黑除恶 西安市各级公安部门坚决贯彻党中央和国务院决策部署，推动三年扫黑除恶专项斗争圆满收官。西安市公安局被陕西省公安厅评为扫黑除恶工作先进集体。在线索清零方面，对群众举报的涉黑涉恶线索10988条，全部按期查结。在案件侦办方面，共侦办恶势力团伙以上案件211起。其中，黑社会性质组织案19起、恶势力犯罪集团案49起、恶势力团伙案件143起。逃犯清零方面，先后抓获部督涉黑恶目标逃犯11名、省督涉恶个案逃犯65名，落网率100%。在打伞破网方面，共追责484人；其中定性为是“保护伞”的97人（警伞52人，庸伞45人）。黑财清底方面，共查封、冻结、扣押涉案资金约25.3亿元。在行业整治方面，对吉祥村等24个重点区域进行整治。全市侦办“黄赌”刑事案件133起、行政案件860起，刑事拘留284人、行政拘留1389人，有效净化社会治安环境。

秦岭生态保护 西安市各级公安部门深入学习贯彻习近平总书记生态文明思想，以及“国之大者”和“痛定思痛、警钟长鸣”的政治要求。西安市公安局制定《秦岭生态环境保护网格化管理暂行规定》，建立秦岭生态环境保护四级网格化管理体系，确定公安网格员111名，明确7项工作任务，落实属地网格化管理责任，充分发挥公安机关在秦岭保护工作中治安巡查防范、打击违法犯罪等方面的积极作用，加强与相关行政部门协作配合，全面加强秦岭保护各项工作。颁发秦岭保护网格化管理工作牌，压实属地责任，进一步推动秦岭保护网格化管理工作深入开展。搭建秦岭生态环境保护指挥调度平台，对接秦岭山区雪亮工程探头2320个、Wi-Fi热点81处，初步完成对秦岭山区技防设施的整合，通过人防加技防手段，实现对秦岭山区日常违法犯罪活动的实时监控。深入开展秦岭生态圈流动人口清理整治行动，印发《西安市公安局关于持续做好秦岭终南山区流动人口出租房屋管理工作的通知》，采取督导检查等措施，对秦岭终南山流动人口进行清理整治。共摸排村组444个，出租房523间，农家乐579家，流动人口1159人，全部登记造册、常态管控。对发现的166名重点人员、62名严重肇事肇祸精神病人、86名刑满释放人员落实清理、管控措施，抓获逃犯3人。深入开展打击整治破坏秦岭野生动植物违法犯罪专项行动，制定《蓝剑行动之深入推进打击整治破坏秦岭野生动植物违法犯罪专项行动方案》，会同动物保护管理部门组成联合检查组对全市79家野生动物驯养繁殖展演场所以及农贸市场等重点场所进行集中检查。共破获涉野生动物案件54起，抓获73人，刑事拘留40人，取保31人，逮捕2人，移诉13人。严厉打击污染环境违法犯罪，以秦岭生态环境保护为重点，从三个重点方面持续推进“五乱”整治，2020年共侦办涉秦岭“五乱”案件59起，抓获80人，刑事拘留46人，取保候审31人，逮捕8人，移交起诉13人。紧盯危险废物回收加工等高污染、高排放行业领域，组织开展蓝天、碧水、青山、净土四大保卫战，依法严厉打击各类破坏环境违法犯罪行为。

◆治安管理 2020年，西安市公安局治安管理部门紧紧围绕平安西安建设这条主线，聚焦“四大战略”（反恐维稳、扫黑除恶、治安防控、智慧公安），深化“四大任务”（队伍建设、专项行动、疫情防控、“十四运”安保），较好地完成各项工作任务，为西安经济社会发展创造和谐稳定的社会环境。

治安管控 西安市公安局各级治安管理部门开展重点地区和治安突出问题专项整治，防范化解人员密集场所的风险。先后排查城乡接合部235个，城中村412个，排查重点行业、场所或部位7531个；排查持续越级上访人员272人次，查处非法信访人员32人。其中，行政拘留3人、训诫11人、警告18人；排查中发现治安突出问题123个，破获刑事案件27起，刑事拘留67人；查处治安案件259起，行政拘留372人。组织开展治安重点人员大排查专项行动，防范化解重点人员管控的风险隐患。开展“百万警进千万家”活动，走访四类特殊群体49605人次，录入易肇事肇祸人员共计1026人，摸排流动人口225612人，出租房屋69851间；刑事拘留21人，行政拘留6人，抓获逃犯5人。

社区治安防范 西安市公安局各级治安管理部门推进智慧安防小区信息系统建设，防范化解居民小区安全风险。制定《西安市公安局全面推进智慧安防小区建设实施方案》《西安市公安局智慧安防小区建设技术指南》等5份文件。结合全市老旧小区改造，积极与市

住建局沟通协调，联合印发《推进老旧小区改造中“智慧安防小区”建设工作的通知》，解决智慧安防小区建设中资金短缺的问题。全市已建成“智慧安防小区”236个，其中，206个小区数据已传入市级数据汇聚分析平台，实现对社区人车异常行为、治安态势进行自动预测、预警、预防。

公安检查站查控　西安市公安局治安管理部门加大环市公安检查站查控，防范化解跨区域流动风险。全市公安检查站加强对来自重点地区可疑车辆、人员的检查力度，圆满完成2020年全国“两会”、“中国国际服贸会”、国庆节、十九届五中全会等重要会议和重要节点期间的安保查控工作。共核查人员、车辆信息82.2万条；共抓获网上在逃人员4名；查获涉毒人员96名，非法入境人员1名；查获剧毒易制爆化学品案2起；查获枪支仿真枪7把，非法运输烟花爆竹627件，管制刀具140把，散装汽柴油58升；劝返违规危化物品运输车辆83辆。

校园周边环境整治　2020年，西安市公安局与中共西安市委政法委、市教育局联合下发《2020年西安市中小学幼儿园“护校安园”专项工作方案》，深化校园安全隐患排查整治，组织开展护校安园整治专项行动。采取安全风险隐患排查、周边综合治理、加强校园安全法制宣传等9条措施，组织警力对5291所校园周边进行安全隐患大排查，排查商铺17663家，从业人员51883人，矛盾492起，化解涉校、涉生矛盾473起，妥善处置学生家长聚集事件66起，实现“三个百分之百”的工作目标（全市“一键式报警系统”视频联网率100%，中小幼专职保安配备率100%，全市护学岗覆盖率100%）。

特种行业管理　西安市公安局治安管理部门强化民宿和网约房信息化管理。经过细致调研，全市共有民宿3678家，网约房5955家。针对民宿、网约房治安管理中无法可依的问题，深入各分县局调研，并赴杭州等地学习外地经验，形成调研报告，向西安市人民政府报送《西安市公安局关于推进民宿网约房管理相关工作的请示》，积极会同西安市文旅局制定相关管理办法。对431家已经办理《特种行业许可证》的民宿，安装治安管理信息系统，实时上传旅客住宿信息，对尚未安装信息系统的民宿和网约房，要求网约房平台方、民宿和网约房经营者，采取传统入住登记方法，如实开展信息登记报送工作。

打击黄赌、非法出版物　西安市公安局治安管理部门先后组织开展3次治安大清查、2次专项整治、1次警情“回头看”活动；建立完善“三书一函”、通报、督导约谈、异地用警等9项长效工作机制，确立24个社会治安突出问题和重点区域，采取“一地区一方案”“一区域一分析报告”“一地区一督导组”等措施进行整治。多次召开专题会议，组织警力对全市城中村、宾馆酒店等治安复杂地区进行滚动式清查排查。行动中，共破获刑事案件2起，刑事拘留2人，查处治安案件70起，治安拘留87人。2020年，全市侦办“黄赌”刑事案件133起，刑事拘留284人；查办“黄赌”行政案件860起，行政拘留1389人；取缔涉黄场所37家，停业整顿421家。发放《公安提示函》937份；整治回复805份。深入开展打击跨境赌博犯罪专项行动。采取业务培训、联合打击、提示约谈等措施，建立“三项”工作机制（跨省市办案协作机制、工作提示机制、督导约谈机制）。制定各类工作方案38份，发工作提示单6份，督办案件4起；先后破获“7·09”集团案、“5·13”案、“6·3”案3起大案。全年共立涉跨境赌博案件37起，破案22起，抓获违法犯罪嫌疑人494人，刑事拘留201人，其他处理293人，捣毁支付平台23个，查扣冻结资金2.8亿元。深入开展书画市场清理整治专项行动。与文化部门建立常态化信息研判、联合检查和联合打击工作机制。全年共检查书画店（廊）323家，取缔非法出版物市场、店档摊点46个，收缴非法出版物47万余册。查办刑事案件86起，刑事拘留106人，行政拘留50人。

安全监督管理　西安市公安局治安管理部门扎实做好安全生产监管检查，深入开展打击整治枪爆违法犯罪专项行动。制定《全市公安机关民爆物品及危险化学品领域安全生产集中整治工作方案》《2020年西安市公安机关公务用枪专项排查整治工作方案》，综合采取深化排查整治安全隐患、深入管控涉枪爆物品、深度治理涉爆网站、深挖打击涉爆源头4项举措，共检查枪爆从业单位940家次，排查整改隐患93处；共收缴各类枪支175支，子弹7837发、炸药2.4千克、雷管157枚、战争遗留炮弹18枚、刀具1572把、烟花爆竹3710件；办理涉枪、涉爆、涉危案件12起，烟花爆竹案件3起，刑事拘留13人。

大型活动安保　西安市公安局治安管理部门针对全国“两会”等敏感节点、“十一”等重大节日、重大活动安保等矛盾纠纷凸显的特点，组织开展矛盾纠纷排查化解专项行动，制定下发各类应急处突方案预，圆满完成第三届西商大会、2020世界文化旅游大会等89项249场次大型活动的安保工作，圆满完成各项活动的安保工作任务。

保安监管　西安市公安管理部门继续加强保安行业监管。制定《2020年全市保安行业“三整治”工作方案》，做好保安服务企业行政许可改革，加大保安员岗前培训力度；组织警力对全市新建中小学、幼儿园保安力量配备情况进行摸底排查，对未配齐保安员的中小学、幼儿园，采取约谈校方主管领导等措施，督促指导学校必须配备保安力量。当年全市许可保安服务公司181家，办理备案12[illegible]家，全市共完成报名考试17829人，发放保安员证1017[illegible]余个；共检查保安从业单位8424家、保安员72841人次，查处保安行业案件217起，下发移送通知书144份。

犬类管理　西安市公安局治安管理部门持续开展文明养犬专项整治行动。在西安广播电视台建立文明养犬专题宣传栏目，在华商报设立“不文明养犬曝光台”，利用微信、短信提示，宣传海报、文艺演出等措施，加大文明养犬宣传力度。集中警力开展流浪犬大排查、大收容和大整治活动。整治期间，批评教育[illegible]人次，对[illegible]5名违规养犬户进行行政处罚，全市涉犬负面舆情、投诉举报同比下降[illegible]%、[illegible]5%，取得良好的效果

“十四运”安保项目建设　西安市公安局成立“十四运”市局安保指挥部办公室，从治安、交警、特警等单位抽调14名民警，成立3个工作组（综合组、指导组、督导检查组）。印发《关于加强全国第十四届全运会安保筹备工作的意见》《西安市公安局第十四届全运会安保建设项目推进工作清单》等30多份文件，研究制定安保工作方案。印发《关于加强全国第十四届全运会安保筹备工作的意见》等文件，明确警种部门的建设任务、责任单位和完成时限。组织警力对每一个场馆进行踏勘，全面掌握西安市负责承办本届全运会涉及20个比赛场馆、[illegible]个配套设施（全运村、赛事指挥中心和新闻中心）的基本情况，以及担负一线勤务所需的警力数和保安员数，11个警卫住地、20个警卫现场等数据信息。“十四运”涉及127条交通路网及305处信号灯具等情况。推进“十四运”筹备管理平台建设，组建安检、搜排爆、无人机反制3支专业队伍。对一、二、三级共[illegible]个安保指挥部建设项目和信息化建设项目，明确责任单位和完成时限。

◆刑侦工作　2020年，西安市公安局各级刑侦部门克服疫情影响，以扫黑除恶长效机制建设和提升打击新型犯罪能力为两大主攻方向，统筹传统和新型犯罪2个战场、网下和网上2条战线，深入开展“云剑”“雷霆”“秦鹰”“蓝剑”等系列专项行动，严厉打击涉枪等暴力犯

罪，以及群众反映强烈的“盗抢骗”等侵财犯罪，有力提升群众安全感。

严重暴力案件侦破　西安市公安局刑侦部门对各类严重暴力案件快侦快办、全部破获各类严重暴力案件。始终坚持“命案必破”不动摇，全市70起现发命案全部破获，破案率达到100%。深入开展命案积案件攻坚行动，充分运用新技术手段侦破命案积案28起。

侵财类案件侦破　西安市公安局刑侦部门严打多发性侵财犯罪，以“蓝剑”行动为抓手，组织开展类案攻坚，2020年全市共破获盗抢案件8705起，破案率41.7%，起诉盗抢嫌疑人1200名，侦破跨省团伙系列案件44串。其中，入室盗窃、盗窃车财、盗窃电动自行车三类案件立案数分别同比下降27.3%、23.2%、36.6%，打击降控效果明显。与供电公司联合制定下发《警电部门防范打击涉电违法犯罪合作机制》，打掉涉电犯罪团伙4个。

打击涉枪违法犯罪　西安市公安局刑侦部门严厉打击涉枪犯罪。组织开展全市“5·13”“6·23”射钉器改制火动力枪支专案，共立涉枪案件21起，破案21起，按照部省公安机关统一部署，参加“4·14”专案集中收网行动，共抓获涉嫌改制枪支嫌疑人189名，查扣各类枪支236把，其中火动力枪支212把，经鉴定181把认定为枪支，查扣火动力弹981发，铅弹9800余发，射钉弹28000余发。

打击传统诈骗犯罪　西安市公安局刑侦部门对传统诈骗案件开展精准研判，下发“并到案准到人”研判指令15篇，抓获11人。参与打击整治“小升初”办学诈骗专项行动、打击整治跨境赌博专项行动。深入组织开展民族资产解冻类诈骗犯罪工作，共破获案件4起，抓获嫌疑人18名。办理36起医保基金诈骗专案线索，抓获嫌疑人40名，追回资金43万元。

打击电信网络诈骗　西安市公安局刑侦部门通过构建反诈体系，狠抓“队伍建设、断卡清源、黑产治理、前端防控、宣传防范”五方面工作，全力打击遏制电信网络新型违法犯罪高发态势，取得显著成效。全年全市共破获现发电信网络诈骗案件2786起，抓获犯罪嫌疑人3062名，止付冻结涉案资金4.2亿元。对8.86万元可疑账户采取管控措施，暂停34个营业网点新开户业务1至3个月；关停疑似涉诈电话卡34万张，处罚营业厅及代理商215家；打掉GOIP、多卡宝等诈骗窝点64个，收缴群呼设备194台，打击治理工作取得阶段性成效。开展“断卡”行动，通过打击、整治、惩戒多措并举，迅速营造起严厉打击整治“两卡”违法犯罪的行动氛围，全力斩断“两卡”开办贩卖产业链。全年全市共抓获“两卡”犯罪嫌疑人1295名，缴获银行卡245张、手机卡568张，电脑41台。前端防范提质增效。采取线上和线下相结合的方式，组织全市反诈集中宣传18次，在全市3000余个银行、通信运营商网点持续开展宣传活动。联合阿里巴巴集团安全部在全市65所高校、100余个校区、100余万师生中开展“春雨计划，百校反诈”宣传活动。建立“事前防控”“事中拦截”“事后追损”三道防线，共预警劝阻30万余人次，避免经济损失1.1亿余元；通过三方接警反诈紧急止付专线，共止付涉案账户9830个，金额1.8亿元；案发后对资金流查询分析，及时止付冻结涉案账户共6.5万余个，涉案资金4亿余元。同时，深度运用打击新型犯罪机制，联合有关部门制定下发《西安市公安局、西安市金融工作局、西安市市场监管局依法严厉打击“套路贷”类违法犯罪沟通协调机制》，共组织侦破“套路贷”类案件113起，逮捕38人，查扣资产918万元。

打击文物犯罪　西安市公安局刑侦部门认真贯彻落实习近平总书记关于文物保护工作的重要批示指示精神，准确把握陕西省作为文物大省在打击文物犯罪工作中的引领和示范作用，坚持以打开路、保持凌厉攻势，深入组织开展打击文物犯罪“秦鹰2020”专项行动，共破获文物案件236起，追缴涉案文物1117件；抓获2名《厅长督捕令》重大文物逃犯，1名公安部A级通缉令文物逃犯，受到部省充分肯定。

网上追逃　西安市公安局刑侦部门先后组织开展“全市公安机关百日追逃行动”“涉黑涉恶逃犯清零行动”“命案逃犯缉捕行动”等追逃专项行动，共抓获网上逃犯1544名。其中，抓获A级逃犯2名，全国命案积案逃犯26名。

信息研判　西安市公安局刑侦部门深入开展信息研判。全市十指捺印指纹共采集86170分，声纹信息采集共21256条，全力推动全市虹膜信息采集建设工作顺利开展。全息作战平台共审核发布各类研判报告5200余篇，重点关注人员研判报告50篇，上报研判报告250篇，反馈各警种、分县局发起的情报信息协作请求544次，共下发研判指令225条，抓获犯罪嫌疑人76人。

强化刑事技术破案　西安市公安局刑侦部门充分发挥刑事技术支撑作用。扎实推进刑事技术“四项评定”，申报“全国公安机关重点司法鉴定机构”，6个“全国公安机关重点司法鉴定实验室”。持续发挥“刑事技术破案中心”作用，指纹破案战果2783人，DNA战果破案战果1379人。各专业实验室共受理3662案，检材近2万份，出具鉴定书3127份。利用警犬勘查各类现场32起，发挥作用12起。执行各类安检安保任务240场次，全年完成枪支建档500余份，收检常规血样115230份，检验86620份；收检Y库血样173539份，检验157746份；收检打拐血样31份。积极承担全市近30年来命案积案案件的统计和侦破工作，累计梳理命案积案信息上千条，侦破30余起，利用刑事技术直接破案3起。

刑侦信息基础建设　西安市公安局刑侦部门继续认真做好“机不可失”App的日常数据录入、比对、推送工作，目前“机不可失”App在网用户46580人、使用民警4171人、二手商铺2259间、涉案物品数22988件、备份物品数17097件、缴获物品数396件、报失物品数3887件、比对次数18496次、总举报线索数1321条。继续抓好刑嫌列控工作，共采集监狱刑满释放和监所释放人员数据13000余条，新增刑嫌列控人员3104条，共打击处理刑嫌576人。研发涉黑恶人员管控系统，已采集涉黑恶案件数据7万余案，涉及5万余人，形成研判提示指令62篇。

◆户政管理　2020年，西安市公安局户籍管理部门以习近平新时代中国特色社会主义思想为指导，在转变作风、便民利民的基础上，优化服务，扎实履职，圆满完成各项工作任务。

基层基础建设　西安市公安局户籍管理部门深化城乡社区警务战略。出台《市局新时代公安派出所城乡社区民警工作规范》，推进社区民警在基层社会组织中作用的发挥。开展“百万警进千万家”活动，排查化解矛盾纠纷。全年共排查纠纷3.5万余起。集中开展为期2个月的防范宣传月活动；开展治安问题突出居民小区摸排整治工作。加强肇事肇祸精神病人管控。组织开展疫情防控期间特殊人群筛查管控专项行动，组织开展以“肇事肇祸等严重精神障碍患者管控能力建设”为主题的治安大讲堂培训。持续开展“一标三实”基础信息采集和智慧安防小区建设工作。已采集标准地址878.1万条，实有房屋527.7万套，实有人口1013.2万人，实有单位27万个；共建成智慧安防小区301个。开展“枫桥式公安派出所”创建活动。制定《西安市公安局2020年创建“坚持和发展枫桥经验优秀公安派出所”工作方案》，组织相关部门实地考察、考核，拟表彰10个“坚持和发展‘枫桥经验’优秀公安派出所”。

户籍管理　西安市公安局户籍管理部门扎实开展实有人口服务管理工作。组织全局公安户政系统深入企业、深入校园、深入社区，访民意，持续推进人才落户政策。2020年，全市新迁入落户共214535人，其中博士以上242人，硕士12483人，本科62203人，人才引进2807人。2020年12月30日，全市共有户籍人口1047.8万人。配合做好第七次全国人口普查户口清理整顿工作。在规定时间内，共计核查全市死亡未注销人员47768人。其中，核查确认死亡人员35828人，注销户口34888人，因拆迁、保险等原因暂时无法销户940人；健在人员11702人，人户分离且经多方查找无法核查人员159人，下发名单中重复数据79条。持续做好群众服务保障工作。“12345”市民热线、“107”户籍政策咨询接待室接听户籍政策咨询电话、接待来人来访，共计18784人次。接收工单累计546个，全部完成。配合扶贫落户工作，认真开展易地扶贫搬迁后续扶持工作。

居民身份证办理　西安市公安局户籍管理部门进一步优化便民利民措施，做好“绿色通道”服务工作。满足学生中、高考急用证、异地办理、邮寄办理、网上交费等需求，不断提升服务水平。全年共受理市内居民身份证466738张，异地证150003张，审核签发15697张，挂失申报145338张。

外来流动人口管理　西安市公安局户籍管理部门深入开展流动人口服务管理工作。全年全市共登记流动人口3339841人。开展流动人口清查核查行动。全年出动警力39682人次，摸排流动人口225612次，摸排出租房屋69851间，刑事拘留21人，治安拘留5人，行政拘留1人，捣毁传销窝点40余个，遣返传销人员数百人，处理涉黄涉赌人员72人，抓逃5人。针对秦岭终南山流动人口管理工作，先后下发《关于持续做好秦岭终南山区流动人口出租房屋管理工作的通知》及《秦岭终南山区流动人口管理工作要点》，对秦岭终南山流动人口管理提出新的要求，先后对长安分局、鄠邑分局、周至县局等7个涉及此项工作的秦岭北麓流动人口管理工作进行督导检查。积极配合教育部门做好外来务工人员随迁子女高考资格复审工作。

◆出入境管理　2020年，西安市公安局出入境管理部门坚持“以人民为中心”的发展思想，统筹推进疫情防控和各项业务工作，以实现“外国人管理社会化、为民服务便利化、执法管理服务规范化、出入境管理工作信息化、队伍建设正规化”为目标，大力加强公民出国境管理和外国人管理，进一步提升人民群众的安全感、获得感和满意度。全市共受理各类因私出国（境）证件申请23.5406万证次（护照97989证次，往来港澳通行证及签注112331证次，往来台湾通行证及签注25086证次），同比下降[illegible]3.[illegible]1%；为境外人员办理各类证件6364证次（外国人签证、居留许可6097证次，台胞证145证次、一次性通行证122证次），同比下降21.2%；登记临住境外人员19.0059万人次，同比下降39.9%；登记各类案事件399起，同比下降40.8%。

新冠疫情防控　西安市公安局各级出入境管理部门认真贯彻落实国家移民管理局、省厅出入境管理局的部署要求，全方位开展宣传引导和劝阻工作。通过移动、电信、联通三大平台对全市居民发送3861万条短信提醒信息，通过新媒体、出入境大厅等平台广泛宣传疫情期间出入境政策和减少出国境提示。对非紧急、非必要事由申办出入境证件的外地户籍申请人开展积极的引导劝阻工作，通过现场耐心劝导促使申请人主动放弃申请。联合市委外办向外籍人员发布通报287期，有效避免信息掌握偏差引发重大群体性事件及涉外卫生事件。通过咨询电话、网络、现场沟通等途径劝阻非紧急、非必要事由申办出入境证件的外地户籍申请人17000余人次。将防范境外疫情输入关口前移至西安咸阳国际机场，直接参与国际航班外籍乘客查控、身份甄别、处置分流等工作。在机场组建数据核查专班，以全国口岸入境信息、离港数据为主，以边检、票务数据为辅，建立针对入境人员的预警机制，坚决阻断疫情境外输入渠道。比对进入西安咸阳国际机场航班83[illegible]89班，进港旅客9884312人次。通过与全国口岸28天入境数据比对，共发现由其他口岸入境转乘进入西安旅客28[illegible]07人次，涉及航班13039班，预警信息全部上报机场指挥部落地查控。抽调[illegible]0名警力组建数据核查专班，每日汇总、梳理、统计涉疫信息数据，上报在主境外人员的存量和增量，对外国人异变情况进行实时掌握、滚动摸排研判，以提升信息核查准确率、及时率为着力点，转变信息传递模式，从“自下而上”变为“双向交互”，优先为各区（县）集中隔离点分配互联网外国人住宿登记账号，实现信息实时共享，及时掌握西安市常住外国人活动轨迹。累计核查各类信息200余万条，上报隔离外国人信息6840人次。

提升服务效能　西安市公安局出入境管理部门积极引导群众通过陕西“互联网+公安政务服务”平台、西安市公安局网上办事平台、西安出入境微信公众号预约办理证件，就近选择办证地点，实现“随手约”“就近办”。全市共受理出入境证件预约申请35652人次，特别是疫情期间，98%以上的群众都采取网上分时预约办证，有效降低交叉感染风险。以提升智能化水平和自助服务体验上下功夫、做文章，在全市18个出入境自助服务大厅推行WiFi视频连线服务，为使用自助服务设备的群众提供在线远程视频指导，及时排忧解难。共办理自助签注申请6848人次，自助发证725[illegible]。研发涉外单位及赴港澳商务企业网上备案系统，将企事业单位“双备案”从线下“面对面”服务简化线上“键对键”服务。企业只需在互联网终端填写单位及人员信息，上传相关材料扫描件，即可提交备案申请，实现企业足不出户完成“双备案”工作，为助力企业复工复产提供便利。通过“互联网+公安政务服务平台”已为全市77家企业机构办理往来港澳商务登记备案。联合外国专家部门在业务需求较集中、条件较成熟的陕西自贸区及国家级高新区推广外国人工作许可和居留许可“一站受理、同时取证”，为来陕创新创业、工作生活的外籍人才搭建高质量服务平台。继曲江新区之后，完成国际港务区留学生创新创业实习基地建设任务，形成陕西自贸区吸纳优秀外国留学生创新创业“双核”驱动的新局面。积极推进国家移民局12项便利措施落实落地，为三星、华为、陕重汽、高新、曲江人才中心等单位开展“送政上门”服务80余次，运用“丝路第一课”全英文授课模式，为30余所高校6000余名外籍师生开展涉外法律法规宣讲活动，获得院校的普遍赞誉。针对受疫情影响三星（中国）半导体二期等引进的重大项目及涉外企业外籍员工普遍存在延长停居留期限需求，开通签证预约办理24小时服务电话，出台“集中预约、委托代办、容缺受理、一次办结”系列措施，全力保障重点企业复工复产。先后为全市206家企事业单位外籍人员加急办理出入境证件1[illegible]7[illegible]件次。

出入境管理　西安市公安局出入境管理部门深入贯彻落实国家移民管理局、陕西省公安厅出入境管理局关于加强中国公民出国境实质性审核调查的部署要求，在市级层面设立调查专班，在各分县局设立重点人员审查窗口，指导各分县局严格执行“三必核三必查”制度，落实受理、调查双岗责任制，配置业务经验丰富及调查能力较强的民警承担重点审查工作。针对存在的“核查难”“甄别难”突出问题，自主研发出入境证件受理智能预警系统，实现窗口联动、全市预警，录入存疑人员778人，成功发现阻止370余人次的存疑申请，有力提升综合审查能力。在外国人证件审批签发工作中，坚持“疑者从严”原则，重点审查是否来自敏感地区、有无违法犯罪记录，严格比对不准入境人

员，倒查住宿登记信息，落实回访制度。共发现签证问题55起，其中缩短停留期限47起，撤销申请1起，拒签7起。会同市公安局其他业务部门建立常态化的协作机制，对涉案外国人通过技术手段第一时间落地查人，掌握活动轨迹，做好重点人员的稳控、舆情引导工作。完成5名肯尼亚人稳控工作。妥善处置摩洛哥籍留学生因违反疫情管理引发重大舆情，并将处置结果第一时间向社会发布，得到媒体及网民的理解、点赞，受到国家移民局和省厅的肯定。为解决“黑外教”屡禁不止的顽疾，与外专、教育部门及外教聘用单位紧密协作，全面推行外教公示制度。全市已落实外教公示制度单位43家，公示外教204人。在“三非”治理工作中，按照省厅出入境管理局的统一部署，以外国人居住集中地区、中小旅馆、各类培训机构等为重点，分上、下半年集中开展2次清理整治行动，将“三非”外国人处置纳入疫情防控整体工作统筹考虑，坚决防止因处置不慎造成疫情扩散蔓延。共查处“三非”案件224起，其中非法居留207起，非法就业9起，非法入境8起；执行遣送出境25人，限期出境1人，驱逐出境9人，报列不准入境41人。

规范执法 西安市公安局出入境管理部门大力推进出入境管理执法规范化建设。加强外管基层基础工作。依托外国人来华留学入境和居留许可审查制度，建立健全出入境与治安、刑侦、文保、禁毒等市公安局其他业务单位内部协作机制，明确职责权限，理顺工作流程；成立由公安、外办、教育、科技、民政、司法等12个市级部门组成的外国人治理市际协调小组，进一步深化部门协作配合，形成多方参与、齐抓共管、综合实策的外国人治理长效机制。以国家移民局外管通App推广为契机，通过发动社区周边房屋中介，物业主管、物业管家、门岗保安，社区工作者、志愿协管员、涉外单位等力量，构建散居社会面境外人员立体化管控格局，全局“三员”队伍达到1923人，外管通注册量达到1235人，涉及出入境、巡查、公安检查站和派出所民警。在住宿登记管理工作中，综合运用酒店集中式，高校、涉外单位一站式，散居社会灵活式多渠道住宿登记信息采集模式，最大限度地提高申报率和准确率。2020年新增互联网临住采集系统单位64家，目前全市接待外国人宾馆、旅店达到989家。登记率、及时率、准确率分别达到100%、97%和98%。全年共登记各类案事件399起，其中，三非案件224起，违法住宿51起，刑事案件4起，丢失114起，治安案件2起，死亡4起，处罚外国人277人。所有案（事）件均通过全省执法办案与执法监督信息系统办理，“三非”案件一律在办案中心进行，行政案件全部网上录入、网上审核、网上流转、网上监督，所有行政处罚决定书依法公开。在证页管理方面，按照“供给有序、使用安全”原则，从空白证件、收费票据的领用、日常管理、证件核销、责任追究等方面全方位落实制度化、规范化管理。积极与党政机关组织人事、公检法司等部门沟通协调，健全完善国家工作人员登记备案和法定不批准出境人员通报备案工作机制。确保入库数据鲜活、准确、完整，工作机制完备，流程合理，职责到人。2020年共为1331家登记备案单位维护数41624条，其中新增23320条、修改7748条、撤销10556条。目前现全市登记备案单位共1543家，备案人员23.6177万人。对办案单位推送的跨境违法犯罪重点人和侦控对象，依据相关法律法规，做好法定不批准出境人员通报备案工作。全年共录入法定不批准出境通报备案人员2871人，撤控到期数据3219条，现报备库中有在控数据3154条。应法定不批准出境人员报备单位提请，依法依规宣布出入境证件作废301证次。

◆交通管理 2020年，西安市公安局交管部门紧紧围绕“担当、勇为、奋进”主题，按照聚焦“世界眼光、国际标准、西安特色，打造交警铁军，奋力追赶超越，创建安全、文明、绿色、畅通之城”的总体工作思路，为服务保障十四届全运会，营造一流的道路交通环境奠定坚实基础。

缓堵保畅 西安市公安局各级交管部门坚持以缓堵保畅为核心，聚焦路网拥堵症结，在机动车保有量位居全国第七以及市政、地铁等城市基础设施建设的双重压力下，通过政府主导、科学组织、深挖潜能，城市交通承载能力不断提升，有力保障全市交通始终处于平稳可控状态。紧抓全市中心城区交通优化提升三年行动有利契机，与交通、城管等13个市级部门建立合作机制，“一路口一方案、一路段一方案”完成片区综合治理45处，协调政府推进197处“小改小革”改造提升工程，以“两学校、两医院”为试点，建立“校警联动、医警联动”工作模式，形成“交警制定拥堵清单，资规制定改造方案，区政府负责实施”的“四位一体”治理模式，取得良好的治理效果。编制印发《西安市道路交通安全与管理设施设置导则》《西安市城市道路交通信号灯控制系统建设技术导则》，统一全市交通安全与管理设施建设维护标准。定期开展缓堵保畅“擂台赛”，共对电子正街等78条城市主次干道，太白南路科技路十字等20处节点路口交通组织进行精细优化，施划标线14余万平方米，新增标志牌555面。按照《西安市道路交叉口综合设计导则》，持续推动雁塔北路等11条迎宾线路优化提升，试点五路口十字、李家村十字标准化路口建设。严格审核19条新开通断头路和58条市政新建道路交通组织运行方案。调整74条公交专用道非高峰时段向社会车辆开放。推动出台《西安市道路挖掘占用管理办法》，实施“透明工地”计划，最大限度保障道路通行安全顺畅。积极构建新时代城市停车管理共治体系，采取腾挪置换、错时共享、施划海绵停车位等创新举措，释放共享各类车位1.5万余个。投入1.78亿元，全面启动“十四运”信号灯智能化改造项目，组建西安智能信号控制中心，对全市1011处路口信号灯开展智能化改造升级，首次应用“雷视一体”检测设备，开展信号瓶颈控制、车路协同创新试点。曲江、经开、灞桥片区信号灯实现联网联控，建成绿波带43条，试点推行公交信号优先和信号灯匝道控制系统，完成所有智能信号机更换和联网控制，全运会前完成所有改造和调试应用工作。深化完善“情指勤督宣”五位一体勤务机制。全面实行岗位核查报备制度，研判、勤务、指挥三级联动，打造以固定岗为主，巡逻岗为补充，铁骑为支撑的实时动态加强型勤务模式，日均投入警力2300余人次，以“首接责任制”和“快速反应”为核心，向全体市民公开承诺主干道5分钟、三环内10分钟、三环外20分钟的快速处警要求，严格实行“三级考核”，定期通报问责，通过刚性督导检查倒逼勤务布防落地落实，坚决做到闻警而动，有堵必疏，街面见警率、管事率显著提升。全面深化智慧治堵。视频联网平台接入监控卡口2.7万路，新建改造高清监控806路，视频感知应用能力大幅跃升。深化路况大数据平台应用，引入世纪高通分钟级实时路况数据，为每条路段定制交通拥堵报警算法，实现拥堵实时监控、自动报警，同步通过可视化调度平台，让警情直达一线民警，预警研判和感知反应能力明显提升。打造智慧交管一张网，实时警力、事故点位、信号管控、户外设施初步实现一图呈现、动态监管。全警配发新一代警务通，应用车牌识别扫街功能，现场核查录入交通违法近3万例。开发西安交警勤务通App，实现个人勤务定位打卡上岗。升级打造436台“智慧战车”终端，实时回传查看车辆定位、车前画面、发布指令、抓拍违法，有效提升快速反应能力。

规范道路交通秩序 西安市公安局各级交管部门聚焦路面秩序，紧盯突

出乱象，持续开展“逢五”“逢十”系列交通违法整治行动，全年执法总量达到806万例（现场查处156万例、非现场查处650万例）。其中，查处机动车超速23万例，货车违法47.7万例，渣土车违法1.7万例，酒驾8984例、醉驾3634例。依托集成指挥平台，搭建毒驾、失驾、假套牌等数据模型，“一点布控，全网打击”各类交通违法9.3万例，其中涉牌涉证严重违法2327例，成功查获17起部局督办假套牌车，易肇事肇祸严重交通违法得到有效管控。持续巩固“车让人、人守规”文明交通创建成果，依托文明城市创建和“一盔一带”安全守护行动，在20处示范路口开设交警45分钟小学堂，实施“马路学堂”“在线答题”“体验执勤”等柔性执法手段，现场接受学习教育3万余人。创新开展行人、非机动车“扫脸”执法新举措，应用以来，精准教育处罚48.8万例。严管两三轮、违法停车交通顽疾，共查扣两轮三轮4.1万辆，查处违停394万例，拖移5万辆。升级“违法随手拍”举报功能，审核录入市民举报7类交通违法2.9万例。强化舆论引导，策划开展“文明交通、绿色出行”系列主题宣传活动，联合市文明办建立交通违法二次抄告和融媒体曝光制度，累计抄告曝光3.7万例。累计发布新闻稿件3743篇，发布微博2.1万条，发布微信1098条，制作短视频260余条，成功创建56个“零酒驾”及“一盔一带”社区。

道路交通安全防范　西安市公安局各级交管部门坚持“以人为本、生命至上”的工作理念，紧紧围绕部局、总队交通事故预防“减大控量”总目标和省市《三年行动方案》，以道路交通安全攻坚行动为抓手，有力确保全市道路交通安全形势持续稳定。以交安委名义组织召开全市交通事故预防“减量控大”重点工作推进会，与市级各部门联合成立4个专项督导组，对20个区（县）、开发区交通事故预防工作开展督导检查。积极协调属地政府，建成警保合作劝导站36处，完成农村公路安全生命防护工程建设151千米，建成国省道平交路口信号灯18处、减速带78处。举办西安市重大道路交通事故应急救援处置实战演练活动，健全完善快速发现、及时救援、有效救治、妥善救助“四位一体”事故救援联动工作机制，打通就医“绿色通道”，建立事故救援点20个，专业医院20家，医疗专家120人，处置能力大幅提升。深化源头隐患排查治理。全市排查确定57处事故多发和隐患点段，实行“警长制”，分片包抓，挂牌督办，“一路一长”“一路一档”，先后投入350万元专项资金开展综合治理，目前已完成治理53处。深入开展107省道和108、310、210国道事故隐患专项整治，其中封堵107省道58处道路中央开口，加装中央硬隔离10公里，迅速扭转交通事故高发态势。累计开展各类源头安全宣传教育活动13979场次。开展运输企业联合约谈及执法检查73次，公布15家“红榜”企业、17家“黑榜”企业，先后对7起死亡交通事故开展深度调查，源头安全风险得到有效管控。

交通服务　西安市公安局各级交管部门大力推广“警企、警邮、警保、警银”合作新模式，全市布点车驾管社会化服务网点达170余处，平均减少群众办事三分之一的出行距离。顺利将20项车驾管业务下放远郊区（县）车管所，实现“一站通办”，并在阎良区、鄠邑区试点推行派出所受理交通违法处理和部分车驾管业务新模式。研发推出交通违法在线自助处理小程序，实现“一站式”线上处理。开通线上“学法免分”，参与人数达到1.2万人。在全市推动建成12处“两个教育”现场及网络教学点，线上、线下开展审验及满分教育2.4万人。强力推进新的12项公安交管“放管服”改革措施落地见效，逐步形成“快捷办、一站办、网上办”的交管服务体系，极大地方便办事群众。

◆**禁毒工作**　2020年，西安市公安局禁毒部门统筹各方资源，科学调配警力，全力创新工作模式，深入推进禁毒人民战争。全年共破获各类毒品刑事案件854起，缴获各类毒品262千克，查获吸毒人员61[illegible]5人次，处置强制隔离戒毒4476人。同比增长分别为28.2%、142.5%、19.1%和6.9%。

打击毒品犯罪　西安市公安局禁毒部门组织开展大收戒暨缉毒执法百日攻坚专项行动、“补短板、找差距、争一流”专项行动、“扫街”专项行动、“集群打零”系列专案，始终保持对毒品违法犯罪的高压态势。坚持向科技要战斗力，运用大数据、区块链、人工智能等现代技术，大力推进智慧禁毒建设。通过“风洞”系统，综合利用秦之道、云搜索等各类数据平台，强化信息研判，提升毒情预测预警预防能力。撰写研判报告56份，下发研判指令149条。坚持专案侦查，开展集中攻坚。充分发挥市、区两级禁毒部门的工作优势，打破上下壁垒，抽调精干警力，成立专案组，实行“一案一专班”，集中攻坚，成功破获杜铎特大运输毒品案、谢国民非法持有毒品案、姚文凯特大贩卖毒品案、王约会特大运输毒品案等一批毒品重特大案件。成立西安市公安局“集群打零”专项工作指挥部，将多个警种单位纳入专项工作指挥体系，进一步明确各警种在集群打零工作中的任务，有针对性地开展工作，进一步形成“禁毒部门主抓、多警种同步参与侦查、同步参与处置、同步参与诉讼”的联动工作模式，从而使集群打零工作由过去的“禁毒牵头抓总，警种部门配合”转化为“禁毒牵头抓总，警种部门参与”的联合作战模式。相继侦破“7•24”“3•16”“6•16”“9•17”等一系列集群打零专案。尤其是“6•16”专案，抓获吸贩毒人员[illegible]2名，其中刑事拘留10[illegible]人，强制隔离戒毒412人，行政处罚13[illegible]人，缴获毒品2[illegible]06.74克，缴获涉毒资产[illegible]元，查扣涉案车辆2台，摧毁19个长期隐藏于全市各区（县）的涉毒团伙，串并破获3起盗窃案件。根据公安部禁毒局部署要求，西安市公安局禁毒部门迅速贯彻落实会议精神，连续对“9•[illegible]”“9•[illegible]”“9•23”3起百人以上专案实施集中收网，受到公安部禁毒局、省厅的通报表扬。

吸毒人员管控　西安市公安局禁毒部门始终将吸毒人员管控服务工作作为降控侵财类案件发案、打造更高水平平安城市的重要举措，紧盯不放、强力推进。共强制隔离戒毒5[illegible]30人，其中，病残吸毒人员115[illegible]人。持续推进社区戒毒社区康复主体责任落实，全市社区戒毒社区康复人员执行率达到96.8%。认真落实吸毒人员分级分类管控办法措施，组织开展“毒驾”排查清理、现状不明和脱失吸毒人员“清零”专项行动，防止吸毒人员肇事肇祸案（事）件的发生。

禁毒协作机制建设　西安市公安局禁毒部门组建由公安部、省、市三级禁毒情报研判员队伍。成立“长安精英战队”，对禁毒情报线索进行深入研判分析，保持工作的主动性，初步形成禁毒研判西安模式。注重调研，加强协作，主动与刑侦、海关、治安等部门分别召开工作座谈会，与[illegible]山、巴中等城市建立情报交流机制，建立完善工作协作机制。形成打击合力。深入西安市多个街办、社区，对美沙酮门诊、易制毒化学品企业、社区戒毒社区康复工作进行检查指导，加强对吸毒人员的管控，确保管控措施落实到位，坚决防止吸毒人员肇事肇祸案（事）件的发生。积极争取上级支持，协调多个部门，争取全市吸毒人员“市民一码通”轨迹信息，保持工作的主动性。

禁毒宣传　西安市公安局各级禁毒部门和市禁毒委成员单位，在继续坚持开展好日常禁毒宣传的基础上，采取线上线下同步推送展播的方式，在微信公众号、微博、头条号和官方网站等新媒体和网络平台上，在公共交通枢纽、公共交通工具、车站、街道广场电子屏幕、楼宇广告屏等传统宣传载体上，矩阵式播放由钟南山院士录制的《别让

“我以为”变成“我后悔”》禁毒公益宣传片，进一步增强广大人民群众自觉防毒拒毒的意识。禁毒民警原创的禁毒歌曲《为爱出发》MV先后获得省公安厅“秦影 影响力”平安文化三微大赛一等奖、省政法委“平安陕西”文化作品大赛二等奖，邀请知名相声演员苗阜为西安禁毒代言拍摄禁毒宣传短视频，获得社会各界肯定，开发包含传统文化、地域文化特点的禁毒明信片等禁毒文创产品，丰富禁毒宣传教育形式，与团市委联合开展禁毒宣传作品征集活动引起社会各界积极参与和强烈反响，“6•26”国际禁毒日的宣传活动融表彰和宣传为一体，宣传活动效果显著。组织全市中小学生，开展禁毒宣传进校园活动，推动禁毒宣传内容进驻融媒体平台，全国青少年毒品预防教育数字化平台注册率达到100%。

◆经济犯罪侦查 2020年，西安市公安局经济犯罪侦查部门紧盯经济犯罪领域风险管控，强化经济违法犯罪风险大排查大研判大防控工作，防范化解重大金融风险，对全市9700余家金融企业、舆情数据及相关流转操作进行监测预警，全面掌握涉稳人员状况；严厉打击各类经济犯罪活动，开展疫情防控核查，持续打击非法集资、传销等涉众型经济犯罪，深化扫黑除恶攻坚，多措并举推进全警实战大练兵，提升执法能力水平，服务经济社会发展，全力维护全市市场经济秩序和社会大局稳定。全年西安市公安局各级经侦部门共立案618起，破案465起，抓获各类犯罪嫌疑人279人，刑拘361人，逮捕256人，起诉379人。其中，支队立案41起，破案32起，抓获9人，刑事拘留6人，逮捕15人，起诉24人。

经济犯罪案件侦破 西安市公安局各级经侦部门开展打击地下钱庄犯罪“歼击20”专项行动，侦办的“12•22”地下钱庄专案，涉及金额380亿元，抓获8名犯罪嫌疑人，现场查扣现金122万元，冻结资金2000余万元。组建打击涉税犯罪研判团队，研判全市涉税线索，共立案28起；侦破“陈砚田涉嫌合同诈骗案”，涉及金额2300余万元，主要犯罪嫌疑人已被刑事拘留；侦破的“徐有西等人特大合同诈骗案”，涉及金额1.3亿元，短时间内刑事拘留2人，现已报捕起诉。组建追逃工作专班，紧盯线索不放松，主动加强与犯罪嫌疑人家属的沟通联系，通过不断外围施压，规劝潜逃至中非的犯罪嫌疑人宋某投案自首。

打击非法集资 西安市公安局经侦部门先后制定下发多份打击非法集资的指导性文件，明确案件管辖、任务目标、主战模式，强化警种合成作。全年全市经侦部门共破非法集资案件38起，非法集资破案数比上年上升20%。在侦办的中央领导批示的“吴斌、冯桂娣等人非法吸收公众存款”案，涉案金额1.8亿元，涉及全国30个省、市、自治区6000余名集资参与人，短时间内抓获犯罪嫌疑人12名，目前案件已移送审查起诉；已完成西安联合学院非法吸收公众存款案后续资产评估处置工作，在该案二审判决期间，全力做好涉稳重点人员的稳控；依法对“山川林业”案件后续资产开展调查、处置、取证工作，严格按照“三统两分”原则对“黄金佳”案件开展批次资金发还工作。全市经侦部门强化“阳光办案”，坚持“涉众型案件涉众式办理”，通过设立对话平台，加强与投资受损群体沟通，吸附涉稳人员，同时在受理立案、收网行动、批捕起诉、追赃追逃等重点环节，通过公安微博、微信公众号等渠道及时公布侦办工作进展情况，积极回应群众关切。

打击传销犯罪 西安市公安局各级经侦部门全年共立涉传销类案件25起，破案21起，刑拘92人，逮捕45人；组织开展“8•18”系列传销案集中收网行动，抓获该传销犯罪团伙75名顶层头目、A级老总等骨干成员，刑拘74人，逮捕带线领导以上核心成员33人，查扣冻结涉案资金315.5万元，受到省厅贺电表彰；组织开展全市性打击传销犯罪集中清查行动2次，累计出动警力2071名，捣毁传销窝点209个，抓获涉传人员814人。

打击涉疫经济犯罪 西安市公安局经侦部门依法严厉打击妨害疫情防控涉嫌囤积居奇、哄抬物价、制假售假、非法经营等经济违法犯罪活动，积极参与疫情防控一线核查执勤，坚决打赢疫情防控阻击战。强化打击妨害疫情防控经济违法犯罪协作，与物侦支队建立物流寄递环节打击涉疫情刑事犯罪快速反应协作机制，与市场监管、卫生健康等相关部门就做好行刑衔接、案件线索移交、联合检查、信息共享、建立防护物资快速检验鉴定机制等工作进行沟通协调，联防联控形成打击合力。疫情防控核查期间，全市经侦部门共出动警力313人次，配合行政部门检查市场58次，检查医药商超等市场主体287个，移交行政部门处理案件5起。制定印发《西安市公安局加强打击新型冠状病毒感染的肺炎疫情防控期间涉嫌经济违法犯罪工作方案》，成立工作专班，明确工作目标、整治重点、任务分工，细化工作措施，强力推动打击涉疫经济违法犯罪工作纵深开展。向社会公布全市19部违法销售防疫用品举报电话，方便群众举报，疫情期间，全市受理线索11起，立案9起，刑拘8人，扣押假口罩3万余个，冻结涉案资金220万余元；成功破获的“1•27”特大生产、销售假冒口罩案件，短期内彻底打掉涉及三省五地的制假团伙。

金融风险防范体系建设 西安市公安局经侦部门先后参加市局举办的“110宣传日”、市打非办举办的防范非法集资等金融风险现场宣传日、市平安办举办的提升平安建设水平现场宣传、省厅举办的反假货币宣传等活动，累计出动警力20余人，现场发放宣传资料500余份；受邀在“打击传销规范直销普法大讲堂”上为全省高校师生讲授“如何辨别网络传销”，全面揭露传销骗局；在“5•15”经侦宣传日联合西安广播电视台通过电视、网络直播的形式开展打击和防范经济犯罪宣传，节目点击量达20余万次；协调电信运营商在5月15日当天向全市60余万个手机发送打击和防范经济犯罪宣传日公益提醒短信，揭露犯罪手段，提示风险危害。主动上门，与企业面对面座谈调研交流，统筹做好疫情防控和服务社会经济发展工作。先后走访京东物流西北公司、西安投资控股有限公司，就搭建警企沟通平台、建立涉企案件快速查办绿色通道、防范化解企业投资风险、依法打击企业内部员工职务犯罪、帮助企业提高防范意识、完善防范措施进行座谈交流。与市税务局稽查局召开“2020年税警工作联席会”，对西安市虚开骗税案件特点、现状及重点线索、案件进行分析研判，研究打防对策；与中国人民银行西安分行外汇管理局、反洗钱处，就如何在新形势下打击非法金融领域、跨境赌博、地下钱庄犯罪、非法资金支付结算、非法炒外汇、反假货币等违法犯罪工作进行深入沟通交流；与烟草专卖局，围绕打击互联网+物流涉烟违法犯罪，探索建立线索移送、信息共享、情报导侦、行刑衔接等打防机制；与金融工作局，围绕防范化解金融风险、涉案资产处置、重点疑难案件侦办、积案清理、互联网金融领域风险排查防范预警、省市考指标任务分解、推动建立沟通交流信息共享机制等工作进行深入讨论交流。

◆环境与食品药品犯罪侦查 2020年，西安市公安局环境与食品药品犯罪侦查部门在疫情防控、打击环食药违法犯罪、秦岭保护等重点工作中开创环食药工作新局面。全年共侦破环食药类刑事案件281起，比上年同期增加39.2%。发起全国集群战役3起，成功侦破6起省公安厅督办案件。

打击环境类犯罪 西安市公安局环境与食品药品犯罪侦查部门严打环境类违法犯罪。制定下发《蓝剑行动之全市公安机关打击环境违法犯罪专项行动实施方案》，成立工作专班，组织开展蓝天、碧水、净土、青山、护航五大保卫战，明确五方面重点任务。保持严打高压态势，依法严厉打击各类破坏环境违法犯罪行为。全年共侦办环境类刑事案件131起，抓获犯罪嫌疑人204名，刑事拘留39名，批捕11人，移诉67人，取保候审39名；办理环境类行政案件98起，行政拘留197人。查获2处非法加工、冶炼废旧电瓶黑工厂，查获废旧电瓶约130吨，涉案价值1300余万元。研究制定《西安市生态环境保护行政执法与刑事司法行刑衔接联动暂行规定》，与环境执法相关的6家行政部门，建立7项工作机制。紧盯危险废物回收加工等高污染、高排放等小散乱污企业，重点对城乡接合部的城中村等污染行业较为集中区域，会同生态环境等部门开展线索摸排。通过检查摸排侦办污染环境刑事案件3起，调查涉案线索13条。主动作为、积极履职，对西安市生态委反映的9方面199个问题进行梳理，配合职能部门开展整治工作，对涉嫌环境违法的2家单位和个人严肃查处，用“刑责治污”手段强力推进问题整改。

打击食品药品犯罪 西安市公安局环境与食品药品犯罪侦查部门组织开展打击地域性特色食品和制售假劣药品、疫情防护物资违法犯罪专项行动，与市场监管部门组成联合工作专班，重点对全市名酒、腊牛羊肉、泡馍类等地域性特色食品以及制售假劣口罩等疫情防护用品违法犯罪行为开展专项打击。主动联系市场监管部门组成10个联合检查组，对药店、劳保用品、集贸市场等场所开展执法检查，广泛摸排违法线索，发现查处问题14个，调查核实线索32条，侦办制售、假冒、伪劣口罩等涉疫类刑事案件17起，发起集群战役5起。加强与市场监管局和清真食品行业协会的交流，侦办一批危害百姓身体健康食品药品案件。2020年，西安市公安局共立食品药品类刑事案件123起，抓获犯罪嫌疑人166人，采取强制措施110人，批捕20人，移诉17人，涉案金额6200余万元。在未央区官庙村一举打掉生产销售假冒多家知名洋酒品牌的黑窝点5处，涉案金额2100余万元；侦办非法添加有毒有害物质的糖蒜、凉粉、豆芽以及以马肉冒充驴肉进行销售的一系列典型食品类刑事案件。

打击知识产权犯罪 西安市公安局环境与食品药品犯罪侦查部门严打知识产权犯罪。按照“全环节、全要素、全链条”的侦办要求，对侵犯知识产权类犯罪坚持上中下游一起打，先后破获多起有影响的违法犯罪，得到公安部等上级机关的肯定表扬。破获的中央宣传部高度关注的“8•23”假冒教学书籍器材案，查获盗版书籍12万余册，涉案金额1340余万元。维护企业的合法权益，为优化营商环境、维护社会大局持续稳定贡献力量。结合全市文化饮食产品多的实际，有针对性地开展专项打击，先后组织开展打击地域性特色食品违法犯罪、打击保健食品和农资产品欺诈和虚假宣传犯罪、整治保健品市场乱象百日行动等3个专项打击行动。会同市场监管、卫生等部门对批发市场、农贸集市、烟酒店等重点区域、场所开展联合检查，广泛摸排违法线索，累计受理行政部门移交案件线索43条，群众举报线索12条，并根据线索侦办部省督办案件7起；与优露清、冰峰、巨子科技、陕西清真协会等省市知名企业和行业协会进行交流座谈，通报侵权类发案重点领域，了解复工复产情况，同步分析研判侵权类犯罪动态，及时公布打假热线，积极受理线索举报，有效提升精准打击效能。

落实河湖警长制度 西安市公安局环境与食品药品犯罪侦查部门制定《关于进一步落实河湖警长的通知》，切实履行公安职责，充分发挥河湖警长职能作用，2020年以来共巡查河道6480余次，开展联合巡查整治357次，共发现问题隐患142处，整改135处。共办理河道及周边非法采砂制砂类案件79起，打击处理125人。其中，刑事案件13起，刑事拘留22人；治安案件66起，治安拘留103人。

◆物流寄递犯罪侦查 2020年，西安市公安局物流寄递犯罪侦查部门充分发挥“寄递业治安管理信息系统”平台的智慧管控作用，全力提升寄递行业规范化监管水平，推进“平安寄递”深入开展，坚持“严标准、重落实、全覆盖”，全力确保辖区物流寄递业依法依规、健康有序发展，在打造寄递物流管控“西安模式2.0”上迈出新步伐。全年全市寄递物流治安管控部门共出动警力22308人次，检查寄递物流企业16896家次，累计查处行政案件423起，刑事案件147起，查获毒品海洛因35.694千克、冰毒13.43521千克，查获石油醚、氨水等易燃易爆禁运品608件，查获管制器具3[illegible]1件，其中仿真枪5支，压缩丁烷气体等易燃易爆品138罐，配合市烟草稽查部门查扣假烟2791条，核查涉港物资55件；接受各信息查询单位82家，反馈有价值信息5832条，推送在逃人员信息67条，抓获在逃人员5名。

物流安全监管 西安市公安局物流犯罪寄递侦查部门以全方位强化提升西安寄递物流管控整体模式为着力点，深化科技引领，充分发挥“寄递业治安管理信息系统”智慧管控作用，在寄递业安全监管与执法实践探索中形成巩固“派驻警务、属地管制、错时工作、侦查协作、联合执法、系统研发、实名录入、信息员布建”经验做法，建立“上下游联合作战、全链条打击”工作机制；在破小案工作中与企业建立“安全包保制常态性工作机制”，创便捷、规范寄递物流安全管控工作提升科学模式。针对“行业监管薄弱、网点无序竞争、治安管控乏力”等实际问题，优化各项重点工作，强化寄递物流治安管控。坚持实战检验工作效果、完善优化赋能实战，不断提升对寄递业的治安管控精细化，对违法犯罪打击的精准化。结合寄递行业安全治理，强化安全检查，开展拉网细致摸排，严格落实企业登记制度，强化档案管理，不断健全工作机制，强化主体责任，推进企业依法规范经营。在“断卡”行动、缉枪治爆、毒品案件中主动作为，紧盯线索，思考总结，建立机制，在强化管控措施上求“新”，围绕“零事故、零容忍、零缝隙”的工作目标，通过创新机制措施、扩展精细练兵、营造浓厚行业宣传氛围，全力堵塞物流寄递业隐性安全漏洞。全年出动警力1598[illegible]人次，对寄递物流行业开展全方位排查工作，共检查顺丰、京东、中通、韵达、圆通、中国邮政、申通等快递企业及网点分拨中心和寄递网点2256家（次），抽查快件[illegible]9600余件，严守物流寄递通道关口。

打击物流寄递犯罪 西安市公安局物流犯罪寄递侦查部门将行业管控、案件打击与专项安保工作分别强化推进的同时又相互联系，同抓共管，多渠道搜集涉物流寄递行业违法犯罪线索，切实打击行业违法犯罪活动和行业稳定。开展“断卡”行动以来，精心组织、周密部署，形成对全市快递行业寄递涉诈“两卡”行为逐步实现全覆盖、全管控、全压断、全打击工作格局，取得明显成效。截至10月底，物侦支队主动发现核查寄递“两卡”线索20余条，打掉贩卖“两卡”团伙1个，抓获违法嫌疑人12名，缴获手机卡20张、物联卡7.8万余张。扎实开展“全省寄递渠道治安整治专项行动”，对全市寄递企业、寄递渠道安全状况和治安形势开展调查摸底和隐患集中排查整治工作，加强督导检查，开展多部门联合执法。专项行动中，共出动警力[illegible]16人次，检查寄递企业10[illegible]3家次，发现隐患120处，现场整改11[illegible]处，限期整改5处。累计查处行政案件[illegible]41起，刑事案件72起，查获毒品1295克、125克，配合市烟草稽查部门查扣假烟3[illegible]9条，查获管制物品59件，核查涉港物资[illegible]件，核查信息864条，其他禁寄物品36[illegible]件，接受各单位信息查询495

条，反馈有效信息6424条。

◆网络安全 2020年，西安公安局网络安全监管部门紧扣公安部网安局改革思路，转变观念，主动变革，探索网安牵头的合成作战新模式，实现从以往技术支撑的“幕后”向核心尖刀“台前”的转变，完成历史性跨越。

网络案件侦办 西安市公安局网络安全监管部门建立由案件队牵头，根据案件不同类型，侦控、特侦、监控、管理共同参与案件打击的合成作战机制。侦办“张某侵犯公民个人信息”案，成功摧毁用于贩卖公民个人信息网站1个，抓获嫌疑人4名，缴获公民个人信息15万条。在打击跨境网络赌博专项行动中，成功破获“吉瑞彩网络赌博案”，梳理出国内赌博网站重要代理商484个，管理员信息6个，银行账户信息8549个，涉案流水33亿元，抽调340名警力，在全国抓获嫌疑人274名。刑事拘留76人，治安处罚145人，冻结资金3531万元。以“全链条”犯罪侦查和“打财断血”为目标，办理“5·13网上开设赌场案”。查清赌博网站境外核心和境内重要人员信息、资金账目和2个为该赌博网站实施犯罪的技术团队。共刑事拘留19人，冻结涉案资金2.3亿元。全年上报并被采编各类违法犯罪情报155期，发起全国集群战役1期；办理主侦刑事案件58起，其中2起申报部督；配合办理各类刑事案件4016起，配合警种落实涉网违法犯罪线索1621期。

互联网安全管理 西安市公安局网络安全监管部门建立“采集+落查+打击”的三位一体模式进行互联网安全管理。全年完成获得西安网站数据5.7万余条、全省VPN数据6600余条。协调市网信办获得8.7万条本地网站数据，人工筛选出3.6万余条有效数据，已督促备案6000余家。共检查App、VPN、互联网企业等单位1147家次，整改47家。上报VPN线索323条，签订《网络安全责任承诺书》426份。发放公安备案号3549个，备案完成率98%。落查线索15条。全市共安装Wi-Fi特征采集、审计设备14133台，对349家非经营性上网场所的5678个点位进行实地检查，共采集相关信息2337.48亿条。检查网吧644家（全市网吧788家，新办54家），发现问题695个，整改处罚21家，全部完成整改。共完成278家单位的597个系统定级备案，其中212家单位的373个信息系统完成等级保护测评。重点完成西安市41个涉疫情系统备案及测评工作。全市共完成1372个信息系统备案。7×24小时全时段监测3300余家次政府部门和重点网站，对513家单位开展执法检查，发现漏洞1198个，其中紧急漏洞76个，已全部整改完毕。全年向各重点单位发布预警通报信息10次，指导做好漏洞预防和防范措施。共处置网络安全事件11起，对涉事单位行政警告7家、限期整改3家、关停下线1家。

信息监控和舆情导控 西安市公安局网络安全监管部门负责全市互联网信息监控工作，利用“人工+技术”手段开展24小时不间断监测预警。与市委网信办、市政府及本地媒体、大V建立扁平化指挥系统。与各地网安部门、省厅网安总队及公安部网安局建立三级公安机关协助支撑的处置工作体系。发现在互联网传播比亚迪工厂保安打人视频，经核实为虚假消息后，主动辟谣并全面清网，对造谣人员依法给予治安拘留并处罚款。发现某自媒体账号以所谓“曝光”为由，对部分经营场所实施敲诈勒索，立即落地查控，将4名犯罪嫌疑人抓获归案并依法刑事拘留。2020年西安市公安局网络安全监管部门围绕网安局信息监控工作群任务，深入推进信息监控工作机制建设。以“互联网行业乱象”“网络信息内容发布乱象”为切入口，主动打响网络“扫黑除恶”攻坚战。共清理各类违法有害信息4253条，依法查处455人，其中行政拘留13人，批评教育442人；累计发现网上涉黑\涉恶线索32条。

网络技术建设保障 西安市公安局网络安全监管部门完成系统建设任务，提升技术保障能力。重点推进警用接口建设、网综平台对接、互联网数据中心安全检查工具等项目建设。创新研发全市网综平台，新增等保档案管理平台、网安主侦案件管理平台、本地线索挖掘模块等3个全新功能。逐步将系统整合为一，简化登录、审批流程。与网综平台承建厂商烽火公司筹建首个“联合创新中心”，强化本地自建系统的应用能力，实现业务工作能力提升。配合做好电子数据勘察取证。参加全省案件会战1次；勘查案事件34起、出具司法鉴定报告22份，对手机、硬盘等6类共200个电子设备开展工作；研究制定对络漫宝、多卡宝设备通信协议的封堵方案，有效遏制全市此类设备诈骗案件的高发态势。

◆公安信息化建设 2020年，西安市公安局信息通信部门坚持以习近平新时代中国特色社会主义思想为指导，锐意进取，真抓实干，深入实施公安大数据战略，不断提升公安信息化水平。

公安大数据智能化建设 西安市公安局信息通讯部门将公安大数据智能化建设纳入智慧城市建设总体规划，加快建设步伐，不断提升公安工作智能化应用水平。全力推进“雪亮工程”建设，坚持科学规划布局，高位部署推进，密织视频监控网，整合社会监控资源，基本实现“全域覆盖、全网共享、全时可用、全程可控”。完成新建、改造3.5万路监控探头，整合社会视频资源1万路，视频图像信息共享平台和联网平台、视频图像解析系统、大数据应用平台、综治管理平台、视频云存储等系统。累积抓获网上在逃人员2200余名，为决策指挥、治安防控、侦查破案提供强有力的科技支撑。负责建设的“雪亮工程”盲区增补、350M通信网络的提升改造已制订定建设方案，正在申请立项，落实建设资金。围绕“十四运”专项工作，制定“十四运”安保信息化整体方案，主要涉及主要包括智慧交通监控系统建设、智慧防控圈系统建设、视频监控建设、无线数字集群建设、治安防控体系建设、反恐防爆应急通信指挥车系统、低慢小反制装备建设、全运村安保信息化建设、安保实战应用平台建设、前沿指挥部信息化建设等十个方面内容，还制定港务区有关“十四运”信息化建设方案移交给市执委会安保组。“十四运”安保二、三级指挥部建设意见已下发相关分县局，并组织相关警种赴相关场馆就“十四运”安保问题进行对接，对相关安保建设提出建设要求及建议。智慧公安平台建设项目目前已通过专家评审和市政府常务会审议，市发改委已立项，正在报市财政局开展资金评审。

警务政务平台建设 西安市公安局信息通信部门推动“平安地图”项目全面使用。现已完成“平安地图”小程序开发工作，等待指挥中心接处警系统升级后对接。做好新版标准地址管理系统上线运行工作，完成对数据进行清洗入库。处理新一代标准地址管理系统中问题数据，对民警在使用过程中出现的问题进行答疑，做好系统的日常维护工作，配合户政处做好系统的数据对接工作。新一代移动警务平台建设有序开展。按照公安部对新一代移动警务的要求，累计配发第四代警务通13582部，配发率已达到91%。推动警务通深度应用，研发优化第四代警务通App。目前已经上线使用的App共16个，正在对接研发刑侦、技侦等警种App共7个。

通信保障 西安市公安局信息通讯部门为全力做好西安市疫情防控工作，加大对疫情期间进入西安市人员的管理，按照市委、市政府“三个一切，五个所有”总要求和“外防输入、内防扩散”总目标，进一步提升互联网大数据技术支撑服务作用，研发西安疫情交通查控快速登记小程序和西安疫情防治网格化管理系统，形成“落地可查、有迹可循、疫情可控”的疫情防治三道防线，为打赢疫情防控阻击战奠定坚实基础。疫情期间累计核查车辆1223262辆、人员2097402人，为疫情期间守护城市安全作出重要贡献。保障20个治安检查站勤务图像全部顺利回传市局，随着全市疫情防控态势升级，先后完成全市28个防疫查控点和“一场五站”的视频图像回传和保障工作，为全市公安机关开展疫情防控工作提供有力的视频图像支撑。不断完善视频会议保障体系，推动市公安局加密视频会议系统建设，建设方案已经审批完成，项目正在建设中。加强日常对系统、设备的巡检和维护，确保时刻处于良好状态。保障各级视频会议230余次，先后圆满完成国家领导人、重要物资押运等各类重大安保通信保障任务20余次。

科技创新　西安市公安局信息通讯部门积极推进科技应用创新工作。制定市局《2020年公安科技创新大赛工作方案》，指定专人赴分（县）局指导创新大赛工作，积极引导各级公安机关和民警紧贴实战需求，大力开展科技创新，促进新成果在公安业务工作中推广应用。收集整理科技信息化练兵题库300余道，自建题库300道，整理各警种考题3000余道并录入教育训练平台，完成全局15561名民警的全局科技信息化基础理论考试。积极组织遴选的安全管理员，参加公安部科信局信息安全技术在线培训，全力推进科技大练兵工作开展。

◆特警　2020年，西安市公安局特警支队紧紧围绕实战大练兵、疫情防控、扫黑除恶、平安建设等重点任务，高点站位、周密部署，圆满完成各项任务。全年共参与大型活动安全保卫工作22次，警卫任务7次，处置突发事件69次，参与专项行动2133次，组织动用警力76810人次，车辆5802台次，切实保障西安社会大局稳定。被中共中央、国务院、中央军委联合授予“全国抗击新冠肺炎疫情先进集体”荣誉称号，省公安厅表彰70周年大庆安保维稳突出集体，在省公安厅举办的全省公安特警实战技能比武竞赛、全省公安机关警用无人机大练兵比武中均获得全省冠军。

新冠疫情防疫　西安市公安局特警支队积极投入疫情防控。疫情期间部署200名警力驻守西安咸阳国际机场，累计驻防101天，先后调警600余人次参与到港旅客信息核验工作及国际航班旅客分流转运工作。在机场7个关键部位和重要环节设置宣传引导岗18处、数据填报岗12处、信息核验岗24处，严密扎牢筛查、核验、转运的防控闭环。驻防期间累计投入警力约1万人次，核验航班7000余架次、进出及中转旅客400余万人次，转运分流入境国际航班237架次，转运入境人员15万余人，成功拦截338例输入型病例，未发生一起输入型病例，筑起疫情防控的第一道防线，成功守住西安空中门户和城市“安全防线”，9月8日被党中央、国务院、中央军委联合授予“全国抗击新冠肺炎疫情先进集体”荣誉称号。

武装防范　西安市公安局特警支队加强武装巡逻，维护社会秩序平稳。在火车站、大雁塔北广场、北客站3个屯警点，每日按四班三运转的模式出动警力48人，火车站武装巡逻每日2个班次，每班次[illegible]名警力。东、南、西、北4条大街、新城广场、解放路、大雁塔南、北广场、省委、小寨商圈、市委、市政府、北客站周边等12个重要区域每日出动警力[illegible]4人次进行武装巡逻工作。每日抽调[illegible]名警力，驻扎西安市灞桥、香王两处高速卡点，24小时警戒盘查敏感地区方向车辆。重大节庆日及敏感时期每日出动[illegible]6名警力于全市重点区域进行无人机巡逻。维护全市治安秩序平稳、有效预防、遏制和打击多发性侵财犯罪，保障人民群众生命财产安全。全年支队共参与大型活动安全保卫工作22次，警卫任务7次，处置突发事件69次，参与专项行动2133次。在“01”警卫任务、“2019灞河国际半程马拉松赛安保”、“2020城墙马拉松安保”等一系列高规格活动的安全保卫任务中无一起事故发生。

空中管控　西安市公安局特警支队加强空中管控，推动警用无人机实战应用。重点抓好警用无人机队伍装备建设和警用无人机技战术应用。在疫情防控、“低慢小”管控、无人机练兵比武、警务实战应用等方面取得良好的效果，充分发挥新型警务装备在公安实战应用中的特殊作用，警用无人机智能化、科技化防控水平得到显著提升。全年共计出动警用无人机飞控手3000人次，警用无人机1500架次，共计飞行[illegible]100分钟，警用无人机共计喊话劝诫、广播宣传36000分钟，劝离6000余人次。

◆监所管理　2020年，西安市公安局各级监管部门按照“确保安全、服务大局、强化建设、打造铁军”的总体思路，一手抓疫情防控，一手抓安全管理，圆满完成各项工作任务。全年全市监管场所共新收押21834人。其中看守所[illegible]人，拘留所8172人，强制隔离戒毒所[illegible]41人，处理出所22765人。

监所安全　西安市公安局监管部门高度重视监管安全，增强安全意识和防范观念，组织全市监管民警认真学习事故通报，举一反三，防患于未然。深入开展监所安全大检查及安全隐患排查专项整治和“学预案、查隐患、抓整改”百日安全活动，消防隐患，堵塞漏洞。狠抓制度落实，督促各监所严格执行面对面管理、安全检查、值班巡视、谈话教育、风险评估和重点人管理等各项工作制度，压实岗位责任，确保管理到位。落实预防自杀、出所就医各项规定和要求，强烈要求电子脚扣防脱逃系统的应用，不断提升全市监管场所预防控制事故能力。加强督导检查，组成督导组，每季度对全市监管场所检查指导。为视频监控中心配置警力，开展24小时视频巡查，追查问题，跟进整改。全市监所克服硬件差、警力少、超押严重等困难，严密防范，成功实现全市监管场所连续6年安全无事故。疫情期间，按照“监所防疫标准高于社会面工作标准”的总要求，召开6次全市监管工作会议，印发相关文件14份，有力地推动疫情防控工作。制定印发《收押工作流程》，全市监管场所在坚持6项收押流程确保防疫安全的基础上，坚持依法应收尽收。启动战时勤务模式，强化封闭管理，严把“入所关”“隔离关”“防控关”“应急关”。对全市公安机关送押的刑事拘留人员统一集中隔离监管20天，期满后专人属地看守所再进行过渡隔离，最大限度管控疫情输入风险。在疫情防控常态化后，全市监所坚持场所封闭管理、人员核酸检测、收押过渡隔离，防控力度不减，实现监所疫情零感染。

病残人员收押收戒收治　西安市公安局监管部门全力做好病残人员收治收戒工作。传染病治疗中心全年累计收治各类病残违法犯罪人员312人，治愈出院263人，有效缓解“送押难”问题。全力支持市公安局重点人员大收戒暨缉毒执法百日攻坚专项行动。行动开始后，市局强制隔离戒毒所共收戒2371人。

深挖犯罪　西安市公安局监管部门积极深入开展专项破案工作，成效显著。全年全市监管场所共获取线索1492条，协助破案[illegible]起，其中重大案件2起。比对查获网上逃犯21名。开展扫黑除恶专项斗争，配合法院对1257名涉黑涉恶案件被告人开庭审理，其中333人已宣判。

智慧监所建设　西安市公安局监管部门全力推进“智慧监管”建设。全市看守所实战平台建设完成率100%，全部建成远程律师会见管理系统，按照“分类指导、一所一策”要求，对律师会见室进行升级改造，将全市监所律师会见室数量由原有的27间增加到50间。以“互联网+政务平台”为载体，植入律师会见网上预约模块，实现律师会见“一站式”审核和全流程监督，律师会见效率提升一倍。为律师会见提供专用停车位、休息室、自助售货机、办公电脑、打印机等设施服务。安防子系统建设正在不断完善。组织公安监管部门科技大练兵培训，民警应用技能大大提升。

◆公安规范执法 2020年，西安市公安局法制部门全面贯彻习近平总书记来陕考察重要讲话精神，中央、省、市系列全会精神和全国全省全市公安工作会议精神，统筹推动公安法制建设，圆满完成各项公安法制工作任务。

执法办案中心建设 西安市公安局法制部门根据全市案件办理实际，共建成16个县级执法办案管理中心，配备专职管理人员347名（民警82名、辅警265名）。集合执法办案中心、案件管理中心、涉案财物管理中心、案卷管理中心、合成作战中心为一体，并引入体检鉴定、速裁法庭、医疗救助、心理辅导、民警之家等功能。市级执法办案管理中心规划占地1800余平方米，已完成主体建设。开展执法办案管理中心管理应用竞赛活动，以实现专业化队伍管理、信息化合成作战、可溯式监督管控、集中式刑案办理为竞赛内容，每月打分排名。目前所有刑事案件和重大、疑难、复杂行政案件全部进入执法办案管理中心办理，2020年累计带入嫌疑人6600余人次。新增智能笔录及电子签名捺印系统，笔录文书全部线上制作，提升执法办案质效。

案管中心建设 西安市公安局法制部门实行点位监督，形成“日巡查、周通报、月考评”监督管理机制，每月发布《执法质量综合考评通报》，通过实地检查、网上巡查、随机抽查、个案评查等方式，对案件办理情况、受立案情况、网上执法办案情况、执法公开情况、办案场所管理使用情况、执法记录仪规范使用情况、执法问题整改情况等重点执法环节和容易出问题的环节，进行精准监督考评，实现对执法办案全程的监督。研发移动端执法办案App，可以通过警务通录入证据材料、审核审批案件，同时提供案件跟踪管理、法制执法监督、智能辅助提醒等功能，为案件办理和监督审核提供便利。推进“智慧法制”信息系统建设，运用信息化大数据代替人工巡查，实现对全市各级公安机关办案过程中“警、案、人、物、卷、场”等关键要素的监督管理，加强对执法风险点的管控，及时发现、解决突出执法问题。针对日常工作中发现的执法问题及薄弱环节，及时发布执法风险提示，明晰法律规定，纠正基层执法办案错误做法。依托执法办案平台案件管理模块，对执法过程进行巡查，下发执法问题整改通知书，责令限期整改。发挥案管中心“统一归口管理”职能作用，加强与检察院、法院、行政执法机关等的沟通协作。形成公检法联席会议工作机制，对程序性问题、重大疑难复杂案件办理等随时召开会议进行研究。2020年市级公检法机关共召开“三长会”15次。市公安局与市检察院会签《刑事案件应急处置协调机制》，与市场管理局、住建局、教育局等行政机关形成长效协作办法。

执法监督 西安市公安局法制部门以标准化报案区为载体，将监督延伸至执法源头，确保所有案件进入监督轨道。在全市基层派出所全面铺开标准化报案区建设，已建成186个。所有报案区实现监控无死角覆盖，群众上门报案全部当场接受、录入执法办案平台、出具回执。设置便民等候区，配备阳光警务执法公开互联网查询机等，方便群众进行报案。同时由法制支队、督察支队、指挥中心等相关单位每月召开联席会议，并形成日常监督互通工作机制，专项整治接处警推诿扯皮、超期受立案等突出问题。为切实发挥监督实效，在案头监督的基础上，坚持深入一线实地检查，对基层进行实地对照检查，累计检查98次。对各分（县）局及交警各大队办案场所进行全面检查，确保办案场所全部达到建设标准，所有案件在办案场所办理。

行政复议 西安市公安局法制部门为加强案件监督，不断加大执法监督力度，在办理案件过程中，严格按照“一案一评”管理办法，针对存在执法问题案件，提出解决对策，督促办案单位及时整改。2020年，共办理案件指定管辖38起，办理刑事案件不予立案复核109起，办理案件评查181起，办理交办和转办案件22起。办理行政复议案件135起，参与行政诉讼49起，行政案件指定管辖210件及协助核查案件6件。

（邱　春）

审　判

◆概况 2020年，西安市各级法院坚持以习近平新时代中国特色社会主义思想为指导，深入学习贯彻习近平总书记来陕考察重要讲话精神，紧扣“追赶超越”目标，围绕全市“十项重点工作”，以目标责任考核为抓手，统筹推进疫情防控和法院各项工作，全面完成年度目标任务，各项工作取得新成绩，实现“纵向有进步、横向有进位”的目标。市中院特赦工作、出版工作、宣传通联工作分别被最高人民法院评为“全国法院先进集体”，扫黑除恶专项斗争被省、市评为先进集体，涉军停偿工作、调研工作分别被省法院评为“全省法院先进集体”，平安建设工作被市委评为先进集体。民事审判第一庭被评为“全国法院先进集体”“西安好青年集体”，未成年人案件综合审判庭被评为“陕西好青年集体”，刑事审判第二庭荣立集体一等功，执行局综合处、研究室荣立集体二等功，民事审判第二庭、审判管理办公室荣立集体三等功。

◆防控新冠肺炎疫情期间诉讼服务 2020年，西安市中级人民法院党组一手抓疫情防控，一手抓执法办案。年初，面对突如其来的新冠疫情严峻形势，下发《关于加强防控新冠肺炎疫情期间诉讼服务工作的通知》，制定出台一系列举措，充分利用智慧法院建设成果，积极引导群众和当事人通过诉讼服务网、移动微法院、诉讼服务热线，进行法律咨询、网上立案、案件查询，组织全市法院积极推进网上庭审、网上调解、网上执行、电子送达，确保疫情防控与审判执行“两不误、两促进”。妥善处理合同履行、医疗纠纷、产品质量等各类民事纠纷，积极协调为涉疫情防控企业解封账户、修复信用，全力保障疫情防控，助力企业复工复产。全院93名党员干部响应组织号召，下沉社区和高速路口，到盘查点、检查站日夜坚守参与疫情防控。在人口多、疫情风险高的社区防疫一线成立5个临时党支部，加强组织领导，发挥战斗堡垒作用，让党旗在防疫一线高高飘扬，西安市中级人民法院先后有2名党员被评为西安青年抗疫志愿服务先进典型。为克服疫情造成的不利影响，紧扣“追赶超越”目标，围绕全省法院“双进”专项工作部署，下发《关于推进全市法院“双进”专项工作，提升审判质效有关措施的通知》，制定30项具体工作措施，并采取月通报、季研判，建立院领导联系包抓区（县）法院“双进”工作机制，组织召开全市法院“双进”专项工作暨民事诉讼程序繁简分流改革试点推进会，加大案件繁简分流，努力压缩办案周期，推动审判提质增效，全力以赴推进“双进”专项工作开展。通过全院干警辛勤奋战，全年全市法院共受理各类案件28.72万件，审执结26.58万件，法官人均结案268件，比上年分别上升6.1%、7.3%和4.3%。其中，西安中级人民法院受理案件33037件，下降0.8%，审执结31112件，上升1.2%；法官人均结案件169件。西安中级人民法院结案数居全国412家中级人民法院第8位，其中民事案件居全国中级人民法院第5位，执行案件居全国中级人民法院第5位，结案数量在全国15个副省级城市中级人民法院中位列第3。审判执行工作追赶超越有新突破。

◆刑事审判　2020年，西安市中级人民法院全体干警认真学习贯彻习近平总书记重要讲话、重要指示，全面落实坚定信心、同舟共济、科学防治、精准施策总要求，全力投入疫情防控阻击战中。西安中院成立疫情防控指挥部，制定《关于充分发挥审判职能应对新型冠状病毒感染肺炎疫情的实施意见》，抓实抓细院内和审判执行工作中疫情防控工作措施，组织开展"六个严打"活动，依法严惩抗拒疫情防控、暴力伤医、制假售假、哄抬物价等违法犯罪行为，快速审结全省首例涉疫情妨害公务案，此案被评为全省年度十大法治事件。

扫黑除恶专项斗争　西安市中级人民法院调整充实专项斗争领导小组及办公室成员，成立涉黑恶案件"打财断血"工作领导小组，在全国法院首创扫黑除恶"4321"工作法和"1+8+3+N"工作机制。认真贯彻落实全国扫黑除恶专项斗争第三次推进会精神，紧紧围绕"案件清结""黑财清底"目标，夯实责任、倒排工期、加强指导，推动专项斗争深入开展。全国扫黑办挂牌督办的张仲谋等人涉黑案件，葛七宝等人涉黑案，省扫黑办挂牌督办的杜东锋等人涉黑案等一大批重大案件审结。开展专项斗争以来，全市法院共受理涉黑涉恶案件117件1133人，已全部宣判，结案率100%。判处财产刑7.68亿元，执行到位7.13亿元。西安中院创新工作机制，深入推进扫黑除恶专项斗争的做法，得到中央政法委的充分肯定，《人民法院报》做详细报道，先后被省、市评为扫黑除恶专项斗争先进集体。

法治平安建设　西安市中级人民法院制定《2020年市域社会治理、平安建设及督查工作要点》，下发《关于贯彻落实〈西安市"护航'十四运'•共建平安"推进市域社会治理现代化工作方案〉的通知》，将市域治理现代化各项目标任务分解落实，明确责任，稳步推进。依法严厉打击危害国家安全犯罪，组织开展打击邪教犯罪"总体战""攻坚年"专项行动，审结邪教案件21件、判处50人。依法惩治贪污、贿赂等职务犯罪，审结胡志强、和红星、田党生等职务犯罪案件26件。持续打击非法集资犯罪，审结非法集资案件38件，涉案金额超过50亿元。组织开展涉疫情矛盾纠纷集中排查化解专项行动。2020年，西安中级人民法院被市委授予"平安建设工作先进集体"荣誉称号。

◆民商事审判　2020年，西安市中级人民法院深入学习贯彻习近平总书记来陕考察重要讲话精神，自觉把奋力谱写西安新时代追赶超越新篇章作为工作主题，全力服务保障十项重点工作。

发挥审判职能，不断优化营商环境　在审判工作中坚持平等保护的原则，依法保护产权和当事人权益，开展"规范市场秩序"专项活动、集中开展打击侵犯知识产权和制售假冒伪劣产品犯罪专项活动，严惩破坏营商环境违法犯罪，切实维护市场交易公平公正，3件案例被最高人民法院评为服务保障营商环境指导性案例。加强破产案件审判，完善市场主体救治和退出机制，全年审结破产案件122件。推动建立破产府院联动机制，协同省市10个部门出台16项措施，与市财政局联合印发《破产案件援助资金管理使用暂行办法》，有效解决破产经费不足的问题。更新《破产管理人名册》，加强管理人培训，提升办理破产质量、降低办理破产成本。制定《"一案双查"常态化工作机制实施办法（试行）》，加强案件评查，推行法官会议、类案检索制度，着力提升审判质量，促进司法尺度统一，提高司法裁判可预期性。与中共西安市委政法委、市总工会等单位联合出台《关于建立府院联动推动矛盾纠纷源头治理、深化多元解纷机制建设的实施意见》《关于开展劳动争议诉调对接试点工作实施方案》等文件，推动矛盾纠纷多元化解，缩短纠纷解决时间，降低纠纷解决成本。加强与市人大、市政府、依法治市办对接沟通，协同研究优化营商环境涉法事项，为深化"放管服"改革提供法律支撑。圆满完成国家营商环境评价指标填报任务，评选发布"2019年度全市优化营商环境十大典型案件"，助力全市营造"国际化、便利化、法治化"一流营商环境。

迎接"十四运"，服务保障重大项目建设　西安市中级人民法院将依法审理涉"十四运"道路场馆建设和城中村拆除案件纳入对区（县）法院年度目标责任考核，强力推进。制定《关于发挥审判职能为"十四运"道路、场馆建设提供有力司法保障的工作方案》，加强对全市区（县）法院的指导，依法依规高质效审理涉"十四运"道路、场馆建设案件26件，协调西安铁路法院审理相关案件199件。建立与市迎"十四运"建设指挥部每周沟通协调机制，全年制发涉"十四运"道路、场馆建设行政案件专报23份，情况报告8份，及时解决涉重点项目建设法律问题。制定《关于依法妥善办理涉城中村棚户区改造中非诉行政强制执行案件的相关法律精神及规定》，组织全市法院依法从快审理涉城中村（棚户区）拆除案件24件，有力保障"十四运"重点项目建设顺利进行。

加强商事审判，促进实体经济发展　西安市中级人民法院全年依法审理各类商事案件[illegible]904件，比上年增长7.7%。依法稳妥化解疫情期间各类合同纠纷11373件，增长8.[illegible]%，积极支持实体经济特别是中小微企业复工复产，努力将疫情带来的不利影响降至最低，服务保障"六稳""六保"。审结涉外、涉港澳台案件258件，加强与仲裁机构、涉外商事纠纷调解组织的对接，营造更加开放的投资贸易司法环境，促进"三个经济"发展。

加强民事审判，保障改善民生　西安市中级人民法院全年依法审理各类涉民生民事案件[illegible]件，比上年增长10.1%，审理的"王子科技集团房屋买卖合同案"被最高人民法院评为弘扬社会主义核心价值观十大典型案例。

加强知识产权审判，促进科技创新　全年全市法院共审结知识产权案件3526件，比上年增长[illegible]%。与省市知识产权局建立沟通联络机制，加强涉自贸区知识产权联合保护，与市知识产权保护中心共同举办"知识产权保护暨知识产权管理体系培训班"，提高开发区和企业对自主知识产权的保护意识。召开新闻发布会，发布2019年度知识产权司法保护状况及十大典型案例，营造尊重知识、崇尚创新、诚信守法的知识产权保护氛围。

◆执行工作　2020年，西安市中级人民法院认真落实中央全面依法治国委员会《关于加强综合治理从源头切实解决执行难问题的意见》，起草《贯彻实施方案》，提请市委全面依法治市委员会审定实施。制定《关于推进全市法院建立执行办案团队暨解决执行难长效机制的实施意见》，深化综合治理执行难工作格局，建立解决执行难长效机制。不断加强执行指挥中心建设，积极拓展全市"点对点"查控范围，推进法院与公安、不动产登记、民政、工商、税务等部门的联动对接与信息共享，实现对被执行人主要财产的网络化、自动化查控。组织开展"三秦飓风·2020"行动、涉党政机关未执结案件集中清理活动、"涉金融案件执行"、"涉民生案件执行"专项活动、落实"六稳""六保"任务专项执行行动等大型集中执行活动。一批重大执行案件被攻克。执结中国民生银行与新加坡大陆咨询有限公司等综合授信合同纠纷案，此案执行到位17亿元。全年全市法院执结案件8[illegible]33件，执行到位133.96亿元，其中市中院执结案件5374件，执行到位68.61亿元。严厉打击规避、抗拒执行行为，全市法院发布失信被执行人名单12844人次，限制高消费46287人次，确保“3+1”核心指标按期达标。

◆司法改革 2020年，西安市中级人民法院狠抓改革举措落地，持续推动司法改革向纵深发展，认真贯彻中央政法领域全面深化改革推进会精神，结合实际精心谋划，对标对表狠抓落实。

健全完善审判权力制约监督体系 全面落实党对司法工作的领导监督机制。制定《关于习近平总书记重要指示批示贯彻落实办法》，认真落实《政法工作条例》，严格执行重大事项请示报告制度，确保把党的领导监督贯穿到司法全过程和各方面，确保司法工作始终置于习近平同志为核心的党中央集中统一领导下。健全落实审判监督管理机制。制定《市法院随机分案办法》《规范院、庭长审判管理权、审判监督权实施办法（试行）》，压实院庭长审判监督管理职责。切实加强审级监督和专责监督，全年制发各类审判管理通报75期，印发专项通报9期，通报案件419件。健全完善接受外部监督机制。制定《西安市中级人民法院人民陪审员参审管理工作细则》，保证人民陪审员依法有效参与和监督司法。主动接受各方监督，全年接受市人大常委会庭审评议3次，办理人大代表、政协委员提案9件，关注案件11件，满意率达到100%。邀请人大代表、政协委员和机关学校干部群众等200余人参观法院、旁听案件庭审。综合运用司法公开四大平台和新媒体，不断拓展司法公开深度广度。全年全市法院网上公开裁判文书220630份，微博发布信息59000余条，视频直播庭审6810次，网上公开裁判文书26373份，微博发布信息17000余条。不断创新智能管理监督机制。开展法院专网链路带宽升级改造、办案系统数据库桌面在线式备份测试，健全完善微庭审系统，实现网上办案网上监督，完善办案绩效网上评估和通报系统，严格执行网上审限审批、预警和办案流程管控机制，实现绩效管理数据化。

全面加快一站式多元解纷和诉讼服务体系建设 西安市中级人民法院新诉讼服务中心已完成设计、规划、环评、审批、征地，启动施工建设，集约集成的12大功能区，123项具体职能已论证确定，调解平台、送达平台、鉴定平台、保全平台等十大信息平台硬件设施招标和软件开发全面展开，组织完成跨域立案、律师服务平台、送达平台和保全平台的演练对接，现代化的一站式多元解纷诉讼服务中心建设全面提速。同时，指导全市区（县）法院因地制宜做好诉服中心新建和升级改造，碑林区人民法院一站式多元解纷和诉讼服务体系建设工作获最高法院通报表扬。积极对接司法局、工会、律协、公证机构和知识产权局等单位，在全市广泛开展律师调解试点、劳动争议诉调对接试点、公证参与司法辅助事务试点，初步构建起全市诉源治理和多元解纷新格局。全年全市法院吸纳117家特邀调解组织、940名特邀调解员参与调解，诉前委派调解纠纷案件48329件。《人民法院报》以《诉源治理聚合力，多元解纷暖民心》，详细报道西安法院一站式多元解纷工作。

认真开展繁简分流改革试点 西安市中级人民法院作为全国法院“民事诉讼程序繁简分流改革试点单位”，制定《民事诉讼程序繁简分流改革试点任务分解方案及实施细则》，细化分解68项工作任务。积极探索独任制、小额诉讼等工作新模式，在全省首次适用二审“独任制”审理上诉案件。试点以来，全市法院共适用简易程序受理案件13.1万件，结案9.2万件；受理小额诉讼案件13797件，结案11956件，适用独任制受理一审案件13.4万件，审结10.9万件，推动“简案快审，繁案精审”取得新成效。

◆精准扶贫 2020年，西安市中级人民法院积极扶持脱贫，对临潼区三庙村56户村民建档立卡，从政策、资金、技术等方面给予帮助，引导村民连片种植紫雏菊、玫瑰等药用花卉类经济作物，协调资金90万元建成玫瑰烘干厂房，促进产品深加工。加强基础设施建设，帮助完成村内自来水管网改造升级和村民住户改厕，争取项目资金，完成长江河拦水坝二期工程，为乡村振兴打好基础。集中整治村中心广场、移民新村环境，帮助做好3.5千米乡村公路行道树绿化养护，努力打造美丽乡村。积极筹措防疫物资分发村民，组织开展消费扶贫活动，帮助推销农副产品5.5万元。18个联户帮扶党支部坚持每月两次入户帮扶，帮助贫困户解决生产生活中的具体困难。在西安市中级人民法院帮扶下，2020年村内药用花卉类经济作物创收达200余万元，村民人均收入达到13980元。三庙村先后被评为国家级森林乡村和西安市最美乡村。西安中院扶贫工作入选《中国报道》全面小康陕西答卷。

◆审判队伍建设 2020年，西安市中级人民法院党组始终把思想政治建设放在首位，认真贯彻落实《中共中央关于加强党的政治建设的意见》，增强“四个意识”、坚定“四个自信”、做到“两个维护”。坚持党组中心组学习制度，全年共组织中心组学习10次，深入学习十九大、十九届历次全会、中央依法治国会议精神和习近平法治思想，提高运用马克思主义立场、观点、方法分析和解决司法难题的能力水平。围绕学习习近平总书记来陕考察重要讲话精神，交流学习体会，增强“谱写西安新时代追赶超越新篇章”的思想自觉和行动自觉。切实加强组织建设，严格党的组织生活制度，认真召开专题民主生活会，开展批评与自我批评，查找问题，扎实整改。认真贯彻民主集中制，修订完善《党组会议事规则》，坚持集体领导、民主集中、个别酝酿、会议决定，重大问题提前调研，重大决策充分协商，重要情况及时通报，全年共召开党组会46次，讨论决定重要事项157项，切实做到科学决策、民主决策、依法决策。

加强基层党组织和干部队伍建设 加强机关党的政治建设。西安市中级人民法院成立以党组书记、院长为组长的机关党的建设工作领导小组，进一步落实党组抓基层党建的领导责任。积极推进党的建设与审判工作有机融合，结合基层法院内设机构改革，协调省法院、省委编办同意，在全市13个区（县）法院全部设立机关党委和党总支，配备专职副书记，组织完成全院9个支部换届改选（补选），充实审判执行一线党建力量。深化“追赶超越当先锋、打造铁军作表率”活动，全院18个党支部结对帮扶贫困户，持续以“党建引领”脱贫攻坚。下发《疫情防控阻击战中发挥两个作用通知》，号召全院党支部、党员干部发挥战斗堡垒和先锋模范作用，在疫情防控工作中走在前，做表率。制定《关于进一步推动党支部标准化规范化建设工作的通知》，建立党员活动室3个。认真落实“三会一课”制度，扎实做好党员发展和党员组织关系排查工作，深入推进服务型基层党组织创建，提高基层支部战斗力凝聚力。加强干警思想政治教育和司法能力培训。举办学习《中国共产党政法工作条例》专题讲座、习近平总书记来陕考察重要讲话精神专题讲座、《习近平谈治国理政》第三卷专题讲座等22期，选派两级法院审判人员参加各类培训班830人次。

抓好意识形态工作 西安市中级人民法院结合实际制定《2020年意识形态工作要点》，组织开展意识形态工作自查督查。围绕全市中心工作，组织开展主题宣传教育。疫情期间，西安市中级人民法院反映法官抗疫事迹的《致敬最美逆行》《抗疫日记》等46篇专栏文章被《环球时报》等多家网络媒体转发。以“互联网+法治宣传”为主线，利用微信公众号、官方网站、官方微博等新媒体平台，开展疫情防控、扫黑除恶、打击

非法集资和食品药品犯罪、保护知识产权等系列宣传，推进社会综治普法。西安市中级人民法院审理的全省首例涉疫情妨害公务案微信报道，阅读量高达10万余次，法官走进直播间，开设“法官当主播护航微小企业复工复产”云上普法课堂收到良好社会反响。2020年，西安官方微博在全国法院3868个法院微博矩阵排名中位于第一方阵，官方新媒体被最高人民法院评为“百优新媒体帐号”。

党风廉政建设　西安市中级人民法院院党组认真落实管党治党主体责任，全面加强党风廉政建设工作。建立抓好习近平总书记重要指示批示、对党中央重大部署贯彻落实督办机制和监督机制，从重要指示批示接收、提交党组会研究、交办、催办、报告、立卷归档各环节督办落实，把学习贯彻落实情况纳入日常监督和司法巡察的重要内容，加强政治监督。全年围绕学习贯彻习近平总书记来陕考察重要讲话精神、脱贫攻坚、扫黑除恶、疫情防控，开展监督检查6次。扎实开展赵正永严重违纪违法案“以案促改”工作，严格落实专题学习教育和警示教育、政治生态研判、“四个查一查”活动、“四个专项工作”和巡视巡察共性问题整改等工作环节。认真开展第三个纪律教育宣传月、以张坚案为典型开展“以案释德、以案释纪、以案释法”警示教育、“三个规定”情况专项整治和司法作风专项整治等活动。结合“以案促改”、配合省法院司法巡查、市委巡察工作，深入查找司法作风问题，抓好自查自纠和反馈意见整改，坚决整治形式主义和官僚主义，克服“庸懒散慢虚粗”等问题。积极运用监督执纪“四种形态”，严肃开展约谈函询、提醒、诫勉谈话，全年共对32名党员干警予以诫勉谈话、提醒谈话及批评教育。支持纪检监察部门查处违纪违法问题，全市两级法院共立案11件（2件未结案），党政纪处分9人。

◆审判服务保障　2020年，西安市中级人民法院围绕审判执行中心工作，加强对外委托鉴定、检验、审计、评估，全年受理对外委托案件4808件，结案4018件。积极推动全市法院在诉讼服务中心办理对外委托鉴定，指导各区（县）法院在诉讼服务中心设立司法鉴定窗口，开展对外委托鉴定工作，提升一站式诉讼服务的集约化水平。加强警务保障，认真落实最高人民法院《关于开展全国法院司法警察“实战化训练推进年”活动的通知》要求，组织全市法院司法警察开展实战化训练，提升法警实战能力。多措并举，积极推进“六专四室”建设。严格落实疫情防控要求，加强机关安检和提押、值庭防疫工作，出色完成胡志强受贿案、宋斌等27名被告涉黑案等多起重大敏感案件审理和强制执行警务保障任务，保证审判工作顺利开展。政务事务工作努力增强服务意识，提升服务保障水平。全年扫描归档案卷24574案，846[illegible]册，收集整理诉讼档案87695册；接待内查外调18762人次；完成1999年至2020年全院归档案卷扫描上传。主动征求审判业务部门意见，加强司法行政人员服务意识教育，努力提高经费车辆保障、法庭调配、干警就餐等服务水平，积极协调市发改委为诉讼服务中心和法警训练基地建设项目增加资金1486万元。

◆案例

葛七宝等53人黑社会性质组织案

2020年11月23日至24日，西安市中级人民法院对全国扫黑办挂牌督办的葛七宝等人涉黑案二审宣判，裁定驳回上诉，维持原判。

西安中院审理查明，2000年，被告人葛七宝依托家族势力，通过恐吓、殴打竞争对手等非法手段，当选为西安市未央区徐家湾街道北辰村党支部书记，其后不断安插亲信进入村两委会，逐步控制北辰村基层政权，经过多年的发展，形成以被告人葛七宝为首的人数众多、组织领导者明确、骨干成员基本固定的黑社会性质组织。该组织通过聚众斗殴等方式树立强势地位，强买强卖，侵吞集体财产，控制村域经济，对举报群众实施打压、恐吓，并通过非法转让土地使用权建设小产权房、非法占用农用地建设物流公司、农贸市场、垄断小区水电供应、盗窃市政公用自来水、开设赌场、盗挖砂石变卖获利等手段，牟取巨额经济利益，实施一系列违法犯罪活动。葛七宝等人还拉拢腐蚀国家公职人员充当该组织的“保护伞”，多次对抗、阻挠执法检查，犯罪后大肆拉拢公职人员以逃避打击。以葛七宝为首的黑社会性质组织为非作恶，称霸一方，严重破坏当地的社会、经济、生活秩序。

西安市鄠邑区人民法院于2020年9月4日对被告人葛七宝以组织、领导黑社会性质组织罪等15项罪名判处有期徒刑24年，剥夺政治权利1年，并处没收个人全部财产；对29名犯参加黑社会性质组织罪等罪的被告人分别判处1年又9个月至16年不等有期徒刑；对10名公职人员以包庇、纵容黑社会性质组织、受贿等罪判处3年至16年不等有期徒刑；对其他13名犯寻衅滋事、开设赌场等罪的被告人亦判处刑罚。对5名被告人判处没收个人全部财产，对各被告人的违法犯罪所得均予以没收或追缴，对侵占的被害人财产责令退赔。

一审宣判后，被告人葛七宝未上诉，另19名被告人提起上诉。西安市中级人民法院经二审公开开庭审理，重点围绕组织、领导、参加黑社会性质组织罪、包庇、纵容黑社会性质组织罪及其他个罪、财产处置、量刑情节等事实的认定、法律适用等问题充分听取各上诉人上诉理由及辩护人辩护意见、检察机关意见，充分保障各方诉讼权利。

西安中院经二审审理认为，原审判决认定事实清楚，证据确实、充分，定罪准确，量刑和财产处置适当，审判程序合法，裁定驳回上诉，维持原判。

张仲谋等人黑社会性质组织犯罪案

2020年11月30日，西安市中级人民法院对全国扫黑办挂牌督办的张仲谋等人黑社会性质组织犯罪一案二审进行公开宣判，裁定驳回上诉，维持原判。

经审理查明，2008年，被告人张仲谋通过拉票贿选当选三兆村村委会主任，之后扶持亲信当选村干部。把控村两委会后，张仲谋等人借助三兆村城中村改造和周边建设开发之机，通过强揽

开庭审理全国扫黑办挂牌督办张仲谋等人涉黑案

工程、圈地倒土、拆迁赔偿、乱搭违建等违法犯罪活动，攫取巨额经济利益达数亿元，“以商养黑”“以黑护商”，形成以张仲谋为组织、领导者，张美红、张燕红、孟坤英等6人为积极参加者，荆康战、呼庆民、郝洪各、赵清等10人为其他参加者，层级分明、结构稳定、分工明确的黑社会性质组织。2008年以来，该组织以暴力、胁迫等手段为非作恶，欺压残害群众，拉拢腐蚀国家公职人员充当“保护伞”，有组织地实施强迫交易、敲诈勒索、寻衅滋事、非法占用农用地等20余宗犯罪活动，形成对三兆村及周边的非法控制，称霸一方，严重破坏当地经济、社会生活秩序。同时该组织非法占用农用地还造成部分土地不同程度毁坏，严重破坏当地土地资源和生态环境，损害国家及社会公共利益。

西安市雁塔区人民法院于2020年10月31日对被告人张仲谋以犯组织、领导黑社会性质组织罪、强迫交易罪、敲诈勒索罪、寻衅滋事罪、非法占用农用地罪、行贿罪，判处有期徒刑19年，剥夺政治权利3年，并处没收个人全部财产。对张美红等16名黑社会性质组织成员分别判处1年又6个月至10年不等的有期徒刑。对黑社会性质组织中的1名骨干成员并处没收个人全部财产，对其他黑社会性质组织成员并处数额不等的罚金。对该组织中张仲谋等7名附带民事公益诉讼被告人判处缴纳500余万元生态环境修复费用。对该黑社会性质组织及各被告人的违法所得、聚敛的财物及其收益共计2.1亿余元，依法分别判处没收、追缴或责令退赔。黑社会性质组织“保护伞”魏银栓犯纵容黑社会性质组织罪、受贿罪，判处11年又6个月有期徒刑，并处罚金。

一审宣判后，张仲谋等11名被告人不服，提出上诉。西安中级人民法院经审理认为，原审判决认定事实清楚，证据确实充分，定罪准确，量刑和财产处置适当，审判程序合法，裁定驳回上诉，维持原判。

被告人黄某销售伪劣产品罪暨附带民事公益诉讼案 黄某长期从事医疗器械的销售，具有丰富的医疗器械购销经验。2020年1月新冠肺炎疫情出现，黄某认为市场上将急需口罩等防护用品，有利可图，遂通过网络寻找口罩货源。2020年1月22日至26日，黄某从他人处购进“3M”9001口罩2000个、一次性使用口罩27件（每件1万个）。购进口罩时未向对方索要核对营业执照、生产许可证、注册证、产品合格证、发票等资质和凭证，后加价对外销售，指定上线将口罩邮寄至其指定地址。1月26日晚，黄某通过微信向隋某某发送营业执照、许可证等证件样图，索要购进口罩的资质证明，并称“没有三证就是假的”。但直至案发，黄某既未收到相关营业执照、许可证、合格证等资质证明原件，也未对其在途运输的口罩停止发送，或联系买家告知口罩可能存在质量问题并积极追回已售货物。经公安机关对追回的口罩经抽样鉴定，均为不合格产品。经统计，其销售不合格口罩金额共计34.2万元。另查明，黄某在新型冠状肺炎疫情期间，以不合格产品冒充合格产品对外销售，部分口罩销往医疗机构和当时疫情严重的湖北省武汉市，侵害不特定多数人的生命健康，致使社会公共利益受到损害，人民法院对黄某以销售伪劣产品罪判处有期徒刑5年6个月，并处罚金60万元；责令黄某在新闻媒体上公开赔礼道歉，并支付附带民事公益诉讼起诉人西安市人民检察院销售伪劣口罩价款的3倍赔偿金102.6万元。黄某上诉后，陕西省高级人民法院驳回上诉维持原判。

王某拒不执行判决、裁定罪案 王某系陕西秦浩商贸有限公司（简称秦浩公司）法定代表人。该公司因拖欠陕西文港物资有限责任公司（简称文港公司）货款，被文港公司诉至莲湖区人民法院。2017年6月1日，莲湖区人民法院做出民事调解书，秦浩公司偿还陕文港公司货款1188045.75元及资金占用费887600元，如秦浩公司有一期未足额按时偿还上述货款及资金占用费，文港公司就剩余款项全额向人民法院申请执行，如秦浩公司未按上述日期支付文港公司货款，从2017年6月1日起，秦浩公司按照年利率24%向文港公司支付资金占用费计算至给付之日止，王某与秦浩公司互负连带清偿责任。该调解书于当日送达。秦浩公司及王某没有按照调解书的内容于2017年6月30日前偿还文港公司货款20万元。2017年7月3日，文港公司申请莲湖法院强制执行。莲湖区人民法院于7月4日立案，7月6日，莲湖区人民法院以EMS邮寄方式向王某送达执行通知书、传票，责令其履行生效法律文书确定的义务，传唤其于7月13日到莲湖区人民法院处理执行事宜。7月11日，王某将其名下一辆牌号为陕AWY717奥迪牌Q5小型越野客车以20万元价格过户至其姐姐王某某名下。2017年7月14日，莲湖区人民法院做出执行裁定：查封、锁定、扣押被执行人王某名下车号为陕AWY717车辆。因王某已将该车过户至他人名下，导致执行裁定书内容无法执行。王某一直逃避执行，上述文书均未送达王某。2018年7月31日，莲湖区人民法院以已穷尽财产调查措施，未发现王某有可供执行的财产为由，终结本次执行程序。秦浩公司2018年8月16日向公安机关报案，王某于同年11月9日被抓获。王某对莲湖区人民法院的调解书至今没有履行任何义务。人民法院认为王某有能力执行而拒不执行，故意转移财产，致使人民法院依法做出的民事调解书、执行裁定书的内容无法执行，情节严重，以王某犯拒不执行判决、裁定罪，判处有期徒刑1年又8个月。该案经陕西省高级人民法院审委会研究确定为第147号参阅案例，供全省法院审理执行类似案件时参考。

陕西博鑫体育文化传播有限公司诉陈龙、任某某请求变更公司登记解除股东资格纠纷案 2015年6月24日，陕西博鑫体育文化传播有限公司（下称博鑫公司）成立，股东为任某某、陈某。2019年5月5日至6月6日，博鑫公司先后向陈某邮寄催缴出资函、股东会议通知、股东会决议、解除股东资格通知，陈某表示均未收到。陈某曾于2015年3月4日代表公司与陕西体育产业集团体育传媒有限公司签订土地租赁合同。陈某称其曾部分出资，先后出资12万元（如向场地出租方经办人张某先后支付10万元、2万元）。任某某对100000元租金不予认可，2015年度5万元租金及现金垫付租金6000元系陈某分别受任某某、财务委托代为缴纳，2016年度续租租金5万元系任某某自行缴纳。博鑫公司起诉请求陈某配合博鑫公司按照2019年6月6日《股东会决议》在工商行政管理机关办理股东、股权变更登记。西安市雁塔区人民法院依法审理后，判决驳回博鑫公司之诉讼请求。博鑫公司不服提起上诉，西安市中级人民法院经审理后认为陈某已经履行部分出资义务，博鑫公司以其未出资为由解除股东资格的股东会决议属于无效决议，遂判决驳回上诉，维持原判。

陕西省燃料总公司、陕西省五金交电化工总公司破产清算案 陕西省燃料总公司、陕西省五金交电化工总公司均系全民所有制企业，因经营状况持续恶化资产不足清偿全部债务，早已停止经营活动，多年来一直依靠财政和上级单位补贴费用维持生存，经其上级主管单位批复同意，2公司向法院申请破产清算。西安市中级人民法院依法指定这两家公司破产清算组作为管理人负责清算事务，公告确定债权申报期限，召开债权人会议；2公司管理人完成清算后，分别向法院提交《破产清算工作报告》，提请终结本案破产清算程序。西安市中级人民法院受理后，认定2家公司均属于国务院政策规定的“僵尸企业”，且经过管理人清算，2公司资产均不足以清偿破产费用，管理人提请终结本案破产清算程序，符合法律规定，依法裁定宣告陕西省燃料总公司、陕西省五金交电化工总公司破产；终结2公司的破产程序。

从受理破产清算申请到做出裁定，耗时不足1个月时间。

嘉兴宝联投资合伙企业与新加坡大陆咨询有限公司等综合授信合同纠纷执行案　西安市公证处2013年对西安迈科金属国际集团有限公司与民生银行西安分行、新加坡大陆咨询有限公司、青岛德诚矿业有限公司签订的综合授信合同做出具有强制执行效力的公证书。民生银行西安分行向陕西省高级人民法院申请执行该公证书，申请处置其质押新加坡大陆咨询有限公司持有内蒙古霍煤鸿骏铝电公司35.7%的股权实现债权，申请执行标的的本金、利息等共计17亿余元；陕西省高级人民法院指定由西安市中级人民法院执行。该院执行中，嘉兴宝联投资合伙企业受让民生银行西安分行本案债权，变更为申请执行人；执行法官查明，新加坡大陆咨询有限公司持有内蒙古霍煤鸿骏铝电公司35.7%的股权此前已经因涉及青岛港公安局的刑事案件及广州市中级人民11件民事案件而全部被冻结，西安市中级人民法院只能轮候冻结，工商部门对冻结顺位无法确定；案件存在刑民交叉及涉外因素，法律关系、利害关系复杂，利害关联方众多、被执行人地域分布和跨度广，执行难度极大。该院执行合议庭法官克服重重困难，依法强制执行，最终在案涉股权经两次拍卖后以流拍价交付申请人嘉兴宝联投资合伙企业抵偿债务，将执行红利发还申请执行人，圆满执行终结案件。（杨凤生）

西安市中级人民法院

院　　长　李洪涛
副 院 长　杜豫苏　赵海峰　姚建军
纪检监察组组长　张小齐
政治部主任　邓晓宇
执 行 局 长　张鲁南

检　察

◆概况　2020年，西安市检察机关在西安市委和陕西省人民检察院的正确领导下，在西安市人大及其常委会的有力监督下，以习近平新时代中国特色社会主义思想为指导，深入学习贯彻党的十九届五中全会和习近平总书记来陕考察重要讲话精神，坚持疫情防控与检察业务"两手抓"，为西安高质量发展提供有力司法保障，各项检察工作取得新进展。

◆服务经济社会发展　2020年，西安市检察机关围绕国家中心城市建设，紧贴"十项重点工作"需求，细化工作举措，为经济社会高质量发展提供优质检察服务。

"服务'六稳''六保'护航民企发展"检察开放日座谈会

全力服务疫情防控　护航"六稳""六保"，市检察院出台依法保障经济高质量发展和企业复工复产31条措施，批捕涉疫犯罪44人、起诉44人，提起刑附民公益诉讼7件；畅通"12309"检察服务绿色通道，组织670余名检察干警下沉一线协助抗疫。灞桥、长安区人民检察院分别批捕、起诉全省首例涉疫犯罪，并入选全省检察机关首批妨害疫情防控犯罪典型案例；市检察院对黄某销售伪劣口罩案提起刑附民公益诉讼，法院判决被告交纳逾百万公益赔偿金，并在新闻媒体公开道歉；阎良、高陵区人民检察院办理的涉民企行政争议实质性化解案，促成企业缓缴行政处罚金，减轻疫情带来的资金压力，相关做法被《检察日报》刊载。

营造良好营商环境　聚焦"十项重点工作"，制定服务西安追赶超越15条措施，建立与市工商联沟通联络机制，为企业提供优质检察服务。起诉强迫交易、非法集资等破坏市场经济秩序犯罪420件7[illegible]人，办理洗钱案4件5人，依法追回赃款3150余万元，市检察院向金融系统制发的堵塞贷款审核漏洞检察建议获评"全省检察机关优秀检察建议"。围绕自贸区、创新示范区建设，与市知识产权局签订产权保护"两法衔接"13条意见，起诉侵犯知识产权等犯罪49人。树立平等保护理念，开展涉民企羁押必要性审查、刑事诉讼"挂案"专项清理，变更强制措施2人，不捕不诉4人，清理挂案4件；积极回应民企司法诉求，办理涉民企纠纷案件589件，依法提请和提出抗诉11件，市检察院办理的某集团债权转让纠纷案为企业挽损560余万元。

用心服务民生民利　落实"四个最严"要求，深入开展打击危害食药安全犯罪专项行动，加强与市场监管等部门的"两法衔接"，监督立案8件，起诉47人，提起刑附民公益诉讼3件，确保人民群众"舌尖上的安全"。市检察院办理的李某某非法经营药品案、任某某生产销售假药案入选中央依法治国办食药监管执法司法典型案例。依法严惩开办、贩卖"电话卡、银行卡"犯罪活动，起诉电信诈骗等犯罪233人，遏制利用公民身份信息实施犯罪，着力提升人民群众安全感。

助力决赢脱贫攻坚战　起诉涉扶贫领域犯罪3[illegible]3人，开展根治欠薪专项行动，起诉拒不支付劳动报酬犯罪19人，帮助361名农民工讨回薪酬511.7万元；为因案致贫返贫群众提供司法救助202件，发放救助金[illegible]12.[illegible]万元。未央区人民检察院办理的屈某某等5人司法救助案，入选最高检司法救助暨服务脱贫攻坚十大典型案例。全面做好市检察院对蓝田县唐付村脱贫帮扶工作，顺利完成整村脱贫任务。

◆维护社会和谐稳定　[illegible]020年，西安市检察机关积极探索市域治理新模式，助力更高水平"平安西安""法治西安"建设。

坚决打赢扫黑除恶收官战　深化"六清"行动，优化"六建"机制，完善工作制度15项，移送"保护伞"线索3条，制发检察建议1[illegible]3份，起诉涉黑恶案件29件403人，依法起诉葛某某、张某某2起全国督办涉黑案件，涉黑案件全部清结。王某某、马某某2起涉黑案件入选全省检察机关扫黑除恶典型案例，未央区人民检察院办理涉黑案件“五个一律”工作机制，被省委政法委在全省政法系统推广；5个办案组、7名干警受到上级表彰，市检察院被省扫黑除恶专项斗争领导小组评为“全省扫黑除恶专项斗争先进单位”。

依法惩治刑事犯罪活动　推进“平安西安”建设，批捕5523人、起诉9982人，起诉危害国家安全类犯罪52人；突出打击严重影响人民群众生命财产安全犯罪，起诉杀人、强奸、绑架等严重暴力犯罪215人，起诉“两抢一盗”、侵害公民个人信息等多发性犯罪1568人；坚持“少捕慎诉慎押”理念，因事实不清、证据不足分别不捕1658人、不诉57人。

做实做细涉检信访工作　树牢“以人民为中心”的发展理念，坚持和发展新时代“枫桥经验”，制定“便民利民八项措施”，开展“民有所呼、我有所应”开放日和信访积案清理，确保群众涉检信访事项一个窗口受理、一次性告知，累计受理群众信访4020件，落实“群众信访件件有回复”，最大限度让群众少跑路。

积极推进市域治理现代化　树立“小井盖、大民生”理念，推动最高检“四号检察建议”落实，全市发出涉窨井盖检察建议44份，起诉1人，联合相关部门建立工作机制14个，最高检在西安举办现场会推广“检察机关治理窨井盖西安经验”。发挥检察建议在市域治理中的规范引领作用，全市检察机关制发各类检察建议2302份，其中书面送达2149份、宣告送达153份，采纳率为99.8%，5件检察建议获评“全省检察机关优秀检察建议”。

加强未成年人司法保护　严厉打击侵害未成年人合法权益犯罪，起诉187件238人，对涉罪未成年人不捕103人、不诉55人、附条件不诉51人，3起不诉案件入选全省检察机关典型案例。落实最高检“一号检察建议”，深化“法治进校园”工作，325名检察干警兼任法治副校长，普法教育覆盖10万余人次，新城区人民检察院被最高检评为“全国‘法治进校园’巡讲先进单位”；与市妇联共同建立保护妇女儿童工作机制，建成7家未成年人“一站式”办案中心。新城区人民检察院“青新工作室”、周至县人民检察院“爱在检徽下”办案团队荣获“全省检察机关优秀办案团队”。

◆**强化法律监督**　2020年，西安市检察机关坚持以司法办案为中心，推动新时期刑事、民事、行政、公益诉讼检察协调充分发展。

强化刑事诉讼监督　充分发挥22家驻公安执法办案管理中心检察室作用，监督立案250人、撤案256人，追捕、追诉636人。碑林区人民检察院办理1起涉外人员掩饰、隐瞒犯罪所得案，促进我国与格鲁吉亚启动刑事司法协助和引渡条约签署，入选最高检第一批国际刑事司法协助典型案例；发现减刑、假释、暂予监外执行不当并提出纠正意见590条；开展巡回检察10次，发出纠违通知和检察建议34份，规范刑罚执行和监管执法工作。

强化民事诉讼监督　受理生效裁判、审判违法、执行监督1199件，提请和提出抗诉38件，发出检察建议669件。扎实开展虚假诉讼领域深层次违法行为监督专项活动，5家基层院与公安、法院、司法局等部门建立防范和查办虚假诉讼工作机制，摸排虚构债务打“假官司”、虚假仲裁等监督线索37件，办结25件，移送公安机关侦查3件3人。

强化行政检察监督　注重行政检察“一手托两家”，开展“行政争议实质性化解”和“行政非诉执行一年攻坚”专项行动，受理相关案件347件，发出检察建议334件，化解案件41件。鄠邑人民区检察院办理的某商贸公司不服行政处罚案，促成行政部门与该公司达成和解；临潼区人民检察院办理的涉自然资源行政非诉执行监督系列案，协助追缴土地处罚金700万元，均入选全省检察机关典型案例。

强化公益诉讼检察　践行“双赢多赢共赢”理念，与市秦保局、文物局等分别会签协作办法，协同各方构建“六彩检察公益之治”。扎实开展相关领域公益诉讼，发现线索1337件、立案1312件、办理诉前程序1271件、起诉19件。灞桥区人民检察院办理的灞河流域违建拆除案，保障“十四运”水上项目建设；雁塔区人民检察院办理的“养老保险金行政公益诉讼案”，推动省人社厅印发《规范查处侵占企业职工养老保险基金有关问题的通知》，入选“全国检察机关典型案例”；阎良区人民检察院保护涉军公益诉讼成效明显，被中部战区及七省政法委联合表彰为“维护国防利益先进单位”。

◆**深化司法改革**　2020年，西安市检察机关加大司法改革力度，进一步推动司法办案公正高效。

全面推行认罪认罚从宽制度　落实“两提高、一降低”总目标，提高认罪认罚量刑精准化和预期认可度，适用率和精准化率均达86%以上，精准量刑建议法院采纳率90%，律师参与率100%。

提升办案效率　通过发挥办案组优势、提前介入侦查等方式，减少不必要的诉讼环节，“案-件比”由年初的1.95下降至12月份的1.15。

健全司法制约监督机制　市检察院出台《加强权力运行内部监督管理办法》，明确职责权限，规范权力配置，依托信息技术实现案件办理全流程监控，有效推进司法规范化建设。

全面推行公开听证　坚持把公开听证全覆盖作为常态化办案机制来抓，邀请人大代表、政协委员、人民监督员、法学专家、法官、律师等担任听证员，对233件案件实施公开听证，促进“案结事了、事心双结”，持续提升检察工作公信力。

深化“智慧检务”体系运用　疫情防控期间，两级检察院运用高清视讯系统开展远程提审690人次，确保检察办案及时有序推进。注重无人机航拍取证助力公益诉讼，为17起案件提供技术支持。六是推行检察官业绩考评机制。充分发挥业绩考评“指挥棒、风向标”作用，制发《业绩考评实施细则和计分规则》，加强对办案政治效果、社会效果和法律效果相统一等司法质效的考核，形成正向激励。

◆**自觉接受监督**　2020年，西安市检察机关牢固树立监督者更要接受监督的意识，自觉把党的领导、人大监督和社会各界监督贯穿检察工作全过程。

坚持党的绝对领导　制定贯彻落实习近平总书记来陕考察重要讲话77条具体措施，推动“五项要求”在西安检察机关落细落实。深入学习贯彻《中国共产党党组工作条例》《中国共产党政法工作条例》，向西安市委、西安市委政法委请示报告工作50余项。

主动接受人大监督　向市人大常委会专题报告扫黑除恶和公益诉讼工作，1名副检察长向市人大常委会述职。

广泛接受社会监督　积极开展未成年人保护、护航民企发展、宪法宣传等开放日活动，累计邀请1266名代表、委员和各界人士走进检察机关、监督检察工作。

深化检务公开　邀请81名人民监督员监督执法办案活动55次；畅通律师服务渠道，全面提供预约服务，实现律师阅卷“随到随取随走”，累计接待律师3352人次，制作电子卷19323册，公开程序性信息16358条、法律文书8148份、重要案件信息1131条。两级检察院新媒体发布各类稿件20万余篇、视频40余部，组织新闻发布会和直播活动8场。

◆**检察队伍建设**　2020年，西安市检察机关紧盯新时代全面依法治国新要求，全面加强检察人员素能建设。加强政治建设。围绕学习贯彻党的十九届四中、五中全会和习近平总书记来陕考察重要讲话精神，组织104名处级干部参加2

期政治轮训。深化“不忘初心、牢记使命”主题教育，开展“弘扬延安精神、净化政治生态”专题培训，不断提升干警思想觉悟和理论水平。加强人才培养。制订《人才培养计划》，举办专题业务培训54期。分批组织12家基层院赴南京大学、西南政法大学等开展集中式培训，拓展司法视野，提升办案能力，18人入选全国、全省检察专家人才库，1人获评“全国优秀女检察官”、5人获评“全省十佳公诉人”、2人获评“全省案件管理标兵”、2人获评“全省人民群众满意的政法干警”。加强党风廉政建设。深入开展肃清赵正永流毒及以案促改工作，组织专题学习、警示教育和自查自纠；自觉接受省检察院党组巡视，认真做好反馈问题整改；对6家基层院开展政治巡察和“回头看”，7名基层院检察长向市检察院述职述廉。完善《党风廉政建设主体责任清单》，出台《贯彻执行防止干预司法“三个规定”实施办法》，推进全面从严治党。争创一流品牌。紧盯“四大检察”“十大业务”的特点和规律，积极打造具有西安特色的检察亮点工作，市检察院被中央文明委评为“第六届全国文明单位”、被国家机关事务管理局等三部委评为“全国节约型公共机构示范单位”，市检察院和阎良区人民检察院被中央政法委评为“第二届‘四个一百’优秀政法新媒体先进单位”，周至县人民检察院被最高检评为“全国先进基层检察院”，临潼区人民检察院被省委政法委评为“全省人民群众满意的政法单位”。2020年全市检察机关获得省级以上集体荣誉35项、个人荣誉39项，32项工作经验和做法被上级推广。

◆案例

黄勇销售伪劣产品罪案 2020年1月新型冠状病毒性肺炎疫情出现，黄勇得知此信息后，认为市场上将急需口罩等防护用品，有利可图，遂通过网络寻找口罩货源。2020年1月22日，黄勇以9900元的价格从微信名为“令狐冲”的人处购进“3M”9001口罩2000个；2020年1月24日至26日，又以16万元的价格从隋承霖处购进一次性使用口罩27件（每件1万个）。具有丰富医疗器械购销经验的黄勇，在购进口罩时未向“令狐冲”、隋承霖索要和核对营业执照、生产许可证、注册证、产品合格证、发票等资质和凭证，即开始通过网络和线下加价将口罩对外销售，指定上线通过顺丰速运将上述口罩邮寄至其指定的地址。黄勇在新型冠状病毒性肺炎疫情爆发期间，为牟取非法利润，以不合格产品冒充合格产品对外销售，销售金额高达34.2万元，并且在明知购买人处于武汉市等疫情高发地区或购买目的系为医院使用时仍予以销售。2020年7月23日，西安市人民检察院就此案向西安市中级人民法院提起公诉，2020年11月24日，西安市中级人民法院对该案做出判决，黄勇犯销售伪劣产品罪，判处有期徒刑5年6个月，并处罚金人民币60万元，并支付销售伪劣口罩价款3倍的公益赔偿金，共计人民币1026000元。

葛七宝等53人黑社会性质组织案 2000年，葛七宝通过殴打、威胁竞争对手当选西安市未央区徐家湾街道北辰村党支部书记，并在此过程中初步形成以葛七宝为首的黑社会性质组织。葛七宝当选之后拉拢李公平等村委会委员长期把持基层政权，豢养王红伟等人充当打手以暴力手段欺压、残害百姓，以村委会为掩护打着“新农村建设”等国家大政方针的旗号，通过有组织地多次实施非法盗采砂石、非法占用农用地开发小产权房、强迫交易等违法犯罪行为攫取巨额经济利益，并逐步发展成为以葛七宝为组织者，李公平为领导者，王永刚、葛六虎等人为骨干成员的黑社会性质组织。该组织在西安市未央区徐家湾街道北辰村及周边形成长期非法控制，严重危害当地的社会经济生活秩序及群众的人身财产安全，造成极其恶劣的社会影响。该案涉及组织、领导、参加黑社会性质组织案32人，涉及包庇、纵容黑社会性质组织犯罪10人，17项罪名47宗犯罪事实，查封、冻结涉案房产、车辆、资产价值6.5亿余元。2020年6月9日，西安市鄠邑区人民检察院就此案向西安市鄠邑区人民法院提起公诉，鄠邑区人民法院于2020年7月27日至8月7日公开开庭审理本案。2020年8月31日，西安市鄠邑区人民法院以葛七宝犯组织、领导黑社会性质组织罪等15项罪名，判处有期徒刑24年，剥夺政治权利4年，并处没收个人全部财产。其余29名黑社会性质组织成员分别被判处16年至1年又9个月不等的有期徒刑，4名组织骨干成员并处没收个人全部财产，25名黑社会性质组织成员并处数额不等的罚金，违法所得和聚敛的财物及其收益依法没收、追缴或责令退赔，10名黑社会性质组织“保护伞”分别被判处16年至3年不等的有期徒刑，并处数额不等的罚金。2020年10月22日、23日，西安市中级人民法院二审公开开庭审理此案，裁定驳回上诉，维持原判。

张仲谋等26人黑社会性质组织案 自2008年开始，张仲谋等人在西安市雁塔区三兆村及周边地区，通过有组织实施多次违法犯罪活动，从而在城中村改造开发过程中牟取暴利，在农村基层政权建设过程中收揽权力，逐步形成以张仲谋为首、人数众多、分工明确、层级分明并且把持基层政权、垄断农村资源、侵占农民利益、非法建筑工程、破坏土地资源、危害正常生产经营秩序和社会管理秩序的黑社会性质组织。该组织在存续期间先后实施强迫交易、敲诈勒索、寻衅滋事、非法占用农用地、行贿等犯罪和违法事件。该组织的存在严重破坏当地经济和社会生活秩序，严重破坏当地土地资源和生态环境。该案涉及组织、领导、参加黑社会性质组织案17人，6项罪名17宗犯罪事实。2020年7月31日，西安市雁塔区人民检察院就此案向西安市雁塔区人民法院提起公诉，2020年9月[illegible]日至9月[illegible]日公开开庭审理本案，2020年10月27日，西安市雁塔区人民法院以张仲谋犯组织、领导黑社会性质组织罪、寻衅滋事罪、敲诈勒索罪、强迫交易罪、非法占用农地罪、行贿罪数罪，判处有期徒刑19年，剥夺政治权利3年，并处没收个人全部财产。其余25名被告人分别被判处[illegible]年又6个月至1年又1个月不等的有期徒刑，违法所得和聚敛的财物及其收益依法没收、追缴或责令退赔。1名黑社会性质组织“保护伞”被判处[illegible]年又6个月有期徒刑，并处罚金人民币[illegible]0万元。2020年11月27日西安市中级人民法院裁定驳回上诉，维持原判。

吴斌等人集资诈骗案 2014年4月，吴斌、冯桂娣注册成立北京盛世，创办“中华盛世”门户网站，以吸收中华盛世网会员为由，将全国城市进行划分，按区域对外出售广告代理权，承诺缴纳投资款后投资人即可获得“中华盛世”网站的广告代理权，广告代理会员同时享有“中华盛世”股权。先后推出地级市股权、400[illegible]股权、[illegible]60股权、1198股权、201[illegible]股权等项目对外非法募集资金。同时，吴斌指使被告人冯桂娣、刘变花、张瑞、岳景者等人先后注册成立陕西盛唐等关联公司，陆续推出大明宫复建、国际美联、富硒大米、盛世三农、唐长安城缩建、广西巴马生命乐园等项目对外进行虚假宣传。2015年6月，为达到非法募集资金的目的，吴斌指使公司员工以北京盛世名义向上海股权托管交易中心提交申请，并在该中心中小企业股权报价系统进行挂牌。2016年5月，为进一步欺骗投资群众，吴斌指使冯桂娣、刘变花以北京盛世、陕西盛唐等公司的名义与中华社会文化发展基金会签订《公益基金协议书》，先后设立大明宫复建公益基金、唐长安城缩建工程公益基金、国际美联公益基金、巴马生命乐园公益基金，以此将北京盛世和陕西盛唐等关联公司包装成项目合法、多元化经营、实力雄厚的企业形象，宣称公司将在海外上市，投资群众能获取丰厚回报，同时向群众承诺给予

北京盛世股权、房屋使用权等利益吸引群众参与投资。吴斌为扩大非法募集资金项目在社会上的影响，授意冯桂娣、刘变花、董亚芬、张瑞等人多次组织、参加各种论坛峰会及土地签约仪式，通过电视、报纸、网络等新闻渠道宣传大明宫复建等项目，扩大公司影响。同时指使冯桂娣、董亚芬、岳崇都等人在福州、宁波、青岛等地组建非法集资团队，向当地投资群众进行虚假宣传，非法募集资金，为投资群众制作电子股权证书，以便投资群众通过网站查询。自2014年7月1日至2019年11月19日，吴斌、冯桂娣等利用53个账户募集资金182968127.21元，支付投资人退款及推荐奖励款67368307.89元，实际损失为115599819.32元。2020年10月30日，西安市人民检察院就此案向西安市中级人民法院提起公诉，2021年1月29日，西安市中级人民法院对该案做出判决，吴斌犯集资诈骗罪，判处有期徒刑15年，并处罚金人民币20万元，其余组织成员分别被判处10年至12年不等的有期徒刑，实际损失由吴斌等6人依法按比例发还集资参与人。

郭中秋受贿案　1994年至2011年，郭中秋利用其担任咸阳市公安局政治部主任、政委、党委书记、局长，中共咸阳市委常委、政法委书记等职务上的便利，为他人在企业经营、工程承揽、职务晋升等方面提供帮助，索取、非法收受单位和个人给予的财物折合人民币1028.52万元。此案由陕西省监察委员会调查终结，陕西省人民检察院指定西安市人民检察院审查起诉，西安市人民检察院于2020年6月23日向西安市中级人民法院提起公诉，法院依法组成合议庭，于2020年9月21日作出判决，以受贿罪判处有期徒刑11年，并处罚金人民币100万元。扣押在案的赃款人民币977万元依法没收，由扣押机关上缴国库。查封在案的2处涉案房产依法予以没收，上缴国库。

薛浒私分国有资产、受贿案　2005年7月，为给干部职工谋取福利，时任国家能源局西北局局长王天才主持召开会议，集体研究决定由全体在编干部职工出资成立公司，指定时任西北局办公室主任薛浒为法定代表人，具体负责公司筹备及经营管理。通过签订虚假合同、违规收取费用等方式套取资金，后以发工资、个人报销、年度分红等形式，共计私分国有资产4773.0141万元，薛浒个人分得322.1703万元。2000年至2017年，薛浒利用其担任西安市供电局生产技术处处长、副局长，西北局办公室副主任、主任、副局长，山西监管办党组书记、监管专员等职务上的便利及其本人职权或地位形成的便利条件，本人或通过其他国家工作人员职务上的行为，为他人在工程项目、业务承揽等事项上提供帮助，收受他人给予的财物共计折合人民币102.6165万元。此案由陕西省监察委员会调查终结，陕西省人民检察院交办西安市人民检察院审查起诉，西安市人民检察院于2020年10月9日向西安市中级人民法院提起公诉，法院依法组成合议庭，于2020年12月30日做出判决，以私分国有资产罪，判处有期徒刑4年，并处罚金人民币20万元；以受贿罪，判处有期徒刑4年，并处罚金人民币25万元，决定执行有期徒刑7年，并处罚金人民币45万元。扣押在案的私分国有资产赃款322.1703万元，由扣押机关依法发还国家能源局西北监管局；扣押在案的受贿赃款99.0965万元及扣押在案的金条，由扣押机关依法上缴国库。

高岁民涉嫌破坏交通设施罪案
2020年8月27日凌晨4时许，西安市公安局浐灞分局接到群众举报称在西安市灞桥区城市快速干道发现有人盗窃下水道设施。民警出警到达现场后，现场抓获涉嫌盗窃下水道井盖的犯罪嫌疑人高岁民。犯罪嫌疑人于2020年8月28日被西安市公安局浐灞生态区分局刑事拘留，2020年9月4日经西安市灞桥区人民检察院批准决定逮捕，同日被西安市公安局浐灞生态区分局执行逮捕。本案由西安市公安局浐灞生态区分局侦查终结，以高岁民涉嫌破坏交通设施罪，于2020年10月12日向灞桥区人民检察院移送起诉。灞桥区人民法院于2020年10月16日向灞桥区人民法院提起公诉。经查明，2020年8月27日凌晨4时许，高岁民窜至西安市灞桥区城市快速干道由西向东主干道，用事先准备好的撬杠，将路面上的3块铁质的下水道井盖撬开盗走时被现场抓获。西安市灞桥区人民法院于2020年11月9日开庭审理并当庭宣判，高岁民因犯有破坏交通设施罪被判处有期徒刑1年又10个月。

雁塔区养老保险经办中心不依法履行职责行政公益诉讼案　2017年11月，雁塔区人民检察院接到举报，反映白某死亡后其家属仍继续领取养老金共计6万余元。雁塔区养老保险经办中心系雁塔区养老保险的经办机构，依法管理监督辖区内养老保险金认证、发放、稽核等工作，对在白某死亡后其家属继续冒领养老金的行为未依法履行法定职责，导致国有财产处于流失状态。2018年2月6日，雁塔区人民检察院向雁塔区养老保险经办中心发出检察建议，建议对白某死亡后冒领养老金行为依法予以处理。在跟进整改中，该院发现除白某外，尚有刘某等20人存在疑似死亡后继续领取养老金情形，终查实刘某等人在死亡后继续冒领养老金239余万元，巨额国有财产处于流失状态。2019年5月7日，雁塔区人民检察院向雁塔区养老保险经办中心发出检察建议，督促其对20名人员死亡后继续领取养老金的行为依法处理。雁塔区养老保险经办中心收到建议后立即开始对刘某等20人逐个核查、办理死亡审批手续，并逐步开展追缴工作。2019年9月10日，陕西省人社厅制定下发《关于规范查处违法侵占企业职工养老保险基金有关问题的通知》，解决规定空白和程序衔接的难题。

西安市自然资源和规划局申请强制执行行政处罚决定系列非诉执行监督案
2019年7月，西安市临潼区人民检察院开展行政非诉执行专项监督行动中发现，西安市自然资源和规划局向临潼区人民法院申请的113件行政处罚强制执行案件，法院行政庭审查后做出准予执行裁定后没有向该院执行局移送执行，所有案件均未进入强制执行程序。且部分案件存在超期情形，部分案件法院行政庭对自然资源和规划局强制执行罚款请求漏裁。法院违法行为延误执行程序，导致行政处罚难以落实。2019年7月31日，临潼区人民检察院向临潼区人民法院发出检察建议，建议临潼区法院进行全面自查，加强和规范行政非诉执行工作，并将罚款执行到位。临潼区人民法院收到检察建议后进行全面自查，并于2019年8月28日回复采纳，表示在今后的工作中将加强对法官干警的培训，提高法官程序意识，切实加强院、庭长监督管理，确保行政非诉审查案件及时做出裁判并交付执行，将行政处罚罚款部分及时收缴到位。最终，法院将未及时移交执行罚款部分移送执行局执行，并已将700余万元罚款执行到位。

（张有进）

西安市人民检察院

检察长　张民生
副检察长　高选良　廖平
　　同振魁　施文平
政治部主任　梁根科
纪检监察组组长　赵仲军

司法行政

◆概况　2020年，西安市司法局认真贯彻落实习近平总书记来陕考察重要讲话精神，积极响应中央新冠肺炎疫情防控号令，凝神聚力西安国家中心城市建设，忠诚履行“一个统筹、四大职能”，攻克一个又一个难题，打赢一场又一场硬仗，创新一项又一项工作，西安司法行政工作在非常之年取得非常之效，彰显司法行政机关的责任和担当。

◆中央支持事项 2020年，西安市司法局高起点、开创性推进中央支持西安“一带一路”国际商事法律服务示范区建设事项落地落实，及时成立由西安市委领导任组长、市级相关部门主要负责同志为成员的工作专班，协调西安国际港务区组建“一带一路”国际商事法律服务示范区建设工作推进局和中国——上合组织法律服务委员会西安中心、“一带一路”律师联盟西安中心、西安“一带一路”国际商事争端解决中心等“三个中心”运营团体，研究制定《关于落实司法部办公厅〈支持西安“一带一路”国际商事法律服务示范区建设的分工方案〉的实施方案》和“三个中心”组建方案，多次与司法部、省司法厅对接汇报、协调沟通。2020年12月1日，司法部批复设立的中国——上合组织法律服务委员会西安中心等“三个中心”在“一带一路”国际商事法律服务示范区正式挂牌运行，17家国内外知名法律服务机构和研究机构初步签约入驻。

◆依法治市 2020年，西安市司法局认真学习贯彻习近平法治思想和中央全面依法治国工作会议精神，推动中共西安市委、市政府出台《关于建设更高水平法治西安的实施意见》，健全完善西安市委全面依法治市委员会及其办公室5项工作制度，统筹制定立法、执法、司法、守法普法协调小组工作细则，举办习近平总书记全面依法治国新理念、新思想、新战略处级干部和市管干部专题培训班，组织对全市法治政府建设、优化营商环境、秦岭生态保护、落实“七五”普法规划和司法所体制机制改革等6项重点工作落实情况进行法治督察，高效完成中央依法治国办督导反馈问题整改工作和法治建设重点任务，西安市委全面依法治市委员会办公室统筹推进法治建设的作用更加凸显。

◆法治政府建设 2020年，西安市司法局积极推进法治政府建设示范创建，制定印发涉及法治政府建设责任落实、行政执法规范、企业参与政府决策和行政机关负责人出庭应诉等文件规定8项，组织市政府常务会学法6次，高质量完成《西安市生活垃圾分类条例》等5部法规规章审查修改和94部规章清理任务，合法性审核和备案审查文件129件，办理全市重大项目和政府事务合法性审核147件次，审核拟下放行政许可事项779件，清理市级部门证明事项235项、取消141项，清理与生态环境保护、《民法典》、《优化营商环境条例》等不符文件448件，审核发放行政执法证件5862个，法治政府示范创建104项指标落地见效，示范创建成果丰硕，西安市莲湖区获评首批全国法治政府建设示范区，西安市获评陕西省法治政府建设示范市，西安市碑林区、雁塔区、长安区等3个区获评陕西省法治政府建设示范区，西安市公共资源交易平台等12个项目获评陕西省法治政府建设示范项目。

◆平安西安建设 2020年，西安市司法局制定印发《全市司法行政系统推进市域社会治理现代化试点三年行动方案（2020—2022年）》，健全完善市域社会治理和扫黑除恶长效常治等各类工作机制20余项。充分发挥行政复议化解行政争议主渠道作用，办理行政复议案件1807件，化解纠纷93件，对7个重大征收项目起百人行政复议案件，督促相关部门提前做好风险防范，有效避免引发重大群体性事件。扎实开展矛盾纠纷排查化解专项活动，调解矛盾纠纷21209件，办理仲裁案件3300余件。坚持严格管理与教育帮扶相结合，律师重点人以及社区矫正、刑满释放和戒毒人员始终保持安全稳定。全年，西安市共办理行政诉讼案件46[illegible]6件，败诉率为26.7%，比上年下降5.1%；行政机关负责人出庭应诉率达到7[illegible].66%，增长70.51%，出庭应诉率大幅度提高，行政诉讼告官不见官、出庭不出声的问题基本解决。

◆公共法律服务体系建设 2020年，西安市司法局联合西安市发改委、西安市财政局、西安市人社局制定印发《关于加快发展西安涉外法律服务业的若干意见》，补齐西安市涉外法律服务政策短板。扎实开展西安市公证机构纪律作风教育整顿，全力做好审计问题整改，持续提升公证“最多跑一次”便民服务效能，全市14个公证机构全部进驻政务服务大厅，设立便民窗口，调整降低公证服务收费14项，让利于民1300余万元。加快推进公共法律服务实体、热线、网络“三大平台”有机融合，向西安市民群众提供公证、司法鉴定、法律援助和律师辩护代理等各类法律服务累计超过19万件，回复“12345”市民热线460余件。深入推进法律扶贫，圆满完成扶贫村脱贫攻坚任务。严密组织陕西省参考人数最多的国家统一法律职业资格考试，实现考试组织实施和疫情防控“两个万无一失”和“十个百分百”，受到司法部通报表扬。

◆普法与依法治理 2020年，西安市司法局认真落实“谁执法谁普法”责任制，深入开展宪法学习宣传教育，精心策划《优化营商环境条例》《民法典》和“12·4”宪法宣传日等法治宣传教育主题活动，突出抓好“关键少数”和“青少年”尊法学法用法守法，全市推荐申报全国民主法治示范村（社区）5个，创建“红领巾法学院”23所，西安市碑林区、莲湖区、雁塔区代表西安市迎接全国“七五”普法检查验收组抽查调研，受到充分肯定，“七五”普法圆满收官。

◆基层司法所建设 2020年，西安市司法局全面落实《西安市司法所体制机制改革实施方案》，西安市188个基层司法所管理体制全面理顺，建制规格全部明确，政法专编全部核定，工作经费全部落实，并在全市重点打造大雁塔司法所、席王司法所、五台司法所、代王司法所、纪杨司法所等[illegible]个示范观摩点，引导各基层司法所深入开展“六好司法所”创建活动，全市有55个基层司法所达到省级‘六好司法所”评价标准，占比33.1%。

◆抗击新冠疫情 2020年，西安市司法局聚焦新冠疫情防控，第一时间响应、第一时间部署、第一时间落实，认真服务“六稳”“六保”，全市司法行政系统成立疫情防控法律服务团21个，编制《关于新冠肺炎疫情引发的法律问题及专业意见指引》，转发分享8924次、浏览60000余次，制定《西安市企业复工复产法律服务十条措施》，为企业复工复产提供法律意见2[illegible]0条。突出抓好西安市强戒所疫情防控，严格落实戒毒场所封闭式管理、备勤轮换等硬性措施，监管场所始终保持“零疫情、零感染、零炒作”目标。

◆司法队伍建设 2020年，西安市司法局深入贯彻中央“两个通报”精神，认真开展以案促改工作，坚决肃清赵正永流毒及其恶劣影响，广大党员干部树牢“四个意识”、坚定“四个自信”、做到“两个维护”的政治自觉、思想自觉和行动自觉进一步提升。突出抓好社会组织非公党建，成立西安司法鉴定协会及其党总支，联合西安市委组织部印发《关于全面加强新时代律师行业党的建设工作的实施方案》，推动全市建立律师党组织达到3[illegible]个、发展律师党员达到1519名。全面加强队伍建设，认真落实职级并行制度，配强领导班子，优化队伍结构，开展业务培训，持续巩固风清气正、崇廉尚实的政治生态，全年全市司法行政系统有51个集体、145名个人受到中央全面依法治国办、全国普法办、司法部、陕西省委全面依法治省办、陕西省委政法委、陕西省司法厅和西安市委政法委等各级通报表彰。

（贺 萌）

西安警备区

◆概况　2020年，中国人民解放军陕西省西安警备区党委在疫情"大考"下，面对复杂形势、严峻挑战和艰巨任务，坚持以习近平新时代中国特色社会主义思想为指导，深入贯彻习近平强军思想，坚决落实党中央、中央军委和习主席决策指示，严格按照军委国防动员部和省军区党委部署要求，突出首位抓引领，聚焦中心抓备战，重心向下抓基层，从严从紧抓党建，对标对表抓落实，圆满完成年度各项工作任务，全面建设取得新发展新进步。

◆思想政治建设　2020年，中国人民解放军陕西省西安警备区党委始终把政治建军作为首要政治任务，深学深悟习近平新时代中国特色社会主义思想和习近平强军思想，对习主席的重要讲话做到第一时间传达学习、研究落实，先后组织12次常委会、3次专题会、18次集体学习，突出抓好习主席来陕考察重要讲话、十九届五中全会精神，以及军委主席负责制、军委基层建设会议和全军思想政治教育工作会议精神学习贯彻，不断使讲政治内化为行动自觉。在年初疫情严防、严控期间，针对营区封闭管理实际，研究下发"战疫情、学理论、强能力"活动意见，倡导开展博览勤学、在线互学、业务专学、课题研学，实现理论武装新升华。扎实组织党委中心组带机关理论学习，深入开展"传承红色基因、担当强军重任"主题教育，刚性落实每季度6天集中学习、每月专题辅导、每周党日学习制度，领导带头上党课，邀请专家作辅导，强化理论灌输，注重实践转化，关注一人一事，做到知信行统一。高度关注意识形态领域动向，常态开展形势政策、安全保密和经常性教育，确保部队高度集中统一和纯洁巩固。

◆战备训练　2020年，中国人民解放军陕西省西安警备区备战打仗能力稳步提升。深入贯彻新时代军事战略方针，围绕应对强敌军事斗争准备，持续加大能力建设力度。认真落实省军区战备工作会议精神，扎实开展机关和人武部值勤人员业务培训，严密组织战备值勤轮换交接，通过每日抽查、随机检查督导值勤人员在岗履职，战备秩序进一步规范。从广度、深度、精度多维发力，挖掘潜力资源，民兵队伍结构更加优化。警备区和灞桥区人武部被省军区表彰为"军事训练先进单位"。

◆国防动员准备　2020年，中国人民解放军陕西省西安警备区国防动员准备有所加强。全力做好国防动员潜力调查，按照分级分类、突出重点、固强补弱、提质增效原则，横向抓跟踪协调，纵向抓检查督导，用时近3个月，完成全市33个部局和区（县）基础类、重点类20余万条潜力数据统计，为平时动员准备和战时精准动员提供有力数据支撑，受到省国动委通报表彰并在省军区做经验交流。全面加强兵员征集工作，抓早抓实兵役登记，兼用传统和新兴媒体手段，拓展交通和快递服务平台，灵活有效开展征兵宣传；综合施策全过程抓好体检、政考和役前训练，圆满完成年度征集任务，大学毕业生征集比例涨幅10%，女兵征集和新城、碑林、蓝田、周至4个区（县）实现"零退兵"。深化探索学生军训新模式，科学统筹力量，通过依托定点学校轮训、协调驻军部队帮训、民兵教练骨干带训等途径，破解教学力量不足难题，完成高中阶段学生军训任务，有力防范商业化运营行为。

◆基层建设　2020年，中国人民解放军陕西省西安警备区基层建设基础持续巩固。深入学习新颁发的《军队基层建设纲要》，坚决贯彻《关于加强新时代军队基层建设的决定》，认真落实国防动员系统基层建设会议部署要求，凝聚起

2020年12月12日，由西安警备区、西安市人力资源和社会保障局等军地单位联合举办"2020暖冬行动"——西安市就业援助招聘国企专场暨随军家属就业安置专场招聘会　（摄影/俞浩天）

依靠基层、建强基层的共识和力量。研究印发《关于进一步做好警备区党委常委挂钩帮建工作的意见》，开展帮建组织、帮解难题、帮带能力、帮抓安全、帮正风气的“五帮”活动，促进人武部整体建设水平提升，灞桥区、高陵区、蓝田县人武部被省军区表彰为“‘四铁’先进单位”。严格落实党管武装制度，联合市委、市政府办公厅制定《关于进一步加强各类新区（开发区、工业园区）基层武装工作意见》，基层武装工作组织领导得到进一步强化。

2020年，分6个批次向市随军家属就业安置工作领导小组上报全市18家驻军单位共1268名需要安置及随调的军人家属，完成500余名随军未就业家属就业意向登记统计，组织开展2场军人家属就业专场招聘会，并为153名驻军官兵办理家属随调；协调西安市教育局完成1200余名军人子女义务教育阶段和313名军人子女中考阶段教育优待工作。

◆西安警备区党委全体扩大会议 2020年1月21日，中国人民解放军陕西省西安警备区召开党委全体扩大会议，传达学习军委国防动员部和省军区两级党委扩大会议精神，对警备区2019年度工作进行总结回顾，安排部署2020年度工作任务。会议期间，刘海成同志代表警备区党委做工作报告，胡泽同志做主题讲话。会议期间，宣读表彰奖励通令通报，书面印发警备区纪委工作报告。（顾星昊）

◆新冠疫情防控 2000年1月，新冠疫情暴发后，中国人民解放军陕西省西安警备区认真按照上级决策部署，成立疫情防控领导小组，建立疫情防控专项值班制度，研究印发本级疫情防控方案预案，果断采取加强营门管控、严格人员外出、规范食品采购、补充防疫物资、制定禁令指南、开展检查督导、定时消毒通风、强化个人防护等多项防控措施，教育引导全员强化疫情防控意识，增强主动防控、科学防控能力，切实把人员管住、把营区管好、把防护做实、把隐患排除。并加强与地方疫情防控部门沟通联系，准确掌握辖区疫情动态，有针对性抓好自身疫情防控，确保警备区所有人员“零感染”、营院健康安全。（马 悦）

◆征兵工作 2020年5月，中国人民解放军陕西省西安警备区辖区部分高校相继错峰复学，各人武部与辖区各高校进行沟通对接，结合疫情防控和高校工作实际，采取进校宣传和依托网课“线上”宣传的方式，创新开展“政策法规咨询周”“征兵宣传进校园”“征兵政策进课堂”等活动。6月29日下午，全国、全省常态化疫情防控下兵员征集暨大学生征兵工作电视电话会议结束后，西安市组织召开全市大学生征兵工作推进会。安排部署开展高校征兵宣传月活动和预征工作，同场举办2019年高校征兵工作补助金发放仪式；针对疫情防控形势，督导各区（县）组织辖区高校开展预征体检，对非器质病变不做单科淘汰，提高大学生体检合格率。6月底前完成初审初检，向合格大学生发放预定兵通知书、建立微信联络群，假期期间定时发送注意事项和激励信息，确保大学生兵员不流失。7月16日起，西安市联合西安市邮政管理局，利用8家快递企业开展为期1个月“快递助力征兵宣传志愿活动”，扩大征兵宣传覆盖面，提高征兵政策知晓率。7月下旬至8月上旬，全面加强社会面造势，协调西安电视台在黄金时间持续播放国防部公益征兵宣传片，依托地铁、公交、出租车车载屏幕滚动播放宣传广告；指导各街道（镇）设立征兵宣传点，散发征兵宣传册，悬挂征兵宣传横幅。8月底至9月10日新兵走运前，全市各区（县）采取相对集中、划片组织的方法，按照封闭式、连队化管理，昼夜连续实施、不少于7天的要求开展役前教育训练。训练中认真进行安全风险评估，由主官带队、跟班作业，认真排查各种身心隐性问题，既保证兵员质量、更确保训练安全，同时，积极与接（领）兵部队对接，做到新兵无缝交接起运。（朱殿国）

◆民兵整组编建 2020年6月，西安市民兵整组工作领导小组抽调市政府办公厅、市退役军人事务局、市应急管理局和警备区相关人员，成立军地联合检查考评小组，历时10天时间，对13个区（县）人武部、33个基层武装部和33个民兵应急排进行检查考评，逐一量化打分，列出问题清单，签字确定认领，全市拉考排名。（孙 文）

◆应急处突 2020年，中国人民解放军陕西省西安警备区在新冠肺炎疫情防控任务中，积极组织民兵参与疫情防控任务，全市累计出动民兵4792人次，在保证自身“零感染”同时，出色完成交通站点排查、重点区域消杀以及医疗救护、社区管控等任务。中央七套国防军事栏目专门采访报道灞桥区民兵执行疫情防控任务情况。8月份，鄠邑区八里坪村因降雨发生泥石流，造成10余间民房坍塌，鄠邑区人武部接区政府请求，紧急出动民兵30人协助当地开展救助受灾群众、清除淤泥等工作，受到地方政府和群众的赞誉。二季度以来，积极与市防汛抗旱指挥部、气象局等部门对接，全面掌握汛期气候特点，一对当年西安气候特点，加强与驻地单位沟通协调，及时修订抗洪抢险应急方案。（赵轩锋）

◆新任职专职人民武装干部集训 2020年12月份，中国人民解放军陕西省西安警备区按照省、市两级基层专职人民武装干部培训计划安排，2018年以来新任职基层武装部部长参加省军区专武干部集训，按照专武干部训练大纲要求，采取理论辅导、技能训练、示范引领、经验交流、总结讲评的方法，实施连队化管理，全体专武干部全面掌握基层武装工作的基本程序、内容、方法和要求，不断提高履职尽责能力，为推进全市基层武装工作建设打下坚实基础。

◆国防动员专项任务 2020年，中国人民解放军陕西省西安警备区认真研判形势要求，对照分析潜力底数，高标准落实动员任务。对计算机网络安防技术专家及专业心理咨询师，深入分析全市专家技术人才及应急动员专业保障队伍潜力现状，依托西安市高陵区国防动员委员会具体实施动员，既是以战领建、确保迅即形成应急作战能力的有力支撑，又是一次全面检验动员潜力向作战能力转化的有效实践。（王 维）

◆学生军训改革 2020年，中国人民解放军陕西省西安警备区从严纠治学生军训商业化运营和市场化运作。加强统筹协调和力量建设，先后与西安市教育局、西咸新区教育局对接，对年度学生军训情况进行复查，会合市教育局下发年度高中阶段学生军训工作实施方案，通过采取公办学校轮训、协调驻军部队承训和组建民兵教练员骨干培训等方式解决学生军训承训力量不足的问题，构建以现役官兵为骨干、军训基地为主体、民兵教练员队伍为补充的承训力量体系。统一指导各区（县）抽组民兵骨干力量，采取集中培训、考核验收、挂牌上岗的办法，由人武部统一组训高中阶段学生军训，有效解决教学力量不足问题。（李方圆）

◆争创双拥模范城 2020年，中国人民解放军陕西省西安警备区参与制定《关于做好全市双拥模范城（县）检查考评及模范单位和个人复核工作的通知》，警备区首长与地方相关部门深入6个区34个点位实地检查、现场指导，高标准迎接国家及全省双拥检查。配合市退役军人事务局开展送立功受奖喜报活动；8月25日，联合市退役军人事务局，共同举办“‘一线一三地·军民庆‘七夕’”2020年西安市军地青年联谊活动，党政军约15家媒体进行宣传报道，军地反响强烈。西安市被国家双拥办表彰为全国双拥模范城，碑林区人武部部长高难、高陵区人武部政委王允亮被表彰为全省拥政爱民先进个人。

◆**巩固脱贫攻坚成果** 2020年，中国人民解放军陕西省西安警备区首长先后5次前往挂钩帮建的周至县骆峪镇新村看望慰问、实地考察调研，结合当地实际，研究制订《西安警备区帮扶周至县骆峪新村乡村振兴计划》，按照上级要求广泛开展消费扶贫，不断巩固脱贫成果，并高标准迎接省军区脱贫攻坚检查考评。全区帮扶挂钩的1个村、33户、93人已全部脱贫退出。（马　骏）

武警西安支队

◆**概况** 2020年，中国人民武装警察部队陕西省总队西安支队党委面对疫情大考、繁重任务、规划落实，按照武警部队、总队党委统一部署，用心抓建设、谋发展、务主业，着力抓基层、打基础、保稳定，集中攻难关、破难点、解难题，部队在风浪考验中经受历练，各项建设取得长足进步、得到全面提高。支队被武警部队表彰为“抓建基层先进支队”。深入贯彻《军队党的建设条例》，自上而下开展政治领域官僚主义专项清理纠治，严密组织民主生活会，扎实开展民主集中制学习，严格落实“三会一课”，开展“两学一做”，广大党员党性意识进一步强化。全年调整使用干部115人，选送技术学兵180人，选晋士官223人，发展党员91人，全程阳光透明，上下信服满意，党委履行“两个责任”测评满意率达100%。全覆盖清理涉郭徐房张信息，全面接受总队党委巡查，对10人实施纪律处分和组织处理，狠刹歪风邪气，部队政治生态更加纯正。

◆**思想政治建设** 2020年，中国人民武装警察部队陕西省总队西安支队着眼政治建军，强化思想引领。严格落实党委中心组带机关理论学习制度，深入抓好习近平新时代中国特色社会主义思想和习近平强军思想学习。严密组织主题教育，精心抓好“双百”微课、精品课评选，官兵“四个意识”不断增强。注重红色文化引领，完成军史场馆和23个中队荣誉墙建设，49类文化活动经验被总队推广，官兵强军兴军意志持续激发。支队荣获总队“四会”比武优胜单位，2人分别获得总队“十佳”和优秀政治教员。

◆**战备训练** 2020年，中国人民武装警察部队陕西省总队西安支队聚力应对强敌，备战打仗持续深化。抓实党委议战议训，推进“八个体系”战备建设和执勤方式优化改革，完成“智慧磐石”工程和执勤领域三项建设，治理隐患17处，实现组勤效益、管勤力度“双增”。紧贴实战抓训，建成军事训练管理网和查训系统，分级分类强化训练指导，部队训练水平提升明显。在总队比武竞赛中，先后取得1个团体第二、2个第三，5名官兵获得优胜个人。全年动用兵力3145人次，完成各类临时勤务56起，妥善处置7起突发情况，30名官兵在执勤处突、备战打仗中立功受奖。

◆**正规化管理** 2020年，中国人民武装警察部队陕西省总队西安支队聚焦依法治军，坚持依法从严。深入贯彻《武警法》，扎实开展“条令年”活动，常态落实安全工作“八个规范”，扎实开展暑期百日安全竞赛活动，集中整治安全管理领域7个方面42个问题。积极做好涉网问题专项清查和预防自杀工作，开展士官队伍集中教育整顿，妥善处理3名官兵家庭涉法问题，有效转化81名重点关注对象，部队内部安全稳定。支队被武警部队表彰为“安全工作先进单位”和“百日安全竞赛活动优胜单位”。严格常态化疫情防控，投入90余万元筹措物资器材10万余件，部队实现“零输入、零感染”。

◆**基层建设** 2020年，中国人民武装警察部队陕西省总队西安支队紧盯基层需求，推进抓建质量。下沉抓建基层，基础底蕴愈发厚实。深入学习贯彻《纲要》《三十条》，对标制定抓建基层《三年规划》，派出5批工作组蹲点帮建，扎实开展大练“六项基本功”活动，支队学《纲要》经验做法被总队转发。召开官兵恳谈会，解决39个急难问题，帮助15名官兵纾困解难，协调16名官兵子女入学入托、21名转业干部安置工作。2个大队、9个中队被评为“四铁”先进单位，1人被表彰为百名优秀士官，2人被总队表彰为“巾帼建功标兵”，3名官兵家属被表彰为“最美军嫂”。

“十三五”规划中的11类60个项目如期完成。积极推进2个中队新建搬迁、1个训练场地建设，完成基于影像地图的指挥信息系统、三级网扩容、语音IP化改造、作战数据保障场所建设，信息化水平明显改善。

积极参与脱贫攻坚，累计投入120余万元帮扶6个重点项目，对点帮扶的周至县红旗村103户全部脱贫摘帽，扶贫工作得到中央军委工作组肯定，4个单位、1名个人被陕西省表彰为双拥爱民先进典型。

◆**综合保障** 2020年，中国人民武装警察部队陕西省总队西安支队注重以战领建，紧贴服务中心，保障效能显著提升。精细落实后装建制要求，分批次组织后勤专业兵集训，优化提升应急保障能力。严密组织军需能源行业整肃治理和资产清查，应缴尽缴家底经费，全年组织52次大宗物资采购，财务规范化试点受到总队表扬。突出服务基层，开展“优质服务下基层”“点燃舌尖”伙食竞赛活动，投入1100余万元，用于基层营房改造、完善基础设施，部队面貌大幅改观。（田国栋）

人民防空

◆**概况** 2020年，西安市人民防空办公室党组坚持以习近平新时代中国特色社会主义思想为指导，深入贯彻落实习近平总书记来陕考察重要讲话精神和关于人防工作的系列重要指示批示精神，认真落实中央和省委、市委决策部署，坚持用旗帜鲜明讲政治统领人心、用营造干事创业的环境凝聚人心、用培养关心干部的成长提振人心、用严格的纪律要求净化人心，扎实开展以案促改、深入推进人防治理、持续提高人防实战化水平、加快推动人防工程提质增量、着力提高平战效能，各项工作取得新发展和新进步。

◆**人防重点项目建设** 2020年，西安市曲江文化运动公园单建人防工程主体完工。长乐西路单建人防工程7月份已投入使用。土门街心花园单建人防工程已完成主体建设。委托曲江建设集团举办人防科教馆规划方案评比竞赛活动，经过专家评审，选出优秀方案。在确定方案的基础上，完成工程设计招标工作。

◆**人防审批验收** 2020年，西安市人民防空办公室围绕人防工程审批诸多环节，深化行政效能革命，减少行政审批环节，将“人防工程建设、人防工程易地建设审批、拆除人民防空工程审批”3项合并为“应建防空地下室建设项目报建审批”1个事项，将原11项申报资料减少为4项，时限压缩为5天。人防工程档案备案由15项申报资料减少为8项。全年共计完成审批事项200余件，群众满意度高，零投诉。全年人防工程审批面积超额完成121%，档案备案面积超额完成37%，新增加车位1万个。

◆**人防工程维护** 2020年，西安市完成南门瓮城指挥所人防通道回填，该项目长160米，投资126万元，7月组织竣工验收。完成7201人防工程大雁塔段漏水治理，该项目长550米，投资1055万元，10

月组织竣工验收。

◆**人防工程质监、执法**　2020年，西安市人民防空办公室受理质监申报项目282个，质监验收项目218个，质监出勤900人次，专业技术交底250余次，下发质量问题整改通知单280份。执法检查10家单位，立案8起，送达行政处罚事先告知书8份，听证告知书8份，行政处罚决定书8份，追缴人防工程易地建设费429.5万元，罚款44万元。共受理投诉举报案15起，受理率100%，回复率100%。

◆**人防训练演练**　2020年9月15日，西安市人民防空办公室防空袭指挥部参加“秦防—2020”陕西省人民防空综合演习，同步组织开展指挥部带专业力量及区县指挥部的综合演习。演习指挥部20多个成员单位全员参演，同时13个区（县）人防办全程参加信息传输保障任务。此次演习按照战时体制和编成，是西安市首次参加省、市、区三级指挥部联动实战化演习。

◆**人防机动指挥通信训练**　2020年10月27日至30日，西安市人民防空办公室组织代号“长安—2020”人防机动指挥系统跨区检验性演练，全市13个区（县）58人参加，出动大型机动指挥通信车1辆、信息采集车15辆，行程1000余千米。

◆**人防通信警报建设**　2020年，西安市人民防空办公室完善防空警报规划布局，新增X套警报。根据国务院公告和省人防办要求，4月4日上午10时整，在全市范围内组织试鸣防空警报，表达对抗击新冠肺炎疫情斗争牺牲烈士和逝世同胞的深切哀悼。9月11日起，全市开展防空警报宣传动员工作，在各大院校、社区、医院等人流密集地张贴公告、发放传单和宣传品。今年通过榴花直播平台对试鸣防空警报进行直播。“9·18”防空警报工作圆满完成。

◆**人防宣传教育**　2020年，西安市人民防空办公室按照陕西省人防办的工作部署，在全市开展“推进新发展、人防大作为”主题宣传教育活动，在总结推广人防宣传教育“双百工程”经验的基础上，将人防宣传教育“五进”工作持续推进，做实做细。抓住“9·18”警报鸣放等重要节点，充分利用“双百工程”中建立的示范社区、示范学校，以及前期安装的人防宣传大屏幕，开展多种形式的人防专题社会宣传教育活动。同时，积极拓展宣传手段，利用网络、融媒体、微信公众号等方式开辟人防宣传新战场，扩大人防宣传覆盖面和知晓率。

（翁　哲）

退役军人事务

◆**概况**　2020年，西安市退役军人事务系统深入学习贯彻习近平新时代中国特色社会主义思想，把习近平强军思想、习近平总书记关于退役军人工作重要论述和来陕考察重要讲话贯穿于工作全过程。全面加强党的领导，深入开展“基层基础基本建设年”“思想政治工作年”活动，进一步健全组织管理体系，强化思想政治引领，扎实推进部分退役士兵社保接续、双拥创建、退役军人移交安置、就业创业、优待抚恤、权益保障、军休服务等重点工作。尊崇氛围更加浓厚，退役军人模范带头作用全面发挥，退役军人事务领域治理体系和治理能力现代化建设取得有效进展。

◆**加强党对退役军人工作的领导**　2020年，中共西安市委退役军人事务工作领导小组制定领导小组工作规则及领导小组办公室工作细则，明确成员单位工作职责。市、区（县）两级共召开领导小组会议12次，研究部署全市退役军人事务重点工作。中共西安市委、市政府主要领导就退役军人保障政策落实、双拥共建、现役军人子女入学等事项多次做出批示，提出明确要求，推动全市退役军人事务工作深入开展。在市委退役军人事务工作领导小组的统一协调下，各成员单位协同发力，在退役军人事务组织体系建设、政策制度完善以及社保接续、优抚褒扬、移交安置、信访维稳、就业创业、双拥创建等重点工作上形成全市“一盘棋”格局。

◆**退役军人事务组织管理体系建设**　2020年，西安市退役军人事务部门抓住完善基层组织机构建设，尤其是街道（乡镇）、社区（村）两级退役军人服务站建设重点，逐项落实建设任务。扎实开展退役军人服务中心（站）星级创建和“退役军人之家”试点建设，以实现就业创业咨询、动态建档立卡、远程维权服务等“九大功能”为主要内容，开发“西安市退役军人远程服务平台”，面向退役军人开展线上线下服务，探索出可操作性强、西安特色鲜明的《西安市退役军人之家建设规范》。7月2日，完成6个区（县）的“退役军人之家”试点建设工作，正式在全市推广。12月底，827个退役军人服务站建成“退役军人之家”，1257个服务中心（站）达到三星级以上标准，创建率达到43%。区级退役军人服务中心落实经费523.7万元，落实办公场所4796平方米。特别是碑林区、莲湖区、灞桥区、鄠邑区、港务区5个区级退役军人服务中心均实现600平方米的办公场所。全市167个街道（乡镇）退役军人服务站落实经费259.72万元，落实办公场所7748平方米；2730个社区（村）退役军人服务站落实办公场所67573平方米。为退役军人工作健康长远发展奠定坚实基础。

◆**思想引领**　2020年，西安市退役军人事务工作坚持和发展新时代“枫桥经验”，加强系统内部整体联动，积极引导社会舆论导向。完善常态化联系服务退役军人工作机制，将联系主体队伍扩展到所有工作人员，全系统结对干部5000余人，联系服务对象4万余人，联系次数3万余次，走访次数1.4万余次。做好退役军人“思想政治工作年”活动典型示范点打造，选定新城区、碑林区、鄠邑区3个区为活动示范区，选定30个服务中心（站）为活动示范点，建设枫桥式示范型退役军人服务站。

◆**退役士兵社保接续**　2020年，西安市人民政府主要领导亲自审定工作方案，市、区（县）两级共成立16个工作专班，各级政府分管领导担任专班组长。退役军人事务部门全程做好牵头协调，税务局、养老经办、财政等部门积极配合，市级有关部门、市属企业主动担当，各区（县）、开发区全力抓进度、抢进度。市级财政补助资金[illegible]亿元，各区（县）及时将本级配套资金纳入预算。7月8日，由西安市人民政府分管领导主持召开全市部分退役士兵社保补缴工作落实会议，市考核办及市专班成员单位及各区（县）、开发区参加会议，传达中央和省级相关文件精神，对各项工作进行梳理部署。7月15日，全市2.8万余名符合条件的退役士兵养老保险费用补缴工作全面完成，办结人数为全省第一，完成率达到100%。集中补缴任务完成后，新增受理1400余人，12月30日完成全部补缴任务。

◆**双拥工作创新**　2020年，西安市退役军人事务局不断创新工作思路，重点开展第九次创评“全国双拥模范城”。持续开展“情系边海防官兵”拥军优属活动，在元旦、春节、“八一”期间由市领导带队对西安市现役军人家庭、驻军部队进行走访慰问。新冠疫情期间，对西安市279名援鄂军人家庭进行慰问，发放慰问物资23万余元。召开2020年军地座谈会暨帮助驻军解决实际问题工作督导会，及时交办省及市下达的驻军需求问题清单。8月25日，由市双拥办牵头，市退役军人事务局、西安警备区政治工作处、中共西安市委文明办、共青团西安市委、西安市妇联、西咸新区管委会等多个部门共同主办“一城十三地·军民庆‘七夕’”暨2020年西安市军地青年联谊活动，来自全市13个区（县）驻地部队以及多个机关事业单位约1000名优秀单身青年参加这次军地联谊活动，其中含驻军部队400余名适龄军人。是西安市近年来规模最大的一次联谊活动。上线“西安市军地联谊平台”，为西安市军地青年实名制互动提供常态化服务。10月20日，全国双拥模范城（县）命名暨双拥模范单位和个人表彰大会在北京召开。西安市荣膺“全国双拥模范城”九连冠，西安市推荐的陕西华清宫文化旅游有限公司被表彰为“全国爱国拥军模范单位”，为陕西省唯一受到全国表彰的单位。在省双拥工作考评中获得“站位高、工作实、机制好、亮点多、关系顺”的高度评价，鄠邑区、临潼区等6个区及48个单位和个人荣获“全省双拥模范”称号。

◆优抚褒扬 2020年，西安市退役军人事务系统全面落实各级各类优抚政策，为全市4万余名优抚对象及时足额发放各类优抚金，对评残和带病回乡退伍军人进行评定。重新编纂修订全市3769名烈士英名录。成立西安市英烈褒扬促进会。3月25日，结合疫情实际在西安烈士陵园开展清明期间代为祭扫活动。10月，为西安市134名抗美援朝出国作战人员发放“中国人民解放军抗美援朝出国作战70周年”纪念章。为弘扬爱国主义精神、传承红色基因，努力在社会营造关心关爱退役军人、尊崇军人职业的良好氛围，开展“老兵口述历史”项目。围绕抗日战争胜利75周年和抗美援朝入朝作战70周年，推出首批15名退役老兵故事，通过电视、公众号等多种媒体平台进行播放，得到社会各界的高度肯定。该活动得到央视新闻联播的关注与报道，央视《英雄说》栏目播放其中6名老兵事迹。其中“老兵口述历史——王福堂”在全国“追寻先烈足迹”征集展示活动中荣获“机构推选优秀作品”称号。9月30日，隆重举办陕西省暨西安市烈士公祭活动，省、市党政军主要领导及各界干部群众1000余人参加公祭。活动当天，市县两级烈士公祭活动8场次，2161人参加活动。在全市评选出20名“西安最美退役军人”和52名西安市优秀退役军人。12月，通过海报、短片的形式在全市40个地铁站点、地铁2号线全线对20名最美退役军人进行集中宣传。

◆退役军人安置 2020年，西安市退役军人事务部门坚持健全“阳光安置”工作机制，大力推行“直通车”式安置。8月4日，正式启动2020年度军队转业干部及自主择业军队转业干部的档案审核活动。10月23日，召开西安市2020年计划分配军转干部功绩制排名选岗会议。11月24日，组织开展3期西安市2018—2019年度计划分配军队转业干部岗前培训。在组织部、编办、人社局等部门的配合下全力保证落实军转干部、士官安置岗位，98%以上军转干部安置在公务员（参公）岗位。同时，推进退役士兵安置遗留问题化解，坚持发现一例、核查一例、解决一例，一改到底。共安置和调整上岗561人，办理自谋职业165人，为5000余人补发待分配和待岗期间生活费6000余万元。

◆军休服务试点 2020年4月，退役军人事务部确定全国首批8个军休工作信息化服务试点地区，西安市成为陕西省唯一入选的试点城市，试点以来发布工作动态1000余篇，视频100余条，印制《军休服务信息化平台使用指南》1万余份。全市324名军休工作人员100%注册，5300余名军休干部完成注册，占全国注册认证人数的35%。有序开展军休机构规范化建设，西安市军队离休退休干部管理服务中心、胡家庙军干所等6家军休机构通过评定，荣获“省级星级军休机构”称号。推动军休小区综合治理，开展老旧小区改造工作，抓住全市老旧小区改造时机，协助7家军休机构争取项目资金6000余万元。对杨家村、观音庙、昆明路、二府庄、纺织城等5家军休所进行整体改造，全面提升公共服务设施，大幅改善军休干部居住环境。

◆退役军人就业创业 2020年，西安市退役军人事务局以习近平总书记来陕考察重要讲话重要指示精神为指引，成立市局稳就业工作专班，结合疫情实际，全力保障西安市退役军人就业创业工作。4月至6月，举办为期两个月的“退役军人就业服务季”活动，全年举办线上线下市级退役军人专场招聘会47场，4874家企业参加，达成就业意向1.5万余人。4月，为128名退役士兵报考公务员落实加分优惠政策。10月，承办全省2020年自主择业军转干部适应性培训。11月，为全市1668名退役士兵出具身份认定证明，完成2020年度退役士兵高职扩招报名工作。7月15日，举办首届西安市退役军人“新征途”创业大赛。由全市遴选的11个优秀项目在全省退役军人创业比赛中全部获奖；其中2个项目在全国决赛中获得三等奖。围绕改善西安市退役军人知识结构、提升职业素养、强化适应能力开展2020年西安市市级职业技能培训机构评选认定及就业创业导师选聘工作，认定承训机构20家、就业创业基地49个、创业导师98名，为退役军人实现高质量就业提供有力保障。

◆退役军人权益保障 2020年，西安市退役军人事务局防范化解矛盾风险，加强涉军维稳信息和风险研判处置工作。全年共接待退役军人来访1709批次2060人次，完成部督办件113件、省交办件203件、市本级信访件243件。全市退役军人群体总体稳定，未发生危害国家政治安全的重大事件，未出现非法聚集和全国挑头人物。积极探索退役军人法律援助制度和困难援助制度，市、区（县）两级先后建立16个退役军人法律援助站。实现全市15个区（县）、开发区关爱基金100%全覆盖，依托省、市、区（县）三级“退役军人关爱基金”，为153名退役军人发放关爱基金129.47万元。

◆退役军人模范带头作用 2020年，西安市退役军人事务部门引导全市退役军人助力经济社会发展，积极打造典型，发挥退役军人在各行各业的表率作用。西安市18名退役军人获得“陕西退役军人企业家先进个人”称号，2名退役军人获得“全国退役军人企业家先进个人”称号。为展现退役军人风采，弘扬志愿服务精神，8月11日，西安市退役军人

2020年7月16日，“建行杯”西安市退役军人“新征途”创业大赛

事务局在鄠邑区召开现场会，以“退役不退志、志愿展风采”为口号全面启动西安市退役军人志愿服务队组建工作。截至2020年年底，共有8868名退役军人组建175支退役军人志愿服务队。引导全市退役军人成为应急应战的骨干力量。在“新冠”疫情的紧要关头，全市退役军人及基层服务人员组建10支志愿服务队。1月24日，市退役军人事务局向全市退役军人正式发出倡议，全力动员广大退役军人参与到疫情防控工作之中。据统计，全市约1.4万名退役军人和系统干部职工前往一线开展疫情防控工作，捐款累计超过1000万元，为打赢疫情防控阻击战发挥突出作用。　（彭　鸥）

预备役高炮师

◆概况　2020年，中国人民解放军陕西陆军预备役高炮师按照“维护核心固根本、聚焦实战谋打赢、改革创新促转型、厉行法治整纲纪、建强基层打基础”的思路，突出“思想引领、疫情防控、练兵备战、调整改革、安全稳定”五个重点，积极主动作为，广泛凝聚共识，充分调动各方力量，持续加强全面建设，各项工作任务有效落实、圆满完成，部队建设平稳有序、奋力向前。

◆思想政治建设　2020年，中国人民解放军陕西陆军预备役高炮师坚持用习近平新时代中国特色社会主义思想和习近平强军思想武装官兵，深入学习贯彻“两会”精神和十九届五中全会精神，严格落实每月2天党委中心组理论学习，利用9天时间组织全师干部理论轮训。针对改革转型期官兵思想实际，分6个专题12堂大课精心组织“坚定信仰信念，增强事业心责任心进取心”主题教育和“坚决服从改革大局、自觉听从组织安排”专题教育，师团领导带头作授课辅导，用好微信、学习强国App、板报橱窗等有效载体，推动教育走深走实、入心入脑。扎实组织肃清郭徐房张流毒影响、“四反”教育、“五个严防”、政治环境规范设置和社团专项清理等活动，确保部队纯洁巩固和集中统一。结合庆祝建国71周年活动筹划组织“强军有我，筑梦无悔”优秀预备役军官表彰大会，进一步凝聚官兵意志，鼓舞军心士气，受到战区陆军充分肯定，在军地引起强烈反响。一团与预编区党委共同开展党委帮建活动，三团以官兵日常生活剪影和驻地优质文化资源制作军营文化长廊，四团开展“建一流团队、当强军先锋”群众性实践活动，均取得很好效果。

◆军事训练和应急演练　2020年，中国人民解放军陕西陆军预备役高炮师始终坚持中心工作，最大限度降低新冠肺炎疫情对军事训练工作的冲击和影响，制定《坚决贯彻习主席号令指示，扎实做好疫情期间备战打仗的措施》，统筹推进备战打仗工作落实。着眼有效履行平时应急、战时应战使命任务，紧抓战备建设不放松，大力整治作战战备值班秩序，配套完善参加首都联合防空作战、方向支援掩护、日常战备、应急处突、协助维护社会稳定××类××个方案计划，加强师团两级战备值班分队和应急分队建设，结合夏季汛情形势，组织渭河、灞河、汉江等任务区域现地勘察，做好随时出动准备，二团会同灞桥区河道办进行抗洪抢险实兵实装演练，五团紧急集结××余名预编官兵做好参加略阳县灾后清淤工作准备，有效检验部队应急能力。严格按纲施训，紧扣《军事训练大纲》《军事体育训练大纲》重点和增补内容，利用疫情期间人员相对集中、时间充裕的有利时机，推行小班制、差异化、精准化训练，周密组织等级考评，等级率100%。严密组织应急分队、营连长和指挥专业骨干集中训练，分两批次组织××名现役官兵集训和年度军事训练考核，围绕“反恐维稳”“快速动员”2个课题组织指挥所演练，部队战斗力基础不断巩固。按照“编组科学实用、布局结构合理、兵员素质优良”要求，扎实开展整组工作，分××个场地××个批次严密组织师团两级入队训练和无人机、网络、雷达等××支新质作战力量集训，积极探索创新人员编组和新质战斗力生成的方法路子，为部队遂行使命任务打下坚实基础。

◆新冠疫情防控　2020年，中国人民解放军陕西陆军预备役高炮师坚决贯彻“外防输入、内防反弹”总要求，师团两级分别成立应对疫情领导小组办公室，组建集中隔离人员临时党支部，建立××个在外人员管理“三包一”小组，强化统一领导。动态掌握人员的思想反映，用好《形势教育参考资料》《防疫工作简报》，印制下发《防疫知识手册》“七类人员明白卡”“疫情防控随身卡”，广泛开展“四个一”教育活动（一次“三个讲清”专题教育、一次群众性谈心、一封给官兵家属的信、一次自查自纠），充分调动官兵群防群治，有效抵御麻痹、侥幸、焦躁、松懈等心理。严格落实《陆军常态化疫情防控措施4.0版》，细化实施疫情防控处置6项流程、封闭式管理10项措施、错时就餐×条规定、集中隔离10条要求、常态化防控11条措施等，设置办公区、家属区物理隔绝网，协调畅通986、538、唐都医院等救治通道，开支经费7.1万元，采购口罩1.9万只、防护器具和药品等14类900余件，确保部队自身安全。

◆部队正规化建设　2020年，中国人民解放军陕西陆军预备役高炮师广泛开展学《纲要》、用《纲要》活动，围绕“三个过硬”“四个坚持主体”开展全师干部《纲要》培训，进行3堂大课辅导，并组织理论考核和交流发言，各级抓建意识得到增强。依靠三级抓基层，逐级梳理按纲抓建职责清单，结合整组工作补充健全基层组织，基层阵地得到巩固。坚持党管武装，积极与地方党委、政府对接工作，协调解决经费保障、编兵编组、家属就业、子女入学等热点、难点问题，取得初步成效。深化精准扶贫，各级投入经费80余万元，持续推进骆峪村文化旅游产业建设，为贫困户量身打造帮扶项目，协调区卫生防疫站对农家乐项目进行卫生防疫知识培训，依托预编单位提供餐饮、保安、保洁和汽修等技能培训，帮助8名贫困户发展樱桃、黄芪、柴胡种植产业，协调拓宽农产品销路，增强自身“造血”功能，在战区陆军2次检查验收中，均受到充分肯定。

◆综合保障　2020年，中国人民解放军陕西陆军预备役高炮师认真规范行业领域秩序，制定《财务管理暂行规定》，形成财经工作集体研究、大项开支民主审议、经费开支联合把关的理财机制。深入开展“一清”活动，围绕8个方面33项249条内容组织拉网式点验摸排，核清查实营产资账目，为调整改革奠定坚实基础。下大力改善营区环境设施，投入经费8.5万元，修建400米障碍训练场和环形健身跑道、整修营院西侧危墙、升级改造训练基地监控设施；协调地方政府落实经费246万元，实施师机关办公楼地砖铺设、内墙粉刷和师办公楼、训练基地屋顶治漏等工程，官兵训练生活环境得到较大改善。不断提升后装保障质量，组织“爱装管装”教育月和“平安出行、安全行车”专项整治，安排××名驾驶员参加战区陆军技能鉴定，完成××辆超编退役车辆移交，××件退役装备器材上缴工作，通过地方劳务派遣公司招聘厨师、水电工，为官兵接种乙肝疫苗、流感疫苗，各项保障取得明显成效。

◆主题教育　2020年，中国人民解放军陕西陆军预备役高炮师针对改革转型期官兵思想实际，分6个专题12堂大课精心组织“坚定信仰信念、增强事业心责任心进取心”主题教育和“坚决服从改革大局、自觉听从组织安排”专题教育，师团领导带头作授课辅导，用好微信、学习强国App、板报橱窗等有效载体，推动教育走深走实、入心入脑。　（宋文保）

综　述

◆概况　2020年，西安市城乡建设部门坚持新发展理念，坚持以人民为中心，紧抓“迎十四运·建幸福城”难得历史机遇，坚定不移“稳调控、抓项目、惠民生、管行业”，住房和城乡建设各项工作取得新的进展和成效。城建计划安排总投资1023.4亿元，比上年增长26%，完成1050亿元，占全年的102.60%，涉及4个方面19大类483个项目。完成预算审核41个项目，报审金额120400万元，审定金额101041万元，审减率16.11%；结算审核89个项目，报审金额62433万元，审定金额5亿5305万元，审减率11.42%。

◆城建法规综合协调　2020年，西安市住房和城乡建设局持续狠抓立法工作，全年完成4部法规立法和21部法规清理工作，有效完善住建系统法律法规体系。进一步做好行政复议和行政诉讼案件应诉工作，公正公平处理诉讼复议事项46项，监督审核行政执法案件230项。加强规范性制度的合法性审核和公平竞争审核，审核规范性文件8件，切实提高规范性文件可行性和可操作性。推进政务公开工作，坚持以公开为常态、不公开为例外原则，推进决策公开、执行公开、管理公开、服务公开、结果公开，信息公开件200余项。全面完成市住建局24项行政许可、管理及行政处罚事权下放工作，并指导和督促各区（县）、开发区切实抓好对住建局下放事权的承接落实工作，完善住建系统行政处罚程序和制度，推进“放管服”各项工作不断深化开展。制定《西安市住房和城乡建设局行政规范性文件制定规程》《西安市住房和城乡建设局行政复议工作和行政诉讼应诉工作程序规定》《西安市住房和城乡建设局法律顾问和公职律师管理办法》等相关制度，进一步规范各项工作程序，推进依法行政制度建设工作，补足制度短板。

◆城建战略研究及试点　2020年，西安市住房和城乡建设局编制完成《西安市老旧小区改造工作指导手册》《西安市老旧小区改造风貌设计导则》《老旧小区改造项目评价课题研究项目》。印发《2020年建设领域推进绿色发展·建设“生态西安”实施方案》《推进绿色发展建设生态西安考核实施细则（试行稿）》《建设领域四大保卫战2020年工作方案》《西安市住建领域夏秋大气污染防治及“冬病夏治”专项工作方案》《关于建设领域实施环境违法行为“一单两罚”有关事项的通知》《建设工地建筑物主体窗户全密闭施工工作方案》《西安市在建工地和两类企业扬尘污染管控工作方案》《住建领域2020—2021年秋冬季大气污染综合治理攻坚行动方案》等文件。

◆基础设施建设　2020年，西安市住房和城乡建设局加强基础设施建设。地铁5号线一期、6号线一期、9号线于12月26日顺利开通试运营，累计通车里程达245千米；14号线全线实现“洞通”“轨通”“电通”，进入安装装修施工阶段；6号线二期10座车站已主体结构封顶，区间工程整体完成50%。8号线26座车站开工建设；2号线二期6个区间已全部动工，草滩北站、常宁站、正阳大道站进入主体结构施工；1号线三期7座车站全部开工建设；10号线2座车站开始施工；15号线正在进行前期迁改、构筑物及设施拆改工作。根据西安市人民政府办公厅《西安市新建停车位三年行动方案（2017—2020年）》要求，深入挖潜能利用的各种土地资源，积极开展项目方案论证，简化项目审批流程，全年开工建设公共停车位20950个，超额5%。

◆城建PPP项目　2020年，西安市加快城建PPP项目建设。昆明路及西延路工程PPP项目昆明路高架桥工程、西南二环立交工程、西延路与西影路立交工程建成通车。新兴南路工程PPP项目东南二环立交、幸福路立交（除B、C匝道外）、长鸣路立交桥梁工程均建成通车，新兴南路地面段建成通车；东南二环、建工路、长鸣路正在进行道路、绿化及附属设施工程施工。会展中心外围提升改善道路PPP项目东三环施工完成；广安路具备施工条件部位施工完成，受新房村影响部位暂无法施工；建材北路西岸道路施工完成，主桥钢箱梁、钢主塔施工完成，主缆施工完成，索夹安装完成，引桥现浇梁浇筑完成。截至年底，体育中心外围提升改善道路PPP项目（一标段）桥梁全部通车，正在进行地面道路、景观绿化及凤城八路下穿通道施工。体育中心外围提升改善道路PPP项目（二标段）太华路立交、朱宏路主线桥均建成通车，朱宏路凤城五路立交正在进行墩柱、桥梁及地面道路施工。地下综合管廊PPP项目完成管廊主体100千米，完成投资140.2亿元。小寨区域海绵城市PPP项目开工55个子项目，石油大学海绵化改造等49个项目基本完工，累计完成投资19.47亿元。

◆断头路打通项目　2020年，西安市住房和城乡建设局在全市开展“断头路督查在行动”系列活动，采取“三不一直”方式（不打招呼、不发通知、不听汇报，处室负责人直赴现场找问题），抓协调，分类推进。采取远程视频连线的方式，适时掌握建设现场情况，实现“天天盯、周周报、月月督”。全市共打通学府大道、测绘东路、西仪坊路、航天北路等断头路32条。

◆建设工地和两类企业扬尘治理　2020年，西安市住房和城乡建设局实行全市建设工地设置领导包抓监管公示牌和红黄绿挂牌管理，全市1000个在建工地（房建项目798个、城棚改项目83个、市政项目64个、地铁项目55个）和138家两类企业全部设置包抓监管公示牌，在建工地挂红牌6个、黄牌101个、绿牌893个。各区（县）、开发区扬尘在线监测仪与市住建局联网并实现数据上传982个，视频监控与市住建局联网并实现数据上传889个。召开全市建设工地及两类企业扬尘污染防治现场会3次，推进会9次，专项联合检查11次。9个督导组按照网格化区域划分对在建工地扬尘污染防治措施落实情况进行明察暗访，检查在建工地6422个次、两类企业912家次，下发移送单（督办单）940份，对存在严重扬尘污染防治问题工地的项目经理、总监进行培训4期，培训人员336人，对每月考核排名靠后的区（县）、开发区约谈9次，约谈人数35人。市、区两级对501家扬尘污染问题严重项目处罚793.2万元，有效提升在建工地和两类企业扬尘污染防治工作。

◆营商环境提升 2020年，西安市住房和城乡建设局牵头全市工程建设项目审批制度改革工作，印发《2020年西安市工程建设项目审批改革工作方案》，实现政府类和社会类投资项目审批时限分别压缩至83天和43天，提前完成“9050”目标任务，新的工程建设项目审批和管理体系初步建立。优化完善工建审批管理系统，升级后的系统于7月上线运行，实现业务协同在线审查、部门意见在线协调、图纸批注在线审定、电子签章在线加盖，工建51个审批事项全部实现在线办理。加强信息互联融通，完成与21个系统对接融合，启用电子签章156个，覆盖122个业务部门。强化综合窗口服务，市、区（县、开发区）两级22个政务大厅全部设立“工建综合窗口”，将工建项目涉及的审批、备案事项纳入“一窗式”集成服务，实现“前台综合受理、后台分类审批、材料网上流转、统一窗口出件”。梳理公布5类项目审批流程和审批事项申请材料清单，明确并行办理事项和全流程审批时限、各阶段审批时限，实行分阶段并联审批，限时办结。累计出台区域评估、“多评合一”、联合竣工验收、“多测合一”等71项配套政策和制度，为推进重大改革举措落地见效提供政策支撑和制度保障。通过改革，工程建设项目审批流程进一步优化、审批时限进一步压缩，建设单位办理工程项目审批申报材料由188个精简至47个；全市取消14个事项环节，下放43个审批事项，合并16个办理事项，转变7种办理方式，调整18个事项时序，必办的审批事项由35个压减至17个，累计访问网上办事大厅用户13336个（次），项目总数2313个，办理事项6010个，实现上线项目数量和办件量“双量”全省第一。住房和城乡建设部先后一次通报肯定西安市工改做法，陕西省住房和城乡建设厅通报将西安市列为全省工改进展第一梯队。

◆农村危房及老旧小区改造 2020年，西安市住房和城乡建设局持续对全市74174户建档立卡户住房安全情况进行动态监测，对排查发现的问题立查立改，确保实现全市建档立卡户住房安全有保障目标任务，连续5年在全省考核排名中名列前茅。全市计划改造老旧小区1100个，改造开工建设项目量1861个，已完成1356个小区、1826万平方米。自2019年年底以来，累计2018个改造项目申请到中央、陕西省补助资金，合计资金49.08亿元，创历年之最。其中，1895个项目申请到财政补贴资金，合计资金29.34亿元；123个项目申请到发改部门补贴资金，合计资金19.74亿元。

◆小城镇建设 2020年，西安市住房和城乡建设局进一步促进全市城乡统筹发展，加快小城镇建设，按照“抓两头，带中间，促全面”建设思路，从“好、中、差”三个层面同时着手，分类别抓好省级重点考核镇、省上跟踪指导镇、市级重点培育镇、环境整治提升镇等四种类型小城镇建设，全市小城镇建设投资实现逆势增长、再创新高，各重点考核镇已为县域经济发展新的增长点，各类型镇街街容镇貌焕然一新，镇区环境整洁有序，促进和带动全市小城镇建设整体快速发展。纳入全市四类小城镇建设共计22个镇街，计划投资49.26亿元，全年完成投资60.28亿元，是年度建设目标任务的122.37%。

◆美丽宜居村庄建设 2020年，西安市住房和城乡建设局持续推进美丽宜居村庄建设，继续以“五个三”行动（抓好三个清、布好三个点、实现三个治、美化三个口、整治三个面）为重点，以“抓好点、打造线、推动面”为目标，合理布局，沿环山路、主要交通沿线布点，切实开展美丽宜居村庄创建工作，通过提升村庄村貌、开展村庄亮化工程、硬化村内道路，完善村庄基础设施，指导各涉农区（县）开展美丽村庄建设163个（新启动实施127个，2018年未通过验收36个村庄）。经第三方验收评定，有132个村庄达到建设标准，命名为市级美丽村庄，其中争取到省级命名美丽宜居村庄14个。全市美丽宜居村庄数量累计达到503个，省级美丽宜居村庄数量达到59个。

◆城建档案编研和档案利用 2020年，西安市住房和城乡建设局完成2016—2020年《西安市城乡建设大事记》的信息收录、整编工作。加快推进纸质档案数字化进程，完成数字化馆藏纸质档案，优先采用扫描、刻录方式，提高档案利用工作效率，降低成本。全年共接待2407人次，利用档案15983卷（含纸质和电子档案），复印文字及图纸约93万张（含复印、打印、刻录）。

◆建设行业培训 2020年，西安市住房和城乡建设局由于疫情影响，8月中旬恢复建设教育培训工作，全年举办“致力于绿色发展的城乡建设”“装配式建筑研究与进展”“城市体检评估工作——西安市城市体检工作任务”“西安市房地产市场现状及走势分析”等课题的“西安建设大讲堂”4期。开展各类培训20432人次。其中，工地扬尘培训336人次；一线农民工实操培训18478人次；干部培训1618人次。

◆行政效能革命 2020年，西安市住房和城乡建设局主导39个配套办理建筑许可指标改革和提升。西安市工程建设项目审批管理系统实现“全程网办”，在全国率先通过工建系统发放施工许可证电子证照。接入156个电子签章，覆盖122个业务部门，可在线制作施工许可证电子证照。建设单位办理工程项目审批申报材料由188个精简至47个，必办的审批事项由35个压缩至17个，审批时间由388天减少至平均6[illegible]5天。持续优化完善工建审批管理系统，系统累计访问网上办事大厅用户数4[illegible]13个，审批项目2944个，办理事项8[illegible]3个。实施减免保障性住房租金、缓缴房地产项目城市基础设施配套费、劳保统筹补贴等惠企政策，为48个项目办理缓缴城市配套费手续，缓缴金额约5.[illegible]亿元，受理劳保统筹补贴申请9[illegible]家，涉及金额5595.89万元。

（张 睿）

◆西安城市基础设施建设投资集团有限公司 2020年，西安城市基础设施建设投资集团有限公司抓住迎“十四运”和国家中心城市建设机遇，坚决打赢疫情防控阻击战，全力推进十项重点工作和迎“十四运”重点项目，经营指标逆势增长，全年实现营业总收入161亿元，比上年增长15%；实现利润总额14.4亿元，比上年增长18.8[illegible]%；总资产达到2300亿元。

疫情防控工作 公共交通“零”感染，公交集团制定10项疫情防控工作规范；每辆车配备安全员，对上车的乘客逐人进行“戴口罩、体温测量、实名登记”，公交车实行趟次消毒，公交场站、办公区域每天早中晚三次消毒，并在公共区域配备洗手液等消杀物资。

西安出租汽车公司实施营运车辆“五个配齐”（口罩、消毒液、喷壶、消毒记录本、乘客信息登记本），“双戴两消”（司乘双方佩戴口罩、车辆一天不少于两次消毒）。发明的防疫安全“防护舱”作为陕西省交通厅“防疫亮点”受到交通运输部表扬，并向全国推广。整个疫情期间，公交集团和西汽集团没有乘客通过乘坐公交车感染新冠肺炎，没有一名公交工作人员感染新冠肺炎。公交集团为13家医院免费开通14条医护专线；为56家复工企业开通73条定制公交，并实行优惠票价两元一票制；开通“抗疫警务直通车”；组建30人的党员突击队，在火车站、北客站值守，承担疑似发热人员的隔离运输任务，累计出车142部次，运行219趟，运送1027人；组建应急队伍，承担西安北站和火车站之间点对点免费运送转车乘客任务，累计出车457部次，运行1012趟，运送17728人次。西汽集团抽调171名五星级驾驶员组建“西汽抗疫志愿者服务队”，保障唐都医院、交大一附院、交大二附院医护人员的出行，共服务医护人员3753趟次、3968人次。秦华燃气集团专门制定医院、防疫中心、交通枢纽等重要单位和部门专项保供方案，专人定点保障，确保正常供气运行。大力推行“网上办”“掌上办”“电话办”等非接触式服务方式，在300余个大型社区及怡康药房布设自助购气圈存设备，方便用户就近自助购气。营业窗口主动延长营业时间，提供预约上门售气服务，维修人员克服困难，逆行出击，及时高效地处理户内维修、漏气抢修等工作，保障市民和工商用户疫情期间的安全正常用气。西安城市大数据公司携手京东云，开发“疫情助手智能机器人查询平台”和“远程家庭医生问诊平台”，为市民提供疫情资讯、在线咨询、远程家庭医生等多项线上服务。联动陕西移动上线“疫情防控行程查询”服务，辅助政府、企事业单位、社区小区以及医疗机构等开展人员行程轨迹信息核验，辅助排查工作。结合官方疫情数据，开发“西安战疫图谱”，累计点击量超过1.7万次，并被多家自媒体引用转载，点击量超过9万次。

城市规划建设　为做好全市“三改一通一落地”项目资金筹措任务，西安城投集团创新市场化融资方式，以子公司城投建设为投资主体，分别与13家区（县）合资组建项目公司，依托城投集团良好资信，搭建“三改一通一落地”融资平台，累计拨付资金40亿元，为全市13个区（县）项目的顺利实施提供资金保证。西安市启动的雨污水混接点改造项目，城投集团负责整改549处，除无须整改和不具备改造条件的之外，可改造的242处雨污水混接点已经全部完成改造。PPP道路项目方面，西延路及西影路立交、昆明路主线桥及西南二环立交、北辰大道主线桥凤城八路以南、朱宏路（北二环—绕城高速）等道路顺利通车，极大改善城市交通条件。完成太华路、龙首北路等道路171.09千米通信管道建设工作。

供气设施规划建设　建成投运场站46座（新气源3座），其中门站3座，管道8677千米（其中，高压265千米，中压2934千米，低压5478千米），管网输配能力达3576万立方米/日，自有天然气储气能力1746万立方米。

智能井盖推广应用　由西安城投集团地下管网公司参与研发的物联网智能井盖支架系统取得国家使用新型专利，产品已实现量化生产，目前投入使用300余套，管理人员通过手机实现远程开启和动态监控，大大降低维护成本。

（李丞佗）

城市规划

◆概况　2020年，西安市自然资源和规划系统深入学习贯彻习近平总书记来陕考察重要讲话精神，突出抓好“十项重点工作”涉及任务，全力打赢疫情防控阻击战，精准服务“六稳”“六保”，全面构建国土空间规划新体系，高质量打造城市重点片区，规划引领管控作用进一步强化。优化资源要素保障，主动服务重点项目建设，城市发展跑出加速度。坚持生态优先、绿色发展，统筹推进生态环境保护与修复，自然资源保护全面加强。强力推进违建别墅清查整治、农村乱占耕地建房问题整治、例行督察、卫片执法等专项行动，资源规划管理秩序持续好转。不断深化自然资源领域改革，审批制度改革、测绘领域改革取得丰硕成果，营商环境持续优化。坚持对标补短、持续发力，易地扶贫搬迁圆满收官。11月，国家发展和改革委员会通报表彰西安市自然资源和规划局移民办为“十三五”搬迁工作担当有为集体，许城同志为“十三五”奋进易地搬迁干部，周至县马召镇安富园社区为“十三五”美丽搬迁安置区。

◆抗击新冠肺炎疫情　2020年，西安市自然资源和规划系统出动1.2万人次监测野生动物疫源疫病，严格落实“六项封控隔离措施”，动员985名党员干部到社区、村组参与一线抗疫，扎牢基层疫情防线。抽调100余名干部组成应急测量、区域规划、用地保障3个突击队，连夜完成用地测量并形成地形图、影像图等100余套资料，保障西安市公共卫生中心项目在14天内建成投用。出台《资源规划系统有效应对疫情、促进经济平稳发展十项措施》等一批解决问题政策，实施网上挂牌方式出让、出让金分期缴纳等措施，保障疫情期间土地供应及市场平稳。

◆“十四运”保障　2020年，西安市自然资源和规划局编制完成《“三河一山”绿道详细规划及重点区域城市设计》等41项重大规划，办结18个“第十四届全国运动会”场馆土地规划手续，完成18个烂尾楼项目处置销号。开展迎“十四运”违法建设清查认定，摸排认定违法建设2821处，建筑面积约240万平方米。开展“三改一通一落地”，指导完成老旧小区改造项目规划设计1108个，完成背街小巷改造项目规划技术审查562个，编制城棚改项目规划34个，配合打通断头路58条，办理架空线落地规划线位手续355个。

◆国土空间规划　2020年，西安市自然资源和规划局以建设国家中心城市为目标，高质量完成“双评价”“双评估”和城市体检，有序推进生态保护红线、永久基本农田、城镇开发边界“三线划定”，着力构建西安“三级三类”国土空间规划新体系。编制灞河沿线景观提升、浐灞港务区色彩、东部片区、白鹿原生态发展等详细规划、专项规划和城市设计，重点片区功能显著增强。完善城市设计管控体系，编制完成城市色彩、建筑景观规划设计、背街小巷整治规划设计、居住区规划设计等指导意见，为城市品质提升提供技术支撑和精细指引。强化村庄规划引领，完成全市村庄布局规划、1442个行政村规划评估和10109宗集体经营性建设用地摸排工作，完成4个省级农村改革试验区所在镇街国土空间规划和30个区（县）级村庄规划试点编制，助力乡村振兴实施。历史文化保护特色逐步彰显，《西安历史文化名城保护规划（2020—2035年）》成为依据新国标编制并获批的国家级历史文化名城保护规划，划定西安历史文化空间要素保护管控底线和边界，构建保护规划与建设管理一体化保护实施体系，为更好展现古都特色风貌提供实施纲领。

◆资源规划服务保障　2020年，西安市自然资源和规划局通过成立工作专班、领导包抓、限时办结等方式，抢时间、赶进度，办结486个重点项目土地规划手续，有力保障疫情期内重点项目、民生工程快速落地，为全市GDP迈入万亿大关作出应有贡献。全年上报建设用地2273.33公顷，批回3506.67公顷；协调解决易地耕地占补平衡指标1586.67公顷，首次实现耕地占补平衡指标缺口清零；供应各类建设用地5126.67公顷（含西咸新区）。出台《加快批而未供土地处置十项措施》等8个政策性文件，全面完成部、省下达目标任务。提前完成“十三五”时期单位GDP消耗建设用地的下降率目标。扎实推进驻军资产移交项目不动产手续办理，主动解决44个移交项目存在的200余个历史遗留问题，为全省军产移交土地和规划手续办理树立典范。

◆土地资源保护 2020年，西安市自然资源和规划系统顺利完成全国第三次土地调查，摸清全市1009333.33公顷土地现状，调查速度和质量均位列全省前列。全面完成永久基本农田核实整改补划调查摸底和全市1866.67公顷永久基本农田储备区划定任务。提请西安市人民政府印发《关于严格耕地保护坚决制止耕地“非农化”行为的通知》，进一步夯实耕地保护主体责任。推进城乡建设用地增减挂钩，解决2009年以来西安市累计的增减挂钩历史遗留问题。

◆生态环境保护与修复 2020年，西安市自然资源和规划局编制完成《西安市秦岭生态环境保护规划》，实施秦岭北麓恢复植被工程造林434.43公顷，秦岭保护区已有采矿权、探矿权全部退出。强化秦岭区域矿山综合调查，摸清秦岭区域111个矿山生态修复基础数据。完成199.86公顷渭河平原废弃露天矿山生态修复主体工程和秦岭地区6个矿山地质环境恢复治理项目，生态环境持续改善。

◆林业管理和森林资源保护 2020年，西安市完成营造林2266.67公顷，完成100个示范村绿化美化任务，栽植各类苗木93.19万株，折合绿化面积90.42公顷，苗木花卉种植面积达到57333.33公顷。清除松材线虫病寄主植物油松2476株，美国白蛾成虫和网幕数比上年减少90%以上，第三阶段监测数据均为零，有效遏制病虫危害和蔓延。完成全市第一次野生动物资源本底调查。国有林场改革顺利通过国家验收，集体林权配套改革持续深化。加强森林火灾防控，推广使用“防火码”，全市发生火灾2起，受害率远低于0.9‰。

◆自然资源执法监察 2020年，西安市自然资源和规划局打击整治破坏秦岭野生动植物资源专项行动收缴野生动物及制品2900件，侦办案件220起。资源规划领域扫黑除恶专项斗争办结销号各类线索3620条，群众满意率98.4%。西安市自然资源和规划局被评为全省扫黑除恶专项斗争先进单位。违建别墅清查整治、农村乱占耕地建房问题整治、例行督察、卫片执法等专项行动压茬推进。法治建设质量效率持续提升，协同铁路运输检察院制定出台《涉嫌土地及矿产资源犯罪案件衔接工作机制办法》。全年申请法院强制执行案件519件，办理行政诉讼、行政复议683件，已办结案件败诉率降为13.3%。

◆自然资源规划领域改革 2020年，西安市自然资源和规划局以“多规合一”为基础，深化规划用地“多审合一、多证合一”；推进“互联网+政务服务”“一书三证”等行政许可手续实现一网通办，极大提升审批效率；不断完善国土空间基础信息平台，搭建“一张图”实施监督信息系统和土地二级市场交易平台，实现项目全生命周期监管；联合西安市农业农村局，规范农村宅基地审批管理，维护农民居住权益。加快推进全市工程建设项目“多测合一”改革，成功争取自然资源部将西安列为国家新型基础测绘建设试点城市（是全国继上海、武汉后的第三家试点城市，也是特大城市中的最后一个试点）。在西安高新技术产业开发区、西安经济技术开发区、西安阎良国家航空高技术产业基地、西安国家民用航天产业基地等重点区域，实施“标准地+承诺制”工业用地供应试点，2个项目实现拿地即开工。在西安浐灞生态区、西安高新技术产业开发区、高陵区、西安国际港务区等4区推行“交房即交证”，优化营商环境不动产登记指标考核成绩排全省首位。

◆破解民生难题 2020年，西安市自然资源和规划系统建设教育强市，完成2020年度170所学校和2021年度秋季入学前投入使用的126所学校土地规划手续办理。深入推进确权登记，农村“房地一体”宅基地和集体建设用地登记发证率分别达90.41%和85.52%，超额完成自然资源部规定的80%工作目标。狠抓房屋办证遗留问题处置，全年完成1.7万户不动产首次登记，保障群众合法权益。推进地质灾害综合防治体系建设，实施调查评价、监测预警、综合治理、风险管控、能力提升“五大工程”，核销隐患点12处，妥善处置地灾险情4起，实现地灾防治“零伤亡”。

◆脱贫攻坚 2020年，西安市19个集中安置区全部建成，小区配套全部到位，1358户6630名群众全部实际入住新社区，原有旧宅全部腾退复垦到位，易地扶贫搬迁圆满收官。生态脱贫与生态文明建设实现“双赢”，累计帮扶贫困群众1.53万户5.44万人，兑付生态效益补偿资金1.56亿元、退耕还林补助资金3829.93万元。“五个一批”开放工作排名全省第一，在陕西省林业局通报表扬。驻村帮扶成效显著，实施差别化支持政策，帮助鄠邑区石庵镇西庵村和周至县九峰镇余家庄25户79人成功脱贫；持续改善基础设施和产业发展，编制村组产业规划，提升群众收入水平和生活质量，倾力打造美丽乡村样板。

（师　诺）

城市管理

◆概况 2020年，西安市城市管理和综合执法局围绕“一项重点工作”，强力推进政企分开、事权下放，全面抓好园林绿化、市容环卫、市政设施和综合执法等方面工作落实，进一步提升城市精细化管理水平，为迎接第十四届全国运动会、加快国家中心城市建设创建良好城市环境。全年完成投资4.86亿元。其中，绿化建设1.51亿元；市政设施建设0.75亿元，生活垃圾末端处理建设2.6亿元。

◆国有企业移交 2020年，西安市城市管理和综合执法局向西安城市基础设施建设投资集团有限公司移交西安市园林绿化总公司、西安市清洁车辆修配厂、西安市汉城路苗圃、西安市二府庄苗圃、西安市古建园林设计研究院、西安市城区市政养护管理公司、西安市东郊市政养护管理公司、西安市南郊市政养护管理公司、西安市西郊市政养护管理公司、西安市北郊市政养护管理公司、西安市灞桥市政养护管理公司、西安市政道桥建设有限公司、西安市城乡园林绿化工程有限公司、西安市三环路绿化养护有限公司、西安市文景山公园经营管理有限公司、西安建信市政工程质量检测有限公司15家企业。西安市兴庆宫公园花萼相辉楼和西安市兴庆宫公园南薰阁工贸部2家企业退出市场。

◆疫情防控 2020年，西安市城市管理和综合执法局迅速行动，组织全市城管系统各单位全力应对疫情，先后安排390名党员干部进社区开展疫情防控工作，及时对环卫保洁等一线工作人员进行防疫知识培训，做好相关物资储备、配发，保障城市环卫设施安全运行。2月，印发《关于做好我市生活垃圾和废弃口罩收运处置工作的通知》《关于疫情防控期间生活垃圾管理行业作业流程规范的通知》，指导做好全市生活垃圾处理处置工作。成立配备20台全密闭生活垃圾收集运输车的市级应急车队，要求各区（县）、开发区城管部门分别成立应急车辆不少于5辆、应急驾驶员和应急人员不少于4人、24小时轮流备勤的应急清运队伍，对隔离点生活垃圾进行消毒和清运处理，确保疫情期间全市生活垃圾正常清运处置。高陵、蓝田、西咸和鄠邑4座生活垃圾无害化（焚烧）处理厂累计处理全市医学留观场所生活垃圾4543.73吨，有效阻断新冠病毒潜在传染途径。全市城管系统主动助力复工复产，开展帮扶督导1149次，帮扶督导企业4114家，联合西安市商务局组织开展全市大型商场出店占道促销活动，规范设置大型商场出店占道促销196家次，客流量942万人次，促进消费4593万元。5月，西安市城市管理和综合执法局生活垃圾管理处、西安市新城区城市管理综合执法局环卫车队、陕西明堂环卫股份有限公司曲江项目部曲江转盘班组、西安市城市管理和综合行政执法总队国际港务区支队、西安市热力集团公司雁东供热公司李文蔚班组和西安市城市管理综合行政执法总队曲江新区支队等6个单位获陕西省住建行业新冠肺炎疫情防控工作先进集体荣誉称号，李小娅、王巧珍、冯占良、王江峰、孔祥帅、程凤山、蒲辉鹏、刘小良、张锋、郑岚10人获评陕西省住建行业新冠肺炎疫情防控工作先进个人；12月，西安经济技术开发区城市管理和综合执法局高铁新城中队和西安市城市管理和综合执法局生活垃圾管理处获全国住房和城乡建设系统抗击新冠肺炎疫情先进集体荣誉称号，孔祥帅和张锋2人获评全国住房和城乡建设系统抗击新冠肺炎疫情先进个人。

◆城市精细化管理 2020年，西安市城市管理和综合执法局持续推动完善城市精细化管理体系，集中解决城市管理突出问题，提高城市精细化管理水平。3月12日，西安市城市管理委员会办公室印发《西安市城市精细化管理标准（试行）》，进一步规范城市精细化管理工作。4月，在全市范围内开展为期28天的城乡环境集中整治行动，出动228万人次，扎实推进集中开工绿化项目、擦洗维护“城市家具”、冲洗城乡道路广场、清理规范环境秩序、拆除违法建筑、清洗建筑物外立面、冲洗修剪补栽城市绿植、排查修补破损路面、推进生活垃圾分类、整治村庄环境卫生等10个方面整治工作，深度净化美化城市环境，城乡环境面貌得到大幅提升。8月，组织开展城市精细化集中活动月活动，全力推动城市管理事权下放、完善项目建设管理运行机制、推进全市违法建设治理工作、实施人行天桥和立交桥下空间整治、解决城区重点部位易涝积水点问题、加快二环路护栏提升改造、规范街头标识标牌和户外广告设置、整治规范各类出店（占道）经营行为、加快建筑物外立面提升改造进度、擦洗维护“城市家具”、抓好共享单车停放专项整治、规范围墙（围栏）设置管理、持续推进生活垃圾分类、加强日常道路保洁和绿化养护、加快“三改一通一落地”工作进度等15项工作，解决一大批城市管理工作中存在的突出问题，城市精细化管理水平显著提升。10月16日，西安市城市管理委员会办公室印发《西安市城市精细化管理综合考核办法（试行）》，科学指导、规范城市管理工作考核，进一步提升城市综合管理效能。

◆部分城市管理事权下放 2020年，西安市城市管理和综合执法局继续推进城市管理领域事权下放工作，共下放移交市政道路869条、代征道路80条、人行天桥139座、立交桥19座，下放49座人行天桥和322条市政道路照明设施，下放城六区和开发区范围内户外广告和临时户外广告设置管理权，同时一并下放移交道路桥涵和路灯设施行政许可，承接下放事权的城六区城市管理部门依法行使事权下放后相应行政处罚权。

经开区元朔路西安北客站广场小型机械化清扫作业

◆城市道路清扫保洁 2020年，西安市共新增保洁员工具箱1779个，配备专业除雪车辆512辆，比上年增加199辆，配备其他除雪车辆1396台。全面推广高压冲洗与机扫联合作业模式，全年开展城市道路大冲洗、环卫设施大擦洗活动60次，城区车行道机械化清扫率达100%。继续实施城市道路保洁考核，《西安市城市道路清扫保洁标准执行情况检查考核办法》于8月26日印发。

◆“厕所革命” 2020年，西安市持续推动“厕所革命”深入开展，新建城镇公共厕所178座、改造提升328座，新建农村公共厕所369座，增设、更换、迁移导厕牌1732处，喷涂文明标语2210余个。11月19日“世界厕所日”，全市城管系统各单位组织开展形式多样、丰富多彩、具有西安特色和时代特色的世界厕所日纪念宣传活动，参加活动人员1.4万余人，发放“厕所革命”宣传手册等资料3万余册。

◆城市园林绿化建设管理 2020年，西安市园林绿化主管部门紧抓春季和秋冬季有利时机，实施绿化攻坚作战，全年新增城市绿地面积1095.52万平方米，栽植乔木43.36万株，新建绿道366.78千米，屋顶绿化12.54万平方米，垂直绿化35288延米，建成开放城市公园14座，完成新建和改造提升绿地广场、口袋公园147个。在全市44条道路栽植、摆放各类鲜花1968余万盆、立体绿雕46座。策划开展“落叶缓扫、保留秋景”活动，划定66处落叶缓扫区域，在不影响城市管理的前提下为市民提供赏秋叶、观秋景、亲近自然的空间。继续在全市开展生态园林式单位（居住区）创建工作，评选表彰西北大学现代学院、西商公司蓝田东管理所、莱安逸珲、西安融创珑府、万科城润园、早安林庄、龙湖双珑原著、万锦城3-R2期、万科金域蓝湾、紫禁长安、西咸新区空港新城幸福里二期、西咸新区空港花园小镇·青年汇等12个生态园林式单位（居住区）。

◆市政设施维护管理 2020年，西安市完成17条城市主干道人行道铺装14.61万平方米、道路面层铺装113.5万平方米、道路病害处理9.49万平方米，规整断面6.2千米，修复管道5.4千米，整治提升人行天桥60座。西安市城市管理委员会办公室印发《城市占道施工围挡专项整治行动工作方案》《西安市占道施工围挡整治攻坚行动方案》，通过集中拆除、退让瘦身、加大执法、加强管理、严格许可等手段，全面加强和规范占道围挡管理，累计拆除占道施工围挡488处186千米、面积330万平方米，整治占道施工围挡236处155千米、面积293万平方米。全年巡查道路95997条次，完成39条道路沿街楼宇亮化、44座人行天桥照明提升和19座高架立交夜景亮化方案设计，维修路灯31837盏，全市平均亮灯率99.36%，设施完好率99.4%。

◆城市排水及防汛排涝　2020年，西安市城市管理和综合执法局持续推进雨污水管网源头治理工作，全年翻修排水管道1849米，检测30年以上管龄排水管道105千米，疏通管道984千米，清掏检查井3万多座次，升降检查井1335座，完成雨污水管网修复新建23段、雨污混接点改造2049处，完成五路口十字、雁塔北路—友谊路十字南侧、祥云路等24处小型低洼积水点改造。截至12月底，全市共有城市排水管道2338千米，其中污水管道923.31千米，雨水管道937.54千米，合流管道102.06千米，过街管道415.07千米。全年启动城市防汛四级预案2次、三级预案3次、二级预案2次，出动防汛抢险人员16500人次，防汛抢险车辆4638余台次，基本做到“中雨不积水，大雨、暴雨少积水”，顺利完成年度城市防汛任务，西安市城市管理和综合执法局获2019—2020年度全省防汛抗旱先进集体荣誉称号。

◆农村生活垃圾治理　2020年，西安市城市管理和综合执法局持续推进农村生活垃圾治理工作，全市涉农区（县）、开发区共增配户分类垃圾桶22.88万个、240升分类垃圾桶2932个、垃圾集中收集箱1569个、村内垃圾收集三轮车424辆、垃圾压缩转运车辆35辆，农村生活垃圾无害化处理率92%，全市789个村庄配备户分类垃圾桶，分类覆盖率51%。

◆生活垃圾前端分类　2020年，西安市分别建成大件垃圾拆分中心、可回收物分拣中心、有害垃圾暂存点各25座，配备其他垃圾清运车辆949台、厨余垃圾清运车辆[illegible]5台、可回收物收集车辆58台、有害垃圾清运车辆57台，四分类收运环节基本打通，提升改造生活垃圾压缩站49座，全市居民小区分类设施覆盖率达93.[illegible]7%、公共机构达100%、教育系统达100%，累计创建市级示范单位414个，区级达标单位3557个。积极参与省级示范区创建，遴选出碑林区、莲湖区、经开区、曲江新区和长安区5个区（开发区），强力推进“1+3+X”创建工作（“1”是指全要素、全流程、高标准的垃圾分类系统，“3”是指打造3个垃圾分类小区示范样板，“X”是指结合自身特点，建成可复制、可推广的特色化示范项目，形成垃圾分类从前端到后端全生命周期的典型模式）。注重宣传引导，凝聚分类共识，拍摄垃圾分类宣传片□部。全市共建成多功能生活垃圾分类宣教中心41个，组织市民群众参观学习20余万人次，广泛开展垃圾分类“进校园、进社区、进机关、进农村”活动。7月30日，陕西省人民代表大会常务委员会审议通过《西安市生活垃圾分类管理条例》，并于2021年1月1日起正式施行，进一步强化生活垃圾分类法治保障。8月，国家住房和城乡建设部调研组对西安市垃圾分类工作给予充分肯定。

◆生活垃圾末端处理　2020年，西安市生活垃圾产生量294.4万吨，比上年减少94.65万吨，处置总量294.27万吨，处置率99.[illegible]5%；县城生活垃圾产生量13.65万吨，比上年减少5.83万吨，处置总量1[illegible].5[illegible]万吨，处置率99.04%。建成投运高陵、蓝田、西咸和鄠邑4个生活垃圾无害化焚烧处理项目以及[illegible]餐厨垃圾处理扩建项目。高陵、蓝田、[illegible]3个新建厨余垃圾处理项目及灞桥生活垃圾无害化焚烧处理项目加快推进，预计2021年建成投运。2月27日，主城区江村沟生活垃圾填埋场正式停止接收垃圾，全市主城区生活垃圾全部进入高陵、蓝田、西咸和鄠邑4座生活垃圾无害化（焚烧）处理厂，实现热电联产高效资源化利用。高陵区、鄠邑区、蓝田县生活垃圾填埋场停止生活垃圾入场，进入封场前期准备工作，临潼区、阎良区、周至县生活垃圾填埋场正常运行，临潼区生活垃圾填埋场无害化等级被评定为AA级。3月，西安市固体废弃物综合处置场一期工程开工建设，项目位于西安市蓝田县三官庙镇北苍湾村南侧天然沟壑，占地面积约82.4公顷，设计总库容约1001万立方米，主要接收西安市5座生活垃圾无害化处理厂产生的飞灰及生活垃圾应急处理。12月31日，飞灰一期建成投运。

◆建筑垃圾管理　2020年，西安市共设置消纳工程弃土（黄土）场所429处，总容量8818万立方米，满足全市工程弃土（黄土）的消纳需求。新增3处年处理建筑垃圾100万吨的资源化利用企业，全市建筑垃圾资源化利用企业达到35家（固定式18家，移动式17家），年处理建筑垃圾能力2650万吨，建筑垃圾资源化利用率达到50%。全市共有建筑垃圾清运企业152家，清运车辆[illegible]台。全年城管系统各单位检查运输企业211次，对97家运输企业实施停工整改措施，暂停单车申报资格[illegible]700余台次，撤销125台单车运输资质。完成40处建筑垃圾堆放点综合整治，为第十四届全国运动会、教育、医疗等民生重点项目开设专用消纳场，并简化建筑垃圾清运处置手续办理程序，西安市城市管理和综合执法局建筑垃圾管理处被评为全市教育强市建设先进单位。

◆市容秩序监督管理　2020年，西安市城市管理和综合执法局按照“七定、七统一、三悬挂、四达标”管理要求，设立临时摊群点313个，摊位14949处，解决3.8万人就业。开展非法占道（出店）经营专项整治活动3[illegible]91次，出动执法人员24802[illegible]人次，清理取缔非法占道（出店）经营户10079户（次），查处违反门前“三包”责任制的商户29950户（次），暂扣违法工具5262件，清理规范占道市场1444个，清理规范早夜市、摊群点5299个，签订《西安市市容环境卫生门前“三包”责任书》和《西安市城管执法系统“城管-商户”共建共管承诺书》34354家。加大人行道机动车违停执法力度，累计张贴《违法停车告知

表1　已投运餐厨垃圾无害化处理项目2020年垃圾处理情况

项目名称	垃圾进厂量（万吨）		垃圾处理量（万吨）		产沼气量（万立方米）
	餐厨垃圾	废弃油脂	餐厨垃圾	废弃油脂	
西安市餐厨垃圾处理厂（一期）	6.13	0.40	6.13	0.40	470.72

表2　已投运生活垃圾无害化处理项目2020年垃圾处理情况

项目名称	垃圾进厂量（万吨）	垃圾处理量（万吨）	产电量（万千瓦时）
高陵生活垃圾无害化（焚烧）处理厂	83.4[illegible]	67.5	37081.5
鄠邑生活垃圾无害化（焚烧）处理厂	61.8[illegible]	46.34	17284.6
西咸生活垃圾无害化（焚烧）处理厂	85.3	63.21	31703.7
蓝田生活垃圾无害化（焚烧）处理厂	79.4[illegible]	71.42	39760.6

单》68万份，劝离违停车辆12万起，发放宣传资料2.6万份。在全市施划共享单车停放框位15101处，设置共享单车停放点132处，设定14个面积不少于5000平方米的共享单车集中停放场，试点建设共享单车驿站2座。整治17条城市主干道42条道路沿线建筑物外立面问题152处，完成主城区背街小巷提升改造513条。

◆城市家具提升整治 2020年，西安市城市管理和综合执法局根据中共西安市委办公厅、西安市人民政府办公厅《西安市办好第十四届全运会加强城市规划建设管理加快国家中心城市建设步伐项目工作方案》，扎实推进城市家具提升整治工作，研究制定《西安市城市家具设计设置导则》，摸排统计城市家具拆除类153个、高标准提升类181个、油饰类972个、清洗类7930个；累计出动人员49135人次、车辆2919辆次，对城市家具进行擦洗维护、消毒，共消毒清洗公厕9192座、果皮箱27284个、保洁员工具箱6945个、环卫工人休息室1230座、道路座椅1254个、灭烟柱4251个、隔离护栏112419米，消杀面积37938.2万平方米；督促各行业主管部门清洗爱菊厨房销售亭10座，美化环网柜23台，冲洗街面警务站130个，清洗消毒道路路牌4732块、保洁清洗870块、维修13块、设置4块，消毒清洗公交站牌1172个。

◆大气污染防治 2020年，西安市城市管理和综合执法局以开展工地扬尘治理为抓手，组织开展“扬尘治理突击月”活动，进一步加强出土拆迁工地扬尘防治措施，全市共报备拆迁、出土工地施工项目461家，其中挂绿牌441家、挂黄牌15家、挂红牌2家、未挂牌3家。开展餐饮单位油烟污染和燃煤治理工作，督促整改三环内出店经营餐饮单位2044起，全市产生油烟的24405家餐饮单位均已按要求安装使用油烟净化设备。严格减少集中供热企业燃煤消耗量，2020—2021年采暖季开始后，除西联供热公司本厂供热站和明德供热公司电子城供热站使用超净排放改造的燃煤锅炉供热外，其余供热站均使用天然气锅炉供热。

◆违法建设治理 2020年，西安市大力开展违法建设治理工作，累计拆除整治违法建设11245处792.86万平方米。完成全市重点区域违法建设治理2039处191.11万平方米。其中，拆除1686处、84.77万平方米；整治353处106.34万平方米。自2016年启动五年治违工作以来，全市累计治理违法建设29704处8082.1万平方米，其中拆除5031.4万平方米、整治3050.7万平方米。10月15日，西安市城市管理和综合执法局印发《西安市违法建设销号管理办法》，进一步规范违法建设分类处置与拔点销号管理工作。

◆广告牌匾管理 2020年，西安市整治拆除违法户外广告及牌匾标识5561处2.64万平方米，其中户外广告4773处2.19万平方米、牌匾标识788处0.45万平方米；清理各类违规悬挂的横幅、条幅布幔共计610条。围绕“十四运”广告牌匾整治工作，排查清理遗留支架133处；摸排17条城市主干道周边违法户外广告及牌匾标识问题380处，已拆除328处、整治提升51处。配合中共西安市委宣传部等部门，刊播公益广告30次，为全国文明城市创建等工作营造良好社会舆论氛围。

◆行政审批服务 2020年，西安市城市管理和综合执法局以“提高服务效率，优化审批流程”为目标，继续深化“放管服”改革和优化营商环境，规范统一审批事项办事流程和指南，开展专业指导培训和专项检查，累计接待审批业务咨询150人次；指导天然气公司成立营商环境办公室，实行“帮办制”“客户经理服务制”等措施优化报装流程、缩减报装材料、压缩报装时间，有效提升获得用气便利度，改善用气报装营商环境，群众满意度达90%以上，西安市“获得用气”指标在2019—2020年全国优化营商环境填报评价中位列全国第七。全年受理审批事项828项，其中完成占道挖掘审批407项；市政设施占用许可（地铁代管）30项；改变绿化规划、绿地使用性质、临时占用城市绿化用地审批办结93件；办理城市生活垃圾收集、运输、处理服务许可117件、城市建筑垃圾处置（运输）核准事项150件、燃气燃热相关许可审核事项15项，变更5项；完成配套绿地1000平方米以上建设项目绿化设计方案审查74项，建设项目附属绿化竣工验收15项；完成“清单+承诺”登记项目架空线缆落地89项、雨污分流项30项。

◆政务信息公开 2020年，西安市城市管理和综合执法局通过门户网站主动公开各类政务信息和文件1059条，访问量51万余次。其中更新新闻、公告、通知、工作动态等各类政务信息951条，概况类信息12条。全年政务微信订阅号发布信息872条、政务微博发布信息839条、抖音平台发布短视频520条、《今日头条》发布内容786篇。通过数字城管平台收集各类群众投诉、咨询和暗访检查案件21.9万件，其中立即解答4.8万件、登记立案15.9万件、不予立案1.2万件。登记立案的案件中，“12342”城管热线来电11.2万件、城市啄木鸟有奖投诉2.8万件、暗访检查上报案件信息1.2万件、微信上报投诉0.5万件、12345市民热线转办案件0.2万件，综合结案率99.3%。全年收到依申请公开27件，处理办结依申请公开23件（其中予以公开11件、部分公开1件、不予公开4件、无法提供7件），结转2021年继续办理4件，限期办结率100%。已办结的依申请公开事项，均取得申请人认可，全年未出现因政府信息公开工作被申请行政复议、提起行政诉讼等情况。（刘　丹）

公用事业

◆自来水供应 2020年，西安水务（集团）有限责任公司完成城市售水5.13亿立方米，污水处理4.4亿立方米，实现年收入23.5亿元，实现利润总额8400万元，净资产收益率0.97%，管网水质合格率99%。

城市水务工程建设　扛起守护水源政治责任，先后投入1200万元，完善实时监测、人工送检、生物监测等多重措施，建立人防、物防、技防联动机制，金盆水库水源地一级保护区水质稳定达到Ⅱ类。坚持倒排工期，挂图作战，加快推进第三污水处理厂、第四污水处理厂、第五污水处理厂、第六污水处理厂、第十污水处理厂及纺织城污水处理厂提标改造工程，6座污水厂达到准四类水排放标准。市级重点项目（户表集中改造工程）完成125个小区二次供水设施改造，累计完成投资30028万元。

经营管理　根据西安市人民政府统一部署，组建成立城市排水集团和管网运维公司，完成5100万元资产接收工作，形成水务集团供排水一体化完整的产业链。主动对接西咸新区、航天基地、渭北工业园、富阎板块供水市场，深度谋划蓝田、长安供水板块，投资建设鄠邑第三污水处理厂，成立西水生态砂业公司、绿水发展公司、润城环境监测公司，全面布局西安水务市场。持续推进压减工作，理顺产权关系，减少法人企业5户，关停拆除水力发电站5座，拟定破产企业1户，注销企业1户，完成大集体企业混改企业1户。

保障民生　打造全新供水服务模式。全面推行“3110”供水报装模式（3个工作日办理时限，1个办理环节，1项申报资料，报装受理环节0收费），全年受理用户报装申请604件，全部提供“上门办、帮您办”优质服务。全力提升“互联网+供水”服务效能，完成供水（报装）平台与陕西政务服务网的对接，上线试运行智能卡综合业务管理平台，整合IC卡水表与长安通水表的管理功能，实现用户信息集中统一管理；完善问题收集和投诉处置机制。实现工单办理全面提级，100%化解疑难工单。累计接听电话16万余通，受理“12345”市民热线转派工单11787个，办结率、及时率、满意率均为100%，受到市民热线通报表扬4次，收到锦旗43面，感谢信10封，优质服务得到市民认可。

安全管理　坚持“党政同责、一岗双责”，落实“三管三必须”，全年投入安全资金3069.3万元，整改各类问题和隐患311个，集团连续11年实现安全生产“零”事故目标，连续8年获全市安全生产先进企业。　（张轩铭）

◆集中供热及管理服务　2020—2021年采暖期，西安市城市管理和综合执法局优化集中供热工作体制，落实区（县）、开发区主体责任，并按照全市保暖保供工作动员大会要求，扎实安排部署冬季供暖工作，实现让市民群众温暖过冬目标。2020年4月14日，西安市城市管理和综合执法局印发《开展集中供热行业“安全品质服务年”实施方案》，整改上个采暖季暴露的33个重点问题，清退104个小区约301万元热费，推进“直管到户”模式供热，直管到户小区累计569个，建立供热“管家”制度，小区管家人数达1289人。8月，组织开展供热宣传活动，制作发放30000余册《集中供热用热小常识》宣传册，有效提升市民群众的用热知识水平。组织开展群众满意度测评，收到测评表3000余份，满意率90%以上。11月12日，全市开始预供热，11月15日零时正式供热，供热工作总体平稳运行。整个采暖期全市集中供热面积29511万平方米，供热管网长度约1864千米，热交换站2889个。西安城市基础设施建设投资集团有限公司全年完成供热量3850万吉焦，比上年增长1.3%，供热面积总计13100万平方米，比上年增加1000万平方米，供热面积增长7.3%。加大“三供一业”接收改造力度，提高直管用户数量，达到25.83万户，面积2600万平方米。对全市燃煤锅炉完成天然气替代，同时对原有燃煤锅炉进行超低改造作为备用。城投集团用86天时间完成城北供热公司、西联供热公司等3个项目“煤改洁”工程，新建8台天然气锅炉，对8台燃煤锅炉进行超净改造，配套建设10千米天然气次高压管道和3座调压站，并于采暖期来临之前实现点火运行。

◆燃气供应及管理服务　2020年，西安市天然气行业保障能力稳步提升，天然气管网输配能力66万立方米/日，管网长度1.4万千米，六村堡LNG应急调峰站二期扩容项目投入使用，增加天然气应急储量1500万立方米，全市应急调峰储气能力达到3600万立方米。天然气气化三期工程稳步实施，新建中压管网35千米，天然气居民用户突破400万户，较2019年增加21万户，非居民用户16500户，高峰供气期间日最大用气量3100万立方米。完成10年以上燃气管网评估1556千米、更新改造153千米。成功举办西安市天然气泄漏事故应急演练，修编《西安市燃气事故应急预案》。西安秦华燃气集团公司完成安全标准化二级达标评审。29家液化石油气企业完成“承诺书”和“瓶装液化气经营单位禁止行为”签订和公示工作。打击取缔液化石油气非法经营“黑窝点”12个，新增液化石油气正规供应点30个，推广智能钢瓶50[illegible]万只，市场占有率达到50%。西安城市基础设施建设投资集团有限公司利用NFC技术在长安通App中实现物联网表无线充值购气、卡表贴卡充值购气功能，覆盖用户130万户，构建起全时段、多渠道、高效率的便民支付新模式。

（刘　丹　李丞伦）

◆西安秦华燃气集团　截至2020年年底，西安秦华燃气集团服务居民客户29[illegible].[illegible]万户，工商客户12426户（其中，加气站39家；代输2家；锅炉、直燃机9118台20332蒸吨，餐饮77810台灶93562灶眼），工商表块总数目26337块。全面完成售气22.15亿标准立方米（含长安、鄠邑（1亿标准立方米），日最大用气量2[illegible]46万立方米。

高峰供气　为确保西安市冬季天然气供应，秦华燃气集团提前预判和积极准备，8月份即与上游资源方签订《天然气购销合同》，落实采暖季合同量17.98亿立方米，实现气源保障全覆盖，全力争取九路气源，采购补供LNG应急气源近900万方努力弥补供需缺口。制定周密应急预案，在上游供气出现缺口时，根据气需缺口大小和发展态势，启动从低到高设定为Ⅳ级、Ⅲ级、Ⅱ级、Ⅰ级相应等级应急预案，最大限度地满足用户用气需求。　（李丞伦）

城中村（棚户区）改造

◆概况　2020年，西安市城中村（棚户区）改造事务中心引导全市城中村和棚户区改造向城市更新转型，圆满完成省市各项目标任务。城中村和棚户区改造项目新开工7247套、面积51万平方米，列全省第一；牵头负责的42个“十四运”重点项目征收改造任务已完成32个，完成涉及2.6万户、9.06万人、1313万平方米征收拆除工作；全年共完成9个城中村改造项目和2个棚户区改造项目回迁安置工作。全年完成投资额213亿元。其中，城中村改造项目完成投资167亿元，棚户区改造项目完成投资46亿元。争取中央、陕西省资金，陕西省财政厅已下达城中村和棚户区改造补助资金2.1亿元，已获批改造专项债发行额度约30亿元。

◆全运会重点改造项目　2020年，西安市城中村（棚户区）改造事务中心全力推进第十四届全国运动会重点改造项目。按照中共西安市委“三改一通一落地”工作部署，成立工作专班，对照《督落包抓方案》《专项考核方案》，严格落实领导包抓、督导检查、信息报送和考核问责制度，细化目标任务，积极督促涉及区、开发区加快推进改造工作，充分发挥统筹协调作用，帮助项目解决遇到的难点问题。已完成32个项目征收工作，正按照西安市迎“十四运”建设指挥部要求开展验收。

◆回迁安置遗留问题化解　2020年，西安市城中村（棚户区）改造事务中心稳妥解决烂尾楼和回迁安置超期等遗留问题。充分发挥中心统筹协调职能作用，通过夯实属地责任、创建“府院联动机制”等办法，不断破解项目瓶颈，解决遗留问题取得明显成效。前期梳理的15个城中村烂尾楼项目中，8个项目已复工销号，1个项目즉将复工；39个回迁安置超期项目，已完成15个项目回迁安置，剩余24个项目中，有10个项目安置房已基本竣工，14个项目安置房建设进展顺利。

◆城市更新　2020年，西安市城中村（棚户区）改造事务中心加快推进城市更新等相关工作，准确把握国家宏观政策走向，按照城市更新整体思路，启动全市到2025年城市更新政策及规划起草涉及的调研、复核等前期准备工作。形成《西安市城市更新工作2020—2025年框架思路》和《西安市城市更新办法（审议稿）》，并提经西安市人民政府常务会议研究通过，指导开展未央区团结村片区、灞桥区纺织城高速周边片区、浐灞生态区三庄片区、雁塔区沙滹沱片区、新城区西一路及周边区域片区等城市更新试点工作，取得良好效果。

◆破解项目资金难题　2020年，西安市城中村（棚户区）改造事务中心持续破解项目资金难题，与省级相关部门和金融部门建立联动工作机制，解决重点项目资金问题取得突破性进展。全年为5个项目成功争取棚改专项债券近30亿元，争取棚改中央专项补助资金2.1亿元，通过列入省级棚改计划为10个项目争取商业银行贷款支持约[illegible].5亿元。优化调整棚改工作计划，为市级重点项目盘活国家开发银行4[illegible]亿元授信额度。

（惠思珂）

生态环境

责任编辑：曹毅弘

◆概况　2020年，西安市生态环境系统以改善生态环境质量为核心，以打赢污染防治攻坚战为目标，以举办第十四届全运会为契机，认真落实中央、陕西省、西安市关于生态将环境保护各项决策部署，统筹推进新冠肺炎疫情防控，全力以赴打好污染防治攻坚战，促进环境质量提升，各项工作稳步推进。全年空气质量优良天数250天，比上年增加25天。全市集中式饮用水水源地水质达标率100%。区域环境噪声等效声级均值55.8分贝，道路交通噪声等效声级均值69.4分贝。

◆污染减排　2020年，西安市生态环境局制定《2020年主要污染物总量减排及碳排放降低实施方案》，根据工作职责，将减排任务分解至21个区（县）政府、开发区管委会和16个市级部门，明确重点减排项目的责任单位和完成时限。2020年，西安市优良天数250天，比上年增加25天。综合指数5.24，改善9.8%。环境空气质量6项指标平均浓度分别为：细颗粒物（PM2.5）51微克每立方米，改善10.5%；可吸入颗粒物（PM10）88微克/立方米，改善8.3%；二氧化硫（SO_2）8微克/立方米，下降11.1%；二氧化氮（NO_2）41微克/立方米，下降14.6%；臭氧（O_3）8小时浓度159微克/立方米，下降4.2%；一氧化碳（CO）1.5毫克/立方米，下降11.8%。总体看，环境空气质量呈好转趋势。一是优级天数明显增多。全年共56个优级蓝天，比上年增加14天；二是主要指标整体改善，六项污染物指标全面下降；三是全国排名位次前移，1—12月综合指数在全国168个重点城市阶段排名倒数28，较11月底排名（倒数24）上升4位。

◆环保规划与财务　2020年，西安市生态环境系统为落实“推动绿色发展 建设生态西安”有关要求，推进重点工程项目进度，争取中央、省级生态环境专项资金5.766亿元，重点支持大气污染监管能力建设，高排放老旧机动车淘汰，清洁取暖及散煤治理，清洁能源代替，水源地保护，农村生活污水治理，疫情医疗废物应急处置等项目。

◆环境影响评价　2020年，西安市生态环境局进一步优化审批流程，持续推进“一张网、一扇门、一次办”工作，打造审批项目最少、收费标准最低、办事效率最高、服务水平最优的营商环境。全年审批各类建设项目环评文件1457件，其中“环境影响报告书”60件、“环境影响报告表”1397件，备案“环境影响登记表”4680件；审批排污许可事项913件；审批辐射安全许可事项127件；核发危险废物许可证5件。

◆水环境管理　2020年，西安市生态环境局编制《西安市水生态环境保护“十四五”规划》，并制定印发《西安市碧水保卫战2020年实施方案》《西安市生态环境局2020年碧水保卫战方案》。市生态环境局依托市监测站对全市19条重点河湖进行例行监测，针对断面水质超标问题及时组织力量排查分析，对于发现的问题，督促有关单位积极整改。2020年全市纳入生态环境部、省生态环境厅水源地整治任务清单的57个环境问题已全部完成整治，全市33个千吨万人水源地已全部完成划定，划定率100%。全市在用市级集中式饮用水水源达到《地表水环境质量标准》（GB3838－2002）和《地下水质量标准》（GB/T 14848－2017）的Ⅲ类标准，达标率为100%。制定下发《西安市生态环境局关于做好新型冠状病毒感染的肺炎疫情医疗污水和城镇污水监管工作的通知》（市环发〔2020〕4号），自2月2日起，坚持对20个区（县）、开发区，共28个定点医院、15个污水处理厂（污水处理站）、30个集中隔离点污水监管工作实施日调度、日汇总、日报送。制定下发《西安市城市黑臭水体治理2020年工作方案》以及《西安市城市黑臭水体整治攻坚工作方案》，对前期整治完成的21处城市黑臭水体进行“回头看”，经过努力，全市21处城市黑臭水体整治已全部完成整治，消除黑臭；同时排查未发现新增城市黑臭水体。西安市3个国考断面渭河新丰镇大桥、灞河三郎村和灞河口断面水质分别达到Ⅲ类、Ⅲ类和Ⅱ类，均优于省考指标要求（考核标准为渭河新丰镇大桥、灞河三郎村和灞河口断面水质分别达到Ⅴ类、Ⅴ类和Ⅳ类）。

◆大气环境管理　2020年，西安市人民政府办公厅印发《西安市蓝天保卫战2020年工作方案》在内的四大保卫战2020年工作方案。专门成立以市委书记、市长为主任的“西安市生态环境保护委员会”，并制定《工作推进“五项机制”》等规章制度。市委每月召开调度例会，推进全市大气治理工作扎实有序开展。西安市生态环境局坚持深化、细化各项措施，对照自身职责完成蓝天保卫战重点任务。完成97台燃气锅炉低氮改造，29台工业炉窑治理，对112家VOCs年产量在10吨以上的企业及80家采用单一工艺设施的涉VOCs排放企业逐一开展执法检查和监督性监测，对1家工业涂装、1家包装印刷企业开展VOCs源头替代试点，对374家重点涉气工业企业建设安装环保用电工况监控系统，试点建设171个环保烟火监控点位，全天候实时监控露天焚烧行为。成立市、区两级空气质量管控专班领导小组，开展空气质量管控24小时值守调度工作。实施“冬病夏治”，出台《关于燃煤锅炉执行“西安排放限值”的通知》，对30台集中供热企业备用燃煤锅炉进行超净排放改造。夏防期，以工业源、交通源、城市面源为重点，开展VOCs专项整治行动。冬防期重点推动28项攻坚措施落实，在全市开展秋冬季大气污染综合治理攻坚行动。

◆土壤污染防治　2020年，西安市生态环境局积极与市发改委沟通协作，配合市发改委先后制定印发《关于征求〈西安市进一步加强塑料污染治理实施方案〉意见的函》《关于进一步加强塑料污染治理实施方案》《2020年西安市塑料污染治理工作计划》《关于开展禁限塑宣传活动的函》等塑料污染治理相关文件，为全市塑料污染治理工作顺利开展奠定良好基础。西安市生态环境局会同市发改委制定印发西安市2020年塑料污染治理督导检查工作方案，与市发改、商务、工信、市场监管、城管、文化旅游和农业农村等部门组成8个督查组对全市20个区（县）、开发区进行督导检查，对110家（个）塑料制品重点领域企业（点位）开展现场抽查。下发《关于规范有害垃圾暂存点管理工作的通知》《关于做好暂存点有害垃圾处理有关工作的通知》，明确有害垃圾监管、暂存、信息报送等机制，对工作职责、环境管理、日常监管提出具体要求。会同市城管局印发《西安市有害垃圾全过程管理规范》（市城管发〔2020〕240号），明确工作职责和工作要求，初步建立有害垃圾收集、转运、暂存、处理全过程管理体系，形成监管合力。全面开展涉镉等重金属重点行业企业排查整治，动态更新全市涉重金属重点行业企业全口径清单，深挖重金属减排潜力，通过淘汰落后产能、工艺提升改造、清洁生产指导、实施特别排放限值等措施，努力完成省上下达西安市重金属污染物削减及“十三五”重金属减排目标任务。

◆环境执法 2020年，西安市生态环境局围绕“蓝天、碧水、净土、青山”保卫战，以“双随机、一公开”执法检查和专项执法行动为抓手，持续保持对生态环境违法行为的高压态势，着力筑牢生态环境的红线意识。全年全市出动执法人员34780人次，检查企业15725家次；对707件环境违法行为立案调查，处罚604家次，罚款5220.74万元；实施按日连续处罚1件，罚款30万元；实施查封扣押企业91家；停产、限产3家；移送公安机关案件9件；移送司法案件2件。助推全市生态环境质量持续改善。配合保障完成各项监督帮扶工作，汾渭平原强化监督定点帮扶重点督办问题企业全部完成整改。深入开展生态环境保护执法大练兵活动，通过开展案件评查、业务培训及综合比武等活动，将日常执法与强化监督相结合、理论学习与实战实操相结合，实现实战练兵、规范练兵、科技练兵、强化练兵，不断提升执法队伍整体能力素质。2020年，西安市生态环境保护综合执法支队、西安市生态环境局高陵分局、西安市生态环境局莲湖分局获得全省生态环境保护执法大练兵表现突出集体，西安市生态环境局灞桥分局获得全省生态环境保护执法大练兵表现突出进步集体，4名执法人员获得表现突出个人。

◆自然生态保护 2020年，西安市生态环境局牵头制定《西安市青山保卫战2020年工作实施方案》，部署设置8类40项工作任务，并组织各沿山区县和相关市级部门实施完成。开展“绿盾”自然保护地监督检查专项行动，秦岭区域“绿盾”2017—2020共45个遥感监测反馈问题点位已全部整改完成。配合市资源规划局开展生态保护红线评估工作，收集梳理相关基础资料。推动生态文明建设示范创建，组织开展2020年度市级生态镇、生态村申报推荐工作，已组织现场复查验收并命名27个市级生态村。开展秦岭生态环境保护专题学习、媒体宣传和现场宣传活动，在秦岭国家植物园举办“‘5·22’西安市国际生物多样性日主题宣传教育活动”，发出“以自然之道，保护生物多样性”的倡议，营造社会公众关注秦岭、保护秦岭的氛围。

◆辐射安全监管 2020年，西安市生态环境局坚持以“理性、协调、并进”核安全观为统揽，以接受全国、全省核技术利用单位辐射安全管理系统检查评比为抓手，以闲置放射源收贮和跨市转移使用为重点，持续抓队伍固守阵地，抓培训强化能力，抓整治消除隐患，全市辐射安全管理工作全面加强，稳中求进。主要采取五项工作举措，动态实现“四个100%”。即：对全市582个核技术利用单位进行“地毯式”排查，对38名核与辐射审批、监管人员进行网上培训，对国家辐射安全管理系统进行数据核查，对76家许可证到期单位进行查处，同67名分（县）局分管领导和负责审批、监管、执法人员座谈研讨。全年累计接收辐射安全年度评估报告463份，补充完善数据信息2878项，变更、注销持证单位52家。确保放射源转移、回收（收贮）备案率100%，执法监督检查报告上传率100%，辐射安全评估报告上传率100%，许可证到期未延续或注销100%清零。

◆危险废物安全监管 2020年，西安市生态环境局严把危险废物环境管理准入关，利用“固体废物信息管理系统”，实现危险废物全过程管理。完成2830家固体废物申报登记和2128家危险废物计划备案工作。编制印发《西安市生态环境局2020年危险化学品安全攻坚行动实施方案》《危险废物专项整治三年行动实施方案》及2020年度细化工作方案等10余份文件，对危险废物专项整治工作进行工作部署，建立完善西安市危险废物环境重点监管单位清单和重点任务细化清单。西安市生态环境局会同市应急管理局制定印发《关于建立生态环境和应急管理部门联动工作机制的通知》，建立源头审批、危险废物监管、环境治理设施监管、联合执法、联合会商等五项联动工作机制，形成监管合力。加大危险废物环境管理规范化检查和规范化考核力度，严格危险废物环境执法，全年共出动652[illegible]人次，对[illegible]家涉危险废物企业、单位进行执法检查，发现违法问题152个，立案74家，处理处罚66家，移交公安、司法机关[illegible]件。

◆生态环境法规制度建设 2020年，西安市生态环境局不断完善生态环境法规制度建设。组建专职法制员队伍，规范法制员工作流程，在各区（县）局、直属单位设立专职岗位，配备1—2名法制员，专人负责对本单位行政执法工作进行法制审核把关。加强法制培训，组织开展执法问题沙龙研讨，组织法制员40余人参加庭审现场观摩，组织系统一线执法人员、全市企事业单位负责人近400人参加法制培训。建立系统“三项制度”，下发《行政执法公示实施办法（试行）》《行政执法全过程记录实施办法（试行）》《重大行政执法决定法制审核制度实施办法（试行）》，公开相关信息，记录行政执法各个环节，规范完善重大行政处罚决定备案审查工作机制。加强立法工作，出台《西安市水环境保护条例》、修订《西安市机动车和非道路移动机械排气污染防治条例》、完成《西安市污水排污口分类管理标准》项目立项，立法保障持续跟进。积极应诉工作，全年应诉行政诉讼、行政复议案件12件。

◆生态环境宣传教育 2020年，西安市生态环境局围绕生态环境建设，大力开展新闻宣传和各类活动，为推动生态环境深入改善营造良好氛围。组织各类媒体围绕西安生态环境开展报道12164篇；配合中共西安市委宣传部组织新闻发布会8场次。联合市委宣传部、市委网信办组织的“西安生态日”网上作品征集活动，征集各类作品[illegible]余份；“六五”环境日策划各类活动[illegible]项，开展宣传80余场次，发放宣传资料[illegible]9900余份，张贴各类海报横幅电子屏[illegible]张（幅）；联合市资源规划局举办国际生物多样性日主题宣传教育活动，刊发相关宣传稿件25篇，发放宣传资料12900余份，张贴各类海报横幅电子屏[illegible]张；在参加生态环境部宣教中心组织的2020年全国少儿低碳主题书画大赛中，收集报送各类作品700余份。西安市生态环境局新媒体平台宣传全年累计发布[illegible]393篇，其中“西安生态环境”微博受生态环境部通报表扬，微信、微博号互动居全省首位。录制的《让中国更美丽》《环保人之歌》等4个视频被生态环境部微信公众号、微博在全国推送，制作[illegible]系列音视频登录新华社客户端陕西频道，全网阅读量达243.9万余次；组织开展微信朋友圈宣传曝光103万人次，点击量超过6万次；联合市委文明办开展的“低碳日”知识竞赛活动，共吸引1300余人通过H5页面在线答题，刊发相关宣传稿件50余篇；开展的“好奇心实验室”网络直播播放量达10.9万人次；在新浪微博开展“生态西安 绿色全运”全民随手拍活动，活动相关微博推送阅读量达185万次，“生态西安 绿色全运”话题阅读量达2309万次、互动讨论3303条；配合西安广播电视台录制《你好，我的城》2期，相关报道全网阅读量累计突破120万次。“六进”活动（进企业、进机关、进社区、进乡村、进学校、进家庭）与法规宣传有声有色。仅碑林分局开展的“我是秦岭卫士”主题征集评比活动，6天内微信公众号累计访问量达1200万次，投票数达540万票，投票人数约180万人次，进社区系列活动受到省级现场观摩；“宪法宣传周”期间在局新媒体平台开展普法答题活动同时，组织全系统开展各类宣传活动71场次，发放相关宣传资料1.8万份，发放宣传品4500份；树立“六保”服务案例典型。组稿推荐的《西安市“手把手”教整改把服务企业有机融入环境监管工作》案例，被生态环境部微信公众号、微博同期采纳并推送。舆情处置被陕西省生态环境厅评为优秀等级。完成2019年省厅交办的55条涉水舆情梳理与回复工作，改版印发《西安生态环境舆情日报》169期；通过制定《舆情管理处置办法》，调度通报舆情处置回复情况，实现舆情处置回复率达到100%（全年接到省厅分转149条，按期回复办理149条）。

◆环境应急 2020年，西安市生态环境局完成《西安市突发环境事件应急预案》及《西安市生态环境局突发环境事件应急预案》的更新修编。制定下发《西安市环境应急中心关于开展黄河流域企业突发环境事件应急预案备案的通知》，全市开展突发环境事件应急演练20场次，其中市级水源地演练2次，区（县）演练18场次。2020年共发生2起一般等级突发环境事件，分别为陕西海阔特矿业氯气罐体泄露事件和绕城高速汉城服务区甲醇罐车罐体泄漏事件，事件总数比上年下降82%。

◆智慧环保体系建设 2020年，西安市为精准追溯污染源，实现环境保护动态监管、及时执法，进一步加强智慧环保体系建设。

生态环境指挥调度平台投入使用。该平台对各类前端感知系统发现的异常数据和环境问题经过“自动告警+人工筛选”后形成具体任务，一键派发至相应的网格（部门）限时办理，并实时跟踪办理情况。全年共派发任务1.2万余起，全部按时限办结，为精准治污减霾提供有力支撑。

烟火监控系统高效运行。西安市烟火监控系统（一期）共设置监控点位171个，利用30米以上高空资源加装热成像双光谱云台摄像机，对监控覆盖区域全天24小时巡航监测。系统能第一时间发现火情锁定目标经纬度，通过手机短信和App软件及时将火点告警信息推送至相关二、三级网格负责人，并要求在1小时处置完毕，形成告警及时、信息通畅、定位准确、处置快速、流程闭环的工作机制。2020年4月至12月，烟火监控系统共发现火点3698处，办结3698处。

环境遥感监测实现精准“打击”。2020年，西安市积极与生态环境部卫星环境应用中心开展合作。依托卫星遥感技术优势，对全市建成区施工工地监测12期，累计发现疑似未覆盖或部分覆盖问题6924个（次）；对全市农村地区露天垃圾堆场监测12期，累计发现农村垃圾疑似露天堆放问题755个（次）；对全市黑臭水体（涝池）监测4期，累计发现黑臭水体598个；对发现的问题，认真核查，督促整改，实现精准“打击”。同时对黑河和李家河水源地进行4期全面的风险源遥感监测和识别标定，为水源地保护工作提供坚实的数据支撑。环境遥感监测系统被市委网信办评为2020年数字西安建设优秀成果奖。

用电工况监控系统实时监管。2020年，西安市给全市纳入重污染应急减排清单的重点工业企业，安装在线监测或用电监控系统。通过对企业的管控措施进行用电限值配置，实时掌握污染源企业异常生产情况、大气污染管控异常企业情况，方便执法人员及时去现场核查异常情况。2020年，全市涉气企业已安装在线监测共65家，安装用电监控设备共495家，这些企业的污染物排放总量占全市总污染排放量的95%以上，完成在线安装监测点位数5020个，产污设施2658处，污处设施1670处。年内，系统共启动2次重污染天气应急管控，发现大气污染管控异常144家，发现污处设施异常197家，切实有效地提高对污染企业的监管效能。

◆移动源污染防治 2020年，西安市生态环境局修订《西安市机动车和非道路移动机械排气污染防治条例》，重点强化非道路移动机械排气污染防治的相关内容。持续加强对移动源的执法检查，全年共检查机动车83864辆，查处超标车辆2384辆；申报登记非道路移动机械13441台；检查工地和企业9324家次、机械34433台次，查处未申报登记和超标机械2057台，通过从严执法，使全市国Ⅱ及以下排放标准机械由2018年的80%以上骤减至目前的30%以下，且呈持续下降趋势。进一步规范全市机动车环保检验工作，补充完善机动车排放检验机构考核细则，全年共检查机动车排放检验机构118家次，处罚机动车排放检验机构违法案件共计7起。针对柴油车管控和治理，一方面开展高速柴油货车管控，累计检查柴油货车773辆，查处超标排放车3辆，另一方面采用“主动维护+柴油净化”的技术，推进柴油车治理，全年共治理柴油车7183辆。完成4.8万辆老旧机动车提前淘汰补贴申请环保审核，截至2020年年底，全面完成老旧车淘汰工作任务。同时，通过提升技防手段，建设完成6套路边空气质量监测子站，使用固定遥感监测系统和黑烟车电子抓拍系统对车辆进行常态化监测，有效提升执法的针对性。

◆网格化管理 2020年，西安市生态环境局进一步完善和加强对固定污染源单位的网格化管理。将全市划分成208个网格，组建1200多名网格员巡查队伍，摸排建立工地、餐饮、工业企业、散乱污企业等16类近3万个固定污染源单位台账，全域覆盖进行不间断巡查，确保职责清晰、巡查常态、发现及时、处置到位。网格员在日常巡查中发现环境污染问题，责令现场整改并将整改结果上传一级网格平台。对于当场无法处理的，上报二级网格转至区（县）相关部门进行处理，由一级平台对办理结果进行审核、督办、统计、考核。2020年专职网格员通过平台发现上报处置各类环境污染源案件23万起，巡查污染源单位共计121万余家（次）。同时建立考核奖惩制度，规范网格管理工作。制定《网格化管理考核办法》，考核指标全部纳入平台，依据平台统计工作数据进行客观考核，结果纳入“绿色发展·生态西安”和“十四运”月度考核；市、区两级分别设立专项奖励资金，根据考核成绩百分比兑现奖惩，专用于网格化管理工作和基层网格员绩效奖补。

◆政务信息与环境信访 2020年，西安市生态环境局及时将各类环保热点、焦点话题、重点工作进展情况及时以信息的方式上报，为领导和上级机关科学决策服务。全年共上报生态环境部、省生态环境厅、中共西安市委、市政府各类信息共计400余篇。严格执行环境信访工作制度，坚持从污染源头入手，通过严格环境执法解决信访投诉问题，环境信访工作取得较为明显的成效。2020年，共接到“12369”环保微信、网络公众举报平台投诉4698件；“12345”市民热线批转投诉1317件；中央巡视组和陕西省生态环境厅信访批转件21件，陕西省、西安市批办环境投诉件129件，接待来访群众5件（10人次），来信12件，做到信访件办理“件件有着落，事事有回音”。 （许辉辉）

西咸新区

◆**概况**　西咸新区区域范围涉及西安、咸阳两市所辖7县（区）23个乡镇和街道办事处，包括空港新城、沣东新城、秦汉新城、沣西新城、泾河新城5个组团，规划控制面积882平方千米，其中城市建设用地272平方千米，现有户籍人口108.64万人。

2020年，西咸新区坚持新发展理念和高质量发展要求，以创新城市发展方式为主线，持续优化生态、宜居、营商三个环境，着力推动改革创新、城市管理、社会治理三个提升，实现"十三五"规划圆满收官。面对新冠肺炎疫情，西咸新区坚持机场、区内两条主线两手抓、两手硬，落实落细疫情防控各项措施，牢牢守住全省"空中大门"，实现区内"零传染"、机场"零扩散"。机场疫情联合防控指挥部获全国抗击新冠肺炎疫情先进集体荣誉称号。全年生产总值（GDP）612.50亿元，比上年增长7.2%，农林牧渔业增加值5[illegible].1[illegible]亿元，比上年增长1.7%；规模以上工业增加值比上年增长2.4%；固定资产投资（不含农户）增长11.5%；社会消费品零售总额510.51亿元，比上年下降2.7%；地方一般公共预算收入完成84亿元，比上年增长16.9%；实际利用外资4.58亿美元、引进内资1412.73亿元；新登记市场主体15.68万户、总量突破27.7万户。全年实现旅游收入45.92亿元，接待游客1606.37万人次。

西咸新区2020年主要经济指标

指标名称	单位	1—12月	同比增长率（%）
地区生产总值	亿元	612.50	7.2
#第一产业	亿元	50.93	1.7
#第二产业	亿元	204.70	7.7
#第三产业	亿元	356.87	7.7
固定资产投资（不含农户）	亿元	—	11.5
#房地产开发投资	亿元	—	11.3
#工业投资	亿元	—	28.5
规模以上工业增加值	亿元	—	2.4
社会消费品零售总额	亿元	510.51	-2.7
#限额以上企业（单位）消费品零售额	亿元	251.04	2.8
规模以上服务业营业收入（1—11月）	亿元	131.64	-3.1
建筑业增加值	亿元	107.46	19.7
地方财政一般公共预算收入	亿元	84.00	16.9
地方财政一般公共财政支出	亿元	133.94	6.2

◆**体制、机制改革**　2020年，西咸新区围绕理顺与陕西省、西安市的管理关系、妥善解决与原行政区历史遗留问题，持续完善新区、新城两级机构改革和职能调整，促进新区治理体系和治理能力现代化。开展全省首家综合行政执法改革试点，首批整合人防工程、防震减灾、房屋管理等15个方面550项行政处罚及相关的16项行政强制事项，形成可推广复制的"西咸经验"。全面开展街镇综合管理改革，调整优化机构设置，扩大镇街管理服务权限，进一步加强党的建设、改善基层审批服务、实施网格化基层治理，强化镇街保障发展、服务群众功能。

◆**科技创新**　2020年，西咸新区以推动"两链"融合（围绕产业链部署创新链、围绕创新链布局产业链）为导向，加快西部科技创新港建设，打造陕西省最大的孵化器和科技成果转化区、"两链"融合示范区。推进重大科创平台建设，西北工业大学"翱翔小镇"、沣东统筹科技资源示范基地等加快建设，西北农林科技大学未来农业研究院成功落户。持续加强政产学研协同创新，搭建西安交通大学国家技术转移中心沣西新城中心、西安科技大市场西咸分中心等2个科技成果转移转化平台。按照"一园两地"模式建设中俄丝路创新园，累计引进中俄企业5[illegible]家，培育2家企业获批省级"引进国外智力服务站"，1家企业获批省级"海外工作站"并入选陕西"一带一路"倡议十大成果。积极探索多层次资本市场创新，提高金融服务实体经济效率，引入新三板挂牌企业2家，申报市级科创板上市后备企业7家，申报省级重点上市后备企业1[illegible]家，陕西股权交易中心挂牌展示交易企业增加16家。

◆**产业发展**　2020年，西咸新区印发《西咸新区关于大力发展先进制造业的实施方案》，加强以实体经济为核心的

2020年11月8日，宝能汽车集团西安基地建成暨首车下线仪式在西咸新区秦汉新城举行

现代产业高质量发展统筹力度。坚持以项目看发展论英雄，建立“管行业管项目”齐抓共管机制，形成“一切围着项目转、一切围着项目干”的强大合力。全年组织3次重大项目集中开工、17次重点产业项目集中开工。斗门水库等重大工程全面开工，三一西安产业园投产，宝能新能源汽车生产基地实现首车下线，产业动能加快聚集。落实重点项目领导包抓问题协调、警官包抓社会治理责任机制，实行月通报、季点评、年考核机制，压紧建设责任，全面助推项目早建成、早投产、早达效。

◆招商引资 2020年，西咸新区坚持把招商引资作为新区“一把手工程”，聚焦主导产业，大力推进产业链招商、平台招商、资本招商，疫情期间创造性开展“云招商”“云签约”，推进产业链招商、平台招商、资本招商。全年招引落地项目194个。其中，世界500强企业28家；国内500强企业38家；百亿元以上项目5个；10亿元以上项目57个。霍尼韦尔、日立、ABB、NEC、同方股份、中车株洲、字节跳动、佰美基因、闻泰科技、启明星辰、陕煤技术研究院、京东健康、商汤科技、中国系统、陕铁物流集团、36氪、喜马拉雅等一批知名企业高质量项目相继落户。

◆城市建设 2020年，西咸新区坚持品质建设标准，举办创新城市发展方式研究院学术研讨会、中国丝路科创谷发展战略规划研讨会，组织召开新区第三次城市工作会，明晰新区城市建设目标和思路。把创新城市发展方式融入城市规划、建设、管理全过程，推出全国首部综合集成的品质标准体系《西咸新区规划建设品质标准（2020）》，试点“开发单元”综合规划，推行建筑设计方案比选，海绵城市、中深层地热供热、建筑垃圾综合利用等新技术新方法在省内外示范推广。加快新中心新轴线开发建设，能源金贸区起步区一期入驻企业30余家，二期建设顺利推进；中国国际丝路中心等地标建筑加快建设；新轴线贯通7.4千米，建成区面积10.2平方千米。开展大西安新中心新轴线综合规划实施评估及三年（2021—2023）建设实施方案编制。加强与西安、咸阳两市基础设施互联互通，新增33个与西安市互联互通项目。制定新区高速出入口及互联互通道路建设实施方案，加快推进包茂高速复线泾河立交、西宝新线沣泾大道立交和绕城高速西咸互通式立交等重点工程建设，全面融入陕西“米”字形高速公路网。建立轨道交通建设专题研究机制，开展线网规划修编工作，启动智轨规划建设，加快构建以轨道交通为骨干的现代城市交通体系。地铁5号线二期年底开通运营，地铁16号线一期加快建设。重点实施“三改一通一落地”，制定城市管理提升年暨迎全运城市环境提升工作实施方案、十项专项整治提升行动方案。启动棚户区改造项目14个、老旧小区改造9个，改造背街小巷34条。

◆生态治理 2020年，西咸新区城市环境空气质量优良天数269天，实现“三连升”，打好污染防治攻坚战，坚持精准治污、科学治污、依法治污，空气质量和水环境质量达到新区建立监测体系以来最好水平，臭氧污染管控形成“四位一体”分级防控“西咸模式”，获得国家生态环境部充分肯定和全省推广。积极开展全国气候适应型城市试点建设，申报国家气候投融资试点，被国家生态环境部确定为落实习近平生态文明思想政策联络点。扎实推进生态体系建设，建成一、二级绿道101千米，社区绿道125千米，绿地广场口袋公园16个。渭河、沣河、泾河水质达到地表水Ⅱ类，太平河水质达到Ⅲ类，新河退出劣Ⅴ类、达到Ⅲ类。全区新增绿化面积1308万平方米，造林面积251.9公顷。新区生活垃圾焚烧厂达到满负荷运行条件，沣西餐厨垃圾处理厂加快建设。

◆改革创新 2020年，西咸新区持续优化营商环境，不断深化“放管服”改革，通过“八办”（大厅办、网上办、一次办、就近办、马上办、异地办、手机办、廉洁办）、“四电”（电子签名、电子印章、电子证照、电子档案）改革实现“全程不见面审批”，“三服四化”（服务群众、服务民生、服务基层；服务事项清单化、流程标准化、手段信息化、重心基层化）便民服务改革入选国家发改委《中国营商环境报告2020》“一省一案例”并在全国复制推广。打造营商环境建设“2.0版”，出台《西咸新区进一步深化“放管服”改革打造国内一流营商环境实施方案》，将工作重点从政务服务改革扩展到促进产业发展和对企精准帮扶，全区新登记市场主体比上年增长165.26%。统筹推动自贸、服贸、开放型经济新体制等十多项国家级试点示范建设，建成“企业走出去一站式服务平台”，成功运行全国版国际贸易“单一窗口”。自贸区新增创新案例53项、累计形成130个，其中5项在全国复制推广。新区组织开展2020年度改革创新案例评选，优秀案例在《中国改革报》整版、改革网首页、国家发展和改革委员会官方网站等刊登。

◆民生保障 2020年，西咸新区打赢脱贫攻坚战，剩余150户239人贫困户完成现行标准下脱贫退出程序，累计建设产业扶贫项目41个，建立完善新区、新城、镇（街）、村“四级联动”防返贫预警机制。全年开展各类补贴性职业技能培训1.8万人次，城镇登记失业率控制在3.18%以内。新区城镇居民可支配收入增长4.2%，农村居民可支配收入增长8.2%，城镇新增就业9277人。大力开展“名校+”“名院+”建设，持续加大教育医疗投入，完成新建、改扩建学校18所，新增学位23160个，31所高标准学校建设加快，西咸新区中心医院建成投运，陕西省人民医院秦汉医院、西安交大附属泾河医院签约落地，新区公共卫生管理中心选址建设，乡镇卫生院提标改造进展顺利。9座商业综合体、17座高品质酒店加快建设，加速推进西安国际足球中心、保利大剧院等一批文化体育项目建设。全年新增和优化公交线路37

条、累计117条，推出“滴滴巴士”预约公交试点服务项目，新区建制村实现客车线路100%覆盖，建筑单体、居住小区、“15分钟便民圈”三个圈层的宜居环境体系加快构建。扎实开展文明城市创建和迎“十四运”文明提升，高标准建成“十四运”马术馆、小轮车馆，公共文化服务设施建设达标率100%，乡风文明一条街村庄建成比例达90%。举办各类文化惠民活动245场，“杏奶奶”在中央电视台连续报道，成为现象级网红“IP”，昆明池·七夕公园亮相央视七夕晚会特别节目，《开始幸福》等10部影视作品入选2020年陕西省重大文化精品扶持项目。建成农村人居环境整治示范村39个，巩固提升清洁村庄188个。新区扫黑除恶“六清”行动任务全部按期清结，1469条涉黑涉恶线索办结率100%，建成陕西省首家市级标准化公共法律服务中心，引入全省首家陕港联营律师事务所，涉稳信息预警防范率、影响社会稳定矛盾问题化解稳控率和重大决策社会稳定风险评估率均达到100%，网上信访工作综合绩效排名全省第一。

◆对外开放 2020年，西安咸阳国际机场三期开工建设，T5站前商务区等配套工程加快推进，加速打造面向“一带一路”商贸通道、开放窗口和国际枢纽。开通陕西省首条洲际第五航权货运航线（首尔—西安—洛杉矶），新增5条货运航线，机场货运航线累计达33条，货邮吞吐量达37.6万吨，临空产业规模突破110亿元。陕西西咸空港综合保税区顺利通过预验收，国内首个跨境电商国际快件产业园开园运营，机场协同运管模式创新案例入选国务院第六批全国复制推广事项。持续推进与“一带一路”沿线国家在科技、教育、文化、旅游等方面交流合作，成立“一带一路”人工智能创新联盟，成功举办“一带一路”人工智能高峰论坛等活动。

◆空港新城 2020年，西咸新区空港新城完成地区生产总值57.97亿元；一般公共预算收入10.15亿元，比上年增长38.7%（其中税收收入7.19亿元，占比70.8%）；引进内资239.09亿元，利用外资1.84亿美元。市场主体总数超过8000户。开通陕西省首条洲际第五航权货运航线（首尔—西安—洛杉矶），开通两条卡车航班线路，获批省级多式联运示范工程。首例干线飞机进境维修业务落地，西北国际货运航空有限公司首架飞机正式交付。马尔代夫国家航空公司在空港新城设立中国首家办事处。综合保税区（一期）通过国家验收，设立2家融资租赁SPV公司，全省首台A320模拟机保税融资租赁项目落地，正式启动西北保税航油业务。全年实现进出口额24.6亿元，比上年增长35.4%。跨境电商国际快件产业园开园运营，完成全省首票跨境电商B2B和特殊区域出口业务。跨境电商产业年进出口额突破3659.99万元，共计15.[illegible]4万单。自贸区形成创新案例14项，机场协同运管模式被全国复制推广。全年引进50亿元以上项目2个，10亿元以上项目4个，5亿元以上项目2个，其中工业项目3个。采用“投行思维”，增设产业引导基金，签约中国航天科技集团公司第九研究院771所、西安天元航空科技有限公司等一批高质量军民融合产业项目。以航空创新创业大赛为契机，发起建立中国航空产业投资联盟。建立“企业生命全周期”信息管理系统，被《环球时报》评为“中国国际化营商环境建设示范区”。高标准推进4大类14项41个迎全运城建项目。细化出台188项市政设施与环境景观精细化管控标准。全年82个城建项目全部开工。推广绿色建筑40万平方米，装配式建筑7万平方米、无干扰地热技术供暖4.9万平方米。增量配电业务试点项目获批国家第五批增量配电业务改革试点，为临空经济发展提供有力支撑。幸福里社区先后获全国智标委“应用实践奖”、数字陕西最佳实践案例、新区“城市创新实践奖”等奖项。举办“发现空港城市价值”论坛，承办第五届中国航空创新创业大赛全国总决赛。全年空气质量综合指数比上年下降5.9%，优良天数256天，比上年增加16天。建成一、二级绿道18.56千米，社区绿道24.46千米，完成机场高速空港段5千米绿化提升，司家庄秦陵遗址公园、幸福公园一期建成开园。泾河空港段河道综合治理及沿岸生态修复工程开工建设。全面完成北区污水处理厂、机场净化站提标改造工程，累计铺设农村污水管网45千米、主干路污水管道25千米，泾河空港段水质持续达标。辖区178户贫困户高质量脱贫，贫困户人均收入较脱贫前增长5倍。率先在新区实现农村公厕和天然气全覆盖。太平镇陈贠湾获批2020年西安市电子商务示范村。人民调解工作获“全省先进集体”称号，无黑恶城市创建经验被陕西扫黑除恶专项斗争领导小组办公室推广，设立全省首个临空自贸法庭和临空经济仲裁院。疫情期间，空港新城牢牢守护陕西空中大门，全力承担北京入境航班分流任务，全年排查航班24.7万架次、测温旅客1.55亿人次、留观8200人，承接进京分流航班238架次，位居14个分流口岸第一位，未发生一起漏控、失控事件，机场疫情联防指挥部获全国抗击新冠肺炎疫情先进集体荣誉称号、西安市五四青年奖章。

◆沣东新城 2020年，西咸新区沣东新城地区生产总值比上年增长6.5%；固定资产投资比上年增长1[illegible].3%；地方一般公共预算收入完成35.27亿元，比上年增长10.67%；一般公共预算收入实现35.27亿元，比上年增长10.[illegible]%。全年引进独角兽企业3家、世界500强企业5家、中国500强企业8家、军民融合企业7家。中国工商银行股份有限公司牡丹卡中心西安分中心落地运行，金融中后台稳健起步。沣东华侨城望周先导区暨OCAT西安馆9月正式开馆，文旅产业雏形初现。各级重点项目投资313.98亿元，比上年增长45.5%。斗门水库、西安国际足球中心分别于7月1日、8月13日正式开工，中国国际丝路中心6月30日启用智能顶升平台系统，项目建设全面提速。西安市统筹科技资源改革示范基地和沣东自贸产业园获得首批“陕西省数字经济示范园”称号。成功举办2020年“沣东杯”陕西省科技工作者创新创业大赛和2020年创共体“人工智能+”前沿科技创新大赛，承办第十八届中国国际人才交流大会俄罗斯主宾国活动周“中俄高校‘面向未来人才’科教创新合作交流会议”，联合举办第三届中俄（工业）创新大赛，落地运营中关村科技创新（沣东新城）工作站。“一带一路”数字健康产业发展合作论坛暨中国服务贸易协会数字化医疗与健康分会在沣东新城成立，“一带一路”服务贸易数字医疗技术出口试点基地建设正式启动。中俄跨境商品体验及云服务展销中心投入运营，沣东自贸试验区保税仓获得西安海关设立许可，沣东新城检验检测服务业聚集区获评西安市第七批服务业综合改革试点聚集区。全年培育形成自贸创新案例10项、服贸创新案例5项，其中“探索国际远程会诊和国际医生执业资格互认模式”入选全国服贸“最佳实践案例”。举办陕西省中外人文交流活动周暨陕西省国际学生文化艺术周。中国书法学院落户沣东，引入“中俄人文合作发展中心”和西北政法“丝路空中课堂”，沣东自贸新天地和昆明池·七夕公园入选陕西省文化产业重点园区，昆明池·七夕公园首届“乞巧文化节”获“2019中国文化和旅游推广创新优秀案例”奖，成功录制央视七夕特别节目《天下有情人》。空气质量优良天数26[illegible]天，比上年增加43天。沣河水质达到地表水Ⅲ类标准，太平河出境断面水质达到地表水Ⅳ类标准。全年绿化新增30[illegible]万平方米，沣河绿道建设获西安市通报表彰。生活垃圾有效治理行政村比例100%。“15分钟便民圈”建设任务全面完成，在新区首个试点“蓝牙道钉”技术管理共享单车停放。西安沣东希尔顿逸林酒店正式开业运营，诗经里林间九舍获评西安市“十佳最美民宿”。5个街道、62个村（社区）实现基层文化服务中心全覆盖，三桥街道和平村综合文化服务中心被评为第八届全国服务农民、服务基层文化建设先进集体。市级“断头路”丰镐大道、阿房路西咸段正式放行通车。改造背街小巷20条、老旧小区7个，架空线缆落地8.7千米。9所新建学校、11所改造提升学校投入使用，新增学位5640个，公办幼儿园“双50任务”按期完成。改造基层数字化预防接种门诊3家，新增1家，建设公有卫生室3家，新建社区卫生站1家，改造提升村卫生室4家，基层医疗卫生服务能力进一步提高。新增养老机构2家、养老床位855张，建成沣东新城综合社会福利中心和辖区首家公建民营芊域溪源社区日间照料中心，启用沣东新城智慧养老服务管理平台。“三级四同”政务服务事项清单动态管理和“三服四化”政务便民体系建设扎实推进。创新推出“一件事、一次办”套餐指南61个，梳理完成政务服务事项清单751项，可办理政务服务事项874项，实现100%政务服务事项进驻大厅，99.73%政务服务事项实现“最多跑一次”，100%政务服务事项实现网上办理，一窗受理率达95.1%。立足“三排查三清零”和“对标补短”等工作，持续巩固156户346人脱贫成果。启动综治中心建设改造，揭牌沣东新城人民来访接待大厅，开展“一对一”网格化专业服务。举办村（社区）“两委”换届工作动员培训会，稳妥推进基层换届。以创建省级社区治理和服务创新实验区为契机，以“六个一”为抓手，全力打造六型社区。深入开展扫黑除恶专项斗争，十大行业领域建立39项长效机制，571条线索全部办结，扎实开展“六清”行动。王寺街道芊域溪源社区入选“2020年陕西省综合减灾示范社区”，全区安全生产形势总体平稳。

◆秦汉新城 2020年，西咸新区秦汉新城地区生产总值比上年增长8.4%，固定资产投资比上年增长10.3%，一般公共预算收入比上年增长5.72%，规模以上工业增加值比上年增长1.5%。大力发展建筑业，新增建筑企业14家，建筑业增加值比上年增长30.1%。扩大有效投资，争取到位专项资金1.3亿元。按期完成“十四运”马术和小轮车比赛场馆建设任务。围绕先进装备制造、文化旅游、大健康等主导产业精准招商，组织召开文创产业和大健康产业招商推介会，举办重点产业招商项目集中签约仪式。先后引进世界500强企业2家、中国500强企业3家、行业百强企业5家，投资100亿元以上产业项目1个，投资10亿至100亿元产业项目11个。全年引进内资436.1亿元，实际利用外资2.1亿美元。宝能新能源汽车生产基地实现首车下线，恒大新能源汽车项目全面开工，恒大童世界项目29个游乐单体开工建设，8个主体建成。实施强链、补链、延链工程，聚创动力电池、南玻汽车玻璃等一批重大产业项目签约落地。兰池工业产能基地一期、汽车零部件产业园一期基本建成，签约企业34家。新增规模以上文化企业7家，规模以上文化企业营业收入比上年增长32%。新增影视文化企业43家，参与制作的电视剧《大秦赋》在中央电视台热播，影视文化产业基地成为全省第一个官方授牌的影视拍摄基地。大医科技城、益康龄健康谷、秦汉医疗科技港等项目进展顺利，蒂螺医疗器械、大健康科技产业园等项目签约落地。空气优良天数268天，比上年增加34天，PM2.5平均浓度48微克每立方米，比上年下降20%，空气综合指数5.03，比上年改善12.2%。新增绿地面积171万平方米，改造提升30万平方米，完成社区绿道建设20千米。落实河长制，渭河出境断面水质稳定在Ⅳ类以上，泾河出境断面水质达到Ⅲ类标准。茶马大道、张良路等5条道路建成通车。加大保障房供给，新开工安置小区4个，交付保障房3090套，回迁安置群众1975户。秦汉小学、渭柳中学、秦兴幼儿园、望贤幼儿园投入使用，完成13所学校改造提升，新增学位4080个。西咸新区人民医院项目主体封顶。新建口袋公园3个，渭河湖泊公园、湿地公园对外开放。制定《秦汉新城优化营商环境推进重大项目建设三年行动方案》，研究出台10方面45条惠企举措。安排69名处级干部包抓201家重点企业，坚持定期走访、常态化服务。新增市场主体24791户，比上年增长280%。新城本级751项政务服务事项100%实现“最多跑一次”，办结时限压缩70.1%，群众满意度99.8%。企业开办时间压缩至1.5个工作日。深入推进“三服四化”改革，下放镇街政务服务事项403项，实现一枚印章管审批。办结“证照分离”事项794件。智慧城市综合指挥中心投入使用，接入交通管理、综合执法等数据系统14个，形成一体化指挥调度、一张网全域监管、大数据共享共用的城市管理新模式。实施农村户厕改造15332座，完成7个村饮水安全巩固提升工程，完成94个干净整洁村、74个重点达标村、4个样板示范村人居环境整治，刘家沟村获第六届“全国文明村”荣誉称号。大力培育特色农业品牌，打造定周黄桃、秦耀吊杆杏等农业产业示范村。创建葡萄产业化联合体，打造葡小淘采摘园—刘家沟休闲民宿—张裕酒庄旅游示范线路，发展特色现代乡村旅游业。深入开展扫黑除恶专项斗争，建立25项长效机制，全面完成“六清”专项行动任务。坚持矛盾纠纷排查化解前置化、常态化，组建有律师团队参与的基层调委会187个、聘任人民调解员780名，打造“老瑶说事”“小瑶上门”2个新时代枫桥经验品牌。安全生产事故和伤亡人数实现“双下降”“双杜绝”。出台《双创载体认定与鼓励大众创业万众创新发展管理办法》，引进高质量创新创业团队40个，认定市级高新技术企业15家、科技型中小企业133家。启动“数字赋能、智造秦汉”三年行动，秦汉创新中心（双创大街）、生物医药研发众创空间等6家众创载体投入运营。加快推进自贸区建设，功能区新增企业2190户。“全球云端零工创客共享服务平台”“创新第三方医学检验检测实验室共享模式”2项创新案例纳入商务部服务贸易和商贸服务业司2020年第一批服贸试点“最佳实践案例”，并在全国推广。

◆沣西新城 2020年，西咸新区沣西新城统筹推进经济社会发展和疫情防控工作，打赢疫情防控阻击战，未发生确诊病例，狠抓复工复产，出台多项利好政策助力重点项目建设、扶持企业发展。全年完成生产总值136亿元，增长12.6%；固定资产投资增长11.6%，规模以上工业增加值增长11%；一般公共预算收入13.29亿元，增长25.9%；新增市场主体3万余家，增长159%。城镇居民人均可支配收入22819元，农村居民人均可支配收入18859元。中国西部科技创新港建设加快，完成A板块环路、C板块环路、G板块环路以及连接交大创新港道路等6条道路建设，全面启动咸户路、科创大道等骨架道路施工，区域骨架路网基本拉开。翱翔小镇、浙商银行科研中心、万科大都会、万博商业综合体、丝路风情城等重点项目加快推进，三一超级PC工厂、吾悦广场、蔓兰酒店等项目建成投用。三一西安产业园、爱生无人机、安博物流代表新区参加省市重点项目观摩。“十项重点工作”顺利推进，累计完成任务244项，完成率99%。商汤科技、联东U谷、新华锦西北总部等45个项目签约落地，总投资247亿元。“西源汇”双创品牌影响力不断扩大，聚集创新创业孵化器18个，获得首批国家级大众创业万众创新示范基地。建成市政道路141千米，改造背街小巷6条，落地架空线缆7千米，建成便民生活圈211处，新城北部路网基本完善，南部骨干路网加快建设，城市框架不断拉开。新建海绵城市49万平方米，建成建筑垃圾示范路10.4千米，推广绿色建筑474万平方米，中深层地热能无干扰清洁供暖建设面积约2000万平方米，新能源技术推广到郑州、兰州、北京、上海等地，营业收入6亿元。全年重污染天气减少18天，

PM2.5下降13%，新河、沣河水质持续改善，新增绿化面积201万平方米。新建王道新苑、新沣和园、大王新苑等安置房150万平方米。第二学校、第三幼儿园等5所学校建成投用，新增学位4530个。政务服务事项全部实现“大厅办”“一次办”“一网通办”，群众二次回访满意度100%。脱贫攻坚圆满收官，贫困户人均年收入达到1.75万元。乡村振兴深入推进，美丽乡村建设全面完成，沣西未来乡村田园综合体已具雏形，集体经济“空壳村”实现清零。基层网格治理优势全面发挥，扫黑除恶、平安建设深入推进。扎实开展肃清赵正永流毒和以案促改工作，全面完成市委巡察整改“回头看”任务。46个村（社区）党组织换届全面完成。

◆**泾河新城**　2020年，西咸新区泾河新城地区生产总值比上年增长10.8%，固定资产投资增长12.2%，规模以上工业增加值增长12%，一般公共预算收入增长32.6%，工业投资增长72.2%，服务业增加值增长15.7%。新增各类市场主体6.45万户，增长398.1%。隆基绿能高效单晶电池及光伏组件、丝路国际水务科创园、中车智轨生产基地及西部创新中心等项目签约落地。引进各类研究院所28家。全年重点项目完成投资271.77亿元，法士特沃克齿轮核心零部件基地、玉沣智能制造中心、泾港沣环保材料等项目建成投产；恒德航空精密机械、CO_2空气源热泵、智造创新产业园等加速推进；启动西北安全应急产业园建设并已签约入园企业18家；“院士谷”展示服务中心建成开放；乐华三路、茶驼大道等10条市政道路及泾河大道上跨高速跨线桥建成通车，泾河立交竣工验收。全年空气质量综合指数为4.98，优良天数280天。泾河防洪暨生态治理工程为新城发展注入绿色新动能。新增苗木花卉157.3公顷，新增绿化面积77.47公顷，瀛洲公园、六艺公园、崇文公园等5个公园建成。建成雨污水管网30多千米，燃气管道4.9千米，架空线缆落地20条，开通3条公交线路，建成城市公厕6座。拆除违法建筑2.8万余平方米，创建城市管理示范街4条。提升改造老旧小区4个，回迁安置群众606户，崇文佳苑四期等3个保障房正式封顶。与西安中学、陕西师范大学附属中学、陕西师范大学附属小学成功签约，泾河新城第一中学、第二学校、第三小学建成开学，提供学位5000余个。落实疫情防控各项安排部署，实现辖区无确诊病例、无疑似病例、无关联病例的“三零战果”。解决信访积案16起，涉稳信息预警防范率达95%以上，泾河新城信访接待中心被陕西省信访局评选为首批“人民满意窗口”单位。办理涉黑涉恶类案件54起，建立健全行业整治专项方案16个，形成行业治理长效机制制度30余项，泾河新城被评为“全省扫黑除恶专项斗争先进县市区”。精准脱贫产业项目12个，帮助贫困劳动力就业创业1733人，完成452户建档立卡户房屋提升改造，建档立卡贫困户家庭人均纯收入从2017年的8123.44元提高到2020年的16269.2元，脱贫攻坚战取得全面胜利。

◆**能源金融贸易区**　2020年，西咸新区能源金融贸易区完成固定资产投资112亿元，增长19.3%。引进内资57.49亿元。招引中建交通建设集团有限公司、挪威船级社等世界500强企业4家，东岭集团等民营经济500强企业2家，陕西铁路物流集团有限公司等行业百强5家，招引100亿元以上产业项目1个，10亿元以上产业项目3个。引入纳税500万元以上企业5家，纳税100万元企业3家。自贸功能区新增市场主体3040家，其中企业884家，中行自贸特色支行、内陆地区首家内资港资联营律所落地园区，“一带一路”法律服务创新中心实现运营。全年建成通车道路10千米，打通石化大道、秦汉大道“断头路”，世纪大道改造提升工程开工建设。高标准建成西咸新区第一小学、西咸新区沣西新城文教园第一小学，6所在建学校加快实施，西咸妇幼医院、新区公共卫生中心、上林卫生院开工建设。创新“城市管家”模式，将执法者和市民关系从“面对面”变为“肩并肩”，城市管理更加精细。出台复工复产“五项措施”，规范发展“地摊经济”，助力民生保障。开展“以案促改”警示教育，深入开展领导干部违规插手干预工程建设和矿产开发突出问题专项整治，制定落实全面从严治党10大类23项责任清单，逐项细化任务清单。　　（朱寺涛　秦　蓉）

2020年，西咸新区泾河新城第一中学建成投用

西安高新技术产业开发区

◆**概况**　西安高新技术产业开发区位于西安市西南部，成立之初，启动面积2.7平方千米，经过30年飞速发展，尤其是2018年，西安高新区成功托管来自雁塔区、长安区、鄠邑区、周至县的12个街镇，面积达到1079平方千米，辖区人口超过110万人。

2020年，西安高新技术产业开发区高标准落实“十项重点工作”，全力打好疫情防控、经济恢复、防汛救灾、脱贫攻坚、环境治理等硬仗。实现生产总值2410.08亿元，比上年增长12.3%，全市占比突破24%；全社会固定资产投资比上年增长23.2%；工业投资比上年增长12.6%；财政一般预算收入114.82亿元，税收占比94.1%；规模以上工业增加值增长21.2%；实现限额以上消费品零售总额434.95亿元；进出口总值2764.71亿元，比上年增长3.3%。市级重点项目完成投资618亿元。签约重点项目216个，总投资6722.17亿元。实际引进内资1488.57亿元，实际利用外资35.66亿美元。成功举办2020全球硬科技创新大会、2020全球创投峰会、华山论剑·2020网络安全大会、2020西安世界知识产权大会、2020第四届全球程序员节等“四会一节”。持续优化营商环境，获“2020年中国优化投资营商环境典范园区”称号。

◆**产业集群**　2020年，西安高新技术产业开发区始终坚持“实业立区、先进制

西安高新技术产业开发区2020年主要经济指标

指标名称	单位	总量	同比增长速率（%）	全市占比
地区生产总值	亿元	2410.08	12.3	24.1
规模以上工业增加值	亿元	—	21.2	—
固定资产投资（不含农户）	亿元	—	23.2	—
工业投资	亿元	—	12.6	—
房地产开发投资	亿元	—	39.5	—
社会消费品零售总额	亿元	657.20	-2.9	13.2
实际使用外资	万美元	356615	11.0	46.5
税收收入	亿元	108.06	11.4	18.9
地方财政一般公共预算收入	亿元	114.82	11.2	15.9
地方财政一般公共预算支出	亿元	107.18	8.5	—

造业强区”，以创新为引领的现代产业体系加速构建。全年工业增加值705.24亿元，增长21.2%；形成“电子信息、汽车、高端装备、生物医药”四大先进制造业，集聚三星、比亚迪、中兴通讯、陕鼓动力、西电集团、法士特、中石油测井、金花制药等一批行业骨干龙头企业，产业规模突破1927亿元。规模以上先进制造业总产值增长28.23%，规模以上工业企业R&D（从事科研与试验发展活动所必需的人力、物力、财力等）投入突破42亿元，研发费用投入强度达到2.28%。规模以上服务业企业达到376家，总营收1378.72亿元，形成以现代金融、信息服务、研发设计、检验检测、现代物流、会议会展6大生产性服务业为支撑的现代服务业体系。战略性新兴产业增加值比上年增长超过15%。全年新增“民参军”企业40家，其中规模以上“民参军”企业10家。

◆招商引资 2020年，西安高新技术产业开发区成功举办2020全球硬科技创新大会等“四会一节”以及京津冀、上海、深圳大湾区招商推介会等系列招商活动，签约重点项目216个，其中总投资100亿元以上项目17个、50亿元以上项目34个、10亿元以上项目94个。全年新落户世界500强企业6家，新增纳税超千万元实体企业25家，排名前100的人工智能、互联网、无人机、机器人企业15家，全产业链龙头企业3家。实际引进内资1488.57亿元，比上年增长44.7%，实际利用外资35.66亿美元，比上年增长10.98%。全年招商引资综合评比位列全市开发区第一。

◆营商环境 2020年，西安高新技术产业开发区制定出台《西安高新区2020年深化“放管服”改革优化营商环境工作方案》《高新区优化营商环境15条措施》《高新区优化提升营商环境咨询工作指南》《西安高新区“标准地+承诺制”改革工作方案（试行）》《西安高新区“交房（地）即交证”改革方案（试行）》，实现项目“拿地即开工”，落实国有建设用地“交地即交证”及新建商品住宅“交房即交证”改革工作，打造高新区“交房即交证”新模式。高新区已实现政府投资类工程建设项目审批75个工作日内办结，一般社会投资项目审批时间控制在50个工作日，“二手房转移登记”办理时限从5个工作日压缩至2小时内，实现“网办事项超过95%”，83.8%事项下沉镇街便民服务大厅，70%社区居民办事不出15分钟便民服务圈，95.2%的政务服务事项实现“一窗受理，集成服务”。高新区率先实行“两区通办”“跨省通办”模式，助推工商登记服务迈进“人工智能”新时代，全年新登记各类市场主体超过2.4万家，市场主体新登记量位居开发区第一、全市第二，企业新登记量位居全市第一，外资企业新登记量位居全市第一。持续开展“亲商助企”活动，建立“企业服务日”月度座谈会常态化机制，在全市优化营商环境推进重大项目建设考核中连续四季度获得第一名。高新区“双随机、一公开”智慧监管被陕西省市场监督管理局作为典型案例推广，并代表陕西省接受国务院督查组现场督查。《西安高新区推出“信易贷”产品、解决中小企业融资难题》案例，在全省2020年社会信用体系建设工作会上获评陕西省第二届信用建设案例评选第一名。西安高新区获“2020中国上市竞争力领先区（县）”“2020年中国优化投资营商环境典范园区”称号。

◆金融服务 2020年，西安高新技术产业开发区完成金融业增加值341.5亿元，私募股权投资额达34.7亿元。实施“龙门计划”，促进企业“规上市”，新增上市企业10家，形成拟上市后备企业库290家。引导政策性担保机构为503家中小微企业提供担保补贴降费政策，实现债权融资27亿元，对27户受疫情影响的科技型企业减免担保费58.88万元，撬动贷款金额1.12亿元。全年引导科技中小微企业信用贷款新增1.05亿元，有效助力企业发展。

◆创新创业 2020年，西安高新技术产业开发区始终坚持把创新作为第一动力，硬科技创新示范区建设升级提速，产学研协同创新与成果转化成果丰硕，全年新认定高新技术企业1531家。累计达成校企合作项目50余项，完成技术交易额460亿。加大知识产权运营体系建设力度，累计申请发明专利超5000件。加快推进国际化创新平台建设，华为西安生态创新中心挂牌成立，助力华为鲲鹏产业生态发展。协助20余个海外高科技创新项目落地。加快提升创新要素融合聚集，梳理光电芯片、集成电路、软件和信息服务领域等关键领域“卡脖子”技术13项。

◆生态环境保护 2020年，西安高新技术产业开发区空气质量优良天数278天，PM2.5年均浓度42微克每立方米；PM10年均浓度76微克每立方米。全区土壤环境质量总体保持稳定，土壤环境风险得到基本管控。借助卫星遥感、颗粒物激光雷达、VOCs质谱走航等高科技手段，建立“天—空—地”一体化生态环境监测网络。创新挥发性有机物监测，成为全市首个开展挥发性有机物手工加密监测工作的单位。水环境治理取得突破。截污纳管252.5千米，破解农村污水管网入户难，管网接户1872户，受益农户2.5万户。采用人工、无人机相结合的排查手段，开展沣河、潏河、高冠峪河、太平峪河等河流入河排污口排查。沣河梁家桥化学需氧量、氨氮、总磷比上年下降20.9%、2.1%、28.4%。潏河滈入沣化学需氧量、氨氮、总磷比上年下降3.9%、12.6%、7.8%。沣惠绿道项目一期21.58千米全线贯通。

◆城市建设与管理 2020年，西安高新技术产业开发区新增绿地面积68.55万平方米，改造提升绿地面积31.52万平方米，栽植乔木数3.46万株，在节假日及重要节点摆花749.5万盆装点烘托氛围。完成1处公园建设、2处公园提升改造、3条鲜花大道、4处花墙绿墙、5座绿色雕塑、5处社区绿道、10条提升道路绿化、10处口袋公园及街头小广场的建设工作。完成辖区内36条背街小巷的提升改造工作。建成重点市政道路91条、83千米，“四好农村路”39条、40千米，雨污管网91条、185千米。新开“村村通”公交线路11条、310千米，实现行政村500米范围100%覆盖，创建市级“美丽宜居村庄”7个。建筑业产值完成619亿元，商品房销售面积267.59万平方米。在全省范围内率先研发采用业主大会电子投票系统。成立全市首个由主管部门牵头成立的基层物业矛盾纠纷调解机构。

◆疫情防控 2020年，西安高新技术产业开发区抽调精锐干部组建高新区疫情防控指挥部一办八组，并指导基层各单位成立机构，组建防控力量，购置防控物资，逐人逐户开展排查，做到人员管控不漏一户、不漏一人。全区12个镇街经过多轮摸排，累计摸排943864户次、3292726人次，摸排出需隔离留观人员17496人（含湖北武汉暴露史人员4972人），全部解除留观。对辖区出现的10名确诊病例、28名疑似病例及4名无症状感染者，全部医治痊愈。对所有境外返回人员，严格落实专人专车专线“三专”要求，实施“全闭环”管理、“点对点”转运，对所有入境人员一律集中隔离14天、一律进行核酸检测，确保境外返回人员无自由活动轨迹。全年接转境外航班33趟7578人，解除隔离7417人，酒店集中隔46人，居家管控64人，健康服务51人，未发现确诊病例和无症状感染者。制定全员核酸检测方案、预案，全区设立核酸检测采样点265个，组建1982人的核酸采样人员库，配置5510人的后勤保障队伍，确保应急状态下实现全区138万人全员核酸采样保障工作。

◆民生保障 2020年，西安高新技术产业开发区出台《高新区复工企业用工专项政策》，全力抓好企业复产用工、高质量充分就业工作。城镇新增就业41825人，城镇登记失业率1.83%。为企业减免社保费、医保费35.42亿元。为11422家企业拨付稳岗返还资金16.77亿元。帮扶1721名贫困劳动力实现转移就业。为4066名建档立卡人员提供居民养老和医疗保障，为2012人代缴保费20.11万元。建立根治欠薪长效机制，累计追讨农民工工资2823.8万元。落实“1+N”社会救助体系，为1350户农村低保对象发放资金2537万余元。新建化丰村幸福院等7个农村幸福院、5个社区居家养老服务站、1个镇街级综合养老服务中心，新增养老床位100张。新建50所公办学校、改扩建87所学校，新增学位70260个。组建39个“名校+”教育联合体，在全市率先实现“名校+”全覆盖。完成校招380名、社招9[illegible]5名的教师招聘，全面强化师资力量。普惠性幼儿园占比93.7%，公办园占比5[illegible].8%，公办园在园人数占比50.1%。被教育部确定为基础教育国家级优秀教学成果推广应用示范区。

2020年8月10日，高新区新建50所学校交付仪式

◆城乡统筹发展 2020年，西安高新技术产业开发区城乡一体化“十个一”工程共建成项目881个，三年实际完成投资357.[illegible]5亿元。通过“十个一”工程建设，城乡基础设施互联互通、城乡要素自由流动、公共服务均衡普惠的目标基本实现。构建“三区多园”总体布局，探索现代农业社会化服务模式，创建农业产业化联合体4个，创建东大千亩水稻、卉杉花卉、户太葡萄、百瑞猕猴桃产业创新服务综合体4个；改造提升现代农业园区10个；赴南京开展以“葡香盛夏，萄醉金陵”为主题的西安高新区2020年户太葡萄宣传推介活动，现场签订以户太葡萄为主的果品订单1万吨。完成集体经济组织登记赋码252个村，65个股份经济合作社取得收益；全区干净整洁行政村达106个，生活垃圾集中收集率、无害化处理率均达到100%；完成[illegible]03[illegible]户户厕改造；完成19座农村公厕建设；安全饮水率和自来水普及率均达到100%，完成8处农村饮水工程；畜禽粪污资源化利用率89.43%，秸秆综合利用率98%，创建区（县）级以上“美丽庭院”210户。全年减少贫困人口194户302人，全区符合退出标准的贫困户全部退出，无一人返贫，无一户新识别新纳入。

◆人才引进 2020年，西安高新技术产业开发区申报ABC类高层次人才126名，引育区级“五支队伍”人才3000余名。新建成“双创”载体23家（其中国家级2家），总面积905万平方米。引进全国第二家、中西部首家“海归小镇”，落户国内首个“空间干细胞实验与应用研发西部中心”；新获批13家国家级博士后工作站（占全省3[illegible]%），9家省级博士后创新基地（占全省[illegible]0%）、6家市级博士后创新基地（占全市5[illegible]%），35个项目入围西安市“英才计划”终审环节（约占全市30%）；聚集国家级创新平台和大科学装置9个、新型研发机构186家、“双创”载体164家，瞪羚谷创业社区成为首批省级示范众创空间。举办“线上+线下”招聘会123场次，发布职位1万余个，服务企业近3000家，求职者参与量超过200万人次。开展20个招聘项目，引进公办学校教职工等人才2075名，认定DE类人才1.3万名。疫情期间为重点企业输送技术工人5300余名。7人入选“西安青年科技人才奖”，居全市第一；3集体、5人获评“西安抗疫好青年”称号。

（鱼春婷）

西安经济技术开发区

◆概况 西安经济技术开发区位于西安市城北，成立于199[illegible]年[illegible]月，2000年2月被国务院批准为国家级开发区，2002年6月设立国家级陕西西安出口加工区，2006年获批国家新材料高技术产业基地，2010年2月被国家工信部批准为全国首批新型工业化产业示范基地，2011年6月被国家新闻出版总署批准为国家级印刷包装产业基地，2012年3月，被国家发改委批准为国家服务业综合改革试点西安经开区制造服务业聚集区，2012年9月被商务部和科技部批准为国家科技兴贸创新基地，2015年获批国家新型工业化（军民融合）产业示范基地，2017年获批中国（陕西）自由贸易试验区西安经济技术开发区功能区。全区总规划面积约158平方千米，由中心区、出口加工区、高铁新城、泾渭新城四大功能园区组成。是西安市“四大班子”所在地，行政资源高度聚集，也是西安市唯一具有临空、临站、滨河、高速交会、地铁密集等独特区位优势的开发区。

2020年，西安经济技术开发区坚持新发展理念，突出抓好十项重点工作，奋力夺取疫情防控和经济社会发展“双胜利”。全年实现生产总值894.67亿元，比上年增长3%；完成工业总产值3370.40亿元，规模以上工业增加值252.45亿元；固定资产投资452.40亿元，比上年增长10.2%；社会消费品零售总额488.8亿元，比上年增长2.3%；财政一般公共预算收入41.43亿元，比上年增长0.8%。西安出口加工区被国务院批准整合优化为西安关中综合保税区，成功获批国家绿色产业示范基地、国家中小企业创新创业特色载体和省级、市级首批数字经济示范区，经开区管委会被中央文明委授予“全国文明单位”荣誉称号。根据商务部发布的2020年国家级经开区综合发展水平考核评价结果，西安经开区在全国218家国家级经开区中排名第15位，继续保持西部第一。

◆疫情防控 2020年，西安经济技术开发区第一时间成立区疫情防控指挥部，坚持外防输入、内防扩散，全面落实中共西安市委要求，坚决防止疫情传播蔓延。成立42个病例工作专班，在全市率先控制住疫情传播，50天实现确诊病例“清零”。按照“分类指导、突出重点、精准施策、坚守底线”的原则，设立2000万元专项资金，从金融信贷、员工返岗、物流配送、协作配套等方面，“一企一策”服务保障企业复工复产，切实把疫情影响降到最低。抓好常态化疫情防控，先后排查10370人次、餐饮企业1500余家、农贸市场600余家，承接入境转陕航班20次，隔离管控3176人次，完成16621例核酸检测。积极动员社会力量防疫抗疫，区内企业天隆科技向全国200家疾控中心、367家医疗机构交付病毒检测设备463套、试剂盒230万份；西安天博医学检验所、西安金域医学检验中心等第三方医疗检测机构开展核酸检测服务50余万人次；隆基股份捐款1500万元助力疫情防控，吉利集团向西安市红十字会捐赠抗疫车辆14台。

◆稳定经济 2020年，西安经济技术开发区全面落实好中央和陕西省、西安市控疫情、扩投资、稳增长各项政策措施，全年帮助区内企业减税降费13亿元，为4581家企业落实稳岗返企政策资金4.5亿元，清理拖欠中小企业账款474.38万元。扎实开展委领导包抓服务企业大走访活动，建立协调督办、双向核对、限时办结等8项工作机制，协调解决企业反映问题433个。加强重点产业、重点企业运行监测，扭住稳生产、拓市场等关键环节，支持、鼓励重点企业通过调整生产计划，“以丰补欠”“以盈补亏”，全力抢时间、赶进度、补损失。陕汽集团累计产销汽车24.39万辆，比上年增长26.8%；实现在地产值662.16亿元，比上年增长21.86%。紧抓疫情倒逼产业转型的机遇，全力推进先进制造业强市示范区建设，培育壮大汽车、新材料新能源等主导产业，加快构建以先进制造业为核心的“4+4+4”现代产业体系。全年新增“五上”企业99家，实现服务业增加值438.13亿元，增长6.2%。

◆招商引资 2020年，西安经济技术开发区以重大产业项目和产业集群项目为主攻方向，借助第三届中国国际进口博览会、陕粤港澳活动周等招商平台，采取“云洽谈”“云签约”等方式，先后引进总投资150亿元西安绿地之心、103亿元的北汽集团“新能源汽车技术创新园与动力电池产业园项目”、100亿元的苏宁集团智慧零售丝路总部、50亿元的陕汽重卡扩能等一批重大项目。全年新签约入区项目29个，总投资614亿元。其中，100亿元项目3个，50亿—100亿元项目2个，10亿—50亿元项目5个。坚持招商与招才并举，引资与引智并重，立项“西安市海外高层次人才引智项目”11个，引进海外高层次人才20名，累计建设省、市、区三级院士工作站16个。西部超导材料科技股份有限公司获批2020年度国家引才引智示范基地称号。发挥自贸区、综保区等开放经济平台优势，加快发展跨境电商，拓展国际、国内两个市场，推动进口出口均衡发展、良性互动。全年实际利用外资20.68亿美元，完成年度目标任务102.8%；实际引进内资1273.92亿元，完成市考核目标任务的209.3%；新增外商投资企业21家。

◆促进投资 2020年，西安经济技术开发区全年列入市级重点项目33个，完成投资351.8亿元，占年度投资计划的135%；列入区级重点项目100个，完成投资130亿元。吉利新能源汽车、隆基乐叶5GW单晶光伏电池等一批重大项目竣工投产。陕汽重卡扩能项目24天完成土地报批、征地拆迁、“七通一平”并实现开工建设，刷新重大项目建设“经开效率”。在全省重点项目观摩活动中，经开区高标准做好各项服务保障工作，受到省市领导及活动组织单位好评。全年完成工业投资157.49亿元，比上年增长2.3%；工业技改投资43.85亿元，比上年增长59.7%，创历史最好水平。吉利新能源项目完成投资39.9亿元，冲压、焊装、涂装、总装厂房完成建设，生产设备全部安装到位。持续推进47个招商项目落地“清零”工作，15个存量项目和22个进展缓慢项目加快建设，强力推动闲置和低效用地项目处置，中心区16个低效项目处置和高铁新城土地清理取得阶段性进展，收回低效闲置土地40余公顷。

◆改革创新 2020年，西安经济技术开发区制定《经开区人工智能创新发展示范区建设实施方案（2020—2022）》，组建陕西省智能网联汽车产业创新联盟，培育独角兽成长企业和种子企业各1家，新增国家高新技术企业240家，培育中小型科技技术企业910家，推进科技成果就地转化项目56个，完成技术交易额

西安经济技术开发区2020年主要经济指标

指标名称	单位	总量	同比增长速率(%)	全市占比(%)
地区生产总值	亿元	894.67	3.0	8.9
规模以上工业增加值	亿元	252.45	-9.9	—
固定资产投资（不含农户）	亿元	452.40	10.2	—
工业投资	亿元	—	2.3	—
房地产开发投资	亿元	—	-14.3	—
社会消费品零售总额	亿元	488.80	2.3	9.8
实际使用外资	万美元	206800	10.7	26.9
税收收入	亿元	35.74	-2.9	6.3
地方财政一般公共预算收入	亿元	41.43	0.8	5.7
地方财政一般公共预算支出	亿元	38.28	29.7	2.8

110亿元。西安凯立新材料股份有限公司科创板上市首发申请通过。全力推进开放平台建设，中欧产业园起步区建设进展顺利，“税银企”“微理通”2个国家级创新成果在全国推广，长银保理全国首单商业保理美元融资业务落地，在全国开创商业保理融资业务新模式。引进注册资金300亿元的西安财金投资管理有限公司，助推形成金融产业聚集效应。持续优化营商环境，深入推进“放管服”改革和“一网通办”，开辟“净地出让、文勘前置、容缺受理”等绿色通道，联合相关开发区推出258项事项“四区通办”，全省首张沿黄河流域“跨省通办”营业执照在经开区发出。2020年，经开区营商软环境指数排名全国经开区第三、西部第一。

◆**城市治理** 2020年，西安经济技术开发区高标准编制经开区国土空间规划，完成《高铁新城路网专项规划》《西安北站高铁新城起步区修规深度城市设计及控规调整》及《西安北客站项目交通枢纽规划设计概念方案》并通过中共西安市委、西安市人民政府审定。强力推进“三改一通一落地”，北客站枢纽工程（一期）、330千伏高压线改迁项目进展顺利，8个老旧小区、11条背街小巷完成改造，打通“断头路”3条，落地架空线11条，柳林村整村拆除顺利完成，拆除面积约32万平方米，征收集体土地63.33公顷。实施绿化项目20个，新增绿地面积39.7万平方米，新增绿道9.2千米，新建、改造绿地广场6个。19条迎“十四运”重点线路中，已完成提升15条，完成方案设计4条，元朔路、元凤二路建成全市绿化改造示范路。以迎“十四运”为契机，积极开展城乡环境集中整治行动，完成全运会赛事重点区域周边违法建设治理57处、1.4万平方米，成功创建省级垃圾分类示范区。

◆**民生事业** 2020年，西安经济技术开发区加快实施《基础教育三年行动计划》，西安经开第二学校等4所学校建成开学，增加学位9000个，公开招聘教师353人，组建2个市级、31个区级“名校+”教育联合体，实现“名校+”工程全覆盖。加快儿童医院、红会医院等三甲医院建设，城运公园体育馆等“十四运”场馆完成改造，开元剧场、“西安记忆”等项目进展顺利。抓好中心城区交通提升，打通银池花香丽舍等封闭小区道路8条，在凤城五路、开元路等路段施划海绵车位220个，集中办好22件交通民生实事，完成全年任务220%。持续优化生态环境，打好蓝天、碧水、净土三大保卫战，全年优良天数累计245天，比上年增加37天，PM2.5平均浓度比上年下降8.3%，PM10平均浓度比上年下降12.[illegible]%，城市环境质量持续改善。扎实做好蓝田县9个村驻村联户帮扶和汉中市镇巴县区域对口帮扶工作，认真开展“三排查三清零”工作，277个问题全部整改到位，落实帮扶资金800万元，助推蓝田县9个村和汉中市镇巴县全面脱贫。

（王宁博）

西安曲江新区

◆**概况** 西安曲江新区位于西安市东南部，是陕西省、西安市确立的以文化产业和旅游产业为主导的城市发展新区，是西安建设国际化大都市的重要承载区，是文化和旅游部授予的首个国家级文化产业示范区。曲江新区核心区域面积5[illegible].5平方千米，东至长鸣路，西南至雁塔区界、航天大道，东南至东长安街、规划53号路，西至长安南路、翠华南路，北至西影路、小寨东路。同时辐射带动大明宫遗址保护区、西安城墙景区、临潼国家旅游休闲度假区和楼观道文化展示区等区域，形成文化产业全新发展格局。有中小学校22所，在校学生约3.5万人。

2020年，西安曲江新区加快推进十项重点工作落实，推动文旅融合实现新突破，经济社会发展迈上新台阶。全年实现生产总值304.7亿元，比上年增长2.9%；固定资产投资完成429.23亿元，增长12.5%；服务业增加值完成267.15亿元，增长0.7%；一般公共预算收入实现40.74亿元，完成全年任务的100%；引进内资1197.88亿元，完成全年任务的[illegible]9.[illegible]8%；引进外资3.25亿美元，完成全年任务的101.52%。

◆**疫情防控** 2020年，西安曲江新区坚持外防输入与内防扩散并举，落实各项防控措施，坚决打好打赢疫情防控攻坚战、持久战。1月2[illegible]日，成立曲江新区新型冠状病毒肺炎疫情防控指挥部，下设“一办九组”，全面开展疫情防控工作。从全区抽调[illegible]34名党员干部，成立28个临时党组织，建立19个党建示范点、13个党员突击队，迅速完成全区15个社区、135个住宅小区及13个商业综合体、2个农贸市场、[illegible]个写字楼、2686家沿街商铺的摸排工作。设立5个医学观察站、6个集中住宿排查点，实施居家隔离和健康留观近2万人。成立96个工作专班，完成168个确诊病例及密切接触者排查任务，并于3月1[illegible]日实现全区确诊病例“清零”。

◆**重点项目** 2020年，西安曲江新区承担市级重点项目36个，实际完成投资198.7亿元，完成年度目标任务的110.7%。西安文化CBD建设全面加快，文化展示中心建成投用，华润集团、中铁建设集团等一批重大项目签约落地，丝路公园和四大文化场馆设计加快推进，东三爻安置小区、曲江十六小、华润国际商业中心及道路基础设施等十大项目全面启动。6月[illegible]日，杜邑遗址公园建成开放。9月30日，[illegible]段湖水系生态修复工程（一期）东三[illegible]前3个月建成蓄水。10月1日，护城河及环城公园（东门—北门—西门）综合改造工程一期建成开放。11月22日，西安学宫总部校区落户楼观生态文化旅游度假区。12月4日，曲江新区与蓝田县政府、华侨城度假酒店管理（上海）有限公司共同签署《关中环线全域精品民宿集群项目合作框架协议》，沿关中环线打造多个示范民宿集群，助力产业扶贫和乡村振兴。小雁

西安曲江新区2020年主要经济指标

指标名称	单位	总量	同比增长率(%)	全市占比(%)
地区生产总值	亿元	304.70	2.9	3.0
规模以上工业增加值	亿元	—	—	—
固定资产投资（不含农户）	亿元	429.23	12.5	—
工业投资	亿元	—	-3[illegible].5	—
房地产开发投资	亿元	—	3.5	—
社会消费品零售总额	亿元	118.35	-2.2	2.4
实际使用外资	万美元	32488	[illegible]	4.2
税收收入	亿元	33.88	-1[illegible].[illegible]	5.9
地方财政一般公共预算收入	亿元	40.74	-[illegible].6	5.6
地方财政一般公共预算支出	亿元	49.98	[illegible].4	3.7

塔历史文化片区、碑林历史文化街区、易俗社文化街区建设加速推进，兴庆宫公园提升改造等一批重大项目建设全面启动。

◆**文化产业** 2020年，西安曲江新区深入实施“文化+”战略，深耕电子竞技、赛事经济、文化金融等产业“新蓝海”，文化企业总数突破2.5万家，全年净增规模以上文化企业25个，规模以上文化企业达173家，约占全市1/4、全省1/10。全方位推动电竞产业资源聚集，建成量子晨VSPN数字娱乐体验中心、曲江千人电竞馆等电竞场馆，成功举办2020LPL春季赛、PEL职业联赛2020S1、S2、S3赛季和2020西安电竞产业峰会等一批赛事及活动。4月16日，369互联网创新创业基地、未来彩蛋创业谷两大园区升为国家级众创空间。5月18日，西影电影博物馆正式授牌。7月1日，唐·新开门艺术街区正式开放。12月3日，西北地区首座晓书馆落户曲江创意谷并对外开放。

“走出去”战略成果丰硕 西安曲江文化产业投资（集团）有限公司入股深圳中集产城集团，签约大同古城、海口火山群国家地质公园、温州雁荡山、天水麦积山、邯郸赵国古都七彩文化城等一批重大文旅项目。曲江新鸥鹏集团产城融合发展示范引领全国，曲江产业布局已覆盖全国12个省30多个城市，挺进京津冀、长三角、大湾区等国家战略高地。9月9日，西安旅游集团扎尕那生态旅游养生特色小镇项目开工建设。11月16日，文化产业集团连续9年入选“全国文化企业30强”名单。

推动文化与金融深度融合 曲江金控集团出资20亿元参股由中宣部组建的中国文化产业母基金，全面控股世纪金花，收购华商传媒集团。曲江文控公司获得国内最高等级的AAA信用评级，文化金融示范区建设实现全面加速。9月12日，举办首届中国金融40人曲江论坛，十二届全国政协副主席、中国金融40人论坛（CF40）常务理事会主席陈元视频致辞；CF40常务理事会副主席、北方新金融研究院院长蔡鄂生，CF40学术顾问、中国国际经济交流中心副理事长黄奇帆等以“国内国际双循环和西部新机遇”为主题，围绕金融开放与西部发展机遇、投融资体制改革与国内大循环等话题进行探讨交流，并发布《曲江报告》，成立西安曲江高级金融研究院。

◆**文化精品创作** 2020年，西安曲江新区坚持植根现实生活、紧跟时代潮流，不断繁荣文艺创作，精品剧目“好戏连台”。电视剧《装台》《大秦赋》登陆中央电视台黄金档，建党100周年献礼电视剧《大浪淘沙：启航》、首部中国火箭军题材电视剧《号手就位》杀青，医疗剧《了不起的儿科医生》在北京卫视、优酷、芒果TV播出。杂技《绽放》登录2020年央视春节晚会，杂技剧《天鹅湖》、话剧《长安第二碗》开启全国巡演；音乐剧《花木兰》、舞剧《门》、话剧《路遥》、儿童剧《火印》、杂技剧《星光灿烂之如梦长安》、大型秦腔现代戏《党的女儿》《陕北往事》首演。西安演艺集团全年线上、线下演出超过2000场，取得良好社会效益和经济效益。话剧《长安第二碗》作为全省唯一作品入选2020年度国家舞台艺术精品创作扶持工程名录。话剧《长安第二碗》《柳青》入选文化旅游部“庆祝中国共产党成立100周年舞台艺术精品创作工程”重点扶持作品名单，占全省入选作品总数的1/4。儿童剧《二十四个奶奶》获“中国故事奖”和“‘中国创造’优秀中国原创剧目奖”。首部秦腔3D电影《三滴血》获第三届中国戏曲电影展“优秀戏曲电影奖”。电视剧《功勋》《号手就位》《梦想城》《好工人四十年》入选国家广播电视总局2018—2022年重点电视剧规划选题名单。策划出版《千年古都常来长安》等紧扣时代脉搏的精品图书754种。《和亲之路》《低眉俯首阅草木》获城市出版社优秀图书一等奖，《唐诗带你游长安》《石头发光的地方——回望耀州》《大熊猫我的秦岭邻居》《古诗里的二十四节气》（四册）获二等奖。西安出版社成功获得国家广播电视总局网络出版服务资质。

◆**文旅活动** 2020年，西安曲江新区结合疫情防控形势，创新组织系列文旅活动，加速文旅产业复苏、振兴。4月至9月，打造“云上国宝”“中华祖脉·秦岭之声”系列音乐会，先后在陕西历史博物馆、秦始皇帝陵博物院、西安碑林博物馆、西安博物院、西安城墙、华山6个景区以及牛背梁国家森林公园、大熊猫国家公园、翠华山国家地质公园、安康瀛湖生态旅游区、勉县漆树坝万亩茶园、太白山国家森林公园共6处秦岭中具有代表性景点，进行13场精彩演出，累计观看人数超过2亿人次，受到新华社、《环球时报》、欧洲新闻台、西班牙国家电视台等数百家海内外媒体报道。陕西大剧院、西安音乐厅全年线上、线下演出414场。7月1日，西安城墙景区首演全新升级版《梦长安——大唐迎宾盛礼》。9月19日，大雁塔北广场举办西安交响乐团2020年大型户外公演。10月11日至16日，举办第七届丝绸之路国际电影节。10月24日、11月18日，分别举办城墙国际马拉松赛、西安马拉松赛。

◆**旅游产业** 2020年，西安曲江新区积极应对疫情影响，出台22项扶持政策措施，扩大优质文旅产品供给，为全市文旅产业强势反弹、跨越发展注入“强心剂”。4月22日，中共中央总书记、国家主席、中央军委主席习近平走进大唐不夜城步行街，了解步行街恢复经营等情况，进一步提振曲江文旅从业者的信心，引爆曲江新区游客潮，各景区在做好安全防护措施的前提下陆续开放迎客，大唐不夜城等重点景区对游客的接待趋于正常化。6月1日，大唐芙蓉园御宴宫完成升级改造。7月22日，大唐不夜城步行街获评首批“全国示范步行街”。7月31日，曲江新区发放10万份电子消费券，推动文商旅产业振兴。8月1日，大唐芙蓉园、杜邑遗址公园、西安护城河景区、楼观生态文化旅游度假区等4大景区免费开放。9月28日，同盛祥、德发长、清雅斋、东亚饭店完成

2020年9月12日，曲江新区举办曲江论坛

话剧《长安第二碗》剧照

提升改造。10月29日，解放饭店重装开业。11月30日，娇兰“西安味道”香水正式发布，西安成为国际时尚界第一个拥有自己香氛的中国城市。12月29日，大明宫旅游景区晋升国家5A级景区。曲江新区全年接待市民游客5624万人次，旅游综合收入191亿元。

◆**文物和遗产保护** 2020年，西安曲江新区在全市区县、开发区中第一个单独设立文物局，不断提升文物领域管理水平，统筹推动全区文物保护利用工作。《小雁塔保护规划》《西安城墙护城河（西门—北门—东门段）环境整治综合提升方案》《大明宫遗址含元殿基台保护设施保护修缮工程》获得国家文物局批复。《杜陵考古遗址公园规划》完成陕西省文物局备案工作。杜陵考古遗址公园二期建设、炕底寨保护利用提升、城墙文物保护数字化平台建设等33个项目入选全市“十四五”文物事业发展规划重大项目、重大工程库，数量位居全市首位。建立杜陵遗址保护展厅，策划杜陵新八景，修订出版《杜陵文史宝典》。启动大明宫含元殿遗址保护砌体修缮工程，西安城墙南门（箭楼、闸楼、城楼）保养维护、含光门地下防渗、安远门瓮城东侧修缮等工程。12月3日，西安城墙管委会联合意大利威内托大区古城墙城市联盟、英国约克市城墙管理机构共同发起成立国际古城墙（堡）联盟，旨在关注遗产保护现状，加强保护技术研究，丰富文化价值传播，增进国际人文交流互鉴。

◆**教育工作** 2020年，西安曲江新区聚焦人民群众幸福生活，大力补齐教育短板。投资近20亿元，腾挪12公顷土地用于学校建设。曲江一小新校区、曲江五小、曲江六小、曲江七小等4所学校和曲江五幼、曲江六幼、曲江七幼、曲江八幼、曲江贝九天鹅堡等5所幼儿园高标准建成投用，曲江一中完成扩容升级。全年新增学位1.2万个，辖区学位保有量突破5万个，面向社会高标准选聘优秀教师501名。9月8日、11日，《人民日报》及微信客户端先后刊发《教育高质量发展的曲江答卷》《西安曲江新区推进基础教育均衡发展——家门口上好学校》，对曲江教育进行专题报道。实施“五育并举”，素质教育成效显著。曲江南湖小学获“2020年全国青少年冰雪体育传统特色学校”称号，曲江二小获“2020年全国青少年校园篮球特色学校”称号，曲江一小原创舞蹈《传习》获第九届全国青少年艺术盛典金奖，曲江一小作为艺术盛典受邀参演的西北唯一一所学校，被授予“‘炫丽童年梦’青少年艺术人才选拔优秀组织单位”。曲江一中获“2020年陕西省德育工作先进集体”称号。

◆**城市管理** 2020年，西安曲江新区以迎第十四届全国运动会为契机，全面打响城市品质环境提升攻坚战。高标准建成曲江大华社区公园、曲江花影公园，完成大西戏曲大观园、唐大慈恩寺遗址公园提升改造，新建及改造提升口袋公园4个。全年新建城市绿道28.9千米，栽植乔木2.3万株，新增及提升城市绿地88万平方米。全年完成13条背街小巷、1个示范街区、16个老旧小区改造和总长约55.1千米的架空线缆落地工作。东三爻村整村拆迁提前60天完成，太平堡安置小区启动建设，余王硙、岳家寨等3000余户4300余人顺利完成回迁安置。9月30日，经九路大明宫段全线贯通。11月3日，在南三环（翠华路—曲江转盘）北辅道绿化带建成全市首条自行车专用通勤道。12月23日，建强路打通。12月28日，新开门立交桥半幅通车。创新实施汽车、自行车、摩托车、快递配送车、外卖配送车“五车共治”，在全市率先为快递外卖车辆划定专属停车位。拆除违法建设155处、9.2万平方米。创新实施“景区+街区+小区”三区共建的生活垃圾分类推广示范模式，累计创建市级生活垃圾分类示范片区2个，市级示范单位22个，区级达标单位131个，曲江新区入选全省首批垃圾分类示范区试点。在全市创新推出“政企网格员”，实现4个区域进驻，覆盖8个商业综合体、12个产业园区、24个重点项目及70余个小区等。6月15日，联合高新区开创全市首例“两区通办”政务服务新模式，首批推出95项服务事项。成立全区森林防灭火指挥部、防汛抗旱指挥部、抗震救灾指挥部、恶劣天气道路交通应急处置指挥部、防灾减灾委员会、消防安全专业委员会等6个应急指挥机构。建成1个特勤消防站、2个卫星消防站，全区89家消防安全重点单位和火灾高危单位实现微型消防站全覆盖。全区未发生较大及以上生产安全事故，生产安全事故起数和死亡人数比上年实现“双下降”。

◆**脱贫帮扶** 2020年，西安曲江新区选派130名扶贫干部，通过实施产业帮扶，巩固拓展脱贫攻坚成效。先后建成焦镇村1100吨猕猴桃储藏冷库、三家庄村延益中蜂养殖专业合作社、东明村果品加工厂等一批产业扶贫重点项目。全年新开设“西安扶贫超市”曲江金地社区店、鄠邑店、兵马俑店、曲江雅居乐社区店等4家门店及微店、移动铁通网等2家网店。扶贫超市产品达16大类、320余个品种，供应体系涵盖全省35个区（县）、60余个合作社、3000余户农户。延生观村、周一村乡村旅游扶贫民宿稳定运营并首次实现农民分红。

◆**改革创新** 2020年，西安曲江新区用改革为发展积蓄能量，注重解决制约发展的机制性深层次障碍。全面完成各板块人事体制机制改革，全区高质量发展新活力持续释放。成立社区卫健局，相继建立15个社区工作站，曲江基层治理首次实现全覆盖。深化文化体制改革，易俗社、三意社2个百年剧社成为独立法人主体。深化教育体制改革，组建2个市级“名校+”教育联合体，5个区级教育集团，全区优质教育资源实现均衡覆盖。4月21日，西安演艺集团正式托管周至县剧团。6月30日，西安曲艺团成为全省唯一入选中国曲协深化改革14家基层试点单位。7月31日，曲江新区与周至县签署第二轮战略合作协议，全面推动楼观生态文化旅游度假区持续稳定健康发展。9月28日，曲江新区整建制接收兴庆宫公园。12月10日，《基础教育优质均衡发展“曲江实践”》作为全市唯一入选“中国改革2020年度50典型案例”。12月16日，曲江新区与临潼区签署《关于实施深化合作加快推进临潼经济社会发展的合作协议》及《深化合作备忘录》，在93平方千米区域开展深化合作，打造全国文旅发展示范区和国际一流旅游目的地。（冯梅梅）

西安浐灞生态区

◆概况 西安浐灞生态区位于西安城区东部，北到渭河，南到绕城高速，包括浐河、灞河两河四岸的南北向带状区域，规划总面积129平方千米，其中集中治理区89平方千米。整个生态区区域呈“一心三翼”〔一心：以浐灞半岛、广运潭生态景区为核心的浐灞中心区域，总面积约为50平方千米。三翼：绕城高速以北至灞河入渭口、总面积约34平方千米的北翼（灞河下游段）；陇海铁路华清路以南至三环与绕城立交，长约9.4千米、面积约25平方千米的南翼；陇海线路至西康铁路的灞河段，全长约4.8千米，总面积约18.3平方千米的东南翼〕布局。浐灞生态区通过流域综合治理、生态重建和开发建设，逐步在生态区范围内建成集生态、会展、商务、文化、居住等功能为一体的新城区，使浐灞生态区成为生态环境优美，人与自然高度和谐，“宜居宜创业”的西安第三代新城。

2020年，西安浐灞生态区按照“目标再提高、任务再增加、标准再提升”总要求，以十项重点工作突破带动整体提升，统筹抓好疫情防控与经济恢复发展，攻坚克难，实现产业发展、城市提升、民生建设、生态保护等工作取得良好成效，较好地完成年度各项目标任务。全年生产总值实现291.34亿元，增长4.8%；服务业增加值183.77亿元，增长1.0%；固定资产投资完成489.31亿元，增长12.7%；市级重点项目投资213.58亿元，社会消费品零售总额430.5亿元，增长6.8%；进出口贸易3.93亿元，利用外资16460万美元，引进内资8152400万元，新签约项目38个，投资金额469亿元，其中世界500强及国内500强企业投资项目4个。

◆会展城建设 2020年，西安浐灞生态区按照“一年出形象，两年成规模，三年见成效，五年全部建成”目标，构建“会展+平台+产业”三位一体生态圈，激活地区经济高质量、跨越式发展。会议中心、会展中心一期、园林酒店建成投用。落实迎第十四届全运会主战场要求，推动124项配套工程建设，改造土地466.67公顷，妥善安置群众3.2万余人，为会展城建设留足空间。发挥平台作用，聚集行业力量，举办展会60场，丝路会展产业园驻企业83家，吸引德国Hotman会展集团进驻，产业影响力不断扩大。“会展+”战略成效显著，构建“立足浐灞、辐射省市、服务全国、面向世界”全域会展，建设“会展+”融合模式，打造丝路沿线国家、中欧班列企业在西安的展示、推广、行销、服务中心，建设向西开放窗口和会客大厅。

◆疫情防控 2020年，西安浐灞生态区坚持一手抓疫情防控一手抓经济发展，全力保障群众生命健康安全，加速恢复生产生活秩序，夺取疫情防控和经济发展“双胜利”。扩充疫情防控组织机构，成立“一办十一组两专班”，统筹安排人员排查、物资保障、复工复产等工作，确保指挥部决策准确性。实施“早发现、早报告、早隔离、早治疗”四早模式，推行“增加通道、分类通行”管控举措，创新“五班四运转”、分类通行管控措施，实现卡点即停、即查、即通行，受到省市主要领导高度肯定。突出“外防输入，内防扩散”，9天内完成36.97万人口首轮集中排查，“一场五站”安全转运1513人，有力遏制疫情传播通道。全区本土病例、境外输入型病例全部清零，取得疫情防控重要阶段性胜利。

◆产业发展 2020年，西安浐灞生态区深化“332”产业体系（重点发展现代金融、会议会展、生态旅游三大支柱产业；坚持培育扶持文化创意、生态型新兴产业、商贸物流三大主导产业；做精做细健康体育、涉外商务两大特色产业），持续推进文旅、金融等重点产业发展，打造创新能力强、附加价值高、竞争力强的区域发展增长极，建设现代化经济体系。聚焦重点产业发展方向，开展《西安浐灞生态区“十四五”产业规划》研究，明晰“1+2+X”产业体系及“两带五园”发展格局，产业布局不断优化。大力开发高质量文旅产品，《驼铃传奇》秀成为展示丝路文化榜样节目，“中华千古情”为西安旅游市场注入新活力。前海金融中心投入运营，西部证券加速建设，举办金融科技论坛，引进金融机构10家；灞柳基金小镇入驻企业超262余家，基金管理规模2600亿元，获评年度最具影响力基金小镇。

◆城市建设 2020年，西安浐灞生态区坚持扩容与提质并重，新建与改造并举，以迎“十四运”为抓手，进一步加大基础设施配套投入，高起点、高水平、高标准把控区域布局、发展空间和资源配置，提升城市资源环境承载力和发展潜力。坚持“点线面”结合、“水陆空”立体化提升思路，加速畅通两河四岸，提高道路通行能力，统筹实施“五桥一隧”工程，建成跨河桥梁4座，香槐六路跨灞河桥竣工，锦堤六路下穿灞河隧道预计2021年7月底前建成。打通断头路5条，推动330千伏高压线迁改，城市便捷化水平不断提高。启动16个村拆迁改造，完成7个行政村迁改，改造面积超900万平方米；有序推进奥体轴线灞河左岸片区提升改造工程，完成7个机电市场、村组拆除任务，总拆迁面积30.6万平方米，城市形象面貌焕然一新。

◆开放创新 2020年，西安浐灞生态区

西安浐灞生态区2020年主要经济指标

指标名称	单位	总量	同比增长速率（%）	全市占比（%）
地区生产总值	亿元	291.34	4.8	2.9
规模以上工业增加值	亿元	—	12.2	—
固定资产投资（不含农户）	亿元	489.31	12.7	—
工业投资	亿元	—	141.7	—
房地产开发投资	亿元	—	24.0	—
社会消费品零售总额	亿元	430.50	6.8	8.6
实际使用外资	万美元	16460	9.7	2.1
税收收入	亿元	19.10	-15.1	3.3
地方财政一般公共预算收入	亿元	24.29	3.8	3.4
地方财政一般公共预算支出	亿元	28.68	-33.8	2.1

落实发展双链融合要求，发挥自贸区、领事馆区平台作用，推动贸易投资便利化，构建开放型、开放型经济体系，打造服务“一带一路”经济合作，推动人文交流的门户服务区。主抓推进自贸国际等项目建设，申请设立中国出口商品展销中心，自贸区新增企业500多家，“水电气暖”集成服务等2项案例成为省级创新成果。欧亚园区发展迅速，实现中铁十二局总部、孵化中心二期竣工投用，主动对接引进西安国际设计中心等龙头企业，全年引入优质外资企业10家，产业规模达到500亿元。双创产业转型升级，激发亚马逊AWS、腾讯众创活力，组织双创活动83场，引进创新企业72家，认定众创空间4家，打造双创升级版。国际文化艺术加速建设，设立西安签证申请中心，可开展19国签证业务，打造便民、利民涉外服务聚集区，助推西安国际化大都市建设进程。

◆生态建设 2020年，西安浐灞生态区落实“两山”理念，按照“生态西安，浐灞样板”要求，坚定不移走“生态立区、产业兴城”道路，推进“三河一山”建设，全方位打造生态文明先行示范区。全面打响蓝天、碧水、净土保卫战，实施治污减霾、全域治水等6大举措，推进再生能源利用等系统工程，全区优良天数超232天。坚持“以水为魂、水绿城兴”治河理念，完成7个水利清淤工程，浐灞河水质稳定达到地表水Ⅳ类，实现区域水环境持续向好。增绿任务全面完成，坚持“以绿为脉、成网成林”理念，实施38项绿化工程，推进17条迎宾线路绿化任务，新增提升绿地124万平方米、绿地广场6个，建成绿道12.5千米。以“文化+”探索河流开发经营新模式，提升绿地品质和功能，推进水文化与城市、生态、旅游深度融合，转化资源优势，实现经济效益与社会效益“双丰收”。

“三河一山”绿道工程 制定《“三河一山”浐灞河绿道建设工作实施方案》，分解落实绿道建设任务，先期29千米浐灞河绿道建设任务。灞河绿道6个子项目已全部开工建设，浐河绿道4个子项目2个完成设计、2个启动工程建设，完成投资2.5亿元。

◆营商环境建设 2020年，西安浐灞生态区坚持“以项目看发展论英雄”，强化“双招双引”，着力营造亲商安商扶商营商氛围，以大项目、好项目支撑追赶超越。坚持招大引强，主动对接世界500强、国内500强等大企业大集团，引进产业项目超40个。围绕迎全运配套，推进项目建设、配套提升，实现20个市级重点项目完成投资157.51亿元，占全年任务127%。重拳规范整治市场秩序，持续做好“亲商助企”活动，新增市场主体32000余家，比上年增长66%，市场主体总数超8万余家，位居全市前列。行政审批推行“一口受理、限时办理、规范办理、透明办理、网上办理”办理，建设“互联网+政务服务”服务体系，政务服务中心办结率超99.3%，手续办结时效为14.5天，远超全市标准。

◆民生建设 2020年，西安浐灞生态区坚持把实现好、维护好、发展好人民根本利益作为发展的出发点和落脚点，优先发展教育事业，完善基本公共服务结构，提升城市管理水平，增强群众获得感、幸福感、安全感。新建学校4所，提升薄弱学校18所，组建教育联合体13个，新增学位7560个。完成62所无证园清零任务，实现学前教育“双50”目标。优化学校、医院、商业等布局，规划3处大宗医疗设施用地，推进中医脑病医院等三甲医院建设，建成龙湖天街等商业综合体，砂之船营业额位居西北第一，区域医疗、商业更加便利化。建立“齐抓共管、联合防控”机制，全年未发生应急值守、处置不到位事件，无安全生产事故漏报、迟报行为。

◆西安丝路国际会展中心项目 2020年，西安丝路国际会展中心项目会议中心、会展中心一期、国际酒店已建成投入运营，相继承接中共西安市委十三届十一次全会、迎“十四运”城市规划建设管理工作推进展示会、2020年第十二届西安车展等活动，形成总建筑面积145万平方米、会展面积超7.2万平方米展览群，打造会展名城重要支柱，带动全市会展进军全国五强。

◆西安宋城演艺王国投入运营 2020年，西安宋城演艺王国项目一期于6月22日投入试运营，全年演出《西安千古情》293场次，接待观演者68.89万人次，为西安旅游市场注入新的活力，有效促进文化+旅游产业融合发展。项目总规划用地7.37公顷，包含剧院、文化广场、市井街等若干功能区块，总建筑面积超10万平方米。

◆大数据产业 2020年，西安浐灞生态区策划建设大数据产业示范园区，打造数字经济先导区和智慧产业新高地，推进数字产业化、产业数字化。浐灞生态区获批市级数字经济示范区，浐灞网信产业园（西腾产业）获批市级数字经济示范园，公安智慧安防社区管理平台（思普瑞）获批市级数字经济示范平台项目。新增高新企业20家，为年度计划500%，科技型中小企业入驻118家，技术合同交易额超35亿元。（李书乐）

《西安千古情》演出现场

西安国际港务区

◆概况 西安国际港务区位于西安市主城区东北部灞渭三角洲，泾河、渭河、浐河、灞河四水交汇。规划控制区120平方千米，规划建设面积89.89平方千米，园区托管灞桥区新筑、新合街道2个，2020年户籍人口11.27万人、常住人口约13.59万人。

2020年，西安国际港务区以“建设内陆第一大港，服务全国向西开放”为目标，高起点打造中欧班列（西安）集结中心，高标准构筑面向“一带一路”的城市功能载体，港贸、港产、港城融

西安国际港务区2020年主要经济指标

指标名称	单位	总量	同比增长速率(%)	全市占比(%)
地区生产总值	亿元	155.61	18.6	1.6
规模以上工业增加值	亿元	—	12.0	—
固定资产投资（不含农户）	亿元	—	30.6	—
工业投资	亿元	—	44.8	—
房地产开发投资	亿元	—	34.4	—
社会消费品零售总额	亿元	379.08	16.6	7.6
实际使用外资	万美元	11890	8.0	1.5
税收收入	亿元	18.72	37.1	3.3
地方财政一般公共预算收入	亿元	21.11	47.8	2.9
地方财政一般公共预算支出	亿元	54.34	17.8	4.0

合发展取得新进展，对外开放迈上新台阶，经济社会保持快速健康发展良好势头。全年生产总值比上年增长18.6%；全社会固定资产投资增长30.6%；社会消费品零售总额增长16.6%；规模以上工业增加值增长12%；进出口贸易额95亿元；完成外资11890万美元，内资592.64亿元；一般公共预算收入21.11亿元，比上年增长47.8%；25个市级重点在建项目完成投资396.09亿元，占年度计划136.95%。

◆中欧班列长安号 2020年，中欧班列长安号全年开行3720列，比上年增长1.7倍，运送货物总重281.1万吨，是上年的1.6倍，在中欧班列质量评价中位列全国第一。集结中心建设方面，获批国家中欧班列集结中心示范工程，先后开行襄西欧、蚌西欧、徐西欧、冀西欧、厦西欧、唐西欧、永西欧、渭西欧、贵西欧、芜西欧等12条“+西欧”集结线路，进一步丰富国内货源集结通道；开行中欧班列长安号公共班列，实现每天开行2去2回（每列降低成本约15万元）；拓展国际合作，加强与加列宁格勒港、德国穆克兰港合作，在境外实现海铁联运，提升班列运行时效（到德国从过去18天降到12天左右），应土耳其、立陶宛、斯洛伐克等国来函申请，加密开行合作班列。

◆港口口岸建设 2020年，西安国际港务区启动集装箱中心站第三、四线束建设前期准备工作，铁路全自动化无人码头建设有序推进；全年进口粮食约23893.18吨、肉类约1748.16吨、汽车35727辆，整车进出口量位居全国内陆口岸第一，全国第六。

◆招商引资 2020年，西安国际港务区获批国家级进口贸易促进创新示范区；临港产业方面，签约引进陕西延长石油物资集团、陕西创汇进出口有限公司肉类进出口项目；商贸服务产业方面，引进中石化西北运营中心、国花瓷全国总部、中粮陆港丝路国际中心、华润万象城市综合体等商贸服务项目；互联网产业方面，京东二期、蜜芽总部项目加快建设，引进考拉海购、国美财智科技、汇通达亿港通、壹米滴答等互联网百强及独角兽企业，全年交易额突破2000亿元；文体健康产业方面，引进华润体育、融创冰雪世界等重大文体项目；物流金融产业方面，引入西安城投集团、陕鼓集团等企业在园区设立商业保理公司，做优做实物流及供应链金融服务；引进深圳前海综合信丰供应链管理有限公司，设立独立监管“金融仓”，为企业落户提供金融支持。

2020年7月1日，中欧班列（西安）公共班列发车

◆重点项目 2020年，西安奥林匹克体育中心“一场两馆”历经996天，于7月1日交付投用。规划方面，园区综合容积率控制在1.0、总高度不超过150米，居住建筑容积率控制在2.5、高度原则上不超过70米，核心区控制在60米，慢行和景观空间整体控制在50%以上，实现300米进公园、1000米进林带，现代化国际示范区实现高起点开局、高水平建设；项目建设方面，招商局集团、华润集团、五矿集团、中国铁路工程集团、中国电力建设集团等大型央企集中落户，正在建设十大总部项目，“一带一路”文化交流中心、“一带一路”城市展示中心、第二国际商事法庭、丝路国际体育文化交流培训基地、光影文化公园、奥体中央公园等重大公建项目全速推进，将于2021年6月底实现灯光联控；城市配套方面，周边“六横三纵两桥三隧一岸线”项目全面拉开建设，水电气暖等配套设施加快推进。

◆疫情防控 2020年，西安国际港务区成立“一办十四组”，全年无休高效运行，先后救治确诊、疑似患者7名，筛查和隔离管控B类、C类人员703人，开展核酸检测6290人次，无昼夜摸排管控重点人员2985人，落实转运一场五站人员900余人，核查管控市级平台推送人员7543人次，坚决做到“外防输入、内防反弹”，全区疫情防控工作平稳有序。

◆营商环境建设 2020年，西安国际港务区挖掘、培育创新案例30个，中欧班列集成运营组织新模式被评为陕西省最佳实践案例；启动“前台统一受理、后台分类审批、统一窗口出件”的“一窗受理”工作模式，集中水电气暖、通信、商业银行、公章刻制相关审批服务事项471个，窗口压缩率达到60%以上；“互联网+政务服务”“证照分离”改革

2020年9月，西安市首次采取“名校+”“一委托办学”模式管理的国际港务区西安铁一中陆港中学投入运营

全覆盖试点任务启动实施；国家级“一带一路”国际商事法律服务示范区建设加快推进，中国—上海合作组织法律服务委员会西安中心、“一带一路”律师联盟西安中心、西安“一带一路”国际商事争端解决中心成功挂牌，与7家法律研究和服务机构签订战略合作协议，上海段和段律师事务所正式入驻，正在打造“一站式”多元化国际商事争端解决中心。

◆生态建设 2020年，西安国际港务区“三河一山”绿道建设及城市增绿稳步推进，围绕西安奥林匹克体育中心周边柳新路、港务西路等9条主干路道路、灞渭河生态廊道以及中轴生态公园“三大板块”，开展绿化项目建设20余个，新建及提升绿化面积385万平方米；完成农村黑臭水体整治10处，农村污水治理建设工程9个。

◆城市管理和社会事业 2020年，西安国际港务区全年教育投入超过10亿元，比上年增长39%，新改扩建学校13所，新增学位8792个；创新采取“全委托办学”模式引入陕西师范大学、西安铁一中、西安高新第一中学3所名校；西安交通大学第一附属医院国际陆港医院启动建设，完成各类公共卫生服务65774人次，全区医保参保率99%；全年征迁土地744.4公顷，新启动拆迁1957户，完成率100%；新筑新城二期、秦汉和苑、新合新苑、双寨尚苑等安置房建设，开工面积307万平方米，总投资192亿元；完成5个城中村整村拆迁，打通保税四路、广场南路等2条断头路，完成10条道路电力沟道建设；全年拆除违建近6万平方米，拆除户外广告420处约6378.35平方米；做好公租房审核分配，辖区小区的物业市场化管理覆盖率达到100%；全区建档立卡户共727户2422人全部脱贫；建成美丽乡村5个，创建区级“美丽庭院”200户；全年矛盾纠纷化解32件；完成砂石拍卖31批次516万立方米，实现拍卖3.26亿元。

◆品牌建设 2020年，西安国际港务区中央级媒体刊发园区宣传稿件1266篇，中央电视台报道25次，省级媒体刊（播）发稿件6596篇，8次登上央视《新闻联播》。（代强国）

西安阎良国家航空高技术产业基地

◆概况 西安阎良国家航空高技术产业基地位于西安东北部，距市中心50千米的阎良区，辖区内无乡镇和街道办事处托管。辖内园区包括航空核心制造园，规划40平方千米，重点发展整机制造、大部件制造和零部件加工；蒲城通用航空产业园，依托蒲城通用机场和低空空域资源，规划20平方千米，重点发展通用飞机的整机制造、零部件加工、飞行员培训、航空俱乐部等通用航空产业项目。规划控制面积14.67平方千米，其中城市建设用地14.5平方千米，现有户籍人口0.98万人，常住人口2.17万人。

2020年，西安阎良国家航空高技术产业基地紧扣十项重点工作，统筹疫情防控和经济社会发展，多项经济指标位居全市前列。全年规模以上工业增加值增长16.2%，全社会固定资产投资增长12.4%；全年生产总值增长14.1%，规模以上工业总产值增长16.2%，规模以上航空装备制造业产值增长26%，一般公共预算收入增长61.7%，创历史新高；生态环境11项市考指标首次全面完成，实现排名靠后到排名靠前的转变，取得历史性突破。全面完成经济社会发展主要任务，“三生融合”航空城建设取得新进展、新成效。

◆项目建设 2020年，西安阎良国家航空高技术产业基地引进重大项目42个，总投资209亿元，其中总投资10亿元以上项目7个，引进500强企业5家。12个总投资89.66亿元的市级重点项目加快建设，全年完成投资24.[illegible]5亿元，占年度计划的152%。实施“雏鹰工程”，培育优质先进制造业上市后备企业3家，新增规模以上工业企业5家。9家单位和项目列入全市“一百十”龙头示范计划，军民融合企业新增2家，总数达到93家，军民融合产业总产值突破60亿元。“新舟700”飞机完成首飞前最后一项工况试验，国产首台1200吨大型蒙皮拉伸机正式落户，亚洲最大5800卧式强力数控旋压机投产。航空先进制造业中心、民机与航空制造产业园、装备制造表面处理中心、综合保税区、蓝田航空产业园“五区”加快建设。全年建成标准化厂房及配套设施2[illegible]栋、15万平方米。综合保税区入驻企业21家，实现进出口贸易额12.97亿元。蓝田机场获陕西省发展和改革委员会批复，全面启动建设，全年完成投资3.[illegible]亿元。军民融合协同发展格局加速形成，建成研发服务平台5个，获西安市先进军民融合园区建设先进开发区称号。

◆科技创新 2020年，西安阎良国家航空高技术产业基地“众创空间平台+实验研发平台+公共服务平台+科技园区平台”四位一体的航空创新载体发展矩阵不断完善，服务能力持续提升。西安交通大学、南京航空航天大学、西安电子科技大学及航空工业第一飞机设计研究院等4家技术转移中心落户，有力提升企业科技创新能力，加快科技成果转化。西安航空大数据中心投入运营，上云企业、上架产品和服务实现“双过千”，促成贷款超过2亿元，为航空产业数字化转型升级增添新引擎。国家中小企业发展双创升级专项资金项目被国家评为优秀，获1000万元中央专项资金奖励。全年净增国家高新技术企业12家，研发经费投入强度5%以上，落地转化科技成果35项，技术市场合同交易额63亿元。引育高层次人才11名。

◆营商环境优化 2020年，西安阎良国家航空高技术产业基地推出政务服务事

西安阎良国家航空高技术产业基地2020年主要经济指标

指标名称	单位	总量	同比增长速率(%)	全市占比(%)
地区生产总值	亿元	43.41	14.1	0.4
规模以上工业增加值	亿元	—	16.2	—
固定资产投资（不含农户）	亿元	—	12.4	—
工业投资	亿元	—	24.4	—
房地产开发投资	亿元	—	-16.8	—
社会消费品零售总额	亿元	1.25	10.7	0.0
实际使用外资	万美元	8931	48.9	1.2
税收收入	亿元	1.54	60.8	0.3
地方财政一般公共预算收入	亿元	1.70	61.7	0.2
地方财政一般公共预算支出	亿元	3.82	19.2	0.3

项“跨区通办”，区级政务服务事项网上可办率91.1%，132个高频事项实现“一网通办”，企业注册实现“一日办结”，项目审批时限压缩35%，市场主体新增511户，总量达4108户。“1+N”全流程项目服务机制、“我要开工厂”套餐服务等在省市推广。在全市率先开展“标准地+承诺制”改革，成功出让全市首宗“标准地”。全年兑付各类支持企业发展奖补资金8.14亿元，减税降费0.8亿元，帮助中小微企业融资3.08亿元，吸引私募股权投资3.99亿元。

◆城市建设 2020年，西安阎良国家航空高技术产业基地“三改一通一落地”实施121项，完成民生小区提升改造任务95项，改造总建筑面积110余万平方米，惠及居民8500余户；改造背街小巷3条；新建提升公园绿地广场4个；完成绿化建设项目17个，新增绿化面积7.6万平方米，完成目标任务的253.3%；新建绿道5.7千米，完成目标任务的228%。垃圾分类知晓率超过98%，分类准确率超过90%，城市生活垃圾、厨余垃圾无害化处理率100%。引入碧桂园、卓越集团等全国知名房地产开发企业，为城市品质提升注入新动力。

◆生态环境建设 2020年，西安阎良国家航空高技术产业基地绿色发展工作全年度排名全市前列，成功创建国家级绿色园区。开展大气污染防治“冬病夏治”集中攻坚，建立严密的大气环境、水环境监测监控体系，空气质量核心指标大幅改善，PM10、PM2.5年均浓度分别比上年改善18%、20.3%，优良天数257天，比上年增加61天，取得历年最佳成绩。开展全域治水、碧水兴城行动，污水处理厂提标工程完成，清河拦河坝建成蓄水、新增水面60万平方米，清河出境断面水质COD改善24.2%，水质达到Ⅳ类标准，水质各项指标全面优于入境断面。

2020年7月15日，国内首家航空产业大数据平台——西安航空大数据中心正式在航空基地建成运行

◆民生保障 2020年，西安阎良国家航空高技术产业基地实施基础教育提升三年行动，全力推进《中小学校幼儿园布局专项规划（2020—2025）》落地实施，第二幼儿园建成投用、新增学位360个，第一初中、第一小学扩建项目加快建设，“名校+”实现全覆盖，教育满意度上、下半年均为全市第一。社区卫生服务站项目完成选址。北屯社区安置房交付住房1396套，总建筑面积23.2万平方米。建立基地第二社区，社区志愿服务品牌——航空“小飞侠”常态化精准服务社区群众。平安建设、扫黑除恶专项斗争、脱贫攻坚等位居全市前列，公众及“两代表一委员”综合满意度、驻村帮扶综合满意度居全市开发区第一，对口帮扶蓝田县葛牌镇11个贫困村及安康市紫阳县稳定脱贫。

◆疫情防控 2020年，西安阎良国家航空高技术产业基地严格落实陕西省、西安市疫情防控部署和要求，建立“片区长+小区长+楼长+单元长”分级防控机制，落实最严格防控责任，采取最严密防控措施，开展入户走访排查24轮次，累计走访居民群众15.8万余户次，核查人员9000余人，辖区无一例确诊病例和无症状感染者。落实疫情防控和复工复产要求，有序推动辖区企业复工复产，在全市率先实现全面复工复产。

◆文旅融合发展 2020年，西安阎良国家航空高技术产业基地建成雏鹰展翅航空文化研学基地，获批“陕西省中小学生研学旅行实践教育基地”“西安市科普教育基地”等多项荣誉，与航空科技馆共同入选西安首批全运游线路和打卡地。举办“文旅四季”活动80余场次，形成特色品牌。赴多地开展推介，“中国航空文化研学旅游目的地”品牌走向全国。新增规模以上文化企业1家，规模以上文化企业营业收入增长10%，居全市开发区前列。航空文旅实现从无到有、从散到聚、从粗到精跨越式发展。

（唐　秋）

西安国家民用航天产业基地

◆概况 西安国家民用航天产业基地位于西安市东南部，北临曲江新区、西接

西安国家民用航天产业基地2020年主要经济指标

指标名称	单位	总量	同比增长速率（%）	全市占比（%）
地区生产总值	亿元	305.46	18.4	3.0
规模以上工业增加值	亿元	—	21.7	—
固定资产投资（不含农户）	亿元	—	30.9	—
工业投资	亿元	—	27.8	—
房地产开发投资	亿元	—	0.4	—
社会消费品零售总额	亿元	87.56	-4.1	1.8
实际使用外资	万美元	9853	49.3	1.3
税收收入	亿元	9.03	29.9	1.6
地方财政一般公共预算收入	亿元	10.04	31.9	1.4
地方财政一般公共预算支出	亿元	11.54	8.5	0.9

长安区、南望秦岭、东瞰浐河，总规划面积65.14平方千米，包括一期23.04平方千米，拓展区42.10平方千米。以包茂高速为界，高速以西为基地一期，以东为拓展区。现有社区16个，基地管辖社区9个；常住人口约16万人；中小学校29所，在校学生2.1万人；医疗单位8家，三甲医院1所，床位2033张。

2020年，西安国家民用航天产业基地科学统筹疫情防控和经济社会发展，围绕“追赶超越”定位和“五个扎实”要求，聚焦“五新战略任务”和“十项重点工作”，确定“北优、南闲、东融、西提、中强、全域补短板”空间发展战略，以“十个航天”（科创航天、产业航天、品质航天、时尚航天、健康航天、教育航天、文旅航天、畅行航天、水兴航天、绿满航天）为路径，基地经济质效更优、城市品质更好、生态环境更美、群众生活更幸福，“世界一流航天新城”建设步伐不断加快提速。全年生产总值305.46亿元，比上年增长18.4%，固定资产投资增长30.9%，服务业增加值增长16.7%，规模以上工业增加值增长21.7%，工业投资增长27.8%，工业技改投资增长60.6%，民间投资增长8.1%；完成市级重点项目建设12个，投资249.2亿元，完成全年任务的135.96%，一般公共预算收入100384万元，增长31.9%，完成全年预算的124.4%，一般公共预算支出115376万元，完成全年支出调整预算数的100%，增长8.5%，实际引进内资411.49亿元，完成全年任务的226.6%，实际利用外资9853万美元，完成全年任务的101.86%，新增“五上”企业56家。生产总值增长排名开发区第二，生产总值总量位居开发区第三。

◆产业发展 2020年，西安国家民用航天产业基地航天、新能源、人工智能、生产性服务业四大优势产业持续壮大。“四箭齐发”产业发展态势加速形成。航天产业聚集发展，已聚集航天五院、航天六院、航天九院等10个“国家队”，形成箭体设计、火箭发射、卫星应用、遥感应用等9个较为完整的航天产业链条。由中煤航测遥感集团建设的全国测绘地理信息行业规模最大、处理能力最强的云平台大数据中心建成投运。航天动力研究所科研新区建设项目部分厂房主体建设已完成；军民融合创新园、陕航贝尔直升机等项目建设有序推进；西安卫星测控中心项目、航天九院16所机器人产业基地项目启动开工。航天基地“国家队”成员协同作战，“嫦娥五号”月球探测器成功发射，“北斗三号”全球卫星导航系统提前建成，“天问一号”火星探测器开启我国深空探测新征程，CZ-5B、CZ-8等新一代运载火箭完美首飞。西安国家民用航天产业基地携手百余家商业航天企业及相关机构共同发起“丝路国际商业航天产业联盟”，聚集星际荣耀、银河航天等40余家商业航天企业，形成商业航天全产业链布局。银河航天西安研发中心正式启用，首次在西安载荷AIT研发示范线上进行载荷研制工作。全国首个雾霾综合监测的商业卫星——“丝路一号”环境监测卫星项目启动建设。新能源产业持续壮大。以隆基绿能为代表的新能源产业正在快速发展，预计年产值将达到200亿元。隆基10GW单晶电池生产厂区一期已正式投产，是当前全球量产转换效率最高，且加工成本最低的太阳能电池制造项目。西安国家民用航天产业基地与吉利、隆基新能源、阿凡提新能源签署四方合作协议，共建新型智慧公共交通综合服务新基建项目，是新能源产业领域创新合作的一次成功探索。人工智能产业加速聚集。总投资30亿元的国家超算西安中心正在加快建设，将为产业集群发展提供服务新动能，全力打造大数据和人工智能企业聚集区。生产性服务业发展迅速。研发设计、软件和信息服务产业已经占到第三产业增加值的67%，占到GDP的33.5%。第二届空天地海一体化信息网络大会、首届“航天基地杯”涡喷嘉年华、西安国际电子竞技大会暨首届国际数字娱乐产业发展高峰论坛等大型活动圆满完成。西安航天基地通用机场开通西安市内首条文化旅游短途航线——秦岭国家植物园专线，陆续吸引京东无人机西安飞行中心等30余家企业入驻。

◆项目建设 2020年，西安国家民用航天产业基地承担三个市级重点项目全部开工建设，总投资389.5亿元，国家超算西安中心项目、航天六院新区建设项目、西安隆基乐叶光伏科技有限公司航天基地年产5GW单晶电池项目推进迅速。总投资70.11亿元的年产10GW单晶电池及配套中试项目建成投产。公用服务产业园基础设施项目获“智建杯”中国智慧建造应用大赛金奖和陕西省第五届“秦汉杯”BIM应用大赛一等奖。征集申报2021年市级重点项目36个（含子项61个），总投资973.19亿元，其中先进制造业项目16个，总投资278.7亿元。

◆招商引资 2020年，西安国家民用航天产业基地全年签约项目42个，总投资335.1亿元，先后引入航天、商业航天、新能源、数字经济等领域项目。投资23.2亿元的太阳能光伏龙头企业年产3GW新型高效单晶电池技术产业化项目落户航天基地。

◆营商环境建设 2020年，西安国家民用航天产业基地获中国管理科学大会暨第七届管理科学奖“管理科学奖专项奖——促进奖”。持续优化营商环境，推行定制化审批。市政接口“一图并审”等集成服务。市政接口“一图并审”模式贯通5个部门，并联7个审批事项，实现水、电、气、暖、排水、通信、市政管线接口审批同步推进，市政接口设计及审批意见通过“一张图”呈现，实现“一次申请，一次设计，一次审批”。实现政府投资类项目审批时间最多可压缩到75个工作日，一般社会类投资项目可压缩到50个工作日；持续优化政务服务，大力推行“一件事套餐”主题服务，全年推出“一件事一次办”

2020年8月7日，首届"航天基地杯"涡喷嘉年华在航天基地通用机场举行

服务43项，办件量972件；实现企业开办1个工作日内办结，企业名称自主申报率达79.1%；全年上线事项120项，其中网办事项119项，网办率99.1%，办件量3753件；推进"15分钟政务服务圈"，新建启航路社区便民服务站，实现政务服务"就近办"；联合西安高新技术产业开发区开展第一批60项政务服务"两区通办"事项清单，联合西安经济技术开发区、西安阎良国家航空高技术产业基地实施167项政务服务"三区通办"事项清单；推动政务服务打造"爱心服务卡"；推出"航天政策通"微信小程序，兑现财政奖补资金1.76亿元。建成智慧市场监管平台，实现对5万余家市场主体全面覆盖。

◆科技创新 2020年，西安国家民用航天产业基地率先出台国内首个系统性支持商业航天发展的专项政策和陕西省首个聚焦"新基建"的专项政策。西安国家民用航天产业基地被纳入西安建设国家新一代人工智能创新发展试验区的核心区域。印发《西安国家民用航天产业基地人才队伍建设及科技创新三年行动方案（2020—2022年）》，编制完成"科创航天"发展规划等7项规划及调研报告，其中《西安航天基地高新技术企业发展报告》获西安市科技系统优秀调研成果二等奖。3个航天创新企业团队获得"市长特别奖"。新增国家级众创空间2家、省级众创空间1家，新增2家院士专家工作站，新增1家省级技术转移示范机构、落地1家国家级技术转移示范机构航天基地分中心。全年新增高新技术企业82家，比上年增长222%，高新技术企业总数达到220家；255家科技型中小企业完成入库评价；规模以上工业研发投入强度达到4.53%；技术合同登记额达到61亿元，比上年增长135%；组织开展产学研金对接活动10场，参与推进驻市高校科技成果就地转化项目54个。全年引进科技创新类高层次人才8人（C类及以上），5名海外高层次人才。空天动力研究院孵化成立2家企业，拥有地方级领军人才2人。电子侦察孵化中心承担的公共安全领域重点研发计划项目获得国家支持资金2335万元，地方财政配套2500万元。

◆生态建设 2020年，西安国家民用航天产业基地空气质量优良天数279天，位列开发区第一，优良天数比上年增加60天；PM2.5平均浓度44微克每立方米，位列开发区第二，比上年下降26.7%；PM10平均浓度76微克每立方米，位列开发区第二，比上年下降16.5%。持续利用智慧环保平台开展科技治霾。完成土壤质量状况调查，编制土壤环境质量状况调查报告。全年新增绿地面积21.4万平方米，栽植乔木1.6万余株，完成口袋公园及小广场7处，道路绿化5条，新建及改造绿道9.89千米，城市环境更加美丽。东长安街被西安市评为"2019西安最靓街区"。

◆城市建设与管理 2020年，西安国家民用航天产业基地强力推进生活垃圾分类工作，共有垃圾分类主体114个，实现辖区内公共机构垃圾分类覆盖率100%，居民小区垃圾分类覆盖率100%，学校垃圾分类覆盖率100%；临时"三中心一暂存点"（生活垃圾分类宣教中心、大件垃圾拆分中心、可回收物分拣中心、有毒有害垃圾暂存点）建成并投入使用，城市管理服务站项目加快建设；"前端分类投放+中端分类运输+末端分类回收处置+全程执法监督"机制不断完善，"e宝到家""互联网+分类回收""积分兑换"等引导激励措施不断丰富，"家、校、社"协同联动模式初步形成。全年受理各类城市管理案件1.86万件，处置率99.3%。基础设施日臻完善，开放公厕14座，设置文明提示牌480余处，擦洗城市家具5.4万余个。加速推进"三改一通一落地"，完成老旧小区改造11个，背街小巷改造2条，线缆落地14条10.24千米，打通断头路8条。全年启动10个行政村拆迁工作，拆除面积约427万平方米；移交土地42宗，153.33公顷；启动和在建11个安置楼项目建设。西安市首座全地下式污水处理厂——航天基地第一净水厂新建成并投运，航天基地四号配水厂启动建设。完成44个小区、5条道路的雨污分流改造工作，实现老城区小区和道路雨污100%分流。积极推进错时共享停车，共享停车点位5处，增加停车位近1200个。城市治理日益精细，率先试点西安市首个新型智慧城市建设，基本建成智慧交通、智慧社区、智慧工地、智慧公园、智慧环保五大领域系统平台，启用智慧跑道、无人驾驶车、AI太极教练等设施，智慧灯杆、智慧井盖、人员轨迹追踪系统、智慧斑马线等，全年建设5G通信基站220个。

◆民生事业 2020年，西安国家民用航天产业基地分别向周至县和汉滨区投入帮扶资金820万元和300万元；在全省区域对口帮扶考评中，航天基地、雁塔区参扶团位列区域帮扶工作综合考评第一名。按照"全区推进、特色立校、稳步实施"工作思路，打造全国首个区域——校园两级架构的智慧教育系统。全年完成10个学校基础教育设施改造提升，新增4所学校，增加学位4590个。10月，西安市人民医院（西安市第四医院）航天城院区正式投入使用。

◆疫情防控 2020年，西安国家民用航天产业基地一直是零确诊区域。1月23日，成立疫情防控指挥部，主要领导带头实行集中办公，召开会议50余次，24小时研究部署疫情防控工作，做到守土有责、守土尽责。周密部署，科学防控，制定40余项工作方案，捐赠负压救护车8辆，累计排查车辆14.4万次、人员21.8万人、13557条信息。设立3个储备菜投放点、推出85个小区蔬菜上门服务，制定经营补贴措施，提供上门问诊服务。制定"一企一策"方案、成立9个专班、开展"三送"（送政策、送服务、送物资）服务、出台11项帮扶政策，推动复工复产。（王　媛）

农业和农村经济

责任编辑：冯冠杰

综 述

◆概况 2020年，西安市以深入实施乡村振兴战略促进城乡融合发展为统领，积极应对新冠肺炎疫情影响，扎实做好“六稳”工作，全面落实“六保”任务，统筹推进疫情防控和农业农村经济社会发展，持续深化农村改革，扎实开展农村人居环境整治，着力加强乡村治理体系和治理能力建设，全市农业农村各项事业得到全面发展，“三农”工作在全市经济社会发展中的压舱石作用不断凸显。全市实现农林牧渔业增加值346.16亿元，扣除价格因素比上年增长3.1%。其中，农业增加值251.18亿元，增长1.6%；牧业增加值46.38亿元，增长0.1%；渔业增加值10.59亿元，下降9.2%。农村常住居民人均可支配收入15749元，增长速率8.0%。

◆农村集体产权制度改革 2020年，西安市农业农村局围绕中共西安市委《深入实施乡村振兴战略促进城乡融合发展工作三年行动计划方案》，研究制定《关于深化农村集体产权制度改革促进乡村振兴战略三年行动计划重点任务落实的工作方案》（市农集产改办发〔2020〕4号），加强统筹协调，推动工作落实。截至年底，全市集体经济收入“空壳村”清零率98%，577个集体经济组织实现收益分红，分红金额22.89亿元。清查出农村集体资源性资产584820公顷，经营性资产160.69亿元，非经营性资产335.71亿元，界定成员身份468.90万人；2996个集体经济组织完成改革任务获得登记证书，并取得市场法人地位。

承包地后续管理 严格按照农业农村部明确的工作人员数量和聘用仲裁员人数要求，指导涉农区（县）成立农村土地承包纠纷调解仲裁委员会，组织开展系统培训，强化资金保障，创新工作方法，受理农村土地承包纠纷386起，调处385起，其中乡村调解330起。全市11个涉农区（县）、开发区农村承包地确权颁证率平均达到96%以上，矛盾调处率平均达到90%以上。

农村产权交易体系建设 积极构建“一建四有”（市级统一建设农村产权交易服务中心，区（县）有实体交易场所，镇街有服务站，村有联络点和信息员）的农村产权流转交易服务体系，完成市本级和12个区（县）、163个镇街农村产权交易服务中心建设，1975个村依托便民服务中心设立产权交易服务站。持续优化完善市农村产权交易网络平台功能及服务体系，全年发布信息76580条，成交量23637笔，成交金额2.85亿元，成交比例30.87%。

家庭农场培育 对标市级示范家庭农场创建标准，采取政策引导、资金支持、示范引领等方式，组织区（县）开展2020年度市级示范家庭农场创建。全市新增家庭农场140个，向陕西省农业农村厅推荐上报27个。截至年底，全市家庭农场名录管理库录入数累计1770个，其中省级示范家庭农场155个。西安市长安区“瓜大姐家庭农场”被评选为全国第二批家庭农场典型案例。

◆农村人居环境整治 2020年，西安市以农村人居环境整治三年行动为引领，全面推进以农村生活垃圾、生活污水、村庄清洁为重点的“百村示范、千村整治”工程，累计建成美丽宜居村庄619个。全市农村生活垃圾集中收集覆盖率实现100%，建制村通硬化路比例100%，农村自来水普及率99%以上，自然村通动力电率100%，4G网络覆盖率99%以上，行政村全部通客车，生活垃圾治理率93.4%，生活污水有效治理和有效管控行政村累计占比分别为60%和34%。7个涉农区（县）全部通过陕西省一、二类县农村人居环境整治三年行动省市联合验收和国家第三方评价。高陵区被国务院表彰为全国农村人居环境整治激励县，鄠邑区被授予“四好农村路”全国示范县荣誉称号，灞桥

西安市长安区“瓜大姐家庭农场”喜获丰收

区被农业农村部评为村庄清洁行动先进县。全省全面建成小康社会补短板暨农村人居环境整治工作推进现场会在长安区召开，西安经验被全国农业农村部农村人居环境整治工作推进办公室推广。

◆农业一、二、三产业融合发展 2020年，西安市农业农村局认真贯彻中央、陕西省、西安市决策部署，坚持把一、二、三产业融合发展作为农业农村经济转型升级的重要抓手和有效途径，积极推动政策落实，扎实开展国家级奶山羊特色产业集群和农业产业强镇项目建设、全国“一村一品”示范村镇创建、省级现代农业产业园项目创建、省市级农业产业化联合体创建、市级现代农业园区项目建设以及市级农业产业化龙头企业认定等工作，取得积极成效。

农业产业化发展 紧扣振兴产业目标，依托现有优势特色产业，积极推进市级农业产业化龙头企业认定和监测工作。全年新认定市级农业龙头企业20家，通过农业农村部监测11家。截至年底，全市市级以上农业龙头企业累计156家（国家级11家、省级51家、市级94家），经营总收入700亿元，比上年增长7.6%。扎实开展区（县）级和市级农业产业化示范联合体创建工作，18家联合体被认定为市级农业产业化示范联合体，36家联合体被认定为区（县）级农业产业化示范联合体，4家联合体进入省级农业产业化示范联合体创建名单。组织西安邦淇制油科技有限公司、西安西粮实业有限公司、西安兆龙食品有限公司等农业龙头企业参加上海第三届中国国际进口博览会，邦淇制油与外商成功签订进口70万吨24亿元大豆框架协议，位居全市签约企业金额榜首。阎良区奶山羊建设被农业农村部列为关中奶山羊集群建设项目。

休闲农业 依托乡村特色资源和人居环境优势，大力发展休闲农业。累计建成2个全国休闲农业和乡村旅游示范县（区），2个中国美丽休闲乡村，4个全国休闲农业示范点，6个省级休闲农业示范点，69个市级休闲农业示范园和18个全国“一村一品”示范村镇。蓝田县华胥镇被认定为全国乡村特色产业10亿元镇，长安区五台街道石砭峪新村被认定为全国“一村一品”示范村。

◆农业重要节庆活动 2020年9月22日，西安市庆祝第三届中国农民丰收节暨“庆丰收·迎小康”表彰大会和特色农产品宣传推介活动在蓝田县玉山镇峒峪村举办。大会对10个方面有突出贡献的“十佳”农村股份经济合作社、农民专业合作社进行表彰，现场组织特色农产品直播带货活动，支持消费扶贫和农产品市场营销。

2020年，在第三届中国国际进口博览会上，西安邦淇制油科技有限公司举办签约仪式

◆农业科技创新与应用 2020年，西安市农业农村局持续加强与西北农林科技大学合作，开展以葡萄、樱桃、桃、草莓等为主的区域特色产业技术攻关和以智慧果园建设为引领的科技创新9项、技术引进28项、示范推广服务50余场次，培训农技干部、新型经营主体、种植大户等3000余人次，接待国内外专家200余人次。全年组织申报省市科技类项目52项，发布推介农业主推品种和技术60项。组织100多家农业科技企业（其中含国家级龙头企业2家、省级龙头企业13家、市级龙头企业20家）、100家农民合作社、100个乡村集体经济组织、110多项技术成果、200多种鲜活特色农产品和加工品及扶贫产品等参加第27届杨凌农高会，西安展团被组委会分别授予优秀组织奖、优秀成交奖和优秀展示奖。

◆农业农村人才培育 2020年，西安市农业农村局建立以市区（县）农业广播电视学校为主体，以农业科研院所、农技推广单位为依托，利用网络学习平台创新开发网络教学，举办农业远程教育培训100余期，制作精品课程20余件，精品课程点击率上万人次；建成省级实训基地14个、市级示范基地70个、区（县）级示范基地64个。全年培育初级职业农民2488人，中级职业农民96人，破格认定中级职业农民125名。蓝田县蓬腾种植专业合作社获全国优秀田间学校，《政校合作，产学研贯通》获全国农民职业教育优秀案例。高素质农民杨梅获全国劳动模范称号，张希权、薛强等7名高素质农民被聘为陕西省农业产业技术体系岗位专家，薛强被表彰为全国百名扶贫先锋。

◆产业扶贫 2020年，西安市农业农村局认真贯彻落实中央、省、市脱贫攻坚决策部署，深入开展“三排查三清零”（排查政策落实，脱贫任务清零；排查存在问题，整改任务清零；排查长效机制，漏点短板清零）“对标补短”和“收好官、迎小康、产业扶贫见行动”等活动，为打赢脱贫攻坚战、巩固脱贫攻坚成果提供有力支撑。截至年底，全市7.4万户建档立卡户中有7.1万户通过产业帮扶受益，占比96%，实现有条件、有能力、有意愿发展产业的贫困户产业帮扶全覆盖；完善“110”技术扶贫指挥体系，组织1648名产业发展指导员因户施策，帮扶22325户贫困户解决产业发展难题，开展产业扶贫技术服务指导11万余人次，实现技术指导全覆盖。

◆农村疫情防控 2020年，西安市农业农村局根据中省突发公共卫生事件Ⅰ级应急响应要求，迅速成立市农业农村工作专班，统筹推进全市农业农村系统防疫工作。先后印发《西安市社区（村）疫情防控工作意见（试行）的通知》《西安市社区（村）疫情防控指引》《关于进一步明确小区（村）防控事项的通知》《关于深入细致做好农村防疫期间人员和道路通行管控的通知》《关于加强全市农村冬季疫情防控工作的电话通知》。为扎实做好“外防输入”工作，全员到岗投入境外及国内疫情中高风险地区人员返陕后的活动轨迹核查，并制定下发管控措施，强化督导落实，累计排查境外返西安人员11900余人。疫情进入常态化以后，坚持每月对全市农村地区疫情防控工作进行检查指导，先后赴11个涉农区（县），指导做好疫情常态防控及应急准备和物资储备工作，牢牢守住农村地区防疫阵地。西安市农业农村工作专班获2020年全国农业农村系统抗击新冠肺炎疫情先进集体表彰。

（朱美涛）

统筹城乡发展

◆概况 2020年，西安市统筹城乡发展工作聚焦国际化大都市和国家中心城市建设，紧扣追赶超越定位和“五个扎实”要求，坚持乡村振兴与新型城镇化协同推进，统筹城乡一体化发展，优化区域主体功能、城乡发展空间、乡村生产生活生态结构布局，分类有序推进乡村发展建设，积极构建城乡融合发展协调联动格局。

◆农村片区化中心社区建设 2020年，西安市农业农村局坚持“以人为本”宗旨，以基础设施建设为突破口，以健全完善服务体系为保障，以维护社会稳定为基础，搭建服务平台，强化服务功能，深入开展各种便民利民服务和各项精神文明活动，积极破解农村基本公共服务“短板”。全年投入8850万元奖补资金，启动100个农村片区化中心社区项目建设，积极搭建农村管理发展平台，完善公共服务设施，拓展公共服务内容，提高农村公共服务水平，方便群众办事，促进产业发展，提供健身场所，丰富群众生活，受到区（县）、镇街政府和村干部、农民群众欢迎。

◆农村户厕改造 2020年，西安市完成13.52万座改厕任务，超额完成全年改厕目标。全市无害化卫生厕所（卫生厕所）均达到农村人居环境整治一类、二类县普及率要求，高陵区、阎良区无害化卫生厕所普及率达90%以上，全市农村卫生厕所普及率89.96%。改厕后续管护取得新突破，灞桥区、阎良区、鄠邑区打造改厕智能管护平台、建成粪污处理终端，受到陕西省领导高度认可，灞桥区在全省加强乡村治理体系建设工作会议上作经验交流发言。新华网、中央电视台新闻频道、农业农村频道、《农民日报》、《陕西日报》、《西安日报》等多家媒体先后24次对西安市改厕成果进行专题采访与报道。（朱美涛）

种植业

◆概况 2020年，西安市认真贯彻落实中央和陕西省一号文件及农业农村工作会议精神，大力实施乡村振兴战略，积极推进农业供给侧结构性改革，产业结构不断优化，农产品质量不断提升，全市农业产业持续稳定发展，全年粮食总产量144.58万吨，比上年增长3.4%；蔬菜产量381.31万吨，比上年增长0.7%；园林水果产量100.9万吨，比上年增长3.9%。

◆高标准农田建设 2020年，西安市全年建设高标准农田8060公顷，高效节水示范项目4200公顷，完成计划任务的100%。全额完成投资任务15120.08万元。其中，中央财政12562.98万元，省级财政2351.37万元，自筹205.73万元。新打机电井369眼，衬砌渠道60.67千米，铺设输水暗管23.10千米、低压输电线路83.52千米，10千伏以下高压输电线路23.19千米，地力培肥1780公顷，营造农田林网119.20千米，铺设机耕路[illegible]千米（其中硬化道路80.92千米），新建变压器43台，技术培训1.08万人次等。

阎良区工厂化育苗中心自走式喷灌机

◆粮食生产 2020年，西安市坚持以绿色高质高效创建为抓手，积极推广粮食高质高效五大绿色技术，广泛宣传粮食绿色高质发展理念，全力提升粮食综合生产能力，成功实现“十七连丰”。全年粮食播种面积272067公顷，总产量144.58万吨，比上年增长3.4%，总产量位居陕西省第四位；平均单产5314.5千克/公顷，位列陕西省各地市首位。其中，夏粮播种面积146733公顷，产量72.58万吨；秋粮播种面积125333公顷，产量[illegible]万吨。

◆蔬菜生产 2020年，西安市蔬菜种植面积[illegible]967公顷，总产量381.31万吨，位居全省第一，创历史新高，实现种植面积和总产量双增长。及早下拨菜苗移栽资金，确保疫情期间生产不断档；持续加大设施蔬菜生产基地建设，优化调整蔬菜生产品种和种植茬口，为稳产保供作出贡献。开展技术服务培训30场次，培训农民2万余人。

◆水果生产 2020年，西安果业按照“一都引领、二廊凝聚、三区联动、四板块提升”（北方时令水果之都；沿秦岭北麓环山路休闲水果旅游观光长廊、沿渭河南岸滨河大道生态休闲水果旅游观光长廊；灞桥蓝田白鹿原精品水果示范区、临潼骊山浐灞洪庆蓝田华胥新优水果休闲观光示范区、临潼高陵阎良渭北鲜食水果休闲旅游示范区；周至猕猴桃板块、蓝田核桃板块、临潼石榴板块、户县长安葡萄板块）的总体发展思路，以优化区域布局、丰富品种结构、转变发展方式为主线，以“服务城市、富裕农民、优化生态”为核心，积极推进现代果业建设。全年新建果园693公顷，实施转型升级提质增效1253公顷，全市园林水果总面积达[illegible]公顷，总产量100.9万吨，分别比上年增长1.9%、3.9%。周至县猕猴桃以51.74亿元位列中国果品区域公用品牌价值排行榜猕猴桃类第一名，并获得全国农产品地理标志最具影响力十大品牌。

果业标准示范基地建设 以周至猕猴桃转型升级示范园建设为带动，开展猕猴桃、石榴、樱桃、葡萄等特色水果品种改良、高接换头、土壤改良有机质提升、水肥一体化建设；组织区（县）采取多种形式，开展果园生产管理线上和田间实训及赴外培训果农和果业技术人员1170人次。积极示范推广病虫害绿色防控、疏花疏果、花果管理和避雨设施栽培等标准化生产技术，促进果品质量提升。

果业品种技术升级 下达省级农业专项资金180万元、切块市级农业发展资金510万元，重点支持周至县猕猴桃产业扶贫以及其他特色水果产业发展和品牌宣传推介。建设国家葡萄产业体系西安市综合示范基地和“葡萄新品种西安区试园”，引进新品种7个、栽植面积1.33公顷，完成实验[illegible]20个新品种、栽植面积1.33公顷；建立中国农科院郑州果树研究所（西安）专家工作站，引进新品种27个、栽植面积6.67公顷；开展国家石榴综合示范基地建设，引进新品种6个、栽植面积[illegible]公顷。

创新推广服务模式 在服务方式

上，创新开展区县长、农业局局长代言和直播带货等推介模式，提升全市特色果品知名度和影响力；在技术推广上，组织开展"樱桃红了""桃子熟了""葡萄甜了""石榴红了""猕猴桃香了"等时令特色水果主题宣传和评优大赛；在对外贸易推介上，结合2020年陕西水果网络特色季总体安排，将樱桃、葡萄、猕猴桃等水果采摘、电商、旅游等信息融入陕西水果生鲜地图，在西部三农网、京东等平台发布，扩影响促销售，努力提高果业产业效益；在广州、嘉兴分别召开周至猕猴桃、临潼石榴宣传推介活动，组织参加第17届中国东盟博览会和第十届陕粤港澳经济合作活动周，大幅提升全市特色果品区域公用品牌知名度和影响力。全年签订战略合作协议和购销协议13项，涉及金额4.92亿元。

◆现代农业园区建设 截至2020年底，西安市现代农业园区建设累计投入省、市级财政资金5.7亿元，带动各类资本投入56.4亿元。全市已建成市级以上农业（产业）园区196个，其中省级现代农业产业园4个、省级现代农业园区34个、市级园区158个，总量位居全省第一，实现区域布局和产业布局两个维度全覆盖。

◆农业实用技术推广 2020年，西安市农业农村局组织局属农技推广部门，结合农业科技"三下乡"与"科技之春"宣传月活动，开展科技服务进村入户，加快新品种新技术的推广与应用，促进农业科技成果转化。全市举办各类农技培训80多场次，培训农民2.4万人次，制作课件36种、科普展板60块，各种宣传横幅40余条，发放农业技术资料、科普图书7.5万余份。

◆绿色农业 2020年，西安市畜禽粪污综合利用率89.63%，规模养殖场粪污处理设施装备配套率100%；化肥使用量实现零增长，利用率41.4%，测土配方施肥技术覆盖率95%；农药使用量实现零增长，利用率40.1%，绿色防控覆盖率35.4%、病虫害专业化统防统治覆盖率41.9%；主要农作物秸秆综合利用率95.3%；农膜回收率84.3%；全面完成农用地类别划定、中轻度受污染耕地安全利用措施及重度污染耕地严格管控全覆盖，受污染耕地安全利用率100%。

◆农业防灾减灾 2020年，西安市在5、6、7、8月份出现强降水和暴雨天气，导致全市11533.33公顷农作物受灾，其中成灾面积2266.67公顷，绝收面积446.67公顷；设施大棚、果树、畜禽圈舍受灾800公顷；农作物灾害直接经济损失6000万元。受灾主要分布在临潼、阎良、鄠邑、蓝田、周至、西咸新区、高新区等区县。市级相关部门认真落实防灾减灾各项要求，提前发布预警信息，积极落实防御措施。农作物受灾后，及时成立督导组，深入一线开展督导检查，第一时间指导各区（县）开展灾情调查和生产自救工作，积极申请救灾资金，协调保险公司做好农业保险的勘察、定损和理赔工作，将农业损失降到最低。

◆主要农作物病虫害防治 2020年，西安市农业农村局坚持"预防为主，综合防治"原则，扎实开展病虫害监测防治工作，及时有效控制条锈病、赤霉病、蚜虫、黏虫、玉米螟、草地贪夜蛾、大斑病等重大病虫害发生和危害。全市小麦病虫害发生面积38.09万公顷次，防治面积65.49万公顷次，挽回损失9.39万吨，防治处置率98.6%；玉米病虫害累计发生面积15.07万公顷次，累计防治面积5.6万公顷次，挽回损失2.13万吨，防控处置率91.7%。

◆农资市场整治 2020年，西安市农业农村局先后印发《西安市农业农村局2020年农资打假专项治理行动实施方案》《西安市农业农村局关于组织开展2020年农资打假"春雷"专项行动的通知》《西安市农产品质量安全专项整治"利剑"行动方案》，在全市全面深入推进农产品质量安全专项整治及农资打假专项行动。年初召开全市农产品质量安全监管工作推进会。3月10日，召开全市农资打假专项行动视频会议，安排部署农资打假工作。"利剑"行动全年出动执法人员5920人次，检查生产经营主体2681家，发放宣传资料8468份，开展培训810场次。农资打假和农产品质量安全立案结案17个，罚没金额22.8万元。

（朱美涛）

畜牧业

◆概况 2020年，西安市畜牧业供给侧结构改革有序推进，坚持以品牌畜牧业为统领，以促进农民增收为核心，不断加快畜牧产业结构调整，继续优化产业区域布局，推进标准化规模生产，全市畜牧业保持健康平稳发展。截至年底，全市猪存栏30.13万头，比上年减少3.2%；牛存栏5.25万头，比上年增加1.7%；羊存栏7.26万只，比上年增加0.97%；禽类存栏641.6万只，比上年减少0.32%。肉、蛋、奶总产量分别为4.52万吨、5.22万吨、14.03万吨，比上年分别减少12%、减少3.1%、增加13.41%。全市共有71家饲料加工企业，年总产量89.11万吨，总产值48.38亿元。其中，西安禾丰饲料科技有限公司年产量21.77万吨；陕西正能农牧科技有限责任公司和陕西泾河石羊饲料有限公司年产量均突破10万吨。

◆标准化养殖 2020年，西安市立足养殖场区现状，从品种引进、场区布局、圈舍建设、设施设备、饲养管理以及档案记录等方面开展技术指导，提高养殖场标准化生产水平，全年新创建市级畜禽养殖标准化示范场17个。截至年底，全市有标准化示范场139个。培植一批智能化程度高、环境优美的美丽生态牧场，带动全市老旧规模养殖场标准化、智能化、景观化、粪污资源化改造升级。

◆畜禽良种繁育体系建设 2020年，西安市有效期内获证种畜禽场共31家，其中猪20家，鸡8家，羊3家。西安市奶牛育种中心种公牛站生产冻精21.2万支，鲜精活力达75%以上，自主培育6头种公牛在全国682头青年种公牛育种值综合评比中，得分进入前100名。西安鑫龙门农林科技有限公司（关中奶山羊）入选第一批省级奶山羊核心育种场。

◆畜禽养殖污染治理 2020年，西安市农业农村局按照源头减量、过程控制、末端利用的治理思路，以规模畜禽养殖场和养殖专业户为重点，以肥料化和能源化为主要利用方向，优化产业布局，提升粪污处理利用设施装备水平，培

西安鑫龙门农林科技有限公司关中奶山羊育种场

育处理主体，加强科技支撑，强化指导服务，开展绩效考核，深入推进畜禽养殖废弃物资源化利用，加快构建种养结合、农牧循环的可持续发展新格局。全市畜禽粪污综合利用率89.64%，规模养殖场粪污处理设施装备配套率100%。

◆动物疫病防控 2020年，西安市免疫家禽高致病禽流感1401万羽，免疫鸡新城疫1269万羽、猪口蹄疫75.28万头、牛口蹄疫7.53万头、羊口蹄疫34.91万只、奶牛口蹄疫（双价苗）5.29万头、羊小反刍兽疫20.28万只，畜禽应免密度100%，畜禽群体免疫密度90%以上，免疫抗体合格率70%以上，全年未发生区域性重大动物疫情。

◆兽医兽药管理 2020年，西安市继续加强兽药管理，深入开展兽药企业GSP认证（药品经营质量管理规范）。252家兽药企业通过检查验收认证，全年抽检兽药产品71批次，对涉嫌制售假劣兽药企业依法查处。畜产品兽药残留检测630批次，合格率100%。严格组织2020年全国执业兽医资格考试，取得执业兽医师资格证106人、执业助理兽医师资格证36人。（朱美涛）

渔　业

◆概况 2020年，西安市渔业工作以转方式、调结构为主线，推动渔业供给侧结构性改革，促进渔业转型升级，全年水产品产量1.11万吨，渔业经济总产值5.24亿元，水产品产地药残抽检合格率99%。

◆渔业产地监管 2020年，西安市严格落实无公害水产品健康养殖要求，积极推进池塘高标准改造，扎实开展健康养殖示范场创建，推动现代渔业设施和水生动物防疫体系建设，严格落实水产品健康养殖“五项制度”“两项登记”要求，加强水产养殖病害测报，完善水产品质量安全监管体系。

◆水产品质量安全 2020年，西安市配合国家级检测中心抽检10批次、74个样品，合格率99%。全市集中抽查饲料62批次、养殖水样213批次、鱼样626批次，检测合格率100%。

◆渔政执法 2020年，西安市加大渭河流域禁渔期执法力度，及时印发西安市禁渔期管理制度通告，先后出动宣传车120次，宣讲政策制度；科学调配人员，深入各区（县）天然水域组织巡查检查。持续开展打击破坏秦岭野生动物资源违法犯罪专项行动，全年收缴粘网2400余米、地笼380米、橡皮筏7支、电鱼工具7套，受理办结各类举报投诉35件，查获案件17起，没收违法捕捞渔获物174千克，与公安机关联合处理涉渔案件9起，刑拘11人。

◆渔业基础设施建设 2020年，西安市大力发展休闲渔业，积极引导稻渔综合种养与乡村休闲旅游、渔文化、科普教育、美食餐饮、休闲垂钓等协调发展。加快推进渔业养殖绿色发展，突出绿色渔业，推进养殖尾水循环利用或达标排放，建成一批槽道养殖、循环水养殖、鱼菜共生养殖模式发展典范。

◆增殖放流 2020年，西安市按照中央和陕西省要求，为改善水生生物种群结构，恢复天然水域渔业资源，修复水域生态环境，推进全市渔业可持续健康发展，安排放流资金60万元，在渭河、浐河等重要水域开展增殖放流活动，累计放流经济物种70万尾。

◆渔业新品种引进 2020年，西安市引进推广加州鲈、澳洲淡水龙虾、黄颡鱼等新品种3个，并在各区（县）推广养殖，取得较好效果，为渔民增收、推动渔业高质量发展奠定基础。（朱美涛）

农业水利

◆概况 2020年，西安市水务系统践行“节水优先、空间均衡、系统治理、两手发力”的新时期治水方针，坚持“水利工程补短板、水利行业强监管”的水利改革发展总基调，统筹做好水灾害防御、水资源节约、水生态修复和水环境治理。圆满完成各项防汛任务，开工农村饮水安全巩固提升工程150处，全市农村自来水普及率100%。

◆水灾害防御及河道管理 2020年，西安市水灾害防御工作立足防大汛、抗大洪、抢大险，做到思想早发动、工作早布置、措施早制定、人员物资早落实，全面做好应对极端灾害天气的各项准备工作。严格按照防汛值班要求，落实24小时防汛值班制度，认真组织水雨情监测预报，严密实施水库调度，严格水库汛限水位监管。全市水库无一垮坝，河道堤防无一决口，人员无一死亡，最大程度保障人民群众生命财产安全，圆满完成各项防汛任务。编制渭河西安段采砂规划；组织开展河道采砂专项整治，累计出动人数5540余次，查处违法采砂23起，行政处罚10余人，有效震慑违法采砂行为；开展河道垃圾、塑料污染整治行动。共排查问题29处，涉及漂浮物9处、倾倒生活垃圾9处和垃圾堆弃11处，排查出的河道垃圾和塑料均全部整治到位。组织各区（县）落实山洪灾害设施设备和责任人；组织区（县）开展山洪灾害非工程措施建设和预警体系指标复核，全省第一家复核验收。截至12月25日，中小河流治理项目共15个，完工6个，水毁防洪工程完工41个，完成投资24101万元，占年度投资的120%。对全市涉及的35条河道、32座水库岸线利用项目，开展两轮全面排查，共排查河湖岸线利用项目423个，经黄河水利委员会核查认定的4个需规范整改类项目，占全省187个违法违规问题的2%。采取一单一策、定期通报、现场督办等形式，积极督促相关区（县）加大整改力度，明确整改时限和责任人。周至、鄠邑、高陵整改方案编制已编制完成，为确保2021年6月底完成整改奠定坚实基础。组织编制智慧水务建设总体规划，积极推进灞河河道视频监控系统建设。将沣河、沣惠渠河道智能视频监控系统纳入2021年建设计划。利用防汛App、微信公众号宣传防汛知识，发布水雨情信息18[illegible]条。

◆农村饮水安全脱贫攻坚和巩固提升 2020年，西安市巩固提升农村供水工程150处，全市农村自来水普及率100%。开展行业扶贫“三排查三清零”工作，成立5个专项督导组，对112个省定贫困村进行拉网式检查，排查确认安全饮水问题248个，全部整改完成，如期实现整改任务清零。顺利通过国家脱贫攻坚成效考核，西安市水务局农村水利与水土保持处被水利部评为“农村饮水安全脱贫攻坚先进集体”。完成全市农村供水“十四五”规划编制工作，上报陕西省水利厅审核。有效解决渭北等地区苦咸水问题，申报氟改水项目资金推进项目建设，争取中央脱贫攻坚补短板补助资金5961万元，并拨付高陵、临潼、蓝田、西咸新区，5月底前完成全市氟改水工作。

◆农村水利建设 2020年，西安市水务局积极与陕西省水利厅对接，争取上级农村水利建设资金2.[illegible]亿元，比前两年中省投资增加1400万元，增幅48%。农村供水建设完成投资1200万元，占计划任务100%。争取抗旱经费，申请春季抗旱补助费300万元。组织开展垃圾围堰排查整治和农业灌溉水质监测等净土保卫战工作。完成中型灌区续建配套与改造项目申报，配合省水利厅完成灌区节水改造和续建项目方案上报及审查。

◆水务综合管理 2020年，西安市水务系统严格落实安全责任，健全体制机制，未发生一起生产安全责任事故。加强区县质量监督能力建设，组织对8个涉及水利工程建设区（县）、3个重点水利工程建设管理处年度的水利建设质量工作进行考核。陕西省水利厅对西安市水利建设质量考核工作，考核评为A等。开展全市水利建设市场主体信用信息评价工作，组织49家项目法人单位完成信用信息评价，完成水利工程开工备案项目40个，完成20个水利建设项目的竣工验收。全年完成开标项目74个，146个标段，合计金额约85.47亿元。（寇石峰）

农业机械

◆概况 2020年，西安市农业机械总动力247.84万千瓦，有拖拉机14967台。其中大型及以上拖拉机973台、中型拖拉机7972台、小型拖拉机6022台、条播机70台；与58.80千瓦及以上拖拉机配套的农机具18200台（套）。有耕整机2782台（套），微耕机24108台（套），机引犁13020台（套）。有播种机14010台，其中免耕播种机7708台、精量播种机6232台、条播机70台。有小麦联合收割机4068台，玉米联合收割机3881台，秸秆粉碎还田机6138台，打（压）捆机153台，植保无人机47台。全年完成机耕面积27.36万公顷，机播面积30.18万公顷，机收面积26.95万公顷，农机服务总收入8.63亿元。

◆农机产业化发展 2020年，西安市农业农村局积极推进农机化作业服务组织集约化发展，现有农机化作业服务组织136个。其中，拥有农机原值50万元（含50万元）以上的服务组织58个；拥有农机专业合作社87个；农机户10.46万人。其中，农机作业服务专业户达4.91万人；原值20万元（含20万元）以上的农机大户1125人。有农机修理厂及修理点137个。全年农机购置补贴资金4523.90万元，补贴机具7910台，受益农户8623户。

◆农作物秸秆综合利用 2020年，西安市农业农村局积极开展农作物秸秆综合利用工作，重点推广小麦机收秸秆切碎还田、小麦秸秆捡拾打捆、小麦带状旋耕施肥播种、玉米免耕精量播种、玉米旋耕灭茬覆盖播种、玉米机械化收获秸秆粉碎还田、玉米秸秆青贮收获、玉米秸秆挤丝揉搓等秸秆机械化综合利用技术，以利用促禁烧，实现资源进一步利用、环境进一步保护的目标。全市农作物秸秆机械化综合利用率95.3%。

◆农机监理 2020年，西安市农业农村局坚持以抓源头、除隐患、保安全为目标，全面落实农机免费管理惠农政策，加强安全宣传教育，开展隐患排查，确保农机安全生产形势稳定。全年新增注册登记拖拉机、联合收割机1321台，注册登记总数18575台；新增持证驾驶人595人，持证驾驶人总数10929人；注销农业机械1949台。农机、公安联合执法中队开展常年化、常态化执法工作，全年开展执法检查153天，排查农业机械3043台、农机合作社27家，纠正违章行为86例，整改安全隐患26处。

◆农机科技培训 2020年，西安市农业农村局认真履行西安市十项重点工作的“农机人才队伍建设及科技创新”任务，通过外出考察和实操实训等方式，累计培训2870人。创办“农机云课堂”，尝试构建“互联网+媒体+农机服务”新模式，围绕乡村振兴、农机转型升级等重点工作，采取“屏对屏”+“面对面”分层分类分批培训方式，积极开展线上培训，累计培训2万余人次。（朱美涛）

农产品质量安全监管

◆概况 2020年，西安市以农业高质量发展为目标，立足产前源头控制、产中过程监管、产后质量追溯三大环节，突出质量追溯覆盖、标准化生产、监测监管效能、品牌认证提升、模式机制创新五大抓手，持续提升农产品质量安全监管水平，人民群众“舌尖上的安全”得到有效保障，农产品质量效益和综合竞争力不断增强。

◆农业标准化生产 2020年，西安市农业农村局高标准完成农业地方标准的选题评审和农业生产技术规程征集工作，编制农业地方标准和农业生产技术规程38项，超额完成全年任务。建设市级标准化基地10个。加大特色农产品品牌培育力度，“灞桥樱桃”“同兴西瓜”“鄠邑杏”“马王草莓”“蓝田大杏”5个品种登录名特优新农产品名录，年产量6.3万吨。第二十一届中国绿色食品博览会上，临潼石榴红生态科技园参展的百福瑞石榴获展会金奖，西安银桥乳业入选“最美绿色食品企业”。

◆农产品质量安全检测及农产品质量提升 2020年，西安市着力加强农产品质检体系建设和农业标准化示范基地建设，强化有机、绿色农产品认证和管理，加大监测范围和数量，加强风险分析预警，有效提升全市农产品质量安全水平。配合农业农村部、陕西省农业农村厅完成种植业农产品质量安全例行监测和监督抽检10次、畜禽产品例行监测和监督抽检10次。全年完成快速检测各类农产品21.85万批次（全年任务15.4万批次）、定量检测3420批次（全年任务2720批次），检测合格率稳定在98%以上。围绕全市农产品生产重点产业、重点产品和重点区域，结合例行监测和日常监管，分别开展草莓、甜瓜、樱桃、桃、杏、葡萄、猕猴桃等7个产品专项抽检及农业产地环境土壤样品检测。

◆绿色、有机认证和地理标志产品保护 2020年，西安市认真落实农业农村部无公害农产品改革方案，积极推动无公害农产品转化和提升。加大绿色食品、有机农产品认证力度，全市已完成绿色食品、有机农产品认证21个，完成年度目标任务的140%。积极开展认证产品的监督检查、产品抽检、宣传培训、产品推介等活动。依托鄠邑区实施户县葡萄地理标志农产品保护工程，指导制定《户县葡萄地理标志农产品保护工程实施方案》，加强工程建设督查，确保项目建设落到实处、取得实效。（朱美涛）

扶贫开发

◆概况 2020年，西安市以“高质量打

玉米青贮作业

赢脱贫攻坚战、在全省绝对领先、在全国走在前列”为目标，聚焦脱贫攻坚圆满收官，只争朝夕、全力冲刺，脱贫成果持续巩固，年度任务高质量完成，脱贫攻坚战取得全面胜利。截至年底，全市73721户250414人建档立卡户全部脱贫，291个贫困村全部出列，周至县顺利摘帽，517户1770人脱贫监测户和373户1141人边缘户的致贫、返贫风险全面消除，贫困户人均纯收入由2015年的3788元增加到2019年的12613元，年均增幅27.2%，贫困群众生活条件明显改善，贫困地区基础设施明显改观、发展明显加速、发展活力明显增强、基层组织建设明显加强。

◆扶贫工作成效 2020年，西安市“三排查三清零”和“对标补短”工作先后11次受到陕西省通报表扬；消费扶贫“三专”建设和扶贫产品销售额，两项指标均排陕西省第一，全省消费扶贫“三专”建设现场会在西安市召开，国务院扶贫开发领导小组办公室向全国推广西安市“消费扶贫专柜”和“扶贫超市”运营模式；脱贫攻坚普查高质量完成，清查摸底在率先通过省级验收、一次性通过国家验收，现场登记阶段疑似问题核查消疑顺利通过国家审核验收；省级成效考核初步对接达到预期目标，国家第三方评估顺利通过；省考民调群众和“两代表一委员”满意度分别达到71.42%和96%，比上年分别提升7.36和2.4个百分点。

◆行业扶贫 2020年，西安市扶贫开发办公室围绕巩固成果，持续提高扶贫质量。教育扶贫方面，落实控辍保学“七长责任制”，全市19930名建档立卡家庭义务教育阶段学生实现零辍学，资助建档立卡家庭学生1.93万人次、1712.94万元，教育资助政策应享尽享。健康扶贫方面，大病专项救治病种增加到30种，大病患者专项救治率稳定保持在95%以上，慢病签约服务应签尽签，建档立卡贫困人口100%参加基本医疗保险和大病保险。安全住房方面，对全市所有农户住房情况开展全面排查、逐户核验，建立危房改造“四清一责任”改造机制，实现农村危房动态清零。安全饮水方面，全年实施农村饮水安全工程150处，完成投资1.2亿元。兜底保障方面，农村低保标准提高至6720元/（人·年），全市农村低保覆盖率达到2.67%。

◆扶贫工作“五重保障” 2020年，西安市扶贫开发办公室围绕年度脱贫攻坚目标任务，强化力量保障，380支驻村工作队签订《驻村帮扶责任书》，1416名“两新”干部和“四支队伍”培训实现全覆盖，省、市、县三级帮扶单位直

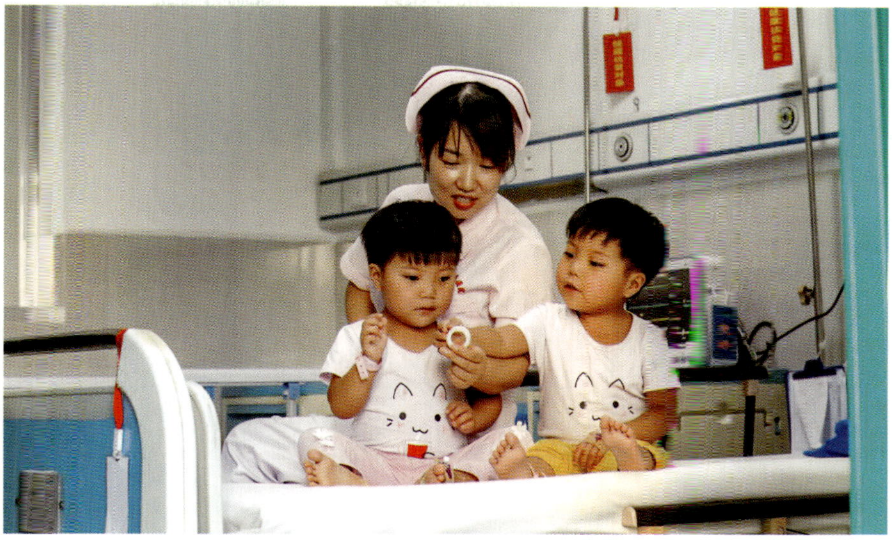

健康扶贫对象在接受治疗

接投入和协调引进资金2.24亿元，集中投入产业培育、基础设施和公共服务领域，实施帮扶项目689个，带动贫困人口135018人。强化资金保障，争取中央、陕西省财政专项扶贫资金17002万元，完成任务的106%，及时下达拨付中央、省级、市级预算资金5.47亿元。严格项目资金管理，确保用准用好。扎实做好对口帮扶，向陕南8个深度贫困县（区）投入帮扶资金3500万元，在46个产业项目上深度合作，航天雁塔帮扶团与白河县、西咸高陵帮扶团与汉滨区，共完成土地增减挂钩指标流转交易3.34亿元。强化工作保障，严格落实中央、陕西省为基层减负各项要求，实行“四督一考”，全年开展“大督战”1次，开展常态化督查暗访9次，以严督实考确保工作任务落实。强化舆论保障，扎实做好脱贫攻坚建档留史，完成2019年及以前年度精准扶贫档案整理。讲好新时代西安脱贫故事，组织开展全国第七个扶贫日32项、226个具体活动，全年西安市在中央级、省级媒体刊发各类稿件5332篇（次）。

◆扶贫上下联动 2020年，西安市印发《关于深入学习贯彻习近平总书记来陕考察重要讲话精神全面打赢脱贫攻坚战的实施方案》，明确12个市级牵头部门承担的17项具体任务，全面对标总书记指示要求，强力推进各项任务落实。坚持“四级书记抓脱贫”和以上率下。市级分管领导持续抓好行业领域扶贫工作，西安市人民代表大会、西安市政治协商委员会充分发挥民主监督作用，定期进行专项视察调研。各涉贫区（县）、开发区扛起主体责任，各行业部门夯实主管责任，承担帮扶任务的单位落实帮扶责任。

◆扶贫问题整改 2020年，西安市扶贫开发办公室有序开展动态调整，全市剩余5304户8533人贫困人口全部脱贫，无新识别、返贫户，无新增脱贫不稳定户和边缘易致贫户。扎实推进问题整改，全面认领中央、省级反馈的12个批次158个问题，已全部整改到位或取得阶段性成效。其中蓝田移民搬迁问题彻查彻改，整改成效显著。抓实抓细“三排查三清零”和“对标补短”，对全市1631个涉贫村、73721户建档立卡户、373户边缘户开展全面排查，实现脱贫任务、整改任务、漏点短板清零和“账账相符、账实相符”目标。扎实做好脱贫攻坚普查，全面完成周至县及264个涉贫村、24664户建档立卡户的普查工作。

◆疫情期间扶贫工作 2020年，西安市扶贫开发办公室积极应对疫情影响，全面落实陕西省“八项措施”，开展产业就业大排查活动，全市138家带贫益贫企业、41家就业扶贫基地、42家社区工厂及时复工复产；全市有7.1万户通过产业帮扶受益，占比95%，户均收入6800元，实现有条件、有能力、有意愿发展产业的贫困户产业帮扶全覆盖和中长线产业全覆盖；11.97万名贫困劳动力实现就业，比上年增长[illegible]%。疫情期间连续6次启动社会救助和保障标准与物价上涨挂钩联动机制，为全市城乡低保对象、特困人员发放价格补贴资金3377.74万元。全面巩固脱贫成果，市级层面建立7方面25项巩固脱贫成果“1+N”长效机制，全市共建立各类长效机制2479个，确保动态监测、政策落实、减贫增收、资产管理、后续扶持等持久落实、持续发挥效益。完善“四级联动”防止返贫致贫监测预警和帮扶机制，综合研判、因户施策、精准帮扶，确保不落一人、不漏一户。创新推进消费扶贫，建成消费扶贫线上线下专馆75个、专区1[illegible]个，均超额完成省定任务；整合全市运营专柜2642台，扶贫产品销售额6[illegible].65亿元。（朱润鹏）

工业·建筑业

责任编辑：冯冠术

综　述

◆概况　2020年，西安市深入贯彻落实习近平总书记来陕调研时重要讲话精神，面对疫情对工业经济造成的冲击和影响，聚焦建设先进制造业强市，按照“任务不减、目标不降”总要求，统筹抓好疫情防控和稳增长工作，省考市考指标平稳推进，工业平稳增长，质效显著提升。全市规模以上工业增加值比上年增长7%，高于全国4.2%，高于全省6%，增速在9个国家中心城市15个副省级城市名列前茅。全市工业投资增长15.2%，增速在副省级城市排名第一；工业技改投资增长69%。净增规模以上工业企业86户，非公经济增加值占GDP比重53.1%。

◆抗击疫情　2020年，西安市贯彻落实工信部20条和陕西省22条等加强疫情防控、推进经济发展的政策措施，出台西安市《有效应对疫情促进经济平稳发展的若干措施》及落实细则，通过采取优化政务服务、缓缴社保费用、稳岗扶持补贴、加大信贷支持等措施，进一步减轻企业负担，加快恢复生产，帮助企业渡过难关。成立工业系统疫情防控和复工复产2个领导小组，全力协调指导企业，下发《关于做好工业企业复工防疫工作的通知》，提出从组织领导、全面摸排、严格管理、消毒消杀、科学防护等10个方面帮助企业强化疫情防控，从强化落实、指导督促、为企服务、对接协调等6个方面做好企业复工服务的具体措施。针对疫情对企业生产经营的冲击和影响，采取处级干部驻企包抓方式，保障26户应急物资企业全力生产，确保应急使用。采取“一企一人”助企方式，协调民生企业加快生产，银桥、爱菊等47户企业连续生产或提前复工，保障民生供应。采取打通产业链、融通资金链、疏通物流链、畅通用工链等措施，解决企业用工、物流、配套等问题，确保3月底先进制造业企业全部复工复产。

◆先进制造业强市建设　2020年，西安市先进制造业主要指标任务按时完成。先进制造业总产值比上年增长23.7%，六大支柱产业完成总产值4381.97亿元，比上年增长23.7%。其中，电子信息1277.37亿元，比上年增长48.6%；汽车1224.13亿元，比上年增长19.9%；新能源、新材料843.06亿元，比上年增长33.4%。支柱产业发展高效推进，成立11个产业工作专班，针对“6+5+6+1”现代产业体系中产业链的短点、堵点和断点，开展强链、育链、固链、补链、延链工作。产业集群效应愈发明显。按照“龙头带动、政府推动、园区承载、市场运作”思路和“三交一化”方式，推进汽车产业集群建设，陕汽重卡10万辆扩能项目和一期12个项目有序推进。逐月开展“一月走一产业”活动，先后走进电子信息、汽车等六大支柱产业相关龙头企业进行调研。举办银企对接会，签约解决106亿元融资需求。组织相关产业集群参加国家先进制造业集群竞赛，航空产业集群成为西北地区唯一进入决赛的产业集群。召开电子信息、工业互联网、新材料新能源产业推进会，组织企业家座谈会暨“市长特别奖”颁奖典礼、2020中国汽车供应链大会、2020第二十八届中国西部国际装备制造业博览会等。7—11月，分别在西安、苏州、深圳举办4批次先进制造业企业家培训班，对西安市218名企业家进行交流授课，获得企业家高度评价和热烈反响。

◆工业运行情况　2020年，西安市工业

陕汽轩德E9纯电动厢式运输车

和信息化局按照月通报、季点评模式，定期召开工业运行会，分析研判存在问题，安排部署下阶段工作。前三季度，全市1607家规模以上工业企业实现利润269.8亿元，比上年增长31.2%；1—12月份，9户百亿元企业合计完成产值2921.42亿元，占全市工业总产值比重为46.9%，累计增长28.1%，有力支撑工业稳增长。

◆工业项目建设 2020年，西安市工业和信息化局明确总投资1901.3亿元的55个在建重点项目的时间节点、完成进度，每月进行调度督办。截至12月底，55个项目完成投资671.2亿元，超额完成全年投资计划，三星二期一阶段、隆基10GW单晶电池等当年新增产能项目按时完成，全年释放产能310余亿元。

◆工业园区发展 2020年，西安市出台《支持工业园区发展的实施意见》，确定1个“千亿级”和5个“百亿级”县域工业集中区，专项安排1.5亿元用于支持园区建设。召开两次区（县）、开发区园区建设现场观摩会，部署推进园区建设任务，形成市区联动、合力推进园区建设的良好氛围。西咸软件产业园、高新电子产业园、经开汽车产业园等6家园区获国家新型工业化产业示范基地发展质量评估“四星级”殊荣。

省级县域工业集中区 全市共有17个省级重点建设县域工业集中区，其中有3个省级示范重点建设县域工业集中区。全市工业集中区总规划面积245.16平方千米，其中工业规划面积162.77平方千米，占总规划面积的66.39%，现已建成65.87平方千米，占总规划面积的40.5%。全年实现工业总产值2003.82亿元；实现工业增加值343.15亿元；聚集企业2432户，其中规模以上工业企业358户；吸纳从业人员17.77万人。

小型微型企业创业创新基地 全市共有30家小型微型企业创业创新基地，其中国家小型微型企业创业创新示范基地13家。累计建成工业标准厂房304.93万平方米，有效促进小微企业快速成长和聚集发展，实现营业收入287.29亿元；实现增加值86.84亿元；聚集企业3327户，其中规模以上工业企业175户；吸纳从业人数6.37万人。

◆工业企业创新能力建设 2020年，西安市实施创新驱动战略，通过建设企业技术中心、技术创新示范企业、制造业创新中心等创新平台，鼓励企业提高自主创新能力。全年新增国家级企业技术中心1个、省级企业技术中心14个，新增省级制造业创新中心4个。征集下达技术创新项目1127项，其中达到国际先进149项、国内先进368项、国内领先610项。国家人工智能创新发展试验区、首个国家级硬科技创新示范区启动建设；西北地区首家知识产权保护中心落户；汽车、航天、鲲鹏计算产业创新联盟及智能传感器创新中心相继创立。

◆两化融合 2020年，西安市出台《加快5G系统建设与产业发展的实施意见》，截至12月底，新建成5G基站10826个，提前完成全年任务，基本实现核心城区和全运会场馆、重点产业聚集区等重点区域5G信号连片覆盖。

◆民营经济 2020年，西安市全面落实中小微企业惠企助企政策，帮助企业快速发展、壮大实力。截至年底，累计在册民营经济市场主体达到2383219户，比上年增长11.9%；实现非公有制经济增加值5317.42亿元；民间投资增长7.7%。新认定省级中小企业公共服务示范平台9家、市级17家；36户企业被工业和信息化部认定为专精特新“小巨人”（国家级），195户企业被认定为“专精特新”中小企业（省级）。

◆“十三五”工业发展 “十三五”时期（2016—2020年），西安市工业经济规模持续扩大、产业结构不断优化、创新引领能力增强、质量效益和集聚集约水平逐步提高，在统筹推进稳增长、促改革、调结构、防风险基础上，推动高质量发展。2020年，规模以上工业增加值增长7.0%，较2015年平均增长7.7%。规模以上工业总产值6400亿元，是2015年的1.46倍，年均增长7.8%。

先进制造体系初现 出台《加快建设先进制造业强市的实施意见》，聚焦“五强”目标，构建“6+5+6+1”现代产业体系。以汽车、电子信息等为核心的六大主导产业，以人工智能、5G等为核心的五大新兴产业和以现代金融、现代物流为核心的六大生产性服务业快速发展。2020年年底，六大主导产业完成产值4382亿元，占全市规上工业的68%。其中，汽车和电子信息制造两大产业迈入千亿级集群序列，分别达到1224亿元和1277亿元，成为全市工业经济核心增长极。

工业规模逐步扩大 实体经济稳步扩大，规模以上工业企业达到1607家，是2015年的1.46倍，2020年完成产值6400亿元。

招商引资成效显著 “千人亲商助企”活动成效显著，投资发展环境不断优化，招商引资成效进一步显现，三星闪存芯片、中兴通讯、吉利汽车、比亚迪汽车等一批重大项目相继落地建设，为全市工业经济持续增长奠定基础。2020年，西安拥有世界500强企业及分支机构239户，较2015年净增93户。

转型升级步伐加快 以企业技术改造投资为支撑，西安“十三五”期间工业投资累计数较“十二五”增长31%。全市工业企业信息化和智能化水平不断提高，有效促进传统制造业企业转型升级。城区工业聚集区综合改造成果显著，西安利君制药股份有限公司、清华德人西安幸福制药有限公司、西安铁路信号有限责任公司等一批企业相继退城入园、实施搬迁改造。

产业结构持续优化 高技术制造业、战略性新兴产业新引擎作用凸显。2020年，全市拥有高技术企业5215家，是2015年的4.01倍；2020年，规模以上高技术制造业工业总产值占规模以上工业的32.4%，增长23.4%；工业战略性新兴产业产值占43.9%，增长13.3%。装备制造业产值增长14.9%，占规模以上工业比重为70.1%。其中以高端环节为主的计算机通信及电子设备制造业产值增长42.0%，占规模以上工业比重为24.7%。

创新引领能力增强 “十三五”期间，国家首批第二家增材制造国家级制造业创新中心和光电子集成、贵金属材料等10家省级制造业创新中心正式获批，营养与健康食品、节能环保技术装备等7家省级制造业创新中心加快培育和筹建；全市共组织实施各类技术创新计划项目4000多项。新增市级以上企业技术中心180家，新增市级以上技术创新示范企业63户，工业企业创新能力进一步激发，研发投入稳步提高。

集聚集约水平提高 园区投入加大，累计建成标准化厂房1000万平方米，是2015年的1.6倍；累计建成1个国家级新区（西咸新区），4个国家级开发区和24个县域工业集中区。2020年年末，各产业园区累计入园规模以上企业1520家，占全市规模以上企业的95%；累计建成以工业园区为主要载体的7家国家新型工业化示范基地，涉及航空产业、汽车产业、电子信息、软件和信息服务和高技术转化应用（央地融合）等五大产业，在产业升级、两化融合、技术改造、自主创新、节能减排、效率效益、安全生产、区域品牌发展和人力资源充分利用等方面走在全国前列。

质量效益显著提升 “十三五”期

间，规模以上工业企业单位增加值能耗下降20%目标顺利完成，发展质量更加高效，累计入选工信部绿色产品5种、绿色工厂21家、绿色供应链2家、绿色园区2家、绿色制造系统解决方案供应商2家；累计精准摸排、分类整治散、乱、污企业12791户。落实淘汰落后产能“四法一政策”，共淘汰平板玻璃落后产能98万重量箱，钢铁行业落后产能2万吨，纺织行业落后产能450吨。经济效益持续提升，2020年全市1607家规模以上工业企业营业收入6255.8亿元，比上年增长4.7%，较2015年增长44.2%；实现利润总额436.0亿元，比上年增长46.9%，较2015年增长1.3倍。

融合步伐持续加快 西安国际互联网数据专用通道建成并投入使用，5G网络建设步伐加快，累计建设5G基站14929个；西安工业云平台上线运行，部署SaaS产品81个，平台注册总用户15190个，工业和信息化融合更加深入。制造业向服务型制造转型成效显著，累计新增智能制造及服务机构试点示范企业48户。初步形成涵盖6大军工行业、5种形态相互配套、集合3大功能的“653”央地融合发展格局。（李　汶）

◆西安工业投资集团有限公司 2020年，西安工业投资集团坚持稳中求进工作总基调，统筹疫情防控和经济社会发展，围绕“先进制造业强市”目标，努力扩大制造业规模，加大工业投资，狠抓重点项目，全面深化改革，高质量发展成效显著。全系统实现工业总产值112亿元，比上年增长23.5%，超计划12个百分点；营业收入135亿元，增长40%，超计划32%；利润总额7亿元，增长33.9%，超计划12.2%；利税总额11亿元，增长23.05%，超计划22.6%。各项指标较“十三五”初实现翻番。

疫情防控 坚持科学防控，快速全面复产，确保全系统8000余名干部职工全员健康返岗复工，保障全系统5万余户居民生命安全、生活稳定；累计向非公企业、个体工商户及小微企业减免租金2300万元；仅用3个月时间，实现系统企业全面恢复正常生产运行，经营指标逆势上扬。

推动传统制造业转型升级 陕鼓集团全球最大轴流压缩机试车圆满完成，“1+7”分布式能源系统亮相“第三届中国国际进口博览会”，进入“中国机械500强”前100名，再获“中国工业大奖”。西安市西无二电子信息集团公司加大压敏、电容研发生产，融入促进国内国际双循环，向海外供应医疗设备电子元件。陕西重型机械制造有限公司签订正阳大道、元朔路、尚稷路等钢桥订单总量1.78万吨，朱宏路、阿房一路立交桥项目交付使用。西安太阳食品有限公司协同推进商超批发及线上营销，工艺流程全线升级。西安标准电梯有限公司、西安标准热处理有限责任公司等企业应对市场挑战，保持平稳发展。西安海红轴承有限公司、西安西锻机床有限公司、西安电器开关有限公司等企业面对困难积极调整，实现大幅减亏。泾阳工业园区承载规模持续提升，规划建设标准化工业厂房，为后续产业培育和发展做好先导筹划；推动园区产业链协同完整，引入“福莱帕特”飞机部件维修服务项目、钢材加工商贸项目；响应黄河流域生态保护要求，支持泾河河堤建设与河道治理，启动部分土地有偿交储和地上设施搬迁，促进产业园区绿色高质量发展。

投资布局新兴重大战略项目 推进中共西安市委、西安市人民政府安排的重大投资项目，协调各出资单位对中航西飞民机公司投资，成功筹集二期出资5亿元。加大校企、院企交流合作，调研新材料、高科技项目20余个，西安天力金属复合材料、菲尔特金属过滤材料2个项目取得实质性进展。对西部新锆核材料科技有限公司、西安聚能高温合金材料科技有限公司分别二次增资2450万元、1250万元。对参股企业提交的70余项议案履行股东决策程序。加速构建新材料投资板块，抢占高科技投资研发应用新高地。

优化资本运营格局 完善制度机制建设，成立产业投资咨询委员会、风险控制委员会、违规投资经营责任追究委员会，进一步规范投资决策流程。积极探索集团持股的上市公司市值管理，制订市值管理方案并推进实施。在已获证监会批准12亿元公司债发行额度基础上，发行首期8亿元公司债。集团获“2020陕西省创投风投榜之优秀国有企业”。

资产盘活 坚持招大引强，衡器厂电子大楼、铜材厂东厂区、电梯厂等老旧厂房场地实现整体招租。太阳食品老厂区引进的量子晨双创产业园项目投入运营，陕西省、西安市主要领导先后前往考察调研，给予高度评价。

企业改革 对新划入7户科技和金融服务类企业调研摸底和业务梳理，完成股权划转。标准集团划入陕鼓集团管理并实现扭亏。完成全部30户“僵尸企业”处置，减少法人户数65户，对25户企业实施混改，23户企业实现扭亏，按市政府统一部署，133个国企家属区及相关资产、物业服务职能、41312名退休人员全部移交属地区（县）管理。

（黄　海）

汽车制造

◆概况 2020年，陕西省汽车产业实现产值约2000亿元，比上年增长8.2%；汽车累计产量62.83万辆，销量61.62万辆，比上年分别增长14.78%和11.84%。产销量增速位于全国各主要汽车生产省份第一位，双双创出历史最好水平。陕西汽车控股集团有限公司生产和销售汽车分别达24.38万辆和23.51万辆，比上年增长26.8%和25.77%；西安比亚迪汽车有限公司生产和销售汽车分别达25.44万辆和25.1万辆，比上年增长8.72%和3.32%；宝鸡吉利汽车有限公司生产和销售汽车分别达13.01万辆以上，比上年均增长7.78%。陕西法士特汽车传动集团有限责任公司生产和销售变速器分别达118万台以上，实现营业收入249亿元，比上年增长24%，多项生产经营指标再创历史最好水平，重型汽车变速器年产销量连续15年稳居世界第一位。陕西汉德车桥有限公司全年生产和销售各类车桥分别达到110万根以上，均比上年增长41%，实现营业收入127亿元，比上年增长36%，连续5年产销规模居全国车桥行业第一位。以重卡为核心的陕汽商用车整车规模上升，带动零配件配套产业迈上新的台阶，形成从发动机、变速器、车桥到油箱、支架、线束等零部件配套产业体系。高附加值产品快速增长，动力总成产品不断拓展到省外及国际市场，电池、电机、电控系统、天然气瓶等新能源汽车零部件实现突破。产业聚集效应进一步显现，陕西省初步形成以西安经开区、西安高新区、宝鸡蔡家坡地区为重要支撑，辐射咸阳、铜川、安康等市的零部件配套产业格局。北汽集团国家新能源汽车技术创新中心新能源汽车技术创新园与动力电池产业园项目、法士特智能工厂项目、宝能汽车集团西安基地绿色智慧工厂等相继在陕西投入巨资建设、投产的项目，为陕西省汽车行业发展注入新动能。西安在整车制造基础上，凭借科技创新、政策支持等吸引越来越多的汽车制造企业。宝能、比亚迪等开发出不同类型的制造技术，在智能化生产上向国际标准看齐。法士特西安高新厂区智能化生产线顺利下线，突破重要技术壁垒，打造新的制造能级。法士特已连续14年重型汽车变速器产销量世界第一。西安汽车产业保持较快增长，现拥有规模以上汽车生产企业86家，从业人员约8.5万人，总资产达1000亿元以上。其中，高新技术产业开发区聚集整车制造企业3家，关键零部件企业30余家，基础设施配套服务企业20余家，汽车销售服务企业30余家。三星SDI、华为、中兴等汽车动力电池、汽车智能电子等新能源汽车配套企业，形成西安新能源汽车科技创新谷、经开区汽车产业园等多个承载汽车整车、零部件制造的产业园区。西安已形成"一南一北"两大汽车产业集聚区。城南以高新区、鄠邑区为依托，以比亚迪、南京金龙开沃为支撑，形成集汽车新技术研发、应用、测试为一体的高新区汽车产业集群。城北以经开区、秦汉新城、高陵区为依托，以陕汽、吉利、宝能汽车为支撑，形成集商用、乘用车和汽车零部件为一体的渭北汽车产业集群。西安汽车制造已经成为主导全城产业的领头军之一，成为辅助配套产业、拉动经济增长的重要因素。

◆陕西汽车控股集团有限公司　2020年，陕汽集团按照国资国企改革三年行动方案，立足"十四五"发展目标，深化改革，积极推动将陕汽控股纳入"双百企业"，全面推进"双百行动"综合改革，通过改革创新激活发展动能，促进企业高质量发展。从加速推进下属企业进入资本市场、深化混合所有制改革、健全中国特色现代企业制度、完善市场化经营机制、健全激励约束机制、持续提升管理水平和推动企业创新发展7个方面制定综合改革方案，明确21项改革任务。习近平总书记亲临陕汽视察，做出发展"新模式、新业态、新技术、新产品"的重要指示，成为指引陕汽未来发展的强大动力。陕汽坚持疫情防控与生产经营两手抓，跑出满产超产加速度，全年销售汽车23.5万辆，比上年增长26.5%，营业收入930亿元，比上年增长25.6%，实现工业总产值1039亿元，比上年增长20%，企业经营效益再创历史新高，位居中国制造业500强第120位。全年收集创新成果737项，比上年增长67%，其中小微创新比上年增长73%。

◆陕西法士特汽车传动集团有限责任公司　2020年，企业始终保持战略定力，从严落实中央、陕西省要求，精准施策科学战疫，率先带动产业链上下游第一时间复工复产，保持"目标不变、任务不减、考核不松"发展宗旨，奋力夺取疫情防控和生产经营双胜利。产销再创历史新纪录，全年累计销售变速器总成118万台，比上年增长18%；实现销售收入[illegible]49亿元，比上年增长24%。变速器产销累计双超千万台，成为中国重型变速器行业发展一大创举。企业各项经营指标连续18年名列全国齿轮行业第一，重型汽车变速器年产销量连续15年稳居世界第一。国有资产持续保值增值，始终保持行业领先优势，先后获"中国工业大奖"、"国家级绿色工厂"、陕西省国资委系统"2020年度稳增长突出贡献奖"等多项荣誉称号。　　（冯冠杰）

输变电及控制设备制造

◆概况　2020年，中国西电集团有限公司面对复杂严峻的国内外形势和新冠疫情冲击，按照"六稳""六保"工作要求，一手抓"抗疫防疫"、一手抓"生产经营"，坚持全年目标不变、任务不减、标准不降，全年经济运行态势先抑后扬，主要经营指标稳中有增，实现产销双增长，全面完成国务院国资委提出的"两个力争"任务目标，取得高质量经营成果。工业总产值比上年增长5%，营业总收入比上年增长3.5%，净利润比上年增长21.1%，研发投入强度达到4.3%。全年在陕西省采购配套率52.19%，比上年提升2.39个百分点。

◆西电集团抗击疫情　2020年，中国西电集团有限公司抗疫、保增长取得"双胜利"。集团党委科学防控、守土有责，实现全体员工疫情零感染。疫情期间，圆满完成西安市公共卫生服务中心供电保障工程建设和国电霍州电厂、国网西安纺织城变电站、山西榆次电厂等设备抢修任务。克服供应链和运输链不畅等困难，率先复产复工，全力保供履约，有力保障"乌东德"柔性直流及"青海—河南""陕北—武汉"特高压直流等国家重点工程建设。多措并举有效对冲疫情和特高压项目减少等不利影响，努力开拓市场，稳住新增订货基本盘。紧抓春节过后海外疫情暴发前的有利时机，抢抓海外市场，确保全年海外订货与上年持平，实现全年新增订货稳中有增目标。年末，国务院国有资产监督管理委员会党委对中国西电集团抗疫先进个人和先进集体进行表彰。中国西电集团（总部）伍小威、西安西电高压开关有限责任公司薛海雷、西安西电国际工程有限责任公司分别获得先进个人和先进集体。

◆西电集团"十三五"成就　"十三五"时期，中国西电集团有限公司创新发展思路，坚守主责主业，励精图治，积极履行央企使命。确立建成"世界一流智慧电气系统解决方案服务商"战略目标，丰富"主业突出，相关多元"发展路径，明确"装备制造+互联网+智能化"聚焦主业、搞活配套、盘活存量、加快发展新业务的发展思路。

保障国家重大工程建设　先后为世界电压等级最高的昌吉—古泉特高压直流输电工程、海拔最高的滇西北—广东特高压直流输电工程、世界首条多端柔性特高压直流输电工程，以及我国特高压技术"走出去"首个项目——巴西美丽山特高压直流工程等提供关键输配电设备和服务。西电集团坚持技术创新不动摇，构建三级研发体系，完成107项关键核心技术研发任务，培育引进50余名年轻骨干科技人才。获国家科学技术奖4项（其中特等奖1项）、国家专利奖1项、省部级政府科技奖73项。

转型升级　初步完成"强总部、大产业"的管控模式变革，集团总部由服务型向管理型、引领型转变，产业公司由"大而全、小而全"向突出核心竞争力转变。依托专项改革试点，探索配套业务单元混改，推行经理层任期制和契约化管理；实施中长期激励，差异化薪酬、科研项目跟投、超额利润分享、科研项目分红等机制改革试点落地见效。"三供一业"和退休人员社会化管理移交、厂办大集体改革等主要任务基本完成。

◆西电集团企业发展　2020年，中国西电集团有限公司加强市场分析与营销管控，突出市场导向，拓展目标市场、创新营销模式，多措并举强力应对疫情和特高压项目大幅减少的不利影响，稳住市场订货基本盘，全年订货稳中有增。加大科技创新力度，深化技术与市场对接机制，开展轨道交通和分布式能源等领域的布局开拓，发挥资源配置功能和协同效应，培育新业务拓展；加快推进战略性新兴产业，不断发掘新业务合作标的，与多家企业开展交流合作，引领新业务拓展。全面提升供给能力和质量水平。坚持"产品质量是企业发展的生命"，通过现场走访、召开监造代表座谈会等方式了解用户需求，及时反馈改善成果。所属西安西电电力系统有限公司获南方电网优秀供应链合作伙伴荣誉。坚持问题导向，加快数字化设计和制造工艺改进提升，全力确保产品运行可靠性。

◆西电集团主要产品　2020年，中国西电集团有限公司主要产品产量总体保持增长，变压器产品产量比上年增长2%，互感器产品产量增长5.2%，全封闭组合电器产品产量增长8.4%，高压断路器产品增长40.7%，直流换流阀产量增长4%，氧化锌避雷器产品产量增长78.5%，电缆产品产量增长18%。互感器、电力电容器、隔离开关、绝缘制品产量有不同程度下降。

◆西电集团科技创新 2020年，中国西电集团有限公司始终坚持战略引领、贯彻市场导向、支持转型升级与高质量发展，强化关键核心技术攻关，不断开展重大装备成套研发、系统集成开发及新技术超前部署。圆满完成服务国家战略项目，自主研制的乌东德水电站工程用500kV竖井管道母线和电气制动开关已成功投运。自主研制出国内首支±800kV阀侧套管和穿墙套管，并成功应用于“青海—河南”特高压直流输电工程。发电机保护断路器、光控阀基电子设备等战略性产品相继实现技术突破。在高压/超高压/特高压交/直流输电、柔性交/直流输电、中压配电设备与成套等业务领域开展重大装备技术攻关，在新能源、控制保护、微电网、电力储能、电线电缆、电气绝缘材料等业务领域开展关键技术与产品研发，全年完成国级项目鉴定验收15项，国际领先12项。与产业链上下游企业、高等院校和科研院所合作，提升产业链创新能力。西安西电开关电气有限公司与南方电网联合开展“抽水蓄能机组成套开关设备”等项目研发；西安西电高压开关有限责任公司针对10kV柔性直流配网，与西安交通大学合作开展分布式能源多端口变换系统和10kV直流断路器等项目研发，并中标直流配电网示范工程；电力工程事业部以西电电力系统为支撑，在欧洲海上风电领域突破性中标荷兰±525kV/2GW海上风电柔直系统研究咨询项目，基本具备与国际知名公司在柔直送出领域同台竞技的能力。科技管理部在集团与西安交通大学双方高层交流会谈基础上，积极组织各企业开展厂校对接，形成包括基础技术、材料技术、产品技术、集成技术在内的8个技术领域18个科研合作项目，强化基础技术研究。8月，首次由中国主导的3项绝缘子IEC标准正式发布，标志着西电集团积极参与国际标准化工作取得又一个突破，进一步提升集团以及我国在绝缘子领域技术发展的先进性和国际标准化工作影响力。由集团所属企业参与完成、国家技术标准创新基地（直流输电及电力电子技术）推荐的《柔性直流输电换流器技术规范》GB/T 34139—2017等6项标准，获中国标准创新贡献奖二等奖。西电集团获陕西省科学技术进步奖6项，其中，一等奖2项、二等奖1项、三等奖3项。领导班子管理团队获得西安市首届“市长特别奖”。集团所属西安西电高压开关操动机构有限责任公司获得工业和信息化部第二批专精特新“小巨人”企业。集团所属陕西宝光真空电器股份有限公司荣获工业和信息化部“制造业单项冠军示范企业”。张文兵被评为全国劳动模范；王超洋当选全国青联委员；牛增慧等6名职工被授予“陕西省五一劳动奖章”“陕西省技术能手”荣誉称号；胡步洲被授予“三秦工匠”荣誉称号；14名职工分别被授予“西安市劳模”“西安工匠”等市级荣誉称号。

（皇甫泓玮）

电力工业

◆概况 2020年，西安地区发电装机总容量227.92万千瓦，全网发电量863363万千瓦时。其中，统调电厂发电量793686万千瓦时，比上年增长14.79%；非统调电厂发电量69677万千瓦时，比上年下降4.57%。统调电厂发电量中，大唐灞桥热电有限公司发电量99097万千瓦时；大唐灞桥电厂新机组发电量268602万千瓦时；大唐户县第二热电厂发电量297011万千瓦时。截至年底，管辖35千伏及以上变电站173座，容量2884万千伏安。其中，330千伏站16座；110千伏站132座；35千伏站25座。35千伏以上线路395条、4602千米；10千伏线路2025条、13546千米；公网配变22955台，用电客户383万户。全年完成售电量367.53亿千瓦时，2020年迎峰度夏期间电网最大负荷804万千瓦，最大日用电量15530万千瓦时，电网保持安全平稳运行。

◆电网建设 2020年，国家电网西安供电公司首次提前完成年度电网建设计划，取得10项可研批复、10项工程核准，投产110千伏创意谷等13项输变电工程、163万千伏安。完成253项往年配网工程清理。投入1200余人全天候攻坚市政配套建设，投运330千伏奥体变等17项97亿元核心区域迎全运电力配套工程，完成北辰大道、地铁等231项迁改和迎全运63条177千米架空线落地，19个重要场馆实现双电源供电，为“十四运”配套工程按期竣工奠定基础。提速推进省市重点工程东北部330千伏架空线迁改落地工程，用时9个月完成一期建设，工期仅为国内同类型工程的40%，完成敷设59千米电缆，建成国内首个超高压电缆集中补偿站——林溪高抗站，在建设速度、技术难度上取得多项国内外新突破。开展“大干三百天、实现零跳闸”专项行动，制定11类39项工作措施，治理隐患缺陷333条，储备1.9亿元423项配网基建项目。

◆电网营销服务 2020年，国家电网西安供电公司坚持“人民至上、生命至上”，保障117家重点抗疫单位可靠用电，支援武汉供电公司慰问物资50万

2020年4月12日，国网西安供电公司组织实施110千伏苑浐线检修消缺作业，确保输电线路安全可靠运行　（摄影/呼啸）

西安市2020年用电结构分析表

行业名称	本期	用电结构比（%）	上年同期	用电结构比（%）	同比增长率（%）
全社会用电合计	3708393.672	100.0000	3751070.639	[illegible]	-1.14
第一产业	27250.289	0.7348	21307.9392	[illegible]	27.89
第二产业	1312500.481	35.3927	1268441.883	[illegible]	3.47
第三产业	1356187.962	36.5708	1399259.003	[illegible]	-3.08
城乡居民生活	1012454.94	27.3017	1062061.814	[illegible]	-4.67
城镇居民	715557.9163	19.2956	753517.8097	[illegible]	-5.04
乡村居民	296897.0237	8.0061	308544.0046	[illegible]	-3.77
全行业用电分类	2695938.732	72.6983	2689008.825	[illegible]	0.26
一、农、林、牧、渔业	62104.8799	1.6747	65413.953	[illegible]	-5.06
其中，排灌	23137.0144	0.6239	30146.7918	[illegible]	-23.25
二、工业	1210619.047	32.6454	1168500.007	[illegible]	3.6
采矿业	30175.1948	0.8137	30335.6801	[illegible]	-0.53
制造业	914309.0033	24.6551	825932.4651	[illegible]	10.7
电力、热力、燃气及水生产和供应业	266134.8486	7.1766	312231.8614	[illegible]	-14.76
三、建筑业	103906.9538	2.8019	106098.4917	[illegible]	-2.07
四、交通运输、仓储和邮政业	164787.6906	4.4436	153646.8423	[illegible]	7.25
五、信息传输、软件和信息技术服务业	99608.3166	2.6860	90744.5399	[illegible]	9.77
六、批发和零售业	352851.134	9.5149	343381.6742	[illegible]	2.76
七、住宿和餐饮业	81533.2784	2.1986	94971.4209	[illegible]	-14.15
八、金融业	13485.5316	0.3636	13414.5478	[illegible]	0.53
九、房地产业	174864.8744	4.7154	193164.1141	[illegible]	-9.47
十、租赁和商务服务业	33667.8693	0.9079	27766.6125	[illegible]	21.25
十一、公共服务及管理组织	398509.1562	10.7461	431906.6219	[illegible]	-7.73

西安市2020年工业制造行业用电增长情况表

行业名称	同比增长率（%）	行业名称	同比增长率（%）
农副食品加工业	2.01	橡胶和塑料制品业	22.90
食品制造业	4.40	非金属矿物制品业	40.68
酒、饮料及精制茶制造业	-1.22	黑色金属冶炼和压延加工业	23.80
烟草制品业	-8.82	有色金属冶炼和压延加工业	0.96
纺织业	-25.60	金属制品业	-15.73
纺织服装、服饰业	-13.03	通用设备制造业	-6.17
皮革、毛皮、羽毛及其制品和制鞋业	-3.02	专用设备制造业	-4.81
木材加工和木、竹、藤、棕、草制品业	14.95	汽车制造业	13.35
家具制造业	-4.46	铁路、船舶、航空航天和其他运输设备制造业	5.60
造纸和纸制品业	-8.96	电气机械和器材制造业	9.22
印刷和记录媒介复制业	1.39	计算机、通信和其他电子设备制造业	26.73
文教、工美、体育和娱乐用品制造业	-11.88	仪器仪表制造业	32.95
石油、煤炭及其他燃料加工业	-20.43	其他制造业	9.81
化学原料和化学制品制造业	11.06	废弃资源综合利用业	-0.22
医药制造业	24.60	金属制品、机械和设备修理业	-67.10
化学纤维制造业	-28.82		

元，选派7人驰援河北抗疫保电。创新报送电力景气指数58次，全市率先开复工3批次16项重点工程。实施大用户直接交易97亿千瓦时，落实各项用电优惠政策，减免企业用电成本6.53亿元，助力地方经济发展。5篇抗疫新闻被中央媒体报道。持续优化电力营商环境。深化“三零三省”服务和“136”服务举措，高、低压报装平均时长分别压缩43.18%和36.97%，时限达标率保持100%，全年新增报装容量30.6万户、733万千伏安。实行“互联网+”业务办理模式，推进用电业务线上办、网上办、指尖办，“网上国网”与政府政务服务平台实现“一网通办”，用户注册超过60万户。为重要用户提供定制化用能方案，提前投运三星二期、隆基绿能等31项重要客户工程，为全市招商引资贡献力量。城乡供电质量有效提升。成立带电作业公司，开展不停电作业2120次、同比增长49%。全口径供电可靠率提升0.044%，停电时户数比上年下降19.2%；迎峰度夏重过载线路比上年降低43.5%；3次及以上频繁停线路降低69%；长期低电压配变比上年下降48.31%；全年投诉总量下降17.95%。全年开展电商扶贫4次，助力消费扶贫95.85万元，光伏扶贫结算电费314.45万元，足额发放到户。完成70项7860万元人居环境电力提升工程和2项60万元定点扶贫任务。

◆电力安全生产 2020年，国家电网西安供电公司全年完成全口径作业任务总计2.08万项，超额完成330千伏何寨变主变大修等2022项春秋检任务，完成电缆通道应急补强677千米、标准化治理144项150.5千米，全力做好在建453个市级重点项目供电支撑。精准开展负荷预测、电网运行情况分析，强化调度控制，投运40项迎峰度夏重点工程，面对史上最严重的低温雨雪冰冻灾害和冬季负荷9创新高的双重压力，保证电网安全平稳运行、全市优质可靠供电。提前谋划“十四运”保供电任务，建立联合指挥中心、前线指挥中心，滚动修订“十四运”保电方案12次，与政府14个部门联合开展西安市“十四运”期间大面积停电应急演练，对全运会各场馆及周边重要客户逐个排查，及时下发安全隐患整改通知单，帮助客户治理缺陷隐患。深入分析西安市高危及重要客户用电特性，制定“一户一预案”，定期开展用电风险隐患排查，确保高危及重要客户电力连续可靠供应。全年开展各类应急演练19场900余人次，圆满完成习近平总书记来陕考察等90余项政治保电任务。

（陈　峰）

建筑业

◆概况 2020年，西安市实现建筑业总产值5124.37亿元，比上年增长13.5%；建筑业占全市地区生产总值比重为15.4%，比上年提高1.7个百分点。全市建筑业共签订合同额14117.79亿元，增长21.6%。西安市住房和城乡建设局依据《西安市城乡建设委员会关于进一步加强建筑市场信用信息管理工作的通知》，进一步规范全市住建市场信用信息工作。按照“谁产生、谁负责、谁公示”及“应示尽示”的原则，明确各区（县）、开发区可自行发布的信用信息类别、渠道、管理机制等，并对信用信息采集、发布及修复工作做出明确要求。全市共上传不良信用信息150条，修复23家企业的一般不良信用信息。按照西安市人民政府办公厅《关于支持实体经济发展若干财税措施的意见》确定的有关奖励措施和相关要求，西安市住房和城乡建设局会同西安市财政局印发《关于明确西安市支持建筑业高质量发展奖励措施申报工作的通知》，并开展西安市2019年度建筑业高质量发展奖励申报工作，奖励建筑业企业41家，奖励金额2830万元，进一步鼓励本地优质建筑业企业转型升级、做大做强，引导外地优势企业落户西安。开展5届“长安建筑大工匠”评选活动，统筹技能培训、实操训练、考核评价与现场施工进行综合评定，表彰命名115名“长安建筑大工匠”。

◆平台建设 2020年，西安市住房和城乡建设局研发上线西安市住建政务OA平台，依托市级政务资源共享平台和“一网通办平台”，完成全局自建系统对接整合、数据归集和共享应用工作。截至年底，归集电子证照和办事材料7类，累计归集数据超过5.6亿条；调用公安、工商、税务等十余个数据共享接口，累计调用大数据接口682万次。开展“十项重点工作报送系统”、“老旧小区管理系统”、“装饰装修企业管理系统”、政务OA平台等十余个子系统的升级开发。依托“互联网+”思维和手段，着力打造住建“智慧政务”，为群众提供全方位、多维度政务服务。利用GIS技术，网站推出保障性住房项目地图服务，实现在地图上查看全市保障项目分布、房源套数、周边配套等情况。商品住房销售公示平台（原意向登记平台）全年新增注册人数13万人，累计注册人数超过38万人，累计登记项目约1000个。形成以房产交易大厦主生产数据中心、西安市大数据局机房同城数据灾备中心、重庆电信异地数据灾备中心的“两地三中心”灾备模式，信息系统防护达到等保三级标准。市住建局“保障性住房管理服务平台”和“智慧政务”两个项目，获市级“2020年数字西安建设优秀成果”奖，其中“保障性住房管理服务平台”入选代表西安市参加“2020数字陕西建设优秀成果和典型案例”展览会。

◆施工许可办理 2020年，西安市住房和城乡建设局全年核发施工许可证175个（含变更）。其中建筑类103个，建筑面积599.04万平方米；市政类71个，建设规模231.67万平方米；装修类1个，建筑面积1.54万平方米。建筑资质方面，受理、审批新申请和增项企业4632家，接待办事群众9000余人次。

◆征收建筑工程劳保统筹基金 2020年，西安市市本级和全市21个区（县）、开发区统筹代办站全年共收取劳保统筹基金35.86亿元。其中，市本级收取4.75亿元；区（县）、开发区统筹站（代办站）收取31.11亿元，超额完成陕西省住房和城乡建设厅下达的征收目标任务。

◆城市配套费征收 2020年，西安市住房和城乡建设局征收城建费用9.76亿元。其中，城市配套费7.11亿元；人防易地建设费207万元；工程劳保费2.63亿元；超额完成计划3.5亿元城市配套费征收目标任务，实际征收3.61亿元。

◆质量安全监管 2020年，西安市有在建房屋建筑工程1175个、房屋建筑工程1112个、城棚改建筑工程4个、市政基础设施工程22个、轨道交通工程标段37个。全年房屋建筑工程领域未发生较大以上安全生产事故，安全生产形势总体稳定。

工程质量　推动落实工程质量安全三年提升行动，严格执行“两书一牌一档案”制（“两书”：质量终身负责制承诺书、法定代表人授权书；“一牌”：工程永久性标示牌；“一档案”：质量责任信息档案），加强对六大类主要建材构配件的抽查抽测，开展工程质量通病治理工作。全市有2个项目获得“鲁班奖”（高新延长石油超高层、理工大图书馆），29个项目获得“长安杯”，34个项目获得“雁塔杯"，151个项目获得"西安市优质结构工程"。全年验收评定市级文明工地2批，共计160个项目；推荐上报省级文明工地2批，共计154个项目。

安全监管 组织召开全市建筑安全委员会3次，全市质量安全执法检查抽查在监项目1104个，下发督办意见函112份，发现并整改安全隐患6332余处，整改率100%，通报项目70个，处罚金额555.76万元。

建筑劳务用工改革 推进新时期建筑产业工人队伍建设，在建筑领域开展第五届长安建筑大工匠比武竞赛，授予喻兴平等18名"长安建筑大工匠"荣誉称号，在社会和建筑行业中引起强烈关注和共鸣。

◆勘察设计行业管理 2020年，西安市住房和城乡建设局完成施工图数字化审图平台建设，10月，实现施工图全面线上审查，实现全程留痕、数字存档、部门共享、便捷高效，全年完成审查285项，建筑面积2756万平方米；形成《西安地区岩土工程勘察规程》《老年公寓建筑设计标准》《全装修住宅施工图审查要点》等技术标准征求意见稿。4月，指导西安市勘察设计协会开展西安市优秀青年勘察设计师评选活动，激励广大青年设计师锐意进取，全市300多名行业优秀代表参加评选活动，经初评、终评、投票、公示，建筑、结构、给排水、暖通、电气、岩土勘察、市政等专业34名勘察设计师获奖。

◆建筑装饰市场管理 2020年，西安市住房和城乡建设局推进行业立法工作，邀请西安市人大常委会法工委、西安市司法局开展专项调研活动，为《西安市建筑装饰装修条例》修改工作提供法律支撑；对5个取得施工许可证的项目进行质量安全监督检查29次，起草印发《关于加强建筑装饰领域安全生产工作的通知》，开展全装修住宅建设情况统计基础工作；配合机关事务服务中心进行9次楼堂馆所装饰工程现场勘察；以"双随机一公开"的方式对132家企业进行动态考核；开展建设工地扬尘和挥发性污染物检查589个次，发出移送单84份；受理办结各类投诉176起。

◆建设工程招投标管理 2020年，西安市住房和城乡建设局印发《关于进一步加强房屋建筑和市政基础设施工程招标投标监督管理工作的通知》《关于加强房屋建筑和市政基础设施工程招标代理管理的通知》，组织开展工程总承包招标业务培训，完成招投标领域营商环境国考相关工作，指导区（县、开发区）做好基础教育、卫生健康、"三改一通一落地"等重点项目招投标服务工作，完成143个市本级政府投资建设项目招投标监管；组织开展工程造价数据监测工作，协助陕西省建设工程造价总站进行装配式建筑定额编制和新版工程量清单计价规则编修工作，积极推进造价咨询行业协会的筹备工作，按期采集发布远郊区（县）建筑材料价格信息、建筑工程城市住宅造价信息和人工成本信息，完成270个房建和市政项目招标最高限价备案。

◆建筑节能与科技 2020年，西安市城镇新建居住建筑执行《西安市居住建筑节能设计标准》（DBJ61—164—2019）（75%）节能标准，公共建筑继续执行《公共建筑节能设计标准》（GB 50189—2015）（65%）节能标准，设计阶段强制性条款执行率100%，施工阶段执行率不低于[illegible]8%。西安市住房和城乡建设局编制完成《西安市绿色建筑创建行动工作方案》（市建发〔2021〕25号）；《绿色建筑评价标准》（GB/T 50378—2019）有序实施，全年有151个绿色建筑评审项目通过专家评审，建筑面积1288.43万平方米。按照西安市人民政府办公厅《关于印发西安市加快推进装配式建筑发展实施方案的通知》《关于进一步加快装配式建筑发展的通知》要求，启动装配式建筑752万平方米。严格执行《西安市公共建筑能耗监测系统技术规范》（DBJ61/T 97—2015），全市能耗动态监测系统项目67栋，累计建筑面积454.2万平方米，切实落实国家机关办公建筑和大型公共建筑率先节能的目标。积极推进低能耗建筑建设，位于高新区的高新·天谷雅舍项目实现全市超低能耗建筑"零"的突破。推广应用可再生能源建筑，全市应用地热能供热面积535.94万平方米。

◆散装水泥监管 2020年，西安市住房和城乡建设局对全市139家预拌混凝土企业和34家预拌砂浆企业进行信用评价，确定信用等级。接待咨询返还预售专项资金企业8家，办理符合申报返还散装水泥专项资金企业3家，划拨返还专项资金67.2万元。在全市推广使用预拌砂浆212.5万吨，指导预拌混凝土企业生产商品混凝土3028.9万方；水泥生产企业完成水泥生产124.3万吨，其中散装水泥102.5万吨，散装率78.6%。散装中心对预拌混凝土和预拌砂浆企业进行检查758家次，其中查出问题要求现场整改163家，下发移送单51份、督办单12份；办结西安市生态环境保护委员会下达的督办单[illegible]件事项，均整改落实到位。对其中[illegible]0家扬尘防治工作执行不力的企业进行行政处罚，处以罚金35万元。

◆工程建设执法监察 2020年，西安市住房和工程建设执法监察队全年处罚项目74个，共处罚金[illegible].3646万元。其中，工程建设处罚[illegible]个项目22.2646万元；扬尘处罚61个项目392万元；房屋管理处罚11个4911[illegible]万元。（张 睿）

◆陕西建工控股集团有限公司 2020年，陕西建工通过实施重大资产重组，其资质、品牌、技术、管理、人才等核心竞争力得到进一步提升，经营规模大幅增长，发展质量稳步提升，市场布局不断完善，重大项目持续增加，融资能力再获提升，科技实力稳步增强，人才质量持续提高，国企担当不断彰显，公司发展步入快车道、迈上新台阶。全年实现新签合同额3[illegible]56亿元，比上年增长25.61%；实现营业收入1428.23亿元，比上年增长21.18%；利润总额30.32亿元，比上年增长7[illegible].19%。旗下核心上市公司——陕西建工集团股份有限公司（600248）新签合同总额2749.13亿元，比上年增长2[illegible].82%；实现营业收入1277.23亿元，比上年增长22.18%；公司总资产达18[illegible]9.6[illegible]亿元，比上年增长25.29%；归属于上市公司股东净利润28.29亿元，比上年增长33.95%；每股收益0.8988元，加权平均净资产收益率为26.42%。

◆西安建工集团有限公司 2020年，是西安建工集团成功实施混合所有制改革的第三年。新冠疫情对国内经济、整个建设行业以及集团公司的生产经营，带来极其严重的影响。集团上下主动作为、共克时艰，主要生产经营指标逆势而上，实现35%以上的高增长，"混改"三年来营收与利润的复合增长率高达66%，经营规模从"西安百强企业"第8名跃居至第[illegible]名，位列"陕西百强企业"第15名。营业收入增幅位列大基建成员企业第2名、利润总额增幅位列大基建成员企业第1名。净资产收益率和资本收益率分别达到31%和59%，继续保持着优良的规模扩张发展态势。全年实现营业收入406亿元，比上年增长35%；实现利润总额[illegible]2[illegible]1亿元，比上年增长34%；落地新签合同额1413亿元，比上年增长38%。（冯冠杰）

信息产业

责任编辑：冯冠杰

综　述

◆概况　2020年，西安市大数据资源管理局以党建为统领，以“十项重点工作”为突破，统筹推进常态化疫情防控和大数据事业发展，服务“三个经济”发展，助力营商环境优化，支撑先进制造业强市建设，推动文旅融合发展，深化政府数字化转型，加快智慧城市建设，统筹建设信息化项目，积极助力科技防疫，着力提升市民热线服务效能，深入推进“十四运”信息技术保障，助力打赢脱贫攻坚，扎实开展“数字秦岭”建设，各项工作取得较好成效。

◆推进“十项重点工作”　2020年，西安市大数据资源管理局积极服务“三个经济”发展。立足“两地三中心模式”，推进西安市新型智慧大数据中心建设，启动西安市电子政务机房提升改造，完成中共西安市委外事工作委员会办公室等10个单位系统迁移上云。制定《西安市“十四五”数字经济发展规划》《西安市数字经济示范区（园、平台）认定管理办法》《2020年西安市新经济机会清单》。举办2020西安数字经济产教融合论坛，做好首批数字经济示范园区、平台及案例评选。

助力营商环境优化　完成“西安政务服务网”市级单位入驻38个，上线事项1276个。上线“三个经济”“一件事套餐”等特色功能105个，整合叫号、受理、审批等服务系统。完成区（县）业务系统与“好差评”系统对接工作。上线电子监察系统，实现电子监察事项5443个。优化升级工程建设项目审批管理系统，进一步提升项目审批效率。

支撑先进制造业强市建设　制定出台基础设施建设等五方面18条数据产业政策，出台《西安市大数据企业认定管理办法（试行）》，认定大数据企业200余家。联合企业、高校、科研院所等150家单位成立西安市大数据产业协会。依托西咸新区共建省、市大数据产业基地，依托高新区、浐灞生态区，推进大数据创新示范园区建设。举办第二届中国（西安）国际智慧城市建设暨首届中国（西安）区块链产业发展论坛和华山论剑·2020网络安全大会（第三届全国信息安全企业家高峰论坛暨第五届SSC安全峰会）。

推动文旅融合发展　配合建设文旅产业发展智慧信息平台、文化旅游行业运行监测指挥平台，将文化旅游行业运行监测指挥平台纳入全市“互联网+监管”平台统筹建设。

◆政府数字化转型　2020年，西安市大数据资源管理局建成政务云平台，保障“最多跑一次”改革（数字化转型）项目、工程建设项目审批管理系统，为市政府门户网站等27个系统提供云资源支撑。编制《西安市级部门数据共享责任清单（第一批）》《数据开放平台对外开放流程方案》等文件，梳理市、区部门及企事业单位信息系统400余个，归集数据73.21亿条。上线“i西安”政务服务App，接入事项325项，实现市民一次认证，一号通行、一站通享，掌上办事。

◆智慧城市建设　2020年，西安市大数据资源管理局启动编制《西安市“十四五”智慧城市建设规划》《西安市新型智慧城市综合运行管理指挥中心建设项目（一期）初步设计方案》。制定《西安市社会治理单元统一空间规范（试行）》《西安市社会治理要素统一地址规范（试行）》，建立起全市统一基础网格标准。制定《西安市区（县）、街（镇）、社区（村）综合治理和网格化服务管理中心硬件建设标准》，确保市域社会治理工作全市一盘棋。

◆助力科技防疫　2020年，西安市大数据资源管理局开发西安市疫情大数据分析平台，对复工人员来往记录、接触情况分析、筛查、回溯，实现大数据可视化展示。按照中央“科学防治，精准施策，分区分级”要求，牵头开发“一码通”平台，综合运用云计算、大数据等新技术开展疫情防控和数据追溯。全年“一码通”注册总人数3119.8万人。根据疫情形势发展增设“复工商场、超市及店铺疫情防控管理功能”“复工企业管理员看板功能”“冷冻食品溯源追踪登记功能”“核酸结果查询功能”“纵向派单核查以及人员横向流转功能”，构建疫情防控“一张网”五级体系架构，为疫情防控和经济社会发展提供有力支撑。

◆统筹建设信息化项目　2020年，西安市大数据资源管理局印发《西安市信息化项目集约统筹建设实施方案》《西安市政府投资信息化项目管理办法》《西安市信息化建设专项资金管理办法》，设立年预算规模1亿元信息化项目专项资金。组织信息化项目评审11次，评审项目23个，重点对数字秦岭、河道智能视频监控、互联网+监管、社会治理综合指挥信息平台进行集约统建，预算资金总额由19121.72万元缩减至5051.07万元，核减比例73.58%。

◆政务平台运维管理　2020年，西安市大数据资源管理局升级部署云平台物理架构，加强安全防护与监测，新增（迁移）“一码通”等10多个平台系统，完成中共西安市委机要和保密局等40多个单位政务云平台应用、电子政务网络接入、网络安全互联等技术支持。完成地理信息系统大屏展示与监控系统数据处理更新。

◆热线建设　2020年，西安市大数据资源管理局认真落实“民有所呼、我有所行”要求，实行“12345”市民热线7×24小时运行机制，实施部门联动督办，紧盯容易拖延、漏办的关键点，细化程序，明确责任，严格督办，努力实

2020年，“12345”市民热线打造“民有所呼、我有所行”党建品牌

现“日常即时性诉求100%接诉即办”“长远改善型诉求100%挂账销办”“不合理诉求100%依法剔除拒办”。开展市民代表、媒体代表等进热线活动，零距离感受新变化、面对面提建议，真正问政于民、问需于民。全年热线平台全渠道话务量429.16万余通，比上年增长36.5%，回复率99.5%以上，获评全国城市政务热线服务质量总体评估A+等级。

◆“十四运”信息技术保障 2020年，西安市大数据资源管理局围绕“办一届精彩圆满的体育盛会”目标，积极承担第十四届全国运动会信息技术部工作任务，指导配合“十四运”市属场馆信息化建设。会同西安市执委会信息技术部赴陕西省筹委会汇报对接，并与西安市工业与信息化局、中国铁塔股份有限公司西安市分公司联系沟通，不断研究细化全运会信息化建设内容和技术保障措施，认真抓好场馆信息化建设。

◆“数字秦岭”建设 2020年，西安市大数据资源管理局将“数字秦岭”纳入全市信息化平台统筹建设，制定《西安市推进数字秦岭建设工作实施方案》，完成秦岭区域二维和三维地图更新，推进西安市秦岭生态环境保护管理局网格管理系统接入雪亮工程、防汛平台及监控系统、环保68路高位视频资源，完成数字秦岭一张图对接方案。12月21日，“数字秦岭”正式上线试运行。（姜宽 郭亮）

◆网络安全和信息化 2020年，西安市网络安全和信息化工作坚持以习近平总书记关于网络强国的重要思想为指导，全面学习贯彻习近平总书记来陕考察重要讲话精神，落实党中央关于网信工作的决策部署和中共陕西省委、中共西安市委工作要求，旗帜鲜明坚持党管意识形态、党管互联网，紧紧围绕决胜全面建成小康社会、决战脱贫攻坚、统筹推进疫情防控和经济社会发展、迎十四运和一项重点工作等中心工作，着力加强网络内容建设、网络空间综合治理、网络安全保障，加快推进信息化和数字经济发展，为奋力谱写西安新时代追赶超越新篇章提供强大网上舆论支持、可靠网络安全保障和有力信息化支撑。

主流思想舆论网上传播 持续深化习近平新时代中国特色社会主义思想宣传阐释，紧扣习近平总书记来陕考察重要讲话精神主线，策划“总书记·我在西安”“听总书记的话”“只争朝夕看西安”等网上专题活动和报道，推出《习近平总书记来陕西考察，让我们更有干劲》《十位专家学者解读习近平总书记来陕考察重要讲话精神》等稿件3600余篇。微博话题“只争朝夕 真抓实干 奋力谱写西安新时代追赶超越新篇章”阅读量达到971.8万人次。策划“小布帮你学”小程序打卡活动，引领全市10万名党员干部在线即时学习习近平总书记重要讲话精神，参与人数达659万人次。

城市形象网上宣传展示 围绕“双统筹”“十项重点工作”等主题主线，不断深化与人民网、新华网、西部网、华商网和凤凰、新浪、搜狐等11家中央和省级主流媒体、全国性商业网站合作，推出“硬核西安 从内陆腹地到门户城市”“国际化大都市支撑项目巡礼”“5G带你看长安”等55项网络专题活动，活动数量是2019年的2.1倍。主流网络媒体持续首屏、首页、首条推送宣传西安市十项重点工作及高质量发展实践，“西安战疫日记三部曲”阅读量百万人次，“统筹推进双胜利”稿件阅读量70亿人次，“千年古都·常来长安”“遇见美好西安”微博话题阅读量达7亿人次。全网推送西安市新媒体稿件83万余篇，是2019年的2.3倍，中央网媒刊发西安市正面报道稿件3.7万余篇，是2019年的3.7倍。“指画长安·光影瞰西安”无人机航拍影像大赛活动，获全国第五届“五个一百”网络正能量专题活动奖，是陕西省唯一获奖作品。

网络舆情应对处置 坚持全作息、全时空和全员全网信息监测，用好“1主2辅”监测系统，全面提高网上信息监测能力和水平。精准把握舆论引导时度效，向涉事单位提出处置建议2160条，参与20余个市级专项工作负责网上信息监测和舆情应对保障工作，有效指导涉事单位稳妥应对处置重大网络舆情，推动全市网络舆论环境持续好转。设立互联网信息举报官方微博，发动全网举报涉西安市的虚假和不良信息。人民网等中央媒体点评推广西安市相关舆情处置经验，中共西安市委网络安全和信息化委员会办公室被中央网信办确定为全国应急指挥中心规范化建设试点单位。

网络治理体系建设 印发《西安市贯彻落实〈关于加快网络综合治理体系的意见〉实施方案》，分解任务，明确责任，加快构建完善党委领导、政府管理、企业履责、社会监督、网民自律等多主体参与，经济、法律、技术等多手段结合的网络综合治理体系。深入组织开展“清朗”“互联网站基础管理”“网络恶意营销”等专项整治行动，摸排全市网站、微博账号和微信公众号基础信息，分级、分类处置6100余家异常网站，清理无效网站1.9万余家，清理有害信息千余条。创新开展“西安市网络生态文明公约”征集发布，关注人数1500万，引导网民依法用网、绿色建网、文明上网。组建西安市互联网行业党委，强化互联网企业连接网上网下的关键节点和重要“阀门”作用。推进“好网民”工程和网络公益工程，评选的13位“西安好网民”、9项“好网民精品活动”、6个“网络公益优秀项目”获全省表彰。组织国内50余位正能量网络大V走进西安、宣传西安、推介西安，相关话题占据微博热搜榜近50小时，点击量过亿人次。

网络安全保障 制定《西安市网络安全工作协调机制（试行）》。依托国家计算机网络与信息安全管理中心陕西分中心，加强网站系统和关键信息基础设施远程监测，发出预警提示145次，整改风险漏洞160个。高水平举办2020年国家网络安全宣传周开幕式活动，全市组织各类主题展、讲座、论坛、文艺汇演等活动100余场次，培训班20余期次，发放宣传资料25万份，覆盖人群100万人次以上。成功申办2022年国家网络安全宣传周活动开幕式及重要活动，已全面启动筹备工作。

2020年6月，西安市监测站检查百脑汇无线电发射设备销售备案情况

信息化和数字经济发展　制定下发《西安市贯彻落实〈网络强省建设行动计划（2020—2022年）〉实施方案》，提出并实施网络强市建设“七大行动”。与西安市发展和改革委员会、西安市工业和信息化局、西安市大数据资源管理局联合制定《西安市数字经济示范区园平台认定管理办法》，认定首批市级示范区（园、平台）79家，评选数字西安建设优秀成果和最佳实践案例70件，35件入选全省最佳。举办2020年西安数字经济产教融合论坛，积极参加“数字中国”“数字陕西”活动，充分展示西安市数字经济发展成果。坚持总体规划、分步实施，逐年逐项对照，全面完成网络扶贫三年行动计划，全市贫困地区实现网络、信息、服务、队伍、机制“五个覆盖”。西安市被认定为“省级数字经济示范区”（含5个开发区），5个园区被认定为“省级数字经济示范园”，8个项目认定为“省级数字经济示范平台项目”，数字经济发展水平排名全省第一。　（宇文鸿儒）

电　信

◆**概况**　2020年，中国电信西安分公司坚持目标导向、结果导向和问题导向，全力打造高质量发展新格局。电信业务总收入54.61亿元，固定电话用户216.07万户，移动电话用户583.51万户，宽带接入用户286.77万户，iTV用户249.08万户。向西安市上缴税金2536.57万元。全年为西安市提供社会就业岗位142个（2020年入职）。全部从业人员6276人，平均年龄38岁。专科以上学历占全部从业人员80%。

◆**电信业务**　2020年，中国电信西安分公司统筹推进疫情防控与复工复产工作。始终把员工生命安全和身体健康放在首位，投入368.46万元专项资金购买防疫用品，确保防护到位，合理安排一线工作，采用“现场+远程”，以远程为主的方式，确保安全复工复产；制定《关心关爱实施方案》确保关怀到位，实现全体员工零感染。移动市场取得再突破，移动过网份额比上年提升1.64%。5G用户累计发展195.14万人次。宽带市场持续主导地位，融合宽带用户实现净增长，宽带市场份额、宽带份额全省排名第一。通过加强服务宣贯、完善服务体系、改善服务短板、强化一线支撑等举措，公众客户满意度同行业领先，智家重点产品NPS全面达标；渠道及装机服务满意率全面达标，移动网络热点区域解决率80.6%；有效申诉率2019年下降11.26%，基本实现预期目标。全屋Wi-Fi6全面升级家庭信息化，智慧家庭业务深度融合，快速形成全屋Wi-Fi用户规模。智慧眼实现整县签约，开展快递大店抢购会18场次，整村推进签约83个村镇，“天翼看家”累计完成进度46%。优化客户经营机制，强化工作落实；探索直播+企业微信+一人一码的新型数字化客户经营模式；建立全渠道、全场景、全生命周期，体系化提升客户经营能力；坚持客户经营五路径持续推进；深耕大数据建模，构建客户服务预警模型。持续做好重要客户通信保障，提升客户服务感，247家客户100%领导包抓，实现云改率50%；累计签约（含中标）千万级大单15个，合计5.11亿元；全年共实现8个平台“从0到1”的突破，覆盖政务、教育等多个行业，平台营销突破比例60%；智慧社区“政务+商客”协同，紧跟政府规划，进行“老旧小区改造”突破，累计覆盖200余个小区（社区）；“公众+商客”协同，客情先行，突破新建楼盘；推进划小承包，提升团队积极性，持续优化激励、奖励机制，激发团队活力，推进高质量发展。

◆**电信网络建设**　2020年，中国电信西安分公司持续打造优质网络，移动光网质量双提升，完成4119个基站干节点安装，城区覆盖率93.52%（移动覆盖率94.17%），比上年提升1.07%；农村覆盖率78.73%，比上年提升2.03%。移动语音网络质量满意度得分84.00，较年初提升1.93，行业对标双领先。开通5G站点3000个，主要覆盖机场、北客站、十四运场馆等重点场景，树立“两点两线一面”精品标杆；打造长安科技产业园BBU标杆机房，全年完成15个综合接入区建设。持续提升光网质量，完成384个千兆小区改造升级，光网示范区覆盖用户797784户，千兆接入用户占比93.13%。云网运营夯实头部客户保障，提供差异化服务能力，两线业务开通及时率80%，较年初提升100%。完成“新冠疫情”和“两会”期间通信保障工作及国庆阅兵保障，电视电话会议保障达标率100%。持续推进光网小区整治，加快全网光衰达标整治，提升光网端到端维护服务能力，光衰达标率91.4%，较年初提升2.34%，宽带有线测速达标率97.73%，WiFi测速达标率97.67%。保障5G精品网络建设工作，完成莲湖路DC机房、西安市公安司平安地图项目DC机房建设，承接完成雪亮工程全部标包的建设及验收工作。

◆**电信数字化转型**　2020年，中国电信西安分公司加快推进“云改数转”。围绕西安工业云平台，打造“明星产品树标杆SaaS+子平台协同发展”模式，推广标识解析、协调生产、能耗管理、智能填报、协同办公、机器翻译等产品，进入政府、制造、教育、医疗、园区、酒店、商超、物业等多个行业市场。积极推进西安公司数字化转型进程。推进西安数据中台建设，为数转奠定基础，赋能一线；整合优化自研系统，积极推进外围系统上云，完成6个系统上云部署，启动私有云部署，推进云桌面项目一期500点位部署工作，替换传统电脑终端，培养云网建设、运营人才队伍。

◆**电信扶贫**　2020年，中国电信西安分公司精准脱贫攻坚战取得实效。通过全方位开展网络能力扶贫、通信业务扶贫、信息应用扶贫、智力扶贫、产业扶贫、公益扶贫等6个方面18项具体要求，全市贫困村光宽覆盖率达96.45%。166名干部帮扶166户贫困户，累计扶贫项目支出123余万元，已脱贫166户，脱贫率100%。

◆**网信安全治理**　2020年，中国电信

西安分公司持续强化网络信息安全意识，提高网信安事件处理能力，与部门签订网络安全责任书，与2000多名关键岗位员工签订用户信息保密协议；处置高中危漏洞300余个，关停涉诈风险号码66209个，拦截高频呼叫41371个，治理成效显著。建立健全反诈防线，强化警企协同联合治理。开展警企联动20余次，协助公安机关破获12个GOIP窝点，抓获犯罪嫌疑人50余人。

◆西安“一码通”平台服务保障专班获陕西省抗击新冠肺炎疫情先进集体 2020年，中共陕西省委员会下发《中共陕西省委陕西省人民政府关于表彰全省抗击新冠肺炎疫情先进个人和先进集体的决定》（陕字〔2020〕116号），中国电信西安分公司“一码通”平台服务保障专班获“陕西省抗击新冠肺炎疫情先进集体”称号。西安“一码通”服务平台保障专班在西安市疫情防控指挥部统一指挥下，整合产品与能力，全体成员三天三夜不眠不休，边开发、边优化、边测试，克服一个又一个难关。2月16日，“一码通”在曲江新区试点上线试运行；2月18日，“一码通”在全市上线试运行；2月20日，“一码通”完成与西安市公安局“一场五站”二维码入口统一的工作；2月25日，西安市疫情防控指挥部正式通在全市范围内推广使用“一码通”。8小时内将平台出口带宽从不到千兆扩展至万兆、短信网关平台从1台服务器扩容至6台服务器，8小时内实现对注册用户大数据分析后的着色能力开发，24小时内完成全市公交车、地铁站的二维码上线工作。“一码通”平台注册人数超过3600万人，覆盖全市所有小区（村）、商超及公交、地铁、出租车、网约车等主要交通工具，为近5万家企业提供服务，日均访问量达千万人次，为西安全面复工复产提供强有力保障。（李红娟）

移　动

◆概况 2020年，陕西移动西安分公司紧密围绕西安市“十四五”规划要求，以做网络强国、数字中国、智慧社会主力军为职责使命，坚持数智化转型、高质量发展，深入落实5G+计划，积极参与智慧城市、数字西安信息化发展，坚定履行央企社会责任，助力疫情防控与“十四运”网络保障，全面推进创世界一流“力量大厦”战略布局，持续打造“满意客户 奋斗员工”企业文化，不断深化党业融合、组织变革，持续推进企业转型升级和改革创新，收入规模持续扩大，服务客户达820万人次，市场占有率近60%。

◆网络建设 2020年，陕西移动西安分公司不断加大网络基础设施投资，迅速推进5G网络规划和建设，无线网络基站建设达4.8万站，5G基站6500余站，实现西安所有区（县）5G网络覆盖、三环内连续覆盖、重点区（县）重点覆盖，网络速率省会领先，入围全国5G“双十双百”十大标杆城市。将保障“十四运”通信网络作为重大政治任务，领导挂帅、抽调专家，全体动员、誓师授命，全力做好通信网络保障，西安奥林匹克体育中心、陕西奥林匹克体育中心、西安体育学院等核心场馆已完成5G信号连片优质覆盖。建立重点区域通信应急预案，对12个核心场馆及酒店、48个重要场馆、交通枢纽、场馆周边酒店、重要政府单位、热点景区等区域分级分类、现场保障。积极落实“宽带中国”和“提速降费”要求，加快全光纤网络建设，宽带端口覆盖全市90%以上家庭，初步实现“客户所需、端口可达”。大力推广300M宽带免费，取消国内电话长途通话费及漫游通话费，流量资费下降32%、宽带资费下降50%，已建成1300个千兆精品小区。全力推进西安区域通信线缆架空落地工作，全年完成太白北路、长缨东路、华清东路、太华路等794条市政道路700.48千米架空线缆落地。

◆移动业务发展 2020年，陕西移动西安分公司5G业务发展迅速，5G客户达到156.4万人次，客户渗透位于全国主要城市前列。宽带发展再上新台阶，全年新建信息点44万个，覆盖率提升3.6%，优化营销体系，宽带净增29.2万户，净增份额全省第一，家庭市场收入增幅全省第一。政企收入大跨步增长，集客产品收入增幅25.4%，DICT（智能分布式数字监控核心服务器）占收比40.5%，移动云比上年增长219.7%，IDC（互联网数据中心）收入比上年增长90.8%，签约全集团第一大物联网4G Cat.1服务大单，形成5G应用标杆12个。联合垂直行业合作伙伴、行业龙头等，打造全产业链政企生态圈，全年签约信息化项目112个。

◆移动信息化建设 2020年，陕西移动西安分公司紧跟西安市“智慧城市”建设，以信息化推动智能化，以智慧化满足精细化，充分运用5G、大数据、云计算等行业优势和技术实力，大力推动5G技术与AICDE等新兴信息技术深度融合、系统创新，积极推动5G+智慧工厂、智慧医疗、智慧公交、智慧博物馆等应用，全年完成ICT项目112个，签约12个战略合作协议，赋能15个垂直行业实现应用落地，打造航天基地5G智慧城市、博世5G智慧工厂、陕西历史博物馆5G智慧博物馆等标杆项目，其中西安航天智慧城市项目获得全国绽放杯园区二等奖，2020年新型智慧城市[illegible]工程。

◆移动客户服务及[illegible] 2020年，陕西移动西安分公司扎[illegible]进客户体验优先计划，围绕“以客户为中心”开展丰富多样的客户互动体验，[illegible]客户问题，满足客户需求，促进服务能力提升。狠抓行风纠风工作，深入开展“阳光行动”专项治理，对侵害客户权益、漠视客户利益行为“零容忍”，认真落实国家携号转网工作要求，保障用户自由选择权。客户满意度连续4年行业领先。将原有的“市—区（县）”两级机构延伸为“市—区（县）—分局”三级，在分公司下设立分局，与各区街办或乡镇一一对应，以“划网格、建组织、配渠道、加业务、调机制、优流程、配政策、投资源”九步法推进网格变革。积极落实[illegible]制、反诈骗、打击伪基站等工作，做好重大活动网络保障115次。疫情期间主动对接政府、医院等重点部门，为[illegible]名驰援武汉医护、抗疫人员开通免停机，发送防疫短信22亿条，出动通信保障[illegible]人次，率先开通西安公共卫生中心5G[illegible]，为陕西省人民政府安装“热成像”系统，助力疫情防控。（刘文辉）

联　通

◆概况 2020年，中国联合网络通信有限公司西安市分公司坚持推进全面数字化转型提升能力，改革创新激发微观主体活力，积极应对新冠疫情带来的不利影响。全年完成主营收入29.5亿元，比上年提升4.1%，实现利润7.8亿元，比上年提升13.4%。疫情期间为130家党政军、医疗服务类重要客户提供通信保障和防疫产品，发送疫情防控短信600余万条，圆满完成西安市公共卫生中心、机场方舱医院应急通信建设，内部员工零感染、零疑似。完成西安市迎“十四运”750条架空线缆落地及70余次重要通信保障任务。顺利通过中央精神文明建设指导委员复查验收，连续5年保持“全国文明单位”荣誉称号。

◆联通经营改革 2020年，中国联合网络通信有限公司西安市分公司深化划小改革，重构运营组织体系，按照生产场景划分设置网格，市场化契约和认领制初步建立，人效不断提高，市场专业网格主营收入完成率比上年提升6.2%，利润完成率比上年提升2.9%，入格人员劳产率比上年提升5%；网络专业网格人效（人均维护站点数）比上年提升14%。移网业务全面向5G转型，5G用户累计达到94.3万户。持续推进渠道数字化转型，建设5G智慧生活馆355家，全市63家营业厅实现云店、手机营业厅叫号。持续推进家庭市场数字化转型，以可视化系统项目管理和场景营销管理手段，实现4062个项目基本信息管理及10047场社区营销活动管理。

◆联通重点项目拓展 2020年，中国联合网络通信有限公司西安市分公司聚焦“5G+新基建”，锁定智慧城市、数字政府、工业互联网、医疗健康、智慧教育五大重点行业领域，实现全面突破，先后与西安市人民政府、陕煤集团、西飞集团签署战略合作协议，启动5G智慧杨凌合作项目，联合高校建立武警工程大学智慧教室、培华学院5G实验室，在多个行业领域树立起5G创新应用标杆。

◆联通网络建设 2020年，中国联合网络通信有限公司西安市分公司与中国电信积极开展5G网络共建共享，5G共享电信基站2913座，共享率99%，人口覆盖率83%，市区室外覆盖率90%，路测下载速率422.5Mb/s；4G网络覆盖通过L900M/1800M网络协同和室内外协同建设方式，利用L900重点解决城区深度覆盖和部分4G需求旺盛的农村覆盖，重点解决底商弱覆盖54处，重点投诉151处，固移双优78处，双优小区41处，口碑场景13处，防疫保障3处，集团客户7处。持续推进国家“宽带中国”战略目标，通过10G PONOLT设备升级换代，持续提升移动网络与宽带网络覆盖及质量，双优小区增加至801个，300M以上接入能力提升覆盖固网端口42.3万线；全年新增宽带小区598个，端口数17.73万线，其中光改项目302个，端口数7.37万线；新建项目296个，端口数10.36万线。聚焦热点和口碑场景感知按月进行测试优化，全年解决网络问题225处，优化闭环率95%以上，17类口碑场景中14类考核指标超越合格标准；高铁、机场高速、5A景区3类场景中6个网络指标达到卓越级别。（黄　欣）

无线电管理

◆概况 2020年，西安市无线电管理委员会办公室认真贯彻执行《中华人民共和国无线电管理条例》及相关政策法规，确保西安市行政区域内无线电频率指配、台站审批、监督检查、干扰查处、频率资源费收缴等工作顺利开展。截至年底，西安市在册登记设台单位170余家，各类无线电台站36394个。其中，广播电视台32个，公众移动通信基站22830个，超短波无线电台站6193个，微波台236个，卫星地球站8个，业余电台6568个。主要分布在电信、广播电视、铁路民航、抢险救援、公安、厂矿企业和宾馆饭店、物业管理、旅游娱乐场所等行业和单位。

◆无线电频率台站管理 2020年，西安市无线电管理委员会办公室完成西安地铁5号线一二期、6号线、9号线办理1.8G LTE通信系统、800MHz数字集群通信系统、5.8GHz PIS（乘客信息系统）及400MHz对讲通信系统频率许可；为西安市奥林匹克体育中心、西安丝路国际会展中心、西安市文景公园等14家设台单位办理400MHz对讲通信系统频率许可。全年指配频率400MHz超短波频率86个、800MHz集群通信频率60个，5.8GHz频率80MHz、1.8GHz频率10MHz。截至年底，西安市许可频率数量累计达679个。完成西安地铁9号线等单位552个超短波无线电台（站）、2225个公众移动通信基站行政许可，对其中的136个超短波无线电台（站）进行验收。按照工信部要求，无线电管理机构负责5G基站干扰协调和行政许可工作，西安市无线电管理委员会办公室协调西安电信为172个卫星地球站安装滤波器，消除干扰隐患。截至年底，电信建设5G基站2414个、移动建设5G基站1315个。西安市无线电管理委员会办公室开展在用无线电台（站）检查检测工作，下发《关于开展在用无线电台（站）检查检测工作的通知》，对西安地铁、西安广播电台、阎良试飞院等19家单位开展专项检查，共检测无线电台（站）159个。全市有162家设台单位办理年度核验，审核电台执照1784个，换发电台执照1069个，全年收缴频占费约203.09万元。为全省业余无线电台指配呼号86个，其中西安41个、宝鸡11个、延安10个、汉中2个、安康18个、商洛4个。全年受理业余电台申请114个，办理电台执照393个。截至年底，全省呼号已指配8152个，已核发西安地区电台执照6587个。

◆无线电监测检测 2020年，西安市无线电管理委员会办公室加强对重点业务频段、重点地区无线电监测与干扰排查工作，强化民航、铁路专用频率保护长效机制。认真完成国家和陕西省无线电管理委员会办公室下达的指令性监测任务，监测无线电频谱使用情况，为国家频率划分、无线电行政执法及新技术新应用推广发展提供技术依据。重点对366—368MHz、379—389MHz、2500—2690MHz等19个频段进行监测，上报监测月报12份，填写监测记录200余份。春节期间实行24小时值班监测，保障民航、高铁、广播电台等各类无线电通信安全；疫情期间进行专项监测，加大对公安、应急通信、急救中心等疫情防控相关设台单位用频保护性监测力度，累计监测700小时，未发现干扰隐患。安排技术人员对西安市辖区内远郊区县（含西咸新区）巡测127次。加大干扰隐患排查力度，通过干扰快速投诉受理通道，及时排查卫星干扰、地铁、民航通信电台等涉及人民群众正当权益和财产安全的干扰。全年排查公众移动通信、地铁、高铁、民航等重要业务受干扰事件8起。

◆无线电安全保障 2020年，西安市无线电管理委员会办公室完成老挝总理访问西安、第十四届全国运动会1周年倒计时活动、“2020西安国际马拉松赛”等大型活动的无线电安全保障工作。应考试部门要求，全年参加全国研究生考试、高考、公务员、大学英语四六级等重大考试无线电监测保障25次，出动人员495人次，车辆139台次，发现并压制作弊信号1个。

◆无线电监督检查 2020年，西安市无线电管理委员会办公室组织召开全市无线电发射设备销售备案培训会。全市完成无线电发射设备销售备案337家。按照陕西省、西安市打击治理电信网络新型违法犯罪联席会议办公室要求，扎实开展打击治理“黑广播”“伪基站”违法犯罪专项行动和“雷霆反电诈”（云剑行动）攻坚战役。全年监测监听5800小时，出动技术人员236人次，测向定位“黑广播”32个，配合公安机关查处“黑广播”32个。

◆无线电管理宣传 2020年，西安市无线电管理委员会办公室以《中华人民共和国无线电管理条例》宣贯为主线，开展面向社会大众的科普、普法宣传，在“世界无线电日”“业余无线电日”“世界电信日”“科技之春”“学术金秋”和《条例》“宣传月”期间，多角度、全方位宣传《条例》内容，扩大《条例》宣传覆盖范围。在西安市人民政府门户网站及时报道无线电工作动态；结合无线电管理“宣传月”，在西安地铁1、2、3、4号线列车循环播放无线电管理动漫宣传片，该动漫宣传片获第十六届全国法治动漫微视频作品征集展示活动一等奖，是陕西省唯一获得一等奖奖项；在西安高新区第八小学开展无线电科普、普法进校园宣传活动，由专家讲解无线电课程，现场发放科普图书，体验无线电测向运动。全年分发协调宣传工作的函件3份，组织召开全市5G基站管理工作推进会1次，走访设台单位开展在用无线电台（站）检查检测工作及宣传活动18次，联合西安无线电通信学会开展科普进校园活动，深入居民小区、院校、地铁、销售市场等现场宣传13次，组织无线电科普讲座1次，散发宣传彩页12000余份，发放《条例》单行本、《无线电发射设备管理》宣传册共计3200本。省级以上媒体发表宣传月活动稿件21篇，其中国家无线电网站转载14篇。

（罗拉浩）

铁路运输

◆**概况** 2020年，中国铁路西安局集团有限公司管内线路覆盖陕西全省，辐射甘肃、宁夏、内蒙古、山西、河南、湖北、四川、重庆等8个省区市，是进出西北、西南地区的咽喉要道，在全国路网中具有承东启西、连接南北的重要作用。管内有陇海、宁西、宝中、西平、宝成、西康、襄渝、阳安、包西、太中、浩吉、神大、黄韩侯北芝、西安枢纽北环线等25条普速线路和徐兰、大西、西成、银西4条高速铁路，总营业里程6422.7千米，其中高速铁路1048.1千米。线路总延展长度14096.04千米，其中高速线路正线2074.698千米，普速铁路正线9264.486千米。

◆**抗击疫情** 2020年，中国铁路西安局集团有限公司8万多名干部职工迅速投身疫情防控阻击战，运送防疫物资156批7381.5吨，输送援鄂医护人员13批312人次，开行务工专列20列、包车厢278辆。落实属地防控要求，严把站车关口，组织旅客测温5400余万人，免费办理退票150万张，提供协查信息5473万条。建立34项疫情防控制度，对调度员、机车乘务员、客服人员实行集中封闭管理，加强常态化疫情防控，保障职工健康和运输生产秩序。

◆**铁路安全管理** 2020年，中国铁路西安局集团有限公司坚持强基达标、从严务实，推进安全生产专项整治三年行动，深化安全保障体系建设。开展高铁运营安全评估，制定102项管控措施，组织轨道精调、隧道敲击和动集径路补强，整治西成高铁隧道口隐患，研制使用长大坡道大功率轨道检修车。强化主动避险，推动变防为治，3条线路27个区段遇雨降速，工程整治防洪地点，鼓励拦停扣，坡停不考核，成功应对28轮强降雨。全年完成换轨469千米、更换道岔171组，建成西康标准线和77个标准化站场、78个标准化信号楼。持续推进“敬畏规章、执行标准、夯实基础”专项教育，动态完善技术规章116份。组织线路清筛2122.36千米，实施“三房合一”136处、箱变入室85座、电力架空线入地293站。提前2个月整治完成3627件普铁环境隐患。全年消灭责任B类及以上铁路交通事故，行车事故比上年减少25.7%，实现第16个安全年。

◆**铁路运输生产** 2020年，中国铁路西安局集团有限公司在陕北主产区和浩吉三通道精准发力，开展正职营销、班子营销、真诚营销，大力推动“公转铁”（从公路运输转到铁路运输上来），开发敞顶箱项目25个。融入共建“一带一路”，中欧班列往返开行3297列，比上年增长68%。跟踪客流特点，优化客车停站，压缩旅行时间，开行西安至榆林、韩城、安康、旬阳方向动集动车组；实施普速电子客票，推行安检前置、验检合一、售候合一，拉动客流逐步恢复，全年完成旅客发送量7112.9万人。围绕大运输加强日常组织，工务给速度、机务运速度、车辆保供车，消除31处长期慢行点，列车技术检查始发作业压缩至25分钟以内。敞开分界口接车，实行编组站管理卫星站，3个编组站办理车17次创造新高；开展卸车攻关，单日卸车32次破纪录，最高达到6185辆。围绕八大板块重组9家非运输企业，压减管理机构33个，建立市场化工资决定机制，开展162条专用线运维、173项土地房屋租赁、15项涉铁工程代建等专业化经营，列车冠名广告实现全覆盖。严格“四停止”纪律，变分成本为花成本，统筹技改、大修、成本支出。整合站区资源，推行集中办公，搭建共享平台，节约房租、水电、折旧费用和新建投资。全年完成运输总收入469.69亿元，比上年增长4.6%；货物发送量2.2亿吨，比上年增长20.2%；日均装车9563辆，比上年增长19.8%，单日装车50次突破万辆，58次刷新纪录。运输总收入、货运收入、货物发送量、旅客发送量、集装箱发送量、总换算周转量、货物周转量、日均装车、机车日产量、列车平牵、旅速等11项指标增幅均位居全路第一。

◆**铁路建设** 2020年，中国铁路西安局集团有限公司紧盯银西高铁，提前深度介入，优化工程设计和站舍功能，做好联调联试、竣工验收、安全评估等工作，确保依法合规高质量开通运营。全速推进西安站改工程，组织站区段部搬迁，完善生产生活设施，亮化美化周边环境，浐灞站建成运营。加快运输短平快项目建设，完成西安动车段高级修补强、榆林站房改扩建和机辆一体化配套设施建设，提升西安机务段、车辆段检修能力。简化开通手续，开通运营8条专用线，形成510万吨运输能力。加快推进浩吉与包西铁路联络线和西延、西十、西康、延榆等项目前期工作。编制集团公司“十四五”发展规划和2021—2023年发展规划，做好引领高质量发展的顶层设计。全年完成铁路建设投资96.94亿元，完成年度计划的100.2%。12月26日，银西高铁开通运营；西安站改20天完成南站房候车厅和站前广场改造，太华路立交桥工程提前50天竣工。

◆**企业改革** 2020年，中国铁路西安局集团有限公司规范建设外部董事占多数的董事会，制定董事会授权经理层决策事项清单。完善非运输企业法人治理结构，制定101项权力清单、56项负面清单，加强派出董事监事评价。修订经营业绩31类个性化考核指标，制定下放经营自主权18项措施。完成高铁综合维修生产一体化改革、作业修制改革，探索机辆一体化，扩大自主修范围。整合客运直属站，调整三务、二务站段管辖范围，优化客车整备、客车列尾、专用线管理等业务界面，实施装卸、安检、保洁等岗位用工置换和客运乘务交路调整，推行5T集中作业、货运集中制票，开展车务生产人员核定，推进信号员与助理值班员、制动员与联结员、高铁房建与客运等工种兼职并岗，全年节约用工4648人。推行全员绩效考核，按价值量计算的运输业劳动生产率达到57.71万元/人。

◆铁路科技创新 2020年，中国铁路西安局集团有限公司加快信息化建设，将1.2万个摄像头接入三级视频监控平台，基层单位226个信息系统上移至“西铁云”，建成数据中心。研发OA协同办公系统，深化机务5G转储应用，建成电务智能检修基地、客运段综合指挥中心，推动94个科研项目落地。加强干部人才队伍建设，依托“项目+人才”开展课题攻关169项，组织6批391名干部外出学习培训、2批140名干部上下交流锻炼、14名干部挂职锻炼，评审高级职称142人、中级职称553人、初级职称542人。大力弘扬劳模精神、劳动精神和工匠精神，建成集模具、剖面、声光电于一体的实训基地、实训室112个，培训主要行车工种人员11399人；建成国家级技能大师工作室1个、省部级劳模和工匠人才创新工作室3个，董宏涛获“全国劳动模范”荣誉称号，培养铁路工匠3名、三秦工匠1名、全国技术能手1人、省部级技术能手78人、技师和高级技师614人，择优录用32名劳务派遣工。

◆西安铁路枢纽新丰镇至窑村增建二线工程开通 2020年1月7日，西安铁路枢纽西安站改扩建工程重要项目——新丰镇至窑村西康增建第二线工程开通。该工程是西安铁路枢纽西安站改扩建工程的重要组成部分，东起陇海线新丰镇编组站，西至陇海线窑村车站，增建第二线后该段西康线形成双线，同时完善该区间的相关客货疏解线，并对新丰镇、临潼北及窑村车站相应改建。增建西康二线及相关联络线全长23.1千米，工程于2016年3月开工建设，设计时速为100千米/小时。其中新建陇海西康联络线全长1.2千米，改建陇海下行K1050+800—K1052+800段线路长2千米，新建新丰镇V场至临潼北至窑村段西康下行线、临潼北至新丰镇Ⅱ场西康上行线及陇海西康联络线，拆除新丰镇Ⅱ场陇海上行到达线。

◆西延高铁开工 2020年1月9日，西安至延安高速铁路宜君至延安段控制性工程新延安隧道开工建设，标志着西延高铁正式进入施工阶段。西延高铁是国家高速铁路网包（银）海高速铁路通道的重要组成部分，也是陕西省“米”字形高铁网主骨架的重要构成，与规划的西渝高铁共同形成南北大通道。线路全长约300千米，建设标准为双线客运专线，设计时速350千米。线路建成投用后，西安至延安运行时间将从2.5小时缩短至1小时左右。新延安隧道位于西延高铁甘泉北站与延安站之间，隧道穿越甘泉县劳山乡至延安市宝塔区间的黄土梁峁沟壑区，全长16千米，设计为单洞双线隧道，最大埋深约250米，最小埋深13米，其中约4800米隧道拱顶位于土石分界面或分界面附近，是全线的控制性工程、Ⅰ级高风险隧道。

◆春节旅客运输 2020年，春节旅客运输自1月10日至2月18日，共计40天，中国铁路西安局集团有限公司累计发送666.1万人次，比上年减少720.5万人次，减少52%。其中，直通发送283万人次，比上年减少334.9万人次，减少54.2%；管内发送383.1万人次，比上年减少385.6万人次，减少50.2%。动车组累计发送旅客348.3万人次，比上年减少336万人次，减少49.1%，占比52.3%；普速累计发送旅客317.8万人次，比上年减少384.5万人次，减少54.8%，圆满实现“平安春运、有序春运、温馨春运，让旅客体验更美好”的春运目标。春运期间，集团公司高峰期上线137组，客车上线1897辆，节前共计增开担当始发客车982列，比上年增加613列，扩编加挂203辆。

◆保障复产复工 2020年，中国铁路西安局集团有限公司为支援复产复工开辟绿色通道，按照有需必装、快装快运、急事急办、特事特办的原则，优化运输组织环节，提升运力保障，全力确保防控人员、医疗物资和生活物资运输。截至2月11日，先后向湖北地区装车19836车，运输药品、口罩、食品等各类物资126.15万吨。为做好复产复工返程运输疫情防控工作，集团公司根据客流变化科学安排运力，加大站车通风消毒保洁力度，对车厢环境定时消毒和通风。严格落实出乘、退乘人员测温登记筛查制度，实时监控站车工作人员体温和身体状况。配合地方政府做好发热旅客防控筛查，加强站车组织，避免人员聚集，尽最大努力降低铁路返程运输疫情传播风险。

◆首趟开行高铁专列运送医疗队员 2020年2月17日，G4798次载着134名西安片区军队医疗队队员和随行医疗物资开往湖北武汉，这是陕西首次开行高铁专列运送医疗队员援鄂。为抗击疫情，根据中央军委批准，全国各地部队共增派2600名医护人员支持武汉疫情防治工作，乘坐该次高铁的134名医护人员是其中一部分。中国铁路西安局集团有限公司组织党团员组成突击队，调用10辆手推车、160箱医疗物资及行李快速转运至车厢指定位置，确保医疗队伍快速、安全出发。

◆陇海、北环、西平线集中修开工 2020年2月23日，中国铁路西安局集团有限公司陇海线及北环、西平线集中修施工开始，至4月7日结束，共计安排45个“天窗”进行。对陇海线正线线路清筛71.73千米、股道清筛6.8千米、铺设无缝线路86.56千米、更换道岔97组、线路捣固484千米、道岔捣固226组、钢轨打磨316千米、道岔打磨245组；北环线线路清筛29.80千米、线路捣固96千米、钢轨打磨118千米、道岔打磨70组；西平线线路捣固194千米、道岔捣固98组。

◆宝天改线工程开通运营 2020年3月13日，宝天改线工程正式开通运营。该工程于2017年3月全面开工建设，工程涉及陇海线上行K1359至K1362段和K1371段上行改线施工，新建线路6.22千米，废弃既有线长4.25千米，新增隧道1座，新建花道石崖特大桥、白家庄特大桥和渭滩渭河特大桥3座，累计完成接触网改造和新增接触网设备6.882千米，新设信号机8架，增加轨道区段18个，铺设电缆6.89千米。

◆银西高铁渭河特大桥合拢 2020年4月6日，银西高铁重点控制性工程—咸阳渭河特大桥最后一孔钢斜撑加劲简支箱梁浇筑完成，标志着全线唯一一座四线桥提前6天合龙。该特大桥全长13.6千米，共有桩基4370根，其中四线段长4.16千米，共有桩基1820根。

◆五一旅客运输 2020年，“五一”旅客运输自4月30日至5月5日，共计6天，中国铁路西安局集团有限公司累计发送旅客111.8万人次，比上年减少182.1万人次，减少62%；环比增加38万人次，增51.5%。其中，动车组发送66.7万人次，占比59.6%，比上年提高7.2个百分点；普速发送45.1万人次，占比40.4%。完成客票进款1.1亿元，比上年减少64.1%，环比增长40.8%。“五一”期间对30对动车组更换长编组（或重联）扩大运力，增开客车132列，其中动车组115列，普速17列。

◆浩吉铁路海则滩物流中心专用线开通 2020年5月28日，浩吉铁路海则滩物流中心专用线开通。海则滩物流中心地处陕西靖边县海则滩车站附近，是浩吉铁路集疏运系统项目之一，设计发运能力每年1500万吨以上，是第一家建成投用的专用线及物流仓储中心，也是目前全国建成最大规模的单体万吨整列集装站项目。该专用线的开通，不仅解决了榆林、横山、靖边、乌审旗等地区煤矿企业煤炭处运难的瓶颈问题，同时大大提升了浩吉铁路运量，为货运增运增收奠定坚实基础。

◆工务系统危岩山体建模计划 2020年6月23日，中国铁路西安局集团有限公司工务系统危岩山体建模计划在宝成线实施。通过操控多旋翼无人机，在宝成线王家沱至乐素河区间采集Ⅰ级防洪点视频和图片数据，为精细构建监管平台奠定了基础。集团公司管辖线路地理跨度大，分布点多，自然环境复杂恶劣。无人机以其机动灵活、安全高效的优点，在铁路选线、地址勘测及铁路沿线日常维护检修工作中被广泛应用。模块建设是通过北斗高精度位置服务平台，为无人机提供实时厘米级定位服务，使无人机具备全自主、超视距飞行作业能力。

◆西安、榆林时速160千米复兴号动车组开行 2020年7月1日，西安、榆林两地开行时速160千米复兴号动车组。该复兴号动车组属于普速列车动车组，是复兴号系列产品的重要组成部分，于2019年1月5日投入运营。该车参照动力分散型动车组进行优化设计，采用流线型外形，适用于所有普速电气化铁路，其动力集中在列车头部或列车尾端。车内服务硬件设施设备与暨有动车组保持一致，与现有普速列车相比，旅客乘坐更加安全舒适。

◆汉中、安康车站改造施工完工 2020年6月30日，汉中车站1站台进站通道改造施工和安康车站1、3站台加高工程按期完成。汉中车站1站进站通道改造工程在既有1站台进站口处分别增设步行扶梯2座、电动扶梯2部。投用后，一楼候车厅与2至5站台连通，旅客进站通道更加顺畅。安康车站1、3站台加高工程采用下部现浇、顶板预制与现浇方式，把站台统一加高至1.25米。

◆大功率检修车在西成高铁投用 2020年7月，大功率电传动轨道检修车开始在西成高铁进行试验运行。2018年12月，中国铁路西安局集团有限公司和宝鸡中车时代联合开展“西成高速铁路长大坡道线路运营关键技术研究——适应长超大坡道运用的自轮运转特种设备研制”项目。经过近两年的研制，生产全路首创的GCD－1000型重型轨道车和DAS12型接触网检修作业车。两车为内燃电传动的四轴车，采用交一直一交传动方式，两车固定重联运行后，具备功率大、制动力强的特点，有效解决传统检修车长大坡道区段运行过程中上坡动力不足、下坡制动力不强的难题。通过现场试验，新型大功率检修车参与作业后，效率大幅提升，同等时间下，作业量增加一倍，作业时效性、灵活性、安全性得到全面保证。

◆浩吉铁路首次开办敞顶集装箱煤炭运输业务 2020年7月20日，87559次列车满载50车集装箱煤炭从浩吉铁路海则滩站驶向湖北恩施，标志着浩吉铁路首次开办敞顶集装箱煤炭运输业务。该集装箱煤炭专列全部采用20英尺35吨敞顶集装箱，编组列车50辆，共100只集装箱，运载煤炭3200余吨。35吨敞顶集装箱是一种新型、快捷、环保的集装箱运载工具，重点用于解决中小客户煤运需求，减少倒装作业环节，可以提高运输效率和经济效益。

◆国庆黄金周运输 2020年，国庆旅客运输自9月28日至10月8日，共计11天，中国铁路西安局集团有限公司累计发送旅客419.2万人次，比上年减少85.3万人次，减少16.9%。其中，直通发送168.2万人次，比上年减20.3%；管内发送251万人次，比上年减少14.5%。累计完成客票进款4.9亿元，比上年减少0.9亿元，减少15.5%。高铁发送249万人次，比上年减少23.6万人次，减少8.7%，占比59.4%，占比提高1.1个百分点；普速发送170.2万人次，比上年减少61.7万人次，减少26.6%，占比40.6%。10月1日发送旅客518942人次，创全年单日最高发送量。重联动车组5对，增开客车380列。

2020年3月16日，安康东驼峰一部位减速器大修施工顺利完成　　（摄影/张文龙）

◆参加第九届中国西部国际采购展览会 2020年10月16—18日，第九届“中国西部国际采购展览会”在西安举行，主题为“共享全球市场提升高质量发展”。来自俄罗斯、巴基斯坦等51个国家和地区的190余家国际采购商、32家国内大型企业采购商和600余家供应商代表参展，中国铁路西安局集团有限公司作为陕西省政府特邀单位参加展会。参展期间，集团公司广泛走访参展客户，宣传铁路运输绿色、经济、快捷、安全的优势，积极开展市场营销，组织承揽货源。

◆中欧班列开行数量突破3000列 2020年10月18日，75062次中欧班列（西安）满载50车陕西苹果汁从新筑车站始发，经二连浩特口岸，开往俄罗斯克列斯特，中国铁路西安局集团有限公司全年开行中欧班列（折算列）数量达到3000列。中欧班列克服疫情影响，开辟国际物流绿色通道，运营发展实现逆势上扬。截至10月18日，共开行3004列，是上年同期的1.8倍，运送货物总重230.9万吨，是上年同期的1.5倍，重箱率100%。

◆首个智能自动化检修基地投用 2020年12月，中国铁路西安局集团有限公司首个智能自动化检修基地——西安电务检修基地建成投入使用。该检修基地位于西安电务段新址内，总面积2700平方米，融合人工智能、智能仓储物流等技术，将承担西安电务段和西安高铁基础设施段信号器材检测任务，可年检继电器12000台、转辙机1200台，检测能力较建成前增加1倍。

◆银西高铁开通运营 2020年12月26日，银西高铁正式开通运营，西安至银川间最快旅行时间由14小时45分大幅压缩至3小时5分。银西高铁全线设银川、银川东、河东机场、灵武北、吴忠、惠安堡、甜水堡、环县、曲子、庆城、庆阳、宁县、彬州东、永寿西、乾县、礼泉南、咸阳北、西安北等车站。线路全长617千米，其中此次新开通的吴忠至西安北段全长543千米，穿越毛乌素沙漠边缘和世界上规模最大的黄土塬——董志塬，是国内首条一次性建成里程最长的有砟高铁。银西高铁是我国“八纵八横”高速铁路网包头（银川）至海口通道的重要组成部分，也是重要的扶贫工程。银西高铁成为以银川为中心的宁夏沿黄城市群和以西安为中心的关中城市群之间的便捷通道，串联陕甘宁革命老区，极大便利沿线群众出行，对促进区域经济社会发展，助力革命老区振兴，推进西部大开发战略实施，具有十分重要的意义。

◆体检列车开进秦巴山区 2020年12月28—30日，中国铁路西安局集团有限公司改造一新的体检列车开进秦巴山区，在镇安站区试验运行，为200余名职工开展健康体检和知识讲座。配置开行体检列车，向职工提供移动式健康服务，是集团公司2020年度十件实事之一。该体检列车整列编组7辆，其中设置各类检查室16间，具备医学检验，内、外、五官等基础检查和彩色多普勒、DR影像、心电图、电测听、肺功能等功能检查能力，满足职工健康体检、职业危害从业人员体检、女职工妇科检查工作需求。同时，还配备职工健康宣传教育设施，可满足40余人现场健康知识讲座需求。

（张宏学）

航空运输

◆概况 2020年，西安咸阳国际机场受新冠肺炎疫情影响，全年完成航班起降25.5万架次，比上年下降26.2%；完成年旅客吞吐量3107.4万人次，比上年下降34.2%，年旅客吞吐量再次入围全球机场40强，位列全国第8位，位居全球第11名，与2019年的排名相比上升29个位次；完成货邮吞吐量37.6万吨，比上年下降1.5%，增速位居十大机场全国第一，排名实现连年进位，排名进位全国第10。针对国际航空运输市场受冲击较大的实际情况，民航西北地区管理局引导航空公司开拓国内货运市场，以国内市场发展弥补国际市场不足。西安机场抢抓物流发展机遇，新开6条全货运航线，拓展"客改货"包机330架次，国际全货机货量增长266%。因新冠疫情因素，西安机场自2020年3月1日至12月31日，保障北京分流国际航班209架次，分流航班数量位居全国首位。

◆民航机场建设 2020年1月2日，西安咸阳国际机场三期扩建工程可行性研究报告取得国家发展和改革委员会批复。5月28日，民航陕西监管局和陕西省人民政府联合批复西安咸阳国际机场三期扩建工程飞行区工程初步设计及概算。7月22日，西安咸阳国际机场三期扩建工程在西咸新区空港新城举行开工仪式。10月16日，民航陕西监管局和陕西省人民政府联合批复航站区及配套工程初步设计及概算。西安咸阳国际机场三期扩建工程建设内容主要包括：将现北跑道改为平行滑行道，新建北一、北二、南二等3条跑道，新建70.03万平方米的东航站楼，35万平方米的综合交通中心及停车楼，配套建设115个机位、货运、航空食品、信息中心、消防救援及相关生产设施等。工程总概算469.29亿元，建设工期65个月。项目建成后，西安咸阳国际机场将成为拥有2个航站区、4座航站楼、4条跑道，能够保障年旅客8300万人次、货邮100万吨的超大型国际航空枢纽。

2020年长安航空有限责任公司新开航线

时　间	航线明细
2019/2020冬航季	西安—昆明、西安—重庆（共计2条）
2020夏航季	西安—巫山—海口、西安—巴中—海口、西安—宜昌—泉州、西安—盐城、西安—岳阳—海口、西安—宜昌—揭阳、西安—南昌—厦门（共计7条）
2020/2021冬航季	西安—榆林、西安—潍坊—长春、西安—通辽、西安—贵阳—泉州、西安—南京、西安—通辽—延吉、西安—沈阳（共计7条）

◆空管项目建设 2020年7月20—23日，民航陕西监管局在西安组织召开西安咸阳国际机场三期扩建工程及空管工程初步设计评审会。10月23日，西安咸阳国际机场三期扩建空管工程初步设计及概算获得民航局批复，西安机场三期扩建空管工程正式进入建设实施阶段。西安咸阳国际机场三期扩建空管工程项目主要建设西北空管运行保障基地，包括终端管制大楼、气象大楼、动力能源中心等；对现有塔台进行局部改造，配套建设航管、监视、导航、气象、通信等设施。项目建成后能够提升咸阳机场空管保障能力和服务水平，适应航空业务量快速增长对空中交通管制的需求。

◆民航空中管理 2020年4月25日，西安咸阳国际机场CCO/CDO（连续爬升/连续下降）飞行程序正式启用，西安机场成为国内继广州、北京、昆明后第4个，西北地区第1个拥有CCO/CDO飞行程序的大型枢纽机场。

西安区域管制AIDC电子移交程序全覆盖 10月22日8时，西北空管局空管中心区域管制中心与华北空管局北京区域管制中心所辖3个扇区之间全面实施航空器AIDC（空中交通服务设备间数据通信）电子移交程序。这是西安区管中心相继与成都、广州、郑州、重庆、兰州管制单位建立AIDC移交后，同周边最后一个高空管制单位间电子移交程序的建立，实现了AIDC电子移交程序全覆盖。

西安机场三期扩建不停航施工单双跑道运行切换运行保障 自10月25日凌晨3时至11月28日6时西安机场实施35天单跑道运行。单跑道运行期间，西北空管局共保障航班21094架次，日均603架次，日最高峰达到692架次，创造西北空管发展史上单跑道运行保障架次的最高纪录。在确保运行安全的同时，单跑道运行期间西安咸阳国际机场放行正常率和始发正常率也处于较高水平，取得安全、效率双丰收。

西安区域新增四个管制扇区 12月1日，西北空管局西安区域管制中心在运行13个管制扇区的基础之上，新增14、15、16、17号管制扇区，以缓解商县、宁陕及榆林上空空域繁忙程度，为陕西地区民航运输飞行的快速发展提供空管保障基础。

◆西部机场集团有限公司 2020年，西部机场集团统筹推进疫情防控和建设发展，坚决打好抗疫大战，全年测温4500万人次，保障援鄂医护人员2472人次、

2020年7月22日，西安咸阳国际机场三期扩建工程举行开工仪式

物资4790吨，协助地方运回海外物资165吨，西安咸阳国际机场保障北京分流国际航班209架次，居全国首位。以体系建设为抓手，完善风险隐患双重预防机制，优化安委会职能，持续做优安全顶层设计，鸟击、外来物损伤万架次率比上年下降57%、35%，集团连续实现第17个航空安全年。奋力攻坚运输恢复，率先出台有力政策，减费让利2亿元保供促需，撬动运输生产加速恢复。西安机场全年完成旅客量3107万人次，恢复速度高于十大机场平均水平6.6个百分点，中转比例提升至13.9%。抢抓物流发展机遇，西安机场新开6条全货运航线，获批进口植物种苗口岸，拓展“客改货”包机330架次，国际全货机货量增长266%。全速推进机场建设，西安机场三期克服多重困难，在短时间内取得可研、初设批复，如期实现开工，在多方努力下，圆满完成西安机场南飞行区第一阶段不停航施工和单跑道运行保障，打赢首场攻坚战。支线机场建设成效显著，援建阿里普兰机场试验段工程开工。持续深化改革管理，科学编制“十四五”规划，启动深化改革三年行动和对标世界一流管理提升行动。着力完善现代企业制度，实施决策事项清单式管理。全年压降成本4.62亿元，航空板块经营逐月向好，7家非航公司实现盈利。认真履行社会责任，按政策要求减免中小微企业房租1.76亿元，清理中小企业民营企业账款1163万元，以自己的“紧日子”保相关市场主体把“日子”过下去。

◆**长安航空有限责任公司**　2020年，长安航空运营11架B737－800飞机（租赁经营），另有14架自有飞机出租其他航司运行。全年飞行14780架次，飞行小时逾28754小时，旅客运输量177.53万人次，运营航线23条，通航城市33个。西安市场占有率4.44%，辖区内排名第6；航班正常率87.26%，较行业平均水平高0.82%，全民航第13名。开航以来，以西安为枢纽累计开通航线99条，通航城市66座，运输旅客961万人次。围绕西安机场新开航线16条。　　（张　楼）

道路运输

·公路客货运输·

◆**概况**　2020年，西安市有道路旅客运输经营业户107户（其中，班线客运38户，旅游客运69户），营运客车5614辆（其中，班线2446辆，旅游3168辆）。客运等级站50个（其中，一级站7个，二级站5个，三级站1个，便捷式车站37）。开通客运班线399条（其中，省际线路93条，市际线路100条，县际线路57条，县内班线149条）。全市通村线路157条，14[illegible]个乡镇班车通达率已达100%，1746个行政村班车通达率已达100%。有道路货物运输经营业户21650户，其中普通货运21079户、货物专用运输业户223户、大件运输257户、危险货物运输91户。有载货汽车64596辆，其中普通货车58563辆、专用货车2524辆、危险货车3509辆。有货运站场12个，其中一级站4个、二级站4个、三级站4个。道路运输完成货运量2.[illegible]2亿吨，货运周转量373.67亿吨千米。

◆**公路建设和养护**　2020年，西安市加快重大公路交通建设项目，国道210、国道211项目前期工作有序推进，西户路征地拆迁工作进展顺利，西阎快速路方案启动研究。推进公路养护工程，完成投资9969.5万元，实施养护工程32.2千米、安全生命防护工程11.4千米，危桥整治工程7座142.5延米，连续长陡下坡路段整治工程29.7千米，隧道提质升级整治工程3座1246.5米，20个工程项目顺利通过竣（交）工验收。

◆**国家综合交通枢纽**　2020年，西安市编制完成《西安市“十四五”交通运输规划》，统筹多种交通运输方式服务西安经济社会高质量发展。全年争取中央、陕西省资金16.07亿元，完成投资31亿元，引进内资3.5亿元，财政预算支出进度达到95%，均超额完成任务。积极推进重大项目建设，西安咸阳国际机场三期扩建工程全面开工，银西高铁开通运营，外环高速公路南段加快建设。

◆**交通脱贫攻坚**　2020年，西安市落实扶贫和农村公路养护资金7353万元。建立农村公路养护长效机制和建制村“两通”动态监测机制，全市所有建制村实现通硬化路、通客车。“四好农村路”省级示范县覆盖率超60%，创建比例居全国同类城市前列。在交通部召开的全国“四好农村路”高质量发展现场会上，西安市作为全国唯一市级代表做经验交流，受到交通部领导好评。12月4日，陕西省“四好农村路”高质量发展助推乡村振兴现场会在西安召开，西安市“四好农村路”典型经验做法在全省推广。

◆**交通优化提升**　2020年，西安市编制《中心城区交通优化提升三年行动方案》，78项任务全部完成年度指标，15项2021年任务超前开展。治理全市交通拥堵点54处，打通断头路52条，打开封闭大院30个，完成351条背街小巷改造提升，交通运行更加便捷高效。建成停车位3082个、错时共享停车位31545个，有效缓解“停车难”。编制《西安市交通运行监测月报》，为城市交通规划、建设、管理提供决策依据。中心城区占道施工全部采用通透式透明围栏，《人民日报》、中央电视台、人民网等中央和省级媒体广泛报道。组建交通治理专家咨询委员会，为城市交通治理提供专家技术支持。

◆**智慧交通**　2020年，西安市推动“互联网+交通”深度融合，西安市综合交通信息服务平台接入15个[illegible]4亿多条交通数据资源，实现全市交通运输信息资源汇聚整合、分析监测。运用新技术完成省道107大中修智慧化提升项目，建立西安首条绿色智慧公路，为构筑“三河一山”超级环线绿廊提供思路经验和技术支撑。加快融媒体发展，“西安大交通发布”微信平台传播指数居全国前列。

◆**交通市场监管**　2020年，西安市持续推进“放管服改革”，全面完成涉及营商环境和放管服等9项任务，优化12项行政审批受理程序。西安市政务服务中心涉及事项全部纳入“好差评”系统，网上可办率达到90%，“一网通”办率达到80%。组建西安市交通运输综合执法支队和西安市交通发展研究中心。深入推进扫黑除恶专项斗争，开展专项整治2125次，查处“黑车”[illegible]136辆，办结涉黑涉恶涉乱线索71条。西安市交通运输局被评为“2019年度全省扫黑除恶专项斗争先进集体”。

◆**安全生产**　2020年，西安市交通运输局加强行业应急管理能力建设，开展“安全生产专项攻坚”“道路运输安全生产隐患专项治理”等行动，治理隐患245项，整改率100%。主客运站大力推行人脸识别系统和旅客实名制售票，客运站场反恐防暴力度不断加大，全系统全年未发生道路运输安全亡人责任事故。积极化解行业矛盾纠纷，办理群众信访1817件/批次，及时受理率、按时办结率均为100%，群众满意率99.1%。

◆**疫情防控**　2020年，西安市在疫情防控中全面加强交通管控，落实落细常态化防控措施，免费运送医护人员6万余人次，全市公共交通累计运送旅客8.3亿人次，未发生经过交通工具传播疫情事件，行业近10万从业者无一人感染。积极推进复工复产，免收车辆通行费815.68万元，在全国率先减免出租车承包服务费累计2.3亿余元。坚守西安咸阳机场“空中国门”，转运入境航班355架次、入境人员65580人次，无一例纰漏。西安市交通运输局被交通部授予“全国交通运输系统抗击新冠肺炎疫情先进集体”。　　（王嘉辉）

·城市公交汽车运输·

◆概况 2020年，西安市成功创建国家公交都市示范城市。新开调整公交线路71条，建成公交场站12座，公交出行分担率达61.7%。推广更新纯电动出租车1523辆，全市15178辆巡游出租车已全部更新为绿色新能源车型，行业服务整体满意率达到99.5%以上。“爱心车厢”荣获交通部十大运输服务榜样品牌，西安市出租汽车管理处被评为“2019年度全国交通系统先进集体”，纺织城客运站获“全国交通运输行业文明示范窗口”。（王嘉辉）

◆城市公交汽车运输 2020年，西安城市基础设施建设投资集团有限公司按照“抽密补疏、填补空白”的思路，继续推进中心城区交通优化提升工程，全年新开公交线路20条、优化线路91条、延长营运时间线路7条、调整公交站点153个，“抽密”112.1千米，“补疏”78.5千米，填补62条道路、60.1千米公交服务空白。西安公交末班发车时间22：00及以后的线路达135条，夜间公交线路占线路总数的比例位居全国第一。疫情期间，开发公交车线上“乘车登记”功能，实现疑似人员溯源；推行“健康+乘车”两码合一功能；试点开展人脸识别支付乘车功能项目；完成32个站点39个公交信息牌及101座候车亭建设的建设；升级自行车有桩站点系统；编制“十四运”信息化保障方案，以智慧公交保障“十四运”市民出行。（李丞伦）

◆慢行交通 2020年，西安市大力推进绿色交通和低碳交通发展，截至年底，全市有公共自行车有桩服务站点1943个、无桩服务站点6136个，闸机式中心站18个，投入运营自行车7.9万辆，全年使用量4986万人次，日均使用量13.7万人次，单日最高使用量21.6万人次，服务区域覆盖主城区、各开发区约550平方千米。此外建立共享单车“文明骑行联盟”，形成投放、使用、归还、督考“四级”闭环管理体系，倒逼单车用户规范用车，文明骑行。西安有美团、青桔、哈罗、OFO、OXO等5家互联网租赁自行车企业，总投放量43.5万辆，为市民“最后一公里”出行提供保障。（王嘉辉）

◆出租汽车 2020年，西安出租汽车集团公司提升信息化服务水平，为全部车辆装载四路摄像头，新更新车辆装载五路摄像头，增加人脸识别功能，实施三级电子稽查监管，利用信息化手段提升运营管理水平。西安出租汽车集团公司获中央文明委“全国文明单位”，中国出租汽车暨汽车租赁协会获评“抗击新冠肺炎疫情工作先进企业”、西汽亚辉公司获评“陕西省青年文明号”。

◆社会充电桩建设 2020年，西安城投集团新能源公司实施了火车北客站公交停保场项目、京东亚洲一号物流园充电站、凤城一路停车场等社会充电桩建设项目，全面共建设社会充电桩（枪）549个，总投资额8439万元。

◆西安市民卡平台上线 2020年，西安城市基础设施建设投资集团有限公司按照“交通共联、服务共享、市场共构、产业共兴”的思路设计搭建市民卡平台。12月，长安通正式升级为“西安市民卡”平台，全面融合智慧交通、智慧缴费、智慧服务等多个服务版块，涵盖身份认证、交通出行、公共服务缴费、教育服务等高频事项，形成“一张网、一平台、一载体”的民生事务“朋友圈”，打通信息技术服务百姓的“最后一公里”。（李丞伦）

·城市轨道交通运输·

◆概况 2020年，西安市轨道交通集团有限公司抢抓国家加大交通、能源等领域投资的历史机遇，以西安市“十项重点工作”为抓手，全面推进地铁建设、运营、投资、开发“四位一体”高质量发展。地铁各在建项目施工进展顺利，5号线、6号线一期和9号线按期建成通车，地铁资源经营、上盖开发等工作稳步推进，全年完成投资246.65亿元。

◆地铁工程建设 2020年，西安市轨道交通集团有限公司围绕工程建设目标，强化三期建设规划（2018—2024年）7个项目的落地实施和5号线、6号线一期和9号线通车运营，通过持续推进“大标段”管理和“市区共建”模式，统筹抓好工程质量和安全生产，科学有序加快施工进度。1号线三期、2号线二期、8号线、10号线一期、14号线、15号线一期、16号线一期仅用时15个月全部开工，创造了西安市轨道交通规划项目从批复到全部落地最快速度。地铁4号线获国家优质工程奖、陕西省建设工程长安杯和西安市建筑工程雁塔杯。截至年底，14号线提前40天实现“三通”（洞通、轨通、电通），1号线三期7座车站和2号线二期4座车站全部开工建设，6号线二期过半数车站进入主体施工，8号线、10号线一期和15号线一期开始交通导改、文物勘探、管线迁改和绿化迁移等前期工作。

◆地铁5号线、6号线一期、9号线通车运营 2020年12月28日，西安地铁5号线、6号线一期和9号线建成开通初期运营，西安市单年新增运营里程83千米，创西安市历史最高纪录，开通运营里程位列全国第11位。

5号线　是西安市轨道交通线网中第二条东西走向的主骨架线路，西起交大创新港，东至西安东站，线路长度41.6千米，共设31座车站。4月27日实现“三通”，8月26日完成项目工程验收，12月28日开通初期运营。线路横贯西咸新区沣东新城、沣西新城，连接交大创新港、西工大翱翔小镇、丝绸之路风情城等重大项目，对加快西咸一体化进程具有积极作用。

6号线一期工程　南起西安南站，北至西北工业大学站，线路长度15.6千米，共设13座车站。4月15日实现“三通”，8月27日完成项目工程验收，12月28日开通初期运营。该线路主要位于高新区，是“西安经济发动机”的地下大走廊。

9号线　西起纺织城站，东至临潼区秦陵西站，线路全长25.3千米，共设15座车站。5月20日实现“三通”，8月31日完成项目工程验收，12月28日开通初期运营。该线路是西安市第一条采用PPP

2020年12月28日，地铁5号线列车开通运营前整装待发

模式建设的地铁线路，由西安中铁轨道交通有限公司负责建设。线路作为西安城市主城区向东北部区域延伸辐射的重要交通走廊，也是兼顾旅游交通的市域轨道交通线，对促进临潼经济社会转型发展具有积极作用。

◆地铁运营管理　2020年，西安市轨道交通集团有限公司积极优化行车组织、不断提升线网运能，先后9次调整线网运行图，将最小行车间隔压缩至2分15秒，运营时间延长至18小时42分，运行图兑现率99.99%、列车正点率99.97%，各项运营指标均超过国家标准。全年运送乘客7.26亿人次，日均客流198.16万人次，单日最高客流404.81万人次，线网客流强度、客运总量均居全国前列。2021年1月1日，机场城际线纳入西安地铁线网一体化管理，全市运营线路达8条245千米，运营里程跻身全国前列。践行“民有所呼、我有所行”，广泛征集市民群众意见建议，完善双语服务，加快车站无障碍设施改造，建成开通线路均推出手机扫码、人脸识别、智慧安检和智慧票亭功能，运营服务水平持续提升，被陕西省用户满意度测评中心连续第9年评为“陕西服务质量满意度测评最佳满意单位”。

◆地铁TOD开发　2020年，西安市轨道交通集团有限公司通过“轨道+物业”模式，不断加快TOD综合开发步伐，持续打造“轨道上的都市圈”。编制《西安市轨道交通沿线综合开发规划（2020—2025年）》《三期建设规划资金筹措方案》《TOD工作管理办法》等制度方案，取得1号线后卫寨车辆段、3号线鱼化寨停车场、4号线草滩停车场、5号线三殿村站4个上盖综合开发项目规划条件书，完成和平车辆段等3个项目盖体建设和10号线高陵段TOD一体化规划研究。其中和平车辆段上盖综合开发项目被确定为西安市新发展理念先进典型类现场教学点，行政中心站商业街被中国城市轨道交通协会资源经营专业委员会命名为“城轨交通商业特色街（区）”。通过理顺管理机制、优化工期计划、多渠道筹集资金等措施，持续推进高铁东城项目和丹凤门广场改扩建项目建设，其中高铁东城片区综合开发核心区（湾子村）城市更新项目已在西安市发展和改革委员会立项备案，拆迁工作全面启动，丹凤门广场地下主体工程施工稳步推进。

◆地铁技术创新　2020年，西安市轨道交通集团有限公司坚持走“产学研”一体化科研创新之路，组建成立信息化办公室、技术中心等专业部门，投入2784万元开展28项科技研究，其中《西户铁路改造提升方案研究》《南客站至草堂工业园低运量轨道交通项目方案研究》《西安市城市轨道交通与陕西省城际铁路融合发展方案研究》等3个项目已完成研究结题，西户铁路改造提升项目和南客站至草堂工业园低运量轨道交通项目已经西安市人民政府研究审定，进入规划、立项等前期手续办理阶段。积极顺应轨道交通发展规律，不断加快智慧城轨建设，推动“人脸识别”、“智慧安检”、“客流监测预警系统”、多元化电子支付等一批新技术在全线网的落地实施。在原有关中城市群线网规划基础上，配合西安市第四轮城市总体规划修编，开展新的线网规划研究，初步形成3个层次、25条线路、总规模约1200千米的线网专业规划。抢抓西安都市圈、国家中心城市建设带来的重大机遇，按照“多网合一”“多规合一”的思路，积极开展新一轮建设规划研究工作，着力构建多层次、多制式的轨道交通网络。

（彭启昕）

邮政·快递

◆概况　2020年，西安市邮政行业业务收入（不包括邮政储蓄银行直接营业收入）91.25亿元，比上年增长14.87%；业务总量140.52亿元，比上年增长25.37%。全市快递服务企业业务收入75.71亿元，比上年增长21.28%；全市快递服务企业业务量67115.4万件，比上年增长24.57%。

◆疫情防控　2020年，西安市邮政管理局成立西安局邮政业新型冠状病毒感染肺炎疫情防控工作领导小组，全面部署安排西安市邮政业防疫工作；及时下发《关于切实做好邮政业疫情防控和恢复生产工作的通知》《西安市邮政管理局关于进一步做好常态化疫情防控工作的通知》；局领导深入企业，现场督导复工复产。大力推广无接触配送，帮助企业购置防疫物资，要求企业从业人员一律佩戴口罩，严格执行体温检测、场地和车辆通风消毒等措施，外地返回复工人员严格执行隔离观察制度。联合陕西省邮政管理局、西安市人民政府督查室等部门对全市14个区（县）、开发区的邮政快递企业复工复产落实情况进行专项督查，现场协调解决22个快递网点复工复产难的问题；不断加强与各区（县）、开发区疫情防控指挥部沟通联系，推动1136个网点实现复工复产；积极对接西安市防疫指挥部、西安市交通局等部门，将快递车辆纳入疫情防控应急物资车辆管理，有力保障邮政快递车辆优先通行和末端投递工作；强化企业安全生产意识。强化寄递企业安全查验三项制度，不得收寄易燃、易爆、易腐蚀物品和假冒伪劣产品；严格执行企业复工复产审批程序。全年办理通行证2383张，争取消毒液14000升、测温枪2000把、酒精2500升、温度计158把、喷雾器150个。协调地方疫情防控指挥部，对装有防疫物资，运往南京等地的快递车辆予以放行。

◆邮政行业发展　2020年，西安市邮政管理局联合西安市交通运输局、西安市商务局、西安市供销合作社联合社印发《关于深化融合推动农村物流高质量发展的实施方案》，通过网络节点共建共享、运力资源互补互用、融合规范运作、多方协作联动等措施，加快构建畅通便捷、经济高效、便民利民的县、乡、村三级物流服务体系，为农村地区脱贫攻坚、乡村振兴提供有力支撑。推进全行业稳步运行，成功创建“中国快递示范城市”，着力推进“快递员关爱工程”。联合西安市总工会前往申通、苏宁、百世等快递企业就工会建立等情况进行调研，引导支持全市快递企业成立工会。为全市快递员争取到200名体检名额，按照每人150元标准，对辖区内建立工会组织的快递企业一线投递人员开展免费健康体检活动。

行业“放心消费工程”　全市289个邮政营业网点电子化支局率达到100%，41个空白乡镇网点全部按要求开办业务。全市营业服务达标率100%，网点签到、签退率达到100%；普遍服务网点（含空白乡镇补建网点和委托代办网点）100%满时满点正常提供普遍服务；营业网点实名制收寄率达到100%，认真落实收寄验视制度，未出现违规收寄问题和收寄安全事故。平信丢损率低于1‰，给据邮件丢损率低于0.1‰，党报党刊乡镇级以上当日见报。建制村全部正常通邮。客户申投诉处理满意率100%。通过持续推进全市邮政普遍服务全面达标活动，进一步提升西安邮政对外服务水平，努力为人民群众提供放心满意的邮政服务。

邮政综合服务平台建设　推动邮快合作。落实国家邮政局快递进农村工作要求，积极推进“快递下乡”工程，利用邮政企业县以下乡镇、边远山区邮政普遍服务营业场所、生产处理场地、邮运及投递网络资源优势，积极推进民营快递公司邮件代运代投业务。全市邮政分公司与百世快递、德邦快递、圆通快递、顺丰快递、天天快递、申通快递、中通快递、京东、韵达快递共9家快递公司分别签订“邮快合作框架协议”，全市27个乡镇、232个行政村与民营快递完成深入合作，全市代投邮件868件。推动警邮合作。中国邮政集团公司西安市分公司开办互联网用户窗口注册、互联网用户变更、绑定非本人机动车、解绑非本人机动车、补领合格标、六年免检合格证申请、补领行驶证、换领行驶证、补领驾驶证、换领驾驶证、协助用户处理违章等业务。全年邮政代办交管业务70个网点，合计办理业务2245笔，实现业务收入25693元。推动政邮合作。贯彻落实国家邮政局推进邮政快递企业进政务大厅工作要求，西安市分公司已进驻24个政务大厅，累计寄递证照票据等4.93万件，实现收入52.46万元。推动税邮合作。西安市分公司、西安市税务局联合开展税务发票寄递合作，联合推出疫情期间“网上申请，邮寄到手”发票免费寄递服务，全市所有税务大厅均开办此项业务，其中市内税务大厅13所，区（县）税务大厅9所。全市累计寄递发票45209件，实现收入34.91万元。其中，疫情期间2月18日至4月30日期间免费为用户寄递发票31076件，产生邮费23.31万元；自西安市人民政府要求5月1日起全面复产复工后，该项寄递服务采取“线上线下自主选择付费寄递”的业务，寄递发票14133件，实现收入11.6万元。

◆“两进一出”工程 2020年，西安市邮政管理局大力推进“两进一出”工程。

快递进村 印发《西安市邮政管理局“快递进村”三年行动方案（2020—2022年）》，要求按照分年度分地区推进原则，有序实施“快递进村”，到2021年年底，阎良区、长安区、高陵区、鄠邑区等基本实现建制村95%通快递；蓝田县、周至县、临潼区基本实现建制村80%通快递。到2022年年底，阎良区、长安区、高陵区、鄠邑区等基本实现建制村100%通快递；蓝田县、周至县、临潼区基本实现建制村95%通快递，全市基本实现有条件的建制村全部通快递。成立西安市推进“快递进村”三年行动工作领导小组，积极推进与地方商务、农业农村、交通等部门工作对接，不断提高农村快递服务能力、提升农村快递服务水平。对全市13个区（县）行政村数量、户数、人口总数以及“快递进村情况”摸底调查。印发《关于深化融合推动农村物流高质量发展的实施方案》。

快递进厂 按照国家邮政局“快递进厂”工作部署，立足全市制造业产品丰富的优势，积极引导快递业与制造业加快融合、协同发展，引导企业针对地方特色制造业，挖掘潜在需求，创新服务模式，主动对接服务。全市快递企业已服务制造业18家。

快递出海 局领导班子亲自带队深入企业实地走访调研，了解企业诉求，制订专项工作推进方案。与西安市商务局（陕西省自贸试验区西安管委会）、西安国际港务区管委会、西安车站海关等单位对接，草拟《关于中欧班列运送邮件、快件的通知》，共同推进中欧班列运送邮件、快件相关事宜，协调解决存在问题和困难。西安市人民政府分管领导明确全市“邮件、快件出海”工作任务，组织成立中欧班列（长安号）跨境寄递服务工作专班，协调中欧跨境寄递服务网络建设工作，推动邮件、快件“出海”，着力打造西安邮件、快件国际航空、陆运口岸，推进跨境电商综合建设。

◆深化“放管服”改革 2020年，西安市邮政管理局进一步优化营商环境。依法开展快递业务经营许可工作，积极推动《西安市邮政管理局关于企业开办服务站经营快递业务许可试点实地核查要点的通知》《西安市邮政管理局关于企业运营智能快件箱经营快递业务许可试点实地核查要点的通知》等快递新业态许可办理专项文件出台，指导新业态企业申请快递业务经营许可；全面落实国家邮政管理局微信版快递业务经营许可实地核查工作要求，依法依规开展快递业务经营许可各项工作。收到快递业务经营许可申请97家，受理并实地核查企业53家，核准13家，收到变更申请77家，受理49家，核准变更申请34家。延期换证31家，核准换领8家。全面推行“双随机一公开”，从抽查目的、抽查依据、抽查范围、抽查事项、抽查频次、结果公示等方面明确工作要求，逐步建立常态化工作机制。开展乡镇快递网点违规收费专项整治，根据《关于切实做好快递基层网点稳定运营工作的紧急通知》，要求各寄递企业落实主体责任，加强运行监测，鼓励寄递企业升级改造末端服务网点，提升网点标准化程度，确保各基层网点稳定并严格按照承诺的时限和质量提供快递服务。下发快递从业人员职称评定工作通知，指导企业提交申报材料，全年有309人提交快递从业人员职称申报材料。完成邮政行业人员职业技能培训工作。10月17日，西安市快递从业人员职业技能培训开班仪式在陕西省交通职业技术学院正式启动，圆满完成线下技能培训3010人次。2021年1月27日，基本完成线上培训3002人次。

◆邮政三大攻坚战 2020年，西安市邮政管理局结合西安市实际和行业特点认真助力打好三大攻坚战。

助力打好防范化解重大风险攻坚战 全面强化行业安全监管，与西安市公安局、西安市消防应急救援支队联合印发《西安市邮政业安全生产集中整治行动实施方案》，在全市范围内开展为期3个月的邮政业安全生产集中整治行动。建立反恐常态化督查机制，联合西安市国家安全局、西安市公安局物侦支队成立2个联合检查组分片开展自查自纠，制定联合执法检查方案，采取实地检查和随机抽查的方式开展行业自查，严格落实快递企业安全生产主体责任，保障人民群众生命健康和寄递渠道安全稳定。开展邮政行业消防安全大检查，与西安市公安局、西安市消防应急救援支队对未央区、灞桥区、经开区、浐灞生态区的快递企业、分支机构和末端网点开展联合执法检查，督促快递企业认清当前消防安全形势的严峻性和复杂性，认真汲取各地发生的有影响的火灾事故教训，增强做好消防安全检查工作的责任感和使命感，严格落实《消防安全责任制实施办法》。扎实推进打击整治破坏秦岭野生动植物资源违法犯罪专项行动，不断加强对邮寄野生动植物及其制品的监督检查，督促寄递企业落实主体责任，严格执行寄递渠道三项制度，严禁违法违规收寄野生动植物及其制品，坚决防止野生动植物及其制品通过寄递渠道流向社会。加强重点活动期间寄递安保工作，对全市“两会”期间寄递服务、安全保障、应急管理等工作作出要求。联合西安市公安局物流寄递犯罪侦查支队举办全市寄递企业安检员培训会，深入落实寄递渠道三项安全制度，提升寄递企业安检设备使用和管理能力，提高安检人员操作水平；联合公安、国安等部门，创新改进联合执法方式，按照“全覆盖、零容忍、严执法”的要求，开展隐患排查和执法检查，严格执行寄递安全“三项制度”；持续做好新冠肺炎疫情防控工作，认真执行佩戴口罩、体温检测、消毒通风、避免聚集等防控措施，抓紧抓实抓细常态化疫情防控，严防发生聚集性感染事件；督促寄递企业建立“两会”期间值班表，确保“两会”期间寄递渠道的正常营运。

助力打好绿色邮政建设攻坚战 推动《快递业绿色包装指南（试行）》落地实施，实施“95892”工程，对行业生态环保工作进行定期汇总，对开展工作较为落后的企业派专人进行督导；建立西安市行业生态环保信息档案，撰写《西安市邮政管理局2020年邮政行业生态环境保护工作检查方案》，对企业生态环保工作开展情况进行抽查。全市电子面单使用率99.68%，电商快件不再二次包装快件数量占88.86%，企业可循环中转袋使用率92.22%，设置参考国家标准及企业内部标准快递包装废弃物回收装置189个，快递企业拥有或租赁新能源汽车589辆，瘦身胶带使用比例97.07%。西安市邮政分公司298个普遍服务营业网点，布放包装废弃物回收箱30个，布放比例10%；在普遍服务营业网点全部布放销售新型包装箱；全部配备使用40毫米的窄胶带，实现100%全覆盖；营业网点根据邮件交寄情况，合理采用“科学打包法”进行邮件封装；按要求在网点开展“两推荐”推广工作。普遍服务营业网点新型电子面单使用量434869件，占比99.99%。其中，国内普包201783件，占比99.99%；国内快递包裹68312件，占比99.99%；国内标准快递164774件，占比99.98%。

助力打好邮政行业脱贫攻坚战 切实发挥邮政业助力精准脱贫的行业优势、网络优势和产品优势，坚持人民邮政为人民的服务宗旨，充分结合贫困地区资源禀赋和产业发展实际，积极培育优势项目，构建农产品“进城”、工业品“下乡”的便利渠道，促进贫困人口稳定就业，改善贫困地区生产生活条件。全年邮乐购站点新增34个，累计数量1212个。其中，市内站点621个；县、乡、镇站点591个。督促邮政企业紧抓鲜果、农产品旺季市场寄递需求，重点针对猕猴桃、石榴、苹果等寄递市场，加大对电商户及果农种植户的走访。全年全市农特产品销售额4539万元，农产品寄递累计414.23万件，实现寄递收入1635.47万元。其中，苹果项目销售额882万元，寄递83万件，实现收入323万元；猕猴桃项目销售额2039万元，寄递172万件，实现收入595万元；樱桃项目销售额18万元，寄递9.23万件，实现收入167.47万元；甜瓜项目销售额1600万元，寄递150万件，实现收入550万元。

◆**邮政行业管理** 2020年，西安市邮政管理局大力提升普遍服务，落实落地民生实事。加强行政审批与备案管理，全年累计办理邮政营业场所撤销4起；准予暂停办理普服业务备案申请40起；迁址7起、场所信息变更50起、营业场所新增21起。巩固建制村直接通邮成果，打造高质量的进村服务。积极开展建制村通邮监测系统使用情况专项检查，听取各县邮政分公司汇报建制村直接通邮监测系统使用情况；要求县邮政分公司对投递段道优化、行政村合并、打卡信号不稳定等情况及时汇报，进行系统调整；督办投递打卡进度，提高打卡效率。全市完成建制村投递打卡比率97.56%。开展社会监督，监督员完成邮政网点检查115处，上报监督手册10册，走访用户20人次，现场监督邮票发行54人次。强化“扫黄打非”工作，全年出动执法检查人员218人次，开展执法检查活动66次，检查邮政快递收寄场所99处，检查接办目录3个，均取得良好监管效果。扎实做好机要通信监管工作。将机要通信监管工作作为一把手工程纳入党组议事内容，主要领导亲自部署；制订机要通信工作方案和两轮专项检查计划，强化主体安全责任，开展企业内部自查自纠；与西安市保密局制定第一轮联合检查工作方案，与陕西省机要通信局制定联合检查工作方案，进一步提高联合监管的能力；积极开展疫情期间机要通信邮路安全保密专项检查工作；制定机要通信邮路安全专项检查表，对11个机要场所进行全覆盖专项检查；积极推荐机要通信工作人员赴北京参加全国机要档案评审，进一步加强机要通信监督管理档案的规范化建设工作。强化邮票发行监督管理工作，对《庚子年》《众志成城抗击疫情》等纪特邮票进行专项检查，出动102人次，其中西安局48人次，社会监督员54人次，每次检查邮票销售网点10个。推进邮政行业绿盾工程建设。抓好全市寄递企业处理场所监控和安检设备联网事宜，加快市邮政业安全监控中心平台建设，提升行业预警监测能力。继续开展安全生产检查专项工作，印发《西安市邮政快递业安全生产专项整治三年行动实施方案》，要求各寄递企业牢固树立安全发展理念，强化底线思维和红线意识，扎实推进邮政快递业安全生产治理体系和治理能力现代化；联合西安市公安局、西安市消防应急救援支队印发《西安市邮政业安全生产集中整治行动实施方案》，在全市范围内开展邮政业安全生产集中整治行动；联合西安市公安局、西安市消防应急救援支队对部分快递企业、分支机构和末端网点开展联合执法检查；扎实推进打击整治破坏秦岭野生动植物资源违法犯罪专项行动；联合公安、国安等部门，充分发挥寄递渠道联合监管机制作用，创新改进联合执法方式；依托国家邮政局实名监管信息系统，成立工作专班，从源头上保障寄递安全的基础性制度，防范打击不法分子利用寄递渠道从事违法犯罪活动。

（耿　君）

◆**中国邮政集团公司西安市分公司** 2020年，中国邮政集团公司西安市分公司立足于陕西省分公司“促改革、抓重点、保当前、提质效、谋长远”发展要求，深化改革，加快发展，提升服务能力，促使企业获得稳定持续健康发展，品牌形象不断提升。全年实现收入13.72亿元，完成省公司计划的103%，比上年增长11.48%，列全省第二位，进度、增长均创近年最好发展水平。顺利通过国家级文明单位复审，被中国保护消费者基金会授予“保护消费者权益信用单位”。公司党委获评“全省邮政先进基层党委”光荣称号。

代理金融业务 继续把代理金融业务作为发展重点，扎实推进业务转型。牢固树立储蓄余额发展的核心地位，以保险、理财为发展两翼，不断提升中间业务收入占比，通过客户精细化管理和拓展新业务市场，促使代理金融业务实现健康发展。全年实现收入6.92亿元，增长9.15%，增收[illegible]万元，增收占比70.5%，全市余额规模达到[illegible]498亿元，列全国省会城市第四，较年初提升一个位次；时点余额新增47.[illegible]亿元，列全省第一；年增标保90.16亿元，增长22.7%，提前3个月完成中邮总保费、期缴保费、长期期缴3项全年计划；月日均理财年增2.76亿元，比上年多增1.5[illegible]亿元；非货币基金销量4.23亿元，增长95.8%。初步搭建金融生态场景。微邮付业务全年新增商户4.15万户，开发智慧商圈15家，余额沉淀15.5亿元，较年初增长[illegible]8.9亿元。代发业务全年新增代发单位[illegible]35个，排全省第一。农特项目揽收资金[illegible].47亿元。借助价值客户大提升活动新增客户3.2万户，进度120.8%，2项指标均排全省第一。

寄递业务 坚持“做精标快业务，做优快包业务，做稳普包业务，做大国际业务，突破发展同城业务，深化营揽投体系建设”的业务发展思路，通过建仓引商、项目带动等措施，全力打造“寄递翼”业务，做大快递包裹规模，促使寄递业务发展质效持续提升。全年实现寄递业务收入4.5[illegible]亿元，完成省公司计划的103.47%，增长24.57%。特快业务紧抓重点项目，实现规模发展。政务市场专递全年实现收入3409万元；重点写字楼特快专递实现业务收入749.16万元，比上年增长29.[illegible]7%；校园文化项目寄递目标超额完成，全年实现收入734.64万元。快包业务创收1.86亿元，增长26.57%，高于全省平均进度12个百分点。持续加大轻小件、散件揽收、集包封发等业务发展，全年轻小件快递包裹业务量1806.21万件，收寄量占比36.38%，远高出省公司目标22%。秋收会战创收7845.10万元，完成项目计划的174.34%。国际业务收入[illegible].52亿元，创历史新高，进度1[illegible]9.63%，增长44.85%。行业市场占比24.03%，比上年提升7.78个百分点。国际标准快递业务收入1864.56万元，比上年增长75.[illegible]2%；国际标快收入占全市寄递总收入[illegible].08%，比上年提升4.6个百分点。“防疫物资全球寄”项目有力拓展中小商户寄递市场，揽收散户超4万人次，成功与全市38家怡康医药开展全球药品寄递合作，保证防疫物资准确安全通畅送达。“中速全球　海外随心递”校园寄递项目收入规模突破150万元，增长超20%。跨境电商创收1.29亿元，增长47.43%，完成省分公司进度的120.3%，超产绝对值2[illegible]万元。

文化传媒业务 充分整合内外部资源，加强产品研发，拓展销售渠道，以“开放、合作、共赢”理念，实现基础业务创新发展。全年实现收入1.36亿元。集邮业务创收50[illegible]万元；函件业务创收2892.55万元，比上年增长1.12%；

报刊业务创收5742.42万元，进度100.01%，比上年增长3.61%。重点项目全面完成计划指标。生肖贺岁季项目、2021新邮预订、2021年报刊大收订、集邮线上营销项目、政务类图书全部超额计划任务，为全年发展奠定坚实基础。西安地铁项目创收77万余元。政务类图书累计完成221.48万元，完成年计划的110.74%，在全省排名第一。报刊文创产品实现销售额121万元，完成计划的100.83%。线上平台创收能力不断增强，全年实现线上收入1066.12万元，完成580万元项目计划的189%。积极尝试短视频营销，组建西安市视频营销团队，首单开发一保险公司开门红短视频宣传项目，创收9.98万元。全年拍摄业务推广和邮政品牌宣传主题短视频150余部，点赞量、浏览量近100万次；积极推进产品转型，蛋糕卡、电影票等转型产品累计创收120万元，土门分公司蛋糕卡项目创收60万元，占全市项目收入的60%。

渠道平台业务 全年创收2614.22万元，进度101.33%。依托地域农产品资源优势，以春节、端午、中秋时点项目为抓手，打通农产品进城线上、线下渠道，构建农村电商新生态，积极推进民生服务。全年农产品项目创收1684.24万元，完成计划的112.3%；自营批销额710.26万元，完成计划的112.7%；福至新春项目实现订货额971.35万元，完成计划的147.17%；粽情端午项目实现订货额482.67万元，完成计划的100.56%；月满中秋项目实现订货额791.2万元，完成计划的158.24%；战略指标稳步推进，216家数字化站点全面达标，完成省公司进度的108%；全市优惠购站点支局绑定率、巡店率均达100%；邮乐小店分享用户3.46万户，全面完成计划进度。采取三级邮乐购站点运营思维，助力数字化站点效益提升，实现达标站点216个，进度108%。“邮特惠”扫码购新增会员67749户，完成全年计划的100.82%。扎实推进网点转型工作，打造各类转型网点31个。组建校园创新团队，打造西安科技大学（临潼校区）、西安电子科技大学（长安校区）2个转型标杆网点，44所万人以上高校实现寄递服务进驻，全年校园市场创收1019.12万元，增长39.17%。建成主题邮局4个，收入62.77万元；全年通过活动开设临时主题邮局4期，收入27万余元。

协同发展 邮政各板块加快协同发展，实现收入2.28亿元。成立市、县两级协同发展委员会，实现全市协同机制全覆盖，完善协同项目管理及考核激励办法，绩效考核的指导作用显现，协同工作进一步融入整体生产经营中。惠农合作项目实现健康发展。成立邮银双方一把手任双组长的项目专班。对接西安市农业农村局，实现联合发文，建立联络机制，为各单位和当地政府对接提供支持。全年开发实体运营合作社454家，全年新增贷款投放总额2亿余元，易邮箱发寄创收6253万元，农产品销售收入696万元，对公存款、代发工资、信用卡、简易险等业务均实现增量发展。重点协同项目有效推进。惠农合作项目实现1.62亿元、汽车产业链实现522万元、政务服务实现3643万元、医药市场实现298万元、电商市场实现311万元。邮政会员体系建设、手机银行、商户收单等3个项目超额完成计划目标；邮储食堂、中邮保险长期期交“双百亿”“数据精樱”惠农协同营销3个省内自主协同项目均超额完成年计划，实现创收1790万元。总部客户收入再创新高。工行制卡中心卡类寄递服务项目全年揽收118.4万件，实现收入682万元。公安交管项目实现高速增长，70家网点开办警邮业务，全市交管项目线上业务创收529.83万元，比上年增长185.01%，号牌寄递业务创收311.79万元。第十四届全国运动会、西安马拉松及陕西省人民医院等项目均实现经济效益、社会效益双提升。

经营管理 制定经营对标管理推动奖励办法，强化对增收贡献大、发展速度快、转型成效优的区（县）分公司奖励激励，营造比拼争先的发展氛围，14家地面分公司全面完成收入计划，经营管理效能水平不断提升。增强预算进度管理、预算预警分析，管控效率实现提高，推进业务结构不断优化。全面完成CRM系统各项考核指标，累计发展邮政会员45.73万户（含寄递板块），完成进度182.92%，会员数量绝对值列全省第一。数据应用收效显著。完成数据分析应用项目50个，下发数据492万条，通过数据应用精准获客5.09万人次，总体平均营销转换率31.83%。全年金融专业依托数据实现转存金额5.1亿元，增存金额3.33亿元，续保605万元，新增保费2880万元；寄递专业成功发寄客户913家，累计揽收199.04万件，实现收入687.91万元。获2020年度全省代理金融创新数据分析突出贡献一等奖，“寄递重点客户边际贡献率”数据分析项目实现全省推广。

体系建设 健全市、县级服务质量监控管理体系，制定完善管理考核办法，积极落实“横向一体化”“纵向垂直化”管理模式，加大对普遍服务问题考核追责力度。开展普遍服务全面达标活动，坚持问题导向，以各单位全面自查、市分公司监控抽查、现场检查、以查代培方式，重点加强条码平信、普通给据邮件、规范服务、投递质量等热点、难点问题督导整改，对全公司所有普遍服务网点100%全覆盖检查督导。落实检查、督导、整改和问责“四步曲”。开展3轮普遍服务问题整改督导检查，与各区（县）分公司分别座谈共10余次，召开普服整改专题督导推进会2次，对整改任务较重的周至、蓝田、鄠邑、临潼、长安等5个单位，市分公司主管领导亲自带队逐一调研，确保整改达标。全年完成检查800余个频次，覆盖所有网点（班组），对于检查发现的问题，按照《邮政通信服务质量管理考评办法》《营业投递窗口服务标准及网点基础管理违规考核办法》，逐条落实，考核到人，严格追责。与西安市邮政管理局开展联合检查50余次，季度召开政企联席会、企业内部运行质量分析会，未发现触碰红线的事件及重大通信质量问题，未受到管理局行政处罚。8月份，在市邮政管理局的指导下，土门分公司营业网点截留可疑平常印刷品寄递件100余件，阻止可疑出版物流入邮政寄递渠道。营业网点签到、签退率、营业服务达标率3项指标均稳定保持100%；实名制收寄率99.88%，开箱验视、扫黄打非责任书规范签订率100%；条码平信41.87万件，断点率为0，营业窗口新型面单使用率99.98%，普遍服务给据邮件信息断点率为保持在万分之一以下；普遍服务达标集中整治活动问题整改率100%，工单处理指标持续向好，申诉处理满意率保持100%；全年未发生触碰“两条红线”事件，未发生机要安全事故。未发生重大服务质量问题引起的客户投诉媒体曝光事件。

寄递及管理服务 寄递网能力有效提升，实物网运行质量指标逐步向好，全年未发生总包邮件、给据邮件重大损失，未发生邮件外流等重大通信质量事故。与9家快递签订邮快合作协议，鄠邑、临潼、周至、蓝田等4个区（县）分公司22个乡镇、205个建制村实现邮快合作，邮快合作建制村占比达到11.55%。西安邮政分公司乡镇政府（办）党报党刊当日见报率100%，挂号印刷品、普通包裹、条码化平信、约投挂号信函等业务全部达到普遍服务时限管控要求，时限高于全国均值。全市县及县以上地区省内互寄标快次日递率稳定87.79%以上，快包省内互寄次日递率稳定在到80%以上；实现农村平原乡镇当日进口邮件当日递。加强重点环节监控。实现市内包裹快递揽投部寄递业务视察检查全覆盖，重点客户、重点单位外勤监控全覆盖。丢失量较年初明显下降，丢失频发的问题得到有效遏制。全面推广应用服务质量管理平台，强化跟单系统监控、规范工单调度处理、严格视察自检整改等，实现寄递业务全流程、关键节点的质量监控。“11185”平台全年处理工单近万单，24小时平均办结率为99.56%，超过95%的指标要求。全年用户满意度84.3分，超出省分公司要求4.3分，全市申诉处理满意率继续保持100%。（何丽蓉）

商贸服务业·会展业

综　述

◆概况　2020年，西安市消费品市场受疫情影响，社会消费品零售总额4989.33亿元，比上年下降2.9%。按经营地统计，城镇限额以上单位消费品零售额2507.93亿元，乡村限额以上单位消费品零售额4.69亿元。限额以上企业（单位）消费品零售额2512.61亿元，餐饮收入93.94亿元。

◆商贸市场保供应　2020年，西安市印发《关于做好疫情防控期间市场供应的通知》，联系对接10家重点保供企业，协调解决企业反映的实际困难82条；积极组织餐饮企业拓展团餐服务，发布西安首批18家团餐服务供应商；鼓励传统超市、便利店拓展线上业务，探索网订店取、社区团购等新模式，开展“无接触配送”。疫情防控期间，全市肉菜等生活必需品市场供应充足、购买方便、价格稳定。

◆促进消费　2020年，西安市商务局积极应对疫情对消费市场冲击影响，提振消费信心，促进消费增长，筹划《2020西安购物美食节系列促消费活动实施方案》，举办“花开长安——2020西安云上购物节”“美美长安——2020西安啤酒节”“长安闹市——2020西安名品会”“品味生活·嗨购西安”等大型主题促销活动，支持大型商业体利用门店广场开展户外促销活动，有效促进消费市场复苏。

◆商贸物流　2020年9月3—5日，第10届中国西部国际物流产业博览会在西安国际会展中心举办，总展览面积2.6万平方米，集中展示物流和交通领域的新技术、新装备和新发展成果，吸引3万多人次专业观众到场参观、学习、交流。10余家央企和40多家行业知名企业及数百家物流和交通领域企业参展参会。

◆农产品流通体系建设　2020年，西安市上年度建设的3个农商互联农产品供应链项目（陕西欣桥实业发展有限公司产销一体供应链建设项目、陕西医药控股集团派昂医药有限责任公司基于农商互联完善中药材供应链项目、成山农场（西安）有限公司生鲜产销一体惠民农贸项目）通过验收，奖励支持资金已下拨。本年度，西安市商务局推荐上报西安爱菊粮食深加工供应链项目等7个农商互联农产品供应链项目，西安市黄马甲快递有限公司供应链项目等5个项目通过评审并于年底前完成项目建设内容。

◆“三个经济”物流金融发展项目　陕西华圣企业（集团）股份有限公司华圣果业苹果期货交割仓库项目，已通过绩效评价和验收，并下达项目资金计划。协调财政部门加快“三个经济”物流金融发展项目市级配套资金拨付进度。

◆标准化菜市场建设　陕西省商务厅确定西安、咸阳、宝鸡3个城市作为标准化菜市场建设试点城市。推荐鲜生活生鲜、成山农场、米禾生鲜等3家连锁生鲜龙头企业作为全省标准化菜市场建设试点企业。疫情期间，西安市商务局利用试点企业点位多、辐射人群广的特点，将3家试点企业35家门店列入政府储备菜投放点，协调试点企业充分利用产地资源，跨地域调取农副产品，月均保障农副产品供应5000余吨，极大缓解全市农副产品保供压力，稳定蔬菜价格上涨势头，满足市民平价蔬菜需求。8月27—28日，全省标准化菜市场现场会在西安市召开。全省各设区市、杨凌示范区、韩城市商务主管部门主要负责同志和部分农产品流通龙头企业负责人参加会议。与会代表对西安市标准化菜市场建设情况进行实地考察，全力推动标准化菜市场建设工作。

◆家政服务　2020年，西安市积极推进家政信用体系建设，制定《西安市家政信用体系建设实施方案》，以形成覆盖家政服务业的征信系统为基础，以推进家政服务员和家政企业信用记录制度化为重点，开展家政行业培训，家政信用宣传，促进家政行业基本形成诚信、自律、守信、互信氛围，为实现家政行业高质量发展提供有效支撑。

◆拍卖业　2020年，西安市完成2019年度拍卖企业年审工作，核查拍卖企业52家。其中，合格42家；整改5家；不合格5家。利用拍卖企业年审契机，对企业拍卖许可申请、变更、注销等事项政策、流程进行一对一政策宣讲。落实证照分离要求，完成10家拍卖企业许可申请。

◆维护商贸行业安全稳定　2020年，西安市商务系统积极落实安全生产专项整治三年行动工作，督导区（县）商务主管部门，督促行业单位开展员工岗前安全教育和定期轮训，进一步增强员工安全意识。修订完善应急预案，进行演练，提高处置能力。结合行业特点，组织区（县）商务主管部门与辖区大型商场、超市进行消防安全演练30余场次，使企业自防自救能力得到有效提高。重大节假日组织开展安全生产、消防安全督查工作，对检查发现的隐患逐条向被检单位提出整改要求意见，全年未发生重大安全事故。

◆疫情防控　2020年，西安市疫情防控工作启动以来，西安市商务局市场监管组落实协调医学隔离酒店、防疫物资筹集保障、督导商贸行业防疫措施落实、保障肉菜生活必需品市场供应、协调物流运输畅通等多项工作任务。印发《关于做好疫情防控期间市场供应的通知》，出台西安市保供应保民生5条措施和鼓励出店经营6条措施，组织3个工作专班进驻全市3个主要批发市场，跟踪服务批发企业；协调派驻12名工作人员进驻主要超市、便利店等流通企业。与交通查控组、安全稳定组协商，发放肉菜运输绿色通行证17000余张；搜集企业实际困难清单82条，督导各区（县）立即全部解决。落实45家团餐企业保障市民基本生活；支持传统零售企业拓展线上业务，开展“无接触配送”。采取小范围座谈、电话会议、问卷调查等形式，积极研究商贸行业危中寻机措施，出台《应对疫情影响促进商贸业健康发展38条措施》推进商贸领域复工复产。成立7个市场督导检查组，建立常态化疫情防控工作督导机制，常态化督导区（县）、开发区商场、超市、餐饮单位等商贸行业的疫情防控工作落实情况，要求属地责任单位定期上报防控工作和问题整改情况，强化疫情防控的属地落实意识。督导非品质酒店扫码和摸排情况。5月底，全市宾馆酒店及各类餐饮全面复工复产。（汤　蕾）

招商引资

◆概况　2020年，西安市围绕全市“十项重点工作”，扎实推进招商引资、招才引智，坚持战疫情、促发展双线作战，按照“目标不变、任务不减、标准不降”要求，创新工作方式、强化过程督导，坚持线上、线下双向发力，推动全市招商引资高质量发展，省、市考核指标跨上新台阶。全年全市实际利用外资76.77亿美元，比上年增长8.78%，占全省的90.93%，完成全年利用外资任务101.66%。全市实际引进内资3748.1亿元，比上年增长8.86%，完成全年目标任务101%，总量、增速、完成进度均列全省第一位。全市签约招商项目547个、总投资9381亿元，其中签约工业项目108个、外资项目20个、世界500强企业投资项目36个，北汽“双园”、荣民新材料、恒大汽车基地、苏宁丝路总部等百亿项目9个。

◆招商引资政策体系建设　2020年，西安市投资合作局加强统筹协调，以中共西安市委、西安市人民政府名义印发《关于加强统筹推进招商引资工作的实施意见》，明确未来三年招商引资工作目标、任务及路径；围绕对全市重点区域龙头企业和产业链进行认真调研、梳理，拟制印发《西安市重点产业精准招商工作方案》，为开展重点产业精准招商提供行动指引。加强联合协作，与中共西安市委组织部（市委人才办）建立“双招双引”联动工作机制，印发《关于加强“双招双引”联动工作的通知》，出台《西安市“双招双引”考核办法》，推进招项目、引资金、招人才、引技术联动发展，召开“双招双引”新闻发布会，举办“人才驱动、创新发展”西安市“双招双引”主题论坛，形成“以产业吸引人”和“以人为核心构筑产业”相融合的“双招双引”模式。全年通过240个招商引资项目，累计引进A（国内外顶尖人才）、B（国家级领军人才）、C（地方级领军人才）三类人才260名。加强服务保障，梳理中央和陕西省、西安市应对疫情政策汇编2期，编制《投资西安一本通》，发布涵盖8大类近百条招商引资的优惠政策；针对347家重点企业开展送政策、送资源、送服务活动；修订完善并落实《西安市支持总部企业发展若干政策》，拓展奖励覆盖面、均衡性，为11家企业兑现奖励资金9618万元，有效提升投资西安的吸引力、影响力。

◆优化拓展招商平台　2020年5月，西安市投资合作局积极对冲疫情影响，创新开展云上推介招商，在全国副省级城市中率先建成发布“长安行——招商云平台”1.0版，7月完成2.0版的迭代与发布，以“1个平台、7大业务系统、2个应用端”为基础体系，实现投资环境展示、政策资讯发布、资源要素匹配、项目服务对接四大基本功能，成为西安城市形象、资源优势的集中展示的重要窗口和网络智慧招商的崭新平台。访问量已达到75000人次。在此基础上，先后开展“云上丝博”、云端重点招商项目发布会等系列云推介、云洽谈、云签约活动。组织线上、线下签约活动30余场。

精准实施产业链招商　对标先进制造业强市建设要求，围绕“6+5+6+1”现代产业体系，重点抓好汽车、生物医药、集成电路等主导产业补链强链招商和文旅融合、楼宇总部招商。成功举办中国汽车供应链大会，助力汽车产业补链强链，提升本地配套率；开展生物医药、文旅产业2场线上专题研讨会，举办生物医药产业恳谈会，与杭州费尔斯通科技有限公司围绕生物医药产业招商咨询服务等事宜举行线上战略合作框架协议签约仪式，加强委托招商，扩大招商成果；举办IC China2020“创芯西安共创未来——西安市集成电路产业合作交流会”，共同探讨西安市集成电路产业的发展机遇，寻求合作可能。牵头成立西安楼宇经济促进会，借助行业协会，整合全市楼宇资源，打造楼宇、总部经济“升级版”。

广泛利用展会平台招商　用好中国国际进口博览会、全球硬科技创新大会、全球程序员节、陕粤港澳合作周等重大招商引资平台，相继举办“相遇进博　携手西进”西安市与长三角地区外资企业合作交流会、CBRE世邦魏理仕西安主题日、西安与澳门企业家线上交流会等多场招商活动，积极参加陕西省—长三角地区经济合作、中国（陕西）—东盟投资合作洽谈会、中国汽车论坛、厦门国际投资贸易洽谈会、西安交通大学校友校地合作座谈会暨校友经济专场等活动。与驻珠三角、长三角、京津冀等区域的陕西商会、西安商会进行走访对接、沟通联络，与英中贸易协会、日本贸易振兴机构、中国德国商会等第三方机构建立合作关系，延伸招商触角。组织赴北京、深圳、济南、青岛、重庆等地开展小分队招商，到重点企业开展针对性推介洽谈。全年开展“线上+线下”招商活动186次，对接企业929余家、客商2089人次。

◆招商引资服务能力建设　2020年，西安市投资合作局认真开展亲商助企“暖阳行动”，做好“六稳”工作，落实“六保”任务，及时成立复工复产助企专班，梳理全市重点招商引资项目跟踪服务表，对参加2019年度年审的1038家外商投资企业的复工复产情况进行跟踪，协调三星、美光等87家产业链配套企业复工复产，向全市37家世界500强企业捐赠防疫物资并提供采购渠道线索。截至3月16日，投资总额在1亿元以上且运营中的56家外资企业全部复工，投资总额5000万元以上且运营中的110家企业复工101家。开展外商投资“春风行动”，外资服务体系不断健全。全面贯彻落实《外商投资法》及实施条例，有力推进稳外资“一书三指一平台”建设，发布《西安市外商投资白皮书》，印发《关于进一步做好西安市利用外资工作的指导意见》，编制《外商投资指引》《新设（增资）外商投资企业实缴注册资本奖励政策申报指南》，建立西安市外资企业服务体系，外商投资便利化水平不断提高。开展《外商投资法》线上、线下专题培训5场，企业及外资部门900余人参加。牵头举办全市外贸外资企业座谈会、欧美企业家沙龙、“克时艰谋发展”重点外资企业主题沙龙、日资企业家联谊、江苏外资企业投资西安座谈会等系列稳外资活动，收集企业问题81个，已解决62个。坚持每半月开展1次稳外资调研，赴12个区（县）、开发区和21家重点外资企业走访调研，与30余家企业座谈交流，全力促进企业进资投产、增资扩产。开展企业家礼遇“暖心行动”，落实32位经济顾问、92位招商大使及知名企业家服务对接、宣传资料寄送、生日祝福礼遇服务，向全体经济顾问寄送政府公报9期，向招商大使和经济顾问寄送新版招商宣传资料124套。充分发挥专业咨询机构优势，助力招商引资工作，在四大会计师事务所、知名律师事务所、地产五大行、产业研究机构高管队伍中择优聘请9位招商大使，为西安招商引资凝聚更多的人气和力量。

◆重大招商项目 2020年，西安市投资合作局坚持目标导向，强化招商项目过程跟踪。认真履行全市招商引资工作领导小组办公室职责，向中共西安市委报送在谈重点项目推进情况专题报告8期，向市委常委会专题汇报在谈重点项目推进情况汇报1次，市委主要领导针对批示3件次；认真落实项目跟踪服务机制，召开全市招商引资月度工作推进会8次，专题研究招商重点招商项目对接洽谈和推进落实过程中遇到的困难和问题，促进招商引资项目早签约、早落地、早达产。组织赴广州、深圳、厦门等地开展调研，研究出台《加强全市招商引资重点项目推进工作十项措施》《开展西安市重大招商引资项目评审工作的通知》《市投资局领导班子成员联系全市在谈重点招商引资项目有关工作的通知》等机制，为招商引资项目的联系、督导、协调、洽谈、推进等工作，提供有力制度保障。完善招商项目考核管理办法，以招商引资项目管理系统为平台，以“丝博会”签约项目“三率”月度考核评比为抓手，强力推动重点招商项目加快落地投产。2018—2020年全市丝博会签约合同项目1594个，开工注册项目1128个，开工注册率70.77%；签约总投资244022656万元，实际进资139685042万元，资金到位率85.60%；实际竣工投产项目517个，竣工投产率32.43%。在全省省际内资项目第三方评估检查中，西安市平均到位资金达成率99.91%，名列陕西省第一。

◆招商引资人才建设 2020年，西安市投资合作局认真抓培训，提升专业能力。突出宏观经济形势、省市重点工作、国内外招商引资新趋势等重点内容，实施“2+N”招商引资培训模式，全年举办全市招商引资综合培训2期、局业务分享会8期、“一月一主题”的“云讲堂”10期，累计培训3600余人次。落实“三项机制”，优化绩效考核激励，对9名政治表现好、工作实绩突出的干部进行职级晋升，激发干部活力。坚持在重大招商活动、重点企业对接、主导产业研究等实践中考察、历练干部，开展“感动机关，追赶超越”演讲比赛、“长安行”招商云平台演示观摩等活动，依托岗位练兵，培养德才兼备、勇挑重担的招商队伍。（呼延如琪）

对外及对港澳台经济贸易

◆概况 2020年，西安市外贸进出口总值3473.84亿元（占全省比重92.09%），比上年增长7.2%，增速高于全国5.25%。其中，出口1775.97亿元，增长2.64%；进口1697.86亿元，增长12.32%，超出省考目标6.26%，全年进出口、进口总值双双创历史新高。全市累计备案对外贸易经营企业11012家，比上年增加1051家，有进出口业绩的外贸企业2761家。30家重点外贸企业进出口2841.84亿元，比上年增长10.4%，占全市外贸总额超过90%。三星进出口746.34亿元、美光进出口926.78亿元，2家龙头企业占全市进出口总量为52.9%，比上年下降0.53%。隆基乐叶进出口117.53亿元，比上年增长54.84亿元。与西安市有贸易往来的国家和地区有192个，其中韩国、中国台湾、中国香港、美国、日本排名前五，占比分别为25.58%、21.03%、7.22%、7.17%、6.09%，分别增长25.13%、-6.72%、-24.96%、-4.78%、14.73%；与“一带一路”国家和地区进出口546.21亿元，增长33.02%，占全市进出口总值15.5%，较2019年占比提高3.2%；与东盟进出口375.80亿元，增长51.87%，占全市进出口总值10.82%，较2019年占比提高3.4%；与欧盟进出口372.66亿元，增长16.37%，占全市进出口总值10.73%，较2019年占比提高0.6%，国际市场各类贸易伙伴更趋均衡。民营企业进出口947.89亿元，占全市进出口总值26.86%，增长21.11%，较2019年占比提升2.48%。其中，新航物流增长572.24%；斯克赛德增长97.73%；邦淇制油增长89.11%；陕西嘉禾增长87.79%。外资企业进出口2336.91亿元，占全市进出口总值67.99%，增长4.69%，较2019年占比下降1.03%。国有企业进出口181.33亿元，占全市进出口总值4.96%，下降13.51%，较2019年占比下降1.56%。全市外贸产品主要分布在半导体、光伏、汽车、航空制造、农产品等行业，其中半导体70%、光伏10%、航空制造8%、汽车6%、农产品及其他行业6%。全市机电产品出口1624.39亿元，增长1.98%；纺织制品出口14.78亿元，增长213.96%；农产品出口21.73亿元，增长16.33%；一般贸易进出口744.29亿元，占全市进出口总值的21.19%，比上年增长13.17%。其中，铁矿砂及其精矿进口46.31亿元，增长59.33%；大豆进口13.89亿元，增长57.83%；汽车（包含底盘）出口26.43亿元，下降13.47%。加工贸易进出口2094.5亿元，占全市进出口总值的60.3%，增长3.1%。其中，进口996.6亿元，增长2.9%；出口1097.9亿元，增长3.4%。集成电路出口839.81亿元，增长4.55%；太阳能电池出口131.93亿元，增长68.02%；集成电路进口833.97亿元，增长4.14%；半导体制造设备进口105.52亿元，增长8.94%。累计获批9个指定口岸资质（其中航空6个：冰鲜水产品、食用水生动物、水果、药品、肉类、植物种苗；铁路3个：粮食、肉类、整车），数量位居全国前列。联合海关推行AEO认证免检，自报自缴，先出关、后汇总缴税等举措，通关无纸化率98%，降低小微企业费率60%，进出口通关时间分别压缩77.7%、93%，通关时间优于全国平均水平。推进关税改革试点，落地陕西省首单航空货物关税保险业务。跨境电商年交易额67.34亿元。西安市获批深化服务贸易创新发展试点、西安国际港务区进口贸易促进创新示范区。9月，在国家发展和改革委员会举办的中国营商环境评价线上培训会上，西安市优化跨境贸易营商环境的经验做法被作为全国标杆进行交流发言。

◆对外投资合作 2020年，西安市对外直接投资2.5[illegible]亿美元，比上年增长115.73%；新设境外投资企业12家，中方协议投资额2.[illegible]亿美元，比上年下降22.05%；增资额[illegible].35亿美元，比上年下降45.26%。主要在哈萨克斯坦、澳大利亚、印度、美国等国家地区投资，主要从事航空技术、旅游、贸易服务、农业养殖等行业。

对外承包工程 全市对外承包工程完成营业额26.1[illegible]亿美元，比上年下降13.27%；新签合同额38.65亿美元，比上年下降1.22%。其中，“一带一路”国家完成营业额17.42亿美元，占比66.62%；新签合同额12.58亿美元，占比32.55%。

对外劳务合作 全市对外劳务人员实际收入总额23[illegible]万美元，比上年下降39.71%；新签对外劳务人员合同工资总额2571万美元，比上年下降36.94%；新派各类劳务人员[illegible]2[illegible]人，期末在外人数10607人。外派人员主要分布在日本、新加坡等国家和地区，派出人员主要从事制造业、餐饮服务业等行业。

◆口岸建设 2020年，西安咸阳国际机场运营客货运航线333条，通达全球37个国家77个地区，输送旅客3107.4万人次，货邮吞吐量[illegible]7.6万吨，客货吞吐量分别居全国第8和第10。中欧班列长安号全年开行3720列，是上年的1.7倍；运送货物总重281.1万吨，是上年的1.6倍。其中，中亚方向开行994列；欧洲方向开行2726列。西安铁路集装箱中心站完成集装箱运量28.6万标箱。铁路口岸整车指定口岸完成整车进出口35727辆。其中，进口16448辆，出口19279辆。进境粮食指定口岸进口粮食23893.18吨，肉类指定口岸进口肉类约1748.16吨。

（汤　蕾）

日用工业品商业

◆成品油零售体系建设　2020年，西安市有在营加油站504个，其中中石油公司加油站151个、中石化公司加油站63个、延长壳牌公司加油站114个，三大公司共有加油站328个，占全市在营加油站总数的65%；其他社会加油站176个，占全市在营加油站总量的35%。西安市商务局加强加油站油气回收设施使用日常检查，督促加油站油气回收设施正常使用，减少油气污染。组织全市340个加油站自7月24日至9月30日（每天20时至次日8时）开展夜间加油促销活动。8月14日至10月31日，对全市加油站卸油环节进行管控，具体管控时间为每日22时至次日6时。联合公安、市场监管、应急管理、生态环境等相关部门，持续开展“黑加油站点”流动加油罐车专项整治，落实市级部门督导包抓机制，定期开展巡查排查，加强部门协同联动，严查成品油市场违法违规经营行为。全年查处黑加油站点94处，其中查处流动加油车121辆，查获油品130.38吨，行政拘留8人。

◆二手车　2020年，西安市商务局按照《二手车流通管理办法》规定和陕西省商务厅相关要求，进一步加强全市二手车流通行业监管，规范交易行业秩序，促进二手车市场便利交易自由流通，活跃二手车市场，促进二手车行业健康有序发展。做好企业信息备案登记工作，截至年底，西安市到商务主管部门备案的二手车流通企业有53家。其中，二手车交易市场18家；经销企业16家（含新车4S店9家）；二手车拍卖企业9家；二手车鉴定评估机构10家。全市全年交易二手车22.6万辆，实现交易额174.4亿元。

◆再生资源行业　2020年，西安市建成并投入使用再生资源交易市场1个、再生资源分拣中转中心47个、再生资源回收服务点1743个。实地抽查废品收购站247家，向区（县）下发提醒函32份，问题移送单17份，督办单9份，通报9份。清理取缔再生资源回收体系外废品收购站1034家。

◆煤炭市场　2020年，西安市有定点煤炭经营场所12家。其中，煤炭交易市场3家，洁净煤供应网点9家。7月，西安市商务局与陕西煤业星炭能源有限公司续签洁净煤供货协议。9月，在“双替代”不到位区域新设临时洁净煤销售网点3个，定点洁净煤供应网点数量由6家增至9家，由调整后的9家洁净煤供应网点向未完成“双替代”区域供应洁净煤，确保群众温暖过冬。按照采暖季每月、非采暖季每季度对全市定点洁净煤销售网点检查103家次，发现问题4处，已整改到位。

（汤　蕾）

饮食服务业

◆概况　2020年，西安市举办“西安老字号”和“西安名吃”授牌表彰大会暨西安市老字号产业促进会成立仪式。委托第三方机构和知名专家学者，认定51个西安名吃和43个西安老字号。和阿里巴巴本地生活（饿了么、口碑）共同举办“官方甄选西安品牌馆活动”。先后组织老字号企业参加中国中华老字号精品博览会和第三届中国进口博览会。推荐32家企业申报“陕西老字号”认定。全年开展“花开长安云上购物业节”“西安国际啤酒节”等典型促销活动40场次，带动300场次各类促销活动，促进线上消费加快恢复，7月以来，稳定实现正增长。指导建设粉巷、顺城巷、兴善西街、新乐汇、大唐通易坊等美食演艺酒吧茶馆特色风情街区；指导建设大唐不夜城、北院门风情街、高新嘉汇坊、小寨商圈等夜长安地标性聚集区、老城根、西安大都汇等夜长安地标性街区、环城墙夜游观光廊，推动夜游经济发展，认定5条夜间经济示范街。

（汤　蕾）

◆西安餐饮业数字化发展大会暨名厨委成立大会　2020年11月19日，西安饭店与餐饮行业协会组织召开西安餐饮业数字化发展大会暨名厨委成立大会，成立13个专委会，聘请100位美食大使，西安市商务局对疫情期间的重点保供企业和爱心捐赠企业进行表彰。参会人员包括陕西省、西安市重点餐饮企业和烹饪大师，还有来自西安市异业商会和省外同业会长等共计1200多人，是西安市餐饮历史上参会人员最多的一次。

◆餐饮行业管理与服务　2020年，西安饭店与餐饮行业协会积极配合政府有关部门，围绕防疫控疫、爱心捐赠、保障民生、复工复产、文明餐桌、反对浪费、禁塑和行业发展等八大主题任务开展大量有成效的工作。利用协会公众号、微信工作群等转发政府各种文件和要求80多件次，重要事情给会员企业主要领导逐一打电话通知传达。积极向政府相关部门反映行业和重点企业的情况和诉求。调查和撰写并上报30多份报告，为政府了解行业实际情况和决策提供依据。向行业发出全市餐饮业防疫抗疫倡议书、爱心捐赠倡议书、复工复产倡议书、文明餐桌倡议书、节约粮食、反对浪费倡议书、禁塑倡议书等，动员和号召会员企业和行业响应政府号召，积极行动起来，主动履行主体责任。出台和颁布西安市餐饮业防疫抗疫行动指南、餐饮业复工复产行业指南、文明餐桌行业指南和节约粮食、反对浪费行业指南等，有效指导全市餐饮企业开展工作。组织餐饮企业向战斗在一线的医护人员和防疫人员捐款捐物和爱心午餐，价值1200多万元。协助西安市商务局征集重点保供企业48家，为市场提供有力保障。帮助企业协调口罩、测温枪、消毒水等防疫物资2万多件。组织召开10多场规模不等的银企对接会，帮助企业解决资金3000多万元。落实国家扶持政策，聘请专业人士培训，辅导企业操作，争取扶持资金1200多万元。深入企业调查研究，组织调动各类资源，帮助企业解决实际问题，全年走访企业90多次。

（张丽虹）

蔬菜副食业

◆概况　2020年，西安市采取有力措施，加强市场监测调控，应对蔬菜等副食品市场价格波动，加强分析预警，积极应对市场波动。元旦至春节期间，及时组织承储企业于1月17—23日，在全市设立77个投放点，将11000多吨冬春储备蔬菜投放市场，满足群众需求，防止雨雪天气及春节前夕蔬菜价格加速上扬，有效稳定市场供应。受新冠疫情影响，春节后蔬菜价格突然出现异常。1月29日，西安市人民政府出台调整措施，对运输蔬菜车辆的货主进行补贴，同时，开始第二批政府储备菜的投放，在全市设立58个投放点，投放土豆、白萝卜、白菜、洋葱4个品种1200吨，投放价格低于市场零售价。随后，投放点增加至135个，扩大投放区域，有效抑制物价上涨。西安市商务局加大调运力度，扩大供应量，稳定市场价格，稳定民心。在疫情防控期间，西安市整体物价保持稳定，未出现较大波动，有力支持抗击疫情工作，极大鼓舞群众对政府信心。截至3月31日，继续投放各类蔬菜36211吨，合计47211吨。全年市场供应稳定。

◆重要商品储备　2020年，西安市商务局积极做好重要商品储备。对猪肉、白糖、食盐等重要储备商品严格管理，坚持每季度对承储企业进行实地检查，督促企业定期轮换更新，保证储备商品落实到位，多措并举有效应对异常天气等不利因素对蔬菜供应影响，确保主城区3天至5天消费。

◆食品安全和畜禽定点屠宰管理　2020年，西安市肉菜流通追溯体系有节点单位182家，涵盖批发市场、屠宰厂、外埠肉备案中心、配送中心、超市、农贸市场、团体采购单位7个条线，涉及全市除蓝田县外所有区（县）、开发区，主城区追溯覆盖人群过百万。不断完善肉菜流通追溯体系建设工作，针对现有系统因存在不足而引起的追溯数据信息下滑的风险和状况，及时确定“内升外扩”工作模式。内升方面，做好农贸市场现有追溯的迭代升级工作，采取市场化运作方式，引入金融机构参与，在中北农贸市场、电子城综合市场成功试点的基础上，逐步向其他市场进行推广。外扩方面，主动与品牌企业联系对接，用追溯为品牌赋能，扩大追溯覆盖范围。与黄马甲物流配送公司成功进行追溯数据对接并为其31家下游单位赋牌授码，后续将持续扩大辐射效应，预期新增节点单位200家。做好与陕西采食鲜食材供应链、米小禾生鲜供应链、西安印象蔬菜配送有限公司等单位追溯对接工作，进一步扩大追溯覆盖面。尝试扩充追溯品种，打造特色水果“一县一品”追溯创新，正在与临潼华瑞果业进行对接，探索追溯为西安地方特色水果赋能的新路子。做好追溯助力“十四运”工作，努力创造条件，使追溯工作在“十四运”的肉菜安全保障方面能够发挥作用。（汤　蕾）

粮油业

◆概况　2020年，西安市发展和改革委员会认真贯彻落实习近平总书记来陕考察重要讲话精神和关于粮食安全的一系列重要论述精神，紧紧围绕“六稳”工作，落实“六保”任务，统筹疫情防控和粮油市场保供稳价，助力粮食企业复工复产，强化粮食应急保障体系建设，持续推进“优质粮食工程”实施，全面落实粮食安全省长责任制，强化粮食市场监管，确保全市粮食市场运行平稳有序。

◆粮食市场保供稳价　2020年，西安市粮食市场供应持续稳定。疫情防控期间，西安市发展和改革委员会成立粮食保供稳价应急供应工作机构，制定应急工作方案，启动粮油保供稳价24小时值班，实行日监测、日巡查、日报告制度，加强监测预警，快速监测预警处置疫情期间两次粮食市场波动。主动为主要粮油加工企业争取应急贷款1.5亿元，解决成品面粉储备贷款840万元，为粮油企业办理绿色通行证271个，组织储备小麦轮换出库18.5万吨。落实116家粮油应急供应网点开门营业，保障粮油供给终端畅通。针对2月初和3月底西安市出现的2次粮油市场波动，精准施策，督导各加工企业满机能生产，及时动用市级成品粮食储备6064吨供应市场，实行粮油产品定点投放、连夜补货、超量供应，稳妥处置2次市场波动，确保全市粮食市场货源充足，价格稳定，供应有序。

◆粮食应急保障能力建设　2020年，西安市粮食应急工作机制更加完善。及时总结疫情期间粮食保供稳价工作经验，调研形成《关于加强我市粮食应急体系建设的若干思考》。重新修订出台《西安市粮食应急预案（2020年版）》，进一步完善全市粮食应急工作保障机制。组织开展2020陕西•西安粮食应急预案演练，有效检验粮食应急预案在实战中的应用效果。全力抓好粮食收购，最大限度掌握粮源，全年收购粮食132.8万吨，销售粮食224.2万吨，超额完成任务。积极推进成品粮食增储工作，完成2万吨市、区两级成品粮食储备增储任务。粮食成品仓储和应急加工能力明显提升。投资2300万元，争取中央奖补资金500万元，建设1.4万吨低温应急成品库；投资935万元，新建6条小包装生产线，小包装面粉日生产能力增加300吨。粮油安全生产工作成效显著，印发《安全生产专项整治三年行动计划》，开展5次粮油安全生产专项检查，强化对重点领域、重点环节的监管和整治，确保行业全年安全无事故。

◆粮食基础设施建设　2020年，西安市粮食产业高质量发展稳步推进。“优质粮食工程”三年建设任务全面完成，投资2.2亿元，争取中央、陕西省补助资金771万元，先后建成粮食产后服务中心项目5个、质量安全检验检测体系项目1个、“中国好粮油”行动示范企业和主食产业化项目6个，发展优质粮食订单种植1.2万公顷，促进农民增收超3000万元。积极推动粮库信息化建设，13个粮库智能化升级改造项目全面竣工验收，并投入使用，进一步提升粮食仓储管理智能化、现代化水平。科学谋划“十四五”期间粮食发展和物资储备工作。全面总结评估“十三五”期间粮食行业发展规划实施情况，完成《“十四五”时期西安市粮食发展和物资储备研究》，科学编制《“十四五”物资储备和粮食发展规划》。有序推进国有企业移交后续工作，完成西安市粮油贸易公司“僵尸企业”处置。

◆粮食市场监管　2020年，西安市发展和改革委员会强化粮食市场监管，加大“双随机一公开”监督检查，全年组织开展粮食流通统计制度、粮食收购市场、重大节日市场供应、粮食库存、粮油质量安全、大清查“回头看”等7次粮油市场专项检查，严把市场准入，规范粮食经营行为和储备粮管理，坚决杜绝超标粮食流入口粮市场，有效维护全市粮食流通市场秩序。先后分别被评为全国、全省政策性粮食库存数量和质量大清查先进单位。

◆爱粮节粮宣传　2020年，西安市发展和改革委员会贯彻落实习近平总书记关于制止餐饮浪费行为的重要指示精神，组织开展“科技创新促发展、兴粮兴储保民生”粮食科技宣传周活动，与陕西省5部门联合举办陕西西安2020年世界粮食日和全国粮食安全宣传周启动仪式，向全社会发出“爱粮节粮、厉行节约”倡议，引导市民群众树立“爱粮节粮”的观念和意识。重点打造爱菊集团爱粮节粮宣传教育社会实践基地，接待市民群众参观学习近50万人次。安排部署全市粮食行业开展爱粮、节粮，反对浪费活动，推动粮食收储、运输、加工等各环节节粮减损。与西安市机关事务管理局联合组织开展市级机关坚决制止餐饮浪费行为切实培养节约习惯主题签名活动，向市级机关干部宣传粮食安全和爱粮节粮知识。通过开展一系列宣传教育活动，在全社会营造爱粮节粮、反对浪费的良好氛围。

◆粮食安全建设　2020年，西安市发展和改革委员会积极履行粮食安全考核办公室职能，组织成员单位对13个区（县）2019年度落实粮食安全市长责任制情况进行全面考核，认真完成陕西省对西安市粮食安全考核工作。西安市连续3年在省级考核中取得优秀等次。督促各成员单位和区县政府认真抓好问题整改落实，巩固粮食生产、收储、流通等环节工作成效。组织召开全市贯彻落实粮食安全省长责任制考核工作动员部署会议，明确2020年度粮食安全重点工作任务，制定西安市2020年度粮食安全考核工作实施方案，将省级考核确定的27项考核指标逐项细化分解落实到各成员单位，督促及时查漏补缺，确保各项任务落实到位。（田一帆）

烟草专卖

◆**概况** 2020年，西安市烟草系统实现税利39.1亿元，比上年增长3.3%。搭建劳模创新工作室、数字技术联合创新实验室、全员创新活动室三大平台，蓝田、阎良烟草物流中转站综合用房项目主体封顶。

◆**烟草专卖管理** 2020年，西安市烟草专卖局（公司）持续完善“多边协作、上下联动、数据驱动”市场监管体系，与公安、海关、市场监管等3部门建立市场监管长效协作机制，与陕西省内10家市级烟草专卖局建立联合打击协作机制。各县级烟草专卖局均建立毗邻区域市场监管协作机制。加强大案侦办，全年完成国标网络案件4起，其中部督案件2起、一级网络案件1起。正在侦办的“1·13”案件获批国家烟草专卖局、公安部联合督办。“8·06”走私雪茄烟案在国家烟草专卖局、海关总署缉私局的指挥下，全国17个烟草海关部门统一行动，实施第一轮集中打击，抓获犯罪嫌疑人93名、查获走私雪茄8.1万支，现场查获涉案物品、资金达2.28亿元，初步估算该案总涉案金额在10亿元以上，被中央电视台新闻频道《朝闻天下》栏目专题报道。开展卷烟市场专项整治4次，查处各类涉烟案件5325起，查获卷烟4190万支，案值3197万元，移交司法机关刑事处理63人。开展电子烟市场监管专项行动，清理自动售卖机10台、互联网销售链接8条。试点推进烟草专卖行政执法“三项制度”，严格规范执法行为。完成烟草零售点合理布局规划制定工作方案，提高行政审批便利化程度，网上办理卷烟零售许可证9713份。

◆**卷烟营销** 2020年，西安市烟草专卖局（公司）全力应对疫情影响，统筹推进稳销量、优结构、调状态、重价格、促动销、增信心工作。12月末，卷烟零售客户综合毛利率12.2%，比上年增加0.4%。落实卷烟市场化取向改革重点工作，在精准研判、精准调控、精准服务“三精准”上求突破，承办全省烟草系统工商网上配货、信息采集示范交流会及品牌营销策划竞赛，获全省烟草系统品牌营销策划竞赛团体一等奖。完成信息采集、分析、应用体系建设，构建数据驱动的现代营销体系，全市建成自动采集样本点357户。健全状态分析模型、完善工商网配体系、细化货源投放规则，与17家烟草工业开展工商网配，实现一体化智能化市场调控。以提高服务有效性和卷烟零售客户获得感为目标，建终端、赠设备、传经验、解难题，新建新现代终端654户、合作终端153户，提升普通终端10165户。建立卷烟零售客户信用体系评价指标及评价机制，信用体系建设取得突破。

◆**卷烟物流建设** 2020年，西安市烟草专卖局（公司）积极克服复工复产期间疫情管控措施严格、人员车辆不足、分拣超负荷、限行区域大等困难，两班倒24小时作业，开展无接触送货，保障特殊时期卷烟市场供应。提升烟草物流制度化、精益化管理水平，出台送货服务、残损烟等4个管理办法，优化储配流程，围绕设备故障、车辆装载、卷烟残损开展精益改善，压缩分拣人员7人，单车满载量提高5件，卷烟残损量比上年下降21%。制定物流费用定额标准，分层分部门开展管理对标。单箱物流费用比上年下降3.66%；人均配送卷烟量比上年提高4.1%。学习京东智慧物流建设经验，创建3D物流园区模型，开发大邻域搜索算法模型，《深度学习型卷烟配送线路优化应用平台研发》获得全国烟草行业QC成果发布三等奖。深化绿色物流建设，实现新能源送货车辆全覆盖，减少送货车11辆。（付海婧）

供销合作商业

◆**概况** 2020年，西安市供销合作联社克服新冠疫情影响，坚持为农服务宗旨，创新工作思路，改进工作作风，当好党和政府密切联系农民群众的桥梁纽带，圆满完成各项目标任务。全年开展各类培训班20期，培训各类实用技术人员1824人，完成年度目标任务1400人的131%；组织召开、参加农产品推介活动5次，完成全年目标任务（4次）的125%；建成农产品展示展销中心1个，完成目标任务100%。认真做好土地托管工作，全市供销社系统托管大田面积4000余公顷，完成目标任务150%；扎实做好农村综合服务社建设工作，8个区（县）供销社累计建成农村综合服务社1020个，覆盖1229个涉农行政村，平均覆盖率93.9%，完成既定目标任务90%；圆满完成化肥5万吨，农药50吨的储备任务，确保春耕、三夏等重要农业生产时段的农资供应；认真开展安全生产大检查及隐患整改，全年未发生安全事故。

◆**为农服务综合平台** 2020年，西安市供销合作联社印发《西安市供销合作联社关于下达2020年深化供销合作社综合改革重点工作任务的通知》和《关于实施供销合作社培育壮大工程的方案》，对当年综合改革重点工作任务及培育壮大工程进行安排部署；定期组织召开综合改革推进会，听取汇报，通报进展情况，安排部署工作，确保按照时间节点完成目标任务。制定下发《加快农村综合服务社建设的通知》和《关于进一步规范农村综合服务社建设的通知》，指导各区（县）供销社加快农村综合服务社建设。每月初下发《农村综合服务社建设工作提醒》，对各区（县）上月工作中存在的问题进行通报，对当月工作提出要求。全市8个区（县）供销社累计建成农村综合服务社1020个，覆盖1229个涉农行政村，平均覆盖率达到93.9%。

◆**农产品展销推介** 2020年，西安市供销合作联社以“服务市民服务三农 助力脱贫攻坚”为主题，组织召开2020年西安市供销合作社年货节，展销商品涵盖粮油、蔬菜、水果等上百种品类，帮助包括帮扶贫困村村办企业在内的30多家企业拓宽销售渠道。以“抗击疫情、助农惠民，助力决战决胜脱贫攻坚”为主题举办西安市农特产品推介会，重点宣传推介小金食品、科农甜瓜、柞水木耳等农副产品。举办以“消费扶贫，供销有你，助力决战决胜脱贫攻坚”为主题的西安供销系统扶贫产品展销活动暨西安供销消费扶贫体验馆揭牌仪式。组织长安区供销系统企业参加烟台国际博览中心举办的2020第十五届东亚国际食品交易博览会，重点推介宣传长安区虫草鸡蛋、蜂蜜等助贫扶贫企业的农产品。组织阎良区众天蜂蜜食品有限公司、西安盛果佳电子商务有限公司等企业参加“第27届中国杨凌农业高新科技成果博览会”，重点推介宣传阎良区众天蜂蜜等助贫扶贫企业的产品。

◆**农业社会化服务** 2020年，西安市供销合作联社指导区（县）供销社以土地托管为重点，积极开展农业社会化服务，临潼区供销社在新市供销社成立土地托管中心，托管粮食、经济作物1067公顷；阎良区供销社依托阎诚脆枣专业合作社，托管冬枣333.33公顷；蓝田县供销社与西安灞龙食品有限公司合作，以富硒小麦种植、销售、加工为主业，托管富硒小麦667公顷。全市供销社系统已托管大田面积4000余公顷。

◆**农村科技培训** 2020年，西安市供销合作联社组织开展各类培训班20期，培训各类实用技术人员1824人，完成年度目标任务131%。克服新冠疫情影响，积极与全国供销合作总社培训中心联系对接云课堂培训事宜，安排部署各区（县）社、直属公司参与全国供销合作总社培训中心云课堂专题讲座，先后组织参加学习“新形势下供销合作社的改革与发展”“供销合作社在推进中国农村合作事业中的作用”“新形势下如何提升基层社发展质量”“从田园综合体建设看供销合作社参与农业产业化发展”等9期专题讲座，学习人数4000余人；积极开展线上培训，利用系统现有网络平台资源，与中国猕猴桃网、临潼惠农电子商务公司共同探索尝试网上直播课堂《猕猴桃产销与带货的实用技能》《脱贫攻坚农技培训田间课堂》2期；组织区（县）社、直属公司相关负责人、业务骨干参加全国供销合作总社、陕西省供销合作总社《学习贯彻总社七代会精神专题培训》《全省贸易促进培训班》3期，参训人数55人。持续做好对每期培训调查评估，从培训内容、组织安排、老师授课评价以及培训班总体评价等方面充分征求意见和建议，使培训工作不断改进，更加符合为农服务需求，全年发放调研表1300余份。

◆农资储备供应 2020年，西安市供销合作联社成立由主要领导牵头的工作专班，开展春耕农资保供应工作，为全系统11辆车办理临时通行证，确保企业正常调运化肥。下发《关于新冠肺炎疫情下做好2020年春耕化肥生产供应工作的通知》等文件，指导全系统做好保障春耕农资供应工作。疫情防控期间，指导西安金谷公司克服困难，利用多种途径开展销售工作。通过电话、微信加强与客户联系，宣传公司生产、货源情况，与陕西农村广播联合开展春季惠农团购活动，确保化肥供应。

◆供销系统经营管理 2020年，西安市干鲜果副食公司依托公司农副产品市场和果品冷库平台资源，搭建农产品交易平台，提升为农服务和保障居民生活供给服务水平，被授予“创建区级放心消费示范单位”荣誉称号。西安盛合公司积极与专业合作社对接，承办农特产品推介会、西安市供销系统扶贫产品展销活动暨西安供销消费扶贫体验馆揭牌活动，积极对接农副产品销售企业，进行线上、线下消费扶贫工作。西安市果品公司积极探索多元化发展，与汉中天池山生态农业有限公司及紫阳县泉湾饮品有限公司达成战略合作关系，进一步拓展公司茶叶经营和发展的新途径。西安市日用杂品公司积极克服疫情影响，确保做好危爆物仓库代储存保管服务工作。西安市物资回收公司坚持新发展理念，加快推进再生资源行业转型升级，探索适应西安发展的“两网融合”新模式。西安市土产公司积极探索电商经营新模式，做好扶贫“832”平台上线运营前期工作，加快冷链建设项目落地。西安市自强公司积极做好自强小区老旧住宅改造项目，扩宽经营渠道，促进自营项目再上新台阶。西安市棉花公司加大生产力度，不断扩大品牌产品市场份额，丰富冷饮产品种类，积极探索网络平台、线上直播销售模式，提升品牌知名度。

◆安全生产 2020年，西安市供销合作联社制定《党政领导干部安全生产责任制清单》，按照“三管三必须”的要求，与8家基层单位签订《2020年安全生产考核工作目标责任书》，严格落实行业监管责任，督促落实企业主体责任，确保全系统安全稳定。坚持“四不两直”原则，加强对回收公司物华市场、干鲜果公司市场、果品冷库等重点部位的监督检查。做好关键时间节点安全生产大检查和隐患排查工作，全系统全年开展安全生产督促检查170余次，发现各类隐患57个，加强重点安全隐患整改工作的督促与指导，确保整改取得实效。扎实开展安全生产月活动，在“安全宣传咨询日活动”日，发放安全宣传材料300余份。指导企业开展各类安全演练15次，参与安全、消防培训24次，通过培训演练，增强干部职工消防安全意识和应急技能，提升安全生产管理人员能力和水平。（邹战博）

电子商务

◆概况 2020年，西安市超额完成3个经济电子商务交易额指标任务，据第三方监测，全市全年实现电子商务交易额5050.71亿元，比上年增长17%，占全省电子商务交易额7526亿元的67%。其中，电子商务零售额745.07亿元，占全省电子商务零售额比例为59.21%。电子商务零售额中，实物型电子商务零售额514.64亿元，服务性网络零售额230.43亿元。交易额过千万元电子商务企业超过100家（西安京联东升电子商务有限公司电子商务零售额最高，为32506.9万元；陕西昊业贸易公司电子商务零售额最低，为1316.8万元），其中过亿元企业17家。全市限上单位网络零售额占社会消费品零售总额24.6%。电子商务带动线上线下融合发展趋势更加明显，餐饮企业、零售门店主动拓展线上市场空间，传统实体经济在数字化转型方面做出新的探索和尝试。根据第三方监测，陕西省网商数量52426家，西安市占比62.91%，网商数量突破50万户，带动就业人数124.8万人。

◆电商服务体系建设 2020年，西安市涉农区县已建成县级电子商务公共服务中心8个，镇级电子商务服务站81个，村级电子商务服务点613个，基本建成县、镇、村三级电商服务体系。累计创建市级电子商务示范镇5个、示范村80个。全市全年农产品电子商务零售额35.7亿元。直播电商发展迅速，各区（县）积极开展直播带货活动。据不完全统计，全市各区（县）全年开展直播带货102422场，累计观看人数7[illegible]35.3万人次，参与直播商品数181[illegible]3[illegible]个，实现交易额436456.5万元。

◆举办及引导企业参与系列促消费活动 2020年，西安市组织企业参加“双品购物节”，通过线上商城全力保障蔬菜水果、粮油干货等10余个品类1300多种活动商品供应；打造周至猕猴桃、鄠邑葡萄、临潼石榴、阎良甜瓜等知名农产品网销品牌，先后走大荔、宝鸡、洛川、苏州、济南等地市开展产销对接活动。举办2020西安电子商务博览会，以“新时代·共享新发展”为主题，推动电子商务在扶贫攻坚、跨境贸易、城市治理、农村电商、跨境电商、智慧城市建设等领域的融合创新发展，为构建国内国际双循环经济格局提供机遇，为新时代西部大开发新格局的形成、“一带一路”电子商务发展作出贡献。同期举办2020中国（西安）跨境电子商务大会、第二届中国（西安）国际智慧城市建设论坛暨首届中国（西安）区块链产业发展论坛、2020中国“互联网+”农业大会论坛暨第三届中国县域经济电子商务发展市（县）长论坛、汉中（西安）农商互联暨汉中网销品牌发布会等系列论坛活动，为政府官员、专家学者、企业及各相关行业人士提供沟通交流平台，实现行业高效互动。全国多个地市商务主管部门及相关企业参会代表约2000人参加论坛交流，近300家单位参展，现场达成合作意向20多项，意向交易额[illegible]亿元。西安市商务局依托行业协会、大型电商企业、专业培训机构，分批次、分对象举办数场电子商务人才培训，培训人数10556人，为企业提供人才支撑。（汤　蕾）

物流业

◆概况 2020年，西安市现代物流产业规模持续增长，物流基础设施不断完善，龙头企业规模快速壮大，物流服务能力不断提升，为全市国民经济及社会发展提供了重要支撑。全市规模以上交通运输、仓储和邮政业营业收入572.89亿元，增速1[illegible]%。其中，交通货运量25712.81万吨，增速5.6%；全市邮政行业业务收入（不包括邮政储蓄银行直接营业收入）91.25亿元，比上年增长14.87%；业务总量130.[illegible]2亿元，比上年增长25.37%。全市邮政服务业务总量21.38亿元，比上年增长9.43%；邮政寄递服务业务量21598.62万件，比上年增长1.55%；邮政寄递服务业务收入3.58亿元，比上年下降9.76%。全市快递服务企业业务收入75.71亿元，比上年增长21.28%；全市快递服务企业业务量67115.40万件，比上年增长24.57%。其中，同城业务量21107.77万件，比上年增长5.67%；异地业务量45600.60万件，比上年增长35.99%；国际及港澳台业务量407.02万件，比上年增长10.18%。

公路网络　西安是全国干线公路网中最大的节点城市之一，是西北通往中原、华北和华东各地市的必经之路。形成以绕城高速、西安外环高速（北段）为核心，以连霍、京昆、包茂、福银、沪陕等高速为放射的“二环十二辐射”“米”字形高速公路网格局。以G108、G210、G211、G310、G312等为骨架的普通公路网。

铁路网络　西安是中国八大铁路枢纽之一，形成以西安为中心的陇海、宁西、包西、侯西、西康、咸铜、西安枢纽货运北环线等19个综合铁路枢纽之一、1条西户支线，郑西、西兰、西成、大西4条高铁线组成的13条铁路干支线大型环形铁路枢纽，“米”字形高铁网加速推进。域内规划建有西安北站、西安站、西安东站、新西安南站和阿房宫站构成的“四主一辅”铁路客运枢纽系统，西安国际港务区是全国最大的内陆港口，也是中国第一个内陆港。

长安号　西安港务区相继开行襄西欧、徐西欧、蚌西欧、冀西欧、厦西欧、唐西欧、永西欧、渭西欧、贵西欧、芜西欧、安西欧、榆西欧等12条集结班列，常态化开行干线15条，覆盖欧亚大陆。全年中欧班列长安号开行3720列，是上年的1.7倍；运送货物总重281.1万吨，是上年的1.6倍。其中，中亚方向开行994列；欧洲方向开行2726列。班列开行量、重箱率、货运量等核心指标位居全国第一。

航空货运网络　航空物流公司新开西安至榆林、石家庄、徐州、连云港4条国内全货运航线和西安至达卡及首尔—西安—洛杉矶（第五航权航线）2条国际全货运航线。截至年底，西安机场已累计开通全货运航线33条，其中国内18条，国际15条。机场航线374条，连通全球37个国家。西安咸阳国际机场全年完成旅客吞吐量约3107.39万人次、货邮量37.63万吨，旅客吞吐量全国第8位，货邮吞吐量全国第10位，增速分别高于全国十大机场平均水平6.6和5.9个百分点。

邮政网络　全市有邮政营业网点323个（含西咸新区17个），全市快递业法人企业124个，分支机构142个，快递服务末端网点2810个，建制村直接通邮比率和农村快递网点乡镇覆盖率均达100%。

◆物流市场主体建设　2020年，国内龙头物流企业加快在西安布局，本土物流企业成长迅速。京东、顺丰、传化、韵达等国内物流龙头企业相继落户西安，派昂医药物流、陕西大件物流、雨润农产品物流、卡一车物流、中储钢铁物流、红太阳仓储物流、爱菊粮食物流、黄马甲物流等细分市场领军企业发展迅速。全年全市新增3A级以上物流企业52家，其中新增5A级物流企业2家、4A级物流企业12家、3A级物流企业38家，引进国际货代、供应链管理等现代物流企业14家，陕西商储凤城七路物流园等3个物流园区被评为省级示范物流园区。

◆口岸服务　2020年，西安口岸建设加快推进，初步形成设施先进、布局合理的陆空口岸开放体系，西安现有西安铁路集装箱中心站、咸阳国际机场2个国家一类口岸和西安港公路二类口岸。已建成西安综合保税区等6个海关特殊监管区。西安港成为中国唯一获得“双代码”的内陆港，拥有进境粮食指定口岸、进境肉类指定口岸、汽车整车进口口岸和二手车出口试点资质。西安咸阳国际机场已拥有进口药品、进境食用水生动物、进境水果、进口冰鲜水产品、进口肉类和进口植物种苗6个指定口岸资质。西安铁路指定口岸全年完成整车进出口35727辆，进口粮食23893.18吨。航空指定口岸完成进境冰鲜水产品、食用水生动物、水果、药品849.9吨，比上年降低9.34%，实现指定口岸常态化运营。

◆物流政策　2020年，西安市以规划为引领，统筹谋划，印发《全面推进枢纽经济门户经济流动经济发展工作方案（2020—2022年）》，提出支持现代物流业发展及相关产业发展的21条政策，全力推动现代物流业快速发展。加快建设西安陆港型国家物流枢纽，26个重点项目中15个项目已建成投运；《西安空港型国家物流枢纽建设方案》通过陕西省负责和改革委员会评审会，生产服务型、商贸服务型物流枢纽建设方案加紧修改完善。制定印发《西安市绿色物流转运中心创建方案》，绿色物流转运中心重点项目正在加快推动。高标准建设的中欧班列（西安）集结中心成功纳入国家中欧班列集结中心示范工程，获得中央预算内资金支持4300万元，有效推动中欧班列长安号高质量发展。　（王　康）

◆西安市物资总公司　截至2020年底，西安市物资总公司系统下属17户企事业单位，职工总数3000余人，资产总额约12亿元。系统全年实现营业收入57260万元，实现3户企业扭亏，扭亏幅度达到31%。全系统减租1121万元。所属西安粮油批发交易市场春节期间坚持营业，确保全市粮油稳定供应。系统各单位坚持疫情防控和生产经营“两手抓、两不误”，较早地恢复经营，并开展疫情常态化防控工作。系统全年未出现新冠疫情病例。粮油批发交易市场启动省级粮油应急预案，保障粮油供应，维护社会稳定，被全国城市农贸中心联合会评为“全国农产品批发市场粮油类十强市场”。对外贸易公司开拓出口伊朗第三方国家付汇业务，积极争取外贸扶持优惠政策，垫付货款代理业务迈上新台阶。玉林工贸公司利用多种方式做好企业宣传，强化品牌优势。燃料总公司加强经营网点建设，开展花卉销售业务。签订贺家村煤场土地收储协议和南窑地项目棚改协议，资产结构进一步优化。机电设备股份有限公司不断拓展工程机械市场，在安康、铜川、宝鸡等地增设营业网点。安排落实53项重点工作，完善企业财务预算、工资总额预算管理，严格控制成本费用支出。积极盘活闲置资产，提升出租率。对划入的10户商贸企业进行摸底调研，理顺企业管理。持续做好全民所有制企业公司制改制后期相关工作，不断完善法人治理，及时协调解决企业改制中存在的问题。完成系统企业3420名退休人员及599名退休党员党组织关系社会化移交工作。压缩管理层级，减少法人户数，提升管理效能，优化经营结构，对系统3户企业分别进行合并，1户企业清理注销，对燃料总公司原四民巷煤店等11户分支机构办理完成注销手续。完成26个小区3739户老旧小区属地化移交，减轻系统整体负担，“三供一业”分离移交改革取得成效。积极开展安全生产月、警示教育、应急演练等活动，加强常态化隐患排查和治理，严格督导检查和考核，全年未发生安全和环保事故。做好重点矛盾的预防排查和化解工作，全年接访74次251人次，处理网上信访85件，信访反映的合理问题全部化解，没有发生赴京、去省、到市越级访人员和集访问题，系统总体工作稳定有序。　（张　翠）

会展业

◆概况　2020年，西安市会展业积极应对新冠肺炎疫情的冲击和影响，紧紧围绕全市“十项重点工作”，统筹推进2021欧亚经济论坛和配套博览会筹备、重大会展活动策划举办和申办引进、会展场馆建设运营、会展业宣传推介等重点工作，着力打造“一带一路”会展名城，创新展会线上、线下举办模式，全年举办规模以上会议和展览活动307场，其中有国际影响力的重要线上展会活动13场。西安市获得“2020年度中国最具影响力会展名城”“2020年中国具有发展潜力会展城市”等荣誉，欧亚经济论坛获“2019—2020年度中国品牌展览会金奖”。根据国际大会与会议协会（ICCA）以及《中国展览指数报告》发布的2019国际协会会议排名，西安市排名中国城市第5名，成为全球100强会议目的地城市，举办国际会议及展览的次数分别排名全国第4位和第11位。

（汤 蕾 白 宾）

◆欧亚经济论坛 2020年，西安市博览事务中心围绕将欧亚经济论坛打造成国家向西开放政策发布平台、主场外交活动开展平台、丝路沿线各国合作机制共建共享平台的目标定位，提出全方位提升欧亚经济论坛的思路举措及2021欧亚经济论坛框架设想，积极向外交部、商务部等国家部委及省级有关部门汇报，抢抓机遇，推动论坛转型升级。

完善欧亚经济论坛组织架构 在论坛现有4个固定主办方（上海合作组织秘书处、国家开发银行、中国进出口银行、陕西省人民政府）基础上，争取到生态环境部、商务部、上合组织睦邻友好合作委员会等多家单位作为2021欧亚经济论坛主办方，指导论坛组织筹备工作并主办相关分会，进一步提升论坛规格和影响力。

丰富欧亚经济论坛活动内容 突出论坛经贸特色，围绕上合组织元首峰会、“一带一路”国际合作高峰论坛议定合作事项，结合围绕经贸合作、金融、科技、法治、文旅、生态、地学、航空、航天、上合组织成员国地方领导人交流等领域，广泛邀请政府部门、跨国企业、国际机构等参与论坛、共谋发展，争取更多合作项目落户；优化活动内容，论坛框架下拟举办经贸、金融、科技、法治、文旅、生态等10个平行分会及上海合作组织成立二十周年图片展、2021欧亚经济论坛智库会议、第五届绿色建筑与城市可持续发展高峰论坛、2021丝绸之路国际创新设计周、国际中医药交流合作论坛、2021欧亚经济综合园区发展论坛、丝路金融文旅论坛、2021欧亚国际数字演艺高峰论坛9个配套活动和欧亚经济论坛经贸合作博览会暨中国（陕西）进出口商品展，全方位推动“一带一路”沿线国家经贸人文交流，充分展示西安历史文化名城的独特魅力。

拓宽欧亚经济论坛嘉宾邀请范围 统筹考虑2021欧亚经济论坛与“十四运”举办的时间，积极争取邀请更高层次的国内外领导人出席论坛；将嘉宾邀请区域从中亚、南亚、西亚扩展到中东、东亚以及欧洲部分地区，从上合组织18个国家扩大到“一带一路”沿线国家，争取邀请更多的重要国际组织代表、相关国家驻华使节、国内外友好城市代表、大型企业负责人等行业领域的领军人物参会；充分发挥论坛平台优势，帮助各区（县）、开发区邀请潜在的投资商、合作伙伴，以及对投资或合作有重要影响的国外政要。

恢复欧亚经济论坛“一会一展”模式 积极向商务部、陕西省商务厅汇报恢复欧亚经济论坛“一会一展”模式工作情况及论坛配套博览会总体设想，拟采取“以会带展、展会结合”的模式，助推中欧班列（西安）集结中心建设，构筑内陆地区效率高、成本低、服务优的国际贸易通道，得到商务部充分肯定。多次组织市政府有关部门领导、行业专家学者、会展企业负责人研讨博览会框架方案，赴相关开发区及产业一线实地调研，拓展博览会筹备思路和模式，形成以“政府主导、社会参与、市场运作”为原则，以“1+N”为招商招展模式的博览会实施方案。与西安海关、上海莱蒙国际展览集团、杭州西安商会等10余家单位、会展机构和会展企业对接联系，沟通洽谈包括展品通关、场馆租赁、线上展会举办等业务，确保博览会前期筹备各项工作高效推进。

◆会展申办 2020年，西安市博览事务中心积极申办“一带一路”国际合作高峰论坛等重大会展活动。以申办“一带一路”国际合作高峰论坛为牵引，全力推进“一带一路”框架下重大会展活动的申办工作。多次专程拜访有关国家部委、国际组织及省级有关部门，了解有关高端国际会展活动举办计划，提前做好招徕引进相关工作，争取上合睦委会等上级会议等重大会展活动落户西安。积极对接中国高等教育博览会组委会、国际展协等机构，做好中国高等教育博览会、国际商协大会、G20青年企业家联盟国际峰会暨中国理事年会等重大会展活动的申办引进工作。

◆西安会展业线上发展论坛 2020年2月，西安市博览事务中心在疫情期间举办同期会展业发展线上论坛，围绕西安会展业“知难而上谋发展、创新突破开新篇”，以“新挑战、新思维、新开局”为主题，邀请11位国际国内会展业专家学者及会展机构负责人，围绕营商环境、产业融合、会展生态等核心要素，深入探讨交流西安会展业知难而上、创新突破之策，引起国内会展城市的强烈反响。

◆中国（西安）会展业高峰论坛 2020年8月，西安市博览事务中心策划举办中国（西安）会展业高峰论坛，以“新机遇、新挑战、新起点”为主题，设开幕式、全体大会、签约仪式以及4场平行分会，国家有关部委领导、国内有关省市会展部门领导、国内外会展机构负责人、知名专家学者、媒体记者等300余人应邀参会，与会嘉宾围绕全体大会和平行分会主题展开深度交流。高峰论坛期间，西安市与国内知名会展机构签订绿色会展、会展供应链应用等战略合作协议及合作项目9个。

◆第三届中国会展业国际经贸论坛 2020年11月，西安市受邀参加第三届中国会展业国际经贸论坛，在经贸论坛上发表主旨演讲，重点介绍西安打造“一带一路”国际会展名城的设想和行动方案，得到国内会展业界的广泛关注，扩大西安会展业的知名度和影响力。在第三届中国国际进口博览会期间，积极向国内外知名会展机构宣传推介西安会展业、新会展场馆以及全市营商环境，就招徕引进国内外高端会展活动进行广泛对接，取得良好效果。

◆2020中国（西安）国际3D打印博览会暨高峰论坛 于2020年9月23日在陕西西安开幕，博览会以“学术会议+行业展览+国际大赛”为框架，以开幕式、六大平行论坛、3D打印展览会为主要活动。1000余名国内外嘉宾参会，展览面积达5000平方米，吸引国内外参展商135家、专业观众1万多人次参展观展，定向签约5000万元。包括国内外20余名院士在内的70余名行业精英、专家学者参会交流，促进中国增材制造领域产学研交流与合作，提升西安增材制造的国际影响力。

◆会展业建设管理 2020年，西安市博览事务中心认真做好各类会展活动协调服务。成立丝博会西安展区搭建设计工作专班，面向国内外设计公司招标，高质量完成西安展区搭建的设计工作。积极配合市级有关部门举办硬科技大会、全球程序员节、世界文化旅游大会等各类会展活动，协调指导相关机构办好中国国际标准舞精英赛。探索建立欧亚经贸合作数字展会服务平台，积极整合优化会展资源，推动西安会展业规模、效益双提升。协调推进西安国际会展中心建成运营，加快推进西安国际会展中心场馆建设，组织召开工作推进会，确保场馆建设顺利进行。西安国际会展中心会议楼和展览中心（一期）、会议中心先后于3月31日、4月27日竣工验收并试运营，会展中心二期已动工建设。新场馆的运营，使西安市举办重大会展活动的承载能力大幅提升，为申办高级别国际会议打下坚实基础。（白 宾）

综 述

◆**概况** 2020年，西安市文化和旅游局认真贯彻落实习近平总书记来陕考察重要讲话精神，坚持把文化旅游业作为重大发展问题、重大形象问题、重大民生问题，立足西安独特的历史文化地位和丰厚的文化资源禀赋，积极融入“一带一路”开放格局和国家中心城市建设等国家战略，以深化文化旅游供给侧结构性改革为主线，以“十项重点工作”为抓手，扎实加强文化建设、促进文化旅游融合发展，全力以赴稳增长、促改革、调结构、惠民生、防风险、保稳定，文化旅游业基本完成从一般产业向支柱产业，从区域发力向整体联动，从单一行业向复合行业，从经济产业向综合事业的各项转变。截至年底，西安市有83家国家A级旅游景区，其中5A级5家、4A级21家、3A级47家、2A级10家。全市有星级饭店90家，其中五星级14家、四星级26家、三星级46家、二星级4家。全市有旅行社568家，其中出境社66家。

◆**文旅融合发展** 2020年，中共西安市委、西安市人民政府将推动文化旅游融合发展作为“十项重点工作”之一，为全市创新发展、绿色发展、高质量发展提供重要支撑。西安市文化和旅游局按照“以文促旅、以旅彰文、宜融则融、能融尽融”的思路，制定加强文化建设促进文旅融合发展《实施意见》和《三年行动方案》，绘制“规划图”“施工表”，组织召开全市文旅融合发展大会，动员部署各项任务落实。

◆**旅游重点项目建设** 2020年，西安市文化和旅游局实施重大项目带动，充分发挥旅游发展基金引导作用，新增重点文旅项目12个、推出文旅招商项目69个，促进文旅产业补链强链，市级重点文旅项目实现投资138亿元，超额完成11.5%。

◆**旅游集散中心建设** 2020年，西安市文化和旅游局以建设散客自助游最方便城市为目标，方便市民游客休闲旅游为宗旨，依托交通枢纽和旅游资源，通过政府主导、行业支持、企业参与的方式，建成运营西安城南、城东、城西、城北旅游集散中心和西安曲江游客集散中心等布点，周至、蓝田县旅游集散中心布点正在建设中。现已开通旅游运营线路200余条，年运送游客量50余万人次，基本形成旅游集散中心服务体系。

◆**“智慧旅游”建设** 2020年，西安市加快推进智慧旅游建设，高A级景区监测平台建成率在全省领跑，运用数字化手段，依托携程、百度等网络服务平台，为游客提供旅游咨询、数字门票、网上预约、评价投诉等服务，鼓励景区数字化改造，开通电子验票、扫码入园、智能如厕等，旅游景区智能化服务水平不断提升。

◆**秦岭北麓生态环境整治** 2020年，西安市文化和旅游局持续深化和巩固秦岭北麓西安境内违建整治工作成效，以习近平总书记关于秦岭生态环境保护重要讲话批示指示精神为遵循，以贯彻陕西省、西安市《秦岭生态环境保护条例》为抓手，全面履行秦岭生态环境保护各项职能职责。印发《2020年秦岭生态环境保护工作要点》《落实秦岭范围内生态环境保护责任清单工作方案》《秦岭生态保护区农家乐整治提升工作方案》，聚焦农家乐经营突出问题，开展实地检查18次，结合上位法规修订、机构职能改革，起草《秦岭生态保护区农家乐管理办法（修订稿）》，明确准入条件，构建联动体系。开展“守秦岭·忆乡愁·兴田园”“规范农家乐经营·保护秦岭生态环境”等线上、线下宣传活动，发布《保护秦岭生态环境倡议书》，进一步凝聚“青山绿水就是金山银山”的绿色发展共识。

◆**2020世界文化旅游大会** 2020年9月28日，由西安市人民政府与携程集团

2020年9月28日，2020世界文化旅游大会在西安浐灞生态区开幕

共同主办，全球旅游行业人士齐聚西安，围绕在“后疫情”时间背景下的文旅产业振兴转型，及国际化新常态下入境游、国内深度游、智慧旅游，进行探索文旅行业复苏振兴和创新转型升级方式，寻求文化旅游产业新机遇、新形势、新业态。

◆旅游服务配套设施建设 2020年，西安市文化和旅游局持续推进旅游厕所建设，完成新改建旅游厕所159座（新建98座，改建61座），第三卫生间83座。积极推动旅游厕所等级评定，完成532座厕所评定、定级。着力提升旅游厕所智慧导引服务，推动606座旅游厕所上线百度地图。

◆东亚文化之都 2020年，西安市文化和旅游局以“东亚文都·古韵风华”为主线，举办“东亚文化之都”西安新春音乐会，邀请文化和旅游部等9个部委相关领导，日本驻华使馆公使及参赞，韩国、柬埔寨、马来西亚等国驻西安总领事馆总领事，14个省市文旅厅，50多家境外驻陕机构、中日文旅企业等相聚西安音乐厅，共睹唐诗之都的盛世风采。“东亚文化之都”城市新春音乐会，是自疫情发生以来首个大规模东亚文都的文化活动。2020年全世界文旅产业受到前所未有的冲击，但“东亚文化之都”的品牌宣传弦歌不辍，西安灵活运用各种新媒体技术手段，创新文旅融合思路，策划“云上”演唱“同唱一首歌 共筑一个梦”活动，共抒中、日、韩三国的友谊情怀的同时，也在“云端”向世界展示西安浓墨重彩的千年文脉和千姿百态的都市生活。（高　阳）

旅游市场开发

◆概况 2020年，西安市文化和旅游局按照塑品牌、促营销、扩影响的思路，深耕国内国际旅游市场，率先在央视打造宣传“千年古都·常来长安”品牌，精心打磨《千年古都·常来长安》城市宣传片，在海外传播影响力跻身全国十强。先后赴关中平原城市群及成都、重庆、广州、上海、青岛、济南、杭州等重点客源城市举办推介活动15次，在11家省外主流平面媒体发布“中国年·看西安”主题广告资讯。全年“中国年·看西安”系列文化旅游话题阅读量破亿。推出全运游六大主题，40条主题线路，176个打卡点。打造文旅线上新场景，“云上国宝”音乐会在线观众超过2300万人次，中国旅游日“云游西安”直播线上关注超过427万人次，“奔小康·颂党恩·文旅情”直播活动阅读量超过360万人次。举办集云游直播、营销推广、带货预售为特色的雁塔樱花节、莲湖直播节、“花开长安—云上购物节”，开展促销活动1500余场，销售额达95.79亿元。推出“博物馆景区在线游”、线上文创等新业态，发展“宅经济”，建立文旅商业新模式，《梦长安》《大唐追梦》完成改版、《西安千古情》成功首演，大唐不夜城打造“敦煌飞天”网红新热点，“不倒翁”恢复演出当日微博阅读量突破2亿人次，“城墙味道”冰激凌、“虎符”饼干等文创新品火爆朋友圈，西安文旅热度持续保持全国前十。

◆全域旅游 2020年，西安市文化和旅游局贯彻落实西安市人民政府《西安市促进全域旅游发展的实施意见》工作部署，指导临潼区成功创建首批国家全域旅游示范区。完成市级验收，指导碑林区、长安区、蓝田县成功创建首批陕西省全域旅游示范区。配合中共西安市委政研室、西安市人大科教文卫委员会开展全域旅游考察调研，派人员参加全国全域旅游培训班。加快修订《西安市全域旅游发展总体规划》并组织编制环境评估。制定全域旅游年度考核指标，推动各区县扎实开展创建工作。起草《乡村旅游发展调研报告》，完成《西安市乡村旅游发展总体规划（2020—2025年）》初稿，廓清全市乡村旅游发展路径。

◆乡村旅游 2020年，西安市文化和旅游局完成《西安市乡村旅游发展总体规划（2020—2025年）》初稿。长安区南堡寨村获评第二批全国乡村旅游重点村；鄠邑区八里坪村、蓝田县汤峪镇汤峪河村、高新区集贤镇殿镇村、鄠邑区蔡家坡村被评为2020年省级乡村旅游示范村；长安区王莽街道办事处被命名为2020年省级旅游特色名镇。全年培训乡村旅游从业人员2000人次。

◆夜游经济 2020年，西安市文化和旅游局全面激活夜游经济，组织“长安夜·我的夜”夜游经济嘉年华，推出10大板块、28类产品、86项活动，西安位居全国城市夜游人气指数第五，北院门回民街位列“全国十大回暖夜市”第一。

◆民宿发展 2020年，西安市文化和旅游局落实《西安市民宿发展三年行动方案（2020—2021年）》，评选表彰第二批“西安十佳最美民宿”，有效调动各方参与民宿发展的积极性。与全球民宿平台——爱彼迎签订战略合作框架协议，依托民宿资源，面向海外深度推介西安市文化旅游资源。评定等级民宿100家。（高　阳）

旅游产品

◆概况 2020年，西安市各类旅游演艺题材涵盖历史文化、红色文化和丝路文化等，演艺类型包括实景演艺、舞台剧、主题演艺等。其中，《长恨歌》《梦长安——大唐迎宾盛典》《驼铃传奇》《秦汉风云》等为代表的精品旅游演艺，在国内享誉较高的品牌知名度，已经成为西安市文化旅游“靓丽名片”。

◆华清宫景区《长恨歌》 2020年4—10月演出。以历史故事的真实发生地——华清宫，用舞剧的艺术形式对白居易的传世名篇《长恨歌》所表现的爱情主题给予艺术再造，还原一段恢宏壮观的历史情境和一个感天动地的爱情故事。全剧由“杨家有女初长成”“一朝选在君王侧”“夜半无人私语时”“春寒赐浴华清池”“骊宫高处入青云”“玉楼宴罢醉和春”“仙乐风飘处处闻”“渔阳鼙鼓动地来”“花钿委地无人收”“天上人间会相见”10幕组成，通过山水风光、古典乐舞、声光电、高科技灯光音响及特效等表现手法，充分展示大唐盛世的恢宏气象和千古绝唱的爱情传奇。全年接待观众77.[illegible]5万余人次。在“2020中国夜间经济论坛”（中国旅游研究院和芜湖市政府共同主办）被评为“游客最喜爱的十大夜间演艺”，被道略文化产业研究院评为“2018年中国实景旅游演艺十强”。

◆浐灞《驼铃传奇》 2020年全年演出。以“一带一路”为主线，深入挖掘大唐传统文化，追寻驼队丝绸之路上的踪迹，以正能量传递西安最辉煌历史时期的文化传奇。整场演艺分为序幕“岁月再现”及“远行千里”“狼道遇险”“异国风情”“丰雨洗尘”“迎郎归来”“华夏盛世”六幕剧情。全年接待观众120万余人次。[illegible]获美国TEA年度杰出成就奖；[illegible]1月，获AAPA铜环奖最佳现场表演奖。

◆城墙《梦长安》 2020年4—10月演出。以盛唐礼仪文化为主题，是感受西安历史与大唐文化的首选，是体会中华传统文化、西安地域文化、城墙特色文化、古礼迎宾文化的佳所。演出融合十三朝古都的历史与丝绸之路沿线的人文风情，营造出天下长安的雄浑壮阔，通过观演可以感受到西安作为世界千年古都、东方永恒之城的气概。全年接待观众4.46万余人次。

◆乐华城《秦汉风云》 2020年4—10月演出。取材于“指鹿为马”“鸿门宴”“四面楚歌”“霸王别姬”等历史典故，以西楚霸王项羽悲壮一生为切入点，演绎秦汉更替时期荡气回肠的历史传奇。全剧共分千古一帝、矫诏袭位、修阿房宫、霸王伐秦鸿门之宴、霸王别姬、大汉盛世7个篇章。全年接待观众54万余人次。5月，登录央视1套《晚间新闻》栏目；12月，获旅游行业奥斯卡——游乐界·金冠奖“乐园杰出演艺奖”。

◆华清宫《12·12》 2020年全年演出。挖掘“西安事变”前张学良踌躇不定的思想情绪、杨虎城母子的相见等细节，通过烽火古城、矛盾激化、匆匆密谋、箭在弦上、枕戈待旦、大战在即、枪声破晓、统一战线、世事沧桑9幕剧情，展现中华民族在危难时刻的艰难抉择。全年接待66.84万余人次，被中国旅游协会授予“全国优秀红色旅游演艺”。“舞台道具牵引装置”“多功能悬挂式投影系统”“舞台背景结构”“舞台结构”“舞台用建筑结构”“舞台用升降台”“舞台用移动式道具”“显示设备”“一种通风座椅”共计9项演出专利获得国家知识产权局审批认证；被道略文化产业研究院评为“2018年中国沉浸式旅游演艺五强”。

◆秦皇大剧院《秦俑情》 2020年2—12月演出。全剧通过一个复活的兵俑，唤醒地下沉睡千年的兵马俑军团，带着观众穿越时空，纵览中华文明第一个大统一王朝的辉煌历史。全年接待观众60万余人次。4月，企业被陕西省文化产业协会推选为陕西演艺联盟副理事单位；11月，企业加入由国家文化和旅游局批准成立的“丝绸之路国际剧院联盟”；纳入陕西省文化产业“十百千”工程西安高成长型文化企业。

◆唐乐宫《大唐女皇》 2020年全年演出。该剧以女皇武则天14岁选侍入宫至67岁登基称帝期间的历史故事为情节，从初入宫闱，经历战争、宫斗，呈现一个妩媚的少女成为中国历史上第一位女皇帝的史实，全剧由秀女待选、私闯文德殿、征战、二圣临朝、登基5个篇章组成。全年接待观众29万余人次。

◆大唐芙蓉园《大唐追梦》 2020年9—12月演出。以诗仙李白为人物贯穿，以将进酒词牌为基调，通过场景、故事的演绎和各类新技术运用，从内容上尝试将观众的心境与剧中的实景相衔接，在游船幻境中完成超现实的视觉体验。全剧分繁华长安、丽人行·画中情、丝路印象、曲江盛宴四幕。全年接待观众1.01万余人次。

◆曲江海洋极地公园《哪吒》 2020年全年演出。以中国经典神话故事《哪吒闹海》为原型，通过改编、创新与艺术加工，用一种夸张幽默的表演形式，将古老的神话故事进行适合现代舞台审美的呈现。该剧运用诸多高科技舞台装置，以及多样化舞台表现形式，融合杂技、武术、威亚、木偶、音乐、舞蹈、特技、影像等诸多手段，将古老的故事呈现出新意。全剧分小哪吒学艺归来、混天绫护着他、乾坤圈手中拿、扑向父母的怀抱等4个篇章。全年接待观众11.6万余人次。荣获“2020年西安市文明号”称号。

◆西安陕北民歌大舞台《印象陕北》 2020年4—10月演出。将传统的原生态陕北民歌与现代的声、光、电等数字艺术结合，以最时尚的编配、最为经典的古老歌谣，用最为纯正的腔调、最有韵味的嗓音、最具特色的陕北民俗表演等形式，全新演绎经典陕北民歌，展现陕北特色民俗文化，共分黄土印象、风俗印象、红色印象3个篇章。全年接待观众9万余人次。

◆白鹿原影视城《二虎守长安》 2020年4—10月演出。该剧是大型历史战争剧，演出包含火爆、水爆、飞车特技、汽车漂移、激烈枪战等，主要讲述1926年杨虎城、李虎臣将军誓死守卫西安城的故事。全年接待观众58万余人次。

◆白鹿原影视城《黑娃演义》 2020年4—10月演出。根据陈忠实《白鹿原》小说改编，突出反映关中本土文化和地域特色，以观众全景、全境、全程参与的大型实景电影拍摄体验剧。全年接待观众11.5万余人次。 （高　阳）

旅游行业管理

◆概况 2020年，西安市文化和旅游局围绕优化提升全市文化旅游市场环境，不断提高文化旅游服务质量水平。形成“优化营商环境”任务清单，印发《“优化营商环境推进重大项目建设”工作实施方案》。加快推动“最多跑一次”“一网通办”改革事项落实，扎实推进“互联网+政务服务”，网上审批率100%，全面实现“让信息多跑路，让企业和群众零跑腿”目标。截至11月底，受理旅行社设立申请34件，审批通过33家；办理旅行社变更并换发“许可证”64家，注销16家；新核发导游证办理11312人，完成导游证到期换证审批9744人，审批通过所在机构变更232人，审批接受外地导游转入西安126人。先后组织文化市场专项整治行动、演出市场专项检查、书画市场检查和校园周边文化环境治理行动等，以完善“扫黄打非”工作机制为主要支撑，在全市开展“秋风”“清源”“固边”“护苗”“剑网”五大专项执法行动，开展各类执法检查450余次，整治违规经营场所462家，发现并整改各类问题1650个。

◆旅游市场监督管理 2020年，西安市文化和旅游局根据“放管服”改革要求，按照“放开、管好、搞活”原则，以“简政放权、创新管理和优化服务”为重点，坚持监管与服务并重，疏堵结合，奖惩并举，不断加大“放”的力度，强化“管”的能力，提升“服”的水平，推动属地管理、部门联动、行业自律、社会监督的综合管理旅游市场监督管理体系和旅游行业信用体系建立，形成监管合力。制定《西安市旅游市场黑名单管理工作规范（试行）》，全面规范旅游市场秩序，加强监督管理服务质量，维护旅游消费者和经营者合法权益，组织对旅游市场秩序整治、组织“不合理低价游”、强迫和变相强迫消费、违反旅游合同等违法违规行为的监管和查处，联合相关部门组织查处“黑社”“黑导”等非法经营行为，主动配合参与打击涉及旅游行业“黑车”“黑店”等非法经营行为。

◆旅行社监督管理 2020年，西安市文化和旅游局不断规范旅行社经营行为，突出旅游团队安全工作重点，以旅游合同管理为抓手，打击“强迫或变相强迫购物”和“不合理低价游”以及违反旅游合同等违法违规行为，引导旅行社“供给侧”改革，积极创新，不断完善服务质量标准，强化个性化、差异化服务，规范经营，做大做强，规模化发展，树立诚信经营意识和品牌形象，旅游市场环境明显改善，游客满意度大幅提升。

◆旅游景区评定与管理 2020年，西安市文化和旅游局认真贯彻落实全国A级旅游景区质量提升电视电话会议精神，对全市A级旅游景区组织全面复核和检查。大明宫国家遗址公园成功创建国家5A级景区，曲江新区大唐不夜城步行街获全国示范步行街，西咸新区沣东新城昆明池·七夕公园创建国家4A级景区。组织人员参加《中国旅游景区协会A级景区创建提升标准辅导培训班》。 （高　阳）

宏观经济管理

◆**概况**　2020年，西安市发展和改革委员会认真贯彻落实习近平总书记来陕考察重要讲话精神，对标新时代追赶超越“五项要求”，坚持以十项重点工作率先突破，统筹疫情防控和经济社会发展，全力以赴谋大局、抓大事、攻难关，先后推动获批中欧班列（西安）集结中心国家示范工程、国家城乡融合发展试验区、国家级“双创”示范基地等试点示范，获价格监测、粮食“大清查”全国先进单位等荣誉称号，发展改革工作取得新进展、新成效。全市生产总值10020.39亿元，比上年增长5.2%，增速分别高于全国、全省2.9%和3.0%，综合实力迈上新台阶，城市能级和核心竞争力达到新高度。规模以上工业增加值增长7.0%；全社会固定资产投资增长12.3%；一般公共预算收入完成724.14亿元，增长3.1%；城乡居民人均可支配收入分别增长4.5%和8%；居民消费价格指数比上年上涨2.1%；单位GDP能耗下降完成年度目标。

◆**宏观经济调控**　2020年，西安市发展和改革委员会认真履行宏观管理和经济综合协调部门职责，突出经济政策引领作用，着力促进经济平稳增长。切实减轻疫情对企业生产经营影响，帮企业渡难关，代拟《西安市人民政府关于有效应对疫情促进经济平稳发展的若干措施》，并印发全市。推行审批业务“网上办”“预约办”，保障项目前期工作不断线。牵头成立复工复产组、组建工作专班、启动援企平台，推进产业链协同复工复产，为经济快速复苏奠定基础。围绕税费减免、稳岗就业、金融支持、纾困解难等，协调市级部门出台56个援企惠企文件，全市为市场主体减免税费约280亿元。做好城市运行保障，发挥煤电油气运监测预警机制，实行粮食市场日监测、日巡查、日报告制度，确保粮油供给终端畅通。在做好常态化疫情防控的基础上，多措并举推动经济加快复苏，研究提出全市年度目标任务指标体系，“双分解”主要经济指标。坚持月研判、季分析，紧盯短板指标、靠后区县，采取有力措施促进全市经济增长，上半年即实现由负转正。组织成立全面落实“六保”任务工作专班，西安市“六保”工作经验在陕西省推广。高质量编制“十四五”规划。系统总结评估“十三五”规划实施情况，开展25个“十四五”重大问题研究，研究起草《西安市“十四五”发展规划基本思路》，统筹推动《规划纲要》、1个空间规划、21个区域规划、52个专项规划编制工作。聚焦国家政策和战略导向，梳理全市“十四五”期间的“五个重大”清单。

◆**产业结构调整**　2020年，西安市发展和改革委员会围绕产业链部署创新链，围绕创新链布局产业链，编制印发《西安市现代产业布局规划》，加快构建特色鲜明、布局合理、要素集聚的“6+5+6+1”现代产业体系，全力推进55个制造业、8[illegible]个服务业和22个文旅重点项目建设，全面提升产业能级和核心竞争力。第一产业增加值312.75亿元，比上年增长3.0%；第二产业增加值3328.27亿元，增长[illegible]；第三产业增加值6379.37亿元，增长[illegible].2%。第一、第二、第三产业构成为3.1∶33.2∶63.7。非公有制经济增加值占生产总值比重为53.1%。先进制造业引擎发力，六大支柱产业总产值突破[illegible]00亿元、增长23.7%。战略性新兴产业产值比上年增长13.3%，高技术产业产值增长23.4%。三星二期一阶段、隆基[illegible]单晶电池、奕斯伟硅产业基地等重大项目顺利投产，释放产能310亿元。[illegible]计算自主计算机整机项目投产达效。推动现代服务业加快发展，深化服务业综合改革，新确认3个服务业聚集区。建立规上生产性服务业企业库，[illegible]规模以上服务

2020年3月17日，西安市第一季度重点项目集中开工仪式

业企业433家，净增262家。金融支持实体经济力度增强，新增上市公司和“新三板精选层”企业5家、过审5家。文旅市场复苏强劲，打响“千年古都·常来长安”品牌，开展“相约西安·筑梦全运”等系列文旅活动，西安入选国家首批60个文化和旅游消费试点城市。

◆重点项目建设 2020年，西安市发展和改革委员会全力抓项目促投资，夯实经济发展后劲。建立“一月一调度一考核、一季一观摩一开工”推进机制，现场观摩项目218个，组织5次项目开竣工活动，推动536个市、区两级项目落地建设。强力推进453个市级重点项目建设，134个新开工项目全部开工。328个在建市级重点项目完成投资3696.72亿元，达到年投资计划131.5%，带动全市固定资产投资增速连续7个月位列副省级城市第一。458个市、区两级重点项目竣工投用，将释放产能超过1200亿元，创造就业岗位15万个。积极发挥稳投资专班作用，多措并举扩大有效投资。制定印发《西安市2020年稳投资实施方案》，进一步规范政府投资行为。积极推动电网建设，西安奥体（港务区）330千伏变电站等17个电网项目建成投运。推进西延、西十和西康等高铁项目稳步实施，西银客专开通运营；地铁三期规划项目全部开工，5号线、6号线一期、9号线通车运营，年度新增通车里程83千米；西安火车站改扩建工作有序开展，西安咸阳机场三期工程、蓝田通航机场全面开工。持续推进特色小镇创建工作，全市第一批创建类特色小镇已完成投资约1200亿元，大唐西市特色小镇被列入“第二轮全国特色小镇典型经验”，陕西西安特色小镇规范健康发展典型经验在全国推广。

◆创新改革 2020年，西安市发展和改革委员会持续抓创新提质效，新动能持续发展壮大。深化创新驱动发展，加快推进国家分子医学转化中心、高精度地基授时系统等国家重大科技基础设施建设。开展新一轮全面创新改革任务研究，扎实推进第三批改革经验复制推广工作，5条经验被列入国家第三批支持创新相关改革举措，占全国总数1/4。大力推进新基建，牵头起草《西安市加快新型基础设施建设促进数字经济发展行动方案（2021—2023年）》和《西安市新基建应用场景》，谋划和储备新基建项目207个，为全市经济转型发展注入新动能。实施5G基站建设、人工智能、物联网、工业互联网技术攻关和应用等项目，建成5G基站10826个、充电场站149个、充电桩4588个。持续激发创新创业活力，成功举办2020年全国双创活动周陕西省暨西安市分会场活动，分享交流西安市创新创业成果，开展主题活动12场，设立云上分会场和双创成果展，线上活动点击量超过172万人次。

◆资金筹措 2020年，西安市发展和改革委员会持续加大向上争取政策和资金力度。全年争取中央和省级预算内资金31.51亿元，超年度任务55.6%。策划上报政府专项债项目344个，成功发行54个、发行金额153亿元；协调912家企业申请获得中央新增专项再贷款131笔，融资需求额度35.67亿元，获得优惠利率贷款6.67亿元，加权平均利率2.64%；新推介PPP项目29个、总投资额272.29亿元，累计入库项目102个，总投资超过1786亿元。

◆价格管理 2020年，西安市发展和改革委员会加强价格监测与管理，保持物价水平总体稳定。及时发布重要民生商品价格监测预警信息，居民消费价格（CPI）比上年上涨2.1%。扎实做好重要商品保供稳价，9次启动救助和保障标准与物价上涨挂钩联动机制，阶段性扩大价格补贴联动机制保障范围、提高价格临时补贴标准。提前超额完成市级冻猪肉储备库存5300吨目标任务。深化教育和物业收费改革，制定印发西安市《民办中小学幼儿园收费管理办法》《物业服务收费管理办法》。积极推进天然气价格市场化改革，及时启动2020—2021年度天然气上下游价格联动机制及冬季供暖期西安市非居民用天然气季节性差价制度。完成定价项目监审（调查）成本41.3亿元，核减不合理费用12.46亿元，平均核减30%。在2020年全国价格监测质量考核中获得满分。

◆节能减排 2020年，西安市发展和改革委员会积极推进绿色发展，促进全市经济实现有质量、有效益、可持续增长。围绕年度节能、减煤、循环、限塑目标任务，强化节能双控管理，单位GDP能耗下降7.52%，能源消费总量比上年下降2.7%。持续推进煤炭削减，全市规上工业煤炭消费量比上年减少26万吨。印发《关于下达2020年西安市散煤治理任务计划的通知》，定期组织召开散煤治理专题会，扎实推进城乡居民“煤改洁”工作，顺利完成全年2.54万户改造计划。持续推进清洁取暖试点城市建设进程，以优秀成绩通过清洁取暖试点城市建设中期绩效考核。印发《西安市推进新能源汽车充电基础设施建设三年行动方案（2020—2022年）》，验收新建成投运的新能源汽车充电场站141个，落实市级财政补贴资金8400万元。

◆脱贫攻坚 2020年，西安市发展和改革委员会牵头和承担的7项脱贫攻坚工作任务取得显著成效。全年完成农村饮水安全巩固提升工程150处，农村电网升级改造项目173处，135个光伏扶贫电站全部并网发电并纳入国家光伏扶贫信息系统。落实“1+7”政策体系，制定《西安市全面推进易地扶贫搬迁后续扶持工作实施方案》，构建长效机制，全市19个安置点建成并运营22个配套产业，就业扶持、社区管理、群众融入等工作有序推进，周至县马召镇安富园社区被国家发展和改革委员会通报表彰为“十三五”美丽搬迁安置社区。制定《西安市2020年苏陕扶贫协作工作要点》，协调陕西省下达苏陕扶贫协作项目资金1640万元，实施苏陕扶贫协作项目14个，其中产业类项目12个，带动贫困户468户1696人。

◆社会事业建设 2020年，西安市发展和改革委员会始终坚持民生优先，加快补齐各类民生短板。多措并举带动居民增收，城镇居民人均可支配收入43713元，增长4.5%。积极推进“15分钟便民服务圈”和宜居幸福社区建设，制定印发《西安市推进宜居幸福社区建设实施方案（2020—2021年）》，60%以上城市社区达到宜居社区建设标准。新开、调整公交线路44条，新建和改造提升绿地广场、口袋公园116个，新建成19个城市社区居家养老服务站、12个街（镇）综合养老服务中心、新增养老床位4503张，投入使用新建、扩建195所中小学及幼儿园，新增学位19.4万个。制定印发《加快推进社会足球场地设施建设实施方案》《西安市加快社会足球场地设施建设资金支持意见》，新建社会足球场地96块，完成率120%，全面提前超额完成任务。全力抓好天然气稳供保价，与上游供气企业签订年度天然气合同总量创近年来新高，协调合同内天然气价格较去年减少25%。制定《西安市采暖季天然气保障工作方案（2020年版）》和《西安市采暖季天然气保障应急预案（2020年版）》，建立采暖季天然气日监测报告机制，积极协调督促上游供气企业严格履行合同，组织城燃企业启用自有LNG、购买市场化资源等手段全力保供，确保全市采暖季天然气供应平稳。

◆区域经济合作 2020年，西安市发展和改革委员会积极促进区域协调发展，持续扩大对外开放。积极融入共建“一带一路”，推动《建设“一带一路”综合试验区实施方案（2019—2021年）》任务加快落实，深化自贸试验区改革，开展创新案例培育，形成277项西安经验。新开通陕西省首条洲际第五航权全货运航线（首尔—西安—洛杉矶），车度新开通3条国际客运航线、6条全货运航线，航空货邮吞吐量完成31.58万吨，临空经济规模突破110亿元。中欧班列长安号全年开行3720列、运送货物总重281.1万吨，分别为上年的1.7倍、1.6倍，开行列数创历史新高，质量评价指标居全国第一。制定《西安市贯彻落实“追赶超越”定位加快国家中心城市建设行动方案（2020年）》，加快推进国家中心城市建设。启动编制《西安市黄河流域生态保护和高质量发展实施方案》，与济南、青岛签署战略合作协议，统筹推进西安市黄河流域生态保护和高质量发展。加快县域经济发展，为蓝田、周至争取省级专项资金1亿元。组织召开2020年关中平原城市群合作与发展联席会议，筹建关中平原城市群区域合作办公室，持续推进西咸、富阎一体化，推动城市群协同发展。（赵　盈）

经济体制改革

◆概况　2020年，中共西安市委、西安市人民政府以打造内陆改革开放高地为抓手，以“十项重点工作”为突破，以国家中心城市建设为目标，聚焦重点、突出难点、打造亮点，全市改革工作呈现上下联动、全面发力、多点突破、纵深推进的良好态势。生产总值突破1万亿元大关，比上年增长5.2%，规模以上工业增加值增长7%，全社会固定资产投资增长12.3%，3项指标增速均居副省级城市前列。新增国家技术中心1个、省级企业技术中心14个、省级制造业创新中心4个。累计建成市级以上科技企业孵化器、众创空间285个，入孵企业4万余家。净增国家高新技术企业1500余家，万人发明专利拥有量47.6件，科技进步对经济贡献率达到63%，全社会研发投入强度达5.17%。推进“放管服”改革，累计取消和下放行政事权114项，获评中国营商环境标杆城市。国家新一代人工智能创新发展试验区、首个国家级硬科技创新示范区和城乡融合发展试验区等国家级试点试验全面启动。全年实现进出口总值3473.84亿元，增长7.2%。中欧班列（西安）集结中心纳入国家示范工程，“长安号”常态运行15条干线，全年开行3720列，质量评价指标居全国第一。城市形象品质不断提升。强力推进“十四运”场馆及配套建设，西安市承建的8所场馆和全运村78栋建筑全部竣工。地铁三期规划项目全部开工，5号线、6号线一期、9号线通车运营，年度新增通车里程83千米。扎实开展“三改一通一落地”，实施572个城市绿化提升项目，启动“三河一山”环线绿道建设。人民民生福祉显著改善，剩余建档立卡贫困户5304户8533人全部脱贫，城乡居民人均可支配收入分别达到43713和157[illegible]9元。出台稳就业23条举措，发放创业担保贷款9.34亿元，城镇新增就业15.[illegible]1万人，城镇登记失业率3.64%。新建、改扩建学校195所，新增学位19.4万个。出台全市有效应对疫情促进经济平稳发展“21条”措施。全力推进企业和重点项目复工复产，出台56个援企惠企文件，顶格兑现落实，为企业减负超过105亿元。抓好“六保”工作落实，西安市经验做法被陕西省“六保”工作专班转发全省借鉴。

◆重点领域改革　2020年，西安市坚持以供给侧结构性改革为主线，突出转变经济增长方式，着力在营商环境、体制改革、文旅融合、社会保障、生态建设等方面重点突破，不断培育高质量发展的新动能。

营商环境优化　持续推进“一扇门、一张网、一次办”改革，市级政务服务事项网上可办率91.9%，政务服务“好差评”系统全面推广。全面深化“证照分离”改革，年底前实现全覆盖，在全省率先开展药品零售行业“一业一证”改革试点。五大领域综合执法队伍组建全面完成。工程建设项目审批制度改革深入推进，8项省考指标全省第一，政府投资类、社会投资类项目审批时间分别在90个、50个工作日内。截至8月底，全市新登记各类市场主体27.59万户，比上年增长15%。建立健全市级信用信息共享平台，实现各区（县）、开发区和市级部门100%接入。蝉联“中国国际化营商环境建设”标杆城市。

现代产业体系构建　硬科技创新示范区、国家新一代人工智能创新发展试验区、城乡融合发展试验区、全面深化服务贸易创新发展试点等国家级试点试验全面启动。“长安号”开行突破3000列，质量评价指标连续11个月全国第一。航空货邮吞吐量25.68万吨，临空经济规模116.5亿元。中欧合作产业园累计投资超过2亿元，新吸收国际商会会员37家，涉外机构达15家。1—8月，实现进出口总值2272.52亿元，占全省82.4%，增长4.9%。宝能汽车项目、陕汽重卡扩能项目、三一重工西安产业园等重大产业项目先后落地，电子信息制造、高端装备、生物医药等先进制造业产业集群加快建设。深入实施创新驱动战略，加大规上制造业企业研发奖补比例，引导企业持续加大自主研发投入，高技术制造业投资增长56.9%，带动工业投资增长28.7%。

国资国企改革　全面推进国有企业改革。实施公司制、股份制改革，大力发展混合所有制改革，竞争类企业混改率达51%，全民所有制企业公司制改制率达69%，市属上市公司由8家增加到11家。加快完成标准集团、陕鼓集团重组整合。继续推进[illegible]集团、五环集团转型升级，力争年底前建成投产。改革完善国有资产管理体制。实现市属经营性国有资产集中统一监管。市级党政机关所属企业划转移交率100%，依法履行出资人资产面由统一监管前的23.63%升至100%（金融资产除外）。以统一监管为契机，改组组建国有资本投资、运营公司，初步优化形成以5个国有资本投资公司为依托、1个国有资本运营公司和产业集团为支撑的“5+1+N”国有资本布局结构。按照以管资本为主推进职能转变有关要求，出台转职能实施方案，对国资监管机构监管事项实行清单管理。依法理顺国资监管体制，放活管好国有资本，落实董事会职权，启动推行经营管理层任期制和契约化管理。开展全民所有制企业和“僵尸企业”2个“清零行动”，截至年底，已完成市属64户全民所有制企业公司制改制，完成率69%；已处置市属“僵尸企业”33户，处置完成率59%。促进国有资产保值增值，制定《市属国资国企“2345”高质量发展三年（2018—2020年）行动方案》。截至9月底，市属国有企业资产总额20368亿元、净资产5400亿元，分别较2017年底增加7539亿元、195[illegible]亿元，增长59%、57%，增长速度高于全国、全省，资产总额和营业收入分别位于15个副省级城市第5位、第8位，超[illegible]。加强和改进党对国有企业的领导，健全完善中国特色现代国有企业制度，全面落实党组织在公司法人治理结构中的法定地位。全面从严治党，建立企业党委书记抓党建述职评议考核制度，完善企业纪律监察工作双重领导体制。擦亮国企党建“双百品牌”，一体化推进企业基层党组织标准化建设全覆盖。

财政体制改革　贯彻落实《关于全面实施预算绩效管理的实施意见》（市字〔2019〕78号），制定印发《西安市财政局关于贯彻落实中共西安市委　西安市人民政府关于全面实施预算绩效管理的实施意见的通知》（市财函〔2020〕823号）和《西安市财政局　西安市审计局关于印发西安市全面实施预算绩效管理推进工作方案的通知》（市财函〔2020〕824号），为推进全面实施预算绩效管理、深化预算绩效管理工作提供制度依据。通过制度规范、业务指南、提纲指引、案例示范、实务培训等方式，推动市级部门和区（县）全领域、多维度全面实施预算绩效管理改革。构建以实现绩效目标为导向，以绩效评价为手段，以结果运用为保障，贯穿预算编制、执行、监督全过程的预算绩效管理体系，实现项目绩效目标管理全覆盖。

城乡融合、文旅融合　持续深化农村产权制度改革，集体经济“空壳村”清零率超过98%。脱贫不稳定户和边缘易致贫户返贫致贫风险全部消除。供销社综合改革稳步推进，农村综合服务社覆盖率93.9%。扎实开展“百村示范、千村整治”，全市村庄生活垃圾集中收集覆盖率100%，污水有效治理率52.9%。加快推进小雁塔、碑林、易俗社等重点历史文化街区建设，打造文旅融合新地标，叫响“千年古都·常来长安”品牌。旅游产品提档升级，文化演艺市场持续走强，中秋、国庆双节期间，西安成为国内四大旅游目的地城市之一，接待游客1474.81万人次，实现旅游收入111.4亿元。“2020中国夜间经济论坛”上，西安市入选“2020夜间经济二十强城市”。话剧《长安第二碗》入选2020年度国家舞台艺术精品创作工程。

教育医疗和社会保障制度改革　加快建设教育强市，新建、改扩建学校195所，新增学位19.4万个，全市普惠园覆盖率94%。深入实施“名校+”“名师+”“名校长+”工程，实行“公民同招”，教育满意度比上年提高12.8个百分点。健全公共卫生管理体系和疫情防控体系，出台《西安市卫生健康事业重点项目建设三年行动方案（2020—2022年）》，启动建设13家三级医院、12个专科国家区域医疗中心。持续推进分级诊疗制度建设，深化综合医改，完善应急医疗救助机制，推动医保异地就医直接结算，全市145家定点医疗机构实现与全国32个省（自治区、直辖市）3.1万余家医疗机构直接结算。完善“1+N”社会救助体系，推进全市社会救助综合改革，持续加强企业用工保障，不断强化贫困劳动力就业帮扶，出台《西安市养老服务促进条例》，养老服务政策体系不断完善。

生态西安建设　出台健全生态保护补偿机制实施意见和数字秦岭建设工作方案，建立覆盖全域的秦岭保护四级网格管理体系。健全区域大气污染联防联控机制，推进“冬病夏治”集中攻坚行动，优良天数持续增多。启动“85316”水系综合治理工程、“三河一山”增绿工程，主要河流消除劣Ⅴ类，新增生态水面92公顷，新增城市绿地821.2万平方米，新建绿道245千米，绿化建设总量指标超额完成。

平安西安建设　全面落实依法治市各项改革，法治西安建设迈出新步伐，莲湖区获评全国法治政府示范区。开展基层全科网格化建设试点，社会治理综合指挥信息平台上线，初步实现基层发现问题、流转交办、协调联动、研判预警、督查考核等闭环运转。

◆改革创新典型案例　2020年，西安市各专项小组，各区（县）、开发区坚持用好改革“关键一招”，充分发挥改革的突破先导作用，积极探索、先行先试，一大批自主创新和经验做法受到国家和省级表彰推广。

推进“一件事一次办”改革系统集成试点　总结推广莲湖区自然人、法人全生命周期套餐式集成经验，梳理出“我要开诊所、药店、小饭店”等45个主题服务套餐统一办理标准，集成办理所有相关事项，推出“一件事一次办”服务套餐400余项，有效提升企业、群众办事便利度。

知识产权保护　探索建立全国首个“知识产权信用服务系统”，成立西北首家知识产权保护中心——中国西安知识产权保护中心，搭载“西安知信通”微信版，实现知识产权保护“一线通、一键查”。构建知识产权刑事、民事、行政“三位一体”联合保护机制，设立首批50个维权工作站，实现线上、线下保护平台“双突破”。

莲湖区破解中心城区改造难　依托盛唐文化和丝路文化，坚持价值链、创新链、服务链、产业链整合发展，对中心城区改造实施统一规划、连片开发，推出大唐西市文旅小镇、老城根时尚小镇，实现每年旅游收入10多亿元，被国家发展和改革委员会作为典型经验向全国推广。

新城区推进养老供给侧结构性改革　创建“饭大爷”品牌全域老年助餐项目。利用驻地单位闲置房屋资源建设老年助餐点，采取品牌化、标准化、规模化连锁经营模式，为65周岁以上老人提供低价助餐、菜单化订餐、送餐入户、嵌入式服务上门做餐等服务。受到中央电视台和人民网等中央媒体广泛报道。

西咸新区全球云端零工创客共享服务平台　建立“平台+个体”的人才服务共享新模式，打破“公司+雇员”传统用工形式，提升外国人来华工作、投资的便利性。创新第三方医学检验检测实验室共享模式突破现有第三方医学检验资质审批制度，在全国探索开展第三方医学检验检测机构持有人制度，有效压缩医学检验资质获批时限，降低非公立医疗检测机构准入门槛，促进资金和人才向技术研发领域流动。以上2项做法入选全国深化服务贸易创新发展试点“最佳实践案例”。

高新区深化“一核四化”基层治理机制　推进基层社会治理网格化、监督指挥信息化、综合执法属地化、便民服务就近化，实现一个窗口管审批，一个中心管指挥、一张网格管治理，一支队伍管执法，有效破解镇街“看得见、管不着”和部门“管得着、看不见”等问题，入选全国自贸片区党建创新典型案例。

曲江新区创新文物保护方式　实施“政府引导、基金会参与、专项资金扶持、企业社会赞助”等多方位、多渠道资金筹措方式，推进杜陵遗址展示区建设，同步调整文保区发展模式，促进文物保护利用与区域发展、产业转型、城乡建设和环境治理“多元合一”，树立文物保护与利用改革新标杆。（于　萍）

国有资产监督管理

◆概况　2020年，西安市国资系统持续深化“依法监管、用心服务、说到做到、干就干好”的工作理念，实现市属国资国企“20345”高质量发展目标，高标准完成国有资产保值增值。截至年底，全市有国有企业1541户，资产总额23161亿元，所有者权益5984亿元。实现营业收入1529亿元，比上年增长16.7%；已交税费137亿元，比上年增长23.4%。疫情严重期间，用29天时间建成口罩生产线12条，日均生产口罩60万只。落实“六稳”“六保”要求，加强企业招聘力度，落实西安市人民政府疫情期间惠企各项政策，出台《鼓励和支持企业有效应对疫情促进国有经济平稳发展若干措施》，印发《市属国有企业减免非国有企业房租的实施细则》，减免8477户企业和个体工商户租金3.2亿元。

◆国企改革　2020年，西安市被列为国务院第二批区域性国资国企综合改革试验城市，国企改革实现新突破。西安市人民政府国有资产监督管理委员会研究制定《西安市深化国资国企改革三年行动实施方案》，已通过市政府常委会审议。积极推进国有企业混合所有制改革，着力优化混改政策，完善混改操作流程，出台《西安市属国有企业混合所有制改革操作细则》，印发《关于市属国有企业混合所有制改革2020年的工作安排》《国有企业混合所有制改革相关法律法规与政策文件汇编》等相关文件。完成36户市属竞争类国有企业混改，混改企业数量为历年之最。市属监管企业通过股权投资等方式进入其他类型公司50余户。严格按照僵尸企业处置工作程序，建立破产注销绿色通道，推进“僵尸企业”清零，处置市属“僵尸企业”55户。完成81户市属全民所有制企业公司制改制，实现市属全民所有制企业“清零”目标。充分发挥“国企之家”平台信息共享、解决问题、强化合作3个功能，积极协调相关部门帮助11户驻地中央企业解决道路规划、科研立项等13项影响企业发展的问题，坚定中央企业在西安发展的信心，推进驻地央企与西安融合发展。推动31户中央企业与西安市签约合作项目51个，投资总额2232亿元，已落地37个，投资额1848.87亿元。

◆国资监管 2020年，西安市国资监管体制改革实现重大进展。完成市属经营性国有资产集中统一监管，全力统筹推进企业重组整合及移交划转各项工作。西咸新区、各开发区管委会委托监管企业系统内重组整合已全面完成，15家原市级部门所属企业已全部完成移交。创新国资监管方式，提升监管效能，突出西安国资监管特色，投资约2000万元启动建成智慧国资监管平台并投入运行，持续推进智慧国资Ⅱ期建设。完善国有资本投资运营公司组建方案，明确对国有资本投资运营公司的监管内容和方式，积极推进改组西安投资控股有限公司为综合类投资公司、改组西安城市交通投资集团有限公司为交通领域行业类投资公司。推动国有资本向关系国计民生的战略产业和关键领域集中，加快打造粮农领域龙头企业。将纺织供销公司划转至华远集团，支持帮助医药流通领域资源互补提高配置效率。积极布局保障性住房建设领域，组建西安市安居集团。出台《外部董事管理办法》，不断健全现代企业制度。指导中国标准工业集团有限公司开展落实董事会职权试点，企业法人治理结构进一步完善，企业董事会更好履行发展决策、经理层选聘等6项权力。系统总结标准集团试点经验，新增西安热电公司开展落实董事会职权和西安城发集团市场化选聘经理层成员试点工作。盘活企业闲置资产，增加收益4.164亿元。坚持投资负面清单管理，建立市属企业投资项目后评估机制，对市属企业近5年的投资成效进行全面检查，督促监管企业制定有力措施对竞争性亏损项目“止血”。按照西安市人民政府办公厅《国有企业职工家属区“三供一业”移交属地区（县）政府、开发区管委会管理实施方案的通知》（市政办发〔2020〕24号），与19个区（县）政府、开发区管委会签订整体移交协议，完成国企职工家属区“三供一业”移交属地化管理工作。创新研发推出“幸福之路”移交信息化管理平台，提前1个月完成50万名企业退休人员移交社区社会化管理工作。（严　挺）

财　政

◆概况 2020年，西安市财政系统面对突如其来的新冠肺炎疫情和复杂严峻的经济形势，坚持稳中求进工作总基调和新发展理念，贯通落实“五项要求”“五个扎实”，聚焦“六稳”“六保”，以“十项重点工作”为保障重点，坚决落实“积极的财政政策要更加积极有为”要求，全面落实减税降费，坚持政府过紧日子，不断强化收支管理，深化财税体制改革，做好财政保障，为夺取疫情防控和经济社会发展“双胜利”提供了坚强保障。全市财政总收入1541.5亿元，比上年增长0.5%，剔除上划上级收入817.36亿元，全市一般公共预算收入724.14亿元，完成调整预算的102.8%，增长3.1%。其中，税收收入571.6亿元，下降1.6%；非税收入152.54亿元，增长25.2%；税收占比78.9%。全市一般公共预算支出1347.58亿元，完成调整预算的95.4%，增长8.1%。全市“三公”经费支出2.03亿元，比上年下降29.9%。全市政府性基金预算收入[illegible].32亿元，完成调整预算的102.1%，增长26.6%。全市政府性基金预算支出[illegible].71亿元，增长30.2%。全市国有资本经营预算收入45.33亿元，完成预算的3[illegible]2.2%，增长29.5%。全市国有资本经营预算支出35.01亿元，增长118.2%。全市社会保险基金预算收入361.19亿元，完成预算的101.14%，增长5.7%，全市社会保险基金预算支出341.27亿元，增长10.9%。西安市（不含西咸新区）政府债务限额2469.28亿元。其中，一般债务914.56亿元，专项债务1554.72亿元。截至年底，西安市政府债务余额2153.75亿元，符合政府债务限额管理规定，债务风险总体可控。其中，一般债务780.83亿元；专项债务1372.92亿元。

◆财政保障 2020年，西安市财政系统有保有压切实落实积极财政政策，增强全市财政保障能力。西安市财政局及时分解全市收入预算，落实征收责任。密切关注全市财政经济运行态势，加强宏观政策调整和税收政策变化分析，建立局领导包抓区（县）、开发区责任制度，落实财政收入包抓责任制及收入督查制，及时督导区（县）、开发区收入进度。强化财政收入预期管理，坚持依法组织收入，确保完成目标任务。落实对区（县）、开发区财政收入季度、半年等节点督导工作机制。全市一般公共预算收入增幅3.1%，在全国15个副省级城市中排第4。全年收入完成收入调整预算的102.8%，超额完成全年收入预算。坚持先有预算后有支出，严格控制预算调整事项。落实市级部门、支出处室及区（县）、开发区支出进度考核办法，提高支出进度和均衡度。加快推进项目支出预算及市以下转移支付资金分配、拨付和使用工作，督促尽快形成实际支出和实际工作量。积极争取上级财政政策和资金支持，对接陕西省省财政厅了解专项资金下达情况，及时发布《争取上级政策资金行动指引》，提高争取省级专项资金工作成效，盘活各类存量资金。全年争取上级专项资金282.19亿元、新增地方政府债券2[illegible]5.39亿元、中央直达资金77.77亿元，盘活存量资金246.24亿元。树牢“紧日子”思想，年初预算编制中对非刚性、非重点支出压减18%，公用经费压减15%，执行中再压减非刚性、非重点支出50%以上。节省资金全部用于保工资、保运转、保基本民生，确保全市各级“三保”支出零缺口。

◆支持疫情防控与复工复产 2020年，西安市财政局研究制定《西安市财政局春节假日期间疫情防控经费保障应急预案》，简化资金审批程序，实行“特事特办、急事急办”，全力做好春节假日期间疫情防控经费应急保障工作。根据西安市人民政府《关于有效应对疫情促进经济平稳发展的若干措施（暂行）》，及时研究出台实施细则，将涉及市财政局的17项工作任务逐一细化分解，并立足财政职责提出6条具体落实措施，精准支持受疫情影响严重的行业企业尽快恢复正常生产和经营。足额保障疫情防控支出需求。坚持“三个确保、五个到位”（确保居民不因担心费用问题而不敢就医、确保全市不因资金问题而影响医疗救治和疫情防控、确保市委市政府各项防控措施全面落实；财政保障政策落实到位、工作部署到位、预算安排到位、资金拨付到位、监督管理到位）总要求，开辟资金拨付“绿色通道”，全年投入疫情防控资金38.66亿元、复工复产资金5[illegible].32亿元，支持加快复工复产复商复市。拨付全市6户率先复工复产应急防控物资生产企业奖励资金270万元；争取省级疫情防控能力提升资金1124万元。保障应急物资供应、支持企业恢复并扩大生产、支持大企业完善配套体系、降低中小企业运营成本，促进工业经济平稳发展。保障疫情期间生活物资供应，预拨疫情防控期间蔬菜运输车辆补贴和储备白菜土豆补贴共7507.64万元，拨付大型农副产品批发市场及连锁超市便利店交易省级补贴资金1595万元，拨付疫情防控期间重点餐饮和电商物流配送企业省级补助经费635万元，下达超市（便利店）出店经营补贴913.58万元，拨付武汉捐赠疫情防控物资经费29[illegible].45万元，拨付市投资局防疫物资采购经费56.2万元，支持全市外资企业复工复产。保障支持疫情大数据分析平台建设。安排疫情大数据分析平台建设经费83万元，利用大数据技术加强疫情智能化、精准化防控，实现疫情信息的动态采集、科学分析和可视化展示，为掌握实情、科学决策、精准施策提供支持。支持“一码通”平台建设。安排4512.69万元，支持西安市大数据资源管理局及时组建全市“一码通”工作专班，开展平台研发、应用推广、运维保障、安全保障、咨询服务，为防疫抗疫工作提供有力科技支撑。发挥大西安产业基金作用，支持全市产业转型升级，助推实体经济发展。进一步优化大西安产业基金政策投向，重点支持先进制造业、科技创新、军民融合等全市重点产业领域发展。大西安产业基金累计投资项目750个，撬动产业总投资1592.44亿元，支持保市场主体。设立规模10亿元的西安市小微企业融资担保增信基金。发挥政府投资基金引导作用，支持疫情防控和相关企业发展。结合疫情防控工作实际和产业基金投资体系，全面梳理受困企业经营实际与发展诉求，及时出台《关于充分发挥大西安产业基金引导作用支持疫情防控和相关企业发展的保障措施》，从加大融资保障支持力度、压降疫情影响风险、发挥政策对接“窗口指导”等三个方面，引导激励各子基金管理机构与合作金融机构全力支持因疫情受困企业尽快复产复工。严格落实引导基金支持疫情防控和相关企业发展的保障措施，会同西安市工业和信息化局、西安市科学技术局围绕疫情保障企业和在投优先股项目延长投资期限、免除违约费用方面给予纾困支持。大西安产业基金获评“中国股权投资机构抗击新冠肺炎先进集体”。

◆推动经济高质量发展 2020年，西安市财政局研究制定《西安市财政局保障2020年十项重点工作实施方案》，明确工作职责及重点保障任务。建立局党组定期研究十项重点工作推进情况工作机制，局党组会按月研究工作推进情况。加大财政统筹，强化资金保障，全年市本级一般公共预算安排十项重点工作支出132.26亿元，市财政统筹安排资金358.97亿元，支持全力推进“十项重点工作”。按照中共西安市委、西安市人民政府《关于加快建设先进制造业强市的实施意见》，安排市级工业发展专项资金3.62亿元，争取国家、省级支持资金18.02亿元，从企业技术改造、主导产业升级、中小企业发展等方面支持构建“6+5+6+1”（6大大支柱产业，包括电子信息、汽车、航空航天、高端装备、新材料新能源、食品和生物医药；5大新兴产业，包括人工智能、增材制造、机器人、大数据、卫星应用；6大生产性服务业，包括现代金融、现代物流、研发设计、检验检测认证、软件和信息服务、会议会展；1为文化旅游产业）现代产业体系。印发《军工单位与地方企业“一带百、百帮一”融合发展行动方案》《西安市军民融合“千百十”行动方案》，进一步深化军地合作，促进全市军民融合产业深度发展。印发《西安市军民融合发展专项资金管理办法》强化专项资金的使用管理，安排市级军民融合发展专项资金2900万元，支持军工单位全面创新改革，争取省级资金7770万元，支持29个军民融合项目建设。全面落实《贯彻新发展理念加快国家中心城市建设推进枢纽经济门户经济流动经济发展三年行动计划（2019—2021年）》，争取省级资金支持，做好市级资金配套保障工作，重点支持外贸企业技术改造和科技创新，积极培育外贸主体，加大力度支持企业拓展新兴海外市场。全年下达“三个经济”政策资金19.66亿元，用于支持中欧班列“长安号”运营，航空客运、航空货运奖励，支持商贸物流项目和口岸建设项目、标准仓库建设和省级示范物流园区奖励、期货交割仓库建设，物流企业评级奖励等。提升现代服务业发展质量，安排资金1.09亿元。落实市委、市政府“15分钟购物圈”规划方案和《西安市大力推进便利店创新发展行动计划》政策，加快国际消费中心建设。落实市政府促进老字号发展实施方案，支持餐饮业健康发展。鼓励新型服务业态发展，加大培育新兴商贸服务业力度，促进线上、线下消费融合。加大国际市场开拓力度，安排争取资金2.4亿元。支持招商引资工作，落实总部经济奖励政策，支持重大招商活动举办。严格落实中央和陕西省应对疫情支持企业复工复产出台的各项减税降费政策，确保所有政策落实、落稳、落细。会同西安市税务局等部门按最低标准制定水浇地、水田、旱地转非农建设水利建设基金征收标准，疫情期间阶段性停征中小企业特种设备检验费、污水处理费、占道费以及垃圾清运费等收费，利用新媒体手段确保政策及时传达到基层和企业。全面落实中央、省级减税降费政策，全市累计减税降费253.09亿元（不含西咸新区）。其中，税收减免88.7亿元；非税减免6.38亿元；社保降费158.01亿元。

◆增强民生保障 2020年，西安市财政局制定出台《西安市财政局关于落实习近平总书记“五项要求”的分工落实方案》《西安市财政局全面落实“六保”任务30条措施》，推动各项工作不折不扣落实到位。在基层“三保”（保基本民生、保工资、保运转）方面，一次性新增区（县）疫情防控及“三保”补助10亿元，并对财政困难的中心城区实行激励性补助，切实增强基层财政运行能力。建立全市各级财政“三保”运行“定期报告+重点关注”工作机制，实现“三保”应急预案全市各级全覆盖。全年民生领域投入1020.1亿元，支持稳步提高基本民生保障水平。其中，教育投入233.37亿元，增长15.6%，占一般公共预算支出的17.3%；社保就业和卫生健康支出297.7亿元，支持稳就业、健康西安建设以及落实各项社会保障政策；住房保障支出44.96亿元，推进公租房、廉租房建设；交通基础设施建设投入30.9亿元，保障城市轨道、城市快速路建设以及地铁运营补贴、公共交通运营补助。

财政教育投入 落实教育“三年行动计划”，支持义务教育薄弱环节改善与能力提升，加大区（县）、开发区教育基础设施项目转移支付力度。落实各项教育惠民政策，下达专项资金2.61亿元，用于落实学前贫困幼儿生活费资助、农村义务教育家庭经济困难寄宿生生活费补助、高中助学金、中等职业学校农村家庭经济困难学生助学金、农村学生免学费补助及高校助学金等；下达营养改善计划及食堂运行专项补助资金2.17亿元，不断提高营养改善计划实施水平；下达秋季小学弹性离校工作市级补助资金1448.05万元，有效缓解学生家长接孩子难问题。深入推进教育经费保障机制，下达专项资金11.49亿元，用于落实城乡幼儿园、义务段教育、高中教育公用经费补助政策，足额落实高等教育生均拨款制度。大力支持学校建设项目，下达专项资金19.37亿元，用于第二期义务教育学校标准化建设及质量提升项目、公办义务教育学校质量提升、中小学普通教室照明环境改善提升项目、新建改扩建幼儿园、配置保教及生活设施设备、公办初中改善提升、现代职业教育质量提升、中等职业教育改善办学条件、义务教育薄弱环节改善与能力提升等；下达普通高中债务化解市级奖补资金4602.75万元，引导和鼓励各区（县）加快普通高中债务化解力度，促进普通高中健康发展。落实教师工资待遇政策，拨付市属学校2019年绩效工资10741万元、校长教师奖励资金500万元、市属学校2020年班主任津贴324.2万元；下达2020年沿秦岭北麓区（县）乡村教师生活补助资金3326万元。落实疫情期间普惠性民办幼儿园扶持政策，下达资金1028万元，用于普惠性民办幼儿园房租补助及疫情防控物资、设备购置等；下达防控疫情“停课不停学”应急直播资金1368.57万元，支持应急直播课程工作顺利开展；下达资金6754.77万元，用于全市春季学期师生采购医用口罩支出。建立对区（县）开发区财政教育经费的激励机制，依据2019—2021年各区（县）、开发区财政教育经费“三个增长”（各级人民政府教育财政拨款的增长应当高于财政经常性收入的增长；在校学生人数平均的教育费用逐步增长；教师工资和学生人均公用经费逐步增长）落实情况、财政教育支出占比任务完成情况等六项指标，对区（县）、开发区进行综合奖补，调动区（县）、开发区财政教育投入的积极性。

健康西安建设　及时出台多项应对新型冠状病毒感染的肺炎疫情防控财政保障相关政策文件，从预算安排、资金拨付、医疗保障、人员临时补贴等方面全面贯彻落实中央、陕西省、西安市工作部署，及时拨付疫情防控资金。全年全市共下达疫情防控补助资金38.84亿元，重点用于医疗救治、防控设备及物资采购、西安市公共卫生中心项目建设等。大力支持医改和卫生健康事业。促进基本公共卫生服务均等化，下达2020年基本公共卫生服务补助资金5亿元，补助标准由60元提高到65元，提标部分的5元，主要用于应对疫情防控工作。推行医药耗材零加成，取消药品加成政策，执行同城同价，安排1350万元用于市属13所直属医院补助。持续投入加大对医疗卫生紧缺、高层次优秀人才引进力度，联合中共西安市委组织部等部门出台《西安市引进原第四军医大学医学人才工作补充规定》，对于引进的符合规定的高层次优秀人才给予一次性安家费补助。推进完成城乡居民基本医疗保险制度整合，实现市级统筹，联合西安市医疗保障局、西安市税务局印发《西安市城乡居民基本医疗保险基金管理实施细则》，完善城乡居民基本医疗保险基金管理制度体系。多渠道筹措资金支持公立医院建设。将13个医院建设项目纳入《西安市卫生健康事业重点项目建设三年行动方案（2020—2022年）》，全年市财政已安排建设资金12.77亿元。

社会治理和平安建设　全年投入33.26亿元，推进社会治理和平安建设，支持政法机关社会治理体系建设，助推市域社会治理现代化第一批试点城市建设，提高公共安全保障能力。市级政法机关办案各领域智慧建设全面加速推进，“综治中心+网格化+信息化”基层社会治理体系初步建立。基层法院检察院市级财物统管改革取得成效，经费保障水平较统管前提升8%，干警获得感得到增强，5个区（县）法检两院迁入新址。中国—上海合作组织法律服务委员会西安中心、“一带一路”律师联盟西安中心、西安“一带一路”国际商事争端解决中心、国家生物安全证据基地揭牌入驻西安“一带一路”国际商事法律服务示范区。

◆**支持打赢“三大攻坚战”**　2020年，西安市财政系统严格落实扶贫资金投入要求，各级财政共投入扶贫专项资金7.19亿元。建立大口径多层级扶贫资金台账，资金范围包括专项扶贫资金、涉农整合资金、苏陕扶贫协作资金、行业扶贫资金等，横向涉及扶贫、农业、住建、发改等行业部门，纵向从市级、县级到镇街、村级，有效解决扶贫资金“管用脱节”问题。完善涉农资金统筹整合机制，按照贫困县财政涉农资金统筹整合试点工作要求，制定完善整合政策规定，实际整合各级财政涉农资金3.25亿元，完成年初整合计划。深入实施乡村振兴战略，制定印发工作实施方案，明确工作职责，夯实工作责任。支持保障农产品有效供给，巩固提升粮食生产能力，全力支持生猪稳产保供，支持加强防灾救灾减灾。

“生态西安”建设　投入资金61.64亿元，支持打好蓝天、碧水、净土、青山保卫战，建设“生态西安”。落实好市对区（县）重点生态功能区转移支付，建立生态补偿资金稳定增长机制，增强基层生态环境保护治理保障能力，下达区（县）省级重点功能生态区转移支付资金1.08亿元。加强秦岭生态环境保护，安排秦岭保护专项资金预算5000万元，支持秦岭网格化奖补、复绿管护、峪口峪道综合治理和建筑物清查等项目。加大生态环境执法力度，强化区（县）治污减霾主体责任。

举债融资　用足用好积极财政政策，指导全市合规举债融资，广泛筹集建设资金。全年获发地方政府债券235.39亿元，比上年增长85.36%。其中，一般债券23.45亿元，支持项目45个；专项债券211.94亿元，支持项目79个。组织做好2021年专项债项目征集储备，联合西安市发展和改革委员会开展项目征集储备工作，征集项目220个，债券需求额度1187.79亿元。

债务风险控制　确保债务风险总体可控。紧盯重点区（县），帮助困难地区平滑偿债高峰。利用成本规制等方式，多渠道化解隐性债务。严格实行政府融资举债负面清单制，落实政府债务问责追责和责任倒查机制，强化地方政府隐性债务统计监测，顺利完成全年隐形债务化解任务。

◆**财政管理改革**　2020年，西安市财政局及时传达学习贯彻中央、中共陕西省委和中共西安市委有关财经、全面深化改革等会议精神，确保财政工作始终围绕中心工作开展。持续跟踪财经领域重大政策动态，收集整理和编发重要财经信息。持续做好西安财政局微信公众号、《西安财政信息简报》《财经信息选编》《每周财经资讯选编》《经济运行信息选编》《西安财会》编发工作。围绕财政中心工作和热点难度问题，分层次、分类别，全覆盖开展财政调查研究工作，提出财政对策建议。研究制定《西安市财政局科研工作管理暂行办法》。全年全局系统完成局领导牵头调研课题5项，处室（单位）调研课题25项。疫情期间，积极组织开展“财政发展思路沙龙”活动，收集沙龙文章165篇。积极配合中央、陕西省开展专项调研，向上反映西安市政策诉求。精准承接、细化分解涉及财政改革事项，加快推进财政全面深化改革任务。持续完善“2+3+1”（党的十八大、十九大部署改革任务；中央深改会议、省深改会议和西安市部署的改革任务；西安市财政局确定的局内改革任务）财政改革任务动态管理机制，及时发布改革动态，营造改革氛围。加强通报督导。市财政局牵头的1项市级重点改革任务、局内6项改革任务全面完成。完成《西安财政（2019卷）》编纂，系统记录全市财政工作。加强对西安市财政学会指导，促进发挥智库平台作用。指导学会顺利通过5A级社会组织复审评估，获5A级社会组织荣誉。报请西安市人民政府印发《西安市市以下财政事权与支出责任划分改革实施方案》，明确市以下政府间财政事权与支出责任划分基本原则及改革主要内容、职责分工、实施步骤。印发《西安市财政局支出预算管理工作规程（试行）》《西安市市级部门综合预算结转结余资金管理暂行办法》《西安市市级预算指标管理业务规范（暂行）》，加快推进预算管理制度体系建设。持续深化专项资金清单目录管理，报请市政府同意，印发《2021年市级财政专项资金目录》，二级专项资金较2020年减少3项。进一步加强预算统筹安排力度。调整和完善乡镇（街道）财政管理体制。开展“财政制度建设年”活动，全年制定修订财政制度及规程453个。陕西“财政云”系统全面上线运行。预算绩效管理改革稳步推进。评审财政投资项目5[illegible]8个，审减资金19.8亿元，审减率5.3%。政府采购项目5196个，节约率1.5%。　（王　鹏）

税　务

◆**概况**　2020年，国家税务总局西安市税务局统筹推进疫情防控和税收工作，有力服务“六稳”“六保”大局，较好完成以组织收入为中心的各项任务。西安市税务系统实现税费收入1703亿元。其中，税收收入1[illegible]01.6亿元；社保费收入447.1亿元；非税收入54.3亿元。西安市税务局有内设机构23个，派出机构6个，事业单位2个，所属机构20个。截至年底，全系统共有在职干部职工4883

2020年5月11日，西安市税务局开通税收服务直通车，助力中欧班列（西安）集结中心发展

人。在国家税务总局对副省级城市税务局绩效考核中获得第一名。有2家单位获得第六届全国文明单位表彰，1家单位获全国“三八”红旗集体，1家单位获全国税务系统先进集体。

◆减税降费 2020年，国家税务总局西安市税务局严格落实国家7批28项税费优惠政策，持续拓展减税降费“六项快速反应机制”，以最快速度、最高效率，确保政策红利直达市场主体。截至11月底，累计新增减税、降费253.09亿元。其中，减税88.71亿元；降费158亿元；非税收入减免6.38亿元。支持疫情防控和经济社会发展税费优惠政策新增减税、降费达180.86亿元。

◆优化营商环境 2020年，国家税务总局西安市税务局按照“打造内陆开放高地”的要求，找准服务“一带一路”建设发力点，将“税收服务直通车”开上中欧班列“长安号”，为“走出去”企业提供专业化、个性化、便利化的国际税收服务，助力构建新发展格局。在高新、港务、航空基地3个综合保税区推行增值税一般纳税人资格试点，支持区域内企业更好地统筹利用国际国内两个市场、两种资源，推动西安综合保税区转型升级和高质量发展。推进出口退税无纸化管理，压缩出口退税办理时间，将总局要求的8个工作日缩短至5个工作日，全面帮助企业纾困解难。推出培植税源“十六条措施”，与西安市工业和信息化局等8个市级部门签订培植税源合作协议，为西安硬科技行业代表企业上门开展辅导，帮助新老税源企业纾困解难。深化“银税互动”，向5.26万户诚信纳税人发放“银税贷”信用贷款19.8万笔，合计286.34亿元。

◆创新税收征管 2020年，国家税务总局西安市税务局把依法行政作为税收工作基本准则，制定印发《全面依法行政领导小组议事规则（试行）》《2020年全市税务系统政策法规重点工作任务》等文件，统筹推进各项税收法治工作。完善权利救济和纠纷化解机制，办理行政复议案件4件、应诉案件3件、劳动仲裁案件4件。稳妥推进纳税人分类分级管理工作，探索形成“一线三化”的税收征管模式。推广应用大数据云综合平台，与西安市大数据资源管理局、西安市综合治税工作领导小组办公室合作，拓宽第三方数据资源建设，优化智能指挥可视化平台功能，大数据在税收治理中作用进一步显现。面对疫情挑战，采取“掌上通”讲政策、“一线通”答疑难、“云税通”办业务的“三位一体”服务，将“非接触式”项目拓展到372项，29个税费种“一网通办”。创新推出“自助办税智能微厅”，实现30余项业务“一站式”办理。联合西安市市场监督管理局、西安海关、西安市商务局、西安人力资源和社会保障局开展注销“一网”便利化平台建设，实现注销业务“信息共享、同步指引、一网服务”。建立拟上市企业涉税服务专班，强化部门合作机制，帮助完善内控机制，加快企业上市进程。坚持政府主导、数据支撑，建立网格化管理机制，稳妥有序推进社保费征管改革。加强非税收入项目征管职责划转，非税收入征收项目达14项。深入推进个人所得税税制改革，通过税务干部试点、分类分批引导申报、逐户对接扣缴单位等方式，顺利完成个税首次年度汇算，为68.05万人退税4.29亿元。聚焦打财断血，强力扫黑除恶，集中开展线索清仓、逃犯清零、案件清结、伞网清除、黑财清底、行业清源“六清”行动，共处置各类扫黑除恶案件线索140条，累计追缴入库税款及滞纳金4305.64万元，罚款913.18万元。紧盯“假企业”“假出口”“假申报”的等涉税违法行为，推进信息化战法，精准选案、精确打击。

国家税务总局西安市税务局

局　　长	张　健
副 局 长	孙彦方　郭照安
纪检组组长	苗亚莉
总 经 济 师	黄必婵　杨成刚
总 会 计 师	朱跃斌
总 审 计 师	刘志华　刘　俊

审　计

◆概况 2020年，西安市审计机关克服新冠肺炎疫情影响，落实“任务不减、目标不变、标准不降”要求，紧紧围绕全市“十项重点工作”，坚持“治已病、防未病”，加强常态化“经济体检”，依法全面履行审计监督职责，圆满完成年度各项工作任务。市、区（县）两级审计机关对459个单位和项目进行审计和审计调查，查出违规金额202.32亿元、管理不规范金额732.80亿元；审计促进财政增收节支金额221.44亿元。全年提交审计报告和信息335篇，被批示和采用483篇次。其中，西安市审计局向中共西安市委审计委员会报送12份重要文稿和多份《审计要情》，委员会领导及市级领导批示批阅39件次；向西安市人民政府报送32份审计和审计整改报告，30份被市政府主要领导批示批阅。未央区审计局审计报告和审计工作被区委区政府主要领导批示24次。长安区审计局审计报告被区政府领导批示50余份，区委、区政府4次专题研究审计或审计整改工作，举办政府投资建设项目审计专题培训会，出台《长安区规范财政收支行为“十不准”》。蓝田县委审计委员会2次召开会议、县政府6次召开专题会议研究审计工作，印发《关于进一步规范政府投资审计工作的通知》。雁塔区审计局提请区委审计委员会审议通过《雁塔区关于进一步加强和改进内部审计工作的实施意见》。灞桥区审计局以区委审计委员会办公室文件印发《关于贯彻落实〈党政主要领导干部和国有企事业单位主要领导人员经济责任审计规定〉的实施意见》。碑林区审计局促进区政府出台《碑林区全面加强预算单位政府采购管理工作实施意见》。阎良区审计局向全区印发《关于调整政府投资项目结算审计方式的通知》。向纪检监察机关和有关部门移送问题线索172件。其中，西安市审计局移送74件，有关单位反馈处理结果58件，给予68人党纪政务处分、诫勉谈话或立案调查；蓝田县审计局移送25件；未央区审计局移送18件；莲湖区审计局、长安区审计局各移送11件；阎良区审计局、周至县审计局各移送10件。

◆重大政策措施落实情况跟踪审计　2020年，西安市审计机关坚持“一盘棋”，上下贯通，内外联动，采取上审下、交叉审的方式，组织开展全市2019年四季度和2020年一至三季度国家重大政策措施落实情况跟踪审计，涉及15个市级部门、216个区（县）部门、232个项目、235.06亿元财政资金，揭示个别区县专项资金支出进度缓慢、复工复产率较低、企业融资难融资贵等10类109个问题，涉及问题金额85.24亿元，提出审计建议92条，做到党中央决策部署到哪里，审计监督就跟进到哪里，积极助力打好“三大攻坚战”，推动做好“六稳”工作、落实“六保”任务。西安市审计局对市级促进就业优先及人才引进政策落实情况进行专项审计，发现企业新型学徒制培训政策落实不到位；审核把关不严，多发就业见习补贴；公益性岗位管理不规范，公益性岗位人员超期限领取岗位津贴等问题，对此提出4条审计建议。

◆疫情防控资金和捐赠款物专项审计　2020年，西安市审计机关对财政、卫健委等267个部门和7个开发区16.32亿元财政资金，以及西安市红十字会、慈善组织等24个单位募集的7300万元捐赠资金和157.62万件捐赠物资开展审计，及时摸清全市疫情防控专项资金、捐赠款物的分配管理使用等情况，反映资金分配拨付不及时、支付进度缓慢等问题，清理盘活财政资金8446.62万元，促进500万元及时拨付使用，促进西安市疫情防控指挥部建立疫情防控物资分配管理办法、西安市红十字会建立专门应对疫情的捐赠款物管理制度。

◆财政审计　2020年，西安市审计机关对2[illegible]3个部门单位预算执行、财政决算情况开展审计，其中预算执行审计183项，财政决算审计33项，行政事业单位财务收支审计144项，审计查出主要问题金额710[illegible]756.35万元。其中，预算编报不真实、不完整186284.5万元；预算编制批复不规范20874.27万元；违规改变项目计划和资金用途204667.47万元；资金滞留闲置2[illegible]8136.65万元。西安市审计局开展区（县）财政收支审计项目4个，发现决算编报不实、虚增财政收入、虚列财政支出、违规发放津补贴等6大类30多个突出问题，提出12条审计建议。坚持全面覆盖与重点监督相结合，运用大数据技术对109个一级预算单位公共资金核算电子数据进行疑点比对分析，对15个部门单位进行现场审计，延伸调查32个单位，审计资金总额163.52亿元，查处违规违纪资金6.87亿元，提出审计建议51条。通过审计，有力促进各单位过“紧日子”，加强预算管理，优化支出结构，盘活存量资金，防范债务风险，提高财政资金使用效益。对7个区（县）政府新增财政资金直达区（县）惠企利民资金开展审计，围绕新增财政资金分配、管理和资金到位、使用绩效情况查处问题，促进各区（县）、各部门提高财政资金使用效益，不断促进提高财政资金的配置效率和使用效益，推动积极的财政政策加力提效。

◆民生审计　2020年，西安市审计机关对11个区（县）及开发区2019年新型农村合作医疗基金开展专项审计，揭示未执行优惠利率、少计利息收入、多支出农合疗基金、骗取新农合基金等25个问题，涉及资金1.72亿元，提出13条审计意见、建议。西安市审计局组织13个区（县）审计局、7个开发区审计局，采取上审下、同级审的方式，对2019年全市中小学教育政策执行及收费情况进行专项审计调查。审计涉及全市普通教育学校1362所、在校学生1160551人，抽查延伸学校16[illegible]所（公办132所、民办28所），揭示教育政策执行、学校教育资金管理使用等方面存在的15个问题，涉及资金2.73亿元，提出5条审计建议。对全市天然气保暖保供情况进行跟踪审计，延伸调查21户天然气终端销售企业，抽查37个用气单位，揭示合同内民生用气量缺口[illegible].99亿方、企业经营不规范等问题，查出违规金额11243.82万元，核减供气供热企业已获得和申请财政补贴28740.61万元，追回财政补贴资金9785.36万元，移送主管部门处理案件线索件2件，提出[illegible]条审计建议。

◆农业审计　2020年，西安市审计机关采取上审下、交叉审等方式，对2019年扶贫资金管理使用情况、部分区（县）“一卡通”惠民补贴资金管理使用情况、“十三五”易地扶贫搬迁项目资金使用情况及鄠邑区2018—2019年度乡村振兴相关政策和资金情况开展审计，揭示扶贫项目竣工财务决算不实、省级移民搬迁补助资金未到位、未及时处理代理银行发放的失贴户资金、未及时停发已故人员惠民补贴等5个问题，查出违纪违规问题资金2.16亿元，提出27条审计意见建议，追缴扶贫资金1[illegible]万元，促进拨付扶贫资金到位12[illegible]万元，移送案件线索5件。

◆资源环境审计　2020年，西安市审计机关开展全市治污减霾（城乡居民煤改洁）政策措施落实情况审计调查，揭示企业涉嫌套取财政补贴、居民重复享受补贴等23个问题，督促足拨付资金4755.21万元，追回资金61.[illegible]4万元，移送问题线索3件。对全市生活垃圾分类政策落实情况进行审计，延伸调查18个区（县）、开发区，抽查2[illegible]2个现场，发现生活垃圾分类宣传、设施配备、制度落实和监管等7个方面的18个问题，提出加大政策宣传力度、加大示范创建力度等5条针对性建议，促进全市垃圾分类工作向高层次、宽领域、广维度推进。

◆固定资产投资审计　2020年，西安市审计机关开展投资项目审计20个，查处主要问题金额17[illegible].38万元，审计核减投资额1640[illegible].65万元。西安市审计局开

2020年，西安市审计人员深入移民搬迁安置点扶贫车间，了解产品生产、销售及贫困人员就业情况

展"十四运"场馆项目2020年度建设情况跟踪审计、火车站改扩建一期工程跟踪审计、西安市人防指挥所工程竣工决算审计、全市既有建筑能效提升改造项目专项审计、全市两路两侧"三化"问题整治专项审计等项目，揭示超资金平衡方案、部分建设资金未到位、未及时办理工程质量监督手续和施工许可证、个别工程招标过程不规范等59个问题，涉及资金12.73亿元，提出21条审计意见建议。在全市既有建筑节能改造专项审计中，发现公职人员工作作风不实，管理粗放、实施单位骗取奖补资金、虚假投标等问题，相关单位对涉事的3名干部予以免职、降职和诫勉谈话处理，对参与节能改造的涉事单位和个人进行处理处罚，下达处罚通知书近80份，有力整治和规范西安市建筑领域行业秩序。

◆**经济责任审计** 2020年，西安市审计机关开展经济责任审计106项，其中任中审计45项（含领导干部自然资源资产任中审计1项）、离任审计61项。审计查处主要问题金额627297万元，其中违规金额249425万元、损失浪费金额20.59万元、管理不规范金额377851万元；移送问题线索3件；提出审计建议285条，被采纳230条；促进增收节支4568.1万元。西安市审计局开展经济责任审计20项、自然资源资产审计1项，数量为近5年最多，并首次对中共西安市委宣传部、中共西安市委编办等市委部门和共青团西安市委、西安市红十字会等社会团体、市属高等院校、区（县）法检两院领导干部、非国资委监管的企业主要领导人员开展经济责任审计，有力促进领导干部履职尽责、担当作为，促进公权力公正、依法、廉洁行使。

◆**企业审计** 2020年，西安市审计机关开展审计15项，其中专项审计调查5项，查出主要问题金额2179957.61万元，其中违规经营167544.79万元、违规融资164200万元、出借资金3336.86万元、资产闲置21000万元。西安市审计局对2017—2019年度市本级工业发展专项资金管理使用情况进行审计调查，涉及资金13.75亿元和1510个项目及企业，重点对95个企业进行延伸审计，发现问题金额5820万元，提出审计建议4条，收缴财政262.33万元。

◆**专项审计** 2020年，西安市审计机关开展专项审计49项，查出主要问题金额116602.06万元。西安市审计局对2017—2019年科技3项费管理使用情况进行审计调查，延伸抽查198个项目，涵盖13个区县、7个开发区、3所高校，揭示项目申报审核、资金管理使用、项目实施管理等3个方面存在的12类问题，提出3条针对性审计建议。对中央和市属国有企业"三供一业"分离移交情况开展专项审计调查，涉及政府牵头部门6个，供水、供电、供热（供气）和物业管理接收单位39家，移交单位314家，家属区1251个，职工住宅47.45万户，维修改造资金130多亿元。通过审计，揭示融资、股权投资、基本建设、企业法人治理及经营等方面的132个问题，涉及资金52.93亿元，提出3条针对性建议。对2017—2019年服务业发展专项资金（服务业综合改革试点专项资金）管理使用情况进行专项审计调查，涉及9大类38个项目的申报、审核和实施情况，审计查出主要问题金额1305万元，提出3条建议被采纳。

◆**交办事项** 2020年，西安市审计局根据国务院、中共陕西省委、西安市人民政府批示，对全市13个区（县）公证处2018年以来财政财务收支情况进行专项审计，发现全面落实"放管服"政策不到位、现行公证行业运行管理体制与现代发展需要不相适应、公证信息共享不畅、业务收费随意性大、未建立业务收费减免优惠审批管理制度、违规支付代理费等问题，查出主要问题金额1015万元，移送问题线索6件，提出审计建议4条。按照中共西安市委办公厅、西安市人民政府办公厅《西安市有关开发区教育专项移交管理工作方案》要求，西安市审计局对4个开发区83所学校开展教育专项移交清产核资审计，为全市推进此项工作打下坚实基础。

◆**审计管理** 2020年，西安市审计局进一步加强和规范审计工作，不断提升审计监督的合力和效果。以中共西安市委审计委员会办公室名义印发《西安市经济责任审计工作联席会议议事规则》和《西安市经济责任审计工作联席会议办公室工作规则》，统一制定全市经济责任审计工作方案，对审计目标、审计内容、审计文书、审计程序、审计要求等进行明确和细化，保障经济责任审计工作依法、规范、有序开展。积极发挥经济责任审计工作联席会议作用，邀请联席会议成员参加经济责任审计项目进点会，提升经济责任审计工作权威和监督合力，强化审计结果运用。

◆**信息化建设** 2020年，西安市审计局完成局机关视频会议和区（县）视频网络改造项目，基本实现局机关作为主会场向13个区（县）实时转播会场动态画面，并可作为远程信息交流平台开展面对面交流。完成局金审工程OA管理系统、门户网站系统及相关设备自查，修订出台《西安市审计局审计业务电子数据管理办法》，对相关信息系统的安全状况进行评估论证，完善安全设施和安全制度，促进审计信息系统安全。完成西安市财政数据和一级预算单位财务数据上报工作。按照审计署要求，及时上报2019年和2020年上半年西安市本级、13个区（县）和7个开发区的财政总会计、国库集中支付、部门预算、非税收入、一级预算单位财务电子数据，完成指标、支付、总会计、决算报表4张标准表和一级预算单位12张标准表整理工作。组建大数据分析团队，对部门预算执行全覆盖审计模型进行改进和优化，按照"统一组织、集中分析、发现疑点、分散核查"的组织方式，采取采集、分析、取证、报告的四阶段审计模式，创立线上、线下同时取证的核查方法，逐步建立一套操作性强、动态的部门预算执行及其他财政收支情况全覆盖审计框架，以信息化促进审计质量效率提升。

◆**审计整改** 2020年，西安市审计局认真落实全国人大常委会办公厅《关于进一步加强各级人大常委会对审计查出突出问题整改情况监督的意见》要求，首次将审计查出问题的整改清单作为附件，向西安市人大常委会全面详尽地报告审计整改情况，受到市人大常委会及社会各界的充分肯定。对65个整改到期审计项目的整改情况进行跟踪检查，审计发现的669个问题已督促整改590个，整改率为88.2%，位列陕西省地市审计机关前列。被审计单位采纳审计建议217条、制定完善制度措施67项。按照中共西安市委、西安市人民政府和陕西省审计厅要求，先后对中央脱贫攻坚专项巡视"回头看"和成效考核反馈问题整改情况进行督促检查，对上级审计机关在政策跟踪审计、预算执行审计、经济责任审计和自然资源资产审计等审计中发现的涉及西安市的问题整改落实情况进行认真审核统计，及时报送情况报告和报表。新城区审计局对近3年审计整改工作进行"回头看"，确保整改不漏项，有力推进相关问题整改落实，促进被审计单位建章立制29项。临潼区审计局坚持边审边改，审计期间督促相关单位整改落实问题金额3.02亿元。鄠邑区审计局促进整改落实有关问题资金14.14亿元，审计建议被采纳88条。碑林区审计局、未央区审计局及时提请区委审计委员会审议印发审计整改工作意见办法，进一步规范和加强审计查出问题的整改工作。（张良忠）

统计工作

◆**概况** 2020年，西安市统计局以服务全市十项重点工作为核心，统筹推进疫情防控和普查调查，持续深化改革创新、依法治统，全面加强党的建设，各项工作取得丰硕成果。获“陕西省第四次全国经济普查工作特殊贡献奖”，被中国物流与采购联合会评为“物流统计工作先进单位”，连续21年获全市目标考评优秀单位。

◆统筹疫情防控和统计调查监测 2020年，西安市统计局认真落实疫情防控要求。成立“1+3”工作专班，第一时间安排部署疫情防控工作。全市各级统计人员闻令而动，奋战在社区、企业最前沿，用实际行动为全市疫情防控贡献力量。实施统计应对“10项行动”，及时开展企业复工复产监测和18轮快速调查，积极运用现代信息技术，做到“疫情在前、统计在线”，实现统计生产不断、工作秩序不乱。紧盯疫情前、中、后3个阶段，开展“疫情影响”“危中寻机怎么办”等2个系列分析，形成“新基建”“新制造”“新配置”等21篇分析报告，受到中共西安市委、西安市人民政府领导和相关部门的广泛关注。

◆统计普查调查 2020年，西安市统计局认真开展各项统计普查调查。

第七次全国人口普查 认真落实习近平总书记在普查登记时的重要讲话，各级党政领导带头参加普查登记，全市统计部门全员参与，扎实完成普查各阶段工作，全市选聘普查指导员和普查员5.3万名，普查登记数超过1700万人次。

四经普和三农普后续工作 积极开发普查成果，通过政府官方网站发布7期四经普公报，组织编写四经普文集、课题集，汇编《西安市经济普查年鉴2018》《西安市第三次农业普查综合资料》。

常规统计调查 认真执行国家和陕西省、西安市统计报表制度，扎实开展各专业常规统计调查，组织实施14项社情民意调查，较为全面客观地反映全市经济社会发展成果。

◆统计改革创新 2020年，西安市统计局稳步推进重点领域改革。顺利实施GDP统一核算改革，扎实开展全市及区县GDP历史数据修订。完成2017年投入产出表编制，试编2018年自然资源资产负债表、能源平衡表。扎实开展劳动工资“四下”抽样调查，优化服务业生产指数编制工作，试算服务消费零售额。

派生产业监测 围绕十项重点工作、新经济蓬勃发展，开展19项派生产业监测研究，制定《新产业新业态新商业模式统计监测方案》，加强数字经济统计研究，着力打造统计业务‘第二轨’。

推广应用现代信息技术 通过统计业务管理平台回流归集9亿笔基层数据，探索运用手机信令大数据、“一码通”信息加强人口分析比对，首次通过微信开展社情民意调查，现代信息技术在统计中的应用日益广泛。

◆统计分析服务 2020年，西安市统计局扎实开展十项重点工作监测服务。按季测算六大支柱产业、五大生产性服务业、六大新兴产业数据，开展物流业、临空经济等监测研究，分类建立投资项目监测台账，优化完善绿色发展评价，实施乡村振兴统计监测，牵头完成国家营商环境调查包容普惠创新指标填报任务，为全市获评营商环境标杆城市作出贡献。加强经济形势分析研判，紧盯全市经济发展目标，强化月度、季度、年度经济运行预判分析，建立监测项目36项，按月实施重点企业监测，开展消费市场、中小企业、农村生产等统计调研，全年报送统计分析及专报305期。强化信息报送和宣传工作，向中共西安市委办公厅、西安市人民政府办公厅报送统计信息近200期，采用量在市委办公厅排第3位。成功举办统计开放日暨第七次全国人口普查宣传月启动仪式，利用传统媒体和微博、微信、门户网站加强统计工作宣传，“西安统计”微信公众号关注用户突破1万人。

◆保障统计数据质量 2020年，西安市统计局深入学习贯彻中央《关于深化统计管理体制改革提高统计数据真实性的意见》《统计违纪违法责任人处分处理建议办法》《防范和惩治统计造假、弄虚作假督察工作规定》，推动中共西安市委、西安市人民政府印发3份文件，就清理违规做法、开展自查自纠、推动学习落实，在全市范围内进行安排部署。明确防惩统计造假13项任务，建立统计机构“五级”责任体系，修订数据质量《核查办法》《责任清单》，全年核查企业数据质量852家，统计执法检查413家，为历年来之最。针对统计基础中的短板，建立《村级统计台账》，制定《街镇统计工作规范（试行）》，开展统计业务再确认109起，积极探索夯实统计基层基础新路径。以市政府名义召开全市部门统计工作会，加强业务指导和统计法律法规培训，各部门认真执行《部门统计报表制度》，为全市国民经济核算、营商环境监测调查、绿色发展评价、自然资源资产负债表编制等重点统计工作提供部门资料，综合统计、部门统计交流协作更加顺畅。（白 敏）

物 价

◆概况 2020年，西安市价格工作围绕全市十项重点工作，在战疫情、促发展双线作战中，扎实做好“六稳”工作、落实“六保”任务，做好稳物价、优环境、提效能、惠民生各项工作，为大西安国家中心城市建设营造良好价格环境。

◆居民消费价格指数 2020年，西安居民消费价格（CPI）比上年上涨2.1%。按居民消费价格同比涨幅从高到低排序，在全国36个大中城市中，西安居21位；在15个副省级城市中，西安居第10位。

◆价格监测调查 2020年，西安市发展和改革委员会认真落实中央和陕西省粮油、副食品、工农业生产资料等28项监测报告任务，监测品种800余个，上报监测数据12万余条。完善应急监测制

2020年，西安市启动第七次全国人口普查

度，元旦、春节、国庆等重大节日等特殊时期，协调市区（县）各监测点3级联动，增加监测频次，加强市场巡查。新冠肺炎疫情期间，根据国家和陕西省发展和改革委员会紧急部署，迅速启动3级联动应急价格监测机制，组织52名价格监测人员，坚持134天每日对西安市属13个区（县）、77个监测点、26个重要商品及防疫商品开展应急价格监测。坚持，每月通过西安市发改委官方网站上发布月度西安市场重要商品价格监测情况分析，引导消费和市场预期。在2020年全国价格监测质量考核中获得满分。

◆**优化营商环境** 2020年，西安市发展和改革委员会加大“放管服”改革力度、聚焦企业关切，降低企业成本，大力清费减负，进一步推动优化营商环境。

清理规范涉企收费 进一步完善西安市收费目录清单管理制度，动态调整并印发《2020年西安市行政事业性收费和政府性基金目录清单》《2020西安市执行政府定价的经营服务性收费目录清单》；修订印发《2020年西安市行政审批中介服务收费目录清单》，其中涉及行政审批的市级部门比2019年减少4个市级部门，收费事项减少2项。贯彻落实中央及陕西省各项普遍性降费政策，降低摩托车号牌工本费、往来台湾通行证（电子）收费等收费标准；取消补领流动人口居住证工本费、新城大院车辆出入证件工本费和部分培训费，降低医疗器材产品注册费、药品注册费、城市道路挖掘费收费标准。深入开展行业协会商会收费清理规范，对全市350家行业商会协会的收费情况摸排，完善行业协会商会收费清单填报制度、事前诚信承诺和自律公约制度。组织全市开展2019年度行政事业性收费统计分析工作，督促各执收单位完善收费公示制度、收费统计报告制度和收费台账制度，汇总全市收费并进行分析评估。

助力企业复工复产 新冠疫情期间，认真贯彻落实中央及陕西省、西安市各项阶段性降费政策，降低企业经营成本，助力企业复工复产：阶段性降低各类工商企业天然气用气成本0.26元每立方米；一般工商业及其他用电、大工业电价（高耗能行业除外）降低5%；2月和3月，批发市场、商超、便利店及生活必需品相关生产和配送企业用户电费按照现行电价90%结算；对受疫情影响较大的中小企业暂停特种设备检测费等4项收费，累计为企业降低用能成本约39亿元。

清理整治转供电环节加价 针对央视“东方时空”关于国务院第七次大督查在西安发现部分综合体转供电环节截留国家电价优惠政策红利等问题，会同市市场监督管理局、国网西安供电公司等单位，认真核查供电终端用户确定、转供电分摊公用设施用电和损耗电费要求等环节存在的问题，并及时通过西安市发改委信息公众号发布有关政策要求、优惠措施等信息。

◆**价格改革** 2020年，西安市发展和改革委员会积极稳妥推进资源性产品价格改革。

天然气价格改革 根据国家发展和改革委员会、陕西省发展和改革委员会有关天然气价格改革有关要求，推进天然气市场化改革。按照“管住中间，放开两头”的总体思路，以保障天然气供应为目标，理顺西安市天然气销售价格，建立天然气上下游价格联动机制和季节性差价制度，印发《关于我市2019—2020年执行季节性差价期间调整非居民天然气销售价格的通知》《关于我市2020—2021年非居民用管道天然气执行季节性差价有关事项的通知》文件。为疏导天然气季节性差价，满足居民生活、集中供暖等民生用气需求，确保西安市2019—2020年采暖季各供气及集中供热企业正常运营，印发《西安市2020—2021年采暖季补贴方案》。

水价改革 落实最严格水资源管理制度，按照建设节水型城市要求，统筹推进水价改革，制定印发《西安市非居民用水超定额（计划）累进加价制度实施方案》；会同西安市水务局、西安市农业农村局下达西安市2020年度农业水价综合改革实施计划。

生活垃圾处理收费改革 按照西安市人民政府明确的生活垃圾处理水系数法收费方式改革方向，深入调研生活垃圾处理实际运行状况、收费情况、发展方向，收集全国同类城市的生活垃圾处理收费标准、收费方式、收缴率等情况，完成生活垃圾处理收费成本审核；配合西安市城市管理和综合执法局对《西安市生活垃圾处理收费管理（征求意见稿）》提出修改意见；积极与市级城管、财政、水务等部门沟通，收集生活垃圾处理收费相关数据，在成本审核的基础上，研究制定《西安市城市生活垃圾处理收费标准调整工作方案（草案）》并继续完善。

◆**民生价费调整** 2020年，西安市发展和改革委员会聚焦中央和陕西省、西安市新冠疫情期间民生保障总要求，扎实推进十项重点工作，努力保障和改善民生。

重要民生商品保供稳价 制定《西安市“菜篮子”重要商品保供稳价工作方案》，由西安市人民政府办公厅印发执行；向国家发展和改革委员会上报《西安市重要生活物资保供稳价工作简报》103份，上报《春节期间西安市猪肉等“菜篮子”商品保供稳价相关工作情况报告》等工作报告4份；转发陕西省发展和改革委员会等7部门《关于进一步做好我省阶段性价格临时补贴工作的通知》，5次召开保供稳价工作会议，9次启动救助和保障标准与物价上涨挂钩联动机制，阶段性扩大价格补贴联动机制保障范围、提高价格临时补贴标准，确保低收入群体不因物价上涨影响正常生活。

完善教育收费政策 根据中共西安市委、西安市人民政府要求，配合西安市基础教育提升3年行动计划实施，印发《西安市民办中小学幼儿园收费管理办法》，对民办中小学幼儿园实行分类限价、动态管理，改变“一校一价”定价模式；配合西安市教育局做好民办幼儿园分类限价试点及普惠性民办幼儿园认定工作，联合印发《关于做好2020年普惠性民办幼儿园认定管理有关工作的通知》；配合市教育局下发《关于疫情防控期间民办中小学校幼儿园收费有关问题的通知》，做好有关价格政策宣传解释；依规调整6所市属民办中小学校学费标准，完成30所民办中等职业技术学校收费标准备案工作。

规范交通行业价格 简化空调公交线路票价核定程序，从5月1日起，市发改委不再核定2元一票制空调公交线路的票价，由西安市交通局做好调整和新增2元一票制空调公交线路的信息公开；印发《西安市发展和改革委员会 西安市交通运输局关于西安市汽车客运站收费有关问题的通知》，自10月1日起废止《陕西省汽车客运站收费实施细则》，规定目前西安市客运站收费暂时维持现有标准不变；与西安市财政局、西安市轨道集团沟通协商，提出地铁临潼线（9号线）一期票制票价意见，并已经市政府审议通过；调整客运燃油附加费标准2次；核定2条公交线路的票价。

制定物业服务收费管理办法 依据《陕西省物业服务收费管理办法（2019年）》，围绕“基础物业费、公摊电费、电梯费三费合一”的基本原则，按照《民法典》相关规定，印发《西安市物业服务收费管理办法》，并于2021年1月1日起施行；为保证新的物业收费政策落地落实，召开市、区两级政策培训会25场次，培训4500余人次，在各类媒体开展政策宣传及解读10余次，回复市民电话咨询、“12345”热线、人民网留言等1300余件。

稳定供热价格保障基本民生 印发《关于修订做好自备锅炉供热价格办

商公示工作的通知》，对自备锅炉供热小区供热价格协商公示制度做出明确规定；积极协调北方光电股份有限公司和泾渭供热公司，解决企业在产业园办公采暖价格问题，化解矛盾纠纷，为企业纾困解难；依据《西安市2019—2020年采暖季补贴方案》，通过对供热企业天然气季节性差价进行补贴方式，解决企业燃气锅炉供热成本高的问题，确保群众基本生活保障不受影响。

管控住房价格 围绕商品住房价格指数变动情况，兼顾经济发展和民生需求，聚焦供给侧科学调控商品住房价格，1—10月，累计办结商品住房价格申报567件次，公示21批次，65431套，831万平方米；10月21日，经市政府同意，房价调控工作职责顺利移交西安市住房和城乡建设局，并及时对外公开发布信息通告；完成珠江新城配建廉租住房、东城豪庭经济适用住房成本价格和正尚·盛世家合销售基准价格的核定。下达关于珠江新城配建廉租住房成本价格的批复，全力支持保障性房源市场供应。

夯实价格基础性工作 服务政府定价决策，对涉及7个行业56个成本监审（调查）对象开展成本监审和调查，核算成本41.30亿元，核减12.46亿元，平均核减比例30%；推进价格认定综合业务平台和调解站点建设，做好价格认定工作。完成存量案卷录入13334件，增量案件网上办理1076件；完成各类涉案财物价格认定1642件，认定金额6123.86万元；设立价格争议纠纷调解站点80个，实现西安市A级旅游景区全覆盖；价格争议纠纷调解处理受到省发改委通报表扬；西安市价格认证中心获2019—2020年度全国价格认定工作先进机构荣誉称号。 （张学辉）

海关监管

◆概况 2020年，西安市辖区海关监管进出口货运量176.5万吨，征收关税20.3亿元、代征税40.8亿元。监管进出境邮件566.86万件，监管进出境印刷品及音像制品277.13万件。

◆支持中欧班列（长安号）发展 2020年，西安车站海关助力“长安号”班列开行3720列，是2019年1.7倍，运送货物总重281.1万吨，是2019年1.6倍。成立“中欧班列通关监管工作专班”，组建“中欧班列党员突击队”，实行24小时预约通关查验，做到防控“零感染”、通关“零延时”，确保中欧班列（长安号）不停工、不停产，实现疫情期间逆势上扬。3月4日，西安车站海关联合满洲里车站海关成功测试全国首票“中欧班列铁路舱单共享模式”，实现“一单到底”，大幅减少中欧班列（长安号）在口岸的停留时间及通关成本。

◆助推跨电商产业 2020年，西安咸阳机场海关、西安车站海关跨境电商企业对企业（B2B）出口监管试点业务正式启动。与西安海关相关职能部门密切对接，指派专人一对一与企业联系，帮助企业理解政策要点。首批货物于9月1日凌晨通关放行，顺利搭载中欧班列（长安号）出口。西安车站海关创新“中欧班列+特殊区域+跨境电商”监管方式，整合资源集中高效监管，开通西安综合保税区到铁路口岸的专用绿色通道，以西安为集散地完成跨关区调拨，已完成首单中欧班列一线入境跨境电商商品的跨关区调拨。支持企业跨境电商B2B直接出口及跨境电商B2B出口海外仓，推动跨境电商商品在西安集结后，搭载“长安号”启运出境。

◆serving关服务经济 2020年3月5日，西安咸阳机场海关落实促进外贸稳增长22条措施，积极引导企业开展航空器备案、无舱单申报、担保维修以及后续实货监管等事项，促进陕西省首例飞干线机进境维修业务落地业务顺利开展。7月27日，办理陕西省首票保税航油业务。7月23日，在西咸保税物流中心（B型）对来自法国和西班牙的油画实行监管，办理陕西省首票保税展示交易业务。西安航空口岸进境种苗指定监管场地正式获批。陕西西咸空港综合保税区顺利通过国家验收。

◆防疫工作 2020年，西安咸阳机场海关严格落实“三查三排一转运”，做到“4个100%”，对发热症状的部分旅客通报地方后确诊为新冠肺炎阳性病例。西安咸阳机场海关、关中海关全力以赴做好进境种猪检疫监管，制定检疫工作方案及应急预案。为企业优先办理检疫审批、预约通关、减免税证明等。安排关员进行45天驻场监管，检疫监管进口种猪531头。

◆落实“六稳”“六保”任务 2020年，关中海关主动走访西安、咸阳、杨凌等地政府20余次，与西安市人民政府建立常态化紧密联系机制。参与西安市打击整治破坏秦岭野生动植物资源违法犯罪、打击治理跨境赌博、自贸试验区西安工作领导小组等多个专项工作，配合第十四届全国运动会组织委员会办公室全力保障“十四运”食品安全。全程参与国家和西安市2020营商环境评价考评工作。做好辖区贸易统计工作，自承接统计服务职责以来，共编发外贸进度分析6篇。不断优化关企服务，支持三星二期重大项目建设，建立“一对一”关企联系机制。大力开展AEO政策宣讲，指定专人跟踪培育。签出陕西省首份智能审核原产地证书，从接收申报信息到完成审核用时42秒。简化加工贸易作业流程，全面取消加工贸易货物内销、余料结转等前置审核手续。深化“以企业为单元”监管模式，最大程度减少企业向海关申报数据的项次，为企业降低相关报关成本70%以上。推行保税智能化监管，在区内、区外的保税监管作业中同步启用“参数判别、无纸作业”模式，极大提升作业效率。

◆落实减税降费政策 2020年，关中海关签发陕西省首份中国—东盟自助打印原产地证书。推进高级认证企业“免除担保”落地生效，指导帮助企业做好对美加征关税排除适用工作。

◆打造开放平台 2020年，关中海关积极推进自贸试验区监管制度创新。探索创新加工贸易“一本销”监管模式。支持自贸区发展保税物流业务，审批设立沣东新城公用型保税仓库。推动综合保税区高水平开放高质量发展，西安车站海关在西安综合保税区内大力推动“互联网+保税”应用，区内企业向海关申请企业注册登记、账册开立、备案、申请单审核等项目均实现网上办理，通过“线上网上办理、线下电话沟通”做到“完全网上办理、不见面审批、让企业少跑路”。创新查验制度，对境外入区动植物产品的检验项目，实行“先放行，后检测”政策，根据检测结果进行后续处置。简化进出区管理，实现西安关区首个海关特殊监管区卡口“物理车牌识别”快速通关作业模式。关中海关深化业务改革，指导3家企业申请开展综合保税区增值税一般纳税人资格试点。创新实施3C免办货物“先入区、后验证”模式、推动“境外进入综保区货物免于实施强制性产品认证”改革。与高新区管委会参与制定绩效评估指标，助力高新综合保税区顺利完成绩效评估。与航空基地管委会签署合作备忘录，举办参加各类政策宣讲会10余次。

◆稽核查监管 2020年，关中海关组建稽核查工作党员先锋突击队，对关内重点企业和防疫物资等敏感商品开展风险分析，加大对重点商品价格申报情况监控和稽查力度，切实做到“后续管住”。采取风险分析和指令核查“双拳出击”，重点对综保区企业账册料件、成品、半成品、残次品、单损耗等情况进行有效监管。 （刘 祎）

市场监督管理

责任编辑：冯冠杰

综　述

◆概况　2020年，西安市市场监督管理工作坚持稳中求进总基调，在疫情防控常态化前提下，扎实做好“六稳”“六保”工作，全方位服务全市“十项重点工作”和“十四运”建设，较好地完成各项工作任务。扎实开展常态化疫情防控，牢牢守住进口冷链食品和非冷链商品安全关；纵深推进商事制度改革和优化营商环境，“开办企业”指标案例被《中国营商环境评价报告2020》收录，西安蝉联优化营商环境标杆城市；落实“四个最严”要求，深入开展食品安全“卫生环境、质量标准、服务水平”三大提升行动，全年未发生重大质量安全事件；深入推进“质量提升行动”和“标准化+”行动，不断夯实质量强市战略基础支撑；西北首家知识产权保护中心正式运营，全市万人发明专利拥有量位居副省级城市前列；多措并举维护市场公平竞争，开展假冒伪劣、野生动物违规交易、网络违法交易和媒体广告等专项整治，查办多起重大案件。

◆市场监管体制改革　2020年1月31日，西安市市场监督管理局（西安市知识产权局）挂牌成立，整合原工商、质监、食药监的工作职能及知识产权、价格监管和食盐市场监管等部门部分职能。原9个行政区的工商、质监分局（共2919人）划转移交行政区管理，7个开发区的11个分局（包括7个工商分局、3个质监分局、1个食药监分局）仍归西安市市场监督管理局管理。新成立的市市场监管局有内设机构40个、直属单位30个、人员1723人。在改革推进过程中，通过摸底调研和论证，于4月23日正式印发市局“三定”规定及说明，出台《机构改革干部任用和交流工作方案》，对干部任用、定岗交流等工作程序内容做了明确。完成处级领导职数分解，细化部分处室的工作职责，在履行提前报告程序、制定工作实施方案、开展综合分析研判的基础上稳妥完成处级领导任命、干部定岗工作等内设机构组建工作。对市局系统综合执法改革进行安排部署，牵头组成综合执法改革调研组赴青岛、杭州学习综合执法队伍设置和乡镇（街道）市场监管执法机构各设置工作经验，拟定全市市级层面综合执法队伍设置初步方案。

◆市场主体发展与行政审批许可　2020年，西安市市场监督管理局制定《西安市市场监督管理局优化营商环境推进重大项目建设三年行动方案（2020—2022年）》，对标国家和陕西省营商环境评价指标体系，高标准完成“开办企业”“市场监管”“知识产权创造运用与保护”3项一级指标国家营商环境评价填报，配合完成“获得信贷”“跨境贸易”等7项指标填报。推进企业开办“四个一”标准化建设，与其他市级部门联合印发《西安市“一网服务”“一窗通办”“一次收集”“一日办结”标准化服务规范》，将名称自主申报、企业设立登记合并办理，公章刻制、发票申领、银行开户、参保登记并联运行，让企业开办各环节可通过企业开办“一网通办”平台共享方式获取，打造企业开办1天办结的“西安速度”。西安市企业开办工作被《中国营商环境报告2020》作为标杆指标典型案例收录。印发《西安市市场监管局深化“放管服”改革　优化营商环境促进市场主体健康发展工作方案》，通过全市“六保”专栏和市局门户网站开辟《保市场主体》专栏，大力做好保市场主体政策和工作推进情况宣传。全年全市新登记市场主体449235户，比上年下降49.13%。截至12月25日，全市累计在册各类市场主体2429783户，比上年增长11.86%。

行政审批许可　新冠肺炎疫情暴发后，西安市出台《优化审批服务支持企业复工复产的八项措施》，优化审批服务，实行“网上办，零见面”和“快审、快批、快办”，支持企业保经营、稳发展、有序复工复产。全年办理工商登记事项508955件、食品药械审批事项35801件、检验检测、特种设备及计量审批事项39283件。将食品经营、药品零售经营、计量标准器具核准及部分省市主流重点媒体广告发布登记审批事权以及第三类医疗器械经营许可、第二类医疗器械经营备案和特种设备使用登记的审批事权等下放区县审批。贯彻落实《外商投资法》及《外商投资法实施条例》，严格执行“准入前国民待遇原则”、《外商投资准入负面清单》制度，实行“非禁即入”。全年办理外资市场主体登记579户，外资市场主体累计在册数量5520户。

商事制度改革　持续推进个体工商户实名登记及全程电子化，从源头上遏制冒用身份虚假注册和“被股东”的违法行为。在办理各类市场主体设立登记和经营范围变更登记时，采用经营范围规范表述勾选化，实现登记注册信息精准推送。为解决企业“注销难”问题，先行上线运行西安市“企业注销便利化一网服务平台”，实施“一网通办、并行办理”，实现企业注销“减环节、减成本、减材料、减时间”目标，企业注销提交材料精减一半以上，办理时间大幅度压缩。推进企业名称自主申报系统核名智能化，通过改进名称比对查重规则、限用字号承诺后申报、清理名称库等措施，完成企业名称自主申报系统的再升级。积极探索药品零售行业“一业一证”审批模式，将药品零售行业准入涉及的药品经营、医疗器械经营及备案、食品经营多张许可整合为一张许可证，实现“一证准营”，并在碑林区、国际港务区药品零售行业先行试点。先行先试沿黄河流域省会城市商事登记“跨省通办”，与济南、太原、呼和浩特、郑州、兰州、银川等沿黄河流域6个省会城市签订《黄河流域生态保护和高质量发展审批服务联盟合作协议》，以异地办理商事主体登记为突破口，梳理跨省通办高频事项，设置“跨省通办”专窗，破解群众反映强烈的异地办事“多地跑、折返跑”难题。

“证照分离”改革　全面落实自贸区“证照分离”改革全覆盖试点，印发《关于贯彻落实自贸区“证照分离”改革全覆盖试点工作的通知》和《关于西安市推行“证照分离”改革全覆盖试点工作方案》，做好改革政策配套支撑，建立牵头配合机制和信息通报机制，确认改革任务事项清单，细化任务举措，分类推进审批制度改革，创新事中事后监管方式，并拟在全市推广自贸试验区“证照分离”改革全覆盖试点经验。自贸试验区西安区域全年办理“证照分离”改革事项44257件，惠及企业15915户。

“小个专”党建　积极开展“评星晋级、争创双强”活动，采取分类建档、逐级评审的方式，全程指导各直属企业党支部申报和初评工作。评定两星级非公企业党组织6家，三星级8家，四星级6家。持续开展“红书送基层活动”，全年为全市“小个专”领域各基层党建指导站和企业党支部配发3万余元党务书籍。下发《关于推荐在小个专领域非公党建工作中表现突出先进单位和优秀个人的通知》，在“七一”前对全市小个专领域疫情期间表现突出的36家单位和28名党员进行通报表彰，积极开展主题党日活动，教育引导“小个专”领域党员学习革命历史，传承红色基因。以“一对一、全覆盖”结对帮扶形式组织“小个专”企业履行社会责任，参与精准扶贫，先后捐助贫困村文化设施15万元、帮助购销经济作物30万余元，棉被、电器、粮油8万余元、资助贫困大学生退伍军人5万元、为贫困村小学捐助校服、教具3万余元。

◆**市场监管应急处置**　2020年，西安市市场监督管理局建立市场监管应急工作联络网络，明确部门应急预案及食品、药品、特种设备等5项专项应急预案修编工作的任务分工和主要职责，开展应急救援队伍和装备基本情况的摸底和调研工作。先后妥善处理蓝田、高陵、雁塔、临潼疑似食物中毒事件6起、莲湖药品事件1起及其他突发事件1起（碑林）。完成关键特殊时期本系统安全监管应急工作，先后3次组织开展全市食品事件不同等级应急演练，以检验预案、完善准备、锻炼队伍、磨合机制和开展宣传教育。建立联络应急机制，按照“全覆盖、零容忍、严执行、重实效”的要求，全面开展安全隐患大排查，防止发生相关突发事件和重大生产安全事故。牵头负责“三中心建设”的餐饮及特种设备安全保障工作和“2019世界文化旅游大会”餐饮及特种设备安全保卫和后勤保障的落实工作，参与完成欧亚论坛应急安全保障工作。配合完成《西安市突发性涉众型违法经营严重扰乱市场秩序事件应急处置工作机制》和《西安市大面积停电事件应急预案》修编相关工作。

◆**行政执法**　2020年，西安市市场监督管理局以“六清”行动为抓手，扎实开展扫黑除恶专项整治，印发《市市场监管系统扫黑除恶专项斗争“行业清源”工作推进清单》，开展假冒伪劣、传销、食品安全、野生动物违规交易、网络交易、虚假广告等专项整治行动，全年查办重点行业领域案件1352件，向公安机关移送2[illegible]件。充分发挥12315热线作用，建立涉黑涉恶线索流转、办理、反馈的闭环流程，累计摸排涉黑涉恶涉乱线索505条，收到转办交办线索122条、“三书一函”100件。坚持“当前遏制”和“长远管住”相结合，健全扫黑除恶长效工作机制。印发《全市市场监管系统扫黑除恶专项斗争长效机制建设任务清单》，建立预防惩治涉信息网络黑恶违法犯罪、打击制售假冒伪劣商品行为防控治理、食品安全监管、野生动植物资源保护、打击传销活动和集（农）贸市场长效监管方面规章制度，持续巩固扫黑除恶专项斗争成果，促进市场公平有序发展。

野生动植物保护　制定《深入推进打击整治破坏秦岭野生动植物资源违法犯罪专项行动实施方案》等重要文件17份，全年出动人员17.5万人次，检查经营户约30.8万户次，营造严防严控严厉打击破坏野生动植物资源犯罪浓厚氛围。全年无相关行政案件发生。积极开展保护野生动物宣传活动，全年通过手机短信、微博等新媒体累计发送宣传信息[illegible]69条，微信推送4765条，举办宣传活动[illegible]6次，发放宣传资料2万余份等。积极参加多部门联合执法检查，对各区（县）开展20余次专项督导检查，重点对曲江综合市场、长乐花卉博览园、明光路花卉市场、朱雀花卉市场等全市重点花鸟虫鱼市场进行专项检查，发现问题及时整改，有力促进各基层单位野生动物保护工作责任落实。

价格监督稽查　密切关注市场价格波动情况，印发《关于加强疫情防控期间价格监管工作的紧急通知》，安排部署全市疫情防控期间价格监管工作，严查严打囤积居奇、哄抬价格等价格违法行为。按照省局要求，指导督促国际港务区经济发展局对西安国际港务区铁路口岸相关经营服务单位的收费行为进行检查。开展为期3个月的转供电主体落实国家电价政策专项检查，重点治理针对全市商业综合体、产业园区、物业、写字楼等转供电主体执行国家电价政策情况，清退134394户终端用户电费，合计总金额13397.5387万元。协助国家市场监管总局对3种处方药开展专项调查，印发《关于进一步做好全市农贸（集贸、批发）市场明码标价工作的通知》。开展5G基站转供电加价检查试点等。对民生商品、防疫物资、农资产品3个种类[illegible]个品种重要商品价格实施重点监测，组建市局价格监测组，在全市设立[illegible]2个监测点，全年开展数据监测76次，上报西安市防疫指挥部、国家市场监管总局监测数据[illegible]0组。10月14日，针对中央电视台《东方时空》报道西安市白马广场和曲江[illegible]写字楼区仍存在国家降电价红利未传导给终端用户问题，连夜出击调查，现场指导单位落实转供电政策，清退多收电费上200余万元。

反不正当竞争　与西安市发展和改革委员会等多部门联合印发《关于开展妨碍统一市场和公平竞争的政策措施清理工作的通知》，全面审查清理政策措施1840份，修改6件、废止21份，并及时在门户网站公示清理结果。组织召开全市公平竞争审查工作联席会议第一次全体会议，审议通过《西安市公平竞争审查工作联席会议工作规则（试行）》和《西安市公平竞争审查工作情况报送及通报制度》，安排部署《西安市全面落实公平竞争审查制度2020—2021年工作要点》，成立5个督查工作组，对[illegible]个区（县）、7个开发区、23个市级单位开展公平竞争审查制度实施情况督查。制定印发《西安市市场监督管理局关于加强反不正当竞争执法营造公平竞争环境的通知》，在全市范围内开展反不正当竞争执法工作。

其他专项执法行动　抗击疫情期间，组建应急执法队，重点围绕医用等生活急需品市场开展专项执法检查200余次，先后核查各类违法线索100余条，办理各类违法案件[illegible]起，为市场平稳有序运行提供保障。开展打击治理防范电信网络新型违法犯罪攻坚行动，制定相应实施方案，成立工作专班，先后出动检查人员1322人次、车辆1[illegible]5台次，检查市场主体29053户（次）。依照《陕西省军地联合打击非法制售军服专项行动方案的通知》和有关违法案件线索交办函要求，对全市涉及销售军服商品、专用材料、仿制品等经营户开展专项检查，对临潼区莱美百货超市等7家经营户涉嫌非法销售军服行为进行调查处理，其中5户列入异常名录，1户依法处理。开展“戴梦得”“D”“diamond”等注册商标专有权案件专项执法行动。对涉及侵权的9个辖区29个涉嫌违法经营的场所进行排查，并依不同情形分别予以相应处理。开展打击“套路贷”违法犯罪治理、集贸市场整治、油品质量监管、房屋租赁整治、劣质煤销售以及网售仿真枪专项整治行动等，严厉打击各类市场违法行为，营造良

好市场竞争环境。（符　杰）

市场秩序监督管理

◆概况　2020年，西安市市场监督管理局建立市联席会议、平台动态监测和定期考核三项机制，以“一单两库”为基础，依托省级平台录入随机抽查事项1524项、各类检查对象主体库2441个。坚持“四个一”措施（每季度召开一次联席会议、开展一次联合抽查、组织一次工作考核、进行一次工作通报），联席会议成员单位扩至30个，基本覆盖全市市场监管领域，制发随机事项清单、年度抽查计划和部门联合抽查细则，不断规范随机抽查工作流程机制。市级部门、区（县、开发区）两个层级全年组织业务培训252批次，参训3241人次。全市开展双随机抽查1759批次，检查企业30910户，基本形成部门联合抽查工作常态化良好局面。印发《关于开展2020年企业登记事项　公示信息和拍卖等重要领域市场规范管理检查“双随机　一公开”抽查检查工作的通知》，对全市随机抽取的未吊销续存企业进行检查。

◆企业信用监管　2020年，西安市市场监督管理局稳步推进市场主体年度报告公示和行政处罚信息公示，通过部署、通报、督导、约谈等，促进落实企业年报公示408210户，年报公示率90.5%；农民专业合作社年报公示5765户，年报公示率69.63%；个体工商户年报317045户。制发《西安市市场监督管理局关于做好2019年度市场主体年报公示工作的通知》，召开专题电视电话会议进行安排部署。根据疫情防控需要，协调技术部门，在“西安市场监管”公众号上开通手机年报渠道，制发年报填报操作流程，提供省级相关部门及市、区（县）局联系电话，支持企业和个体工商户通过微信报送公示年报。向在市局登记的8000余户企业发送年报催报提醒短信；分发系统各单位年报宣传资料8000份；对银行、连锁经营及分支机构较多的企业采取电话催报，先后发布《市场主体年报公示工作专刊》18期。依法对在市局登记、连续2个年度未依法报送年度报告且未进行纳税申报的企业进行清理，按照“唤醒一批、规范一批、吊销一批”的清理原则，先后对西安世平商贸有限公司等1553户有限公司或分公司、西安市轻工机械工业公司等43户非公司企业法人或分支机构共计1596户企业作出吊销其营业执照的行政处罚，并以公告方式向当事人送达《处罚决定书》，进一步降低市场主体年报虚数，净化市场环境。全面梳理本级“双公示”目录台账，共梳理公示行政许可记录3000条，行政处罚记录1658条。全年列入企业经营异常名录127893条、108464户；移出51707条、41594户；3610户企业被列入严重违法失信企业名单；自动拦截失信被执行人2412人。

◆校园周边秩序整治　2020年，西安市市场监督管理局联合教育、公安等部门在全市开展针对校园周边安全等突出问题综合整治，组织召开专题会议，对工作任务进行明确分工，重点开展校园周边市场秩序专项整治，检查校园周边经营户6239户次。印发《关于进一步加强高校及周边经营秩序监管工作的通知》和《关于开展加强高校及周边突出问题专项整治工作的通知》，对全市各校园周边经营行为实施监督管理，严厉查处取缔无证照经营行为。印发《关于检查指导校园食品安全等工作的通知》，对莲湖、未央、经开、临潼、阎良、航空基地、灞桥、浐灞8个区（县）、开发区校园及周边食品安全、特种设备安全及消费者权益保护情况开展指导检查，检查学校7家，检查学校食堂及校园周边食品经营单位17家。对检查中发现的问题及安全隐患，现场反馈区（县）有关部门，要求督促相关单位扎实进行整改，确保校园食品安全。

◆安全生产监督管理　2020年，西安市市场监督管理局抓好春节和“两会”期间安全生产工作，对重点企业、重点部门特别是危化品罐区、库区、堆场地和各集贸市场消防安全进行督促检查，开展消防器材、电气产品、电动自行车等领域及大型活动场所、超市电梯、重点旅游场所游乐设施质量安全进行抽查检验和安全监察，严厉打击非法制造、非法安装、非法使用、无证操作等违法违规行为以及使用报废、过期特种设备的行为。加大对改造、维修、检验、检测等环节的安全管理，防范特种设备设施安全事故。积极开展安全生产专项整治三年行动，全年抽检消防产品53个批次，涉及26家企业，排查全市涉及危险化学品企业14家，对发现的7大类19个问题，及时督促企业进行整改。先后4次对创建全国安全发展城市工作方案以及创建全国安全发展城市工作目标责任书提出修改意见。

◆打击传销与规范直销　2020年，西安市市场监督管理局调整市打击传销工作领导小组，将原来由分管副市长任组长、局级领导任副组长的机制，提升为市委副书记、市长任组长，分管公安和市场监管的两名副市长任副组长，形成高位组织、高位统筹、高位指导的打击传销组织领导机制。将打击传销工作纳入《西安市2020年度深化“放管服”改革优化营商环境工作方案》，制定优化营商环境打击传销日常工作考核细则。成功举办2020年打传规直普法大讲堂——防止传销进校园活动，指导成立“反传销卫士”大学生志愿者团队，举办“揭传销骗局　保校园长安”教育图片展和主题创意作品征集活动等，提升普法效果。运用大数据和信息化手段提升对异地聚集式传销打击效果，印发《2020年西安市打击整治传销专项执法行动实施方案》，全年开展各类宣传活动1017余次，发布警示、提示4000余次，发放各类宣传资料14.5万余份，捣毁传销窝点422个，教育遣散涉传人员2039人次。结合保健食品行业清理整治行动，进一步加强直销监管，落实属地管理责任，组织全市30余家直销企业召开座谈、培训会，要求企业守法诚信经营，自觉承担起社会责任和法律责任。

◆网络交易监管　2020年，西安市市场监督管理局开展2020“网剑行动”、网络领域涉黑涉恶专项整治和野生动植物保护专项行动，持续推进《电子商务法》贯彻落实，打击网络市场违法行为。联合公安部门开展打击通过微信群、朋友圈等社交媒体非法贩卖防控物资行为，探索建立协调机制。对今日头条、苏宁易购、阿里本地生活等平台企业进行走访调研，对微商、直播带货等实施有效监测，研究探索对新业态、新模式网络交易行为监管，加入全国“在线取证”预研小组，参与国家市场监管总局“非法网络经营主体”课题研究。全年检查网站、网店32848个次，实地检查7485个次，删除违法商品信息137条，责令整改网站153个次，查办网络违法案件121件，行政指导80次。受理网络交易类投诉4067件，办结3640件。开展《电子商务法》市场监管大讲堂专题培训，制作发布《告电商经营者和网购消费者提醒书》，提倡网购“三要三不要”和电商经营者“六要”，引导电商经营者加强自律、规范发展。开展网络交易信息监测，在“双11”期间，监测涉及西安市场主体商品653.58万件，店铺39020家，监测到涉嫌违法违规商品2848件，涉及8类违法违规行为，及时提供业务部门核查处理。

◆广告监督管理　2020年，西安市市场监督管理局组织召开全市广告企业单位座谈会，先后到绿一传媒、今日头条、百川文化、蓝田融媒体、临潼之窗等20余家广告企业进行调研。以国家市场监督管理总局、陕西省市场监督管理局监测平台案件线索为抓手，加大互联网广告整治力度，印发《关于开展网络直播行业专项整治和规范管理工作方案》，严厉查处虚假违法广告案件，全年完成总局交办案件线索704批次，涉嫌违法线索1941条次，办结647批次，办结率87.3%。采取集中及分散约谈方式，先后对陕西乐家电视购物有限责任公司、陕西电影频道、西安广播电视台等22家单位的相关产品节目进行检查调研，上门培训“三品一械”广告审查管理法规，对省市电视台提出6条措施要求整改，并加大执法和处罚力度。截至9月30日，全系统办理虚假违法广告案件113件，并全部通过国家企业信用信息公示系统向社会公示。组织省、市级报社单位、广播电视台、杂志出版社及互联网企业等44家单位参加《广告法》相关法律法规的培训，编印《广告监管执法法规汇编》并发放至全市各区（县）广告监管部门和企业。动员广告经营单位履行社会责任，积极发布公益广告，全市50余块户外大型LED显示屏24小时滚动播出，楼宇、商场、餐饮店等单位利用自有电子显示屏及电梯广告牌，全市14000多台出租车参与宣传，产生良好社会宣传效果。

◆认证认可监管　2020年，西安市市场监督管理局开展医疗器械质量管理体系认证、有机产品认证、食品安全管理体系认证培训以及质量认证进园区等活动，普及宣传认证认可知识，提升企业质量管理和服务水平。印发《关于加强认证监管工作的通知》《关于开展口罩防护服等防疫用品领域认证活动专项整治行动的通知》等，排查口罩、防护服等防疫用品生产企业34家，发现4张无效CE证书，通报4起中介机构涉嫌违法行为线索。下发《关于开展管理体系认证专项检查的通知》和《关于开展节水和有机产品认证检查的通知》，检查获证企业156家，对5家节水认证企业进行检查。转发陕西省市场监管局《关于进一步加强强制性产品认证违法行为查处工作的通知》，对强制性产品认证和自愿性认证进行专项检查，查处认证违法行为，规范认证市场秩序。　（符　杰）

食品药品安全

◆概况　2020年，西安市市场监督管理局落实中共中央办公厅、国务院办公厅关于《地方党政领导干部食品安全责任制规定》和陕西省委办公厅省政府办公厅《落实食品安全党政同责的意见》精神，印发《西安市人民政府办公厅关于印发食品安全监管事权清单的通知》，协调市政主要领导、分管领导对全市食品安全工作开展专题调研，印发《2020年西安市食品安全重点工作安排》。以“食品安全，共治共享　让群众生活更美好，让十四运更精彩”为主题，举办2020年西安食品安全宣传周活动。疫情期间组织对超市及便利店出店经营、农贸市场等企业防控制度落实情况进行督导检查。扎实开展食品安全领域“卫生环境、质量标准、服务水平”三大提升行动。全年检查食品生产经营单位46994家，发现卫生环境不符合标准企业129家，整改问题632个，全市查办食品违法案件319件，移送公安机关案件7起，消除隐患356起，责令整改919家，取缔无证照经营主体27家，销毁假冒伪劣、不合格食品1297.6千克，改造提升796家生产经营企业。开展漠视侵害群众利益问题专项整治，重点查处食品生产企业主体责任落实不到位、“黑工厂”“黑作坊”“黑窝点”违法违规经营、保健品行业虚假宣传、学校和幼儿园食品安全以及农村食品市场等问题，严厉打击危害食品、药品安全犯罪行为。

◆食品生产安全监管　截至2020年10月底，西安市有获证食品生产企业936家，获证食品生产加工小作坊2248户。不断推动建立完善的食品安全监管检测体系，倡导依法诚信经营，建立“两图两档一承诺”监管模式，落实部门监管责任和企业主体责任。开展“双随机、一公开”监督检查，防范化解食品安全风险隐患，先后深入西安德福祥食品有限公司、西安市武阳食品有限责任公司等20家食品生产加工单位开展检查，督促企业落实食品安全管理制度，严格原辅料采购、生产过程控制、检验管理及产品贮运等关键环节的风险管控。积极开展重点区域、重点环节、重点品种和突出问题的食品安全专项治理，在辖区白酒、肉制品、食用植物油、食品添加剂、乳制品生产加工企业推进实施食品质量安全追溯体系建设，开展全市清真食品安全大检查，确保“清真”概念泛化在市场监管领域得到彻底全面治理。围绕进口冷冻食品、冷冻肉品、海鲜产品，及时开展专项督导检查和质量安全排查，对来源不明、合格证明材料缺少不齐全的进口冷冻肉品及海鲜产品严禁用于食品生产加工，确保进口食品原料来源可溯，质量可控，安全合格。

◆食品流通安全监管　2020年，西安市市场监督管理局印发《关于加强食品流通监管工作的通知》，突出监管重点区域、重点场所、重点食品品种、重点监管对象，强化节日市场食品安全监管。疫情期间，围绕保障食品安全供应，加强对区（县）工作的督导，通过开展日常巡查、专项检查对辖区企业开展各项惠民政策、相关复产复工文件精神宣传，提供防疫措施指导，助力企业有序、全面复工复产。组织开展销售过期食品专项检查，突出对城乡接合部、农村、校园周边等重点区域，对超市、批发市场、小商店等重点场所，糕点类、豆制品、肉制品、乳制品、“五毛食品”等重点品种进行全面检查，督促食品销售者自觉落实食品安全自查、进货查验及记录、索证索票和销售台账等各项食品安全制度。组织开展流通环节冷藏冷冻食品专项检查，对全市冷藏冷冻食品销售者、从事贮存业务的非食品生产经营者进行全面检查，严厉查处销售过期、“三无”、伪劣、变质冷藏冷冻食品，篡改生产日期和保质期等违法行为，共排查食品流通单位5[illegible]家，查扣假冒伪劣等问题食品1[illegible]6.65千克，责令改正57家，立案9件，移交公安1件。持续推进全市食品销售风险分级管理，全市食品销售单位共74221家，已评定66162家，风险分级工作评定率为89.14%。

◆特殊食品安全监管　2020年，西安市市场监督管理局按照特殊食品监督检查计划，对全市婴幼儿配方乳粉生产企业开展监督检查全覆盖，重点对阎良区4家婴幼儿配方乳粉生产企业奶源建设、奶源质量控制情况开展调研，督促企业全程实施危害分析和关键控制，不断提升婴幼儿配方乳粉产品质量。有序开展保健食品专项清理整治行动，印发《保健食品行业专项清理整治行动实施方案》和《特殊食品销售专区和警示标语设置指南》，先后检查保健食品生产经营企业4548家，查处问题[illegible]4项，责令整改71家。开展对全市特殊医学用途配方食品经营单位及经营情况摸底排查并加强监管，针对固体饮料冒充特殊医学用途配方食品事件，及时安排清理排查，检查食品经营企业326[illegible]家，均未发现普通食品冒充特殊医学用途配方食品的情况。定期组织开展保健食品安全知识“进社区、进乡村、进网络、进校园、进商超”科普宣传活动，揭示常见保健食品各类骗局，提高公众防骗、识骗能力。逐步规范全市特殊食品经营专区管理，促进企业规范经营和落实主体责任，让老百姓放心消费、明白消费、理性消费。

◆食用农产品安全监管　2020年，西安市市场监督管理局在疫情期间及时查处自厄瓜多尔进口冻南美白虾，组织销毁涉疫产品[illegible]吨。在全市实行进口冷冻食品冷冻肉品海鲜产品经营者及冷库开办者实名销售等制度，依托“健康一码通”“一店一码”智慧监管平台，开发实名销售登记系统。严格落实生鲜猪肉市场准入制度，凡没有“两章两证”及非洲猪瘟病毒核酸检测报告的一律不准入市销售。持续抓好“放心肉菜示范超市”创建活动，组织对全市“菜篮子”工程食用农产品市场销售质量安全监管开展督导检查，抽查超市31家、食用农产品市场19家、食用农产品经营户198家，对检查发现的问题及时进行通报并要求整改。全面推进食用农产品重点品种备案经营工作，截至10月底，全市食用农产品重点品种备案4755户。持续加强调味品食品添加剂市场监管，开展食盐质量安全、食盐经营单位资质、批发单位食盐定点批发证书以及相关供销票据等内容督查，市、区两级全年抽检239批次，合格率100%。对全市“菜篮子”市长负责制考核工作、“放心肉菜示范超市”创建、食用农产品重点品种备案监管、野生动物保护、非洲猪瘟防控等重点工作进行全面督导检查，印发《全市“菜篮子”工程食用农产品市场销售质量安全监督管理工作督导检查情况通报》。

◆药械及化妆品监测 2020年，西安市市场监督管理局加强药品市场监督管理。疫情期间，及时指导怡康医药公司向全市网点投放医用口罩，组织向各医疗机构、学校和驻军部队等供应保障各类医用防护物品等。落实24小时应急监测备勤值守，多点位、全时段做好“两品一械”不良反应（事件）监管监测，制定“两品一械”不良反应（事件）监测保障方案。1—5月，全市上报药品不良反应报告2215份，医疗器械不良事件报告511份，化妆品不良反应报告105份，全年未发生“两品一械”安全事件。承担陕西省药监局西安分局综合协调工作，配合做好“两品一械”西安区域内监管协调工作，牵头组织实施“药品安全放心工程”专项行动，组织开展市级自查评估，建立风险点清单（台账）512个，建立“一企一档”17916家，完成“两品一械”抽检1794批次。截至10月底，全市有药品零售企业5292家，医疗卫生机构7017家，各级疫苗调拨单位（疾控中心、公共卫生管理中心等）16家；疫苗预防接种单位406家；中药材专业市场和中药材城乡集贸市场3家。全年先后开展特殊药品经营（零售）和使用环节专项检查、药品零售企业执业药师“挂证”行为专项整治、中药材中药饮片中药配方颗粒质量集中整治、疫苗使用环节专项整治、药品网络销售违法违规行为专项整治以及国家组织药品集中采购和使用中选药品专项检查等行动，对发现的问题及时要求整改。

医疗器械市场监管 新冠疫情发生以来，积极组织医疗器械保障市场供应和有关机构、单位、学校、部队的重点供应。深入开展无菌和植入性医疗器械监督检查，检查医疗器械经营企业1691家，复查118家，责令改正62家，立案查处3起，组织开展医疗器械经营企业管理规范培训。扎实开展医疗器械“清网”行动，对全市814家医疗器械网络经营企业进行现场检查，收到企业自查报告178份，责令整改40家，约谈企业3家，查处违法违规案件6起，取缔违法网络宣传的无证经营企业1家。深入开展“药品安全放心工程”和“全国医疗器械安全宣传周”活动，完善医疗器械企业“一企一档”，建立企业风险清单和责任清单，以“安全用械 守护健康”为主题，通过组织创新医疗器械展览会、医疗器械信息化管理学术交流、医疗器械创新管理与质量控制研讨会、“安全用械 守护健康”医院开放日、医疗器械安全使用进社区活动等系列活动，增强人民群众安全用械意识。

化妆品市场监管 全年先后开展美容美发场所化妆品经营使用专项整治、“线上净网线下清源”风险排查以及国家局通告检出禁用物质及假冒化妆品的排查处置工作，期间检查美容美发经营使用单位1300余家，排查线上化妆品经营单位329家，排查线下化妆品经营单位1200余家。举办《化妆品监督管理条例》宣贯培训会，开展“安全用妆伴你同行”宣传周活动和“化妆品安全用妆进社区”社会宣传活动，提高消费者自主鉴别能力，引导群众科学安全用妆。配合省药品监管局对9家特殊用途化妆品生产企业进行现场检查，建立化妆品市场安全社会共治协作机制。

◆食品药品检验检测 2020年，西安市市场监督管理局严格执行食品药品抽检。截至11月底，全市完成食品抽检35453批次，其中不合格978批次，问题发现率2.76%。样品类别涵盖31大类、241细类，其中食用农产品17507批次，抽检不合格427批次，样品均匀覆盖全市生产、流通和餐饮各环节。全市开展药品抽检收样1919批次，检验完成1614批次，其中12批次不合格，3批次复检合格；对化妆品抽检方面，共收样260批次，检验完成180批次，其中1批次不合格。对医疗器械抽样方面，完成省级抽检200批次任务，样品全部送至省医疗器械质量监督检验院。疫情期间，对全市生产、经营和使用环节的医用外科口罩、医用防护口罩和医用防护服等防疫物资开展专项抽检，抽样医用外科口罩20批次，医用防护口罩2批次，医用防护服2批次，样品各项参数全部合格。制定下发《2020年西安市食品安全评价性抽检工作实施方案》，通过对重点区域、重点品种、重点项目的抽检，着力提升抽检工作质量和专项整治效果。对抽检结果实行每周公示制度，节令食品节前公示，在政府网站和国抽系统两个平台同时发布抽检信息，增强群众消费信心。端午节、中秋节期间，先后对市场上50批次月饼、82批次端午节令食品进行抽验，结果均为合格，保证老百姓“舌尖上的安全”。

市食品药品检验所 全年完成各级食品安全监督抽样7364批次，完成实验室食品、药品、化妆品检验8887批次，完成食用农产品快速检测123183批次，发布食品信息35期。新增食品和化妆品检验检测参数182项，参加各级能力验证21项，参加的“酱油中氨基酸态氮的测定”等6个考核项目全部获得满意结果。针对新冠肺炎涉及药品的不良反应开展重点监测，实行日上报制度，全年上报药品不良反应报告5831份；上报医疗器械不良事件报告1322份；上报化妆品不良反应报告349份。先后完成莲花清瘟颗粒、双黄连、金银花等有关抗疫药品检验200批次、急需食品抽检700批次。已取得食源性兴奋剂检测项目资质42项，被陕西省“十四运”组委会确定为全省唯一的食源性兴奋剂检测机构。制定《西安市供给“十四运”食品质量安全标准》及其制品类标准160项，与陕西省田径运动管理中心等3家单位签署兴奋剂检测与膳食营养研究合作协议。（符　杰）

特种设备安全

◆概况 2020年，西安市市场监督管理局以实现“五个零”（重特大事故“零发生”、安全责任“零缺位”、监管范围“零缺席”、安全隐患“零漏洞”、违法行为“零容忍”）为目标，全年检查特种设备单位3342家，检查设备15127台（套），下发安全监察指令书130份，立案7件，减免或降低中小微企业设备检验收费933.54万元。截至10月底，全市共有机电类设备167630台。其中，电梯118424台；起重机械38575台；客运索道4条；大型游乐设施149台；场（厂）内专用机动车辆10478台。印发《全市特种设备安全专项整治三年行动实施方案》，明确三年行动工作目标、工作责任和具体时间节点安排，制定下发多项相关行业具体实施方案。开展特种设备领域企业安全生产主体责任落实集中执法行动，严厉查处特种设备生产、使用、检验、检测中的违法违规行为，对4家客运索道、12家重要活动保障场所电梯使用单位的安全管理进行检查，发现并整改问题36项。重点加大全市重大活动和重要节假日、保障“十四运”特种设备安全专项检查和监督抽查，及时消除和化解安全隐患，保障人民群众生活安全。

◆承压设备安全监察 2020年，西安市市场监督管理局检查承压特种设备企业77家，查出问题隐患116项，查封企业5家。对区（县）相关生产单位、检验检测机构、部分作业人员考试机构、相关行业协会的责任落实情况和自查自改工作进行检查督导。委托第三方专业机构，按比例对全市锅炉、压力管道、压力容器、生产单位、充装单位、检验检测机构进行监督抽查，对抽查的114家单位指出问题167项次，对10家问题突出企业限期整改。建立特种设备安全风险点危险源分级管控和隐患排查治理双重预防工作规范，形成有序双预防工作格局。强化压力管道、气瓶等重点领域专项治理，推广“保险+服务”模式，提升气瓶责任保险覆盖率。先后检查督导现有车用LNG气瓶检验机构2家，充装企业9家，对问题比较集中、安全风险隐患比较大的1家公司进行暂停经营限期整改处理，现场查处部分不合格钢瓶和无证充装人员，对存在严重安全隐患的2家充装单位，现场下达《特种设备安全监察指令书》。打响油气输送管道隐患整治攻坚战，下发《开展油气输送管道隐患整治攻坚战工作方案》，按照企业自查、区（县）监察、市级抽查工作思路，规范企业管理，消除安全隐患。开展承压类特种设备基础数据普查和承压类特种设备应急演练。

◆特种设备检验检测 2020年疫情期间，西安市特种设备检验检测院优先及时对防疫防控重点单位特种设备开展检验检测工作，对受影响较大的中小企业停征特种设备检验费，累计免征检验费1600余万元。先后完成947台电梯、120余台叉车以及其他600余台安全附件检验校验工作，完成天然气公司10000立方米球罐检验工作。全年申报省局科研项目立项1项和陕西省地方标准项目2项立项，申请国家发明专利10项；取得陕西省科技厅成果登记证书1项和国家市场监督管理总局科技成果登记证书1项。与西安交通大学联合成立研究生培养育人基地，并签订协议书。积极开展“三服务一建设”工作，定期走访调研中小微企业，对现场检验检测工作进行监督检查，及时为企业做好服务，解难题，出实招。积极拓宽检验市场，与其他城市签订特种设备检验合同，开展深度合作。全年完成各类特种设备检验9.4万台，压力管道123.8千米，锅炉能效测试202台，水（介）质化验850台。

特种设备安全附件检测 全年检测安全附件及计量器具38259台（件）。其中，安全阀校验11780台；压力表检定22999块；报警器检定3480台。各项法律、法规、安全技术规范、技术标准执行率100%。检测报告、相关记录的合格率99.8%以上，检测及时率99%以上。内审不合格项整改合格率100%，计量标准检定率100%，检验检测设备仪器完好率95%以上。对检验检测中发现的安全隐患，及时向送检单位提出整改意见，督促、跟踪并协助相关企业进行整改。

（符 杰）

消费者权益保护

◆概况 2020年，西安市市场监督管理局认定市级放心消费示范单位34户，区（县）级示范单位278户，对被评为“市级放心消费示范单位”的企业进行表彰，指导企业建立消费投诉处置机制，完善“五个放心”相关要求。持续推进做好“优驾行”用户投诉处置和“鱼乐贝贝”消费投诉处置工作。疫情期间，制定印发《用餐单位退还消费者订金及出台相关规定建议的答复意见》等4个指导建议性文件，切实解决疫情期间群众消费维权诉求，助力复工复产。

◆“12315”投诉举报 建立与西安市大数据资源管理局“12345”市民热线办公室的常态化沟通汇报机制，依法做好快接快转和催办督办工作。疫情期间启动24小时不间断工作模式，安排工作人员三班轮转，确保关键时期“12315”热线接听无空档，解答群众咨询18502件，接到消费者投诉22027件，举报8344件，投诉举报按期办结率99%。“3·15”消费者权益日期间，建立投诉举报工作联动机制，成立热线接诉、业务处理、研判分析、催办回访、统计分析、保障联络6个小组受理消费者咨询、投诉和举报，并及时进行分送和催办。1—10月份，全系统“12315”工作机构共受理消费者咨询投诉举报121284件。其中，受理业务咨询54044件，消费者投诉57298件，违法举报9942件，为消费者挽回经济损失4088.51万元。

（符 杰）

质量强市建设

◆概况 2020年，西安市市场监督管理局持续推进《西安市质量提升三年行动计划（2018—2020年）》落实，实施质量提升“六大工程”，印发《关于贯彻落实省质量强省办〈开展质量提升行动推进高质量发展2020年行动计划〉的通知》《西安市公共服务质量提升工作方案》等文件措施，不断深化质量强市建设。举办公共服务质量工作培训会，组织第三方开展公共服务质量监测工作，实施公共教育、公共就业等12个公共服务领域的质量监测。印发《关于开展2020年质量专家进企业提质量活动的通知》，组织质量专家分4组深入项目常态化现场指导帮扶，组织质量专家63人次，完成22个项目现场帮扶活动，帮助企业查找质量问题〔illegible〕个，提出改进建议及措施81项，编制完成《西安市质量奖评价规范》，通过西安市地方标准评审。指导开展“西安市第42届质量管理小组成果发表暨质量创新经验交流会”，申报课题200多个。牵头组织开展2020年西安“质量月”活动，围绕“建设质量强市 决胜全面小康”主题，开展一系列各具特色的质量活动。

◆产品质量监督 2020年，西安市市场监督管理局完成对西安辖区20家非医用口罩生产企业的调查统计，对6家非医用口罩生产企业开展质量监督抽查，共计抽样22批次，合格17个批次，合格率为77.27%。加强对各区（县）53家防疫物资原料生产企业加强监管，对3家防疫物资生产企业进行技术帮扶，解决企业质量管控能力不足等问题。开展重点工业企业普查统计，对西安辖区内5大类218小类1551家企业进行统计登记并建立档案。对水泥、危险化学品、危险化学品包装物、危险化学品罐体、电线、电缆、食品相关类产品等[illegible]类[illegible]家生产企业开展监督检查和质量安全隐患排查，规范企业生产行为，提高企业产品质量。按照强化“十四运”、消防、交通安全、节水城市创建等重点工作要求，对生产、流通、网络销售中的体育用品、节水产品、消防器材等共34大类1[illegible]类产品进行抽检，全力保障重点工作有序开展和人民群众放心消费。对部分加油站、散煤经营点、物流园区、工业园区、货物集散地等车用汽油、柴油、车用尿素、散煤进行质量抽检，抽样877批次，总体合格率9[illegible]%。

◆计量监督管理 2020年，西安市市场监督管理局组织参加国家市场监管总局、西北大区及省市场监管局组织的计量比对和测量审核，不断提高计量标准器具量值的准确性和可靠性。建立计量咨询服务专家库，吸收专家75名。“5·20世界计量日”期间，在国际港务区举办“计量走进中欧班列”活动，组织开展“计量护航西安经济”在线论坛、“诚信计量就在身边”抖音视频展示以及计量技能比武竞赛、贸易计量专项执法检查、计量助力复工复产等多项活动。新建“车用甲醇加注机检定装置”等10项社会公用计量标准，完成全市8000辆甲醇出租汽车计价器的强制检定任务，对40座甲醇加注站184台甲醇燃料加注机进行检定。对全市新投放的10000辆电动出租车完成计价器检定工作，为全市中小企业提供计量技术服务152人次，走访和调研390余家，发放各类法律、法规、计量读本、相关技术资料和宣传资料1[illegible]00余份（册），发放调研问卷70余份，开展座谈、培训623人次，组织开放计量实验室29次，解决企业相关计量问题24项。开展“双随机”计量监督抽查，先后在节日市场、消费贸易、集贸市场、眼镜制配等领域和场所开展专项检查行动以及对加油机计量进行监督检查，印发《关于切实加强诚信计量示范单位培育和监管工作的通知》等，进一步强化诚信计量承诺和监管。

◆标准化管理 2020年，西安市市场监督管理局实施“标准化+”战略，编制《2020年西安市标准化工作要点》和“标准化+”行动计划考核指标，以考促干，强化合力推进、多元共治工作机制。疫情期间，制定发布农贸市场、企业复工、学校复课、建设工地防疫、社区防疫、农业生产、小麦病虫害防治等18项疫情防控西安标准。制定“十四运”食品质量安全标准体系，围绕果蔬、粮油、茶饮等15大类77类食品和农副产品安全，制定产品、评价、运输存储、快速检测以及质量追溯等555项标准。高质量推进标准化技术组织建设，新培育成立5个标准化技术委员会。高起点推动标准国际化，发布主导制修订的国际标准5项，立项国际标准8项，提出申请12项。有序推进由西安市发起的全国13城市16个领域应急标准体系建设。在全国百城千业万企对标达标提升专项行动中，西安市提供的技术方案居于全国第一，企业参与数量居于第4名，得到国家市场监管总局肯定。坚持标准引领，通过试点探索引领先进制造业、生产服务业、农业农村、军民融合、科技创新以及护航“十四运”等相关行业和领域的发展。

西安计量技术研究院 全年完成检定、校准、检测各类计量器具119660台（件），出具各类证书报告7万余份。疫情期间，落实计量服务措施支持企业复工复产，对防疫定点医院、医疗机构、防控用品生产企业等进行专人对接，利用强制检定工作计量器具业务管理系统e-CQS平台，提供网上办理服务渠道，减少人员聚集。持续做好与民生息息相关的水表、电能表、燃气表等“民用三表”的检测工作，全年检定“民用三表”计量器具42483台件。承办西安市数字指示秤计量检定技能比武竞赛活动，参加省级决赛获二等奖。参与组织“计量走进中欧班列”活动，为中铁联集西安分公司现场检定集装箱吊秤、集装箱偏载秤等大型计量器具。开展“诚信计量惠民生”“计量在您身边、质量在我心中”等计量宣传活动。

纤维纺织品监督检验所 疫情期间，上门走访调研学生服生产企业，免费完成学生服检验1564份。积极参与陕西泾阳国储棉公检工作，完成231批，近1万吨的检验任务。新疆疫情暴发后，分两批派遣45名技术骨干，赴新疆开展棉花仪器化公检3374批（约14.18万吨），监管棉检验1400批（6.1万吨）。积极推进新疆五家渠省际联合实验室检验能力提升工作，完成所有19台大容量棉纤维检测仪的维保工作，拟新增大容量棉纤维检测仪3台，协调农六师、五家渠纤检所加快推进实验室改扩建工程。完成西安实验室认可复评审+变更评审工作。组织对非医用口罩、毛巾等产品进行专项监督抽查，抽查39个批次。全年接待企业咨询100余起，校服企业登记50余家，完成客户满意度调查30余份。

产品质量监督检验院 疫情期间，配合西安市市场监督管理局开展疫情防控用品监督抽检，完成食品用洗涤剂、消毒水、塑料一次性餐饮具产品等共计790个项目的抽检工作。全年接收国家和省市级各类产品监督抽查、专项抽查样品13864批次，其中国、省、西安市等食药部门委托的食品安全抽检13282余批次，非食品类产品监督抽检582批次，出具检验报告11851份。积极开展扩项评审，完成一院三中心资质认定换证、扩项评审和CNAS复评审，涉及变更145项，扩项572个，完成1次CMA标准变更，已具备19813个参数检验检测能力。积极参与“供给‘十四运’食品质量安全标准体系”编写工作。坚持“科技兴检”，全年发表论文4篇，申报科研项目1项，1项省局科技计划任务通过验收。

◆标准体系建设 2020年，西安市质量与标准化研究院组织召开NQI项目标准推进会，修改完成国家标准《检验检测机构从业人员信用档案建设规范（报批稿）》，完成《检验检测机构资质认定》系列省级地方标准报批工作以及《24小时自助信包箱政务服务规范》《“楼小二”模式政务服务规范》等西安市地方送审工作。推进第十四届全国运动会食品安全标准体系建设，完成米、面、油、菜、果、冷链运输、追溯及标识管理等7类181个标准项目报批工作。对全市参与百城万企千业对标达标提升工作的企业信息进行分类收集、统一汇总、系统分析和逐一对接。选派4名专家开展质量提升项目帮扶活动和质量管理诊断提升活动，先后帮助21家企业完成查问题、找原因、提建议、促提升。联合西安科技大学分别开展服务业质量信用分级评价和养老业质量满意度及标准化普及情况研究，联合西北大学开展城市应急管理标准体系研究制定。完成WTO/TBT研究专项项目招标和《西安市WTO/TBT综合服务平台》的设计开发，并进入试运行阶段。成功主办“标准助推高质量发展，标准引领新时代进步”标准化线上公益讲座。

◆检验检测机构监管 2020年，西安市市场监督管理局开展检验检测机构资质认定“双随机，一公开”监督检查，强化事中事后监管，查处违法违规行为，对88家机构进行检查，立案查处2起，进一步规范检验检测市场秩序。落实检验检测机构主体责任，持续开展诚信承诺活动，组织31家新获证机构进行法规标准学习并签订诚信承诺书。开展机动车检测机构专项检查，组织对全市30余家车检机构进行监督检查，吸纳技术专家参与，提高检查的专业性和针对性。协调解决国际港务区西安港整车口岸进口汽车检测资质问题，组织专家上门服务，协调开通“绿色通道”，高效完成车检机构进出口汽车检测能力扩项评审。落实陕西省市场监管局等五部门开展的2020年度检验检测机构监督抽查工作要求，配合开展专项监督检查，进一步提升获证机构基本条件和技术能力，规范检验检测行为。 （符 杰）

法制建设

◆概况 2020年，西安市市场监督管理局积极推进依法行政。先后对50余件法律、法规、地方性法规、规章立法草案提出修改建议意见，对国家市场监督管理总局《明码标价和禁止价格欺诈规定（征求意见稿）》《商业秘密保护规定（草案）》提出书面建议，上报西安市人民政府将《农贸市场管理办法》列入规章。组织开展各类规章规范性文件清理工作，清理文件7件，并将清理目录向社会公布。落实规范性文件法制审核制度，对《西安市知识产权发展专项资金管理办法》《西安市知识产权公益服务管理办法》《西安市知识产权计划项目管理办法》《突发事件应急管理办法》等进行法制审核。

◆行政执法监督 2020年，西安市市场监督管理局组织开展全市市场监管系统执法案卷评查自查工作，对从系统各执法单位抽取的139份案卷集中交叉评查，形成评查自查报告上报陕西省市场监督管理局和市级司法部门。落实行政处罚案件法制审核制度，全年审核直属执法机构、委托执法单位一般程序行政处罚案件56件，组织处罚听证3次。对事实不清、证据不足、定性不准、处理意见不适当等不符合行政处罚法和市场监管法律法规要求的，反馈补正或纠正建议意见130多条次。推进“三项制度（行政执法公示制度、执法全过程记录制度、重大执法决定法制审核制度）”示范创建工作，制定重大执法决定法制审核目录清单和格式文书，印发《西安市市场监督管理局行政执法监督暂行规定实施办法（试行）》和《西安市市场监督管理局 西安市知识产权局权力清单和责任清单编制工作方案》，为基层单位提供执法咨询意见建议90多件次。

◆社会普法宣传 2020年，西安市市场监督管理局持续推进“七五”普法，建立完善社会普法宣传责任制度，制定《关于全市市场监管部门贯彻落实“谁执法谁普法”责任制的意见》、市场监管法律法规普法责任清单、市局党委会学法制度等。印发《中华人民共和国民法典学习宣传活动实施方案》，举办党委中心组暨全市市场监管系统民法典全员视频学习专题讲座。在网站、微信公众号上刊登《民法典》及相关知识进行普法宣传。以新媒体和网络宣传为主积极开展消费者权益保护法规宣传，组织参加上级法律知识网络考试和《西安市秦岭生态环境保护条例》网络知识竞赛活动。

◆法治政府建设 2020年，西安市市场监督管理局印发局系统《2020年法治政府建设工作要点》，汇总上报关于法治政府建设实地督察反馈问题整改情况，配合完成陕西省督查组对西安市创建法治政府建设工作实地核验。印发《西安市市场监督管理局关于过渡期间城六区市场监管行政处罚执法有关事项的通知》，落实陕西省人大常委会《加强人民法院民事执行工作的决议》《陕西省秦岭生态保护条例》贯彻执行情况执法检查自查，完成《深化减证便民专项行动方案》中证明事项保留清单、证明事项取消清单和证明事项保留清单和证明事项取消清单的协调上报工作。组织开展执法人员执法信息摸底调查和市场监管综合执法支队划转人员统一培训考试和执法证发放，组织在编在岗公务人员参加年度国家工作人员学法用法考试，参考率100%。

◆行政复议与诉讼 2020年，西安市市场监督管理局注重提升复议应诉能效，全年受理行政复议件92件，新收行政诉讼案件106件，组织协调本部门负责人出庭应诉6人次。2次与行政法院召开探讨公司虚假登记变更审理思路座谈会，对陕西宏润实业集团行政应诉抗诉一案，会同法律顾问团队广泛搜集案例，积极配合审理法官工作，取得该案一案多次审理和抗诉再审最终仍胜诉的成果。积极落实法律顾问制度，增加法律顾问律师团队，参与审核机关合同213件、规范性文件5件，参与行政处罚案件疑难问题研讨20多次、行政应诉60多件。做好疫情期间法治保障本职工作，受国家市场监督管理总局发展研究中心委托，编纂《应对新冠肺炎市场监管相关法律法规文件汇编》，已印发全国系统参考应用。

（符　杰）

知识产权保护

◆概况 2020年，西安市调整西安市国家知识产权强市领导小组，由市政府主要领导任组长，22家市级部门参与，统筹全市知识产权发展改革。印发《2020年西安市知识产权工作要点》和《西安知识产权发展与保护状况》白皮书，制定《西安市知识产权公益服务管理办法》《西安市知识产权专家智库管理暂行办法》《西安市知识产权计划项目管理办法（试行）》等政策文件。全年安排专利政策财政资金615万元，西安万人发明专利拥有量47.20件，位居副省级城市前列。支持高校院所全面创新改革，构建知识产权运营服务平台，以优先股权投资方式投入1000万元支持科技大市场，搭建市场化、专业化的运营服务平台。积极推进军民融合产业发展，支持10余家企业打造军民融合知识产权优势企业。启动实施西安地理标志运用促进工程，安排资金450万元。支持涉农区（县）探索“标志—产品—品牌—产业”发展模式，支持13家科技企业开展上市企业知识产权合规项目，实现拟上市企业知识产权合规审核。

◆知识产权保护 2020年，西安市市场监督管理局制定印发《西安市落实关于强化知识产权保护的意见实施方案》和《西安市2020年知识产权执法“铁拳”行动方案》《2020年度西安市知识产权执法保护专项行动工作方案》等，针对侵权假冒高发多发的重点市场、重点领域和关系人民群众健康安全的重点商品，加强违法线索摸排和案件查办，依法严厉查处违法行为。积极构建知识产权行政司法对接机制，加强知识产权维权援助工作站建设，推动“西安市知识产权信用服务系统”上线运行。开展侵犯“泸州老窖”“茅台”“五粮液”“华山论剑西凤酒”等商标专用权专项整治，查处涉嫌侵权经营户32家，责令限期改正14家。全年开展知识产权执法行动266次，立案查处商标侵权案件104件，办结107件（其中，重点实体市场13件、农村市场案件1件、外商投资企业被侵权案件5件），涉案金额64.72万元；立案查处商标侵权案件1件，其他商标案件2件，查处专利侵权假冒案件25件。4月26日，第20个“国际知识产权保护日”期间，在全市开展以“知识产权保护，健康生活同行”为主题的宣传活动。举办打击侵权假冒行政执法和刑事司法衔接业务培训班和“一带一路”知识产权保护研讨会。

◆知识产权保护中心挂牌成立 2020年4月17日，中国（西安）知识产权保护中心挂牌成立。全年接收发明、实用新型、外观设计申请专利申请快速预审请求321件，受理134件，预审合格94件。与西安市知识产权局协作，对“360”平台提供的涉嫌侵权专利近千条线索进行逐一筛查、过滤、登记，建立筛查台账；完成内、外网电商平台违法线索检索300余条筛查工作。上线“中国（西安）知识产权保护中心预审管理平台电子申请系统”。全年立案处理专利侵权纠纷案件65件，出具专利侵权判定咨询意见书27件。上线“西安知信通”小程序，面向全市提供专利、商标、地理标志的综合索引、查询服务。并与西安市信用中心签署合作协议对接信用数据。参与营商环境考核指标填报工作；组织商标品牌战略线下培训、西安市地理标志保护与运营培训班等大型培训活动；完成西安市知识产权专家库管理方案的起草及专家资料的汇总工作。

（符　杰）

2020年4月17日，中国（西安）知识产权保护中心揭牌仪式

综 述

◆概况 2020年，西安市实现金融业增加值1069.98亿元，比上年增长6.9%，占地区生产总值10.68%。全市金融机构人民币存款余额2.57万亿元，比上年增长11.55%；人民币贷款余额2.56万亿元，比上年增长14.8%。全市保费收入550.43亿元，比上年增长5.27%。全市证券交易额5.85万亿元，比上年增长29.42%。截至年底，全市有金融机构192家，其中银行业机构56家（外资银行6家），保险机构71家（外资保险14家），证券期货业机构65家（外资证券1家）。有小额贷款公司42家，融资性担保公司56家，典当企业110家，融资租赁公司108家，商业保理公司4家。全市有上市公司80家，其中境内上市公司47家，总市值10794.33亿元，境外上市公司33家。全市金融业发展逆势增长，金融集聚效应持续增强。

◆助推企业上市 2020年，西安市深入实施“龙门行动”计划，举办资本市场系列培训，持续开展助推企业上市“登门行”活动，建立部门合作联动工作机制，协调解决企业上市过程中遇到的问题。及时落实扶持企业上市奖补机制，对29家企业、券商兑现上市发展专项资金奖励共2299.27万元，为15家企业申报省级上市融资奖励2048万元。成功举办“2020全球创投峰会”，现场发布“西安未来之星TOP100”和“西安龙门榜TOP20”榜单，新增设《投资界硬科技TOP100》榜单，为具有高科技、创新型、高成长、后劲足的优秀硬科技民营企业提供金融资本直接对接交流的机会与舞台。自2018年举办“全球创投峰会”以来，全市新增注册各类风投、创投等股权投资机构203家，共有209家企业获得股权投资，可披露融资总额172亿元。成功推动西安市新增境内上市（精选层）企业10家（三人行、派瑞股份、瑞联新材、中天火箭、中航富士达、西安凯立、易点天下、康拓医疗、同力重工、中熔电气），再创历年来新高。已完成上市的5家企业，通过IPO在证券市场融资38亿元，年底总市值380亿元。境内上市企业市值10794.33亿元，较2018年增长6967亿元，增幅182%，市值增幅列15个副省级城市第1名。

◆金融中心建设 2020年，西安市出台《西安丝绸之路金融中心发展规划》和《西安丝绸之路金融中心发展行动计划（2020—2022年）》。支持西北大学成立朱雀金融研究院，开展现代金融前沿理论和金融体制改革领域研究；推动西安银行和西安交大软件学院实施校企协同育人项目，培养金融科技人才；举办“中国金融四十人曲江论坛”，成立西安曲江高级金融研究院，发布《曲江报告》。积极争取全国创新试验，在本外币合一银行账户体系试点、数字货币第二批试点、全国科创金融改革创新试验区等方面取得较好成效。首届丝路（西安）前海园峰会在西安高新区成功举行，10家单位成功签订6份合作框架协议，7家单位正式揭牌入驻。持续推进金融招商工作，全年引进各类金融机构11家，中国工商银行牡丹卡中心西安分中心在西咸新区揭牌开业。2020年中国金融中心指数（CDI•CFCI）显示，西安跻身全国区域金融中心10强。2020年“第28期全球金融中心指数报告（GFCI28）”中，西安首次成功跻身全球金融中心行列，位列内地12个金融中心城市第8位，其中金融科技排名列全球第61位。

◆服务实体经济 2020年，西安市金融工作局积极协调驻陕金融监管部门和驻市金融机构，努力克服疫情影响，搭建融资对接平台，引导金融机构加大对小微企业支持力度。2月，联合中国人民银行西安分行营业管理部、西安市财政局，制定出台《加大金融支持力度、有效应对疫情、促进经济平稳发展若干措施实施细则》及申报指南，涉及金融机

2020年9月2日，西安瑞联新材料股份有限公司在上海证券交易所科创板上市

构奖励、财政补贴等政策，鼓励地方法人银行为受疫情影响较大的小微企业存量客户开展续贷业务并下调贷款利率1个百分点。编辑形成《抗击肺炎疫情金融服务优惠政策汇编》和《西安市支持科技型企业金融服务政策汇编》，开展各类线上和线下宣传活动，帮助企业及时了解金融机构针对疫情期间的融资产品、提高产品和服务知晓度。利用地铁2号线车厢媒体，与驻西安市18家银行机构开展“金融惠民宣传月”活动，提升民众对当前金融扶持政策及产品的知晓率，助力中小微企业及个人解决资金困难问题。联合中国人民银行西安分行营业管理部上线运行西安市“惠尔通”银企对接服务平台，已导入企业1.4万余家。全年组织召开6次全市性融资对接会，其中全市复工复产融资对接会现场签订贷款协议39.16亿元。

◆助力脱贫攻坚 2020年，西安市持续深化农户信用等级评价工作，截至年底，全市已完成信用评级71.89万户，占总农户数87%，对已评级的农户发放贷款7549笔，贷款总额7.8亿元。金融扶贫有序推进，全力提升扶贫小额信贷“获贷率”，对有贷款意愿且符合条件的建档立卡贫困户实现能贷尽贷，全市5个涉农区（县）“获贷率”均已超过30%。截至12月末，全市发放扶贫小额信贷2.89亿元，贷款户数20250户。

◆地方金融发展 2020年，西安市金融工作局依法依规对小额贷款、融资担保、典当、融资租赁、商业保理等地方类金融机构加强监管，全面开展“五类机构”清理整顿，先后对全市150余家机构进行现场检查，纠治机构违规问题140余条次，约谈机构负责人80余人次，下发整改通知书40余份。全力推动地方金融领域扫黑除恶专项斗争行业整治向纵深推深进。3月，西安市金融工作局被陕西省扫黑除恶专项斗争领导小组评为全省扫黑除恶专项斗争先进单位。截至年底，西安市有小额贷款公司42家，注册资本83.42亿元，贷款余额64.5亿元；有融资性担保公司56家，注册资本232.88亿元，在保余额1084.74亿元；有典当企业110家，注册资本26.38亿元，典当总额25.43亿元；有融资租赁公司108家，注册资本464.47亿元，融资租赁资产总额335.64亿元；有商业保理公司4家，注册资本11.5亿元，受让应收账款余额18.89亿元。

◆防范金融风险 2020年，西安市加强地方金融领域舆情监测，通过市金融领域风险防控舆情监测平台和陕西省非法集资监测预警系统，监测到舆情信息[illegible]00余条，发现高风险企业376家，通过分析研判，组织相关区（县）、开发区开展排查处置。组织各区（县）、开发区开展非法金融活动专项排查工作，排查各类机构279个，发现重点风险线索5条，列异、清理“僵尸企业”65个，涉嫌违规违法的移交市场监管和公安部门依法处置。以“守住钱袋子•护好幸福家”为主题，组织开展“西安市2020年防范非法集资等金融风险现场宣传日”系列活动，主会场接待群众逾3000人，发放打非知识手册及宣传单页4300余份。截至年底，西安市新增非法集资类案件12起，涉及集资金额5619.4万元，涉及集资参与人478人。新增案件数、涉及金额、人数较去年分别下降42.9%、92%、54.2%，非法集资发案数连续4年呈下降态势。（高　丹）

货币金融服务

➔概况 2020年，陕西省银行业认真落实稳健货币政策，统筹做好金融支持疫情防控和复工复产，聚焦重点领域和薄弱环节，持续加大对实体经济的支持力度，为陕西做好“六稳”工作、落实“六保”任务创造良好的货币金融环境。

支持稳企业保就业 中国人民银行西安分行按照总行要求，5次落实降准政策、3次增加再贷款再贴现额度，推动中小微企业贷款延期还本付息和小微企业信用贷款支持计划两项直达实体经济货币政策工具落地。截至年底，全省再贷款、再贴现余额568.6亿元，比上年增长192.84%，使用量创历史新高。各类货币政策工具全年向实体经济提供低成本资金1093.91亿元。创新开发上线运行“惠尔通”银企对接服务平台，按照“系统匹配+企业意愿”维度精准对接银企双方，全省3.18万家稳保名单企业实现100%对接，合计放款5316.90亿元。创新推出“秦青优惠贷”线上融资平台，为近3000家青年创业小微企业发放贷款[illegible]2.99亿元。

重点领域和薄弱环节贷款资金供给 截至年底，全省制造业贷款余额[illegible]672.68亿元，增长12.56%。全省基础设施类贷款余额11043.23亿元，增长13.75%。全省卫生和社会工作行业贷款余额142.97亿元，增长23.51%，高于各项贷款增速9.46个百分点。全省普惠小微贷款余额2165.80亿元，增长41.20%，高于各项贷款增速27.15个百分点，普惠小微贷款户数达38.20万户，增长57.66%。全省金融机构涉农贷款余额8006.64亿元，增长10.63%；较年初新增793.32亿元，新增额是上年的3.4倍。

促进实体经济融资成本下行 全省金融机构全部完成存量浮动利率贷款定价基准转换任务。贷款市场报价利率（LPR）引导效率提升，贷款利率下降。全年人民币一般贷款（不含贴现、个人住房贷款、信用卡透支和各项垫款）加权平均利率为5.[illegible]4%，低于上年0.67个百分点；小微企业贷款加权平均利率为5.30%，低于上年[illegible].[illegible]3个百分点。全年贷款利率降幅大于同期LPR降幅。

优化金融市场环境 支持长安银行发行30亿元小微企业金融专项债，西安银行、秦农银行分别发行20亿元二级资本债券；推动陕西建工集团股份有限公司在银行间市场发行全国首单公募防疫资产支持票据。指导浦发银行发行全国首批、陕西首单民营企业标准化票据——浦发浦票盈2020年度第一期标准化票据，推动陕西信用增进公司发起设立全国首单“蚂蚁链+供应链”100亿元增信模式ABS（资产证券化）项目，推动西北首单供应链票据+标准化票据“海通证券陕建控股简单汇2020年度第一期标准化票据”成功发行，支持尧柏水泥成功发行7亿元中期票据；助推隆基绿能成为陕西首家获得AAA评级民营企业；指导杨凌农商行扩大农业生产资产动态估值浮动抵押贷款规模，投放6000万元贷款支持生物资产转化为银行标准抵押物。

助力脱贫攻坚 人民银行西安分行出台《陕西省2020年金融精准扶贫工作要点》（西银发〔2020〕43号文印发），引导金融机构持续提升全面脱贫与乡村振兴金融服务水平和能力。截至年底，陕西省发放扶贫再贷款300.39亿元，全省金融精准扶贫贷款余额1612.47亿元，比上年增长26.77%。建立苏陕协作社区工厂扶贫车间信贷支持情况监测制度，跟踪监测企业融资需求情况，提升金融支持精准度。在西安推出“多机构信贷+扶贫基地+贫困户”统贷联放金融服务模式，解决银行与贷款主体信息不对称问题，支持农业产业转型升级和做优做强。

◆金融稳定 2020年，中国人民银行西安分行联合陕西银保监局、陕西证监局、陕西省地方金融监督管理局等部门成立金融委办公室地方协调机制（陕西省），加强中央和地方在金融监管、风险处置、信息共享和消费者权益保护等方面的协作。中国存款保险业务中心陕西省分中心成立，负责全省存款保险制度组织实施与履职。辖内渭南市成为全国启用存款保险标识的试点地区之一。11月，全省1[illegible]家金融机构7735个网点的52095个存款保险标识统一启用，依托全省41554个惠农支付点实现存款保险宣传行政村全覆盖。开展全省地方法人银行机构资产质量真实性现场核查，摸清辖区银行机构风险底数，强化风险管控。对全省部分法人银行机构开展偿付能力敏感性、流动性风险和宏观情景压力测试，掌握机构承压能力。按季对全省地方法人机构开展央行金融机构评级，细化评级流程，拓展评级运用效果。建立辖内法人银行同业业务监测框架，按季监测其交易杠杆率、期限错配等情况。按照中国人民银行部署，开展商业汇票信息披露试点及推广工作，指导2家企业和2家财务公司成为首批试点企业。

◆金融服务 2020年，中国人民银行西安分行发挥国库职能，助力疫情防控等重点领域。开辟疫情防控资金拨款“绿色通道”，助推国家和地方政府优惠政策第一时间落地落实。优化退税流程，确保个税汇算清缴政策落地“最后一公里”畅通无阻。开发“财税关库电子对账管理系统”，实现全省各级国库与各征收机关间的电子对账，满足各部门数据交互需求和信息传递安全要求。打造陕西省宜君、兴平等13个移动支付“引领县”，组织陕西银联和各涉农银行业金融机构开展专项消费券发放等消费便民活动，实现移动支付与县域特色产业、“智慧公交”、重点商超等场景结合。推动第三方支付缴纳税费服务在全省范围内正式开通。开展支付结算执法检查、涉赌涉诈支付服务风险排查与整治、银行账户风险管控等工作，净化省内支付服务环境。建立打击治理电信网络新型违法犯罪联席会议机制和打击治理跨境赌博金融监管工作机制，强化新型犯罪打击治理力度。中国人民银行批准西安市成为本外币合一银行结算账户体系试点地区。优化征信基础设施建设，增加自助查询网点建设密度。截至年底，全省共建成征信查询网点291个，配备自助查询设备333台。扩大征信系统覆盖面，支持和引导10家村镇银行、融资租赁公司等机构接入征信系统。创新“征信+金融”服务模式，通过对中小企业进行信用评价、信用调查，并联合金融机构结合企业信用状况和信贷产品特点，为中小企业提供融资推荐服务。制定陕西省“促融资 纾企困”中小微企业应收账款融资倍增专项行动（2020—2022年）实施方案，引导小微企业全年通过应收账款融资平台实现融资591.07亿元。推动地方征信平台建设，全年全省建立地方征信平台8个，汇聚423万家市场主体信用信息，实现融资对接226亿元。人民银行西安分行与陕西省财政厅、陕西省高级人民法院等部门建立金融风险防控联席会议制度，合力推进非金融企业债务风险摸排、不良资产处置、非法集资和互联网金融专项整治等工作。推动金融教育示范基地建设，全年认定省级金融教育示范基地3家。通过“云课堂”等模式，推进基础金融知识、金融政策解读等纳入国民教育体系。指导陕西金融消费纠纷调解中心与新城区人民法院开展“司法确认绿色通道”试点，促进金融纠纷调解。

◆外汇管理 2020年，中国人民银行西安分行、国家外汇管理局陕西省分局出台《关于金融支持中欧班列（西安）集结中心暨中国（陕西）自由贸易试验区高质量发展的意见》（西银发〔2020〕152号），提出企业外债便利化试点等13条举措，推动陕西自贸区高质量发展。国家外汇管理局批复在陕西省开展贸易收支便利化试点，为试点企业提供办理贸易外汇业务时采取优化单证审核、特殊退汇事前免登记、进口报关单免核验等便利化措施。促成陕西自贸区企业全国首例以外币计价的利润再投资成功落地。在中国银行、韩亚银行等4家银行19个网点率先办理外籍人才薪酬购付汇便利化政策试点业务，支持陕西实施“引才引智”战略。外汇局陕西省分局制定下发关于《金融外汇支持陕西涉外经济高质量发展的实施意见》（陕汇管〔2020〕16号），提出助力防控疫情的27条措施；建立外汇政策“绿色通道”和“7×24小时”应急联络渠道，开通4种非现场业务渠道，为涉外企业提供在线服务；建立企业数据库，推动185家涉外企业开展银企对接，满足其融资需求。全年全省跨境资金收支规模516.2亿美元，比上年增长5.0%；结售汇顺差11.8亿美元，增长221.8%；全省外贸进出口增长7.3%。查处外汇领域违法违规行为，防控跨境资金流动风险。出台《国家外汇管理局陕西省分局关于全面做好防控化解外汇领域重大金融风险工作的实施意见》（陕汇管〔2020〕17号），维护全省外汇市场秩序。持续开展跨境资金流动风险评估工作，强化风险监测和业务评估。组建联合监测核查小组，对市场主体进行风险提示，组织开展打击虚假贸易融资、转口贸易、内保外贷和个人分拆购付汇等专项检查行动，打击外汇领域违法违规行为。

◆跨境人民币 2020年，中国人民银行西安分行坚持本币优先原则，拓展跨境人民币金融服务。依托“再贴现货币政策传导+NRA账户功能运用+跨境人民币便捷使用”的政策体系，推出跨境贸易新模式“央行•跨境票据通”，降低企业融资成本，拓宽融资渠道。批准陕西煤炭交易中心有限公司（西煤支付）获取跨境人民币支付业务牌照，填补西北地区互联网支付机构开展跨境业务的空白。针对县域缺乏国际结算资格银行的难题，首创“县域网点代理初审+市行营业部办理结算”模式，外贸企业跨境收付款“足不出县”，节省汇兑费、异地往返费等。自陕西省2011年8月启动跨境人民币业务以来，截至年底，陕西跨境人民币收付金额累计实现3492.8亿元，34家银行的279家分支机构参与，服务3228家企业，惠及境外参加银行1857家，交易辐射境外126个国家和地区。

（冯逸超）

◆陕西银保监局 2020年，统筹推进疫情防控和经济社会发展，扎实做好“六稳”工作，全面落实“六保”任务，全力决战脱贫攻坚，坚决打好防范化解金融风险攻坚战，为陕西经济社会发展提供有力金融支持。

机构组织 截至年底，陕西辖内有银行业机构193家，包括3家政策性银行，6家大型商业银行，12家股份制银行，8家城市商业银行，6家外资银行，142家农村中小金融机构，3家信托公司，7家企业集团财务公司，1家汽车金融公司，1家消费金融公司，4家资产管理公司。辖区有保险总公司2家，保险省级分公司67家。其中，财产险公司省级分公司31家；人身险公司省级分公司36家。

资产负债 截至年底，陕西银行业机构总资产62422.44亿元，比上年增长12.12%；总负债60429.10亿元，比上年增长12.47%。陕西保险业资产总计2448.20亿元，比上年增长13.21%。其中，产险公司资产总计185.32亿元，比上年增长7.98%；寿险公司资产总计2262.88亿元，比上年增长13.66%。

贷款存款 截至年底，全省银行业机构各项贷款余额39313.50亿元，比上年增长14.11%；各项存款余额47670.39亿元，比上年增长10.45%。

利润拨备 全省银行业机构全年实现利润581.12亿元，较年初增加5.65亿元，增长0.98%，增速低于上年9.93个百分点。

保险业务 陕西保险业全年实现原保险保费收入1102.74亿元，全国排名第14位，比上年增长6.70%，高于全国平均增速0.57个百分点，增速全国排名第14位。其中，产险公司保费收入262.15亿元，比上年增长10.18%；寿险公司保费收入840.59亿元，比上年增长5.66%。

保险赔付 陕西保险业全年原保险赔付支出332.19亿元，比上年增长10.72%。其中，财产险赔付支出149.45亿元，比上年增长14.79%；人寿险赔付支出128.58亿元，比上年增长8.97%；健康险赔付支出48.02亿元，比上年增长4.22%；意外险赔付支出6.13亿元，比上年增长6.57%。（陆雅红）

◆**陕西省国际信托股份有限公司** 2020年，按照“十三五”规划总体部署，抓主业促创新，积极强化经营管理，拓市场、调结构、促转型、控风险、强管理、提质效，进一步夯实高质量发展基础。截至年底，注册资本39.64亿元，净资产117.95亿元，全年实现营业收入21.26亿元，比上年增长21.08%；利润总额9.18亿元，比上年增长20.76%；实现净利润6.86亿元，比上年增长17.91%。信托资产规模2570.32亿元，比上年下降10.97%；主动管理类信托资产规模1860.35亿元，占比增至72.38%；融资类信托资产规模1102.76亿元，比上年下降17.06%；信托业务收入12.67亿元，比上年增长34.10%；为投资者分配收益174.67亿元，比上年增长134.93%。

（蒋　悦）

◆**西安银行** 2020年，积极落实监管工作要求，聚焦省市重点项目和十项重点工作，统筹推进疫情防控和业务转型发展，经营发展实现稳中有进。截至年底，总资产达3063.92亿元，比上年增长10.10%；实现归属于母公司股东净利润27.56亿元，比上年增长3.03%；不良贷款率1.18%，与上年持平；拨备覆盖率269.39%，比上年上升6.98个百分点，经营指标持续向好。在英国《银行家》全球前1000家银行中排名第337位；首次入选“全球银行品牌价值500强”；在中国《银行家》竞争力排名中位列2000—3000亿元城商行第2位；获“最佳公司治理城商行”“2020资本市场年度投资价值之星”等多项荣誉，品牌价值不断提升。

金融抗疫纾困　全面提升金融服务和应急保障能力。做好自身疫情防控，捐资1200万元，开立涉疫专户、开辟绿色通道，确保资金及时划拨。制定支持疫情防控和复工复产的十五条措施、九项优惠政策等，与国家金融扶持政策和减税降费形成组合效应，以“快准实新”的服务为地方实体经济复苏保驾护航。推出线上捐款、电商物流、市民出行、校园缴费、电子社区等五大场景疫情解决方案。

服务区域经济　紧紧围绕中共西安市委、西安市人民政府“十项重点工作”和构建“6+5+6+1”现代产业体系的决策部署，聚焦区域经济的空间和产业布局，持续加大投融资总量。综合运用信贷、债权投资、资产管理等方式，积极支持基础设施在建项目及补短板项目建设，优先扶持战略新兴产业和行业，为重点项目和重点领域提供综合化金融解决方案，不断提升支持区域经济发展的金融服务水平，促进自身转型与区域经济转型升级的协同发展。

小微金融服务　增强信贷投放精准度，在风险可控前提下，全力支持受疫情影响严重的交通运输、文化旅游、住宿餐饮、批发零售等行业复工复产、复商复市。深入贯彻央行支小再贷款专项支持政策，通过推出复工助力贷专项产品，落实延期还本付息政策、加大普惠信用贷款投放、创新授权审批机制等方式，夯实对受疫情影响小微企业的支持力度。增强线上小微服务能力，对线上小微企业信用贷款“西银e贷”业务进行迭代升级，优化智能决策平台，实现小微企业贷款“增量、扩面、提质、降本”。

提升综合服务　推出“文创专项贷”“航空助力贷”和科技型企业综合服务方案，持续丰富行业金融服务模式。推出各条线、各板块特色金融产品，形成基于客户细分的零售特色产品组合，新增财政资金归集等多项资质。获得一级交易商资格、普通类衍生品交易资格，资管业务加速发展，理财产品净值化程度和速度位居前列，综合化服务能力不断提升。

数字化服务　加快线下业务线上化，搭建并持续完善线上服务体系，以“手机银行+微信银行+网上银行+小程序+智能网点”为支撑，实现7×24小时、五位一体全渠道覆盖式服务。打造嵌入式的场景金融服务，重点布局政务、便民、社区、交通、教育、医疗和文旅等七大场景，将居民生活服务、社会公共服务与银行金融服务有机整合，助力智慧城市建设。实现网点智能化、自动化转型，创新开户模式，开展业务用印电子化改革、柜面无纸化等流程再造工作，实现网点渠道与线上App应用场景的互联互通，完成RPA流程机器人在业务运营、反洗钱等场景的应用落地。

风险管控　加强风险治理与风险排查有效衔接，对各类风险进行全景监测；加强风险预警与流程优化有效衔接，压实管理责任；加强应急处置与防线加固有效衔接，及时化解风险；加强业务创新与风险管理有效衔接，提升主动化、专业化风险管控能力；加强监管导向与内控合规有效衔接，确保不发生重大风险事件。（闫秋池）

资本期货市场

◆**概况** 2020年，陕西证监局紧紧围绕服务实体经济发展，引导省内企业把握金融供给侧结构性改革有利时机，拓宽融资渠道，降低融资成本，全年实现直接融资1104.[illegible]亿元。1[illegible]家上市公司通过IPO、增发（包括发行股份购买资产）、发行可转债及公司债等多种方式，共计融资401.02亿元。全年新增上市公司6家，IPO过会企业1家。其中主板2家、中小板1家、科创板3家、创业板4家。全年新增新三板精选层挂牌公司1家，精选层过会企业1家。新增新三板挂牌公司5家，总数达到1[illegible]家。1家精选层挂牌公司公开发行融资2.39亿元，10家挂牌公司定增融资[illegible]亿元，为陕西省创新型、创业型、成长型企业发展壮大提供有力支持。41家非上市企业通过交易所发行62只公司债，募集资金684.16亿元；2家企业发行可交换债，融资12.10亿元。西部证券、开源证券、中邮证券3家法人机构，总资产[illegible]9.01亿元，比上年增长30.68%；净资产428.18亿元，比上年增长37.73%；净资本386.88亿元，比上年增长-3.81%。全年实现营业收入68.74亿元，比上年增长23.79%；实现净利润19.37亿元，比上年增长46.85%。辖区共有证券分公司[illegible]4家，新增5家；证券营业部[illegible]52家，减少4家。全年辖区证券经营机构代理证券交易额8.02万亿元，比上年增加41.2[illegible]%；年末客户交易结算资金余额29[illegible].[illegible]8亿元，比上年增加28.33%；投资者开户数620.20万户，比上年增加11.98%。

◆**上市公司发展** 2020年，陕西上市公司呈现出发展韧性较强，总体规模持续壮大，经营业绩大幅增长，业绩分化明显等特点。截至年末，辖区有59家上市公司。其中，沪市主板24家；深市主板11家；中小板9家；创业板11家；科创板4家。上市公司总市值12690.45亿元，比上年增长[illegible]7.36%；总资产、净资产分别为13[illegible]8[illegible].[illegible]亿元和4312.22亿元，比上年分别增长[illegible]1.28%和18.60%；全年实现营业收入4[illegible]37.81亿元，比上年增长55.20%；实现净利润323.93亿元，比上年增长[illegible]%；每股收益0.38元，净资产收益率7.51%。陕西煤业、隆基股份等头部企业业绩实现大幅增长，隆基股份新建产能投产，单晶硅市场需求旺盛，营业收入和净利润双双实现60%以上增长，对整体业绩增长起到决定性作用。中航西飞通过资产置换实现对大中型飞机整机制造资产专业化整合，秦川机床完成对法士特沃克齿轮并购，陕西建工通过重大资产重组实现整体上市。

◆**新三板挂牌** 2020年，陕西挂牌公司在新冠肺炎疫情冲击及经济下行压力下表现出强劲韧性，全年总体发展平稳，优质企业逐层递进发展生态逐步形成。截至年末，辖区有135家挂牌公司，其中有2家为精选层企业。挂牌公司总股本89.37亿股，总市值601.52亿元。全年实现营业收入210.62亿元，实现净利润14.35亿元。高精特新企业融资能力增强，5G通信芯片设备供应商亚成微、卫星通信设备生产商星展测控等10家公司通过定向发行股票，共计募集资金4.34亿元；精选层公司富士达为5G通信射频连接器供应商，公开发行股票募集资金2.39亿元，辖区挂牌公司股权融资金额比上年增加155.30%。在创新驱动作用下，新三板苗圃作用凸显，三人行、瑞联新材、西安凯立、易点天下、中熔电气等挂牌公司分别实现发行上市或IPO过会。

◆区域性股权市场 截至2020年末，陕西股权交易中心股份有限公司挂牌公司1402家，比上年增长30.30%；托管公司1706家，比上年增长31.84%；展示企业949家，比上年增长2.26%。为中小微企业实现各类融资73.13亿元，比上年增加3.64%。

◆期货行业 截至2020年底，陕西省迈科期货股份有限公司、西部期货有限公司、长安期货有限公司3家法人机构总资产76.71亿元，比上年增长5.14%；净资产17.89亿元，比上年增长16.95%；净资本11.91亿元，比上年增长17.36%；全年实现营业收入7.54亿元，比上年增长141.18%；实现净利润0.88亿元，比上年增长331.43%。期货营业部38家（含分公司），与上年持平。全省全年期货经营机构代理期货交易额11.99万亿元，比上年增长11.47%；期货投资者8.66万户，比上年增长32.14%。

◆私募基金 截至2020年底，陕西省已登记私募基金管理人260家，管理基金619只，规模1051.82亿元，比上年分别增长7.88%、27.10%和1.29%。其中，私募证券投资基金管理人70家，管理基金238只，规模58.09亿元，比上年分别增长16.67%、45.12%、32.32%；私募股权、创业投资基金管理人186家，管理基金374只，规模991.92亿元，比上年分别增长5.08%、19.49%、0.001%；其他类私募基金管理人4家，管理基金7只，规模1.81亿元，比上年分别下降0.00%、30.00%、30.38%。

◆西部证券股份有限公司 截至2020年底，总资产604.93亿元，比上年增长35.36%；净资产261.68亿元，比上年增长46.93%；全年实现营业收入34.94亿元，比上年增长19.21%，实现净利润11.06亿元，比上年增加54.57%。经纪业务收入10.2亿元，比上年增长54.78%；自营业务收入17.47亿元，比上年减少1.85%；投行业务收入5.29亿元，比上年增长66.35%；利息净收入1.93亿元，比上年增长47.33%；资产管理业务收入0.20亿元，比上年减少33.33%。公司新取得上海证券交易所沪深300ETF期权一般做市商资格。

◆开源证券股份有限公司 截至2020年底，总资产238.14亿元，比上年增长33.58%；净资产105.76亿元，比上年增长43%；全年实现营业收入25.86亿元，比上年增长29.95%，实现净利润6.07亿元，比上年增长48.41%。经纪业务收入2.74亿元，比上年增长60.23%；自营业务收入6.11亿元，比上年增长12.35%；投行业务收入10.32亿元，比上年增长21.41%；资产管理业务收入2.15亿元，比上年减少25.09%；利息净收入4.3亿元，比上年增长29.13%。公司新取得投资管理人受托管理保险资金资格、全国银行间拆借中心利率互换交易资格。

◆中邮证券有限责任公司 截至2020年底，总资产115.94亿元，比上年增长6.68%；净资产60.74亿元，比上年增长3.48%；全年实现营业收入7.94亿元，比上年增长25.63%，实现净利润2.24亿元，比上年增长15.46%。经纪业务收入1.06亿元，比上年增长39.47%；资管业务收入0.8亿元，比上年增长7.32%；利息净收入3.33亿元，比上年增长2.15%；自营业务收入1.07亿元，比上年下降5.88%。公司无新增业务资格。

◆迈科期货股份有限公司 截至2020年底，注册资本3.28亿元，下设11家分支机构（分公司和营业部）、1家子公司。公司总资产27.82亿元，比上年增长25.20%；净资产6.62亿元，比上年增长6.29%；全年营业收入3.87亿元，比上年增长155.12%；实现净利润0.39亿元，比上年增长368.30%。获陕西证券期货业协会“2020年优秀会员单位”，获上海期货交易所2020年度“优秀会员奖”。

◆长安期货有限公司 截至2020年底，新增注册资本1.43亿元，增资后注册资本4.93亿元，新设立安徽分公司、淄博营业部2家分支机构，撤销汉中营业部，分支机构变更为10家，公司新设1家子公司长开经贸（上海）有限公司。公司总资产16.31亿元，比上年增长33.37%；净资产5.95亿元，比上年增长48.94%；全年实现营业收入2.32亿元，比上年增长238.37%；净利润0.23亿元，比上年增长87.73%。获陕西证券期货业协会“2020年度投资者保护及教育工作十佳优秀投教产品”，获大连商品交易所“最具成长性会员奖”“优秀技术支持奖”。

◆西部期货有限公司 截至2020年底，注册资本5亿元，下设8家分支机构（分公司和营业部）、1家子公司。公司总资产32.58亿元，比上年减少18.42%；净资产5.29亿元，比上年增长5.1%；全年实现营业收入1.35亿元，比上年增长41.21%；实现净利润0.26亿元，比上年增长12378.18%。获陕西证券期货业协会“优秀会员单位”，获上海期货交易所“期权市场服务奖”，获中国金融期货交易所“优秀会员金奖”，获“2020年大连商品交易所优秀期货投研团队”。

◆投资者保护与教育 2020年，陕西证监局结合“3·15”国际消费者权益日、“3·20”投资者教育进高校宣传日、“5·15”全国投资者保护宣传日、9月金融知识普及月、世界投资者周、打非宣传月等主要时间节点，以及新三板改革、新证券法修订、“创新创业 共迎发展”创业板改革、防范和打击“杀猪盘”、“股东来了”投资者权益知识竞赛、“诚实守信 做受尊敬的上市公司”等专项活动，辖区各机构围绕新三板和创业板改革、新证券法修订、提升上市公司质量及诚信守法经营意识、私募基金风险、防范非法荐股、场外配资、黑群黑App等非法证券期货活动风险、投资者知权维权等主题开展一系列投资者教育活动。积极推动投资者教育纳入国民教育体系工作。与上海证券交易所、西安交通大学、西部证券签署合作备忘录，通过分工协作、共同开展“进高校”开课程、办讲座、搞活动、育师资、编教材等工作。与陕西省11个地市政府签署资本市场合作备忘录，并将投资者教育纳入国民教育体系工作作为重点工作之一融入其中。西部证券、西部期货与西安交通大学、开源证券与西北大学、长安期货与西北农林科技大学等建立校企合作，开设证券、期货相关项目等课程，取得良好效果。辖区机构结合不同群体，走进中小学、高校、职业学校、老年大学，开展针对性知识普及教育。进一步发挥省级投教基地的专业投资者教育机构功能。截至年底，辖区有5家省级实体投教基地，全年服务社会公众2.98万人次，举办座谈会、讨论、培训等活动448场，制作投资者教育产品507件，受到投资者认可。

（殷少伟）

综　述

◆概况　2020年，西安市（含西咸新区）累计新批准商品房上市面积2533.15万平方米，比上年下降9.59%；其中住宅1799.55万平方米，下降13.04%。商品房累计网签销售2246.20万平方米，下降15.03%，其中住宅1801.96万平方米，下降16.15%，库存消化周期约8.8个月。二手房网签销售912.99万平方米，增长29.3%，其中二手住房853.45万平方米，增长35%（不含西咸新区）。累计新批准商品房上市面积1781.85万平方米，比上年下降12.92%；其中住宅1234.01万平方米，下降18.14%。商品房网签销售面积1761.65万平方米，下降17.66%；其中住宅1363.54万平方米，下降18.29%，库存消化周期约9.8个月。二手房网签销售908.34万平方米，增长28.66%，其中二手住房848.8万平方米，增长34.22%。新办房地产企业资质281家，暂定延期及核定四级房地产企业344家；四级资质延期255家。全年维护楼盘表数据553笔，审核房源挂牌5.8万件，二手房购审7.4万件，代收土地收益金5500余笔。1—4月，办理房产预（实）测1077余万平方米，商品房购审1.5万件，房地产经纪机构网上业务1100余件；5月起，房产预（实）测、商品房购审、房地产经纪机构网上业务均下放各区（开发区）办理。

◆住房制度改革　2020年7月，西安市住房和城乡建设局联合西安市发展和改革委员会、西安市自然资源和规划局下发《西安市单位自建共有产权住房实施细则（试行）》；全年批复各单位公有住房出售方案55个，批准出售公有住房7704套，面积86.66万平方米；核准市级行政事业单位住房分配货币化补贴资金2.63亿元，涉及补贴人数1.5万人。

◆住建执法监察　2020年，西安市住房和工程建设执法监察队全年处罚项目74个，处罚金额5328.3646万元。其中，工程建设处罚1个项目22.2646万元；扬尘处罚61个项目392万元；房屋管理处罚11个4914.1万元。

◆市住建局召开房地产开发企业座谈会贯彻落实“房住不炒”精神　2020年12月9日，西安市住房和城乡建设局组织召开房地产开发企业座谈会，全市30余家房地产开发企业参与座谈。会议对开发企业提出以下几点具体要求：一是希望开发企业理性宣传，正确引导购房群众，严禁通过各种渠道发布不实消息，鼓吹房价上涨，引发负面舆论；二是要求开发企业严格落实《关于禁止将房屋销售与学区、学校相关联的通知》，房地产开发企业不得在广告宣传中使用“名校”“学房”“学区房”“指标房”等广告语，避免使购房者对配套学校或入学资格产生误解；三是要求开发企业要加强员工培训，进一步增强社会责任感，禁止销售人员在销售过程中为不具备购房资格的群众办理相关购房手续；四是要求开发企业积极配合国家统计局西安调查队做好重点房地产开发企业住宅销售价格问卷调查工作，如实、客观反映西安市房地产市场情况；五是房地产开发企业要坚持贯彻落实“房住不炒”定位精神，并严格执行房地产市场相关调控政策。最后，市住建局相关同志和各开发企业进行沟通交流，对企业提出的问题进行解答。（张　睿）

房地产市场管理

◆概况　2020年，西安市住房和城乡建设局积极推行二手房交易“网上办”，实现二手房网签监管协议电子签章功能，已在各交易大厅上线使用；紧抓西安市“一网通办”机遇，实现与不动产、民政、公安等单位数据共享，将二手房交易业务端口延伸到全市经纪机构和银行机构，简化交易确认办理流程，实现所有业务“最多跑一次”；积极搭建完善新版二手房经纪机构信用档案平台，联系西安市房地产中介行业协会，提升行业服务水平；平稳推进商品住房销售公示新老平台顺利过渡，实现商品房买卖合同内容变更线上申请办理。坚持事权下放责任不下放，顺利完成商品房意向登记、购审、网签备案、房产测绘成果备案和房地产经纪机构管理5项行政事权下放工作。房产交易管理中心被中央文明委确认继续保留“全国文明单位”荣誉称号；先后获得西安市“劳动模范先进集体”“营商环境优化提升青年示范岗”“青年文明号”荣誉称号。

◆房产交易管理　2020年，西安市住房和城乡建设局通过加强房屋楼盘表管理、房屋基础数据应用、行业信用体系建设、房源信息核验平台优化、房屋“数字网签”推进、存量房资金监管完善、窗口效能提升等八大举措，为群众提供高效便捷的房产交易服务。全年办理房产测绘成果备案745幢1077.35万平方米，楼盘表入库2807幢，维护楼盘表553宗；房源挂牌审核5.8万余件；商品房购审1.5万件，二手房购审7.4万件；商品房网签业务20[illegible]0余件；发布商品房销售公告60个；为纪委监委、公检法、民政和不动产等部门查询商品房网签备案合同13.8万件；办理存量房网签开户相关业务1134件；开展经纪机构、租赁企业复工复产检查318家，扫黑除恶专项检查52家，查出发布秦岭北麓房源信息的经纪机构18家，均已整改下架。其中房源核验、二手房购审、房产交易档案查询业务量均创新历史新高。西大街房产交易大厅接待办事群众约30余万人次，收到锦旗50余面，表扬信80余封，评选服务明星47人次，受到办事群众肯定。（张　睿）

◆商品住宅价格　2020年，西安市及时出台举措，力促市场平稳发展。随着疫情防控形势持续好转，在政策调控与市场调节叠加作用下，房地产市场整体趋于稳健。新建商品住宅销售价格涨幅环比呈冲高回落，同比呈高位回落。从环比看，截至12月，西安新建商品住宅销售价格环比已经57个月连续上涨。全年处于小幅逐步上扬状态，除8月房价涨幅超过1.0%外，全年市场价格涨幅一直维持在1.0%以内，依次为0.3%、0%、0.5%、0.6%、0.5%、0.8%、0.9%、1.1%、0.8%、0.5%、0.2%和0.5%。全年新建住宅销售价格累计上涨6.9%。从同比看，涨幅逐渐收窄，涨幅比上年收窄12.2%。从各月看，1—4月各月同比涨幅在10.0%以上，5—12月，涨幅降至10.0%以内，12月同比上涨6.9%，为年内最低点。三种户型住宅价格同比指数走势基本相近，但从全年累计看，90平方米以下住宅累计上涨12.0%，90—144平方米住宅累计上涨8.4%，144平方米及以上住宅累计上涨6.9%，涨幅分别比2019年收窄10.4%、12.7%和13.1%，小户型房价格涨幅较大。新建商品住宅销售价格同比涨幅西安仍居全国前列。西安新建商品住宅销售价格同比累计上涨8.9%，在15个副省级城市中，涨幅居第2位。在70个大中城市中，涨幅居第8位。在15个副省级城市中，新建商品住宅销售价格同比指数从高到低排列分别为：成都、西安、沈阳、武汉、长春、宁波、哈尔滨、大连、杭州、深圳、南京、厦门、青岛、广州、济南。

◆二手住宅价格 2020年，西安市二手住宅销售价格同、环比涨幅大致呈反向趋势。从环比看，受疫情影响，常规年的二手房交易的惯性被打破，交易高峰出现滞后现象，呈“金九银八”，总体上看，二手房交易需求从5月回暖，连续6个月保持上涨，受调控政策影响，11月转为下降，12月以上涨收尾，全年二手住宅销售价格累计上涨2.5%。从同比看，二手住宅价格涨幅呈“V”形趋势。上半年，涨幅呈下滑态势，由0.3%下落到-2.3%，下半年，呈爬升态势，至12月同比上涨2.4%，为年内最高点，全年累计下降0.3%。三种户型的同比涨幅冲底后上扬。小、中、大户型价格同比累计分别为持平、下降1.2%和上涨1.2%，涨幅比2019年分别收窄9.1%、8.7%和10.1%，大户型房更受市场关注。二手住宅销售价格涨幅在全国居中后位。2020年，西安二手住宅销售价格同比累计下降0.3%，在15个副省级城市、70个大中城市中，分别位列第12和第46位。2020年，15个副省级城市中二手住宅销售价格同比指数从高到低排列依次为深圳（112.9）、沈阳（109.4）、宁波（108.2）、哈尔滨（106.2）、成都（105.4）、南京（104.8）、大连（104.8）、杭州（104.5）、厦门（104.3）、长春（104.2）、广州（102.3）、西安（99.7）、武汉（98.9）、济南（96.8）、青岛（95.8）。（贯亚梅）

房屋管理

◆房屋租赁 2020年，西安市成功申报为2020年中央财政支持住房租赁市场发展的试点城市，成立西安市人民政府主要领导任组长的工作专班统筹推进试点工作，制定《西安关于规范住房租赁市场管理的实施意见》《西安市住房租赁资金监督管理实施意见》《西安市住房租赁试点工作实施方案》《推动我市住房租赁网签备案和资金监管相关工作的通知》。搭建的住房租赁交易服务平台上线运行，截至年底，平台审核通过企业137家、房源5424套（间），依托平台推行住房租赁资金监管制度，首批确定5家试点租赁资金监管银行，有48家住房租赁企业签订资金监管协议。新增新改建租赁住房项目17个，总计房源18708套（间），面积143.915万平方米，其中新建租赁住房项目11个，面积134.57万平方米，房源约14570套；改建租赁住房项目6个（其中4个已建成投入使用），面积9.345万平方米，房源4138套（间）。成立市级安居集团和4家区级住房租赁企业，通过新建改建、盘活存量等方式增加租赁房源，带动全市住房租赁市场专业化、规模化发展。

◆房屋征收管理 2020年3月1日起，新修订的《西安市国有土地上房屋征收与补偿办法》正式施行。西安市住房和城乡建设局组织开展全市征收政策法规培训班2期3个班次，通过“西安发布”“今日头条”《西安日报》等媒体大力宣传。起草《西安市国有土地上房屋征收评估办法（修改稿）》，初步拟制2021年西安市国有土地上房屋征收年度计划，出台《市住建局关于进一步落实国有土地上房屋征收有关税收政策的通知》和《市住建局关于建立完善基础教育设施“先建后拆”工作机制的通知》，有力规范全市房屋征收工作。建立征收业务档案查询系统，进一步完善全市评估机构信用评定工作机制，对易俗文化街区有机更新、三学街周边棚户区改造、地铁8号线工程等10个项目进行房屋征收决定备案，涉及5736户，房屋建筑面积77.4万平方米，全年受理群众来信14件，接待群众来访和咨询500余人次，作出补偿决定2份，圆满解决太华路——北二环立交项目征拆问题，保障“十四运”重点项目的推进。

◆房屋安全管理 2020年，西安市住房和城乡建设局广泛动员积极开展公房小区疫情防控工作，减免公房承租人（单位）租金711万元，有效促进市场复苏。7月1日，国有直管公房经营管理单位房地产经营一、二、三公司分别整体移交碑林区、莲湖区、新城区管理，并开展全市直管公房清理整合工作。出台《西安市房屋安全鉴定机构管理办法》，规范西安市房屋安全鉴定行为和市场，积极开展房屋安全鉴定复核工作。积极开展房屋使用安全排查，查处各类影响房屋使用安全行为48起，有效保障房屋使用安全，没有发生房屋使用安全责任事故。完成鉴定项目80项，鉴定面积215253.44平方米。

◆老旧住宅小区综合提升改造 2020年，西安市计划改造老旧小区1100个，已实施改造1861个小区，完成1356个小区、1826万平方米。在各市级部门积极指导、协调下，各区（县）、开发区共同努力，全市老旧小区改造工作取得良好成效，人民群众幸福感、获得感不断增强。自2019年底以来，共2018个改造项目申请到中央和陕西省补助资金，合计资金49.08亿元。其中，1895个项目申请到财政补贴资金，合计资金29.34亿元；123个项目申请到发改部门补贴资金，合计资金19.74亿元。各实施单位努力克服春季疫情、夏季多雨、冬季减霾及群众对防护网拆除意见不一致等因素影响，在实际工期不足半年的情况下，按时完成既定目标任务。在无现成经验可参考的情况下，市老旧小区改造办用10天时间拟定老旧小区评估验收方案，指导评估验收工作顺利开展，实现“零”的突破。同时，市旧改办创新工作方式，协调“十四运”指挥部、市级部门、市住建局各处室、区（县）、开发区、建设及施工单位等多方共同参与评估验收。

◆物业管理 2020年，西安市住房和城乡建设局印发《2020年物业管理工作要点》，全市业主委员会（物业管理委员会）成立1654个，占比61%；指导雁塔区、碑林区开展“红色物业”试点工作，得到中共西安市委组织部的认可与肯定；开展物业市场专项整治，464个物业企业记入良好信用档案，对31个物业企业进行信用扣分处理，有效推进物业行业信用管理体系建设。为老旧小区完成综合改造后实施市场化物业管理，西安市住建局印发《西安市加强老旧小区改造后物业管理工作的指导意见》和《西安市老旧小区改造后物业服务指导标准》。出台《西安市普通住宅小区物业服务指导标准》，为规范西安市物业服务行为提供依据。在新冠疫情防控中，西安联诚行物业公司白杨同志作为物业行业先进代表，被表彰为全国抗击新冠疫情先进个人，赴北京接受中央表彰。（张　睿）

综　述

◆概况　2020年，西安市有基础教育和职业高中学校3702所，在校（园、班）学生176.71万人，教职工16.31万人，专任教师11.83万人。其中，幼儿园1966所；小学1172所；普通中学495所（初中324所，高中171所）；特殊教育学校11所；工读学校1所；职业高中57所。学校占地面积3708.09万平方米，建筑面积2139.93万平方米。西安市按照“决心一次下足，措施一步到位”和“创新、一流、务实、高效、担当”的要求，大投入建设学校、大规模招聘教师、大力度深化改革、大范围扩优促均，全面完成《西安市基础教育提升三年行动计划（2019—2021年）》第一年度各项任务，秋季开学共投用195所新建、改扩建学校，新增学位19.4万个，新招聘教师7833名，是西安历史上新建学校、新增学位最多的一年。陕西省教育厅批复设立西安市曲江新区、高新区、经开区、浐灞生态区、航空基地、航天基地等6个开发区教育统计代管层级，开发区承担教育发展责任进一步明晰。西安教育“十三五”规划圆满收官，办好人民满意教育、建设教育强市取得明显阶段性成效。

◆教师队伍建设　2020年，西安市通过“1+5”教师招聘模式（公开招聘为主，进校园招聘、公费师范生招聘、D类人才直聘、急需紧缺人才招聘、特岗教师招聘为辅），全年招聘公办教师7833名；招聘高层次及急需紧缺教师143名，为蓝田县、周至县招聘特岗教师197名，“银龄讲学计划”招募银龄教师26名。持续开展“当负责任的校长，办负责任的学校”“讲好每堂课，培育一代人”“万名教师大家访”等活动；遴选推荐陕西省师德标兵6名、陕西省师德建设示范团队7个；中共西安市委、西安市人民政府在教师节表彰奖励西安市教书育人楷模20名、基础教育突出贡献校长30名、最美教师30名、优秀班主任100名、优秀乡村教师100名、师德标兵50名、师德建设示范团队50个。西安市人民政府办公厅印发《关于进一步落实义务教育教师工资待遇的通知》，保证西安市义务教育教师平均工资收入水平不低于当地公务员平均水平。继续实施教育人才“百千万”工程，市财政投入4000万元，开展77个市级教师校园长培训项目，培训37.6万人次；校园长教师交流轮岗6271人，骨干教师交流轮岗率达47%；7月28日启动为期15天的暑期中小学幼儿园教师及校园长线上培训，累计培训教师校园长6万余人次。推荐3名人员享受国务院特殊津贴；17名教师被授予“陕西省第三批中小学教学名师”荣誉称号；培养认定1500名骨干型教师、300名卓越型教师、50名教育家型教师。西安市教育局下放初中及以下教师资格认定权限至区（县）教育部门，持续推进教师资格定期注册工作，审核完成2652份注册信息。西安市在陕西省率先下放中小学中级及以下教师职称评审权，区（县）和开发区113所市级“名校+”教育联合体中的“名校”自主评审。

➜教育领域改革

人事制度改革　西安市教育局联合中共西安市委编制委员会办公室、西安市人力资源和社会保障局、西安市财政局印发《西安市教师“区管校聘”管理改革的指导意见》《西安市实行校长职级制改革的指导意见》《西安市关于建立教育编制周转池的实施意见》，稳步推进教师“区管校聘”、校长职级制、编制周转池等11项人事制度改革。新城区、阎良区、雁塔区加入教师“区管校聘”改革，新城区、碑林区、莲湖区和全市7个开发区加入校长职级制改革。在19所试点学校143个岗位率先开展“先面试、后笔试”教师招聘。建立市级教育编制周转池，跨县域调剂教师编制5000余个，向8个编制紧张区（县）下达补充教育周转编制1200个。在幼儿园、职业中学等公益二类事业单位中实行人员总量控制备案管理新模式，先后为53所市级“名校+”教育联合体中的“名校”核增配备校长职数和事业编制260余个，有效满足全市教育事业编制需求。

招生改革　2020年，西安市平稳实施民办义务教育学校招生改革，对报名人数超过招生计划的民办义务教育学校，一律实施电脑随机录取，民办公办义务教育学校同步报名、同步招生。全市设立27个招生入学协调接待中心、2029个审核登记点，落实军人、疫情防控一线医务人员子女等各类优抚人员子女教育优待政策。西安市义务教育学校招生27.8万人，实现“执行中央政策，结合西安实际，确保平稳有序”的目标。

“名校+”“名师+”“名校长+”工程　优化升级形成“集团化办学、一长多校、委托管理、联盟融合”4种紧凑型“名校+”办学模式。对209个市级“名校+”教育联合体发展情况进行专项评估，加快实现从数量优势到质量优势的转变。截至2020年，西安市组建“名校+”教育联合体1052个，交流管理人员、教师1.36万人，覆盖学生107万人，对薄弱学校覆盖率达95.04%，快速提升一大批学校办学水平；组建市级“名师+”研修共同体200个、区（县）级497个、校级854个，常态化录制播出与教材同版、课程同步的“名师公益优课”，面向全市师生免费开放，累计浏览量5768.7万人次；组建市级“名校长+”领航研修共同体60个，吸纳成员378名，其中6名主持人被教育部认定为“领航校长”，正在形成“成长型、专家型、领航型”校园长梯队培养体系。

◆“五育并举”教育体系

德育教育　2020年，西安市教育

系统落实立德树人根本任务，利用中华传统文化节日，组织开展“9·30”烈士公祭、“崇廉尚德——好家风润西安”、“博物馆进校园”、中小学生微电影创作展映等实践活动及“致敬最美‘逆行’者”少年书信征文大赛暨第十六届全市书信文化活动等，多渠道、多方式、多载体推动广大师生家长坚定社会主义核心价值观，增进爱党爱国情怀。评选表彰市级“三好学生”1928名、“优秀学生干部”382名、“新时代好少年”31名，树立中小学生身边的榜样。投入300万元补助资金，持续推进研学旅行工作，西安市教育局联合西安市文化和旅游局、西安市文物局命名市级中小学生研学旅行实践教育基地20个，打造精品研学旅行线路20条，研学旅行综合实践育人水平进一步提升。中共中央全国精神文明建设表彰大会上，中央文明委授予西安市黄河中学、临潼区铁路小学、莲湖区远东一小、雁塔区翠华路小学、碑林区铁五小学等5所学校“第二届全国文明校园”荣誉称号，授予西安市教育科学研究院“新一届全国未成年人思想道德建设先进单位”荣誉称号。全省精神文明建设表彰大会上，西安市长安区第一民办中学、周至中学、临潼区华清中学、高新逸翠园学校、经开第二小学、长安区第一小学、高新第二小学、未央方新小学、鄠邑区西街小学和陕西师范大学附属小学等10所中小学校荣获“省级文明校园”称号，新城区教育局和高新第六小学荣获“省级未成年人思想道德建设工作先进集体”称号。

体育教育　2020年，西安市教育局深入贯彻落实习近平总书记来陕视察对学生成长提出的“文明其精神，野蛮其体魄”要求，加快推进全国青少年校园足球改革试验区建设，申报全国青少年校园足球特色学校68所、全国足球特色幼儿园48所；创建全国排球特色学校25所、全国冰雪运动特色学校21所、全国篮球特色学校18所；培训中小学足球教练员150人、冰雪教练员80人；开展篮球等9个项目的体育比赛，全市5000余名学生参加青少年校园足球联赛市级决赛。

美育、劳动教育　2020年，西安市新创建市级艺术教育示范学校43所。西安市教育局组织开展“阳光下成长”西安市中小学艺术展演活动，2.7万学名生报名，461个队伍参加集体项目展演。将劳动素养纳入学生综合素质评价体系，各中小学校开设每周不少于1课时的劳动教育课，以日常生活劳动、生产劳动和服务性劳动为主要内容开展劳动教育。设立劳动教育研究中心和劳动教育实验学校122所，积极探索具有西安特色的劳动教育模式。

国防、科学教育　2020年，西安市新创建市级科技教育特色学校32所。市教育局联合市科协举办科技创新大赛、科普知识竞赛、科普日、科技之春宣传月等系列科技教育活动。148所学校6万名高中阶段学生军训工作顺利完成，4所学校与陆军边海防学院离退休老同志开展结对子义务“讲故事”活动，让学生近距离感受军人家国情怀。截至2020年底，西安市共有国防教育特色学校9所、国防教育示范学校4所。

环保教育　2020年，西安市教育局组织开展第7个秦岭生态环境保护宣传周、秦岭生态保护科普教育、加强鸟类等野生动物保护等实践活动，西安市新创建“绿色学校”33所，免费发放《我们爱秦岭》宣传读本33万余册。

◆疫情防控　2020年1月24日，西安市教育局印发《防控新型冠状病毒肺炎传染病疫情工作方案》《西安市教育局致全体学生和家长的一封信——让我们共同做好新型冠状病毒感染肺炎防控工作》，把各级各类学校和校外培训机构全部纳入监管范围，对学生开展14天健康监测。印发《关于做好2020年春季学期延期开学有关通告》，推迟原定于3月1日的全市中小学、幼儿园、中等职业学校2020年春季学期开学时间。2月10日，“西安名师同步在线课堂”正式上线，全力保障西安市“停课不停学”工作。线上推出名师直播精品课3376节，累计浏览量4.19亿人次，有力保障全市学生“停课不停学”，中央电视台予以报道，陕西省教育系统疫情防控小组专刊宣传，教育部推荐给武汉师生同步使用。西安市人民政府印发《关于切实做好疫情防控期间民办幼儿园扶持工作的通知》，出台扶持民办幼儿园6项措施，下达补助资金1028万元，涉及普惠性民办幼儿园760所，在园幼儿17.14万人。中共西安市委、西安市人民政府列支6825万元，免费为全市师生配发口罩3250万只，足额配发校园消杀防疫物资，实现西安市校园疫情“零”感染、“零”确诊。按照疫情防控工作部署要求，西安市高中三年级、初中三年级和中职学校毕业班、小学四至六年级和中职学校非毕业班、初高中其他年级、小学一至三年级，分别于3月30日、4月7日、4月20日、4月27日、5月11日平稳有序错峰开学，具备开园条件的幼儿园于6月8日陆续开学。

◆教育信息化　2020年，西安市加快完善“三通两平台”建设，中小学宽带覆盖率达100%，多媒体教室覆盖率96.23%。创建市级智慧校园37所，遴选64所教育信息化创新应用示范学校，3所学校4个应用案例入选全国基础教育信息化应用典型案例，创建创客教育实践室优秀学校238所；推进优质教育资源平台建设，市级资源平台累计上线41万余节课，教育教学素材20万条，资源访问量180万人次，资源下载量43万次。持续开展“一师一优课、一课一名师”活动，西安市获省优课程3795节，部优课程1418节，教师参与人数及“晒课”数量均位列陕西省第一，获部级优课总数位居全国副省级城市第一。

◆儿童青少年近视防控　2020年，西安市继续实施学校教室光源改造提升工程，对349所学校的6570间教室照明进行改造提升，从2019年起按10%的比例对教室桌椅进行更换。组织开展0—6岁儿童健康管理服务工作，对4—6岁儿童进行定期视力筛查；遴选19个试点区（县）、26所试点校，积极探索青少年近视防控“西安经验”；广泛开展“视觉2020”主题宣传活动、近视防控宣传月活动，培养学生良好用眼习惯；严格落实《西安市综合防控儿童青少年近视实施方案》，将近视综合防控纳入对区（县）政府的绩效考核。西安市被评选为青少年近视防控工作国家级改革试验区。

◆校园安全稳定　2020年，西安市教育局印发《全市校园安全专项整治三年行动实施方案》。投入1000万元校园视频监控系统建设资金，为51所中小学幼儿园新建、更新视频监控系统。启动全市校园安全管理与应急指挥平台建设。全市中小学幼儿园安装“一键式报警”点位3733个，配备专职保安人员12101人，在陕西省率先实现学校封闭化管理、保安配备、一键报警接入率“3个100%”全覆盖。西安市修订校车安全管理联席会议制度，下拨579.5万元校车工程运行经费。设立校园警务室307个、警务联络室3221个、“高峰勤务”执勤点127处，新设校门口减速带113个、警示牌276个，校园及周边治安情况明显改善。常态化开展安全教育和应急演练，制作发放安全宣传材料240余万份，为师生营造健康安全的学习工作环境。

◆食品卫生工作　2020年，西安市坚决贯彻落实习近平总书记关于厉行节约、反对浪费特别是制止餐饮浪费的行为，西安市教育局印发《西安市教育系统节约粮食杜绝浪费工作方案》，营造浪费可耻、节约光荣的良好氛围。西安市教育局、西安市卫生和健康委员会、西安市卫生监督管理局等部门联合对全市中小学、幼儿园开展卫生防疫、食品安全工作抽查，涉及学校2420所。西安市

"明厨亮灶"覆盖率100%。

◆教育扶贫　2020年，西安市发放资金1712.9万元，资助贫困学生1.93万人，实现学生资助政策"应享尽享"，18841名义务教育阶段建档立卡贫困家庭子女"无一辍学"。完成99所农村学校厕所改造项目。投入资金20905.8万元，新建和改造学校食堂39所。全面落实营养改善计划工作，覆盖1179所学校、42.6万名学生，区（县）、开发区覆盖率100%，学校食堂供餐率100%。西安市顺利通过国家脱贫攻坚第三方评估。

◆教育宣传　2020年，西安市召开"基础教育办学质量提升工作"新闻发布会5场，发布各类教育信息1500余条，阅读量超1000万次，累计在主流媒体发布西安教育新闻报道23568条、阅读量4518万次，人民日报、新华社、中央电视台等中央媒体和融媒体平台报道2100余篇。西安市教育局成立政务新媒体中心。举办"学习习近平总书记来陕考察重要讲话精神""学习党的十九届五中全会精神""国家安全与意识形态"等多场宣讲报告会。西安市教育局联合西安市委宣传部举办西安市基础教育三年行动计划推进"西安民生工程巡礼•教育篇"媒体进校园活动；联合西安报业传媒集团、西安晚报共同编辑出版发行《战役　师说》；联合华商网在全市中小学校、幼儿园开展"教师好网民　代言大西安"教师节网络公益采风活动。3月2日，国家广播电视总局批复同意设立西安市教育电视台，播出呼号为"西安市教育电视台"，播出教育教学类节目。西安教育电视台进驻西安市教科研大厦新址办公。

◆社区教育　2020年，西安市教育局贯彻落实《西安市社区教育条例》，积极落实"15分钟便民服务圈"建设要求，建设社区教育学院22所，实现区（县）、开发区全覆盖。新建社区教育学校40所、社区教学点1040个、社区教学示范点440个，遴选创建市民终身学习体验基地18家，开设课程2214班次，服务市民124.98万人次。遴选70名优秀教师壮大西安市社区教育师资队伍，遴选48名优秀老年教育教师建设老年教育师资智库，遴选150门优质课程资源丰富社区教育课程资源库。开展"全民终身学习活动周"等系列活动，为市民提供丰富多样的学习体验活动。

◆语言文字工作　2020年，西安市灞桥区、未央区、雁塔区政府履职语言文字工作顺利通过市级督导评估。2800余名社会人员参加普通话水平等级测试。

西安市教书育人楷模名单

序　号	姓　名	性　别	单　位
1	马　骏	男	西安市黄河中学
2	庄　力	男	西安市第三中学分校
3	郭　茸	女	西安市大兴新区初级中学
4	于红梅	女	西安市未央区教师进修学校
5	龚朝辉	女	西安电子科技大学附属中学太白校区
6	张双龙	男	西安市长安区第一中学
7	赵美丽	女	西安市临潼区[illegible]初级中学
8	王东峰	男	西安市鄠邑区人民路小学
9	陈永婷	女	西安市高陵区第二幼儿园
10	王若云	女	西安市田家炳中学
11	王世民	男	周至县楼观镇三楼小学
12	赵雪芹	女	泾阳县先锋小学
13	党江涛	男	西安高新第一中学初中校区
14	张　茜	女	西安航天城第三小学
15	朱琳瑛	女	西安市曲江第二中学
16	石峰虎	男	西安市经开第一中学
17	范巧燕	女	西安职业技术学院
18	王淑君	女	西安市第一保育院
19	答凌云	女	西安市启智学校
20	夏　昊	男	西安市盲哑学校

西安市基础教育突出贡献校长

序号	姓名	性别	单位
1	吕高愿	男	西安市第八十九中学
2	白彩玲	女	西安市新城区后宰门小学
3	王永智	男	西北工业大学附属中学
4	庆　群	女	西安市铁一中学
5	李　茵	女	西安市碑林区大学南路小学
6	马卫东	男	西安市庆安高级中学
7	何　静	女	西安市莲湖区青年路小学
8	唐晓芳	女	西安市灞桥区纺织城小学
9	孙　娟	女	西安市灞桥区第二幼儿园
10	高雅锦	女	西安市第七十五中学
11	刘继报	男	西安市未央区东前进小学
12	冯　军	男	陕西师范大学附属中学
13	徐世锋	男	西安市航天中学
14	李继文	男	西安市阎良区西飞第二中学
15	赵根厚	男	西安市长安区第一中学
16	刘战锋	男	西安市鄠邑区振华中学
17	王应东	男	蓝田县初级中学
18	赵瑞民	男	周至县第一中学
19	王　龙	男	西安市第六十八中学
20	王淑芳	女	西安高新第一中学
21	高杨杰	男	西安高新第二学校
22	刘英明	女	西安高新第一小学
23	李建华	男	西安经开第一学校
24	陈勇刚	男	西安市曲江第一中学
25	陈　娟	女	西安市曲江第一小学
26	杨晓云	女	西安市西大附中浐灞中学
27	张克强	男	陕西省西安中学
28	史建奎	男	西安市第一中学
29	刘忠建	男	西安市第八十三中学
30	靳瑞敏	女	西安市第二保育院

西安市“最美教师”名单

序号	姓名	性别	单位
1	傅　洁	女	西安市新城区后宰门小学
2	张维杰	男	西安市华山中学
3	许文清	男	西安市莲湖区西关第一小学
4	郭东江	男	西安市远东第一中学
5	张　馨	女	西安市铁一中学
6	王春玲	女	西安市碑林区大学南路小学
7	卢　焱	女	西安市雁塔区翠华路小学
8	杨婉丽	女	陕西省灞桥教师进修学校
9	赵义鹏	男	西安市西航二中
10	刘晓爱	女	西安市临潼区华清中学
11	王娟利	女	西安市长安区第三中学
12	谢开忠	男	西安市阎良区西飞第四小学
13	高军英	女	西安市高陵区高家小学
14	龙正祥	男	西安惠安中学
15	罗卫玲	女	蓝田县焦岱镇初级中学
16	尚向阳	男	周至县第一中学
17	张　琼	女	西安市周至县骆峪九年制学校
18	石高乐	男	西安市第六十五中学
19	王小林	男	西安高新第一中学
20	张西林	男	西安市浐灞第一中学
21	陈　雯	女	西安市曲江南湖小学
22	辛克薇	女	西安经开第一小学
23	王　昆	女	西安航天城第三小学
24	孔秋菊	女	西安航空基地第一小学
25	韩彩凤	女	西安市长安区马王街道初级中学
26	薛艳萍	女	西安市第一保育院
27	王　萌	女	陕西省西安师范附属小学
28	范薇娟	女	西安市第二聋哑学校
29	王　晶	女	西安市第八十三中学
30	李　越	女	西安文理学院

9月14日—20日，西安市举办“同讲普通话，携手进小康”全国第23届普通话推广宣传周活动。推荐报送全国第二届“中华经典诵写讲”优秀作品评选。

◆2020年西安市全民终身学习活动周　2020年10月29日，以“全民智学，助力‘双战双赢’”为主题的2020年西安市全民终身学习活动周启动仪式在灞桥区白鹿仓西安市民终身学习体验基地举行。活动由西安市教育局、西安市民政局主办，灞桥区教育局、灞桥区民政局、西安教育电视台承办，西安广播电视大学（西安社区大学）、各区（县）、开发区教育局、西安市社区教育指导中心、灞桥区社区教育学院、灞桥区白鹿仓西安市民终身学习体验基地协办。本次全民终身学习活动周的举办，是落实《国家教育事业发展“十三五”规划》和《西安市社区教育促进条例》的重要举措，是构建全民终身学习体系的有力抓手和倡导全民智学新理念、助力疫情防控和复工复产双战双赢的具体体现，拉开全市终身学习活动的帷幕。

◆庆祝2020年教师节暨建设教育强市推进大会　2020年9月10日，中共西安市委、西安市人民政府召开庆祝2020年教师节暨建设教育强市推进大会，深入学习贯彻习近平总书记来陕考察重要讲话和9月9日习近平总书记向全国广大教师和教育工作者致以节日祝贺和诚挚慰问时的重要指示精神，总结回顾过去一年建设教育强市工作情况，安排部署全市基础教育提升三年行动计划第二年度工作任务。大会评选命名西安市教书育人楷模20名、西安市基础教育突出贡献校长30名、西安市最美教师30名、西安市优秀班主任100名、西安市优秀乡村教师100名、西安市师德标兵50名、西安市师德建设示范团队50个。西安市教育局等10个全市教育系统相关单位荣获“西安市教育强市建设先进单位”，教育系统27人荣获“西安市教育强市建设先进个人”。全体市级领导，市级有关部门主要负责同志，各区（县）、西咸新区、各开发区党政主要负责同志、分管负责同志、教育部门负责同志，获得陕西省、西安市表彰的校长、教师，部分“两代表一委员”，校（园）长、教师、家长和学生代表等700余人参加大会。　（张心茁）

学前教育

◆概况　截至2020年底，西安市有幼儿园1966所，比上年增加127所；校舍建筑面积411.73万平方米，增加61.29万平方米，增幅17.49%。在园幼儿396445人，增加35917人，增幅9.96%；入园儿童154621人，增加26001人，增幅20.22%；教职工59605人，增加7163人，增幅13.66%；专任教师29948人，专任教师学历合格率99.54%；生师比13.22人。民办幼儿园944所，减少220所。

2020年，全市新认定普惠性民办园109所，普惠性幼儿园达到1858所，覆盖率94%（含西咸新区）。全市新增公办园309所，公办园和公办园在园幼儿占比分别达到52.56%和51.11%。创建市一、二、三级幼儿园35所、95所、109所，有等级以上幼儿园1251所，其中省级示范幼儿园113所，占陕西省的31%。实施学前教育质量提升工程，开展“乐享童趣游戏年”活动，遴选优秀案例建立西安市优秀区域游戏活动资源库，不断提升学前教育质量。中共西安市委、西安市人民政府印发《西安市学前教育深化改革规范发展实施方案》，明确新时代学前教育深化改革、规范发展的方向举措。实施亚洲开发银行陕西西安学前教育发展项目，促进西安市学前教育事业良性发展。

◆教育督导　2020年，西安市开展义务教育基本均衡监测复查工作，对各区（县）、开发区义务教育优质均衡县（区）创建情况进行督导检查。开展幼儿园办园行为督导评估工作，督评幼儿园1935所，完成率100%。落实陕西省第三轮“316工程”教育督导评估工作。对2019年各区（县）、开发区教育经费政策落实情况、202所重点提质学校提升情况、城镇小区配套幼儿园分类治理等开展专项督导。

◆城镇小区配套幼儿园和“无证园”治理　2020年，西安市将城镇小区配套幼儿园治理工作列入对区（县）、开发

西安市2020年认定的一级幼儿园（35所）

区（县）、开发区	幼儿园
新城区	西安新城万国金色幼儿园
碑林区	西安市碑林区启慧友谊幼儿园
莲湖区	西安市莲湖区第八幼儿园
灞桥区	西安市灞桥区席王街道中心幼儿园
未央区	西安市未央区莱蒙颐和郡幼儿园
未央区	西安市未央区学府蒲公英幼儿园
雁塔区	西安市雁塔区瑞园幼儿园
阎良区	西安市阎良区蓓蕾幼儿园
临潼区	西安市临潼区秦陵中心幼儿园
临潼区	西安市临潼区何寨中心幼儿园
长安区	西安市长安区韦曲街道橡树湾幼儿园
长安区	西安市长安区韦曲街道智慧新城乐高幼儿园
长安区	西安市长安区郭杜街道雅居乐幼儿园（铂琅峯园区）
高陵区	西安市高陵区耿镇中心幼儿园
高陵区	西安市高陵区鹿苑第二幼儿园
高陵区	西安市高陵区京师幼学爱尚幼儿园
鄠邑区	西安市鄠邑区御苑新城幼儿园
蓝田县	蓝田县第一幼儿园
周至县	周至县终南镇中心幼儿园
周至县	周至县沙河幼儿园
周至县	周至县尚村镇中心幼儿园
港务区	西安国际陆港第二幼儿园
高新区	西安高新第六幼儿园
高新区	西安市雁塔区艾伦玫瑰公馆幼儿园
经开区	西安经开第二幼儿园
经开区	西安经开第三幼儿园
经开区	西安市未央区艾毅多元智能幼儿园
经开区	西安市未央区风景御园铭蓝幼儿园
曲江新区	西安市雁塔区德泰曲江幼儿园
曲江新区	西安市曲江第四幼儿园
浐灞生态区	空军工程大学中心校区幼儿园
浐灞生态区	西安市浐灞第八幼儿园
航天基地	西安市航天城紫禁长安幼儿园
航天基地	西安市航天城颐府幼儿园
航天基地	西安市长安区韦曲街道品格富力幼儿园

区“基础教育提升三年行动计划”年度目标任务考核中，“一园一策”精准施策、分类治理，全面完成514所城镇小区配套幼儿园治理和598所无证幼儿园治理任务。

◆幼儿园保育员专业规范知识线上培训　2020年12月15—31日，西安市开展“幼儿园保育员专业规范知识线上培训”，全市4500名幼儿园保育员参培，着力引领提升我市幼儿园保育工作科学化、规范化水平。

◆“乐享童趣年游戏年”活动　2020年10月29日，西安市教育局印发《西安市学前教育质量提升“345”工程——幼儿园保教质量精准提升“乐享童趣年游戏年”优秀区域游戏活动案例大赛的通知》，加强幼儿园区域游戏的创新探索。12月21日，以“送教送培共研讨，互学互鉴同提升”为主题，开展“乐享童趣游戏年”送教、送培活动，各区（县）、开发区通过形式丰富的交叉送教送培活动，促进全市幼儿园保教质量提升。

◆西安航天基地举办首届“领航杯”幼儿园保育专业技能大赛　2020年9月27日，西安航天基地首届“领航杯”幼儿园保育专业技能大赛在航天城第三幼儿园举行。本次大赛分为理论知识笔试、实际操作和答辩三个环节。理论知识笔试采用闭卷方式，考查保育教师对《幼儿园工作规程》《3—6岁儿童学习与发展指南》和《工作指南》的理解和认识，提升保育员专业能力和综合素质。

◆西安市开展2020年市一级幼儿园创建评估验收　2020年[illegible]月12日至16日，为不断扩大学前教育优质资源，推动学前教育健康发展，提高学前保育教育质量，西安市开展2020年下半年市一级幼儿园创建评估工作，遴选学前教育、卫生保健、食品药品监管方面专家，对14个区（县）、开发区申请创建的22所幼儿园开展验收工作。市一级园评估验收工作采取实地评估方式，按照西安市等级幼儿园评估标准，通过听取汇报、实地评估、教师保育观评、查阅档案资料、专家汇总、评估反馈等6个环节，对申请创建园办园条件、队伍建设、保育教育质量、幼儿园管理和幼儿发展与评价等各方面工作进行全面评估。

（张心茁）

义务教育

◆概况　2020年，西安市有小学1172所，比上年增加[illegible]所；教学点232个，减少52个；校舍建筑面积697.45万平方米，增加116.9[illegible]万平方米，增幅20.15%；在校学生[illegible]人，增加62236人，增幅7.88%；在[illegible]9248人，增加11280人，增幅7.1[illegible]；小学教职工48838人，增加1327人，增幅[illegible]9.72%；有专任教师47924人，增加[illegible]人，增幅9.85%；专任教师学历合格率[illegible]；生师比17.78人。民办小学9[illegible]所。普通初中324所，比上年增加22所；校舍建筑面积905.91万平方米，增加[illegible]万平方米，增幅15.78%；在校学生[illegible]人，增加19564人，增幅6.93%；招生[illegible]8712人，增加7271人，增幅7.[illegible]；有专任教师23767人，增加1220人，增幅5.41%；专任教师学历合格率100%；生师比12.71人。民办初中36所，减少[illegible]所。

2020年，西安市投入15.2亿元，对202所公办义务教育学校（含城区33所公办初中）进行重点提升和专项绩效评估。启动实施“新优质学校成长计划”，遴选220所有一定办学基础且具有提升空间的公办义务教育学校进行全方面提升，办好老百姓家门口的好学校。西安市全面通过国家义务教育发展均衡区（县）验收，全市义务教育由基本均衡迈入优质均衡创建新阶段。新城区、高陵区、阎良区等首批义务教育优质均衡发展创建区（县）完成年度目标任务。完成《西安市妇女发展规划（2011—2020年）》《西安市儿童发展规划（2011—2020年）》涉及教育的9项指标任务，妇女儿童平等接受教育的合法权益得到保障。

◆义务教育优质均衡发展 2020年，西安市教育局持续实施“义务教育薄弱环节改善和能力提升”工程，打造“乡村温馨校园”。实施398所义务教育标准化学校建设项目，涵盖138所公办义务教育质量提升学校，下达市级补助资金6.82亿元，建设单体面积56.08万平方米，附属设施工程量135万平方米。加大区（县）政府对口帮扶、城乡学校对口帮带，优质学校到薄弱学校、乡村学校交流轮岗教师6271人。加强农村学校信息化资源配置，进一步提升优质教学资源共享水平。2020年12月31日，陕西省义务教育优质均衡发展创建工作现场会在西安市新城区召开，会议重点推介西安市新城区等县（市、区）义务教育优质均衡发展先进经验，西安市19家单位获得“先进单位”称号，36人荣获“先进个人”称号。

◆国家义务教育质量监测 2020年9月28日，按照国务院教育督导委会办公室统一安排，西安市与全国同步进行2020年国家义务教育质量监测工作。国家样本区（县）灞桥区、周至县和其余12个国家协议区（县）共281所样本校（小学170所，初中111所）的8219名五年级、九年级学生参加测试，281名中小学校长，1696名班主任，1412名任课教师、312名心理健康教师接受相关因素网络问卷调查，281名责任督学全程参与监督。12月4日，西安市2019年国家义务教育质量监测结果暨2018年质量监测结果应用推进会在碑林区西安市第三中学召开。教育部基础教育质量监测中心专家对2019年西安市国家义务教育质量监测结果进行反馈。西安市教育局被教育部基础教育质量监测中心连续评为国家义务教育质量监测实施市级优秀组织单位。2018年碑林区被确定为全国义务教育质量监测结果应用实验区，2019年莲湖区艺术教育被确定为国家典型案例。

◆民办义务教育学校电脑随机录取 2020年7月12日上午9时，按照西安市2020年义务教育招生入学工作安排，西安市19个区（县）、开发区（不含航空基地、阎良区）统一实施民办义务教育学校电脑随机录取工作。截至当日下午13：25，电脑随机录取工作全部结束。全市民办义务教育学校招生计划61425人，录取人数51126人，其中直升人数19995人，电脑随机录取21281人，直接全部录取9850人。民办义务教育学校剩余计划10299人。7月15日由相关区（县）、开发区组织补录电脑随机录取。

◆教科研工作 2020年10月16日，西安市教育科学研究所正式更名为西安市教育科学研究院。落实《教科研助力“名校+”工程“431”工作方案》《教科研助力西安市公办义务教育学校质量提升“141”工作方案》，举办“教科研助力百所公办义务教育学校质量提升”研讨会，深化西安好课堂建设，助力“名校+”“名师+”工程深入开展，构建“科研+教研+培训”三维一体教师素养提升体系，持续提升教师教科研能力，全年西安市小课题立项2246项，规划课题立项401项。

◆西安市教科研暨西安好课堂助力西安“名校+”工作会 2020年11月20日下午，西安市教科研暨西安好课堂助力西安“名校+”工作会在西安国际港务区陕西师范大学陆港小学举行。会议首先由名校+”专班干部通报209个市级“名校+”教育联合体紧凑型落实情况。随后，向与会人员介绍西安市教育两大品牌即“名校+”工程和西安好课堂目前的实施情况以及教科院成立后的重点工作。“名校+”工程是为从根本上解决优质资源总量不足，从而扩大优质资源总量，办好群众家门口的好学校，西安教育“名校+”工程最终的落脚点应该是教育变革最纵深的阵地——西安好课堂。在交流发言环节，新城区、碑林区、莲湖区、高新区教育局负责人根据各自辖区内“名校+”工程改革创新所做的工作和取得的成绩进行汇报交流。体制机制改革、发挥人才优势，让“名校+”有深度、有质量的发展成为大家共同的目标和责任。西安市教育科学研究院、各区（县）教育局分管领导及相关学校代表共同参加会议。

◆西安市举行第三季度中小学幼儿园建设项目集中开工仪式 2020年9月29日，西安市第三季度中小学幼儿园建设项目集中开工仪式在经开三校项目现场举行。第三季度集中开工的34所项目学校，有30所将于2021年秋季投用，4所将于2022年秋季投用，涉及11个区（县）、开发区，总投资约42亿元，总建筑面积53.6万平方米，建成后将增加学位2.87万个。

◆公办初中校长领导力提升培训 2020年7月29日，西安市公办初中校长领导力提升培训项目开班典礼在陕西师范大学教师干部教育学院举行。集中培训为期10天，培训内容紧扣“校长领导力提升”的主题与公办初中提质的目标，坚持“以德为先、育人为本、引领发展、能力为重、终身学习”的理念，围绕校长在规划学校发展、营造育人文化、领导课程教学、引领教师成长、优化内部管理和调适外部环境等方面的专业素质要求，在方案设计、专家遴选、培训组织、后勤保障等方面精心准备安排。西安市教育局教师工作处、基教一处，陕西师范大学教师干部教育学院等领导以及59位校长学员参加开班典礼。

◆庆祝中国少年先锋队建队71周年活动 2020年10月11日，由共青团西安市委、西安市教育局、西安市少年先锋队工作委员会联合举办的“红领巾迎全运 争做新时代的好队员”西安市鼓号队展演活动在西安经开第一学校（西安经发学校）举行，来自全市各区（县）17所小学的代表队，近千名少先队员进行鼓号队展演。

◆公办义务教育学校校园开放日 2020年6月，为向广大家长、学生展示西安市各学校办学理念、师资水平、办学特色及公办学校质量提升成果，在严格落实校园疫情防控工作的前提下，西安市多所中小学通过多种形式，组织开展丰富多彩的“校园开放日”活动，邀请家长走进校园实地参观。

◆公办初中质量提升暨“名校+”工程现场观摩推进会 2020年4月29日，西安市公办初中教育质量提升暨“名校+”现场观摩推进会在新城区举行。各区（县）、西咸新区、各开发区及教育部门相关负责同志，全市33所重点提升公办初中校长参加本次活动。与会人员先后观摩西安市第八十九中学分校、新城区太华路小学、西安市大明宫中学、西安市第八十九中学尚德校区（原西安市第四十中学），实地参观各校的校园建设，详细了解办学模式和特色。

◆陕西省2020年“宪法宣传周” 2020年11月30日，陕西省2020年“宪法宣传周”启动仪式暨“红领巾法学院”创建观摩活动在高新五小举行。2020年“宪法宣传周”紧紧围绕“深入学习宣传习近平法治思想”这一主题，坚持省级多部门统一谋划、各部门和社会各方力量统一联动、13个市（区）107个县（区）统一启动实施，突出领导干部“关键少数”、突出青少年“重点多数”、突出宣传方式“推陈出新”，持续开展法学理论和法律实务界学习贯彻习近平法治思想座谈会、陕西省首届“十大法治事件”暨第二届“十大法治人物”颁奖典礼、“中国—上海合作组织法律服务委员会西安中心”“‘一带一路’律师联盟西安中心”“西安‘一带一路’国际商事争端解决中心”“国家生物安全证据基地”揭牌仪式、第五届高校法治文化节成果汇报等系列宣传活动，在全省迅速掀起学习宣传宪法、弘扬宪法精神、维护宪法权威的热潮。

◆高陵区小学生赵泽华获2020年度全国“新时代好少年”荣誉称号　2020年10月27日，中央文明办、教育部、共青团中央、全国妇联、中国关工委在北京联合发布36名“新时代好少年”先进事迹，西安市高陵区小学生赵泽华获2020年度全国“新时代好少年”荣誉称号。

（张心茁）

中等教育

◆概况　截至2020年底，西安市有普通高中171所，比上年增加4所；在校学生154730人，增加1581人，增幅1.83%；招生53275人，增加1767人，增幅3.43%；有专任教师12865人，增加61人，增幅0.48%；专任教师学历合格率99.25%；生师比12.03人。民办普通高中31所，在校生23182人，增加1478人，增幅6.81%。职业高中57所，专任教师3421人，增加736人，增幅27.41%；生师比17.08人。民办职业高中35所，减少1所。

2020年，西安市新建10所普通高中。创建市级普通高中特色示范学校12所，市级特色实验学校19所。6所学校通过省级标准化高中评估验收，共有省级示范高中30所，位居陕西省第一。深入实施普通高中标准化特色化建设工程，对40所普通高中基础设施进行提升，建立学科教室、创新教育实验室、社团活动室等特色部室100个。加快普通高中重点学科建设和精品课程创设，69所高中130个重点学科、180个精品课程通过市级专家评估。西安市被教育部命名为普通高中新课程新教材实施国家级示范区，西北工业大学附属中学、西安高新第一中学、西安铁一中学等3所学校被命名为国家级示范校。30所省级示范高中的94名“春笋计划”专业教师进行能力研修培训。2020年全国普通高校招生考试于7月7—8日进行，西安市设13个考区、79个考点、2140个考场，报名62117人。8月31日，中考招生录取工作顺利、平稳、有序结束，2020年西安市普通高中计划招生52599人，实际招生52321人。

◆职业教育　2020年，西安市人民政府印发《西安市加快职业教育改革发展的实施方案》，进一步完善职业教育体系机制。大力推进职业教育“达标提质”，14所中职学校进入市级示范中职学校创建序列，建成7个市级重点专业。推行“1+X”证书改革，23所学校33个专业进入“1+X”证书制度试点序列。加强中高职衔接，13所中职学校23个专业与高职院校开展“3+2”联合办学。深化校企合作，建成一批产教融合实训基地。西安市中等职业教育全年招生26152人。

◆西安市职业教育深化产教融合现场推进会　2020年12月13日，由西安市教育局主办的西安市职业教育深化产教融合校企合作现场推进会在新城区举行。揭牌授牌仪式上，西安文理学院、西安铁路职业技术学院与西安职业中等专业学校签署合作办学协议，西安职业中专成为西安文理学院学前教育实训培训基地，西安铁路职业技术学院合作办学新城校区，西安铁路职业技术学院继续教育培训基地。本次签约授牌仪式，标志着新城区职业教育与高等院校在产教融合发展和合作办学方面迈出了坚实的一步。

◆西安市2020年中考招生咨询会　2020年8月11—12日，西安市中考招生咨询会在西安国际会展中心举办，涉及230余所学校，线下接待11.51万人次，线上咨询平台80.819万人访问，52.181万人次观看线上招考论坛。

◆普通高中招收体育艺术特长生市级专业考试　2020年6月28日，2020年西安市普通高中招收体育艺术特长生市级专业考试工作进行，城六区体育类考生1051人、艺术类考生627人，分别在14个考点进行。其中，体育特长生考试项目（16个大类）：田径、篮球、排球、足球、乒乓球、武术、击剑、围棋、轮滑、举重、游泳、射箭、射击、健美操、羽毛球、棒（垒）球；艺术特长生招生考试项目（6个大类）：声乐、器乐（木管、铜管、弦乐、民乐、键盘、打击乐）、舞蹈、戏剧（曲）、美术、书法。

◆高考和初中毕业学业水平考试安全工作会　2020年6月23日，西安市招生考试委员会在市政府召开2020年高考和初中毕业学业水平考试安全工作会议。会议通报全市高考和初中学业水平两项考试准备情况，印发《西安市2020年普通高校招生考试疫情防控方案》，对做好两项考试安全保障工作进行部署。

◆港务区引入陕师大、铁一中　2020年5月8日，西安国际港务区举行“名校引进 合作办学”签约仪式。此次签约，通过全托管模式的紧奏型“名校+”，引入优质教育资源和全新的教学管理模式，使西安国际港务区在短时间内实现办学质量提升。国际港务区将建成投用西安国际港务区陕西师范大学陆港小学，以及西安国际港务区铁一中陆港中小学，可提供优质学位1120个，辖区群众在家门口就能上好学校。

（张心茁）

高等教育

◆概况　2020年，西安市有普通高等学校（本专科）63所，在校学生76.49万人，毕业生19.36万人。研究生培养机构43所，在校学生14.[illegible]0万人，毕业生3.34万人。

2020年，西安市教育局遴选建设市属高校6个市级“一流学科”，8个市级“一流专业”。深化市属高校校企合作、产教融合人才培养新模式，3所市属高校（西安文理学院、西安职业技术学院、西安铁路职业技术学院）阿里云大数据学院建设稳步推进。[illegible]个专业获批国家“1+X”证书试点。西安市高职扩招报名人数15232人。2020年上半年全国高等教育自学考试，西安市设3个考区、25个考点、794个考场；下半年全国高等教育自学考试，西安市设11个考区、21个考点、749个考场。10月24-25日，陕西省成人高校招生考试，西安市设13个考区、49个考点、1[illegible]个考场，参加考试42921人（免试56[illegible]人）。

◆西安文理学院　2020年，西安文理学院有教职工1100余人，其中专任教师700余人，硕士及以上学位500余人，具有副教授以上职称的专任教师300余人；柔性引进各类人才41人，其中外聘两院院士3人，学科首席专家1[illegible]人；有国家、省、市级各类专家19人，省级教学名师、优秀教师6人，省级师德示范兵3人，省级师德示范团队1个，省级教学科研创新团队15个。有全日制本科生13000人，设有13个二级学院，1个继续教育学院、1个关中书院。48个本科专业，涉及文学、理学、工学、教育学、管理学、经济学、法学、历史学、农学、艺术学等十大学科门类，形成师范教育、文化旅游、智能制造、电子信息、生物化工、经营管理6个专业群。目前有1个国家级众创空间、2个省级重点实验室、1个省级“四主体一联合”工程技术研究中心、1个省级哲学社会科学重点研究基地、7个省级实验教学示范中心、2个省级人才培养模式创新实验区，2个省级大学生校外实践教育基地、2个市级工程实验室、3个市级重点实验室，4个省级重点学科、14个市级一流学科、13个市级一流专业；32门省级精品课、省级精品资源共享课、省级双语教学示范课、省级一流课程等高层次课程。近五年，获批国家级、省部级项目276项，其他政府项目563项，横向项目606项，30万元以上横向项目72项，科研经费快速增长，累计科研经费2亿余元；核心以上期刊发表学术论文1149篇，出版学术专著、教材212部；获批国家专利227项；获得省部级以上科研奖励42项。 （姬娟妮）

◆西安铁路职业技术学院 2020年，西安铁路职业技术学院有4个校区，总占地46.67公顷。教职工666人，专任教师368余人，教授、副教授173人、“双师”型教师236人。全日制在校生13176人，开设有39个高职专业，其中，以铁道交通和城市轨道交通专业为主，基本涵盖了铁道交通和城市轨道交通领域的所有工种。同时还开设有装备制造、土木建设、电力技术和电子信息等领域相关专业。学院被西安市总工会授予“西安市先进集体”。学院团委荣获“全国五四红旗团委”称号。在2020年度陕西高校共青团工作考核中，被共青团陕西省委与中共陕西省委教育工委授予2020年陕西高校共青团工作“大学生社会实践与志愿服务工作先进单位”荣誉称号。

内涵建设成果 “双高院校”创建稳步实施，邀请职教专家来校开展专题辅导7场次，领导班子带队赴其他院校调研学习4次。对照国家“职教二十条”和“提质培优三年行动计划”等重要政策，成立专家咨询委员会，制定《学院创建“双高院校”实施方案》，建立《“双高”项目推进机制和考核机制》。对照建设标准和方案，全力推进27项“一流学院”建设任务、2个“一流专业”和6个“一流培育专业”建设进度，逐条自查自检、做到查缺补漏，在总结成效基础上，凝练建设成果，做好省厅结项验收的准备工作。

教育教学改革 制定3个教育部《“1+X”证书制度试点培训考核评价工作实施方案》，编写“1+X”证书制度试点专题读本，指导各试点专业有效开展试点建设，2020年新申报获批城市轨道交通站务等9个“1+X”证书制度试点，5G移动网络运维等5个考核站点。2个全国职业院校交通运输类示范专业点建设工作持续深化。从人才培养方案、课程群、教学团队和实践教学条件等方面，全面加强6个市级重点扶持专业建设。修订2020级人才培养方案，实施校企融合战略，开展课程体系与课程改革，人才培养模式进一步优化。

课程建设 在线开放课程建设项目50门，主持、参与国家级、省级、校级专业教学资源库建设项目20项，“课程思政”示范课程建设项目52门，及时将新知识、新工艺、新规章及思政教育融入教材，各专业与企业合作开发教材46本，活页式、工作手册式等新型教材的建设项目10个；43门课程开展线上线下混合式教学改革。

招生就业工作 2020年普通招生录取4373人，高职扩招招生178人。高考招生与单独考试招生的报考比例、录取成绩在全省独立设置的高职院校中均排名第一。2020届毕业生4204人，就业率93.15%，是陕西省高校中就业率唯一超过90%的院校，其中，国有企业就业率84.31%，就业率、专业对口率、职业稳定性和薪酬水平。学院就业工作再次被《陕西高校及专业毕业生就业质量指数评价报告》评定为唯一的A+学校。

师资队伍建设 2020年引进专业高层次人才14名。制定《名师管理办法》，建立名师工作室2个，立项建设8个教学创新团队。目前，学院共有全国优秀教师2名，省级教学名师4名，双师型教师297名，专业带头人78名，骨干教师157名，青年才俊25名。教师荣获职业院校教学能力大赛省级以上奖项16项，其中国家级2项。

学生教育管理 加强学生素质教育，开展学生“思想引领”“大学生社会主义核心价值观”“爱国主义”等主题教育活动，举办社团文化艺术节、“互联网+”大学生创新创业大赛等素质教育活动。组织形式多样的志愿服务、社会实践活动，参与志愿服务活动共计6000余人次，参加社会实践活动10800余人次，社会实践活动参与率达到86.7%。学院先后荣获陕西高校共青团工作“助力脱贫攻坚先进单位”和暑期社会实践省级优秀实践团队等奖项。

教科研工作 2020年完成年度院级课题立项32项，配套经费16.7万元。完成省教育厅专项课题结题7项。完成陕西省体育局科研项目2项。承担横向课题2项，完成横向课题2项61万元。参加陕西省职教学会论文评选，获一、二、三等奖10篇。教师申请专利27项。

专业技能竞赛 2020年，组织学生参加各级各类专业技能竞赛获奖95项，其中国家级奖项12项，省级奖项83项。全国大学生数学建模竞赛中获得全国一等奖1项、全国二等奖3项，获奖总数位居全省专科院校第一，学院荣获中国第一届职业技能大赛优胜奖。学院着力搭建竞赛与交流平台，成功承办5项陕西省高职院校技能大赛赛项、1项世界技能大赛陕西省选拔赛项。

新闻宣传工作 在中国教育报、学习强国等多家媒体发布新闻92篇。举办庆祝建党99周年、“七五”普法宣传和“学宪法 讲宪法”等系列活动，省级文明校园测评得分高达110分，校园文化建设成果被陕西省推荐参评全国高职院校校园文化建设50强，学院影响力和美誉度持续上升。

国际合作交流 主动服务“一带一路”倡议和“高铁走出去”等国家战略，先后与菲律宾、尼泊尔、老挝和尼日利亚等国家有关机构达成战略合作关系，签署合作意向书，开展境外分校建设工作，帮助当地培养铁路人才，成为荣获“2020年度陕西省中外合作办学优秀机构”称号的唯一高职院校。尼泊尔共产党总书记专程回访，称赞学院办学实力强、合作潜力大。国际交通学院规模已达704人，95名学生通过课程考试赴俄进行本科阶段的学习。首批2016级50名赴俄学生中，27名学生在俄攻读硕士学位。学院引进唐风汉语国际教育云平台17门在线课程，完善留学生对外汉语培训教学资源，为9名泰国留学生开展线上汉语和专业课教学。学院持续与泰国教育部紧密合作，开展第二届泰国留学生招生工作，目前已招生12名。

社会服务 全面承办各级各类培训班33期3998人次，其中包括西安市生态环境局等市级职能部门及临潼区、灞桥区等机关单位相关培训和包神铁路集团、铁路装备公司等单位的员工培训工作。为中铁西安局、陕西城际铁路等企业送教上门提供技术服务培训9期600余人次。学院与西南交大合作举办的西南交大网络学院西安学习中心目前在册人数达5883人。 （刘睿菲）

◆西安职业技术学院 2020年，西安职业技术学院占地面积25.47公顷，设有机电工程学院、动漫软件学院（大数据应用学院）、电子信息工程学院、经济管理学院、会计与金融学院、学前师范学院、生物与医药学院（乡村振兴学院）、建筑与轨道交通学院、思想政治理论教学部、基础课教学部（体育部）等二级教学单位，教职工530人，在校生1.38万余人。学院开设3年制高职专业46个，“动漫制作技术”为国家级骨干专业，“动画工场”为国家级生产性实训基地，“建筑工程技术”为中央财政支持建设专业，有6个省级一流专业、5个省级重点专业、3个省级专业综合改革试点项目，形成以装备制造业为主体，信息技术产业和现代服务业为两翼，新能源技术、建工技术、文化创意和生物制药为驱动的一体两翼的多轮驱动的专业构架。学院是国家高技能人才培养基地、全国“科学工作能力提升计划（百千万工程）”第二批项目院校、教育部现代学徒制试点建设项目单位、教育部首批“1+X”证书制度试点院校、全国物流职业教育人才培养基地、陕西省创新创业教育改革试点系院、陕西省动漫人才培养基地、西安高新技术产业开发区技能人才培养基地、西安市机电类公共实训基地。　　　　（姬娟妮）

◆教育对外交流与合作　2020年，西安市为西安文理学院等18所驻市高校的1744名“一带一路”国家留学生发放奖学金3065.1万元，吸引更多优秀留学生来西安深造。开展“丝路我知道、丝路新课堂、丝路新摄影”系列主题活动，加大“一带一路”文化普及宣传。西安汉唐文化网络学院建成投用，将学习平台语言种类升级为4种，面向全球开展线上汉语培训，编印《游学西安手册》《一带一路“互联网+汉语国际教育”实践教学研究》等学习手册，讲好西安故事、中国故事。

◆“西安广播电视大学”更名“西安开放大学”　2020年12月29日，西安开放大学高质量发展推进会暨揭牌仪式在西安开放大学长兴校区举行，“西安广播电视大学”正式更名为“西安开放大学”。更名后的西安开放大学，市属高等学校性质不变，隶属关系、管理体制及原有的学历教育与非学历教育办学权等保持不变，统一纳入国家开放大学办学体系，业务接受国家开放大学的指导与管理。

◆西安职业技术学院合作办学航空城校区成立　2020年11月14日，西安职业技术学院与阎良区职教中心武屯校区举行中高职合作办学签约仪式，西安职业技术学院业务处室负责人，阎良区教育局、人社局、农业农村局、退役军人事务局和各街办相关领导，区职教中心相关负责同志，部分村主任代表等80余人参加。两校将在计算机应用技术、电子商务、现代农业、应用电子技术、酒店服务、园林技术、护理康养等专业进行合作，共同开发、构建能力递进、对接紧密、内容完善的中高职衔接课程体系，培养新时代中国特色社会主义实用人才，为乡村振兴、脱贫攻坚事业发展助力，为实现共同富裕的奋斗目标蓄力勃发。

◆西安市人民政府与陕西师范大学共建国家教师发展协同创新实验基地协议签约仪式　2020年7月15日，西安市人民政府与陕西师范大学共建国家教师发展协同创新实验基地协议签约仪式在陕西师范大学长安校区举行。签订《西安市人民政府 陕西师范大学共建国家教师发展协同创新实验基地协议》《西安市教育局 陕西师范大学共建教师培养培训基地及就业创业基地协议》《西安市教育局 陕西师范大学共建教师发展实验区和实验校（园）协议》《西安市教育局 陕西师范大学共建基础教育优质资源平台协议》《西安市教育局 陕西师范大学共建教师教育高端智库协议》《西安市教育局 陕西师范大学共建中小学教师心理健康研究基地协议》《西安市教育局 陕西师范大学共建儿童青少年心理健康教育研究基地协议》《西安市教育局 陕西师范大学共建西安基础教育学校发展共同体协议》等。

◆西安职业技术学院与鄠邑区职教中心联合办学　2020年4月24日，西安职业技术学院与鄠邑区职教中心举办联合办学签约仪式，双方签订三二连读制五年制高职联合办学协议。此次联合办学，为中职学校开创办学新模式，为技能型实用人才的培养和学生的学习就业搭建新的平台，提高中高职院校职业教育人才培养质量，也为中职学校开创办学新模式，增强办学活力，为技能型实用人才的培养和学生的学习就业搭建新的平台，为本地区经济的发展提供强有力的人才保障。　　　　（张心茁）

◆西安交大2人入选AI2000计算机视觉全球最具影响力学者榜单　2020年4月，AI2000人工智能全球最具影响力学者榜单公布，西安交通大学人工智能学院院长、兼职教授孙剑，软件学院院长龚怡宏教授入选。孙剑获AI2000计算机视觉全球最具影响力学者奖，龚怡宏获AI2000计算机视觉全球最具影响力学者提名。

◆西安交大学子在“华为杯”第三届中国研究生创“芯”大赛中获佳绩　2020年10月，第三届“华为杯”中国研究生创“芯”大赛在上海市临港新片区举办。本届大赛有来自全国86个科研院所的[illegible]80支队伍报名参加，参赛学生人数[illegible]4人，指导老师547人，提交作品453件。经评委会综合评审，有153支队伍挺进决赛，其中自主命题作品136件，企业命题作品17件。进入决赛的153支队伍通过现场笔试和上机考试、现场答辩、决赛录演3个环节角逐各个奖项。西安交通大学有4支队伍入围决赛，在决赛中获创“芯”大赛一等奖1项，二等奖2项，三等奖1项；“华为”企业专项一等奖1项、二等奖1项；优秀指导奖1项。

◆第十三届全国马克思主义青年学者论坛在西安交大举办　2020年10月17—18日，由中国社会科学院马克思主义研究院和西安交通大学联合主办，《马克思主义研究》编辑部和西安交通大学马克思主义学院共同承办的第十三届全国马克思主义青年学者论坛在西安交通大学举行。来自全国50余所高校、科研院所的百余位专家学者、优秀研究生代表共聚一堂，围绕“马克思主义与中国特色社会主义制度体系建设”这一主题进行研讨交流。

◆2020年大学生微创业西部营在西安交大举办　2020年10月9—11日，2020年全国大学生微创业行动西北区微创营在西安交通大学举办。此次活动由西安交通大学、KAB全国推广办公室主办，西安交通大学就创中心、共青团西安交通大学委员会承办，中国青年报社等单位提供支持。来自西安交通大学、重庆大学、四川大学、西北工业大学等15所学校26支创业团队齐聚中国西部科技创新港。经过比赛，西安交通大学的“Speed Map”项目获金奖，西安水泽动力科技有限公司等2个项目获银奖，“苹果红红”精酿产业助农项目等5个项目获铜奖。

◆西电上榜全国“双创”示范基地　2020年4月，中国科协公布2019年大众创业万众创新示范基地评估结果。有120家全国“双创”示范基地接受评估，其中参评的高校“双创”示范基地为19家。西安电子科技大学作为陕西唯一一所上榜高校，评分位列120家全国“双创”示范基地总榜第21名。西安电子科技大学国家双创示范基地是2017年由国务院办公厅公布的第二批92家国家级双创示范基地之一。

◆西电教师获第二届全国高校混合式教学创新设计大赛一等奖　2020年12月20日，第二届全国高校混合式教学创新设计大赛闭幕，经过预赛、复赛、决赛激烈角逐，西安电子科技大学生命科学技术学院谢晖老师获全国一等奖，这是西电教师首次在该项赛事上荣获一等奖，也是陕西高校在本届大赛中荣获的唯一一等奖。第二届全国高校混合式教学创新设计大赛由上海交通大学、北京大学、复旦大学、西安交通大学、哈尔滨工业大学、武汉大学、华东师范大学、四川大学、西安电子科技大学9所高校，及广东省本科高校在线开放课程指导委员会、高校教学发展网络（CHED）联合主办，华为技术有限公司协办。大赛以“以赛促建、以赛促用、以赛促教学”为宗旨。大赛于2020年7月启动，历时6个月，吸引了来自全国209所高校的2391名教师参赛，最终评选出特等奖5项、一等奖10项、二等奖15项、三等奖30项、华为产学合作专项奖10项。

◆西电学子获2020中国高校计算机大赛人工智能创意赛总决赛4项大奖 2020年12月7—8日，由全国高等学校计算机教育研究会主办，百度公司、浙江大学、杭州市萧山区人民政府联合承办的2020“中国高校计算机大赛——工智能创意赛”总决赛及颁奖典礼收官。西安电子科技大学人工智能学院焦李成教授、孙其功博士以及电子工程学院邓军副教授指导的“维源翼”团队，从全国2200多支队伍中脱颖而出，获得创新组“全国总决赛一等奖（亚军）”“优秀指导教师”“最佳案例奖”“优质开源项目奖”4项荣誉称号。

◆陕师大“秦岭研究中心”“黄河研究中心”揭牌成立 2020年9月29日，陕西师范大学“秦岭研究中心”“黄河研究中心”揭牌仪式暨学术报告会在长安校区教育博物馆报告厅举行。校内外专家及西北历史环境与经济社会发展研究院师生100余人参加会议。“陕西师范大学秦岭研究中心”旨在聚焦秦岭生态保护和关中平原城市群建设，整合校内研究资源，力求通过多角度、多层次、多渠道来展开学术研究，推进学校与地方政府合作，以扎实有力的成果服务于党和政府的决策。“陕西师范大学黄河研究中心”旨在聚焦黄河流域生态保护和高质量发展等重大问题，以生态文明建设理念为指导，在解决人与自然的和谐发展方面发出师大声音，提出师大方案，为黄河流域生态文明建设贡献师大力量。

◆陕师大7个学科入选上海软科2020世界一流学科排名 2020年6月29日，上海软科发布2020世界一流学科排名。陕西师范大学有7个学科入选，其中食品科学与工程、化学工程、材料科学与工程、纳米科学与技术等4个学科进入全球前200名，化学、生物工程、环境科学与工程等3个学科分别位列前300、400、500位。2020软科世界一流学科排名涵盖理学、工学、生命科学、医学、社会科学等5大领域，按照Web of Science收录期刊的学科分类，自主设置国际可比的54个学科，有来自全球90个国家和地区的1800余所高校上榜。

◆新媒体产教融合学院在西安文理学院成立 2020年12月4日下午，新媒体产教融合学院成立暨首期学员开班仪式在西安文理学院报告厅举办。新媒体产教融合学院由西安文理学院与西安乾唐风情企业管理有限公司联合成立，依据国家《现代产业学院建设指南（试行）》的通知，探索建设多主体共建共管共享的现代产业学院，以此推动高等教育与区域产业联动创新发展的的文件指示精神，依托高校良好的教学、科研优势和企业市场、运营优势，针对新媒体电商行业职业化、专业化人才需求痛点，着力打造集产、学、研、创、用于一体，互补、互利、互动、多赢的复合型人才培养创新平台，建强优势特色专业，完善人才培养协同机制，实现共建共管共享“校企联合”等多样合作办学模式。为提升陕西新媒体产业竞争力和发展新动能提供人才支持和智力支撑。

◆西安广播电视大学在第六届中国国际“互联网+”大学生创新创业大赛省级比赛中获佳绩 2020年10月，第六届中国国际“互联网+”大学生创新创业大赛陕西省复赛获奖名单正式公布，西安广播电视大学选送的创业组项目《智能配肥与土壤改良》获职教赛道银奖，四个创意组项目《民法典直通车——智慧服务在身边》《掌上民意——服务惠民最后一公里》《青草租房——农村房屋出租信息发布与审核平台》《融资担保业务管理平台》获职教赛道铜奖，该校选送的5个项目全部获奖，获奖率100%。因组织工作出色西安电大获得“优秀组织奖”。本届大赛陕西省有超过18.4万人次参赛，参赛项目突破4万项。

（姬娟妮）

特殊教育

◆概况 2020年，西安市特殊教育学校11所，比上年增加1所。在校学生3333人，增加370人，增幅12.49%；招生589人，增加49人，增幅10.63%；教职工438人，增加34人，增幅8.42%；专任教师333人，增加33人，增幅11.00%。民办特殊教育学校1所，与2019年持平。工读学校1所。在校学生16人，比上年10人增加6人，增幅60%；教职工43人，专任教师33人。

2020年，西安市推进特殊教育保障体系建设，投入专项资金4015万元，建立普通中小学资源教室15个、融合幼儿园34所。推进雁塔区、灞桥区、未央区、高新区、阎良区和西咸新区特殊教育学校建设。西安市义务教育阶段残疾儿童少年在普通学校随班就读2071名、在特殊教育学校就读801名、送教上门843名，残疾儿童少年义务教育阶段入学率达到97.87%。西安市建档立卡贫困户残障学生实现义务教育全覆盖。创新民族教育载体形式，开展民族团结、民族融合教育教学活动，内地西藏班、新疆班教育教学质量进一步提高，144名新疆高中毕业生专科以上录取率达到100%。

◆特殊奥林匹克运动邀请赛 2020年10月22—23日，2020年西安市特殊奥林匹克运动邀请赛在西安市启智学校举行。来自陕西省内9所特殊教育学校的242名特奥选手参加比赛。本次邀请赛旨在选拔2021年全国特奥会参赛选手，设置立定跳远、50米、150米、300米、800米、4×75米接力赛、4×150米接力赛、垒球、篮球、滚球等10个项目。

◆西安市特殊教育送教上门教师能力提升培训 2020年10月20—24日，西安市教育局主办、西安市启智学校承办的2020年西安市特殊教育送教上门教师能力提升培训举行。参加本次培训的有全市各区（县）、开发区的特殊教育专干、承担送教上门任务的学校领导、教师100余人。经过1周的培训，受训学员们纷纷表示本次培训活动理论性、实践性、针对性强；专家老师们深入浅出、通俗易懂的语言，翔实的案例更是让学员们印象深刻；智力障碍、听力障碍、视力障碍三类障碍儿童的现场展示课，让受训学员近距离了解不同障碍类型儿童的具体表现，并学习到很多实用课堂教学技巧；长安、临潼、高陵等特殊教育学校的送教上门经验交流分享，引发学员们对送教上门工作的思考和设想。本次培训是落实省教育厅《关于做好义务教育阶段适龄重度残疾儿童少年送教上门工作的意见》文件精神的重要举措，也是推进精准扶贫，提升全市重度残疾少年儿童受教质量，助力基础教育三年行动计划实施的一项重要举措。

（张心茁）

◆2020年西安市特殊教育教师教学基本功大赛闭幕式暨颁奖典礼举行 2020年10月16日，2020年西安市特殊教育学校教师教学基本功大赛闭幕。本次大赛由西安市教育局主办，西安市启智学校承办。大赛从5月份启动，分为2个阶段。初赛阶段采取报送讲课视频由专家线上评课的方式进行，全市9所特殊教育学校79名教师报送讲课视频，专家从中评选出30人进入决赛。决赛阶段采取现场授课的方式，于10月15日至16日在西安市启智学校举行。来自陕西师范大学、西安市教科所、国内著名特殊教育学校的5位专家经过认真评审，评选出一等奖13名，二等奖17名。本次大赛是特殊教育教师专业能力的全方位展示，参赛的课程涵盖盲教育、聋教育和培智教育3个类别，学段从学前到高中职业教育，科目包括语文、数学、生活适应、化学等多个学科。

（姬娟妮）

科学研究和技术服务

责任编辑：赵娟娟

自然科学研究与应用

◆概况 2020年，西安市科学技术局（西安市外国专家局）深入贯彻落实创新驱动发展战略，围绕打造全球硬科技之都、建设丝路科创中心目标，主动作为、扎实工作，圆满完成各项目标任务。西安市获批国家新一代人工智能创新发展试验区；西安高新区获批建设全国首个国家硬科技创新示范区；科技部《国家创新型城市创新能力评价报告2020》中，西安居副省级城市第六，西部第一。全年科技金融贷款服务企业617家次，贷款金额28.3亿元；全市技术合同成交额再创新高，达到1648.56亿元；组织举办各类科技金融政策宣传培训41场次，培训2000余人。不断加强金融合作，新增5家合作金融机构，其中1家银行、3家担保公司、1家保险公司；合作金融机构总数增至73家，包括29家银行、31家担保公司、9家保险公司、2家保险经纪和2家信托公司。全年投入科研经费7900万元，支持8个高校院所实施42个科技成果就地转化示范项目，注册或合作企业40家，筹建企业2家。其中，电子信息领域7个；高端装备制造和生物医药领域11个；新材料领域4个；航空航天等领域6个；5G、大数据、节能环保、汽车、人工智能及增材制造等领域6个；其余涉及2个以上的多专业领域项目8个。项目实施3年后可实现产值10.35亿元，利税2.3亿元。继续推动技术转移和成果转化工作，保障奖补政策实施兑现，开展走访宣讲，深挖技术交易潜力，进一步拓展技术服务合同重点领域。全年实现技术市场合同成交49545项，合同成交额1648.56亿元。

◆科技金融创新合作 2020年，西安市科学技术局围绕产业链、创新链完善资金链，引导金融资源向科技领域配置，面向科技企业和产业融资需求，积极应对疫情出台融资纾困措施，不断提升技术市场服务水平，助力中小企业融资发展。11月，编制出台《科技服务示范机构认定管理办法》。根据“服务专业化、发展规模化、运营规范化”原则，大力扶植基础较好、能力较强、信誉优良的国际化、专业化、市场化的科技服务业龙头机构，发挥科技服务业骨干机构的示范作用，基本形成覆盖科技创新全链条，服务模式多样化、服务业态新型化、服务方式专业化的科技服务产业体系。同时，编制完成《研发设计、软件和信息服务产业推进方案》，建立西安市研发设计、软件和信息服务工作专班台账报送机制。疫情期间，响应出台《六大举措 坚持疫情防控与科技企业复工“两手抓”》《关于发挥科技金融支撑作用助力中小微企业共渡难关的通知》。通过建立支持企业清单、降低贷款利率、减免融资担保费等多项措施，为发展前景良好、受疫情影响的中小型科技企业融资纾困。为15家中小科技型企业办理贷款展期，金额4450万元。通过提供流动资金支持，助力西安中为光电科技有限公司等一批企业迅速恢复运转。制定并落实《政银保联动授信担保提供科技型中小企业长期集合信贷机制推广方案》《建立银行跟贷支持科技型中小企业的风险缓释资金池推广方案》和《科技型中小微企业仪器设备信用贷推广方案》，切实降低中小企业获贷门槛和成本，有效解决企业技术创新、产品研发、仪器购买等资金需求。持续开展科技金融政策宣讲和对接。全年组织举办各类科技金融政策宣讲和对接会41场，培训2000余人，参加培训的单位包括各类银行、担保机构和中小型科技企业，对科技金融政策、业务办理流程、风险补偿等多个方面，进行详细介绍及解读。7月23日，由陕西省科学技术厅、西安市科学技术局主办，陕西科技控股集团有限责任公司、西安科技金融服务中心、西安科技大市场共同承办的“科技成果转化与投资对接会——西工大专场”在西安科技大市场召开，西安科技金融服务中心参会的70多人进行科技金融政策讲解和宣传。与西安科技金融服务中心与雁塔区、阎良区、新城区、莲湖区、曲江新区、西咸新区等合作开展科技政策宣传培训12场。根据《西安市中小微企业融资担保风险补偿基金管理暂行办法》（市科发〔2019〕101号），市科技局设立西安市中小微企业融资担保风险补偿基金。全年补偿基金向担保、创投实施风险补偿1138.7万元。其中，向[illegible]家担保公司风险补偿6笔，共计1053.8万元；向1家创投机构实施风险补偿84.9万元。实施风险补偿后，按照单个项目建立档案，每季度跟踪追偿进度，截至年底，已返还补偿基金277.86万元。积极协调国家中小企业发展基金落地西安。联合西安市金融工作局、高新区管委会，积极协调国家中小企业发展基金直投子基金落地西安事宜，前期申报工作已全部完成。积极推进科技创业子基金设立。全年，大西安产业基金拟投资3支子基金：陕西科控融通助业创业投资管理合伙企业投资基金、西安航空科技创新风险投资基金、西安唐兴科创投资基金。截至年底，西安科技发展基金有关管理委员会决委会已通过出资议案。

◆西安科技大市场建设 2020年，西安市科技大市场以共享设备收集为核心，以分析测试服务为重点，对外开展多层次服务。平台新增录入大型共享科学仪器设备399台（套），累计收集共享仪器设备114919台（套）。其中，高等院校20所4424台（套）；研究院所95家5594台（套）；企业193家4783台（套）。涉及生物医药、金属材料、石油化工、地质矿产、电子信息等多个领域。平台依托线下“国产仪器应用示范平台”和“检验检测实验室”开展具体的培训工作；线上与“[illegible]学伴侣”平台、横渠网等合作，开展设备使用、检验检测等内容的在线培训工作，同时完成《大型科学仪器设备入网服务规范》等7项企业标准的制定与实施工作。举办各类产学研交流活动96场次，参会人数3079人；接待60个交流团，接待人数491人次；新增录入企业名录信息1469条。积极举办线上高新技术企业培训讲座、创新创业专场培训会等专题培训科技政策培训等专场培训60余场次；举办2场河南省4市联动线上科技成果对接系列活动，2020中国郑州绿色技术成果线上对接会，新能源产业科技资源对接交流大会暨国产仪器应用示范（陕西）中心运城分中心挂牌仪式等重大活动；举办技术经理人培训活动，为鹤壁、运城、南阳等地培养技术经理人超过200人；主动优化跨区域科技大市场科技创新服务体系，提升线上、线下服务平台功能。成立西北地区先进科技资源开放共享合作联盟，包括陕西、山西、内蒙古、甘肃、宁夏、青海6省（自治区）12家成员单位，持续推进济源、运城、洛阳、南阳、鹤壁科技大市场运营工作，跨区域统筹科技资源体系，促进科技服务业生态体系形成及区域科技创新发展。西安科技大市场与莲湖区、未央区、碑林区等合作举办产学研金协同创新系列活动18场次，活动累计发布科技成果、技术项目50余项，涉及精密加工、新材料、生态环保、智慧农业、航空航天等多领域。3月至4月，西安科技大市场西咸分中心、新城分中心先后挂牌成立，11月莲湖分中心正式成立，市区共建延伸科技大市场的业务体系。3月20日，西安科技大市场开展校地合作，联合驻市15家高校、6家科研院所共同发起设立的“西安高校院所科技成果就地转化联盟”正式揭牌成立，截至年底，汇集高校院所各类科技成果2000余项。

◆科技成果转化与校地合作 2020年，西安市科技局围绕中共西安市委、西安市人民政府“十项重点工作”目标任务，大力推进科技成果就地转化工作，激发各类转移转化主体活力，深化产学研协同创新，进一步优化科技成果转移转化环境，探索促进科技成果转化新机制。在国务院、科技部等国家层面出台的成果转化政策的基础上，市科技局参与起草《西安市打造内陆改革开放人才高地 强化人才队伍建设及科技创新三年行动计划（2020—2022）》。《行动计划》在科技创新方面，重点打造校地对接平台，包括建立校地融合发展机制、促进校地人才双向流动、打造校地交流合作品牌3项内容。同时，加大政策扶持力度，对校企、院企合作科技成果就地转化产业化项目，按企业固定资产投资额的10%给予最高1000万元奖励；支持国内外知名企业、高校院所设立研发基地，按照建设主体自筹经费实际投资情况给予最高3000万元资助。进一步探索赋予科研人员职务科技成果所有权或长期使用权，引入创新激励机制，激发科研人员创新活力，支持各高校出台促进科技成果就地转化收益分配政策19项，支持西安交通大学出台《西安交通大学科技成果转化管理办法》、西北工业大学出台《西北工业大学促进科技成果转化管理办法》、长安大学出台《长安大学促进科技成果转移转化管理办法》等，明确学校、团队等成果转化各方收益分配比例。10月，帮助西安交通大学、西北工业大学争取到科技部等9部委“赋予科研人员职务科技成果所有权或长期使用权”试点单位，进一步提升驻市高校院所科研人员转化科技成果，特别是就地转化的积极性。结合区域优势领域和主导产业，积极推动一批高校院所科技成果的就地转化。8月，市科技局支持高新区（硬科技科技成果就地转化）、经开区（先进制造业科技成果就地转化）、航空基地（航空产业科技成果就地转化）、西咸新区（大数据科技成果就地转化）及碑林区（校区融合发展）、阎良区（现代农业科技成果就地转化）等7个区（县）、开发区为市级科技成果就地转化示范基地。示范方案经专家多次论证，明确各区域示范重点，聚焦全市电子信息制造、汽车产业、航空航天、高端装备、新材料新能源制造和生物医药等六大支柱产业和人工智能、5G技术、增材制造、机器人、大数据与云计算五大新兴产业，建立校地校企合作发展机制，建设专业化科技成果就地转化平台（机构），举办系列产学研协同创新活动，实施重大科技成果就地转化项目。西安建筑科技大学、西安工程大学等8所高校为市级科技成果就地转化示范高校，重点支持其内部建立推进科技成果就地转化激励机制，建设校企合作的科技成果就地转化中试熟化平台（机构），培育建设新型研发机构及专业化技术转移示范机构，培养专业技术经理人队伍参与科技成果就地转化全过程，推进一批重大科技成果转化项目实现就地转化。市科技局重点支持建立校地合作机制，布局高端装备制造、信息技术等西安六大支柱产业，搭建校企合作平台，支持重大科技成果就地转化。及时调整高校重大平台类项目支持方向，将原来偏重基础创新调整为支持高校院所实施一批重大科技成果就地转化示范项目。全年共投入科研经费7900万元，支持8个高校院所实施42个科技成果就地转化示范项目，注册或合作企业40家，筹建企业2家。其中，电子信息领域7个；高端装备制造和生物医药领域11个；新材料领域4个；航空航天等领域6个；5G、大数据、节能环保、汽车、人工智能及增材制造等领域6个；其余涉及2个以上的多专业领域项目8个。项目实施3年后可实现产值10.35亿元，利税2.3亿元。近年来，涌现出以西安理工大学“大尺寸半导体硅单晶生长设备和成套工艺转化及产业化”项目、西北大学“胶原蛋白湿性修复敷料规模制备技术成果转化及产业化”项目等为代表的一批重大科技成果转化与产业化项目，为高校院所科技成果就地转化起到示范和推动作用，为全市主导产业发展提供创新支撑。12月，由西安理工大学和西安奕斯伟设备技术有限公司共同研制的国内首台新一代大尺寸集成电路硅单晶生长设备在西安实现一次试产成功。双方共同研制的面向产业化应用的硅单晶生长成套设备按照集成电路硅单晶材料的要求，成功生长出直径300毫米，长度2100毫米的高品质硅单晶材料。实现采用自主研发的国产技术装备，拉制成功大尺寸、高品质集成电路级硅单晶材料的重大突破并实现产业化。市科技局加快新型研发机构建设，为科研成果提供中试熟化平台，加速科研成果向产业转移。2020年，市科技局发布《新型研发机构认定管理办法（试行）》（市科发〔2020〕32号），认定陕西空天动力研究院有限公司、陕西省膜分离技术研究院有限公司、陕西半导体先导技术中心有限公司、西安谢赫特曼诺奖新材料研究院有限公司、交叉信息核心技术研究院（西安）有限公司首批5家市级新型研发机构。出台《西安市技术转移示范机构认定备案管理办法（试行）》，先后备案西安交通大学科学与技术研究院等16家机构为市级技术转移示范机构，新认定西安远诺技术转移有限公司等6家市级技术转移示范机构。其中，西安文理学院技术转移中心、陕西空天动力研究院有限公司、西安远诺技术转移有限公司符合“认定备案管理办法”中“市级技术转移示范机构首次获评省级技术转移示范机构的，给予一次性10万元奖励”的条件，每家机构拨付10万元奖励。截至年底，全市有包含西安交通大学、西北工业大学、西北大学、西安理工大学、陕西科技大学等高校院所成立的专业技术转移机构在内的14家国家级技术转移示范机构、72家省级技术转移示范机构、22家市级技术转移示范机构，有效加强全市技术转移机构的力量。西安工程大学科技成果转化中心持续推进学校“5+X”产学研合作创新工程，探索出适合学校校情的科技成果转移转化服务体系和运行机制。该校王进美教授的“微胶囊药物纳米复合防污、抗菌、抗病毒纺织品开发”系列成果转化落地陕西杜克普服装有限公司、陕西金瑞烯科技发展有限公司等企业，纺织科学与工程学院联合陕西纺织产业技术研究院申报咸阳市重点研发计划“新型冠状病毒感染的肺炎疫情应急防治”科技专项，以及在全校公开发布征集西安市就地转化科技成果、拟转化新冠肺炎疫情防控相关科技成果等举措，积极推广有价值的应用成果，深入加强科研成果的转移转化。大力开展以校友经济为主题的对接活动，坚持校企双进，围绕产业链部署创新链，发起成立“西安校友校地合作创新发展联盟”，全年依托驻市高校组织举办“西安交通大学校友校地校企合作座谈会”等系列校友经济活动。5月9日，由市科技局、市投资局主办，西安生产力促进中心、西北工业大学校友总会承办的“西安校友校地合作创新发展联盟揭牌暨校友经济专场活动”顺利举办。联盟的成立旨在打造校友校地创新、发展和利益的共同体，做“校友”成“盟友”，开辟校地合作新篇章。6月12日，由市科技局、市投资局、陕西科技大学主办的“西安—陕科大厦门校友校地合作交流座谈会”在西安市人民政府举行。6月16日，由市科技局、西北工业大学主办的“西安校友校地合作创新发展联盟第一次成员大会暨2020年工作重点研讨会”在西北工业大学创新科技大楼会议室举行。9月6日，“西安交通大学校友校地校企合作座谈会暨校友经济专场活动”在中国西部科技创新港召开，活动由西安交通大学、西咸新区开发建设管理委员会、西安市科学技术局、西安市投资合作局共同主办，西安交通大学校友会、西安西交一八九六孵化器有限公司等承办。10月31日，“中德校友企业创新创业交流座谈会”在西北工业大学校友会举办。

◆高新技术产业 2020年，西安高新区相继获批“创建全国首个硬科技创新示范区”“国家第三批双创示范基地”“国家第三批双创特色载体园区”“首批国家高新区‘企业创新积分制’试点园区”等多项国家级称号和试点。全年完成地区生产总值2410.08亿元，比上年增长12.3%；规模以上工业增加值增长21.2%；固定资产投资增长23.2%。6月15日，西安高新区召开创建硬科技创新示范区启动大会，并发布《西安高新区创建硬科技创新示范区建设工作计划》，全面启动创建首个国家级硬科技创新示范区。高新区按照“支持硬科技研发—畅通硬科技转化—培育硬科技企业—做强硬科技产业”的核心主线，采取多项政策，提升硬科技自主创新能力，完善成果转化体系，强化硬科技企业群体培育，发展成果不断涌现。支持组建陕西高端装备与智能产业研究院、硬科技创新研究院、中科院光子制造工程实验室等重要科创平台；加速建设电子谷、智慧谷、三航小镇、硬科技社区等校地院地融合平台；累计集聚各类重点实验室、工程技术中心和企业创新中心等研发平台311个，其中国家级44个。已产生新一代眼人工晶状体、“启明920”人工智能加速芯片、“秦瞳”自适应微孔检测系统等一批高水平创新成果。全年区内企业获批国家科技重大专项、国家重点研发计划10余项。出台《关于支持重大创新和成果产业化》政策，鼓励企业开展关键核心技术项目攻关，对承担国家级重大科技项目的企业，给予资金支持。抗击疫情科技攻关成果显著，率先设立新型冠肺炎科技攻关项目，鼓励支持80家硬科技企业开展技术攻关，总计支持金额2000万元。其中，蓝晶生物科技有限公司的两类多肽样品对病毒抑制效果获得李兰娟院士实验室认可，金磁纳米生物技术有限公司项目获批科技部重点研发计划支持。通过建立硬科技技术交易市场、搭建全球硬科技技术交易云，积极探索以促进硬科技成果交易配置为重点的现代技术市场建设与运营模式。建立健全科技成果转化服务体系，技术经理人“1+3”特色服务体系持续深化，发展单位会员134家，个人会员954人，认定初级技术经理人527名，中级技术经理人61人，认证技术经理人机构80家，累计征集入库项目7138项。培育西安隶铭思拓知识产权代理服务有限公司等技术转移示范机构19家。与西安交通大学、西安电子科技大学、西北工业大学等10家高校院所挖掘待转化优秀项目151项。国家知识产权服务业集聚发展试验区通过国家知识产权局验收。全年发明专利授权量6200件，比上年增长9%，完成技术交易额460亿元。完善“科技型中小企业→高新技术企业→上市企业”硬科技企业梯度成长培育体系，持续壮大科技企业主体。科技型中小企业入库2434家，占全市49%，比上年增长45%；有效期内高企达2941家；新增西安瑞联新材料股份有限公司、西安中熔电气股份有限公司等境内外上市企业10家，创历史新高。推动科技型企业线上融资，一期链接9家银行70余种产品，帮助科技型企业融资贷款总额超2亿元。全力打造电子信息、高端装备、汽车、生物医药等先进制造支柱产业，人工智能、5G技术、增材制造、机器人、大数据与云计算等新兴产业，现代金融、现代物流、研发设计、检验检测认证、软件和信息服务、会议会展等生产性服务业，建立以硬科技为引领的现代化产业体系。成立电子信息、高端装备、生物医药、新能源汽车、人工智能、工业互联网等先进制造、新基建领域产业联盟11个。引进海创园项目、奕斯伟硅产业基地、比亚迪智能终端等一批重大项目。并发力人工智能新兴产业，推动建设姚期智教授交叉信息核心院、科大讯飞等一批示范项目落地。围绕载体、人才等要素，不断提升创新创业软硬件环境。构建立体化孵化网络，区内双创载体164家，总面积达904.57万平方米，其中国家级孵化器24家。全面启动全球揽才引智计划，出台“硬科技创新人才”专项政策，建立创新创业资源库和海外科技人才信息库，全年引进海外高层次人才39人，累计引进和培养460名产业领军人才和4685名专业技术人才。强化周边区域辐射带动，实施“一区三园”联动发展，牵头发起设立陕西省高新区联盟，探索与宝鸡、咸阳、渭南、杨凌等国家级高新区协同创新机制。加强区域间交流合作，和长春高新技术产业开发区、四平红嘴经济技术开发区等地区形成合作机制，在长三角、京津冀、大湾区等地开展“西安高新周”等大型招商活动30余次。推进国际化平台建设。支持西安欧科百达科技服务有限公司、西安融科国际技术转移有限公司、中交高新科技产业发展有限公司等企业在外设立国际化平台，建成离岸创新中心、海外研发中心、科技服务站等国际化平台18个。坚持“最多跑一次”改革，实现“所有权力进中心、中心之外无审批”的集中审批，深入推进“一扇门、一张网、一次办”，推出“优化营商环境15条”。创新推出“容缺审批”“承诺制审批”“整区域审批”等制度并在全省推广，在全省、全市首创政务服务跨区、跨省通办，建成投运全市首家行政审批中介超市，打出企业开办7小时办结、工建审批75日办结等13项“组合拳”，建立“企业服务日”常态化机制。获“2020年中国优化营商环境典范园区”称号，“一核四化”基层治理机制入选全国创新典型案例。

◆192个项目获“陕西省科学技术奖” 2020年，陕西省科学技术奖奖励项目共265项（通用项目与专用项目合计数）。其中，最高科学技术奖3项，自然科学奖25项，技术发明奖15项，科技进步奖223项，国际科学技术合作奖2项。西安有关单位主持完成的获奖项目（通用项目）192项。其中，最高科学技术奖3项，自然科学奖23项，技术发明奖9项，科技进步奖155项，国际科学技术合作奖2项。

◆农业新品种选育与推广 2020年，西安市科学技术局强化农业科技创新驱动，支持以产业链为纽带的跨单位、跨区域的联合技术研发，认真完成西安市“十项重点工作”之“深入实施乡村振兴战略促进城乡融合发展工作”，围绕产业发展的关键技术进行攻关，激发广大农业科技人员投身农业和农村经济建设，全面实施乡村振兴战略。围绕西安市“3+X”特色产业技术需求，组织高校研究院所、市级农业科研推广单位、科技企业开展产学研联合创新，加强农业农村绿色生产技术研发，全年共组织实施农业技术研发项目67项，支持资金469万元，重点在特色制种、农产品深加工、特色果业、设施农业、奶山羊等领域，开展低耗、生态、节本、优质、循环等绿色技术研究与应用。围绕西安市优势特色产业和扶贫产业，组织农业企业、农民专业合作社与高校院所、农业科研推广单位紧密合作，开展农业新品种新技术、绿色生态栽培、健康养殖、重大病虫害防控、农产品储藏保鲜及精深加工等关键技术示范推广，全年共组织实施农业科技示范项目25项，支持资金375万，立项项目数量重点向蓝田县和周至县倾斜，项目支持产业领域重点倾向于猕猴桃、草莓、花椒、皂荚、食用菌、冬枣等特色扶贫产业，开展农业技术成果应用示范，发挥科技示范带动作用，推动产业绿色发展。西安市农业技术推广中心适应设施果业发展需要，引进适合设施生产的樱桃良种，实现设施、良种、良法配套。避雨设施栽培下的樱桃品种“美早”“布鲁克斯”外形美观、果肉脆甜，已经成为西安樱桃促早栽培的首选品种。该品种“美早”引自美国，平均单果重10克，可溶性固形物17.6%，5月中旬成熟，具有良好的早丰产性及稳产性、耐贮运、抗裂果，是值得推广发展的优良品种，深受消费者欢迎，大部分果品以订单销售形式走向南方高端市场。

◆农村科技服务体系建设　2020年，西安市科学技术局制定印发《西安市农业科技特派员工作管理办法》《西安市农村科技示范户培育及认定管理暂行办法》《西安市乡村振兴科技示范村创建工作管理办法》，通过不断完善制定特派员、示范户、示范村等制度性文件，规范认定和创建办法，不断完善农业农村科技创新政策体系，发挥科技创新对乡村振兴的支撑引领作用。根据《西安市农业科技创新园认定管理办法》，通过建设一批集技术创新、试验示范、成果转化推广、创新创业、农民培训等功能为一体的农业科技创新园，提升科技对农业主导产业支撑能力。2020年创建西安市阎良现代农业科技创新园、西安市李杏科技创新园、西安市番茄产业科技创新园3个农业科技创新园，支持科技资金150万元。选派市级农业科技特派员193名，组建猕猴桃、设施瓜菜、葡萄等6个特派员产业技术服务团；组建8个涉农区（县）科技特派员服务管理微信群，组织特派员、乡镇政府、服务单位、区（县）科技管理部门四方签订特派员服务协议书。服务全市农民专业合作社、农业龙头企业近200家。截至年底，组织农业科技特派员深入贫困村、企业和农民专业合作社，开展现场技术指导、专题培训等活动2000余场次。制定《西安市农村科技示范户培育及认定管理暂行办法》，明确市级农村科技示范户培育条件和程序，落实示范户具体培育措施，科技示范户优先在省定贫困村遴选，对认定的市级农村科技示范户给予每户3000元的奖励补助。先后在蓝田、阎良、临潼、周至、高陵、长安、鄠邑等区（县），实地抽查30%的示范户，对种植面积、上年收入、示范带动作用进行现场核实，最终认定110户市级农村科技示范户。

◆“农业科技创新服务月”活动　2020年4月，西安市科学技术局制定《西安市农业科技创新服务月活动实施方案》，组织开展农业科技服务月活动；市区（县）联动，共同策划，分级行动，重点依托农业科技服务机构、农业科技示范园，组织农业科技特派员、农村科技示范户，创新服务方式，提供精准服务，开展切实有效的技术指导和培训活动。农业科技特派员及市县农技推广单位技术人员，针对全市291个贫困村及近200家企业及合作社，开展技术指导、培训等服务活动430场次，免费发放农业技术手册3000余册。同时加强对重点农业科技服务活动的宣传，与农业科技报加强合作，对区（县）重点培训活动、特派员扶贫先进事迹等进行专题报道。

◆科技扶贫　2020年，西安市科学技术局加快先进适用科技成果在贫困地区转化应用，扎实推进精准扶贫，推动精准脱贫，积极发挥农业科技创新的支撑引领作用，最终实现建档立卡贫困人口精准退出、脱贫摘帽，使乡村集体经济发展再上新台阶。健全科技特派员制度，制定新的《西安市农业科技特派员制度实施意见》和《西安市农业科技特派员工作管理办法》，优化科技特派员队伍，加强特派员与贫困村需求之间的精准对接，2018年以来连续2年组织临潼、周至、鄠邑、蓝田4个涉贫区（县）科技局，每年选聘122名科技特派员，组建科技特派员服务团，每年支持4个涉贫区（县）141万元，做好省定贫困村科技服务全覆盖工作。通过挂牌服务，以“1+N”模式开展技术推广、咨询、培训等服务，对接帮扶全市141个贫困村，实现科技特派员服务贫困村全覆盖的目标。按照《西安市农业科技特派员工作实施意见》要求，在各区（县）科技管理部门推荐的同时，组织西北农林科技大学、西安文理学院、市农业技术推广中心、区（县）农业技术推广中心等单位推荐特派员，会同市农业农村局、西安市人力资源和社会保障局等193名市级农业科技特派员，每位特派员定点联系1—3个贫困村，服务一家农业企业，对全市已脱贫的291个省定贫困村实现农业科技特派员全覆盖。开展调研脱贫村农业产业和集体经济发展情况，为贫困村提供生产技术培训，培育农村技术骨干，指导贫困村发展集体经济等工作。西安市级科技资金在同等条件下向深度贫困地区和革命老区倾斜，市级科技示范户遴选重点向省定贫困村倾斜。重点支持周至猕猴桃、蓝田食用菌、奶山羊、草莓、花椒等产业技术创新与示范推广。5年来，农业科技示范项目支持周至县科技资金1160万元，立项项目13项；支持蓝田县科技资金752万元，立项项目20项，在立项数量、项目扶持资金等方面，市级科技经费支持额度分别位列8个涉农区（县）第一和第二。

◆科技人才引进　2020年，西安市科学技术局（西安市外国专家局）按照“聚焦重大战略，紧盯国际前沿，坚持项目先行，着力招才引智，引领转型升级，服务创新发展”的总体工作思路，围绕全市“十项重点工作”，不断提高各项业务能力和服务水平，加快引进急需紧缺的外籍人才，为西安市经济社会发展和国际化大都市建设提供坚实的智力支撑和人才保障。市科技局（市外专局）推荐的企业西部超导材料科技股份有限公司获批2020年度战略科技发展类国家引才引智示范基地。至此，西安市获批的示范基地达到5家。首次开展西安市国际科技合作基地认定工作，首批认定44家。在高新区建设“西安国际人才大厦”，大厦已获批国家级“中国西安人力资源服务产业园国际园区”；科技部批准，将西部唯一的区域国际人才市场——“中国国际人才市场西安市场”社会化运营；成立“西安外籍人才服务中心”，并在曲江和西咸设立办事网点。“一体两翼”式国际人才服务体系基本形成。在英、法、俄、德、澳等5国设立“西安海外人才工作站”，并签订合作协议。“中国国际人才市场西安市场”与全球10大人才机构、13家海外留学人员社团签订合作协议，基本形成海外高端国际化人才来西安市创新创业的便捷通道。参加陕西省引进国外人才智力工作政策宣讲培训、工作推进会，积极联络对接，承接省厅国际科技合作项目和引智项目；召开全市引智工作培训会，在区（县）、开发区建立引智工作联络员制度。3月，市科学技术局（市外国专家局）印发《西安市引进海外高层次人才智力项目管理办法》，立项44项。在项目执行过程中，坚持“以项目验证人才，以人才带动项目”的思路，通过中航西飞民用飞机有限责任公司“新型涡桨支线飞机研制”项目引进Arons Norm等3位国际顶级空气动力学工程师；通过中国科学院西安光学精密机械研究所“电离层探测器工程化研制”项目引进Issoupov Vitali等6位国际知名光机电专家；通过西部超导材料科技股份有限公司“紧固件用超高强钛合金材料制备关键技术”项目引进Mikhail Nemytov等4位材料学专家，实现人才和项目的有机融合。按照疫情防控“少外出、不聚集”的要求，进一步优化外国人来华工作许可办理流程，推行“不见面办理”服务，新办《工作许可证》采取“先承诺后补交”的方式办理，通过电子扫描件等方式送达；取消“延期业务须在许可届满前30日提交”的限制。3—9月期间，针对外籍人才无法入境，企业确有用工需求的问题，积极协商出入境管理局，对已持M、L签证（M字签证是在签证有效期内可以多次往返，签发对象是来华从事商业、贸易活动的外国人；L字签证，发给入境旅游的人员）入境的外籍人才，实行境内“绿色通道”申领工作许可证，并积极协商市出入境管理局为其办理工作类居留许可，缓解西安市企业引进外籍人才压力。全年共办理外国人来华工作许可各类业务2466人次，其中，A类外国人才54人次。目前西安市持有效工作许可证的A类外国人才110人[外国人来华分类：外国高端人才（A类）、外国专业人才（B类）、外国普通人员（C类）]。畅通沟通渠道，多次赴重点企业调研外国人工作情况，召开外国人来华工作许可座谈会，帮助企业解决外国人来华工作许可中存在的困难、问题。全面落实《科技部办公厅关于下放外国高端人才确认函审发权限的通知》要求，联合市出入境管理局、高新区行政审批局向辖区光机所、华为、中兴、美光半导体、奕斯伟、智多晶微电子、中科创星、唐晶量子等科研院所、重点企业，对外国高端人才签证制度政策、外国高端人才确认函办理程序、服务涉外重点企业和外籍高层次人才出入境便利政策、外国人才及其家属“绿卡”办理程序、高新区推行“一件事一件办”等内容进行政策宣讲，不断提高为重点企业高端外国专家的服务水平。2020年，推荐西北大学外国专家罗宾•史蒂芬•吉尔班克（ROBIN STEPHEN GILBANK）等4批13名外籍高层次人才申领外国人永久居留身份证，开展此项工作以来，共为19批63名外籍高层次人才办理《陕西省“外籍高层次人才”办理外国人永久居留身份证推荐函》；西安市畅通的外籍高层次人才申请永久居留身份证推荐体系，受到广大聘请单位和申请人一致好评，为聘外单位留住并用好这些外籍高层次人才营造一个良好的环境。推荐的西部超导材料科技股份有限公司巴西籍专家科勒博（KLEBERA. SERDJI）先生荣获陕西省国际科学技术合作奖、2019年度三秦友谊奖、2020年中国政府友谊奖。陕西省科技厅、市科技局（市外国专家局）为荣获2019年度三秦友谊奖的陕西重型汽车有限公司沙特办事处主任哈里德先生颁发奖章和证书。“三秦友谊奖”是陕西省政府为表彰在陕西省经济社会建设中做出突出贡献的外国专家而设立的最高奖项，以促进陕西省与国外在经济、科技、文化、教育、卫生等方面的交流与合作。

◆2020年西安国际创业大会 2020年11月19—20日，由西安市人民政府主办，中共西安市委组织部（市委人才办）、西安市科学技术局承办，以“汇聚全球资源，打造创业之都”为主题的2020西安国际创业大赛总决赛举行。总决赛分领域晋级赛和决赛，采用“7+5”模式，即7分钟路演加5分钟答辩的方式进行项目路演。63个入围领域晋级赛的项目，按照信息技术、生物医药、先进制造业与新材料3个领域分别角逐，最后按照项目得分排名，24个项目晋级决赛。经过激烈角逐，20个项目获得本次大赛的特等奖和一、二、三等奖，“高功率工业飞秒激光器及其核心器件产业化项目”获得本次大赛特等奖。总决赛期间还同时设立投融资洽谈室，为项目方搭建快速融资渠道、提升融资效率、降低融资成本，力促参赛项目与投资机构之间达成投资意向，促使优质项目落地转化。

◆第五届中国创新挑战赛（西安）硬科技发展专题赛 2020年11月5日，由科学技术部指导，科学技术部火炬中心、陕西省科学技术厅、西安市人民政府主办，西安市科技局等部门共同承办的第五届中国创新挑战赛（西安）硬科技发展专题赛举行，大赛聚焦硬科技，人工智能、电子信息、先进制造领域，更加精准地推动科技成果就地转化，推动先进制造业等现代产业体系快速发展。大赛以企业需求为导向，组织科技企业管家和技术经理人组成专家团队，通过现场调研，帮助企业清晰描述、深度挖掘技术需求，寻找合适的科研团队；提供企业创新能力诊断、知识产权管理等高价值服务。本届挑战赛自5月份启动，先后在雁塔、碑林、经开、航天基地和西咸新区举办5场赛事活动，通过需求挖掘、甄别筛选、发布征集、比赛对接等方式推进重点科技成果转化。累计公开发布150个技术需求，征集1300项解决方案，筛选出294项解决方案参加现场赛，11个团队获得大赛优胜奖，22个团队获得大赛优秀奖。

◆双创活动周 2020年10月15日，以“创新引领创业 创业带动就业”为主题的2020年全国大众创业万众创新活动周陕西省暨西安市分会场活动在高新区嘉会坊设主会场，在碑林区、西咸新区、经开区、浐灞生态区、航天基地设分会场，以线上和线下相结合的形式，举办“1+11”系列活动。活动周聚焦双创成果展、数字经济、工业互联网、硬科技、5G、人工智能等多个创新创业领域，举办2020中国（西安）数字发展论坛、“西引力•创新+”西安创客菁英荟、突破边界5G人工智能国际峰会、“科创西安”第一届国际合作高峰论坛暨投融资对接会、智能物联与工业互联网创新发展峰会、2020西安全球“AI+硬科技”线上马拉松、智慧出行分会等多场活动。陕西省暨西安市分会场以“2020年全国大众创业万众创新云上活动周”为载体，设置“重点活动”“成果展示”“云上直播”“双创资讯”“云上展厅”等栏目，突破内容、时间、空间限制，打造云上分会场平台，通过360° VR全景技术还原线下活动场景，演讲者和嘉宾即使远隔千里也能实时参与到活动现场，同时实现多城市亿万人次共同参与的云上体验，所有内容也将永久沉淀、分享，打造“永不落幕的双创周”。

◆2020《创业英雄汇》西安硬科技专场海选 2020年9月17日，由中央广播电视总台央视财经频道、西安市人民政府主办，西安市科学技术局、西安高新区管委会等单位承办的2020《创业英雄汇》西安硬科技专场海选、复选举行。会上，中国科学院院士、西安交通大学教授，西安电子科技大学党委书记，国中创投首席合伙人等分别对信息物理融合系统及其在疫情防控中的应用、创新创业的“西电经验”、科技型企业投融资技巧以及新形势下硬科技发展趋势等方面做主题演讲；西安电子科技大学博士、2019CCTV中国创业榜样张志为做交流发言。在圆桌沙龙分享环节，西安交通大学副校长，西北工业大学党委副书记，西安电子科技大学副校长，国中创投首席合伙人，唐兴资本创始合伙人，亿欧公司联合创始人就疫情大变革背景下以硬科技破局脱困，分享了自己的认识体会与实战经验。会上，市科技局局长李志军对《2020中国硬科技创新白皮书》进行解读，在“中国城市硬科技创新排名”中，西安硬科技列全国第五。《创业英雄汇》海选西安站自8月启动，评审组根据项目经济社会价值、创业故事、形象素质及表现力、项目团队建设等方面综合评价，优选电子信息、人工智能、新零售、航空航天、文化创意等领域的20个项目参加总决选，10个项目参加路演。最终，王浩冲团队的“脑控康复机器人项目”、陈小军团队的“电磁眼——分布式协同频谱监测系统项目”、杨乔森团队的“全新一代车用氢燃料电池催化剂项目”获奖。《创业英雄汇》作为央视财经频道首档大型青年创业实战公开课，以国家级媒体的责任和力量，为创业者搭建一个展现价值、实现梦想的舞台。节目汇集柳传志、宗庆后、曹德旺、俞敏洪、雷军、董明珠等重量级创业导师，在创投界名声斐然。从2017年起，《创业英雄汇》专场活动连续4年走进西安，西安共有32个项目登陆央视，居全国第5，已入选的40位中国创业榜样中，西安独占6位，提升了西安创新创业的影响力。

◆2020全球硬科技创新暨创新发展峰会 2020年9月16日，由科学技术部、中国科学院、中国工程院等部门指导，科技部火炬中心、陕西省科学技术厅、西安市委、西安市人民政府主办的主题为“硬科技推动高质量发展”——2020全球硬科技创新大会暨创新发展峰会在西安举办。期间围绕高新区高质量发展、硬科技科创板上市、现代技术要素市场等内容，科技部火炬中心、上海证券交易所、央视财经频道与西安市共同举办多场活动。

◆获批国家新一代人工智能创新发展试验区建设 2020年3月，科技部正式致函陕西省人民政府〔《关于支持西安建设国家新一代人工智能创新发展试验区的函》（国科函规〔2020〕14号）〕，明确支持西安建设“国家新一代人工智能创新发展试验区”，这是继北京、上海、天津、深圳、杭州、合肥、德清之后的新一批试验区。4月9日，在西安高新区举行“西安·国家新一代人工智能创新发展试验区”启动建设大会，姚期智团队将其团队研制的第一款人工智能芯片“启明910”芯片样片捐赠西安市。会上，与会领导为西安交通大学、西北工业大学、西安电子科技大学、长安大学、华为西安研究所、西安交叉信息核心技术研究院6家单位进行“西安新一代人工智能开放创新平台”授牌。

◆建设国家硬科技创新示范区 2020年5月8日，科技部火炬中心批复，同意西安高新区创建国家硬科技创新示范区。6月15日，中共西安市委、西安市人民政府成立西安市支持西安高新区建设硬科技创新示范区工作领导小组，全面加强硬科技示范区的组织领导。举行“西安高新区创建硬科技创新示范区启动大会”，会上发布《西安高新区创建硬科技创新示范区建设工作计划》，高新区全面启动创建首个国家级硬科技创新示范区；举行西安高新区创建硬科技创新示范区专家委员会聘任仪式。9月，西安高新区向科技部递交《西安高新区硬科技创新示范区建设规划（2020—2023）》（以下简称《规划》），并在科技部火炬中心的指导下，对《规划》进行多轮修改；11月，科技部火炬中心在西安召开《规划》咨询论证会，邀请两院院士、业界专家对西安高新区硬科技创新示范区建设建言献策；12月，科技部火炬中心正式批复同意《规划》内容。

◆筹建国家超级计算西安中心 2020年，根据国家支持西安发展重大项目和部省会商内容，西安市科学技术局向科技部积极争取申建国家超算西安中心。在对全市各开发区建设意愿和条件摸底基础上，确定西安航天基地为国家超算西安中心的建设主体，并成立“国家超算西安中心建设工作推进小组与咨询专家组”，省、市、区三级合力共同推进。其间，西安市科学技术局多次赴科学技术部、陕西省科学技术厅汇报超算中心建设情况。6月，省科技厅、市科技局、西安航天基地及西安电子科技大学相关人员组成专题调研组，实地调研深圳、天津、济南、昆山超算中心并形成报告。8月，《国家超级计算西安中心筹建方案》以省政府文件正式函报科技部，科技部按程序组织评估，航天基地已组建专业公司同步开展各项基础工程建设。国家超级计算西安中心选址位于西安国家民用航天产业基地，占地面积约3.38公顷。总体规划分二期建设。一期计划投资30亿元，建设成为国内一流的超算中心，总峰值计算能力达到300P（第一阶段180P）；二期建设成为国际领先的超算中心，总峰值计算能力达到国家“十四五”规划要求。

◆高新技术企业认定管理 2020年，西安市科学技术局以高新技术企业认定高质量为切入开展专题辅导讲座，全年累计培训47场，参会企业超过3500家，培训内容包括高新技术企业认定政策的解读、省网系统申报的实际操作方法、如何享受所得税减免以及企业认定过程中涉及的知识产权、成果转化、研发投入占比等重点、难点问题。截至年底，西安市新增国家高新技术企业1561家，总数达到5234家，同比增长42.5%。

（梁莉 三春）

社会科学研究

◆概况 2020年，西安市社会科学院（西安市社会科学界联合会）、西安市丝绸之路经济带研究院在中共西安市委、西安市人民政府的坚强领导下，凝心聚力、推陈出新、提升服务、扩大影响，在理论研究、社科普及、脱贫攻坚、行政管理、基层党建等方面都有明显提升。西安经济、社会、文化、媒介、人才、大遗址保护等推出发展报告，《西安国际化大都市发展报告》面向社会发布，总字数达到140多万字，产生极为广泛的正面传播效应。院（联）连续被评为全国城市社科院（社科联）先进单位。

◆社会科学新著 2020年，西安市社会科学院（西安市社会科学界联合会）、西安市丝绸之路经济带研究院结合全市十项重点工作，采取“内外结合”方式，深入基层，广泛调研，形成多项研究成果。

《西安经济发展报告（2020）》蓝皮书 西安市社会科学院经济学所编著，西安出版社出版发行。该书分为总报告、产业经济篇、枢纽经济篇、营商环境篇、金融创新篇五大部分。总报告对2019年西安经济发展状况及特点进行分析，并根据未来西安经济发展面临的内外部环境条件，尤其是疫情后期的各种影响，对2020年西安发展趋势进行预测，提出总体思路与对策建议。产业经济篇立足于城市群产业协同、乡村振兴产业、战略性新兴产业、旅游业、汽车产业等发展概况进行分析，提出思路与对策。枢纽经济篇围绕综合交通枢纽、航空枢纽、物流枢纽等进行研究。营商环境及金融创新篇中，分别对西安优化营商环境路径、政策落地、互联网金融、财政资金绩效等进行深入探讨。

《西安市社会发展报告（2020）》蓝皮书 西安市社会科学院社会学所编著，西安出版社出版发行。该书将西安社会发展中的民生保障、就业、扶贫、公共服务、社会治理、弱势群体、社情民意、人才引进、交通环境等社会热点问题、难点问题作为研究重点深入进行研究。该书分为总报告、社会调查、年度热点研究、专题研究四大部分。总报告对2019年西安社会发展基本形势进行深入分析，肯定成绩，揭示问题，并提出2020年西安社会发展的基本方向和对策建议。社会调查对市民关注的十大民生热点与公众安全感状况进行调查分析，立足民意，给出建设性建议。年度热点研究分别对老旧小区综合治理、交通环境治理、人才聚集与潜能激发、“电视问政”、精准扶贫等年度社会热点问题进行了深入研究，为政府决策提供参考。专题研究报告汇集老龄人力资源再开发、城乡体育公共服务均等化、家庭医生健康服务、妇女“两癌”筛查、公共场所母婴室建设、农村留守妇女等方面的研究成果，对政府和社会进一步重视老龄人才问题、城乡公共服务发展不平衡问题以及妇女相关群体的境遇与需求等有一定的启示作用。

《西安媒介发展研究报告（2020）》蓝皮书　西安市社会科学院政府治理与信息传播研究所编著，西安出版社出版发行。该书分为三部分。第一部分是总报告，围绕西安城市媒介生态展开讨论。研究以城市媒介的传播力和影响力为基本对象，构建城市媒介生态指数作为测量工具，测量城市媒介的传播半径和影响程度等关键要素，呈现一个地区或者城市的媒介生态的基本面。为开展相关的研究研判工作提供参考，也为相关的研究工作提供新的参考工具和研究视角。通过研究可知，2019年西安的城市媒介的覆盖能力居于中上游水平，其中传统媒介的传播能力较弱，覆盖人群不广泛，网络新媒体具有广泛的人群覆盖效果。在网络新媒体领域，非官方公众号和微博账号的活跃度较好，官方微信公众号和官方微博信息生产能力略显不足，不能充分及时地提供有效精准的信息。在城市媒介的影响力方面，无论是网络媒体还是传统媒体，表现较为一般，这意味着要丰富信息生产的内容，提高信息生产的质量，进一步扩大城市媒介的影响力。第二部分主要围绕行业动态进行讨论，包括西安融媒体发展、5G元年对西安媒体的影响、西安地区影视产业发展等方面。第三部分是微观领域的专业聚焦，包括西安实体书店、书香城市建设、友好城市发展、城市形象空间与媒介形象建构以及在校大学生对国防教育的认同与思考等。该书认为互联网信息传播时代，一个健康的城市媒介生态，对于打造良好城市形象，维护城市品牌，促进城市综合实力有着重要作用和积极意义。

《西安文化产业发展报告（2020）》蓝皮书　西安市社会科学院历史文化与旅游研究所、西安电子科技大学和文理学院等高校、科研院所共同编著，西安出版社出版发行。该书分为总报告、宏观视野、专家论坛、大事记等。从内容上看，《报告》集西安文化产业发展现状、特点、问题、思路、战略、对策于一体，是文化产业实际工作者和长期从事文化领域研究的理论工作者集体智慧的结晶。课题组克服疫情影响，于2019年10月至2020年3月期间，对西安文化产业集聚区和有一定规模和影响力的文化企业、相关管理服务机构进行实地走访和调研，掌握西安文化产业和企业发展翔实、可靠的第一手资料。通过与文化产业实际管理部门领导、学者座谈，拓宽课题组成员的思路和视野，对未来西安文化产业发展具有良好的学习和借鉴意义。该书对于总结西安文化产业工作，推动文旅融合产业发展发挥积极作用，成为广大科研工作者和文化产业领域工作者的重要工具书。

《西安大遗址保护利用研究报告》蓝皮书　西安市社会科学院与大明宫研究院共同编著，西安出版社出版发行。该书包括总报告、西安主要大遗址专题报告、遗址保护利用与文旅融合专题研究、热点问题研究、专家论坛、政策法规与大事记等内容。分析国家、陕西省对大遗址保护利用的要求，回顾总结“十二五”“十三五”时期西安大遗址保护利用的整体情况和发展成绩，对西安主要大遗址的保护情况进行评估，对利用中的成绩和困难进行分析测算，提出“十四五”时期西安大遗址保护利用在遗址公园运营、遗址区管理体制机制等重点任务方面的努力方向，并对未来大遗址保护与利用工作的发展趋势进行预测。该书围绕市委十三届十一次全会提出的“坚持西安特色，牢固树立保护文物也是政绩的理念，承古开新、开放包容，彰显中国元素、古都风貌、人文底蕴，充分展示世界历史名城独特魅力要求”为主题，从选题、框架和内容撰写上总结“十二五”“十三五”时期西安大遗址保护利用的工作进展，展望“十四五”发展方向和重点。此外还根据国家文物局公布的《大遗址保护利用导则（征求意见稿）》对遗址空间利用新路径、丝绸之路世界文化遗产和文旅融合发展等方面进行有针对性的研究和分析。

《西安国际化大都市发展（2020）回归制造》蓝皮书　西安市社会科学院、西安通济区域规划研究院、西安高新区城市客厅公司、经济观察报城市与政府事务研究院联合编写。该书分总体报告、主题报告、研究报告、特别报告四大篇章，23万字。其中，总体报告在全面回顾过去一年西安国际化大都市建设成就的基础上，以“9+15+1”城市为对标参照，以国际化大都市发展评价指数（IMDEI）为测评工具，以西安为基准，构建OST城市分级系统，明确西安的发展阶段和超越、看齐和追赶的城市对标，通过综合研判国际化大都市建设所面临的阶段问题、长期短板和外部挑战，抓重点、补短板、强弱项，提出解决核心问题的关键之策。全书以“回归制造”为主题，积极响应市委、市政府“发展实体经济，建设先进制造业强市”的工作部署，聚焦城市发展核心问题，形成1个主题报告为重点，4个研究报告为支撑的“1+4”研究体系，通过钩沉西安工业发展简史，透视工业发展问题，提出西安制造的三重回归。围绕建设先进制造业强市所需，从合肥经验的借鉴、弗劳恩霍夫体系的启示、现代学徒制的深化和服务型制造的推广等四个维度提出针对性对策和建议。

◆重点科研课题

《习近平总书记“五个扎实”的解读及西安深入推进落实要点思考》　2015年2月13—16日，习近平总书记在来陕视察讲话中全面而深刻地阐述关乎陕西省发展全局的一系列重大问题，提出“五个扎实”推进陕西省社会经济发展的要求。深入推进落实“五个扎实”是全面落实中央“五位一体”总体布局、“四个全面”战略布局的重要抓手，是西安实现“追赶超越”的重要举措，也是充分发掘西安的优势资源，提升城市综合实力和城市品位，打造西安发展新模式的重要路径。按照中共西安市委、西安市人民政府的工作要求，西安市社会科学院组织跨学科课题组，对习近平总书记提出的“五个扎实”进行进一步的解读，并对西安深入推进落实进行研究。课题从新时代深入学习习近平总书记来陕西视察讲话的重要意义为出发点，紧抓习近平总书记提出的“扎实推动经济持续健康发展，扎实推进特色现代农业建设，扎实加强文化建设，扎实做好保障和改善民生工作，扎实落实全面从严治党”5个方面的具体要求，深入研究各领域的重点任务部署和推进落实，提出陕西、西安未来经济社会发展的战略方向和关键任务。

《习近平总书记“五项要求”的阐释研究》　2020年4月20—23日，习近平总书记在时隔5年后再次来陕考察，视察结束后发表重要讲话，在继2015年提出“五个扎实”要求后，又提出“五项要求”。习近平总书记来陕考察时强调，“推动经济高质量发展迈出更大步伐”，这是在新时代新形势下对陕西做好各项工作提出的新要求，也是对西安经济发展的殷切期望，是解决当前西安市经济发展问题的根本出路，为今后一个时期经济社会发展指明前进方向。课题围绕经济高质量发展、内陆改革开放高地建设、生态环境质量、民生保障和社会建设，以及全面从严治党5个方面，全面阐释习近平总书记“五项要求”的丰富内涵和精神实质，聚焦新要求、落实新任务，推动西安经济实现高质量发展，奋力谱写西安新时代追赶超越新篇章。同时提出，西安要围绕推进国家治理体系和治理能力现代化全面提高站位，发挥优势补齐短板，全面深化改革、全方位扩大开放，不断向改革要动力、向开放要活力，打造内陆改革开放高地；推动生态环境质量持续好转的全局、全域、全业和全民视角；民生保障，脱贫攻坚助推乡村振兴；夯实责任，夯实政治生态，加强政治建设等。

《十四届全运会助力西安国家中心城市建设的策略研究》　陕西交通职业技术学院任宇飞主持。课题梳理前人对全运会、马拉松等大型赛事对提升城市影响力的相关研究，剖析国家中心城市五大功能形成的影响因素。课题通过对大型城市举办高端赛事的现有资料，分析全运会、西马比赛等大型比赛产生的经济效益，提出全力改善市内交通基础设施，做好宣传工作，借助全运契机带动赛事旅游和文化观光。全运会后利用西安现有场馆资源，继续承办大型比赛，吸引非本地区居民前来观赛、消费，促进本地区GDP的增长，居民收入的增加、就业岗位的增多以及政府税收的增加，有助于经济发展形成良性循环。赛事举办地只需提供原始投资，吸引外来观众观赛，就可以通过赛事带动西安旅游、餐饮、服务业等行业的繁荣，可在宏观经济层面上获得更多的投资回报，经济效益相当可观。

《文旅融合视域下蓝田县全域旅游发展的回顾与思考》　蓝田县作为西安重要的战略水源地、生态屏障区和产业发展板块，其人文历史悠久、生态优势明显、地理区位独特、交通便捷发达，已融入西安半小时经济圈，具有发展全域旅游、乡村旅游的绝佳条件。近年来，蓝田县以生态为最大优势和永续根基，以乡村旅游、文化旅游作为突破方向和最佳路径，对县域内旅游资源进行了统筹规划，将通过一体开发、综合打造，带动三次产业融合，实现县域经济社会全面发展。目前正积极探索“旅游+”模式，以初步实现生态与发展的良性互动。西安市社会科学院在蓝田县的长期扶贫工作中，进行多次现场调研和座谈，依据对各乡村的走访结果，以及为西安市多个区（县）编制旅游规划的数据与经验，形成关于蓝田全域旅游发展的总结思考研究成果。有助于蓝田县以全域旅游为核心，文旅融合发展，深度推进文化生态旅游建设，彰显县域生态、文化资源优势，形成区域性生态休闲度假区。

◆社会规划基金课题

西安文化产业高质量发展优化路径研究　西安财经大学徐玮主持。课题总结文化产业已然存在的诸多问题和弊端，通过调研实际案例，实证研究相关数据采集和分析，构建文化产业高质量发展指标体系，进行多维度、科学评估，为文化制造类企业、文化服务类企业的发展质量制定了衡量标准，对文化企业的项目管理、投资决策与风险防控等具有重要的指导作用。课题在构建文化产业高质量发展指标评价体系的基础上，又探讨文化产业高质量发展路径，得出在研究某个区域的文化产业发展时，应做到“具体区域、具体分析”，再进行因地制宜、精准治理。研究结论在一定程度上对西安地区宏观调控方面具有重要参考价值和较高实际应用价值。

经济下行压力下西安民营企业转型升级的掣肘因素及破局　西安工程大学刘世铎主持。民营经济发展体现着一个地区的经济活力，是推动质量变革的重要主体、效率变革的积极力量，以及动力变革的重要力量。西安大多数民营企业缺乏核心技术和自主品牌，营商环境行政壁垒高、创新不足、融资难、品牌弱、产业结构不合理、民营（家族）企业的传承与转型创新相互交织，影响了组织创造力、企业业绩、战略变革和企业成长等。在这样的背景下，分析研究哪些因素掣肘西安民营企业转型升级，进而提出改进措施，具有重要的现实意义。将项目构建的民营企业转型升级掣肘因素分析模型，应用于处于不同生命周期的行业内，可以实证分析民营企业转型升级掣肘因素的行业差异，并可提出针对性的破局路径。

西安制造业高质量发展双元创新行为驱动机制研究　西安工业大学经济管理学院杨倩主持。项目结合西安制造业企业发展现状和创新困境，基于“组织—团队—管理者”3个层次选取关键影响因素进行路径分析，得出影响程度最大的因素以及各变量之间的关系。研究在充分调查和了解西安制造业双元创新发展的基础上，针对西安制造业企业双元创新能力不足、企业创新主体地位和创新人才优势未能充分发挥等困境，将动态适应能力、突破惯性制约和柔性人才激励等方面作为可能解决企业双元创新困境的出发点，筛选符合实际的关键影响因素。在确定动态能力、知识惯性和双元领导等变量的基础上，设计并发放调查问卷，回收、整理模型相关数据，并采用结构方程模型的路径分析方法，使用SPSS25.0与AMOS23.0等软件，得出各变量之间的关系，为西安制造业提升双元创新能力、驱动创新行为提供一定借鉴。

西安推动服务业高质量发展的测度体系构建与路径探索　西北大学霍丽主持。我国经济社会发展已进入了新时代，经济增长从高速增长转向高质量发展，经济结构加速优化，服务业尤其是生产性服务业成为经济结构调整的重要突破口。课题构建西安服务业高质量发展评价体系，研究西安服务业高质量发展方向和重点任务，从推动产业融合、促进产业集聚、强化服务创新、加快转型升级和推进标准化建设等方面论述西安服务业高质量发展的路径，提出推动西安服务业高质量发展的政策措施。西安推动服务业高质量发展的测度体系构建与路径研究，对于拓展经济理论研究范畴，推动西安产业结构调整具有重要的理论和现实意义。提出西安服务业高质量发展方向、重点任务、实施路径和政策措施，对于拓展应用经济理论研究范畴，推动西安产业结构调整、助推经济转型升级具有一定的创新性。

丝路文学视域下的历代慈恩寺大雁塔诗歌研究　陕西师范大学文学院任竞泽主持。围绕“丝路文学”对历代慈恩寺进行史学梳理，重点对唐代初、盛、中、晚四期诗史进行研究。其中，杜甫《同诸公登慈恩寺塔》的经典化过程研究是这一时期的重中之重，尤其是后者对“杜诗学”研究具有重要的学术价值。西安作为丝绸之路的起点，慈恩寺大雁塔又是丝绸之路世界遗产的地标性佛教建筑、故在国家“一带一路”倡议背景下，慈恩寺大雁塔诗研究具有很好的社会现实意义。通过对中国境内陕西段包括汉长安城未央宫等遗址相关文学文献进行全面整理与研究，规划以遗址点为中心的“线路游”构想，为以遗址点为中心的“丝路游”规划想点子、做方案，尤其是在这一文化线路旅游策划中融入诗意的文学因素，让文化资源转化为社会效益和经济效益。

西安美术史研究　西北大学艺术学院王江鹏主持。通过田野调查和类型分析等方法，立足艺术背景、艺术观念、艺术风格、表现技巧等方面，具体论述西安各个历史时期美术的演变情况，勾勒出西安地区美术发展变化的大致轮廓。西安是中华文明和中华民族重要发祥地之一，丝绸之路的起点，历史上先后有十多个王朝在此建都，许多艺术家活跃于此，他们创作了大量的优秀艺术品，并将中外的艺术技法和观念相互融合，提升艺术的表现力，为中外艺术的发展做出卓越贡献。该成果的梳理和研究使我们比较全面地了解了西安地区美术发展的来龙去脉以及该地区在中国古代艺术中的重要地位，对西安现当代艺术的发展具有一定的借鉴意义。成果的梳理和研究有利于凸显地域文化艺术交流的重要作用，对系统了解西安地区文化艺术的发展状况，弘扬开放、包容、互信、互利的文化精神，增强西安人的文化自信具有一定的推动作用。

终南山建设特色自然保护地体系与生态价值转化路径研究　西安文理学院刘世栋主持。课题选择陕西秦岭终南山地区作为研究对象，结合西安市社会经济发展，从生态环境保护和社会经济可持续发展两个层面评价秦岭山脉的生态环境特点。突破传统研究思路，从自然保护地功能区的生态价值定量评价角度入手，将区域生态安全与可持续性评价指标进行拟合分析。在对终南山山区本底调查和空间评价的基础上，科学借鉴国家自然保护地体系建设经验，建立终南山特色自然保护地3级功能分区（核心保护区、生态旅游控制区和文化旅游开发区），并建立相应的生态价值评价方法。从终南山生态价值品牌塑造、生态旅游产品体系设计以及文化旅游产品体系设计3个层面实现终南山三级功能分区的生态价值转化。研究成果是对目前陕西秦岭建设以国家公园为主体的自然保护地体系的重要补充，也是对践行习近平主席“绿水青山就是金山银山”新时代生态文明观的科学解读。

西安特大城市社会治理现代化的实现路径研究　陕西师范大学郑家昊主持。课题率先对西安特大城市社会治理现代化实现的必然性、特质、问题及路径展开创新性研究。研究的阶段性成果和最终成果，对于西安市推进市域治理现代化具有重要的经济和社会效益。西安特大城市社会治理现代化是一项具有重要意义和时代价值的课题，在借鉴上海马桥经验的基础上，注重从“治理体系”“城区治理”“社区治理”“技术赋能”4个维度创新路径选择，着力优化“党委领导、政府负责、民主协商、社会协同、公众参与、法治保障、科技支撑的治理体系”，着力发挥市级政府主导作用，创新城区治理，引领城乡联动发展，着力理顺权责、依法赋权，引导社区等实现自主治理。

◆**社科活动**　2020年，西安社会科学普及工作着力提升科普工作质量，积极克服疫情影响，为广大群众了解社会科学、掌握社会科学打下良好基础。圆满完成全市第十一次社科优秀成果表扬奖励工作，活动收集各类成果887件，实行评审完全回避制度，评出一等奖20个、二等奖40个、三等奖130个。成功举办社科普及活动及启动仪式。按照科普活动计划，策划启动“家西安•迎全运”西安市社会科学普及活动，并于9月24日在西北大学博物馆举办科普活动启动仪式。活动派出科普小分队6个，设立科普基地3个，取得良好的社会反响，西安电视台、《西安日报》及各网站分别进行报道。西安“市民大讲堂”创新宣讲方式，采取线上线下相结合方式推动“市民大讲堂”如期举办，弘扬主旋律、倡导科学精神，恪守人文情怀，促进西安人民群众的人文素质和文明水平进一步提高。

◆**社科宣传**　2020年，西安市社会科学院（西安市社会科学界联合会）、西安市丝绸之路经济带研究院编辑刊发《领导参阅》10期、《西京论坛》6期。社科院（联）网站高度重视内外舆情信息，无负面舆情发生。西安社科网累计点击量达到400多万次。西安智库推送文章130余篇。（张　鹏）

专业技术服务

·气　象·

◆**概况**　2020年，西安市气象局统筹推进疫情防控和气象工作，扎实落实局市合作协议，持续推动更高水平气象现代化建设，努力为西安国家中心城市建设提供更加有力气象保障。截至年底，西安市所辖区（县）气象局有8个（长安、临潼、阎良、灞桥、高陵、鄠邑、蓝田、周至）、国家气象站7个、国家一级农业气象站1个、省级农业气象站1个，此外还有探空站1个、自动土壤水分观测站1个、大气成分观测站1个、酸雨观测站1个、沙尘暴观测站1个、闪电定位观测站1个、大气电场仪站5个、电离层监测站1个、新一代天气雷达站1个、风廓线雷达1个，区域自动气象监测站195个。

◆**气象防灾减灾**　2020年，西安市气象预警信息覆盖面达到95%以上，气象信息公众覆盖率达到100%。西安市气象灾害应急指挥部下发防御通知25份，启动各类应急响应8次。市气象局累计发布各类预警信号66次，重要天气报告28期，短时临近预报26期，《空气污染气象条件公报》670期，《西安市气象卫星地表温度监测报告》4期。制作新冠肺炎疫情防控、重大项目、重要活动及节假日等服务产品180期。组织开展人工增雨作业35次，其中飞机作业14架次。

◆**城市气象服务**　2020年，西安市气象局围绕国家中心城市建设、生态文明建设、乡村振兴、脱贫攻坚、“十四运”等工作，及时向地方党委政府提供决策服务。“十四运会和残特奥会气象台”已于2020年9月14日正式启动试运行；西安市高影响天气监测预警技术创新中心正式揭牌。全年发布《空气污染气象条件公报》《西安市气象卫星大气环境（沙尘、火情）监测报告》等生态服务产品682期；发布各类行业服务专报3000余期（条）。同时，制作电视节目4032期，发布微博微信及抖音8400条、电子显示屏信息5.9万余屏次。建设地铁专业气象服务网，开展地铁1、2、3、4号线重点区域24小时不间断气象灾害监测服务。开展“高考天气早知道”“线上气象科普进校园”等网络直播“云上”活动5次。圆满完成“三夏”“三秋”气象服务，以及丝绸之路国际电影节、西马赛等重大活动和中高考、春运等关键节点服务保障工作。

◆**气象现代化建设**　2020年，西安市人民政府2020年第5次常务会议部署落实习近平总书记对气象工作重要指示精神的措施，明确要求进一步落实好局市《合作协议》和“十四运”气象服务保障能力配套项目。一是气象监测站空间站网密度达到8公里，城区达到4公里；二是建成秦岭国家综合气象观测专项试验外场；三是实现公有云与气象专网的安全链接。国家突发事件预警信息发布系统接入市政府外网；四是“观测通”App和综合气象观测业务运行信息化平台投入使用；五是2147个预报网格点覆盖全市，大城市网格预报—3天时空分辨率达到了逐小时和1×1千米，模式预报准确率达到85%以上，24小时晴雨预报准确率达到92%，暴雨预警信号命中率达到90%，预报信息实现逐小时滚动预报，突发气象灾害预警时间平均提前40分钟以上。国突平台各类预警信号发布及时率100%、准确率100%。

◆**依法行政**　2020年，西安市气象局推进“互联网＋政务服务”以及“一网通办”改革，探索“互联网＋监管”，通过执法、双随机抽查、全覆盖检查，加强和规范事中事后监管。全年开展“双随机”执法检查12次，检查市场主体24家。“防雷装置竣工验收”压缩办理流程及审批时限，按时办结率100%。认真开展防雷装置检测资质单位防雷装置检测质量考核工作，对辖区内21家防雷装置检测资质单位的检测项目，随机抽取93个检测项目进行资料审核和现场勘验，严格考核标准，保证公平、公正。

（白慧玲）

·地震·

◆**概况**　2020年，西安市地震局坚持以习近平新时代中国特色社会主义思想为指导，深入贯彻习近平总书记防灾减灾救灾重要论述和指示批示精神，聚焦谱写西安新时代追赶超越新篇章总体目标和五项要求，积极推进防震减灾事业现代化建设，西安市防震减灾工作综合能力不断提升。西安市被陕西省地震局评定为“2020年度防震减灾工作目标考核优秀等次”（第一名），西安市地震局被陕西省地震局评定为“2021年度震情分析预报工作优秀等次”、被中国灾害防御协会表彰为“第四届全国防震减灾科普讲解大赛优秀组织奖”。

◆地震监测预报 2020年，西安市地震局印发《西安市2020年度震情跟踪工作方案》，坚持24小时监测西安及周邻地区地震动态。全年共处理地震事件1817起，监测到西安市辖区发生可定震中地震197次。组织召开震情会商会96次，其中周会商39次，月会商11次，加密会商44次，半年会商1次，年度会商1次。完成半年和年度震情趋势研究报告，编印《震情简报》12期，及时调查落实宏观异常4次。强化地震监测系统运维管理，积极做好观测环境保护工作。定期开展台站安全检查，全年共计赴台站169次。完成蓝田气象台台站搬迁工作，未央区华山分厂前兆台、雁塔区绿叶园强震台搬迁工作有序推进。对西安市前兆测震制度、群测群防管理办法、宏观观测点管理办法进行了修订和规范。不断优化地震宏观观测点建设运行，给周至野生动物宏观观测站布设了专线网络，为灞桥红旗动物宏观观测站与周至野生动物宏观观测站采用远程观测手段。配合陕西省地震局在灞桥区气象预警监测中心举办陕西省（市、县）灾情速报演练，陕西省地震局、西安市地震局及灞桥区三级联动约60人参加演练，西安市应急管理局、各区（县）地震工作主管部门和相关街办观摩演练，陕西省地震局从内容设置、流程进行、演练效果等方面对此次演练给予高度评价。组织区（县）地震业务人员、街办分管同志和防震减灾助理员、联络员400人开展地震群测群防业务培训。对区（县）年度震情趋势研究报告和震情日常工作进行评比。加强重点时期地震安全保障，全力做好重大活动和特殊时段的地震安全服务保障工作。

◆震害防御 2020年，西安市地震局认真落实《防震减灾法》和《陕西省防震减灾条例》，全面落实第五代地震区划图，印发《关于做好一般建设工程抗震设防要求备案加强事中事后监管工作的通知》，落实监管责任，提升监管效能。高效、规范地开展建设类项目并联审批工作，2020年西安市一般建设工程抗震设防要求备案356件（其中市本级45件，区（县）、开发区311件）。参加全省区域性地震安全性评价工作培训。西安市自然资源和规划局、西安市地震局等14家单位联合印发《西安市工程建设项目“区域评估”实施方案等三个配套政策文件的通知》，将地震安全性评价纳入实施内容之中。印发《关于开展全市建设工程地震安全监管检查工作的意见》，牵头对《中国地震动参数区划图》（GB 18306－2015）实施以来西安市新建100米以上高层建筑（64栋）、2016年以来开展过地震安全性评价的建设工程、2009年以来新建学校、医院建设工程（687所），以及一般建设工程抗震设防要求执行情况进行全面调查统计。与西安市防灾减灾救灾工作委员会办公室、西安市应急管理局联合印发《西安市房屋设施加固工程实施方案》，全面提升房屋设施抗震防灾能力。参与国家安全发展城市创建工作，结合实际制定印发西安市地震局《关于落实西安市国家安全发展示范城市创建工作任务的实施方案》《关于成立国家安全发展示范城市创建工作领导小组的通知》，不断强化城市地震安全保障。

◆地震应急响应 2020年，西安市地震局不断加强地震应急工作。组织开展全市地震灾害风险防治与现场应急处置业务工作培训，不断提高防震减灾干部队伍地震灾害应急处置水平。组织西安市地震局全体人员开展地震应急预案演练，进一步提升地震应急响应能力。参加陕西省2020年震灾预评估评审会，配合陕西省地震局分别到高陵区、临潼区、阎良区进行地震灾害预评估现场调研工作。

◆防震减灾科普宣传 2020年，西安市地震局不断深化防震减灾科普宣传。抓好《关于做好新时代防震减灾科普工作的意见》贯彻落实。在“科技之春”、全国防灾减灾宣传周期间，结合疫情防控实际，利用未央区“防震减灾知识网络学习示范平台”在全市范围内在线开展防震减灾科普知识进社区活动，参与学习互动行为累计超过162万次。普发“漫话地震谣言”宣传册，提高民众对地震谣言的鉴别能力。加强网络舆情监管，提高舆情收集和地震谣言处置应对能力。在市委党校（市行政学院）培训班开设防震减灾知识培训，增强参训各级干部防震减灾意识。积极探索防震减灾宣传途径和产品创作，注重新媒体、新技术、新思路开展防震减灾科普宣传。以“防震减灾与文物保护”为主题，开展纪念唐山大地震44周年暨“7·28”防震减灾宣传活动，制作防震减灾与文物保护漫画科普长图、文物防震保护大揭秘科普H5，让群众直观、生动了解防震减灾与文物保护重要意义，新华网、人民网等25家媒体平台参与宣传，全网浏览总量超56.5万次。联合雁塔区人民政府和陕西省地震局承办第四届全国防震减灾科普讲解大赛预赛，来自全国31个省（市、自治区）65名选手通过网络方式连线北京主赛场进行比赛，益直播、凤凰直播、北京时间进行全网直播，超过52.59万名观众在线观看，西安市2名选手顺利晋级，代表陕西省参加决赛并获三等奖，西安市地震局获“全国防震减灾科普讲解大赛优秀组织奖”。西安市防灾减灾救灾工作委员会办公室、西安市应急管理局、西安市地震局、西安市气象局联合印发《西安市综合减灾示范社区标准化创建工作规范》，指导西安市开展综合减灾示范社区标准化创建工作。印发《西安市地震局关于开展2020年度防震减灾科普示范学校申报工作的通知》，在全市范围内开展省级防震减灾科普示范学校创建工作。西安市高陵区经渭中学等11所学校被命名为“2020年度陕西省防震减灾科普示范学校”。4月，西安市新城区昆仑小学和西安市文景中学被中国地震局认定为“2019年度国家防震减灾科普示范学校”。

◆防震减灾重点项目规划实施 2020年，西安市地震局积极推进防震减灾省市合作共建。西安市地震监测中心与陕西省地震局西安中心台开展超宽频带地震计对比观测合作，完成超宽频带地震计的采购和在西安中心台观测山洞的安装。探索研究监测预报新手段，启动关于MODIS卫星热红外数据新方法研究工作，完成数据库安装、技术培训、卫星热红外数据的转换与入库工作。针对NASA数据变更，及时优化TEC热红外地震监测App程序代码。《MODIS卫星遥感热红外大数据分析在地震预测中的应用探索》《市县地震部门震后工作优化——以西安市地震监测中心为例》《中强地震前后电离层TEC异常分析》3个“启创”项目通过陕西省地震局审核。赴宝鸡等地开展调研，取长补短，为建立合作交流机制奠定基础。积极配合完成国家地震烈度速报系统在西安辖区内28所中小学校地震预警信息服务终端的安装。制定《西安市防震减灾“十四五”规划编制工作方案》，形成《西安市防震减灾“十四五”规划主要任务和重点项目》。积极做好与陕西省防震减灾“十四五”专项规划领导小组对接，编写西安市防震减灾“十四五”专项规划。

（刘 琦）

文化

责任编辑：姬娟妮

综述

◆概况 2020年，西安市文化工作坚持以习近平新时代中国特色社会主义思想为指导，紧扣追赶超越定位和五个扎实要求，扎实加强文化建设，以高质量快速发展为目标，以融合发展为主线，围绕提供优秀文化产品，推动产业升级，扩大宣传推广，不断提升治理效能。坚持疫情防控与文化发展“两手抓两促进”，深入贯彻全市推动文化旅游业快速发展大会各项部署安排，危中寻机，抓好22条措施和15条政策的组织实施，加大对受疫情影响较大的文艺院团、文化娱乐业等政策、资金、项目扶持力度，推动全市文化市场疫情过后率先回暖、快速发展。推动文化产业持续高质量发展，全市新增规上文化企业135家，总数达到661家，占陕西省42.1%；规上文化企业营业收入实现601.23亿元，占陕西省58.17%，比上年增长3.6%，超额完成目标任务。组建3亿元的西安市文化产业发展基金，拨付各类奖励扶持资金2.1亿元，争取省级各类专项资金6100多万元，培育支持一批园区基地和重点项目建设，有关工作经验得到中宣部肯定推广。（史 帆）

◆文化基础设施建设 2020年，西安市文化和旅游局加快推进公共文化服务体系建设，补齐文化基础设施短板。加快推动新城、碑林、莲湖、未央4个区图书馆建设步伐。持续扩大农村文化设施覆盖面、受益面，年内建成100个农村文化礼堂。继续推进“15分钟公共文化服务阅读圈”建设，年内建成一批社区书屋。指导重点区（县）推进音乐街区建设。探索“嵌入式”公共服务手段和方式，推动全民读书和全民艺术普及。提升公共文化服务管理效能。认真落实《公共文化服务保障法》，提高管理规范化水平。推进乡镇综合文化站整改、总分馆制建设、公共文化机构法人治理结构改革。推进区（县）10个图书馆、文化馆达到等级馆标准，做好第五次文化馆评估定级工作。加强广播电视安全播出管理，常态组织网络信息、设备设施、安全播出抽查检查。加强广益节目发展。严格执行节目播前审查和重播重审规定，加强引播电视内容建设，实施新时代精品工程，扶持少儿精品节目栏目，支持公益广告等公进剧目播放管理。开展虚假宣传、非法广告专项整治，净化广播电视播出环境。

◆群众性文化活动 2020年，西安市文化和旅游局坚持为百姓服务、为基层服务的工作导向，统筹用好全市公共服务基本条件和基本队伍，精心组织“群众广场舞大赛”“群众大舞台·有艺你就来”等系列群众文化活动。举办“驰援武汉医护人员入城式及专场音会”。持续组织开展“文化演出惠民生、公益电影进农村”活动，发放文化惠民卡，探索文化惠民新方式，确保文化下乡全市行政村全覆盖。

◆行业管理 2020年，西安市文化和旅游局提高服务管理水平和市场综合执法能力。

推进文化市场综合执法改革 贯彻落实中省关于深化文化市场综合行政执法改革的部署和要求，进一步厘清文化市场综合行政执法的职权界面，制定文化市场综合行政执法改革建议方案，构建包含文化、出版、广播电视、电影等领域的文化市场综合行政执法体系，实现“同城一支队伍”。

持续优化营商环境 贯彻落实《优化营商环境条例》和中省市“放管服”的政策举措，推进“放管服”改革措施在文化领域落实落地。不断优化行政审批工作流程和操作规范，确保实现“三合一、四个最”（一扇门、一张网、一次办；实现审批项目最少、收费标准最低、办事效率最高、服务水平最优）的工作要求，更大程度激发文旅市场活力。

常态化开展专项整治 加大行业治乱力度，联合公安、市场监管常态开展文化旅游市场综合整治行动，继续组织“体验式”暗访检查，持续推动我市文化旅游市场秩序持续向好。加强与公安、消防、应急等部门协作配合，不定期组织安全生产大检查，堵塞隐患、漏洞，坚守文化旅游安全底线。

◆对外和对港澳台交流 2020年，西安市文化和旅游局不断加强对外和对港澳台交流。搭建交流合作“大舞台”。发挥“长安丝路起点”历史和区位优势，加强与“一带一路”沿线国家重点城市在文化艺术方面交流合作，用好“东亚文化之都”平台，开展与“欧洲文化之都”“东盟文化城市”交流对话活动，办好中国与相关国家“文化和旅游年”系列活动，强化西安在世界文明交流互鉴中的窗口作用。拓展交流合作“大活动”。配合办好丝绸之路国际电影节、丝绸之路国际艺术节、“一带一路”国际时尚周等丝路主题文化活动，举办好2020世界文化旅游大会、“唐诗之城”等活动，拓展国际文化交流载体。组织赴相关国家开展“一带一路”黄金走廊文化交流活动，进一步扩大西安国际交流合作“朋友圈”。（市文旅局）

专业文艺

◆概况 2020年，西安市文化和旅游局积极推动文化艺术繁荣发展。加强文艺创作生产和引导。围绕全面建成小康社会、脱贫攻坚决战决胜等重大战略部署和建党100周年等重大时间节点，精心谋划一批讴歌党、讴歌祖国、讴歌人民、讴歌英雄的新品佳作。积极参与庆祝建党100周年美术创作工程。鼓励文艺院团

2020年1月17日，《长安第二碗》在西安易俗大剧院演出

聚焦美丽乡村、反腐倡廉、扫黑除恶、抗击疫情等主题，积极开展“深入生活·扎根人民”的艺术创作活动。全力推动话剧《路遥》、秦腔《党的女儿》《陕北往事》等大型剧目创作生产。扶持打磨文艺精品力作。鼓励演艺团体运用市场思维、科技手段，创新演出形式，推动《长恨歌》《梦长安》《驼铃传奇》等作品升级改版，支持《长恨歌》等精品创立国家旅游演艺标准，新增1台精品旅游演艺，促进文旅融合，推动产业高质量发展。按照《西安市秦腔艺术中长期发展规划》，深入调查研究，加强政策引导，加大对秦腔艺术的保护、传承和发展力度，不断提高秦腔艺术的影响力和吸引力，年内重点扶持两三部秦腔剧目进行打磨提升。组织重大演出活动。积极推荐《我们是秦俑》《长安第二碗》《陕北往事》等优秀精品剧目参加全国优秀现实题材舞台艺术作品展演，推荐院团优秀剧目参加2020年全国基层院团戏曲展演、第七届丝绸之路国际艺术节、第九届陕西省艺术节等重大演出活动。办好西安国际音乐节、西安戏剧节、西安国际舞蹈节、西安交响乐团户外公演等重大演出活动，弘扬主旋律，传播正能量，不断丰富广大群众精神文化生活。

◆艺术生产创作 2020年，西安市文化和旅游局鼓励引导精品文艺创作，西安话剧院话剧《长安第二碗》进入全国舞台艺术重点创作剧目名录，西安话剧院《长安第二碗》、西安三意社《陕北往事》、西安易俗社《李白长安行》获第九届陕西省艺术节“文华奖”。话剧《路遥》、音诗画《门》、杂技《星光灿烂》、秦腔剧《党的儿女》被列入全省重点剧目创作计划，推出《新长安十二时辰》公益宣传片、MV《我在西安等你》，引发全网热议。歌曲《最美的温暖》入选中宣部主题公益歌曲。

（高　阳）

◆《长安第二碗》入选2020年度国家舞台艺术精品创作扶持工程 2020年6月，文化和旅游部对2020年度国家舞台艺术精品创作扶持工程评审结果进行公示，由陕西省文化和旅游厅申报的话剧《长安第二碗》入选2020年度全国舞台艺术重点创作剧目名录（共25部）和2020年度国家舞台艺术精品创作扶持工程重点扶持剧目（共10部）。话剧《长安第二碗》由第十届茅盾文学奖获得者陈彦编剧、国家一级导演查明哲执导，西安话剧院历时3年策划打磨而成。该剧紧紧围绕全面建成小康社会的伟大主题，讴歌中华儿女拼搏向上、努力创造美好生活的奋斗过程。以一家开葫芦头泡馍的“老西安”家庭成长史来反映时代与社会的变化，通过演绎小人物在岁月变迁中的命运沉浮，映射西安在改革开放进程中的发展历程。

◆轻喜剧话剧《家风》首演 2020年1月5日晚，由西安演艺集团西安话剧院排演的轻喜剧话剧《家风》在高新都市之门千人大会堂首演。该剧由中共西安市纪律检查委员会、西安市监察委员会、中共西安市委宣传部、国家税务总局西安市税务局、西安市妇女联合会、西安曲江新区管理委员会、西安演艺集团、陕西省戏剧家协会联合出品，由在第十六届文华大奖获奖作品话剧《柳青》中饰演柳青一角的林波编剧、执导。该剧摒弃死板生硬的“说教”模式，通过“钱李”两家不同的家风对比，采用诙谐幽默、寓教于乐的舞台表演风格，还原习近平总书记所倡导的“家风传承”精神，让观众深刻感悟“国家好，民族好，大家才会好”的真谛，诠释热爱祖国、热爱中华民族的真挚情怀，传递“以千千万万家庭的好家风支撑起全社会的好风气”的价值观念。

◆话剧《张富清》西安首演 2020年9月7日，2020年度陕西省重大文化精品项目——话剧《张富清》在西安首演。张富清被授予“共和国勋章”“时代楷模”“全国优秀共产党员”“最美奋斗者”等称号，话剧《张富清》根据张富清60多年深藏功名，一辈子坚守初心、不改本色的感人事迹创作而成。该剧由陕西铭晟话剧艺术团有限公司出品，国家一级编剧王小康任监制、编剧，陕西省剧协主席、著名话剧表演艺术家刘远执导。此剧是2020年度陕西省艺术创作资助项目。

◆儿童剧《火印》建组大会举行 2020年7月20日，儿童剧《火印》建组大会在西安举行，宣告这部儿童剧正式投入排练。儿童剧《火印》由西安演艺集团·西安儿童艺术剧院演出，是该院2020年度重点创作剧目，改编自国际安徒生奖获得者、著名儿童文学作家曹文轩的同名小说。全剧以抗日战争时期的北方草原为背景，讲述一个小男孩和一匹马之间感人至深的故事，从一个小男孩和一匹马的视角，带观众走进那段不能忘却的历史。儿童剧《火印》导演是国家一级导演、文华导演奖获得者王筱頔。

◆《让爱暖人间》专辑发布 2020年3月，由中共商洛市委宣传部、西安市文学艺术界联合会、西安市卫生和健康委员会、西安市文化旅游局联合举办的全国首张个人抗疫公益主题歌曲专辑《让爱暖人间》新闻发布会在商州举行。该专辑由西安演艺集团有限公司、西安星制造文化传媒有限公司策划制作。专辑以数字音乐专辑实体唱片（CD、DVD）方式推出。13首作品中，有献给抗疫第一线白衣卫士的歌——《让爱暖人间》、献给抗疫第一线的勇士们——《党旗飘扬的方向》、献给这场战“疫”中每一个不平凡的你——《一路有你》等，作品词曲俱佳，饱含深情。

◆西安交响乐团举办云上国宝音乐会 2020年4月25日，由西安交响乐团带来的XSO云上国宝音乐会走进秦始皇帝陵博物院，西安发布App、西安晚报微博与新华网、中新网、B站等同期直播，累计观看人数超过310万人次。音乐会上，西安交响乐团呈现较强的演奏阵容，包括铜管五重奏、竖琴大提琴以及弦乐四重奏等。

◆《西安城歌》发布 2020年9月，摇滚歌手王建房联手作家高建群发布新歌《西安城歌》，此曲已入选QQ音乐开放平台联合腾讯音乐人、民谣在路上共同发起的“生音记忆”方言民谣征选计划。《西安城歌》从秦皇汉武写到李白杜甫，主歌用精准、简洁的十六句歌词，展现历史中的长安图景。

◆西安市一项目入选全国美术馆优秀项目 2020年6月，文化和旅游部对2019年度全国美术馆优秀项目评选结果进行公示，西安崔振宽美术馆申报的“自然的双重性——西安2019山水画邀请展”入选优秀展览提名。“自然的双重性——西安2019山水画邀请展”是对当下中国山水画创作面貌的集中展现，共邀请全国山水画领域极具代表性的36位艺术家，以笔墨为语言，以“山水精神”的沿革与重构为理路，共同探讨中国山水画在当代多元文化语境中的价值和意义。

（姬娟妮）

公共文化

◆概况 2020年，西安市加大公共文化服务体系建设，大力开展“世界读书日”、第十四届“西安读书月”等阅读活动，持续打造“书香之城”，实体书店数量稳居全国前五。精心组织千场戏剧演出、送欢乐下基层、文化科技卫生“三下乡”等文化惠民工程，让群众共享文化发展成果。截至年底，西安市有博物馆（不含私营）133座，各级别文物保护单位432处。公共图书馆14个，市级群众艺术馆1个，文化馆14个。图书馆总藏量达2646千册件，比上年增长8.5%。电视及广播人口覆盖率均达到100%。全年举办各类会展活动188个。其中，举办国际性会展活动8个，全国性会展活动42个；全年参展参会人数138万人次。

◆千场戏剧惠民演出 2020年，西安市文化和旅游局结合“西安年·最中国”“我们的节日”“扫黑除恶专项斗争”“脱贫攻坚”“反腐倡廉”“绿水青山”等主题，组织各剧团编排秦腔、舞蹈、诗歌、群口快板、相声、小品等内容丰富的演出剧目，深入农村、企业、学校、乡镇，将文化惠民活动送进千家万户。

◆音乐街区建设 2020年，西安市文化和旅游局加快建设“音乐之城”，持续推进八大音乐街区、音乐特色小镇、社区音乐角建设，充分利用音乐街区主题鲜明、演出集中的优势，不断调整节目形式、优化节目内容、拓宽宣传途径，举办丰富多彩的音乐活动，助力“音乐之城”建设，培养音乐人才，厚积音乐受众，塑造音乐街区优质品牌形象。

◆公共文化服务体系建设 2020年，西安市文化和旅游局大力加强公共文化服务体系建设，着力打造“15分钟公共文化服务阅读圈”，推进区（县）文化馆、图书馆总分馆制建设，新增24小时书店3家，建成运行12个24小时自助图书馆，全面完成2413个基层综合性文化服务中心建设，全市公共图书馆、文化馆覆盖率达到100%，“三馆一站”免费开放达到100%。

◆非物质文化遗产 2020年，西安市文化和旅游局积极发展非遗经济，全市13区（县）已建立区（县）级名录项目和代表性传承人名录，形成国家、省、市、区（县）四级名录体系。组织申报市级名录项目6批，列入市级名录229项；申报省级名录7批，列入省级名录102项；申报国家级名录项目5批，列入国家级名录12项。制定完善《西安市非物质文化遗产项目代表性传承人资助实施细则》。成功举办“梨园古都·百年易俗”秦腔线上展演、“红五月”云上音乐会、“非遗匠心暖全城”非遗直播、“秦岭新晖”网络画展，打造西安“文化云”平台。

（高 阳）

◆西安市广场舞比赛举行 2020年10月17日，西安市广场舞比赛在陆港运动公园成功举办。28支参赛队伍，约600名广场舞爱好者参加。本次比赛由西安市人民政府主办，设有规定套路团体赛和自编套路团体赛2个项目。经过比赛，西安市老体协健身操舞队、未央区体育舞蹈队、边家村工人文化宫队获得自编套路团体赛的前三名；未央体育舞蹈队、西安市老体协健身操舞队、西核渭滨美丽姐妹舞蹈队获得规定套路团体赛前三名。

◆曲江文投连续9年入选“全国文化企业30强” 2020年11月16日，光明日报社和经济日报社发布第十二届“全国文化企业30强”名单，西安曲江文化产业投资（集团）有限公司再次名列其中，连续9年入选。曲江文化产业集团成立于1995年，是经中共西安市委、西安市人民政府批准，由曲江新区管委会投资设立的大型国有全资企业，公司注册资本83亿元。经过多年发展，曲江文化产业集团构建起以文化旅游为核心，集影视、会展、演艺、出版和文旅项目建设于一体的多门类、多产业发展格局，培育曲江文旅、曲江影视、曲江会展、曲江演出、曲江出版等多个知名文化品牌，形成“产业军团、集群出击”的强势态势。连续9年入选“全国文化企业30强”，11次上榜“中国服务业500强”，荣膺“国家级文化产业示范基地”“国家级文化与旅游融合示范基地”称号。

（姬娟妮）

文物博物

◆概况 2020年5月，西安市文物局恢复单设。召开西安市文物保护大会，发布《关于加强文物保护利用改革的实施方案》，确定建立文物保护利用“西安模式”的总体目标。加大文物保护投入与保障，争取国家和陕西省文物部门文物保护专项资金1.24亿元。新增西安市文物保护考古研究院编制35名。全力推进秦文化博物院、隋唐长安城博物院等周秦汉唐主题博物馆群建设。对标全市“十项重点工作”，配合做好文物勘探和考古发掘工作。

◆文物保护 2020年，西安市文物局首次召开全市文物保护大会，发布《关于加强文物保护利用改革的实施方案》，出台一系列具有西安特色的文物保护利用实招、硬招、新招，确定建立文物保护利用“西安模式”的总体目标，成为新时代西安文物工作的纲领性文件。以重大项目、重点工程为抓手，获得国家、陕西省文物部门批复16项，推动汉长安城大遗址保护项目纳入国家“十四五”规划和国家文化公园体系建设。顺利获批《西安市历史文化名城保护规划（2020—2035）》《大雁塔保护规划》。重点实施明秦王府城墙遗址保护工程、钟楼修缮工程、明德门遗址保护展示工程等重要文物保护工程。推进易俗文化旅游片区、大雁塔历史文化片区、碑林历史文化街区提升改造和文旅融合发展。树立“文保优先”理念，组织或配合开展太平遗址、秦东陵一号陵园、江村大墓、秦雍阳城遗址等重要考古发掘项目以及隋唐长安城遗址考古调查工作。编制《西安市文物事业发展“十四五”规划》《西安市第五批市级文物保护单位管理规划》《秦岭西安段文物保护专项规划》等，加强规范管理。加强世界文化遗产点、预备名单及陕西省申报世界文化遗产工作规划内遗产点、秦岭西安段重要文物保护单位的日常监测。推动丝路古迹遗址理事会与市政府签署发展合作备忘录，传播西安声音。

◆考古工作

西汉帝陵项目（薄太后南陵外藏坑、江村大墓外藏坑）江村大墓 共发

西安市等级博物馆（纪念馆）一览表

序号	博物馆名称	博物馆性质	质量等级	是否免费开放
1	陕西历史博物馆	国有文物	一级	是
2	秦始皇帝陵博物院	国有文物	一级	否
3	西安碑林博物馆	国有文物	一级	否
4	汉阳陵博物馆	国有文物	一级	否
5	西安博物院	国有文物	一级	是
6	西安半坡博物馆	国有文物	一级	否
7	西安大唐西市博物馆	非国有	一级	是
8	西安事变纪念馆	国有文物	二级	是
9	八路军西安办事处纪念馆	国有文物	二级	是
10	西安唐皇城墙含光门遗址博物馆	国有行业	三级	否
11	临潼区博物馆	国有文物	三级	是
12	陕西自然博物馆	国有行业	二级	否

掘3座外藏坑，发现有陶俑、器盖、铜灯、铁方炉、铜印章等近百余件文物；薄太后南陵共发掘2座外藏坑，发现有“半两”钱、铜环和金银质的车马装饰小件、铁釜、车马器等百余件。该墓的发掘确定“凤凰嘴”、窦皇后陵、薄太后南陵、江村大墓等陵区重要组成部分的分布情况，填补西汉帝陵发展演变的缺环，对相关学术研究工作具有一定的推动意义。

陕西西安焦村十六国大墓　该墓位于西安市长安区航天产业基地内神州三路与航天中路十字西南角。该墓共出土随葬器物68件，包括有武士俑、骑马俑、陶井、陶鸡、陶狗、九盘连枝灯等。墓室出土少量壁画残块。墓道上方见土雕建筑三处。该墓形制特殊、体量为历年发现之最，为十六国时期高等级墓葬。该墓的发掘为研究西安地区十六国时期墓葬考古提供重要研究资料。

陕西西安中兆村十六国大墓　该墓位于西安市南郊新雁引路以东。该墓共出土随葬器物198件，出土有武士俑、鼓吹依仗俑、陶罐、陶仓、陶马、陶鸡、陶狗，以及土雕建筑、壁画。该墓的土雕建筑是目前考古发现的最接近中国传统古代土木建筑原型的实例，对于研究探索十六国时期高等级墓葬的分布、形制、结构等都有重要意义。该墓于2021年1月获评首届陕西省六大考古新发现。

◆**博物馆工作**　2020年，西安市新增西影电影博物馆、西安市太和医室博物馆、西安市云之翼航空博物馆、西安市瑛煌关中婚俗文化博物馆、西安市和璞玉文化博物馆、西安市沣峪口老油坊博物馆6座博物馆，博物馆的种类和领域不断丰富。新增5座定级博物馆。其中，西安曲江艺术博物馆被评定为国家二级博物馆；西安市钟鼓楼博物馆、陕西汉唐石刻博物馆、西安市高家大院古典服饰博物馆、西安市水墨长安艺术博物馆被评定为国家三级博物馆。疫情防控期间，积极组织西安博物院、“八办”纪念馆、大唐西市博物馆、交大西迁博物馆、曲江艺术博物馆、西安建筑科技大学校史馆、中国音乐史博物馆推广校史馆等43家博物馆向市民开放网上博物馆，推广360° VR全景漫游的线上参观游览，依托陕西文物数字博物馆等平台，通过直播云游西安、云上西安、云上国宝、5G及VR全景看展等方式，满足特殊期间市民群众的文化需求。

钟楼修缮工程

◆**革命文物**　2020年，西安市文物局组建成立革命文物保护处，组织开展全市革命文物资源调查，推进八路军西安办事处旧址群、西安事变旧址群、葛牌镇区苏维埃政府纪念馆、红二十五军军部旧址等重要革命文物抢救性与预防性保护，加大革命文物保护力度。

◆**文物安全**　2020年，西安市文物局以“四严”（严格制度、严格把关、严加防范、严厉打击）要求为准绳，协调西安市人民政府强化全市文物安全联席会议制度，调整15个成员单位，落实具体职责分工。召开文物系统安全工作会、文物安全监管平台建设专题会，出台《西安市进一步加强全市田野文物保护工作实施方案》《西安市文物安全突发事件应急预案》，建设西安市文物安全监管平台。积极开展文物安全督察检查120余次；深入开展文物行政执法“三项制度”建设、安防系统和消防系统建设升级工作，提升文物安全防范能力；全面开展“秦鹰—2020”打击防范文物违法犯罪、博物馆安全防范建设、文物建筑火灾防控、安全生产火灾隐患整治、“平安三秦”消防安全等专项行动和攻坚行动，切实履行文物保护主体责任。扎实开展历史文化遗产保护领域监督执纪问责工作，建立市文物局和市检察院文物公益诉讼联合机制和文物保护约谈制度。组织开展“安全生产月”活动，深化扫黑除恶专项整治、举办消防安全“明白人”培训、消防安全管理人员培训、消防安全演练观摩会，深化文物安全普法宣传，推进法制平安建设。

（巩烨佳）

新闻出版

◆**概况**　2020年，西安市面对突如其来的新冠肺炎疫情，全市宣传战线主动担当、迎难而上，第一时间进驻指挥部，新闻记者勇敢逆行、深入一线，文艺界迅速投入创作，宣传党中央重大战略部署和市委重要举措，宣传疫情防控工作重大成果，讲好抗疫故事，弘扬抗疫精神。策划开展武汉西安“心连心、共抗疫情”两地美术网络联展等活动，创作推出各类文艺作品3000余部，《美文——共同战“疫”》文学专刊入选中宣部重点推介的6部抗疫主题文艺作品。聚焦“决胜全面小康、决战脱贫攻坚”，组织市属新闻媒体记者深入扶贫一线，采访报道200多位自强奋进人物、优秀帮扶干部和致富带头人的先进事迹。精心组织迎“十四运”加快国家中心城市建设、十项重点工作、文明城市创建、秦岭生态环境保护等重大主题宣传，中省媒体2020年发稿4700余篇（条）。全方位提升改进舆论监督类节目栏目，《每日聚焦》等节目更加聚焦中心、赢得人心，《电视问政》转型为《你好 我的城》融媒体栏目，既反映和解决问题，又推动改进干部作风，树立党委、政府的公信力和良好形象，得到各方认可。《每周一看》直击城市建设管理的堵点难点、痛点，有力推动工作开展。

（史 帆）

2020年1月17日，西安报业传媒集团策划承办的“崇廉尚德——好家风润西安”写春联、送春联活动走进工厂

◆重大主题报道 2020年，西安报业传媒集团（西安日报社）树立内容为主的理念，把更多优质内容向互联网主阵地倾斜、向移动端倾斜，构建起全媒体传播的内容新生态。

习近平总书记来陕考察和党的十九届五中全会的宣传报道 习近平总书记来陕考察期间，集团开设“习近平总书记在陕西考察”“只争朝夕看西安”等专栏专题，结合西安市重点工作，连续推出多篇深度报道、亮点报道、评论文章。推出“新征程·新西安·新篇章”专栏，全面反映西安学习贯彻十九届五中全会精神、加快高质量建设发展的崭新风貌。全平台刊发相关稿件2000余篇（件）。

主题宣传报道 全平台发力，对全国和省市两会、全力打好脱贫攻坚收官战、建党99周年、中国人民抗日战争暨世界反法西斯战争胜利75周年、纪念中国人民志愿军抗美援朝出国作战70周年、辉煌“十三五”·奋斗新时代等重要会议、重大活动、重大主题做好宣传报道，两报全年总计开展主题宣传23项，刊发主题宣传稿件9800余篇，合计投入1980个版面。

新冠疫情防控报道 新冠肺炎疫情防控期间，集团第一时间成立以社长、总编辑牵头的疫情防控领导小组和工作专班，推行战时全媒体一体化指挥机制，各平台以专版、专题、海报、音视频、H5作品等形式，大范围、高频率、多角度反映西安市防疫抗疫和复工复产的成果，西安发布精心制作的200余幅抗击疫情创意海报，产生良好社会反响。2020年共刊发战“疫”报道10万余篇次，总阅读量20多亿次。其中，两报合计投入526个版，刊发稿件3036篇，新媒体平台涌现十万+稿件466篇，百万+102篇，千万+7篇，为抗击疫情提供强大精神动力和舆论支持。

西安高质量建设发展报道 围绕全市十项重点工作，创新策划报道，为城市建设凝聚奋进力量。开设“迎‘十四运’ 建设国家中心城市”“迎‘十四运’ 加快国家中心城市建设”等栏目，充分展现迎“十四运”新进展、新亮点、新成就，为迎接“十四运”营造良好社会氛围。聚焦决战决胜脱贫攻坚，组织策划“融媒记者在一线”脱贫攻坚大回访活动。两报全年刊登脱贫攻坚稿件563篇，合计82个整版，全平台发稿1378篇，集中反映全市决战决胜脱贫攻坚的精神风貌。围绕迎接文明城市复审，开设创文专栏，采写高质量报道，推出一大批有思想、有温度、有品质的主题宣传作品。

◆内容供给侧结构性改革 2020年，西安报业传媒集团（西安日报社）创新内容表现形式，综合运用文、图、音视频、H5等元素和互联网新技术开展全媒体传播。全年全平台刊发各类融媒体产品19万余篇（条），全网总阅读量38.7亿次。其中，视频产品超过6000条，直播近200场。集团媒体开设主持的新浪微博话题#遇见美好西安#阅读量超过3亿次，“我在西安等你”阅读量1.6亿次。“西安发布”抖音号2020丝路国际电影节宣传作品播放量1345万次，虚拟主播报道集“小晴姐姐有话说”播放量近5000万次；“市长与网民”社会评议活动西安发布微信单一平台阅读量1560多万次。集团在2020年中国报业技术年会上获“‘十三五’中国报业媒体融合示范单位”奖。西安发布获“年度全国报业十佳融合创新客户端”“人民号2020年度优秀政务主号”“全国十大党政新闻发布微博”等荣誉称号。在中共西安市委宣传部指导支持下，集团与新华社合作建设外宣平台“西安城市文化传播工作室”。双方发挥各自优势，对第十届中国西部物流产业博览会、2020全球创投峰会、2020西安全球硬科技创新大会、2020世界文化旅游大会、2020网络安全大会、第四届全球程序员节、2020世界知识产权大会等重大活动，在央媒及海外媒体进行广泛宣传，提升西安国际知名度及影响力。策划制作“媒体眼中新西安”栏目通过新华社推送，被1200余家世界主流媒体采用，点击量超过7.6亿次，有效提升西安的国际知名度。

◆全媒体一体化融合改革 2020年，西安报业传媒集团（西安日报社）全方位挺进互联网，以西安发布App和西安新闻网PC端为总成和基础，打造《西安日报》、《西安晚报》、西安发布、西安新闻网四大品牌、矩阵类40个媒体产品，初步实现报、网、端、微、号一体化传播运营，覆盖受众超1400万人次。重塑内部组织架构，进一步优化调整机构设置，组建统一的指挥调度机构全媒体指挥中心，指挥协调四大平台编辑部4个采访部门、9个行业新闻报道组与10个事业部开展工作，形成“一个系统指挥、一套流程支撑、一支队伍操盘、一个体系对外”的新闻采编、运营服务全媒体一体化运行体系，初步实现“融为一体、合而为一”的融合发展要求。探索“新闻

+政务服务商务”的运营模式，组建10个事业部，对行业、行口垂直细分、深耕细作，实施整合传播和系统运营，构建资讯传播、社会动员、便民服务、市场经营、品牌运营相互支撑相互促进的发展格局，签署一批整合传播战略合作协议，初步验证一体化融合改革方向的正确性和现实的可操作性。10月，中共西安市委全面深化改革委员会会议审议通过《西安报业传媒集团（西安日报社）深化体制机制改革方案》，对集团融合改革发展给予大力支持，为不断把全媒体一体化融合改革向纵深推进奠定坚实基础。主动作为，深入推进全媒体一体化经营运营，新媒体业务比重上升，营收结构呈现新变化。集团先后出台和修订经营运营制度8项，财务管理制度2项，推出融合发展绩效评价项目，规范经营运营行为。鼓励事业部探索创新，统筹内容生产、平台建设、经营运营，采取灵活高效的营销组合方案，提高服务质量，提升变现能力，经营、运营呈现新气象。同时，积极拓展非报业务。集团下属融媒体公司外包运维微信公众号、网站代运维项目27个。报星广告有限公司深入开展“崇廉尚德——好家风润西安”系列活动。（刘　予）

◆**《党风政风热线》**　2020年，《党风政风热线》直播节目167期，关注区（县）、开发区，局、部、委、办及下辖单位和部门的工作130多项（次）；策划、播出“贯彻落实习近平总书记来陕考察重要讲话精神系列访谈”20余期，关注“三大攻坚战”系列节目10余期。同时结合西安市工作需要和节目定位，针对典型问题进行监督曝光，发掘先进经验介绍推广，配合疫情防控、“六稳”工作、“六保”任务等组织专题节目。按照中共西安市纪律检查委员会、中共西安市委宣传部要求，《党风政风热线》承担“崇廉尚德——好家风润西安”宣传任务，开设专题，完成26期节目播出。

◆**《三秦广播电视报（西安版）》复刊**　2020年8月，《三秦广播电视报·西安版》复刊。坚持正确的舆论导向和出版方向，始终围绕广播电视相关中心工作，服务于广播电视发展大局，是涵盖广播电视相关前沿政策及资讯的新媒体周报。内容涵盖广播电视相关前沿政策及资讯，以及宣传国家广播电视总局最新政策公告和展示西安市影视风采。报刊为四页四版，发行周期为每周一期，一月四期，彩色印刷，大视角、大容量、新版式，内容丰富，高强可读性。（齐杨萍）

◆**贾平凹长篇小说《暂坐》出版**　2020年9月，贾平凹长篇小说《暂坐》由作家出版社出版。《暂坐》是贾平凹第二部城市小说，以西安城为背景，讲述一群独立奋斗的都市女性在心灵上相互依偎的故事。以生病住院直到离世的夏自花为线索，以暂坐茶庄的老板海若为中心，刻画红楼群芳般的众生相。12月，由《长篇小说选刊》杂志社主办的“第五届长篇小说年度金榜（2020）暨长篇小说高峰论坛”上，选出长篇小说年度金榜的5部上榜作品以及5部特别推荐作品。《暂坐》领衔长篇小说年度金榜。

◆**肖云儒文化论集《不散居文存》出版**　2020年4月，肖云儒新著《不散居文存》由西北大学出版社出版。该书53万字，纳入陕西省人民政府参事室（陕西省文史研究馆）主编的“崇文丛书”。这部书精选改革开放以来作者观察、思考中国历史和当代社会的文化论文，由文艺评论和研究，转向中国西部文化研究，最后落脚于丝路文明研究。

◆**《风从千年来》出版**　2020年6月，诗人薛保勤的新著《风从千年来》由陕西师范大学出版总社出版。《风从千年来》分“生命短章”“山高水长”“人生百态”“岁月如歌”四辑，收录薛保勤精品诗作106首。诗集《风从千年来》涉及朗诵、评论、摄影、作曲、编曲、演唱、录音、后期编辑制作等领域。参与诗作朗诵的朗诵艺术家有徐涛、翟弦和、高峰、吴京安等人；参与作曲的作曲家有赵季平、孟庆云、张千一、刘洲等，韩磊、谭维维、王莉、周澎、喻越越、王二妮等进行精彩的演唱。

◆**周养俊散文集《大院往事》出版**　2020年4月，陕西作家周养俊最新散文集《大院往事》由西安出版社出版发行。《大院往事》是一部反映城市普通居民生活的散文集，描写一群生动、鲜活的小人物的小命运，人物个性鲜明，故事虽无大起大落、曲折离奇的情节，却真实自然地反映生活在底层的小人物的生活状态和精神状态。

◆**国家重点出版物规划项目《中国历代瓦当考释》线上发布**　2020年4月30日，由世界图书出版西安有限公司出版发行的《中国历代瓦当考释》举办线上新闻发布会。《中国历代瓦当考释》是国家“十三五”重点出版物规划项目、国家出版基金项目。全书包括13卷，以历史时期为主线，收录中国历代瓦当3500多个品类。本书由西安秦砖汉瓦博物馆馆长任虎成、陕西省文物保护研究院副院长王保平副研究员担任主编，参与编写的专家学者近30人。全书将西周、春秋战国、汉代、魏晋南北朝、唐、宋、元、明、清等各代的瓦当分门别类予以介绍，通过翔实的考古资料和精美高清的图片予以呈现，全面反映中国古代建筑的辉煌历史，特别是中国古代瓦当发展演变的进程，汇集中国古代瓦当文物出土的各项考古研究及最新成果。

◆**纪念柳青《创业史》出版60周年学术研讨会举行**　2020年6月28日，由陕西省社会科学界联合会、陕西省柳青文学研究会主办，西安市长安区文联协办的纪念柳青《创业史》出版60周年学术研讨会在西安市长安区举行，陕西省、西安市及长安区文学界70多名代表参加。研讨会由陕西省柳青研究会会长邢小利主持，陕西省柳青文学研究会执行会长董颖夫介绍60年来《创业史》一书的出版概况，以及弘扬柳青精神、柳青文化品牌建设情况。研讨会上还播放已故中国作协副主席陈忠实先生在纪念《创业史》发表50周年时的讲话录像。研讨会上，西北大学文学院院长段建军等十几位专家、学者和作家围绕柳青文学道路的历史意义、柳青文学思想和艺术突破、《创业史》的艺术成就及意义积极发言并展开研讨。

◆**长安笔会2020暨文学创作与学术研讨会召开**　2020年10月31日，由陕西师范大学文学院、陕西师范大学长安笔会中心联合主办的长安笔会2020暨文学创作与学术研讨会在西安举行。本次会议为期2两天，陕籍文学评论家、中国社科院文学研究所研究员李建军，陕籍作家、海南省作协副主席张浩文以及朱鸿、刘炜评、李国平、方英文、周燕芬、陈晓辉、黎荔、仵埂、刘宁等陕西作家学者参加此次会议。会上，同时揭晓第二届长安散文奖获奖名单。陕西省青年作家范墩子的散文《沟野札记》获得一等奖，吴佳骏的《五种孤独》和张玉的《蝴蝶梦中家万里》获得二等奖和三等奖。（姬娟妮）

广播·电视·电影

◆**概况**　2020年，西安市围绕决胜全面小康、纪念抗美援朝、纪念建党百年等重大主题，推出一大批文艺精品。电视剧《装台》《大秦赋》在央视黄金时段播出，电影《金刚川》《秀美人生》取得票房口碑双丰收，电影《蓝色防线》、电视剧《大浪淘沙》《走向胜利》《功勋》等一批重大主题创作加快推进、精心打磨。实施农村电影放映工程，全年放映公益电影33816场，实现农村和社区全覆盖，有效满足群众文化需求。纾困帮扶，为125家影院发放纾困资金709.5万元。实现票房3.2亿元，达到上年同期67%，电影市场快速复苏。成功举办第七届丝绸之路电影节，集中展映500余部国内外优秀影片，吸引国内外百余家媒体网络20多亿人次点击量报道。

（史 帆）

◆《书香长安》节目之经典诵读板块上线综艺广播 2020年1月1日，《书香长安》节目之经典诵读板块于8：00，14：00，18：00和22：00四个整点播出。西安网上线同步播出专栏，网络PC端开创栏目专属收听页面，连同西安综艺广播频率公众号、栏目新浪微博、抖音等新媒体平台一起，形成以西安广播电视台为核心的全媒体“听书馆”。

◆广播剧《白鹿原》在喜马拉雅上线播出 2020年11月3日，200集大型广播剧《白鹿原》在喜马拉雅上线播出，网络听众综合评分高达9.7分。该剧由中共陕西省委宣传部、陕西省广播电视局和中共西安市委宣传部指导，西安广播电视台、喜马拉雅根据著名作家陈忠实同名小说改编制作，是2020—2021年度陕西省重点文艺项目。分为冬至、惊蛰、芒种、霜降、清明5部，每部40集，共200集，每天在喜马拉雅播出2集。全剧以渭河平原半个多世纪的风云变幻为背景，以白鹿原上白、鹿两家几代人的恩怨纠葛为主线，描绘从清朝末年到新中国成立之初的宏大历史画卷，深刻展现关中农村的时代变革。

◆战“疫”广播剧《你好 我的城》播出 2020年，围绕抗击新冠肺炎疫情，西安广播电视台推出的战“疫”广播剧《你好 我的城》，被央广网、学习强国、喜马拉雅等数十家电台、网站转播。战“疫”广播剧《从军绿到警蓝：初心永恒》，在中央广播电视台中国之声“记录中国”栏目播出。获“2020众志成城，汇‘剧’力量，同心战‘疫’，广播剧人在行动”特别纪念证书。（齐杨萍）

◆战“疫”微广播剧《一袋奶糖》播出 2020年3月3日，战“疫”微广播剧《一袋奶糖》播出。该剧取材自长安区普通干部柳亚亚的真实故事。在战“疫”期间，长安区督导小组的柳亚亚将出院不久的女儿托付给爷爷奶奶，和丈夫一起投身疫情排查工作。虽然和父母同住一个小区，但柳亚亚几过家门而不入，将对女儿的思念寄托在门把上的那袋奶糖上。奶糖的背后，是一位母亲温暖的爱女之心，也体现她坚守战“疫”一线的坚毅决心。

◆《云飞丝路天》圆满收官 2020年2月23日，由西安曲江影视投资（集团）有限公司、北京新锐阳光影视文化有限公司联合出品，演员张嘉译、张延等主演的商战传奇大剧《云飞丝路天》，在山东卫视圆满收官。该剧讲述的是素有“北方丝绸之路”之称的古商道——张库大道上的传奇故事。主人公何天宝冲破禁商祖训，白手起家行走于张库大道之间，凭借仁、义、礼、智、信的人生信条一步步在商界站稳脚跟。（姬娟妮）

◆红色传奇电视剧《陕甘英雄》（暂定名）杀青 2020年10月，西安市委宣传部重点扶持、西安广播电视台、西安市文霸管委会联合摄制的革命历史传奇电视剧《陕甘英雄》在浙江横店影视城开机拍摄。本片以宏大的视野和浓重的笔墨记录陕甘边革命先烈为创建、发展陕甘边根据地，所进行的艰苦卓绝的斗争。《陕甘英雄》在真实客观的历史背景下，用传奇手法创造一批鲜活的艺术形象，生动再现那段可歌可泣的红色历史，对于营造历史氛围、发扬革命先辈的精神具有重要的现实意义。

◆微纪录片《从长安到罗马》播出 2020年，由西安台和中央广播电视总台、中国国际电视总公司、爱奇艺等联合制作的百集4K微纪录片《从长安到罗马》，第一季于2020年年初在中意两国电视媒体同步播出，并在主流视频平台上线。该片获评国家新闻出版广电总局2020年第一季度优秀国产纪录片及中国大学生电视节“最受大学生瞩目”十大作品奖，成为“一带一路”倡议提出以来中意双方卓有成效的文化交流合作成果。11月6日，该片第二季在中意两国媒体全面播出。节目播出后，受到多家权威媒体高度肯定。此外，纪录片同名图书及音像制品也已公开出版和发行。

◆大型历史人文纪录片《穿越丝路双城记》播出 2020年12月15日，西安台与中央广播电视总台、中国国际电视总公司及丝绸之路电视国际合作共同体成员合作的4K大型历史人文纪录片《穿越丝路双城记》在央视科教频道首播。作为《从长安到罗马》的衍生影视作品，全方位诠释西安这座“世界历史文化名城”的独特魅力，为中意两国架起文化交流与民心相通的影视桥梁。

◆纪录片《手中的“一带一路”》拍摄 2020年，西安广播电视台配合打造丝路频道拍摄纪录片《手中的“一带一路”》。聚焦“一带一路”沿线国家的历史现状、文化交流与经济活动，分别展示北京、陕西西安、江苏苏州、浙江龙泉、安徽宣城、江西景德镇、福建仙游、土耳其伊斯坦布尔、埃塞俄比亚的斯亚贝巴等地的风土人情、传统手艺。节目分别邀请冯骥才、余秋雨、萨苏担任总顾问、总策划、总编导，足迹涉及全国7个省市，横跨欧洲、非洲和大洋洲，行程10万多公里。

◆纪录片《红星耀陕甘》立项 2020年3月，西安广播电视台、与中央广播电视台合作拍摄庆祝建党100周年献礼纪录片《红星耀陕甘》被国家新闻出版广电总局立项为重大理论文献影视片。本片由陕西广播电视台、西安广播电视台联合摄制，采用纪实手法，重点展现红二十六军从创立到建成陕甘革命根据地的历史功绩。通过重走红二十六军的漫漫征程，寻找遗迹、寻访前辈，串联传奇，讲好这支光荣部队的故事，发掘鲜为人知的历史事件、走访专家新闻、展现今昔发展对比，让红色基因永不褪色、代代相传，具有重要的现实意义和历史意义。

◆西安台出品电影《一日父子》 2020年，西安广播电视台出品的电影《一日父子》入围环球国际电影节（巴塞罗那）最佳导演奖和墨西哥国际电影节，获休斯敦国际电影节青年奖。11月在中央电视台电影频道黄金时段播出。

（齐杨萍）

◆“第34届大众电影百花奖优秀影片展映”活动举行 2020年11月13日，由中国电影家协会、陕西省委宣传部、陕西省电影局主办，中国文联电影艺术中心、西部电影集团有限公司承办的“第34届大众电影百花奖优秀影片展映”活动在西安正式拉开帷幕。本次展映活动为期9天，在西安电影制片厂混录棚面向广大观众展出包括《红海行动》《芳华》《战狼2》《一点就到家》《无问西东》《百鸟朝凤》《建军大业》《唐人街探案2》《湄公河行动》等部第34届大众电影百花奖入围影片。第34届大众电影百花奖优秀影片展映开幕式演出活动在陕西大剧院举行，晚会由央视电视剧频道主持人夏丰、电影频道主持人张岩联袂主持。

◆西安演员闫妮获“白玉兰奖”最佳女主角奖 2020年8月7日晚，第二十六届上海电视节颁奖典礼落下帷幕，本届“白玉兰奖”各大奖项同时揭晓，其中，西安籍演员闫妮凭借《少年派》中的精彩表演获得最佳女主角奖项。

（姬娟妮）

◆西安广播电视台 2020年，西安广播电视台开设“深入学习贯彻党的十九届五中全会精神”“只争朝夕看西安”“党旗飘扬在一线 党徽闪耀暖心间”“打赢疫情防控阻击战”“夺取双胜利 西安在行动”“文明西安你我同行”“决战决胜脱贫攻坚”“走向我们的小康生活”“迎接‘十四运’ 建设国家中心城市”“推进‘三改一通一落地’”“推进文旅融合发展”“铁腕治霾 保卫蓝天”“我爱我的秦岭”“相约西安 筑梦全运”“十项重点工作巡礼”“奋进‘十三五’ 跨越2020”等主题专栏百余项，聚焦习近平总书记来陕考察、抗击新冠肺炎疫情、党的十九届五中全会、“三大攻坚战”、迎“十四运”、秦岭保护、赵正永案以案促改等重大主题及中共西安市委“十项重点工作”和世界文化旅游大会、西安马拉松播发等重要活动。制作播出电视新闻2万条次，各新媒体平台发稿12万多条次。在《新华社》、《人民日报》、央视等央媒发稿600多条（其中央视98条，《新闻联播》8条）。摄制完成重点项目建设情况专题片、“十四运”城市文明提升工作推进大会专题片、全域治水重点项目进展情况纪实片、赵正永案以案促改警示教育片、《市长特别奖》宣传片、省重点项目观摩活动（西安市、西咸新区）暨关中片区汇报片等60余部。《每周一看》系列内参片摄制完成37期，针对“迎‘十四运’·城市管理”等中共西安市委重点工作和老百姓关注的焦点难点，曝光问题，跟踪问效，推动工作。《每日聚焦》播出228期，重点报道西安市“三改一通一落地”及创文等工作开展情况，12月14日，《每日聚焦》栏目组被国家新闻出版广电总局评选为全国新闻出版广播影视系统先进集体。

媒体融合　作为主流媒体，勇于在媒体新形态的竞争态势下采取“共赢”模式，与人民网、央视频、澎湃、今日头条、抖音等大流量平台及中国电视总公司、中国传媒大学、喜马拉雅等强企名校，在策划、生产、科研、传播等方面开展深层次、宽领域合作，全面打通“渠道链”“传播链”“生产链”，做大“创新链”、延伸“产业链”，借梯登高、借船出海，以深入推进媒体融合加快建成以“四全”为特征的新型主流媒体。在建成“声、屏、网、端、微、报、云”七位一体传播矩阵的基础上，坚持移动优先，加快新媒体建设。承办的“学习强国”西安学习平台上线运行8个月以来，聚焦中央和省、市重点宣传主题和全市重点工作，发稿近万篇，浏览量超1.7亿人次。在全面完成全市、区级融媒体建设任务的基础上，以“长安云”技术运维服务输出为支撑，以优化内容供给为重点，6月起开设区（县）新闻专栏、推出《区县融媒联播》栏目162期。初步构建形成市、区两级宣传联动机制，推动主流思想舆论向基层延深。同时，实现“以我为主，上下联动”的中、省、市、县4级宣传网络矩阵全面打通。《三秦广播电视报（西安版）》8月刊行。作为纸质媒体加入西安台全媒体矩阵，西安广播电视台实现“声、屏、网、端、微、报、云”七位一体的立体化全方位传播。西安台和韩国西庆放送共同举办“石榴花之春”10周年线上回顾融媒体展播活动。与中国传媒大学合作举办2020中国—东盟融媒体论坛，东盟10国媒体代表线上参会。推出特别节目《风从东方来——中国自由贸易试验区发展巡礼》，与舟山、上海、天津、四川、广西、黑龙江、山东、江苏等电视台，积极宣传西安市抢抓“一带一路”倡议、自贸试验区获批、国家中心城市等重大机遇，发力“三个经济”，加快构建全面开放新格局。

融媒体节目《你好 我的城》　采用记者追踪、调查、体验、记录等方式，从城市建设、社区治理、文明行为等不同角度，讲述邻里和谐的好故事、展示城市改造的好成果、报道居民自治自管的好经验。已播出200余期，全网阅读量突破12亿人次，点赞1.6亿人次，精选留言8万余条，微博话题阅读量突破5亿。由西安交通旅游广播主持人创意、演播的抗疫题材广播剧《你好，我的城》获中共西安市委宣传部、西安市文明办授予的“西安战役英雄”先进集体称号。

《十二时辰长安秀》活动　西安台承办的节目由“七夕长安夜未央”“晨光初照长安城”“奥体国风迎全运”“午时长安味正浓”4场活动组成，4场现场活动总时长6个小时。以美食、美景、民俗相勾连，展现活色生香“长安味道”和西安人无与伦比的幸福指数。立体展示三秦大地的美食、美景和文化气象，参与人群广泛，充分展现西安和陕西的新发展、新面貌、新变化。4场活动在《今日头条》、抖音、《原点新闻》等全媒体平台的观看量达8500万人次。

文艺创作　西安台扎实践行“一带一路”伟大倡议，深化同丝路沿线国家和地区间的文化交流合作，全力办好全国唯一“丝路频道”，推出《丝路书简》《丝路家训》《丝路朗读》等丝路系文化精品节目，完成电影剧本《秦岭脚下的狂欢》，完成电影《陕北之子》的拍摄。打造“一带一路”文明成果交流、互鉴、共享的窗口和展示平台，助力西安市丝路文化高地建设。

习近平总书记来陕考察报道　利用全媒体平台优势，及时转发中央媒体关于习近平总书记在陕考察期间相关新闻报道，将总书记在陕考察重要讲话精神迅速全面传播到西安每个角落；聚焦全市党员干部和各界群众热烈反响。安排多路记者深入各区（县）、各部门进行深入采访，谈认识、谈感想、谈体会；推出专题系列报道，走访总书记在西安期间考察的陕汽集团、交大西迁博物馆和大唐不夜城，从推进先进制造业、发扬“西迁精神”和推进文旅融合等方面，报道全市上下牢记总书记嘱托，推进各项工作高质量高速度发展的情况；全面宣传报道西安市上下认真传达学习贯彻落实总书记来陕考察重要讲话精神，围绕十项重点工作推动全市追赶超越高质量发展的做法和实践。

抗击新冠肺炎疫情报道　新冠疫情发生后，西安广播电视台在全国城市台中率先实施全天6个时段6小时“战疫情 西安在行动”全媒体直播。报送的43条疫情防控相关新闻在央视播出，其中《新闻联播》节目播出4条，上稿数量在全国省会台和计划单列城市台中位居前8。《西安新闻》《融媒大直播》等栏目发布抗疫情稿件总量近1.2万条次，编发播出游飞字幕播出70万条次，新媒体总点击量超15亿次，千万+作品9条，百万+127条，十万+512条。推出大型媒体融合节目《大爱无疆》优秀抗疫歌曲征集宣传活动，6月15日成功举办“心手相握共奋进”原创抗疫歌曲云直播公益演唱会。西安新闻广播疫情期间先后开设“众志成城，防控新型冠状病毒肺炎”“防控新型冠状病毒肺炎，我们在行动”“复工复产进行时”特别节目252期，播出防疫宣传稿件近2000件（次），“六稳六保”宣传2000多件（次），“十四运”宣传600多件（次），“只争朝夕看西安”发稿600多件（次）。

第十四届全国运动会系列宣传片报道　在西安市即将迎来中华人民共和国第十四届全国运动会之际，西安台精心策划，于11月19日，“十四运”倒计时300天时隆重推出8部“十四运”形象和宣传推广大使系列宣传片。宣传片主题突出、内容鲜活，在全网发布。陕西广播电视台、凤凰网、陕西发布、西部网、华商网、西安发布、微博体育、中华网等上百家媒体和平台相继转发、推送，在全网联动的宣传态势下，当日点击量达1100余万次。（齐杨萍）

地方志

◆概况　2020年，西安市地方志办公室深入贯彻落实国务院《全国地方志事业发展规划纲要（2015—2020年）》，狠抓志书年鉴编纂出版，顺利完成全市地方志“两全目标”任务，有效履行存史、资政、育人职能，积极创新服务手段，大力推进村史馆建设试点，重视抓好地情资源开发和网络信息化建设，全市地方志工作水平显著提升。全年共编纂出版志书6部13卷、综合年鉴15部（其中英文版年鉴1部）、地情书籍1部。

◆市志编纂 2020年，西安市地方志办公室采取有效措施加强修志工作管理，合理调配人员力量，细化分解工作任务，调整优化志书结构，严把政治关、史实关、数据关、保密关。先后发返稿函140份，电话督促180余次，赴承编单位20余次，提升志稿质量，确保共计8卷本、36分志、784万字的《西安市志（1991—2020）》顺利出版印刷。

◆区县地方志工作 2020年，西安市地方志办公室持续加大对区（县）地方志工作的指导力度，坚持传导压力，组织召开“区（县）推进地方志‘两全目标’”会议，推动区（县）修志工作责任落实；对13个区（县）开展调研督导，帮助解决问题，针对个别区（县）修志工作相对滞后的情况，由专人负责，倒排工期，及时督导，确保工作进度。指导《莲湖区志》《未央区志》《高陵区志》《周至县志》完成出版印刷。截至年底，全市13个区（县）二轮志书均印刷出版。

◆年鉴编纂 2020年，西安市地方志办公室顺利完成《西安年鉴（2020）》和《西安年鉴2019（英文版）》编辑出版任务。利用2个多月时间对全市13个区（县）综合年鉴编纂情况进行调研，对鄠邑、高陵等区开展业务培训，审阅新城、阎良、周至、鄠邑、碑林、高陵等区（县）年鉴，实现区（县）“一年一鉴、公开出版”。

◆地情资料开发 2020年，西安市地方志办公室着眼服务西安文化软实力提升，组织编写出版《唐风录》，全书38万字，插图百余幅，全方位、序列化记述有唐一代帝都长安的节日风俗。全年刊发《西安地方志》6期，共160余篇稿件，30余万字。完成《大西安的前世今生》初稿编写，全书约30万字，全面系统记述大西安辉煌历史。搜集整理西安市历史廉政文献资料5万余字。

◆地情信息化建设 2020年，西安市地方志办公室加强门户网站建设，完成采编稿件520篇26万字，图90幅，附件14个。更新信息1427余条。全年网站访问量5.5万人次，点击量22.4万次。抓好新媒体平台建设，“悦鉴西安”微信公众号推送信息317余条，发布原创稿件71篇，以图文形式刊载西安历史人物、重要历史事件、西安市情、风土人物、相关法规及重要地方志动态信息。完成《西安年鉴（2020）》《西安年鉴2019（英文版）》《西安地方志》（6期）等书籍刊物近210万字的数字化入库工作。

◆村史馆建设 2020年，西安市地方志办公室推进村史馆建设，印发《西安市村史馆建设指导性意见（试行）》，指导各区（县）开展村史馆建设试点工作。长安、高陵、灞桥、阎良等区已开展村史馆建设。其中，长安区借助花园乡村建设的优势，提出村史馆建设全覆盖目标，建成村史馆72家、村史广场38个、村史墙55个，投入资金2800余万元。

◆西安市人大常委会开展地方志工作视察调研 2020年6月19日，西安市人大常委会一行6人赴西安市地方志办公室视察调研。调研组先后视察长安区太乙宫街道五皓村村史馆和郭杜街道香积寺村村史馆，了解地方志工作在基层的作用发挥情况，并召开工作座谈会。调研组要求，要做好地方志服务社会的工作，坚持“以人民为中心”的发展理念，以更加灵活多样的形式服务于中心工作，服务于广大人民群众；要做好方志人才接续的工作，与高校建立合作联系，建立地方志专家库，开展业务能力培训，努力培养一支素质更高、视野更广、技能更强的现代化、专业化人才队伍。

◆《西安市志（1991—2010）》出版 2020年12月，西安市地方志编纂委员会编纂的《西安市志（1991—2010）》由陕西新华出版传媒集团、陕西人民出版社出版。总编姚敏杰，执行总编张[illegible]。该志共分8卷，第一卷《总类》、第二卷《基础设施》、第三卷《经济》（上）、第四卷《经济》（下）、第五卷《政治军事》、第六卷《科教文卫》（上）、第七卷《科教文卫》（下）、第八卷《社会人物》，含35个分志。全面系统记述1991—2010年间西安市自然、经济、政治、文化和社会的历史与现状。志首设彩页、凡例、总述、大事记，志末设附录、索引。该志编纂体例采取横分门类，纵述始末，纵横结合，以横为主。以现代设分工和科学分类的原则为门类划分标准，综合运用述、记、志、传、图、表、录、索引等多种体裁，以志为主。层次结构采用系列式条目体，设分志、分篇、类目、条目，以条目为主要记述实体，部分含量大的条目下设子目。全书784万字。

◆《西安市新城区志（1994—2010）》出版 2020年10月，西安市新城区地方志编委会编纂的《西安市新城区志（1994—2010）》由陕西新华出版传媒集团、三秦出版社出版。主编杨向曦。该志设行政建置、自然地理、人口、城区建设、城区管理等3[illegible]篇141章，全面系统记述1994—2010年间西安市新城区自然、经济、政治、文化和社会的历史与现状。志首设彩页、凡例、总述、大事记，志末设附录、索引和编后记。全书135万字。

◆《西安市莲湖区志（1994—2010）》出版 2020年4月，西安市莲湖区地方志编委会编纂的《西安市莲湖区志（1994—2010）》由陕西新华出版传媒集团、陕西人民出版社出版。主编李引民。该志设行政建置、自然环境与保护、人口、城区建设与管理等25篇，全面系统记述1994—2010年间西安市莲湖区自然、经济、政治、文化和社会的历史与现状。志首设彩页、凡例、总述、大事记，志末设附录、索引和后记。该志编纂体例采取横分门类，纵述始末，纵横结合，以横为主。综合运用述、记、志、传、图、表、录等形式，以志为主。全书150万字。

◆《西安市未央区志（1994—2010）》出版 2020年6月，西安市未央区地方志编委会编纂的《西安市未央区志（1994—2010）》由陕西新华出版传媒集团、陕西人民出版社出版。主编刘超基。该志设建置地区、地名、人口、城乡建设、环境保护等32编，全面系统记述1994—2010年间西安市未央区自然、经济、政治、文化和社会的历史与现状。志首设彩页、凡例、总述、大事记，志末设附录、索引和编后记。该志编纂体例采取横排竖写，以时为经，以事为纬的方法分类记事。全书170万字。

◆《高陵县志（1990—2010）》出版 2020年9月，西安市高陵区地方志编委会编纂的《高陵县志（1990—2010）》由陕西新华出版传媒集团、陕西人民出版社出版。主编张旭阳。县志设建置区划、自然地理、人口、城乡建设、西安泾河工业园等26编，共120章[illegible]节。全面系统记述1990—2010年间高陵县（今高陵区）政治、经济、社会、文化、自然的历史与现状。志首设彩页、序、凡例、目录、总述、大事记，志末设附录、索引、前志勘误和后记。全书90万字。

◆《周至县志（1990—2010）》出版 2020年12月，周至县地方志编委会编纂的《周至县志（1990—2010）》由陕西新华出版传媒集团、陕西人民出版社出版。主编李水。该志设行政建置、自然地理、环境保护、人口、城区建设、猕猴桃、仙游寺与佛坪厅等34编，全面系统记述1990—2010年间周至县域内自然、经济、政治、文化和社会的历史与现状。志首设彩页、凡例、总述、大事记，志末设附录、索引和后记。全书150万字。

◆《西安年鉴2019（英文版）》出版 2020年10月，西安市人民政府主办、西安市地方志办公室编纂的《西安年鉴2019（英文版）》由世界图书出版西安有限公司出版。主编姚敏杰。该书为32开本，30万字，彩页8面。

◆《西安年鉴（2020）》出版 2020年11月，西安市人民政府主办、西安市地方志办公室编纂的《西安年鉴（2020）》由世界图书出版西安有限公司出版。主编姚敏杰。该卷年鉴采用分类编辑法，设35个类目、178个分目、9个二级分目、1562个条目，收录134幅图片、67张表格、14幅立体图。卷首专题图片设西安印象、年度大事、年度热词、国际化大都市建设、招商引资、生态建设、公共文化、社会民生，卷末附法规文件、文摘、统计资料、索引。全书150万字。

◆《新城年鉴（2020）》出版 2020年12月，西安市新城区人民政府主办、西安市新城区人民政府办公室编纂的《新城年鉴（2020）》由陕西新华传媒集团、陕西人民出版社出版。主编杨向曦。该卷年鉴设22个类目、123个分目、805个条目，收录131幅图片、19张表格。卷首专题设荣耀新城、数字新城、年度大事，卷末附法规文件、文摘、统计资料、索引。全书56万字。

◆《碑林年鉴（2020）》出版 2020年12月，西安市碑林区人民政府主办、西安市碑林区地方志编纂委员会编纂的《碑林年鉴（2020）》由世界图书出版西安有限公司出版。主编聂新华。该卷年鉴设21个类目、114个分目、731个条目，收录167幅图片、32张表格。卷首专题设碑林荣誉、特载、年度大事，卷末设附录、调研成果文摘、索引。全书58万字。

◆《莲湖年鉴（2020）》出版 2020年11月，西安市莲湖区人民政府主办、西安市莲湖区地方志办公室编纂的《莲湖年鉴（2020）》由陕西新华出版传媒集团、陕西人民出版社出版。主编李引民。该卷年鉴设23个类目、122个分目、3个二级分目、786个条目，收录69幅图片、18张表格。卷首设特载、年度大事记，卷末附文件选录、文件选目、索引。全书60万字。

◆《雁塔年鉴（2020）》出版 2020年12月，雁塔区人民政府主办、雁塔区地方志办编纂的《雁塔年鉴（2020）》由陕西新华出版传媒集团、陕西人民出版社出版。主编赵雷。该卷年鉴设24个类目、94个分目，714个条目，收录41幅图片、19张表格。卷首设特载、年度大事、年度热词、经济发展、项目建设、招商引资、城市管理、文化卫生、社会保障，卷末设法规文件、文摘、统计资料、索引。全书41万字。

◆《灞桥年鉴（2020）》出版 2020年10月，灞桥区人民政府主办、灞桥区地方志办公室编纂的《灞桥区年鉴（2020）》由西安出版社出版。主编史昌孙。本卷年鉴设类目31个、分目135个、条目958个。收录234幅照片、32张表格。卷首专题图片设荣耀灞桥、数字灞桥等，卷末设统计资料、调研报告、纪念文章、文件目录、索引。全书72.7万字。

◆《未央年鉴（2020）》出版 2020年12月，未央区人民政府主办、西安市未央区志办编纂的《未央年鉴（2020）》由陕西人民出版社出版。主编刘超基。该卷年鉴设26个类目、105个分目、31个子目、976个条目，收录131幅图片、56张表格。卷首专题设数字未央、荣耀未央、现代街区、庆祝建国七十周年、重点项目、城中村改造、卫生未央、平安未央、民生未央、文化体育、绿色未央、基层党建等，卷末设法规文件、专记、统计资料、索引。全书90万字。

◆《阎良年鉴（2020）》出版 2020年12月，阎良区人民政府主办、阎良区档案馆编纂的《阎良年鉴（2020）》由陕西旅游出版社出版。主编王小强。该卷年鉴设30个类目、129个分目、815个条目，收录130幅图片、19张表格。卷首专题设荣耀阎良、特载、阎良概貌、大事记，卷末设人物、文件目录、统计公报、索引。全书50万字。

◆《临潼年鉴（2020）》出版 2020年12月，西安市临潼区人民政府主办、西安市临潼区地方志编纂委员会编撰的《临潼年鉴（2020）》由陕西新华出版传媒集团、陕西人民社出版。主编段永宏。该卷年鉴设30个类目、183个分目、1164个条目，收录192幅图片、32张表格。卷首设彩图、特载、专文、临潼概貌、大事记，卷末设附录、索引。全书55万字。

◆《长安年鉴（2020）》出版 2020年11月，西安市长安区人民政府主办、西安市长安区地方志办公室编纂的《长安年鉴（2020）》由陕西新华出版传媒集团、陕西人民出版社出版。主编左明新。该卷年鉴设25个类目、150个分目、1156个条目，收录71幅彩页图片、20张表格。全书分别用特载、大事记、专记、长安概貌、政治、经济、文化、社会等版块全方位介绍长安区2020年各行业基本现状和发展情况。附录包括领导名录、荣誉录、发文目录及索引等。全书55.8万字。

◆《高陵年鉴（2020）》出版 2020年12月，西安市高陵区人民政府主办、西安市高陵区地方志编纂中心编纂的《高陵年鉴（2020）》由陕西新华出版传媒集团、陕西人民出版社出版。主编李康。该卷年鉴设30个类目、143个分目、917个条目，收录62幅图片、23张表格。卷首专题设高陵印象、招商引资、项目建设、环境保护、社会民生、农村人居环境、科教文卫、民间艺术、平安高陵，卷末设文件选录、统计资料、索引。全书45万字。

◆《鄠邑年鉴（2020）》出版 2020年12月，鄠邑区人民政府主办、鄠邑区年鉴编纂委员会编纂的《鄠邑年鉴（2020）》由西安出版社出版。主编崔科峰。该卷年鉴设31个类目、125个分目、968个条目，收录44幅图片、17个图表。卷首专题设鄠邑印象、年度大事、社会民生、文化旅游、脱贫攻坚、生态文明建设、现代农业、交通运输，卷末设统计资料、文件目录、索引。全书55万字。

◆《蓝田年鉴（2020）》出版 2020年12月，蓝田县人民政府主办、蓝田县地方志办编纂的《蓝田年鉴（2020）》由三秦出版社出版。主编王小勇，执行主编王耀辉。该卷年鉴设28个类目、143个分目，961个条目，收录43幅图片、18张表格。卷首专题设特载、年度大事、数字蓝田等，卷末设统计资料、县委政府发文目录等。全书43万字。

◆《周至年鉴（2020）》出版 2020年12月，周至县人民政府主办，周至县地方志办公室编纂的《周至年鉴（2020）》由西安出版社出版。主编张荣幸。该卷年鉴设类目20个、分目103个、条目751个，收录68幅图片、10张表格。全书45万字。（黄立峰）

档　案

◆概况 2020年，西安市档案馆坚持“档案工作姓党”的政治方向，认真落实国家、省档案工作会议部署，立足服务大局、服务社会、服务民众，大力加强档案基础设施、基础业务和信息化建设，促进档案工作转型升级和科学管理。通过档案征集、档案展览、档案编研等，大力开发档案信息资源，为奋力谱写大西安新时代追赶超越新篇章贡献档案力量。

◆档案服务利用　2020年，西安市档案馆以服务民生为重点，大幅提升档案服务利用能力，树立利用者至上服务理念，做到依法查询、礼貌周到、服务高效。疫情期间创新服务手段，拓展网络查询渠道，满足群众查档需求；接待档案利用者4928家5731人次，电话咨询、来函代查3137人次，提供档案10744卷1705件，提供资料206册，服务面涉及资政参考、编史修志、法律诉讼、养老统筹等方面，满意率达95%以上。

◆档案服务重点工作　2020年，西安市档案馆加强重大活动档案管理，提前参与第十四届全国运动会西安市执委会工作，通过制定制度、专题培训、编写《2020年度第十四届全国运动会西安市执委会大事记》等，加强档案形成、整理、归档等环节管理，扎实做好档案管理服务，为这场体育赛事留下精彩记录。为纪念中国共产党建党100周年，充分发挥馆藏优势和自身特点，积极参与“西安记忆”大型展览筹备工作，在馆藏资料中筛选出30多个单位1949年以来的大事记及相关政策资料共计492卷（件），图书资料66本（书名目录），3000多张照片收录于“西安记忆”项目照片资料中，涵盖1921年建党以来，西安政治、经济、文化、社会、生态等各个方面、各个领域的文字及照片资料，为项目筹备提供档案支撑。积极与西安市新冠肺炎疫情防控指挥部办公室对接沟通，做好疫情防控档案文件资料的收集归档整理和接收准备工作。服务全市机构改革大局，继续做好全市机改撤并单位档案的接收工作，接收西安市粮食局、西安市统筹办、西安市物价局等9家撤并单位业务档案736卷，文书档案74卷、41689件。

◆档案征集　2020年，西安市档案馆为确保全市疫情防控工作珍贵档案资料得以永存，及时面向社会发布公告，公开征集防控新冠肺炎疫情档案。征集工作得到社会各界的广泛关注和积极响应，取得显著成效，征集进馆疫情档案7大类2059件，重点包括：西安市教育局、西安报业传媒集团举办的“共抗疫情——西安教育在行动‘学校（老师）写给学生的一封公开信’征文活动”1241封书信（电子稿），书信汇编《抗疫师说》书籍5册；碑林区教育系统开展的“同呼吸　共命运”碑林区中小学幼儿园抗疫美术作品500幅；中建一局西北公司与中建丝路集团参与西安市公共卫生中心项目建设照片、相关文件等资料161件；中共西安市委原副书记施启文抗疫书法作品两幅、诗歌5首，书法集及自传两册；书法家李志锋、画家杨捍伟国画及书法作品2幅；“儿画大王”鲁迁撰写的与疫情有关的诗歌21首，撰写的散文、诗歌手稿85首；张书俊、何萌等市民撰写的抗疫诗歌、新闻稿132件、绘画作品6件、实物4件、照片6张、感谢信及个人鉴定材料2件。为扩大疫情档案征集工作的影响力，西安市档案馆筹备举行“同呼吸、共命运”碑林区中小学幼儿园抗疫优秀美术作品捐赠仪式，西安日报、西安新闻网、凤凰网、中国档案报等多家媒体报道此次疫情档案捐赠仪式。做好日常档案征集工作，征集儿歌大王鲁迁的诗歌、广告词、散文105件；征集魏氏药丹炮制技艺、传承资料及照片67件，征集《追忆流年》《白鹿塬鹿走镇陈家庄陈门陈氏三兄弟》《咱们工人有力量——复工复产摄影纪实》《戊戌札记》《陕菜大师张鸿儒》《陕西摄影100人》等各类书籍34册。

◆档案文化宣传　2020年，西安市档案馆注重档案文化宣传工作，围绕重大活动，加大宣传力度。6月9日是第13个国际档案日，市档案馆以“档案见证小康路、聚焦扶贫决胜期”为主题，制作《档案见证小康路、聚焦扶贫决胜期》主题展板，联合中共西安市委办公厅（市档案局）、西安市扶贫办、新城区档案馆及辖区街道办开展集中宣传活动，展板介绍西安在脱贫攻坚中取得的成绩，展示档案工作在抗击疫情、弘扬“西迁精神”等重大社会事件中的重要作用。举办“6·9”国际档案日暨第七届“档案馆日”活动，吸引党政机关、企业及社会各界群众等300余人来馆参观。9月4日，为纪念《中华人民共和国档案法》颁布33周年，进一步普及档案法制知识，增强社会档案意识。在西安市档案馆设立宣传站点，向查档群众发放《中华人民共和国档案法》漫画册，赠送档案编研书籍，宣传档案法律法规、档案服务利用等内容，开展档案咨询，营造浓厚的档案法制宣传氛围。“12·4”国家宪法日，联合区（县）档案馆在城市广场、部分中小学、社区开展档案普法宣传活动，增强公众档案意识，大力营造决胜全面建成小康社会的良好氛围，营造全社会关心支持档案工作的良好氛围。

◆档案鉴定编研　2020年，西安市档案馆对1989年形成满三十年的档案114个全宗、8844卷（件）档案进行鉴定开放；对馆藏1990年到期应开放的111个全宗档案中涉密案卷进行摸底；对馆藏会计档案进行清点，整理10个全宗3042卷、1507盒档案；对馆藏民国档案9个全宗633卷、2114件进行开放鉴定，对其中17件文件进行控制开放；完成《抗日战争档案汇编》（第三、第四册）编辑工作。

◆数字档案馆上下联动　2020年，西安市档案馆积极与各机关单位档案室沟通，先后到15个三类单位实地调研，了解基层单位实际需求，与中共西安市委办公厅（市档案局）联合举办2期全市数字档案室及馆际共享培训，完成数字档案室系统、馆际共享系统的推广工作，全市130余家机关档案室和13个区（县）档案馆均能正常登录系统，全市数字档案馆（室）上下联动格局进一步形成。

（杨　阳）

2020年12月4日，西安市档案馆组织开展档案普法宣传活动。市民观看《中华人民共和国宪法》宣传展板

体 育

责任编辑：姬娟妮

综 述

◆**概况** 2020年，西安市体育行业以迎全运加快国家中心城市建设和“十项重点工作”为突破口，以“任务不减、目标不变、标准不降”为发展基调，统筹推进疫情防控和群众体育、竞技体育、体育产业、体育文化工作，抢抓机遇，对标先进，主动作为，有力推动西安市体育事业跨越式发展。

◆**第十四届全国运动会筹备** 2020年，西安市体育局按照习近平总书记提出“办一届精彩圆满的体育盛会”的目标和中共西安市委、西安市人民政府提出的“只留经典，不留遗憾”要求，上下一心、协同发力，全面加速第十四届全运会各项筹备工作。采取“周点评、月调度、季总结”等措施办法，督促西安奥体中心等8个市属比赛场馆加快建设。西安市承担的西安奥体中心“一场两馆”、西安城市运动公园体育馆提升改造工程、西安秦岭高尔夫球场等5个场馆建设任务于6月30日前全部竣工，第十四届全运会滑板攀岩比赛场地工程、西安城市运动公园三人制篮球场地工程于9月30日前全部竣工，进入试运营和测试赛阶段。西安全运村78栋高层全部封顶。邀请国家体育总局、陕西省体育局各项目中心专家现场解决体育工艺难题，开展体育工艺审查和竞赛业务对接，督促场馆单位按清单要求进行整改提升。协调市级相关部门和省本级场馆所在区（开发区），解决场馆周边市政配套、能源接入、建审手续等矛盾困难，确保西安赛区25个比赛场馆全部按期完成建设任务。全面启动西安市体育训练中心项目建设和伞塔路综合健身中心收尾工程。制定《十四运会倒计时一周年竞赛工作方案》《西安赛区竞委会组建工作指导意见》《测试赛实施方案》等10余项方案计划。指导西安赛区14个项目竞委会按时完成组建任务，落实办公场所和专户开设，首批抽调149名骨干集中开展赛事筹备工作。密集开展竞赛业务培训和工作对接，组织竞赛项目全流程桌面推演，制定测试赛工作方案，全面开启竞赛工作“战时”模式。研究制定《西安市备战全国十四运会工作方案》，分批引进高水平教练员和运动员近百名，不断增强西安市竞技体育综合水平和夺金实力。坚持科学施训、强化服务保障，积极开展“竞赛练兵”活动，举办全国水球冠军赛、全国体操冠军赛等17项国内重大比赛，在实战中锻炼队伍、在办赛中积累经验。不断强化反兴奋剂工作，加强重点环节管控，确保运动队守住底线，干净参赛。与《中国体育报》《西安晚报》《华商报》等报纸媒体合作交流，全年在电视、报纸、网络、微信公众号等发布信息3300余条（次）。印发《西安市体育局迎十四运 城市文明综合提升工程项目实施“六定”方案》。按照“全市总动员，奋战600天”的总要求，推动西安市体育系统行业文明、观赛文明、参赛文明，营造“精彩全运扑面而来，文明风尚无处不在”的良好氛围。开展“全运有我、圆梦拼搏”活动、“迎全运盛会，展文明风采”文明创建活动以及“暖阳在XIAN”关爱空巢老人体育健身志愿服务行动，推进文明行为、文明礼仪进体育活动场所。开展“迎十四运 创文明城”听民声解民忧大走访活动，围绕群众身边的全民健身场地设施、全民健身活动等小区居民最关心的问题，着力解决群众健身难题，切实打通为民服务“最后一公里”，为迎接“十四运”营造良好氛围。

◆**体育产业发展** 2020年，西安市体育局以举办2021年第十四届全运会和建设“世界赛事名城”，落实“国家体育消费试点城市”任务为契机，大力发展体育产业，促进体育消费，将场馆建设、体育赛事、健身休闲、生产供给、中介服务等体育产业体系充分链接，逐步建立和完善以赛事聚集产业要素的体育产业发展新格局。西安马拉松赛线路被评为2020年中国体育旅游十佳精品线路，西安城市立方文化体育综合体成功入选国家体育服务综合体典型案例。全年体育彩票销售18.82亿元。推进市级公共体育场馆视频监控资源接入市“雪亮工程”平台，开展工程项目领域专项治理工作，加大全市体育活动的安全监督。配合落实西安市“三个经济”目标任务和文旅融合产业发展目标任务。

◆**体育市场建设** 2020年，西安市体育局报请西安市人民政府出台《西安市建设世界赛事名城加快发展体育产业促进体育消费实施意见》，研究制定《西安市体育设施空间布局专项规划（2020—2035年）》，全面构建以赛事经济聚集产业要素的体育产业发展新格局。申报并入选国家体育消费试点城市，为后续促进体育产业发展，推动西安市消费规模持续增长、消费结构不断升级起到重要作用。积极举体育办西安马拉松赛、西安城墙国际马拉松赛等精品赛事，推出大明宫、曲江池等夜跑线路，配合开展“中国年·看西安”系列活动，促进体育和文化旅游产业融合发展。加强全市体育活动监督、检查和管理，确保群众的健身安全。扎实推进权责清单改革，深化“放管服”改革，开展社会信用体系建设和局驻政务中心窗口管理工作，配合完成“互联网+监管”工作。严格落实政务公开要求，公开发布政务信息467条，办结人大代表建议、政协委员提案18件，回复网民建议、咨询和投诉125件。

◆**体育场地设施建设** 2020年，西安市体育局完善全民健身场地设施，高标准建成渭河全民健身长廊临潼段全民健身园区，实施社区全民健身路径260个、农民体育健身工程124个、多功能运动场12个、室内健身房5个。规划建设大型全民健身园区，推进幸福林带全民健身长廊等3个“十四运”“双先”观摩点备选项目选址规划建设工作。推进社会足球场地建设，2019年和2020年全市新建社会足球场地共99块，超额完成陕西省下达的76块建设任务。积极做好2023年亚足联中国亚洲杯筹备工作，协调沣东新城加快场馆建设，西安国际足球中心计划于2022年建成使用。

◆2020西安城墙国际马拉松赛 2020年10月24日，“我要上全运”百场马拉松启动仪式暨“一带一路”陕西西安·2020城墙国际马拉松赛举行，4000多名马拉松爱好者参赛。这也标志着“我要上全运”百场马拉松赛事活动正式启动。本次比赛由陕西省体育局、西安市人民政府主办，陕西省田径运动管理中心、西安市体育局、曲江新区管委会承办。以“全民全运、同心同行、相约西安、筑梦全运”为主题，首次采取主、分会场联动形式，在西安城墙设置主会场，网络连线国内拥有古城墙的城市（北京、南京等）、举办过全运会以及城运会的城市（上海、广州、武汉等）和友好城市（法国巴黎、泰国盛邦、南非开普敦）等二十多个海内外城市。比赛邀请来自上海、广州、武汉等曾经举办过全运会、城运会的“兄弟”城市跑友亮相直播间，分享自己的全运故事，祝福西安，祝福“十四运”。同时，作为世界上唯一一个将赛道设置在完整古城墙上的马拉松赛，通过直播镜头，与北京、南京、开封、襄阳、大理、荆州、山海关、嘉峪关等国内拥有古城墙的多地城市跑友连线，一起奔跑全国“城马”。10月19日至10月24日举办线上赛。本次线上赛分为“喜迎‘十四运’，跑步打卡赢奖品”“西安城墙国际马拉松线上赛”两个版块，依托微信小程序平台，面向全球报名。2020年城马突出东汉文化元素，在奖牌中融入东汉铜镜纹，现场的龙门、地贴、公里柱等也蕴含东汉元素。

◆西安市第五次国民体质监测 2020年9月8日，全国第五次国民体质监测西安市监测工作全面启动，于10月底全面结束，西安市承担11个区（县）2788例样本量的监测任务。第五次国民体质监测在互联网+科技的时代背景下，采用更先进的仪器设备，所有数据均采用无线传输，实时传输，提高采集效率，节省资源。被测试人员每人持有一张电子卡，在录入全部测试项目的数据后，最终传输到国家监测平台系统内，控制监测数据的准确性。通过定期监测，能够及时掌握国民体质现状和变化规律，客观评价全民健身计划实施效果，科学决策新周期全民健身发展方向，推动全民健身和全民健康深度融合。

◆2020“一带一路”中国跆拳道公开赛 2020年11月13日，2020“一带一路”中国跆拳道公开赛在西安城市运动公园体育馆拉开帷幕，来自北京、河北、广东、陕西等地27支代表队的近450名选手在古城西安展开3天比赛。本次比赛由中国跆拳道协会、陕西省体育局、西安市人民政府、西安体育学院主办，西安市体育运动学校承办。开幕式后，成年组8个级别的比赛率先展开。本届赛事按年龄分为成年组竞技（大于17周岁）和青年组竞技（15—17周岁）2个大项，其中男女成年组有16个级别，男女青年组有20个级别。本届赛事参赛选手中，00后选手占比87%。

2020年11月13日，“一带一路”中国跆拳道公开赛在西安城市运动公园体育馆开赛

◆西安5项赛事获评中国田协马拉松标牌赛事 2020年10月9日，中国田径协会官网发布《2019中国马拉松等级赛事及特色赛事评定结果》，西安市有5项赛事被评为标牌赛事。作为国内马拉松赛事的最权威认证，中国马拉松等级赛事评定由中国田协组织专家队伍，对全国马拉松赛道选择、赛事组织、宣传营销、文化展示等方面的创新成就进行全方位评审后产生。2019西安国际马拉松获得“金牌赛事”殊荣，2019长安国际女子半程马拉松获评“银牌赛事”，2019“一带一路”陕西西安·城墙国际马拉松赛、2019西安曲江国际半程马拉松则双双被评为“铜牌赛事”及“最美赛道特色赛事”。2019西安灞河国际半程马拉松也入选“铜牌赛事”，并被评为“自然生态特色赛事”。

◆西安市第五届“丝绸之路”拳击争霸赛 2020年11月21日，西安市第五届“丝绸之路”拳击争霸赛在城市运动公园体育馆举行。本届比赛由西安市体育局、西安市文化旅游局、西安广播电视台、西安经济技术开发区管委会主办，西安市体育总会办公室、西安经济技术开发区社会事务局、西安城市运动公园、西安市拳击协会承办，西安四联绿色能源中心、西安市击剑协会、西安秦士拳击健身俱乐部协办，世界拳击协会中国区（WBA）认证。每场比赛均执行WBA竞赛规程，6场为6回合比赛，[illegible]公斤级（WBA轻量级金腰带）和59公斤级（丝路金腰带）两场比赛设定为8回合比赛。9场比赛的参赛选手皆是河南、云南、重庆、贵州等国内高水平职业俱乐部选手。西安秦士拳手高诗超成功卫冕“丝路拳王腾龙金腰带”。在WBA（世界拳击协会中国区）轻量级金腰带争夺战中，云南名将杨进平战胜河南选手宋晓康夺冠。（韩　雪）

群众体育

◆概况 2020年，西安市体育局围绕“全民全运，全运惠民”主题，打造“15分钟健身圈”，开展体育科学指导“五进”（进机关、进学校、进村居、进部队、进企业）活动，积极推进“西安智慧体育大管家”平台建设。开展科学健身指导服务，圆满完成第五次国民体质监测2788人次的抽样工作。举办社会体育指导员培训班22期，新增社会体育指导员1888名。广泛开展全民健身活动，策划实施“我要上全运”西安市首届全民健身大会、[illegible]跑线路推广等40余项精品赛事活动，举办各类群众性体育比赛和健身活动600项（次），参与人数超过400万人（次）。

◆2020年喜迎“十四运”·全民滑雪趣味赛 2020年1月20日，由西安市体育局、灞桥区人民政府主办，中共灞桥区委宣传部、灞桥区文化和旅游体育局、灞桥区卫生健康局、灞桥区白鹿原管委会、狄寨街道办事处承办，西安白鹿原滑雪有限公司协办的以“中国年·看西安”“我要上全运”为主题的喜迎“十四运”·全民滑雪趣味赛开赛。白鹿原滑雪场通过网络公开报名和现场报名的方式，召集300多名广大滑雪爱好者报名参加。全民滑雪趣味赛包括男子组速道比赛、女子组速道比赛、雪地拔河赛3项内容。其中男子组速道比赛、女子组速道比赛参赛者年龄16—40岁。

◆“迎全运 惠民生 我要上全运”西安市首届全民健身大会 2020年6月28日，西安市首届全民健身大会开幕式在西安奥体中心举行。本次活动由西安市人民政府主办，西安市体育局及相关区（县）政府、开发区管委会承办。西安市首届全民健身大会以“迎全运 惠民生 我要上全运”为主题，旨在深入贯彻实施“全民健身”和“健康中国”国家战略，所设置的13个竞赛项目面向全体市民，营造喜迎全运会浓厚氛围。本次大会为西安市历史上首次举行的全市性综合全民健身运动会，共设置第九套广播体操、五人制足球、3×3篮球、乒乓球、羽毛球、啦啦操、公开水域游泳、跳绳、武术套路、围棋、中国象棋、柔力球、广场舞13个比赛项目。其中第九套广播体操为区（县）组比赛，其他12个项目为社会组比赛。社会组比赛通过线上网络报名平台向广大市民开放报名，全市各行各业、各类人群均可报名参赛。各项目比赛陆续在新城区、碑林区、高新区、经开区等相关区（县）举行，整个大会持续到11月份结束。

◆“迎全运·惠民生”体育+旅游夜跑线路推广活动 2020年6月29日，由西安市体育局、西安市文化和旅游局、西安报业传媒集团以及第十四届全运会西安市执委会群众体育部、新闻宣传部主办，相关区（县）、开发区文化旅游体育部门和西安市田径协会承办的“迎全运·惠民生”体育+旅游夜跑线路推广活动正式启动。本次活动结合西安旅游景区、城市公园等历史文化和旅游资源优势，在全市东、南、西、北各区域，精心遴选曲江之路—曲江池遗址公园夜跑线路、雁鸣之路—雁鸣湖湿地生态公园夜跑线路、唐延之路—唐长安城墙遗址公园夜跑线路、丹凤之路—大明宫国家遗址公园夜跑线路、城运之路—西安城市运动公园夜跑线路、汉城之路—西安汉城湖景区夜跑线路、长乐之路—长乐公园夜跑线路、会展之路—西安丝路国际会展中心夜跑路线、全运之路—陆港运动公园夜跑线路等9条具有代表性的公园景区夜跑线路。分集中推广宣传（3周）、组织线上跑（5周）和开展评选活动（1周）3个阶段组织实施。集中推广宣传阶段，通过电视、广播、报纸、网络等媒体，每两天宣传推出一条夜跑线路；线上跑阶段，围绕9条夜跑线路，采取网络平台线上组织、个人线下自行参与、组织跑团现场互动等形式，组织和带动市民群众开展夜跑活动；评选活动期间，结合各线路参与度和社会影响，评选出西安市最美夜跑线路、最受欢迎夜跑线路、最美传播者、最美夜跑者、最佳跑团等。

◆西北五省会第一届乒乓球比赛 2020年7月25—26日，西北五省会第一届乒乓球比赛在西安市碑林区全民健身基地举办。本次比赛由陕西、甘肃、青海、宁夏、新疆西北五省省会城市乒乓球协会共同主办，西安市乒乓球协会承办。本次比赛赛制与全运会赛制全面接轨，设混合团体和单打2个项目，单打比赛设30—40岁组、50—60岁组、主席组、嘉宾组。

◆“我要上全运”2020中国·环秦岭第四届自行车联赛（西安蓝田站） 2020年9月5日，“我要上全运”2020中国·环秦岭第四届自行车联赛（西安蓝田站）鸣枪开赛。陕西省200余名专业运动员和自行车爱好者绕行于灞河东、西两岸，共同践行“健康生活、绿色出行”的理念。中国环秦岭自行车赛是经中国自行车运动协会批准的全国性群众自行车A类赛事，本次环秦岭自行车联赛由陕西省体育局主办、西安市体育局、蓝田县人民政府等单位承办，蓝田县文化和旅游体育局等单位协办。比赛设男子公路公开组、男子山地公开组、女子山地公开组等3个组别，比赛起终点位于蓝田县滨河西路中段，赛道绕行于灞河东、西两岸。

◆2020年陕西省滑翔伞公开赛 2020年9月15日，陕西省滑翔伞公开赛在中国航空运动协会长安天子峪航空飞行营地开赛，40多名选手参加。此次比赛作为陕西省迎接“十四运”系列活动之一，由陕西省体育局、西安市体育局主办。赛事按照国际航联滑翔伞定点比赛规则进行，设置男子定点和女子定点2个组别。

◆首届“浐灞杯”中外大学生乒乓球集训及友谊赛 2020年10月25日至11月28日，以“相约小乒乓、共融大世界”为主题，西安市首届“浐灞杯”中外大学生乒乓球集训及友谊赛交流活动举办。本次比赛在陕西省外办、陕省教育厅指导下，由西安市外办、西安市体育局、浐灞生态区管委会共同主办，西安交通大学承办，西北工业大学、西北农林科技大学、西安电子科技大学、陕西师范大学、长安大学、西北大学、西安石油大学、西安建筑科技大学、西安外国语大学、西北政法大学、西安市人民对外友好协会和西安市乒乓球运动协会共同协办，开展为期5周30个学时的乒乓球集训，300余名国际学生参与其中。集训期间，集训学员观摩2020全国省会城市乒乓球友情赛、参观西安奥林匹克体育中心、西安国际会议中心、世园罗曼小镇及光大环保能源（蓝田）有限公司。

◆2020首届全国省会城市西安乒乓球比赛 2020年11月11日，2020首届全国省会城市西安乒乓球比赛在陕西网球中心拉开帷幕，郑州、太原、重庆、天津、贵阳、南京、西宁、北京、成都、杭州、西安等24个城市乒协派队参加，近150名高手进行为期2天的对决。比赛由西安市体育局、西安市体育总会主办，西安市乒乓球协会承办。比赛分为团体比赛和单打比赛，其中团体比赛为两个阶段，第一阶段分组循环赛，第二阶段淘汰赛和附加赛，团体比赛为五场三胜制，每场五局三胜，每局11分。单打比赛每场五局三胜，每局11分。作为国内城市乒协之间的首项比赛，本次比赛旨在全力唱响“全民全运 全运惠民”主题，积极营造浓郁的全运氛围，加强各省会城市乒协之间的友好交流与合作，进一步带动乒乓球项目的发展。

2020年8月1日，西安市首届全民健身大会乒乓球比赛在西安城市运动公园开赛

◆“一带一路”陕西西安·2020年世界女子国际象棋大师巅峰赛　2020年12月4—6日，“一带一路”陕西西安·2020年世界女子国际象棋大师巅峰赛在西安市铁一中举行。本次赛事由国家体育总局棋牌运动管理中心、中国国际象棋协会、陕西省体育局主办，陕西省社会体育运动发展中心、西安市体育局、西安市教育局、西安市碑林区人民政府、陕西省国际象棋协会承办。比赛邀请中国冠军棋手侯逸凡、谭中怡、雷挺婕、赵雪，乌克兰棋手玛丽娅·穆兹丘克，格鲁吉亚棋手扎格尼泽·纳纳，保加利亚棋手斯坦芳诺娃，哈萨克斯坦棋手阿卜杜马利克，伊朗棋手卡德马尔沙利赫，土耳其棋手阿塔利克10人参赛。其中国内选手线下参赛，国际选手通过chess.com国际竞赛平台线上对战，上届赛事冠军得主、四度“世界棋后”获得者侯逸凡成功实现卫冕。比赛吸引全球国象爱好者线上观看，仅国内平台观看人数超过百万人次。　（韩　雪）

竞技体育

◆概况　2020年，西安市制定出台《西安市优秀运动员、教练员及训练单位有功人员奖励办法》，深入推进体教融合，全年举办市级青少年体育竞赛活动35项（次），参赛人数1万多人。组队参加陕西省年度比赛，派出1500余名运动员参加24个项目比赛，获金牌323枚，银牌195枚，铜牌217枚，取得金牌、奖牌、团体总分3个第一。申办并成功取得2023年亚足联中国亚洲杯承办权，成立西安赛区组委会，做好赛事筹备工作。组织全市125支球队参加陕西省足球甲级联赛，指导各区（县）举办陕西省群众足球乙级联赛。组织完善反兴奋剂相关规定制度。

◆2020“中国体彩杯”三人制篮球俱乐部精英赛（西安站）　2020年9月12—13日，2020“中国体彩杯”三人制篮球俱乐部精英赛（西安站）在西安城市运动公园三人篮球场举行。本次比赛由陕西省体育局、第十四届全运会筹委会群众体育部主办，陕西省篮球排球运动管理中心、西安市体育局、西安市经济技术开发区管理委员会承办，西安市篮球排球网球运动管理中心协办。国家蓝队获得本次比赛冠军。

◆2020年全国青年体操U系列冠军赛　2020年10月17—21日，2020全国青年体操U系列冠军赛在西安城市运动公园体育馆举行。本次比赛由国家体育总局体操运动管理中心、中国体操协会主办，陕西省体育局、西安市人民政府承办，陕西省体操运动管理中心、西安市经济技术开发区管委会协办，有来自全国21个省、市、自治区代表队350余名运动员、教练员以及随队工作人员参赛，选手在为期7天的赛程中展开男子（团体、个人全能、自由体操、鞍马、吊环、跳马、双杠、单杠、长蹦床）、女子（团体、个人全能、跳马、高低杠、平衡木、自由体操、长蹦床）项目的比赛。

◆2020年全国男子水球冠军赛和全国U17男子水球锦标赛　2020年10月21—31日，2020年全国男子水球冠军赛和全国U17男子水球锦标赛在西安举行。本次比赛由中国橄榄球协会、陕西省体育局主办，陕西省手球曲棍球棒球垒球运动管理中心、西安市体育局、西安国际港务区管委会承办、西安市游泳运动管理中心、陕西科维奇体育文化发展有限公司协办。有广州、广西、湖南、陕西、上海、深圳、顺德、珠海等8支队伍参加U17锦标赛，广东、广西、湖南、陕西、上海等5支队伍参加全国男子水球冠军赛。

◆“滑向2022”全民滑雪体能大比武西安站活动　2020年10月31日，全民滑雪体能大比武西安站活动在大明宫万达广场启动，活动为期2天，是国家体育总局“滑向2022”系列赛事活动之一。西安站比赛由国家体育总局冬季运动管理中心、中国滑雪协会主办，中国滑雪协会滑轮推广委员会、斯威克斯体育、陕西省体育局承办，陕西省冬季运动管理中心、西安市体育局、万达投资集团西安城市公司、西安万达广场商业管理有限公司大明宫分公司协办。活动现场不仅有被国际滑雪专业运动员、冰雪爱好者广泛使用的滑雪训练机，还有滑雪体验、滑雪教学、旱地冰壶体验、激光枪体验等项目。

◆2020年全国蹦床冠军赛　2020年11月5—6日，全国蹦床冠军赛在西安城市运动公园体育馆举行。本次比赛由国家体育总局体操运动管理中心、中国体操协会主办，陕西省体育局、西安市人民政府承办，陕西省体操运动管理中心、西安市体育局、西安经开区管委会协办，有湖南、上海、山东、山西、浙江、江苏、陕西、广东、海南、福建、天津、广西共12支代表队的93名选手参加，参赛选手中包括奥运冠军董栋、世界冠军高磊等名将。比赛设男女团体、男女双人同步和男女个人6个项目。

◆2020西安马拉松赛　2020年11月8日，2020西安马拉松赛在城墙南门——永宁门鸣枪开跑，有来自全国各地的24000余名选手参加。西安马拉松赛以“全民全运　同心同行”“相约西安　筑梦全运”为主题，由第十四届全国运动会组委会指导，陕西省体育局、西安市人民政府、第十四届全国运动会西安市执委会主办，陕西省田径运动管理中心、陕西省田径协会、西安市体育局、西安市文化和旅游局、西安曲江新区管理委员会承办，西安市田径协会执行，西安曲江马拉松文体公司运营。本届西马联合中国电信，打造首个IPTV“西马频道”，央视网、人民网、新华网等主流网络平台对比赛进行联合直播，抖音和快手平台加盟直播阵容。经过比赛，[illegible]增彪以1小时08分14秒获得男子半程马拉松第一名，夏雨雨以1小时1[illegible]分3[illegible]秒获得女子半程马拉松第一名；[illegible]以2小时17分54秒获得男子全程马拉松第一名，金铭铭以2小时31分29秒获得女子全程马拉松第一名。2020西安马拉松赛有来自全国12.38万名选手报名，经过抽签，2.4万余名选手最终参与比赛，综合中签率18.18%。为满足更多跑者的参赛需求，以线上、线下联动模式，打造推出西马线上赛，有全国各地[illegible]万余名跑友报名。西马还创新推出“西马分赛场”创新概念，联动全国同起跑，在26个城市设立西马分赛场。

◆2020长安女子半程马拉松　2020年11月15日，长安女子半程马拉松在长安公园开跑，2000名选手参加。本次赛事以“相约西安、筑梦全运”为主题，由“十四运”组委会、残特奥会组委会主办，“十四运”西安市执委会承办，西安市体育局、西安市[illegible]会、长安区人民政府协办。11月9—15日，主办方通过线上线下联动并结合“体育+科技”概念，打造长安女子半马线上赛，设置“喜迎十四运甜蜜奔跑”每日打卡、“2020长安女子半程马拉松线上赛”两大板块，依托微信小程序平台面向全球开放。本次赛事通过[illegible]家媒体平台进行直播，累计观看人数超过1[illegible]万人次。

◆“一带一路”陕西轮滑邀请赛暨2020年全国少年速度轮滑锦标赛　2020年12月19日，“一带一路”陕西轮滑邀请赛暨2020年全国少年速度轮滑锦标赛在西安·阎良石川河极限运动中心开赛，有来自全国15个省、市、区27支代表队的178名选手参加。本次赛事是中国轮滑协会在2020年举办的首场速度轮滑全国性赛事，也是“十四运”比赛场地阎良石川河极限运动中心建成后举办的首项赛事。本次比赛由中国轮滑协会、陕西省体育局主办，陕西省社会体育运动发展中心、西安市体育局、西安市文化和旅游局、西安市阎良区人民政府承办，旨在响应国务院办公厅印发《体育强国建设纲要》，落实陕西体育“11[illegible]”发展战略，促进轮滑运动发展，同时为“十四运”做好前期场地运营测试筹备等工作。比赛为期2天，设300米计时赛、500米争先赛、1000米计时赛、10000米积分淘汰赛、3000米接力赛5个大项。　（韩　雪）

西安市2020年举（承）办的国际、全国体育经济体育项目竞赛

序号	赛事名称	时间	地点	运动员人数（人）	赛事级别	主办单位	承办单位
1	2020中国·渭河健身长廊第五届自行车联赛（西安站）	7月	渭河生态景观区西安湖	200	国家	陕西省体育局	陕西省航空无线电汽车摩托车运动管理中心 陕西省自行车运动协会 西安市体育局 西安市水务局 未央区政府
2	2020“中国体彩杯”三人制篮球俱乐部精英赛（西安站）	9月	西安	120	国家	陕西体育局 第十四届全运会筹委会群众体育部	陕西省篮球排球运动管理中心 西安市体育局 西安市经济技术开发区管理委员会
3	第三届“众天蜂业杯”全国毽球邀请赛	9月	西安	500	国家	西安市体育局 西安市阎良区人民政府	西安市阎良区文化和旅游体育局
4	2020中国·环秦岭第四届自行车联赛（西安蓝田站）	9月	蓝田县滨河西路	240	国家	陕西省体育局	西安市体育局 蓝田县人民政府
5	“一带一路”陕西西安2020城墙国际马拉松赛	10月	西安城墙	4000	国际	陕西省体育局 西安市人民政府	陕西省田径运动管理中心 西安市体育局 曲江新区管委会
6	“滑向2022”全民滑雪体能大比武	10月	西安	200	国家	国家体育总局冬季运动中心 中国滑雪协会	中国滑雪协会滑轮推广委员会 斯威克斯体育 陕西省体育局
7	风云决·少儿武术散打对抗赛	10月	西安	700	国家	西安市体育局 西安市阎良区人民政府	西安市阎良区文化和旅游体育局
8	“莲动星球杯”全国青少年击剑俱乐部邀请赛	10月	西安	600	国家	西安市体育局 西安市莲湖区人民政府	西安市莲湖区文化和旅游体育局
9	“我要上全运”陕西省第三届陆上划船器总决赛暨长安路CBD陆地赛艇全国邀请赛	10月	西安	200	国家	陕西省体育局	西安市碑林区文化和旅游体育局
10	2020年全国体操冠军赛和全国青年体操冠军赛暨全国青年体操U系列赛	10月	西安城市运动公园体育馆	360	国家	国家体育总局体操运动管理中心 中国体操协会	陕西省体育局 西安市人民政府
11	2020年全国男子水球冠军赛和全国U17男子水球锦标赛	10月	西安奥体中心游泳馆	300	国家	中国橄榄球协会 陕西省体育局	陕西省手球曲棍球棒球垒球运动管理中心 西安市体育局 西安国际港务区管委会
12	2020年全国蹦床冠军赛	11月	西安城市运动公园体育馆	100	国家	国家体育总局体操运动管理中心 中国体操协会	陕西省体育局 西安市人民政府
13	2020“一带一路”中国跆拳道公开赛	11月	西安	450	国家	中国跆拳道协会 陕西省体育局 西安市人民政府 西安体育学院	西安市体育运动学校
14	2020长安女子半程马拉松赛	11月	西安市长安区	2000	国家	第十四届全国运动会组织委员会 残特奥会组织委员会	第十四届全国运动会西安市执行委员会
15	2020西安马拉松赛	11月	西安	24000	国家	陕西省体育局 西安市人民政府 第十四届全国运动会西安市执委会	陕西省田径运动管理中心 陕西省田径协会 西安市体育局 西安市文化和旅游局 西安曲江新区管理委员会
16	2020中国篮球公开赛系列活动·西安站	11月	西安	200	国家	中国篮球协会	陕西省篮球排球运动管理中心 陕西省篮球协会 西安市体育局
17	“一带一路”陕西轮滑邀请赛暨2020年全国少年速度轮滑锦标赛	12月	西安	180	国家	中国轮滑协会 陕西省体育局	陕西省社会体育运动发展中心 西安市体育局 西安市文化和旅游局 西安市阎良区人民政府
18	“一带一路”2020年世界女子国际象棋大师巅峰赛暨全国青少年选拔挑战赛	12月	西安市碑林区铁一中学	160	国际	国际体育总局棋牌运动管理中心 中国国际象棋协会 陕西省体育局	陕西省社会体育局运动发展中心 西安市体育局 西安市教育局 西安市碑林区人民政府 陕西省国际象棋协会

西安市2020年举办的竞技体育项目竞赛（青少年组）

序号	竞赛活动名称	时间	地点	参加单位	运动员人数（人）	主办单位	承办单位
1	2020年西安市少年儿童游泳锦标赛	7月	西安市游泳运动管理中心室外泳池	各区（县）	300	西安市体育局 西安市教育局	西安市游泳运动管理中心 西安市游泳运动协会
2	2020年西安市青少年击剑公开赛	7月	西安市射击射箭运动管理中心	各区（县）	150	西安市体育局	西安市射击射箭运动管理中心
3	2020年西安市少年儿童跳水比赛	7月	西安市青少年体育学校	个人	50	西安市体育局	西安市游泳运动管理中心 西安市游泳运动协会
4	2020年西安市青少年射击锦标赛	7—8月	西安市射击射箭运动管理中心	各区（县）	150	西安市体育局 西安市教育局	西安市射击射箭运动管理中心 西安市射击协会
5	2020年西安市青少年射箭锦标赛	7—8月	西安市射击射箭运动管理中心	各区（县）	150	西安市体育局 西安市教育局	西安市射击射箭运动管理中心
6	2020年西安市青少年中国式摔跤锦标赛	8月	西安市体育运动学校	各区（县）	100	西安市体育局	西安市举重摔跤柔道运动管理中心
7	2020年西安市少年儿童游泳系列赛	8、10、11月	西安市游泳运动管理中心	全市各游泳体传校俱乐部 游泳池训练网点 各中小学生	300	西安市体育局	西安市游泳运动管理中心 西安市游泳运动协会
8	2020年西安市青少年田径锦标赛	8月	西安文理学院	各区（县）	600	西安市体育局 西安市教育局	西安市田径运动管理中心 西安市田径协会
9	2020年西安市青少年排球锦标赛	9月	西安市第八一三中学	各区（县）	100	西安市体育局 西安市教育局	西安市篮球排球网球运动管理中心 西安市排球协会
10	2020年西安市青少年乒乓球锦标赛	9月	西安市青少年体育学校	各区（县）	200	西安市体育局 西安市教育局	西安市青少年体育学校 西安市乒乓球协会 西安市青少年体育俱乐部
11	2020年西安市青少年篮球锦标赛	9月	西安市篮球排球网球运动管理中心	各区（县）	200	西安市体育局 西安市教育局	西安市篮球排球网球运动管理中心 西安市篮球协会
12	2020年西安市青少年网球锦标赛	9月	西安鹿港公园	各区（县）	180	西安市体育局 西安市教育局	西安市篮球排球网球运动管理中心 西安市网球协会
13	2020年西安市青少年跆拳道锦标赛	9月	西安市体育运动学校	各区（县）	160	西安市体育局	西安市体育运动学校
14	2020年西安市青少年赛艇、皮划艇测功仪锦标赛	9月	西安市第五十八中学	各区（县）	100	西安市体育局	西安市体育运动学校 未央区文化和旅游体育局 未央区教育局
15	2020年西安市三对三篮球联赛	9月	万达ONE西门	各中小学 各俱乐部	400	西安市体育局	西安市篮球排球网球运动管理中心 西安市篮球协会
16	2020年西安市青少年击剑锦标赛	9—10月	西安市射击射箭运动管理中心	各区（县）	150	西安市体育局 西安市教育局	西安市射击射箭运动管理中心
17	2020年西安市幼儿园足球联赛	9—10月	雁塔区城市立方天空球场	各幼儿园	200	西安市体育局	西安市足球运动管理中心 西安市足球协会
18	2020年西安市青少年足球锦标赛	9—11月	陕师大附中 市体育场 市八十三中等	各区（县）	420	西安市体育局 西安市教育局	西安市足球运动管理中心 西安市足球协会
19	2020年西安市U系列青少年足球锦标赛	9—12月	市三十八中学 兴庆小学 易联足球公园等	市属青训网点俱乐部	1600	西安市体育局	西安市足球运动管理中心 西安市足球协会
20	2020年西安市中小学生田径锦标赛（体传校组）	10月	西安文理学院	市级田径体传校	1700	西安市体育局 西安市教育局	西安市田径运动管理中心 西安市田径协会
21	2020年西安市青少年武术套路锦标赛	10月	西安市青少年体育学校	各区（县）	400	西安市体育局 西安市教育局	西安市青少年体育学校 西安市青少年体育俱乐部
22	2020年西安市青少年羽毛球锦标赛	10月	西安市青少年体育学校	各区（县）	150	西安市体育局 西安市教育局	西安市青少年体育学校 西安市羽毛球协会 西安市青少年体育俱乐部
23	2020年西安市青少年棒球锦标赛	10月	经开区第一中学	各区（县）	150	西安市体育局 西安市教育局	西安市青少年体育学校 西安市棒垒球协会 西安市青少年体育俱乐部
24	2020年西安市青少年拳击公开赛	10月	西安秦士拳击俱乐部	各拳馆 各学校 民间团体	200	西安市体育局	西安市体育运动学校

续表

序号	竞赛活动名称	时间	地点	参加单位	运动员人数（人）	主办单位	承办单位
25	2020年西安市青少年举重锦标赛	10月	太乙路中学	各区（县）	151	西安市体育局 西安市教育局	西安市举重摔跤柔道运动管理中心
26	2020年西安市青少年轮滑锦标赛	10—11月	西安航天城神光大厦轮滑球馆	各区（县）	150	西安市体育局 西安市教育局	西安市射击射箭运动管理中心
27	2020年西安市青少年排球公开赛	11月	曲江第一中学	各中学	150	西安市体育局	西安市篮球排球网球运动管理中心 西安市排球协会
28	2020年西安市青少年柔道锦标赛	11月	西安市体育运动学校	各区（县）	150	西安市体育局	西安市举重摔跤柔道运动管理中心
29	2020年西安市青少年国际式摔跤锦标赛	11月	西安市体育运动学校	各区（县）	180	西安市体育局	西安市举重摔跤柔道运动管理中心
30	2020年西安市青少年空手道锦标赛	11月	西安市体育运动学校	各区（县）	100	西安市体育局	西安市举重摔跤柔道运动管理中心
31	2020年西安市青少年网球公开赛	11月	西安市人民体育场	各区（县）	100	西安市体育局	西安市篮球排球网球运动管理中心 西安市网球协会
32	2020年西安市青少年篮球公开赛	11月	市体育场	各中小学	400	西安市体育局	西安市篮球排球网球运动管理中心 西安市篮球协会
33	2020年西安市青少年（U17）足球锦标赛	11月	西安杜邑遗址公园足球场	青少年俱乐部	200	西安市体育局	西安市足球运动管理中心 西安市足球协会
34	2020年西安市青少年轮滑公开赛	12月	莲湖公园健乐轮滑馆	各区（县）	150	西安市体育局	西安市射击射箭运动管理中心
35	2020年西安市幼儿艺术体操锦标赛	12月	西安市青少年体育学校	各区（县） 各幼儿园 各小学	200	西安市体育局 西安市教育局	西安市青少年体育学校 西安市体操协会 西安市青少年体育俱乐部

西安市2020年群众体育赛事活动

序号	竞赛活动名称	时间	地点	参加单位	运动员人数（人）	主办单位	承办单位
1	“舞动长安”全民健身技能大赛	3—8月	市区各区（县）	各社区、街镇	30000	西安市体育局 西安市文化和旅游局 雁塔区人民政府	相关区（县）政府 开发区管委会
2	西安市首届全民健身大会	6—10月	市区各区（县）	各社区、街镇	6000	西安市人民政府	西安市体育局 相关区县政府 开发区管委会
3	体育+旅游夜跑线路推广活动	6月29日	9条全民健身公园	公开报名	不限	西安市体育局 西安市文化和旅游局 西安报业传媒集团 第十四届全运会西安市执委会群众体育部、新闻宣传部	相关区县文化和旅游体育局及相关开发区体育、旅游部门 西安市田径协会
4	2020西北五省会第一届乒乓球比赛	7月25日	碑林区全民健身基地	邀请参赛	60	西安市体育局 西北五省会城市乒乓球协会	西安市乒乓球协会
5	2020年陕西省滑翔伞公开赛	8月18日	长安区	公开报名	50	陕西省体育局 西安市体育局	陕西省航空无线电汽车摩托车运动管理中心 长安区文化和旅游体育局 陕西省航空运动协会
6	西安市首届“浐灞杯”中外大学生乒乓球友谊赛	10—11月	西安交通大学	各高校	300	西安市外办 西安市体育局 浐灞生态区管委会	西安交通大学
7	2020全国省会城市乒乓球邀请赛	11月11日	陕西省网球中心	全国省会城市	140	西安市体育局 西安市体育总会	西安市乒乓球协会
8	西安市第五届“丝绸之路”拳击争霸赛	11月21日	西安市城市运动公园	国内选手	16	西安市体育局 西安市文化旅游局 西安广播电视台 西安经济技术开发区管委会	西安市体育总会办公室 西安经济技术开发区社会事业局 西安城市运动公园 西安市拳击协会

医疗服务

◆概况 2020年，西安市卫生和健康委员会在全力做好新冠肺炎疫情防控，大力推进健康西安建设，持续推进综合医改进程的同时，不断优化卫生健康条件，提高服务水平。市医疗卫生服务省考民调群众满意度87.87%，“两代表一委员”（人大代表、党代表、政协委员）满意度98.00%，2项指标均排名全市第一。截至年底，全市医疗卫生机构总数7129个，比上年增加118个。其中，医院359个；基层医疗卫生机构6668个；专业公共卫生机构55个；其他卫生机构47个。基层医疗卫生机构比上年增加93个，专业公共卫生机构增加4个，其他卫生机构增加21个。医院中，公立医院121个，民营医院238个。医院按等级分：三级医院36个（其中三级甲等医院21个），二级医院135个，一级医院129个，未定级医院59个。全市户籍居民期望寿命80.86岁，其中：男性78.30岁，女性83.48岁。户籍居民死亡率是529.66/10万，死亡前五位是：心脏病、脑血管病、恶性肿瘤、伤害、呼吸系统疾病，前五位死因合计占死亡总数的87.57%。孕产妇产前检查率98.69%，产后访视率96.46%。产前检查率和产后访视率比上年均有所上升。住院分娩率为100%。3岁以下儿童系统管理率达94.80%；孕产妇系统管理率达95.90%。

◆新型冠状病毒疫情防控 2020年初，新型冠状病毒肺炎疫情暴发，西安市卫生和健康委员会坚决贯彻落实中共西安市委、西安市人民政府疫情防控各项决策部署，全力守护人民生命安全。西安市第一例新冠肺炎病例确诊后，市卫生健康委机关及直属单位177人进驻市疫情防控指挥部，8批961名医务人员驰援湖北武汉，24个市级流调小组开展追踪和调查，1.3万名医护人员奋战救治防控一线，621名业务骨干入驻西安市公共卫生中心，经过64天奋战实现本地确诊病例“清零”。9月8日，国家召开抗击新冠肺炎疫情表彰大会，西安市郭雅玲等9人，西安市第八医院、西安市疾控中心等6家单位获中共中央、国务院、中央军委表彰。在咸阳国际机场设置第一道防线，严守入境人员、中高风险地区来返人员、进口冷冻食品3道防线，全面落实全链条闭环管理。管控国内中高风险地区来返人员；开展冷冻食品、从业人员和环境新冠病毒核酸检测，在全市57个收费站设置进口冷链运输车查验卡点，对进入西安市的进口冷链食品“逢进必检”，严防输入。研究制定全员免费核酸检测应急指导方案和秋冬季新冠肺炎疫情应对处置预案，全面提升核酸检测、医疗救治和卫生应急处置能力。截至年底，全市有设置发热门诊的医疗机构80家、定点救治医院1[illegible]所、核酸检测机构89家、核酸检测实验室16个，日最大核酸检测能力达到4[illegible]5万份。全市累计有新冠病毒确诊病例379例，其中本土确诊病例120例、境外输入确诊病例259例；累计有新冠病毒无症状感染者175例，其中本土无症状感染者25例、境外输入无症状感染者150例；本地确诊病例治愈率97.5%，死亡3例；境外输入确诊病例已治愈出院246例，住院13例，无死亡病例；境外输入无症状感染者已解除医学隔离143例，在院医学隔离7例。

◆医疗卫生体制改革 2020年，西安市现代医院管理制度试点稳步推进，西安市儿童医院、西安市第四医院试点工作入选中国现代医院管理典型案例。加强药品领域改革，全市公立医疗机构药品全部实现网上集中采购，医用耗材实行“零差率”销售，全年完成药品、医用耗材采购78.35亿元，患者得到更多实惠。探索“信用+综合监管”新型监督管理模式，在城六区152家二级综合医疗机构、医疗美容机构开展信用评价试点工作，综合监管能力不断提升。启动二级以上公立医院绩效考核，完善绩效考核数据标准及配套支撑体系，全面提升医院精细化管理水平。深化医联体内涵建设，全市建成城市医疗集团8个，16家牵头医院与124个镇卫生院（社区卫生服务中心）组建县域医共体，覆盖范围达到100%，131个公立医院实现检查检验结果互认，66所二级医院与基层建立远程医疗服务关系，服务群众20672人次，患者看病就医更加方便。开展大型医院巡查、行风专项整治行动。推进“平安医院”建设，西安市卫生和健康委员会被评为陕西省扫黑除恶专项斗争先进单位。

◆医药采购使用管理 2020年，西安市药品网上集中采购金额总计42.61亿元。比上年同期下降[illegible].78%。全市医用耗材实际采购总金额达35.74亿元，比上年同期增长11.[illegible]2%。其中高值耗材采购金额18.45亿元，普通耗材采购金额9.23亿元，检验试剂采购金额8.06亿元。3月25日结算，参加国家组织的药品集中采购使用工作“4+7”试点医疗机构355家，圆满完成国家试点工作任务。按金额计算，各级医疗机构中选药品采购1.52亿元，完成国家约定量的629%；按数量计算，各级医疗机构累积入库总数量1.0[illegible]亿片（支），完成国家约定量的1542%。截至11月25日，有55个品种的药品全面执行第3批国家集中采购，网上带量签约基本完成。积极推动总药师试点工作，在5所市属医院前期总药师试点工作基础上，指导试点医疗机构充分发挥总药师专业特长，进一步加强公立医院药品管理，降低药品耗材费用不合理增长。市属7家、市管1家、区（县）级10家，共计18家医院开展总药师制度试点工作。

◆疾病预防控制 2020年，西安市门诊规范化建设稳步推进，预防接种能力显著提高。截至年底，全市有各类接种门诊505个，各类疫苗接种率均在95%以上，儿童预防接种建证率100%。累计33家通过评审工作。已有174家接种门诊实现网上预约，进一步方便群众。积极落实重点传染病专病专防策略，成立重点传染病专家委员会，深入推进艾滋病、新型结核病、狂犬病、出血热、手足口病、布病等重点传染病防治。按现住址统计，累计报告艾滋病感染者及病人9443例，其中存活8582例，死亡861例；按户籍地报告6048例，其中存活5251例，死亡797例。切实加强宣传教育，“六进”宣传603次，发放资料9.7万余份，举办“2020年世界艾滋病日主题宣传暨艾滋病宣传检测月活动”。持续推进高危行为干预，发放安全套75万余只。制定西安市遏制艾滋病传播实施方案（2020—2022年），启动艾滋病第四轮示范区创建工作。强化培训，举办公安民警艾滋病职业暴露培训班、学校艾滋病防治知识宣传教育师资培训班。截至年底，全市登记管理确诊活动性肺结核病人4205例，其中病原学阳性患者2253例，阳性检出率为53.58%。对去年同期登记的4924例活动性肺结核患者进行免费登记治疗和管理，治疗成功率为90.62%。继续采取疫苗接种、灭鼠等综合防控措施加强肾综合征出血热防控工作。截至年底，全市肾综合征出血热报告发病864例，同比上升55%；全市出血热报告发病率十万分之8.62，与陕西省发病率基本持平。加大流感疫苗接种，全市累计接种64万人份。发病率较去年同期下降83.51%。进一步规范犬伤门诊，截至年底，规范处置犬伤病例69052例，同比下降22.27%。加强布病检测，累计报告布病病例98例。手足口病累计报告发病9527例，同比下降41.38%。在未央区、莲湖区、碑林区、高陵区、鄠邑区5个监测点开展高血压、糖尿病、冠心病和脑卒中4种慢性病监测工作。截至11月底，65岁以上老年人健康管理率达59.91%。全市累计管理高血压患者68.18万人，规范管理率达72.82%；管理2型糖尿病患者22.48万人，规范管理率达72.25%。指导鄠邑区、雁塔区、碑林区开展省级、国家级慢性病综合防控示范区复审工作。截至年底，创建国家级慢性病综合防控示范区4家，省级慢性病综合防治示范区2家。完成碘缺乏病、大骨节病检测任务，达到国家消除碘缺乏病标准，未发现大骨节病阳性病例。加强饮水型氟中毒防控工作，全市有饮水型氟中毒病区村230个，均已完成改水工作，改水工程均正常运转，病区村改水率和改水工程正常运转率均达到100%，实际受益人口33.65万人。全市共监测上报麻风病症状监测246例，其中231例被排除，10例高度疑似给予定期随访观察，3例确诊（为其他地市来我市辖区内就诊的患者），2例转诊未到位正开展进一步追踪工作。按照麻风现症人数与密切接触者数为1∶5的比例开展密切接触者检查工作，及时将检查结果录入《全国麻风病防治管理信息系统》。开展儿童口腔疾病综合干预项目，学龄儿童窝沟封闭项目覆盖学校924所，学龄前儿童口腔局部用氟项目覆盖幼儿园62所，口腔知识知晓率为76%。通过签订目标责任书、建立联席会议制度、组建专家库、制定任务分工方案、下发工作方案等方式，推进青少年近视防控工作。建立学生传染病症状监测预警工作机制，学生传染病症状监测网上直报工作覆盖全市128所中小学校，发出预警信息3152条，早期发现学校传染病疫情286起，提升学校传染病防控管理水平，有效地遏制了聚集性传染病的发展扩散。

◆妇幼保健 2020年，西安市孕产妇死亡率十万分之12.57，婴儿死亡率和5岁以下儿童死亡率分别为1.53‰和2.06‰。孕产妇系统管理率达到95.94%，早孕建册率97.03%，住院分娩率为100%，7岁以下儿童保健覆盖率93.16%，均较去年同期有一定程度上升。加强出生缺陷综合防治，免费婚前医学检查2.16万人，检查率24.57%。截至11月底，国家免费孕前优生健康检查7.2万人，检查率81.82%。实施产前筛查和新生儿疾病筛查项目，免费产前血清学筛查6.72万人、产前超声学筛查14.32万人次，新生儿遗传代谢病筛查9.94万人，新生儿听力筛查9.82万人，新生儿先天性心脏病筛查9.06人，发现孕产妇产前血清学筛查高风险5066人、产前超声筛查阳性257人、新生儿听力筛查阳性698人，先天性心脏病筛查阳性1602人，确诊苯丙酮尿症（PKU）患者24人、先天性甲状腺功能低下症（CH）69人。“三病”阻断母婴传播项目为115955名住院分娩产妇进行HIV抗体检测，产妇HIV检测率为99.99%，HIV抗体阳性产妇22例，所娩活产20例，均进行预防性用药；为115956名住院分娩产妇进行梅毒检测，产妇梅毒检测率99.99%，孕产妇孕期梅毒检测率99.51%，梅毒感染产妇225例，梅毒感染产妇所娩活产数219例，其中进行预防性用药204例；为115956名住院分娩产妇进行乙肝表面抗原检测，产妇乙肝表面抗原检测率99.99%，乙肝表面抗原阳性产妇3384例，乙肝表面抗原阳性产妇所娩活产数3397例，其中注射乙肝免疫球蛋白数3393例，乙肝表面抗原阳性孕产妇所生新生儿注射乙肝免疫球蛋白的比例99.88%。截至12月10日，向211名苯丙酮尿症患儿发放特殊食品2912件，医保报销费用约300万元。发放贫困地区儿童营养改善包43514盒，有效服用率97.33%，发放率88.07%。推进母婴设施建设，全年新建母婴室97个，改造升级55个。实施妇幼健康促进项目，适龄妇女两癌筛查8.25万人，儿童眼保健和视力检查86.38万人；加大出生缺陷防治，免费婚前医学检查2.16万人、孕产优生健康检查7.2万人，免费产前筛查21.05万人次，新生儿疾病筛查28.82万人次，妇幼健康保障水平不

2020年10月2—29日，西安市卫生和健康委员会举办妇幼健康项目妇科医师培训班

断提升。

◆人口计生管理服务 2020年，西安市计生家庭综合保险参保家庭14.94万余户，参保人数52万余人，总保费732万元。理赔案件1890件，理赔总金额675.41万元，直接赔付率92.27%。全年开展计生家庭法律维权宣传活动10场，指导新城区成功申报2020年中国计生协计生家庭维权项目。面向城6区和临潼区、鄠邑区试点开展0—3岁幼儿和怀孕妇女优生优育进万家，免费赠送“疫苗卫士保障计划”和“分娩无忧保障计划”2类险种活动，赠险9682份。为本市农村部分计划生育奖励扶助对象（独子户和双女户）42689人，发放奖励扶助金5122.68万元；农村独女户奖励对象5283人，发放补助金额633.96万元；计生家庭新农合医疗补助50.08万人，补助金额1001.7万元。全年审核符合中考降分投档政策照顾的农村独女户和双女户5206人，资助计生家庭贫困女大学生691人，拨付资金189.9万元。根据国家和陕西省的部署，西安市人民政府出台《关于推进3岁以下婴幼儿照护服务工作实施方案》，建成50个人员配备合理、设施设备完善、安全措施到位、综合管理规范、运营良好的婴幼儿照护服务示范机构。截至年底，全市有各类托育机构366所，入托幼儿7000人左右。

◆中医药管理 2020年，西安市卫生和健康委员会完善政策机制，充分发挥市中医学会平台优势，打造“西安中医药论坛”“长安论坛”等学术品牌，加快推进国家、省、市61个名中医工作室和8个中医学术流派传承工作室建设，加强中医药后备人才培训，促进中医药精华精髓有序传承。开展全市中医医疗机构临床实验室质量评价，加强中医医疗质量监管，全市217个社区卫生服务中心和镇卫生院全部建成具有中医药文化特色的中医综合服务区（中医馆），中医药服务能力不断提升。在防控新冠病毒工作中，成立中医药救治专家指导组和市中医医疗队，建立中医药资源储备及调用机制。组织定点医院落实中西医结合救治工作机制，西安市第八医院、市胸科医院收治的确诊患者中医药总体参与率达到100%。充分发挥中医药在治未病中的主导作用，组织专家组拟定中药预防方暨防感1号方、2号方、“百芦御感汤”（成人、儿童），用于不同人群预防。申请专项经费约90万元，委托市中医医院代煎，向一线医务人员、密切接触者发放预防方药近万人份。组织开展2020年度西安市中医药科研项目评审工作，确定市级中医药科研项目27项，下拨科研经费50万元。组织市八院和胸科医院参与推荐方“清肺排毒汤”临床观察工作，推选申报陕西省中西医结合临床协同创新项目6项，获批科研经费75万元。下拨20万元经费安排市中医药研究所牵头开展新冠肺炎患者恢复阶段中医药临床研究，申报并获批省级应急专项项目。依托国家级名中医杨震工作室团队展开研究，拟定有效方剂“宣肺达郁汤”，开发申报“宣肺达郁颗粒”院内制剂，取得制剂批号。推荐市中医医院申报全省名医传承中心，发挥流派、名中医工作室叠加效应。安排市中医医院、市第五医院整合康复资源，申报省级中医特色康复中心。

◆职业卫生 2020年，西安市职业卫生工作着力开展尘肺病防治攻坚战，全市纳入治理范围的企业202家（含西咸新区58家），13项刚性考核指标已全面达标。完成申报粉尘危害企业202家，申报率100%；粉尘浓度定期检测企业192家，检测率95%；接尘劳动者人数2878人，在岗期间职业健康检查人数2844人，检查率99%；新增建设项目5个，职业病防护设施“三同时”实施率100%。职业病危害现状调查覆盖13个区（县）及3个开发区[illegible]87个乡镇（街道），省级计划调查2261家企业，实际完成2381家，超额完成120家。截至12月3日，职业健康核心指标网报10160个个案数据。临潼区主动监测50家企业，计划监测的接尘工人数250人，实际监测接尘工人数280人，完成率112%。西安市有6家职业病诊断机构，25家职业健康检查机构覆盖全市所有区（县）；全市无诊断为职业性尘肺病贫困人员；区（县）、开发区均有警告及其他行政处罚的职业卫生案件；13个区（县）疾控中心均有负责职业病防治工作的科室。

◆卫生监督执法 2020年，西安市卫生和健康委员会制定下发《全市卫生健康系统2020年信用体系建设工作要点》，把卫生健康行业信用体系建设渗透到医疗卫生管理工作的各个环节，分层次推进，分步骤实施。深入推行行政许可、行政处罚“双公示”制度，将信用体系建设和“双随机一公开”工作相结合，将随机抽查的结果在抽查结束后20个工作日内推送至陕西省信用平台，做到“应公示尽公示”，自觉接受社会监督。开展医疗机构信用评价工作。积极探索“信用+综合监管”新型监管方式，在城6区152家二级综合医疗机构、医疗美容机构开展信用评价试点。其中严重失信2家（1.32%）、一般失信7家（4.60%）、一般诚信119家（78.29%）、信用良好22家（14.47%）、信用优秀2家（1.32%）。评价结果总体呈现纺锤体形，中间大两头小，一般诚信占比较高，基本符合日常监督管理实际情况。全市查处卫生行政处罚案件1360件，没收违法所得60.6万余元，罚款473万余元。吊销2家医疗机构诊疗科目，暂停1人医师执业活动半年；查处无证行医案[illegible]件，没收违法所得31万余元，罚款6[illegible]万余元。向相关部门移交案件7起。开展扫黑除恶暨打击非法行医专项治理活动，全市查处282户存在违法行为的医疗机构，没收违法所得2万余元，罚款115万余元，吊销诊疗科目1户，吊销医疗机构执业许可证1户；查处非法行医“黑诊所”171户，没收违法所得33万余元，罚款169万余元，向公安部门移交案件[illegible]起。全市采集食品样本665份，其中对[illegible]03份一部分样品进行食品化学污染物及其有害因素监测，对300份样品进行食品微生物及其致病因子监测，并采集西安市专项监测项目样本62份，及时对该市食品安全风险监测数据补充更新，同时将监测中发现食品安全隐患向市政府和市食安办通报。全市311家食源性疾病监测哨点医院累计报告食源性疾病病例信息[illegible]例，采集特定病原体检测标本2[illegible]2份，检出阳性样本数量25份，阳性检出率[illegible]%；全市食源性疾病暴发系统共报告食源性疾病事件14起。

◆行政审批服务 2020年，西安市卫生和健康委员会在全市医疗卫生领域全面推行自贸区“证照分离”改革，对涉及的14项具体改革任务进行分类管理，为企业进入市场提供最大便利。积极落实自贸区卫生健康审批制度改革，将2项审批改为备案，[illegible]项实行告知承诺制，优化审批服务[illegible]0项。进一步完善西安市政务服务网信息化要素，实现申请人可在线提交办事材料，查询审批进度，选择取件模式等，平均办理时限压缩60%以上。按照市审改办的要求，组织对市卫健委承担的31个大项，68个子项政务服务事项进行认真梳理，征集区（县）审批和卫生健康部门的意见，形成西安市卫生健康行业标准化办事指南示范文本，保证同一事项在全市无差别受理、同标准办理。按照国家《互联网诊疗管理办法》《互联网医院管理办法》等相关规定，批准6所市级医院开展互联网诊疗服务，批准西安市红会医院举办互联网医院。审批新业态医疗机构[illegible]家。其中消毒供应中心、血液透析中心、医学影像诊断中心、康复医疗中心各1家，美容医疗机构8家。疫情期间完成10家紧急上市消毒剂生产企业的卫生许可审批，发放临时卫生许可证。清理疫情防控消毒剂物资保障。

◆**医疗卫生基础设施建设** 2020年，西安市参照武汉雷神山和火神山临时应急收治医院建设模式，建设西安市公共卫生中心应急医疗项目，由西北设计院设计，中建、陕建联合施工建设，采用装配式建筑技术，仅用10天时间，于2月16日建成并投入使用。西安市中心医院糖坊街院区改造项目1月24日（阴历大年三十）立项启动，1月25日完成审批手续办理，并连夜开工建设，历时5天时间完成全部改造任务，并及时投入使用。截至年底，全市13个医院建设项目中，主体封顶1家（省人民医院西咸院区项目）；主体结构施工2家（市中心医院经开院区项目、西安渭北医院项目）；完成EPC招标进入基础施工阶段4家（西安市红会医院高铁新城院区项目、西安市儿童医院经开院区项目、西安市第九医院改扩建项目、西安市第三医院二期扩建项目）；正在进行基础土方开挖同时积极推进工程招标3家（市公共卫生中心项目、西安市中医医院南院区项目、西安市第一医院迁建项目）；其余3个项目正在进行工程立项、土地报批、优化设计等相关筹备工作（国际陆港医院项目、陕西省中医研究院迁建项目、曲江新区医院项目）。

◆**人才队伍和卫生科研** 2020年，西安市卫生和健康委员会在市属医院推行人员总量控制备案管理工作，市公共卫生中心核定人员总量500名，新建医院增加人员储备计划。人才优势加速积聚，出台《西安市卫生健康人才引进实施意见》，拓宽人才引进渠道和空间，引进高层次人才团队14个、博士21人、硕士304人，为区（县）招聘医学类本科毕业生64人、全科特岗医生14人。西安市第三医院田晔团队入选创陕西省一流团队，市红会医院3人、市儿童医院1人分别入选杰出人才、领军人才和青年拔尖人才支持计划，获资助经费660万元。医教研协同发展，校地合作更加紧密，市属医院与西安交通大学等高等院校共建临床医学研究基地，联合培养在职研究生79人。2020年获国家自然科学基金项目立项8项、省科技厅项目89项，新冠肺炎患者恢复阶段中医药临床研究获批为省级应急专项。

◆**医疗卫生信息化建设** 2020年年初，西安市卫健委信息中心集中精力突击做好为防控新冠疫情而开设的西安市公共卫生中心信息化建设，确保该中心信息管理系统（HIS）、电子病历系统（EMR）、检验科管理系统（LIS）的上线工作，并与陕西省、西安市医保完成对接。期间，同步组织各部门模拟运行，优化软件操作的细节，完成云端远程会诊及远程会议系统，为一线医护人员做好信息化保障。该项目获中共陕西省委网信办“2020年数字陕西建设优秀成果和最佳实践案例奖”、中共西安市委网信办“2020年数字西安建设优秀成果奖”。根据新冠疫情防控初期采集和汇总数据的需求，对公共卫生数据填报系统进行升级，1月24日上线开始采集数据，第一时间打通全市各定点医院和发热门诊及时上报病例相关信息的高速通道，为疫情初期统计和对外发布信息、安排部署工作提供依据。开展电子健康卡与市民健康一码通场景融合工作，实现“两码合一”，方便市民挂号、缴费、取药。同时，与大数据等相关部门的协同合作，将确诊和疑似病例的汇总数据和每日新增及出院排除的数据维护进市民健康一码通系统，确保每一位市民健康码的颜色正确并得到及时更新，保证市民正常出入通行。截至年底，市智慧医疗App项目覆盖14家委直属医院和8家区（县）医院，有超55.9万名市民通过手机注册认证“城市一账通”。其中，挂号81.71万笔，完成诊间支付49.91万笔；住院1.68万笔，线上累计交易金额10978.6万元。全市社区卫生中心和乡镇卫生院完成支付宝改造224家，完成微信改造102家，通过支付宝、微信累计支付金额13534.6万元，切实缩短基层就医排队时间，方便群众就医，提高医疗服务利用效率。

◆**健康扶贫** 2020年，西安市成立健康扶贫调研小组，及时将排查发现的问题反馈各区（县），并结合中央脱贫攻坚成效考核专项巡视“回头看”，九三学社中央民主监督等各级检查反馈的问题组织学习、交流，研究制定措施、切实做好问题整改。举办以“决胜全面小康，决战脱贫攻坚”为主题的扶贫日宣传大型义诊活动，组织16家市属三级医院和公共卫生机构、46家区级医疗卫生机构、170个乡镇卫生院共计3300余名医务工作者参加义诊，惠及群众20余万人。为健康扶贫的周至、蓝田、临潼、长安、高新区分配285万元基础设备标准化配备项目资金，解决实际困难。与此同时，深入推进大病救治，新增膀胱癌等5个病种，救治病种达30种。印发《西安市卫生健康委员会关于做好2020年医疗卫生帮扶工作的通知》，全市帮扶县级医院13所，乡镇卫生院（卫生服务中心）85所，贫困村卫生室142所。全面落实县域内先诊疗后付费制度，打好扶贫攻坚战。

◆**基层卫生** 2020年，西安市卫生和健康委员会执行《西安市2020年基层卫生人员培训工作实施方案》，加强乡村医生队伍建设，完善基层卫生服务。按照《陕西省卫生健康委办公室关于做好乡村医生执业证书有效期满再注册工作的通知》要求，安排各区（县）开展乡村医生摸底和执业再注册工作，全市村卫生室从业人员3095人。其中，取得执业医师证313人；执业助理医师证566人；乡村全科执业助理医师证498人；乡村医生执业证书1718人。每个村卫生室都有一个合格的乡村医生执业。将乡村医生工龄补助标准从每年6.96元调整到每年7.34元。调整所需资金按照省级负担50%，市、县级各负担25%标准执行。新增补助资金通过省、市对区（县）均衡性转移支付下达。通过这些措施，提升乡村医生服务水平，规范安置点群众家庭医生服务主体，对符合条件由乡镇卫生院选派医生开展巡诊服务或由附近村卫生室提供服务。截至年底，成立家庭医生工作室2850个，建立家庭医生签约服务团队1599个，开展签约服务医生3827人，家庭医生签约居民204.5万人，重点人群签约居民137.6万人，签约率50.85%。

◆**环境卫生** 2020年4月份，西安市卫生和健康委员会围绕“防疫有我，爱卫同行”这一主题，开展西安市第32个爱国卫生月活动。6月6日，会同陕西省爱国卫生运动委员会办公室在西安新城科技产业园举行“世界害虫日”公益宣传活动。6月8日，下发《关于发放病媒生物防制药物暨开展全市集中消杀活动的通知》，购置一批病媒生物药物并下发各区（县）、开发区及相关部门，从6月22日开始，在全市集中开展为期半个月的集中消杀活动。8至10月，开展病媒生物集中消杀，组织宣传咨询，派发、张贴各种宣传资料，免费向市民发放灭“四害”药具、消毒液。11月，印发《关于在全市开展2020年冬季集中灭鼠活动的通知》，对冬季病媒生物防制工作进行安排部署。组织开展病媒生物集中消杀133次，有效降低有害生物密度。围绕本年度世界无烟日主题“保护青少年远离传统烟草产品和电子烟”，以海报、宣传栏、活动展板、电子屏宣传、讲座、社区倡导等多种形式广泛开展线上、线下宣传。以控烟为主题组织拍摄微视频《逐梦》，参加第五届（2020）“健康中国微视频大赛”并入围优秀作品。组织控烟执法监督检查。重点针对群众比较关注的餐饮场所、网吧、公园、医院和宾馆酒店等公共场所，组织控烟专项执法督查。联合西安电视台对西安市7城区火车站、汽车站、商场、餐馆、KTV、酒吧、教育培训机构等152

个禁烟场所进行暗访，对暗访中发现的问题整理成视频，反馈给有关单位督促其整改。组织第三方对全市医疗卫生系统控烟工作进行暗访。配合国家组织参加“2020年世界无烟日线上主题活动”主题直播节目。西安市作为2019年“世界无烟日奖”获得城市，应邀参加连线直播活动。校园控烟活动视频在上线直播。5月31日，“5·31”无烟日主题直播节目成功在《人民日报》新媒体、芒果TV、抖音、快手、微博、百度健康医典、支付宝、淘宝直播等平台上线直播，观看人数突破900万人次，微博无烟日话题阅读量破亿。截至12月，全市有19个市级部门、3个市级直属、401个区（县）级以下单位申报无烟党政机关示范单位。

◆**“医疗卫生满意度工程”** 2020年，西安市医疗机构开展提升满意度十项行动，新增急救、超声质控中心21个，改善患者就医体验。市胸科医院、市第三医院、大兴医院通过三甲现场评审，完成110家市管医疗机构的校验工作，暂缓校验6家。“丈八北路献血屋”“大雁塔献血屋”顺利建成并开始试运行。1至11月，全市采血总人次184227，其中红细胞58.10吨，血小板7.21吨。采集新冠肺炎康复者恢复期血浆36人次13900毫升，用于新冠肺炎重症患者救治。全市33家医疗机构开展线上诊疗服务，服务群众超过68万人次。国家区域医疗中心建设取得重要进展，市儿童医院成为国家儿童区域医疗中心，为西北首家。骨科、精神、呼吸等8个国家区域医疗中心已向国家卫生健康委申报创建。开展全市卫生健康系统行业作风专项整治行动，共自查、检查302家医疗机构。市医调委共接访1805人次，签订调解协议183起，通过司法途径解决处理的案件37起。办理各类投诉2092件。其中媒体线索36件（中国政府服务“互联网＋督查”函、人民网地方领导留言板、华商报新闻调查函），信访134件，“12345”市民服务热线信件1922件（市长信箱、电话、网络），并对群众投诉进行分类梳理、研判分析、通报提醒，加强医院监管。

◆**精神文明建设** 2020年，西安市卫生健康行业全面落实各项文明城市创建指标任务。西安市卫生和健康委员会成立创文督导专班，通过实地督导、现场模拟测评和视频会议的方式，对全市二级以上的综合医院，以及45家测评点位医院的指标落实情况进行全方位的指导和检查，完成2020年度全国文明城市测评迎检各项工作。组织开展“暖阳在XIAN”关爱空巢老人、扶贫帮困、义诊、疫情防控、文明城市创建等志愿服务活动约680余次，累计服务人群18.6万余人。全市学雷锋志愿服务先进典型评选活动中，卫健委系统分别获1个最美志愿者、2个最佳志愿服务组织、1个最佳志愿服务项目等荣誉称号。西安市中医医院“杏林春暖——携手同行”志愿服务项目荣获第二届全国卫生健康行业青年志愿服务项目大赛铜奖。认真开展第六届道德模范、陕西好人、西安好人、“三秦最美医务工作者”等各类评选推荐工作，全系统分别获得“中国好人”荣誉称号1人、“陕西好人”荣誉称号1人、“西安好人”荣誉称号15人；获得全国文明家庭荣誉称号1个；获得第四届“三秦最美医务工作者”荣誉称号43人，市卫健委被省卫健委授予“三秦最美抗疫团队”荣誉称号。卫生健康系统将义诊咨询、科普宣传等志愿服务活动与中华传统文化节日有机融合，全年开展“我们的节日”系列主题实践活动180余次。举办西安市新上岗精防干事岗前培训班，共培训162名新上岗精防专干，8名精神科医师参加全省精神科医师转岗培训项目。采取多种方式开展针对新冠肺炎疫情的心理健康教育宣传工作，下发《关于开展严重精神障碍管理治疗工作评估调查的通知》，开展精神卫生专项调研暨现场培训工作。截至11月30日，国家严重精神障碍信息系统中全市在册患者44021人，平均严重精神障碍报告患病率4.4‰，规范管理率84.27%。

◆**西安市顺利通过国家卫生城市第三轮复审** 2020年8月，全国爱国卫生运动委员会办公室下发《关于2019年国家卫生城市（区）和国家卫生乡镇（县城）复审结果的通报》，西安市再次被命名为国家卫生城市，蓝田县、周至县再次被命名为国家卫生县城，蓝田县华胥镇等8个乡镇被命名为国家卫生乡镇，西安市国家卫生乡镇占比实现从0到20%的突破。

◆**市公共卫生中心（应急院区）举行交接仪式** 2020年2月17日上午，西安市公共卫生中心（应急院区）举行交接仪式，用于集中收治新冠肺炎患者。市公共卫生中心（应急院区）位于西安市高陵区310国道与210国道交会处，规划用地面积33.33公顷。此次建成的应急院区，提供约500张床位，建筑面积27542平方米。由西安市中心医院带队，西安市第一医院、西安第三医院等15家医院组成的第一批医疗队员中的医疗及后勤人员127人，全部进驻应急院区。

◆**西安市远郊7个区（县）县域医共体实现全覆盖** 截至2020年12月底，西安市鄠邑、周至、高陵、阎良、临潼、蓝田、长安等7个远郊区（县），通过薪酬改革、公开选拔院长、强化基础设施建设、吸引人才等举措加大医改力度，切实提高基本医疗卫生服务均等化、同质化、一体化水平。7个区（县）的16家牵头医院与124个镇卫生院（社区卫生服务中心）组建县域医共体，累计下派医生到基层坐诊8682人次，为基层培训医疗技术人员1178人次。16家牵头医院均制定医共体内部诊疗目录、常见病、多发病防治指南和转诊工作规范；对基层医疗卫生机构的62个科室进行包抓帮扶，解决群众家门口就医问题。5家牵头医院建立区域心电、影像中心，86个社区卫生中心、镇卫生院实现支付宝和微信支付功能，有效缩短就医排队时间，提高服务效率。

◆**临潼区启动“山区巡回医疗服务”活动** 2020年9月，临潼区卫生健康局启动“山区巡回医疗服务”活动。活动以辖区贫困人口及患有慢性病人口为主要服务对象，兼顾行动不便和其他特殊人群，通过车载医务人员和医疗检测设备定时定点到每一乡村，特别是未设置村卫生室的偏远贫困村开展巡回诊疗、公共卫生、签约服务、送药上门等服务。

◆**西北首家“光明中心”在市第一医院成立** 2020年8月11日，国家眼部疾病临床研究中心携手北京当代恩公益基金会共同精心打造的“光明中心”在西北大学附属第一医院·西安市第一医院揭牌成立。该中心由国家眼部疾病临床医学研究中心学术牵头，光明中心学术委员会担任学术指导并负责质控管理，通过建立标准化的眼底病规范诊疗流程，以及切实可行的眼底疾病慢病管理模式，助力项目医院科研平台搭建、提升科研水平，打造中国创新性和规范性眼底病诊疗管理模式和网络中心。

◆**市儿童医院获批国家儿童区域医疗中心** 2020年9月2日，国家卫生健康委员会发布《关于设置国家儿童区域医疗中心的通知》，决定分别在东北、华东、中南、西南、西北区域设置国家儿童区域医疗中心。其中，西北区域以西安交通大学附属儿童医院（市儿童医院）为主体设置国家儿童区域医疗中心，标志着西北首个国家区域医疗中心项目正式落地。

◆**“童心项目”落户市儿童医院** 2020年10月，“童心项目医院模式”在西安市儿童医院启动。该项目主要资金由李家杰博士资助，捐赠方为瑞银慈善基金会（瑞士）北京代表处。救助对象为全国范围内0—18周岁困难家庭的先天性心脏病以及其他出生缺陷患儿，得到基金资助的患儿，在医保报销后，个人支付部分可享受人均2万元、最高5万元的基金资助，最终达到免费或接近免费治疗。

◆**"大雁塔献血屋"试运行** 2020年9月底，西安市第4个献血屋"大雁塔献血屋"开始试运行。献血屋总建筑面积140多平方米，其中采血室及接待室60多平方米，仓储面积40多平方米，用于大型活动的急救等其他公共服务项目20多平方米。

◆**市红会医院互联网医院上线** 2020年2月4日，西安市红会医院"互联网医院"正式上线，让患者足不出户，即可完成从病情咨询、线上问诊再到药品到家的整个就医过程。市红会医院"互联网医院"基于"西安市红会医院互联网医院"微信公众号开发，具有网上问诊，开具便民处方、预约检查、在线查看检查或化验报告等功能。其中，最具有特色的是术后康复护理，通过视频问诊，医生与患者视频沟通，查看患者术后的动态变化给予一定的指导。

◆**市红会医院成为中国"创伤救治中心建设单位"** 2020年12月25—26日，国家创伤医学中心•中国创伤救治联盟中心签约仪暨"2020陕西省创伤论坛"在西安召开。西安市红会医院正式签约中国创伤救治联盟，成为"创伤救治中心建设单位"。国家创伤中心副主任、创伤救治联盟常委兼秘书长、北京大学人民医院副院长王天兵为市红会医院授牌。中国创伤救治联盟是2016年经教育部批准成立的国内首个创伤救治联盟，致力于国家创伤救治体系的建设，通过在全国范围内加强区域性创伤救治体系建设和创伤救治中心建设，为创伤患者打造覆盖多学科全方位的综合医疗救治模式。

◆**市红会医院实施基于快速康复技术支持的直接前入路全髋关节置换手术** 2020年10月，西安市红会医院郝阳泉主任为一位股骨头坏死十余年的患者实施直接前入路全髋关节置换手术（DAA-THA），为他"找回"股骨头，恢复正常功能。10年前，患者王先生因为左髋关节疼痛到当地医院就诊，被诊断为股骨头坏死，后来，左髋关节疼痛加重，行走及起坐均已受到严重影响，到当地医院检查，居然显示股骨头"消失"。郝阳泉主任认为，王先生的股骨头状况是因为长期患病不加以干预，导致股骨头被自身吸收、消失。决定给他实施当时较先进的基于快速康复技术支持的直接前入路全髋关节置换手术（DAA-THA）。为他"找回"股骨头。术后第二天就能下地开始功能锻炼。

◆**西安市首家Ⅰ期临床试验中心在市中心医院落成** 2020年11月25日，西安市中心医院Ⅰ期临床试验中心正式揭牌，这是西安市首家综合医院Ⅰ期临床试验中心。该中心占地面积约860平方米，拥有30张床位（含2张抢救床位），病房实施24小时封闭式管理，设有多功能活动室、知情同意洽谈室、配餐室、药物储存室、治疗室等。病区内设施设备齐全，拥有国内先进的心电监护仪、心电图机、电除颤仪、生命体征测量仪、全自动血压计等。

◆**西安交大二附院实施腹腔镜下解剖性肝段切除术** 2020年8月，西安交通大学第二附属医院普通外科曹罡教授团队历时2小时为一名肝脏巨大占位病变患者顺利实施腹腔镜下解剖性肝段切除手术，患者术后恢复良好。解剖性肝段切除术是普外科四级手术中难度最大的手术之一，以操作复杂、出血多、创面大、解剖困难著称，在腹腔镜下进行肝叶切除，国内仅数家医院可以开展。

◆**西安胸科医院成功实施陕西首例集成血液净化** 2020年7月，西安市胸科医院重症医学科成功为一例亚急性血行播散性肺结核患者实施集成血液净化技术。此项技术在陕西省尚属首例。患者为26岁女性，7月13日入院，诊断为亚急性血行播散性肺结核、结核性胸膜炎、结核性腹膜炎、肠结核、肠梗阻、结核性盆腔炎，且伴有肛周脓肿伴窦道形成破溃感染、脓毒血症、重度贫血、重度低蛋白血症。7月18日，患者出现急性肝衰竭、肾衰竭，弥散性血管内凝血、高胆红素血症、无尿。7月19日，郭玉琪主任团队为患者实施人工肝+血液滤过治疗。手术过程中使用2台血液净化仪实施串联，一台进行血液滤过，将患者体内多余水分及中小分子毒素滤除，再经过第2台血液净化仪进行血浆分离、血浆胆红素吸附+血浆灌流，降低患者体内胆红素水平和抗原抗体复合物。经此治疗，患者胆红素水平下降，凝血指标明显降低，患者病情好转。

◆**陕西省首家儿童青少年近视防控中心落户国际港务** 2020年11月27日，陕西省首家"儿童青少年近视防控中心"项目合作签约仪式在西安国际港务区举行。项目位于西安国际港务区核心位置陆港运动公园，离地铁3号线保税区站1公里，由西安市人民医院（西安市第四医院）与西安国际陆港集团共建，为陕西省第一家儿童青少年近视防控中心。中心内设诊疗室、验光室、仪器检查室、视力防控宣教区、VR训练室、展示销售区等。

◆**市第九医院被授予国家标准化疾病代谢管理中心** 2020年10月，国家标准化代谢疾病管理中心的授牌仪式在西安市第九医院举行。2019年，市第九医院开始筹建国家标准化代谢疾病管理中心（MMC），截至2020年10月，已录入患者200余名，累计为700多名糖尿病患者开展全方位的筛查、评估、诊治和随访，并在MMC平台下建立2个400人的微信控糖营，录入患者人数、数据完成度、血样采集等多方面考核及资料汇总，均符合MMC总中心的质控要求，医院被批准成为除西安交通大学第一附属医院及西安市第三医院之外的第3家区域中心。

◆**西北首例3D导航青光眼手术成功实施** 2020年11月，西安市人民医院（西安市第四医院）眼科专家团队成功为一名来自青海的晚期青光眼患者实施西北地区首次3D模式下青光眼手术。传统的眼科手术，需要医生双眼紧盯手术显微镜目镜，在3D模式下开展眼科手术，医生视野更清晰、宽广、立体，可以更细致地观察眼球结构和组织分层，让眼科手术更加"精准、精确、精细"，提高手术效率及手术的安全性。同时，在手术中医生们能实时共享高清立体影像，有利于眼科的临床带教工作。

◆**西安市第四医院航天城院区实施"3D内眼手术"** 2020年12月11日，西安市人民医院（西安市第四医院）航天城院区黄斑疾病中心孙文涛主任医师团队开展航天城院区首台3D引导下的白内障超声乳化摘除联合玻璃体切除术。按照既定的手术方案，剥除黄斑区视网膜内界膜，同时考虑患者黄斑裂孔较大，术中果断地把内界膜填塞于黄斑裂孔处，从而恢复解剖结构，手术顺利完成。术后患者恢复良好，无不适感。

（胡军辉）

医疗保障

◆**概况** 2020年，西安市医疗保障局坚持疫情防控和医保改革两手抓，积极构建"价值医保"体系，不断推进医保治理体系和治理能力现代化。截至年底，西安市基本医疗保险参保人数1062.64

万人，参保覆盖面稳定在98%以上，其中职工医保参保378.60万人，城乡居民医保参保684.04万人，基本实现应参尽参、应保尽保。全年职工医保基金收入190.10亿元，支出134.72亿元，累计结存323.66亿元；城乡居民医保基金收入54.74亿元，支出33.63亿元，累计结存48.97亿元。基金收支基本平衡，运行总体稳定。全市有定点协议医疗机构4873家，定点药店5257家，为参保群众看病就医提供坚实保障。

◆医保制度体系建设 2020年1月1日，西安市城乡居民基本医疗保险制度正式落地实施，全市680余万名城乡参保居民实现“同城同待遇”。同日，西安市生育保险和职工基本医疗保险正式合并落实，参保群众生育保险报销费用从合并后的基金“大池子”支出，待遇得到充分保障。3月，西安市医疗保障局印发《2020年西安市医疗保障工作要点》，启动构建以“公平适度的待遇保障机制、管用高效的医保支付机制、协同规范的医药购买机制、严密有力的基金监管机制、稳健便捷的运行服务机制”为主要内容的“价值医保”体系，基本做法被国家核心期刊《中国医疗保险》杂志2021年第2期刊载。7月，西安市医疗保障经办服务中心印发《关于西安市城镇职工生育门诊产前检查费用实行一次性限额补贴的通知》，自8月1日起，将参保职工生育门诊产前检查费用由逐笔报销方式改为按每人1000元限额随生育住院费用一次性补贴方式（自然流产和人工终止妊娠等不享受门诊产前检查费用补贴），群众享受生育保险待遇更加便捷。同月，西安市医疗保障局、西安市财政局联合印发《关于调整我市城镇职工医疗保险有关政策的通知》，自8月1日起，将城镇职工大额补充医疗保险相关待遇并入城镇职工基本医疗保险和城镇职工大额医疗补助保险支付范围，通过降低起付标准、提高报销比例、合并报销流程等措施，实现全市职工医保待遇进一步提高、费用结算更为便捷。

◆开展3项国家试点 2020年，西安市承担的落实国家组织药品集中采购和使用试点、按疾病诊断相关分组付费（DRG）试点、基金监管方式创新试点等3项国家试点深入推进。

巩固深化国家组织药品集中采购和使用试点成果。2020年，西安市全面落实国家和陕西省药品和医用耗材集中采购和使用任务，继续采取联盟采购、量价挂钩、以量换价的方式，按中标价格带量采购药品和高值医用耗材。第一批25个中选药品第一采购周期价格平均降幅52%，最高降幅96%，为群众节省医药费用3.5亿元；第二采购周期价格平均再降25%，节省医药费用0.45亿元；第二批32个中选药品价格平均降幅53%，最高降幅95%，节省医药费用1.52亿元；第三批55个中选药品价格平均降幅53%，最高降幅95%；参与全国高值医用耗材首批集采品种冠脉支架集采，相同企业相同产品平均降幅93%，可节省医药费用4.77亿元；参加西部10省联盟人工晶体集采，平均降幅44%，最高降幅85%，可节省医药费用0.82亿元，群众医药负担持续减轻。积极深化医疗机构服务价格改革，2020年7月，西安市医疗保障局、西安市卫生健康委员会联合下发《关于西安市区（县）级及以下公立医疗机构取消医用耗材加成调整医疗服务项目价格的通知》，调整县级及以下公立医疗机构2048项医疗服务价格，进一步理顺和优化医疗服务比价关系。

深入推进国家按疾病诊断相关分组付费试点。2020年12月，西安市医疗保障局印发《西安市基本医疗保险按疾病诊断相关分组（DRG）付费实施细则（试行）的通知》，明确西安市基本医疗保险DRG付费分组权重和付费费率，在西安交通大学第一附属医院、陕西省人民医院、西安市第一医院、西安市第四医院、西安市红会医院和西安唐城医院等6家试点医院启动模拟付费。同月，确定中国人民解放军空军军医大学第一附属医院等73家定点医疗机构为西安市第二批DRG付费试点医疗机构，展开试点前期准备工作。继续推行以按病种付费为主的多元复合式医保支付方式改革，2020年12月，市医疗保障局印发《关于进一步推进我市按病种付费、按床日付费和日间手术等有关事项的通知》，新增和调整81种按病种付费病种、5种日间手术病种、10种按床日付费病种。调整后西安市共实现231种病种按病种付费、17种按床日付费、11种日间手术付费，自2021年1月1日起实行，医保付费效益明显提升。

扎实做好国家基金监管方式创新试点。创造性引入律师事务所、商保机构、会计师事务所等社会力量参与医保基金监管，探索建设定点医药医保基金一体化监管平台，筹建西安医疗保险基金管理中心，针对29个定点医疗机构进行“血液透析”专项检查治理和抽查复查，西安市试点在国家基金监管方式创新试点中期评估中取得良好成绩。扎实开展打击欺诈骗保专项治理行动，制定《西安市医疗保障基金使用监管指导意见（试行）》及配套监管执法文书，严格落实行政执法公示制度、执法全过程记录制度、重大执法决定法制审核制度，截至年底，西安市“两定”机构（医保定点医疗机构和定点药店）检查覆盖率100%，共暂停医疗机构服务协议128家，解除医保服务协议13家，拒付（追回）资金310家，行政处罚48家，约谈、整改1369家，通报批评等670家，累计追回医保基金1.16亿元，基金“跑、冒、滴、漏”现象得到有效治理。

◆完善大病保险政策 2020年10月，西

2020年11月17日，西安市医疗保障局专项检查组赴定点医疗卫生机构开展“血液透析”专项检查治理

安市医疗保障局、西安市财政局、中国人寿西安分公司联合印发《关于确定2020年城乡居民大病保险筹资标准的通知》，明确2020年城乡居民大病保险筹资标准按照城乡居民每人80元提取。西安市城乡居民大病保险全年共计赔付17.27万人次，赔付总资金5.44亿元。12月，市医保局、市财政局联合下发《关于进一步做好城乡居民大病保险工作的通知》，明确大病保险保障范围为参保人员发生的合规住院医疗费用和门诊慢性病中Ⅰ类8种、门诊特殊疾病、特殊管理药品产生费用，并将戈谢病、庞贝氏病特效治疗药物注射用伊米苷酶、注射用阿糖苷酶α纳入大病保险支付范围；明确大病保险补偿金额=（合规医疗费用-基本医疗保险报销费用-10000元）×大病保险报销比例；明确贫困人口大病保险报销起付线标准，按照城乡居民大病保险起付线降低50%执行，报销比例提高5个百分点，不设大病保险封顶线；明确建立大病保险动态调整和风险共担机制，该政策于2021年1月1日起执行。

◆救命救急好药纳入医保支付 2020年3月，西安市医疗保障局印发《关于进一步加强我市医疗保险特殊药品管理工作的通知》，建立特药“三定”管理机制（特药定点医疗机构、特药定点零售药店、特药责任医师）和“双通道”供药模式（医疗机构和零售药店供药），纳入医保救命救急好药再增加28种，总数增至98种。

◆“两病”患者医保待遇保障 2020年2月，西安市医疗保障局转发《陕西省医疗保障局办公室关于印发城乡居民高血压糖尿病门诊用药支付标准的通知》，积极做好两病门诊用药目录及支付标准的调整工作，推动相关待遇落实。全年高血压患者累计享受待遇11.29万人次，基金支出1382.50万元；糖尿病患者累计享受待遇15.74万人次，基金支出1990.30万元，“两病”门诊均支持一个月带药，充分保障患者用药需求。

◆异地就医费用直接结算 2020年，西安市医疗保障局聚焦助力西安市优化营商环境，再将63家定点医疗机构接入国家异地就医结算系统，实现三级以上定点医院100%全覆盖。接入总数达156家，实现与全国31个省（自治区、直辖市）和新疆生产建设兵团的3.79万家定点医疗机构直接结算，与咸阳、杨凌、安康、汉中4地异地就医门诊费用直接结算。全年西安市异地就医累计备案13.40万人次，累计异地就医直接结算2.77万人次，基金支付2.50亿元。

◆特药保障 2020年，西安市着眼解决远郊区（县）群众特药用药不便的问题，在蓝田、周至等8个远郊区（县）新增8家医保特药定点医药机构，在主城区人员密集地段增加2家特药定点零售药店，特药定点医药机构由城六区扩展到13个区（县）及西咸新区全覆盖，总数增至46家。

◆医保扶贫 2020年，西安市在全省率先形成区、街、村3级28项医保扶贫任务清单，全面高效推进落实。参保不落一人，市、区（县）上下联动盯着解决全市贫困户参保问题，对城乡特困供养人员和贫困重度残疾人参保个人缴费部分给予250元全额资助，对未纳入建档立卡贫困人口范围的最低生活保障对象，参保个人缴费部分给予190元定额资助，全年共计资助11.80万余人参加基本医疗保险，实现全市建档立卡贫困人口和边缘户100%参保。倾斜保障待遇，实施贫困人口报销倾斜政策，住院合规医疗费用经“三重保障”后报销比例不低于80%，特困供养人员报销比例达到100%，全年全市贫困人口住院2.70万余人次，总额补偿1.58亿元。推行一站式服务，持续优化报销流程，提升服务效能，全面实现县域内“一站式服务、一窗口办理、一单制结算”。强化托底保障，充分发挥医疗救助托底保障功能，完善重特大医疗疾病救助制度，在原有22种病种基础上，新增肝癌、白内障等15种重特大疾病病种，困难群众受益面进一步扩大。全年全市共直接实施医疗救助4.20万余人次，救助金额5900.23万元。西安市医疗保障局被评为2020年全省医保扶贫先进集体。

◆新冠肺炎疫情救治保障 2020年，西安市医疗保障局连续出台十余项医疗保障政策，实施“长处方”“网上办”等便民举措，累计向全市32个定点医院和16家经办中心预拨周转金1.05亿元，全年医保基金累计结算支付770.69万元，实现“确保患者不因费用问题影响就医、确保定点医疗机构不因支付政策影响救治”的工作目标。与中国人寿西安分公司签署协议，向西安市一线防疫医护人员捐赠意外身故、意外伤残、因新型冠状病毒感染的肺炎身故三种保险，保险金额各为50万元/人，保险期间由2月10日零时起至疫情结束，风险保额总额达40亿元。认真落实西安市委夺取疫情防控和经济社会发展双胜利部署要求，2020年3月，西安市医疗保障局、西安市财政局、国家税务总局西安市税务局联合印发《关于阶段性减征缓征职工基本医疗保险费的通知》，坚持“减、缓”并举，对西安市企业职工基本医疗保险单位缴费部分实行5个月减半征收，困难企业可缓缴6个月，共减免7.2万户企业，覆盖参保职工200余万人，累计减征25亿元，为“双胜利”作出了医保贡献。2020年，西安市医疗保障经办服务中心被评为全国医疗保障系统抗击新冠肺炎疫情先进集体。

◆医保信息化建设 2020年，西安市医疗保障信息化平台可行性研究报告获西安市大数据局批复，初步设计方案获陕西省医疗保障局回函，确定西安市基于陕西省医疗保障信息化平台构架，积极拓展相关功能，以多元化的医保支付体系、便捷可及的医保公共服务、丰富完善且具有深度的医保基金监管方式、开放共享的医保数据资源为目标建设相应子模块。严格按国家标准推进15项医保信息业务编码维护工作，截至年底，维护定点医疗机构1762家，赋码1723家，赋码率97.79%；维护定点零售药店4657家，赋码4628家，赋码率99.38%；维护医保医师32154人，赋码31558人；维护医保护士42367人，赋码41700人；维护医保药师4844人，赋码4667人。扎实做好电子凭证激活推广工作，截至2020年底，西安市累计激活医保电子凭证284万人，6787家定点医药机构实现“一码通行”。

◆医保经办便民化建设 2020年，西安市医疗保障局编制西安市医疗保障政务服务事项清单及办事指南，主动向社会公开全市医保系统咨询投诉电话，通过西安市医保局和西安市医保中心微信公众号搭建医保服务微官网，定期推送医保实用政策、经办流程，开通网上医保政策直播课堂，西安市医疗保障经办服务中心窗口全面实施“好差评”制度。91项医保业务实现“网上办”“掌上办”，58项医保业务可在医保经办机构自助办理，4项政务服务事项一网通办率达到100%，群众满意度不断提升。

◆药品价格监测 2020年，西安市医疗保障局建立完善西安市药品价格监测体系。截至年底，落实国家组织药品集中采购和使用试点工作监测品种25种，汇总上报监测数据1350条，完成监测报告3篇；落实陕西省医疗保障局药品监测品种393种，汇总上报监测数据43362条，完成监测报告17篇；疫情期间监测药品价格35个品种83个品规，汇总上报监测数据166875条，报告监测分析150余篇。

（王国栋）

婚姻·家庭

◆婚姻登记管理　2020年，西安市民政局开通“婚姻预约预审”服务平台，配备婚姻电子档案自助查询终端，完成民政部“互联网+婚姻服务”信息化建设，西安市20个婚姻登记处全部实现“登记办理一体化、档案全程电子化、线上预约预审化、档案查询自助化”，实现全市全程电子化全覆盖。西安市婚姻登记电子化工作入选“数字陕西”“数字西安”建设优秀成果和最佳实践案例，“互联网+婚姻服务”西安模式受到民政部肯定，并在全国推广。　（赵瑞瑞）

◆家庭教育　2020年，西安市妇女联合会面向全市家庭开展“弘扬家国情怀　寻找战疫最美家庭”活动，通过对推荐的家庭资料进行严格审核，“5·15”国际家庭日共揭晓2020年西安“战疫最美家庭”284户，在西安女性微信公众号集中宣传展示战疫最美家庭风采。进一步发挥典型示范带动作用，弘扬家国情怀，展现小家大爱，引领广大家庭同心协力筑牢家庭防控防线。坚持把家庭助廉教育同家庭美德教育结合起来，将推动寻找“最美家庭”活动向党政机关拓展延伸，教育党员干部树立良好家风，教育党员干部家属、子女当好“廉内助”，共同构建家庭拒腐防线，共寻找推荐“崇廉尚德最美家庭”63户。组织各级妇联主席带头诵读经典家风家训，邀请最美家庭代表参与，并录制视频，在西安发布、西安纪检监察、西安女性公众号先后播出。8月，在未央区锦园新世纪社区组织“崇廉尚德——好家风润西安”社区示范宣传活动，引导各级广泛开展“崇廉尚德——好家风润西安”系列活动。全市各级妇联组织先后开展142场活动，发放各类宣传品58种48800余份，形成全社会热议优良家风家训的浓厚氛围。疫情期间先后与50余户防疫一线医护人员及其家属一对一建立联系，及时掌握困难需求，扎实做好市防疫一线医务人员及家属的生活服务保障、家庭教育、心理抚慰等工作，确保件件有着落、事事有回音。为弘扬优秀传统文化、保护生态环境、培育文明新风，巩固疫情防控良好势头，家庭工作部向全市广大家庭和妇女姐妹倡导健康祭扫、节俭祭扫、绿色祭扫、党员干部发挥带头作用，用文明祭奠的实际行动，播撒新时代文明新风。深入贯彻落实生态文明思想和习近平总书记来陕考察讲话精神。10月31日，在曲江新区组织“绿色家庭迎全运　美丽西安巾帼行”暨西安市绿色家庭创建行动启动仪式，面向全市城乡家庭开展宣传展示和主题实践活动，倡导绿色价值理念，普及节能环保知识。

◆家庭、家风、家教系列活动　2020年，西安市妇女联合会联合西安市教育科学研究所、知子花教育，在浐灞第二小学举办“你的成长，我们的故事”西安市首届线上家校共育云论坛，并在陕教直播和CCtalk直播平台同时拉开帷幕，直播期间得到家长、学生们的持续关注，累计点击量达10万余次。市妇联家庭教育指导服务中心结合全市广大学生及家长在新型冠状病毒疫情期间的家庭教育需求，以及未来互联网在线学习的发展趋势，通过线上录播的形式开展2020年家庭教育月光云课堂线上系列讲座。从情绪疏导、亲子关系、优势养育、专注力提升等方面对适龄儿童及家长进行线上讨论、分享和交流，已开讲70场。结合西安创建全国文明城市工作，全方位多渠道开展宣传。发动机关、街道尤其是社区的力量，分层分类，深入社区、家庭、居民开展面对面宣传。以“家长学校”为抓手，规范家庭教育指导服务内容，夯实、做强指导服务阵地，引导家长树立正确的育人观、成长观。采取线上与线下相结合，传统媒体与新媒体相结合，不断拓宽宣传渠道，积极联系陕西移动、联通，向手机用户隔日推送家风家教温馨提示短信，不断扩大宣传覆盖面。与西安市交通局协调，利用出租车显示屏滚动播放

2020年10月31日，西安市妇女联合会在曲江书城举办“绿色家庭迎全运　美丽西安巾帼行”活动

建立良好家风家教提示。拍摄好家风好家训系列短视频6条，利用“抖音”平台加推，发动各级妇联组织及妇女进行广泛传播推广。录制倡导树立良好家风家教的口播公益广告，在FM103.5进行整点播放。深入贯彻习近平总书记关于家庭教育工作的系列重要讲话精神，组织对13个区（县）教育工作“十三五”规划落实情况进行督导评估，为编制家庭教育工作“十四五”规划提供依据。家庭和儿童工作部作为“家庭工作先进集体”已推荐到全国妇联。经过前期多次调研考察，利用民生项目资金支持13区（县）建立家风馆和家庭教育指导中心，争取省级项目资金60万元，创建省级家庭教育指导中心2个、家风馆4个。市级家庭教育指导中心3个，家风馆4个，发放项目资金28万元，让家风馆和家庭教育指导中心成为家庭工作的“助推器”。举办全市家庭教育骨干能力建设培训班，进一步提升家庭教育骨干队伍的理论素养和实践能力。（市妇联）

◆维护妇女儿童合法权益 2020年，西安市妇女联合会做好源头维权关爱，履行代表和维护妇女合法权益、促进男女平等和妇女全面发展基本职能，坚持依法依规为妇女儿童全面发展营造良好环境。10月14日，西安市人民政府妇女儿童工作委员会召开2020年度全体委员（扩大）会议，安排部署妇女儿童发展“两规划”冲刺收官和全面启动新一轮妇女儿童发展规划编制工作。10月20—21日，陕西省政府妇女儿童工作委员会第二督导组对西安市实施《陕西省妇女发展规划（2011—2020年）》《陕西省儿童发展规划（2011—2020年）》工作进行终期评估。积极参与省、市法律法规政策制定修改工作。提交办理政协提案3件。7月31日，西安市妇联举办以“民法典之对家庭的关怀与守护”为主题的首场《民法典》讲座，通过讲座帮助妇女群众了解《民法典》对家庭文明建设的重要意义，增强自觉尊法学法守法用法意识。9月30日，西安市妇联在未央区方新小学举办“女童保护儿童防性侵”首场公益讲座，讲授儿童防性侵家长版课程，帮助家长如何教育孩子预防性侵害，让儿童防性侵教育理念深入家庭。12月25日，市妇联举办《民法典》宣讲进万家活动暨“七五”普法成果汇报展演。2020年全市各级妇联共组织“千村行”普法讲座129场，受众13000余人。坚持每年为全市妇女儿童办好“十件实事”，为167名贫困妇女发放“两癌”救助金83.5万元。探索建立西安市包括妇女儿童维权关爱、发现报告、联防联动、舆情应对、工作督查等方面的预防性侵未成年人、维护女童人身权益工作5项机制。创新反家庭暴力介入机制，实施“让爱回家——反家庭暴力深度援助”项目，探索形成“社工师+心理咨询师+律师+志愿者”多方位帮扶模式，完成个案服务150例。深化市妇女儿童维权服务中心分站项目改革，全年共接待处理全市各类信访案件3069件次，办理法律援助35例，挽回经济损失106.5万元。将“平安家庭”创建和婚姻调解委员会建设纳入市域社会治理和平安建设现代化试点内容，充分发挥婚姻调解委员会矛盾纠纷排查化解功能，积极协调解决各区（县）在婚姻调解委员会组织、人才队伍建设中的瓶颈问题，推动建立婚姻调解委员会在区县的全覆盖，全市现有专兼职调解员164人，调解案件1652起。（曹显宁）

◆老龄健康服务 2020年，西安市65岁以上老年人接受健康管理的有60.2万人，健康管理率达70.24%，已完成目标任务。2020年为68.13万名老年人发放高龄补贴4.16亿元，60.2万名老年人享受免费健康体检。推进医养结合，培养国家医养结合远程协同服务试点单位2个，全省医养结合明星企业2家，累计培养各级各类试点78个。西安市卫生和健康委员会“推进医养有机融合，优化老年健康服务”、市工会医院“中法合作开展有品质的老年特色照护”入选全国医养结合典型经验。截至年底，全市有医养结合机构74家，兼具医疗卫生资质和养老服务能力“双证齐全”的机构有53家，医疗卫生机构开展养老服务但未进行养老备案的有15家，医疗卫生机构为养老机构提供嵌入式医疗服务的6家。医养结合机构总床位15540张，其中医疗座位5016张，占32.30%。全市3个街道12个社区基本达到国家项目要求。累计培养国家项目点18个。莲湖区老年人心理关爱项目在全国进行经验交流。（胡军辉）

青少年关爱

◆青少年权益保护项目建设 2020年，共青团西安市委员会结合青少年迫切需要解决的热点、难点问题，面向社会组织征集青少年公益项目，为广大未成年人提供成长指导、权益维护、预防犯罪、司法救助等领域的专业社会服务，最终确定“防止校园欺凌 共建平安西安”等11个项目为团市委2020年政府购买公益服务项目。在疫情期间，共青团西安市委充分发挥西安“12355”青少年服务台的专业优势，积极组织开展“轻松备考·‘12355’与你同行”中高考心理辅导活动，服务全市近万名中高考考生。同时，西安“12355”青少年服务台与西安广播电台《市民热线》栏目联合开展“疫情期间爱陪伴·电波连着中高考”活动，自4月13日至7月27日，每周1小时，对广大学生和家长进行考前、考中、考后心理辅导，邀请专家开展志愿填报和政策解读专项栏目。团市委还结合“青春自护”持续开展青少年心理咨询及法律咨询专项服务，工作经验被共青团中央作为优秀案例在全团线上推广；以“青春灯塔”公益巡讲活动为载体，以青少年自护、远离校园欺凌等为主题，将法治教育送进校园。

◆青少年法治宣传 2020年，共青团西安市委员会以宪法、民法典等为重点，把对青少年的法治教育经常化、具体化。联合西安市司法局、西安市青年联合会举行“西安市青年法律服务团民法典宣讲公益行”活动，整合专业法律宣讲团队，通过线上讲解的方式开展民法典宣讲。以“6·26”国际禁毒日为契机，联合市禁毒办共同举办“汇聚禁毒力量 共创绿色家园”禁毒主题宣传活动，同时在全市开展禁毒宣传语、海报、视频征集评选活动，共收到来自100多个单位和个人的300余份主题鲜明、形式多样，创意新颖的作品，进一步激发广大市民群众尤其是青少年参与禁毒宣传的热情。联合市委政法委、市平安办、市教育局、市司法局、市中级人民法院、市检察院共7家单位在全市开展“红领巾法学院”创建活动，引导全市384所中小学参与“红领巾法学院”创建，累计开展模拟法庭活动200余次，法治宣传教育活动400余场次，创作视频短片60余部，校园剧60余场，举行法治校园文化专题展示200余场次，设立校内法治实践活动固定场所100余个，覆盖青少年15万余人次。在全市范围开展全市法治知识以及法治宣传作品大赛，征集书法、绘画、手抄报、手工等作品2600余件。（田烨）

◆红色基因教育 2020年，西安市关心下一代工作委员会利用重大节日、纪念日蕴含的爱国主义教育资源，以“互联网+红色基因”教育形式，组织开展线上学雷锋、植树节、清明祭英烈等主题活动，引导青少年增强爱党爱国情怀。在做好新型冠状病毒疫情防控工作的同时，广大“五老”有序走进学校、社区、农村，深入开展各类主题报告活动，大力宣传伟大抗疫精神、抗美援朝精神、延安精神和西迁精神等，全年做报告1000多场次。各级关工委不断拓展教育基地数量、提升质量，努力把教育基地建成激发爱国情感、弘扬民族精神、陶冶道德情操、提升品德修养、传承红色基因的重要阵地。全市关心下一代教育基地42家，覆盖13个区（县），涵盖爱国主义、科普教育、红色基因等各个层面。长安区关工委修建小五台烈士墓园教育基地，莲湖、未央、阎良、高陵、鄠邑、周至等关工委对本地纪念馆、博物馆、科创馆等进行命名挂牌。青少年教育基地不断巩固、扩大，为全市青少年成长成才提供更多学习实践场所。

◆青少年关爱帮扶 2020年，西安市各级关心下一代工作委员会和广大"五老"不断加大帮扶力度，相关部门积极配合、共同发力，持续为困境青少年做好事、办实事、解难事，确保千人帮扶活动圆满收官。结对帮扶中，坚持扶贫与扶智扶志相结合，适时为帮扶对象提供必要的物质帮助、思想引导、课后辅导、情感关怀等服务，自掏腰包捐赠不少于1000元的现金，经常打电话、上门进行关爱。区（县）关工委在每年的"六一"、春节期间都组织开展系列集中慰问活动。各级关工委领导带头，积极参与结对帮扶。阵地帮扶中，各级关工委充分利用留守儿童之家、四点半学校、校外辅导站、老园丁之家、关护站、圆梦班、心理流动课堂等阵地，对困境留守儿童开展学业辅导、心理疏导、情感抚慰等帮扶工作。临潼华乐学校圆梦班培育70名初中生，已有31名考入高中。心理教育流动课堂定期送课下乡，在长安区库峪口小学建立西安市关心下一代心理教育工作站，优化心理服务。活动帮扶中，举办"爱心圆梦、保亿助学"活动，由浙江保亿集团出资，对确定的200名困境孩子每年每人至少发放1000元助学金，持续资助到他们大学毕业。

◆青少年关爱宣传 2020年，西安市关心下一代工作委员会利用自媒体积极开展宣传报道工作，市关工委的网站全年发布信息600余条，公众号发布信息230余期900余条、杂志印发4期、微信群推送信息每天近百条，各区（县）的美篇、公众号、微信群等都在不间断地发布各类工作信息。通过这些多形式、多角度、全方位的宣传报道，关工委的好声音和关心下一代工作的社会影响力不断扩大。陕西省、西安市主流媒体报道市关工委工作110余次，报道基层关工委工作50余次。《西安日报》和西安广播电视台专题采访、深入报道14个"五老"典型先进事迹，国家和陕西省关工委的网站、公众号和《西安发布》等媒体转发报道。《西安日报》用一个专版宣传西安市的2个全国先进集体和8个全国先进个人。4条地铁线路的电视广告用7天时间不间断滚动播出市文明小公民和"五老"代表的宣传视频。（张晓亮）

◆未成年人教育与关爱 2020年，西安市妇女联合会举办2020年市妇联庆"六一""特殊时期 特别家风"网上少儿书法征集活动。为打赢疫情防控阻击战筑牢家庭防线，营造良好社会氛围，在全市少年儿童中开展"特殊时期 特别家风"网上书法征集活动，共收到书法作品210幅，邀请书法专家进行展评，评出一等奖10个、二等奖20个、三等奖32个、优秀奖148个，并将一、二、三等奖作品在网上进行展播。迎接世界读书日，携手华商网在全市妇联组织中举办"画出我的书中主角"阅读绘画大赛主题活动。将阅读与绘画相结合，引导亲子家庭在阅读的同时，运用绘画方式来表现自己对所读内容的理解。通过活动共同分享亲子阅读方法，体验亲子阅读乐趣，增进父母与孩子之间的感情，引导和鼓励孩子养成多读书、读好书、与好书相伴的良好习惯，营造全民读书的良好社会氛围，征集作品1400余幅。开展关爱困境儿童活动。在厚镇中心小学、厚镇韩坪村及蓝田薛家村，为孩子们送去50台洗手机、100个书包、水杯、书籍等物品，并组织厚镇中心小学50名学生代表身穿漂亮的汉服，参与国学礼仪学习互动活动，和孩子们共庆"六一"儿童节。走进狄寨街道白鹿亲智中心，开展"爱心接力、守护成长"慰问活动，为白鹿亲智中心送去爱菊大米、面粉、菜籽油各20份和洗衣液、肥皂、卫生纸等价值5000元的生活用品。

（市妇联）

农民工权益

◆概况 2020年，西安市农民工就业时间呈现不同程度的缩短，自营和务工人均收入一增一减；农民工向家乡回流，与子女共同居住的占比提升，对子女成长、学校师资和办学条件认可度较高。从农民工的性别构成看，男性占68.1%，女性占31.9%，女性占比较2019年、2018年分别减少1.8%、4.0%。从农民工的年龄构成看，30岁及以下、30—40岁、40—50岁、50—60岁和60岁及以上分别占17.4%、34.1%、25.9%、16.4%和6.2%，其中40岁以下的新生代农民工占51.5%。从农民工受教育程度看，小学及以下、初中、高中、大学专科及以上分别占6.4%、51.9%、23.2%和18.5%，其中大学专科及以上占比较上年提高2.9%。

◆农民工从业与收入 2020年，西安市农民工从事本地非农自营、本地非农务工、外出务工、外出自营人均就业时间分别为8.9、9.1、9.2和9.2个月，分别比上年减少14.2%、8.1%、8.4%和4.1%，本地非农自营受疫情影响最大。农民工从事本地非农自营、本地非农务工、外出务工、外出自营人均年收入分别为47166元、27952元、35609元和70619元，分别比上年增长[illegible].3%、-8.2%、-6.4%和22.3%。务工人员年收入下降，主要是由于务工时间减少造成的，受疫情影响，本地非农务工、外出务工时间分别减少8.1%和8.4%；自营活动人均年收入出现增长，主要是受疫情影响，使自营人数出现较大幅度减少，留存的多数是盈利较高的个体或商贩。农民工本年度主要就业地点在乡内、乡外县内、县外省内、省外及其他的分别占46.7%、17.2%、29.0%和7.1%，县内就业占比较上年提高2.2个百分点，使农民工乡外从业但回家居住者占比较上年提高7.8个百分点，农民工就业地点逐步向家乡转移。

存在问题：（1）工作地购房者少，归属感弱。西安市乡外从业的农民工在工作地的住所类型中，居住单位宿舍、工地工棚或生产经营场所占19.5%，合租或独立租赁住房占37.9%，购房者占1.7%，乡外从业但回家居住（老家）占36.7%，其他占4.2%。除回家居住的人员，多数人员需要在租房、宿舍等住所中居住，对城市的归属感弱。（2）技能培训帮助大，参与率低。接受过职业技能培训的农民工中有八成以上认为对自己有帮助，培训的技能与工作对口，但是农民工中接受技能培训的不足一成，职业技能培训的普及率普遍不足。（3）合同签署人员少，保障欠缺。外出从业农民工中仅有38.2%的人员签署劳动合同，虽较上年增加5个百分点，但是仍有逾六成未签署劳动合同，同时七成左右的单位或雇主不提供住宿、伙食，也没有相应补贴，缴纳"五险一金"的单位不足两成，外出务工农民工权益保障仍有欠缺。（4）自营活动规模小，成长性低。本地非农自营活动中近九成为个体经营或者小摊小贩，且没有雇工，八成年度经营收入在20万元以下，四成自营时间为2—5年，五成自营时间为5年及以上，多数集中在批发零售、住宿餐饮和交通运输行业，规模小、无明显竞争优势，工作时间长，仅能保障自己生活所需。

◆农民工子女教育 2020年，经常在家居住的未成年子女中，居住在本村、村外县内、县外的分别占86.0%、11.0%和3.0%，其中与父母双方或其中一方居住在一起占比83.7%，较上年提高3.1%，使子女得到更好的照顾。在对子女成长状况的评价中，认为非常好和比较好占91.9%，较上年提高[illegible].9%。农民工对子女就读学校的师资和办学条件认可度较高。农民工子女在公办学校、民办学校就读的分别占81.4%、18.6%，对学校师资和办学条件的评价中，认为“非常好”或“比较好”“一般”“比较差”或“非常差”的分别占83.8%、15.8%和0.4%，“比较差”或“非常差”的占比较上年降低0.6%。同时，受疫情影响，本年度向学校缴纳的费用、食宿交通费用和购买书籍、补习班的费用等均有所下降。（殷丹丹）

劳动就业

◆概况 2020年，西安市坚持把稳就业、保就业作为重大政治责任，面对疫情迅速反应，密集出台和创新实施企业用工保障10条措施、稳就业23条举措、稳定劳动关系12条意见、促进大学生就业创业20条意见等惠企利民政策，就业局势总体稳定好于预期。全年城镇新增就业15.31万人，城镇登记失业率3.64%，贫困劳动力、零就业家庭实现“动态清零”，全市就业局势保持基本稳定。成立以西安市人民政府主要领导为组长的稳就业工作专班，出台疫情期间企业用工保障10条措施、做好全市稳就业工作23条举措、促进大学生就业创业20条意见等10余项政策措施。累计为4895户企业发放就业补助等各类补贴7894.09万元，政策惠及13.1万人。

◆就业创业 2020年，西安市人力资源和社会保障局紧盯未就业的高校毕业生、退役军人、随军家属、失业人员、建档立卡贫困户和就业困难人员等重点就业群体，实施精准帮扶，启动实施春风行动、暖冬行动专场招聘、百日千万网络招聘专项行动、“牵手行动‘职’为你”直播带岗、“万名学子看西安”、毕业生就业意识提升专家培训、第二届创新创业大赛等一系列就业创业专项活动，联合46所高校举行校园网络招聘会115场，建成就业见习基地1490家，离校未就业高校毕业生就业率达到91.39%。西安市组织17337家企业开展线上、线下招聘活动362场次，累计发布岗位数76万个，达成就业意向12.16万人。建立24小时重点企业用工保障机制，采取网上招聘、跨区域招聘、挖掘本地潜力等方式为企业用工提供常态化服务保障，“点对点”帮扶97.4万名农民工有序返岗复工。同时，强化帮扶兜住民生底线，全力帮扶贫困劳动力转移就业，强化苏陕劳务协作对口帮扶，拓宽公益性岗位安置渠道，开展湖北返乡农民工等群体人员“五个一批”帮扶行动。紧紧兜住就业困难人员基本生活这一民生底线。持续优化创业贷款政策，简化材料，优化利息分担，降低反担保标准，规范贴息流程。出台《创业孵化示范基地认定管理办法》，缩短考核周期，提高补贴频率及额度，增加高校类孵化基地。加强创业孵化载体建设，新建创业孵化基地59家，新建“百县千镇标准化创业中心”72家，新建信用乡村12个，发放创业贷款3413笔9.34亿元，累计带动就业8.79万人，创业带动就业倍增效应持续显现。紧贴劳动者就业创业需求，集中项目、资金、平台、技能等要素资源，连续4年组织创业创新大赛，筛选市级入库项目1000余个，组建211人的创业导师团队，建成创业孵化基地59家、标准化创业中心72家，发放创业担保贷款9.34亿元。坚持以职业技能提升行动为抓手，以发展技工教育、培养技能人才为重点，推进技工教育改革发展，推动线上培训、农民工百日免费线上技能培训、新型学徒制培训、以工代训、创业培训等多项政府补贴培训，全年累计培训企业1.2万家，培训人员116.5万人次，拨付培训资金5.67亿元。

◆就业扶贫 2020年，西安市帮助11.97万名贫困劳动力实现就业，58728户“建档立卡”贫困户实现至少“一户一人”就业，全市建档立卡贫困人口参加养老保险19.31万人。精准帮扶未脱贫未就业人员389人，开发6029个公益性岗位安置贫困劳动力就业。深入推进苏陕协作，举办苏州、常州企业联合网络招聘会。创建信用乡村12个，培育就业扶贫基地31家，建设社区工厂23家。“零就业家庭”实现动态清零。西安市人社局职业介绍服务中心被评为全市“事业单位脱贫攻坚专项奖励记功集体”。

◆企业收入分配 2020年，西安市稳步推进市属国有企业工资决定机制和企业负责人薪酬制度改革，工资收入差距逐步缩小，分配秩序日趋规范。开展制造业人工成本监测和企业薪酬调查工作，为薪酬调查信息发布夯实数据基础。完成2019年和2020年3个季度25家制造业人工成本监测数据上报任务，启动2020年企业薪酬调查工作。继续构建企业工资宏观调控体系，推进工资决定机制和负责人薪酬改革实施，规范国有企业因疫情影响调整工资总额和负责人薪酬等工作。开展在岗职工工资统计和在岗职工最低工资调查。

◆劳动保障监察执法 2020年，西安市大力开展根治欠薪行动，组织农民工工资支付专项检查，重拳打击恶意欠薪行为。共查处欠薪案件998起，为1.95万名劳动者讨回工资2.3亿元；全市1421个在建施工项目全部建立台账、29.5万名农民工纳入建筑工人实名制系统在线监管，26个欠薪责任主体纳入拖欠农民工工资“黑名单”。全市未发生因拖欠农民工工资引发的50人以上群体性事件或造成严重后果的极端事件。5月1日，《保障农民工工资支付条例》实施后，西安市人社局于6月份出台《建设工程领域农民工工资专用账户和银行代发工资制度实施办法》，形成以工资保证金事前预防、专用账户事中监管、应急周转金兜底保障为主体的制度体系，进一步强化根治欠薪源头治理。始终以工程建设领域为重点，特别是抓好政府项目农民工工资支付工作，将西安奥体中心“一场两馆”项目18个标段农民工全部纳入建筑工人实名制管理，全程监控工资支付情况，坚决杜绝政府项目发生欠薪问题。全市化解2019年以前发生的欠薪陈案积案34起，为652名农民工追讨工资790余万元。11月，对中央巡视组反馈的大明宫珠江新城六组团项目2017年欠薪陈案，西安市纪律检查委员会组织人社、公安、住建、曲江新区等部门成立工作专班，为63名农民工追讨回282万元工资，陈案积案得到化解。对恶意欠薪“零容忍”，不断强化人社、公安、住建、工信、法院等部门联动，对恶意欠薪单位实施联合惩戒。全年公安机关刑事拘留5人，移送检察机关起诉3起4人，法院采取财产保全措施案件7起，及时将欠薪责任单位纳入“黑名单”管理，将企业信息上传至“信用中国”系统，在政府采购、招标投标、金融征信等方面予以限制。

◆劳动关系 2020年，西安市紧紧抓住涉企涉疫劳动合同、工资待遇、根治欠薪等关键问题，牢固树立忧患意识和底线思维，加强跟踪研判，化解风险隐患，劳动关系更加和谐稳定。持续做好500户企业失业动态监测工作，积极防范规模裁员风险。各级调解、仲裁机构共受理劳动人事争议案件29399件，其中仲裁形式受案18413件，结案率98.38%，调解组织受案10986件，成功率65.49%；案件量占陕西省总数的76.31%。仲裁机构立案受理的10人以上集体劳动人事争议案件67件，其中50人以上7件，100人以上5件，均已妥善处置。全市共建立各类劳动人事争议调解组织603家，全面使用人社部“互联网+调解”平台，利用互联网改进调解服务方式，提升调解工作质效。开通在线仲裁视频庭审系统，并同步开通微信小程序，进行远程庭审和调解，累计调解审理案件30余件。全面落实“护薪行动”，做好农民工工资争议案件处理工作，开通农民工工资案件“绿色通道”，设置专用仲裁庭，配备专属仲裁员，受理拖欠农民工工资争议案件40件，涉及金额29.315万元，均在时效内结案。印发《关于做好疫情防控期间企业集体协商工作的通知》，发布集体协商工作指导及要约书等样式，指导企业通过集体协商共助劳动关系和谐稳定。制定“和谐同行”行动方案，选取28家企业点对点培育。将维护劳动关系稳定列入市政府应对疫情21条措施，出台妥善处理疫情期间劳动关系问题和稳定劳动关系文件，发布用工指南；发出“团结一致、坚定信心、同舟共济、共克时艰”倡议书。同时，从2月起，开展劳动关系情况日报，为企业和劳动者解答问题，防范劳动关系风险。简化劳务派遣许可服务，将劳务派遣事项下放到区（县）、开发区。印发《关于做好企业实行不定时工作制和综合计算工时工作制审批工作的通知》，进一步规范特殊工时审批工作。

◆“西安乐业卡”发放 2020年，西安市人力资源和社会保障局启动上线搭建集补贴申领发放和就业创业服务功能于一体的“西安乐业卡”就业创业服务平台，使全国有意愿在西安就业创业的高校毕业生，均可通过平台申领“西安乐业卡”电子卡来享受覆盖全市交通、旅游、美食等多个消费领域的乐业补贴电子券，促进高校毕业生更加了解西安、融入西安、乐业西安。

◆全国首创浸入式直播带岗 2020年6月15日上午，由西安市人力资源和社会保障局和华商传媒联合举办的“2020牵手行动‘职’为你 华商记者直播带‘岗’”首场开播，在长达2个小时的浸入式直播中，累计有178.2万人次围观，最高时11.9万人同时在线观看。全年共组织直播带岗活动22场，提供岗位3万多个，累计在线观看超过8000多万人次，参与企业累计收到各类求职者简历4万多份，帮助近万人实现上岗就业。

◆首场现场招聘活动 2020年3月26日，西安市人力资源和社会保障局职业介绍服务中心举办陕西省乃至全国自疫情暴发以来举办的首场现场招聘会，标志着复工复产工作全面开启。为支持各类用人单位复工复产，帮助劳动者实现就业，西安市人社局人才服务中心、职业介绍服务中心开始在举办网络视频招聘会的同时，陆续恢复现场招聘活动。鉴于疫情防控需要，现场招聘会以小型专场为主，每场不超过20家用人单位参会，同时对求职者实行限流入场。

◆率先取消高校毕业生报到备案手续 2020年4月22日，西安市人力资源和社会保障局、西安市教育局印发《关于进一步简化优化西安市高校毕业生就业手续的通知》，优化高校毕业生就业服务流程，简化高校毕业生报到手续办理。西安市非公单位接收应届高校毕业生，《全国普通高等学校毕业生就业协议书》不再由用人单位所属地的公共就业人才服务机构签章。毕业生持与用人单位签订的就业协议书，即可到学校办理派遣手续，档案转递至单位所属地的公共就业人才服务机构。取消西安市高校毕业生报到备案手续办理，西安市毕业生就业服务综合管理系统、西安市师范类毕业生就业介绍信管理系统于4月27日同步关闭。毕业生毕业后持报到证等相关材料到用人单位所属地公共就业人才服务机构办理档案托管手续，毕业生落户手续根据西安市相关政策规定办理。西安市各级公共就业人才服务机构将切实做好离校未就业应届高校毕业生实名登记工作，引导离校未就业应届高校毕业生进行实名登记。对登记的离校未就业高校毕业生，根据其就业意向和就业需求，主动提供有针对性的就业服务。毕业生登记后3个月内至少要提供1次以上的政策咨询、就业推荐、职业指导等服务，促进未就业高校毕业生尽早尽快实现就业。 （蔚国刚）

社会保障

◆概况 2020年，西安市积极稳妥推进社会保障各项政策落实，扎实提高社会保障水平。全市参加基本养老保险733.98万人、失业保险240.75万人、工伤保险280.19万人，全年增加83.46万人。进一步巩固和提升全民参保成果。高效推进疫情期间工伤认定，快认快支因公牺牲民警乔锦仁同志工伤保险待遇88.6万元；第一时间为阎良区2名感染新冠肺炎医生认定工伤。用心用情做好全市2996名一线抗疫医务人员、453名支援武汉医务人员和5388名家属关心关爱工作。

◆保险制度改革 2020年，西安市社会保险待遇稳步提高，退休人员基本养老金增幅5%，城乡居民基础养老金提高到每月175.5元，失业保险金标准调整为每月1620元，一次性工亡补助金标准调整为847180元；各项社保待遇按时足额发放，为8.3万人发放失业保险金、失业补助金及生活补助4.7亿元，人民群众的获得感幸福感安全感显著提高。顶格落实养老、失业、工伤3项社会保险费“减免缓”政策，最大限度为疫情影响下的各类企业减负纾困。三项社会保险累计减免118.31亿元，其中养老保险107.88亿元、失业保险7.05亿元、工伤保险3.38亿元。

◆失业保障 2020年，西安市人力资源和社会保障局落实全[illegible]保障“十条措施”，出台《关于失业保险基金支持疫情防控稳定就业岗位有关问题的通知》等文件，健全联审机制，完善网上审批系统，实现全程网办，确保政策快速落地。做好基金风险监测预警，争取省级调剂金以确保资金足额发放。全年审批通过4.07万户企业55.[illegible]3亿元稳岗返还申请，涉及职工[illegible]98.[illegible]万人，占陕西省总量的近70%。取消申领失业保险金期限规定，简化申领手续，延长大龄失业人员续领失业金支付。启动社会保障标准与物价上涨挂钩联动机制。全年为4万余名失业人员累计发放失业金及生活补助3.7亿元，为1.[illegible]6万名失业人员累计发放价格临时补贴105.[illegible]5万元。为确保政策快速落地，西安市提前做好申领系统准备，不断精简材料，扩大申领渠道，失业人员只需凭身份证、银行卡或社保卡，即可通过线下或线上6种方式申领。同时，在传统宣传基础上，通过地铁、公交、广电网络、“12333”抖音宣传、“一对一”精准宣传、深入社区企业“面对面”宣传，全市上下形成宣传合力，政策落实呈现‘申领人数多、审核通过率高、政策宣传效果好’良好局面。

◆工伤认定“放管服”改革 2020年9月1日起，西安市本级的工伤认定业务重新调整，用人单位在职员工的工伤认定申请按照属地管辖原则由各区（县）（部分开发区）负责。西安市人力资源与社会保障局和西安市财政局、西安市应急管理局、西安市卫生和健康委员会联合印发《西安市工伤预防费使用管理暂行办法》，为开展工伤预防工作提供政策依据；与西安市交通局、西安市税务局、西安市总工会联合印发《关于推进我市道路运输从业人员参加工伤保险有关问题的通知》，将灵活用工的货车司机等从业人员纳入工伤保险参保范围，不断扩大工伤保险覆盖面；与西安市司法局联合印发《关于做好行政执法人员工伤保险工作有关问题的通知》，将非工作时间、非工作场所内的因履行工作职责遭受打击报复纳入认定范畴。此外，做好疫情防控工作中因履行工作职责感染新冠肺炎的医护及相关人员工伤认定。西安市人社局与市财政局、市健康委联合印发《关于因履行工作职责感染新型冠状病毒肺炎的医护及相关工作人员有关保障问题的通知》，对于符合工伤认定人员开辟绿色通道，快认快支，特事特办。对在疫情防控中突发疾病牺牲的市公安局灞桥分局民警乔锦仁同志，人社部门主动介入，从工伤认定到待遇支付，仅用2天时间，将工伤保险基金支付的一次性工亡补助金和丧葬补助金交到家属手里。运行劳动能力鉴定简易程序。从5月开始，在受理环节实施繁简分流，针对部分伤情简单明确的伤残鉴定，推出简易程序。减省医院检查环节，参加现场鉴定会当天做出鉴定结论。适用简易程序的申请，鉴定周期可进一步缩短至2到10个工作日，最短只需要2天。

◆**社保基金监督** 2020年，西安市人力资源和社会保障局落实社会保险基金要情报告制度，畅通市、区（县）两级人社系统内部基金监督信息渠道，及时掌握基金风险情况。组织市、区（县）监督部门进行监督检查73次。在市级层面实现行政管理、业务经办、行政监督数据共享。全年未出现社保基金重大风险。同时，大力推进“互联网+政务”。通过社保网上办事大厅开展工伤失业基数申报工作，开通失业保险待遇申领网上、掌上办理渠道。完成失业待遇信息与企业养老的信息共享。 （蔚国刚）

住房保障

◆**概况** 2020年，西安市（含西咸新区）累计新批准商品房上市面积2533.15万平方米，比上年下降9.59%；其中住宅1799.55万平方米，下降13.04%。商品房累计网签销售2246.20万平方米，下降15.03%，其中住宅1801.96万平方米，下降16.15%，库存消化周期约8.8个月。二手房网签销售912.99万平方米，增长29.3%，其中二手住房853.45万平方米，增长35%（不含西咸新区）。累计新批准商品房上市面积1781.85万平方米，比上年下降12.92%；其中住宅1234.01万平方米，下降18.14%。商品房网签销售面积1761.65万平方米，下降17.66%；其中住宅1363.54万平方米，下降18.29%，库存消化周期约9.8个月。二手房网签销售908.34万平方米，增长28.66%，其中二手住房848.8万平方米，增长34.22%。归集住房公积金337.78亿元，累计归集总额2406.12亿元；发放住房公积金个人贷款186.46亿元，个贷总额1245.00亿元，市本级资金使用率达到96.33%；提取住房公积金195.88亿元，提取总额达到1393.23亿元，超过68万户家庭利用公积金改善住房条件。西安住房公积金管理中心在陕西省公积金系统中主要业务指标综合排名第一，业务量占到全省公积金业务总量6成以上。西安市在全国333个城市和地区中发展指标综合排名第7，跃居副省级城市第2。

◆**保障性住房管理** 2020年，西安市共建设和筹集保障房20332套；新增分配保障房6623套；发放低收入家庭租金补贴5051户，1407万元；发放人才安居补贴1326.32万元（D类及以上512.96万元，E类813.36万元）；完成保障房联审报送35批83521户，147662人（共有产权住房9256户，18330人；租赁型保障房68877户，118570人）；疫情期间出台并全面落实保障性住房租金减免政策，市、区两级减免租金1.23亿元，惠及12万户中低收入住房困难家庭；完成米家崖二期保障房市级重点项目投资3.24亿元；出台《进一步规范商品住房项目配建公共租赁住房有关事项的通知》，优化商品住房配建公租房政策；组建“西安市安居建设管理集团有限公司”，启动企业化、市场化的保障房建设、融资和运营管理模式。 （张　睿　耿朋伟）

◆**住房公积金阶段性支持政策** 2020年，新冠肺炎疫情发生后，西安住房公积金管理中心认真贯彻落实国务院和部、省、市关于应对疫情促进经济平稳发展相关要求，快速反应、精准施策，率先出台《应对新冠肺炎疫情支持企业发展相关政策措施》，同步制定《实施细则》，全力支持缴存企业和职工群众应对疫情、渡过难关，全力帮助企业加快复工复产。截至6月底，累计为2564家企业、19.6万名职工办理缓缴手续，企业缓缴1.09亿元，职工缓缴8792万元；为1万余户公积金贷款家庭不做逾期处理，涉及贷款余额24.57亿元。

◆**住房公积金缴存扩面** 2020年，西安住房公积金管理中心坚持宣传、执法、信用有机结合，加强与社保、统计、市场监管等部门沟通对接，比对筛选数据信息，充分运用信用约束、行政调解等柔性措施，增强全社会依法缴存意识，全力维护缴存职工合法权益。截至年底，新开户单位7915家，净增单位5222家；新开户职工32.50万人，净增职工9.38万人；实缴单位31167家，实缴职工224.94万人，缴存额337.78亿元，分别比上年增长20.13%、4.35%、10.42%。缴存总额2406.12亿元，比上年年末增加16.33%；缴存余额1012.89亿元，比上年增长16.29%。全市建立住房公积金制度的单位4.34万个，373.19万名职工纳入住房公积金制度保障体系。

◆**住房公积金个贷发放** 2020年，西安市住房公积金管理中心坚持“房住不炒”定位，落实“一城一策”“因城施策”“稳地价、稳房价、稳预期”长效管理调控措施，严格落实西安市《关于进一步加强房地产市场调控的通知》要求，着眼本地刚需职工住房消费需求，密切跟踪金融和房地产市场形势，科学精准研判，稳妥调控政策，严格贷款审批，全面推进组合贷，充分释放政策红利，全力保障困难群众、支持本地刚性及改善性住房需求，积极促进西安市房地产市场平稳健康发展。截至年底，发放个人住房贷款3.70万笔186.46亿元，比上年分别下降6.80%、3.81%。其中，市中心（含西铁分中心、西咸新区分中心）发放个人住房贷款2.63万笔131.02亿元；省直分中心发放个人住房贷款0.94万笔47.94亿元；长庆油田分中心发放个人住房贷款0.13万笔7.50亿元。

◆**住房公积金规范管理** 2020年，西安住房公积金管理中心深化“放管服”改革，大力推进“三个一”建设，持续优化流程、简化手续，65项政务服务事项并入西安政务服务网。积极推动“多证合一”数据应用，实现住房公积金缴存登记全程网办、跨省通办。全面落实政务服务“好差评”制度建设要求，线上、线下同步研发、部署，中心业务办理量占到西安市的四分之一。积极推进服务网点建设，全市（含西咸新区5个新城）140个服务网点实行“一表申报、一次告知、一窗受理、一网办结”，实现“一件事一次办”，公积金服务已融入市民“15分钟生活圈”。针对阶段性支持政策到期后贷款逾期率上升的实际，中心坚持依法依规、分类处置，加大贷后管理力度，确保个贷逾期率始终控制在0.1‰左右，远低于住建部1‰以下的要求。健全风险防控体系，修订完善资金调拨、提取、开户登记、个贷审批等业务规定。加强职工群众公积金信息安全管理，制定《个人公积金信息保护管理规定》。紧扣扫黑除恶专项斗争和乱象整治三年目标，聚焦“行业清源”“长效常治”，深入开展“扫黑除恶、治理乱象”专项行动，行业治理环境得到明显改善。当年冻结违规提取住房公积账户1847个，追回资金370万元。探索建立专项整治“八步工作法”得到陕西省住房和城乡建设厅充分肯定，并在全国《住房公积金研究》刊发推广。

◆**住房公积金信息系统建设** 2020年，西安住房公积金管理中心强力推动“互联网+公积金”优质、高效、集聚发展，稳步推进西安住房公积金综合服务平台建设，完成陕西省“12329”短信平台、监管数据和电子稽查云平台对接工作。加快构建以信用为基础的新型信用监管机制，成功将公积金个贷信息纳入人民银行征信系统。完成3家银行商业贷款数据联通，为商贷还款提取公积金“零资料、零跑路”奠定基础。西安公积金“云平台”系统和综合服务平台项目被评为“数字西安‘智慧政务’建设优秀成果和最佳实践案例”。截至12月底，西安公积金综合服务平台注册关注人数突破346万人，占全市缴存职工总人数的92%。综合服务平台月均办理缴存、提取、个贷等业务近4万笔，日均访问量超过13万人次，综合业务线上办理率达60%。（耿朋伟）

居民生活

◆概况 2020年，西安市积极应对疫情的影响，统筹做好稳增长、促改革、调结构、惠民生、防风险、保稳定，确保区域经济社会平稳健康发展，城镇居民收入稳步增长。城镇居民人均可支配收入43713元，比第二位的咸阳市（37975元）高5738元，比末位的商洛市（26616元）高17097元。从增量看，人均可支配收入比上年增加1863元，比居第二位的咸阳市（1788元）高75元，比居末位的商洛市（1113元）高750元。西安城镇居民人均可支配收入比上年增长4.5%（名义增速），低于全省（4.9%）0.4%。在全省10地市中，增幅排名第9位，排名与上年持平；比第一位的榆林市（5.2%）低0.7%，比末位的商洛市（4.4%）高0.1%。从收入构成看，工资性收入占比近6成，为城镇居民主要收入来源。2020年西安城镇居民收入中工资性收入、经营净收入、财产净收入和转移净收入占比分别为59.8%、6.3%、10.6%和23.3%，与2019年相比，工资性收入比重下降2%，经营净收入比重下降0.2%，财产净收入比重上升0.6%，转移净收入比重上升1.6%。

◆城镇居民收入增长 2020年，西安城镇居民人均工资性收入26145元，比上年增长1.0%。针对2020年特殊时期要求，西安市人民政府出台系列促就业稳岗位政策，包括积极完成重点项目落地、做好毕业生就业指导、多渠道开展招聘、减免单位社保支出、进行稳岗补贴等，力争抵消疫情冲击影响。全年西安市城镇新增就业15.31万人，城镇登记失业率3.61%。城镇居民人均经营净收入2733.9元，比上年维持0.7%的增幅。截至年底，西安市市场主体累计达到243.34万户，逆势增长12.0%。自2017年举办首届“雁归西安”活动以来，西安市就业扶贫工作成效显著，转移就业、自主创业和技能培训等3项主要目标任务均超额完成。城镇居民人均财产净收入4632.9元，比上年增长11.2%，渐成城镇居民收入新亮点。全年西安房屋租金水平高位企稳，城中村拆迁步伐加快，拉动区域租房市场均价上涨，住户抽样调查数据显示，全年出租房屋净收入比上年增长5.6%。居民投资理财意识不断增强，投资理财渠道不断增多，多方面因素促进财产净收入渐成西安城镇居民增收新亮点。城镇居民转移净收入10201.2元，比上年增长12.3%，成为2020年西安城镇居民增收最大拉动因素。年内退休人员上调基本养老金发放标准，提升全市低保标准；针对退休人发放消费补贴，城区内煤改洁补贴发放到位，增设求职补贴、创业补贴、稳岗补贴等，在特殊时期保障低收入人群的生活水平。

2020年城镇居民人均可支配收入情况表

指标名称	本年（元）	上年（元）	增幅（元）	同比增长率（%）	构成（%）	贡献率（%）	拉动率（%）
可支配收入	43713	41850	1863	4.5	100	100	4.5
一、工资性收入	26145.0	25883.5	261.5	1.0	59.8	14.0	0.6
二、经营净收入	2733.9	2715.5	18.4	0.7	6.3	1.0	0.1
三、财产净收入	4632.9	4167.3	465.6	11.2	10.6	25.0	1.1
四、转移净收入	10201.2	9083.7	1117.5	12.3	23.3	60.0	2.7

2020年西安城镇居民人均生活消费支出表

指标名称	单位	本年	上年	同比增长率（%）
消费支出	元	25813.1	28140.4	-8.3
（一）食品烟酒	元	7248.4	7541.3	-3.9
（二）衣着	元	1715.5	2152.4	-20.3
（三）居住	元	6248.3	5910.1	5.7
（四）生活用品及服务	元	1849.3	2044.4	-9.5
（五）交通通信	元	2892.5	3334.8	-13.3
（六）教育文化娱乐	元	2736.4	3851.7	-29.0
（七）医疗保健	元	2530.2	2519.1	0.4
（八）其他用品和服务	元	592.5	786.5	-24.7

◆城镇居民生活消费支出下降 2020年，西安城镇居民消费支出25813.1元，比上年下降8.3%。八大类消费支出呈“二升六降”。其中，居住类、医疗保健类消费支出呈现上涨走势。

年初暴发的新型冠状病毒疫情影响贯穿全年，其对各行各业的影响是导致今年西安城镇居民消费支出下降的主要原因。由于疫情禁止堂食及其他因素影响，居民在外饮食大幅减少，饮食服务类消费的下滑，抵消了肉类、蛋类价格上涨对居民带来的消费增加，使全年城镇居民食品烟酒消费下降3.9%。受限制出行及对疫情顾虑的影响，城镇居民大幅减少出行次数，直接导致衣类及鞋类消费均呈现明显下滑态势，全年城镇居民衣着类消费比上年下降20.3%。由于在家居住时间的明显增加，城镇居民水电燃及其他居住相关费用有一定的增加，全年居住类消费上涨5.7%。由于家用电器等消费的明显下降，导致生活用品及服务类消费比上年下降9.5%。大类中唯一亮点是家政服务类消费，比上年上涨8.6%。交通通信类内部呈现有涨有跌的局面。其中，交通类消费下降18.8%，通信类消费上略升0.9%，涨幅主要来自通信服务消费的上涨。全年，西安城镇居民交通通信类消费比上年下降13.3%。出于避免聚集和对未成年人的保护考虑，限制集中性质的线下教育教学及各种形式的文化娱乐活动，西安城镇居民教育文化娱乐类消费比上年下降29.0%。城镇居民医疗器具及药品消费略涨6.5%，门诊总费用的下降和住院总费用的上升，3个因素共同导致医疗保健类消费微增0.4%。（张 磊）

◆农村居民收入增长 2020年，西安农村居民人均可支配收入15749元，比上年增加1161元。西安市在持续抓好疫情防控的同时，持续助企政策落地、用工服务保障以及就业措施落实等方面不断发力，促进工资性收入不断增长。受新冠疫情影响，多场现场招聘会停办，西安适时推出“直播带岗”，截至12月初，直播带岗22场，带来职位3万+简历4万+20条意见助大学生就业。印发《关于试行促进大学生在西安就业创业的意见》，从优化环境、拓宽渠道、完善扶持措施以及加强组织保障等四方面，提出20条试行意见，更好地促进大学生在西安更充分、更高质量就业。积极应对疫情影响，全市188家带贫益贫企业、41家就业扶贫基地、42家社区工厂及时复工复产；为11.97万个贫困劳动力提供就业岗位实现就业脱贫，比上年增长19.7%。西安市自2019年11月15日起至2020年春节前，在全市范围内开展2019年度根治欠薪冬季攻坚行动。在此期间检查各类在建工程项目1529个，涉及农民工12.3万人；责令273户建筑施工企业依法与2600余名农民工签订劳动合同；查处欠薪案件13起，为54名劳动者追讨回工资119万元，依法向公安机关移送涉嫌拒不支付劳动报酬罪案件6起，始终保持打击恶意欠薪违法行为的高压态势，保证农民工权益，促进工资性收入增长。大力发展特色优势产业，重点发展猕猴桃、奶山羊、石榴等10个扶贫主导产业，积极推进食用菌、草莓等小众特色产业。2020年，全市运营线上线下专馆75个、专区130个，运营智能专柜1000台，通过“三专”平台销售扶贫产品1.25亿元，全市扶贫产品总销售额累计已达42.81亿元。在脱贫县周至建成运营陕西省第一个电商大数据平台，创建县、镇、村三级电商服务点150个，形成覆盖20个镇街、264个村电商服务网络体系，线上316家电商企业带贫1.47万户，线下302家猕猴桃、苗木花卉经营主体带贫1.63万余户。成功创建全国第一家“扶贫超市”，建成“三专”32个，9家合作社入驻“扶贫832”平台，总销售金额422.93万元。西安营商环境的持续提升，激发大众创业、万众创新的活力。截至年底，全市市场主体累计243.34万户，在2019年基础上逆势增长12.0%。为扎实做好新形势下就业创业工作，进一步加大创业扶持力度，西安对首次创办小微企业或从事个体经营，且自工商注册登记之日起正常经营6个月以上的西安市户籍的就业困难人员、贫困劳动力、退役军人、农民工以及毕业年度和毕业5年内的高校毕业生创业人员，可申请一次性创业补贴。2020年分12批一次性对208人给予5000元一次性创业补贴，共计104万元。另外，自2017年以来，西安创建创业担保贷款信用乡村53个，发放免息免担保创业贷款733笔5255万元。不断规范集体经济组织管理运行，完善集体经济收益分配，推动乡村全面振兴、实现农民共同富裕。全市农村集体经济总收入33.91亿元，比上年增长32.9%。其中收益在5万元以上的村占45%以上，比上年提高约6%；收益在10万元以上的村占35%以上，提高15个百分点。截至12月底，全市金融机构人民币存款余额25730.51亿元，比上年年末增长11.5%；比年初新增2663.66亿元，同比多增548.94亿元，存款增加为农村居民带来可观的储蓄利息收入。农村土地流转逐年增长，以及乡村旅游的发展壮大，农村租房市场逐渐活跃，助推农村居民财产性收入实现增长。为认真贯彻落实“六稳”“六保”工作要求，更好保障失业人员基本生活，助力失业人员再就业。截至12月15日，全市累计申请享受失业保险扩围政策51076人，其中申领失业补助金48639人，发放39769人，发放金额1.25亿元。申领农民工临时生活补助2437人，发放1625人，发放158.8万元。退休养老金继续保持上涨水平，平均涨幅为5.0%。据住户抽样调查数据：2020年养老金或离退休金同比增长12.9%。西安市城乡居民低保连续第十年提标，新标准从2019年10月1日起执行，月提高幅度11%。惠及困难群众9万余人。有效保障困难群众的基本生活，增强困难群众的安全感、幸福感。

◆农村居民生活消费增长 2020年，西安农村居民生活消费人均12958元，比上年增长3.2%。八大类消费呈现“五升三降”态势，“五升”为食品烟酒、衣着、居住、交通通信、其他用品和服务，分别增长13.4%、0.5%、8.3%、9.6%、2.5%；“三降”为生活用品及服务、教育文化娱乐、医疗保健，分别为-17.1%、-10.5%、-6.7%。食品烟酒消费在家庭消费中占最大比重，加之受疫情影响，食品烟酒消费比重较上年提高2.5%；居住、交通通信分别提高1.2%、0.7%；衣着、生活用品及服务、教育文化娱乐、医疗保健分别下降0.2%、1.4%、1.7%、1.1%。服务性消费支出仅增长0.9%，与上年增长13.2%形成较大反差。其中，八大类服务性消费支出仅有居住、交通通信、其他用品和服务性消费呈正增长，分别增长13.0%、22.2%、13.2%；而食品烟酒、衣着、生活用品及服务、教育文化娱乐、医疗保健均呈下降，分别为-2.9%、-24.2%、-43.7%、-12.9%、-9.4%。（宋　洁）

民　族

◆概况 2020年，西安市有52个民族成分（没有怒族、德昂族、独龙族、珞巴族），民族常住人口9.56万人，占全市常住人口的1.1%，占陕西省民族总人口的半数以上。人口过万的民族有回族（6.53万人，占西安市民族总人口的68.7%）、满族（1.08万人）。人口上千的民族有6个，分别是蒙古族、藏族、壮族、土家族、苗族、维吾尔族。各区（县）均有民族成分分布，新城、碑林、莲湖、雁塔4区民族人口相对集中，形成大分散小聚集的格局。有12所民族教育学校，其中幼儿园3所；小学4所；中学2所；职业学校1所；内地藏族班、维吾尔族班各1所。中小学少数民族学生17200多人，其中回族学生10184人、满族学生2240人、蒙古族学生1023人、土家族学生595人、藏族学生549人、维吾尔族学生327人，其他民族学生2282人。有民族企业114家，个体工商户2141家，从业人员2万余人，年生产销售额近40亿元。全国“十三五”民族特需商品定点生产企业2家。少数民族市人大代表19人、市政协委员25人。

◆民族团结宣传教育活动 2020年，西安市民族宗教事务委员会利用网络、微信群等媒体灵活开展线上民族团结宣传教育，开展民族团结进步宣传月和民族理论知识政策答题等活动。结合复工复产，利用21个民族流动人口服务工作站组织开展民族团结知识答题和民族政策普及宣传；向民族工作委员单位和基层民族工作人员进行民族理论、民族政策宣传教育，配发《新时代民族理论政策问答》678套；指导区（县）针对各族群众普遍关心的问题开展民族政策集中辅导；在国家民委网站、《西安日报》等市级以上媒体刊发《谱写新时代民族团结进步新篇章》等宣传稿件17篇；制作《少数民族流动人口服务管理体系建设宣传片》，并在陕西省、西安市电视新闻媒体进行播报。在中小学开展铸牢中华民族共同体意识教育试点工作。联合西安市文化和旅游局在全市范围征集第6届全国少数民族文艺汇演剧目，推荐西安歌舞剧院有限责任公司《城门》等6个剧目参加第6届全国少数民族文艺汇演剧目评选。

◆民族团结进步创建 2020年，中共西安市委办公厅、西安市人民政府办公厅下发《西安市民族团结进步创建工作发展规划（2020—2024）》，西安市民族宗教事务委员会印发《关于深入开展民族团结进步创建工作的通知》《关于进一步做好新形势下民族团结进步创建工作的指导意见的实施方案》等系列指导性文件，增强新时代开展民族团结进步创建工作的针对性、时效性。坚持典型示范、互学共进，积极宣传民族团结进步创建活动的好经验、好典型，组织开展迎春节各民族代表人士座谈会、示范单位事迹宣传和现场观摩会、民族团结进步先进个人事迹报告会、迎国庆民族团结进步先进事迹展览活动。在莲湖民族幼儿园举办民族一家亲志愿帮扶活动，在浐灞一中举办民族团结一家亲携手共庆国庆节活动。组织全国民族团结进步模范集体和个人参加西安市人民代表大会组织的民族团结进步交流会。

◆民族经济社会事业 2020年，西安市民族宗教事务委员会完成对全国“十三五”民族特需用品定点生产企业的调研，对定点企业流动资金贷款情况进行摸底。向陕西省民族宗教事务委员会上报西安市民族发展资金项目情况报告和“十三五”民族特需用品定点生产企业调研报告、民族事业“十三五”规划实施情况的评估报告。为定点生产企业办理300万元流动资金贷款贴息。

◆民族流动人员服务与管理 2020年，西安市民族宗教事务委员会进一步完善服务平台建设，建成21个社区服务工作站、1个国家通用语言培训基地、1个职业技能培训基地、1个法律援助工作站，完成民族流动人口服务管理示范城市、试点城市建设目标。采取“市区联动”模式，与莲湖区、雁塔区、灞桥区联合举办3期培训班，围绕国家通用语言、城市管理法律法规、职业技能等内容开展，培训150余人。推动民族流动人口享受社保、养老、医保、教育、就业、创业等国家政策，协调解决民族流动人口子女上学问题64人次。开展民族流动人口以“感知西安新变化、汇聚力量促发展”为主题的“走进西安、看西安”活动。组织民族流动人口代表到雁塔区电视塔社区明德八英里小区，观摩学习民族团结创建工作情况及少数民族流动人口服务管理工作成果，同社区居民一起“同吃一碗面，共祝祖国好”，不断增进少数民族流动人口融入西安、热爱西安、奉献西安的主人翁热情。

◆清真食品监督管理 2020年，西安市民族宗教事务委员会针对重点领域开展监督检查，检查涉及群众反映的清真肉食品经营户、清真生产型企业、清真屠宰场、清真冷库等区域，就“假冒清真”“清真不真”“清真食品概念泛化”等重点领域和突出问题进行检查整治。举办西安市清真食品生产经营管理工作人员培训班和西安市清真食品生产经营企业负责人培训班。印制《清真食品生产经营管理相关法律法规读本》4000册，清真食品宣传册6000份。 （延　续）

宗　教

◆概况 2020年，西安市（包含西咸新区）经政府登记设立的宗教活动场所460所（佛教138所、道教36所、伊斯兰教27所、天主教100所、基督教159所）；备案的宗教教职人员2466人（佛教1275人、道教321人、伊斯兰教120人、天主教512人、基督教238人）；信教群众约45.8万人（佛教17万人、道教6万人、伊斯兰教6.8万人、天主教6万人、基督教10万人）；宗教团体26个（市级6个、区县级13个），另有带有宗教性质的社会团体2个；宗教活动场所文物保护单位27处（国家级重点文物保护单位9处、省级重点文物保护单位11处、市级重点文物保护单位5处、县级2处）。

◆宗教界自身建设 2020年，西安市民族宗教事务委员会指导西安市道教协会、西安市基督教“两会”、西安市基督教青年会、西安市基督教女青年会完成换届工作，不断提高宗教团体规范化管理水平。加强对教职人员的培养，制定《西安市宗教界后备人才教育培养规划（2021—2023年）》，指导各宗教团体开展形式多样的爱国主义教育，积极引导宗教与社会主义社会相适应。指导宗教团体开展各类活动，指导西安市佛教协会举办政策法规培训班，指导市道协举办“2020年后备人才研修班”，指导西安市伊斯兰教协会举办第四届伊斯兰教“卧尔兹”演讲交流，指导西安市天主教爱国会开展爱国主义教育，指导市基督教“两会”举办纪念中国基督教三自爱国运动发起七十周年座谈活动。

◆宗教工作法治化建设 2020年，西安市民族宗教事务委员会组织全市民族宗教系统学习习近平法治思想、《宗教团体管理办法》、《陕西省宗教事务条》和《民法典》，举办行政执法“三项制度”专题培训会，组织西安市52名民族宗教工作干部参加陕西省民族宗教工作干部政策法规和依法行政培训班（关中片区），进一步提升全市民族宗教系统行政执法能力。为推动西安市宗教工作由治标向治本深化，由“管得住”向“管得好”转变，制定下发《关于加强宗教活动场所建设审批管理制度》《关于加强宗教教职人员管理制度》《西安市大型宗教活动管理制度》《西安市宗教活动场所财务管理制度》。制定下发《关于做好宗教活动场所法人登记专项工作的通知》，对做好宗教活动场所法人登记专项工作进行部署安排。向各区（县）发放新修订《陕西省宗教事务条例》手册1300余册、挂图420余套。开展常态化行政执法工作，制定下发《西安市宗教活动场所行政检查制度》，对53个宗教活动场所进行行政执法检查。修订下发《民族宗教事务行政审批指南》，公开市民宗委3项民族宗教政务服务事项的办理程序、工作规范、服务指南和行政权力运行流程图；全年受理行政审批事项4项，依法做出审批意见3项，撤回1项。西安市民宗委加强宗教事务法治化管理的经验做法，以《陕西西安：多措并举 加强宗教事务法治化管理》为题目，在《中国宗教》2020年第4期法治栏目中刊发。

◆宗教领域疫情防控 2020年，西安市民族宗教事务委员会制定下发《关于在全市民族宗教系统开展冬春季爱国卫生运动加强宗教活动场所环境卫生整治工作的通知》，对全市宗教活动场所爱国卫生工作进行部署安排。为全市宗教领域开展疫情防控工作争得主动。按照疫情防控工作总体要求，对全市宗教活动场所实行“双暂停”（暂停开放宗教活动场所、暂停一切集体宗教活动）措施，加强对全市宗教活动场所的督导

2020年2月疫情期间，民族宗教界人士为纺织城高速路口等防疫检查点送上爱心午餐

检查和宣传管控力度，按照疫情防控常态化要求，深入细致地做好教职人员和信教群众思想引导工作，指导宗教团体解决好个别宗教活动场所暂时性自养难题，确保宗教活动场所、教职人员生活有序和秩序稳定。在防疫工作中，广泛汇聚各民族群众以及宗教界的爱国力量，全市宗教界捐款、捐物累计超过1000万元。

◆宗教领域重点难点问题解决 2020年，西安市民族宗教事务委员会不断巩固中央宗教工作督查整改成果，组织开展中央宗教工作督查"回头看"反馈意见整改工作。制定专项工作方案，指导相关部门依法依规解决一些年度积累的宗教领域难点问题。开展农村宗教工作难点问题专项治理工作，在全市范围开展排查和整改，专项治理工作取得阶段性成果。部署开展秦岭北麓民间信仰场所调研排查整治工作。修改完善《西安市民间信仰活动场所管理制度》。依法打击非法宗教活动，持续做好基督教私设聚会点治理工作。 （延 续）

福利救济与殡葬管理

◆社会救助 2020年，西安市民政局充实完善"1+N"社会救助体系，出台困难家庭教育资助、高中生生活救助政策，累计发放价格补贴3679.39万元。城乡低保标准分别提高到740元/（人·月）与560元/（人·月），特困人员供养标准城乡统一提高到1320元/（人·月），全年发放各类社会救助金9.17亿元。建立"急难"对象主动发现机制，开展"社会救助服务+"活动，入选民政部社会救助领域创新实践十佳案例。建立联通11部门16项数据的省、市、区（县）三级数据共享模式，在10个涉农区（县）全面推行政府购买服务。出台《西安市加强和改进困难残疾人生活补贴和重度残疾人护理补贴工作任务及责任分工》，全年为9.93万名残疾人发放两项补贴资金9153.06万元。开展生活无着的流浪乞讨人员救助管理服务质量大提升专项行动，在救助管理机构推广应用人脸识别技术，实现流浪乞讨救助人员信息全国共享。全年共救助生活无着流浪乞讨人员4648人次。

◆疫情防控 2020年，西安市聚力社区一线防控，牵头落实社区防控措施，守住"一老一小"防控底线，确保全市民政机构和服务对象安全，市儿童福利院被民政部表彰为全国民政系统抗击疫情先进集体。牵头慰问全市驰援武汉的医护人员、市内一线抗疫人员共8万余人，发放慰问品价值2418.83万元。及时救助受疫情影响的困难群众，临时救助滞留我市外来人员44人次，发放保障金3.34万元。制定冬季民政机构疫情防控方案和民政系统疫情核酸检测应急预案，落实常态化督导检查，确保极端条件下坚决守住民政防控底线。

◆养老服务 2020年，西安市民政局颁布实施《西安市养老服务促进条例》及相关配套政策文件。指导8家机构实施"公建民营"改革，阎良区敬老院入选民政部、国家发改委公办养老机构改革优秀案例。探索发展"嵌入式养老院""饭大爷"老年助餐服务和中央厨房服务模式，实施老年人意外伤害险和养老机构综合责任险制度，使153家机构、27万名老年人受益。截至年底，西安市有养老机构168家，社区养老服务站949个，农村互助幸福院1280个，镇街级综合养老服务中心32个，各类养老服务设施2429个，各类养老床位6.3万张。

◆社区治理 2020年，西安市民政局召开西安市社区基层组织建设现场会，开展"社区集中治理月"，贯彻落实《关于全面加强城市基层党建引领基层治理工作的实施意见》，配套出台10余份制度文件，强力推进社区建设治理工作。扩充人才队伍，全面实行"三岗十八级"绩效薪酬制度，办理"五险一金"，落实降温、取暖补贴，社区工作者平均每人每月增资1300元。开展社区建设三年提升行动，全年投入1.43亿元用于社区建设。新增办公用房9.52万平方米，全市1260个城市社区办公用房全部达到300平方米以上。明确社区建设目标责任制考核任务，规范社区党支部、社区居委会、社区服务站"三驾马车"工作职责，形成社区工作准入机制，规范社区盖章事项目录，建立社区工作事项清单，为社区减负增效。全面深化"四社联动"，培育社区社会组织2238个、登记志愿者134.7万人、注册志愿服务组织4977个，建成智慧社区20个、国际化社区10个。

◆儿童福利 2020年，西安市民政局儿童福利机构养育儿童和社会散居孤儿最低养育标准分别提高到1400元/月和1000元/月，解决儿童督导员、儿童主任岗位补贴，年度累计下拨孤儿、事实无人抚养儿童生活费学费、"明天计划"医疗费、未保资金等1395余万元，为556名贫困家庭儿童发放慰问金80.6万元。组织开展农村留守儿童和困境儿童关爱保护"政策宣讲进村（居）"活动。市儿童福利院改扩建项目完成投资额5408.1万元，总体建设进度达到54.1%。建成市级未成年人救助保护中心。

◆福利彩票发行 2020年，西安市民政局全年销售福利彩票32.36亿元，占全省的43.54%，市本级留存公益金1.22亿元。向全市投注站发放高温、取暖、疫情防控等补助，为全市投注站业主购买意外险6.6万元，办理健康体检1117人。

◆殡葬管理 2020年，西安市民政局构建秦岭北麓公墓常态化管理机制，指导督促秦岭沿线区（县）加大日常管护和督导检查力度，打好秦岭生态环境保卫战。开展自由贸易试验区殡葬领域"证照分离"改革全覆盖试点和全省殡葬改革综合试点工作，推进城市公益性公墓（骨灰堂）建设。清明节、寒衣节期间在主流媒体发布《文明祭扫倡议书》，举行系列"融媒体"宣传活动，清明期间殡葬行业微博共浏览300.4万人次，1254人次参与讨论。 （赵瑞瑞）

西三路智慧社区活动

新城区

◆概况　2020年，新城区辖9个街道办事处，98个社区居民委员会。总面积30.13平方千米，户籍人口57.92万人，常住人口80余万人。有民族31个，共12280人。

◆重点项目建设　2020年，新城区安排区级重点建设项目90个，总投资1391.61亿元；市级重点建设项目12个，总投资612.3亿元，年计划投资79.53亿元。55个区级重点在建项目完成投资209亿元，达到年计划的112%；6个市级重点在建项目完成投资107亿元，达到年计划的134.2%。幸福林带工程主体建设基本完工，西安火车站改扩建工程、易俗文化街区有机更新等一批大项目顺利推进，爱琴海购物公园项目、传化智联西北运营中心等一批优质项目开工建设，西安市第八十九中分校建成投用。实施“三改一通一落地”工程，完成217个老旧小区改造、3个棚户区项目征收、136条背街小巷提升改造、北四合窑断头路打通及128条道路通信和电力架空线缆落地任务。在项目征集的选择和确定上突出高质量发展、产业引领、城建基础设施和民生保障，深入挖掘区域项目潜力，申报“十四五”时期市级重大建设项目18个。组织13个项目参加全市1—3季度集中开工。第二、三、四季度市级重点项目考核均位居西安市第一。

◆招商引资　2020年，新城区制定并在西安市首发《“双招双引”联动机制》，持续加大项目招引力度。疫情期间创新制定“不见面招商9条举措”，在西安市各区（县）范围内首次开展“云签约”“云推介”等“云系列”专题活动。全年通过“云洽谈”、叩门拜访等方式，与中信集团、平安集团、德国费森尤斯（奥美德）集团等17家世界500强、行业百强企业对接洽谈100余次，广泛推介幸福路地区综合改造、原市中医医院改造、丹尼尔商贸城等重大项目和招商楼宇。赴上海参加第三届进博会，召开“投资新城　共享幸福”新城专场投资座谈会，邀请企业50余家，进一步扩大新城知名度和影响力。弘慈医疗西安北方医院、平安健康检测中心2家世界500强企业入区发展，银泰中心、中国电子西北总部基地等项目成功签约，西安民间金融小镇聚集企业达到10[illegible]家。全年新增市场主体15681户。全年引进内资94.41亿元，利用外资12097万美元。

◆教育、文化、旅游　2020年，新城区深化教育综合改革，全面推进“名校+”集团化办学，深化“名校+”内涵发展，出台《新城区关于集团化办学的实施意见》，采取一长多校、委托管理、学校联盟等方式组建22个教育集团，实现全区中小学、幼儿园集团化办学全覆盖。新组建4个市级“名校+”教育联合体，强化集团总校引领力，全面推行实行“十个一体化”管理，加快提升学校发展力。开展教师区管校聘、校长职级制改革。新建西安市第八十九中学分校2020年秋季建成并投用，新增学位[illegible]400个。提升中小学幼儿园34所。承办西安市公办初中教育质量提升暨“名校+”现场观摩推进会、全省义务教育优质均衡发展创建工作会。新城区被陕西省人民政府授予“陕西省义务教育基本均衡发展先进县（区）”，被中共西安市委、西安市人民政府授予“西安市教育强市建设先进单位”。

区图书馆、文化馆新馆主体结构于6月建成，总建筑面积1[illegible]61[illegible]平方米，将于2021年7月底前正式开馆。全区街道文化站及社区公共文化服务中心完成整体提升改造，建成文化馆分馆9个。群众文化活动广泛开展，开展“红五月演唱会”“广场舞大赛”等品牌演出和群众文化演出活动500余场，创作了一批具有新城特色的文艺精品，区文化馆自编歌舞《萦回长安》入围第九届陕西省艺术节群星奖决赛。体育工作蓬勃开展，全区现有体育活动场地总面积1.925万平方米，人均体育场地0.68平方米，全区社会体育指导员达[illegible]3[illegible]人，建设国民体质监测站点4个，年均监测6000人次。

出台《新城区推进文化旅游产业快速发展支持措施》。通过减税、降费、

新城区2020年经济与社会发展主要指标

指　标	单位	数量	同比增长率（%）
地区生产总值	亿元	579.05	0.4
地方财政一般预算收入	亿元	18.5	-18.6
地方财政一般预算支出	亿元	35.37	54
全社会固定资产投资额	亿元	132.21	13
社会消费品零售总额	亿元	252.5	-12.6
规模以上工业增加值	亿元	118.26	-10
实际利用外资	万美元	12097	4.2
实际引进内资	亿元	94.41	16.6
城镇居民可支配收入	元	50233	4.2

奖补等形式，向辖区企业补助720万元，为辖区15家影院争取省级专项补助资金84万元，促进行业快速回暖。围绕“千年古都•常来长安”文旅品牌，策划推出2020年第四届新城国际茶文化旅游节、第一届新城全民消费节、“流光溢彩新城夜”等系列文商旅推广活动，投放优惠券1200万元，引流365万人次，拉动消费6936万元，在永兴坊发放30万元优惠券定向惠民活动被中央电视台等媒体报道。文旅招商及重点项目建设全力推进，签约文旅项目11个，总投资1.94亿元，签约项目全部落地，9个项目开始运营。

◆医疗卫生 2020年，新城区制定《新城区健康城市建设实施方案》，积极开展八大“健康细胞”示范单位建设，申报省级健康家庭8户、省级健康社区示范单位21个、市级健康企业20家。综合医改工作平稳推进，以西安市第四医院为牵头医院，建立新城区城市医疗集团，涵盖3个三级医院、4个二级医院和13个社区卫生服务中心（站），逐步完善“基层首诊、双向转诊、急慢分治、上下联动”分级诊疗模式，加快建设“15分钟健康服务圈”，群众看病就医满意度稳步提升。区医联体内上级医院下派坐诊专家6187人次，接诊患者18096人次，基层医务人员接受上级医院培训127次752人次，医联体内双向转诊1027人次，减免“五免”医疗费用和老年人新增体检项目费用158.89万元，为65岁以上老年人健康查体34925人，免除群众就医负担79.59万元。创新推广“健康储蓄”重点人群依从性积分制管理模式，规范家庭医生签约流程，全区重点人群148855人，完成签约89394人次，重点人群签约率60.05%。发挥医疗救助托底性保障效能，通过政府采购招标方式将2家连锁药企纳入慢性病门诊医疗求助定点医药机构范围，签订定点医疗服务协议，对慢性病门诊医疗救助费用实行“一站式”即时结算服务。

◆劳动就业和社会保障 2020年，新城区城镇新增就业18194人，城镇登记失业率为3.8%，零就业家庭实现动态清零。落实稳岗就业措施，审批稳岗返还、一次性就业补助等5717万元，发放个人失业金651万元。举办“春风行动”、退役军人专场招聘、高校毕业生就业服务、“民营企业招聘周”等系列专场招聘会134场，组织职业技能培训22835人次。就业创业载体建设取得成效，长乐中路街道康乐社区和西一路街道西三路社区分别被评为省级“充分就业星级社区”和省级“充分就业社区”，创建街道级标准化创业中心9个。创业服务力度不断加强，打造“心诚小贷”创业贷款品牌，研发“创贷云管理”系统，加大融资支持力度，发放创业担保贷款9142万元。城镇居民基本养老保险率达到99%，7月城乡居民基础养老金从168元调整到175.5元。为全区2911户4112人在册低保户发放保障金4050万元，做到应保尽保、动态管理。开展“寒冬送温暖”等各类专项救助活动，发放专项救助金共计1243.7万元。开展“美居行动”，为82户困难群众改善居住条件。“美心行动”为477名困难群众和社区工作人员提供心理健康辅导服务，疫情期间开通6条心理服务热线，为9000余人免费提供心理援助和心理辅导服务。新增养老床位1500张，建设16个“饭大爷”老年助餐点，服务群众30余万人次，辐射全区的老年助餐服务网络初步形成。

◆新冠疫情防控 2020年，新城区众志成城战疫情，全力保障群众生命安全，着力构建最严密的防控架构、开展最精准的摸排管控、实施最有效的隔离防护，21天实现确诊病例零增长，30天实现疑似病例和无症状感染者零增长。紧盯11家发热门诊信息预警监测，落实31家区属区管机构预检分诊和发热人员登记，全区各药房加强对发热用药等可疑人员排查；组织15辆专用救护车、45组医疗人员，组建“一场五站”固定接送点和10个应急小分队，对机场、车站、卡口、社区确诊病例、密切接触者、发热人员和疫区人员进行点对点转运，转运4500余人次，有效阻断高危人群传播风险；出动流调组149次，处置病例或疑似病例96人次，完成聚集性疫情流调报告175份；强化隔离区域管控，先后设置华山医院、东方医院、电力中心医院、维也纳酒店等6个医学观察点和3个区级集中留观点，有效开展医学观察隔离，确保重点人群始终可控；狠抓常态化疫情防控，坚持“人物地”同防，完成27批次12个境外地区3723名旅客接待转运任务，全链条加强冷冻冷链食品溯源管控；建成太华路社区卫生服务中心核酸检测实验室，制定全员核酸检测方案并组织演练，疫情防控能力有效提升。加快推进健康新城建设，总建筑面积5190平方米的区公共卫生服务中心启动建设。（新城区方志办）

中共新城区委、人大、政府、政协、纪委

区委书记　仵　江
副书记　王　征
区人大常委会
主　任　陈立民
副主任　高艾峰　邓逢春　谭琳娜（女）
区　长　王　征
副区长　邓晓东　郝东文　苏继文　朱　璐（挂职）　郑　莹（女，挂职）
区政协主席　王军民
副主席　惠占学　马凤霞（女）　王　超　詹晓东　蒋　进
区纪委书记、监委副主任（代主任）　陈金鹏

碑林区

◆概况 2020年，碑林区辖街道办事处8个，社区居民委员会98个。土地面积23.37平方千米。年末常住户籍人口75.68万人，新出生6656人，其中二孩出生1521人，人口出生率9.08‰，人口自然增长率-1.02‰。有民族47个，汉族人口占98.71%，少数民族人口占1.29%。

◆工业 2020年，碑林区贯彻实施“建设先进制造业强市”精神，开展规模以上工业企业上门服务和“诊断”服务活动，构建先进制造业产业体系。开展“助企纾困”活动，制定支持企业保

碑林区2020年经济与社会发展主要指标

指　标	单位	数量	同比增长率（%）
地区生产总值	亿元	1060.47	2.0
地方财政一般预算收入	万元	33.29	-9.5
地方财政一般预算支出	万元	30.80	6.1
全社会固定资产投资额	亿元	—	4.7
社会消费品零售总额	亿元	556.00	-8.9
规模以上工业增加值	亿元	—	-21.2
实际利用外资	亿美元	12127	5.9
实际利用内资	亿元	—	—
城镇居民人均可支配收入	元	50040	4.3

经营稳发展措施12条，帮助15家企业获“央行复工助力贷”贷款8698万元。认定“碑林药业股份有限公司”为碑林区智能化先进制造企业。根据陕西省人民政府办公厅《关于印发清理拖欠民营企业中小企业账款工作实施方案的通知》精神，清理拖欠民营企业中小企业账款总额13908.29万元。

◆商贸服务业　2020年，碑林区以建设国家消费中心城市核心区为契机，调整综合服务功能，拓展商贸空间布局，推进社会信用体系建设，积极促进市场消费。全区商贸业扩容提级，以“政府搭台，企业参与”形式，打造大南门、钟楼为城市高品质核心商圈，东西两边辅以太白路+李家村生活商圈，盒马鲜生、联影影像中心落户碑林，中大国际、西安SKP、王府井百货、中贸广场等综合体坐落其中，大南门商圈销售额突破百亿元，迈入百亿级商图圈行列。连续5年举办“长安龙脉·魅力南门系列碑林美食购物节”，中大国际引进“IT”“MORRI”新业态打造潮人文化，开元商城喵街+实体店线上、线下融合模式，销售额稳定增长；松林超市、每一天等连锁商贸企业布局碑林。全年，全区社会消费品零售总额610亿元，社会消费品零售总额比上年增长6.4%，限额以上商贸企业214户。肉类蔬菜追溯体系覆盖全区，完善“来源可查、去向可追、责任可究”流通信息链条。辖区洗衣行业227家。创建国家第二批城市绿色货运配送示范工程，辖区物流企业13家，其中大型物流企业4家。

◆招商引资　2020年，碑林区构建企业发展需求政策新体系，制定《碑林区优化营商环境推进重大项目建设三年行动方案（2020—2022年）》《碑林区2020年度深化“放管服”改革优化营商环境工作方案》《西安市碑林区推进“互联网+政务服务”深度融合 打造一流营商环境实施方案》，出台《工商所全区通办企业换照业务实施方案》。举行各类招商引资活动320次，组织辖区外贸企业参加第127届春季广交会，参加第三届中国国际进口博览会，举办2020中国商务区联盟年会和楼宇招商集中签约仪式，沪陕金融直通车西安工作站揭牌；施坦威西北高端旗舰店、莱卡西北高端旗舰店、瑞士ABB集团西安分公司、启迪零碳集团和合生新天地项目、先华康复医院项目、万豪moxy酒店项目等知名企业落户碑林；规模为50亿元陕西国企结构调整股权基金（合伙企业）入驻碑林，引进企业300家，其中百强企业和总部企业5家，税收过亿商务楼宇5栋。全年外贸进出口总值137499万元，比上年增长6[illegible].59%，其中进口23719万元，出口113780万元；全年引进内资61亿元，实际利用外资突破1.2亿美元。

◆重点项目建设　2020年，碑林区根据《西安市进一步加强重点历史文化区域管控疏解人口降低密度的规划管理意见》，实施片区项目综合改造。碑林博物馆改扩建工程项目和小雁塔历史文化片区综合改造项目，已完成房屋征收任务，项目改造建设用地移交曲江管委会。幸福林带安置小区项目已投资建设。东关片区完成编制“两宫一市”（八仙宫、兴庆宫、大唐东市）片区改造项目控制性详细规划。八仙宫片区（二期）棚户区改造项目，已取得红线图及实测成果表，办理规划报批手续；兴庆宫片区棚户区改造项目，已取得项目地形图，对用地范围进行实测；大唐东市片区棚户区改造项目，编制项目控制性详细规划。编制经九路碑林段（咸宁路—永乐路）道路打通拓宽项目两侧土地使用规划，完成项目范围内被征收人产权调换协议网签工作。碑林区档案馆、文化馆、图书馆及全民健身中心PPP项目完成规划手续办理、场地清表、地质勘察、文物发掘等前期工作，获政府专项债券发行1.23亿元，申报中西部县级综合档案馆建设补贴资金1056万元。东大街综合改造建成运营东门商贸中心、万达新天地等项目，基本完成N-6段、N-10段项目，建成招商N-11段项目，完成N-11段项目回迁安置，启动N-6段回迁安置。新长安医院、锦业国际城投入运营。实施书院门—三学街历史文化街区二期综合改造。启动提升改造顺城巷碑林段项目前期准备工作。确立碑林科技产业园“园区+街区+厂区”一体化改造思路，引进绿地集团，对接西安市土地储备中心、西安城市发展集团，对西安铁路信号公司旧厂区进行概念策划，火炬路改造纳入市政道路维修改造项目，火炬路沿街楼宇外立面纳入“背街小巷”提升改造项目。

◆环境保护　2020年，碑林区加强环境执法监管，开展“秦岭生态环境保护”系列宣传，综合治理汾渭平原秋冬季大气污染。开展燃气供热行业专项整治，检查液化气供应点，查处取缔无证非法经营液化气5处，查扣液化气钢瓶64个，督导整改燃气安全隐患50余处。落实治霾各项工作，检查建筑工地、餐饮油烟污染，查处不合格工地21处，检查工地渣土车、处置渣土投诉260起。全年绿化建设口袋公园和绿化广场任务7座，提升道路绿化5条，建设绿道10.4千米。疫情期间对接辖区供热企业办理延长居民供暖期补贴手续。

◆教育　2020年，碑林区优先发展教育事业，出台《关于加快新时代教育改革发展 建设教育强区的实施意见》，落实《西安市基础教育提升三年行动计划（2019—2021年）》，分解任务66项，新建、改扩建学校5所，增加学位3920个，投资2.1亿元，完成建设项目2个，新增学位1360个，完成何家村小学、永宁小学、星光实验学校扩容项目，新增学位385个。全区一级以上教师3154人，招聘公办教师322人，提升校长园长教师能力，线上、线下组织培训1800人次，完成新任教师和2.[illegible]万人次专任教师大培训。推进“名校+”改革，组建区级“名校+”教育联合体11[illegible]个。学前教育普及普惠性幼儿园覆盖率91.[illegible]8%，优质资源覆盖率76.5%；义务教育对照国家义务教育发展优质均衡县验收标准，问题台账销号率40%，义务段学校入学率100%；普通高中创建市级特色示范学校3所，省级示范高中6所，省级标准化高中实现全覆盖，2所学校入选普通高中新课程新教材实施国家级示范校；职业教育中职学校综合职专列入西安市教育局“市级示范中等职业学校”创建名单，1个市级重点专业完成评估，申报为陕西省第三批“1+X”证书制度试点单位，与4家动漫文化企业建立校企合作机制，开设“碑林·立德树人”大讲坛，开展“阳光学子育人工程”系列活动；增加教室照明预防学生近视，区财政投入专项资金407.104万元，改造43所学校1074间教室照明设备；坚持“一校一案”科学防疫，实施分段错时“弹性离校”，疫情期间教育系统师生“零”感染。

◆科技　2020年，碑林区重点培育符合碑林产业发展方向、创新能力强、成长速度快科技小巨人企业和高新技术企业。培育国家级高新技术企业305家，省科技型中小企业12[illegible]家，市区科技小巨人企业147家。建成国家级孵化器2个、国家级众创空间11个、全国创业孵化示范基地2个、国家文化科技融合示范基地示范园区2个，省级文化产业示范基地2个、省级孵化器2个、省级创业孵化基地1个、市级众创空间28个（含省级以上14个）、市级创业孵化基地6个、大学生创业实训基地18个。碑林区被评为陕西省创新型城区A类（全省仅2家为A类）。新增国家高新技术企业申报[illegible]30家，通过认定46家，完成技术市场合同交易额140亿元。

◆文化　2020年，碑林区着力推动公共文化服务体系建设，开展文化旅游体育市场管理和非物质文化遗产保护工作。开展“西安年·最中国”系列活动，举办碑林区文化艺术节、社区运动会，组织红五月群众歌咏活动、中小学“三跳”

运动会、首届陆上划船器比赛321场，举办惠民演出350场，发放电影观影券6000张，电影公益放映700余场，获西安市第三届老年人体育健身示范社区体育健身大联展特等奖。组织以“促进全民阅读，打造书香之城”为主题，开展“书香满碑林”全民阅读、摄影大赛征文、唐诗回家·碑林诗词大会、汉风唐韵展演等多项品牌文化活动，建成实体书店62家，其中旗舰店1家，示范店2家，标准店59家；完善社区智慧图书馆、书香西安阅读吧和社区小书屋等全民阅读基础设施51家。新编制两批区级非物质文化遗产代表性项目名录，总编制6批。

◆体育 2020年，碑林区落实《碑林区关于加快构建现代公共文化服务体系的实施方案》，建成“街道综合性文化服务中心”8个，建成“社区文化服务中心”94个，建设全民健身路径401条，免费发放握力器、棋类、羽毛球拍、跳绳等运动健身器材1300余件。碑林区代表西安市参加陕西省第十六届运动会获金牌、总分、奖牌位列第一，获西安市参赛省十六运突出“贡献奖”，承办U11、U12全国举重冠军赛，组队参加西安市青少年各类比赛，获优异成绩。

◆卫生 2020年，碑林区推进医药卫生体制改革，组建紧密型医联体，坚守“人民生命至上”理念，全力打赢疫情防控阻击战。探索医联体新模式，推进公立医院综合改革，落实国家药品供应保障政策。成立“陕西省人民医院碑林区医疗集团”，长安路社区卫生服务中心、长乐坊社区卫生服务中心和东关南街社区卫生服务中心加挂“陕西省人民医院门诊部”牌子；组建医疗集团线上儿科专科联盟，建立长安路社区卫生服务中心与陕西省人民医院心电图室远程心电信息平台；完善基层医疗服务体系，建设“15分钟就医圈”，按照医疗用房标准，建成太乙路街道乐居场社区卫生服务中心，扩建长乐坊社区卫生服务中心业务用房300平方米，全区重点人群签约71370人。严格管理医疗机构和医务人员执业行为，开展医疗市场整顿和日常医疗机构监督检查，邀请法律顾问专题培训，组织巡回宣讲20场；建立异地协查机制，设立专家库，聘请监督员，引入第三方专业稽核队伍，日常巡查1080家次，追回扣除各类违规金额152.34万元。2家医院被西安市卫生健康委员会命名为“西安市医养结合试点单位”，碑林区第三爱心护理院长被评为“全国敬老爱老助老模范人物”。开展“送温暖——走访慰问计划生育特殊家庭活动”，发放慰问金81.62万元，兑现失独家庭养老安置及殡葬补助金15.86万元、一次性补助金19.5万元，兑现独生子女保健费260.97万元，独生子女父母补助金111.05万元。组建医疗保障机构及职能整合，药品集中采购扩围扩面，医保人员应参尽参、应保尽保。完成8家32种药品承接工作，中选药品价格平均降幅52%，最高降幅96%，通过微信公众号宣传异地就医政策，医疗机构提供异地就医即时结算7家。全区城乡居民医保人均缴费标准提高30元，城镇职工医保政策范围内报销比例92%，城乡居民医保政策范围内报销比例80%，基本医疗保险参保人数34.06万人，完成退役士兵社保接续网上审核和线下复核工作。健全医疗救助制度，确保“应救尽救”，全区实现医疗救助7048人次，发放医疗救助金493.88万元。首例“戈谢病”患者获特殊救助金20万元。常态化防控新冠肺炎疫情，制定《工作方案》，在碑林区疾控中心、碑林区中医医院建成新冠病毒核酸检测实验室，成立核酸检测工作组13个672人，设立主采样点13个，分采样点98个，签约核酸检测第三方检测机构，达到3天内完成地区核酸检测能力；组建专业流行病学调查、消杀防疫、心理疏导、日常应急、社区疫情储备“五支队伍”；管理药店销售退热、止咳、抗菌药物；实行冷冻食品从业人员持核酸检测报告单上岗。全年承接分流航班38架次，隔离留观3933人，未发现境外关联本地病例。

◆社会保障 2020年，碑林区多措并举拓展就业渠道，印发《碑林区稳企助企政策汇编》，搭建“碑林云人才市场”，举办网络招聘会6场，开展“线上+线下”技能培训服务75场次，发布就业岗位46500个，求职者40870人次，达成就业意向27650人次，发放创业担保贷款6473万元。全区实现城镇新增就业12336人，城镇登记失业率3.68%，控制在年目标任务4%以内。落实稳岗降负政策，搭建“碑林区稳就业态势感知服务平台”，通过“线上+线下”宣传，举办辖区参保企业专题辅导“稳岗返还政策”98场次，精准助力企业开展“暖企行动”，发放稳岗补贴1.58亿元，惠及企业2742家、职工4.84万人；扩大社会保险覆盖面，推进社会保险发展，办理城居养老保险1.28万人、失业保险10.91万人、工伤保险11.30万人，办理企业新参保2585户20311人，办理企业失业保险新参保2596户21643人，办理城乡居民基本养老保险参保12785人；落实社会保险基金管理，设立社保基金监督举报电话和投诉信箱，发放城居养老基础养老金313.64万元，结算工伤保险待遇463.76万元，支出失业保险基金951.93万元，发放机关事业养老保险退休费3.07亿元，发放各项保险待遇率100%。科学规范进行人事人才管理，分层次、分类别实施招聘计划，建立初级中级高级专家库、中级评审委员会、初级评审委员会，涉及中小学幼儿园56家，各级各类教育教学专家1038人。完成教育岗位设置动态调整，辖区9所市级“名校+”学校，增加中高级专业技术岗位10%以内，其中高级职称岗位19个，中级职称岗位16个。指导辖区17所高校就业指导中心，直通人才认定工作，累计认定D类人才482名，E类人才2060名、同比增长190%。确定拟聘对象387人，其中综合事业单位78人，教育事业单位290人，卫生事业单位19人。规范社会公共服务，构建和谐劳动关系，开通仲裁系统“线上微课”，多途径妥善解决世纪金花、首约汽车、前进商业大厦3起集体性劳动争议案件。接收劳动人事争议材料1674件，立案受理1528件，审结案件1125件。“根治欠薪”行为，18家企业缴纳农民工工资保证金3943.2万元，处理欠薪案件448起，移送法院强制执行16起504人，追回工资金额333.1万元，涉嫌拒不支付劳动报酬罪案件移送公安机关8件。办理“12345”市民热线咨询投诉6.2万件，答复率100%。开通“互联网+政务服务”“西安市政务事项库”“I西安App”“西安市政务服务网”“一网通办平台”，收到网络信访案件8件。建立粮食安全监管制度，区级应急成品粮食储备保持正常库存，开展粮食宣传活动5次，粮油市场检查15次，批准具有粮食收购资格的企业3家。

◆新冠疫情防控 2020年，碑林区严格落实西安市新型冠状病毒感染的肺炎疫情防控工作部署，召开碑林区新型冠状病毒感染的肺炎疫情防控专题工作会议，构建疫情防控工作组织领导体系。8个街道设社区疫情防控工作站98个，联防联控执勤点92个；建成碑林区疾病预防控制中心、碑林区中医医院新型冠状病毒核酸检测实验室；成立核酸检测工作组13个，核酸检测队伍672人，设立核酸检测主采样点13个，分采样点98个，全年开展区域性核酸检测演练32次，具备3天内完成辖区全员核酸检测能力。组织社会各界人士、志愿者和在职党员干部就近下沉社区疫情防控工作站，开展疫情防控服务工作，通过大数据排查患者活动轨迹，向上溯源、向下断链，设立“一码通”门禁的居民小区院落1473个，平台注册人数1145912人，实施“四色码”管控57221人，居家隔离14252人。组织宣传疫情防控知识，排查疑似患者、密切接触者和居家留观者，暂停或关闭辖区规模较大群众聚集场所，储备发放酒精、口罩、防护服、鞋套、帐篷等防疫物资物品，喷洒消毒辖区公共环境及场所；保障居民正常生活，开展“蔬菜进社区”活动，在餐饮店门口摆摊设点销售肉禽蛋和蔬菜方便群众采购。全年接收转陕入境航班38架次，集中隔离医学观察3933人。组织督导大中专高校复学复课23家、中小学71家、托幼机构59家；督导检查中小学教师笔试考场11家、职业技术学校5家；督导检查辖区酒店、文化景点、娱乐影院等复工复产单位52家；全年发放“援企稳岗”补贴1.9亿元，协助15家企业申请“央行·复工助力贷”8698万元。全年未发生一起境外关联本地病例。

（碑林区方志办）

中共碑林区委、人大、政府、政协、纪委

区委书记 刘其智
副书记 马　翔
区人大常委会
主　任 阮　波
副主任 吴　耀　林　娣（女）　张立华
区　长 马　翔
副区长 程　默（女）　聂文斌　张学东　邹一博（挂职）
区政协主席 柴跟科
副主席 张　瑜（女）　顾建军　周格杏（女）　孔维岳　惠　鸣
区纪委书记、监委主任 吕新海

莲湖区

◆概况 2020年，莲湖区面积43平方千米，辖9个街道办事处、131个社区，户籍人口77.05万人，有民族成分43个，少数民族常住人口43480人，少数民族流动人口2730人。城镇化率100%。

◆重点项目建设 2020年，莲湖区筹集12.5亿元，启动红庙坡路东段打通工程，仅用38天完成征迁任务，道路全面开工建设。启动农兴路片区安置楼建设，六维——赵村、铁路工房及周边棚改等项目稳步推进。南小巷北段、草阳小区棚改项目完成房屋征收。顺城巷棚改项目一期基本完成征迁，整理土地11.87公顷。土门地区“四村”连片综合改造项目安置楼首期竣工交付，利君西、彩虹电器厂棚改项目完成回迁，1399户居民乔迁新居。成功签约宝能·西安丝路中心、JW万豪酒店等18个招商项目。61个区级重点在建项目提前完成年度投资计划。

◆招商引资 2020年，莲湖区制定《关于加强统筹推进招商引资工作的实施意见》《莲湖区2020年招商引资任务清单》，中共莲湖区委、莲湖区人民政府主要领导、分管领导先后带队，分赴广州、北京、深圳、上海、杭州等城市开展招商考察，拜访富力集团总部、香港置地、新加坡GIC、凯德集团、复星集团、宝能集团等知名企业，就富力开远城二期、桃园二坊、顺城巷、土门街心花园北侧、丝路国际中心等重点项目进行招商推介。组织包装策划招商项目59个，签约、落户项目18个，签约金额343.45亿元。其中，过百亿项目2个，分别为富力集团开发建设的青门片区综合改造项目、陕西坤朗房地产开发有限公司开发建设的枣园西路项目；过50亿元项目1个，为中铁置业、利君集团联合开发建设的汉城路健康小镇项目；过10亿元项目1个，为陕西坤朗房地产开发有限公司开发建设的红光路中段西安标准工业股份有限公司厂区项目。盘活楼宇面积2.7万平方米，引进世界500强下属雪物（西安）供应链有限公司入驻财富大厦，创课教育研发公司入驻隆裕创新大厦，方所文化中心入驻老城根Gpark，研山建筑、陕西信方达、卓响教育等7家科技、文化、教育类企业落户太和时代广场、蔚蓝国际、鑫苑中心等楼宇。引进外资企业10家，分别为：陕西向桂教育科技有限公司、陕西艺芃教育科技有限公司、陕西好好声音文化传媒有限公司、陕西铭铃阿拉丁餐饮服务有限公司、西安德福红堡餐饮管理有限公司、环球领域（西安）国际贸易有限公司、西安埃琳娜贸易有限公司、奇境阿拉丁餐饮（西安）有限公司、西安阿拉贝乐餐饮管理有限公司、陕西溯源西秦商贸有限公司。全年实际引进内资87.67亿元，利用外资10398万美元。

◆商贸、旅游 2020年，莲湖区发放“莲湖有腔调—文旅惠民卡”1200套，编印《莲逸》民宿宣传手册，推进民宿发展，打造不舍·长安里（三期）、隐居木鱼、柒上艺术客栈等12家等级民宿。不舍·长安里获评“西安市十佳最美民宿”“西安夜游特色品牌”。“城市记忆”“红色探寻”“古都印记”3条旅游线路在“三秦乐行”旅游App线上运营，并授权天马、金[illegible]、幸福人生等15家旅行社进行线下试运营。举行“时尚电音节”“夏日音乐派对”等夜间文化活动，持续打造夜间旅游消费场景。5月，由西安市人民政府主办、莲湖区政府承办，联合阿里巴巴本地生活在北院门风情街启动“春暖花开 云享莲湖”数字消费季暨莲湖云端购物节、“饿了么”口碑街开街仪式。先后组织举办大唐西市“隐市”“美美长安——2020西安国际啤酒节”大唐西市乌[illegible]丝路嘉年华开幕式，“长安夜 我的夜——千年古都常来长安夜游嘉年华暨莲湖区莲湖有腔调系列活动”“长安[illegible]——钟鼓楼展会”等活动。支持辖区重点商贸企业举办各类促销活动250余场，构建良好消费环境。大唐西市、老城根2个小镇通过西安市特色小镇考核评估验收。6月，国家发改委公布特色小镇典型经验和警示案例，大唐西市丝路文化小镇聚力发展主导产业模式，作为“第二轮全国特色小镇典型经验”被全国推广。全区社会消费品零售总额完成482.37亿元，增长0.3%，顺利扭负为正。莲湖区跻身全国市辖区旅游综合实力百强榜三甲，获评“陕西文明旅游区（县）”。

◆教育、卫生、文化 2020年，莲湖区坚持将有限财力向民生领域倾斜，通过严格财政预算绩效管理、压减一般性支出、争取专项资金、财政转移支付等系列措施，筹集资金[illegible]亿元保障民生支出。

加快教育强区建设。全年教育支出达到11.33亿元，新建、改扩建校园6所，新增学位3780个。自加压力筹集9.1

莲湖区2020年经济与社会发展主要指标

指　标	单位	数量	同比增长率（%）
地区生产总值	亿元	814.95	2.8
地方财政一般预算收入	亿元	34.76	-10.8
地方财政一般预算支出	亿元	41.46	15.5
全社会固定资产投资额	亿元	—	2.9
社会消费品零售总额	亿元	482.37	0.3
规模以上工业增加值	亿元	—	6.9
实际利用外资	万美元	10398	5.9
实际利用内资	亿元	87.67	8.92
城镇居民人均可支配收入	元	50155	4.5

亿元，启动莲湖区第一、第二、第三学校等3所学校建设，建成后可有效缓解结构性、区域性入学矛盾。新招聘教师292名，为城三区最多。投入3.7亿元，完成学前教育“双50%”任务、增加教师绩效工资总量，教师收入有较大提高。完成14所市级确定的公立学校质量提升，新组建市级“名校+”教育联合体4个，新组建区级“名师+”研修共同体15个、校级“名师+”研修共同体25个。

健全完善公共卫生服务体系，启动区公共卫生服务中心建设，建成核酸检测实验室13个。居民医保参保率达到99.67%，扶持大兴医院成功创建3级甲等综合医院，基层医疗体制改革走在陕西省前列，获评全国基层中医药、全国计划生育优质服务先进单位。不断激发创新创业活力，大唐西市丝路文旅小镇创建经验在全国推广；倍格生态双创综合体启幕运营，探索“绿色空间+活力集群+城市更新”的硅巷模式。依托华为云（莲湖）联合发展中心等双创载体，在玉祥门区域初步形成人工智能领域和创新创业聚集区。

加速发展文化事业，建成9个街道综合文化站、124个社区综合文化服务中心，建成社会足球场地7个。区文化馆按照三级馆标准建成总馆和枣园街道文化站分馆、臻园分馆。

◆劳动就业和社会保障 2020年，莲湖区启动9个街道便民中心、131个社区便民服务站改造提升工作，打造政务服务驿站和小店5个，把便民服务送到群众家门口。全区城镇新增就业17467人，完成目标任务的115.3%；城镇登记失业率为3.44%，控制在4%以内；开展各类补贴性技能培训5117人次，完成目标任务的127.92%。建设居家养老服务站3家，建设街道综合养老服务中心3个，新增养老床位1007个，“虚拟养老院”“共享餐厅”模式赢得《人民日报》点赞，成功入选全国智慧健康养老应用试点示范基地。全区全科医生159人，每万常住人口全科医生达到2.07人。扫黑除恶专项斗争纵深推进，中央督导组交办的30条线索全部办结，荣膺省级扫黑除恶专项斗争先进区。全区城镇居民人均可支配收入实现50155元，比上年增长4.5%。

◆城市管理 2020年，莲湖区以实施“三改一通一落地”为主抓手，提升城市管理水平。全年改造老旧小区271个、357万平方米，完成率143%，惠及群众38144户。改造背街小巷148条、80余千米，占全市的近30%。集中落地架空线缆131条道路、111.5千米，归顺整理19条道路、44.7千米。新建、改扩建道路9条，治理堵点11处。西仪坊路、草阳巷、纬二十五街等3条“断头路”提前3个月通车。拆除星火路12座高压铁塔和35根电线杆，多年致堵顽疾彻底根除。新增绿地面积8万平方米，新建、提升绿地广场和口袋公园8个，提升道路绿化景观30条，绿化覆盖率达到43.5%。全年收获优良天数253天，首次超过全市平均值，较上年多38天，创最高纪录。

◆扶贫帮困 2020年，莲湖区投入679万元帮扶资金，在周至县、山阳县实施产业帮扶项目15个，布设消费扶贫专柜161个，多形式销售扶贫产品，价值约830万元。组织辖区各商贸企业与山阳县企业签订825万元采购协议，为当地产业发展注入新活力。组织电商企业赴周至哑柏镇开展猕猴桃采摘活动，帮扶销售猕猴桃25万斤。在区机关大院7号楼设立农产品代销点，联系电商企业建立莲湖线上专馆和专区，建成2个线下专区及4个线上专馆、2个线上专区。全年帮扶山阳县消费扶贫金额298.6万元，联系企业协助销售山阳县农副产品金额达到68万元。顺利完成对口周至县、山阳县帮扶任务。

◆新冠疫情防控 2020年，新冠肺炎疫情发生后，莲湖区成立区疫情防控指挥部，设“一办十一组三专班”，落实一级响应措施，建立日研判、日调度机制。调集最强医疗资源，确定1家定点医院、5个发热门诊，组建6个会诊专家组，对确诊病患“一人一案一专班”，应收尽收、应治尽治。全区1500余名白衣卫士不畏艰险奋战在防控救治一线，历时56个日夜，实现确诊病例、疑似病例、无症状感染者“三清零”。34名医护人员主动请战，奔赴援鄂抗疫最前线，助力打赢武汉保卫战。坚持把辖区客运站场、交通出入口等作为阻击疫情的第一道防线，把社区作为疫情防控的坚强堡垒，地毯式宣传防疫知识、排查重点人员。辖区近万名社区工作者、公安民警、基层干部、志愿者坚守一线、严防死守，2790名党员干部下沉社区参加抗疫，大力推行西安“一码通”，全力推进联防联控、群防群控、技防智控。扎实做好粮油、肉蛋、蔬菜等重要商品供应，在全市率先为蔬菜店发放经营补贴46.6万元。严厉打击哄抬物价、囤积居奇等违法行为。设立12个投放点，每日投放约30吨政府储备菜，保障群众基本生活需求。帮助怡康医药等企业解决配送车辆通行、员工住宿等问题，有力保证防护物资供应。人大代表、政协委员、热心企业、爱心人士和社会各界积极捐款702万元，全部用于防疫物资采购。圆满完成32架次进京国际航班、4082名旅客转运分流任务。妥善处置方欣市场进口冻白虾外包装检测出新冠病毒问题，方欣市场仅封闭25天就重新开业。制定《有效应对疫情促进经济平稳发展25条措施》，因时因势调整应对措施，强化“外防输入、内防反弹”，统筹推进疫情防控和经济社会发展，以最快速度恢复正常生产生活秩序。采取专班服务、援企稳岗、减免税费、降低成本等系列措施，助推企业全面复工复产。为企业减免税费超过9亿元，发放核酸检测补贴43.1万元。精心组织银企对接会，达成融资合作50.6亿元，助力企业渡过难关。实行“一校一专班”，联合现场勘验、医护人员驻校培训指导等机制，稳妥推动复学复课，投入275万元，配发105套智能测温设备和必要防护物资，全区67所中小学93000多名师生全部安全返校。辖区大兴医院

2020年2月22日，企业开始复工复产，莲湖区医护人员对航空工业庆安集团有限公司返回员工集中进行核酸检测

麻醉手术科主任韩丽春、桃园路街道劳动一坊社区党委书记兼居委会主任周建玲、通用技术集团通用环球医疗集团有限公司西电集团医院胸外科（重症医学科）副主任医师张卫宁荣获“全国抗击新冠肺炎疫情先进个人”荣誉称号。北院门风情街荣登全国十大回暖夜市榜首。（李　颖）

中共莲湖区委、人大、政府、政协、纪委

区委书记　张　涌
区委副书记　王永杰　尤　骁
区人大常委会
主　　任　吴俊毅
副 主 任　白秋分（女、回族）
　　屈静珍（女）　孙立明
区　　长　王永杰
副 区 长　上官拥军　王　岩
　　肖红亮　董　旭
　　缪宝辉　张　炜
　　阿德力别克•阿拜都拉
　　（哈萨克族，挂职）
区政协主席　刘永毅
副 主 席　高贵林　孔令国　刘庆明
区纪委书记、监委主任　周兴鹏

灞桥区

◆概况　2020年，灞桥区总面积3243平方千米，辖7个街道办事处，76个行政村，68个社区。

◆农业与农村经济　2020年，灞桥区全域实施美丽乡村建设，系统实施农村人居环境整治和美丽乡村建设，76个行政村全部达到干净整洁有序标准，创建市级“美丽乡村”8个、市级“美丽庭院示范村”1个。全市美丽庭院创建工作现场会在灞桥区召开。20个村生活污水得到有效治理，13个村实现有效管控，完成农村户厕无害化改造3020座，新建农村公路9条10.2千米，宜居指数不断提升。建成市、区级美丽乡村25个，创建美丽庭院1000户，打造乡风文明一条街37条，农村新“三大革命”达到国家标准，创建清洁村庄示范村45个，改造户厕2.1万座，“1+3+4”户厕智能化管护模式在全省作经验交流，被央视“新闻直播间”报道。农村产业蓬勃发展，建成村级综合服务社59家，创建电子商务示范村3个，农产品网络销售额突破1.4亿元，尚塬民宿、星空民宿等品质不断提升。村集体经济不断壮大，建成区、街、村三级产权交易体系，成立股份经济合作社172个，“空壳村”全面消除。深入推进农村产权制度改革，土地确权登记基本完成，“房地一体”确权登记加快推进，成立农村集体经济股份合作社172个，集体经济“空壳村”全面清零。全市美丽庭院创建工作现场会在灞桥区召开，被评为全国村庄清洁行动先进县。精心举办“我在灞桥等你”樱桃采摘节、“千年古都品葡萄·常来长安游灞桥”等活动，打造精品旅游线路3条，全年接待游客1200万人次，实现旅游收入51亿元。现代农业优化升级，全区粮食种植面积基本稳定在2667公顷，灞桥樱桃入选《全国名特优新农产品名录》，品牌价值15.96亿元，年产量4万余吨，销售额突破6亿元，休闲农业经营收入2.63亿元，都市型现代农业成为经济增长的新亮点。

◆工业　2020年，灞桥区提出“创新、率先发展、全面发展”总要求，坚持园区引领、区块联动、多发展点突破。洪庆新城项目建设完成投资35.58亿元，路网建设加快实施，国誉环保、煤化工喷嘴等项目加快推进。纺织产业园项目建设完成投资11.46亿元，国家分子生物医学中心开工，颐居田园综合体、秦草生态科技示范园进展顺利。纺织城片区完成固定资产投资26亿元，新注册外资企业2家，美盛新天地、启新国际等项目加快实施。全年供应土地2490亩，设立25亿元产业发展基金和“专精特新”基金，区投资控股集团发行债券20亿元，为产业培育、企业发展和重点项目提供资金保障。创新重点项目管理办法，建立项目建设横向协调沟通机制，进一步凝聚项目责任部门、街道、资源规划等职能部门之间合力。多维度招才引智，引进高层次人才8人，引进和引入各类专业技术人才158人，人才队伍日益壮大。设立“专精特新”科技引导基金，助力企业发展壮大，新增规模以上工业企业10家、国家高新技术企业40家、“民参军”企业13家，先进制造业生产值增长10.9%。

◆重点项目建设　2020年，灞桥区狠抓“十项重点工作”落实，全力配合保障市级重点项目建设，7个市级在建项目完成投资47.83亿元。168个区级重点在建项目，开工125个，完成投资160.32亿元，36个项目已竣工。

◆招商引资　2020年，灞桥区推出109个“一件事一次办”主题套餐。强化资金保障，争取国债和中央投资67.8亿元。7个市级重点项目完成投资47.83亿元，168个区级重点项目完成投资160.37亿元。开展精准招商活动200余次，国家分子医学转化科学中心、陕西粮农应急供应保障基地等10个产业项目集中签约，合同引资117.87亿元。华为（西安）物联网创新发展中心一期、西谷医院等项目稳步推进。全年实际利用外资9200万美元，引进内资111.25亿元，区域发展引擎加快升级。突出产业招商，多次赴上海、常州、昆山等地宣传推介、考察企业，全年策划包装重点招商项目32个，计划总投资约[illegible]3.9亿元。华为、华润等国内外500强企业入区发展。

◆生态建设　2020年，灞桥区全面巩固“秦岭保卫战”成果。全年巡查检查5800余次，整治秦岭生态环境问题31起，造林绿化54.6公顷，秦岭灞桥段山林更加葱郁。坚持铁腕治霾，清理取缔重污染企业6家，处置大气污染问题502起，农业面源污染有效管控，修复治理污染耕地75公顷，二村沟垃圾填埋场全面封场，生活垃圾无害化处理项目加快推进。实施“全域治水、碧水兴城”，建成雨污分流管网[illegible]0条34千米，整治雨污混接点215处，铺设农村污水管网31千米，整治农村黑臭水体31处，深入推进浐灞河综合治理，治理河堤面积0.4平方千米，灞河左岸生态公园建成开放。

灞桥区2020年经济与社会发展主要指标

指　标	单位	数量	同比增长率（%）
地区生产总值	亿元	542.06	8.5
地方财政一般公共预算收入	亿元	18.63	1.9
地方财政一般公共预算支出	亿元	37.15	4.5
全社会固定资产投资额	亿元	—	10.3
社会消费品零售总额	亿元	516.66	15.2
规模以上工业增加值	亿元	—	2.4
实际利用外资	万美元	9200	-19.7
实际利用内资	亿元	111.25	—
城镇居民人均可支配收入	元	42183	4.6
农村居民人均可支配收入	元	19353	7.7

成为群众休闲网红打卡地，灞河河堤综合治理项目被评为西安市“全域治水”示范工程。系统推进山、水、林综合保护，8个全域治水碧水兴城项目全部完工，35.17千米“三河一山”绿道建设全面启动，十余家媒体对灞桥区生态建设成效进行宣传报道。清理取缔6家重污染企业，整治“散乱污”企业789家。全年优良天数达到260天，比上年增加26天。

◆社会事业 2020年，灞桥区一般公共预算民生支出28.93亿元，20项公开承诺民生实事全部兑现。扎实开展“三排查三清零”“对标补短”，排查整改各类问题476条，中央督查和市脱贫攻坚成效“大督战”反馈问题全部整改到位。以总攻状态推进“两不愁三保障”，顺利完成剩余33户49人贫困人口的精准帮扶和脱贫退出工作，农村贫困人口已全部脱贫。落实稳就业10条措施，推动就业创业促进增收，城镇新增就业9351人，创业担保贷款发放4320万元。城镇居民人均可支配收入增长4.6%，达到42700元；农村居民人均可支配收入增长7.7%，达到19200元。深化教育强区建设，投资6.35亿元，完成12所学校新建及改扩建任务，提前启动2021年7所学校新建及改扩建，招聘教师148名，新增学位6210个，普惠性幼儿园占比达到91.5%，市区级“名校+”实现全覆盖，家门口的好学校越来越多，新增生源，“入学难”问题得到极大缓解。加快建设健康灞桥，建立“互联网+三医联动”健康服务体系，辖区群众享受到更加方便快捷的就医服务。落实文化创意产业发展和应对疫情影响促进文化企业健康发展26条措施，兑现区级文化产业奖励资金120万元，争取上级各类奖补资金600余万元。大力发展“旅游+”产业，推动文旅深度融合，全年接待游客约1359.85万人次，旅游综合收入51.98亿元。白鹿原农文旅产业融合发展荣获中国民生示范工程奖。深化扫黑除恶专项斗争，扎实开展“六清”行动，办理涉黑涉恶案件11件，深挖一批涉黑涉恶涉腐和“保护伞”问题，社会环境不断净化。脱贫攻坚圆满收官，剩余33户49人如期脱贫，防返贫机制不断完善。开展职业技能培训2.3万余人次，城镇新增就业8808人，城镇登记失业率控制在3.42%以内。建成紧密型医联体1家、医疗集团1家、星级预防接种门诊5家、核酸检测实验室2个。保障困难家庭2563户4214人，发放保障金、救助金2840万元。持续做好退役军人服务保障，发放优抚资金8000余万元。办理涉黑、涉恶案件11起，深挖一批涉黑、涉恶、涉腐和“保护伞”问题，社会环境不断净化。安全防范能力不断提升，全年工矿商贸领域未发生生产安全事故，灞桥区被评为陕西省县级防震减灾工作先进单位、食品安全A级区。

◆新冠疫情防控 2020年，灞桥区精心制定防控措施，严密组织全面排查、病患救治、人员隔离等工作，稳妥应对、紧密衔接疫情防控和复工复产，分类施策、一企一策，全力以赴稳生产、保就业，出台确保经济平稳运行22条措施，协调解决企业生产经营各类问题，落实就业、税收、金融等22条扶持措施，减税降费6.7亿元。先后协助7家企业获得贷款3665万元，复工复产有力有序。为五村城改路网、架空线缆落地等6个项目申请抗疫特别国债资金1.9亿元。坚持“外防输入、内防反弹”，完善常态化防控机制，严格落实疫情防控要求，保障区域经济社会平稳健康发展。成立21个专班，完成32架次、4104名入境国际航班旅客隔离留观任务，未发生一起境外关联病例。未发生一起境外关联的本地病例，收治本地确诊病例8例、无症状感染者2例，3月31日实现确诊病例全部清零。（灞桥区方志办）

中共灞桥区委、人大、政府、政协、纪委

区委书记 苗志忠
副书记 邹晓刚
区人大常委会
主任 姜 旭
副主任 辛 华 朱 列（女）
区长 邹晓刚
副区长 王红武 孟 超
袁 萍（女） 郭建荣
区政协主席 韩孝民
副主席 李剑君 肖晓宁
周 媛（女） 王毅刚
高向凡
区纪委书记、监委主任 王 伟

未央区

◆概况 2020年，未央区辖街道办事处12个（其中，三桥、建章路街道办事处由西咸新区沣东新城托管），年末户籍人口88.71万人（均为城镇人口），全年出生人口16026人，死亡人口3157人。

◆招商引资 2020年，未央区成功举办推动未央高质量发展暨“五大片区”推介活动，集中签约项目11个，总投资1295亿元。全年新增“五上”企业89家，市场主体总量突破14万户。开展线上“云招商”和全产业链招商，签约文旅项目10个；未央·西航军民融合产业园引进航空航天配套企业12家。出台公司注册地及税收关系迁转激励政策，全年回迁企业24户，新增税收3100万元。成立楼宇经济促进会，制订3年发展计划，对商业楼宇实施梯度培育、分类招商，汉都美居装饰小镇落户汉都新苑，26家家居设计企业入驻大明宫中央广场，楼宇产业集聚度逐步提高。

◆重点项目建设 2020年，未央区建立健全重点项目区级领导包抓、目标责任考核、手续跟踪办理、调度例会4项制度，重点解决项目在征地、拆迁、文勘、手续办理等环节存在的突出问题，有力推动项目加快建设。113个区级重点在建项目、6个市级重点在建项目分别完成年计划投资的130.05%、136.74%，进度位居全市区（县）第1名。新建项目开工率达94.44%，创历年最好水平。总投资500万元以上新项目48个，占比较去年提高13.89%。

◆城市建设与管理 2020年，未央区投资23.7亿元，完成63个老旧小区、33条背街小巷改造，56条通信架空线缆落地，19条电力架空线管沟建设，打通老二环规划路等4条“断头路”，迎“十四运”工作考核位居西安市区（县）第2名。投资1.12亿元，全面完成“两路两侧三化”和朱宏路、阳光大道等8条道路外立面整治。提升改造人行天桥24座、公厕34座，新建公厕7座，城市功能更加完备。朱宏路、广安路、北辰大道等城市快速路以及北三环—太华路立交建成通车，汉都新苑东侧规划路等9条市政道路完成建设，灞浦四路、环湖东路等12条道路加快推进。整治秦川路、凤城南路西段等4处堵点，通行能力显著提升。新增公共停车位、错时停车位、共享停车位1.1万个，交通优化提升工作考核位居全市区（县）第1名。启动实施遗址区15条道路提升改造工程。完成团结、谭家村及周边市场整体拆除，累计拆除面积268公顷，整理土地约26.67公顷。完成枣园村整村拆除，整理土地约66.67公顷；完成北三环沿线郑家寺、湖北庄、草店、新光4村联拆，拆除面积115公顷，整理土地约106.67公顷；完成环园中路停车场、赵村储备地征拆，整理土地约46.67公顷；配合经开区、浐灞生态区，完成柳林村、赵村、上庄村、夏家堡村、新光村四组及朱宏、吉祥、北寰、北辰等4个机电市场拆除，未央城市规划区范围内城中村基本实现“清零”。以迎“十四运”为契机，拆除12条迎宾道路、红旗铁路沿线违法建设486处58公顷；实施奥体中心周边“四纵四横”道路综合整治，拆除各类违法

未央区2020年经济与社会发展主要指标

指　标	单位	数量	同比增长率（%）
地区生产总值	亿元	1319.43	3.0
一般公共预算收入	亿元	30.23	-3.1
一般公共预算支出	亿元	37.12	10.7
固定资产投资额	亿元	—	21.2
社会消费品零售总额	亿元	909.49	-4.0
规模以上工业增加值	亿元	195.46	-11.4
实际利用外资	万美元	9420	-16.3
实际引入内资	亿元	84.09	—
城镇居民人均可支配收入	元	46859	5.0

建设29处36公顷。扎实开展农村乱占耕地建房问题及遗址区违建专项整治，完成国家级、市级图斑摸排任务，拆除违法建设699处134.6公顷；完成丰景路等15条道路沿线2.1公顷违法建设拆除任务，全年实现违建“零增加”。建立“一村一案一专班”机制，全力处置城改遗留问题。采取“依法清退、二次招引”模式，牛王庙村安置楼烂尾问题得以解决，草二村城改新主体正在确定。十里铺东村、马浮沱村、罗寨村、草一村顺利回迁，王家棚村、后村安置楼项目顺利推进，草二村完成“一户一套”分房。着力完善回迁配套，汉都新苑中小学即将封顶，开发大道、北三环北辅道等配套道路及水电气暖等设施不断完善；草一村安置楼西侧规划路，草二村正式供水，新房村、红光村、联合村正式用电问题得到解决。按照“四最”标准，开工建设团结、谭家安置社区及学校、道路、绿化等配套项目。

◆环境保护　2020年，未央区精准实施大气污染防治，在全市率先成立生态环境保护委员会，统筹推进全区生态环境保护工作。聘请第三方机构科学精准治霾，对重点区域实行“全天候排查、网格化管控”。下势整治建筑工地、渣土运输、道路扬尘、餐饮油烟、“散乱污”等突出问题，取缔非法市场和废品收购站。全年空气质量优良天数228天，比上年增加53天；PM10、PM2.5平均浓度下降20%以上。投资4277万元，完成沣三干渠污水截流改造工程。遗址区26处涝池治理、建成区16条道路雨污分流工程加快建设。414处雨污混接点完成改造。第四污水处理厂出厂水质达到地表准四类标准。封堵漕运河、幸福河、皂河52处排污口，断面水质达到市考要求。建成“三中心一暂存点”，提升改造垃圾压缩站12座，新建厨余垃圾处理站2座，购置分类转运车38辆，垃圾分类收集、转运、处置系统进一步完善。投资1.97亿元，高标准实施秋冬季绿化。完成秦汉大道、阳光大道等9条迎宾线绿化提升、新建及恢复工作。有序推进太华北路、老二环规划路等67条道路，西安工业大学西门、凤城八路—太华北路立交等39个广场绿化提升，实施团结区域树阵栽植工程，新增绿化面积12.34公顷。

◆劳动就业和社会保障　2020年，未央区投入资金768万元，助力紫阳脱贫摘帽、蓝田脱贫退出。落实“六稳”“六保”要求，全年减税降费31.76亿元，城镇新增就业12459人，完成年度目标的106%。发放创业贷款8219万元，带动就业1932人。投资5.45亿元，新建、改扩建学校9所，新增学位7350个；财政投入1.75亿元，如期完成公办幼儿园“双50%”任务和教师工资补差；组建市、区级紧凑型“名校+”教育联合体12个；新招录教师288名，获评教育强市建设先进区。制订卫生健康“7+2+15+15+1”三年行动计划，市第三医院二期、区中医医院、区疾控中心及六村堡、汉城等5个社区卫生服务中心项目开工。建成投用笼式足球场5个。创新打造“中心+驿站+居家养老”未央模式，建成居家养老服务站3个、街道综合养老服务中心4个，新增床位138张。累计发放各类社会保障金5554万元，城乡医保支出3.94亿元，社保基金支出2.76亿元。区文化馆建成投用。区政务综合服务中心即将迁入新址，区图书馆、区公证处、区婚姻登记处、区党群服务中心、区综合办税大厅、区退役军人服务中心同步入驻新中心，群众和企业办事更加便捷。

◆基层治理　2020年，未央区新成立社区65个；投资5500万元，提升改造社区办公场所85个；完成全区985名社区工作者“三岗十八级”薪酬套改；规范社区工作服务事项111项，建成5G基站1011个，智慧城区加快建设。深入开展安全生产专项整治三年行动，全区安全生产形势持续向好。强化食品药品安全监管，创建省、市级“放心肉菜示范超市”6家。扎实推进矛盾化解活动，信访事项群众参评率、满意率均达98%以上。

◆依法行政　2020年，未央区深入开展建筑垃圾综合整治，调查认定1万立方米以上存量建筑垃圾28处，自行清运15.85万立方米，移送公安机关14人；启动代履行程序，准备移送法院15宗。强力打击传销，取缔传销窝点90个，清查遣散传销人员200人，移送起诉18人。全年受理行政复议、行政复议案件88件，办结率100%，区主行政机关负责人出庭应诉率达85%以上，法治政府建设稳步推进。

◆新冠疫情防控　2020年，未央区全力保障“战疫情”，累计投入1.25亿元。严守高铁北站和汉城、未央北2个高速出入口，捍卫西安防疫的“北大门”。动员干部群众5500余人，开展全区地毯式摸排和网格化管控，累计追踪管控确诊病例8人、疑似病例50人、无症状感染者8人、密切接触者318人、境外输入确诊病例密接及发热人员33人，在城六区中率先被调整为低风险区。认真落实“省10条”、“市21条”、区“六个一”制度，千方百计助力企业解决用工、资金和防疫物资方面存在的问题。坚持“外防输入、内防反弹”，适时调整常态化疫情防控举措，累计医学观察975人，核查国内中高风险地区来返人员12.6万人。5个常态化隔离酒店承接入境国际航班分流人员5563人。扎实做好进口生鲜冷冻食品、从业人员和环境全链条监测及问题食品应对工作。建成方舱核酸检测实验室，达到5天完成全员核酸检测的能力。储备医用防护服1.5万件、医用酒精1.6万瓶、外科口罩30万只。积极开展秋冬季演练，疫情防控基础更加牢固。

（齐　倩）

中共未央区委、人大、政府、政协、纪委

区委书记　杨建强
副 书 记　刘国荣　雷忠全
区人大常委会
主　　任　陈佳华
副 主 任　袁亚莉（女）　张永亮　杨文梨
区　　长　刘国荣
副 区 长　徐　斌　王建军　王小瑛　王礼信　王惠增　程希文　魏国康
区政协主席　杨　军
副 主 席　张广琦　李淑萍（女）

王红运　窦芳（女）
王艳君（女）
区纪委书记、区监委主任　卫志强

雁塔区

◆概况　2020年，雁塔区辖8个街道办事处、142个社区、45个行政村。土地面积152平方千米，城镇化率100%；常住人口1202038人；新出生人口7521人，其中二孩出生2671人；人口出生率10.09‰，死亡率4.73‰，自然增长率5.35‰。有民族成分46个，共18831人。

◆农业与农村经济　2020年，雁塔区深化农村集体产权制度改革，全区80个村（社区）清产核资全部完成。加强野生动植物保护，对高速路口、农贸市场中携带、运输、交易野生动物进行全面排查和规范化处置，查获携带野生动物入城区的车辆16辆，没收禽类及野生动物29只。抓好农林有害生物防控，开展春秋两季松材线虫病监测普查。加强动物疫病防控，组织动物疫病防控知识培训4次，编印狂犬病知识宣传册6000份，狂犬病免疫16092只，免疫率100%。加强水资源管理，做好地下水监测井监管，对现有21个农村98眼供水井进行水质检测，加强农村对取水设施设备及水源地保护，确保农村饮水安全。自帮扶工作开展以来，投入资金5500余万元，协调引进社会帮扶资金1000余万元。开展扶志扶智、产业发展、基层设施项目135个。目前14个贫困村已全部脱贫退出，223户贫困户均已脱贫。

◆工业　2020年，雁塔区工业发展持续转方式、调结构，加快建设先进制造业特色发展区，成功培育8户重点先进制造业企业，先进制造业总产值增速达到10%以上。开展清理拖欠民营企业、中小企业账款专项行动，制订清偿计划，明确具体时间表和清偿路线图，清理拖欠账款3362.01万元。抓好防疫复工复产，组织辖区内防疫物资及配套保障企业生产“84”消毒液等必需品。保障供热企业、污水处理企业正常生产，确保民生供应。实施重点巡查与协同监管相结合、重点联络员与网格管理互补充的工业企业服务指导方式，14户重点军工单位及39户规上工业企业率先全部复工。全年新增规模以上工业企业7家，完成年度目标任务的230%。

◆商贸　2020年，雁塔区完成社会消费品零售总额1144.4亿元，新增限上商贸企业35家，完成外贸进出口总值10亿元。先后举办“花开长安——2020西安云上购物节暨雁塔区美食购物节”“美美长安——2020西安国际啤酒节雁塔分会场”“乐购雁塔·惠满长安——全国消费月、雁塔消费季”等活动，培育消费热点，激发消费潜力。推进社区商业发展，构筑以“15分钟便民服务圈”为标志的社区商业体系，全年新增各类社区商业网点108个。推进城市商贸聚集区建设，加快培育小寨商圈、兴善寺西街和电子商城步行街等街区建设，打造特色夜间经济，增强人流、商流和资金流等商业要素集聚。小寨商圈被西安市商务局评为“西安市夜经济示范商圈”，商圈内华旗国际被评为“西安市夜经济示范街区”。

◆招商引资　2020年，雁塔区先后赴上海、杭州、宁波、深圳、厦门等地开展招商活动，组团参与“第三届上海国际进口博览会”“2020厦门国际投资贸易洽谈会暨丝路投资大会”“第十届陕粤港澳经济合作活动周”等招商引资活动。全年“线上线下”招商活动322场，接洽客商500多人次。完成引进内资86.18亿元，占市考目标任务的130.17%；完成利用外资9077万美元，占年度目标任务的101.08%；完成新设立外资企业14家，完成任务率233%。

◆重点项目建设　2020年，雁塔区采取“区级领导一对一包抓”和“三张清单”制度（即重点项目手续办理清单、重点项目手续容缺清单、企业项目反馈问题清单），全力保障项目建设，全年9个市级重点在建项目完成投资93亿元，占年计划的133%；57个区级重点在建项目完成投资216亿元，占年计划的118%。

◆教育、科技　2020年，雁塔区坚持优先发展教育事业，新组建5个市级、25个区级“名校+”教育联合体，实现中小学“名校+”工程全覆盖；新组建8个市级、18个区级、41个校级“名师+”研修共同体；新组建5个市级“名校长+”领航研修共同体，推动教育优质均衡发展。深化人事制度改革，实行教师“区管校聘”和“全员聘用”，进一步扩大学校办学自主权。开展教师业务能力“梯次式”培训，累计培训教师45700余人次。加快学前教育普惠公益发展，实现公办园及公办园在园幼儿占比“双50%”目标，全区普惠园覆盖率达到97%以上。实施小学1—3年级弹性离校，为15659名下午放学后家长接送困难的学生提供延时照顾服务。新冠肺炎疫情期间，录制区级教学资源2379节，确保“停课不停学”网络教学顺利开展。

实施创新驱动，强化人才队伍建设及科技创新。全年净增国家级高新技术企业98家，技术合同交易额累计超过510亿元。举办2020年第五届中国创新挑战赛（西安）硬科技发展专题赛雁塔区专场现场赛需求对接会，征集企业技术创新需求50余项。帮助企业解决发展难题，全年累计走访企业100余家，众创载体30余家，助推科技成果转化项目20项以上。组织开展雁塔区青少年科技创新大赛，获市级奖项136项，省级奖项31项。全年争取市级基层科普行动计划项目资金27.6万元。

◆文化、体育　2020年，为丰富人民群众的精神文化生活，雁塔区先后举办“中国年看西安”系列活动、“云上红五月”、“2020年非遗日”、“我们的节日”系列演出、夏日广场惠民演出、秦腔展演月活动、“创文明城　迎十四运”文艺演出等一系列文化活动。全年开展各类活动175场，其中文化活动类71场，惠民活动类20场。加强阵地建设，推进区级文化馆、图书馆总分馆制建设，发挥区级总馆在区域公共文化建设中的中枢作用。加强娱乐场所管理，对文化市场经营单位的防疫工作进行监管，对辖区各类文化经营场所日常经营活动进行安全检查，严厉打击非法违法经营行为。

雁塔区文旅局先后组织“舞动长安”2020雁塔区全民健身技能展演暨全

雁塔区2020年经济与社会发展主要指标

指　标	单位	数量	同比增长率（%）
地区生产总值	亿元	2510.72	7.3
地方财政一般预算收入	亿元	37.85	-17.6
地方财政一般预算支出	亿元	36.36	3.0
全社会固定资产投资	亿元	—	9.2
社会消费品零售总额	亿元	1144.4	-6.0
规模以上工业增加值	亿元	—	1.7
实际利用外资	万美元	9077	-20.7
实际引进内资	亿元	86.18	—
城镇居民人均可支配收入	元	51217	5.2

民健身月、“体育运动嗨起来　健康快乐迎全运”2020年西安市雁塔区全民健身运动会五人制足球赛与篮球赛、2020雁塔区“一区一县一精品”门球大赛、西安市中小学生三跳比赛（雁塔赛场）等体育赛事。组织参加西安市2020年足球、排球等单项年度锦标赛，获团体第一名7个，第二名6个，第三名8个。完善体育设施，完成8块足球场地建设。加强全民健身设施建设与管理，更新及新建75余套健身设施，满足辖区群众健身需要。

◆旅游　2020年，雁塔区围绕“旅游+文化”开展陕西历史博物馆“云上音乐会”、“线上旅游文创特卖会”、雁塔区2020年非物质文化遗产宣传展示活动和“雁塔杯”大爱中华全国书画名家抗疫作品大赛；围绕“文化+旅游+商贸”开展夜游嘉年华系列活动和文旅消费旅游季活动；围绕“旅游+体育”开展线上马拉松活动和棋道文化节活动；依托高校资源，举办雁塔区第四届毕业旅行季高校毕业云歌会等八大主题活动。全年接待海内外游客约1381.05万人次，旅游收入122.26亿元。推进深化“厕所革命”，提升旅游厕所建设标准，完成系统内4A级以上景区旅游厕所二维码张贴及景区内旅游厕所百度地图上传工作。新建旅游厕所1座，改建旅游厕所4座。加大旅游市场专项整治，确保旅游市场秩序。全年共收到“12301”旅游投诉251件，已办结217件，共挽回经济损失571694元。收到“12345”投诉198件，已办结198件，办结率100%。

◆医疗卫生　2020年，雁塔区有各级各类医疗机构869所，卫生技术人员18113人，医疗床位9289张。持续开展医药卫生体制改革，充分发挥医联体优势，将部分受疫情影响的患者下转至医联体成员单位进行输液治疗，有效分流三级医院门诊输液患者，全年二、三级医院专家下沉社区坐诊802人次，接诊病人3200人次，让群众在家门口享受优质医疗服务。完善药品供应保障制度，加强对各医疗机构“4+7”中选药品配备使用的监管，完成第一周期国家组织药品集中采购和使用试点工作约定采购量任务。推进家庭医生签约服务，成立70个家庭医生工作室、91个家庭医生服务团队，签约10类重点人群10.09万人，重点人群签约率42.63%。

◆劳动就业与社会保障　2020年，雁塔区城镇新增就业12000人，完成年目标任务的104%，城镇登记失业率控制在3.5%以内。开展补贴性职业技能培训5.86万人次，开展春风行动、民营企业招聘周、大学生就业见习等主题线上线下招聘会75场，提供就业岗位3万余个，达成就业意向7200人。创业担保贷款放款185笔，共9288.2万元；创建各类标准化创业中心15家，发放标准化创业奖补资金80万元；组织860人到122家就业见习基地参加见习，发放就业见习补贴163.02万元。为符合条件的1.7万户参保企业落实减免社保费9.18亿元。发放疫情期间十条措施补贴267.78万元，为7049人发放失业补助金915.64万元。全区失业保险参保13.69万人，发放失业保险金1373.33万元；工伤保险参保19.7万人，发放工伤待遇1852.07万元；被征地农民养老保险累计参保5.24万人，发放养老待遇10138.9万元；城乡居民基本养老保险参保人数4.59万人，发放养老保险金4753.22万元。　（胡翠美）

中共雁塔区委、人大、政府、政协、纪委

区委书记　王　斌
副 书 记　马　翔
区人大常委会
主　　任　曹　宇
副 主 任　王新利　王效梅（女，回）　翟蒲娣（女）　王　璞
区　　长　王　斌
副 区 长　贠孝民　岳智宏　吕东国　张　武　马惠民
区政协主席　史　青（女）
副 主 席　王宝成　李小红　任睿娥（女）　朱红斌
区纪委书记、监委主任　郭向卫

阎良区

◆概况　2020年，阎良区辖7个街道办事处、32个居民委员会、73个行政村，土地面积244.5平方千米，耕地面积1.52万公顷，城市建成区面积24.68平方千米（不包括机场区域面积），建成区绿化覆盖率45.8%。年末户籍人口281536人；其中男性144235人，女性137304人。

◆农业与农村经济　2020年，阎良区农林牧渔及服务业总产值55.7亿元，比上年增长4.1%。其中，多种经营产值47.2亿元，增长4.2%；农林牧渔及服务业增加值35.4亿元，增长4.1%。全年粮食种植面积1.8万公顷，产量11.93万吨，其中夏粮5.96万吨，秋粮5.97万吨；蔬菜种植面积1.04万公顷，产量75.98万吨，增长2.6%；甜瓜种植面积0.44万公顷，产量25.96万吨，增长0.5%；园林水果种植面积0.12万公顷，产量3.06万吨，下降1.2%。畜牧业产值71213万元，增加值40070万元，其中，肉类总产量4120吨，生鲜乳产量23[illegible]吨，禽蛋产量3557吨，大牲畜存栏758[illegible]头，生猪存栏29101头，奶山羊存栏42[illegible]只，家禽存栏29.23万羽。全区农业机械总动力119862千瓦，其中柴油动力[illegible]千瓦；拥有拖拉机805台、联合收割机[illegible]台、青饲料收获机48台、秸秆捡拾打捆机[illegible]9台、秸秆粉碎还田机243台、播种机[illegible]台、深松机3[illegible]台，配套农具2[illegible]5台（套）。创建市级以上龙头企业9家，营收总额8934.57万元。推进农业产业化发展，先后形成以甜瓜、果树、蔬菜等为主的特色产业。推广使用低毒、高效、环保农药，推广测土配方施肥、秸秆机械化综合利用、畜禽粪污资源化利用等绿色农业技术，改善农业生产环境。新建农田废弃物回收点10个，病死畜禽无害化处理覆盖率100%，畜禽粪污资源化利用率85%，规模养殖场粪污处理设施配套率100%，秸秆综合利用率9[illegible]%，农膜综合利用率达80%，化肥和化学农药使用量减少30%，有机肥和生物农药使用量增加50%。继续开展扶贫工作，确定重点帮扶贫困户55户，示范点园区产业带动55户，街办自主确定带动的贫困户[illegible]9户，街办自主发展32户；组织技术人员开展“一对一”式技术服务，共[illegible]0户次、[illegible]500余人次。职业培育农民2[illegible]名。开展新品种、新技术的示范推广，引进推广新优品种16个，推广新技术[illegible]项，示范应用高效模式4种。培育农民专业合作社35个，认定家庭农场12个，创建市级示范农民专业合作社2个；创建省级示范家庭农场1个，市级示范家庭农场1个。完成4个农村人居环境示范村建设项目，总投资60万元，绿化面积2[illegible]公顷，绿化美化覆盖率均达到30%。

◆工业　2020年，阎良区规模以上工业总产值335.16亿元（含驻区军工单位）。其中，区属[illegible]亿元，比上年下降46.6%；航空基地7[illegible].6亿元，增长17.2%。全区规模以上工业增加值下降18.6%。其中，区属下降[illegible]5.0%；航空基地增长16.2%。区属规模以上工业企业主营业务收入50.69亿元，下降36.4%。实现利润总额2.71亿元，下降25%。面对疫情，响应国家号召，助力70余家规上工业企业于2月底全面实现复工复产。工业投资比上年增长[illegible]%，工业技改投资增长6.2%；培育和新增规模以上工业企业3家；非公有制经济增加值占地区生产总值比重达到35.7%。围绕指导和跟踪服务16家先进制造业企业，助推先进制造业总产值增速达到[illegible]%。西安大天新材料有限公司、陕西[illegible]有限公司的4个项目被市工信局认定为市技术创新项目；指导4家企业完成企业技术中心评价

阎良区2020年经济与社会发展主要指标

指　标	单位	数量	同比增长率（%）
地区生产总值	亿元	249.1	0.7
地方财政一般预算收入	亿元	7.10	1.30
地方财政一般预算支出	亿元	20.98	-6.7
全社会固定资产投资额	亿元	—	10.7
社会消费品零售总额	亿元	37.22	14.1
规模以上工业增加值	亿元	—	-18.6
实际利用内资	亿元	78.55	—
实际利用外资	万美元	3460	3.0
城镇居民人均可支配收入	元	42703	5.1
农村居民人均可支配收入	元	17104	8.2

工作，指导1家企业完成市级企业技术中心申报工作；2家公司被确定为“两化融合”贯标试点企业。

◆招商引资　2020年，阎良区围绕先进制造业、文旅融合、“三个经济”、“双招双引”等十项重点工作，采用多种形式开展招商引资工作。参加上海进博会，考察阿里集团、云集、薇娅谦寻集团、盒马鲜生养殖基地等项目；赴上海、深圳、杭州、广东、南宁等地，考察天舟融智、盒马鲜生、杭州电商基地、敏华智能沙发、光大中金集团、志特新材料生产基地等项目。敏华控股集团、光大中金集团、恒大集团、绿地集团、碧桂园集团、江西志特集团、四川现代教育集团等80家知名企业先后来阎考察。组织开展“清华大学EMBA学子智献航空城座谈会”“航空供应链大会”，利用“西安市阎良甜瓜产业文化节启动仪式”“2020年阎良相枣文化旅游节”“上海进博会”“中国·东盟农业国际合作展”等专场活动，进一步宣传推介阎良。引进和能装配、一次性医用口罩生产项目、碧桂园海康地产项目、峻侨节能环保材料生产基地项目等15个项目落户。签订西安电子科技大学长安学院新校区项目、国际卡丁车赛车基地2个项目框架合作协议。引进悦商集团等80家企业入驻，实现全口径税收3991万元。累计引入总部企业130余家，实现全口径税收7500余万元。编制、印发《加强“双招双引”工作联动的机制》《2020年“双招双引”工作方案》。

◆重点项目建设　2020年，阎良区建立“一个项目、一名联系领导、一个责任单位、一名项目经理、一张任务清单”的“五个一”项目推进机制，实行项目季度观摩测评、加强重点项目督促检查、建立问题台账、实行销号管理。全年现场观摩项目67个，推动15个重点项目落地建设。开辟“文勘前置、容缺受理”等绿色通道，全年办结约150个项目手续。7个市级重点在建项目完成投资26.35亿元，占投资计划任务的128%；84个区级重点项目完成投资69.3亿元。竣工投用项目33个，带动就业超过1000人。争取上级资金3.15亿元，其中中央、陕西省、西安市预算内资金5182.8万元；发行债券2.63亿元，项目发行成功个数位居全市第3。

◆商贸服务业　2020年，阎良区全年批发和零售业增加值12.78亿元，比上年增长28.5%；交通运输、仓储和邮政业增加值5.33亿元，增长3.9%；住宿和餐饮业增加值2.81亿元，下降16.7%；金融业增加值11.4亿元，增长15.3%；房地产业增加值10.81亿元，增长7.3%；营利性服务业增加值62.2亿元，增长0.4%；非营利性服务业增加值22.17亿元，增长1.5%。全区服务业增加值131.01亿元，增长4.8%，高于全市0.6%。

◆旅游　2020年，阎良区打造石川河生态健身休闲游、乡村观光采摘游和航空科技体验游精品旅游线路3条；打造航空研学旅行线路5条、历史文化研学旅行线路1条、羊乳工业研学旅行线路1条、红色革命文化研学旅行线路1条。翔辉“飞翔梦”航空旅游体验基地和战狼航空军事拓展训练基地均入选首批西安市中小学研学旅行实践教育基地名单。指导创建市级乡村旅游示范村4个，新建等级民宿3家。开展“千年古都•常来长安”宣传营销活动10次，其中赴北京开展阎良旅游推介1次、开展阎良文旅媒体推介会1次、开展中国航空城“5+N”之旅媒体推介会1次、开展阎良旅游宣传营销活动7次。开展旅游对口帮扶，协助镇巴开展“旅居在汉中”西安推介活动。全年实现游客接待量458.8万人次，旅游业总收入达10.46亿元，游客满意度达到98%。在东丁村游客中心增设相枣文化展示馆；结合A级景区创建，改善提升百跃羊乳文化景区游客中心；完成阎良区游客信息咨询服务中心选址、策划设计和人员招聘工作。新建旅游厕所1座。

◆教育、科技、卫生　2020年，阎良区紧扣争创“陕西领先、西安一流”目标，贯彻落实“教育三年行动”计划，投资3.3亿元，新建、改扩建并启用中、小学、幼儿园7所，改造提升及校园文化建设7所；建成并投入使用中学图文科技楼1栋；为18所中小学、幼儿园配备教育教学设备；提供学位2190个。高考本科上线率79.15%，增长4%。全区（含航空基地）有高新技术企业95家，规模以上工业研发经费投入强度2.53%。完成5G基站建设138个。公立医院改革不断深化，实现优质医疗资源下沉服务，群众不出区就可享受三甲医院服务。全区总诊疗数124.4万人次。红会医院阎良院区获市级中医药科研项目2项，通过中国房颤中心基层版的验收认证，成为中国基层房颤中心；西安交大一附院东院选派15名医护人员驰援武汉，承担阎良区新冠救治工作，做到院内零感染。持续实行药品零差率销售，将公立医院费用控制纳入年度目标考核，对医疗费用增幅等指标进行量化管理。中医院整体迁建工程完成主体建设，妇计中心改扩建项目全面建成。在区人民医院试点推行互联网线上医疗服务平台，实现以微信公众号为平台，患者输入住院号即可查看住院花费清单，在线支付住院费用，减少无用就医时间。推进一站式结算系统改造测试工作，实现城乡医保一站式结算。引进各类医疗卫生专业技术人才24名。探索创新公立医院人事管理和薪酬制度，扩大公立医院用人自主权，激发医疗卫生专业人才活力。建立健全卫健系统人才信息库，共有E类人才278名。加强以“健康服务、人人可享”为主题的健康教育宣传、健康管理服务，共建电子健康档案261138份，电子建档率86.7%。

◆劳动就业和社会保障　2020年，阎良区城镇新增就业9021人，城镇登记失业率控制在4.0%以内。创建街道标准化创业中心4家、新增创业担保贷款信用村1家，新增就业见习基地4家，累计发放创业担保贷款7515万元。积极应对疫情，组织2315名企业职工开展线上培训，组织6141名企业职工开展以工代训。为298家企业拨付失业保险稳岗返还资金5886.33万元；发放养老金7222.68万元、丧葬补助金5.8万元、特殊群体“八大员”待遇人员工龄补助364.15万元。足额发放被征地农民社会保障，累计发放被征地农民生活补助金542.322万元。全区失业保险参保职工16080人，失业保险基金支出449.24万元。

◆新冠疫情防控 2020年，中共阎良区委、阎良区人民政府组织力量下沉一线、联防联控，运用“大数据+网格化”精准摸排，强化重点人员闭环管控，用不到20天时间基本控制住了本地疫情。此后，坚持常态化疫情防控措施，及时处置邰家村进口食品外包装核酸检测阳性问题；完成16架次进京转陕国际航班3566人疫情防控分流任务；15名医护人员奔赴武汉前线抗疫；运20飞机运送抗疫人员和物资驰援武汉和周边国家。

（阎良区档案馆）

中共阎良区委、人大、政府、政协、纪委

区委书记 王育选
副书记 苟继东 于海夫
区人大常委会主任 刘宗峰
副主任 于莉（女） 孙晓雷 黄晓民
区长 苟继东
副区长 权利军 舒元华 张红花（女） 满杰 冯勃
区政协主席 张军
副主席 何彧 李小刚 沈沛兰（女）
区纪委书记、监委主任 钱振龙

临潼区

◆概况 2020年，临潼区辖23个街道、41个社区、226个行政村，面积915平方千米。户籍人口73.15万人，人口出生率10.37‰，人口自然增长率2.96‰。有民族成分31个，共1543人。全年空气质量优良天数271天，比上年增加31天。

◆农业和农村建设 2020年，临潼区农业生产坚持“藏粮于地，藏粮于技”，加强耕地保护，建成高标准农田0.77万公顷。粮食播种面积6.68万公顷，全年粮食产量34.65万吨，比上年增长1.5%；大力发展特色现代农业，种植蔬菜1.06万公顷，蔬菜产量53.94万吨，增长1.5%；发展果业0.53万公顷，水果产量8.58万吨，增长14.4%；新增花卉53.33公顷。建成市级以上标准化示范养殖场3个、市级现代农业园区2家，新认定市级重点农业龙头企业2家、产业联合体4家，培育农民专业合作社33家。发布“盛世御果·丝路飘香”临潼石榴公用品牌，石榴种植系统荣列中国重要农业文化遗产保护名录。深化农村改革，探索“房地一体”确权登记，成立临潼区农业用水者协会，建成供销社村级综合服务站199个。深化街道体制机制改革，推进农业、交通运输、文化市场、市场监管4个领域综合行政执法改革，完成司法所体制、街道财政体制等78项改革任务。推进农村人居环境整治“三大革命”，通过省、市联合检查验收。新增垃圾收集点300个，垃圾分类村庄占比40%、无害化处理率80%；改造户厕3.2万套；建成运行农村、集镇污水处理设施34座，生活污水有效治理村庄122个；实施乡村绿化666.67平方米，村庄林木覆盖率30%。创建美丽宜居村庄27个、“美丽庭院”1245户。创建“四好农村路”省级示范区，新建改造农村公路59条106千米。脱贫攻坚农村新修通村路14.6千米，实施渭北“苦咸水”改水项目和农村饮水安全项目42处，改善农田水利工程8处；产业扶持新栽植石榴、花椒、火晶柿子、中药材426.67公顷；消费扶贫认定扶贫产品126个，设立扶贫专柜91个，销售扶贫产品976.4万元；建档立卡5395户16596人全部脱贫，每户至少1人就业，户年人均纯收入14148元，比上年增长18.3%，“两不愁、三保障”全面稳定达标。小金毛湾、仁宗房岩、穆寨三屆等[illegible]个村被认定为“国家森林乡村”，桥神东村、秦陵秦俑村被评为“全国文明村镇”，临潼区被“中国网”评为“新时代·中国乡村振兴示范城区”，位列《求是》子刊《小康》“2020中国乡村振兴百佳示范县市”第1名。

◆工业 2020年，临潼区全年工业增加值54.497亿元，同比增长9.2%；规模以上工业总产值257.71亿元，比上年增长6.3%；规模以上工业增加值增长8.8%；工业固定资产投资1[illegible].94亿元。培育军民融合企业13家，新增规上先进制造企业12家。推进青岛啤酒、吉商汽车后市场电商产业园等项目建设，标缝渭北生产基地交付启用，岐丰复合产业园、高压电网智能传感等6个项目建成投运。工业技改投资3.06亿元，增长7%，实施项目24个，实行“一企一策、两个清单”服务制度，帮助企业争取市级及以上项目173个。开展区属国企“三个体系”建设，推动国有企业退休人员社会化管理，稳妥出清6家“僵尸企业”。陕西鼓风机（集团）有限公司营业收入突破百亿，陕鼓能源互联岛系统解决方案——分布式能源智能综合利用项目荣获第6届中国工业大奖。

◆招商引资 2020年，临潼区实施云招商、精准招商、以商招商，全年签约项目49个，其中合同项目29个，总投资136.9亿元；与中铁建、吉利等签订协议项目20个。全年实际引进内资63.05亿元，实际利用外资[illegible]55万美元。成功引进华为、中交等世界500强企业7家，中冶、陕西建工等中国500强企业10家。经中共西安市委、西安市人民政府批准，临潼区与经开区合作共建渭北现代工业新城与曲江新区深度合作进入新阶段。与西安市城投集团合作成立临潼城投建设公司，与陕西建工集团合作组建临潼建设投资公司。举办“开放办区·合作共赢·共建临潼”宣传推介会，全面展示临潼对外良好形象。深化“放管服”改革，承接省市下放行政许可事项43项，划转审批事项210项。提高集中审批效率，审批环节压减50%，办理时间压缩45%。持续优化“一网通办”，90%以上事项网上可办。打造“15分钟政务服务圈”，97项公民个人事项实现就近办理。落实各项减税降费政策，减免税费6.55亿元，清理企业欠款7[illegible]46万元。帮助企业获得金融贷款13亿元，新增市场主体6966户。

◆重点项目建设 2020年，临潼区141

临潼区2020年经济和社会发展主要指标

指标	单位	数量	同比增长率（%）
地区生产总值	亿元	252.53	2.3
地方财政一般公共预算收入	亿元	13.27	0.8
地方财政一般公共预算支出	亿元	46.54	1.6
全社会固定资产投资额	亿元	143.48	-5.2
社会消费品零售总额	亿元	55.09	-15.0
规模以上工业总产值	亿元	257.71	6.3
城镇常住居民人均可支配收入	元	32320	4.9
农村常住居民人均可支配收入	元	15802	7.8

个在建区级重点项目完成投资152.4亿元，14个在建市级重点项目完成投资59.5亿元。地铁9号线建成通车，临潼进入地铁经济时代。秦汉大道东段实现贯通，人民路提升改造项目完工。西咸北环线零口收费站正式启用，与渭北大横线无缝对接。“十四运”空手道竞赛场馆建成。推进“迎十四运·城市规划管理”提升，建成智慧交警交通系统，成立智慧停车管理公司，施划公共停车位5886个，新开通秦陵西至兵马俑等城市公交线路2条。实施城市立体增绿，新建改造口袋公园2个、绿地小广场2个，新增城市绿地13.58万平方米，建成绿道13.1千米。提升改造背街小巷10条、老旧小区70个，完成12条道路线缆落地。

◆商贸 2020年，临潼区社会消费品零售总额55.09亿元，比上年下降15.0%。其中，限额以上消费品零售额14.37亿元，下降17.9%。跨境企业1—11月进出口总值14.41亿元，增长91.74%；出口总值2954万元，增长473.59%。新增规模以上商业综合体1个。创建市级电子商务示范街道1个、示范村4个。开展电商扶贫促销活动，举办2场电商现场扶贫交易会，交易额10.43万元。建成区级电子商务服务中心1个，乡级公共电商服务中心23个，村级服务站210个，其中贫困山区建立服务站36个。通过服务站点集中收购销售农产品，主要供应天猫店铺10余个，拼多多店铺10个，京东店铺20余个。组织区内企业参加苏陕扶贫协作名优产品巡展活动、2020中国（西安）电子商务博览会、第3届（上海）中国国际进口博览会参会等。在第3届（上海）中国国际进口博览会“陕西省采购与投资说明签约仪式”会上，临潼交易分团签约44.15亿元，在西安市签约企业中金额居首位。

◆旅游 2020年，临潼区景区接待游客442.18万人次，比上年下降68.1%；旅游收入219.12亿元，比上年下降22.9%。持续推动文旅融合，提出“秦风唐韵御温泉、生态宜居美田园”发展理念，出台扶持政策措施21条，促使文旅市场回暖复苏。成立临潼文旅发展公司，策划火车站片区历史文化街区、骊山慢生活生态旅游带项目。新建、改建文旅厕所5座，第三卫生间3座；推进科达秦汉国际酒店、秦陵博物院周边环境改造提升等3个重点文旅项目建设。实施“旅游+”发展模式，建成市级旅游示范村2个、等级民宿5家，推出精品旅游线路6条。围绕“千年古都·常来长安”主题，组织旅游节庆活动；依托度假区、骊山最美环山路、骊山民宿群等特色资源，举办旅游、文化节活动，提升临潼夜游经济；打造“醉美杨树林”赏秋节、“后瀛山谷·唱响骊山”、“石榴红了”等乡村旅游文化活动；依托“中国年·看西安”文化品牌，举办临潼新春文化中国年系列活动；策划举办2020年旅游文化音乐节、《长恨歌》演出季、第十二届中华七夕情人节等20余项大型文化旅游活动。沉浸式战争史诗剧《复活的军团》获中国旅游业年度智慧景区创新奖，成为陕西省唯一拥有4档（《长恨歌》《秦俑情》《12•12》《复活的军团》）高品质演艺节目的区（县），荣获“陕西省文明旅游区县”称号。

◆科技 2020年，临潼区有高新技术企业44家，新增培育高新技术企业13家，科技型中小企业36家，科技市场合同交易额6.28亿元。建设众创载体37家，入驻小微企业626家。新增区级众创空间5个，协同北京大学光华管理学院西安分院、西安科技大学等高校和聚特、石榴花等众创空间面向全国高校学生组织开展各类创新大赛6次。举办首届“临潼工匠”评选活动，选出区内贡献突出的企业技能人才20名。举办产学研协同创新活动7次，建成陕鼓先进制造业人才培养示范基地，设立西安科技大市场临潼分中心，引进学科带头人、专业技术人才4名。在中建西部建设北方有限公司创建临潼区首家“西安市博士后创新基地”，认定西安汽车职业大学为“临潼区技能人才培训基地”。陕西鼓风机（集团）有限公司李宏安、陕西长恨歌演艺文化有限公司姚新垣团队、西安银桥乳业（集团）有限公司刘华国获西安首届“市长特别奖”。

◆教育 2020年，临潼区有各类幼儿园165所，小学105所，普通初中26所，普通高中7所，职业高中4所，特殊教育学校1所。全区小学专任教师数2596人，普通中学专任教师数2901人。小学在校学生4.28万人，普通中学在校学生2.63万人。教育重点项目建设第二期义务教育标准化学校建设项目建成小学5所；第三期学前教育行动计划建成幼儿园4所；陕西师范大学附属中学渭北中学建成招生；农村中小学10所学校厕所改建，改造面积总计3540平方米。组建市、区两级“名校+”教育联合体42个、“名师+”研修共同体36个。教育系统共引进各类人才511名。建立“骨干、卓越、教育家”型教师梯队，1人荣获“陕西省师德标兵”、1人荣获“西安最美教师”称号、1人荣获“西安市教书育人楷模”称号、2人荣获“西安市师德标兵”、2所学校被评为“西安市师德建设示范团队”、6人被评为“西安市中小学优秀班主任”、11人被评为“优秀乡村教师”。铁路小学被评为“全国文明校园”。

◆卫生 2020年，临潼区各类卫生机构515家，卫生技术人员3718人，医疗床位3135张。召开临潼区卫生健康大会和临潼区大健康产业发展座谈会，科学规划医疗卫生事业发展，制定《关于推进卫生与健康事业高质量发展全面建设健康临潼的实施意见》《西安市临潼区卫生健康事业重点项目建设三年行动方案（2020—2022年）》。建成临潼区急救中心信息化调度平台、公共卫生智能健康管理中心6家、预防接种数字化门诊30家、医疗联合体19个。“互联网+社区医疗移动支付”项目在基层卫生院、社区卫生服务中心建成使用，临潼区医疗机构可全部使用移动支付。启动临潼区中医医院整体搬迁项目，加快建设交大二附院渭北综合医院。中医医疗机构实行备案登记，借助国家中药资源普查项目，打造临潼石榴等秦药品牌。提升传统医学在医疗行业运用比例，老年人中医药健康管理率78.4%，0—36月龄儿童中医药健康管理率73.6%，高血压中医药健康管理率27.4%，2型糖尿病中医药健康管理率22.0%。开展家庭医生签约服务，组建136个家庭医生服务团队，常住人口签约6.6万人，其中建档立卡贫困人口全部签约。山区“巡回医疗”惠及群众2189人次。建立居民健康档案64万人，65岁及以上老年人健康管理体检4.4万人，适龄儿童接种国家免疫规划疫苗接种率95%以上，出血热疫苗接种率99.9%，碘缺乏病和地方性大骨节病达到国家消除标准，饮水型氟中毒达到国家控制标准。依法查处无证行医机构39家，取缔无证行医机构39家，行政处罚8家，拆除违规医疗广告牌10块，向公安临潼分局移送案件6件。

◆劳动就业和社会保障 2020年，临潼区基本医疗保险参保人数63.44万人，城乡居民基本养老保险参保人数34.35万人，失业保险参保人数2.01万人。全年民生保障支出40.68亿元，占一般预算支出的87.42%。建成并投用临潼区中心敬老院、农村幸福院15个、居家养老服务站2个，新增养老床位572张，“15分钟养老圈”基本形成。发放残疾人补贴991.8万元、低保金和各类社会救助金9400余万元。城镇新增就业8696人，城镇登记失业率控制在4%以内。举办普惠性及重点群体网络直播招聘会7期，开展高校毕业生、民营企业招聘月等线上招聘6期，累计提供就业岗位16000余个。举办渭北企业专场招聘会、西安地铁辅警专场招聘会、民营企业招聘月专场招聘会等线下招聘会27场。审核发放创业担保贷款218笔3226万。处理讨薪类突发群体事件31起，为1900余名农民工讨回工资4549万元。落实阶段性社保费用减免和稳岗补贴返还有关优惠政策，累计减免企业职工养老保费1188家12613万元，减免工伤保险费70家290万元，减免失业保险费651家630万元，拨付企业稳岗返还补贴4016万元，拨付复工企业核酸检测费用13.26万元。

◆**新冠疫情防控**　2020年1月23日，临潼区成立新型冠状病毒性肺炎疫情防控指挥部，2月19日被划为低风险地区，4月29日疫情防控常态化。疫情防控期间，确定临潼区人民医院为区级病例定点收治医院，累计预留床位68张；蓝海阳酒店、煜洋大酒店、博仁医院为疑似病例和确诊病例密切接触者医学观察场所，共设置留观房间294间。新冠肺炎累计确诊病例2例，疑似病例11例，历时23天实现本地确诊、疑似病例全部“清零”。发热门诊累计接诊病人6817人，医学观察站隔离观察379人，居家隔离观察6820人，没有无症状感染者。建成PCR实验室4个。成立进京转陕分流国际航班接待专班6个，累计出动专班17次，承接航班30架次，接待留观人员3315人次。策划“秦俑迎宾军阵”和“唐宫侍女掌灯”特色欢迎仪式欢迎陕西省第5批次600余名援鄂医疗队医护人员到陕西省临潼疗养院、陕西省工人疗养院集中休整，推出“全省援鄂英雄全年免费观剧”等关爱政策。疫情期间，开设企业专用通道，共协调服务2428车、2749人，货物30万吨，临潼区复工复产工作被央视、新华社、人民日报等新闻媒体报道。临潼区退役军人“雷电突击队”和“石榴花”青年志愿服务队被评为“陕西省抗击新冠肺炎疫情优秀志愿服务组织”。

（马慧贤）

中共临潼区委、人大、政府、政协、纪委

区委书记　赵　雷
副书记　黄　可(回)
区人大常委会
主任　李晓明
副主任　张亚林　房安宏
　　　　宁掌珠(女)
区长　黄　可
副区长　邹　林(女)　刘春来
　　　　高少军　孟俊平
　　　　霍炳男(挂职)
区政协主席　王海成
副主席　丁永光　刘　朋
　　　　杨小妮(女)　熊　捷(女)
区纪委书记、监委主任　胡广乐

长安区

◆**概况**　2020年，长安区辖街道16个，社区84个，行政村232个。总面积1179.64平方千米（不含移交西咸新区、高新区托管部分）。年末全区户籍总人口129万人，其中城镇人口62万人，乡村人口67万人。

◆**农业和农村经济**　2020年，长安区全年粮食播种面积2.75万公顷，比上年增加4.1%；油料播种面积0.045万公顷，比上年下降6.05%；蔬菜播种面积0.45万公顷，比上年增加1.67%。全年粮食产量14.28万吨，比上年增长6.4%。其中，夏粮8.20万吨，秋粮6.08万吨。

◆**工业和建筑业**　2020年，长安区全年实现工业增加值528.87亿元，比上年增长31.1%，其中规模以上工业增加值增长28.4%。全年全区完成规模以上工业总产值1962.76亿元，比上年增长28.9%。其中，轻工业总产值105.2亿元，比上年增长11.25%；重工业总产值1857.6亿元，比上年增长30.16%。规模以上工业企业产品产销率81.5%。区属规模以上工业企业业务收入27.69亿元，比上年下降1[illegible].6%。实现利润总额0.99亿元，比上年下降74.8%。全年建筑业完成产值256.7亿元，增速为5.3%，增加值76.81亿元，增速为4.1%；区属具有资质等级的总承包和专业承包建筑业企业实现总产值19.54亿元，其中国有及国有控股企业完成产值1.47亿元，签订合同额1.6亿元。

◆**招商引资和旅游**　2020年，长安区利用外商直接投资4476万美元，比上年降低20.4%；实际利用内资118.56亿元，增长2.1%。推进长安喜村·中国农业公园省级农村改革试验区建设，发展“订养农业”“共享乡集”“文化沙龙”等乡村新产业、新业态。打造“九栖东篱”“与山居”“云美云间”“云裳花栖”等精品民宿。王曲街道石砭峪新村入选全国“一村一品”示范村镇名单，大兆街道“瓜大姐”家庭农场入选全国家庭农场典型案例，王曲街道南堡寨村入选全国乡村旅游重点村名录。

全区完成市级等级民宿评定8家，其中诗唐花朝民宿被评为市级精品民宿，诺言凤庭、相约南山民宿被评为全市“十佳民宿”。2个田园乡村通过国家2A级景区评定。2020年长安区获首批“陕西省全域旅游示范区”称号。全年接待海内外游客3837万人次，较上年同期下降40.5%；实现旅游业总收入121.11亿元，同比下降5.0%。

◆**重点项目建设**　2020年，长安区坚持“项目为王、项目为先”，举办“金秋招商季”等重点项目招商、签约活动，谷歌出海西北运营中心等15个企业总部落地。落实“周调度、月通报、季观摩”制度，召开重点项目建设推进会，市级重点在建项目9个，区级重点在建项目124个，分别完成投资91.98亿元、200.2亿元，完成年计划132.4%、100%。连续3个季度获全市重点项目观摩第一名，年终总评全市第一。

◆**城乡建设与管理**　2020年，长安区建成并开放长安公园、樊川公园、长安中央公园，完成“三改一通一落地”，完成老旧小区改造12个；提前改造完成西韦街、乐园小巷等背街小巷5条；提前

长安区2020年经济与社会发展主要指标

指　标	单位	数量	同比增长率（%）
地区生产总值	亿元	11.3	15.3
地方财政一般预算收入	亿元	20.2[illegible]	-2.9
地方财政一般预算支出	亿元	49.36	-2.2
全社会固定资产投资额	亿元	—	31.7
社会消费品零售总额	亿元	232.46	-7.5
规模以上工业增加值	亿元	—	28.4
实际利用外资	万美元	4476	-20.4
实际利用内资	亿元	118.56	2.1
城镇常住居民人均可支配收入	绝对值（元）	44027	4.7
农村常住居民人均可支配收入	绝对值（元）	17186	7.9

完成大居安、西寨、上塔坡等城中村旧村拆除5个，安置楼建设启动150万平方米；全线贯通茅坡路、学府大街中段“断头路”2条；通信架空线缆落地30千米，电力架空线规整86.4千米。推进“十四运”比赛场馆配套道路及公交场站建设。配合做好西安外环高速南段、地铁2号线南延伸段、15号线一期项目建设。完成改造西部大道、长安大道、子午大道、环山路。拆除违建502处15.3万平方米，城区“洗脸”工程全部完成。引入市级大公交线路60条，完成区属客运班线的公交化改造31条。新增公共停车场4个、停车位915个，盘活小区闲置车位4732个，公共停车场及车位实行市场化统一管理，缓解群众停车难问题。城区环卫一体化外包服务稳步实施。入选省级生活垃圾分类示范区。深化“末梢治理、为民服务”行动，396名服务长下沉一线，走访群众10万余人次，解决环境脏乱差、群众停车难等问题5000多件，形成“上级围着下级转、条条围着块块转”局面，打通服务群众的“最后一米”。在城区成立23个业委会、84个物管会和293个协治委，推选1768名楼栋长，实现自治组织全覆盖。引进物业企业服务“三无”小区，兜底服务社会企业不愿接管的老旧小区，实现城市小区物业服务全覆盖。在农村，探索建立“乡贤+”工作模式，为乡村振兴注入新活力。开展信访矛盾化解攻坚战及信访积案“大起底、大排查、大化解”活动，推进扫黑除恶专项斗争。安全生产、食药监管、防灾减灾等应急处置能力增强，群众安全感和满意度提升。郭杜街道北街第一社区被评为省级综合减灾示范社区、全市和谐示范社区、市级文明社区。

◆花园乡村建设 2020年，长安区建成开放村史馆72家，建成市级美丽宜居村庄78个，五台、王莽、子午、太乙宫、滦镇、魏寨、砲里等街道的24个花园乡村通过国家2A级景区评定。农村污水、垃圾、厕所“三大革命”加快推进，垃圾集中收集、无害化处理100%，入选全国农村生活垃圾分类和资源化利用示范区。建成“五化”道路118条242.5千米，举办全省“四好农村路”现场会。王曲街道劳动村被评为全国乡村治理示范村，引镇街道西堡村、黄良街道立邵村被评为第六届全国文明村镇。全国“美好环境与幸福生活共同缔造”现场会在长安区召开。

◆生态环境保护 2020年，长安区编制完成《长安区秦岭生态环境保护实施方案》。建成引镇大峪、杨庄库峪等8个峪口保护站及智慧化管控系统，实现“减车控人”。陕西省“守护绿水青山·当好秦岭生态卫士”宣誓活动、全市秦岭生态环境保护工作现场会在长安区召开。建设“三河一山”绿道，打造市民休闲游憩的幸福廊道。皂河综合治理工程主体竣工，长安中央公园基本建成，形成南北3千米的生态绿轴。潏河城区段11千米生态廊道加快建设，浐河、滈河等6条主要河流治理工程开工建设。皂河长安段、潏河长安城区段被评为全市示范河湖，获全市河长制湖长制示范区。开展挥发性有机物整治专项行动，整治VOCs排放，控制臭氧污染。开展扬尘治理攻坚行动，露天焚烧监控实现全覆盖。全年空气质量综合指数5.14，比上年下降8.4%；PM2.5降至49微克每立方米，降低9微克每立方米，空气质量改善。

◆教育、文化和体育 2020年，长安区实施基础教育提升三年行动计划，新建学校23所，新增学位11195个，新招聘教师497名，其中高层次人才239名，数量为长安历史之最。“名校长+”4个、“名师+”引领示范57个，“名校+”联合体94个，实现薄弱学校全覆盖，受益学生12万名。分类治理无证幼儿园79所，实现存量清零。获全市教育强市建设先进单位。年末，全区有各类学校343所，在校学生142882人，教职工13482人（专任教师9612人）。其中教育部门办中小学183所（包含幼儿园58所、小学90所、普通初中24所、普通高中7所、职业中学3所、特殊教育学校1所），在校学生85356人，教职工7228人；事业单位办学校5所，在校学生1373人，教职工206人；民办学校109所，在校学生50131人，教职工5190人；集体办学校44所，在校学生5605人，教职工802人；部队办学校2所，在校学生417人，教职工56人。小学、初中入学率均保持在100%。

有区属公共图书馆1个，图书馆馆藏量149887万册。区属体育场馆1个，文化馆1个，文化站16个。区级广播电视台1座。放映公益电影3968次。

建设西安市中医医院南院区，医共体建设实现新突破，省结核病院、区医院与基层卫生院智能远程心电、影像（DR）等会诊系统联通共享。新增社区卫生服务中心1所，新建预防接种门诊6所，数字化儿童预防接种门诊、智能健康体检管理中心实现全覆盖，群众就诊体验提升。鸣犊、杜曲、子午中心卫生院等11家单位创建市级医养结合试点单位。

◆劳动就业和社会保障 2020年，长安区开展就业服务周等各类招聘活动，城镇新增就业人数8806人，发放就业创业补贴311.57万元，城镇登记失业率控制在3.7%以内。全年全区居民人均可支配收入33321元，比上年增长5.4%；其中城镇常住居民人均可支配收入44027元，增长4.7%；农村常住居民人均可支配收入17186元，增长7.9%。全区城乡居民基本养老保险参保38.79万人。全区基本医疗保险参保人数61.99万人，其中城镇职工基本医疗保险参保人数6.21万人，城乡居民参保人数55.78万人。全区推进“三排查三清零”行动、中央脱贫攻坚专项巡视“回头看”和成效考核反馈问题整改，剩余987户1505名贫困人口达标脱贫，4440户11235名建档立卡人口全部退出。（王水娥）

中共长安区委、人大、政府、政协、纪委

区委书记　王青峰
副书记　李　娴（女）
区人大常委会
主任　王福林
副主任　李　红（女）　师新宁　姚小强
区长　李　娴
副区长　刘文涛　陈明（挂职）　严广运　李朝喜　梁文辉　马永红（挂职）　汤晓军（挂职）
区政协主席　徐树安
副主席　刘明军　李会贤　左刚利　宋　萍（女）　王栓民
区纪委书记、监委主任　王卫民

高陵区

◆概况 2020年，高陵区辖7个街道办事处、17个居民委员会，86个村民委员会。土地面积294平方千米，耕地面积22.15千公顷。户籍总人口37.3万人。常住人口44.2万人，城镇化率65.6%。人口出生率12.09‰，死亡率5.44‰，人口自然增长率6.65‰。有31个民族成分，共2413人。

◆农业和农村经济 2020年，高陵区农林牧渔服务业总产值完成60.1亿元，比上年增长3.6%。农业增加值36.7亿元，比上年增长3.8%，其中，农业、林业、牧业、渔业、农林牧渔服务业增加值分别为24.06亿元、1亿元、5.63亿元、0.15亿元、5.93亿元，分别比上年增长1.8%、224.2%、-6.5%、129.3%、4.3%，粮食生产稳定增收，新增现代设施农业0.2公顷。全面完成6项农村国家级改革试点任务。“共享村落”被自然资源部

高陵区2020年经济与社会发展主要指标

指　标	单位	数量	同比增长率（%）
地区生产总值	亿元	374.49	2.1
地方财政一般公共预算收入	亿元	12.51	3.7
地方财政一般公共预算支出	亿元	28.01	-21.2
全社会固定资产投资额	亿元	—	-5.8
社会消费品零售总额	亿元	177.86	25.2
规模以上工业增加值	亿元	—	-0.8
实际利用外资	万美元	2020	3.1
城镇常住居民人均可支配收入	元	[illegible]0579	4.6
农村常住居民人均可支配收入	元	[illegible]7696	8.1

称为“宅基地‘三权分置’改革中的创新之举”。张桥村、杨官寨村等4个村级集体经济合作社获市级“十佳”社，打造市级农业科技示范项目3个，建设高标准农田0.13公顷。农村宅基地数字化平台建设顺利，全市首宗农村土地流转履约保证保险和集体资产经营权入市公开拍卖落地高陵。西安市首家搭建起区、街、村三级农村产权交易平台，发放全省首笔农村集体经营性建设用地使用权抵押贷款，完成产权抵押贷款677宗2.4亿元，产权交易总额超过6亿元。农村承包地确权登记证书发放率达到96.5%。成立88个农村集体经济股份合作社，50%的村集体年经营收益达10万元以上。

◆工业　2020年，高陵区科学应对疫情对经济社会发展带来的影响，综合实施运行监测、要素保障、风险防范等措施，全力保持经济在合理区间运行，全年地区生产总值完成374.49亿元，增长2.1%，增速居全市13区（县）第7。实现规模以上工业总产值1029.98亿元，比上年减少55.53亿元。全年工业增加值189.22亿元，比上年增长0.8%。规模以上工业企业达到190家，比上年增加64家，产值过亿元企业达到70家，新增高新技术企业20家、科技型中小企业65家。面对疫情影响，高陵区坚持多措并举，召开落实“六稳”“六保”促进工业高质量发展推进大会，先后出台《西安市高陵区2020年加快建设先进制造业强区实施方案》《西安市高陵区支持工业企业发展奖励政策》等应对疫情复工复产、复商复市系列政策措施，为企业争取各类扶持奖励资金5360万元，落实减税降费2.57亿元。扶持达产达效及成长型企业20家。

◆招商引资　2020年，高陵区坚持项目为王，不断增强发展后劲。积极推进“云洽谈”，全年签约引进项目14个、总投资342.88亿元。成功签约上海博康光刻材料及光刻设备项目，填补了全市乃至全省半导体光刻领域的产业空白。产教园区被确定为市政府重点支持项目，并完成概念性规划编制，陕西交通职业技术学院、西安工商学院等5所院校已成功签约，为加快形成“南有大学城、北有产教园”的格局奠定了坚实基础。举办“才聚泾渭·智汇高陵”2020年新时代高质量发展人才峰会，现场签约来自机械工程、知识产权、新兴产业园区发展规划、计算机科学与技术、投融资等领域的9名专家学者。举行2020年高陵区投资环境推介暨项目集中签约仪式，现场签约5大项目320亿元。

◆重点项目建设　2020年，高陵区133个重点项目完成投资95.5亿元，8个市级重点项目完成投资28.6亿元，完成年计划的1[illegible].5%。国道310过境公路、国道210改线工程、西营十字跨线桥、泾河入渭口特大桥、店子王泾河大桥建成通车。生活垃圾无害化处理热电联产项目投入运营，完成西安公共卫生中心项目用地征迁交付，为全市、全省疫情防控做出高陵贡献。全面启动占地43平方千米的幸福北区规划编制，地铁10号线全面开工建设，陕重汽扩能项目仅用18天完成征迁任务。

◆商贸服务业　2020年，高陵区服务业增加值完成140.2亿元，比上年增长6.[illegible]%，增速居全市13区（县）第3。第三产业占比增加到37.4%。社会消费品零售总额完成177.86亿元，增长25.2%，增速居全市13个区（县）第1。新增限上商贸企业[illegible]家、规上文化企业9家。

◆教育　2020年，高陵区教育总支出7.[illegible]5亿元。新建、改扩建学校18所，总投资[illegible].[illegible]9亿元，增学位1.2万余个。其中小学[illegible]所，新增学位7290个；中学3所，新增学位4950个。创建省级示范幼儿园1所，[illegible]一级幼儿园3所，市二、三级幼儿园10所。2020年，高陵区继续深化“区管校聘”管理制改革，累计转任、分流180余人到缺编学校，缓解结构性缺编问题。新组建市级“名校+”教育联合体3个，区级“名师+”共同体区级5个、校级7个，11所市级确定的公办学校质量提升学校全部纳入“名校+”联合体，实现全区“名校+”工程、薄弱学校质量提升全覆盖。高陵一中创建市级特色示范校。高陵区人民政府获“陕西省推进义务教育基本均衡发展工作先进单位”称号。持续推进职中创建工作，新设立护理、眼视光及配镜、广播影视制作等专业，机械加工专业试点现代学徒制。积极贯彻落实《西安市社区教育促进条例》，制定《高陵区社区教育联席会议制度》，指导各街办成立社区教育工作领导小组，制定、完善相关制度。持续推进社区教育三级体系建设，新建社区教育教学点[illegible]5所。高质量完成“15分钟教育圈”年度建设任务。创建西安市民终身学习体验基地1个，市级终身学习品牌项目1个。提升信息化基础设施建设水平，成功创建市级教育信息化创新应用示范学校[illegible]所，西安市中小学创客教育实践室建设优秀学校[illegible]所，市级智慧校园3所。完成全区105所学校的企业微信搭建、开通以及信息录入工作。

◆卫生　2020年，高陵区持续推进医疗卫生事业。新建改扩建医疗用房1.7万平方米，千人床位数达到[illegible]。公立医院25种药品平均降价[illegible]%。与陕西中医药大学签订教育教学和医联体项目战略合作协议，紧密型医共体实现全覆盖。区妇幼保健院成功创建省级儿童早期发展示范基地。8[illegible]%的残疾人享受到精准康复服务，全市首家建成残疾人康复广场。区医院、区中医医院顺利通过二级甲等医院复审，被评为全省深化医药卫生体制改革先进区、县级公立医院综合改革示范工作先进县。持续开展家庭医生签约服务，全年共签约[illegible]万人，签约率为28.71%。重点人群签约[illegible]万人，签约率为56.59%。贫困人口全覆盖，签约率100%。深入推进城乡医院对口帮扶，区级医院下派医务人员[illegible]人，长期驻扎10家街道卫生院。扎实开展“优质服务基层行”活动，成立优质服务基层行活动专家库。全面落实计生奖扶政策，兑现国家奖扶金[illegible]人[illegible]万元，兑现独女户奖扶金[illegible]万元，为计生特殊家庭104人兑现特别扶助金110.[illegible]6万元。为符合条件的[illegible]户独生子女家庭发放独生子女保健费[illegible]万元。为9867户农村计生家庭发放节育奖励补助金564.12万元。为失独家庭发放一次性补助4户12万元。为[illegible]名农村计生贫困家庭女学生办理教育资助金[illegible]万元。持续加大卫生监督执法力度，全年依法监督检查医疗机构85家次，消毒产品生产单位7家，放射诊疗医疗机构25家，民营口腔专科医疗机构22家，医疗美容机构1家，查处各类卫生计生行政处罚案件87件，罚款金额15.8万元。

◆文化 2020年，高陵区举办9省1市黄河流域文化会演、“泾渭分明”马拉松赛等文化体育活动、赛事20余场。开展演出活动70场次。其中，完成因疫情影响2019年度推迟的陕西省文化惠民演出8场次，完成2020年度陕西省文化惠民演出10场次，定向服务内容为秦腔经典剧目《春江月》和新创剧目《玉锁缘》。完成2020年西安市戏剧惠民演出27场次，完成高陵区节庆宣传、秦腔大赛活动及相关惠民演出25场次。全年共开展各类线上、线下阅读推广活动约113场次，参与群众读者近3.5万人次。高陵区首家陕西省“家庭亲子阅读体验基地”在区图书馆正式挂牌。高陵区图书馆张卜街办庙西村分馆、西安市高陵区图书馆崇皇社区正式挂牌并向群众免费开放，满足基层群众多元化的文化需求。组织策划“保护传承弘扬相约幸福黄河”2020年黄河流域群众文化联展联演联讲活动，受益群众达3万余人次。开展“相约西安·筑梦全运”2020年高陵区“秦音唱高陵”秦腔大赛，营造全民参与文化活动的热烈氛围，在高陵逐渐形成具有一定影响力的文化品牌，有力促进了地方戏曲艺术事业的蓬勃发展。建成高陵文化馆数字化服务平台，与国家级公共文化服务示范项目——高陵公共文化服务“110”形成线上、线下相结合的全方位立体服务模式，为群众享受公共文化服务创造了更为便捷的方式和更为完善的内容，全年浏览量达20万余人次。

◆劳动就业和社会保障 2020年，高陵区坚持就业优先战略，在做好常态化疫情防控工作的同时，积极落实中央、省、市各项促进就业政策措施，稳定就业总量，改善就业结构，提升就业质量。全区城镇新增就业7052人，城镇登记失业率为3.5%，农村劳动力转移就业2.25万人。2020年，高陵区城乡居民最低生活保障标准分别提高到740元、560元。新增各类养老服务机构59家，养老床位总数达到2215张。319户574人高标准脱贫，助力白河县脱贫摘帽。新增廉租住房租金补贴保障家庭12户，累计保障家庭98户、152人，全年共发放廉租住房租金补贴资金40.39万元。做好为农民工服务工作，加强对企业劳动用工的指导和服务，组织辖区25家企业开展2020年度薪酬调查工作。加强用工服务保障，开展农民工百日免费线上技能培训，培训268人。组织45家企业开展线上培训，参训9000余人，拨付培训补贴资金510万元。按时完成69918人的农民工实名制数据核查任务。深入实施根治欠薪行动，开展建筑领域农民工工资支付，清欠农民工工资2221万元。做好离退休职工养老金发放工作，全年共为9625名企业离退休人员发放养老金2.53亿元，按时足额发放率100%。按照上级文件精神，为全区9543名退休人员调整增加养老金，人均增加130.34元，并补发1月至7月调待金额，实现数字零差错。扎实推进就业扶贫，实现全区贫困劳动力“一户一就业”目标。强化劳动保障法律法规宣传和劳动保障监察执法，先后开展建筑领域农民工工资支付专项检查、职工带薪年休假检查、用人单位劳动保障年检、人力资源市场秩序清理整顿、高温劳动保护检查等。畅通投诉举报受理渠道，落实案件办理公示制度，全年接待来访投诉767批1733人次，处理投诉354起，有效维护了广大劳动者的合法权益。贯彻落实“预防为主、调解为主、基层为主”的工作原则，建立完善调、裁、审衔接机制，全力做好劳动争议调解仲裁工作，全年受理劳动争议案件253件，结案244件，其中裁决89件，调解13件，撤诉142件，调撤率63.5%，为劳动者挽回经济损失259.02万元。

◆抗击疫情 2020年，高陵区疫情防控取得阶段性成果。全区累计下达各类疫情防控资金1.92亿元，上级资金1.54亿元，区级资金4650万元，全力保障全区医疗救治、防控设备和物资购置等支出，有力支持打赢疫情防控阻击战，切实保障人民群众生命安全和身体健康。完成西安公共卫生中心项目用地征迁交付，为全市、全省疫情防控做出贡献。全面启用“西安市个人电子识别码注册”系统，累计注册个人电子识别码36.26万人，为企事业单位开通监管账号45551家。截至年底，“一码通”专班共接收市大数据红码262人次，均反馈至相关街办落实管控，根据街办转码申请，转绿码289人次。（尚　耕）

中共高陵区委、人大、政府、政协、纪委

区委书记　杨仁华
副书记　解宁元　杨　兵
区人大常委会
主任　胡建超
副主任　吴兴利（女）　阎红伟　韩亚仙（女）
区长　解宁元
副区长　胡民升　王小玲（女）　方　明　王蓬勃　师文忠
区政协主席　张韶辉
副主席　曹秀芳（女）　张护安　谭胜利　赵　伟　关　林（女）
区纪委书记、监委主任　胡醒亚

鄠邑区

◆概况 2020年，鄠邑区辖14个街道（含已被托管大王街道、庞光街道、秦渡街道、草堂街道）、1个森林旅游景区，共259个行政村、21个社区居民委员会，土地面积1279.42平方千米，户籍总人口64.16万人，有民族成分19个，共1293人。

◆农业和农村经济 2020年，鄠邑区完成农林牧渔业增加值33.58亿元，增长2.2%。其中，农业、林业、牧业、渔业、农林牧渔服务业产值分别为23.37亿元、1.64亿元、5.99亿元、0.1亿元、2.48亿元，其中农业增加值比上年增长9.0%。“户县葡萄”品牌价值评估超过11亿元，“葡萄新品种西安区试园”成功挂牌，成为陕西省唯一一家国家级区试园。同兴西瓜和丰园杏被农业农村部农产品质量安全中心评选为全国名特优新农产品。荣华田园综合体核心区建设已全面启动。成功申报市级示范合作社7家、省级示范家庭农场3家、市级十佳示范合作社10个，创建省级美丽宜居示范村4个、市级美丽宜居村庄18个、‘五美”村庄37个。

◆工业 2020年，鄠邑区完成工业投资32.5亿元，比上年增长12.9%；工业技改投资6.84亿元；实现工业增加值87.11亿元，比上年增长3.8%；区属规模以上工业增加值增速6.1%，西安市排名第3；区属规模以上先进制造业总产值26.07亿元，比上年增长4.5%。净增规上企业16户，陕西贵金属材料创新中心、科技加速器、气体绝缘金属封闭开关等重点工业项目建设有序推进，西部最先进的智能制造实训基地——发那科产业学院落户。西户高新区被授予“国家小型微型企业创新示范基地”和省级“数字经济示范园”称号。沣京工业园完成总产值89亿元、上缴税金5亿元。

◆重点项目建设和招商引资 2020年，鄠邑区坚持“以项目看发展论英雄”，全年完成社会固定资产投资148.3亿元，比上年增长28.6%；91个市、区两级重点项目完成投资116亿元，完成全年任

鄠邑区2020年经济与社会发展主要指标

指　标	单位	数量	同比增长率（%）
地区生产总值	亿元	233.61	2.3
地方财政一般预算收入	亿元	7.88	5.2
地方财政一般预算支出	亿元	38.70	14.3
全社会固定资产投资额	亿元	—	34.0
社会消费品零售总额	亿元	41.25	-11.8
规模以上工业增加值	亿元	—	6.0
实际利用外资	万美元	1180	-26.3
实际利用内资	亿元	42.56	—
城镇居民人均可支配收入	元	[illegible]54	4.3
农村居民人均可支配收入	元	[illegible]723	8.0

务的122%，其中10个市级重点项目投资39.47亿元，完成全年任务的107.9%。坚持把招商引资作为“一号工程”，精心策划“关中山水最佳处·千年古都新热土”2020年优质地块推介会，积极招引万达、绿地等国内知名企业，土地溢价达97%。举办“金秋季”重点项目集中签约仪式，与万达、绿地、德信、新城控股、天朗、荣华等企业签订项目11个，计划总投资498.7亿元。丝博会统计签约项目6个，总投资额为15.12亿元。全年实际利用外资1180万美元，实际引进内资42.56亿元。

◆商贸旅游业　2020年，鄠邑区成功举办柳泉桃花节、葡萄文化旅游节、重阳仙菊文旅节等文化旅游活动9场次，高质量组织中国秦岭首届太极拳邀请赛、首届鄠邑半程马拉松赛等10余场大型群体活动。实施农展馆提升改造工程，农民画展览馆被评为省级“十百千”文化产业示范基地。建成市级等级民宿6家，蔡家坡、八里坪、栗峪口、马坊村、西河村分别被评为省、市旅游示范村，户县饭店被市商务局认定为首批“西安老字号”。全年接待游客1411万人次，实现旅游收入35亿元。余下商贸中心广场商业综合体开始营业，净增限上商贸企业9户，创建市级电子商务示范镇8个、示范村22个以及天猫优品服务站、京东便利店42个，建成电子商务产业园1个，累计实现电子商务交易额16亿元。积极参与并开展“长安闹市”“花开长安”“百城万企促消费”等活动，释放消费潜力，实现社会消费品零售总额41.25亿元，其中限上社会消费品零售额6.01亿元。金融业持续健康运行，金融机构存款余额461.34亿元、贷款余额177.57亿元，较2019年年初增长13.4%和18.9%。

◆城乡建设　2020年，“十四运”鄠邑分赛场——西安体院“一馆四场”主体竣工，场馆周边供水、惠民路雨污分流及路面改造、团结路、古城路等项目全面完成。100个老旧小区改造项目全面启动，已改造完成23个，背街小巷改造、街头路打通、架空线缆落地任务全面完成。全年拆除违建10万余平方米，新增绿道7.8千米，新增绿地面积15万平方米，天桥湖等43个公园和253个诗画小游园建成开放，城市运动公园设计优化并加快建设。完成天然气中压、次高压管网敷设25千米，新增燃气居民用户3191户。沣京大道拓宽改造工程全线双向贯通，方家寨、周北村完成整村拆迁，南二七号路建设稳步推进，完成渭涝路、机场路养护工程16千米，安全生命防护工程80余千米，通村通组路22千米，建设桥梁6座，区域路网结构日趋完善。全国城乡交通运输一体化示范县通过交通部审核验收。

◆环境保护　2020年，鄠邑区坚持以最严措施推进秦岭“[illegible]”整治，清查各类建（构）筑物1.[illegible]万余个，拆除违建1.37万平方米，7座小水电站、[illegible]4座矿山全部关闭退出，栗峪、[illegible]峪口峪道治理高标准完成，黄柏[illegible]石料厂[illegible]治复绿11.5万平方米，涝峪[illegible]修复坡面3.4万平方米；在西安市率先设立秦岭保护站，实行峪口峪道“三色”[illegible]管理（第一类红色管理，为限制出入，指涉及水源保护地、生态脆弱区域、矿山恢复治理和暂不适宜休闲[illegible]的峪口峪道；第二类黄色管理，为管控出入，指无旅游景区但有少量游客出入或[illegible]实施移民搬迁村庄的峪口峪道；第三类绿色管理，为正常出入，指包含[illegible]旅游景区和沿线有村民长期居住的峪口峪道）。形成“1551N+12345”数字[illegible]智慧管山的鄠邑模式（建立1个总站、5个镇街站、51个分站和依托网格员、护林员、救援队员、镇村干部等的N个[illegible]站；在区秦岭保护总站监控指挥中心，综合运用大数据、智慧化的手段，通过1图管控、2态结合、3防并[illegible]、[illegible]，实现5乱清零）。扎实推进[illegible]，督办处理问题330个，办结[illegible]格员[illegible]上报案件1.2万余个，国维[illegible]组关停和厂区搬迁扎实推进，全区[illegible]天数259天，比上年增加41天。[illegible]2020年度17个项目全部开工，[illegible]段综合治理加快实施，渼陂湖[illegible]修复工程新增生态水面1000亩，[illegible]号湖完成蓄水；完成第一污水处理厂、第二污水处理厂提标改造，第三污水处理厂开工建设；新河流域综合治理[illegible]启动，水质退出劣V类；完成57个[illegible]生活污水治理，29个行政村实现农村生活污水资源化利用，区域水环境得到[illegible]改善。持续抓好土壤污染源头管控，[illegible]力打击非法

2020年11月30日，陕西国防工业职业技术学院FANUC产业学院成立暨智能制造实训基地落成典礼举办

盗采砂石、耕地倾倒垃圾等违法行为，完成60余家重点行业企业土壤污染状况详查，纳入土壤污染重点监管单位6户，全区农村生活垃圾无害化处理率100%。

◆**社会事业** 2020年，鄠邑区圆满完成2020年国家义务教育质量监测，4所市级素质教育优秀学校通过省级复审，12所薄弱学校扩建和标准化建设项目启动实施，新建和改造面积7.97万平方米，先后完成第三幼儿园、善慧幼儿园和惠安小学新建、扩建，新增学位810个。新增区级以上众创载体11个，完成国家级高新技术企业认定8家，科技型中小企业评价入库60家，涝店街道被陕西省科技厅认定为2020年度“省级科技示范镇”，是西安市唯一的示范镇。建成市级等级民宿6家、乡村文化礼堂20个，文化惠民做法入选《2019年度至2020年度国家公共文化服务》蓝皮书，综合性文化服务中心实现街道、村（社区）全覆盖；开展文化惠民演出132场、“千年古都·常来长安”宣传营销活动27场，群众性文化活动146场，放映公益电影3516场次，观众40余万人次。区人民医院门诊综合楼一期建成投用，区中医医院整体迁建PPP项目主体完工，区域医共体模式全面建立，“小病不出镇，大病不出区”的格局基本形成。祖庵等6镇“镇改街”获得陕西省人民政府批准。

◆**劳动就业和社会保障** 2020年，鄠邑区发布招聘岗位1万余个，发放创业担保贷款354笔3809万元，全年完成城镇新增就业5269人，城镇登记失业率控制在3.8%以下，城镇居民和农民人均可支配收入分别达到25854元、14723元，分别增长4.3%和8.0%。积极落实社保减免政策，全年预计减免各类保险费1.16亿元，向178家企业拨付稳岗补贴资金3290万元。全区所有建档立卡贫困人口纳入城乡居民医保、大病保险和医疗救助3项基本保障范围。实现全区城乡居民医疗保险整合统一，累计支付医保基金3.15亿元。新增养老床位440张，累计救助各类孤困人员1.32万余人次。退役军人服务站建设全覆盖，荣获省级“双拥”模范区。

◆**新冠疫情防控** 2020年，新冠肺炎疫情发生以来，鄠邑区果断启动重大公共卫生事件响应机制，迅速指定定点收治医院，设立隔离观察点，织密交通查控、农村社区防控网格。3例输入性病例治愈出院，累计隔离境外返鄠、境外进京转陕分流人员5348人，核酸检测18.4万人次，接诊发热患者2.89万人次，未发生聚集性疫情。制定“一企一专班”、企业联络员等制度，有力有序推进复工复产、春耕春播、复商复市、复学复课。成立酒店专班19个，进驻指定酒店，圆满完成入境人员分流管控等上级交办任务。建成并投用区人民医院、省森工医院、区疾控中心、济仁医院等4个核酸检测实验室，全面开展疫情防控应急演练、全员核酸检测演练与204个采样点跑位演练。坚持“人物同防”，扎实开展进口冷冻冷链食品及物品排查，构筑起守护生命的铜墙铁壁。

（崔乃良　于建飞　董兰清）

中共鄠邑区委、人大、政府、政协、纪委

区委书记　范九利
副书记　李　化　汪国栋
区人大常委会
主任　王　芳（女）
副主任　王明武　杨建敏　李养森　王玉婷（女）
区长　李　化
副区长　任　涛　毛　安　王　凯　谢永平　杨战海　王庭渊
区政协主席　张　萍
副主席　王领选　张永阳　管永华
区纪委书记、监委主任　于　迅

蓝田县

◆**概况** 2020年，蓝田县辖18个镇、1个街道办、337个村民委员会，总面积2006平方千米。

◆**农业与农村经济** 2020年，蓝田县以打赢脱贫攻坚战和实施乡村振兴战略为主线，坚持农业农村高质量发展理念，强基础、抓保障，促落实，优化产业，推动农业稳步发展。以创建当院村和柳家湾村2个百亩粮食高产核心示范点和1460公顷高标准农田建设为抓手，推广测土配方施肥、病虫害绿色防控及旱作节水等技术，持续加大小麦条锈病等统防统治，组织开展农民实用技能培训11场次，培训600余人次。以创建“陕西省奶山羊示范县”为抓手，依托西安鑫龙门省级现代农业园区引领，在三官庙、厚镇、玉山镇等核心区，采取“公司+农户”发展模式，集中连片培育千亿级奶山羊全产业链；创建“蓝田玉乳”“小羊倌”等品牌，引进美力源乳品加工厂在蓝田县投产建设；改造提升34家规模养殖场粪污处理设施，建成生猪规模养殖场39家（存栏300头以上），养猪专业户113家（100—300头）；蓝田县茂吉生猪产业园被评为省级生猪标准化示范园区，石羊集团30万头生猪“云养殖”项目落户蓝田县。全年粮食种植40393.33公顷，产量达到17.89万吨；蔬菜种植3880公顷，产量11.8万吨；奶山羊存栏4.5万只，羊奶产量2.13万吨，生猪存栏4.2万头，肉（蛋）鸡存栏103万羽，奶（肉）牛存栏2.36万头。创建省市农业产业示范园区5家，建成食用菌大棚1411栋，养殖中蜂1.3万箱，种植中药材333.33公顷、花椒1266.67公顷。成功举办“中国农民丰收节”等活动，“一镇一业”的产业发展格局正在形成。创建65个美丽宜居示范村、62个“美丽乡村·文明家园”和7个“5+2”美丽乡村示范村；建成清洁驿站8个，生活垃圾无害化处理投入使用；完成147个村农村污水治理项目；新建农村公厕396座、完成农户改厕1.5万户，实施14个农村“厕所革命”整村推进项目；清理整治农村危旧房屋3289户，建成人居环境整治示范村81个，全市农村污水治理、人居环境整治、“美丽人家·美丽庭院”创建现场会在蓝田召开，群众生活的幸福感、自豪感和安全感不断提升。

◆**重点项目建设** 2020年，蓝田县建成韵达西北快递电商总部、白鹿溪谷国际颐养中心等骨干项目，蓝田通用机场、灞河大道等重大项目加快推进，在三、四季度全市重点项目观摩点评中获得优秀等次。举办“金秋季”招商项目集中签约仪式，中通快递集团西北总部、三元环保科技产业园、电子商务产业园等大项目落户蓝田。壮大发展新业态、新零售，电商交易额达19.23亿元。建成开放水麓蓝山、葫芦山居等网红民宿打卡地，全年接待游客2116万人次，实现旅游综合收入49.6亿元。成功创建首批陕西省全域旅游示范区，荣获“2020年度中国最值得投资的民宿区域”称号。

◆**城乡建设** 2020年，蓝田县以迎“十四运”为抓手，扎实开展“三改一通一落地”，改造农机小区等老旧小区62个，受益群众2680户，完成北环路、蓝新路、马河南路综合改造，打通向阳路西延伸段“断头路”，主城区线缆落地全覆盖，城市面貌焕然一新。拆除违建58万平方米，新增城市绿地12万平方米，新建公厕75个，配备分类垃圾桶2.5万个、各类转运车辆101辆，建成垃圾收集点400处。以奖代补、常态化开展农村人居环境综合整治，建成美丽宜居村庄54个，农户改厕1.5万户。再次荣获“国家卫生县城”称号。玉山镇、华胥镇、蓝桥镇和葛牌镇成功创建“国家卫生镇”。成功入选全国乡村建设评价试点县、第一批全国美好环境与幸福生活共同缔造活动培训基地，获评全国乡村振

蓝田县2020年经济与社会发展主要指标

指　标	单位	数量	同比增长率（%）
地区生产总值	亿元	142.96	-5.9
地方财政一般公共预算收入	亿元	2.91	6.9
地方财政一般公共预算支出	亿元	44.43	3.9
全社会固定资产投资额	亿元	—	-37.1
社会消费品零售总额	亿元	39.20	-8.3
规模以上工业增加值	亿元	—	-22.2
实际利用外资	万美元	1530	-52.0
城镇常住居民人均可支配收入	元	24920	4.3
农村常住居民人均可支配收入	元	15851	7.6

兴百佳示范县。

◆旅游　2020年，蓝田县深化“旅游+”战略和全域旅游引领工程，聚焦旅游供给侧结构性改革，壮大文旅康养和特色民宿经济，推动文旅融合发展，不断提升改善旅游基础设施水平。新增等级民宿10家，民宿集群项目进展顺利。建设蓝田县大数据中心，构建智慧旅游服务体系，完成全域智慧旅游大数据平台开发和搭建、智慧旅游微信公众号的二次开发升级，大屏可视化展示系统，王顺山、白鹿原影视城、蔡文姬纪念馆、汪锋故居纪念馆、猿人遗址、葛牌纪念馆等视频调试和监控平台成功接入。完成猿人遗址、汪锋故居纪念馆、蔡文姬纪念馆等博物馆云讲解接入，提升便捷自助讲解服务水平。按照全域旅游示范区创建标准，完成蓝田县全域全景图85块、旅游导览图65处、交通标识标牌165个等旅游公共信息图形及旅游标识的安装工作；更新（增设）景区、旅游示范镇村、旅游道路等标识标牌1300余处。建设12座旅游厕所，其中新建旅游厕所4座，改建旅游厕所8座，第三卫生间3座，农村人居环境整治任务2座。打造精品旅游线路和研学游线路，推出文化休闲游、研学体验游、城市慢生活游、红色经典游、秦岭终南山世界地质公园游（区域联动）等5条精品体验游线路。成功策划2020年“中国年·看西安”“到蓝田·过大年”双节系列文旅体育活动。培育田园采摘体验游品牌，开启采摘体验游系列活动，先后举办“花漾四月·槐醉秀岭——蓝田县田园采摘体验游”暨第五届槐花节“樱桃红满市 唯美在蓝田”农产品系列直播活动，桑葚采摘园推出桑葚采摘体验活动，华胥大杏、蓝田玉等线上、线下系列宣传营销活动。利用互联网平台现场推介蓝田土特产品，培育电商品牌，促进电商与扶贫产业，全域旅游的深度融合；培育白鹿原文化旅游品牌，充分挖掘白鹿原文化，以白鹿原影视城为载体，举办书画展、摩托车大赛等，迎合时代发展，彰显白鹿原文化新活力。开启陕西旅游焕活之旅，白鹿原影视城景区推出“盛夏的果实”白鹿原影视城书画雅集——西安市美术家协会走进白鹿原影视城送画下乡活动；2020年西安市戏曲进乡村示范活动、2020年“夜游蓝田·醉有味”夏日广场文旅活动、“夜游白鹿原·夏爽影视城”夏季夜游活动、“相约西安·筑梦全运”全民系列活动、西安市戏曲进乡村活动，“光影美生活·电影嘉年华”以及蓝田县秦腔展演月等20余场大型系列文旅活动相继成功举办；组织举办“我们的节日”等小型多样的群众性文化活动50余场次，丰富全县城乡群众精神文化生活；赴重庆、成都开展旅游宣传推介活动，组团参加2020广东国际旅游产业博览会；举办“旅游扶贫·你我同行”2020西安市旅游消费扶贫暨蓝田县旅游消费季活动。全年共接待游客2116万人次，实现旅游综合收入43.6亿元。

◆社会事业　2020年，蓝田县严格落实保工资、保运转、保基本民生要求，坚决守好民生底线。城镇新增就业5191人，占全年任务的121%，城镇登记失业率3.69%。办理完成2020年稳岗补贴61家，返还金额352万元；已落实陕人社发〔2020〕7号阶段性降费政策，对社保费减免落实好减、免、缓、退、延，380家企业受益，减免3532多万元。将9个镇街个村85个组纳入被征地农民养老保险补助范围，共发放被征地农民养老补助791.48万元，累计发放6924.85万元，惠及被征地农民5717人。推进基础教育提升三年行动计划，加快教育重点项目建设，滋水学校和恒大幼儿园建成投用，新增学位2880个。厚镇中心幼儿园综合楼和白鹿原中学风雨操场项目建成投用，完成5所农村学校旱厕改造，3个义务教育标准化项目、15个薄弱环节改善项目、9个第三期学前教育建设项目和24所中小学排污改造项目全面完工，各级各类学校办学条件显著改善。优化中小学校和幼儿园规划布局调整，推进城乡教育一体化发展，组建市级“名校+”联合体4个、县级22个，撤并30人以下教学点54个。全县1[illegible]个镇街开通免费校车45辆，运行线路8[illegible]条，惠及学生、幼儿2000余名，在全市率先实现农村义务教育学校和公办幼儿园免费校车全覆盖。启动义务教育优质均衡县创建工作。卫生健康工作稳步推进，县妇计中心门诊综合大楼开工建设，县域医共体实现全覆盖。加强疫苗接种点规范化建设，推进基层卫生院集中接种，全县29家卫生院均已建成标准化集中接种门诊，继续落实65岁以上老年人免费健康体检项目。推进健康细胞创建，创建省级健康村庄15个，健康家庭100个，健康学校5所，健康社区1个，健康企业20家，健康医院3所；顺利通过国家卫生县城复审，成功创建国家级卫生镇一个。完成8个镇街通村通组路14条20.5千米。投放便民服务车、赶集车3[illegible]辆，建成农村文化礼堂20个、农村幸福院15个。创新“一件事一次办”套餐1[illegible]5个。建成高层次人才工作室26个、人才公寓[illegible]套。“吕氏乡约乡仪”入选第五批国家级非物质文化遗产代表性项目名录，《天下第一约》被确定为“第九届陕西省艺术节”展演剧目。“七五”普法圆满收官，深化扫黑除恶专项斗争行业治理，安全生产专项整治三年行动成效显著，信访突出问题妥善解决，社会大局和谐稳定。“枫桥+乡约”警务模式被评为全省法治政府建设示范项目。人民群众获得感、幸福感、安全感不断增强。2020年公众及“两代表一委员”满意度调查始终保持全市前列。

◆脱贫攻坚　2020年，蓝田县始终压紧压实脱贫攻坚政治责任，围绕高质量打赢脱贫攻坚战，推行“红、黄、绿”三色动态清零新模式，扎实开展“三排查三清零”及“回头看”和“对标补短”工作，“一三五”对标补短工作法在全市推广。投入专项扶贫资金1.87亿元，实施产业、基础设施等项目181个，建成安全饮水工程16[illegible]处，农村饮水安全、行政村硬化路、动力电、网络信号“全覆盖”，教育、医疗、兜底等保障政策全面落实。建档立卡户危房改造35[illegible]户、共同缔造5[illegible]7户，全县房屋清理整治4296户。彻底完成易地扶贫搬迁问题整改，实施“1+7”后续帮扶，12个移民搬迁安置点管理规范有序。深入推进“十百千万”产业扶贫工程，发展食用菌大棚2000栋、菌棒68万袋，栽植花椒2万亩、樱桃1800公顷、中药材333.33公顷，规模养殖中蜂1.4万箱，建成村级光伏电站65个。开展“春风行动”“直播带岗”等活动，贫困劳动力就业4.9万人，实现有劳动力家庭至少一人稳定就业。建成消费扶贫专柜30个，实现销售额1.32亿元。“两不愁三保障”全面达标，剩余1639户2782人高质量脱贫退出。在国家脱贫攻坚专项督查、省级县际交叉检查、全省成效考核中得到充分肯定。

◆生态环境保护 2020年，蓝田县深刻汲取秦岭北麓违建别墅问题教训，扎实推进秦岭生态环境保护绩效审计及各级反馈问题整改，强化秦岭网格化监管，坚决遏制秦岭“五乱”。关闭农家乐239家，整治提升554家，有效治理生活污水115个村。完成蓝峪、流峪等4条峪口峪道综合整治。完成水源涵养林、五路两侧绿化、人居环境整治绿化提升等工程补植面积43.33公顷，栽植苗木22.8万株，全年植树造林666.67公顷。实施全域治水碧水兴城和“三河一山”绿道建设项目5个，辋川河峪口综合治理工程累计完成投资12060万元；堤岸生态修复提升工程累计完成投资4400万元，实施堤岸生态修复114.87公顷；灞河湿地工程已完成县城污水处理厂、华胥新港污水处理厂、玉山镇污水处理厂净化湿地工程，灞河城区段2#-3#坝、3#-4#橡胶坝滩区生态湿地共5处湿地工程。灞河上游蓝田段清淤疏浚工程，完成2#、4#、5#橡胶坝坝前，6#溢流坝坝前清淤工作，7#溢流坝坝前完成清淤4000立方米，累计清淤工程量56.75万立方米，完成计划清淤工程量的137%，改善水面面积4.6万平方米；岱峪水厂工程已完成输配水管网铺设77千米，沉淀池、清滤池、蓄水池等全面开工建设。固体废弃物综合处置场、餐厨垃圾无害化处理项目有序推进。坚持铁腕治污减霾，完成煤改洁1.73万户，对7家燃油、生物质锅炉开展整治，34家涉VOC企业进行监督检查，完成17家重点企业用电情况在线监控设备安装。重拳整治渣土车问题，制定黄土回填点审批流程，实行定点值守和日常巡查相结合的方式，并在县域重点出入口安装监控点6处，实时对渣土车出入境情况进行管控，共查扣违规拉运渣土车160余辆，处罚240余万元。全年空气质量优良天数292天，超目标任务7天，较2019年增加27天，PM2.5、PM10平均浓度分别下降17%、11%，空气质量优良天数和综合指数排名稳居全市第一。

◆新冠疫情防控 2020年，蓝田县投入1888万元组织新型冠状病毒源头防控、监测预警、医疗救治、物资保障，累计医学隔离观察6304人，完成重点人群核酸检测1.1万人，全县始终保持零确诊，被确定为陕西省首批低风险区。协助做好进京转陕入境人员隔离留观任务。出台《有效应对疫情促进经济平稳健康发展的若干措施（暂行）》《建立县级领导包抓重大项目建设和“五上”企业开复工机制》等文件，发放复工复产贷款1672万元，减免社保资金3845万元，完成退税7469户1624万元。 （王耀辉）

中共蓝田县委、人大、政府、政协、纪委

县委书记　林　梅
副书记　徐　毅　杨红纲
人大常委会主任　魏桂叶（女）
副主任　金　辉　胡新志　穆西锋　陈小马
县长　徐　毅（代）
副县长　赵　刚　田　华（挂职）　韩格峰　单　强
县政协主席　吴永平
副主席　张均锋　高建周　冯亚利（女）　陈群亚
县纪委书记、监委主任　王保静

周至县

◆概况 2020年，周至县辖1个街道19个镇，264个行政村。总面积2974平方千米，其中山区占76%，总人口69.17万。全县森林覆盖率66.6%，森林面积占全市森林总面积的52%，秦岭北麓面积占全市秦岭北麓总面积的41.8%；境内15条河流年径流量10亿立方米，每年向市区供水3.05亿立方米，是西安市的主要水源地。

◆农业与农村经济 2020年，周至县以猕猴桃产业为主，以苗木花卉、蔬菜、杂果和养殖业为辅的特色农业产业优势更加鲜明。现代农业提质增效，粮食生产再获丰收。猕猴桃完成高接换头、土壤改良2666.67公顷。周至县猕猴桃以52.09亿元连续7年稳居中国农产品区域公用品牌价值排行榜猕猴桃类第1位。“周至猕猴桃”荣获全国农产品地理标志最具影响力十大品牌，周至县被评为全省“现代农业强县”。苗木花卉产值6.02亿元，蔬菜年产量22.5万吨。楼观涯德农业成功创建市级农业产业联合体。全年新增农民专业合作社57个，培育家庭农场14个。

◆工业 2020年，周至县高新集贤园集贤大道建成通车，太周创新产业园主体封顶，幸福大健康生产基地试生产，比亚迪智能终端产业园建设，园区全年完成投资32.02亿元。西部智能装备产业园尚龙大道（一期）工程全面完工，8家企业进驻园区，累计完成投资2.81亿元；新签约项目4个，计划总投资8.6亿元。电商发展再创佳绩，创建市级电子商务示范镇9个、示范村16个，全县电商企业316家、微商1万余户，全年电商销售突破18亿元。

◆招商引资 2020年，周至县推进相对集中行政许可权改革，划转行政审批事项156项，实现“一窗综合受理”业务1021项。全年新增市场主体5633个，完成备案类项目227个，投资总量289亿元，比上年分别增长135%、227%、344%。“343”减税降费累计减免费用5752.51万元。累计发放贷款1.01亿元。“2345”代办工作（围绕重点建设项目审批和便民事项2类服务；建立“跑小二”、红色移动代办和临时项目协调小组（不动产）3项机制；构建代办员、窗口人员、审批科长、政务中心领导4层协调框架，组建全县三级代办干部队伍；加强代办服务考核，印制《周至县县、镇（街）、村（社区）三级代办员管理考核办法》，主要采取日常督查、明察暗访和年终考评相结合的方式，通过代办队伍、代办数量（含典型案例）、运行管理、作风建设和群众满意度等5项内

周至县2020年经济与社会发展主要指标

指　标	单位	数量	同比增长率（%）
地区生产总值	亿元	139.44	-1.4
地方财政一般公共预算收入	亿元	2.32	-7.5
地方财政一般公共预算支出	亿元	42.82	1.0
全社会固定资产投资额	亿元	—	50.1
社会消费品零售总额	亿元	34.33	-16.0
规模以上工业增加值	亿元	—	-37.6
城镇常住居民人均可支配收入	元	25438	4.6
农村常住居民人均可支配收入	元	14162	7.8

容进行百分制打分）获第四届国家数据与治理高峰论坛暨2020年度数字政务服务博览会最佳实践奖。

◆重点项目建设 2020年，周至县实施各类重大城建项目50个，完成投资46.2亿元，县城建成区面积较“十二五”增加3.9平方千米，人均公园绿地面积19.83平方米。2020年，以项目建设为抓手，投资12.3亿元实施城建项目23个，提升城镇承载力。全面完成50个老旧小区改造、19.34千米架空线缆落地任务，纬一东路、中环西路、建设南路建成通车，新建污水管道12千米、燃气管网41千米，云塔广场建成竣工，新增绿化10.2万平方米，新建和改造提升公厕9座，垃圾分拣中心建成投用。周至县被确定为全省唯一“美丽城市建设试点县”。水街生态特色小镇、哑柏省级重点示范镇、厚畛子省级特色旅游名镇、马召特色产业强镇共实施项目26个，完成投资5.2亿元，示范带动效应日益凸显。

◆商贸、文化、旅游 2020年，周至县被确定为陕西省唯一“美丽城市建设试点县”。水街生态特色小镇、哑柏省级重点示范镇、厚畛子省级特色旅游名镇、马召特色产业强镇共实施项目26个，完成投资5.2亿元，示范带动效应日益凸显。

“三馆一中心”开工建设，建成文化、图书分馆4个。举办“秦声秦韵”业余秦腔大赛等群众文化活动38场，开展陕西省群众足球乙级联赛（周至赛区）、迎“十四运”千人太极拳展演等体育活动。

启动与曲江第二轮战略合作，西京学院开工建设，子牙学宫总部校区项目完成签约。周一村乡村旅游民宿示范点投入运营，全年新增12家等级民宿，3家主题民宿获评“西安市精品民宿”。全年接待游客1076.46万人次，实现旅游收入31.88亿元。周至县荣登央视“2020最美揽夏地”榜首。

◆社会事业 2020年，周至县坚持民生优先，加大资金投入，倾力抓好一批民生项目、民生工程。科教基础更加牢固，超额完成基础教育提升三年行动计划第一年目标，新增学位1080个，创建市县级教育联合体69个。认定市级科技型中小企业6家，培育科技示范户47户，选聘科技人才68名。医疗服务品质提升，医共体建设实现全覆盖，8家镇街卫生院达到“优质服务基层行”标准，创建示范村卫生室20个。建成外联省市、内接镇村的远程医疗协作系统，实现优质医疗资源共享。民生保障坚实有力，城镇居民医保参保率99.39%，累计报销医保费用4.35亿元。落实各类民政救助资金1.27亿元。建成农村幸福院、居家养老服务站15个。创建三星级以上退役军人服务站118个，发放抚恤和社保接续资金5190万元。文体事业繁荣发展，“三馆一中心”开工建设，建成文化、图书分馆4个。举办“秦声秦韵”业余秦腔大赛等群众文化活动38场，开展陕西省群众足球乙级联赛（周至赛区）、迎“十四运”千人太极拳展演等体育活动。社会治理成效良好，深入推进“法律六进”活动。抓好信访维稳工作，解决民生诉求7000余件。推进社会治理“网格化”试点，扫黑除恶专项斗争“六清”行动、安全生产三年专项整治行动取得新成效，第七次全国人口普查工作进展顺利，国家安全、民族宗教、防震减灾、妇女儿童、审计、人防、气象、档案、残疾人等事业取得新进步。

◆生态环境保护 2020年，周至县加强秦岭生态保护网格化、数字化管理，初步建成秦岭生态环境智慧化管控系统，整改“五乱”问题237个。开展打击破坏秦岭野生动植物资源违法犯罪专项行动。12个全域治水项目完成投资4.5亿元。21座小水电站清理整治全面完成。农村乱占耕地建房问题整治工作有序推进。综合治理沙坑、恢复土地93.33余公顷。实施造林绿化163.87公顷，楼观台国有生态实验林场入选首批国家森林康养基地，裕盛村、厚畛子村等5个村被评为“国家森林乡村”。持续推进清洁取暖、散煤治理、扬尘管控、“散乱污”企业专项整治，全年空气质量优良天数较上年增加17天；PM2.5、PM10平均浓度分别降至51微克每立方米、83微克每立方米。打好蓝天、碧水、净土、青山四大保卫战，完成秦岭北麓违建整治、“大棚房”清理整治等重点任务，PM2.5、PM10指标和优良天数比例实现“两降一升”，黑河、田峪河、就峪河水源地水质常年保持在三类以上。人工造林2466.67公顷，较“十二五”增加466.67公顷。建成省级生态示范镇4个、示范村4个。世界最大的植物园——秦岭国家植物园建成开园。周至县获评“中国天然氧吧”“节水型社会建设达标县”等荣誉。

◆城乡建设 2020年，周至县加快推进农村产权制度改革，激发农村发展活力。农村不动产确权登记工作完成90%，2168个村民小组土地承包经营权确权登记工作全面完成。投资6668万元，实施农村基础设施建设项目135个，铺设污水管道588千米，改造提升农村无害化厕所1.1万座。推进农村人居环境整治，行政村生活垃圾有效治理率90%。20个农村片区化中心社区建设任务全面完成。投资1200万元实施农村公路安全生命防护工程，保障群众安全出行。25个美丽乡村建设任务全部完工，成功创建省级美丽宜居示范村5个、美丽庭院3?7户，西安市“美丽庭院”工作现场会在周至县召开。

◆脱贫攻坚 2020年，周至县围绕扛责任、抓整改、防返贫、补短板、强机制、促提升，全面落实“12345”防返贫预警监测帮扶机制。持续深化产业、就业帮扶，整合涉农资金2.35亿元，实施项目282个。网络招聘、点对点劳务输送，为贫困群众提供就业岗位2.39万个。消费扶贫实现销售39.12亿元。剩余建档立卡贫困户823户1720人如期全部脱贫。移民安置点配套设施更加完善，马召安富园社区被评为全国“十三五”美丽搬迁安置区。苏陕扶贫协作完成投入3893.55万元，实施项目29个。通过国家脱贫攻坚普查、国家成效考核第三方评估。周至县始终以脱贫攻坚统揽全局，坚持精准方略，累计投入79.97亿元，实施项目1536个，农村产业发展、基础设施建设等取得长足进步。2020年建档立卡贫困户人均可支配收入是2015年的2.36倍，63个贫困村出列、24577户88402人建档立卡户全部脱贫，周至“产业脱贫六个全覆盖”作为典型案例被全国推广，先后荣获“陕西省脱贫攻坚工作先进县”“中国十佳脱贫攻坚与精准扶贫示范县”“陕西省脱贫攻坚组织创新奖”，中共周至县委被党中央、国务院授予“全国脱贫攻坚先进集体”，1人被授予“全国脱贫攻坚先进个人”，脱贫攻坚战取得全面胜利。（李　琳）

中共周至县委、人大、政府、政协、纪委

县委书记　杨自喜
副书记　张学东（挂职）
　　邵军锋（挂职）
县人大常委会
主任　何凡盟
副主任　王秋芳（女）
　　李玲玲（女）　李民周
　　尹纯会
县长　陈旭辉
副县长　刘　凯　李宇轩
　　朱永明（挂职）　朱　璇
　　周训良　张善产
　　郑睿臻（挂职）
　　张秋理（挂职）
　　王　颀（挂职）
县政协主席　蒋进亮
副主席　苗　玮　任兴之
县纪委书记、监委主任　[illegible]辉

人物

责任编辑：姚文东

新任市级领导

◆**康军**　1964年4月出生，陕西榆林人。高级经济师，西安交通大学工学硕士。2009年12月出任西安沣渭新区党工委副书记、管委会副主任，兼西安沣渭新区开发建设集团董事长、总经理。2013年5月起任西咸新区沣东新城党工委副书记、管委会主任、西安沣东发展集团有限公司董事长（兼）。2015年5月起任西咸新区党工委委员，西咸新区沣东新城党委书记、管委会主任。2017年9月任西咸新区党工委委员、西咸新区管委会主任，西咸新区沣东新城党委书记、管委会主任。2020年7月任中共西安市委常委。

◆**王晓林**　1965年10月出生，陕西大荔人。1987年1月加入中国共产党，1983年9月参加工作。全日制大学学历、军事学双学士，讲师。曾任中共陕西省委组织部副部长。2020年4月任中共西安市委组织部部长。

◆**贠笑冬**　1965年9月生，陕西大荔人。大学学历，历史学学士。1988年8月参加工作，1987年12月加入中国共产党。历任西安市文物园林管理局博物馆处副处长兼西安市文物市场管理办公室主任，西安市民族宗教事务委员会副主任，中共灞桥区委副书记，灞桥区人民政府副区长、代区长、区长，西安灞河新区管委会主任、党工委副书记（兼），中共灞桥区委书记、西安灞河新区党工委书记（兼）。2020年4月17日，在西安市十六届人民代表大会常务委员会第三十二次会议上当选为西安市人民政府副市长。为中共陕西省第十三次代表大会代表，陕西省第十二届人民代表大会代表，中共西安市第十二、十三次代表大会代表，中共西安市第十二届委员会候补委员、第十三届委员会委员，西安市第十五届人民代表大会、第十六届人民代表大会代表。

◆**和文全**　1968年6月生，山西陵川人。研究生学历，工学硕士。1989年7月参加工作，1986年11月加入中国共产党。历任公安部干部人事局地方干部处副处长、人事训练局队伍管理处调研员兼副处长，中共中央组织部干部一局综合一处调研员兼副处长、处长，中共西安市长安区委副书记（挂职），中共阎良区委常委、副区长，中共莲湖区委副书记、副区长、区长、西安大兴新区综合改造管理委员会主任（兼），中共莲湖区委书记、西安大兴新区（西安土门地区）党工委书记（兼）。2020年4月17日，在西安市十六届人大常委会第三十二次会议上当选为西安市人民政府副市长。为陕西省第十二届人民代表大会、第十三届人民代表大会代表，中共西安市第十二次、十三次代表大会代表，中共西安市第十三届委员会委员，西安市第十五届、十六届人民代表大会代表。

◆**沈黎萍**　女，1972年1月生，江苏常州人。研究生学历，法学硕士、公共管理硕士学位。1994年8月参加工作，1991年10月加入中国共产党。历任中央党校团委书记、机关党委办公室主任、机关党委副书记，中央党校（国家行政学院）机关党委副书记、一级巡视员。2020年5月30日，在西安市第十六届人民代表大会常务委员会第三十四次会议上当选为西安市人民政府副市长。　（连　捷）

逝世人物

◆**马振华（1940.04—2020.01.04）**　江苏如皋人。西安市人民政府原副市长，西安经济技术开发区管委会原主任、党工委书记。1968年8月参加工作。1980年11月加入中国共产党。历任西安油脂化工厂技术员、工程师、副总工程师、副厂长，西安市日用化学工业公司副总经理兼西安日用化学工业研究所所长，西安市经济委员会副主任、党组成员，西安市副市长（期间兼任西安市经济委员会主任、党组书记，西安市计划委员会主任、党组书记，西安市经开区管委会主任、党组书记），西安市经开区管委会主任、党工委书记。

◆**王兆安（1945—2020.02.12）**　西安交通大学电气工程学院教授、博士生导师、院长，我国著名电力电子技术专家，国家级教学名师。1970年毕业于西安交通大学。毕业后至1979年在西安电力整流器厂工作。1979—1981年，在西安交通大学攻读硕士研究生，毕业后留校任教。1984—1989年，留学日本，获大阪大学博士学位，之后在三

菱公司研修谐波和无功补偿技术。1989年归国任教。2012年退休。曾任西安交通大学电气工程学院院长、中国电源学会理事长、中国电工技术学会电力电子学会副理事长、全国高等学校电气工程及其自动化专业教学指导分委员会主任委员、陕西省政协常委、九三学社西安交通大学主任委员。长期从事电力电子技术的科研工作，学术成就卓著，是我国电能质量领域的权威专家，出版的专著《谐波抑制和无功功率补偿》成为电能质量行业的经典著作。先后主持国家自然科学基金项目5项（其中2项为重点项目）、国家科技攻关子项目2项。出版教材、专著、手册、译著8部，在国内外期刊及学术会议上发表论文500余篇。先后2次获得国家科技进步奖，多次获得省、部级科技成果奖励。多次担任学术组织的重要职务。

◆**徐剑铭（1944—2020.02.25）**　祖籍江苏丰县。

陕西省作家协会理事，《西安晚报》编辑、记者，作家、诗人。6岁移居西安，在20世纪80年代因一桩错案被判入狱18个月，其中有15个月在死囚牢里充当“陪号”，出狱后以写作为生。平反之后回到原来供职的媒体继续工作直至退休。擅长写纪实文学著称，先后著有长篇传记文学《血卧高原》及长篇纪实文学《立马中条》、《宝马彩票案黑幕》等作品，素有文坛“快枪手”之称。此外还有作品《站出来一条汉子——徐剑铭报告文学集》、《徐剑铭朗诵诗选》以及长篇小说《死囚牢里的陪号》等。

◆**杨天基（1928—2020.03.26）**　出生于陕西西安。

秦腔音乐家、板胡演奏家、秦腔教育家，享受国家高级职称待遇。陕西省戏剧家协会会员、陕西省音乐家协会会员、陕西省打击乐学会顾问。历任陕西省戏曲研究院演员训练班板胡专业教师、艺术教研组组长等职。先后师承雷殿甲、荆生彦学习秦腔板胡，为李正敏、刘毓中、何振中、苏育民、邓维民、余巧云、王玉琴等著名秦腔表演艺术家伴奏。先后担任《五典坡》《白玉楼》《玉堂春》《苏武牧羊》《辕门斩子》《烙碗计》《娄昭君·逼宫》《卧薪尝胆》等50余出剧目的板胡主奏。从事秦腔音乐教育工作30余年，在板胡专业教学、秦腔音乐设计、声乐教学等方面有丰富的教学经验，相继培养出8期戏曲艺术人才，包括西安音乐学院、陕西省广播文工团以及西北各地戏曲单位选派人才的培养，其中多数成为西北地区专业戏曲艺术团体的业务骨干或领导职务。为省、市级秦腔青年演员调演大会和专业团体的专业人员讲授秦腔音乐基本知识。并且根据秦腔音乐的节奏形态，分析归纳了秦腔音乐的六大板式，统一了长期以来秦腔板式的种类在理论上存在的纷争。先后担任陕西电视台、陕西广播电台举办的第一、二、三届“西凤杯”秦腔专业剧团青年演员唱腔大赛、“红桃杯”秦腔唱腔大赛等重大赛事评委。精通秦腔音乐板式结构和旋法规律，与著名秦腔作曲家赵季平、肖炳等谱有秦腔《祝福》《洪湖赤卫队》《杨七娘》《悟空借扇》《盗仙草》等十几出剧目乐曲。同时出版有《秦腔板胡简明教材》一书，对秦腔板胡的旋律规范、弓法、指法、垫头过门等板胡专业知识进行了详尽的阐述，成为许多专业艺术团体的教科书。还著有《秦腔音乐基本知识通俗讲义》一书和《荆生彦与秦腔板胡》等多篇论文。

◆**毛锜（1932.10—2020.04.02）**　陕西咸阳人。

当代作家，笔名司马仰迁。1951年毕业于西北团校。历任西北团委《新青年报》记者、西北大区《群众日报》记者、《陕西日报》编辑、陕西省作协专业作家。1948年开始发表作品。1982年加入中国作家协会。曾担任中华诗词学会理事、中国散文学会理事、陕西省杂文学会会长、陕西省文史馆馆员。文学创作一级。著有诗集《春芽初集》（合作）、《云帆集》，散文集《听雪记》《黄河揽胜》《毛锜散文选》，杂文随笔集《北窗散笔》《神会司马迁》，报告文学《世界第八奇迹发现记》《昆虫学家传奇》，杂文《西红柿的经验与教训》等。诗歌《致北京》《青木关之歌》获西安地区首届青年业余文学创作诗歌奖，抒情诗《司马祠漫想》获全国中青年诗人优秀作品奖，散文《听雪记》获《芒种》散文奖等。

◆**张晓斌（1945.03.23—2020.05.17）**

祖籍陕西蓝田，出生于泾阳城关镇贞节巷。原名孝斌，后易名张晓斌。国家一级编剧、中国戏剧家协会会员、陕西省戏曲研究院眉碗团团长。13岁从艺，先做演员后事编导，兼及戏剧评论和节目主持人。作为演员，先后在20多出戏中扮演不同行当、不同性格的人物角色，如《梁秋燕》中的董学民、《中国魂》中的周小强、《江姐》中的华为、《芦荡火种》中的沙四龙、《白沟河》中的杨二郎、《清风寨》中的浪子燕青、《藏舟》中的田玉川、《起解》中的崇公道、《红色娘子军》中的小庞、《[illegible]》中的袁治恒、《粮食》中的[illegible]、《岳王庙传奇》中的高小明、《枫叶红了的时候》中的陆峥嵘、《千家万户》中的华宝、《张古董借妻》中的张古董等，受到观众的欢迎和好评。相继合作或独立创作、改编、移植戏曲剧（节）目百余部（件），排导大小剧目数十出，其中创作并导演的眉户现代剧《臂塔圆舞曲》，获1993年度全国“五个一”工程奖；创作眉户现代剧《[illegible]婆姨》，在2000年首届中国秦腔艺术节获优秀剧目奖和优秀编剧奖；改编眉户传统剧《张古董借妻》并担任主演；整理重导眉户古典剧《屠夫状元》，1990年参加香港“中国地方戏曲展”；改编秦腔传统剧《狸猫换太子》，其选场《抱盒》《考寇》在陕西省青年演员“易发杯”大赛

中获剧本改编优秀奖。撰写及编导戏曲电视节目《大西北乡音》，获中央电视台“星光奖”；创作戏曲联唱《喜看三秦更辉煌》，在陕西省庆祝中华人民共和国成立50周年晚会中获作词奖。发表戏剧评论40余篇，其中《浅评秦腔的改编》获陕西省文艺科研优秀论文奖。为陕西文艺电台及卫星广播撰写并播讲《张晓斌梨园趣闻》130余篇、《戏曲名段点评》50余篇；在《陕西广播电视报》发表《戏苑趣话》专栏文章30余篇等，总计逾百万字。从1986年起主持戏曲演唱会逾千场，两度获陕西省优秀节目主持人奖。

◆郑守淇（1927.10.23—2020.06.11）

出生于上海。我国著名计算机科学家、西安交通大学计算机专业奠基人和创始人之一。1949年于交通大学电机工程系毕业，1951年从交通大学电信研究所研究生毕业，同年被分配到同济大学任教，1952年回母校交通大学任教，1956年受学校委派到北京参加研制我国第一台电子计算机，1958年直接从北京返回交通大学（西安）。曾担任交通大学第一任研究生科科长、西安交通大学电信学院新型计算机研究所所长，享受国务院特殊津贴。1998年10月退休。合作编写我国第一部正式出版的《计算机原理》教科书，筹建西安交通大学计算机专业（国内高校最早计算机专业之一），为我国计算机科学技术和教育事业做出了历史性贡献。治学严谨，通晓英语、日语、俄语和德语等多种外语，率先在国内开始培养研究生，是西安交大计算机专业第一位博士生导师，培养了60多位硕士和博士。在争取博士点、设计研究生培养方案、制订教学计划和课程大纲、组织各项教学工作、规划学科发展等方面做了大量工作。曾担任中国电子学会计算机专业委员会委员、中国计算机学会首届理事、陕西计算机学会副理事长兼学术委员会主任委员、核心期刊《微电子学与计算机》编辑委员会副主任、中国计算机学会会刊《微机发展》编辑委员会顾问等。1990年，国家教育委员会授予其从事高校科研工作40年成绩显著荣誉证书；2017年，获中国计算机学会（CCF）颁发的中国计算机事业60年杰出贡献特别奖。

◆王志文（1921.01—2020.06.21）

原名王万祥，渭南澄城人。陕西省军区正军职离休干部、原兰州军区司令部顾问。1936年12月参加革命工作。1938年1月加入中国共产党。1939年5月入伍。1936年12月“西安事变”时，参加中共澄城地下党组织领导的抗日救国牺牲团。1939年，受党组织委派，赴延安中央党校学习。曾经参加黑梁山、纳泥河、土城子等战斗，历任干事、股长、科长，原兰州军区青海果洛前指参谋长，原兰州军区司令部作战部部长，原兰州军区司令部副参谋长，原兰州军区司令部顾问等职。1957年，获三级独立勋章、三级解放勋章；1988年，获二级红星功勋荣誉章。1987年1月离休。

◆孙韶（1934.08—2020.06.29） 国家一级作曲家，原陕西省广播电视民族乐团团长，中国音乐家协会会员，中国民族管弦乐学会荣誉理事，中国民族音乐艺术终身奖获得者，陕西省文史研究馆馆员，西安交通大学、西北大学兼职教授。祖籍山西运城。一生创作的歌曲、乐曲达千余首，其中《都来支援农业战线》《手摘红枣想亲人》《延安儿女心向毛主席》《小米饭香来土窑洞暖》《哪达也没咱陕北好》《灯碗碗开花在窗台》《共和国忘不了宝塔山》《雨中岚山—日本京都》《歌唱祖国大西北》《游子归》等，久经传唱。同时，创作过《巴山情歌》《半坡姑娘》《华祖颂》等大量器乐作品。曾出版《碗碗腔典选》《孙韶书画作品集》等。

◆李云汉（？—2020.07.31） 陕西户县（今鄠邑区）人。1965年9月参加工作。1975年6月加入中国共产党。曾任中国人民政治协商会议西安市委员会副主席、中共西安市委统战部部长。

◆杨永华（1937.02.04—2020.08.29）

山东东营市东营区龙居乡龙居村人。西北政法大学法学教授、硕士生导师，著名法学家和法学教育工作者，国务院特殊津贴获得者。1957—1962年，北京大学法律系本科学习。1962—1965年，北京大学法律系中国法制史专业研究生。毕业后分配到西北大学中东研究所，从事法律研究工作。1978年调入西北政法学院法律系。先后担任学院中国法制史教研室主任、中国革命根据地法律研究中心主任、中国法律史专业硕士研究生导师组组长、西北政法学院学术委员会委员、西北政法学院学位委员会委员、西北政法学院职称评定委员会委员、西北政法学院督导专家组成员。曾任中国法学会理事、中国法律史学会执行会长、陕西省学位委员会委员、西安市法学会副会长。2005年入选“当代中国法学名家”；2012年被中国法学会评为“全国杰出资深法学家”；2017年入选“影响中国法治建设进程的百位法学家”。长期从事法律史的教学和研究工作，为中国法律史学科的发展作出重要贡献，市是我国陕甘宁边区法制史研究领域的开拓者和主要奠基人，研究成果填补中国法制史相关领域的学术空白。先后主持或参加国家重点科研项目多项，出版《陕甘宁边区法制史稿（诉讼狱政篇）》《陕甘宁边区法制史稿（宪法政权组织法篇）》《中国共产党廉政法制史研究》等多部著作，发表相关学术论文近百篇。

◆李立（1948.01—2020.09.07） 陕西三原人。1968年11月参加工作，1976年2月加入中国共产党。1968年11月至1971年9月在陕西省千阳县红旗公社插队；1971年9月至1978年4月在华县陕西化肥厂工作；1978年2月至1982年2月在西北电讯工程学院技术物理系学习；

1982年2月至2009年5月先后任西北电讯工程学院（现西安电子科技大学）技术物理系教师，校团委副书记、党委宣传部副部长、部长，校党委副书记，党委常委、副校长，校党委书记兼工会主席。其中，1997年6月至10月，参加杨凌农业高新技术示范区筹备工作，任筹备工作办公室副主任；1997年10月至1999年1月，任中央纪律检查委员会驻电子工业部纪律检查组副局级纪检员、监察部驻电子工业部监察局副局长。2009年5月退休。

◆高凌云（1918—2020.09.12）　高双成之子。陕西渭南人。陕西省第七、八届人大常委会副主任，政协陕西省第五届委员会副主席，民革陕西省委会第四、五、六届副主任委员和第七届主任委员。1940年4月成都中央军校第十七期毕业。曾任国民党第二十二军第86师第257团团长。1949年参加榆林起义，后任西北军区独立二师师长。中华人民共和国成立后，历任榆林军分区副司令员，西北军区司令部参议，陕西省水利厅副厅长，陕西省农林机械局、机械工业局副局长，陕西省第四届政协副秘书长，黄埔军校同学会理事，陕西省黄埔同学会副会长兼秘书长、名誉会长等职务。

◆屈维章（1940.08—2020.09.17）　陕西渭南合阳新池镇牛庄村人。“全国科技大会奖”获得者、原西安石油学院党委书记。

1959年9月至1964年8月，在西安石油学院学习。1964年9月至1966年9月，在兰州炼油厂工作。1966年8月至1970年8月，在西安石油学院工作。1970年10月至1980年10月，在西安石油勘探仪器总厂工作。1980年10月至2002年11月，在西安石油学院工作。1976年，在西安石油勘探仪器总厂研究所工作期间，率领声波研究组（时任组长）研制成功我国第一台SSC（数字声波测井仪），获“全国科技大会奖”。后又研制成功SSSC（深井声波数字测井仪），通过胜利油田、长庆油田、四川石油局试验，解决了4000米深井、高硫化氢地层的深井测井难题，填补了我国深井测井的空白，得到石油部的嘉奖。

◆毛钧魁（1928.02.24—2020.09.20）　陕西西安人。1949年7月参加工作。1951年2月加入中国共产党。1997年12月离休。曾任中共西安市委统战部部长、中国人民政治协商会议西安市委员会秘书长。

◆雷开元（1940.08—2020.09.22）　陕西华阴人。国家一级演员、中国戏剧家协会会员、秦腔艺术研究会副会长、秦腔十佳演员、戏剧界“德艺双馨”奖获得者，主攻须生。

代表剧目有《李亚仙》《海港》《二堂舍子》《祭灵》《杀庙》《法门寺》《花烛恨》《酒醉杏花村》《二虎守长安》《陕西婆姨》等。他的唱腔既不猛吼刺耳，也不低吟无力，而是讲究以气运声，以声达情，善于运用唱腔的跌宕起伏渲染人物的内在情感。1976年，在陕西省现代剧调演中，在《石场斗争》一剧中扮演“潘大山”，被评为四个优秀剧目之一。1981年，在全省现代戏调演中，他所在的华阴剧团演出《葫芦峪》，他扮演的徐茂，在唱腔中能依据人物的情绪，运用不同的声腔共鸣，形成自己的演唱风格，被专家誉为“眉户王”。1989年，随团赴华北油田、胜利油田、大港油田及陕西省公路系统巡回演出，得到强烈的反响。1987年5月，陕西省戏剧研究院眉碗团应文化部之邀，携带新编眉户现代剧《酒醉杏花村》和《二虎守长安》晋京汇报演出。著名戏剧家郭汉城在《还是要戏曲化》一文中评价：“雷开元在《酒》剧中饰大强，在《二虎》剧中饰杨虎城，在两个戏中演出了两个性格不同的人物。都是用戏曲的手法来表现的，运用传统的东西比较活，而且演活了人物。”此间，首都新闻界也报道了他的眉户唱红整个北京的事迹。1992年，在眉户现代戏《九岩风》中扮演[illegible]月明，参加杭州全国现代戏年会，获三演一等奖、“金三角”戏曲大赛主演一等奖。

◆李尊贤（1943.12—2020.10.18）　陕西潼关人。1965年[illegible]参加工作，中国国民党革命委员会委员。19[illegible]年毕业于陕西师范大学数学系，历任[illegible]西太原市西铭中学、西安市第86中学教师。1978年考入中国科学院数学所研究生。1981年到美国圣母大学数学系做博士后研究。1982年回国，在中科院数学所助理研究员。1987年任[illegible]师范大学数学系教授。1997年任西安市人民代表大会常务委员会副主任，第八届、第九届全国政协委员。关于“[illegible]的研究”曾获国家教育委员会科技进步二等奖、国家自然科学三等奖。1989年被评为全国优秀教师。199[illegible]年被评为国家有突出贡献的中青年专家。

◆保铮（1927.12—2020.10.21）　我国雷达技术领域著名科学家、中国科学院院士、西安电子科技大学原校长。生于江苏南通。1953年毕业于解放军通信工程学院（现西安电子科技大学）雷达系，并留校任教，历任西北电讯工程学院副教授、教授、雷达工程系主任、院长，198[illegible]年至1992年任西安电子科技大学校长。

1991年当选为中国科学院学部委员（院士），曾任国务院学位委员会学科评议组电子与通信学科召集人、国家自然科学基金委员会评审组召集人、国家杰出青年科学基金委员会委员、雷达信号处理国家重点实验室学术委员会主任、信息产业部电子科技委员会顾问、解放军原总装备部科技委员会顾问、[illegible]科技发展与人才培养顾问。曾获全国科学大会奖。在国内雷达专业“一穷二白”的情况下，几乎参与了雷达专业全部课程的教学或辅导工作，并涉猎信息论、[illegible]理论等新知识，编成《雷达指示设备》《[illegible]技术》等教材，突破国外当时的技术垄断，制成国内第一台微波气象雷达。上世纪[illegible]0年代初，发明埋地电力电缆故障测定的“冲击闪络

法”，解决了供电部门的一大难题。作为雷达界的专家顾问，大量参与重要雷达装备的技术咨询、方案论证和技术把关工作，因始终本着实事求是的态度指出问题、提出建议，被雷达界誉为“裁判长”。2019年获“庆祝中华人民共和国成立70周年”纪念章。

◆陈国勇（1948—2020.12.10） 号清瘦客，重庆丰都人。中国山水画画家、美术教育家，西安美术学院教授、博士生导师。1977年毕业于四川美术学院中国画系。1978年考入西安美术学院中国画系，攻读山水研究生。1980年毕业后留西安美术学院任教。曾任中国国家画院研究员，中国美协会员，陕西省文史馆馆员，第十二届西安政协委员，陕西省收藏家协会副会长、艺术鉴定委员会主任委员，陕西省美术博物馆艺术鉴定顾问。

一直致力于中国山水画的研究、探索和创新，作品追求中国山水画的精神内涵，讲究传统笔墨技法和个人风格的独特性。《巴山郁秀》《高山流云》等作品入选《中国现代美术全集》《中国当代美术图鉴》《中国当代山水画集》《今日中国美术》等重要大型画册，《终南山瑞雪》《少陵塬下》等一批有代表性的作品在《荣宝斋》《美术观察》《艺术界》《画刊》《中国书画》等国内重要学术期刊发表。出版个人画册3部。2006 年被“中国画收藏导报”评选为“当代最具潜力的中国画家”。

◆李万年（1935.11.28—2020.12.24） 籍贯山东。国家一级演员，国家级有突出贡献专家，享受国务院颁发的特殊津贴，西安市电视艺术家协会副主席，陕西省第七届政协委员。曾就读于中央戏剧学院表演系，后为西安话剧院演员，曾获中国话剧“金狮奖”。1985年涉足影视，主演50余部影视剧。其主演电影《家丑》中的朱华堂获第十八届“百花奖”最佳男主角提名；主演电视剧《百年忧患》中的齐修文获第八届“金鹰奖”最佳男主角提名。2001年11月，因电视剧《一代廉吏于成龙》饰演于成龙，获第十九届中国电视“金鹰奖”观众喜爱的电视剧演员提名奖。2003年8月，主演的电视电影《正月十五唱大戏》获第三届电视电影“百合奖”。2007年，与刘若英搭档，在《新结婚时代》中饰演何父。2014年，与青年演员孙信宏联袂主演温情公益电影《那座山》。（连　捷）

先进人物

“市长特别奖”名单

（按企业名称拼音字母排序）

比亚迪汽车有限公司　王传福
大唐不夜城　管理运营团队
航天推进技术研究院
长征五号B运载火箭Y1任务液氧煤油发动机团队
隆基乐叶光伏科技有限公司　钟宝申
三人行传媒集团股份有限公司　钱俊冬
三星（中国）半导体有限公司　池贤基
陕西法士特汽车传动集团有限责任公司
高端重型商用车变速器关键核心技术及其产业化研发推进团队
陕西鼓风机（集团）有限公司　李宏安
陕西卡一车物流科技有限公司　张益铭团队
陕西汽车控股集团有限公司　袁宏明
陕西长恨歌演艺文化有限公司　姚新垣团队
施耐德电气设备工程（西安）有限公司　张开鹏
西安飞机工业（集团）有限责任公司　何胜强
西安诺瓦星云科技股份有限公司　袁胜春
西安杨森制药有限公司　安思嘉Asgar Rangoonwala
西安银桥乳业（集团）有限公司　刘华国
西安中兴通讯终端科技有限公司　谢朝阳
西部超导材料科技股份有限公司　冯　勇
易点天下网络科技股份有限公司　邹小武
中国西电集团有限公司　白忠泉管理团队

“市长特别奖提名奖”名单

（按企业名称拼音字母排序）

华夏文化旅游集团西安演艺有限公司　夏振翔
清华德人西安幸福制药有限公司　杜成强
陕西华秦科技实业有限公司　折生阳
陕西天宇制药有限公司　杨军营
陕西同力重工股份有限公司　许亚楠团队
特变电工西安电气科技有限公司　郝　翔
西安爱菊粮油工业集团有限公司　贾合义
西安百跃羊乳集团有限公司　孟百跃
西安铂力特增材技术股份有限公司　薛　蕾
西安国际陆港保税物流投资建设有限公司　翟若鹏团队
西安航天源动力工程有限公司　节能环保技术研发团队
西安航天自动化股份有限公司　鲍复民
西安吉利汽车有限公司新能源汽车产业化项目　费少忠
西安力邦制药有限公司　力邦创新管理团队
西安迈科金属国际集团有限公司　何金碧
西安瑞联新材料股份有限公司　吕浩平
西安三角防务股份有限公司　严建亚
西安盛赛尔电子有限公司　何　军
西安世纪盛康药业有限公司　吴　芳
西安天隆科技有限公司　李　明
西安西测测试技术股份有限公司　李泽新
西安向阳航天材料股份有限公司　姜　义
西北工业集团有限公司　高质量发展经营管理团队
西北有色金属研究院　赵永庆
中车西安车辆有限公司　张向东
中国空间技术研究院西安分院　卫星有效载荷产业化团队
中国石油集团测井有限公司　李剑浩
中航富士达科技股份有限公司　郭建雄
中粮可口可乐饮料（陕西）有限公司　朱　永
中煤科工集团西安研究院有限公司　董书宁

（连　捷）

法规文件

西安市中小学生人身伤害事故预防与处理条例

（2006年7月5日西安市第十三届人民代表大会常务委员会第二十九次会议通过　2006年9月28日陕西省第十届人民代表大会常务委员会第二十七次会议批准

根据2010年7月15日西安市第十四届人民代表大会常务委员会第二十三次会议通过　2010年9月29日陕西省第十一届人民代表大会常务委员会第十八次会议批准的《西安市人民代表大会常务委员会关于修改部分地方性法规的决定》第一次修正

根据2016年12月22日西安市第十五届人民代表大会常务委员会第三十六次会议通过　2017年3月30日陕西省第十二届人民代表大会常务委员会第三十三次会议批准的《西安市人民代表大会常务委员会关于修改〈西安市保护消费者合法权益条例〉等49部地方性法规的决定》第二次修正

根据2020年10月21日西安市第十六届人民代表大会常务委员会第三十七次会议通过　2020年11月26日陕西省第十三届人民代表大会常务委员会第二十三次会议批准的《西安市人民代表大会常务委员会关于修改〈西安市保护消费者合法权益条例〉等65部地方性法规的决定》第三次修正）

第一章　总　则

第一条　为积极预防、妥善处理中小学生人身伤害事故，保护中小学生和学校的合法权益，根据国家有关法律、法规的规定，结合本市实际，制定本条例。

第二条　在本市行政区域内的中小学校（以下简称学校）实施的教育教学活动或者学校组织的校外活动中，以及在学校负有管理责任的校舍、场地、其他教育教学设施、生活设施内，在校学生人身伤害事故（以下简称学生伤害事故）的预防与处理，适用本条例。

第三条　学生伤害事故的预防与处理，应当遵循预防为主、处理及时、公正合理的原则。

第四条　市教育行政部门是本市预防与处理学生伤害事故的行政主管部门。

区（县）教育行政部门是本辖区内预防与处理学生伤害事故的行政主管部门。

第五条　学校依法负有对学生进行安全教育、管理和保护的责任。

第六条　保护学生人身安全，预防学生伤害事故的发生是全社会的共同责任。各级人民政府及其有关部门、学校举办者、学校、学生及其父母或者其他监护人应当各司其职、各负其责。

第二章　伤害事故的预防

第七条　学校举办者应当提供符合安全标准的校舍、场地、其他教育教学设施和生活设施。

学校举办者应当为学校配备相应的安全保卫人员，并保障其经费。

第八条　市、区（县）教育行政部门应当加强对学校的管理，制定学生安全保护的有关规定，指导学校落实预防学生伤害事故的有关措施，指导、协助学生伤害事故的处理。

市、区（县）教育行政部门应当加强与有关部门的联系，及时掌握有关灾情预测预报，落实防范措施。

第九条　市场监督管理部门、卫生健康行政部门应当对学校的食品和饮用水的卫生状况以及疾病预防和控制工作依法进行监督、检查，指导学校改进卫生工作。

公安机关应当维护学校及其周边治安秩序，指导学校做好校内治安、消防工作，打击危害校园安全的违法犯罪活动。

文化旅游、资源规划、住建等有关部门应当在各自职责范围内做好学校的安全监督管理工作。

第十条　学校应当加强对学生伤害事故的防范，并履行下列职责：

（一）根据不同年龄学生的认知能力、身心特点、民事行为能力，经常对学生进行必要的安全教育、心理健康教育、自我保护和自救知识教育，增强学生的安全意识，提高防范能力。

（二）建立健全学校安全管理和学生伤害事故预防的组织机构、工作制度，落实学校安全管理和学生伤害事故的预防措施。

（三）保证使用中的教育教学和生活设施的安全，对存在安全隐患的设施和设备应当有防护措施和警示标志，并及时维修或更换；对存在重大安全隐患的应当立即停止使用。

（四）提供、推荐的教育教学和生活设施设备以及其他与学生的学习、生活有关的物品和服务，应当符合安全、卫生标准。

（五）按照规定配备消防设备，保持安全通道畅通；对易燃易爆及有毒有害物品须加强管理。

（六）安排学生乘坐的交通工具必须符合国家安全技术标准，驾驶人必须具备相应的驾驶条件。

（七）对患有不适宜从事教育教学及辅助工作的疾病的教职员工，不得安排其担任相应的工作。

（八）对已知有特异体质或者特定疾病不适宜参加某种教育教学活动的学生，应给予必要的照顾。

（九）对在校期间突发疾病的学生应及时救助。

（十）学生未到校或者擅自离校，应及时告知其父母或者其他监护人；发现或者知道危及学生人身安全情形时，应采取相应措施。

（十一）加强学校门卫管理和学生住宿区的安全保卫工作。

第十一条　学校教职员工应当认真履行教学和工作职责，遵守教学工作要求、操作规程、职业道德和其他有关规定，不得有侮辱、歧视、殴打、体罚或者变相体罚及其他伤害学生的行为。

学校教职员工在组织学生参加教育教学活动时，发现学生行为具有危险性的，应当及时告诫或者制止。

第十二条　学生应当遵守学校的规章制度和纪律，自觉接受学校的安全教育，服从学校的安全管理，避免和消除相应的危险。

第十三条　学生的父母或者其他监护人应当依法履行监护职责，配合学校做好学生的安全教育、管理和保护工作。监护人应当给学校提供有效的联系方式，监护人联系方式变更时应及时通知学校。

第十四条　为学生学习和生活提供有关物品与服务的单位、个人，应当保证其所提供的物品与服务符合安全、卫生标准。

第三章　伤害事故的责任

第十五条　学生伤害事故的责任，应当根据相关当事人的行为与损害后果之间的因果关系依法确定。

因学校、学生或者其他相关当事人的过错造成的学生伤害事故，相关当事人应当根据其行为过错程度的比例及其与损害后果之间的因果关系承担相应的责任。

当事人的行为是导致伤害后果发生主要原因的，承担主要责任；当事人的行为是导致伤害后果发生非主要原因的，承担次要责任；当事人的行为对伤害后果发生均无过错的，可以根据实际情况，由当事人共同分担责任。

第十六条　有下列情形之一造成的学生伤害事故，学校应当依法承担相应的伤害事故责任：

（一）学校的校舍、场地、其他公共设施以及学校提供给学生使用的学具、教育教学和生活设施、设备，不符合安全标准或者有明显不安全因素的；

（二）学校的安全保卫、消防、设施设备管理等安全管理制度有明显疏漏，或者管理混乱，存在重大安全隐患，而未及时采取措施的；

（三）学校向学生提供的药品、食品、饮用水等不符合国家或者行业的有关标准、要求的；

（四）学校组织学生参加教育教学活动或者校外活动，未对学生进行相应的安全教育，并未在可预见的范围内采取必要的安全措施的；

（五）学校知道教职员工患有不适宜担任教育教学工作的疾病，但未采取必要措施的；

（六）学校违反有关规定，组织或者安排学生从事不宜参加的劳动、体育运动或者其他活动的；

（七）学生有特异体质或者特定疾病，不适宜参加某种教育教学活动，学校知道或者应当知道，但未给予必要照顾的；

（八）学生在校期间突发疾病或者受到伤害，学校发现，但未根据实际情况及时采取相应措施的；

（九）学校教职员工体罚或者变相体罚学生，或者在履行职责过程中违反工作要求、操作规程、职业道德或者其他有关规定的；

（十）学校教职员工发现学生行为具有危险性，但未进行必要的管理、告诫或者制止的；

（十一）学校发现或者知道学生擅自离校等与学生人身安全直接相关的信息，未及时告知学生父母或者其他监护人的；

（十二）学校有未依法履行职责的其他情形的。

第十七条　有下列情形之一造成的学生伤害事故，学校行为有过错的，应当承担相应的伤害事故责任：

（一）学生自行上学、放学、返校、离校途中发生的；

（二）学生自行外出或者擅自离校期间发生的；

（三）在放学后、节假日或者假期等学校工作时间以外，学生自行滞留学校或者自行到校发生的；

（四）学生自杀、自伤的；

（五）在对抗性或者具有风险性的体育竞赛活动中发生意外伤害的。

第十八条　有下列情形之一造成的学生伤害事故，学校已履行了相应职责，行为并无不当的，无法律责任：

（一）地震、雷击、风灾、洪水等不可抗力造成的；

（二）来自学校外部的突发性、偶发性侵害造成的；

（三）学生有特异体质、特定疾病或者异常心理状态，学校不知道或者难于知道的；

（四）学生在学校突发疾病，学校已根据实际情况采取了相应的紧急救护措施的；

（五）其他在学校管理职责范围外发生的。

第十九条　有下列情形之一造成的学生伤害事故，学生或其监护人应当依法承担相应的伤害事故责任：

（一）学生违反法律法规的规定，违反社会公共行为准则，违反学校的规章制度或者纪律，实施按其年龄和认知能力应当知道具有危险或者可能危及他人的行为的；

（二）学生行为具有危险性，学校、教师已经告诫、纠正，但学生不听劝阻、拒不改正的；

（三）学生或者其监护人知道学生有特异体质，或者患有特定疾病，但未告知学校的；

（四）学生的身体状况、行为、情绪等有异常情况，监护人知道或者已被学校告知，但未履行相应监护职责的；

（五）学生或者其监护人有其他过错的。

第四章　伤害事故的处理

第二十条　发生学生伤害事故，学校应当及时救助受伤害学生，并及时告知学生的父母或者其他监护人。

第二十一条　发生学生伤害事故，学校应当在4小时内向教育行政部门及有关部门报告；属于重大伤亡伤害事故的，学校应当在2小时内向教育行政部门报告。教育行政部门接到报告后，应当在2小时内向同级人民政府和上一级教育行政部门报告，并及时派人指导、协助伤害事故处理。

第二十二条　学生伤害事故发生后，学校应当及时调查伤害事故原因；必要时，应当保护伤害事故现场及相关证据，并请求公安、卫生健康等有关部门进行调查和处理。

教育行政部门及有关部门调查取证、受伤害学生的父母或者其他监护人了解伤害事故情况时，学校应当协助、配合，提供真实情况和证据。

第二十三条　发生学生伤害事故，可以通过以下方式解决：

（一）当事人双方协商；

（二）当事人双方自愿，可以书面申请教育行政部门调解；

（三）协商、调解不成的或者达成协议后当事人反悔的，可以提起诉讼；

（四）直接提起诉讼。

第二十四条　教育行政部门收到调解申请，应当指定专门人员进行调解，并在受理申请之日起60日内完成调解。

在调解期限内，当事人达成一致意见的，应当签订调解协议书；调解不成，或者当事人提起诉讼，人民法院已经受理的，应当终止调解。调解结束或者终止，教育行政部门应当书面通知当事人。

第二十五条　学生伤害事故处理结束，学校应当将伤害事故处理结果书面报告教育行政部门；重大伤亡伤害事故的处理结果，教育行政部门应当向同级人民政府和上一级教育行政部门报告。

第二十六条　受伤害学生的父母或者其他监护人、参加伤害事故处理的其他人在伤害事故处理过程中，不得扰乱学校正常的教育教学秩序。

第二十七条　学生伤害事故的责任人，应当根据过错大小对受伤害的学生给予相应的经济赔偿。

当事人均无过错的，可以根据实际情况，按照公平责任原则，由当事人共同分担经济损失。

学校无过错的，可以根据实际情况，本着自愿和可能的原则，对受伤害学生给予适当帮助。

第二十八条　学生伤害事故的赔偿范围和标准可根据学生伤害事故的具体情况，依照现行有关法律、法规的规定执行。

第二十九条　对受伤害学生的伤残程度存在争议的，当事人可以委托具有相应鉴定资格的机构，依据国家规定的人体伤残标准进行鉴定。

第三十条　因学校教职员工在履行职务中的故意或者重大过失造成的学生伤害事故，学校予以赔偿后，可以向有责任的教职员工追偿。

第三十一条　为学生学习和生活提供有关物品与服务的单位、个人，因过错造成学生伤害事故的，提供物品与服务的单位、个人应当依法承担相应的责任。学校已先行赔付的，可以向提供物品与服务的单位、个人追偿。

第三十二条　未成年学生对学生伤害事故负有责任的，由其监护人依法承担相应的赔偿责任。

第三十三条　学校应当按照国家有关规定投保学生意外伤害校方责任险。

第五章　法律责任

第三十四条　学校及其教职员工有下列情形之一的，由教育行政部门对直接负责的主管人员和其他直接责任人员依法给予处分；构成犯罪的，依法追究刑事责任

（一）未按本条例规定履行职责的；

（二）由于学校及其教职员工的过错造成学生伤害事故的；

（三）缓报、瞒报或者谎报学生伤害事故的；

（四）妨碍学生伤害事故调查或者提供虚假情况的；

（五）在预防和处理学生伤害事故中，玩忽职守、滥用职权、徇私舞弊的。

第三十五条　学校管理混乱，存在重大安全隐患的，教育行政部门或者其他有关部门应当责令其限期整顿；对情节严重或者拒不改正的，由教育行政部门对学校处1万元以上3万元以下罚款；发生学生伤害事故的，根据情节可对学校直接负责的主管人员和其他直接责任人员依法给予处分；构成犯罪的，依法追究刑事责任。

第三十六条　在学生伤害事故处理过程中，当事人及其他人员侮辱、殴打教职员工、扰乱学校正常教育教学秩序的，由公安机关予以制止，依法处理；造成损失的，依法赔偿；构成犯罪的，依法追究刑事责任。

第三十七条　教育、市场监管、卫生健康、公安等有关部门及其工作人员未履行本条例规定的职责，玩忽职守的，由有关部门对直接负责的主管人员和其他直接责任人员依法给予处分；构成犯罪的，依法追究刑事责任。

第六章　附　则

第三十八条　本条例下列名称和用语的含义：

（一）学校是指本市行政区域内的全日制小学、初级中学、高级中学、中等专业学校、中等职业学校、中等技术学校和其他中等以下教育教学机构；

（二）学生是指在前项所列学校中就读的受教育者；

（三）教职员工是指校长、教师以及学校的其他职工；

（四）学校举办者是指各级人民政府、行业主管部门、企业和民办学校的出资人；

（五）人身伤害是指肢体残疾、组织器官功能障碍及其他影响人身健康的损伤。

第三十九条　学前教育机构中的学龄前儿童、少年宫、少年儿童活动中心、少年业余体校等校外教育机构中的学生伤害事故的预防与处理，参照本条例执行。

第四十条　本条例自2006年11月1日起施行。

西安市城市房屋使用安全管理条例

（2003年12月25日西安市第十三届人民代表大会常务委员会第十一次会议通过　2004年3月31日陕西省第十届人民代表大会常务委员会第十次会议批准

2015年10月28日西安市第十五届人民代表大会常务委员会第二十七次会议修订通过　2015年11月19日陕西省第十二届人民代表大会常务委员会第二十三次会议批准

根据2020年10月21日西安市第十六届人民代表大会常务委员会第三十七次会议通过　2020年11月26日陕西省第十三届人民代表大会常务委员会第二十三次会议批准的《西安市人民代表大会常务委员会关于修改〈西安市保护消费者合法权益条例〉等65部地方性法规的决定》修正）

第一章　总　则

第一条　为了加强房屋使用安全管理，保障人身财产安全，根据有关法律、法规，结合本市实际，制定本条例。

第二条　本市行政区域内国有土地上合法建造经竣工验收合格后投入使用的房屋安全管理适用本条例。

文物保护单位安全管理，房屋消防安全管理和电梯、供水、供热、供电、供气等专业设施设备安全管理，依照有关法律、法规的规定执行。

第三条　本条例所称房屋使用安全管理，是指为保障房屋使用安全所进行的管理活动，包括房屋安全使用、房屋安全鉴定、危险房屋治理和监督检查。

第四条　房屋使用安全管理应当坚持属地管理、预防为主、合理使用、规范治理的原则，确保房屋使用安全。

第五条　市、区（县）人民政府应当将房屋使用安全管理所需经费纳入财政预算。

第六条　市住房建设行政主管部门对本市房屋使用安全工作实施统一监督管理。

区（县）人民政府确定的房屋使用安全行政主管部门负责本辖区房屋使用安全日常监督管理。

开发区管理委员会依据本条例的规定负责本辖区房屋使用安全日常监督管理。

镇人民政府、街道办事处负责督促居民委员会、物业服务企业等单位进行房屋使用安全隐患排查，协助区（县）房屋使用安全行政主管部门和开发区管理委员会做好房屋使用安全监督管理工作。

应急、资源规划、城管、教育、文化旅游、体育、民族宗教、卫生健康、商务、财政、市场监管、公安等相关部门，应当按照各自职责，做好房屋使用安全相关管理工作。

第七条 市人民政府应当建立房屋使用安全救助制度。

市、区（县）人民政府对危险房屋治理中的低保和低收入家庭，应当给予适当补助。

第八条 房屋使用安全行政主管部门、开发区管理委员会、新闻媒体、物业服务企业等单位应当采取多种形式开展宣传教育，普及房屋使用安全法律、法规和知识，提高公众安全意识。

第二章 房屋使用安全责任

第九条 建设单位、勘察单位、设计单位、施工单位、工程监理单位应当按照法律、法规规定及合同约定承担房屋质量安全责任，履行保修和质量缺陷治理义务。但因使用不当、第三方责任或者不可抗力造成的损害除外。

第十条 业主为房屋使用安全责任人。房屋属国有或者集体所有的，其经营管理单位为房屋使用安全责任人。

业主下落不明、房屋权属不清的，代管人为房屋使用安全责任人；无代管人的，使用人为房屋使用安全责任人。

第十一条 房屋使用安全责任人应当承担下列房屋使用安全责任：

（一）检查、维修、养护等日常管理；

（二）委托房屋安全鉴定；

（三）白蚁防治；

（四）安全隐患排除；

（五）危险房屋治理；

（六）其他保障房屋使用安全的必要措施。

第十二条 采取本条例第十一条规定措施需要使用住宅专项维修资金的，依照有关规定办理。

第十三条 业主、国有或者集体所有房屋的经营管理单位，可以与房屋代管人、使用人约定房屋使用安全责任，但不得以此为由拒不承担房屋使用安全责任。

第十四条 建筑区划实行委托管理的，物业服务企业或者其他管理人应当按照约定，承担共用部位、共用设施设备的检查、维修、养护等日常管理责任，并建立相应的管理档案；实行自行管理的，共用部位、共用设施设备的日常管理责任由房屋使用安全责任人共同承担。

第十五条 房屋及其搁置物、悬挂物发生倒塌、脱落、坠落造成他人损害的赔偿责任，依照《中华人民共和国民法典》等法律、法规的规定确定。

第三章 房屋安全使用义务

第十六条 业主、国有或者集体所有房屋的经营管理单位、代管人、使用人应当按照设计用途、使用性质及房屋权属证明记载的房屋用途合理使用房屋，依法履行房屋安全使用义务。

房屋使用人发现安全隐患，应当及时通知房屋使用安全责任人，并配合做好房屋的检查、维修、养护、安全鉴定和危险治理等工作。

第十七条 禁止下列危害房屋使用安全的行为：

（一）未经原设计单位或者具有相应资质等级的设计单位提出设计方案，擅自拆除、破坏墙体、梁、板、墩、柱等主体和承重结构；

（二）拆改具有房屋抗震、防火整体功能的非承重结构；

（三）超标准加大房屋荷载；

（四）降低底层室内标高；

（五）安装设施、设备影响房屋结构安全；

（六）擅自改变房屋用途；

（七）开挖、扩建地下室；

（八）在屋面违章搭建；

（九）其他危及房屋使用安全的行为。

第十八条 房屋装饰装修，属公共建筑的，应当到住房建设行政主管部门办理施工许可证或者备案手续；属居民住宅的，应当向物业服务企业或者居民委员会登记。

第十九条 房屋装饰装修或者维修时，房屋使用安全责任人、使用人、施工人员应当接受利害关系人、物业服务企业或者其他管理人、居民委员会的现场察看。

利害关系人、物业服务企业或者其他管理人、居民委员会发现房屋装饰装修或者维修有违反本条例第十七条规定行为的，应当予以劝阻、制止 劝阻、制止无效的，应当及时向区（县）房屋使用安全行政主管部门或者开发区管理委员会报告。

第二十条 进行管线开挖施工、地下设施施工、桩基施工和深基坑施工、爆破及降低地下水位等活动，施工单位应当采取专项防护措施保障周边区域房屋使用安全。

施工前，施工单位应当对施工周边区域房屋进行安全检查并保存原始记录；施工期间，施工单位应当自行或者委托有资质单位跟踪监测施工周边区域房屋使用安全状况。

因施工造成房屋损害的，施工单位应当予以治理、修复，并依法承担赔偿责任。

第二十一条 在房屋本体进行供水、供热、供电、供气等专业设施设备施工及房屋维修、养护、加固等工程施工，施工单位应当在施工区域公示，并采取专项防护措施保障房屋使用安全。

因施工造成房屋损害的，施工单位应当予以治理、修复，并依法承担赔偿责任。

第二十二条 鼓励房屋使用安全责任人对房屋实施白蚁预防处理。

有蚁害房屋的房屋使用安全责任人应当及时委托并配合白蚁防治单位进行白蚁的检查和灭治。

第四章 房屋安全鉴定

第二十三条 房屋安全鉴定是指房屋安全鉴定机构对房屋安全状况进行的鉴别和判定。

第二十四条 房屋安全鉴定应当由依照国家规定设立的房屋安全鉴定机构进行。

房屋安全鉴定机构应当按照专业规范、标准和规程进行房屋安全鉴定，出具的鉴定结论应当客观、真实。

房屋安全鉴定结论，是认定房屋使用安全状况的依据。

第二十五条 有下列情形之一，房屋使用安全责任人应当委托房屋安全鉴定：

（一）房屋地基基础、墙体或者其他承重构件有明显下沉、裂缝、变形、腐蚀等危险症状的；

（二）学校、医院、场馆、车站、商场等大中型公共建筑的使用年限达到设计使用年限三分之二的；

（三）其他可能危及公共安全的情形。

第二十六条 进行管线开挖施工、地下设施施工、桩基施工和深基坑施工、爆破及降低地下水位等活动致使周边房屋出现裂缝、变形、不均匀沉降等异常现象的，建设单位应当委托房屋安全鉴定。

建设单位应当将鉴定结论书面告知房屋使用安全责任人，并报送区（县）房屋使用安全行政主管部门或者开发区管理委员会。

第二十七条　因自然灾害或者爆炸、火灾等事故造成一定区域内大量房屋受损的，市房屋使用安全行政主管部门应当组织房屋安全鉴定机构对受损房屋进行鉴定。

第二十八条　镇人民政府、街道办事处发现辖区内房屋有本条例第二十五条、第二十六条第一款规定情形的，应当及时督促房屋使用安全责任人或者建设单位委托房屋安全鉴定，并告知区（县）房屋使用安全行政主管部门或者开发区管理委员会。

第二十九条　委托房屋安全鉴定，应当向房屋安全鉴定机构提供下列材料：

（一）房屋安全鉴定委托书；

（二）委托人身份证明；

（三）房屋权属证明、租赁合同或者能够证明与鉴定房屋有相关权利的有效证件；

（四）法律、法规规定的其他材料。

有明显险情的房屋，鉴定机构应当先行鉴定，并要求委托人补交前款规定材料。

第三十条　房屋安全鉴定机构应当自受理房屋安全鉴定委托之日起二个工作日内进行鉴定。有明显险情的房屋应当立即鉴定。鉴定期间不得停止正在采取的安全措施。

相关单位和个人应当协助、配合房屋安全鉴定，不得拒绝、阻挠。

第三十一条　房屋安全鉴定机构应当自受理房屋安全鉴定委托之日起十五日内出具《房屋安全鉴定报告》。情况复杂或者需要跟踪监测的，出具《房屋安全鉴定报告》的期限可以延长，并向委托人书面说明情况。

第三十二条　经鉴定属于危险房屋的，房屋安全鉴定机构应当立即告知委托人，并向区（县）房屋使用安全行政主管部门或者开发区管理委员会报告。

第三十三条　房屋安全鉴定委托人、房屋使用人或者利害关系人对房屋安全鉴定结论有异议的，可以向市房屋使用安全行政主管部门申请复核。市房屋使用安全行政主管部门应当自收到复核申请之日起三十日内组织相关专家进行复核，并出具复核结论。

第五章　危险房屋治理

第三十四条　经鉴定属于危险房屋的，区（县）房屋使用安全行政主管部门或者开发区管理委员会应当向房屋使用安全责任人发出《危险房屋治理通知书》，督促、指导房屋使用安全责任人采取相应治理措施。

经鉴定不属于危险房屋，但存在安全隐患的，房屋使用安全责任人应当及时排除。

第三十五条　房屋使用安全责任人应当对危险房屋设置防止他人进入的围栏或者明显的警示标志，并按照下列情况处理：

（一）采取治理措施后尚能短期使用的，可观察使用；

（二）采取治理措施后解除危险的，可继续使用；

（三）已无修缮价值，暂时不便拆除又不危及他人安全和相邻建筑的，应当停止使用；

（四）整幢危险已无维修价值的，应当立即整体拆除。

对采取第一款第二项治理措施的房屋在危险解除前，及采取第三项、第四项治理措施的房屋，房屋使用人应当及时迁出。

第三十六条　危险房屋在治理期间或者恢复正常使用前，房屋使用安全责任人不得将其出租、出借。

第三十七条　房屋出现险情的，房屋使用安全责任人应当立即设置明显的警示标志，采取必要的安全措施，及时排除险情，并向区（县）房屋使用安全行政主管部门或者开发区管理委员会报告。

因自然灾害或者爆炸、火灾等事故造成房屋出现重大险情的，区（县）人民政府或者开发区管理委员会应当组织应急抢险。

第三十八条　因治理危险房屋、排除房屋险情需要合理利用房屋共用部位、共用设施设备或者迁移、拆除危险房屋上的搁置物、悬挂物及妨碍危险房屋治理的其他设施设备的，相关权利人应当协助、配合，不得拒绝、阻挠。

第三十九条　房屋有下列情形之一的，区（县）房屋使用安全行政主管部门或者开发区管理委员会应当责令停止使用；房屋使用人拒不迁出或者不停止使用的，可以依法采取措施，暂时强制其停止使用该房屋：

（一）出现局部垮塌的；

（二）随时有垮塌危险的；

（三）其他可能严重危及公共安全或者人身安全的情形。

第四十条　房屋使用安全责任人拒绝或者未采取有效治理措施治理危险房屋，危及毗邻安全或者公共安全的，区（县）人民政府或者开发区管理委员会应当组织相关部门采取必要的应急排险措施。

第四十一条　经鉴定为成片危险房屋的，区（县）人民政府和开发区管理委员会应当将其纳入旧城区改造范围，有计划地组织实施危旧房屋改造。

第六章　监督检查

第四十二条　市、区（县）人民政府应当建立健全房屋使用安全工作协调机制，支持、督促有关部门依法履行监督管理职责，及时协调解决房屋使用安全监督管理中存在的重大问题。

第四十三条　房屋使用安全行政主管部门应当履行下列房屋使用安全监督管理职责：

（一）监督检查房屋使用安全管理工作；

（二）制定房屋使用安全管理制度；

（三）监督、指导房屋安全鉴定；

（四）督促、指导危险房屋治理；

（五）组织房屋使用安全培训；

（六）依法查处房屋使用安全违法行为。

第四十四条　应急、住建、资源规划、城管、教育、文化旅游、体育、民族宗教等相关部门，应当履行下列房屋使用安全监督管理职责：

（一）应急管理部门负责指导、协调和监督有关部门做好房屋使用安全监督管理工作；

（二）住房建设行政主管部门负责规范房屋建设、勘察、设计、施工、监理单位的行为，监督管理建筑工程质量、装饰装修工程和既有建筑幕墙使用安全；

（三）资源规划主管部门负责违法建筑的认定，并提出处理意见；

（四）城市管理综合执法主管部门负责违法建筑的查处；

（五）教育、文化旅游、体育、民族宗教等部门负责定期组织开展本系统公共建筑的安全检查。

第四十五条　市房屋使用安全行政主管部门应当定期组织房屋使用安全普查和危险房屋排查。

区（县）房屋使用安全行政主管部门和开发区管理委员会

应当定期开展房屋使用安全检查，及时处理影响房屋使用安全的行为。

房屋使用安全普查、检查中发现安全隐患的，应当督促、指导房屋使用安全责任人及时治理。

第四十六条　市房屋使用安全行政主管部门应当建立房屋使用安全信息系统，实行动态管理，实现信息共享。

区（县）房屋使用安全行政主管部门和开发区管理委员会应当建立存在安全隐患房屋档案，对隐患房屋进行登记，明确监管责任人，掌握房屋使用安全责任人、房屋安全隐患的基本状况等相关信息，并录入房屋使用安全信息系统。

第四十七条　建筑区划实行委托管理的，物业服务企业或者其他管理人应当按照约定，履行房屋使用安全管理义务，加强房屋共用部位、共用设施设备安全状况日常检查。

物业服务企业或者其他管理人发现安全隐患，应当及时排除，并向全体业主通报。房屋出现险情的，物业服务企业或者其他管理人应当及时向区（县）房屋使用安全行政主管部门或者开发区管理委员会报告。

第四十八条　房屋使用安全责任人应当加强房屋使用安全日常检查，发现安全隐患及时排除。房屋出现险情的，应当及时向区（县）房屋使用安全行政主管部门或者开发区管理委员会报告。

第四十九条　新建大型公共建筑和超高层建筑，建设单位应当留有监测仪器和线路位置，设置建筑结构性能监测系统。

在大型公共建筑和超高层建筑中举行集会或者因人流密集，可能影响房屋使用安全的，物业服务企业或者其他管理人应当启动监测系统进行实时监测。

第五十条　任何单位和个人对危害房屋使用安全的行为或者存在重大安全隐患的房屋，有权向房屋使用安全行政主管部门或者开发区管理委员会举报或者投诉。

对职责范围内的事项，受理举报或者投诉的部门应当及时核查、处理、反馈；对不属于职责范围内的事项，应当及时移送有权处理部门。

第七章　法律责任

第五十一条　违反本条例第十七条规定，没有设计方案擅自拆除、破坏墙体、梁、板、墩、柱等主体和承重结构的，由区（县）房屋使用安全行政主管部门或者开发区管理委员会依照国务院《建设工程质量管理条例》处罚；房屋建筑使用者在装修过程中擅自变动房屋建筑主体和承重结构的，由区（县）房屋使用安全行政主管部门或者开发区管理委员会责令改正，处五万元以上十万元以下罚款。

违反本条例第十七条第七项、第八项规定，开挖、扩建地下室或者在屋面违章搭建的，由区（县）城市管理综合执法主管部门依照《西安市城乡规划条例》处罚。

第五十二条　违反本条例第二十四条第二款规定，出具虚假鉴定结论的，由市房屋使用安全行政主管部门处一万元以上五万元以下罚款；对其直接负责的主管人员和其他直接责任人员处一千元以上五千元以下罚款。

第五十三条　违反本条例第二十五条、第二十六条第一款规定，未委托房屋安全鉴定且危及公共安全的，由区（县）房屋使用安全行政主管部门或者开发区管理委员会责令改正；拒不改正的，对个人处一千元以上五千元以下罚款，对单位处一万元以上五万元以下罚款。

第五十四条　违反本条例第三十六条规定，将治理期间或者恢复正常使用前的危险房屋出租、出借的，由区（县）房屋使用安全行政主管部门或者开发区管理委员会责令改正；拒不改正的，对个人处一千元以上五千元以下罚款，对单位处一万元以上五万元以下罚款。

第五十五条　违反本条例第四十条规定，拒绝或者未采取有效治理措施治理危险房屋，危及毗邻安全或者公共安全的，由区（县）房屋使用安全行政主管部门或者开发区管理委员会对个人处五千元以上一万元以下罚款，对单位处一万元以上五万元以下罚款；造成严重后果的，对个人处一万元以上五万元以下罚款，对单位处五万元以上十万元以下罚款。

第五十六条　对个人作出五千元以上罚款、对单位作出五万元以上罚款处罚决定前，应当告知当事人有要求举行听证的权利。

第五十七条　违反本条例规定的其他行为，法律、法规有法律责任规定的，适用其规定。

第五十八条　房屋使用安全管理人员玩忽职守、滥用职权、徇私舞弊的，依法给予处分；构成犯罪的，依法追究刑事责任。

第八章　附　则

第五十九条　本条例自2016年1月1日起施行。

西安市人民代表大会常务委员会讨论决定重大事项条例

（2003年10月30日西安市第十三届人民代表大会常务委员会第十次会议通过　2003年12月23日陕西省第十届人民代表大会常务委员会第八次会议批准

根据2010年7月15日西安市第十四届人民代表大会常务委员会第二十三次会议通过　2010年9月29日陕西省第十一届人民代表大会常务委员会第十八次会议批准的《西安市人民代表大会常务委员会关于修改部分地方性法规的决定》第一次修正

根据2016年12月22日西安市第十五届人民代表大会常务委员会第三十六次会议通过　2017年3月30日陕西省第十二届人民代表大会常务委员会第三十三次会议批准的《西安市人民代表大会常务委员会关于修改〈西安市保护消费者合法权益条例〉等49部地方性法规的决定》第二次修正

根据2020年10月21日西安市第十六届人民代表大会常务委员会第三十七次会议通过　2020年11月26日陕西省第十三届人民代表大会常务委员会第二十三次会议批准的《西安市人民代表大会常务委员会关于修改〈西安市保护消费者合法权益条例〉等65部地方性法规的决定》第三次修正）

第一条　为了保障市人民代表大会常务委员会（以下简称市人大常委会）依法行使讨论、决定重大事项的职权，促进决策的民主化、科学化、制度化，根据《中华人民共和国宪法》《中华人民共和国地方各级人民代表大会和地方各级人民政府组织法》和有关法律的规定，结合本市实际，制定本条例。

第二条　市人大常委会讨论、决定本行政区域内的政治、经济、教育、科学、文化、卫生、环境和资源保护、民政、民族等方面工作的重大事项，适用本条例。

第三条　市人大常委会讨论、决定重大事项，应当坚持党的领导，充分发扬民主，严格依法办事，集体行使职权。

第四条　下列重大事项，应当提请市人大常委会决定或者批准：

（一）保证宪法、法律、法规和上级人民代表大会及其常务委员会决议、决定在本市的遵守和执行所采取的重大措施；

（二）推进依法治市、加强社会主义民主法治建设的重大事项；

（三）市和区（县）、镇人民代表大会代表选举的有关事项；

（四）本市国民经济和社会发展计划的部分变更；

（五）市本级预算的调整方案和决算；

（六）城市总体规划编制方案和涉及城市性质、规模、发展方向与总体布局的重大变更方案；

（七）教育、科学、文化、卫生和民政、民族工作的重大事项；

（八）人口与计划生育、环境和资源保护、土地利用方面的重大措施；

（九）撤销区（县）人民代表大会及其常务委员会的不适当的决议、决定；

（十）撤销市人民政府的不适当的决定和命令；

（十一）授予西安市荣誉市民等荣誉称号；

（十二）市人民检察院检察长因不同意检察委员会多数人的决定而报请市人大常委会决定的事项；

（十三）市人民代表大会交由市人大常委会决定的事项；

（十四）法律、法规规定应当由市人大常委会决定的其他重大事项。

第五条 下列重大事项，应当向市人大常委会报告，由市人大常委会提出审议意见，必要时可以作出相应的决议或者决定：

（一）贯彻法律、法规和上级、本级人民代表大会及其常务委员会决议、决定的情况；

（二）本市国民经济和社会发展计划的执行情况；

（三）本市预算执行、政府非税收入的收支和管理情况，市本级预算超收收入安排使用情况；

（四）市本级预算执行和其他财政收支的审计情况；

（五）经济建设布局和经济结构调整情况；

（六）对外开放、改善投资环境、吸引外资和对外投资、对外贸易的重要情况；

（七）财政性资金投资的重大建设项目的立项和实施情况；

（八）国有资产的管理和运营的重要情况；

（九）城市总体规划的执行情况；

（十）涉及农村经济发展和农民利益的重要情况；

（十一）教育、科学、文化、卫生、体育、旅游事业等发展情况；

（十二）民政、民族、宗教等方面工作的情况；

（十三）贯彻人口与计划生育、环境和资源保护、土地利用基本国策的情况；

（十四）涉及人民群众切身利益的重大改革方案及实施情况；

（十五）就业和社会保障工作的重要情况；

（十六）特大安全事故和社会影响大的突发性、灾害性事件的处理情况；

（十七）维护社会稳定、加强社会治安方面的工作情况；

（十八）市中级人民法院审判工作、市人民检察院检察工作的有关重要情况；

（十九）市人大常委会组成人员提出的质询案，市人大代表或者公民、法人和其他组织就重大案件依法向市人大常委会提出的控告、申诉的办理情况；

（二十）同外国城市缔结友好关系；

（二十一）法律、法规规定和市人大常委会认为需要报告的其他重大事项。

第六条 重大事项议案、报告的提出和市人大常委会讨论、决定重大事项的程序，按照《西安市人民代表大会常务委员会议事规则》的规定进行。

第七条 提请市人大常委会决定、批准和向市人大常委会报告的重大事项议题，一般应当在每年年初提出。

提请市人大常委会决定、批准的重大事项议案，应当在常委会会议举行一个月前送交常委会办事机构。

向市人大常委会提出的重大事项报告，应当在常委会会议举行十日前送交常委会办事机构。

在特殊情况下提出的重大事项议案或者报告，经市人大常委会主任会议同意，可以不受本条规定的时限限制。

第八条 市人大常委会主任会议对本条例第四条所列重大事项，应当自收到有关议案之日起，两个月内提交市人大常委会会议审议批准或者决定。

市人大常委会主任会议对本条例第五条所列重大事项，应当在收到有关报告后，决定提交市人大常委会会议听取和审议或者书面印发常委会会议审议。

第九条 提请市人大常委会审议的重大事项议案或者报告，应当真实准确，内容包括基本情况、需要解决的问题、解决的方案，并提供有关参阅资料。

第十条 市人大常委会关于重大事项的有关决议或者决定，由市人民政府、市中级人民法院、市人民检察院贯彻执行，并按要求向市人大常委会报告执行情况。

第十一条 市人大常委会关于重大事项提出的审议意见，由常委会办公厅在常委会闭会后七日内印送报告机关。报告机关应当按照市人大常委会的审议意见及时报告办理结果。

第十二条 市人大常委会和市人民代表大会专门委员会，应当对市人大常委会作出的有关重大事项的决议或者决定的执行情况进行检查。

第十三条 按照本条例规定，对应当提请市人大常委会决定、批准的重大事项，有关国家机关擅自作出决定的，市人大常委会责令限期改正；逾期不改正的，市人大常委会依法予以撤销，并依法追究责任。

第十四条 按照本条例规定，应当向市人大常委会报告的重大事项，有关机关不报告的，市人大常委会责令限期报告；对报告不实或者隐瞒实际情况的，市人大常委会依法追究责任。

第十五条 按照本条例规定，有关机关对市人大常委会关于重大事项的决议、决定拒不执行或者拖延不办的，市人大常委会依法追究责任。

第十六条 本市区（县）人大常委会讨论、决定本行政区域内的重大事项，可以参照本条例执行。

第十七条 本条例自2004年3月1日起施行。

西安市城市市容和环境卫生管理条例

（1994年8月26日西安市第十一届人民代表大会常务委员会第十四次会议通过 1994年11月5日陕西省第八届人民代表大会常务委员会第九次会议批准

根据1997年9月20日西安市第十二届人民代表大会常务委员会第二次会议通过 1997年11月2[illegible]日陕西省第八届人民代表大会常务委员会第三十次会议批准的《关于修改〈西安市城市市容和环境卫生管理条例〉的决定》第一次修正

根据2003年6月19日西安市第十三届人民代表大会常务委员会第八次会议通过 2003年8月1日陕西省第十届人民代表大会常务委员会第五次会议批准的《关于修改〈西安市城市市容和环境卫生管理条例〉的决定》第二次修正

根据2010年7月15日西安市第十四届人民代表大会常务委员会第二十三次会议通过 2010年[illegible]月2[illegible]日陕西省第十一届人民代表大会常务委员会第十八次会议批准的《西安市人民代表

大会常务委员会关于修改部分地方性法规的决定》第三次修正

根据2011年12月6日西安市第十四届人民代表大会常务委员会第三十三次会议通过 2012年1月6日陕西省第十一届人民代表大会常务委员会第二十七次会议批准的《西安市人民代表大会常务委员会关于修改地方性法规中有关行政强制规定的决定》第四次修正

根据2016年12月22日西安市第十五届人民代表大会常务委员会第三十六次会议通过 2017年3月30日陕西省第十二届人民代表大会常务委员会第三十三次会议批准的《西安市人民代表大会常务委员会关于修改〈西安市保护消费者合法权益条例〉等49部地方性法规的决定》第五次修正

根据2020年10月21日西安市第十六届人民代表大会常务委员会第三十七次会议通过 2020年11月26日陕西省第十三届人民代表大会常务委员会第二十三次会议批准的《西安市人民代表大会常务委员会关于修改〈西安市保护消费者合法权益条例〉等65部地方性法规的决定》第六次修正）

第一章 总 则

第一条 为了加强本市城市市容和环境卫生管理，创造清洁、优美的城市工作和生活环境，保障人民的身体健康，根据国务院《城市市容和环境卫生管理条例》及有关法律、法规的规定，结合本市实际，制定本条例。

第二条 本条例适用于本市市区、县城、镇、工矿区、风景名胜区、文物旅游区的城市市容和环境卫生管理。

第三条 城市市容和环境卫生实行统一领导，分级负责，全面规划，配套建设；坚持行业管理与单位内部管理相结合，专业人员管理与群众管理相结合。

第四条 市城市管理部门是本市城市市容环境卫生行政主管部门。

区（县）城市管理部门负责本辖区内的城市市容和环境卫生管理工作。

街道办事处、镇人民政府负责本辖区内的城市市容和环境卫生工作。

第五条 各级人民政府应当加强对城市市容环境卫生的管理和设施建设，把城市市容和环境卫生事业纳入国民经济和社会发展计划并组织实施。

资源规划、生态环境、住建、公安、市场监管、教育、卫生健康等部门应当按各自的职责做好城市市容和环境卫生管理工作。

第六条 各级人民政府应当采取措施实行市容环境卫生承包责任制，逐步实现市容环境卫生设施建设和专业作业服务的市场化、社会化、产业化，提高市容环境卫生工作人员素质，改善劳动条件和生活待遇。

第七条 市城市管理部门应当组织编制市容环境卫生设施建设专业规划、环境卫生设施建设定额指标和设置标准，本市的城市容貌和环境卫生标准，报市人民政府批准后实施。

第八条 维护市容环境卫生，是全社会的责任。

任何单位和个人都有享受清洁、优美市容环境的权利，同时负有维护市容环境卫生的义务。对损害、破坏城市市容环境卫生的行为，有权劝阻和举报。

第九条 本市市容环境卫生设施建设应当以政府投资为基础，鼓励公民、法人或者其他组织投资，建立多元化的投资融资和运行机制，并依法保护投资者的合法权益。

第十条 各级人民政府及其所属城市管理部门，应当加强科学知识宣传，提高公民城市市容环境卫生意识，增强社会公德，养成良好的卫生习惯。

对在城市市容环境卫生及其科学技术研究、推广工作中取得显著成绩的单位和个人，给予表彰和奖励。

第十一条 城市管理部门应当加强对市容执法人员的培训，依法行政，文明执法，实施行政处罚、纠正违法行为时，坚持处罚与教育相结合。

第二章 城市市容管理

第十二条 城市建筑物、街道、公共场所、园林绿地、公共设施和广告标志等应当符合国家和本市城市容貌标准，保持整洁、美观。

第十三条 任何单位和个人都应当按照市容环境卫生责任制的要求，做好市容环境卫生责任区内的市容环境卫生工作。

市容环境卫生责任区是指单位和个人使用或者管理的建筑物、构筑物或者其他设施、场所及其一定范围内的区域。

第十四条 任何单位和个人不得擅自占用城市道路、广场、过街天桥、地下通道及其他公共场所堆放物料、摆摊设点、搭建棚亭及其他设施，影响市容环境卫生。

经批准临时占用城市道路、广场等公共场所举办文化商业活动的，应当保持公共场所整洁，举办单位应当按照要求设置环境卫生设施，及时清除产生的垃圾及废弃物；举办活动结束，应当及时清除设置的设施。

非机动车辆应当停放在划定的地点，排列整齐，不得影响市容和通行。

临时在城市街道两侧、公共场地设点从事宣传活动，须经市、阎良区、临潼区、长安区、高陵区、鄠邑区和市辖县城市管理部门许可，并按规定的时间、地点和范围使用。

第十五条 在城市街道设置市政公用设施，应当与周围环境相协调，保持整洁完好。设施破损的，设置单位应当及时维修更新。

城市园林绿地、绿篱、绿带、花草树木及绿化设施应当符合市容环境卫生要求，并设专人维护保洁，保持干净卫生、整洁美观。

第十六条 在城市设置的户外广告、标志牌、标语牌、画廊、橱窗、牌匾、霓虹灯和灯箱等，应当内容健康、外形美观、用字规范、整洁完好。设施破损或者显示不全的，应当及时修复或更换。

第十七条 在城市街道和公共场地张贴、悬挂标语和宣传品的，须经区（县）城市管理部门批准，并按批准的时间、地点和要求张贴悬挂。做到内容健康、书写规范、字迹清晰、保持整洁。

第十八条 在城市道路行驶的车辆，应当保持车容整洁美观，不得乱贴乱挂，不得沿途抛撒杂物。运载砂石、泥土及其他散装物品或液体的，应当密闭、覆盖或者采取其他措施防止泄漏遗撒。

第十九条 清洗、维修、装饰车辆，必须在批准的经营场所内进行。不得占用城市道路和其他公共场所。

第二十条 临街建筑物应当保持整洁美观，经常清洗粉饰，阳台、窗外不得堆放、吊挂有碍市容的物品；搭建或封闭阳台必须符合市容环境卫生管理的规定。

第二十一条 沿街建设工程施工现场，必须按照规定围挡；施工期间应当采取措施，防止灰尘飞扬，污水流溢。施工现场的临时道路，必须按标准处理路面。禁止车辆轮胎带泥进入城市道路。工程竣工后应当及时清理施工现场，保持场地干净清洁。

第二十二条 鼓励单位和个人兴办市容环境卫生专业作业企业。

市容环境卫生专业作业企业应当具备规定的专业技术条件。

第二十三条 市容环境卫生专业作业服务项目的承揽单位，可以由有关管理部门或者单位采取招标、委托等方式确定。

中标或者接受委托的市容环境卫生专业作业企业应当按照规定或者约定的要求，完成清扫、收集、运输和处理废弃物的工作。

中标或者接受委托的市容环境卫生专业作业企业不得将服务项目转让或者再委托给他人。

第二十四条　城市管理部门应当加强城市夜间景观照明设施的管理工作。城市主要景点，主要建筑物、构筑物，主要街道、广场、车站等，应当按照夜间景观照明规划的要求设置照明设施，按照城市管理部门的规定开启。

本市对夜间景观照明设施用电实行优惠政策，鼓励夜间景观照明设施的建设和开启。

城市夜间景观照明设施建设实行业主负责制，由设施载体所有者、使用者或者管理者出资建设，并负责进行日常维护管理和设施启闭工作。

第三章　城市环境卫生管理

第二十五条　城市环境卫生的清扫保洁、垃圾粪便的收集清运，环境卫生设施的管理，应当符合国家和本市环境卫生质量标准。

第二十六条　城市环境卫生的清扫保洁，实行专业单位清扫保洁和民办的群众性清扫保洁相结合，按照下列规定执行：

（一）城市主要道路、广场、立交桥、过街天桥和地下通道，由市容环境卫生专业单位或有关部门负责；

（二）居民小区、街巷，由社区居委会、家委会、物业管理单位负责；

（三）公共场所、公共绿地、集贸市场、公路沿线、铁路沿线、河道、明渠和河湖水面，由各管理单位负责；

（四）风景名胜区、文物旅游区，由各管理单位负责；

（五）各类摊点由从业者负责；

（六）垃圾收集站、公共厕所，由其管理单位或产权单位负责；

（七）建筑工地的施工现场由施工单位负责，尚未施工的由建设单位负责。

第二十七条　道路清扫保洁人员应当按照规范作业，按规定的时间清扫，全日保洁，保持路面清洁卫生。垃圾污物随扫随收，不得滞留堆放，不得扫入道路两侧的收水井或花坛、绿带。

第二十八条　机关、团体、部队、学校、企业事业单位和个体工商户负责内部的清扫保洁，并按照所在地街道办事处或镇人民政府划定的市容环境卫生责任区，承担清扫保洁责任。

第二十九条　城乡或行政辖区接壤地段的市容环境卫生管理，由市、区（县）城市管理部门按照属地原则确定责任单位，责任单位必须按规定搞好市容环境卫生

第三十条　在城市街道施工作业，影响城市环境卫生清扫保洁或垃圾清运的，应当事先告知当地城市管理部门，妥善安排施工期间的清扫保洁或垃圾清运。

在城市道路范围内从事各种作业产生的渣土、污泥和枝叶等废弃物，由作业单位负责清运，做到随产随清。

第三十一条　清扫街道上的积雪、积冰，由街道办事处和镇人民政府划分责任区，并组织单位和个人按照规定及时清扫。

第三十二条　设立垃圾消纳场，须依法经有关行政主管部门批准，并符合环境保护和城市规划的要求。任何单位和个人不得擅自设立。

第三十三条　各级人民政府应当积极组织、推行净菜进城和废旧物资回收利用，减少城市垃圾。对城市垃圾应当分类投放、收集、运输、处理。

第三十四条　向垃圾收集站倾倒垃圾的，必须遵守城市管理部门规定的时间、地点、方式，将垃圾倒在收集容器内，不得随意抛撒。

第三十五条　运输垃圾应当密闭、覆盖，按照规定的时间、路线，运送到城市管理部门指定的垃圾消纳场。

市容环境卫生专业单位清运垃圾，必须做到日产日清。

单位自行清运垃圾的，应当到城市管理部门办理清运倾倒手续；不能自行清运的，应当委托市容环境卫生专业单位或经城市管理部门资质认定的单位或个人清运，并按照规定交付清运费。

第三十六条　建筑渣土必须倾倒在区、县城市管理部门指定的消纳场。倾倒建筑渣土的，应到所在区（县）城市管理部门办理倾倒建筑渣土手续。运输建筑渣土的，应到市城市管理部门或者市城市管理部门委托的区（县）城市管理部门办理建筑垃圾处置（运输）证。

第三十七条　医疗、生物制品、屠宰等单位产生的特种垃圾，按照国家有关规定处理。

第三十八条　各类垃圾收集容器应当完善密闭设施，摆放在指定位置。管理人员必须随时清扫落地垃圾，保持场地清洁；及时密闭垃圾收集容器，保持垃圾收集容器清洁完好。

第三十九条　公共厕所必须符合卫生标准，有专人管理。做到随脏随扫，定期喷药消毒，保持清洁卫生、设施完好，免费开放。

对不符合规定标准的公共厕所，市人民政府应当责成有关单位限期改造。

第四十条　厕所的粪便应当排入贮粪池或者经化粪池排入城市污水排放系统。不能排入城市污水系统的，由市容环境卫生专业单位或者其他单位，负责及时清掏，密闭运输，清运到指定的粪便消纳场所，并实行有偿服务。

第四十一条　废旧物品收购经营场所，应当保持环境整洁，物品堆放整齐，进行围挡遮盖。

流动回收废旧物品经营者，不得在城市主要街道、文物园林景点、城市广场等场所，收购废旧物品。

第四十二条　宾馆、饭店等服务行业和机关、企业事业单位食堂产生的厨余垃圾，实行统一收集，密闭清运，集中处理，不得排入雨水、污水排水管道、河道、公共厕所等。

产生厨余垃圾的餐饮经营者应当设置集中收集设施，由取得相应资质的单位收集清运处理。

第四十三条　任何单位和个人必须遵守下列规定：

（一）不得随地吐痰、便溺，乱扔瓜果皮核、包装物、纸屑、烟头、口香糖等废弃物；

（二）不得在街道、树坑、绿篱、花坛、草坪、公厕乱堆乱倒垃圾、渣土、污水、粪便及其他污物；

（三）不得在城市道路、绿地、广场、垃圾收集容器内焚烧垃圾、枝叶及其他杂物；

（四）不得在城市道路和广场抛撒、焚烧纸钱冥票；

（五）因教学、科研以及其他特殊需要饲养的除外，不得在城区和近郊居民区饲养鸡、鸭、鹅、兔、猪、羊等家禽家畜；

（六）不得在沿街店铺门外摆放炉灶、堆放杂物及其他影响城市环境卫生的物品；

（七）不得擅自在建筑物、公共设施、树木上涂写、刻画和贴挂；

（八）不得擅自在城市道路和公共场所散发宣传品、广告；

（九）不得乱弃动物尸体；

（十）不得有损害市容和环境卫生的其他行为。

第四章　城市环境卫生设施建设

第四十四条　城市垃圾收集容器和消纳场、公共厕所、

环境卫生工作用房、车辆清洁保养场及其他环境卫生设施的建设，由区（县）城市管理部门提出方案，市城市管理部门审核，经有关部门批准后实施。

第四十五条　新建扩建城市道路、大型公共建筑、集贸市场及其他公共场所，应当根据卫生设施建设定额指标的规定，配套建设城市环境卫生设施。

配套建设环境卫生设施的资金，应当纳入建设项目总投资。配套设施由建设单位负责与主体工程同时设计，同时施工，同时投入使用。不得擅自改变设施的面积和位置。

环境卫生设施竣工验收不合格的，不得投入使用。

第四十六条　任何单位和个人不得擅自拆除、移动和停用城市环境卫生设施。因特殊情况确需拆除、移动或者停用的，须经市、阎良区、临潼区、长安区、高陵区、鄠邑区和市辖县城市管理部门批准。经批准拆除的，应当按照城市规划就近重建。

第四十七条　单位应当按照城市环境卫生设计标准，设置与本单位规模相适应的内部公共厕所和垃圾收集容器。个体工商户必须按照规定设置垃圾收集容器。

西安市气象灾害防御条例

（2006年12月22日西安市第十三届人民代表大会常务委员会第三十四次会议通过　2007年6月1日陕西省第十届人民代表大会常务委员会第三十一次会议批准

根据2016年12月22日西安市第十五届人民代表大会常务委员会第三十六次会议通过　2017年3月30日陕西省第十二届人民代表大会常务委员会第三十三次会议批准的《西安市人民代表大会常务委员会关于修改〈西安市保护消费者合法权益条例〉等49部地方性法规的决定》第一次修正

根据2020年10月21日西安市第十六届人民代表大会常务委员会第三十七次会议通过　2020年11月26日陕西省第十三届人民代表大会常务委员会第二十三次会议批准的《西安市人民代表大会常务委员会关于修改〈西安市保护消费者合法权益条例〉等65部地方性法规的决定》第二次修正）

第一章　总　则

第一条　为了防御气象灾害，避免和减轻气象灾害造成的损失，保障人民生命财产安全，促进经济社会发展，根据《中华人民共和国气象法》和《陕西省气象条例》等有关法律、法规，结合本市实际，制定本条例。

第二条　本条例所称气象灾害，是指暴雨、高温、低温、干旱、大风、雷电、冰雹、大雪、大雾、霜（冰）冻、寒潮、沙尘暴、干热风、连阴雨等灾害性天气所造成的灾害，以及由于上述气象因素引起的山体滑坡、泥石流、火灾、洪涝、大气污染等衍生灾害。

本条例所称气象灾害防御，是指对气象灾害的监测、预报、预警、防御措施、应急处置等活动。

第三条　在本市行政区域内从事气象灾害防御活动，适用本条例。

第四条　市、区（县）人民政府应当加强对气象灾害防御工作的领导，将气象灾害防御工作纳入同级国民经济和社会发展规划，建立健全气象灾害防御工作的指挥协调机制。

第五条　市、区（县）气象主管机构负责本行政区域内灾害性天气的监测、预报、预警及人工影响天气作业、雷电灾害防御等管理工作。

第六条　市、区（县）人民政府发改、住建、城管、工信、财政、资源规划、公安、交通、水行政、农业、生态环境、应急、民政、卫生健康、文化旅游、电力等有关部门按照各自职责，共同做好气象灾害防御工作。

第七条　气象灾害防御，坚持预防为主、统筹规划、分工合作、分级负责的原则。

第八条　鼓励和支持气象灾害防御科学技术研究，推广先进的气象灾害防御技术，宣传气象灾害防御知识。

市、区（县）人民政府应当对防御气象灾害工作作出突出贡献的单位和个人给予表彰奖励。

第二章　防御规划与设施建设

第九条　市、区（县）人民政府组织气象主管机构和有关部门编制本行政区域内气象灾害防御规划，并采取有效措施，提高防御气象灾害的能力。

第十条　气象灾害防御规划应当包括以下内容：

（一）气象灾害防御的指导思想、原则和目标；

（二）气象灾害现状、发展趋势预测和评估；

（三）气象灾害易发区域和重点防御区域；

（四）气象灾害防御主要任务；

（五）气象灾害防御的建设项目；

（六）气象灾害防御的保障措施；

（七）法律、法规规定的其他内容。

第十一条　本市行政区域内重大工程建设项目的规划，应当符合气象灾害防御规划的要求。

第十二条　市、区（县）人民政府应当加强气象灾害监测预警系统、预警信息传播系统和应急气象服务系统等气象灾害防御基础设施的建设，具体方案由各级气象主管机构会同有关部门编制，报同级人民政府批准后实施。

全市性气象探测设施、气象专用传输设施、大型气象专用技术装备等重要气象设施的建设方案，由市气象主管机构会同有关主管部门编制。

第十三条　市、区（县）人民政府应当在城镇显著位置、人员密集场所设立气象灾害预警信号播发设施。机场、车站、旅游景点、高速公路、水利工程等地方，应当建设气象灾害预警信号播发设施。

第十四条　任何组织或者个人都应当依法保护气象灾害监测和防御设施、预警信号播发和接收设施，不得侵占、破坏或者擅自移动。

气象灾害监测和防御设施、预警信号播发和接收设施因不可抗力遭受破坏时，当地人民政府应当采取紧急措施，及时组织力量修复，确保设施的正常运行。

第三章　监测、预报与预警

第十五条　市、区（县）气象主管机构应当根据防御气象灾害的需要建立跨部门的联合监测网，组织对灾害性天气的综合监测、预报工作，为本级人民政府组织防御气象灾害提供决策依据。

联合监测网成员单位由市气象主管机构提出，报市人民政府审定。

第十六条　联合监测网成员单位应当及时向市气象主管机构提供真实、准确的气象信息和雨情、水情、旱情等监测信息。

市气象主管机构根据联合监测网成员单位提供的监测信息作出灾害性天气预报、预警，及时通报各联合监测网成员单位。重大灾害性天气的预报、预警，应当及时报告市人民政府。

第十七条　市气象主管机构所属的气象台站应当加强对气象灾害发生发展规律的科学研究，及时与上级和相邻气象部门会商，提高对气象灾害的分析预测能力和预报准确率。

第十八条　灾害性天气预报、警报，由气象主管机构所属的气象台站按照职责分工，通过报纸、广播、电视、电话、公众网络等传播媒体及时向社会发布。

气象衍生灾害的预报、警报，由市、区（县）气象主管机构与有关部门联合向社会发布。

对工农业生产和人民生活可能产生重大影响的气象灾害的预报、警报和补充、订正的气象预报，广播、电视、短信平台、公众网络等媒体应当及时增播或者插播。

第十九条　通信部门应当确保气象通信线路、无线电专用频道和信道畅通，保障气象灾害信息的传输。

第四章　防御措施

第二十条　市、区（县）人民政府应当加强人工影响天气工作的领导和协调，建立健全人工影响天气作业体系。

市、区（县）气象主管机构应当制定人工影响天气作业方案，管理、指导和组织实施人工影响天气作业。

第二十一条　有下列情形之一可能出现气象灾害的，应当实施人工影响天气作业：

（一）已出现干旱，预计旱情将会加重的；

（二）可能出现严重冰雹天气的；

（三）发生森林火灾或者长期处于高森林火险时段的；

（四）出现突发性公共污染事件的；

（五）其他需要实施人工影响天气作业的情形。

第二十二条　市、区（县）气象主管机构应当建立健全雷电灾害监测预警系统，提高雷电灾害监测预报水平，加强对雷电灾害防御工作的管理指导，组织对防雷设施的安全检查，做好雷电灾害的调查、鉴定工作。

第二十三条　下列易遭受雷电灾害的建（构）筑物、设施或场所，应当按照国家或者地方技术规范（标准）设计、安装防雷装置，并按照国家规定进行设计审核与竣工验收：

（一）《建筑物防雷设计规范》划定的一、二、三类防雷建（构）筑物和含有电子信息系统的建（构）筑物；

（二）易燃易爆物品和其他危险化学品的生产和储存场所；

（三）邮电通信、电力、交通运输、广播电视、金融证券、医疗卫生、文化教育、文物保护单位和其他不可移动文物、体育、旅游、游乐场所以及信息系统等社会公共服务设施；

（四）按照有关规定应当安装防雷装置的其他场所或设施。

防雷装置实行定期检测制度。易燃、易爆、危险化学品场所的防雷装置每半年检测一次，其他场所的防雷装置每年检测一次。

第二十四条　市、区（县）气象主管机构应当组织对本行政区域内发生的重大气象灾害及时作出评估，为本级人民政府组织防灾、减灾提供决策依据。

第五章　应急处置

第二十五条　市、区（县）人民政府应当组织有关部门制定重大气象灾害防御应急预案，建立由政府组织协调、各部门分工负责的气象灾害应急处置机制。

气象主管机构和有关部门应当根据本级人民政府的气象灾害防御规划和气象灾害防御应急预案，制定部门气象灾害防御应急处置预案，并报上一级主管部门和本级人民政府备案。

易受气象灾害影响的单位，应当根据本单位的实际情况制定相应的气象灾害防御应急处置预案。

第二十六条　气象灾害发生时，市、区（县）人民政府应当根据灾害范围和程度，及时启动或者终止气象灾害防御应急预案，同时报告上级人民政府，并及时向社会公布。

第二十七条　市、区（县）人民政府根据气象灾害的危害程度，可以采取下列一项或者多项应急处置措施：

（一）实行交通管制；

（二）决定停产、停工、停课；

（三）组织公民参加应急救援和处置工作，要求具有特定专长的人员提供服务；

（四）转移、撤离或者疏散易受气象灾害危害的人员并予以妥善安置，转移重要财产；

（五）对食品、饮用水、燃料等基本生活必需品和药品的生产、运输、供应、价格采取特殊的管理措施；

（六）临时征用房屋、运输工具和通信设备等；

（七）防止发生衍生灾害的必要措施；

（八）法律、法规规定的其他必要的防范性、保护性措施。

临时征用房屋、运输工具和通信设备的，应当给予补偿；造成损坏的，应当予以赔偿。

第二十八条　气象灾害发生地的单位和个人应当服从所在地人民政府的指挥和安排，配合人民政府采取应急处置措施，积极参加应急救援工作，协助维护社会秩序。

情况紧急时，所在地人民政府、基层群众性自治组织和企业、学校等单位应当及时动员并组织受到灾害威胁的人员转移、疏散。

第六章　法律责任

第二十九条　违反本条例规定，擅自发布灾害性天气警报或者发布灾害性天气警报不使用气象主管机构所属气象台站提供的适时气象信息的，由气象主管机构责令改正，给予警告，可以并处2万元以上5万元以下罚款。

第三十条　违反本条例规定，侵占、破坏或者擅自移动气象灾害防御设施的，由气象主管机构责令停止违法行为，限期恢复原状或者采取其他补救措施；逾期拒不恢复原状或者未采取其他补救措施的，由气象主管机构依法申请人民法院强制执行，并对违法单位处1万元以上5万元以下罚款，对违法个人处100元以上1000元以下罚款；造成损害的，依法承担赔偿责任；构成违反治安管理行为的，由公安机关依法给予治安管理处罚；构成犯罪的，依法追究刑事责任。

第三十一条　违反本条例规定，联合监测成员单位不提供雨情、水情、旱情等气象监测信息或者提供虚假信息的，由气象主管机构报本级人民政府通报批评，责令改正；拒不改正或者造成严重后果的，对直接负责的主管人员和其他直接责任人员依法给予处分。

第三十二条　违反本条例规定，有关部门、单位未制定气象灾害防御应急处置预案或者未采取应急处置措施，由本级人民政府通报批评、责令改正；造成严重后果的，对直接负责的主管人员和其他直接责任人员，依法给予处分；构成犯罪的，依法追究刑事责任。

第三十三条　违反本条例规定，安装的防雷装置未按照国家规定进行设计审核或者竣工验收的，由气象主管机构或者其他有关部门按照权限责令停止违法行为，处1万元以上10万元以下罚款；有违法所得的，没收违法所得；给他人造成损失的，依法承担赔偿责任。

第三十四条　依照本条例规定对当事人作出3万元以上罚款处罚决定前，应当告知当事人有要求举行听证的权利。

第三十五条　气象主管机构及其所属气象台站、有关部门的工作人员对气象灾害瞒报、迟报或者玩忽职守导致漏报、错报的，依法给予处分；致使国家利益和人民生命财产遭受重大损失，构成犯罪的，依法追究刑事责任。

第七章　附　则

第三十六条　本条例自2007年7月1日起施行。

西安市城市绿化条例

（2013年12月26日西安市第十五届人民代表大会常务委员会第十三次会议审议通过　2014年3月27日陕西省第十二届人民代表大会常务委员会第八次会议批准

根据2016年12月22日西安市第十五届人民代表大会常务委员会第三十六次会议通过　2017年3月30日陕西省第十二届人民代表大会常务委员会第三十三次会议批准的《西安市人民代表大会常务委员会关于修改〈西安市保护消费者合法权益条例〉等49部地方性法规的决定》第一次修正

根据2020年10月21日西安市第十六届人民代表大会常务委员会第三十七次会议通过　2020年11月26日陕西省第十三届人民代表大会常务委员会第二十三次会议批准的《西安市人民代表大会常务委员会关于修改〈西安市保护消费者合法权益条例〉等65部地方性法规的决定》第二次修正）

第一章　总　则

第一条　为了加强城市绿化建设和管理，保护和改善生态环境，推动生态文明建设，根据《中华人民共和国城乡规划法》、国务院《城市绿化条例》等有关法律、法规，结合本市实际，制定本条例。

第二条　本条例适用于本市行政区域内城市绿化的规划、建设、保护和管理。

第三条　城市绿化应当坚持科学规划、合理布局、因地制宜、植护并重的原则，注重生态与景观相协调，突出古城风貌和历史文化特色。

第四条　市、区（县）人民政府应当将城市绿化纳入国民经济和社会发展规划，保障城市绿化发展所需资金及绿化用地，保证城市绿地面积逐年增长。

市、区（县）人民政府应当加强对城市绿化工作的领导，组织开展全民义务植树等多种形式的城市绿化活动。

第五条　市城市管理部门是本市城市绿化的行政主管部门。

区（县）城市管理部门在市城市管理部门的指导下，负责本辖区内的城市绿化工作。

开发区管理委员会根据市城市管理部门的委托，负责本辖区内的城市绿化工作，并接受市城市管理部门的监督。

发改、资源规划、住建、市场监管、财政、交通、水行政、文物、生态环境、农业等部门，应当按照各自职责做好城市绿化工作。

第六条　机关、学校、企事业单位、社区及其他组织和新闻媒体应当加强对城市绿化的宣传教育，动员广大市民积极参与城市绿化活动。

任何单位和个人都有爱护绿化成果和绿化设施的义务，对破坏城市绿化的行为有权制止、检举。

第七条　鼓励和支持绿化科学技术的研究开发和转化应用，选育、引进适应本市自然条件、节水耐旱及兼顾冬季绿化美化效果的新优植物品种，推广生物防治病虫害技术，增强城市绿化的科学性和观赏性。

第八条　鼓励单位和个人以投资、捐资、认养、植树纪念等方式参与城市绿化建设和管理工作。鼓励城镇居民在其私人庭院内种植花草树木，绿化环境。

市、区（县）人民政府对在城市绿化建设、管理和科研工作中成绩显著的单位和个人，可以给予表彰或者奖励。

第二章　规划与建设

第九条　市城市管理部门应当会同市资源规划主管部门，根据本市城市总体规划编制本市城市绿地系统规划，报市人民政府批准后实施。

阎良区、临潼区、长安区、高陵区和市辖县的城市绿地系统规划由所在区（县）城市管理部门和资源规划主管部门负责编制，报本级人民政府批准后实施。

第十条　城市绿地系统规划应当明确绿化目标、规划布局和各类绿地的面积、控制原则、功能形态、分期建设计划、建设标准。

第十一条　资源规划、城管部门应当根据城市绿地系统规划，对下列区域划定城市绿线，并向社会公布，接受公众监督：

（一）现有的和规划的公园绿地、生产绿地、防护绿地、附属绿地、其他绿地；

（二）城市规划区域内的河岸、湖畔、山坡及道路两侧等城市景观生态控制区域；

（三）城市规划区内的风景名胜及古树名木保护范围等；

（四）其他对城市生态和景观产生积极作用的区域。

第十二条　城市绿线划定后，任何单位和个人不得擅自变更和调整。

因城市总体规划修编对城市绿地布局进行调整，或者因重大市政基础设施建设需要变更或者调整绿线的，资源规划主管部门应当征求城市管理部门的意见，并按照规划审批权限报原审批机关批准。

调整绿线不得减少规划绿地的总量。因调整绿线减少规划绿地的，应当落实新的规划绿地。

第十三条　代征绿地是城市公共服务绿化用地，任何单位和个人不得擅自占用、出租和转让。

资源规划主管部门负责确定代征绿地的位置、规模和四至界限，办理代征绿地用地审批、土地登记等相关手续。

城市管理部门负责协调建设用地单位办理产权移交手续，实施绿化任务并进行日常管理维护。

政府储备项目或建设单位应按规定，将已完成征地补偿、拆迁安置、达到土地平整条件的代征绿地移交城市管理部门，并签订《代征绿地移交书》。

第十四条　新建、改建、扩建建设工程项目的绿地率应当达到下列标准：

（一）居住区不低于35%，其中集中绿地面积应当不低于建设工程项目用地总面积的10%；

（二）学校、文化体育设施、机关团体等单位不低于35%；

（三）医院、疗养院不低于35%，卫生院及妇幼保健、卫生防疫站不低于25%；

（四）交通枢纽、仓储、商业中心等项目不低于25%；

（五）园林景观路不低于40%；红线宽度大于50米的道路不低于30%；红线宽度在40至50米的道路不低于25%；红线宽度小于40米的道路不低于20%；

（六）产生有毒有害气体的项目不低于40%，并应当建设宽度不低于50米的卫生防护林带；

（七）公园绿地、防护绿地等其他建设工程项目绿地率按照国家有关规定执行。

列入旧城改造区建设工程项目绿地率达不到前款规定标准的，可比照规定的标准降低5%。在历史文化名城保护范围内进行建设活动，不得减少原有绿地面积。

独体建筑、文物保护街区确因条件限制，绿地面积达不到本条规定标准的建设工程项目，建设单位应当按照所缺的绿地面积缴纳绿地补偿费。绿地补偿费应当上缴同级财政，专款用于绿地补建。

第十五条　新建、改建、扩建的建设工程项目，资源规划主管部门在核发建设工程规划许可证时，城市管理部门应当参与绿地控制指标和绿化设计方案审查。

第十六条　建设工程项目附属绿化工程应当与主体工程同时规划、同时设计、同时交付使用。

居住小区附属绿化工程竣工后，建设单位应当制作绿地平面图标牌，在显著位置进行永久公示。

第十七条　城市绿化项目优先使用乡土植物，注重市树、市花种植，均衡配置乔木、灌木、地被植物和花卉，保持植物群落的多样性和合理性，种植行道树应当选用高大浓荫树种。

第十八条　市人民政府应当依托城市山水、水系、绿地等自然环境，建设以林荫道为主连接公园、游园、街头绿地、风景名胜、历史古迹的绿色廊道。

第十九条　城市绿化建设应当与地上地下各种管线等市政公用设施保持规定的安全间距。资源规划主管部门在核定建设工程项目用地位置和界线时，应当兼顾管线安全和树木生长需要。

新建管线、新种树木，应当本着后建让先种、后种让先建的原则协商解决。

第二十条　从事绿化工程设计、监理活动的单位和个人，应当具备相应资质和资格。

城市绿化工程的设计、施工，应当执行城市绿化工程设计和施工规范，确保质量，并接受城市管理部门的监督、检查和指导。

本市建立园林绿化企业诚信管理制度，对在本市承接绿化工程的企业实施信用管理。

第二十一条　公园、绿化广场沿街部分，城市主要道路两侧沿线单位，除有特殊安全需要外，应当实施开放式绿化。

鼓励大型公共建筑、国家机关和企事业单位办公楼、居民住宅楼等建筑在符合建筑规范和安全要求的前提下进行垂直绿化、屋顶绿化等立体绿化。

城市管理部门应当结合本市地理气候特征，制定立体绿化和开放式绿化的技术规范，对立体绿化和开放式绿化进行指导和服务。

第二十二条　半年内未开工建设的建设工程项目用地，土地使用权人和建设单位应当按照城市管理部门的要求实施临时绿化。

第二十三条　开发利用城市绿地地下空间的，应当符合建设规范，不得改变绿地性质，地下空间顶部覆土厚度应当满足乔木正常生长需要。

第三章　保护与管理

第二十四条　城市绿地按照下列分工负责养护管理：

（一）使用市、区（县）政府财政性资金建设的城市绿地，由城市管理部门负责；

（二）铁路、公路、机场、河道管理范围内的防护绿地，分别由管理单位负责；

（三）单位附属绿地由该单位负责；

（四）生产绿地由经营单位负责；

（五）居住区绿地由业主或者其委托的物业服务企业负责；

（六）其他城市绿地由产权人或者管理人负责。

第二十五条　市城市管理部门应当制定城市绿化养护管理标准，向社会公布。

城市管理部门应当为养护管理责任人提供技术指导和服务，对养护管理情况进行监督检查。

养护管理责任人应当按照标准对城市绿地进行养护管理，并建立养护管理档案。

第二十六条　已建成的面积在3万平方米以上的绿地和二环路以内已建成的公园、广场绿地，由市人民政府确认为永久性绿地，向社会公布，并报市人民代表大会常务委员会备案。

永久性绿地不得改变绿地性质。

第二十七条　任何单位和个人不得擅自改变城市绿地性质。

国家、省、市重点建设工程项目和城市基础设施建设确需改变城市绿地性质的，应当经市城市管理部门同意后，报原审批机关批准。

改变已建成城市绿地性质的，应当补偿相应的绿地面积和绿化建设费用；改变规划城市绿地性质的，应当补偿相应的绿地面积。

第二十八条　任何单位和个人不得擅自占用城市绿地。

因建设或者其他特殊需要临时占用城市绿地的，按下列权限审批：

（一）新城区、碑林区、莲湖区、雁塔区、灞桥区、未央区范围内属区管绿地的，由所在区城市管理部门审核，报市城市管理部门批准；属市管绿地的，由市城市管理部门批准。

（二）阎良区、临潼区、长安区、高陵区、鄠邑区和市辖县范围内的，由区（县）城市管理部门批准，报市城市管理部门备案。

第二十九条　临时占用城市绿地期限一般不超过一年。占用期满后，占用人应当及时退还并恢复绿化原状。确需延长期限的，应当办理延期手续，延长期限不超过一年。

占用人应当按照批准的面积和期限占用城市绿地，并向城市管理部门缴纳绿地补偿费。

第三十条　城市绿地养护管理责任人应当按照城市绿化养护技术规范对树木进行修剪。

城市道路、铁路、公路两旁的树木生长影响架空线或者交通安全的，分别由城管、铁路、交通部门及时组织修剪。

有关单位为抢险救灾或者处理事故，可先根据险情对树木先行修剪或者采取其他处理措施，在险情排除后七日内应书面告知城市管理部门和养护管理责任人。

第三十一条　城市绿地范围内禁止下列行为：

（一）擅自搭建建筑物、构筑物和其他设施；

（二）借用树木作为支撑物或者固定物，在树木上悬挂物体；

（三）取土、焚烧，倾倒垃圾、有害气体或者堆放杂物；

（四）擅自设置广告、摆摊设点、停放车辆；

（五）擅自拆除绿篱、花坛或者铲除草坪；

（六）污染、损坏建筑小品及游艺、信息、喷灌、照明等绿化附属设施；

（七）其他损毁绿地地形、地貌、水体和植被的行为。

第三十二条　单位和个人不得擅自移植、砍伐树木。

因建设工程无法保留或者严重影响居住安全、采光及道路、管网等公共设施运行安全，需要移植树木的，应当向城市管理部门提出申请。

树木无移植价值的，可以向城市管理部门申请砍伐。

第三十三条　移植或者砍伐树木按照下列规定办理审批手续：

（一）在新城区、碑林区、莲湖区、雁塔区、灞桥区、未央区范围内公园绿地、防护绿地及城市道路范围内的，由市城市管理部门批准；

（二）在新城区、碑林区、莲湖区、雁塔区、灞桥区、未央区范围单位、居住区内的，由区城市管理部门审核，报市城市管理部门批准；

（三）在阎良区、临潼区、长安区、高陵区、鄠邑区和市辖县范围内的，由所在区（县）城市管理部门批准；

（四）一次一处移植或者砍伐30株以上，或者单株胸径40厘米以上的，由市、阎良区、临潼区、长安区、高陵区、鄠邑区和市辖县城市管理部门审核，报市人民政府批准。

对申请移植或者砍伐城市道路、公园绿地的树木30株以上的，市城市管理部门应当组织专家对其必要性和可行性进行论证，并征求公众意见，必要时应当组织听证会。

经批准移植的树木，应当公布移植地点，接受公众监督。

第三十四条　经批准砍伐国家所有和单位所有树木的，应按"伐一栽三"的原则，在城市管理部门指定的地点予以补栽。无法补栽的，应交纳补栽树木所需费用。

第三十五条　修剪、移植、砍伐树木和临时占用绿地施工期间，施工单位应当在施工现场设置绿化施工标牌，公示施工内容，接受公众监督。可能影响人身安全的，还应当设立围挡、护栏等安全设施。

第三十六条　城市管理部门应当加强有害生物防治，建立有害生物疫情监测预报网络，编制有害生物灾害事件应急预案，健全有害生物预警预防控制体系。

植物检疫机构应当按照有关规定，做好城市绿化植物的检疫工作。

第四章　监督检查

第三十七条　城市管理部门应当定期对城市绿化的建设、保护和管理进行监督检查，并将监督检查情况向同级人民政府报告。

第三十八条　城市管理部门应当建立和完善城市绿化信息管理系统，加强城市绿化的资源调查、监控预警、服务指导、知识普及，依法向社会公开下列信息：

（一）经依法批准或者批准修改的城市绿地系统规划；

（二）经依法划定或者调整的城市绿线；

（三）城市绿化行政许可条件、程序以及依法作出的行政许可决定；

（四）城市绿化监督检查的情况；

（五）对违反绿化法律法规行为的查处情况；

（六）承接园林绿化工程企业的信用状况；

（七）征收的各种费用标准、依据；

（八）其他依照法律、法规和国家有关规定应当公开的信息。

第三十九条　城市管理部门、资源规划主管部门应当建立健全信息共享、工作联动协作机制，对违反城市绿化管理的行为及时进行制止和查处。

第四十条　城市管理部门应当建立投诉举报制度，自接到投诉举报之日起在规定期限内，按照各自职责查处违反城市绿化管理的行为，并将处理情况反馈投诉举报人。

第五章　法律责任

第四十一条　违反本条例规定，有下列行为之一的，由城市管理部门责令停止侵害，按照下列规定处以罚款；造成损失的，应当承担赔偿责任：

（一）擅自占用城市绿地或者经批准占用，期满后仍占用的，责令限期改正，恢复原貌，补交绿地补偿费，并按照占用面积处以每平方米每天20元的罚款；

（二）非养护管理责任人，以修剪名义毁坏行道树的，处以每株500元以上1000元以下罚款；造成树木死亡的，责令按规定补植树木，并处以树木价格5倍的罚款；

（三）擅自移植树木的，责令限期改正；无法改正的，责令按规定补植树木，并处以移植树木价格3倍的罚款；

（四）擅自砍伐树木的，责令按规定补植树木，并处以砍伐树木价格5倍的罚款。

第四十二条　违反本条例规定，建设工程项目的绿地率未达到规定标准的，由城市管理部门责令限期改正；逾期不改正的，按照不足绿地相等面积地段土地基准地价2倍的标准，处以罚款。

第四十三条　违反本条例第二十条规定，未取得相应资质，擅自从事城市绿化设计和监理的，由城市管理部门责令停止违法行为，处以1万元以上3万元以下罚款。

第四十四条　违反本条例第二十二条规定，未按照规定进行临时绿化的，由城市管理部门责令限期改正；逾期不改正的，处以2000元以上2万元以下罚款。

第四十五条　违反本条例第二十三条规定，未达到覆土厚度要求，影响乔木正常生长的，由城市管理部门责令限期改正；逾期不改正的，由城市管理部门督促改正，并处以2万元以上10万元以下罚款。

第四十六条　违反本条例第三十一条规定的，由城市管理部门责令停止侵害、恢复原状，并可以按照下列规定处以罚款；造成损失的，依法赔偿损失：

（一）擅自搭建建筑物、构筑物和其他设施的，处以5000元以上5万元以下罚款；

（二）借用树木作为支撑物或者固定物、在树木上悬挂物体的，处以100元以上500元以下罚款；

（三）倾倒垃圾、有害液体或者堆放杂物的，处以300元以上3000元以下罚款；

（四）取土、焚烧的，处以1000元以上5000元以下的罚款；

（五）擅自设置广告的，处以1000元以上5000元以下罚款；

（六）擅自拆除绿篱、花坛或者铲除草坪的，责令限期恢复，并处以每平方米500元以上1000元以下罚款；

（七）摆摊设点、停放车辆或者污染、损坏建筑小品及游艺、休息、浇灌、照明等绿化附属设施的，处以300元以上3000元以下罚款。

第四十七条　拒绝、阻碍国家机关工作人员依法履行职务，违反《中华人民共和国治安管理处罚法》的，由公安机关处理；构成犯罪的，依法追究刑事责任。

第四十八条　对个人作出3000元以上罚款、对单位作出3万元以上罚款处罚决定前，应当告知当事人有要求举行听证的权利。

第四十九条　国家机关工作人员在城市绿化管理工作中，滥用职权、玩忽职守、徇私舞弊的，依法给予处分；构成犯罪的，依法追究刑事责任。

第六章　附　则

第五十条　本条例所称城市绿地包括公园绿地、生产绿地、防护绿地、附属绿地、其他绿地。

本条例所称公园绿地，是指向社会公众开放，以游憩为主要功能，兼具生态、美化、防灾等作用的绿地。

本条例所称生产绿地，是指为城市绿化提供苗木、花草、种子的苗圃、花圃、草圃等圃地。

本条例所称防护绿地，是指城市中具有卫生、隔离和安全防护功能的绿地。

本条例所称附属绿地，是指城市建设用地中除绿地之外各类用地中的附属绿化用地。主要包括居住、工业、仓储、公共设施、道路等用地中的绿地。

本条例所称其他绿地，是指位于城市建设区之外，城市规划区范围内对城市生态环境质量、居民休闲生活、城市景观和生物多样性保护有直接影响的绿地。

第五十一条　古树名木的保护和管理按照《西安市古树名木保护条例》的规定执行。

第五十二条　本条例自2014年6月1日起施行。1990年10月26日西安市第十届人民代表大会常务委员会第二十次会议通过，1990年12月28日陕西省第七届人民代表大会常务委员会第十八次会议批准的《西安市城市绿化管理条例》同时废止。

西安市生活垃圾分类管理条例

（2020年6月30日西安市第十六届人民代表大会常务委员会第三十四次会议通过

2020年7月30日陕西省第十三届人民代表大会常务委员会第十九次会议批准）

第一章　总　则

第一条　为了加强生活垃圾分类管理，推进生活垃圾源头减量、资源化利用和无害化处理，改善人居环境，保障公众健康，促进生态文明建设和经济社会可持续发展，依据《中华人民共和国固体废物污染环境防治法》《城市市容和环境卫生管理条例》等法律、法规，结合本市实际，制定本条例。

第二条　本市行政区域内生活垃圾的分类投放、分类收集、分类运输、分类处理及其相关监督管理活动，适用本条例。

第三条　本条例所称的生活垃圾，指在日常生活中或者为日常生活提供服务的活动中产生的固体废物，以及法律、行政法规规定视为生活垃圾的固体废物。

第四条　生活垃圾分为以下四类：

（一）可回收物，指适宜回收和循环再利用的生活废弃物；

（二）有害垃圾，指对人体健康或者自然环境造成直接或者潜在危害的生活垃圾；

（三）厨余垃圾，指家庭、餐饮经营场所、集贸市场等产生的易腐有机生活垃圾；

（四）其他垃圾，指除可回收物、有害垃圾、厨余垃圾之外的其他生活垃圾。

生活垃圾分类指导目录由市城市管理部门组织编制并向社会公布。

第五条　生活垃圾分类坚持政府推动、全民参与、城乡统筹、因地制宜、简便易行的原则。

第六条　市、区（县）人民政府应当把生活垃圾分类管理工作纳入国民经济和社会发展规划，保障生活垃圾分类管理的资金投入，建立生活垃圾分类管理系统，实现生活垃圾分类制度有效覆盖。

市、区（县）人民政府应当建立生活垃圾分类工作协调机制，研究解决生活垃圾分类工作中的重大问题。

镇人民政府、街道办事处负责辖区内生活垃圾分类的日常管理工作，指导居民委员会、村民委员会组织动员辖区内单位和个人参与生活垃圾分类工作。

第七条　城市管理部门是生活垃圾分类管理工作的主管部门，负责生活垃圾分类管理工作的组织、协调、指导和监督。

生态环境、农业、住建、商务、发改、资源规划、财政、市场监管、公安、交通、教育、文化旅游等行政管理部门按照各自职责分工，共同做好生活垃圾分类管理的相关工作。

第八条　区（县）人民政府应当加强农村生活垃圾分类管理工作，保护和改善农村人居环境。

城乡接合部、人口密集的农村地区和其他有条件的地方，应当建立城乡一体的生活垃圾分类管理系统；其他农村地区应当因地制宜，确定生活垃圾分类标准及管理模式，就近就地利用或者妥善处理生活垃圾。纳入城乡一体生活垃圾分类管理的区域由区（县）人民政府划定。

第九条　市人民政府按照产生者付费的原则，建立生活垃圾处理收费制度。

产生生活垃圾的单位、家庭和个人应当按照规定缴纳生活垃圾处理费。

生活垃圾处理费应当专项用于生活垃圾的收集、运输和处理等，不得挪作他用。

第十条　本市实行生活垃圾跨区（县）处理生态环境补偿制度。

将生活垃圾转移到其他区（县）集中处理的，移出地应当向接受地支付生态环境补偿费。生态环境补偿费应当专项用于生活垃圾集中处理设施所在地环境治理、公共服务设施建设以及村民、居民的环境污染补偿等。具体办法由市人民政府制定。

第十一条　机关、社会团体、企业事业单位、基层群众性自治组织和新闻媒体应当加强生活垃圾分类知识宣传教育和科学普及，推动全社会共同参与生活垃圾源头减量和分类活动。

学校、幼儿园应当组织开展生活垃圾源头减量和分类知识教育，培养和提高学生、学龄前儿童的生活垃圾分类意识。

第十二条　本市开展文明单位、文明校园、文明社区、文明村镇、文明家庭等精神文明创建活动和卫生单位、卫生社区（村）等卫生创建活动，应当将生活垃圾分类工作情况纳入评选标准。

第十三条　鼓励生活垃圾源头减量、分类投放、分类处理、资源化利用等方面的新技术、新工艺、新材料、新装备的研发和应用。

第二章　规划与建设

第十四条　市城市管理部门应当会同发改、资源规划、住建、生态环境等部门，根据经济社会发展和环境保护的需要，组织编制生活垃圾分类管理规划，并纳入市容环境卫生专项规划，报市人民政府批准后实施。

第十五条　区（县）人民政府应当依据本市生活垃圾分类管理规划，编制生活垃圾分类区域详细规划，按年度制定生活垃圾收集、运输、处理设施建设计划和实施方案，并组织实施。

第十六条　市商务行政管理部门应当会同市城市管理部门组织编制再生资源回收网点建设规划，建立健全再生资源回收体系。

市、区（县）人民政府应当加强生活垃圾分类收运体系和再生资源回收体系的融合。

第十七条　规划确定的生活垃圾收集、转运、处理、回收利用设施建设用地，未经法定程序，不得改变用途。

第十八条　生活垃圾处理设施、大型转运设施的建设，由区（县）城市管理部门提出方案，市城市管理部门审核，经有关部门批准后实施。

市城市管理部门应当会同住建、资源规划等部门，组织编制建设工程配套生活垃圾分类收集设施建设标准。新建、改建、扩建的建设项目，应当按照标准配套建设生活垃圾分类收集设施。依法审定的建设工程设计方案应当标明配套生活垃圾分类设施的用地面积和位置。

建设工程配套的生活垃圾分类收集设施应当与建设项目主体工程同时设计、同时施工、同时投入使用；竣工验收后，建设单位应当向所在地区（县）城市管理部门备案。

已有的生活垃圾分类收集设施不符合标准的，应当及时予以改造。

第十九条　区（县）人民政府应当根据需要统筹安排建设农村生活垃圾收集、运输、处理设施，合理布局可回收物网点，促进农村生活垃圾源头减量、资源化利用和无害化处理。

第二十条　禁止擅自关闭、闲置或者拆除生活垃圾处理设施、场所。

确需关闭、闲置或者拆除的，应当经市、所在地区（县）城市管理部门商生态环境管理部门同意后核准，并采取防止污染环境的措施。

第三章　分类投放

第二十一条　市城市管理部门应当编制本市生活垃圾分类指南，明确分类的标识、颜色及投放、收集、运输、处理规则等内容，并向社会公布。

区（县）城市管理部门应当组织创建居民生活垃圾分类投放示范点，引导居民正确分类投放生活垃圾。

第二十二条　区（县）人民政府应当制定生活垃圾分类管理实施方案并组织实施。实施方案应当包括生活垃圾的投放模式、收集时间、运输线路、处理方式等内容。

第二十三条　本市实行生活垃圾分类投放管理责任人制度。责任人按下列规定确定：

（一）机关、企业事业单位、社会团体等单位的办公和自管区域，本单位为责任人；

（二）城市居住区，实行物业管理的，物业服务企业为责任人；未实行物业管理的，社区居（村）民委员会为责任人；

（三）农村居住区，村民委员会为责任人；

（四）建设工程的施工现场，施工单位为责任人；尚未施工或者停工的，建设单位为责任人；

（五）集贸市场、商场、展览展销、餐饮服务、商铺等经营场所，经营单位或者管理单位为责任人；没有经营单位或者管理单位的，产权人为责任人；

（六）道路、广场、公园、河湖、公共绿地、旅游景区，机场、客运站、公交场站、轨道交通车站以及文化、体育、娱乐等公共场所，经营单位或者管理单位为责任人；

依照前款规定仍不能确定生活垃圾分类投放管理责任人的，由所在地镇人民政府、街道办事处确定责任人。

第二十四条　生活垃圾分类投放管理责任人应当遵守下列规定：

（一）制定生活垃圾分类日常管理制度；

（二）建立管理台账，记录管理区内产生的生活垃圾类别、数量、去向等情况；

（三）开展生活垃圾分类知识宣传，在投放点张贴分类标准、指南等图文资料，派发宣传品，指导投放人分类投放；

（四）规范设置生活垃圾分类收集容器，保持收集容器完好和整洁，出现污损或者数量不足的，及时维修、更换、清洗或者补充；

（五）明确不同种类生活垃圾的投放时间、地点，分类收集、贮存生活垃圾；

（六）将生活垃圾交由有资质的单位收集运输；

（七）对不符合投放要求的行为，予以劝告、制止；对仍不按照规定分类投放的，报告所在地城市管理部门；

（八）制止混合已分类投放的生活垃圾的行为；

（九）国家和省市的其他规定。

第二十五条　物业服务合同（含前期物业服务合同）应当在物业管理服务事项中约定生活垃圾分类投放的内容。

市住房建设行政管理部门督促物业服务企业依法履行生活垃圾分类投放管理责任人义务。

第二十六条　产生生活垃圾的单位、家庭和个人是生活垃圾分类投放的责任主体，应当按照下列规定投放生活垃圾：

（一）按照规定的时间、地点、种类投放；

（二）可回收物投入相应的收集容器或者交售给再生资源回收经营者；

（三）家庭厨余垃圾沥干投放，餐饮经营者产生的厨余垃圾投放至专用垃圾收集容器；

（四）有害垃圾中的灯管、水银产品等易碎或者含有液体的，采取防止破损或者渗漏的措施后投放；

（五）家具、电器等体积大、整体性强或者需要拆分再处理的垃圾，预约再生资源回收经营者回收或者投放至指定地点；

（六）禁止将建筑垃圾、工业固体废物、危险废物等混入生活垃圾进行投放。

第四章　分类收集、运输与处理

第二十七条　从事厨余垃圾、其他垃圾经营性收集、运输、处理的单位，以及从事有害垃圾经营性收集的单位，应当按照国家规定取得生活垃圾经营服务许可证。

第二十八条　生活垃圾的分类收集、运输应当按照下列规定执行：

（一）对可回收物实行预约或者定期收集、运输，由生活垃圾投放人或者生活垃圾分类投放管理责任人与收集、运输单位协商确定收运时间；

（二）对有害垃圾实行预约或者定期收集，由城市管理部门确定收集时间，也可以由生活垃圾分类投放管理责任人与收集单位预约收集时间；

（三）对厨余垃圾和其他垃圾实行每日定时收集、运输，由生活垃圾分类投放管理责任人与收集、运输单位约定收运时间，做到日产日清。

第二十九条　生活垃圾收集、运输单位应当遵守下列规定：

（一）作业车辆分类标识标志明显，并保持车辆密闭、功能完好、外观整洁；

（二）作业车辆安装在线监管装置，按照确定的运输路线行驶，将生活垃圾分类运输至符合规定的转运、处理设施；

（三）收集、运输生活垃圾后，将生活垃圾收集容器复位，清洁作业场地；

（四）建立管理台账，根据区域生活垃圾的产生量确定收集频率，记录生活垃圾来源、类别、数量、去向等情况；

（五）不得在运输过程中遗撒滴漏、随意倾倒、丢弃、堆放生活垃圾；

（六）不得将已经分类投放的生活垃圾混合收集、运输，不得将建筑垃圾、工业固体废物、危险废物等混入生活垃圾；

（七）国家和省市的其他规定。

第三十条　生活垃圾收集、运输单位发现交付的生活垃圾不符合分类规定的，应当要求生活垃圾分类投放管理责任人按照规定进行分拣；对拒不分拣的，可以拒绝接收，并报告所在地城市管理部门。

交付的生活垃圾符合分类规定的，生活垃圾收集、运输单位不得拒绝接收。

第三十一条　市、区（县）人民政府应当按照有关规划及标准规范，组织建设与生活垃圾分类管理相适应的生活垃圾转运站、可回收物分拣和大件垃圾拆分中心、有害垃圾暂存点等设施。

第三十二条　生活垃圾转运站运营管理单位应当遵守下列规定：

（一）分类收集转运生活垃圾，保持设施设备正常运行；

（二）转运站的生活垃圾应当密闭存放，存放时间不得超过24小时；

（三）配备相应的环保设施设备，保证各类污染物达标排放；

（四）建立污染物排放监测制度，二类以上转运站安装监测系统及设备，按要求向监管部门提供相关数据。

第三十三条　生活垃圾分类服务单位等应当将可回收物和废旧家具、电器等大件废弃物运输至可回收物分拣和大件垃圾拆分中心进行拆解、分拣和利用，经拆解分拣后仍不能再利用的生活垃圾，作为其他垃圾处理。

第三十四条　生活垃圾收集单位应当将有害垃圾收集至有害垃圾暂存点暂存，暂存点应当符合危险废物贮存污染控制要求。

暂存点的有害垃圾属于危险废物的，由生态环境部门按照危险废物依法管理。

第三十五条　生活垃圾收集、转运场所位于城市道路两侧的，公安机关交通管理部门应当根据生活垃圾收集、转运的需要，划定禁止其他车辆停放的范围。

第三十六条　生活垃圾应当按照成分、转化等特性，按下列方式分类处理：

（一）可回收物采用资源化回收、利用方式处理；

（二）有害垃圾应当进行无害化处理，属于危险废物的，由取得危险废物经营资质的单位进行处理；

（三）厨余垃圾采用生化处理、脱水后焚烧等方式进行资源化利用、无害化处理；

（四）其他垃圾采用焚烧等方式实施无害化处理。

生活垃圾除应急情况外，不得直接填埋。

第三十七条　生活垃圾处理单位应当遵守下列规定：

（一）按照规定的时间和要求接收生活垃圾；

（二）按照有关规定和技术标准分类处理生活垃圾；

（三）保持生活垃圾处理设施设备正常运行；

（四）达标排放处理过程中产生的污染物；

（五）设置化验室或者委托专业化验机构，对生活垃圾、渗沥液等处理过程中常规参数进行检测，并建立检测档案；

（六）按照有关规定标准安装污染物排放在线监测设备，实时监测污染物排放情况，将污染排放数据实时公开，监测设备应当与所在地生态环境主管部门的监控设备联网；

（七）建立管理台账，记录每日接收、处理生活垃圾的数量、类别及排放的废弃物情况，定期向所在地的城市管理部门报送相关信息；

（八）设立公众开放日，接待社会公众参观，接受社会监督；

（九）国家和省市的其他规定。

第三十八条　生活垃圾收集、运输、处理单位，不得擅自停止收集、运输、处理活动。

因故需要停止收集、运输、处理活动的，提前七日向当地城市管理部门报告，由城市管理部门统筹安排生活垃圾的收集、运输和处理。

第三十九条　生活垃圾收集、运输、处理单位应当制定本单位生活垃圾收集、运输、处理应急预案，并向所在地城市管理部门备案。

因突发性事件造成无法正常收集、运输、处理生活垃圾的，生活垃圾收集、运输、处理单位应当立即启动应急预案。

第四十条　餐饮经营场所产生的厨余垃圾的收集、运输和处理实行特许经营。

市城市管理部门应当通过公开招标等市场竞争方式选择具备特许经营条件的厨余垃圾收集、运输、处理单位。

第四十一条　餐饮经营者应当将厨余垃圾交由取得相应资质的单位进行收集、运输、处理。

禁止畜禽养殖场、养殖小区利用未经无害化处理的厨余垃圾饲喂畜禽。禁止以厨余废弃食用油脂为原料加工食用油及其他食品。

第四十二条　市城市管理部门可以根据生活垃圾分类投放和收集、运输、处理设施的规划布局和建设方案，结合各区（县）厨余垃圾产生量，对厨余垃圾实行统一收运、集中定点处理。

第四十三条　农村生活垃圾按照相关规定实行户分类投放、村分类收集、镇分类转运、区（县）分类处理的方式。

农村家庭产生的厨余垃圾，可以按照农业废弃物资源化的要求，采用生化处理等技术就地处理或者集中处理。

第四十四条　鼓励生活垃圾处理单位投保环境污染责任保险。

第五章　减量措施

第四十五条　市、区（县）人民政府应当制定有利于生活垃圾源头减量的政策和措施，建立涵盖生产、流通、消费等领域的生活垃圾源头减量工作机制。

第四十六条　产品和包装物的设计、制造，应当遵守国家有关清洁生产的规定。

生产经营者应当遵守限制商品过度包装强制性标准，避免过度包装。

生产、销售、进口依法被列入国家强制回收目录的产品和包装物的企业，应当按照国家有关规定对该产品和包装物进行回收。

第四十七条　机关、企业事业单位等应当实行绿色办公，减少使用一次性办公用品、杯具、餐具等用品。

政府采购应当按照规定，优先采购可循环利用的产品。

第四十八条　餐饮、娱乐、住宿等服务性经营者不得在经营活动中主动提供一次性用品。鼓励消费者减少或者不使用一次性用品。

餐饮经营者应当提示、指导消费者理性、适量点餐，并在明显位置设置提示牌。

第四十九条　电子商务、快递、外卖等行业应当优先采用可重复使用、易回收利用的包装物，优化物品包装，减少包装物的使用，并积极回收利用包装物。

电子商务经营者在本市销售商品需要使用快递服务的，应当选择使用环保包装材料的经营快递业务的企业。

第五十条　按照国家有关规定依法禁止、限制生产、销售和使用不可降解塑料袋等一次性塑料制品。

商品零售场所开办单位、电子商务平台企业和快递企业、外卖企业应当按照国家有关规定向商务、邮政等主管部门报告塑料袋等一次性塑料制品的使用、回收情况。

鼓励和引导减少使用、积极回收塑料袋等一次性塑料制品，推广应用可循环、易回收、可降解的替代产品。

第五十一条　鼓励在商场、超市、便利店等经营场所设立便民回收设施。

鼓励采用押金、以旧换新、设置自动回收机、网购送货时回收包装物等方式回收再生资源。

第五十二条　市城市管理部门应当会同市商务、发改、财政等部门，编制低价值可回收物目录，拟定低价值可回收物资源化利用优惠政策。

第五十三条　市、区（县）人民政府有关部门应当加强产品生产和流通过程监督管理，避免过度包装，组织净菜上市，减少生活垃圾的产生量。

第五十四条　市、区（县）人民政府可以通过政府和社会资本合作、投资补助、政府购买服务、特许经营等方式，引导社会资本参与分类投放、收集、运输、处理以及回收利用等。

第五十五条　鼓励环保组织、志愿者组织等社会公益组织开展生活垃圾分类宣传动员活动，共同推动生活垃圾分类工作。

鼓励通过积分兑换等方式，促进单位、家庭和个人履行生活垃圾源头减量和分类投放义务。

第六章　监督管理

第五十六条　市、区（县）人民政府应当将生活垃圾分类管理工作纳入年度目标责任考核体系，定期公布考核结果。

第五十七条　市城市管理部门应当会同市大数据、商务、生态环境、农业等部门，建立生活垃圾分类管理信息平台，采集生活垃圾分类收集、运输、处理等信息，实现全流程监管，并向社会公众提供分类投放、预约回收等查询服务。

第五十八条　城市管理部门、镇人民政府、街道办事处应当建立和完善生活垃圾分类工作的监督检查制度，对生活垃圾分类工作进行经常性的监督检查。

第五十九条　社区居民委员会、村民委员会应当做好生活垃圾分类投放的宣传、指导，将生活垃圾分类投放纳入居民公约、村规民约，配合镇人民政府、街道办事处组织、动员、督促居民、村民开展生活垃圾分类投放工作。

第六十条　市、区（县）人民政府应当对餐饮经营场所产生的厨余垃圾建立执法联动机制。

市场监管、生态环境等部门应当将厨余垃圾的排放和流向纳入对餐饮经营场所的日常监督管理范围，公安机关交通管理部门应当加强对收运车辆的执法检查，配合城市管理部门做好餐饮经营场所厨余垃圾管理工作。

第六十一条　市、区（县）人民政府应当制定本区域生活垃圾收集、运输、处理应急预案，建立应急管理机制。

因突发性事件造成无法正常收集、运输、处理生活垃圾的，生活垃圾收集、运输单位或者处理单位应当立即向城市管理部门报告，由城市管理部门按照应急预案及时组织处理。

第六十二条　城市管理部门应当对生活垃圾的组成、性质、产量等进行常规性调查，并对生活垃圾分类情况进行定期评估。调查结果和评估报告应当向社会公布。

第六十三条　城市管理部门应当会同有关部门建立生活垃圾分类收集、运输和处理单位的信用记录制度，将单位的违法行为和处理结果等相关信用记录纳入全国信用信息共享平台。

第六十四条　本市实行生活垃圾分类社会监督员制度。社会监督员由城市管理部门向社会公开选聘，成员中应当包括生活垃圾处理设施周边地区人大代表、政协委员、居民代表、村民代表和第三方机构代表等。城市管理部门应当加强对生活垃圾分类社会监督员的指导培训，提高社会监督员的业务能力。

社会监督员有权进入生活垃圾收集点、转运站以及终端处理设施等场所，了解生活垃圾分类处理情况以及集中转运设施、终端处理设施运行等情况，查阅环境监测相关资料和数据，并提出意见和建议。生活垃圾分类收集、运输、处理单位应当向社会监督员开放相关场所、提供有关资料和数据并回答询问。

社会监督员发现问题的，应当向城市管理部门报告，城市管理部门应当向社会监督员书面反馈处理情况。

第六十五条　任何单位和个人发现违反本条例规定的行为，均可以向城市管理部门举报、投诉。

城市管理部门接到举报、投诉后，应当及时调查和依法处理，并将调查、处理结果告知举报人或者投诉人。

第七章　法律责任

第六十六条　违反本条例第二十条第一款规定，擅自关闭、闲置或者拆除生活垃圾处理设施、场所的，由城市管理部门责令改正，处十万元以上一百万元以下罚款。

第六十七条　违反本条例第二十四条规定，生活垃圾分类投放管理责任人有下列行为之一的，由城市管理部门责令立即改正，处一千元以上一万元以下罚款：

（一）未制定生活垃圾分类日常管理制度的；

（二）未建立管理台账，记录管理区内产生的生活垃圾类别、数量、去向等情况的；

（三）未开展生活垃圾分类知识宣传，指导投放人分类投放的；

（四）未规范设置生活垃圾分类收集容器，保持收集容器完好和整洁，及时维修、更换、清洗或者补充的；

（五）未明确不同种类生活垃圾的投放时间、地点，分类收集、贮存生活垃圾的；

（六）对不符合投放要求的行为未予以劝告、制止，对仍不按照规定分类投放的，未报告所在地城市管理部门的；

（七）未制止混合已分类投放的生活垃圾的行为。

违反本条例第二十四条第一款第六项规定，生活垃圾分类投放管理责任人未将生活垃圾交由有资质的单位进行收集运输的，由城市管理部门责令立即改正，处一万元以上十万元以下罚款。

第六十八条　违反本条例第二十六条规定，产生生活垃圾的单位和个人未在规定的地点分类投放生活垃圾的，由城市管理部门责令改正；情节严重的，对单位处五万元以上五十万元以下罚款，对个人处二百元以下罚款。

第六十九条　违反本条例第二十七条规定，擅自从事厨余垃圾、其他垃圾经营性收集、运输、处理以及有害垃圾经营性收集的单位，由城市管理部门责令停止违法行为，并处三万元罚款。

第七十条　违反本条例第二十九条规定，生活垃圾收集、运输单位有下列行为之一的，由城市管理部门责令限期改正，并可处五千元以上三万元以下的罚款：

（一）作业车辆未明显标志分类标识，未保持车辆密闭、功能完好、外观整洁的；

（二）作业车辆未安装在线监管装置，未按照确定的运输路线行驶，未将生活垃圾分类运输至符合规定的转运、处理设施的；

（三）收集、运输生活垃圾后，未将生活垃圾收集容器复位并清洁作业场地的。

违反本条例第二十九条第五项规定，运输过程中遗撒滴漏、随意倾倒、丢弃、堆放生活垃圾的，由城市管理部门责令改正，没收违法所得，对单位处五万元以上五十万元以下罚款；个人违反规定的，处一百元以上五百元以下罚款。

违反本条例第二十九条第六项规定，将已经分类投放的生活垃圾混合收集、运输的，由城市管理部门责令改正，处五千元以上五万元以下罚款。

第七十一条　违反本条例第三十七规定，生活垃圾处理单位有下列行为之一的，由城市管理部门责令限期改正，并可处三万元以上十万元以下的罚款。造成损失的，依法承担赔偿责任：

（一）未按照规定的时间和要求接收生活垃圾的；

（二）未按照有关规定和技术标准分类处理生活垃圾的；

（三）未保持生活垃圾处理设施设备正常运行的；

（四）未设置化验室或者委托专业化验机构对生活垃圾、渗沥液等处理过程中常规参数进行检测并建立监测档案的；

（五）未建立管理台账，定期向所在地的城市管理部门报送相关信息的。

违反本条例第三十七条第四项规定，生活垃圾处理单位未达标排放处理过程中产生的污染物的，由生态环境主管部门责令改正或者限制生产、停产整治，并处十万元以上一百万元以下的罚款；情节严重的，报经有批准权的人民政府批准，责令停业、关闭。

违反本条例第三十七条第六项规定，生活垃圾处理单位未按照国家有关规定安装使用监测设备、实时监测污染物的排放情况并公开污染排放数据的，由生态环境主管部门责令改正，处十万元以上一百万元以下罚款，没收违法所得；情节严重的，报经有批准权的人民政府批准，可以责令停业或者关闭。

第七十二条　违反本条例第三十八条规定，生活垃圾收集、运输单位擅自停止收集、运输活动的，由城市管理部门责令限期改正，并可处一万元以上三万元以下罚款。生活垃圾处理单位擅自停止处理活动的，由城市管理部门责令限期改正，并可处五万元以上十万元以下罚款。造成损失的，依法承担赔偿责任。

第七十三条　违反本条例第四十一条规定，餐饮经营者未将厨余垃圾交由取得相应资质的单位进行收运、处理的，或者畜禽养殖场、养殖小区利用未经无害化处理的厨余垃圾饲喂畜禽的，由城市管理部门责令改正，没收违法所得，对单位处十万元以上一百万元以下罚款；个人违反第四十一条第一款规定的，处一百元以上五百元以下罚款。

第七十四条　违反本条例第四十六条第二款规定，生产经营者未遵守限制商品过度包装的强制性标准的，由市场监督管理部门或者有关部门责令改正；拒不改正的，处二千元以上二万元以下的罚款；情节严重的，处二万元以上十万元以下的罚款。

第七十五条　违反本条例第五十条第一款、第二款规定，未遵守国家有关禁止、限制使用不可降解塑料袋等一次性塑料制品的规定，或者未按照国家有关规定报告塑料袋等一次性塑料制品的使用情况的，由商务、邮政等主管部门责令改正，处一万元以上十万元以下的罚款。

第七十六条　城市管理部门对单位作出十万元以上罚款处罚决定前，应当告知当事人有要求举行听证的权利。

第七十七条　违反本条例规定，生活垃圾分类相关行政管理部门及其工作人员玩忽职守、滥用职权、徇私舞弊的，由其所在单位或者上级机关、监察机关责令改正，对直接负责的主管人员和其他直接责任人员依法给予处分；构成犯罪的，依法追究刑事责任。

第七十八条　违反本条例规定的其他行为，法律、法规已有处罚规定的，适用其规定。

第八章　附　则

第七十九条　建筑垃圾、工业固体废物、农业固体废物和危险废物的管理依照相关法律、法规执行。

第八十条　开发区管理委员会依照市人民政府授权，比照区（县）人民政府职责，负责开发区范围内的生活垃圾分类管理工作。

第八十一条　本条例自2021年1月1日起施行。西安市人民政府发布的《西安市生活垃圾分类管理办法》同时废止。

西安市查处摩托车和非机动车非法载客若干规定

（2020年6月30日西安市第十六届人民代表大会常务委员会第三十四次会议通过

2020年7月30日陕西省第十三届人民代表大会常务委员会第十九次会议批准）

第一条　为了保障道路交通安全，规范客运市场秩序，查处摩托车和非机动车非法载客行为，根据有关法律法规，结合本市实际，制定本规定。

第二条　本市行政区域内查处摩托车和非机动车非法载客的活动适用本规定。

第三条　禁止利用摩托车、电动三轮车、电动自行车、残疾人机动轮椅车、人力三轮车等车辆非法载客。

乘车人不得乘坐非法载客的前款车辆。

具体车辆类型由市公安机关交通管理部门会同交通运输行政管理部门确定，并向社会公布。

第四条　违反本规定第三条第一款规定的，由公安机关交通管理部门责令停止载客行为，依法扣押车辆，处五百元以上二千元以下罚款；有下列情形之一的，处二千元以上五千元以下罚款：

（一）非法载客三次以上的；

（二）上下班高峰期在汽车站、火车站、地铁站、批发市场、商场、医院、学校、展览馆、旅游景点等人流密集场所周边非法载客的；

（三）非残疾人驾驶残疾人机动轮椅车非法载客的；

（四）具有其他严重情节的。

违反本规定第三条第二款规定的，由公安机关交通管理部门责令改正，处警告或者二十元以上五十元以下罚款。

第五条　公安机关交通管理部门扣押车辆的，应当制作并当场向当事人交付扣押决定书和清单，妥善保管被扣车辆。当事人应当在收到扣押决定书后三十日内到指定地点接受处理。公安机关交通管理部门处理后应当立即退还车辆。

当事人逾期不接受处理，公安机关交通管理部门应当及时发布公告。经公告三个月当事人仍不来接受处理的，公安机关交通管理部门对扣押的车辆依法处置。

第六条　车辆被扣押期间的保管费用由公安机关交通管理部门承担，自扣押解除之日起，车辆保管费用由当事人承担。

第七条　公安机关交通管理部门在查处非法载客活动中，应当积极宣传相关法律法规，引导公众乘坐合法经营车辆。

第八条　阻碍交通警察依法执行公务的，依照《中华人民共和国治安管理处罚法》有关规定从重处罚；构成犯罪的，依法追究刑事责任。

第九条　公安机关交通管理部门及其交通警察违反本规定，在查处摩托车和非机动车非法载客活动中玩忽职守、滥用职权、徇私舞弊的，依法给予处分；构成犯罪的，依法追究刑事责任。

第十条　本规定自2020年9月1日起施行。

西安市人民政府重要文件目录

标　　题	发文号	发文时间
西安市人民政府关于印发《西安市水务系统企业划转与加强监管实施方案》的通知	市政发〔2020〕2号	2020.02.20
西安市人民政府关于做好我市第七次全国人口普查工作的通知	市政发〔2020〕3号	2020.03.16
西安市人民政府关于印发支持知名企业、高校院所设立研发基地若干政策的通知	市政发〔2020〕4号	2020.03.31
西安市人民政府关于印发西安市“市长特别奖”实施办法的通知	市政发〔2020〕6号	2020.04.08
西安市人民政府关于聘任市政府法律顾问的通知	市政发〔2020〕9号	2020.06.16
西安市人民政府关于印发市以下财政事权与支出责任划分改革实施方案的通知	市政发〔2020〕10号	2020.06.29
西安市人民政府关于下放一批行政事权的通知	市政发〔2020〕11号	2020.06.30
西安市人民政府关于公布新增4株古树的通知	市政发〔2020〕12号	2020.08.14
西安市人民政府关于印发加快职业教育改革发展实施方案的通知	市政发〔2020〕15号	2020.09.01
西安市人民政府关于公布西安市第六批非物质文化遗产代表性项目名录的通知	市政发〔2020〕17号	2020.09.15
西安市人民政府关于调整西安住房公积金管理委员会委员的通知	市政发〔2020〕19号	2020.10.30
西安市人民政府办公厅关于印发食品安全监管事权清单的通知	市政办发〔2020〕2号	2020.01.21
西安市人民政府办公厅关于印发激励关爱疫情防控一线医务人员若干措施的通知	市政办发〔2020〕3号	2020.02.19
西安市人民政府办公厅关于切实抓好疫情防控期间农业生产全力做好农产品稳产保供工作的紧急通知	市政办发〔2020〕4号	2020.02.20
西安市人民政府办公厅关于印发《西安市加快建设先进制造业强市支持政策实施细则》的通知	市政办发〔2020〕5号	2020.03.09
西安市人民政府办公厅关于印发市级部门政务服务事项目录清单（2020年版）的通知	市政办发〔2020〕7号	2020.03.27
西安市人民政府办公厅关于印发《西安丝绸之路金融中心发展行动计划（2020—2022年）》的通知	市政办发〔2020〕9号	2020.03.27
西安市人民政府办公厅关于印发西安市促进乡村产业振兴实施方案的通知	市政办发〔2020〕10号	2020.04.15
西安市人民政府办公厅关于进一步稳定粮食播种面积提升粮食产能的实施意见	市政办发〔2020〕12号	2020.05.09
西安市人民政府办公厅转发市资源规划局关于进一步规范资源规划“一书三证”管理实施办法的通知	市政办发〔2020〕13号	2020.05.29
西安市人民政府办公厅关于印发2020年惠民实事重点工作任务的通知	市政办发〔2020〕15号	2020.07.14
西安市人民政府办公厅关于印发《县域经济发展和城镇建设2020年工作要点》的通知	市政办发〔2020〕17号	2020.07.16
西安市人民政府办公厅关于印发贯彻落实《优化营商环境条例》实施方案的通知	市政办发〔2020〕18号	2020.07.31
西安市人民政府办公厅关于印发进一步加强全市田野文物保护工作实施方案的通知	市政办发〔2020〕19号	2020.08.03
西安市人民政府办公厅关于印发学前教育发展规划（2019—2025年）的通知	市政办发〔2020〕20号	2020.08.20
西安市人民政府办公厅关于印发健全生态保护补偿机制实施方案的通知	市政办发〔2020〕22号	2020.08.20
西安市人民政府办公厅关于印发加快推进社会信用体系建设构建以信用为基础的新型监管机制实施方案的通知	市政办发〔2020〕23号	2020.08.21
西安市人民政府办公厅关于印发国有企业职工家属区“三供一业”移交属地区（县）政府、开发区管委会管理实施方案的通知	市政办发〔2020〕24号	2020.09.01
西安市人民政府办公厅关于印发《西安市大宗固体废弃物综合利用基地建设方案（2020—2021年）》的通知	市政办发〔2020〕26号	2020.09.04
西安市人民政府办公厅关于印发四大保卫战2020年工作方案的通知	市政办发〔2020〕27号	2020.09.15
西安市人民政府办公厅关于印发规范住房租赁市场管理办法的通知	市政办发〔2020〕28号	2020.09.11
西安市人民政府办公厅关于进一步推进政务服务便利化的实施意见	市政办发〔2020〕32号	2020.09.22
西安市人民政府办公厅关于印发推进新能源汽车充电基础设施建设三年行动方案（2020—2022年）的通知	市政办发〔2020〕33号	2020.09.28
西安市人民政府办公厅关于印发西安市公共排水设施划转工作方案的通知	市政办发〔2020〕34号	2020.10.10
西安市人民政府办公厅转发市资源规划局 市交通局关于《西安市常规公共交通基础设施规划建设标准（修编）》的通知	市政办发〔2020〕36号	2020.10.29
西安市人民政府办公厅关于印发《西安市现代产业布局规划》的通知	市政办发〔2020〕37号	2020.10.29
西安市人民政府办公厅关于印发进一步调整优化结构提高教育经费使用效益实施方案的通知	市政办发〔2020〕38号	2020.11.05
西安市人民政府办公厅关于印发建设国家新一代人工智能创新发展试验区行动方案（2020—2022年）的通知	市政办发〔2020〕39号	2020.11.05
西安市人民政府办公厅关于开展第一次全国自然灾害综合风险普查的通知	市政办发〔2020〕41号	2020.11.16
西安市人民政府办公厅关于印发西安市重污染天气应急预案（2020年修订稿）的通知	市政办发〔2020〕42号	2021.01.25
西安市人民政府办公厅关于印发西安市住房租赁试点工作实施方案的通知	市政办发〔2020〕44号	2020.11.17
西安市人民政府办公厅关于印发工业互联网创新发展行动计划（2020—2022年）的通知	市政办发〔2020〕47号	2020.12.01
西安市人民政府关于做好春季防火工作的通告	市政告字〔2020〕1号	2020.04.03
西安市人民政府关于在全市试鸣防空警报的通告	市政告字〔2020〕2号	2020.08.14
西安市人民政府关于强化复工生产企业防疫监管有关工作的通知	市政函〔2020〕14号	2020.02.11
西安市人民政府关于成立市全域旅游示范市创建工作领导小组的通知	市政函〔2020〕33号	2020.06.05
西安市人民政府关于印发自然资源统一确权登记总体工作方案的通知	市政函〔2020〕58号	2020.09.30
西安市人民政府关于落实《陕西省秦岭生态环境保护条例》《西安市秦岭生态环境保护条例》重点任务分工的通知	市政函〔2020〕72号	2020.12.01
西安市人民政府办公厅关于印发西安市停车秩序专项治理工作实施方案的通知	市政办函〔2020〕2号	2020.01.09
西安市人民政府办公厅关于印发2020年度政府规章制定计划的通知	市政办函〔2020〕16号	2020.02.07
西安市人民政府办公厅关于贯彻执行《陕西省2020年度政府集中采购目录及采购限额标准》的通知	市政办函〔2020〕20号	2020.02.21
西安市人民政府办公厅关于印发《西安市人民政府 陕西省气象局共同推进西安更高水平气象现代化建设合作协议任务分解方案》的通知	市政办函〔2020〕27号	2020.03.16

西安市人民政府办公厅关于开展城乡环境集中整治行动全面提升城市精细化管理水平的通知	市政办函〔2020〕33号	2020.04.03
西安市人民政府办公厅关于印发加快推动全域四好农村路高质量发展三年行动方案（2020—2022年）的通知	市政办函〔2020〕38号	2020.04.23
西安市人民政府办公厅关于印发加快推进社会足球场地设施建设实施方案的通知	市政办函〔2020〕46号	2020.04.30
西安市人民政府办公厅关于印发政务服务好差评管理办法（试行）的通知	市政办函〔2020〕47号	2020.04.30
西安市人民政府办公厅关于切实做好疫情防控期间民办幼儿园扶持工作的通知	市政办函〔2020〕49号	2020.05.02
西安市人民政府办公厅关于做好西安市“市长特别奖”申报工作的通知	市政办函〔2020〕50号	2020.05.02
西安市人民政府办公厅关于调整2020年用水总量控制指标的通知	市政办函〔2020〕53号	2020.05.15
西安市人民政府办公厅关于印发《西安市人民政府常务会议管理细则》的通知	市政办函〔2020〕55号	2020.05.21
西安市人民政府办公厅关于2019年农作物秸秆综合利用和禁烧工作考核情况的通报	市政办函〔2020〕56号	2020.05.21
西安市人民政府办公厅关于调整完善油气田及输油气管道安全保护工作联席会议制度的通知	市政办函〔2020〕57号	2020.05.28
西安市人民政府办公厅关于成立市成品油市场经营秩序专项整顿工作领导小组的通知	市政办函〔2020〕61号	2020.06.08
西安市人民政府办公厅关于印发西安市2020年节能双控重点工作实施方案的通知	市政办函〔2020〕62号	2020.06.19
西安市人民政府办公厅关于印发创建国家绿色货运配送示范城市工作方案的通知	市政办函〔2020〕66号	2020.07.03
西安市人民政府办公厅关于做好2020年普通高校招生考试和初中学业水平考试工作的通知	市政办函〔2020〕67号	2020.07.03
西安市人民政府办公厅关于印发采暖季天然气保障工作方案和应急预案（2020年版）的通知	市政办函〔2020〕72号	2020.07.13
西安市人民政府办公厅关于印发推进数字化城市管理工作实施方案的通知	市政办函〔2020〕76号	2020.07.16
西安市人民政府办公厅关于调整市公共安全视频监控建设联网应用工作领导小组组成人员的通知	市政办函〔2020〕77号	2020.07.20
西安市人民政府办公厅关于印发西安市食品安全事件应急预案的通知	市政办函〔2020〕83号	2020.07.31
西安市人民政府办公厅转发市资源规划局关于农村宅基地和集体建设用地确权登记工作方案的通知	市政办函〔2020〕84号	2020.07.30
西安市人民政府办公厅关于印发西安市特种设备事故应急预案的通知	市政办函〔2020〕90号	2020.08.06
西安市人民政府办公厅关于印发城市精细化管理集中活动月实施方案的通知	市政办函〔2020〕96号	2020.08.14
西安市人民政府办公厅关于成立迎“十四运”智能网联（自动驾驶）公交应用试点建设工作领导小组的通知	市政办函〔2020〕97号	2020.08.14
西安市人民政府办公厅关于印发西安市城市体检评估工作实施方案的通知	市政办函〔2020〕108号	2020.09.16
西安市人民政府办公厅关于做好2020年国庆中秋假日旅游工作的通知	市政办函〔2020〕115号	2020.09.30
西安市人民政府办公厅关于成立水生态环境保护“十四五”规划编制领导小组的通知	市政办函〔2020〕12[illegible]号	2020.10.15
西安市人民政府办公厅关于转发市城管局2020年秋冬季城市绿化攻坚战实施方案的通知	市政办函〔2020〕128号	2020.10.23
西安市人民政府办公厅关于印发采暖期集中供热保障工作方案的通知	市政办函〔2020〕129号	2020.10.29
西安市人民政府办公厅关于印发市政府领导同志2020年度安全生产重点工作责任清单的通知	市政办函〔2020〕130号	2020.10.29
西安市人民政府办公厅关于调整市打击侵犯知识产权和制售假冒伪劣商品工作领导小组组成人员的通知	市政办函〔2020〕13[illegible]号	2020.10.30
西安市人民政府办公厅关于印发“菜篮子”重要商品保供稳价工作方案的通知	市政办函〔2020〕140号	2020.11.13
西安市人民政府办公厅关于成立按疾病诊断相关分组（DRG）付费试点工作领导小组的通知	市政办函〔2020〕14[illegible]号	2020.11.13
西安市人民政府办公厅关于调整西安市促进民营经济（中小企业）发展工作领导小组组成人员的通知	市政办函〔2020〕149号	2020.11.23
西安市人民政府关于修改《西安市国有土地上房屋征收与补偿办法》的决定	西安市人民政府令第1[illegible]号	2020.02.07
西安市人民政府关于修改《西安市生活饮用水二次供水管理和卫生监督规定》的决定	西安市人民政府令第1[illegible]号	2020.03.03
西安市人民政府关于修改和废止部分政府规章的决定	西安市人民政府令第1[illegible]号	2020.04.15

文　摘

西安红色遗址保护的经验、问题与对策

红色遗址凝结着中国共产党的光荣历史，展现了近代以来中国人民英勇奋斗的历程，是开展爱国主义教育，振奋民族精神，培育社会主义核心价值观的物质载体。加强西安红色文化遗址保护，挖掘阐释红色文物价值，对继承红色文化精神，传承红色文化基因，建设西安红色文化之城和历史文化特色的国际化大都市，都具有重要的作用。

（摘自《新西部》2020年第8期《西安红色遗址保护的经验、问题与对策》，作者：张天社）

延安时期管党治党的历史经验和现实镜鉴

坚持和完善党的领导制度体系，是党的十九届四中全会做出的重大部署。延安时期，我们党坚守初心和使命，在管党治党的伟大实践中，累积了以思想入党为先导、以良好政治生态为基础、以制度建党为保证、以强化团结为关键、以维护党中央权威为根本等丰富的历史经验。这些实践智慧和理论创造，彰显着党的革命精神和价值追求，为新时代持续推进全面从严治党、健全维护党中央权威和集中统一领导、发挥中国特色社会主义制度的显著优势，提供了非常重要的现实镜鉴。

（摘自《西北大学学报（哲学社会科学版）》2020年第[illegible]期《延安时期管党治党的历史经验和现实镜鉴》，作者：马朝琦，黄翌）

论延安精神及其道德规范的普遍性

延安精神是中国共产党的宝贵精神财富。从峥嵘岁月到新时代，它为中国新民主主义革命和社会主义建设提供了充沛绵绵的伦理动力和滋养。延安精神及其蕴含和倡导的道德规范，具有强劲的经验普遍性力量。实践逻辑证明，延安精神及其道德规范获得了人民群众的普遍支持，且内化为人民群众道德行为的普遍依据，外化成新时代伦理世界的美德高峰。延安精神及其道德规范不仅与共产党人和先进分子的伦理使命、担当和责任内在同一，而且与人民群众的道德利益、民主和要求高度统一。延安精神及其道德规范因其普遍性本质而使自己不仅属于历史，而且属于现在，属于新时代。

（摘自《西北大学学报（哲学社会科学版）》2020年第[illegible]期《论延安精神及其道德规范的普遍性》，作者：李建森，袁一达，李唐）

新中国成立70年正确经济发展路径的溯源与选择

本文从历史与现实的角度阐释了中国经济发展路径的源起与选择，从历史角度来看，夏商周开创的天下大一统理念、秦汉以来中国一直有效实施的郡县制、隋唐至明清的科举制等中国历史文化制度都对当代中国经济奇迹的发生具有不可磨灭的贡献。而新中国经济奇迹最为关键的因素是1970年代末以来中国政府始终坚定不移实施的改革开放政策，其实质是在中国计划经济和国有企业为主的经济体系中不断引入市场因素。同时，尽管说新中国成立之初实施的重工业化发展战略和农村集体经济没有使中国人民摆脱贫困，但是改革开放前的中国为工业化准备好了基本条件，如强有力的国家治理和架构、统一市场、电力能源设施、重工业生产能力、交通通信基础设施、国家经济管理经验、工程师等受过教育的数以亿计的劳动力队伍，等等，改革开放则是把中国解放后储备的巨大能量发挥出来，这些都是中国工业化取得成功的关键要素。可以说，中国工业化的成功或者说中国模式的成功是中国有为政府、国有经济、市场经济共同作用的结果。

（摘自《人文杂志》2020年第5期《新中国成立70年正确经济发展路径的溯源与选择》，作者：夏庆杰）

论习近平关于全球化背景下我国文化强国建设重要论述的原则向度

建设社会主义文化强国是我国社会主义现代化建设的重要目标之一。在全球化迅猛发展的当今世界，文化软实力和国际话语权竞争异常激烈，一个国家奉行什么样的文化立场和原则极为重要。习近平关于社会主义文化强国建设的重要论述科学阐明了全球化时代我国文化强国建设的原则立场，即社会主义文化强国建设必须突出“中国特色”、坚持以人民为中心的价值旨归、维护意识形态安全，同时还要坚持世界文化的多样性发展等，这是新时代我国社会主义文化强国建设的根本遵循。

（摘自《西安财经大学学报》2020年第3期《论习近平关于全球化背景下我国文化强国建设重要论述的原则向度》，作者：许门友，邓丽君）

新时代爱国主义的时代蕴含

新时代爱国主义以实现中华民族伟大复兴中国梦为主题，爱国主义精神构成了社会主义核心价值观中最深层、最根本、最永恒的内容，注重在国家治理体系与治理现代化中突出爱国主义导向，并体现出鲜明的时代特征。弘扬新时代爱国主义精神，需在维护祖国统一和民族团结的实际行动中、在家庭学校社会政府的协同作用中、在推进国家治理体系和治理能力现代化建设中、在深化理论研究和理论宣传中开展爱国主义教育。

（摘自《西北工业大学学报（社科版）》2020年第1期《新时代爱国主义的时代蕴含》，作者：冯刚，高会燕）

习近平关于坚持中国特色社会主义制度重要论述研究

习近平关于坚持中国特色社会主义制度的重要论述，是习近平新时代中国特色社会主义思想科学理论体系的组成部分。习近平一系列重要论述，内容丰富，思想深刻，意义重大。党的领导制度是我国的根本领导制度，制度竞争是国家间最根本的竞争，中国特色社会主义制度是长期发展、渐进改进、内生性演化的结果，制度是关系党和国家事业发展的根本性、全局性、稳定性、长期性的问题，运用制度威力应对风险挑战的冲击，以坚定自信让我们的制度成熟而持久。这些思想鲜明的观点是党的理论创新的标志性成果。认真研究习近平关于坚持中国特色社会主义制度重要论述，对全党全国各族人民在新时代伟大实践中把握正确方向、坚定政治立场，为实现中华民族伟大复兴的中国梦不懈奋斗，具有重大现实意义。

（摘自《西北工业大学学报（社科版）》）2020年第3期《习近平关于坚持中国特色社会主义制度重要论述研究》，作者：齐卫平）

习近平思想政治工作观的哲学思维及其价值意蕴

党的十八大以来，习近平思想政治工作观逐步形成。习近平思想政治工作观由使命观、人民观、育人观、价值观、策略观组成。习近平思想政治工作观从唯物论、认识论、方法论和历史观四个维度，系统、整体地谋划思想政治工作，体现出严密的问题导向思维、规律性思维、辩证法思维、人民主体地位思维，对加强和改进新形势下思想政治工作具有重要价值。习近平思想政治工作观的哲学思维，在理论层面，既有助于学术界统一对思想政治教育本质的认识，又开辟了思想政治工作理论研究新的热点领域。在现实层面，一是突出马克思主义的思想底色，开辟了运用马克思主义指导思想政治工作的新境界；二是紧紧抓住政治性这一工作重心，使得思想政治工作得到空前加强；三是统筹制定正确的战略和策略，为党员干部思考问题、解决问题树立了典范。

（摘自《西安建筑科技大学学报（社科版）》2020年第2期《习近平思想政治工作观的哲学思维及其价值意蕴》，作者：张全福）

习近平“战略定力”重要论述的理论阐释

党的十八大以来，习近平一直强调要保持战略定力，并就此做了一系列重要论述。“定力”是指一种坚定、稳重、执着的力量，主要指称一定主体的状态、性格、气质等。“战略定力”是指战略层面上的定力，即党和国家事业发展中的定力。保持战略定力具有重要的实践意义，它是实现大国治理的需要、追求长期目标的需要、应对国际变局的需要。保持战略定力的实践要求是多方面的，最主要地是必须坚持和发展中国特色社会主义，增强中国特色社会主义自信；必须坚持稳中求进的工作总基调，为实现党的奋斗目标不懈奋斗；必须坚持和平发展道路，在国际事务中坚定维护国家核心利益。

（摘自《陕西师范大学学报（哲学社会科学版）》2020年第3期《习近平“战略定力”重要论述的理论阐释》，作者：刘建军）

黄河流域高质量发展的特殊性及其模式选择

黄河流域高质量发展是一个重大国家战略，黄河流域高质量发展模式选择的理论依据是主体功能区建设的思路，基于不同区域的资源环境承载能力、现有开发密度和发展潜力等将黄河流域按开发方式分为优化开发区域、重点开发区域、限制开发区域和禁止开发区域四种区域，确定不同的开发方式和高质量发展的目标与任务。黄河流域高质量发展的特殊影响因素主要表现在：生态环境脆弱，经济发展水平差别大，少数民族和贫困地区集中，丝绸之路经济带的重要区域，以及自然资源、历史资源和文化资源丰富等方面。依据主体功能区建设的思路，从黄河流域的区情出发，黄河流域高质量发展可以选择绿色发展导向下的分类发展、联动发展、协同发展和合作发展五位一体的高质量发展模式。

（摘自《人文杂志》2020年第1期《黄河流域高质量发展的特殊性及其模式选择》，作者：任保平）

贸易便利化对中国专业设备制造业出口影响研究
——基于“一带一路”沿线国家的实证分析

传统贸易关税壁垒与非关税壁垒的日益减少，取而代之的是各国口岸建设以及海关效率等体制、机制性障碍对国际贸易的影响。国内外学者开始将贸易便利化对国际贸易的影响纳入研究重点。对中国与44个“一带一路”沿线国家的贸易便利化水平运用主成分分析法进行测算，基于扩展的贸易引力模型探究了贸易便利化及其一级指标对中国专业设备制造业出口的影响程度。结果表明，贸易便利化对中国专业设备制造业出口具有明显的促进作用，一级指标中的“政府监管”对该类产品出口的影响程度最大，“海关管理”对该类产品出口的影响程度最小。

（摘自《西安建筑科技大学学报（社科版）》2020年第4期《贸易便利化对中国专业设备制造业出口影响研究》，作者：刘永超，徐毅）

基于ECE模型的陕西省科技金融系统发展潜力测度

从发展潜力的视角出发，首先提出科技金融系统发展潜力的概念，在分析了科技金融各个子系统之间运行机理的基础上，通过ECE模型构建了科技金融的综合评价指标体系，运用加权主成分TOPSIS方法对陕西省2008—2018年科技金融系统发展潜力进行测度，研究发现：（1）陕西省科技金融系统发展潜力整体呈现持续上升趋势，综合发展潜力指数从2008年的0.1674上升至2018年的0.4935，达历史最高。（2）在不断深化供给侧改革的背景下，科技金融系统发展潜力的测度指数是其内部科技效率、金融质量、经济生态三大子系统综合作用的结果，因此在保障总体的发展质量下，更需注重子系统间的耦合机制。最后提出提高陕西省科技金融发展潜力的相关对策及建议。

（摘自《西安建筑科技大学学报（社科版）》2020年第6期《基于ECE模型的陕西省科技金融系统发展潜力测度》，作者：王敏，李兆伟）

秦岭与华夏文明初论

山岳河流是理解中国古代文明极其重要的元素，华夏民族与秦岭这片土地形成经济、政治、文化和审美等多重人地关系。作为中国自然地理上的南北分水岭，秦岭开启南北两种不同的历史进程、文明，也因此产生华夏文明才有的南北意识和文化，形成分裂或统一的疆域区划。秦岭是一个大生态区域，在经历从传统农耕文明到现代工业文明，再到当代生态文明转型之际，当前正在构建“天然”“共享”“绿色”的新文明范式，从而保证国土空间生态资源合理适度开发，华夏文明永赓续。秦岭还是华夏古文明源地、历史文化基因源地、宗教文化源地，秀美壮丽山水使秦岭山水文化绽放奇光异彩，从而展现出一轴华夏文明史中最具民族神韵的斑斓画卷。

（摘自《人文杂志》2020年第11期《秦岭与华夏文明初论》，作者：白宽犁）

经济文明视域中的生态文明建设

随着社会生产力的不断发展与进步，经济文明也必然会随之发展与进步。经济文明在现代社会的新内涵与新形态，就是生态文明。生态文明，不仅是一种生态的文明发展理念，还是经济文明新的、更高的发展形态。建设生态文明，从根本上讲，是人类自身生存与发展的需要，是人实现自身更好生存与可持续发展的重要保障与历史选择。建设生态文明，对人类社会的经济文明发展提出了更高的要求与更高的建设标准。因此，建设生态文明，首先离不开现代生产力的发展，没有现代生产力在质上的突破与进步，生态文明建设就缺乏强大的物质力量支撑。此外，现代先进科学技术特别是现代先进生态科学技术的革命与发展，以及人们财富观念的转变，也是生态文明建设得以开展的重要基本条件。对于生态文明建设而言，按照人的发展需求，按照人们对美好生活的需要以及经济可持续发展的要求来保护生态环境和建设适合人的更高发展需求、更能满足人们美好生活需要以及更好实现经济可持续发展要求的生态环境，是生态文明建设的题中之义。但对于社会主义生态文明建设而言，发展以现代科技为支撑的现代生产力与现代公有制则是其建设的主要内容与核心内容。

（摘自《人文杂志》2020年第6期《经济文明视域中的生态文明建设》，作者：戴圣鹏）

张载及关学思想与大众人文素质培养

人文素质是既不同于科学素质也不同于艺术素质但又与之相联系的一个概念，就其内涵而言主要体现在人的精神文化和价值领域。张载及其创立的关学，具有突出的思想文化特征。从张载“四为”获取使命意识和精神境界的深刻感悟，从“躬行礼教”的理论与实践，获得遵纪守法意识的深刻启示，以“民胞物与”培养仁爱精神，提升精神境界，以“笃实践履”的关学特征引发求真务实和实践精神的思考，从关学学人的风骨和气节，获得心灵的净化和精神升华，这些儒家的文化精神和关学学人的人文情怀给予我们当今提升大众人文素质、提升精神境界的极好启迪。

（摘自《新西部》2020年第8期《张载及关学思想与大众人文素质培养》，作者：刘学智）

陕西关学文化资源保护与产业开发思考

关学文化资源作为陕西地区丰富历史文化资源中的重要组成部分，其地缘特征决定了它的唯一性，是其独有的、不可模仿的、不可复制的战略文化资源，显示出其突出的文化价值优势。关学文化资源需要进行产业开发，需要创造性转化和创新性发展，但产业开发应当是对关学文化的传承、关学精神的延续与传承。实现传统文化资源与现当代社会的对接，不仅赋予了传统关学文化新的时代价值和理论意义，更使得关学文化资源深度参与现代文化产业建设的历史进程。

（摘自《新西部》2020年第8期《陕西关学文化资源保护与产业开发思考》，作者：许宁）

丝绸之路的历史地理背景

“丝绸之路”虽到1877年才由李希霍芬命名，实际早已存在，但并非由古代中国向外开辟，张骞通西域只是利用了现成的道路。根本原因是古代中国没有对外联系的需求，缺乏了解外界的动力。中国没有利用丝绸之路进行扩张，也没有从丝绸之路获得经济利益，更没有通过丝绸之路主动传播自己的文化。“一带一路”与“丝绸之路”没有直接联系和传承关系。“丝绸之路”的真实历史留给我们更多的是教训，而非经验。今天中国的“一带一路”倡议与历史上的丝绸之路没有直接关系，并非丝绸之路的延续或再造，而是史无前例、前无古人的伟大创新。“一带一路”是出于中国的主动，只有获得外界的响应和合作才能成功，目标是形成利益共同体，并进而建设人类命运共同体。

（摘自《西北工业大学学报（社科版）》）2020年第1期《丝绸之路的历史地理背景》，作者：葛剑雄）

基于乡村振兴的关中地区传统文化元素应用探索

梳理传统文化元素应用的现状和存在问题，探究关中地区传统文化元素在乡村振兴建设中的应用方法，完善乡村优秀传统文化传承理论体系，推进乡村振兴生态文明建设。发掘关中地区乡村优秀传统文化，针对文化元素特点进行剖析，利用传统文化元素的内涵和艺术特色同乡村振兴的建筑设计、景观规划、产业发展相结合，营造出更具乡愁的乡村环境。乡村振兴建设中传统文化元素的传承与应用是确保我国乡土文明延续的主要渠道，把传统文化元素应用在与之相关的场所、文化空间、文创产品等保护和改造方面，有利于传统文化遗产在乡村振兴建设中的活态传承，对于真正实现乡村振兴建设的根本目的，探索乡村规划的新范式，完善关中地区乡村优秀传统文化传承理论体系，推进乡村振兴建设技术研究具有重要现实意义。

（摘自《西安建筑科技大学学报（社科版）》2020年第1期《基于乡村振兴的关中地区传统文化元素应用探索》，作者：王伟，王哲，李玉瑛，姜小涵）

新型城镇化进程中乡村文化传承困境与路径分析

新时期新型城镇化建设是农业农村现代化的必由之路，乡村文化传承是乡村振兴的重要组成和内涵提升。党的十八大提出新型城镇化建设以来，乡村文化传承面临新的时代背景，有机遇也有挑战。从乡村自身、乡村文化和乡村文化传承三个维度层层深入，剖析了乡村文化传承在新型城镇化建设中的载体缺失、主体缺位、介体缺乏等困境。进而提出路径分析与重构：坚持以人为本和文化自信，不断丰富乡村发展和城镇建设内涵；坚持有机更新，促进乡村文化的“创造性转化、创新性发展”；坚持统筹协调，统筹内部、外部和基层组织等主体协调参与乡村文化传承；坚持平衡发展，平衡城乡之间以及城镇经济和乡村文化之间的发展。

（摘自《西安建筑科技大学学报（社科版）》2020年4期《新型城镇化进程中乡村文化传承困境与路径分析》，作者：庄学村）

新实践美学的生活美学建构

新实践美学应该关心人类的生活，把美学理论与现实生活紧密联系起来，建构起自己的生活美学。社会生活本质上就是实践的，没有实践就不存在社会生活，因此，人类的社会实践（物质生产、话语生产、精神生产）是新实践美学的生活美学的逻辑起点。一般说来，生活可以划分为物质生活、符号生活和精神生活。物质生活是人类的日常生活。日常生活审美化和艺术化是美学的本根。物质生活美学（日常生活美学）就是研究人类的物质生活对人的审美关系的分支美学。符号生活是人类的社会身份、社会职业、社会角色所显示的意义的生活。符号生活美学就是研究人的社会身份、社会职业、社会角色对人的审美关系的分支美学。精神生活是人类的认知、情感、意志所显示出来的生活。精神生活美学是研究人类认知生活、情感生活、意志生活对人的审美关系的分支美学。新实践美学的生活美学追求物质生活、符号生活和精神生活的有机融合，逐步实现人生的真理境界、审美境界和自由境界，以塑造自由全面发展的人。

（摘自《陕西师范大学学报（哲学社会科学版）》2020年第4期《新实践美学的生活美学建构》，作者：张玉能，张弓）

推动陕西段长城长征国家文化公园建设的四点思考

建设国家文化公园是国家推进实施的重大文化工程，具有重大历史价值和现实意义。陕西兼备长城资源与红军长征资源，是国家文化公园主题线路上极其重要的文化区域，应全力打造集中国传统文化、红色革命文化和社会主义先进文化于一体的陕西段长城长征国家文化公园。

（摘自《新西部》2020年第10期《推动陕西段长城长征国家文化公园建设的四点思考》，作者：马燕云）

城市更新视角下老街区绿色重构设计价值评估

当前绿色重构成为老旧街区保护传承的新型处理模式，为了深入挖掘绿色重构的设计价值并能够对老旧街区进行合理的重构设计，以城市更新理念为研究视角，通过对老街区绿色重构过程中的实际状况进行归纳汇总，并结合实地调研及文献分析，系统地梳理了影响老街区绿色重构设计价值的主要因素，建立了包括现状价值、经济价值、文化价值、社会价值、生态价值等5个方面因素的老街区绿色重构设计价值评估指标体系。将结构熵权法与灰色欧几里德关联度理论相结合，构建了基于结构熵权-灰色相对欧几里德加权关联度理论的老街区绿色重构设计价值评估模型，并运用所建立的评估模型对四个绿色重构工程实例进行价值评估。评估结果表明，模型计算结果与项目实际情况保持一致，验证了模型的可行性和可信性，为老街区绿色重构设计价值评估工作提供了一种新思路。

（摘自《西安建筑科技大学学报（社科版）》2020年第1期《城市更新视角下老街区绿色重构设计价值评估》，作者：李勤，刘怡君，周帆）

教育现代化的现代性向度及其超越

现代性是教育现代化价值坐标和教育现代化历史进程的总体性特征。教育现代化的本质是教育现代性的增长。教育现代化的现代性品格主要表现在教育现代化的时空性、价值性、规则性、技术性和批判性等方面。现代性亦是由进步和破坏等多重因素混合而成的复杂性矛盾统一体。教育现代化的现代性危机表现在生态意识薄弱产生的生存风险、传统传承颠覆引起的历史断裂、工具理性霸权导致的功利取向和价值理性漠视带来的精神道德困境等方面。教育现代性是一项未竟的事业，推进教育现代化的现代性理路要以观念现代化为先导、祛除现代教育的思想迷雾，以技术现代化为手段、促进现代教育的发展水平，以人的现代化为根本、超越现代教育的人格困境，以制度现代化为举措、规避现代教育的潜在问题，以环境现代化为依托、保障现代教育的育人空间。

（摘自《陕西师范大学学报（哲学社会科学版）》2020年第1期《教育现代化的现代性向度及其超越》，作者：袁利平）

论语言扶贫在乡村振兴战略实施中的可持续性

语言扶贫作为中国智慧，是对某些因语言因素造成各方面发展障碍的特定群体所进行的一种帮扶活动。语言扶贫在精准扶贫战略下聚焦为推普脱贫，目前已取得显著成效。在乡村振兴背景下，语言扶贫的可持续发展，需不断拓展其内涵，不但要继续进行推普减贫的狭义语言扶贫，还要进行广义的扶贫，即分对象、分阶段提升各类人员的语言能力，克服语言因素对他们全面发展和现代化所产生的阻碍，进而促使其不断提高生产、生活和内生性发展的能力，进行语言文化的振兴，语言生态的保护，语言资源的开发，真正实现乡村的人才振兴、文化振兴和产业振兴。

（摘自《陕西师范大学学报（哲学社会科学版）》2020年第2期《论语言扶贫在乡村振兴战略实施中的可持续性》，作者：杜敏，刘志刚）

城市低龄老年人再就业意愿的影响因素研究
——基于西安市的个案访谈

关注老年人再就业问题是对人口老龄化与经济社会可持续发展关系的战略思考。本文基于对西安市145位个案访谈的数据，采用Logistic回归模型，实证分析了影响城市低龄老年人再就业意愿的因素。研究发现，城市低龄老年人再就业呈现明显的性别差异，男性的再就业意愿显著高于女性；寻求经济保障仍是城市低龄老年人再就业的重要动力，低收入群体的再就业可能性显著高于高收入群体；在所有因素中，家庭态度对城市低龄老年人的再就业行为有至关重要的影响，获得家人支持的老年群体更可能属于高社会参与群体。基于此，从政策宣传、平台建设与配套措施等方面提出改善城市低龄老年人再就业现状的建议。

（摘自《西安财经大学学报》2020年第5期《城市低龄老年人再就业意愿的影响因素研究——基于西安市的个案访谈》，作者：雷晓康，王炫文，雷悦橙）

人工智能与社会控制

人工智能，已经广泛运用于技术领域的人力替代工作，同时开始运用于社会控制。社会是一个复杂系统，社会成员对社会体制存在顺从与反抗的选择。因此，社会是需要控制的。人工智能为有效的社会控制提供了强有力的技术手段。人工智能对日常社会信息的收集、甄别、筛选与使用，为常态下的社会控制提供了人类智能所不及的便利，保障了社会控制的高效率。但人工智能并不能保证社会控制无条件有效。基于常态的社会控制，人工智能可以发挥重要作用。但在社会控制失效、社会动荡和社会暴乱等社会失常的情况下，人工智能也对社会控制无能为力。对持续有效的社会控制而言，保证社会常态，杜绝社会失常，建构良序社会，是人类智能与人工智能交互作用，发挥社会控制效用的首要前提。

（摘自《人文杂志》2020年第1期《人工智能与社会控制》，作者：任剑涛）

公共卫生百年回望与未来之思考

于2020年初暴发的新冠病毒感染全球疫情，其传播速度和影响范围足以与恰在一个多世纪前发生的全球流感大流行相比拟。本文以这两次全球重大疫情为时间节点，追溯公共卫生领域过去的发展，分析今后的挑战。公共卫生的宗旨是在人口层面开展干预以拯救生命、减少疾病、提高人们的健康水平。对公共卫生的经典定义是它既是一门科学，也是一门艺术，后者强调即使在科学知识不完美时，仍需依靠现有知识及时采取行动，以应对挑战。处在疫情防控的当下，这一点尤为重要。公卫领域过去的发展基本上遵循了这一路线，应对今后的挑战同样如此。目前我国在公卫工作中存在一些短板，本文提出补齐这些短板的一些建议，同时也强调我国应积极参与全球卫生治理体系的建设，特别是帮助中小发展中国家构筑起相关体系。

（摘自《人文杂志》2020年第7期《公共卫生百年回望与未来之思考》，作者：刘民权）

新中国卫生防疫制度与合作医疗制度的协同演进论略

新中国成立以后，面对各种急慢性传染病、多发病、地方病等流行和肆虐的严峻挑战，党和政府把卫生防疫制度纳入国家建设的总体设计之中，不仅初步建立起了较为完善的法规体系，逐步推进新中国卫生防疫的制度化，而且尊重群众首创，建立起适合当时国情的具有中国特色的合作医疗制度，为卫生防疫制度的落实提供了组织和资源保障。国家卫生防疫制度演进表现为遵循传染病防控一般规律的国家行动；合作医疗制度的演进则表现出基层为解决卫生防疫实际困难而开展持续探索，进而被国家识别、推广的扩散特征。坚持四个基本遵循是卫生防疫制度与合作医疗制度相容并协同演进的准则，也是当代中国卫生防疫制度的建设与发展从历史中获得的镜鉴与启示。

（摘自《人文杂志》2020年第7期《新中国卫生防疫制度与合作医疗制度的协同演进论略》，作者：李洪河）

农村产业扶贫的实践机制与优化路径
——政策生态的视角

产业扶贫比较全面地反映了农村扶贫工作的特征和机制，是理解中国基层政策执行的有效经验样本。政策执行会受到多方面条件的影响，这些影响因素及其所组成的外部环境缔造政策生态。政策生态既包含影响政策过程的政治、经济、文化等宏观因素，也包括执行主体所处的体制结构。产业扶贫在脱贫攻坚背景下成了“政治任务”，政治压力下的政策执行呈现广泛的政治动员格局。农村产业经济基础薄弱，产业资源匮乏、产业发展不均衡、产业类型单一等问题对产业扶贫形成了制约。政策执行体制具有复杂结构，体制内部的上下博弈和横向张力导致执行偏差的形成。应当从政治生态、社会生态和行政生态三个方面改善政策执行，通过推动中心工作和常规治理的良性循环、改善政策执行的社会基础、调整政策执行体制的内部运行等方式建构具有整体性的优化路径。

（摘自《人文杂志》2020年第10期《农村产业扶贫的实践机制与优化路径——政策生态的视角》，作者：刘杨）

一个时代与两代人的生命历程：中国独生子女研究40年（1980—2019）

40年的改革开放影响着独生子女及其父母两代人的生命历程。学术界的独生子女研究呈现出三个大的阶段，研究主要集中在社会学、教育学、医学、心理学、体育学五个学科。对一代独生子女的关注焦点主要是他们的心理特征、教育方式、社会化过程、大学表现、婚恋生育、社会适应等，而对一代独生子女父母的关注焦点则主要是他们的生育意愿、居住方式、养老保障以及“失独”问题等。现有研究的主要不足有：同一主题的研究相互之间缺乏借鉴和积累，比较研究中缺乏对重要相关变量的控制，对农村独生子女问题的研究也相对薄弱等。现有研究的系统回顾，对于在已经开启的“后独生子女时代”中，开展新的独生子女问题的研究，具有重要的参考价值和借鉴意义。

（摘自《人文杂志》2020年第11期《一个时代与两代人的生命历程：中国独生子女研究40年（1980—2019）》，作者：风笑天）

社会治理现代化视角下的多层次社会保障体系构建

多层次社会保障体系构建是提升社会治理能力、实现社会治理现代化的重要组成部分。新时代我国社会主要矛盾发生了变化，社会风险呈现新特征，特别是新冠肺炎疫情暴发后，国家层面对社会治理以及社会风险管理的要求进一步提高，人们对于社会保障服务的预期和要求也更加多元。论文从面向社会治理现代化、提升社会治理能力的分析视角，提出基于社会治理协同理论的社会保障体系建设的总体思路和制度框架。强调突出整体治理的思路，优化资源配置，拓展社会保障的制度空间和服务能力，充分发挥社会保障在国家治理能力提升和社会治理现代化进程中的综合保障功能，适应新时代新要求，加快构建我国多层次社会保障体系。

（摘自《西北大学学报（哲学社会科学版）》2020年第5期《社会治理现代化视角下的多层次社会保障体系构建》，作者：林义等）

新中国70年：国民社会保障权益的进步与展望

中华人民共和国成立以来，国家确立国民的社会保障权益，通过各种制度和政策，逐步增加并实现了这些权益。新中国成立后的30多年，工薪劳动者及其家庭享有相对充分的社会保障权益，而其他社会成员的社会保障权益相对较少。改革开放以来，工薪劳动者社会保障权益的实现方式转变，农民及其他社会群体的社会保障权益逐步增加，但这种权益的设置和实现机制依然存在诸多缺陷。在国家治理现代化进程中，社会保障领域需要深化改革、优化资源配置，使国民社会保障权益更加公平、更加稳固。据此建议，建立国民基本保障权益清单，完善社会保障治理体系，优化社会保障制度运行环境。

（摘自《西北大学学报（哲学社会科学版）》2020年第1期《新中国70年：国民社会保障权益的进步与展望》，作者：何文炯）

风险叠变、社会重构与韧性治理：网络社会的治理生态、行动困境与治理变革

随着经济发展和社会进步，以互联网、物联网、人工智能以及大数据为代表的网络技术得到了极大普及，对社会生产与生活产生了重大影响，以网络性社会关系、多元性社会利益、叠变性社会风险为特征的网络社会逐渐形成。社会治理生态发生了革命性变化，社会治理实践面临着严峻的行动困境，表现为网络关系的跨域性与社会治理的边界性之间的矛盾、网络结构的分散性与社会治理的中心化之间的矛盾，以及网络风险的叠变性与社会系统的脆弱性之间的矛盾。因此，网络社会的治理变革在于适应网络生态情境张力，社会治理行为应着眼整体性，注重包容性，实现韧性治理。

（摘自《西北大学学报（哲学社会科学版）》2020年第2期《风险叠变、社会重构与韧性治理：网络社会的治理生态、行动困境与治理变革》作者：翟绍果，刘入铭）

社会主要矛盾转换与社会救助“兜底”的变迁、张力与因应

社会救助作为民生保障的基本兜底制度，在国家治理体系中发挥着重要作用。社会救助政策体系的建构与发展深植于一个国家的发展道路之中，深受这一国家政治属性影响，并在由一定的政治、经济、社会、国家治理体系，国家—社会—家庭关系格局所共同构成的具体制度时空中被定义，随着具体制度时空的变化而变化。新中国成立后，伴随中国社会主要矛盾变迁，社会救助政策体系发生变化。在新的历史方位与国家治理的宏观框架下，社会救助兜底机制亟待进行新的理论阐释。

（摘自《西北大学学报（哲学社会科学版）》2020年第4期《社会主要矛盾转换与社会救助“兜底”的变迁、张力与因应》，作者：贾玉娇，宋昊）

我国灾害防治体系的“效能黑洞”及其治理

数据表明，近十年来我国各种自然灾害每年造成的经济损失和人员伤亡并没有因为投入的增加和灾害防治体系的完善而减少，这说明当前的灾害防治体系存在着“效能黑洞”，“堤防效应”的反向影响、防灾体系的超危高危漏洞或中低危漏洞的交叠效应、结构式减灾和非结构式减灾两种方式缺乏耦合是“效能黑洞”产生的主要原因。唤醒与培育各类责任者的责任心与风险意识、建立系统性制度化的查“漏”补“缺”机制以及建立结构式减灾与非结构式减灾之间的耦合机制是治理当前灾害防治体系“效能黑洞”的必须措施。

（摘自《西北大学学报（哲学社会科学版）》2020年第3期《我国灾害防治体系的“效能黑洞”及其治理》，作者：李尧远，王国桥）

健康中国背景下的智慧健康养老：战略目标、体系构建与实现路径

智慧健康养老是在“健康中国”战略下推进供给侧结构性改革的新型服务模式，为健康养老服务质量的提升提供了技术支持和动力驱动。本文在健康中国背景下构建起“目标—结构—行动”分析框架，探讨智慧健康养老的战略目标，在政策支持、服务供给、服务标准及人才培养体系结构下分析智慧健康养老的行动方案。研究发现，智慧健康养老的核心仍在服务本身，应立足老年人多层次、个性化、定制化的健康养老需求，发挥信息技术的资源融合和服务功能，提升智慧健康养老服务的精细化、标准化，促进智慧健康养老服务高质量发展。

（摘自《西北大学学报（哲学社会科学版）》2020年第1期《健康中国背景下的智慧健康养老：战略目标、体系构建与

实现路径》，作者：雷晓康，汪静）

新时代社会救助理念目标、制度体系与运行机制

宏观经济社会环境和反贫困形势的变化使得我国社会救助需要进行全方位的改革和调整，才能顺应新时代的需要，并满足人民群众对美好生活的向往。新时代社会救助应坚持弱有所扶的基本发展方向，采取积极的、发展型的救助理念，确立兜底保障与融入发展相结合的制度目标。同时，整个社会救助制度体系需要进一步完善和升级，在破除“救助叠加”现象的基础上，形成兜底保障合力与融入发展合力，并加强与扶贫开发的衔接。此外，还需要对社会救助的运行机制进行优化和创新，强化部门协调和资源统筹机制，完善对象认定和信息核对机制，优化服务递送和质量监督机制，以确保先进的理念目标与合理的制度设计得到高效的贯彻落实。

（摘自《西北大学学报（哲学社会科学版）》2020年第4期《新时代社会救助理念目标、制度体系与运行机制》，作者：张浩淼，仲超）

中国特色社会主义扶贫道路的特征与展望

中国共产党自诞生起，就致力于消灭贫困、实现共同富裕的探索与实践。中华人民共和国成立以来，党带领全国人民在实现共同富裕的选择上从“四步走”转化为“五步走”战略，我国的扶贫道路也经历了从救济性到小康性，再到共富性扶贫的转变，并在思想来源等六方面上保持鲜明的中国特色。2020年在消除绝对贫困以后，中国特色社会主义扶贫事业将进入以解决相对贫困为目标的共富性反贫困阶段，从制度、激励、组织和能力四方面构建解决相对贫困的长效机制将成为未来反贫困的重点。

（摘自《西安财经大学学报》2020年第4期《中国特色社会主义扶贫道路的特征与展望》，作者：吴振磊，夏鑫雨）

“三治融合”乡村治理体系研究回顾与展望

2013年以来，“三治”成为乡村治理研究一个重要学术命题和理论焦点。目前，不论是有关“三治”概念的界定还是关系的认识，抑或不论是有关“三治融合”生成逻辑的阐释还是路径选择的证成，学术界已积累了丰硕的研究成果，其中不乏真知灼见。不过既有研究主要集中于对浙江等地基层治理实践经验总结的重复描述和解释，对中央有关文件内容的重复解读和阐释，以及对“三治”关系及其功能的重复梳理和辨析，系统性和总体性欠缺、规范研究的深度与实证研究的体量不够、治理模式与具体路径过于宏观泛化，对差异化和不平衡的中国乡村现实缺乏有效指导。乡村治理难题固有的系统性、复杂性、差异性及时代性，要求我们今后要树立和建构总体性治理思路，强化比较研究和实证研究方法的深入运用以及对以十九届四中全会新提法为重点的研究内容的深入阐释，不断深入研究乡村治理规律，创新乡村治理实践。

（摘自《西安财经大学学报》2020年第4期《“三治融合”乡村治理体系研究回顾与展望》，作者：钟海，任育瑶）

中国国家中心城市综合交通枢纽发展策略研究

综合交通枢纽是我国国家中心城市核心功能的重要体现。在梳理综合交通枢纽内涵、核心功能及国外经典交通枢纽发展经验基础上，总结我国国家中心城市综合交通枢纽的发展现状和特征，并采用SWOT和PEST方法分析国家中心城市综合交通枢纽发展策略，建议采取“优势—机遇”型策略，提高枢纽与城市发展阶段性目标匹配度、统筹协调资源配置，提升枢纽服务品质、加速引导产业集聚，确保综合交通枢纽提质增效，实现国家中心城市的功能目标和战略部署。

（摘自《西安财经大学学报》2020年第5期《中国国家中心城市综合交通枢纽发展策略研究》，作者：程百辉，卢山冰，陈丁）

现代化目标：新中国城乡关系演进脉络和价值取向

在推动以工业化为主的现代化进程中必须协调处理好城乡关系。文章围绕实现现代化目标，将1949年以来我国处置城乡关系的历史演进过程梳理为四个阶段，阐述了处置城乡关系的价值取向和政策特征。即现代化目标是调整城乡关系的坐标原点，重视“三农”是中国共产党的一贯追求，城乡关系在曲折中不断探索和演进。在此基础上，进一步揭示了新中国成立以来中国共产党处置城乡关系重大实践的历史启示：“三农”问题是现代化建设中必须要解决的重要问题，城乡关系处置的价值取向取决于现代化进程和水平，城乡融合是现代化发展的必然趋势，处置城乡关系的中国模式是马克思主义城乡关系观的重大发展。

（摘自《西安财经大学学报》2020年第5期《新时代国家审计的政治功能究》，作者：杨佩卿）

秦巴山区易地搬迁脱贫的镇坪路径

易地搬迁脱贫是“一方水土养不起一方人”地区消除贫困的有效方式，是脱贫攻坚“八个一批”精准扶贫工程的重要举措。地处秦巴山区腹地的陕西省安康市镇坪县在新时期易地扶贫搬迁工作实施以来，把易地扶贫搬迁作为一项基本性民生工程，采用整体系统性思维，坚持易地搬迁与产业发展一盘棋，分类施策精准搬迁脱贫，将搬迁脱贫抓实，取得了显著成效，赢得了群众的满意和社会的认可。通过易地扶贫搬迁大量搬迁户彻底摆脱了不适宜居住的环境，有效地带动了特色产业发展，促进了群众增收致富，加速了城镇化发展进程，促进农村生态环境改善，也走出了独特的易地搬迁脱贫镇坪路径。

（摘自《新西部》2020年第2—3合期《秦巴山区易地搬迁脱贫的镇坪路径》，作者：赖作莲）

建立稳定脱贫机制　有效防止脱贫后返贫

随着全国和陕西的脱贫均已接近尾声，脱贫攻坚工作进入最为关键的攻坚期。由于陕西深度贫困地区产业基础薄弱，未脱贫人口中因病因残因灾以及孤寡老人所占比较高，临界贫困问题及“悬崖效应”仍不同程度存在，部分贫困人口脱贫基础不牢，后期扶贫工作应更加重视脱贫稳定性的问题，迫切需要通过有效对策解决贫困人口脱贫后返贫的问题。对此，脱贫攻坚需要与现行政策措施相结合，强化体制机制建设，如建立常态化返贫工作预警监测机制、逐步完善分类救助政策、巩固强化兜底保障体系等，同时，把产业扶贫作为主攻方向，推动精准扶贫与拓展农业功能相结合，进一步激发贫困人口内生动力。

（摘自《新西部》2020年第2—3合期《建立稳定脱贫机制有效防止脱贫后返贫——以陕西为例》，作者：胡清升）

（张永春）

2020年西安市主要经济社会指标及增速

	单位	绝对量	同比增长率（%）
地区生产总值	亿元	10020.39	5.2
第一产业	亿元	312.75	3.0
第二产业	亿元	3328.27	7.4
第三产业	亿元	6379.37	4.2
非公有制经济增加值占GDP比重	%	53.1	—
粮食产量	万吨	144.58	3.4
规模以上工业增加值	亿元	—	7.0
规模以上工业总产值	亿元	64[illegible]9.60	2.6
#装备制造业	亿元	4520.15	14.9
全社会固定资产投资	亿元	—	12.3
#固定资产投资（不含农户）	亿元	—	12.8
#房地产开发投资	亿元	—	6.5
#工业投资	亿元	—	15.2
社会消费品零售总额	亿元	4989.33	-2.9
#限额以上企业（单位）消费品零售额	亿元	2512.61	-1.3
进出口总值	亿元	3473.84	7.2
出口总值	亿元	1775.98	2.6
进口总值	亿元	1697.86	12.3
实际使用外资	亿美元	76.77	8.8
客运量	万人次	14337.59	-45.5
#民航旅客吞吐量	万人次	3107.39	-34.2
货运量	万吨	25712.81	5.6
#民航货物吞吐量	万吨	37.63	-1.5
全体居民人均可支配收入	元	35783	5.0
城镇常住居民人均可支配收入	元	43713	4.5
农村常住居民人均可支配收入	元	15749	8.0
居民消费价格总指数	上年=100	102.1	2.1
商品零售价格指数	上年=100	101.5	1.5
工业生产者出厂价格指数	上年=100	100.2	0.2
工业生产者购进价格指数	上年=100	100.4	0.4
新建商品住宅销售价格指数	上年=100	108.9	8.9
全社会用电量	亿千瓦时	415.02	-0.8
#工业用电量	亿千瓦时	133.14	1.2
财政总收入	亿元	1541.49	0.5
地方财政一般公共预算收入	亿元	724.13	3.1
地方财政一般公共预算支出	亿元	1352.69	8.5
期末金融机构本外币存款余额	亿元	26045.87	11.6
#住户存款	亿元	11017.01	14.1
期末金融机构本外币贷款余额	亿元	25792.89	15.0

2020年西安市法人单位数和市场主体

	2020年末（户）
法人单位数	254392
1. 按机构类型分	
企业法人	233853
机关、事业法人	5250
其他法人	15289
2. 按产业分	
第一产业	3933
第二产业	52839
第三产业	197620
3. 按注册类型分	
内资	253323
港澳台商投资	439
外商投资	630
累计在册各类市场主体	2429733
新登记市场主体	449235

2020年西安市生产总值

	单位	绝对量	同比增长率（%）
生产总值	亿元	10020.39	5.2
按产业分：第一产业	亿元	312.75	3.0
第二产业	亿元	3328.27	7.4
第三产业	亿元	6379.37	4.2
按行业分：农林牧渔业	亿元	346.17	3.1
工业	亿元	1828.59	5.8
建筑业	亿元	1547.44	9.3
交通运输、仓储和邮政业	亿元	353.59	0.8
批发和零售业	亿元	795.83	1.8
住宿和餐饮业	亿元	159.97	-16.6
金融业	亿元	1069.98	6.9
房地产业	亿元	849.84	0.8
其他服务业	亿元	3069.00	6.8
非公有制经济增加值占GDP比重	%	53.1	—

2020年西安市农林牧渔及服务业总产值和增加值

	总产值（亿元）	同比增长率（%）	增加值（亿元）	同比增长率（%）
农林牧渔及服务业	564.41	3.2	346.16	3.[illegible]
农业	392.43	1.6	251.18	1.6
林业	23.61	44.5	14.13	44.7
牧业	84.99	0.1	46.38	0.1
渔业	1.89	-9.3	1.06	-9.2
农林牧渔服务业	61.50	3.4	33.42	3.[illegible]

2020年西安市主要农作物播种面积

	绝对量（万亩）	同比增长率（%）
总播种面积	533.36	-0.8
粮食	408.15	-0.4
#小麦	218.75	-1.3
玉米	176.22	1.0
棉花	0.08	-35.0
油料	5.20	11.7
蔬菜	109.45	1.6
瓜果	14.36	-2.5
药材	0.80	0.1

注：蔬菜、瓜果、药材为预计数。

2020年西安市主要农产品产量

	绝对量（万吨）	同比增长率（%）
粮食产量	144.58	3.4
肉类产量	4.56	-11.4
#猪肉	2.85	-15.1
奶类产量	14.03	13.4
#牛奶	8.53	6.5
禽蛋产量	5.22	-3.0
蔬菜产量	381.31	0.7
园林水果产量	100.93	3.9

注：粮食及畜牧业产量来源于国家统计局西安调查队。

2020年西安市规模以上工业

	绝对量（亿元）	同比增长率（%）
规模以上工业增加值	—	7.0
规模以上工业总产值	6419.60	2.6
#装备制造业	4520.15	14.9
#战略性新兴产业	3010.94	13.3
#高技术产业	2077.10	23.4
按轻重分		
轻工业	787.77	-26.9
重工业	5631.83	8.7
按主要行业分		
*汽车制造业	1266.11	9.5
蜡路、船舶、航空航天和其他运输设备制造业	151.85	-30.5
*电气机械和器材制造业	887.35	18.4
医药制造业	215.15	-13.4
*通用设备制造业	199.47	-3.0
*专用设备制造业	216.95	-8.7
电力、热力生产和供应业	301.10	0.6

2020年西安市规模以上工业（续表）

	绝对量（亿元）	同比增长率（%）
农副食品加工业	126.19	-18.[illegible]
*计算机、通信和其他电子设备制造业	1587.36	12.[illegible]
非金属矿物制品业	305.98	-14.5
酒、饮料和精制茶制造业	45.69	-41.[illegible]
燃气生产和供应业	156.69	-16.7
化学原料和化学制品制造业	183.48	-0.5
有色金属冶炼和压延加工业	94.04	-23.5
食品制造业	117.06	-36.9
*仪器仪表制造业	81.10	-32.6
文教、工美、体育和娱乐用品制造业	1.17	-95.5
开采专业及辅助性活动	84.17	-12.3
*金属制品业	129.97	1.5
黑色金属冶炼和压延加工业	26.49	-9.3

注：带*号的属规模以上装备制造业。

2020年西安市规模以上工业主要产品产量

	单位	绝对量	同比增长率（%）
发电量	亿千瓦小时	154.29	3.5
饮　料	万吨	162.56	-21.5
小麦粉	万吨	64.49	42.6
饲　料	万吨	93.97	25.5
乳制品	万吨	60.42	-16.8
中成药	万吨	1.19	-[illegible].7
汽车用发动机	万千瓦	595.44	51.9
交流电动机	万千瓦	241.22	-[illegible].7
变压器	万千伏安	18293.64	5.3
汽　车	万辆	49.82	3.9
#载货汽车	万辆	24.39	25.8
轿　车	万辆	10.11	-25.5
SUV	万辆	15.33	35.6
#新能源汽车	万辆	5.95	-33.3
单晶硅	万千克	163.86	-7.1
多晶硅	万千克	148.09	-35.6
电力电缆	万千米	19.15	[illegible].4
光　纤	万千米	732.05	19.7
光　缆	万芯千米	912.52	24.8
锂离子电池	万只	2068.00	17.4
智能手机	万台	1699.74	16.9
电子元件	亿只	45.19	-3.0
集成电路圆片	万片	205.90	13.7
民用无人机	架	70.00	-6.7
3D打印设备	台	206.00	19.1
太阳能电池	万千瓦	148.25	39.6
移动通信基站设备	万块射频模块	391.93	11.0

2020年西安市规模以上工业企业经济效益

	单位	绝对量	同比增长率（%）
企业单位数	户	1607	—
#企业亏损户	户	362	35.6
营业收入	亿元	6255.80	4.7
利润总额	亿元	436.00	46.9
利税总额	亿元	572.20	36.3
应收账款	亿元	1390.90	31.5
产成品	亿元	467.30	15.3
亏损企业亏损额	亿元	40.80	-9.3

2020年西安市规模以上工业企业主要能源消费量

	单位	绝对量
原煤	万吨	908.81
汽油	万吨	1.35
柴油	万吨	9.03
天然气	亿立方米	11.74
用电量	亿千瓦时	106.32

2020年西安市规模以上工业综合能源消费量

	消费量（吨标准煤）	同比增长率（%）
规模以上工业综合能源消费量	5823637	-10.1
按主要行业分		
#造纸和纸制品业	17845	4.7
石油、煤炭及其他燃料加工业	7377	12.9
化学原料和化学制品制造业	464694	-59.2
非金属矿物制品业	340479	3.6
黑色金属冶炼和压延加工业	21018	9.1
有色金属冶炼和压延加工业	48919	-0.8
电力、热力生产和供应业	3358115	-1.6
通用设备制造业	19986	-0.2
专用设备制造业	23810	-12.7
汽车制造业	210175	10.7
铁路、船舶、航空航天和其他运输设备制造业	21972	-10.3
规模以上工业单位增加值能耗	—	-16.0

2020年西安市用电量

	绝对量（亿千瓦时）	同比增长率（%）
全社会用电总计	415.02	[illegible]
全行业用电合计	304.32	[illegible]
第一产业	3.19	[illegible]
第二产业	148.75	[illegible]
工业	136.14	[illegible]
#制造业	102.32	[illegible]
建筑业	12.92	-2.0
第三产业	152.38	[illegible]
#交通运输、仓储和邮政业	19.16	[illegible]
信息传输、软件和信息技术服务业	12.49	[illegible]
批发和零售业	38.77	-4.2
住宿和餐饮业	8.57	[illegible]
金融业	1.39	[illegible]
房地产业	20.25	[illegible]
租赁和商务服务业	3.67	[illegible]
公共服务及管理组织	43.93	[illegible]
城乡居民生活用电	110.69	[illegible]
城镇	77.31	[illegible]
乡村	33.38	[illegible]

2020年西安市建筑施工企业基本情况

	单位	绝对量
企业单位数（施工总承包和专业承包）	个	[illegible]
#二级以上企业	个	[illegible]
计算劳动生产率平均人数	人	[illegible]
#二级以上企业	人	[illegible]
建筑业总产值	亿元	[illegible]
#二级以上企业	亿元	[illegible]
全员劳动生产率（按总产值计算）	万元/人	[illegible]

2020年西安市交通及邮电

	单位	绝对量	同比增长率（%）
国际航线条数	条	92	4.5
境外航班通航架次	架次	5524	-77.0
机动车保有量	万辆	398.01	10.7
#私人汽车拥有量	万辆	360.50	11.2
客运量	万人次	14337.59	[illegible]
公路客运量	万人次	7485.60	-50.9
铁路旅客发送量	万人次	3744.60	-40.9
民用航空旅客吞吐量	万人次	3107.39	34.2
旅客周转量	亿人公里	231.46	[illegible]

2020年西安市交通及邮电（续表）

	单位	绝对量	同比增长率（%）
公路	亿人公里	46.59	-46.9
铁路	亿人公里	48.01	-41.4
民航	亿人公里	136.86	-37.2
货运量	万吨	25712.81	5.6
公路货运量	万吨	25204.00	5.7
铁路货物发送量	万吨	471.18	-3.3
民用航空货物吞吐量	万吨	37.63	-1.5
货物周转量	亿吨公里	502.69	5.1
公路	亿吨公里	373.67	6.0
铁路	亿吨公里	127.93	3.0
民航	亿吨公里	1.09	-16.0
城市地铁客运量	万人次	83868.00	-39.6
城市公交客运量	万人次	72528.87	-23.2
出租车客运量	万人次	27072.50	-38.4
邮政业务总收入	亿元	91.25	14.9
电信业务总收入	亿元	154.7[illegible]	5.6

注：1. 公路数据和城市公交客运量来源于市交通局；地铁客运量来源于市轨道交通集团有限公司；出租车客运量来源于市出租车管理处；铁路数据来源于西安铁路局；民航数据来源于市交通局；邮政数据来源于西安邮政局；电信数据来源于中国电信西安分公司、中国移动西安分公司和中国联通西安分公司。

2. 机动车保有量为预计数，来源于市公安局。

2020年西安市固定资产投资

	同比增长率（%）	
全社会固定资产投资	12.3	
固定资产投资（不含农户）	12.8	
#民间投资	7.7	
#基础设施投资	5.5	
#工业投资	15.2	
#工业企业技改投资	69.0	
1. 按所有制分		
公有制经济	13.4	
非公有制经济	12.1	
2. 按报表种类分		
项目投资	16.5	
房地产开发	6.5	
3. 按产业结构分		
第一产业	-43.6	
第二产业	15.5	
第三产业	12.8	
农户投资	-25.0	
本年新增固定资产	25.0	
	绝对量（个）	同比增长率（%）
本年施工项目个数	3571	3.2
#本年新开工项目个数	1816	11.2

2020年西安市固定资产投资主要行业

	同比增长率（%）
固定资产投资（不含农户）	12.8
#农、林、牧、渔业	-40.7
采矿业	-10.8
制造业	13.5
电力、热力、燃气及水的生产和供应业	[illegible]
建筑业	[illegible]
批发和零售业	[illegible]
交通运输、仓储和邮政业	[illegible]
住宿和餐饮业	[illegible]
信息传输、软件和信息技术服务业	[illegible]
金融业	[illegible]
房地产业	[illegible]
租赁和商务服务业	[illegible]
科学研究和技术服务业	[illegible]
水利、环境和公共设施管理业	[illegible]
居民服务和其他服务业	[illegible]
教育	[illegible]
卫生和社会工作	[illegible]
文化、体育和娱乐业	[illegible]
公共管理和社会组织	[illegible]

2020年西安市房地产开发与销售

	绝对量（万平方米）	同比增长率（%）
房屋施工面积	16916.07	[illegible]
#住宅	11800.32	[illegible]
#新开工面积	2636.14	[illegible]
#住宅	1811.10	[illegible]
房屋竣工面积	834.55	[illegible]
#住宅	623.39	[illegible]
商品房销售面积	2559.79	[illegible]
#住宅	2086.77	[illegible]

2020年西安市贸易

	绝对量（亿元）	同比增长率（%）
社会消费品零售总额	4989.33	[illegible]
#限额以上消费品零售额	2512.61	[illegible]
#通过公共网络实现的商品零售额	592.75	[illegible]
按经营单位所在地分		
1. 城镇	2507.93	[illegible]
2. 乡村	4.69	[illegible]

2020年西安市贸易（续表）

	绝对量（亿元）	同比增长率（%）
限上单位按消费形态分		
1. 餐饮收入	93.94	-20.7
2. 商品零售	2418.67	-0.4
粮油、食品类	196.44	-0.5
饮料类	36.17	70.1
烟酒类	51.24	-0.2
服装、鞋帽、针纺织品类	275.52	-0.4
化妆品类	90.59	14.0
金银珠宝类	50.69	9.8
日用品类	88.21	-8.7
五金、电料类	4.13	-37.8
体育、娱乐用品类	26.41	-9.0
书报杂志类	19.46	10.7
电子出版物及音像制品类	1.44	-47.1
家用电器和音像器材类	162.86	8.6
中西药品类	79.70	-7.7
文化办公用品类	81.73	32.8
家具类	27.86	-11.8
通信器材类	109.65	25.5
煤炭及制品类	1.37	-22.9
石油及制品类	311.58	-8.1
建筑及装潢材料类	19.25	49.3
机电产品及设备类	3.89	82.0
汽车类	738.37	-5.0
其他类	42.11	-18.6

2020年西安市规模以上服务业营业收入

	绝对量（亿元）	同比增长率（%）
规模以上服务业营业收入	3179.93	5.1
按规模分		
大型企业	1719.19	7.9
中型企业	613.42	1.4
小型企业	631.22	-1.0
微型企业	216.10	14.9
按登记注册类型分		
1. 内资企业	3116.62	5.5
国有企业	161.20	-0.3
集体企业	8.81	11.9
股份合作企业	0.21	-37.8
联营企业	—	—

2020年西安市规模以上服务业营业收入（续表）

	绝对量（亿元）	同比增长率（%）
有限责任公司	2109.39	6.2
股份有限公司	273.57	4.7
私营企业	537.83	4.6
其他企业	25.62	12.7
2.港、澳、台商投资企业	22.67	-19.0
3.外商投资企业	40.64	-5.3
按行业分		
交通运输、仓储和邮政业	572.89	1.5
信息传输、软件和信息技术服务业	1034.01	2.8
房地产业	149.37	5.2
租赁和商务服务业	362.87	-4.0
科学研究和技术服务业	763.18	13.4
水利、环境和公共设施管理业	93.19	-20.1
居民服务、修理和其他服务业	16.43	7.4
教育	21.83	2.[illegible]
卫生和社会工作	67.63	1[illegible].[illegible]
文化、体育和娱乐业	98.53	-21.[illegible]

2020年西安市财政收支

	绝对量（亿元）	同比增长率（%）
财政总收入	1541.49	0.[illegible]
地方财政一般公共预算收入	724.13	3.[illegible]
#税收收入	571.60	-1.[illegible]
#增值税	216.28	-8.[illegible]
企业所得税	66.81	5.3
个人所得税	25.71	12.3
地方财政一般公共预算支出	1352.69	8.5
#一般公共服务	133.19	8.5
公共安全	82.09	5.2
教育	233.53	15.7
科学技术	23.41	-[illegible]2.7
文化旅游体育与传媒	33.73	[illegible]0.0
社会保障和就业	180.94	40.0
卫生健康	116.87	27.0
节能环保	57.82	-28.0
城乡社区	200.16	-18.5
农林水	65.91	10.2
交通运输	26.93	11.8
政府性基金预算收入	1207.32	26.6
政府性基金预算支出	1175.06	30.6

2020年西安市金融

	单位	绝对量	同比增长率（%）
金融机构数	家	192	—
#外资金融机构数	家	21	—
不良贷款率	%	0.8	—
期末金融机构本外币存款余额	亿元	26045.87	11.6
#住户存款	亿元	11017.01	14.1
非金融企业存款	亿元	9908.11	11.2
机关团体存款	亿元	3884.47	6.8
财政性存款	亿元	113.41	-42.1
非银行业金融机构存款	亿元	1090.46	19.2
期末金融机构本外币贷款余额	亿元	25792.89	15.0
#住户贷款	亿元	7486.21	18.6
非金融企业及机关团体贷款	亿元	13285.78	13.5
非银行业金融机构贷款	亿元	0.17	-7.0
期末金融机构人民币存款余额	亿元	25730.51	11.5
#住户存款	亿元	10913.05	14.2
非金融企业存款	亿元	9713.23	10.9
机关团体存款	亿元	3882.50	6.9
财政性存款	亿元	113.41	-42.1
非银行业金融机构存款	亿元	1089.91	19.2
期末金融机构人民币贷款余额	亿元	25559.04	14.8
#住户贷款	亿元	7486.05	18.6
非金融企业及机关团体贷款	亿元	18072.25	13.3
非银行业金融机构贷款	亿元	0.17	-7.0

2020年西安市劳动就业

	单位	绝对量
全社会从业人员	万人	655
城镇登记失业率	%	3.64
城镇新增就业人数	万人	15.31
城镇失业再就业人数	万人	5.38

注：从业人员数据为预计数。城镇登记失业率等3项指标数据来源于市人社局。

2020年西安市社会保障

	单位	绝对量
基本养老保险参保人数	万人	768.98
#城镇企业职工养老保险参保人数	万人	486.93
失业保险参保人数	万人	240.75
工伤保险参保人数	万人	280.19
全市参加医疗保险人数	万人	1062.64
职工基本医疗保险参保人数	万人	378.60
城乡居民医疗保险参保人数	万人	684.04
城镇	万人	248.73
农村	万人	435.31

注：本表养老等数据来源于市人社局，医保数据来源于市医保局。职工医保包含生育保险，与原口径不可比。

2020年西安市物价指数

	累计比（上年=100）
居民消费价格总指数	10[illegible]
1. 非食品烟酒价格指数	10[illegible]
服务价格指数	10[illegible]
消费品价格指数	10[illegible]
2. 食品烟酒	10[illegible]
衣着	10[illegible]
居住	9[illegible]
生活用品及服务	10[illegible]
交通和通信	9[illegible]
教育文化和娱乐	10[illegible]
医疗保健	9[illegible]
其他用品和服务	10[illegible]
商品零售价格指数	10[illegible]
住宅销售价格指数	
新建商品住宅	10[illegible]
二手住宅	9[illegible]
工业生产者出厂价格指数	10[illegible]
按轻重工业分：轻工业	10[illegible]
重工业	10[illegible]
按两大部类分：生产资料	10[illegible]
生活资料	10[illegible]
工业生产者购进价格指数	10[illegible]
#燃料动力类	10[illegible]
黑色金属材料类	10[illegible]
农副产品类	10[illegible]

注：本表数据来源于国家统计局西安调查队。

2020年全国15个副省级城市土地面积

城　市	土地面积（2019年）（平方公里）	排位
西安	10752	8
沈阳	12860	5
大连	12574	6
长春	20594	2
哈尔滨	53068	1
南京	6587	13
杭州	16850	3
宁波	9816	9
厦门	1701	15
济南	7998	11
青岛	11293	7
武汉	8569	10
广州	7434	12
深圳	1997	14
成都	14335	4

注：西安土地面积含西咸新区。

2020年全国15个副省级城市生产总值

城 市	绝对量		增速	
	生产总值（亿元）	排位	同比增长率（%）	排位
西安	10020.39	10	5.2	2
沈阳	6571.56	13	0.8	13
大连	7030.40	11	0.9	12
长春	6638.03	12	3.6	8
哈尔滨	5183.80	15	0.6	14
南京	14817.95	6	4.6	4
杭州	16106.00	4	3.9	6
宁波	12408.70	7	3.3	9
厦门	6384.02	14	5.7	1
济南	10140.91	9	4.9	3
青岛	12400.56	8	3.7	7
武汉	15616.06	5	-4.7	15
广州	25019.11	2	2.7	11
深圳	27670.24	1	3.1	10
成都	17716.68	3	4.0	5
副省级城市平均规模	12914.96			
西安相当于平均规模百分比	77.6			

2020年全国15个副省级城市第一产业增加值

城 市	绝对量		增速	
	第一产业增加值（亿元）	排位	同比增长率（%）	排位
西安	312.75	10	3.0	4
沈阳	303.58	11	2.9	5
大连	459.20	4	3.2	3
长春	533.82	3	-2.4	13
哈尔滨	615.80	2	2.1	9
南京	296.80	12	0.9	11
杭州	326.00	9	-1.1	12
宁波	338.40	8	2.1	9
厦门	28.89	14	2.5	7
济南	361.70	7	2.2	8
青岛	425.41	5	2.6	6
武汉	402.18	6	-3.8	15
广州	288.08	13	9.8	1
深圳	25.79	15	-3.1	14
成都	655.17	1	3.3	2
副省级城市平均规模	358.24			
西安相当于平均规模百分比	87.3			

2020年全国15个副省级城市第二产业增加值

城　市	绝对量		增速	
	第二产业增加值（亿元）	排位	同比增长率（%）	排位
西安	3328.27	10	7.4	2
沈阳	2160.41	14	2.9	11
大连	2815.10	11	4.3	7
长春	2758.12	12	8.0	1
哈尔滨	1144.50	15	2.3	12
南京	5214.35	6	5.6	5
杭州	4821.00	7	2.3	12
宁波	5693.90	3	3.0	9
厦门	2519.84	13	6.1	4
济南	3530.70	9	7.0	3
青岛	4361.56	8	3.0	9
武汉	5557.47	4	-7.3	15
广州	6590.39	2	3.3	8
深圳	10454.01	1	1.9	14
成都	5418.50	5	4.8	6
副省级城市平均规模	4424.54			
西安相当于平均规模百分比	75.2			

2020年全国15个副省级城市第三产业增加值

城　市	绝对量		增速	
	第三产业增加值（亿元）	排位	同比增长率（%）	排位
西安	6379.37	8	4.2	3
沈阳	4107.57	11	-0.6	13
大连	3756.00	13	-2.5	14
长春	3346.09	15	0.3	11
哈尔滨	3423.50	14	-0.4	12
南京	9306.80	6	4.1	4
杭州	10959.00	4	5.0	2
宁波	6376.40	9	3.6	8
厦门	3835.29	12	5.5	1
济南	6248.60	10	3.7	7
青岛	7613.59	7	4.1	4
武汉	9656.41	5	-3.1	15
广州	18140.64	1	2.3	10
深圳	17190.44	2	3.9	6
成都	11643.00	3	3.6	8
副省级城市平均规模	8132.18			
西安相当于平均规模百分比	78.4			

2020年全国15个副省级城市规模以上工业增加值

城市	增速	
	同比增长率（%）	排位
西安	7.0	3
沈阳	2.8	12
大连	3.8	10
长春	10.4	2
哈尔滨	4.2	9
南京	6.5	4
杭州	3.8	10
宁波	5.2	7
厦门	6.0	5
济南	12.2	1
青岛	5.5	6
武汉	-6.9	15
广州	2.5	13
深圳	2.0	14
成都	5.0	8

2020年全国15个副省级城市固定资产投资（不含农户）

城市	增速	
	同比增长率（%）	排位
西安	12.8	1
沈阳	4.1	10
大连	0.1	14
长春	8.8	4
哈尔滨	2.8	13
南京	6.6	8
杭州	6.8	7
宁波	5.5	9
厦门	8.8	4
济南	4.0	11
青岛	3.2	12
武汉	-11.8	15
广州	10.0	2
深圳	8.2	6
成都	9.9	3

2020年全国15个副省级城市房地产开发投资

城　市	增速	
	同比增长率（%）	排位
西安	6.5	8
沈阳	5.2	12
大连	5.9	10
长春	12.4	4
哈尔滨	0.3	14
南京	5.2	12
杭州	5.3	11
宁波	6.8	7
厦门	17.4	1
济南	8.3	6
青岛	13.4	3
武汉	-6.4	15
广州	6.2	9
深圳	16.4	2
成都	9.2	5

2020年全国15个副省级城市工业投资

城　市	增速	
	同比增长率（%）	排位
西安	15.2	2
沈阳	1.7	10
大连	-18.3	14
长春	3.9	7
哈尔滨	1.9	9
南京	11.0	4
杭州	6.9	6
宁波	10.0	5
厦门	12.9	3
济南	27.9	1
青岛	1.7	10
武汉	-20.4	15
广州	-0.8	13
深圳	0.5	12
成都	2.9	8

2020年全国15个副省级城市社会消费品零售总额

城　市	绝对量		增速	
	社会消费品零售总额（亿元）	排位	同比增长率（%）	排位
西安	4989.33	8	-2.9	7
沈阳	3637.60	11	-5.4	11
大连	—	—	-11.5	14
长春	—	—	-6.5	12
哈尔滨	—	—	-11.3	13
南京	7203.03	4	0.9	4
杭州	5973.00	6	-3.5	8
宁波	4238.30	10	-0.7	5
厦门	2293.87	12	1.6	1
济南	4469.10	9	1.1	3
青岛	5203.50	7	1.5	2
武汉	6149.84	5	-20.9	15
广州	9218.66	1	-3.5	8
深圳	8664.83	2	-5.2	10
成都	8118.50	3	-2.3	6
副省级城市平均规模	5846.63			
西安相当于平均规模百分比	85.3			

2020年全国15个副省级城市进出口总值

城　市	绝对量		增速	
	进出口总值（亿元）	排位	同比增长率（%）	排位
西安	3473.84	10	7.2	7
沈阳	1028.10	13	-4.2	13
大连	3854.20	9	-11.7	15
长春	1027.60	14	3.0	10
哈尔滨	255.90	15	1.5	12
南京	5340.21	8	10.6	4
杭州	5934.20	7	5.9	9
宁波	9786.90	2	6.7	8
厦门	6915.77	5	7.8	6
济南	1382.70	12	23.0	1
青岛	6407.00	6	8.2	5
武汉	2704.30	11	10.8	3
广州	9530.06	3	-4.8	14
深圳	30502.53	1	2.4	11
成都	7154.20	4	22.4	2
副省级城市平均规模	6353.17			
西安相当于平均规模百分比	54.7			

2020年全国15个副省级城市出口总值

城 市	绝对量		增速	
	出口总值（亿元）	排位	同比增长率（%）	排位
西安	1775.98	9	2.6	9
沈阳	274.40	13	-13.2	14
大连	1672.60	10	-13.8	15
长春	135.40	15	-9.3	13
哈尔滨	136.90	14	14.1	3
南京	3398.92	8	13.0	5
杭州	3693.20	6	2.1	10
宁波	5407.00	2	7.3	6
厦门	3572.92	7	1.2	12
济南	755.00	12	17.2	2
青岛	3876.80	5	13.7	4
武汉	1421.70	11	4.3	7
广州	5427.67	3	3.2	8
深圳	16972.66	1	1.5	11
成都	4106.80	4	23.7	1
副省级城市平均规模	3575.20			
西安相当于平均规模百分比	49.7			

2020年全国15个副省级城市进口总值

城 市	绝对量		增速	
	进口总值（亿元）	排位	同比增长率（%）	排位
西安	1697.86	10	12.3	6
沈阳	753.70	13	-0.4	12
大连	2181.60	8	-10.0	14
长春	392.20	12	5.2	9
哈尔滨	119.00	15	-9.9	13
南京	1941.29	9	6.6	7
杭州	2240.90	7	12.9	5
宁波	3379.90	3	5.6	8
厦门	3342.85	4	16.0	4
济南	627.60	14	30.7	1
青岛	2530.20	6	0.7	11
武汉	1282.60	11	19.0	3
广州	4102.39	2	-13.6	15
深圳	13529.86	1	3.6	10
成都	3047.40	5	20.7	2
副省级城市平均规模	2777.96			
西安相当于平均规模百分比	61.1			

2020年全国15个副省级城市实际使用外资

城市	绝对量（亿美元）	同比增长率（%）
西安	76.77	8.8
沈阳	—	—
大连	6.60	2.2
长春	3.80	—
哈尔滨	3.40	0.6
南京	45.15	10.1
杭州	72.00	17.5
宁波	24.70	4.4
厦门	166.05	23.8
济南	19.20	-14.2
青岛	58.50	0.2
武汉	—	—
广州	493.72	7.5
深圳	86.83	11.2
成都	504.20	—

注：厦门、广州、成都为人民币亿元口径。因各地口径不同，故不做排序。

2020年全国15个副省级城市地方财政一般公共预算收入

城市	绝对量		增速	
	公共预算收入（亿元）	排位	同比增长率（%）	排位
西安	724.13	12	3.1	4
沈阳	736.08	11	0.8	13
大连	702.70	13	1.4	10
长春	440.40	14	1.5	9
哈尔滨	339.60	15	-8.4	14
南京	1637.70	4	3.7	2
杭州	2093.00	2	6.5	1
宁波	1510.80	6	2.9	5
厦门	783.94	10	2.0	8
济南	906.10	9	3.6	3
青岛	1253.80	7	1.0	12
武汉	1230.29	8	-21.3	15
广州	1721.59	3	1.4	10
深圳	3857.39	1	2.2	7
成都	1520.30	5	2.5	6
副省级城市平均规模	1297.19			
西安相当于平均规模百分比	55.8			

2020年全国15个副省级城市地方财政一般公共预算支出

城　市	绝对量		增速	
	公共预算支出（亿元）	排位	同比增长率（%）	排位
西安	1352.69	9	8.5	2
沈阳	1074.11	13	2.5	11
大连	1002.00	14	-1.4	13
长春	1084.10	12	10.5	1
哈尔滨	1162.20	11	5.5	9
南京	1754.62	6	5.8	8
杭州	2070.00	5	6.0	7
宁波	1742.00	7	-1.5	14
厦门	976.89	15	7.0	6
济南	1288.80	10	7.6	4
青岛	1584.70	8	0.6	12
武汉	2107.19	3	7.6	4
广州	2953.04	2	3.1	10
深圳	4177.72	1	-8.2	15
成都	2170.10	4	8.1	3
副省级城市平均规模	1786.68			
西安相当于平均规模百分比	75.7			

2020年全国15个副省级城市金融机构人民币存款余额

城　市	绝对量		增速	
	人民币存款余额（亿元）	排位	同比增长率（%）	排位
西安	25730.51	7	11.5	11
沈阳	19272.63	11	3.1	15
大连	15512.50	12	9.5	12
长春	14155.70	13	12.4	9
哈尔滨	13749.40	14	12.2	10
南京	39056.06	5	12.6	8
杭州	51393.03	3	18.1	2
宁波	23266.68	8	14.2	5
厦门	12553.38	15	13.1	7
济南	20715.00	9	13.2	6
青岛	19822.00	10	14.7	4
武汉	30829.15	6	8.4	14
广州	65515.47	2	15.7	3
深圳	96974.91	1	21.9	1
成都	42266.00	4	9.5	12
副省级城市平均规模	32720.83			
西安相当于平均规模百分比	78.6			

2020年全国15个副省级城市住户存款余额

城　市	绝对量		增速	
	住户存款余额（亿元）	排位	同比增长率（%）	排位
西安	10913.05	3	14.2	11
沈阳	10329.86	4	23.9	1
大连	7843.80	8	14.6	10
长春	6888.20	11	17.0	6
哈尔滨	7311.40	10	16.2	8
南京	9499.25	5	17.2	5
杭州	—	—	—	—
宁波	8522.07	6	14.0	12
厦门	2821.79	12	21.4	2
济南	7584.10	9	17.8	4
青岛	8031.00	7	18.9	3
武汉	—	—	—	—
广州	—	—	—	—
深圳	18717.82	1	16.9	7
成都	17085.00	2	14.7	9
副省级城市平均规模	9628.95			
西安相当于平均规模百分比	113.3			

2020年全国15个副省级城市金融机构人民币贷款余额

城　市	绝对量		增速	
	金融机构人民币贷款余额（亿元）	排位	同比增长率（%）	排位
西安	25559.04	7	14.3	8
沈阳	17929.78	11	7.9	13
大连	12628.50	14	5.3	14
长春	14525.70	12	11.1	12
哈尔滨	12553.30	15	4.2	15
南京	37594.23	5	13.9	9
杭州	49184.60	3	18.4	1
宁波	25051.98	8	15.1	6
厦门	12687.99	13	14.9	7
济南	19704.90	10	11.8	11
青岛	20211.00	9	16.6	2
武汉	35491.87	6	15.4	4
广州	53535.39	2	16.0	3
深圳	64628.97	1	15.4	4
成都	39686.00	4	13.0	10
副省级城市平均规模	29398.22			
西安相当于平均规模百分比	86.9			

2020年全国15个副省级城市城镇常住居民人均可支配收入

城　市	绝对量		增速	
	城镇常住居民人均可支配收入（元）	排位	同比增长率（%）	排位
西安	43713	13	4.5	5
沈阳	47413	11	1.3	12
大连	47380	12	2.0	11
长春	—	—	—	—
哈尔滨	39791	14	-0.5	13
南京	67553	4	4.9	3
杭州	68666	1	3.9	6
宁波	68008	3	4.8	4
厦门	61331	6	3.9	6
济南	53329	8	2.7	9
青岛	55905	7	2.6	10
武汉	50362	9	-2.6	14
广州	68304	2	5.0	2
深圳	64878	5	3.8	8
成都	48593	10	5.9	1
副省级城市平均规模	56088			
西安相当于平均规模百分比	77.9			

2020年全国15个副省级城市农村常住居民人均可支配收入

城　市	绝对量		增速	
	农村常住居民人均可支配收入（元）	排位	同比增长率（%）	排位
西安	15749	13	8.0	4
沈阳	19598	12	8.1	3
大连	21558	9	7.9	5
长春	—	—	—	—
哈尔滨	19631	11	7.6	6
南京	29621	4	7.2	8
杭州	38700	2	6.7	10
宁波	39132	1	6.8	9
厦门	26612	5	7.3	7
济南	20432	10	5.0	11
青岛	23656	8	4.8	12
武汉	24057	7	-2.9	13
广州	31266	3	8.3	2
深圳	—	—	—	—
成都	26432	6	8.5	1
副省级城市平均规模	25880			
西安相当于平均规模百分比	60.9			

2020年全国15个副省级城市居民消费价格指数（CPI）

城　市	指数		增速	
	累计比（上年=100）	排位	同比增长率（%）	排位
西安	102.1	10	2.1	10
沈阳	102.3	8	2.3	8
大连	102.1	10	2.1	10
长春	101.9	13	1.9	13
哈尔滨	101.4	15	1.4	15
南京	102.4	4	2.4	4
杭州	102.1	10	2.1	10
宁波	101.9	13	1.9	13
厦门	102.5	2	2.5	2
济南	102.4	4	2.4	4
青岛	102.4	4	2.4	4
武汉	102.4	4	2.4	4
广州	102.6	1	2.6	1
深圳	102.3	8	2.3	8
成都	102.5	2	2.5	2

2020年全市各区（县）及西咸新区生产总值

城　市	绝对量		增速	
	生产总值（亿元）	占全市比重（%）	同比增长率（%）	排位
全　市	10020.39	—	5.2	—
新城区	579.05	5.8	0.4	12
碑林区	1060.47	10.6	2.0	10
莲湖区	814.95	8.1	2.8	6
灞桥区	542.06	5.4	8.5	2
未央区	1319.43	13.2	3.0	5
雁塔区	2510.72	25.1	7.3	3
阎良区	249.10	2.5	0.7	11
临潼区	252.53	2.5	2.3	7
长安区	1136.25	11.3	15.3	1
高陵区	374.49	3.7	2.1	9
鄠邑区	233.61	2.3	2.3	7
蓝田县	142.96	1.4	-5.9	14
周至县	139.44	1.4	-1.4	13
西咸新区	612.50	6.1	7.2	4

说 明

一、本索引采用主题分析法，按照主题词首字汉语拼音（同音字按声调）顺序排列；首字相同，按照第二字音序排列，依次类推。

二、部类名称、分目名称、二级分目名称用黑体字标明。主题词后的阿拉伯数字表示内容所在的页码，数字后的拉丁字母（a、b、c）表示该页码从左至右的栏别。

三、“附见”内容于次行缩后壹格排在相关款目下面。款目之后第二个页码表示该款目参见内容所在位置。

四、“特载”“专文”“大事记”“统计资料”“附录”内容不做索引。

数字首

A

B

M

N

T

W

图书在版编目（CIP）数据

西安年鉴．2021／西安市地方志办公室编．—西安：世界图书出版西安有限公司，2021.11

ISBN 978-7-5192-8988-1

Ⅰ．①西… Ⅱ．①西… Ⅲ．①西安－2021－年鉴
Ⅳ．①Z524.11

中国版本图书馆CIP数据核字（2021）第239886号

书　　名	西安年鉴・2021 XI'AN NIANJIAN・2021
编　　者	西安市地方志办公室
责任编辑	雷　丹
出版发行	**世界图书出版西安有限公司**
地　　址	西安市锦业路1号都市之门C座
邮政编码	710065
电　　话	029-87214941　029-87233647（市场营销部） 029-87234767（总编室）
网　　址	http://www.wpcxa.com
邮　　箱	xast@wpcxa.com
经　　销	新华书店
印　　刷	中煤地西安地图制印有限公司
开　　本	889mm×1240mm　1/16
印　　张	26.25
插　　页	32
字　　数	1500千字
审 图 号	西S（2020）005号
版　　次	2021年11月第1版
印　　次	2021年11月第1次印刷
国际书号	ISBN 978-7-5192-8988-1
定　　价	360.00元

YICHANG
STATISTICAL
YEARBOOK

宜昌统计年鉴

YICHANG STATISTICAL YEARBOOK 2013

宜昌市统计局 编

中国统计出版社
China Statistics Press

图书在版编目（CIP）数据

宜昌统计年鉴. 2013/ 宜昌市统计局编. —北京 : 中国统计出版社，2013.8

ISBN 978-7-5037-6897-2

Ⅰ. ①宜… Ⅱ. ①宜… Ⅲ. ①统计资料－宜昌市－2013－年鉴
Ⅳ. ①C832.633-54

中国版本图书馆CIP数据核字(2013)第184007号

宜昌统计年鉴 2013

YICHANG STATISTICAL YEARBOOK

宜昌统计年鉴-2013

作　　者/宜昌市统计局
责任编辑/ 陈越月
装帧设计/ 易崇艺
出版发行/ 中国统计出版社
地　　址/ 北京市丰台区西三环南路甲6号　邮政编码/100073
电　　话/ 邮购（010）63376909　书店（010）68783171
网　　址/ http://csp.stats.gov.cn
印　　刷/ 湖北省枝江市印刷厂
经　　销/ 新华书店
开　　本/ 890mm×1240mm　1/16
字　　数/ 91.5千字
印　　张/ 30.5印张
版　　别/ 2013年8月第1版
版　　次/ 2013年8月第1次印刷
定　　价/ 280.00元

如有印装错误，由本社发行部调换。

《宜昌统计年鉴》编辑委员会

《宜昌统计年鉴》编辑部

宜昌—世界水电旅游名城

YiChang ShiJieShuiDianLuYouMingCheng

湖北省委常委
宜昌市委书记 黄楚平

宜昌市委副书记
宜昌市人民政府市长 马旭明

2013年是全面贯彻落实十八大精神的开局之年，实施“十二五”规划承前启后的关键一年。做好今年工作，对于推动经济社会跨越式发展，具有十分重要的意义。我们将始终坚持以邓小平理论、“三个代表”重要思想、科学发展观为指导，全面贯彻党的十八大精神，深入解放思想，深化改革开放，创新体制机制，转变发展方式，促进工业化、信息化、城镇化、农业现代化同步发展，稳中求进，竞进提质，着力构建现代产业发展新体系，着力推进新型城镇化，加快推进文化建设，加快生态文明建设，加快提升城市创新能力、综合实力和竞争力，切实保障和改善民生，坚定不移地向现代化特大城市迈进。

2013年，全市经济社会发展主要预期目标是：生产总值增长12.5%，全社会固定资产投资增长25%，社会消费品零售总额增长16%，地方公共财政预算收入增长14%，外贸出口增长10%，城镇居民人均可支配收入、农村居民人均纯收入增长与经济发展同步，城镇登记失业率控制在4.2%以内，物价水平基本稳定，全面完成省政府下达的节能减排任务，努力保持经济快速健康发展、社会和谐稳定。

编 辑 说 明

《宜昌统计年鉴—2013》以丰富、翔实的统计数据，客观地反映了宜昌经济社会发展状况，是一部内容丰富、信息量大、实用性强的大型资料工具书。

全书坚持全面、适用、方便、服务的宗旨，突出了服务于领导决策、经济建设和社会公众的功能。全书编辑的统计数据以2012年为主，主要指标列示了近5年的统计数据，部分资料还列示湖北省17个地市州、长江沿岸19个城市、中部20个同等城市主要经济指标完成情况。在编辑过程中，努力在编辑体例、内容结构、指标体系、统计口径等方面保持了连贯性，以尽可能地方便读者使用。

本书主要内容包括特载、专文和统计资料3部分。其中统计资料包括综合、人口与计划生育、财政金融、从业人员和工资、物价指数、人民生活、农业、工业交通能源、中小企业、投资建筑、贸易外经、科技教育、社会事业和基本单位14个类目。为方便读者使用，各主要篇章篇末附有《主要统计指标解释》。

本书中“空格”表示数据为零、不足最小单位或暂缺，“#”表示其中项，平行指标和分组指标以字号、字体或位置表达。

由于小数位四舍五入，部分分项指标数据之和存在不等于总计数的情况。

本书所涉及的统计资料容量大、涉及面广，在编辑过程中得到各级领导、社会各部门以及企事业单位的关心和支持。值此，编委会谨致谢忱，并恳请读者提出建议，以期更臻完善。

目录

特　　载

专　　文

统 计 资 料

一、综合

二、人口与计划生育

CONTENTS

目 录

七、农 业

八、工业交通能源

CONTENTS

目录

十一、贸易外经

十二、科技教育

CONTENTS

特　　　载

TE ZAI

中华人民共和国统计法

（1983年12月8日第六届全国人民代表大会常务委员会第三次会议通过
根据1996年5月15日第八届全国人民代表大会常务委员会第十九次会议《关于修改〈中华人民共和国统计法〉的决定》修正 2009年6月27日第十一届全国人民代表大会常务委员会第九次会议修订）

第一章　总　　则

第一条　为了科学、有效地组织统计工作，保障统计资料的真实性、准确性、完整性和及时性，发挥统计在了解国情国力、服务经济社会发展中的重要作用，促进社会主义现代化建设事业发展，制定本法。

第二条　本法适用于各级人民政府、县级以上人民政府统计机构和有关部门组织实施的统计活动。

统计的基本任务是对经济社会发展情况进行统计调查、统计分析，提供统计资料和统计咨询意见，实行统计监督。

第三条　国家建立集中统一的统计系统，实行统一领导、分级负责的统计管理体制。

第四条　国务院和地方各级人民政府、各有关部门应当加强对统计工作的组织领导，为统计工作提供必要的保障。

第五条　国家加强统计科学研究，健全科学的统计指标体系，不断改进统计调查方法，提高统计的科学性。

国家有计划地加强统计信息化建设，推进统计信息搜集、处理、传输、共享、存储技术和统计数据库体系的现代化。

第六条　统计机构和统计人员依照本法规定独立行使统计调查、统计报告、统计监督的职权，不受侵犯。

地方各级人民政府、政府统计机构和有关部门以及各单位的负责人，不得自行修改统计机构和统计人员依法搜集、整理的统计资料，不得以任何方式要求统计机构、统计人员及其他机构、人员伪造、篡改统计资料，不得对依法履行职责或者拒绝、抵制统计违法行为的统计人员打击报复。

第七条　国家机关、企业事业单位和其他组织以及个体工商户和个人等统计调查对象，必须依照本法和国家有关规定，真实、准确、完整、及时地提供统计调查所需的资料，不得提供不真实或者不完整的统计资料，不得迟报、拒报统计资料。

第八条　统计工作应当接受社会公众的监督。任何单位和个人有权检举统计中弄虚作假等违法行为。对检举有功的单位和个人应当给予表彰和奖励。

第九条　统计机构和统计人员对在统计工作中知悉的国家秘密、商业秘密和个人信息，应当予以保密。

第十条　任何单位和个人不得利用虚假统计资料骗取荣誉称号、物质利益或者职务晋升。

第二章　统计调查管理

第十一条　统计调查项目包括国家统计调查项目、部门统计调查项目和地方统计调查项目。

国家统计调查项目是指全国性基本情况的统计调查项目。部门统计调查项目是指国务院有关部门的专业性统计调查项目。地方统计调查项目是指县级以上地方人民政府及其部门的地方性统计调查项目。

国家统计调查项目、部门统计调查项目、地方统计调查项目应当明确分工，互相衔接，不得重复。

第十二条　国家统计调查项目由国家统计局制定，或者由国家统计局和国务院有关部门共同制定，报国务院备案；重大的国家统计调查项目报国务院审批。

部门统计调查项目由国务院有关部门制定。统计调查对象属于本部门管辖系统的，报国家统计局备案；统计调查对象超出本部门管辖系统的，报国家统计局审批。

地方统计调查项目由县级以上地方人民政府统计机构和有关部门分别制定或者共同制定。其中，由省级人民政府统计机构单独制定或者和有关部门共同制定的，报国家统计局审批；由省级以下人民政府统计机构单独制定或者和有关部门共同制定的，报省级人民政府统计机构审批；由县级以上地方人民政府有关部门制定的，报本级人民政府统计机构审批。

第十三条　统计调查项目的审批机关应当对调查项目的必要性、可行性、科学性进行审查，对符合法定条件的，作出予以批准的书面决定，并公布；对不符合法定条件的，作出不予批准的书面决定,并说明理由。

第十四条 制定统计调查项目,应当同时制定该项目的统计调查制度,并依照本法第十二条的规定一并报经审批或者备案。

统计调查制度应当对调查目的、调查内容、调查方法、调查对象、调查组织方式、调查表式、统计资料的报送和公布等作出规定。

统计调查应当按照统计调查制度组织实施。变更统计调查制度的内容,应当报经原审批机关批准或者原备案机关备案。

第十五条 统计调查表应当标明表号、制定机关、批准或者备案文号、有效期限等标志。

对未标明前款规定的标志或者超过有效期限的统计调查表,统计调查对象有权拒绝填报;县级以上人民政府统计机构应当依法责令停止有关统计调查活动。

第十六条 搜集、整理统计资料,应当以周期性普查为基础,以经常性抽样调查为主体,综合运用全面调查、重点调查等方法,并充分利用行政记录等资料。

重大国情国力普查由国务院统一领导,国务院和地方人民政府组织统计机构和有关部门共同实施。

第十七条 国家制定统一的统计标准,保障统计调查采用的指标涵义、计算方法、分类目录、调查表式和统计编码等的标准化。

国家统计标准由国家统计局制定,或者由国家统计局和国务院标准化主管部门共同制定。

国务院有关部门可以制定补充性的部门统计标准,报国家统计局审批。部门统计标准不得与国家统计标准相抵触。

第十八条 县级以上人民政府统计机构根据统计任务的需要,可以在统计调查对象中推广使用计算机网络报送统计资料。

第十九条 县级以上人民政府应当将统计工作所需经费列入财政预算。

重大国情国力普查所需经费,由国务院和地方人民政府共同负担,列入相应年度的财政预算,按时拨付,确保到位。

第三章　统计资料的管理和公布

第二十条 县级以上人民政府统计机构和有关部门以及乡、镇人民政府,应当按照国家有关规定建立统计资料的保存、管理制度,建立健全统计信息共享机制。

第二十一条 国家机关、企业事业单位和其他组织等统计调查对象,应当按照国家有关规定设置原始记录、统计台账,建立健全统计资料的审核、签署、交接、归档等管理制度。

统计资料的审核、签署人员应当对其审核、签署的统计资料的真实性、准确性和完整性负责。

第二十二条 县级以上人民政府有关部门应当及时向本级人民政府统计机构提供统计所需的行政记录资料和国民经济核算所需的财务资料、财政资料及其他资料,并按照统计调查制度的规定及时向本级人民政府统计机构报送其组织实施统计调查取得的有关资料。

县级以上人民政府统计机构应当及时向本级人民政府有关部门提供有关统计资料。

第二十三条 县级以上人民政府统计机构按照国家有关规定,定期公布统计资料。

国家统计数据以国家统计局公布的数据为准。

第二十四条 县级以上人民政府有关部门统计调查取得的统计资料,由本部门按照国家有关规定公布。

第二十五条 统计调查中获得的能够识别或者推断单个统计调查对象身份的资料,任何单位和个人不得对外提供、泄露,不得用于统计以外的目的。

第二十六条 县级以上人民政府统计机构和有关部门统计调查取得的统计资料,除依法应当保密的外,应当及时公开,供社会公众查询。

第四章　统计机构和统计人员

第二十七条 国务院设立国家统计局,依法组织领导和协调全国的统计工作。

国家统计局根据工作需要设立的派出调查机构,承担国家统计局布置的统计调查等任务。

县级以上地方人民政府设立独立的统计机构,乡、镇人民政府设置统计工作岗位,配备专职或者兼职统计人员,依法管理、开展统计工作,实施统计调查。

第二十八条 县级以上人民政府有关部门根据统计任务的需要设立统计机构,或者在有关机构中设置统计人员,并指定统计负责人,依法组织、管理本部门职责范围内的统计工作,实施统计调查,在统计业务上受本级人民政府统计机构的指导。

第二十九条 统计机构、统计人员应当依法履行职责,如实搜集、报送统计资料,不得伪造、篡改统计资料,不得以任何方式要求任何单位和个人提供不真实的统计资料,不得有其他违反本法规定的行为。

统计人员应当坚持实事求是,恪守职业道德,对其负责搜集、审核、录入的统计资料与统计调查对象报送的统计资料的一致性负责。

第三十条 统计人员进行统计调查时,有权就与统计有关的问题询问有关人员,要求其如实提供有关情况、资料并改正不真实、不准确的资料。

统计人员进行统计调查时，应当出示县级以上人民政府统计机构或者有关部门颁发的工作证件；未出示的，统计调查对象有权拒绝调查。

第三十一条 国家实行统计专业技术职务资格考试、评聘制度，提高统计人员的专业素质，保障统计队伍的稳定性。

统计人员应当具备与其从事的统计工作相适应的专业知识和业务能力。

县级以上人民政府统计机构和有关部门应当加强对统计人员的专业培训和职业道德教育。

第五章　监督检查

第三十二条 县级以上人民政府及其监察机关对下级人民政府、本级人民政府统计机构和有关部门执行本法的情况，实施监督。

第三十三条 国家统计局组织管理全国统计工作的监督检查，查处重大统计违法行为。

县级以上地方人民政府统计机构依法查处本行政区域内发生的统计违法行为。但是，国家统计局派出的调查机构组织实施的统计调查活动中发生的统计违法行为，由组织实施该项统计调查的调查机构负责查处。

法律、行政法规对有关部门查处统计违法行为另有规定的，从其规定。

第三十四条 县级以上人民政府有关部门应当积极协助本级人民政府统计机构查处统计违法行为，及时向本级人民政府统计机构移送有关统计违法案件材料。

第三十五条 县级以上人民政府统计机构在调查统计违法行为或者核查统计数据时，有权采取下列措施：

（一）发出统计检查查询书，向检查对象查询有关事项；

（二）要求检查对象提供有关原始记录和凭证、统计台账、统计调查表、会计资料及其他相关证明和资料；

（三）就与检查有关的事项询问有关人员；

（四）进入检查对象的业务场所和统计数据处理信息系统进行检查、核对；

（五）经本机构负责人批准，登记保存检查对象的有关原始记录和凭证、统计台账、统计调查表、会计资料及其他相关证明和资料；

（六）对与检查事项有关的情况和资料进行记录、录音、录像、照相和复制。

县级以上人民政府统计机构进行监督检查时，监督检查人员不得少于二人，并应当出示执法证件；未出示的，有关单位和个人有权拒绝检查。

第三十六条 县级以上人民政府统计机构履行监督检查职责时，有关单位和个人应当如实反映情况，提供相关证明和资料，不得拒绝、阻碍检查，不得转移、隐匿、篡改、毁弃原始记录和凭证、统计台账、统计调查表、会计资料及其他相关证明和资料。

第六章　法律责任

第三十七条 地方人民政府、政府统计机构或者有关部门、单位的负责人有下列行为之一的，由任免机关或者监察机关依法给予处分，并由县级以上人民政府统计机构予以通报：

（一）自行修改统计资料、编造虚假统计数据的；

（二）要求统计机构、统计人员或者其他机构、人员伪造、篡改统计资料的；

（三）对依法履行职责或者拒绝、抵制统计违法行为的统计人员打击报复的；

（四）对本地方、本部门、本单位发生的严重统计违法行为失察的。

第三十八条 县级以上人民政府统计机构或者有关部门在组织实施统计调查活动中有下列行为之一的，由本级人民政府、上级人民政府统计机构或者本级人民政府统计机构责令改正，予以通报；对直接负责的主管人员和其他直接责任人员，由任免机关或者监察机关依法给予处分：

（一）未经批准擅自组织实施统计调查的；

（二）未经批准擅自变更统计调查制度的内容的；

（三）伪造、篡改统计资料的；

（四）要求统计调查对象或者其他机构、人员提供不真实的统计资料的；

（五）未按照统计调查制度的规定报送有关资料的。

统计人员有前款第三项至第五项所列行为之一的，责令改正，依法给予处分。

第三十九条 县级以上人民政府统计机构或者有关部门有下列行为之一的，对直接负责的主管人员和其他直接责任人员由任免机关或者监察机关依法给予处分：

（一）违法公布统计资料的；

（二）泄露统计调查对象的商业秘密、个人信息或者提供、泄露在统计调查中获得的能够识别或者推断单个统计调查对象身份的资料的；

（三）违反国家有关规定，造成统计资料毁损、灭失的。

统计人员有前款所列行为之一的，依法给予处分。

第四十条 统计机构、统计人员泄露国家秘密的，依法追究法律责任。

第四十一条 作为统计调查对象的国家机关、企业事业单位或者其他组织有下列行为之一的，由县级以上人民政府统计机构责令改正，给予警告，可以予以通报；其直接负责的主管人员和其他直接责任人员属于国家工作人员的，由任免机关或者监察机关依法给予处分：

（一）拒绝提供统计资料或者经催报后仍未按时提供统计资料的；

（二）提供不真实或者不完整的统计资料的；

（三）拒绝答复或者不如实答复统计检查查询书的；

（四）拒绝、阻碍统计调查、统计检查的；

（五）转移、隐匿、篡改、毁弃或者拒绝提供原始记录和凭证、统计台账、统计调查表及其他相关证明和资料的。

企业事业单位或者其他组织有前款所列行为之一的，可以并处五万元以下的罚款；情节严重的，并处五万元以上二十万元以下的罚款。

个体工商户有本条第一款所列行为之一的，由县级以上人民政府统计机构责令改正，给予警告，可以并处一万元以下的罚款。

第四十二条　作为统计调查对象的国家机关、企业事业单位或者其他组织迟报统计资料，或者未按照国家有关规定设置原始记录、统计台账的，由县级以上人民政府统计机构责令改正，给予警告。

企业事业单位或者其他组织有前款所列行为之一的，可以并处一万元以下的罚款。

个体工商户迟报统计资料的，由县级以上人民政府统计机构责令改正，给予警告，可以并处一千元以下的罚款。

第四十三条　县级以上人民政府统计机构查处统计违法行为时，认为对有关国家工作人员依法应当给予处分的，应当提出给予处分的建议；该国家工作人员的任免机关或者监察机关应当依法及时作出决定，并将结果书面通知县级以上人民政府统计机构。

第四十四条　作为统计调查对象的个人在重大国情国力普查活动中拒绝、阻碍统计调查，或者提供不真实或者不完整的普查资料的，由县级以上人民政府统计机构责令改正，予以批评教育。

第四十五条　违反本法规定，利用虚假统计资料骗取荣誉称号、物质利益或者职务晋升的，除对其编造虚假统计资料或者要求他人编造虚假统计资料的行为依法追究法律责任外，由作出有关决定的单位或者其上级单位、监察机关取消其荣誉称号，追缴获得的物质利益，撤销晋升的职务。

第四十六条　当事人对县级以上人民政府统计机构作出的行政处罚决定不服的，可以依法申请行政复议或者提起行政诉讼。其中，对国家统计局在省、自治区、直辖市派出的调查机构作出的行政处罚决定不服的，向国家统计局申请行政复议；对国家统计局派出的其他调查机构作出的行政处罚决定不服的，向国家统计局在该派出机构所在的省、自治区、直辖市派出的调查机构申请行政复议。

第四十七条　违反本法规定，构成犯罪的，依法追究刑事责任。

第七章　附　　则

第四十八条　本法所称县级以上人民政府统计机构，是指国家统计局及其派出的调查机构、县级以上地方人民政府统计机构。

第四十九条　民间统计调查活动的管理办法，由国务院制定。

中华人民共和国境外的组织、个人需要在中华人民共和国境内进行统计调查活动的，应当按照国务院的规定报请审批。

利用统计调查危害国家安全、损害社会公共利益或者进行欺诈活动的，依法追究法律责任。

第五十条　本法自 2010 年 1 月 1 日起施行。

中华人民共和国统计法实施细则

（1987 年 1 月 19 日国务院批准　1987 年 2 月 15 日国家统计局发布
2000 年 6 月 2 日国务院批准修订　2000 年 6 月 15 日国家统计局发布
根据 2005 年 12 月 16 日《国务院关于修改〈中华人民共和国统计法实施细则〉的决定》修订）

第一章　总　　则

第一条　根据《中华人民共和国统计法》（以下简称《统计法》）的规定，制定本细则。

第二条　《统计法》所指的统计，是指运用各种统计方法对国民经济和社会发展情况进行统计调查、统计分析，提供统计资料和统计咨询意见，实行统计监督等活动的总称。

国民经济和社会发展的统计项目分类，由国家统计局规定、调整。

第三条　国家有计划地用现代信息技术装备各级人民政府统计机构，建立健全国家统计信息自动化系统。国务院各部门根据工作需要，有计划地用现代信息技术装备本部门及其管辖系统的统计机构。

县级以上各级人民政府应当将国家统计信息工程建设列入发展计划。国家统计信息工程建设，由国家统计局统一领导，县级以上地方各级人民政府统计机构分级负责。

第四条　统计机构和统计人员实行工作责任制，实行考核和奖惩制度，不断提高工作质量和工作效率。

统计机构和统计人员依法独立行使下列职权：

（一）统计调查权——调查、搜集有关资料，召开有关调查会议，检查与统计资料有关的原始记录和凭证。统计调查对象应当依照《统计法》和国家有关规定，如实提供统计资料和情况，不得虚报、瞒报、拒报、迟报，不得伪造、篡改。

（二）统计报告权——将统计调查取得的统计资料和情况加以整理、分析，向上级领导机关和有关部门提出统计报告。任何单位或者个人不得阻挠和扣压统计报告，不得篡改统计资料。

（三）统计监督权——根据统计调查和统计分析，对国民经济和社会发展情况进行统计监督，检查国家政策和计划的实施，考核经济效益、社会效益和工作成绩，检查和揭露存在的问题，检查虚报、瞒报、伪造、篡改统计资料的行为，提出改进工作的建议。有关部门和单位对统计机构、统计人员反映、揭露的问题和提出的建议，应当及时处理，作出答复。

第五条　县级以上地方各级人民政府、各部门、各企业事业组织，应当根据国家统计任务和本地区、本部门、本单位的需要，在下列方面加强对统计工作的领导和监督：

（一）领导和支持统计机构、统计人员和其他有关人员执行统计法规和统计制度，准确、及时地完成统计工作任务，加强统计工作现代化建设；

（二）吸收和组织统计人员参加讨论有关政策和计划、研究经济和社会发展问题的会议，发挥统计的服务和监督作用；

（三）根据国家统一部署，组织实施重大的国情国力普查；

（四）按照规定审批统计调查计划，切实解决经批准的统计调查需要的人员和经费。

第六条　国家统计局及其派出的调查队、县级以上地方各级人民政府统计机构是国家执行统计法规和统计制度的机关，负责监督检查统计法规和统计制度的实施，维护统计机构和统计人员的职权，依法查处违反统计法规和统计制度的行为。

县级以上地方各级人民政府统计机构依法查处本行政区域内发生的统计违法行为；在国家统计局派出的调查队组织实施的统计调查中发生的统计违法行为，由组织实施该项统计调查的调查队负责查处。

第二章　统计调查计划和统计制度

第七条　县级以上各级人民政府统计机构和有关部门按照下列三类情况，分别建立统计制度，编制统计调查计划，按照规定经审查机关批准后实施：

（一）国家统计调查，是指全国性基本情况的统计调查，包括国家统计局单独拟订的和国家统计局与国务院有关部门共同拟订的统计调查项目。国家统计调查计划中新的、重大的统计调查项目,由国家统计局报国务院审批;经常性的、一般性的统计调查项目,由国家统计局审批。

各地方、各部门、各单位必须严格按照国家统计调查方案实施国家统计调查。

(二)部门统计调查,是指各部门的专业性统计调查。部门统计调查计划和统计调查方案,由该部门的统计机构组织本部门各有关职能机构编制。其中,统计调查对象属于本部门管辖系统内的,由本部门领导人审批,报国家统计局或者本级地方人民政府统计机构备案;统计调查对象超出本部门管辖系统的,报国家统计局或者本级地方人民政府统计机构审批,其中重要的,报国务院或者本级地方人民政府审批。各部门统计调查管辖系统的划分办法,由国家统计局会同国务院有关部门提出,报国务院批准后实施。

(三)地方统计调查,是指地方人民政府需要的地方性的统计调查。地方统计调查计划和统计调查方案的报批办法,由省、自治区、直辖市人民政府统计机构规定,报国家统计局备案。

第八条 部门统计调查和地方统计调查不得与国家统计调查重复、矛盾。

国家统计调查与部门统计调查、地方统计调查的分工,由国家统计局会同国务院有关部门和省、自治区、直辖市人民政府统计机构具体商定。

第九条 县级以上各级人民政府的综合协调部门需要的统计资料,应当从本级人民政府统计机构和有关部门搜集;确实需要直接进行统计调查的,应当编制统计调查计划和统计调查方案,依照《统计法》和本细则的有关规定,经批准后实施。

县级以上各级人民政府有关部门组织实施的部门统计调查,应当及时向本级人民政府统计机构报送基本统计资料或者综合统计资料。

国家统计局和县级以上地方各级人民政府统计机构,应当定期、无偿地向本级人民政府部门提供有关综合统计资料。

第十条 统计调查计划按照统计调查项目编制。统计调查项目,是指一定时期内为实现特定统计调查目的而组织实施的统计调查。统计调查项目的计划应当列明:项目名称、调查机关、调查目的、调查范围、调查对象、调查方式、调查时间、调查的主要内容。

编制统计调查计划,必须同时编制统计调查方案。统计调查方案应当包括下列内容:

(一)供统计调查对象填报用的统计调查表和说明书;

(二)供整理上报用的统计综合表和说明书;

(三)统计调查需要的人员和经费及其来源。

第十一条 县级以上各级人民政府统计机构、各部门统计机构对送审的统计调查计划和统计调查方案的必要性、可行性、科学性应当进行严格审查;对不符合本细则规定的,应当退回修改或者不予批准。编制和审查统计调查方案,应当遵循下列原则:

(一)在已经批准实施的各种统计调查中能够搜集到资料的,不得重复调查;

(二)抽样调查、重点调查或者行政记录可以满足需要的,不得制发全面统计调查表;一次性统计调查可以满足需要的,不得进行经常性统计调查;按年统计调查可以满足需要的,不得按季统计调查;按季统计调查可以满足需要的,不得按月统计调查;月以下的进度统计调查必须从严控制;

(三)编制新的统计调查方案,必须事先试点或者征求有关地方、部门和基层单位的意见,进行可行性论证,保证切实可行,注重调查效益;

(四)统计调查需要的人员和经费应当有保证。

第十二条 国家建立周期性的普查制度。周期性普查由国务院和地方各级人民政府统一领导,组织统计机构和有关部门共同实施,所需要的经费由中央和地方财政共同负担。

进行经常性抽样调查,应当通过基本统计单位普查和行政记录的方式,查明基本统计单位及其分布情况,建立科学的抽样框,按照随机原则在调查总体中选取足以代表总体的样本单位,减少抽样误差。

第十三条 按照规定程序批准的统计调查表,必须在右上角标明表号、制表机关、批准或者备案机关、批准或者备案文号、有效期限。

对未标明前款所列内容或者超过有效期限的统计调查表,有关统计调查对象有权拒绝填报,统计机构有权废止。

第十四条 统计调查方案所规定的指标涵义、调查范围、计算方法、分类目录、调查表式、统计编码等,未经批准该统计调查方案的机关同意,任何单位或者个人不得修改。

第三章 统计资料的管理和公布

第十五条 各地方、各部门、各单位应当健全统计资料的审核制度,保障统计资料的准确性和及时性。

各部门、各企业事业组织提供的统计资料,由本部门、本单位领导人或者统计负责人审核、签署或者盖章后上报。有关财务统计资料由财务会计机构或者会计人员提供,并经财务会计负责人审核、签署或者盖章。县级以上各级人民政府统计机构和乡、镇统计员提供的统计资料,由本级人民政府统计机构负责人或者乡、镇统计员审核、签署或者盖章后上报。

第十六条 各级领导机关制定政策、计划，检查政策、计划执行情况，考核经济效益、社会效益和工作成绩，进行奖励和惩罚等，需要使用统计资料的，必须依照《统计法》第十三条的规定，以统计机构或者统计负责人签署或者盖章的统计资料为准。

第十七条 县级以上各级人民政府统计机构必须做好统计信息咨询服务工作，充分利用可以公开的社会经济信息为社会公众服务。

符合国家有关规定，在《统计法》和统计制度规定之外提供统计信息咨询，实行有偿服务。具体办法由国家统计局会同国务院价格主管部门制定。

第十八条 各地方、各部门、各单位必须执行国家有关统计资料保密管理的规定，加强对统计资料的保密管理。

第十九条 各地方、各部门、各单位必须建立统计资料档案制度。统计资料档案的保管、调用和移交，应当遵守国家有关档案管理的规定。

第二十条 国家建立健全统计资料定期公布制度。

国家统计局统计调查取得的统计数据，由国家统计局公布。国务院有关部门统计调查取得的统计数据，由国务院有关部门公布；其中，与国家统计局统计调查取得的统计数据有重复、交叉的，应当在同国家统计局协商后，由国务院有关部门公布。国务院有关部门公布统计数据，应当自公布之日起10日内报国家统计局备案。

县级以上地方各级人民政府统计机构和有关部门公布其统计调查取得的地方统计数据，比照前款规定执行。

第二十一条 国家建立健全统计数据质量监控和评估的制度，加强对各省、自治区、直辖市重要统计数据的监控和评估。

第四章　统计机构和统计人员

第二十二条 国家统计局履行下列职责：

（一）根据有关法律、行政法规和国家有关政策和计划，制定统计工作规章，制订统计工作现代化规划和国家统计调查计划，组织领导和协调全国统计工作，监督检查统计法规和统计制度的实施；

（二）健全国民经济核算制度和统计指标体系，制定全国统一的基本统计报表制度；制定或者与有关部门共同制定国家统计标准，审定部门统计标准；

（三）在国务院领导下，会同有关部门组织重大的国情国力普查，组织、协调全国社会经济抽样调查；

（四）根据国家制定政策、计划和进行管理的需要，搜集、整理、提供全国性的基本统计资料，对国民经济和社会发展情况进行统计分析、统计预测和统计监督；

（五）审查国务院各部门编制的统计调查计划和统计调查方案，管理国务院各部门制发的统计调查表；

（六）检查、审定、管理、公布、出版全国性的基本统计资料，定期发布全国国民经济和社会发展情况的统计公报；

（七）统一领导和管理国家统计局派出的调查队；

（八）组织指导全国统计科学研究、统计教育、统计干部培训和统计书刊出版工作；

（九）开展统计工作和统计科学的国际交流。

国家统计局派出的调查队承担国家统计局布置的各项调查任务，依法独立开展统计调查，独立上报统计资料。

第二十三条 县级以上地方各级人民政府统计机构履行下列职责：

（一）完成国家统计调查任务，执行国家统计标准，执行全国统一的基本统计报表制度；

（二）制订本行政区域内的统计工作现代化规划、统计调查计划和统计调查方案，统一领导和协调本行政区域内包括中央和地方单位的统计工作，监督检查统计法规和统计制度的实施；

（三）根据本行政区域内制定计划和进行管理的需要，搜集、整理、提供基本统计资料，对本行政区域内国民经济和社会发展情况进行统计分析、统计预测和统计监督；

（四）审查本行政区域内各部门的统计调查计划和统计调查方案，管理本行政区域内各部门制发的统计调查表；

（五）按照国家有关规定，检查、审定、管理、公布、出版本行政区域内的基本统计资料；省、自治区、直辖市人民政府统计机构定期发布本行政区域内国民经济和社会发展情况的统计公报；自治州、县、自治县、市、市辖区人民政府统计机构按照本级人民政府的决定，发布本行政区域内国民经济和社会发展情况的统计公报；

（六）组织指导本行政区域内各部门、各单位加强统计基础工作建设，加强统计教育、统计干部培训和统计科学研究工作；对本行政区域内人民政府统计机构干部和乡、镇统计员进行考核和奖励。

县级以上地方各级人民政府统计机构受本级人民政府和上级人民政府统计机构的双重领导，在统计业务上以上级人民政府统计机构的领导为主。

第二十四条 乡、镇统计员执行乡、镇综合统计职能，履行下列职责：

（一）完成国家统计调查和地方统计调查任务，执行国家统计标准，执行全国统一的基本统计报表制度，监督检查统计法规和统计制度的实施；

（二）按照国家有关规定，搜集、整理、分析、提供和管理本乡、镇的基本统计资料；

（三）组织指导本乡、镇各有关单位、人员加强农村统计基础工作建设，健全本乡、镇的统计台账制度和统计档案制度，组织乡、镇以下的统计业务工作。

乡、镇人民政府应当根据《统计法》等有关规定和统计工作的需要，设置专职的或者兼职的统计员，建立健全乡、镇统计信息网络。乡、镇统计员和乡、镇统计信息网络在统计业务上受县级人民政府统计机构的领导。

村的统计工作，由村民委员会指定专人负责，其在统计业务上受乡、镇统计员的领导。

第二十五条 县级以上各级人民政府有关部门的统计机构或者统计负责人执行本部门综合统计的职能，履行下列职责：

（一）组织指导、综合协调本部门各职能机构（包括生产、供销、基建、劳动人事、财务会计等机构）的统计工作，共同完成国家统计调查、部门统计调查和地方统计调查任务，执行统计法规和统计制度，监督检查统计法规和统计制度的实施；

（二）制订本部门的统计工作现代化规划、统计调查计划和统计调查方案，组织指导本部门及其管辖系统内企业事业组织的统计工作，加强统计队伍和统计基础工作建设；

（三）按照国家有关规定，向上级领导机关和本级人民政府统计机构报送和提供本部门的基本统计资料，会同计划和其他有关职能机构对本部门执行政策、计划和经营管理效益的情况，进行统计分析、统计预测和统计监督；

（四）管理本部门制发的统计调查表和基本统计资料；

（五）会同本部门的人事教育机构，组织指导本部门的统计教育和统计干部培训；对本部门统计人员进行考核和奖励；加强本部门统计科学研究工作。

县级以上各级人民政府有关部门统计机构的设置，应当根据实际需要，本着精简、效能的原则，依照《统计法》的规定执行。

第二十六条 企业事业组织的统计机构或者统计负责人执行本单位综合统计的职能，履行下列职责：

（一）组织指导、综合协调本单位各职能机构和下属机构的统计工作，共同完成国家统计调查、部门统计调查和地方统计调查任务，制订、实施本单位的统计工作计划和统计制度，执行统计法规和统计制度，监督检查统计法规和统计制度的实施；

（二）按照国家有关规定，报送和提供统计资料，对本单位计划的执行情况和经营管理的效益，进行统计分析和统计监督；

（三）管理本单位的统计调查表和基本统计资料；

（四）会同本单位有关职能机构完善计量、检测制度，建立健全原始记录、统计台账和核算制度。

企业事业组织的统计机构或者统计负责人在统计业务上，受所在地人民政府统计机构或者乡、镇统计员的指导。

中小型企业事业组织不单设统计人员的，可以指定人员专门负责统计工作。

第二十七条 统计负责人，是指代表本部门或者本单位履行《统计法》规定职责的主要责任人员。不设统计机构的，一般应当由具备相当统计专业技术职务条件的人员担任统计负责人。

第二十八条 各地方、各部门、各单位应当根据国家有关规定和工作需要，设置统计专业技术职务。

第二十九条 具有统计专业技术职务的人员的调动，应当分别征求本地区、本部门、本单位统计机构或者统计负责人的意见；其中，具有中级以上统计专业技术职务的人员的调动，应当征得上级统计机构的同意。

县级以上地方各级人民政府统计机构主要负责人的调动，应当征得上一级人民政府统计机构的同意。乡、镇统计员的调动，应当征得县级人民政府统计机构的同意。

各部门和企业事业组织统计负责人的调动，应当征求上级主管部门和所在地人民政府统计机构的意见。

第三十条 国家统计局和县级以上地方各级人民政府统计机构，应当有计划地对统计人员进行培训，加强对统计人员的职业道德教育，提高统计人员的业务素质。

国家统计局和县级以上地方各级人民政府统计机构增加和补充统计人员，应当从具备统计专业知识的人员中选调。

第五章 奖励和惩罚

第三十一条 县级以上各级人民政府统计机构、各部门、各企业事业组织，应当依照国家或者企业事业组织的规定，对有下列表现之一的统计人员或者集体，定期评比，给予奖励：

（一）在改革和完善统计制度、统计方法等方面，做出重要贡献的；

（二）在完成规定的统计调查任务，保障统计资料的准确性、及时性方面，做出显著成绩的；

（三）在进行统计分析、统计预测和统计监督方面，有所创新，取得重要成绩的；

（四）在运用和推广现代信息技术方面，取得显著效果的；

（五）在改进统计教育和统计专业培训，进行统计科学研究，提高统计科学水平方面，做出重要贡献的；

（六）坚持实事求是，依法办事，同违反统计法规和统计制度的行为作斗争，表现突出的；

（七）揭发、检举统计违法行为有功的。

奖励分为：通令嘉奖、记功、记大功、晋级、升职、授予荣誉称号，并可以发给奖品、奖金。奖金按照国家或者企业事业组织的规定在有关经费中开支。

第三十二条 下列行为，属于《统计法》第二十七条第一款所称情节较重的违法行为：

（一）虚报、瞒报、伪造、篡改统计资料数额较大或者占应报数额的份额较多的；

（二）虚报、瞒报、伪造、篡改或者拒报统计资料，二年内再次发生的；

（三）虚报、瞒报、伪造、篡改、拒报或者屡次迟报统计资料，被责令改正而拒不改正的；

（四）虚报、瞒报、伪造、篡改、拒报或者屡次迟报统计资料，造成严重后果或者恶劣影响的；

（五）在接受统计检查时，拒绝提供情况、提供虚假情况或者转移、隐匿、毁弃原始统计记录、统计台账、统计报表以及与统计有关的其他资料的；

（六）使用暴力或者威胁的方法阻挠、抗拒统计检查的；

（七）国家统计局依法认定的其他行为。

第三十三条 企业事业组织有《统计法》第二十七条第一款所列违法行为之一的，由县级以上人民政府统计机构或者国家统计局派出的调查队予以警告，并可以处5万元以下的罚款。

个体工商户有《统计法》第二十七条第一款所列违法行为之一的，由县级以上人民政府统计机构或者国家统计局派出的调查队予以警告，并可以处1万元以下的罚款。

第三十四条 任何单位或者个人有《统计法》第二十七条第二款所列违法行为的，由县级以上人民政府统计机构责令改正，没收违法所得，并可以处违法所得1倍以上3倍以下的罚款；没有违法所得的，可以处3万元以下的罚款。

第六章 附 则

第三十五条 中华人民共和国境外的组织、个人需要在中华人民共和国境内进行统计调查活动的，应当委托中华人民共和国境内具有涉外统计调查资格的机构进行。

统计调查范围限于省、自治区、直辖市行政区域内的，应当持有关证明文件和统计调查方案，向省、自治区、直辖市人民政府统计机构提出申请，由省、自治区、直辖市人民政府统计机构审批；统计调查范围跨省、自治区、直辖市行政区域的，应当持有关证明文件和统计调查方案，向国家统计局提出申请，由国家统计局审批。

第三十六条 本细则自发布之日起施行。

湖 北 省 统 计 管 理 条 例

（1997 年 12 月 3 日湖北省第八届人民代表大会常务委员会第 31 次会议修改通过）

第一条 为保障统计资料的准确、及时和全面，发挥统计在了解国情国力、指导国民经济和社会发展中的重要作用，适应社会主义市场经济和社会发展的需要，根据《中华人民共和国统计法》及其实施细则，结合本省实际，制定本条例。

第二条 本省行政区域内的国家机关、社会团体、企业事业组织、各种联合经济组织和个体工商户，外资、中外合资和中外合作经营的企业事业组织、港澳台同胞、华侨投资经营的企业事业组织，以及我省在外省、港澳台地区和国外投资经营的企业事业组织，必须依照国家统计法律、法规和统计制度，准确及时地提供统计资料。

基层群众自治组织和公民，有义务如实提供统计调查所需要的情况。

任何单位和个人，有权抵制和检举统计违法行为。

对在统计工作中取得显著成绩的单位和统计人员，按照国家统计法律法规的有关部门规定给予表彰和奖励。

第三条 各级人民政府、各部门和各企业事业单位的领导人，对统计部门和统计人员依照统计法律、法规和统计制度提供的统计资料，不得擅自修改，也不得授意、强迫统计人员或其他人员伪造、篡改、虚报和瞒报。

统计人员有权抵制和检举统计违法行为。

第四条 县级以上人民政府统计部门，是同级人民政府统计工作的主管部门，负责本行政区域内国民经济和社会发展情况的统计调查、统计分析、统计监督管理和提供统计资料。

第五条 乡镇人民政府设置统计站，配备与统计任务相适应的专职统计人员。乡镇所属有关单位的统计人员为统计站成员。乡镇统计站执行综合统计职能，其行政工作由乡镇人民政府领导，统计业务接受县统计主管部门指导。

第六条 村民委员会的统计工作，由村会计人员具体负责。其职责是：收集、整理、分析、提供和保管各项统计资料，建立统计调查户分户台帐，完成乡镇统计站布置的统计调查任务。

第七条 企业事业组织根据统计任务的需要，设立统计机构或配备统计人员。统计机构或统计人员负责调查、收集、整理、分析、提供本单位的统计资料，执行本单位的综合统计职能。

第八条 保持统计人员相对稳定，实行统计人员持证上岗制度。凡进入统计岗位的人员，除统计及相近专业的大学本科、专科和中专毕业生以外，都应经过统计资格考试，取得《统计员资格证》后，持证执行统计任务。对不具备统计专业知识的现有统计人员，应当组织专业培训，经考试仍不合格的，应调离统计业务岗位。

第九条 除统计部门按照国家、地方统计制度和调查计划制发统计报表外，其他部门因工作需要制发统计报表，应先拟定统计调查计划及方案。其调查对象为本部门管辖系统内的，由部门领导批准，报同级统计部门备案；调查对象为本部门管辖系统外的，报同级统计部门审批。

临时办事机构制发统计调查报表，应经同级统计部门批准。

有关部门需向外资、中外合资和中外合作经营的企业事业组织制发统计调查报表的，应报同级统计部门批准。

第十条 统计报表的统计指标及调查、计算方法，由制发统计报表的部门负责解释，其他单位和个人不得自行解释或自定计算方法。未经批准或备案的统计调查表，任何单位或个人有权拒绝填报，统计部门有权制止。

第十一条 建立统计登记制度。新组建的单位和新开工的固定资产投资项目，应当在注册或者成立和核准登记之日起三十日内，到当地统计部门办理统计登记。已经成立或者开工尚未办理统计登记的单位，应向当地统计部门补办统计登记。

改变统计隶属关系或经营性质发生变化的单位，应按前款要求办理统计变更登记。

因破产、被撤销或其他原因终止活动的单位，由其主管部门到原登记部门办理统计注销登记。个体工商户和私营企业的统计登记、变更和注销，按本条规定办理。

第十二条 国家统计调查和地方统计调查的统计资料，由各级统计部门储存保管，并建立数据库。凡涉及辖区内的综合统计资料和重要数据，必须由同级统计部门提供或公布。

政府各部门向社会公开发表本系统的统计资料，应经同级统计部门核准。法律法规另有规定的，从其规定。

新闻媒体发表尚未公布的国民经济和社会发展基本统计资料，应经同级统计部门核准。

第十三条 各级人民政府及其部门以及部门归口管理的单位，制定政策、计划，检查政策、计划执行情况，确定工作任务，考核工作实绩，进行奖励和惩罚等，需要使用统计资料时，必须以同级统计部门提供的统计资料为依据。

第十四条 各级统计部门应利用可以公开的统计资料为社会提供咨询服务。在统计制度规定之外提供的统计信息咨询，可实行有偿服务。有偿服务的收费办法，按《湖北省行政事业性收费管理办法》执行。

第十五条 县级以上统计部门设统计检查机构并配备专职统计检查员，县级以上人民政府主管部门和乡镇统计站配备专(兼)职统计检查员。统计检查员由省统计主管部门发给《统计检查证》，统计检查机构或统计检查员，在规定的职权范围内行使统计检查权。

第十六条 县级以上统计部门的统计检查机构和统计检查员，有权对本行政区域内提供与使用统计资料的部门、单位和个人进行监督检查。

统计检查机构和统计检查员在规定的职权范围内执行监督、检查任务时，有权发出《统计检查查询书》，被查询单位和个人应按要求提供有关资料，并在十五日内对所查询的情况据实答复。拒不提供资料或逾期、拒绝答复的，按拒报论处。

第十七条 有下列违法行为之一的，分别情况，给予罚款或行政处分：

(一)各级各部门行政领导人授意或者强迫统计人员和其他人员提供不真实统计资料的，根据情节轻重，给予行政处分。

(二)虚报、瞒报、伪造、篡改统计资料的，对直接责任人和有关领导人给予行政处分，对单位处以二千元以上三万元以下罚款。

(三)拒报或屡次迟报统计资料的，对直接责任人和有关领导人给予行政处分，对单位处以一千元以上一万五千元以下罚款。

(四)未经法定程序批准，自行制发统计报表，擅自公布统计资料的，对单位处以一千元以上一万元以下罚款。造成失密、泄密的，按有关保密法规的规定处理。

(五)逾期不办理统计登记、变更登记的，对单位处以一千元以上一万元以下罚款。

(六)阻挠统计部门和统计人员依法行使职权，对检举、揭发人员进行刁难、打击报复或妨碍统计检查人员依法执行公务的，对直接责任人和有关领导人给予行政处分，并对单位处以二千元以上二万元以下罚款。

(七)个体工商户和私营企业有违反本条(二)、(三)、(五)、(六)项所列行为之一的，处以一百元以上五千元以下罚款。

第十八条 统计部门及统计工作人员不按规定处理统计资料或处理统计资料多次发生错漏，造成严重后果的，应进行通报批评或给予行政处分；统计检查人员徇私舞弊、滥用职权的，应调离统计监督检查岗位，并视情节轻重给予行政处分。

第十九条 对以虚报、瞒报或伪造、篡改统计资料等方式骗取荣誉或奖励的单位和个人，除按本条例第十七条有关规定处罚外，并由县级以上统计部门提请有关主管部门撤销其荣誉称号，收回奖品和奖金。

第二十条 违反本条例构成犯罪的，由司法机关依法追究刑事责任。

第二十一条 违反本条例，应给予罚款处罚的，由县级以上统计部门决定执行。统计部门在作出行政处罚决定之前，应告知受罚单位和个人作出行政处罚决定的事实、理由及依据，并应向受罚单位和个人发出《行政处罚决定书》。受罚者应在收到《行政处罚决定书》之日起十五日内缴款。逾期不缴的，从期满之日起每日按罚款数额的百分之三加处罚款。

各级统计部门管辖统计违法案件的分工，由省统计主管部门规定。

应予行政处分的，由县级以上统计部门按管理权限分别向被处分者所在单位或上一级主管部门、监察部门发出《统计违法行为处理意见书》，有关单位和部门应在三十日内作出处理，并将处理结果抄送同级统计部门。

第二十二条 当事人对处罚决定不服的，可在接到处罚通知之日起十五日内，向作出处罚决定的行政机关的本级人民政府或者上一级主管部门申请复议，也可以直接向当地人民法院起诉。期满不申请复议或不起诉又不履行的，作出处罚决定的机关可申请人民法院强制执行。

第二十三条 本条例应用中的问题由省统计主管部门负责解释。

第二十四条 本条例自公布之日起施行。1992年4月27日湖北省人民政府发布的《湖北省统计管理规定》同时废止。

中华人民共和国监察部
中华人民共和国人力资源和社会保障部 令
国家统计局

第18号

《统计违法违纪行为处分规定》已经监察部2009年2月9日第一次部长办公会议、人力资源社会保障部2008年12月30日第十六次部务会议、国家统计局2008年11月6日第十八次局务会议审议通过。现予公布，自2009年5月1日起施行。

监察部部长 马駇
人力资源社会保障部部长 尹蔚民
国家统计局局长 马建堂

二〇〇九年三月二十五日

统计违法违纪行为处分规定

第一条 为了加强统计工作，提高统计数据的准确性和及时性，惩处和预防统计违法违纪行为，促进统计法律法规的贯彻实施，根据《中华人民共和国统计法》、《中华人民共和国行政监察法》、《中华人民共和国公务员法》、《行政机关公务员处分条例》及其他有关法律、行政法规，制定本规定。

第二条 有统计违法违纪行为的单位中负有责任的领导人员和直接责任人员，以及有统计违法违纪行为的个人，应当承担纪律责任。属于下列人员的（以下统称有关责任人员），由任免机关或者监察机关按照管理权限依法给予处分：

（一）行政机关公务员；

（二）法律、法规授权的具有公共事务管理职能的事业单位中经批准参照《中华人民共和国公务员法》管理的工作人员；

（三）行政机关依法委托的组织中除工勤人员以外的工作人员；

（四）企业、事业单位、社会团体中由行政机关任命的人员。

法律、行政法规、国务院决定和国务院监察机关、国务院人力资源社会保障部门制定的处分规章对统计违法违纪行为的处分另有规定的，从其规定。

第三条 地方、部门以及企业、事业单位、社会团体的领导人员有下列行为之一的，给予记过或者记大过处分；情节较重的，给予降级或者撤职处分；情节严重的，给予开除处分：

（一）自行修改统计资料、编造虚假数据的；

（二）强令、授意本地区、本部门、本单位统计机构、统计人员或者其他有关机构、人员拒报、虚报、瞒报或者篡改统计资料、编造虚假数据的；

（三）对拒绝、抵制篡改统计资料或者对拒绝、抵制编造虚假数据的人员进行打击报复的；

（四）对揭发、检举统计违法违纪行为的人员进行打击报复的。

前款第（三）项、第（四）项规定行为的，应当从重处分。

第四条 地方、部门以及企业、事业单位、社会团体的领导人员，对本地区、本部门、本单位严重失实的统计数据，应当发现而未发现或者发现后不予纠正，造成不良后果的，给予警告或者记过处分；造成严重后果的，给予记大过或者降级处分；造成特别严重后果的，给予撤职或者开除处分。

第五条 各级人民政府统计机构、有关部门及其工作人员在实施统计调查活动中，有下列行为之一的，对有关责任人员，给予记过或者记大过处分；情节较重的，给予降级或者撤职处分；情节严重的，给予开除处分：

（一）强令、授意统计调查对象虚报、瞒报或者伪造、篡改统计资料的；

（二）参与篡改统计资料、编造虚假数据的。

第六条 各级人民政府统计机构、有关部门及其工作人员在实施统计调查活动中，有下列行为之一的，对有关责任人员，给予警告、记过或者记大过处分；情节较重的，给予降级处分；情节严重的，给予撤职处分：

（一）故意拖延或者拒报统计资料的；

（二）明知统计数据不实，不履行职责调查核实，造成不良后果的。

第七条 统计调查对象中的单位有下列行为之一，情节较重的，对有关责任人员，给予警告、记过或者记大过处分；情节严重的，给予降级或者撤职处分；情节特别严重的，给予开除处分：

（一）虚报、瞒报统计资料的；

（二）伪造、篡改统计资料的；

（三）拒报或者屡次迟报统计资料的；

（四）拒绝提供情况、提供虚假情况或者转移、隐匿、毁弃原始统计记录、统计台账、统计报表以及与统计有关的其他资料的。

第八条 违反国家规定的权限和程序公布统计资料，造成不良后果的，对有关责任人员，给予警告或者记过处分；情节较重的，给予记大过或者降级处分；情节严重的，给予撤职处分。

第九条 有下列行为之一，造成不良后果的，对有关责任人员，给予警告、记过或者记大过处分；情节较重的，给予降级或者撤职处分；情节严重的，给予开除处分：

（一）泄露属于国家秘密的统计资料的；

（二）未经本人同意，泄露统计调查对象个人、家庭资料的；

（三）泄露统计调查中知悉的统计调查对象商业秘密的。

第十条 包庇、纵容统计违法违纪行为的，对有关责任人员，给予记过或者记大过处分；情节较重的，给予降级或者撤职处分；情节严重的，给予开除处分。

第十一条 受到处分的人员对处分决定不服的，依照《中华人民共和国行政监察法》、《中华人民共和国公务员法》、《行政机关公务员处分条例》等有关规定，可以申请复核或者申诉。

第十二条 任免机关、监察机关和人民政府统计机构建立案件移送制度。

任免机关、监察机关查处统计违法违纪案件，认为应当由人民政府统计机构给予行政处罚的，应当将有关案件材料移送人民政府统计机构。人民政府统计机构应当依法及时查处，并将处理结果书面告知任免机关、监察机关。

人民政府统计机构查处统计行政违法案件，认为应当由任免机关或者监察机关给予处分的，应当及时将有关案件材料移送任免机关或者监察机关。任免机关或者监察机关应当依法及时查处，并将处理结果书面告知人民政府统计机构。

第十三条 有统计违法违纪行为，应当给予党纪处分的，移送党的纪律检查机关处理。涉嫌犯罪的，移送司法机关依法追究刑事责任。

第十四条 本规定由监察部、人力资源社会保障部、国家统计局负责解释。

第十五条 本规定自2009年5月1日起施行。

中华人民共和国2012年国民经济和社会发展统计公报[1]

2012年，面对复杂严峻的国际经济形势和艰巨繁重的国内改革发展稳定任务，全国各族人民在党中央、国务院的正确领导下，坚持以科学发展为主题，以加快转变经济发展方式为主线，按照稳中求进的工作总基调，认真贯彻落实加强和改善宏观调控的各项政策措施，国民经济运行总体平稳，各项社会事业取得新的进步，为全面建成小康社会奠定了良好基础。

一、综合

初步核算，全年国内生产总值[2]519322亿元，比上年增长7.8%。其中，第一产业增加值52377亿元，增长4.5%；第二产业增加值235319亿元，增长8.1%；第三产业增加值231626亿元，增长8.1%。第一产业增加值占国内生产总值的比重为10.1%，第二产业增加值比重为45.3%，第三产业增加值比重为44.6%。

图1　2008-2012年国内生产总值及增长速度

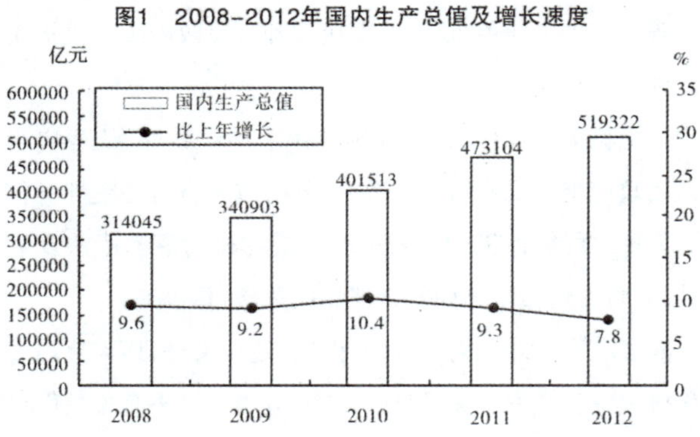

全年居民消费价格比上年上涨2.6%，其中食品价格上涨4.8%。固定资产投资价格上涨1.1%。工业生产者出厂价格下降1.7%。工业生产者购进价格下降1.8%。农产品生产者价格[3]上涨2.7%。

图2　2012年居民消费价格涨跌幅度

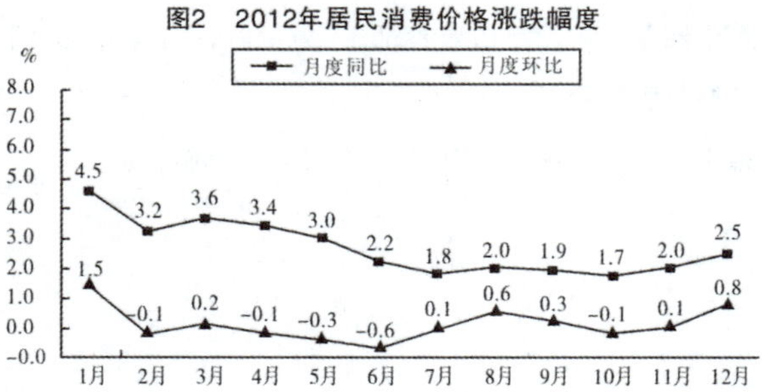

表1　2012年居民消费价格比上年涨跌幅度

单位：%

指　　标	全国	城市	农村
居民消费价格	2.6	2.7	2.5
其中：食品	4.8	5.1	4.0
烟酒及用品	2.9	2.9	2.7
衣着	3.1	2.9	3.8
家庭设备用品及维修服务	1.9	2.1	1.5
医疗保健和个人用品	2.0	2.0	2.1
交通和通信	-0.1	-0.3	0.6
娱乐教育文化用品及服务	0.5	0.4	1.0
居住	2.1	2.2	1.9

70个大中城市新建商品住宅销售价格月环比上涨的城市个数年末为54个。

图3　2012年新建商品住宅月环比价格下降、持平、上涨城市个数变化情况

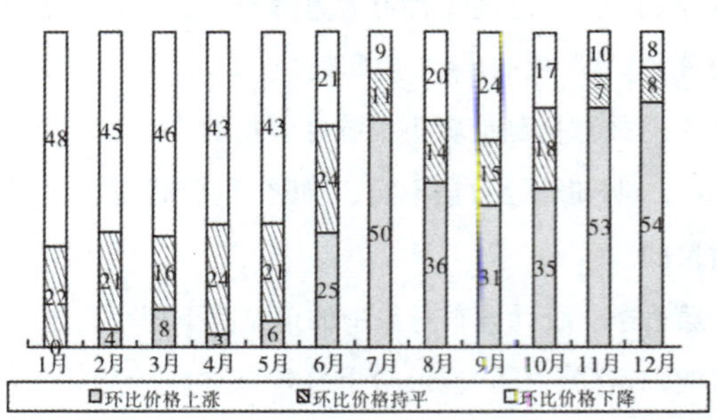

年末全国就业人员76704万人，其中城镇就业人员37102万人。全年城镇新增就业1266万人。年末城镇登记失业率为4.1%，与上年末持平。全国农民工[4]总量为26261万人，比上年增长3.9%。其中，外出农民工16336万人，增长3.0%；本地农民工9925万人，增长5.4%。

图4 2008-2012年城镇新增就业人数

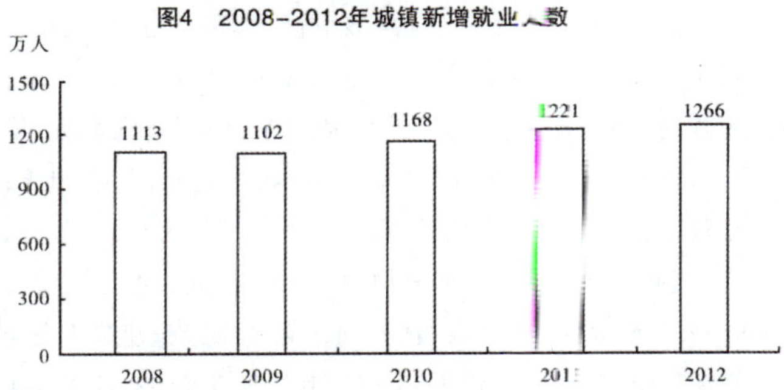

年末国家外汇储备33116亿美元，比上年末增加1304亿美元。年末人民币汇率为1美元兑6.2855元人民币，比上年末升值0.25%。

图5 2008-2012年年末国家外汇储备及其增长速度

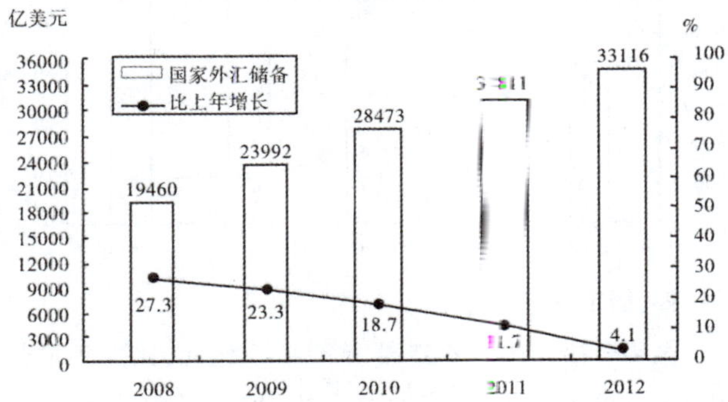

全年全国公共财政收入[5] 117210亿元，比上年增加13335亿元，增长12.8%；其中税收收入100601亿元，增加10862亿元，增长12.1%。

图6 2008-2012年公共财政收入[5]及其增长速度

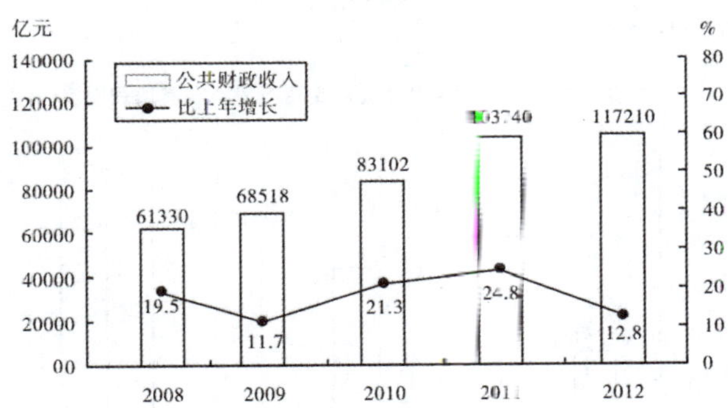

二、农业

全年粮食种植面积11127万公顷，比上年增加69万公顷；棉花种植面积470万公顷，减少34万公顷；油料种植面积1398万公顷，增加12万公顷；糖料种植面积203万公顷，增加9万公顷。

全年粮食产量58957万吨，比上年增加1836万吨，增产3.2%。其中，夏粮产量12995万吨，增产2.8%；早稻产量3329万吨，增产1.6%；秋粮产量42633万吨，增产3.5%。其中，主要粮食品种中，稻谷产量20429万吨，增产1.6%；小麦产量12058万吨，增产2.7%；玉米产量20812万吨，增产8.0%。

图7 2008-2012年粮食产量及其增长速度

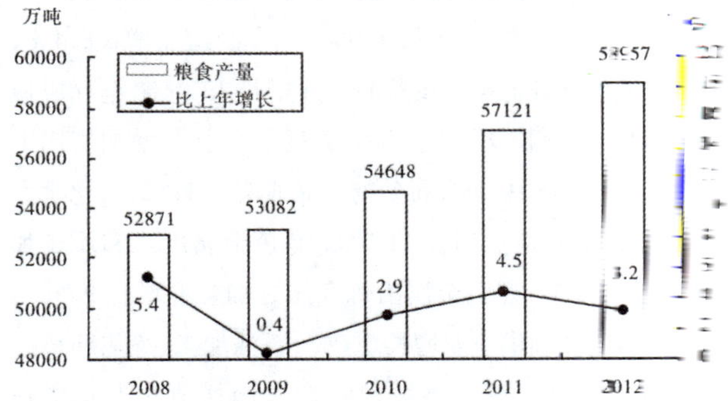

全年棉花产量684万吨，比上年增产3.8%。油料产量3476万吨，增产5.1%。糖料产量13493万吨，增产7.8%。烤烟产量320万吨，增产11.5%。茶叶产量180万吨，增产11.2%。

全年肉类总产量8384万吨，比上年增长5.4%。其中，猪肉产量5335万吨，增长5.6%；牛肉产量662万吨，增长2.3%；羊肉产量401万吨，增长2.0%；禽肉产量1823万吨，增长6.7%。年末生猪存栏47492万头，增长1.6%；生猪出栏69628万头，增长5.2%。禽蛋产量2861万吨，增长1.8%。牛奶产量3744万吨，增长2.3%。

全年水产品产量5906万吨，比上年增长5.4%。其中，养殖水产品产量4305万吨，增长7.0%；捕捞水产品产量1601万吨，增长1.3%。

全年木材产量8088万立方米，比上年下降[illegible]。

全年新增有效灌溉面积172万公顷，新增节水灌溉面积235万公顷。

三、工业和建筑业

全年全部工业增加值199860亿元，比上年增长7.9%。规模以上工业增加值增长10.0%。在规模以上工业中，国有及国有控股企业增长6.4%；集体企业增长7.1%，股份制企业增长11.8%，外商及港澳台商投资企业增长6.3%；私营企业增长14.6%。轻工业增长10.1%，重工业增长9.9%。

图8 2008-2012年全部工业增加值及其增长速度

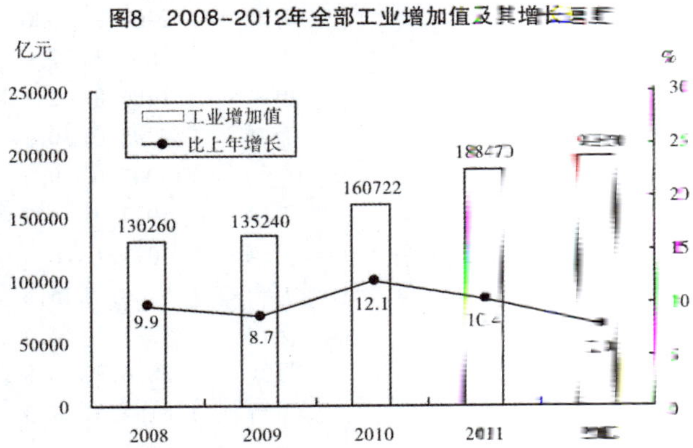

全年规模以上工业[7]中，农副食品加工业增加值比上年增长13.6%，纺织业增长12.2%，通用设备制造业增长8.4%，专用设备制造业增长8.9%，汽车制造业增长8.4%，计算机、通信和其他电子设备制造业增长12.1%，电气机械和器材制造业增长9.7%。六大高耗能行业[8]增加值比上年增长9.5%，其中，非金属矿物制品业增长11.2%，化学原料和化学制品制造业增长11.7%，有色金属冶炼和压延加工业增长13.2%，黑色金属冶炼和压延加工业增长9.5%，电力、热力生产和供应业增长5.0%，石油加工、炼焦和核燃料加工业增长6.3%。高技术制造业增加值比上年增长12.2%。

表2　2012年主要工业产品产量及其增长速度

产品名称	单　位	产　量	比上年增长%
纱	万吨	2984.0	9.8
布	亿米	840.8	3.3
化学纤维	万吨	3800.0	12.1
成品糖	万吨	1406.8	18.5
卷烟	亿支	25160.9	2.8
彩色电视机	万台	12823.3	4.8
其中:液晶电视机	万台	11418.3	10.9
家用电冰箱	万台	8427.0	-3.1
房间空气调节器	万台	13281.1	-4.5
一次能源生产总量	亿吨标准煤	33.3	4.8
原煤	亿吨	36.5	3.8
原油	亿吨	2.07	2.3
天然气	亿立方米	1072.2	4.4
发电量	亿千瓦小时	49377.7	4.8
其中:火电	亿千瓦小时	38554.5	0.6
水电	亿千瓦小时	8608.5	23.2
核电	亿千瓦小时	973.9	12.8
粗钢	万吨	71716.0	4.7
钢材[9]	万吨	95317.6	7.6
十种有色金属	万吨	3672.2	6.9
其中:精炼铜(电解铜)	万吨	574.0	9.5
原铝(电解铝)	万吨	1985.8	12.3
氧化铝	万吨	3769.6	10.3
水泥	亿吨	22.1	5.3
硫酸	万吨	7686.3	2.7
纯碱	万吨	2408.8	5.0
烧碱	万吨	2696.1	9.0
乙烯	万吨	1486.8	-2.7
化肥(折100%)	万吨	7296.0	10.1
发电机组(发电设备)	万千瓦	13005.6	-9.7
汽车	万辆	1927.7	4.7
其中:基本型乘用车(轿车)	万辆	1077.1	6.4
大中型拖拉机	万台	46.3	15.3
集成电路	亿块	823.1	14.4
程控交换机	万线	2826.3	-6.8
移动通信手持机	万台	118154.3	4.3
微型计算机设备	万台	35411.0	10.5

全年规模以上工业企业实现利润55578亿元，比上年增长5.3%，其中国有及国有控股企业14163亿元，下降5.1%；集体企业819亿元，增长7.5%，股份制企业32867亿元，增长7.2%，外商及港澳台商投资企业12688亿元，下降4.1%；私营企业18172亿元，增长20.0%。

全年全社会建筑业增加值35459亿元，比上年增长9.3%。全国具有资质等级的总承包和专业承包建筑业企业实现利润4818亿元，增长15.6%，其中国有及国有控股企业1236亿元，增长21.9%。

图9　2008-2012年建筑业增加值及其增长速度

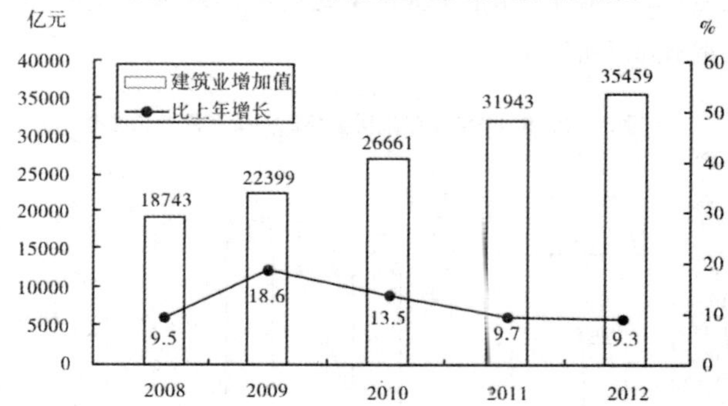

四、固定资产投资

全年全社会固定资产投资374676亿元，比上年增长20.3%，扣除价格因素，实际增长19.0%。其中，固定资产投资(不含农户)364835亿元，增长20.6%；农户投资9841亿元，增长8.3%。东部地区投资[10]151742亿元，比上年增长16.5%；中部地区投资87909亿元，增长24.1%；西部地区投资88749亿元，增长23.1%；东北地区投资41243亿元，增长26.3%。

图10　2008-2012年全社会固定资产投资及其增长速度

表3　2012年分行业固定资产投资(不含农户)及其增长速度

单位:亿元

行　　业	投资额	比上年增长%
总　　计	364835	20.6
农、林、牧、渔业	9004	32.2

行　　业	投资额	比上年增长%
采矿业	13129	11.8
制造业	124971	22.0
电力、热力、燃气及水的生产和供应业	16536	12.8
建筑业	4036	24.6
批发和零售业	9816	33.0
交通运输、仓储和邮政业	30296	9.1
住宿和餐饮业	5102	30.2
信息传输、软件和信息技术服务业	2834	30.6
金融业	932	46.2
房地产业[11]	92357	22.1
租赁和商务服务业	4645	37.4
科学研究和技术服务业	2176	27.8
水利、环境和公共设施管理业	29296	19.5
居民服务、修理和其他服务业	1718	26.0
教育	4679	20.3
卫生和社会工作	2645	23.0
文化、体育和娱乐业	4299	36.2
公共管理、社会保障和社会组织	6363	9.2

在固定资产投资（不含农户）中，第一产业投资 9004 亿元，比上年增长 32.2%；第二产业投资 158672 亿元，增长 20.2%；第三产业投资 197159 亿元，增长 20.6%。

表 4　2012 年固定资产投资新增主要生产能力

指　　标	单　位	绝对数
新增发电机组容量	万千瓦	8020
新增 220 千伏及以上变电设备	万千伏安	18208
新建铁路投产里程	公里	5382
其中：高速铁路[12]	公里	2723
增建铁路复线投产里程	公里	4763
电气化铁路投产里程	公里	6054
新建公路	公里	58672
其中：高速公路	公里	9910
港口万吨级码头泊位新增吞吐能力	万吨	49522
新增光缆线路长度	万公里	267

全年房地产开发投资 71804 亿元，比上年增长 16.2%。其中，住宅投资 49374 亿元，增长 11.4%；办公楼投资 3367 亿元，增长 31.6%；商业营业用房投资 9312 亿元，增长 25.4%。

全年新开工建设城镇保障性安居工程住房 781 万套（户），基本建成城镇保障性安居工程住房 601 万套。

表 5　2012 年房地产开发和销售主要指标完成情况及其增长速度

指　　标	单　位	绝对数	比上年增长%
投资额	亿元	71304	[illegible]
其中：住宅	亿元	49374	[illegible]
其中：90 平方米以下	亿元	16789	[illegible]
房屋施工面积	万平方米	573418	[illegible]
其中：住宅	万平方米	428964	[illegible]
房屋新开工面积	万平方米	177334	-[illegible]
其中：住宅	万平方米	130695	-[illegible]
房屋竣工面积	万平方米	99425	[illegible]
其中：住宅	万平方米	79043	[illegible]
商品房销售面积	万平方米	111304	[illegible]
其中：住宅	万平方米	98468	[illegible]
本年资金来源	亿元	96538	[illegible]
其中：国内贷款	亿元	14778	[illegible]
其中：个人按揭贷款	亿元	10524	[illegible]
本年购置土地面积	万平方米	35667	[illegible]
本年土地成交价款[13]	亿元	[illegible]	[illegible]

五、国内贸易

全年社会消费品零售总额 210307 亿元，比上年增长 14.3%，扣除价格因素，实际增长 12.1%。按经营地统计，城镇消费品零售额 182414 亿元，增长 14.3%；乡村消费品零售额 27893 亿元，增长 14.5%。按消费形态统计，商品零售额 186859 亿元，增长 14.4%；餐饮收入额 23443 亿元，增长 13.6%。

图11　2008-2012年社会消费品零售总额及其增长速度

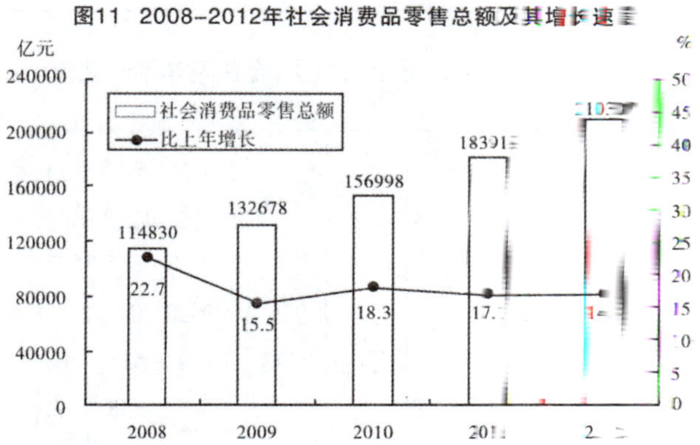

在限额以上企业商品零售额中，汽车类零售额比上年增长 7.3%，粮油类增长 19.9%，肉禽蛋类增长 [illegible]，服装类增长 17.7%，日用品类增长 17.5%，文化办公用品类增长 17.7%，通讯器材类增长 28.9%，化妆品类增长 [illegible]，金银珠宝类增长 16.0%，中西药品类增长 23.[illegible]%，家用电器和音像器材类增长 7.2%，家具类增长 27.[illegible]%，建筑及装潢材料类增长 24.6%。

六、对外经济

全年货物进出口总额38668亿美元，比上年增长6.2%。其中，出口20489亿美元，增长7.9%；进口18178亿美元，增长4.3%。进出口差额（出口减进口）2311亿美元，比上年增加762亿美元。

表6　2012年货物进出口总额及其增长速度

单位：亿美元

指　　标	绝对数	比上年增长%
货物进出口总额	38668	6.2
货物出口额	20489	7.9
其中：一般贸易	9880	7.7
加工贸易	8628	3.3
其中：机电产品	11794	8.7
高新技术产品	6012	9.6
其中：国有企业	2563	-4.1
外商投资企业	10227	2.8
其他企业	7699	21.1
货物进口额	18178	4.3
其中：一般贸易	10218	1.4
加工贸易	4812	2.4
其中：机电产品	7824	3.8
高新技术产品	5068	9.5
其中：国有企业	4954	0.3
外商投资企业	8712	0.8
其他企业	4512	17.2
进出口差额（出口减进口）	2311	-

表7　2012年主要商品出口数量、金额及其增长速度

商品名称	单位	数量	比上年增长%	金额（亿美元）	比上年增长%
煤（包括褐煤）	万吨	926	-36.8	16	-41.6
钢材	万吨	5573	14.0	515	0.5
纺织纱线、织物及制品		-	-	958	1.2
服装及衣着附件		-	-	1591	3.9
鞋类		-	-	468	12.2
家具及其零件		-	-	488	28.7
自动数据处理设备及其部件	万台	183275	-0.1	1853	5.1
手持或车载无线电话	万台	101447	15.9	810	29.1
集装箱	万个	248	-23.5	84	-26.1
液晶显示板	万个	316650	29.7	363	22.9
汽车（包括整套散件）	万辆	99	20.1	127	27.5

表8　2012年主要商品进口数量、金额及其增长速度

商品名称	数量（万吨）	比上年增长%	金额（亿美元）	比上年增长%
谷物及谷物粉	1398	156.7	48	134.2
大豆	5838	11.2	350	17.6
食用植物油	845	28.7	97	25.6
铁矿砂及其精矿	74355	8.4	956	-15.0
氧化铝	502	165.1	18	133.3
煤	28851	29.8	287	20.2
原油	27102	6.8	2207	12.1
成品油	3982	-1.9	330	0.6
初级形状的塑料	2370	2.9	462	-2.2
纸浆	1646	14.0	110	-7.5
钢材	1366	-12.3	178	-17.5
未锻造的铜及铜材	465	14.1	386	4.9

表9　2012年对主要国家和地区货物进出口额及其增长速度

单位：亿美元

国家和地区	出口额	比上年增长%	进口额	比上年增长%
美国	3518	8.4	1329	8.8
欧盟	3340	-6.2	2121	0.4
中国香港	3235	20.7	180	15.9
东盟	2043	20.1	1958	1.5
日本	1516	2.3	1778	-8.6
韩国	877	5.7	1686	3.7
印度	477	-5.7	188	-19.6
俄罗斯	441	13.2	441	9.2
中国台湾	368	4.8	1322	5.8

图12　2008-2012年货物进出口总额

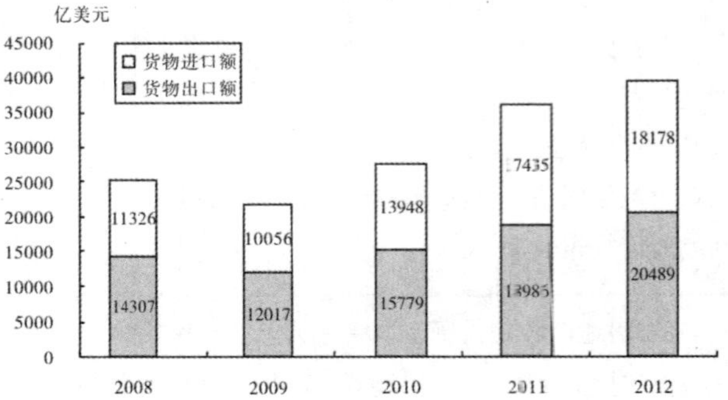

全年非金融领域新批外商直接投资企业24925家，比上年下降10.1%。实际使用外商直接投资金额1117亿美元，下降3.7%。

表 10　2012 年非金融领域外商直接投资及其增长速度

行　　业	企业数（家）	比上年增长%	实际使用金额（亿美元）	比上年增长%
总　　计	24925	-10.1	1117.2	-3.7
其中：农、林、牧、渔业	882	2.0	20.6	2.7
制造业	8970	-19.3	488.7	-6.2
电力、燃气及水的生产和供应业	187	-12.6	16.4	-22.6
交通运输、仓储和邮政业	397	-3.9	34.7	8.9
信息传输、计算机服务和软件业	926	-6.8	33.6	24.4
批发和零售业	7029	-3.2	94.6	12.3
房地产业	472	1.3	241.2	-10.3
租赁和商务服务业	322[illegible]	-8.2	82.1	-2.0
居民服务和其他服务业	192	-9.4	11.6	-38.2

全年非金融类对外直接投资额772亿美元，比上年增长28.6%。

全年对外承包工程业务完成营业额1166亿美元，比上年增长12.7%；对外劳务合作派出各类劳务人员51.2万人，增长13.3%。

七、交通、邮电和旅游

全年货物运输总量412亿吨，比上年增长11.5%。货物运输周转量173145亿吨公里，增长8.7%。全年规模以上港口完成货物吞吐量97.4亿吨，比上年增长6.8%，其中外贸货物吞吐量30.1亿吨，增长8.[illegible]%。规模以上港口集装箱吞吐量17651万标准箱，增长8.[illegible]%。

表 11　2012 年各种运输方式完成货物运输量及其增长速度

指　　标	单　　位	绝对数	比上年增长%
货物运输总量	亿　　吨	412.1	11.5
铁路	亿　　吨	39.0	-0.7
公路	亿　　吨	322.1	14.2
水运	亿　　吨	45.6	7.0
民航	万　　吨	541.6	-2.0
管道	亿　　吨	5.3	-7.8
货物运输周转量	亿吨公里	173145.1	8.7
铁路	亿吨公里	29187.1	-0.9
公路	亿吨公里	59992.0	16.8
水运	亿吨公里	80654.5	6.9
民航	亿吨公里	162.2	-6.8
管道	亿吨公里	3149.3	9.1

全年旅客运输总量379亿人次，比上年增长7.6%。旅客运输周转量33369亿人公里，增长7.7%。

表 12　2012 年各种运输方式完成旅客运输量及其增长速度

指　　标	单　　位	绝对数	比上年增长%
旅客运输总量	亿　　人	379.0	7.[illegible]
铁路	亿　　人	18.9	4.[illegible]
公路	亿　　人	354.3	7.[illegible]
水运	亿　　人	2.6	4.[illegible]
民航	亿　　人	3.2	9.2
旅客运输周转量	亿人公里	33368.8	7.7
铁路	亿人公里	9812.3	[illegible]
公路	亿人公里	18468.4	[illegible]
水运	亿人公里	77.4	[illegible]
民航	亿人公里	5010.7	[illegible]

年末全国民用汽车保有量达到12089万辆（包括三轮汽车和低速货车1145万辆），比上年末增长14.3%，其中私人汽车保有量9309万辆，增长18.3%。民用轿车保有量5989万辆，增长20.7%，其中私人轿车5308万辆，增长22.[illegible]%。

全年完成邮电业务总量[14]15022亿元，比上年增长13.0%。其中，邮政业务总量2037亿元，增长26.7%；电信业务总量12985亿元，增长11.1%。邮政业全年完成邮政函件业务70.74亿件，包裹业务0.69亿件，快递业务量56.85亿件。电信业全年局用交换机容量新增478万门，总容量43906万门；新增移动电话交换机容量[15]112[illegible]万户，达到182870万户。年末固定电话用户27815万户，其中城市电话用户18893万户，农村电话用户8922万户。新增移动电话用户12590万户，年末达到111216万户，其中3G移动电话用户[16]23280万户。年末全国固定及移动电话用户总数达到139031万户，比上年末增加11896万户。电话普及率达到103.2部/百人。互联网上网人数5.64亿人，其中宽带上网人数5.30亿人。互联网普及率达到42.1%。

图13　2008-2012年年末电话用户数

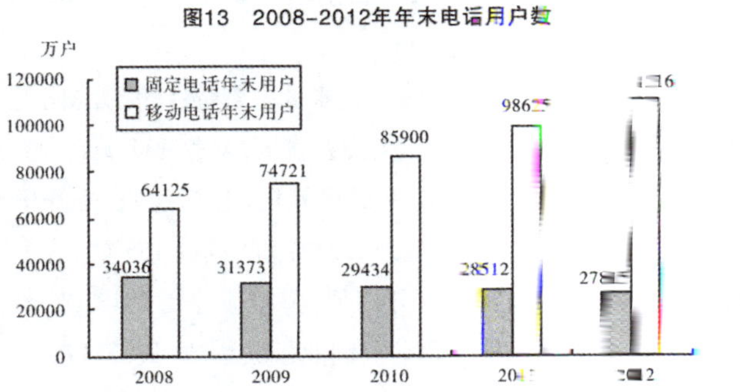

全年国内出游人数29.6亿人次，比上年增长12.1%；国内旅游收入22706亿元，增长17.6%。入境旅游人数

13241 万人次，下降 2.2%。其中，外国人 2719 万人次，增长 0.3%；香港、澳门和台湾同胞 10521 万人次，下降 2.9%。在入境旅游者中，过夜旅游者 5772 万人次，增长 0.3%。国际旅游外汇收入 500 亿美元，增长 3.1%。国内居民出境人数 8318 万人次，增长 18.4%。其中因私出境 7706 万人次，增长 20.2%，占出境人数的 92.6%。

八、金融

年末广义货币供应量（M2）余额为 97.4 万亿元，比上年末增长 13.8%；狭义货币供应量（M1）余额为 30.9 万亿元，增长 6.5%；流通中现金（M0）余额为 5.5 万亿元，增长 7.7%。

年末全部金融机构本外币各项存款余额 94.3 万亿元，比年初增加 11.6 万亿元，其中人民币各项存款余额 91.8 万亿元，增加 10.8 万亿元。全部金融机构本外币各项贷款余额 67.3 万亿元，增加 9.1 万亿元，其中人民币各项贷款余额 63.0 万亿元，增加 8.2 万亿元。全年社会融资规模[17]为 15.8 万亿元，按可比口径计算，比上年多 2.9 万亿元。

表 13　2012 年年末全部金融机构本外币存贷款及其增长速度

单位：亿元

指　　标	年末数	比上年末增长%
各项存款余额	943102	14.1
其中：住户存款	410201	16.6
其中：人民币	406192	16.7
非金融企业存款	345124	9.9
各项贷款余额	672875	15.6
其中：境内短期贷款	268152	23.3
境内中长期贷款	363894	9.0

年末主要农村金融机构（农村信用社、农村合作银行、农村商业银行）人民币贷款余额 78320 亿元，比年初增加 11544 亿元。全部金融机构人民币消费贷款余额 104357 亿元，增加 15656 亿元。其中，个人短期消费贷款余额 19367 亿元，增加 5826 亿元；个人中长期消费贷款余额 84990 亿元，增加 9830 亿元。

全年上市公司通过境内市场累计筹资 5841 亿元，比上年减少 939 亿元。其中，首次公开发行 A 股 154 只，筹资 1034 亿元，减少 1791 亿元；A 股再筹资（包括配股、公开增发、非公开增发[18]、认股权证）2093 亿元，减少 155 亿元；上市公司通过发行可转债、可分离债、公司债筹资 2713 亿元，增加 1006 亿元。全年公开发行创业板股票 74 只，筹资 351 亿元。

全年发行公司信用类债券[19] 3.7 万亿元，比上年增加 1.4 万亿元。

全年保险公司原保险保费收入[20] 15488 亿元，比上年增长 8.0%，其中寿险业务原保险保费收入 8908 亿元；健康险和意外伤害险业务原保险保费收入 1249 亿元；财产险业务原保险保费收入 5331 亿元。支付各类赔款及给付 4716 亿元，其中寿险业务给付 1505 亿元；健康险和意外伤害险赔款及给付 395 亿元；财产险业务赔款 2816 亿元。

九、教育、科学技术和文化

全年研究生教育招生 59.0 万人，在学研究生 172.0 万人，毕业生 48.6 万人。普通高等教育本专科招生 688.8 万人，在校生 2391.3 万人，毕业生 624.7 万人。各类中等职业教育招生 761.0 万人，在校生 2120.3 万人，毕业生 673.6 万人。全国普通高中招生 844.6 万人，在校生 2467.2 万人，毕业生 791.5 万人。全国初中招生 1570.8 万人，在校生 4763.1万人，毕业生 1660.8 万人。普通小学招生 1714.7 万人，在校生 9695.9 万人，毕业生 1641.6 万人。特殊教育招生 6.6 万人，在校生 37.9 万人，毕业生 4.9 万人。幼儿园在园幼儿 3685.8 万人。

图14　2008-2012年普通高等教育、中等职业教育及普通高中招生人数

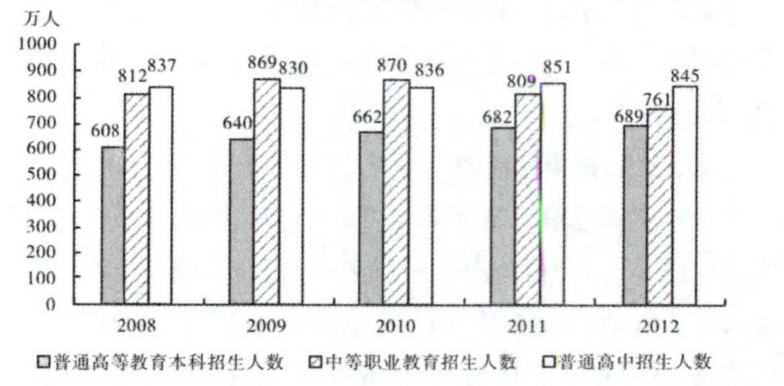

全年研究与试验发展（R&D）经费支出 10240 亿元，比上年增长 17.9%，占国内生产总值的 1.97%，其中基础研究经费 498 亿元。全年国家安排了 1701 项科技支撑计划课题，1165 项“863”计划课题。累计建设国家工程研究中心 130 个，国家工程实验室 128 个。累计建设国家地方联合工程研究中心 149 个，国家地方联合工程实验室 180 个。国家认定企业技术中心达到 887 家。省级企业技术中心达到 8137 家。实施新兴产业创投计划[21]，累计支持设立 102 家创业投资企业，资金总规模近 290 亿元，投资了创业企业 238 家。全年受理境内外专利申请 205.1 万件，其中境内申请 188.6 万件，占 91.9%。受理境内外发明专利申请 65.3 万件，其中境内申请 52.3 万件，占 80.1%。全年授予专利权 125.5 万件，其中境内授权 114.4 万件，占 91.1%。授予发明专利权 21.7 万件，其中境内授权 13.7 万件，占 63.2%。截至年底，有效专利 350.9 万件，其中境内有效专利 289.9 万件，占 82.6%；有效发明专利 87.5 万件，其中境内有效发明专利 43.5 万件，占 49.7%。全年共签订技术合同 28.2 万项，技术合同成交金额 6437.1 亿元，比上年增长 35.1%。全

年成功发射卫星19次。神舟九号载人飞船与天宫一号目标飞行器顺利实现首次空间交会对接，北斗二号卫星导航系统完成区域组网并正式提供运行服务，“蛟龙”号载人深潜器海试成功突破7000米。

图15 2008-2012年研究与试验发展(R&D)经费支出

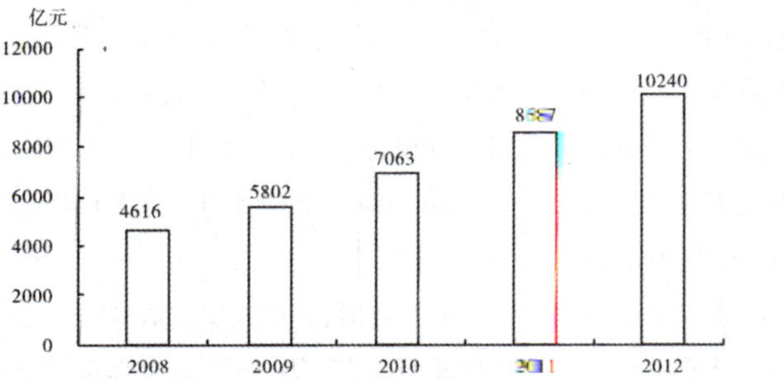

年末全国共有产品检测实验室28128个，其中国家检测中心509个。全国现有产品质量、体系认证机构173个，已累计完成对105224个企业的产品认证。全国共有法定计量技术机构3496个，全年强制检定计量器具6267万台(件)。全年制定、修订国家标准1986项，其中新制定1375项。全年中央气象台和省级气象台共发布气象预警信号5123次，警报4049次。全国共有地震台站1687个，区域地震台网32个。全国共有海洋观测站79个。测绘地理信息部门公开出版地图1662种。

年末全国文化系统共有艺术表演团体2089个，博物馆2838个，全国共有公共图书馆2975个，文化馆3286个。各类广播电视播出机构共有2579座。有线电视用户2.14亿户，有线数字电视用户1.43亿户。年末广播节目综合人口覆盖率为97.5%；电视节目综合人口覆盖率为98.2%。全年生产电视剧506部17703集，电视动画片222838分钟。全年生产故事影片745部，科教、纪录、动画和特种影片[22] 148部。出版各类报纸476亿份，各类期刊34亿册，图书81亿册(张)。年末全国共有档案馆4107个，已开放各类档案11662万卷(件)。

全年我国运动员在24个运动大项中获得107个世界冠军，共创14项世界纪录。在伦敦奥运会上，我国运动员共获得38枚金牌，奖牌总数88枚，位列奥运会金牌榜和奖牌榜第二位。在伦敦残奥会上，我国运动员共获得95枚金牌，蝉联金牌榜和奖牌榜第一位。

十、卫生和社会服务

年末全国共有医疗卫生机构961830个，其中医院23005个，乡镇卫生院37128个，社区卫生服务中心(站)33646个，诊所(卫生所、医务室)179644个，村卫生室663355个，疾病预防控制中心3506个，卫生监督所(中心)3037个。卫生技术人员650万人，其中执业医师和执业助理医师252万人，注册护士242万人。医疗卫生机构床位557万张，其中医院403万张，乡镇卫生院106万张。全年甲、乙类法定报告传染病发病人数321.7万例，报告死亡16721人；报告传染病发病率238.76/10万，死亡率1.24/10万。

图16 2008-2012年卫生技术人员人数

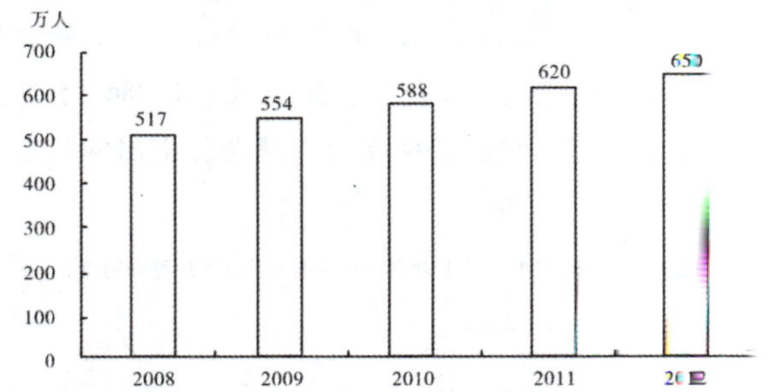

年末全国共有各类提供住宿的社会服务机构[23] 4.7万个，床位429.8万张，收养救助各类人员296.7万人。其中，养老服务机构4.2万个，床位381.0万张，收养各类人员262.0万人。年末共有社区服务中心1.6万个，社区服务站7.2万个。年末全国共有2142.5万人纳入城市居民最低生活保障，5340.9万人纳入农村居民最低生活保障，545.9万人纳入农村五保供养[24]。全年救助城市医疗困难群众666.4万人次，救助农村医疗困难群众1908.4万人次；资助1158.9万城镇困难群众参加城镇医疗保险，资助3915.[illegible]万农村困难群众参加新型农村合作医疗。

十一、人口、人民生活和社会保障

年末全国大陆总人口为135404万人，比上年末增加669万人，其中城镇人口为71182万人，占总人口比重为52.57%，比上年末提高1.3个百分点。全年出生人口1635万人，出生率为12.10‰；死亡人口966万人，死亡率为7.15‰；自然增长率为4.95‰。出生人口性别比为117.70。0－14岁(含不满15周岁)人口22287万人，占总人口的16.5%，比上年末提高0.01个百分点；15－59岁(含不满60周岁)劳动年龄人口93727万人，比上年末减少345万人，占总人口的69.2%，比上年末下降0.60个百分点；60周岁及以上人口19390万人，占总人口的14.3%，比上年末提高0.59个百分点。全国人户分离的人口[25]为2.79亿人，其中流动人口[26]为2.36亿人。

表14 2012年年末人口数及其构成

单位：万人

指 标	年末数	比重%
全国总人口	135404	100.0
其中：城镇	71182	52.6
乡村	64222	47.4
其中：男性	69395	51.3
女性	66009	48.7
其中：0－14岁	22287	16.5
15－59岁	93727	69.2
60岁及以上	19390	14.3
其中：65岁及以上	12714	9.4

全年农村居民人均纯收入7917元，比上年增长13.5%，扣除价格因素，实际增长10.7%；农村居民人均纯收入中位数[27]为7019元，增长13.3%。城镇居民人均可支配收入24565元，比上年增长12.6%，扣除价格因素，实际增长9.6%；城镇居民人均可支配收入中位数为21986元，增长15.0%。农村居民食品消费支出占消费总支出的比重为39.3%，城镇为36.2%。

图17　2008-2012年农村居民人均纯收入及其实际增长速度

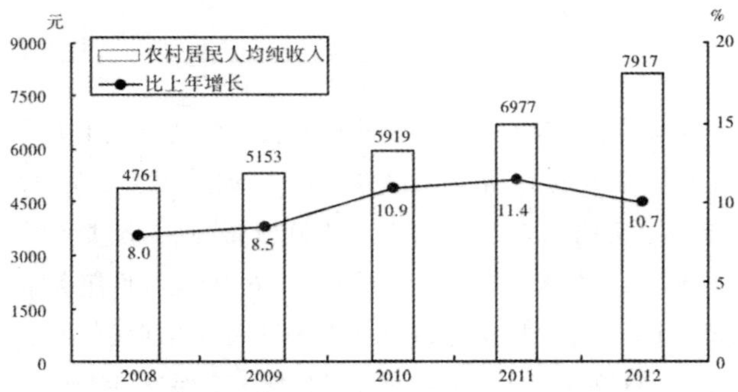

图18　2008-2012年城镇居民人均可支配收入及其实际增长速度

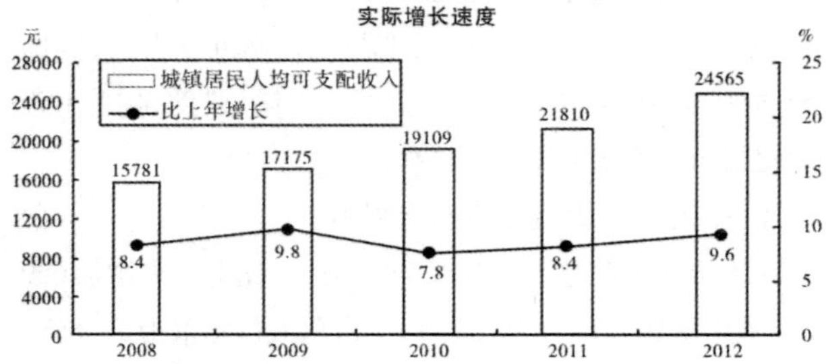

年末全国参加城镇职工基本养老保险人数30379万人，比上年末增加1988万人。其中，参保职工22978万人，参保离退休人员7401万人。全国参加城乡居民社会养老保险人数48370万人，增加15187万人。其中享受待遇人数13075万人。参加城镇基本医疗保险的人数53589万人，增加6246万人。其中，参加城镇职工基本医疗保险[28]人数26467万人，参加城镇居民基本医疗保险人数27122万人。参加城镇基本医疗保险的农民工4996万人，增加355万人。参加失业保险的人数15225万人，增加908万人。年末全国领取失业保险金人数204万人。参加工伤保险的人数18993万人，增加1297万人，其中参加工伤保险的农民工7173万人，增加345万人。参加生育保险的人数15445万人，增加1553万人。年末，2566个县（市、区）开展了新型农村合作医疗工作，新型农村合作医疗参合率98.1%；1-9月新型农村合作医疗基金支出总额[29]为1717亿元，受益11.5亿人次。2012年，按照农村扶贫标准年人均纯收入2300元（2010年不变价），年末农村贫困人口为9899万人，比上年末减少2339万人。

十二、资源、环境和安全生产

全年全国国有建设用地供应总量[30]69.0万公顷，比上年增长17.5%。其中，工矿仓储用地20.3万公顷，增长5.6%；房地产用地[31]16.0万公顷，下降4.2%；基础设施等其他用地32.7万公顷，增长43.4%。

全年水资源总量28410亿立方米。全年平均降水量676毫米。年末全国422座大型水库蓄水总量2120亿立方米，比上年末多蓄水164亿立方米。全年总用水量6110亿立方米，与上年基本持平。其中，生活用水增长3.2%，工业用水下降0.8%，农业用水下降0.5%，生态补水增长7.2%。万元国内生产总值用水量[32]129立方米，比上年下降7.2%。万元工业增加值用水量76立方米，下降8.0%。人均用水量452立方米，下降0.4%。

全年完成造林面积601万公顷，其中人工造林410万公顷。林业重点工程完成造林面积274万公顷，占全部造林面积的45.6%。截至年底，自然保护区达到2640个，其中国家级自然保护区363个。新增水土流失治理面积4.2万平方公里，新增实施水土流失地区封育保护面积2.6万平方公里。截至年底，已确权集体林地面积为18000万公顷，其中发放林权证的面积为17187万公顷。

全年平均气温为9.4℃，共有7个台风登陆。

初步核算，全年能源消费总量36.2亿吨标准煤，比上年增长3.9%。煤炭消费量增长2.5%；原油消费量增长6.0%；天然气消费量增长10.2%；电力消费量增长5.5%。全国万元国内生产总值能耗下降3.6%。

七大水系的571个水质监测断面中，Ⅰ～Ⅲ类水质断面比例占63.9%，劣Ⅴ类水质断面比例占12.4%。七大水系水质总体为轻度污染，水质保持基本稳定。

近岸海域301个海水水质监测点中，达到国家一、二类海水水质标准的监测点占69.4%，三类海水占6.6%，四类、劣四类海水占23.9%。

在监测的316个城市中，城市区域声环境质量好的城市占3.5%，较好的占75.9%，轻度污染的占20.3%，中度污染的占0.3%。

年末城市污水处理厂日处理能力达11858万立方米，比上年末增长4.9%；城市污水处理率达到84.9%，提高1.3个百分点。城市集中供热面积49.2亿平方米，增长3.8%。建成区绿地率达到35.5%，提高0.2个百分点。

全年农作物受灾面积2496万公顷，下降23.1%，其中绝收183万公顷，下降36.9%。全年因洪涝地质灾害造成直接经济损失1661亿元，上升31.8%。全年因旱灾造成直接经济损失244亿元，下降73.7%。全年因低温冷冻和雪灾造成直接经济损失61亿元，下降79.0%。全年因海洋灾害造成直接经济损失155亿元，上升150%。全年大陆地区共发生5级以上地震16次，成灾11次，造成直接经济损失83亿元。全年共发生森林火灾3966起，下降28.5%。

全年各类生产安全事故共死亡71983人，比上年下降

4.7%。亿元国内生产总值生产安全事故死亡人数为0.142人，下降17.9%；工矿商贸企业就业人员10万人生产安全事故死亡人数为1.64人，下降12.8%；道路交通万车死亡人数为2.5人，下降10.7%；煤矿百万吨死亡人数为0.374人，下降33.7%。

注释：

〔1〕本公报中数据均为初步统计数。各项统计数据均未包括香港特别行政区、澳门特别行政区和台湾省。部分数据因四舍五入的原因，存在着与分项合计不等的情况。

〔2〕国内生产总值、各产业增加值绝对数按现价计算，增长速度按不变价格计算。

〔3〕农产品生产者价格是指农产品生产者直接出售其产品时的价格。

〔4〕年度农民工数量包括年内在本乡镇以外从业6个月以上的外出农民工和在本乡镇内从事非农产业6个月以上的本地农民工两部分。

〔5〕公共财政收入是指政府凭借国家政治权力，以社会管理者身份筹集以税收为主体的财政收入。

〔6〕图中2008年至2011年数据为公共财政收入决算数，2012年为执行数。

〔7〕2012年起，国家统计局执行新的国民经济行业分类标准，工业行业大类由原来的39个调整为41个，固定资产投资（不含农户）行业分类也按新的标准进行了调整。

〔8〕六大高耗能行业分别为：化学原料和化学制品制造业、非金属矿物制品业、黑色金属冶炼和压延加工业、有色金属冶炼和压延加工业、石油加工炼焦和核燃料加工业、电力热力生产和供应业。

〔9〕钢材产量数据中含部分使用钢材加工成其他钢材的重复计算因素。

〔10〕固定资产投资按东部、中部、西部和东北地区计算的合计数据小于全国数据，是因为有部分跨地区的投资未计算在地区数据中。其中，东部地区是指北京、天津、河北、上海、江苏、浙江、福建、山东、广东和海南10省（市）；中部地区是指山西、安徽、江西、河南、湖北和湖南6省；西部地区是指内蒙古、广西、重庆、四川、贵州、云南、西藏、陕西、甘肃、青海、宁夏和新疆12省（区、市）；东北地区是指辽宁、吉林和黑龙江3省。

〔11〕房地产业投资除房地产开发投资外，还包括建设单位自建房屋以及物业管理、中介服务和其他房地产投资。

〔12〕高速铁路是指最高营运速度达到200公里/小时及以上的铁路。

〔13〕本年土地成交价款是指房地产开发企业进行土地使用权交易活动的最终金额，与土地购置费不同。

〔14〕邮电业务总量按2010年不变价格计算。

〔15〕移动电话交换机容量是指移动电话交换机根据一定话务模型和交换机处理能力计算出来的最大同时服务用户的数量。

〔16〕3G是指第三代蜂窝移动通信系统（3rd－generation，简称3G），3G移动电话用户是指报告期末在计费系统拥有使用信息、占用3G网络资源的在网用户。

〔17〕社会融资规模是指一定时期内实体经济从金融体系获得的资金总额，是增量概念。

〔18〕非公开增发又叫定向增发，不含资产认购部分。

〔19〕公司信用类债券包括非金融企业债务融资工具、企业债券以及公司债、可转债等。

〔20〕原保险保费收入是指保险企业确认的原保险合同保费收入。

〔21〕新兴产业创投计划是指中央财政专项资金通过与地方政府资金、社会资本共同发起设立创业投资企业，或以股权投资模式直接投资创业企业等方式，培育和促进新兴产业发展的活动。

〔22〕特种影片是指那些采用与常规影院放映在技术、设备、节目方面不同的电影展示方式，如巨幕电影、立体电影、立体特效（4D）电影、动感电影、球幕电影等。

〔23〕提供住宿的社会服务机构除收养性机构外，还包括救助类机构、社区类机构以及军休所、军供站等机构。

〔24〕农村五保供养是指老年、残疾和未满16周岁的村民，无劳动能力、无生活来源又无法定赡养、抚养、扶养义务人，或者其法定赡养、抚养、扶养义务人无赡养、抚养、扶养能力的村民，在吃、穿、住、医、葬方面得到的生活照顾和物质帮助。

〔25〕人户分离的人口是指居住地与户口登记地所在的乡镇街道不一致且离开户口登记地半年以上的人口。

〔26〕流动人口是指人户分离人口中不包括市辖区内人户分离的人口。市辖区内人户分离的人口是指一个直辖市或地级市所辖区内和区与区之间，居住地和户口登记地不在同一乡镇街道的人口。

〔27〕人均收入中位数是指将所有调查户按人均收入水平从低到高顺序排列，处于最中间位置的调查户的人均收入。

〔28〕城镇职工基本医疗保险人数包括参保职工和参保退休人员。城镇居民基本医疗保险的参保对象是不属于城镇职工基本医疗保险覆盖范围的城镇非从业人员。

〔29〕按卫生部统计制度规定，新型农村合作医疗基金支出总额和受益人次目前仅统计到1－9月份。

〔30〕国有建设用地供应总量是指报告期市、县人民政府根据年度土地供应计划依法以出让、划拨、租赁等方式将国有建设用地使用权提供给单位或个人使用的国有建设用地总量。

〔31〕房地产用地是指商服用地和住宅用地的总和。

〔32〕万元国内生产总值用水量、万元工业增加值用水量和万元国内生产总值能耗按2010年不变价格计算。

资料来源：本公报中城镇新增就业、登记失业率、社会保障数据来自人力资源社会保障部；外汇储备和汇率数据来自外汇局；财政数据来自财政部；水产品产量数据来自农业部；木材产量、林业、森林火灾数据来自林业局；灌溉面积、水资源数据来自水利部；新增发电机组容量、新增220千伏及以上变电设备数据来自中电联；新建铁路投产里程、增建铁路

复线投产里程、电气化铁路投产里程、铁路运输数据来自铁道部；新建公路、港口万吨级码头泊位新增吞吐能力、公路运输、水运、港口货物吞吐量数据来自交通运输部；新增光缆线路长度、新增移动电话交换机容量、电话用户、上网人数等通信数据来自工业和信息化部；保障性住房、城市污水处理、城市集中供热面积、建成区绿地率数据来自住房城乡建设部；货物进出口数据来自海关总署；外商直接投资、对外直接投资、对外承包工程、对外劳务合作等数据来自商务部；民航数据来自民航局；管道数据来自中石油、中石化；民用汽车、交通事故数据来自公安部；邮政业务数据来自邮政局；旅游数据来自旅游局、公安部；货币金融、公司信用类债券数据来自人民银行；上市公司数据来自证监会；保险业数据来自保监会；教育数据来自教育部；安排科技计划课题、技术合同等数据来自科技部；国家工程研究中心、企业技术中心、新兴产业创投等数据来自发展改革委；专利数据来自知识产权局；发射卫星数据来自国防科工局；质量检验、国家标准制定修订数据来自质检总局；气象预警、平均气温、登陆台风数据来自气象局；地震数据来自地震局；测绘数据来自测绘局；海洋观测站、海洋灾害造成直接经济损失数据来自海洋局；艺术表演团体、博物馆、公共图书馆、文化馆数据来自文化部；广播电视、电影数据来自广电总局；报纸、期刊、图书数据来自新闻出版总署；档案数据来自档案局；体育数据来自体育总局；残奥会数据来自中国残联；卫生、新农合数据来自卫生部；社会服务、低保和五保供养数据、农作物受灾面积、洪涝地质灾害造成直接经济损失、旱灾造成直接经济损失、低温冷冻和雪灾造成直接经济损失来自民政部；国有建设用地供应数据来自国土资源部；自然保护区、环境监测数据来自环境保护部；安全生产数据来自安全监管总局；其他数据均来自国家统计局。

2012年湖北省国民经济和社会发展统计公报

2012年，是实施"十二五"规划承上启下的关键之年，面对日趋复杂的经济社会发展外部环境与严峻考验，全省各地在省委省政府的坚强领导下，认真贯彻落实中央及全省经济工作会议精神，紧扣科学发展这个主题和加快转变经济发展方式这条主线，着力推进科学发展、跨越式发展，全省经济社会呈现出稳中有进、趋势向好、结构优化、质量提升、民生改善、社会和谐的良好态势。

一、综合

2012年，全省完成生产总值22250.16亿元，按可比价格计算，比上年增长11.3%，连续9年保持两位数增长。其中：第一产业完成增加值2848.77亿元，增长4.7%；第二产业完成增加值11190.45亿元，增长13.2%；第三产业完成增加值8210.94亿元，增长10.8%。三次产业结构由2011年的13.1:50.1:36.8调整为12.8:50.3:36.9。在第三产业中交通运输仓储和邮政业、批发和零售业、住宿和餐饮业、金融业、房地产业、营利性服务业及非营利性服务业增加值分别增长9.5%、8.7%、7.2%、26.1%、5.0%、14.3%和7.7%。

全省居民消费价格总指数（CPI）为102.9，价格水平上涨2.9%，其中：城市上涨2.8%，农村上涨3.0%。分类别看，食品价格上涨5.4%，烟酒价格上涨3.0%，衣着价格上涨2.5%，家庭设备用品及服务价格上涨2.2%，医疗保健及个人用品价格上涨2.8%，娱乐教育文化用品及服务价格上涨0.6%，居住价格上涨2.3%，交通和通讯价格下跌0.2%。

2012年，全省新登记市场主体[illegible].21万户，下降5.6%。其中：新登记私营企业6.90万户，增长9.9%；个体工商户53.82万户，增长34.7%。

据省人力资源和社会保障部门统计，年末全省城镇登记失业率为3.83%，比上年末下降0.27个百分点。

二、农业

全年全省农林牧渔业增加值达到2848.77亿元，按可比价格计算，比上年增长4.7%。粮食种植面积418.01万公顷，比上年增加5.8万公顷；棉花种植面积47.29万公顷，减少1.58万公顷；油料种植面积145.73万公顷，增加2.77万公顷。粮食总产量2441.81万吨，比上年增产53.28万吨，增长2.2%；棉花总产量53.15万吨，增产0.57万吨，增1.1%；油料产量319.66万吨，增产14.95万吨，增长4.9%（主要农产品产量见表1）。

表1　2012年全省主要农产品产量

单位：万吨

产品名称	产　量	比上年增长%
粮　食	2441.81	2.2
棉　花	53.15	1.1
油　料	319.66	4.9
花　生	74.34	5.4
油菜籽	226.55	2.8
茶　叶	20.49	[illegible].2
水果（不含果用瓜）	541.72	3.8
蔬　菜	3550.5	5.7

畜牧、水产业稳步增长。全年全省生猪出栏4180.[illegible]万头，增长8.0%；水产品产量达到388.94万吨，增长9.2%，再创历史新高。

三、工业和建筑业

工业生产保持稳定增长。2012年年末，全省规模以上工业企业数达到11230家，比上年净增1312家，增长13.2%。完成工业增加值9552.35亿元，按可比价格计算，比上年增长14.6%。其中：国有及国有控股企业增加值3065.16亿元，增长5.9%。从登记注册类型来看，国有企业增加值1424.69亿元，增长7.5%；集体企业增加值8[illegible].35亿元，增长11.8%；股份合作企业增加值34.97亿元，增长15.2%；股份制企业增加值5739.41亿元，增长17.7%；外商及港澳台投资企业增加值1611.66亿元，增长8.3%；其他经济类型企业增加值655.27亿元，增长22.2%。轻工业增加值3307.19亿元，增长20.1%；重工业增加值62[illegible]5.1[illegible]亿元，增长12.0%（主要工业产品产量见表2）。

表2　2012年主要工业产品产量

产品名称	单位	产　量	比上年增长%
纱	万吨	276.24	2.0
布	亿米	69.16	2.8
化纤	万吨	17.94	2.5
卷烟	亿支	1367.37	[illegible].5
家用电冰箱	万台	202.39	-7.9
房间空调器	万台	829.84	9.4
原煤	万吨	117[illegible].83	5.3

产品名称	单位	产　量	比上年增长%
原油	万吨	78.90	-0.1
发电量	亿千瓦小时	2174.07	6.5
#水电	亿千瓦小时	1346.49	19.0
钢	万吨	2806.65	-4.4
钢材	万吨	3558.42	-2.9
十种有色金属	万吨	96.86	2.6
其中:精练铜	万吨	36.82	4.6
水泥	万吨	10255.53	9.7
硫酸	万吨	662.74	0.2
纯碱	万吨	137.66	-5.2
烧碱	万吨	80.65	-1.7
化肥(折100%)	万吨	1164.26	11.6
发电设备	万千瓦	233.18	-2.6
汽车	万辆	154.81	-2.3
轿车	万辆	61.50	16.1
移动电话机	万部	418.96	25.2

工业产品结构改善,高新技术制造业增长较快,全年完成增加值2702.10亿元,比上年增长19.0%,占规模以上工业增加值的比重达28.3%。

工业产销衔接较好,经济效益继续提高。全年全省工业完成销售产值31012.94亿元,比上年增长18.2%,其中:钢铁、汽车、石化、电力、食品、电子信息、纺织、装备制造、建材等重点行业实现销售产值超千亿元。工业产品销售率为97.3%。全年全省工业企业实现利润1602.90亿元,增长10.6%;其中国有控股工业实现利润576.90亿元,下降1.0%。

建筑业发展步伐加快。全年全省资质以内建筑企业2774家(有工作量的企业,但不含劳务分包企业),完成施工产值6865.67亿元,比上年增长22.9%;实现利润291.18亿元,增长25.8%;税金250.65亿元,增长23.7%。建筑单位房屋建筑施工面积39741.87万平方米,增长28.1%,其中招投标承包面积28426.91万平方米,招投标面为71.5%。建筑企业劳动生产率为31.39万元/人,增长20.4%;新开工房屋建筑施工面积22868.49万平方米,增长27.4%。

四、固定资产投资

2012年全省全社会完成固定资产投资16504.17亿元,比上年增长27.6%,其中房地产开发投资完成2539.46亿元,增长22.9%,商品房销售面积4037.85万平方米,下降3.6%,实现商品房销售额2036.20亿元,增长8.4%。全社会完成固定资产投资按登记注册类型划分,国有经济投资4265.95亿元,增长13.3%;集体经济投资733.92亿元,增长11.1%;城乡私营个体投资4712.60亿元,增长42.5%;其他经济投资6791.70亿元,增长30.5%。按产业划分,全省一、二、三次产业投资分别为525.45亿元、7283.00亿元和8695.72亿元,分别增长54.3%、31.8%、23.0%。

全省547个重点建设项目全年完成投资2999.94亿元,占全社会固定资产投资的比重为18.2%。

五、国内贸易

全年全省实现社会消费品零售总额9196.80亿元,比上年增长16.0%。分城乡看,城镇实现零售额7795.57亿元,增长16.8%;乡村实现零售额1401.24亿元,增长11.7%。其中,限额以上企业(单位)实现消費品零售额5255.73亿元,增长21.8%。

六、对外经济

全年全省实现外贸进出口总额319.59亿美元,比上年下降4.8%,其中:出口194.01亿美元,下降0.6%;进口125.59亿美元,下降10.6%。新批外商直接投资项目271个。全年外商直接投资56.66亿美元,增长21.7%。

七、交通运输、邮电通信和旅游

全年全省完成货物周转量4693.61亿吨公里,比上年增长16.1%;旅客周转量1576.97亿人公里,增长8.6%。

全省邮电通信业全年完成邮电业务总收入55.26亿元,增长22.9%。长途光缆线路总长度达到2.77万公里;局用交换机达到1560.2万门;固定电话用户1003.6万户,减少16.7万户;移动电话用户达到4554.1万户,新增600.4万户。全省电话普及率为96.2部/百人。计算机宽带互联网用户708万户。

全年全省国内旅游人数34230.26万人次,比上年增长26.1%;国内旅游收入2553.55亿元,增长32.2%。入境旅游人数264.72万人次,增长24.0%。国际旅游外汇收入12.03亿美元,增长28.0%。

八、财政、金融和保险

全年全省完成财政总收入3115.63亿元,比上年增长18.0%,其中地方公共财政预算收入1823.05亿元,增长19.4%。在地方公共财政预算收入中,税收收入1324.44亿元,增长24.1%。全年财政支出3801.79亿元,增长18.3%。

年末全省金融机构各项存款余额28257.85亿元,比年初增加4110.26亿元。其中:个人存款13607.35亿元,增加2190.77亿元。金融机构各项贷款余额19032.24亿元,比年初增加2818.67亿元。其中:短期贷款6448.58亿元,增加1283.16亿元;中长期贷款11720.67亿元,增加1320.28亿元。

全年全省保费收入595.41亿元,增长8.3%。其中,财产险公司实现保费收入142.37亿元,增长18.4%;人身险公司保费收入453.04亿元,增长5.5%。支付各类赔款及给付136.04亿元,增长28.0%,其中,财产险公司赔款71.24亿元,增长29.5%;人身险公司赔付64.8亿元,增长26.4%。

九、教育和科学技术

2012年末,全省普通高等教育招生40.7万人,在校生138.61万人,毕业生35.3万人;研究生招生3.81万人,在校研究生11.09万人,毕业生3.28万人;各类中等职业教育(不含技工学校)招生14.35万人,在校生50.05万人,毕业生27.29万人;普通高中招生32.75万人,在校生107.45万人,毕业生41.22万人;普通初中在校生157.77万人,小学在校生326.75万人,幼儿园在园幼儿135.54万人。

科学研究和技术开发取得新的成果。全年全省共取得省部级以上科技成果1567项。其中，基础理论成果24项，应用技术成果1507项，软科学成果36项。全年共签订技术合同12908项，技术合同成交金额234.6亿元，增长93.2%。

全省科学研究与实验发展（R&D）经费支出378亿元，增长17.0%，占全省生产总值的1.7%。全年安排“973”计划项目147项（课题），经费1.76亿元。“863”计划项目70项，经费1.84亿元。争取国家高技术产业发展项目49个，项目总投资48.2亿元，安排国家资金5.64亿元，创历史最高水平。

全省具备向社会出具检测报告的产品质量监督检验机构有137个，其中国家产品质量监督检验中心20个。全省通过CNAL认可的检测/校准实验室234家。累计有8633家企业通过ISO9000体系认证；企业获得强制性认证证书7915张。法定计量技术机构有117个，强制检定计量器具148万台件。

全省天气雷达观测站点有11个，卫星云图接受站点10个。数字测震台网1个，地震台站50个。

十、文化、卫生和体育

2012年末，全省共有国有艺术表演团体100个，群艺馆、文化馆116个，公共图书馆110个，博物馆125个。电影放映管理机构85个，放映单位1418个。广播电台8座，电视台9座，有线电视用户1055.83万户。全年出版全国性和省级报纸19.90亿份，各类期刊3.30亿册，图书2.58亿册。

全省共有卫生机构10569个（不含村卫生室），卫生人员27.54万人，病床床位24.13万张，专科疾病防治机构88家，疾病预防控制中心112个。

全年全省运动健儿在国际比赛中共获得冠军45项次、亚军28项次、季军15项次，其中奥运会项目最高水平比赛冠军9项次、亚军1项次、季军2项次；在各类全国比赛中，获冠军82项次、亚军74项次、第三名76项次，其中，全运会项目全国最高水平比赛中冠军14项次、亚军14项次、第三名27项次。全民健身运动蓬勃发展。全年销售体育彩票26亿元，居全国第16位。

十一、人口、人民生活和社会保障

2012年末，全省常住人口5779万人（指常住本省半年以上人口），其中：城镇3091.77万人，乡村2687.23万人。城镇化率达到53.5%。全年出生人口63.45万人，出生率为11.00‰；死亡人口35.30万人，死亡率为6.12‰，人口自然增长率为4.88‰。

城乡居民收入继续增加。全年全省城镇居民人均可支配收入20839.59元，增长13.4%；农民人均纯收入7851.71元，增长13.8%。

社会保障进一步加强。年末全省参加基本养老保险人数1170万人，比上年增加57万人，其中：在职职工803万人，离退休人员367万人；参加失业保险人数501万人；参加医疗保险人数1990.2万人，比上年增加41.2万人；参加工伤保险522.6万人，比上年增加41.6万人；参加生育保险452.9万人，比上年增加32万人。年末全省企业参加基本养老保险离退休人员351万人，100%实现了养老金按时足额发放；全年累计领取失业保险金人数10.4万人。

全年全省城镇居民最低生活保障对象129.7万人，农村居民最低生活保障人数230.3万人，国家抚恤、补助各类优抚对象52.4万人。社会福利事业不断发展。年末全省各类社会福利收养床位23.1万张，收养19万人，城镇社区服务中心、站共计2774个。全年销售社会福利彩票60.7亿元。

十二、节能降耗、资源环境

全省继续大力推进节能降耗工作，单位GDP能耗继续保持下降态势，可望超额完成年初确定下降3.5%的目标。

长江干流水质总体较好，34个监测断面的水质Ⅰ～Ⅲ类的占91.2%。与上年相比，长江水质总体无明显变化。

全省累计已发现矿种149种，累计已查明资源储量矿种92种。2012年国土资源调查及地质勘查新发现大型矿产地2处，中、小型矿产地7处。

全省自然保护区达到64个，其中国家级自然保护区13个；省级自然保护区22个，自然保护区总面积94.8万公顷。

注释：

1.本公报数据均为初步统计数。

2.地区生产总值、各产业增加值绝对数按现价计算，增长速度按不变价格计算。

3.国家统计局新的统计方法制度规定，从2011年开始，纳入规模以上工业统计范围的工业企业起点标准从年主营业务收入500万元提高到2000万元，固定资产投资项目统计的起点标准从计划总投资额50万元提高到500万元。

4.国家统计局新的统计方法制度规定，“工业品出厂价格指数”和“原材料、燃料、动力购进价格指数”分别更名为“工业生产者出厂价格指数”和“工业生产者购进价格指数”。

5.邮电业务总量按2011年不变价格计算，2001年至2010年按照2000年不变价格计算，因此2012年邮电业务总量绝对数与2010年不可比，但比上年增速是按可比口径计算的。

6.原保险保费收入是指保险企业确认的原保险合同保费收入。

7.毕业生升学率是指新学年高一级学校招生数与低一级学校毕业生总数之比，反映某一级教育的学生继续接受高一级教育的比例。

8.常住人口是指实际经常居住在某地区一定时间的人口。按人口普查和抽样调查规定，主要包括：居住在本乡镇街道、户口在本乡镇街道或户口待定的人；居住在本乡镇街道、离开户口所在的乡镇街道半年以上的人；户口在本乡镇街道、外出不满半年或在境外工作学习的人。

9.能耗数据为国家统计局初步审核数据。

2012年宜昌市国民经济和社会发展统计公报

2012年，市委、市政府带领全市人民解放思想，激情跨越，始终坚持“四个一流”工作要求，牢牢把握项目、企业、产业、园区发展关键，努力克服外部经济环境复杂严峻的困难，全市经济继续保持平稳较快发展。形势好于预期，增幅高于全省全国，主要指标占全省比重继续提高，在中部及长江沿岸同等城市中地位更加巩固。

一、综合

全市实现生产总值2508.89亿元，比上年增长12.6%，连续第九年实现两位数增长。其中，第一产业增加值305.20亿元，增长4.6%；第二产业增加值1513.08亿元，增长14.7%；第三产业增加值690.61亿元，增长11.3%。三次产业结构为12.2:60.3:27.5，一三产业比重比上年提高0.3个百分点。按常住人口计算，人均地区生产总值61517元，增长12.3%，较上一年增加8844元。

图1　2008-2012年全市生产总值及增长速度

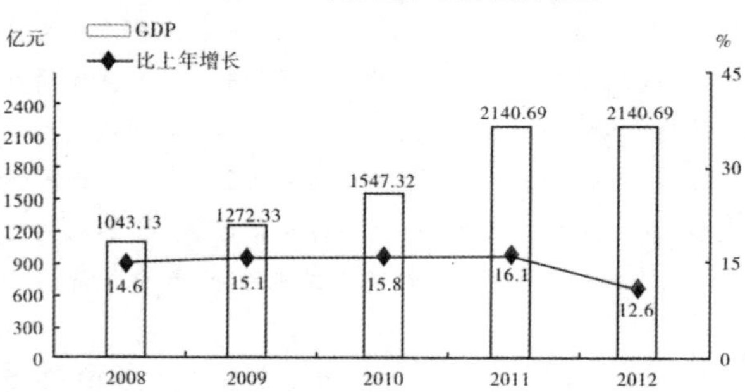

全市居民消费价格比上年上涨2.9%。其中，食品类价格上涨6.0%。商品零售价格上涨2.4%。工业生产者出厂价格上涨2.4%。工业生产者购进价格上涨0.4%。固定资产投资价格上涨0.2%。农业生产资料价格上涨4.1%。

表1　2012年居民消费价格涨幅

单位：%

类　别	指　数　(%)
居民消费价格	102.9
#消费品价格指数	103.4
#食品	106.0
烟酒及用品	100.8
衣着	101.7
家庭设备用品及维修服务	100.7
医疗保健和个人用品	102.4
交通和通信	98.4
娱乐教育文化用品及服务	101.9
居住	102.1

年末城镇新增就业人员10.86万人，比上一年增加0.28万人。年末城镇登记失业率3.0%，比上一年降低0.1个百分点。全年失业再就业人数41273人，职业技能培训40031人。

经济社会发展中存在的主要问题是：经济总量和规模不够大；少数企业运行十分困难；自主创新能力不足，产业结构层次不高，战略性新兴产业和现代服务业相对薄弱；制约科学发展的体制机制障碍仍然存在；社会保障水平与民生需求还有一定差距等。

二、农业

全市农林牧渔业总产值502.96亿元，按现价计算，比上年增长25.6%。全年粮食种植面积327.04千公顷，比上年增长1.8%；棉花种植面积21.35千公顷，比上年减少4.4%；油料种植面积111.01千公顷，比上年增长2.8%；蔬菜种植面积112.55千公顷，比上年增长3.2%；果园面积129.70千公顷，比上年增长5.7%；茶叶面积48.20千公顷，比上年增长6.4%。

全年粮食产量160.40万吨，增产4.05万吨。棉花产量3.48万吨，增产0.11万吨。油料产量22.79万吨，增产0.58万吨。蔬菜产量365.91万吨，增产25.94万吨。水果产量269.46万吨，增产38.75万吨。茶叶产量5.25万吨，增产0.69万吨。

全年肉类总产量58.87万吨，增长6.9%。出栏生猪602.51万头，增长4.9%；出栏肉牛5.26万头，增长4.4%；出栏肉羊138.53万头，增长2.1%。全年水产品总产量17.91万吨，增长6.8%。

全市自来水受益村达991个，增长1.5%。全市拥有农业机械总动力277.48万千瓦，增长6.5%，较上年提高0.1个百分点;农用拖拉机 8.25 万台,增长 5.[illegible]%,较上年降低 1.5 个百分点。农村用电量 8.78 亿千瓦时,增长 12.9%,较上年降低 4.3 个百分点。

全市共有规模以上农产品加工企业 341 家,同比增加 49 家;全年农产品加工产值 979.03 亿元,同比增长 29.7%。今年全市新增长阳、秭归 2 个国家级生猪调出大县,累计达到 6 个;新增金香品雪、森源、今贝、清[illegible]、山山等 5 个农业类中国驰名商标,累计达到 14 个。

三、工业和建筑业

全市规模以上工业增加值 1298.90 亿元,增长 16.7%,增幅同比下降 9.9 个百分点。其中国有及国有控股企业实现增加值 280.84 亿元,增长 18.0 %,集体企业实现增加值 5.96 亿元,增长 23.7%,股份合作企业实现增加值 1.17 亿元,增长 21.3%,股份制企业实现增加值 881.71 亿元,增长 16.4 %,外商及港澳台商企业实现增加值 87.65 亿元,增长 7.6%,其他经济类型企业实现增加值 41.22 亿元,增长 35.6%。分轻重工业看,轻工业实现增加值 376.80 亿元,增长 18.5%,重工业实现增加值 922.11 亿元,增长 15.9%。年末,全市规模工业企业达到 1010 家,比上年增加 147 家。

图2　2008-2012年全市规模以上工业增加值及增长速度

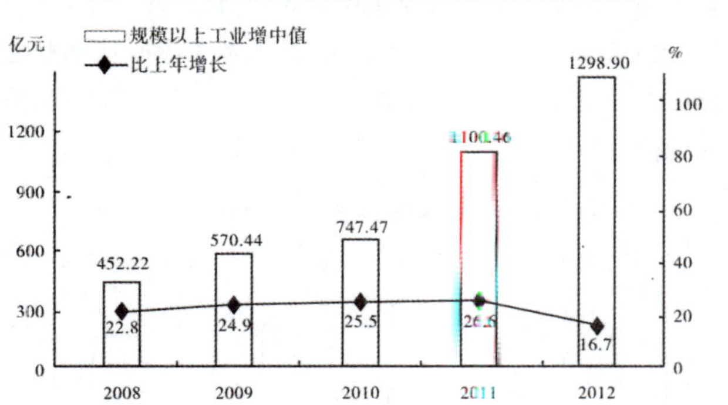

从主要产业看,化工行业实现产值 1211.53 亿元,同比增长 26.6%;装备制造业产值 779.52 亿元,同比增长 4.3 %;食品行业产值 747.25 亿元,同比增长 25.7%;电力行业产值 283.9 亿元,同比增长 17.5 %,医药行业产值 108.25 亿元,同比增长 21.0%,新材料产值 328.08 亿元,同比增长 17.4%。

规模工业实现产销率 97.24%。主要工业产品产量有升有降。其中:人造板 108.81 万立方米,增长 128.5%;陶质砖 8864.87 万平方米,增长 67.7%;软饮料 118.78 万吨,增长 57.0%;原煤产量 375.11 万吨,增长 55.4%;饲料 81.18 万吨,增长 55.0%;除草剂原药 13.18 万吨,增长 52.4%;钢琴 3.85 万台,增长 49.6%。化学纤维 0.42 万吨,减产 51.0%;多晶硅 161.73 万千克,减产 41.3%;柴油机 60 台,减产 40.6%;发光二极管(LED)4[illegible].24 亿只,减产 28.5%;钢材 358.37 万吨,减产 26.7%。

表 2　2012 年主要工业产品产量及增长速度

产品名称	单位	产　　量	比上年增长%
原煤	吨	3751070	[illegible]
白酒(折 65 度,商品量)	千升	407002	[illegible]
软饮料	吨	1187849	[illegible]
精制茶	吨	142855	[illegible]
纱	吨	139748	[illegible]
人造板	立方米	1088062	[illegible]
磷肥	吨	1335883	[illegible]
化学纤维	吨	4159	[illegible]
多晶硅	千克	1617310	[illegible]
陶质砖	平方米	88648701	[illegible]
钢材	吨	3583701	[illegible]
NPK 复合肥	吨	1127941	[illegible]
活性干酵母	吨	25651	[illegible]
发电量	万千瓦小时	12430344	[illegible]
金刚石园锯片基体	片	3395108	[illegible]
丁基橡胶瓶塞	万只	707941	[illegible]
钢琴	台	38500	[illegible]
柴油机	台	60	[illegible]

全年规模工业实现主营业务收入 3715.40 亿元,增长 23.5%;利税 454.11 亿元,增长 28.7%;利润 292.[illegible] 亿元,增长 20.4%。全市建筑业增加值 126.10 亿元,增长 [illegible]。

四、固定资产投资

全年完成全社会固定资产投资 1620.98 亿元,比上年增长 33.9%。其中,城镇 500 万元以上项目投资 10[illegible] 亿元,增长 31.6%;农村 500 万元以上项目投资 298.[illegible] 亿元,增长 54.6%;房地产开发投资 176.59 亿元,增长 2[illegible]%;农村私人建房投资 56.45 亿元,增长 71.7%。

图3　2008-2012年全社会固定资产投资总额及增长速度

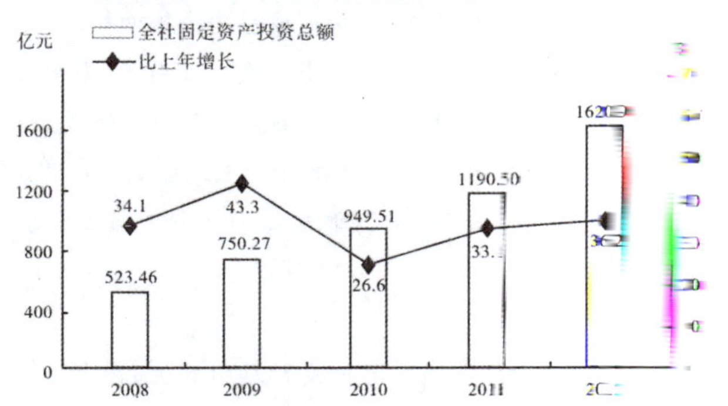

分产业看,第一产业投资 112.55 亿元,增长 [illegible],较上年提高 29 个百分点;第二产业投资 795.25 亿元,增长 22.4%,较上年降低 4.7 个百分点,其中工业投资增长 22.4%,占全社会固定资产投资的比重为 49%;第三产业投资 713.17 亿元,增长 52.9%,较上年提高 8.6 个百分点。

全市基础设施投资 388.98 亿元,增长 59.1%。其中,交通运输、水利设施、教育投资分别增长 49.7%、23.4%、36.6%。

表 3　2012 年分行业固定资产投资及其增长速度

单位:亿元

行　　业	投资额	比上年增长 %
总　计	1620.98	33.9
农、林、牧、渔业	112.55	53.1
采矿业	72.31	37.9
制造业	653.84	20.7
电力、燃气及水的生产和供应业	68.18	24.7
建筑业	0.92	-3.3
交通运输、仓储和邮政业	51.37	91.2
信息传输、计算机服务和软件业	132.21	49.7
批发和零售业	22.97	27.9
住宿和餐饮业	2.41	130.9
金融业	2.78	-22.3
房地产业	247.79	45.1
租赁和商务服务业	17.55	30.6
科学研究、技术服务和地质勘查业	15.03	888.4
水利、环境和公共设施管理业	159.91	70.0
居民服务和其他服务业	10.80	-6.1
教育	17.30	36.6
卫生、社会保障和社会福利业	9.18	83.1
文化、体育和娱乐业	9.10	-2.1
公共管理和社会组织	14.78	40.6

全市房屋施工面积 1450.56 万平方米,比上年增长 20.5%;其中商品住宅 1043.14 万平方米,增长 17.8%。房屋竣工面积 208.93 万平方米,增长 2.3%;其中商品住宅 159.25 万平方米,增长 0.3%。全市商品房销售面积(含现房和期房) 328.57 万平方米,其中商品住宅 280.80 万平方米;商品房销售额 161.01 亿元,其中商品住宅 113.86 亿元。商品房空置面积 58.23 万平方米,比上年末增加 7.9 万平方米;其中商品住宅空置 29.34 万平方米,比上年末减少 1.84 万平方米。

五、国内贸易

全市实现社会消费品零售总额 739.10 亿元,比上年增长 16.2%。分城乡看,城市市场实现零售额 635.97 亿元,增长 16.7%,农村市场实现零售额 103.13 亿元,增长 13.5%。分行业看,批发零售贸易业实现零售额 635.22 亿元,增长 16.3%;住宿餐饮业实现零售额 103.88 亿元,增长 15.7%。

图 4　2008-2012年全市社会消费品零售总额

在限额以上批发和零售业零售额中,体育娱乐用品类增长 56.5%,家具类增长 54.6%,棉麻类增长 46.1 %,粮油、食品、饮料、烟酒类增长 34.5%,化妆品类增长 31.0%,中西药品类增长 29.1%,电子出版物及音像制品类增长 27.7%,金银珠宝类增长 25.1%。

六、对外经济

全市实现外贸进出口总额 21.90 亿美元,同比下降 4.3%。其中,出口额 16.63 亿美元,同比下降 3.1%;进口额 5.26 亿美元,同比下降 8.0%。四大出口基地产品共出口 14.25 亿美元,同比下降 1.4%,占全市出口总额的 85.7 %。其中:机电及装备制造业基地出口 3.19 亿美元,下降 10.3 %;化工产品基地出口 6.78 亿美元,下降 4.3%;医药基地出口 1.77 亿美元,增长 10.2%;农产品基地出口 2.50 亿美元,增长 13.8%。

图5　2008-2012年全市外贸进出口总额

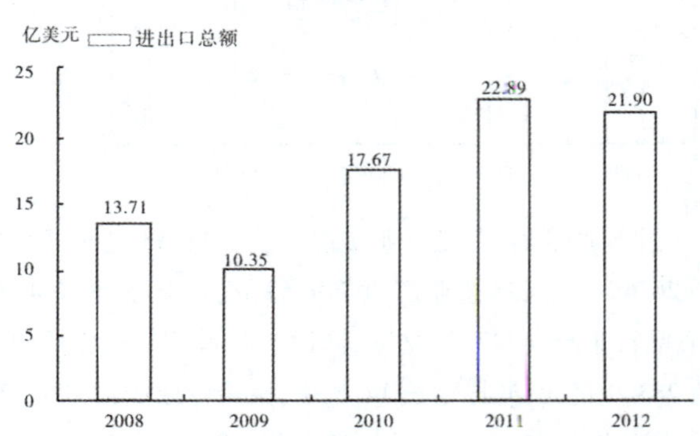

全年新批外商投资项目 11 个,比上年减少 8 个。实际直接利用外资 2.29 亿美元,增长 23.5%。

表 4　2012 年对主要国家和地区出口总额及比重

单位:万美元

出口国别(地区)	出口额	比上年 ±%	占总额比重 (%)
印度	28098	-9.7	16.9
美国	17858	29.7	10.7
荷兰	9327	87.5	5.6
巴西	9148	27.0	5.5

出口国别(地区)	出口额	比上年±%	占总额比重(%)
日本	7962	-27.5	4.8
香港	6243	-11.0	3.8
印度尼西来	5960	76.9	3.6
韩国	5459	-28.0	3.3
台湾	4033	40.3	2.4

七、交通、邮电和旅游

全市交通运输、仓储和邮政业实现增加值175.34亿元,同比增长14.4%。全年公路、水运完成货物周转量300.04亿吨公里,比上年增长33.5%;旅客周转量70.38亿人公里,比上年增长22.0%。三峡机场旅客吞吐量90.14万人次,增长15.9%;货邮行吞吐量9309.80吨,增长7.0%。

年末全市民用汽车保有量26.40万辆,比上年末增长16.2%。其中私人汽车拥有量21.56万辆,比上年末增长20.8%。

全市完成邮电业务总收入28.08亿元,比上年增长11.9%。其中,邮政业务收入2.35亿元,比上年增长18.6%;电信业务收入25.73亿元,比上年增长11.3%。全年新增移动电话用户20.85万户,年末累计达到332.70万户。年末固定电话用户77.04万户,较上年增加11.27万户。年末互联网用户52.46万户,增长17.6%。

全市实现旅游文化总产出342.55亿元。全年接待国内外游客2639.34万人次,同比增长36.7%。接待入境旅游者32.90万人次,比上年增长32.4%,其中,外国人26.52万人次,增长15.8%;港澳台游客6.38万人次,增长224.8%。全年接待国内旅游者2606.44万人次,增长36.8%。全市旅游外汇收入7053.94万美元,增长16.9%。国内旅游收入195.92亿元,增长42.6%。全市旅游总收入达到200.38亿元,比上年增长41.8%。

八、财政、金融和保险

全市完成地方财政总收入260亿元,增长22.8%。公共财政预算收入153.25亿元,增长34.5%。其中:税收收入120.37亿元,增长28.7%,税收占地方财政一般预算收入的比重为78.5%。公共财政预算支出295.63亿元,增长24.2%。其中:教育支出45.82亿元,增长39.8%,社会保障与就业支出32.20亿元,增长16.1%,医疗卫生支出20.30亿元,增长9.1%,一般公共服务支出45.62亿元,增长45.1%。

年末全市金融机构人民币存款余额2005.49亿元,比年初增加262.38亿元,其中城乡居民储蓄存款余额1033.11亿元,比年初增加176.44亿元。金融机构人民币贷款余额1445.59亿元,比年初增加245.18亿元。

年末全市共有各类保险公司36家,全年保费收入46.2亿元,比上年增长6.9%。其中,财产险保费收入12亿元,增长17.6%;寿险保费收入31.1亿元,增长3.3%;健康险和意外伤害险保费收入3.1亿元,增长6.9%。全年保险赔款给付支出9.9亿元,比上年增长20.7%。其中财产险赔款5.9亿元,寿险业务给付3.1亿元,健康险和意外伤害险赔付额0.9亿元,分别增长25.5%、14.8%和12.5%。

九、教育和科学技术

年末全市共有普通高等学校5所。全年在校生5.65万人,毕业学生1.37万人。年末共有在校研究生2043人。年末全市共有普通中学170所,在校生15.07万人,毕业生5.39万人。普通小学282所,在校生15.69万人,毕业生2.76万人。幼儿园383所,在园儿童7.85万人。

全年重要科技成果登记项360个,比上年增加200个。年末全市共有省级以上高新技术企业117家,比上年增加46家。省市级工程技术中心74家,同比增加22家。省市级重点实验室41家,同比增加8家。

全市专利申请量与授权量分别为5847件和2537件,分别比上年增长52.7%和82.1%。

十、文化、卫生和体育

年末全市共有公共图书馆14个,总藏书183.4万册。各类文化事业机构175个,其中专业艺术表演团体(不含民办团体)11个。年末有线广播电视用户达到65.83万户,电视综合覆盖率98.63%,较去年提高0.5个百分点;广播综合覆盖率98.95%,较去年提高0.6个百分点。

年末全市共有卫生机构3003个(含村卫生所)。其中,医院、卫生院165个,妇幼保健院(所、站)10个、疾病预防控制中心(防疫站)10个,卫生监督所(中心)10个。卫生机构共有床位19852万张,其中医院、卫生院19112万张。全市卫生技术人员达到24025万人,其中执业医师和执业助理医师8794人,注册护师和护士10241人。全年报告甲、乙类传染病发病人数11074人,报告死亡40人;报告传染病发病率272.78/10万,死亡率0.99/10万。

全市参加省以上运动会人数达435人次,共获奖牌157枚,其中金牌58枚,银牌49枚,铜牌50枚。

十一、人口、人民生活和社会保障

年末全市常住人口为408.83万人,户籍人口398.5万人。全年出生人口3.3万人,出生率为8.27‰;死亡人口3.04万人,死亡率为7.62‰;自然增长率为0.65‰。出生人口性别比为104.5。

全年城镇居民人均可支配收入达到18775元,比上年增长14.1%,其中城区城镇居民人均可支配收入205[illegible]元,增长13.8%。城镇居民人均消费性支出13159元,增长9.5%。城市居民恩格尔系数为39.83%,比上年降低0.[illegible]个百分点。全年农民人均纯收入8046元,比上年增长14.1%。农民人均生活消费支出5945元,增长13.4%。农村恩格尔系数37.65%,比上年降低3.5个百分点。

图6 2008-2012农民人均纯收入和城镇居民人均可支配收入

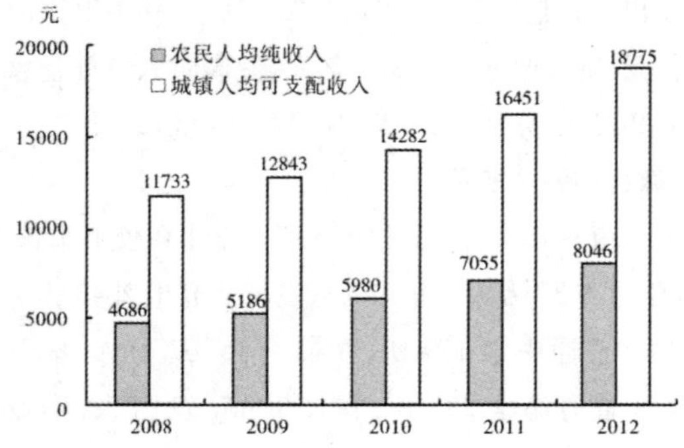

年末全市参加城镇基本养老、基本医疗、失业、工伤、生育保险的人数分别为93.19万人、137.15万人、45.95万人、50.48万人和38.54万人,分别比上年末增加5.12万人、1.44万人、1.10万人、2.78万人和2.38万人。参加新型农村合作医疗的人数250.71万人,参保率98.9%,较去年提高0.25个百分点。新型农村合作医疗基金累计支出总额7.24亿元,较去年增加2.57亿元。全市享受城市最低生活保障的居民为9.55万人,比上年减少0.61万人;享受农村最低生活保障的农民15.86万人,比上年减少0.14万人。

全市城镇居民人均居住面积35.61平方米。全市农村居民人均居住面积49.17平方米。全年销售社会福利彩票4.78亿元,直接接受社会捐赠2810万元。

十二、资源、环境和安全生产

全市环境质量总体保持稳定,空气质量良好以上天数达到348天。森林面积1394.5千公顷,其中完成造林作业面积17.57千公顷,比上年减少0.90千公顷,森林覆盖率为65.7%,较上年提高7.7个百分点。活立木总蓄积量5028.03万立方米。截至年底,自然保护区52个,其中国家级自然保护区1个。

年末全市耕地保有量318.19千公顷。常用耕地面积258.69千公顷,较上年增加23.71千公顷。全市共有矿产资源88种,矿床476处,其中已开发利用矿种51种。

全市城镇化率53.59%,比上一年提高1.69个百分点。宜昌城市绿地逐年增加,初步测算建成区绿化覆盖率达到41.08%;城市人均公园绿地面积13.94平方米。

全年共发生道路交通肇事、生产安全、火灾事故844起,比上年减少13.0%;死亡276人,比上年下降7.4%。其中,交通事故561起,死亡212人;生产安全事故60起,死亡64人;火灾事故223起,无死亡。

注:

1.本公报数据为初步统计数。最终核实数据以《2013年宜昌市统计年鉴》为准,部分数据因四舍五入的原因,存在着与分项合计不等的情况。

2.公报中全市生产总值、各产业增加值、按经济类型分组的增加值绝对数按现价计算,增速按可比价计算。

专　　文

ZHUAN WEN

逆势而上　稳神竞进

——2012年宜昌市经济形势综述

今年以来，市委、市政府带领全市人民解放思想，激情跨越，始终坚持“四个一流”工作要求，牢牢把握项目、企业、产业、园区发展关键，努力克服外部经济环境复杂严峻的困难，全市经济继续保持平稳较快发展。形势好于预期，增幅高于全省全国，主要指标占全省比重继续提高，在中部及长江沿岸同等城市中地位更加巩固。

一、2012年宜昌经济运行主要特点

全年全市生产总值2508.89亿元，增长12.6%；规模以上工业增加值1298.90亿元，增长16.7%；全社会固定资产投资1620.98亿元，增长33.9%；社会消费品零售总额739.10亿元，增长16.2%。

（一）三次产业协调发展

从生产格局看，农业农村形势稳定，工业经济稳健发展，第三产业逐步升温。

1. 农业生产稳步发展。2012年可实现农林牧渔业总产值502.96亿元，增加值305.20亿元，按可比价格计算，均比上年增长4.6%。今年农业形势的主要特点：一是粮油棉“两增一减”。粮食产量实现九连增，全年总产160万吨，比上年增长2.6%。全年油料总产22.8万吨，增长5%。全市棉花种植面积21.35千公顷，减少4.6%；产量3.5万吨，比上年增产3.1%。二是经济作物产量效益双增。柑橘产量将再创历史新高，达到262.1万吨，同比增长16.6%，优质果率达到80%以上，同比提高5个百分点。全市蔬菜总产365.9万吨，增长7.6%，均价同比上涨0.8元/公斤。全年茶叶产量达到5.3万吨，同比增长15.3%，全年鲜叶收购平均价格比去年提高11%，每公斤增加0.4元。三是畜牧、水产发展稳定。全年生猪出栏、禽蛋产量、牛奶产量分别是600万头、6万吨、3.8万吨，同比分别增4%、1.6%、17.8%。全市水产品产量17.8万吨，同比增长6%。四是农业产业化加快发展。全市共有规模以上农产品加工企业达到341家，同比增加49家；全年农产品加工产值1010亿元，同比增长25%。今年全市新增长阳、秭归2个国家级生猪调出大县，累计达到6个；新增金香品雪、森源、今贝、清祥、山山等5个农业类中国驰名商标，累计达到14个。

2. 工业经济稳健增长。全市规模以上工业增加值实现1298.90亿元，同比增长16.7%，增幅高于全省2.1个百分点。工业经济运行主要特点：一是市场主体数量增加。全市共有规模工业企业1010家，新增166家，净增147家，新增企业共实现工业总产值108.4亿元。二是支柱产业较快发展。化工行业实现产值1211.5亿元，同比增长26.6%；装备制造业产值779.5亿元，同比增长4.3%；食品行业产值747.25亿元，同比增长25.7%；电力行业产值283.9亿元，同比增长17.5%，医药行业产值108.25亿元，同比增长21.0%。三是县市区工业规模扩大。县市、城区（不含三峡、清江两家直报单位）工业共完成工业增加值1153.49亿元，占全市比重88.8%，同比提高1.6个百分点。四是大型企业不断壮大。全市产值过亿元企业548家，同比增加8[illegible]家，实现产值3565.18元，同比增加609.36亿元，总量占全部规模工业总产值的93.35%。其中，产值过百亿企业5家，同比增加1家，过50亿企业9家，同比增加2家，过10亿企业39家，同比增加8家。

3. 第三产业发展加速。“高铁经济”带动交通、物流、批零、住餐等第三产业强势增长。一是旅游业势头较好。全市入境游客32.9万人次，增长32.4%，同比提高26.6个百分点；创汇收入7053.94万美元，增长16.9%，同比提高5.3个百分点。特别是“十一”黄金周全市共接待国内外游客302万人次，实现旅游总收入16.8亿元，分别增长151.9%和170.9%，游客接待量和旅游收入均创下历史新高。二是交通运输、现代物流业逐步加快。全市公路水运货运量增长19.8%；货运周转量增长33.5%，客运量增长18.0%，客运周转量增长22.0%。三是金融业较快增长。全市金融机构各项存款余额突破2000亿元，达到2014.64亿元，增长15.0%；各项贷款余额达到1459.85亿元，增长20.4%，同比提高0.5个百分点。

（二）投资消费需求较强

从需求格局看，消费市场稳中趋旺，投资结构改善、力度加大，经济增长的需求拉力不断增强。

1. 固定资产投资力度加大、结构优化。全社会固定资产投资完成1620.98亿元，增长33.9%，高于全省6.[illegible]个百分点。从总体看，投资力度逐渐趋强。全市固定资产投资总量稳居全省第二，投资速度快于全省平均水平，占全省投资额的比重上升。2012年，全市固定资产投资增长速度（不含农村私人建房投资）34.3%，实现连续9个月攀升。投资额占全省比重由去年的9.2%提高到9.5%，提高0.3个百分点。从内部看，一是行业结构优化。第一产业与第三产业增速快于全市平均增速。第一产业完成投资112.55亿元，增长53.1%，同比提高29个百分点，比全市平均增速快[illegible].9个百分点；第二产业完成投资795.25亿元，同比增长22.[illegible]%，低于全市平均增速13.8个百分点；第三产业完成投资713.17亿元，增长52.9%，同比提高8.6个百分点，比全市平均增速快16.7个百分点。二是农村投资强劲。农村投资完成198.43亿元，增长54.6%，比城镇投资增速快2[illegible]个百分点点。从投资主体看，国有经济力度大。全市国有经济投资539.34亿元，同比增长66.9%，增幅连续4个月提升，较1－11月提高8.1个百分点，较去年同期提高35个百分点。国有经济投资占总投资比例从1－9月的31.6%提高到1－12月的33.3%，较去年同期提高4.4个百分点。

2.消费市场持续稳步增长，增速居全省前列。全市实现社会消费品零售总额739.10亿元，增长16.2%，增幅高于全省0.2个百分点。今年消费市场呈现的特点：一是限额以上企业增多。全年新增限上企业（含大个体户）215家，达到1566家。限额以上企业共实现零售额429.74亿元，增长22.3%，占社会消费品零售总额的比重达到58.1%，比同期提高1.3个百分点。二是城镇消费占主导。城镇实现零售额635.97亿元，增长16.7%，农村实现零售额103.13亿元，增长13.5%。城乡增幅相差3.2个百分点，比同期扩大了1.2个百分点。三是批零住餐同步增长。全市批发业、零售业、餐饮业、住宿业分别占零售总额比重是11.7%、74.3%、10.7%、3.3%，分别增长17.3%、16.2%、16.2%、14.1%。四是吃穿商品增速居前。据限额以上企业商品零售统计，全年食品类商品零售额117.2亿元，增长34.5%；服装类商品零售额33.6亿元，增长21.1%；“用”类商品零售额240.2亿元，增长17.3%。

（三）经济运行质量提升

从运行质量格局看，财政收入增长较快，工业效益、城乡居民收入稳步提高。

1.财政收入快速增长。全市财政总收入完成259.57亿元，增长23.0%，较去年同期快3.6个百分点。其中，公共财政预算收入153.25亿元，增长34.5%，高于全省15.5个百分点；税收收入增速继续提速。全市税收收入完成120.37亿元，增长28.7%；占公共财政预算收入的比重达78.5%。

2.工业效益有所改善。全市规模工业利润达到292.48亿元，增长20.4%。实现利润过5000万元企业有62家，其中过百亿企业1家（长江电力），过10亿企业1家（宜化本部），过5亿企业5家（清江水电、三宁化工、稻花香、长江高科），过亿元企业27家。

3.居民收入稳步提高。城镇居民可支配收入18775元，增长14.1%。农民人均纯收入8046元，同比均增长14.1%。

二、2012年宜昌经济运行主要亮点

总体来看，全市经济发展势头较好，在全省、中部及沿江同等城市中地位进一步巩固。

一是主要经济指标增速持续向好。宜昌主要经济指标增速仍居于全省前列，快于全国全省。全市生产总值增幅12.6%，分别高于全省、全国1.3、4.8个百分点，增幅居地级市州中第一位（除省级垂管市）。分月看，投资增幅从3月份28.6%连续9个月攀升到12月份的34.3%；消费增幅从7月份15.5%连续5个月提升到12月份16.2%；公共财政预算收入增幅均在33%以上，呈现出平稳增长态势。全年公共财政预算收入高于全省15.5个百分点。

二是主要经济指标占全省比重提高。全市GDP占全省比重11.3%，比去年同期提高0.4个百分点。规模以上工业增加值占全省比重13.6%，同比提高0.8个百分点；固定资产投资数据占全省9.5%，同比提高0.3个百分点；社会消费品零售总额占全省的8%，比与上年持平。

三是与长江沿岸、中部地区前列城市差距缩小。在长江沿岸19个同等城市中，宜昌GDP总量继续居第4位，与第三位镇江差距由去年同期170亿元缩小到121亿元，相对份额由93%上升到95%；在中部地区77个同等的城市中，宜昌GDP总量超南阳居第2位，并由去年同期落后90亿元，发展到领先南阳141.69亿元。与中部第1位洛阳比，差距由去年同期576亿元缩小到492亿元，相对份额由79%上升到83.6%。。

展望明年，形势可期。从全球范围看，经济运行环境仍然复杂，经济下滑趋势与不确定性将并存。但从国内情况看，特别是进入第四季度以来，由于宏观调控政策效应显现，全国经济运行呈现出筑底企稳的积极变化。全国制造业采购经理人指数重返50%以上，预示市场信心进一步增强。随着党的十八大胜利召开，将进一步刺激经济运行向良好方向发展。

宜昌工业克难奋进

今年以来，受宏观经济低迷影响，宜昌工业生产逐步回落，但全市工业以优化产业结构为突破口，以质取胜，下半年工业经济发展呈现出平稳增长、质量效益提升的态势。

一、工业经济指标完成情况

2012年，全市规模工业经济总量破千亿，实现工业增加值1298.9亿元，排全省第二位；速度同比增长16.7%，全年呈现“L”型走势，与全国、全省趋同。预计全年增加值1190亿元，同比增长16.6%。

表2　工业增加值增速分月完成情况

单位：%

	全国	全省	宜昌
1－3月	11.6	17.3	22.8
1－6月	10.5	15.6	19.6
1－9月	10.0	14.6	16.9
1－10月	10.0	14.6	16.8
1－12月	10.0	14.6	16.7

2012 年，全市规模工业实现主营业务收入 3715.4 亿元，同比增长 23.46%、利润 292.48 亿元，同比增长20.39%，增速均分别高于全省 5.96 和 9.79 个百分点。

全市超额完成节能目标任务。2012 年，宜昌市全社会能源消费比上年增长 8.27%，地区生产总值比上年增长 12.6%，单位 GDP 能耗 1.3332 吨标煤/万元，比上年下降 3.88%，完成了下降 3.6% 的年度目标任务。规模以上工业单位增加值能耗降低 8.97%，单位 GDP 电耗降低 11.71%。2012 年全市 14 个县市区单位 GDP 能耗均为下降，而且均完成了年初确定的节能降耗目标任务。

二、工业经济增长的动因

今年来，全市工业经济的良性运行，得益于市委市政府积极正确的应对措施，得益于工业企业坚持不懈的共同努力。

㈠工业经济总量不断壮大

全市上下共克艰难，立足地域和资源优势，培育壮大具有地区特色的主导产业，经济总量不断增加。2012 年，全市工业增加值较去年同期增 198.4 亿元。

1.市场主体增长快

今年来，宜昌规模工业市场主体保持较快增长，呈现出投资活跃、规模扩张、活力增强的良好态势。

一是新增企业发展快。2012 年，全市共有规模工业企业 1010 家，新增 164 家规模工业企业，比去年底净增 145 家，超额完成年初计划 35 家。新增企业共实现工业总产值 108.47 亿元，同比增长 275.1%；增加值 36.3 亿元，同比增长 207%。豪山建材、阿波罗肥业等 21 家企业产值过亿元。二是老企业通过技改扩能等方式提档升级。下半年以来，全市一大批工业企业完成了产能扩建或新项目建成投产。如萧氏茶叶公司由单纯茶叶加工向茶饮料、茶食品等茶叶深加工产品扩张。公司工业园二期工程中的宜昌市夷陵区雾渡河镇、太平溪镇工业园以及兴山县城高氏工业园 10 月份已建成投产。2012 年，实现产值 17.8 亿元，同比增长60.36%。稻花香集团除了传统的白酒业外，还新上了核桃露、玉米浆等饮料加工生产线，又投资打造百亿包装产业园，累计产值 160.1 亿元，同比增长 28.2%。华强化工新上了 30 万吨/年复合肥生产线，今年 7 月正式运行生产，累计产值 50.2 亿元，同比增长 56.9%。2012 年，全市产值过亿企业 548 家，比去年同期增加 104 家；实现产值 3565.2 亿元，比去年增 648 亿元，总量占全部规模工业总产值的 93.35%。其中产值过百亿企业 5 家（长江电力、宜化、全通、稻花香、兴发），过 50 亿企业 9 家，过 10 亿的企业 39 家。

2.主营业务收入破 3500 亿

2012 年，全市规模工业实现主营业务收入 3715.4 亿元，突破3500 亿元，速度同比增长 23.4%。主营业务收入过亿企业 446 家，其中过百亿企业 5 家（长江电力、兴发集团、宜化、全通、稻花香），过 50 亿企业 8 家，过 10 亿的企业 40 家。

㈡工业结构抗风险盈利能力强

宜昌工业结构呈现出高抗风险优势，并在逐步优化过程中。

1.电力、食品等支柱产业有抗市场风险优势

宜昌支柱产业中，电力、食品医药等行业与生活保障水平相关，受外部经济形势影响小，随着全国人民生活水平提高不断成长。

⑴电力行业快速增长。2012 年，全市电力行业受来水好，及长江电力地下电站全部建成投产影响，共实现增加值 172.6 亿元，同比增长 12.7%，比去年同期上升 17.7 个百分点。利润总额 143.04 亿元，占全市利润总额的 48.91%；同比增长 36.41%，比 1－2 月回升 53.98 个百分点。其中长江电力产值 247.9 亿元，同比增长 23.1%，较去年同期上升 28.3 个百分点；利润总额 136.64 亿元，同比增长 37.77%，比 1－2 月上升 73.27 个百分点，拉动全市利润总额增长 12.0个百分点。

⑵食品医药行业继续扩张。2012 年，全市食品医药行业需求旺，实力不断增强。2012 年，共实现增加值 283.9 亿元，同比增长 17.6%，高于全市平均水平 0.9 个百分点；利润总额 45.02 亿元，同比增长 29.07%，较 1－2 月上升 18.0 个百分点。产值过百亿企业 1 家（稻花香），过 50 亿企业二家（枝江酒业），10 亿的企业 12 家，过亿元企业 123 家。

2.狠调结构，优化产业布局显成效

今年来宜昌市把优化产业结构作为工业发展的重点，目前已取得初步成效。

⑴高耗能行业比重逐步走低。2012 年，6 大高耗能行业实现工业增加值 635.3 亿元，占全市规模工业的 48.[illegible]%，比去年同期低 4.97 个百分点。

⑵重点高耗能企业产值下滑。2012 年，全市工业用电量超过亿千瓦时的高耗能企业 30 家，共实现产值 1292.65 亿元，占全市产值的 33.9%，比去年同期下降 3.29 个百分点；增速同比增长 8.9%，低于全市平均水平 10.7 个百分点。特别是全通、南玻、香溪化工、东阳光化成箔、百精科技等企业受市场影响，企业经济效益下滑，纷纷主动调整产品结构或转产。这 6 家企业累计共实现产值 237.89 亿元，同比下降 28.14%。

3.化工产业持续扩张产值破千亿

2012 年，全市化工企业 189 家，比去年同期增加 58 家。化工产业实现产值 1211.53 亿元，成为全市首个过千亿的产业；增速同比增长 26.6%，高于全市平均水平 5.3 个百分点。工业增加值383.61亿元，同比增长 22.2%，高于全市平

均水平2.5个百分点，较1－3月回升4.5个百分点。主营业务收入1251.98亿元，同比增长34.36%，占全市规模工业的比重由去年同期的30.9%提高到33.7%，上升了2.8个百分点。利润总额59.22亿元，同比增长13.92%，较1－2月上升1.83个百分点。

4.建材产业崭露头角

受国家一系列稳增长政策推动，一批暂停的工程或者新批复的项目逐步恢复和开工建设，有效刺激了水泥市场需求。当阳陶瓷生产线就由去年的28条增加到今年的43条。2012年，全市133家建材企业，比去年同期增加19家。建材产业实现产值249.7亿元，成为宜昌第五个产值过百亿的产业；同比增长23.3%，高于全市平均水平3.6个百分点。工业增加值81.23亿元，同比增长20.8%，高于全市平均水平1.1个百分点。

5.部分主要产品产量快速增长，产品竞争力增强，产销良好

2012年，全市工业产品产销好于去年，实现产销率97.24%，比去年同期高0.44个百分点。全市重点监测的55种产品有39种增长，其中14种产品增长超过30%。人造板增长128.5%、软饮料57%、白酒46.3%、钢琴49.6%、盐酸瑞芬太尼55.3%。

宜昌始终坚持“质量立市、名牌强市”战略，目前有中国名牌4件，湖北省名牌产品106件，国家地理标志产品5件；获得中国驰名商标26件、湖北省著名商标93件、宜昌市知名商标97个、地理标志商标15件、集体商标3件。名牌产品数量居全省前列，这些名牌产品、驰名商标产品和地理标志提升了宜昌产品质量，增强了竞争力。

三、经济效益逐步好转，“提质量”已显效果

今年来，宜昌规模工业生产增速逐月走低，但企业盈利能力逐步增强，工业产品库存放缓。

1.利润总额逐月回升，“重效益”成绩不斐。2012年，规模以上工业实现利润总额292.48亿元，同比增长20.39%，比1－2月上升10.47个百分点。实现利润过5000万元的企业62家，其中过百亿1家（长江电力），过10亿1家（宜化本部），过5亿5家（清江水电、三宁化工、稻花香、长江高科、兴发），过亿元55家。

2.工业产品库存放缓，“去库存化”成效明显。2012年，全市工业产成品为113.69亿元，同比增长17.42%，增幅比1－9月回落个12.76个百分点。从主导产业看，化工、食品医药行业产品库存增幅较大回落。化工行业产品库存为39.88亿元，同比增长24.46%，增幅比1－9月回落33.69个百分点；食品医药行业产品库存为29.2亿元，同比增长2.53%，增幅比1－9月回落18.01个百分点。

3.就业人数稳步增长，“重民生”亮点突出。2012年，规模以上就业人数为29.43万人，同比增加3.04万人，比去年增长11.54%。

四、值得关注的几个问题

㈠市场需求需要不断激活

1.外需仍未好转。2012年，全市工业完成出口交货值150.6亿元，同比增长14.6%，增幅较1－2月回落50个百分点。

2.工业产品出厂价格持续走低。2012年，工业品出厂价格指数同比增长2.4%，比1－2月回落2.6个百分点。

㈡亏损企业亏损额大幅上升

2012年，全市规模以上工业亏损企业93家，比去年增加13家。亏损企业亏损额为14.34亿元，比1－2月增加9.25亿元。速度同比增长155.3%，增幅比2月上升79.1个百分点。从行业看，装备制造业、化工行业亏损额较大，合计7.7亿元，占全市规模工业亏损额的53.9%，同比增长180%。从企业看，亏损过千万的企业28家，其中：南玻、楚星、长江铝业、安琪亏损过亿元，共亏损6.5亿元，占全市亏损企业亏损总额的45.45%。

2012年宜昌市农业经济平稳较快发展

宜昌市现有乡村人口272万人，占总人口的65.5%，常用耕地面积235千公顷，分别在湖北省位居第6位和第7位。今年以来，全市各地认真贯彻落实中央、省委一号文件精神，加快转变农业发展方式，努力探索具有宜昌特色的现代农业发展路子。通过科学规划指导、强力投入建设、全方位高标准推进，使农村经济社会得到了全方位快速健康发展。

一、农业生产情况

2012年农业总产值达到502.96亿元，农业增加值达到305.21亿元；粮食生产实现“九连增”，柑橘产量在全省市州继续排名第一，茶叶、畜牧等在全省位居前列，水产养殖效益突出。

1.粮食产量实现九连增。全年粮食面积达到327千公顷，比上年增1.8%；总产160.39万吨，比上年增加4.05万吨，增2.59%。其中：夏粮面积94千公顷，增0.89%；总产29.5万吨，增3.48%。秋粮面积233千公顷，增2%；总产130.89万吨，增2.39%。

2.夏油面积、单产、总产实现“三增”。夏油面积95.2千公顷，为历史最大面积，比上年增3%；全年油料总产22.79万吨，增2.6%。6月15日在全市启动实施了油菜临时收储政策，油菜籽收购均价2.4元/斤，比去年同期提高0.07元/斤。

3. 棉花种植规模收缩，总产上升。因为棉花的种植比较效益较低，种植管理的劳动强度大，棉农的种植积极性降低，全市棉花种植面积21.4千公顷，同比减少4.4%；产量3.48万吨，同比增加3.11%。

4. 柑橘再次丰收。今年全市柑橘面积达到123.97千公顷，同比增加6.3千公顷，增长5.38%；柑橘产量将再创历史新高，达到263.07万吨，比去年增长17%。各地柑橘普遍管理好，果面光洁，大小均匀，品质优良，优质果率达到80%，同比提高5个百分点。全市柑橘销售工作积极主动，见事早、行动早。去年宜昌柑橘经历了蜜柑价格创新高，脐橙和椪柑价格创新低的极端格局。综合分析，今年将逐步趋于理性，蜜柑价格回落至正常价格水平，脐橙、椪柑回升至正常价格水平，总体将出现前低后高走势，后期看好。随着柑橘的逐渐成熟，目前销售价格已呈现稳中略升走势。

5. 蔬菜产量稳定增长。全市蔬菜面积达到112.55千公顷，比上年扩大3.18%；总产365.91万吨，增长7.63%。随着居民生活水平的不断提高，讲究膳食合理，居民对鲜菜的需求量不断增加，进一步激活了市场，助推了市场物价的快速上涨，从而使蔬菜价格不断上涨。市场价格自去年年底以来继续保持高位运行，均价同比上涨0.8元/公斤。目前，由于农民发展蔬菜积极性不断提高，已完成城郊蔬菜基地建设533公顷（其中大棚蔬菜80公顷）。

6. 茶叶生产形势良好。全市春茶产量2万吨，同比增长20%；今年上半年，茶叶价格呈现前低后高趋势。春茶前、中期阶段，由于茶叶产量比上年增幅较大，农民出售高等茶叶鲜叶一直稳定在每公斤50元左右，与去年同期价格持平，中等茶叶鲜叶每公斤20元—30元之间，比去年同期的每公斤22元—32元略有下降，进入六月份鲜叶价格开始高走，从新近农民出售中、低等茶叶鲜叶价格情况看，每公斤鲜叶单价达到3.8元，比去年同期的每公斤3.4元，每公斤增加0.4元，增长11%。目前春茶价格继续走高，其中名优春茶鲜叶收购价达120元/公斤，同比上涨10%左右。随着红茶、黑茶、砖茶的逐步开发，全年茶叶产量达到5.25万吨，同比增长15.26%。

7. 畜牧业发展稳定。全年生猪出栏602.51万头，同比增加28.18万头，增7.5%；肉牛出栏5.26万头，同比增长4.25%；肉羊出栏138.53万只，同比增长2.1%；家禽出笼3585.25万只，同比增长6.5%；禽蛋产量6.01万吨，同比增长1.6%；牛奶产量3.82万吨，同比增长17.85%。生猪价格止跌反弹，9月份三元活猪价格为14.9元/公斤，比二季度上涨6%。

今年省级畜牧强县和无规定动物疫病区“两大创建”在全省名列前茅。全市被确定为强县创建单位1个（当阳）、强县创建候选单位4个；被确定为无规定动物疫病区创建示范县2个（秭归、兴山）、候补示范县1个。同时新增国家级生猪调出大县2个，即长阳、秭归，累计达到6个，即夷陵、宜都、枝江、当阳、秭归、长阳等县市区，位于全省前列。

8. 水产品产销两旺。全市水产放养面积26千公顷，与去年基本持平；全市水产品产量17.91万吨，同比增加1.14万吨，增长6.8%。水产品市场销售活跃，大宗水产品批发价格在高位运行，与上年同期相比较，仍有小幅攀升。其中，鲫鱼市场价15元/公斤，较上年同期的13.5元/公斤上涨1.5元/公斤，涨幅为11%；白鲢7.5元/公斤，较上年同期7元/公斤上涨0.5元/公斤，涨幅为7.1%；鳙鱼15元/公斤，较上年的13.5元/公斤上涨1.5元/公斤，涨幅为11.1%；鲤鱼13元/公斤，较上年同期的12元/公斤上涨1元/公斤，涨幅为8.3%；草鱼14元/公斤，较上年同期的12.5元/公斤上涨1.5元/公斤，涨幅为12%；鳊鱼14元/公斤，较上年同期的12.5元/公斤上涨1.5元/公斤，涨幅为12%。渔业结构调整力度进一步加大，全市名优鱼类比重达到82%，同比上升2个百分点。

二、农村劳动力外出务工情况

全市农村外出从业人员达到67.35万人，比上年同期增加2.6万人，增4.02%。主要情况如下：

1. 外出务工人数总量增加，县内乡外人数增长幅度较快

从外出务工地域看，在县内乡外人数为21.51万人，同比增长1.35万人，增6.7%；省内县外务工人数为19.5万人，同比增加0.72万人，增3.81%；在省外打工人数26.21万人，同比增加0.52万人，增2.02%。

2. 农民打工积极性增强，自发外出就业依然占据主导

从外出就业渠道看，自发外出就业人员持续增长，达到45.47万人，同比增加0.12万人，增0.26%；政府组织农民工外出人数6.47万人，同比增加1.18万人，增22.31%；中介组织介绍人员5.37万人，同比增加0.16万人，增3.07%；企业招收人员增幅较快为10.04万人，同比增加1.14万人，增12.81%。由于沿海发地区就业形势严峻，外出务工人员回流，政府组织在积极引导外出就业方面工作力度不断加大。

3. 外出劳务经济收入增长迅速，低收入人数大幅减少，中高收入人数增长快

全市外出劳务经济收入达到95.04亿元，比上年同期增长20.04%。

月收入1000元以下的人数只有9.52万人，同比减少2.73万人，下降22.29%；月收入1000元以上的人数达到57.83万人，同比增加5.33万人，增长10.68%，其中月收入2001－3000的人数增长最快，其人数达到18.3万人，增幅34.66%。

三、农村工作主要情况

（一）进一步推进了农业强市建设。结合中央、省委一号文件和市五次党代会精神，年初出台了《关于加快农业科技创新推进农业强市建设的意见》，提出了建设农业强市的目标，明确提出要实现特色农产品生产水平、农产品综合加工水平、农业基础设施建设水平、农业科技集成应用水平、农业社会化服务水平、农业多功能开发水平全省一流，把宜昌打造成为在全国有一定影响力的特色农业基地、重要的农产品加工基地、区域性农产品现代物流基地，到2020年基本建成农业强市。并确定今年的“三农”工作要围绕农业科技创新开展，各地积极调整和优化“三农”发展思路，围绕全市六大农业特色产业提质增效，加快农业科技体制改革和农业科技推广运用，促进农业技术集成化、劳动过程机械化、生产经营信息化，构建适应“高产、优质、高效、生态、安全”发展要求的农业技术体系。大力实施种子种苗工程、企业科技创新成长工程、产业人才支撑工程和农技推广工程，农业强市建设开局良好。

（二）进一步推进了乡镇经济发展。乡镇是农村经济社会发展的主体，是县域经济发展的支撑点和增长极，是建设社会主义新农村，加快推进城乡一体化进程的基础和关键。在市委、市政府的正确领导下，在各县市区及乡镇办的辛勤努力下，全市乡镇经济得到了飞跃式的健康快速发展，2011年度湖北省乡镇综合实力评价结果显示，宜昌市百强乡镇的个数在全省排名第2位，仅次于武汉市，有13个乡镇进入全省百强乡镇序列。2010年度湖北乡镇百强我市仅占8席，其中仅樟村坪镇进入前20强。较之上年度，2011年度宜昌参与评价的87个乡镇（西陵区、点军区、伍家区、猇亭区等中心城区乡镇不纳入考评范围）仅1个乡镇退出湖北百强乡镇外，有7个乡镇处新晋百强，前20强则由1席增至4席，74个乡镇实现争先进位，占参与全省考评乡镇个数的85%。

（三）进一步推进了“双百”工程。在实施“百亿产业”培育工程上，按照建设现代农业的基本要求，进一步完善体系，科学规划布局，严格建设标准，加快科技创新，努力提升柑桔、茶叶、蔬菜、畜牧、水产、食用油等优势特色产业的综合竞争力，柑桔、茶叶、蔬菜产业今年有了较大突破。同时注重资源配置和有效利用，大力培育花卉种苗、食用菌、魔芋、中药材、烟草等地方特色产业。在实施“百亿企业”成长工程上，通过出台实施方案，建立“百亿企业”后备梯队；通过市委、市政府对稻花香集团、屈姑公司等企业进行逐个调研，营造支持企业发展的氛围；还组织召开百亿企业成长工程推进会，着手制定考核体系，加大力度争取上级相关支持，推动企业争先进位，确保全市在全省农产品加工“四个一批”工程中保持领先地位。

（四）进一步推进了农村改革创新。为破解制约“三农”发展的瓶颈，进一步激活发展动力，探索我市“三农”转型发展的新路径，今年着力推进新型农村合作化、农业信息化和农村金融创新工作三项改革创新。围绕推进新型农村合作化，组织召开了全市农村专业合作经济组织建设现场会，开展“十佳百强”农民专业合作社示范社创建活动，发挥典型引路作用，农民专业合作社进一步快速健康发展，今年以来新增682家专业合作社。围绕推进农业信息化，加快农业科技信息服务网络建设，进一步完善三峡手机报惠农版、农机通、农技110等信息载体，开发出农业综合信息服务平台。围绕推动农业金融创新工作，通过认真调研，促进出台了相关指导性意见，在金融产品创新、农村信贷抵押担保、农产品加工企业上市等方面取得了一定突破，努力破解农业金融难题。

（五）进一步提升了群众工作水平。将集中开展“三万”活动与新农村建设工作队帮扶结合起来，全市共派驻139个工作队，实现帮扶工作全覆盖。今年的“万名干部进万村挖万塘”活动中，派出工作队员8831人，完成各类工程13138处，涌现出了“夷陵大禹”张宗准等先进人物，起到了“干部受教育，农民得实惠”的作用。在农村社会管理工作中，把握当前城乡一体化、农民居住逐渐集中的趋势，加强便民服务体系建设，形成了市县行政服务中心、乡镇便民服务中心、村级便民服务室组成的四级便民服务体系。今年以来，在借鉴城市社会网格化管理经验的基础上，宜都市、夷陵区等地部分村推行农村网格化社会管理服务试点工作，农村精神文明建设、综治维稳工作水平等大为提升。

四、几点建议

近年来，宜昌农业农村工作已经奠定了坚实的基础，进一步做好宜昌“三农”工作，对于我市建设省域副中心城市和现代化特大城市意义重大，对于带动全市经济社会发展实现新跨越的潜力巨大，对于实现城乡一体化功能互补的作用巨大。我们要进一步强化措施，改革创新，从以下几个方面不断努力，推动农业农村工作健康持续发展。

1. 进一步加快农业特色产业发展。围绕建立健全现代农业产业体系，着力打造柑橘、茶叶、蔬菜、畜牧、水产、食用油六个综合产值过百亿元的特色产业。同时，大力发展花卉苗木、食用菌、中药材、魔芋等新兴特色支柱产业，让特色产业变大变强，尽快形成“千亿农业”的构架。

2. 进一步加大“三农”投入。认真落实中央“财政用于三农的支出增量和比例均有提高”的要求，不断加大公共财政对“三农”的支持力度，扩大对农民补贴的范围和标准，完善补贴方式。进一步提高金融对“三农”的支持力度，引导更多的资金投向“三农”。

3. 进一步深化农村改革创新。注重用创新的办法去突破新农村建设中的要素瓶颈制约和体制机制障碍。不断深化农村土地制度改革，创新社会管理体制，提高农村公共服务能力。继续强化“小三化”的支撑作用,大力推进合作化、信息化和金融化建设。

2012年宜昌市投资保持持续增长

2012年,宜昌市完成投资1620.93亿元,同比增长33.9%。

一、投资总体运行稳定

全市投资运行稳定主要体现在:

1. 投资增幅持续走高。从3月到12月,全市投资增幅分别为28.6%、28.9%、29.0%、29.2%、29.5%、30.5%、32.8%、34.0%、34.2%,36.2%呈清晰、稳定的上升曲线。

2. 为全市整体经济稳定运行奠定了基础。在全市主要经济指标里,投资增幅表现最好,2012年,工业增加值增长16.7%,零售总额增长16.2%,进出口下降4.3%,利用外资增长23.5%,地方财政总收入增长34.[illegible]%,投资增长36.2%是增幅最高的,为全市经济增长做出了贡献。

二、重大项目年建设取得显著成绩

亿元以上项目投资增长快,对全市投资支撑作用极大。

2012年亿元以上投资项目开工多、投资快是今年全市投资的一大亮点。全市计划总投资亿元以上项目575个,比同期增加215个,占全部施工项目个数的25.3%;完成投资919.5亿元,同比增长60.9%,占全市投资总额的56.7%。

三、投资结构继续优化

2012年从产业结构上看,第一、三产业均保持较快增长,第二产业投资增趋缓,其中第一产业完成投资112.6亿元,同比增长53.1%,增速高于全市平均水平;第二产业完成投资795.3亿元,同比增长22.4%,增幅低于全市平均水平;第三产业完成投资713.2亿元,同比增长52.9%,增幅高于全市平均水平。

第二产业中,工业项目完成投资794.3亿元,同比增长22.4%,增幅低于全市平均水平,其中制造业完成投资653.8亿元,同比增长20.7%,增幅低于全市平均水平。制造业中,非金属矿物制品业完成投资130.4亿元,同比增长17.4%;化学原料及化学制品制造业完成投资96.1亿元,同比增长26.2%;食品制造业完成投资42.2亿元,同比增长1倍;酒、饮料和精制茶制造业完成投资35.7亿元,同比增长40.7%;金属制品业,完成投资32.6亿元,增长90.9%;通用设备制造业,完成投资32.3亿元,增长92.4%。

第三产业中,金融业和文化、体育和娱乐业项目投资增幅呈现下降,其他行业保持增长。其中交通运输、仓储和邮政业完成投资132.2亿元,同比增长49.7%,增幅高于全市平均水平,水利、环境和公共设施管理业完成投资159.9亿元,同比增长70%,增幅高于全市平均水平。

四、重点项目完成情况较好

省市重点项目是全市经济未来发展的支撑点,完成的投资占全市投资总额的三分之一,是全市投资的重要组成部分。全市52个省级重点项目已全部开工建设,开工率达到100%,完成投资315.2亿元,占全市投资总额的19.[illegible]%。100个市级重点项目,开工率达到78%,累计完成投资2[illegible]4.3亿元,占全市投资总额的15.4%。

五、房地产市场逐步回暖

近年来,在国家关于房地产市场宏观调控和一系列政策影响下,各地房地产市场混沌不一。宜昌市房地产开发也呈现:投资及商品房销售面积和商品房销售额逐步扭转年初以来的负增长趋势,出现一定程度上好转。

1. 房地产开发投资扭转开年的负增长趋势。1－2月房地产开发投资增幅下降8%,随后增幅回升。截止12月全市房地产累计完成投资1765896万元,同比增长29.9%。住宅投资1218168万元,同比增长25.4%,其中,90平方米以下普通住宅完成投资236399万元,同比增长1.[illegible]%;144平方米以上住宅完成投资166245万元,同比增长17.4%。

2. 房地产开发到位资金到位资金情况欠佳,拖欠工作急大幅增加。2012年宜昌市房地产开发到位资金255[illegible]23万元,同比增长15.9%,增速低于投资增速。各项应付款合计474097万元,同比增长52.7%,其中拖欠工程款14[illegible]525万元,同比增长60.2%。

3. 施工项目个数增长乏力,施工面积增长落后于投资增长,甚至增长趋势相反,显示出建设成本偏高。2012年全市房地产施工项目个数192个,同比增长7.3%;施工面积14505645平方米,同比增长20.5%。其中,商品住宅施工面积10431423平方米,同比增长17.8%。按户型结构分,90平方米及以下住房施工面积2269305平方米,同比增长22.3%;144平方米以上住房施工面积968420平方米,同比下降3.9%。

4. 商品房销售面积与销售额及其结构全面下滑。2012年宜昌市商品房销售面积3285683平方米,同比下降11.5%。其中住宅销售面积2808013平方米,同比下降13.3%。按户型结构分,90平方米及以下销售面积62[illegible]22平方米,同比下降20.9%;144平方米及以上销售面积178528平方米,同比下降51.3%。

由于商品房销售面积同比增长下降,商品房销售额也呈下降趋势。2012年宜昌市商品房销售额1610[illegible]68万元,同比下降1.7%,其中,住宅销售额113863[illegible]万元,同比下降7.9%。按户型结构分,90平米及以下销售额255[illegible]70万元,同比下降21.6%;144平米以上销售额9025[illegible]万元,同比下降53.3%。

2012年宜昌市消费品市场需求增强平稳发展

2012年，市委、市政府积极促进流通业、商贸企业的发展和扩大消费出台了一系列鼓励政策。同时努力改善消费环境，招商引资，确保消费品市场持续稳步发展。随着城乡居民收入的较快增长，消费需求不断增强，消费品市场保持了良好的增长态势。全年全市实现社会消费品零售总额739.1亿元，名义增长16.2%，扣除价格因素，实际增长13.5%。

一、全年消费品市场运行的主要特点

1. 消费品零售总额小幅波动增长。今年以来因商品零售价格指数不断回落，消费品零售总额增速也随之上下小幅波动。2012年全市社会消费品零售总额累计完成739.1亿元，增长16.2%。从各月运行趋势看，消费品零售总额呈V型变动，增速呈w型波动。增速高于全省0.2个百分点，在全省增速排名第2位，零售额总量排名第3位。

2. 城乡市场消费差距有所扩大，城区消费占主导。2012年城镇实现零售额636亿元，增长16.7%，农村实现零售额103.1亿元，增长13.5%。城乡增幅相差3.2个百分点，比同期2.5个百分点又扩大了0.7个百分点。其中城区实现零售额586.8亿元，占比高达79.4%；增长19.5%，增速高于全市零售总额3.3个百分点。

3. 新增限上企业(大个体户)家数纳入较快，限上零售额占比逐步提高。截止12月底，全市限额以上企业(大个体户)达到1566家，其中法人企业798家，产业和大个体户768家。2012年新增限上企业(大个体户)215家。限额以上企业实现零售额429.7亿元，增长22.3%，占社会消费品零售总额的比重达到58.1%，比同期提高0.5个百分点。新增限上零售额拉动社会消费品零售总额增长9.9个百分点，贡献率达到61.2%。

4. 批发、零售和餐饮业增速基本呈现同步增长趋势，住宿业增速略低。2012年全市批发业实现零售额86.4亿元，增长17.3%，占零售总额比重11.7%；零售业实现零售额548.8亿元，增长16.2%，占零售总额比重74.3%；餐饮业实现零售额79.4亿元，增长16.2%，占零售总额比重10.7%。而住宿业实现零售额24.5亿元，增长14.1%，占零售总额比重3.3%。住宿业增速比以上3个行业增速分别低3.2、2.1、2.1个百分点。形成以零售业为主导，餐饮业为支撑的消费格局。

5. 消费热点凸显。全市吃、穿、用类商品普遍保持较快增长，市场销售热点纷呈。据对限额以上企业商品零售统计，2012年吃、穿、用零售额分别增长34.5%、21.1%和17.3%，分别高于全市零售额增速18.3个百分点、4.9个百分点和1.1个百分点。市场销售热点主要表现在以下几个方面：

(1)吃穿基本生活消费品增长较快。2012年粮油、食品、饮料、烟酒类商品零售额增长34.5%；粮油食品类零售额增长32.3%。其中肉禽蛋类零售额增长29.1%；水产品类零售额增长31.8%；蔬菜类零售额增长128.8%；干鲜果品类零售额增长34.6%。服装、鞋帽、针纺织品类商品零售额增长21.1%，其中，服装类零售额增长18.2%。

(2)通讯器材升级换代，家用电器智能化程度高成卖点。随着手机升级换代的加速，拥有更大显示屏、更快的芯片和生动逼真的画面成为今年时尚手机的主流，2012年通讯器材类零售额增长22.8%。家用电器智能化提升日新月异，如洗衣机、电视机、电磁炉等智能化程度高已成为新卖点，拉动家用电器类零售额增长20.2%。

(3)住房带动相关类商品热销。随着商品房政策的逐步松动，带动家具类商品热销，2012年家具类零售额增长54.6%；建筑及装潢类商品保持15.8%平稳增长。

(4)投资型、享受型、保健型消费品一直保持较快增长。2012年金银珠宝类商品零售额增长25.1%；文化办公用品类零售额增长25.7%；书报杂志类零售额增长23.8%；化妆品类零售额增长31%；体育娱乐用品类零售额增长56.5%；中西药零售额增长29.1%。

(5)汽车类及相关商品平稳增长。今年因受汽车消费政策的影响和石油及制品类价格的有涨有跌，但零售额仍然保持2位数的增长。2012年汽车类零售额增长10.4%；石油及制品类售额增长15.4%。

6. 旅游拉动消费，假日经济促进增长。2012年随着高铁开通，宜昌旅游业步入较快发展期。2012年全市入境游客32.9万人次，增长32.4%；创汇收入7053.9万美元，增长16.9%；国内旅游达到1606.4万人次，增长36.8%；国内旅游收入195.9亿元，增长42.6%。旅游业较快发展拉动住宿餐饮业稳步增长，全市实现餐饮业79.4亿元，住宿业24.5亿元，分别增长16.2%和14.1%。

假日经济繁荣。“春节”和“十一”黄金周彰显假日效应。据限上重点企业调查，春节期间全市消费品零售总额突破13亿元，增长18%以上；春节黄金周期间全市接待国内外游客56.5万人次，增长61.8%。旅游收入1.9亿元，增长63.1%，呈现红火景象。“十一”黄金周全市共接待国内外游客302万人次，实现旅游总收入16.8亿元，分别增长120.4%和137%，整个黄金周游客接待量和旅游收入均创下历史新高，呈现火爆景象。“十一”黄金周消费品市场供应充足、购买力强劲,实现商品零售额增长16%以上。

7. 县市区消费品市场健康发展。从增长速度看,2012年,有宜都等8个县市区零售额增幅高于全市。从总量上看,零售额达到50亿元以上的有西陵区151.7亿元、伍家区106.8亿元、夷陵区74.4亿元、高新区53.7亿元、宜都市65.7亿元、枝江市79.8亿元和当阳市79.8亿元。山区县与经济较发达的平原县市相比增长速度较低,总量差距较大。商业网点设施的提档升级带动市场繁荣和消费增长。当阳市已建成较高规模的购物与饮食一体商业步行街,首次建成县市一级具有较高档次的第一个商业步行街;宜都市建成即将开业的宜都国际购物广场,引进国内知名的家电零售商和大型生活超市,对周边地区的辐射带动作用增强。

二、2012年保持消费品市场平稳发展的有利因素

1. 今年市委、市政府为促进流通业和商贸企业的发展,出台了《市政府关于实施中小企业成长工程的意见》。同时不断着力于消费环境的改善,加大招商引资力度,商业网点建设长足发展,一批大中型综合性百货商场和大型超市在年内陆续开业。如,国际知名品牌德国麦德龙超市、台湾大润发超市、江苏华润苏果超市、宜化集团便利店6家、国贸百货3家、华祥商业城全面开业等,为宜昌经济可持续发展和城乡消费品市场的繁荣起到重要支撑作用。

2. 城乡居民收入较快增长,居民购买力提高。2012年全市城镇居民人均可支配收入18775元,比去年同期增加2323元,增长14.1%,城镇居民人均消费支出13158.7元,比去年同期多支出1143.8元,增长9.5%。从人均消费支出的主要商品类别看,食品类和衣着类分别增长7.1%和9.4%,占消费支出的53.9%;家庭设备用品增长15.7%;交通和通讯增长24%。

3. 居民消费结构升级,商业业态不断提升。高档消费品走进百姓家庭依然是今年消费品市场的主题。消费结构升级突出在吃类向营养保健型转变,穿类向高档时尚型转变,用类向奢侈享受型转变。随着国内外名店越开越多,一、二线品牌纷至沓来,"奢侈品平民化"的趋势越来越明显。从高档服装、化妆品、金银珠宝受宠,到家用电器、通讯器材名牌产品的热销。德国麦德龙超市的引进,会员制商业业态的出现,提升了宜昌零售业多元化的品质,对拉动消费品市场快速增长起到了重要的促进作用。

三、在消费品市场运行中不可忽视的问题

1. 前期扩内需政策退出影响大宗商品增长。国家取消了对小排量汽车购置税优惠政策,家电"以旧换新"政策的结束、家电下乡政策的逐步退出,对消费的拉动作用逐渐减缓,消费快速增长的动力减弱。占社会消费品零售总额比重较大的大宗商品石油及制品类和汽车类零售额增幅同比明显下降,分别比同期回落15.1和18.3个百分点;家用电器音响器材类零售额增幅比同期下降17个百分点。

2. 购房压力抑制消费。面对商品房价格的不断攀升,部分家庭不得不抑制其他消费,以积攒首付款和支付月供款。据调查队数据显示,1-12月城镇居民人均消费用于居住支出1209元,增长21.4%,是整个人均消费支出商品类别中增长最高的一类。过高的首付款和月供款支出明显改变了消费结构,绝大多数购房贷款家庭对生活消费支出明显受到抑制。

统 计 资 料

TONG JI ZI LIAO

一 综合

GENERAL SURVEY

1—1 自然状况及资源

(2012年)

项目	单位	2012	项目	单位	2012
一、国土面积	平方公里	21084	森林覆盖率	%	65.7
山区	平方公里	14215	3. 水利资源		
丘陵	平方公里	4788	水资源总量	亿立方米	92.41
平原	平方公里	2081	年平均降水量	毫米	1047.70
二、资源			地方水能资源总量	万千瓦	175
1. 土地资源			#可开发量	万千瓦	105
常用耕地面积	千公顷	258.69	4. 矿产资源		
林业用地面积	千公顷	1540.50	矿产种类	种	88
2. 林木资源			#已探明资源储量	种	51
活林木总蓄积量	万立方米	5028.03	5. 旅游资源		
森林蓄积量	万立方米	4942.98	各类旅游资源	处	747
森林面积	千公顷	1394.50	对外开放重点旅游景区	处	49

1—2 分县市行政区划

(2012年)

地区名	乡政府	镇政府	办事处	村民委员会	居民委员会
合计	**21**	**66**	**23**	**1355**	[illegible]
宜都市	2	7	1	123	30
枝江市		8	1	198	18
当阳市		7	3	155	16
远安县	1	6		102	15
兴山县	2	6		89	[illegible]
秭归县	4	8		186	[illegible]
长阳自治县	3	8		154	[illegible]
五峰自治县	3	5		97	11
市区	6	11	18	251	[illegible]
#夷陵区	2	9	1	176	18

1—3　主要年份宜昌市国民经济主要指标

指　　　标	1949	1952	1957	1962	1965	1970	1975	1978	1980	1985
年末总人口(万人)	197.37	208.12	233.93	247.29	267.31	303.14	331.74	343.53	349.95	363.73
常用耕地面积(千公顷)	291.09	294.8	294.8	291.09	294.8	291.09	294.8	291.09	288.75	279.78
地区生产总值(亿元)	1.51	2.05	3.14	3.66	4.51	4.99	6.92	8.81	10.28	24.14
第一产业	1.23	1.61	2.39	2.73	3.37	3.54	4.43	5.27	5.91	11.34
第二产业	0.08	0.12	0.26	0.31	0.41	0.62	1.22	1.83	2.20	7.96
第三产业	0.20	0.32	0.49	0.62	0.73	0.83	1.27	1.71	2.17	4.83
人均地区生产总值(元)	76	99	137	150	171	167	210	258	295	666
规模以上工业增加值(亿元)										
全社会固定资产投资(亿元)	0.0016	0.02	0.07	0.06	0.18	0.99	2.6	5.73	7.27	13.53
地方财政公共预算收入(亿元)		0.0026	0.12	0.26	0.38	0.44	0.9	1.38	1.49	2.89
地方财政公共预算支出(亿元)		0.04	0.16	0.28	0.34	0.44	0.79	1.09	1.37	2.63
社会消费品零售总额(亿元)		0.74	1.31	1.63	1.9	2.92	4.38	5.60	7.31	15.87
进出口总额(万美元)										
#出口										
实际外商直接投资(万美元)										
入境旅游人数(万人次)										
金融机构存款余额(亿元)	0.0019	0.07	0.28	0.71	0.77			3.01	4.75	13.71
#居民储蓄存款余额(亿元)		0.01	0.06	0.14	0.17			0.55	0.90	4.41
金融机构贷款余额(亿元)	0.0001	0.03	0.85	1.53	1.7			5.77	7.72	34.76
商品零售价格总指数(上年=100)								100.5	103.2	106.2
居民消费价格指数(上年=100)								100.3	103.1	106.2
城镇居民人均可支配收入(元)										746
农村居民人均纯收入(元)								137	186	439
农林牧渔业总产值(亿元)	1.25	1.58	2.25	2.72	3.63	5.22	6.31	6.74	7.52	14.90
职工平均工资(元)		350	516	492	548	434	568	569	716	1084

注:地方财政公共预算收入2002年以前口径为地方财政收入。

1—3 续表

指 标	1990	1992	1995	2000	2007	2008	2009	2010	2011	2012
年末总人口(万人)	386.20	392.10	398.39	397.49	401.46	400.83	401.37	398.55	398.84	398.97
常用耕地面积(千公顷)	275.72	269.98	264.98	257.70	227.89	227.63	230.31	230.14	234.98	258.69
地区生产总值(亿元)	62.51	80.68	187.87	358.27	837.01	1043.13	1272.33	1547.32	2140.69	2508.89
第一产业	19.89	22.70	45.58	61.98	110.32	136.99	150.70	176.50	240.81	305.20
第二产业	29.27	35.41	94.25	180.62	443.16	563.73	705.00	890.12	1295.24	1513.08
第三产业	13.34	22.56	48.04	115.67	283.53	342.41	416.63	480.70	604.64	690.61
人均地区生产总值(元)	1625	2065	4728	8993	20754	25855	31475	38181	52673	61517
规模以上工业增加值(亿元)				78.29	374.56	452.22	570.44	747.47	1100.46	1298.90
全社会固定资产投资(亿元)	18.35	30.50	133.79	229.37	390.36	523.46	750.27	949.51	1190.50	1620.98
地方财政公共预算收入(亿元)	5.75	6.96	12.71	26.37	35.57	44.27	54.94	70.24	113.98	153.25
地方财政公共预算支出(亿元)	5.92	7.11	11.90	25.66	79.78	105.30	156.46	195.23	238.09	295.63
社会消费品零售总额(亿元)	24.52	31.80	75.19	139.03	311.34	388.19	470.41	550.79	636.15	739.10
进出口总额(万美元)	396	1499	5395	9813	85516	137128	103479	176746	228860	218954
#出口	396	1488	5326	7216	61153	90502	77643	130216	171622	166306
实际外商直接投资(万美元)			1016	4067	13615	16013	18136	16652	18520	22876
入境旅游人数(万人次)			4.0	13.0	34.1	22.3	17.49	23.23	24.86	32.30
金融机构存款余额(亿元)	35.19	51.16	139.18	299.70	886.39	1002.40	1607.25	1923.14	1751.39	2014.64
#居民储蓄存款余额(亿元)	20.36	30.69	75.29	149.90	397.11	50.48	611.18	727.48	856.67	1033.11
金融机构贷款余额(亿元)	71.96	91.23	168.54	307.60	675.18	698.41	1268.03	1426.81	1212.68	1459.85
商品零售价格总指数(上年=100)	103.7	106.4	118.9	99.2	105.6	105.6	99.7	102.8	105.5	102.4
居民消费价格指数(上年=100)	105.4	108.7	126.0	99.1	106.1	105.5	100.1	102.9	106.0	102.9
城镇居民人均可支配收入(元)	1503	1752	4436	5854	11401	12839	12843	14282	16451	18775
农村居民人均纯收入(元)	591	695	1452	2363	4022	4686	5186	5980	7055	8046
农林牧渔业总产值(亿元)	29.86	34.00	80.26	95.79	182.68	226.75	250.56	294.05	307.05	413.49
职工平均工资(元)	2032	2463	5081	7905	15651	17310	19333	22670	25977	28597

注:1.地方财政公共预算收入2002年以前口径为地方财政收入。2.2011年后规模企业为年主营业务收入2000万元以上的企业。

1—4　宜昌市主要经济指标与全国全省比较

（2012年）

指　　标		单　位	宜昌市	湖北省	全　国
生　产　总　值	总量	亿元	2508.89	22250.16	519322
	增速	%	12.6	11.3	7.8
地方财政公共预算收入	总量	亿元	153.25	1823.05	
	增速	%	34.5	19.4	
城镇居民人均可支配收入	总量	元	18775	20840	24565
	增速	%	14.1	13.4	12.6
农民人均纯收入	总量	元	8046	7852	7917
	增速	%	14.1	13.8	13.5
全社会固定资产投资	总量	亿元	1620.98	16504.17	374676
	增速	%	33.9	27.6	20.3
规模上工业增加值	总量	亿元	1298.90	9552.35	
	增速	%	16.7	14.6	10.0
社会消费品零售总额	总量	亿元	739.10	9196.82	210307
	增速	%	16.2	16.0	14.3
外贸进出口总额	总量	亿美元	21.90	319.59	38668
	增速	%	-4.3	-4.8	6.2
#出　口　额	总量	亿美元	16.63	194.01	20489
	增速	%	-3.1	-0.6	7.9
居民消费价格指数		%	102.9	103.0	102.6
城镇化率		%	53.59	53.50	52.57

1—5 分县市国民经济主要指标

（2012年）

指标	单位	全市	宜都市	枝江市	当阳市	远安县	兴山县
一、国土面积	万平方公里	2.10	0.14	0.13	0.22	0.18	0.23
二、行政建制							
乡政府	个	21	2			1	2
镇政府	个	66	7	8	7	6	5
村民委员会	个	1355	123	198	155	102	8[illegible]
居民委员会	个	283	30	18	16	15	[illegible]
三、人口							
总人口	万人	398.97	39.67	49.29	48.58	19.37	17.[illegible]
人口出生率	‰	8.3	8.4	7.1	7.7	7.7	8.[illegible]
人口死亡率	‰	7.6	10.1	10.4	7.3	9.0	6.[illegible]
人口自然增长率	‰	0.7	-1.6	-3.3	0.4	-1.4	2.[illegible]
四、综合							
地区生产总值	亿元	2508.89	344.74	292.77	302.23	130.10	67.[illegible]1
公共预算收入	万元	1532514	202511	145332	150218	70016	43[illegible]8
公共预算支出	万元	2956297	313749	280735	320672	148400	142[illegible]7
城乡居民储蓄存款余额	万元	10331118	817634	1031559	1040791	426276	2846[illegible]1
五、农业							
年末常用耕地面积	千公顷	258.69	15.80	45.52	53.42	11.91	16.[illegible]6
农林牧渔业从业人员	万人	67.36	4.39	6.44	7.9	3.06	5.[illegible]6
农林牧渔增加值	万元	3052096	351254	610373	623078	158250	97[illegible]0
粮食产量	吨	1603993	110319	331507	511316	100752	58[illegible]19
棉花产量	吨	34793	24	25062	9707		
油料产量	吨	227904	19559	54670	68672	12970	7[illegible]0[illegible]
生猪年末存栏	万头	459.37	50.89	72.18	77.85	29.51	20.85
六、工业							
规模内工业企业单位数	个	1130	212	218	216	58	12
规模内工业增加值	万元	12989041	2119435	1622151	1595165	822455	35[illegible]1[illegible]
利税总额	万元	4541092	309637	347001	318226	127044	12[illegible]656
七、投资							
固定资产投资完成额	万元	16209833	2705871	2273231	2130937	1121421	50[illegible]4[illegible]5
八、贸易							
社会消费品零售额	万元	7391009	656837	797533	797511	270003	1[illegible]538
九、人民生活							
城镇居民人均可支配收入	元	18775	19431	17465	18443	17715	151[illegible]0
农民人均纯收入	元	8046	10415	10496	10445	9153	5623

1—5 续表

指标	单位	秭归县	长阳自治县	五峰自治县	市区	#夷陵区
一、国土面积	万平方公里	0.24	0.34	0.21	0.42	0.34
二、行政建制						
乡政府	个	4	3	3	6	2
镇政府	个	8	8	5	11	9
村民委员会	个	186	154	97	251	176
居民委员会	个	9	7	11	170	18
三、人口						
总人口	万人	38.13	40.64	20.50	125.32	52.13
人口出生率	‰	7.1	10.5	9.7	8.3	7.9
人口死亡率	‰	5.7	9.1	9.7	5.6	5.8
人口自然增长率	‰	1.4	1.4	0.1	2.7	2.2
四、综合						
地区生产总值	亿元	78.77	88.26	44.27		335.09
公共预算收入	万元	47208	43496	17518	812751	202800
公共预算支出	万元	187852	177983	151458	1233111	334933
城乡居民储蓄存款余额	万元	496447	537701	252054	5444045	
五、农业						
年末常用耕地面积	千公顷	23.10	33.65	20.22	38.91	33.52
农林牧渔业从业人员	万人	9.81	11.26	6.18	13.26	9.32
农林牧渔增加值	万元	185707	296142	162311	567151	469775
粮食产量	吨	86703	102190	80543	222544	212043
棉花产量	吨					
油料产量	吨	15297	14271	5662	29395	25747
生猪年末存栏	万头	41.39	54.47	33.60	78.62	64.98
六、工业						
规模内工业企业单位数	个	55	33	19	307	167
规模内工业增加值	万元	241019	182455	95827		2349054
利税总额	万元	34824	38065	39362		531327
七、投资						
固定资产投资完成额	万元	611279	476472	280078	6224401	2580855
八、贸易						
社会消费品零售额	万元	259078	288923	131003	3999583	743894
九、人民生活						
城镇居民人均可支配收入	元	14518	15387	12069	20510	19353
农民人均纯收入	元	4698	4819	4392		9713

1—6 湖北省各市州生产总值

（2012年）

单位:亿元、%

项　　目	2012	比上年增长
宜昌市生产总值	2508.89	12.6
第一产业	305.20	4.6
第二产业	1513.08	14.7
工　业	1386.98	15.2
建筑业	126.10	8.5
第三产业	690.61	11.3
湖北省各市州生产总值		
湖　北　省	22250.16	11.3
武　汉　市	8003.82	11.4
黄　石　市	1040.95	12.0
十　堰　市	955.68	8.2
宜　昌　市	2508.89	12.[illegible]
襄　阳　市	2501.96	12.5
鄂　州　市	560.39	12.1
荆　门　市	1085.26	12.2
孝　感　市	1105.16	12.2
荆　州　市	1196.02	11.1
黄　冈　市	1192.88	10.6
咸　宁　市	760.99	12.2
随　州　市	590.52	12.[illegible]
恩　施　州	482.19	1[illegible]
仙　桃　市	444.20	12.3
潜　江　市	441.76	12.9
天　门　市	321.22	1[illegible].9
神农架林区	16.81	1[illegible].1

注:本表生产总值按当年价格计算,增长速度按可比价格计算。

1—7 主要年份宜昌市各县市区生产总值

单位:万元

项 目	2007	2008	2009	2010	2011	2012
地区生产总值(当年价)						
宜 昌 市	8370100	10431300	12723300	15473200	21406900	25088900
宜 都 市	843813	1104042	1454974	1841508	2738187	3447379
枝 江 市	811548	1031920	1285761	1605719	2327247	2927677
当 阳 市	815149	1063401	1330532	1650539	2406324	3022343
远 安 县	296784	405490	530459	728016	1011302	1300972
兴 山 县	234727	316872	385464	441032	562551	674113
秭 归 县	296445	369707	439642	529033	666904	787729
长阳自治县	330449	401812	474534	561786	752985	882638
五峰自治县	168180	210743	249170	284221	366167	442665
夷 陵 区	880403	1069576	1404411	1821950	2641886	3350906
西 陵 区	2198607	2589637	2606880	2902469	3337332	3741306
伍家岗区	604612	720099	830069	940104	1223452	1464265
点 军 区	191716	223608	234717	270362	317032	370084
猇 亭 区	290020	358464	582346	1006934	1800141	1966292
宜昌高新区	380238	577709	840862	1311802	2244088	2727882
第一产业						
宜 昌 市	1103200	1369900	1507000	1765000	2408100	3052000
宜 都 市	114685	143045	168467	192997	275168	351254
枝 江 市	207550	254299	288524	341003	445578	610373
当 阳 市	231856	281514	299972	350400	480100	623078
远 安 县	58909	76618	79167	91126	124830	158260
兴 山 县	44900	56798	59702	69305	93011	97820
秭 归 县	67275	83391	92956	110018	150484	185707
长阳自治县	95018	129618	142380	169285	234963	296141
五峰自治县	54277	70265	79991	95007	130037	162311
夷 陵 区	166228	199693	224258	270188	369640	469775
西 陵 区	4511	4040	4088	5316	6650	7020
伍家岗区	7382	8717	8295	10689	13330	10432
点 军 区	36452	44279	45335	46370	47808	54936
猇 亭 区	13505	17405	13685	13062	18197	24838
宜昌高新区	628	264	223	205	288	150

1—7 续表 单位:万元

项目	2007	2008	2009	20010	2011	2012
第二产业						
宜昌市	4431600	5637300	7050000	8901200	12952400	15130800
宜都市	429350	567572	821075	1069637	1691411	2127425
枝江市	337232	446720	602658	794032	1279958	1709043
当阳市	324324	445964	605960	792086	1259293	1620449
远安县	160913	230897	340673	483869	679934	873150
兴山县	105361	156578	199556	233885	301269	374018
秭归县	75125	105721	140436	187037	246051	296916
长阳自治县	75590	94080	119694	150975	222473	257739
五峰自治县	47724	57109	70389	77679	100149	120123
夷陵区	364319	514823	760799	1118252	1766174	2209327
西陵区	1578688	1906621	1797993	1964882	2177434	2377423
伍家岗区	204745	247204	275310	280615	350464	413549
点军区	93083	114140	117330	144792	174119	209432
猇亭区	237208	290682	507768	928706	1703162	1853793
宜昌高新区	277833	410335	636684	1092240	1994342	2441290
第三产业						
宜昌市	2835300	3424100	4166300	4807000	6046400	6906130
宜都市	299778	393425	465432	578874	771608	968700
枝江市	266766	330901	394579	470685	601711	605261
当阳市	258969	335923	424599	508053	666931	778816
远安县	76962	97975	110619	153020	206538	269561
兴山县	84466	103496	126207	137842	168271	202275
秭归县	154045	180595	206250	231978	270359	305106
长阳自治县	159841	178114	212460	241526	295549	328757
五峰自治县	66179	83369	98790	111535	135982	150231
夷陵区	349856	355060	419355	433510	506072	671804
西陵区	615408	678976	804800	932271	1153247	1356857
伍家岗区	392486	464178	546463	648801	859559	1043284
点军区	62181	65189	72052	79200	95105	105716
猇亭区	39307	50377	60893	65166	78782	87661
宜昌高新区	101777	167110	203955	219357	249458	285442

1—8 分县市区生产总值构成及指数

（2012年）

单位：%

项目	生产总值	第一产业	第二产业	第三产业
地区生产总值构成				
宜昌市	100	12.2	60.3	27.5
宜都市	100	10.2	61.7	28.1
枝江市	100	20.8	58.4	20.8
当阳市	100	20.6	53.6	25.8
远安县	100	12.2	67.1	20.7
兴山县	100	14.5	55.5	30.0
秭归县	100	23.6	37.7	38.7
长阳自治县	100	33.6	29.2	37.2
五峰自治县	100	36.7	27.1	36.2
夷陵区	100	14.0	65.9	20.0
西陵区	100	0.2	63.5	36.3
伍家岗区	100	0.7	28.2	71.0
点军区	100	14.8	56.6	28.6
猇亭区	100	1.3	94.3	4.5
宜昌高新区	100		89.5	10.5
地区生产总值指数				
宜昌市	112.6	104.6	114.7	111.3
宜都市	114.4	104.8	114.3	117.5
枝江市	113.9	104.9	115.7	116.3
当阳市	113.9	104.8	119.5	110.8
远安县	114.0	104.7	117.0	109.5
兴山县	113.6	104.2	116.1	113.6
秭归县	113.5	104.7	117.2	114.2
长阳自治县	110.0	104.7	113.3	111.0
五峰自治县	110.7	104.7	107.4	117.3
夷陵区	114.0	104.7	125.5	86.1
西陵区	109.6	94.5	106.8	114.8
伍家岗区	113.7	80.2	112.2	114.8
点军区	113.1	104.5	116.3	111.5
猇亭区	106.9	104.8	106.3	116.4
宜昌高新区	113.8	52.1	114.2	111.5

1—9　湖北省各市州主要经济指标完成情况

（2012年）

地区名	地区生产总值		公共财政预算收入		规模以上工业增加值	
	实际数（亿元）	±%	实际数（亿元）	±%	实际数（亿元）	±%
湖北省	**22250.15**	**11.3**	**1823.05**	**19.4**	**9552.35**	**14.[illegible]**
武汉市	8003.82	11.4	828.58	23.1	2711.30	15.2
黄石市	1040.95	12.0	65.64	21.9	537.64	16.6
十堰市	955.58	8.2	76.93	15.3	410.46	6.0
宜昌市	**2508.89**	**12.6**	**153.25**	**34.5**	**1298.90**	**16.7**
襄阳市	2501.96	12.5	139.85	43.6	1233.25	16.7
鄂州市	560.39	12.1	33.02	25.5	325.03	1[illegible].5
荆门市	1085.25	12.2	50.69	28.7	560.12	15.9
孝感市	1105.16	12.2	69.50	34.8	510.95	17.0
荆州市	1195.02	11.1	56.76	28.1	434.06	6.[illegible]
黄冈市	1152.38	10.6	62.92	21.9	346.29	15.9
咸宁市	760.99	12.2	45.82	28.9	360.31	16.6
随州市	590.52	12.0	22.99	34.7	252.93	16.9
恩施州	482.19	11.9	40.43	26.8	100.80	17.0
仙桃市	444.20	12.8	17.14	30.5	218.50	17.6
潜江市	441.76	12.9	16.02	28.1	248.78	16.7
天门市	321.22	12.9	11.00	39.2	150.94	17.5
神农架林区	16.81	11.1	2.44	38.2	4.39	14.5

1—9　续表1

地区名	固定资产投资		社会消费品零售总额		外贸出口总额	
	实际数（亿元）	±%	实际数（亿元）	±%	实际数（万美元）	±%
湖北省	**16504.17**	**27.6**	**9196.82**	**16.0**	**1940062**	**-0.6**
武汉市	5031.25	20.0	3355.08	16.0	1074776	-8.3
黄石市	750.95	25.7	411.51	16.1	110352	6.8
十堰市	702.72	34.5	426.80	16.1	29871	26.7
宜昌市	**1620.98**	**33.9**	**739.10**	**16.2**	**166307**	**-3.1**
襄阳市	1600.09	39.3	800.08	16.1	106530	39.1
鄂州市	450.01	33.6	181.27	15.9	15738	-25.3
荆门市	794.40	34.5	347.01	16.1	46577	21.7
孝感市	980.82	34.5	531.84	16.1	63629	69.2
荆州市	1042.89	35.2	650.54	16.1	92219	19.8
黄冈市	1102.94	33.9	551.00	15.8	34875	36.4
咸宁市	756.45	34.3	281.68	16.3	23234	0.1
随州市	514.73	33.9	273.64	16.0	69596	-22.6
恩施州	406.19	29.2	182.84	16.3	29975	33
仙桃市	241.33	35.5	176.90	16.1	35640	23.6
潜江市	237.06	35.0	115.44	16.1	33471	-3.8
天门市	210.99	35.2	176.79	16.0	5031	23.8
神农架林区	20.02	27.0	5.77	14.8	2241	-0.7

1—9 续表2

地区名	城镇居民人均可支配收入		农民人均纯收入	
	实际数（元）	±%	实际数（元）	±%
湖北省	**20840**	**13.4**	**7852**	**13.8**
武汉市	27061	14.0	11190	14.0
黄石市	19417	14.2	7477	15.3
十堰市	16011	13.0	4566	12.9
宜昌市	**18775**	**14.1**	**8046**	**14.1**
襄阳市	17532	14.2	8684	15.0
鄂州市	19307	13.5	9072	14.7
荆门市	17678	13.9	9387	13.8
孝感市	18091	13.9	7988	13.7
荆州市	17010	13.8	8710	13.7
黄冈市	16765	13.8	6142	12.9
咸宁市	16913	13.7	7505	13.5
随州市	18171	14.5	8419	13.4
恩施州	15058	14.3	4571	16.1
仙桃市	17280	14.8	9076	13.4
潜江市	17451	12.1	8785	14.3
天门市	15685	13.0	8507	14.[illegible]
神农架林区	13567	10.2	5110	10.[illegible]

1—10 长江沿岸同等城市主要经济指标完成情况

（2012年）

城市名称	地区生产总值		公共财政预算收入		规模以上工业增加值	
	实际数（亿元）	±%	实际数（亿元）	±%	实际数（亿元）	±%
湖北宜昌市	**2508.89**	**12.6**	**153.25**	**34.5**	**1298.90**	**16.7**
湖北黄石市	1040.95	12.0	65.64	21.9	537.64	16.6
湖北荆州市	1196.02	11.1	56.76	28.1	434.06	16.8
湖北鄂州市	560.39	12.1	33.02	25.5	325.03	16.5
湖北黄冈市	1192.88	10.6	62.92	21.9	346.29	16.9
重庆万州区	662.86	14.1	41.71	20.6	292.58	16.5
重庆涪陵区	630.53	15.5	37.81	20.4	343.46	17.0
四川宜宾市	1242.76	14.1	82.97	23.4	637.41	17.3
四川攀枝花	740.03	14.0	57.20	15.6	460.10	16.8
四川泸州市	1030.45	14.8	82.79	26.6	461.30	18.0
安徽铜陵市	621.30	11.0	63.60	40.2	408.65	15.2
安徽芜湖市	1873.63	13.8	178.90	26.5	1080.23	17.3
安徽马鞍山	1232.00	12.0	127.80	40.4	538.23	13.7
安徽安庆市	1359.73	11.5	85.60	18.3	476.40	16.2
湖南岳阳市	2199.92	12.2	90.48	22.9	1123.03	14.5
江苏镇江市	2630.05	12.8	215.48	18.5	1427.91	14.8
江苏南通市	4558.67	11.8	419.72	12.3	2273.15	14.4
江苏扬州市	2933.20	11.7	225.00	3.2	1770.37	13.0
江西九江市	1420.10	12.0	141.87	40.4	621.29	14.6

1—10　续表 1

城市名称	固定资产投资		社会消费品零售总额		外贸出口	
	实际数（亿元）	±%	实际数（亿元）	±%	实际数（万美元）	±%
湖北宜昌市	**1620.98**	**33.9**	**739.10**	**16.2**	**166307**	**-3.1**
湖北黄石市	750.95	25.7	411.51	16.1	110352	6.8
湖北荆州市	1042.89	35.2	650.54	16.1	92219	19.8
湖北鄂州市	450.01	33.6	181.27	15.9	15738	-25.3
湖北黄冈市	1102.94	33.9	551.00	15.8	34875	35.4
重庆万州区	410.42	20.4	189.19	18.0	25035	-5.1
重庆涪陵区	439.36	38.7	153.88	18.1	70900	27.5
四川宜宾市	743.30	23.3	434.58	16.2	23532	-1.6
四川攀枝花	463.25	20.8	192.10	16.0	22007	25.4
四川泸州市	671.15	28.0	358.38	16.6	15795	52.8
安徽铜陵市	534.30	29.5	137.24	16.8	35338	51.3
安徽芜湖市	1700.79	25.6	490.20	16.7	337026	24.6
安徽马鞍山	1201.15	25.4	262.94	16.5	120047	-32.[illegible]
安徽安庆市	972.01	21.1	460.56	16.1	100520	67.5
湖南岳阳市	1168.11	35.5	687.40	15.0	20900	15.3
江苏镇江市	1500.67	22.0	761.70	15.7	77400	37.7
江苏南通市	2886.50	21.4	1708.65	15.5	1879000	4.3
江苏扬州市	1733.60	20.9	967.87	14.4	817200	11.6
江西九江市	1326.33	31.1	382.66	16.1	283945	12.6

1—10　续表2

城市名称	城镇居民人均可支配收入		农民人均纯收入	
	实际数（元）	±%	实际数（元）	±%
湖北宜昌市	**18775**	**14.1**	**8046**	**14.4**
湖北黄石市	19417	14.2	7477	15.3
湖北荆州市	17010	13.8	8710	13.7
湖北鄂州市	19307	13.5	9072	14.7
湖北黄冈市	16765	13.8	96142	12.9
重庆万州区	21823	12.9	7573	14.9
重庆涪陵区	22109	14.5	7942	15.8
四川宜宾市	20522	15.6	7771	14.6
四川攀枝花	22808	15.6	8728	14.4
四川泸州市	20746	16.0	7463	14.6
安徽铜陵市	24685	13.1	9847	15.0
安徽芜湖市	23784	13.2	9675	15.0
安徽马鞍山	30937	13.2	10920	14.9
安徽安庆市	20453	13.6	6820	15.6
湖南岳阳市	22210	13.0	8326	17.8
江苏镇江市	30045	12.8	14518	13.2
江苏南通市	28292	12.7	13231	12.8
江苏扬州市	28001	13.0	12686	13.1
江西九江市	20330	13.5	7785	14.9

1—11 中部同等城市主要经济指标完成情况

（2012年）

城市名称	地区生产总值		公共财政预算收入		规模以上工业增加值	
	实际数（亿元）	±%	实际数（亿元）	±%	实际数（亿元）	±%
湖北省宜昌市	**2508.89**	**12.6**	**153.25**	**34.5**	**1298.90**	**16.7**
湖北省襄阳市	2501.96	12.5	139.85	43.6	1233.25	16.7
河南省洛阳市	3001.10	10.0	205.26	15.1	1348.15	12.9
河南省南阳市	2367.20	10.2	103.65	19.0	855.10	16.3
河南省许昌市	1739.00	12.3	90.37	21.8	956.60	17.4
河南省焦作市	1576.20	11.3	85.13	14.3	910.30	14.2
河南省平顶山市	1502.30	6.9	107.53	12.8		8.1
河南省周口市	1592.40	10.7	60.13	23.4	547.12	19.7
河南省商丘市	1418.30	12.1	70.19	24.4	496.50	17.1
河南省安阳市	1592.90	7.5	83.56	8.0	740.20	9.5
河南省新乡市	1613.90	11.4	108.35	19.4		16.2
河南省信阳市	1408.70	10.5	55.46	25.1		15.5
河南省驻马店市	1387.00	10.4	58.91	25.1		15.6
湖南省岳阳市	2199.92	12.2	90.48	22.9	1123.03	14.5
湖南省常德市	2033.50	12.1	106.73	13.7	808.00	15.3
江西省九江市	1420.10	12.0	141.87	40.4	621.29	14.6
江西省赣州市	1508.43	11.9	141.30	28.4	566.97	14.8
安徽省芜湖市	1873.63	13.8	178.90	26.5	1080.23	17.3
安徽省安庆市	1359.73	11.5	85.60	18.3	476.40	16.2
山西省临汾市	1220.30	10.1	110.80	24.3	725.93	13.5

1—11 续表1

城市名称	固定资产投资		社会消费品零售总额		外贸出口额	
	实际数（亿元）	±%	实际数（亿元）	±%	实际数（万美元）	±%
湖北省宜昌市	**1620.98**	**33.9**	**739.10**	**16.2**	**166307**	**-3.1**
湖北省襄阳市	1600.09	39.3	800.08	16.1	106530	39.1
河南省洛阳市	2294.02	23.2	1104.71	15.7	1188920	-19.6
河南省南阳市	1721.11	24.2	1075.99	15.7	81834	-13.7
河南省许昌市	1111.47	23.9	482.38	16.3	159978	20.2
河南省焦作市	1120.21	22.2	437.20	15.4	151234	-3.2
河南省平顶山市	1004.99	23.3	474.58	15.5	28423	-12.6
河南省周口市	931.22	24.1	664.14	16.1	37528	44.6
河南省商丘市	1023.50	23.9	546.08	15.9	16617	0.2
河南省安阳市	1080.53	21.7	469.11	15.4	48418	-15.6
河南省新乡市	1380.32	22.2	540.35	17.1	78720	-13.2
河南省信阳市	1197.52	22.3	592.63	15.8	25649	44.4
河南省驻马店市	817.58	23.4	514.24	15.9	21630	15.5
湖南省岳阳市	1168.11	35.5	687.40	15.0	20900	15.3
湖南省常德市	946.57	37.2	638.77	15.4	32100	64.1
江西省九江市	1326.33	33.1	382.66	16.1	352589	34.3
江西省赣州市	1110.91	35.5	492.42	15.0	283945	12.6
安徽省芜湖市	1700.79	25.6	490.20	16.7	337026	24.6
安徽省安庆市	972.01	21.1	460.56	16.1	100520	67.5
山西省临汾市	822.40	27.5	418.20	16.0	27725	32.0

1—11 续表 2

城市名称	城镇居民人均可支配收入		农民人均纯收入	
	实际数（元）	±%	实际数（元）	±%
湖北省宜昌市	**18775**	**14.1**	**8046**	**14.1**
湖北省襄阳市	17532	14.2	8684	15.0
河南省洛阳市	22636	9.5	7777	11.3
河南省南阳市	19544	10.5	7752	11.3
河南省许昌市	19685	9.3	9819	11.2
河南省焦作市	20136	11.8	10113	13.6
河南省平顶山市	20610	10.0	7518	11.7
河南省周口市	16503	13.2	6199	13.8
河南省商丘市	18312	13.4	6426	14.[illegible]
河南省安阳市	21042	12.6	8618	13.6
河南省新乡市	20159	12.1	8647	14.8
河南省信阳市	17256	10.2	7008	10.9
河南省驻马店市	17671	11.9	6599	13.7
湖南省岳阳市	22210	13.0	8326	17.8
湖南省常德市	20260	13.4	8023	20.4
江西省九江市	20330	13.5	7785	14.9
江西省赣州市	18704	16.5	5301	12.2
安徽省芜湖市	23784	13.2	9675	15.0
安徽省安庆市	20453	13.6	6820	15.5
山西省临汾市	18126	13.6	6899	13.4

主要统计指标解释

行政区划 指国家对行政区域的划分。根据宪法规定，我国的行政区域划分如下：⑴全国分为省、自治区、直辖市；⑵省、自治区分为自治州、县、自治县、市；⑶自治州分为县、自治县、市；⑷县、自治县分为乡、民族乡、镇；⑸直辖市和较大的市分为区、县；⑹国家在必要时设立的特别行政区。

国土 指一个主权国家管辖下的领土、领海和领空。

自然资源 指人类可以直接从自然界获得，并用于生产和生活的物质资源。自然资源一般可以分成可再生资源和非再生资源两大类。可再生资源指在较短时间内可以再生、可以循环利用的资源，包括土地资源、水资源、气候资源、生物资源和海洋资源等。非再生资源指在使用后不能再生的资源，包括矿产资源和地热能源。

土地资源 土地指陆地的表层部分，它主要由岩石、岩石的风化物和土壤构成。土地资源按利用类型可以分为农用地、建筑用地和未利用地。农用地包括耕地、园地、林地、牧草地和水面。建筑用地包括居民点及工矿用地、交通用地和水利设施用地。未利用地指农用地和建筑用地以外的土地，包括滩涂、荒漠、戈壁、冰川和石山等。

耕地面积 指经过开垦用以种植各种农作物并经常进行耕耘的土地面积，包括种有作物的土地面积、休闲地、新开荒地和抛荒未满三年的土地面积。灌溉水田、望天田、水浇地、旱地、菜地等。

林业用地面积 指生长乔木、竹类、灌木、沿海红树林等林木的土地面积，包括有林地、灌木林、疏林地、未成林造林地、迹地、苗圃等。

森林资源 指森林、林木、林地以及依托森林、林木、林地生存的野生动物、植物和微生物。林木指树木和竹子。森林指以乔木为主体的植物群落，是集生的乔木及与共同作用的植物、动物、微生物和土壤、气候等的总体。

活立木总蓄积量 指一定范围内土地上全部树木蓄积的总量，包括森林蓄积、疏林蓄积、散生木蓄积和四旁树蓄积。

森林面积 指由乔木树种构成，郁闭度 0.2 以上（含 0.2）的林地或冠幅宽度 10 米以上的林带的面积，即有林地面积。森林面积包括天然起源和人工起源的针叶林面积、阔叶林面积、针阔混交林面积和竹林面积，不包括灌木林地面积和疏林地面积。

森林蓄积量 指一定森林面积上存在着的林木树干部分的总材积。它是反映一个国家或地区森林资源总规模和水平的基本指标之一，也是反映森林资源的丰富程度、衡量森林生态环境优劣的重要依据。

森林覆盖率 指一个国家或地区森林面积占土地面积的百分比。在计算森林覆盖率时，森林面积包括郁闭度 0.2 以上的乔木林地面积和竹林地面积，国家特别规定的灌木林地面积、农田林网以及四旁（村旁、路旁、水旁、宅旁）林木的覆盖面积。森林覆盖率是反映森林资源的丰富程度和生态平衡状况的重要指标。计算公式为：

森林覆盖率（%）= 森林面积/土地总面积 ×100%

水资源 水在自然界中以固体、液体和气态三种聚集状态存在，分布于海洋、陆地（包括土壤）以及大气之中，通过水循环形成水资源。水资源包括经人类控制并直接可供灌溉、发电、给水、航运、养殖等用途的地表水和地下水，以及江河、湖泊、井、泉、潮汐、港湾和养殖水域等。水资源是发展国民经济不可缺少的重要自然资源。

地表水和地下水 陆地上的水因空间分布不同，可以分为地表水和地下水。地表水指分别存在于河流、湖泊、沼泽、冰川和冰盖等水体中水分的总称，又称陆地水。地下水指储存在地面以下饱和岩土孔隙、裂隙及溶洞中的水。

矿产资源 矿产指由地质作用形成，富集于地壳中或出露于地表达到工农业利用要求的有用矿物。矿产是一种重要的自然资源，是社会发展的重要物质基础。从某种意义上讲，一个国家对矿产资源开发利用的广度和深度，可以作为这个国家经济发展水平的标志。

矿产保有储量 指探明的矿产储量（包括工业储量和远景储量），扣除已开采部分和地下损失量后的年末实有储量，是反映国家矿产资源现状的重要指标。

可比价格 指计算各种总量指标所采用的扣除了价格变动因素的价格，可进行不同时期总量指标的对比。按可比价格计算总量指标有两种方法：一种是直接用产品产量乘某一年的不变价格计算；另一种是用价格指数进行缩减。

不变价格 指以同类产品某年的平均价格作为固定价格，用于计算各年的产品价值。按不变价格计算的产品价值消除了价格变动因素，不同时期对比可以反映生产的发展速度。新中国成立后，随着工农业产品价格水平的变化，国家统计局先后五次制定了全国统一的工业产品不变价格和农业产品不变价格。从1952年到1957年使用1952年工（农）业产品不变价格，从1957年到1970年使用1957年不变价格，从1971年到1980年使用1970年不变价格，从1981年到1990年使用1980年不变价格，从1991年开始使用1990年不变价格。从2000年到2005年使用2000年不变价格；从2005年到2010年使用2005年不变价格；从2011年至今使用2010年不变价格。

地区生产总值（GDP）　指一个国家（或地区）所有常住单位在一定时期内生产活动的最终成果。国内生产总值有三种表现形态，即价值形态、收入形态和产品形态。从价值形态看，它是所有常住单位在一定时期内生产的全部货物和服务价值超过同期中间投入的全部非固定资产货物和服务价值的差额，即所有常住单位的增加值之和；从收入形态看，它是所有常住单位在一定时期内创造并分配给常住单位和非常住单位的初次收入分配之和；从产品形态看，它是所有常住单位在一定时期内最终使用的货物和服务价值与货物和服务净出口价值之和。在实际核算中，国内生产总值有三种计算方法，即生产法、收入法和支出法。三种方法分别从不同的方面反映国内生产总值及其构成。

三次产业　是根据社会生产活动历史发展的顺序对产业结构的划分，产品直接取自自然界的部门称为第一产业，对初级产品进行再加工的部门称为第二产业，为生产和消费提供各种服务的部门称为第三产业。它是世界上较为通用的产业结构分类，但各国的划分不尽一致。

我国的三次产业划分是：

第一产业：农业（包括种植业、林业、牧业、渔业和农林牧渔服务业）。

第二产业：工业（包括采掘业，制造业，电力、煤气及水的生产和供应业）和建筑业。

第三产业：除第一、第二产业以外的其他各业。由于第三产业包括的行业多、范围广，根据我国的实际情况，第三产业可分为两大部分：一是流通部门，二是服务部门。具体又可分为四个层次：

第一层次：流通部门，包括交通运输、仓储及邮电通信业，批发和零售贸易、餐饮业。

第二层次：为生产和生活服务的部门，包括金融、保险业，地质勘查业、水利管理业，房地产业，社会服务业，农、林、牧、渔服务业，交通运输辅助业，综合技术服务业等。

第三层次：为提高科学文化水平和居民素质服务的部门，包括教育、文化艺术及广播电影电视业，卫生、体育和社会福利业，科学研究业等。

第四层次：为社会公共需要服务的部门，包括国家机关、政党机关和社会团体以及军队、警察等。

二 人口与计划生育

POPULATION AND THE PLAN OF BIRTH

2—1 主要年份总人口

单位:万人、万户

年份	总人口	总户数	按性别分	
			男	女
1949	197.37	50.53	98.85	98.52
1950	202.03	51.52	101.41	100.62
1951	205.71	52.56	103.13	102.58
1952	208.12	53.85	104.38	103.74
1955	220.18	54.77	110.25	109.93
1957	233.93	56.43	117.01	116.92
1962	247.29	59.09	122.93	124.36
1965	267.31	59.61	134.07	133.24
1970	303.14	62.70	152.58	150.56
1975	331.74	66.96	169.01	162.73
1976	336.01	68.96	171.40	164.61
1977	340.57	70.39	173.65	166.92
1978	343.53	71.24	174.91	168.63
1979	347.73	73.02	177.44	170.29
1980	349.95	74.45	178.55	171.40
1981	353.14	77.75	180.37	172.77
1982	357.48	80.79	182.60	174.43
1983	359.29	82.93	184.23	175.06
1984	361.63	89.03	185.40	176.23
1985	363.73	88.45	186.31	177.42
1986	369.71	91.52	189.90	179.31
1987	373.74	95.55	192.06	181.68
1988	378.48	98.83	194.52	183.96

2—1 续表

单位:万人、万户

年份	总人口	总户数	按性别分	
			男	女
1989	383.23	102.47	196.96	186.27
1990	386.20	104.99	198.51	187.69
1991	389.34	107.82	200.12	189.22
1992	392.10	110.38	201.85	190.25
1993	394.93	112.62	203.73	191.20
1994	396.34	118.27	204.34	192.00
1995	398.39	116.93	205.61	192.78
1996	399.12	118.21	205.81	193.31
1997	399.67	119.74	206.23	193.44
1998	399.10	121.07	205.64	193.46
1999	399.31	124.32	205.56	193.75
2000	397.49	127.30	204.87	192.62
2001	397.51	129.84	204.45	193.06
2002	397.27	132.57	204.54	192.72
2003	396.89	132.40	204.52	192.37
2004	398.52	136.84	205.66	192.86
2005	398.78	139.93	205.30	193.48
2006	400.23	142.25	205.84	194.38
2007	401.46	144.11	206.37	195.09
2008	400.83	145.68	205.88	194.95
2009	401.37	147.81	205.88	195.49
2010	398.55	149.65	204.12	194.43
2011	398.84	151.46	204.12	194.72
2012	398.97	152.17	204.14	194.82

2—2　主要年份全市人口自然变动

年　份	人口变动数(万人)			变动系数(‰)		
	出生数	死亡数	自然增长数	出生率	死亡率	自然增长率
1955	7.18	2.52	4.66	32.60	11.45	21.15
1957	8.21	1.88	6.33	35.66	8.17	27.49
1962	10.35	2.42	7.93	42.53	9.94	32.59
1965	9.31	3.05	6.26	35.24	11.54	23.70
1970	9.30	2.56	6.74	28.14	8.57	19.57
1975	6.17	2.82	3.35	18.72	8.56	10.16
1976	6.03	2.72	3.31	17.94	8.09	9.85
1977	6.04	2.82	3.22	17.74	8.28	9.46
1978	5.90	2.59	3.31	17.22	7.57	9.68
1979	6.73	2.69	4.04	19.36	7.73	11.63
1980	5.15	2.72	2.43	14.79	7.80	6.97
1981	5.69	2.79	2.90	16.19	7.94	8.25
1982	6.10	2.79	3.31	17.15	7.83	9.32
1983	5.27	2.79	2.48	14.71	7.79	6.92
1984	4.88	2.83	2.05	13.54	7.89	5.59
1985	5.45	2.80	2.65	15.03	7.72	7.31
1986	6.69	2.65	4.04	18.16	7.25	11.02
1987	7.11	2.75	4.36	19.10	7.40	11.73
1988	6.93	2.87	4.06	18.43	7.63	10.80
1989	7.19	2.77	4.42	18.76	7.24	11.46
1990	6.22	2.90	3.32	18.58	7.27	11.42
1991	4.91	2.73	2.18	12.66	7.04	5.62

2—2 续表

年份	人口变动数(万人)			变动系数(‰)		
	出生数	死亡数	自然增长数	出生率	死亡率	自然增长率
1992	4.49	2.83	1.66	11.50	7.20	4.30
1993	4.41	2.82	1.59	11.21	7.16	4.05
1994	4.02	2.77	1.25	10.15	7.01	3.69
1995	3.82	2.89	0.93	9.62	7.27	2.35
1996	3.31	2.82	0.49	8.30	7.08	1.22
1997	3.21	2.69	0.52	8.02	6.74	1.28
1998	3.11	2.87	0.24	7.80	7.20	0.60
1999	2.76	2.49	0.27	6.91	6.24	0.67
2000	3.13	3.00	0.13	7.86	7.54	0.32
2001	2.57	2.35	0.22	6.47	5.92	0.55
2002	2.64	2.14	0.50	6.65	4.56	2.09
2003	2.62	2.37	0.25	6.60	5.97	0.63
2004	2.67	2.46	0.21	6.70	6.17	0.53
2005	2.41	2.09	0.32	6.05	5.24	0.81
2006	2.96	2.00	0.96	7.40	5.00	2.40
2007	3.06	2.77	0.29	7.62	6.90	0.72
2008	3.08	3.17	-0.09	7.69	7.90	-0.21
2009	3.06	3.13	-0.07	7.62	7.8	-0.18
2010	3.30	5.19	-1.89	8.29	13.01	-4.72
2011	2.99	2.70	0.29	7.50	6.76	0.74
2012	3.30	3.04	0.26	8.27	7.62	0.65

2—3 主要年份分县市年末总人口

单位：万人、万户、‰

项　　目	2000	2007	2008	2009	2010	2011	2012
总人口	**397.49**	**401.46**	**400.83**	**401.37**	**398.55**	**398.84**	**398.97**
宜 都 市	38.29	39.41	39.46	39.53	39.44	39.56	39.67
枝 江 市	51.04	50.49	50.07	50.22	49.61	49.64	49.29
当 阳 市	48.22	48.55	48.69	48.53	48.48	48.57	48.58
远 安 县	20.93	19.43	19.42	19.49	19.45	19.44	19.37
兴 山 县	18.86	18.27	18.10	18.12	17.66	17.59	17.47
秭 归 县	39.81	38.73	38.54	38.35	38.25	38.19	38.13
长阳自治县	41.49	41.77	41.24	41.39	40.61	40.73	40.63
五峰自治县	20.77	20.84	20.90	20.95	20.64	20.53	20.50
市 区	118.08	123.97	124.41	124.79	124.41	124.59	125.32
#夷陵区	57.89	51.91	51.96	52.14	51.70	51.92	52.13
男性	**204.87**	**206.37**	**205.88**	**205.88**	**204.12**	**204.12**	**204.14**
宜 都 市	19.45	20.04	20.05	20.05	19.97	20.02	20.07
枝 江 市	25.62	25.35	25.09	25.13	24.82	24.84	24.67
当 阳 市	24.49	24.59	24.62	24.49	24.44	24.48	24.48
远 安 县	10.83	10.07	10.07	10.11	10.08	10.07	10.04
兴 山 县	9.85	9.53	9.45	9.44	9.20	9.16	9.12
秭 归 县	20.66	20.07	19.95	19.83	19.77	19.74	19.71
长阳自治县	21.87	21.93	21.66	21.71	21.29	21.34	21.31
五峰自治县	10.86	10.88	10.90	10.92	10.76	10.71	10.69
市 区	61.24	63.92	64.09	64.20	63.79	63.76	64.05
#夷陵区	30.05	26.79	26.80	26.85	25.59	26.68	26.77
女性	**192.62**	**195.09**	**194.95**	**195.49**	**194.43**	**194.72**	**194.83**
宜 都 市	18.84	19.37	19.41	19.48	19.47	19.54	19.61
枝 江 市	25.42	25.14	24.98	25.09	24.80	24.79	24.63
当 阳 市	23.73	23.96	24.06	24.04	24.04	24.09	24.10
远 安 县	10.10	9.36	9.35	9.39	9.37	9.37	9.32
兴 山 县	9.01	8.74	8.65	8.67	8.46	8.44	8.35
秭 归 县	19.15	18.67	18.58	18.51	18.48	18.46	18.42
长阳自治县	19.62	19.84	19.59	19.67	19.32	19.39	19.33
五峰自治县	9.91	9.96	9.99	10.02	9.9	9.82	9.81
市 区	56.84	60.05	60.34	60.62	60.62	60.83	61.27
#夷陵区	27.84	25.12	25.17	25.29	25.11	25.24	25.36

2—3 续表1 单位:万人、万户、‰

项 目	2000	2007	2008	2009	2010	2011	2012
总户数	**127.30**	**144.11**	**145.68**	**147.81**	**149.65**	**151.46**	**152.17**
宜 都 市	13.18	14.62	14.72	14.83	14.91	14.99	15.00
枝 江 市	17.87	19.06	19.13	19.49	19.58	19.62	19.32
当 阳 市	15.60	18.29	18.60	18.97	19.26	19.49	19.63
远 安 县	5.48	6.69	6.88	7.2	7.52	7.89	8.14
兴 山 县	5.56	6.74	6.79	6.85	6.82	6.84	6.80
秭 归 县	12.75	13.54	13.70	13.94	14.17	14.38	14.44
长阳自治县	12.54	14.37	14.43	14.39	14.73	14.94	14.92
五峰自治县	6.14	6.85	6.95	7.14	7.22	7.32	7.37
市 区	38.18	43.95	44.48	45.00	45.45	45.99	46.55
#夷陵区	19.23	18.85	19.06	19.31	19.48	19.76	19.90
出生人口	**3.13**	**3.06**	**3.08**	**3.06**	**3.30**	**2.99**	**3.30**
宜 都 市	0.26	0.30	0.28	0.30	0.31	0.28	0.33
枝 江 市	0.33	0.35	0.35	0.37	0.38	0.35	0.35
当 阳 市	0.37	0.38	0.36	0.36	0.39	0.34	0.37
远 安 县	0.21	0.14	0.14	0.15	0.16	0.15	0.14
兴 山 县	0.13	0.12	0.13	0.15	0.15	0.12	0.15
秭 归 县	0.27	0.26	0.28	0.30	0.35	0.27	0.27
长阳自治县	0.31	0.45	0.41	0.36	0.40	0.40	0.43
五峰自治县	0.13	0.18	0.17	0.19	0.19	0.16	0.20
市 区	1.12	0.88	0.96	0.88	0.95	0.92	1.04
#夷陵区	0.49	0.33	0.37	0.36	0.37	0.34	0.41
人口出生率	**7.86**	**7.62**	**7.69**	**7.62**	**8.28**	**7.50**	**8.27**
宜 都 市	6.82	7.61	7.06	7.58	7.86	7.14	8.44
枝 江 市	6.35	6.93	6.97	7.35	7.66	7.06	7.10
当 阳 市	7.65	7.83	7.39	7.51	8.04	7.00	7.67
远 安 县	10.08	7.21	7.31	7.72	8.23	7.54	7.68
兴 山 县	6.59	6.57	7.39	8.30	8.49	6.76	8.70
秭 归 县	6.75	6.71	7.24	7.82	9.15	7.01	7.10
长阳自治县	7.55	10.77	9.96	8.64	9.85	9.81	10.54
五峰自治县	6.44	8.64	8.00	8.92	9.21	7.97	9.74
市 区	9.50	7.10	7.74	7.04	7.64	7.40	8.32
#夷陵区	8.46	6.36	7.19	6.99	7.16	6.56	7.95

2—3 续表 2

单位:万人、万户、‰

项 目	2000	2007	2008	2009	2010	2011	2012
死亡人口	**3.00**	**2.77**	**3.17**	**3.13**	**5.19**	**2.70**	**3.04**
宜 都 市	0.32	0.25	0.36	0.35	0.54	0.33	0.40
枝 江 市	0.33	0.76	0.56	0.28	0.64	0.19	0.51
当 阳 市	0.34	0.24	0.31	0.68	0.57	0.36	0.35
远 安 县	0.23	0.15	0.18	0.14	0.26	0.17	0.17
兴 山 县	0.14	0.10	0.24	0.10	0.36	0.10	0.11
秭 归 县	0.37	0.32	0.44	0.57	0.47	0.33	0.22
长阳自治县	0.35	0.25	0.17	0.18	0.67	0.18	0.37
五峰自治县	0.15	0.14	0.12	0.12	0.35	0.20	0.20
市 区	0.76	0.56	0.79	0.70	1.34	0.84	0.71
#夷陵区	0.46	0.30	0.48	0.39	0.88	0.28	0.30
人口死亡率	**7.54**	**6.90**	**7.90**	**7.80**	**13.02**	**6.76**	**7.62**
宜 都 市	8.26	6.34	9.18	8.89	13.69	8.39	10.08
枝 江 市	6.53	15.05	11.24	5.61	12.90	3.81	10.37
当 阳 市	7.07	4.94	6.27	13.96	11.76	7.33	7.26
远 安 县	11.06	7.72	9.38	6.94	13.37	8.78	9.04
兴 山 县	7.40	5.47	13.27	5.79	20.39	5.51	6.35
秭 归 县	9.23	8.26	11.42	14.95	12.29	8.69	5.71
长阳自治县	8.55	5.99	4.09	4.44	16.50	4.32	9.11
五峰自治县	7.14	6.72	5.60	5.93	16.96	9.80	9.68
市 区	6.45	4.52	6.34	5.60	10.77	6.75	5.62
#夷陵区	8.01	5.78	9.25	7.57	17.02	5.32	5.75
人口自然增长率	**0.32**	**0.72**	**-0.21**	**-0.18**	**-4.74**	**0.74**	**0.65**
宜 都 市	-1.44	1.27	-2.12	-1.31	-5.83	-1.25	-1.64
枝 江 市	-0.13	-8.12	-4.26	1.74	-5.24	3.25	-3.27
当 阳 市	0.58	2.88	1.12	-6.45	-3.71	-0.33	0.41
远 安 县	-0.98	-0.51	-2.08	0.78	-5.14	-1.24	-1.36
兴 山 县	0.80	1.09	-5.87	2.51	-11.89	1.25	2.35
秭 归 县	-2.48	-1.55	-4.18	-7.13	-3.14	-1.68	1.39
长阳自治县	-1.00	4.79	5.87	4.20	-6.65	5.48	1.43
五峰自治县	-0.70	1.92	2.40	2.99	-7.75	-1.32	0.05
市 区	3.05	2.58	1.40	1.44	-3.13	0.65	2.70
#夷陵区	0.45	0.58	-2.06	-0.58	-9.86	1.24	2.20

2—4 主要年份分县市符合政策生育率

单位:%

年份	全市	宜都市	枝江市	当阳市	远安县	兴山县	秭归县	长阳自治县	五峰自治县	市区	夷陵区
1992	98.78	98.79	98.84	99.31	99.31	98.47	98.93	98.41	96.06	99.27	98.63
1993	98.64	99.33	99.21	98.57	98.15	98.6	98.36	96.76	97.76	99.65	97.89
1994	98.46	99.34	98.95	98.26	98.83	98.61	98.76	98.56	96.43	99.77	96.93
1995	98.74	99.78	98.26	98.96	98.94	99.08	99.23	98.02	97.42	99.81	98.15
1996	98.84	99.69	97.76	99.16	98.81	98.32	99.00	98.58	97.83	99.72	99.02
1997	98.89	99.56	98.47	99.33	98.22	98.12	99.31	98.83	98.56	99.48	98.14
1998	99.08	99.19	99.14	99.52	99.01	99.17	99.41	98.62	98.50	99.62	98.52
1999	99.15	99.43	99.07	99.07	99.59	98.29	99.25	98.83	98.39	99.70	99.13
2000	99.04	99.43	98.79	99.07	99.01	99.38	99.23	97.79	99.12	99.40	99.00
2001	99.11	99.50	98.78	99.02	99.12	99.2	99.53	97.53	98.61	99.63	99.56
2002	98.96	99.41	98.46	99.03	98.82	99.02	99.19	97.16	98.51	99.57	99.48
2003	98.73	98.81	98.57	98.58	98.26	97.90	99.19	97.59	97.75	99.67	98.83
2004	98.69	98.98	97.03	98.48	98.58	97.84	99.01	98.19	98.69	99.32	98.79
2005	98.12	98.48	97.35	97.79	97.75	97.22	98.57	97.24	96.86	98.83	98.20
2006	98.02	98.23	98.21	97.13	97.04	95.76	98.02	97.59	96.92	98.94	98.38
2007	99.21	98.70	99.34	99.29	99.43	98.28	99.40	99.11	98.52	99.49	99.17
2008	99.21	99.26	98.95	98.99	99.08	98.97	99.57	99.11	98.60	99.45	99.10
2009	99.08	99.48	98.65	99.32	99.48	98.70	99.20	98.25	98.60	99.35	99.10
2010	98.89	98.93	98.53	98.81	99.11	98.50	99.12	99.34	98.87	98.86	98.81
2011	98.62	98.27	97.68	98.08	98.77	98.08	98.07	99.36	98.77	99.04	98.91
2012	98.45	98.60	98.07	98.03	98.75	97.82	97.64	99.33	98.98	98.41	98.86

注:2002年以后"计划生育率"改称为"符合政策生育率"。

主要统计指标解释

人口数 指一定时点、一定地区范围内的有生命的个人的总和。

本篇中的人口数取自市公安局《人口统计年报》表。

出生率(又称粗出生率) 指在一定时期内(通常为一年)平均每千人所出生的人数的比率,一般用千分率表示。计算公式为:

出生率 = 年出生人数/年平均人数 × 1000‰

式中:出生人数指活产婴儿,即胎儿脱离母体时(不管怀孕月数),有过呼吸或其他生命现象。年平均人数指年初、年底人口数的平均数,也可用年中人口数代替。

死亡率(又称粗死亡率) 指在一定时期内(通常为一年)一定地区的死亡人数与同期平均人数(或期中人数)之比,一般用千分率表示。计算公式为:

死亡率 = 年死亡人数/年平均人数 × 1000‰

人口自然增长率 指在一定时期内(通常为一年)人口自然增加数(出生人数减死亡人数)与该时期平均人数(或期中人数)之比,一般用千分率表示。计算公式为:

人口自然增长率 = (本年出生人数 - 本年死亡人数)/年平均人数 × 1000‰ = 人口出生率 - 人口死亡率

总负担系数 指被抚养人口(0 - 14 岁和 65 岁以上人口)与 15 - 64 岁人口的比例。计算公式为:

总负担系数 = 被抚养人口/15 - 64 岁人口 × 100%

负担老年系数 指老年人口(65 岁以上人口)与 15 - 64 岁人口的比例。计算公式为:

负担老年系数 = 老年人口/15 - 64 岁人口 × 100%

负担少年系数 指少年儿童与 15 - 64 岁人口的比例。计算公式为:

负担少年系数 = 少年儿童人口/15 - 64 岁人口 × 100%

三 财政金融

FINANCE

3—1　历年分县市财政收入

（1953—2012 年）

单位：万元

年　份	合　计	宜都市	枝江市	当阳市	远安县	兴山县	秭归县	长阳自治县	五峰自治县	市　区	#夷陵区
1953	146	28	37	28	7	7	6	9	7	17	17
1954	96	15	17	12	3	2	2	3	6	36	16
1955	687	143		57	21	13	31	30	13	379	83
1956	862	233		94	33	27	70	64	21	320	91
1957	1157	265		134	60	44	86	113	44	411	159
1958	2234	332			120	99	211	134	88	1250	172
1959	6545	1174		570	257	161	274	314	188	3607	467
1960	4289	727		277	135	135	235	249	150	2381	[illegible]
1961	2860	506		214	78	62	141	147	84	1628	[illegible]
1962	2632	599		275	93	76	175	192	113	1109	[illegible]
1963	3747	451	615	530	165	111	238	296	181	1160	[illegible]
1964	3665	460	727	550	162	108	226	287	184	961	[illegible]
1965	3873	485	670	561	152	119	202	228	187	1269	[illegible]
1966	3682	370	666	538	137	99	151	158	154	1409	[illegible]
1967	3597	391	644	510	138	102	142	159	147	1364	[illegible]
1968	2699	346	600	487	125	90	147	167	117	620	423
1969	2886	399	629	494	118	88	84	175	112	787	452
1970	4403	521	683	622	162	105	198	181	136	1795	553
1971	4974	633	754	585	237	80	161	164	133	2227	505
1972	7072	714	791	689	289	134	279	255	191	3730	641
1973	8743	793	878	726	308	183	393	306	218	4938	720
1974	8031	783	964	782	317	140	306	354	213	4172	691
1975	9014	898	993	834	339	194	176	237	201	5142	648
1976	9372	945	1057	1021	282	208	304	351	231	4973	635
1977	10674	1033	1079	1112	317	245	365	398	265	5860	728
1978	13830	1174	1177	1053	423	289	470	437	314	8493	910
1980	14873	1238	1198	1124	411	319	403	420	335	9425	910
1981	16308	1363	1249	1327	462	338	440	514	382	10233	1055
1982	18696	1525	1504	2402	548	398	538	662	471	10647	2380

单位:万元

年份	全市	宜都市	枝江市	当阳市	远安县	兴山县	秭归县	长阳自治县	五峰自治县	市区	#夷陵区
1983	20390	1539	1383	3192	621	385	346	621	352	11951	3282
1984	21942	1628	1542	3536	775	420	523	781	421	12316	3091
1985	28862	1949	1979	5024	1516	535	694	986	541	15638	2677
1986	34301	2133	2937	6240	1545	820	815	1059	696	18056	3220
1987	41877	2546	3006	9323	1490	930	1030	1339	919	21294	4006
1988	48929	3075	3536	10218	2061	1361	1259	1854	1259	24306	6094
1989	55056	3582	4407	10130	2596	1665	1488	2232	1577	27379	7252
1990	57548	3789	4819	10552	2958	1932	1526	2428	1621	27923	8163
1991	61851	4020	5304	11191	3290	2301	1889	2642	1699	29515	9152
1992	69555	4376	5333	11748	3458	2605	2479	3930	1869	33757	10117
1993	86570	5343	6586	12513	4185	3411	3050	4642	2142	44698	12125
1994	101781	6236	7692	14791	4505	3996	3702	3749	2181	54929	16166
1995	127067	7790	9942	17202	5172	5095	4932	5996	2708	68230	19078
1996	153826	10362	12591	20224	5739	6557	6436	7124	3507	81286	22838
1997	184427	11121	14773	24288	6967	7610	8075	8835	4275	98483	26198
1998	221318	12749	17015	30588	8417	9157	9567	10448	5020	118357	32267
1999	241550	14410	19149	33096	9019	9808	9824	11818	5580	128846	36516
2000	263664	15744	20562	35890	9526	10686	10099	12289	6070	142798	40566
2001	287766	17966	22464	38436	10018	11548	10927	11001	6629	158777	43916
2002	157320	11408	11189	14738	5025	5198	6141	7724	3339	92558	17250
2003	167412	12801	12330	15776	5604	6042	6063	8034	3355	97407	16781
2004	191296	16510	14189	18441	6506	6035	6690	8727	3276	110922	17851
2005	225251	20164	17509	18780	7808	7698	7709	9600	3636	132347	21674
2006	273685	26772	22767	20721	10018	8308	8690	11287	4161	160961	26979
2007	355709	37954	29618	26588	13056	10758	11261	13364	4782	208328	39128
2008	442701	49803	37458	34128	18226	13111	14236	16841	6002	252896	50619
2009	504963	57280	43125	39260	21000	14950	15950	19200	6850	301755	66058
2010	702435	90005	61138	62721	34686	21089	23781	22108	7988	378909	86668
2011	1139806	142735	100205	103496	50888	32018	38256	34008	13048	625152	142858
2012	1532368	202511	145332	150218	70016	43318	47208	43496	17518	812751	202800

注:2002 年以后各年数据口径为公共财政预算收入。

3—2 历年分县市财政支出

（1953—2012 年）

单位:万元

年 份	合 计	宜都市	枝江市	当阳市	远安县	兴山县	秭归县	长 阳 自治县	五 峰 自治县	市 区	#夷陵区
1953	671	87	32	85	44	54	78	93	49	99	99
1954	759	80	79	79	42	49	71	82	43	234	89
1955	1181	188		94	52	60	87	101	54	545	112
1956	1753	384		160	87	92	146	159	78	647	172
1957	1640	281		150	80	90	138	159	83	659	155
1958	4280	409		280	121	198	219	248	135	2670	226
1959	6715	508		255	169	180	295	370	172	4766	307
1960	6261	617		391	172	229	353	536	173	3790	479
1961	4575	649		471	194	244	440	388	196	1993	473
1962	2782	361		230	111	133	203	206	113	1425	216
1963	3012	214	204	243	134	154	234	252	147	1430	255
1964	2938	243	302	298	129	158	225	230	147	1206	19[illegible]
1965	3439	255	301	262	132	169	218	225	134	1743	28[illegible]
1966	4195	308	318	357	160	189	280	280	175	2128	345
1967	4020	306	273	276	194	222	325	331	191	1902	370
1968	3473	355	256	252	220	220	330	332	214	1294	397
1969	3915	439	354	403	219	243	339	432	239	1247	435
1970	4425	395	345	342	220	279	424	390	236	1794	500
1971	9403	614	4444	562	299	335	518	525	343	1763	750
1972	5897	520	482	547	308	365	539	532	368	2236	6[illegible]
1973	6647	593	495	571	322	373	573	525	405	2790	7[illegible]
1974	6687	643	536	620	428	376	549	584	350	2601	83[illegible]
1975	7921	694	671	854	406	456	792	821	424	2803	922
1976	8376	771	700	902	524	521	778	685	463	3032	934
1977	9087	791	653	787	559	705	828	816	618	3330	995
1978	10897	931	871	1204	563	631	978	889	640	4190	11[illegible]8
1980	13724	1179	1174	1228	793	894	1138	1098	825	5395	1[illegible]61
1981	14017	1135	1160	1157	745	905	1133	1067	744	5971	1[illegible]8
1982	18835	1247	1338	1988	849	1049	1361	1346	961	8696	25[illegible]6

3—2 续表　　　　单位:万元

年　份	合　计	宜都市	枝江市	当阳市	远安县	兴山县	秭归县	长　阳 自治县	五　峰 自治县	市　区	#夷陵区
1983	21521	1434	1552	2489	1070	1059	1595	1452	1055	9815	2920
1984	23587	1570	1557	2851	1254	1384	1511	1732	1211	10517	3022
1985	26320	1852	2008	3803	1972	1222	1887	1977	1322	10277	2810
1986	35549	2437	2642	5324	2244	1793	2233	2712	864	15300	3458
1987	38929	2663	2863	6632	1963	1797	2340	2742	2049	15880	3718
1988	47607	3172	3622	9161	2609	2058	2790	3384	2324	18487	4656
1989	57058	3693	4629	9763	3256	2725	3397	3919	2785	22891	7282
1990	59241	3869	5051	9487	3540	3018	3399	4112	2819	23946	7912
1991	62303	4141	5036	9932	3627	3286	3948	4408	2812	25113	7858
1992	71078	4786	5307	10818	3888	3644	4928	5878	2940	28889	9856
1993	89660	5516	7189	11696	4773	4410	5444	6612	4248	39772	11366
1994	107663	6685	9333	13190	5251	5498	6846	7661	5477	47722	15387
1995	119004	7388	10500	14825	5215	5302	7148	8117	5445	55064	17052
1996	144675	8468	12110	18362	6294	7249	9553	9380	6569	66690	20353
1997	173259	10667	14458	21626	7525	8651	10909	11606	7040	80777	22255
1998	201087	11809	16018	26655	8189	9051	12057	13298	7423	96587	26204
1999	229961	13832	18106	28975	9604	10268	14990	15918	9641	108627	29625
2000	256635	15919	20053	31064	10794	11875	15512	16932	10384	124102	32165
2001	291893	19781	22098	33739	12698	13403	19496	18613	14136	137929	35680
2002	315385	23856	23324	32119	14390	16969	19475	21830	16158	147264	39435
2003	343033	29333	26235	34194	15057	17895	22217	23027	16049	159026	40049
2004	389204	34474	29791	40359	16160	18696	24169	26305	17095	182155	43575
2005	476280	41556	40696	47823	21474	22420	29888	32762	20621	219040	52927
2006	627607	65253	55490	58924	34557	24306	36014	43140	26192	283731	72433
2007	797794	73502	70694	75214	37080	34132	48945	55515	37461	365251	91753
2008	1052989	107304	92525	103482	53059	47936	66228	72310	47064	463081	120516
2009	1564579	157343	140674	150702	83181	71059	100268	110706	69144	681502	189585
2010	1952304	188344	169549	181839	105527	97428	134024	134214	96334	484144	214626
2011	2380913	258448	212785	244325	118343	118316	156072	159031	112668	1000925	266889
2012	2956297	313749	280735	320672	148400	142337	187852	177983	151458	1233111	334933

3—3 分县市区公共财政预算收入

（2012年）

单位:万元

指标	宜昌市	宜都市	枝江市	当阳市	远安县	兴山县	秭归县	长阳自治县	五峰自治县
公共财政预算收入	**1532368**	**202511**	**145332**	**150218**	**70016**	**43318**	**47208**	**43496**	**[illegible]**
税收收入	1203720	150714	107579	109936	52253	31686	37200	31887	[illegible]
国内增值税和消费税	127355	9913	11783	9408	7192	7292	3594	4242	[illegible]
营业税	391565	29609	25023	23118	11934	9020	18563	12151	4290
企业所得税	167783	15921	9597	7992	2607	4351	3200	2604	822
个人所得说	43078	1925	2800	2766	1944	2011	1192	1495	[illegible]
资源税	36713	2561	710	1607	12308	3482	1084	1694	[illegible]
城市维护建设税	64974	4871	5561	4847	1574	1451	2495	1860	470
房产税	25320	3345	1790	2143	556	442	756	588	[illegible]
印花税	14607	1266	1091	794	508	583	286	385	90
城镇土地使用税	32677	6806	3045	3898	1166	242	1006	610	[illegible]
土地增值税	92100	14874	12608	16259	802	415	1422	1111	78
车船税	6064	548	609	665	180	227	215	290	139
耕地占用税	131819	48475	26135	27953	7544	12	341	2585	2370
契税	63406	10571	6797	8460	3893	643	1177	1460	339
烟叶税	5802					1491	1801	793	1717
非税收收入	328648	51797	37753	40282	17763	11632	10008	11609	4077
专项收入	41023	3061	2974	2790	1936	1652	1574	4151	[illegible]
行政事业性收费收入	73331	7263	2980	10669	7550	1682	3669	3819	1075
罚没收入	19209	1373	2604	2216	1034	420	681	711	647
国有资本经营收入	72683	14109	15731	8882		5304		306	80
国有资源(资产)有偿使用收入	86746	18188	12070	15725	6956	600	4034	611	220
其他非税收入	35656	7803	1394		287	1974	50	2011	1154

单位:万元

指　　标	市 区	夷陵区	西陵区	伍家岗区	点军区	猇亭区	宜昌高新区	市 直
公共财政预算收入	**812751**	**202800**	**47538**	**41711**	**7020**	**13100**	**37724**	**462858**
税收收入	669024	152260	44110	38513	5478	12042	23711	392910
国内增值税和消费税	72139	18428	3830	2699	1044	1266	4005	40867
营业税	257857	47795	19898	21865	2528	5511	6676	153584
企业所得税	120619	21687	6902	5005	297	2344	5726	78658
个人所得说	28528	4745	1682	1121	300	598	696	19386
资源税	12935	12693	3		5	74	8	152
城市维护建设税	41845	8824						33021
房产税	15402	1413	1669	600	202	443	1418	9657
印花税	9604	1269	775	401	371	518	523	5747
城镇土地使用税	15692	2105	1280	953	360	878	1209	8907
土地增值税	44531	7686	7840	5641	164	319	693	22188
车船税	3191	727						2464
耕地占用税	16404	13954						2450
契税	30066	10824	217	217	205	87	2748	15768
烟叶税								
非税收收入	143727	50540	3428	3198	1542	1058	14013	69948
专项收入	21994	5354						16640
行政事业性收费收入	34624	13046	797	291	147	462	1218	18663
罚没收入	9523	1350	344	1211	177	73	107	6261
国有资本经营收入	28271	6377				378	4120	17396
国有资源(资产)有偿使用收入	28342	10557	2158	1484	141	145	3535	10322
其他非税收入	20973	13856	129	212	1077		5033	666

3—4 分县市区公共财政预算支出

（2012年）

单位:万元

指　　标	全　市	宜都市	枝江市	当阳市	远安县	兴山县	秭归县	长　阳 自治县	五　峰 自治县
公共财政预算支出	**2956297**	**313749**	**280735**	**320672**	**148400**	**142337**	**187852**	**177983**	[illegible]
一般公共服务	456152	42245	33269	47905	28775	18676	25973	41267	[illegible]
外交									
国防	70		25					10	
公共安全	121653	9339	8853	10239	6266	6687	6369	5687	[illegible]
教育	458187	41957	46709	53162	21445	21880	33187	31258	[illegible]
科学技术	47996	4678	6105	4293	1389	945	2169	947	[illegible]
文化体育与传媒	40378	3257	3618	2854	1439	1307	3805	1766	[illegible]
社会保障和就业	321966	39731	24976	29913	13702	11492	21418	19648	[illegible]
医疗卫生	202991	20611	24460	19651	11856	9420	14814	15529	[illegible]
节能环保	86554	15334	6661	5839	3210	4994	8593	6522	5243
城乡社区事务	165382	43061	15089	13112	5937	1922	2843	5044	[illegible]
农林水事务	338770	38164	41197	45765	24865	22153	31963	26393	[illegible]
交通运输	153692	23997	16224	12777	7624	9089	17891	9727	5516
资源勘探电力信息等事务	196253	3768	30941	42354	4008	9853	1437	476	1405
商业服务业等事务	35126	2621	3515	2465	1156	420	2693	2715	505
金融监管等事务支出	2001	764	371	288	147	200	81	103	47
地震灾后恢复重建支出									
国土资源气象等事务	56697	4352	833	7050	3245	7887	1412	1277	14908
住房保障支出	132517	18686	12419	11281	7909	10871	11904	6904	13781
粮油物资储备管理事务	15050	714	2596	4943	842	740	976	657	617
债务付息支出	7406	413	290	302	366	2274	324	422	1406
其他支出(类)	117456	57	2584	6479	4219	1527		1631	8523

 单位:万元

指 标	市 区	夷陵区	西陵区	伍家岗区	点军区	猇亭区	宜昌高新区	市 直
公共财政预算支出	**1233111**	**334933**	**52137**	**50702**	**32516**	**43976**	**54793**	**664054**
一般公共服务	197623	55981	18725	12009	7941	8321	6203	88443
外交								
国防	35							35
公共安全	64547	11510	3408	1905	1956	1515	200	44053
教育	181452	52895	16641	11306	5639	4236	2515	88220
科学技术	26181	5332	972	1136	242	370	6500	11629
文化体育与传媒	20587	4763	416	209	189	354	20	14636
社会保障和就业	149601	32427	4660	4574	3355	1834	1305	101446
医疗卫生	77386	33527	3200	1993	2419	1723	424	34100
节能环保	30158	11235	179	348	552	2095	21	15728
城乡社区事务	73584	14400	1366	2255	905	979	10401	43278
农林水事务	88558	51391	1223	1743	5602	1100	110	27389
交通运输	50847	16442	50	30	605	277		33443
资源勘探电力信息等事务	102011	22256	900	3117	33	18138	20698	36869
商业服务业等事务	19036	3659	339	30	70			14938
金融监管等事务支出								
地震灾后恢复重建支出								
国土资源气象等事务	15733	4884			1445			9404
住房保障支出	38762	7420			956	2695	259	27432
粮油物资储备管理事务	2965	1641		2	85	14		1223
债务付息支出	1609	468	58	77	52	75	3	876
其他支出(类)	92436	4702		9968	470	250	6134	70912

3—5　金融机构各项存贷款余额

（2012年）

单位：万元、万美元

指　　标	本外币	人民币	外汇
各项存款	**20146406**	**20054860**	**14565**
一、单位存款	9226572	9165752	9676
活期存款	4246159	4191190	8745
定期存款	1829194	1829194	
通知存款	219474	219474	
保证金存款	1825587	1819736	
二、个人存款	10424426	10398359	931
储蓄存款	10356655	1001118	4147
保证金存款	11754	11692	4063
结构性存款	56017	55549	10
三、财政性存款	268858	268858	
四、临时性存款	23142	18484	741
五、委托存款	7763	7763	
六、其他存款	195643	195643	
各项贷款	**14598473**	**14455878**	**22686**
一、境内贷款	14597323	14454728	22686
短期贷款	6028208	5924802	16451
中长期贷款	8379654	8340465	6235
票据融资	187073	187073	
各项垫款	2388	2388	
二、境外贷款	1150	1150	

3—6 中国人民银行信贷收支情况

(2012年)

单位:万元

项　　目	余　额	项　　目	余　额
一、财政存款	229123	一、金融机构贷款及再现贴现	18411
中央财政存款		中资大型银行	
地方财政存款	229123	中资中小型银行	17096
二、金融机构缴存准备金存款	867059	城市信用社	
中资大型银行	15106	农村信用社	
中资中小型银行	613617	财务公司	
城市信用社		外资金融机构	
农村信用社	145923	其他金融机构	1315
财务公司	92413	二、专项贷款	
外资金融机构		三、金银占款	
其他金融机构		四、外汇占款	
三、金融机构特种存款		五、有价证券及投资	
四、邮政储蓄转存款		六、买入返售证券	
五、商业银行划来财政性存款	14485	七、存放金融机构	
六、卖出回购证券			
七、中央银行债券			
八、货币发行			
九、国家资本			
十、其他	-1092256		
资金来源总计	**18411**	**资金运用总计**	**18411**

3—7 主要年份分县市城乡居民储蓄存款余额

单位:万元

县　市　区	2000	2007	2008	2009	2010	2011	2012
合　计	**1494137**	**3959585**	**5047820**	**6088545**	**7274778**	**8566722**	**10331118**
宜 都 市	114411	322691	424738	494448	593225	684501	817634
枝 江 市	157212	411567	527795	627436	729071	848885	1031559
当 阳 市	168028	420708	549970	629874	734505	881893	1040791
远 安 县	65254	152058	200706	233603	292531	356274	426276
兴 山 县	33780	97933	126665	159231	190168	229714	284611
秭 归 县	55810	158574	201703	234503	296788	394854	496447
长阳自治县	50818	188914	240173	279605	340581	439511	537701
五峰自治县	24605	83611	105548	125184	154386	200485	252054
市　　区	824219	2123529	2368664	3304661	3943523	4530605	5444045
#夷 陵 区	141402	396900	301858	623716	738458		

3—8 宜昌市国税局税收完成情况

（2012年）　　　　单位：万元

县市区	税收收入合计	增值税	消费税	涉外企业所得税	企业所得税
合计	**1225157**	**510598**	**110252**	**31812**	**549880**
县市小计	496877	295421	81835	15668	100265
宜都市	67211	39681	13	10594	25197
枝江市	73891	47655	11881	1592	11101
当阳市	87860	37658	31475	1681	15508
远安县	34744	28814	763	113	3825
兴山县	32122	29191	39	52	2092
秭归县	19706	14442	22	3	4114
长阳自治县	22364	16987	9	8	3546
五峰自治县	8515	7172	47		1018
夷陵区	150464	73821	37586	1625	33864
市区小计	728280	215177	28417	16144	449615
西陵区	76685	38339	3805	2517	34541
伍家岗区	40100	27256	74	2187	12770
点军区	10870	10447		129	37[illegible]
猇亭区	36970	13942	1	3700	2301[illegible]
宜昌高新区	62490	38789	8487	2236	152[illegible]4
三峡坝区	466173	86404	16050	5375	36370[illegible]

县市区	个人储蓄利息所得税	车购税	出口退税	省级收入	本级收入
合计	**61**	**54366**	**-49000**	**24**	**2437[illegible]**
县市小计	48	19308	-24341	19	1142[illegible]
宜都市	6	2314	-10619	2	20[illegible]1
枝江市	7	3247	-6898	3	16[illegible]6
当阳市	8	3211	-1009	3	156[illegible]7
远安县	2	1340	-342	1	8[illegible]57
兴山县	2	798	-36	1	8[illegible]53
秭归县	5	1123	-1754	2	53[illegible]7
长阳自治县	7	1815	-939	3	5[illegible]79
五峰自治县	3	275	-72	1	2[illegible]4
夷陵区	8	5185	-2672	3	32[illegible]84
市区小计	13	35058	-24659	5	129[illegible]58
西陵区			-7770		[illegible]72
伍家岗区			-10003		1[illegible]734
点军区		50	-1082		9754
猇亭区		16	-4201		1[illegible]97
宜昌高新区			-1603		1[illegible]78
三峡坝区	13			5	[illegible]86[illegible]

3—9 宜昌市地税局分单位税收完成情况

（2012年）

单位:万元

县 市 区	税收收入合计	中央级收入	地方级收入	教育费附加
全市合计	**1102718**	**142603**	**960115**	**31027**
县市小计	644910	72061	572849	16590
宜都市	142343	11651	130692	2369
枝江市	103261	11935	91326	2559
当阳市	101133	6834	94299	1902
远安县	48018	4532	43486	1267
兴山县	31821	8288	23533	1355
秭归县	36011	4119	31892	901
长阳自治县	30227	4020	26207	1470
五峰自治县	12590	1353	11237	359
夷陵区	139506	19329	120177	4408
市区小计	457808	70542	387266	14437
市直	159398	28985	130413	6773
西陵区	102703	12299	90404	2299
伍家岗区	104887	15548	89339	2336
宜昌高新区	46783	7575	39208	1952
猇亭区	34853	4515	30338	721
点军区	9184	1620	7564	356

主要统计指标解释

财政收入 指国家财政参与社会产品分配所取得的收入，是实现国家职能的财力保证。财政收入所包括的内容几经变化，目前主要包括：

（1）各项税收：包括增值税、营业税、消费税、土地增值税、城市维护建设税、资源税、城市土地使用税、印花税、个人所得税、企业所得税、关税、农牧业税和耕地占用税等。

（2）专项收入：包括征收排污费收入、征收城市水资源费收入、教育费附加收入等。

（3）其他收入：包括基本建设贷款归还收入、基本建设收入、捐赠收入等。

（4）国有企业计划亏损补贴：这项为负收入，冲减财政收入。

财政支出 国家财政将筹集起来的资金进行分配使用，以满足经济建设和各项事业的需要，主要包括：

（1）基本建设支出：指按国家有关规定，属于基本建设范围内的基本建设有偿使用、拨款、资本金支出以及经国家批准对专项和政策性基建投资贷款，在部门的基建投资额中统筹支付的贴息支出。

（2）企业挖潜改造资金：指国家预算内拨给的用于企业挖潜、革新和改造方面的资金。包括各部门企业挖潜改造资金和企业挖潜改造贷款资金，为农业服务的县办“五小”企业技术改造补助，挖潜改造贷款利息支出。

（3）地质勘探费用：指国家预算用于地质勘探单位的勘探工作费用，包括地质勘探管理机构及其事业单位经费、地质勘探经费。

（4）科技三项费用：指国家预算用于科技支出的费用，包括新产品试制费、中间试验费、重要科学研究补助费。

（5）支援农村生产支出：指国家财政支援农村集体（户）各项生产的支出。包括对农村举办的小型农田水利和打井、喷灌等的补助费，对农村水土保持措施的补助费，对农村举办的小水电站的补助费，特大抗旱的补助费，农村开荒补助费，扶持乡镇企业资金，农村农技推广和植保补助费，农村草场和畜禽保护补助费，农村造林和林木保护补助费，农村水产补助费，发展粮食生产专项资金。

（6）农林水利气象等部门的事业费用：指国家财政用于农垦、农场、农业、畜牧、农机、林业、森工、水利、水产、气象、乡镇企业的技术推广、良种推广（示范）、动植物（畜禽、森林）保护、水质监测、勘探设计、资源调查、干部训练等项费用，园艺特产场补助费，中等专业学校经费，飞播牧草试验补助费，营林机构、气象机构经费，渔政费以及农业管理事业费等。

（7）工业交通商业等部门的事业费：指国家预算支付给工交商各部门用于事业发展的经费，包括勘探设计费、中等专业学校经费、技术学校经费、干部训练费。

（8）文教科学卫生事业费：指国家预算用于文化、出版、文物、教育、卫生、中医、公费医疗、体育、档案、地震、海洋、通讯、电影电视、计划生育、党政群干部训练、自然科学、社会科学、科协等项事业的经费支出和高技术研究专项经费。主要包括工资、补助工资、福利费、离退休费、助学金、公务费、设备购置费、修缮费、业务费、差额补助费。

（9）抚恤和社会福利救济费：指国家预算用于抚恤和社会福利救济事业的经费。包括由民政部门开支的烈士家属和牺牲病残人员家属的一次性、定期抚恤金，革命伤残人员的抚恤金，各种伤残补助费，烈军属、复员退伍军人生活补助费，退伍军人安置费，优抚事业单位经费，烈士纪念建筑物管理、维修费，自然灾害救济事业费和特大自然灾害灾后重建补助费等。

（10）国防支出：指国家预算用于国防建设和保卫国家安全的支出，包括国防费、国防科研事业费、民兵建设以及专项工程支出等。

（11）行政管理费：包括行政管理支出，党派团体补助支出，外交支出，公安安全支出，司法支出，法院支出，检察院支出和公检法办案费用补助。

（12）价格补贴支出：指经国家批准，由国家财政拨给的政策性补贴支出。主要包括粮食加价款，粮、棉、油差价补贴，棉花收购价外奖励款，副食品风险基金，市镇居民的肉食价格补贴，平抑市价肉食、蔬菜价差补贴等以及经国家批准的教材课本、报刊新闻纸等价格补贴。

中央财政收入和地方财政收入 指按财政体制划分的中央本级收入和地方本级收入。1994 年分税制财政体制以后，属于中央财政的收入包括关税、海关代征消费税和增值税，消费税，中央企业所得税，地方银行和外资银行及非银行金融企业所得税，铁道、银行总行、保险总公司等集中缴纳的营业税、所得税、利润和城市维护建设税，增值税的75%部分，证券交易税（印花税）50%部分和海洋石油资源税。属于地方财政的收入包括营业税，地方企业所得税，个人所得税，城镇土地使用税，固定资产投资方向调节税，城镇维护建设税，房产税，车船使用税，印花税，屠宰税，农牧业税，农业特产税，耕地占用税，契税，增值税25%部分，证券交易税（印花税）50%部分和除海洋石油资源税以外的其他资源税。

中央财政支出和地方财政支出 指根据政府在经济和社会活动中的不同职责，划分中央和地方政府的责权，按照政府的责权划分确定的支出。中央财政支出包括国防支出，武装警察部队支出，中央级行政管理费和各项事业费，重点建设支出以及中央政府调整国民经济结构、协调地区发展、实施宏观调控的支出。地方财政支出主要包括地方行政管理和各项事业费，地方统筹的基本建设、技术改造支出，支援农村生产支出，城市维护和建设经费，价格补贴支出等。

预算外资金收支 预算外资金指国家机关、事业单位和社会团体为履行或代行政府职能，依据国家法律、法规和具有法律效力的规章而收取、提取和安排使用的未纳入国家预算管理的各种财政性资金。其范围主要包括：法律、法规规定的行政事业性收费、基金和附加收入等；国务院或省级人民政府及其财政、计划（物价）部门审批的行政事业性收费；国务院及财政部审批建立的基金、附加收入等；主管部门所属单位集中上缴资金；用于乡镇政府开支的乡自筹和乡统筹资金；其他未纳入预算管理的财政性资金。社会保障基金在国家财政尚未建立社会保障预算制度以前，先按预算外资金管理制度进行管理，专款专用。财政部门在银行开设统一的专户，用于预算外资金收入和支出管理。部门和单位的预算外收入必须上缴同级财政专户，支出由同级财政按预算外资金收支计划和单位财务收支计划统筹安排，从财政专户中拨付，实行收支两条线管理。

信贷资金 指金融机构以信用方式积聚和分配的货币资金。金融机构信贷资金的来源有各项存款、对国际金融机构负债、流通中货币、银行自有资金及当年结益等；信贷资金的运用有各项贷款、黄金占款、外汇占款、财政借款及在国际金融机构中的资产等。

存款 指企业、机关、团体或居民根据资金必须收回的原则，把货币资金存入银行或其他信用机构保管并取得一定利息的一种信用活动形式。根据存款对象的不同可划分为企业存款、财政存款、机关团体存款、基本建设存款、城镇储蓄存款、农村存款等科目。它是银行信贷资金的主要来源。

贷款 指银行或其他信用机构根据资金必须归还的原则，按一定利率，为企业、个人等提供资金的一种信用活动形式。我国银行贷款分为流动资金贷款、固定资产贷款、城乡个体工商户贷款以及农业贷款等科目。

四 从业人员和工资

EMPLOYMENT AND WAGES

4—1 全市就业基本情况

单位:万人、%

指　　标	2000	2005	2006	2007	2008	2009	2010	2011	2012
从业人员合计	**201.1**	**215.2**	**216.8**	**216.9**	**217.1**	**217.0**	**225.1**	**226.5**	**225.0**
第一产业	97.2	92.6	91.8	86.5	81.9	81.2	79.8	77.3	74.9
第二产业	42.1	49.1	50.1	52.0	53.9	54.0	63.4	64.9	65.2
第三产业	61.9	73.5	74.9	78.4	81.3	81.8	81.9	84.3	84.9
城镇从业人员	76.1	89.1	90.1	92.4	93.9	96.0	101.7	104.4	108.5
职工人数	37.70	38.46	39.85	46.75	49.42	51.1	57.3	65.6	70.C
城镇登记失业率	3.50	4.30	4.21	4.14	4.30	4.24	3.10	3.10	3.10

4—2 主要年份职工人数与工资

单位:万人、元

年　　份	职工人数	人均工资	#企业人均工资
2000	37.70	7905	7512
2001	35.95	8777	8330
2002	36.38	9299	8511
2003	36.42	9954	9229
2004	36.88	10636	9808
2005	38.46	11826	10934
2006	39.85	12731	11834
2007	46.75	15651	14531
2008	49.42	17310	16099
2009	51.10	19333	17998
2010	57.30	22670	21477
2011	65.60	25977	25145
2012	70.01	28697	27451

注:2007 年及以后职工人数包含全部私营单位从业人员。

4—3 全市城镇全部在岗职工人数与工资

（2012年）

指　　标	年末人数（人）	工资总额（万元）	职工平均工　资（元/人）
合　　计	**700077**	**1974335**	**28697**
其中：企业	508829	1365116	27451
按国民经济行业分组			
农、林、牧、渔业	7279	23899	35204
采矿业	32908	87047	27165
制造业	169234	443524	26617
电力、煤气 及水的生产供应业	12447	33385	27550
建筑业	59870	133704	23241
交通运输、仓储及邮政业	27629	79803	22820
信息传输、计算机服务和软件业	4250	29477	20734
批发和零售业	77754	176448	28717
住宿和餐饮业	15784	26674	24083
金融业	11006	47527	44351
房地产业	32566	134886	43058
租赁和商务服务业	32998	90272	28142
科学研究、技术服务和地质勘查业	30577	87499	29070
水利、环境和公共设施管理业	16927	53607	30223
居民服务和其他服务业	7340	15172	21859
教育	50078	130444	26137
卫生、社会保障和社会福利业	23169	89059	35309
文化、体育和娱乐业	11896	34369	30004
公共管理和社会组织	76365	257539	34023

4—4　全市城镇单位在岗职工人数与工资(不含私营)

(2012年)

指　　标	年末人数（人）	工资总额（万元）	职工平均工资（元/人）
合　计	**406083**	**1396996**	**34412**
其中：企业	223297	806839	36117
按国民经济行业分组			
农、林、牧、渔业	3808	17985	48846
采矿业	11775	33765	29995
制造业	71177	236524	33010
电力、煤气及水的生产供应业	8259	27284	34053
建筑业	17982	58063	33884
交通运输、仓储及邮政业	4783	17842	37562
信息传输、计算机服务和软件业	2627	10233	38983
批发和零售业	34251	126001	37037
住宿和餐饮业	4306	14934	34204
金融业	10026	46084	46564
房地产业	23789	114264	49949
租赁和商务服务业	20542	66232	[illegible]
科学研究、技术服务和地质勘查业	25107	75922	[illegible]
水利、环境和公共设施管理业	15451	50747	[illegible]
居民服务和其他服务业	3376	11227	[illegible]
教育	45955	122642	[illegible]
卫生、社会保障和社会福利业	21810	86472	[illegible]
文化、体育和娱乐业	9914	31375	[illegible]
公共管理和社会组织	71145	249401	[illegible]

4—5 全市城镇私营单位从业人员人数与工资

（2012年）

指　　标	年末人数（人）	工资总额（万元）	从业人员平均工资（元/人）
合　计	**275896**	**531608**	**20119**
其中：企业	275896	531608	20119
按国民经济行业分组			
农、林、牧、渔业	2858	4744	18807
采矿业	20612	51474	25400
制造业	94781	198325	21646
电力、煤气 及水的生产供应业	3391	4751	14568
建筑业	41594	74851	18641
交通运输、仓储及邮政业	22760	61764	20495
信息传输、计算机服务和软件业	1458	18801	16453
批发和零售业	41674	45429	17722
住宿和餐饮业	11419	11612	17457
金融业	458	565	17780
房地产业	8264	19234	24389
租赁和商务服务业	11799	18520	17110
科学研究、技术服务和地质勘查业	3732	5975	17248
水利、环境和公共设施管理业	1135	1840	17553
居民服务和其他服务业	3963	3944	10992
教育	3220	5842	19110
卫生、社会保障和社会福利业	975	1627	17248
文化、体育和娱乐业	1453	1962	17553
公共管理和社会组织	350	347	10992

4—6 城镇单位派遣工人数与工资

（2012年）

指　　　标	年末人数（人）	工资总额（万元）	派遣工平均工资（元/人）
合　　计	**18098**	**45731**	**25705**
其中：企业	9636	26669	27595
按国民经济行业分组			
农、林、牧、渔业	613	1170	20025
采矿业	521	1808	34637
制造业	3276	8676	25859
电力、煤气 及水的生产供应业	797	1351	15938
建筑业	294	790	32904
交通运输、仓储及邮政业	86	197	23464
信息传输、计算机服务和软件业	165	444	26879
批发和零售业	1829	5018	28034
住宿和餐饮业	59	128	22121
金融业	522	877	17507
房地产业	513	1387	24599
租赁和商务服务业	657	5520	32416
科学研究、技术服务和地质勘查业	1738	5602	32233
水利、环境和公共设施管理业	341	1020	30000
居民服务和其他服务业	1	1	12000
教育	903	1961	21615
卫生、社会保障和社会福利业	384	960	27034
文化、体育和娱乐业	529	1032	20030
公共管理和社会组织	4870	7791	7101

4—7 历年职工人数与工资

（1978－2012 年）

单位:万人、元

年　　份	职工人数	人均工资	#企业人均工资
1978	33.70	569	
1979	33.32	631	
1980	34.31	716	
1981	35.36	752	
1982	37.42	776	
1983	39.13	785	
1984	41.62	936	
1985	45.53	1084	
1986	46.75	1227	
1987	48.53	1353	
1988	50.32	1597	
1989	50.38	1809	
1990	51.48	2032	
1991	53.39	2174	
1992	55.13	2463	
1993	54.42	3228	
1994	54.05	4401	4153
1995	54.57	5081	4972
1996	53.88	5550	5464
1997	52.96	5876	5749
1998	44.73	6586	6390
1999	41.99	7157	6693
2000	37.70	7905	7512
2001	35.95	8777	8380
2002	36.38	9299	8511
2003	36.42	9954	9229
2004	36.88	10636	9808
2005	38.46	11826	10984
2006	39.85	12731	11834
2007	46.75	15651	14531
2008	49.42	17310	16099
2009	51.10	19333	17998
2010	57.30	22670	21477
2011	65.60	25977	25145
2012	70.01	28697	27451

注:1998 年起为在岗职工口径;2007 年起含全部私营单位。

主要统计指标解释

经济活动人口 指在16岁以上，有劳动能力，参加或要求参加社会经济活动的人口；包括从业人员和失业人员。从业人员指从事一定社会劳动并取得劳动报酬或经营收入的人员，包括全部职工、再就业的离退休人员、私营业主、个体户主、私营和个体从业人员、乡镇企业从业人员、农村从业人员、其他从业人员（包括民办教师、宗教职业者、现役军人等）。这一指标反映了一定时期内全部劳动力资源的实际利用情况，是研究我国基本国情国力的重要指标。

各单位的从业人员 指在各级国家机关、政党机关、社会团体及企业、事业单位中工作，取得工资或其他形式的劳动报酬的全部人员。包括在岗职工、再就业的离退休人员、民办教师以及在各单位中工作的外方人员和港澳台方人员、兼职人员、借用的外单位人员和第二职业者。不包括离开本单位仍保留劳动关系的职工。各单位的从业人员反映了各单位实际参加生产或工作的全部劳动力。

城镇私营和个体从业人员 城镇私营从业人员指在工商管理部门注册登记，其经营地址设在县城关镇（含城关镇）以上的私营企业从业人员；包括私营企业投资者和雇工。城镇个体从业人员指在工商管理部门注册登记，并持有城镇户口或在城镇长期居住，经批准从事个体工商经营的从业人员；包括个体经营者和在个体工商户劳动的家庭帮工和雇工。

城镇登记失业人员 指有非农业户口，在一定的劳动年龄内，有劳动能力，无业而要求就业，并在当地就业服务机构进行求职登记的人员。

城镇登记失业率 指城镇登记失业人数同城镇从业人数与城镇登记失业人数之和的比。计算公式为：

城镇登记失业率＝城镇登记失业人数/（城镇从业人数＋城镇登记失业人数）×100%

职工 指在国有经济、城镇集体经济、联营经济、股份制经济、外商和港、澳、台投资经济、其他经济单位及其附属机构工作，并由其支付工资的各类人员，不包括返聘的离退休人员、民办教师、在国有经济单位工作的外方人员和港、澳、台人员（1998年以后的数据均为在岗职工数据，其他相关指标如职工工资总额，职工平均工资等指标也从1998年按此口径进行了相应调整）。

在岗职工 指在本单位工作并由单位支付工资的人员，以及有工作岗位，但由于学习、病伤产假等原因暂未工作，仍由单位支付工资的人员。

职工工资总额 指各单位在一定时期内直接支付给本单位全部职工的劳动报酬总额。工资总额的计算原则应以直接支付给职工的全部劳动报酬为根据。各单位支付给职工的劳动报酬以及其他根据有关规定支付的工资，不论是计入成本的还是不计入成本的，不论是按国家规定列入计征奖金税项目的，还是未列入计征奖金税项目的，不论是以货币形式支付的还是以实物形式支付的，均包括在工资总额内。

奖金 指支付给职工的超额劳动报酬和增收节支的劳动报酬。

津贴和补贴 指为了补偿职工特殊或额外的劳动消耗和因其他特殊原因支付给职工的津贴，以及为了保证职工工资水平不受物价影响支付给职工的物价补贴。

职工平均工资 指企业、事业、机关单位的职工在一定时期内平均每人所得的货币工资额。它表明一定时期职工工资收入的高低程度，是反映职工工资水平的主要指标。计算公式为：

职工平均工资＝报告期实际支付的全部职工工资总额/报告期全部职工平均人数

职工平均工资指数 指报告期职工平均工资与基期职工平均工资的比率，是反映不同时期职工货币工资水平变动情况的相对数。计算公式为：

职工平均工资指数＝报告期职工平均工资/基期职工平均工资

职工平均实际工资指数 职工平均实际工资指扣除物价变动因素后的职工平均工资。职工平均实际工资指数是反映实际工资变动情况的相对数，表明职工实际工资水平提高或降低的程度。计算公式为：

职工平均实际工资指数＝报告期职工平均工资指数/报告期城镇居民消费价格指数×100%

五 物价指数

PRICE INDICES

5—1 主要年份各种价格指数

（上年同期 = 100）

单位:%

指　　标	2007	2008	2009	2010	2011	2012
商品零售价格总指数	**105.6**	**105.6**	**99.7**	**102.8**	**105.5**	**102.4**
宜　都　市	105.8	105.1	100.8	103.6	106.3	102.6
枝　江　市	104.5	104.2	99.2	103.7	105.3	101.9
当　阳　市	104.6	105.6	98.7	104.2	105.3	102.6
远　安　县	105.1	106.5	99.7	103.2	105.8	102.5
兴　山　县	105.7	108.3	99.3	103.6	105.6	102.2
秭　归　县	105.5	108.5	99.5	103.3	106.0	102.7
长阳自治县	105.3	105.7	99.1	103.6	105.7	103.4
五峰自治县	105.4	107.0	99.6	104.6	106.2	101.9
夷　陵　区	106.0	106.4	99.7	102.6	105.1	102.5
市　　　区	104.8	105.1	99.8	102.1	105.4	102.4
居民消费价格总指数	**106.1**	**105.5**	**100.1**	**102.9**	**106.0**	**102.9**
宜　都　市	105.7	105.7	101.5	102.8	106.3	102.5
枝　江　市	105.4	104.6	100.1	103.0	105.4	101.6
当　阳　市	104.9	104.9	99.1	102.8	105.4	102.8
远　安　县	105.5	106.2	100.5	102.8	105.8	102.6
兴　山　县	105.6	107.2	99.9	102.8	105.8	102.3
秭　归　县	105.7	106.5	100.7	102.9	105.6	102.9
长阳自治县	105.7	105.4	99.8	102.8	105.6	103.4
五峰自治县	106.7	106.2	100.0	103.8	105.5	102.3
夷　陵　区	105.6	105.3	100.4	102.2	105.4	103.0
市　　　区	106.4	105.1	100.1	103.1	106.8	103.4
服务项目价格指数	**102.0**	**101.3**	**99.4**	**101.6**	**103.5**	**101.4**
宜　都　市	100.4	103.1	102.1	100.7	103.5	99.9
枝　江　市	103.2	100.9	100.1	100.1	100.8	99.4
当　阳　市	101.5	100.5	100.1	100.4	103.5	100.9
远　安　县	103.6	102.1	100.4	102.1	103.1	102.0
兴　山　县	100.7	101.2	99.9	100.2	102.6	100.2
秭　归　县	102.6	98.5	100.9	101.2	101.4	101.1
长阳自治县	101.8	101.0	99.9	100.5	101.9	101.3
五峰自治县	103.7	102.2	100.7	101.2	100.4	102.5
夷　陵　区	99.9	99.7	99.9	100.0	103.5	102.0
市　　　区	103.7	102.4	98.3	103.6	105.5	102.3
农业生产资料价格指数	**109.8**	**120.3**	**95.2**	**101.7**	**111.0**	**104.1**
宜　都　市	108.4	122.5	96.1	101.3	112.0	104.2
枝　江　市	106.0	119.0	85.7	101.4	116.9	102.6
当　阳　市	109.4	114.8	97.6	100.3	109.1	104.2
远　安　县	107.8	115.1	98.6	100.7	114.1	111.5
兴　山　县	105.1	128.2	94.8	101.8	113.5	103.4
秭　归　县	106.8	116.1	100.2	103.6	109.9	101.9
长阳自治县	105.8	116.7	99.9	99.8	111.9	105.5
五峰自治县	114.9	126.2	94.7	106.3	116.8	102.2
夷　陵　区	114.0	124.9	91.5	101.9	105.4	102.8
市　　　区						

注:本表中市区不含夷陵区。

5—2 主要年份各种价格定基指数

(1990 年 = 100)

单位:%

指标	2007	2008	2009	2010	2011	2012
商品零售价格总指数	**231.8**	**244.8**	**244.0**	**251.0**	**264.8**	**271.2**
宜都市	211.0	221.8	223.6	231.6	246.2	252.6
枝江市	220.2	229.5	227.7	236.2	248.7	253.4
当阳市	219.4	231.7	228.7	238.3	250.9	257.4
远安县	205.5	218.9	218.2	225.2	238.3	244.3
兴山县	218.4	236.5	234.8	243.2	256.8	262.4
秭归县	246.8	267.7	266.4	275.0	291.5	299.4
长阳自治县	212.5	224.6	222.5	230.5	243.7	251.9
五峰自治县	224.7	240.4	239.5	250.4	266.0	271.1
夷陵区	226.4	240.9	240.2	246.4	259.0	265.4
市区	257.1	270.3	269.7	275.5	290.3	297.5
居民消费价格总指数	**306.4**	**323.3**	**323.6**	**333.0**	**352.9**	**363.1**
宜都市	256.1	270.7	274.8	282.5	300.3	307.8
枝江市	281.9	294.9	295.2	304.0	320.5	325.6
当阳市	270.6	283.8	281.3	289.1	304.8	313.3
远安县	278.4	295.6	297.1	305.4	323.2	331.7
兴山县	271.9	291.5	291.2	299.3	316.7	324.0
秭归县	316.4	337.0	339.3	349.2	368.7	379.5
长阳自治县	272.9	287.7	287.1	295.1	311.7	322.2
五峰自治县	297.3	315.7	315.7	327.7	345.7	353.7
夷陵区	264.4	278.5	279.6	285.7	301.2	310.1
市区	340.5	357.9	358.2	369.3	394.5	407.9
服务项目价格指数	**829.0**	**839.7**	**834.7**	**848.1**	**877.7**	**889.9**
宜都市	597.1	615.7	628.6	633.0	655.1	654.3
枝江市	909.4	917.5	918.5	919.4	926.7	920.8
当阳市	594.5	597.4	598.0	600.4	621.4	627.0
远安县	714.8	729.8	732.7	748.1	771.3	786.7
兴山县	614.3	621.7	621.1	622.3	638.5	639.7
秭归县	715.1	704.4	710.8	719.3	729.4	737.2
长阳自治县	659.6	666.2	665.6	668.9	681.6	690.6
五峰自治县	861.1	880.0	886.2	896.8	900.4	923.1
夷陵区	778.3	776.0	775.2	775.2	802.4	818.8
市区	784.4	803.2	789.5	817.9	862.9	883.0
农业生产资料价格指数	**217.1**	**261.2**	**248.6**	**252.9**	**280.7**	**292.2**
宜都市	222.9	273.0	262.4	265.8	297.7	310.1
枝江市	206.1	245.2	210.2	213.1	249.1	255.6
当阳市	214.5	246.2	240.3	241.1	263.0	274.3
远安县	214.6	247.0	243.6	245.3	279.8	312.1
兴山县	205.3	263.2	249.5	254.0	288.3	298.2
秭归县	255.7	296.8	297.4	308.1	338.6	345.1
长阳自治县	189.2	220.8	220.5	220.1	246.3	260.0
五峰自治县	244.2	308.1	291.8	310.2	362.3	370.2
夷陵区	227.6	284.3	260.1	265.0	279.3	287.1
市区						

注:本表中市区不含夷陵区。

5—3 分县市区商品零售价格指数

（2012年，上年=100）

单位：%

项目	全市	宜都市	枝江市	当阳市	远安县	兴山县
商品零售价格总指数	**102.4**	**102.6**	**101.9**	**102.6**	**102.5**	**102.2**
一、食品类	106.1	106.7	103.9	105.8	106.0	105.5
1. 粮食	104.7	107.0	112.8	106.5	102.5	103.5
2. 淀粉	104.2	120.2	103.0	100.5	100.0	100.4
3. 干豆类及豆制品	103.0	110.4	94.3	111.2	95.6	99.3
4. 油脂	106.8	106.1	107.2	105.7	102.6	108.4
5. 肉禽及其制品	104.3	108.8	103.1	104.5	105.7	102.8
(1)食用畜肉及副产品	102.6	103.7	98.1	100.8	105.5	101.4
(2)禽	108.5	117.5	115.7	110.3	104.7	106.8
(3)肉禽加工制品	106.4	115.1	105.4	111.2	107.5	105.0
6. 蛋	101.0	82.0	110.8	101.4	102.8	107.4
7. 水产品	112.2	112.4	110.0	108.6	112.8	103.2
(1)鱼	113.9	113.4	113.0	112.7	112.0	102.9
(2)其它水产品	107.9	108.8	100.2	94.6	115.7	103.9
8. 菜	115.7	111.0	102.5	110.9	115.3	126.9
9. 调味品	101.6	100.1	101.1	100.8	103.4	106.1
10. 糖	101.8	100.3	97.8	105.8	100.4	99.9
11. 干鲜瓜果	102.9	101.9	96.3	107.6	105.5	103.8
12. 糕点饼干面包	103.2	101.6	101.1	102.7	108.5	102.2
13. 液体乳及乳制品	101.3	103.1	98.7	101.2	100.0	100.2
14. 在外用膳食品	106.4	107.2	102.7	105.3	104.1	101.8
15. 其它食品	102.7	102.6	100.0	102.4	112.8	106.7
二、饮料、烟酒	101.0	100.7	100.3	101.0	102.8	100.7
1. 茶及饮料	101.4	100.4	100.8	101.3	104.9	102.3
(1)茶叶	101.7	100.0	101.0	105.2	106.3	107.8
(2)饮料	101.3	100.5	100.7	99.3	104.1	100.6
2. 烟草	100.0	100.0	100.0	100.0	100.0	100.0
3. 酒	102.3	102.1	100.2	102.3	105.0	101.1
三、服装、鞋帽类	101.5	101.4	99.5	103.4	100.9	103.4
1. 服装	101.8	102.0	99.7	103.6	100.7	104.3
(1)男式服装	102.1	102.2	106.0	104.7	100.2	106.5
(2)女式服装	101.9	101.0	97.4	102.5	101.4	101.8
(3)儿童服装	100.3	105.0	88.4	104.1	100.0	108.0
2. 鞋袜帽	101.0	100.0	98.9	103.6	101.5	101.2
(1)鞋	101.1	100.0	98.6	104.0	101.8	101.3
(2)袜子	100.1	99.8	100.0	101.6	100.0	100.0
(3)帽子	100.4	100.0	102.1	100.0	100.0	98.4
3. 其它	99.0	99.0	99.3	100.0	100.0	100.0

5—3　续表 1　　　　单位:%

项　　目	秭归县	长阳自治县	五峰自治县	夷陵区	市　区
商品零售价格总指数	**102.7**	**103.4**	**101.9**	**102.5**	**102.4**
一、食品类	107.0	106.8	104.3	104.9	106.7
1. 粮食	104.0	105.1	103.7	98.3	103.3
2. 淀粉	100.0	101.6	100.0	102.0	101.3
3. 干豆类及豆制品	98.9	110.4	102.8	98.2	102.1
4. 油脂	103.6	106.6	106.0	108.0	107.4
5. 肉禽及其制品	108.0	104.3	103.6	104.4	102.6
(1)食用畜肉及副产品	110.6	104.0	102.6	104.5	102.1
(2)禽	102.8	100.9	102.9	98.7	103.9
(3)肉禽加工制品	104.5	110.8	111.0	107.5	103.7
6. 蛋	101.3	100.5	108.2	105.4	102.1
7. 水产品	105.5	113.6	107.8	115.4	113.8
(1)鱼	105.1	116.0	106.0	113.0	116.4
(2)其它水产品	106.7	106.3	117.0	120.8	108.2
8. 菜	123.6	110.1	116.6	111.8	120.0
9. 调味品	102.6	103.3	100.0	96.2	103.0
10. 糖	100.0	102.0	100.3	107.8	102.1
11. 干鲜瓜果	105.9	105.6	93.9	90.8	105.5
12. 糕点饼干面包	102.8	100.4	100.0	105.7	103.7
13. 液体乳及乳制品	100.4	100.0	104.5	103.3	101.0
14. 在外用膳食品	106.9	111.0	101.2	106.7	107.2
15. 其它食品	99.8	100.0	107.2	102.2	102.8
二、饮料、烟酒	100.0	100.1	101.7	99.6	101.5
1. 茶及饮料	100.1	100.1	107.3	97.4	102.3
(1)茶叶	100.4	100.0	100.0	102.0	101.0
(2)饮料	99.9	100.2	112.1	95.8	102.8
2. 烟草	100.0	100.0	100.0	100.0	100.0
3. 酒	100.0	100.1	100.0	100.0	103.7
三、服装、鞋帽类	101.6	100.7	100.8	105.0	101.6
1. 服装	102.1	100.3	100.1	108.0	101.6
(1)男式服装	101.2	100.0	100.1	105.8	102.4
(2)女式服装	103.0	100.2	100.1	110.2	101.6
(3)儿童服装	101.1	101.7	100.0	105.9	99.2
2. 鞋袜帽	100.5	101.8	102.6	96.6	101.8
(1)鞋	100.2	102.0	103.0	96.2	102.0
(2)袜子	102.1	100.6	100.0	100.0	99.8
(3)帽子	100.0	102.3	100.0	100.0	99.4
3. 其它	74.2	100.0	100.0	100.0	98.3

注:本表中市区不含夷陵区。

单位:%

项　　　目	全　市	宜都市	枝江市	当阳市	远安县	兴山县
四、纺织品类	100.6	102.3	100.3	100.0	101.0	100.0
1. 衣着材料	102.8	106.4	100.9	102.4	102.9	100.0
2. 床上用品	99.6	100.2	100.0	98.7	100.0	100.0
五、家用电器及音像器材	99.1	97.6	99.7	97.2	100.4	100.0
1. 家庭设备	100.4	99.1	102.5	98.6	100.8	100.0
2. 文娱用耐用消费品	97.2	94.8	94.9	94.4	100.0	99.9
3. 音像器材类	98.8	100.0	100.0	99.6	100.0	100.0
六、文化办公用品	99.6	100.0	100.0	99.2	100.0	103.5
七、日用品	101.5	101.2	99.8	103.1	100.0	101.5
1. 日用百货	100.5	100.3	99.2	106.0	100.0	100.1
2. 日用杂品	101.0	100.0	100.0	103.9	100.3	100.7
3. 洗涤用品	103.9	102.8	100.0	100.0	100.0	104.8
4. 其它日用品	100.7	101.5	100.6	101.8	100.0	100.2
八、体育娱乐用品	99.8	100.0	100.0	104.3	100.0	100.0
1. 体育用品	99.0	100.0	100.0	102.2	100.0	100.1
2. 娱乐用品	100.5	100.0	100.0	106.2	100.0	100.0
九、交通、通信用品	93.5	92.1	99.5	94.8	100.0	94.5
1. 交通运输机械	99.6	100.0	100.0	100.7	100.0	100.0
2. 通讯器材类	86.1	84.0	98.9	88.6	100.0	86.8
十、家具	97.7	100.0	100.3	106.8	100.0	99.8
十一、化妆品类	100.8	100.0	92.7	102.9	100.0	100.9
十二、金银珠宝类	99.8	104.0	101.2	96.9	99.0	97.0
十三、中西药品及医疗保健用品类	103.8	100.9	102.0	103.3	102.7	100.4
1. 医疗器具及用品	102.4	101.0	99.3	101.7	98.7	100.0
2. 中药材及中成药	109.4	104.2	111.0	109.3	107.7	100.8
3. 西药	100.7	97.9	95.8	99.5	100.3	100.2
4. 保健器具及用品	99.4	104.3	93.6	101.2	100.0	100.0
十四、书报杂志及电子出版物类	102.4	106.4	114.8	102.6	100.4	99.8
1. 教材及参考书	105.4	112.4	129.5	104.4	100.9	100.0
2. 书报杂志	100.6	101.0	100.0	101.5	100.0	100.0
3. 电子音像制品	98.1	100.0	100.0	100.0	100.0	98.9
十五、燃料类	103.0	104.4	104.2	102.5	102.2	103.5
1. 煤炭及制品类	105.0	109.3	108.3	101.1	100.2	112.5
2. 石油及制品类	102.6	103.0	103.1	103.2	102.8	102.3
十六、建筑材料及五金电料类	101.6	100.7	98.8	99.0	99.0	99.3
1. 建筑装璜材料	101.0	99.1	98.5	98.3	98.7	99.0
2. 五金电料类	103.4	106.5	100.0	101.2	100.0	100.3

5—3 续表3

单位:%

项目	秭归县	长阳自治县	五峰自治县	夷陵区	市区
四、纺织品类	99.8	100.0	100.0	100.5	100.2
1. 衣着材料	100.0	100.0	100.0	102.4	102.5
2. 床上用品	99.7	100.0	100.0	99.8	99.5
五、家用电器及音像器材	100.8	101.9	100.7	99.8	99.1
1. 家庭设备	101.3	103.8	101.2	99.6	100.5
2. 文娱用耐用消费品	100.0	98.8	100.0	100.0	97.3
3. 音像器材类	100.0	100.0	100.0	100.0	96.9
六、文化办公用品	97.3	100.0	100.0	95.1	100.1
七、日用品	100.3	104.3	100.0	100.0	102.0
1. 日用百货	99.9	100.3	100.0	100.0	100.1
2. 日用杂品	100.1	100.0	100.0	100.0	101.2
3. 洗涤用品	101.1	115.2	100.0	100.0	106.2
4. 其它日用品	99.9	100.0	100.0	100.0	100.5
八、体育娱乐用品	100.1	100.0	100.0	99.6	99.1
1. 体育用品	100.3	100.0	100.0	98.9	97.7
2. 娱乐用品	100.0	100.0	100.0	100.0	100.1
九、交通、通信用品	91.9	99.9	100.0	96.2	90.9
1. 交通运输机械	99.0	100.0	100.0	100.0	99.1
2. 通讯器材类	85.3	99.7	100.0	91.8	79.4
十、家具	100.0	100.0	100.4	100.4	94.2
十一、化妆品类	100.0	100.9	101.6	99.6	102.1
十二、金银珠宝类	100.5	99.7	110.8	98.3	98.5
十三、中西药品及医疗保健用品类	105.7	105.2	100.0	108.1	104.4
1. 医疗器具及用品	98.0	100.0	100.0	105.1	105.3
2. 中药材及中成药	111.6	113.8	99.7	101.8	112.2
3. 西药	102.2	99.9	100.0	113.9	100.2
4. 保健器具及用品	100.3	101.6	101.5	100.0	98.5
十四、书报杂志及电子出版物类	100.2	105.5	100.9	99.8	99.7
1. 教材及参考书	100.3	111.5	101.2	100.5	100.0
2. 书报杂志	100.0	100.0	100.8	100.0	100.8
3. 电子音像制品	100.0	100.0	100.0	97.9	96.9
十五、燃料类	103.5	103.4	101.9	103.1	102.5
1. 煤炭及制品类	104.4	102.9	100.0	107.6	104.4
2. 石油及制品类	103.2	103.6	102.5	102.5	102.3
十六、建筑材料及五金电料类	102.3	99.5	100.6	101.6	103.8
1. 建筑装璜材料	102.8	99.3	100.8	99.9	103.7
2. 五金电料类	100.5	100.0	100.0	106.1	104.0

注:本表中市区不含夷陵区。

5—4 分县市区居民消费价格指数

（2012 年，上年 = 100）

单位：%

项目	全市	宜都市	枝江市	当阳市	远安县	兴山县
居民消费价格总指数	**102.9**	**102.5**	**101.6**	**102.8**	**102.6**	**102.3**
非食品价格指数	101.4	100.6	100.5	101.4	101.2	100.8
服务项目价格指数	101.4	99.9	99.4	100.9	102.0	100.2
扣除鲜菜鲜果总指数	102.5	102.2	101.7	102.5	102.2	101.5
消费品价格指数	103.4	103.4	102.2	103.3	102.8	103.1
一、食品	106.0	106.6	103.8	105.7	105.8	105.4
1. 粮食	104.9	107.0	112.8	106.5	102.6	103.5
2. 淀粉	104.4	120.2	103.0	100.5	100.0	100.4
3. 干豆类及豆制品	102.9	110.4	94.3	111.2	95.3	99.3
4. 油脂	106.7	106.1	107.2	105.7	102.8	108.4
5. 肉禽及其制品	104.5	108.3	102.6	104.5	105.4	102.8
(1)食用畜肉及副产品	102.7	103.7	98.1	100.8	105.1	101.4
(2)禽	108.5	117.5	115.7	110.3	104.5	106.8
(3)肉禽加工制品	106.5	115.1	105.4	111.2	107.9	105.0
6. 蛋	100.7	82.0	110.8	101.4	102.8	107.4
7. 水产品	112.0	112.5	110.2	108.6	112.8	103.2
(1)鱼	113.6	113.4	113.0	112.7	112.0	102.9
(2)其它水产品	107.9	108.8	100.2	94.6	115.7	103.9
8. 菜	115.8	111.0	102.5	110.9	115.3	126.9
鲜菜	117.7	114.3	103.1	113.1	118.3	128.1
9. 调味品	101.7	100.1	101.1	100.8	103.4	106.1
10. 糖	101.5	100.3	97.8	105.8	100.4	99.9
11. 茶及饮料	101.6	100.4	100.8	101.3	104.6	102.3
(1)茶叶	101.6	100.0	101.0	105.2	106.3	107.8
(2)饮料	101.6	100.5	100.7	99.3	103.6	100.6
12. 干鲜瓜果	103.0	101.9	96.3	107.6	105.4	103.8
鲜果	102.4	100.8	95.3	104.0	106.9	102.3
13. 糕点饼干	103.2	101.6	101.1	102.7	108.5	102.2
14. 液体浮及乳制品	101.2	103.1	98.7	101.2	100.0	100.2
15. 在外用膳食品	106.3	107.2	102.7	105.3	103.9	101.8
16. 其它食品	102.9	102.6	100.0	102.4	112.8	106.7
二、烟酒及用品	100.8	100.7	100.1	100.9	101.8	100.4
1. 烟草	100.0	100.0	100.0	100.0	100.0	100.0
2. 酒	102.3	102.1	100.2	102.3	105.0	101.1
三、衣着	101.7	101.7	99.4	103.8	101.0	103.4
1. 服装	101.7	102.0	99.6	104.0	100.8	104.3
(1)男式服装	102.0	102.2	106.0	105.1	100.2	106.5
(2)女式服装	101.7	101.0	97.4	102.8	101.5	101.8
(3)儿童服装	100.3	105.0	88.4	104.5	100.0	108.0
2. 衣着材料	102.8	106.4	100.9	102.4	102.9	100.0
3. 鞋袜帽	101.0	100.0	98.9	103.6	101.5	101.[illegible]
(1)鞋	101.1	100.0	98.6	104.1	101.8	101.[illegible]
(2)袜子	100.1	99.8	100.0	101.6	100.0	100.[illegible]
(3)帽子	100.4	100.0	102.1	100.0	100.0	98.4
4. 衣着加工服务	109.0	102.5	100.0	102.8	100.6	100.0

项目	秭归县	长阳自治县	五峰自治县	夷陵区	市区
居民消费价格总指数	**102.9**	**103.4**	**102.3**	**103.0**	**103.4**
非食品价格指数	101.1	101.8	101.3	102.1	101.8
服务项目价格指数	101.1	101.3	102.5	102.0	102.3
扣除鲜菜鲜果总指数	102.3	103.1	102.1	102.9	102.7
消费品价格指数	103.5	104.0	102.2	103.3	103.9
一、食品	106.8	106.7	104.4	104.7	106.6
1. 粮食	104.0	105.1	103.7	98.3	103.3
2. 淀粉	100.0	101.6	100.0	102.0	101.3
3. 干豆类及豆制品	98.9	110.4	102.9	98.2	102.1
4. 油脂	103.6	106.6	106.1	108.0	107.4
5. 肉禽及其制品	108.0	104.3	103.9	104.4	102.6
(1)食用畜肉及副产品	110.6	104.0	102.8	104.5	102.1
(2)禽	102.8	100.9	102.7	98.7	103.9
(3)肉禽加工制品	104.5	110.8	110.9	107.5	103.7
6. 蛋	101.3	100.5	108.4	105.4	102.1
7. 水产品	105.5	113.6	108.2	115.4	113.8
(1)鱼	105.1	116.0	105.9	113.0	116.4
(2)其它水产品	106.7	106.3	117.1	120.8	108.2
8. 菜	123.6	110.1	116.4	111.8	120.0
鲜菜	126.8	111.4	117.3	112.9	121.5
9. 调味品	102.6	103.3	100.0	96.2	103.0
10. 糖	100.0	102.0	100.3	107.8	102.1
11. 茶及饮料	100.1	100.1	107.8	97.4	102.3
(1)茶叶	100.4	100.0	100.0	102.0	101.0
(2)饮料	99.9	100.2	111.7	95.8	102.8
12. 干鲜瓜果	105.9	105.6	93.9	90.8	105.5
鲜果	103.4	107.2	93.9	87.8	106.3
13. 糕点饼干	102.8	100.4	100.0	105.7	103.7
14. 液体浮及乳制品	100.4	100.0	104.6	103.3	101.0
15. 在外用膳食品	106.9	111.0	101.4	106.7	107.2
16. 其它食品	99.8	100.0	107.2	102.2	102.8
二、烟酒及用品	100.0	100.0	100.0	100.0	101.4
1. 烟草	100.0	100.0	100.0	100.0	100.0
2. 酒	100.0	100.1	100.0	100.0	103.7
三、衣着	102.1	100.8	101.2	106.1	101.8
1. 服装	102.1	100.3	100.1	108.0	101.6
(1)男式服装	101.2	100.0	100.1	105.8	102.4
(2)女式服装	103.0	100.2	100.1	110.2	101.6
(3)儿童服装	101.1	101.7	100.0	105.9	99.2
2. 衣着材料	100.0	100.0	100.0	102.4	102.5
3. 鞋袜帽	100.5	101.8	102.6	96.6	101.8
(1)鞋	100.2	102.0	103.0	96.2	102.0
(2)袜子	102.1	100.6	100.0	100.0	99.8
(3)帽子	100.0	102.3	100.0	100.0	99.4
4. 衣着加工服务	131.3	105.8	122.2	169.0	107.0

注:本表中市区不含夷陵区。

5—4　续表2　　　　　　　　　　　　　　　　　　　　　　　　　单位:%

项　　　目	全　市	宜都市	枝江市	当阳市	远安县	兴山县
四、家庭设备用品及维修服务	100.7	100.3	101.0	101.1	101.0	102.3
1. 耐用消费品	99.7	99.3	101.8	101.1	100.6	99.9
(1)家具	98.0	100.0	100.3	106.5	100.0	99.8
(2)家庭设备	100.4	99.1	102.4	98.6	100.8	100.0
2. 室内装饰品	100.8	103.4	100.0	100.3	101.0	101.3
3. 床上用品	100.0	102.0	100.0	99.7	100.2	100.0
4. 家庭日用杂品	102.4	100.8	100.0	101.8	100.1	102.7
5. 家庭服务及加工维修服务	102.8	102.8	100.0	101.0	109.2	115.8
五、医疗保健和个人用品	102.4	100.5	99.3	101.7	101.8	100.3
1. 医疗保健	103.0	100.2	101.2	102.2	101.9	100.3
(1)医疗器具及用品	102.4	101.0	99.3	101.7	98.7	100.0
(2)中药材及中成药	109.5	104.2	111.0	109.3	107.7	100.8
(3)西药	100.5	97.9	95.8	99.5	100.3	100.2
(4)保健器具及用品	99.3	104.3	93.6	101.1	100.0	100.0
(5)医疗保健服务	101.4	99.6	100.0	100.1	100.0	100.0
2. 个人用品及服务	101.0	101.0	95.1	101.0	101.4	100.3
(1)化妆美容用品	99.3	100.0	88.8	103.3	100.0	100.0
(2)清洁化妆用品	101.8	100.0	97.5	101.7	100.0	102.2
(3)个人饰品	99.8	103.0	99.0	96.5	101.4	98.8
(4)个人服务	102.8	101.3	96.4	101.4	104.2	100.0
六、交通和通讯	98.4	97.7	98.2	100.0	101.7	98.9
1. 交通	98.7	98.6	97.0	101.6	103.1	99.4
(1)交通工具	100.1	100.0	98.1	106.0	100.0	100.0
(2)车用燃料及零配件	102.4	102.5	102.6	102.7	102.9	102.3
(3)车辆使用及维修	101.9	100.9	100.0	100.5	100.0	100.0
(4)市区公共交通	101.6	101.3	101.3	105.2	112.9	103.6
(5)城市间交通	92.2	92.7	89.6	93.5	101.1	92.9
2. 通信	98.1	96.4	99.8	98.2	100.0	98.2
(1)通信工具	88.2	86.6	99.1	90.6	100.0	86.1
(2)通信服务	100.1	98.8	100.0	100.0	100.0	100.0
七、娱乐教育文化用品及服务	101.9	101.4	102.8	101.2	100.4	100.3
1. 文娱用耐用消费品及服务	97.9	97.4	96.2	96.8	100.0	100.4
2. 教育	102.3	102.9	105.2	101.7	100.3	100.1
(1)教材及参考书	107.6	112.4	129.5	104.4	100.9	100.0
(2)学杂托幼费	101.4	101.1	100.4	101.3	100.2	100.1
3. 文化娱乐用品	100.6	100.2	100.0	102.1	100.0	101.3
(1)文化娱乐	100.4	100.0	100.0	102.9	100.0	104.6
(2)书报杂志	100.6	101.0	100.0	101.5	100.0	100.0
(3)文娱费	100.7	100.0	100.0	101.9	100.0	100.0
4. 旅游及外出	107.2	100.1	100.0	105.4	102.5	99.9
八、居住	102.1	101.0	100.9	101.1	101.4	100.3
1. 建房及装修材料	101.5	101.0	100.0	98.9	99.6	101.1
2. 租房	102.3	100.0	100.0	101.7	100.0	100.0
3. 自有住房	102.5	100.0	100.0	100.8	109.5	100.0
4. 水、电、燃料	102.2	102.3	102.0	103.2	101.0	101.3

单位:%

项　　目	秭归县	长阳自治县	五峰自治县	夷陵区	市　区
四、家庭设备用品及维修服务	101.6	103.2	100.6	100.4	100.4
1. 耐用消费品	100.9	102.7	101.0	99.9	98.4
(1)家具	100.0	100.0	100.3	100.4	94.2
(2)家庭设备	101.3	103.8	101.3	99.6	100.5
2. 室内装饰品	100.0	100.0	100.0	100.0	100.2
3. 床上用品	99.8	99.3	100.0	99.9	99.5
4. 家庭日用杂品	100.4	106.0	100.0	100.0	104.1
5. 家庭服务及加工维修服务	114.5	101.8	100.0	104.5	101.5
五、医疗保健和个人用品	103.9	103.0	101.7	103.7	103.5
1. 医疗保健	105.1	104.4	100.0	105.3	103.9
(1)医疗器具及用品	98.0	100.0	100.0	105.1	105.3
(2)中药材及中成药	111.6	113.8	99.7	101.8	112.3
(3)西药	102.2	99.9	100.0	113.9	100.2
(4)保健器具及用品	100.3	101.6	101.5	100.0	98.5
(5)医疗保健服务	103.9	103.2	100.0	95.3	103.2
2. 个人用品及服务	101.2	100.3	105.1	99.7	102.3
(1)化妆美容用品	100.0	100.0	101.6	99.3	100.9
(2)清洁化妆用品	100.0	102.0	101.5	100.0	103.9
(3)个人饰品	97.0	98.9	103.3	99.5	99.6
(4)个人服务	107.2	100.0	113.9	100.0	105.1
六、交通和通讯	97.5	100.6	105.0	98.5	97.8
1. 交通	97.5	101.3	109.2	98.3	97.7
(1)交通工具	99.9	100.0	100.0	100.0	99.7
(2)车用燃料及零配件	102.2	102.4	102.1	102.0	102.0
(3)车辆使用及维修	104.2	103.3	103.8	108.7	101.7
(4)市区公共交通	100.0	101.6	138.3	100.0	100.0
(5)城市间交通	88.8	101.4	106.1	90.2	91.0
2. 通信	97.5	99.8	100.0	98.8	98.0
(1)通信工具	88.0	99.3	100.0	92.0	79.6
(2)通信服务	100.0	100.0	100.0	100.0	100.7
七、娱乐教育文化用品及服务	100.2	101.9	100.1	99.4	103.0
1. 文娱用耐用消费品及服务	98.2	99.0	100.0	95.8	98.3
2. 教育	100.4	103.3	100.2	100.0	102.5
(1)教材及参考书	100.3	111.5	101.2	100.5	100.0
(2)学杂托幼费	100.4	101.8	100.0	100.0	102.7
3. 文化娱乐用品	101.0	100.0	100.2	99.4	100.9
(1)文化娱乐	100.0	100.0	100.0	98.0	100.4
(2)书报杂志	100.0	100.0	100.9	100.0	100.8
(3)文娱费	102.1	100.0	100.0	100.0	101.1
4. 旅游及外出	101.4	100.1	100.0	100.0	111.3
八、居住	101.9	102.0	100.9	104.1	102.8
1. 建房及装修材料	101.8	101.4	101.2	99.8	104.2
2. 租房	101.4	101.3	100.0	107.0	102.6
3. 自有住房	103.1	100.7	100.0	110.1	102.8
4. 水、电、燃料	101.9	103.0	100.9	102.0	102.2

注:本表中市区不含夷陵区。

5—5 分县市区农业生产资料价格指数

（2012 年，上年＝100） 单位：%

项　　目	全　市	宜都市	枝江市	当阳市	远安县	兴山县	秭归县	长　阳 自治县	五　峰 自治县	夷陵区
农业生产资料价格指数	**104.1**	**104.2**	**102.6**	**104.3**	**111.5**	**103.4**	**101.9**	**105.6**	**102.2**	**102.8**
一、农用手工工具	108.1	110.5	103.5	107.7	101.7	100.3	100.3	100.0	157.0	113.7
二、饲料	110.0	110.6	106.7	115.3	121.4	106.5	100.3	108.0	95.0	102.7
混合饲料	105.3	103.7	105.0	105.9	133.9	104.0	100.1	100.0	92.2	99.7
其他	116.7	113.7	109.7	129.6	102.9	110.8	100.6	118.5	99.0	107.3
三、产品畜	106.4	105.6	103.8	106.0	126.7	103.5	103.1	117.0	86.2	100.0
四、半机械化农具	99.7	100.0	95.4	100.3	100.0	100.0	100.0	100.0	102.5	100.4
五、机械化农具	101.2	105.2	96.7	99.0	100.0	100.0	100.2	100.0	115.6	103.0
六、化学肥料	102.5	101.0	101.4	101.2	112.3	104.5	103.4	105.8	102.4	104.4
氮肥	102.8	103.1	102.6	98.6	120.0	106.9	106.6	107.9	100.6	103.6
磷肥	101.0	88.9	98.6	106.3	105.6	102.9	100.0	107.2	110.9	105.4
钾肥	103.0	100.4	100.0	108.9	100.0	100.0	100.0	100.0	98.8	100.0
复合肥料	102.7	106.8	101.4	101.3	100.3	101.1	100.0	100.9	103.1	107.5
七、农药及农药械	99.1	99.9	101.0	98.2	98.7	97.5	99.8	100.0	95.4	99.7
1. 化学农药	99.0	99.9	101.1	97.9	98.6	97.3	99.8	100.0	95.1	99.2
杀虫剂	99.3	100.0	100.0	98.7	100.0	96.0	100.0	100.0	96.5	100.0
杀菌剂	100.7	99.5	105.4	100.3	100.0	100.0	100.0	100.0	105.5	100.5
除草剂	96.2	100.0	100.0	92.9	93.0	97.9	99.1	100.0	81.4	95.7
2. 农药器械	100.5	100.0	100.0	101.0	100.0	100.0	100.0	100.0	97.9	104.9
八、农用机油	105.3	107.3	114.3	103.8	106.1	105.7	101.5	101.5	101.7	101.5
九、其他农业生产资料	106.3	105.4	98.2	110.1	108.3	108.2	102.0	104.6	115.3	100.2
1. 农用种子	108.1	107.4	100.8	111.9	111.0	110.4	102.5	106.0	118.5	100.0
2. 其他	101.5	100.8	92.0	104.4	100.0	100.0	99.9	100.8	100.1	101.0
农用薄膜	100.5	100.3	92.0	103.8	100.0	100.0	99.6	101.1	100.4	103.5
其他	101.9	107.8	91.4	108.4	100.0	100.0	100.1	100.0	100.0	100.0
十、农业生产服务	104.9	105.3	105.4	106.7	110.1	100.0	101.4	101.6	109.2	102.5
排灌费	103.4	100.0	108.3	106.9	100.0	100.0	100.0	100.0	100.0	100.0
机械作业费	102.7	100.0	100.0	105.0	125.0	100.0	100.0	100.0	113.1	100.0
农业用电	101.1	104.8	100.0	100.4	100.0	100.0	100.0	100.0	100.0	100.0
农业用工	117.4	113.8	120.0	125.3	129.2	100.0	112.0	106.3	127.1	111.1

5—6 主要年份工业生产者出厂价格指数

（上年＝100）

单位:%

指标	2007	2008	2009	2010	2011	2012
全部工业品	**104.1**	**107.7**	**101.3**	**103.9**	**108.3**	**102.4**
其中:轻工业	106.1	108.2	98.5	103.3	109.1	102.2
以农产品为原料	106.8	108.6	99.3	103.0	110.0	101.5
以非农产品为原料	105.0	107.3	97.0	104.0	104.1	106.2
重工业	103.3	107.5	102.4	104.3	107.9	102.5
采　掘	104.9	105.8	97.1	102.9	114.7	114.2
原　料	103.3	105.7	105.5	103.2	104.7	101.9
加　工	103.2	112.1	95.6	105.8	108.9	100.5
其中:生产资料	103.3	107.2	101.5	104.6	108.9	102.3
采　掘	104.9	105.8	97.1	102.9	114.7	114.2
原　料	103.2	105.5	104.8	103.2	104.9	101.5
加　工	103.5	110.2	96.4	106.1	110.2	100.5
生活资料	108.0	110.0	100.3	102.1	106.8	102.8
食品	110.2	110.0	100.4	102.5	108.0	102.6
衣着	99.8	98.9	96.1	97.3	102.1	101.2
一般日用品	99.5	111.4	100.2	101.1	104.7	103.4
耐用消费品	100.4	100.0	99.9	100.0	101.4	104.8
按工业部门分:						
冶金工业	102.2	110.5	91.9	103.7	106.4	104.4
电力工业	102.9	103.5	107.2	101.9	102.4	101.6
煤炭及炼焦工业	113.1	135.4	93.1	108.1	124.2	102.0
石油工业				114.5	118.2	96.1
化学工业	102.8	117.1	91.9	106.0	111.1	103.8
机械工业	103.7	103.8	98.6	102.2	105.7	101.9
建筑材料工业	111.5	105.4	100.0	105.1	106.1	98.9
森林工业	101.2	99.4	97.5	101.0	101.2	99.8
食品工业	109.4	110.1	100.7	101.9	108.3	102.1
纺织工业	98.4	103.9	96.2	113.1	122.6	99.4
缝纫工业	99.8	98.9	96.5	97.2	102.5	101.2
皮革工业	100.3	100.6	89.2	100.0	99.2	100.8
造纸工业	101.7	108.0	93.1	106.7	108.7	100.3
文教艺术用品工业	98.0	101.6	97.1	104.4	105.6	107.7
其它工业	103.0	115.0	102.4	100.2	102.0	105.8
按新行业分						
煤炭采选业	101.8	121.5	102.4	108.1	121.7	109.5
黑色金属矿采选业						118.6
有色金属矿采选业		82.2		115.0	115.6	98.1

5—6 续表 单位:%

指标	2007	2008	2009	2010	2011	2012
非金属矿采选业	104.6	101.0	99.3	100.7	114.2	116.9
农副食品加工业	119.5	114.3	89.1	102.4	114.3	100.7
食品制造业	102.4	108.0	101.2	103.3	107.6	99.1
饮料制造业	100.1	105.5	104.0	99.5	105.4	104.3
烟草加工业				94.0	100.0	101.3
纺织业	98.4	103.9	96.1	113.8	122.6	99.4
纺织服装、鞋、帽制造业	99.8	98.9	96.5	97.2	102.5	101.2
皮革、毛皮、羽毛(绒)及其他制造业	100.3	100.6	89.2	100.0	99.2	100.8
木材加工及竹、藤、棕、草制品	101.0	99.3	97.4	100.7	100.5	100.3
家具制造业	108.6	100.4	100.9	105.4	103.8	98.2
造纸及纸制品业	101.7	108.0	90.9	106.7	108.7	100.3
印刷业和记录媒介的复制	97.8	101.7	96.8	105.4	106.9	109.3
文教体育用品制造业	100.0	100.0			101.9	102.9
石油加工及炼焦业	120.1	144.1	87.3	108.1	101.1	83.[illegible]
化学原料及化学制品制造业	103.4	120.0	92.1	107.0	111.9	101.9
医药制造业	103.4	127.6	103.2	101.2	101.8	103.0
化学纤维制造业	99.3	99.1	78.6	94.6	100.0	100.[illegible]
橡胶制品业	94.3	107.6	91.9	106.0		93.0
塑料制品业	101.2	109.8	98.2	97.2		101.1
非金属矿物制品业	110.4	107.2	97.9	105.0	105.8	97.5
黑色金属冶炼及压延加工业	105.3	136.0	92.3	98.0	104.5	94.0
有色金属冶炼及压延加工业	98.7	99.3	107.8	106.9	103.1	100.1
金属制品业	105.3	100.1	91.6		101.7	107.0
通用设备制造业	101.1	105.3	102.2	108.8		101.0
专业设备制造业	101.6	101.3	100.2	100.1	103.0	102.7
交通运输设备制造业	100.3	104.1	98.2	99.6		99.9
电器机械及器材制造业	116.4	102.2	99.0	94.9	113.6	10[illegible].6
通信设备、计算机及其他电子设备制造业	100.1	98.2		103.9	99.6	10[illegible].6
仪器仪表及文化、办公用机械制造业						1[illegible].0
电力、热力的生产和供应业	102.9	103.5	107.2	101.9	102.4	1[illegible].6
煤气生产和供应业	100.0	100.0		113.1	138.8	[illegible]5.9
水的生产和供应业	109.0	104.1	105.3	100.5	103.9	1[illegible].9

5—7　主要年份工业生产者购进价格指数

（上年＝100）　　单位：%

指　　标	2007	2008	2009	2010	2011	2012
全部原材料	**106.4**	**111.9**	**98.6**	**106.8**	**109.5**	**100.4**
（一）燃料、动力类	107.7	107.7	103.2	106.0	108.6	102.9
（二）黑色金属材料类	103.4	130.9	89.1	104.7	104.0	96.8
其中：钢材	104.2	125.4	87.1	106.3	103.4	94.0
其它	102.3	138.2	92.2	103.7	107.0	109.5
（三）有色金属材料和电线类	108.1	97.7	88.8	114.1	105.5	98.4
（四）化工原料类	107.0	114.9	84.6	111.2	117.1	96.5
（五）木材及纸浆类	104.8	112.2	92.8	108.8	100.9	105.4
（六）建筑材料及非金属矿类	102.0	140.6	89.8	98.6	111.9	108.7
（七）其它工业原材料及半成品类	111.2	110.5	100.6	104.3	108.6	98.9
（八）农副产品类	102.4	107.1	101.9	109.0	109.7	99.7
（九）纺织原材料	102.3	101.8	99.3	116.6	121.1	88.1

5—8　主要年份建筑安装工程价格指数

（上年＝100）　　单位：%

指　　标	2007	2008	2009	2010	2011	2012
报告期施工产值价格指数	**105.5**	**102.4**	**102.1**	**106.0**	**104.4**	**101.6**
人工费	109.5	107.4	106.9	106.8	102.2	115.3
材料费	104.8	100.6	100.4	106.2	104.5	97.9
机械费用	103.7	105.8	105.3	103.3	101.5	103.5

5—9　主要年份固定资产投资价格指数

（上年＝100）　　单位：%

指　　标	2007	2008	2009	2010	2011	2012
总指数	**105.7**	**104.8**	**106.7**	**103.4**	**104.1**	**101.4**
建安工程	105.5	102.4	102.1	106.0	104.4	101.6
设备、工器具购置	103.4	104.5	104.1	97.4	103.0	102.7
其它费用	107.5	107.4	112.9	104.8	104.5	100.4

主要统计指标解释

商品零售价格指数 是反映城乡商品零售价格变动趋势的一种经济指数。零售物价的调整变动直接影响到城乡居民的生活支出和国家的财政收入,影响居民购买力和市场供需平衡,影响消费与积累的比例。因此,计算零售价格指数,可以从一个侧面对上述经济活动进行观察和分析。

居民消费价格指数 是反映一定时期内城乡居民所购买的生活消费品价格和服务项目价格变动趋势和程度的相对数,是对城市居民消费价格指数和农村居民消费价格指数进行综合汇总计算的结果。利用居民消费价格指数,可以观察和分析消费品的零售价格和服务价格变动对城乡居民实际生活费支出的影响程度。

农业生产资料价格指数 是反映一定时期内农业生产资料价格变动趋势和程度的相对数。

工业生产者出厂价格指数 是反映全部工业产品出厂价格总水平的变动趋势和程度的相对数,包括工业企业售给本企业以外所有单位的各种产品和直接售给居民用于生活消费的产品。通过工业生产者出厂价格指数能观察出厂价格变动对工业总产值的影响。

工业生产者购进价格指数 是反映工业生产者购进价格变动趋势和变动程度的相对数,通过调查收集部分代表企业的代表产品的价格变动资料,采用国际通行的链式拉式公式计算求出。

固定资产投资价格指数 是反映固定资产投资额价格变动趋势和程度的相对数。固定资产投资额是由建筑安装工程投资完成额、设备、工器具购置投资完成额和其他费用投资完成额三部分组成的。编制固定资产投资价格指数应首先分别编制上述三部分投资的价格指数,然后采用加权算术平均法求出固定资产投资价格总指数。

编制固定资产投资价格指数可以准确地反映固定资产投资中涉及的各类商品和取费项目价格变动趋势和变动幅度,消除按现价计算的固定资产投资指标中的价格变动因素,真实地反映固定资产投资的规模、速度、结构和效益,为国家科学地制定、检查固定资产投资计划并提高宏观调控水平,为完善国民经济核算体系提供科学的、可靠的依据。

六 人民生活

PEOPLE'S LIVELIHOOD

6—1 市区不同收入层次居民家庭情况

（2012年）

指标	总平均	最低收入户	#困难户	低收入户	中下收入户	中等收入户	中上收入户	高收入户	最高收入户
调查户数	**100**	**10**	**5**	**10**	**20**	**20**	**20**	**10**	**10**
平均每户家庭人口数	2.79	3.3	4.2	3.0	2.9	2.65	2.9	2.6	2.1
平均每户就业人口数	1.33	0.8	0.8	1.43	1.3	1.2	1.33	1.8	1.63
每一就业者负担人口数	2.10	4.13	5.25	2.10	2.23	2.21	2.18	1.44	1.29
平均每户就业面									
一、期初手存现金	841	132	141	841	1669	887	340	1119	595
二、家庭总收入	22072	9954	8953	13267	16267	19155	24529	32527	57359
#可支配收入	20510	9173	8309	12329	15090	18210	22861	29967	52591
财产性收入	228	9		10	46	81	398	637	786
转移性收入	6082	5435	5761	4068	4926	6424	8135	5242	7671
#养老金或离退休金	5341	4364	5021	3550	4617	5779	7870	2788	6508
赠送收入	138	162	255	113	78		108	392	419
三、借贷收入	3039	926	745	1402	1861	6872	3416	1906	2646
提取储蓄存款	2932	826	673	1371	1766	6832	3345	1906	2646
借入款	57	100	71	31	95	40	71		
四、家庭总支出	18073	9269	7476	12182	15027	20476	20284	21402	32443
#消费性支出	14450	7811	6411	9728	12403	17507	16233	15667	23139
五、借贷支出	6848	1153	1638	2890	4075	5484	6557	12325	26573
存入储蓄款	6131	1009	1488	2862	3692	5059	6113	10153	23353
借出款	56			20	141	28	69	51	
购买有价证券	65				97	26	3	42	471
六、期末手存现金	1033	591	724	438	695	954	1448	1825	1583

6—2 市区不同收入层次居民家庭人均消费支出

（2012年）

单位:元

指标	总平均	最低收入户	#困难户	低收入户	中下收入户	中等收入户	中上收入户	高收入户	最高收入户
消费支出	**14450**	**7811**	**6410**	**9728**	**12403**	**17507**	**16233**	**15667**	**23139**
食品	5999	3842	3219	4467	5932	6722	6419	6748	7851
粮食	612	422	352	504	650	654	653	663	679
油脂类	195	145	133	149	212	221	198	198	209
肉类	947	633	547	779	957	1043	1052	984	1070
禽类	242	172	160	182	238	246	284	288	258
蛋类	135	103	98	97	145	148	148	129	156
水产品类	235	130	97	211	227	235	263	318	275
蔬菜类	659	454	384	565	669	714	725	700	722
糖烟酒饮料类	820	404	279	478	767	1070	891	1074	970
干鲜瓜果类	444	291	258	291	433	492	523	519	496
奶及奶制品	259	150	121	208	267	318	288	232	287
在外饮食	1031	672	560	698	937	1126	934	1145	2222
衣着	1852	809	488	1241	1511	1849	1921	2666	4121
服装	1433	603	319	946	1117	1482	1490	2244	3024
衣着材料	2				3	1	1	17	2
衣着加工服务费	9	2	3	5	4	3	12	6	47
居住	1168	653	546	884	987	943	1964	951	1520
住房	311	5		167	311	22	1044	35	48
水电燃料及其他	769	555	433	629	650	872	809	834	1187
家庭设备用品及服务	898	352	289	402	648	926	1211	1099	1970
耐用消费品	369	146	87	76	230	463	513	298	969
家庭日用杂品	393	173	165	268	348	407	537	362	654
医疗保健	981	931	1012	1229	727	1011	1278	701	855
药品费	445	576	760	684	292	630	360	126	487
医疗费	475	335	222	417	366	326	864	548	295
交通和通信	1679	422	208	560	861	4001	1369	1466	2720
交通	1131	196	76	240	410	3469	651	858	1631
通信	548	226	132	359	451	532	718	608	1090
教育文化娱乐服务	1552	751	598	805	1479	1728	1673	1710	3112
文化娱乐用品	330	115	124	139	214	291	573	375	635
文化娱乐服务	625	402	291	259	558	687	480	778	1735
教育	598	234	184	407	707	751	620	557	742
其他商品和服务	320	51	50	101	259	326	399	326	990

6—3 分县市城镇居民人均收支

（2012年）

单位：元

指　　标	全　市	宜都市	枝江市	当阳市	远安县	兴山县
一、期初手存现金	876	513	1210	1022	1	158
二、家庭总收入	20263	20711	18890	19819	19419	16743
#可支配收入	18775	19431	17465	18443	17715	15180
(一)工资性收入	13835	12345	15795	13457	15314	13116
#工资及补贴收入	12986	11491	15657	12207	14473	12736
其它劳动收入	850	853	137	1250	842	380
(二)经营净收入	1331	2962	558	1439	2146	1548
(三)财产性收入	319	445	196	647	599	290
(四)转移性收入	4778	4960	2341	4276	1360	1788
#养老金或离退休金	4156	4364	2114	3540	954	1561
三、出售财物收入	7	29	1	26	4	
四、借贷收入	2970	2060	2700	3309	3037	1639
五、家庭总支出	17524	16807	16789	17659	17768	16942
(一)财产性支出	27				44	13
(二)转移性支出	2780	3631	3180	3066	2660	3513
(三)社会保障支出	1381	1189	1319	1292	1586	1446
(四)购房与建房支出	158		1243		860	
#购房	158		1243		860	
(五)消费支出	13159	11987	11048	13301	12617	11970
#服务性消费支出	2688	1785	1938	2900	3384	2299
#食品	5241	4491	4364	4983	4622	4499
衣着	1850	1876	1714	2154	1705	1932
居住	1209	1726	1319	1126	1111	925
家庭设备用品及服务	1002	977	1028	943	1265	1020
医疗保健	826	623	567	692	825	880
交通和通信	1376	1361	963	1221	1015	1222
教育文化娱乐服务	1306	744	719	1725	1677	[illegible]
其它商品和服务	349	190	374	457	396	[illegible]
六、借贷支出	5559	5698	4651	4770	4560	1424
七、期末手存现金	1041	808	1320	1770	276	173

6—3 续表 单位:元

指 标	秭归县	长阳自治县	五峰自治县	城 区	夷陵区
一、期初手存现金	311	694	467	841	1898
二、家庭总收入	16072	17263	13771	22072	20470
#可支配收入	14518	15387	12069	20510	19353
(一)工资性收入	12296	12510	11947	14836	10545
#工资及补贴收入	12282	12001	10934	13683	9874
其它劳动收入	14	509	1013	1154	671
(二)经营净收入	1728	1912	884	926	1718
(三)财产性收入	57	511	141	228	466
(四)转移性收入	1990	2329	799	6082	7741
#养老金或离退休金	1505	1688	534	5341	6954
三、出售财物收入	20			1	2
四、借贷收入	1979	2181	3930	3039	4723
五、家庭总支出	15493	16032	15345	18073	18946
(一)财产性支出				47	45
(二)转移性支出	3081	3003	4471	2131	3609
(三)社会保障支出	1486	1669	1651	1445	1040
(四)购房与建房支出					15
#购房					15
(五)消费支出	10926	11360	9223	14450	14237
#服务性消费支出	1934	2233	2500	3137	2730
#食品	4606	4260	3768	5999	5329
衣着	1780	1652	1329	1852	1978
居住	786	1278	741	1168	1317
家庭设备用品及服务	795	1115	491	898	1610
医疗保健	437	819	529	981	972
交通和通信	983	916	953	1679	1328
教育文化娱乐服务	1196	879	1095	1552	1307
其它商品和服务	343	440	317	320	396
六、借贷支出	2558	3561	2174	6848	6591
七、期末手存现金	331	549	647	1033	1599

注:城区数据不包含夷陵区。

6—4　主要年份全市居民家庭基本情况

年　　份	人均可支配收入(元)	人均消费性支出		就业者负担人数(人)	人均建筑面积(平方米)
		小　计(元)	恩格尔系数(%)		
1998	5016	4419	39.28	1.63	
1999	5434	4551	37.81	1.65	
2000	5828	4800	35.51	1.66	
2001	6187	4990	34.99	1.68	
2002	6647	5531	34.87	1.69	29.37
2003	7033	5666	34.99	1.71	29.79
2004	7592	6208	36.27	1.74	29.86
2005	8153	6642	37.47	1.81	30.82
2006	8926	7155	35.55	1.80	31.49
2007	10241	7808	37.75	1.80	32.52
2008	11733	8841	39.09	1.93	33.51
2009	12843	9574	37.42	1.90	33.24
2010	14282	10514	38.42	1.93	32.39
2011	16451	12015	40.73	1.94	35.57
2012	18775	13159	39.8	1.92	35.16

6—5 主要年份市区居民家庭基本情况

年 份	人均可支配收入(元)	人均消费性支出		就业者负担人数(人)	人均居住面积(平方米)
		小 计(元)	恩格尔系数(%)		
1981	472	431	52.0	1.7	5.99
1982	481	412	56.0	1.7	5.94
1983	519	459	57.7	1.7	7.28
1984	623	525	54.9	1.7	5.16
1985	746	678	49.5	1.7	8.10
1986	903	741	53.0	1.7	7.70
1987	972	811	54.3	1.8	8.62
1988	1202	1214	46.1	1.7	8.87
1989	1219	1107	56.8	1.8	9.39
1990	1503	1321	53.5	1.7	10.22
1991	1752	1560	51.7	1.7	11.04
1992	2050	1840	48.3	1.6	11.21
1993	2967	2552	42.8	1.6	11.24
1994	4325	3216	43.1	1.5	11.88
1995	4436	4121	44.3	1.6	12.78
1996	4784	4455	43.1	1.6	12.09
1997	5438	4759	42.0	1.6	11.81
1998	5130	4728	40.1	1.7	15.13
1999	5479	4889	37.9	1.7	12.52
2000	5854	4934	37.6	1.7	14.49
2001	6295	5121	37.1	1.6	16.07
2002	6773	5763	35.9	1.6	20.26
2003	7301	6175	34.9	1.7	20.30
2004	8075	6829	37.1	1.7	20.39
2005	8711	7458	37.7	1.8	22.10
2006	9624	8002	36.1	1.7	22.85
2007	11401	9099	37.3	1.8	27.43
2008	12839	9869	38.5	2.0	27.72
2009	14058	9989	35.3	2.1	28.03
2010	15557	11638	37.5	2.1	28.12
2011	18021	12338	41.6	2.2	30.66
2012	20510	14450	41.5	2.1	30.66

注:人均居住面积从 2007 年起统计口径为建筑面积。

6—6 主要年份市区居民消费性支出构成

单位：%

指　　标	2000	2005	2006	2007	2008	2009	2010	2011	2012
消费性支出	**100**	**100**	**100**	**100**	**100**	**100**	**100**	**100**	**100**
食品	37.55	37.73	36.10	37.32	38.52	35.30	37.54	41.59	41.52
#粮食	2.50	6.85	6.20	5.74	5.79	5.26	4.73	4.43	4.24
油脂类	1.15	1.15	1.06	1.01	1.38	1.18	1.01	1.50	1.35
肉禽及制品	7.29	9.29	7.83	6.98	7.86	6.03	7.23	8.47	8.22
蛋类	1.05	0.79	0.74	0.61	0.69	0.64	0.74	0.88	0.94
水产品类	1.68	1.56	1.31	1.36	1.33	1.23	1.44	1.36	1.63
鲜菜	3.82	3.04	2.90	3.38	3.84	3.96	4.01	4.19	4.06
糖类	0.32	0.31	0.37	0.26	0.22	0.30	0.23	0.25	0.31
烟草	1.44	2.3	1.95	0.87	1.50	1.31	1.14	2.17	3.12
酒及饮料	1.31	1.42	1.29	1.22	1.24	1.36	1.11	2.07	2.25
干鲜瓜果	1.93	2.54	2.75	2.98	2.41	2.55	2.64	3.10	3.07
糕点	0.73	0.91	0.97	0.63	0.71	0.66	0.58	0.79	0.73
奶及奶制品	1.37	2.47	2.69	2.58	2.28	2.37	2.00	1.75	1.79
在外用餐	9.87	5.38	5.98	7.98	7.26	6.26	8.08	7.89	7.14
衣着	10.70	13.76	15.87	15.88	12.12	12.08	12.82	13.59	12.82
#服装	6.76	9.87	11.71	11.72	8.12	8.56	9.26	10.17	9.92
衣着材料	0.54	0.08	0.05	0.06	0.11	0.04	0.05	0.03	0.51
鞋袜帽及其他	3.23	3.8	4.10	3.96	3.80	3.39	3.44	3.34	2.32
设备用品	11.57	6.12	5.65	5.23	5.67	7.31	7.03	6.74	6.21
#耐用消费品	7.11	2.95	2.61	1.40	1.32	3.37	2.69	2.84	2.55
家庭日用杂品	3.81	2.42	2.42	2.76	3.66	3.20	2.99	3.08	2.72
医疗保健	5.22	5.26	4.82	5.41	5.16	5.77	5.97	7.53	6.79
交通通讯	7.92	10.05	10.62	10.09	14.37	14.49	9.63	7.44	11.62
#交通	4.22	4.44	4.93	4.35	8.87	9.51	4.86	3.99	7.83
通讯	3.70	5.61	5.69	5.74	5.50	4.97	4.77	3.44	3.79
娱乐文教	14.47	15.56	15.46	15.23	13.73	14.57	12.61	11.85	10.74
#耐用消费品	1.18	3.49	4.11	4.38	2.83	4.53	2.95	1.97	2.28
教育	9.55	8.77	6.94	7.22	6.73	5.78	5.84	5.82	4.14
文化娱乐	3.74	3.31	4.41	3.63	4.18	4.26	3.82	4.06	4.32
居住	8.50	8.79	7.28	7.10	7.40	7.60	11.34	8.33	8.05
#住房	2.68	2.56	0.98	1.42	0.84	1.63	4.36	2.45	2.15
水电燃料	5.82	5.73	5.77	5.26	5.81	5.29	6.14	5.40	5.32
杂项商品	4.08	2.72	4.22	3.75	3.02	2.88	3.06	2.93	2.22

6—7　主要年份市区居民家庭人均全年购买商品数量

商品名称	单位	2000	2005	2006	2007	2008	2009	2010	2011	2012
粮食	千克	56.92	95.96	82.99				116.49	85.82	89.4
食用植物油	千克	8.16	9.74	9.34	8.27	8.97	9.82	9.47	12.81	13.68
鲜菜	千克	110.06	101.51	92.72	98.92	118.91	106.04	115.97	127.59	129.45
猪肉	千克	18.26	22.54	19.34	19.31	18.11	15.88	22.31	25.49	26.87
牛羊肉	千克	2.65	2.47	3.08	4.01	3.12	1.95	3.79	4.54	5.7
家禽	千克	5.98	7.43	6.32	5.91	5.33	6.66	8.47	9.13	11.4
鲜蛋	千克	7.95	7.47	6.6	5.35	7	5.86	7.63	8.01	9.46
鱼	千克	10.35	10.22	8.92	9.81	9.39	7.98	9.24	10.08	11.36
白酒	千克	1.80	2.53	1.76	1.39	2.53	1.87	2.85	2.36	2.46
啤酒	千克	2.26	1.98	2.36	1.32	1.32	1.9	1.54	2.11	1.46
茶叶	千克	0.17	0.17	0.26	0.06	0.17	0.17	0.13	0.28	0.72
鲜瓜果	千克	48.39	53.88	53.55	60.75	43.77	43.87	40.49	49.66	54.26
糕点	千克	3.06	4.69	5.24	3.44	4.73	3.96	3.58	4.54	4.43
鲜奶	千克	7.87	21.76	17.68	15.97	16.84	15.11	16.22	12.26	17.03
各种服装	件	5.58	6.68	7.36	7.64	13.53	7.3	8.78	7.81	7.88
各种鞋	件	2.67	2.72	2.85	2.52	3.26	2.96	2.53	2.81	2.43
水	吨	57.17	55.12	55.26	61.60	46.27	46.32	65.13	57.42	75.3
电	度	276.70	448.76	492.19	496.85	562.75	540.27	719.87	672.56	752.44
煤炭	千克	56.32	47.43	28.46	3.24	11.56	9.6	9.37	16.26	14.3
液化石油气	千克	14.62	10.08	4.69	2.34	4.15	2.93	2.19	6.19	5.81
管道煤气	立方米	55.66	54.3	53.74	60.89	49.71	40.44	62.27	45.50	48.71

6—8　主要年份每百户市区居民家庭主要耐用消费品拥有量

商品名称	单位	2000	2005	2006	2007	2008	2009	2010	2011	2012
成套家具	套	82	89	92						
摩托车	辆	6	7	9	14	15	17	18	19	19
自行车	辆	96	47	45						
家用汽车	辆		1	2	2	1	3	3	10	11
洗衣机	台	95	94	97	96	90	91	91	97	97
电风扇	台	192	166	161						
电冰箱	台	91	94	97	101	90	90	90	96	96
冰柜	台	2	12	14						
彩色电视机	台	113	129	138	136	125	126	126	127	127
影碟机	台	43	90	90						
录放像机	台	21	7	21						
家用电脑	台	11	41	51	65	68	74	74	68	68
组合音响	套	32	46	43	47	35	35	35	30	30
录音机	台	46	25							
摄像机	台	1	3	6	6	4	5	5	7	7
照相机	架	38	44	47	41	39	40	40	32	32
钢琴	架		3	4	7	5	5	5	2	2
其他中高档乐器	件	9	4	7	4	3	3	3	2	2
微波炉	台	16	50	57	58	54	56	56	60	60
空调器	台	44	96	113	124	112	118	118	117	117
取暖器	台		78	85						
电炊具	个	110	90	87						
淋浴热水器	台	55	84	84	83	78	80	80	91	91
消毒碗柜	台		9	11	8	8	9	9	11	11
洗碗机	台				1	1	1	1		
吸尘器	台	3	12	15						
健身器材	件	1	4	7	4	3	2	2	3	3
移动电话	部	8	158	169	180	169	176	176	183	183

6—9 市区居民居住情况

（2012年）

单位：%

指标	调查户数	家庭常住人口	指标	调查户数	家庭常住人口
总计	**100**	100	无自来水		
按居住面积分	**100**	100	独用自来水	100	100
无房户			公用自来水		
8平方米以下	1	1.79	**按卫生设备拥有情况分**		
8－12平方米	4	6.09	无卫生设备	2	2.87
12－16平方米	6	7.89	有厕所浴室	91	91.4
16－20平方米	17	19.35	有厕所无浴室	5	4.66
20－24平方米	7	7.17	公用卫生设备	2	1.08
24－28平方米	11	11.47	**按燃料使用情况分**		
28－30平方米	11	9.68	管道天然气	63	62
30－35平方米	9	7.89	液化石油气	35	35.48
35－40平方米	3	2.15	煤	2	2.51
40平方米以上	31	26.52	其他		
按房屋产权分			**按住宅建筑式样分**		
租赁公房	3	3.58	单栋住宅	4	4.66
租赁私房	1	0.72	四居室	7	7.53
原有私房	5	5.73	三居室	27	29.75
房改私房	62	58.06	二居室	55	51.61
商品房	29	31.89	一居室	1	0.72
其它			普通楼房	4	3.22
按自来水使用情况分			平房及其他	2	2.51

6—10 历年分县市农民人均纯收入

（1985－2012年）

单位：元

年 份	合 计	宜都市	枝江市	当阳市	远安县	兴山县	秭归县	长阳自治县	五峰自治县	夷陵区
1985	439	458	522	548	494	382	378	371	375	385
1986	455	490	555	614	437	420	397	378	340	435
1987	481	517	629	672	442	437	404	408	358	468
1988	501	543	686	720	485	446	404	438	392	501
1989	575	578	689	780	603	542	501	440	376	556
1990	591	580	771	816	644	496	339	456	395	585
1991	643	590	757	897	674	543	386	464	403	649
1992	695	669	798	928	820	569	462	519	452	699
1993	757	738	855	1071	888	676	480	494	510	850
1994	1120	1099	1458	1755	1252	909	700	858	657	1208
1995	1452	1458	2068	2059	1456	1109	988	917	698	1603
1996	1796	1802	2406	2466	1799	1478	1148	1168	1035	2032
1997	2100	2168	2722	2820	2126	1780	1343	1544	1270	2403
1998	2229	2273	2788	2984	2277	1916	1497	1506	1404	2559
1999	2314	2369	2830	3074	2349	2021	1625	1762	1526	2664
2000	2363	2428	2871	2920	2357	1888	1647	1808	1438	2717
2001	2413	2506	2959	2980	2408	1916	1669	1810	1464	2797
2002	2440	2537	2975	2980	2436	1928	1705	1809	1467	2327
2003	2588	2735	3150	3132	2587	2038	1795	1879	1575	2983
2004	2938	3163	3150	3653	3551	2339	1950	2045	1698	3383
2005	3108	3491	3970	3815	3318	2560	1999	2095	1798	3703
2006	3433	4009	4300	4180	3654	2760	2199	2296	1996	4072
2007	4022	4860	5143	5024	4232	3069	2507	2601	2298	4730
2008	4686	5846	5931	5815	5220	3483	2874	2969	2664	5426
2009	5186	6515	6559	6515	5815	3851	3177	3282	2968	6048
2010	5980	7721	7792	7751	6880	4275	3497	3611	3265	[illegible]
2011	7055	[illegible]	9220	9174	8097	5016	4056	4190	3789	8515
2012	8046	10415	10496	10445	9153	5623	4698	4819	4392	9713

6—11 主要年份农村居民家庭基本情况

指标	单位	2000	2007	2008	2009	2010	2011	2012
户数、人口、劳动力								
调查户数	户	910	920	920	920	920	900	900
调查户常住人口	人	3349	3275	3260	3239	3209	3055	3028
调查户劳动力	人	2332	2504.00	2502	2564	2552	2416	2412
户均劳动力	人	2.59	2.72	2.71	2.79	2.77	2.68	2.68
耕地、山地面积								
期初实际经营土地面积	亩	1.44	5.20	5.48	5.30	5.33	5.57	6.35
有效灌溉面积	亩	0.08	0.59	1.40	1.59	0.69	0.59	0.68
人均经营山地面积	亩	1.67	3.37	3.50	3.46	3.40	3.66	4.32
平均每户年末生产性固定资产原值	元	**2824**	**1804**	**1884**	**2150**	**2210**	**3458**	**3753**
#役畜、产品畜	元	582	229	248	340	373	331	378
大中型铁木农具	元	204	82	150	89	88	142	154
农林牧渔业机械	元	301	174	858	182	242	377	450
工业机械	元	133	217	290	76	63	38	45
运输机械	元	312	73	176	177	121	222	213
房屋								
年内人均新建房面积	平方米	1.06	0.27	0.24	0.48	0.35	1.4	1.19
年内人均新建房屋价值	元	179	362	110	233	178	1170	1196
人均年末使用房屋面积	平方米	39.69	44.47	44.60	44.63	45.7	49.97	49.17
#钢筋混凝土面积	平方米	11.30	16.94	16.93	16.12	17.79	22.16	21.57

6—12 主要年份农村居民家庭人均现金收支情况

单位:元

指标	2007	2008	2009	2010	2011	2012
期内现金收入合计	4131	**4957**	**5318**	**6125**	**7763**	**9118**
基本收入	3905	4629	4902	5732	7242	8544
工资性收入	1268	1533	1733	2050	2519	3012
在非企业组织上劳动得到收入	119	150	163	179	154	218
在企业劳动得到的	68	86	174	208	220	299
在其他单位劳动中得到	374	481	526	625	815	975
家庭经营现金收入	2637	3096	3169	3682	4723	5532
出售农产品	1450	1518	1681	1948	2363	2551
出售林业产品	70	60	72	84	88	91
出售牧业产品	740	1056	845	987	1405	1576
出售渔业产品	76	103	151	186	246	279
建筑业收入	26	26	44	37	35	58
运输业收入	63	67	67	72	188	222
商业收入	109	127	153	191	164	256
其他经营现金收入	10	12	15	26	44	42
转移性现金收入	200	290	358	348	436	509
#在外人口寄回和带回	20	36	26	31	6	9
财产性现金收入	26	39	58	44	85	54
#利息收入	6	7	18	17	24	14
期内现金支出合计	**3997**	**4698**	**4989**	**5362**	**7279**	**8524**
生产费用支出现金	1102	1438	1396	1618	1972	2391
家庭经营费用支出	1021	1342	1317	1482	1806	2179
购置生产性固定资产支出	78	97	78	134	148	201
税费支出	3	1	0	5	2	6
生活消费支出现金	2567	2903	3148	3234	4372	5154
期末手存现金	**692**	**669**	**832**	**1063**	**838**	**849**
期末存款余额	**2345**	**2826**	**2402**	**2858**	**4533**	**5671**

6—13 分县市农村居民家庭基本情况

(2012年)

指　　　标	单　位	全　市	宜都市	枝江市	当阳市	远安县
户数、人口、劳动力						
调查户数	户	900	100	100	100	100
调查户常住人口	人	3028	339	333	315	346
调查户劳动力	人	2412	270	268	255	282
户均劳动力	人	2.68	2.70	2.68	2.55	2.82
耕地、山地面积						
期初人均实际经营土地面积	市亩	6.35	2.57	2.94	7.34	9.86
人均有效灌溉面积	市亩	0.68	0.38	1.13	2.06	0.95
调查户人均年末生产性固定资产原值	**元**	**3753**	**5499**	**4049**	**5591**	**4846**
#农业	元	2129	2029	2384	3629	2443
林业	元	48				
牧业	元	976	1908	1090	1425	997
渔业	元	133	962	88	150	
年内人均新建房面积	平方米	1.19	5.92			2.32
每平方米新建房屋价值	元	1196	6376			2773
人均年末使用房屋面积	平方米	49.17	74.08	43.11	41.31	49.55
#钢筋混凝土面积	平方米	21.57	55.44	29.02	19.73	29.13

6—13　续表

指　　　标	单　位	兴山县	秭归县	长　阳 自治县	五　峰 自治县	夷陵区
户数、人口、劳动力						
调查户数	户	100	100	100	100	100
调查户常住人口	人	323	347	348	362	316
调查户劳动力	人	255	278	268	277	259
户均劳动力	人	2.55	2.78	2.68	2.77	2.59
耕地、山地面积						
期初人均实际经营土地面积	市亩	8.01	2.82	3.73	7.18	13.31
人均有效灌溉面积	市亩	0.44	0.12	0.15		0.09
调查户人均年末生产性固定资产原值	**元**	**1306**	**1456**	**5818**	**1776**	**3557**
#农业	元	772	1075	4712	768	1391
林业	元			418		3
牧业	元	483	300	413	967	1262
渔业	元			1		
年内人均新建房面积	平方米	0.62		0.98		0.82
每平方米新建房屋价值	元	201		704		608
人均年末使用房屋面积	平方米	48.78	37.08	43.05	47.79	58.24
#钢筋混凝土面积	平方米	3.06	5.28	23.16	26.81	

6—14　分县市农村居民家庭人均现金收支情况

（2012年）

单位:元

指　　标	全　市	宜都市	枝江市	当阳市	远安县
期内现金收入合计	**9118**	**10968**	**12868**	**15198**	**9759**
工资性收入	3012	5867	2957	2702	3092
在非企业组织中劳动得到收入	218	415	351	258	133
在企业劳动得到的	299	175	593	646	315
在其他单位劳动得到	975	1903	844	458	1672
家庭经营现金收入	5532	4425	9330	12039	6133
出售农产品	2661	1558	3868	6630	3036
出售林业产品	91	25	108	73	200
出售牧业产品	1676	1923	3061	2666	1324
出售渔业产品	279	156	780	1654	11
建筑业收入	58		118	139	85
运输业收入	222		4167	490	243
商业收入	256	550	546	87	449
其他经营现金收入	42		65	6	42
转移性现金收入	509	561	516	387	463
#在外人口寄回和带回	9				57
财产性收入	64	116	66	70	70
#利息收入	14	31	21	21	36
期内现金支出合计	**8524**	**9718**	**13179**	**10743**	**7675**
生产费用支出现金	2391	1541	4591	4358	2671
家庭经营费用支出	2179	1480	3984	4215	2136
购置生产性固定资产支出	201	61	595	129	476
税费支出	6		3	2	
生活消费支出现金	5154	6844	6897	5557	4190

6—14　续表　　　　单位：元

指　　　标	兴山县	秭归县	长　阳 自治县	五　峰 自治县	夷陵区
期内现金收入合计	**6180**	**5842**	**5411**	**4643**	**12234**
工资性收入	2158	1743	2824	1830	4056
在非企业组织中劳动得到收入	285	245	164	19	110
在企业劳动得到的	18		253		770
在其他单位劳动得到	255	913	936	488	277
家庭经营现金收入	3211	3371	1994	2531	7660
出售农产品	2154	1628	699	1318	3461
出售林业产品	40	4	79	137	145
出售牧业产品	712	1434	1010	858	2273
出售渔业产品			18		6
建筑业收入					203
运输业收入	18	90	37	119	540
商业收入	13		120	60	492
其他经营现金收入	58	192	3	3	9
转移性现金收入	731	618	543	273	508
#在外人口寄回和带回			21		
财产性收入	79	111	49	9	10
#利息收入	2			5	7
期内现金支出合计	**6327**	**6439**	**6422**	**6261**	**10503**
生产费用支出现金	965	1770	1360	1502	3015
家庭经营费用支出	896	1684	1264	1330	2886
购置生产性固定资产支出	69	86	83	172	129
税费支出			37	12	
生活消费支出现金	4266	4280	4296	3867	6445

6—15 分县市农村家庭购置建材、生产资料和耐用消费品拥有量

（2012年）

指标	单位	全市	宜都市	枝江市	当阳市	远安县
平均每百户购置						
水泥	公斤	40431	1700	62365	62011	
木材	立方米	41	4	298	40	
钢材	公斤	618		2674	20	
水泥预制件	件	106		371		
玻璃	平方米					
砖瓦	块	63112	12610	167074	64696	40000
平均每百户购置						
化肥	公斤	63475	38358	74526	145282	52584
微量元素肥	克	7080		142	5791	
饼肥	公斤	184		1240	150	
农用薄膜	公斤	216	13	140	124	104
每百户耐用品拥有量						
自行车	辆	11	7	46	12	16
电冰箱	台	79	100	109	79	95
空调机	台	76	102	50	19	25
移动电话	部	197	240	220	193	220
洗衣机	台	74	82	58	55	64
摩托车	台	85	109	111	113	102
黑白电视机	台	2	12	3		1
彩色电视机	台	108	127	136	102	108
照相机	架	4	12		3	5

6—15　续表

指　　标	单　位	兴山县	秭归县	长　阳 自治县	五　峰 自治县	夷陵区
平均每百户购置						
水泥	公斤	44022	100	59126	51669	8[illegible]86
木材	立方米	5				24
钢材	公斤		8	248	826	[illegible]90
水泥预制件	件			1		579
玻璃	平方米				4	
砖瓦	块	19259	10	22496	24937	2[illegible]24
平均每百户购置						
化肥	公斤	38927	77369	24667	78283	[illegible]289
微量元素肥	克			56206		[illegible]584
饼肥	公斤			162	100	
农用薄膜	公斤	471	121	463	438	73
每百户耐用品拥有量						
自行车	辆	2		14	4	2
电冰箱	台	69	67	54	61	80
空调机	台			1		31
移动电话	部	143	191	119	232	211
洗衣机	台	84	57	76	100	92
摩托车	台	34	49	73	100	73
黑白电视机	台		1			1
彩色电视机	台	92	98	99	101	106
照相机	架	2	1			9

6—16 主要年份农村居民家庭平均每人主要消费品和消费量

指　　标	单　位	2000	2007	2008	2009	2010	2011	2012
粮食	千克	261.94	222.03	155.07	182.08	132.35	138.03	135.54
#稻谷	千克	154.15	138.46	110.74	131.23	101.85	105.75	102.91
小麦	千克	18.07	9.66	11.78	8.45	5.63	4.28	6.37
蔬菜	千克	174.66	184.38	114.12	131.19	116.90	104.06	105.93
食用油	千克	10.91	2.62	3.70	3.73	3.16	5.89	7.12
植物油	千克	7.66	2.13	2.83	2.91	2.41	5.46	6.47
动物油	千克	3.25	0.50	0.88	0.82	0.75	0.43	0.65
肉类	千克	31.37	33.20	33.10	35.77	34.91	32.05	28.71
#猪肉	千克	28.81	29.77	29.85	31.70	31.38	28.25	25.04
牛肉	千克	0.11	0.34	0.21	0.27	0.27	0.44	0.36
家禽	千克	2.19	2.34	2.31	2.90	1.91	2.37	2.37
蛋类	千克	2.97	2.41	2.64	4.02	3.17	3.37	3.84
鱼虾	千克	2.83	3.12	3.02	3.56	2.75	3.44	3.25
食糖	千克	0.93	0.45	0.45	0.56	0.43	0.47	0.39
烟叶	公斤			0.10	0.05	0.16	0.08	0.11
酒	千 克	10.51	14.59	13.17	13.20	12.24	12.17	12.06
茶叶	千克	0.19	0.82	0.69	1.01	0.75	0.42	0.58
糖果糕点	千克	0.7						
水果	千克	25.86	26.57	23.04	17.21	22.51	16.97	14.25

6—17 主要年份农村每百户居民家庭主要耐用消费品拥有量

指标	单位	2000	2007	2008	2009	2010	2011	2012
自行车	辆	60	23	24	20	19	11	11
洗衣机	台	25	40	45	49	60	67	74
摩托车	辆	27	61	64	68	73	81	85
移动电话	部		93	104	119	141	194	197
黑白电视机	台	71	14	11	9	9	3	2
彩色电视机	台	32	92	93	97	103	109	108
照相机	架	1.6	2.4	2.5	2	2	3	4

6—18 主要年份分县市农民商品性、自给性生活消费情况

单位:%

指　　标	2000	2007	2008	2009	2010	2011	2012
商品消费支出比重							
全 市	64.14	74.36	75.95	77.5	79.92	83.41	86.69
宜都市	63.59	81.64	80.19	82.98	80.14	84.42	87.85
枝江市	71.63	82.61	85.61	87.54	89.10	88.25	87.72
当阳市	73.14	75.60	83.01	77.58	84.50	96.50	99.70
远安县	65.79	68.22	62.36	66.95	68.26	74.60	75.08
兴山县	62.34	66.10	79.11	82.03	81.43	79.87	87.45
秭归县	68.89	71.02	70.85	73.54	79.51	81.40	89.97
长阳自治县	55.52	74.42	60.37	69.47	80.60	85.26	89.94
五峰自治县	59.58	76.61	71.19	70.13	73.12	75.39	73.23
夷陵区	51.91	76.03	81.25	80.4	77.71	84.25	90.01
自给性比重							
全 市	36.86	25.64	24.05	22.5	20.08	16.59	13.31
宜都市	36.41	18.36	19.81	17.02	19.86	15.58	12.15
枝江市	28.37	17.39	14.39	12.46	10.90	11.75	12.28
当阳市	26.86	24.40	16.99	22.42	15.50	3.50	0.30
远安县	34.21	31.78	37.64	33.05	31.74	25.40	24.92
兴山县	37.66	33.80	20.89	17.97	18.57	20.13	12.55
秭归县	31.11	29.98	29.15	26.46	20.49	18.60	10.03
长阳自治县	44.48	25.58	39.63	30.53	19.40	14.74	10.06
五峰自治县	40.42	23.39	28.81	29.89	26.88	24.61	26.77
夷陵区	48.09	23.97	18.75	19.6	22.29	15.75	9.99

6—19 主要年份农村居民家庭年人均生活消费支出

单位：元

指标	1992	1995	2000	2002	2005	2006
农民生活消费支出	**372**	**1312**	**1635**	**1897**	**2571**	**2894**
一、食品消费	128	267	880	960	1256	1350
二、衣着消费	50	83	74	111	126	158
三、居住消费	49	102	209	251	266	290
四、家庭设备用品及服务	79	72	75	100	129	181
五、医疗保健消费	5	43	72	97	140	164
六、交通通讯消费	31	50	69	110	274	331
七、文教娱乐用品及服务	31	109	214	230	320	341
八、其它商品和服务	13	15	43	57	60	79

指标	2007	2008	2009	2010	2011	2012
农民生活消费支出	**3451**	**3822**	**4062**	**4046**	**5241**	**5945**
一、食品消费	1609	1773	1774	1769	2157	2238
二、衣着消费	188	203	229	259	296	336
三、居住消费	392	600	711	562	875	1076
四、家庭设备用品及服务	233	261	321	362	435	488
五、医疗保健消费	195	237	255	291	445	573
六、交通通讯消费	350	363	378	390	518	589
七、文教娱乐用品及服务	362	274	310	308	353	401
八、其它商品和服务	121	110	85	107	162	243

6—20 历年农村居民家庭基本情况

（1985—2012 年）

年份	调查户数（户）	常住人口（人）	平均每户常住人口（人）	平均每个劳动力负担人口（人）	人均年末使用房屋面积（平方米）
1985	856	4169	4.90	2.03	29.27
1986	900	4141	4.6	2.74	29.94
1987	900	4081	4.53	2.74	30.79
1988	900	4056	4.51	1.63	32.22
1989	900	4037	4.49	2.71	32.83
1990	900	3961	4.40	1.66	33.89
1991	900	3961	4.40	1.75	35.90
1992	900	3711	4.12	1.64	36.83
1993	900	3611	4.01	1.57	32.53
1994	800	3175	3.97	1.56	32.92
1995	850	3440	4.05	1.55	31.32
1996	900	3510	3.90	1.55	34.12
1997	900	3470	3.86	1.55	34.81
1998	900	3461	3.85	1.55	37.21
1999	900	3405	3.78	1.52	37.65
2000	910	3349	3.68	1.44	36.69
2001	910	3262	3.58	1.47	39.68
2002	910	3263	3.59	1.50	38.69
2003	910	3261	3.58	1.40	40.97
2004	910	3248	3.57	1.39	41.80
2005	920	3231	3.51	1.38	67.23
2006	920	3265	3.55	1.33	43.29
2007	920	3275	3.56	1.31	44.47
2008	920	3260	3.54	1.30	44.60
2009	920	3239	3.52	1.26	44.63
2010	920	3209	3.49	1.26	45.70
2011	900	3055	3.39	1.26	50.27
2012	900	3028	3.36	1.26	49.38

主要统计指标解释

城镇居民家庭全部收入 指被调查城镇居民家庭全部的实际收入，包括经常或固定得到的收入和一次性收入。不包括周转性收入，如提取银行存款、向亲友借款、收回借出款以及其他各种暂收款。

城镇居民家庭可支配收入 指被调查的城镇居民家庭在支付个人所得税、财产税及其他经常性转移支出后所余下的实际收入。

城镇居民家庭消费性支出 指被调查的城镇居民家庭用于日常生活的全部支出，包括购买商品支出和文化生活、服务等非商品性支出。不包括罚没、丢失款和缴纳的各种税款(如个人所得税、牌照税、房产税等)，也不包括个体劳动者生产经营过程中发生的各项费用。

城镇居民家庭购买商品支出 指被调查的城镇居民家庭为自用或赠送亲友而购买商品的全部支出，包括从商店、工厂、饮食业、工作单位食堂、集市以及直接从农民手中购买各种商品的开支。商品支出分为以下八类：食品；衣着；家庭设备用品及服务；医疗保健；交通与通信；娱乐、教育、文化服务；居住；杂项商品和服务。

农村居民家庭纯收入 指农村常住居民家庭总收入中，扣除从事生产和非生产经营费用支出、缴纳税款和上交承包集体任务金额以后剩余的，可直接用于进行生产性、非生产性建设投资、生活消费和积蓄的那一部分收入。农村居民家庭纯收入包括从事生产性和非生产性的经营收入，又自在外人口寄回带回和国家财政救济、各种补贴等非经营性收入；既包括货币收入，又包括自产自用的实物收入。但不包括向银行、信用社和向亲友借款等属于借贷性的收入。

农村居民家庭生活消费支出 指农村常住居民家庭用于日常生活的全部开支，是反映和研究农民家庭实际生活消费水平高低的重要指标。

七 农业

AGRICULTURE

7—1 历年农林牧渔业总产值（现价）

（1978－2012 年）

单位：万元

年　份	农林牧渔业总产值	农　业	林　业	牧　业	渔　业	农林牧渔服务业
1978	67383	55657	1835	9653	238	
1979	73187	59865	1919	11154	249	
1980	75158	56892	3101	14796	369	
1981	85958	66535	3735	15239	449	
1982	100143	75415	4758	19458	512	
1983	111514	80578	8599	21577	760	
1984	126798	88284	9413	26951	2150	
1985	148980	98080	9994	37443	3463	
1986	170941	115594	11514	39149	4684	
1987	198600	129965	13806	48843	5986	
1988	228003	140257	14694	65991	7061	
1989	251130	157244	15077	71522	7287	
1990	298647	181747	19814	87463	9623	
1991	316314	199931	23105	82715	10563	
1992	339962	215598	21706	90785	11873	
1993	392928	253524	23137	102769	13498	
1994	624522	402100	26191	175018	21213	
1995	802585	526981	32025	211455	32124	
1996	932638	597389	35632	257346	42271	
1997	998659	618894	31329	302572	45864	
1998	999495	612241	37371	298927	50956	
1999	918390	564183	39026	261285	53896	
2000	957858	579077	39020	285871	53890	
2001	989116	595483	21905	314306	57422	
2002	946036	552982	21921	312801	58332	
2003	1055102	622106	22644	341183	62752	
2004	1281373	732590	19752	449732	72704	6595
2005	1385982	778611	22755	496107	81643	6866
2006	1481386	877921	23252	473967	98311	7935
2007	1826825	992704	23703	676645	125085	8688
2008	2267465	1157277	29600	899294	166248	15046
2009	2505514	1299568	31316	944100	213761	15869
2010	2940518	1570358	38201	1060922	252003	19034
2011	4004905	2121550	45544	1454213	292223	81375
2012	5029647	2661438	52222	1851327	346614	118046

7—2 主要年份农林牧渔业总产值

单位:万元

指　　　标	2007	2008	2009	2010	2011	2012
农林牧渔业总产值(可比价)	**1607858**	**1917400**	**2438925**	**2635906**	**3070489**	**4184942**
农业总产值	944189	1000481	1219770	1364376	1635503	2223770
粮食作物	270512	274384	346406	339943	363730	451395
经济作物	156783	160418	216205	234018	304185	404853
蔬菜瓜类	280905	298762	372070	463792	493682	662214
茶、桑、果	232358	264234	283709	325210	472592	703923
其他农作物	3631	2683	1380	1413	1314	1385
林业产值	**22449**	**25882**	**27144**	**31516**	**38525**	**47655**
竹木采伐	11538	14001	14385	14710	22680	26936
牧业产值	**512268**	**745448**	**985518**	**999822**	**1071095**	**1519420**
牲猪产值	406776	618969	816837	817686	854707	1178634
家禽产值	43016	48946	66126	83329	94791	136422
活的畜禽产品产值	30624	33736	44266	52229	56827	93416
捕猎野兽、野禽产值	31	13	20	17	109	117
渔业产值	**120712**	**133887**	**190015**	**222067**	**248488**	**297614**
农林牧渔业总产值(现价)	**1826825**	**2267465**	**2505614**	**2940518**	**4004905**	**5029647**
农业总产值	**992704**	**1157277**	**1299568**	**1570358**	**2121550**	**2661438**
粮食作物	291715	319326	359852	375173	450811	504503
经济作物	180238	202017	220779	259718	375676	469143
蔬菜瓜类	287212	380527	412373	529799	653272	874356
茶、桑、果	229908	251805	305169	404237	640283	811799
其他农作物	3631	3602	1395	1431	1508	1637
林业产值	**23703**	**29600**	**31316**	**38201**	**45544**	**52222**
竹木采伐	12420	16286	15240	18885	26216	28955
牧业产值	**676645**	**899294**	**944100**	**1060922**	**1464213**	**1851327**
牲猪产值	563045	743176	762726	870588	1205917	1449131
家禽产值	47563	60485	71359	87870	111497	162058
活的畜禽产品产值	33423	39488	46179	53228	68006	103760
捕猎野兽、野禽产值	31	14	20	17	130	113
渔业产值	**125085**	**166248**	**213761**	**252003**	**292223**	**346614**

7—3 分县市农林牧渔业总产值

（2012年）

单位：万元

指　　标	全　市	宜都市	枝江市	当阳市	远安县	兴山县
农林牧渔业总产值（可比价）	**4184942**	**469347**	**810008**	**862589**	**204582**	**165080**
农业总产值	**2223770**	**219205**	**413275**	**451766**	**125634**	**84301**
粮食作物	451395	32093	77839	128634	31046	15159
经济作物	404853	10702	117202	80458	60390	18059
蔬菜瓜类	662214	46462	79530	163545	28180	21546
茶、桑、果	703923	129850	138434	79014	5904	18377
其他农作物	1385	98	270	115	114	160
林业产值	**47655**	**6151**	**3453**	**8502**	**5130**	**3936**
竹木采伐	26936	3975	563	7261	4014	2695
牧业产值	**1519420**	**192128**	**262765**	**299342**	**66504**	**74325**
牲猪产值	1178634	122920	202318	200440	60174	64576
家禽产值	136422	27085	31064	35472	1266	1212
活的畜禽产品产值	93416	4866	14201	49542	1065	1003
捕猎野兽、野禽产值	117	8		3	3	
渔业产值	**297614**	**40462**	**113758**	**85186**	**2734**	**262**
农林牧渔服务业产值	**96483**	**11401**	**16757**	**17793**	**4580**	**3256**
农林牧渔业总产值（现价）	**5029647**	**581454**	**1011300**	**1050681**	**246265**	**167371**
农业总产值	**2661438**	**279341**	**517540**	**555195**	**153475**	**86752**
粮食作物	504503	34106	97006	145102	33419	17076
经济作物	469143	11762	139606	85209	81837	18633
蔬菜瓜类	874356	62724	115318	229284	32179	31862
茶、桑、果	811799	170637	165314	95469	5909	18998
其他农作物	1637	112	296	131	131	183
林业产值	**52222**	**6755**	**4835**	**9556**	**5307**	**4198**
竹木采伐	28955	4372	789	8153	4138	2757
牧业产值	**1851327**	**237667**	**332440**	**359895**	**79235**	**72873**
牲猪产值	1449131	153650	258381	245396	71785	62961
家禽产值	162058	31893	37809	40828	1302	1248
活的畜禽产品产值	103760	5352	14184	57112	1594	997
捕猎野兽、野禽产值	113	4		3	3	
渔业产值	**346614**	**46290**	**133261**	**104535**	**2668**	**273**
农林牧渔服务业产值	**118046**	**11401**	**23224**	**21500**	**5580**	**3275**

单位:万元

指标	秭归县	长阳自治县	五峰自治县	市区	#夷陵区
农林牧渔业总产值(可比价)	**247174**	**406100**	**231746**	**787316**	**643882**
农业总产值	**146750**	**185336**	**140179**	**457324**	**371201**
粮食作物	29972	37844	26969	70839	66536
经济作物	16052	35040	24344	42606	38485
蔬菜瓜类	52496	89567	36470	134418	85656
茶、桑、果	48224	22857	51922	209341	180408
其他农作物	6	28	474	120	116
林业产值	**3263**	**6649**	**4956**	**5615**	**5278**
竹木采伐	820	3686	2200	1722	1515
牧业产值	**85588**	**164762**	**81560**	**292446**	**241012**
牲猪产值	76485	142441	70453	238827	202278
家禽产值	3835	2169	2213	32106	19593
活的畜禽产品产值	2034	2060	3000	15645	14084
捕猎野兽、野禽产值				103	103
渔业产值	**729**	**40700**	**98**	**13685**	**11670**
农林牧渔服务业产值	**10844**	**8653**	**4953**	**18246**	**14721**
农林牧渔业总产值(现价)	**297670**	**484578**	**275644**	**914684**	**754079**
农业总产值	**172604**	**201586**	**165127**	**529818**	**440133**
粮食作物	32598	40035	29529	75632	71095
经济作物	21020	35717	25819	49540	44762
蔬菜瓜类	64513	102276	48099	188101	138642
茶、桑、果	54466	23526	61139	216341	185517
其他农作物	7	32	541	204	117
林业产值	**3356**	**6846**	**5453**	**5916**	**5553**
竹木采伐	843	3700	2439	1764	1557
牧业产值	**109434**	**221533**	**97558**	**340692**	**276171**
牲猪产值	99756	197316	84601	275285	227013
家禽产值	3976	2232	2431	40339	26642
活的畜禽产品产值	2034	2046	3498	16943	15328
捕猎野兽、野禽产值				103	103
渔业产值	**729**	**44185**	**107**	**14566**	**12289**
农林牧渔服务业产值	**11547**	**10428**	**7399**	**23692**	**19933**

7—4 主要年份农林牧渔业增加值(现价)

单位:万元

指　　标	2007	2008	2009	2010	2011	2012
农林牧渔业总产值	**1826825**	**2267465**	**2505614**	**2940518**	**4004905**	**5029647**
中间消耗	723609	897519	998571	1175547	1596821	1977551
中间物质消耗	595758	728712	738261	854083	1194404	1460007
生产服务支出	127851	168807	252469	312894	402417	517544
农林牧渔业增加值	**1103216**	**1369946**	**1507043**	**1764971**	**2408084**	**3052096**
农　业						
总产值	992704	1157277	1299568	1570358	2121550	2661438
中间消耗	371778	414967	474181	576126	778237	1007736
物资消耗	294400	334401	342979	415334	614005	766447
生产服务支出	77378	80566	131202	160792	164232	241289
增加值	620926	742310	825387	994232	1343313	1653702
林　业						
总产值	23703	29600	31316	38201	45544	52222
中间消耗	10132	11719	11363	17374	17360	18617
物资消耗	8304	9759	9905	15749	13453	14075
生产服务支出	1828	1960	1458	1625	3907	4542
增加值	13571	17881	19953	20827	28184	33605
牧　业						
总产值	676645	899294	944100	1060922	1464213	1851327
中间消耗	278764	395343	417289	467087	647434	763421
物资消耗	240250	318383	316097	345852	452604	537190
生产服务支出	38514	76960	101192	121235	194830	226231
增加值	397881	503951	526811	593835	816779	1087906
渔　业						
总产值	125085	166248	213761	252003	292223	346614
中间消耗	58963	69022	87897	106390	118987	138239
物资消耗	48832	59701	69307	77148	79539	92757
生产服务支出	10131	9321	18590	29242	39448	45482
增加值	66122	97226	125864	145613	173236	208375
农林牧渔服务业						
总产值	8688	15046	16869	19034	81375	118046
中间消耗	3972	6468	7841	8570	34803	49538
增加值	4716	8578	9028	10464	46572	68508

7—5 分县市农林牧渔业增加值(现价)

(2012年) 单位:万元

指标	全市	宜都市	枝江市	当阳市	远安县	兴山县
农林牧渔业总产值	**5029647**	**581454**	**1011300**	**1050681**	**246265**	**167371**
中间消耗	1977551	230200	400927	427603	88005	69551
中间物质消耗	1460007	190600	365990	260281	81633	68909
生产服务支出	517544	39600	34937	167322	6372	642
农林牧渔业增加值	**3052096**	**351254**	**610373**	**623078**	**158260**	**97820**
农业						
总产值	2661438	279341	517540	555195	153475	86752
中间消耗	1007736	105537	204737	227822	48934	33171
物资消耗	766447	83937	198307	163417	43730	33098
生产服务支出	241289	21600	6430	64405	5204	73
增加值	1653702	173804	312803	327373	104541	53581
林业						
总产值	52222	6755	4835	9556	5307	4198
中间消耗	18617	2770	1450	945	2935	2435
物资消耗	14075	2470	1409	901	1993	2380
生产服务支出	4542	300	41	44	942	55
增加值	33605	3985	3385	8611	2372	1763
牧业						
总产值	1851327	237667	332440	359895	79235	72873
中间消耗	763421	99308	129652	149000	32680	32078
物资消耗	537190	84708	115956	68631	32489	31570
生产服务支出	226231	14600	13696	80369	191	508
增加值	1087906	138359	202788	210895	46555	40795
渔业						
总产值	346614	46290	133261	104535	2668	273
中间消耗	138239	18712	54637	39993	1486	70
物资消耗	92757	15612	39867	17489	1451	64
生产服务支出	45482	3100	14770	22504	35	6
增加值	208375	27578	78624	64542	1182	203
农林牧渔服务业						
总产值	118046	11401	23224	21500	5580	3275
中间消耗	49538	3873	10451	9843	1970	1797
增加值	68508	7528	12773	11657	3610	1478

7—5 续表 单位：万元

指　　标	秭归县	长阳自治县	五峰自治县	市　区	#夷陵区
农林牧渔业总产值	**297670**	**484578**	**275644**	**914684**	**754079**
中间消耗	111963	188436	113333	347533	284304
中间物质消耗	65574	169736	98320	158964	111896
生产服务支出	46389	18700	15013	188569	172408
农林牧渔业增加值	**185707**	**296142**	**162311**	**567151**	**469775**
农　业					
总产值	172604	201586	165127	529818	440133
中间消耗	60519	70548	57218	199250	167443
物资消耗	40263	61548	51826	90321	70492
生产服务支出	20256	9000	5392	108929	96951
增加值	112085	131038	107909	330568	272690
林　业					
总产值	3356	6846	5453	5916	5553
中间消耗	1316	3354	1265	2147	2013
物资消耗	850	1354	1240	1478	1362
生产服务支出	466	2000	25	669	651
增加值	2040	3492	4188	3769	3540
牧　业					
总产值	109434	221533	97558	340692	276171
中间消耗	44357	93031	52557	130758	102535
物资消耗	18729	87331	42982	54794	30592
生产服务支出	25628	5700	9575	75964	71943
增加值	65077	128502	45001	209934	173636
渔　业					
总产值	729	44185	107	14566	12289
中间消耗	228	16789	32	6292	5272
物资消耗	189	14789	11	3285	2409
生产服务支出	39	2000	21	3007	2863
增加值	501	27396	75	8274	7017
农林牧渔服务业					
总产值	11547	10428	7399	23692	19933
中间消耗	5543	4714	2261	9086	7041
增加值	6004	5714	5138	14606	12892

7—6　分县市主要年份农林牧渔业总产值(现价)

单位:万元

县 市 区	2005	2008	2009	2010	2011	2012
全　市	**1385982**	**2267465**	**2505614**	**2940518**	**4004905**	**5029647**
宜都市	133246	240533	282450	320462	448398	581454
枝江市	242295	411182	474324	568298	773469	1011300
当阳市	284369	476474	511140	600729	823900	1050681
远安县	74588	119899	122740	141826	195537	246265
兴山县	69810	98615	103322	120603	159539	167371
秭归县	86916	138558	151079	175039	236185	297670
长阳自治县	124957	210443	231403	279955	388178	484578
五峰自治县	74358	122230	135945	160119	221561	275644
市　区	510995	449531	493211	1020920	758138	914684
#夷陵区	215552	326874	376185	447433	615783	754079

7—7　分县市主要年份农林牧渔业增加值(现价)

单位:万元

县 市 区	2005	2008	2009	2010	2011	2012
全　市	**849795**	**1369946**	**1507043**	**1764971**	**2408084**	**3052096**
宜都市	80890	143045	168467	192997	275168	351254
枝江市	147320	254299	288524	341003	463578	610373
当阳市	177952	281514	299972	350400	480100	623078
远安县	48100	76618	79167	91126	124830	158260
兴山县	43181	56798	59702	69305	93011	97820
秭归县	52991	83391	92956	110018	150484	185707
长阳自治县	72414	129618	142380	169285	234963	296142
五峰自治县	45741	70265	79991	95007	130037	162311
市　区	181206	274398	295884	616018	455913	567151
#夷陵区	132253	199693	224258	270188	369640	469775

7—8 历年农作物播种面积

（1978－2012年）

单位：千公顷

年份	总播种面积	粮食	#棉花	#油料	#烟叶	#茶叶	#柑桔
1978	555.92	414.55	33.56	28.03	2.07	12.19	6.45
1979	547.03	415.39	32.83	28.80	0.89	12.31	6.48
1980	526.39	407.30	33.13	25.75	1.78	11.93	6.56
1981	499.29	380.97	31.47	35.12	1.12	11.85	6.81
1982	533.70	395.78	31.65	44.33	6.07	11.72	6.98
1983	533.03	397.65	30.73	41.53	3.21	11.60	7.87
1984	531.99	393.81	26.82	43.47	3.71	11.52	9.52
1985	534.83	381.02	22.83	59.26	4.74	11.08	14.48
1986	530.57	370.24	19.81	74.77	4.11	11.48	15.92
1987	538.05	382.67	21.73	65.14	4.60	8.09	14.82
1988	543.79	386.49	21.93	66.81	6.47	12.66	19.79
1989	540.52	389.07	21.32	63.28	8.07	12.62	21.85
1990	556.35	395.68	22.74	69.89	7.29	13.06	22.93
1991	564.09	398.43	23.43	70.49	11.30	13.52	26.32
1992	558.15	391.57	25.08	66.58	12.21	15.32	28.60
1993	552.86	379.43	24.36	69.93	13.68	17.37	30.41
1994	554.26	378.43	23.79	76.81	8.41	17.60	32.90
1995	563.74	372.03	23.59	85.65	8.11	17.90	33.30
1996	571.18	378.03	23.33	83.24	9.13	18.05	33.70
1997	575.53	375.39	21.68	83.30	11.89	18.12	34.70
1998	575.62	370.33	21.28	87.59	6.81	19.10	34.60
1999	579.99	362.69	15.37	96.61	8.16	19.30	39.50
2000	574.17	335.00	14.49	109.96	8.04	19.20	38.20
2001	568.27	327.60	14.49	106.61	7.72	19.00	38.30
2002	545.81	310.39	10.90	104.38	6.58	19.40	41.60
2003	537.93	291.66	15.28	103.19	6.01	21.10	47.80
2004	537.52	296.07	17.57	102.93	6.32	22.90	54.40
2005	544.41	303.29	17.16	104.52	6.82	26.60	66.10
2006	497.32	267.79	22.05	88.59	4.80	29.90	78.60
2007	495.31	269.55	22.71	82.82	4.86	34.20	94.40
2008	545.81	291.96	20.25	104.46	6.70	37.98	105.91
2009	572.86	312.75	19.68	108.64	8.25	39.96	110.67
2010	578.47	316.29	21.35	109.94	7.01	42.94	112.02
2011	589.25	321.15	22.34	107.96	7.93	45.29	117.64
2012	599.88	327.04	21.35	111.01	8.08	48.20	123.97

7—9 历年主要农产品产量

（1978－2012 年）

单位：吨

年 份	粮 食	棉 花	油 料	茶 叶	柑 桔
1978	1232405	26475	24352	2160	3723
1979	1246765	26636	23389	2320	12363
1980	1059068	15981	17801	2556	12614
1981	1271296	15029	37451	2788	12615
1982	1396372	15683	58197	3055	18358
1983	1429081	16103	48202	3295	33919
1984	1562696	34320	61822	3344	26111
1985	1568411	28100	89750	3568	40160
1989	1493012	15783	89639	5216	124786
1990	1594365	32980	110018	5198	40844
1991	1578401	30037	116423	5450	142785
1992	1651424	36734	105968	5907	114326
1993	1553649	26069	119473	6287	191314
1994	1633753	27936	136903	6081	184638
1995	1673339	34312	174065	6606	329863
1996	1668229	29719	155908	6973	288605
1997	1726821	31781	173161	7607	435669
1998	1709279	15017	180932	8374	326852
1999	1730951	17554	178351	8984	554574
2000	1671269	16770	232377	9248	519352
2001	1634435	19842	232229	9662	617206
2002	1441574	14551	171620	9945	490337
2003	1314538	19157	201908	11137	743966
2004	1456449	21859	214800	13178	748824
2005	1456232	22356	213328	16100	911739
2006	1323300	29517	189534	18752	1132720
2007	1422907	30425	184964	22345	1347967
2008	1517408	26779	212004	30654	1634493
2009	1579957	29578	230819	33955	1766757
2010	1627923	30794	232285	39052	1932573
2011	1563475	33744	222129	45588	2248466
2012	1603993	34793	227904	52546	2630684

7—10 分县市农业主要产品生产情况

（2012年）

单位：千公顷、吨

指　　标	全　市	宜都市	枝江市	当阳市	远安县	兴山县
农作物总播种面积	**599.88**	**40.09**	**110.08**	**127.77**	**27.35**	**33.22**
一.粮食作物面积	327.04	25.15	54.03	68.68	16.69	18.18
总产量	1603993	110319	331507	511316	100752	58119
（一）夏收粮食面积	94.41	5.77	17.68	18.66	3.73	6.82
总产量	295035	14023	57112	90796	11826	16553
1.小麦面积	42.30	0.85	16.04	15.79	1.36	0.99
总产量	147521	2695	50517	73500	3706	2450
2.蚕豌豆面积	4.99	0.58	0.65	0.45	0.15	0.44
总产量	10952	1119	1699	2090	449	434
3.杂粮面积	2.28		0.22	1.06	0.93	
总产量	9503		1096	6505	1667	
其中：大麦面积	2.28		0.22	1.06	0.93	
总产量	9493		1096	6505	1667	
4.马铃薯面积	44.81	4.34	0.77	1.36	1.29	5.39
总产量（五折一计算）	127059	10209	3800	8701	6004	13669
（二）秋收粮食面积	232.63	19.38	36.35	50.02	12.96	11.36
总产量	1308958	96296	274395	420520	88926	41566
1.稻谷面积	86.77	4.42	27.95	29.46	7.86	2.19
总产量	702319	28508	230620	266134	63150	12501
（1）早稻面积	6.79		6.79			
总产量	49727		49727			
（2）中稻（含一季晚）面积	71.84	4.42	13.02	29.46	7.86	2.19
总产量	591206	28508	119507	266134	63150	12501
（3）双季晚稻面积	8.14		8.14			
总产量	61386		61386			
2.玉米面积	105.7	10.37	6.21	16.69	3.93	7.52
总产量	473658	58701	35012	116590	19725	26803
3.大豆面积	10.22	0.45	1.28	1.89	0.25	0.84
总产量	21415	902	2009	8872	740	903
4.杂豆面积	1.12			0.15	0.03	0.19
总产量	2137	399	47	223	41	287
5.薯类面积	28.57	3.91	0.89	1.83	0.89	0.62
总产量（五折一计算）	109426	7786	6707	28701	5270	1072
（1）红薯面积	26.68	3.91	0.81	1.41	0.89	0.62
总产量	95524	7786	6097	21097	5270	1072
（2）马铃薯面积	1.89		0.08	0.42		
总产量	13902		610	7604		
6.其它杂粮面积						
总产量	3					

7—10 续表1　　　　单位:千公顷、吨

指　　标	秭归县	长阳自治县	五峰自治县	市　区	#夷陵区
农作物总播种面积	**50.43**	**71.21**	**50.46**	**89.27**	**75.22**
一.粮食作物面积	28.59	39.27	29.85	46.6	41.04
总产量	86703	102190	80543	222544	212043
(一)夏收粮食面积	8.78	12.72	11.81	8.44	7.85
总产量	22376	29559	24128	28662	27774
1.小麦面积	3.11	2.64	0.75	0.77	0.34
总产量	7801	3635	1562	1655	1161
2.蚕豌豆面积	0.91	0.74	0.12	0.95	0.94
总产量	1607	918	166	2470	2441
3.杂粮面积				0.07	0.07
总产量	10			225	225
其中:大麦面积				0.07	0.07
总产量				225	225
4.马铃薯面积	4.73	9.34	10.94	6.65	6.5
总产量(五折一计算)	12958	25006	22400	24312	23947
(二)秋收粮食面积	19.81	26.55	18.04	38.16	33.19
总产量	64327	72631	56415	193882	184269
1.稻谷面积	2.4	2.29	0.26	9.94	9.36
总产量	12447	14485	1244	73230	70947
(1)早稻面积					
总产量					
(2)中稻(含一季晚)面积	2.4	2.29	0.26	9.94	9.36
总产量	12447	14485	1244	73230	70947
(3)双季晚稻面积					
总产量					
2.玉米面积	12.25	16.27	13.52	18.94	16.22
总产量	38582	42657	46746	88842	85441
3.大豆面积	1.03	1.64	1.34	1.5	1.4
总产量	1799	2100	1278	2812	2772
4.杂豆面积	0.23	0.18	0.01	0.33	0.26
总产量	313	204	21	602	509
5.薯类面积	3.9	6.17	2.91	7.45	5.95
总产量(五折一计算)	11186	13185	7123	28396	24600
(1)红薯面积	3.90	6.17	2.85	6.12	5.42
总产量	11186	13185	7033	22798	21703
(2)马铃薯面积			0.06	1.33	0.53
总产量			90	5598	2897
6.其它杂粮面积					
总产量			3		

7—10 续表2

单位：千公顷、吨

指　　标	全　市	宜都市	枝江市	当阳市	远安县	兴山县
二、棉花面积	21.35	0.02	15.49	5.83		
总产量(皮棉)	34793	24	25062	9707		
三、油料作物面积	111.01	9.20	22.21	31.22	7.04	4.57
总产量	227904	19559	54670	68672	12970	7408
(一)油菜籽面积	12.15	0.76	1.52	3.47	0.26	0.22
总产量	31880	2171	5077	13787	590	356
(二)花生面积	95.15	8.4	20.01	26.74	6.75	3.94
总产量	190166	17313	48464	53188	12315	6603
(三)芝麻面积	2.93	0.04	0.68	1.01	0.03	0.12
总产量	4873	75	1129	1697	65	162
(四)向日葵籽面积	0.78					0.29
总产量	985					287
四、糖料合计面积	0.03		0.03	0		
总产量	1684		1563	121		
其中：甘蔗面积	0.03		0.03	0		
总产量	1684		1563	121		
五、烟叶面积	8.08	0.02				2.01
总产量	19862	52				4328
其中：烤烟面积	4.07					1.98
总产量	8526					4290
六、药材类播种面积	2.88					0.33
七、蔬菜及食用菌面积	112.55	4.72	13.37	19.82	2.47	6.63
总产量	3659099	197681	447940	895767	150864	189183
八、瓜果类面积	3.9	0.09	2.03	1.01	0.03	0.04
总产量	134841	1259	78993	45880	854	829
其中：西瓜面积	2.84	0.04	1.34	0.88	0.03	0.04
总产量	108352	649	60474	41303	854	829
甜瓜面积	1.01	0.04	0.68	0.12		
总产量	25044	470	18312	4327		
草莓面积	0.05	0.01	0.01	0.01		
总产量	1445	140	207	250		
九、花卉园艺播种面积	764		505	161		
十、其他作物播种面积	12.27	0.89	2.41	1.05	1.12	1.46
(一)青饲料面积	10.37	0.86	1.99	0.72	0.66	1.23
(二)绿肥面积	1.89	0.02	0.42	0.33	0.46	0.23
(三)其他作物面积	0.01	0.01				

指标	秭归县	长阳自治县	五峰自治县	市区	#夷陵区
二、棉花面积				0.01	0.01
总产量(皮棉)					
三、油料作物面积	7.93	9.79	3.93	15.12	12.97
总产量	15297	14271	5662	29395	25747
(一)油菜籽面积	1.49	1.55	0.32	2.56	1.95
总产量	2717	2274	467	4441	3370
(二)花生面积	5.88	8.06	3.51	11.86	10.42
总产量	11640	11804	5052	23787	21270
(三)芝麻面积	0.44	0.03	0.02	0.56	0.46
总产量	734	20	22	969	909
(四)向日葵籽面积	0.12	0.15	0.08	0.14	0.14
总产量	206	173	121	198	198
四、糖料合计面积					
总产量					
其中:甘蔗面积					
总产量					
五、烟叶面积	2.01	1.06	2.93	0.05	0.05
总产量	4066	4144	7132	140	140
其中:烤烟面积	2.01		0.07	0.01	0.01
总产量	4042		165	29	29
六、药材类播种面积	0.37	0.38	0.95	0.85	0.85
七、蔬菜及食用菌面积	11.39	20.38	8.82	24.95	18.7
总产量	298136	514891	184164	780473	557083
八、瓜果类面积	0.07	0.03	0.01	0.59	0.59
总产量	1361	256	330	5079	5079
其中:西瓜面积	0.07	0.03	0.01	0.4	0.4
总产量	1361	256	330	2296	2296
甜瓜面积				0.17	0.17
总产量				1935	1935
草莓面积				0.02	0.02
总产量				848	848
九、花卉园艺播种面积		51		47	
十、其他作物播种面积	0.07	0.25	3.97	1.05	1.01
(一)青饲料面积		0.20	3.87	0.84	0.80
(二)绿肥面积	0.07	0.05	0.10	0.21	0.21
(三)其他作物面积					

7—11 历年乡村基本情况

（1978－2012 年）

年 份	乡村户数（万户）	乡村人口（万人）	乡村从业人员（万人）	#农林牧渔业	年末常用耕地面积（千公顷）	农村用电量（万千瓦时）	农业机械总动力（万千瓦）
1978	60.62	287.45	101.85	76.39	291.09	3855	32.93
1979	62.66	293.33	106.76	80.07	294.80	5236	40.25
1980	62.36	292.77	115.24	86.43	288.75	5079	46.06
1981	64.57	289.67	117.69	88.27	288.39	5011	47.14
1982	66.26	291.61	121.13	90.85	287.86	5188	46.82
1983	67.55	292.58	125.65	94.24	286.92	6082	45.23
1984	67.74	287.33	127.59	95.69	281.13	7818	47.50
1985	70.12	292.10	132.91	108.65	279.68	9164	53.73
1986	69.57	287.01	130.57	97.93	275.86	9450	58.36
1987	75.43	296.90	135.83	110.47	277.15	11397	68.88
1988	77.79	292.99	134.75	101.06	274.08	13845	77.41
1989	78.10	294.05	133.96	109.42	273.89	16763	72.16
1990	82.30	302.97	139.36	112.94	275.72	19774	78.89
1991	83.56	301.90	148.46	113.39	274.97	22613	79.58
1992	83.99	300.30	147.05	112.07	269.98	23128	78.89
1993	84.73	298.11	138.67	111.45	267.36	27474	79.22
1994	84.44	294.20	139.00	110.12	265.80	31098	78.98
1995	83.76	288.61	135.95	105.71	264.98	34635	87.45
1996	83.08	285.79	132.83	102.14	264.82	36308	92.56
1997	82.84	282.35	130.05	96.36	264.19	34801	96.90
1998	82.97	278.01	130.98	94.31	261.59	31470	98.94
1999	83.19	275.97	131.45	93.51	259.98	30327	103.58
2000	81.68	275.43	133.47	92.16	257.70	32610	111.06
2001	81.81	272.69	134.34	95.85	253.32	31374	114.88
2002	82.58	273.11	136.74	96.25	233.66	31415	119.92
2003	82.89	272.71	140.20	97.23	224.91	31839	126.84
2004	83.62	270.77	141.72	94.47	227.18	33560	155.41
2005	82.48	269.90	145.57	91.14	227.53	36199	183.88
2006	83.13	271.74	149.37	90.32	226.73	40870	192.75
2007	83.76	271.72	151.03	85.02	227.89	47157	204.44
2008	84.67	272.20	156.75	80.08	227.63	62059	217.77
2009	85.64	271.27	159.84	80.94	230.31	62691	231.57
2010	86.56	272.35	160.62	77.84	230.14	66413	244.98
2011	86.44	271.68	161.20	72.42	234.98	77772	260.66
2012	87.39	272.5	163.27	67.36	258.69	87791	277.48

7—12　分县市农村基层组织及户数、人口及从业人员情况

（2012 年）　　单位：个、万人、万户、千公顷

指　　标	全　市	宜都市	枝江市	当阳市	远安县	兴山县
一、农村基层组织情况						
（一）乡镇政府个数	87	9	8	7	7	8
# 镇政府	66	7	8	7	6	6
（二）办事处	20	1	1	3		
（三）村民委员会	1355	123	198	155	102	89
（四）村民小组	8150	850	871	934	476	497
二、农村社会基础设施						
自来水受益村数	991	114	157	86	80	44
通汽车村数	1355	123	198	155	102	89
通电话村数	1355	123	198	155	102	89
三、乡村人口与从业						
（一）乡村户数	87.39	9.51	10.46	11.23	5.4	4.21
（二）乡村人口数	272.5	28.91	35.5	34.5	15.42	12.78
（1）男	141.16	14.5	18.04	17.66	7.97	6.71
（2）女	131.34	14.41	17.46	16.84	7.45	6.07
（三）乡村劳动力资源合计	173.44	19.1	22.02	21.61	10.66	8.79
（1）男	91.92	9.81	11.46	11.25	5.79	4.71
（2）女	81.52	9.29	10.56	10.36	4.87	4.08
（四）乡村从业人员合计	163.27	17.94	21.5	19.72	9.66	8.13
（1）男	86.66	9.31	11.17	10.24	5.14	4.34
（2）女	76.61	8.63	10.33	9.48	4.52	3.79
#农林牧渔业从业人员	62.3	4.39	6.44	7.9	3.06	
四、国营农林牧渔场情况						
（一）国有农林牧渔场总人口	2.21	0.02		2.11		
（二）国有农林牧渔场从业人员	1.2	0.01		1.15		
五、农业用地情况						
1. 耕地	296.74	15.78	45.52	63.1	11.91	15.02
2. 园地	163.59	27.11	24.35	11.69	6.52	7.89
3. 林地	884.24	67.26	7.87	56.38	15.53	197.39
4. 草地	1.54	1.08				
5. 设施农业用地	3.56	0.23	0.34	1.21	1.23	0.1

7—12 续表 单位:个、万人、万户、千公顷

指标	秭归县	长阳自治县	五峰自治县	市区	#夷陵区
一、农村基层组织情况					
(一)乡镇政府个数	12	11	8	17	11
#镇政府	8	8	5	11	9
(二)办事处				15	1
(三)村民委员会	186	154	97	251	176
(四)村民小组	1111	970	725	1716	1062
二、农村社会基础设施					
自来水受益村数	142	139	43	186	127
通汽车村数	186	154	97	251	176
通电话村数	186	154	97	251	176
三、乡村人口与从业					
(一)乡村户数	10.79	10.83	5.94	19.02	13.71
(二)乡村人口数	31.58	36.26	18.59	58.96	40.31
(1)男	16.52	19.48	9.74	30.54	21.05
(2)女	15.06	16.78	8.85	28.42	19.26
(三)乡村劳动力资源合计	20.54	23.76	11.22	35.74	24.62
(1)男	10.87	12.86	5.98	19.19	13.23
(2)女	9.67	10.9	5.24	16.55	11.39
(四)乡村从业人员合计	20.12	22.36	10.44	33.4	23.04
(1)男	10.78	12.1	5.51	18.07	12.37
(2)女	9.34	10.26	4.93	15.33	10.67
#农林牧渔业从业人员	9.81	11.26	6.18	13.26	9.32
四、国营农林牧渔场情况					
(一)国有农林牧渔场总人口		0.04	0.03	0.01	
(二)国有农林牧渔场从业人员		0.02	0.02		
五、农业用地情况					
1.耕地	24.45	50.45	26.92	43.59	36.28
2.园地	20.12	14.26	12.59	39.06	34.08
3.林地	103.72	13	172.75	250.34	245.49
4.草地	0.03	0.04		0.39	0.39
5.设施农业用地	0.01		0.02	0.42	0.42

7—13 分县市农业生产条件

（2012年）　　单位：千公顷、吨

指标	全市	宜都市	枝江市	当阳市	远安县	兴山县
一、耕地情况						
（一）年初耕地总资源	318.58	22.6	45.5	63.27	16.77	22.1
（二）年内增加	0.43	0.04	0.16	0.01	0.05	0.02
#新开荒地	0.32	0.04	0.16	0.01	0.05	0.02
园地改耕地	0.11					
（三）年内减少	0.82	0.22		0.16	0.04	0.01
#国家基建占地	0.33	0.14		0.02	0.01	0.01
其他基建占地	0.29	0.04		0.14	0.03	
退耕还林还草	0.01					
退耕还渔						
退耕改园地	0.07	0.04				
（四）年末实有耕地面积	318.19	22.42	45.66	63.12	16.78	22.11
1.常用耕地面积	258.69	15.8	45.52	53.42	11.91	16.16
（1）水田	87.59	6.62	22.54	29.53	8.08	2.39
（2）旱地	171.1	9.18	22.98	23.89	3.83	13.77
#水浇地	15.99	0.15	14.15	1.3		
2.临时性耕地	59.5	6.62	0.14	9.7	4.87	5.95
#25度以上坡耕地	13.95			0.65		2.44
二、农村主要能源及物资消耗						
（一）乡、村办水电站数	170	7			13	25
装机容量（万千瓦）	92.39	1.05			0.6	2.39
发电量（万千瓦时）	53640	2562			2255	7617
（二）农村用电量（万千瓦时）	87791	9466	9529	13787	4716	3216
（三）农用化肥施用量（按折纯法计算）	375562	20154	73882	90834	8406	5033
氮肥	140543	7455	22843	37342	4075	1472
磷肥	69662	1681	12845	22249	1164	640
钾肥	30512	2005	7684	7770	715	323
复合肥	134845	9013	30510	23473	2452	2598
（四）农用塑料薄膜使用量	5796	464	573	1187	541	213
#地膜使用量	3433	277	374	652	44	135
地膜覆盖面积	40.11	0.8	2.43	7.72	0.19	2.91
（五）农用柴油使用量	43714	6304	9698	11511	2958	437
（六）农药使用量	10741	1328	2399	1778	367	213
三、农田水利建设情况						
有效灌溉面积	109.54	7.21	35.43	31.46	8.57	4.01
旱涝保收面积	78.69	6.52	26.96	26.13	4.59	3.61
机电排灌面积	43.42	2.32	21.63	13.19	1.05	

7—13 续表

单位:千公顷、吨

指　　标	秭归县	长阳自治县	五峰自治县	市　区	#夷陵区
一、耕地情况					
(一)年初耕地总资源	26.99	50.75	26.89	43.71	36.36
(二)年内增加	0.11			0.04	0.04
#新开荒地	0.01			0.03	0.03
园地改耕地	0.1			0.01	0.01
(三)年内减少			0.02	0.37	0.12
#国家基建占地			0.01	0.14	0.06
其他基建占地				0.08	0.03
退耕还林还草			0.01		
退耕还渔					
退耕改园地				0.03	0.03
(四)年末实有耕地面积	27.1	50.75	26.87	43.38	36.28
1.常用耕地面积	23.1	33.65	20.22	38.91	33.52
(1)水田	3.1	2.67	0.34	12.32	11.32
(2)旱地	20	30.98	19.88	26.59	22.2
#水浇地	0.2			0.19	
2.临时性耕地	4	17.1	6.65	4.47	2.76
#25度以上坡耕地	0.9		6.65	3.31	2.62
二、农村主要能源及物资消耗					
(一)乡、村办水电站数		46	57	22	22
装机容量(万千瓦)		40	11.45	36.9	36.9
发电量(万千瓦时)		11672	25653	3881	3881
(二)农村用电量(万千瓦时)	5634	6031	4238	31174	14087
(三)农用化肥施用量(按折纯法计算)	36176	25931	29095	86051	67557
氮肥	13325	11378	13555	29098	23802
磷肥	6859	2478	6504	15242	12046
钾肥	2727	365	2053	6870	5005
复合肥	13265	11710	6983	34841	26704
(四)农用塑料薄膜使用量	606	767	646	799	365
#地膜使用量	465	594	426	466	263
地膜覆盖面积	5.6	10.81	7.79	1.86	1.1
(五)农用柴油使用量	2575	1196	237	8798	7483
(六)农药使用量	829	657	111	3059	2291
三、农田水利建设情况					
有效灌溉面积	5.9	3.02	0.51	13.43	11.6
旱涝保收面积	2.2	4.03	2.39	2.26	0.92
机电排灌面积	2.8	0.09	0.04	2.3	1.7

7—14 分县市茶叶、水果生产情况

（2012年）

单位:吨、公顷

指　　标	全　市	宜都市	枝江市	当阳市	远安县	兴山县
一、茶叶产量	**52546**	**12167**	**48**	**422**	**1302**	**697**
绿　茶	43490	9513	48	422	702	690
青　茶	67					
红　茶	8419	2325			600	
黑　茶						
黄　茶						
白　茶	7					7
其它茶	563	329				
二、园林水果合计	**2694606**	**553366**	**575757**	**458556**	**12357**	**71767**
苹　果	428			39		263
柑　桔	2630684	551923	534435	450862	10919	68976
#柑	1456143	516185	480730	255953	10919	3823
桔	836576	29419	30436	192856		3674
橙	319778	1303	15924	416		61479
柚	18187	5016	7345	1637		
梨子	24185	27	21371	769	277	690
其它园林水果	39309	1416	19951	6886	1161	1838
#桃	30395	1018	19138	5581	687	542
猕猴桃	3085		474	4		100
葡萄	1231		339	595	53	36
红枣	188	46		8		67
柿子	2521	266		42	216	779
三、食用坚果	**9434**	**416**	**6**	**18**	**267**	**1199**
#核　桃	4347	104			20	934
板　栗	4982	312	6	18	247	188
四、年末实有茶园面积	**48203**	**6387**	**42**	**341**	**1931**	**2330**
#本年采摘面积	37958	5734	42	341	1354	1376
五、年末果园面积	**129699**	**20956**	**22213**	**22306**	**4143**	**5959**
苹果园面积	66					52
柑桔园面积	123972	20715	20323	21813	3859	5537
梨园面积	1238	9	818	65	53	76
葡萄园面积	302		12	22	5	5
桃园面积	2095	223	1032	228	161	58
猕猴桃面积	259		28			4
其他果园面积	1767	9		178	65	227

7—14 续表

单位:吨、公顷

指标	秭归县	长阳自治县	五峰自治县	市区	#夷陵区
一、茶叶产量	**2570**	**1583**	**17794**	**15963**	**15322**
绿茶	2524	1557	12117	15917	15293
青茶	38			29	29
红茶			5477	17	
黑茶					
黄茶					
白茶					
其它茶	8	26	200		
二、园林水果合计	**251072**	**59099**	**2150**	**710482**	**551493**
苹果	2	35	86	3	3
柑桔	250259	57493	1314	704503	546522
#柑	7242	16913	815	163563	97080
桔	10507	33679	499	535506	445908
橙	231973	5648		3035	2829
柚	537	1253		2399	705
梨子	184	309	277	281	281
其它园林水果	627	1262	473	5695	4687
#桃	456	481		2492	1484
猕猴桃		131		2376	2376
葡萄	81	66		61	61
红枣		50		17	17
柿子		355	254	609	609
三、食用坚果	**3918**	**1986**	**327**	**1297**	**1297**
#核桃	1670	1375	142	102	102
板栗	2248	611	185	1167	1167
四、年末实有茶园面积	**4680**	**5446**	**12424**	**14622**	**14038**
#本年采摘面积	2748	4563	11291	10509	10000
五、年末果园面积	**16333**	**8821**	**439**	**28529**	**23712**
苹果园面积	1	3	10		
柑桔园面积	16117	7923	284	27401	22617
梨园面积	21	139	24	33	33
葡萄园面积	4	10		244	244
桃园面积	21	95		277	244
猕猴桃面积		33		194	194
其他果园面积	169	618	121	380	380

7—15 分县市林业生产情况

（2012年）

指标	单位	全市	宜都市	枝江市	当阳市	远安县	兴山县
一、荒山、荒沙造林面积	公顷	20987	1587	1342	1000	934	1974
按造林面积方式分：							
1. 人工造林面积	公顷	16004	1587	1342	1000	934	1974
2. 飞播造林面积	公顷						
3. 无林地和疏林地新封面积	公顷	4983					
按经济成份分：							
1. 公有经济林	公顷	2568		135	47	934	459
（1）国有经济造林	公顷	468			47		
（2）集体经济造林	公顷	2100		135		934	459
2. 非公有经济造林	公顷	18419	1587	1207	953		1515
按林种用途分：							
1. 用材林	公顷	5832	67	272	990	572	67
2. 经济林	公顷	10160	1520	588	10	352	1901
3. 防护林	公顷	4875		482			6
4. 薪炭林	公顷	50				10	
5. 特种用途林	公顷						
二、有林地造林面积	公顷	7218	1000				2001
三、更新改造面积	公顷	690		7			20
四、四旁零星植树	万株	816.43	127.5	179		98.93	2
五、年末实有封山(沙)育林面积	公顷	48236	9467	300	200	3027	2295
六、幼林抚育作业面积	公顷	20541	3033	211	5666	189	873
七、幼林抚育实际面积	公顷	18515	2273	167	2834		2740
八、成林抚育面积	公顷	19149	2423	1616	1333	367	1249
九、育苗面积	公顷	1439	33	1048	114	14	6
十、主要林产品产量							
（一）生漆	公斤	10402	7				1550
（二）油桐籽	吨	567	208			10	58
（三）油茶籽	吨	1316	19				17
（四）乌桕籽	吨	85	16			3	
（五）五倍籽	吨	336	14			3	16
（六）棕片	吨	1010	553			27	11
（七）松脂	公斤	517936			300000	217000	
（八）核桃	吨	2966	104			20	227
（九）板粟	吨	4926	312	6	18	247	164
十一、竹木采伐							
（一）木材	立方米	271626	31000	7009	47346	25132	26064
#村及村以下采伐	立方米	227137	31000	7009	39580		26064
（二）竹材	万根	1203.25	13.25	5		654	24
#村及村以下采伐	万根	485.25	13.25	5			24

7—15 续表

指 标	单 位	秭归县	长阳自治县	五峰自治县	市 区	#夷陵区
一、荒山、荒沙造林面积	公顷	2935	5419	3240	2556	2470
按造林面积方式分:						
1. 人工造林面积	公顷	2935	2436	1240	2556	2470
2. 飞播造林面积	公顷					
3. 无林地和疏林地新封面积	公顷		2983	2000		
按经济成份分:						
1. 公有经济林	公顷		500	421	72	
(1)国有经济造林	公顷			421		
(2)集体经济造林	公顷		500		72	
2. 非公有经济造林	公顷	2935	4919	2819	2484	2470
按林种用途分:						
1. 用材林	公顷	571	2983	282	28	28
2. 经济林	公顷	1790	2254	299	1446	1360
3. 防护林	公顷	467	182	2659	1079	1079
4. 薪炭林	公顷	40				
5. 特种用途林	公顷	67			3	3
二、有林地造林面积	公顷	267	3274	550	126	126
三、更新改造面积	公顷	293	147		223	
四、四旁零星植树	万株	98	34	100	177	90
五、年末实有封山(沙)育林面积	公顷	12101	486	11883	8477	7667
六、幼林抚育作业面积	公顷	6085	907	220	3357	3145
七、幼林抚育实际面积	公顷	4481	2383	501	3136	3034
八、成林抚育面积	公顷	197	8380	1000	2584	2339
九、育苗面积	公顷	27	56	80	61	61
十、主要林产品产量						
(一)生漆	公斤		5337	3475	33	33
(二)油桐籽	吨		248	10	33	33
(三)油茶籽	吨		1204	48	28	28
(四)乌柏籽	吨		46		20	20
(五)五倍籽	吨		29	238	36	26
(六)棕片	吨		180	153	86	74
(七)松脂	公斤		913		23	23
(八)核桃	吨	1670	688	142	115	109
(九)板栗	吨	2248	489	185	1257	1218
十一、竹木采伐						
(一)木材	立方米	5784	14927	104688	9676	8946
#村及村以下采伐	立方米	5784	13447	94801	9452	8757
(二)竹材	万根	77	97	132	201	151
#村及村以下采伐	万根	16	97	129	201	151

7—16 分县市畜牧业生产情况

（2012年）

指标	单位	全市	宜都市	枝江市	当阳市	远安县	兴山县
一、畜禽当年出栏(笼)数							
(一)大牲畜出栏	头	52621	21484	7475	7891	2446	2879
#牛	头	52589	21484	7475	7891	2445	2879
(二)猪出栏	万头	602.51	78.01	100.01	100.03	32.08	32.21
(三)羊	只	1385304	301992	28117	116339	31334	156227
(四)兔	只	81427	240		8920		210
(五)家禽	万只	3585.25	535.8	953.8	1054.2	43.31	43.12
#鸡	万只	3308.31	516.12	926.4	835.03	41.73	43.12
鸭	万只	189.2	13.88	22.2	145.48	1.55	
鹅	万只	81.94		5.2	73.69	0.03	
二、畜禽期末存栏(笼)数							
(一)大牲畜存栏	头	144230	25973	27554	16171	5274	9056
#牛	头	144178	25973	27548	16171	5271	9056
(二)猪存栏	万头	459.37	50.89	72.18	77.85	29.51	20.86
(三)羊	只	1036493	163417	14366	68808	32251	133295
(四)兔	只	19043	266	150	3670		265
(五)家禽	万只	2135.23	178.32	411.76	670.45	42.06	38.37
#鸡	万只	1980.01	175.48	397.67	539.11	40.76	38.37
鸭	万只	110.55	1.29	13.46	88.97	1.29	
鹅	万只	43.12		0.63	42.37	0.01	
三、能繁殖的母畜							
(一)牛	头	56469	11784	13235	6227	2565	2550
(二)猪	万头	50.21	3.95	14.58	10.17	2.11	1.52
(三)羊	只	559454	111690	5697	22338	17093	43305
四、当年生仔畜							
(一)牛	头	19988	7270	3553	2147	1342	1173
(二)猪	万头	159.37	4.6	28.09	38.26	5.64	7.52
五、畜禽肉产量	吨	588668	71933	99946	106809	25838	26716
(一)牛	吨	8067	3223	1431	1332	445	216
(二)猪	吨	494442	54608	84051	86931	23996	23510
(三)羊	吨	23231	6040	477	1876	512	2343
(四)兔	吨	340			16		
(五)家禽	吨	62386	8037	13987	16606	885	647
六、活的畜禽产品							
(一)奶类产量	吨	38248	15		7959		
(二)禽蛋产量	吨	60082	5445	11820	29120	1698	1062
#鸡蛋	吨	52341	5395	11597	21869	1646	1060
鸭蛋	吨	5451	32	217	5065	48	2
鹅蛋	吨	2272		6	2186	4	
七、其他动物及产品							
蜂蜜产量	公斤	733460	276045	68995	86009	83345	33428
蚕茧产量	吨	1791	486			676	
其他动物产品	吨	4356					
其他动物饲养	只	21371			1000	1173	
八、捕猎野兽、野禽							
#野兔	只	4555	784		1000	693	
野鸡	只	12724	224			480	

7—16　续表

指　　　　标	单　位	秭归县	长阳自治县	五峰自治县	市　区	#夷陵区
一、畜禽当年出栏(笼)数						
(一)大牲畜出栏	头	1868	2927	1803	3848	3101
#牛	头	1867	2927	1773	3848	3101
(二)猪出栏	万头	52.66	65.81	34.47	107.23	99.61
(三)羊	只	62156	516344	92856	79939	71008
(四)兔	只	67300	1658	499	2600	2600
(五)家禽	万只	81.3	87.6	44.85	741.27	475.85
#鸡	万只	81.3	87.54	44.85	732.22	466.95
鸭	万只		0.06		6.03	5.88
鹅	万只				3.02	3.02
二、畜禽期末存栏(笼)数						
(一)大牲畜存栏	头	6932	22592	12435	18243	15789
#牛	头	6932	22559	12425	18243	15789
(二)猪存栏	万头	41.39	54.47	33.6	78.62	54.98
(三)羊	只	61672	369683	94375	98626	90249
(四)兔	只	12220	1112	710	650	650
(五)家禽	万只	142.5	70.04	59.51	522.22	375.34
#鸡	万只	142.5	67.42	59.51	519.19	372.31
鸭	万只		2.61		2.93	2.93
鹅	万只		0.01		0.1	0.1
三、能繁殖的母畜						
(一)牛	头	1612	7666	2536	8294	7718
(二)猪	万头	3.63	4.18	2.68	7.39	6.83
(三)羊	只	23206	262999	30961	42165	39128
四、当年生仔畜						
(一)牛	头	425	1188	1128	1762	1600
(二)猪	万头		11.51	1.81	61.94	58.15
五、畜禽肉产量	吨	43334	65487	35609	112996	35150
(一)牛	吨	239	439	300	442	353
(二)猪	吨	39021	55942	32862	93521	75042
(三)羊	吨	1177	7754	1374	1678	1513
(四)兔	吨	310	2	1	11	11
(五)家禽	吨	2587	1350	1064	17223	8110
六、活的畜禽产品						
(一)奶类产量	吨				30274	29510
(二)禽蛋产量	吨	1890	2180	1804	5063	3660
#鸡蛋	吨	1890	2158	1804	4922	3519
鸭蛋	吨		22		65	65
鹅蛋	吨				76	76
七、其他动物及产品						
蜂蜜产量	公斤	26632	59958	18810	80238	70603
蚕茧产量	吨				629	576
其他动物产品	吨			1	4355	4355
其他动物饲养	只		59	5100	14039	14039
八、捕猎野兽、野禽						
#野兔	只		24		2054	2054
野鸡	只		35		11985	11985

7—17　分县市渔业生产情况

（2012年）　　单位:吨、公顷

指　　标	全　市	宜都市	枝江市	当阳市	远安县	兴山县
一、水产品产量	**179126**	**13849**	**72997**	**56025**	**2454**	**215**
（一）淡水捕捞产量	22891	1144	8315	6916	263	
鱼类	19584	1032	7190	5581	251	
甲壳类	3048	112	1125	1100	12	
贝类	90			85		
其他类	169			150		
（二）淡水养殖产量	156235	12705	64682	49109	2191	215
鱼类	154789	12690	63986	48391	2190	204
甲壳类	1142	5	624	499		11
#螃蟹	1					
小龙虾	1135		624	499		11
贝类						
其他类	304	10	72	219	1	
#龟鳖	303	10	72	218	1	
珍珠						
二、淡水养殖面积	**26565**	**3158**	**8643**	**9811**	**1137**	**9**
（一）池塘养殖	11632	545	4834	4571	649	7
（二）湖泊养殖	1934	7	1841	83		
（三）河沟养殖	747	29	114	341		
（四）水库养殖	11858	2550	1854	4816	488	2

7—17 续表

项目	秭归县	长阳自治县	五峰自治县	市区	#夷陵区
一、水产品产量	**710**	**21594**	**83**	**11199**	**9220**
(一)淡水捕捞产量	373	3885	39	1956	1761
鱼类	320	3357	38	1815	1620
甲壳类	53	517		129	129
贝类				5	5
其他类		11	1	7	7
(二)淡水养殖产量	337	17709	44	9243	7459
鱼类	337	17707	44	9240	7456
甲壳类				3	3
#螃蟹				1	1
小龙虾				1	1
贝类					
其他类		2			
#龟鳖		2			
珍珠					
二、淡水养殖面积	**87**	**1986**	**41**	**1693**	**1403**
(一)池塘养殖	2	33	14	977	745
(二)湖泊养殖				3	
(三)河沟养殖				263	263
(四)水库养殖	85	1653	27	383	335

7—18　分县市农业机械化情况

（2012年）　　动力单位：千瓦

指　　标	全　市	宜都市	枝江市	当阳市	远安县	兴山县
农业机械总动力合计	**2774777**	**195473**	**747100**	**560994**	**223290**	**124476**
柴油发动机动力	1870696	138679	526000	472400	173986	69394
汽油发动机动力	126906	10953	28500	14426	623	7057
电动机动力	768952	45841	187500	74168	48681	48025
耕地机械						
大中型拖拉机械（台）	10436	933	2958	3093	663	322
动力	282068	20086	80998	112029	15210	6002
小型拖拉机械	72086	738	22742	37700	4599	1920
动力	521191	5511	182724	248740	32438	14483
大中型拖拉机配套农具（台）	18381	1456	7533	7972	588	322
小型拖拉机配套农具（台）	211893	1627	58899	106251	28172	6002
农用排灌溉机械						
柴油机（台）	7347	3315	1044	101	219	761
动力	54441	21313	16060	1295	1896	2104
电动机（台）	87066	2650	27280	5475	11944	475
动力	243217	12051	110790	45052	19052	1496
农用水泵（台）	120933	7746	28198	24540	12132	1338
喷灌机械（台）	5026	31	1282	1016	2	350
收获机械						
联合收割机（台）	2299	44	530	1300	372	
动力	93007	1307	22384	53126	14460	
机动脱粒机（台）	43341	2086	1833			4667
动力	45557	3339				4500

7—18　续表　　　　　　　　　　　　　　　　　　　　　　　　动力单位：千瓦

指　　　　　标	秭归县	长阳自治县	五峰自治县	市　区	#夷陵区
农业机械总动力合计	**178882**	**194337**	**156558**	**393667**	**299396**
柴油发动机动力	86507	113837	59664	230229	169718
汽油发动机动力	16456	3399	13039	32453	28591
电动机动力	75919	77101	80732	130985	101087
耕地机械					
大中型拖拉机械(台)	1207	465	155	640	548
动力	22504	8078	3161	14000	12327
小型拖拉机械	231	56	1085	3015	2738
动力	1698	415	8897	26285	24311
大中型拖拉机配套农具(台)	18		8	484	476
小型拖拉机配套农具(台)			938	10004	9984
农用排灌溉机械					
柴油机(台)	587	755	9	556	460
动力	2793	3648	687	4645	4246
电动机(台)	6489	980	216	31557	26999
动力	11435	3006	1208	39127	30873
农用水泵(台)	7522	708	296	38453	27489
喷灌机械(台)	4	15	135	2191	
收获机械					
联合收割机(台)		4	15	34	34
动力		146	331	1253	1253
机动脱粒机(台)	5216	13101	12011	4427	4427
动力	2888	14411	20418		

7—19 全市乡镇(办事处)主要经济指标

(2012年)

乡镇名称	居民委员会个数(个)	村民委员会个数(个)	#通宽带的村	通有线电视的村	通自来水的村	垃圾集中处理的村	清洁能源使用户数(户)
夷陵区小溪塔街道办事处	9	11	11	11	9	9	6517
夷陵区樟村坪镇	1	14	14	14	14	14	6375
夷陵区雾渡河镇	1	8	4	3	3	3	440
夷陵区分乡镇	1	16	16	4	1	1	1100
夷陵区太平溪镇	1	12	11	2	2	2	1330
夷陵区三斗坪镇	1	19	19	7	10	10	3000
夷陵区乐天溪镇	1	14	14	9	10	7	2608
夷陵区龙泉镇	1	19	19	15	19	19	13945
夷陵区鸦鹊岭镇	1	19	19	19	14	19	8245
夷陵区下堡坪乡		8	7	8	4	1	1550
夷陵区邓村乡		16	15	1	1	1	1000
夷陵区黄花镇		14	8	7	4	4	6620
宜都市红花套镇	1	9	9	9	9	9	6477
宜都市高坝洲镇	1	11	11	11	11	11	7734
宜都市姚家店镇	1	10	10	10	10	10	7215
宜都市五眼泉镇	1	11	11	7	11	11	3634
宜都市聂家河镇	1	9	9	9	9	9	2638
宜都市潘家湾土家族乡	1	9	9	3	9	9	2624
宜都市王家畈乡	3	17	17	1	5	1	2350
宜都市松木坪镇	1	10	10	10	10	10	9028
宜都市枝城镇	3	28	28	28	28	28	31201
宜都市陆城街道办事处	8	9	9	9	9	9	42506
枝江市安福寺镇	3	25	25	20	22	25	19979
枝江市白洋镇	1	15	15	12	9	15	6800
枝江市顾家店镇	1	17	17	17	11	17	4150
枝江市董市镇	2	24	24	24	24	24	19670
枝江市仙女镇	1	22	22	22	9	22	7891
枝江市问安镇	1	23	23	12	18	23	3791
枝江市七星台镇	1	21	21	21	18	21	14700
枝江市百里洲镇	1	41	41	41	41	41	21000
枝江市马家店街道办事处	5	10	10	10	10	10	54701

7—19 续表 1

乡镇名称	居民委员会个数（个）	村民委员会个数（个）	#通宽带的村	通有线电视的村	通自来水的村	垃圾集中处理的村	清洁能源使用户数（户）
当阳市两河镇	1	12	12	12	2	12	3415
当阳市河溶镇	1	19	19	8	12	19	4711
当阳市育溪镇	2	23	21	23	3	3	3270
当阳市庙前镇	2	18	18	6	13	18	1697
当阳市王店镇	1	15	15	8	10	15	10918
当阳市半月镇	1	10	10	10	10	10	5141
当阳市草埠湖镇	1	14	14	10	8	14	3818
当阳市玉阳街道办事处	6	12	12	12	12	12	33958
当阳市坝陵街道办事处	2	17	17	17	17	17	3600
当阳市玉泉街道办事处	1	15	15	12	9	15	4669
远安县鸣凤镇	8	6	6	6	6	6	4200
远安县花林寺镇	2	15	5	5	8	5	1960
远安县旧县镇	1	15	15	15	15	15	8973
远安县洋坪镇	1	22	22	22	17	17	5920
远安县茅坪场镇	1	16	16	3	12	2	6820
远安县荷花镇	1	16	16	16	16	16	8250
远安县河口乡	1	12	9	5	9	2	255
兴山县古夫镇	3	7	7	5	7	1	13216
兴山县昭君镇	2	9	9	4	6	1	8561
兴山县峡口镇	1	15	15	5	8	9	4800
兴山县南阳镇		10	8	4	8	2	410
兴山县黄粮镇		14		4	14	1	7553
兴山县水月寺镇	1	17	10	4	11	1	2560
兴山县高桥乡		9	1	3	4	1	1835
兴山县榛子乡		8	2	2	1	1	1345
秭归县茅坪镇	3	18	18	16	10	12	1200
秭归县归州镇	1	11	11	11	5	5	1800
秭归县屈原镇	1	12	10	11	2	2	4432
秭归县沙镇溪镇	1	15	15	15	15	1	1817
秭归县两河口镇		19	15	13	3	3	640
秭归县郭家坝镇	1	20	20	19	20	6	1050
秭归县杨林桥镇		14	8	5	8	1	5000
秭归县九畹溪镇		14	14	14	12	2	4500

7—19 续表2

乡镇名称	居民委员会个数（个）	村民委员会个数（个）					清洁能源使用户数（户）
			#通宽带的村	通有线电视的村	通自来水的村	垃圾集中处理的村	
秭归县水田坝乡		25	25	9	1	1	8062
秭归县泄滩乡		13	6	6	2	1	2200
秭归县梅家河乡		13	13	13	13	6	1517
秭归县磨坪乡		12	6	9	1	1	815
长阳自治县龙舟坪镇	4	21	21	21	21	1	7840
长阳自治县高家堰镇		11	11	11	9	1	3870
长阳自治县磨市镇		12	11	12	12	3	1332
长阳自治县都镇湾镇		26	4	26	19	2	2226
长阳自治县资丘镇		19	14	19	17	1	1780
长阳自治县渔峡口镇		16	5	16	12	3	1850
长阳自治县榔坪镇		12	12	12	12	3	2018
长阳自治县贺家坪镇		9	9	9	9	0	1606
长阳自治县大堰乡		15	15	15	15	1	3025
长阳自治县鸭子口乡		10	3	10	10	0	2780
长阳自治县火烧坪乡		3	3	3	3	1	1600
五峰自治县五峰镇	3	12	9	12	3		4414
五峰自治县长乐坪镇	1	16	1	1	3		4280
五峰自治县渔洋关镇	3	12	11	4	4	5	4200
五峰自治县仁和坪镇	1	14	14	4	5	2	4505
五峰自治县湾潭镇	1	10	6	1	4	1	2091
五峰自治县付家堰乡	1	9	3	2	2	2	2800
五峰自治县牛庄乡		9	9	1	1	2	1510
五峰自治县采花乡	1	15			1		3626
西陵区窑湾乡		9	9	9	9	9	3246
伍家岗区伍家乡		16	16	16	16	14	
点军区艾家镇	1	5	5	4	4	4	
点军区桥边镇	1	14	14	6	8	5	
点军区点军街道办事处	5	6	6	6	6	6	
点军区联棚乡		7	7	4	4	1	
点军区土城乡		14	14	3	7	5	
猇亭区古老背街道办事处	7						3792
猇亭区虎牙街道办事处	4	2	2	2	2	2	3252
猇亭区云池街道办事处	7	1					3358

7—19 续表3

乡镇名称	乡镇行政区域面积（公顷）	年末常用耕地面积（公顷）	年末有效灌溉面积（公顷）	乡镇用电量（千瓦时）	乡镇总户数（户）	乡镇总人口（人）	#外来人口
夷陵区小溪塔街道办事处	26634	1606	310	8591	45359	100012	1452
夷陵区樟村坪镇	45686	2965		9685	6782	22369	2806
夷陵区雾渡河镇	38900	5942	944	556	9911	31532	200
夷陵区分乡镇	32000	2766	859	557	12253	37066	408
夷陵区太平溪镇	15230	840	385	774	10227	28835	2198
夷陵区三斗坪镇	17800	1075	170	797	13250	34128	1800
夷陵区乐天溪镇	25400	2606	43	928	10563	27015	2665
夷陵区龙泉镇	26139	2905	1352	9600	14678	49439	1035
夷陵区鸦鹊岭镇	34369	5058	4126	8991	17830	53420	2200
夷陵区下堡坪乡	25987	1288	94	1128	7339	21123	100
夷陵区邓村乡	25387	1288	94	520	9873	28190	118
夷陵区黄花镇	28868	2011	842	806	13721	35975	360
宜都市红花套镇	14900	831	661	883	9953	28707	2551
宜都市高坝洲镇	9400	1274	1210	786	8847	27824	97
宜都市姚家店镇	6700	1292	508	3210	9077	25580	420
宜都市五眼泉镇	10500	1596	631	559	7554	22632	
宜都市聂家河镇	11500	1135	267	261	6122	17495	
宜都市潘家湾土家族乡	14400	1184	189	380	5386	15798	15
宜都市王家畈乡	25500	2266	537	645	10874	32177	
宜都市松木坪镇	12700	1576	948	319	10066	29322	560
宜都市枝城镇	24200	3355	2592	1749	32400	87406	2856
宜都市陆城街道办事处	5900	1275	1251	1887	41953	93804	5388
枝江市安福寺镇	22300	5782	3713	3970	19885	49618	650
枝江市白洋镇	13500	3473	2458	9600	13467	35924	320
枝江市顾家店镇	8300	2710	1756	1200	8339	28601	96
枝江市董市镇	13700	4292	4216	8700	21136	52578	873
枝江市仙女镇	17100	5111	3787	5232	12331	33231	708
枝江市问安镇	16000	6974	5770	2997	15510	45854	322
枝江市七星台镇	12900	5523	4432	5500	15709	46346	1404
枝江市百里洲镇	21400	10231	7796	4760	29648	83903	2420
枝江市马家店街道办事处	5800	1414	1414	921	54945	111786	6918

7—19 续表4

乡镇名称	乡镇行政区域面积（公顷）	年末常用耕地面积（公顷）	年末有效灌溉面积（公顷）	乡镇用电量（千瓦时）	乡镇总户数（户）	乡镇总人口（人）	#外来人口
当阳市两河镇	9700	3600	2308	1524	11863	35950	426
当阳市河溶镇	25200	6954	5614	2000	19387	56736	4122
当阳市育溪镇	37000	7390	3440	2500	19954	53126	5292
当阳市庙前镇	35435	5204	2988	3500	11860	38667	124
当阳市王店镇	26278	6679	3393	1820	15526	36421	4551
当阳市半月镇	21700	4360	3580	1045	10812	32064	502
当阳市草埠湖镇	9787	5152	5831	1352	8425	24181	270
当阳市玉阳街道办事处	12668	3380	2538	45801	33958	70109	3577
当阳市坝陵街道办事处	16343	4740	2580	8000	24560	54060	400
当阳市玉泉街道办事处	29984	3071	1594	765	10755	35188	7225
远安县鸣凤镇	7600	539	422	56000	22274	44534	1537
远安县花林寺镇	21100	1520	638	293	5566	15598	1200
远安县旧县镇	16600	1827	1335	590	8973	24832	2095
远安县洋坪镇	23800	2702	2072	875	12161	40472	1128
远安县茅坪场镇	45800	2211	2211	1465	7926	26288	1473
远安县荷花镇	39600	1800	778	8310	11730	27667	980
远安县河口乡	20700	1315	1115	423	5145	14564	1638
兴山县古夫镇	44630	1605	418	1145	16667	41255	6422
兴山县昭君镇	14450	828	163	891	10072	24267	2632
兴山县峡口镇	21730	2491	537	1100	7351	23701	711
兴山县南阳镇	27220	1516	370	330	4194	11828	55
兴山县黄粮镇	24740	2669	224	844	7888	20949	85
兴山县水月寺镇	46500	3135	498	354	7237	22608	568
兴山县高桥乡	17450	1880	365	453	5339	14956	598
兴山县榛子乡	36010	2021	1576	1173	3543	11108	62
秭归县茅坪镇	19324	789	210	1449	35181	86375	9500
秭归县归州镇	12800	1085	575	349	8573	27815	2380
秭归县屈原镇	21500	1188	127	288	7351	19292	998
秭归县沙镇溪镇	18800	2391	559	932	12319	35713	800
秭归县两河口镇	26900	1813	670	595	10540	29575	315
秭归县郭家坝镇	31300	5471	1258	753	19088	51121	580
秭归县杨林桥镇	23456	3565	891	739	9487	26102	608
秭归县九畹溪镇	23934	1734	270	613	9272	24774	204

7—19 续表 5

乡镇名称	乡镇行政区域面积（公顷）	年末常用耕地面积（公顷）	年末有效灌溉面积（公顷）	乡镇用电量（千瓦时）	乡镇总户数（户）	乡镇总人口（人）	#外来人口
秭归县水田坝乡	22400	1407	708	651	13239	34905	[illegible]400
秭归县泄滩乡	14500	1366	371	200.4	5866	15030	
秭归县梅家河乡	10139	1424	499	252	5335	18656	334
秭归县磨坪乡	14100	1560	575	432	4110	11935	655
长阳自治县龙舟坪镇	34070	2599	618	1117	37287	90565	2715
长阳自治县高家堰镇	21410	1231	193	436	7276	21225	775
长阳自治县磨市镇	22650	2021	534	467	11782	31738	189
长阳自治县都镇湾镇	52500	4484	394	676	17669	52337	
长阳自治县资丘镇	37190	4379	166	1140	14858	39604	680
长阳自治县渔峡口镇	29420	3341	459	1016	12741	37041	750
长阳自治县榔坪镇	53130	4943		647	14322	40971	1046
长阳自治县贺家坪镇	34720	3101		193	10161	28518	
长阳自治县大堰乡	24740	2935	664	354	12038	34113	305
长阳自治县鸭子口乡	23251	1380		285	8176	22344	1480
长阳自治县火烧坪乡	10500	1446		120	2912	7928	150
五峰自治县五峰镇	43940	2927	60	435	17070	39865	998
五峰自治县长乐坪镇	37381	2733		410	7580	23514	122
五峰自治县渔洋关镇	35641	3206	163	1003	18905	44442	1328
五峰自治县仁和坪镇	24093	2489	25	450	8132	25707	73
五峰自治县湾潭镇	32600	1475	118	640	5310	16971	
五峰自治县付家堰乡	13950	1284	50	502	5596	17792	140
五峰自治县牛庄乡	15400	830	189	269	2179	7577	
五峰自治县采花乡	31744	2706	42	642	8950	27132	
西陵区窑湾乡	2540	55	36	468	4487	14270	3321
伍家岗区伍家乡	7000	256	152	10790	8761	27664	7865
点军区艾家镇	6640	363	183	314	2610	8195	320
点军区桥边镇	13274	2112	466	693	9416	27709	2600
点军区点军街道办事处	6236	378	234	586	10284	32551	3200
点军区联棚乡	9308	298	250	284	4162	13330	205
点军区土城乡	17800	1922	305	761	7328	23789	227
猇亭区古老背街道办事处	1715	43	33.9	1723	4598	15006	2394
猇亭区虎牙街道办事处	5300	468	245	376	3252	11698	313
猇亭区云池街道办事处	4907	284	201	295	3984	13517	3145

7—19　续表6

乡 镇 名 称	乡村从业人员（人）	#外来从业人员	第二产业（人）	第三产业（人）	农作物总播种面积（公顷）	#粮食	粮食总产量（吨）
夷陵区小溪塔街道办事处	42865	9433	16809	15537	5754	2654	13282
夷陵区樟村坪镇	11205	2989	7666	2725	5236	3212	14781
夷陵区雾渡河镇	17216	100	5059	3537	6124	3750	16977
夷陵区分乡镇	21909	380	330	150	6430	3766	22204
夷陵区太平溪镇	14468	1110	2116	5431	2965	2059	8796
夷陵区三斗坪镇	19285	1700	3892	7487	3541	1740	10985
夷陵区乐天溪镇	15975	2665	4580	4800	2895	1671	9827
夷陵区龙泉镇	25235	246	19956	2148	7911	3574	17626
夷陵区鸦鹊岭镇	35221	2200	6771	3285	15807	7912	50235
夷陵区下堡坪乡	16517	50	3190	2198	4143	2546	8797
夷陵区邓村乡	16517	90	350	1390	3885	2546	8797
夷陵区黄花镇	19019	360	7356	4810	6552	3867	20638
宜都市红花套镇	16362	2116	5657	4804	1672	1028	4611
宜都市高坝洲镇	15237	97	4716	3978	2851	1838	9047
宜都市姚家店镇	16077	420	8038	5259	3299	2224	9421
宜都市五眼泉镇	13020		4251	6477	3357	2035	8706
宜都市聂家河镇	9977		4567	4146	2982	1707	7133
宜都市潘家湾土家族乡	8913		2741	3735	2971	2142	8677
宜都市王家畈乡	17015		7250	2935	6431	4326	15712
宜都市松木坪镇	16774	255	7526	8979	3829	2269	10273
宜都市枝城镇	49618	2856	31224	9010	9085	5789	28297
宜都市陆城街道办事处	67605	5099	19492	47113	3631	1773	8338
枝江市安福寺镇	26510	405	15462	4203	13949	7115	54871
枝江市白洋镇	25600	1800	12153	4295	8733	4826	28993
枝江市顾家店镇	16667	89	3689	6281	7752	4424	25615
枝江市董市镇	31442	651	12651	11505	13204	7703	56847
枝江市仙女镇	20267	658	8266	4053	11978	6354	40967
枝江市问安镇	24465	71	4236	5095	15095	7617	68442
枝江市七星台镇	26755	1204	6950	11658	12246	4373	14780
枝江市百里洲镇	48116	140	17200	12000	22831	10700	36088
枝江市马家店街道办事处	76104	4635	19003	38106	4748	920	4904

7—19　续表 7

乡　镇　名　称	乡村从业人员（人）	#外来从业人员	第二产业（人）	第三产业（人）	农作物总播种面积（公顷）	#粮食	粮食总产量（吨）
当阳市两河镇	23763	419	4358	7643	9210	3810	24539
当阳市河溶镇	28755	2917	4451	5986	20630	10330	87318
当阳市育溪镇	30631	1430	9826	3063	16870	8440	68021
当阳市庙前镇	24553	116	7889	5769	12480	7610	52292
当阳市王店镇	21915	1316	6263	3889	13810	7250	63927
当阳市半月镇	23123	408	7431	1143	14870	6910	54639
当阳市草埠湖镇	15227	1754	1461	1676	11120	8110	4[illegible]137
当阳市玉阳街道办事处	42995	2933	16961	21051	8210	5270	3[illegible]278
当阳市坝陵街道办事处	33413	246	11506	10870	12010	6540	4[illegible]294
当阳市玉泉街道办事处	19037	2685	8389	4148	8560	4410	29371
远安县鸣凤镇	27719	1537	9581	16539	1459	832	[illegible]242
远安县花林寺镇	10171	506	3026	2823	3565	2171	13447
远安县旧县镇	16282	1286	5534	6336	4018	2490	15832
远安县洋坪镇	24329	980	7941	9752	5816	3316	24128
远安县茅坪场镇	15707	1021	4157	5155	4512	2903	15896
远安县荷花镇	15598	850	4398	5949	4827	3074	15722
远安县河口乡	10424	1360	3453	3355	3125	1889	10376
兴山县古夫镇	17233	4155	8982	6950	5260	2680	7856
兴山县昭君镇	8893	431	187	3035	2253	1434	3925
兴山县峡口镇	13030	549	1174	1149	4122	2693	9385
兴山县南阳镇	6208	398	155	2683	2980	1709	4378
兴山县黄粮镇	11746	305	668	2216	5834	3088	10715
兴山县水月寺镇	12961	706	862	3312	4770	2984	9910
兴山县高桥乡	8017	531	118	3394	4280	2345	7737
兴山县榛子乡	6202	62	87	1467	3015	1214	3999
秭归县茅坪镇	26467	4000	9842	7213	2590	1072	3362
秭归县归州镇	14863	1830	4245	1648	2323	1568	3876
秭归县屈原镇	11753	59	5288	2328	1950	1196	3088
秭归县沙镇溪镇	19927	4720	3500	2681	3995	2264	7329
秭归县两河口镇	17933	102	2350	3522	2127	1468	4858
秭归县郭家坝镇	31081	280	9348	3793	5405	3093	12873
秭归县杨林桥镇	13514	286	2872	1391	5868	3167	9077
秭归县九畹溪镇	15448	289	4486	3283	2991	1928	5657

7—19 续表 8

乡镇名称	乡村从业人员（人）	#外来从业人员	第二产业（人）	第三产业（人）	农作物总播种面积（公顷）	#粮食	粮食总产量（吨）
秭归县水田坝乡	11378		714	578	2920	1790	6362
秭归县泄滩乡	9562		3332	1538	4671	2906	6192
秭归县梅家河乡	11452	334	191	143	4960	3132	9085
秭归县磨坪乡	7586	251	169	82	8110	5006	14944
长阳自治县龙舟坪镇	38894	2307	9748	19507	5610	3309	11471
长阳自治县高家堰镇	12742	775	3740	3585	2916	1812	5633
长阳自治县磨市镇	17776	127	265	3430	4533	2903	7866
长阳自治县都镇湾镇	31180		3740	10905	9303	6108	15575
长阳自治县资丘镇	24564	810	5300	6540	11546	6226	11785
长阳自治县渔峡口镇	21926	720	4809	3709	7734	4706	16144
长阳自治县榔坪镇	23182		4536	2887	9234	3499	9283
长阳自治县贺家坪镇	16972		2686	2725	6841	3143	6574
长阳自治县大堰乡	21246		4023	10987	6474	4927	11380
长阳自治县鸭子口乡	12504	1448	3840	1750	3381	1909	3171
长阳自治县火烧坪乡	4999	150	185	1165	3655	730	3308
五峰自治县五峰镇	28020	920	1852	7365	8623	5206	9882
五峰自治县长乐坪镇	13099	102	405	3995	6121	3291	8866
五峰自治县渔洋关镇	30031	1250	7100	11500	7525	5447	14653
五峰自治县仁和坪镇	14320	73	2095	2020	5804	4075	13688
五峰自治县湾潭镇	9429		909	2751	5209	2537	7120
五峰自治县付家堰乡	9716	140	964	1645	5474	2788	11464
五峰自治县牛庄乡	5271		740	220	3448	1413	3688
五峰自治县采花乡	15809		2703	3790	8265	5097	11182
西陵区窑湾乡	9470	1794	2399	5276	132		
伍家岗区伍家乡	14751	5013	5882	4812	859	352	1678
点军区艾家镇	4668	245	1955	835	998	381	1117
点军区桥边镇	13820	2600	2400	7500	3459	1363	5018
点军区点军街道办事处	16385	3200	3925	4768	938.2	109.8	669
点军区联棚乡	7716	190	1015	1520	1143	502.6	2512
点军区土城乡	13471	227	1881	2913	4641	2221	8470
猇亭区古老背街道办事处	9302	1332	1250	1508	41	4	30
猇亭区虎牙街道办事处	6560	278	2774	2558	1213	376	1387
猇亭区云池街道办事处	7459	1837	4753	1807	1236	373	1558

7—19　续表 9

乡镇名称	肉类总产量（吨）	企业个数（个）	#工业企业	企业人员从业人员（人）	#工业企业人员	企业实交税金总额（万元）	企业总产值（万元）
夷陵区小溪塔街道办事处	11022	562	120	14926	6592	27226	457916
夷陵区樟村坪镇	3088	244	186	10328	9728	52241	650249
夷陵区雾渡河镇	4767	58	43	765	423	4300	190000
夷陵区分乡镇	7768	103	50	3408	1021	1952	58643
夷陵区太平溪镇	2714	321	211	2844	2331	1452	34258
夷陵区三斗坪镇	3582	144	123	1424	1252	1171	55875
夷陵区乐天溪镇	2339	151	91	6013	3138	860	350000
夷陵区龙泉镇	9310	463	295	19956	18432	58156	1836351
夷陵区鸦鹊岭镇	24795	538	466	7871	6771	9184	569108
夷陵区下堡坪乡	2790	119	83	3585	2830	3668	110924
夷陵区邓村乡	4229	130	85	3964	3012	4639	281484
夷陵区黄花镇	5854	138	102	3352	2762	3182	224215
宜都市红花套镇	4267	261	69	14669	9733	14654	938391
宜都市高坝洲镇	4670	142	30	2801	1274	3318	158173
宜都市姚家店镇	6417	135	68	1980	1661	9258	435221
宜都市五眼泉镇	4759	100	66	1968	1769	2695	155383
宜都市聂家河镇	6421	81	46	1716	1716	2671	95520
宜都市潘家湾土家族乡	5217	57	49	1440	1235	2783	55362
宜都市王家畈乡	10898	86	39	2831	2156	4571	309430
宜都市松木坪镇	5298	136	62	10369	6637	12162	579410
宜都市枝城镇	15181	485	402	20740	16520	44106	2379745
宜都市陆城街道办事处	8506	1305	739	32219	24492	96739	1996718
枝江市安福寺镇	15771	128	45	11139	10937	8561	426366
枝江市白洋镇	11323	105	39	3816	3258	1994	363462
枝江市顾家店镇	12753	49	30	1686	955	1190	95130
枝江市董市镇	18155	160	134	11288	8420	12246	512300
枝江市仙女镇	7953	96	24	2750	2333	2681	225510
枝江市问安镇	7695	74	41	1543	1416	2608	190111
枝江市七星台镇	6396	92	67	2378	2163	763	260215
枝江市百里洲镇	14602	138	52	3564	2896	1580	95671
枝江市马家店街道办事处	5299	1066	203	26552	17988	57122	2013675

7—19 续表10

乡 镇 名 称	肉类总产量（吨）	企业个数（个）	#工业企业	企业人员从业人员（人）	#工业企业人员	企业实交税金总额（万元）	企业总产值（万元）
当阳市两河镇	9350	208	75	4053	3227	746	241417
当阳市河溶镇	14100	231	147	5012	2935	1023	304701
当阳市育溪镇	11372	142	41	11457	10205	3109	216774
当阳市庙前镇	11944	158	101	10626	9488	1520	185972
当阳市王店镇	14594	198	72	7575	5128	7134	361251
当阳市半月镇	12628	139	79	9875	7431	1687	319798
当阳市草埠湖镇	2884	112	15	3687	1237	1326	265908
当阳市玉阳街道办事处	7751	988	167	21036	12300	33136	1485548
当阳市坝陵街道办事处	12543	308	115	13160	9087	14686	746534
当阳市玉泉街道办事处	9643	306	171	14830	13599	27998	935418
远安县鸣凤镇	1748	273	67	8366	5734	15844	729042
远安县花林寺镇	3015	25	16	2820	1721	4099	97803
远安县旧县镇	3452	31	23	934	934	774	25646
远安县洋坪镇	7927	32	25	1780	1624	3390	86079
远安县茅坪场镇	3153	920	266	4977	4072	5221	68106
远安县荷花镇	3738	242	94	4404	4123	30534	1118469
远安县河口乡	2805	18	17	2255	2089	6710	97000
兴山县古夫镇	3518	40	20	11522	9823	32920	219522
兴山县昭君镇	2301	4	1	162	129	79	3398
兴山县峡口镇	4823	9	5	336	231	140	1825
兴山县南阳镇	2219	11	11	144	144	128	2610
兴山县黄粮镇	4731	9	9	286	286	175	9930
兴山县水月寺镇	4514	35	7	1959	1929	3346	21165
兴山县高桥乡	3632	3	3	47	47	72	690
兴山县榛子乡	1300	9	7	751	733	146	30269
秭归县茅坪镇	7968.85	692	145	9462	3252	4331	150872
秭归县归州镇	3101	7	4	109	98	44	556
秭归县屈原镇	2519	9	7	177	139	224	3810
秭归县沙镇溪镇	4100	18	16	850	610	570	13000
秭归县两河口镇	4011	7	7	500	300	370	13000
秭归县郭家坝镇	4338	17	10	404	317	322	7761
秭归县杨林桥镇	9413	20	14	460	280	320	9612
秭归县九畹溪镇	4709.52	49	43	288	205	258	5050

乡 镇 名 称	肉类总产量（吨）	企业个数（个）	#工业企业	企业人员从业人员（人）	#工业企业人员	企业实交税金总额（万元）	企业总产值（万元）
秭归县水田坝乡	4522	8	8	710	8	241	3741
秭归县泄滩乡	1634	6		35			653
秭归县梅家河乡	2658	4	2	120	110	73	1962
秭归县磨坪乡	1505	4	4	298	298	58	2150
长阳自治县龙舟坪镇	9596	131	57	9900	2939	32287	53225
长阳自治县高家堰镇	2421	11	7	1661	1460	5020	56489
长阳自治县磨市镇	3482	17	14	733	722	775	11658
长阳自治县都镇湾镇	7604	28	28	943	943	1349	8946
长阳自治县资丘镇	7980	39	24	675	537	660	8350
长阳自治县渔峡口镇	6868	12	7	293	250	1240	9810
长阳自治县榔坪镇	9595	18	18	612	612	560	9800
长阳自治县贺家坪镇	5372	17	11	1455	1169	595	38658
长阳自治县大堰乡	9512	28	16	420	356	490	8961
长阳自治县鸭子口乡	2267	32	12	1158	488	1326	7403
长阳自治县火烧坪乡	790	10	10	545	545	1035	43672
五峰自治县五峰镇	4322	156	60	3480	1610	585	17210
五峰自治县长乐坪镇	3719	11	10	355	319	189	12517
五峰自治县渔洋关镇	3824	81	44	980	710	1025	14630
五峰自治县仁和坪镇	11285	14	8	368	188	256	12038
五峰自治县湾潭镇	2568	17	12	380	280	95	4335
五峰自治县付家堰乡	5701	6	6	248	49	140	2820
五峰自治县牛庄乡	995	3	3	35	35	39	1100
五峰自治县采花乡	3195	13	13	225	225	132	5540
西陵区窑湾乡	919	549	88	4336	2094	18313	307508
伍家岗区伍家乡	4343	3350	267	14939	7745	38523	1092332
点军区艾家镇	962	15	12	300	300	260	20000
点军区桥边镇	2486	74	4	2500	1100	2005	240000
点军区点军街道办事处	2786	684	39	3245	2354	1875	480000
点军区联棚乡	25684	341	27	784	258	185	26000
点军区土城乡	2510	21	14	884	645	286	28000
猇亭区古老背街道办事处	30	82	40	13926	12729	70799	3206275
猇亭区虎牙街道办事处	3679	81	34	3302	2956	4456	111459
猇亭区云池街道办事处	5562	89	64	11027	10551	160	2296374

7—19 续表 12

乡镇名称	其中:工业总产值（万元）	社会消费品零售额（万元）	财政供给人数（人）	公务员（人）	事业编制（人）	财政供给人员年工资总额（万元）	财政总收入（万元）
夷陵区小溪塔街道办事处	393405	110377	149	124	25	675	20438
夷陵区樟村坪镇	640548	11647	53	37	16	283	56181
夷陵区雾渡河镇	130000	9856	90	61	18	220	4200
夷陵区分乡镇	28000	13500	85	36	17	233	2177
夷陵区太平溪镇	67952	9879	51	35	16	156	1523
夷陵区三斗坪镇	53624	8000	52	37	15	318	1534
夷陵区乐天溪镇	350000	21000	81	71	10	246	2156
夷陵区龙泉镇	1816061	56684	106	86	20	390	46782
夷陵区鸦鹊岭镇	549601	120000	59	43	16	273	9476
夷陵区下堡坪乡	102820	13568	80	34	15	458	815
夷陵区邓村乡	267410	68950	43	29	14	182	1009
夷陵区黄花镇	201336	1551	126	104	22	514	3607
宜都市红花套镇	831317	23318	45	33	12	194	15888
宜都市高坝洲镇	141504	20362	41	29	12	182	40688
宜都市姚家店镇	230131	20690	39	26	13	175	10078
宜都市五眼泉镇	151050	14779	39	25	14	201	2697
宜都市聂家河镇	95520	16946	36	24	12	147	3627
宜都市潘家湾土家族乡	33957	8343	38	25	13	155	4251
宜都市王家畈乡	290905	16421	48	29	19	225	4587
宜都市松木坪镇	328575	20953	38	25	13	197	12461
宜都市枝城镇	2793139	183396	71	49	22	420	46750
宜都市陆城街道办事处	1879055	355545	61	44	17	333	99239
枝江市安福寺镇	420065	41950	58	43	15	219	3755
枝江市白洋镇	327116	27083	88	43	23	303	2624
枝江市顾家店镇	80580	19625	67	50	17	207	1509
枝江市董市镇	585297	52336	59	42	17	215	7152
枝江市仙女镇	214744	24130	51	37	14	170	3310
枝江市问安镇	182799	21900	81	40	15	339	1489
枝江市七星台镇	252005	31600	52	40	12	142	1787
枝江市百里洲镇	95671	35630	56	41	15	160	1841
枝江市马家店街道办事处	1908526	542000	59	42	17	207	57121

7—19 续表 13

乡镇名称	其中:工业总产值（万元）	社会消费品零售额（万元）	财政供给人数（人）	公务员（人）	事业编制（人）	财政供给人员年工资总额（万元）	财政总收入（万元）
当阳市两河镇	225762	18855	54	43	11	180	933
当阳市河溶镇	292980	59925	117	39	78	278	1544
当阳市育溪镇	212248	23461	67	58	0	173	3636
当阳市庙前镇	183783	30566	56	40	16	148	2531
当阳市王店镇	341155	62558	56	42	14	142	8945
当阳市半月镇	306473	9180	71	55	16	142	2260
当阳市草埠湖镇	198505	30651	159	42	15	250	1853
当阳市玉阳街道办事处	1263119	285014	61	44	17	281	[illegible]1032
当阳市坝陵街道办事处	601771	24366	62	44	18	529	24278
当阳市玉泉街道办事处	875579	123287	54	45		136	25232
远安县鸣凤镇	533671	120032	43	34	9	265	12726
远安县花林寺镇	87057	1321	35	21	14	143	4100
远安县旧县镇	14808	1548	35	20	15	178	1204
远安县洋坪镇	75279	39345	44	30	14	119	1303
远安县茅坪场镇	56993	21514	50	32	18	134	8185
远安县荷花镇	1102381	85030	48	33	15	107	31157
远安县河口乡	77000	1213	34	20	14	113	6018
兴山县古夫镇	190659	124121	1939	1055	626	11476	45381
兴山县昭君镇	2954	51216	132	34	9	245	740
兴山县峡口镇	938	6620	135	41	12	260	2111
兴山县南阳镇	2610	1775	40	31	9	123	396
兴山县黄粮镇	9930	11832	39	30	9	198	1030
兴山县水月寺镇	20340	8316	84	66	18	258	5195
兴山县高桥乡	690	5694	79	26	5	240	256
兴山县榛子乡	30098	1660	123	28	4	292	10450
秭归县茅坪镇	90214		72	45	27	210	6829
秭归县归州镇	290		45	35	18	123	1193
秭归县屈原镇	3650		100	30	29	125	757
秭归县沙镇溪镇	3700		92	80	12	117	1033
秭归县两河口镇	5200		85	71	14	210	1659
秭归县郭家坝镇	5616		63	42	21	123	1200
秭归县杨林桥镇	6538		37	30	7	56	870
秭归县九畹溪镇	2115	10625	47	35	12	211	397

7—19 续表 14

乡 镇 名 称	其中:工业总产值（万元）	社会消费品零售额（万元）	财政供给人数（人）	公务员（人）	事业编制（人）	财政供给人员年工资总额（万元）	财政总收入（万元）
秭归县水田坝乡	2641		44	31	13	218	1219
秭归县泄滩乡			53	21	10	99	136
秭归县梅家河乡	1600		27	21	6	64	541
秭归县磨坪乡	2110		29	24	5	70	789
长阳自治县龙舟坪镇	476258	386770	206	45	26	1026	17654
长阳自治县高家堰镇	85777	4798	53	37	16	199	1533
长阳自治县磨市镇	11565	3510	44	32	12	150	864
长阳自治县都镇湾镇	8946	10430	60	40	20	296	1411
长阳自治县资丘镇	6686	34127	118	89	29	316	1134
长阳自治县渔峡口镇	8680	28151	93	77	16	217	1212
长阳自治县榔坪镇	9800	5650	62	46	17	297	1412
长阳自治县贺家坪镇	28057	2749	111	75	36	310	966
长阳自治县大堰乡	8923	1531	94	38	13	180	1130
长阳自治县鸭子口乡	7363	1631	39	27	12	105	1373
长阳自治县火烧坪乡	43672	24068	30	23	7	65	759
五峰自治县五峰镇	16820	37250	73	48	25	241	2132
五峰自治县长乐坪镇	9771	12055	60	43	17	135	969
五峰自治县渔洋关镇	11060	44916	75	58	17	344	4671
五峰自治县仁和坪镇	8401	12682	53	40	13	129	1040
五峰自治县湾潭镇	3705	6733	40	26	14	187	779
五峰自治县付家堰乡	1978	5054	37	24	13	112	740
五峰自治县牛庄乡	1100	3215	31	25	6	80	654
五峰自治县采花乡	5540	13892	47	36	11	219	1339
西陵区窑湾乡	214905	93027	77	27	21	374	6076
伍家岗区伍家乡	934351	225596	55	23	8	270	23703
点军区艾家镇	10000	8000	35	20	7	180	350
点军区桥边镇	210000	26000	80	57	13	329	719
点军区点军街道办事处	450000	36000	39	23	16	189	768
点军区联棚乡	16000	20000	36	23	13	130	625
点军区土城乡	13000	16000	72	28	9	320	650
猇亭区古老背街道办事处	3175653	9351	16	11	5		7200
猇亭区虎牙街道办事处	109300	12000	15	10	4	80	7100
猇亭区云池街道办事处	2285161	2312	17	10	7	63	7100

7—19　续表 15

乡 镇 名 称	其中:公共预算收入（万元）	财政支出（万元）	#科学事业费	教育事业费支出（万元）	年末资产总额（万元）	年末债务总额（万元）	#当年负债
夷陵区小溪塔街道办事处	12278	4355		150	25531	339	
夷陵区樟村坪镇	29998	9373	1982	3120	25000	16200	100
夷陵区雾渡河镇	1200	1000	550	380	6680	220	60
夷陵区分乡镇	808	1731			351	261	
夷陵区太平溪镇	1090	1873		351	6143	2435	611
夷陵区三斗坪镇	1100	1100			865	905	
夷陵区乐天溪镇	1408	2306			7666	7625	210
夷陵区龙泉镇	12464	4431	32	17	1138	704	
夷陵区鸦鹊岭镇	4976	3220	49	438	6001	5693	
夷陵区下堡坪乡	425	1471			4100	598	73
夷陵区邓村乡	671	1605		3	12197	388	
夷陵区黄花镇	1894	2431			1348	623	
宜都市红花套镇	12514	3649		8	631	1080	
宜都市高坝洲镇	36324	1472		10	1150	875	
宜都市姚家店镇	8347	2999		6	767	218	
宜都市五眼泉镇	2233	2651		6	560	803	
宜都市聂家河镇	3068	2356			529	339	
宜都市潘家湾土家族乡	3968	3595		5	801	202	
宜都市王家畈乡	2794	2555			17713	17713	
宜都市松木坪镇	9856	4500		9	1500	549	
宜都市枝城镇	29811	4661		16	14900	15504	
宜都市陆城街道办事处	70913	6155	41	44	749	131	
枝江市安福寺镇	2504	3585		159	1518	1900	
枝江市白洋镇	1295	1433			7846	1130	
枝江市顾家店镇	1083	1230			637	599	
枝江市董市镇	4219	2711			5983	2491	
枝江市仙女镇	1740	3108			6002	916	
枝江市问安镇	822	1209			1593	1920	
枝江市七星台镇	858	1449			1223	1192	
枝江市百里洲镇	1034	1909	33	66	6148	5703	
枝江市马家店街道办事处	21975	6661		12	8888	8879	5000

7—19　续表16

乡 镇 名 称	其中:公共预算收入（万元）	财政支出（万元）	#科学事业费	教育事业费支出（万元）	年末资产总额（万元）	年末债务总额（万元）	#当年负债
当阳市两河镇	601	899		10	3196	2411	58
当阳市河溶镇	1136	1316		7	2735	2208	
当阳市育溪镇	2165	2165			884	300	
当阳市庙前镇	1482	1899			2300	1098	
当阳市王店镇	4678	1231			659	205	
当阳市半月镇	1325	1120		3	2532	803	
当阳市草埠湖镇	1391	1541		4	17766	15429	
当阳市玉阳街道办事处	27859	9193	108	183	7436	107	
当阳市坝陵街道办事处	14418	1858			8499	81	22
当阳市玉泉街道办事处	18048	1780		9	5838	2156	884
远安县鸣凤镇	7741	1250	24	31	464	464	
远安县花林寺镇	2083	978	24	2	536	513	76
远安县旧县镇	735	721		5	946	300	
远安县洋坪镇	860	966	2	3	2941	2914	407
远安县茅坪场镇	5409	1194		39	592	107	107
远安县荷花镇	19115	4086	48	36	487	105	64
远安县河口乡	2668	995		10	180	137	
兴山县古夫镇	26718	136783	1163	16225	11295	830	
兴山县昭君镇	412	794		9	224	180	
兴山县峡口镇	773	936	9	6	525	259	
兴山县南阳镇	300	728	7	12	510	2160	
兴山县黄粮镇	814	1192	8	16	468	118	
兴山县水月寺镇	2532	873		7	2340	730	130
兴山县高桥乡	222	576		5	1632	509	
兴山县榛子乡	5412	455		5	410	318	
秭归县茅坪镇	4138	1778			754	347	
秭归县归州镇	272	928			3570	2162	
秭归县屈原镇	298	757			391	403	
秭归县沙镇溪镇	717	917	37	15	423	385	
秭归县两河口镇	1327	1059			696	110	
秭归县郭家坝镇	837	1244					
秭归县杨林桥镇	671	870			353	375	
秭归县九畹溪镇	336	922			1539	1339	

7—19 续表 17

乡 镇 名 称	其中:公共预算收入(万元)	财政支出(万元)	#科学事业费	教育事业费支出(万元)	年末资产总额(万元)	年末债务总额(万元)	#当年举债
秭归县水田坝乡	215	1219					
秭归县泄滩乡	114	600	20	30			
秭归县梅家河乡	419	672	31	3	106	284	
秭归县磨坪乡	689	693					
长阳自治县龙舟坪镇	8009	4971		31	1682	1539	
长阳自治县高家堰镇	1081	1381	10	20	249	2100	
长阳自治县磨市镇	526	526	4	22	2441	1702	
长阳自治县都镇湾镇	741	1373			2283	1190	
长阳自治县资丘镇	665	1039	6	49	714	1797	69
长阳自治县渔峡口镇	756	1055		70	1446	1382	
长阳自治县榔坪镇	730	970	5	7	789	905	385
长阳自治县贺家坪镇	622	941			1141	1118	
长阳自治县大堰乡	370	650	4	33	370	480	
长阳自治县鸭子口乡	478	624			501	909	
长阳自治县火烧坪乡	471	720		41	865	654	
五峰自治县五峰镇	1225	3032		26	200	1400	320
五峰自治县长乐坪镇	648	736			1172		
五峰自治县渔洋关镇	2458	1346			1343	667	164
五峰自治县仁和坪镇	670	812			4729	1083	
五峰自治县湾潭镇	607	699					
五峰自治县付家堰乡	615	768		470	450		
五峰自治县牛庄乡	442	402	15	20	560		
五峰自治县采花乡	737	810			665	1049	
西陵区窑湾乡	1451	1443	46	74	1168		
伍家岗区伍家乡	5077	2483	35		58538	1721	
点军区艾家镇	251	251			300	300	
点军区桥边镇	549	619			1378	1430	732
点军区点军街道办事处	692	742			145	632	215
点军区联棚乡	583	623			2950	2308	
点军区土城乡	550	650			586	498	
猇亭区古老背街道办事处	4052	5850	178	3055	15052		
猇亭区虎牙街道办事处	4250	4400	45	153	497	61	
猇亭区云池街道办事处	4655	3000	56	110	17690		

7—19 续表 18

乡 镇 名 称	固定资产投资完成额（万元）	其中:本地政府固定资产投资完成额(万元)	农林牧渔业投资（万元）	储蓄所（个）	乡政府到县政府距离（公里）	本乡镇公路里程（公里）	市场个数（个）
夷陵区小溪塔街道办事处	674029	674029	9457	23	1	490	5
夷陵区樟村坪镇	202395	202395	8481	4	90	566	6
夷陵区雾渡河镇	71500	71500	4000	3	55	370	1
夷陵区分乡镇	32460	32460	13060	2	30	450	1
夷陵区太平溪镇	45286	45286	12866	2	45	322	1
夷陵区三斗坪镇	55680	55680	4400	3	40	291	3
夷陵区乐天溪镇	53032	53032	12141	2	40	340	4
夷陵区龙泉镇	225000	225000	14792	7	25	546	5
夷陵区鸦鹊岭镇	116250	116250	15000	5	39	980	3
夷陵区下堡坪乡	15450	15450	13000	1	76	220	1
夷陵区邓村乡	66800	66800		1	80	220	1
夷陵区黄花镇	72500	70020	5500	2	12	500	1
宜都市红花套镇	328659	5054		4	13	385	2
宜都市高坝洲镇	164461	71260	21890	2	7	410	2
宜都市姚家店镇	211544	108618	19483	3	1	500	1
宜都市五眼泉镇	107907	84300	16434	2	15	467	1
宜都市聂家河镇	77467	77467		1	23	378	3
宜都市潘家湾土家族乡	57704	49108	4712	1	40	345	1
宜都市王家畈乡	109669	109669	5225	3	40	1105	
宜都市松木坪镇	240998	124329	17988	3	38	230	1
宜都市枝城镇	612809	75313	35620	8	10	548	4
宜都市陆城街道办事处	794652	335581	24285	26		103	6
枝江市安福寺镇	241987	228769	21587	6	23	650	2
枝江市白洋镇	114066	104329	2600	3	28	476	4
枝江市顾家店镇	70590	66590	22600	2	28	153	1
枝江市董市镇	257679	245431	16120	5	6	256	2
枝江市仙女镇	128370	126370	10700	3	11	440	1
枝江市问安镇	109820	91175	17500	3	17	107	1
枝江市七星台镇	82603	80930	13300	3	15	270	1
枝江市百里洲镇	65134	65134	26275	5	5	634	1
枝江市马家店街道办事处	404701	398201	7500	32		120	5

7—19 续表 19

乡 镇 名 称	固定资产投资完成额（万元）	其中:本地政府固定资产投资完成额(万元)	农林牧渔业投资（万元）	储蓄所（个）	乡政府到县政府距离（公里）	本乡镇公路里程（公里）	市场个数（个）
当阳市两河镇	57931	41642	3206	2	20	200	5
当阳市河溶镇	93739	73642	5286	6	26	212	3
当阳市育溪镇	66846	38447	9000	3	22	560	3
当阳市庙前镇	78578	46896	2150	3	13	230	2
当阳市王店镇	185530	159986	16670	3	20	328	2
当阳市半月镇	79343	53241		3	30	278	1
当阳市草埠湖镇	88665	49921	2950	3	37	116	1
当阳市玉阳街道办事处	420381	322108	8264	29	3	505	12
当阳市坝陵街道办事处	246364	156833		7	4	230	4
当阳市玉泉街道办事处	266867	169873	7506	3	1	323	1
远安县鸣凤镇	335310	25258	10240	7		47	4
远安县花林寺镇	25900	25900		2	20	99	2
远安县旧县镇	45950	1310	5000	2	10	141	1
远安县洋坪镇	58277		15632	2	22	275	2
远安县茅坪场镇	69000	6100	10250	2	13	395	1
远安县荷花镇	273345	111190	16500	4	33	195	2
远安县河口乡	56000	20065	1000	1	40	289	1
兴山县古夫镇	336389	201833	9034	7	1	262	3
兴山县昭君镇	2502	600	173	1	15	130	1
兴山县峡口镇	5422	5422	4213	3	32	165	1
兴山县南阳镇	1550	1110		1	25	292	1
兴山县黄粮镇	10100	10100	1700	1	22	255	1
兴山县水月寺镇	16364	883	618	1	58	251	1
兴山县高桥乡	5800	5299	2999	1	42	162	1
兴山县榛子乡	1750	450	430	1	50	126	1
秭归县茅坪镇	33303		4504	2	1	235	6
秭归县归州镇	14124	11497	2627	2	65	216	3
秭归县屈原镇	11674	1756	1846	2	40	206	1
秭归县沙镇溪镇	27140		9650	2	88	590	1
秭归县两河口镇	13350	11800	1600	2	75	562	1
秭归县郭家坝镇	19351	15824	3906	3	40	621	2
秭归县杨林桥镇	19167	16810		2	67	214	1
秭归县九畹溪镇	10710	9787	923	1	45	575	2

7—19　续表20

乡　镇　名　称	固定资产投资完成额（万元）	其中:本地政府固定资产投资完成额(万元)	农林牧渔业投资（万元）	储蓄所（个）	乡政府到县政府距离（公里）	本乡镇公路里程（公里）	市场个数（个）
秭归县水田坝乡	13135	13135		2	70	355	1
秭归县泄滩乡	5818			1	96	223	1
秭归县梅家河乡	7800	3980	1510	1	109	386	
秭归县磨坪乡	6056	6056	1900	2	126	139	
长阳自治县龙舟坪镇	40447	40447	6000	14	6	530	18
长阳自治县高家堰镇	7545	7545	420	2	34	240	1
长阳自治县磨市镇	10000	10000	1996	2	25	695	1
长阳自治县都镇湾镇	16002	16002	1632	3	83	653	2
长阳自治县资丘镇	9270	9270	900	2	100	815	3
长阳自治县渔峡口镇	8800	8800	2000	1	170	900	1
长阳自治县榔坪镇	13100	13100	3930	2	110	890	1
长阳自治县贺家坪镇	12650	12650	812	1	75	865	1
长阳自治县大堰乡	6500	650	2045	2	66	198	1
长阳自治县鸭子口乡	6390	6390	580	1	60	180	1
长阳自治县火烧坪乡	13352	13352	1500	1	100	425	3
五峰自治县五峰镇	13227	11750	1477	6	1	489	5
五峰自治县长乐坪镇	4692			2	30	286	9
五峰自治县渔洋关镇	73036	73036		3	65	405	5
五峰自治县仁和坪镇	5876	1550	4750	2	100	310	5
五峰自治县湾潭镇	5069	5069		2	45	198	1
五峰自治县付家堰乡	9280		350	2	45	185	
五峰自治县牛庄乡	10800	8500	600	1	85	124	
五峰自治县采花乡	4543	4543		2	53	185	
西陵区窑湾乡	270577				4	3	4
伍家岗区伍家乡	211562		4780	13	1	255	6
点军区艾家镇	9050			2	12	105	1
点军区桥边镇	22000		1200	2	9	142	1
点军区点军街道办事处	312552		3267	4	1	170	3
点军区联棚乡	32178		351		7	195	1
点军区土城乡	9762		2757	1	18	250	1
猇亭区古老背街道办事处	765532	757821		8	2	137	2
猇亭区虎牙街道办事处	220581	220581			5	153	1
猇亭区云池街道办事处	310521	310521			3	157	1

7—19 续表 21

乡 镇 名 称	公园个数（个）	小学校总数（个）	小学在校学生总数（人）	小学专任教师总数（人）	中学校总 数（个）	中学在校学生总数（人）	中学专任教学师总（人）
夷陵区小溪塔街道办事处	3	8	6502	387	2	2900	251
夷陵区樟村坪镇	3	2	887	114	1	588	105
夷陵区雾渡河镇		1	826	67	1	670	71
夷陵区分乡镇		2	815	94	1	555	92
夷陵区太平溪镇	1	1	834	70	1	681	81
夷陵区三斗坪镇	1	2	886	80	1	541	92
夷陵区乐天溪镇		3	1085	98	1	473	55
夷陵区龙泉镇	2	3	1852	150	2	1067	147
夷陵区鸦鹊岭镇	1	3	1793	162	1	1096	128
夷陵区下堡坪乡		2	598	61	1	365	53
夷陵区邓村乡		2	889	66	1	499	53
夷陵区黄花镇		2	864	128	1	570	109
宜都市红花套镇		3	828	71	1	440	57
宜都市高坝洲镇	1	2	652	55	1	524	62
宜都市姚家店镇		1	224	25	1	508	71
宜都市五眼泉镇			143	21	1	170	32
宜都市聂家河镇		1	262	30	1	170	40
宜都市潘家湾土家族乡		1	340	23	1	325	36
宜都市王家畈乡		3	679	61	2	417	59
宜都市松木坪镇		3	808	68	1	423	61
宜都市枝城镇	4	5	2215	166	2	3344	318
宜都市陆城街道办事处	3	4	6869	339	5	10042	800
枝江市安福寺镇	1	3	1384	108	2	911	115
枝江市白洋镇		3	1079	93	2	644	98
枝江市顾家店镇		3	637	74	1	367	73
枝江市董市镇		4	1478	179	1	879	129
枝江市仙女镇		3	878	81	2	601	106
枝江市问安镇		2	1034	99	1	573	86
枝江市七星台镇		3	945	106	1	742	116
枝江市百里洲镇	1	4	1675	172	2	950	178
枝江市马家店街道办事处	2	5	6577	442	9	12236	1079

7—19 续表22

乡镇名称	公园个数（个）	小学校总数（个）	小学在校学生总数（人）	小学专任教师总数（人）	中学校总数（个）	中学在校学生总数（人）	中学专任教学师总（人）
当阳市两河镇		1	622	65	1	274	52
当阳市河溶镇		3	1734	126	3	1201	202
当阳市育溪镇		4	1708	130	2	783	90
当阳市庙前镇		1	902	73	2	443	70
当阳市王店镇		4	1218	104	2	745	95
当阳市半月镇		3	1221	98	1	736	81
当阳市草埠湖镇		2	503	67	1	305	61
当阳市玉阳街道办事处	3	7	7512	1208	6	10524	1536
当阳市坝陵街道办事处		4	1678	109	2	1044	115
当阳市玉泉街道办事处	1	3	1151	95	2	818	106
远安县鸣凤镇	4	3	1496	118	2	752	90
远安县花林寺镇		1	341	40			
远安县旧县镇		2	743	67	1	445	53
远安县洋坪镇		3	1105	99	1	655	72
远安县茅坪场镇		2	531	47	1	354	45
远安县荷花镇	1	2	721	77	1	424	62
远安县河口乡	1	2	343	27	1	330	52
兴山县古夫镇	1	3	3078	218	4	5368	414
兴山县昭君镇		1	628	69	1	683	101
兴山县峡口镇		3	436	54			
兴山县南阳镇		2	210	37			
兴山县黄粮镇		1	456	33	1	406	58
兴山县水月寺镇		3	606	68	1	309	41
兴山县高桥乡			322	23	1	208	30
兴山县榛子乡		1	231	29			
秭归县茅坪镇	2	5	1947	140	1	1140	129
秭归县归州镇	2	3	1108	111	1	758	95
秭归县屈原镇		2	433	65	1	244	39
秭归县沙镇溪镇	1	2	818	97	1	553	115
秭归县两河口镇		3	677	66	1	495	66
秭归县郭家坝镇	1	5	1802	160	2	1076	129
秭归县杨林桥镇		1	646	77	1	388	67
秭归县九畹溪镇	1	3	694	83	1	409	56

7—19　续表 23

乡 镇 名 称	公园个数（个）	小学校总数（个）	小学在校学生总数（人）	小学专任教师总数（人）	中学校总数（个）	中学在校学生总数（人）	中学专任教学师总（人）
秭归县水田坝乡		4	928	76	1	736	80
秭归县泄滩乡		3	410	39	1	243	46
秭归县梅家河乡		1	395	35	1	250	48
秭归县磨坪乡		1	338	22	1	189	40
长阳自治县龙舟坪镇	2	8	5696	362	5	11338	794
长阳自治县高家堰镇		5	838	70	1	445	48
长阳自治县磨市镇		4	902	94	1	703	73
长阳自治县都镇湾镇		6	1233	104	2	916	102
长阳自治县资丘镇		5	1320	100	1	1016	84
长阳自治县渔峡口镇		5	1139	79	1	770	67
长阳自治县榔坪镇		8	1822	120	2	1088	105
长阳自治县贺家坪镇		6	1315	72	1	815	66
长阳自治县大堰乡		4	944	88	1	620	67
长阳自治县鸭子口乡		2	547	53	1	414	42
长阳自治县火烧坪乡		1	224	24	1	167	23
五峰自治县五峰镇		5	1752	152	3	2310	347
五峰自治县长乐坪镇		3	523	53	1	365	54
五峰自治县渔洋关镇		5	1738	116	1	2467	88
五峰自治县仁和坪镇		2	664	54	1	417	44
五峰自治县湾潭镇		2	555	12	1	317	75
五峰自治县付家堰乡		2	410	39	1	324	37
五峰自治县牛庄乡		1	180	15	1	175	33
五峰自治县采花乡		3	726	59	1	323	47
西陵区窑湾乡	1	1	520	30			
伍家岗区伍家乡	2	5	1121	110	1	658	71
点军区艾家镇		1	207	65			
点军区桥边镇		2	972	103	1	564	94
点军区点军街道办事处	1	2	789	107	1	826	141
点军区联棚乡	0	1	418	61			
点军区土城乡		1	775	63	1	406	63
猇亭区古老背街道办事处		3	1902	141	3	2906	262
猇亭区虎牙街道办事处		2	265	30			
猇亭区云池街道办事处							

7—19　续表24

乡　镇　名　称	幼儿园、托儿所（个）	图书馆、文化站（个）	影剧院（个）	体育场馆（个）	医院、卫生院（个）	职业（助理医师）（人）	病床数（床）
夷陵区小溪塔街道办事处	30	2	2	2	6	428	1143
夷陵区樟村坪镇	2	2	2		1	78	100
夷陵区雾渡河镇	2	1	1	1	1	55	75
夷陵区分乡镇	3	1			1	15	51
夷陵区太平溪镇	1	1	1		1	36	60
夷陵区三斗坪镇	3	1			1	59	35
夷陵区乐天溪镇	4	1			1	56	40
夷陵区龙泉镇	5	1	1	1	2	210	80
夷陵区鸦鹊岭镇	6	1	1	1	1	74	88
夷陵区下堡坪乡	2	1			1	42	48
夷陵区邓村乡	5	1			1	13	38
夷陵区黄花镇	1	1	1		1	54	46
宜都市红花套镇	4	1	1		1	29	80
宜都市高坝洲镇	2	1			2	25	76
宜都市姚家店镇	1	1			1	19	20
宜都市五眼泉镇	3	1			1	9	20
宜都市聂家河镇	2	1			1	15	40
宜都市潘家湾土家族乡	2	1			1	7	20
宜都市王家畈乡	3	1			2	21	45
宜都市松木坪镇	4	1			1	19	45
宜都市枝城镇	10	2	1		3	124	404
宜都市陆城街道办事处	11	2	1	1	6	313	897
枝江市安福寺镇	7				4	235	202
枝江市白洋镇	4	1	1		1	61	50
枝江市顾家店镇	4	1			1	89	40
枝江市董市镇	6	2	1		3	208	305
枝江市仙女镇	3	1	1		1	53	45
枝江市问安镇	1	1	1		1	60	60
枝江市七星台镇	5	1			1	117	60
枝江市百里洲镇	8	1	1		1	204	98
枝江市马家店街道办事处	15	2	2	1	7	609	1121

7—19 续表 25

乡 镇 名 称	幼儿园、托儿所（个）	图书馆、文化站（个）	影剧院（个）	体育场馆（个）	医院、卫生院（个）	职业（助理医师）（人）	病床数（床）
当阳市两河镇	3	1			1	18	25
当阳市河溶镇	2	1	1	1	1	106	123
当阳市育溪镇	5	1	1		1	126	100
当阳市庙前镇	4	1	1		1	77	20
当阳市王店镇	3	1	1		1	64	60
当阳市半月镇	2	1	1		1	28	45
当阳市草埠湖镇	1	1			1	32	51
当阳市玉阳街道办事处	9	2	1	3	4	767	1558
当阳市坝陵街道办事处	4	1			2	114	139
当阳市玉泉街道办事处	5	1			1	138	30
远安县鸣凤镇	6	9	1	1	4	282	572
远安县花林寺镇	1	1			1	10	30
远安县旧县镇	1	1			1	8	22
远安县洋坪镇	5	1			1	17	60
远安县茅坪场镇	3	1			1	10	30
远安县荷花镇	5	1	1		1	92	44
远安县河口乡	1	1			1	16	30
兴山县古夫镇	3	3	1	4	3	162	377
兴山县昭君镇	1	1			1	75	130
兴山县峡口镇	2	1			1	11	30
兴山县南阳镇		1			1	9	20
兴山县黄粮镇	1	1			1	32	50
兴山县水月寺镇	1	1			1	14	50
兴山县高桥乡	1	1			1	17	20
兴山县榛子乡	1	1			1	24	30
秭归县茅坪镇	2	2	1	1	2	259	300
秭归县归州镇	1	13			1	52	60
秭归县屈原镇	1	1			1	30	30
秭归县沙镇溪镇	1	1			1	52	82
秭归县两河口镇	1	1			1	47	100
秭归县郭家坝镇	7	1			1	82	98
秭归县杨林桥镇	2	1			1	9	40
秭归县九畹溪镇	1	1			1	41	45

7—19 续表 26

乡镇名称	幼儿园、托儿所（个）	图书馆、文化站（个）	影剧院（个）	体育场馆（个）	医院、卫生院（个）	职业（助理医师）（人）	病床数（床）
秭归县水田坝乡	1	1			1	15	80
秭归县泄滩乡	1	1			1	14	27
秭归县梅家河乡	1	1			1	26	25
秭归县磨坪乡	1	1			1	23	30
长阳自治县龙舟坪镇	14	6	3	1	4	374	700
长阳自治县高家堰镇	3	1			1	13	45
长阳自治县磨市镇	2	1			1	59	48
长阳自治县都镇湾镇	3	1			1	34	98
长阳自治县资丘镇	3	1			1	29	84
长阳自治县渔峡口镇	2	1			1	19	86
长阳自治县榔坪镇	2	1			1	85	85
长阳自治县贺家坪镇	4	1			1	75	50
长阳自治县大堰乡	5	1			1	53	80
长阳自治县鸭子口乡	1	1			1	7	42
长阳自治县火烧坪乡	1	1			1	23	18
五峰自治县五峰镇	4	3	1	1	4	105	284
五峰自治县长乐坪镇	2	1			1	12	25
五峰自治县渔洋关镇	6	1			1	69	135
五峰自治县仁和坪镇	1	1			1	14	32
五峰自治县湾潭镇	2	1			1	13	30
五峰自治县付家堰乡	1	1			1	9	30
五峰自治县牛庄乡		1			1	8	12
五峰自治县采花乡	1	1			1	12	30
西陵区窑湾乡	2	8		1	1	39	70
伍家岗区伍家乡	10	1	1	2	2	96	126
点军区艾家镇	1	1			1	14	8
点军区桥边镇	1	1			1	38	29
点军区点军街道办事处	5	1			1	109	96
点军区联棚乡	1	1			1	23	16
点军区土城乡	2	1			1	42	26
猇亭区古老背街道办事处	5	1	1	6	11	87	153
猇亭区虎牙街道办事处	2	7		1	6	6	6
猇亭区云池街道办事处	1	8					

7—19　续表 27

乡镇名称	居民储蓄存款余额（万元）	农民人均纯收入（元）	敬老院、福利院（个）	现收养人数（人）	农村新型合作医疗人数（人）	参加农村社会养老保险人数（人）
夷陵区小溪塔街道办事处	286548	11047	3	293	36295	22247
夷陵区樟村坪镇	157354	12006	1	72	21186	17137
夷陵区雾渡河镇	50000	8354	1	157	30270	24648
夷陵区分乡镇	15196	8562	1	77	35391	19940
夷陵区太平溪镇	33404	9175	1	92	23076	11195
夷陵区三斗坪镇	27000	8335	1	115	28530	13000
夷陵区乐天溪镇	25000	8101	1	77	20704	8812
夷陵区龙泉镇	103500	12263	1	72	49353	34607
夷陵区鸦鹊岭镇	93041	11874	1	123	53400	34941
夷陵区下堡坪乡	14123	8922	1	76	20224	12220
夷陵区邓村乡	19300	9243	1	83	24571	15490
夷陵区黄花镇	24568	8311	1	78	31910	17921
宜都市红花套镇	56155	11629	1	79	24978	11471
宜都市高坝洲镇	17900	10991	1	75	26291	12787
宜都市姚家店镇	30887	10594	2	166	23403	17144
宜都市五眼泉镇	9750	10057	1	99	20771	9957
宜都市聂家河镇	11000	8556	1	95	16177	8570
宜都市潘家湾土家族乡	10606	8052	1	79	15121	7011
宜都市王家畈乡	30015	8607	1	101	29982	15481
宜都市松木坪镇	44000	10414	1	91	27294	16943
宜都市枝城镇	139978	11760	3	280	65336	30255
宜都市陆城街道办事处	806788	12189	9	716	36186	19431
枝江市安福寺镇	162705	12199	4	155	39453	36668
枝江市白洋镇	81673	10630	1	88	27381	14282
枝江市顾家店镇	37047	9300	1	72	25827	11412
枝江市董市镇	102792	11854	2	123	37515	15048
枝江市仙女镇	43596	10196	1	65	28495	17726
枝江市问安镇	40350	10890	2	72	39933	19683
枝江市七星台镇	55899	10185	2	46	40298	20203
枝江市百里洲镇	71029	10170	2	269	67282	48199
枝江市马家店街道办事处	542958	12705	3	186	20009	6167

7—19 续表 28

乡镇名称	居民储蓄存款余额（万元）	农民人均纯收入（元）	敬老院、福利院（个）	现收养人数（人）	农村新型合作医疗人数（人）	参加农村社会养老保险人数(人)
当阳市两河镇	16837	9788	1	64	32155	16099
当阳市河溶镇	72710	10645	1	116	48957	28944
当阳市育溪镇	77392	9808	2	143	43978	23884
当阳市庙前镇	16375	10080	1	87	36025	18872
当阳市王店镇	42334	12600	2	143	34749	24130
当阳市半月镇	45000	11438	1	151	29354	14322
当阳市草埠湖镇	14857	11112	1	50	18455	3973
当阳市玉阳街道办事处	710817	12285	2	241	32592	31616
当阳市坝陵街道办事处	68566	10345	1	121	40310	17461
当阳市玉泉街道办事处	40565	10989	1	85	35241	15104
远安县鸣凤镇	132207	11110	1	23	16300	12400
远安县花林寺镇	19800	7950	1	78	16433	8032
远安县旧县镇	17000	8762	1	78	23597	11434
远安县洋坪镇	35374	9276	1	55	34220	17639
远安县茅坪场镇	21210	9384	1	44	23550	23550
远安县荷花镇	68650	10986	1	97	26069	22840
远安县河口乡	13102	8814	1	39	14937	8823
兴山县古夫镇	176566	5762	2	105	20178	7996
兴山县昭君镇	16017	5427	1	21	12554	11753
兴山县峡口镇	24662	5209	1	40	21799	13231
兴山县南阳镇	9762	5028	1	34	10006	6528
兴山县黄粮镇		5677	1	45	19135	12489
兴山县水月寺镇	20050	6014	1	40	19743	12910
兴山县高桥乡		4052			12357	8315
兴山县榛子乡	11000	6059			10370	7307
秭归县茅坪镇	20646	5282	3	275	36303	17150
秭归县归州镇	8320	4430	1	69	23743	17692
秭归县屈原镇	10945	3449	1	37	17311	7927
秭归县沙镇溪镇	31170	4406	2	91	30966	19830
秭归县两河口镇	21320	4088	2	99	26907	19243
秭归县郭家坝镇	33874	4868	2	65	45935	31823
秭归县杨林桥镇	15016	4254	2	44	23615	11439
秭归县九畹溪镇	14578	4400	3	132	22865	14578

7—19　续表 29

乡　镇　名　称	居民储蓄存款余额（万元）	农民人均纯收入（元）	敬老院、福利院（个）	现收养人数（人）	农村新型合作医疗人数（人）	参加农村社会养老保险人数（人）
秭归县水田坝乡	28000	3978	1	38	32450	15938
秭归县泄滩乡	6265	4075	1	28	13305	10370
秭归县梅家河乡	14928	4195	1	24	17066	16499
秭归县磨坪乡	4500	3908	1	48	10728	8568
长阳自治县龙舟坪镇	451600	5748	2	163	48424	35216
长阳自治县高家堰镇	18399	4090	1	38	16395	9482
长阳自治县磨市镇	26124	3780	1	112	24833	16920
长阳自治县都镇湾镇	42000	3055	2	60	44115	29432
长阳自治县资丘镇	37179	3073	2	51	32898	20925
长阳自治县渔峡口镇	15070	3452	1	51	31148	21960
长阳自治县榔坪镇	23134	3306	1	89	38525	23224
长阳自治县贺家坪镇	15200	3960	1	69	27705	17682
长阳自治县大堰乡	2406	4058	2	62	27494	13586
长阳自治县鸭子口乡	17024	3520	1	53	16774	13560
长阳自治县火烧坪乡	21750	6210	1	17	7945	4520
五峰自治县五峰镇	10500	3296	1	32	25321	15451
五峰自治县长乐坪镇	7650	3368	1	25	21523	14932
五峰自治县渔洋关镇	83671	4069	2	50	36630	24916
五峰自治县仁和坪镇	9230	3537	1	52	21224	14907
五峰自治县湾潭镇	13038	3218	1	16	14833	10692
五峰自治县付家堰乡	8218	3397	1	44	14936	10869
五峰自治县牛庄乡	5000	3842			7178	3200
五峰自治县采花乡	14007	3492	1	192	24206	17783
西陵区窑湾乡	7221	9348	2	57	7571	5977
伍家岗区伍家乡		8075	2	126	10380	10377
点军区艾家镇		8087	1	21	6276	526
点军区桥边镇	3426	8012	1	141	24285	12066
点军区点军街道办事处		8426	3	52	17828	3865
点军区联棚乡		8114	1	29	12954	4756
点军区土城乡		6527	1	45	22180	15071
猇亭区古老背街道办事处	13329	10109	1	16	8063	5863
猇亭区虎牙街道办事处	9537	10004	1	53	5755	2251
猇亭区云池街道办事处	12039	10169	1	60	5881	6126

7—19 续表30

乡镇名称	享受居民最低生活保障人数(人)	镇区总户数(户)	镇区总人口(人)	镇区占地面积(公顷)	镇公共绿地面积(公顷)
夷陵区小溪塔街道办事处	3158	42092	86978	1654	1100
夷陵区樟村坪镇	1230	1387	3326	300	55
夷陵区雾渡河镇	1672	1231	1841	100	12
夷陵区分乡镇	1582	1200	2500	120	12
夷陵区太平溪镇	2660	2208	7245	527	4
夷陵区三斗坪镇	2440	2478	6035	81	15
夷陵区乐天溪镇	3992	2364	5517	1569	550
夷陵区龙泉镇	1270	4540	17750	350	104
夷陵区鸦鹊岭镇	1460	5131	11414	1044	626
夷陵区下堡坪乡	1518				
夷陵区邓村乡	1495				
夷陵区黄花镇	1739	819	2149	111	5
宜都市红花套镇	1340	2876	8593	350	5
宜都市高坝洲镇	924	1012	3515	250	4
宜都市姚家店镇	961	717	965	300	2
宜都市五眼泉镇	1161	403	542	120	2
宜都市聂家河镇	1148	781	1026	397	3
宜都市潘家湾土家族乡	895				
宜都市王家畈乡	1732				
宜都市松木坪镇	1185	921	1382	280	3
宜都市枝城镇	6832	12358	22386	745	16
宜都市陆城街道办事处	6084	25926	68588	1650	218
枝江市安福寺镇	1892	7730	13585	641	4
枝江市白洋镇	1531	1360	4120	178	3
枝江市顾家店镇	1426	386	1411	60	2
枝江市董市镇	1828	9010	20270	655	12
枝江市仙女镇	1344	1318	3736	180	3
枝江市问安镇	1696	2165	5089	230	15
枝江市七星台镇	1857	1518	4525	225	7
枝江市百里洲镇	3115	5000	13200	300	58
枝江市马家店街道办事处	4221	47893	89835	1400	568

7—19　续表 31

乡　镇　名　称	享受居民最低生活保障人数(人)	镇区总户数(户)	镇区总人口(人)	镇区占地面积(公顷)	镇公共绿地面积(公顷)
当阳市两河镇	1423	1816	5419	100	2
当阳市河溶镇	2221	6338	11687	610	12
当阳市育溪镇	559	4272	10162	570	1
当阳市庙前镇	1348	1116	1924	37	1
当阳市王店镇	1848	3337	7865	80	25
当阳市半月镇	1472	2218	6260	290	135
当阳市草埠湖镇	1755	3033	6678	250	78
当阳市玉阳街道办事处	4499	31541	62608	1208	393
当阳市坝陵街道办事处	2197	10205	18865	457	32
当阳市玉泉街道办事处	2016	1451	4635	106	19
远安县鸣凤镇	4237	20119	42961	2500	850
远安县花林寺镇	1222	524	1714	454	20
远安县旧县镇	1500	789	1901	600	135
远安县洋坪镇	1693	1271	5490	325	93
远安县茅坪场镇	1102	1186	3472	325	14
远安县荷花镇	1582	885	1970	790	90
远安县河口乡	940				
兴山县古夫镇	3822	10774	32113	379	102
兴山县昭君镇	3334	5522	10520	42	3
兴山县峡口镇	467	536	2128	28	2
兴山县南阳镇	1146	840	2505	25	
兴山县黄粮镇	1808	1135	2088	28	5
兴山县水月寺镇	2033	1268	2180	23	1
兴山县高桥乡	1255				
兴山县榛子乡	956				
秭归县茅坪镇	7493	19181	44151	420	85
秭归县归州镇	3019	650	7700	51	7
秭归县屈原镇	181	1013	1616	26	2
秭归县沙镇溪镇	3540	1350	6850	50	16
秭归县两河口镇	2947	1100	4000	25	3
秭归县郭家坝镇	4755	987	4027	29	12
秭归县杨林桥镇	2517	1699	3713	308	2
秭归县九畹溪镇	2412	1143	3507	14	2

7—19 续表32

乡 镇 名 称	享受居民最低生活保障人数(人)	镇区总户数(户)	镇区总人口(人)	镇区占地面积(公顷)	镇公共绿地面积(公顷)
秭归县水田坝乡	2958				
秭归县泄滩乡	1518				
秭归县梅家河乡	1970				
秭归县磨坪乡	1309				
长阳自治县龙舟坪镇	5847	17292	46567	1196	15
长阳自治县高家堰镇	1810	805	2550	100	42
长阳自治县磨市镇	3370	2186	3779	20	5
长阳自治县都镇湾镇	5423	986	2964	70	21
长阳自治县资丘镇	3612	2863	6310	267	25
长阳自治县渔峡口镇	3917	600	2000	20	1
长阳自治县榔坪镇	4115	1178	2216	40	1
长阳自治县贺家坪镇	3075	1420	2942	3247	1
长阳自治县大堰乡	3179				
长阳自治县鸭子口乡	2510				
长阳自治县火烧坪乡	716				
五峰自治县五峰镇	2386	5120	14908	220	
五峰自治县长乐坪镇	2247	457	1405	37	
五峰自治县渔洋关镇	2059	9100	19890	8100	1
五峰自治县仁和坪镇	1355	612	1281	114	
五峰自治县湾潭镇	1530	793	2537	3235	
五峰自治县付家堰乡	1632				
五峰自治县牛庄乡	901				
五峰自治县采花乡	2740				
西陵区窑湾乡	1663				
伍家岗区伍家乡	3442				
点军区艾家镇	318	315	520	2	1
点军区桥边镇	346	1316	1974	70	1
点军区点军街道办事处	654				
点军区联棚乡	67				
点军区土城乡	112				
猇亭区古老背街道办事处	1279	4598	15006	1715	48
猇亭区虎牙街道办事处	1205	3252	11698	5300	230
猇亭区云池街道办事处	3202	3984	13517	4907	203

主要统计指标解释

农林牧渔业总产值 指以货币表现的农、林、牧、渔业全部产品的总量，它反映一定时期内农业生产总规模和总成果。农业总产值的计算方法通常是按农林牧渔业产品及其副产品的产量分别乘以各自单位产品价格求得；少数生产周期较长，当年没有产品或产品产量不易统计的，则采用间接方法匡算其产值；然后将四业产品产值相加即为农业总产值。

粮食产量 指全社会的产量。包括国有经济经营的、集体统一经营的和农民家庭经营的粮食产量，还包括工矿企业办的农场和其他生产单位的产量。粮食除包括稻谷、小麦、玉米、高粱、谷子及其他杂粮外，还包括薯类和豆类。

油料产量 指全部油料作物的生产量。包括花生、油菜籽、芝麻、向日葵籽、胡麻籽（亚麻籽）和其他油料。不包括大豆、木本油料和野生油料。花生以带壳干花生计算。

水产品产量 指人工养殖的水产品和天然生长的水产品的捕捞量。包括海水的鱼类、虾蟹类、贝类和藻类以及内陆水域的鱼类、虾蟹类和贝类，不包括淡水生植物。

猪、牛、羊肉产量指当年出栏并已屠宰、除去头蹄下水后带骨肉（即胴体重）的重量。

期初（末）畜禽存栏头（只）数 指报告期初（末）农村各种合作经济组织和国营农场、农民个人、机关、团体、学校、工矿企业、部队等单位以及城镇居民饲养的大牲畜、猪、羊、家禽等畜禽的存栏数。

耕地面积 指可以用来种植农作物、经常进行耕锄的田地，包括熟地、当年新开荒地、连续撂荒未满三年的耕地和当年的休闲地（轮歇地），还包括以种植农作物为主并附带种植桑树、茶树、果树和其他林木的土地，以及沿海、沿湖地区已围垦利用的“海涂”、“湖田”等面积。不包括属于专业性的桑园、茶园、果园、果木苗圃、林地、芦苇地、天然或人工草地面积。

农作物播种面积 指实际播种或移植有农作物的面积。凡是实际种植有农作物的面积，不论种植在耕地上还是种植在非耕地上，均包括在农作物播种面积中。在播种季节基本结束后，因遭灾而重新改种和补种的农作物面积，也包括在内。

有效灌溉面积 指具有一定的水源，地块比较平整，灌溉工程或设备已经配套，在一般年景下当年能够进行正常灌溉的耕地面积。

农用化肥施用量 指本年内实际用于农业生产的化肥数量，包括氮肥、磷肥、钾肥和复合肥。化肥施用量要求按折纯量计算数量。折纯量是指把氮肥、磷肥、钾肥分别按含氮、含五氧化二磷、含氧化钾的百分之一百成份进行折算后的数量。复合肥按其所含主要成分折算。

农业机械总动力 指主要用于农、林、牧、渔业的各种动力机械的动力总和。包括耕作机械、排灌机械、收获机械、农用运输机械、植物保护机械、牧业机械、林业机械、渔业机械和其他农业机械〔内燃机按引擎马力折成瓦（特）计算、电动机按功率折成瓦（特）计算〕。不包括专门用于乡、镇、村、组办工业、基本建设、非农业运输、科学试验和教学等非农业生产方面用的动力机械与作业机械。

农林牧渔业劳动力 指全社会直接参加农林牧渔业生产活动的劳动力。

八 工业交通能源

INDUSTRY AND TRAFFIC
PERSONNEL CONSUMPTION

8—1 历年规模以上工业总产值

（1949－2012 年）

单位：万元

年份	合计	按轻重工业分		按经济类型分			按企业规模分			
		轻工业	重工业	国有经济	集体经济	其他经济	大型企业	中型企业	小型企业	微型企业
1949	1473	1385	88	7	1072	395				
1950	2192	2078	114	22	1603	567				
1951	2452	2256	196	267	1651	534				
1952	3244	2920	324	1133	1746	365				
1955	6026	4761	1265	3781	2245					
1957	9102	7009	2093	6619	2483					
1962	10506	7564	2942	7865	2641					
1965	14434	10392	4042	11142	3292					
1970	24004	10322	13682	17985	6019					
1975	62130	32308	29822	48348	13782					
1976	62701	34486	28215	47884	14817					
1977	77349	39448	37901	59326	18023					
1978	95134	44346	50788	74474	20660					
1979	104044	48038	56006	82116	21927		22448	14201	67395	
1980	126230	58021	68209	99492	26668	70	24434	14543	87253	
1981	139688	72213	67475	110421	29047	219	19239	16951	103498	
1982	171212	75911	95301	137903	32991	318	57239	16495	97478	
1983	212918	90515	122403	170089	42535	294	85911	18434	108573	
1984	282612	119984	162628	225451	56004	1158	115954	60016	106642	
1985	326467	138451	188016	259453	65848	1166				
1986	372209	168813	203396	287049	81934	3226	132495	116846	122868	
1987	480707	218956	261751	370840	106097	3771	169105	154989	156613	
1988	537885	242997	294889	407244	126797	3845				
1989	542135	241957	300178	402391	135583	4162	110844	40619	390672	
1990	760417	319177	441240	580107	175578	4732	285881	275838	198698	
1991	779781	349104	430677	576285	195903	7593	222698	172388	384696	
1992	900905	381430	519475	665843	217105	17957	243847	271760	385298	
1993	1216683	434125	782558	828983	246337	141363	375172	318094	523417	
1994	1525467	590272	935195	989539	358063	177865	452320	367022	706125	
1995	1690247	644699	1045548	1019125	443794	227328	465814	465398	759035	
1996	2071155	761906	1309249	1131814	702044	237297	672648	353895	1044612	
1997	2309464	855782	1453682	1077257	860814	371393	721317	372659	1215488	
1998	2119160	860831	1258329	876335	454771	788054	765698	366464	986997	
1999	2145066	848150	1296916	832445	347273	965348	854921	362440	927705	
2000	1978624	800525	1178099	565857	269700	1143067	779922	402545	796157	
2001	2081233	856460	1224773	494617	126994	1459622	847465	494954	738814	
2002	2220481	864935	1355546	389625	70848	1760008	971606	497847	751028	
2003	2748494	858460	1890034	783288	52431	1912775	919593	1112194	716708	
2004	4127167	1026455	3100712	947397	45467	3134302	1099228	2033912	994027	
2005	5558683	1312263	4246420	2661577	50799	2846307	2458039	1823830	1276813	
2006	6917360	1822513	5094846	2939917	65897	3911546	2751661	2546176	1619522	
2007	9103898	2309834	6794064	3259442	76733	5767723	3414536	3513416	2175946	
2008	11877195	3123612	8753583	2031169	63474	9782552	2542823	5909957	3424415	
2009	15311151	4293382	11017769	2197282	56167	13057702	5604689	5288548	4417914	
2010	21187359	5848008	15339351	2771493	71648	18344218	7945206	7465980	5776173	
2011	31957385	8843083	23114302	5387704	93655	26476026	15511619	7540548	8798521	106697
2012	38949349	11494549	27454800	6836691	127569	31985089	18047007	8654141	11097080	151122

注：1991－1994 年是乡及乡以上工业企业，用的是老规定（含产业活动单位）；1997 年是乡及乡以上工业企业，用的是新规定（只是独立核算企业）；1998－2011 年是当年价规模以上工业企业；2011 年规模以上工业企业为年主营业务收入 2000 万元以上的企业；企业规模按新标准执行。

8—2 主要年份规模以上工业增加值

单位:万元

年份	合计	按轻重工业分		按经济类型分			按企业规模分		
		轻工业	重工业	国有经济	集体经济	其他经济	大型企业	中型企业	小型企业
1990	209504	92813	116691	159826	48374	1304	78764	75997	54743
1991	231745	103513	128232	171268	58221	2256	69036	52175	110534
1992	286890	90791	196099	225389	57759	3742	115989	84344	86558
1993	401663	129126	272537	275764	93131	32768	139394	95836	166433
1994	558760	176740	382020	386290	127265	45205	229746	113584	215430
1995	483146	113704	369442	299677	98741	84728	133150	133031	216965
1996	698688	188334	510354	370711	228172	99805	343987	78004	276697
1997	783906	225505	558401	390071	251292	142543	337015	104816	342075
1998	728128	238299	489830	362209	143171	222748	312540	125581	290008
2000	782873	238755	544118	331421	86009	365443	390483	126287	266103
2001	776692	250174	526518	257460	41938	477294	379908	152822	243961
2002	830319	285640	544679	142091	20307	667921	413373	160940	256006
2003	1067219	253612	813607	428585	14515	624119	490156	368545	208518
2004	1881313	315515	1565798	432290	14130	1434893	751685	833398	296230
2005	2470103	406940	2063163	1512414	21693	935996	1462065	607687	400351
2006	2820427	511599	2308828	1628402	32349	1159676	1553934	743648	522844
2007	3745569	711417	3034152	1925478	41161	1778930	1939023	1117531	689015
2008	4522195	1026895	3495300	1824235	42865	2655095	2111382	1194106	1216707
2009	5704358	1460452	4243906	2040969	24214	3639175	2646245	1384511	1673602
2010	7474738	1816202	5658536	2484208	27968	4962562	3110200	2309802	2054736
2011	11004600	2942272	8062328	1020799	50594	9933207	4046838	3703025	3254737
2012	12989041	3767970	9217575	2808405	59640	10117500	5495310	3256860	4233375

注:1990 年和 1991 年,其中数均为根据工业总产值推算数据;1995 年大中小型企业数据为根据工业总产值推算数据。

8—3　主要年份分行业工业增加值

单位：万元

项　　　　目	2007	2008	2009	2010	2011	2012
总　　计	**3745569**	**4522195**	**5704358**	**7474738**	**11004600**	**12989041**
采矿业	**162238**	**236601**	**357882**	**365922**	**588698**	**901303**
煤炭开采和洗选业	16488	28800	46779	69165	104233	132061
黑色金属矿采选业	13661	11400	26817	19455	32684	47632
有色金属矿采选业	2277	3443	4761	5498	12002	20296
非金属矿采选业	129506	191314	277996	266969	430367	697143
其他采矿业	306	1644	1529	4835	9412	4171
制造业	**1883091**	**2492542**	**3521792**	**5074223**	**8550519**	**10207202**
农副食品加工业	125767	190140	272918	329981	502942	618268
食品制造业	87271	99002	136307	176746	307879	430053
酒、饮料和精制茶制造业	221983	305675	443653	554031	951311	1249333
烟草制品业	4721	3268	4185	108026	164763	73654
纺织业	74386	77407	80622	104255	150571	255263
纺织服装、服饰业	13017	26274	30664	32192	52589	85862
皮革、毛皮、羽毛及其制品和制鞋业	1436	1488	1679	3854	6284	7644
木材加工和木、竹、藤、棕、草制品业	5089	9835	15615	25339	60147	96381
家具制造业	2581	1379	3097	3105	4882	9788
造纸和纸制品业	18431	38333	61717	82035	133667	230750
印刷和记录媒介复制业	21924	34980	47143	54920	66919	124002
文教、工美、体育和娱乐用品制造业	2009	3466	4218	11285	15171	23365
石油加工、炼焦和核燃料加工业	3187	8670	6344	7751	5216	4947
化学原料和化学制品制造业	558834	686683	981314	1331128	2211172	2735767
医药制造业	89820	102560	188281	247252	323748	321603
化学纤维制造业	3368	4528	1174	2966	6204	2467
橡胶和塑料制品业	51583	63581	93627	118552	167145	234153
非金属矿物制品业	119957	188029	289960	434497	740154	933992
黑色金属冶炼和压延加工业	17701	38774	31096	327666	859504	532849
有色金属冶炼和压延加工业	118286	100528	60844	148710	285372	319494
金属制品业	36859	59648	98781	80401	136055	241792
通用设备制造业	92831	117616	170845	236265	377941	245859
专用设备制造业	10509	60368	92959	122654	148720	311302
汽车制造业						351340
铁路、船舶、航空航天和其他运输设备制	132828	157422	219107	275553	407962	121442
电气机械和器材制造业	34918	85613	126148	198273	326158	508953
计算机、通信和其他电子设备制造业	24488	15365	20807	25715	78765	79081
仪器仪表制造业	8174	9624	32122	25535	41767	42436
其他制造业		1586	3485	2185	11843	7727
废弃资源综合利用业	1133	700	3080	3351	5668	6149
金属制品、机械和设备修理业						1484
电力、燃气及水的生产和供应业	**1700240**	**1793052**	**1824684**	**2034593**	**1865383**	**1880536**
电力、热力生产和供应业	1684087	1758254	1791612	2008865	1828135	1825945
燃气生产和供应业	8814	29451	26639	20834	30823	46077
水的生产和供应业	7339	5347	6433	4894	6425	8513

注：2012 年采用新的行业分类，部分行业有所调整。其中：

1. “橡胶制品业”和“塑料制品业”合并为“橡胶和塑料制品业”；
2. “交通运输设备制造业”分成“汽车制造业”和“铁路、船舶、航空航天和其他运输设备制造业”，2011 年及以前“交通运输设备制造业数据”归入“铁路、船舶、航空航天和其他运输设备制造业”中；
3. 增加“金属制品、机械和设备修理业”。

8—4 主要年份分县市区工业增加值

单位:万元

县 市 区	2007	2008	2009	2010	2011	2012
全 市	**3745569**	**4522195**	**5704358**	**7474738**	**11004600**	**12989041**
宜 都 市	317004	441712	695700	977497	1630687	2119435
枝 江 市	269233	390173	522056	711009	1191184	1622151
当 阳 市	245791	334203	483354	650417	1168734	1595165
远 安 县	142113	215862	331596	460317	650576	822455
兴 山 县	78843	145491	188395	220502	284132	352912
秭 归 县	53794	77338	109311	146805	189874	241019
长阳自治县	41945	59627	75080	88005	143909	182455
五峰自治县	42368	42336	51661	54458	72994	95827
夷 陵 区	300548	436552	665666	1038725	1786060	2349054
西 陵 区	205950	239999	262876	233181	309635	170108
伍家岗区	102080	143638	166103	163885	210682	262354
点 军 区	136437	104791	89088	130802	170626	213029
猇 亭 区	253177	288556	506514	925857	1698193	1382011
宜昌高新区	77853	74760	117704	363387	158297	1790117
直 报	1478433	1527157	1499610	1629504	1339017	1454143
全市剔三峡	2423925	3271620	4454337	6106217	9849593	11639047

8—5 分县市规模以上工业企业单位数

(2012年)

单位:个

项目	宜昌市	宜都市	枝江市	当阳市	远安县	兴山县	秭归县	长阳自治县	五峰自治县
总计	**1130**	**212**	**218**	**216**	**58**	**12**	**55**	**33**	**19**
一、按隶属关系分									
中央	21	2	5	1	2				
省属	7		1						1
市属	25			3					
县市区属	181	19	30	11		8	40	10	5
乡镇属	255	66	98	24			10	1	
其他	641	124	84	177	56	4	5	22	13
二、按经济类型分									
国有企业	26	3	4	2	2		1	1	
集体企业	12	5		1					
其他	1092	204	214	213	56	12	54	32	19
三、按企业规模分									
大型企业	39	5	10	3	3	2			1
中型企业	179	24	25	39	10	4	12	8	2
小型企业	883	178	176	172	45	6	41	23	13
微型企业	29	5	7	2			2	2	3
四、按轻重工业分									
轻工业	441	56	118	86	11	5	31	17	9
重工业	689	156	100	130	47	7	24	16	10

项目	市区	夷陵区	西陵区	伍家岗区	点军区	猇亭区	宜昌高新区	直报
总计	**307**	**167**	**23**	**39**	**16**	**39**	**21**	**2**
一、按隶属关系分								
中央	11	2	3		1	1	3	1
省属	5	1		3				1
市属	20	2	5	9	2	2	1	
县市区属	58	25	1	4	1	23	4	
乡镇属	56	49			3	4		
其他	156	88	14	23	9	9	13	
二、按经济类型分								
国有企业	13	3	6		1	2		1
集体企业	6	6						
其他	288	158	17	39	15	37	21	1
三、按企业规模分								
大型企业	15	4	1	1		4	3	2
中型企业	55	24	4	7	5	9	6	
小型企业	229	134	18	30	11	24	12	
微型企业	9	5		1		2		
四、按轻重工业分								
轻工业	108	62	10	12	5	10	9	
重工业	199	105	13	27	11	29	12	2

8—6 分县市区规模以上工业总产值

（2012 年）

单位：万元

项目	宜昌市	宜都市	枝江市	当阳市	远安县	兴山县	秭归县	长阳自治县	五峰自治县
总计	**38949349**	**6343430**	**4860791**	**4703980**	**2968068**	**1326991**	**782599**	**593932**	**285400**
一、按隶属关系分									
中央	4573951	92148	201417	40223	1241266				
省属	488148		49679						4177
市属	2898782	4240	8310	87602					
县市区属	11870652	1759422	1943843	870819		1311702	651836	176517	38781
乡镇属	7043063	1743215	1545275	617927			72892	6326	
其他	12074754	2744406	1112268	3087409	1726802	15289	57871	411090	242442
二、按经济类型分									
国有企业	6836691	300189	52488	44223			28836	9270	
集体企业	127569	44179		24469					
其他	31985089	5999062	4808303	4635288	2968068	1326991	753763	584662	285400
三、按企业规模分									
大型企业	18047007	1633300	2214105	730149	2169272	1219326			151060
中型企业	9654141	2231291	695519	1276820	320919	87133	445782	245404	44656
小型企业	11097080	2443038	1910183	2679660	477877	20532	332461	342237	78967
微型企业	151122	35801	40984	17350			4357	6291	10716
四、按轻重工业分									
轻工业	11494549	2098497	2666863	1683039	244115	152555	417065	337099	188454
重工业	27454800	4244932	2193928	3020941	2723953	1174436	365534	256833	96946

项目	市区	夷陵区	西陵区	伍家岗区	点军区	猇亭区	宜昌高新区	直报
总计	**17084159**	**6257447**	**430165**	**879903**	**619668**	**5532902**	**587919**	**2776155**
一、按隶属关系分								
中央	2998898	48107	246758		33942	54894	105023	2510175
省属	434292	2865		165447				265980
市属	2798630	31426	46330	323568	215288	2182018		
县市区属	5117733	1815463	18659	111857	42200	3080199	49356	
乡镇属	3057428	2983257			14973	59198		
其他	2677178	1376330	118419	279031	313265	156593	433541	
二、按经济类型分								
国有企业	5160418	118588	261102		33942	2236611		2510175
集体企业	58921	58921						
其他	11864820	6079938	169063	879903	585726	3296291	587919	265980
三、按企业规模分								
大型企业	9929795	1999071	202212	133397		4594986	223974	2776155
中型企业	4306617	2388317	108328	420237	476640	723428	189667	
小型企业	2812125	1841121	119626	324096	143028	209975	174279	
微型企业	35623	28938		2172		4513		
四、按轻重工业分								
轻工业	3706862	2733840	82874	267264	63632	141589	417663	
重工业	13377297	3523607	347291	612638	556036	5391313	170256	2776155

8—7　主要年份规模以上工业总产值

单位:万元

项　　目	2004	2005	2006	2007	2008	2009	2010	2011	2012
总　计	**4127167**	**5558683**	**6917359**	**9103898**	**11877195**	**15311151**	**21187359**	**31957385**	**38949349**
内资企业	3616260	4972517	6227805	8220053	10587252	13910830	19163930	29232835	35958371
国有企业	947397	1968467	2132854	3259442	2031169	2197282	2771493	5387704	6836691
中央企业	860810	1880741	1992572	2430569	1836846	893252	1093664	3362049	4204342
地方企业	86587	87727	140283	828874	194323	1304029	1677829	2025655	2632349
集体企业	45467	50010	65897	76733	63473	56167	71648	93655	127569
股份合作企业	4196	7960	1108		6328	8458	17238	29500	30016
联营企业	22045	17306	129232	36444	43935	57676	2009		
国有联营企业	18629	16517	28551	35772	43935	56895			
联营企业	908	789							
国有与集体联营企业									
其他联营企业	2508		681	672		781	2009		
有限责任公司	799760	1654257	2234124	2388641	3868369	4680510	6389078	13001346	12880164
国有独资公司	74853	676593	778511	286223	433816	591355	768639	1116157	1312292
其他有限责任公司	724907	977664	1455612	2102419	3434552	4089155	5620439	11885188	11567872
股份有限公司	1432412	663549	849084	1072907	2607657	4105446	5710781	4159656	7123050
私营企业	364983	610173	905534	1382991	1964717	2801019	4194714	6226206	7758492
私营独资企业	37254	50208	59330	75756	213640	350233	558887	483019	499951
私营合作企业	9827	5633	7586	5665	12384	27870	82014	108355	76252
私营有限责任公司	304236	552243	805818	1220848	1578237	2168376	2952390	4969615	6571343
私营股份有限公司	13666	2090	32800	80721	160455	254540	601423	665217	610946
其他企业		796		2896	1605	4273	6970	334769	1202390
港、澳、台商投资企业	309760	401428	529068	703384	895858	1081531	1709870	2263591	2349426
合资经营企业(港或澳、台资)	233242	294133	415844	548373	722578	892169	1442266	1755540	1935386
合作经营企业(港或澳、台资)	7930	10034							
港澳台商独资经营企业	68587	94998	108863	146470	173279	189363	267604	485643	388843
港澳台商投资股份有限公司		2263	4362	8541				22409	25197
外商投资企业	201147	184738	160486	180461	394085	318790	313559	460959	641552
中外合资经营企业	86463	132715	97920	102820	157516	183953	147994	245599	373671
中外合作经营企业	66194	4964	6501	5623	134917	5605	5460	16025	14655
外资企业	48490	47059	56066	72018	101652	129232	160105	199335	247626
外商投资股份有限公司									5601
在总计中:亏损企业	663484	637898	574462	487877	552282	474314	616479	1028730	2184843
在总计中:国有控股企业	2472592	3351576	3604221	4637439	5410421	6455224	7742733	9238214	11328174
在总计中:农村工业	24604	148418	57630	82907	71380	92022	293894	314179	396779
在总计中:轻工业	1026455	1312263	1822513	2309834	3123612	4293382	5848008	8843083	11494549
重工业	3100712	4246420	5094846	6794064	8753583	11011169	15339351	23114301	27454800
在总计中:大型企业	1099228	2458039	2751661	3414536	2542823	5604689	7719930	15511619	18047007
中型企业	2033912	1823830	2546176	3513416	5925962	5288548	7612745	7540548	9654141
小型企业	994027	1276813	1619522	2175946	3408410	4417914	5854684	8798522	11097080
微型企业								106697	151122
在总计中:中央企业	1560608	2015458	2156989	2618671	2870901	3145975	3476913	3679216	4573951
地方企业	2566558	3543225	4760370	6485227	9006293	12165176	17710446	28278169	34375398
省属工业	95359	102528	65012	223291	312514	244462	258249	478373	488148
市属工业	294118	602277	751036	950965	1280088	1733742	2333651	5317069	2898782
县市区属工业	1044408	1313514	1478942	2386426	2897831	4394118	7405293	7836117	11870652
乡镇属工业	268358	300023	390213	823835	791731	1499374	3565528	2481603	7043063
其他企业	864316	1224883	2075168	2100710	3724129	4293480	4147724	12165002	12074754

8—8 主要年份规模以上工业企业主要经济指标

单位:万元、万人、%

年　　份	企业单位数（个）	工业销售产值（现价）	资产总计	流动资产	存　　货	流动资产年平均余额
1990	1837			450709		404027
1991	1783			542475		507302
1992	1676	835482		629172		582218
1993	1730	1044710	2059794	841196	300816	732549
1994	1722	1404356	2730150	971357	320032	900140
1995	1751		3568037	1228089	353934	1075368
1996	1807	1855193	3940132	1364714		1201008
1997	1595	2119509	4265111	1469633	399876	1452731
1998	551	2028966	4379452	1362455	372668	1370671
1999	495	2101564	4592471	15335649		1415137
2000	352	1952051	4628820	1623796	393920	1590401
2001	364	2054752	4962116	1922755	378716	1663144
2002	382	2171202	5640901	1791082	397499	1744758
2003	430	2687708	17964968	3700287	382258	3638453
2004	515	4034742	17488166	3086974	470500	2672816
2005	523	5396809	21941655	3718761	666292	3908812
2006	580	6815110	24700339	4038995	825435	3845256
2007	661	8941520	29336711	5042820	998251	4601394
2008	948	11564978	35225115	6074671	1304675	6019514
2009	1095	14820786	40922653	6863005	1489877	
2010	1251	20480044	34744956	8102893	1751453	
2011	911	30850776	38328862	11075211	2132424	
2012	1130	37858966	42649679	12191310	2365091	

注:1990－1997 年数据均为乡及乡以上独立核算单位;1998－2000 年统计范围为国有及年产品销售收入 500 万元以上非国有企业。2011 年规模企业为年主营业务收入 2000 万元以上的企业。

8—9 规模以上工业企业主要经济指标

（2012年）

单位：万元

项目	企业单位数（个）	#亏损企业	工业总产值（当年价格）	工业销售产值（当年价格）	#出口交货值
总计	**1130**	**102**	**38949349**	**37858966**	**1483137**
按登记注册类型分组：					
内资企业	1061	84	35958371	34907151	948631
国有企业	26	5	6836691	6723180	248659
中央企业	13	3	4204342	4193238	62077
地方企业	13	2	2632349	2529942	186582
集体企业	12	1	127569	123625	
股份合作企业	2		30016	28376	
联营企业					
有限责任公司	469	46	12880164	12454996	288044
股份有限公司	42	7	7123050	6900504	192654
私营企业	446	22	7758492	7509239	151812
其他企业	64	3	1202390	1167231	67462
港、澳、台商投资企业	42	9	2349426	2329248	413453
外商投资企业	27	9	641552	622566	121053
按经济组织类型分组					
独资企业	107	14	8100680	7961411	447826
国有企业	26	5	6836691	6723180	248659
集体企业	12	1	127569	123625	
私营独资企业	38		499951	480681	
港澳台商独资经营企业	17	2	388843	395252	127746
外资企业	14	6	247626	238673	71420
合作、合伙企业	72	5	1323312	1285744	76059
股份有限公司	76	9	7764794	7527147	193416
有限责任公司	875	74	21760563	21084664	765837
在总计中：亏损企业	102	102	2184843	2091945	118522
在总计中：国有控股企业	71	11	11328174	11044850	493955
在总计中：农村工业	27	2	396779	391833	
在总计中：轻工业	441	40	11494549	11268441	757500
重工业	689	62	27454800	26590524	725637
在总计中：大型企业	39	2	18047007	17637455	751974
中型企业	179	29	9654141	9309936	530905
小型企业	883	71	11097080	10763025	200258
微型企业	29		151122	148550	
在总计中：中央企业	21	3	4573951	4542345	86545
省属工业	7	1	488148	425128	45126
市属工业	25	9	2898782	2763222	287889
县市区属工业	181	28	11870652	11532445	569474
乡镇属工业	255	12	7043063	6938986	125029
其他企业	641	49	12074754	11656840	369073

8—9 续表1

单位:万元

项目	资产总计	流动资产合计	#应收帐款	#存货	#产成品
总计	**42649679**	**12191310**	**2036906**	**2972567**	**1171194**
按登记注册类型分组:					
内资企业	40395063	11173555	1758050	2743011	1050493
国有企业	19897945	2168730	303299	591032	129691
中央企业	16707421	1146750	244461	157528	6856
地方企业	3190524	1021980	58838	433504	122835
集体企业	25607	11751	1153	1110	195
股份合作企业	6030	903	359	471	431
联营企业					
有限责任公司	10096025	3815120	833661	864583	418599
股份有限公司	6588022	3519243	293281	791883	205925
私营企业	3330856	1425775	279285	428391	257525
其他企业	450578	232032	47012	65541	38127
港、澳、台商投资企业	1762048	733676	172268	165276	89985
外商投资企业	492568	284079	106588	64280	30717
按经济组织类型分组					
独资企业	20604043	2519478	396491	686564	175019
国有企业	19897945	2168730	303299	591032	129691
集体企业	25607	11751	1153	1110	195
私营独资企业	121167	33401	7122	16536	10153
港澳台商独资经营企业	380894	210703	63981	40980	19027
外资企业	178431	94892	20937	36906	15954
合作、合伙企业	497489	246405	50285	71186	40541
股份有限公司	6798498	3594699	315843	818853	222818
有限责任公司	14749648	5830728	1274287	1395965	732816
在总计中:亏损企业	2857284	1454242	264165	351697	189720
在总计中:国有控股企业	26412412	4154486	616548	1076455	333229
在总计中:农村工业	164550	91522	25605	16967	10848
在总计中:轻工业	6681182	3770530	579452	979197	427375
重工业	35968497	8420780	1457453	1993370	743819
在总计中:大型企业	30621856	6743539	769732	1624942	457668
中型企业	6538078	2835212	593943	684061	361854
小型企业	5378237	2576344	665640	650124	342752
微型企业	111509	36215	7590	13440	8921
在总计中:中央企业	17349824	1497060	346846	254430	43830
省属工业	2000479	300881	81920	59296	33553
市属工业	3805921	1415329	158860	496089	137905
县市区属工业	9423076	3627145	465854	943600	371977
乡镇属工业	3647092	2258446	279105	484803	152543
其他企业	6423286	3092449	704321	734349	431386

8—9 续表2

单位：万元

项目	资产总计			
	固定资产合计	固定资产原价	累计折旧	在建工程
总计	**23320317**	**30088045**	**7461177**	**2793708**
按登记注册类型分组：				
内资企业	22558094	29003449	7118007	2593802
国有企业	15115123	18660703	3610501	805021
中央企业	13766349	16756276	3012457	80737
地方企业	1348774	1904427	598044	724285
集体企业	8581	8861	1969	16
股份合作企业	5127	5794	668	367
联营企业				
有限责任公司	4297905	6117986	2091777	330458
股份有限公司	1641256	2317448	757039	727654
私营企业	1353276	1525908	407909	155345
其他企业	136827	366750	248145	14940
港、澳、台商投资企业	615256	873558	265556	185883
外商投资企业	146967	211038	77614	14022
按经济组织类型分组				
独资企业	15376329	19040527	3745116	835301
国有企业	15115123	18660703	3610501	805021
集体企业	8581	8861	1969	16
私营独资企业	66335	75560	19065	12716
港澳台商独资经营企业	122325	207253	88170	5027
外资企业	63966	88150	25412	12521
合作、合伙企业	166373	405574	262016	18803
股份有限公司	1731847	2424895	779891	735096
有限责任公司	6045767	8217049	2674154	1204508
在总计中：亏损企业	715077	1100068	441741	302457
在总计中：国有控股企业	18204742	23310161	5221729	1407837
在总计中：农村工业	57406	73322	22509	5617
在总计中：轻工业	1913732	2707650	1021393	240669
重工业	21406585	27380395	6439784	2553039
在总计中：大型企业	18763022	23900781	5307068	1910832
中型企业	2480678	3575217	1269002	544714
小型企业	2040696	2583092	879867	333072
微型企业	35922	28955	5240	5089
在总计中：中央企业	13987881	17189204	3224299	131164
省属工业	1486894	2232553	748517	23763
市属工业	1386334	2228684	862929	814033
县市区属工业	3204807	4297198	1241944	1353952
乡镇属工业	850061	1244484	483115	94002
其他企业	2404341	2895922	900374	376794

单位:万元

项目	负债合计	流动负债合计	#应付账款
总　　计	**25868458**	**17294524**	**2450722**
按登记注册类型分组:			
内资企业	24413449	16208217	2266145
国有企业	11084315	6983762	572924
中央企业	8791104	5646546	243920
地方企业	2293211	1337216	329005
集体企业	11317	9202	334
股份合作企业	2393	2393	205
联营企业			
有限责任公司	6565058	3905669	735458
股份有限公司	4678569	3744780	647515
私营企业	1831057	1363682	270474
其他企业	240741	198729	39234
港、澳、台商投资企业	1090851	795305	131163
外商投资企业	364158	291002	53414
按经济组织类型分组			
独资企业	11466754	7313449	635575
国有企业	11084315	6983762	572924
集体企业	11317	9202	334
私营独资企业	45791	33967	8445
港澳台商独资经营企业	215064	180182	22447
外资企业	110268	106336	31424
合作、合伙企业	289537	216598	42348
股份有限公司	4777503	3813437	667631
有限责任公司	9334663	5951041	1105168
在总计中:亏损企业	2112060	1509589	399447
在总计中:国有控股企业	15500450	9421300	1043926
在总计中:农村工业	85827	70334	11840
在总计中:轻工业	4247379	3532653	562022
重工业	21621079	13761871	1888701
在总计中:大型企业	18713175	12123720	1401955
中型企业	4224652	2885324	557413
小型企业	2889879	2262276	489176
微型企业	40752	23205	2179
在总计中:中央企业	9219074	5976471	313783
省属工业	1370944	579509	58092
市属工业	2822265	1756865	401442
县市区属工业	6210654	3981158	767051
乡镇属工业	2556542	2211399	277527
其他企业	3688979	2789122	632827

8—9　续表4　　　　　　　　　　　　　　　　　　　　　　　　　　单位:万元

项　　目	所有者权益			
	合　计	#实收资本	国家资本	集体资本
总　　计	**16729972**	**5802489**	**1802466**	**49630**
按登记注册类型分组:				
内资企业	15934523	5310290	1787816	43708
国有企业	8811948	2027053	1356635	6445
中央企业	7916317	1895064	1311543	6445
地方企业	895631	131989	45092	
集体企业	14155	3297		853
股份合作企业	3637	1050		
联营企业				
有限责任公司	3504082	1613820	362724	29152
股份有限公司	1905989	998044	67850	0
私营企业	1486285	599244	597	5207
其他企业	208427	67783	10	2050
港、澳、台商投资企业	667062	369900	2100	4983
外商投资企业	128387	122299	12550	938
按经济组织类型分组				
独资企业	9132184	2218917	1356635	7299
国有企业	8811948	2027053	1356635	6445
集体企业	14155	3297		853
私营独资企业	75279	24103		
港澳台商独资经营企业	162640	106063		
外资企业	68163	58401		
合作、合伙企业	206542	82484	10	2050
股份有限公司	2016763	1042032	69950	
有限责任公司	5374484	2459056	375871	40281
在总计中:亏损企业	740092	551767	66409	1095
在总计中:国有控股企业	10910085	2834377	1790769	10216
在总计中:农村工业	71856	24898	65	654
在总计中:轻工业	2415678	981578	62094	15677
重工业	14314294	4820912	1740372	33953
在总计中:大型企业	11905856	3412539	1658609	4066
中型企业	2300603	1199860	44636	19985
小型企业	2454063	1166245	99221	25459
微型企业	69450	23845		120
在总计中:中央企业	8130750	2023179	1336242	6445
省属工业	629535	303861	297961	
市属工业	983655	241917	26781	2000
县市区属工业	3196393	1569333	139159	14820
乡镇属工业	1075403	457263	303	4760
其他企业	2714236	1206936	2020	21604

8—9 续表5 单位:万元

项　　目	所有者权益合计				主营业务收入
	法人资本	个人资本	港澳台资本	外商资本	
总　　计	**1668846**	**2023113**	**182792**	**75643**	**37823235**
按登记注册类型分组:					
内资企业	1443517	2013737	7710	13802	34819618
国有企业	209975	440719		13279	6422265
中央企业	150797	426279			4095953
地方企业	59178	14440		13279	2326312
集体企业	2250	194			115978
股份合作企业	50	1000			28417
联营企业					
有限责任公司	835560	378150	7710	523	12924855
股份有限公司	169477	760717			6827617
私营企业	204543	388897			7304417
其他企业	21663	44060			1196069
港、澳、台商投资企业	177746	6376	167053	11642	2379554
外商投资企业	47583	3000	8029	50199	624063
按经济组织类型分组					
独资企业	237171	455092	98934	63786	7651767
国有企业	209975	440719		13279	6422265
集体企业	2250	194			115978
私营独资企业	13924	10179			480310
港澳台商独资经营企业	2823	4000	93073	6167	400708
外资企业	8200		5861	44340	232505
合作、合伙企业	30228	49402		795	1312592
股份有限公司	190437	776145	5500		7465860
有限责任公司	1211010	742474	78358	11062	21393016
在总计中:亏损企业	269440	139715	54691	20417	2089810
在总计中:国有控股企业	509376	508308		15709	11837548
在总计中:农村工业	5441	18738			370539
在总计中:轻工业	346254	431312	90553	35686	10945303
重工业	1322591	1591801	92239	39957	26877932
在总计中:大型企业	436656	1239279	52206	21722	18263546
中型企业	699358	328177	88791	18914	9015402
小型企业	514840	449924	41795	35007	10393036
微型企业	17992	5734			151250
在总计中:中央企业	254063	426429			4459713
省属工业	1000		4900		562314
市属工业	73873	112440	11064	15759	2558078
县市区属工业	642463	713167	52260	7465	12109803
乡镇属工业	152603	295997	3600		6776403
其他企业	544844	475080	110968	52420	11356924

8—9 续表6

单位:万元

项　　目	主营业务成本	主营业务税金及附加	其他业务收入	其他业务利润	销售费用
总　　计	**30923355**	**278733**	**294457**	**69525**	**1133215**
按登记注册类型分组:					
内资企业	28302585	264730	278312	63494	1083715
国有企业	4142930	49930	63676	21830	116718
中央企业	2269180	41082	1031	573	9774
地方企业	1873750	8848	62645	21257	106944
集体企业	75647	3281			3061
股份合作企业	25125	326			1760
联营企业					
有限责任公司	10903121	66593	83692	19988	370397
股份有限公司	5853005	54578	117005	12643	343603
私营企业	6246830	80470	12358	9014	224786
其他企业	1055927	9553	1581	19	23390
港、澳、台商投资企业	2068455	5315	11366	5731	27321
外商投资企业	552315	8687	4779	300	22180
按经济组织类型分组					
独资企业	5168670	66880	68279	22143	145931
国有企业	4142930	49930	63676	21830	116718
集体企业	75647	3281			3061
私营独资企业	427767	3389	435	2	11288
港澳台商独资经营企业	326884	2381	1536	136	4197
外资企业	195442	7899	2632	176	10668
合作、合伙企业	1159268	10420	1900	19	25994
股份有限公司	6394282	58127	117269	12735	361681
有限责任公司	18201135	143306	107010	34628	599609
在总计中:亏损企业	1951682	16374	86380	10555	61552
在总计中:国有控股企业	8817120	87411	171739	35670	227822
在总计中:农村工业	263372	5898	551		12285
在总计中:轻工业	8952540	96783	64951	28223	569793
重工业	21970815	181950	229506	41303	463422
在总计中:大型企业	14259503	141567	184560	42497	560981
中型企业	7755654	53872	68132	16196	251714
小型企业	8775522	82657	41765	10833	317834
微型企业	132676	637			2686
在总计中:中央企业	2563643	42423	5714	2421	20108
省属工业	372062	5216	9668	8471	31106
市属工业	2136740	6983	87214	20977	92761
县市区属工业	10794837	57375	124318	16288	250487
乡镇属工业	5550595	57288	30510	8883	356508
其他企业	9505477	109449	37032	12485	382245

8—9 续表7 单位:万元

项 目	管理费用	#税金	财务费用	#利息支出
总 计	**1443590**	**84038**	**1083620**	**1038951**
按登记注册类型分组:				
内资企业	1356810	77730	1045581	998819
国有企业	400662	16581	563492	552741
中央企业	261491	6578	472277	466115
地方企业	139171	10003	91214	86627
集体企业	4640	34	609	368
股份合作企业	679	257	74	21
联营企业				
有限责任公司	446617	35738	257757	237628
股份有限公司	267696	11665	137722	130278
私营企业	209417	11854	73688	66555
其他企业	27101	1601	12240	11227
港、澳、台商投资企业	63961	5211	29938	31824
外商投资企业	22819	1097	8102	8308
按经济组织类型分组				
独资企业	448038	19312	575277	563231
国有企业	400662	16581	563492	552741
集体企业	4640	34	609	368
私营独资企业	10918	868	3619	2652
港澳台商独资经营企业	17590	1092	6145	5830
外资企业	14228	737	1413	1640
合作、合伙企业	29253	1978	12877	11777
股份有限公司	284723	12585	143088	135716
有限责任公司	681576	50163	352379	328228
在总计中:亏损企业	86867	6218	53139	49908
在总计中:国有控股企业	588948	24823	746434	737111
在总计中:农村工业	21040	78	4314	3931
在总计中:轻工业	474330	36681	117513	114223
重工业	969260	47357	966107	924728
在总计中:大型企业	746865	26303	827047	810951
中型企业	315449	21958	152017	136542
小型企业	378075	35681	103388	90555
微型企业	3201	95	1168	904
在总计中:中央企业	310084	7467	485883	480047
省属工业	21263	629	69345	72785
市属工业	130704	4582	93249	88277
县市区属工业	352585	18871	239737	220673
乡镇属工业	274496	33031	73606	62997
其他企业	354458	19457	121801	114173

8—9 续表 8 单位:万元

项目	营业利润	投资收益	补贴收入	营业外收入
总计	**3419375**	**19320**	**345216**	**399466**
按登记注册类型分组:				
内资企业	3167451	17840	338788	335901
国有企业	1369917	92671	226520	227521
中央企业	1189096	92700	214179	214533
地方企业	180821	-29	12341	12988
集体企业	6821	-1		
股份合作企业	307			
联营企业				
有限责任公司	1151688	102833	19088	44283
股份有限公司	132621	-10292	88043	104173
私营企业	451834	-167372	4818	9478
其他企业	54263		320	446
港、澳、台商投资企业	239908	544	5198	10772
外商投资企业	12016	937	1230	2792
按经济组织类型分组				
独资企业	1448132	92695	228452	233268
国有企业	1369917	92671	226520	227521
集体企业	6821	-1		
私营独资企业	23207	3	92	346
港澳台商独资经营企业	43724	18	867	4135
外资企业	4463	4	973	1266
合作、合伙企业	62644	8	350	1065
股份有限公司	183366	-10288	88085	105426
有限责任公司	1725233	-63095	28329	59707
在总计中:亏损企业	-134278	-8311	6838	16043
在总计中:国有控股企业	1727452	108337	241082	264465
在总计中:农村工业	20850	684	102	654
在总计中:轻工业	825501	-29834	6830	17133
重工业	2593875	49154	338386	382333
在总计中:大型企业	2117571	11694	316691	334129
中型企业	576926	38419	18835	36406
小型企业	720247	-30793	9647	28888
微型企业	4631		43	43
在总计中:中央企业	1207629	92691	216846	218765
省属工业	55168	550	495	1883
市属工业	158615	369	12480	16030
县市区属工业	563948	21350	101909	128277
乡镇属工业	481279	70009	717	4429
其他企业	952735	-165649	12768	30082

8—9 续表9 单位:万元

项　　目	营业外支出	利润总额	应交所得税	亏损企业 亏损总额	利税总额
总　　计	**846113**	**2972728**	**556336**	**140217**	**4217917**
按登记注册类型分组:					
内资企业	688829	2864523	536888	89634	4053147
国有企业	6064	1591374	329292	3945	2084905
中央企业	3458	1400171	322383	2439	1874061
地方企业	2606	191203	6909	1506	210844
集体企业	72	6749	975	143	13092
股份合作企业		307	7		980
联营企业					
有限责任公司	508108	687864	104901	43444	1011622
股份有限公司	30894	205900	56164	26087	326766
私营企业	142877	318436	40428	15658	532335
其他企业	815	53894	5122	357	83448
港、澳、台商投资企业	156744	93937	16515	39080	134169
外商投资企业	540	14268	2933	11503	30601
按经济组织类型分组					
独资企业	14488	1666912	336528	11676	2207330
国有企业	6064	1591374	329292	3945	2084905
集体企业	72	6749	975	143	13092
私营独资企业	7637	15916	1374		28389
港澳台商独资经营企业	490	47369	2711	4405	62773
外资企业	225	5504	2177	3183	18172
合作、合伙企业	3989	59720	5752	1524	91955
股份有限公司	61790	227003	59904	26432	362275
有限责任公司	765847	1019093	154152	100585	1556357
在总计中:亏损企业	21981	－140217	3786	140217	－97545
在总计中:国有控股企业	136116	1855800	383040	28525	2504121
在总计中:农村工业	21	21483	3891	147	34053
在总计中:轻工业	304154	538479	97953	33985	833287
重工业	541959	2434249	458383	106232	3384630
在总计中:大型企业	375405	2076295	422318	22128	2833752
中型企业	209602	403731	65759	96768	618529
小型企业	261094	488041	67841	21321	758498
微型企业	12	4661	418		7139
在总计中:中央企业	3620	1422774	324670	2439	1904583
省属工业	236	56815	14049	10193	107154
市属工业	3575	171071	3749	14867	190309
县市区属工业	261102	431124	101055	60636	617278
乡镇属工业	180770	304938	32923	3635	461053
其他企业	396810	586007	79890	48447	937540

8—9 续表10 单位：万元

项目	本年应付职工薪酬	本年应交增值税	本年进项税额	本年销项税额	全部从业人员年平均人数(人)
总计	**1277386**	**964016**	**2954297**	**3559533**	**287474**
按登记注册类型分组：					
内资企业	1187634	921900	2812205	3403410	259751
国有企业	191513	443573	283671	640086	24030
中央企业	159734	432806	33522	466555	14527
地方企业	31779	10767	250149	173531	9503
集体企业	5264	3058	7252	9413	1750
股份合作企业	397	347	2072	2419	178
联营企业					
有限责任公司	402626	256358	1359733	1568933	114224
股份有限公司	355485	66114	479353	384666	52743
私营企业	205387	132704	613877	719056	67437
其他企业	26963	19746	66246	78836	9389
港、澳、台商投资企业	67369	34905	107514	120348	20736
外商投资企业	22383	7211	34578	35775	6987
按经济组织类型分组					
独资企业	247464	473349	370996	735688	42579
国有企业	191513	443573	283671	640086	24030
集体企业	5264	3058	7252	9413	1750
私营独资企业	7968	8925	38334	46791	3438
港澳台商独资经营企业	28663	13024	27663	25546	9107
外资企业	14057	4769	14076	13852	4254
合作、合伙企业	30719	21557	78066	92327	10464
股份有限公司	370351	76836	550056	463638	56492
有限责任公司	628852	392275	1955180	2267881	187939
在总计中：亏损企业	86168	26127	188216	192177	29619
在总计中：国有控股企业	370837	560727	584875	952818	62252
在总计中：农村工业	14448	6672	19640	23087	3747
在总计中：轻工业	586304	197533	724074	854942	128341
重工业	691082	766483	2230223	2704591	169133
在总计中：大型企业	665295	615854	967212	1290333	104922
中型企业	328788	160164	1152851	1285733	100270
小型企业	280898	186160	824249	972499	91715
微型企业	2405	1839	9985	10969	567
在总计中：中央企业	196686	439278	69861	505527	20865
省属工业	34352	45103	40226	69804	3227
市属工业	37692	12254	268191	200584	13009
县市区属工业	446441	128230	1240201	1196895	77048
乡镇属工业	213886	98627	402035	485088	70568
其他企业	348328	240524	933783	1101635	112757

8—10 分县市区规模以上工业主要经济指标

（2012年）

单位：万元

指　　标	宜昌市	宜都市	枝江市	当阳市	远安县	兴山县	秭归县	长阳自治县	五峰自治县
企业单位数（个）	**1130**	**212**	**218**	**216**	**58**	**12**	**55**	**33**	**19**
#亏损企业	102	12	13	6	8		6	4	3
工业总产值（当年价）	38949349	6343430	4860791	4703980	2968068	1326991	782599	593932	285400
工业销售产值（当年价）	37858966	6188628	4783267	4555283	2923549	1311293	764442	590773	276409
#出口交货值	1483137	398875	233929	17061	22238	143833	97011	53939	1306
资产总计	42649679	2909332	2595792	2256977	1216205	1879606	431619	440262	234115
流动资产合计	12191310	1443497	1214347	744899	521090	491391	148414	175050	108323
#存货	2972567	366892	400041	266807	145902	113929	46046	42336	13838
#产成品	1171194	153594	199841	125488	92034	45020	19300	24102	10574
固定资产合计	23320317	971205	1023109	1149402	403687	546520	237195	193261	113028
固定资产原价	30088045	1291500	1925054	1525406	493858	744761	281685	208917	148635
累计折旧	7461177	372649	995180	455188	143844	208075	62609	62243	61907
负债合计	25868458	1991475	1649068	1255616	727782	1236780	225650	257645	150608
流动负债合计	17294524	1505423	1308718	896537	515640	484518	180481	195838	113304
所有者权益合计	16729972	912432	939215	990289	484486	642826	200479	182214	83507
#实收资本	5802489	506327	437788	367014	252190	95450	117243	87997	46904
#国家资本	1802466	3022	27342	8265	29569	65000	8689	3221	15707
#外商资本	75643	1095	10100	1420					
主营业务收入	37823235	6197467	4689615	4491803	2797467	2151327	659552	494151	271494
主营业务成本	30923355	5264106	4037639	3936523	2445449	1942791	562552	395824	197899
主营业务税金及附加	278733	33618	30676	25233	43971	14658	3979	4218	2118
销售费用	1133215	193312	161124	114141	49635	35844	29492	22379	19099
管理费用	1443590	223394	194912	125861	59970	39438	29660	29129	18164
#税金	84038	37523	5019	7868	3562	3083	1996	942	139
财务费用	1083620	78337	39572	49776	18267	53724	10440	7831	5252
#利息支出	1038951	76173	37144	43222	17621	50390	8379	7320	4856
利润总额	2972728	212102	251006	191779	61806	72367	14859	28085	28556
应交所得税	556336	35650	57047	24203	10745	15440	3437	5218	7298
亏损企业亏损总额	140217	16981	7014	5663	2553		8856	7645	1217
利税总额	4217917	315877	347934	325532	133654	124406	36040	42534	38750
本年应交增值税	964016	69920	66027	108036	27606	37381	17203	10062	7763
本年销项税额	3559533	419467	295384	448457	189003	64286	102313	49782	12345
从业人员年均人数（人）	297474	35625	58709	47234	16199	11541	11922	7037	3901

8—10　续表　　　　单位：万元

指　　标	市　区	夷陵区	西陵区	伍家岗区	点军区	猇亭区	宜　昌高新区	直属单位
企业单位数(个)	**307**	**167**	**23**	**39**	**16**	**39**	**21**	**2**
#亏损企业	50	8	3	16	9	9	5	
工业总产值(当年价)	17084159	6257447	430165	879903	619668	5532902	587919	2776155
工业销售产值(当年价)	16465322	6105372	422551	824615	544883	5232544	583551	2751806
#出口交货值	514946	35435	103690	126743	17375	202522	29181	
资产总计	30685772	4067044	790266	978682	574244	6570479	734352	1[illegible]70704
流动资产合计	7344298	2700539	518926	579519	374728	2253160	470570	446858
#存货	1576777	462317	52254	105984	87394	730049	95983	42797
#产成品	501242	164407	9918	55906	58955	166953	45103	
固定资产合计	18682910	735739	140785	210973	119817	2405994	195172	1[illegible]874430
固定资产原价	23468230	834042	233413	612514	173961	3009435	250754	1[illegible]354112
累计折旧	5099483	225943	94261	418563	69113	716804	93283	[illegible]481516
负债合计	18373832	2844784	457263	568047	427334	4503814	422091	9150500
流动负债合计	12094066	2547947	418756	462488	231806	2717828	352945	5362296
所有者权益合计	12294525	1208049	333003	410634	146910	2063463	312261	7820205
#实收资本	3891577	499854	141342	153464	90930	1000034	115954	1890000
#国家资本	1641652	11664	104378	46556	480	31510	24699	1422365
#外商资本	63029	7801	6918	10	12322	35803	175	
主营业务收入	16070358	5932207	350177	868569	529631	5065234	586779	2737762
主营业务成本	12140573	4688893	283941	766480	511443	4550933	374308	964575
主营业务税金及附加	120263	57229	5618	3045	913	6376	4444	42638
销售费用	508189	264433	9221	43748	11757	114608	63782	641
管理费用	723062	191107	186286	32792	15613	192673	43204	61387
#税金	23905	3743	851	1724	847	8135	2649	5956
财务费用	820421	81500	2864	12966	13321	167497	9698	532575
#利息支出	793846	66027	2864	16003	14254	158085	10212	526400
利润总额	2112169	390274	47088	8709	－15436	177066	87452	1417017
应交所得税	397299	29914	6777	2586	3010	9730	14605	330678
亏损企业亏损总额	90288	1712	1572	21899	23584	36219	5303	
利税总额	2853190	532816	69486	28365	－7791	192228	122046	1916039
本年应交增值税	620021	85086	16777	16602	6731	8774	29686	456365
本年销项税额	1978496	884679	47704	65286	65988	367055	84831	462953
从业人员年均人数(人)	105306	49077	6235	8671	5030	22309	9935	4049

8—11 分行业工业企业主要经济指标

（2012年）

单位:万元

项目	企业单位数（个）	工业总产值（当年价格）	主营业务收入	利润总额	全部从业人员年平均人数（人）
总计	**1130**	**38949349**	**37823235**	**2972728**	**297474**
采矿业	**108**	**1505795**	**1285057**	**142218**	**19219**
煤炭开采和洗选业	35	299282	285901	14877	7802
黑色金属矿采选业	8	108514	80217	6008	1387
有色金属矿采选业	4	38877	37974	1941	359
非金属矿采选业	61	1059122	880966	119392	9671
其他采矿业					
制造业	**992**	**34271444**	**33432164**	**1387746**	**268336**
农副食品加工业	111	2223637	2115382	57845	14392
食品制造业	45	1358126	1429041	55877	19454
酒、饮料和精制茶制造业	70	3861861	3610764	209121	34368
烟草制品业	2	28093	14529	4415	303
纺织业	44	709212	701036	13852	14688
纺织服装、服饰业	19	264834	235452	3846	5687
皮革、毛皮、羽毛及其制品和制鞋业	3	27055	20663	712	1735
木材加工和木、竹、藤、棕、草制品业	18	311826	276603	10157	3142
家具制造业	6	35122	33383	1318	560
造纸和纸制品业	39	671595	605108	12401	5688
印刷和记录媒介复制业	22	188653	157961	7884	2801
文教、工美、体育和娱乐用品制造业	5	61554	62442	3722	2254
石油加工、炼焦和核燃料加工业	1	22121	21867	-1740	448
化学原料和化学制品制造业	96	10268975	10932025	395934	48652
医药制造业	20	1133908	1120717	131855	12844
化学纤维制造业	2	22201	22201	1236	173
橡胶和塑料制品业	53	844410	812425	49705	11816
非金属矿物制品业	166	2833941	2614469	137105	32412
黑色金属冶炼和压延加工业	14	2052035	1810878	1601	7434
有色金属冶炼和压延加工业	7	992665	938495	15098	1980
金属制品业	46	805128	729002	22655	5797
通用设备制造业	63	1194027	1008046	75326	10333
专用设备制造业	34	415223	404935	23631	5543
汽车制造业	11	1334884	1318899	13720	4508
铁路、船舶、航空航天和其他运输设备制造业	22	575191	542550	27876	6512
电气机械和器材制造业	51	1638469	1521622	77420	9985
计算机、通信和其他电子设备制造业	16	326100	312431	28901	3179
仪器仪表制造业	2	38561	28231	2831	1083
其他制造业	1	5828	5510	79	30
废弃资源综合利用业	2	21542	21146	3358	324
金属制品、机械和设备修理业	1	4671	4352	6	211
电力、燃气及水的生产和供应业	**30**	**3172110**	**3106014**	**1442765**	**9919**
电力、热力生产和供应业	18	3055382	2986906	1425703	8174
燃气生产和供应业	7	92548	94674	17881	1105
水的生产和供应业	5	24180	24434	-820	640

8—12　历年规模以上工业主要产品产量

（1949—2012 年）

年　份	布 （万米）	发电量 （万千瓦时）	成品钢材 （吨）	水泥 （万吨）
1949	64	136		
1950	67	108		
1951	135	127		
1952	201	155		
1955	319	269		
1957	564	504		
1962	498	1695		0.2
1965	438	2332		2.2
1970	1061	6305	5529	2.3
1975	5131	7653	16084	9.87
1976	4334	6007	11372	10.29
1977	4159	7028	10074	12.31
1978	4499	8746	25451	16.44
1979	6071	10708	30917	18.38
1980	6719	14947	46051	21.04
1981	6602	36283	56777	22.71
1982	8159	355667	61053	26.75
1983	7386	641009	58274	34.74
1984	6355	743131	63886	44.68
1985	7306	772211	84133	55.55
1986	8617	935559	105128	72.93
1987	10166	1281119	127033	89.95
1988	10308	1512056	137693	102.1
1989	10800	1708577	150049	94.15
1990	11876	1652909	159920	99.37
1991	12922	1639850	174603	115.08
1992	15051	1739999	190325	132.26
1993		1792985	212103	168.13
1994	16269	1844679	162898	192.00
1995	14424	2017636	116674	209.73
1996	11745	2038100	38979	221.3
1997	14782	1906100	3477	266.55
1998	11939	1793711	2972	300.61
1999	10545	1904353	17951	252.06
2000	9610	2081925	40303	254.85
2001	8552	2014290	72034	257.76
2002	15676	2144312	77792	297.00
2003	14950	2947956	54559	395.18
2004	19432	6145091	61897	465.34
2005	28914	7077141	80604	549.81
2006	34917	6784100	139578	673.37
2007	43655	8234639	175009	725.64
2008	65656	10937696	182741	680.57
2009	58075	10213611	218674	955.79
2010	69747	11022744	1725548	1207.88
2011	115131	10351003	4883772	1134.96
2012	140366	12430344	3583701	1272.31

8—13 主要年份主要工业产品产量

指 标	计量单位	2001	2002	2003	2004	2005	2006
原煤	万吨	98.17	94.86	123.00	126.03	132.89	146.03
硫铁矿石(折含硫35%)	万吨	1.52	1.10	1.06	3.94	1.58	2.08
磷矿石(折含五氧化二磷30%)	万吨	387.95	404.79	297.66	439.36	500.22	613.06
大米	吨	45499	43935	39707	78472	99810	211499
小麦粉	万吨	2.01	2.34	2.22	2.84	4.15	5.48
饲料	万吨	12.65	11.87	13.86	10.12	12.53	14.33
精制食用植物油	吨	76120	71476	95429	130054	149358	146479
罐头	吨	3564	10502	25157	56656	65271	99954
酱油	吨	1741	2342	2001	1014	1112	1228
白酒(折65度,商品量)	千升	45121	33460	57255	75933	75054	116039
啤酒	千升	41795	31784	31256	25254	26221	71532
软饮料	吨	199391	207221	299210	69934	180361	171314
精制茶	吨	903	1155	1055	1877	2332	5501
纱	吨	54388	56863	44322	46994	64242	76299
布	万米	8552	15676	14950	19432	28914	34917
服装	万件	783.18	767.92	826.42	546.62	1003.97	930.84
皮革鞋靴(皮鞋)	万双	54.57	34.56	41.20	41.12	37.10	33.57
人造板	立方米	82065	69756	44340	13995	20667	23290
纸浆	吨	16652	17906	13290	15799	19427	17010
机制纸及纸板	吨	59211	62221	44098	69491	61923	91144
焦炭	吨	119090	132276	176364	253993	219175	276000
硫酸(折100%)	万吨	24.17	29.40	55.53	77.59	107.58	124.16
三聚磷酸钠	吨	133832	151659	195498	206084	173120	190975
合成氨	万吨	71.70	79.35	98.93	78.83	129.79	179.84
农用化肥(折纯)	万吨	74.69	70.37	83.60	105.99	105.61	141.72
#氮肥(折含N100%)	万吨	51.89	58.29	68.10	78.99	83.61	105.65
尿素(折含N100%)	万吨		36.49	52.38	65.82	66.36	90.30
磷肥(折合P2O5 100%)	万吨	21.87	10.72	13.75	24.90	21.64	36.07
黄磷	吨	45723	45031	58212	80272	80530	62739
精甲醇	吨	26380	28419	84196	112921	135363	187905
合成纤维聚合物	吨	38867	39538	23807	16106	15554	17518
化学药品原药(化学原料药)	吨	939	1556	2367	726	2065	2285
中成药	吨	457	603	674	456	426	1523
塑料制品	吨	14093	17416	15253	30063	33256	45737
水泥	万吨	258	297	395	465	550	673
砖(折标准砖)	亿块	3.46	1.37	0.30	0.32	0.31	0.43
天然花岗石建筑板材	万平方米	37.00	37.22	18.71	1.69	2.81	2.02
平板玻璃	重量箱	3684738	6686544	6605031	6881970	7963511	9646536
钢材	吨	72034	77792	54559	61897	80604	139578
铁合金	吨	6970	6547	7980	12281	14702	29439
金属切削机床	台	10	20	63	110	160	175
起重机(起重设备)	吨	3538	4247	6807	11287	9951	10266
输送机械(输送机和提升机)	吨	17970	14678	13970	18418	20830	38590
民用钢质船舶	载重吨	4900	60960	82976	92814	112643	125893
电力电缆	千米	5880	4551	5341	5039	5004	4718
通信及电子网络用电缆	对千米	1035	732	668	33	6	194
高压开关板	面	1061	1548	904	1703	982	1005
低压开关板	面	598	345	471	177	251	383
发电量	万千瓦时	2014290	2144312	2947956	6145091	7077141	6784100
#水力发电量	万千瓦时	1940038	2058574	2861642	6046560	6972299	6675822
煤气生产量(煤气)	万立方米	1693	1756	2165	2732	2393	3700
石墨及碳素制品	吨	7009	7440	1174	17065	6742	2322
活性干酵母	吨		14908	17318	20543	22946	23814
丁基橡胶瓶塞	万只		122683	128946	125393	199015	332492
化成箔	万平方米		221	660	2014	2408	2515

8—13　续表

指　　　标	计量单位	2007	2008	2009	2010	2011	2012
原煤	万吨	160.91	274.04	357.39	470.15	300.63	375.11
硫铁矿石(折含硫35%)	万吨	3.00	4.98	13.06	13.19	25.00	27.49
磷矿石(折含五氧化二磷30%)	万吨	763.95	972.12	1039.98	1273.24	1702.03	2112.05
大米	吨	253348	375194	501229	692963	741095	535219
小麦粉	万吨	11.09	15.24	12.53	19.26	18.30	15.25
饲料	万吨	15.50	14.35	20.97	32.37	48.79	81.18
精制食用植物油	吨	166386	157203	222514	262552	309823	332415
罐头	吨	168934	201829	315294	407668	632527	802127
酱油	吨	881	583	122			
白酒(折65度,商品量)	千升	131812	181763	208352	231439	174554	407002
啤酒	千升	96979	135634	199451	181431	188880.0	167514
软饮料	吨	284182	389075	531992	596371	797247.4	1187849
精制茶	吨	9407	39184	47923	71310	105422.1	142855
纱	吨	80041	84197	99046	112095	112415.7	189748
布	万米	43655	65656	58075	69747	115131.1	140366
服装	万件	2282.75	2632.53	3587.70	4174.47	5245.20	5779.50
皮革鞋靴(皮鞋)	万双	27.32	16.36	10.97	5.38		
人造板	立方米	66789	678962	146097	326560	471405	1088062
纸浆	吨	22161	30836	38270	41792	43808	59236
机制纸及纸板	吨	87280	118016	157334	222633	357124	437964
焦炭	吨	289589	247890	223100	162753	117676	131625
硫酸(折100%)	万吨	136.09	122.36	135.30	153.94	166.04	194.02
三聚磷酸钠	吨	225243	184089	184073	111305	74523	87915
合成氨	万吨	178.24	180.74	224.22	245.63	250.36	284.90
农用化肥(折纯)	万吨	132.43	228.81	263.32	275.71	302.84	327.98
#氮肥(折含N100%)	万吨	95.68	125.72	158.10	167.17	131.30	181.21
尿素(折含N100%)	万吨	75.88	79.93	92.43	99.15	98.50	122.14
磷肥(折合P2O5 100%)	万吨	36.74	95.33	104.34	108.36	131.25	133.59
黄磷	吨	65468	81399	74490	91801	65405	101928
精甲醇	吨	193776	164395	271794	372109	342662	346046
合成纤维聚合物	吨	26626	9752	7935			12716
化学药品原药(化学原料药)	吨	2653	3776	3401	4234	3869	5667
中成药	吨	1291	309	217	172	127	137
塑料制品	吨	60604	100075	126593	192859	372368	488513
水泥	万吨	726	681	956	1208	1135	1272.30
砖(折标准砖)	亿块	0.79	6.14	18.00	24.00	27.75	57.35
天然花岗石建筑板材	万平方米	1.49	0.30	10.51	18.49	10.47	56.32
平板玻璃	重量箱	11195749	11352477	12213538	11211047	16196746	17920472
钢材	吨	175009	182741	218674	1725548	4883772	3583701
铁合金	吨	25601	35983	41971	42075	53125	68857
金属切削机床	台	190	247	317	443	550	372
起重机(起重设备)	吨	10832	9631	7214	9020	9138	11374
输送机械(输送机和提升机)	吨	49134	67642	52077	42660	53063	74315
民用钢质船舶	载重吨	118147	258386	515316	546882	872808	821662
电力电缆	千米	23124	35880	42693	103005	278448	346978
通信及电子网络用电缆	对千米	171	405	12			
高压开关板	面	1200	70	164	455	1332	3263
低压开关板	面	545	205	2190	2148	4255	10187
发电量	万千瓦时	8234639	10937696	10213611	11022744	10351003	12430344
#水力发电量	万千瓦时	8133962	10854638	10084733	10601377	9888316	11983647
煤气生产量(煤气)	万立方米	4760	3174	3709	2244		4715
石墨及碳素制品	吨	960	768	7565	41474	86253	50160
活性干酵母	吨	20165	24756	8407	24772	26535	25651
丁基橡胶瓶塞	万只	251942	475975	664958	715805	698981	707941
化成箔	万平方米	3058	3017	2935	2799	4909	4946

8—14　历年公路通车里程

（1978－2012 年）

单位：公里

年　　份	公路通车里程	#国　道	#省　道
1978	5571		
1979	5760		
1980	5856		
1981	5797		
1982	5810		
1983	5827		
1984	5827		
1985	5855		
1986	5968	250	839
1987	6090	250	839
1988	6104	250	839
1989	6246	250	839
1990	6246	250	839
1991	6388	266	850
1992	6422	266	1263
1993	6437	266	1263
1994	6621	265	1263
1995	6737	266	1266
1996	6942	266	1266
1997	7037	266	1266
1998	7383	266	1266
1999	7641	266	1264
2000	7828	266	1264
2001	7887	266	1264
2002	10385	285	1246
2003	10439	279	1470
2004	10599	276	1469
2005	10679	276	1466
2006	24874	276	1466
2007	24678	276	1466
2008	25078	276	1513
2009	25163	276	1505
2010	25638	276	1491
2011	26051	270	1456
2012	26443	270	1463

8—15　历年公路通车里程及客货运输量

（1949－2012 年）

年　　份	公里通车里程（公　里）	客　运　量（万　人）	旅客周转量（万人公里）	货　运　量（万　吨）	货物周转量（万吨公里）
1949	110				
1950		23	13888	25	9258
1951					
1952	125	36	15838	212	15386
1955					
1957	473	77	23090	140	44848
1962	1577	108	8510	175	31261
1965	2235	136	11702	251	43882
1970	2818	574	13059	336	31274
1975	4125	896	39472	610	76389
1976	4395			563	
1977	4720			575	
1978	5571	924	37602	666	66790
1979	5663			539	
1980	5856	1281	52818	698	104149
1981	5797	1424	63029	662	106600
1982	5810	1633	64243	790	118629
1983	5827	1944	75371	929	164108
1984	5827	2618	89143	1014	216371
1985	5855	2873	108122	970	242794
1986	5968	2966	123223	1040	186341
1987	6090	3057	151293	1222	308718
1988	6104	3440	185871	1464	373982
1989	6246	3112	160047	2212	236187
1990	6246	2550	123521	1773	109064
1991	6388	2928	126136	2038	110930
1992	6422	3223	142019	2068	117399
1993	6437	2801	126205	2146	112380
1994	6621	3224	166671	2968	225348
1995	6737	3883	183526	3272	236740
1996	6942	4109	217235	3405	239625
1997	7037	4487	215214	3335	219333
1998	7383	4417	211099	2174	126993
1999	7641	6345	263448	2857	220808
2000	7828	5988	324209	2665	254992
2001	7887	3398	202124	6534	255642
2002	10385	3313	186781	5745	342477
2003	10439	6378	305178	4205	228241
2004	10599	6400	475783	3706	246866
2005	10679	6924	549752	5060	514671
2006	24874	7189	523851	4982	510352
2007	24678	7939	555690	5401	610999
2008	25078	8202	413331	7857	1405524
2009	25163	8702	426776	8855	1421825
2010	25638	9198	469342	9767	1567243
2011	26051	11276	577015	11734	2247380
2012	26443	13114	683701	11833	1642253

8—16 民用车辆拥有量

（2012年）

项目	总计			总计中：			报废
		营运	非营运	#进口	#个人	#新注册	
合计	**837939**	**80491**	**757448**	**7273**	**78779**	**96820**	**8178**
一、汽车	264000	65505	198495	7267	215636	47447	1075
1. 载客汽车	178523	7141	171382	7209	147040	37444	684
#大型	3065	2329	736	35	27	554	149
中型	2742	1382	1360	89	422	284	158
小型	168671	3422	165249	7058	143019	36458	363
微型	4045	8	4037	27	3572	148	14
#轿车	113073	3110	109963	2911	97878	22612	184
2. 载货汽车	75502	53167	22335	48	60478	9514	66
#重型	5578	5150	428	10	2068	953	18
中型	10417	10167	250		8154	932	5
轻型	59343	37701	21642	38	50130	7629	41
微型	164	149	15		126		2
#普通载货	41047	22933	18114	30	34566	5402	1683
3. 其他汽车	9975	5197	4778	10	8118	489	325
#三轮汽车	1692	1076	616		1689	77	218
低速汽车	5994	3838	2156		5923	206	71
二、电车							
无轨							
有轨							
三、摩托车	573058	14153	558905	5	571974	49299	7101
普通	567578	14151	553427	5	566506	48546	6971
轻便	5480	2	5478		5468	753	130
四、拖拉机	33		33		33		2
大中型							
小型方向盘式	33		33				2
五、挂车	843	830	13	1	135	74	
六、其他类型车	5	3	2		1		

注：1. 本表统计范围是全市全部登记注册民用车辆。2. 拖拉机数据采用市农机局统计年报数据。

8—17 主要年份分县市区单位 GDP 能耗及降低率

单位：吨标准煤/万元、%

地区	2008		2009		2010		2011		2012	
	指标值	上升或下降	指标值	上升或下降	指标值	上升或下降	指标值	上升或下降	指标值	上升或下降
宜昌市	2.07	-5.82	1.94	-6.20	1.87	-3.56	1.39	-4.10	1.33	-3.88
宜都市	2.65	-5.28	2.49	-6.19	2.41	-3.05	1.68	-4.05	1.61	-3.99
枝江市	2.50	-5.61	2.34	-6.60	2.26	-3.29	1.61	-4.08	1.54	-4.24
当阳市	2.49	-5.14	2.34	-6.14	2.24	-4.37	1.62	-4.23	1.56	-3.85
远安县	1.36	-5.80	1.26	-6.82	1.20	-5.09	0.75	-4.12	0.73	-3.64
兴山县	4.26	-4.99	3.97	-6.76	3.81	-3.97	3.02	-4.06	2.91	-3.61
秭归县	2.34	-4.88	2.20	-5.88	2.10	-4.87	1.54	-4.03	1.47	-4.17
长阳自治县	1.79	-6.13	1.66	-7.29	1.54	-6.72	1.10	-4.05	1.06	-3.68
五峰自治县	2.13	-4.81	1.99	-6.29	1.89	-4.86	1.32	-4.22	1.27	-3.78
夷陵区	1.04	-5.05	0.98	-6.58	0.93	-4.99	0.60	-4.23	0.58	-3.83
西陵区	0.27	-5.33	0.26	-5.84	0.25	-4.56	0.42	-4.19	0.40	-3.75
伍家岗区	2.11	-4.95	1.98	-6.01	1.89	-4.94	1.62	-4.05	1.56	-3.89
点军区	5.14	-5.98	4.65	-9.60	4.41	-5.19	3.52	-4.09	3.38	-4.01
猇亭区	7.19	-5.84	6.78	-5.69	6.54	-3.55	3.36	-4.12	3.23	-3.98
宜昌高新区	2.08	-5.50	1.95	-6.27	1.85	-4.98	1.32	-4.04	1.19	-3.71

8—18 工业企业能源购进、消费及库存附表

（2012年）

能源名称	单位	企业单位数（个）	工业生产消费量	加工转换投入合计	火力发电	供热	炼焦	能源加工转换产出	回收利用
原煤	吨	276	9096118	3107879	1776488	1331392			
洗精煤	吨	2	172768	172768			172768		
焦炭	吨	11						131625	
其他焦化产品	吨	1						3297	
焦炉煤气	万立方米	4	633	633	291	341		1385	
柴油	吨	304	3648	577	562	15			
热力	百万千焦	21	6254514					19555260	
电力	万千瓦时	1006	585438					446697	
煤矸石用于燃料	百万千焦	3	66620	66620	66620				
生物质废料用于燃料	万千瓦时	20	191682	191682	191682				
余热余压	百万千焦	6	5069730	5069730	5069730				5069730
能源合计	吨标准煤	1006	7957420	2438332	1418865	863976	155491	1355622	172878

8—19　分品种分行业能源消费

（2012年）

行业	原煤（吨）	洗精煤（吨）	焦炭（吨）	焦炉煤气（万立方米）	天然气（万立方米）	汽油（吨）	煤油（吨）
全部工业企业	**12632713**	**177384**	**518177**	**1264**	**39524**	**9084**	**1399**
一、按工业行业门类分							
（一）轻工业	710080			27	2241	4238	11
（二）重工业	11922633	177384	518177	1237	37283	4847	1388
（三）采矿业	319					1053	
煤炭开采和洗选业	245					221	
石油和天然气开采业							
黑色金属矿采选业						18	
有色金属矿采选业						14	
非金属矿采选业	74					800	
开采辅助活动							
其他采矿业							
（四）制造业	10478952	177384	518177	632	39515	7571	1399
农副食品加工业	51733				424	1491	11
食品制造业	122585				270	888	
酒、饮料和精制茶制造业	204558				216	781	
烟草制品业	3148				128	17	
纺织业	15987			27		380	
纺织服装、服饰业	2896				14	52	
皮革、毛皮、羽毛及其制品和制鞋业							
木材加工和木、竹、藤、棕、草制品业	486					70	1
家具制造业						17	
造纸和纸制品业	114486				401	21	
印刷和记录媒介复制业	1901				25	76	
文教、工美、体育和娱乐用品制造业						18	
石油加工、炼焦和核燃料加工业		172768				28	
化学原料和化学制品制造业	8212271		508408	579	25931	513	
医药制造业	115470				114	83	
化学纤维制造业	14721					9	
橡胶和塑料制品业	18587					362	
非金属矿物制品业	1581208	4616			8343	510	34
黑色金属冶炼和压延加工业	10779		56		2495	21	
有色金属冶炼和压延加工业	1136				462	19	
金属制品业				26		109	111
通用设备制造业	2522		149		655	538	15
专用设备制造业	979		8513		17	384	10
汽车制造业	2099		1051			49	
铁路、船舶、航空航天和其他运输设备制造业						462	1215
电气机械和器材制造业	1399				19	564	
计算机、通信和其他电子设备制造业						51	
仪器仪表制造业						58	
其他制造业							
废弃资源综合利用业							
金属制品、机械和设备修理业							
（五）电力、热力、燃气及水生产和供应业	2153442			633	8	461	
电力、热力生产和供应业	2153442			633	5	300	
燃气生产和供应业					3	35	
水的生产和供应业						125	

8—19 续表

项目	柴油（吨）	燃料油(吨)	热力(百万千焦)	电力(万千瓦时)	煤矸石用于燃料(吨)	生物质废料用于燃料(吨)	余热余压(百万千焦)	其他燃料(吨标准煤)
全部工业企业	**31646**	**148**	**18245753**	**2018174**	**78629**	**271806**	**5069730**	**16206**
一、按工业行业门类分								
（一）轻工业	5620		4114500	298777		69016		1786
（二）重工业	26026	148	14131254	1719397	78629	202790	5069730	14419
（三）采矿业	4030			23049				
煤炭开采和洗选业	657			7355				
石油和天然气开采业								
黑色金属矿采选业	53			1155				
有色金属矿采选业	127			1141				
非金属矿采选业	3193			13399				
开采辅助活动								
其他采矿业								
（四）制造业	26773	148	18245753	1948198	12009	80124	5069730	16206
农副食品加工业	384			24774		27305		886
食品制造业	897		735443	39236				
酒、饮料和精制茶制造业	1009			37453				882
烟草制品业	107			1018				
纺织业	128		22085	47251		16957		
纺织服装、服饰业	15		10443	2214				18
皮革、毛皮、羽毛及其制品和制鞋业				242				
木材加工和木、竹、藤、棕、草制品业	190			12125		9758		7479
家具制造业	21			257				
造纸和纸制品业	502		289555	24925		24304		
印刷和记录媒介复制业	13			4111				
文教、工美、体育和娱乐用品制造业				706				
石油加工、炼焦和核燃料加工业	174			761				
化学原料和化学制品制造业	6291		14061242	1058292		1350	4317530	
医药制造业	2353		3049350	66232		450		
化学纤维制造业				645				
橡胶和塑料制品业	317		54582	27944				
非金属矿物制品业	9403	148		206080	12000		752200	6840
黑色金属冶炼和压延加工业	59			95369				
有色金属冶炼和压延加工业	266			195027				
金属制品业	217			9049	9			
通用设备制造业	1609		15140	20007				
专用设备制造业	548			5498				100
汽车制造业	265			3216				
铁路、船舶、航空航天和其他运输设备制造业	792			5486				
电气机械和器材制造业	1112		7914	47152				
计算机、通信和其他电子设备制造业				12606				
仪器仪表制造业	100			409				
其他制造业				5				
废弃资源综合利用业				95				
金属制品、机械和设备修理业				14				
（五）电力、热力、燃气及水生产和供应业	843			46927	66620	191682		
电力、热力生产和供应业	811			44420	66620	191682		
燃气生产和供应业				836				
水的生产和供应业	32			1670				

8—20　工业企业能源购进、消费与库存

（2012年）

能源名称	计量单位	企业单位数（个）	年初库存量	购进量		消费量
				实物量	金额（千元）	合计
原煤	吨	279	1015347	12901062	9689661	12632713
无烟煤	吨	15	19879	243963	229977	226000
炼焦烟煤	吨	3	3198	20498	17451	22155
一般烟煤	吨	260	992269	12618601	9435933	12370309
褐煤	吨	1		18000	6300	14250
洗精煤	吨	2	17405	187443	250541	177384
其他洗煤	吨	2	2897	54296	23201	53044
煤制品	吨	2	20	2652	2572	2652
焦炭	吨	11	63333	504390	615533	518177
其他焦化产品	吨	1	128			
焦炉煤气	万立方米	4		1264	6974	1264
高炉煤气	万立方米					
转炉煤气	万立方米					
发生炉煤	万立方米	1		1068	4458	1068
天然气（气态）	万立方米	59		39524	777294	39524
液化天然气（液态）	吨	3		95	732	95
煤层气（煤田）	万立方米					
原油	吨					
汽油	吨	334	19	8921	72127	9084
煤油	吨	15	91	1368	9500	1399
柴油	吨	304	1877	31062	239370	31646
燃料油	吨	1	927	1242	3629	148
液化石油气	吨	9		380	2296	370
炼厂干气	吨					
石脑油	吨					
润滑油	吨	2		24	400	18
石腊	吨					
溶剂油	吨	2	2	457	4387	445
石油焦	吨	1		167872	208272	167872
石油沥青	吨					
其他石油制品	吨	3	12	85	1321	92
热力	百万千焦	21		11991239	1483460	18245753
电力	万千瓦时	1006		1939070	10787571	2018174
煤矸石用于燃料	吨	3		133009	34254	78629
城市垃圾用于燃料	吨					
生物质废料用于燃料	吨	20		275524	91515	271806
余热余压	百万千焦	6				5069730
其它工业废料用于燃料	吨	1		10956		10956
其它燃料	吨标准煤	10		16209	4595	16206
能源合计	吨标准煤	1006				13807150

8—20 续表

能源名称	计量单位	消费量				年末库存量
		1.工业生产消费	#用于原材料	2.非工业生产消费	#运输工具消费	
原煤	吨	12631311	5338549	1402		1038590
无烟煤	吨	225999	123542	1		35840
炼焦烟煤	吨	22153		2		1541
一般烟煤	吨	12368909	5215007	1399		1001209
褐煤	吨	14250				
洗精煤	吨	177384				27465
其他洗煤	吨	53044				4149
煤制品	吨	2640		12		
焦炭	吨	518177	392759			42718
其他焦化产品	吨					233
焦炉煤气	万立方米	1264		0		
高炉煤气	万立方米					
转炉煤气	万立方米					
发生炉煤	万立方米	1068				
天然气(气态)	万立方米	39394	17801	130	3	
液化天然气(液态)	吨	95				
煤层气(煤田)	万立方米					
原油	吨					
汽油	吨	4562	132	4523	3407	23
煤油	吨	1124	109	275		61
柴油	吨	26660	2065	4986	5546	1345
燃料油	吨	148				2021
液化石油气	吨	335	29	35		10
炼厂干气	吨					
石脑油	吨					
润滑油	吨	18	3			6
石腊	吨					
溶剂油	吨	445				14
石油焦	吨	167872				
石油沥青	吨					
其他石油制品	吨	92				6
热力	百万千焦	18245753				
电力	万千瓦时	2001756		16419	548	
煤矸石用于燃料	吨	78629				
城市垃圾用于燃料	吨					
生物质废料用于燃料	吨	271756	3604	50		
余热余压	百万千焦	5069730				
其它工业废料用于燃料	吨	10956				
其它燃料	吨标准煤	16206	100			
能源合计	吨标准煤	13769835		37315		

8—21　主要年份工业企业水消费

项　　目	2009		2010		2011		2012	
	数量（立方米）	金额（千元）	数量（立方米）	金额（千元）	数量（立方米）	金额（千元）	数量（立方米）	金额（千元）
取水总量	380495230	204817	437678692	195593	401178739	204464	445138080	221603
1. 地表水	310661437	104723	357182384	90197	311907696	82948	352549873	85948
2. 地下水	8494617	1722	5719423	1802	5829555	3608	6425945	2664
3. 自来水	58823479	89613	67279778	103594	76547747	117826	78545443	122735
4. 管道供应的未经达标处理的水	2513717	8759						
5. 中水								
6. 海水								
7. 其他水	1980		7497107		6893741		7616819	10256
重复用水	1416682728		1488861113		1818916725		1644427380	

8—22　主要年份能源库存情况

能　源　品　种	单　位	2005	2006	2007	2008	2009	2010	2011	2012
原煤	吨	978337	843404	875394	1082062	761660	974446	1023233	1038590
焦炭	吨	14237	33383	34768	32273	49732	40845	63333	42718
燃料油	吨	1887	3924	3317	2491	1126	1072	927	2021
汽油	吨	98	94	67	21	13	26	19	23
煤油	吨	5	23	83	33	90	80	89	61
柴油	吨	299	515	456	360	366	576	1734	1345
液化石油气	吨		8	10	1				10

8—23　主要年份能源消费情况

能源品种	单　位	折标煤系　数	2009		2010		2011		2012	
			数量	折标煤/万吨	数量	折标煤/万吨	数量	折标煤/万吨	数量	折标煤/万吨
原煤	吨	0.7143	8158922	582.79	9567394	683.40	11994285	856.75	12632713	902.35
洗精煤	吨	0.9000	309476	27.85	226297	20.37	159184	14.33	177384	15.96
焦炭	吨	0.9714	407233	39.56	480238	46.65	535622	52.03	518177	50.34
燃料油	吨	1.4286	47682	6.81	2285	0.33	1568	0.22	148	0.02
汽油	吨	1.4714	6030	0.89	6300	0.93	7465	1.10	9084	1.34
煤油	吨	1.4714	635	0.09	1668	0.25	1183	0.17	1399	0.21
柴油	吨	1.4571	26176	3.81	27994	4.08	31939	4.65	31646	4.61
液化石油气	吨	1.7143	546	0.09	423	0.07	460	0.08	370	0.06
热力	百万千焦	0.0341	16096558	54.89	17373163	59.24	14717171	50.19	18245753	62.22
电力	万千瓦时	1.229	1437638	176.69	1698393	208.73	1943129	238.81	2018174	248.03
加工转换产出	万吨标煤			80.59		114.42		138.31		135.56
综合能源消费量	万吨标煤			855.26		959.40		1146.28		1224.13

主要统计指标解释

工业 指从事自然资源的开采，对采掘品和农产品进行加工和再加工的物质生产部门。具体包括：(1)对自然资源的开采，如采矿、晒盐、森林采伐等(但不包括禽兽捕猎和水产捕捞)；(2)对农副产品的加工、再加工，如粮油加工、食品加工、轧花、缫丝、纺织、制革等；(3)对采掘品的加工、再加工，如炼铁、炼钢、化工生产、石油加工、机器制造、木材加工等，以及电力、自来水、煤气的生产和供应等；(4)对工业品的修理、翻新，如机器设备的修理、交通运输工具(包括小卧车)的修理等。

工业统计调查单位 工业统计调查单位分为两类：独立核算法人工业企业和工业活动单位。

(1)独立核算法人工业企业 是指从事工业生产经营活动的单位。独立核算法人工业企业应同时具备以下条件：①依法成立，有自己的名称、组织机构和场所，能够承担民事责任；②独立拥有和使用资产，承担负债，有权与其他单位签订合同；③独立核算盈亏，并能够编制资产负债表。

(2)工业活动单位 是指在一个场所从事一种或主要从事一种工业生产活动的经济单位。它包括独立核算工业企业按主营业务活动(即工业生产活动)划分的主营业务活动单位和非工业企业所属的工业生产活动单位(即原非独立核算工业生产单位)。工业活动单位，一般应同时具备以下三个条件：①具有一个场所，从事一种或主要从事一种工业活动；②单独组织工业生产、经营或业务活动；③单独核算收入和支出。

本年鉴中涉及的企业登记注册类型：

⑴国有及国有控股企业 指国有企业加上国有控股企业。国有企业(即过去的全民所有制工业或国营工业)是指企业全部资产归国家所有，并按《中华人民共和国企业法人登记管理条例》规定登记注册的非公司制的经济组织。包括国有企业、国有独资公司和国有联营企业。1957 年以前的公私合营和私营工业，后均改造为国营工业，1992 年改为国有工业，这部分工业的资料不单独分列时，均包括在国有企业内。国有控股企业是对混合所有制经济的企业进行的"国有控股"分类。它是指这些企业的全部资产中国有资产(股份)相对其他所有者中的任何一个所有者占资(股)最多的企业。该分组反映了国有经济控股情况。

⑵集体企业 指企业资产归集体所有，并按《中华人民共和国企业法人登记管理条例》规定登记注册的经济组织。是社会主义公有制经济的组成部分。包括城乡所有使用集体投资举办的企业，以及部分个人通过集资自愿放弃所有权并依法经工商行政管理机关认定为集体所有制的企业。

⑶股份有限公司 指根据《中华人民共和国企业法人登记管理条例》规定登记注册，其全部注册资本由等额股份构成并通过发行股票筹集资本，股东以其认购的股份对公司承担有限责任，公司以其全部资产对其债务承担责任的经济组织。

⑷港、澳、台商投资企业 指企业注册登记类型中的港、澳、台资合资、合作、独资经营企业和股份有限公司之和。

⑸外商投资企业 指企业注册登记类型中的中外合资、合作经营企业、外资企业和外商投资股份有限公司之和。

⑹本年鉴中涉及的名为"其他"的企业 均指除国有企业、集体企业、个体经营以外的其他类型工业企业(单位)。包括联营企业、私营企业、股份有限公司，有限责任公司；外商投资企业(中外合资经营、中外合作经营、外资企业)；港、澳、台投资企业(与大陆合资经营、与大陆合作经营、港、澳、台独资企业)及其他企业。

轻工业 指主要提供生活消费品和制作手工工具的工业。按其所使用的原料不同，可分为两大类：(1)以农产品为原料的轻工业，是指直接或间接以农产品为基本原料的轻工业。主要包括食品制造、饮料制造、烟草加工、纺织、缝纫、皮革和毛皮制作、造纸以及印刷等工业；(2)以非农产品为原料的轻工业，是指以工业品为原料的轻工业。主要包括文教体育用品、化学药品制造、合成纤维制造、日用化学制品、日用玻璃制品、日用金属制品、手工工具制造、医疗器械制造、文化和办公用机械制造等工业。

重工业 是指为国民经济各部门提供物质技术基础的主要生产资料的工业。按其生产性质和产品用途，可以分为下列三类：(1)采掘(伐)工业，是指对自然资源的开采，包括石油开采、煤炭开采、金属矿开采、非金属矿开采和木材采伐等工业；(2)原材料工业，指向国民经济各部门提供基本材料、动力和燃料的工业。包括金属冶炼及加工、炼焦及焦炭、化学、化工原料、水泥、人造板以及电力、石油和煤炭加工等工业；(3)加工工业，是指对工业原材料进行再加工制造的工业。包括装备国民经济各部门的机械设备制造工业、金属结构、水泥制品等工业，以及为农业提供的生产资料如化肥、农药等工业。

根据上述划分原则,修理业中以重工业产品为修理作业对象的划为重工业,反之划为轻工业。

工业总产值 是以货币表现的工业企业在一定时期内生产的已出售或可供出售工业产品总量,它反映一定时间内工业生产的总规模和总水平。它包括:在本企业内不再进行加工,经检验、包装入库(规定不需包装的产品除外)的成品价值,对外加工费收入,自制半成品、在产品期末初差额价值。工业总产值采用“工厂法”计算,即以工业企业作为一个整体,按企业工业生产活动的最终成果来计算,企业内部不允许重复计算,不能把企业内部各个车间(分厂)生产的成果相加。但在企业之间、行业之间、地区之间存在着重复计算。

轻重工业总产值的划分也是按“工厂法”计算的,即一个工业企业在正常情况下生产的主要产品的性质属于轻工业,产的主要产品的性质属于重工业,则该企业的全部总产值作为重工业总产值。

工业增加值 是指工业行业在报告期内以货币表现的工业生产活动的最终成果。

实收资本 指企业实际收到的投资人投入的资本。按投资主体可分为国家资本、集体资本、法人资本、个人资本、港澳台资本和外商资本等。

资产合计 指企业拥有或控制的能以货币计量的经济资源。包括各种财产、债权和其他权利。资产按其流动性划分为流动资产、长期投资、固定资产、无形及递延资产和其他资产。

(1)流动资产 指企业可以在一年内或者超过一年的一个生产周期内变现或耗用的资产合计。包括现金及各种存款、短期投资、应收及预付款项、存货等。

(2)固定资产 指企业固定资产净值、固定资产清理、在建工程、待处理固定资产损失所占用的资金合计。

(3)无形资产 指企业长期使用而没有实物形态的资产。包括专利权、非专利技术、商标权、著作权、土地使用权、商誉等。

负债合计 指企业承担的能以货币计量,将以资产或劳务偿付的债务。负债一般按偿还期长短分为流动负债和长期负债、递延税项等。

(1)流动负债 指企业在一年内或者超过一年的一个营业周期内需要偿还的债务合计,其中包括短期借款、应付及预收款项、应付工资、应交税金和应交利润等。

(2)长期负债 指企业在一年以上或者超过一年的一个营业周期以上需要偿还的债务合计,其中包括长期借款、应付债务、长期应付款项等。

所有者权益 指企业投资人对企业净资产的所有权。企业净资产等于企业全部资产减去全部负债后的余额,其中包括投资者对企业的最初投入,以及资本公积金、盈余公积金和未分配利润,对股份制企业即为股东权益。

固定资产原价 指企业在建造、购置、安装、改建、扩建、技术改造某项固定资产时所支出的全部货币总额。它一般包括买价、包装费、运杂费和安装费等。

固定资产净值 是指固定资产原价减去历年已提折旧额后的净额。

流动资产 是指可以在一年或者超过一年的一个营业周期内变现或者耗用的资产,包括现金及各种存款、短期投资、应收及预付货款、存货等。

产品销售收入 指企业销售产品和提供劳务等主要经营业务取得的业务总额。

产品销售成本 指企业销售产品和提供劳务等主要经营业务的实际成本。

产品销售税金及附加 指企业销售产品和提供工业性劳务等主要经营业务应负担的城市维护建设税、消费税、资源税和教育费附加。

产品销售利润 指企业销售产品和提供工业性劳务等主要经营业务收入扣除其成本、费用、税金后的利润。

利润总额 指企业实现的利润。

应交增值税 指企业在报告期内应交纳的增值税额。

总资产贡献率 反映企业全部资产的获利能力,是企业经营业绩和管理水平的集中体现,是评价和考核企业盈利能力的核心指标。计算公式为:

总资产贡献率(%)=(利润总额+税金总额+利息支出)/平均资产总额×100%

资产负债率 该指标既反映企业经营风险的大小,也反映企业利用债权人提供的资金从事经营活动的能力。计算公式为:

资产负债率(%)=负债总额/资产总额×100%

工业成本费用利润率 指在一定时期内实现的利润与成本费用之比,是反映工业生产成本及费用投入的经济效益指标,同时也是反映降低成本的经济效益的指标。计算公式为:

工业成本费用利润率(%)=利润总额/成本费用总额×100%

工业增加值率 指在一定时期内工业增加值占同期工业总产值的比重,反映降低中间消耗的经济效益。计算公式为:

工业增加值率(%)=工业增加值(现价)/工业总产值(现价)×100%

流动资产周转次数 指在一定时期内流动资产完成的周转次数,反映流动资产的周转速度。计算公式为:

流动资金周转次数=产品销售收入/全部流动资产平均余额

产品销售率 指报告期工业销售产值与同期全部工业总产值之比,是反映工业产品已实现销售的程度,分析工业产销衔接情况,研究工业产品满足社会需求程度的指标。计算公式为：

产品销售率(%)=工业销售产值/工业总产值(现价)×100%

全员劳动生产率 指根据产品的价值量指标计算的平均每一个从业人员在单位时间内的产品生产量。是考核企业经济活动的重要指标，是企业生产技术水平、经营管理水平、职工技术熟练程度和劳动积极性的综合表现。目前我国的全员劳动生产率是将工业企业的工业增加值除以同一时期全部从业人员的平均人数来计算的。计算公式为：

全员劳动生产率=工业增加值/全部从业人员平均人数

为了使各年度的全员劳动生产率数字可以比较，1990年以前各年的全员劳动生产率均按指数换算成1990年不变价格。

能源生产总量 指一定时期内全国一次能源生产量的总和，是观察全国能源生产水平、规模、构成和发展速度的总量指标。一次能源生产量包括原煤，原油，天然气，水电、核能及其他动力能(如风能、地热能等)发电量，不包括低热值燃料生产量、生物质能、太阳能等的利用和由一次能源加工转换而成的二次能源产量。

能源消费总量 指一定时期内全国物质生产部门、非物质生产部门和生活消费的各种能源的总和，是观察能源消费水平、构成和增长速度的总量指标。能源消费总量包括原煤和原油及其制品、天然气、电力，不包括低热值燃料、生物质能和太阳能等的利用。能源消费总量分为终端能源消费量、能源加工转换损失量和损失量三部分。

(1)终端能源消费量：指一定时期内全国生产和生活消费的各种能源在扣除了用于加工转换二次能源消费量和损失量以后的数量。

(2)能源加工转换损失量：指一定时期内全国投入加工转换的各种能源数量之和与产出各种能源产品之和的差额，是观察能源在加工转换过程中损失量变化的指标。

(3)能源损失量：指一定时期内能源在输送、分配、储存过程中发生的损失和由客观原因造成的各种损失量，不包括各种气体能源放空、放散量。

能源生产弹性系数 是研究能源生产增长速度与国民经济增长速度之间关系的指标。计算公式为：

能源生产弹性系数=能源生产总量年平均增长速度/国民经济年平均增长速度

国民经济年平均增长速度，可根据不同的目的或需要，用国民生产总值、国内生产总值等指标来计算，本年鉴是采用国内生产总值指标计算的。

电力生产弹性系数 是研究电力生产增长速度与国民经济增长速度之间关系的指标。一般来说，电力的发展应当快于国民经济的发展，也就是说电力应超前发展。计算公式为：

电力生产弹性系数=电力生产量年平均增长速度/国民经济年平均增长速度

能源消费弹性系数 是反映能源消费增长速度与国民经济增长速度之间比例关系的指标。计算公式为：

能源消费弹性系数=能源消费量年平均增长速度/国民经济年平均增长速度

电力消费弹性系数 反映电力消费增长速度与国民经济增长速度之间比例关系的指标。计算公式为：

电力消费弹性系数=电力消费量年平均增长速度/国民经济年平均增长速度

能源加工转换效率 指一定时期内能源经过加工、转换后，产出的各种能源产品的数量与同期内投入加工转换的各种能源数量的比率。它是观察能源加工转换装置和生产工艺先进与落后、管理水平高低等的重要指标。计算公式为：

能源加工转换效率=能源加工、转换产出量/能源加工、转换投入量×100%

公路里程 指在一定时期内实际达到《公路工程技术标准JTJ01-88》规定的等级公路，并经公路主管部门正式验收交付使用的公路里程数。包括大中城市的郊区公路以及通过小城镇街道部分的公路里程和桥梁、渡口的长度，不包括大中城市的街道、厂矿、林区生产用道和农业生产用道的里程。两条或多条公路共同经由同一路段，只计算一次，不得重复计算里程长度。它是反映公路建设发展规模的重要指标，也是计算运输网密度等指标的基础资料。

货(客)运量 指在一定时期内，各种运输工具实际运送的货物(旅客)数量。它是反映运输业为国民经济和人民生活服务的数量指标，也是制定和检查运输生产计划、研究运输发展规模和速度的重要指标。货运按吨计算，客运按人计算。货物不论运输距离长短、货物类别，均按实际重量统计。旅客不论行程远近或票价多少，均按一人一次客运量统计；半价票、小孩票也按一人统计。

货(客)运密度 指在一定时期内某种运输方式在营运线路的某一区段平均每公里线路通过的货物(旅客)运输周转量。计算公式为：

货(客)运密度=货物(旅客)周转量/营业线路长度

货(客)运密度是反映交通运输线路上货物(旅客)运输量运输繁忙程度的主要指标，是平衡运输线路运输能力和通过能力，规划线路建设及改造、配备技术设备，研究运输网布局的重要依据。

货物(旅客)周转量 指在一定时期内，由各种运输工具运送的货物(旅客)数量与其相应运输距离的乘积之总和。它是反映运输业生产总成果的重要指标，也是编制和检查运输生产计划，计算运输效率、劳动生产率以及核算运输单位成本的主要基础资料。计算货物周转量通常按发出站与到达站之间的最短距离，也就是计费距离计算。计算公式为：

货物(旅客)周转量=∑货物(旅客)运输量×运输距离

九 中小企业

MID AND SMALL SCALE ENTERPRISE

9—1 分县市中小企业主要经济指标

（2012年）

单位：个、人、万元

指标	全市	宜都市	枝江市	当阳市	远安县
企业个数	**17875**	**2898**	**2243**	**2409**	**462**
农、林、牧、渔业	808	139	112	355	14
工业	7151	1844	682	707	217
建筑业	414	57	39	29	8
交通运输仓储业	853	1585	95	30	14
批发零售业	4438	215	668	840	76
住宿及餐饮业	2172	303	99	64	60
房地产业	306	34	15	78	18
居民服务、其它服务业和娱乐业	1483	56	531	274	43
其他	250	95	2	32	12
从业人员年末数	**564292**	**98446**	**73404**	**90329**	**17479**
农、林、牧、渔业	15694	2464	1378	5646	60
工业	3402296	66838	55773	55339	14324
建筑业	85485	8341	3307	8950	411
交通运输仓储业	17932	3731	3033	558	408
批发零售业	50329	4911	4572	11792	564
住宿及餐饮业	25814	6609	1945	1641	404
房地产业	7960	2204	594	1051	285
居民服务、其它服务业和娱乐业	16359	1276	2817	4846	865
其他	4423	2072	15	506	158
增加值	**8899914**	**1963508**	**1074040**	**1466630**	**310304**
农、林、牧、渔业	122171	19247	12253	55741	488
工业	7075344	1775817	884023	1219848	236239
建筑业	465490	49516	61992	57386	22525
交通运输仓储业	100433	12145	33326	5648	6289
批发零售业	704875	20346	58618	49059	24019
住宿及餐饮业	149041	27376	7150	19053	2816
房地产业	152270	33325	7829	6922	8634
居民服务、其它服务业和娱乐业	94295	4679	8666	48319	8750
其他	35995	21057	183	4654	544
总产值	**29823128**	**5827063**	**3946275**	**4760198**	**1014903**
农、林、牧、渔业	286299	43539	46876	102120	1459
工业	23163184	5340938	3279046	4148816	819332
建筑业	2156978	135997	209272	229463	56884
交通运输仓储业	288138	23133	103554	11776	20768
批发零售业	2812480	63329	241122	108761	19049
住宿及餐饮业	540276	100694	15516	55313	7511
房地产业	568433	64277	31048	13308	60000
居民服务、其它服务业和娱乐业	213833	8427	19114	81351	28972
其他	93507	46729	727	9290	938

指　　标	兴山县	秭归县	长阳自治县	五峰自治县	市　区	#夷陵区
企业个数	**119**	**934**	**317**	**330**	**8163**	**3345**
农、林、牧、渔业	2	50	5	11	120	115
工业	92	313	194	166	2936	2077
建筑业	3	77	7	12	182	63
交通运输仓储业	5	51	9	6	488	76
批发零售业	5	200	46	80	2308	388
住宿及餐饮业	4	67	23	19	1533	380
房地产业		54	9	1	97	39
居民服务、其它服务业和娱乐业	8	95	22	35	419	148
其他		27	2		80	59
从业人员年末数	**8270**	**26731**	**20097**	**6312**	**223224**	**80733**
农、林、牧、渔业	25	578	2510	147	2886	2806
工业	6561	17649	11056	4926	3169830	60040
建筑业	1085	3358	2813	170	57050	2450
交通运输仓储业	150	839	332	286	8595	1367
批发零售业	59	1735	721	428	25577	7584
住宿及餐饮业	199	632	763	193	13428	3457
房地产业		624	138	8	3056	901
居民服务、其它服务业和娱乐业	191	1097	1587	154	3526	1126
其他		219	177		1276	1002
增加值	**91542**	**268654**	**272928**	**62289**	**3390019**	**1585570**
农、林、牧、渔业	85	1062	17981	370	14944	14337
工业	84801	240907	223279	57155	2353275	1479475
建筑业	3484	9330	9796	722	250739	13906
交通运输仓储业	1150	3411	1075	1080	36309	8942
批发零售业	662	5931	9284	1404	535552	37583
住宿及餐饮业	680	1742	2838	884	86502	14907
房地产业		1874	4619	21	89046	4123
居民服务、其它服务业和娱乐业	680	3794	2867	653	15887	5833
其他		603	1189		7765	6464
总产值	**289419**	**951571**	**917931**	**207139**	**11908619**	**4762346**
农、林、牧、渔业	245	2467	47626	780	41187	38917
工业	269584	856320	748191	197978	7503009	4477340
建筑业	12704	39238	20241	1624	1451555	41024
交通运输仓储业	2254	6481	2139	1746	116287	29796
批发零售业	1098	19211	65134	2590	1992186	84573
住宿及餐饮业	1450	5104	11578	1573	341537	44685
房地产业		6298	11127	62	382313	8527
居民服务、其它服务业和娱乐业	2084	12116	6411	816	54542	15716
其他		4336	5484		26003	21768

9—1　续表2　　　　单位:个、人、万元

指　　标	全　　市	宜都市	枝江市	当阳市	远安县
营业收入	**29561245**	**5582430**	**3860382**	**5208870**	**932953**
农、林、牧、渔业	268810	40274	44113	99093	1459
工业	21692441	5100912	3168979	4056798	680219
建筑业	1472606	100164	196355	229463	53884
交通运输仓储业	288138	23133	103554	11776	20769
批发零售业	4532439	97820	280976	652478	79202
住宿及餐饮业	540276	100694	15516	55313	7511
房地产业	459196	64277	31048	13308	60000
居民服务、其它服务业和娱乐业	213833	8427	19114	81351	28972
其他	93507	46729	727	9290	938
利润总额	**1490769**	**372616**	**183613**	**271997**	**51112**
农、林、牧、渔业	51183	14704	5377	14225	209
工业	1210105	292699	125597	226526	47944
建筑业	68227	25069	16188	12660	971
交通运输仓储业	23404	3288	12833	675	303
批发零售业	65835	6772	16686	7256	697
住宿及餐饮业	22333	7301	1747	3221	278
房地产业	30128	20812	2359	688	256
居民服务、其它服务业和娱乐业	15077	708	2809	6147	346
其他	4477	1263	17	599	108
上交税金	**635696**	**121666**	**81730**	**79756**	**41311**
农、林、牧、渔业	4456	230	2984	673	65
工业	506037	105337	56427	58844	38831
建筑业	27218	3144	7158	4769	695
交通运输仓储业	12306	862	6433	208	752
批发零售业	51715	2022	5225	12757	468
住宿及餐饮业	14494	3945	686	1018	181
房地产业	12734	5106	1971	376	142
居民服务、其它服务业和娱乐业	5220	303	836	1058	77
其他	1516	717	10	53	100
劳动值报酬	**1320979**	**233883**	**203178**	**224389**	**40397**
农、林、牧、渔业	22362	3477	2794	6447	142
工业	861289	170243	158866	155168	35683
建筑业	168413	18682	10552	20902	912
交通运输仓储业	38283	7167	7986	1175	859
批发零售业	112255	7682	12377	24063	642
住宿及餐饮业	63994	15444	3747	3333	633
房地产业	17995	5653	2296	2498	335
居民服务、其它服务业和娱乐业	29376	2539	4542	9780	952
其他	7012	2996	18	1023	239

单位:个、人、万元

指标	兴山县	秭归县	长阳自治县	五峰自治县	市区	#夷陵区
营业收入	**290862**	**851328**	**878330**	**181713**	**11774377**	**4644337**
农、林、牧、渔业	240	2467	43701	780	36683	34463
工业	269684	733307	681807	170522	6830213	4216758
建筑业	12415	31237	19676	1624	827788	31920
交通运输仓储业	2254	6481	2139	1746	116287	29796
批发零售业	2735	49982	96407	4590	3268248	240704
住宿及餐饮业	1450	5104	11578	1573	341537	44685
房地产业		6298	11127	62	273076	8527
居民服务、其它服务业和娱乐业	2084	12116	6411	816	54542	15716
其他		4336	5484		26003	21768
利润总额	**23679**	**21839**	**51181**	**8129**	**506603**	**381211**
农、林、牧、渔业	15	248	11958	50	4397	4248
工业	22863	17352	28409	6969	441746	348847
建筑业	367	761	2737	180	9294	4145
交通运输仓储业	222	379	192	257	5255	2935
批发零售业	63	1317	3229	366	29449	12958
住宿及餐饮业	41	387	920	181	8257	3363
房地产业		278	2386	3	3346	1243
居民服务、其它服务业和娱乐业	108	1043	622	123	3171	1801
其他		74	728		1688	1671
上交税金	**21809**	**19649**	**33504**	**6861**	**229410**	**128049**
农、林、牧、渔业		70	62	10	362	299
工业	20760	16168	26603	5988	177079	115611
建筑业	636	848	2236	252	7480	2098
交通运输仓储业	170	490	160	195	3036	1079
批发零售业	33	976	1397	215	28622	5794
住宿及餐饮业	99	234	610	125	7596	1777
房地产业		210	1884	6	3039	610
居民服务、其它服务业和娱乐业	111	581	354	70	1830	540
其他		42	198		366	241
劳动者报酬	**23359**	**55011**	**42125**	**13192**	**485445**	**156919**
农、林、牧、渔业	59	677	4499	204	4063	3866
工业	20050	41147	27974	10714	241444	122452
建筑业	2102	4638	4008	276	106341	5080
交通运输仓储业	392	1275	644	610	18175	2598
批发零售业	123	3030	1247	778	62313	12567
住宿及餐饮业	351	966	1283	340	37897	5330
房地产业		1185	325	6	5697	1654
居民服务、其它服务业和娱乐业	282	1716	1888	264	7413	1794
其他		377	257		2102	1578

十 投资建筑

CONSTRUCTION AND INVESTMENT IN FIXED ASSETS

10—1 历年全社会固定资产投资各种分类

（1978－2012年）

单位：万元

年份	按经济类型分			按隶属关系分			按构成分		
	国有经济投资	集体经济投资	其他经济投资	中央属投资	省属投资	市县属投资	建筑安装工程投资	设备工器具购置投资	其他费用投资
1978	56748	552		44000	133	13167			
1979	58243	1274		46567	367	12583			
1980	71045	1699		51897	145	20702			
1981	59315	2117		48186	154	13092			
1982	64103	6822	3984	40718	208	33983			
1983	71257	4869	568	42152	491	34051			
1984	85801	7964	5023	49451	1755	47582			
1985	104160	18904	12189	61533	1698	72022			
1986	102733	12611	12720	59264	1635	67165			
1987	112556	20206	14763	41594	16091	89840			
1988	150375	29623	33805	38645	24751	150407			
1989	99453	17947	27307	25169	20169	99369			
1990	132258	22209	29002	27746	27840	127883	110504	50546	22419
1991	142420	29568	27610	23194	36318	140086	121501	50099	27998
1992	223815	45380	35768	40436	82363	182164	159813	91708	53442
1993	414919	57420	100842	160062	107446	305673	272594	147098	153489
1994	777022	73657	139523	455494	109961	424747	576711	141168	272323
1995	1012369	113964	211601	722155	53707	562072	733346	181720	422868
1996	1128184	140990	291979	821139	45640	694374	766512	229095	565546
1997	1215789	147397	378866	842049	74880	825123	861502	35209	845341
1998	1506814	142302	401144	1021497	110321	918442	814548	326339	909373
1999	1670961	140882	308775	1252914	99477	768227	740692	296814	1083112
2000	1741726	151275	400690	1408176	75190	810325	780197	253404	1260090
2001	1895406	127003	461125	1593193	50995	839346	801312	373100	1309122
2002	2073434	92730	482938	1726580	53268	869254	797207	461296	1390599
2003	1858405	67213	574733	1380543	98311	1021497	822922	529973	1147456
2004	1813444	63586	835795	1311252	63686	1337887	1043243	710234	959348
2005	1834180	32769	1091085	1267208	37965	1652861	1199047	784235	974752
2006	1866637	52248	1316565	1063240	22081	2150129	1286862	767362	1181226
2007	2007515	63586	1832487	963144	35620	2904824	1697483	1036943	1169162
2008	2315611	114631	2804376	1197037	66715	3970866	2319133	1329379	1586106
2009	2818849	189028	4494787	1292822	68869	6140973	3694062	1695130	2113472
2010	2799840	274570	6420713	875546	18736	8600841	5366955	2410286	1717882
2011	2468421	471487	8965103	457004	17734	11430273	7414819	3298301	1191891
2012	3686653	405835	12117345	365499	340258	15504076	10646060	3973915	1589858

10—2 历年全社会固定资产投资及产业投资

（1978－2012 年）

单位：万元

年 份	全社会固定资产投资额	第一产业	第二产业	第三产业
1978	57300	2109	50694	4497
1979	59517	1188	52457	5872
1980	72744	662	62577	9505
1981	61432	1081	52509	7842
1982	74909	618	50251	24040
1983	76694	868	54889	20937
1984	98788	671	61853	36264
1985	135253	761	81737	52755
1986	128064	575	81776	45713
1987	147525	1013	91476	55036
1988	213803	1472	119891	92440
1989	144707	574	75900	68233
1990	183469	1036	93705	88728
1991	199598	2004	95139	102455
1992	304963	3510	160485	140968
1993	573181	3172	334176	235833
1994	990202	3639	613758	372805
1995	1337934	23791	908127	406016
1996	1561153	34155	1004218	522780
1997	1742052	54922	1106929	580201
1998	2050260	70692	1343679	635889
1999	2120618	93487	1520437	506694
2000	2293691	107547	1653948	532196
2001	2483534	121005	1801814	560715
2002	2649102	102477	2023972	522653
2003	2500351	100468	1857827	542056
2004	2712825	86343	1979520	646962
2005	2958034	100856	2024681	832497
2006	3235450	109962	1960417	1165071
2007	3903588	113578	2256341	1533669
2008	5234618	171616	3137990	1925012
2009	7502664	315174	4218005	2969485
2010	9495123	705144	5160807	3629172
2011	11905011	735374	6499215	4670422
2012	16209833	1125543	7952542	7131748

10—3 历年固定资产投资主要行业分类

（1978－2012年）

单位：万元

年份	农业	二业	采掘	制造	#食品	#纺织	#化工	#医药	#建材
1978	2109	50428	1156	7967		621	2138		1104
1979	1188	52393	200	5637		616	2573		424
1980	662	62433	1009	9315		2787	2510		444
1981	1081	52360	932	5743		1655	1241		517
1982	618	49831	757	9739		3206	1856		681
1983	868	54512	736	13083		3510	2856		1422
1984	671	59743	1145	19027		4073	4770		2184
1985	761	78937	947	23309		1127	4405		4433
1986	575	79315	3368	25844		2433	5020		4575
1987	1013	89263	1932	39024		5188	8500		5399
1988	1472	119102	2182	58014		8582	14071		2581
1989	574	75411	5546	32333		5394	8416		1155
1990	1036	93248	9370	30221		5854	8252		1444
1991	2004	93808	6073	32774		2644	11813		2287
1992	3510	158500	6338	37010		4576	11157		3627
1993	3172	328178	4490	86521		24550	17991		7270
1994	3639	606784	1597	86243		20332	22781		11205
1995	5087	844273	1729	116509		40505	28533		13144
1996	6111	925792	1084	161847		56267	39637		18260
1997	5577	1056516	1804	207139		66725	38213		29083
1998	10573	1247658	2228	196883		24025	82125		24556
1999	11213	1419199	3630	154149		7456	78603		22117
2000	29212	1589940	1735	196000		13475	44855		23658
2001	20218	1720414	3324	183704		19035	28377		31260
2002	21527	1976311	3289	270017		12252	77197		43618
2003	25795	1806074	15938	404782	68179	22202	95579	16473	23894
2004	39006	1960386	33279	654724	53541	78492	233413	55671	87069
2005	38030	1996980	48644	754245	74401	39005	345325	65751	74002
2006	72863	1926166	59331	877456	131887	82115	332875	67710	67516
2007	113578	2227162	100656	1188526	171192	76654	348642	63669	145821
2008	171616	3103276	115381	1648107	213577	67272	523308	93161	367680
2009	315174	4181089	196033	2468415	323653	67382	596274	123784	358949
2010	705144	5149091	303847	3806876	441362	83844	639350	171246	767574
2011	735374	6489673	524202	5418545	823696	127377	922860	154578	1110591
2012	1125543	7943311	723126	6538374	1121293	286860	1210896	247407	1304261

单位:万元

年份	#冶金	#机械	#电子	电力、煤气、水	#电力	#三峡工程	建筑业	地质勘察、水利管理	#水利管理	交通邮电仓储
1978	156	543	150	41305	41305		266	20	20	762
1979	59	1118	140	46556	46556		64	18		1392
1980	460	1401	289	52109	52109		144	9		2151
1981	40	639		45685	45685		149			2044
1982	279	896	117	39335	39335		420	1119	1119	2207
1983	400	1709	464	40693	40429		377	1155	1135	2138
1984	781	3513	550	39571	39296		2110	3627	3174	5132
1985	696	7716	687	54681	54518		2800	733	727	3288
1986	638	7569	291	50103	48962		2461	1998	1978	4357
1987	787	9232	276	48307	45876		2213	1687	1483	3835
1988	2137	11903	7703	58906	50785		789	1685	1580	6888
1989	3770	7779	2232	37532	35291		489	1030	911	5828
1990	1872	7854	2132	53657	47861		457	2410	2253	7855
1991	2857	7343	94	54961	46553		1331	2589	2301	6782
1992	1578	8923	273	115152	114898	74560	1985	3183	2579	10705
1993	919	15219	470	237167	231635	130917	5998	786	650	30649
1994	1632	13778	540	518944	507304	385545	6974	1936	1800	58439
1995	3302	17131	149	726035	722860	642095	12182	4906	4906	79434
1996	4587	23797	207	762861	759525	689727	11588	11013	10462	100624
1997	4289	21571	78	847573	842776	763985	12661	10288	9032	82207
1998	2532	30540	7	1048547	1031887	903000	16433	19243	17612	121843
1999	835	16688	162	1261420	1257995	1127344	21161	28257	28257	115528
2000	1400	55503	990	1392205	1388811	1265707	16080	14898	14808	90754
2001	3550	30767	7187	1533386	1531775	1408949	12965	13971	13971	143035
2002	17891	31834	26271	1703005	1693980	1588723	20379	18706	18556	98036
2003	89473	35691	39802	1385354	1382261	1290719	10128	23929	19957	106747
2004	75174	78474	20201	1272383	1252430	1124681	19134	19082	19082	112497
2005	40754	114520	20415	1194091	1180022	1072704	27701	31142	31142	139098
2006	46971	137106	15021	989379	970774	865157	34251	41556	34818	195404
2007	58858	235980	4591	937980	923038	800549	29179	48925	38808	254359
2008	40486	250806	13334	1339788	1311431	1026721	34714	62798	56631	326309
2009	42659	388196	11193	1516641	1466034	1181725	36916	135659	124722	645134
2010	660450	729835	45214	1038368	989182	678238	11716	188713	184925	862162
2011	491171	1364873	51751	546926	214801	208064	9542	241269	239429	882934
2012	117503	1514344	283503	681811	565180	74996	9231	1599053	295497	1322071

单位 万元

年 份	#交 通	#邮政、电信	批发零售餐 饮	金融保险	房地产	卫生体育	教育、艺术、广播	科研、综合技术服务	国家机关、公共管理和社会组织
1978		762	894			196	290	8	113
1979		56	1025	17		319	358	9	487
1980	205	1946	1705	267	130	304	766	65	1444
1981	420	1624	720	127		423	631		1047
1982		2207	2460	451		539	913	68	2968
1983	125	2013	1921	484		686	1492	171	5804
1984	2321	2204	1899	980	867	2014	2532	139	3095
1985	582	2706	4095	451	376	795	3113	881	3333
1986	783	3574	2468	682	564	1241	2122	305	2438
1987	410	3425	2993	1320	634	963	2730	446	3413
1988	1246	5642	4115	1099	677	1310	3987	508	5420
1989	921	4907	3084	1234	250	854	3677	473	3592
1990	1957	4959	2409	764	6882	1683	4437	423	2799
1991	1982	4800	4609	912	9305	1863	3571	463	4967
1992	2055	8650	5049	637	14695	2401	4697	671	6329
1993	6369	24280	12364	3042	33031	5279	7574	519	9180
1994	15575	42864	11923	7720	93622	6865	11517	1335	10539
1995	54722	24712	14764	5569	128175	3248	17179	1398	14810
1996	69320	31272	21067	5624	92596	2366	13671	2996	24871
1997	57681	24142	27586	5409	70146	6850	24338	345	54427
1998	81128	38814	23886	13261	64909	40317	28849	2790	68027
1999	66107	47690	13709	5646	58919	7322	18697	2658	53283
2000	55577	34838	15590	7641	72855	2908	17050	5047	44427
2001	66126	75227	18614	9056	67286	6862	15266	7079	38190
2002	64895	30572	15396	7223	80809	9309	32358	1615	33209
2003	83749	18998	22407	4035	130150	9970	36350	4059	18464
2004	82418	28867	56948	3481	205850	23198	36189	1521	22175
2005	109908	23560	57459	5210	323379	18998	36432	3340	27089
2006	186344	30115	55900	2914	391952	20261	22607	10555	29696
2007	226419	15900	81304	2868	500335	26685	46934	8150	39135
2008	290604	20397	95152	2393	606410	26307	40662	9998	53008
2009	603799	9695	117649	22297	900291	62612	74843	25077	29957
2010	720230		167607	19080	1305279	51830	84455	35354	52025
2011	692315	11650	299588	35766	1729213	52099	126660	5150	103189
2012	892102	429969	743306	27801	2477936	93915	251928	467921	147817

10—4 历年固定资产投资资金来源

（1995—2012 年）

单位：万元

年份	本年资金来源小计	国家预算内资金	国内贷款	债券	利用外资	自筹资金	其他资金
1995	1047763	305650	401797	761	79069	223501	36985
1996	1216710	459809	444389	1456	17472	214368	79216
1997	1542489	501140	429516	101609	12898	326168	171158
1998	1683415	523234	488619	3303	71854	343927	252478
1999	1793133	484164	496682	213847	56082	322012	220346
2000	1878357	561621	621953	205366	55280	317640	116497
2001	2242088	593447	597580	506171	77488	421499	45903
2002	2418391	505452	756080	500070	166284	389970	100535
2003	4470569	776982	524676	300000	232812	611976	2024123
2004	2406379	814911	209241		250133	937443	194651
2005	2863341	899384	306139		127783	1304039	225996
2006	3835296	1312226	332421	300000	40251	1489652	360746
2007	4654821	1573586	443135		37405	2100119	500576
2008	5168424	1504217	588189		27455	2712872	335691
2009	7786875	1613280	972284		29430	4418598	753283
2010	10341511	1736144	999058		35907	6130434	1439968
2011	12404705	751273	1406528		58525	8807244	1381135
2012	17308473	781538	1647861	9681	37817	13234869	1596707

10—5 历年房地产开发投资建设情况

（1990—2012 年）

年　份	房地产投资额（万元）	#住　宅	施工面积（万平方米）	#住　宅	竣工面积（万平方米）	#住　宅	竣工率（%）	#住　宅
1990	6882	5667	48.90	41.80	22.50	18.70	46.0	44.7
1991	9243	7985	50.60	44.70	22.90	20.40	45.3	45.6
1992	14695	8332	77.10	40.90	34.70	18.40	45.0	45.0
1993	28721	26778	95.80	72.30	24.30	21.30	25.4	29.5
1994	90351	85733	166.30	122.50	56.20	43.30	33.8	35.3
1995	125160	68936	231.30	167.30	63.70	55.70	27.5	33.3
1996	90041	44144	209.00	133.10	68.80	53.30	32.9	40.0
1997	66368	32616	157.30	105.20	50.30	40.20	32.0	38.2
1998	63624	34830	147.20	106.70	53.50	41.80	36.3	39.2
1999	52291	42575	135.30	107.30	49.10	37.20	36.3	34.7
2000	68030	43694	143.50	116.60	55.00	47.20	38.3	40.5
2001	65589	43811	138.00	117.90	76.20	66.90	55.2	56.7
2002	78031	45077	132.00	113.00	49.90	43.90	37.8	38.8
2003	127950	94687	208.90	180.60	93.50	83.10	44.8	46.0
2004	201696	149231	276.30	239.40	85.10	77.00	30.8	32.2
2005	317023	228462	328.70	272.40	130.20	109.40	39.6	40.2
2006	391764	251018	396.70	324.70	138.70	111.30	35.0	34.3
2007	487110	313389	522.80	441.30	156.70	126.40	30.0	28.6
2008	566832	416179	537.57	452.52	114.01	102.66	21.2	22.7
2009	793311	517753	785.93	568.53	144.36	127.38	25.3	22.4
2010	1057795	765684	1034.84	733.29	118.93	101.44	11.5	13.8
2011	1365492	966315	1197.97	878.29	206.97	159.16	17.3	18.1
2012	1765896	1218168	1450.56	1043.14	208.93	159.25	14.4	15.3

10—6 历年商品房销售情况

（1990—2012 年）

年份	商品房销售面积（万平方米）	#住宅	商品房销售额（万元）	#住宅	商品房待售面积（平方米）	不可销售面积（平方米）	商品房空置率（%）
1990	16.90	14.20	6882	5783			
1991	12.40	10.60	6349	5406			
1992	21.80	18.50	7889	6694			
1993	12.90	10.90	13507	11413			
1994	23.60	18.00	28827	25067			
1995	31.30	28.50	41349	37120	313857	179929	
1996	39.70	35.70	46887	40837	265240	169508	39.7
1997	34.00	31.90	39017	34708	124590	132461	19.7
1998	36.40	31.70	47781	34887	117172	143961	22.7
1999	32.10	28.90	30747	28071	116685	142095	25.1
2000	45.10	42.80	42893	41029	110342	122068	20.3
2001	58.60	55.90	68294	64140	90752	85174	11.5
2002	47.40	44.10	57981	52618	118517	71564	22.9
2003	80.60	76.40	104550	96563	118296	55869	11.9
2004	92.43	84.83	135274	123555	77360	55769	8.5
2005	106.11	94.97	216826	185042	208687	41893	15.6
2006	180.27	167.06	408913	343406	363281	67803	23.8
2007	215.38	198.89	554633	500965	252498	44562	13.4
2008	140.78	135.10	422168	391603	403712	37506	29.8
2009	204.08	191.95	645784	576225	253230	35770	16.8
2010	231.36	216.96	869746	733494	428866	135251	32.8
2011	366.45	318.17	1637227	1231620	568951	101204	27.5
2012	328.57	280.80	1610068	1138633	582270	100556	27.9

10—7 分县市区全社会固定资产投资

单位:万元

地　区	全社会投资			城镇投资(含房地产)			#城镇500万元以上项目		
	2012年	2011年	增幅(%)	2012年	2011年	增幅(%)	2012年	2011年	增幅(%)
宜昌市	**16209833**	**11899224**	**36.2**	**12661063**	**9640465**	**31.3**	**10895167**	**8280760**	**31.6**
宜都市	2705871	1853378	46.0	1871087	1208413	54.8	1787510	1123096	59.2
枝江市	2273231	1549625	46.7	1994665	1315257	51.7	1909205	1234905	54.6
当阳市	2130937	1464642	45.5	1716158	1191316	44.1	1617902	1105465	46.4
远安县	1111421	780805	42.3	620340	554222	11.9	596633	529255	12.7
兴山县	218346	141033	54.8	172061	109180	57.6	160353	90056	78.1
秭归县	611279	446646	36.9	392207	269527	45.5	324863	236690	37.3
长阳自治县	476472	348434	36.7	270780	222014	22.0	214889	181239	18.6
五峰自治县	280078	198291	41.2	231398	141958	63.0	225698	141273	59.8
市区合计	6224401	5116370	21.7	5392367	4628578	16.5	4058114	3638781	11.5
#市直	200397			18000			18000		
夷陵区	2580855	1771932	45.7	1793346	1329886	34.8	1414971	1060380	33.4
西陵区	1009301	724803	39.3	998001	722461	38.1	779610	495509	57.3
伍家岗区	937476	649787	44.3	932876	645667	44.5	327474	235134	39.3
点军区	206365	150303	37.3	182340	123993	47.1	172340	107993	59.6
猇亭区	1339927	1199845	11.7	1339927	1199845	11.7	1263529	1159449	9.0
宜昌高新区	65812	411636	-84.0	65812	411636	-84.0	20125	372252	-94.6
三峡工程	74996	208064	-64.0	74996	208064	-64.0	74996	208064	-64.0

地　区	#房地产开发			农村投资					
				农村非农户(500万元以上项目)			农村农户(建房和购买生产性)		
	2012年	2011年	增幅(%)	2012年	2011年	增幅(%)	2012年	2011年	增幅(%)
宜昌市	**1765896**	**1359705**	**29.9**	**2984273**	**1929951**	**54.6**	**564497**	**328808**	**71.7**
宜都市	83577	85317	-2.0	765784	590139	29.8	69000	54826	25.9
枝江市	85460	80352	6.4	198566	162987	21.8	80000	71381	12.1
当阳市	98256	85851	14.4	349779	225629	55.0	65000	47697	36.3
远安县	23707	24967	-5.0	489581	216447	126.2	1500	10136	-85.2
兴山县	11708	19124	-38.8	40085	25725	55.8	6200	6128	1.2
秭归县	67344	32837	105.1	199172	157863	26.2	19900	19256	3.3
长阳自治县	55891	40775	37.1	194892	115893	68.2	10800	10527	2.6
五峰自治县	5700	685	732.1	39280	47180	-16.7	9400	9153	2.7
市区合计	1334253	989797	34.8	707134	388088	82.2	124900	99704	25.3
#市直							182397		
夷陵区	378375	269506	40.4	692509	372226	86.0	95000	77825	22.1
西陵区	218391	226952	-3.8	8600	4730	81.8	2700	2581	4.6
伍家岗区	605402	410533	47.5				4600	4120	11.7
点军区	10000	16000	-37.5	6025	11132	-45.9	18000	15178	18.6
猇亭区	76398	40396	89.1						
宜昌高新区	45687	39384	16.0						
三峡工程									

10—8 分县市区农村私人固定资产投资

（2012年）

县市区名称	全年竣工房屋间数（间）	#住宅	竣工面积（平方米）	#住宅	竣工投资（万元）	#住宅	生产性投资（万元）	农村私人总投资（万元）
宜昌市	**140181**	**116353**	**3191726**	**2352207**	**335739**	**247614**	**228758**	**564497**
宜都市	33174	27940	735885	618521	64262	54528	17271	81533
枝江市	27680	19435	573384	451534	62405	53118	36895	99300
当阳市	16976	15082	397472	360212	31379	28720	42029	73408
远安市	12148	9112	182219	122087	17821	11505	5026	22847
兴山市	2375	2210	73567	66300	6253	5635	935	7188
秭归市	11285	9828	29137	20747	17024	9558	10512	27536
长阳自治县	5629	4790	131040	113303	10037	7916	1016	11053
五峰自治县	5904	5311	168254	160280	8942	8591	1608	10550
市区	25120	22745	604068	442523	58116	38543	73966	132082
#夷陵区	22879	20679	485560	338137	48400	30050	60555	108955
西陵区	110	110	3300	3300	500	500	500	1000
伍家区	449	397	12235	10002	357	300	4261	4618
点军区	1682	1559	102973	91084	8859	7693	8650	17509
猇亭区								
宜昌高新区								

10—9 分县市区开发区固定资产投资

单位：万元

开发区名称	500万元以上项目投资合计		
	2012年	2011年	增幅（%）
宜昌高新区	2292873	1571085	45.9
当阳经济开发区	1111641	800408	38.9
枝江经济开发区	1279670	906976	41.1
五峰工业园区	160425	99944	60.5
秭归经济开发区	195136	155212	25.7
西陵经济开发区	175552	113080	55.2
长阳经济开发区	120790	77610	55.6
伍家岗工业园区	44393	66280	-33.0
枝江安福寺工业园	166315	145330	14.4
夷陵经济开发区	827081	695298	19.0
宜都工业园区	1700367	1051533	61.7
远安工业园区	478125	415126	15.2

10—10 全社会固定资产投资分类

单位:万元、个

项目	2012 年	2011 年	±%
一、全社会固定资产投资	**16209833**	**11899224**	**36.2**
#不含三峡	16134837	11691160	38.0
三峡工程投资	74996	208064	-64.0
(一)按隶属关系分			
中　　央	365499	457004	-20.0
省	340258	17734	1818.7
市 县 属	15504076	11424486	35.7
(二)按项目类别分			
城镇 500 万元以上项目	10895167	8280760	31.6
房地产开发	1765896	1359705	29.9
农村 500 万元以上项目	2984273	1929951	54.6
农村私人投资	564497	328808	71.7
(三)按产业分			
第一产业	1125543	735374	53.1
第二产业	7952542	6499215	22.4
第三产业	7131748	4664635	52.9
(四)按经济类型分			
国有经济控股	5393356	3230800	66.9
其他经济控股	10816477	8668424	24.8
本年施工项目个数	**2275**	**2512**	**-9.4**
#市县属	2227	2479	-10.2
本年新开工项目个数	**1703**	**2005**	**-15.1**
#市县属	1671	1980	-15.6
本年投产项目个数	**1517**	**1863**	**-18.6**
#市县属	1494	1842	-18.9

注:固定资产投资项目统计口径从 50 万上调至 500 万,基数按新口径变更并调整。

10—11　500万元以上项目、房地产项目固定资产投资

（2012年）

单位：万元

分组指标	总计	中央	省	市县属
一、计划投资				
1.计划总投资	32784195	870182	870547	31043466
其中：本年新开工项目	17948679	487150	325944	17135585
2.自开始建设累计完成投资	23198496	556668	397635	22244193
二、自年初累计完成投资	**15570340**	**290503**	**340258**	**14939579**
其中：国有经济控股	5393356	290503	312916	4789937
其中：住宅	1398167	65989		1332178
1.按登记注册类型分				
内资企业	14929475	290503	340258	14298714
国有企业	3505430	177830	194356	3133244
集体企业	372273			372273
股份合作企业	31162			31162
联营企业	77637			77637
国有联营企业				
集体联营企业	2400			2400
国有与集体联营企业				
其他联营企业	75237			75237
有限责任公司	5362852	61131	120342	5181379
国有独资公司	106227			106227
其他有限责任公司	5256625	61131	120342	5075152
股份有限公司	1027365	51542	25560	950263
私营企业	3970483			3970483
其他企业	582273			582273
港、澳、台商投资企业	216490			216490
合资经营企业(港或澳、台资)	167065			167065
合作经营企业(港或澳、台资)	990			990
港、澳、台商独资经营企业	35935			35935
港、澳、台商投资股份有限公司	12500			12500
外商投资企业	363847			363847
中外合资经营企业	283794			283794
中外合作经营企业	49150			49150
外资企业	26703			26703
外商投资股份有限公司	4200			4200
个体经营	60528			60528
个体户	36878			36878
个人合伙	23650			23650
2.按建设性质分				
(1)新建	9076551	101552	219319	8755680
(2)改建	2201782	73925	9319	2118538
(3)改建和技术改造	1985625	8948	1620	1975057

10—11 续表1

单位:万元

分组指标	总计	中央	省	市县属
3.按构成分				
建筑工程	9262723	155368	179548	8927807
安装工程	1021310	17288	7276	996746
设备工器具购置	3713705	63565	93024	3557116
其中:用于更新的设备	562619	6905	10084	545630
其他费用	1572602	54282	60410	1457910
4.按国民经济行业分				
(一)农、林、牧、渔业	561046			561046
农业	153293			153293
林业	76481			76481
畜牧业	41281			41281
渔业	40255			40255
农、林、牧、渔服务业	249736			249736
(二)采矿业	723126		10342	712784
煤炭开采和洗选业	188866			188866
石油和天然气开采业	2300			2300
黑色金属矿采选业	16636		1000	15636
有色金属矿采选业	12276			12276
非金属矿采选业	479875		9342	470533
开采辅助活动	2200			2200
其他采矿业	20973			20973
(三)制造业	6538374	78298	128000	6332076
农副食品加工业	325484			325484
食品制造业	424199			424199
饮料制造业	366670			366670
烟草制品业	4940			4940
纺织业	158517			158517
纺织服装、鞋、帽制造业	125353			125353
皮革、毛皮、羽毛(绒)及其制品业	2990			2990
木材加工及木、竹、藤、棕、草制	110924			110924
家具制造业	29416			29416
造纸及纸制品业	130002			130002
印刷业和记录媒介的复制	77794			77794
文教体育用品制造业	79716			79716
石油加工、炼焦及核燃料加工业				
化学原料及化学制品制造业	961496	48732	110000	802764
医药制造业	247407			247407
化学纤维制造业	53930			53930
橡胶和塑料制品业	195470			195470

分 组 指 标	总 计	中 央	省	市县属
非金属矿物制品业	1304261		18000	1286261
黑色金属冶炼及压延加工业	60170			60170
有色金属冶炼及压延加工业	57333			57333
金属制品业	325623	4756		320867
通用设备制造业	323004	5000		318004
专用设备制造业	287890	10		287880
汽车制造业	192502			192502
铁路、船舶、航空航天和其他运输设备制造业	137332	16600		120732
电气机械及器材制造业	146181			146181
通信设备、计算机及其他电子设备	283508			283508
仪器仪表及文化、办公用机械制造	101812	3200		98612
工艺品及其他制造业	5000			5000
废弃资源和废旧材料回收加工业	16360			16360
金属制品、机械和设备修理业	3090			3090
(四)电力、燃气及水的生产和供应业	606815	62628	26822	517365
电力、热力的生产和供应业	490184	62628	26822	400734
燃气生产和供应业	37095			37095
水的生产和供应业	79536			79536
(五)建筑业	9231			9231
房屋建筑业	3000			3000
土木工程建筑业	6231			6231
建筑安装业				
建筑装饰业和其他建筑业				
(六)批发和零售业	513651	710	1823	511118
批发业	210815	710	1823	208282
零售业	302836			302836
(七)交通运输、仓储和邮政业	1322071	66820	155811	1099440
铁路运输业	71390	66820		4570
道路运输业	635913		113000	522913
水上运输业	158275		35251	123024
航空运输业				
管道运输业				
装卸搬运和其他运输服务业	26524			26524
仓储业	429969		7560	422409
邮政业				
(八)住宿和餐饮业	229655			229655
住宿业	115396			115396
餐饮业	114259			114259

10—11 续表3

单位:万元

分组指标	总计	中央	省	市县属
(九)信息传输、计算机服务和软件业	24131			24131
电信和其他信息传输服务业	6080			6080
计算机服务业				
软件业	18051			18051
(十)金融业	27801	100		27701
银行业	20751	100		20651
证券业	7050			7050
保险业				
其他金融活动				
(十一)房地产业	2477936	71826		2406110
房地产业	2477936	71826		2406110
(十二)租赁和商务服务业	175509			175509
租赁业				
商务服务业	175509			175509
(十三)科学研究、技术服务和地质勘查业	150331		2156	148175
研究与试验发展				
专业技术服务业	40672		2156	38516
科技交流和推广服务业	109659			109659
(十四)水利、环境和公共设施管理业	1599053	1260	8514	1589279
水利管理业	295497		4955	290542
环境管理业	140951			140951
公共设施管理业	1162605	1260	3559	1157786
(十五)居民服务和其他服务业	107970	5628		102342
居民服务业	83269	5628		77641
机动车、电子产品和日用产品修理业	24701			24701
其它服务业				
(十六)教育	173018	853	5790	166375
教育	173018	853	5790	166375
(十七)卫生和社会工作	91801	300		91501
卫生	81821	300		81521
社会工作	9980			9980
(十八)文化、体育和娱乐业	91004			91004
新闻出版业	1200			1200
广播、电视、电影和音像业	5202			5202
文化艺术业	23714			23714
体育	12094			12094
娱乐业	48794			48794
(十九)公共管理和社会组织	147817	2080	1000	144737

分组指标	总计	中央	省	市县属
中国共产党机关				
国家机构	113751	2080		111671
人民政协和民主党派				
社会保障	6046			6046
群众团体、社会团体和宗教组织	10790			10790
基层群众自治组织	17230		1000	16230
(二十)国际组织				
国际组织				
三、新增固定资产(万元)	10122526	103731	76850	9941945
四、项目个数(个)				
1. 施工项目个数	2274	27	20	2227
#本年新开工	1703	20	12	1671
2. 本年投产项目个数	1517	13	10	1494
五、房屋建筑面积(平方米)				
1. 施工面积	33994178	428607	260620	33304951
#住宅	12217529	357791		11859738
2. 竣工面积	10737375	95926	8575	10632874
#住宅	2786274	72151		2714123
六、本年资金来源合计(万元)	17561260	638018	324643	16598599
1. 上年末结余资金	829284	72919	39467	716898
2. 本年资金来源小计	16731976	565099	285176	15881701
(1)国家预算内资金	781538		36228	745310
#中央预算资金	71565			71565
(2)国内贷款	1647861	269260	21994	1356607
(3)债券	9681			9681
(4)利用外资	37817			37817
#外商直接投资	4831			4831
(5)自筹资金	12670372	240641	226858	12202873
#企、事业单位自有资金	3732413	161254	7560	3563599
#股东投入资金	153409		16274	137135
#借入资金	20342			20342
(6)其他资金来源	1584707	55198	96	1529413
七、各项应付款合计(万元)	1622325	11113	189821	1421391
#工程款	799522	5672	65581	728269
八、征用和购置土地情况				
1. 规划用地面积(平方米)	138661895	4383292	3912065	130366538
2. 本年实际征用和购置土地面积(平方米)	39119812	4263072	719577	34137163
3. 本年实际征用和购置土地成交价款(万元)	781442	8684	20748	752010

10—12 城镇500万元以上项目固定资产投资

（2012年）

单位：万元

分组指标	总计	中央	省	市县属
一、计划投资				
1.计划总投资	22323451	687777	775636	20860038
#本年新开工项目	14172763	487150	267313	13418300
2.自开始建设累计完成投资	15213719	316350	326780	14570589
二、自年初累计完成投资	10820171	228053	301687	10290431
#国有经济控股	4369294	228053	283687	3857554
#住宅	137334	11927		125407
1.按登记注册类型分				
内资企业	10198950	228053	301687	9669210
国有企业	2706829	176511	166127	2364191
集体企业	232975			232975
股份合作企业	17462			17462
联营企业	77137			77137
国有联营企业				
集体联营企业	1900			1900
国有与集体联营企业				
其他联营企业	75237			75237
有限责任公司	3786825		110000	3676825
国有独资公司	96250			96250
其他有限责任公司	3690575		110000	3580575
股份有限公司	784766	51542	25560	707664
私营企业	2250983			2250983
其他企业	341973			341973
港、澳、台商投资企业	208939			208939
合资经营企业(港或澳、台资)	166765			166765
合作经营企业(港或澳、台资)				
港、澳、台商独资经营企业	29674			29674
港、澳、台商投资股份有限公司	12500			12500
外商投资企业	362244			362244
中外合资经营企业	283794			283794
中外合作经营企业	49150			49150
外资企业	25100			25100
外商投资股份有限公司	4200			4200
个体经营	50038			50038
个体户	36878			36878
个人合伙	13160			13160
2.按建设性质分				
新建	7284736	101552	180748	7002436
改建	1567014	73925	9319	1483770
改建和技术改造	1450723	8948	1620	1440155

单位:万元

分组指标	总计	中央	省	市县属
3.按构成分				
建筑工程	6107495	92918	161697	5852880
安装工程	698779	17288	457	681034
设备工器具购置	2986030	63565	79901	2842564
#用于更新的设备	264680	826	3652	260202
其他费用	1027867	54282	59632	913953
4.按国民经济行业分				
(一)农、林、牧、渔业	193721			193721
农业	38479			38479
林业	36122			36122
畜牧业	13700			13700
渔业	13680			13680
农、林、牧、渔服务业	91740			91740
(二)采矿业	110341			110341
煤炭开采和洗选业	8700			8700
石油和天然气开采业	2300			2300
黑色金属矿采选业	2800			2800
有色金属矿采选业	260			260
非金属矿采选业	80146			80146
开采辅助活动	2200			2200
其他采矿业	13935			13935
(三)制造业	5531401	78298	128000	5325103
农副食品加工业	161876			161876
食品制造业	392509			392509
饮料制造业	217947			217947
烟草制品业	4013			4013
纺织业	132944			132944
纺织服装、鞋、帽制造业	114088			114088
皮革、毛皮、羽毛(绒)及其制品业	2990			2990
木材加工及木、竹、藤、棕、草制	100046			100046
家具制造业	20060			20060
造纸及纸制品业	127402			127402
印刷业和记录媒介的复制	62398			62398
文教体育用品制造业	73625			73625
石油加工、炼焦及核燃料加工业				
化学原料及化学制品制造业	941268	48732	110000	782536
医药制造业	247407			247407
化学纤维制造业	53930			53930
橡胶和塑料制品业	167760			167760

单位：万元

分组指标	总计	中央	省	市县属
非金属矿物制品业	1026352		18000	1008352
黑色金属冶炼及压延加工业	49269			49269
有色金属冶炼及压延加工业	54553			54553
金属制品业	302771	4756		298015
通用设备制造业	250635	5000		245635
专用设备制造业	257029	10		257019
汽车制造业	192502			192502
铁路、船舶、航空航天和其他运输设备制造业	132272	16600		115672
电气机械及器材制造业	119020			119020
通信设备、计算机及其他电子设备	282651			282651
仪器仪表及文化、办公用机械制造	19634	3200		16434
工艺品及其他制造业	5000			5000
废弃资源和废旧材料回收加工业	16360			16360
金属制品、机械和设备修理业	3090			3090
（四）电力、燃气及水的生产和供应业	494449	62628	3548	428273
电力、热力的生产和供应业	423626	62628	3548	357450
燃气生产和供应业	32395			32395
水的生产和供应业	38428			38428
（五）建筑业	9231			9231
房屋建筑业	3000			3000
土木工程建筑业	6231			6231
建筑安装业				
建筑装饰业和其他建筑业				
（六）批发和零售业	463084	710	1823	460551
批发业	191340	710	1823	188807
零售业	271744			271744
（七）交通运输、仓储和邮政业	1086088	66820	155811	863457
铁路运输业	66820			
道路运输业	454683		113000	341683
水上运输业	144144		35251	108893
航空运输业				
管道运输业				
装卸搬运和其他运输服务业	22834			22834
仓储业	397607		7560	390047
邮政业				
（八）住宿和餐饮业	179401			179401
住宿业	85572			85572
餐饮业	93829			93829

单位:万元

分组指标	总计	中央	省	市县属
(九)信息传输、计算机服务和软件业				
电信和其他信息传输服务业	24131			24131
计算机服务业	6080			6080
软件业				
(十)金融业	18051			18051
银行业	27801	100		27701
证券业	20751	100		20651
保险业	7050			7050
其他金融活动				
(十一)房地产业				
房地产业	574814	9376		565438
(十二)租赁和商务服务业	574814	9376		565438
租赁业	168055			168055
商务服务业				
(十三)科学研究、技术服务和地质勘查业	168055			168055
研究与试验发展	113539		2156	111383
专业技术服务业				
科技交流和推广服务业	10056		2156	7900
地质勘查业	103483			103483
(十四)水利、环境和公共设施管理业	1320299	1260	3559	1315480
水利管理业	164845			164845
环境管理业	134561			134561
公共设施管理业	1020893	1260	3559	1016074
(十五)居民服务和其他服务业	82385	5628		76757
居民服务业	66485	5628		60857
机动车、电子产品和日用产品修理业	15900			15900
其它服务业				
(十六)教育	150380	853	5790	143737
教育	150380	853	5790	143737
(十七)卫生和社会工作	83905	300		83605
卫生	76645	300		76345
社会工作	7260			7260
(十八)文化、体育和娱乐业	87990			87990
新闻出版业	1200			1200
广播、电视、电影和音像业	3702			3702
文化艺术业	23714			23714
体育	10580			10580
娱乐业	48794			48794
(十九)公共管理和社会组织	119156	2080	1000	116076

10—12 续表 4　　　　单位:万元

分组指标	总计	中央	省	市县属
中国共产党机关				
国家机构	92476	2080		90396
人民政协和民主党派				
社会保障	5146			5146
群众团体、社会团体和宗教组织	10790			10790
基层群众自治组织	10744		1000	9744
(二十)国际组织				
国际组织				
三、新增固定资产(万元)	7385809	102786	50376	7232647
四、项目个数(个)				
1. 施工项目个数	1497	27	15	1455
#本年新开工	1053	20	8	1025
2. 本年投产项目个数	952	13	7	932
五、房屋建筑面积(平方米)				
1. 施工面积	15666649	93767	251120	15321762
#住宅	1391589	67799		1323790
2. 竣工面积	6602528	90674	2575	6509279
#住宅	1011311	67799		943512
六、本年资金来源合计(万元)	11823028	310021	268382	11244625
1. 上年末结余资金	299058	380	38920	259758
2. 本年资金来源小计	11523970	309641	229462	10984867
(1)国家预算内资金	592539		33428	559111
#中央预算资金	56699			56699
(2)国内贷款	953497	69000		884497
(3)债券	400			400
(4)利用外资	22817			22817
#外商直接投资	3831			3831
(5)自筹资金	9323717	240641	196034	8887042
#企、事业单位自有资金	3014823	161254	7560	2846009
#股东投入资金	95643			95643
#借入资金	16666			16666
(6)其他资金来源	631000			631000
七、各项应付款合计(万元)	988899	799	189631	798469
#工程款	541113	792	65551	474770
八、征用和购置土地情况				
1. 规划用地面积(平方米)	95019385	4383292	3881039	86755054
2. 本年实际征用和购置土地面积(平方米)	30160259	4263072	702912	25194275
3. 本年实际征用和购置土地或交价款(万元)	658404	8684	20498	629222

10—13 按各种口径分的500万以上项目、房地产项目固定资产投资

（2012年）

单位：万元、个

指标名称	项目个数（不含房地产）	总计	城镇500万元项目投资	房地产投资	农村500万元项目投资
总计					
1. 按登记注册类型分					
国有单位	927	3625501	2803079	77254	745168
集体单位	120	405835	252337		153498
私营个体单位	549	3765883	2301021	378712	1086150
港澳台商投资	24	216320	208939		7381
外商投资	12	362244	362244		
其他经济单位	642	6372272	4892551	487645	992076
2. 按隶属关系分（不含房地产）					
中央	27	228053	228053		
地方	2247	13576391	10592118		2984273
3. 按建设性质分（不含房地产）					
新建	1381	9076551	7284736		1791815
扩建	370	2201782	1567014		634768
改建和技术改造	502	1985625	1450723		534902
单纯建造生活设施	1	5628	5628		
迁建	18	171803	163873		7930
恢复	2	2124	424		1700
单纯购置		360931	347773		13158
4. 按建设阶段分（不含房地产）					
筹建					
本年正式施工	2272	13431713	10464398		2967315
本年收尾	1	3800			3800
全部停缓建	1	8000	8000		
单纯购置		360931	347773		13158
5. 按计划总投资投资规模分（不含房地产）					
10亿元及以上	35	2120585	2001291		119294
5亿元－10亿元	56	1689375	1557219		132156
1亿元－5亿元	484	5385289	4267692		1117597
3000万元－1亿元	685	2906797	2002860		903937
3000万元以下	1014	1702398	991109		711289
6. 按控股情况分（不含房地产）					
国有控股	1021	5148994	4369294		779700
集体控股	167	627079	433426		193653
私人控股	1035	7517968	5574507		1943461
港澳台商控股	23	241509	234618		6891
外商控股	9	82780	58220		24560
其他					
7. 按期末建设状态分（不含房地产）					
在建	761	6953065	5798901		1154164
全部投产	1512	6843379	5013270		1830109
全部停缓建	1	8000	8000		
8. 按项目类别分（不含房地产）					
省重点项目	51	2261592	2261592		
地市洲重点项目	58	841558	758661		82897
其他	2165	10701294	7799918		2901376

注："项目个数"为所有进库项目的总数，包括续建项目本年没有投资的及设备购置项目。

10—13　续表 1　　　　单位:万元

指标名称	宜昌市	西陵区	伍家岗区	点军区	猇亭区	夷陵区	远安县
总计							
(一)农、林、牧、渔业	561046	1900		4211		96000	86573
农业	153293	1900				54815	43392
林业	76481			1000		6072	20817
畜牧业	41281						2700
渔业	40255						9500
农、林、牧、渔服务业	249736			3211		35113	10164
(二)采矿业	723126	4500				168926	310054
煤炭开采和洗选业	188866						75065
石油和天然气开采业	2300	2300					
黑色金属矿采选业	16636						
有色金属矿采选业	12276					8260	4016
非金属矿采选业	479875					160666	230973
开采辅助活动	2200	2200					
其他采矿业	20973						
(三)制造业	6538374	77685	96785	74323	769155	806182	367258
农副食品加工业	325484	1900	8300	1655	9400	25788	32355
食品制造业	424199	4630	21478		72100	4900	22495
酒、饮料和精制茶制造业	366670			11500		145140	49305
烟草制品业	4940						
纺织业	158517					26254	7720
纺织服装、服饰业	125353	17730			4440		1885
皮革、毛皮、羽毛及其制品和制鞋业	2990	2990					
木材加工及木、竹、藤、棕、草制品业	110924		180				22016
家具制造业	29416	8500				1200	7736
造纸及纸制品业	130002				1770	42225	17740
印刷业和记录媒介的复制业	77794	1660		2200	5120	32920	
文教、工美、体育和娱乐用品制造业	79716			3555			
石油加工、炼焦及核燃料加工业							
化学原料及化学制品制造业	961496	18200			62623	14868	22140
医药制造业	247407		23085	500		54681	20933
化学纤维制造业	53930					17085	
橡胶和塑料制品业	195470		6887	1700	2856	5914	4320
非金属矿物制品业	1304261	2300	5795	6195	281450	94798	115356
黑色金属冶炼及压延加工业	60170						
有色金属冶炼及压延加工业	57333						
金属制品业	325623		2250	3098	75680	103622	
通用设备制造业	323004	6345	24462	11920		52834	500
专用设备制造业	287890	1150	1980		12939	75609	16075

10—13　续表 2　　　　单位:万元

指　标　名　称	宜昌市	西陵区	伍家岗区	点军区	猇亭区	夷陵区	远安县
汽车制造业	192502				165150		22000
铁路、船舶、航空航天和其他运输设备制造业	137332	4000				4300	
电气机械及器材制造业	146181	2580	2368	11000	8740	28740	3682
计算机、通信和他电子设备制造业	283508	2500		21000	59027	64804	
仪器仪表制造业	101812	3200			2000		
其他制造业	5000						
废弃资源综合利用业	16360				5860	10500	
金属制品、机械和设备修理业	3090						
(四)电力、燃气及水的生产和供应业	606815	82000	29540	10697	192355	65842	11179
电力、热力的生产和供应业	490184	80000	29540	1000	184975	65432	8579
燃气生产和供应业	37095	2000		6400			
水的生产和供应业	79536			3297	7380	410	2600
(五)建筑业	9231	3000		2970		2178	
房屋建筑业	3000	3000					
土木工程建筑业	6231			2970		2178	
建筑安装业							
建筑装饰和其他建筑业							
(六)批发和零售业	513651	157580	10172	1500	3800	45539	1700
批发业	210815	38180	7778			19300	
零售业	302836	119400	2394	1500	3800	26239	1700
(七)交通运输、仓储和邮政业	1322071	18387	60128	4192	79732	93666	184741
铁路运输业	71390						
道路运输业	635913	10305		4192	16332	77411	156870
水上运输业	158275	8082			7070	10875	
航空运输业							
管道运输业							
装卸搬运和运输代理业	26524						
仓储业	429969		60128		56330	5380	27871
邮政业							
(八)住宿和餐饮业	229655	94167	12000	900		15624	19095
住宿业	115396	30766		900		15624	9685
餐饮业	114259	63401	12000				9410
(九)信息传输、软件和信息技术服务业	24131	20031					
电信、广播电视和卫星传输服务业	6080	1980					
互联网和相关服务业							
软件和信息技术服务业	18051	18051					
(十)金融业	27801	17401					6000
货币金融业	20751	10351					6000
资本市场业	7050	7050					

10—13 续表3　　　　单位:万元

指标名称	宜昌市	西陵区	伍家岗区	点军区	猇亭区	夷陵区	远安县
保险业							
其他金融业							
(十一)房地产业	2477936	350108	634369	14300	139988	563362	40545
房地产业	2477936	350108	634369	14300	139988	563362	40545
(十二)租赁和商务服务业	175509	76200				15671	
租赁业							
商务服务业	175509	76200				15671	
(十三)科学研究和技术服务业	150331	6196	2156		84040	3270	
研究和试验发展							
专业技术服务业	40672	4300	2156			3270	
科技推广和应用服务业	109659	1896			84040		
(十四)水利、环境和公共设施管理业	1599053	16042	58356	26278	52761	510456	50666
水利管理业	295497			1430		5528	15210
生态保护和环境治理业	140951			500		6609	
公共设施管理业	1162605	16042	58356	24348	52761	498319	35456
(十五)居民服务和其他服务业	107970	5350		10810		13231	
居民服务业	83269	5350		10		11231	
机动车、电子产品和日用产品修理业	24701			10800		2000	
其他服务业							
(十六)教育	173018	25812	2015	1440	1370	78148	4100
教育	173018	25812	2015	1440	1370	78148	4100
(十七)卫生和社会工作	91801	19515	9552	5100	4720	4371	12055
卫生	81821	18915	9552	5100	4720	4371	7395
社会工作	9980	600					4660
(十八)文化、体育和娱乐业	91004	20172	1200	31004	7500		1200
新闻出版业	1200		1200				
广播、电视、电影和影视录音制作业	5202	2702					
文化艺术业	23714				7500		
体育	12094	2880					1200
娱乐业	48794	14590		31004			
(十九)公共管理、社会保障和社会组织	147817	10555	3672	640	4506	3389	14755
中国共产党机关							
国家机构	113751	9855	2992			3389	6740
人民政协、民主党派							
社会保障	6046			640	4506		900
群众团体、社会团体和其他成员组织	10790						
基层群众自治组织	17230	700	680				7115
(二十)国际组织							
国际组织							

10—13 续表4 单位:万元

指标名称	兴山县	秭归县	长阳自治县	五峰自治县	宜都市	当阳市	枝江市	宜昌高新区
总计								
(一)农、林、牧、渔业	19898	74241	41264	19230	103586	54610	59533	
农业		15041	7100	9130	21338	577		
林业	2730	10854	4300	3000	11230	15068	1410	
畜牧业		7000	2750		16334	11297	1200	
渔业	6070	635			1700	22350		
农、林、牧、渔服务业	11098	40711	27114	7100	52984	5318	56923	
(二)采矿业	31659	44130	24726	7150	44248	71033	16700	
煤炭开采和洗选业		32800	4550	1950	10953	56848	6700	
石油和天然气开采业								
黑色金属矿采选业		4780	11856					
有色金属矿采选业								
非金属矿采选业	31659	6550	8320		31457	250	10000	
开采辅助活动								
其他采矿业				5200	1838	13935		
(三)制造业	54169	131753	148492	101460	1255344	1231517	1418103	6148
农副食品加工业	7800	1200	45710		13106	117463	60807	
食品制造业		15300	10330		62154	67592	142785	435
酒、饮料和精制茶制造业		1100	2130	20250	53877	56558	26800	10
烟草制品业		4940						
纺织业						20063	104480	
纺织服装、服饰业					23060	40223	38015	
皮革、毛皮、羽毛及其制品和制鞋业								
木材加工及木、竹、藤、棕、草制品业				1500	1549	35079	50600	
家具制造业	1620						10360	
造纸及纸制品业		3533			9431	44703	10600	
印刷业和记录媒介的复制业		3100	10		19809	2790	10125	60
文教、工美、体育和娱乐用品制造业				63970	6000	6091		100
石油加工、炼焦及核燃料加工业								
化学原料及化学制品制造业	17259		8122		162541	165662	490081	
医药制造业			3750		91578	11310	41550	20
化学纤维制造业						36845		
橡胶和塑料制品业						110488	63275	30
非金属矿物制品业	18050	53993	26740	12000	193531	393023	100010	20
黑色金属冶炼及压延加工业		7689	20900		3701		27870	10
有色金属冶炼及压延加工业		4000	2780		26643	4000	19910	
金属制品业		4273			19073	46241	66630	4756
通用设备制造业					132337		94596	10
专用设备制造业			22510	3740	109178	33058	11641	10

单位:万元

指标名称	兴山县	秭归县	长阳自治县	五峰自治县	宜都市	当阳市	枝江市	宜昌高新区
汽车制造业					5342			10
铁路、船舶、航空航天和其他运输设备制造业		20130			66834	12600	29468	
电气机械及器材制造业		12495	2500		38681	16895	18500	
计算机、通信和他电子设备制造业	6350		3010		122257	4560		
仪器仪表制造业					89662	6273		677
其他制造业					5000			
废弃资源综合利用业								
金属制品、机械和设备修理业	3090							
(四)电力、燃气及水的生产和供应业	18344	6153	30229	16050	56004	36997	51425	
电力、热力的生产和供应业	15816	6153	20196	10550	25202	30741	12000	
燃气生产和供应业				2000	4935		21760	
水的生产和供应业	2528		10033	3500	25867	6256	17665	
(五)建筑业						1083		
房屋建筑业								
土木工程建筑业						1083		
建筑安装业								
建筑装饰和其他建筑业								
(六)批发和零售业	710		26667	31823	34879	148271	48700	2310
批发业	710		26667	31823	11046	63311	12000	
零售业					23833	84960	36700	2310
(七)交通运输、仓储和邮政业	16999	109855	50081	54100	234120	183795	232265	10
铁路运输业			2400		2170		66820	
道路运输业	6499	57863	43681	54100	98520	56340	53790	10
水上运输业		40282	4000		56803		31163	
航空运输业								
管道运输业								
装卸搬运和运输代理业		6700			2673	17151		
仓储业	10500	5010			73954	110304	80492	
邮政业								
(八)住宿和餐饮业		3000	2250		30751	36828	14470	570
住宿业		3000	2150		19831	32870		570
餐饮业			100		10920	3958	14470	
(九)信息传输、软件和信息技术服务业							4100	
电信、广播电视和卫星传输服务业							4100	
互联网和相关服务业								
软件和信息技术服务业								
(十)金融业			4400					
货币金融业			4400					
资本市场业								

10—13 续表 6

单位:万元

指标名称	兴山县	秭归县	长阳自治县	五峰自治县	宜都市	当阳市	枝江市	宜昌高新区
保险业								
其他金融业								
(十一)房地产业	14741	73952	59051	14895	305100	127854	85460	54211
房地产业	14741	73952	59051	14895	305100	127854	85460	54211
(十二)租赁和商务服务业	3278	1215	7504	12900		1040	57701	
租赁业								
商务服务业	3278	1215	7504	12900		1040	57701	
(十三)科学研究和技术服务业		2583	3600		21130	2580	24766	10
研究和试验发展								
专业技术服务业			3600			2580	24766	
科技推广和应用服务业		2583			21130			10
(十四)水利、环境和公共设施管理业	40464	111229	47734	8600	421420	146010	89484	1553
水利管理业	3577	22406	2600	7100	79771	106408	50639	828
生态保护和环境治理业	588	7228			120354	5672		
公共设施管理业	36299	81595	45134	1500	221295	33930	38845	725
(十五)居民服务和其他服务业		16485	5600				56494	
居民服务业		10184					56494	
机动车、电子产品和日用产品修理业		6301	5600					
其他服务业								
(十六)教育	4455	6369	6215	3770	23964	4480	9880	1000
教育	4455	6369	6215	3770	23964	4480	9880	1000
(十七)卫生和社会工作	1527	5106	2738	700	20417	2300	3700	
卫生	1527	3606	2738		19897	2300	1700	
社会工作		1500		700	520		2000	
(十八)文化、体育和娱乐业	1200	580	1821		5068	11759	9500	
新闻出版业								
广播、电视、电影和影视录音制作业					1500		1000	
文化艺术业		580	1821		2054	11759		
体育					1514		6500	
娱乐业	1200						2000	
(十九)公共管理、社会保障和社会组织	4702	4728	3300		80840	5780	10950	
中国共产党机关								
国家机构	4702	424	3300		78069	4280		
人民政协、民主党派								
社会保障								
群众团体、社会团体和其他成员组织							10790	
基层群众自治组织		4304			2771	1500	160	
(二十)国际组织								
国际组织								

10—14 固定资产投资效果

(2012年)

项目	单位	合计	城镇500万元以上项目	农村500万元以上项目
建设项目投产率	%	**67**	**64**	**73**
施工项目	个	2274	1497	777
投产项目	个	1517	952	565
新开工项目	个	1703	1053	650
固定资产交付使用率	%	**68**	**68**	**69**
本年新增固定资产	万元	9445111	7385809	2059302
本年完成投资	万元	13804444	10820171	2984273
建设周期	**年**	**1.9**	**2.1**	**1.5**
计划总投资	万元	26913585	22323451	4590134
本年完成投资	万元	13804444	10820171	2984273
房屋建筑面积竣工率	%	**44**	**42**	**54**
施工面积	平方米	19488533	15666649	3821884
竣工面积	平方米	8648105	6602528	2045577

10—15　固定资产投资生产能力情况

（2012年）

能力名称	建设规模	本年施工规模	本年新开工	累计生产能力（或效益）	本年新增
原煤开采（万吨/年）	254.3	216.3	210.3	252.3	216.3
洗煤（万吨/年）	92	92	92	92	92
铁矿选矿处理原矿量（万吨/年）	20	20	20	20	20
铁矿石成品矿（万吨/年）	400.5	400.5	400.5	400.5	400.5
铁合金(折标吨/年)	300	300	300	300	300
钢材（万吨/年）	5	1	1	1	1
铜冶炼（吨/年）	10805	10801	10801	10801	10801
电解铝（吨/年）	35000	35000	35000	35000	35000
铝加工(吨/年)	5000	5000	5000	5000	5000
水力发电（万千瓦）	42189.18	41542.28	41540.38	41543.06	41542.16
火力发电（万千瓦）	95	95	95		
其他发电（万千瓦）	37	37	37	36	
输电线路长度(110KV及以上)（公里）	7251.59	7222.49	7186.59	7203.49	7191.89
水泥（万吨/年）	195	147	147	100	100
平板玻璃（万重量箱/年）	95	55	55	55	55
石墨及炭素制品（吨/年）	318520	318520	311220	315300	314800
电石（吨/年）	103833	103833	103833	103833	103833
氮肥（吨/年）	92400	92400	77400	45600	45600
磷肥（吨/年）	902392	902392	301288	888892	888892
钾肥（吨/年）	53500	53500	53500		
塑料树脂及共聚物（吨/年）	204180	203760	103760	100260	100260
内燃机（台/年）	300	300	300	300	300
载货汽车制造（辆/年）	2000	2000	2000		
轿车汽车制造（辆/年）	20	5			
其他汽车制造（辆/年）	5	5			
化学纤维(吨/年)	66325	66310	66300	4300	4300
其中:合成纤维(吨/年)	64000	64000	64000	4000	4000
棉纺锭（锭）	235000	235000	65000	115000	115000
啤酒（万吨/年）	4	4	4		
白酒（万吨/年）	12.5	12.5	12.5	1.5	1.5
其他酒（万吨/年）	10.8	10.8	10.8	10.8	
电气化铁路投产里程（公里）	36.5	5.6	5.6	36.5	
新建公路（公里）	957.5	845.8	816.6	875.9	817.9
其中:高速公路（公里）	68.4	6.5		17.2	6.5
一级公路（公里）	36.1	19.5	19.5	11.6	11.6
二级公路（公里）	723.1	723.1	717.2	720.0	720.0
改建公路（公里）	1327.2	1314.1	1252.8	1158.3	1158.3
一级公路（公里）	172.7	172.7	141.1	83.5	83.5
二级公路（公里）	758.1	745.0	732.6	720.1	720.1
新建独立公路桥梁（延长米）	3956	3956	3590	721	721
新建独立公路桥梁（座）	5	5	4	4	4
新建独立公路隧道（延长米）	16	16	16	16	16
新建独立公路隧道（处）	1	1	1	1	1
新(扩)建港口码头（年吞吐量:万吨）	1968	1968	1594	1012	647
新(扩)建港口码头（年吞吐量:标准集装箱）	4937	4937	4921	3428	428
新(扩)建港口码头（泊位:个）	27	27	21	17	11
新(扩)建公路客、货运站（个）	4	4	4	3	3
新(扩)建公路客、货运站（平方米）	12400	12400	12400	7900	7900
城市自来水供水能力（万吨/日）	43.1	43.1	33.1	34.6	34.6
城市污水处理能力（万吨/日）	24.5	24.5	20.5	20.5	10.5

10—16　新开工亿元以上项目投资情况

（2012年）

项目单位名称	项　目　名　称	行业类别	项目级别	计划总投资
宜昌市庙嘴长江大桥建设投资有限公司	宜昌市庙嘴长江大桥	7810	2	270000
锦江麦德龙宜昌商场	麦德龙	5212	4	20000
宜昌兴盈百货有限公司	名轩国际广场	5211	4	26000
宜昌市地方税务局	城区纳税服务中心	7231	4	12200
宜昌卓悦广场管理有限公司	卓悦商业中心	5211	4	15399
宜昌市第一人民医院	一医院综合大楼	8311	3	27721
宜昌市东山建设发展总公司	王家坝村民还建安置房项目	7090	4	18366
浙江二建宜昌钢结构有限公司	厂区车间扩建及钢结构研发大楼项目	3140	4	11000
宜昌宜顺汽车销售服务有限公司	路虎、菲亚特4S店项目	5261	4	11000
宜昌和艺企业孵化运营管理有限责任公司	清华科技园孵化园项目	7590	4	15648
湖北华润科技有限公司	高比能锂电池密封材料产业化项目	2915	4	10000
湖北匡通电子有限公司	匡通电子一期	6599	4	18051
宜昌天美国际化妆品有限公司	欧莱雅扩建	2682	2	30000
西陵经济开发区石板管理区	山水缘安置小区	7090	4	20601
湖北宜昌长江三峡游轮中心	三峡游轮中心	5413	4	49498
宜昌市中心人民医院	市中心人民医院门诊急诊全科医生培训基地综合楼	8311	3	36764
宜昌市沙龙宴餐饮有限责任公司	沙龙宴总部及办公楼建设项目	6210	4	12000
宜昌市伍家乡共联村民委员会	共联商贸大市场	5111	4	40700
宜昌市恒昌标准件有限公司	恒昌标准件搬迁改造项目(湖北伍家岗区机械加工产业园子项目之一)	3482	2	12000
宜昌市东山建设发展总公司	东山三路市政工程	7810	4	22000
安琪酵母股份有限公司	年产5000吨新型酶制剂生产线项目	1469	3	17400
新龙药业集团宜昌泰吉堂有限公司	中药饮品加工项目	2730	3	11700
宜昌九丹炉食品科技有限公司	生物菌农产品运用项目	1392	4	13076
宜昌三峡制药有限公司	氨基酸产业基地项目	2720	2	36422
安能(宜昌)生物质热电有限公司	生物质发电项目	4419	3	39512
安能(宜昌)生物质热电有限公司	热网工程项目	4420	4	16480
宜昌三峡日报传媒集团有限公司	三峡日报传媒集团数字出版中心	8522	3	10000
宜昌弘顺汽车销售服务有限公司	汽车4S店项目	8011	4	12000
宜昌市月亮湾旅游开发有限责任公司	月亮湾1.5产业园项目	8990	2	65000
湖北富兴化工有限公司	6万吨/年水处理剂项目	2612	2	11605
宜昌猇亭工业园投资有限公司	猇亭区民主路市政工程	7810	4	10228
湖北江通物流有限公司	物流公用型保税仓库建设项目	5990	2	61301
宜昌经纬机械有限公司	高新纤维装备制造项目	3551	4	30978
湖北全阳磁性材料有限公司	年产50000吨永磁材料制造项目	3391	3	86000
宜昌南玻硅材料有限公司	半导体高纯硅技术改造项目	3099	2	170000
湖北宜昌楚润建材有限公司	综合利用脱硫石膏及粉煤灰年产60万立方加气混凝土砌块项目	3039	4	10428
湖北鑫和乐实业有限公司	工业厂房项目二期	7090	4	33000
宜昌合晶光电陶瓷有限公司	年产100万片蓝宝石衬底材料项目	3969	3	15400
猇亭区城乡建设和城市管理局	猇亭区张家湾路市政工程	7810	4	17005
猇亭区城乡建设和城市管理局	猇亭区迎宾大道市政工程	7810	4	16082
宜昌三峡天润纳米有限公司	纳米材料工程技术研究中心	7513	2	98500
宜昌三峡中润纳米材料公司	年产1万吨建筑用纳米隔热保温涂料项目	3035	2	25000

注：项目级别："1"＝国家级、"2"＝省级、"3"＝市级、"4"＝一般

10—16 续表1 单位:万元

项目单位名称	项目名称	自开始建设至本年底累计完成投资	本年完成投资
宜昌市庙嘴长江大桥建设投资有限公司	宜昌市庙嘴长江大桥	18000	18000
锦江麦德龙宜昌商场	麦德龙	20500	20500
宜昌兴盈百货有限公司	名轩国际广场	11000	11000
宜昌市地方税务局	城区纳税服务中心	2620	2620
宜昌卓悦广场管理有限公司	卓悦商业中心	7000	7000
宜昌市第一人民医院	一医院综合大楼	1000	1000
宜昌市东山建设发展总公司	王家坝村民还建安置房项目	11010	10
浙江二建宜昌钢结构有限公司	厂区车间扩建及钢结构研发大楼项目	10	10
宜昌宜顺汽车销售服务有限公司	路虎、菲亚特4S店项目	2300	2300
宜昌和艺企业孵化运营管理有限责任公司	清华科技园孵化园项目	20	10
湖北华润科技有限公司	高比能锂电池密封材料产业化项目	10	10
湖北匡通电子有限公司	匡通电子一期	18051	18051
宜昌天美国际化妆品有限公司	欧莱雅扩建	18200	18200
西陵经济开发区石板管理区	山水缘安置小区	3260	3260
湖北宜昌长江三峡游轮中心	三峡游轮中心	7500	7500
宜昌市中心人民医院	市中心人民医院门诊急诊全科医生培训基地综合楼	8926	8926
宜昌市沙龙宴餐饮有限责任公司	沙龙宴总部及办公楼建设项目	12000	12000
宜昌市伍家乡共联村民委员会	共联商贸大市场	4200	4200
宜昌市恒昌标准件有限公司	恒昌标准件搬迁改造项目(湖北伍家岗区机械加工产业园子项目之一)	12000	12000
宜昌市东山建设发展总公司	东山三路市政工程	17800	17800
安琪酵母股份有限公司	年产5000吨新型酶制剂生产线项目	17405	17405
新龙药业集团宜昌泰吉堂有限公司	中药饮品加工项目	3733	3733
宜昌九丹炉食品科技有限公司	生物菌农产品运用项目	8300	8300
宜昌三峡制药有限公司	氨基酸产业基地项目	17020	17020
安能(宜昌)生物质热电有限公司	生物质发电项目	26550	26550
安能(宜昌)生物质热电有限公司	热网工程项目	2990	2990
宜昌三峡日报传媒集团有限公司	三峡日报传媒集团数字出版中心	1200	1200
宜昌弘顺汽车销售服务有限公司	汽车4S店项目	10800	10800
宜昌市月亮湾旅游开发有限责任公司	月亮湾1.5产业园项目	31004	31004
湖北富兴化工有限公司	6万吨/年水处理剂项目	7150	7150
宜昌猇亭工业园投资有限公司	猇亭区民主路市政工程	8700	8700
湖北江通物流有限公司	物流公用型保税仓库建设项目	56330	56330
宜昌经纬机械有限公司	高新纤维装备制造项目	4100	4100
湖北全阳磁性材料有限公司	年产50000吨永磁材料制造项目	75680	75680
宜昌南玻硅材料有限公司	半导体高纯硅技术改造项目	141300	141300
湖北宜昌楚润建材有限公司	综合利用脱硫石膏及粉煤灰年产60万立方加气混凝土砌块项目	8780	8780
湖北鑫和乐实业有限公司	工业厂房项目二期	30340	30340
宜昌合晶光电陶瓷有限公司	年产100万片蓝宝石衬底材料项目	12510	12510
猇亭区城乡建设和城市管理局	猇亭区张家湾路市政工程	12800	12800
猇亭区城乡建设和城市管理局	猇亭区迎宾大道市政工程	12000	12000
宜昌三峡天润纳米有限公司	纳米材料工程技术研究中心	84040	84040
宜昌三峡中润纳米材料公司	年产1万吨建筑用纳米隔热保温涂料项目	5000	5000

10—16 续表 2

单位：万元

项目单位名称	项目名称	行业类别	项目级别	计划总投资
华润电力（宜昌）有限公司	湖北华润宜昌猇亭“上大压下”热电联产新建工程	4411	2	307600
湖北省电力公司宜昌市夷陵区供电公司	宜昌北 500 千伏输变电工程	4420	4	42580
宜昌灯影峡船务有限公司	宜昌三斗坪旅游码头	5512	4	15016
宜昌市夷陵区公路管理局	小鸦一级路配套设施建设与恢复工程	7810	3	43800
夷陵区交通建设项目管理办公室	平湖半岛至黄花工业园段公路改扩建工程	5442	4	43540
宜昌市夷陵区交通建设项目管理办公室	宜巴高速公路夷陵区段道路还建工程	5442	4	14900
省电力公司夷陵区供电公司	宜昌夷陵 220 千伏黄花输变电工程项目	4420	4	18775
宜昌金狮宾馆有限责任公司	金狮宾馆改建、扩建项目	6110	4	19680
宜昌弘洋集团有限公司	弘洋林产品综合批发市场一期工程	5115	4	12300
宜昌三峡茶城集团有限公司	三峡茶文化旅游商城项目	7291	4	19250
宜昌万利农业开发有限公司	柑桔蔬菜商品化处理生产线建设	513	4	12000
宜昌市姜家庙旅游管理处	姜家庙野浪谷景区建设	7852	4	12200
宜昌夷陵城市建设投资有限公司	黄家湾商住小区项目建设工程	7090	4	150000
宜昌夷陵城市建设投资有限公司	夷陵区东方大道建设工程	7810	2	80000
宜昌夷陵城市建设投资有限公司	夷陵区发展大道新区郭家湾居民点建设工程	7090	2	150000
宜昌夷陵城市建设投资有限公司	夷陵区小溪塔综合产业园基础设施建设工程	7810	2	850000
湖北宇隆新能源有限公司	湖北宇隆新能源锂聚合物锂电池生产建设项目	3841	4	60000
宜昌夷陵城市建设投资有限公司	夷陵区大连路道路工程	5442	2	80000
宜昌华舟重工机械有限公司	船用柴油机配套加工建设项目	3484	4	60000
宜昌圆球生物科技有限公司	透明质酸生产建设项目	3543	4	15000
萧氏饮品有限公司	无糖型原茶饮料生产建设项目	1529	4	20000
宜昌萧氏集团黑马彩印有限公司	彩色印刷包装生产线建设项目	2319	4	19000
宜昌夷陵经济开发有限公司	湖北夷陵经济开发区核心区基础设施建设项目	7810	4	280000
宜昌鑫宏金属门窗有限公司	门窗、钢结构及附属产品建设项目	3312	4	32000
宜昌钟宜实业有限公司钢结构分公司	年产 10 万吨钢结构建设项目	3311	3	60000
湖北新中船烟草机械制造有限公司	烟草机械制造工业园建设项目	3531	4	16000
三峡伟志光电（宜昌）有限公司	LED 背光源生产基地建设项目	3969	4	30000
宜昌顶津饮品有限公司	宜昌顶津西德乐 05 矿水生产线建设项目	1522	4	12000
宜昌凯瑞棉纺织有限公司	精纺生产线建设项目	1711	4	20065
湖北恒安药业有限公司	扩建生产车间及仓库建设项目	2730	4	11000
宜昌龙洞湾矿业有限公司	龙洞湾磷矿基建工程	1020	4	15000
宜昌诚信工贸有限责任公司	孙家墩磷矿基建工程	1020	4	32673
湖北宜化江家墩矿业有限公司	江家墩西部矿段采矿项目	1020	4	15284
黄家台龙盛劳务有限责任公司	黄家台村杉树垭居民小区及茶园山搬迁整体项目建设	7090	4	20000
宜昌市黄家台龙盛劳务有限责任公司	黄家台小区建设项目	7090	4	23000
宜昌明珠磷化工业有限公司	仓屋垭矿区地质详查项目	1020	4	11120
湖北昌达化工有限责任公司黑良山磷矿	湖北昌达化工有限责任公司黑良山磷矿基建项目	1020	4	90000
湖北三宁矿业有限公司	挑水河西部矿段基建工程建设	1020	4	40000
宜昌西塞国旅游开发有限公司	梨耳坪生态茶园景区旅游基础设施项目	7852	4	12760
宜昌山里来食品有限责任公司	宜昌百里荒生态观光农业建设项目	141	4	35100
湖北三国农业发展有限公司	玻璃深加工建设项目	3049	4	11800
湖北三峡黑茶有限责任公司	湖北三峡黑茶科技园建设项目	1530	4	20000

10—16 续表3

单位:万元

项目单位名称	项目名称	自开始建设至本年底累计完成投资	本年完成投资
华润电力(宜昌)有限公司	湖北华润宜昌猇亭"上大压下"热电联产新建工程	181455	181455
湖北省电力公司宜昌市夷陵区供电公司	宜昌北500千伏输变电工程	42580	42580
宜昌灯影峡船务有限公司	宜昌三斗坪旅游码头	3600	3600
宜昌市夷陵区公路管理局	小鸦一级路配套设施建设与恢复工程	26360	26360
夷陵区交通建设项目管理办公室	平湖半岛至黄花工业园段公路改扩建工程	16650	16650
宜昌市夷陵区交通建设项目管理办公室	宜巴高速公路夷陵区段道路还建工程	15100	15100
省电力公司夷陵区供电公司	宜昌夷陵220千伏黄花输变电工程项目	18775	18775
宜昌金狮宾馆有限责任公司	金狮宾馆改建、扩建项目	15624	15624
宜昌弘洋集团有限公司	弘洋林产品综合批发市场一期工程	12300	12300
宜昌三峡茶城集团有限公司	三峡茶文化旅游商城项目	13091	13091
宜昌万利农业开发有限公司	柑桔蔬菜商品化处理生产线建设	12000	12000
宜昌市姜家庙旅游管理处	姜家庙野浪谷景区建设	12200	12200
宜昌夷陵城市建设投资有限公司	黄家湾商住小区项目建设工程	28171	28171
宜昌夷陵城市建设投资有限公司	夷陵区东方大道建设工程	80000	80000
宜昌夷陵城市建设投资有限公司	夷陵区发展大道新区郭家湾居民点建设工程	57034	57034
宜昌夷陵城市建设投资有限公司	夷陵区小溪塔综合产业园基础设施建设工程	143052	143052
湖北宇隆新能源有限公司	湖北宇隆新能源锂聚合物锂电池生产建设项目	11537	11537
宜昌夷陵城市建设投资有限公司	夷陵区大连路道路工程	16332	16332
宜昌华舟重工机械有限公司	船用柴油机配套加工建设项目	39834	39834
宜昌圆球生物科技有限公司	透明质酸生产建设项目	9864	9864
萧氏饮品有限公司	无糖型原茶饮料生产建设项目	20000	20000
宜昌萧氏集团黑马彩印有限公司	彩色印刷包装生产线建设项目	19000	19000
宜昌夷陵经济开发有限公司	湖北夷陵经济开发区核心区基础设施建设项目	28428	28428
宜昌鑫宏金属门窗有限公司	门窗、钢结构及附属产品建设项目	25500	25500
宜昌钟宜实业有限公司钢结构分公司	年产10万吨钢结构建设项目	45533	45533
湖北新中船烟草机械制造有限公司	烟草机械制造工业园建设项目	13952	13952
三峡伟志光电(宜昌)有限公司	LED背光源生产基地建设项目	31259	31259
宜昌顶津饮品有限公司	宜昌顶津西德乐05矿水生产线建设项目	12000	12000
宜昌凯瑞棉纺织有限公司	精纺生产线建设项目	18332	18332
湖北恒安药业有限公司	扩建生产车间及仓库建设项目	10000	10000
宜昌龙洞湾矿业有限公司	龙洞湾磷矿基建工程	15000	15000
宜昌诚信工贸有限责任公司	孙家墩磷矿基建工程	20076	20076
湖北宜化江家墩矿业有限公司	江家墩西部矿段采矿项目	9342	9342
黄家台龙盛劳务有限责任公司	黄家台村杉树垭居民小区及茶园山搬迁整体项目建设	16543	16543
宜昌市黄家台龙盛劳务有限责任公司	黄家台小区建设项目	3785	3785
宜昌明珠磷化工业有限公司	仓屋垭矿区地质详查项目	11120	11120
湖北昌达化工有限责任公司黑良山磷矿	湖北昌达化工有限责任公司黑良山磷矿基建项目	28441	28441
湖北三宁矿业有限公司	挑水河西部矿段基建工程建设	29446	29446
宜昌西塞国旅游开发有限公司	梨耳坪生态茶园景区旅游基础设施项目	12760	12760
宜昌山里来食品有限责任公司	宜昌百里荒生态观光农业建设项目	13060	13060
湖北三国农业发展有限公司	玻璃深加工建设项目	11800	11800
湖北三峡黑茶有限责任公司	湖北三峡黑茶科技园建设项目	11330	11330

10—16　续表 4

单位：万元

项目单位名称	项目名称	行业类别	项目级别	计划总投资
宜昌中堡岛资产经营有限公司	三斗坪镇沿江商业步行街建设项目	7810	4	20000
宜昌铜丰矿业有限公司	年产 10 万吨白云石开采及加工二期工程建设项目	1099	4	40000
宜昌市青腾食用菌专业合作社	菇菌文化中心建设项目	1399	4	13000
宜昌江峡移安资产经营有限公司	三峡坝区移民生态工业园基础设施及配套工程建设项目	7810	4	53000
宜昌市夷陵区城市建设办公室	龙泉镇临河路改扩建市政工程	7810	4	25000
湖北稻花香集团	龙泉镇自来水厂建设项目	4610	4	10000
湖北稻花香集团	复合香型微生物菌种选育与发酵产业化项目	1512	4	14215
湖北宜昌翔陵纸制品有限公司	灰纤维改性循环利用项目	2221	4	10802
宜昌市龙泉钢结构有限公司	年产 2 万吨钢结构建设项目	3311	4	10000
湖北宜昌翔陵纸制品有限公司	宜昌三峡再生资源集散中心项目	4220	4	10500
湖北兴葆科技有限责任公司	500KV 及以上电压等级输变电钢管杆塔建设项目	3311	4	20000
夷陵区龙泉镇车站村民委员会	车站村居民安置点(A、F 组团)项目	7090	4	15300
宜昌人福药业有限责任公司	出口药品生产基地一期工程	2720	2	24100
宜昌市城市建设投资开发有限公司	宜昌市花艳污水处理	7721	3	15374
湖北好智多生物科技开发有限公司	植物精华酒及植物精华饮品项目	1519	4	22370
夷陵区龙泉镇土门村民委员会	土门村居民安置点(D 组团)项目	7090	4	35565
湖北双元包装科技有限公司	纸质镭射防伪标识生产建设项目	2239	4	30000
宜昌御龙科技开发有限公司	数字电位器及 PCB 电路板生产建设项目	3972	4	33000
宜昌梅林投资管理有限公司	青岛工业园基础设施建设项目	7810	2	50000
宜昌宏裕塑业有限责任公司	高阻隔型复合改性塑料制品生产项目	2319	4	39913
湖北蜂鸟科技有限公司	聚合物锂离子电池研发生产建设项目	3841	4	12000
宜昌星同建材有限责任公司	年产 60 万立方米蒸压加气混凝土砌块生产线建设项目	3031	4	12000
宜昌弘洋新材料有限公司	新型轻质硅酸钙板及其深加工建设项目	3024	4	27903
湖北传树建材科技有限公司	环保型秸秆纤维聚酯瓦、铝箔波形瓦生产线建设项目	2812	4	32000
宜昌朗天新型建材有限公司	年产 50 万立方米陶粒生产线建设项目	3039	4	15000
宜昌三峡悬棺风景区有限公司	金狮洞地质公园建设项目	7852	4	11800
宜昌三峡晓峰旅游发展集团有限公司	白果树瀑布、天河龙宫景区配套工程建设项目	7852	4	13000
湖北邓村绿茶集团有限公司	邓村高效茶园改扩建建设项目	1530	4	35800
湖北邓村绿茶集团有限公司	邓村有机茶生产加工示范建设项目	1530	4	42800
湖北楚园春酒业有限公司	楚园春三期技改扩建	1512	4	30000
湖北陶星陶瓷科技有限公司	年产 2.3 亿支陶瓷酒瓶生产线项目	3073	4	60000
宜昌海德置业有限公司	四星级大酒店及旅游文化特色休闲市场项目	6110	4	40200
湖北吉星化工集团有限责任公司	黄磷尾气清洁低碳综合利用年产 5 万吨食品级甲酸钙项目	2622	4	22771
湖北森源生态科技股份有限公司	年产 2000 万袋菌种繁育生产线改扩建项目	142	4	13500
远安巨能燃料有限公司	综合货运物流配送中心项目	5990	4	15800
宜昌武星材料科技有限责任公司	年产 280 万平方米电子线路自润滑精密钻孔垫板项目	3824	4	10010
远安县交通物流发展局	远安县物流中心工程	5990	4	12795
远安县富和煤炭销售有限公司	配煤和年产 5000 万套酒类包装生产线项目	2231	4	20000
远安永安车桥有限责任公司	年产 20 万台车桥自动化生产线项目	3660	4	22000
宜昌长兴机械制造有限公司	年产 1000 台立爪装岩机生产加工项目	3511	4	10360
远安星球宜林人造板有限公司	年产 6 万套软体家具生产线项目	2190	4	25000
湖北绿特欣生物科技股份有限公司	年产 2000 万瓶香菇多糖饮料及食品项目	1523	4	20000

单位:万元

项目单位名称	项目名称	自开始建设至本年底累计完成投资	本年完成投资
宜昌中堡岛资产经营有限公司	三斗坪镇沿江商业步行街建设项目	6625	6625
宜昌铜丰矿业有限公司	年产10万吨白云石开采及加工二期工程建设项目	9200	9200
宜昌市青腾食用菌专业合作社	菇菌文化中心建设项目	10141	10141
宜昌江峡移安资产经营有限公司	三峡坝区移民生态工业园基础设施及配套工程建设项目	30872	30872
宜昌市夷陵区城市建设办公室	龙泉镇临河路改扩建市政工程	15930	15930
湖北稻花香集团	龙泉镇自来水厂建设项目	10	10
湖北稻花香集团	复合香型微生物菌种选育与发酵产业化项目	10	10
湖北宜昌翔陵纸制品有限公司	灰纤维改性循环利用项目	6663	6663
宜昌市龙泉钢结构有限公司	年产2万吨钢结构建设项目	10000	10000
湖北宜昌翔陵纸制品有限公司	宜昌三峡再生资源集散中心项目	10500	10500
湖北兴葆科技有限责任公司	500KV及以上电压等级输变电钢管杆塔建设项目	17873	17873
夷陵区龙泉镇车站村民委员会	车站村居民安置点(A、F组团)项目	7376	7376
宜昌人福药业有限责任公司	出口药品生产基地一期工程	22074	22074
宜昌市城市建设投资开发有限公司	宜昌市花艳污水处理	6609	6609
湖北好智多生物科技开发有限公司	植物精华酒及植物精华饮品项目	4704	4704
夷陵区龙泉镇土门村民委员会	土门村居民安置点(D组团)项目	11839	11839
湖北双元包装科技有限公司	纸质镭射防伪标识生产建设项目	29555	29555
宜昌御龙科技开发有限公司	数字电位器及PCB电路板生产建设项目	28435	28435
宜昌梅林投资管理有限公司	青岛工业园基础设施建设项目	18073	18073
宜昌宏裕塑业有限责任公司	高阻隔型复合改性塑料制品生产项目	8920	8920
湖北蜂鸟科技有限公司	聚合物锂离子电池研发生产建设项目	12000	12000
宜昌星同建材有限责任公司	年产60万立方米蒸压加气混凝土砌块生产线建设项目	12000	12000
宜昌弘洋新材料有限公司	新型轻质硅酸钙板及其深加工建设项目	3000	3000
湖北传树建材科技有限公司	环保型秸秆纤维聚酯瓦、铝箔波形瓦生产线建设项目	17085	17085
宜昌朗天新型建材有限公司	年产50万立方米陶粒生产线建设项目	15000	15000
宜昌三峡悬棺风景区有限公司	金狮洞地质公园建设项目	8813	8813
宜昌三峡晓峰旅游发展集团有限公司	白果树瀑布、天河龙宫景区配套工程建设项目	14100	14100
湖北邓村绿茶集团有限公司	邓村高效茶园改扩建建设项目	36800	36800
湖北邓村绿茶集团有限公司	邓村有机茶生产加工示范建设项目	31331	31331
湖北楚园春酒业有限公司	楚园春三期技改扩建	24690	24690
湖北陶星陶瓷科技有限公司	年产2.3亿支陶瓷酒瓶生产线项目	50600	50600
宜昌海德置业有限公司	四星级大酒店及旅游文化特色休闲市场项目	8685	8685
湖北吉星化工集团有限责任公司	黄磷尾气清洁低碳综合利用年产5万吨食品级甲酸钙项目	18940	18940
湖北森源生态科技股份有限公司	年产2000万袋菌种繁育生产线改扩建项目	18500	18500
远安巨能燃料有限公司	综合货运物流配送中心项目	13832	13832
宜昌武星材料科技有限责任公司	年产280万平方米电子线路自润滑精密钻孔垫板项目	3682	3682
远安县交通物流发展局	远安县物流中心工程	9259	9259
远安县富和煤炭销售有限公司	配煤和年产5000万套酒类包装生产线项目	17740	17740
远安永安车桥有限责任公司	年产20万台车桥自动化生产线项目	22000	22000
宜昌长兴机械制造有限公司	年产1000台立爪装岩机生产加工项目	8770	8770
远安星球宜林人造板有限公司	年产6万套软体家具生产线项目	7736	7736
湖北绿特欣生物科技股份有限公司	年产2000万瓶香菇多糖饮料及食品项目	15610	15610

10—16 续表6 单位:万元

项目单位名称	项目名称	行业类别	项目级别	计划总投资
宜昌山泉化工有限责任公司	宜昌山泉化工公司年产1000万平方米硅酸钙板生产线项目	3089	4	15500
宜昌盼盼木制品有限责任公司	室内套装门生产线配套设施项目	2032	4	16316
宜昌安林物流有限公司	宜昌安林物流公司物流及商贸仓储基地项目	5990	4	10000
宜昌金家湾生态庄园有限公司	宜昌金家湾公司年产3000吨特色食品加工项目	1453	4	10000
湖北豪格制釉有限公司	年产20万吨釉料生产线项目	3099	4	14980
宜昌人福药业有限责任公司	年产5亿支小容量注射液生产线项目	2720	4	15000
远安县金英建材有限公司	远安县新型建材综合开发项目	1019	4	16600
湖北马得盈陶瓷有限公司	年产800万片琉璃瓦项目	3032	4	10000
湖北省保康至宜昌高速公路建设指挥部	湖北省保宜高速(宜昌段)水土保持工程	7610	4	21994
湖北东美新型建材有限公司	年产1000万件木塑包装项目	2034	4	10000
湖北兆阳能源开发有限公司	工业型煤、煤炭风选及配煤中心项目	610	4	10000
宜昌大自然生物科技有限公司	远安县食用菌冷藏配送建设项目	1371	4	10045
宜昌大自然生物科技有限公司	远安县食用菌工厂化生产及深加工项目	1371	4	10000
宜昌东圣磷复肥有限责任公司	低品位磷矿石综合开发利用配套项目	1020	4	128960
湖北东圣化工集团有限公司	殷家沟磷矿鱼林溪矿段探矿项目	1020	4	35000
宜昌楚原化工有限责任公司	宜昌楚原化工公司华汇中低磷开发技改扩建项目	1020	4	10000
远安县荷花镇人民政府	嫘祖故里景区综合项目	7852	4	13000
湖北吉星化工集团远安三友磷化有限公司	宜昌桃郁溪磷矿坑探详查工程	1020	4	24000
湖北东圣化工集团东达矿业有限公司	晒旗河磷矿工程一期	1020	4	25000
远安祥云矿业有限责任公司	高烽矿区磷矿详查坑探工程	1020	4	26347
远安县燎原矿业有限责任公司	苏家坡磷矿80万吨/年采矿工程	1020	4	22416
兴山县峡晶电子有限责任公司	石英晶体生产及深加工	3099	3	22741
宜昌兴发集团有限责任公司	金子山变电站	4420	4	12000
兴山县国有资产经营有限公司	基础设施一期	7810	4	30000
兴山县峡口港有限责任公司	平邑口物流中心仓储	5990	4	37788
秭归县文化旅游局	高峡平湖游船观光基地建设项目	7852	4	10000
湖北匡通电子有限公司	压注法年产40亿支贴片式LED建设项目	3049	4	12400
宜昌新高湖滚装客船有限公司	滚装客船制造项目	3731	4	28000
秭归县交通运输局	三峡库区支流河道整治工程	5420	4	13200
秭归县交通运输局	宜昌港秭归港区茅坪作业区二期工程	5532	2	82000
秭归县天然林保护工程管理中心	秭归县天保二期公益林建设	212	4	19248
秭归县投资公司	秭归县生态屏障区转移人口安置房建设	9510	4	35000
秭归县屈姑食品有限公司	宜昌秭归30万吨柑橘深加工	513	4	134990
秭归县投资公司	秭归县茅坪镇银杏沱土地收储整理开发项目	7810	3	29076
秭归县投资公司	秭归县三峡翻坝物流产业园安置房	5532	4	16000
秭归县投资公司	三峡翻坝物流园熊家岭场地平整	7810	4	13000
秭归县芝兰谷风景区有限公司	三峡九龙寨旅游度假区建设	7852	4	24000
秭归县红雷矿业有限公司	高纯硅微粉深加工	1011	4	13050
长阳自治县旅游局	清江画廊沿岸旅游景观工程	7852	4	18000
长阳自治县交通运输局	白氏坪至盐池河二级公路建设工程	5430	4	95056
长阳自治县交通运输局	龙五一级公路建设工程	5430	4	89937

单位:万元

项目单位名称	项目名称	自开始建设至本年底累计完成投资	本年完成投资
宜昌山泉化工有限责任公司	宜昌山泉化工公司年产1000万平方米硅酸钙板生产线项目	13490	13490
宜昌盼盼木制品有限责任公司	室内套装门生产线配套设施项目	7878	7878
宜昌安林物流有限公司	宜昌安林物流公司物流及商贸仓储基地项目	2820	2820
宜昌金家湾生态庄园有限公司	宜昌金家湾公司年产3000吨特色食品加工项目	9105	9105
湖北豪格制釉有限公司	年产20万吨釉料生产线项目	14980	14980
宜昌人福药业有限责任公司	年产5亿支小容量注射液生产线项目	15000	15000
远安县金英建材有限公司	远安县新型建材综合开发项目	16600	16600
湖北马得盈陶瓷有限公司	年产800万片琉璃瓦项目	9205	9205
湖北省保康至宜昌高速公路建设指挥部	湖北省保宜高速(宜昌段)水土保持工程	4955	4955
湖北东美新型建材有限公司	年产1000万件木塑包装项目	10000	10000
湖北兆阳能源开发有限公司	工业型煤、煤炭风选及配煤中心项目	3800	3800
宜昌大自然生物科技有限公司	远安县食用菌冷藏配送建设项目	10045	10045
宜昌大自然生物科技有限公司	远安县食用菌工厂化生产及深加工项目	10000	10000
宜昌东圣磷复肥有限责任公司	低品位磷矿石综合开发利用配套项目	75865	75865
湖北东圣化工集团有限公司	殷家沟磷矿鱼林溪矿段探矿项目	26401	26401
宜昌楚原化工有限责任公司	宜昌楚原化工公司华汇中低磷开发技改扩建项目	9150	9150
远安县荷花镇人民政府	嫘祖故里景区综合项目	10190	10190
湖北吉星化工集团远安三友磷化有限公司	宜昌桃郁溪磷矿坑探详查工程	18321	18321
湖北东圣化工集团东达矿业有限公司	晒旗河磷矿工程一期	23166	23166
远安祥云矿业有限责任公司	高烽矿区磷矿详查坑探工程	17730	17730
远安县燎原矿业有限责任公司	苏家坡磷矿80万吨/年采矿工程	19760	19760
兴山县峡晶电子有限责任公司	石英晶体生产及深加工	18050	18050
宜昌兴发集团有限责任公司	金子山变电站	10300	10300
兴山县国有资产经营有限公司	基础设施一期	30000	30000
兴山县峡口港有限责任公司	平邑口物流中心仓储	10500	10500
秭归县文化旅游局	高峡平湖游船观光基地建设项目	3182	3182
湖北匡通电子有限公司	压注法年产40亿支贴片式LED建设项目	7400	7400
宜昌新高湖滚装客船有限公司	滚装客船制造项目	20130	20130
秭归县交通运输局	三峡库区支流河道整治工程	3000	3000
秭归县交通运输局	宜昌港秭归港区茅坪作业区二期工程	31500	31500
秭归县天然林保护工程管理中心	秭归县天保二期公益林建设	702	702
秭归县投资公司	秭归县生态屏障区转移人口安置房建设	1814	1814
秭归县屈姑食品有限公司	宜昌秭归30万吨柑橘深加工	16142	16142
秭归县投资公司	秭归县茅坪镇银杏沱土地收储整理开发项目	29076	29076
秭归县投资公司	秭归县三峡翻坝物流产业园安置房	3751	3751
秭归县投资公司	三峡翻坝物流园熊家岭场地平整	1000	1000
秭归县芝兰谷风景区有限公司	三峡九龙寨旅游度假区建设	2070	2070
秭归县红雷矿业有限公司	高纯硅微粉深加工	5050	5050
长阳自治县旅游局	清江画廊沿岸旅游景观工程	6500	6500
长阳自治县交通运输局	白氏坪至盐池河二级公路建设工程	4900	4900
长阳自治县交通运输局	龙五一级公路建设工程	7500	7500

10—16 续表 8

单位:万元

项目单位名称	项 目 名 称	行业类别	项目级别	计划总投资
长阳自治县交通运输局	长阳县清江航道建设工程	5513	4	15303
长阳土家风情园发展有限公司	土家风情园	6110	4	50000
宜昌钟宜实业有限公司长阳钢结构分公司	年产 5 万吨钢结构	3120	4	30000
长阳清江鹏搏开发有限公司	年产 8000 吨鱼脂奶	1331	4	15000
湖北长阳经济开发区	董家坳孵化园	3579	4	30000
湖北中亿玻璃有限公司	年产 500 万平方米低辐射镀膜玻璃加工项目	3041	4	12000
长阳安品源科技有限公司	长阳安品源科技有限公司电子产品加工项目	3921	4	13000
新美食品科技有限公司	果蔬、药材加工	1371	3	26000
湖北天润生态农业开发公司	长阳高山蔬菜冷链物流	1371	3	10320
长阳火烧坪华康食品有限公司	年加工 20 万吨蔬菜建设	1371	4	11500
五峰交通局北风垭隧道	宋家河－左家桥连接线工程	5442	4	21977
湖北利时实业有限公司	三峡国际珠宝产业园	2438	3	120000
湖北采花茶业有限公司	茶叶科技园二期	1530	4	11000
宜都市住建局	陆渔一级路配套及景观工程	7830	4	22000
宜都东阳光化成箔有限公司	扩建 2100 万平方米高压化成箔生产线项目	2664	4	49000
宜都东阳光火力发电有限公司	年产 10 万吨高纯硅项目	3099	4	75875
宜都市交通运输局	陆(城)松(木坪)公路改扩建工程	5442	4	34199
宜都市交通运输局	宜都市农产品保鲜交易中心建筑工程	5919	4	12349
宜都市住建局	九州国际道路及配套工程	7810	4	32202
宜都市住房和城乡建设局	龙山公园新建工程	7851	4	30800
宜都市住建局	西城区污水处理厂	4620	4	18320
宜都市住房和城乡建设局	三峡绿茶集团配套工程	7810	4	24008
宜都市住房和城乡建设局	西湖二路新建工程	7810	4	13200
宜都现代商贸物流有限公司	清江商城二期项目	7090	4	40000
宜都水利局	2012～2013 农田水利建设	7690	4	40254
宜都市华阳化工有限责任公司	华阳高新技术研发中心	7520	4	15000
宜都陆城街道办事处	头笔尤家苑小区建设项目	7090	4	18000
宜都土老憨农产品市场公司	农产品综合市场项目	7040	4	16000
宜都市鑫鸿华太阳能有限公司	年产 25MW 太阳能电池组件项目	3849	4	12000
湖北宜都工业园区管理委员会	宜都港区绿色产业园工程	7090	4	43866
宜都市华阳化工有限责任公司	年产 1000 万套精制外包装纸箱生产项目	2231	4	10000
湖北新黍国农业产业化公司	年产 30 万吨速冻薯类系列食品	1432	4	20000
湖北宜都工业园区管理委员会	宜都市中小企业创业园科技企业加速器项目	3912	4	43312
宜都市陆城街道办事处	工业园区 9 号路东段建设项目	7810	4	45000
宜都市陆城街道办事处	工业园区 33 号路东段、中段建设项目	7810	4	15000
宜都市时尚漫延制衣有限公司	年产 1000 万件服装生产加工项目	1810	4	22000
宜昌山城水都冬虫夏草公司	年产 4800KG 冬虫夏草项目	2730	4	60632
宜都市华阳化工有限责任公司	年产 8000 吨紫外线吸收剂系列产品项目	2682	4	25000
宜都市友源实业有限公司	年产医药中间体二苯甲酮 5000 吨生产项目	2710	4	12000
湖北华尚光电有限公司	年产 650 万片电阻式触摸屏、500 万片电容式触摸屏	4012	4	50000
湖北红花高温材料有限公司	年产 30 万吨高级复合耐火材料	3089	4	55000

单位:万元

项目单位名称	项　目　名　称	自开始建设至本年底累计完成投资	本年完成投资
长阳自治县交通运输局	长阳县清江航道建设工程	4000	4000
长阳土家风情园发展有限公司	土家风情园	2150	2150
宜昌钟宜实业有限公司长阳钢结构分公司	年产 5 万吨钢结构	13700	13700
长阳清江鹏搏开发有限公司	年产 8000 吨鱼脂奶	10110	10110
湖北长阳经济开发区	董家坳孵化园	7200	7200
湖北中亿玻璃有限公司	年产 500 万平方米低辐射镀膜玻璃加工项目	3000	3000
长阳安品源科技有限公司	长阳安品源科技有限公司电子产品加工项目	3010	3010
新美食品科技有限公司	果蔬、药材加工	6900	6900
湖北天润生态农业开发公司	长阳高山蔬菜冷链物流	50	50
长阳火烧坪华康食品有限公司	年加工 20 万吨蔬菜建设	5200	5200
五峰交通局北风垭隧道	宋家河－左家桥连接线工程	26300	26300
湖北利时实业有限公司	三峡国际珠宝产业园	63970	63970
湖北采花茶业有限公司	茶叶科技园二期	13000	13000
宜都市住建局	陆渔一级路配套及景观工程	20042	20042
宜都东阳光化成箔有限公司	扩建 2100 万平方米高压化成箔生产线项目	53082	53082
宜都东阳光火力发电有限公司	年产 10 万吨高纯硅项目	38540	38540
宜都市交通运输局	陆(城)松(木坪)公路改扩建工程	25820	25820
宜都市交通运输局	宜都市农产品保鲜交易中心建筑工程	14787	14787
宜都市住建局	九州国际道路及配套工程	37512	37512
宜都市住房和城乡建设局	龙山公园新建工程	32880	32880
宜都市住建局	西城区污水处理厂	21245	21245
宜都市住房和城乡建设局	三峡绿茶集团配套工程	20132	20132
宜都市住房和城乡建设局	西湖二路新建工程	15050	15050
宜都现代商贸物流有限公司	清江商城二期项目	11337	11337
宜都水利局	2012～2013 农田水利建设	7101	7101
宜都市华阳化工有限责任公司	华阳高新技术研发中心	17537	17537
宜都陆城街道办事处	头笔尤家苑小区建设项目	4592	4592
宜都土老憨农产品市场公司	农产品综合市场项目	14500	14500
宜都市鑫鸿华太阳能有限公司	年产 25MW 太阳能电池组件项目	11371	11371
湖北宜都工业园区管理委员会	宜都港区绿色产业园工程	41802	41802
宜都市华阳化工有限责任公司	年产 1000 万套精制外包装纸箱生产项目	9431	9431
湖北新黍国农业产业化公司	年产 30 万吨速冻薯类系列食品	16207	16207
湖北宜都工业园区管理委员会	宜都市中小企业创业园科技企业加速器项目	43889	43889
宜都市陆城街道办事处	工业园区 9 号路东段建设项目	21622	21622
宜都市陆城街道办事处	工业园区 33 号路东段、中段建设项目	14062	14062
宜都市时尚漫延制衣有限公司	年产 1000 万件服装生产加工项目	12302	12302
宜昌山城水都冬虫夏草公司	年产 4800KG 冬虫夏草项目	53239	53239
宜都市华阳化工有限责任公司	年产 8000 吨紫外线吸收剂系列产品项目	27591	27591
宜都市友源实业有限公司	年产医药中间体二苯甲酮 5000 吨生产项目	10674	10674
湖北华尚光电有限公司	年产 650 万片电阻式触摸屏、500 万片电容式触摸屏	34362	34362
湖北红花高温材料有限公司	年产 30 万吨高级复合耐火材料	50820	50820

10—16 续表 10 单位：万元

项目单位名称	项目名称	行业类别	项目级别	计划总投资
宜都大别山食品饮料有限公司	年产茶饮料 500 吨、灌装红酒 40 万件	1529	4	30000
宜昌土老憨风味食品有限公司	180000 吨生物发酵柑桔果醋原醋项目	1462	4	17500
宜昌土老憨风味食品有限公司	鱼鲜养生酱油及风味豆豉系列产品生产项目	1469	4	36618
湖北江耀机械有限公司	年产 10 万吨机加配件项目	3444	3	30000
中船重工中南装备有限公司	三八八江南工业园二期	3734	3	80000
湖北菌生园生态食品开发公司	年生产加工 2000 吨特色生态农副产品	1399	4	10000
宜都大恒碳酸钙开发有限公司	年产 40000 吨碳酸钙项目	3099	4	18000
湖北省电力公司宜昌供电公司	宜都 110KV 向阳变电站	4420	4	15238
湖北美洋化肥科技有限公司	年产 200 万吨复混肥项目	2624	4	14800
森泫光学有限公司宜都分公司	光学镜片生产线项目	4041	4	20000
宜都市枝城镇人民政府	枝城白水港安置小区建设工程	7090	4	12364
宜都兴发化工有限公司	30 万吨/年湿法磷酸及配套及 80 万吨/年硫磺制酸及配套	7724	4	35674
湖北翁福蓝天化工有限公司	年产 2 万吨无水氟（AHF），年产 50 吨粗碘回收项目	7723	4	35007
宜都兴发化工有限公司	能源管理中心建设项目	7723	4	11040
宜都兴发化工有限公司	年产 10 万吨精制湿法酸工程	7724	4	39902
宜都市枝城镇人民政府	枝城高新技术示范园建设项目	9125	4	43682
湖北宜都工业园区管理委员会	枝城循环经济示范园区	9125	4	63533
宜都市东孚机械有限公司	年产煤机和工程液压油缸 30 万及 30 万件系列零部件	3444	4	133824
宜都市枝城镇人民政府	城乡一体化农民新村还建房二期工程项目	7090	4	22606
宜昌市三峡茶业集团有限公司	三峡绿茶加工出口及市场流通建设项目	1530	4	20000
宜都鸿盛实业有限公司	年产 20 万立方米高档建筑饰面板生产线	3024	4	12000
宜都运机机电设备有限公司	年产 2000 吨刮板输送项目	3434	4	13000
湖北九州方园投资有限公司	宜都市国贸大厦项目（二期）	5990	4	21039
湖北森泫光学有限公司	年产 5000 万片光学镜片及 500 万只光学镜头	4041	4	21770
宜都市姚家店镇人民政府	莲花堰还建安置小区	7090	4	10600
宜都市五眼泉政府	袁家榜还建房安置小区	7090	4	17982
湖北大风口茶叶有限公司	优质绿茶生态园建设及年产 1100 吨茶叶精制加工项目	1530	4	25000
当阳市公路管理局	坝陵至石码槽公路	5420	4	25020
湖北康乐滋食品饮料有限公司	年产 20 万吨利乐包饮品	1524	4	23000
湖北高能塑业有限公司	年产 3 万吨塑料制品	2922	4	35000
湖北华铁文化科技有限公司	东入口商贸区	7851	4	34000
当阳市鑫源投资开发有限公司	保障性住房建设工程	7090	4	26500
当阳市商业大厦	汇鑫商业购物广场	5211	4	37000
当阳市交通运输局	坝慈公路改建工程	5420	4	25820
当阳市商场	银华家具城	5283	4	28000
国营雄风机械厂	特种修理车间扩建	3741	4	12600
湖北远蓝机器有限公司	年产 1500 台套激光及光学检测设备	4011	3	15000
当阳市大民仓储有限公司	仓储物流	5990	4	46000
宜昌润昌包装科技有限公司	年产 3.5 亿平方米纸箱包装	2231	4	50000
湖北当阳关公坊酒业有限公司	稻花香当阳产业园年产 5 万吨酒精改造	1511	2	80000
当阳市天美来饮料有限公司	天美来饮料 PET	1440	4	25000

10—16 续表 11 单位:万元

项目单位名称	项目名称	自开始建设至本年底累计完成投资	本年完成投资
宜都大别山食品饮料有限公司	年产茶饮料 500 吨、灌装红酒 40 万件	18392	18392
宜昌土老憨风味食品有限公司	180000 吨生物发酵柑桔果醋原醋项目	16193	16193
宜昌土老憨风味食品有限公司	鱼鲜养生酱油及风味豆豉系列产品生产项目	19241	19241
湖北江耀机械有限公司	年产 10 万吨机加配件项目	15970	15970
中船重工中南装备有限公司	三八八江南工业园二期	56110	56110
湖北菌生园生态食品开发公司	年生产加工 2000 吨特色生态农副产品	8298	8298
宜都大恒碳酸钙开发有限公司	年产 40000 吨碳酸钙项目	15610	15610
湖北省电力公司宜昌供电公司	宜都 110KV 向阳变电站	16274	16274
湖北美洋化肥科技有限公司	年产 200 万吨复混肥项目	16169	16169
森泫光学有限公司宜都分公司	光学镜片生产线项目	23256	23256
宜都市枝城镇人民政府	枝城白水港安置小区建设工程	13129	13129
宜都兴发化工有限公司	30 万吨/年湿法磷酸及配套及 80 万吨/年硫磺制酸及配套	92808	92808
湖北翁福蓝天化工有限公司	年产 2 万吨无水氟(AHF),年产 50 吨粗碘回收项目	5261	5261
宜都兴发化工有限公司	能源管理中心建设项目	1980	1980
宜都兴发化工有限公司	年产 10 万吨精制湿法酸工程	2280	2280
宜都市枝城镇人民政府	枝城高新技术示范园建设项目	6863	6863
湖北宜都工业园区管理委员会	枝城循环经济示范园区	41075	41075
宜都市东孚机械有限公司	年产煤机和工程液压油缸 30 万及 30 万件系列零部件	43429	43429
宜都市枝城镇人民政府	城乡一体化农民新村还建房二期工程项目	25774	25774
宜昌市三峡茶业集团有限公司	三峡绿茶加工出口及市场流通建设项目	17595	17595
宜都鸿盛实业有限公司	年产 20 万立方米高档建筑饰面板生产线	12280	12280
宜都运机机电设备有限公司	年产 2000 吨刮板输送项目	16666	16666
湖北九州方园投资有限公司	宜都市国贸大厦项目(二期)	20287	20287
湖北森泫光学有限公司	年产 5000 万片光学镜片及 500 万只光学镜头	24560	24560
宜都市姚家店镇人民政府	莲花堰还建安置小区	9633	9633
宜都市五眼泉政府	袁家榜还建房安置小区	4980	4980
湖北大风口茶叶有限公司	优质绿茶生态园建设及年产 1100 吨茶叶精制加工项目	5225	5225
当阳市公路管理局	坝陵至石码槽公路	16436	16436
湖北康乐滋食品饮料有限公司	年产 20 万吨利乐包饮品	23000	23000
湖北高能塑业有限公司	年产 3 万吨塑料制品	29144	29144
湖北华铁文化科技有限公司	东入口商贸区	1078	1078
当阳市鑫源投资开发有限公司	保障性住房建设工程	10220	10220
当阳市商业大厦	汇鑫商业购物广场	33207	33207
当阳市交通运输局	坝慈公路改建工程	14409	14409
当阳市商场	银华家具城	21090	21090
国营雄风机械厂	特种修理车间扩建	12600	12600
湖北远蓝机器有限公司	年产 1500 台套激光及光学检测设备	6273	6273
当阳市大民仓储有限公司	仓储物流	16758	16758
宜昌润昌包装科技有限公司	年产 3.5 亿平方米纸箱包装	30502	30502
湖北当阳关公坊酒业有限公司	稻花香当阳产业园年产 5 万吨酒精改造	24964	24964
当阳市天美来饮料有限公司	天美来饮料 PET	25000	25000

10—16 续表 12 单位:万元

项目单位名称	项目名称	行业类别	项目级别	计划总投资
宜昌市翱东商贸有限责任公司	钢带增强聚乙烯螺旋波纹管	2922	4	48000
当阳市富豪实业有限责任公司	年产2000万平方米纸箱包装	2231	4	10000
当阳荣濠服装有限公司	年产2000万件中高档服装	1810	4	32000
宜昌宝洋光电科技有限公司	年产电子产品150万件	3824	4	50000
湖北达江物流有限公司	仓储物流	5919	4	46000
宜昌西泉食品饮料有限公司	年产5万吨果疏罐头生产线	1453	4	55500
英博啤酒(宜昌)有限公司	年产10万吨纯生啤酒	1513	4	35000
宜昌同成包装材料有限公司	白酒包装	2231	4	10000
宜昌奥龙石墨材料有限公司	年产3000吨高新石墨材料	3091	4	15000
当阳市隆昌选煤有限责任公司	年产40万吨精选煤	5161	4	12000
湖北三峡新型建材有限公司	高级车用节能玻璃基片生产线	3041	4	35000
湖北禾润建材有限公司	喷涂铝天花板	3352	4	15000
当阳市华联橡塑制品厂	年产3万件汽车橡胶配件生产线	2913	4	10000
宜昌中科金泽矿业有限公司	高岭土深加工生产线	3099	4	16000
宜昌裕达装饰材料有限公司	复合木地板生产线	2033	4	16000
宜昌市方源水利水电有限公司	年产80万件预制件	3022	4	11680
湖北宏尚服饰有限公司	年产1000万套高档服装	1810	4	15000
华强化工集团股份有限公司	年产3万吨三聚氰胺	2614	4	43000
当阳市临沮化工有限公司	年产40万吨合成氨系统优化节能改造工程	2621	4	12000
当阳市新阳化纤有限公司	醋酸纤维生产线二期	2829	4	24450
宜昌莱湾饲料科技有限公司	年产3万吨饲料	1320	4	15000
当阳市明森源木业有限公司	年产500万平方米木心板	2029	4	30000
当阳市万里运输有限责任公司	仓储、物流	5990	4	12000
当阳市凯全磷化有限责任公司	年产3万吨复合肥生产	2624	4	10005
宜昌万新工贸进出口有限公司	密封及阻燃材料深加工	3091	4	48660
湖北鑫来利陶瓷发展有限公司	年产3600万平方米节能环保型陶瓷砖	3073	4	35000
宜昌金凯文物流有限公司	5000立方米冷藏	5919	4	15000
葛洲坝当阳水泥有限公司	年产50万立方米商品混凝土和10万平方米预制管桩	3021	4	41500
当阳市华欧建材有限公司	建筑装饰材料	3024	4	30000
宜昌市鑫冠化工有限公司	精细磷酸盐	2622	2	50000
宜昌江山贝尔矿业有限公司	铁路物流	5161	4	68000
宜昌当玻硅矿有限责任公司	年产200万吨精砂及尾沙综合利用	1200	4	30000
宜昌商利荣达煤炭有限公司	年产60万吨精选煤	5161	4	20000
湖北六国化工股份有限公司	硫酸生产线	2611	4	21000
宜昌众腾新型建材有限公司	蒸压加气混凝土砌块	3031	4	28000
当阳鑫泉新型建材有限公司	年产800万立方米免烧砖	3031	4	14800
当阳市金砂建材有限公司	年产580万立方米水泥标砖	3021	4	12900
当阳市华宇水泥制品有限公司	年产100万立方米水泥制品	3021	4	16500
宜昌明珠建材有限公司	年产30万根电杆生产线	3021	4	12080
湖北当阳安诚森工有限公司	年产3000吨松香、450吨松节油加工	2663	4	10500
湖北国储物流宜昌分公司	10万平方米仓库	5990	4	17500

项目单位名称	项目名称	自开始建设至本年底累计完成投资	本年完成投资
宜昌市翱东商贸有限责任公司	钢带增强聚乙烯螺旋波纹管	24109	24109
当阳市富豪实业有限责任公司	年产2000万平方米纸箱包装	7341	7341
当阳荣濠服装有限公司	年产2000万件中高档服装	19949	19949
宜昌宝洋光电科技有限公司	年产电子产品150万件	3198	3198
湖北达江物流有限公司	仓储物流	35061	35061
宜昌西泉食品饮料有限公司	年产5万吨果疏罐头生产线	7202	7202
英博啤酒(宜昌)有限公司	年产10万吨纯生啤酒	3730	3730
宜昌同成包装材料有限公司	白酒包装	6860	6860
宜昌奥龙石墨材料有限公司	年产3000吨高新石墨材料	15000	15000
当阳市隆昌选煤有限责任公司	年产40万吨精选煤	7260	7260
湖北三峡新型建材有限公司	高级车用节能玻璃基片生产线	10666	10666
湖北禾润建材有限公司	喷涂铝天花板	7259	7259
当阳市华联橡塑制品厂	年产3万件汽车橡胶配件生产线	10000	10000
宜昌中科金泽矿业有限公司	高岭土深加工生产线	7387	7387
宜昌裕达装饰材料有限公司	复合木地板生产线	2575	2575
宜昌市方源水利水电有限公司	年产80万件预制件	3096	3096
湖北宏尚服饰有限公司	年产1000万套高档服装	1855	1855
华强化工集团股份有限公司	年产3万吨三聚氰胺	31739	31739
当阳市临沮化工有限公司	年产40万吨合成氨系统优化节能改造工程	11287	11287
当阳市新阳化纤有限公司	醋酸纤维生产线二期	24450	24450
宜昌莱湾饲料科技有限公司	年产3万吨饲料	15000	15000
当阳市明森源木业有限公司	年产500万平方米木心板	25164	25164
当阳市万里运输有限责任公司	仓储、物流	12000	12000
当阳市凯全磷化有限责任公司	年产3万吨复合肥生产	10005	10005
宜昌万新工贸进出口有限公司	密封及阻燃材料深加工	5232	5232
湖北鑫来利陶瓷发展有限公司	年产3600万平方米节能环保型陶瓷砖	35000	35000
宜昌金凯文物流有限公司	5000立方米冷藏	15000	15000
葛洲坝当阳水泥有限公司	年产50万立方米商品混凝土和10万平方米预制管桩	29484	29484
当阳市华欧建材有限公司	建筑装饰材料	17320	17320
宜昌市鑫冠化工有限公司	精细磷酸盐	50000	50000
宜昌江山贝尔矿业有限公司	铁路物流	28713	28713
宜昌当玻硅矿有限责任公司	年产200万吨精砂及尾沙综合利用	13935	13935
宜昌商利荣达煤炭有限公司	年产60万吨精选煤	14263	14263
湖北六国化工股份有限公司	硫酸生产线	2821	2821
宜昌众腾新型建材有限公司	蒸压加气混凝土砌块	28000	28000
当阳鑫泉新型建材有限公司	年产800万立方米免烧砖	8440	8440
当阳市金砂建材有限公司	年产580万立方米水泥标砖	7809	7809
当阳市华宇水泥制品有限公司	年产100万立方米水泥制品	16500	16500
宜昌明珠建材有限公司	年产30万根电杆生产线	5216	5216
湖北当阳安诚森工有限公司	年产3000吨松香、450吨松节油加工	3078	3078
湖北国储物流宜昌分公司	10万平方米仓库	7560	7560

10—16 续表 14 单位：万元

项目单位名称	项目名称	行业类别	项目级别	计划总投资
湖北省当阳豪山建材有限公司	年产 2200 万平方米劈开瓷砖	3073	4	38000
湖北省九峰陶瓷有限公司	年产 3000 万平方米高档仿古砖	3032	4	36000
当阳市万景湖有限责任公司	万景湖度假中心	6110	4	30000
宜昌首龙食品有限公司	双孢蘑菇工厂化栽培深加工	1453	4	20000
湖北家嘉油脂有限公司	年产 30 万吨饲料	1320	4	24500
湖北飞舟塑业有限公司	年产 3 万吨钢塑复合管	2922	4	12000
宜昌精铸机械制造有限公司	年产 10 万片钢琴码克配件	2422	4	24000
宜昌皓睿光电科技有限公司	年产 200 万只大功率 LED 绿色照明	3872	4	11800
当阳市万泰纺织有限责任公司	年产 1000 万米棉布扩建	1712	4	16600
宜昌佳润棉花有限公司	棉花仓储物流建设	5912	4	10000
枝江市金鹏纺织品有限公司	年产 2500 万米服装面料	1712	4	15000
宜昌市星宇泡沫塑料有限公司	新上 20 条泡沫包装生产线等	2924	4	15000
湖北万兴建安工程有限公司	新建机械生产维修厂房	3489	4	15000
湖北金恒盛门窗有限责任公司	年产 10 万平方米金属门窗	3312	4	15000
宜昌宜硕塑业有限公司	年产 1.5 万吨 PE 塑钢缠绕排水管项目	2922	4	15000
枝江市熊家窑居民会	新建五柳商贸中心	5219	4	15000
湖北奥美纺织有限公司	年产 6000 吨医用棉纱	1711	4	11000
枝江奥美医疗用品有限公司	奥美医疗器械产业园一期项目	2770	2	100000
中国石化湖北化肥分公司	年产 20 万吨乙二醇	2661	2	198674
湖北香青化肥有限公司	30 万吨烟草专用复合肥及配套 8 万吨硫酸钾	2624	2	140000
枝江市五柳树社区居委会	新建百佳购物广场	5219	4	18000
湖北枝江酒业股份有限公司	5 万吨灌装中心及 2 万吨基酒项目	1512	2	100000
宜昌市桂香园食品有限公司	桂香园食品加工项目	1411	4	38000
宜昌昌裕食品有限公司	昌裕食品加工项目	1411	4	28000
宜昌谷素食品有限公司	谷素食品加工项目	1411	4	35000
湖北枝江经济开发区	新建餐饮、住宿、加油、汽车修理	7299	4	15000
湖北慈浩食品科技有限公司	日产 30 万份膳食加工项目	1491	4	68000
宜昌联众包装制品有限公司	罐头食品空罐包装生产	3333	4	29000
枝江市紫荆资产运营有限公司	江家坡村居民点一期建设	7990	4	28000
湖北欢乐家食品有限公司	饮料仓库、冷库建设项目	1453	4	16000
天润天泽鲟鱼科技有限公司	500 吨/年鲟鱼繁养和精深加工	1369	3	18000
湖北国能电气有限公司	年产高压真空断路器、船舶电气成套设备 700 套	3829	4	12000
湖北水之翼科技有限公司	PE 管材管件项目	2922	4	13200
宜昌市瑞洋机械有限公司	压力容器制造	3332	4	12000
峡江矿山机械有限责任公司	特大件设备制造项目	3511	4	10800
宜昌市固基管桩有限责任公司	年产 60 万立方米混凝土预制件项目	3022	4	15000
白洋镇万福垴村民委员会	沙湾新村二期建设	7990	4	16100
枝江市白洋镇人民政府	太保村庄集并建设	7990	4	16000
宜昌天威新型建材有限公司	年产 60 万立方米加气混凝土砌块项目	3031	4	11000
北京恒泰鑫耀投资有限公司	白洋工业园沙湾路 曹港路市政工程项目	7212	4	26000
宜昌青锋科技有限公司	年产五万吨铸件绿色铸造及加工项目	3130	2	100000

 单位:万元

项目单位名称	项目名称	自开始建设至本年底累计完成投资	本年完成投资
湖北省当阳豪山建材有限公司	年产2200万平方米劈开瓷砖	38000	38000
湖北省九峰陶瓷有限公司	年产3000万平方米高档仿古砖	36000	36000
当阳市万景湖有限责任公司	万景湖度假中心	15970	15970
宜昌首龙食品有限公司	双孢蘑菇工厂化栽培深加工	18790	18790
湖北家嘉油脂有限公司	年产30万吨饲料	7911	7911
湖北飞舟塑业有限公司	年产3万吨钢塑复合管	7336	7336
宜昌精铸机械制造有限公司	年产10万片钢琴码克配件	6091	6091
宜昌皓睿光电科技有限公司	年产200万只大功率LED绿色照明	3727	3727
当阳市万泰纺织有限责任公司	年产1000万米棉布扩建	11831	11831
宜昌佳润棉花有限公司	棉花仓储物流建设	4822	4822
枝江市金鹏纺织品有限公司	年产2500万米服装面料	15000	15000
宜昌市星宇泡沫塑料有限公司	新上20条泡沫包装生产线等	15000	15000
湖北万兴建安工程有限公司	新建机械生产维修厂房	15000	15000
湖北金恒盛门窗有限责任公司	年产10万平方米金属门窗	14000	14000
宜昌宜硕塑业有限公司	年产1.5万吨PE塑钢缠绕排水管项目	2000	2000
枝江市熊家窑居民会	新建五柳商贸中心	13000	13000
湖北奥美纺织有限公司	年产6000吨医用棉纱	11000	11000
枝江奥美医疗用品有限公司	奥美医疗器械产业园一期项目	35500	35500
中国石化湖北化肥分公司	年产20万吨乙二醇	47500	47500
湖北香青化肥有限公司	30万吨烟草专用复合肥及配套8万吨硫酸钾	110000	110000
枝江市五柳树社区居委会	新建百佳购物广场	8000	8000
湖北枝江酒业股份有限公司	5万吨灌装中心及2万吨基酒项目	10500	10500
宜昌市桂香园食品有限公司	桂香园食品加工项目	28100	28100
宜昌昌裕食品有限公司	昌裕食品加工项目	12800	12800
宜昌谷素食品有限公司	谷素食品加工项目	35000	35000
湖北枝江经济开发区	新建餐饮、住宿、加油、汽车修理	9550	9550
湖北慈浩食品科技有限公司	日产30万份膳食加工项目	40000	40000
宜昌联众包装制品有限公司	罐头食品空罐包装生产	9000	9000
枝江市紫荆资产运营有限公司	江家坡村居民点一期建设	2400	2400
湖北欢乐家食品有限公司	饮料仓库、冷库建设项目	3000	3000
天润天泽鲟鱼科技有限公司	500吨/年鲟鱼繁养和精深加工	11500	11500
湖北国能电气有限公司	年产高压真空断路器、船舶电气成套设备700套	7000	7000
湖北水之翼科技有限公司	PE管材管件项目	1465	1465
宜昌市瑞洋机械有限公司	压力容器制造	8800	8800
峡江矿山机械有限责任公司	特大件设备制造项目	4500	4500
宜昌市固基管桩有限责任公司	年产60万立方米混凝土预制件项目	4000	4000
白洋镇万福垴村民委员会	沙湾新村二期建设	5500	5500
枝江市白洋镇人民政府	太保村庄集并建设	9800	9800
宜昌天威新型建材有限公司	年产60万立方米加气混凝土砌块项目	3500	3500
北京恒泰鑫耀投资有限公司	白洋工业园沙湾路 曹港路市政工程项目	24289	24289
宜昌青锋科技有限公司	年产五万吨铸件绿色铸造及加工项目	25380	25380

10—16　续表 16　　　　　　　　　　　　　　　　　　　　　　　　单位：万元

项目单位名称	项目名称	行业类别	项目级别	计划总投资
湖北泽茂化工有限公司	5 万吨/年无水草酸联产 16 万吨磷酸二氢钠项目	2619	2	51361
湖北交投紫云铁路有限公司	宜昌紫云地方铁路项目	5320	2	2[illegible]1000
宜昌华信交通建设投资有限公司	宜昌港主城区白洋作业区一期工程	5532	3	31887
湖北三新硅业有限责任公司	三新硅业技术研发中心	3099	4	15000
顾家店镇人民政府	集镇居民安置点建设	7990	4	40000
宜昌市城市建设投资开发有限公司	马家铺路、梅子溪路、田家河大道市政工程	7810	3	59710
宜昌市金福达塑业有限公司	年产 100 万个塑料桶	2926	4	20000
湖北西陵酒业有限公司	西陵酒业公司迁址重建项目	1512	3	35000
枝江金盆山投资开发有限公司	标准化厂房二期建设	1810	4	36500
湖北三宁化工股份有限公司	20 万吨/年已内酰胺	2625	2	400000
枝江市董市村镇建设服务中心	姚家港村还建居民点	7483	4	24766
枝江市鸿翔塑业有限公司	年产 2 万吨塑料包装袋	2923	4	15000
枝江市董市水利服务中心	云盘湖汞站等改扩建	7610	4	25147
枝江市全汇宁化工有限公司	全汇宁化工搬迁扩规项目	2619	4	21890
湖北建宏科技有限公司	100 万吨磷矿石脱镁提磷项目	1020	4	30000
湖北三宁化工股份有限公司	姚家港化工园区热能中心工程	4411	4	45538
枝江市鑫信有色金属有限公司	新上电解铜生产线 2 条	3211	4	19860
宜昌银涛玻璃钢工程有限公司	年产 3000 台套玻璃钢设备制造及 5 万㎡设备防腐工程	3062	4	36700
宜昌聚龙环保科技有限公司	年产 3 万吨液体铁盐絮凝剂	2665	4	22980
晋煤集团宏圣煤炭物流公司	煤炭选洗及储运中心项目	5990	2	100000
开元化工科技股份有限公司	2.5 万吨橡胶防老剂、6000 吨对苯二酚、2 万吨四氧化三锰和 20 万吨硫酸项目	2669	2	100000
枝江姚家港化工园管理委员会	姚家港化工园园区道路建设	7212	4	15768
湖北宝力钢结构有限责任公司	宝力钢结构工程制造	3311	4	12700
宜昌仙女服饰有限公司	新上裕景牛仔裤 360 万条	1810	4	42000
宜昌瑞克纺织品有限公司	年产纱布 800 万米，卫材产成品 220 万包	1712	4	11600
枝江市弥陀寺	弥陀寺建设项目	9440	4	18000
宜昌太元龙食品有限公司	5 万吨月饼及糕点项目	1411	2	100000
湖北万联人造板有限公司	复合地板生产线项目	2022	4	12000
仙女镇村镇建设服务中心	仙女村居民还建安置点项目	7990	4	12000
湖北星鑫包装有限公司	年产普白料玻璃瓶 1.8 亿只	3055	4	10200
湖北星鑫包装有限公司	年产 4 亿只 100ml－250ml 玻璃瓶	3055	4	25000
枝江市龙钱水泥制品厂	新上砼桩压力管生产项目	3022	4	11000
湖北裕达置业有限公司	新建牛肉深加工厂房和仓库等项目	1353	4	12000
宜昌市东明电气有限责任公司	高压成套电气设备项目	3823	4	20000
武汉弗美克建材有限公司	高新科技环氧地坪漆项目	3039	4	60000
湖北澳盛置业有限公司	新建问安商贸城	7212	4	23000
宜昌瑞恒达棉纺织有限公司	6 万锭/年气流纺	1711	4	12000
宜昌金太源工贸集团有限公司	港口机械生产项目	3431	2	90000
宜昌金太源工贸集团有限公司	金太源综合码头建设项目	5532	4	48000
枝江市七星台镇人民政府	新建七星台工业园项目	7212	4	15000
栩泰再生资源开发有限公司	年产 6 万吨化纤项目	1751	4	30000

项目单位名称	项目名称	自开始建设至本年底累计完成投资	本年完成投资
湖北泽茂化工有限公司	5万吨/年无水草酸联产16万吨磷酸二氢钠项目	43175	43175
湖北交投紫云铁路有限公司	宜昌紫云地方铁路项目	66820	66820
宜昌华信交通建设投资有限公司	宜昌港主城区白洋作业区一期工程	9093	9093
湖北三新硅业有限责任公司	三新硅业技术研发中心	2000	2000
顾家店镇人民政府	集镇居民安置点建设	7500	7500
宜昌市城市建设投资开发有限公司	马家铺路、梅子溪路、田家河大道市政工程	31299	31299
宜昌市金福达塑业有限公司	年产100万个塑料桶	20000	20000
湖北西陵酒业有限公司	西陵酒业公司迁址重建项目	15300	15300
枝江金盆山投资开发有限公司	标准化厂房二期建设	22285	22285
湖北三宁化工股份有限公司	20万吨/年已内酰胺	181546	181546
枝江市董市村镇建设服务中心	姚家港村还建居民点	24766	24766
枝江市鸿翔塑业有限公司	年产2万吨塑料包装袋	8690	8690
枝江市董市水利服务中心	云盘湖汞站等改扩建	9550	9550
枝江市全汇宁化工有限公司	全汇宁化工搬迁扩规项目	2250	2250
湖北建宏科技有限公司	100万吨磷矿石脱镁提磷项目	10000	10000
湖北三宁化工股份有限公司	姚家港化工园区热能中心工程	12000	12000
枝江市鑫信有色金属有限公司	新上电解铜生产线2条	19910	19910
宜昌银涛玻璃钢工程有限公司	年产3000台套玻璃钢设备制造及5万m²设备防腐工程	17970	17970
宜昌聚龙环保科技有限公司	年产3万吨液体铁盐絮凝剂	22980	22980
晋煤集团宏圣煤炭物流公司	煤炭选洗及储运中心项目	69000	69000
开元化工科技股份有限公司	2.5万吨橡胶防老剂,6000吨对苯二酚,2万吨四氧化三锰和20万吨硫酸项目	13000	13000
枝江姚家港化工园管理委员会	姚家港化工园园区道路建设	5768	5768
湖北宝力钢结构有限责任公司	宝力钢结构工程制造	12700	12700
宜昌仙女服饰有限公司	新上裕景牛仔裤360万条	9730	9730
宜昌瑞克纺织品有限公司	年产纱布800万米,卫材产成品220万包	11600	11600
枝江市弥陀寺	弥陀寺建设项目	10790	10790
宜昌太元龙食品有限公司	5万吨月饼及糕点项目	6580	6580
湖北万联人造板有限公司	复合地板生产线项目	2500	2500
仙女镇村镇建设服务中心	仙女村居民还建安置点项目	7890	7890
湖北星鑫包装有限公司	年产普白料玻璃瓶1.8亿只	10200	10200
湖北星鑫包装有限公司	年产4亿只100ml－250ml玻璃瓶	25000	25000
枝江市龙钱水泥制品厂	新上砼桩压力管生产项目	11000	11000
湖北裕达置业有限公司	新建牛肉深加工厂房和仓库等项目	9500	9500
宜昌市东明电气有限责任公司	高压成套电气设备项目	6500	6500
武汉弗美克建材有限公司	高新科技环氧地坪漆项目	10	10
湖北澳盛置业有限公司	新建问安商贸城	10	10
宜昌瑞恒达棉纺织有限公司	6万锭/年气流纺	12000	12000
宜昌金太源工贸集团有限公司	港口机械生产项目	50000	50000
宜昌金太源工贸集团有限公司	金太源综合码头建设项目	10570	10570
枝江市七星台镇人民政府	新建七星台工业园项目	3570	3570
栩泰再生资源开发有限公司	年产6万吨化纤项目	10000	10000

10—17 固定资产投资主要项目竣工情况

(2012年)

单位:万元

项目单位名称	项目名称	年新增生产能力
宜都市交通运输局	枝城港煤炭物流储备工业基地工程	新建港口码头年吞吐量250万吨
宜昌市夷陵区公路局	小溪塔至鸦鹊岭公路改建工程	改建公路31.62公里
宜都市交通运输局	宜昌市天然气(LNG)利用工程项目	新建液化天然气储配站1座
宜都市交通运输局	宜昌港宜都港区宁通物流有限公司综合码头工程	新建港口码头年吞吐量250万吨
宜昌夷陵城市建设投资有限公司	东湖大道道路工程	新建公路5公里
省电力公司夷陵区供电公司	宜昌夷陵220千伏黄花输变电工程项目	可提供输电线路长度80公里
宜昌市夷陵区公路局	宜兴线黄金卡至沪蓉高速公路黄花互通段改建工程	新建公路31.62公里
湖北省电力公司宜昌市夷陵区供电公司	宜昌北500千伏输变电工程	可提供输电线路长度20公里
湖北稻花香酒业股份有限公司	五粮粉碎车间建设项目	年产1.5万吨白酒
宜昌市猇亭区城乡建设和城市管理局	桃子冲路、逢桥路、后山路市政工程	新建公路4.22公路
宜昌新成石墨有限责任公司	球形石墨生产线项目	年产石墨及碳素制品4800万吨
宜昌奥龙石墨材料有限公司	年产3000吨高新石墨材料	年产石墨及碳素制品3000万吨
当阳市自来水公司	巩河至城区供水管网项目管线工程	新建供水管网项目,自来水供应量可达10万吨/日
宜昌市鑫冠化工有限公司	精细磷酸盐	年产磷肥788吨/年
宜昌市鑫冠化工有限公司	年产24万吨粒状磷酸二铵项目一期工程	年产磷肥1104吨/年
宜昌新高区白洋工业园建设管理办公室	沙湾路修建	新建公路10公里
枝江市鑫信有色金属有限公司	新上电解铜生产线2条	建成年产铜冶炼10000万吨
湖北戈碧迦光电科技股份有限公司	光学玻璃系列产品制造项目	年产光学玻璃45万重量箱
宜昌瑞恒达棉纺织有限公司	6万锭/年气流纺	年产6万锭气流纺
湖北山水化工有限公司	5万吨/年离子膜烧碱.5万吨/年聚氯乙烯糊树脂	年产5万吨离子膜烧碱,5万吨聚氯乙烯糊树脂
五峰天力水电有限责任公司	天池河水尽司水库电站	建成可提供水力发电1万千瓦
湖北美洋化肥科技有限公司	年产200万吨复混肥项目	年产200万吨复合肥
宜都市住建局	西城区污水处理厂	新建污水处理项目,处理污水量可达5.5万吨/日
宜昌市夷陵区交通建设项目管理办公室	宜巴高速公路夷陵区段道路还建工程	新建二级公里12.6公里

单位:万元

项目单位名称	项目名称	本年全部投产时间	自开始建设累计完成投资	本年新增固定资产	行业代码
宜都市交通运输局	枝城港煤炭物流储备工业基地工程	201210	33398	39398	5532
宜昌市夷陵区公路局	小溪塔至鸦鹊岭公路改建工程	201212	45494	789	5442
宜都市交通运输局	宜昌市天然气(LNG)利用工程项目	201202	24112	24112	5539
宜都市交通运输局	宜昌港宜都港区宁通物流有限公司综合码头工程	201204	16498	16498	5523
宜昌夷陵城市建设投资有限公司	东湖大道道路工程	201210	30000	30000	7810
省电力公司夷陵区供电公司	宜昌夷陵220千伏黄花输变电工程项目	201210	18775	18775	4420
宜昌市夷陵区公路局	宜兴线黄金卡至沪蓉高速公路黄花互通段改建工程	201212	17403	10553	5449
湖北省电力公司宜昌市夷陵区供电公司	宜昌北500千伏输变电工程	201212	42580	42580	4420
湖北稻花香酒业股份有限公司	五粮粉碎车间建设项目	201202	10000	10000	8021
宜昌市猇亭区城乡建设和城市管理局	桃子冲路、逢桥路、后山路市政工程	201206	16470	16470	7810
宜昌新成石墨有限责任公司	球形石墨生产线项目	201205	15000	15000	3091
宜昌奥龙石墨材料有限公司	年产3000吨高新石墨材料	201212	15000	15000	3091
当阳市自来水公司	巩河至城区供水管网项目管线工程	201207	13157	13157	4610
宜昌市鑫冠化工有限公司	精细磷酸盐	201212	50000	50000	2622
宜昌市鑫冠化工有限公司	年产24万吨粒状磷酸二铵项目一期工程	201203	74900	74900	2622
宜昌新高区白洋工业园建设管理办公室	沙湾路修建	201203	14620	14620	5419
枝江市鑫信有色金属有限公司	新上电解铜生产线2条	201208	19910	19910	3211
湖北戈碧迦光电科技股份有限公司	光学玻璃系列产品制造项目	201209	29800	29800	3041
宜昌瑞恒达棉纺织有限公司	6万锭/年气流纺	201212	12000	12000	1711
湖北山水化工有限公司	5万吨/年离子膜烧碱.5万吨/年聚氯乙烯糊树脂	201211	45000	45000	2612
五峰天力水电有限责任公司	天池河水尽司水库电站	201207	14900	14900	4412
湖北美洋化肥科技有限公司	年产200万吨复混肥项目	201210	16169	16169	2624
宜都市住建局	西城区污水处理厂	201212	21245	21245	4620
宜昌市夷陵区交通建设项目管理办公室	宜巴高速公路夷陵区段道路还建工程	201212	15100	15100	5442

10—18 房地产开发投资

（2012年）

单位：万元、平方米

分组指标	总计	中央	省	市县属
计划总投资	**5870610**	**182405**	**30000**	**5658205**
自开始建设累计完成投资	4591024	240318	27004	4323702
本年完成投资	1765896	62450		1703446
#土地开发投资额				
配套工程投资	15004			15004
国有经济控股	244362	62450		181912
1.按登记注册类型分				
内资企业	1764123	62450		1701673
国有企业	53903	1319		52584
集体企业				
股份合作企业				
联营企业				
国有联营企业				
集体联营企业				
国有与集体联营企业				
其他联营企业				
有限责任公司	885017	61131		823886
国有独资公司	9507			9507
其他有限责任公司	875510	61131		814379
股份有限公司				
股份有限公司	120963			120963
私营企业	643840			643840
私营独资企业	73871			73871
私营合伙企业				
私营有限责任公司	491155			491155
私营股份有限公司	78814			78814
其他企业	60400			60400
港澳台商投资企业	170			170
与港澳台商合资经营企业				
与港澳台商合资合作经营企业				
港澳台商独资经营企业	170			170
港澳台商投资股份有限公司				
外商投资企业	1603			1603
中外合资经营企业				
中外合作经营企业				
外资企业	1603			1603
外商投资股份有限公司				
2.按构成分				
建筑工程	1269996	62450		1207546
安装工程	137010			137010
设备工器具购置	40177			40177

单位:万元、平方米

分组指标	总计	中央	省	市县属
其他费用	318713			318713
#旧建筑物购置费	12163			12163
土地购置费	168189			168189
3. 按工程用途分				
住宅	1218168	54062		1164106
#90 平方米以下	236399	14993		221406
#140 平方米以上	166245	6079		160166
经济适用房				
别墅、高档公寓	50007			50007
办公楼	41613			41613
商业营业用房	298964	5206		293758
其他	207151	3182		203969
本年新增固定资产	677415	945		676470
本年资金来源合计	2557123	327997	643	2228483
1. 上年末结余资金	514052	72539	547	440966
2. 本年资金来源小计	2043071	255458	96	1787517
(1)国内贷款	385045	200260		184785
银行贷款	257045	72260		184785
非银行金融机构贷款	128000	128000		
(2)利用外资				
#外商直接投资				
(3)自筹资金	837665			837665
#自有资金	251504			251504
(4)其他资金来源	820361	55198	96	765067
#定金及预收款	385275	912	96	384267
#个人按揭贷款	221549	274		221275
本年各项应付款合计	474097	10314	190	463593
#工程款	149525	4880	30	144615
项目规划情况				
项目规划占地面积	8525389	126713	21830	8376846
项目规划建筑面积	21474128	441120	92950	20940058
#住宅	15619160	385578	62393	15171189
商业营业用房	3524291	37709	21480	3465102
办公楼	278239		742	277497
其他	2052438	17833	8335	2026270
规划住宅套数	136789	2807	552	133430
#90 平方米以下	45303	663	96	44544
140 平方米以上	14041	194	51	13796
其中:别墅、高档公寓	2985			2985
项目个数	192	4	1	187
待开发土地面积	450549			450549
本年购置土地面积	1238538			1238538
本年土地成交价款	156065			156065
#拆迁补偿费	8140			8140
土地使用权出让金	143925			143925
契税	5270			5270

10—19　房地产开发投资资金完成情况综合表

（2012年）　　单位：万元、平方米、套、个

指 标 名 称	合计（按隶属关系分）	#地方	#地市县属
计划总投资	**5870610**	**5688205**	**5658205**
自开始建设累计完成投资	4591024	4350706	4323702
本年计划投资			
本年完成投资	**1765896**	**1703446**	**1703446**
#配套工程投资	15004	15004	15004
国有经济控股	244362	181912	181912
土地开发投资额			
1.按登记注册类型分			
内资企业	1764123	1701673	1701673
国有企业	53903	52584	52584
集体企业			
股份合作企业			
联营企业			
国有联营企业			
集体联营企业			
国有与集体联营企业			
其他联营企业			
有限责任公司	885017	823886	823886
国有独资公司	9507	9507	9507
其他有限责任公司	875510	814379	814379
股份有限公司			
股份有限公司	120963	120963	120963
私营企业	643840	643840	643840
私营独资企业	73871	73871	73871
私营合伙企业			
私营有限责任公司	491155	491155	491155
私营股份有限公司	78814	78814	78814
其他企业	60400	60400	60400
港澳台商投资企业	170	170	170
与港澳台商合资经营企业			
与港澳台商合资合作经营企业			
港澳台商独资经营企业	170	170	170
港澳台商投资股份有限公司			
外商投资企业	1603	1603	1603
中外合资经营企业			
中外合作经营企业			
外资企业	1603	1603	1603
外商投资股份有限公司			
2.按构成分			
建筑工程	1269996	1207546	1207546
安装工程	137010	137010	137010
设备工器具购置	40177	40177	40177
其他费用	318713	318713	318713
其中：旧建筑物购置费	12163	12163	12163

10—19 续表 单位:万元、平方米、套、个

指 标 名 称	合计(按隶属关系分)	#地方	#地市县属
土地购置费	168189	168189	168189
3.按工程用途分			
住宅	1218168	1164106	1164106
#90 平方米以下	236399	221406	221406
144 平方米以上	166245	160166	160166
别墅、高档公寓	50007	50007	50007
办公楼	41613	41613	41613
商业营业用房	298964	293758	293758
其他	207151	203969	203969
经济适用房			
本年新增固定资产	677415	676470	676470
本年资金来源合计	2557123	2229126	2228483
1.上年末结余资金	514052	441513	440966
2.本年资金来源小计	2043071	1787613	1787517
(1)国内贷款	385045	184785	184785
银行贷款	257045	184785	184785
非银行金融机构贷款	128000		
(2)利用外资			
#外商直接投资			
(3)自筹资金	837665	837665	837665
#自有资金	251504	251504	251504
(4)其他资金来源	820361	765163	765067
#定金及预收款	385275	384363	384267
#个人按揭贷款	221549	221275	221275
本年各项应付款合计	474097	463783	463593
#工程款	149525	144645	144615
项目规划情况			
项目规划占地面积	8525389	8398676	8376846
项目规划建筑面积	21474128	21033008	20940058
#住宅	15619160	15233582	15171189
商业营业用房	3524291	3486582	3465102
办公楼	278239	278239	277497
其他	2052438	2034605	2026270
规划住宅套数	136789	133982	133430
#:90 平方米以下	45303	44640	44544
144 平方米以上	14041	13847	13796
其中:别墅、高档公寓	2985	2985	2985
项目个数	192	188	187
待开发土地面积	450549	450549	450549
本年土地购置面积	1238538	1238538	1238538
本年土地成交价款	156065	156065	156065
#拆迁补偿费	8140	8140	8140
土地使用权出让金	143925	143925	143925
契税	5270	5270	5270

10—20 房地产开发企业财务状况

（2012 年）

单位：千元、个、人

指 标 名 称	财务表企业数	年末从业人数	年初存货	流动资产合计	#存货	固定资产原价	累计折旧	#本年折旧
总计	**303**	**2772**	**14923579**	**52030635**	**25160274**	**2095827**	**679589**	**86711**
一、按登记注册类型分组								
内资企业	291	2762	14685226	51200847	24958445	2042247	661130	84094
国有企业	9	79	1390882	3617937	2216379	32195	10500	1243
集体企业	3		57729	116976	55039	90115	14221	4551
国有独资公司	4	20	120960	2159237	123771	3563	1258	388
其他有限责任公司	90	409	4362615	25167530	11648231	1139925	452475	31519
股份有限公司	12	1384	431492	1315281	439452	52378	11443	1382
私营独资企业	6		1649330	2366361	1959809	14308	3698	33
私营合伙企业	1		7600	68700	7600	46500	3250	900
私营有限责任公司	154	783	4942421	12731980	5912867	612784	149136	3[illegible]701
私营股份有限公司	6	19	1097904	2067333	1590363	26812	6763	[illegible]976
其他企业	6	68	624293	1589512	1004934	23667	8386	[illegible]301
港澳台商投资企业	6	6	84541	270498	85820	16127	9946	910
与港澳台商合资经营企业	4	6		54413	2986	2733	1716	3
港澳台商独资经营企业	2		84541	216085	82834	13394	8230	907
外商投资企业	6	4	153812	559290	116009	37453	8513	707
中外合资经营企业	3		32403	451255	40444	17070	6288	700
外资企业	3	4	121409	108035	75565	20383	2225	[illegible]007
二、按控股情况分组								
国有控股	32	273	2987155	14881846	4650103	230521	60871	1[illegible]254
集体控股	7	14	92763	249764	128523	99949	17709	[illegible]788
私人控股	232	2441	10582562	31392047	17439202	1398215	563678	55937
港澳台商控股	6	6	84541	270498	85820	16127	9946	910
外商控股	6	4	153812	559290	116009	37453	8513	1707
其他	20	34	1022746	4677190	2740617	313562	18872	5115
三、按资质等级								
一级	1		546027	5993953	606236	36792	15761	3604
二级	11	109	2071151	3900027	2599485	105652	40576	3690
三级	59	188	2567439	8450738	4282257	569162	134493	36838
四级	51	77	1211288	6565265	4643908	663039	373651	9368
其它	181	2398	8527674	27120652	13028388	721182	115108	[illegible]3211

10—20 续表1 单位：千元、个、人

指标名称	财务表企业数	年末从业人数	年初存货	流动资产合计	#存货	固定资产原价	累计折旧	#本年折旧
四、按隶属关系分组								
中央	3	10	687627	6289470	795764	39219	17325	3842
省（自治区、直辖市）	2		10085	146200	10158	4825	2293	106
地区（州、盟、省辖市）	22	165	1138239	6433789	2498556	128172	28112	3155
县（区、市、旗）	37	305	1827739	9660037	6243915	521630	366932	3975
乡	1							
村委会	2		57729	116976	55039	90115	14221	4651
其他	236	2292	11202160	29384163	15556842	1311866	250706	70982
五、按企业营业状态分组								
营业	284	2714	14834456	50740283	24812296	2081913	675375	84525
停业（歇业）	8		2200	2385		250	48	11
筹建	2		15544	279748	206143	32	10	8
当年关闭	4	38	60268	525534	77191	9542	3601	2010
其他	5	20	11111	482685	64644	4090	555	157
六、按执行会计制度类别分组								
企业会计制度	299	2768	14874464	51862001	25116518	2072089	674670	85333
事业会计制度	1			2922		2471	398	
其他	3	4	49115	165712	43756	21267	4521	1378
七、按机构类型分组								
企业	303	2772	14923579	52030635	25160274	2095827	679589	86711
八、按地区分组								
宜昌市	303	2772	14923579	52030635	25160274	2095827	679589	86711
西陵区	110		5852075	21984996	8866380	812554	161146	33590
伍家岗区	55	2430	3996706	10913277	4949492	172733	62101	10547
点军区	7		83764	4101876	3559128	393996	338308	294
猇亭区	2		28397	228050		8440	1314	274
夷陵区	36		2487832	7444150	3607645	362804	62201	21119
远安县	8		176456	526494	431100	20071	5800	4669
兴山县	3		46557	70293	10061	3300	568	121
秭归县	11		94877	722545	136103	105192	7997	6187
长阳自治县	17		169000	603128	261529	32163	4010	1626
五峰自治县	8		29128	56213	42591	4803	590	153
宜都市	11		578315	1606399	851322	56464	15757	1476
当阳市	24	342	1231530	2336717	1442046	48919	13334	4044
枝江市	11		148942	1436497	1002877	74388	6463	2611
宜昌高新区								

10—20 续表2 单位：千元

指标名称	资产合计	负债合计	所有者权益合计	#实收资本
总计	**60823636**	**48445915**	**12377721**	**12576613**
一、按登记注册类型分组				
内资企业	59782898	47716254	12066644	12254496
国有企业	5961888	5855325	106563	141104
集体企业	257841	232826	25015	15000
国有独资公司	3187430	2492581	694849	302400
其他有限责任公司	27814680	21836330	5978350	7978802
股份有限公司	1539994	1120562	419432	29[illegible]206
私营独资企业	2451344	2327718	123626	168500
私营合伙企业	111950	30000	81950	1[illegible]000
私营有限责任公司	14481805	10672781	3809024	298[illegible]304
私营股份有限公司	2310529	1678416	632113	275000
其他企业	1665437	1469715	195722	90180
港澳台商投资企业	353659	201172	152487	191820
与港澳台商合资经营企业	72400	93312	－20912	41820
港澳台商独资经营企业	281259	107860	173399	150000
外商投资企业	687079	528489	158590	130197
中外合资经营企业	559426	466259	93167	52708
外资企业	127653	62230	65423	77489
二、按控股情况分组				
国有控股	19823496	17467871	2355625	1435778
集体控股	426946	372064	54882	50911
私人控股	34380796	25913727	8467069	9780857
港澳台商控股	353659	201172	152487	191820
外商控股	687079	528489	158590	130197
其他	5151660	3962592	1189068	9[illegible]6950
三、按资质等级				
一级	7084757	6250018	834739	700000
二级	4201571	3301669	899902	438800
三级	11874160	9920299	1953861	1423198
四级	7072603	4743399	2329204	5554569
其它	30590545	24230530	6360015	4449946

指标名称	资产合计	负债合计	所有者权益合计	#实收资本
四、按隶属关系分组				
中央	7381137	6440488	940649	730104
省(自治区、直辖市)	148877	85944	62933	51000
地区(州、盟、省辖市)	7774542	6338340	1436202	906802
县(区、市、旗)	12380845	9835819	2545026	5618783
乡				
村委会	257841	232826	25015	15000
其他	32880394	25512498	7367896	5254824
五、按企业营业状态分组				
营业	59431747	47403745	12028002	12218335
停业(歇业)	32685	7	32678	33128
筹建	289770	252298	37472	40000
当年关闭	554086	441391	112695	122500
其他	515348	348474	166874	162550
六、按执行会计制度类别分组				
企业会计制度	60589202	48294835	12294367	12485799
事业会计制度	4999		4999	534
其他	229435	151080	78355	90180
七、按机构类型分组				
企业	60823636	48445915	12377721	12576513
八、按地区分组				
宜昌市	60823636	48445915	12377721	12576513
西陵区	28209201	23429474	4779727	3400245
伍家岗区	11482163	10151018	1331145	1079043
点军区	4160563	2419100	1741463	5082634
猇亭区	481299	437597	43702	40000
夷陵区	8326796	6362500	1964296	1164349
远安县	543415	441062	102353	110000
兴山县	73055	46368	26687	21534
秭归县	965660	608023	357637	291060
长阳自治县	671040	436391	234649	234801
五峰自治县	75299	40952	34347	28208
宜都市	1761879	1327675	434204	253074
当阳市	2490052	1543612	946440	686334
枝江市	1583214	1202143	381071	185231
宜昌高新区				

10—20 续表 4

单位：千元

指 标 名 称	主营业务收入	土地转让收入	商品房屋销售收入	房屋出租收入	其他收入	主营业务成本
总计	**10785782**	**6522**	**9196593**	**156885**	**1425782**	**7966717**
一、按登记注册类型分组						
内资企业	10660764	6522	9104274	154111	1395857	7895213
国有企业	112536		35158	11775	65603	65907
集体企业	11887			11887		4761
国有独资公司	44744		33016	1709	10019	27213
其他有限责任公司	4918377	260	3911005	88702	918410	3513596
股份有限公司	619202		578977		40225	453072
私营独资企业	62762		62419		343	57625
私营合伙企业	35000		35000			21000
私营有限责任公司	4189907	6262	3885043	37979	260623	3225260
私营股份有限公司	86678		84619	2059		53034
其他企业	579671		479037		100634	470745
港澳台商投资企业	12248		11472	768	8	7681
与港澳台商合资经营企业	776			768	8	1099
港澳台商独资经营企业	11472		11472			5582
外商投资企业	112770		80847	2006	29917	63823
中外合资经营企业	31361		573	1215	29573	12047
外资企业	81409		80274	791	344	55776
二、按控股情况分组						
国有控股	2135422	260	2017505	27329	90328	1433127
集体控股	49107		4108	11887	33112	32406
私人控股	7774784	6262	6444513	68041	1255968	5909600
港澳台商控股	12248		11472	768	8	7681
外商控股	112770		80847	2006	29917	63823
其他	701451		638148	46854	16449	518080
三、按资质等级						
一级	464170		464170			312041
二级	860068		840521	13977	5570	536381
三级	1737465	5862	1630005	54624	46974	1257037
四级	1165599	260	685136	6527	473676	864008
其它	6558480	400	5576761	81757	899562	4950250

指 标 名 称	主营业务收入	土地转让收入	商品房屋销售收入	房屋出租收入	其他收入	主营业务成本
四、按隶属关系分组						
中央	583803		583803			387155
省(自治区、直辖市)	36479		22000	13479	1000	18720
地区(州、盟、省辖市)	629043	260	373426	31172	224185	473364
县(区、市、旗)	1312709		1127468	11169	174072	1022833
乡						
村委会	11887			11887		4761
其他	8211861	6262	7089896	89178	1026525	6062884
五、按企业营业状态分组						
营业	10455921	6522	9052356	156885	1240158	7683592
停业(歇业)	9300		9300			5800
筹建						
当年关闭	178138				178138	154155
其他	142423		134937		7486	126170
六、按执行会计制度类别分组						
企业会计制度	10785125	6522	9196593	156358	1425652	7969717
事业会计制度						
其他	657			527	130	
七、按机构类型分组						
企业	10785782	6522	9196593	156885	1425782	7969717
八、按地区分组						
宜昌市	10785782	6522	9196593	156885	1425782	7969717
西陵区	2645324	443	1810187	118876	715818	1814417
伍家岗区	3251826	5419	2587669	21370	637368	2611984
点军区	87388	260	86301		827	74156
猇亭区	316			316		13
夷陵区	2033800		2022246	4060	7494	1310301
远安县	106636		106517	119		86942
兴山县	127457		127331		126	114875
秭归县	270414		270414			225509
长阳自治县	147400	400	146705	195	100	99599
五峰自治县	33138		22757		10381	28340
宜都市	421567		421511		56	275034
当阳市	893237		848786	4613	39838	704982
枝江市	767279		746169	7336	13774	623565
宜昌高新区						

10—20　续表 6　　　　单位：千元

指　标　名　称	主营业务税金及附加	其他业务利润	销售费用	管理费用	#税　金
总计	**923563**	**81823**	**288591**	**518437**	**45693**
一、按登记注册类型分组					
内资企业	913572	81475	286635	502852	44911
国有企业	20961	3376	6278	26792	1295
集体企业	2335			5950	
国有独资公司	10934			23131	2299
其他有限责任公司	453255	599	156555	184353	8690
股份有限公司	33227	916	9919	29029	4313
私营独资企业	4753	1880	17927	22683	619
私营合伙企业	4000		1500	2600	70
私营有限责任公司	303113	12916	87094	185812	24316
私营股份有限公司	23849	61788	2399	15653	1604
其他企业	57145		4963	6849	1705
港澳台商投资企业	873		1459	7071	595
与港澳台商合资经营企业	105			869	6
港澳台商独资经营企业	768		1459	6202	589
外商投资企业	9118	348	497	8514	187
中外合资经营企业	2180		173	5053	
外资企业	6938	348	324	3461	187
二、按控股情况分组					
国有控股	270332	3431	54044	106831	5837
集体控股	5694	－703	106	9850	578
私人控股	586060	78453	192975	340918	35931
港澳台商控股	873		1459	7071	595
外商控股	9118	348	497	8514	187
其他	51486	294	39510	45253	2565
三、按资质等级					
一级	41829		13815	5985	
二级	101767	884	26573	51746	6145
三级	140574	3440	39433	142902	6654
四级	86659	11924	11411	40715	2875
其它	552734	65575	197359	277089	30019

单位:千元

指标名称	主营业务税金及附加	其他业务利润	销售费用	管理费用	税金
四、按隶属关系分组					
中央	52356		15686	7228	132
省(自治区、直辖市)	3097		6274	8249	1119
地区(州、盟、省辖市)	67620	-3087	21030	58640	2356
县(区、市、旗)	109314	1050	39133	63892	5688
乡				14	
村委会	2335			5936	
其他	688841	83860	206468	374478	36398
五、按企业营业状态分组					
营业	911594	81823	281142	504517	43729
停业(歇业)	1500		80	304	20
筹建			11	1600	75
当年关闭	10057		5576	6521	1651
其他	412		1782	5495	218
六、按执行会计制度类别分组					
企业会计制度	923035	81823	288523	514961	45331
事业会计制度					
其他	528		68	3476	362
七、按机构类型分组					
企业	923563	81823	288591	518437	45693
八、按地区分组					
宜昌市	923563	81823	288591	518437	45693
西陵区	330740	64247	101180	223752	12444
伍家岗区	258023	-1780	52407	87814	7695
点军区	6282		150	5284	581
猇亭区	30	218	417	3946	44
夷陵区	143417	9549	58267	85397	2289
远安县	9576	12	7241	9166	301
兴山县	7003		1313	3325	136
秭归县	25116	208	2358	8240	474
长阳自治县	12382	7402	5738	9296	2489
五峰自治县	2412	371	32	1478	3
宜都市	32855	1166	31103	20797	247
当阳市	47590		13153	32842	9392
枝江市	48137	430	15232	27100	9598
宜昌高新区					

10—20　续表 8　　　　单位:千元

指 标 名 称	#差旅费	#工会经费	财务费用	#利息支出	营业利润
总计	**20234**	**1652**	**243568**	**174222**	**985760**
一、按登记注册类型分组					
内资企业	19210	1635	242708	173942	965351
国有企业	498		-1403	-1043	-5048
集体企业			116	132	-1275
国有独资公司	704	1	-178	2943	18555
其他有限责任公司	6004	535	81415	62517	575137
股份有限公司	587	89	26519	7926	63796
私营独资企业	2201	118	10851	11454	-50384
私营合伙企业	215		5235	5347	665
私营有限责任公司	7933	800	114160	80377	276398
私营股份有限公司	1000	70	4384	4226	49147
其他企业	68	22	1609	63	38360
港澳台商投资企业	621	3	608	1	-5444
与港澳台商合资经营企业	30	3	-5	-2	-1292
港澳台商独资经营企业	591		613	3	-4152
外商投资企业	403	14	252	279	25853
中外合资经营企业	10		-32	-29	11940
外资企业	393	14	284	308	13913
二、按控股情况分组					
国有控股	2664	145	-11146	2202	359246
集体控股	39	9	2969	134	-1977
私人控股	14285	1355	210575	135307	601992
港澳台商控股	621	3	608	1	-5444
外商控股	403	14	252	279	25853
其他	2222	126	40310	36299	6090
三、按资质等级					
一级			-5146		122196
二级	1470	54	8920	8052	132376
三级	6516	669	38704	39155	77044
四级	772	156	25752	19148	138500
其它	11476	773	175338	107867	515644

单位:千元

指标名称	#差旅费	#工会经费	财务费用	#利息支出	营业利润
四、按隶属关系分组					
中央	80	12	-5057		152985
省(自治区、直辖市)	826	50	-1225	80	1364
地区(州、盟、省辖市)	1178	196	17438	14756	27875
县(区、市、旗)	1969	175	5851	1273	72297
乡					-14
村委会			116	132	-1261
其他	16181	1219	226445	157981	732514
五、按企业营业状态分组					
营业	19692	1595	231616	161400	987314
停业(歇业)	10		80	78	1536
筹建	250		-26		-1585
当年关闭	129	20	2827	2531	-998
其他	153	37	9071	10213	-507
六、按执行会计制度类别分组					
企业会计制度	20131	1652	238847	170101	993896
事业会计制度					
其他	103		4721	4121	-8136
七、按机构类型分组					
企业	20234	1652	243568	174222	985760
八、按地区分组					
宜昌市	20234	1652	243568	174222	985760
西陵区	10638	708	82727	67022	230996
伍家岗区	2077	319	49653	31963	189358
点军区	154	20	24	126	1492
猇亭区	20	1	714	61	-4586
夷陵区	3435	191	67321	57577	378646
远安县	470		2819	2797	-9096
兴山县	178	35	8		933
秭归县	476	169	104	31	13149
长阳自治县	556	7	841	545	14344
五峰自治县	15		923	919	324
宜都市	50		10578	94	50887
当阳市	1549	151	15518	7022	78011
枝江市	616	51	12338	6065	41302
宜昌高新区					

10—20 续表 10

单位：千元

指 标 名 称	营业外收 入	营业外支 出	利润总额	应 交所得税	应付工资总 额
总计	**39393**	**59745**	**967423**	**270002**	**812312**
一、按登记注册类型分组					
内资企业	38896	59060	947202	262786	809238
国有企业	167	373	－5254	2781	9951
集体企业			－1275		922
国有独资公司	8304	2470	24389	8931	7549
其他有限责任公司	2732	6419	573230	111432	279884
股份有限公司	4570	－2048	70414	9658	41818
私营独资企业	14	110	－50480	573	358534
私营合伙企业			665	365	650
私营有限责任公司	23071	49448	250218	97201	36872
私营股份有限公司	19	1650	47554	14531	8147
其他企业	19	638	37741	17314	4911
港澳台商投资企业		271	－5715	310	1264
与港澳台商合资经营企业		271	－1563		460
港澳台商独资经营企业			－4152	310	804
外商投资企业	497	414	25936	6906	1810
中外合资经营企业	497	310	12127	3317	1014
外资企业		104	13809	3589	796
二、按控股情况分组					
国有控股	10203	4099	365350	68024	70113
集体控股	1	11	－1987	27	94366
私人控股	28578	54311	576494	179111	623467
港澳台商控股		271	－5715	310	1264
外商控股	497	414	25936	6906	1810
其他	114	639	7345	15624	21292
三、按资质等级					
一级		480	121716		23217
二级	664	1784	131256	44657	21720
三级	20546	34411	63259	36854	149547
四级	3369	4115	137909	22713	91514
其它	14814	18955	513283	165778	526314

指标名称	营业外收入	营业外支出	利润总额	应交所得税	应付工资总额
四、按隶属关系分组					
中央		596	152389	7697	24189
省(自治区、直辖市)		-286	1650	155	10603
地区(州、盟、省辖市)	8425	4676	31624	22282	19380
县(区、市、旗)	1894	1781	72410	29704	106984
乡			-14		14
村委会			-1261		908
其他	29074	52978	710625	210164	650234
五、按企业营业状态分组					
营业	39380	59735	967691	269612	803944
停业(歇业)			1536		777
筹建	2		-1583		985
当年关闭		1	-999		2326
其他	11	9	778	390	4280
六、按执行会计制度类别分组					
企业会计制度	39393	59744	975560	270002	811822
事业会计制度					18
其他		1	-8137		472
七、按机构类型分组					
企业	39393	59745	967423	270002	812312
八、按地区分组					
宜昌市	39393	59745	967423	270002	812312
西陵区	23952	47711	207489	70734	193132
伍家岗区	418	5371	184405	79028	78578
点军区	13	341	1164	3263	73105
猇亭区	34	198	-4750		1234
夷陵区	10195	3151	387011	65345	397336
远安县	44	383	-9435	554	4966
兴山县	24	33	924	231	3320
秭归县	134	475	12808	1379	4383
长阳自治县	142	-223	14709	2054	6253
五峰自治县		3	363	140	1359
宜都市	40	691	50636	22313	11473
当阳市	3739	1146	80604	15930	12116
枝江市	658	465	41495	9031	25057
宜昌经济开发区					

10—21 按项目所在地分地区汇总房地产投资情况

（2012年）

单位：千元、平方米

指 标 名 称	计划总投资	本年完成投资	#配套工程投资	按构成分：建筑工程	安装工程	设备工具购置
宜昌市	5870610	1765896	15004	1269996	137010	40177
市区	4365259	1334253	6384	963750	102909	34030
#西陵区	1111090	264078	400	219164	11792	21964
伍家岗区	1682798	605402	86	439779	37977	2668
点军区	35000	10000		6500		
猇亭区	199102	76398		41648	9204	5037
夷陵区	1337269	378375	5898	256659	43936	4361
宜都市	357365	83577	650	59268	8093	1521
当阳市	318557	98256	2561	69849	3796	2166
枝江市	254730	85460		67380	5050	1380
远安县	97158	23707	197	17629	361	
兴山县	91700	11708		10608	1100	
秭归县	262739	67344	5112	40710	10374	1080
长阳自治县	117402	55891	100	35315	5327	
五峰自治县	5700	5700		5487		

指 标 名 称	其他费用	#土地购置费	按工程用途分：商品住宅
宜昌市	318713	168189	1218168
市区	233564	109430	902211
#西陵区	11158	3970	156414
伍家岗区	124978	57865	401352
点军区	3500		10000
猇亭区	20509	16497	47499
夷陵区	73419	31098	286946
宜都市	14695	7749	56885
当阳市	22445	15758	78707
枝江市	11650	9740	62417
远安县	5717	2534	17792
兴山县			10158
秭归县	15180	12099	50434
长阳自治县	15249	10674	37451
五峰自治县	213	205	2113

10—22 房地产面积综合情况

（2012年） 单位：万元、平方米、元/平方米、%、套

指标名称	合计	住宅	#90平米及以下	#144平米以上	#别墅、高档公寓	办公楼	商业营业用房	其他房屋
房屋施工面积	14505645	10431423	2269305	968420	253571	260641	2153510	1660071
新开工面积	4838762	3555102	673233	196531	28620	89482	544413	649765
房屋竣工面积	2089270	1592536	198548	174497	24034	7021	223483	266230
不可销售面积	100556					378	3482	96696
商品住宅竣工套数		14891	2680	1016	66			
竣工房屋价值	524713	412445	47933	46375	8711	1139	71469	39660
批准预售面积	5620077	4752863	689861	396120	33616	50466	634878	181870
批准预售住宅套数		43292	9822	2234	247			
出租房屋面积	12086					12086		
商品房销售面积	3285683	2808013	625322	178528	10584	17207	357997	102466
现房销售面积	724266	555816	153221	46337	6805	6352	71153	90945
期房销售面积	2561417	2252197	472101	132191	3779	10855	286844	11521
商品房销售额	1610068	1138633	255270	90256	8280	10258	427562	33615
现房销售额	267977	181779	46595	23806	3619	2869	52364	30965
期房销售额	1342091	956854	208675	66450	4661	7389	375198	2650
商品住宅销售套数		26280	8390	1010	119			
现房销售套数		5057	1840	266	23			
期房销售套数		21223	6550	744	96			
待售面积	582270	293387	15349	80901	37041	23549	158866	106468
待售1－3年面积	335194	143455	7612	11878		373	127052	64314
待售3年以上面积	35992	26486	128	21310			7749	1757

10—23 按项目所在地分县市区商品房面积综合情况

（2012年）

单位：平方米

指标名称	房屋施工面积合计	商品住宅	#90平方米以下住房	#144平方米以上	#别墅、高档公寓	办公楼	商业营业用房	其他房屋
宜昌市	**14505645**	**10431423**	**2269305**	**968420**	**253571**	**260641**	**2153510**	**1660071**
市区								
#西陵区	2567497	1393125	159877	36900	9582	136896	709213	328263
宜昌高新区								
伍家岗区	4079406	2720243	1004154	461645	94623	64437	618784	675942
点军区	54576	54576	45450	9126				
猇亭区	773273	584127	200136				45311	143835
夷陵区	2376102	1892183	264624	288923	139175	33014	161582	289323
宜都市	801447	651846	65167			12129	114359	23113
当阳市	1499291	1120492	196636	104040	10191	4615	243832	130352
枝江市	480020	412197					66852	971
远安县	492590	482135	27873	26240			10455	
兴山县	336906	295286	268972	12256			31244	10376
秭归县	496808	402699	25590	29290		7000	44306	42803
长阳自治县	520714	401768	10826			2550	104572	11824
五峰自治县	27015	20746					3000	3269

指标名称	新开工面积	商品住宅	#90平方米以下住房	#144平方米以上	#别墅、高档公寓	办公楼	商业营业用房	其他房屋
宜昌市	**4838762**	**3555102**	**673233**		**28620**	**89482**	**544413**	**649765**
市区								
#西陵区	272442	184526	9219			17630	39149	31137
宜昌高新区								
伍家岗区	1601398	1026835	308880			28562	203511	342490
点军区								
猇亭区	532901	436147	157377				23746	73008
夷陵区	853286	617110	90778		28620	32404	74565	129207
宜都市	285121	230369	2145			536	50874	3342
当阳市	344996	296350	59011			800	31341	16505
枝江市	169010	128789					40221	
远安县	203057	202312	9407				745	
兴山县								
秭归县	331997	252248	25590			7000	33766	38983
长阳自治县	217539	159670	10826			2550	43495	11824
五峰自治县	27015	20746					3000	3269

10—23 续表1　　　　单位:平方米

指标名称	房层竣工面积合计					办公楼	商业营业用房	其他房屋
		商品住宅	#90平方米以下住房	#144平方米以上	#别墅、高档公寓			
宜昌市	**2089270**	**1592536**	**198548**	**174497**	**24034**	**7021**	**223483**	**266230**
市区								
#西陵区	229666	69084	28778	2502			2013	158569
宜昌高新区								
伍家岗区	586164	489641	95631	82289			38052	58471
点军区								
猇亭区								
夷陵区	293137	237141	13917	61821	24034	378	23601	32017
宜都市	185207	158942	7981			3893	10850	11522
当阳市	336408	253299	38138	10703		2750	78948	1411
枝江市	107875	58908					47996	971
远安县	163431	162321	14103	8416			1110	
兴山县								
秭归县	109358	98818		8766			10540	
长阳自治县	51009	43636					7373	
五峰自治县	27015	20746					3000	3269

指标名称	其中:不可销售面积					办公楼	商业营业用房	其他房屋
		商品住宅	#90平方米以下住房	#144平方米以上	#别墅、高档公寓			
宜昌市	**100556**					**378**	**3482**	**96696**
市区								
#西陵区	78827							78827
宜昌高新区								
伍家岗区								
点军区								
猇亭区								
夷陵区	15865					378		15487
宜都市								
当阳市	1411							1411
枝江市	4453						3482	971
远安县								
兴山县								
秭归县								
长阳自治县								
五峰自治县								

10—23　续表2　　　　单位:套、万元

指标名称	商品住宅竣工套数	#90平方米以下住房	#144平方米以上	#别墅、高档公寓	办公楼	商业营业用房	其他房屋
宜昌市		**14891**	**2680**	**1016**	**66**		
市区							
#西陵区		712	327	17			
宜昌高新区							
伍家岗区		5338	1317	566			
点军区							
猇亭区							
夷陵区		1812	160	289	66		
宜都市		1388	92				
当阳市		2396	623	69			
枝江市		511					
远安县		1271	161	19			
兴山县							
秭归县		861		56			
长阳自治县		416					
五峰自治县		186					

指标名称	竣工房屋价值	商品住宅	#90平方米以下住房	#144平方米以上	#别墅、高档公寓	办公楼	商业营业用房	其他房屋
宜昌市	**524713**	**412445**	**47933**	**46375**	**8711**	**1139**	**71469**	**39660**
市区								
#西陵区	38474	20725	8633	750			603	17146
宜昌高新区								
伍家岗区	210847	186297	26010	23180			14419	10131
点军区								
猇亭区								
夷陵区	75050	60213	3451	16987	8711	66	5887	8884
宜都市	33039	26817	1112			574	3563	2085
当阳市	71220	49433	7417	2270		499	21026	262
枝江市	39706	17962					21339	405
远安县	18784	18484	1310	1818			300	
兴山县								
秭归县	23284	21310		1370			1974	
长阳自治县	8609	6851					1758	
五峰自治县	5700	4353					600	747

指标名称	批准预售面积	商品住宅	#90平方米以下住房	#144平方米以上	#别墅、高档公寓	办公楼	商业营业用房	其他房屋
宜昌市	**5620077**	**4752863**	**689861**	**396120**	**33616**	**50466**	**634878**	**181870**
市区								
#西陵区	620652	462590	59931	19178	9582	45963	20796	91303
宜昌高新区								
伍家岗区	1297027	1132498	309891	38390			164529	
点军区								
猇亭区	166566	145449	77880				21117	
夷陵区	1060668	919448	79811	193370	24034	610	80406	60204
宜都市	485762	403838	14459			3893	70513	7518
当阳市	630889	511255	69039	91805			119580	54
枝江市	275329	213782					60663	884
远安县	412222	390490	20133	31173			21732	
兴山县	121052	102560	34382	12256			9616	8876
秭归县	322208	276985	15059	9948			32192	13031
长阳自治县	227702	193968	9276				33734	
五峰自治县								

指标名称	批准预售套数	商品住宅	#90平方米以下住房	#144平方米以上	#别墅、高档公寓	出租房屋面积	商业营业用房	其他房屋
宜昌市		**43292**	**9822**	**2234**	**247**	**12086**		
市区								
#西陵区		4358	706	102	181			
宜昌高新区								
伍家岗区		10875	4326	153				
点军区								
猇亭区		1822	1250					
夷陵区		7715	1211	1030	66			
宜都市		3725	185			12086		
当阳市		4680	1113	615				
枝江市		1834						
远安县		3184	225	186				
兴山县		941	383	84				
秭归县		2403	183	64				
长阳自治县		1755	240					
五峰自治县								

10—23　续表 4　　　　单位：平方米

指 标 名 称	商品房销售面积	商品住宅	#90 平方米以下住房	#144 平方米以上	#别墅、高档公寓	办公楼	商业营业用房	其他房屋
宜昌市	**3285683**	**2808013**	**625322**	**178528**	**10584**	**17207**	**357997**	**102466**
市区								
#西陵区	524854	304659	28745	15097	4300	12340	133082	74773
宜昌高新区								
伍家岗区	1092243	1061769	373287	52831		3315	26358	801
点军区	18180	18180		3360				
猇亭区	13297	12580	7579				717	
夷陵区	353281	340932	78098	41608	5016		6931	5418
宜都市	300571	257545	14915	4896		1552	31544	9930
当阳市	281844	194069	22197	4541	1268		76254	11521
枝江市	255721	197419	15270	15000			58302	
远安县	127498	123298	13262	27406			4200	
兴山县	81377	76569	29133	9860			4808	
秭归县	141829	137116	16843	3778			4713	
长阳自治县	88197	77109	25993				11088	
五峰自治县	6791	6768		151				23

指 标 名 称	现房销售面积	商品住宅	#90 平方米以下住房	#144 平方米以上	#别墅、高档公寓	办公楼	商业营业用房	其他房屋
宜昌市	**724266**	**555816**	**153221**	**46337**	**6805**	**6352**	**71153**	**90945**
市区								
#西陵区	86879	6499	1065	1092	521	4800	807	74773
宜昌高新区								
伍家岗区	202171	200221	93177	29157			1149	801
点军区								
猇亭区								
夷陵区	67205	55485	14163	6746	5016		6302	5418
宜都市	190965	168633	11102	4896		1552	10850	9930
当阳市	52470	45826	11538	1268	1268		6644	
枝江市	63688	19486					44202	
远安县	23785	23785	891					
兴山县								
秭归县	6027	4828		3027			1199	
长阳自治县	24285	24285	21285					
五峰自治县	6791	6768		151				23

指标名称	期房销售面积	商品住宅	#90平方米以下住房	#144平方米以上	#别墅、高档公寓	办公楼	商业营业用房	其他房屋
宜昌市	**2561417**	**2252197**	**472101**	**132191**	**3779**	**10855**	**286844**	**11521**
市区								
#西陵区	437975	298160	27680	14005	3779	7540	132275	
宜昌高新区								
伍家岗区	890072	861548	280110	23674		3315	25209	
点军区	18180	18180		3360				
猇亭区	13297	12580	7579				717	
夷陵区	286076	285447	63935	34862			629	
宜都市	109606	88912	3813				20694	
当阳市	229374	148243	10659	3273			69610	11521
枝江市	192033	177933	15270	15000			14100	
远安县	103713	99513	12371	27406			4200	
兴山县	81377	76569	29133	9860			4808	
秭归县	135802	132288	16843	751			3514	
长阳自治县	63912	52824	4708				11088	
五峰自治县								

指标名称	商品房销售额	商品住宅	#90平方米以下住房	#144平方米以上	#别墅、高档公寓	办公楼	商业营业用房	其他房屋
宜昌市	**1610068**	**1138633**	**255270**	**90256**	**8280**	**10258**	**427562**	**33615**
市区								
#西陵区	474685	161983	20746	11146	5061	6948	279469	26285
宜昌高新区								
伍家岗区	535119	512941	154871	40302		2841	18072	1265
点军区	5416	5416		1001				
猇亭区	5052	4534	2144				518	
夷陵区	158639	153946	36092	20129	2826		3693	1000
宜都市	102121	74975	4538	1604		469	24269	2408
当阳市	92137	49402	4925	1375	393		40085	2650
枝江市	112430	69740	4460	6000			42690	
远安县	24618	23358	6004	4187			1260	
兴山县	24100	19964	8020	3152			4136	
秭归县	44622	39985	5554	1317			4637	
长阳自治县	29331	20598	7916				8733	
五峰自治县	1798	1791		43				7

单位：万元

指标名称	现房销售额	商品住宅	#90 平方米以下住房	#144 平方米以上	#别墅、高档公寓	办公楼	商业营业用房	其他房屋
宜昌市	**267977**	**181779**	**46595**	**23806**	**3619**	**2869**	**52364**	**30965**
市区								
#西陵区	33025	3263	737	586	400	2400	1077	26285
宜昌高新区								
伍家岗区	84493	82045	29483	16564			1183	1265
点军区								
猇亭区								
夷陵区	26725	22853	5062	3553	2826		2872	1000
宜都市	56129	45613	3286	1604		469	7639	2408
当阳市	16453	7330	1474	393	393		9123	
枝江市	34715	5108					29607	
远安县	5014	5014	205					
兴山县								
秭归县	2327	1464		1063			863	
长阳自治县	7298	7298	6348					
五峰自治县	1798	1791		43				7

指标名称	期房销售额	商品住宅	#90 平方米以下住房	#144 平方米以上	#别墅、高档公寓	办公楼	商业营业用房	其他房屋
宜昌市	**1342091**	**956854**	**208675**	**66450**	**4661**	**7389**	**375198**	**2650**
市区								
#西陵区	441660	158720	20009	10560	4661	4548	278392	
宜昌高新区								
伍家岗区	450626	430896	125388	23738		2841	16889	
点军区	5416	5416		1001				
猇亭区	5052	4534	2144				518	
夷陵区	131914	131093	31030	16576			821	
宜都市	45992	29362	1252				16630	
当阳市	75684	42072	3451	982			30962	2650
枝江市	77715	64632	4460	6000			13083	
远安县	19604	18344	5799	4187			1260	
兴山县	24100	19964	8020	3152			4136	
秭归县	42295	38521	5554	254			3774	
长阳自治县	22033	13300	1568				8733	
五峰自治县								

指　标　名　称	商品住宅销售套数	#90 平方米以下住房	#144 平方米以上	#别墅、高档公寓	现房销售套数	#90 平方米以下住房	#144 平方米以上	#别墅、高档公寓
宜昌市	**26280**	**8390**	**1010**	**119**	**5057**	**1840**	**266**	**23**
市区								
#西陵区	2687	383	87	98	46	14	5	2
宜昌高新区								
伍家岗区	10647	5133	293		1902	1134	185	
点军区	130		20					
猇亭区	182	122						
夷陵区	3130	999	240		498	166	27	18
宜都市	2270	178	29		1457	127	29	
当阳市	1820	318	23		447	151	3	3
枝江市	1736	216	96		147			
远安县	933	149	132		200	10		
兴山县	722	328	68					
秭归县	1233	269	21		32		16	
长阳自治县	730	295			268	238		
五峰自治县	60		1		60		1	

指　标　名　称	期房销售套数	#90 平方米以下住房	#144 平方米以上	#别墅、高档公寓	待售面积合计	商品住宅	#90 平方米以下住房	#144 平方米以上
宜昌市	**21223**	**6550**	**744**	**96**	**582270**	**293387**	**15349**	**80901**
市区								
#西陵区	2641	369	82	96	98247	40222	6431	4969
宜昌高新区								
伍家岗区	8745	3999	108		120964	52677	1306	2318
点军区	130		20					
猇亭区	182	122						
夷陵区	2632	833	213		148010	89788		64494
宜都市	813	51			18425	1216		1172
当阳市	1373	167	20		112009	35526	6008	
枝江市	1589	216	96		200			
远安县	733	139	132		37225	36258	1604	
兴山县	722	328	68					
秭归县	1201	269	5		8847	6284		6284
长阳自治县	462	57			10669	10264		
五峰自治县					27674	21152		1664

10—23 续表 8

单位:平方米

指标名称	#别墅、高档公寓	办公楼	商业营业用房	其他房屋	待售1—3年(含1年)	商品住宅	#90平方米以下住房	144平方米以上	#别墅、高档公寓
宜昌市	**37041**	**23549**	**158866**	**106468**	**335194**	**143455**	**7612**	**11878**	
市区									
#西陵区		23549	23357	11119	38174	24712			
宜昌高新区									
伍家岗区			29369	38918	84778	16491		2318	
点军区									
猇亭区									
夷陵区	37041		22628	35594	42776	10748		1612	
宜都市				17209					
当阳市			76483		97401	26491	6008		
枝江市				200					
远安县			967		37225	36258	1604		
兴山县									
秭归县			2563		8847	6284		6284	
长阳自治县			405		9319	9319			
五峰自治县			3094	3428	16674	13152		1664	

指标名称	办公楼	商业营业用房	其他	待售3年以上(含3年)	商品住宅	#90平方米以下住房	144平方米以上	商业营业用房	其他房屋
宜昌市	**373**	**127052**	**64314**	**35992**	**26486**	**128**	**21310**	**7749**	**1757**
市区									
#西陵区	373	7651	5438	2504	128	128		619	1757
宜昌高新区									
伍家岗区		29369	38918						
点军区									
猇亭区									
夷陵区		15498	16530	33488	26358		21310	7130	
宜都市									
当阳市		70910							
枝江市									
远安县		967							
兴山县									
秭归县		2563							
长阳自治县									
五峰自治县		94	3428						

10—24 商品房主要楼盘建设情况

(2012 年)

单位:万元

企业名称	项 目 名 称	计划总投资	自开始建设累计完成投资	本年完成投资
宜昌弘林置业有限公司	弘林大厦	17000	15710	4710
宜昌源泉投资有限责任公司	丽景·皇铂御府	14000	14000	
湖北天立置业有限公司	山水龙城	80000	19390	10390
宜昌市金蓝房地产开发有限责任公司	龙津星城	19000	16000	8000
宜昌凯利投资有限公司	"城中金谷"一期	17684	14120	6120
宜昌华翔置业有限公司	华翔世纪城	15400	16204	170
宜昌新首钢房地产开发有限公司	国宾壹号	93925	81813	35720
宜昌建丰置业有限公司	国华瑞景	41439	22535	22535
湖北三峡金城集团有限公司	金城广场	25000	4000	4000
宜昌建丰置业有限公司	国华盛景	12000	12000	12000
宜都三元房地产开发有限责任公司	清江润园	30000	30400	
宜昌力帝房地产开发有限责任公司	星苑三期	16389	12930	5000
湖北嘉远德邦房地产开发有限公司	君临天下	20000	21640	7400
湖北宏峰房地产发展有限责任公司	宏峰. 上上城(一期)	39106	39570	9210
宜昌梅子垭市场建设开发有限公司	宜昌恒大绿洲	227000	139801	65912
湖北帝旺实业投资有限公司	当阳市帝旺华庭	15000	15000	5981
湖北宏峰房地产发展有限责任公司	宏峰·上上城(二期)	40677	23630	23630
湖北帝旺实业投资有限公司	当阳市帝旺华庭二期工程	22000	19670	14120
宜昌雅厦房地产开发有限责任公司	中央山水	160000	83144	28100
湖北帝旺实业投资有限公司	当阳市财宛小区	13000	11233	11233
宜昌三信建设工程有限责任公司	东丽上岛	17850	19325	12535
湖北大地基置业有限公司	雅期国际广场	53657	53057	10258
宜昌市宏基置业有限公司	名都花园	100000	100450	850
湖北大地基置业有限公司	雅斯都市经典	27500	22505	22505
宜昌市宏基置业有限公司	名都花园二期	30000	25167	15567
当阳市盛泰置业开发有限公司	盛泰华庭一期	40000	39397	2879
湖北嘉晟置业有限公司	锦绣江南商住小区	50000	42000	10600
湖北智友房地产开发有限公司	长江瑞景	56000	58585	2398
当阳市盛泰置业开发有限公司	盛泰华庭二期	15000	4325	4325
宜昌环中房地产开发有限责任公司	文化广场二期	15500	14792	1603
宜昌市鼎力房地产开发总公司	民欣家园	38000	28850	7850
宜昌市百泰实业有限责任公司	泰富广场二期商住楼	13495	7500	7500
宜昌市房屋拆迁安置公司	民益家园	18700	18747	550
宜昌兴立置业有限公司	碧水兰庭	15566	22856	12750
宜昌市房屋拆迁安置公司	民安家园	47000	9600	9600
宜昌市隆昌房地产开发公司	金缔华城	60000	64300	2700
湖北宜昌天裕房地产开发有限公司	宜昌东郡	68000	44288	4180
宜昌市润康置业有限责任公司	SOHO 平湖港湾房地产开发项目	38000	5857	5857
宜昌清能置业有限责任公司	清江润城	225000	120676	31706

10—24 续表 1　　单位:万元

企业名称	项 目 名 称	计划总投资	自开始建设累计完成投资	本年完成投资
宜昌欧意实业发展有限公司	欧意大酒店改造项目	12000	6971	6971
宜昌市森宇房地产开发有限公司	三峡民俗文化村	18000	10838	
宜昌锦江房地产有限责任公司	玛歌庄园	19600	16901	
宜昌美信置业有限公司	当阳市天泽苑小区	12000	3015	
宜昌金狮置业有限公司	宜昌平湖国际	27947	27200	21300
宜昌溢美置业有限公司	镜虹山庄	12000	13171	
宜昌瑞德隆房地产开发有限责任公司	盛世天下	54950	51350	20472
宜昌天实置业有限责任公司	梅岭一号	49820	37700	37700
宜昌三峡茶城集团有限公司	茗都国际	14185	14185	
湖北致远科技集团股份有限公司当阳分公司	天泽苑小区	20000	12889	5169
宜昌鑫正置业有限公司	御江一品	40000	14230	14230
宜昌市金陵房地产开发有限公司	领秀天下	16104	11245	400
湖北宜化置业有限责任公司	宜化山语城(一期)	55122	55145	15500
宜昌首信东方房地产开发有限公司	东辰壹号. 御景	56000	61000	51785
宜昌宏信房地产有限公司	金凤朝阳	33000	36917	63
湖北宜化置业有限责任公司	宜化山语城(二三期)	80000	16653	16653
宜昌首信东方房地产开发有限公司	东辰壹号. 御景(二期)	15267	8227	8227
宜昌宏信房地产有限公司	嘉豪城	60000	40386	8600
宜昌市经济房地产开发有限公司	墨池苑	22792	21282	1607
宜昌宏信房地产有限公司	东都国际商住楼	24919	22695	14540
宜昌泽茂房地产开发有限公司	胜隆商都	13700	13404	3200
宜昌宏信房地产有限公司	东都国际酒店	21773	17062	11523
宜昌东辰房地产开发有限公司	东辰二号	49373	50042	20404
宜昌市泰江置业有限公司	江山多娇	180000	124631	26796
湖北萧氏茶业股份有限公司	萧氏茶业高新科技园房地产开发项目	24604	24604	24604
湖北东南投资有限公司	中闽大厦	15000	8293	8293
宜昌三江航天房地产开发有限公司	商业步行街	150000	175121	26000
宜昌市恒福置业投资有限公司	CBD 数码城	18430	13535	100
宜昌律信投资有限公司	山水国际房地产开发项目	136292	58659	58659
中国葛洲坝集团房地产开发有限公司	锦绣天下	110000	157544	38436
中国葛洲坝集团房地产开发有限公司	锦绣星城	70000	80389	22695
秭归弘洋盛世投资开发有限公司	香山湖景天成	100000	24700	24700
宜昌市安邦房地产开发有限公司	滨江一号	18000	55680	21700
宜昌美邻联合置业有限公司	桃花岭时间广场	16388	48809	6300
宜昌凯越置业有限公司	凯旋名门	32023	20660	20660
湖北佳恒地产投资有限公司	南郡天下	12000	12164	4638
宜昌市万佳实业有限责任公司	幸福花园	12000	19893	7200
湖北鑫厦房地产开发有限公司	锦华园小区	18000	18000	4700
远安县三元房地产开发有限责任公司	星河水岸	46000	11884	9355
宜昌三峡鸿铭旅游地产开发有限公司	宜昌龙盘湖生态旅游渡假区(一期)	100000	70050	28400

10—24 续表2 单位:万元、平方米

企业名称	项 目 名 称	计划总投资	自开始建设累计完成投资	本年完成投资
宜昌大都天惠房地产开发有限公司	畔山怡园	73017	53660	53660
宜昌卓越置地建设有限公司	维多利亚港湾	35000	26000	10000
宜昌市金陵房地产开发有限公司长阳分公司	锦绣清江城	13121	13121	13121
长阳新城地产有限责任公司	长阳新城	22120	18170	18170
宜昌泽丰房地产开发有限公司	平湖天下·尊峪	24000	10000	10000
宜昌市通达置业有限公司	通达花园	18862	16859	10912
宜昌福久源置业有限公司	香山.福久源	120000	117047	64620
宜昌宏图置业有限公司	中央街区B地块1-2楼	15000	8779	8779
宜昌新恒基投资开发有限公司	中心商务区	240000	184839	38919
湖北兴润置业有限责任公司	香溪郡商住楼	78000	17428	8508
湖北康泰房地产有限公司	香榭水岸	80000	43305	12631
湖北建鑫房地产开发有限公司宜昌二分公司	亚洲广场	30000	27004	
湖北兴润置业有限责任公司	兴发广场	150000	15962	15962
长阳土家族自治县新农茶业有限责任公司	清江瑞景商务中心	12511	6500	6500
湖北富丽置业有限责任公司	畔山林语	15000	4100	900
宜昌当代房地产开发有限责任公司	西湖春天一期	10812	10680	10680
宜都天宇置业有限公司	宜都天宇汽车城	18300	3124	3124
湖北金东山商业城有限公司	湖北金东山商业城	35000	65748	2871
宜昌家旺房地产开发有限公司	家旺.滨湖国际	12000	11998	23
宜昌华扬置业有限公司	圆梦圆住宅	30189	26671	8801
宜昌家旺房地产开发有限公司	家旺国际广场	12378	9273	9273
宜昌市保障住房建设管理有限公司	民众家园保障住房	56021	7328	7328
湖北红旗置业有限公司	虹桥国际公寓	80273	79859	8367
宜都华泰房地产开发有限公司	绿洲新城	20000	20850	2100
宜昌三元房地产开发有限责任公司	新外滩一期	20000	21781	10841
枝江市恒泰置业有限公司	全民健身休闲购物广场	12030	10400	10400
宜昌金东山建设发展有限公司	金东山六期	120000	131792	70791
宜昌三元房地产开发有限责任公司	半岛花园二期	23600	21961	21961
当阳宏厦房地产开发有限公司	凯旋名邸	35000	13168	13168
宜昌恒裕房地产开发有限公司	平湖天下	20000	20026	
宜昌卓越投资开发有限公司	卓悦广场	70378	76378	6000
湖北省华祥投资发展有限公司	华祥现代商贸物流中心	100000	120500	35000
湖北骏达置业有限责任公司	梅珑镇	26000	26000	
湖北骏达置业有限责任公司	七星花园居住小区	17000	2500	2500
宜昌六合置业有限公司	英伦皇都	25000	37540	3497
湖北圆通置业有限公司	星湖湾一期	108330	89803	31432
迅达集团枝江迅达置业有限公司	领秀之江二期B区	33000	32000	32000
宜昌金亚房地产有限公司	春华秋实	13250	13250	
宜昌城投房地产开发有限公司	东辰一号	94972	94972	66554
宜昌江枫置业有限公司	长河湾	19000	19000	4631

10—24 续表 3

单位:万元、平方米

企业名称	项目名称	房屋施工面积	房屋竣工面积	商品房销售面积	商品房销售额
宜昌弘林置业有限公司	弘林大厦	30300			
宜昌源泉投资有限责任公司	丽景·皇铂御府	29245	29245	297	248
湖北天立置业有限公司	山水龙城	96483	29787	22751	7296
宜昌市金蓝房地产开发有限责任公司	龙津星城	199262		13504	4927
宜昌凯利投资有限公司	"城中金谷"一期	87982		37560	12646
宜昌华翔置业有限公司	华翔世纪城	78253	78253		
宜昌新首钢房地产开发有限公司	国宾壹号	155464		20585	10292
宜昌建丰置业有限公司	国华瑞景	360640			
湖北三峡金城集团有限公司	金城广场	60528		32000	3230
宜昌建丰置业有限公司	国华盛景	58382		18602	7309
宜都三元房地产开发有限责任公司	清江润园			18157	5634
宜昌力帝房地产开发有限责任公司	星苑三期	80365		2118	1339
湖北嘉远德邦房地产开发有限公司	君临天下	41828		11100	3680
湖北宏峰房地产发展有限责任公司	宏峰.上上城(一期)	122098	122098	11285	6849
宜昌梅子垭市场建设开发有限公司	宜昌恒大绿洲	519665		92929	47938
湖北帝旺实业投资有限公司	当阳市帝旺华庭	48176	27551	188	55
湖北宏峰房地产发展有限责任公司	宏峰·上上城(二期)	180565		120671	46800
湖北帝旺实业投资有限公司	当阳市帝旺华庭二期工程	123998		32145	9033
宜昌雅厦房地产开发有限责任公司	中央山水	230000		41580	15000
湖北帝旺实业投资有限公司	当阳市财宛小区	56858		56858	13078
宜昌三信建设工程有限责任公司	东丽上岛	92753		1000	300
湖北大地基置业有限公司	雅期国际广场	196687		33896	21902
宜昌市宏基置业有限公司	名都花园	102051	102051	102051	29126
湖北大地基置业有限公司	雅斯都市经典	89600			
宜昌市宏基置业有限公司	名都花园二期	124782		32393	12419
当阳市盛泰置业开发有限公司	盛泰华庭一期	156894	152046	2813	1505
湖北嘉晟置业有限公司	锦绣江南商住小区	46602			
湖北智友房地产开发有限公司	长江瑞景	90862		4588	3960
当阳市盛泰置业开发有限公司	盛泰华庭二期	35482		18384	5864
宜昌环中房地产开发有限责任公司	文化广场二期	37923		9070	5445
宜昌市鼎力房地产开发总公司	民欣家园	121643	81262	94257	19842
宜昌市百泰实业有限责任公司	泰富广场二期商住楼	70606		12200	7320
宜昌市房屋拆迁安置公司	民益家园			3073	641
宜昌兴立置业有限公司	碧水兰庭	95281		25946	16691
宜昌市房屋拆迁安置公司	民安家园	160220			
宜昌市隆昌房地产开发公司	金缔华城	44700			
湖北宜昌天裕房地产开发有限公司	宜昌东郡	208439		162644	64032
宜昌市润康置业有限责任公司	SOHO平湖港湾房地产开发项目	22061			
宜昌清能置业有限责任公司	清江润城	321482		54965	22725

10—24　续表 4　　　　单位:万元、平方米

企业名称	项目名称	房屋施工面积	房屋竣工面积	商品房销售面积	商品房销售额
宜昌欧意实业发展有限公司	欧意大酒店改造项目	50183		17961	7455
宜昌市森宇房地产开发有限公司	三峡民俗文化村				
宜昌锦江房地产有限责任公司	玛歌庄园			1684	1453
宜昌美信置业有限公司	当阳市天泽苑小区				
宜昌金狮置业有限公司	宜昌平湖国际	45000			
宜昌溢美置业有限公司	镜虹山庄	54119		37099	16943
宜昌瑞德隆房地产开发有限责任公司	盛世天下	75000		11254	4215
宜昌天实置业有限责任公司	梅岭一号	91600			
宜昌三峡茶城集团有限公司	茗都国际	49064	49064		
湖北致远科技集团股份有限公司当阳分公司	天泽苑小区	144123	40335	16008	4560
宜昌鑫正置业有限公司	御江一品	86213			
宜昌市金陵房地产开发有限公司	领秀天下	169460			
湖北宜化置业有限责任公司	宜化山语城(一期)	112394	112394	88719	85195
宜昌首信东方房地产开发有限公司	东辰壹号.御景	76952	65867	33096	16778
宜昌宏信房地产有限公司	金凤朝阳	39744		1682	593
湖北宜化置业有限责任公司	宜化山语城(二三期)	116259		102536	53549
宜昌首信东方房地产开发有限公司	东辰壹号.御景(二期)	50568	45046	8261	4156
宜昌宏信房地产有限公司	嘉豪城	146515	82657	15995	7168
宜昌市经济房地产开发有限公司	墨池苑	48644		27267	17706
宜昌宏信房地产有限公司	东都国际商住楼	99008		2043	837
宜昌泽茂房地产开发有限公司	胜隆商都	38580		22500	9794
宜昌宏信房地产有限公司	东都国际酒店	66364			
宜昌东辰房地产开发有限公司	东辰二号	116530		21656	11454
宜昌市泰江置业有限公司	江山多娇	210829		112578	63436
湖北萧氏茶业股份有限公司	萧氏茶业高新科技园房地产开发项目	109657		852	331
湖北东南投资有限公司	中闽大厦	35461		3315	2841
宜昌三江航天房地产开发有限公司	商业步行街	400000		40000	30000
宜昌市恒福置业投资有限公司	CBD 数码城	94656			
宜昌律信投资有限公司	山水国际房地产开发项目	154608		21596	6311
中国葛洲坝集团房地产开发有限公司	锦绣天下	198566		38505	34060
中国葛洲坝集团房地产开发有限公司	锦绣星城	124585		53240	25077
秭归弘洋盛世投资开发有限公司	香山湖景天成	90708		25995	8457
宜昌市安邦房地产开发有限公司	滨江一号	49787		16135	15578
宜昌美邻联合置业有限公司	桃花岭时间广场	50678			
宜昌凯越置业有限公司	凯旋名门	58704		15303	8159
湖北佳恒地产投资有限公司	南郡天下	56386	56386	6054	2170
宜昌市万佳实业有限责任公司	幸福花园	67326			
湖北鑫厦房地产开发有限公司	锦华园小区	50721	50721	49800	19114
远安县三元房地产开发有限责任公司	星河水岸	53495		36136	6168
宜昌三峡鸿铭旅游地产开发有限公司	宜昌龙盘湖生态旅游渡假区(一期)	94623			

10—24 续表5 单位:万元、平方米

企业名称	项目名称	房屋施工面积	房屋竣工面积	商品房销售面积	商品房销售额
宜昌大都天惠房地产开发有限公司	畔山怡园	455188			
宜昌卓越置地建设有限公司	维多利亚港湾	54576		18180	5416
宜昌市金陵房地产开发有限公司长阳分公司	锦绣清江城	9276			
长阳新城地产有限责任公司	长阳新城	97000		18900	5760
宜昌泽丰房地产开发有限公司	平湖天下·尊峪	68552			
宜昌市通达置业有限公司	通达花园	61422			
宜昌福久源置业有限公司	香山.福久源	510571		113248	56300
宜昌宏图置业有限公司	中央街区B地块1-2楼	66149		1056	333
宜昌新恒基投资开发有限公司	中心商务区	540000		112090	254772
湖北兴润置业有限责任公司	香溪郡商住楼	298326		58877	14306
湖北康泰房地产有限公司	香榭水岸	450000		23923	9903
湖北建鑫房地产开发有限公司宜昌二分公司	亚洲广场				
湖北兴润置业有限责任公司	兴发广场	95508			
长阳土家族自治县新农茶业有限责任公司	清江瑞景商务中心	47083			
湖北富丽置业有限责任公司	畔山林语	34789	34420	14015	3488
宜昌当代房地产开发有限责任公司	西湖春天一期	49508		27496	5308
宜都天宇置业有限公司	宜都天宇汽车城	21736			
湖北金东山商业城有限公司	湖北金东山商业城	151414	151413	72586	25405
宜昌家旺房地产开发有限公司	家旺.滨湖国际	56158			
宜昌华扬置业有限公司	圆梦圆住宅	77493		16769	8783
宜昌家旺房地产开发有限公司	家旺国际广场	25126		5583	3018
宜昌市保障住房建设管理有限公司	民众家园保障住房	172261			
湖北红旗置业有限公司	虹桥国际公寓	159497	159497	17755	12700
宜都华泰房地产开发有限公司	绿洲新城	70757	70757	70757	21369
宜昌三元房地产开发有限责任公司	新外滩一期	125273		7585	6784
枝江市恒泰置业有限公司	全民健身休闲购物广场	6731		4800	7680
宜昌金东山建设发展有限公司	金东山六期	199516		22786	14773
宜昌三元房地产开发有限责任公司	半岛花园二期	107371		85537	15777
当阳宏厦房地产开发有限公司	凯旋名邸	114196			
宜昌恒裕房地产开发有限公司	平湖天下	58001			
宜昌卓越投资开发有限公司	卓悦广场	76000		5298	5021
湖北省华祥投资发展有限公司	华祥现代商贸物流中心	80000		11969	12348
湖北骏达置业有限责任公司	梅珑镇			2603	1129
湖北骏达置业有限责任公司	七星花园居住小区	8059			
宜昌六合置业有限公司	英伦皇都			5443	2089
湖北圆通置业有限公司	星湖湾一期	211852	79708	23887	11460
迅达集团枝江迅达置业有限公司	领秀之江二期B区	101173		95453	34840
宜昌金亚房地产有限公司	春华秋实			5674	1861
宜昌城投房地产开发有限公司	东辰一号	289086		39484	20689
宜昌江枫置业有限公司	长河湾			1903	951

10—25 主要年份分县市区固定资产投资主要指标

单位:万元

项 目	2006	2007	2008	2009	2010	2011	2012
固定资产投资总额	**3235450**	**3903588**	**5234618**	**7502664**	**9495123**	**11905011**	**16209833**
宜 都 市	263856	422076	636449	1004097	1415646	1853378	2705871
枝 江 市	372863	471018	618448	812289	1173399	1549625	2273231
当 阳 市	163623	239535	388155	629774	1039160	1464642	2130937
远 安 县	78606	106165	184980	329100	528225	770799	1111421
兴 山 县	90898	102713	124765	200117	105673	141152	218346
秭 归 县	128466	157258	201108	288597	366142	446646	611279
长阳自治县	96915	115782	140696	197845	267254	348434	476472
五峰自治县	46268	55218	66222	101797	134773	198291	280078
市区	2005887	2263934	2873795	3939048	4464851	5132044	6224401
#夷陵区	283363	438661	577907	888363	1320554	1779937	2580855
西陵区	308142	354857	425913	468234	601867	729772	1009301
伍家岗区	202906	254029	305735	387955	540441	652487	937476
点军区	71857	73573	77411	103025	125253	150303	206365
猇亭区	130208	167975	312206	643766	907203	1199845	1339927
宜昌高新区	239142	306498	453790	777667	1023828	1575085	65812
市直	23860	19613	5529	130343	164000	208064	200397
三峡工程	865157	800549	1026721	1181725	678238		74996
本年新增固定资产	**1628973**	**5550842**	**5070428**	**4365724**	**6974715**	**208064**	**9445111**
宜 都 市	217870	260832	374643	777715	1382736	1592697	2181490
枝 江 市	230433	613892	507501	848466	903511	1013225	1302990
当 阳 市	175301	196658	331775	619581	833840	1348947	1453295
远 安 县	54434	104390	183069	149218	610049	692627	588466
兴 山 县	40791	94069	75341	157320	119824	180952	171650
秭 归 县	107339	81343	109961	211653	282745	361365	438480
长阳自治县	43081	50841	145271	88144	245137	206736	193724
五峰自治县	38242	23863	39436	82576	96312	114787	176287
市 区	721482	4124954	3303431	1431051	2500561	4027255	
#夷陵区	203697	256946	383415	530526	986470	1037906	1273769
西陵区	167839	203991	87961	227480	243472	322131	555887
伍家岗区	77622	102113	99802	59568	46332	574099	190514
点军区	46371	118038	23594	49375	67450	18759	81666
猇亭区	94500	45527	128519	283739	822494	1011719	820563
宜昌高新区	103589	110693	53601	70438	50157	1062641	16330

10—25 续表 单位:万平方米

项目	2006	2007	2008	2009	2010	2011	2012
本年施工房屋面积	**864.06**	**1124.68**	**1318.11**	**1801.09**	**2506.33**	**1197.97**	**1450.56**
宜 都 市	82.64	102.52	125.01	147.43	262.48	120.39	80.14
枝 江 市	73.41	116.39	117.10	139.08	158.10	43.26	48.00
当 阳 市	62.80	87.33	186.45	263.27	394.01	134.34	149.93
远 安 县	21.73	24.58	51.79	64.40	77.64	38.75	49.26
兴 山 县	23.88	25.59	28.03	29.17	51.46	33.69	33.69
秭 归 县	34.30	24.48	29.84	32.64	45.63	24.79	49.68
长阳自治县	20.88	21.49	36.68	44.26	49.22	25.80	52.07
五峰自治县	24.81	22.18	23.71	33.72	41.43		2.70
市区	519.61	700.12	719.51	1047.12	1429.36	776.95	
# 夷陵区	111.04	179.41	169.22	303.72	415.53	171.85	237.61
西陵区	192.36	214.82	75.84	48.00	56.26	242.72	256.75
伍家岗区	100.40	164.71	34.06	34.40	22.33	328.83	407.94
点军区	22.41	25.79	25.76	49.60	51.48	5.46	5.46
猇亭区	7.20	8.78	48.14	73.09	207.90	28.10	77.33
宜昌高新区	86.20	106.61	88.72	84.24	78.83		
本年竣工房屋面积	**456.99**	**580.38**	**605.75**	**796.38**	**955.53**	**206.98**	**208.93**
宜 都 市	60.31	72.76	111.06	108.64	143.71	63.18	18.52
枝 江 市	60.44	88.75	89.95	90.64	123.06	4.86	10.79
当 阳 市	43.05	56.26	89.58	174.90	121.24	20.12	33.64
远 安 县	13.43	18.31	37.45	30.64	43.13	3.84	16.34
兴 山 县	11.46	24.20	19.17	20.64	40.37		
秭 归 县	30.84	22.97	28.00	27.88	24.83	2.48	10.94
长阳自治县	17.63	18.16	23.67	22.85	32.45	11.71	5.10
五峰自治县	20.48	20.49	14.89	20.74	29.40		2.70
市区	199.35	258.48	191.97	299.43	397.34	110.78	
#夷陵区	51.40	77.79	81.10	130.97	194.87	28.87	29.31
西陵区	60.12	77.63	17.16	21.71	30.04		22.97
伍家岗区	26.70	41.16	22.68	18.81	5.82	58.60	58.62
点军区	15.86	19.33	16.52	22.19	25.93		
猇亭区	6.65	6.98	5.01	24.73	51.61	3.06	
宜昌高新区	38.62	35.59	9.26	11.34	2.13	10.25	

10—26 建筑业总承包及专业承包企业生产经营情况

（2012年）

指　　标	单　位	合　　计	按经济类型分		按建筑业行业中类分组		
			国　　有	非国有	房屋和土木工程建筑业	建　筑安装业	建筑装饰和其他建筑业
建筑企业个数	**个**	**224**	**24**	**199**	**134**	**13**	**72**
建筑行业总产值	**万元**	**69039876**	**51770688**	**17269188**	**67562856**	**781432**	**695588**
#建筑工程	万元	65597956	50402523	15195433	64972549	98397	527010
竣工产值	万元	18054654	5315253	12739401	17362248	151201	541205
职工平均人数	人	115580	57200	58380	109258	3918	2404
年末自有机械设备台数	台	71379	51882	19497	70038	325	1016
年末自有机械设备总功率	千瓦	1995260	1516590	478670	1957927	14667	22666
年末自有机械设备净值	万元	6119356	5213210	906146	6062772	12204	44380
房屋施工面积	平方米	16994319	4689706	12304613	16994319		
年末固定资产原值	万元	18982096	16650323	2331773	18667567	143628	170901
年末固定资产合计	万元	13842994	11926847	1916147	13647839	66365	128790
流动资产合计	万元	54317451	47058355	7259096	52894836	850466	572149
流动负债合计	万元	47307104	42282245	5024859	46408620	649553	248931
工程结算收入	万元	65414738	49289476	16125262	63642978	1161361	610399
工程结算成本	万元	55648841	42300202	13348639	54178013	984289	486539
工程结算税金及附加	万元	2287045	1640678	646367	2233744	30572	22729
工程结算利润	万元	2693148	1893454	799694	2617588	36152	39408
管理费用	万元	2607625	1961268	646357	2466843	101553	39229
#税金	万元	88637	50408	38229	85271	553	2813
利润总额	万元	2989956	2179037	810919	2916095	36084	37777
应收工程款	万元	7334231	5101951	2232280	7131006	33760	169465

10—27 分县市建筑业总承包及专业承包企业生产经营情况

（2012年）

指标	单位	宜都市	枝江市	当阳市	远安县	兴山县	秭归县	长阳自治县	五峰自治县
建筑企业个数	**个**	**12**	**14**	**19**	**6**	**10**	**7**	**9**	**6**
建筑行业总产值	**万元**	**1459691**	**1556535**	**1706115**	**686410**	**353101**	**866541**	**549253**	**471044**
#建筑工程	万元	1345990	1425490	1571723	660037	331032	711247	483113	471044
竣工产值	万元	1041009	1175063	1204966	641266	128354	710696	487647	327094
年末自有机械设备台数	台	2002	2188	3048	619	822	1169	1483	322
年末自有机械设备总功率	千瓦	51441	125272	103778	6717	13681	25740	14674	15707
年末自有机械设备净值	万元	51963	103799	116486	18467	37165	75544	68238	59783
房屋施工面积	平方米	680791	1877007	1068100	548487	108199	437209	305290	246920
年末固定资产原值	万元	282799	241471	379570	84531	92611	132019	117013	107776
年末固定资产合计	万元	278521	205718	299871	56839	66941	98959	113524	88830
流动资产合计	万元	652154	645893	567299	186476	166244	200577	178751	130691
流动负债合计	万元	601889	378576	350753	106709	108129	112438	150378	30434
工程结算收入	万元	1381290	1448940	1690431	664775	357650	794766	504111	471044
工程结算成本	万元	1183434	1178509	1427646	448912	288710	692906	56721	24753
工程结算税金及附加	万元	4831	5635	5155	1842	1023	1969	3693	1278
工程结算利润	万元	3018	5619	5544	912	766	1278	3954	1410
管理费用	万元	5658	3444	6658	1199	1045	1808	3168	1039
#税金	万元	253	676	210	46	20	84	77	192
利润总额	万元	2997	5619	5630	900	686	1435	3951	1410
应收工程款	万元	9673	5123	3624	2708	2239	3536	4072	3331

10—27 续表

指标	单位	市区	夷陵区	西陵区	伍家岗区	点军区	猇亭区	宜昌高新区
建筑企业个数	个	**141**	**32**	**79**	**27**	**1**	**2**	
建筑行业总产值	万元	**61391186**	**7394792**	**50686893**	**3233426**		**76075**	
#建筑工程	万元	58598280	7321898	48767672	2435535		73175	
竣工产值	万元	12338559	4624287	5632119	2055503		26650	
年末自有机械设备台数	台	59726	5273	53428	1016		9	
年末自有机械设备总功率	千瓦	1638250	71754	1532033	34433		30	
年末自有机械设备净值	万元	5587911	256181	5225198	106145		387	
房屋施工面积	平方米	11722316	5517123	5402557	654498		148138	
年末固定资产原值	万元	17544306	809323	16336184	330349	400	68050	
年末固定资产合计	万元	12633791	681812	11570486	320001	381	61111	
流动资产合计	万元	51589366	4377311	45385542	1770960	595	54958	
流动负债合计	万元	45467798	3579096	40522107	1345880	8	20707	
工程结算收入	万元	58101731	7102736	47890360	3006715		101920	
工程结算成本	万元	49622029	6305740	40921632	2310423		84234	
工程结算税金及附加	万元	1984639	247952	1619481	112921		4285	
工程结算利润	万元	2352300	223147	1953838	167219		8132	
管理费用	万元	2254180	197816	1908793	142837	36	4698	
#税金	万元	61437	10442	50003	822		170	
利润总额	万元	2648837	249041	2227191	163633		8972	
应收工程款	万元	6379197	1563131	4229694	558118		28254	

10—28 主要年份建筑业总承包及专业承包企业主要经济指标

指　　标	单　位	2007	2008	2009	2010	2011	2012
建筑业企业个数	个	195	265	251	215	209	224
建筑业总产值	亿元	161.79	241.96	316.99	423.59	545.74	690.40
房屋施工面积	万平方米	591.90	719.21	755.51	911.67	1297.74	1699.43
房屋竣工面积	万平方米	327.60	366.64	458.13	473.48		
职工平均人数	万人	8.54	10.56	10.95	10.57	12.65	11.56
建筑业劳动生产率	元/人	189480	229407	289410	400691	431436	
年末固定资产原值	万元	644197	1140464	1357539	1579629	1745394	18982096
年末固定资产净值	万元	435736	810717	1082391	1189127	1278299	13842994
利润总额	万元	79872	130971	197889	247505	308808	2989956
上缴税金	万元	58885	89480	103081	133725	202985	2287045

10—29 建筑业总承包及专业承包企业资产实力

（2012年）

指　　标	单　位	合　计	按经济类型分		按建筑业行业中类分组		
			国　有	非国有	房屋和土木工程建筑业	建　筑安装业	建筑装饰和其他建筑业
流动资产合计	万元	54317451	47058355	7259096	52894836	850466	572149
#存资	万元	24801972	23501789	1300183	24631929	110963	59080
固定资产合计	万元	13842994	11926847	1916147	13647839	66365	128790
#在建工程	万元	1504202	1255306	248896	1493862	1635	8705
固定资产原价	万元	18982096	16650323	2331773	18667567	143628	170901
资产总计	万元	93757954	83557063	10200891	92045481	992974	719499
负债总计	万元	68781405	63018261	5763144	67864337	650301	266767
流动负债	万元	47307104	42282245	5024859	46408620	649553	248931
长期负债	万元	21092580	20718303	374277	21076337		16243
所有者权益	万元	24937966	20538802	4399164	24181144	317455	439367

10—30 分县市建筑业总承包及专业承包企业单位数

（2012年）

单位：个

地区名	合计	按经济类型分		按建筑业行业中类分组		
		国有经济	非国有经济	房屋和土木工程建筑业	建筑安装业	建筑装饰和其他建筑业
合计	**224**	**24**	**200**	**134**	**18**	**72**
宜都市	12	3	9	11		1
枝江市	14		14	13		1
当阳市	19	2	17	17		2
远安县	6		6	6		
兴山县	10	2	8	8	1	1
秭归县	7		7	7		
长阳自治县	9	1	8	7		2
五峰自治县	6	1	5	5		1
市区	141	15	126	60		
#夷陵区	32	2	30	19	3	10
西陵区	79	9	70	28	11	40
伍家岗区	27	2	25	10	3	14
点军区	1		1	1		
猇亭区	2	2		2		
宜昌高新区						

10—31 分县市建筑业总承包及专业承包企业总产值

（2012年）

单位：万元

地区名	合计	按经济类型分		按建筑业行业中类分组		
		国有经济	非国有经济	房屋和土木工程建筑业	建筑安装业	建筑装饰和其他建筑业
合计	**69039876**	**51770688**	**17269188**	**67562856**	**781432**	**695588**
宜都市	1459691	454534	1005157	1441691		18000
枝江市	1556535		1556535	1556174		361
当阳市	1706115	106218	1599897	1698996		7119
远安县	686410		686410	686410		
兴山县	353101	23940	329161	327689	8000	17412
秭归县	866541		866541	866541		
长阳自治县	549253	201000	348253	546728		2525
五峰自治县	471044	160980	310064	442515		28529
市区	61391186	50824016	10567170	59996112	773432	621642
#夷陵区	7394792	4555258	2839534	7283657	53519	57616
西陵区	50686893	46081014	4605879	50355646	174488	156759
伍家岗区	3233426	111669	3121757	2280734	545425	407267
点军区						
猇亭区	76075	76075		76075		
宜昌高新区						

10—32　分县市建筑业总承包及专业承包企业全员劳动生产率

（2012年）　　单位：元/人

地区名	合计	按经济类型分		按建筑业行业中类分组		
		国有经济	非国有经济	房屋和土木工程建筑业	建筑安装业	建筑装饰和其他建筑业
合　计	**5973341**	**9050820**	**2958066**	**6183790**	**1994467**	**2893461**
宜都市	2653019	1518657	4006206	2644819		3529412
枝江市	2300525		2300525	2301692		722000
当阳市	2061770	4986761	1984491	2078283		711900
远安县	1684442		1684442	1684442		
兴山县	1642330	3573134	1580226	1578463		
秭归县	2011469		2011469	2011469		
长阳自治县	1911110	3654545	1498507	1914984		1328947
五峰自治县	2013869	2339826	1878038	1983483		
市区						
#夷陵区	5840607	10165717	3471313	5976089	3006685	1953085
西陵区	8861035	9983970	4169348	9442274	597357	1648360
伍家岗区	4308937	8589923	4233465	3876162	6869332	4930593
点军区						
猇亭区	395606	395606		395606		
宜昌高新区						

10—33　劳务分包企业主要经济指标

（2012年）

指标	单位	合计	按经济类型分		按建筑业行业中类分组		
			国有经济	非国有经济	房屋和土木工程建筑业	建筑安装业	建筑装饰业和其他建筑业
建筑企业个数	个	**45**	**1**	**44**	**10**	**2**	**33**
建筑行业总产值	万元	**232033**		**232033**	**49874**	**7421**	**174738**
职工平均人数	人	4090	3	4087	812	201	3077
营业收入合计	万元	212678		212678	49874	7550	155254
#主营业务收入	万元	212628		212628	49824	7550	155254
主营业务成本	万元	145174		145174	28405	6436	110333
主营业务税金及附加	万元	11163		11163	2728	393	8042
利润总额	万元	8508	-31	8539	185	432	7891
从业人员劳动报酬	万元	94507	120	94387	24930	8627	60950

10—34 建筑业总承包和专业承包企业平均人数

（2012年）

单位:人

地区名	合计	按经济类型分		按建筑业行业中类分组		
		国有经济	非国有经济	房屋和土木工程建筑业	建筑安装业	建筑装饰业和其他建筑业
合计	**115580**	**57200**	**58380**	**109258**	**3918**	**2404**
宜都市	5502	2993	2509	5451		51
枝江市	6766		6766	6761		5
当阳市	8275	213	8062	8175		100
远安县	4075		4075	4075		
兴山县	2150	67	2083	2076	25	49
秭归县	4308		4308	4308		
长阳自治县	2874	550	2324	2855		19
五峰自治县	2339	688	1651	2231		108
市区						
夷陵区	12661	4481	8180	12188	178	295
西陵区	57202	46155	11047	53330	2921	951
伍家岗区	7504	130	7374	5884	794	826
点军区	1		1	1		
猇亭区	1923	1923		1923		
宜昌高新区						

主要统计指标解释

全社会固定资产投资 固定资产投资是社会固定资产再生产的主要手段。通过建造和购置固定资产的活动，国民经济不断采用先进技术装备，建立新兴部门，进一步调整经济结构和生产力的地区分布，增强经济实力，为改善人民物质文化生活创造物质条件。这对我国的社会主义现代化建设具有重要意义。

固定资产投资额是以货币表现的建造和购置固定资产活动的工作量，它是反映固定资产投资规模、速度、比例关系和使用方向的综合性指标。全社会固定资产投资按经济类型可分为国有、集体、个体、联营、股份制、外商、港澳台商、其他等。按照管理渠道，全社会固定资产投资总额分为基本建设、更新改造、房地产开发投资和其他固定资产投资四个部分。

基本建设投资 基本建设指企业、事业、行政单位以扩大生产能力或工程效益为主要目的的新建、扩建工程及有关工作。其综合范围为总投资50万元以上（含50万元，下同）的基本建设项目。具体包括：（1）列入中央和各级地方本年基本建设计划的建设项目，以及虽未列入本年基本建设计划，但使用以前年度基建计划内结转投资（包括利用基建库存设备材料）在本年继续施工的建设项目；（2）本年基本建设计划内投资与更新改造计划内投资结合安排的新建项目和新增生产能力（或工程效益）达到大中型项目标准的扩建项目，以及为改变生产力布局而进行的全厂性迁建项目；（3）国有单位既未列入基建计划，也未列入更新改造计划的总投资在50万元以上的新建、扩建、恢复项目和为改变生产力布局而进行的全厂性迁建项目，以及行政、事业单位增建业务用房和行政单位增建生活福利设施的项目。

更新改造投资 更新改造指企业、事业单位对原有设施进行固定资产更新和技术改造，以及相应配套的工程和有关工作（不包括大修理和维护工程）。其综合范围为总投资50万元以上的更新改造项目。具体包括：（1）列入中央和各级地方本年更新改造计划的投资单位（项目）和虽未列入本年更新改造计划，但使用上年更新改造计划内结转的投资在本年继续施工的项目；（2）本年更新改造计划内投资与基本建设计划内投资结合安排的对企、事业单位原有设施进行技术改造或更新的项目和增建主要生产车间、分厂等其新增生产能力（或工程效益）未达到大中型项目标准的项目，以及由于城市环境保护和安全生产的需要而进行的迁建工程；（3）国有企、事业单位既未列入基建计划也未列入更新改造计划，总投资在50万元以上的属于改建或更新改造性质的项目，以及由于城市环境保护和安全生产的需要而进行的迁建工程。

房地产开发投资 指房地产开发公司、商品房建设公司及其他房地产开发法人单位和附属于其他法人单位实际从事房地产开发或经营的活动单位统一开发的包括统代建、拆迁还建的住宅、厂房、仓库、饭店、宾馆、度假村、写字楼、办公楼等房屋建筑物和配套的服务设施，土地开发工程（如道路、给水、排水、供电、供热、通讯、平整场地等基础设施工程）的投资；不包括单纯的土地交易活动。

其他固定资产投资 指全社会固定资产投资中未列入基本建设、更新改造和房地产开发投资的建造和购置固定资产的活动。具体包括：

⑴国有单位按规定不纳入基本建设计划和更新改造计划管理，计划总投资（或实际需要总投资）在50万元以上的以下工程：①用油田维护费和石油开发基金进行的油田维护和开发工程；②煤炭、铁矿、森工等采掘采伐业用维简费进行的开拓延伸工程；③交通部门用公路养路费对原有公路、桥梁进行改建的工程；④商业部门用简易建筑费建造的仓库工程。

⑵城镇集体固定资产投资：指所有隶属城市、县城和经国务院及省、自治区、直辖市批准建制的镇领导的集体单位（乡镇企业局管理的除外）建造和购置固定资产计划总投资（或实际需要总投资）在50万元以上的项目。

⑶除上述以外的其他各种企、事业单位、个体建造和购置固定资产总投资在50万元以上的、未列入基本建设计划和更新改造计划的项目。

城镇和工矿区私人建房投资和农村个人投资 城镇和工矿区私人建房包括市、县城、镇、工矿区所辖范围内的全部私人建房，不论其房主是否系本地的常住户口均应包括。农村个人投资包括农村个人建房及购置生产性固定资产的投资。

固定资产投资的资金来源 根据固定资产投资的资金

来源不同,分为国家预算内资金、国内贷款、利用外资、自筹资金和其他资金来源。

⑴国家预算内资金:指中央财政和地方财政中由国家统筹安排的基本建设拨款和更新改造拨款,以及中央财政安排的专项拨款中用于基本建设的资金和基本建设拨款改贷款的资金等。

⑵国内贷款:指报告期内企、事业单位向银行及非银行金融机构借入的用于固定资产投资的各种国内借款。包括银行利用自有资金及吸收的存款发放的贷款、上级主管部门拨入的国内贷款、国家专项贷款(包括煤代油贷款、劳改煤矿专项贷款等)、地方财政专项资金安排的贷款、国内储备贷款、周转贷款等。

⑶利用外资:指报告期内收到的用于固定资产投资的国外资金,包括统借统还、自借自还的国外贷款,中外合资项目中的外资,以及对外发行债券和股票等。国家统借统还的外资指由我国政府出面同外国政府、团体或金融组织签订贷款协议、并负责偿还本息的国外贷款。

⑷自筹资金:指建设单位报告期内收到的,用于进行固定资产投资的上级主管部门、地方和企、事业单位自筹资金。

⑸其他资金来源:指报告期内收到的除以上各种拨款、固定资产投资按国民经济行业分建设项目归哪个行业,按其建成投产后的主要产品或主要用途及社会经济活动性质来确定。基本建设按建设项目划分国民经济行业,更新改造、国有单位其他固定资产投资及城镇集体投资根据整个企业、事业单位所属的行业来划分。一般情况下,一个建设项目或一个企业、事业单位只能属于一种国民经济行业。为了更准确地反映国民经济各行业之间的比例关系,联合企业(总厂)所属分厂属于不同行业的,原则上按分厂划分行业。

固定资产投资按建设性质分 建设项目的性质一般分为新建、扩建、改建、迁建、恢复。基本建设按建设项目划分建设性质,更新改造、国有单位其他固定资产投资及城镇集体投资等按整个企业、事业单位的建设情况确定建设性质,房地产开发单位、农村投资、城镇工矿区私人建房等投资不划分建设性质。

⑴新建:一般是指从无到有、"平地起家"新开始建设的单位。有的单位原有的基础很小,经过建设后其新增加的固定资产价值超过原有固定资产价值(原值)三倍以上的也算新建。

⑵扩建:一般是指为扩大原有产品的生产能力,在厂内或其他地点增建主要生产车间(或主要工程)、独立的生产线或分厂的企业;事业单位和行政单位在原单位增建业务用房(如学校增建教学用房、医院增建门诊部或病床用房、行政机关增建办公楼等)也作为扩建。

⑶改建:一般是指现有企业、事业单位为了技术进步,提高产品质量,增加花色品种,促进产品升级换代,降低消耗和成本,加强资源综合利用和三废治理、劳保安全等,采用新技术、新工艺、新设备、新材料等对现有设施、工艺条件进行技术改造或更新(包括相应配套的辅助性生产、生活福利设施)。有的企业为充分发挥现有生产能力,进行填平补齐而增建不增加本单位主要产品生产能力的车间等,也属于改建。

固定资产投资按构成分 固定资产投资活动按其工作内容和实现方式分为建筑安装工程,设备、工具、器具购置,其他费用三个部分。

⑴建筑安装工程(建筑安装工作量):指各种房屋、建筑物的建造工程和各种设备、装置的安装工程。包括各种房屋建造工程,各种用途设备基础和各种工业窑炉的砌筑工程;为施工而进行的各种准备工作和临时工程以及完工后的清理工作等;铁路、道路的铺设,矿井的开凿及石油管道的架设等;水利工程;防空地下建筑等特殊工程;以及各种机械设备的安装工程;为测定安装工程质量,对设备进行的试运工作。在安装工程中,不包括被安装设备本身的价值。

⑵设备、工具、器具购置:指购置或自制达到固定资产标准的设备、工具、器具的价值,固定资产的标准按财务部门规定。新建单位、扩建单位的新建车间按照设计和计划要求购置或自制的全部设备、工具、器具,不论是否达到固定资产标准均计入"设备、工具、器具购置"中。

⑶其他费用:指在固定资产建造和购置过程中发生的,除建筑安装工程和设备、工具、器具购置以外的各种应摊入固定资产的费用。

基本建设项目按大中小型划分 基本建设划分大中小型项目原则上应按照上级批准的设计任务书或初步设计所确定的总规模或总投资划分,没有正式批准设计任务书或初步设计的,按国家或省、自治区、直辖市年度基本建设投资计划中所列的总规模或总投资划分。上述两条均不具备的,按本年计划施工工程的建设总规模或总投资划分。生产单一产品的工业项目,按产品的设计能力划分;生产多种产品的工业项目,按其主要产品的设计能力划分。品种繁多,难以按生产能力划分的,按全部计划投资额划分。划分标准以国家颁发的《大中小型建设项目划分标准》为依据。国家曾在1953年、1962年、1972年、1977年和1979年先后五次修订《大中小型建设项目划分标准》,因此各历史时期的大中型项目数不完全可比。

施工项目 指报告期内曾进行建筑或安装工程施工活动的建设项目,包括报告期内新开工项目、报告期以前开工跨入报告期继续施工的项目以及报告期施过工并在报告期内全部建成投产或停缓建的项目。

全部建成投产项目 工业项目是指设计文件规定形成

生产能力的主体工程及其相应配套的辅助设施全部建成，经负荷试运转，证明具备生产设计规定合格产品的条件，并经过验收鉴定合格或达到竣工验收标准，与生产性工程配套的生活福利设施可以满足近期正常生产的需要，正式移交生产的建设项目。非工业项目是指设计文件规定的主体工程和相应的配套工程全部建成，能够发挥设计规定的全部效益，经验收鉴定合格或达到竣工验收标准，正式移交使用的建设项目。

新增生产能力　指通过固定资产投资活动而增加的设计能力或工程效益，它是用实物形态表示的固定资产投资的成果。新增生产能力的计算，是以能独立发挥生产能力或工程效益的单项工程(或项目)为对象。当单项工程(或项目)建成，经有关部门鉴定合格，正式移交投入生产，即可计算新增生产能力。

新增生产能力或工程效益有以下几种表现形式：

⑴以建设项目或单项工程建成后的年产能力表示，如煤炭开采、石油开采等。

⑵以建设项目或单项工程建成后处理原料的能力表示，如选矿工程的年处理矿石能力、洗煤厂年洗原煤能力等。

⑶以新增的主要设备数量或容量表示，如棉纺锭锭数、发电机组容量等。

⑷以建筑物容积、容量、面积或长度表示，如水库容量、铁路公路里程等。

新增生产能力的数量一般按设计能力计算。设计能力是指设计文件中规定的在正常情况下能够达到的生产能力，而不论投产后的实际产量如何。以设备数量、建筑物容积、面积、长度等表示的新增生产能力或工程效益，则按建成的实际数量计算。

房屋建筑面积　指从房屋外墙线算起的各层平面面积的总和，包括可供使用的有效面积和房屋结构(如柱、墙)占用的面积。多层建筑按各层(包括地下室)面积总和计算。

住宅建筑面积　指施工和竣工房屋建筑面积中供居住用的施工和竣工房屋建筑面积。

施工面积　指报告期内施工的全部房屋建筑面积。包括本期新开工的面积、上期跨入本期继续施工的房屋面积、上期停缓建在本期恢复施工的房屋面积、本期竣工的房屋面积及本期施工后又停缓建的房屋面积。

竣工面积　指在报告期内房屋建筑按照设计要求已全部完工，达到住人和使用条件，经验收鉴定合格，正式移交使用单位的建筑面积。

房屋建筑面积竣工率　指一定时期内房屋竣工面积占同期房屋施工面积的比率。它是从房屋建筑施工速度的角度反映投资效果和建筑业经济效益的指标。

新增固定资产　指通过投资活动所形成的新的固定资产价值，包括已经建成投入生产或交付使用的工程价值和达到固定资产标准的设备、工具、器具的价值及有关应摊入的费用。它是以价值形式表示的固定资产投资成果的综合性指标，可以综合反映不同时期、不同部门、不同地区的固定资产投资成果。

建设项目投产率　指一定时期内全部建成投入生产项目个数与同期正式施工项目个数的比率。它是从项目建设速度的角度反映投资效果的指标。

固定资产交付使用率　指一定时期新增固定资产与同期完成投资额的比率。它是反映各个时期固定资产动用速度，衡量建设过程中投资效果的一个综合性指标。

建筑业统计单位　指从事房屋、构筑物建造和设备安装活动的法人企业。建筑业法人企业应同时具备的条件是：①依法成立，有自己的名称、组织机构和场所，能够承担民事责任；②独立拥有和使用资产，承担负债，有权与其他单位签订合同；③独立核算盈亏，能够编制资产负债表。

建筑业总产值(即自行完成施工产值)　是以货币表现的建筑安装企业在一定时期内生产的建筑业产品的总和。建筑业总产值包括：

⑴建筑工程产值：指列入建筑工程预算内的各种工程价值。

⑵设备安装工程产值：指设备安装工程价值，不包括被安装设备本身价值。

⑶房屋、构筑物修理产值：指房屋、构筑物修理所完成的价值，但不包括被修理房屋、构筑物本身的价值和生产设备的修理价值。

⑷非标准设备制造产值：指加工制造没有定型的、非标准的生产设备的加工费和原材料价值，以及附属加工厂为本企业承建工程制作的非标准设备的价值。

建筑业增加值　指建筑业企业在报告期内以货币表现的建筑业生产经营活动的最终成果。目前建筑业增加值采用分配法(收入法)计算，即从收入的角度出发，根据生产要素在生产过程中应得的收入份额计算。具体计算公式为：

建筑业增加值＝本年提取的固定资产折旧＋应付工资＋应付福利费＋管理费用中的劳动待业保险金、税金＋工程结算税金及附加＋工程结算利润

房屋建筑施工面积　指在报告期内施工的全部房屋建筑面积，包括本期新开工的房屋面积、上期施工跨入本期继续施工的房屋面积、上期停缓建在本期恢复施工的房屋面积、本期竣工的房屋面积及本期施工后又停缓建的房屋面积。

房屋建筑竣工面积　指在报告期内房屋建筑按照设计要求全部完工，达到了住人和使用条件，经验收鉴定合格，正式移交使用单位的房屋建筑面积。

自有机械设备年末总台数 指归本企业所有，属于本企业固定资产的生产性机械设备年末总台数。包括施工机械、生产设备、运输设备以及其他设备。

自有机械设备年末总功率 指本企业自有施工机械、生产设备、运输设备以及其他设备等列为在册固定资产的生产性机械设备年末总功率，按设定能力或查定能力计算。包括机械本身的动力和为该机械服务的单独动力设备，如电动机等。计算单位用千瓦，动力换算可按1马力=0.735千瓦折合成千瓦数。电焊机、变压器、锅炉不计算动力。

工程结算收入 指企业承包工程实现的工程价款结算收入，以及向发包单位收取的除工程价款以外的按规定列作营业收入的各种款项，如临时设施费、劳动保险费、施工机械调迁费等以及向发包单位收取的各种索赔款。

工程结算利润 指已结算工程实现的利润，如亏损以"－"号表示。计算公式为：

工程结算利润＝工程结算收入－工程结算成本－工程结算税金及附加

企业总收入 指与企业生产经营直接有关的各项收入，包括工程结算收入和其他业务收入。计算公式为：

企业总收入＝工程结算收入＋其他业务收入

十一 贸易外经

TRADE AND FOREIGN ECONOMLC COOPERATION

11—1 历年按地区分社会消费品零售总额

（1978－2012 年）　　　　单位：万元

年　份	社会消费品零售总额	市	县	县以下
1978	55960	13363	10028	32569
1979	61808	14250	11541	36017
1980	73122	17722	20143	35257
1981	77323	19649	15541	42133
1982	85133	22057	18070	45006
1983	98699	24442	22254	52003
1984	120475	29025	28938	62512
1985	158675	37768	39775	81132
1986	170555	44611	36674	89270
1987	196228	59978	33823	102427
1988	251817	79310	46487	126020
1989	272542	79712	65194	127636
1990	245169	154457	53507	37205
1991	267168	119245	51399	96524
1992	317967	142848	58166	116953
1993	386443	186790	66671	132982
1994	564990	269324	112749	182917
1995	751881	362965	140730	248186
1996	888807	466227	125163	297417
1997	1050172	535960	156692	357520
1998	1169043	552823	213009	403211
1999	1262841	607718	217069	438054
2000	1390323	661867	241272	487184
2001	1529493	841848	150084	537561
2002	1670650	921433	172348	576869
2003	1741407	980453	180403	580551
2004	1978198	1138270	204884	635044
2005	2264980	1275148	308768	681064
2006	2622401	1533164	331701	757536
2007	3113394	1830048	390017	893329
2008	3881931	2310515	477921	1093496
2009	4704116	2787279	585810	1331027

年　份	社会消费品零售额	城　镇	乡　村
2010	5507875	4952564	555311
2011	6361488	5419580	941903
2012	7391009	6359672	1031333

注：1. 1996 年及以后社会消费品零售总额及各分组指标中不含售给城乡居民生活用住房的零售额。

2. 2004 年为经普数据，2005 年为按经普口径统计数据，1993－2003 年原则根据原各年环比发展速度和 2004 年经济普查数据调整。

11—2 历年按行业分社会消费品零售总额

（1978－2012年）

单位：万元

年份	社会消费品零售总额	批发零售贸易业	住宿餐饮业	其他行业
1978	55960	49684	1514	4762
1979	61808	53237	1638	6948
1980	73122	61300	712	9893
1981	77323	64496	1146	10465
1982	85133	70220	2800	12113
1983	98699	80338	3077	15284
1984	120475	97693	4104	18678
1985	158675	124209	5093	29373
1986	170555	127140	5404	38011
1987	196228	146131	6339	56436
1988	251817	186108	8503	57206
1989	272542	193443	11677	67422
1990	245169	167193	11558	66418
1991	267168	184367	11933	70868
1992	317967	210064	16158	91745
1993	386443	260174	21202	105067
1994	564990	324841	40253	199896
1995	751881	504654	56900	190327
1996	888807	570149	101167	217491
1997	1050172	678964	135508	235700
1998	1169043	736008	152134	280901
1999	1362841	783820	169033	309988
2000	1390323	865280	188623	336420
2001	1529493	960786	212989	355718
2002	1670650	1063985	242591	364074
2003	1741407	1434749	265190	41468
2004	1978198	1635995	296815	45388
2005	2264980	1878911	340113	45957
2006	2622401	2182514	396208	43878
2007	3113394	2587511	476862	49021
2008	3881931	3227206	595445	59280
2009	4704116	3916607	716229	71280
2010	5507875	4739557	768318	
2011	6361488	5525698	835790	
2012	7391009	6352169	1038840	

注：1. 1996年及以后社会消费品零售总额及各分组指标中不含售给城乡居民生活用住房的零售额。

2. 2004年为经普数据，2005年为按经普口径统计数据，1993－2003年原则根据原各年环比发展速度和2004年经济普查数据调整。

11—3　主要年份分县市社会消费品零售总额

单位：万元

县　市　区	1978	1980	1985	1990	1992
总　　计	**55960**	**73122**	**158675**	**245169**	**317967**
宜　都　市	5979	8488	13584	22583	28099
枝　江　市	8548	11047	22881	29640	38159
当　阳　市	7717	9580	21605	27230	45017
远　安　县	3131	3926	10796	12593	13867
兴　山　县	1984	2627	5191	9285	10474
秭　归　县	3533	4609	10712	13319	15195
长阳自治县	3227	4235	11292	16373	18666
五峰自治县	1891	2442	5395	7555	11166
市　　区	19952	26168	57219	106591	137324
县　市　区	2000	2008	2010	2011	2012
总　　计	**1390323**	**3881931**	**5507875**	**6361488**	**7391009**
宜　都　市	102715	341989	500009	569036	656838
枝　江　市	127792	436766	617008	694692	797533
当　阳　市	224047	396871	580010	674506	797511
远　安　县	61051	136245	195505	230446	270003
兴　山　县	46203	103617	138003	165041	190538
秭　归　县	55025	139851	190006	221355	259078
长阳自治县	67426	159768	223394	250650	288923
五峰自治县	38139	73190	101005	113534	131003
市　　区	667925	2093635	2962935	3442228	3999583

11—4 分县市区社会消费品零售总额

（2012年）

单位：万元

项目	合计	宜都市	当阳市	枝江市	远安县	兴山县	秭归县	长阳自治县	五峰自治县
社会消费品零售总额	**7391009**	**656838**	**797533**	**797511**	**270003**	**190538**	**259078**	**288923**	**131003**
一、按销售单位所在地分									
1. 城镇	6359672	592677	677903	558258	221735	87647	145998	246497	78602
2. 乡村	1031338	64160	119630	239253	48268	102890	113080	42426	52401
二、按行业分组									
限额以上	4297372	250270	401402	400512	124032	79399	56530	63613	8513
限额以下	3093638	406568	396131	396999	145971	111139	202548	225310	122490
三、限上家数（家）	1460	124	140	120	54	42	39	34	15
法人企业	692	62	58	60	28	5	23	14	10
产业单位	88	8	9	7	7	1	2	2	2
个体户	680	54	73	53	19	36	14	18	3

项目	市区	西陵区	伍家岗区	点军区	猇亭区	夷陵区	宜昌高新区
社会消费品零售总额	**3999583**	**1516758**	**1067561**	**96867**	**37057**	**743894**	**537447**
一、按销售单位所在地分							
1. 城镇	3858531	1516758	1067561	44559	37057	655150	537447
2. 乡村	141052			52308		88744	
二、按行业分组							
限额以上	2913302	1057257	955684	24019	34502	401537	440303
限额以下	1086281	459501	111877	72848	2555	342357	97144
三、限上家数（家）	892	357	246	4	26	132	127
法人企业	432	157	124	4	9	63	75
产业单位	50	20	5		1	21	3
个体户	410	180	117		16	48	49

11—5 限额以上批发零售贸易业法人商品购进、销售、库存总额

（2012年）

项目	法人企业（个）	年末从业人数（人）	购进总额（万元）
总　计	**631**	**29363**	**5445999**
一、批发业	**178**	**12095**	**3437896**
其中:国有及国有控股	17	3410	1365318
1. 按登记注册类型分组			
内资	176	11867	3369140
外商投资企业	2	228	63756
2. 按国民经济行业分组			
农、林、牧产品批发	13	754	243128
食品、饮料及烟草制品批发业	24	5986	831187
米、面制品及食用油批发业	7	195	87107
烟草制品批发业	1	1253	237033
纺织、服装及日用品批发业	8	382	73266
文化、体育用品及器材批发业	1	153	54352
医药及医疗器材批发业	10	629	72705
矿产品、建材及化工产品批发业	93	3404	1919552
机械设备、五金交电及电子产品批发	20	602	116499
其他批发	8	144	114651
3. 按单位规模分组			
大型	4	5610	1000138
中型	51	4044	1511525
小型	96	2074	775648
微型	27	367	150585
二、零售业	**453**	**17268**	**2008103**
其中:国有及国有控股	21	2430	331422
1. 按登记注册类型分组			
内资	451	16783	1811411
港澳台商投资企业	1	6	610
外商投资企业	1	479	195082
2. 按国民经济行业分组			
综合零售业	54	6048	421335
百货零售业	10	1303	241585
超级市场零售业	32	4245	159250
其他综合零售	12	500	20501
食品、饮料及烟草制品专门零售业	57	1327	183086
纺织、服装及日用品专门零售业	23	880	104145
文化、体育用品及器材专门零售业	15	336	17842
医药及医疗器材专门零售业	24	962	84499
汽车、摩托车、燃料及零配件专门	132	5104	872545
家用电器及电子产品专门零售业	94	1865	222573
五金、家具及室内装修材料专门零售业	34	377	59104
无店铺及其他零售业	20	369	42973
3. 按单位规模分组			
大型	5	2812	506660
中型	71	7800	667434
小型	242	5067	641278
微型	135	1589	192631

11—5 续表

单位:万元

项目	销售总额	批发	零售	年末库存总额
总计	**5740022**	**3085170**	**2654852**	**343499**
一、批发业	**3608428**	**2936141**	**672288**	**156195**
其中:国有及国有控股	1471427	1176605	294822	114774
1.按登记注册类型分组				
内资	3534060	2872312	661748	147301
外商投资企业	74368	63828	10540	8894
2.按国民经济行业分组				
农、林、牧产品批发	245721	216593	29129	32205
食品、饮料及烟草制品批发业	938316	762295	176022	19041
米、面制品及食用油批发业	107270	90030	17239	2263
烟草制品批发业	314970	314970		11071
纺织、服装及日用品批发业	81026	69924	11102	23119
文化、体育用品及器材批发业	58195	54705	3490	7991
医药及医疗器材批发业	76764	64104	12660	6441
矿产品、建材及化工产品批发业	1951090	1553370	397720	34469
机械设备、五金交电及电子产品批发	138487	105951	32536	16400
其他批发	116749	107118	9631	16054
3.按单位规模分组				
大型	1078075	762398	315677	11071
中型	1551403	1360709	190694	70046
小型	805618	708108	97510	60088
微型	173333	104926	68407	14991
二、零售业	**2131594**	**149030**	**1982565**	**187304**
其中:国有及国有控股	337016	39049	297967	56350
1.按登记注册类型分组				
内资	1944132	129727	1814405	178074
港澳台商投资企业	574		574	38
外商投资企业	186889	19303	167586	9192
2.按国民经济行业分组				
综合零售业	434735	21928	412807	73753
百货零售业	235100	19768	215331	11297
超级市场零售业	174816	632	174184	18974
其他综合零售	24819	1528	23292	43483
食品、饮料及烟草制品专门零售业	196164	18399	177765	5016
纺织、服装及日用品专门零售业	110076	4995	105081	10885
文化、体育用品及器材专门零售业	17720	1382	16337	3448
医药及医疗器材专门零售业	89075	16082	72993	6857
汽车、摩托车、燃料及零配件专门	922241	62052	860188	66593
家用电器及电子产品专门零售业	240655	8533	232122	16558
五金、家具及室内装修材料专门零售业	64828	4883	59945	2782
无店铺及其他零售业	56102	10775	45327	1411
3.按单位规模分组				
大型	503891	50014	453878	21703
中型	712615	10924	701692	65146
小型	673833	55196	618637	45674
微型	241255	32897	208358	54781

11—6 限额以上住宿餐饮业法人经营情况

（2012年）

项目	法人企业（个）	从业人数（人）	营业额（万元）					拥有床位数（万个）	拥有餐位数（万位）
				客房收入	餐费收入	商品销售收入	其他收入		
总计	**174**	**12987**	**198020**	**56385**	**127897**	**2922**	**10817**	**1.98**	**6.87**
一、住宿业	**79**	**7327**	**125986**	**53028**	**60326**	**1972**	**10660**	**1.81**	**3.35**
其中：国有及国有控股	14	2834	38442	13294	17655	715	6778	0.48	1.13
1. 按登记注册类型分组									
内资企业	78	7302	122537	51351	59014	1921	10250	1.78	3.28
港、澳、台商投资企业									
外商投资企业	1	25	3449	1676	1312	51	410	0.03	0.08
2. 按国民经济行业分组									
旅游饭店	41	5750	97110	36006	49570	1254	10280	1.16	2.68
一般旅馆	36	1501	27797	16019	10682	716	380	0.61	0.64
其他住宿业	2	76	1079	1003	74	3		0.04	0.04
3. 按单位规模分组									
大型									
中型	12	3644	63365	22975	33173	842	6375	0.61	1.31
小型	53	3277	49899	23468	21282	892	4257	1.05	1.86
微型	14	406	12721	6585	5870	238	28	0.14	0.19
二、餐饮业	**95**	**5660**	**72034**	**3357**	**67571**	**950**	**157**	**0.17**	**3.52**
其中：国有及国有控股	4	164	1808	311	1313	166	18	0.03	0.12
1. 按登记注册类型分组									
内资企业	94	5652	71926	3357	67463	950	157	0.17	3.51
港、澳、台商投资企业									
外商投资企业	1	8	108		108				0.01
2. 按国民经济行业分组									
正餐服务业	91	5517	70655	3357	66192	950	157	0.17	3.48
快餐服务	2	70	488		488				0.02
饮料及冷饮服务	2	73	892		892				0.01
其他餐饮业									
3. 按单位规模分组									
大型									
中型	4	870	13913		13913				0.53
小型	82	4592	54702	3099	50577	870	157	0.15	2.83
微型	9	198	3419	258	3081	80		0.02	0.16

11—7 限额以上批发零售业法人企业财务状况

（2012年）　　单位:万元

项目	法人企业（个）	流动资产合计	#存货	固定资产原价	累计折旧	#本年折旧	资产合计
总计	**631**	**1893407**	**354972**	**336889**	**87965**	**20756**	**2828673**
一、批发业	**178**	**1187859**	**209935**	**150817**	**45080**	**8447**	**1656859**
其中:国有及国有控股	17	282450	55967	79799	29767	3536	411596
1. 按登记注册类型分组							
内资企业	176	1139903	201041	149723	44605	8160	1603921
港、澳、台商投资企业							
外商投资企业	2	47956	8894	1094	475	287	52938
2. 按国民经济行业分组							
农、林、牧产品批发	13	73600	41723	27900	6001	666	125952
食品、饮料及烟草制品批发	24	412054	60934	78065	24929	5017	711472
纺织、服装及家庭用品批发	8	64521	24859	7931	1972	537	77486
文化、体育用品及器材批发	1	42237	7991	433	81	47	46720
医药及医疗器材批发	10	39893	8898	5109	1555	588	45409
矿产品、建材及化工产品批发	93	492579	42003	27749	9697	1295	574370
机械设备、五金交电及电子产品批发	20	32633	8403	2160	590	176	41463
其他批发业	8	29720	14650	973	202	79	32916
3. 按单位规模分							
大型	4	318168	53378	47978	19132	2797	567621
中型	51	575491	84577	66822	18484	4113	703436
小型	96	239448	64567	32964	6421	1481	326304
微型	27	54753	7413	3053	1042	56	59498
二、零售业	**453**	**705548**	**145037**	**186072**	**42885**	**12309**	**1171814**
其中:国有及国有控股	21	58798	14527	51118	11587	2559	150569
1. 按登记注册类型分							
内资企业	451	667182	139938	180410	42485	12287	1087054
港、澳、台商投资企业	1	38	38	113	25		185
外商投资企业	1	38328	5062	5549	375	22	84575
2. 按零售行业小类分							
综合零售	54	125485	39768	60484	12954	5328	254131
百货零售	10	49928	6692	15168	2267	775	106159
超级市场零售业	32	72987	32119	43478	10276	4397	142803
其他综合零售	12	2569	958	1839	412	156	5168
食品、饮料及烟草制品专门零售	57	47659	6599	20424	4509	1492	72702
纺织、服装及日用品专门零售	23	31165	9793	4991	812	169	47889
文化、体育用品及器材专门零售	15	8662	2005	7827	1229	315	16355
医药及医疗器材专门零售	24	41353	4753	5643	1909	143	57040
汽车、摩托车、燃料及零配件专门零售	132	372749	64432	77104	18808	4382	619732
家用电器及电子产品专门零售	94	49208	13508	6035	1458	249	67322
五金、家具及室内装修材料专门零售	34	12813	2473	1408	323	25	15710
无店铺及其他零售业	20	16454	1708	2157	882	204	20935
3. 按单位规模分							
大型	5	66384	18156	53474	13174	4683	200524
中型	71	302497	61448	82934	20556	5571	485324
小型	242	248603	43909	32294	7320	1465	356528
微型	135	88064	21525	17370	1836	590	129438

单位:万元

项目	负债合计	所有者权益合计	#实收资本	营业收入合计	主营业务收入	主营业务成本	主营业务税金及附加
总计	**1861044**	**967629**	**388600**	**5749422**	**5563315**	**4859757**	**24278**
一、批发业	**1077234**	**579625**	**221320**	**3529765**	**3398618**	**2963593**	**9138**
其中:国有及国有控股	244768	166828	68094	1409533	1403742	1258970	679
1. 按登记注册类型分组							
内资企业	1042917	561004	211804	3455398	3324399	2897221	9058
港、澳、台商投资企业							
外商投资企业	34318	18620	9516	74368	74219	66372	80
2. 按国民经济行业分组							
农、林、牧产品批发	66069	59884	21111	247959	247907	240407	197
食品、饮料及烟草制品批发	393845	317628	38079	942633	930380	713810	3429
纺织、服装及家庭用品批发	74877	2609	7310	83378	75501	36947	72
文化、体育用品及器材批发	31820	14900	8465	58195	58047	50855	61
医药及医疗器材批发	38578	6831	6055	74497	70463	62734	391
矿产品、建材及化工产品批发	412779	161591	125530	1863642	1809541	1711807	3291
机械设备、五金交电及电子产品批发	31667	9796	9670	140632	87951	50943	214
其他批发业	26745	6171	5000	116749	116749	95033	1462
3. 按单位规模分							
大型	282080	285541	35978	962255	951529	786178	2876
中型	550368	153068	93152	1544587	1542801	1342438	2290
小型	203098	123207	79915	863180	861201	794390	3778
微型	41688	17809	12274	159743	43087	40588	194
二、零售业	**783810**	**388005**	**167280**	**2219656**	**2164697**	**1896165**	**15140**
其中:国有及国有控股	125312	25256	15443	347714	337804	308649	287
1. 按登记注册类型分							
内资企业	711619	375435	161095	2087047	2032088	1785476	14036
港、澳、台商投资企业		185	185	574	574	287	34
外商投资企业	72191	12385	6000	132036	132036	110402	1070
2. 按零售行业小类分							
综合零售	184979	69152	46083	376372	353290	282788	4516
百货零售	90455	15705	9862	180239	180188	143000	1469
超级市场零售业	92237	50567	34161	170860	154035	128511	2881
其他综合零售	2288	2881	2060	25273	19067	11277	166
食品、饮料及烟草制品专门零售	42677	30025	11708	196390	185123	162185	2197
纺织、服装及日用品专门零售	30287	17602	3919	101106	101099	73895	374
文化、体育用品及器材专门零售	6401	9953	8732	18103	18103	14423	163
医药及医疗器材专门零售	38065	18974	11878	83685	83621	66308	328
汽车、摩托车、燃料及零配件专门零售	414065	205667	57415	926431	909723	794595	5061
家用电器及电子产品专门零售	44303	23018	16406	403167	401228	407147	834
五金、家具及室内装修材料专门零售	8628	7082	4580	59550	58490	51915	432
无店铺及其他零售业	14404	6531	6559	54853	54021	42909	1235
3. 按单位规模分							
大型	180997	19527	12930	460940	458122	398088	1251
中型	309725	175599	65699	707505	705721	601501	5878
小型	226893	129636	62275	843364	839679	749783	6722
微型	66196	63243	26376	207848	161175	146793	1289

11—7　续表2　　　　单位:万元

项　　　目	主营业务利润	其他业务利润	销售费用	管理费用			
					#税金	#差旅费	#工会经费
总　计	**679280**	**10629**	**216627**	**137872**	**3510**	**4377**	**944**
一、批发业	**425888**	**1519**	**128988**	**74420**	**2183**	**2658**	**604**
其中:国有及国有控股	144093	1013	31784	25371	837	141	322
1.按登记注册类型分组							
内资企业	418120	1519	125460	72908	2128	2442	580
港、澳、台商投资企业							
外商投资企业	7768		3527	1513	55	216	24
2.按国民经济行业分组							
农、林、牧产品批发	7303		2557	1856	34	48	14
食品、饮料及烟草制品批发	213140	1200	63860	40498	1305	1373	404
纺织、服装及家庭用品批发	38482	136	7255	2051	19	91	11
文化、体育用品及器材批发	7131		3463	1337	33	132	21
医药及医疗器材批发	7338	159	3385	2303	91	17	8
矿产品、建材及化工产品批发	94443	44	38509	17241	555	791	134
机械设备、五金交电及电子产品批发	36794	4	7879	5661	39	175	8
其他批发业	20253	-25	1935	3285	105	5	5
3.按单位规模分							
大型	162475	735	59864	34561	925	215	360
中型	198073	779	45272	25866	838	1730	109
小型	63034	30	19055	11842	308	635	87
微型	2306	-25	4797	2151	112	79	49
二、零售业	**253392**	**9110**	**87640**	**63452**	**1327**	**1718**	**340**
其中:国有及国有控股	28869	2028	17091	3705	148	103	36
1.按登记注册类型分							
内资企业	232576	9110	86284	49638	1169	1718	340
港、澳、台商投资企业	252		45	85			
外商投资企业	20564		1310	13729	158		
2.按零售行业小类分							
综合零售	65986	4545	26238	23406	439	110	32
百货零售	35719	58	6773	15744	235	19	11
超级市场零售业	22644	3447	18469	6410	188	33	14
其他综合零售	7624	1040	996	1252	15	59	7
食品、饮料及烟草制品专门零售	20740	1417	7085	5466	91	555	66
纺织、服装及日用品专门零售	26830	9	5354	1241	23	75	30
文化、体育用品及器材专门零售	3516	12	1346	1233	12	28	6
医药及医疗器材专门零售	16985	104	4504	4256	39	77	14
汽车、摩托车、燃料及零配件专门零售	110067	1132	28779	15902	465	470	141
家用电器及电子产品专门零售	-6754	1000	9751	8084	179	206	37
五金、家具及室内装修材料专门零售	6143	10	1901	2046	23	135	9
无店铺及其他零售业	9877	882	2682	1818	57	62	8
3.按单位规模分							
大型	58783	1312	15871	16155	169		14
中型	98342	4389	39954	20231	590	833	132
小型	83175	2691	26315	21805	494	758	177
微型	13093	718	5500	5262	74	127	17

11—7 续表 3

单位:万元

项目	财务费用	#利息支出	营业利润	利润总额	应交所得税	应付职工薪酬	应交增值税
总计	**49062**	**33419**	**278855**	**170121**	**21127**	**154323**	**109878**
一、批发业	**30687**	**24959**	**156713**	**92482**	**14172**	**107241**	**74114**
其中:国有及国有控股	1868	5963	68208	50644	10256	26712	17444
1. 按登记注册类型分组							
内资企业	29820	24092	154758	90082	13572	106226	73419
港、澳、台商投资企业							
外商投资企业	868	868	1956	2400	600	1014	695
2. 按国民经济行业分组							
农、林、牧产品批发	1697	877	1248	2005	754	1451	125
食品、饮料及烟草制品批发	13508	11573	83011	62019	10179	31893	31654
纺织、服装及家庭用品批发	771	64	-3644	-3503	5	60387	330
文化、体育用品及器材批发	712	712	1714	1932	483	856	505
医药及医疗器材批发	723	581	1106	-1484	95	1090	423
矿产品、建材及化工产品批发	6336	11004	31204	29235	2372	9694	10934
机械设备、五金交电及电子产品批发	5078	104	32780	482	92	1350	27114
其他批发业	1817		8670	1172	192	397	3030
3. 按单位规模分							
大型	9042	10730	49253	51728	9133	28762	31952
中型	16350	10328	65662	25723	3058	12319	8452
小型	4618	3464	20850	18795	1853	65250	32808
微型	677	437	20948	-3764	127	910	902
二、零售业	**18374**	**8460**	**122142**	**77639**	**6955**	**47082**	**35763**
其中:国有及国有控股	686	512	3804	4970	369	5746	1329
1. 按登记注册类型分							
内资企业	16773	8460	118097	73731	5978	46039	33865
港、澳、台商投资企业			122			20	1
外商投资企业	1602		3923	3908	977	1024	1897
2. 按零售行业小类分							
综合零售	3340	1110	10655	5776	1389	11479	5028
百货零售	1806	38	2637	3294	1003	1856	2614
超级市场零售业	1418	1023	2644	1509	270	8818	2132
其他综合零售	116	49	5374	974	116	804	282
食品、饮料及烟草制品专门零售	1623	776	12546	8951	343	3419	3297
纺织、服装及日用品专门零售	180	123	20051	20185	111	1982	1089
文化、体育用品及器材专门零售	77	50	912	855	30	779	406
医药及医疗器材专门零售	1924	457	5610	3815	272	1759	641
汽车、摩托车、燃料及零配件专门零售	9264	5134	55533	36621	3945	13898	20293
家用电器及电子产品专门零售	766	346	10383	3223	603	8066	3363
五金、家具及室内装修材料专门零售	716	120	1645	748	108	818	780
无店铺及其他零售业	486	344	4805	-2535	155	4883	867
3. 按单位规模分							
大型	2240	304	25859	26351	1068	7100	3267
中型	7508	4879	23277	18783	3717	16295	20049
小型	7430	2618	46317	19626	1658	20596	9162
微型	1196	659	26689	12880	512	3092	3284

11—7 续表4 单位:万元

项目	土地和固定资产支出	土地购置	房屋和建筑物	机器设备	运输工具	其他费用
总计	**43518**	**6544**	**20155**	**9556**	**4762**	**2502**
一、批发业	**23157**	**2964**	**9993**	**8422**	**1667**	**112**
其中:国有及国有控股	10321	1047	5378	3597	298	1
1. 按登记注册类型分组						
内资企业	23139	2964	9993	8422	1667	94
港、澳、台商投资企业						
外商投资企业	18					18
2. 按国民经济行业分组						
农、林、牧产品批发	763	50	603	110		
食品、饮料及烟草制品批发	14272	1801	6518	5002	863	87
纺织、服装及家庭用品批发						
文化、体育用品及器材批发	18					18
医药及医疗器材批发	123			13	109	
矿产品、建材及化工产品批发	7797	1047	2871	3297	576	6
机械设备、五金交电及电子产品批发	185	66			119	
其他批发业	1					1
3. 按单位规模分						
大型	10251	1047	5375	3531	298	
中型	9007	1639	3264	3483	516	105
小型	3878	279	1333	1407	853	7
微型	21		21		1	
二、零售业	**20361**	**3580**	**10163**	**1134**	**3095**	**2390**
其中:国有及国有控股	5057		4469	365	223	
1. 按登记注册类型分						
内资企业	20361	3580	10163	1134	3095	2390
港、澳、台商投资企业						
外商投资企业						
2. 按零售行业小类分						
综合零售	1436	484	761	103	46	42
百货零售						
超级市场零售业	1421	484	761	88	46	42
其他综合零售	15			15		
食品、饮料及烟草制品专门零售	763	82	462	70	142	7
纺织、服装及日用品专门零售	8114	2911	2610	259	300	2035
文化、体育用品及器材专门零售						
医药及医疗器材专门零售	189		158	28	3	
汽车、摩托车、燃料及零配件专门零售	9386	29	6171	594	2495	97
家用电器及电子产品专门零售	341	74			59	208
五金、家具及室内装修材料专门零售						
无店铺及其他零售业	132			81	50	2
3. 按单位规模分						
大型	4738		4469	269		
中型	11812	3394	3670	564	1865	2320
小型	3724	99	2024	301	1230	70
微型	86	86				

11—8 限额以上住宿餐饮业法人企业财务状况

（2012年）　　　　单位 万元

项目	法人企业（个）	流动资产合计	#存货	固定资产原价	资产合计
总计	**174**	**90172**	**7295**	**228540**	**337853**
一、住宿业	**79**	**72031**	**4826**	**200400**	**282579**
其中:国有及国有控股	14	17232	1735	86374	100343
1. 按登记注册类型分组					
内资企业	78	59061	3943	187725	258192
港、澳、台商投资企业					
外商投资企业	1	12971	883	12674	24387
2. 按国民经济行业分组					
旅游饭店	41	55628	4360	177538	238323
一般旅馆	36	16348	466	21701	43672
其他住宿业	2	56		1161	583
3. 按单位规模分					
大型					
中型	12	26838	2404	96500	127651
小型	53	42846	2346	102905	150765
微型	14	2348	76	995	4163
二、餐饮业	**95**	**18140**	**2469**	**28140**	**55274**
其中:国有及国有控股	4	940	79	2948	3584
1. 按登记注册类型分组					
内资企业	94	18092	2469	28092	55206
港、澳、台商投资企业					
外商投资企业	1	48		48	68
2. 按国民经济行业分组					
正餐服务	91	17949	2417	27526	52555
快餐服务	2	157	28	129	1698
饮料及冷饮服务	2	35	25	485	1022
其他餐饮服务					
3. 按单位规模分					
大型					
中型	4	5276	961	3956	8169
小型	82	12208	1481	21108	42645
微型	9	657	27	3077	4461

11—8 续表1

单位:万元

项目	累计折旧	#本年折旧	所有者权益合计	#实收资本	负债合计
总计	**64700**	**11503**	**126813**	**122810**	**211040**
一、住宿业	**57614**	**9593**	**109422**	**107976**	**173157**
其中:国有及国有控股	34268	3424	48793	62850	51550
1. 按登记注册类型分组					
内资企业	56355	8941	99237	102976	158955
港、澳、台商投资企业					
外商投资企业	1258	652	10185	5000	14202
2. 按国民经济行业分组					
旅游饭店	52681	8369	92999	94996	145325
一般旅馆	4233	1224	16148	12881	27525
其他住宿业	699		276	100	308
3. 按单位规模分					
大型					
中型	33780	5531	57768	60223	69883
小型	23565	4016	49379	47288	101386
微型	269	45	2275	466	1888
二、餐饮业	**7087**	**1910**	**17391**	**14833**	**37883**
其中:国有及国有控股	528	90	1028	959	2556
1. 按登记注册类型分组					
内资企业	7058	1910	17331	14783	37875
港、澳、台商投资企业					
外商投资企业	28		60	50	8
2. 按国民经济行业分组					
正餐服务	6955	1839	15841	13283	36714
快餐服务	35	9	1100	1100	598
饮料及冷饮服务	96	62	450	450	572
其他餐饮服务					
3. 按单位规模分					
大型					
中型	2406	273	-636	1276	8805
小型	4367	1585	16400	13065	26245
微型	314	53	1627	493	2834

11—8　续表 2　　　　单位:万元

项　　　　目	营业收入合计	主营业务收入	主营业务成本	主营业务税金及附加	主营业务利润
总　　计	**194872**	**182231**	**90269**	**8990**	**82972**
一、住宿业	**122649**	**112090**	**50017**	**5669**	**56404**
其中:国有及国有控股	39070	38711	15137	1965	21608
1. 按登记注册类型分组					
内资企业	119200	108641	49393	5477	53771
港、澳、台商投资企业					
外商投资企业	3449	3449	624	192	2633
2. 按国民经济行业分组					
旅游饭店	97045	89083	37736	4560	46788
一般旅馆	24525	21936	11449	1080	9407
其他住宿业	1079	1071	832	30	209
3. 按单位规模分					
大型					
中型	63649	63520	27173	3181	33167
小型	49553	48486	22703	2454	23329
微型	9448	84	142	34	-92
二、餐饮业	**72223**	**70141**	**40252**	**3321**	26568
其中:国有及国有控股	1842	1827	967	98	762
1. 按登记注册类型分组					
内资企业	72114	70033	40161	3321	**26551**
港、澳、台商投资企业					
外商投资企业	108	108	91	1	17
2. 按国民经济行业分组					
正餐服务	70843	68762	39549	3262	25951
快餐服务	488	488	295	18	175
饮料及冷饮服务	892	892	408	42	442
其他餐饮服务					
3. 按单位规模分					
大型					
中型	13913	13913	6571	792	6550
小型	55352	54932	32724	2461	19747
微型	2957	1295	956	68	271

11—8　续表 3　　　　单位:万元

项　　目	其他业务利润	营业费用	管理费用	#税　金	财务费用
总　计	**1199**	**47981**	**31789**	**1158**	**6538**
一、住宿业	**993**	**31115**	**24728**	**959**	**5516**
其中:国有及国有控股	81	10917	10321	353	1336
1. 按登记注册类型分组					
内资企业	993	29598	22725	839	5483
港、澳、台商投资企业					
外商投资企业		1517	2003	120	32
2. 按国民经济行业分组					
旅游饭店	423	25600	20871	836	3802
一般旅馆	570	5479	3730	123	1714
其他住宿业		36	128		
3. 按单位规模分					
大型					
中型	340	15487	13261	442	2572
小型	571	13706	11186	515	2899
微型	83	1922	281	2	45
二、餐饮业	**206**	**16866**	**7061**	**199**	**1023**
其中:国有及国有控股		555	254	10	26
1. 按登记注册类型分组					
内资企业	206	16866	7044	199	1023
港、澳、台商投资企业					
外商投资企业			17		
2. 按国民经济行业分组					
正餐服务	206	16395	6800	183	925
快餐服务		159	92	16	8
饮料及冷饮服务		312	170		90
其他餐饮服务					
3. 按单位规模分					
大型					
中型		5044	1364	15	316
小型	196	11453	5297	169	664
微型	10	369	400	15	43

单位：万元

项　　　　　目	营业利润	营业外收入	利润总额	应交所得税	应付职工薪酬
总　　计	**1901**	**2467**	**164**	**739**	**28349**
一、住宿业	**-568**	**2295**	**-302**	**430**	**17782**
其中：国有及国有控股	-797	2040	1008	1	6696
1. 按登记注册类型分组					
内资企业	352	2294	621	430	16579
港、澳、台商投资企业					
外商投资企业	-920	1	-922		1203
2. 按国民经济行业分组					
旅游饭店	-1285	2250	439	171	14301
一般旅馆	662	46	-795	259	3298
其他住宿业	54		54		182
3. 按单位规模分					
大型					
中型	2303	1938	3616	331	8605
小型	-3980	356	-4424	95	9039
微型	1109	1	506	5	138
二、餐饮业	**2469**	**172**	**466**	**309**	10567
其中：国有及国有控股	-60	53	4		391
1. 按登记注册类型分组					
内资企业	2469	172	466	309	10552
港、澳、台商投资企业					
外商投资企业					15
2. 按国民经济行业分组					
正餐服务	2685	172	466	309	10340
快餐服务	-88				79
饮料及冷饮服务	-129				149
其他餐饮服务					
3. 按单位规模分					
大型					
中型	17		-449	17	2697
小型	2197	62	843	277	7467
微型	255	110	72	15	404

11—8 续表5

单位:万元

项目	土地和固定资产支出	土地购置费	房屋和建筑物	机器设备	运输工具
总　计	**12126**	**1585**	**7187**	**1900**	**294**
一、住宿业	**8662**	**20**	**5824**	**1488**	**232**
其中:国有及国有控股	6059		4464	642	229
1. 按登记注册类型分组					
内资企业	8654	20	5824	1488	232
港、澳、台商投资企业					
外商投资企业	8				
2. 按国民经济行业分组					
旅游饭店	8304		5804	1178	232
一般旅馆	357	20	20	310	1
其他住宿业					
3. 按单位规模分					
大型					
中型	5256		4194	331	229
小型	3406	20	1630	1157	4
微型					
二、餐饮业	**3464**	**1565**	**1363**	**412**	**62**
其中:国有及国有控股	1659	120	1120	356	13
1. 按登记注册类型分组					
内资企业	3464	1565	1363	412	62
港、澳、台商投资企业					
外商投资企业					
2. 按国民经济行业分组					
正餐服务	3464	1565	1363	412	62
快餐服务					
饮料及冷饮服务					
其他餐饮服务					
3. 按单位规模分					
大型					
中型					
小型	3403	1565	1323	391	62
微型	61		40	21	

11—9　限额以上批发和零售业产业活动单位和个体户商品购销存情况

（2012 年）　　单位：万元

项　　目	单位数（个）	年末从业人数（人）	购进总额
总　　计	**514**	**15406**	**1650195**
一、批发业	**32**	**2683**	**522363**
1. 按登记注册类型分组			
内资	21	2515	487382
个体工商户	11	168	34982
2. 按国民经济行业分组			
农畜产品批发业	1	5	2500
食品、饮料及烟草制品批发业	23	2557	496427
米、面制品及食用油批发业	7	243	95600
烟草制品批发业	8	800	183818
纺织、服装及日用品批发业	1	6	
文化、体育用品及器材批发业			
医药及医疗器材批发业	1	21	1580
矿产品、建材及化工产品批发业	6	94	21956
机械设备、五金交电及电子产品批发			
其他批发			
二、零售业	**482**	**12723**	**1127832**
1. 按登记注册类型分组			
内资	35	2767	243952
港澳台商投资企业	1	15	1870
外商投资企业	9	634	36512
个体工商户	437	9307	845497
2. 按国民经济行业分组			
综合零售业	110	3797	279391
百货零售业	21	351	47983
超级市场零售业	73	3288	209261
其他综合零售	16	158	22147
食品、饮料及烟草制品专门零售业	113	1943	362031
纺织、服装及日用品专门零售业	85	3022	92051
文化、体育用品及器材专门零售业	19	503	32099
医药及医疗器材专门零售业	13	161	29531
汽车、摩托车、燃料及零配件专门	16	204	45055
家用电器及电子产品专门零售业	52	840	100816
五金、家具及室内装修材料专门零售业	65	984	128160
无店铺及其他零售业	9	1269	57699

单位:万元

项目	销售总额	批发	零售	年末库存总额
总计	**1701589**	**464758**	**1236831**	**65653**
一、批发业	**531275**	**387507**	**143768**	**8454**
1. 按登记注册类型分组				
内资	482163	353310	128853	7075
个体工商户	49112	34197	14915	1379
2. 按国民经济行业分组				
农畜产品批发业	2000	1680	320	300
食品、饮料及烟草制品批发业	490992	356794	134197	7565
米、面制品及食用油批发业	91078	56884	34194	4890
烟草制品批发业	179277	175140	4137	100
纺织、服装及日用品批发业	13937	9807	4131	220
文化、体育用品及器材批发业				
医药及医疗器材批发业	2523	2523		120
矿产品、建材及化工产品批发业	21824	16704	5120	249
机械设备、五金交电及电子产品批发				
其他批发				
二、零售业	**1170314**	**77250**	**1093063**	**57199**
1. 按登记注册类型分组				
内资	252083	22467	229616	17400
港澳台商投资企业	2140		2140	27
外商投资企业	35207		35207	4830
个体工商户	880884	54783	826101	34942
2. 按国民经济行业分组				
综合零售业	293291	1187	292104	24043
百货零售业	50693	65	50628	3443
超级市场零售业	221051	1065	219986	18938
其他综合零售	21547	57	21490	1662
食品、饮料及烟草制品专门零售业	380161	52933	327228	10636
纺织、服装及日用品专门零售业	95957	1717	94241	5830
文化、体育用品及器材专门零售业	33601		33601	758
医药及医疗器材专门零售业	29885	273	29612	704
汽车、摩托车、燃料及零配件专门	45818	9450	36368	2574
家用电器及电子产品专门零售业	101329	697	100633	7329
五金、家具及室内装修材料专门零售业	130135	4655	125481	4698
无店铺及其他零售业	60136	6339	53797	626

11—10 限上住宿和餐饮业产业活动单位和个体户经营情况

(2012年)

项目	单位数(个)	从业人数(个)	营业额(万元)	客房收入	餐费收入	商品销售收入	其他收入	拥有床位数(万个)	拥有餐位数(万位)
总计	**512**	**12883**	**245949**	**34589**	**203834**	**4538**	**2988**	**1.14**	**9.93**
一、住宿业	**75**	**2664**	**38316**	**27452**	**8340**	**624**	**1900**	**0.84**	**0.61**
1.按登记注册类型分组									
内资	8	1264	10353	4812	3561	297	1684	0.24	0.37
个体工商户	67	1400	27963	22640	4779	327	216	0.60	0.24
2.按国民经济行业分组									
旅游饭店	15	1120	11920	6263	3378	393	1887	0.24	0.40
一般旅馆	56	1492	24763	20279	4243	227	13	0.58	0.20
其他住宿服务	4	52	1633	910	719	4		0.02	0.02
二、餐饮业	**437**	**10219**	**207634**	**7137**	**195494**	**3914**	**1088**	**0.30**	**9.32**
1.按登记注册类型分组									
内资	19	1057	9872	1163	7691	331	687	0.04	1.15
个体工商户	416	9012	195908	5974	185949	3583	402	0.26	8.10
2.按国民经济行业分组									
正餐服务业	408	9498	194083	7137	182296	3561	1088	0.30	8.92
快餐服务	12	393	6646		6646				0.18
饮料及冷饮服务	15	313	5507		5155	353			0.22
其他餐饮服务	2	15	1398		1398				0.01

11—11 分县市区商品销售额

(2012年)

单位:万元

县 市 区	批发业商品销售额	零售业商品销售额	住宿业营业额	餐饮业营业额
宜 昌 市	**3353479**	**7469345**	**462398**	**968880**
西 陵 区	791511	1710472	100262	227515
伍家岗区	910259	964498	121159	153702
点 军 区	20737	90143	19720	28549
猇 亭 区	31313	29533	3324	13267
夷 陵 区	184908	648795	68084	125728
宜昌高新区	288634	605811	14891	36742
远 安 县	215850	325497	8048	37401
兴 山 县	95667	126942	13099	23616
秭 归 县	120205	198949	53218	26494
长阳自治县	53721	281860	3696	51816
五峰自治县	21430	152142	16612	13392
宜 都 市	166101	744823	2875	67438
当 阳 市	235992	814145	33997	66581
枝 江 市	565145	781751	7708	99324

11—12　成品油零售企业(单位)能源商品销售与库存

(2012年)

单位:吨

能源品种	年初库存量	本年销售量	年末库存量
汽油	4077	224923	3956
#93″	3448	194563	3281
柴油	6458	499461	6279
#0″	6410	493793	6520
煤油	971	19176	1354
燃料油	2	1564	19
润滑油	373	1349	178

11—13　成品油批发企业能源购进、销售与库存

(2012年)

单位:吨

能源品种	年初库存量	本年购进量	本年销售量	#售予省内批发和零售企业	年末库存量
汽油	4066	203443	203294	166531	4084
#93″	2911	178131	178076	14519	2920
柴油	5509	657905	657448	453716	5579
#0″	5509	657833	657376	453672	5549
煤油		80	80		
燃料油		22349	22349		
润滑油	20	1459	1439	67	20

11—14 宜昌市亿元以上商品交易市场成交情况

指标名称	2012年		2011年	
	年末出租摊位数（个）	成交额（万元）	年末出租摊位数（个）	成交额（万元）
总计	**10878**	**1225487**	**10399**	**1103681**
1. 食品、饮料、烟酒类	3555	640183	4346	589486
（1）粮油、食品类	2355	463632	3161	462124
其中：粮油类	449	70902	336	55709
肉禽蛋类	493	99804	396	94855
水产品类	274	30958	263	18384
蔬菜类	536	70216	1574	97180
干鲜果品类	521	187910	510	192227
（2）饮料类	1021	105000	1010	96476
（3）烟酒类	179	71551	175	30886
2. 服装、鞋帽、针纺织品类	2162	127468	1899	88746
（1）服装类	1412	55963	1260	24057
（2）鞋帽类	287	40496	228	33311
（3）针纺织品类	463	31009	411	31378
3. 化妆品类	100	43050	58	40853
4. 金银珠宝类	5	341	3	192
5. 日用品类	1298	111865	953	94232
其中：洗涤用品类	597	75717	371	58442
儿童玩具类	301	24067	168	23859
6. 五金、电料类	504	100570	459	102413
7. 体育、娱乐用品类	67	2263	62	2108
8. 书报杂志类	7	859	1	185
9. 电子出版物及音像制品类	6	37		
10. 家用电器和音像器材类	176	16664	168	17381
11. 中西药品类	5	408	1	179
其中：西药类	2	57		
中草药及中成药类	2	171	1	179
12. 文化办公用品类	93	53099	81	49514
13. 家具类	416	33704	342	36602
14. 通讯器材类	5	162	5	143
15. 煤炭及制品类				
16. 木材及制品类	35	63	78	200
17. 石油及制品类				
18. 化工材料及制品类	71	1251	73	536
其中：化肥类				
19. 金属材料类	25	45		
20. 建筑及装潢材料类	1759	74146	1236	62243
21. 机电产品及设备类	391	7471	449	10223
其中：农机类				
22. 汽车类				
23. 种子饲料类	28	1623	15	570
24. 棉麻类				
25. 其他类	170	10215	170	7875

11—15　重点商品出口情况

(2012年)

单位:万美元

品　　名	单　位	出口量	出口额
活性酵母	吨	47872	11395
三聚磷酸钠(五钠)	吨	265450	25674
化肥	吨	790803	38516
季戊四醇	吨	27773	4255
棉纱	吨	1300	483
棉布	万米	974	123
服装	万美元		2697
发动机零配件	万美元		4408
船舶	艘	6	7579

11—16　外贸出口商品结构

(2012年)

单位:万美元

商品类别	外贸出口总值	占出口总值比重(%)
合计	**166307**	**100**
#酵母	11395	6.9
果蔬罐头	7686	4.6
香菇	674	0.4
纺织类	1494	0.9
服装类	2697	1.6
化工	29201	17.6
化肥	38616	23.2
医药类	14390	8.7
船舶类	7579	4.6
其他机电	16319	9.8
化成箔	6740	4.1

11—17 主要年份利用外资情况

单位:个、万美元

年份	签订利用外资合同				实际利用外资	
	项目个数	投资总额	注册资本	协议外资额	总额	#直接利用外资
2000	36	14410	8444	7008	10195	4067
2001	33	16852	8552	6808	14635	6436
2002	47	24895	8660	14361	25533	7507
2003	40	74496	8768	30372	33445	8405
2004	43	31974	8876	13601	33602	9305
2005	28	13559	8984	13102	20161	10498
2006	18	22557	9092	9184	19831	11545
2007	19	19062	9200	11121	14112	13615
2008	17	48828	19248	13952		16013
2009	18	42580	21759	18980		18136
2010	10	6798	11488	7303		20652
2011	19	141354	104399	52950		18520
2012	11	17841	10489	10926		22876

11—18 主要年份对外贸易进出口总值

单位:万美元

年份	进出口总值	出口总额	进口总额
2000	9813	7216	2597
2001	24018	15459	8559
2002	36713	13856	22857
2003	43640	19039	24601
2004	42473	25719	16754
2005	43968	32011	11957
2006	56905	40941	15964
2007	85516	61153	24363
2008	137128	90502	46626
2009	103479	77643	25836
2010	176746	130216	46530
2011	228860	171622	57238
2012	218954	166307	52647

11—19 外贸主要出口市场

（2012 年）

单位：万美元

出口国别(地区)	出 口 额	同比增幅%	占总额比重%
香港	6243	-11.0	3.75
印度	28098	-9.7	16.90
印度尼西亚	5960	76.9	3.58
日本	7962	-27.5	4.79
卡塔尔	57	73.3	0.03
沙特阿拉伯	1906	2.5	1.15
韩国	5459	-28.0	3.28
阿联酋	1413	7.6	0.85
台湾	4033	40.3	2.42
摩洛哥	33	-71.8	0.02
英国	1431	-4.7	0.86
德国	4064	16.5	2.44
法国	1326	13.1	0.80
荷兰	9327	87.5	5.61
挪威	55	-18.5	0.03
瑞典	78	6.2	0.05
加拿大	806	-7.3	0.48
俄罗斯	1285	-42.1	0.77
巴西	9148	27.0	5.50
美国	17858	29.7	10.74

11—20 宜昌市主要年份旅游经济指标

项　　目	2007	2008	2009	2010	2011	2012
入境游客人数合计(人次)	**340521**	**222534**	**174885**	**232314**	**248565**	**329004**
港澳同胞	34982	33265	5457	12294	12025	42867
台湾同胞	12803	8161	4682	7582	7628	20958
外国人	292736	181108	164746	212438	228912	265179
日本	8304	2044	2929	3615	2579	6812
新加坡	8546	5079	1694	6178	3766	13362
韩国	3063	1111	440	1686	3046	6221
美国	68631	52337	47370	56274	62822	87093
加拿大	14840	6238	7010	10479	17162	18996
英国	75245	47421	42301	54850	59821	35185
法国	11515	5711	10198	8835	11242	6992
德国	45211	34507	29561	37972	34072	29714
意大利	1861	127	127	3984	1786	607
瑞士	1735	813	483	827	1413	2777
澳大利亚	20669	8683	12492	15611	14348	25457
新西兰	965	614	248	338	2213	1194
泰国	3921	2350	1492	1316	1371	5261
过夜入境游客(人次)	36054	35650	15583	18656	78505	107030
一日游入境游客(人次)	304467	186884	159302	213656	170060	221974
入境游客人天数(人天)	390002	300833	198890	268753	272087	336617
国内游客人数(万人次)	1000.05	970.0	1197.22	1519.0	1905.43	2606.44
旅游总收入(亿元)	72.33	65.09	78.5	104.04	141.28	200.38
国内旅游收入(亿元)	67.52	61.0	75.95	100.40	137.36	195.92
旅游创汇(万美元)	6315.4	5885.3	3664.78	5455.58	6033.67	7053.94

主要统计指标解释

社会消费品零售总额 指国民经济各行业直接售给城乡居民和社会集团的消费品总额。它是反映各行业通过多种商品流通渠道向居民和社会集团供应的生活消费品总量，是研究国内零售市场变动情况、反映经济景气程度的重要指标。

社会消费品零售总额包括：⑴售给城乡居民作为生活用的商品和修建房屋用的建筑材料；⑵售给社会集团的各种办公用品和公用消费品；⑶售给机关、团体、学校、部队、企业、事业单位的职工食堂和旅店（招待所）附设专门供本店旅客食用，不对外营业的食堂的各种食品、燃料；企业、单位和国营农场直接售给本单位职工和职工食堂的自己生产的产品；⑷售给部队干部、战士生活用的粮食、副食品、衣着品、日用品、燃料；⑸售给来华的外国人、华侨、港澳台同胞的消费品；⑹居民自费购买的中、西药品、中药材及医疗用品；⑺报社、出版社直接售给居民和社会集团的报纸、图书、杂志，集邮公司出售的新、旧纪念邮票、特种邮票、首日封、集邮册、集邮工具等；⑻旧货寄售商店自购、自销部分的商品；⑼煤气公司、液化石油气站售给居民和社会集团的煤气灶具和罐装液化石油气；⑽农民售给非农业居民和社会集团的商品。不包括售给国民经济各部门企业、事业单位（包括国有经济的农场）生产经营用的各种原材料、燃料、设备、工具等和售给批发零售贸易业、餐饮业作为转卖用的商品，旧货寄售商店受托寄售卖出的商品，服务业的营业收入，邮局出售邮票的收入，自来水、电力、煤气生产（供应）单位的产品供应收入，也不包括农民之间的商品销售。

批发零售贸易业商品购、销、存总额 指各种登记注册类型的批发、零售贸易业（不包括个体）企业（单位）以本企业（单位）为总体的商品购进、销售、库存总额。

商品购进总额 指从本企业（单位）以外的单位和个人购进（包括从境外直接进口）作为转卖或加工后转卖的商品总额。它反映批发零售贸易业从国内、国外市场上购进商品的总量。商品购进总额包括：⑴从工农业生产者购进的商品；⑵从出版社、报社的出版发行部门购进的图书、杂志和报纸；⑶从各种登记注册类型的批发零售贸易企业（单位）购进的商品；⑷从其他单位购进的商品，如从机关、团体、企业等单位购进的剩余物资，从餐饮业、服务业购进的商品，从海关、市场管理部门购进的缉私和没收的商品，从居民手中收购的废旧商品等；⑸从国（境）外直接进口的商品。不包括企业（单位）为自身经营用和未通过买卖行为而收入的商品以及销售退回、商品升溢等。

商品销售总额 指对本企业（单位）以外的单位和个人出售（包括对境外直接出口）的商品总额。它反映批发零售贸易业在国内市场上销售商品以及出口商品的总量。商品销售总额包括：⑴售给城乡居民和社会集团消费用的商品；⑵售给工业、农业、建筑业、运输邮电业、批发零售贸易业、餐饮业、服务业等作为生产、经营使用的商品；⑶售给批发零售贸易业作为转卖或加工后转卖的商品；⑷对国（境）外直接出口的商品。不包括出售本企业（单位）自用的废旧包装用品；未通过买卖行为付出的商品；经本单位介绍，由买卖双方直接结算，本单位只收取手续费的业务；购货退出的商品以及商品损耗和损失等。

批发零售贸易业库存 指报告期末各种登记注册类型的批发零售贸易企业（单位）已取得所有权的商品。它反映批发零售贸易企业（单位）的商品库存情况和对市场商品供应的保证程度。期末库存包括：⑴存放在批发零售贸易业经营单位（如门市部、批发站、经营处）仓库、货场、货柜和货架中的商品；⑵挑选、整理、包装中的商品；⑶已记入购进而尚未运到本单位的商品，即发货单或银行承兑凭证已到而货未到的部分；⑷寄放他处的商品，如因购货方拒绝承付而暂时存放在购货方的商品和已办完加工成品收回手续而未提回的商品；⑸委托其他单位代销（未作销售或调出）尚未售出的商品；⑹代其他单位购进尚未交付的商品。不包括所有权不属于本单位的商品、拨付除批发零售贸易业以外的其他行业所属独立核算加工厂等加工生产尚未收回成品的商品、代国家物资储备部门保管的商品等。

库存总额采用的计算价格是：农副产品采购单位按购进价计算；批发单位按进货价计算；零售单位按核算价格计算，即按什么价格核算就按什么价格计算。

消费品市场成交额 指从事消费品交易的商品市场的全部商品成交金额。消费品市场包括农副产品市场和工业消费品市场。

进出口总额（海关进出口总额） 指实际进出我国国境

的货物总金额。包括对外贸易实际进出口货物,来料加工装配进出口货物,国家间、联合国及国际组织无偿援助物资和赠送品,华侨、港澳台同胞和外籍华人捐赠品,租赁期满归承租人所有的租赁货物,进料加工进出口货物,边境地方贸易及边境地区小额贸易进出口货物(边民互市贸易除外),中外合资企业、中外合作经营企业、外商独资经营企业进出口货物和公用物品,到、离岸价格在规定限额以上的进出口货样和广告品(无商业价值、无使用价值和免费提供出口的除外),从保税仓库提取在中国境内销售的进口货物,以及其他进出口货物。进出口总额用以观察一个国家在对外贸易方面的总规模。我国规定出口货物按离岸价格统计,进口货物按到岸价格统计。

利用外资 指我国各级政府、部门、企业和其他经济组织通过对外借款、吸收外商直接投资以及用其他方式筹措的境外现汇、设备、技术等。

外商直接投资 指外国企业和经济组织或个人(包括华侨、港澳台胞以及我国在境外注册的企业)按我国有关政策、法规,用现汇、实物、技术等在我国境内开办外商独资企业、与我国境内的企业或经济组织共同举办中外合资经营企业、合作经营企业或合作开发资源的投资(包括外商投资收益的再投资),以及经政府有关部门批准的项目投资总额内企业从境外借入的资金。

外商其他投资 指除对外借款和外商直接投资以外的各种利用外资的形式。包括企业在境内外股票市场公开发行的以外币计价的股票(目前主要是在香港证券市场发行的H股和在境内证券市场发行的B股)发行价总额,国际租赁进口设备的应付款,补偿贸易中外商提供的进口设备、技术、物料的价款,加工装配贸易中外商提供的进口设备、物料的价款。

旅游者人数 包括入境国际旅游者人数、出境居民人数和国内旅游者人数。

(1)入境国际旅游者人数:指来中国参观、访问、旅行、探亲、访友、休养、考察、参加会议和从事经济、科技、文化、教育、宗教等活动的外国人、华侨、港澳同胞和台湾同胞的人数。不包括外国在我国的常驻机构,如使领馆、通讯社、企业办事处的工作人员;来我国常住的外国专家、留学生以及在岸逗留不过夜人员。

(2)出境居民人数:指大陆居民因公务活动或私人事务短期出境的人数。公务活动出境居民人数包括在国际交通工具上的中国服务员工,因私出境居民人数不包括在国际交通工具上的中国服务员工。

(3)国内旅游者人数:指我国大陆居民和在我国常住1年以上的外国人、华侨、港澳台同胞离开常住地在境内其他地方的旅游设施内至少停留一夜,最长不超过6个月的人数。

国际旅游(外汇)收入 指入境旅游的外国人、华侨、港澳同胞和台湾同胞在中国大陆旅游过程中发生的一切旅游支出,对于国家来说就是国际旅游(外汇)收入。

国际旅行社 指经营对外招徕并接待外国人、华侨、港澳同胞和台湾同胞来中国、归国或回内地旅游业务的旅行社。

国内旅行社 指负责经营招徕、组团、接待国内旅客的旅游业务,以及不对外招徕,负责经营接待国际旅行社或其它涉外部门组织的外国人、华侨、港澳同胞和台湾同胞来中国、归国或回内地的旅游业务的旅行社。

涉外饭店 指经有关部门批准,允许接待外国人、华侨、港澳同胞和台湾同胞的饭店。

十二 科技教育

SCIENTIFIC TECHNOLOGY AND EDUCATION

12—1 全市科技与高新技术基本情况

指　　标	计量单位	2008	2009	2010	2011	2012
科技人员与经费						
从事科技活动人员数	人	7127	11814	11595	16242	23015
#R&D 人员	人	2716	5598	6251	9454	11352
科技活动经费内部支出	万元	168394	176171	166157	317330	381026
#R&D 经费内部支出	万元	50277	78675	110499	178954	237131
高新技术产业						
高新技术工业产值	万元	2218802	3212254	4467725	6676467	9509464
高新技术工业增加值	万元	661087	959323	1355371	2046094	2641133
高新技术工业产品销售收入	万元	2125949	2675101	3525319	7549486	11269792
高新技术工业产品利税	万元	231792	230600	431632	750789	551161
高新技术工业产品出口交货值	万元	302416	354128	484033	662832	867734

12—2 规模以上工业企业科技活动人员情况

(2012年)

项目	R&D人员合计(人)	参加项目人员	管理和服务人员	全时人员	R&D人员折合全时当时合计(人年)	研究人员	试验发展人员
总计	**11352**	**10359**	**993**	**6832**	**7941**	**1879**	**7835**
一、按企业规模分组							
大型	5786	5441	345	3192	4591	842	4521
中型	3700	3279	421	2591	2170	687	2136
小型	1861	1634	227	1048	1176	348	1174
微型	5	5		1	4	1	4
二、按隶属关系分组							
中央	2061	1863	198	1413	1323	529	1304
省(自治区、直辖市)	237	214	23	100	138	54	138
地(区、市、州、盟)	1310	1247	63	1109	1144	158	1144
县(区、市、旗)	4344	3902	442	2370	3156	652	3094
街道	108	94	14	63	44	17	41
镇	193	179	14	147	164	59	164
其他	3099	2860	239	1630	1974	410	1950
三、按登记注册类型分组							
内资企业	9453	8701	752	5504	6305	1624	6270
国有企业	1847	1681	166	1252	1478	345	1459
集体企业							
其他联营企业							
有限责任公司	5030	4696	334	2722	3505	926	3489
国有独资公司	1351	1236	115	564	1173	288	1162
其他有限责任公司	3679	3460	219	2158	2332	637	2327
股份有限公司	1581	1410	171	1002	841	223	841
私营企业	974	894	80	525	466	125	466
私营独资企业							
私营合伙企业							
私营有限责任公司	813	757	56	442	411	102	411
私营股份有限公司	161	137	24	83	55	23	55
其他企业	21	20	1	3	16	5	16
港、澳、台商投资企业	1603	1423	180	1079	1421	146	1353
合资经营企业(港或澳、台资)	1543	1373	170	1019	1387	129	1318
合作经营企业(港或澳、台资)							
港、澳、台商独资经营企业	60	50	10	60	35	17	35
港、澳、台商投资股份有限公司							
其他港澳台投资企业							
外商投资企业	296	235	61	249	215	110	212
中外合资经营企业	256	200	56	235	175	93	175
中外合作经营企业							
外资企业	40	35	5	14	40	17	36
外商投资股份有限公司							
其他外商投资企业							
四、按国民经济行业大类分组							
采矿业	37	28	9	23	2	1	2
煤炭开采和洗选业							
石油和天然气开采业							
黑色金属矿采选业							
有色金属矿采选业							
非金属矿采选业	37	28	9	23	2	1	2

12—2　续表

项　　目	R&D 人员				R&D 人员折合全时当量合计（人年）		
	合计（人）	参加项目人员	管理和服务人员	全时人员		研究人员	试验发展人员
其他采矿业							
制造业	11095	10112	983	6803	7855	1818	7765
农副食品加工业	193	175	18	100	89	33	89
食品制造业	319	274	45	206	142	40	140
酒、饮料和精制茶制造业	127	118	9	60	37	13	37
烟草制品业	23	22	1	14	10	5	10
纺织业	22	20	2	7	16	7	16
纺织服装、服饰业							
皮革、毛皮、羽毛及其制品和制鞋业							
木材加工和木、竹、藤、棕、草制品业	28	28	0	25	27	12	27
印刷和记录媒介复制业	88	74	14	84	82	4	61
文教、工美、体育和娱乐用品制造业	50	40	10	50	25	8	25
石油加工、炼焦和核燃料加工业							
化学原料和化学制品制造业	3768	3584	184	1979	3089	400	3071
医药制造业	1975	1829	146	1251	1615	190	1570
化学纤维制造业							
橡胶和塑料制品业	265	226	39	193	133	54	133
非金属矿物制品业	389	313	76	181	158	40	158
黑色金属冶炼和压延加工业	247	192	55	240	34	6	34
有色金属冶炼和压延加工业	17	15	2		15	6	15
金属制品业	553	528	25	262	421	109	421
通用设备制造业	824	738	86	636	663	461	663
专用设备制造业	1097	980	117	1011	595	185	593
汽车制造业	12	11	1	12	12	8	12
铁路、船舶、航空航天和其他运输设备制造业	374	284	90	79	243	57	243
电气机械和器材制造业	361	338	23	212	255	74	255
计算机、通信和其他电子设备制造业	229	224	5	71	147	63	147
仪器仪表制造业	134	99	35	130	50	43	48
电力、热力、燃气及水生产和供应业	220	219	1	6	84	59	68
电力、热力生产和供应业	220	219	1	6	84	59	68
燃气生产和供应业							
水的生产和供应业							
五、按企业控股情况分组							
国有控股	5331	4909	422	3387	3915	995	3885
集体控股	251	216	35	96	155	64	155
私人控股	3213	2916	297	1660	1696	559	1694
港澳台商控股	510	451	59	437	367	30	341
外商控股	135	125	10	88	107	47	104
其他	1912	1742	170	1164	1700	184	1656
六、按地区分组							
宜昌市	11352	10359	993	6832	7941	1879	7835
西陵区	2220	2028	192	1339	1688	585	1648
伍家岗区	696	587	109	448	324	113	324
点军区	415	399	16	268	131	59	131
猇亭区	1774	1629	145	1463	1505	207	1499
夷陵区	346	291	55	288	195	52	193
远安县	60	51	9	39	52	28	52
兴山县	1122	1048	74	331	1009	138	998
秭归县	460	395	65	228	244	102	242
长阳自治县	39	35	4	14	13	6	13
五峰自治县	61	55	6	11	28	10	28
宜都市	2448	2259	189	1031	1986	422	1944
当阳市	667	589	78	376	369	92	367
枝江市	1044	993	51	996	396	65	396

12—3 规模以上工业企业科技活动经费情况

（2012年）

指标名称	R&D经费内部支出合计（万元）	按支出用途分组				
		经常费支出	人员劳务费	资产性支出	土建工程	仪器设备
总计	237131	196133	44998	40999	8565	32434
一、按企业规模分组						
大型	142214	116076	29195	26138	8241	17898
中型	59396	49767	9605	9629	216	9413
小型	35392	30160	6186	5231	109	5123
微型	130	130	12			
二、按隶属关系分组						
中央	23208	19661	4802	3547	60	3487
省（自治区、直辖市）	16138	15790	1202	349	120	229
地（区、市、州、盟）	50166	38135	4701	12031	8126	3905
县（区、市、旗）	88389	72425	24573	15964	122	15841
街道	2283	2125	542	159		159
镇	4412	2524	518	1888	40	1848
其他	52535	45474	8660	7062	97	6965
三、按登记注册类型分组						
内资企业	199624	164791	39544	34833	8380	26453
国有企业	57905	44560	6442	13345	8046	5299
集体企业						
其他联营企业						
有限责任公司	75975	70692	25635	5283	116	5168
国有独资公司	27480	25555	17312	1925	26	1900
其他有限责任公司	48495	45137	8323	3358	90	3268
股份有限公司	42288	30256	3781	12032	183	11849
私营企业	23296	19173	3652	4123	35	4088
私营独资企业						
私营合伙企业						
私营有限责任公司	10782	9481	2618	1301	15	1286
私营股份有限公司	12514	9692	1033	2823	21	2802
其他企业	160	110	35	50		50
港、澳、台商投资企业	33398	28797	4581	4601	66	4536
合资经营企业（港或澳、台资）	31522	27119	4142	4403	66	4338
合作经营企业（港或澳、台资）						
港、澳、台商独资经营企业	1876	1678	439	198		198
港、澳、台商投资股份有限公司						
其他港澳台投资企业						
外商投资企业	4110	2545	873	1564	119	1445
中外合资经营企业	3592	2186	651	1406	119	1287
中外合作经营企业						
外资企业	518	360	222	158		158
外商投资股份有限公司						
其他外商投资企业						
四、按国民经济行业大类分组						
采矿业	5527	5527	144			
煤炭开采和洗选业						
石油和天然气开采业						
黑色金属矿采选业						
有色金属矿采选业						
非金属矿采选业	5527	5527	144			

单位 万元

指标名称	R&D 经费内部支出合计	按支出用途分组				
		经常费支出		资产性支出		
			人员劳务费		土建工程	仪器设备
其他采矿业						
制造业	229327	188328	44323	40999	8565	32434
农副食品加工业	4106	3594	437	512	52	460
食品制造业	16345	15797	1495	547	130	418
酒、饮料和精制茶制造业	2228	1670	379	559	4	555
烟草制品业	408	365	133	43		43
纺织业	353	294	144	59	1	59
纺织服装、服饰业						
皮革、毛皮、羽毛及其制品和制鞋业						
木材加工和木、竹、藤、棕、草制品业	662	662	93			
印刷和记录媒介复制业	1812	1567	395	245	47	198
文教、工美、体育和娱乐用品制造业	1334	1334	294			
石油加工、炼焦和核燃料加工业						
化学原料和化学制品制造业	114377	90580	25131	23797	8104	15693
医药制造业	19701	16724	4310	2977	4	2974
化学纤维制造业						
橡胶和塑料制品业	2560	2247	865	313	4	308
非金属矿物制品业	9118	7637	997	1481	21	1460
黑色金属冶炼和压延加工业	396	384	30	12		12
有色金属冶炼和压延加工业	990	990	59			
金属制品业	12559	9991	845	2568	8	2560
通用设备制造业	15701	13708	3169	1992	67	1926
专用设备制造业	8811	7791	2337	1019	3	1017
汽车制造业	1263	535	82	728		728
铁路、船舶、航空航天和其他运输设备制造业	4285	3020	719	1265		1265
电气机械和器材制造业	5948	3709	1050	2239	123	2117
计算机、通信和其他电子设备制造业	2879	2527	592	352		352
仪器仪表制造业	3494	3203	768	291		291
电力、热力、燃气及水生产和供应业	2278	2278	531			
电力、热力生产和供应业	2278	2278	531			
燃气生产和供应业						
水的生产和供应业						
五、按企业控股情况分组						
国有控股	128436	102682	28228	25754	8235	17519
集体控股	2830	2774	389	56		56
私人控股	63443	54475	8978	8968	138	8830
港澳台商控股	8477	7525	1581	952	66	886
外商控股	2179	1186	513	992	119	873
其他	31766	27490	5309	4276	7	4269
六、按地区分组						
宜昌市	237131	196133	44998	40999	8565	32434
西陵区	27593	23156	6363	4437	106	4331
伍家岗区	19625	18350	2033	1275	121	1154
点军区	4401	3106	1178	1295	121	1174
猇亭区	58741	46442	5161	12299	7987	4312
夷陵区	10308	9904	1153	404	6	398
远安县	2335	1510	333	825	4	821
兴山县	22937	21246	16430	1691	26	1665
秭归县	6835	5415	1221	1420	27	1393
长阳自治县	765	696	176	68	5	63
五峰自治县	990	920	167	70	20	50
宜都市	50524	45096	6668	5428	2	5426
当阳市	24499	14648	3064	9851	49	9802
枝江市	7580	5644	1055	1935	91	1845

单位:万元

指标名称	按资金来源分组				R&D 经费		
	政府资金	企业资金	境外资金	其他资金	外部支出	对境内研究机构支出	对境内高等学校支出
总计	**12843**	**222019**	**471**	**1798**	**10965**	**7137**	**2479**
一、按企业规模分组							
大型	4277	136557		1380	9726	6362	2050
中型	4390	54983		22	780	599	161
小型	4126	30399	471	396	459	176	268
微型	50	80					
二、按隶属关系分组							
中央	1550	21440		219	2754	1262	191
省(自治区、直辖市)	2962	13176			300		300
地(区、市、州、盟)	1360	48806			5770	4506	1264
县(区、市、旗)	5331	81771	471	815	670	445	195
街道	22	2261					
镇	412	4001					10
其他	1206	50565		764	1462	924	518
三、按登记注册类型分组							
内资企业	11675	186373	471	1105	10927	7102	2475
国有企业	1482	56423			7959	5593	1311
集体企业							
其他联营企业							
有限责任公司	6061	69105		809	1701	887	554
国有独资公司	328	27153			533	359	175
其他有限责任公司	5733	41952		809	1168	529	379
股份有限公司	3594	38224	471		437	72	350
私营企业	509	22492		296	830	549	260
私营独资企业							
私营合伙企业							
私营有限责任公司	359	10316		107	776	546	230
私营股份有限公司	150	12176		189	54	4	31
其他企业	30	130					
港、澳、台商投资企业	1160	31545		693	6	2	4
合资经营企业(港或澳、台资)	1160	29669		693	6	2	4
合作经营企业(港或澳、台资)							
港、澳、台商独资经营企业	0	1876					
港、澳、台商投资股份有限公司							
其他港澳台投资企业							
外商投资企业	8	4101			32	32	
中外合资经营企业	8	3584			22	22	
中外合作经营企业							
外资企业		518			10	10	
外商投资股份有限公司							
其他外商投资企业							
四、按国民经济行业大类分组							
采矿业	2567	2960			3	3	
煤炭开采和洗选业							
石油和天然气开采业							
黑色金属矿采选业							
有色金属矿采选业							
非金属矿采选业	2567	2960			3	3	

单位：万元

指标名称	按资金来源分组				R&D 经费		
	政府资金	企业资金	境外资金	其他资金	外部支出	对境内研究机构支出	对境内高等学校支出
其他采矿业							
制造业	9400	217657	471	1798	8743	6022	2427
农副食品加工业	149	3850		107	80	15	50
食品制造业	2402	13920		22	295		295
酒、饮料和精制茶制造业	108	2120			91	59	18
烟草制品业	24	384					
纺织业		253		100			
纺织服装、服饰业							
皮革、毛皮、羽毛及其制品和制鞋业							
木材加工和木、竹、藤、棕、草制品业		662					
印刷和记录媒介复制业	56	1756			4		4
文教、工美、体育和娱乐用品制造业		1334					
石油加工、炼焦和核燃料加工业							
化学原料和化学制品制造业	545	113831			6287	4853	1434
医药制造业	575	17965		1161	1235	904	331
化学纤维制造业							
橡胶和塑料制品业	65	2276		219	265		20
非金属矿物制品业	1405	7713			26	4	21
黑色金属冶炼和压延加工业	57	339					
有色金属冶炼和压延加工业		990					
金属制品业	207	12352			52	2	30
通用设备制造业	616	14896		189	339	162	176
专用设备制造业	682	7658	471		18		18
汽车制造业		1263					
铁路、船舶、航空航天和其他运输设备制造业	8	4276			20		20
电气机械和器材制造业	356	5593			22	22	
计算机、通信和其他电子设备制造业	969	1910					
仪器仪表制造业	1176	2318			8		8
电力、热力、燃气及水生产和供应业	876	1402			2219	1112	52
电力、热力生产和供应业	876	1402			2219	1112	52
燃气生产和供应业							
水的生产和供应业							
五、按企业控股情况分组							
国有控股	5128	123090		219	9317	6102	1915
集体控股	642	1717	471				
私人控股	5444	57581		418	1015	639	326
港澳台商控股	1160	7317			6	2	4
外商控股	8	2171			32	32	
其他	460	30145		1161	595	361	234
六、按地区分组							
宜昌市	12843	222019	471	1798	10965	7137	2479
西陵区	2499	23936	471	687	3361	1626	435
伍家岗区	2154	17471			295		295
点军区	105	4296			663	566	97
猇亭区	359	58382			5745	4481	1264
夷陵区	4061	6247			13	13	
远安县	32	2303			40		40
兴山县	242	22694			511	359	152
秭归县	1271	5542		22	30	15	
长阳自治县	75	582		107			
五峰自治县	128	862					
宜都市	798	48745		981	141	2	119
当阳市	1119	23380			40	4	36
枝江市		7580			126	72	40

12—4　主要年份各级各类学校基本情况

单位:所,人

项　　目	2002	2007	2008	2009	2010	2011	2012
幼儿园数	262	328	325	346	359	369	383
在园儿童数	50968	60691	62081	66131	69208	76780	78499
普通小学学校数	903	464	424	380	344	321	282
普通小学专任教师数	13947	11288	11170	11177	10919	10816	11003
普通小学招生数	36640	27655	26267	25432	26506	25535	25697
普通小学在校学生数	271610	188243	177518	169841	163691	159570	156855
普通小学毕业生数	69422	40443	33293	33195	32222	29327	28421
普通中学学校数	259	206	198	189	184	176	135
普通中学专任教师数	16620	13890	13724	13578	13445	14061	13217
普通中学招生数	94316	65715	62232	55642	53644	49798	48068
普通中学在校学生数	279937	208577	196003	182863	170534	158082	150746
普通中学毕业生数	80721	77766	74190	67806	64436	60720	53864
普通高等学校数	1	4	5	5	5	5	5
普通高等学校专任教师数	2039	2673	2774	2940	3184	3449	3510
普通高等学校招生数	9419	13347	14632	15994	14400	17739	17458
普通高等学校在校学生数	25260	44234	46135	49062	20299	53314	59930
普通高等学校毕业生数	3632	9948	12394	12757	13066	14429	13658
特殊教育学校数	9	10	10	10	10	9	9
特殊教育学校在校学生数	1256	1066	1180	1271	1237	1267	1275
特殊教育学校专任教师数	102	124	130	131	130	137	152

12—5 各级各类学校基本情况

（2012年）

单位：所、人

项目	学校数	招生数	毕业生数	在校生数	教职工数	#专任教师	教职工分办别情况		
							教育部门和集体办	其它部门办	社会力量办
总计	**870**	**151184**	**151173**	**511772**	**45071**	**34033**	**35608**	**2053**	**7410**
一、普通教育	869	141400	143442	483128	45001	34001	35538	2053	7410
1. 小学	282	25682	28421	156855	11186	11003	11186		
2. 普通中学	170	48068	53864	150746	16701	13217	15307		1394
其中：初中	135	28685	32646	90816		8652			
高(完)中	35	19383	21218	59930		4565			
3. 特殊教育	9	84	89	821	183	152	183		
4. 幼儿园	383	38001	28571	78499	7674	3636	885	870	5919
5. 中职学校	17	11334	16622	35908	2359	1933	2022	240	97
6. 技校	3	773	2217	3711	576	550		576	
7. 普通高校合计	5	17458	13658	56588	6322	3510	5955	367	
三峡职业技术学院	1	4227	3134	11301	822	629	822		
三峡电力职院	1	1678	1983	5710	367	242		367	
三峡旅游职院	1	767	804	2092	193	152	193		
三峡大学本专科	1	6670	4820	23718	4254	1983	4254		
三峡大学研究生		777	525	2043					
三峡大学科技学院本专科	1	3339	2392	11724	686	504	686		
二、成人高等教育	1	9784	7731	28644	70	32	70		
1. 三峡职业技术学院		836	790	1444					
2. 三峡电力职业学院		358	609	737					
3. 宜昌电大	1	1781	1242	6093	70	32	70		
4. 旅游学院		213	75	368					
5. 三峡大学本专科		6596	5015	20002					

12—6 分县市区幼儿园基本情况

（2012年）

单位：个、人、平方米

县市区	园数	班数	入园人数	在园幼儿数	教职工人数	#园长	#教师	#保育员	占地面积	建筑面积
合　　计	**383**	**2676**	**38001**	**78499**	**7674**	**560**	**3636**	**1779**	**804699**	**454666**
西 陵 区	41	361	3330	11181	1521	98	758	325	104687	71794
伍家岗区	18	280	1581	4873	704	45	341	166	36259	26412
点 军 区	9	60	586	1730	198	20	77	60	14289	8328
猇 亭 区	8	40	605	1281	103	12	53	16	17056	7904
夷 陵 区	61	327	4292	10196	1036	87	465	244	102506	65254
远 安 县	23	111	2150	3964	359	30	164	96	61263	31208
兴 山 县	11	63	1268	2791	69	4	41		26190	16609
秭 归 县	17	161	2490	5111	340	26	166	81	25754	20129
长阳自治县	35	186	2255	5679	467	41	220	106	44693	32548
五峰自治县	18	104	2768	2927	248	16	152	38	17083	10390
宜 都 市	38	219	5552	7978	650	41	279	154	118073	47645
当 阳 市	37	387	4624	8982	810	55	427	144	93828	50347
枝 江 市	54	294	5894	9273	844	60	332	269	125992	55443
宜昌高新区	13	83	606	2533	325	25	161	80	17026	10655

12—7 分县市区小学基本情况

（2012年）

单位：个、人

县市区	学校数	教学点	班数	毕业生数	招生数	预计毕业生数	在校生数	女生数	教职工数	专任教师数
合　　计	282	18	3771	28421	25697	27571	156855	75736	11186	11003
西 陵 区	20		476	3850	3592	3785	22303	10533	1071	1244
伍家岗区	11		226	1740	1838	1772	10514	4932	552	590
点 军 区	6		90	667	580	672	3590	1772	365	371
猇 亭 区	5		58	374	335	379	2124	1028	162	144
夷 陵 区	31		430	3694	3252	3534	20422	9835	1454	1425
远 安 县	14		180	1413	1119	1330	6888	3337	610	610
兴 山 县	14		169	1121	945	1116	5967	2862	614	531
秭 归 县	29	10	332	2400	1994	2416	13668	6712	1183	1077
长阳自治县	42	7	406	2991	2393	2832	14966	7244	1035	998
五峰自治县	22	1	198	1199	1076	1138	6587	3261	588	549
宜 都 市	23		290	2244	2468	2133	13020	6320	962	809
当 阳 市	32		422	3290	3056	3215	18249	8826	1169	1196
枝 江 市	30		445	2960	2539	2783	15692	7746	1281	1320
宜昌高新区	3		49	478	510	466	2865	1328	140	139

12—8 分县市区小学教职工数

（2012 年）

单位：人

县市区	教职工总数	#专任教师	行政人员	教辅人员	工勤人员	代课教师	兼任教师
合　　计	**11186**	**11003**	**213**	**533**	**251**	**89**	**3**
西陵区	1071	1244	20	18	2	17	3
伍家岗区	552	590		5	3		
点军区	365	371	6	22	4		
猇亭区	162	144	5	8	5		
夷陵区	1454	1425	33	46	28	1	
远安县	610	610	12	13	14		
兴山县	614	531	15	63	35	4	
秭归县	1183	1077	50	26	30	40	
长阳自治县	1035	998	3	67	47	3	
五峰自治县	588	549	5	68	15	24	
宜都市	962	809	19	151	15		
当阳市	1169	1196	16	25	30		
枝江市	1281	1320	28	21	23		
宜昌高新区	140	139	1				

12—9 分县市区普通中学教职工数

（2012 年）

单位：人

县市区	教职工总数	#专任教师			行政人员	教辅人员	代课教师
			初中	高中			
合　　计	**16701**	**13217**	**8652**	**4565**	**517**	**1221**	**909**
市直辖	2532	2141	1064	1077	137	216	38
西陵区	688	221	117	104	7	5	242
伍家岗区	296	211	126	85	12	6	21
点军区	579	406	358	48	17	39	77
猇亭区	321	245	166	79	8	33	35
夷陵区	2171	1836	1210	626	73	101	79
远安县	728	596	428	168	11	38	44
兴山县	674	550	401	149	11	46	37
秭归县	1388	1184	819	365	64	73	67
长阳自治县	1335	1007	699	308	45	126	76
五峰自治县	706	565	403	162	16	53	11
宜都市	1523	1148	738	410	57	218	64
当阳市	1805	1480	1011	469	38	126	63
枝江市	1955	1627	1112	515	21	141	55

12—10 分县市区普通中学基本情况

（2012年）

单位：所、个、人

县市区	学校数		班数		毕业生数		招生数	
	合计	#初中	初中	高中	初中	高中	初中	高中
合计	**170**	**116**	**1973**	**1069**	**32646**	**21218**	**28685**	**19383**
市直辖	24	15	311	257	4809	4604	4867	4857
西陵区	2		40	26	492	274	540	389
伍家岗区	3	1	36	23	476	341	474	347
点军区	4	3	74	15	970	163	1091	222
猇亭区	3	2	48	17	662	261	629	334
夷陵区	19	14	240	132	4175	2969	3681	2098
远安县	8	6	97	38	1568	636	1399	659
兴山县	7	5	83	36	1272	652	1079	634
秭归县	16	14	160	80	3155	1623	2393	1608
长阳自治县	18	12	188	78	3481	1641	2960	1579
五峰自治县	9	6	86	41	1478	750	1058	735
宜都市	16	11	168	96	2931	2094	2329	1741
当阳市	22	14	218	109	3657	2552	3273	2013
枝江市	19	13	224	121	3520	2658	2912	2167

县市区	在校学生数	初中				高中			
			初一	初二	初三		高一	高二	高三
合计	**150746**	**90816**	**28730**	**29813**	**32273**	**59930**	**19437**	**20062**	**20431**
市直辖	28864	14720	4877	4763	5080	14144	4859	4707	4578
西陵区	2631	1618	540	526	552	1013	389	331	293
伍家岗区	2407	1486	474	508	504	921	347	270	304
点军区	3745	3147	1092	1042	1013	598	222	201	175
猇亭区	2850	1937	629	613	695	913	335	308	270
夷陵区	18811	11697	3685	3806	4206	7114	2098	2391	2625
远安县	6233	4343	1402	1368	1573	1890	659	645	586
兴山县	5701	3713	1089	1265	1359	1988	651	687	650
秭归县	12620	7810	2406	2681	2723	4810	1624	1608	1578
长阳自治县	14357	9453	2961	3160	3332	4904	1586	1694	1624
五峰自治县	5873	3598	1058	1161	1379	2275	735	695	845
宜都市	13362	7646	2332	2491	2823	5716	1741	1958	2017
当阳市	16873	10231	3273	3308	3650	6642	2024	2269	2349
枝江市	16419	9417	2912	3121	3384	7002	2167	2298	2537

12—11 分县市区中小学休学、退学、死亡情况

(2012年)

单位:人

县市区	小学						普通初中		
	上学年初在校学生数	上学年内学生变动				所占比例(%)	上学年初在校学生数	上学年内学生变动	
		小计	休学	退学	死亡			小计	休学
合　　计	**159570**	**442**	**409**	**3**	**30**	**0.28**	**95786**	**466**	**409**
西陵区	22640	3	2		1	0.01	1572		
伍家岗区	10259	4	1		3	0.04	1539	2	1
点军区	3575	9	9			0.25	2964	9	7
猇亭区	2169	3	3			0.14	1961	2	2
夷陵区	20862	64	60		4	0.31	12232	68	66
远安县	7177	32	32			0.45	4576	21	21
兴山县	6193	61	60		1	0.98	3912	51	51
秭归县	14106	76	75		1	0.54	8623	50	48
长阳自治县	15624	51	43	3	5	0.33	10017	34	31
五峰自治县	6765	42	40		2	0.62	4088	30	28
宜都市	12693	30	26		4	0.24	8314	105	102
当阳市	18485	43	40		3	0.23	10708	33	30
枝江市	16268	24	18		6	0.15	10190	13	12
市直辖							15090	48	20
宜昌高新区	2754								

县市区	普通初中			普通高中					
	上学年内学生变动		所占比例(%)	上学年初在校学生数	上学年内学生变动				所占比例(%)
	退学	死亡			小计	休学	退学	死亡	
合　　计	**27**	**20**	**0.49**	**62296**	**534**	**181**	**352**	**1**	**0.86**
西陵区				919	12	8	4		1.31
伍家岗区		1	0.13	993					
点军区		2	0.30	555					
猇亭区			0.10	851	3	3			0.35
夷陵区		2	0.56	7988	78	39	39		0.98
远安县			0.46	1892	22	3	19		1.16
兴山县			1.30	2007	24	15	9		1.20
秭归县		2	0.58	4884	57	8	49		1.17
长阳自治县		3	0.34	5019	33	16	17		0.66
五峰自治县		2	0.73	2356					
宜都市		3	1.26	6077	29	7	22		0.48
当阳市		3	0.31	7346	98	16	82		1.33
枝江市		1	0.13	7583	88	10	78		1.16
市直辖	27	1	0.32	13826	90	56	33	1	0.65
宜昌高新区									

12—12 分县市区中等职业学校基本情况

（2012年）

单位：个、人

县市区	机构数	#教育部门	#民办	招生数	在校学生数	预计毕业生数	教职工数	#专任教师
合计	**17**	**11**	**4**	**11334**	**35908**	**12359**	**2359**	**1933**
远安县	1	1		727	2174	753	170	150
兴山县	1	1		340	1274	534	111	94
秭归县	1	1		1097	3650	1465	256	221
长阳自治县	1	1		1498	4610	1458	270	225
五峰自治县	1	1		349	1242	385	93	83
市直辖	9	3	4	5345	16616	5957	935	724
宜都市	1	1		867	3001	1182	202	161
当阳市	1	1		705	1938	625	208	179
枝江市	1	1		406	1403		114	96

12—13 分县市区特殊教育基本情况

（2012年）

单位：个、人、平方米

县市区	学校数	班数	毕业生数	招生数	在校学生数	教职工数	专任教师数	占地面积	建筑面积
合计	**9**	**70**	**139**	**150**	**1275**	**183**	**152**	**54891**	**30775**
市直辖	1	26	60	62	316	52	46	15916	9001
西陵区			2	3	55				
伍家岗区			3	2	47				
点军区					5				
猇亭区			2	2	12				
夷陵区			3	14	90				
远安县	1	4	14	15	111	12	12	6890	2200
兴山县	1	7	17	10	132	19	14	2114	979
秭归县	1	5	3	5	69	21	18	4580	2112
长阳自治县	1	6	20	20	117	13	11	4000	3220
五峰自治县	1	4		5	69	10	9	2683	1246
宜都市	1	6		7	84	18	15	6709	4882
当阳市	1	5	15		64	17	10	7198	4480
枝江市	1	7		5	99	21	17	4801	2655

12—14　分县市区普通高考录取情况

（2012年）

单位：人

县市区	报名人数	录取人数	录取率（%）	单独录取	提前批本科	一本	二本	三本	第四批一	第四批二
宜昌市	**24147**	**20779**	**86.05**	**72**	**2125**	**2461**	**3459**	**3362**	**2499**	**4799**
城区	5810	5002	86.09	58	871	824	811	817	326	989
夷陵区	2903	2412	83.09	3	173	236	409	468	315	747
宜都市	2411	2218	92	2	167	272	397	394	317	491
枝江市	3136	2701	86.13	5	118	367	548	508	356	591
当阳市	2910	2622	90.1	2	211	286	387	422	339	757
远安县	975	838	85.95	2	167	109	89	85	123	80
兴山县	879	712	81		153	37	105	92	68	156
秭归县	2030	1569	77.29		139	97	180	263	216	417
长阳自治县	2203	1940	88.06		84	203	431	228	343	227
五峰自治县	890	765	85.96		42	30	102	85	96	344

县市区	提前批专科	香港自主	艺术本科一	艺术本科二	艺术本科三	艺术专科	体育本科	体育专科	中职本科	中职专科
宜昌市	**348**	**4**	**504**	**388**	**603**	**274**	**293**	**44**	**166**	**1438**
城区	137	4	267	127	278	101	41	16	20	207
夷陵区	40		28	24	77	36	23	1		
宜都市	43		31	31	43	38	22	5	7	132
枝江市	51		16	11	33	39	15	12	14	187
当阳市	35		27	45	74	24	45	7	3	165
远安县	15		47	49	22	14	35		44	126
兴山县	5		40	47	27	5	35			96
秭归县	12		30	32	22	8	49	2	31	163
长阳自治县	3		12	12	17	2	15	1	47	318
五峰自治县	7		6	10	10	7	13			44

主要统计指标解释

普通高等学校 指按照国家规定的设置标准和审批程序批准举办，通过国家统一招生考试，招收高中毕业生为主要培养对象，实施高等教育的全日制大学、独立设置的学院和高等专科学校、短期职业大学。

成人高等学校 指按照国家有关规定审批，招收通过全国成人高教统一招生考试的具有高中毕业或同等学历的在职从业人员，利用脱产、半脱产、业余或函授等多种形式对其实施高等学历教育，培养高等教育专科或本科毕业水平的专门人才，修业年限、课程设置和总学时数均按高等学历教育要求付诸实施的学校。包括广播电视大学、职工高等学校、农民高等学校、管理干部学院、教育学院、独立设置的函授学院等。

小学学龄儿童入学率 指调查范围内已入小学学习的学龄儿童占校内外学龄儿童总数（包括弱智儿童，不包括盲聋哑儿童）的比重。计算公式为：

小学学龄儿童入学率＝已入学的小学学龄儿童数/校内外小学学龄儿童总数×100%

独立研究与开发机构 指有明确的任务和研究方向，有一定学术水平的业务骨干和一定数量的研究人员，具有研究、开发、开展学术工作的基本条件，主要进行科学研究与技术开发活动，并且在行政上有独立的组织形式，财务上独立核算盈亏，有权与其他单位签订合同，在银行有单独户头的单位。包括国务院各部门、中国科学院、中国社会科学院和各省、自治区、直辖市以及地（市）以上〔含地（市）〕各部门所属的国有科学研究与技术开发机构。

独立研究与开发机构职工 指在独立研究与开发机构工作，并由其支付工资的人员。包括长期职工、临时职工和招聘人员，不包括编制以外的离休、退休人员和停薪留职人员。

研究与发展经费支出 指用于研究与发展课题活动（基础研究、应用研究、实验发展）的全部实际支出，包括用于研究与发展课题活动的直接支出和间接用于研究与发展活动的支出（如研究院、所管理费，维持研究院、所正常运转的必需费用和与研究发展有关的基本建设支出）。

专业技术人员 指已取得科学技术职称，或大学、中专的理、工、农、医科系毕业，以及国民经济各部门从工作实践中提拔，从事理、工、农、医等自然科学技术的研究、教学、生产的专业人员和在机关、企业、事业中从事科学技术业务管理工作的专业人员。

科学研究人员 指在国民经济各行业中从事科学技术活动的自然科学技术专业人员，包括正副研究员、助理研究员、研究实习员、技术员和未评定职称的技术人员。

发明 是专利法及其实施细则所称的发明，指对有关产品、方法或其改进所提出的新的技术方案。

实用新型 是专利法及其实施细则所称的实用新型，指对产品的形状、构造或者其结合所提出的适于实用的新的技术方案。

外观设计 是专利法及其实施细则所称的外观设计，指对产品的形状、图案、色彩或者其结合所作出的富有美感并适于工业上应用的新设计。

十三 社会事业

SOCIAL CAUSES

13—1 主要年份城市建设主要指标

指　　标	单　位	2007		2008		2009	
		全　市	#市区	全　市	#市区	全　市	#市区
城市供水							
综合生产	万立方米/日	139.01	84.5	144.32	88.74	137.55	82.99
供水总量	万立方米	18822.53	10267	18668.61	10709.11	18299.83	10220.82
人均日生活用水量	升	242.12	302.66	177.62	179.59	170.02	130.36
用水普及率	%	96.85	100	98.3	100	96.64	100.00
城市市政工程							
道路总长度	公里	1573	884	1589.8	897	1684.8	923.7
道路总面积	万平方米	2164	1184	2228	1229	2416.7	1300.9
排水管道长度	公里	989	461	1088	500	1101	536
桥梁	座	187	86	188	87	194	89
防洪堤长度	公里	262	73	262	73	269	73
人均拥有道路面积	平方米	15.24	16.04	15.25	16.22	16.03	17.28
城市园林绿化							
绿化覆盖面积	公顷	5764	3021	6169	3395	6933	3579
园林绿地面积	公顷	4815	2565	5170	2886	5741	3044
#公园绿地	公顷	1449	771	1446	813	1523	816
建成区绿化覆盖率	%	38.45	40.58	38.66	40.64	38.71	40.85
人均公共绿地面积	平方米	10.2	10.44	9.9	10.73	10.10	10.84
公园个数	个	61	29	62	29	63	30
公园面积	公顷	779	366	816	386	871	389
城市供气							
人工煤气供气总量	万立方米	4290	4290		3174	3100	3100
人工煤气用气人口	万人	0.03	0.03		0.11	0.11	0.11
天然气供气总量	万立方米	17676	3303	8686	5737	8755.50	5530.00
天然气用气人口	万人	42.08	39	52.49	43	73.53	56.79
液化石油气供气总量	吨	18779	8058	17248.4	7700	13416.18	4146.18
液化石油气供气人口	万人	84.41	29	76.36	26.85	60.93	12.67
燃气普及率	%	89.1	92.14	88.29	92.34	89.26	92.40
城市清洁卫生							
清扫面积	万平方米	1314	708	1404	720	1616	838
生活垃圾清运量	万吨	65.8	28.17	70.25	30	64.42	28.92
公共厕所	座	321	149	341	155	339	158
城市维护建设资金							
资金收入合计	**万元**	**78191**	**55281**	**155588**	**126241**	**176470**	**130386**
资金支出合计	**万元**	**78191**	**55281**	**155541**	**126241**	**176492**	**130386**

13—1 续表

指标	单位	2010		2011		2012	
		全市	#市区	全市	#市区	全市	#市区
城市供水							
综合生产	万立方米/日	103.96	56.20	133.01	76.20	125.43	76.20
供水总量	万立方米	15845.46	8719.69	18452.85	10755.30	18581.09	11076.60
人均日生活用水量	升	137.62	129.19	137.11	142.69	149.74	158.25
用水普及率	%	95.93	100.00	96.62	100.00	93.24	100.00
城市市政工程							
道路总长度	公里	1728.1	951.5	1845.69	1005.49	1940.09	1075.48
道路总面积	万平方米	2542.3	1368.3	2738.72	1467.72	2939.02	1637.02
排水管道长度	公里	1236	582	1340	645	1499.29	417.71
桥梁	座	192	91	186	92	165	93
防洪堤长度	公里	266	73	269	73	256	73
人均拥有道路面积	平方米	15.98	17.31	16.65	18.80	17.83	20.30
城市园林绿化							
绿化覆盖面积	公顷	7279	3770	7801	4120	8896	5077
园林绿地面积	公顷	6117	3280	6630	3578	7537	4423
#公园绿地	公顷	1594	860	1887	1100	1934	1138
建成区绿化覆盖率	%	39.31	40.88	38.48	40.05	39.46	41.08
人均公共绿地面积	平方米	10.02	10.88	11.47	14.09	11.73	14.10
公园个数	个	66	32	67	33	69	35
公园面积	公顷	923	403	1270	627	1300	629
城市供气							
人工煤气供气总量	万立方米	3100.0	3100.0	1450	1450		
人工煤气用气人口	万人						
天然气供气总量	万立方米	14282.04	10576.69	16931.64	12445.52	24295.18	12818.38
天然气用气人口	万人	83.26	63.19	91.32	64.03	98.45	65.92
液化石油气供气总量	吨	10696.74	1664	17986	9624	19799.34	9688
液化石油气供气人口	万人	59.98	10.15	58.76	8.46	49.03	9.00
燃气普及率	%	90.04	92.79	91.22	92.85	89.45	92.85
城市清洁卫生							
清扫面积	万平方米	1917	840	1914	914	1696	705
生活垃圾清运量	万吨	62.80	27.66	64.86	32.33	61.84	30.50
公共厕所	座	391	157	353	158	459	280
城市维护建设资金							
资金收入合计	**万元**	**206583**	**145952**	**545433**	**479047**	**599045**	**516294**
资金支出合计	**万元**	**205753**	**145952**	**545915**	**479047**	**603984**	**516294**

13—2 主要年份环境保护基本情况

指　　标	单位	2002	2007	2008	2009	2010	2011	2012
"三废"排放及处理利用情况								
工业废水排放量	万吨	7693	9991	11350	12265	14484	19988	20635
废水排放达标量	万吨	6381	9580	11331	12165	14445		
排放达标率	%	82.94	95.89	99.83	99.18	99.73		
工业废水中COD排放量	吨	16054	11055	11015	11220	13631	18134	17722
工业废水中氨氮排放量	吨	4795	2419	1714	2090	1960	3035	2871
工业废气排放总量	亿立方米	341	1198	1320	1639	1044	2591	1434
工业废气中烟尘排放量	吨	34291	18795	15608	11257	9427		
排放达标量	吨	27696	18401	15537	11211	9425		
工业废气中二氧化硫排放量	吨	43994	36833	34741	34870	69389	70464	65349
工业粉尘排放量	吨	37052	21191	13670	7994	4747		
排放达标量	吨	11962	20497	13661	7955	4746		
工业固体废物产生量	万吨	327	579	606	925	1090	1168	1447
综合利用量	万吨	218	298	285	389	516	512	673
处置量	万吨	32	280	320	536	574	656	773
污染治理资金使用及效果								
污染治理资金使用合计	万元	3711	23399	23747	15475	73480	99817	63611
#治理废水	万元	2442	12470	6186	6003	35935	50890	13292
#治理废气	万元	732	9183	14761	3153	28167	33499	39642
当年安排的治理项目	项	45	111	69	65	75	73	51
当年竣工的治理项目	项	40	99	61	62	69	72	48
竣工项目设计"三废"处理能力								
处理废水能力	吨/日	16219	118160	67615	11772	207		
处理废气能力	标立方米/时	204900	819200	199900	32200	2407		
"三废"综合利用产品产值	万元	14468	42268	48750	72948	63122		

13—3 分县市环境保护基本情况

（2012年）

项　　目	单　位	合　计	市　区	宜都市	枝江市	当阳市
“三废”排放及处理利用情况						
工业废水排放量	万吨	20634.99	7497.78	3131.21	4520.94	1264.42
工业废水中COD排放量	吨	17722.21	7874.23	2272.53	2151.14	1005.19
工业废水中石油类排放量	吨	58.36	1.85	1.26	4.25	0.01
工业废水中氨氮排放量	吨	2870.99	1198.07	472.63	781.23	70.06
工业废气排放总量	亿立方米	1433.87	162.26	581.94	146.38	218.44
工业烟、粉尘排放量	吨	15083.61	3247.33	2126.58	2558.30	3707.89
工业废气中二氧化硫排放量	吨	65349.06	20854.72	16994.93	10320.32	5063.54
工业废气中氮氧化物排放量	吨	35819.14	6495.12	11110.27	3984.12	5249.30
工业固体废物产生量	万吨	1447.25	526.98	322.02	206.57	51.63
工业固体废物综合利用量	万吨	673.20	225.67	197.07	34.54	51.61
工业固体废物处置量	万吨	773.08	301.31	124.95	171.67	0.02
工业固体废物综合利用率	%	99.93	100.00	100.00	99.82	100.00
污染治理资金使用及效果						
环保污染治理投资总额	万元	502778				
污染治理资金使用合计	万元	63611	1824	32682	14756	4101
治理废水	万元	13292	689	1532	3548	2110
治理废气	万元	39642	405	31150	2714	789
治理固体废物	万元	1392	130		926	86
治理噪声	万元	466			415	51
当年安排的治理项目	项	51	9	4	13	13
当年竣工的治理项目	项	48	9	4	13	13
竣工项目设计“三废”处理能力						
处理废水能力	吨/日	865271	260300	204950	75355	69450
处理废气能力	标立方米/时	661336056	608077918	18073478	5596099	18255460
“三废”综合利用产品价值	万元					
环境质量状况						
二氧化硫年日平均值	毫克/立方米		0.046	0.05	0.059	0.054
二氧化氮年日平均值	毫克/立方米		0.025	0.033	0.007	0.034
总悬浮微粒年日平均值	毫克/立方米		0.09	0.1	0.095	0.085
降尘年月平均值	吨/月平方公里		5.8	9.1	2.81	6.57
区域环境噪声平均值	db(A)		54.6			
交通干线噪声平均值	db(A)		69.9			

13—3 续表

项目	单位	远安县	兴山县	秭归县	长阳自治县	五峰自治县
“三废”排放及处理利用情况						
工业废水排放量	万吨	427.54	1195.73	389.68	1961.75	245.93
工业废水中COD排放量	吨	430.00	800.06	590.20	2160.33	438.53
工业废水中石油类排放量	吨	0.51	0.03	0.00	49.55	0.89
工业废水中氨氮排放量	吨	31.27	67.08	70.18	165.37	15.11
工业废气排放总量	亿立方米	109.41	80.91	95.62	29.34	9.57
工业烟、粉尘排放量	吨	930.93	415.84	519.51	1133.40	443.83
工业废气中二氧化硫排放量	吨	2124.11	3923.26	3293.01	1397.33	1377.84
工业废气中氮氧化物排放量	吨	1722.10	2198.83	3355.92	1640.23	63.25
工业固体废物产生量	万吨	227.33	45.18	3.56	45.90	18.09
工业固体废物综合利用量	万吨	88.11	43.16	3.54	11.42	18.09
工业固体废物处置量	万吨	139.22	2.02	0.02	33.87	0.00
工业固体废物综合利用率	%	100.00	100.00	100.00	98.69	100.00
污染治理资金使用及效果						
环保污染治理投资总额	万元					
污染治理资金使用合计	万元	3228		6779		240
治理废水	万元	30		5143		240
治理废气	万元	2948		1636		
治理固体废物	万元	250				
治理噪声	万元					
当年安排的治理项目	项	7		4		1
当年竣工的治理项目	项	5		4		
竣工项目设计“三废”处理能力						
处理废水能力	吨/日	26645	67561	38950	112960	9100
处理废气能力	标立方米/时	5261458	2636870	948200	2256473	230100
“三废”综合利用产品价值	万元					
环境质量状况						
二氧化硫年日平均值	毫克/立方米	0.031	0.006	0.052	0.022	0.019
二氧化氮年日平均值	毫克/立方米	0.027	0.01	0.025	0.017	0.016
总悬浮微粒年日平均值	毫克/立方米	0.14	0.069	0.085	0.173	0.119
降尘年月平均值	吨/月平方公里					
区域环境噪声平均值	db(A)					
交通干线噪声平均值	db(A)					

13—4 主要年份体育事业基本情况

指　　标	单 位	2000	2007	2008	2009	2010	2011	2012
专职体育人员数	人	288	385	382	432	446	446	388
干部职工	人	233	269	273	319	414	412	325
教练员	人	55	57	61	74	76	79	122
输送人才	人	13	14	2	8	4	13	11
优秀运动队	人	5	6	2	8	4	4	5
省体校	人	8	8				9	6
参加省以上运动会人数	人	408	310	350	360	562	386	435
获金牌	枚	49	42	45	55	91	57	58
获银牌	枚	51	41	53	60	91	49	49
获铜牌	枚	50	43	61	45	93	61	50
二级裁判员人数	人	100	159	189	107	50	83	111
业余体校在训学生人数	人	913	1260	1409	2273	2350	1734	3234
体育事业经费	万元	323	2459	1452	1485	1238	1484	1232

13—5　主要年份文化事业基本情况

单位:个、人

项　　目	2000	2007	2008	2009	2010	2011	2012
文化事业人员	2647	1295	1354	1472	1478	1461	1606
文化事业机构	289	197	195	187	173	174	175
电影事业人员	500	161	151	261	293	248	245
电影事业机构	12	9	8	11	12	13	16
发行放映管理机构	10	8	7	7	7	7	7
专业电影院	2	1	1	4	5	6	9
艺术事业人员	628	503	616	885	891	763	596
艺术事业机构	21	32	31	30	31	31	31
艺术表演团体	11	11	11	11	11	11	11
艺术表演场所	3	13	13	13	14	14	14
艺术创作机构	6	7	6	6	6	6	6
艺术教育机构	1	1	1			21	21
图书馆机构	10	10	11	11	12	13	14
新华书店机构	10	10	10	10	10	10	10
群众文化事业人员	500	378	386	386	386	387	555
群众文化事业机构	155	119	119	120	120	120	120
艺术馆、文化馆	14	13	12	14	14	14	14
乡镇文化站	138	105	106	106	106	106	106
文物事业人员	270	253	201	201	201	258	365
文物事业机构	14	17	16	16	17	18	24
文物保护管理机构	7	9	8	8	8	8	9
博物馆纪念馆机构	7	8	8	8	9	10	14

13—6 分县市民政事业基本情况

（2012年）

指标	单位	合计	市区	宜都市	枝江市	当阳市
优抚对象总人数	人	28106	2267	3044	4090	4138
革命伤残军人	人	2294	602	244	272	238
在乡复员军人	人	6550	390	690	854	1050
在乡退伍军人	人	5174	131	845	792	568
军属享受定期抚恤人数	人	893	50	41	97	273
享受定期定补人数	人	24919	1615	2759	3721	3627
优待烈军属户数	户	10482	1184	306	4450	510
优待金总额	万元	2180	628	225	323	359
民政部门管理离退休人员	人	1190	750	20	221	79
散居孤老残幼人数	人	6137	146	570	730	710
集中供养人数	人	8568	360	1197	1401	1200
集中供养金额	万元	1868	92	340	191	276
居民最低生活保障已保人数	人	254084	41274	26095	21074	20346
#城镇低保人数	人	95468	35511	13284	6071	8566
城镇低保资金	万元	32055	13414	4153	2176	3037
军休所	个	9	3	1	1	1
殡葬事业单位	个	17	5	2	1	1
登记结婚数	对	36009	7609	3733	4039	4058
登记离婚数	对	9121	2540	887	934	1030
本年登记社团机构	个	52	18	7	6	6
本年注销社团机构	个	16	7	1	1	1
本年实有社团机构	个	1187	353	82	92	67
社会福利院(国有)	个	18	7	2	1	1
年末床位数	张	2862	1234	310	110	270
年末在院人数	人	2213	861	323	200	171

13—6 续表

指标	单位	远安县	兴山县	秭归县	长阳自治县	五峰自治县	夷陵区
优抚对象总人数	人	1536	1471	3619	3321	1893	2727
革命伤残军人	人	100	140	194	197	85	222
在乡复员军人	人	520	545	709	793	463	536
在乡退伍军人	人	254	352	1115	654	302	160
军属享受定期抚恤人数	人	45	48	88	79	69	103
享受定期定补人数	人	1391	1283	3337	3045	1739	2402
优待烈军属户数	户	1603	137	378	1320	154	440
优待金总额	万元	83	40.4	81.9	128.1	15.4	296.5
民政部门管理离退休人员	人	37	9	19	9	14	32
散居孤老残幼人数	人	107	760	1196	730	297	891
集中供养人数	人	412	482	901	946	535	1134
集中供养金额	万元	127.6	101.2	179.3	198.7	105	257
居民最低生活保障已保人数	人	12594	16473	37109	38295	15854	24970
#城镇低保人数	人	4567	5994	7287	5074	1375	7739
城镇低保资金	万元	1508	1389	1617	1754	595	2412
军休所	个	1	1				1
殡葬事业单位	个	1	1	1	2	1	2
登记结婚数	对	1818	1505	3339	3244	1729	4935
登记离婚数	对	411	305	695	667	436	1216
本年登记社团机构	个	1	2		5	4	3
本年注销社团机构	个	1	1	1	1	1	1
本年实有社团机构	个	97	34	175	93	42	152
社会福利院(国有)	个	1	1	1	2	1	1
年末床位数	张	148	150	120	160	100	260
年末在院人数	人	104	141	82	202	84	45

13—7 分县市广播电视事业基本情况

（2012年）

指　　标	单　位	全　市	宜都市	枝江市	当阳市	远安县
公共广播节目套数	套	10	1	1	1	1
公共广播节目播出时间	小时	35991.33	5430	2522	1682.18	1009
公共电视节目套数	套	12	1	1	1	1
公共电视节目播出时间	小时	66346	5840	4625	4715	3449
广播节目制作时间	小时	13348.40	678	530	479.20	410
电视节目制作时间	小时	7736.24	659	580	362.35	750
卫星收转站	座	87844	1850	650	3466	18431
微波实有站	座	26	5		2	
微波传送线路长度	公里	360.35	46		15	
有线广播电视传输干线网络总长	公里	17656.7	2485	820	927.89	815.3
有线广播电视用户数	户	658333	48068	40303	67756	25779
广播覆盖率	%	98.95	97.09	98.57	99.75	99.02
电视覆盖率	%	98.63	96.84	98.47	98.91	99.13
广播电视从业人员	人	1740	161	198	119	42
#管理人员	人	246	19	49	26	13
专业技术人员	人	1112	71	56	76	25
编辑记者	人	434	25	14	22	15
播音主持人	人	85	7	4	5	3

指　　标	单　位	兴山县	秭归县	长　阳 自治县	五　峰 自治县	夷陵区
公共广播节目套数	套	1	1	1		1
公共广播节目播出时间	小时	1650	912	1965		5692
公共电视节目套数	套	1	1	1	1	1
公共电视节目播出时间	小时	3150	5149	5840	3654	6410
广播节目制作时间	小时	140	216	365		3270
电视节目制作时间	小时	490	174	1460	111.47	1860
卫星收转站	座	9427	13907	20807	17109	2024
微波实有站	座		4	4	5	3
微波传送线路长度	公里		41	75	23.35	40
有线广播电视传输干线网络总长	公里	820	5752.5	2170	295	1980
有线广播电视用户数	户	21130	66891	34980	11017	58781
广播覆盖率	%	98.41	98.85	98.4	98.25	99.46
电视覆盖率	%	99.55	99.19	99.21	99.17	96.38
广播电视从业人员	人	129	164	175	53	231
#管理人员	人	25	12	13	13	22
专业技术人员	人	71	110	126	31	178
编辑记者	人	33	29	50	14	36
播音主持人	人	3	6	3	3	9

13—8 卫生事业基本情况

(2012年)

单位:个、张、人

项目	机构个数	床位数	人员数				
			合计	卫生技术人员			
				小计	执业(助理)医师	执业医师	注册护士
总计	3003	19852	31460	24025	8794	7548	10241
一、医院	65	14551	17208	14463	4325	4182	7354
综合医院	41	11202	13866	11628	3392	3325	6017
中医医院	9	1944	2138	1874	641	601	850
专科医院	15	1405	1204	961	292	256	487
二、社区卫生服务机构	66	265	443	381	162	141	149
社区卫生服务中心	23	260	292	244	95	83	99
社区卫生服务站	43	5	151	137	67	58	50
三、卫生院	100	4561	5263	4508	1782	1242	1461
街道卫生院	5	247	358	300	131	107	109
乡镇卫生院	95	4314	4905	4208	1651	1135	1352
中心卫生院	32	1937	2078	1759	702	487	543
乡卫生院	63	2377	2827	2449	949	648	809
四、门诊部、诊所、卫生所、医务室	1018		2588	2548	1562	1320	687
五、采供血机构	1		103	79	10	9	48
六、妇幼保健院(所、站)	10	475	1061	881	294	276	386
七、疾病预防控制中心	10		584	465	233	211	73
八、卫生监督所(中心)	10		207	164			
九、医学在职培训机构	1		6	4	3	3	1
十、其他卫生机构	15		216	124	70	48	27
十一、村卫生室	1706		3771	405	353	116	52

13—9 邮政企业基本情况

（2012年）

项　　目	单　位	数　量
邮政业务总量	**万元**	**21550.42**
函件总数	万件	481.52
国内函件	万件	480.46
国际函件	万件	1.06
特快专递	万件	26.42
报纸累计份数	万份	5171.91
杂志累计份数	万份	304.07
邮政储蓄平均余额	亿元	92.26
集邮邮票	万枚	340.30
邮政业务收入	万元	23509.85
函件收入	万元	1800.15
特快专递收入	万元	661.35
报刊发行收入	万元	1553.39
储蓄收入	万元	12410.46
城市投递段道	条	119
农村投递路线总长度(单程)	公里	19186.75
邮政局所总数	处	148
邮政汽车	辆	146
邮运汽车	辆	28
邮政计算机总数	台	348
年末全部从业人员	人	1767
设有局所的乡(镇)	个	86
已通邮的行政村	个	1380
开办邮政储蓄业务的乡(镇)	个	61
邮政储蓄市场占有率	%	13.45

主要统计指标解释

年末自来水生产能力 指年底城建部门管理的自来水厂和自备水源的社会单位取水、净化、送水、出厂输水干管等环节的实际生产能力。

年末供水管道长度 指从送水泵到用户水表之间所有管道的长度。

全年供水总量 指公用自来水厂和自备水源的社会单位全年的供水总量,包括有效供水量及损失水量。

生活用水量 指居民日常生活与公共福利设施的用水量,包括居民、饮食店、旅馆、医院、理发店、浴池、洗衣店、游泳池、商店、学校、机关、部队等单位的用水量。

城市人口用水普及率 指城市用水的非农业人口数(不包括临时人口和流动人口)与城市非农业人口总数之比。计算公式为:

用水普及率 = 城市用水的非农业人口数/城市非农业人口数 × 100%

人工煤气生产能力 指城市煤气厂制气、净化、输送等环节的综合实际生产能力。

输气管道长度 指由压缩机、鼓风机、储气罐的出口到用户煤气表之间的全部管道长度。

全年供气总量 指全年售给各类用户的全部煤气量,包括工业用量、家庭用量和其他用量。

城市用气普及率 指使用煤气(包括人工煤气、液化石油气、天然气)的城市非农业人口数(不包括临时人口和流动人口)与城市非农业人口总数之比。计算公式为:

城市煤气普及率 = 城市用气的非农业人口数/城市非农业人口总数 × 100%

城市供热能力 指热电厂、热力公司和达到标准的集中采暖锅炉房向城市输送的供热源的设计能力,即每小时向城市输送蒸汽、热水的能力。

城市供热总量 指热电厂、热力公司和达到标准的集中采暖锅炉房向城市输送的全部蒸汽、热水量。

城市供热管道长度 指热电厂、热力公司和达到标准的集中采暖锅炉房管理的集中供热热源到用户之间的全部供气、供热水的管道长度。

年底实有铺装道路长度 指除土路外,路面经过铺装宽度在3.5米以上的道路,包括高级、次高级道路和普通道路。

城市桥梁 指城市范围内,修建在河道上的桥梁和道路与道路立交、道路跨越铁路的立交桥及人行天桥。包括永久性桥和半永久性桥,不包括临时性桥、铁路桥、涵洞。

城市下水道总长度 指所有排水总管、干管、支管及暗渠、检查井、连接井进出水口等长度之和。

城市污水日处理能力 指污水处理厂每昼夜处理污水量的设计能力。

年末实有公共汽(电)车 指年底可参加营运的全部车辆数,包括营运车辆数和库存查封未参加营运的车辆。不包括非营运车辆,如架线车、油罐车、工程车、货车及其他专用车辆和借入的客运车辆。

城市园林绿地面积 指城市公共绿地、专用绿地、生产绿地、防护绿地、郊区风景名胜区的全部面积。

公共绿地 指供游览休息的各种公园、动物园、植物园、陵园以及花园、游园和供游览休息用的林荫道绿地、广场绿地,不包括一般栽植的行道树及林荫道的面积。

等级运动员人数 指经考核正式批准授予等级运动员称号的人数。运动员等级分为国际级运动健将、运动健将、一级运动员、二级运动员、三级运动员、少年级运动员。

等级裁判员人数 指经考核正式批准授予等级裁判员称号的人数。裁判员等级分为国际裁判、国家级裁判、一级裁判、二级裁判、三级裁判。

体育场 指有400米跑道(中心含足球场),有固定道牙,跑道6条以上,并有固定看台的室外田径场地。体育场按看台容纳观众人数分为:甲级25000人以上,乙级15000-25000人,丙级5000-15000人,丁级5000人以下。

体育馆 指有固定看台,可供篮球、排球、羽毛球、乒乓球、体操等项目训练比赛活动用的室内运动场地。体育馆按看台容纳观众人数分为:甲级6000人以上,乙级4000-6000人,丙级2000-4000人,丁级2000人以下。

医院 指设有固定床位,能收容病人住院并能为病人提供医疗、护理服务的医疗机构,包括县及县以上医院、农村乡卫生院和其他医院三部分。医院按所属性质不同分为卫生部门、工业及其他部门和集体经济单位三类。县及县以上医院按业务性质不同分为综合医院和专科医院。

卫生技术人员 指卫生事业机构支付工资的全部职工

中现任职务为卫生技术工作的专业人员，包括中医师、西医师、中西医结合高级医师、护师、中药师、西药师、检验师、其他技师、中医士、西医士、护士、助产士、中药剂士、西药剂士、检验士、其他技士、其他中医、护理员、中药剂员、西药剂员、检验员和其他初级卫生技术人员。

医生 指经卫生部门审查合格，从事医疗工作的专业人员。分为中医医生和西医医生。包括卫生技术人员中的中医师、西医师、中西医结合高级医师、中医士、西医士和其他中医。

社会福利事业单位 指集中收养社会孤老、残、幼的机构，包括由民政部门管理的社会福利院、儿童福利院、精神病人福利院和城镇集体举办的福利院及农村集体举办的敬老院。

社会福利事业单位收养人数 包括民政部门管理和城镇、农村集体举办的社会福利事业单位中收养的老人、少年儿童、缺乏生活自理能力的残疾人员和精神病人。

社会福利企业单位 指以安置城镇有一定劳动能力的盲、聋、哑和肢体残疾人员就业为目的，享受国家减免税待遇的国有或集体企业。包括福利工厂、福利商业和服务业、假肢厂和安置农场等单位。

工业废水排放量 指经过企业厂区所有排放口排到企业外部的工业废水量。包括生产废水、外排的直接冷却水、超标排放的矿井地下水和与工业废水混排的厂区生活污水，不包括外排的间接冷却水（清污不分流的间接冷却水应计算在内）。

工业废水排放达标量 指各项指标都达到国家或地方排放标准的外排工业废水量，包括未经处理外排达标和经过处理后外排达标两部分。

工业废水处理量 指报告期内各种水治理设施实际处理的工业废水量，包括处理后外排和处理后回用的工业废水量和虽经处理但未达到国家或地方排放标准的废水量。如车间和厂排放口均有治理设施，并对同一废水分级处理时，不应重复计算工业废水处理量。

工业废气排放量 指企业厂区内燃料燃烧和生产工艺过程中产生的各种排入空气的含有污染物的气体总量，按标准状态〔273K，101325Pa〕计算。

工业二氧化硫排放量 指企业在燃料燃烧和生产工艺过程中排入大气的二氧化硫数量。

烟尘排放量 指企业厂区内燃料燃烧产生的烟气中夹带的颗粒物数量。

工业粉尘排放量 指企业在生产工艺过程中排放的颗粒物重量，如钢铁企业的耐火材料粉尘、焦化企业的筛焦系统粉尘、烧结机的粉尘、石灰窑的粉尘、建材企业的水泥粉尘等。不包括电厂排入大气的烟尘。

工业固体废物产生量 指企业在生产过程中产生的固体状、半固体状和高浓度液体状废弃物的总量，包括危险废物、冶炼废渣、粉煤灰、炉渣、煤矸石、尾矿、放射性废物和其他废物等；不包括矿山开采的剥离废石和掘进废石（煤矸石和呈酸性或碱性的废石除外）。酸性或碱性废石指采掘的废石其流经水、雨淋水的 pH 值小于 4 或 pH 值大于 10.5 者。

危险废物 指列入国家危险废物名录或根据国家规定的危险废物鉴别标准和鉴别方法认定的，具有爆炸性、易燃性、易氧化性、毒性、腐蚀性、易传染疾病等危险特性之一的废物。

工业固体废物综合利用量 指通过回收、加工、循环、交换等方式，从固体废物中提取或者使其转化为可以利用的资源、能源和其他原材料的固体废物量（包括当年利用往年的工业固体废物累计贮存量），如用作农业肥料、生产建筑材料、筑路等。综合利用量由原产生固体废物的单位统计。

工业固体废物贮存量 指以综合利用或处置为目的，将固体废物暂时贮存或堆存在专设的贮存设施或专设的集中堆存场所内的数量。专设的固体废物贮存场所或贮存设施必须有防扩散、防流失、防渗漏、防止污染大气、水体的措施。

工业固体废物处置量 指将固体废物焚烧或者最终置于符合环境保护规定要求的场所，并不再回取的工业固体废物量（包括当年处置往年的工业固体废物累计贮存量）。处置方法有填埋（其中危险废物应安全填埋）、焚烧、专业贮存场（库）封场处理、深层灌注、回填矿井等。

工业固体废物排放量 指将所产生的固体废物排到固体废物污染防治设施、场所以外的数量，不包括矿山开采的剥离废石和掘进废石（煤矸石和呈酸性或碱性的废石除外）。

“三废”综合利用产品产值 指利用“三废”（废液、废气、废渣）作为主要原料生产的产品价值（现行价）；已经销售或准备销售的应计算产品价值，留作生产自用的不应计算产品价值。

“三废”综合利用产品利润 指利用“三废”（废液、废气、废渣）生产的产品，销售后所得到的利润。

环境污染与破坏事故 指由于违反环境保护法规的经济、社会活动与行为，以及意外因素的影响或不可抗拒的自然灾害等原因，致使环境受到污染，国家重点保护的野生动植物、自然保护区受到破坏，人体健康受到危害，社会经济和人民财产受到损失，造成不良社会影响的突发性事件。

文化事业机构 指从事专业文化工作和为专业文化工作服务的独立建制的单位。不包括这些单位另外举办独立核算的其他机构和各部门的业余文化组织。

艺术表演团体 指从事戏曲、音乐、舞蹈、杂技等专业艺术表演，有独立帐户的单位，不包括半工半艺、半农半艺和民间职业剧团。

电影放映单位 指具有放映机器设备、固定或不固定的放映场所与专职或兼职的放映技术人员，经有关部门登记批准，经常为一定的观众对象放映电影的机构。包括经批准对外开放进行营业，并与电影发行放映管理机构分帐的专用放映单位和军委系统租片单位。

邮电业务总量 指以价值量形式表现的邮电通信企业为社会提供各类邮电通信服务的总数量。邮电业务量按专业分类包括函件、包件、汇票、报刊发行、邮政快件、特快专递、邮政储蓄、集邮、公众电报、用户电报、传真、长途电话、出租电路、市话无线寻呼、移动电话、分组交换数据通信、出租代维等。计算方法为各类产品乘以相应的平均单价（不变价）之和，再加上出租电路和设备、代用户维护电话交换机和线路等的服务收入。它综合反映了一定时期邮电业务发展的总成果，是研究邮电业务量构成和发展趋势的重要指标。计算公式为：

邮电业务总量 = ∑（各类邮电业务量 × 不变单价）+ 出租代维及其他业务收入

十四　基本单位

THE BALIC UNT OF

14—1 主要年份法人单位数

单位:个

项目	1996	2001	2007	2008	2009	2010	2011	2012
合计	**15676**	**14813**	**16546**	**20550**	**22268**	**23995**	**26920**	**30574**
第一产业	559	838	207			1014	1389	1949
第二产业	5244	3083	3787	4588	4907	5287	5844	6468
(一)工业	4701	2629	3154	3844	4053	4325	4718	5066
1. 采矿业	1043	518	622	614	651	664	717	731
2. 制造业	3443	1893	2220	2850	3003	3253	3562	3885
3. 电力、燃气及水的生产和供应业	215	218	312	380	399	408	439	450
(二)建筑业	543	454	633	744	854	962	1126	1402
第三产业	9873	10892	12552	15959	16807	17694	19687	22157
1. 交通运输、仓储和邮政业	280	362	440	561	682	731	904	1099
2. 信息传输、计算机服务和软件业	130	213	279	413	477	512	542	585
3. 批发和零售业	1770	1765	2590	4237	4633	5173	6060	7107
4. 住宿和餐饮业	325	261	286	657	507	505	557	631
5. 金融业	275	262	125	74	91	92	132	185
6. 房地产业	216	379	610	705	779	882	1010	1152
7. 租赁和商务服务业	67	96	854	1075	1262	1391	1694	2150
8. 科学研究、技术服务和地质勘查业	156	286	615	762	849	927	978	1085
9. 水利、环境和公共设施管理业	219	391	332	367	376	383	412	453
10. 居民服务和其他服务业	113	198	263	403	399	415	513	609
11. 教育	678	1228	1060	1136	1139	1118	1171	1205
12. 卫生、社会保障和社会福利业	405	513	532	825	804	790	801	805
13. 文化、体育和娱乐业	326	336	268	301	305	316	335	364
14. 公共管理和社会组织	4778	4353	4298	4443	4504	4459	4578	4727
15. 其他行业	135	249						

注:1996 年、2001 年为第一、二次基本单位普查数。

14—2 主要年份产业活动单位数

单位:个

项目	1996	2001	2007	2008	2009	2010	2011	2012
合计	**25747**	**23944**	**22365**	**27321**	**29102**	**30719**	**33775**	**37466**
第一产业	859	1063	306		604	1063	1439	2003
第二产业	5966	4067	4334	5098	5410	5753	6354	6966
(一)工业	5309	3474	3611	4300	4504	4737	5135	5472
1. 采矿业	1095	700	700	681	716	725	778	786
2. 制造业	3935	2357	2419	3019	3169	3404	3716	4052
3. 电力、燃气及水的生产和供应业	279	417	492	600	619	608	641	634
(二)建筑业	657	593	723	798	906	1016	1219	1494
第三产业	18922	18814	17725	22217	23088	23903	25982	28497
1. 交通运输、仓储和邮政业	669	823	588	868	992	1037	1212	1402
2. 信息传输、计算机服务和软件业	158	293	335	726	796	828	863	907
3. 批发和零售业	3815	3854	4078	5973	6391	6900	7799	8877
4. 住宿和餐饮业	670	571	418	755	610	612	674	743
5. 金融业	1211	877	460	815	840	842	883	927
6. 房地产业	255	432	676	758	838	941	1073	1216
7. 租赁和商务服务业	84	125	1000	1213	1371	1486	1827	2283
8. 科学研究、技术服务和地质勘查业	192	326	683	868	958	1035	1095	1205
9. 水利、环境和公共设施管理业	294	458	375	419	428	437	466	504
10. 居民服务和其他服务业	225	326	304	423	420	433	533	631
11. 教育	2908	2128	1315	1217	1220	1193	1245	1278
12. 卫生、社会保障和社会福利业	2203	2995	2280	2603	2578	2552	2563	2571
13. 文化、体育和娱乐业	483	398	323	329	333	343	364	392
14. 公共管理和社会组织	5578	4889	4890	5250	5313	5264	5385	5561
15. 其他行业	177	319						

注:1996 年、2001 年为第一、二次基本单位普查数。

14—3　分县市区分行业法人单位及产业活动单位数

（2012年）

项　　目	法人单位数			产业活动单位数	
	合　计	单产业法　人	多产业法　人	合计	多产业法人所属的产业活动单位
合　　计	**30574**	**28562**	**2012**	**37466**	**8904**
一、按国民经济行业分组	30574	28562	2012	37466	8904
农、林、牧、渔业	1949	1936	13	2003	67
农业	780	778	2	797	19
林业	114	111	3	129	18
畜牧业	412	411	1	415	4
渔业	116	116		117	1
农、林、牧、渔服务业	527	520	7	545	25
采矿业	731	706	25	786	80
煤炭开采和洗选业	207	205	2	215	10
石油和天然气开采业	1	1		1	
黑色金属矿采选业	37	36	1	38	2
有色金属矿采选业	23	23		24	1
非金属矿采选业	432	410	22	477	67
其他采矿业	31	31		31	
制造业	3885	3757	128	4052	295
农副食品加工业	373	355	18	404	49
食品制造业	142	134	8	145	11
饮料制造业	354	335	19	389	54
烟草制品业	4	4		4	
纺织业	112	111	1	115	4
纺织服装、鞋、帽制造业	85	83	2	85	2
皮革、毛皮、羽毛(绒)及其制品业	8	8		8	
木材加工及木、竹、藤、棕、草制品业	63	62	1	70	8
家具制造业	70	67	3	72	5
造纸及纸制品业	89	86	3	93	7
印刷业和记录媒介的复制	144	143	1	144	1
文教体育用品制造业	14	14		14	
石油加工、炼焦及核燃料加工业	2	2		2	
化学原料及化学制品制造业	233	220	13	250	30
医药制造业	48	45	3	49	4
化学纤维制造业	7	7		7	
橡胶制品业	22	21	1	22	1
塑料制品业	173	169	4	175	6
非金属矿物制品业	745	727	18	779	52
黑色金属冶炼及压延加工业	17	15	2	17	2
有色金属冶炼及压延加工业	21	20	1	22	2
金属制品业	231	228	3	233	5

14—3　续表 1

项　　目	法人单位数			产业活动单位数	
	合　计	单产业法　人	多产业法　人	合计	多产业法人所属的产业活动单位
通用设备制造业	242	233	9	248	15
专用设备制造业	167	163	4	169	6
交通运输设备制造业	184	177	7	195	18
电气机械及器材制造业	139	137	2	143	6
通信设备、计算机及其他电子设备制造业	48	47	1	48	1
仪器仪表及文化、办公用机械制造业	46	45	1	46	1
工艺品及其他制造业	79	77	2	80	3
废弃资源和废旧材料回收加工业	23	22	1	24	2
电力、燃气及水的生产和供应业	450	403	47	634	231
电力、热力的生产和供应业	318	283	35	476	193
燃气生产和供应业	24	20	4	29	9
水的生产和供应业	108	100	8	129	29
建筑业	1402	1355	47	1494	139
房屋和土木工程建筑业	490	455	35	553	98
建筑安装业	166	164	2	178	14
建筑装饰业	464	457	7	472	15
其他建筑业	282	279	3	291	12
交通运输、仓储和邮政业	1099	1063	36	1402	339
铁路运输业	10	10	0	10	
道路运输业	550	529	21	628	99
城市公共交通业	30	29	1	44	15
水上运输业	155	150	5	176	26
航空运输业	1	1		2	1
管道运输业	1	1		1	
装卸搬运和其他运输服务业	251	246	5	272	26
仓储业	56	54	2	60	6
邮政业	45	43	2	209	166
信息传输、计算机服务和软件业	585	575	10	907	332
电信和其他信息传输服务业	168	160	8	487	327
计算机服务业	365	363	2	368	5
软件业	52	52		52	
批发和零售业	7107	6916	191	8877	1961
批发业	3605	3534	71	4387	853
零售业	3502	3382	120	4490	1108
住宿和餐饮业	631	608	23	743	135
住宿业	267	257	10	312	55
餐饮业	364	351	13	431	80

14—3　续表 2

项　目	法人单位数			产业活动单位数	
	合　计	单产业法　人	多产业法　人	合计	多产业法人所属的产业活动单位
金融业	185	142	43	927	785
银行业	57	36	21	472	436
证券业	18	16	2	21	5
保险业	44	25	19	280	255
其他金融活动	66	65	1	154	89
房地产业	1152	1104	48	1216	112
房地产业	1152	1104	48	1216	112
租赁和商务服务业	2150	2112	38	2283	171
租赁业	127	124	3	131	7
商务服务业	2023	1988	35	2152	164
科学研究、技术服务和地质勘查业	1085	1053	32	1205	152
研究与试验发展	102	100	2	110	10
专业技术服务业	460	439	21	523	84
科技交流和推广服务业	499	492	7	544	52
地质勘查业	24	22	2	28	6
水利、环境和公共设施管理业	453	440	13	504	64
水利管理业	155	151	4	172	21
环境管理业	117	115	2	138	23
公共设施管理业	181	174	7	194	20
居民服务和其他服务业	609	601	8	631	30
居民服务业	264	260	4	276	16
其他服务业	345	341	4	355	14
教育	1205	1144	61	1278	134
教育	1205	1144	61	1278	134
卫生、社会保障和社会福利业	805	736	69	2571	1835
卫生	565	500	65	2309	1809
社会保障业	51	50	1	61	11
社会福利业	189	186	3	201	15
文化、体育和娱乐业	364	350	14	392	42
新闻出版业	19	17	2	21	4
广播、电视、电影和音像业	61	57	4	76	19
文化艺术业	189	185	4	195	10
体育	31	31		33	2
娱乐业	64	60	4	67	7
公共管理和社会组织	4727	3561	1166	5561	2000
中国共产党机关	174	164	10	180	16
国家机构	1718	1496	222	2517	1021
人民政协和民主党派	33	33		33	

14—3 续表3

项目	法人单位数			产业活动单位数	
	合计	单产业法人	多产业法人	合计	多产业法人所属的产业活动单位
群众团体、社会团体和宗教组织	1169	1162	7	1196	34
基层群众自治组织	1633	706	927	1635	929
二、按机构类型分					
企业	22060	21395	665	25969	4574
事业单位	2687	2466	221	3522	1056
机关	1019	842	177	1429	587
社会团体	1141	1135	6	1166	31
民办非企业单位	948	946	2	946	
基金会	4	4		4	
居委会	261	212	49	263	51
村委会	1372	494	878	1372	878
其他组织机构	1082	1068	14	2795	1727
三、按地区分					
西陵区	5655	5379	273	6411	938
伍家岗区	3455	3370	83	3713	352
点军区	506	433	73	642	216
猇亭区	645	607	41	731	137
夷陵区	3860	3546	316	4631	1121
远安县	1210	1058	152	1596	537
兴山县	1076	1027	49	1478	464
秭归县	2240	2175	65	2624	465
长阳自治县	2213	1952	261	3124	1176
五峰自治县	1096	946	150	1576	641
宜都市	3475	3236	239	4166	931
当阳市	2429	2371	58	3422	1051
枝江市	2714	2462	252	3352	875

中国统计出版社最新资料书简目

（仅供参考，以最后出书为准）

统计资料

中国统计年鉴－2013
2013 中国发展报告
中国劳动统计年鉴－2013
中国建筑业统计年鉴－2013
中国商品交易市场统计年鉴－2013
中国民政统计年鉴－2013
中国科技统计年鉴－2013
中国高技术产业统计年鉴－2013
全国农产品成本收益资料汇编－2013
大中型批发零售和住宿餐饮企业统计年鉴－2013
第二次全国 R&D 资源清查资料汇编－工业企业卷
第二次全国 R&D 资源清查资料汇编－综合卷
中国统计摘要－2013
中国第三产业统计年鉴－2013
中国社会统计年鉴－2013
中国人口和就业统计年鉴－2013
中国房地产统计年鉴－2013
中国贸易外经统计年鉴－2013
中国农村统计年鉴－2013
中国教育经费统计年鉴－2010
中国科学技术协会统计年鉴－2013
中国住户调查年鉴－2013
中国县域统计年鉴－2013
中国人才资源统计报告鉴－2011
中国民族统计年鉴 2013
国际统计年鉴－2013
中国区域经济统计年鉴－2013
中国城市统计年鉴－2013
中国工业经济统计年鉴－2013
中国能源统计年鉴－2013
2013 中国地区经济监测报告
中国农产品价格调查年鉴－2013
中国农村贫困监测报告－2013
工业企业科技活动资料－2013
中国价格统计年鉴－2013
中国农村全面建设小康监测报告－2013
中国零售和餐饮连锁企业统计年鉴－2013
2010 年中国第六次人口普查公报

2013 年省级综合统计年鉴系列

北京　天津　河北　山西　内蒙古
河南　湖北　湖南　广东　广西
辽宁　吉林　黑龙江　上海　江苏
海南　重庆　四川　贵州　云南
浙江　安徽　福建　江西　山东
西藏　陕西　甘肃　青海　宁夏
新疆　新疆生产建设兵团

2013 年市(县)级综合统计年鉴系列

天津滨海新区
运城　忻州　临汾　呼和浩特　包头
上海浦东新区　南京　苏州　无锡
杭州　宁波　绍兴　台州　温州
厦门经济特区　宁德　南昌　上饶
十堰　荆州　咸宁　长沙　广州
石家庄　唐山　邯郸　太原　大同
通辽　沈阳　大连　长春　吉林市
常州　徐州　南通　盐城　镇江
金华　嘉兴　衢州　舟山
济南　青岛　潍坊　郑州　洛阳　南阳
东莞　惠州　深圳　桂林　南宁　柳州
贵阳　昆明　西安　兰州　庆阳
长治　阳泉　晋城　朔州　晋中
四平　哈尔滨　黑龙江垦区
宿迁　泰州　连云港　江阴　丹阳
福州　福州经济技术开发区
三门峡　商丘　平顶山　武汉　宜昌
来宾　河池　海口　三亚　成都　绵阳
银川　乌鲁木齐

2010 年人口普查资料系列

中国 2010 年人口普查资料
浙江　安徽　福建　江西　山东
西藏　陕西　甘肃　青海　宁夏
中国分县 2010 年人口普查资料
北京　天津　河北　山西　内蒙古
河南　湖北　湖南　广东　广西
新疆　新疆生产建设兵团
中国分乡镇、街道 2010 年人口普查资料
辽宁　吉林　黑龙江　上海　江苏
海南　重庆　四川　贵州　云南
河南省各市 2010 年人口普查资料丛书
中国分民族 2010 年人口普查资料

“十一五”规划教材

统计学（“十二五”规划，黄良文）
统计学（“十二五”规划，单微）
统计学：从数据到结论（十二五规划，吴喜之）
非参数统计（吴喜之）
多元统计分析（任雪松）
经济计量学教程（贺铿）
社会统计学（蒋萍）
国民经济核算教程（杨灿）
抽样调查理论与实践（“十二五”规划，冯士雍）
试验设计（“十二五”规划，茆诗松）
概率论与数理统计（茆诗松）
应用时间序列分析（王振龙）
质量管理统计方法（茆诗松）
市场调查与预测（蒋志华）
概率论与数理统计（经济、管理类专业使用，朱胜）
贝叶斯统计（“十二五”规划，茆诗松）
医学统计学（陆守曾）
现代金融投资统计分析（李腊生）
统计指数理论及应用（徐国祥）
统计实验系列教材（许涤龙）
统计学原理（非统计专业使用，朱胜）

重点图书

挑大学选专业 2013—高考志愿填报指南
挑大学选专业 2013—考研择校指南

中国统计出版社发行部电话：(010)63376907，63376908　同福行书店电话：68783171，68783172
通讯地址：北京市西城区三里河月坛南街 57 号　邮政编码：100826
网址：http://csp.stats.gov.cn